La Bodega

Noah Gordon

La Bodega

Traduit de l'anglais (États-Unis)
par Joseph Antoine

© Noah Gordon, 2007.
© Éditions Michel Lafon, 2008, pour la traduction française.
7-13, bd Paul-Émile Victor – 92521 Ile de la Jatte Neuilly-sur-Seine.
www.michel-lafon.com

Pour Lorraine, toujours

Que ce soit à Naishapur ou à Babylone,
Que la coupe soit douce ou amère,
Toujours s'écoule le vin de la vie
Et tombent les feuilles
L'une après l'autre.

Omar KHAYYAM
Rubaïyat

La terre est la seule chose
Qui jamais ne part.

Anthony TROLLOPE
The Last Chronicle of Barset

Heureux celui qui a trouvé son travail.
Permettez qu'il n'en demande pas davantage.

Thomas CARLYLE
Past and Present

Que sont devenus les gars du temps qui passe
Que sont devenus les gars du temps passé
À la guerre ils sont allés, à la guerre ils sont tombés
Apprendrons-nous un jour, apprendrons-nous jamais...

Pete SEEGER, Guy BÉART
Que sont devenues les fleurs

I

Le retour

En Languedoc, près de Roquebrun, le 22 février 1874

1

Retour au pays

Le jour où tout changea, Josep travaillait depuis l'aube dans les vignes de Léon Mendès.

C'était une journée exceptionnellement belle dans un mois de février maussade. L'air était frais, mais le ciel semblait ruisseler de soleil. Josep s'était mis à l'ouvrage poussé par une sorte de frénésie. Passant de cep en cep, il taillait les sarments épuisés d'avoir porté jusqu'en octobre un raisin dont chaque fruit débordait de saveur comme une femme dans la fleur de l'âge. Sa main rapide coupait au plus près. Quand il tombait sur une grappe de fer servadou ratatinée oubliée par les cueilleurs, il la mettait de côté dans un panier, non sans en goûter au passage un grain aux arômes délicatement épicés. Arrivé au bout de la rangée, il entassait ses sarments, puis les embrasait à l'aide d'un brandon prélevé dans le feu précédent ; et l'odeur âcre de la fumée ajoutait au plaisir né de son effort.

Il venait d'enflammer une nouvelle brassée de sarments quand il vit en relevant la tête que Léon Mendès traversait la vigne et venait à lui sans s'arrêter pour dire un mot aux autres journaliers.

Bientôt Mendès fut à sa hauteur. Josep interrompit sa tâche.

— Monsieur..., dit-il avec respect.

— Señor.

Ce petit jeu était habituel entre les deux hommes. Mendès affectait de s'adresser à Josep avec respect, comme si ce dernier était le patron, non un simple ouvrier. Pourtant il avait ce matin le regard sombre. Comme toujours, il alla droit au but :

13

— J'ai vu tout à l'heure Henri Fontaine, qui arrive de Catalogne. J'ai une mauvaise nouvelle, Josep. Ton père est mort.

Josep, comme assommé par cette phrase, fut d'abord incapable de rien répondre. *Mon père, le padre... Comment le padre peut-il être mort ?* Puis il finit par demander bêtement :

— Mort de quoi ?

— Henri a entendu dire qu'il était mort, c'est tout. La dernière semaine d'août. Il n'en sait pas davantage.

— Je vais devoir rentrer en Espagne, monsieur.

— Tu es sûr ? Après tout, il n'est plus de ce monde.

— Il le faut.

— N'est-ce pas... dangereux ?

— Je ne crois pas, monsieur. Voilà longtemps que je songe à retourner au pays. Le moment est venu. Permettez-moi de vous remercier pour votre bonté. Merci de m'avoir accepté sur vos terres. Et de m'avoir appris le métier.

— Ce n'est rien. Je regrette pour ton père, Josep. Mais tu as un frère aîné, il me semble. Je me trompe ?

— Vous ne vous trompez pas, monsieur. J'ai un frère. Donat.

— Chez vous, c'est l'aîné qui hérite, n'est-ce pas ? Donat aura donc la vigne de ton père.

— Chez nous, la coutume veut que l'aîné hérite des deux tiers et partage le reste avec ses frères. Il leur fournit aussi de quoi gagner leur vie. Mais ma famille a sa propre coutume – nous n'avons que peu de terre, il est vrai. Chez les Alvarez, *tout* va à l'aîné. Mon père n'a jamais varié sur ce point. Il estimait que mon avenir était dans l'armée ou dans l'Église... Malheureusement, je ne suis fait ni pour l'une ni pour l'autre.

Mendès souriait, mais d'un sourire triste.

— Je ne saurais désapprouver ton père, dit-il. En France, la propriété se partage entre tous les héritiers. Résultat, les fermes sont ridiculement petites.

— Le fait est que notre vigne ne s'étend que sur quatre hectares. Ça suffit à peine à nourrir une famille. Surtout que le raisin donne une piquette tout juste bonne à être vendue à bas prix pour le vinaigre.

— Tu exagères. Ton raisin commence à être assez bon. Il a un goût agréable et prometteur. Le vendre au vinaigrier, c'est le gâcher ! Quatre hectares bien tenus peuvent donner une bonne vendange et un excellent vin.

Mendès se tut un instant, réfléchit et ajouta :

— Ce qu'il te faut, c'est une cave. Ainsi, ton vin sera protégé de la chaleur.

Léon Mendès s'était exprimé calmement, en homme avisé, et Josep avait pour lui grand respect. Mais le viticulteur était français. Que savait-il vraiment de la Catalogne ?

— Monsieur, reprit Josep avec une certaine impatience, vous avez vu nos maisons ? Ce sont de simples fermes au sol de terre battue. Nous n'avons pas de châteaux, nous autres. Vous nous croyez assez riches pour posséder de vastes *bodegas* équipées de celliers ?

Mendès avait d'autant moins envie de se disputer avec Josep que celui-ci était encore sous le coup de la mauvaise nouvelle. Il reprit d'un ton aimable :

— Si tu n'hérites pas de la vigne, pourquoi veux-tu rentrer en Espagne ? Pour quoi faire ?

Josep haussa les épaules et répondit d'une voix maussade :

— Je chercherai du travail.

Et il songea aussitôt : *Sûrement pas auprès de mon frère Donat !* Mendès reprit :

— Peut-être pas dans ton village, alors. Il y a dans la Rioja espagnole deux ou trois vignes qui seraient contentes de t'avoir pour t'occuper d'elles...

L'enthousiasme lui venait avec la parole.

— Car tu es un viticulteur-né, Josep ! Tu sens la vigne. Ses besoins. Tu as la main heureuse quand tu cultives la terre.

Il poursuivit sur le même ton :

— Certes, la Rioja n'est pas Bordeaux. Mais ils y font quelques rouges acceptables... En tout cas, si jamais tu veux revenir travailler ici, tu peux compter sur moi.

— Je ne crois pas que j'irai dans la Rioja, monsieur. Ni que je reviendrai en Languedoc. Mon pays, c'est la Catalogne.

Mendès comprit et approuva avec un sourire.

— L'appel du pays est une force puissante. Dieu t'accompagne, Josep. Mais dis à ton frère de creuser une cave.

Josep sourit à son tour. Donat ne se serait même pas donné le mal de creuser un trou pour faire une latrine !

– Tu pars ? Alors, bon vent.

Ainsi s'exprima Margit Fontaine, la logeuse de Josep, après avoir accueilli la nouvelle avec un étrange sourire, presque sournois – avec plaisir, en fait, pensa Josep.

C'était une veuve d'âge moyen, dotée d'un visage encore beau et d'un corps qui avait transporté Josep de désir la première fois qu'il l'avait contemplé. Mais Margit ne se souciait finalement que d'elle-même, au point d'en perdre tout attrait. Elle avait nourri Josep de repas préparés à la hâte. Elle lui avait fourni un bon lit dans lequel elle avait consenti à se glisser quelquefois, non sans mépris, comme si le jeune Catalan était à ses yeux un élève médiocre échoué dans son université sexuelle. *Doucement ! Calmement ! Avec cœur ! Mon Dieu ! On ne te demande pas de faire la course !* Il est vrai qu'elle avait pris grand soin de lui enseigner ce qu'elle attendait d'un homme. Ses leçons avaient intrigué Josep. Il trouvait cette femme excitante, mais aucun sentiment ne s'était éveillé entre eux. Margit en était même venue à déplaire à Josep. Il savait qu'elle le regardait comme un jeune paysan au corps maigre et noueux, à qui elle avait dû apprendre à satisfaire une femme ; elle le voyait au fond comme un Espagnol de peu d'intérêt qui parlait mal le languedocien et pas du tout le français.

Leurs adieux furent brefs et dépourvus de tendresse.

Le lendemain, de bonne heure, Josep franchissait la limite du vignoble, s'en allait sur la route et disparaissait comme il était arrivé, discrètement, sans se faire remarquer ni déranger personne. Il avait à l'épaule un sac de toile contenant des saucisses, une miche de pain et une bouteille d'eau. De l'autre côté, il portait une couverture roulée ainsi qu'un cadeau de M. Mendès : une petite gourde de vin munie d'une ficelle en guise de bandoulière. De nouveau, le soleil se cachait. Le ciel était gris comme le cou d'une colombe. Le temps était sec et froid. La route recouverte d'une poussière dure, ce qui était une bonne chose pour le marcheur. Josep, sachant qu'il aurait un long chemin à couvrir, s'imposa d'aller sans hâte, mais d'un pas résolu.

Il s'était fixé comme première étape le village de Sainte-Claire. Il y parvint en fin d'après-midi et interrogea le curé de la petite église Saint-Nazaire pour savoir comment se rendre au vignoble de Charles Houdon, un ami de Léon Mendès. Quand il eut trouvé la propriété et présenté à M. Houdon les compliments de M. Mendès, il obtint la permission de passer la nuit dans la cave, avec les foudres.

Les dernières lueurs du jour le trouvèrent assis par terre, adossé à un fût, en train de mastiquer son pain et sa saucisse. La cave de Houdon était d'une propreté méticuleuse. Le lourd et doux parfum du vin en fermentation ne masquait pas tout à fait l'odeur forte du chêne neuf ni celle du soufre que les viticulteurs faisaient brûler dans les bouteilles et les tonneaux pour les assainir. On brûlait beaucoup de soufre dans le sud de la France par crainte des maladies, du phylloxéra surtout, ce fléau qui avait détruit les vignes dans le Nord, un puceron qui dévorait les racines des ceps. Josep songea aux foudres de Mendès. Celui-ci produisait du vin rouge. Il avait dit à Josep que Houdon, lui, ne faisait que du blanc, avec des cépages chardonnay. Josep, qui préférait le vin rouge, s'accorda la faveur d'une gorgée de sa gourde – une seule. Le vin avait une attaque légère, ronde et harmonieuse. C'était un vin ordinaire que même les ouvriers pouvaient se payer en France ; et pourtant il était meilleur que tout ce que Josep avait jamais goûté chez lui, en Catalogne.

Il avait passé deux années dans les vignes de Mendès, puis une troisième comme caviste, et une quatrième enfin comme maître de chais. C'est ainsi qu'il avait eu l'avantage de pouvoir goûter des vins d'une qualité inouïe. Mendès lui avait dit un jour :

– Le Languedoc est connu pour fabriquer des vins honnêtes mais ordinaires. Et je produis des vins honnêtes. Je fais un peu mieux que le vin ordinaire. Il m'arrive aussi de faire du mauvais vin, par manque de chance ou par bêtise... Mais la plupart du temps, grâce au ciel, mon vin est bon ! Bien sûr, je n'ai jamais produit un grand vin, un vin de garde, un de ces crus mis au point par des viticulteurs légendaires, comme les laffitte ou les haut-brion...

Mais il avait toujours poursuivi sa quête acharnée du grand cru – ce nectar qu'il appelait « vin de Dieu ». Et quand il parvenait à faire couler de ses foudres un vin à même de

répandre la joie dans la gorge et sur les papilles du dégusta-
teur, il en jubilait une semaine entière. Il interrogeait alors
Josep :

— Tu sens ce bouquet? Tu sens la profondeur, ce noir parfum qui te taquine jusqu'à l'âme, cette odeur de fleur, ce goût
de prune?

Mendès lui avait transmis la connaissance de ce que pouvait être le vin. Mais n'eût-il pas été plus charitable de le laisser dans l'ignorance? Car Josep, maintenant, savait que les
vignes de son village donnaient un bien pauvre breuvage, une
misérable piquette, de la pisse de cheval, se dit-il, morose. Il
aurait mieux fait, sans doute, de rester en France chez Mendès
et de poursuivre cette quête des meilleurs crus, au lieu de rentrer en Espagne! Il s'efforça de se rassurer, de se convaincre
qu'il n'y avait pour lui aucun péril à rentrer au pays. En
quatre ans, rien ne l'avait averti qu'il fût recherché par les
autorités espagnoles.

Poursuivant ses pensées solitaires, il songea avec regret
que sa famille, depuis des générations, fabriquait un vin
médiocre. Oh, c'étaient de braves gens. Des cultivateurs durs
à la peine. Josep se rappelait son père, Marcel Alvarez, un
paysan aux grandes mains habiles. Ses sourires étaient rares.
Une dent de devant manquante laissait un trou, et les deux qui
se dressaient de part et d'autre étaient de travers. Le talon de
son pied gauche aussi était de travers à force de marcher avec
de mauvaises chaussures. Mais il arrivait au padre de descendre dans sa vigne sans souliers, tant il aimait le contact du
sol sous ses pieds et entre ses orteils tordus. Josep se renversa
en arrière et s'abandonna à ses souvenirs. C'était la première
fois qu'il s'autorisait à éprouver le deuil. Quand l'obscurité
envahit les hautes fenêtres du cellier et se répandit dans la
pièce, il se sentit perdu. Puis il s'endormit entre les foudres.

Au matin, il soufflait un air plus vif. Josep marcha tout le
jour, et le soir s'enroula dans sa couverture, terré sous une
meule de foin au bord d'un champ. La paille pourrie dégageait de la chaleur, et Josep se sentit une parenté avec tous les
êtres qui comme lui attendaient le lever du jour. Deux rêves le
visitèrent cette nuit-là. Le premier était un affreux cauchemar,
mais le second, lui, concernait Teresa Gallego. Il avait pris la

forme d'un fouillis de détails exquis dont Josep devait se souvenir toute la journée avec précision, en se disant toutefois que c'était un rêve inutile. Quatre ans avaient passé! Teresa aurait forcément trouvé un mari, ou du travail loin du village, peut-être les deux.

La chance sourit à Josep au milieu de la matinée, quand un charretier lui offrit de monter sur son attelage. Cet homme transportait du bois de chauffage. Sa voiture était tirée par une paire de bœufs aux cornes pointues protégées par des billes de bois rouge. Quand une bûche tombait du chargement, Josep devait sauter pour la ramasser et la remettre en place. Néanmoins, il voyagea confortablement pendant plus de trois lieues. Hélas, la nuit fut rude – sa troisième nuit sur la route. Elle le surprit au milieu des bois, alors qu'aucun village n'était en vue, ni la moindre ferme.

Il pensait avoir quitté le Languedoc, il lui semblait que la forêt où il avait pénétré appartenait déjà au Roussillon. Le jour, il ne craignait pas de se retrouver seul au milieu des bois. L'expérience lui rappelait qu'il avait fait partie, jadis, dans son village, d'un groupe de chasseurs. Mais, la nuit, c'était autre chose, surtout quand le ciel n'était éclairé ni par la lune ni par les étoiles, comme c'était le cas ce soir-là. Comment, sans lumière, suivre une piste entre les arbres? Il commença par s'asseoir, adossé au tronc d'un grand pin. Mais le vent sifflait dans les branches innombrables, et Josep sentit bientôt le courage lui manquer. Il se suspendit aux branches basses d'un pin et l'escalada jusqu'à mettre autant de distance que possible entre le sol et lui.

Installé sur une fourche, il s'enveloppa tant bien que mal dans sa couverture. Peine perdue. Le froid s'emparait de son corps. De la pénombre jaillissaient toutes sortes de bruits – le hululement d'une chouette dans le lointain, la triste plainte d'une tourterelle... Et ce cri aigu qui venait de résonner dans le noir, n'était-ce pas celui d'un lapin pris au collet?

À un moment, un autre bruit se fit entendre au pied même de son arbre : le frottement de deux corps l'un contre l'autre. On grognait. On reniflait. On renâclait. On grattait le sol. Des sangliers, songea Josep. Il ne pouvait les voir dans ces ténèbres. Étaient-ils en nombre? Ce n'était pas sûr, même si son imagination lui dépeignait une horde! S'il tombait, la chute risquait d'être mortelle. Ces bêtes étaient armées de telles défenses, avec des sabots tranchants comme des lames! Aucun doute qu'elles flairaient déjà l'odeur des saucisses. Elles étaient capables de manger n'importe quoi. Josep se rappela une histoire de sangliers que lui avait un jour narrée le padre : ils avaient dévoré l'intérieur d'un cheval encore vivant qui s'était cassé une jambe.

Josep se cramponnait à sa branche. Les sangliers finirent par s'en aller. Le calme était revenu. De nouveau, Josep frissonnait de froid. Ces ténèbres dureraient-elles éternellement?

Le jour se leva enfin. Josep descendit de son perchoir sans voir ni entendre aucun animal. Ayant déjeuné d'une saucisse, il se mit en route sur l'étroit sentier. Cette nuit sans dormir le laissait fatigué, mais il marcha de son pas habituel. Sur le coup de midi, la forêt s'éclaircit. Apparurent des clairières et des champs. Josep découvrit avec joie les hautes montagnes au loin. Deux heures plus tard, il atteignait les Pyrénées. C'est alors qu'une pluie violente s'abattit sur lui. Il avisa une ferme – une *masia*, comme on disait en Espagne, flanquée d'une étable dont la porte était restée ouverte, pouvant lui servir de refuge. Il y trouva un paysan et son fils occupés à changer la paille du bétail. Les deux hommes regardèrent Josep entrer, trempé. Le paysan lui lança, d'un ton peu amène :

– Qu'est-ce que tu veux?

– Faites excuse, monsieur, bredouilla Josep. Puis-je m'abriter un moment, le temps que le gros de l'orage soit passé?

Le paysan restait sur ses gardes, nullement ravi de voir devant lui cet homme que la pluie lui avait apporté. Mais il se radoucit.

– Si tu veux.

Il continua sa besogne et mania sa fourche bien aiguisée en jetant de fréquents regards vers l'étranger, son fils faisant de même.

Dehors, la pluie tombait à seaux. Josep décida de ne pas rester à ne rien faire. Il se saisit d'une pelle appuyée au mur et entreprit de donner un coup de main. Tout en travaillant, il parla à ses hôtes de sa mésaventure avec les sangliers. Le père et le fils écoutèrent son histoire avec intérêt. Puis le paysan hocha la tête et eut cette remarque :

— De sales bêtes, ces cochons sauvages. Ils bouffent tout. Et ils pullulent. De vrais rats.

Josep travailla à leurs côtés jusqu'à la fin de la besogne. Quand toute la paille fut changée, le fermier se montra amical et offrit à Josep de dormir dans l'étable. C'est ainsi que celui-ci passa une nuit douillette et sans rêve, entre trois énormes vaches qui dégageaient de la chaleur et un mur de fumier bien chaud lui aussi. Au matin, tandis qu'il emplissait sa bouteille à la source, derrière la maison, le fermier lui donna des indications sur les cols qui permettaient de franchir la montagne.

— Une route très fréquentée passe tout près d'ici. C'est là que la montagne est le moins large. Et le col n'est pas trop haut. En trois jours et demi, tu seras de l'autre côté. Tu peux aussi aller deux lieues plus loin. Là, le col est plus haut. Rares sont ceux qui s'y aventurent. C'est bien plus long. Au moins deux jours de plus ! Sans compter la neige. Enfin, une neige peu profonde... L'avantage, c'est qu'on ne risque pas d'y tomber sur les douaniers...

Il avait dit ces derniers mots d'un air entendu.

Josep craignait les douaniers. Ces gens-là pouvaient vous tuer un homme s'ils pensaient avoir affaire à un fuyard ou à un contrebandier. Quatre ans plus tôt, c'est en s'efforçant de les éviter que Josep avait filé vers la France. Il avait passé la frontière à travers bois, en suivant des pistes quasi invisibles. La traversée lui avait pris de très longues heures. Il avait eu peur de tomber dans un ravin. Il avait appris ensuite que les habitants de ces régions connaissaient les bons passages, dont ils se servaient pour leur commerce illicite. C'est pourquoi il inclinait à suivre le conseil du fermier. Ce dernier poursuivit :

— Sur ce col, le plus haut, il y a quatre villages. De quoi trouver à manger et à t'abriter. Le mieux est de les traverser tous. Un par jour. Arrête-toi, même si la journée n'est pas finie. Parce que, hors des villages, tu ne trouveras rien à manger, et aucun refuge où dormir. Le seul endroit où il faudra faire vite si tu ne veux pas être surpris par la nuit, c'est le

21

long chemin qui mène au quatrième village. Il arrive qu'il soit enneigé...

Josep entrerait en Espagne par l'est de l'Aragon.

– Attention aux milices carlistes ! continua le fermier.

Il faisait allusion à ces hommes en armes, coiffés de bérets rouges, qui se livraient à des incursions dans les territoires contrôlés par l'armée espagnole.

– En juillet dernier, reprit-il, ils sont allés jusqu'à Alpens et ils ont tué huit cents Espagnols !

Il regardait Josep. Il lui demanda prudemment :

– Tu ne serais pas mêlé à ces histoires, des fois ?

Josep fut tenté de lui répondre qu'il avait failli lui-même porter le béret rouge des carlistes, mais il préféra s'abstenir.

– Non.

– Tu as bien raison. Bon Dieu, vous autres, les Espagnols, vous n'avez pas de pires ennemis que vous-mêmes ! Il faut que vous vous battiez entre vous !

Josep aurait pu s'estimer offensé par cette remarque, mais il jugea qu'elle n'était pas sans vérité, après tout. Il se contenta de répondre que la guerre civile était une cruelle épreuve.

– Pourquoi s'entre-tuer comme ça ? insista son interlocuteur.

Il ne comprenait pas les tenants et aboutissants de cette guerre. Josep dut se fendre d'une leçon d'histoire. Longtemps, dit-il, seul le fils aîné de la famille royale avait pu hériter de la couronne d'Espagne. Puis était arrivé le règne de Ferdinand VII, lequel avait vu trois de ses épouses mourir sans lui donner d'enfant. Ferdinand avait convolé une quatrième fois avec une femme qui avait accouché de deux filles. Et il avait réussi à persuader les Cortes de modifier la loi afin que sa fille aînée, Isabelle, pût devenir reine d'Espagne. Cependant Ferdinand avait un jeune frère, l'infant Carlos Maria Isidoro. Et ce Carlos avait fort mal pris la chose, lui qui avait espéré hériter du royaume.

L'infant Carlos s'était donc rebellé. Tandis qu'il cherchait refuge en France, ses fidèles avaient pris les armes sous le nom de « carlistes », et depuis ne cessaient de combattre l'armée régulière.

Ce que Josep ne dit pas au fermier, c'est que ces événements l'avaient obligé, lui aussi, à fuir l'Espagne, et que son exil lui avait valu de passer les quatre années les plus solitaires de sa vie. Il conclut d'un ton amer :

— Je m'en fiche, moi, de savoir quelles fesses royales sont assises sur le trône.

— Tu as bien raison, approuva le fermier. Quel homme sensé se tourmenterait pour ça ?

Sur quoi il vendit à Josep, à bon prix, une boule de fromage fait du lait de ses vaches.

Alors qu'il attaquait sa traversée des Pyrénées, Josep s'aperçut que le col se réduisait à un passage étriqué, tortueux, qui sans cesse grimpait, redescendait et grimpait à nouveau. Le voyageur n'était plus que grain de poussière minuscule fondu dans l'univers. Devant lui, les montagnes s'étiraient à perte de vue, dures et sauvages ; et leurs pics bruns, tranchants, coiffés de neiges éternelles, se perdaient dans le bleu du ciel tourmentés. Les forêts de pins étaient clairsemées, coupées de falaises nues, d'éboulis et de rochers. Josep s'arrêtait parfois sur une éminence pour observer des paysages pareils à des songes ou à de surprenantes révélations. Souvent il redoutait de rencontrer un ours. Ou une nouvelle horde de sangliers affamés et cruels. Mais rien de tel ne se produisit. Il aperçut seulement dans le lointain deux hardes de cerfs apeurés.

Le premier village qu'il trouva en chemin ne comptait qu'une poignée de maisons. En échange d'une pièce de monnaie, il fut autorisé à dormir dans la hutte d'un éleveur de chèvres, près de l'âtre mais à même le sol. De noires vermines se chargèrent d'empoisonner son sommeil. Des insectes lui pompèrent le sang jusqu'à plus soif. Le lendemain, quand il reprit sa marche solitaire, il avait des démangeaisons sur tout le corps.

Les deux villages suivants étaient plus grands, et plus accueillants. Josep dormit d'abord dans une cuisine près du fourneau, puis sur le banc d'un cordonnier, loin des bestioles, pénétré par de fortes et riches senteurs de cuir.

Il attaqua sa quatrième journée avec énergie, en se souvenant des mises en garde du fermier. La piste, par endroits, se perdait dans le paysage rocheux. Mais comme il en avait été prévenu, il ne vit de la neige que sur le tronçon de chemin le plus élevé. Il n'aimait guère la neige. Il n'y était pas habitué. Dans la neige, on avait tôt fait de se briser une jambe, on pouvait aussi se retrouver avec les extrémités gelées, ou mourir de faim dans une affreuse étendue de blancheur.

Debout, les pieds saisis par le froid, il grignota son reste de son fromage, un morceau minuscule qu'il engloutit jusqu'à la dernière miette, tant son estomac criait famine. En définitive, il ne mourut pas de faim. Pas plus qu'il ne se cassa une jambe. La neige, peu profonde, ne fit que ralentir sa marche sans la transformer en épreuve. Pourtant, il eut parfois l'impression que les montagnes bleues reculaient indéfiniment devant lui.

Heureusement, sa route ne croisa pas celle des carlistes, ses ennemis à béret rouge. Ni celle de ses autres ennemis : les troupes gouvernementales.

Il ne vit aucun Français, aucun Espagnol.

Où passait la frontière ? Il n'en savait rien.

La lumière déclinait. Josep essayait toujours de franchir les Pyrénées. Il était seul au monde. Par chance, il atteignit un village à la nuit tombée. Il y fut accueilli par un vieillard assis sur un banc à l'entrée d'une auberge. Dans la rue, deux jeunes gens lançaient un bâton à un chien jaune décharné qui refusait de courir le chercher.

— Rapporte, maudit clébard ! cria l'un d'eux.

Leur langue se rapprochait du catalan. Josep sut qu'il était parvenu aux portes de l'Espagne.

2

Un écriteau

Sept jours plus tard, un dimanche matin, Josep atteignit le village de Santa Eulalia, agglomération qu'il aurait pu parcourir les yeux fermés tant il en connaissait le moindre recoin, la moindre vigne, la moindre haie. Rien n'avait changé. Les planches du petit pont jeté sur le Pedregos couinaient toujours de la même façon sous les pas du voyageur. Après six années de sécheresse, la rivière ne charriait plus qu'un maigre filet d'eau transparente glissant sur les pierres. Josep descendit une rue étroite. Il traversa la minuscule place occupée par un puits, le pressoir communal, la forge du maréchal-ferrant, l'épicerie et l'église dont le nom se confondait avec la sainte patronne du village. Les gens devaient être en train d'assister à la messe, car on entendait à l'intérieur le ronronnement paisible des psaumes. D'ailleurs, les rues étaient désertes. Josep passa l'église. Il vit la ferme des Casals, où l'on cultivait des légumes, puis la vigne des Freixa et celle des Roca. Il atteignit enfin la vigne de son père, nichée entre deux autres, celle des Fortuny, qui faisaient du raisin blanc, et celle de Quim Torra, dont les rangées se chargeaient de grappes noires.

Il eut la surprise de découvrir à l'entrée de la propriété Alvarez un écriteau en bois cloué à un piquet sur lequel s'inscrivaient ces mots : À VENDRE.

– Ah ! Donat, Donat, laissa-t-il échapper.

Il aurait dû se douter que son frère n'aurait pas envie de cultiver cette terre. Mais, quand il vit l'état de la vigne, la fureur le gagna. Le spectacle était lamentable. La vendange n'avait pas été faite. Le raisin, qui avait pourri sur pied, se répandait partout et jusqu'à terre, parmi les mauvaises herbes qui poussaient entre les ceps désolés.

La masia, heureusement, était toujours là. Et pour cause. Leur arrière-grand-père l'avait bâtie de ses mains. Elle semblait appartenir à la terre dont elle était née. C'était une petite ferme de pierre et d'argile dont le rez-de-chaussée se partageait entre une cuisine et une remise. Un escalier de pierre conduisait aux deux chambres, à l'étage. La maison s'achevait par un grenier où l'on avait toujours mis le grain à sécher sous la toiture. Le sol de la cuisine était en terre battue, mais les chambres avaient un parterre de plâtre coloré au sang de porc, puis ciré au fil des années, et dont le rouge profond, presque noir, brillait désormais comme une dalle polie. Tous les plafonds montraient leurs poutres, lesquelles n'étaient autres que les arbres abattus par José Alvarez quand il avait défriché le terrain pour y planter ses premiers pieds de vigne. Le toit se composait de grands joncs coupés au bord de l'eau ; fendus, aplatis et entre-tissés, ils supportaient les tuiles confectionnées avec l'argile grise puisée à même le lit de la rivière.

À l'intérieur, il y avait du grès partout. Sur la cheminée trônait la pendule française en acajou que le père de Josep avait offerte à son épouse, en guise de cadeau de mariage, le 12 décembre 1848 – elle était présentement silencieuse car plus personne ne la remontait. Des vêtements de travail souillés jonchaient le sol. On en trouvait aussi sur les chaises, et même sur la table de bois grossier, mêlés à des assiettes sales où s'accrochaient des reliefs de vieux repas et des crottes de souris.

Josep monta dans la chambre et y trouva deux éléments de valeur : le lit et le coffre du padre, tous deux sculptés avec art de motifs de vigne, de la propre main du grand-père, Enric Alvarez. Ces motifs, désormais, étaient gris de poussière. Josep avait marché des jours durant, il était trop fatigué pour penser ou agir. Il n'eut même pas l'idée de se coucher dans le lit du padre. Il redescendit dans la cuisine, se débarrassa de ses souliers, s'étendit sur le mince matelas bosselé avec lequel son corps n'avait pas été en contact depuis de longues années, et s'y endormit presque aussitôt.

Le lendemain, Donat n'avait pas donné signe de vie.

Josep se leva. Il avait dormi tout le reste de la journée et toute la nuit. Il s'éveilla affamé et assoiffé et constata qu'il ne restait dans sa bouteille qu'une seule gorgée d'eau. Muni d'un panier vide et d'un seau, il sortit de la maison et se dirigea vers la place. Passant près du champ d'Angel Casals, il y trouva les trois fils de l'alcade. Les deux aînés, Tonio et Jaume, épandaient du fumier. Le troisième, le plus jeune – Josep avait oublié son nom –, labourait derrière une mule. Tout à leur besogne, ils ne le virent pas. Josep gagna l'épicerie, une boutique obscure tenue par Nivaldo Machado, un homme qui avait été l'ami de son père.

L'épicier ne ressemblait plus guère au Nivaldo dont Josep avait gardé le souvenir. Il était encore plus maigre qu'avant, si la chose était possible. Et plus chauve. Les rares cheveux qui lui restaient sur le crâne étaient presque tous gris. Occupé à puiser du grain dans un grand sac, il s'interrompit quand la silhouette de Josep se découpa dans le contre-jour. Il fixa le jeune homme de son seul œil valide, à demi fermé par une lourde paupière.

– Dieu soit loué ! s'écria-t-il. Alors tu es vivant ! Mon âme soit damnée si c'est bien toi ! Josep ! Tigre !

De nouveau il l'appelait par ce surnom que lui seul avait coutume d'employer. Sa voix était joyeuse et son regard mouillé. Josep en eut chaud au cœur. L'épicier s'approcha de lui et le baisa de ses lèvres sèches comme du cuir. Il ouvrit ses vieux membres pour l'accolade – l'*abracada*.

– C'est bien moi, Nivaldo. Comment vas-tu ?

– Je vais bien, comme toujours. Tu es encore soldat ? Tout le monde te croyait mort pour de bon ! Tu as été blessé ? Tu as massacré la moitié de l'armée espagnole ?

– Ni l'armée espagnole ni les carlistes n'ont eu affaire à moi. Je n'ai jamais été soldat. J'ai fait du vin. En France, en Languedoc.

– Vrai ? En Languedoc ? Et c'est comment, là-bas ?

– La nourriture y est bonne. Mais, tel que tu me vois, je suis affamé !

Nivaldo souriait, ravi de ce qu'il entendait. Il jeta deux bouts de bois dans le feu et poussa une casserole sur le petit fourneau.

— Assieds-toi.

Josep prit une des deux chaises branlantes. Nivaldo déposait déjà des verres sur la table. Il y versa le vin d'une cruche.

— *Salud!* Bienvenue au pays.

— Merci. *Salud.*

Josep but une gorgée de vin... Mon Dieu ! Il était toujours aussi âpre, aussi aigre, aussi amer ! Mais il avait quelque chose de familier et de réconfortant.

— C'est le vin de ton père.

— Oui. Comment est-il mort ?

— Marcel avait l'air... très fatigué ces derniers mois. Un soir, on était assis là tous les deux, à jouer aux dames. Il a eu une douleur dans le bras. Il a quand même tenu à gagner sa partie ! Après, il a déclaré qu'il rentrait se coucher. Il a dû tomber mort en chemin. C'est ton frère Donat qui l'a retrouvé sur la route.

Josep finit son verre.

— Et Donat ? Où il est, Donat ?

— À Barcelone.

— Qu'est-ce qu'il fait là-bas ?

— Il vit ! Il est marié. Il a pris une femme qu'il a rencontrée dans une filature où ils travaillent tous les deux.

Nivaldo observait les réactions de Josep.

— Ton père disait toujours que, le moment venu, Donat ferait face à ses responsabilités dans la vigne. Eh bien, le moment est venu. Et Donat, la vigne, il n'en veut pas. Il n'a jamais aimé ça, tu le sais.

Josep approuva. Oui, il savait ! Et comment !

L'odeur du ragoût en train de mijoter le fit saliver. Il répéta :

— Il n'a jamais aimé ça... Qu'est-ce qu'il aime, au juste ? Sa femme ?

— C'est une assez jolie femme. Elle s'appelle Rosa Sert. Mais qu'est-ce qu'un homme peut dire de la femme d'un autre quand il ne la connaît que de vue ? Elle est calme. Plutôt discrète. Elle est venue ici avec lui plusieurs fois.

— Il cherche sérieusement à vendre ?

— Il manque d'argent. Le corps d'un homme ressent le besoin d'argent quand il y a une femme.

Il retira la marmite du feu. Il en souleva le couvercle et servit à Josep, dans un bol, une généreuse portion de ragoût d'où montait une fumée chargée de parfums. Le temps qu'il coupe une tranche de pain et emplisse les verres à nouveau, Josep engloutissait déjà des cuillerées de haricots noirs à l'ail et à la saucisse. En été, ce même plat se serait composé de petits pois, d'aubergines, peut-être de chou. On y sentait aujourd'hui des arrière-goûts de jambon, de vieux civet, d'oignon, preuve que Nivaldo ne lavait pas souvent sa marmite – ainsi, les vieux aliments continuaient de diminuer, tandis que les nouveaux trouvaient leur propre chemin dans sa préparation.

Josep, ayant nettoyé son bol avec du pain, en accepta un deuxième.

– Quelqu'un s'est montré intéressé ?

– Il y a toujours des acheteurs pour la terre. Roca tuerait pour avoir cette vigne, mais il n'y arrivera pas : aucune chance. Les autres, c'est pareil : ils n'ont pas les moyens. Mais Angel Casals veut de la terre pour son fils Tonio.

– L'alcade ? Mais Tonio est son aîné !

– Tonio est esclave de l'alcool. Il est ivre la plupart du temps. Angel ne sait plus que faire de lui. Et il ne lui fait pas confiance pour reprendre la ferme. Les deux plus jeunes sont travailleurs : il leur laissera tout. Mais il lui faut une terre pour Tonio.

– Il a fait une offre ?

– Pas encore. Il attend que Donat soit à sec. Alors il aura sa terre au meilleur prix. Angel Casals est le seul fermier de ma connaissance qui ait les moyens d'acheter une vigne pour établir son fils. Le village est de plus en plus pauvre. Tous les fils cadets s'en vont vivre ailleurs, comme toi. Regarde tes amis : aucun n'est resté.

– Même pas Calderon ? hasarda Josep.

– Non. Voilà quatre ans que je n'en ai pas entendu parler.

Josep ressentit une crainte qu'il connaissait bien.

– Et Guillem Parera ?

Guillem avait compté parmi ses plus proches amis ; il avait appartenu, comme lui, au groupe des chasseurs.

– Guillem est mort, Josep.

Mort...

— Mon Dieu, non...

*Je t'avais prévenu. Tu aurais mieux fait de rester avec moi,
au lieu de faire l'idiot!*

— Ça va, Tigre? reprit Nivaldo brusquement.

— Qu'est-ce qui lui est arrivé?

— Après être parti avec toi et les autres, sûr qu'il a quitté
l'armée, lui aussi. On raconte qu'il est allé à Valence, où il a
fait le manœuvre sur le chantier de réparation de la cathédrale. Il poussait d'énormes blocs de pierre. L'une d'elles a
glissé. Guillem a péri écrasé.

— Ce n'est pas ce qu'on appelle une belle mort.

— Quelle époque...

Quand il se leva de table, Josep était nerveux et déprimé.

— Il me faudrait des haricots, dit-il. Du riz. Du chorizo
aussi... tu m'en mettras un bon morceau, s'il te plaît. Avec de
l'huile et du lard.

Le vieil épicier rassembla les articles. Il ajouta au panier
une petite salade, en guise de cadeau de bienvenue. Il ne
demandait rien pour le ragoût et le vin. Josep, en payant,
ajouta quelques pièces – c'est ainsi que l'on procédait avec
Nivaldo – et ne put se retenir de demander, en prenant congé :

— Teresa Callego est toujours au village?

— Non. Elle s'est mariée voilà deux ans avec un cordonnier, Luis Montrès, ou Mondrès... Un nom comme ça. Un
cousin des Calderon. Il est arrivé de Salamanque et il est resté
chez eux longtemps. Le jour du mariage, il avait mis un costume blanc. Il parle espagnol avec l'accent portugais. Il a
emmené sa femme à Barcelone, où il tient une boutique à San
Domenech del Call.

Les craintes de Josep étaient confirmées. Il ne lui restait
plus qu'à tracer une croix sur ses rêves et à oublier Teresa.
Nivaldo reprit :

— Tu te rappelles Maria del Mar Orriols?

— L'amie de Jordi Arnau?

— Oui. Il l'a abandonnée avec le ventre rond, quand il est
parti avec vous autres. Elle a mis au monde un garçon et l'a
baptisé Francesc. Par la suite, elle a épousé ton voisin, Ferran
Valls. Et Ferran a donné son nom à l'enfant.

— Ferran?

Un homme paisible, se rappela Josep. Plus tout jeune, petit et trapu, avec une grosse tête. Il était veuf et sans enfant.

— Ferran Valls, oui. Il est mort aussi. Il s'est coupé une main, et la fièvre l'a emporté. Ils étaient mariés depuis même pas un an.

— De quoi vit-elle?

— De la vigne de Valls. La terre est à elle maintenant. L'année dernière, Tonio Casals a vécu un temps chez elle. Certains redoutaient qu'il ne finisse par l'épouser. Mais elle a eu tôt fait de se rendre compte qu'il devenait méchant comme un reptile quand il avait bu – et il boit tout le temps! Alors elle l'a mis dehors. Elle vit seule avec son fils. C'est une travailleuse. Elle s'occupe de ses terres comme un homme. Elle cultive la vigne et vend son vin pour le vinaigre, comme tout le monde.

Nivaldo regardait Josep.

— Moi aussi, dit-il, j'ai déserté autrefois. Tu veux me raconter ce qui t'est arrivé?

— Non.

— Tout a changé, là-bas, à Madrid, mais pas comme ton père et moi l'avions espéré...

Nivaldo ajouta tristement :

— On t'a mis sur le mauvais cheval, Josep... S'il y a quelque chose que je puisse faire pour te souhaiter la bienvenue...

— Je ne refuserais pas une autre assiette de ragoût.

Le vieil homme sourit et lui servit ce qu'il demandait.

Josep gagna le cimetière derrière l'église. Faute de place, le padre n'avait pu être enterré auprès de son épouse. La tombe de cette dernière portait une inscription.

Maria Rosa Huertas
Épouse et mère
2 janvier 1835-20 mai 1860

Josep trouva la tombe de son père dans le carré sud-est du cimetière, près d'un cerisier qui donnait des fruits généreux dont la chair rouge était une tentation, mais que les villageois évitaient de manger car ils venaient d'un arbre, disaient-ils, nourri par les morts. Josep se souvint que son père n'avait pas de ces réticences. De son vivant, il se délectait ouvertement de ces cerises. Et Nivaldo aussi.

Le sol où reposait le padre avait eu le temps de reposer. Il y poussait quelques herbes que Josep arracha d'une main non-chalante. Il n'avait pour ainsi dire pas de chagrin. Eût-il visité la tombe de Guillem, peut-être aurait-il parlé à son vieil ami. Mais ici, dans ce cimetière, aucun lien ne s'établissait avec ses parents. Il avait huit ans quand sa mère était morte. Il se rendait compte maintenant que son père et lui n'avaient jamais su trouver les mots pour se parler vraiment.

La tombe n'avait pas d'épitaphe. Josep aurait à en trouver une.

Quittant le cimetière, il revint sur la place. Il accrocha le seau à la corde et le fit glisser dans le puits. Il compta le temps écoulé avant que le seau touche la surface. L'eau était basse dans le puits comme dans la rivière. Josep remonta le seau empli à ras bord. Il se désaltéra à grandes lampées. Il l'emplit à nouveau et se remit en route pour rentrer chez lui. En arrivant, il verserait l'eau dans les *cantirs*, les deux jarres où elle se gardait fraîche.

Cette fois, quand il longea le terrain de l'alcade, on remarqua sa présence. Tonio et Jaume cessèrent de travailler pour l'observer avec attention. Jaume lui adressa un signe de la main. Josep ne put répondre de la même façon car il portait son panier d'un côté et le seau plein de l'autre, mais il salua Jaime d'un *Hola!*. Quelques minutes plus tard, ayant posé le seau pour soulager son bras, il se retourna et vit qu'il était suivi par le plus jeune des fils Casals... Jordi : son prénom lui revint subitement. Jordi avait reçu mission de s'assurer que c'était bien lui, Josep Alvarez, qui était de retour au pays.

Josep parvint à la masia Alvarez. Il déposa son fardeau. L'écriteau À VENDRE fut facilement arraché du sol asséché et jeté dans un taillis.

Josep se tourna vers la route et sourit en voyant Jordi Casals s'enfuir comme un animal pris de panique et aller en courant raconter à ses frères ce qu'il avait vu.

3

Un nid à nettoyer

Josep était écœuré de voir la maison à ce point négligée par Donat, mais il commença par s'occuper de la vigne. Il arracha les mauvaises herbes et cueillit le raisin. C'est ce qu'il avait fait des années durant chez Mendès, dans des vignes plus grandes que celle-ci. Il accomplissait alors cette besogne honnêtement, et même avec fierté, mais en échange d'un salaire. À présent, c'était autre chose. Ce lopin mal entretenu appartenait à sa famille depuis cent huit ans ! Y travailler soulevait en lui des bouffées de plaisir et d'orgueil.

Au début de l'agriculture espagnole, les ancêtres de Josep avaient d'abord été serfs, puis journaliers dans les maigres champs de la Galice. Le sort des Alvarez avait changé en 1766, quand le roi Charles III s'était avisé que la plus grande partie du pays se couvrait de jachères, alors que les villages regorgeaient d'ouvriers sans terre – des gens mécontents, donc susceptibles de s'insurger. Le roi s'était tourné vers un certain Pedro Pablo de Aranda, un général, et lui avait confié la tâche de superviser une ambitieuse réforme agraire. L'idée était de remembrer et de redistribuer de vastes terres que la Couronne avait rachetées à l'Église.

L'une des premières mesures de ce programme concernait une colline isolée de cinquante et un hectares située en Catalogne, sur le cours du Pedregos. Ces terres étaient vierges de toute habitation. Aranda ordonna qu'elles fussent divisées en douze parcelles de quatre hectares. Les trois derniers hectares entouraient une petite construction de pierre, restes d'un prieuré abandonné de longue date, appelé Santa Eulalia. De ce prieuré, le général Aranda fit construire l'église du futur village. Et il choisit d'attribuer les parcelles à douze officiers qui avaient servi sous ses ordres. Ces soldats étaient désormais à la retraite. Jeunes, ils avaient risqué leur vie dans des campagnes malheureuses et de sanglantes insurrections. Ils n'avaient pas été récompensés de leurs efforts, puisque leur solde leur était toujours due. Il fut décidé qu'elle leur serait payée sous forme de terres. Les officiers recevraient en outre la petite indemnité allouée à chaque nouveau fermier, suffisante pour semer une nouvelle récolte. Si Aranda opta pour cette solution, c'est que la Couronne affrontait cette année-là des déboires financiers.

Une seule des douze parcelles convenait admirablement à des projets agricoles. Il s'agissait d'un bon terrain situé au sud-ouest du village, dans un bras asséché de la rivière. Pendant des siècles, les rares années où l'eau était haute, le Pedregos avait charrié des alluvions qui s'étaient déposées dans une courbe. Ainsi s'était créée une couche de limon fertile. Le premier élu à venir inspecter le nouveau village fut Pere-Felip Casals. Il se dépêcha de jeter son dévolu sur ce bout de terrain. Il n'avait pas hésité une seule minute. Son geste devait fournir à ses descendants non seulement la prospérité, mais aussi le pouvoir politique car ils donnèrent à Santa Eulalia plusieurs générations d'alcades.

José Alvarez, l'arrière-grand-père de Josep, arriva le quatrième. Il accepta la terre qui lui était proposée. Son rêve était de semer du blé et de devenir un fermier aisé. Mais comme les autres officiers, qui tous étaient d'origine paysanne, il avait observé que les lopins restants n'étaient pas bons. C'étaient des sols d'ardoise ou de grès – beaucoup de caillasse et peu de terre.

Ils avaient longuement discuté du problème. Pere-Felip Casals avait déjà commencé de planter des pommes de terre et du seigle sur sa parcelle fertile. José Alvarez s'était écrié :

– Faire pousser une récolte sur ces maudits cailloux !

Tous cherchèrent des idées de cultures à même de résister au brûlant soleil d'été, puis de se renouveler grâce au répit apporté par le doux hiver septentrional ; ce qu'il leur fallait, c'étaient des plantes dotées de racines capables de s'enfoncer profondément dans le sol pierreux, jusqu'à en sucer et en aspirer la moindre goutte d'eau.

Tous optèrent pour la vigne.

Mais la réforme agraire fit long feu. La Couronne décida bientôt d'encourager un système de fermage, et les propriétaires les mieux pourvus furent autorisés à louer des lopins minuscules à des paysans pauvres. Moins de deux ans plus tard, le programme était abandonné. Cependant les gens de Santa Eulalia avaient reçu leur acte de propriété en bonne et due forme.

Cette histoire, maintenant, était vieille de plus d'un siècle. Les descendants des officiers à la retraite possédaient et cultivaient à peine la moitié des terres de la commune. Le reste avait été vendu. C'étaient ces fameux lopins minuscules loués à des paysans pauvres, des *pagesos*, qui y faisaient pousser de la vigne. Certes, le propriétaire ne vivait guère mieux que le pauvre fermier, mais du moins possédait-il quelque chose et n'était-il pas à la merci d'une augmentation de loyer, voire d'une expulsion.

Courbé sur le sol, Josep arrachait les herbes et enfonçait les doigts dans l'argile chaude, caillouteuse, qui lui brisait les ongles. *La terre !* N'était-ce pas merveilleux de posséder une terre ? D'en percer la croûte, de la creuser à sa guise ? Oh, bien sûr, cette terre-là ne produisait pas de blé. Seulement de la piquette. Mais quelle importance ? La posséder, c'était posséder un morceau d'Espagne, un morceau du monde !

À la fin de l'après-midi, il entreprit de mettre de l'ordre dans la maison. Ayant sorti dans la cour la vaisselle sale et les ustensiles de cuisine, il les récura, d'abord en les grattant avec des poignées de sable, puis en les frottant à l'eau savonneuse. Il remonta la pendule et la remit à l'heure en se réglant sur l'horloge de Nivaldo, plus les quelques minutes du trajet. Ensuite il balaya les sols battus et polis un siècle durant par les pieds des Alvarez. Il irait le lendemain laver dans l'eau du Pedregos ses vêtements, et ceux que Donat avait abandonnés. En rangeant son balai, il s'aperçut que tous les manches des outils étaient secs ; il les enduisit de graisse. Enfin, alors que le soleil déclinait, l'odeur dégagée par son corps l'incommoda. Une toilette complète s'imposait. Il empocha son pain de savon brun et prit le chemin de la rivière.

Passant devant chez Torra, il vit que la propriété était mal entretenue. Une partie de la vigne n'avait pas été vendangée. La terre semblait réclamer de l'engrais.

La vigne suivante était celle qui avait appartenu à Ferran Valls. Elle était bordée, du côté de la route, par quatre oliviers au tronc tordu, dont les racines étaient grosses comme le bras. Au pied d'un de ces arbres jouait un enfant au beau visage. Cet enfant avait les yeux bleus et les cheveux noirs, les bras minces et noueux, les jambes brunies par le soleil. Josep se dit qu'il avait les cheveux trop longs pour un garçon. Il s'arrêta et s'éclaircit la gorge.

– Bonjour ! J'imagine que tu es Francesc. Moi, c'est Josep.

Francesc bondit sur ses pieds, fila derrière les oliviers et s'enfuit d'un pas gauche et boiteux. Josep poursuivit sa route. Après le dernier olivier, il fouilla la vigne du regard. L'enfant avait rejoint quelqu'un. Quelqu'un qui sarclait des pieds de vigne. Maria del Mar Orriols, et, Josep éprouva un sentiment étrange. Marimar, comme l'appelaient familièrement les gens du pays. Celle qui avait été la maîtresse de Jordi, puis la veuve de Ferran Valls. Quand l'enfant fut auprès d'elle, elle cessa de travailler et se tourna vers l'homme qui l'observait de la route. Josep la trouva plus ordinaire que dans son souvenir. On aurait presque pu la prendre pour un homme, sans sa robe et ce fichu qu'elle avait sur la tête.

– Hola ! cria Josep. Maria del Mar !

Il n'obtint pas de réponse. Marimar ne le reconnaissait pas à cette distance. Il attendit un moment. Elle ne fit pas un geste pour venir lui parler ni pour l'inviter à la rejoindre.

Josep lui adressa un signe et reprit son chemin en direction de la rivière. Quand il atteignit le bout de la propriété, la route tourna. Maria del Mar ne pouvait plus le voir à présent. Il descendit vers la rive du Pedregos.

4

Les deux saintes

Lorsque Josep avait sept ans, Teresa Gallego était la mascotte de la communauté. Eût-elle été un garçon, on l'aurait affublée d'une chemise blanche et d'un pantalon vert, puis hissée au sommet de la pyramide humaine dressée chaque année par les *castellers* lors des fêtes en l'honneur de Dieu et de la Catalogne.

D'après la légende, monter sur la pyramide humaine – le *castell* – signifiait rejouer l'ascension de Jésus vers les sphères célestes. Les tambours scandaient de vieux rythmes catalans, tandis que résonnaient ces sortes de hautbois que les Espagnols appellent *grallas*. La base du castell se composait d'un quarteron d'hommes forts bâtis comme des lutteurs. Ceints d'écharpes serrées qui leur maintenaient le dos et le ventre, ils étaient entourés par la foule qui les pressait de toutes parts. Quatre autres castellers pieds nus grimpaient sur leurs épaules, puis quatre autres encore, plus légers que les précédents, et ainsi de suite, jusqu'à former une tour de huit étages. Tout en haut, au pinacle, les plus jeunes portaient en triomphe le garçon appelé *anxaneta*.

Petite, Teresa Gallego était robuste et agile comme un singe. Elle montait beaucoup mieux que les garçons. Elle avait le droit d'assister à l'entraînement des castellers car son père, Eusebi, comptait parmi les quatre géants qui soutenaient le castell de leur force indomptable. Une fille ne pouvait être portée au pinacle et jouer le rôle de l'anxaneta, mais Teresa était aimée et admirée de tous, aussi lui était-il permis de s'élancer parfois à l'assaut du castell lors des répétitions.

Passant d'un corps à l'autre comme on grimpe à une échelle, elle se hissait jusqu'en haut en prenant appui sur des jambes et des épaules. Elle procédait avec prudence, sans faire le moindre faux mouvement qui eût risqué de déstabiliser les porteurs, mais la pyramide, bien souvent, tremblait quand même, et s'effondrait quelquefois. Un jour, lors d'une répétition, le castell s'écroula sous Teresa, qui dégringola comme un fruit parmi les corps adultes aux gestes rudes et brutaux. Elle s'en tira avec des contusions bénignes. Dieu l'avait protégée.

Teresa avait beau être regardée par tout le village comme l'enfant la plus douée pour l'ascension du castell, c'était toujours un garçon moins leste et moins expérimenté qui avait l'honneur de grimper au pinacle et de lever les bras en signe de victoire au-dessus de la foule en liesse d'où jaillissaient les cris et les applaudissements. Ces jours de fête, elle était obligée de rester sur la terre ferme, en simple spectatrice. Le rythme des tambours et le son des grallas lui donnaient des frissons. Elle voyait le castell se déployer étage après étage dans un ordre parfait, majestueux. Comme tout le monde, elle levait les yeux vers l'anxaneta.

Elle participa aux entraînements deux années durant. Puis son père montra des signes de défaillance. Il avait soudain du mal à développer sa force dans le castell. Il fut remplacé, et Teresa cessa d'assister aux répétitions. En grandissant, elle perdit de son agilité, et le village cessa de la regarder comme une mascotte. Josep, lui, continuait de l'observer de loin.

Pourquoi la trouvait-il si intéressante ? Il n'aurait su le dire. Il la vit quitter son corps d'enfant. L'année de ses seize ans, elle avait encore de petits seins, mais son corps était déjà celui d'une femme. Josep l'observait quand elle travaillait dans la vigne de son père. Elle retroussait sa jupe et la rentrait dans sa ceinture pour éviter de la salir. Elle savait que Josep la regardait de loin. Mais ils n'en parlaient jamais.

Une année, le jour de la fête de Santa Eulalia, alors que la procession avait commencé sa traversée du village et sa marche vers l'église, les deux adolescents se retrouvèrent côte à côte devant l'échoppe du maréchal-ferrant.

Il y avait une controverse au sujet d'Eulalia. Deux saintes, en fait, portaient ce nom, Eulalia, sainte patronne de Barcelone, et Eulalia, sainte patronne de Merida. L'une et l'autre étaient mortes en martyre de leur foi. Mais laquelle des deux protégeait le village? Les habitants ne s'accordaient pas sur la réponse. On fêtait Eulalia de Merida le 10 décembre, or le village avait l'habitude d'organiser ses festivités annuelles le 12 février, en se réglant sur le calendrier de Barcelone, qui était plus proche. En réalité, beaucoup de villageois avaient fini par fusionner dans leur esprit les très grands pouvoirs possédés par les deux saintes, de sorte qu'ils jugeaient *leur* Eulalia plus puissante qu'aucune des deux autres. Leur patronne régnait sur de nombreux phénomènes – la pluie, le veuvage, la pêche, la perte de la virginité et les fausses couches. Les gens invoquaient sainte Eulalia pour tous les problèmes importants de la vie.

Cinquante ans plus tôt, les habitants du village s'étaient avisés que la cathédrale de Barcelone conservait les restes de la première Eulalia, tandis que la basilique de Merida abritait ceux de la seconde. Eux ne possédaient aucune relique, pas même une minuscule phalange. Ils mirent en commun leurs maigres fonds et commandèrent une statue pour orner leur église. Un sculpteur fut engagé, homme de peu de talent, qui gravait les épitaphes sur les tombes. Il réalisa une statue grossière, rébarbative, à peine humaine. Cependant la sainte fut peinte de fraîches couleurs, et les villageois commencèrent à lever vers elle des regards pleins de fierté. Le jour de la fête patronale, les femmes la revêtaient d'une robe blanche cousue de mille clochettes au son aigrelet. Les hommes les plus forts – dont ceux qui soutenaient le castell – la portaient sur une plate-forme de bois. Et la sainte traversait l'agglomération dans cet équipage. Puis on la faisait tourner deux fois autour de la place dans le pieux tintement des clochettes. Dans le sillage de la procession couraient les enfants et les chiens. Les enfants criaient, les chiens aboyaient, la foule applaudissait; et, parmi tous ces gens en habit du dimanche, beaucoup étaient venus de très loin pour participer à la fête et rendre hommage à leur sainte.

Josep ressentait fortement la présence de Teresa à ses côtés. Il essayait de ne pas la regarder, bien qu'il en eût envie. Qui sait si elle n'était pas éprise de lui? Déjà la statue approchait dans la rue étroite. La plate-forme, qui avait tout juste la place de passer, s'inclinait parfois dangereusement vers les façades des maisons, et les porteurs devaient ajuster leur effort pour la redresser. Josep jeta un coup d'œil vers l'avant de la procession, au-delà de l'échoppe du maréchal-ferrant. La rue s'élargissait un peu, mais la foule s'y amassait. Il se tourna de nouveau vers la plate-forme, qui penchait dangereusement.

– Señorita ! dit-il d'une voix pressante.

Vite il lui prit le bras et la poussa dans un renfoncement du mur avant de s'y réfugier à son tour au moment même où la plate-forme passait à leur hauteur, si près que Josep sentit le bois rugueux frôler son vêtement. S'ils ne s'étaient écartés, la plate-forme les aurait écrasés tous les deux. À présent Josep serrait contre lui le corps de Teresa et découvrait mille sensations nouvelles. Enfin il pouvait étudier ce visage de près, sans être obligé de s'en détourner au bout d'une seconde. Il se dit que Teresa n'était pas la plus belle femme du monde – il n'y avait aucun doute là-dessus. Cependant, elle était loin d'être laide. Ses yeux bien dessinés, d'un brun léger, s'ornaient de longs cils et de sourcils très noirs. Le nez court, bien droit, était fin. Le menton était joli. Teresa avait les lèvres pleines – sa lèvre supérieure était gercée – et des dents blanches, solides, assez larges. Son haleine sentait encore l'ail du déjeuner. Josep vit qu'elle avait du côté gauche, sous la mâchoire, un grain de beauté rond qu'il eut envie de caresser.

Mais il avait envie de caresser tout ce qu'il voyait d'elle.

Elle le regardait sans ciller.

Leurs regards étaient comme accrochés l'un à l'autre.

La sainte était passée à présent. Josep recula d'un pas. Sans un mot, Teresa se glissa dans la rue et s'enfuit.

Josep resta seul dans le renfoncement. Il ne savait où poser les yeux. Il avait le sentiment que tout le monde le regardait et l'accusait d'avoir étreint sans pudeur le corps d'une fille innocente et pure. Gagné par la honte, il garda un moment les yeux baissés. Puis il s'aperçut qu'il s'était trompé. Personne ne se souciait de lui. Nul n'avait rien remarqué. Il se glissa à son tour dans la ruelle et la remonta à grands pas.

Des semaines durant, il évita Teresa. Il était incapable de croiser son regard. *Elle ne voudra plus jamais avoir affaire à moi !* se disait-il. Il en venait à regretter de s'être trouvé devant l'échoppe du maréchal-ferrant le dimanche de la procession. Puis, un jour qu'il allait au puits, il tomba sur Teresa qui elle aussi venait chercher de l'eau. Ils se retrouvaient ensemble à la margelle avec leurs seaux et échangèrent un regard. Josep aida Teresa à remonter son eau. Ils restèrent un long moment à parler, paisiblement, sérieusement, comme deux êtres unis par la volonté de leur sainte patronne.

5

Arrangement entre frères

$\mathcal{U}$ne semaine après le retour de Josep, Donat vint à la masia avec Rosa Sert, son épouse. Il n'avait jamais été maigre et semblait avoir encore grossi ; des bajoues lui étaient venues, et une brioche imposante débordait de sa ceinture. Rosa était une petite personne jolie et dodue. Curieusement, elle eut l'air de vouloir mettre en garde Josep en même temps qu'elle lui souhaitait un bon retour au pays. Mais Donat se hâta de prendre la parole.

— Le padre disait que tu étais parti faire le soldat. Peut-être au pays Basque. Ce groupe d'amis avec lesquels tu étais, ces chasseurs, ce n'était pas une espèce d'entraînement militaire ?

— Les choses ont tourné autrement.

Il ne tenait pas à fournir des explications. Il leur apprit seulement qu'il avait travaillé quatre ans en Languedoc et leur offrit de goûter ce qui restait de vin français au fond de sa gourde. Le breuvage était éventé, mais Donat et Rosa le trouvèrent à leur goût.

— Alors tu travailles à l'atelier ? reprit Josep. Dans le textile ? C'est bien ?

— Ça me plaît. La paie tombe deux fois par mois, qu'il grêle ou que ce soit la sécheresse. Peu importe les calamités.

Josep hocha la tête.

— Les rentrées régulières, c'est toujours une bonne chose. Mais le travail ?

— J'aide l'ouvrier qui surveille le métier à tisser. J'apprends. Quand la chaîne casse, on la répare en faisant des nœuds. Je regarnis les bobines. Il ne faut pas attendre qu'elles soient vides ! C'est une grande filature avec beaucoup de métiers à tisser équipés d'un moteur à vapeur. Il y a des possibilités d'avancement. J'espère devenir mécano sur les métiers.

— Et vous, Rosa ?

— Je suis au contrôle des tissus. Je vérifie qu'il n'y a pas de taches. S'il y a un défaut, je répare. En cas d'imperfection, de petits trous, je raccommode à l'aiguille.

— Elle est très douée, intervint fièrement Donat. Mais les femmes douées sont moins bien payées que les hommes incapables.

Josep approuva du chef.

La conversation retomba un instant. Puis Donat reprit :

— Bon, et maintenant, qu'est-ce que tu vas faire ?

Josep savait que la disparition de l'écriteau À VENDRE ne leur avait pas échappé.

— Du vin. Du vin pour le vinaigre.

— Où ça ?

— Ici.

Tous deux le dévisageaient d'un air horrifié.

— Je ne gagne même pas deux pesetas par jour, dit Donat. Et ils vont me laisser avec un demi-salaire encore deux ans, le temps d'apprendre le boulot. J'ai besoin d'argent. C'est pourquoi je vais vendre la propriété...

— Et moi, je vais te l'acheter.

Donat en resta bouché bée. Rosa pinça les lèvres avec une expression inquiète. Josep leur expliqua son idée avec toute la patience dont il était capable.

— Le seul homme qui puisse être intéressé par cette terre, c'est Casals. Lui seul a l'argent. Et, de cet argent, je ne pourrai toucher qu'un tiers, puisque je suis le cadet.

— Le padre a toujours été clair là-dessus. Toute la vigne devait me revenir !

Le padre a toujours été clair là-dessus.

— Si la terre devait te revenir intégralement, c'est que la vigne ne peut nourrir qu'une seule famille. Mais le padre n'avait aucune intention de te la laisser pour que tu la vendes ! Et tu le sais. Tu le sais même très bien. Voilà la vérité, Donat !

43

Ils se regardaient dans les yeux ; Donat détourna les siens le premier.

— Appliquons la règle, reprit Josep. Deux tiers pour l'aîné, un tiers pour le cadet. Je te paierai un bon prix. Un meilleur prix qu'Angel Casals. Moins un tiers. Car je refuse de payer pour quelque chose qui m'appartient déjà.

— Et l'argent, tu comptes le trouver où ? s'enquit Donat d'une voix trop calme.

— Je vendrai mon raisin, comme le padre l'a toujours fait. Je te paierai chaque trimestre, jusqu'au dernier sou. J'ai mis de côté presque tout ce que j'ai gagné en France, reprit Josep. Quatre années de dur labeur ! Je peux te faire un premier versement tout de suite. Après, tu toucheras chaque trimestre un joli complément de salaire. Pendant longtemps. Voilà qui arrangera vos affaires, à tous les deux. Et la vigne restera dans la famille Alvarez.

Donat regarda Rosa, qui haussa les épaules et dit à Josep :

— Signe-lui un papier !

— Un papier ? Quel papier ? C'est un arrangement entre frères !

— Ça n'empêche pas de faire les choses dans les règles, dit-elle d'un air têtu.

Josep interrogea Donat.

— Depuis quand il faut un papier entre deux frères ?

L'idée lui déplaisait. Il ajouta :

— Et pourquoi deux frères iraient-ils engraisser un notaire ?

Donat se taisait. Rosa insista :

— Parce que c'est la règle. Mon cousin Carles est avocat. Il nous fournira le document officiel pour une somme modique.

Elle et Donat regardaient Josep d'un air de ne pas vouloir en démordre. Cette fois, ce fut Josep qui détourna les yeux.

— Très bien. Vous n'aurez qu'à m'apporter ce sacré papier.

Ils revinrent le dimanche suivant avec le document copié en double exemplaire sur du papier épais. Donat le tenait comme s'il s'agissait d'un serpent. C'est avec soulagement qu'il le tendit à son frère. Josep essaya de le déchiffrer, mais sans y parvenir, tant cette histoire lui portait sur les nerfs. Les mots dansaient devant ses yeux. Il savait ce qu'il avait à faire, de toute façon.

– Attendez-moi ici, dit-il sèchement.

Il les laissa dans la maison, assis à cette table où le padre avait toujours pris ses repas.

Il trouva Nivaldo dans son logement en entresol au-dessus de l'épicerie. Le commerçant lisait son journal, *El Cascabel*, déployé devant lui. Le dimanche, il attendait la fin de la grand-messe pour ouvrir son négoce, et les fidèles, alors, défilaient chez lui afin de s'approvisionner pour la semaine. Son mauvais œil demeurait fermé quand il lisait, et il devait cligner de l'autre pour pouvoir déchiffrer les mots. Il ressemblait à un faucon.

C'était l'homme le plus avisé que Josep eût jamais rencontré. Nivaldo aurait pu être une tout autre personne, ou faire de sa vie tout autre chose. En 1812, la semaine même où les Anglais avaient forcé Joseph Bonaparte à quitter Madrid, il avait fui Cuba et ses champs de canne à sucre. Il avait douze ans. Cuba était son île natale. Il s'embarqua comme passager clandestin sur un navire à destination de Maracaibo. Il devait être ensuite gaucho en Argentine, homme de troupe dans l'armée espagnole, et finalement déserteur, comme le padre l'avait raconté à Josep. Nivaldo avait servi dans la marine à voile. De temps en temps, il laissait échapper une phrase énigmatique laissant deviner qu'il avait été corsaire avant de venir s'établir épicier dans un village de Catalogne. Où avait-il appris à lire et à écrire ? Il disait ne pas se rappeler avoir jamais fréquenté une école. Il était pourtant assez instruit pour avoir fait la classe à Josep et à Donat quand ils étaient petits ; il les installait à une petite table, et sa leçon était sans cesse perturbée par les clients qui venaient à la boutique acheter leur morceau de chorizo ou de fromage.

– Quelles nouvelles, Nivaldo ?

L'épicier poussa un soupir et replia *El Cascabel*.

– Sale temps pour l'armée gouvernementale. Ils ont essuyé une de leurs pires défaites. Deux mille hommes faits prisonniers par les carlistes après une bataille dans le Nord. Il y a aussi des problèmes à Cuba. Les Américains arment les rebelles. C'est comme s'ils compissaient Cuba depuis la Floride ! Tant que l'île ne sera pas à eux, ils ne seront pas contents. Cuba est un joyau. Ils ne supportent pas que ce joyau soit gouverné par un pays lointain comme l'Espagne.

Il mit son journal de côté.

— Mais qu'est-ce qui t'amène ?

Il avait posé la question d'un ton maussade. Josep lui présenta le document officiel. Nivaldo le lut.

— Alors, comme ça, tu rachètes la vigne à ton frère. C'est une très bonne chose.

Ayant étudié le document une seconde fois, il dit, en lâchant un soupir :

— Tu l'as lu ?

— Pas vraiment.

— Merde alors !

Il lui rendit son papier.

— Lis-le ! Attentivement ! Plutôt deux fois qu'une !

Il attendit que Josep se fût exécuté et pointa du doigt un paragraphe.

— Leur homme de loi dit que si tu manques un seul versement la terre et la masia seront automatiquement restituées à Donat !

Josep émit un grognement.

— Dis-leur de modifier cette clause. D'accord pour qu'ils aient un moyen de pression sur toi, mais, dans ce cas, tu ne perdras ton bien que si tu as manqué trois règlements consécutifs.

— Qu'ils aillent au diable ! Je ne signerai pas ce torchon ! Ça me dégoûte de marchander avec mon propre frère pour une terre qui appartient à notre famille.

Nivaldo se pencha vers Josep, lui saisit le poignet et le regarda dans les yeux.

— Écoute-moi, Tigre, dit-il doucement. Tu n'es ni un enfant ni un imbécile. Alors protège-toi.

Mais Josep, justement, se sentait comme un enfant.

— Et s'ils refusent de modifier la clause ? demanda-t-il.

— Ils ne refuseront pas. Ils s'attendent à ce que tu discutes. Dis-leur... Dis-leur que si tu es en retard pour un paiement, tu acceptes une pénalité de dix pour cent sur la somme due.

— Tu crois qu'ils vont accepter ça ?

— Je le crois.

Josep le remercia et se leva pour partir.

— Mets cette modification par écrit, reprit Nivaldo. Et signe à côté. Que Donat signe aussi. Attends...

Il posa sur la table une bouteille de vin et deux verres. Il donna à Josep une poignée de main.

— Tu as ma bénédiction. Bonne chance, Josep.

Josep le remercia. Il descendit rapidement son verre – trop rapidement pour un verre de vin. Et il se hâta de retourner chez lui.

Donat avait deviné que Josep était allé consulter Nivaldo. Du reste, il respectait l'épicier, lui aussi. Et il n'avait pas envie de se quereller pour cette demande de modification. Rosa, en revanche, se fit tirer l'oreille, comme Josep l'avait prévu.

— Tu dois savoir que tu seras obligé de payer à l'heure dite ! lança-t-elle d'un ton sévère.

— Je le sais, gronda-t-il.

Après qu'il eut avancé la proposition des dix pour cent de pénalité, elle fit attendre sa réponse durant un long et pénible moment. Puis elle consentit d'un signe de la tête. Josep commença de rédiger laborieusement la nouvelle clause, sous l'œil de son frère et de Rosa. Puis il apposa sa signature à l'endroit indiqué sur les deux exemplaires. Rosa reprit :

— Mon cousin Carles, l'avocat, a dit que s'il y avait des changements il devrait les lire avant de les donner à Donat à signer. Tu viendras à Barcelone chercher ton exemplaire !

Josep traduisit par-devers lui : « Nous payer ce que tu nous dois ! » Mais il n'avait aucune envie d'aller à Barcelone.

— Je rentre de voyage, dit-il froidement.

Donat avait l'air embarrassé. À l'évidence, il souhaitait calmer le jeu.

— Je viendrai chaque trimestre chercher l'argent, dit-il. Mais toi, si tu venais nous faire une visite samedi soir ? Tu repartirais avec ton papier. Après nous avoir versé le premier règlement. On pourrait fêter ça. Tu verrais comment on s'amuse à Barcelone !

Josep en avait par-dessus la tête. Tout ce qu'il voulait, c'était les voir partir. Il acquiesça à la proposition. Il passerait samedi chez eux.

Après leur départ, il resta un long moment assis à sa table, comme sous le choc. Puis il se leva, sortit et prit la direction de la vigne.

Il avait le sentiment de s'être métamorphosé soudain en frère aîné. Normalement, il aurait dû se sentir ravi, heureux, empli d'excitation. Or c'était le contraire. Le doute s'était insinué en lui.

Il arpenta la vigne, se pencha sur les ceps. Les rangées n'avaient pas le bon écartement – l'intervalle impeccable des vignes de Mendès. Les pieds poussaient de travers, en se tordant comme des serpents au lieu de s'élever bien droit vers le ciel. Et pour cause ! On les avait plantés en dépit du bon sens. D'ailleurs, les variétés étaient mélangées – on trouvait des pieds de grenache, de samso et d'ull de llebre mêlés au raisin cultivé par des générations d'Alvarez destiné à produire un pauvre vinaigre sans saveur. Josep songea que ses ancêtres ne s'étaient pas souciés de cépage. Tant que leurs pieds de vigne donnaient de lourdes grappes noires bien juteuses, ils étaient contents. Et c'est ainsi qu'ils avaient survécu, après tout. Qu'est-ce qui l'empêchait, lui, Josep, de faire de même ?

Il songea aussi au changement qui était en train d'intervenir dans sa vie. Aurait-il la force de relever le défi ? La responsabilité n'était-elle pas trop lourde ? Non, car il n'avait pas la charge d'une famille. Ses propres besoins étaient limités. Il y aurait des dépenses à effectuer pour la vigne, naturellement, et il se demanda s'il aurait les moyens de s'acheter une mule. Le padre possédait une mule, autrefois. Il l'avait vendue quand ses fils avaient atteint l'âge d'effectuer la tâche d'un homme. Trois hommes abattaient de l'ouvrage, dans une vigne, assez en tout cas pour que l'on n'ait pas besoin de s'encombrer d'un animal à soigner et à nourrir.

Josep, lui, serait seul pour faire le travail ; et quand on est seul, une mule est une aubaine.

Il marcha jusqu'à la colline qui marquait la fin de sa propriété et regarda le soleil se coucher sur son domaine. Au fil des années, tout l'espace cultivable avait été planté. Tout l'espace jugé cultivable, plutôt, car la moitié de la pente seulement se couvrait de rangées de ceps. Une pente qui n'était pas loin des quarante-cinq degrés dont parlait souvent Léon Mendès. Quarante-cinq degrés représentaient une inclinaison trop forte. Une mule ne pouvait l'escalader. Josep se souvenait pourtant d'avoir planté lui-même, en France, à la force du poignet, des terrains aussi pentus que celui-là. Promenant ses regards autour de lui, il nota que la plupart des vieux ceps étaient des ull de llebre. Mais il y avait également une section de grenache. Il escalada le flanc de la colline pour aller examiner les pieds les plus anciens, les plus beaux, ceux qui avaient peut-être cent ans d'âge, et dont le tronc noueux était aussi gros que la cuisse. Aux sarments déjà secs s'accrochaient encore quelques grappes de raisin. Josep goûta une poignée de grains. Il leur trouva une saveur qui persistait en bouche.

Il monta encore plus haut. Quelquefois, il devait se mettre à genoux pour progresser sur ce sol âpre. Au passage, il arrachait des ajoncs et des mauvaises herbes. Que de pieds de vigne on pouvait planter ici ! Josep sentait qu'il aurait bientôt la possibilité d'augmenter considérablement sa production. Car il avait acquis des connaissances ignorées de ses aïeux. L'envie le dévorait maintenant de s'atteler à la tâche. Il avait hâte d'explorer des voies où le padre n'aurait pas même osé s'aventurer.

Ce soir-là, il dormit pour la première fois dans le lit de son père.

Ce qui lui arrivait était un miracle. Le jour qui s'achevait était aussi important que celui où le roi et le général Pedro de Aranda avaient attribué une terre au sergent José Alvarez.

Josep ne doutait plus.

Au contraire, le bonheur le gagnait – ce bonheur qui l'avait toujours fui. Tout à l'heure, il était resté assis un long moment sur la terre encore chaude, à mi-pente de sa vigne, les yeux fixés sur le ciel rougeoyant. Puis la nuit était tombée sur ses terres et sur le village de Santa Eulalia.

6

Le voyage à Barcelone

*L*e samedi matin, il entreprit de sarcler la terre afin d'éclaircir une rangée de très vieux ull de llebre dont les pieds hirsutes se tordaient entre les cailloux, mais il dut s'interrompre bientôt car il ignorait combien de temps lui serait nécessaire pour trouver la filature où Donat travaillait.

Ayant rejoint la route de Barcelone, il se remémora le long voyage accompli à son retour de France et n'eut pas envie de recommencer à marcher. Il attendit, assis sur une borne. Il vit passer plusieurs attelages. Il se leva quand apparut un charroi tiré par deux paires de lourds chevaux de trait. Cette voiture transportait des fûts neufs. Josep fit signe au cocher.

L'homme souhaita le bonjour à Josep et, pour lui laisser le temps de monter, força ses montures à ralentir. Il avait les joues rouges et la barbe fournie et semblait aussi fort que ses bêtes. Mais c'était une bonne âme. Il fut ravi d'avoir quelqu'un à qui parler. En compagnie, dit-il, les heures étaient moins longues. Il s'appelait Emilio Rivera, venait de Sitges, où il possédait une fabrique de tonneaux.

— Ils sont beaux, fit observer Josep en jetant derrière lui un coup d'œil au chargement. Ils sont destinés à des viticulteurs ?

Rivera sourit.

— Non. Je ne vends pas aux viticulteurs. Des barriques aux vinaigriers, quelquefois. Ces tonneaux-là sont pour les pêcheurs ! Ils y mettent leur poisson. Le colin, la daurade, le hareng, le thon... Ils ont même des fois de la sardine et de l'anchois. Plus rarement de l'anguille, qui part trop vite comme poisson frais. J'aime les jeunes anguilles.

Josep songea qu'il avait de la chance, car ce charroi allait bon train. Il poursuivit la conversation sans faire allusion à la guerre civile – on ne pouvait jamais savoir qui était carliste et qui soutenait le gouvernement. Il préféra complimenter le tonnelier sur ses chevaux et lui demander son opinion sur les animaux de trait.

– Je pense que je vais bientôt acheter une mule, dit-il. Une bonne mule bien robuste.

– Il faut que tu ailles pour ça à la foire aux chevaux de Castelldefels. C'est dans moins d'un mois. Mon cousin Eusebio Serrat s'occupe des ventes de chevaux et de mules. Pour une somme modique, il t'aidera à faire le tri dans les offres.

Josep hocha la tête ; le nom du cousin s'inscrivit dans un coin de sa mémoire.

Peu après midi, ils arrivèrent à la périphérie de Barcelone, et, comme le rendez-vous avec Donat était fixé à 17 heures, il se laissa conduire jusqu'au centre. Quand il sauta du charroi, place de la Seu, les cloches de la cathédrale sonnaient 14 heures à toute volée.

Josep visita la basilique, explora les galeries voûtées. Dans le cloître, il s'assit sur un banc pour grignoter son fromage et son pain. De temps en temps, il jetait des miettes aux oies qui erraient en troupeau dans le jardin planté de magnolias, d'argousiers et de palmiers. Quand il eut fini son repas, il alla s'asseoir dehors, sur les marches de l'entrée, où il profita du soleil de ce début de printemps. À en croire les explications de Nivaldo, l'échoppe de cordonnier tenue par le mari de Teresa n'était pas loin. Irait-il voir Teresa ? Que trouverait-il à lui dire si cela arrivait ?

Cela n'arriva pas. Josep regarda les gens entrer et sortir de l'édifice – des prêtres, des bourgeois dans leurs beaux habits, des religieuses de diverses congrégations, des hommes et des femmes du peuple à la figure lasse, des gamins aux pieds nus et crasseux. Puis les ombres s'allongèrent sur le pavé et Josep s'éloigna de la cathédrale pour s'engager dans les ruelles.

Les murs de brique rouge de l'atelier n'étaient pas encore en vue que déjà lui parvenait le vacarme des métiers à tisser. À ce bruit, il sentit monter en lui une vague d'appréhension.

51

Donat l'embrassa, heureux de voir son frère, impatient de lui montrer l'endroit où il travaillait.

– Viens.

Ils s'approchèrent ensemble du long bâtiment bas. Quand ils pénétrèrent dans la filature, le grondement des métiers se fit assourdissant. Apparut un homme vêtu d'une veste noire de fin tissu serrée à la taille par une ceinture grise. Il arrêta son regard sur Donat et lança :

– Toi ! Il y a une balle de laine gâtée derrière les cardeurs. Tu vas t'en occuper, compris ?

Donat ne fit même pas mine de vouloir rechigner, bien qu'il fût à pied d'œuvre depuis 4 heures du matin.

– Oui, señor Serna. Je vais m'en occuper. Mais permettez-moi de vous présenter mon frère, señor. Josep Alvarez. J'avais fini avec mon équipe. Je voulais lui faire voir les ateliers.

– Montre-lui les ateliers. Mais après, débarrasse-moi de cette laine gâtée... Il cherche du travail, ton frère ?

– Non, señor, répondit Josep.

L'homme lui tourna le dos, signifiant que la discussion n'avait plus d'intérêt.

Donat s'arrêta près d'un coffre empli de laine brute et conseilla à Josep de se fabriquer des bouchons pour les oreilles.

– À cause du bruit.

Même avec les bouchons, cela fut insupportable dès qu'ils eurent passé une série de portes. Ils parvinrent à une galerie dominant une dalle de ciment où d'innombrables machines tournaient dans un vacarme qui l'emplit d'horreur. Donat lui fit une petite tape sur le bras.

– Les fileurs ! dit-il. Et les métiers. Et ainsi de suite.

Josep devinait les mots plus qu'il ne les entendait.

– Il y en a combien ? demanda-t-il.

– Trois cents !

Il s'éloigna. Josep le suivit. Ils traversèrent un océan de bruits stridents. Donat désigna à son frère les hommes qui alimentaient les machines en charbon. Le combustible dégringolé des wagons formait près des chaudières des tas qu'il fallait enfourner au plus vite. Des ouvriers à demi nus se chargeaient de cette besogne à grands coups de pelle réguliers. Plus loin, au fond d'un couloir aux parois de brique, se trouvait la pièce où l'on triait la laine directement sortie des balles, afin d'en vérifier la qualité et la longueur. Donat fit comprendre à Josep que les chaînes les plus longues étaient les meilleures. La laine, ensuite, atterrissait sur des tables dressées sur des conteneurs, où elle était secouée et débarrassée de sa poussière. Elle passait également dans des bacs pour être nettoyée encore et réduite. Enfin venaient les machines à carder qui resserraient les fibres. La laine, alors, était prête à être filée. Donat sourit à un de ses collègues et lui toucha le bras.

– Mon frère !

Le collègue salua Josep d'une poignée de main. Puis il toucha son propre visage et se détourna. Ce signal, comme Josep l'apprit par la suite, indiquait qu'un chef était en train de les surveiller. Le contremaître en question disposait d'un poste d'observation, une plate-forme dressée au centre de l'atelier, d'où il avait une vue d'ensemble. Au-delà de la plate-forme, un écriteau disait : TRAVAILLEZ EN SILENCE. PARLER NUIT À LA QUALITÉ DU TRAVAIL.

Donat se hâta d'entraîner son frère hors de cette pièce. Ils suivirent le chemin de la laine le long des étapes qui allaient du cardage aux bobines de tissu, en passant par le tissage et la teinture. Le vacarme donnait à Josep des vertiges. Il suffoquait à cause des odeurs de laine, de teinture, d'huile et de charbon, sans parler de la sueur dégagée par les corps des centaines d'ouvriers affairés. Donat, non sans fierté, l'invita à caresser les riches étoffes de couleur. Josep tremblait. Il n'avait qu'une hâte, trouver une excuse pour fuir cet endroit, le hurlement incessant de ces machines prises de folie.

Il aida son frère à transporter la laine gâtée jusqu'à un conteneur derrière l'usine. De là, le bruit des métiers continuait de leur parvenir, mais étouffé.

– Je pourrais emporter un sac de cette laine ? demanda-t-il. J'en aurais l'usage.

Donat éclata de rire.

– Pourquoi pas ? Elle pue. On ne pourra pas l'utiliser. Prends-en autant que tu veux.

Il en emplit lui-même un sac de toile et le tendit à Josep avec un sourire indulgent. Puis ils s'en allèrent.

Donat et Rosa habitaient le quartier où se trouvait la filature. Leur petite maison appartenait à un ensemble d'habitations bon marché, toutes identiques, que l'usine avait fait construire pour les louer à bas prix aux ouvriers. Composée de deux pièces minuscules, une chambre et une cuisine, elle se serrait entre deux maisons. Rosa accueillit Josep chaleureusement, mais produisit aussitôt les deux exemplaires de l'acte de vente.

– Mon cousin Carles a approuvé les modifications, dit-elle.

Elle surveilla Donat de près tandis qu'il apposait sa signature sur les documents. Puis Josep signa à son tour. Il prit son exemplaire. Donat et Rosa rayonnaient de joie quand il leur remit les billets du premier versement.

– On va fêter ça ! dit Donat.

Il se précipita dehors pour acheter de quoi faire un bon dîner. Rosa partit aussi de son côté mais fut bientôt de retour, accompagnée d'une jeune femme rondelette qu'elle lui présenta :

– Voici Ana Zulema. C'est mon amie. Elle vient d'Andalousie.

Elles s'étaient habillées pour l'occasion ; elles portaient toutes deux une même jupe noire et un chemisier blanc amidonné.

Peu après, Donat était de retour, chargé de bouteilles et de nourriture.

– Je suis allé au magasin de la filature. L'atelier fournit aussi l'église et le curé. Et une école pour les petits. Tu vois, on a tout ce qu'il faut sur place. Pas besoin d'aller en ville.

Tout en parlant, il disposait sur la table de la viande aux épices, de la morue, de la salade, des olives et du pain. Josep nota avec amertume que son premier versement était déjà plus que dépensé.

– J'ai pris de l'eau-de-vie ! s'exclama Donat. Et ce vinaigre, regarde... Il vient peut-être des vignes du padre.

Il but de grandes lampées d'eau-de-vie. Dans le cours de la conversation, il revenait sans cesse à son travail ; même à la maison, il n'arrivait pas à lâcher le sujet.

– Ici, expliquait-il, c'est le nouveau monde. Les ouvriers viennent de toute l'Espagne. Beaucoup du Sud. Il n'y a pas de travail chez eux. D'autres ont été chassés par la guerre. Leur vie était ruinée. Les carlistes ont rasé leurs maisons, brûlé leurs récoltes en plein champ, volé leurs provisions. Leurs gosses crevaient de faim. Ici, ils ont la possibilité d'un nouveau départ, d'un avenir meilleur. Grâce aux machines ! Ce n'est pas formidable, toutes ces machines ?

– Si, dit Josep, peu convaincu.

Lui, les machines l'intimidaient.

– Dans deux ans, poursuivit Donat, j'aurai fini l'apprentissage. Alors je serai fileur !

Il devait admettre cependant que les fileurs n'avaient pas la vie facile.

– Le règlement est dur. C'est à peine si tu as le droit de t'absenter pour tes besoins naturels. Il n'y a pas de pause casse-croûte. Tu es obligé d'avoir un bout de fromage ou de viande dans ta poche et de manger en travaillant.

Les métiers tournaient vingt-quatre heures sur vingt-quatre. Deux équipes se succédaient. Les journées étaient longues.

– Ils n'arrêtent que le dimanche, pour graisser les machines et les remettre en état. Un jour, j'espère que je ferai ça moi aussi : l'entretien des machines.

Quand ils eurent dîné et que la bouteille d'eau-de-vie fut vide, Donat bâilla, prit sa femme par la main et déclara qu'il était l'heure d'aller se coucher. Josep avait descendu de nombreux verres, lui aussi, et la tête lui tournait. Il se retrouva bientôt étendu aux côtés d'Ana Zulema sur le matelas de paille que Donat avait déplié à même le sol de la cuisine. Dans la chambre, il y eut bientôt du remue-ménage : Donat et Rosa faisaient l'amour sans se soucier de discrétion. Ana étouffa un rire et se rapprocha de Josep. Son visage était poudré, parfumé. Josep l'embrassa. Elle enroula ses jambes autour de lui. Il résista, si fort que fût son désir. Depuis combien de temps n'avait-il pas touché une femme ? Mais des visions de cauchemar lui venaient : Ana enceinte, un mariage hâtif dans l'église de la filature, un emploi à l'usine, un travail d'esclave dans le vacarme infernal des machines...

– Josep ? finit par murmurer Ana.

Il feignit d'avoir sommeil. La femme insista, en vain. De guerre lasse, elle se leva et sortit de la maison.

Josep ne put fermer l'œil de la nuit. Il avait envie qu'Ana revienne et avait honte de l'avoir laissée partir. Il était de mauvaise humeur, avec encore dans les oreilles le bruit furieux des métiers à tisser. La dette qu'il avait contractée auprès de son frère et de sa belle-sœur lui semblait un fardeau. Le jour n'était pas encore levé quand il quitta le matelas de paille. Ayant pris au passage le sac de laine ramené de la filature, il se mit en route pour rentrer chez lui.

La journée s'achevait quand il arriva à Santa Eulalia après avoir voyagé dans cinq voitures. Fatigué, il gagna immédiatement sa vigne et les rangées de ceps qu'il avait éclaircies la veille. Il étala autour de chaque pied d'ull de llebre de généreuses quantités de cette laine ramenée de la filature. Il opérait en formant des cercles, puis enfonçait la laine dans la croûte mince qui couvrait la terre. Il sentait que cette laine, dont la décomposition avait déjà commencé, pouvait fournir au sol des éléments susceptibles d'aider le raisin à pousser. Elle adoucirait la terre, la rendrait plus perméable, de sorte que l'air et l'eau se fraieraient plus aisément un chemin vers les racines. Josep œuvra ainsi jusqu'à ce que le sac fût vide. Il regretta même de n'avoir pas pris davantage de laine. Mais peut-être arriverait-il à convaincre Donat de lui en apporter un autre sac.

À la nuit tombée, la vieille maison de pierre lui offrit une impression solide et fiable. Il noua dans un mouchoir du chorizo et un morceau de pain, prit une gourde de vin et monta s'asseoir sur la crête de la colline où il dîna dans les tout derniers feux du couchant. Bientôt il fut gagné par la fraîcheur de la nuit.

L'air était vif, ce soir-là ; dans quelques semaines, il se chargerait de senteurs.

Josep se souvenait d'avoir entendu, enfant, Nivaldo lui parler d'un village enfoui dans les profondeurs de la terre, sous la vigne du padre. Dans ce village souterrain, affirmait Nivaldo, vivaient des êtres velus qui n'étaient ni hommes ni bêtes. On les appelait les « Créatures ». Leur rôle consistait à alimenter les ceps en nourriture et en eau. Tel était leur destin : produire du raisin année après année, sans jamais faiblir. Ayant écouté ces récits, Josep allait se coucher la tête pleine d'images fascinantes et effrayantes à la fois ; il se représentait les Créatures comme des enfants vêtus d'épaisses fourrures, aux mains griffues, qui creusaient des galeries sous le sol obscur et communiquaient entre eux en poussant des cris et des grognements.

Il répandit quelques gouttes de son vin sur le sol. Pour les Créatures, songea-t-il rêveusement. Relevant la tête, il vit une chouette traverser le ciel. Un court instant, l'oiseau se découpa sur le disque de la lune. Le plumage, au bout de ses ailes, dessinait presque des doigts. Le rapace ne tarda pas à disparaître dans la nuit. Tout était paisible. Josep eut le sentiment que l'on pouvait entendre le silence. Et il se dit aussi, avec grand soulagement, qu'il avait fait une bonne affaire.

7

Voisinage

*I*l progressait à pas lents le long de ses rangées de vigne, tout à son plaisir d'examiner les grappes naissantes aux grains pâles, minuscules, à peine formés sur leurs tendres tiges. Il s'assurait que des escargots ou autres bestioles n'attaquaient pas les feuilles ; si c'était le cas, il les traiterait par le soufre.

Un cri lui parvint. C'était la voix de Maria del Mar Orriols, au-delà de la propriété.

— Francesc ! Francesc, où es-tu ?

L'appel se répéta, puis Maria del Mar cria plus fort. À présent, elle était sur la route, et son cri trahissait de l'angoisse.

— Francesc...

Josep vit le petit garçon, qui l'observait du bout d'une rangée, tel un lutin jailli d'une contrée imaginaire.

Il ne pouvait être venu de la route. Il était passé par l'arrière de la propriété maternelle, avait traversé la vigne de Torra puis atteint celle de Josep. Il n'y avait de barrière nulle part. Les terres n'étaient séparées que par des espaces assez larges pour permettre à un homme de circuler. Chacun connaissait parfaitement le tracé des domaines.

— Salut ! lança Josep.

Mais l'enfant ne répondit pas.

— Je fais les rangées, enchaîna Josep. J'apprends à connaître ma vigne. Tu sais que la vigne réclame beaucoup d'attention ?

L'enfant le fixait de ses grands yeux immobiles. Il portait une chemise et un pantalon usés mais raccommodés avec soin. Sa mère devait lui réparer ses habits en récupérant les tissus encore bons dans les effets de son défunt mari. Francesc avait une tache de terre aux genoux. Une jambe de pantalon était légèrement déchirée.

— Francesc ! Francesc !

— Il est là ! cria Josep. Avec moi !

Il se pencha et prit le jeune garçon par la main.

— Nous ferions mieux de te ramener à ta maman.

Francesc, à première vue, n'était pas différent des autres gamins du pays, sinon qu'il boitait. Josep s'en aperçut dès qu'ils remontèrent la rangée côte à côte et en conçut de la peine. Le petit bonhomme avait manifestement la jambe droite plus courte que l'autre. À chaque pas, il avait la tête qui basculait ; puis elle se redressait brusquement quand le pied gauche prenait son appui.

Ils trouvèrent Maria del Mar sur la route. Josep, qui la connaissait peu, se rendit compte qu'elle était plus âgée, plus maigre, plus dure peut-être que dans son souvenir. Son regard disait qu'elle avait à cœur de rester prudente, voire sur ses gardes, comme si elle s'attendait à une mauvaise nouvelle ou à quelque incident désagréable. Mais elle se tenait droite dans son corps de femme mûre, sur ses longues jambes que cachait une jupe noire tachée de boue, salie par le travail. L'effort l'avait décoiffée. Elle était rouge. La sueur perlait à son front. Quand elle tourna le dos à Josep pour s'agenouiller devant son fils, il vit qu'elle avait une tache de transpiration entre les omoplates. Elle saisit fermement la main de Francesc.

— Je t'ai dit de rester chez nous quand je travaillais ! Pourquoi ne veux-tu pas obéir ?

Le ton était sévère, mais l'enfant souriait.

— Bonjour, Maria del Mar, dit Josep.

— Bonjour, Josep, répondit-elle en se relevant.

Il craignait qu'elle ne l'interroge au sujet de Jordi Arnau. Jordi n'avait-il pas été l'ami de Josep ? Mais quand Josep l'avait vu pour la dernière fois, il venait juste de se faire couper la gorge. Maria del Mal regarda Josep d'un œil indifférent.

— Excuse-moi s'il t'a embêté, dit-elle.

— Il est très gentil. Il sera toujours le bienvenu... J'ai repris la vigne de mon père.

Elle approuva du chef. Personne n'ignorait au village que Josep était devenu propriétaire.

– Je te souhaite bonne chance, dit-elle gentiment.

– Merci.

Elle se tourna vers son fils.

– Tu le sais, pourtant, Francesc ! Tu ne t'éloignes pas quand je suis dans la vigne !

Elle adressa un signe à Josep et partit en traînant le petit garçon par la main. Josep nota qu'elle cheminait sans se presser, même si elle avait hâte de retourner à sa besogne. Mais son enfant avait du mal à marcher, et elle faisait l'effort de l'attendre. Josep en fut ému.

L'après-midi le trouva attablé devant un café en compagnie de Nivaldo.

– On ne peut pas dire que nos femmes nous attendent bien longtemps, dit-il sombrement.

Nivaldo répondit, d'un ton sage :

– Elles devraient t'attendre ? Tu t'en vas sans leur dire pour combien de temps ! Une fois parti, tu n'envoies de nouvelles à personne. Même pas pour dire que tu es toujours de ce monde. Ici, on pensait que tu ne reviendrais plus.

– Je ne crois pas qu'aucun de nous ait envoyé de ses nouvelles. On ne pouvait pas. Je ne pouvais pas. Pour certaines raisons...

Nivaldo attendit une suite qui ne vint pas. Si quelqu'un pouvait comprendre, c'était lui, car sa propre vie était émaillée d'épisodes dont il ne pouvait parler.

– Ce qui est fait est fait, soupira-t-il. Un homme et une femme ne peuvent pas vivre éternellement séparés. Il y a une limite...

Mais Josep n'avait pas envie de parler de Teresa. Il ne put s'empêcher de dire, avec une pointe d'amertume :

– Maria del Mar a eu tôt fait de se marier. Elle n'a pas perdu de temps.

– Seigneur, Josep ! Il fallait bien qu'elle trouve un moyen de survivre, non ? Son père n'était plus là depuis belle lurette, et sa mère était phtisique ! Ils gagnaient à peine de quoi s'en sortir. Ne me dis pas que tu as oublié ça !

Il n'avait pas oublié.

— Sa mère est morte peu après ton départ. Qu'est-ce qu'il lui restait ? Rien. Rien que son corps en bonne santé, et son petit garçon à nourrir. À sa place, beaucoup de femmes seraient allées faire le trottoir en ville. Elle a préféré dire oui à Ferran Valls quand il lui a offert le mariage. Et crois-moi, c'est une fille qui a du cran. Dure à la peine. Meilleure que bien des hommes. Après la mort de Ferran, elle a cultivé sa vigne toute seule. Bon, les gens d'ici estiment que la place d'une femme est aussi dans la vigne, mais de là à être sa propre patronne, à mener son exploitation ! Du coup, ils en ont conçu de la jalousie. Ils l'ont traitée de putain !

« Clemente Ramirez, qui achète le vin pour le compte de la vinaigrerie, il la paie moins que s'il achetait la même chose à un homme ! J'ai essayé de lui parler, à Ramirez. Il a éclaté de rire. Il m'a répliqué qu'elle pouvait toujours essayer de vendre son raisin à quelqu'un d'autre si elle n'était pas contente. Oh, elle pourrait s'adresser à un autre marchand. Mais il la grugerait aussi. Une femme sans mari, c'est une proie pour eux. Alors elle prend ce qu'ils veulent bien lui donner. Comme ça, elle peut au moins élever son gosse.

Josep s'absorba dans ses réflexions.

— Ce qui m'étonne, dit-il, c'est qu'elle ne se soit pas remariée.

— Je ne crois pas qu'elle ait envie d'un homme, si tu vois ce que je veux dire. Ferran était déjà vieux quand il l'a épousée. Il avait besoin d'un solide ouvrier plus que d'une femme. Après sa mort, elle s'est mise en ménage avec Tonio Casals. Il a vécu chez elle toute l'année dernière et plus. Mais il continuait de travailler chez son père. Dans sa vigne à elle, il ne faisait jamais rien. Tonio est le genre de type qui traite mal les mules et les femmes. Maria a dû se dire qu'il donnait le mauvais exemple au garçon. Alors elle s'est débarrassée de lui.

Josep écoutait avec attention.

— Réfléchis bien, conclut l'épicier. Jordi lui a fait un enfant, et il est parti. Ferran l'a prise parce que c'était une bosseuse. Après, il y a eu Tonio Casals qui l'a maltraitée.

Avec un passé comme celui-là, elle doit se réjouir d'être seule, tu ne crois pas ?

Josep fut contraint d'admettre que Nivaldo n'avait pas tort.

Comme cela arrive parfois, le printemps fut chassé rapidement par une puissante vague de chaleur qui dura cinq semaines. Les bourgeons éclatèrent et les fleurs furent brûlées par le soleil. Le spectre de la sécheresse et d'une mauvaise vendange se profilait à l'horizon. Josep passait toutes ses journées à surveiller ses rangées de ceps d'un œil anxieux. La vigne, dans sa quête d'humidité, était capable d'enfouir sous la terre de profondes racines, mais, si la chaleur durait trop, les pousses perdaient leur vigueur et les feuilles les plus basses se mettaient à jaunir, signe d'un stress intense.

Puis Josep fut réveillé un matin par un coup de tonnerre. Il se précipita à la fenêtre. Dehors, c'était le déluge.

La pluie s'abattit sur Santa Eulalia trois jours durant, ensuite, le mauvais temps céda la place à une nouvelle vague de chaleur. Les grappes les plus robustes survécurent. Chaleur et eau de pluie unirent leurs efforts pour donner de nouveaux bourgeons et une profusion de fleurs. La vendange, finalement, s'annonça généreuse. Les grappes étaient lourdes de gros raisins gonflés de jus. Josep se demanda si le Languedoc connaissait les mêmes conditions climatiques. Si tel était le cas, Mendès devait être aux cent coups. Le Français redoutait comme la peste une récolte abondante mais dépourvue de saveur et de corps, tout juste bonne à produire une piquette ordinaire. Cependant, ce qui était une mauvaise nouvelle en Languedoc pouvait se révéler une bénédiction à Santa Eulalia, où des quantités de grappes généreuses signifiaient davantage de vin à vendre aux fabricants de vinaigre et d'eau-de-vie. Josep songea que ce temps allait lui permettre de faire rentrer de l'argent dès sa première saison de propriétaire et d'exploitant. N'était-ce pas là une excellente nouvelle ? Il avait noté que ses rangées d'ull de llebre, en particulier, étaient chargées de raisin – ces ceps qu'il avait entourés de laine pour aérer la terre. Il savait ce qu'aurait fait Mendès en pareil cas : il aurait coupé quelques feuilles pour éclaircir ses sarments. Ainsi, la sève se serait concentrée sur les raisins. Josep se hâta de faire de même.

Ce temps favorable et humide avait fait pousser l'herbe, et les espaces entre les ceps ne tardèrent pas à être envahis. Josep envisagea de les couper à la main, mais il se dit qu'il n'en aurait jamais fini. Il avait laissé passer la foire de Castelldefels sans faire l'acquisition d'une mule, sachant que son pécule fondait et qu'il devait absolument épargner. Mais Maria del Mar, elle, avait une mule. Il prit sur lui d'aller la voir dans sa vigne.

— Bonjour, Marimar.

— Bonjour.

— Ces mauvaises herbes sont tenaces, pas vrai ?

Elle le fixa des yeux, attendant la suite.

— Si tu me prêtais ta mule pour retourner ma terre, je retournerais aussi la tienne sur ma lancée.

Elle réfléchit un moment, puis accepta d'un signe de la tête.

— Bien, reprit Josep.

Elle le suivit du regard tandis qu'il allait chercher la mule, et, quand il passa près d'elle en tenant l'animal par la bride, elle l'arrêta et lui dit simplement :

— Tu commences par la mienne.

8

Questions d'avenir

Josep se rappelait le temps où Teresa Gallego et lui étaient inséparables, lorsque tout était clair entre eux, quand le monde et l'avenir se laissaient déchiffrer aussi facilement qu'une carte avec ses routes et ses contrées séparées par des rivières et des montagnes aux noms familiers. Les jeunes gens se voyaient mariés. Ils auraient des enfants à élever. Ils travailleraient dur. Et un jour ils mourraient. Y avait-il là rien de compliqué, rien de singulier ? C'était l'existence de tout un chacun qui s'ouvrait devant eux.

Au village, on s'habitua à les voir ensemble, car ils se retrouvaient dès que la vigne leur en laissait le loisir. Dans la journée, quand les rues étaient pleines de curieux, ils arrivaient à se conduire convenablement, mais le soir, sous le couvert de l'obscurité, c'était une autre affaire, car la chair lançait alors son appel exigeant. D'abord, ils s'étaient donné la main – et ce premier contact n'avait fait que leur inspirer davantage de désir encore. Puis la nuit était devenue leur chambre. Et dans la chambre, on peut échanger d'innombrables baisers. Josep et Teresa se serraient l'un contre l'autre, se découvraient – les cuisses, les seins, le sexe. Ils passaient des heures à se caresser et à s'embrasser.

Une nuit d'août que tout le village était accablé de chaleur, ils allèrent à la rivière, se débarrassèrent de leurs vêtements et s'assirent hanche contre hanche dans le lent ruissellement de l'eau basse. Chacun était avide d'explorer l'autre, d'atteindre chaque recoin de son corps. La peau nue les excitait. De même les muscles qui frémissaient, les courbes qui se devinaient dans l'ombre, les parties ordinairement cachées, les ongles, les petites blessures laissées ici et là par le rude travail dans les vignes. Teresa berça Josep comme s'il avait été son enfant. Josep découvrit sous ses doigts l'innocence de Teresa : une toile virginale de chair brûlante tissée en elle par quelque mystérieux insecte. Jamais on ne vit amants plus timides et inexpérimentés. En fait, ils ne savaient tout simplement pas comment s'y prendre devant tant de nouveautés interdites. Ils avaient vu des animaux s'accoupler, mais quand Josep voulut imiter cet acte Teresa prit peur, se fâcha et refusa énergiquement d'aller plus loin.

– Non ! Je ne pourrais plus lever les yeux vers sainte Eulalie !

Il se laissa caresser jusqu'à ce que sa semence s'échappe. Mais elle fut emportée par le faible courant du Pedregos. Telle n'était pas la fin de l'acte sensuel, ils le savaient d'instinct. Cependant une telle fin demeurait encore au-delà de leur horizon.

Enflammés comme ils l'étaient, ils cessèrent de regarder l'avenir avec désinvolture. Josep n'ignorait pas que leur dilemme ne serait résolu que par un prompt mariage, mais pour se marier il fallait de l'argent, donc du travail. L'agriculture, au village, reposait sur de petites parcelles, et presque tous les propriétaires avaient des fils. Un travail se fût-il présenté – chose fort improbable –, Josep aurait dû affronter la concurrence acharnée de plusieurs autres jeunes gens. Il était prisonnier et son pays natal ne lui laissait aucun espoir. Il commença à rêver de partir. Ailleurs, peut-être trouverait-il une besogne à laquelle s'adonner ardemment ; peut-être arriverait-il à se bâtir une existence à la force du poignet.

Lui et Teresa avaient de plus en plus de peine à maîtriser leur désir mutuel. Josep devint nerveux, irritable. Nivaldo s'en aperçut et lui dit :

– Tigre, demain soir, tu vas venir avec moi.

– Où ça ?

– Tu verras.

Nivaldo l'emmena le lendemain à une lieue du village, jusqu'à un endroit désert, perdu dans la campagne, où se dressait une maison bancale, crépie à la chaux.

— C'est chez Nuria, dit Nivaldo. J'y viens depuis des années. Mais elle est à la retraite, désormais. C'est sa fille qu'on vient voir.

La femme mûre qui les accueillit se montra aimable. Elle abandonna son tricot pour recevoir des mains de Nivaldo une bouteille de vin et un billet de banque.

— Ah ! dit-elle. Quand je vois Nivaldo, je sais que nous sommes le quatrième jeudi du mois... Mais... où est Marcel Alvarez ?

Nivaldo coula un regard vers le jeune homme.

— Il n'a pas pu venir ce soir. Voici son fils, mon ami Josep.

La femme regarda Josep et lança :

— Petite !

Une femme bien plus jeune écarta le rideau qui séparait les deux pièces de l'étroite maison. Voyant Nivaldo assis à côté de sa mère, et Josep debout à l'écart, gêné, elle l'invita à la rejoindre d'un geste du doigt. Josep sentit que Nivaldo le poussait dans le dos.

Derrière le rideau, la chambre minuscule était occupée par deux matelas.

— Mon nom est Renata, chuchota la fille.

Elle avait un corps trapu, de longs cheveux d'un noir d'encre, la figure arrondie et un grand nez.

— Moi, c'est Josep.

Elle sourit. Ses dents étaient bien alignés, mais quelques-unes manquaient. Josep pensa qu'elle devait avoir à peu près son âge. Ils s'observèrent un moment, puis Renata, d'un seul geste, se dévêtit de sa robe noire.

— Vas-y, dit-elle. Enlève tout. Ce sera plus agréable, pas vrai ?

Elle était gentille, sinon jolie. Ses seins lourds avaient de larges mamelons. Le jeune homme se dit que Nivaldo et Nuria entendaient tout, mais il se déshabilla. Il s'étendit sur le drap chiffonné, écarta les courtes jambes de la fille sans pouvoir regarder la fourche sombre entre les cuisses, se pencha sur elle et respira une haleine où flottait un léger parfum d'ail qui lui rappela le brouet de Nivaldo. Elle l'attira en elle facilement. Et dans l'instant, ou presque, tout fut accompli.

C'était maintenant le tour de Nivaldo de passer dans la

petite chambre. Il plaisanta avec la fille, grogna et lâcha des éclats de rire. Josep écoutait, assis en compagnie de la mère. Nuria avait repris son tricot. Elle travaillait en fredonnant un chant d'église.

Sur le chemin du retour, Josep remercia l'épicier, qui répondit :

– Pas de quoi. Tu es un bon gars. Nous savons tous ce que c'est. Tu es le fils cadet, tu es sans travail, et tu fréquentes une fille qui te fait tourner la tête.

Ils se turent un moment. Josep se sentait à l'aise et détendu. Pourtant une grande confusion régnait dans ses pensées. Nivaldo reprit :

– Il y a des événements importants qui s'annoncent. Une nouvelle guerre civile. Une grande. Depuis que la reine Isabelle s'est enfuie vers la France, Carlos VII s'emploie à lever une armée, une milice faite de régiments à béret rouge. Ce mouvement a le soutien du peuple dans toute l'Espagne, et au sein de l'Église. Beaucoup de soldats et d'officiers de l'armée espagnole lui fournissent leur appui.

Josep hocha la tête. La politique ne l'intéressait pas. Nivaldo le savait. Il lança au jeune homme un regard dur.

– Tu seras concerné, dit-il. Toute la Catalogne le sera. Il y a un siècle et demi, Philippe V...

Il s'interrompit pour cracher, puis continua :

– ... Philippe V a interdit de parler le catalan. Il a annulé la Constitution catalane. Ainsi que le *fuero*, cette charte qui définissait les droits, les lois et les privilèges de la Catalogne. Carlos a juré de tout rétablir. Non seulement en Catalogne, mais à Valence et en Aragon.

« L'armée espagnole, en ce moment, doit affronter cette insurrection à Cuba. Aussi, je crois que Carlos a de très bonnes chances de l'emporter. Si c'est le cas, il se pourrait que la milice devienne la future armée et qu'elle offre de belles carrières. Ton père et moi... avons entendu dire qu'un homme allait venir à Santa Eulalia, un officier blessé envoyé dans la région le temps de se refaire une santé. Il devrait en profiter pour essayer de recruter des jeunes gens prêts à rejoindre les forces carlistes.

Josep, depuis toujours, se savait promis à une carrière dans l'Église ou dans l'armée, alors qu'il n'avait aucune envie de devenir prêtre ni soldat. Il demanda prudemment :

– Quand doit-il venir, cet homme ?

Nivaldo haussa les épaules.

– Si je m'engageais, reprit Josep, il me faudrait quitter le village. J'irais servir ailleurs, non ?

– Évidemment... J'ai entendu dire que des régiments étaient en train de se constituer au pays Basque.

Fort bien, se dit tristement Josep. Après tout, il détestait ce village qui n'avait rien à lui offrir.

– N'allons pas trop vite, dit Nivaldo. Une adhésion, ça se gagne. Cet homme... il va sûrement rassembler un petit nombre de candidats et procéder à une sélection afin de repartir avec les meilleurs. Des garçons seront recrutés, puis confiés à des anciens qui leur apprendront les rudiments. J'ai confiance : tu seras pris. C'est une chance pour toi, à mon avis. Un homme qui a rejoint l'armée de bonne heure, et dont les états de service mentionnent qu'il a été enrôlé de cette façon-là, au mérite, je veux dire... cet homme-là a tôt fait de prendre du galon.

« Les carlistes ne lanceront aucun appel public, tu t'en doutes. Quand les jeunes suivent l'exercice à Santa Eulalia, ils font comme s'ils allaient à des réunions entre amis.

– Des réunions entre amis ?

– Un groupe de chasseurs.

II

LE GROUPE DES CHASSEURS

En Catalogne, village de Santa Eulalia, le 3 avril 1870

9

L'homme

*S*uivirent des semaines interminables. Il ne se passait rien. Josep, qui n'en pouvait plus, finit par interroger Nivaldo qui était en train d'ouvrir un tonneau de morue salée.

— Et cet homme qui devait arriver ? Il ne vient plus ? C'est annulé ?

— Ce n'est pas annulé. Il viendra. Sois patient.

Il jeta de son œil valide un regard au jeune homme.

— Tu es décidé, alors ? Tu veux faire le soldat ?

Josep haussa les épaules. Quelle autre perspective avait-il ?

— J'ai été soldat, reprit Nivaldo. Plusieurs années. Il y a deux ou trois choses qu'il ne faut pas oublier, Tigre, à propos de la vie militaire. Des fois, on s'ennuie. Il y a des hommes qui boivent, ce qui ne leur apporte rien de bon. Il y a les femmes de mauvaise vie qui sont toujours à te coller au train et qui risquent de te refiler la vérole. Tu connais le proverbe : « Dans l'appât, l'hameçon ! »

Il souriait à belles dents.

— Un homme sage a écrit cette sentence un jour. Un Anglais ou un Allemand, je ne sais plus.

Il brisa un minuscule morceau de poisson et le mordilla pour s'assurer qu'il était sain.

— Autre chose. Attention à ne jamais confier à personne que tu sais lire et écrire. Ils te mettraient dans les bureaux. Et là, pas d'avancement ! Jamais. Laisse plutôt l'armée faire de toi un combattant. C'est le moyen de monter en grade. Si tu dois leur révéler que tu es instruit, assure-toi que c'est à ton avantage. Un jour, tu seras officier. Pourquoi pas? Et quand tu seras officier, la vie t'ouvrira les bras.

Josep, parfois, poursuivait un rêve éveillé. Il se voyait sabre au clair, menant ses troupes à l'assaut. Il préférait ne pas penser à des éventualités moins agréables, comme celle qui consistait à se battre contre ses semblables, à leur infliger des blessures, voire la mort, à être lui-même blessé ou tué.

Pourquoi Nivaldo l'avait-il baptisé Tigre? Y avait-il un rapport?

Il n'y avait rien à faire dans la vigne, mais les fûts avaient besoin d'être nettoyés. La maison aussi exigeait des réparations, des travaux de maçonnerie. Et Donat avait disparu, comme toujours quand s'annonçait de la besogne.

Ce soir-là, Josep et son père se retrouvèrent attablés dans l'épicerie de Nivaldo.

— Il est arrivé, dit Nivaldo. L'homme.

— Où est-il? s'impatienta Josep.

— Chez les Calderon. Il dort dans leur vieille cabane.

La père de Josep intervint.

— Nivaldo, toi qui as fait l'armée, parle-lui.

— Je lui ai déjà parlé. (Et, se tournant vers Josep :) Il veut bien que tu fasses un essai. Demain matin, il rencontrera des jeunes du pays. Dans une clairière, derrière la vigne de Calderon. À l'heure de la première messe.

Il faisait encore nuit, le lendemain matin, lorsque Josep se mit en route. Parvenu au bout de la vigne de Calderon, il ne sut quelle direction prendre. Il n'avait aucune idée de l'endroit où se trouvait cette clairière. Il attendit à la lisière de la forêt. Après un moment, une voix retentit dans l'obscurité.

— Ton nom?

— Josep Alvarez...

Un homme se matérialisa près de lui.

— Viens.

Josep le suivit le long d'un sentier en pente qui s'enfonçait dans le bois. En effet, ils atteignirent une clairière.

— Tu es le premier, lui dit l'inconnu. Tu vas retourner maintenant à l'endroit où je t'ai rencontré. Quand les autres arriveront, tu les amèneras ici.

Josep obéit. Très vite, les autres se présentèrent. Enric Vinyes et Esteve Montroig étaient venus ensemble. Manel Calderon apparut en se frottant les yeux – il sortait du lit. Xavier Miro fut accompagné par la fanfare de ses pets matinaux. Jordi Arnau était encore trop bouffi de sommeil pour pouvoir seulement dire bonjour. La silhouette maladroite de Pere Mas se détacha de l'ombre en trébuchant sur une racine. Guillem Parera était aussi vif et sûr de lui qu'à son habitude. Miquel Figueres avait le fou rire. Lluis Julivert arriva en dernier.

Ces garçons se connaissaient depuis toujours. Ils suivirent Josep jusqu'à la clairière, où tombait maintenant une lumière grise. L'homme les attendait assis dans l'herbe, le corps droit, le visage impassible. C'était un individu de taille moyenne, à la peau brune, sans doute originaire du Sud. Il avait les traits fins, les pommettes hautes, le nez crochu comme le bec d'un rapace. Ses cheveux noirs étaient coupés court. Son corps maigre dégageait une impression de force et de résistance.

Il ordonna aux neuf garçons de s'asseoir et il les observa d'un œil froid, appréciateur. Puis il se leva et gagna en boitant le milieu de la clairière.

– Je suis le sergent Peña, dit-il.

Il se tourna vers le bois où venait d'apparaître un dixième homme, un garçon de grande taille au corps décharné, coiffé d'une tignasse noire, armé d'un tromblon. Peña lui demanda calmement :

– Qu'est-ce que tu veux ?

Il regarda le vieux fusil.

– C'est bien le groupe des chasseurs ? demanda le maigre jeune homme.

Des rires s'élevèrent. Le nouveau venu était Jaumet Ferrer, un simple d'esprit.

– Comment tu as su ? reprit Peña.

– Je partais à la chasse quand je suis tombé sur Lluis. Je lui ai demandé où il allait. Il m'a répondu qu'il allait à une réunion. Un groupe de chasseurs. Je l'ai laissé partir. Mais après, j'ai décidé de le suivre, je suis le meilleur chasseur de Santa Eulalia.

De nouveau les rires fusèrent. Pourtant, Jaumet Ferrer avait dit la vérité. Il était simple d'esprit, incapable de rien apprendre. Pourtant l'art de la chasse n'avait pas de secret pour lui. Il s'y était mis dès son plus jeune âge. Et les villageois étaient accoutumés à voir passer sa silhouette d'épouvantail quand il rentrait des bois chargé de perdreaux attachés par les pattes, d'une douzaine de pigeons ou d'un beau lièvre. La viande était chère et les femmes étaient toujours contentes de pouvoir lui acheter sa marchandise pour une pièce de monnaie.

Le sergent Peña tendit la main et s'empara du tromblon. C'était un très vieux fusil à canon lisse, usé, fatigué, mais bien nettoyé et soigneusement entretenu. L'officier vit que le regard du garçon manquait d'éclat, que son propos confus était celui d'un innocent.

— Non, jeune homme. Ce n'est pas le groupe des chasseurs. Est-ce que tu es doué pour les mathématiques?

— Les mathématiques? s'étonna Jaumet en roulant des yeux égarés. Non, señor, je ne comprends rien aux mathématiques.

— Alors ta place n'est pas ici. Car ceci, vois-tu, est une leçon de mathématiques.

Il lui rendit son arme.

— Tu peux aller chasser.

— C'est ce que je vais faire, señor, dit Jaumet avec grand sérieux.

Il mit son fusil à l'épaule et quitta la clairière sous un rire général.

— Silence. Vous n'êtes pas là pour vous amuser.

Le sergent n'avait pas élevé la voix. Ce n'était pas nécessaire. Il savait parler aux hommes et s'imposer à eux. Il reprit :

— Ce travail requiert des jeunes gens intelligents. Il s'agit de comprendre un ordre et de l'exécuter. Si je suis là, c'est parce que notre armée a besoin d'excellentes recrues. Et si vous êtes là, c'est que vous avez besoin de travail. Je devine qu'il n'y a parmi vous aucun fils aîné. Tous, vous êtes des cadets. Je comprends votre situation. Moi-même, je suis le troisième fils de mes parents. Vous allez avoir l'occasion de saisir votre chance. La chance de servir votre patrie et d'accomplir peut-être de grandes choses. Vous serez traités comme des hommes. L'armée n'a pas besoin d'avoir des marmots dans ses rangs.

Il semblait à Josep que le catalan du sergent produisait un son venu d'ailleurs, d'une autre langue.

Peña leur demanda leurs noms ; il écouta chaque réponse avec attention, en fixant sur celui qui parlait un regard intense.

— Nous nous retrouverons ici trois fois par semaine, le lundi, le mercredi et le vendredi. Le rendez-vous aura toujours lieu avant l'aube. Les exercices dureront de longues heures. Le travail sera pénible. Je vais former vos corps aux rigueurs de la vie militaire et vos esprits à la réflexion. Après, vous penserez et vous agirez comme des soldats.

Esteve Montroig s'impatienta.

— Vous allez nous apprendre à tirer, alors ?

— Quand vous vous adressez à moi... Tu es Montroig, n'est-ce pas ? Esteve Montroig ? Eh bien, Esteve Montroig, quand tu t'adresses à moi, tu dis « sergent ».

Il y eut un silence. Esteve, dans sa confusion, mit du temps à comprendre ce que Peña attendait de lui.

— À vos ordres, sergent ! dit-il enfin.

— Je ne tolérerai aucune question stupide ou oiseuse. Vient un moment où vous devez apprendre à obéir. *Obéir !* Sans poser de question. Sans marquer la moindre hésitation. Vous avez compris ?

— À vos ordres, sergent ! répondirent-ils dans un ensemble très imparfait.

— Alors maintenant, ouvrez bien vos oreilles. Il y a un mot que vous devrez chasser de vos pensées pour tout le temps que vous serez soldats, et ce mot, c'est « pourquoi ». Tout soldat, quel que soit son rang, a quelqu'un au-dessus de lui. Un chef à qui il doit obéissance. Et à qui il ne pose pas de question. Le « pourquoi », vous le laissez à la personne qui vous donne des ordres. Vous avez compris ?

— À vos ordres, sergent !

— Vous avez tout à apprendre, sachez-le. Vous pouvez vous lever.

Formant une colonne peu disciplinée, ils le suivirent à travers bois le long du sentier en pente qui menait à un chemin plus large. Là, Peña leur donna l'ordre de courir. Ce qu'ils firent joyeusement, car ils étaient jeunes et pleins d'entrain.

Tous étaient fils de fermier. Leurs corps avaient l'habitude de l'effort physique. Et la plupart étaient en bonne santé. Aussi couraient-ils à grandes enjambées, sans perdre le sourire, et même en s'amusant. Guillem faisait des grimaces dans le dos du sergent. Manel, dans son effort pour étouffer ses rires, laissait échapper de petits gémissements.

Mais dans leur vie normale, il était rare qu'ils aient besoin de courir plus de quelques dizaines de mètres, aussi furent-il bientôt à bout de souffle.

Pere Mas, qui était corpulent, tomba à l'arrière de la colonne. Déjà il prenait du retard sur les autres. Le groupe continua de courir. Les pieds frappaient le sol. Mais les foulées demeuraient maladroites, les jeunes gens se heurtaient fréquemment. Josep eut bientôt un point de côté.

Plus personne ne souriait à présent; tous avaient le souffle court.

Ils arrivèrent à un champ. Le sergent leur permit de se laisser tomber dans l'herbe et de se reposer quelques minutes. Les garçons s'écroulèrent et restèrent silencieux, bouche ouverte, en nage dans leurs vêtements de travail. Puis Peña leur ordonna de se relever et de se tenir face à lui. Il leur montra comment former un rang bien droit. Comment aussi lui accorder leur attention dès que l'ordre leur en était donné. Comment s'adresser à lui d'une voix forte, à l'unisson, quand il leur posait une question et qu'ils devaient répondre : « Oui, sergent ! » ou « Non, sergent ! ». Enfin il les fit courir à nouveau sur le chemin du retour, en direction de la forêt et de cette clairière qui avoisinait la vigne de Calderon. Les jeunes gens se raclèrent la gorge, crachèrent et haletèrent.

Pere Mas acheva l'exercice en traînant les pieds et arriva après les autres. Le sang lui battait dans la tête. Sa figure ronde était rouge. Pour lui, l'entraînement était fini : il ne mettrait plus les pieds dans le groupe des chasseurs.

Miquel Figueres, lui, revint une seconde fois. Mais il dit à Josep qu'il allait partir pour Gérone, où l'attendait un emploi chez un oncle qui possédait un élevage de poulets. Cette perspective le rendait joyeux.

– Un vrai miracle ! J'ai prié Eulalie, et merde ! elle m'a exaucé. Oui, un sacré miracle.

La plupart de ses camarades lui envièrent sa chance et se mirent à prier eux aussi. Même Josep implora la sainte — longtemps, et avec grande ferveur. Cependant Eulalie fit la sourde oreille. De sorte que le groupe des chasseurs n'enregistra plus aucune défection. Personne n'avait d'endroit où aller. Tous les jeunes étaient contraints de rester au village.

10

Des ordres bizarres

Durant tout ce mois d'août 1869, et en septembre ensuite, le groupe des chasseurs sua sous les ordres de cet étranger taciturne, vigilant, dont les lèvres semblaient avoir été taillées d'un coup de rasoir et ne remuer que pour former un sourire inquiétant, énigmatique, dépourvu d'humour. Peña souriait quand ses hommes avaient accompli l'exercice d'une façon selon lui méprisable. Il les traitait sans la moindre pitié. Il les éreintait. Puis il leur laissait entendre combien ils étaient mauvais. Et il les obligeait à recommencer encore et encore, jusqu'à ce qu'il n'y ait plus d'erreur.

Alors seulement son sourire s'effaçait.

Et les garçons étaient à bout de forces.

Peña avait trois fois leur âge, pourtant il les battait à la course. Il était capable de marcher quatre heures de temps sans montrer le plus léger signe de fatigue, alors qu'il était blessé. Les jeunes gens avaient eu l'occasion d'observer sa jambe au terme d'une longue marche exténuante qui les avait menés à la rivière. Il avait reçu une balle au-dessus du genou. La blessure avait la forme d'un bouton globuleux et plissé. Elle ne devait pas être récente, puisqu'elle était tout à fait cicatrisée. Mais ce n'était pas elle qui le faisait boiter, c'était une autre entaille, située à l'extérieur de la cuisse, une longue et vilaine estafilade qui n'avait pas encore cicatrisé.

Il décida de les envoyer en mission. Ils devaient se lancer dans ces équipées seuls ou en groupe, et obéir chaque fois à des instructions laconiques et bizarres :

– Trouvez-moi neuf pierres plates de la taille de la main. Cinq devront être grises, striées de traces de minerai. Quatre devront être d'une blancheur sans défaut.

Ou encore :

– Trouvez-moi des arbres sains, et rapportez-moi deux douzaines de baguettes, sept coupées sur un chêne, six sur un olivier, le reste sur un pin. Toutes devront être parfaitement droites. Enlevez l'écorce. Et taillez-les à la même dimension, à savoir deux fois la longueur du pied de Jordi Arnau.

Il ordonna un jour à Guillem Parera et à Enric Vinyes de rechercher une clef dans une oliveraie. L'oliveraie se composait de neuf rangées de douze oliviers. La clef se cachait au pied d'un des oliviers. Guillem et Enric commencèrent par le premier arbre. À quatre pattes, ils grattèrent le sol avec leurs ongles, en tournant autour du tronc. À chaque tour, ils élargissaient le cercle. Quand ils furent certains que la clef n'était pas sous le premier olivier, ils passèrent au deuxième.

Cinq heures plus tard, ils rampaient au pied du deuxième arbre de la cinquième rangée. Ils avaient les mains sales, écorchées. Guillem saignait d'abondance. Il avoua à Josep qu'il soupçonnait le sergent d'avoir enterré la clef trop profond. À quinze ou vingt centimètres, peut-être. Ils n'arriveraient jamais à l'atteindre en creusant avec les doigts. Guillem se demandait même s'ils n'avaient pas déjà dépassé le bon arbre...

Pourtant il se remit au travail. Et plus tard, alors que ses craintes n'avaient fait qu'augmenter, il entendit Enric pousser un cri. Ce dernier, en retournant une pierre, était tombé sur la petite clef en laiton.

Voyant que le sergent Peña empochait la clef sans explication aucune, tous s'interrogèrent. Pour quelle serrure avait-elle été fabriquée ? Mais ils jugèrent préférable de ne pas poser de question.

– Quel salaud ! dit Enric après la fin de l'exercice. Un vrai dingue, non ?

– Non, dit Guillem. Ce qu'il nous fait faire est dur, mais pas impossible, ni fou. Chaque exercice contient une leçon.

La leçon des pierres et des baguettes, c'était : « Faites attention au moindre détail. » Celle de la clef, c'est : « Ne renoncez jamais. »

– Je crois qu'il veut nous habituer à obéir sans réfléchir, dit Josep. À exécuter tous les ordres.

– Même les ordres saugrenus ? demanda Enric.

– Exactement. Même les ordres saugrenus.

Josep avait compris qu'il ne possédait pas les aptitudes pour faire un bon soldat, et il pensait que le sergent s'en était parfaitement rendu compte.

Pourtant les exercices continuaient. Peña leur imposa des marches forcées, tantôt de nuit, tantôt sous un soleil brûlant. Il les emmena à la rivière, où il les obligea à progresser dans l'eau, à contre-courant, sur plusieurs kilomètres. Les garçons trébuchaient sur les cailloux. Ceux qui ne savaient pas nager s'enfonçaient dans des trous d'eau. Ils avaient beau avoir grandi près du Pedregos et être persuadés de le connaître comme leur poche, tous avaient l'impression de le découvrir. Il est vrai qu'ils ne l'avaient jamais remonté aussi loin. Ils ignoraient d'ailleurs qu'il menait à une grotte. L'entrée de cette grotte était invisible, cachée derrière des fourrés. Peña la trouva sans marquer la moindre hésitation. Josep en fut stupéfait. Ainsi, le sergent était déjà venu explorer ces lieux.

Trempés, épuisés, ils se laissèrent tomber sur le sol de la caverne. Peña expliqua :

– Vous devez toujours rechercher des endroits de ce genre. L'Espagne est un pays de grottes. Vous y trouverez de nombreuses cachettes qui vous serviront de refuge le jour où vous aurez à vos trousses un ennemi résolu à vous régler votre compte. Un trou, un arbre à branches basses, des buissons. Un simple talus constitue une bonne planque. Apprenez à vous faire tout petits derrière un rocher, à respirer sans bruit.

Il leur montra ce jour-là comment neutraliser une sentinelle. Il fallait s'approcher en rampant, attaquer l'ennemi par-derrière et lui trancher la gorge d'un seul coup de lame. Peña, pour les entraîner à cette technique, leur fit jouer à chacun tour à tour le rôle de la sentinelle et de l'attaquant.

Les jeunes gens opéraient avec un morceau de bois en guise de poignard. Ils le pointaient vers l'extérieur, de sorte que la gorge de l'adversaire ne soit touchée que par le poing. Mais quand Josep eut Xavier Miro à sa merci, gorge offerte à son faux poignard, il hésita à faire semblant de le tuer.

Peña avait perçu cette hésitation. Il voyait le trouble de Josep. Et il souriait...

— Vas-y, dit-il.

Humilié, Josep passa la main sur la gorge de Xavier.

Le sergent souriait toujours.

— Il ne faut pas penser. Il faut tuer, c'est tout. N'importe qui peut tuer lorsque c'est nécessaire. Quand c'est nécessaire, ça devient même très facile.

Il ajouta, l'air de lire dans les pensées de Josep :

— N'aie crainte, Alvarez, tu finiras par aimer la guerre. Un jeune homme aime la guerre s'il a du bon sang bien chaud dans les couilles. Une fois qu'il y a goûté, il aime ça.

Josep, en dépit de ce propos, eut le sentiment que le sergent le soupçonnait d'avoir dans les couilles du sang qui n'était pas à la bonne température. Il suffisait de voir la façon dont il le dévisageait, en souriant de son maudit sourire...

Après cet exercice, les jeunes gens durent courir à nouveau. Une fois dans la forêt, ils reçurent l'autorisation de s'asseoir. Comme ils récupéraient, baignés de sueur, le sergent s'adressa à eux.

— Dans une guerre, il arrive qu'une armée se retrouve loin de ses arrières et de son ravitaillement. Alors les soldats doivent se débrouiller pour survivre avec les moyens du bord. Ça veut dire prendre des vivres aux populations civiles, ou alors crever de faim... Tu as compris, Josep Alvarez ?

— Oui, sergent.

— La semaine prochaine, Alvarez, je veux que tu viennes à notre exercice avec une paire de poulets.

— Une paire de poulets, sergent ?

— Oui. Et des gros.

— Mais, señor... sergent, je veux dire... je n'ai pas de quoi acheter des poulets !

Peña le regarda en levant les sourcils.

– Bien sûr que tu n'as pas de quoi acheter des poulets, Alvarez. Tu n'as qu'à te débrouiller avec les moyens du bord, comme ferait un soldat. À savoir, prendre les poulets à un civil.

Il observait le jeune homme avec attention.

– L'ordre est compris ?

– Oui, señor, répondit Josep d'un ton pitoyable.

11

Les visiteurs

*L*e lendemain matin, Marcel Alvarez et ses fils commencèrent la vendange. Les grappes sombres, dodues, tombaient dans des paniers. Les paniers emplissaient une charrette. La charrette transportait le raisin jusqu'au pressoir du village. Josep aimait le parfum musqué et entêtant du raisin coupé, le poids des grappes gorgées de jus dans la main. En arrivant à la vigne, il s'était jeté dans le labeur à corps perdu. Pourtant, son esprit ne connaissait aucune paix.

Deux gros poulets !

Terrible question. Il connaissait une bonne demi-douzaine de villageois qui élevaient des poules, mais pour avoir des œufs, et parce que la volaille était un bien précieux. S'ils se donnaient le mal d'élever des poules, c'est qu'ils en avaient besoin pour nourrir leur famille !

À la mi-journée, Josep ruminait toujours ses soucis quand deux Français bien mis se présentèrent à la propriété et les lui firent oublier un instant. Ces étrangers montraient beaucoup de courtoisie et parlaient le catalan avec un accent. L'un s'appelait André Fontaine, et l'autre Léon Mendès. Ils venaient du Languedoc. Fontaine était un homme svelte, de grande taille, à la barbiche bien soignée et à la chevelure épaisse, bouclée, grise comme l'acier. Il était acheteur pour le compte d'une coopérative qui fabriquait du vinaigre. Son ami Mendès était plus petit, nettement plus corpulent, doté d'un crâne chauve de couleur rose, d'un visage parfaitement glabre et d'un regard brun dont la gravité était atténuée par un sourire chaleureux. Mendès était plus à l'aise que Fontaine en catalan, et ce fut surtout lui qui parla. Il était lui-même viticulteur, dit-il. Il ajouta :

— Mon ami Fontaine est un peu à court de bon raisin, cette année. Comme vous l'avez peut-être entendu dire, nous avons subi dans le sud de la France deux averses de grêle. Un désastre ! Vous, ce malheur vous a été épargné, n'est-ce pas ?

— Grâce à Dieu, répondit Marcel Alvarez.

— Mon raisin a souffert. Oh, la récolte donnera un bon cru. Mais nombre de vignerons qui fournissent la coopérative ont perdu de grandes quantités de fruit. C'est pourquoi Fontaine et moi sommes en Espagne. Pour acheter du vin jeune.

Marcel se remit à l'ouvrage avec ses fils, tandis que les visiteurs continuaient de l'entretenir d'un ton amical. Fontaine, ayant tiré un canif de la poche de son gilet, coupa plusieurs grappes d'ull de llebre et de grenache. Il les goûta, en prenant le temps de les mâcher. Plissant les lèvres, il fit signe à Mendès que le raisin était bon. Mendès, qui observait Josep, vit avec quelle habileté il coupait le raisin et emplissait ses paniers.

— Dieu ! s'exclama-t-il, tourné vers Marcel Alvarez. Ce garçon travaille plus vite qu'une machine ! Si seulement j'avais chez moi des coupeurs aussi rapides !

Josep prit une profonde inspiration. Il se rappelait combien Miquel Figueres avait été heureux d'être appelé par son oncle à Gérone. Il y avait si peu de travail à Santa Eulalia ! Ce Français grassouillet en costume marron était-il un miracle, lui aussi ? Apportait-il une perspective d'embauche ?

La charrette était pleine. Marcel Alvarez lança à ses fils :

— Pressoir !

Les visiteurs retroussèrent leurs manches et donnèrent un coup de main aux Alvarez pour pousser la charrette jusqu'à la petite place.

— C'est le pressoir du village ? s'enquit Mendès.

— Oui, répondit Marcel non sans fierté. L'usage et l'entretien sont mis en commun. Mon père et les autres l'ont construit voilà cinquante ans. Et le père de mon père avait construit une citerne en granit pour le foulage du raisin aux pieds. Elle existe toujours. Derrière chez nous. Elle me sert de dépôt. Et vous, señor Mendès, vous avez votre propre pressoir, en Languedoc ?

— Non, à dire la vérité. Nous foulons au pied. Ça donne un vin plus souple, plus parfumé. Les pieds ne brisent pas les pépins, comprenez-vous ? Les pépins libèrent de l'amertume. Tant qu'on aura des pieds, on s'en servira pour presser, même si c'est cher. Il faut en engager, des fouleurs, pour presser dix-huit hectares de vigne ! Des fouleurs et des amis !

— Le pressoir, reprit Marcel, c'est plus facile et c'est moins cher. En outre, on n'est pas obligé de se laver les pieds !

L'éclat de rire fut général. Fontaine montra une grappe sur la charrette.

— Vous ne détachez pas les grains de leurs tiges, monsieur, avant de les presser ?

Marcel le regarda de côté et fit non de la tête. Fontaine ajouta :

— Vous accepteriez de les détacher si je vous le demandais ? De presser seulement les grains ?

— Les tiges ne font de mal à personne, répondit Marcel. Et puis, señor, ce que vous voulez, c'est fabriquer du vinaigre ! Tout comme nous autres.

— Pas n'importe quel vinaigre, insista Fontaine. Le nôtre se vend cher. Il est tiré de raisins spéciaux... Si je venais à vous acheter votre raisin, señor, il faudrait détacher les grains. Je vous dédommagerais pour ce travail supplémentaire.

Le temps de cette discussion, ils étaient arrivés au pressoir. Josep et Donat se mirent aussitôt à y jeter de grandes pelletées de raisin. Fontaine se racla la gorge.

— Vous ne lavez pas le pressoir, d'abord ?

— Il a été lavé ce matin ! répondit Marcel. Et depuis, il n'a vu passer que du raisin...

Mendès s'écria avec effroi :

— Il y a quelque chose dedans !

C'était vrai. Le fond de la cuve était maculé de boue jaunâtre et de sarments pourris.

— Ah ! reprit Marcel. C'est mon voisin. Pau Fortuny. Il sera passé avant nous avec son raisin blanc... Bah ! ça fera du jus pareil.

Il regarda Mendès, qui hocha la tête d'un air contrit.

— Eh bien, mon ami, nous vous souhaitons bonne chance.

Josep comprit que les Français allaient prendre congé. Il s'écria :

— Señor !

Mendès se tourna vers lui.

— Je voudrais travailler pour vous ! Vous aider à faire du vin de votre vignoble et...

— Mon vignoble est en Languedoc, près du village de Roquebrun. Travailler pour moi ? Je regrette, mais je crains que ce ne soit pas possible.

— Mais, señor, vous avez dit... Je vous ai entendu dire tout à l'heure : « Si seulement j'avais chez moi des coupeurs aussi rapides ! »

— Simple façon de parler, jeune homme. Un compliment en passant.

Le Français ne quittait pas Josep des yeux, et ce qu'il lisait sur le visage du garçon le peinait.

— Tu es un excellent coupeur, reprit-il. Mais j'ai déjà mon équipe. Des gens de Roquebrun qui travaillent pour moi depuis de longues années et connaissent mes exigences. Tu comprends ?

— Je comprends, señor. Bien sûr. Des gens de votre pays.

Il sentait peser sur lui les regards de son père et de son frère. Il se détourna du Français et se remit à jeter des pelletées de raisin dans la cuve du pressoir.

12

Nourriture

Josep acheva de couper son raisin sans plus se laisser contaminer par des rêves de miracles. Au contraire, il se concentra sur des pensées rudes et concrètes. Où allait-il trouver ces deux poulets ? S'il fallait les voler, il faudrait que ce soit à un riche fermier dont la famille n'aurait pas à souffrir du larcin. Or il ne connaissait à Santa Eulalia qu'un seul homme riche élevant des poules. L'alcade en personne.

— Angel Casals, prononça-t-il à voix haute.

Donat releva brusquement la tête de son travail.

— Quoi ? Qu'est-ce qu'il a fait ?

— Non, rien, répondit Josep. Il est passé tout à l'heure. Sur sa mule. Il faisait son inspection.

Donat se remit à couper ses grappes et à les jeter dans le panier.

— On s'en fiche, de l'alcade, dit-il.

L'affaire n'irait pas sans danger. Angel Casals possédait une carabine dont il tirait grande fierté. C'était un fusil de belle taille, doté d'une crosse en acajou qu'il graissait et entretenait avec soin, comme un objet précieux. Quand Josep était enfant, l'alcade avait tué avec cette carabine un renard qui rôdait autour de son poulailler. Tous les gosses du village étaient venus caresser l'animal sans vie. Josep gardait un souvenir très net de ce beau renard à la fourrure douce, brillante, d'un roux foncé, au ventre blanc et soyeux, au regard jaune figé par la mort.

Si Angel trouvait un voleur chez lui, il ouvrirait le feu, sans doute possible. Il lui tirerait dessus comme il avait tiré sur ce renard.

Autrement dit, le voleur avait intérêt à opérer au cœur de la nuit, quand tout le monde dormirait. Toute la difficulté consisterait à s'introduire dans le poulailler. La suite serait un jeu d'enfant. Les poules avaient l'habitude de voir le fils de l'alcade venir les soigner et ramasser les œufs. Si Josep procédait avec précaution, sans les affoler, elles ne se manifesteraient pas.

Mais encore fallait-il arriver jusque-là. Angel possédait un molosse noir, méchant, et qui aboyait fort. Le plus simple était de tuer ce chien. Mais Josep savait qu'il n'était pas plus capable de tuer un chien que d'assassiner un homme.

Et puis ce chien-là lui faisait peur.

Pendant plusieurs jours, au dîner, il mit de côté une partie de son chorizo et accumula au fond de sa poche une petite quantité de viande. Puis il comprit qu'il n'en aurait jamais assez en procédant ainsi. Un soir, Donat et lui traînèrent jusqu'à la réserve le tonneau contenant le jus du raisin écrasé par son propre poids et le versèrent dans une antique barrique noire. Cette opération marquait la fin de leur journée de travail. Josep alla seul chez Nivaldo et lui demanda s'il ne lui restait pas un peu de *salchicha* trop faisandée pour être vendue.

— Des saucisses pourries, grommela l'épicier. Qu'est-ce que tu veux en faire ?

Josep répondit qu'il en avait besoin pour un exercice d'orientation en forêt imaginé par le sergent Peña. L'idée était de piéger des animaux à l'aide d'appâts. Nivaldo entraîna Josep dans l'arrière-boutique, où il entreposait toute une variété de salchidas — les saucisses fixées à des ficelles y pendaient d'une poutre, certaines entières, d'autres déjà entamées : des *morcillas* aux oignons et au paprika, du *lomo* poivré ou non, du *salsichon*, de la *sobresada*. Josep pointa du doigt un morceau de lomo dont l'entame avait sérieusement verdi.

Nivaldo secoua la tête.

— Tu n'y penses pas ! Du saucisson de porc engraissé avec soin ! Tu coupes l'entame, le reste est excellent. Non, c'est trop bon pour être jeté. Attends-moi ici...

Il se fraya un chemin entre des sacs de haricots et des caisses de pommes de terre ratatinées. Josep l'entendit qui grognait derrière sa montagne de sacs et déplaçait des cageots. Nivaldo finit par reparaître, porteur d'un long boyau que recouvraient presque entièrement des excroissances blanchâtres.

— Euh, balbutia Josep... Tu crois que les bêtes vont vouloir de ça?

Nivaldo plissa les yeux.

— Vouloir de ça! s'écria-t-il. Du boudin! De la morcilla hors d'âge! C'est exactement ce qu'il te faut, Tigre! C'est même de la confiture donnée à des cochons!

Enfant, Josep avait été mordu par un chien, un corniaud décharné appartenant aux Figueres. Chaque fois qu'il s'approchait de leur vigne, ce cerbère l'attaquait en aboyant avec hargne. Josep essayait de lui faire peur à son tour en criant, et fixait sur lui son regard le plus menaçant, le plus diabolique, mais cela ne faisait que rendre l'animal plus sauvage encore. Un jour, le chien accourut en grognant, l'attrapa par la cheville et referma sur l'os sa gueule aux dents acérées. Le garçon secoua la jambe pour se débarrasser de l'agresseur et le sang se mit à couler. Pendant deux ans, il évita la vigne des Figueres. Puis le corniaud mourut. Entre-temps, Nivaldo lui avait donné ce conseil.

— Il ne faut jamais regarder dans les yeux le chien d'un autre. Pour un chien, le regard d'un étranger, c'est un défi. S'il est méchant, sa réaction est d'attaquer. Voire de tuer. Un chien, regarde-le toujours brièvement, sans fuir ni montrer que tu as peur. Parle-lui doucement, d'un ton caressant.

Ces prescriptions étaient-elles efficaces? Josep n'en avait pas la moindre idée. Il s'en souvint cependant, et y réfléchit tout en enduisant de graisse le morceau de boudin élagué de ses protubérances. Il coupa la saucisse en petits morceaux. Et le soir même, quand la nuit fut tombée sur Santa Eulalia, il gagna la place du village, puis le champ de Casals, au fond duquel se trouvait le poulailler. C'était une terre riche que Casals ne labourait pas mais enrichissait en y épandant du fumier. Le chien, qui était attaché au poulailler par une longue corde, dormait devant la porte, tel un dragon à l'entrée d'un château.

Josep, jugeant que la nuit n'était pas suffisamment noire, se promena sans but dans les alentours avant de revenir dans la propriété de Casals.

Cette fois, il pénétra dans le champ sans quitter des yeux la flamme de la lanterne allumée à une fenêtre de la maison. Marchant lentement, il se dirigea droit sur le molosse, qui aussitôt aboya. Josep vit le chien courir à lui et s'arrêter, retenu par la corde. L'alcade devait être profondément endormi à cette heure, épuisé par ses responsabilités de maire et les travaux de la ferme. Ses fils devaient dormir aussi. Mais tout le monde serait bientôt réveillé si ces aboiements continuaient.

– Chut ! Doucement ! Tout beau ! Tu es un bon chien. Je viens juste te souhaiter un petit bonsoir...

Il continua sur le ton le plus doux et le plus amical :

– Tout beau, sale clébard, corniaud de merde...

Nivaldo aurait approuvé cette tactique, pensa-t-il en tirant de sa poche un morceau de morcilla. Il le lança au chien, qui fit un bond de côté, comme s'il s'attendait à recevoir une pierre, mais se laissa attirer par l'odeur de sang séché et ne fit qu'une mouchée de cette aubaine. Josep lui en jeta un autre, qui fut tout aussi promptement avalé. Puis il rebroussa chemin. Derrière lui, les aboiements reprirent mais ne durèrent pas. Et quand il quitta le champ, la nuit était parfaitement calme autour de la maison de l'alcade.

Josep revint après minuit. Cette fois, la lune était haute dans le ciel, et il aurait pu être facilement repéré si quelqu'un s'était avisé de jeter un coup d'œil du côté du poulailler – mais la lanterne, désormais, était éteinte. Le chien aboya de nouveau. Puis il eut l'air d'attendre ses deux morceaux de morcilla. Josep s'assit à terre devant le chien arrêté au bout de sa corde tendue. Tous deux s'observaient. Josep lui parla à voix basse, l'entretint des raisins, de la sécheresse, des jours de fête, du corps des chiennes et de ses couilles de sale corniaud qui devaient lui chatouiller l'entrejambe. Sur quoi il lui donna un morceau de saucisse – un petit morceau, car il voulait en garder en réserve –, se leva et rentra chez lui.

Le lendemain soir, il retourna deux fois chez l'alcade. La première fois, le chien commença d'aboyer, et se tut dès qu'il entendit la voix de Josep. La deuxième fois, le chien le regarda venir sans aboyer.

Le lendemain, le chien n'aboyait plus du tout. Josep s'en approcha et lui donna des petits morceaux de mortilla. Puis il pénétra dans la zone où il risquait d'être mordu. Comme les autres soirs, il parlait à l'animal d'une voix douce, apaisante.

— Tu sais que tu es une brave vieille carne ? Oui, tu es un bon chien. Un bon petit monstre. Si tu veux qu'on soit copains, je suis d'accord.

Il sortit de sa poche un morceau de boudin. Il le tint au-dessus de la tête du chien, qui se dressa sur ses pattes de derrière. Il sentit alors, dans le creux de sa main, le frôlement de la grosse tête sombre. Un grognement retentit. Et la langue épaisse et rugueuse de l'animal lapa la paume de Josep, en même temps qu'elle engloutissait la saucisse au parfum de sang.

Les sorties nocturnes de Josep n'avaient pas échappé à son père, qui, le matin, le dévisageait en affichant un sourire ironique. Le padre s'imaginait que si Josep se glissait ainsi hors de la maison à la nuit tombée c'était pour rejoindre Teresa Gallego. Josep prit soin de ne pas le démentir.

Un soir, il attendit jusqu'à ce que la pendule française eût exprimé ses deux petits coups asthmatiques. Il se leva de son matelas et quitta la maison à pas de loup.

Tel un fantôme, il traversa la pénombre. Le village était endormi ; dans deux ou trois heures, il commencerait à s'éveiller.

Et le chien aussi.

La porte du poulailler n'était pas verrouillée – les gens de Santa Eulalia ne se volaient pas. Elle n'était fermée que par un bâton glissé dans un couple d'anneaux. Josep se faufila à l'intérieur.

Il fut pris à la gorge par l'odeur chaude, forte, âcre, que dégageaient les excréments des poules. La partie supérieure de la cloison se composait uniquement d'un grillage à travers lequel filtrait la clarté de la lune. La plupart des poules étaient endormies. Elles formaient des masses sombres dans la lumière pâle, argentée. Quelques-unes pourtant picoraient en grattant la paille répandue à terre. L'une d'elles lança à Josep un regard inquisiteur mais bref.

Josep craignait d'attraper par erreur un coq armé d'un bec et d'ongles tranchants. Une action précipitée avait toutes les chances de déclencher un vacarme désastreux – des glousse-ments, des caquètements, des bruits d'ailes, et les aboiements du chien. Josep fixa son attention sur une poule qui couvait. De la main droite, il lui serra le cou pour étouffer ses cris ; de la gauche, il l'empêcha de battre des ailes. Essayant de ne pas penser à ce qu'il était en train de faire, il tordit le cou du vola-tile. Il s'était préparé à entendre les os craquer sous ses doigts. La poule lutta un bref instant, poussa avec ses pattes pour tenter de se délivrer, et s'efforça de battre des ailes. Mais Josep continua de lui tordre le cou comme s'il avait l'intention de lui arracher la tête, et l'animal mourut dans un dernier sursaut.

Josep reposa la poule dans son nid et essaya de maîtriser sa respiration.

Quand il recommença avec un poulet, les choses se pas-sèrent tout autrement. Au lieu d'attirer la bête contre son ventre, comme il l'avait fait précédemment, il la serra contre sa poitrine et se plaça dans une position moins favorable qui ne lui permettait pas de lui briser rapidement le cou. Il fut obligé de l'étrangler avec lenteur, en pressant si fort que ses doigts lui firent mal. Le poulet se défendit, d'abord de toutes ses forces, puis avec moins de vigueur. Il frappa son agres-seur de ses ailes. Josep se sentait faible, éprouvant l'instant où la vie quittait le corps de l'animal. Comme une bulle dans le goulot d'une bouteille, le dernier souffle d'existence se fraya un chemin dans le cou du poulet étranglé. Et enfin la bête mourut. Josep lui tordit le cou par précaution, bien que ce ne fût pas nécessaire.

Quand il sortit du poulailler, il tomba sur le chien, qui l'attendait à la porte. Tenant la volaille d'une seule main, comme on porte un bébé, il plongea l'autre dans sa poche pour y prendre ses derniers morceaux de boudin qu'il jeta au chien.

Il s'éloigna. Ses jambes tremblaient. Il se vivait comme un voleur assassin marchant dans la nuit noire. Autour de lui le village dormait d'un sommeil honnête et innocent – il pensa à son père, à son frère, à Teresa. N'avait-il pas franchi un précipice en accomplissant ce geste ? Était-il toujours le même ? Le sens de cette mission voulue par le sergent Peña lui apparaissait soudain avec la clarté de l'évidence : *Va et tue.*

Arrivant le lendemain matin dans la clairière, les jeunes chasseurs trouvèrent Josep en train de nourrir deux petits feux au-dessus desquels rôtissaient les volatiles embrochés sur des bâtons que soutenaient des piquets en Y. Il coupa et distribua à la ronde de généreux morceaux de volaille, non sans se brûler les doigts dans la graisse brûlante.

Peña accepta une cuisse.

– La peau est bien craquante, Alvarez.

– Un petit peu frottée à l'huile, sergent.

– C'est ce qu'il faut faire.

Josep prit une cuisse à son tour et la trouva délicieuse. Tous les garçons mangeaient et se détendaient ; cette surprise était la bienvenue, à voir le plaisir qu'ils avaient à mâcher en riant leur viande rôtie.

Quand tout fut englouti, ils essuyèrent leurs mains graisseuses sur le sol herbeux de la forêt ou contre l'écorce des arbres. Ils se sentaient envahis de bien-être, rotaient, protestaient chaque fois que Xavier lâchait un pet. Ils se sentaient en vacances. Ils n'auraient pas été étonnés de voir le sergent leur distribuer soudain des bonbons.

Mais Peña ne distribua aucun bonbon. Il ordonna à Josep et à Miquel Figueres de le suivre. Il les conduisit jusqu'à la cabane qui lui servait de domicile et leur confia des boîtes à rapporter à la clairière. C'étaient des caisses d'un mètre de hauteur, étonnamment lourdes. Dans la clairière, le sergent ouvrit celle qu'avait apportée Josep. Il en tira de gros paquets emballés dans de la toile huilée, fermés par de la ficelle. Josep défit la ficelle avec précaution et la fourra dans sa poche. Sous le coton, il découvrit encore deux couches d'emballage huilé. Et il vit enfin ce que contenaient les paquets : des armes de poing.

13

Revolvers

*U*ne arme de soldat, dit le sergent. Un Colt 44. On en trouve pas mal dans les surplus de la guerre de Sécession américaine. Il vous troue méchamment la peau, et il est plutôt léger à transporter avec son barda. Un kilo plus un cheveu. S'il ne tirait qu'un seul coup, ce serait un pistolet. Mais cette arme-là peut tirer six coups, grâce à ce barillet. D'où son nom : un revolver. Vous comprenez ?

Il leur montra comment débloquer le barillet, le sortir de l'arme pour le nettoyer. La boîte de Miquel était pleine de chiffons. Les jeunes gens eurent tôt fait de s'en emparer. Ils commencèrent à frotter les revolvers pour les débarrasser de leur graisse.

Josep lui aussi astiquait avec un chiffon le métal de cette arme qui avait tant servi et été si souvent nettoyée que sa peinture avait presque entièrement disparu. Cela le mettait mal à l'aise de penser que ce jouet mortel avait ouvert le feu au milieu des combats, peut-être blessé et tué des hommes. Le revolver dans sa main l'effrayait bien plus encore que ne l'avait fait le chien d'Angel.

Le sergent continua de leur distribuer du matériel. Chacun reçut un sac de poudre noire, une boîte de balles, un petit tube de cuir fermé à un bout, un bol de graisse, une tringle pour nettoyer le canon, un sac de minuscules rondelles incurvées, pas plus grandes que l'ongle du petit doigt. Peña leur remit aussi deux outils en métal aiguisés d'un côté.

Chacun dut ranger son matériel dans un sac et accrocher le sac à son cou par des lanières de corde. Puis la troupe s'éloigna de la clairière. Les hommes étaient encore en habit de travail, non en uniforme, et cela leur donnait un air gauche, maladroit, pas du tout militaire. Pourtant ils se sentaient forts, munis de leurs revolvers. Le sergent les contraignit à marcher une heure durant. Ils atteignirent une autre clairière, éloignée des maisons, où le bruit des coups de feu n'attirerait pas l'attention.

La leçon de tir commença. Le sergent leur apprit à rabattre le chien afin que la détente soit à demi bloquée et mise en position de sécurité. Il expliqua :

— La balle, pour partir du canon, a besoin de l'explosion de trente grains de poudre noire. Mais quand vous êtes au feu, vous n'avez le temps ni de compter vos grains de poudre ni de danser la sardane ! Alors...

Il leur présenta le tube en cuir.

— Alors vous versez votre poudre là-dedans. C'est un instrument de mesure. Il contient exactement la dose nécessaire. Ensuite, vous reversez la poudre dans la chambre. Vous placez la balle de plomb dans son logement. Vous rabattez le couvercle. d'un coup sec, comme ça. Ensuite, un soupçon de graisse. Et enfin la petite rondelle qui explosera au contact du chien. Vous faites tourner le barillet à la main, pour le charger complètement, une balle après l'autre.

Il effectua les gestes à nouveau, puis reprit ses explications.

— Au combat, un soldat doit être capable de charger son six-coups en moins d'une minute. Autrement dit, vous pouvez vous entraîner ! Alors maintenant, allez-y. Chargez vos revolvers.

Ils étaient lents et maladroits ; ils se sentaient malheureux. Peña passait auprès d'eux et s'arrêtait pour observer leurs gestes. Il leur ordonnait de recommencer. Quand il estima que tous les revolvers étaient correctement chargés, il alla graver avec son couteau une cible sur un tronc d'arbre. Il recula de six ou sept mètres, sortit de son holster son propre revolver et tira six fois dans la cible. Six trous se formèrent dans l'écorce, dont plusieurs se touchaient, tandis que les autres n'étaient pas séparés de plus d'un doigt de distance.

Le sergent se tourna vers le groupe.

— Xavier Miro, dit-il. À ton tour.

Xavier était pâle quand il vint se poster face à l'arbre ; sa main tremblait sur la crosse du revolver.

– Il faut le tenir fermement ! lui lança Peña. Et appuyer sur la détente le plus légèrement possible. Comme un papillon se pose sur la fleur. Comme un homme touche une femme.

Ces mots n'eurent aucun effet sur Xavier, dont le doigt écrasa la détente à six reprises, tandis que le revolver sautait dans sa main sans force et que les balles se perdaient dans les branchages.

Jordi Arnau ne fit guère mieux. Une de ses six balles s'enfonça dans le tronc de l'arbre, toutefois – mais ce fut peut-être par accident.

– Alvarez.

Josep vint se placer face à la cible. Il tendit le bras. Mais il éprouvait de la haine pour cette arme. Sa main se raidit. Puis les paroles du sergent se ranimèrent dans ses pensées. Il caressa alors la détente, songeant à sa main sur le corps de Teresa. À chaque tir, le canon du revolver produisit du feu, de la fumée et des étincelles. Josep était-il devenu un dieu ? Était-il capable de projeter des éclairs et du tonnerre ? Quatre nouveaux trous apparurent dans l'écorce, dont deux à moins de trois centimètres de ceux du sergent.

Josep ne bougeait plus.

Il était stupéfait. Honteux aussi. Car un gonflement était apparu sous son pantalon. Les autres pouvaient le voir. Mais aucun rire ne jaillit du groupe. Autre chose perturba Josep : Peña l'observait soudain avec grand intérêt.

14

Amplitude de tir

Ce qui m'est resté le plus nettement en mémoire dans ma vie de soldat, ce sont les autres soldats.

Ainsi parlait Nivaldo, un soir que Josep lui avait rendu visite à l'épicerie.

– Quand on se battait, quand on affrontait ces gens qui essayaient de nous tuer, je me rapprochais énormément de mes camarades, même de ceux que je n'aimais guère.

Josep comptait Manel Calderon et Guillem Parera au rang de ses bons amis, et il appréciait la plupart des membres du groupe des chasseurs, mais il en était quelques-uns avec lesquels il n'avait pas envie de frayer.

Jordi Arnau, par exemple.

Teresa, qui devenait querelleuse, avait fait allusion à Jordi quand elle avait voulu laisser entendre à Josep ce qu'elle attendait de lui.

– Jordi Arnau et Maria del Mar Orriols vont se marier !

– Je sais.

– Marimar m'a dit qu'ils vont pouvoir se marier parce que Jordi va être soldat. Toi aussi, non ?

– Nous ne deviendrons peut-être pas tous soldats. Il y a une sélection prévue. Si Jordi et Marimar ont tellement hâte de se marier, c'est que Marimar attend un enfant.

– Elle me l'a dit.

– Jordi n'arrête pas de se vanter de ce qu'il a fait. C'est un imbécile.

– Elle est trop bien pour lui. Mais s'il n'est pas pris dans l'armée, alors, qu'est-ce qu'ils vont faire ?

Josep haussa les épaules. Son expression était grave. Tomber enceinte ne voulait pas dire tomber en disgrâce. Nombre de femmes s'avançaient vers l'autel avec un gros ventre. Le père Felipe Lopez, le curé du village, avait à cœur de ne pas aggraver les choses en couvrant les mariés de reproches ; il réduisait la cérémonie à une bénédiction – ce qui lui offrait l'avantage de pouvoir rejoindre au plus vite ses amis, dont Quim Torra, le voisin des Alvarez.

Mais ceux qui se mariaient « obligés » avaient beau n'essuyer aucune réprimande, ils savaient qu'ils auraient sous peu la charge d'une famille, ce qui était une rude épreuve quand on était sans travail. Or les membres du groupe de chasseurs étaient loin d'avoir un avenir assuré. En fait, on ignorait qui serait pris et qui serait écarté. On ne savait même pas comment se ferait la sélection. Guillem avait dit à Josep :

– C'est bizarre, tu ne trouves pas ? Le sergent a eu largement le temps de nous évaluer. Il nous a tous observés de près. Et il n'a encore éliminé personne ! Pourtant il n'a pas dû mettre longtemps à comprendre qu'Enric est plus maladroit et plus lent que les autres, par exemple. Il n'a pas l'air de s'en préoccuper.

Manel était intervenu.

– Peut-être qu'il attend la fin des exercices pour désigner ceux qui sont aptes.

– N'empêche, reprit Guillem. Je trouve que c'est un drôle de bonhomme. J'aimerais bien en savoir un peu plus sur lui. Je me demande où il s'est fait cette blessure. Et comment.

– Les questions, dit Manel, il n'y répond pas. Ce n'est pas quelqu'un d'amical. La cabane où il vit est à nous, vous savez ? Eh bien, quand mon père l'a invité à notre table, Peña a répondu non. Il préfère manger tout seul. Après, il reste assis dehors, à fumer ses gros cigares qui puent. Et il boit ! Beaucoup. Donc, il a de l'argent. Tous les soirs il envoie mon père lui acheter un plein pichet d'eau-de-vie chez Nivaldo.

– Il a peut-être besoin d'une femme, suggéra Guillem.

– À mon avis, il a ce qu'il faut, dit Manel. En tout cas, il ne dort pas toutes les nuits dans la cabane. Une fois, je l'ai vu rentrer au petit jour.

– Alors, dit Guillem, elle ne fait pas bien son boulot. Elle devrait apprendre à lui faire des trucs qui le mettent de bonne humeur.

Et cette conversation s'était achevée dans un grand éclat de rire.

Ils eurent cinq séances de tir avec le colt, dont chacune fut précédée d'un exercice de nettoyage et de chargement des armes. Tous accomplirent des progrès. Dans l'ensemble, ils devinrent plus adroits et plus rapides. Mais aucun ne parvint à tirer aussi vite que le sergent Peña. À la sixième séance, le sergent demanda à Guillem et à Josep de lui remettre leurs revolvers. Et il leur en donna d'autres en échange.

– Ces revolvers-là sont pour vous et pour vous seulement. Vous êtes nos tireurs d'élite.

Cette nouvelle arme était plus lourde, et Josep se sentit pénétré de son importance quand il l'eut entre les mains. Même en ignorant tout des armes à feu, on devinait que ce revolver, c'était autre chose que le colt. Il avait deux canons. Celui du dessus était long, semblable à celui du colt ; mais il y en avait un second en dessous, plus petit et plus gros.

– Ce que vous avez là est un Le Mat, expliqua le sergent. Fabriqué à Paris. Neuf chambres au lieu de six. Les balles partent par le canon du haut.

Il leur montra que la partie supérieure du chien pivotait, de sorte que l'on pouvait tirer aussi en utilisant le canon du bas, dont l'amplitude de tir était plus large.

– En fait, dit Peña, le canon du bas fait penser à un fusil. Un fusil à canon scié.

Il attendait d'eux qu'ils se montrent capables de charger le barillet à neuf coups aussi vite qu'ils chargeaient le six-coups.

Une fois le canon du haut chargé, ce Le Mat ressemblait au colt. Mais quand Josep tira pour la première fois avec le canon du bas, il eut l'impression qu'un géant avait bouché le revolver avec la paume et poussé le tireur en arrière. Le recul était si puissant que sa décharge de plomb se répandit dans les branches d'un arbre.

Guillem avait un avantage : il avait observé l'essai de Josep. Aussi, quand vint son tour, se servit-il de ses deux mains pour tenir la crosse et tirer bras tendus.

Le canon du bas couvrait une amplitude stupéfiante. Le tir de Guillem laissa des trous dans l'écorce de quatre troncs d'arbre.

— Rappelez-vous ceci, dit le sergent. Si vous êtes amenés à tirer avec un Le Mat, vous ne pourrez pas rater votre cible. Pas la peine de chercher des excuses : il n'y en aura pas.

15

Le sergent

Un mercredi soir, les chasseurs regagnaient la clairière à travers bois, quand ils virent un cheval noir attaché par la bride à la cabane. Le sergent sortit. Il avait à ses côtés un inconnu d'âge moyen. Peña et l'inconnu observèrent les jeunes recrues.

Les deux hommes n'auraient pu être plus différents. Peña était grand et svelte, habillé de vêtements de travail salis et déchirés par endroits. Il portait un poignard enfoncé dans un fourreau attaché à la jambe gauche, au-dessus de sa chaussure. Un gros pistolet s'enfonçait dans un holster fixé à sa ceinture. Le nouveau venu, au contraire, lui était inférieur d'une bonne tête et montrait une constitution trapue. Son costume noir était froissé après le voyage à cheval, mais c'était un vêtement élégant, coupé dans une bonne étoffe. Il était coiffé d'un melon – le plus beau chapeau que Josep eût jamais vu.

Le sergent Peña ne fit aucune présentation.

L'homme se tenait auprès de lui tandis que le groupe prenait la direction de la clairière la plus éloignée, celle où les jeunes gens s'entraînaient au tir. Pendant l'exercice, il observa avec attention la façon qu'avait chacun des aspirants soldats de manier son revolver.

Peña voulut que Josep et Guillem tirent plus longtemps que leurs camarades. Quand l'un et l'autre eurent vidé les deux barillets de leurs Le Mat à double canon, l'étranger eut un conciliabule avec le sergent. Peña demanda alors à Guillem et à Josep de recharger leurs armes et de tirer encore. Tandis que les deux garçons s'exécutaient, le sergent et l'inconnu les regardèrent sans rien dire. Puis le sergent s'adressa à ses hommes.

— Repos.

Les jeunes gens ne furent pas fâchés de pouvoir enfin se laisser tomber dans l'herbe. Peña et le visiteur s'éloignèrent ensemble. L'homme trapu parlait à voix basse mais on percevait l'impatience de son propos. À leur retour, Peña prit la tête de la colonne, qui regagna la clairière, près de la propriété Calderon. Les chasseurs, qui se préparaient à nettoyer leur arme, virent que le sergent disait au revoir au visiteur, non pas poliment, mais avec une certaine brusquerie. Le civil en fut surpris, d'ailleurs, peut-être même gêné. Il toucha le bord de son chapeau melon et s'en alla sur son cheval noir.

Aucun des jeunes apprentis soldats ne le revit.

16

Les ordres

La dernière semaine de décembre, le temps devint froid et humide. La pluie était si fine qu'elle semblait un brouillard et ne trempait pas le sol. Chacun enfila un vêtement supplémentaire et se débrouilla pour trouver à s'occuper à des travaux d'intérieur – Josep fit du ménage dans la maison, puis aiguisa ses outils avec une lime. Le lendemain de Noël, les jeunes chasseurs se rendirent dans la clairière après avoir écouté la première messe. Tous se sentaient d'humeur nonchalante, mais le sergent les étonna par son propos.

– Votre entraînement à Santa Eulalia est terminé. Nous partons demain.

Ayant laissé passer l'effet de surprise, il enchaîna :

– Inutile d'emporter votre arme. Nettoyez-la, graissez-la, et enveloppez-la dans trois couches de papier huilé. Exactement comme elle était quand vous l'avez reçue. Faites un second paquet avec vos munitions et vos outils – là encore : trois couches de cette toile huilée que je vous ai fournie. Je vous suggère d'enterrer le tout quelque part, en lieu sûr et dans un endroit sec. Car si notre exercice venait à être annulé, vous en auriez besoin à votre retour ici.

Jordi Arnau s'éclaircit la gorge et osa demander :

– Nous entrons tous dans la *militia* ?

Le sergent afficha son sourire spécial et répondit :

– Tous. (Il ajouta d'un ton sarcastique :) Puisque vous avez tous réussi l'épreuve.

Ce même soir, Josep graissa son revolver et l'enterra sans le remonter. L'endroit le plus sec était selon lui un bout de terrain sablonneux situé au fond de la vigne de Torra, là où elle touchait presque la propriété Alvarez. Quim Torra était un mauvais fermier, un paresseux qui perdait tout son temps à entretenir avec le curé, le père Lopez, une relation jugée scandaleuse par le village. Bref, Quim fréquentait sa vigne aussi peu que possible. Josep ne pouvait occasionner aucun dérangement en enterrant son arme à cet endroit.

À la maison, on s'étonna d'apprendre qu'il était sur le départ. À croire que son père et son frère n'avaient jamais pris le groupe de chasseurs au sérieux. Donat parut soulagé. Depuis toujours, il vivait mal le fait d'avoir un cadet meilleur ouvrier que lui. Le padre, lui, se montra fier et inquiet à la fois. Il tint à offrir à Josep un épais chandail de laine brune d'acquisition récente.

— Contre le froid, dit-il d'un ton bourru.

Josep reçut avec émotion et gratitude ce chandail imprégné de l'odeur du padre. Il l'essaya et le trouva un peu large. Mais ce vêtement fut pour lui une bénédiction. Marcel plongea aussi la main dans une jarre cachée derrière la pendule et en tira une petite liasse de billets – huit pesetas. Il pressa cet argent entre les mains de son fils.

— En cas de problème.

Josep gagna l'épicerie dans l'intention de dire au revoir à Nivaldo. L'épicier aussi lui donna de l'argent – six pesetas.

— Quand tu te paieras une bonne nuit de plaisir, tu penseras à ton ami, le vieux soldat.

Il embrassa longuement Josep.

Ces adieux étaient une épreuve pour le jeune homme, mais le plus dur fut d'annoncer la nouvelle à Teresa.

— Tu ne me reviendras jamais, dit-elle, toute pâle.

— Ne parle pas ainsi.

Le chagrin de Teresa amplifia les propres craintes de Josep devant un avenir dont il ignorait tout. Il se sentit gagné par la colère et s'emporta.

— C'est une chance pour toi ! La militia, c'est de l'argent en vue. Quand je le pourrai, je reviendrai. En attendant, je t'enverrai des sous. Tu auras de mes nouvelles dès que possible.

Il ne pouvait concevoir de renoncer pour toujours à cette femme – sa bonté, le charme de sa présence, ses parfums secrets, la tendre, généreuse et gracieuse volupté de ses épaules, de ses hanches, de ses seins. Quand il voulut l'embrasser, elle lui rendit son baiser sauvagement, avec une passion dévorante. Mais elle avait les joues baignées de larmes. Josep voulut lui caresser les seins, mais elle le repoussa et s'enfuit dans la vigne de son père.

Le lendemain matin, de bonne heure, Peña apparut du côté de la vigne Calderon avec une paire de pataches à deux roues couvertes d'arceaux en osier tendus de toile. L'une des pataches était neuve et de couleur bleue, l'autre était d'un rouge fané. Chacune était tirée par deux mules à la queue leu leu et équipée de bancs à même d'accueillir quatre passagers. Peña voyagerait en compagnie de Manel, Xavier et Guillem. Sur l'autre carriole s'embarquèrent Josep, Enric, Jordi et Esteve.

Ce fut dans cet équipage que tous quittèrent le pays de Santa Eulalia.

Quand Josep écarta la toile pour emporter avec lui une dernière vision de son village, il aperçut Quim Torra. Celui-ci n'était pas au travail dans sa vigne qui pourtant en avait grand besoin. Il poussait avec effort une brouette dans laquelle se vautrait le gros curé, le père Felipe Lopez; et les deux hommes se tordaient de rire.

Quant au dernier bruit de Santa Eulalia qui parvint à Josep, ce fut l'aboiement rauque de son vieil ami, le chien de l'alcade.

17

Neuf hommes dans un train

Quand les deux pataches s'arrêtèrent devant la gare de Barcelone, les jeunes gens étaient affamés. Peña les emmena dans un café ouvrier où il leur acheta du pain et de la soupe de légumes. Les recrues mangèrent avec appétit.

Peu après, ils rejoignirent le quai. Josep fut pris d'effroi en voyant la locomotive leur foncer dessus dans un vacarme terrible, tel un dragon crachant de la fumée. Enric était le seul à avoir jamais pris le train. C'est en ouvrant de grands yeux étonnés que tous s'entassèrent dans un wagon de troisième classe. Josep, cette fois, partagea sa banquette de bois avec Guillem ; Manel prit place en face d'eux.

Lorsque le train s'ébranla dans le grincement des essieux et le sifflement des jets de vapeur échappés des chaudières, le machiniste leur recommanda de ne pas ouvrir les vitres, de crainte que les escarbilles ne pénètrent dans les voitures. Mais le temps était froid, et les jeunes voyageurs n'avaient aucune envie d'ouvrir les fenêtres. Bientôt les roues claquèrent à la jointure des rails. Le train, en cahotant, prit de la vitesse. Et les paysages de la Catalogne s'enfuirent au loin.

Josep fut pris de fatigue bien avant que la nuit ne referme ses ailes sur le monde. Il était las de contempler la figure de son ami Guillem assis à côté de lui, côté fenêtre. Peña finit par leur distribuer du pain et des saucisses. Un machiniste passa dans les voitures allumer les lampes à gaz, qui projetèrent sur les cloisons des ombres fantastiques. Josep les observa un moment, puis se laissa gagner par le sommeil.

Les tensions nées de ce départ l'avaient épuisé bien plus qu'une pleine journée de labeur. La nuit, cependant, ne fut pas confortable. Il se réveilla par intermittence. La dernière fois qu'il rouvrit les yeux dans les secousses du train, ce fut pour s'apercevoir que le jour s'était levé sur un paysage grisâtre, inhospitalier. Le train repartait, après quelques minutes d'arrêt à Guadalajara.

Peña, de nouveau, leur distribua ses dernières victuailles. Les jeunes gens arrosèrent leur repas avec l'eau fournie par la compagnie de chemin de fer ; elle avait un goût de charbon et laissait sous les dents des particules de minerai. Bientôt l'ennui tomba sur les voyageurs. Ils avaient quitté Guadalajara depuis trois heures quand Enric Vinyes s'exclama :

– Regardez !

Tous s'amassèrent contre la vitre. Dehors, sous le ciel gris, les montagnes se couvraient de neige. Ils avaient rarement aperçu de la neige durant leur vie, et celle qu'ils avaient vue avait fondu presque aussitôt. Ils furent fascinés par le spectacle. Après trois nouvelles heures de voyage, quand le train arriva enfin à Madrid, sa destination, la gare était couverte d'un immense manteau blanc.

Peña connaissait bien la ville. Les chasseurs lui emboîtèrent le pas. Ils virent un large boulevard, des immeubles imposants et un dédale de ruelles étroites qui serpentaient entre les bâtisses. En dépit du froid, un marché se tenait sur une petite place où brûlaient des braseros. Peña acheta du pain, du fromage et deux bouteilles de vin. Puis il entraîna ses recrues dans un passage menant à une auberge. L'escalier intérieur de l'établissement était si étroit qu'il ne donnait le passage qu'à un homme à la fois. Les jeunes gens grimpèrent trois étages dans le noir. Enfin Peña frappa à une porte marquée d'une petite inscription : *Pension Excelsior*.

Un homme âgé ouvrit.

On offrit au groupe de chasseurs une chambre minuscule dépourvue de confort. Plusieurs tombèrent assis sur les lits, d'autres à même le sol. Peña coupa le pain et le distribua. Il leur donna aussi du fromage. Puis il disparut. Quelques minutes plus tard, il était de retour, porteur d'une bouilloire fumante posée sur un plateau avec des tasses. Il versa du vin

107

dans les tasses et l'allongea d'eau chaude. Les voyageurs étaient gelés. Ils se jetèrent avec impatience sur ce breuvage et se réchauffèrent les doigts en les refermant sur leur tasse.

Peña sortit de nouveau. Les chasseurs attendirent de longues heures dans cette auberge sinistre. Jamais ils n'avaient vécu moment plus étrange.

La lumière déclinait derrière la fenêtre quand le sergent fut de retour. Il se planta au milieu de la pièce et leur demanda d'écouter attentivement ce qu'il avait à leur dire.

— Vous allez avoir l'occasion de vous rendre utiles, commença-t-il. Un homme doit être appréhendé ce soir. Un traître à notre cause. Vous participerez à son arrestation.

Tendus, nerveux, ils écoutaient leur chef.

Peña se baissa pour prendre sous l'un des lits une boîte qui se révéla contenir de longues allumettes à grosse tête soufrée. Il tendit une allumette à Josep, ainsi qu'un bout de papier de verre en guise de grattoir.

— Tu garderas ça sur toi, Alvarez. Au sec. Nous allons repérer notre homme au moment où il montera dans une voiture. Il faudra suivre cette voiture. Dans toutes les rues où elle ira. Chaque fois qu'elle tournera à un angle de rue, tu gratteras une allumette.

Il lui montra le geste. L'allumette s'enflamma en dégageant une odeur âcre.

— À mon signal, poursuivit-il, le groupe entourera la voiture, et nous capturerons le traître. Guillem Parera et Esteve Montroig, vous vous chargerez de retenir les chevaux par la bride. S'il advenait que nous soyons séparés, tâchez de retrouver le chemin de la gare. C'est là que j'irai vous chercher. Quand le traître sera arrêté, vous recevrez d'autres instructions et rejoindrez votre régiment. Ce sera le début de votre carrière militaire.

Le groupe quitta la pièce, descendit l'escalier étroit et gagna les ruelles. La neige était moins épaisse, mais le vent soufflait en rafales. Sur la place du marché, où les braseros dressaient leurs silhouettes sans vie, tout était calme et désert. Josep fixait des yeux les flocons blancs accrochés à la chevelure sombre du sergent. Les recrues suivaient leur officier dans ce monde étrange, perlé de blancheur.

Ils quittèrent le vieux quartier pour gagner de larges voies où s'alignaient d'imposantes bâtisses. Quand ils furent parvenus dans l'une de ces avenues, la Carrera San Jeronimo, Peña se dirigea vers une maison haute à l'entrée éclairée par des becs de gaz dont la flamme tremblait sous le vent. Des hommes bavardaient là par petits groupes. Le portier accueillit les jeunes gens d'un bref regard. Tous se pressèrent autour de Peña.

La lourde porte de cette maison était maintenue ouverte par une cale. Des voix d'hommes s'élevaient à l'intérieur. Quelqu'un prononça un discours puis se tut. Autour de lui retentissaient des cris. Josep n'aurait su dire si ces exclamations exprimaient un désaccord ou de la colère. Il entendit soudain une clameur et des rires.

Le groupe de chasseurs attendait. Il faisait froid. La neige tombait. Une heure passa.

18

L'espion

Les hommes présents dans la maison continuaient de crier et d'applaudir.

Une femme âgée traversa le champ de vision de Josep. Coiffée de cheveux gris, drapée dans une double épaisseur de châles, petits yeux noirs et figure brune ridée comme une pomme sèche, elle entra dans la maison, s'approcha des hommes et leur tendit un panier vide.

— L'aumône, s'il vous plaît. L'aumône. Un peu de nourriture, pour l'amour de Dieu. Au nom de Jésus !

Un des hommes secoua la tête comme s'il chassait un insecte importun et se replongea aussitôt dans sa discussion.

La mendiante, imperturbable, présenta son panier à quelqu'un d'autre, en répétant sa requête plaintive. Cette fois, elle fut récompensée d'une piécette. Elle remercia pour la charité et bénit son bienfaiteur. Josep l'observa tandis qu'elle boitillait vers lui telle une bête blessée.

À cet instant, deux hommes sortirent de la maison.

— C'est lui, murmura Peña.

L'un des deux hommes avait l'allure d'un gentilhomme. Il était d'âge moyen. Son visage s'ornait d'une barbe bien taillée. Il portait une lourde cape de coupe élégante et un chapeau à large bord. Il n'était pas grand et son corps était trapu, mais il se tenait bien droit, dans une attitude fière.

L'autre, un pas derrière lui, était plus jeune et vêtu de façon commune. Lequel des deux était le traître ? Impossible de le savoir.

Déjà le portier s'avançait.

– Une voiture, Excellence ?

L'homme élégant répondit d'un hochement de tête. Le portier pénétra dans le cercle de lumière répandu par le bec de gaz et leva le bras. Un fiacre fermé, tiré par deux chevaux, se détacha de l'ombre et vint s'arrêter à l'entrée de la maison. Le portier voulut se pencher pour rabattre le marchepied de la voiture, mais il fut devancé dans ce geste par le personnage habillé de façon commune – qui était donc un serviteur. L'homme élégant disparut dans le fiacre. Le serviteur remonta le marchepied, referma la portière et retourna dans la maison.

Josep avait assisté à la scène avec une curiosité mêlée d'appréhension. À présent, l'occupant du fiacre était quasi invisible derrière les vitres tendues de rideaux.

Quelqu'un toussa puis gratta une allumette dont il présenta la flamme au fourneau de sa pipe. Le portier avait sursauté. Il s'approcha du fiacre et murmura quelque chose à l'oreille du cocher penché vers lui. Puis il frappa doucement à la portière, qui s'entrouvrit.

– Pardon, Excellence, mais il semble que ce fiacre ait un problème. Un essieu est en train de lâcher. Voulez-vous que je réclame une autre voiture ?

Josep n'entendit pas la réponse. Il vit l'élégant passager descendre. Le portier, pendant ce temps, pressait un autre cocher de le rejoindre avec son fiacre. Ce second attelage était plus étroit que le précédent, équipé de rideaux plus épais. L'homme à la cape s'y engouffra. Josep eut le temps d'observer qu'il avait les traits tirés et le regard las. Ses joues poudrées lui donnaient presque une apparence artificielle.

Mais deux hommes sortaient maintenant de la maison et s'approchaient de la voiture. Eux aussi étaient mis avec goût – d'autres nobles, estima Josep. Ils montèrent dans le fiacre de l'élégant personnage et s'assirent en face de lui. Les trois têtes étaient proches les unes des autres à l'intérieur du petit habitacle. Dehors, chacun observait le silence, mais nul ne pouvait entendre ce qui se disait dans la voiture, car les trois hommes parlaient sans élever la voix.

Ils s'entretinrent ainsi pendant une demi-heure. Puis l'un d'eux hocha la tête et ouvrit la portière. Les deux hommes retournèrent dans la maison. Le serviteur réapparut, accompagné d'un autre domestique. Les deux laquais frappèrent discrètement à la portière du fiacre, attendirent, et montèrent après avoir donné au cocher l'ordre de fouetter ses chevaux.

Les rues, par ce temps, étaient peu encombrées. Cependant l'attelage progressait avec lenteur à cause de la neige qui s'amassait sur le pavé et entravait l'allure des chevaux. Peña et ses recrues eurent eux-mêmes quelque difficulté à suivre à pied la voiture, qui descendit la Carrera San Jeronimo. Ils dépassèrent la mendiante. Devant, le fiacre s'arrêta pour manœuvrer et tourner dans la Calle de Sordo. Conformément aux ordres, Josep gratta une allumette d'une main tremblante et souleva la flamme comme un signal.

Vint un autre carrefour, celui de la Calle de Turso. Josep lança un deuxième signal lumineux.

C'était une rue étroite et sombre, éclairée par un seul réverbère. Josep vit arriver en face deux calèches côte à côte. Les calèches s'arrêtèrent, bloquant le passage.

– Maintenant, dit Peña.

Le fiacre venait de pénétrer dans le halo de lumière.

Guillem et Esteve bondirent. Ils saisirent les chevaux par la bride. Le groupe de chasseurs entoura le fiacre. Des deux calèches surgirent des silhouettes. La portière du fiacre s'ouvrit bientôt sur le gentilhomme aux traits las qui afficha une expression de surprise. Le cocher avait essayé d'atteindre Esteve avec son fouet, sans y parvenir ; à présent il attendait, debout devant son banc, paralysé par la peur.

Josep pensa que les nouveaux venus étaient des agents de la militia. Trois étaient armés de pistolets. Il recula d'un pas pour leur céder le passage. Déjà ils pointaient leurs armes sur le gentilhomme...

Les coups de feu retentirent.

Le gentilhomme, touché à l'épaule, pivota sur lui-même. Il porta la main gauche à sa blessure et leva la droite comme pour protester. Son annulaire fut emporté par une balle : Josep vit nettement le doigt exploser. L'homme reçut en pleine poitrine une troisième balle qui fit un trou dans sa cape – et Josep songea aux multitudes de trous laissés par les chasseurs dans l'écorce de cet arbre qui leur servait de cible à Santa Eulalia.

Il fut choqué par l'expression de cet homme comprenant qu'il était sur le point de mourir.

— Jésus-Christ ! hurla quelqu'un.

Le cri d'une femme, pensa d'abord Josep. Puis il s'aperçut que ce n'était pas une femme qui avait crié, c'était Enric.

L'instant d'après, chacun s'enfuyait à toutes jambes dans l'obscurité. Josep se retrouva en train de courir sur la neige glissante. Derrière lui, les chevaux effrayés ruaient à grand bruit dans leurs brancards.

III

DANS LE VASTE MONDE

À Madrid, le 28 décembre 1870

19

Marche dans la neige

*I*l tomba dans la neige humide, se releva, se remit à courir, le souffle douloureux. Il s'arrêta pour essayer de récupérer, en appui contre une façade. Une minute plus tard, il repartait, sans courir cette fois, bien que la peur fût toujours là. Il ignorait où le menaient ses pas. Alors qu'il pénétrait dans la clarté d'un bec de gaz, il sursauta au son d'une voix surgie des ténèbres.

— Josep ! Attends...

C'était Guillem.

— Quoi ? dit Josep. Qu'est-ce qui s'est passé ? Pourquoi ont-ils assassiné ce pauvre gars ? Ils avaient dit qu'on devait l'arrêter, pas le tuer !

— Je ne sais pas comment on en est arrivés là. On dirait que l'opération ne s'est pas déroulée comme prévu... Peña va peut-être nous expliquer. Le rendez-vous est à la gare...

— La gare, la gare... Tu sais où elle est, toi, la gare ?

— Par là, je crois, dit Guillem avec un geste d'impuissance.

Ils errèrent longtemps. À la fin, Guillem se rendit à l'évidence et admit qu'il était perdu lui aussi. Mais une station de fiacres était en vue. Josep interrogea un cocher qui grelottait, à moitié assoupi sous sa pelisse.

— La gare ? C'est de l'autre côté. Vers le sud.

Ils avaient marché longtemps vers le nord. Le cocher leur donna de longues explications embrouillées au terme desquelles ils n'eurent plus qu'à se remettre en route en revenant sur leurs pas. Ils ne voulaient pour rien au monde risquer de tomber dans le secteur où l'attaque avait eu lieu, aussi firent-ils un détour, en perdant leur chemin à nouveau. Le froid les accablait. Josep, les traits fatigués, pointa le doigt sur l'enseigne d'un café, le Metropolitano.

— On va se renseigner là.

À l'intérieur, il faisait chaud. Ils regardèrent le tableau des consommations. Même les boissons les moins chères dépassaient leurs moyens. Ils avaient si peu d'argent en poche ! Ils commandèrent pourtant deux cafés.

Leur arrivée avait interrompu une dispute entre le patron et son serveur âgé.

— Gerardo ! Gerardo ! Et la vaisselle du déjeuner, bon Dieu ! Tu as l'intention de servir les gens dans des assiettes sales ?

C'était un personnage massif, coléreux ; il semblait vouloir accabler le vieux serveur flegmatique.

— C'est ma faute si Gabino n'est pas venu ?

— Tu ne pouvais pas me trouver un autre plongeur, crétin ? La fiesta arrive ! Je fais quoi, maintenant ?

— La vaisselle, señor, répondit le serveur en haussant les épaules. Je ne vois que ça.

Il s'approcha des jeunes gens et leur servit leur café. Guillem lui demanda la direction de la gare.

— Ici, répondit-il, vous êtes à l'ouest du chemin de fer. Prenez cette rue, là. Puis la deuxième à droite. Passez six ou sept carrefours. Vous tomberez juste derrière la gare.

Le café était brûlant et ils avaient hâte de le boire. Le serveur crut bon d'ajouter cette mise en garde :

— Attention en traversant les voies. Ne faites pas les idiots.

Il ne neigeait plus quand ils arrivèrent à la gare, mais les toits de Madrid touchaient toujours un ciel de plomb. Josep et Guillem longèrent des tas de charbon et des piles de bois. Les wagons habillés de leurs manteaux neigeux ressemblaient à des monstres endormis. La zone de fret baignait dans une pénombre trouée par les halos des lampes à gaz. Josep et Guillem s'en approchèrent en longeant un train vide en arrêt sur la voie. Parvenus à l'avant de la locomotive, ils promenèrent leurs regards sur les lieux.

— Voilà Peña, dit Josep. Et Jordi. Regarde.

Le sergent attendait près d'un fiacre, en compagnie de Jordi Arnau et de deux inconnus. Il glissa un mot à Jordi, puis ouvrit lui-même la portière du fiacre. Jordi eut l'air de vouloir y monter, mais quelque chose qu'il découvrit à l'intérieur parut le retenir au dernier moment. Un des deux inconnus le poussa pour le forcer à monter.

— Qu'est-ce qui se passe? murmura Josep, anxieux.

Jordi résistait. Il montrait les poings, prêt à en découdre. Trois hommes s'approchaient du petit groupe. L'un d'eux sortit de sa poche un couteau. Dans l'instant, Jordi eut la gorge tranchée.

Josep et Guillem étaient atterrés.

C'était bien Jordi qui gisait à présent sur le sol, dans la clarté jaunâtre d'un bec de gaz, tandis qu'une flaque de sang noir se répandait sur la neige.

— Guillem, il faut faire quelque chose...

Il s'accrocha au bras de Josep.

— Ils sont trop nombreux, dit-il. Et en voilà d'autres qui arrivent... et il ajouta, voyant que Josep allait l'interrompre : Tais-toi, s'il te plaît !

Sous le réverbère, on soulevait maintenant le corps de Jordi pour le hisser dans le fiacre. Plus loin, sur la gauche, un autre groupe s'en prenait à Manel Calderon.

— Ils ont aussi attrapé Manel...

Guillem essaya d'entraîner Josep en arrière.

— Il faut filer d'ici. Sans courir, surtout !

Ils firent demi-tour, s'éloignèrent en silence et traversèrent dans l'autre sens toute la zone de fret. Un quartier de lune s'accrochait très haut dans le ciel, où les nuages à présent étaient moins épais. Mais la nuit était encore obscure. Josep tremblait. Il tendait l'oreille car il redoutait d'entendre soudain derrière lui les pas de ces hommes lancés à leur poursuite. Mais rien de tel ne se produisit. Estimant qu'ils étaient loin de la gare, Josep osa parler de nouveau.

— Je ne comprends pas ce qui se passe...

— Moi non plus, Josep.

— Où aller maintenant ?

Comme ils passaient devant le Metropolitano, Guillem retint Josep par l'épaule. Les deux amis poussèrent la porte du café. Le vieux serveur flegmatique frottait une table avec un chiffon humide. Guillem s'adressa à lui.

— Señor, est-ce qu'on pourrait parler au patron?

— Le señor Ruiz?

Le serveur, d'un coup de menton, leur indiqua l'arrière-cuisine. Guillem et Josep suivirent ce chemin et trouvèrent le señor Ruiz en train de faire la vaisselle devant un bac en cuivre, les mains plongées dans l'eau grasse. Ce fut encore Guillem qui prit la parole.

— Señor Ruiz, vous ne voudriez pas nous engager comme plongeurs?

Ruiz avait la figure écarlate, ruisselante de sueur sale. Il répondit, en s'efforçant de masquer son impatience :

— Combien?

La négociation fut brève. Les gars seraient nourris. Ils toucheraient quelques pièces. Et ils auraient le droit de dormir par terre après la fermeture et le départ du patron. Ruiz s'essuyait déjà les mains. Il rabaissa ses manches de chemise et fila vers la cuisine. L'instant d'après, Guillem et Josep avaient pris sa place devant l'évier de cuivre.

Ils eurent tôt fait d'adopter le rythme. Guillem lavait les assiettes dans l'eau chaude et les rinçait dans l'eau froide. Josep les essuyait et les empilait.

Leur plonge risquait sans cesse de refroidir. Il leur fallait constamment y rajouter de l'eau bouillante puisée dans de grandes marmites posées sur les grilles de la cheminée. Quand les marmites étaient vides, on les remplissait à la petite pompe qui alimentait l'évier. Le café avait l'air de marcher la vaisselle sale arrivait sans cesse. Les piles d'assiettes propres disparaissaient tout aussi vite. De temps en temps, l'évier était plein, et la plonge n'était plus qu'un bouillon froid et graisseux; les deux amis allaient alors la vider dans la cour, derrière l'établissement, et l'emplissaient à nouveau d'eau propre. Ils étouffaient de chaleur dans cette arrière-cuisine. Ils durent se débarrasser peu à peu de plusieurs couches de vêtements.

Josep ne cessait de penser à Jordi, revivant le moment où cet homme l'avait égorgé.

— Ils ont voulu se débarrasser d'un témoin, dit-il.

Guillem cessa de frotter l'assiette qu'il était entrain de laver.

— Tu crois ?

— J'en suis sûr.

Guillem avait pâli.

— J'en suis sûr aussi, finit-il par avouer.

Il se remit à frotter son assiette avec l'énergie du désespoir.

Minuit était passé depuis longtemps quand Gerardo, le vieux serveur, leur apporta des bols de ragoût et une miche de pain rassis. Ils dévorèrent ce repas à belles dents, sous les yeux du vieil homme, qui leur dit :

— Je sais pourquoi vous cherchiez le chemin de fer.

Ils le dévisageaient sans répondre.

— Vous vouliez sauter dans un train. Pas vrai ? Mais écoutez-moi bien. Vous ne pourrez pas prendre un train à Madrid. Il y a à la gare des gardes armés de bâtons qui fouillent toutes les voitures avant chaque départ. Ils vous attraperaient et vous battraient. Ils vous jetteraient en prison. Ce qu'il faut, c'est vous embarquer dans un wagon de marchandises. Et pour ça, il faut tâcher de trouver un train arrêté en rase campagne. Il n'y a pas d'autre solution.

— Merci, señor, dit Josep.

Gerardo eut un bref hochement de tête.

— Comme ça, vous êtes au courant.

Ils s'endormirent confortablement près de la cheminée. Puis le feu mourut et le froid se répandit dans la salle du café. Cependant les deux garçons avaient l'estomac plein, et ils jugeaient préférable de dormir sur ce plancher malpropre plutôt que dehors, dans les rues dévorées par l'hiver.

Au matin, ils récurèrent le sol et vidèrent la cheminée de ses cendres. À la mi-journée, quand Gerardo apparut, tout était propre. Les deux amis eurent droit à un solide petit déjeuner.

— Le patron veut que vous restiez encore quelques jours, leur dit Gerardo. Pour nous aider. Jusqu'à la nouvelle année. Il a dit qu'il ne serait pas ingrat.

Josep et Guillem échangèrent un regard.

— Pourquoi pas ? dit Josep. Qu'est-ce que tu en penses ?
Guillem était d'accord.

Ils ne furent pas fâchés de pouvoir passer les deux jours suivants à faire la plonge dans cette arrière-cuisine, qui était au fond la planque idéale. Certes, pendant le coup de feu, la voix stridente du patron était dure à supporter, mais Ruiz ne venait jamais les harceler car ils travaillaient suffisamment vite. Seul Gerardo pénétrait quelquefois dans leur domaine ; eux-mêmes n'en sortaient que pour faire une visite aux latrines ou pour vider leur évier dans la cour.

Le jour de l'an, Gerardo apporta pour chacun d'eux une part de *turron*, un nougat aux amandes grillées, dur sous la dent. Ils firent une pause pour le déguster, tandis que résonnaient dehors les cloches de la cathédrale. Puis ils durent se remettre à leur besogne, avec dans la bouche des parfums de sucre, d'œuf et de miel.

Cette nuit-là, après la fermeture, quand Ruiz et Gerardo furent partis, Guillem trouva dans la salle un journal abandonné sur une table. Ne sachant ni lire ni écrire, il l'apporta à Josep, qui le parcourut à la lueur des bougies. C'était un exemplaire de *La Gaceta* de la veille.

— Alors ? voulut savoir Guillem. Qu'est-ce qu'il raconte, ce journal ?

Les mains de Josep tremblaient.

— Mon Dieu... Regarde... Tu sais qui c'est ?
Guillem fixa le journal des yeux et finit par dire :

— C'est Juan Prim. Le président...

— Le président, oui. Le général Juan Prim...

— Il est mort ? demanda Guillem d'une voix faible.

— Blessé, seulement. Ils ne sont pas arrivés à le tuer.

— Grâce à Dieu, Josep !

— Ils ont tiré sur le chef du gouvernement espagnol, Guillem ! Ils ont osé lui tirer dessus ! Lui si bon ! Lui qui ne songe qu'au bien de l'Espagne et de son peuple...

— L'article parle des carlistes ?

— Non. Ils disent qu'il a joué un rôle de premier plan dans le mouvement qui a poussé la reine Isabelle à abdiquer et à fuir vers la France... Qu'il a été gouverneur de Puerto Rico, héros de la guerre du Maroc... Qu'il est originaire de Reus... Et qu'il a deux titres de noblesse : comte et marquis.

— Ils parlent d'un attentat de la militia ?

— Non, Guillem. L'article parle d'agresseurs inconnus, assistés d'un groupe de complices.

Guillem fixait sur lui de grands yeux désorientés.

— Tu penses que c'est la militia, Guillem ?

— Je ne sais pas... Attaquer le président ! Il ne doit pas manquer d'ennemis ! Et de la plus dangereuse espèce... Tu ne crois pas ? Dieu sait qui a fait le coup... Peut-être la militia, peut-être pas. Peña, si ça se trouve, n'est même pas officier. Peut-être qu'il ne fait pas partie des carlistes...

— Peut-être qu'il ne s'appelle pas Peña, dit Josep à voix basse.

20

Du nouveau

Le lendemain était le deuxième jour de 1871.

— On ferait peut-être bien de rester encore, suggéra Guillem.

Josep n'avait rien contre. Il était toujours sous le choc de ce qu'il avait vu à la gare, et il se sentait en sécurité au Metropolitano. Le café était chauffé. On n'y mourait pas de faim. Hélas, rester était impossible, comme Gerardo se chargea de le leur faire savoir.

— Ruiz va vous préparer votre compte. Il a engagé Paulina, sa nièce, la fille de son frère.

Il haussa les épaules.

— C'est une pute, dit-il, mais elle est dure à l'ouvrage. Ruiz, qui a une grande famille, était décidé à embaucher un parent.

Cependant Gerardo avait une solution à leur proposer.

— Vous êtes jeunes, les gars. Et vous êtes des Catalans, c'est sûr. Vous devez avoir envie de retourner vers l'est, non ?

Gerardo avait touché juste.

— Je connais un homme du nom de Dario Rodriguez. Il fait des jambons. Et quels jambons !

Il se donna un baiser sur les doigts.

— Demain, poursuivit-il, il part pour Guadalajara. Il fournit en route les restaurants et les épiceries. Je lui ai touché un mot à votre sujet. Il peut vous emmener en échange d'un peu de travail. Il vous déposera à La Fuente. C'est sur la voie de chemin de fer, un endroit où les trains font un arrêt de quelques minutes, le temps de s'approvisionner en eau et en charbon. Des trains de marchandises, surtout. La Fuente est un bon endroit pour grimper dans un train de marchandises. On ne risque pas d'y tomber sur des gardes armés de bâtons...

Josep et Guillem échangèrent un regard : leur décision était prise.

Ils partirent le lendemain matin de bonne heure. Ruiz les avait modestement enrichis de quelques pièces, et Gerardo leur avait donné un sac contenant du saucisson de porc, du pain et deux tranches de tortilla. Ils rejoignirent Dario Rodriguez, qui les attendait près de sa voiture chargée de jambons. Rodriguez leur expliqua les règles.

— Vous voyagerez derrière, avec la cargaison. À chaque arrêt, je vous dirai combien de jambons il faudra décharger. S'il n'y en a qu'un, vous descendrez à tour de rôle. S'il y en a plusieurs, vous vous partagerez le travail.

Ils firent leurs adieux à Madrid sans se cacher, perchés à l'arrière d'un charroi, parmi les jambons au parfum riche et odorant.

À la nuit tombée, Rodriguez les déposa à La Fuente, une agglomération dont la gare était beaucoup plus petite que celle de Madrid. Josep se sentit nerveux car il avait aperçu dans l'ombre des individus qui rôdaient près des wagons. Mais aucun d'eux ne vint les provoquer quand ils s'approchèrent eux-mêmes du convoi.

Il fallut attendre jusqu'à la nuit. Puis Josep et Guillem entendirent le grondement furieux d'un train qui approchait. Ils se levèrent. Le monstre ralentit et s'arrêta dans un vacarme de ferraille, d'essieux et de machines. Josep et Guillem hésitaient à sauter dans un wagon, mais ils se décidèrent en voyant que les individus aperçus plus tôt commençaient à essayer d'ouvrir les portes des voitures. Guillem s'élança le premier.

— Viens vite ! dit-il à Josep.

Il courait en soufflant à grand bruit. Josep le suivait. La plupart des portières étaient fermées par un cadenas.

— Celle-là n'en a pas ! cria Josep en pointant le doigt sur un wagon.

Ils tirèrent sur la portière, qui s'ouvrit en gémissant. Un instant plus tard, ils se hissaient à l'intérieur. Ils refermèrent la lourde portière, et de nouveau elle émit un grincement.

– Tout le monde a dû nous entendre ! marmonna Guillem.

Gagnés par l'angoisse, ils attendirent en silence dans le noir complet. Aucun garde ne se présenta. Le train remua sur ses essieux, s'ébranla, s'arrêta presque tout de suite, repartit et, cette fois, prit de la vitesse.

– Après les jambons, dit Guillem, les oignons.

Les deux amis éclatèrent de rire. L'odeur disait ce que ce wagon avait transporté récemment. Mais à présent il paraissait vide. Josep l'explora en se tenant aux parois tremblantes et s'assura que la pénombre ne cachait pas d'autre voyageur clandestin. Soulagé, il revint s'asseoir auprès de Guillem. Ils ouvrirent le petit sac de provisions que Gerardo leur avait remis, mangèrent les saucisses, le pain dur et, jusqu'à la dernière miette, les tortillas effritées. Enfin ils s'étendirent sur le sol, dont les planches vibraient.

Leur crainte était de voir les gardes inspecter le train à Guadalajara. Il était presque minuit quand ils arrivèrent dans la gare. Le convoi s'y arrêta de longues minutes. Mais personne ne se donna la peine d'ouvrir les portières des wagons. Le train s'ébranla de nouveau dans un bruit de ferraille. Il prit de la vitesse en produisant une sorte de musique au rythme étrange qui d'abord empêcha Josep de se rendormir, puis l'entraîna dans le sommeil.

Il fut réveillé par un grincement. Guillem, déjà levé, ouvrait la portière du wagon. La lumière d'un nouveau jour avait tué les ténèbres. Le train était lancé à grande vitesse dans un paysage de terres cultivées mais aucun homme, aucun animal n'était visible. Seul un rapace aux longues ailes planait dans le ciel.

Josep se sentait reposé, mais il avait faim et soif. Il regrettait de n'avoir pas mis de côté un peu de la nourriture de Gerardo. Guillem s'était assis. Josep vint s'asseoir à côté de lui. Ils regardèrent passer les fermes, les champs, les forêts. De temps en temps, une agglomération surgissait pour disparaître aussitôt. L'angoisse des deux amis s'éveilla quand le train s'arrêta à Saragosse, puis à Caspe. Mais leur voyage se poursuivit sans incident – des villages, des champs, des terres cultivées, des déserts de sable... Josep eut un sifflement d'admiration.

– On habite un grand pays, non ?

Guillem était bien d'accord.

Josep, qui s'ennuyait, s'endormit pour deux ou trois heures encore. L'après-midi, Guillem lui secoua l'épaule en disant :

– J'ai vu une pancarte. On est à cinq lieues de Barcelone.

Gerardo les avait mis en garde : à Barcelone, le train serait probablement inspecté.

Le convoi avait ralenti, il escaladait une côte. Josep et Guillem en profitèrent pour sauter. Ils regardèrent leur train s'éloigner et se mirent à avancer le long des voies, non sans peine. Une demi-heure après, ils arrivèrent à une route couverte de sable, parallèle aux rails, sur laquelle ils purent marcher plus facilement.

Un écriteau cloué au tronc d'un vieil olivier attira leur attention : *La Cruilla, 1 lieue.*

Le soleil était chaud, et l'air plus doux qu'à Madrid. Josep et Guillem déboutonnèrent leurs lourdes vestes, les enlevèrent et les jetèrent sur leur épaule. La Cruilla se matérialisa au détour d'un chemin. C'était un groupe de maisons blanches dressées au carrefour de deux routes bordées de rares magasins. Josep avait faim, Guillem aussi. Ils repérèrent une *cantina* et y entrèrent. Ils s'assirent à une table. Josep commanda des œufs, des tomates, du pain et du café. La femme qui les servait leur demanda s'ils ne voulaient pas aussi du jambon, ce qui les fit sourire.

Josep avisa un journal oublié sur une table. C'était un exemplaire d'*El Cascabel*. Il l'ouvrit...

– Ah ! s'exclama-t-il.

– Quoi ? dit Guillem.

Josep lui montra la une : un long article entouré d'un épais filet noir.

– Il est mort, dit-il.

21

Partage

*J*osep lut à Guillem l'article en entier, d'une voix basse et tendue. Le président Prim était de ceux qui avaient renversé la reine Isabelle, rétabli la monarchie et permis aux Cortes de hisser sur le trône d'Espagne un membre de la famille royale italienne, Amédée, prince de Savoie et d'Aoste. Amédée Ier était venu à Madrid prendre ses fonctions quelques heures seulement après le décès du général Prim, son principal soutien. Le nouveau monarque avait ordonné que la dépouille fût exposée quatre jours durant, afin que le peuple pût venir le saluer et accomplir son deuil. Puis il avait juré près du catafalque de servir la Constitution espagnole.

Josep poursuivit sa lecture et ajouta :

– La Guardia Civil serait sur le point d'arrêter plusieurs personnes soupçonnées d'avoir participé à l'attentat.

Guillem émit un grognement.

Ils mangèrent leur repas sans plaisir, puis sortirent et marchèrent comme deux hommes égarés dans un mauvais rêve.

– Tu sais quoi, Guillem ? Je pense qu'on devrait aller parler à la Guardia. On leur dira qu'on a été trompés...

– Ils ne nous croiront pas. Et s'ils n'ont pas réussi à capturer Peña et ses acolytes, ils seront trop contents de nous faire porter le chapeau.

Ils marchèrent un moment sans plus rien dire.

– C'étaient peut-être des carlistes, reprit Josep. Qui sait ? Pourquoi ils nous ont recrutés ? Parce qu'ils nous considéraient comme des péquenots. Des gens faciles à transformer en assassins. Des gars désespérés, sans travail, prêts à

s'entraîner à n'importe quoi et à faire tout ce qu'on exigerait d'eux.

Guillem était d'accord. Josep continua :

– Peña nous a bombardés tireurs d'élite, toi et moi. Après,
ils ont décidé qu'ils ne pouvaient pas nous faire confiance. Et
ils ont demandé à d'autres gars de tirer sur ce malheureux...
de le tuer. Nous, on était tout juste bons à retenir les chevaux
et à gratter des allumettes !

Guillem enchaîna :

– On ne peut plus rentrer au village, maintenant. Les
hommes de Peña, qu'ils soient carlistes ou autre chose,
risquent de chercher à nous retrouver. Même la police pourrait s'en prendre à nous ! Et l'armée ! Et la militia !

– Alors qu'est-ce qu'on va faire ?

– Je ne sais pas, soupira Guillem. On aurait dû réfléchir
avant.

La tombée du soir les trouva sur la route qui longeait la
voie ferrée, marchant d'un pas traînant en direction de
Barcelone.

– Tâchons de dénicher un endroit où passer la nuit, proposa Josep.

Par chance, il ne faisait pas froid. Cependant c'était l'hiver
et, en hiver, dans le nord de l'Espagne, le froid et les intempé-
ries peuvent arriver sans crier gare.

– Il faut se mettre à l'abri, dit Josep, au cas où le vent
viendrait à se lever.

Ils se réfugièrent dans un tunnel d'évacuation qui passait
sous la route.

– On sera bien là, dit Josep. Sauf en cas de déluge.

Le tunnel avait des murs de pierre. Les habitants l'avaient
creusé pour canaliser un torrent qui dégringolait de la montagne en creusant un ravin et restait asséché plusieurs saisons
de suite. Josep et Guillem remarquèrent qu'il faisait chaud
dans ce tunnel. Tout y était calme. Et le sol était couvert d'un
épais tapis de sable accueillant.

Quelques minutes leur suffirent pour rapporter des brassées
de bois mort. Josep avait encore dans la poche quelques-unes
des allumettes de Peña. Bientôt leur feu crépita. Le bois

brûlait facilement et produisait des craquements amicaux dans une ambiance lumineuse et chaude. Guillem, qui avait l'air de réfléchir intensément, annonça, au bout d'un moment :

— Je crois que je vais faire route vers le sud. Valence, peut-être. Ou Gibraltar. Peut-être même l'Afrique...

— D'accord pour le sud, dit Josep.

— Je parlais d'y aller seul, Josep. Je préférerais. Peña sait que nous sommes amis. Lui et la police vont se lancer aux trousses de deux hommes voyageant ensemble. Un homme seul peut se fondre facilement dans le paysage. C'est pourquoi le mieux est de partir chacun de son côté. Et si possible loin de la Catalogne, car ils vont sûrement nous rechercher près de chez nous. Autrement dit, si je prends au sud, il faut que tu prennes au nord.

Voilà qui semblait frappé au coin du bon sens. Pourtant Josep s'entêta.

— Je ne crois pas que ce soit une bonne idée de se séparer. Quand deux amis font route ensemble, s'il l'un rencontre des ennuis, l'autre peut l'aider.

Ils échangèrent un regard. Puis Guillem bâilla.

— La nuit porte conseil, dit-il. On en rediscutera demain matin.

Ils s'étendirent de part et d'autre du feu. Guillem s'endormit le premier et ronfla à grand bruit. Josep, lui, resta éveillé longtemps, se relevant parfois pour pousser une bûche dans les flammes. Quand leur provision de bois fut épuisée, il se laissa glisser dans le sommeil.

Et le feu, peu à peu, se réduisit à un cercle de cendre avec en son cœur une braise ardente.

Quand Josep se réveilla, le feu était éteint et l'air était froid.

— Guillem ?

Son compagnon n'était plus là. Josep décida de se rendormir. Il s'éveilla de nouveau dans une atmosphère plus chaude. Le soleil brillait à l'entrée du tunnel. Josep regarda autour de lui. Guillem n'était pas reparu.

— Eh ! Guillem !

Il se dressa sur ses jambes.

– Guillem !

Il sortit du tunnel et pénétra dans la lumière.

– Guillem...

Il grimpa sur la route et n'y trouva pas âme qui vive. Il appela encore. Le désarroi grandissait en lui. L'angoisse le submergea. Il plongea la main dans la poche de sa veste, et ce fut avec soulagement qu'il sentit sous ses doigts sa liasse de billets – l'argent que lui avaient remis son père et Nivaldo. Mais ses craintes revinrent quand il s'aperçut que le contact de sa main sur le papier n'était plus le même. Il tira la liasse de sa poche. Il compta les billets. Il lui manquait sept pesetas.

Guillem l'avait volé !

Son *ami* l'avait volé...

Il manqua défaillir de rage. Serra les poings. Maudit le ciel.

– Salaud ! cria-t-il. Salaud ! Salaud ! Salaud !

22

Solitude

*J*osep regagna le tunnel comme un animal poussé par l'instinct se réfugie dans son terrier. Il resta longtemps assis sur le tapis de sable, à réfléchir près du feu éteint. Il songea qu'il devait beaucoup à Guillem. À Madrid, dans la zone de fret, il aurait commis l'erreur fatale de rejoindre le sergent Peña si Guillem ne l'avait retenu. Et c'était encore Guillem qui avait eu l'idée d'aller faire la plonge au café Metropolitano, un endroit qui s'était révélé sûr. Josep, en définitive, se sentait moins débrouillard que son ami ; il doutait même d'arriver à survivre sans lui.

Il tira les billets de sa poche et décida de les cacher dans sa chaussette. Il se demanda pourquoi Guillem ne lui avait pas pris tout son argent, mais seulement la moitié. La réponse se présenta immédiatement à son esprit.

Il eut l'impression d'entendre Guillem lui parler.

On part d'ici à égalité de fortune. On verra lequel des deux s'en sortira le mieux.

Cette idée raviva sa colère ; et la colère lui permit de surmonter sa peur.

Il quitta la sécurité du tunnel, cligna des yeux dans la lumière, remonta sur la route et se mit à marcher.

Au bout d'une lieue, il tomba sur un grand aiguillage de voies ferrées. Les unes continuaient vers l'est en direction de Barcelone tandis que d'autres partaient vers le nord, et d'autres encore vers le sud. Josep repensa à sa discussion de la veille avec Guillem. Retourner à Santa Eulalia était pure

132

folie. Même entrer dans Barcelone pouvait être dangereux. Comme le simple fait de rester en Catalogne.

Josep prit à gauche et longea la voie ferrée qui menait vers le nord.

Il venait de se ranger à l'avis de Guillem.

Mais après tout, n'avait-il pas payé pour cela?

Où s'arrêtaient les trains pour s'approvisionner en eau et en charbon? Où était-il possible de se hisser dans un wagon? Josep n'en savait rien. Il escalada une colline. Parvenu non loin du sommet, il se coucha au pied d'un arbre et attendit.

Moins d'une heure plus tard, un bruit lui parvint, faible d'abord, mais qui alla s'amplifiant. Des machines grondaient. Des essieux grinçaient. La locomotive laissa échapper un long coup de sifflet. Josep se laissa gagner par l'espoir. Il scruta la plaine, une main en visière sur les yeux. Le train avait attaqué la pente. Son rythme se faisait de plus en plus lent. Il mettrait du temps à parvenir à sa hauteur. C'était une bonne chose. Ainsi, Josep aurait tout loisir de choisir un wagon où s'embarquer. Mais quand le convoi parvint à sa hauteur, Josep s'aperçut qu'il se composait uniquement de voitures de voyageurs.

Impossible de prendre ce train-là.

Les wagons se succédèrent. Derrière les fenêtres, les passagers entassés en troisième classe le regardaient en ouvrant de grands yeux. Eux voyageaient en sécurité, lui, non.

Le train suivant se présenta une heure plus tard. Josep se leva. Clignant des yeux, il observa le convoi qui peinait sur la pente comme une grosse et lente chenille. Cette fois, c'était ce qu'il avait espéré : un long train de marchandises. La locomotive parvint à sa hauteur et le dépassa. Josep repéra un wagon dont la portière était restée entrouverte. Il courut le long du train, sauta à bord.

Il se remit debout dans le noir et s'efforça de garder son équilibre en se demandant quelle odeur il allait cette fois lui falloir respirer. Ce fut une puanteur de vieille urine. Voilà pourquoi les gardes avaient la matraque si facile, songea-t-il. C'est alors qu'une voix lui parvint.

— Hé!

Ses yeux, petit à petit, accommodaient dans la pénombre. Il distingua un homme couché à terre : un maigre individu au visage couvert d'une légère barbe noire.

— Mon nom est Ponc, dit cet homme.

— Josep.

— Je descends à Figueras.

— Pas moi. Je resterai dans le train. Je vais en France. Chercher du travail. Où faut-il que je descende, selon toi ?

— Quel genre de travail ?

— La vigne.

— Il y a beaucoup de vignobles en France. Mais la situation n'y est pas bonne. Comme ici.

Il réfléchit, puis ajouta :

— Tu connais la vallée de l'Orb ?

— Non, señor.

— C'est un coin assez calme, à ce qu'on m'a dit. Avec son propre climat. L'hiver y est plus chaud qu'en Catalogne. C'est excellent pour le raisin. Tous les cépages y poussent. Il y aura peut-être de l'embauche.

— Elle est loin, cette vallée ?

— Peut-être quatre heures de voyage après la frontière. Le train y va directement.

— Ce train ?

— Non !

Ponc renifla et dit :

— Ce train s'arrête à Port-Bou. À Madrid, ceux qui nous gouvernent ont décidé que les voies de chemin de fer espagnoles seraient plus larges que les françaises. Ainsi, en cas de guerre, si l'envie prenait aux Français de nous envahir, ils ne pourraient pas faire entrer leurs troupes et leurs canons par le train. Résultat, le chemin de fer s'arrête à Port-Bou. Tu vas devoir passer la frontière à pied, mon gars, et chercher un train de l'autre côté.

Josep médita cette information.

— Il faut savoir, reprit Ponc, que toutes les voitures sont fouillées à la frontière. Surtout, n'oublie pas de sauter en marche quinze minutes après la ville de Rosas ; n'attends pas, ou ce serait trop tard ! Quand le train ralentira, et que tu verras un grand château d'eau blanc, saute !

— Je te remercie de ces indications...

— Ce n'est rien, dit Ponc. Mais maintenant, j'aimerais pouvoir dormir. Assez discuté.

Josep s'assit, adossé à la cloison, non loin de la porte entrouverte, trop énervé pour pouvoir dormir. Du bout de l'orteil, il vérifia que ses billets étaient toujours en lieu sûr dans sa chaussette. Et il garda les yeux fixés sur la forme couchée dans la pénombre – son compagnon de route. Bientôt le train, ayant franchi la côte, s'élança vers la plaine dans un fracas de roues et de ferraille.

23

Passages

*T*rois heures plus tard, Josep sauta du train sans le moindre problème et descendit un chemin venteux qui le conduisit jusqu'à la Méditerranée étincelante, radieuse sous les feux du soleil. Ayant passé des dizaines de bateaux de pêcheurs échoués sur le sable, il pénétra dans la ville de Port-Bou. C'était un vendredi, jour de marché. Sur les braseros, poulets, quartiers de porc et poissons rôtissaient en répandant dans l'air leurs senteurs délicieuses.

Josep sentit gargouiller son estomac creux.

Il finit par s'offrir un bol de ragoût de poulet aux haricots qu'il dégusta lentement, assis par terre, adossé à un mur.

Non loin de là, une vieille vendait des couvertures empilées à même le sol. Quand il eut nettoyé son bol des dernières traces de ragoût, Josep se leva et se dirigea vers elle. Il palpa une couverture. Il la soupesa avec respect. L'étoffe en était épaisse. Il la déploya – elle était assez grande pour couvrir deux personnes. Une pareille couverture serait fort utile à qui se préparait à dormir à la belle étoile.

La vieille marchande l'observait d'un œil expert.

– La laine la meilleure, dit-elle. C'est ma fille qui les fabrique... elle est tisserande. Une affaire. Une peseta... pour toi.

Josep soupira, secoua la tête et offrit une demi-peseta pour la couverture.

La vieille n'était pas d'accord. Elle afficha une mine dédaigneuse et leva la main pour dire qu'elle refusait de discuter.

Josep s'éloigna. Au bout de dix pas, il s'arrêta et se tourna vers elle.

— Soixante centimes ?

C'était toujours non. La vieille fixait sur lui un regard chargé de reproche.

— Vous connaissez peut-être quelqu'un qui cherche un bon ouvrier ? reprit Josep.

— Ici, répondit la marchande, il n'y a pas de travail.

Josep poursuivit son chemin. Quand il fut seul, il sortit sa monnaie de sa poche et compta soixante-quinze centimes. Il revint sur ses pas et tendit l'argent à la marchande de couvertures.

— Plus, je ne peux pas.

Elle comprit que le client ne débourserait pas davantage, si beaux que fussent ses articles. Sa main griffue s'empara des pièces. La vieille compta l'argent en lâchant des soupirs. Mais elle consentit finalement ; et quand Josep lui demanda en prime un bout de corde pour attacher sa couverture, elle accepta aussi. Josep roula le grand carré d'étoffe. Il le ferma aux deux bouts, bricola une bretelle et se passa le ballot à l'épaule.

— Encore un mot, grand-mère. Où est le poste frontière ?

— Continue sur la rue principale. Elle te conduira à la douane. C'est après la ville, à une demi-lieue d'ici.

Il la regarda droit dans les yeux ; il décida de se jeter à l'eau.

— Si je vous demande ça, c'est que je n'ai pas l'intention de passer la frontière à la douane.

La vieille sourit.

— Bien sûr. Tu m'as l'air d'un jeune homme intelligent. Et quelle personne intelligente irait se montrer au poste frontière ? Tu veux que mon petit-fils t'indique le chemin ? Ce sera vingt centimes.

Le petit-fils, un gosse petit et décharné, répondait au prénom de Feliu. Il demanda à Josep de le suivre en gardant ses distances. Selon les termes de l'accord, le paiement était réglé d'avance, et les deux voyageurs ne devaient pas avoir l'air d'être ensemble. Ayant traversé l'agglomération, ils poursuivirent vers le nord, la mer à main droite. Josep, un moment, aperçut le poste de douane, une longue barrière de bois jetée en travers de la route qu'actionnaient des hommes en uniformes. Apparemment, les douaniers interrogeaient tous ceux qui voulaient passer. *Je suis peut-être signalé*, songea Josep. *Ils ont peut-être mon nom et mon signalement.*

Il n'avait ni papiers, ni aucune attestation de son identé. Il ne pouvait donc prendre le risque de se montrer aux représentants de l'ordre. Pourtant Feliu continuait de marcher droit sur le poste frontière. Josep sentit monter son angoisse. La vieille et son petit-fils avaient-ils décidé de le livrer aux gardes ? Moyennant finance ? Ces questions lui tournaient dans la tête quand il vit Feliu bifurquer brusquement vers un sentier de terre qui s'écartait de la route. Quelques minutes plus tard, ce fut avec soulagement que Josep emprunta ce chemin à son tour.

Au bout de plusieurs centaines de mètres, Feliu s'arrêta, se baissa et ramassa au bord du sentier une pierre qu'il lança loin sur sa droite. C'était le signal convenu. Le gosse se mit à courir en direction de la ville et disparut. Josep parvint à l'endroit d'où Feliu avait lancé sa pierre. Il découvrit un sentier plus étroit encore qui courait le long d'un champ laissé en jachère où avaient poussé des oignons. Il s'y engagea. Les oignons non récoltés mêlaient à la terre leurs tiges vertes pareilles à des doigts. Josep en arracha une poignée qu'il mangea en allant son chemin ; il les jugea forts et pleins d'amertume.

Après cette jachère, Josep ne devait plus rencontrer de terres cultivées, car sa route franchissait des collines couvertes de forêts. Ayant laissé derrière lui la plaine de Port-Bou, il gravit la pente et, après une heure de marche, s'arrêta à une fourche.

Deux routes s'offraient à lui.

Josep chercha une indication – il n'y en avait pas. Et Feliu ne lui avait pas parlé de cette croisée des chemins. De plus, l'endroit étant désert, Josep ne put interroger personne. Il opta pour le sentier de droite.

D'abord, il ne vit pas de changement : c'était toujours le même passage escaladant la même pente boisée. Puis le sentier se fit encore plus étroit, jusqu'à devenir une simple trace qui parfois même disparaissait complètement. Le voyageur devait alors se repérer à des marques creusées dans l'écorce des arbres. Plus loin, la piste apparaissait de nouveau.

Soudain, il n'y eut plus ni piste ni marque.

Josep continua de s'enfoncer dans les bois, pensant qu'il retrouverait son chemin au bout de quelques dizaines de pas, comme précédemment. Mais il dut finalement se rendre à l'évidence : la piste avait disparu pour de bon. Josep rebroussa chemin. Son intention était de retrouver la fourche où il avait pris à droite. Mais il n'y parvint pas, en dépit de ses efforts.

Les heures suivantes le trouvèrent errant dans la forêt, au hasard. Ses pérégrinations incertaines le menèrent finalement à un ruisseau qu'il décida de suivre vers l'amont, estimant que les habitations étaient souvent construites à proximité d'une source. Mais la forêt était plus épaisse à cet endroit, et envahie de ronces. Josep dut ramper sous des arbres tombés, escalader des parois rocheuses, franchir plusieurs gouffres. Partout surgissaient de terre des éperons déchiquetés par l'érosion. Les épines lui déchiraient les bras. La peur et l'épuisement lui arrachaient des plaintes.

Mais il vit soudain le ruisseau jaillir d'un tunnel creusé dans un tronc d'arbre. Et ce tunnel passait sous une route.

C'était une belle route présentement déserte, mais qui à coup sûr conduisait quelque part. Josep fut soulagé de pouvoir s'y hisser. Il y observa enfin des signes de vie : des ornières creusées par le passage des voitures, des empreintes de sabots. Après la traversée des ronces et des buissons, continuer sur cette voie semblait une promenade de santé. Il marcha une dizaine de minutes à peine, car soudain il vit un écriteau cloué à un arbre, et sur cet écriteau les mots : *Elne, 2 lieues.* Une autre indication disait, en lettres plus petites : *Province du Roussillon.*

Josep était entré en France.

24

Voyageurs

*J*osep parvint à Perpignan, une ville de brique rouge où nombre de demeures dataient de l'époque médiévale. Aux quartiers riches, bien aérés, succédaient des îlots misérables percés de ruelles où les lessives pendaient d'une façade à l'autre, où les maisons étroites servaient de refuges aux gitans et autres populations affamées. Perpignan possédait aussi une vaste cathédrale. Josep y passa la nuit sur un banc. Le lendemain, il se mit en quête de travail en interrogeant les propriétaires des boutiques et des cafés – sans résultat.

Après midi, il quitta la ville en suivant le chemin de fer. Ayant repéré un endroit où les trains étaient susceptibles de s'arrêter, il décida d'attendre. Quand parut un train de marchandises, il eut le sentiment d'obéir à une vieille habitude. Un wagon avait sa portière ouverte. Josep courut le long du convoi et se hissa d'un bond à l'intérieur.

Il se rétablissait sur ses jambes dans la voiture qui tanguait quand il vit qu'elle était déjà occupée par quatre hommes. Trois d'entre eux entouraient le quatrième, maintenu à terre. Deux des trois étaient des individus massifs, avec des têtes en boulet de canon. Le troisième, de taille moyenne, avait un corps maigre et une figure de rat. L'homme qui était à terre était nu. Il se tenait à quatre pattes. L'un des deux personnages massifs, qui avait baissé son pantalon, lui emprisonnait la nuque d'une main ferme, et de l'autre lui soulevait les fesses.

Josep avait compris. Les deux hommes qui étaient debout lui jetèrent un regard de surprise. Leur proie était jeune –

peut-être du même âge que Josep. Sa bouche grande ouverte se tordait dans un visage grimaçant, comme s'il poussait un long cri silencieux.

Celui qui tenait le jeune homme ne lâcha pas son affaire, mais ses acolytes firent face à Josep, qui se détourna de la scène et se précipita hors du wagon.

Il ne s'était pas préparé à ce saut. Il se reçut douloureusement, tout près des roues passant à vive allure. Quand ses genoux touchèrent le sol, il eut le sentiment que la terre se jetait violemment sur lui. Ses genoux se dérobèrent en se déchirant dans les pierres. Il tomba à plat ventre et resta un moment immobile dans le vacarme du train. Le choc lui avait coupé le souffle.

Couché dans la poussière, il attendit que le convoi fût passé. Une fois encore, l'occasion lui était donnée de maudire Guillem. Il était seul, maintenant. Abandonné et vulnérable.

Le bruit de la locomotive s'éloignait. Le claquement des roues et le grincement des essieux s'évanouit. Près de la voie ferrée, le silence régna à nouveau.

25

Étranger en pays lointain

L'expérience fit perdre à Josep le goût de voyager par le train. Commença alors pour lui un long périple glacé, labyrinthique, irréel. Partout où le menaient ses pas, il mendiait du travail, et partout on le repoussait. Il repartait sans même écouter les explications de ceux qui le renvoyaient à sa solitude. Bientôt il cessa d'espérer en l'avenir et se contenta de vouloir survivre : trouver de quoi se nourrir et un endroit où s'abriter pour la nuit. Chaque jour qui passait, il se sentait plus étranger encore. À son arrivée en Roussillon, il s'était aperçu que les habitants parlaient presque le catalan des gens de Santa Eulalia. Puis il avait poursuivi vers le nord, et la langue s'était constellée d'expressions françaises, toujours plus nombreuses. En Languedoc, il s'aperçut qu'il comprenait encore les autres, et qu'il était compris, mais son accent et ses hésitations le trahissaient désormais comme un immigré.

Ses pesetas étaient facilement acceptées. Cependant il craignait de se retrouver bientôt sans le sou, aussi ne voulait-il pas payer pour le gîte. Il préférait dormir dans les cathédrales, dont les portes restaient quelquefois ouvertes toute la nuit. Il y trouvait en général un peu de lumière, et un banc où s'allonger enfin au terme de sa route. Les simples églises, elles, étaient souvent fermées. Plusieurs d'entre elles, pourtant, lui servirent d'abri. Un matin qu'il se réveilla dans l'une d'elles, un prêtre l'emmena à la maison paroissiale et lui offrit du gruau à manger ; mais, dans une autre, il fut arraché à son banc par un jeune bedeau furieux qui le jeta dehors au milieu de la nuit. Quand le frappait ce genre de mésaventure, il ne lui restait plus qu'à s'envelopper dans sa couverture et à dormir à même le sol, ce qu'il évitait, car il avait peur des serpents.

Il prit la décision de ne manger que du pain. Il cherchait les boulangeries susceptibles de lui vendre moins cher des bâtards de la veille. Mais sa miche devenait tout de suite dure comme le bois ; il devait la scier avec son couteau et en ronger les bouts comme si c'étaient des os, tout en poursuivant sa route.

Près de Béziers, il tomba sur un groupe important d'hommes misérables vêtus de costumes rayés, des prisonniers enchaînés qui se traînaient lourdement dans le cliquetis de leurs fers. Équipés de pelles et de pioches, ils brisaient des cailloux et les concassaient, afin que d'autres les répandent sur la route en construction. Des gardes les surveillaient, armés de fusils plus puissants que tout ce que Josep avait connu dans son groupe de chasseurs. Un coup tiré par une telle arme, songea-t-il, devait cisailler un homme en deux. Les gardes affichaient leur ennui sans quitter des yeux les prisonniers blêmes qui œuvraient à leur tâche interminable en se déplaçant avec lenteur dans leurs entraves.

Josep fut cloué sur place par cette vision ; tel serait son propre sort s'il venait à se faire prendre.

Cette même nuit, alors qu'il dormait dans la cathédrale Saint-Nazaire de Béziers, un rêve le visita. Il revit l'homme de haute taille entrer dans le fiacre et distingua nettement sa silhouette. Puis le groupe des chasseurs poursuivit l'attelage le long des boulevards ténébreux, couverts de neige. La voiture tourna au coin d'une rue. Josep gratta une allumette. Un des tireurs ouvrit le feu. De nouveau les balles frappèrent l'homme horrifié et s'enfoncèrent dans sa chair...

Josep se réveilla en sursaut. Un vieil homme lui secouait l'épaule ; Josep, par ses gémissements, avait dérangé sa prière.

Au matin, il quitta Béziers pour gagner les montagnes voisines. Il traversa des villages où la nourriture ne pouvait s'acheter que dans de petites épiceries. Souvent, ces commerces n'avaient pas de pain. Josep était alors forcé d'acheter du fromage ou des saucisses, et sa fortune menaçait de fondre comme neige au soleil. Il entra une fois dans un café dont le propriétaire lui permit de faire la plonge en échange de trois saucisses malingres et d'un bol de lentilles bouillies.

Josep avait toujours faim ; il était à bout de forces.

Chaque jour désormais se confondait avec le précédent. Josep ne savait plus que faire. Il marchait sans but, dans la direction choisie par ses pas. Onze jours après avoir traversé la frontière, il ne restait plus qu'une seule peseta cachée dans sa chaussette, un billet unique, tout froissé, auquel manquait un coin.

Trouver enfin de l'embauche avant d'avoir mangé ce dernier billet... Tel était l'objectif de son existence.

Mais le manque de nourriture, à ce moment-là, le rendit paresseux. Il était terrifié à l'idée d'avoir peut-être à voler bientôt ce qu'il ne pourrait plus se payer – une miche de pain, un morceau de fromage. Il se voyait déjà en habit rayé, les pieds entravés par des chaînes.

Il s'arrêta devant un poteau supportant plusieurs planches en forme de flèches. L'une indiquait : *Béziers, 8 lieues*, et l'autre : *Roquebrun, 1 lieue.*

Roquebrun : ce nom ne lui était pas inconnu.

Il se rappela les deux Français venus à Santa Eulalia acheter du vin en barriques. L'un d'eux n'était-il pas établi à Roquebrun ? Celui qui précisément avait apprécié son ardeur au travail ? Quel était son nom, déjà ? Fontaine ? Non, Fontaine était l'autre, le plus grand. Le premier était trapu. Mais comment s'appelait-il ?

D'abord la mémoire de Josep lui fit défaut.

Mais, au bout d'une demi-heure, le nom qu'il cherchait tinta dans son esprit.

– Mendès, murmura-t-il. Léon Mendès.

Le village de Roquebrun se nichait sur la pente d'une colline, dans une boucle de rivière passant sous un pont de pierre en dos-d'âne. Josep s'approcha. On respirait ici un air doux, odorant. Les feuillages étaient verts. La rivière était bordée d'orangers. Le village était propre, bien tenu, empli de mimosas d'hiver dont les fleurs évoquaient tantôt des plumes d'oiseau, tantôt des flocons amassés par le vent.

Devant l'échoppe d'un cordonnier, un homme en tablier de cuir balayait le pavé. Josep lui demanda s'il connaissait Léon Mendès.

— Et comment ! répondit le cordonnier.

Il lui indiqua le chemin des vignes de Mendès. Elles étaient à environ une lieue du village. Il suffisait de descendre dans la vallée... L'homme pointa le doigt vers le bout de la rue.

Le vignoble était aussi bien entretenu que le village lui-même. Outre le château, on y trouvait en guise de dépendances trois vastes constructions de pierre aux toitures de tuile. Les murs du château et de l'une des dépendances étaient adoucis par une toison de lierre. Autour des bâtiments, dans la vallée et sur les pentes des deux collines avoisinantes, on n'apercevait que des vignes.

Josep traversa la propriété, gagna l'entrée du château et frappa à la porte. Un peu timidement, peut-être, car nul ne répondit. Il s'apprêtait à frapper plus fort quand la porte s'ouvrit sur une femme d'âge mûr aux cheveux blancs, au visage arrondi et aux joues cramoisies.

— Oui ?

— Bonjour, madame. Je souhaite parler à Léon Mendès, s'il vous plaît.

— Qui êtes-vous ?

— Josep Alvarez.

Elle le dévisagea d'un œil froid.

— Un moment, je vous prie.

Quelques minutes plus tard, Mendès se présenta en personne, tel qu'il était resté dans le souvenir de Josep : fort et bien mis. Presque trop bien mis, pensa Josep en notant le soin parfait avec lequel le viticulteur était coiffé. Mendès aussi observait Josep et l'interrogeait du regard.

— Monsieur Mendès, je suis Josep Alvarez.

Mendès ne répondit pas. Josep reprit, au bout d'un temps :

— Vous ne vous souvenez peut-être pas de moi. Je suis le fils de Marcel Alvarez, de Santa Eulalia.

— Santa Eulalia en Espagne ?

— Exactement, monsieur Mendès. Vous êtes venu voir notre vigne à l'automne dernier. Vous m'avez dit que je vous faisais l'impression d'être un bon coupeur et d'avoir du cœur à l'ouvrage. Je cherche du travail.

Mendès n'invita pas le jeune homme à entrer. Il sortit sur le perron de pierre et referma soigneusement la porte derrière lui.

— Oui, dit-il, je me rappelle. Je te remets, à présent. Mais je crois bien t'avoir expliqué alors que je n'avais pas de travail pour toi. Ne me dis pas que tu as fait tout ce chemin dans le seul espoir que je changerais d'avis en te voyant !

— Oh non, monsieur. Pas du tout. Je... j'ai dû partir, voyez-vous. Soyez-en sûr, c'est le hasard et lui seul qui a guidé mes pas jusqu'ici.

— Tu as dû partir ? Qu'est-ce donc qui t'y a obligé ?

— Je n'ai rien fait de mal, monsieur.

Mendès se taisait. Josep répéta désespérément :

— Je n'ai rien fait de mal !

Il avait posé la main sur le bras du viticulteur, qui ne tressaillit ni ne recula.

— J'ai vu des gens accomplir une mauvaise action, reprit Josep. J'ai été témoin d'un crime. Et ceux qui ont commis ce crime savent que je les ai vus. J'ai dû partir pour sauver ma vie.

— Vraiment ? murmura Mendès.

Il écarta de son bras la main du jeune homme. Son regard sévère semblait pénétrer Josep jusqu'à l'âme.

— Alors tu es un homme de bien, Josep Alvarez ?

— Oui, monsieur ! Je suis... Je suis...

Il ne put en dire davantage car il s'aperçut à sa grande honte qu'il était en train de fondre en larmes, comme un enfant. Il sanglota interminablement. Son chagrin lui parut durer des heures. C'est à peine s'il se rendit compte que Mendès lui donnait de petites tapes à l'épaule en disant :

— Je te crois, je te crois.

Le viticulteur attendit que Josep eût recouvré ses esprits.

— D'abord, reprit-il, je suis sûr que tu meurs de faim. Donc, on va te donner à manger. Ensuite, tu iras dormir. Enfin...

Il fronça le nez et sourit.

— Enfin, on te remettra un pain de bon savon noir, et tu iras te laver à la rivière. Tu verras, elle contient toute l'eau nécessaire.

Deux jours plus tard, Josep se trouvait sur le versant de la colline. Il avait désormais pour propriétaire une veuve attirante ; il portait même un vêtement de travail qu'elle lui avait offert et qui avait appartenu au défunt mari. Cette tenue était usée mais propre – peut-être un peu trop large de taille, et un peu trop courte de manches et de jambes.

Il avait à la ceinture un couteau de vendangeur, et à la main une binette à sarcler. Il examinait avec attention la longue rangée de ceps. Cette terre était plus rouge que celle de son père, mais tout aussi pierreuse. D'après les explications de Léon Mendès, les pousses donnaient des feuilles plus tôt qu'à Santa Eulalia. La cause en était le climat fort doux qui régnait dans cette vallée de l'Orb. Josep, qui ne connaissait aucun des cépages cultivés ici, était impatient de voir quel genre de feuilles et de fruits ils donnaient.

Il avait grande envie d'apprendre.

Et il savait que cela ne venait pas seulement du fait qu'il avait mangé à sa faim et bien dormi. Cette force qui l'habitait se nourrissait de la terre elle-même. Il éprouvait déjà cette sensation à Santa Eulalia. Il se sentait à sa place dans une vigne, sous un soleil amical, avec devant lui une tâche qu'il connaissait bien. Il en venait presque à se sentir chez lui à Roquebrun – n'eussent été ce français qu'il comprenait mal et ces angoisses qui lui venaient parfois quand il songeait à certains êtres velus, ni hommes ni bêtes, qui grouillaient sous la terre rouge et que l'on appelait Créatures.

IV

LA TERRE DES ALVAREZ

En Catalogne, village de Santa Eulalia,
le 2 octobre 1874

26

Vendanges

*D*urant l'automne qui suivit son retour à Santa Eulalia, Josep éprouva une joie toute neuve en voyant se métamorphoser les feuilles sur ses pieds de vigne. Le phénomène ne se produisait pas chaque année. Par quoi était-il déclenché ? Josep l'ignorait. Peut-être était-ce dû à cette saison particulière où les nuits glaciales succédaient à de brûlants après-midi. Ou bien fallait-il chercher du côté d'un mélange particulier de soleil, de pluie et de vent. Quoi qu'il en soit, les feuilles se transformèrent en ce mois d'octobre, et Josep y trouva un écho de lui-même. Soudainement, les pieds d'ull de llebres offrirent une variété de nuances qui allaient de l'orangé au rouge vif. Dans le même temps, les grenaches d'un vert lumineux tournaient au jaune, tandis que leurs tiges brunissaient. Les feuilles de Carignan, elles, restaient d'un vert riche, et leurs tiges devenaient rouges. Tout se passait comme si les pieds de vigne défiaient leur mort prochaine ; mais pour Josep, tout cela relevait d'un renouveau, d'une renaissance, et il arpentait ses rangées avec un enthousiasme tranquille.

Sa première vendange fut plus abondante que celles de son père autrefois. Les grains de raisin étaient aussi gros qu'un pouce écrasé, et d'un rouge sombre. Et comme il avait plu dans la région exactement à la bonne date, ils étaient gorgés de jus. Ce jus, une fois fermenté, n'aurait sûrement pas un goût merveilleux, mais quelle importance, quand on vendait son vin à bas prix et en barriques ?

Josep proposa à Quim Torra de mettre leurs efforts en commun pour la vendange.

– Pourquoi pas ? répondit Quim avec un haussement d'épaules.

Après réflexion, Josep résolut de proposer la même chose à Maria del Mar. La veuve de Valls accepta presque sans hésiter. Elle était même ravie de cette idée. Et impatiente de commencer. Elle avait l'habitude de supporter seule le fardeau des vendanges et du pressage.

C'est ainsi qu'ils formèrent tous trois une équipe. Ils se servirent d'un jeu de cartes pour tirer au sort la vigne qui serait récoltée la première. Quim tira un valet de cœur et l'emporta. Maria del Mar vint en deuxième avec le neuf de pique. Josep, ayant tiré le sept de carreau, fut celui qui risquait le plus de voir un orage tardif anéantir son raisin.

Mais le temps demeura au beau.

Ils commencèrent par la vigne de Torra, qui avait la même taille que les autres mais était la moins bien entretenue des trois. Quim avait toujours mieux à faire que de prendre sa bêche pour arracher les herbes qui étouffaient ses ceps. Il aimait mieux se promener, jouer avec son ami le curé, aller voir si l'eau de la rivière était haute ou basse, ou rester assis sur la place, à se disputer avec d'autres sur le moyen de réparer la porte de l'église. La moitié de sa terre était plantée de grenache, des cépages antiques qui donnaient un raisin noir aux grains minuscules. Quand Josep en mangea une grappe pour apaiser sa soif, il lui trouva une saveur riche et exquise ; mais il se tourna au même moment vers Maria et vit qu'elle essayait de cacher une grimace. Empêtrés dans les herbes sauvages qui dévoraient les allées, les trois voisins se partagèrent les rangées, passèrent d'un pied à l'autre et emplirent leurs paniers. Les paniers emplirent les charrettes. Et les charrettes rejoignirent le pressoir – un trop petit nombre de charrettes, estima Josep, mais Quim était satisfait de sa récolte peu abondante.

La vigne de Maria del Mar avait meilleure apparence depuis la disparition de Ferran Valls. Ferran s'était montré bon cultivateur, mais Maria faisait mieux encore. Josep avait retourné la terre avec la mule. Puis Maria n'avait pas été avare de coups de bêche, de sorte que ses rangées étaient propres, bien désherbées. Sa récompense lui vint sous la forme d'une belle récolte, mais ils durent travailler d'arrache-pied pour en venir à bout. Francesc était encore trop jeune pour couper. Et il ne pouvait porter à cause de sa hanche. Résultat, il était sans cesse dans leurs jambes, à observer tout ce qui se passait. Un jour que sa mère le rabrouait, Quim Torra crut bon d'intervenir.

— C'est un bon gamin, Marimar. Fiche-lui donc la paix.

Disant cela, il lui souriait, tout en vidant son panier dans la charrette; mais elle ne lui rendit pas son sourire.

— Il faut qu'il apprenne à ne pas être tout le temps dans nos pattes, dit-elle.

Elle ne couvait pas son enfant; mais Josep l'avait vue plus d'une fois le bercer et lui parler tendrement. Selon lui, elle s'y prenait bien avec Francesc, ce garçon qui n'avait plus de père; elle l'élevait en faisant de son mieux, sans cesser une minute de travailler dur.

Quim, quand il eut fini de vider son panier, s'éloigna en direction de chez lui. Josep se tourna vers Marimar.

— Les acheteurs t'ont grugée l'année dernière, à ce qu'on m'a dit?

Marimar était penchée sur un cep chargé de grappes. Elle se raidit et présenta à Josep un visage sans expression.

— Écoute, reprit-il, quand Clemente Ramirez viendra chercher le jus avec ses barriques, je lui dirai que j'ai acheté aussi la vigne de Valls. Comme ça, il paiera le prix normal. Et tu auras ton dû.

— Pourquoi tu ferais ça?

— Pourquoi je ne le ferais pas?

Elle plongea son regard dans les yeux de Josep, ce qui le mit mal à l'aise.

— Je ne veux rien en retour, se hâta-t-il de préciser d'une voix plus dure que nécessaire. Pas d'argent. Ni rien d'autre... Clemente est un voleur, c'est tout. Ça me fera plaisir, de l'obliger à te payer ce qu'il te doit.

— Je travaille ma vigne aussi bien qu'un homme, dit-elle d'un ton amer.

— Tu fais même mieux que bien des hommes. Chacun s'en rend compte s'il a des yeux pour voir. Tu travailles dur. Et tu sais t'y prendre.

— D'accord, finit-elle par dire.

Elle recommença à couper des grappes.

Étrangement, quand Josep se remit au travail lui aussi, il se sentit soulagé. Il regretta seulement que Marimar n'ait pas cru bon de prononcer un simple merci.

Le surlendemain, alors qu'ils attaquaient la vigne Alvarez, la pluie tomba deux heures durant. Rien de grave, estima Josep. En effet, l'averse se contenta d'orner le raisin de perles brillantes, vite évaporées. Les trois vendangeurs coopéraient sur un mode agréable, à présent que chacun s'était habitué au rythme des autres. Puis le raisin de Josep fut versé dans le pressoir. Le jus de la treille fut rapporté dans sa remise et entreposé en lieu sûr dans les cuves, où il commença de fermenter. Josep, alors, se sentit presque triste de voir venir la fin de la vendange. Il remercia ses voisins.

Et il se dit à lui-même que les Créatures elles aussi avaient bien travaillé pour leur première coopération avec lui.

L'acheteur Ramirez et ses deux aides arrivèrent au village avec leur voiture chargée de tonneaux vides. Ramirez félicita gauchement Josep pour son acquisition. Il n'était pas doué pour les effusions de sympathie. Josep le remercia cependant.

— En fait, dit-il, j'ai racheté aussi la vigne de Valls.

Ramirez redressa la tête, pinça les lèvres en le regardant au fond des yeux, et reprit :

— Alors toi et elle...

— J'ai *acheté* la vigne Valls.

— Et elle, où est-ce qu'elle va aller maintenant ?

— Nulle part. Elle continue de travailler ici.

— Ah, elle travaille pour toi, donc.

— Exactement.

Ramirez jeta à Josep un regard oblique, sourit, ouvrit la bouche pour parler à nouveau, mais crut lire quelque chose sur les traits du jeune viticulteur.

— Bon, dit-il finalement. Je vais attaquer par ces cuves-là. Ça va me demander plusieurs voyages. Après, on s'occupera de la vigne de Valls. Autant commencer par le bon vin, pas vrai ?

À midi, il était assis avec ses hommes à l'ombre de leur charroi. Tous se reposaient en mâchant un quignon de pain. Ramirez interpella Josep, qui sortait de chez lui.

— Dis donc, tu sais que tu as une de tes cuves qui commence à pourrir ?

— Non, répondit Josep.

Ramirez se leva et lui montra les dégâts ; en effet, plusieurs lattes de la vieille cuve étaient noires, abîmées.

— La fuite n'est pas loin. Espérons que ça tiendra encore une saison ou deux.

— Espérons, dit Josep d'une voix blanche.

Maria del Mar était occupée dans sa vigne quand Ramirez et ses gens arrivèrent. Elle les salua de loin, d'un signe de tête, et se remit au travail.

Ramirez vida les cuves. Quand il eut fini, il conduisit son attelage sur le côté de la route, où Josep le rejoignit. Tous deux s'adossèrent côte à côte à l'ombre du tombereau. Ramirez prononça un chiffre. Josep refit plusieurs fois le calcul de tête avant d'accepter la liasse de billets que l'autre lui tendait.

Quand Ramirez fut parti, Josep chercha Maria de Mar dans la vigne. Il la trouva à genoux au pied d'un cep. Il lui compta son dû avec soin. Elle hocha la tête et prit l'argent, silencieuse. Elle ne leva même pas les yeux vers Josep. Il en conclut qu'elle était résolue à se montrer glaciale avec lui. Il fit demi-tour et s'éloigna après avoir marmonné un bref bonsoir.

Le lendemain matin, en sortant de sa masia, il trébucha sur quelque chose en travers de sa porte. C'était un grand plat de tortilla encore chaude, à peine sortie du feu, qui dégageait un délicieux parfum d'oignon et d'œufs frits. Le plat reposait à même le seuil, sur une serviette propre, près d'un bout de papier coincé sous une pierre. Le papier était une vieille facture indiquant que Valls avait acheté naguère, à un fermier de Vilafranca, un râteau à quatre-vingt-douze centimes. Au verso, une main peu habituée à écrire avait griffonné trois mots d'une écriture penchée, féminine : *Nous te remercions*.

27

Hiver

*U*n jour de janvier que Josep descendait nettoyer deux seaux à rivière, il trouva Francesc assis au soleil devant la propriété de sa mère. La figure du garçon s'illumina.

— Hola ! Josep !

— Hola ! Francesc. Comment vas-tu ?

— Bien, Josep. J'attends que les olives mûrissent. J'aimerais pouvoir me remettre à grimper aux arbres, moi !

— Je comprends, dit Josep gravement.

Ceux qui avaient des oliviers pouvaient commencer leur récolte en novembre ou en décembre, à condition de faire pousser des variétés précoces, et celles de Maria del Mar, justement, étaient tardives. Ses gros arbres ne donnaient vraiment que tous les six ou sept ans. Cette année, ils ne produiraient pas grand-chose, quelques kilos d'olives tout au plus, des fruits vert clair qui tourneraient au rouge foncé et seraient vendus pour être mangés, non pour faire de l'huile. Maria avait tendu des toiles entre les arbres afin de récolter les olives mûres, près de tomber. Les autres, elle les détacherait avec des gaules. Puis la récolte serait mise au sel ou dans la saumure.

Mais tant que les olives n'étaient pas cueillies, Francesc n'aurait pas le droit de monter aux arbres.

— Je peux m'asseoir un moment avec toi ? dit Josep, sur une impulsion.

Francesc fit oui de la tête. Josep posa ses seaux et se laissa tomber à terre. Francesc reprit, avec grand sérieux :

— Il faut que je m'entraîne à escalader, vu que je voudrais devenir l'anxaneta des castellers.

— Tu veux monter au pinacle ?

Était-ce une ambition raisonnable quand on avait une hanche estropiée ?

— Je te souhaite d'y arriver, dit-il néanmoins.

Il cherchait Maria des yeux ; mais elle n'était visible nulle part.

— Ta mère en pense quoi, de cette idée ?

— Elle dit que tout est possible. Mais il faudrait que je m'entraîne. Et mon boulot, pour le moment, c'est de surveiller les olives.

— Ces oliviers sont trop lents, tu trouves ?

— Oui. Mais excellents pour faire de l'escalade !

C'était vrai. Ces arbres étaient très vieux. Ils atteignaient des tailles considérables et offraient au grimpeur des troncs épais et des appuis noueux.

— Ce sont des oliviers très particuliers, dit Josep. Très anciens. Certains pensent même qu'ils ont été plantés par les Romains.

— Les Romains ?

— Des soldats. Mais qui savaient aussi cultiver les olives et faire du vin, construire des routes, bâtir des ponts...

— Il y a longtemps ?

— Très longtemps. À l'époque de Jésus, pour ainsi dire.

— Jésus-Christ ?

— Oui.

— Ma mère m'a parlé de lui.

— Vraiment ?

— Son père, à Jésus, il ne s'appelait pas Josep ?

Josep souriait. Il voulut ouvrir la bouche pour répondre « non », mais en baissant les yeux vers le petit visage de son interlocuteur il fut frappé par l'étendue de sa propre ignorance.

— Je ne sais pas, dit-il finalement.

Il caressa la joue de Francesc. Ce gosse au corps plutôt décharné n'en était pas moins joufflu comme un bébé.

— Tu veux m'accompagner à la rivière ? Tu m'aiderais à laver mes seaux. Tu vas demander à ta mère ?

L'enfant filait déjà en clopinant vers l'intérieur de la propriété.

Josep s'amusa de le voir disparaître aussi vite derrière la haie.

Mais Francesc revint mécontent.

– Elle a dit non. Pas question. Elle dit que je dois surveiller les olives. C'est mon boulot.

Josep le réconforta d'un sourire.

– C'est une bonne chose, dit-il, d'avoir un boulot à faire.

Il se leva, ramassa ses seaux et descendit à la rivière.

Un autre jour, il rencontra Jaumet Ferrer qui rentrait de la chasse avec à l'épaule des perdreaux qu'il venait de tuer. Les deux hommes bavardèrent un moment. Josep se souvenait de Jaumet comme d'un brave gamin pas très futé – et Jaumet était à présent un brave homme guère plus futé. Il ne posa aucune question à Josep. Il ne semblait pas être informé du fait que Josep avait vécu longtemps loin de Santa Eulalia. Ils causèrent des perdreaux. Ce gibier finirait dimanche sur la table de la señora Figueres. Il fut question aussi du temps. Puis Jaumet sourit et poursuivit son chemin.

Jaumet Ferrer, naguère, aurait voulu appartenir au groupe des chasseurs. De même que Pere Mas. Mais Jaumet avait été jugé simple d'esprit, et Mas, trop gros. Ni l'un ni l'autre n'auraient été capables de suivre les entraînements.

Quelle chance ils avaient eue d'y échapper !

Josep, ce même soir, alla chercher à l'épicerie une chopine de vin nouveau qu'il s'était fait réserver quand Clemente Ramirez était venu au village avec ses barriques. Il trouva Nivaldo en train de faire cuire des œufs avec des oignons et du poivre. Les deux amis burent quelques gorgées de vin, sans grand plaisir. Cette piquette n'avait pas de goût. Elle commençait même à tourner vinaigre.

– Pas fameux, fit observer Josep.

Nivaldo était d'accord.

– Mais tu as touché de l'argent. Quand tu auras payé ton frère et Rosa, il te restera de quoi te nourrir jusqu'à la prochaine récolte. Et puisqu'on en parle, Tigre, laisse-moi te dire que tu ne sais pas te nourrir. Le seul endroit où tu manges correctement, c'est ici, chez moi. Le reste du temps, tu avales n'importe quoi. Un bout de pain, un morceau de chorizo gâté, une croûte de fromage...

Josep songeait à la tortilla de Maria : cela lui avait fait deux bons repas.

— Je travaille, dit-il. Et je n'ai pas de femme à la maison. Tu crois que j'ai le temps de me mitonner des petits plats ?

— Alors tu ferais bien de te trouver une femme. Pourtant, regarde. Moi non plus, je n'ai pas de femme à la maison ! Est-ce que ça m'empêche de cuisiner ? Un homme n'a pas besoin d'une femme pour se faire à manger correctement. S'il est intelligent, il peut toujours attraper un poisson, tuer un oiseau, se le faire cuire lui-même...

Josep préféra changer de sujet.

— Il est arrivé quelque chose à Pere Mas ? Je ne le vois plus.

— Il a trouvé du travail dans une filature, comme ton frère. Mais à Sabadell.

— Ah.

Josep se trouvait maintenant presque aussi seul à Santa Eulalia qu'il l'avait été en Languedoc. Les fils aînés du village étaient désormais bien établis et accaparés par le travail. Quant aux cadets, ses camarades, ils étaient partis.

— Je n'ai jamais vu aucun homme venir chez Maria del Mar.

— Je ne crois pas qu'il y ait eu quelqu'un après Tonio. Mais qui sait ? Elle attend peut-être le retour de Jordi Arnau...

— Jordi Arnau est mort, dit Josep.

— Tu en es sûr ?

— Si je n'en étais pas sûr, je ne le dirais pas.

Nivaldo approuva de la tête. Il ne jugeait pas Josep. Il reprit, d'un air entendu :

— En tout cas, elle se tient au courant des retours. Et tu es de retour, non ?

Il but une nouvelle gorgée de piquette et grimaça.

28

Cuisine

*P*our sa première année en tant que propriétaire de vignes, Josep eut à subir un temps médiocre. S'il avait éprouvé au début une pointe de satisfaction à l'idée de posséder des terres, ce sentiment était maintenant bien loin. Ses ceps avaient perdu presque toutes leurs feuilles. Ils avaient comme séché sur pied et ressemblaient à des squelettes. Et le temps était venu de tailler les sarments.

Il arpentait son vignoble en essayant d'analyser ses erreurs et d'en tirer les leçons.

Par exemple, il avait jugé intelligent de planter un grand nombre de ceps sur le versant nu de la colline, chose à laquelle ne s'était jamais résolu son père, ni aucun Alvarez avant lui. Résultat, les ceps en question s'étaient desséchés au soleil d'été. Pourquoi? Le padre le savait. Et comment! Cette parcelle n'était rien d'autre que de la rocaille couverte d'une couche de terre quasi inexistante. Les pieds de vigne, pour survivre dans un sol pareil, auraient dû être irrigués. Or le puits du village était loin. Et la rivière encore plus. Irriguer était impossible.

Josep s'interrogeait. Avait-il commis d'autres erreurs? Était-il tombé dans l'un de ces pièges que le padre avait toujours su éviter?

Il n'avait pas le goût de chasser. Pourtant, quand il croisa de nouveau Jaumet sur sa route, il repensa à l'observation de Nivaldo sur sa façon de se nourrir.

— Tu ne pourrais pas m'avoir un lapin? lui demanda-t-il.

Jaumet sourit puis hocha la tête d'un air entendu. Et, le lendemain, il se présenta à la masia de Josep avec un lapereau auquel il avait brisé le cou. Josep lui donna quelques pièces. Jaumet semblait content. Il lui montra comment dépecer l'animal et le préparer.

— Tu le cuisinerais comment ? demanda Josep.

— Je le mitonnerais au lard.

Ce conseil lui valut une récompense : la tête, les pattes et la peau du lapin.

Josep se souvenait de la façon qu'avait le padre de mijoter un civet. Il fit à l'épicerie provision d'ail, de carottes et d'oignons. Il acheta aussi un gros piment rouge. Quand il sortit son argent pour payer, Nivaldo souleva ses épais sourcils.

— Alors, on se met aux fourneaux ?

De retour chez lui, Josep trempa un chiffon dans du vin aigre, nettoya la petite carcasse et la découpa en quartiers. Il disposa les morceaux dans une casserole arrosée de vin et d'huile d'olive. Il y ajouta des gousses d'ail écrasées et ses légumes coupés en petits dés. Il mit sa préparation à mijoter à petit feu.

Deux heures plus tard, il passait à table. Le civet était si goûteux que Josep se sentit comme sanctifié. Il trempa des morceaux de pain dans la sauce odorante, épicée. Le pain ramollissait au contact du liquide si épais, si savoureux qu'il devait se retenir pour ne pas le déguster à la petite cuiller.

Quand il fut rassasié, il prit sa casserole et retourna à l'épicerie, où il trouva Nivaldo en train d'émincer les légumes de son propre ragoût.

— Goûte-moi ça, dit Josep.

Nivaldo mangea le civet pendant que Josep lisait *El Cascabel*.

Malgré lui, les événements auxquels il avait été mêlé lui avaient donné le goût de la politique. Il s'intéressait à présent au destin de la monarchie. Aussi lisait-il toujours le journal avec soin — sans jamais y trouver l'information tant recherchée. Après son retour au village, *El Cascabel* avait publié un article sur le général Prim ; c'était le quatrième anniversaire de sa mort. Au lendemain du crime, plusieurs personnes avaient été jetées en prison. Mais la police avait fini par les relâcher après interrogatoire. Josep releva la tête de son journal. Nivaldo mâchait son civet d'un air concentré, comme s'il en analysait les saveurs.

— Quelque chose d'intéressant? demanda-t-il. Je n'ai pas eu le temps d'ouvrir ce journal.

— Des combats, comme toujours. Heureusement qu'ils ne viennent pas jusqu'ici. En Navarre, les carlistes ont attaqué un dépôt d'artillerie. Ils ont pris les armes et fait trois cents prisonniers... Bon Dieu!

Il se pencha à nouveau vers les titres.

— Ils ont failli capturer le nouveau roi!

— Vraiment? Et qu'est-ce qu'il faisait au milieu des troupes, le roi Alphonse?

— Ils disent qu'il a fait Sandhurst, l'académie militaire britannique... Et aussi qu'il a l'intention d'étouffer cette guerre civile lui-même. D'y prendre une part active en tout cas.

— Intéressant, déclara Nivaldo.

Il avait fini le civet. Il avait même entrepris de sucer les os, à la grande satisfaction de Josep.

Maria del Mar, quand elle travaillait dans sa vigne, avait l'habitude de laisser Francesc s'amuser librement, et l'enfant en profitait souvent pour venir voir Josep et le suivre comme son ombre. Au début, ils se parlaient peu; et, quand ils se parlaient, c'était pour aborder des sujets simples comme la forme d'un nuage, la couleur d'une fleur ou la raison pour laquelle on ne laissait pas pousser la mauvaise herbe. En général, Josep continuait son labeur en silence, tandis que le jeune garçon l'observait intensément, quand bien même il avait déjà vu sa mère accomplir et répéter ces mêmes gestes un grand nombre de fois dans sa propre vigne. Et lorsque Josep arrivait au bout d'un travail, l'enfant lui posait toujours la même question.

— Qu'est-ce qu'on fait, maintenant?

— Eh bien... On va piocher les mauvaises herbes.

Ou :

— On va graisser les outils.

Ou encore :

— Il faut déterrer ce caillou.

Quelle que fût la réponse, l'enfant hochait la tête, comme s'il lui donnait son approbation; et ils allaient ensemble se mettre à l'ouvrage.

Josep estimait que Francesc avait certes besoin de compagnie, mais qu'il était attiré surtout par une voix d'homme; aussi abordait-il parfois des sujets qui n'étaient pas à la portée d'un enfant, comme on se parle à soi-même en poursuivant son labeur.

Il l'entretint ainsi des rosiers sauvages qu'il plantait au début de chaque rangée de ceps.

— J'ai vu faire ça en France, expliqua-t-il. Ce sont de belles fleurs, agréables à regarder. Mais elles ont aussi un rôle à jouer. Un rôle de guetteur. Elles sont moins résistantes que la vigne. Alors, si une menace se présente, ce sont elles qui tombent malades en premier. À cause d'un problème dans le sol, par exemple. Ou d'un insecte qui attaque les plantes. Comme ça, je peux intervenir rapidement. Avant que la vigne soit attaquée à son tour.

Le garçon écouta. Il regarda jusqu'à la fin Josep planter le rosier en question. Puis il demanda :

— Qu'est-ce qu'on fait, maintenant, Josep ?

Peu à peu, Maria del Mar prit l'habitude de voir son fils effectuer des visites dans la vigne Alvarez. Quand il disparaissait de sa vue, elle se disait qu'il était chez le voisin. Un jour, elle lança à Josep :

— S'il t'embête, tu le renvoies chez nous !

Josep répondit qu'il appréciait la compagnie de Francesc; et il pensait ce qu'il disait.

Il sentait que Maria nourrissait une rancœur envers lui. Toutefois il en ignorait la cause. Il était évident qu'elle se méfiait. Elle hésitait à accepter le moindre service de sa part. Dans son esprit à elle, il occupait désormais la place du voisin; et cette relation leur convenait à tous les deux.

Pourtant Josep pensait qu'il lui fallait une femme. Nivaldo n'avait pas tort. Or des femmes non mariées et des veuves, il y en avait plusieurs au village. Il résolut d'étudier la question de près. Il finirait bien par trouver une compagne capable de l'aider dans la vigne, de tenir la maison et de lui préparer de vrais repas. De lui donner des enfants, aussi. Et du plaisir...

Ah, avoir une femme dans son lit !

Seul, insatisfait, il se rendit à travers la campagne jusqu'à la bicoque de Nuria. À son arrivée, la maison était vide. La porte battait sur ses gonds, ouverte à tous les vents, aux oiseaux et aux bêtes. Josep interrogea un paysan qui épandait de l'engrais dans son champ près de là.

— Nuria ? répondit cet homme. Elle est morte il y a deux ans.

— Et sa fille, Renata ?

— Libérée par la mort de la mère. Envolée !

Le paysan haussa les épaules. Et il informa Josep qu'il cultivait des haricots.

— La terre n'est pas bien épaisse. Mais les Llobet me fournissent en fumier de chèvre. Vous connaissez la ferme des Llobet ?

— Non.

Josep était intéressé.

— Ils élèvent des chèvres, poursuivit le fermier en souriant. Depuis des lustres. Ils ont beaucoup de bêtes. Des grosses. Qui donnent beaucoup de fumier. Du vieux fumier. Du fumier récent. Ils en ont plein leurs champs. Ils ne savent plus où le foutre ! Et ils savent qu'ils en auront de plus en plus. Ils vous baisent les mains quand vous venez leur en enlever une charrette ou deux !

— Où est-elle, cette ferme ?

— Par là. Vers le sud. Après la colline. Vous ne pouvez pas vous tromper.

Josep remercia l'agriculteur en songeant à sa chance de l'avoir rencontré. Il n'était pas venu jusqu'ici pour rien. Ce voyage lui était de plus de profit que s'il avait trouvé Nuria et Renata chez elles.

29

Le mulet

*L*e padre avait rarement eu la chance de se procurer de l'engrais. Quand l'aubaine se présentait, il se hâtait d'emprunter un cheval et une charrette. Mais il entretenait avec ses amis de bonnes relations et pouvait se permettre de leur demander un service. Ce qui n'était pas le cas de Josep, qui savait qu'il ne pouvait disposer à sa guise de la mule de Maria del Mar. Estimant que sa récolte l'autorisait à dépenser un peu d'argent, il décida de faire le voyage de Sitges, où se trouvait le fabricant de tonneaux Emilio Rivera.

L'atelier s'abritait dans une longue construction basse, au fond d'une cour où s'empilaient des tas de bois débité en planches. Josep s'avança dans la cour et y trouva le tonnelier rougeaud. Aidé d'un ouvrier âgé, Rivera assemblait des barriques à grands coups de maillet. Il ne reconnut pas Josep tout de suite. Celui-ci lui rappela qu'il avait eu la gentillesse de le laisser monter sur son charroi jusqu'à Barcelone.

— Je vous ai dit que j'aurais peut-être besoin d'acheter une mule. Vous m'avez répondu en me parlant de votre cousin, le marchand de chevaux...

— Oui ! Eusebio Serrano ! Mon cousin de Castelldefels.

— Vous disiez qu'il avait de bons chevaux. Je n'ai pas encore pu aller le voir, mais...

— Les bons chevaux, ça se vend à la foire. Quatre fois par an. Et la prochaine, c'est dans trois semaines. Ça tombe toujours un vendredi, jour de marché.

Il sourit.

— Dis à Eusebio que tu viens de ma part. Il t'aidera à trouver une bonne mule. Pour pas cher.

— Merci, señor.

Rivera et son ouvrier se remirent au travail. Mais Josep ne partait pas. Le tonnelier lâcha une nouvelle fois son ouvrage.

— Autre chose ?

— Je suis viticulteur. J'ai une vieille cuve de fermentation... Il y a deux lattes qui commencent à pourrir. Il faudrait les remplacer. Vous faites ça ?

Rivera eut l'air attristé.

— Tu pourrais me l'apporter ici, cette cuve ?

— Elle est trop grande.

— Je suis occupé. J'ai mes commandes à honorer. S'il faut que j'aille chez toi, ça va te coûter cher.

Il se tourna vers son aide.

— Juan, tu peux commencer à cercler ces barriques. (Il enchaîna, en revenant à Josep :) De toute façon, je n'ai pas le temps...

— Señor, ne pourriez-vous pas me dire au moins comment effectuer la réparation moi-même ?

— Impossible ! C'est un travail qui exige de l'expérience. Tu n'arriverais pas à colmater et ça se mettrait à fuir. On n'utilise pas des planches ordinaires. Il faut prendre des planches rainurées et biseautées, si tu veux que ta cuve reste imperméable. Comme celles-là...

Il montra à Josep le genre de lattes qu'il utilisait et qui en effet étaient usinées de telle sorte qu'elles se renforçaient les unes les autres une fois assemblées.

— Voici ce qu'on va faire, reprit-il, voyant que le jeune homme était déçu. Tu vas m'expliquer où tu habites exactement. Un jour, je passerai peut-être par ton village. Alors je ferai un saut chez toi, le temps de réparer ta cuve.

— Si vous pouviez passer avant l'automne, señor... Avant que j'aie mon raisin à fouler.

S'il ne vient pas avant, songea-t-il, *je suis fichu*. Le tonnelier avait l'air de lire dans ses pensées.

— Ça nous laisse du temps, dit-il. Je passerai sûrement avant l'automne.

Ce mot « sûrement » mit Josep mal à l'aise ; mais, en définitive, c'était la seule option possible.

Castelldefels était une agglomération de taille moyenne
réputée pour sa foire. Partout où il posait les yeux, Josep
apercevait des chevaux bien bouchonnés, entourés de maquignons bavards. Il surveillait où il mettait les pieds car le sol
était jonché de crottin. D'ailleurs, une odeur forte et épaisse
régnait sur le champ de foire. Josep avisa un individu qui boitait non loin de lui. Il eut l'impression que cette silhouette lui
disait quelque chose – la complexion de l'homme, la forme
de sa tête, et même la couleur de ses cheveux...

Et soudain la peur le saisit, en même temps que la surprise.

Sa première réaction fut de tourner les talons et de filer,
mais il s'obligea à rester. Il contourna le groupe de maquignons auquel l'homme venait de se mêler.

Josep pouvait mieux observer le personnage, maintenant.
Et il voyait son erreur. Cet homme-là avait bien quinze ans de
trop. Il avait la figure trop rouge. Et le nez trop gros.

Cet homme n'était pas le sergent Peña.

Mais il eut besoin de plusieurs minutes pour se remettre du
choc. Il erra d'un attroupement à l'autre sans pouvoir fixer
son attention sur les bêtes. Puis il se maîtrisa. Et il se mit en
devoir de partir à la recherche d'Eusebio Serrano.

On avait peine à croire que les deux hommes étaient appa-
rentés, tant le contraste entre eux était fort. Si Rivera incarnait
le travailleur débonnaire et plein de franchise, son cousin
Eusebio avait tout de l'aristocrate, avec son costume de soie
grise, son grand chapeau élégant et sa chemise immaculée au
col fermé par une fine cravate noire. Il écouta Josep avec
politesse et accepta tout de suite de lui servir de guide pour
l'achat d'une mule en échange d'une modeste rétribution. Ils
passèrent quatre heures à arpenter la foire. Ils virent huit
maquignons et examinèrent treize bêtes. Au terme de leur
parcours, Eusebio Serrano dit à Josep qu'il lui recommandait
trois mules seulement, sur toutes celles qu'ils avaient vues.

– Mais avant que vous n'arrêtiez votre décision, poursuivit-il, je souhaite vous en montrer une autre encore.

De nouveau il entraîna Josep dans la foule des vendeurs et
des paysans. Il s'arrêta près d'un animal brun qui avait trois
pattes blanches comme le museau.

– Il est un peu plus grand que les autres, non ? dit Josep.

– Les autres étaient de vraies mules, nées d'une jument et d'un âne. Celle-ci est née d'un étalon arabe et d'une ânesse. Ce n'est pas une mule, mais un bardot. Je le suis depuis sa naissance. Et je puis vous affirmer qu'il sera non seulement docile, mais capable de faire le travail de deux mules ordinaires. Il vous coûtera un peu plus cher, certes. Mais je ne saurais trop vous encourager à l'acquérir, señor Alvarez.

– J'ai aussi besoin d'une charrette. Et mes fonds sont limités.

– De combien disposez-vous ?

Josep le lui dit. Serrano fronça les sourcils.

– À mon avis, le plus raisonnable est d'investir dans le bardot. C'est un animal qui vaut son pesant d'or. Je vais voir ce que je peux faire.

Josep resta à l'écart tandis que le cousin du tonnelier allait discuter le bout de gras avec le propriétaire du bardot, un homme d'apparence aimable. Serrano se montrait amical avec ce vendeur. Ni l'un ni l'autre n'eurent besoin de hausser le ton, comme c'était le cas lors des autres marchandages auxquels Josep avait assisté sur la foire. Quand le maquignon proposait un chiffre, Eusebio Serrano affichait une expression de regret poli. Puis la discussion reprenait son cours.

Au terme de l'entretien, Serrano revint vers Josep et lui communiqua le dernier prix du vendeur. C'était plus cher que ce que Josep avait escompté mais la différence n'était pas considérable.

– Il est prêt à vous le céder avec son harnais et sa bride, ajouta Serrano.

Il sourit en voyant Josep acquiescer d'un signe de tête.

L'instant d'après, Josep tendait ses pesetas au maquignon, qui lui remit en échange un reçu signé de sa main.

– Il y a autre chose que je voudrais vous montrer, dit Eusebio Serrano quand Josep prit l'animal par la bride. Venez.

Il le conduisit vers le secteur du marché où l'on vendait des charrettes, des calèches et des charrues. Là, il s'arrêta devant une chose si abîmée que Josep se demanda s'il ne s'agissait pas d'une plaisanterie. Ce qu'il avait sous les yeux avait peut-être été un jour une charrette digne de ce nom, mais ce n'était plus désormais qu'un pauvre brancard branlant au plancher crevé.

— Elle a besoin d'être raccommodée, reconnut Serrano.
Mais quelques planches, quelques clous, et le tour est joué.

— Elle n'a pas de roues! s'exclama Josep. Même pas
d'essieux!

Serrano s'approcha du vendeur et se mit en devoir de lui
parler. Le vendeur écouta, hocha la tête, puis distribua des
ordres à deux de ses commis. Ceux-ci disparurent un moment
dans un enchevêtrement de charrettes à bras, puis revinrent en
poussant devant un eux un essieu accroché à deux roues d'où
s'échappaient des plaintes déchirantes. Ils manœuvrèrent en
direction du brancard l'engin, qui gémit de plus belle. Serrano
avait sorti un couteau de sa poche. Il l'ouvrit et gratta l'essieu
avec sa lame.

— Rouillé en surface, dit-il.

Il referma son couteau.

— Mais dessous, le métal est solide. Il tiendra des années.

Le prix de l'ensemble entrait dans les possibilités de Josep,
qui aida les commis à fixer l'essieu sous le brancard. Ensuite,
les roulements furent graissés. Josep, tenant le bardot par la
bride, le fit reculer entre les bras de sa charrette. Il se hissa
sur le siège. Serrano lui tendit la main.

— Arrêtez-vous chez mon cousin avec votre attelage, dit-il.
Il aura tôt fait de vous le remettre en état.

Josep trouva le tonnelier et son ouvrier dans la cour. Ils
quittèrent leur ouvrage pour venir examiner la charrette au
plancher crevé. Rivera fit la grimace et lança à Josep :

— Est-ce qu'il y a au moins une chose en bon état dans ton
exploitation?

Josep répondit, avec un large sourire :

— Oui, señor. Ma foi en l'humanité. Et en vous. Le señor
Serrano m'a dit que vous alliez me la remettre en état.

— Vraiment?

Le tonnelier n'était guère enthousiaste. Il fit signe à son
ouvrier de le suivre, et tous deux disparurent.

Josep, au bout d'un moment, se demanda si Rivera ne
l'avait pas tout bonnement oublié. Mais les deux hommes
finirent par revenir les bras chargés de planches grossières,
non usinées.

– Je n'en ferais pas des douves de tonneau, dit Rivera, mais pour raccommoder le plancher d'une charrette, elles feront l'affaire. Je te consentirai un bon prix, comme toujours à mes vieux clients.

Juan, l'ouvrier, dépliait déjà son mètre pour prendre les dimensions du trou à reboucher dans le fond de la charrette. Il cria un chiffre. Rivera coupa rapidement les planches à la bonne taille et les tendit à Juan, qui les mit en place et les fixa solidement à grands coups de marteau.

Quand Josep quitta la tonnellerie pour rentrer à Santa Eulalia, il était propriétaire d'un bardot et d'une charrette capable de supporter n'importe quelle charge. Les roues bien graissées tournaient en produisant sur la route un son agréable. Le bardot allait son chemin d'un pas régulier. Josep sentit le moral lui revenir. Enfant, il avait souvent conduit la charrette du padre. Aujourd'hui, il n'était plus un enfant mais un homme, et il menait son propre attelage. Cela faisait une grande différence. De même qu'il y avait une grande différence entre un jeune sans travail et un viticulteur en charge de sa propre exploitation.

Il était dans la grange, derrière la maison, occupé à dételer le bardot de la charrette, quand il reçut la visite de Francesc. Comme à son habitude, l'enfant resta un moment à regarder faire Josep. Puis il demanda :

– Il est à toi, cet âne ?

– Il te plaît ?

Francesc fit oui de la tête.

– Il ressemble au nôtre. Mais son poil n'est pas le même. Et il a les oreilles plus grandes. Il lui ressemble quand même. Il peut être padre ?

Josep se gratta le menton.

– Non, répondit-il. Il ne peut pas être padre.

– Ah bon. Le nôtre non plus. C'est ce que m'a dit maman. Comment il s'appelle ?

– Eh bien... Je n'en sais rien. Le vôtre, il s'appelle comment ?

Il avait presque honte de poser la question après avoir labouré des semaines durant avec la mule de Marimar.

– Il n'a pas de nom, dit l'enfant. On l'appelle la Mule.

– Je vois. Eh bien, tu sais quoi ? Le mien, on l'appellera le Mulet.

– C'est un joli nom, le Mulet. Et toi, Josep, tu peux être padre ?

– Je crois...

– Tant mieux. Qu'est-ce qu'on fait, maintenant ?

30

Qui frappe à la porte ?

*L*e lendemain, de bonne heure, Josep monta sur sa charrette et partit se mettre en quête de l'élevage Llobet. Il sut qu'il s'en approchait avant même de l'avoir dans son champ de vision, quand il respira l'odeur âcre des chèvres et entendit leurs bêlements. Peu après, il parlait aux propriétaires. En effet ils avaient hâte d'être débarrassés du fumier qui s'entassait partout autour de leurs bâtiments.

De retour chez lui, Josep fit des brouettes de fumier qu'il répandit à la fourche le long de ses rangées de vigne. C'était du vieux fumier qui se fragmentait bien, une matière douce qui ne risquait pas de brûler les ceps. Bien qu'il en eût ramené une grande quantité, il en couvrit le sol d'une couche peu épaisse. Son père lui avait enseigné qu'il n'était pas bon de trop nourrir les plantes. Un excès d'engrais pouvait même les tuer. Léon Mendès estimait même que le raisin, pour se former un caractère, avait besoin de rencontrer un « rien de résistance ».

Une journée suffit à Josep pour épandre son engrais sur l'ensemble du vignoble. Le lendemain, il attela le Mulet à sa charrue et mélangea l'engrais à la terre. Puis il régla l'orientation du soc de façon à former au passage un monticule de terre au pied des ceps. Ainsi la vigne serait-elle protégée contre le gel, un fléau qui pouvait quelquefois frapper la région de Santa Eulalia. Alors seulement Josep se mit à tailler ses vignes, sa besogne préférée, en se disant qu'il allait pouvoir attendre l'hiver le cœur tranquille.

Une nuit de la mi-février, des coups frappés à sa porte l'arrachèrent à son sommeil sans rêve. Ayant dégringolé l'escalier en chemise et caleçon, il courut ouvrir et se trouva face à Maria del Mar, qui écarquillait les yeux et secouait sa chevelure défaite.

— Francesc !

La clarté blanche diffusée par le croissant de lune créait autour d'eux un décor d'ombres découpées. Josep, marchant à grandes enjambées, prit au plus court à travers ses vignes, puis celles de Quim. Il entra chez Maria, où il trouva l'enfant en train de grelotter dans sa petite chambre. Francesc avait le visage brûlant ; il tremblait et étirait ses membres. Maria entra dans la pièce à son tour et eut un gémissement étrange.

— Convulsions de fièvre, dit Josep en se tournant vers elle.

— Comment il a pu attraper ça ? Il était tout heureux aujourd'hui. Il a bien mangé. C'est seulement après le repas... Il a vomi...

Josep ne quittait pas des yeux le jeune corps secoué de frissons. Il n'avait pas la moindre idée de ce qu'il convenait de faire pour lui venir en aide. Le village ne comptait pas de médecin, seulement un vétérinaire établi à une demi-heure de route. Le bonhomme consentait parfois à soigner les humains, mais il traînait une réputation d'incapable. « Appelez-le pour votre cheval, disaient les villageois, il vous le tuera à coup sûr. »

— Donne-moi du vin et une serviette, dit Josep.

Elle lui apporta ce qu'il demandait. Josep enleva à l'enfant sa chemise de nuit. Francesc, nu, ressemblait à un lapin décharné. Josep se versa du vin dans le creux de la paume et commença à masser le petit malade jusque sous les jambes et les bras. Le voir dans cet état le plongeait dans un mélange de tristesse et d'effroi.

— Qu'est-ce que tu fais ? demanda Maria.

— Ce que faisait ma mère lorsque j'étais malade.

Il continua de masser avec du vin la poitrine du petit, en procédant avec des gestes vifs et doux à la fois. Puis il lui essuya le corps et le rhabilla. Francesc, tout à coup, eut l'air de dormir paisiblement. Josep rabattit la couverture sur lui.

— Il va recommencer à trembler ? demanda Maria.

– Je ne sais pas. C'est possible. Donat a fait des convulsions quand il était petit. Et nous avons eu plusieurs fois la fièvre, tous les deux.

Elle soupira.

– J'ai du café. Je vais aller en faire.

Il s'installa près du matelas de Francesc, qui émit à deux reprises, avec la bouche, un bruit qui était moins une plainte qu'une légère protestation. Le temps que sa mère revienne, il commençait une nouvelle convulsion, qui devait se révéler plus forte et plus longue que la précédente. Maria posa les tasses de café et souleva Francesc, lui embrassa le visage, le tint serré contre elle jusqu'à ce qu'il cesse de trembler.

Josep recommença à frotter le corps du petit malade avec du vin et à le masser. Cette fois, Francesc fut happé par le sommeil ; bientôt il dormit comme un chat au coin du feu, sans faire de bruit ni montrer le moindre signe d'agitation.

Le café, entre-temps, avait refroidi. Ils le burent néanmoins, assis en silence au chevet de l'enfant.

– Il ne va pas être à son aise d'avoir sué comme ça, dit Maria del Mar.

Elle se leva, quitta la pièce et revint avec de l'eau, une serviette et une chemise de nuit propre. Elle essuya et changea son fils sans le réveiller. Josep la regardait faire. Elle avait de longs doigts habiles qui se terminaient par des ongles mats, propres, coupés court.

– Le drap aussi est trempé, soupira-t-elle.

Elle sortit de la chambre à nouveau. Josep l'entendit défaire son propre lit pour prêter ses draps à Francesc. Elle reparut. Josep souleva l'enfant, le temps qu'elle lui refasse son lit. Il recoucha Francesc dans ses draps propres et rabattit la couverture. Relevant la tête, il vit que Maria exprimait avec ses lèvres un « merci » muet.

– De rien, dit-il.

Il les observa un instant tous les deux. Il n'avait plus rien à faire ici, désormais. Il articula un « bonne nuit » et s'en alla.

Il passa la journée du lendemain à attendre en vain que Francesc vienne le voir travailler dans sa vigne. L'inquiétude ne le quittait plus. L'état de l'enfant avait-il empiré ? Le soir, il alla frapper à la porte de Maria del Mar. Celle-ci vint ouvrir au bout d'un long moment.

– Bonsoir. Comment va-t-il ?

– Mieux. Entre.

Josep la suivit dans la cuisine.

– La fièvre est tombée. Il ne tremble plus. Je l'ai surveillé toute la journée. Il s'est réveillé et rendormi plusieurs fois. Maintenant il dort.

– Tant mieux.

– Oui...

Elle ajouta, après une hésitation :

– J'allais faire du café. Ça te dit ?

– Volontiers.

Elle gardait son café dans un pot d'argile posé sur une étagère haute. Elle se dressa sur la pointe des pieds et tendit le bras pour l'atteindre. Ayant attrapé le pot, elle le reçut dans ses bras. Quand elle se retourna, Josep était tout près d'elle. Ils se regardèrent. Sans réfléchir, Josep lui donna un baiser. Ils furent aussi surpris l'un que l'autre de ce qui arrivait.

Josep se dit qu'elle allait lui demander de partir immédiatement, mais il n'en fut rien. Ils continuèrent de se regarder dans les yeux. Maria del Mar serrait toujours son pot de café contre son cœur. Josep décida de l'embrasser à nouveau.

Maria del Mar répondit à ce baiser avec ardeur.

Elle ne s'écarta de Josep que pour poser le pot de café.

L'instant d'après, ils se dévoraient mutuellement la bouche et se couvraient d'impatientes caresses. Puis ils se laissèrent tomber ensemble sur le plancher, où ils roulèrent enlacés. Josep haletait trop fort.

– Ne le réveille pas ! chuchota Maria.

Il hocha brièvement la tête ; et il reprit là où il s'était interrompu.

Assis à table, ils buvaient leur café au goût de chicorée.

– Pourquoi tu n'es pas venu rejoindre Teresa Gallego ?

Il se tut un long moment.

– Je ne pouvais pas, finit-il par dire.

– Tu n'imagines pas l'enfer qu'elle a subi, à t'attendre comme ça. Crois-moi.

– Si je l'ai fait souffrir, je le regrette.

– Vraiment ? dit Maria en maîtrisant sa voix. Alors qu'est-ce qui t'a empêché de revenir auprès d'elle ?

— Je ne peux pas te le dire.

— Moi, je vais te le dire !

La phrase avait jailli de ses lèvres. Elle enchaîna :

— Tu étais seul. Tu as rencontré une femme – plein de femmes, si ça se trouve. Des plus jolies qu'elle. Avec de plus belles figures et de plus beaux... (Elle haussa les épaules.) Ou bien c'est juste qu'elles étaient faciles. À portée de main. En tout cas, tu t'es dit que Teresa Gallego était loin. À Santa Eulalia ! Et qu'elle ne comptait pas vraiment. Tu as pensé : *Pourquoi je retournerais auprès d'elle ?*

Josep comprit ce que Maria del Mar lui reprochait.

— Ce n'est pas ça, dit-il.

— Alors quoi ?

Il but une gorgée de café.

— Je ne te le dirai pas, murmura-t-il.

— Écoute, Josep. Si j'ai couru frapper à ta porte cette nuit, c'est parce que tu es mon voisin. Tu m'as aidée pour mon fils. Je t'en remercie. Je t'en remercie beaucoup. Mais ce qui s'est passé après... Je te demande de l'oublier à jamais.

Josep ressentit un bref soulagement. Il s'aperçut que tel était son désir à lui aussi. Maria ressemblait à son café : elle était trop amère.

— D'accord, dit-il.

— Les hommes que j'ai eus dans ma vie n'étaient pas bien. Et le prochain, je veux qu'il le soit. Je veux qu'il me traite comme il faut. Toi, tu es dangereux. Tu es le genre d'homme capable de disparaître. Tu es comme la fumée.

Josep ne voyait aucune raison de se défendre. Elle demanda :

— Tu sais si Jordi est toujours vivant ?

D'abord il fut tenté de lui dire que Jordi était mort. Est-ce qu'elle ne méritait pas de connaître la vérité ? Puis il estima que cette révélation ne ferait que soulever mille autres questions – mille autres dangereuses questions.

Il haussa les épaules.

— D'après moi, dit-il, il est mort. C'est mon impression.

Il ne pouvait en dire davantage.

— S'il était vivant, reprit-elle, il reviendrait voir l'enfant. Il a bon cœur. Non ?

– Si, répondit Josep, avec un peu trop de hâte peut-être.

– Il ne t'aimait pas, dit-elle.

Josep non plus n'aimait pas Jordi. Quelque chose le poussait à l'avouer à présent à Maria, mais quand il la regarda il crut voir en elle trop de blessures encore à vif ; aussi se contenta-t-il de lui dire gentiment qu'elle pouvait faire appel à lui de nouveau si l'état de Francesc l'exigeait.

– Surtout, n'hésite pas.

31

Dettes anciennes

*F*rancesc se rétablit en quelques jours et reprit ses visites régulières à Josep. Il avait recouvré toute son énergie. Et Josep aimait cet enfant. Pourtant la situation était embarrassante. Josep et Maria, en présence des gens, veillaient à rester réservés, tels des amis, mais Clemente Ramirez avait fait courir des bruits, semblait-il. En tout cas, le village n'ignorait pas que Josep et l'enfant étaient très souvent ensemble et les habitants de Santa Eulalia en tiraient déjà des conclusions.

Un soir que Josep se rendait chez Nivaldo, il vit Tonio Casals qui traînait devant l'église avec Eduardo Montroig, le frère aîné d'Esteve. Josep n'avait rien contre lui. Il le jugeait seulement trop sérieux pour son âge. On ne le voyait presque jamais sourire. À la minute présente, il avait même l'air particulièrement mal à l'aise, auprès de Tonio qui le sermonnait sur quelque sujet. Tonio Casals était grand. Il avait belle allure, comme son père, mais là s'arrêtait la ressemblance. En effet, il était souvent saoul comme un cochon. Josep, qui n'avait aucune envie de se mêler à leur discussion, les salua d'un signe de tête, leur souhaita le bonsoir, et voulut passer son chemin. Mais Tonio affichait un sourire sarcastique.

— Ah, le fils prodigue... Alors, Alvarez, ça te plaît, de labourer à nouveau ton terrain ?

— Ça me plaît beaucoup, Tonio.

— Et de labourer une femme qui en a connu de meilleurs que toi, ça te plaît aussi ?

Josep se maîtrisa, puis répondit, sur le ton de la plaisanterie :

— Ça me plaît beaucoup aussi. Surtout que toi, tu ne peux plus labourer grand-chose. Si tu as jamais pu.

Tonio se jeta sur lui et lui envoya un coup de poing au coin des lèvres. Josep répliqua en le frappant deux fois, durement, férocement ; son poing gauche l'atteignit à la mâchoire, et le droit dans l'œil. Tonio sentit ses jambes fléchir. Josep acheva de le faire tomber d'un bon coup de pied. Enfin il lui cracha dessus, comme un gamin enragé.

— Non ! Josep ! Non ! intervint Eduardo Montroig.

Il retint Josep par le bras.

Tous deux regardèrent Tonio couché à terre. Josep avait la bouche qui saignait. Il s'essuya les lèvres. Il expliqua à Montroig pourquoi il avait menti à l'acheteur de vin et s'était prétendu propriétaire des vignes de Maria del Mar. Il ajouta :

— Maria et moi, on est voisins, c'est tout. Tiens-toi-le pour dit, et tâche de le faire savoir à la ronde.

Eduardo approuva le plus sérieusement du monde.

— Maria del Mar est une fille bien, dit-il.

Il baissa les yeux vers Tonio.

— Et celui-là, mon Dieu, quelle plaie ! Quand on était gosses, il faisait un si brave garçon !

— On le ramène chez lui ?

Montroig fit non de la tête.

— Continue ta route. Je vais aller chercher son père et ses frères.

Il soupira.

— Ils ont l'habitude, hélas !

Le lendemain matin, Josep taillait ses ceps quand Angel Casals vint à lui.

— Bonjour, monsieur l'alcade.

— Bonjour, Josep.

L'alcade, qui était essoufflé et respirait avec peine, tira de sa poche un grand mouchoir rouge dont il se servit pour s'essuyer la figure.

— Venez, dit Josep, je vais vous servir un verre de vin.

— Il est trop tôt.

— De l'eau, alors ?

— De l'eau, je veux bien. C'est aimable à toi.

Josep gagna la maison, d'où il revint avec deux verres et une cruche. Il indiqua le banc à l'entrée de chez lui. Tous deux s'assirent et se désaltérèrent.

— Je suis venu m'assurer que tu allais bien, dit Casals.

— Je vais très bien, alcade.

— Ta bouche n'est pas trop abîmée ?

— Ce n'est rien. Ça me rappellera que je n'aurais pas dû le frapper. Il était ivre. J'aurais mieux fait de laisser courir.

— Plus facile à dire qu'à faire. J'ai discuté avec Eduardo. Et je connais mon fils. Je te présente mes excuses en son nom. (Il poursuivit :) Mon fils... Dès qu'il touche à l'eau-de-vie, les ennuis commencent. Il y trempe les lèvres, et c'est parti ! Tout son corps et toute son âme en réclament davantage. Sauf qu'il ne supporte pas. S'il boit, même une gorgée, il devient dingue. Il se conduit comme un animal. L'alcool, c'est sa croix. Et la croix de sa famille.

— Il ne m'a pas fait bien mal, alcade. Et j'espère que je n'y suis pas allé trop fort moi non plus.

— Il s'en remettra. Bon, il a un œil au beurre noir. Il s'en tire moins bien que toi.

Josep sentait que sa lèvre lui faisait mal ; il sourit, pas fier de lui.

— Si on doit se battre un jour qu'il n'aura pas bu, dit-il, je doute d'avoir le dessus.

— Tu n'auras plus à te battre contre lui. Il s'en va. Il quitte le village.

— Vraiment ?

— Il est incapable d'assumer les responsabilités qui incombent à un fils aîné. Il ne peut pas tenir une ferme. Chaque jour qui passe en apporte une nouvelle preuve. Or j'ai un ami de longue date, Ignasi de Balcells, qui a des oliviers à Las Granyas. Ignasi a même longtemps été maire de ce village. Maintenant, il préside le tribunal. Et la prison régionale aussi. Il connaît mon fils depuis toujours. Et il l'aime. La mauvaise herbe, il connaît. Il a offert à Tonio de le prendre chez lui. Il va lui apprendre à soigner les oliviers et à faire de l'huile. Tonio travaillera aussi dans la prison. Nous formons tous des vœux pour qu'il se discipline enfin.

L'alcade souriait avec espoir. Il ajouta :

– Entre nous, Alvarez... Ignasi a des chances de réussir avec mon garçon. Car il possède un gros avantage, figure-toi : une fille bientôt en âge de se marier. Jolie, en plus. Et moi, je ne suis pas né de la dernière pluie. Je sais que mon ami Ignasi va essayer d'avoir Tonio pour gendre.

– J'espère que ça marchera, dit Josep, mal à l'aise.

– Merci. Je sais que tu es sincère.

Angel Casals promena un regard approbateur sur les vignes bien taillées. Il vit que des rosiers avaient été plantés au bout des rangées de ceps ; il vit aussi que la terre était labourée avec soin, de façon à bien protéger les racines.

– Tu es un fermier, Josep Alvarez. Contrairement à qui je pense. Lui n'est pas un fermier. Lui, c'est un satané papillon, un maudit *papallona* !

L'alcade regardait du côté de la vigne mal tenue de Quim Torra. Josep se tut. L'alcade, chacun le savait, en voulait à Quim. Il lui reprochait sa relation avec le prêtre. Mais Josep n'avait pas envie de parler de Quim avec l'alcade ; ni, d'ailleurs, du père Lopez.

Casals finit par se lever. Josep fit de même.

– Encore une minute, alcade, si vous le voulez bien.

Il pénétra dans la maison et reparut au bout d'un instant. Il glissa quelques pièces dans la paume d'Angel Casals, qui s'étonna.

– Pourquoi donc ?

– Pour deux poulets.

Angel inclina la tête, stupéfait.

– Deux poulets que je vous ai volés voilà cinq ans.

– Qu'est-ce que tu viens me raconter ? s'écria l'alcade, furieux. Tu m'as volé des poulets ? Et pour quelle raison ?

– Parce que j'en avais terriblement besoin. Et que je n'avais pas de quoi les payer.

Il conclut sur cet aveu :

– Aujourd'hui, quand je passe devant votre poulailler, j'en suis malade.

– Tu es peut-être un voleur au cœur sensible, dit Casals en baissant les yeux vers les pièces, mais tu me donnes trop.

181

Il lui jeta un regard sévère, plongea la main dans sa poche et en ramena une pièce qu'il tendit à Josep en guise de monnaie.

– Un voleur honnête ne doit pas se voler lui-même, Alvarez !

Et il éclata d'un grand rire sonore.

32

Un intrus

À la fin de février, des pousses vert pâle apparurent sur les sarments. Déjà l'hiver se retirait devant le printemps. Josep passa de longues journées dans ses vignes. Il finit de les tailler et dégagea les ceps. En avril, de tendres feuilles s'ouvrirent. Puis le soleil se fit plus chaud, plus ardent; et le vignoble tout entier s'emplit du parfum des fleurs.

Le père de Josep disait toujours que le raisin se cueillait cent jours après la floraison. Les fleurs attiraient les insectes qui les pollinisaient, ce qui rendait possible la venue des fruits. Mais les raisins verts, à leur tour, attiraient d'autres animaux qui, eux, étaient nuisibles.

Josep avait Francesc auprès de lui le matin où il découvrit une demi-douzaine de ceps couchés sur le sol, déterrés et partiellement rongés. Les dégâts s'étaient produits au fond de la propriété, au pied de la colline. Et il y avait des traces.

— Salaud, grommela-t-il.

Il devait se retenir pour ne pas s'abandonner devant l'enfant à des expressions encore plus grossières.

— Pourquoi les ceps sont arrachés, Josep?

— Parce qu'un sanglier est passé chez moi.

Il était passé aussi dans la vigne de Quim, qui avait perdu huit pieds. La propriété de Maria del Mar, en revanche, avait été épargnée.

Josep, le soir même, partit à la recherche de Jaumet Ferrer et lui demanda de s'occuper de cette bête sauvage avant qu'elle ait abîmé d'autres vignes encore. Jaumet suivit Josep dans sa vigne et s'accroupit pour étudier les ceps endommagés. Il confirma que les traces étaient bien celles d'un sanglier.

— Un seul, dit-il. Toutes les femelles sont avec... euh... comment ça s'appelle, déjà?

— Avec les marcassins.

— Les marcassins! Elles sont avec les marcassins!

Il en avait plein la bouche, soudainement, de ses marcassins.

— La mère reste avec les marcassins pendant que le mâle part de son côté. Celui-là, il doit sûrement rôder du côté de la rivière. À cause de la sécheresse. Il est venu goûter les racines de tes ceps. Ces bêtes-là, ça mange de tout. De la viande morte, un agneau vivant, un veau. Tout.

Josep alla frapper à la porte de Maria del Mar et lui dit de garder son fils à la maison.

Le lendemain, peu avant l'aube, Jaumet était de retour avec son fusil de chasse. Toute la journée, il surveilla les vignes sous un soleil brûlant et ne rentra chez lui qu'au crépuscule. Le jour suivant, il était là de nouveau. Et le lendemain encore. Mais il prévint Josep.

— Demain, je ne pourrai pas. Je vais chasser le lapin et les oiseaux. Le sanglier ne reviendra peut-être plus.

— Ou peut-être qu'il reviendra.

Josep quitta sa masia de très bonne heure. Dès qu'il pénétra dans sa vigne, il entendit des grognements. Le sanglier était là. Au beau milieu des ceps! Josep courut sur lui, une pierre dans chaque main. Mais il fit trop de bruit. Quand il arriva dans la bonne rangée, il eut juste le temps de voir le dos de l'animal et sa longue queue ornée d'un pompon. Le sanglier filait tout droit vers la vigne de Quim. Josep continua de courir et lui lança des pierres en criant à tue-tête. Une minute plus tard, l'intrus était hors de sa vue.

Josep gagna la propriété de Valls. Il dit à Maria et à Francesc qu'il était tombé sur le sanglier, ce qui les étonna car ils ne s'étaient aperçus de rien. Maria commença de s'inquiéter, cependant.

— S'il revenait, ça pourrait nous coûter cher. Que faire? Appeler encore Jaumet?

– Jaumet ne peut pas passer toutes ses journées à surveiller nos propriétés.

– Alors quoi?

– J'ai peut-être une idée.

Il savait exactement où creuser pour retrouver les deux paquets qu'il avait enterrés des années auparavant, dans ce coin de terre sablonneuse qui séparait sa vigne de celle de Quim. Les paquets étaient intacts. Les rares pluies ne les avaient pas abîmés le moins du monde. L'eau des averses avait glissé sur la toile pour s'enfoncer dans le sol poreux. Josep nettoya le tout avec soin. Il transporta les paquets chez lui et les posa sur la table. Il en coupa les ficelles. La toile extérieure avait pris une teinte brune, mais les deux autres couches de chiffon huilé n'avaient pas souffert. Et ce qu'il cherchait était en parfait état. Les éléments du revolver Le Mat étaient couverts de tant de graisse que Josep consacra une bonne partie de la nuit à les nettoyer; il y laissa tous les chiffons de sa maison, et dut même sacrifier une vieille chemise certes élimée, mais qui aurait pu faire encore de l'usage. Il ne restait plus qu'un seul carré de tissu quand l'arme fut complètement propre et prête à être remontée. Il en huila à nouveau les mécanismes, l'astiqua jusqu'à la faire briller. Il avait espéré ne jamais le revoir, ce revolver; et, maintenant qu'il l'avait entre les mains, il tremblait.

Il défit le second paquet et en vida le contenu sur la table. Lentement, prudemment, il introduisit le plomb dans les chambres. L'opération n'allait pas de soi. Josep devait réapprendre les gestes. Il mesura la bonne quantité de poudre grâce au doseur et la reversa dans les chambres.

Le fait de charger ce Le Mat éveilla des souvenirs auxquels il aurait préféré n'être pas confronté. À un moment, il dut même s'interrompre, car ses mains tremblaient. Mais le plomb était dans le barillet. Il finit d'y ajouter la poudre, y mit une pointe de graisse et plaça enfin les petites rondelles au bon endroit, là où le percuteur venait frapper. Il fit tourner le barillet avec sa paume. Quand il eut fini, le revolver était chargé de sept balles. Il n'avait pu faire davantage, étant donné la quantité de poudre dont il disposait.

Josep nettoya la table et déposa l'arme sur le manteau de la cheminée, près de la pendule venue de sa mère. Il monta dans sa chambre et se coucha. Il resta un long moment allongé sur son lit sans arriver à dormir, effrayé d'avance par ses rêves.

33

Chasse

*D*urant quelques jours encore, toutes les conversations du village tournèrent autour du sanglier, mais l'animal ne se montra plus, et les gens revinrent à leur sujet de discussion favori, la porte de l'église qui était abîmée et trouée de longue date.

Une légende voulait que ces dégâts eussent été commis à coups de crosse de mousquet par les soldats de Napoléon. Mais Josep avait jadis entendu son père se faire l'écho d'une autre théorie, celle d'un ivrogne qui avait bombardé l'église avec des pierres. Quoi qu'il en fût, la porte n'était pas seulement trouée, elle montrait aussi une large brèche qui, certes, ne menaçait pas l'intégrité de l'ouvrage, mais risquait fort de produire un jour ou l'autre un schisme au sein de la population. À plusieurs reprises, les paroissiens avaient tenté de boucher l'ouverture avec du mastic de fortune, mais elle était trop grande, trop profonde, et ces efforts avaient échoué. La paroisse n'était pas pauvre, elle pouvait se permettre de remplacer une porte. Certains villageois estimaient d'ailleurs qu'il était même de son devoir de le faire. Mais d'autres refusaient que l'on puise dans les caisses paroissiales ; on n'était jamais à l'abri, disaient-ils, d'une réparation plus urgente. Il existait enfin une faible minorité, conduite par Quim Torra, pour penser qu'un prêtre de la qualité du père Lopez méritait une entrée magnifique d'église. Quim militait en faveur d'une porte sculptée d'un motif religieux et pressait le village de lever les fonds nécessaires.

Un matin qu'il allait au puits, Josep rencontra Angel Casals, qui lui demanda :

— Alors ? Ton avis sur cette porte ?

Josep se frotta le nez. Comme tout le monde, il avait un peu réfléchi à la question, mais il redoutait toute dépense susceptible d'alléger encore son maigre bas de laine. Les gens racontaient qu'Angel veillait jalousement sur une somme appartenant à la commune – une somme dont il n'avait jamais voulu révéler le montant, et à laquelle il refusait de toucher sous prétexte qu'il n'y avait pas urgence.

— Je n'aimerais pas qu'on lève un impôt, alcade.

— Il n'en est pas question ! grogna Angel. Un impôt pour l'église ! Personne ne voudrait le payer. Autant essayer de presser un caillou pour en tirer du vin.

— Je ne crois pas que notre église ait besoin d'une porte digne d'une cathédrale. C'est une petite église de village. Une bonne porte en bois toute simple et bien solide, voilà ce qu'il lui faut. Il suffit d'acheter des planches déjà débitées et de la fabriquer nous-mêmes.

Cette idée éveilla l'intérêt de l'alcade.

— Tu as raison, Alvarez ! Mais ces planches, où les trouver ? Tu le sais, toi ?

— Possible. En tout cas, je pourrai me renseigner.

— Renseigne-toi, Josep, dit l'alcade d'un air de profonde satisfaction. Renseigne-toi.

Le lendemain, à la fin de l'après-midi, Josep coupait des sarments dans sa vigne, accablé de fatigue. Il songea qu'il serait bientôt l'heure de mettre un terme à sa journée. C'est alors qu'un bruit inquiétant lui parvint. Il tendit l'oreille.

Il rejoignit sa maison à grands pas. Le revolver reposait toujours sur la cheminée. Josep le prit et retourna à la vigne. Il descendit une rangée à pas de loup. Le bruit était toujours là. Josep tendit le bras et pointa son arme devant lui. Il était prêt à tirer, mais il ne le ferait pas sans s'être assuré d'abord qu'il s'agissait bien du sanglier, non du petit Francesc ou de Quim...

C'était bien le sanglier.

L'animal apparut soudain à quelques pas de lui. Josep fut surpris. Il ne s'était pas aperçu l'autre jour que c'était une bête aussi grosse.

Il l'observa un instant. L'animal avait un corps massif, de courtes pattes solides et fortes, une tête énorme. Sa fourrure sombre était effrayante. Il observait Josep de ses petits yeux noirs et mauvais, juchés au-dessus du museau plat, fripé comme du vieux cuir. Il ne semblait pas avoir peur, il était sur ses gardes, voilà tout.

– Ce n'est qu'un cochon sauvage, murmura Josep pour lui-même.

Mais un cochon armé de défenses !

Une paire de défenses parfaitement apparentes, recourbées en leur extrémité, qui jaillissaient de la mâchoire supérieure et pouvaient faire leurs douze ou quinze centimètres de long. La bête toussa, ou grogna. Puis elle se précipita sur Josep tête la première. Josep savait que le sanglier attaquait ainsi, avec une seule idée à l'esprit : éventrer l'adversaire. Pourtant ce sanglier-là parut changer d'avis au dernier moment. Il lui tourna le dos, comme pour s'enfuir.

Josep fit preuve alors d'une froide cruauté.

Pointant le revolver sur le sanglier, il pressa doucement la détente. L'animal laissa échapper un cri puissant. La balle avait percé la fourrure derrière son épaule droite. Le sanglier se retourna, fit mine de foncer à nouveau sur Josep, qui pressa la détente deux fois encore.

Trois balles...

Josep avait la tête qui tournait. Il revit l'homme dans son fiacre. Cet homme qui subitement se découvrait condamné, puis grimaçait de douleur, transpercé par les balles, tandis que les chevaux effrayés ruaient dans les brancards et malmenaient l'attelage. Josep crut entendre Enric pousser des cris perçants, des cris de femme, alors que tout le monde courait dans tous les sens...

Il avait oublié que le revolver crachait un nuage de fumée quand on ouvrait le feu et dégageait une odeur de brûlé.

Le cochon sauvage changea encore de direction, puis courut tout droit vers le seul abri existant : de hauts fourrés de ronces et de chardons serrés au pied de la pente. Et soudain plus rien ne bougea. Josep resta où il était. Il tremblait, les yeux fixés sur les buissons. Le sanglier avait disparu.

189

Du temps passa, lentement. Josep attendit peut-être une demi-heure. Il scrutait le moindre mouvement, prêt à ouvrir le feu.

Mais l'animal ne revint pas.

Jaumet apparut, armé de son fusil.

— J'ai entendu tes coups de feu.

Il se baissa pour examiner les taches de sang d'un rouge brillant répandues sur le sol par la bête dans sa fuite.

— Il vaut mieux patienter, dit-il.

Josep approuva d'un signe; la présence de Jaumet le rassurait.

Ils restèrent un long moment aux aguets.

Une heure s'était écoulée.

— Allons-y ensemble, chuchota Jaumet en pointant le canon de son fusil vers les broussailles.

Tous deux s'avancèrent. Josep avait le cœur qui cognait sous sa chemise. Il craignit de voir le sanglier leur foncer dessus quand Jaumet écarta les fourrés pour se frayer un passage.

Mais le sanglier ne se montra pas.

Les traces de sang conduisaient au pied de la colline, puis à une grotte qui s'enfonçait sous un rocher en surplomb. Jaumet donna à Josep le signal de la retraite.

— Il doit avoir sa bauge dans ce coin-là.

— Tu crois qu'il est vivant?

Jaumet haussa les épaules.

— Dans deux heures il fera nuit, reprit Josep, inquiet.

Un sanglier blessé errant dans la nature pouvait se montrer fort dangereux.

— Un épieu, alors, dit Jaumet.

Josep alla chercher une hache. Il descendit à la rivière couper un jeune arbre qu'il ébrancha et tailla. Il apporta le long épieu à Jaumet, qui en fut satisfait. Ayant laissé son fusil contre un arbre, il invita Josep à le suivre dans la grotte. Quand ils furent à l'entrée du boyau, il s'accroupit.

— Tiens-toi prêt, dit-il.

Il enfonça l'épieu dans la cavité et fourragea un moment à l'intérieur. Il fit brusquement un bond en arrière puis éclata de rire et recommença à fouiller avec son épieu l'intérieur de la grotte.

– Ce salopard est mort, dit-il.

– Tu en es sûr ?

Jaumet s'introduisit dans le trou et tira quelque chose à lui. L'effort lui arracha des gémissements. Il essayait de ramener au jour la carcasse de la bête. Josep pointait son Le Mat sur l'animal que Jaumet tenait par les pattes à hauteur des sabots. La croupe hérissée de poils apparut, puis le corps tout entier.

Ils se penchèrent sur les blessures ensanglantées.

Le sanglier avait beau être mort, il continuait d'afficher un corps indomptable et féroce, au point d'inspirer à Josep de la peur. Il montrait des crocs verdâtres, acérés, et avait une défense fendue – comme la porte de l'église – sur toute sa longueur, de la pointe à la chair.

– Ça devait lui faire mal, observa Josep.

Jaumet approuva. Mais ses pensées étaient ailleurs.

– La viande du sanglier est bonne, dit-il.

– Ce n'est pas la saison de tuer le cochon. Tout le monde est occupé dans les vignes. Moi comme les autres. Et demain sera une journée chaude.

Jaumet tira un couteau de l'étui accroché à sa ceinture. Il fit sur le dos de l'animal une longue entaille en diagonale, et deux verticales. Il le dépeça en partie, découpa une couche de graisse et préleva deux gros morceaux de viande rose.

– Le dos, dit-il. C'est ce qu'il y a de meilleur. Une part chacun.

Le cadavre était pitoyable avec son dos écorché et sanglant. Aussi, pendant que Josep mettait la viande en lieu sûr, Jaumet se procura une pelle et se mit en quête d'un endroit où enterrer l'animal.

Josep donna son morceau de viande à Maria del Mar, qui, d'abord, ne parut pas spécialement heureuse du cadeau. Elle avait derrière elle une journée entière de dur labeur et ne se sentait pas le cœur de faire cuire du sanglier. Pourtant il le fallait, sinon, la viande risquait de tourner. En tout cas, elle était soulagée de savoir que l'animal ne rôdait plus dans les parages, et elle remercia Josep.

– Viens manger demain avec nous, dit-elle.

La proposition était franche et sans arrière-pensée.

Le lendemain, Josep partagea le morceau de gibier avec Maria del Mar et Francesc. Maria l'avait fait cuire avec des légumes et des prunes séchées. Elle reconnut que cette viande, ainsi préparée, était meilleure qu'un civet de lapin.

34

Réparation

*U*n soir, Josep observa un groupe de jeunes gens qui se réunissaient dans le village pour se chamailler, pousser de grands éclats de rire, se bousculer et se battre en se vautrant dans la poussière tels des animaux. À bien des égards, ces garçons se conduisaient comme des enfants. Pourtant ils n'étaient pas loin d'être adultes. Tous étaient des fils cadets. Bientôt, trop vite, ils se retrouveraient sans travail. Il leur faudrait alors affronter l'avenir.

L'image, cette nuit-là, poursuivit Josep jusque dans ses rêves. Lui aussi avait appartenu à une telle bande – Esteve et son sourire en coin, le sombre Jordi, Xavier avec sa figure ronde et sincère, Manel clouant Enric à terre et éclatant de rire, Guillem qui observait toujours les autres de son œil intelligent et tranquille. Où étaient-ils tous ? se demanda-t-il en s'éveillant. Pourquoi n'étaient-ils plus là ? Étaient-ils condamnés à demeurer à jamais des enfants, alors que lui, Josep, arrivait à survivre au pays ?

L'après-midi, il était dans sa vigne, du côté de la route, quand il eut la surprise et la grande joie de voir Emilio Rivera arriver sur une petite charrette tirée par un seul cheval. Les deux hommes se saluèrent, puis Josep demanda :

– Vous avez eu à faire dans la région ?

Rivera se caressa la barbe et répondit :

– Le temps ! La douceur printanière. Dès que j'ai senti le souffle de la brise, j'ai su que je ne pourrais pas rester enfermé dans ma tonnellerie. Bon Dieu, me suis-je dit, je vais aller faire un saut jusqu'à ces collines, et tâcher de réparer une certaine cuve, celle qui donne tellement de souci au jeune Alvarez.

Josep le précéda jusqu'au local où étaient les cuves. Rivera examina celle qui était abîmée. Il avait apporté dans sa charrette de belles planches de chêne, biseautées comme il fallait, déjà huilées. Il conseilla à Josep de retourner dans sa vigne, et il se mit aussitôt à l'ouvrage avec la scie et le marteau.

Au bout de quelques heures, Rivera annonça à Josep que la réparation était effectuée.

— Tu n'auras pas de fuite ! dit-il. C'est garanti.

Josep songea au chemin couvert par le tonnelier pour venir jusqu'à Santa Eulalia et aux heures passées à réparer la cuve. Combien allait-il lui demander ? Il posa la question avec beaucoup de crainte. Mais Rivera réclama pour son travail une somme modique, de sorte que Josep se trouva débiteur du tonnelier. Il songea d'abord à l'inviter à dîner d'un civet de lapin ou d'un poulet, mais une meilleure idée se présenta à lui, et les deux hommes furent bientôt attablés chez Nivaldo, devant un grand bol de ragoût et un verre de vin.

— J'aimerais vous montrer quelque chose, dit Josep à la fin du repas. Venez...

Il entraîna le tonnelier dehors et lui montra, à l'entrée de l'église, la fameuse porte en piteux état.

— Combien nous coûterait le bois nécessaire ? demanda-t-il.

Rivera prit un air mécontent.

— Alvarez ! Alvarez ! Quand te décideras-tu à me proposer un travail lucratif ?

Josep riait de bon cœur.

— Un de ces jours, qui sait ? Je m'aperçois que j'aurais dû vous servir un ou deux verres de plus avant de vous attirer devant cette porte !

Le tonnelier redevint sérieux.

— Tu dis que tu veux le bois, rien que le bois. C'est bien ça ? Le travail, tu le fais toi-même ?

— Rien que le bois.

— Bon, je dois bien avoir deux ou trois bonnes planches de chêne à céder. Mais elles coûteront plus cher que les vilaines

194

lattes dont on s'est servi pour réparer le fond de ta charrette !
Ici, ce qu'il faut, ce sont de belles planches bien équarries,
bien rabotées, parfaitement lisses et prêtes à recevoir leur
couche de peinture... Enfin, si c'est une belle porte que vous
voulez. Allez, comme c'est pour une église, je ferai le prix le
plus bas.

— Dites-moi comment les clouer ensemble.

Rivera le regarda en écarquillant les yeux.

— Les clouer ensemble ?

Il secouait la tête.

— Non. Avec un léger supplément, je demanderai à Juan,
mon ouvrier, de les rainurer, un côté mâle et un côté femelle.
Alors tu pourras les assembler parfaitement, après les avoir
enduites de colle à bois, en donnant de légers coups de
marteau.

Josep plissa les lèvres et hocha la tête pour signifier qu'il
avait compris.

— Enfin, dit Rivera, il faut caler la porte dans des serre-
joints et laisser la colle sécher toute la nuit.

— Des serre-joints ?

— Des grands ! Des costauds. Qui serrent bien. Il y a sûrement quelqu'un qui en a au village.

— Non. Il n'y a personne.

Ils échangèrent des regards.

— Vous, reprit Josep, vous en avez ?

— Les grands serre-joints, ça coûte cher, dit le tonnelier en
affichant une mine sévère. J'en ai. Mais ils ne sortent pas de
la tonnellerie.

Il soupira.

— Bon, écoute... Ah, bon sang, les deux semaines à venir,
je vais en avoir besoin. Dans quinze jours d'ici... Enfin, si tu
viens tout seul ! Pas la peine de débarquer chez moi avec
toute ta paroisse, hein ! Si tu viens tout seul, je te les prêterai
pendant une semaine. Tu n'auras qu'à assembler ta porte dans
mon usine. Tu seras tranquille. Tu pourras la fabriquer toi-
même. Juan et moi, on te donnera un coup de main de temps
en temps, histoire que tu n'ailles pas te foutre dedans. Mais à
condition que tu ne nous casses pas les pieds, entendu ?

— Entendu, señor.

Les deux semaines suivantes, Josep travailla d'arrache-pied dans la perspective d'aller ensuite passer une semaine chez Rivera et d'y fabriquer la porte de l'église. Le jour dit, il attela le Mulet, monta sur sa charrette et quitta les collines de Santa Eulalia.

Il atteignit la tonnellerie sur le coup de midi.

Rivera en personne était là pour l'accueillir à sa manière brusque, mais Josep était habitué désormais à ce caractère. Avant de quitter Santa Eulalia, le tonnelier avait coupé des longueurs de ficelle aux mesures de la porte à refaire et préparé ensuite pour Josep cinq planches parfaitement équarries, rabotées et rainurées. Josep reçut également une facture destinée à la paroisse. Le prix arrêté par Rivera était raisonnable. Josep paya. Puis il alla déposer les planches sur un établi, dans le coin qui lui fut indiqué. Il les étudia longuement, d'un œil anxieux, songeant qu'il risquait de les abîmer en essayant de les assembler et qu'il lui serait alors impossible de se faire rembourser.

Mais Emilio Rivera avait fait en sorte que le travail fût à la portée d'un néophyte. Et il avait laissé des instructions précises. Josep, à sa propre surprise, ne mit guère de temps à assembler les deux premières planches. Pour amortir le choc et ne pas gâter le bois, il ne frappait pas directement les planches avec son maillet mais se servait d'un tampon. Rivera avait décidé de le laisser se débrouiller. Cependant Juan ne put s'empêcher de venir voir le résultat. Puis il montra à Josep comment fixer les serre-joints. Alors Josep partit, l'après-midi étant loin d'être terminé.

Josep savait maintenant combien de temps il devrait consacrer chaque jour à la fabrication de cette porte. En gros, il pouvait travailler cinq ou six heures dans sa vigne avant de repartir pour Sitges. Il rentrait à Santa Eulalia à la nuit tombée, au pas tranquille du Mulet, en profitant de la fraîcheur du soir.

Au terme du troisième jour, comme il quittait Sitges, il s'attarda près des maisons des pêcheurs, des constructions basses alignées le long de la mer. Devant l'une d'elles, des femmes attendaient les voyageurs de passage et, s'adressant à eux à voix basse, les invitaient à entrer. Josep eut envie de se laisser tenter. Mais ces femmes, en même temps, lui inspiraient de la répugnance. La plupart étaient sans beauté ; elles avaient beau cacher leurs traits sous des maquillages criards, on devinait sans peine qu'elles avaient été malmenées par la vie. Quand Josep eut passé son chemin, il s'aperçut que l'une d'elles avait remué un souvenir en lui. Il tira sur les rênes, fit tourner le Mulet sur la route et revint en arrière. Il s'arrêta à hauteur de la fille.

— Seul, señor ?

— Renata ! C'est toi ?

Elle portait une robe noire toute froissée qui lui pendait sur les épaules et avait noué sur sa tête un méchant fichu. Elle était moins grosse qu'autrefois, ce qui la rendait plus attirante ; mais elle faisait plus vieille que son âge et semblait épuisée.

— Oui, dit-elle. Je suis Renata.

Elle fixait Josep des yeux.

— On se connaît ?

— Josep Alvarez. De Santa Eulalia.

— De Santa Eulalia... Tu veux passer un moment avec moi, Josep ?

— Oui.

— Alors viens. Entre, *amor meu*. Viens dans ma chambre.

Elle attendit qu'il eût attaché la bride du Mulet à une barrière de bois, puis le précéda dans un escalier qui empestait l'urine. Sur le palier, un homme de grande taille vêtu d'un costume blanc attendait, assis à une table. Il hocha la tête quand Renata passa devant lui, suivie de Josep.

C'était une petite pièce malpropre – un matelas posé à même le plancher, une lampe à huile, des vêtements tachés suspendus à deux patères.

— J'ai été absent plusieurs années. À mon retour, je suis allé te voir. Mais tu n'étais plus là.

Nerveuse, elle lui expliqua rapidement ce qu'elle allait lui faire pour lui procurer du plaisir. Josep comprit qu'elle ne l'avait pas reconnu.

— Je suis allé chez ta mère. Pour te voir. Avec Nivaldo, l'épicier...

— Nivaldo !

Il commença à se déshabiller. Elle tendit la main vers la lampe.

— Non, dit-il. Laisse-la allumée, s'il te plaît. Comme l'autre fois.

Elle le dévisagea et haussa les épaules. Elle souleva sa robe jusqu'au-dessus de ses hanches, se laissa tomber sur le matelas et attendit qu'il la prenne.

— Tu ne veux pas enlever au moins ton foulard ? demanda-t-il.

Il avait dit cela comme une plaisanterie, bien qu'il fût contrarié. Il tendit la main et lui ôta son fichu sans lui laisser le temps d'essayer de l'en empêcher. Elle avait la moitié du crâne chauve, brillant de transpiration ; les cheveux qui lui restaient sur l'autre moitié, à l'arrière, étaient tout emmêlés, hirsutes comme des touffes d'herbe sèche.

— Qu'est-ce qui t'est arrivé ?

— Je ne sais pas, dit-elle sombrement. Une petite maladie. Mais tu ne risques rien. Tu ne peux pas l'attraper.

Josep se préparait à enlever son pantalon ; il eut un mouvement de recul. Renata avait l'intérieur des cuisses couvert de boutons. Il recula encore. Le visage de la fille se décomposa. Ses épaules se mirent à trembler. Pourtant aucun son ne sortait de ses lèvres. Elle finit par chuchoter, en regardant la porte :

— S'il te plaît... (Elle ajouta :) Si tu le voyais quand il se fiche en rogne...

Josep plongea la main dans sa poche et en tira tout l'argent qu'elle contenait. Renata s'en empara aussitôt.

— Señor... (Elle s'interrompit, s'essuya les yeux, et reprit :) Ça ne durera pas. Je ne crois pas que ce soit la vérole... Mais peut-être que si. Si c'est la vérole, ça part au bout d'un mois ou deux. Après, tout va bien. Tu reviendras quand ce sera fini ?

— Bien sûr, Renata.

Il sortit de la chambre, descendit l'escalier et remonta sur sa charrette. Ce soir-là, il mena le Mulet au trot jusqu'à Santa Eulalia.

35

Mouvements

Lorsque la porte fut assemblée, Josep la ponça durant de longues heures, jusqu'à ce qu'elle présente une surface impeccablement lisse et polie. Il la couvrit d'une teinte vert sombre, la seule que Rivera pût lui offrir. Il la vernit, la polit, la vernit à nouveau, la polit encore, et enfin la vernit une troisième fois. Quand le travail fut achevé, la porte brillait comme un miroir.

Josep l'apporta à Santa Eulalia dans sa charrette, posée sur une couverture qui amortissait les cahots du chemin. Quand elle fut en lieu sûr, il prévint le curé. À lui de trouver les hommes capables de déposer la vieille porte, d'y prélever les pentures en bronze, de les fixer à la porte neuve et de suspendre celle-ci à ses gonds.

Le prix du bois fut remboursé à Josep. La porte fut inaugurée lors d'une courte cérémonie et bénite par le père Felipe, qui remercia Josep. L'alcade aussi eut à cœur de remercier le jeune homme pour le temps et l'énergie qu'il avait bien voulu consacrer à l'entreprise.

Josep fut embarrassé par ces compliments. Le lendemain, il rencontra Maria del Mar, qui lui dit :

— Pourquoi tu as fait tout ça ? Toi qui ne vas même pas à la messe !

Il lui sembla qu'il n'avait pas de réponse à cette question – ni aux autres, d'ailleurs. Mais il y réfléchit. Et la réponse lui vint subitement à l'esprit.

Non, il n'avait pas fait cela pour l'église.

Il l'avait fait pour son village.

Cinq jours après l'inauguration de la porte, deux membres du clergé se présentèrent à Santa Eulalia à bord d'une voiture tirée par une paire de chevaux, menée par un cocher. Ils entrèrent dans l'église et s'y entretinrent avec le père Felipe pendant une demi-journée. Puis ils ressortirent et prirent à pied la direction de l'épicerie, emmenant avec eux leur cocher. Tous trois s'attablèrent pour manger des saucisses et boire de l'eau tirée du puits ; leur repas achevé, ils remontèrent en voiture et s'en allèrent.

Nivaldo, le soir même, parla à Josep de cette visite. Mais il ignorait ce que les prêtres étaient venus faire exactement. Chacun comprit de quoi il retournait trois jours plus tard, quand le père Felipe fit ses adieux aux paroissiens et prit congé pour toujours, au terme de douze années de ministère au service du village.

Les bavardages se répandirent dans les ruelles de Santa Eulalia comme une traînée de poudre. Les deux prêtres étaient des monseigneurs appartenant au Bureau diocésain des vocations de Barcelone. Ils étaient venus informer le curé de sa mutation à Madrid, où il exercerait désormais en tant que professeur chez les religieuses du couvent royal des Carmélites déchaussées.

L'église resta cinq jours sans curé. Puis on vit une vieille calèche traverser le pont, tirée par un cheval éreinté. Elle avait à son bord un ecclésiastique au corps maigre, dont la figure morose s'abritait sous un grand chapeau noir. Quand ce prêtre descendit de la calèche, on s'aperçut qu'il avait sur le nez des lunettes épaisses qui réfractaient des éclats de lumière et abritaient des yeux inquisiteurs. L'homme promena d'ailleurs un long regard sévère sur la place avant de prendre son sac pour le traîner lui-même dans l'église.

Dès qu'il eut vent de la nouvelle, l'alcade courut au presbytère faire connaissance avec le nouveau curé. En sortant, il fit le détour par l'épicerie de Nivaldo et fournit quelques informations aux rares personnes présentes. Le prêtre s'appelait Pio Dominguez. Il était originaire de Salamanque, venait de Gérone, ville où il avait exercé dix années de ministère.

Le dimanche suivant, tout le monde n'était pas encore informé de la situation, et nombre de fidèles furent surpris de

voir que le débonnaire père Felipe était remplacé pour célébrer l'eucharistie par un étranger au long corps famélique. Le
père Felipe les avait habitués à une présence tantôt enjouée,
tantôt onctueuse, toujours volubile ; leur nouveau curé se
révéla un homme au verbe rare. En guise d'homélie, il leur
raconta une parabole impénétrable où il était question de la
Vierge Marie envoyant un ange chez de pauvres gens, avec
mission de leur apporter l'amour de Jésus sous la forme d'une
jarre contenant de l'eau qui se transformait en vin.

Mais ce fut après tout un dimanche comme les autres.
Certes, le curé qui saluait les fidèles à la sortie de la messe
était un autre homme, mais en définitive, qui se souciait de ce
changement ?

L'alcade accompagna le père Pio dans les familles. Les
deux hommes se présentèrent chez Josep au beau milieu de
l'après-midi. Il était en plein labeur et consentit pourtant à
s'interrompre – il leur offrit même de s'asseoir à l'ombre sur
le banc et leur servit du vin. Il observa le religieux et sa réaction quand il but sa première gorgée. Le père Pio vida résolu-
ment son verre. Et il eut l'intelligence de ne pas se lancer
dans des compliments sur cette terrible piquette, ce qui fit à
Josep une impression favorable. Il eut même ce mot :

– Ce serait une bénédiction, mon père, si la Mère de
Notre-Seigneur avait la bonté de transformer un jour, d'un
seul coup, ce vin en eau.

La plaisanterie ne fit pas rire le curé, dont les lunettes bril-
lèrent d'un éclat soudain.

– Il ne me semble pas vous avoir vu à l'église, dimanche,
señor.

Le ton n'était pas accusateur ; c'était une constatation, rien
de plus.

– C'est vrai, mon père. Je n'y étais pas.

– Ne venez-vous pas de faire allusion à mon homélie ?

– Santa Eulalia est un petit village. On y partage la plus
petite nouvelle comme si c'était du bon pain.

Angel intervint.

– C'est à Josep que nous devons la nouvelle porte de notre
église, mon père. C'est une belle porte, ne trouvez-vous pas ?

201

– C'est une très belle porte. Une porte excellente. Et une contribution fort généreuse.

À présent, il souriait.

– Mais n'oubliez pas qu'elle est faite pour s'ouvrir.

Il but les dernières gouttes de vin qui restaient dans son verre et se leva.

– Nous allons vous laisser travailler, señor Alvarez.

Il avait l'air de lire dans les pensées de Josep.

Angel, d'un coup de menton, désigna la propriété de Quim.

– Tu ne sais pas quand il va revenir ? Nous sommes allés frapper chez lui, il n'y avait personne.

Josep haussa les épaules.

– Je ne sais pas, alcade.

– Tant pis.

Angel regarda le prêtre et dit, en faisant une grimace :

– Vous aurez l'occasion de le voir, mon père. C'est un homme très pieux, qui était très ami avec votre prédécesseur.

Josep aimait descendre la nuit dans sa vigne et parcourir les rangées de ceps, quand bien même il y avait déjà passé la journée. Un soir, il y entendit un bruit qui ne lui était pas familier. L'espace d'un instant, il se demanda s'il n'allait pas avoir affaire à un autre sanglier. Puis il s'aperçut qu'il s'agissait de sanglots humains. Il s'avança lentement, cherchant d'où venaient ces pleurs. Il heurta un corps qui gisait à terre.

– Ah ! mon Dieu...

Josep connaissait cette voix rauque.

– Quim ?

Quim sanglotait toujours et dégageait de forts relents d'eau-de-vie.

– Viens, Quim. Allez, viens, mon vieux. Lève-toi. Je vais te raccompagner.

Au prix d'un effort, il souleva le corps de Quim. Ce dernier n'essayait même pas de se tenir sur ses jambes. Tantôt le portant, tantôt le traînant, Josep le ramena chez lui. Il pénétra avec son fardeau dans la masia obscure et tâtonna pour allumer la lampe à huile. Il ne chercha pas à monter Quim dans sa chambre, il s'y rendit seul et en redescendit aussitôt avec le grabat, qu'il étendit sur le sol de la cuisine.

Quim ne pleurait plus. Assis dos au mur, il posa un regard vague sur Josep, qui alluma un feu dans l'âtre et posa sur le trépied de fer une casserole de café vieux de plusieurs jours peut-être. Il trouva dans la boîte à pain un croûton qu'il tendit à son ami. Quim prit le pain mais ne le mangea pas. Quand le café fut chaud, Josep en emplit une tasse et souffla dessus pour le refroidir. Il l'approcha lui-même des lèvres de Quim.

Celui-ci avala une gorgée de café et grogna.

Le breuvage devait avoir un goût affreux. Josep insista cependant.

— Encore une gorgée, dit-il. Avec un peu de pain.

Mais Quim s'était remis à pleurer, silencieusement cette fois, le visage tourné sur le côté. Au bout d'un moment, les larmes cessèrent. Quim soupira et se frotta les yeux avec ses poings, dont l'un enfermait toujours le croûton.

— C'est ce salopard d'Angel Casals, dit-il.

— Angel Casals ?

Josep était surpris.

— Oui ! Cette saleté de Casals ! C'est lui qui a demandé la mutation du père Felipe !

— Angel ? Vraiment ?

— L'alcade en personne ! Cet ignorant ! Ce sale fumier ! Il ne supportait pas de nous voir ensemble ! On le savait, d'ailleurs...

— Tu es sûr de ce que tu dis ?

— Absolument sûr ! L'alcade voulait qu'on quitte le village. Il connaît quelqu'un de bien placé dans l'épiscopat à Barcelone. On me l'a dit !

— Je suis désolé, Quim.

Josep ne pouvait en faire davantage. Il ne pouvait guérir cette blessure ni même l'apaiser.

— Il faut essayer de tenir le coup, Quim. Je reviendrai demain. Je frapperai à ta porte. Je vais te laisser, maintenant. Tu pourras rester tout seul ?

Quim, d'abord, ne répondit rien ; puis il leva les yeux vers Josep et répondit oui d'un signe de tête.

Josep se détourna, prêt à partir. Il eut alors une vision de Quim répandant dans la pièce l'huile de sa lampe et y mettant le feu. Il décida d'emporter la lampe avec lui qu'il éteignit en arrivant dehors et posa sur le banc à l'entrée de la maison. Revenant à l'intérieur, il dit :

— Alors bonne nuit, Quim.

Il referma la porte sur la pénombre silencieuse.

Le lendemain, de bonne heure, il alla à l'épicerie acheter du pain, du fromage et des olives. Il déposa le tout devant chez Quim, sur le banc, près de la lampe et y ajouta une cruche d'eau fraîche. Retournant chez lui, il passa à l'endroit où il avait trouvé la veille son voisin gisant sur le sol et répandant ses sanglots au milieu des vignes. Il ne tarda pas à tomber sur une bouteille d'eau-de-vie cassée. Quim avait dû la jeter après l'avoir vidée, et elle était allée se briser sur une pierre. Josep en ramassa soigneusement les morceaux.

Ce fut avec soulagement qu'il se mit au travail.

36

Conversation

*J*osep aimait à observer les effets de l'été sur ses vignes. En Languedoc, où il avait cultivé des variétés de raisin français moins robustes que les espagnoles, il fallait souvent soutenir les ceps en aménageant de coûteux espaliers. Ici, sur ses terres, il pratiquait comme sa famille l'avait toujours fait, en demandant aux raisins de puiser leur force en eux-mêmes et en taillant sa vigne de telle sorte que ses sarments levés vers le ciel prennent une forme évasée. Son vignoble, en somme, était bien tenu. Ce n'était pas le cas à côté, chez Quim Torra, où on se serait cru dans une jungle. Les ceps étaient mal taillés, voire pas taillés du tout, et de toute façon étouffés par les herbes.

Quim semblait éviter Josep depuis quelque temps. Peut-être était-il gêné. Nivaldo disait qu'il venait dîner plus ou moins régulièrement à l'épicerie. Josep l'avait rencontré deux fois et s'était arrêté dans l'intention de lui parler, mais les deux fois son voisin s'était dépêché de filer d'un pas mal assuré. Josep avait eu le temps de remarquer qu'il avait les yeux rouges et le regard fuyant.

Un soir, pourtant, Quim vint frapper à sa porte. Il était tard. Josep, surpris et heureux en même temps de la visite, l'accueillit de bon cœur. Il le fit entrer et lui offrit un morceau de pain et du chorizo. Mais Quim refusa.

– Non, je te remercie. Il y a quelque chose dont il faut qu'on parle.

– Je t'écoute.

Quim ne savait par où commencer. Il soupira. Il finit par bredouiller :

— Je vais quitter Santa Eulalia.

— Pour longtemps ?

Quim sourit légèrement.

— Pour toujours.

— Qu'est-ce que tu racontes ?

Josep le regardait avec inquiétude.

— Où as-tu l'intention de partir ?

— J'ai une cousine à San Lorenzo d'El Escorial. Une femme bien, à laquelle je suis dévoué. Elle a une blanchisserie en ville et fait des lessives pour les nobles et les riches. C'est une bonne affaire, et elle commence à n'être plus toute jeune. L'an dernier, elle a insisté pour que je vienne vivre chez elle et l'aider dans sa blanchisserie. J'ai répondu que ce n'était pas possible. Mais depuis j'ai changé d'avis...

— En fait, tu cèdes à la volonté d'Angel.

Josep, s'il s'entendait bien avec l'alcade, n'était pas d'accord sur sa façon de traiter Quim. Mais ce dernier écarta cette idée d'un geste.

— Angel Casals ne compte pas.

Il leva les yeux vers Josep.

— San Lorenzo et Madrid, ce n'est pas la porte à côté. Mais ce n'est pas si loin non plus. Alors, je pourrai voir Felipe à l'occasion. Tu comprends ?

Josep comprenait.

— Et tes vignes, Quim ? Qu'est-ce qu'elles vont devenir ?

— Je vais les vendre.

Qu'y avait-il derrière cette phrase ?

— Tu voudrais que j'en parle à Angel ?

— Angel ? Ce salopard a renoncé à chercher des terres pour Tonio. De toute façon, ma propriété, il ne l'aura jamais !

— Alors qui d'autre ? Il n'y a personne...

— Il y a toi.

Josep ne savait pas s'il devait rire ou pleurer.

— Tu penses que j'ai les moyens ?

Que Quim ait pu nourrir une telle pensée était absurde. Josep reprit, d'un ton de regret :

— Quand j'ai remboursé mon frère et sa femme, il ne me reste plus rien. Juste de quoi me nourrir. Redescends sur terre, Quim !

– Occupe-toi de mes vignes comme tu t'occupes des tiennes, dit-il. Vends le raisin. Je ne te ferai pas d'ennuis. J'ai juste besoin d'un peu d'argent tout de suite, plus quelque chose quand tu auras fini la prochaine vendange. Histoire de pouvoir partir pour San Lorenzo. Après, si tu as un peu de bénéfice à partager avec moi, envoie-moi l'argent. Il te faudra peut-être des années pour me rembourser, mais ça m'est égal.

Voilà des complications supplémentaires, pensa Josep, qui flairait le danger. Pourquoi Quim était-il venu frapper à sa porte ?

– Tu as bu, reprit-il. Tu ne te rends pas compte de ce que tu dis.

Quim souriait.

– Je n'ai pas bu. Oh non !

Il donna de petites tapes sur le bras de Josep.

– Je n'ai pas une flopée d'acheteurs en vue, reprit-il doucement.

Josep se rappela la réaction de Rosa.

– Il faut signer un papier, dit-il.

Quim haussa les épaules, conciliant.

– Apporte-le-moi, et je le signerai.

37

Rituels

Josep resta attablé presque toute la nuit dans sa cuisine, des ombres bougeant sur les murs au moindre de ses gestes. Penché sous la lampe, il lisait et relisait le contrat signé avec Donat et Maria pour l'achat de la propriété.

Il finit par ouvrir une petite boîte où son père, des années auparavant, avait rangé de la poudre d'encre, ainsi qu'un étui en bois contenant une vieille plume et deux feuilles de papier pliées en quatre. L'une des feuilles était blanche, mais l'autre avait jauni et se révéla toute froissée. Laquelle des deux irait à Quim? Laquelle serait pour lui? Peu importe, se dit-il. Il versa dans une coupe une pincée de poudre, y ajouta de l'eau, mélangea le tout avec un sarment sec.

Il recopia presque intégralement le contrat rédigé par le cousin avocat de Rosa. Josep ne faisait pas un greffier très habile. Il serrait désespérément la plume entre ses doigts gauches. De temps en temps, la pointe accrochait la feuille et projetait de l'encre sur le mot qu'il était en train d'écrire. Il oubliait aussi parfois de l'essuyer sur le bord de la coupe, de sorte que son papier se constellait de grosses taches noires sous lesquelles disparaissaient les lettres. Josep n'avait pas fini de recopier la moitié du document qu'il était en nage et à bout de nerfs.

Et quel était le juste prix à verser à Quim pour sa terre? Josep dut y réfléchir longtemps. Les Torra négligeaient leur vigne depuis plusieurs générations, et il n'aurait pas été honnête de l'estimer à l'aune de la propriété Alvarez. D'un autre côté, Quim lui cédait ses terrains dans des conditions plus que généreuses. Josep finit par arrêter une décision. Il offrirait à Quim ce qu'il avait donné à Donat pour la propriété du padre. Ainsi lui suffirait-il de recopier le papier qu'il avait sous les yeux, en modifiant seulement les noms et les dates, et sans mentionner aucune limite pour les versements.

Quim ne savait pas lire. Josep lui lut le contrat à voix haute, lentement, en s'arrêtant souvent pour lui demander s'il avait des questions. Il n'y en eut aucune. Quim était capable de signer de son nom. Ayant plongé la plume dans l'encre, il griffonna les mêmes lettres au bas des deux parchemins. Josep signa à son tour. Puis il compta l'argent du premier versement, et le remit à Quim. La transaction avait quelque chose d'irréel. Était-elle juste ? Josep se sentait coupable, il avait l'impression d'escroquer son voisin, de lui voler une propriété appartenant à sa famille depuis toujours.

— Tu es vraiment décidé ? Si tu veux, on déchire tout et on n'en parle plus.

— Je suis décidé.

Josep lui tendit l'exemplaire du contrat copié sur papier blanc en gardant pour lui la feuille froissée et jaunie.

Deux jours plus tard, il attela le Mulet à sa charrette et emmena Quim à Sitges. Celui-ci devait monter dans une diligence tirée par des bœufs qui partait vers l'ouest. Ce moyen de transport était beaucoup plus lent que le train, il s'arrêtait partout, mais il avait l'avantage d'être très bon marché. Le cocher était un vieil ami de Quim nommé Jonatan Cadafalch. Quim se chargea des présentations et ajouta, à l'intention de Josep :

— Quand tu voudras m'envoyer un message, passe par Jonatan.

Ce que Josep traduisit intérieurement par ces mots : « Quand tu voudras m'adresser de l'argent... »

— Jonatan veillera à ce qu'il me parvienne, dit Quim.

Josep, curieusement, était ému de le voir partir. Non qu'ils eussent jamais été proches. Quim avait un poil dans la main ainsi qu'un fort penchant pour la boisson. Mais c'était aussi une bonne âme, un bon vivant et un voisin facile. Il représentait enfin un lien qui unissait Josep à son père, à son frère.

Ils s'étreignirent longuement.

Puis Quim tendit son sac à Jonatan et grimpa dans la diligence, où avaient déjà pris place un voyageur et deux religieuses. Jonatan se hissa sur le siège du cocher et fit claquer son fouet. Les bœufs tirèrent sur la voiture, qui s'éloigna avec lenteur.

De retour chez lui, Josep détela le Mulet et visita sa nouvelle vigne.

Comme c'était étrange...

Une signature au bas d'un parchemin, un peu d'argent, et voilà qu'avait disparu l'invisible frontière qui depuis des générations séparait deux propriétés. Josep savait cependant que cette frontière continuerait d'exister dans son esprit.

Il marcha entre les ceps de son ancien voisin. Le sol y était irrégulier, envahi par les herbes sauvages. C'était consternant. Une chose était de constater froidement qu'un exploitant négligeait sa vigne, une autre de se retrouver soudain avec cette même vigne sur les bras et avec la responsabilité d'arracher des herbes rampantes qui volaient aux grappes de raisin leur eau et leur nourriture.

Quim était parti en laissant à son successeur un amas de problèmes : des outils rouillés, une maison à l'abandon livrée aux puanteurs du moisi, des pieds de vigne asphyxiés. Mais Josep savait déjà où était sa priorité. Il se rendit dans son atelier et y trouva la vieille faux de son père qu'il frotta avec une pierre à aiguiser jusqu'à ce qu'elle devienne aussi coupante qu'une lame de rasoir. Et il regagna les terres de Quim.

Il ôta sa chemise et se mit à faucher. La faux sifflait à chaque passage. Josep progressait lentement, en dessinant des arcs et en laissant derrière lui une rangée nette et propre où les ceps enfin pouvaient respirer.

Le lendemain, il dégagea à grandes brassées les tas d'herbe coupée. Ayant attelé le Mulet à la charrue, il

210

laboura les rangées. Il vit alors que beaucoup de ceps étaient vieux. La plupart des cultivateurs les remplaçaient tous les vingt-cinq ans — c'est-à-dire quand les plants, ayant accompli la moitié de leur vie, avaient donné leurs meilleures récoltes. Le père de Josep les remplaçait d'abord aux endroits accessibles, en laissant les vieux plants dans les zones les plus dures à travailler : les pentes, les angles de terrain. Chez les Torra, on ne remplaçait jamais rien. Certains plants que Josep délivra des herbes folles avaient cent ans. Pourtant ils continuaient de donner du raisin dont les grains tout petits avaient un goût merveilleux et profond. Mais ces plants étaient noueux, tordus ; ils avaient la couleur du bois mort ramené par la mer et blanchi par le sel ; on aurait dit d'antiques personnages rôtis au grand soleil.

Au bout de plusieurs jours, Josep atteignit la limite de la propriété. Il s'arrêta et tira un mouchoir de sa poche pour s'essuyer la figure, se retourna, promenant sur ses terres un regard satisfait. Elles ressemblaient enfin à un vignoble et non plus à de misérables rangées de ceps dévorés par la jungle.

Puis il porta ses regards sur la vigne de Valls. Ni Francesc ni Maria del Mar n'étaient en vue. La veille, Maria avait interrompu son labeur pour regarder vers lui. Ils avaient échangé un signe de la main. La curiosité devait la démanger, elle se demandait sans doute pourquoi il s'occupait ainsi des vignes Torra et s'il n'était pas arrivé un malheur à Quim. Josep savait qu'elle finirait par l'interroger à ce sujet. Quelle serait sa réaction quand elle apprendrait que leurs terres désormais se touchaient ?

L'étendue des terres ayant doublé, il avait deux fois plus de travail. Il s'habitua rapidement à arpenter ses rangées sans prendre le temps de s'accorder une pause. Quand il avait fini dans la vigne Alvarez, il s'occupait de l'autre — celle qu'il n'appellerait jamais autrement que la propriété Torra.

Les journées se firent plus longues. Le temps devint plus chaud. Les grappes se développèrent. Josep résolut de nettoyer la maison de Quim avant l'arrivée des vendanges.

Il vida du grenier des paniers de grain pourri, humide, fermenté. Il sortit des vêtements repoussants, si noirs de crasse qu'ils ne valaient même pas la peine d'une lessive, des chaussures ignobles et même des chaussons de nuit qui dégageaient une puanteur atroce. Le tout forma dans la cour un tas que Josep arrosa d'huile avant d'y mettre le feu. Ayant rassemblé les outils de Quim, il les aiguisa et les graissa; huila le manche des bêches, des pelles et des râteaux; sauva tout ce qui pouvait l'être : une paire de tonneaux vides, des planches qui cet hiver alimenteraient la cheminée, un plein panier de clous, des vis et des alènes, des charnières rouillées, des bouchons de liège, une petite casserole en cuivre, une poêle en fer, trente et une bouteilles de différentes formes, dont certaines portaient encore des traces de boue – Quim avait dû les récupérer dans la rivière. Josep trouva aussi dans la maison sept verres à vin poussiéreux. Il les lava. C'étaient des verres fins, anciens, élégants. Hélas! l'un d'eux était ébréché, Josep dut le jeter. Il mit les six autres en lieu sûr, comme un trésor.

Quand il eut vidé la masia, il la laissa dix jours ouverte aux quatre vents. Puis il revint la fermer et décida qu'elle lui servirait à la fois de remise et d'atelier où ranger les outils. Il apprécierait d'avoir du matériel à portée de la main quand il travaillerait dans la propriété Torra.

À Sitges, où il se rendit pour acheter un sac de soufre, il tomba sur Juan, le vieil ouvrier de Rivera, et s'accorda le temps de bavarder avec lui. Juan lui apprit que la tonnellerie débordait de travail. Il parla aussi de la saison qui était chaude et des pluies qui se faisaient attendre. Puis il regarda Josep droit dans les yeux.

– Emilio m'a dit que tu n'étais pas marié!

Josep le considéra d'un air surpris.

– J'ai une nièce, reprit Juan. Juliana. Elle s'est mariée voilà six ans. Et voilà six ans qu'elle est veuve.

Josep s'éclaircit la gorge.

– Elle a des enfants?

– Hélas! pas le moindre.

– Et... quel âge a-t-elle?

– Elle est jeune. Solide. Encore en âge de porter des enfants, si tu préfères ! Et d'aider un homme à la tâche. C'est une travailleuse, Juliana... Je lui ai déjà parlé de toi.

Josep n'en croyait pas ses oreilles.

– Bon. Ça te dirait de la rencontrer ?

– Euh... pourquoi pas ?

– Fort bien ! Elle est serveuse dans une auberge tout près d'ici. Allons-y de ce pas.

Il ajouta, en prenant de grands airs :

– C'est ma tournée !

Josep le suivit, non sans quelque nervosité.

L'auberge en question était un café ouvrier dont la salle noire de monde baignait dans un nuage de fumée. Josep accompagna Juan jusqu'à une table bancale où ils s'installèrent. Au bout d'un moment, Juan toucha le bras de Josep.

– C'est elle.

Josep observa aussitôt qu'elle était plus âgée que lui, avait un corps sensuel, mais qui commençait à s'alourdir. Le visage, cependant, était plaisant à regarder. Elle bavardait gaiement avec quatre hommes assis à une table voisine. De temps en temps, son propos explosait en un éclat de rire rauque et sonore.

Quand elle se tourna vers Juan et Josep, celui-ci fut saisi de panique.

Puis il se reprit et essaya de se convaincre qu'il y avait peut-être là une chance à saisir. Après tout, il avait besoin de rencontrer des femmes.

Elle se pencha vers Juan, qu'elle accueillit avec chaleur, en l'embrassant sur les joues et en l'appelant mon oncle. L'oncle se mit en devoir de faire les présentations d'un ton bourru.

– Juliana Lozano, Josep Alvarez.

Juliana hocha la tête et sourit ; elle s'essaya même à une petite révérence. Ils commandèrent du vin. Juliana disparut aussitôt et fut bientôt de retour avec une chopine et des verres.

– Vous aimez la soupe de haricots blancs ? demanda-t-elle à Josep.

Il fit oui de la tête, bien qu'il n'eût pas faim ; et il s'aperçut qu'elle ne parlait pas de ce que la carte du jour proposait au menu.

— Alors venez chez moi demain soir, reprit-elle. Je vous en ferai manger. D'accord ?

Elle affichait un large et généreux sourire ; Josep lui sourit à son tour.

— D'accord, dit-il.

— C'est juste en face. De l'autre côté de la rue. Deuxième étage.

Josep hocha la tête. Elle ajouta :

— Porte du milieu.

La lune se cachait derrière les nuages. La rue était éclairée par la lumière vacillante et rare des réverbères. Josep pénétra dans la maison et se trouva face à un escalier fort sombre. Portant une miche de pain, il gravit les marches à tâtons, parvint à un petit couloir et frappa à la porte du milieu.

Juliana lui ouvrit. Elle semblait ravie de le voir, le remercia pour le pain et le fit entrer. Elle coupa la miche en un tournemain, le posa sur la table déjà dressée et invita Josep à s'asseoir.

Aussitôt elle lui servit sa fameuse soupe aux haricots blancs, qui était fort épicée et qu'ils dégustèrent avec enthousiasme. Josep fit à Juliana des compliments pour ses talents de cordon-bleu.

— Je l'ai rapportée du café, dit-elle.

Ils éclatèrent de rire.

Puis la conversation s'orienta sur l'oncle Juan, un homme d'une grande bonté, dit Josep, qui lui avait rendu un fier service à la tonnellerie. Juliana écoutait. Il ne se passa guère de temps avant qu'il n'eût envie de l'embrasser. Mais il n'avait pas encore mis ce projet à exécution que déjà elle l'entraînait vers le lit, avec la même désinvolture qu'elle avait mise à lui servir sa soupe.

Il était près de minuit quand il prit le chemin du retour. Son corps lui semblait libre et léger, mais curieusement ses pensées étaient sombres. Il se sentait comme un homme qui vient de goûter un fruit comestible et nullement défendu, mais sans grande saveur. Maussade, courbé, il tenait les rênes d'une main lâche, laissant au Mulet le soin de retrouver lui-même le chemin de Santa Eulalia.

38

Vendanges

Les villageois étaient intrigués, et Josep les comprenait. Il avait quitté Santa Eulalia alors qu'il était sans travail, puis il était rentré au pays, où il avait repris la vigne de son père à la surprise générale, et voilà maintenant qu'il régnait aussi sur la propriété Torra !

— Tu vas pouvoir cultiver les deux ? lui demanda Maria del Mar avec une expression sceptique.

La question méritait réflexion.

— Si nous continuons à vendanger ensemble, j'engagerai un coupeur pour faire la vigne de Quim. Un seul devrait suffire.

Elle approuva.

Il n'eut qu'à traverser le village pour trouver un garçon qui ne fût pas chez lui le fils aîné. Son choix s'arrêta sur Gabriel Taulé, un jeune homme de dix-sept ans au caractère tranquille et qui passait pour n'être pas fainéant. On le surnommait Briel. Il avait trois frères aînés. Stupéfait que Josep lui offrît de venir couper son raisin, il accepta toutefois immédiatement, impatient de commencer.

Josep se rendit chez Quim et visita une remise qui abritait des cuves. Son intention était de les nettoyer comme il avait curé les siennes, mais il eut la désagréable surprise de les trouver abîmées. L'une d'elles, en tout cas, avait l'air de commencer à pourrir, comme celle qu'il avait dû faire réparer par Emilio Rivera. Devait-il s'inquiéter ? Il décida que non – peut-être était-ce superficiel. Il lava les cuves à l'eau soufrée puis il les mit à sécher, jugeant qu'elles étaient prêtes à recevoir le jus de raisin.

À l'arrivée de l'automne, les grappes s'alourdirent sur les ceps et prirent une teinte rouge foncé. Josep inspectait ses rangées tous les jours. Il prélevait un grain et en goûtait la saveur. Les vieux grenaches présentaient de petits grains au goût épicé. L'ull de llebre était plus complexe, plus fruité, plus prometteur aussi. Le sumoll laissait dans la bouche des traces d'acidité.

Un matin, il inspecta les vignes avec Maria del Mar et ils jugèrent que le raisin était parfaitement mûr. L'heure de la vendange était venue. Josep fit venir Briel Tauré. Il lui confia le Mulet et la charrette avec mission de vendanger les ceps de Quim Torra.

Il avait l'habitude de travailler avec Marimar et savait qu'ils s'y prenaient tous les deux de la même façon. Ils coupaient en tandem, en ne parlant que si nécessaire. Josep avait attelé lui-même la mule de Maria. Puis ils se mit à couper. Bientôt on n'entendit plus dans la vigne que le cliquetis des serpettes sur les tiges et le son lourd des grappes tombant dans les paniers. Le soleil cognait dur, les vêtements collaient à la peau et se tachaient de larges auréoles. Francesc rôdait entre les ceps. De temps en temps, il allait chercher à boire pour sa mère ou pour Josep, en puisant dans le cantir resté au frais à l'ombre de la charrette. Quand on descendait au pressoir, il suivait en boitant ou faisait le voyage à cheval sur le dos de la mule.

Briel, qui coupait seul, travaillait en rêvant. Parfois il entonnait une chanson à voix haute. Il chantait faux, d'ailleurs, et braillait. La première fois que sa voix s'éleva dans la vigne de Quim, Maria échangea avec Josep un sourire moqueur. Mais il mettait de l'ardeur au travail et sa charrette avait tôt fait d'être pleine. Quand c'était le cas, il poussait un grand cri, afin que Josep lâche sa serpette et vienne lui prêter main-forte pour aller au pressoir.

Pendant ce temps, Maria del Mar continuait de couper seule dans ses propres rangées. Autrement dit, leur accord n'était pas respecté à la lettre, et Josep en était gêné. C'est pourquoi il restait dans la vigne à la fin de la journée, après que Marimar était rentrée préparer le souper de son fils et que Briel avait lui aussi regagné ses foyers.

217

Un soir qu'elle sortait de chez elle pour jeter aux oiseaux les miettes du dîner, Marimar l'aperçut qui maniait sa serpette, courbé sur un pied de vigne. Elle vint jusqu'à lui.

— Qu'est-ce que tu fais ?

— Ma part de travail.

Il leva la tête et vit qu'elle avait les traits crispés par la colère.

— Tu m'insultes, dit-elle.

— Comment ça ?

— Quand j'ai eu besoin d'aide pour obtenir un bon prix de mon raisin, tu as répondu présent. Tu as dit que n'importe quel homme aurait agi de même. Ce sont tes propres paroles. Et toi, tu refuses d'accepter l'aide d'une femme ?

— Ce n'est pas ça du tout...

— C'est exactement ça ! Tu ne me respectes pas ! Un homme, tu le respecterais !

Elle ajouta :

— Je veux que tu sortes de ma vigne et que tu n'y remettes plus les pieds jusqu'à demain matin !

Ce fut au tour de Josep d'être furieux. *Sacrée bonne femme !* songea-t-il. *Il faut toujours qu'elle comprenne tout de travers.*

Il était écœuré, mais aussi exténué. Et il mourait de soif. En tout cas, il n'avait pas le cœur à s'embarquer dans une dispute idiote. Il jura par-devers lui, vida son panier dans la charrette et rentra chez lui.

Le lendemain, il y eut entre eux un moment de gêne. Puis ils furent emportés par le rythme du travail et leur querelle de la veille se dissipa dans l'effort partagé. Josep continua d'aller prêter main-forte à Briel quand venait le moment d'aller au pressoir, mais il ne fut plus question de l'accord passé avec Maria. En réalité, il était satisfait de la façon dont se déroulait cette vendange.

Ce même jour, vers midi, Briel vint le voir avec une mine qui ne présageait rien de bon.

— Quoi ? dit Josep.

— La cuve, señor.

La cuve de Quim. Josep, en la voyant, sentit son cœur chavirer. Elle ne fuyait pas vraiment mais elle suintait. Déjà une tache de moût s'était formée sur le sol. Josep inspecta les autres cuves, au nombre de six, toutes alignées dans l'ombre de la remise. Il pointa le doigt sur celle qui lui semblait la moins abîmée.

– Prends celle-là, dit-il.

À la fin de l'après-midi, il était toujours au travail quand il vit la charrette de Clemente Ramirez, qui descendait à la rivière rincer ses barriques.

– Hola ! cria Josep.

Il quitta la vigne et courut pour le rattraper. Il lui demanda de venir jeter un coup d'œil aux cuves de Quim. Ramirez accepta et examina les cuves avec attention.

– Ces deux-là sont fichues, dit-il. Inutile d'essayer de les réparer. Ce serait jeter de l'argent par les fenêtres. Mais celle-là, Quim Torra peut toujours tenter de la remplir. Elle a des chances de tenir. Combien de temps, je ne sais pas. Quant à ce jus de raisin, je peux venir le chercher demain matin de bonne heure. Ils le feront fermenter à la vinaigrerie. Bien sûr, il faudra que Quim me fasse un prix...

– Quim est parti.

Clemente fut stupéfait de cette nouvelle. Et encore plus de s'apercevoir que Josep Alvarez avait ajouté une nouvelle terre à son patrimoine.

– *Jesucristo* ! s'exclama-t-il. J'ai l'impression que j'ai intérêt à bien te traiter ! Un grand propriétaire terrien ! Un seigneur ! Notre futur gouverneur, peut-être !

Josep ne se sentait pas dans la peau d'un seigneur. Combien d'années allait-il trimer avant de rembourser Quim Torra ? Cette année, par exemple, la récolte donnerait moins que ses prévisions. Et ces cuves qui pourrissaient !

Combien coûtait une cuve neuve ? Il n'osait même pas y songer.

Il maudissait à présent le jour où il avait cédé aux supplications de Torra. C'était folie d'avoir eu pitié d'un voisin ! D'un ivrogne ! D'un incapable !

39

Ennuis

*J*osep acheva les vendanges malgré son désespoir. Ses soucis le rongeaient.

Quand les vignes furent vendangées, et les raisins pressés, il fit le voyage de Stiges dans l'intention d'aller à la tonnellerie parler à Emilio Rivera. Il le trouva en train de déjeuner sur place d'une assiette de poisson à l'ail qu'il enfournait à grandes cuillerées, en laissant dégouliner la sauce dans sa barbe. D'un geste, il invita Josep à prendre une chaise, ce que celui-ci accepta, puis il attendit que le tonnelier eût fini son repas.

— Alors ? dit Emilio en posant sa cuiller.

Josep lui raconta toute l'affaire : le départ de Quim, leur arrangement, les cuves de fermentation en train de pourrir...

— Il est trop tard pour les réparer ? dit Emilio Rivera.

Il fixait sur Josep un œil grave et sévère.

— J'en ai peur.

— Des cuves de la même dimension que l'autre fois ?

— Même dimension, répondit Josep. Combien prendriez-vous pour réparer deux cuves ?

Emilio prononça un montant. Josep ferma les yeux.

— C'est mon dernier prix.

— Je n'ai pas la somme. Mais si mes cuves sont réparées pour la prochaine vendange, je pourrai vous payer à ce moment-là.

Il rectifia de lui-même intérieurement : *Je pourrai* peut-être *vous payer*.

Emilio repoussa son assiette vide.

– Il faut que tu comprennes, Josep. Une chose est de te donner un coup de main pour réparer ta charrette en vitesse ou remplacer une porte d'église. Je t'ai rendu service avec joie, parce que tu es un brave garçon et que je t'aime bien... Mais je ne suis pas riche, je suis comme toi : je travaille dur pour gagner mon assiette de poisson quotidienne. Même si tu étais le fils de ma sœur, je ne pourrais pas réparer ta cuve avec du chêne premier choix sans te faire payer. (Il ajouta :) Et tu n'es pas le fils de ma sœur.

Ils étaient aussi malheureux l'un que l'autre.

Emilio lâcha un soupir.

– Voici ce que je te propose. Paie-moi d'avance une des deux réparations. Je mettrai l'argent dans le bois. Et je réparerai les deux cuves. La deuxième, tu me la paieras à la prochaine vendange.

Josep hocha la tête en silence.

Il voulut remercier, mais le tonnelier se levait déjà pour retourner à son travail. Rivera lui adressa un signe, s'éloigna, se ravisa, et finalement revint sur ses pas.

– Viens avec moi, dit-il.

Josep le suivit dans l'atelier, qu'ils traversèrent entièrement pour gagner un entrepôt encombré de bois, de ferraille et de tonneaux. Emilio pointa le doigt vers une pile de barriques qui mesuraient la moitié de la taille ordinaire.

– Tu en aurais l'usage ?

– Peut-être, mais...

– Il y en a quatorze. Chacune fait cent litres. Je les ai fabriquées il y a deux ans pour un pêcheur qui vendait des anchois. Sur quoi le pêcheur est mort. Et ses barriques sont toujours là. Des barriques de cent litres dont personne ne veut. Ils veulent tous des deux cent vingt-cinq ! Si tu en as l'usage, prends-les. Ça ne te coûtera presque rien. Juste une somme minime ajoutée à ta facture.

– Je n'en ai pas vraiment l'usage, et je ne peux pas me permettre de les acheter...

– Tu ne peux pas te permettre de les refuser puisque je te les donne, pour ainsi dire !

Il prit la barrique qui était au-dessus de la pile et la jeta dans les bras de Josep.

– J'ai dit : « Une somme minime. » Et ce sera vraiment peu de chose. Alors débarrasse-moi de ces saloperies.

Il avait lancé ces mots durement, en homme rompu aux négociations difficiles.

Trois semaines s'écoulèrent avant que Clemente Ramirez revienne à Santa Eulalia finir d'embarquer le moût de Josep. Ramirez paya. Josep reversa sa part à Maria del Mar. Et il se rendit sur-le-champ à Sitges, où il remit à Emilio la somme convenue. Puis vint le moment de faire parvenir à Quim Torra un deuxième règlement et Josep affronta un débat de conscience. Après tout, c'était la faute de Quim s'il était confronté à des ennuis financiers qui l'empêchaient de dormir... D'un autre côté, Josep ne pouvait s'en prendre qu'à lui-même. Il aurait dû vérifier l'état des cuves avant de signer. Il avait voulu changer de vie, et ce changement avait un coût.

Il pensa à Jonatan Cadafalch, le cocher de la diligence. Était-ce une bonne idée de lui faire confiance ? C'était un étranger. Quim, il est vrai, le considérait comme un ami. Josep tergiversa puis se résolut à prendre la direction de l'arrêt de la diligence. Cadafalch était là, Josep lui remit l'argent, ainsi qu'un reçu préparé d'avance. Il lui glissa un petit supplément en disant :

– S'il te plaît, demande à Quim de signer ce reçu et de me le retourner par le même moyen. Je te paierai pour ce service.

Cadafalch, d'abord, fit la mauvaise tête. Puis il signifia à Josep qu'il comprenait la situation. Finalement, il fourra dans un sac l'argent et le reçu, avant de s'en aller en lui souhaitant une bonne journée.

Ce soir-là, Josep déposa son argent sur la table et s'assit pour faire ses comptes. Il commença par mettre de côté la somme qu'il aurait à verser à Donat et Rosa avant la prochaine vendange. Il vit qu'il ne lui restait pas grand-chose pour se ravitailler en provisions et en fournitures. En cas de problème urgent, comment ferait-il face ? Il se sentait gagné par l'écœurement. À la fin, il poussa tout l'argent dans sa casquette et décida d'aller se coucher.

Assis dehors sur son banc, il se préparait à goûter le moût qu'il avait mis de côté pour sa consommation personnelle. Qui sait s'il n'aurait pas un goût prometteur ? Ce serait un miracle. Il se rappela le Languedoc. Mendès tenait beaucoup à ce rituel d'après la vendange. Tous ceux qui avaient travaillé chez lui se réunissaient pour déguster un verre de jus de raisin et essayer de prévoir à chaque petite gorgée ce que le breuvage annonçait en matière d'attaque, de corps et surtout de saveur.

– Fruits rouges.
– Foin coupé.
– Menthe.
– Café.
– Prune noire.

C'est son propre moût que Josep dégustait à présent. Hélas, il le trouva déjà gâté, amer, désagréable. Ce futur vin avait un goût de cendre. Il était acide comme du citron pourri. Josep ne s'était pas attendu à avoir en bouche un vin merveilleux, pourtant la déception était là. Il vida dans la cruche le reste de son verre. Au même instant, il sursauta. Était-ce la cloche de l'église qui sonnait ?

Le tocsin. Le glas solennel. Le message adressé aux habitants de Santa Eulalia leur rappelant combien la vie était dure, combien elle était triste et fugace.

Une âme venait de s'en aller...

Josep fit ce qu'il avait toujours fait en entendant sonner la cloche : il prit la direction de l'église.

Plusieurs personnes se pressaient pour lire l'avis de décès épinglé sur la porte. Ceux qui en avaient pris connaissance faisaient demi-tour et retournaient à leurs affaires. Josep joua des coudes et s'approcha. Le mot était écrit de la main du prêtre, d'une belle écriture lisible. L'âme rappelée au ciel était celle de Carme Riera, l'épouse d'Eduardo Montroig.

Carme Riera avait subi en trois ans et demi de mariage quatre grossesses et trois fausses couches. En ce paisible matin de novembre, elle s'était mise à saigner sans éprouver de douleur. Elle avait accouché d'un petit corps sanglant de deux mois, puis ses saignements avaient augmenté. La même chose lui était arrivée lors de sa deuxième fausse couche, mais cette fois l'hémorragie semblait ne pas vouloir cesser. À la fin de l'après-midi, elle était morte.

Les Montroig habitaient la première des quatre maisons qui entouraient la place. Josep frappa chez eux. Maria del Mar était là, assise avec d'autres femmes dans la cuisine.

Carme gisait sur son lit, sous la lumière flavescente de deux paires de bougies disposées à la tête et aux pieds du corps. Le lit était habillé de draperies noires appartenant à l'église, qui les prêtait aux familles en deuil. La défunte avait cinq ans de moins que Josep. C'est à peine s'il l'avait connue. Il se souvenait néanmoins d'une jolie fille qui avait de gros seins et plissait les yeux. À présent, on se demandait si elle n'allait pas se mettre subitement à bâiller. Ses cheveux étaient bien peignés, sa figure propre et blanche. Autour d'elle, dans la petite chambre, se pressaient son mari et plusieurs membres de la famille venus la veiller ; Josep remarqua également la présence de deux *plañideras*, des pleureuses engagées pour verser des larmes, qui resteraient là toute la nuit. Il s'attarda quelques minutes puis laissa la place à d'autres visiteurs pour aller s'asseoir droit sur une chaise, dans une autre pièce envahie de sanglots et de murmures. Maria del Mar était déjà partie, sachant que la maison était petite et les sièges peu nombreux.

Josep éprouvait de la tristesse. Il avait de la sympathie pour Eduardo, dont le long visage solennel était présentement défiguré par le chagrin.

Personne ne travailla le lendemain, qui fut jour d'enterrement. La plupart des villageois suivirent le cercueil jusqu'à l'église. Ce furent les premières funérailles que le père Pio eut à célébrer à Santa Eulalia. Josep écouta la longue messe de requiem assis au dernier rang. Le prêtre, d'une voix sonore, mesurée, récita le rosaire en latin ; Eduardo prononça les répons à l'unisson avec le père de Carme, sa sœur et ses trois frères.

Les ennuis de Josep, soudain, lui semblèrent fort peu de chose.

40

Le refuge du cochon sauvage

La vendange était toujours suivie d'un grand nettoyage d'automne, et Josep s'y attaqua en démontant les deux cuves défectueuses. Il procéda avec précaution. L'ancêtre de Torra qui les avait construites avait lui-même bien travaillé, en utilisant un minimum de clous. Josep eut toutes les peines du monde à les arracher sans les tordre. En effet, il souhaitait les récupérer. C'étaient des clous très chers, forgés à la main.

Il libéra les douves et les rangea en deux piles. Celles qui avaient commencé de pourrir alimenteraient le feu cet hiver. Mais il y en avait qui étaient encore bonnes, et il les empila à part en les séparant par des cales, comme Emilio dans sa tonnellerie, afin qu'elles restent sèches.

Au terme de la première journée, les deux cuves abîmées étaient démontées. Josep put enfin atteler sa charrue au Mulet et creuser entre les rangées de longues entailles dans la terre pierreuse.

Ayant labouré d'abord les vignes de la propriété Alvarez, il se trouva à la fin près de ces fourrés de chardons où s'était réfugié le sanglier blessé. Il songea à les arracher et à labourer cette parcelle. Ainsi il gagnerait encore de la place et pourrait agrandir sa vigne. Il se dit aussi qu'il allait boucher solidement l'entrée de la grotte, afin que nul cochon sauvage ne s'avise plus de s'y réfugier pour menacer ses récoltes.

Armé de sa faux, il s'attaqua immédiatement à cette nouvelle besogne. Les fourrés et les ronces lui donnèrent du fil à retordre. Quand le terrain fut enfin dégagé, il marqua une pause et observa l'entrée de la grotte. Autant qu'il s'en souvînt, l'ouverture avait laissé passer facilement le corps de l'animal ; autrement dit, il allait devoir charrier de grandes quantités de terre et de pierres pour arriver à la fermer.

Il s'approcha de l'orifice, se mit à genoux et passa la tête à l'intérieur. La lumière n'éclairait que l'entrée de la grotte ; au-delà, on n'y voyait rien.

Un filet d'air frais venu des profondeurs de la colline lui caressa la figure. Josep sortit la tête. Le long épieu dont Jaumet s'était servi gisait toujours sur le sol, à l'endroit même où ils l'avaient abandonné le jour de leur chasse. Josep le prit et l'enfonça dans la cavité sans rencontrer aucun obstacle. En le faisant circuler dans l'espace invisible, il eut la surprise de s'apercevoir que la grotte était plus vaste qu'il ne l'avait imaginé.

– Hola ! cria-t-il.

Sa voix résonna comme dans un puits.

Derrière lui, le Mulet, toujours attelé à la charrue, poussa un hennissement. Josep se releva et alla le dételer pour le soulager du poids du harnais. Puis il réfléchit. Ce trou au pied de la colline excitait sa curiosité et l'effrayait en même temps. Il eut envie d'en parler à quelqu'un. Pourquoi pas Jaumet ? se dit-il. Mais il ne pouvait prendre l'habitude d'aller chercher Jaumet chaque fois qu'il rencontrait un problème.

Dans la remise, il prit une lampe en s'assurant qu'elle contenait la quantité d'huile nécessaire. De retour à l'entrée de la grotte, il tira sur la mèche et l'enflamma en grattant une allumette. Couché sur le ventre, il poussa la lampe à l'intérieur. Apparurent des rochers en saillie, un sol pierreux couvert de quelques maigres touffes d'herbe éparses. Il y avait assez de place dans cette cavité pour accueillir le corps d'un homme, mais Josep n'était pas sûr de pouvoir franchir le passage comme l'avait fait le sanglier. Il alla chercher une barre à mine, un seau, une pelle, une pioche et commença d'agrandir l'ouverture.

Quand il eut ménagé une entrée plus large, il s'y introduisit en rampant.

Le sol de la grotte était en pente, jonché de cailloux mais praticable. La salle étroite ressemblait moins à une cave qu'à une simple bulle d'air creusée dans la roche au pied de la colline. Ses dimensions ne dépassaient pas celles d'une cuve à fermentation. À gauche s'élevait un mur de pierre grise qui avait la forme d'une arche.

Josep se retourna et vit s'affoler sur les parois les ombres découpées par sa lampe. Il scruta les coins obscurs en se demandant s'il n'allait pas tomber sur un nid de serpents. Était-ce en ce genre de lieu que les Créatures velues venaient chercher refuge quand elles ne s'occupaient pas de nourrir les racines des pieds de vigne ?

Il fit demi-tour et retrouva bientôt la lumière du jour.

Dehors, l'air était doux et chaud. Le soleil déclinait. Josep éteignit sa lampe et réfléchit en fixant l'orifice d'un regard inquiet.

Ayant rassemblé ses outils, il s'en alla.

Le sommeil, ce soir-là, se refusa à lui. Il songeait sans cesse à cette grotte au pied de la colline. Dès que les premières lueurs de l'aube eurent dissipé l'obscurité, il retourna sur place s'assurer qu'il n'avait pas rêvé.

L'ouverture était toujours béante.

Cette grotte lui serait-elle jamais de quelque utilité ? Il pensait que non. Telle qu'elle était, du moins. Cependant elle pouvait être le début de quelque chose. Josep décida de prendre cette découverte comme une invitation.

Un peu plus tard, il y revint avec ses outils. Cette fois, ce fut avec un regard neuf qu'il étudia la colline. Au-dessus de l'entrée, le rocher en surplomb formait une sorte de linteau naturel qui se prolongeait profondément à l'intérieur. Josep comprit alors qu'il avait tout loisir d'agrandir l'ouverture comme bon lui semblait : la partie supérieure de la roche serait soutenue par le linteau.

Il attaqua l'ouvrage à coups de pioche. Avec sa pelle, il dégagea les gravats. C'est alors que Francesc le rejoignit. Ils se saluèrent, et l'enfant s'assit à terre pour regarder Josep travailler.

— Qu'est-ce que tu fais ? demanda-t-il.

— J'aménage une cave, répondit Josep.

V

LE SANG DU RAISIN

En Catalogne, village de Santa Eulalia,
le 12 janvier 1876

41

Excavations

À Santa Eulalia, on ne parlait plus que de cela : Josep Alvarez employait tout son temps à creuser la colline. Ses voisins commentaient son comportement bizarre et souriaient quand ils le croisaient dans les rues du village.

L'hiver était traditionnellement la saison du nettoyage et de la taille des sarments, mais la vigne et la propriété Torra réclamaient d'être remises en état, et Josep dut s'en occuper. Il se débrouillait cependant pour consacrer chaque jour plusieurs heures à ses travaux dans la grotte. Quand toutes ses vignes furent taillées, il se mit même à manier la pelle et la pioche à plein temps. À l'intérieur, il faisait toujours frais, jamais froid ; comme l'obscurité y était complète, il avait constamment sa lampe auprès de lui.

Nivaldo ne voyait pas ce projet d'un très bon œil.

— En creusant profond, disait-il, tu risques d'être asphyxié par de l'air vicié. Ou de rencontrer des vapeurs nocives... comment les appelle-t-on, déjà ? Des miasmes. Tu les respires, tu meurs. Tu ferais bien d'avoir un oiseau dans une cage pour te tenir compagnie, comme font les mineurs. Si l'oiseau tourne de l'œil, tu sais que tu as intérêt à prendre tes jambes à ton cou.

Mais Josep n'avait ni le temps ni l'envie de transporter un oiseau avec lui. Il n'était plus qu'une machine à creuser. Le soir, il tombait sur son lit, à bout de forces, sans même avoir l'énergie de se débarrasser de ses vêtements sales et de la sueur qui lui imprégnait la peau. Il considérait une journée de beau temps comme une bénédiction, car alors il pouvait

231

s'offrir le luxe d'un décrassage dans la rivière, voire d'une lessive. Quand le temps était froid, il lavait ses effets dans un seau.

L'espace qu'il se ménageait dans le ventre de la colline commençait à prendre forme. Plus qu'une cave proprement dite, le lieu semblait un passage, un vaste couloir auquel Josep s'efforçait de donner une forme aussi régulière que possible. Mais il progressait le long d'un mur rocheux, sous l'étroit plafond qui commençait au début de la grotte, au-dessus de l'endroit où le sanglier avait élu domicile. La galerie dessinait une courbe et ressemblait à un tube dont une paroi aurait été déchiquetée. Josep creusait de préférence là où il trouvait plus de terre que de pierre. Il n'était pas mineur et ignorait tout de la façon d'étayer les murs et les plafonds pour les empêcher de s'écrouler. Il avançait au jugé, lentement ; et le tunnel naissait peu à peu de ses efforts, plus haut et plus large qu'un homme, bordé à gauche par la roche, à droite par les viscères terreux de la colline.

Un soir qu'il feuilletait le journal de Nivaldo, Josep tomba sur un article consacré à un homme condamné pour vol et agression. Le criminel était un Portugais du nom de Carlos Cabral. C'était un proxénète qui séduisait les jeunes femmes sans autre but que de les enfermer ensuite dans une maison de tolérance à Sant Cugat. L'histoire lui rappela Renata et l'existence misérable qui était la sienne dans ce bordel de Sitges. Il songea à la maladie de la malheureuse, à la terreur que lui inspirait l'homme en costume blanc assis sur le palier.

Ce proxénète lui revenant en mémoire, Josep pensa à ce que Nivaldo lui avait dit du cordonnier qui avait épousé Teresa Gallego. Quel était son nom, déjà ? N'était-ce pas Luis Mondrès, ou quelque chose d'approchant ?

Nivaldo avait parlé d'un type en costume blanc, fumeur de cigares portugais.

Très bien, et alors ?

Josep réfléchissait. Ce cordonnier, ce Luis... Ressemblait-il au proxénète auquel faisait allusion le journal ? L'article disait qu'il avait épousé quatre femmes dans le but de les prostituer. Se pouvait-il que Teresa figurât au nombre des victimes ? Teresa était-elle non pas à Barcelone mais à Sitges, dans cette maison close ? Partageait-elle la chambre de Renata ?

Josep s'efforça de chasser ces idées de son esprit.

Pourtant, les jours suivants, il continua d'être obsédé par Teresa. Son imagination l'entraînait vers elle tandis qu'il creusait, telle une taupe, sa galerie dans la colline ; et le soir, aussi, quand, gisant sur son lit, il peinait à trouver le sommeil.

Comme elle était innocente dans son souvenir ! Pourquoi n'avait-il pas su lui revenir ? À présent, à cause de lui, elle était peut-être prisonnière d'une vie atroce.

42

Marchandage

*J*osep découvrit que la paroi rocheuse de sa galerie se creusait d'une échancrure large d'un mètre et profonde de cinquante centimètres. Il visualisa aussitôt cet espace naturel équipé d'étagères chargées de centaines de bouteilles. Au-delà, la paroi et le plafond rocheux poursuivaient leur route sur quelques mètres encore et s'interrompaient. Ainsi Josep fut-il en mesure d'arrêter les dimensions définitives de sa cave ; elle serait longue à peu près comme un wagon de chemin de fer, et à peine moins large.

Les gravats extraits de sa galerie, il les répandait sur le chemin qui descendait à la rivière, mais en prenant soin de mettre de côté toutes les pierres de bonne taille, car il projetait de dresser un mur devant la paroi terreuse de la grotte. Ainsi la cave aurait-elle partout une belle apparence. Ayant rapporté dans sa brouette de l'argile puisée au fond de la rivière, il commença d'édifier ce mur. L'argile faisait un excellent mortier pour coller les grosses pierres les unes sur les autres. Cependant l'hiver touchait à sa fin et ce projet dut être interrompu. Josep, qui entendait à présent protéger son cellier des vagues de chaleur à venir, chercha un moyen d'en fermer l'entrée.

Il attendit dans l'église que le père Pio sorte de la sacristie et vienne à sa rencontre. Les deux hommes se saluèrent et échangèrent d'aimables propos. Puis Josep révéla le but de sa visite.

— Qu'est-il advenu de la vieille porte de l'église, mon père ?

— L'ancienne porte, mon fils ? Elle est dans la remise.

— Je souhaite l'acheter.

Durant le silence qui suivit, le curé réfléchit sans quitter des yeux le visage de Josep.

— Elle n'est pas à vendre, dit-il enfin.

— Vous prévoyez d'en faire quelque chose ?

— Pas vraiment... Mais je pourrais trouver à l'échanger utilement.

Josep jugea ce prêtre irritant, mais il garda le silence car il n'avait rien à lui offrir en échange de sa porte. Le curé parut se raviser au bout d'un moment.

— Si vous aviez le désir de vous confesser, señor Alvarez, et d'honorer de votre présence ma messe du dimanche matin, je crois que je vous autoriserais à prendre cette porte.

L'offre mit Josep mal à l'aise.

— Ma foi n'est guère... authentique, mon père.

Le curé devait avoir eu vent de ce qui s'était passé récemment dans la vie de Josep ; il devait savoir, surtout, que ce dernier avait été élevé par son père et par Nivaldo, deux des mécréants les plus résolus du village.

— En fait, précisa Josep, je ne suis pas croyant.

— Je ne vous demande pas de croire. Seulement de vous confesser et de venir à la messe.

Josep soupira. Il avait besoin de cette sacrée porte... Il finit par hocher la tête à contrecœur.

— Très bien, dit le prêtre, satisfait. Nous allons donc pouvoir parler.

D'autorité, il lui prit vigoureusement la main et l'entraîna vers le fond de l'église et le confessionnal. Ayant décroché d'une patère son étole, il la passa autour de son cou, pénétra dans l'espace obscur, tira le rideau, s'assit à sa place et croisa les jambes. Josep entra de l'autre côté, tira le rideau lui aussi et se mit à genoux. Il se trouva face à un écran de fer percé de trous minuscules. Le père, d'une main invisible, ouvrit le guichet en disant :

— Je vous écoute, mon fils.

Josep prit sa respiration. Aussitôt les mots rituels jaillirent de ses lèvres, comme remontés des angoisses de l'enfance.

— Pardonnez-moi, mon père, car j'ai péché.

235

– Depuis quand n'êtes-vous pas allé à confesse, mon fils ?

– Depuis de longues années.

– Continuez.

– J'ai fréquenté des femmes.

– Vous avez commis l'acte hors du sacrement du mariage ?

– Oui, mon père.

– À plusieurs reprises ?

– Oui, mon père.

Le prêtre décida de l'aider.

– Nourrissez-vous également des pensées impures, mon fils ?

– Oui.

– Souvent ?

– Tous les jours.

– Répétez après moi : « Ô mon Dieu ! Je me repens du fond du cœur de T'avoir offensé, et j'abhorre tous mes péchés. »

Josep, la gorge sèche, répéta ces mots d'une voix nouée.

– « Je redoute de perdre le paradis, dit-il encore, je redoute les supplices de l'enfer... »

Puis :

– « Mais par-dessus tout je regrette de T'avoir offensé, ô mon Dieu, Toi qui es bon et mérites mon amour. »

Josep était accablé. Le curé conclut :

– Quand vous serez chez vous, vous réciterez vingt-cinq Notre-Père. Examinez votre conscience, mon fils, et faites pénitence. Je vous absous pour vos péchés au nom du Père, du Fils et du Saint-Esprit. Priez pour que Dieu veuille accepter votre repentir...

Le prêtre ajouta enfin :

– Nous pouvons maintenant quitter le confessionnal.

Josep, clignant des yeux dans la pénombre, vit derrière la grille le père Pio retirer son étole.

– Votre charrette est dehors ? murmura le curé.

Josep était surpris.

– Oui, mon père...

– Je vais vous donner un coup de main pour y charger cette porte.

Josep fabriqua l'encadrement de sa porte avec des planches récupérées lors du démontage des cuves. Ajuster ce chambranle à la roche ne fut pas de tout repos. Il fallut le fixer d'un côté aux épaisses racines d'un arbre séculaire, et de l'autre à des pitons enfoncés dans une fissure. Mais l'huis de l'église, une fois scié, raboté et raccourci, s'adapta parfaitement à son nouvel usage. Il était toujours troué, mais les dégâts n'en couvraient pas toute la surface ; et si une porte abîmée ne convenait pas à l'entrée d'un sanctuaire, elle remplissait très bien son office au seuil d'une grotte transformée en cellier, solidement accrochée à des gonds que Josep avait récupérés en faisant le ménage dans la maison de Quim. Ses pentures venaient du marché de Sitges. Et, comme le tout était bien graissé, elle s'ouvrait et se fermait en produisant seulement le grincement nécessaire pour prévenir les Créatures que Josep pénétrait dans leur univers.

Ce dimanche-là, l'air était frais. Levé de bon matin, il fit sa toilette dans un seau. Puis, vêtu de propre, il prit la direction de l'église et s'assit au fond. Des villageois l'observaient à la dérobée, intrigués par sa présence. Il croisa le regard de Maria de Mar, qui se trouvait de l'autre côté, et détourna aussitôt les yeux. Francesc, en revanche, lui sourit et lui adressa de grands signes, avant d'être rappelé à l'ordre par sa mère.

Josep s'aperçut avec surprise qu'être là n'avait rien de désagréable, bien au contraire. Rares étaient les occasions où il pouvait s'offrir le luxe de s'asseoir un moment. Ici, il avait le loisir de ne plus penser. Il laissa son esprit s'enfouir dans le confort d'un climat de prières, de lectures et de psaumes, s'assoupissant brièvement pendant le sermon qu'inspiraient les paroles de saint François-Xavier. Quand il rouvrit les yeux, il surprit le regard réprobateur dont le gratifia Maria del Mar. L'enfant, en revanche, était tout sourire – lui dont le prénom, Francesc, rappelait celui du saint.

Eduardo Montroig portait sur sa chemise un ruban de crêpe en signe de deuil. Ce fut lui qui passa dans les rangs des fidèles pour faire la quête. Josep s'acquitta scrupuleusement de son devoir de charité en déposant une piécette dans le panier. Puis les fidèles s'agenouillèrent sur leurs bancs. Le père Pio, ayant mis son étole blanche, pénétra dans l'assemblée et déposa les hosties dans les bouches ouvertes.

– Prenez et mangez, car ceci est Mon corps...

Josep fila sans attendre son tour.

Il s'éloigna de l'église en se répétant pieusement que la communion n'entrait pas dans son accord avec le curé.

43

La soif

Avant son séjour en France, il ne s'était jamais avisé de compter les bourgeons apparus sur les sarments, mais, à présent que ses propres vignes prenaient vie, il en vérifiait chaque cep. Il nota que la plupart donnaient environ soixante bourgeons, sauf les plus anciens, qui en produisaient une quarantaine. Léon Mendès voulait, lui, que ses ceps donnent entre quinze et vingt bourgeons, pas plus. Josep se mit à élaguer ses vieilles vignes pour les réduire en dessous de ce chiffre. Maria del Mar, qui venait récupérer son fils, le vit jeter des bourgeons qui pour elle représentaient autant de futures grappes.

— Qu'est-ce qui te prend ? s'écria-t-elle.

— Moins il y a de bourgeons, répondit-il, plus le goût se concentre dans le raisin. La saveur se met dans les grappes qui restent. Dans celles où même les pépins mûrissent. J'ai l'intention de faire du vin.

— Ce n'est pas ce qu'on fait déjà ?

— Je veux faire du *vin*, répéta Josep. Du bon vin. Du vin que les gens auront envie d'acheter. Si j'arrive à en produire et à le vendre, je ferai plus d'argent qu'en vendant du moût à Clemente !

— Et s'il n'est pas bon, ton vin ? Tu te rends compte du risque que tu prends en gaspillant tout ce raisin ? Toi, un cadet qui as réussi à devenir propriétaire de deux terres, tu n'es pas content de ce que tu as ?

Elle lui parlait sévèrement, les poings sur les hanches.

— Tu es la proie de tes rêves, Josep ! C'est comme cette cave que tu creuses. Pourquoi ? Tu as oublié ce que tu es : un simple paysan. À Santa Eulalia, nous sommes tous des enfants de paysans. Tu ne peux donc pas te satisfaire de ce que tu possèdes ? De ta vie ?

Sans lui laisser le loisir de répondre, elle lui tourna le dos pour aller chercher Francesc, qui jouait à l'ombre ; elle prit l'enfant par la main et l'emmena.

Josep continua d'élaguer ses vignes. Les paroles de Maria del Mar lui restaient sur le cœur, mais il savait qu'elle avait tort. Il n'était pas prétentieux. Il voulait faire du bon vin, voilà tout.

En même temps...

À mieux y réfléchir, il devait admettre que son ambition allait au-delà. Si son vin se révélait mauvais, il pourrait toujours apprendre à fabriquer du bon vinaigre. Son but était de faire quelque chose de bon.

C'est par une belle journée chaude et venteuse que le village eut la tristesse de perdre un de ses anciens, Eugenio Rius, un vieillard aux cheveux blancs qui n'avait plus que la peau sur les os et passait l'essentiel de ses heures assis à l'ombre de l'église, sur le banc, devant l'épicerie. C'est d'ailleurs là que la mort était venue le surprendre. Il dormait quand son cœur avait cessé de battre.

Tout le village se rendit à la messe d'enterrement.

Eugenio Rius était membre du conseil municipal. D'après la loi, cette assemblée se composait de l'alcade entouré de deux conseillers. Or l'un des deux conseillers était mort trois ans plus tôt, et Angel Casals n'avait pas jugé utile de le remplacer. Cette fois, à moins de vouloir siéger seul, il allait bien devoir organiser une élection et aller à Barcelone en déposer le résultat au bureau du gouverneur.

Angel n'aimait pas affronter ces tâches qui exigeaient des efforts et de l'organisation. Il comprit tout de suite que la meilleure solution consistait à choisir deux candidats jeunes, capables de servir longtemps et de progresser en matière de sagesse. Il s'adressa d'abord à Eduardo Montroig, un homme sobre, sérieux, de commerce agréable. Eduardo était le chef des castellers. Il ne ménageait sa peine ni pour lui-même ni pour l'église. Angel, pour le second siège, songea à Josep

Alvarez, qui avait fait des merveilles pour remplacer la porte de l'église.

Josep fut surpris, mais la requête de l'alcade l'amusa autant qu'elle le flatta. Il ne se souvenait pas que personne l'eût jamais choisi pour faire quoi que ce soit. Cependant il n'avait aucune envie d'accepter cette offre, il avait deux vignobles à cultiver et une cave à finir d'aménager. Sans compter son projet de produire du bon vin. Il hésitait à se charger de responsabilités supplémentaires. Il décida de décliner et chercha un moyen diplomatique de dire non à Angel Casals. Mais l'alcade insista.

– Il le faut, Josep. Le village t'en serait reconnaissant.

Il le pria de réfléchir, non sans lui laisser entendre que les villageois risquaient de prendre mal un refus de s'occuper d'eux. Josep nota que cette remarque arrivait peu après que Maria del Mar lui eut reproché d'oublier ses origines paysannes. Il jugea finalement plus habile d'accepter la proposition, et même de remercier l'alcade de l'honneur qui lui était fait.

Angel fixa au 1er juin la date de l'élection. D'après la loi, le scrutin n'était ouvert qu'aux hommes, lesquels devaient en outre être propriétaires et savoir lire. L'alcade connaissait donc tous les électeurs de Santa Eulalia. Il parla à chacun d'eux. Et, le 1er juin, dix-sept villageois, soit la totalité des inscrits, couchèrent les noms des deux candidats sur une feuille de papier qu'Angel leur avait remise à l'entrée de l'église. Parmi ces dix-sept électeurs figuraient Josep Alvarez et Eduardo Montroig.

Les deux nouveaux élus furent rassurés d'apprendre que le conseil ne se réunissait presque jamais ; et quand il se réunissait, c'était pour peu de temps, car il ne faisait qu'approuver les décisions prises d'avance par l'alcade, Angel Casals.

Josep s'aperçut que l'eau puisée sur la place du village avait un goût bizarre et irritait la gorge. La saison était brûlante et ceux qui surveillaient le raisin gavé de chaleur devaient souvent marquer une pause pour étancher leur soif. Bientôt l'eau se mit à sentir et la plupart des villageois furent frappés d'une dysenterie qui leur infligeait de terribles crampes.

Josep voyait les gens passer sans cesse le long de sa vigne : ils allaient à la rivière emplir des seaux, des cruches et des bouteilles ; ils préféraient désormais boire cette eau-là, comme jadis les premiers habitants de Santa Eulalia, quand leur puits n'était pas encore creusé.

L'alcade et ses deux conseillers se penchèrent au-dessus de la margelle pour inspecter le puits, mais l'eau reposait à dix mètres de profondeur, et ils ne distinguaient rien d'autre qu'un trou obscur. Josep attacha une lanterne à une corde et la fit descendre.

– Il y a quelque chose, dit-il. Quelque chose qui flotte... Vous ne voyez pas ?

– Non, dit Eduardo, qui était myope.

– Si, dit Angel. Mais qu'est-ce que ça peut être ?

Personne n'aurait su le dire.

Josep continua d'observer les profondeurs du puits. Pour lui, cette sombre cavité n'était pas plus inquiétante que la grotte creusée dans le flanc de la colline.

– Je descends, dit-il.

– Non ! dit l'alcade.

Il jugeait préférable d'y faire descendre un garçon plus jeune, plus agile. Son choix se porta sur le jeune frère de Briel Taulé, Bernat, qui avait quatorze ans. Ils lui attachèrent une corde sous les bras. L'enfant s'introduisit dans le puits avec un seau. On laissa filer la corde solidement tenue, telle une ligne de pêche. Au bout d'un temps, un cri résonna dans les profondeurs.

– Je l'ai !

Ils ramenèrent le garçon à la surface. Une forte puanteur arriva avec lui. Dans son seau gisait le cadavre d'une colombe, décomposé et rongé par les vers.

L'alcade et ses deux conseillers étaient assis sur le banc devant l'épicerie.

– Puisque l'eau est empoisonnée, dit Angel, il va falloir vider le puits. Seau par seau. Ça va prendre un temps fou.

Josep ne voyait pas l'opération d'un bon œil.

– Ce n'est pas une bonne idée, dit-il.

Les deux autres l'interrogèrent du regard.

– Ça pourrait recommencer, reprit-il. Et le puits est notre seule vraie source d'eau. La rivière, on ne peut pas s'y fier toute l'année, à cause des inondations, des sécheresses... Mon avis est qu'il faut fermer le puits par un couvercle. Et installer une pompe.

– Trop cher, dit Angel aussitôt.

– Le village dispose de combien ? demanda Josep.

– Il n'y a pas grand-chose... Cette somme mise de côté en cas d'urgence.

– C'est une urgence.

Tous trois restèrent silencieux un moment. Puis Eduardo s'éclaircit la gorge.

– Alcade, de combien disposons-nous exactement ?

Angel annonça la somme qui restait en caisse.

En effet, ce n'était pas grand-chose.

– C'est toujours mieux que rien, soupira Josep. Je crois que nous devrions commander cette pompe.

– Je le crois aussi, approuva Eduardo à voix basse mais d'un ton ferme.

Angel leur lança un regard dur. Il exprima son désaccord en haussant plusieurs fois les épaules. Puis il se rangea à leur avis.

– Mais cette pompe, dit-il, où la trouver ?

– Peut-être à Sitges, suggéra Josep. Ou à Barcelone.

– Cette pompe, c'est ton idée, reprit l'alcade, mécontent. Alors débrouille-toi pour la trouver !

Le lendemain fut la journée la plus chaude de l'année. Un jour de soif. Josep s'était mis en route pour Barcelone sur le dos du Mulet, et il se prenait à espérer que l'eau de la rivière resterait pure en dépit de la sécheresse.

À Sitges, il gagna sans perdre de temps la tonnellerie, ce lieu qui était devenu pour lui une mine inépuisable de précieux conseils. Rivera affirma, après l'avoir écouté :

– Il faut aller à Barcelone.

Là-bas, il trouverait matière à résoudre le problème.

– Derrière la Boqueria, il y a une maison qui vend des pompes. Mais elles ne sont pas bonnes. Ne t'embête pas avec eux. Il faut aller chez Terradas, calle Fusteria, dans le Barrio Gotic.

Josep poursuivit sa route jusqu'à Barcelone et entra dans le Barrio Gotic. La maison Terradas était un atelier empli de machines où régnaient des odeurs de métal, de lubrifiant et de peinture. Un employé aux yeux assoupis patientait derrière un large comptoir. Josep lui soumit le problème. L'homme voulut savoir la largeur du puits et sa profondeur. Il se livra à des calculs avec son crayon sur un bout de papier. Puis il fit glisser le papier vers Josep. Il avait entouré le montant. Josep le lut, soulagé.

— Quand pourrez-vous l'installer à Santa Eulalia ?

— Nous avons trois équipes. Toutes sont occupées.

— Comprenez-moi, insista Josep, tout le village est privé d'eau. Et avec cette sécheresse...

L'homme attira à lui un registre à couverture de cuir, l'ouvrit, en tourna les pages.

— Vous êtes dans une situation critique. Je comprends. Je peux livrer la pompe et vous l'installer dans trois jours.

Il ne pouvait faire davantage. Josep fit oui de la tête, ils échangèrent une poignée de main, et la commande fut signée.

Josep était libre de rentrer chez lui, mais, comme il traversait le Barrio Gotico sur le Mulet, il passa non loin de Sant Domenech del Call, où il ralentit sa monture pour observer plus à son aise les échopes qui longeaient les rues étroites. Une enseigne attira son attention : L. MONTRÈS, CORDONNIER.

Il avait failli passer devant sans la voir.

C'était une boutique minuscule, du côté à l'ombre, dont la porte était ouverte en raison de la chaleur.

Au moins, l'échoppe existait pour de bon. Il passa deux boutiques encore, mit pied à terre et attacha le Mulet à un anneau. Il traversa la rue en direction d'une boulangerie et feignit de s'intéresser aux miches exposées dans la vitrine. Dès qu'il le pouvait, il glissait un regard vers la boutique du cordonnier en essayant de voir ce qui se passait à l'intérieur.

Luis Montrès – si c'était lui – était assis sur son banc. Il venait de remplacer la semelle d'une chaussure et découpait avec soin des lanières de cuir autour du talon. Il avait le visage brun, orné d'une barbe broussailleuse et négligée. Les yeux mi-clos, il se concentrait sur sa tâche. Il n'était pas vêtu d'un costume blanc mais d'une tunique de travail sous un tablier bleu usé jusqu'à la corde et était coiffé d'un chapeau mou. Il coinça une rangée de clous entre ses lèvres et les reprit lentement, l'un après l'autre, pour les planter dans la chaussure à grands coups de marteau.

Josep craignant de se faire voir, il s'éloigna.

Il venait de détacher le Mulet, et le faisait tourner, quand une femme apparut à l'angle de la ruelle, porteuse d'un panier. Venant de Sant Domenech, elle se rapprochait de l'échoppe du cordonnier. Josep ne la reconnut pas tout de suite; puis il s'aperçut que cette femme n'était autre que Teresa Gallego.

Il regagna son poste d'observation devant la boulangerie. Il entendit la voix de Teresa, à qui le mari répondit d'un hochement de tête. Elle lui tendit son déjeuner.

Montrès posa son marteau et la chaussure et se mit à manger. Une femme plus âgée pénétra dans la boutique, accueillie par Teresa, qui passa derrière le comptoir et y reçut une paire de bottes à réparer. Teresa montra les bottes à son mari; sans cesser de manger, il lui demanda de les déposer sur l'étagère.

Comme elle avait changé! Elle avait grossi. Ou bien elle attendait un enfant... En tout cas, elle paraissait comblée. Et paisible. Jadis il l'avait caressée. Il avait touché les parties intimes de son corps. Accueillant ces souvenirs, Josep se sentait plus ou moins en train de commettre l'adultère.

Puis il s'étonna de voir que cette femme était devenue pour lui une étrangère; en tout cas, elle n'avait rien de la créature voluptueuse qui habitait encore ses rêves.

Dans la boutique, l'homme finit son repas. Teresa rangea des affaires dans son panier sur le point de repartir. Vite, Josep retourna auprès du Mulet, se hissa sur son dos et s'en alla au pas, en ayant soin de ne pas attirer l'attention.

Quand il fut hors de la ville, il s'arrêta à plusieurs reprises pour laisser le Mulet se reposer et paître un peu. Il comprenait maintenant que son imagination lui avait joué des tours. Dieu seul savait ce qui arriverait demain à Teresa, mais il n'avait pas ruiné la vie de cette femme. Il allait enfin pouvoir refermer une porte restée longtemps entrouverte.

La nuit était tombée quand il entra dans Sitges. Le Mulet était fatigué, et Josep décida que le mieux était de dormir sur place et de finir sa route le lendemain matin. L'envie le saisit à l'instant même de coucher avec Juliana Lozano, bien qu'il ne lui eût jamais fait signe après la nuit qu'ils avaient passée ensemble. Il se dirigea vers le café où elle était employée et attacha à un anneau du mur la bride du Mulet.

Le café était noir de monde, plein de bruit et de fumée, mais Josep parvint à y trouver une table. Juliana l'aperçut, de l'autre bout de la salle. Elle vint aussitôt à lui avec le sourire.

– Heureuse de te voir, Josep ! Comment vas-tu ?

– Content de te voir, moi aussi. Tu vas bien ?

– Il faut qu'on parle, tous les deux. J'ai quelque chose à te dire. Mais laisse-moi d'abord te servir quelque chose.

– Du vin, dit Josep.

Il laissa son regard s'attarder sur les larges hanches de Juliana, tandis qu'elle partait lui chercher à boire.

Que pouvait-elle bien avoir à lui dire ?

– Qu'est-ce que tu voulais me dire ?

Elle se pencha vers lui et chuchota :

– Je vais me marier.

– Vraiment ? dit-il en essayant de cacher son soulagement. Qui est l'heureux élu ?

Elle pointa le doigt vers une table voisine où buvaient trois hommes corpulents. L'un d'eux vit qu'on le désignait. Il prit une mine radieuse et répondit d'un signe de la main.

– Victor Barcelo, dit Juliana à voix basse. Il élève des moutons dont il vend les peaux à la tannerie.

– Ah ! commenta Josep.

Levant son verre, il salua Barcelo, qui fit de même, tout sourire.

Josep commanda un bol de soupe aux haricots blancs. Et il pria Juliana de lui servir plusieurs verres d'eau, anxieux de la sécheresse qui frappait son village.

Quand il sortit du café, il emmena le Mulet au bord de la mer en empruntant un sentier qui longeait une succession de plages jusqu'à une anse où des barques de pêcheurs reposaient sur le sable. Il attacha l'animal à un piquet d'amarrage, déroula sa couverture entre deux barques, s'endormit presque aussitôt et passa une nuit confortable au bord de la Méditerranée.

L'équipe de Barcelone qui vint installer la pompe se composait de trois ouvriers rapides et capables – des hommes qui connaissaient leur boulot. Le treuil eut tôt fait d'être installé, ainsi que la corde sur sa structure en bois. Puis l'un des ouvriers alla dans les profondeurs du puits s'assurer que le mécanisme était solidement établi dans l'eau. La canalisation fut montée morceau par morceau ; soudain elle surgit à l'air libre, comme si elle avait poussé dans la terre.

Ils avaient apporté une dalle pour recouvrir le puits. En son centre, ils percèrent un trou juste assez large pour laisser passer le tuyau. Quand vint l'heure de la mettre en place, ils firent appel aux hommes forts du village, ceux qui avaient coutume de porter sainte Eulalie les jours de procession. Les porteurs durent maintenir la dalle au-dessus de la gueule du puits le temps que les ouvriers aient enfoncé la canalisation dans le trou, puis ils laissèrent la pierre redescendre doucement et fermer le puits sans abîmer le tuyau.

Le carter qui enfermait le mécanisme extérieur fut peint en bleu, ainsi que le bras en acier. Quand la pompe fut installée, les mécaniciens procédèrent à une démonstration. Les villageois apprirent que le bras devait être actionné plusieurs fois, pour l'amorçage. Le premier essai produisit une longue plainte mécanique et le deuxième un râle déchirant ; à la troisième tentative, l'eau jaillit en un flux souple et continu.

Au début, l'eau fut mauvaise. Les membres du conseil municipal commencèrent à la purger, avant de passer le relais à d'autres villageois. De temps en temps, l'alcade présentait la main à l'embouchure de la pompe, capturait dans sa paume un peu d'eau courante et la respirait ; chaque fois, il faisait la grimace.

Vint le moment où il regarda Josep d'un air satisfait. Josep et Eduardo prirent à leur tour de l'eau dans la coupe de leurs mains et la respirèrent.

– Elle sent encore un peu, estima Eduardo.

Josep était du même avis. Il recommença à pomper. Au début, il emplissait un gobelet de fer et en goûtait le contenu du bout des lèvres. Mais on le vit bientôt rincer le gobelet, l'emplir à nouveau et le présenter à l'alcade, qui but, hocha positivement la tête et afficha enfin un sourire rayonnant.

Eduardo porta le gobelet à sa bouche devant la foule des villageois et but à grandes rasades. Les gens avaient hâte de boire à leur tour. Beaucoup remerciaient l'alcade.

– J'ai décidé que ce genre d'ennui ne devait plus se produire, leur disait-il d'un air modeste. Mon rôle est de m'occuper de vous, et je le ferai toujours. Je suis ravi d'avoir résolu le problème.

Josep regarda Eduardo, qui n'avait pas bronché, par-dessus le bord de son gobelet. Son visage dépourvu d'expression était plus sérieux que jamais. Néanmoins il cessa de boire. Et l'éclat qui brilla dans ses yeux disait combien il appréciait d'être l'ami de Josep.

44

Le castell

*E*duardo Montroig, qui habitait sur la place, courait amorcer la pompe dès qu'il était debout. Il se sentait de plus en plus à l'aise avec Josep, même s'ils n'avaient guère de temps pour se voir, accaparés comme ils l'étaient par leurs longues journées de travail. Ce n'était pas un homme prétentieux. Cependant il se dégageait de lui quelque chose de solennel. On devinait chez lui une attirance pour les responsabilités et une âme de chef. Il était *cap de colla* des castellers – c'est-à-dire capitaine de l'équipe. Il eut à cœur d'inviter son ami à venir se joindre au groupe. Cependant il dut insister, ce qui ne manqua pas de le surprendre.

– Nous avons besoin de toi ! finit-il par dire à Josep.

Josep apprit que sa présence était requise au troisième étage de la pyramide. Des souvenirs de jeunesse s'éveillèrent en lui, dont celui d'Eusebi Gallego, le père de Teresa, qui autrefois avait été porteur au troisième étage.

Avait-il vraiment sa place dans ce groupe ? Il n'en était pas sûr. Il accepta néanmoins de venir à un entraînement.

Les castellers allaient pieds nus, vêtus de larges pantalons blancs et de tuniques bouffantes, coiffés de foulards noués de façon à leur protéger les oreilles. Ils s'aidaient mutuellement à se passer autour de la taille de larges ceintures appelées *faixas*, longues de trois mètres et plus. L'autre coéquipier la tenait serrée et tendue, pendant qu'on l'enroulait autour de soi en tournoyant comme une toupie. La ceinture se transformait pratiquement en un corset de tissu capable de maintenir la colonne vertébrale bien droite, ce qui permettait au porteur de faire un appui plus solide.

Eduardo passait de longues heures à dessiner sur le papier le plan de la pyramide, en assignant à chacun sa position en fonction de ses capacités individuelles, qualités et points faibles. Il ne cessait d'analyser les choses et de modifier son plan. Il accordait une grande importance à la musique lors des entraînements, et, dès qu'il donnait le signal du départ, on entendait résonner les grallas.

– Quatrième groupe !

Josep, Albert Fiore et Marc Rubio s'élancèrent à l'assaut de la pyramide et se hissèrent au-dessus des deux premiers niveaux.

Josep avait de la peine à le croire. Quand il parvenait à la place qui lui était assignée, le castell n'était encore qu'à moitié construit, pourtant il avait le sentiment d'être perché aussi haut qu'un oiseau sur un arbre. L'espace d'un instant, il vacillait. La peur alors le saisissait. Mais les bras puissants de Marc le maintenaient, et il ne tardait pas à recouvrer confiance et équilibre.

Venait ensuite le moment où ils devaient se tenir fermement soudés les uns aux autres, tandis que de nouveaux castellers commençaient leur escalade. Josep se retrouvait avec sur les épaules tout le poids de Briel Tauré.

C'est au niveau du cinquième étage que se produisit l'incident. Josep, d'abord, sentit passer un courant venu d'en haut. Puis quelque chose bascula. Il faillit décrocher de l'épaule de Marc. Finalement, toutes les mains lâchèrent prise en même temps – ces mains qui assuraient sa stabilité. Les ongles des pieds de Briel éraflèrent la joue de Josep, qui entendit Albert s'écrier « Merde ! » dans un gémissement guttural. Le castell s'effondra dans un chaos de corps tombant les uns sur les autres.

Couché à terre, la figure écrasée par l'avant-bras de quelqu'un, Josep vécut un moment désagréable. Puis les castellers se hâtèrent de se dépêtrer. Les uns riaient, les autres juraient – tout dépendait du caractère de chacun. Les hématomes étaient nombreux. Mais Eduardo eut tôt fait d'examiner son monde et de constater que personne n'était sérieusement blessé.

Quelle drôle de façon de se divertir! songeait Josep.

En même temps, une nouvelle vérité venait de se révéler à lui.

Il aimait ce loisir.

Par un chaud dimanche matin, Donat vint au village. Les deux frères allèrent s'asseoir sur le banc devant la vigne et y mangèrent du pain rassis accompagné d'une vieille saucisse dure comme du bois.

Donat ne faisait pas mystère de son opinion. Selon lui, creuser une cave dans la colline relevait purement et simplement de la folie. Cependant Josep l'avait impressionné par sa façon d'acquérir la propriété du voisin.

— Le padre ne le croirait jamais, dit-il.

— Peut-être que si...

Il avança la suite avec prudence.

— Je ne vais pas pouvoir te régler, Donat.

Donat se tourna vers lui, affolé.

— Je manque de liquide, poursuivit Josep. Mais on fera comme indiqué dans le contrat. La prochaine fois, c'est-à-dire après la vendange, toi et Rosa recevrez deux versements au lieu d'un. Plus dix pour cent.

— Ça va mettre Rosa dans tous ses états! s'exclama Donat.

— Explique-lui que votre intérêt est d'attendre la fin de la vendange : vous y gagnez une prime de dix pour cent.

Donat répondit, d'un ton froid et distant :

— Tu ne peux pas comprendre. Tu n'es pas marié.

Josep préférait éviter de se lancer dans une discussion sans fin.

— Il reste de la saucisse? reprit Donat, excédé.

— Non. Mais viens. On va passer chez Nivaldo. Et tu auras un bon morceau de chorizo à manger en route.

Tout en prononçant ces mots, il donnait à son frère de petites tapes sur l'épaule.

45

Foulage

*L*e climat, cet été-là, fut conforme à ce que Josep aurait commandé au ciel si une telle chose avait été possible. Il faisait le jour une chaleur supportable et la nuit une délicieuse fraîcheur. Josep passait la plupart de ses heures dans ses vignes, marchant le long des rangées, et revenant sans cesse aux vieux plants qu'il avait élagués de leurs trop nombreux bourgeons. Il inspectait ses grappes dans les moindres détails, comme si la force de son seul regard favorisait le développement du raisin. Il observa qu'elles donnaient des grains minuscules. Dès que les grains prirent leur couleur foncée, Josep les goûta. Ils déployaient déjà des arômes exquis, alors même qu'ils n'avaient pas fini de mûrir.

Il était trop accaparé par ses plants pour travailler à la cave. En juillet, il vida la citerne de pierre dont se servait son arrière-grand-père pour fouler le raisin. On y avait entreposé au long des années toutes sortes d'objets – des outils, des seaux, des sacs de chaux. Il transporta le tout dans la maison de Quim. Puis il cura la citerne et la rinça longuement avec de l'eau puisée à la rivière, réchauffée au soleil et mélangée d'un peu de soufre. Bientôt la citerne fut de nouveau en état de remplir son œuvre. Cependant l'antique robinet de bois qui permettait d'évacuer le jus du raisin était abîmé. Josep allait devoir le remplacer. Il se rendit plusieurs vendredis de suite au marché de Sitges, en quête d'un robinet d'occasion. Mais il n'en trouva pas. Il renonça finalement à cette idée et fit l'acquisition d'un robinet en cuivre flambant neuf.

La Bodega

À la mi-août, Emilio Rivera et Juan arrivèrent dans la grande voiture de la tonnellerie. Josep les aida à décharger les deux cuves neuves, fabriquées dans un chêne qui fleurait bon le vieux bois ouvragé. Josep n'arrivait pas à croire que ces cuves lui appartenaient désormais. C'était la première fois qu'il voyait de ses yeux des cuves neuves. Une fois à leur place, près de la maison de Quim, elles ne se contentaient pas de sentir bon, elles faisaient aussi une impression magnifique. Comme convenu, Josep paya à Emilio une seule des deux, l'opération le laissant avec encore moins d'argent et davantage de dettes. D'un autre côté, l'arrivée des cuves avait libéré son enthousiasme. Il courut chercher Maria del Mar et lui demanda si elle aurait la gentillesse de préparer une tortilla. Marimar se dépêcha d'aller à la ferme d'Angel acheter des œufs, des pommes de terre et des oignons. Josep et les deux tonneliers s'assirent dehors et attendirent en buvant du mauvais vin que le repas fût prêt. Maria avait allumé un grand feu. Sa tortilla fut un régal.

Josep éprouvait de la gratitude pour ces deux hommes et il appréciait leur compagnie, mais il avait hâte qu'ils s'en aillent. Dès que leur voiture eut tourné au coin de la vigne, il se précipita chez Torra et resta un long moment à admirer ses cuves. Il était incapable de rien faire d'autre. Il fallait qu'il les regarde, et les regarde encore.

Pourtant il savait qu'il avait pris d'énormes risques, et chaque jour le trouvait plus angoissé que la veille. Il passait son temps à scruter le ciel. Et si la nature avait décidé de l'accabler, lui, Josep ? Peut-être se préparait-elle à lui envoyer de la grêle, un déluge de pluie... Mais la pluie ne tomba qu'une fois, et ce ne fut pas un déluge, seulement une aimable averse. Les journées continuèrent d'être chaudes et les nuits de plus en plus fraîches.

Maria del Mar tenait à respecter une tradition désormais bien établie entre eux. Elle avait déjà envie de battre les cartes et de tirer au sort pour savoir quelle vigne serait vendangée la première. Mais Josep lui dit qu'il souhaitait vendanger d'abord son raisin à elle. Car, chez lui, les grappes des vieux plants avaient encore besoin de mûrir.

— Autant attendre de pouvoir couper tous les raisins, dit-il.

253

Maria del Mar se déclara d'accord.

Travailler avec elle était toujours un plaisir. Elle était dure à la peine, animée d'une surprenante énergie. C'était au point que Josep avait parfois du mal à couper aussi vite qu'elle.

Et puis il se sentait bien en compagnie de cette femme, la préférait à toutes celles qu'il avait connues. Elle était plus jolie que Teresa, et plus intéressante. Il devait admettre aussi qu'elle était plus désirable que Juliana Lozano, ou que Renata, ou même que Margit Fontaine. Oui, elle était plus agréable à vivre que les autres, du moins quand elle ne l'accablait pas de reproches.

Lorsqu'ils eurent fini de presser le raisin de Marimar, ils entreprirent de vendanger les vignes de Josep, en commençant par les grappes dont le jus se destinait au vinaigre. Comme à l'accoutumée, ils les transportèrent au pressoir du village. Le moût de ce raisin emplit les deux cuves de Josep, en attendant de partir pour la vinaigrerie. Mais la propriété Alavarez comprenait également ces vieux plants de grenache et de cariñena dont Josep avait sévèrement élagué les branches. Les antiques ull de llebre, eux, poussaient sur la propriété Torra. Josep ne cessait d'aller les surveiller, piquant des grains pour les garder en bouche et en goûter longuement la saveur.

— Ils sont mûrs, non ? dit Maria del Mar.

— Pas encore, répondit-il.

Le lendemain, son verdict fut le même.

— Tu attends trop, dit Maria del Mar. Hier, ils n'étaient pas assez mûrs ; demain, ils seront gâtés.

— Le moment n'est pas venu.

Elle regarda le ciel bleu et sans nuage. Tous deux savaient que le temps pouvait changer rapidement. On n'était jamais à l'abri d'un orage, voire d'une tempête destructrice.

— Tu veux défier Dieu ?

Josep ne sut que répondre. Peut-être Maria del Mar avait-elle raison. Il répondit cependant :

— Je pense que Dieu me comprend.

Le lendemain, il porta un grain d'ull de llebre à sa bouche. La peau épaisse du raisin se déchira sous ses dents. Le jus répandit toutes ses saveurs dans son palais. Josep hocha la tête.

– Maintenant on peut les couper.

Briel Taulé les rejoignit. Ils commencèrent la vendange dans la lumière grise de l'aube. Les grappes tombaient dans les paniers puis étaient étalées à l'ombre sur une longue table. Et Josep exigea que chaque grain fût détaché de sa grappe. La besogne était longue, méticuleuse. Il fallait procéder avec soin, en éliminant au passage tous les grains pourris ou abîmés. À la fin, le précieux trésor était déversé dans la citerne de pierre.

Une partie des vignes était vendangée le matin de bonne heure, et l'autre en fin d'après-midi. Le travail était rude. Il fallait faire vite. Le soir, c'était la course contre la montre pour finir la parcelle avant la tombée de la nuit. À 22 heures, il n'y avait presque plus de lumière. Josep disposait alors des torches et des lampes autour de sa citerne et déroulait sur le sol une couverture dans laquelle Maria enroulait son fils ; ainsi, l'enfant dormirait à portée de regard des adultes.

Assis au bord de la citerne, ils se décrassaient longuement les pieds. Puis ils s'avançaient au milieu des raisins. Josep éprouvait grand plaisir à sentir les grains éclater sous ses pieds nus. L'expérience lui était délicieuse, familière. Elle lui rappelait la France et les vignobles de Léon Mendès.

Il sourit à Maria del Mar.

– On fait comment ? demanda Briel.

– On marche sur les raisins, c'est tout.

C'était agréable de marcher ainsi dans la citerne – six pas couvraient toute la longueur du récipient. L'air était frais. Les deux hommes avaient ôté leurs chemises et roulé leurs pantalons sur leurs jambes. Maria del Mar, ayant retroussé son jupon, l'avait attaché à sa taille. Mais, au bout d'une heure, la tâche devint plus difficile. Les jambes fatiguaient. Les pieds se faisaient lourds à force de s'enfoncer dans la pulpe odorante qui les retenait et les emprisonnait.

Pour ne pas se gêner mutuellement, ils marchaient à la queue leu leu. Briel entonna un chant où il était question d'une pie voleuse qui dérobait des olives à la femme d'un fermier. Le rythme de la musique les aidait à fouler. Quand Briel eut fini sa chanson, Maria chanta à son tour l'histoire d'une femme qui se languit de son amant. Elle n'avait pas une voix merveilleuse, mais elle entonna plusieurs couplets sans se laisser intimider. Puis Briel, reprenant le flambeau, alla lui aussi de sa chanson d'amour, beaucoup moins romantique cependant que celle de Maria. Il y était question d'un garçon corpulent tellement excité par son désir qu'il n'arrivait jamais à faire l'amour. C'était chaque fois un fiasco. Au début, le morceau était drôle. Tous trois riaient aux éclats. Puis Josep trouva que Briel se montrait mal élevé et que brailler de telles obscénités revenait à manquer de respect à Maria.

– Ça suffit, ordonna-t-il.

Briel se tut. Josep avait fait le tour de la citerne. En faisant marche-arrière, il croisa le regard de Maria et vit qu'elle lui souriait d'un air moqueur.

À l'aube, Josep estima que son raisin était pressé. Dans la clarté grise du petit matin, Maria del Mar prit entre ses bras son enfant endormi et le transporta chez elle. Josep et Briel restèrent à travailler. Avec des seaux, ils vidèrent le moût dans l'une des deux cuves neuves. Puis ils attelèrent le Mulet à la charrette, partirent chercher de l'eau à la rivière et lavèrent la citerne.

Le soleil était déjà haut quand Josep s'écroula sur son lit. Il avait décidé de s'accorder quelques heures de sommeil avant de vendanger le grenache.

Le troisième jour, ils coupèrent le cariñena. Ils étaient épuisés. Briel s'était blessé au pied en trébuchant sur une pierre. Quand vint le moment de fouler le raisin dans la citerne, il boitait et souffrait. Josep le renvoya chez lui.

Francesc, lui, n'arrivait pas à dormir et courait dans le noir. Maria del Mar soupirait :

– Il a besoin de dormir.

Josep approuva.

– Il y a deux fois moins de cariñena que d'ull de llebre ou de grenache, dit-il. Je le foulerai tout seul.

Mais quand Maria eut disparu avec Francesc, ce fut avec moins de plaisir qu'il vit venir une longue nuit solitaire. Le ciel était sans lune. La campagne alentour était paisible. Au loin, un chien aboyait. La journée avait été plutôt chaude, mais le soir avait apporté une brise agréable. L'air, disait-on, apportait et déposait dans les cuves des levures naturelles qui aidaient à la fermentation et à la transformation du moût en vin.

Josep se baissa, ramassa une poignée de raisin écrasé et en goûta longuement la saveur, tout en commençant à fouler.

La fatigue l'avait mis d'humeur sombre. Il marcha dans son pressoir comme un automate, entouré par la nuit satinée. Six pas dans le sens de la longueur, un pas de côté, six pas, un pas...

Le temps s'écoulait interminablement.

Josep ne se rendit pas compte que Maria del Mar l'avait rejoint. Il ne s'aperçut de sa présence qu'au moment où elle pénétra avec précaution dans le pressoir.

— Il a fini par s'endormir, dit-elle.

— Tu aurais dû faire pareil.

Ils piétinèrent le raisin en silence. À un moment, ils se heurtèrent en faisant demi-tour.

— Pardon, lâcha Josep.

Il tendit les bras pour empêcher Marimar de tomber, mais, la minute d'après, il l'embrassait à pleine bouche.

— Tu as le goût du raisin, murmura-t-il.

Il s'embrassèrent à nouveau.

— Marimar...

Elle frissonna sous les caresses de Josep.

— Pas ici, dit-elle. Pas dans le raisin.

Quand il l'aida à sortir de la citerne, il n'éprouvait plus la moindre fatigue.

46

Dégustation

*L*e lendemain matin, quand le moût fut dans les cuves, ils allèrent s'asseoir un moment chez elle. Josep n'y connaissait rien en matière de café, mais il savait que celui de Maria n'était pas bon. Ils en burent néanmoins plusieurs tasses, tout en parlant.

— Après tout, dit Maria, c'est un besoin naturel.

— Tu crois que le besoin est le même chez les hommes et chez les femmes ?

— Le même ? Je ne suis pas un homme, mais... C'est un grand besoin chez la femme aussi. Tu n'es pas de cet avis ?

Il sourit.

— Tu n'as personne en ce moment, dit-il. Et moi non plus. C'est bien que nous puissions nous donner mutuellement du plaisir. En amis.

— Pas trop souvent alors, répondit-elle timidement. Attendons que le besoin soit très fort. Ainsi, quand on se retrouvera... Tu vois ce que je veux dire ?

Il prit un air dubitatif et but une gorgée de café.

Maria del Mar se leva pour aller jeter un coup d'œil par la fenêtre.

— Francesc est en train de grimper à son arbre, commenta-t-elle.

Ils se regardèrent. L'occasion était belle. Et peut-être, après tout, ne se représenterait-elle pas de sitôt.

Josep cédait à la nervosité. Tous ses revenus futurs reposaient désormais entre les mains de la nature. Autrement dit, il devait attendre que s'accomplisse le mystérieux processus au cours duquel le jus de la treille se transforme en vin. L'accompagnement de cette métamorphose exigeait de sa part travail et surveillance. Dans le moût, tout ce qui n'était pas jus – les peaux, les grains, les tiges, les débris – tendait à remonter à la surface, à flotter sur le liquide et à sécher rapidement. Toutes les trois ou quatre heures, Josep vidangeait par le robinet une partie du jus. Puis il dressait une échelle contre la citerne et il déversait le jus dans le moût. À l'aide d'un râteau, il repoussait la croûte vers le fond et la mélangeait au corps liquide.

Il répétait l'opération plusieurs fois par jour et se relevait même la nuit pour aller la refaire dans le noir, comme on accomplit un rituel entre veille et sommeil.

Le temps resta frais, ce qui ralentit la transformation du raisin. Mais au bout d'une semaine, Josep commença de prélever deux fois par jour, dans chaque cuve, un peu de moût qu'il goûtait avec soin.

Il était nerveux, d'humeur morose. Aussi Maria del Mar préférait-elle ne pas l'approcher. Ayant toujours vécu au milieu des vignes, elle savait mieux que personne que tout était une question de temps. Si Josep interrompait le processus avant l'heure, cela risquait d'altérer le vin dans sa coloration et sa capacité à vieillir; s'il attendait trop, le vin s'appauvrirait et perdrait toute saveur. Voyant combien il se tourmentait, elle préférait le laisser tranquille, et même empêcher Francesc d'aller l'importuner.

Pour Josep, chaque journée était une épreuve. Il mouillait la surface du moût, poussait les débris vers le fond mélangeait. Et goûtait, encore et encore. Chaque nouvelle gorgée lui permettait de mesurer les progrès de ses vins en puissance et en saveur.

Au bout de deux semaines, les sucres présents dans le moût s'étaient transformés en alcool. S'il avait fait plus chaud, l'ull de llebre serait trop fort, mais la température demeurait assez basse, et il en résultait un degré d'alcool modéré. Le liquide était doux, frais, agréable. Cependant il manquait légèrement d'acidité. Le grenache, en revanche, était acide et généreux.

Quant au cariñena, il dégageait cette puissance quasi amère que Josep connaissait bien et qui était la condition pour qu'un vin puisse vieillir.

Cela faisait maintenant quatorze jours que le moût travaillait dans les cuves. Josep était assis dans sa cuisine. Sur la table reposaient trois coupes pleines, une cruche d'eau, un grand verre, un très petit, enfin un crayon près d'une feuille de papier.

Josep emplit à moitié le petit verre d'ull de llebre. Il le versa ensuite dans le grand verre. Il y ajouta la même quantité de cariñena, puis la même quantité de grenache. Il mélangea le tout avec une petite cuiller et porta le mélange à ses lèvres. Il le mit en bouche, le fit tourner dans son palais le recracha dans le bol. Il resta un moment à réfléchir, se rinça la bouche et rédigea sa conclusion.

Il devait à présent se forcer à attendre que le goût du breuvage se dissipe sur ses papilles. Il sortit de la maison et s'occupa à de petits travaux. De retour dans la cuisine, il prépara un nouveau mélange, en associant cette fois du grenache et du cariñena.

À chaque fois, il méditait le résultat et rédigeait un bref commentaire ; il prenait toujours du vin neuf, non altéré par une trop longue exposition à l'air qui eût risqué de lui fournir des informations inexactes.

Au matin du dix-septième jour de fermentation, il sut que ses vins étaient prêts à être mis en fûts. Sur sa table reposaient trois feuilles couvertes de notes. Naturellement, il savait que mille autres mélanges étaient possibles. D'ailleurs, il commença cette journée en préparant un nouveau breuvage – soixante pour cent d'ull de llebre, trente pour cent de grenache, dix pour cent de cariñena. Il en introduisit une gorgée dans sa bouche. Il la mâcha. Il cracha.

Il attendit, prépara de nouveau le même mélange, goûta de nouveau.

Il renouvela l'opération une troisième fois, après avoir attendu le temps nécessaire. Mais il lui fut impossible de recracher le vin.

Certes, les mélanges précédents s'étaient révélés prometteurs, mais celui-là emplissait le palais et le comblait de ses saveurs. Josep ferma les yeux. Il redécouvrait les arômes de fruits rouges et de prunes dont il avait noté la présence dans les échantillons précédents, mais auxquels s'ajoutaient des pointes de mûres et de pierre, un soupir de sauge, un parfum de bois – le chêne de la cuve. Son palais retrouvait des arômes rencontrés précédemment, mais aussi de minuscules traces de douceur et d'acidité éveillées pour la première fois. Ce vin-là avait une ampleur nouvelle. Josep se plut à le mâcher longtemps, à le garder sous la langue, à le faire circuler entre ses joues, à le retenir au bord de son gosier.

Il l'avala enfin. Le vin s'épanouit dans sa gorge. Josep éprouva la montée du plaisir – un plaisir qui continua de se renouveler longtemps après que le liquide fut entièrement dégluti.

Comme les parfums s'attardaient dans ses narines, Josep se mit à trembler. De quoi avait-il peur? Il ne lui arrivait rien de mal... Non. Il était simplement en train de se rendre compte qu'il avait fabriqué du vin.

Il resta un long moment assis à sa table, regardai son vin au repos dans le bol. Il l'observait comme s'il voulait en déchiffrer les secrets, en pénétrer la sagesse. C'était un vin riche à la robe sombre teintée de reflets écarlates ; et cette couleur provenait de la peau épaisse qui protégeait les grains, au terme de presque trois semaines de fermentation.

Josep le trouvait beau.

Soudain il eut besoin de le faire goûter à quelqu'un – c'était un besoin pressant, torturant. Il aurait voulu en emplir une bouteille et l'offrir à son père...

Pourquoi pas à Nivaldo?

Finalement, il en versa dans une tasse et l'emporta à travers ses rangées de ceps jusqu'à la maison de Maria del Mar. Il frappa à la porte, doucement pour ne pas réveiller l'enfant.

Maria vint ouvrir avec une lampe. Elle cligna des yeux d'un air mécontent. Des cernes lui mangeaient le visage ses cheveux étaient emmêlés. Josep la suivit dans la cuisine et attendit qu'elle eût posé la lampe sur la table pour lui tendre la coupe, car il voulait voir son expression quand elle boirait.

47

En frères

*J*osep, ayant allumé un petit feu vif, y présenta tour à tour chacune de ses barriques de cent litres ; il avait vu en France les viticulteurs faire roussir ainsi l'intérieur de leurs fûts. Quand les barriques furent parfaitement propres, il les emplit. Quatorze barriques furent nécessaires pour contenir son vin. Le reste fut versé dans deux de ses grands tonneaux de deux cent vingt-cinq litres. De temps en temps, il prélevait dans les tonneaux pour compléter les barriques qui était neuves et dont le chêne buvait comme un homme assoiffé, de sorte que le vin se couvrait d'une couche d'air risquat de le gâter. Il était à cette besogne quand il fut rejoint par Briel.

Les deux hommes vidèrent les trois grandes cuves. Le moût restant, ils le transportèrent au pressoir du village, et en tirèrent encore un demi-fût de vin. Ajouté au vin pur obtenu par foulage, le fruit de ce deuxième pressage donna presque un tonneau de vin ordinaire – un vin qui n'avait pas la qualité du mélange, mais qui était de loin supérieur à tout ce qu'avait jamais produit le père de Josep.

Josep et Briel finissaient de transporter les tonneaux dans la cave quand Donat apparut sur la route. Josep fit bon accueil à son frère mais resta sur ses gardes car il savait la raison de cette visite.

— Je vais vous donner un coup de main, dit Donat.

— Non. Assieds-toi et repose-toi. Tu as fait de la route.

De toute façon, deux hommes suffisaient pour transporter même les grands tonneaux. Une troisième paire de bras n'aurait fait que les gêner. Mais Donat les suivit dans la cave, qu'il explora en détail.

262

— Voilà qui a demandé beaucoup de travail, dit-il. Le padre ne serait pas surpris de voir ce que tu as fait à sa colline ?

Josep se contenta de sourire.

Donat désigna le mur non achevé qui recouvrait en partie le côté en terre de la salle.

— Je pourrais t'aider à le finir. En prenant deux ou trois jours de congé à la filature, par exemple...

— Merci, Donat. Ce n'est pas la peine. J'aime la maçonnerie. Dès que j'ai cinq minutes, je m'y mets, voilà tout.

Mais Donat s'éternisa. Il regarda Josep et Briel transporter les derniers tonneaux dans la cave. Puis sa visite prit une tournure plus aimable quand Josep, ayant empli un pichet de son mélange, proposa de l'apporter à Nivaldo.

Le vieil épicier fut impressionné. Et il était ravi d'avoir les deux frères auprès de lui. Ils passèrent tous les trois un moment à bavarder en bons camarades, à boire et à manger du ragoût. Nivaldo offrit à Donat un fromage à ramener à Rosa.

Josep et son frère remontèrent à la masia d'un pas de promenade, en profitant de la fraîcheur.

— Quel calme ! dit Donat. Un bon village, vraiment. Tu n'es pas de mon avis ?

— Si.

Josep prépara pour son frère un lit fait d'une couverture et d'un oreiller. Donat se coucha tout de suite et dit chaleureusement :

— Bonne nuit, Josep.

— Dors bien, Donat.

Josep lava et rinça le pichet ; le temps qu'il gagne son propre lit, Donat ronflait déjà, ce qui lui rappela des souvenirs.

Le matin, ils partagèrent un quignon de pain et du fromage. Quand il eut mangé, Donat recula sa chaise et se leva.

— Je ferais aussi bien de me dépêcher pendant qu'il y a du monde sur la route, si je veux trouver une voiture pour m'emmener.

Josep approuva.

— Bon, reprit Donat. Et l'argent ?

– Je n'ai toujours pas de quoi te payer.

Donat s'empourpra de colère.

– Qu'est-ce que ça veut dire ? Tu m'as promis que j'aurais les deux versements après la vendange !

– J'ai fait le vin. Maintenant, je vais le vendre. Quand je l'aurai vendu, j'aurai l'argent.

– À qui vas-tu le vendre, ton vin ? Et quand ?

– Je ne sais pas encore. Ne t'en fais pas. Tu as vu que le vin était là. Tu l'as même goûté. C'est comme si tu avais déjà l'argent en poche, avec la prime de dix pour cent.

– Rosa va devenir folle, dit Donat, accablé.

Il se laissa retomber sur sa chaise.

– Tu n'arrives pas à t'en sortir, n'est-ce pas ? Tu ne peux pas nous payer.

– C'est une période difficile, reconnut Josep. J'ai eu des dépenses imprévues. Mais je m'en sors, détrompe-toi. Tout ce que je te demande, c'est un peu de patience.

– J'ai réfléchi à un moyen de te faciliter les choses... J'aimerais rentrer au village. Et devenir ton associé.

Ils échangèrent un long regard. Puis Josep dit doucement :

– Non, Donat.

– Attends... Tu as deux terres. Donne-nous l'une des deux, à Rosa et à moi. N'importe laquelle. Ta dette sera effacée. Ce serait une bonne chose, Josep, si nous étions voisins. Tu cherches à produire du bon vin ? Je t'y aiderai. Et chacun travaillera pour l'autre. On vendra notre vin ordinaire pour le vinaigre. On gagnera notre vie ensemble.

Josep se força à faire non de la tête.

– Et que deviennent tes projets ? reprit-il. Je croyais que ça te plaisait de travailler à la filature.

– J'ai des ennuis avec un contremaître. Il me prend pour son souffre-douleur et me pourrit la vie. Je ne deviendrai jamais mécano. D'ailleurs, ces sacrées machines sont en train de me bousiller les tympans.

Il soupira.

– Écoute, je serais même prêt à travailler pour toi comme ouvrier, s'il le fallait.

Josep tremblait intérieurement quand il pensait à leur relation. À leurs sempiternelles querelles.

– Ça ne marcherait pas, dit-il.

Le regard de Donat se fit plus dur. Josep ajouta :

– Je vais te donner une bouteille du deuxième pressage à rapporter à la maison.

Il se mit en devoir de rincer une bouteille et trouva un bouchon. Suivi de son frère, il s'approcha des tonneaux.

– Pourquoi du deuxième pressage ? dit Donat, agressif. Tu estimes que le bon vin n'est pas pour nous ?

Cette remarque avait fait mouche. Josep se sentit coupable, subitement. Mais il tint bon.

– Hier, c'était pour goûter. Aujourd'hui, je n'y touche plus. Même moi, je n'en boirai pas. J'ai besoin de le vendre, afin de pouvoir te payer.

Donat fourra la bouteille dans son sac et tourna les talons en grommelant quelque chose que Josep n'entendit pas bien. Était-ce « sale radin », « merci » ou « adieu » ?

Josep regarda son frère descendre lentement l'allée qui rejoignait la route ; il lui trouva la démarche d'un homme fatigué en train de fouler des raisins.

48

La visite

Les castellers de Santa Eulalia ne s'étaient pas réunis durant tout l'automne, et Eduardo se hâta d'organiser un exercice dès la fin des vendanges.

Josep s'aperçut avec une certaine surprise qu'il était ravi de renouer avec l'entraînement. Pourquoi les hommes éprouvaient-ils le besoin de se hisser sur les épaules les uns des autres ? Pourquoi voulaient-ils absolument dresser aussi haut que possible des tours humaines, des tours de chair et d'os, non de pierre et de ciment ? Et pourquoi tenaient-ils si fort à recommencer ? Inévitablement, un porteur, un jour, perdrait pied ou aurait une seconde d'inattention, ferait un faux mouvement – et la masse humaine s'écroulerait à terre.

Eduardo expliquait :

– Si chacun sait exactement ce qu'il a à faire, le castell ne tombera pas. Mais vous devez toujours reproduire exactement le même geste. Écoutez ce que je vous dis, et nous ne pouvons que réussir. Ce qu'il nous faut, c'est de la force, de l'équilibre, du courage et du bon sens.

« Je veux que vous montiez et redescendiez en silence, rapidement, dans la bonne humeur, sans perdre une seule seconde, et en faisant bien attention à vous. Mais si jamais vous tombez...

Il suspendit son discours le temps de capter leur attention.

– Si jamais vous tombez, essayer de chuter au plus près de la tour, sans vous éloigner d'elle. C'est en tombant loin de la pyramide qu'on risque de se blesser. Tombez à la base du

266

castell, là où votre chute sera amortie par les *pinya* et les *folre*.

Au pied du castell, les hommes forts qui portaient le poids de l'ensemble étaient entourés d'une foule qui les pressait de toutes parts et formaient ce qu'Eduardo appelait les pinya – le ventre, si l'on veut. Les membres de la pinya portaient sur leurs épaules d'autres castellers qui formaient la folre – la couverture – et pesaient de toutes leurs forces, eux aussi, pour étayer les premiers étages de la tour.

Josep se représentait la pinya et la folre comme un ensemble de racines à même de soutenir le tronc d'un arbre lancé à l'assaut du ciel. Il s'était familiarisé avec le vocabulaire. Une structure composée de trois hommes ou plus à chaque étage était un castell. Avec deux hommes seulement, c'était une tour. Avec un seul, c'était un pilier.

– Nous avons reçu une invitation, poursuivit Eduardo. Elle vient des castellers de Sitges. Ils nous lancent un défi. Trois hommes par niveau. Chez eux, sur la place du marché, le vendredi qui suit la fête de Pâques. Les pêcheurs de Sitges contre les viticulteurs de Santa Eulalia !

Des murmures d'approbation s'élevèrent dans les rangs des porteurs. Puis les applaudissements crépitèrent. Eduardo sourit et leva une main prudente.

– Les pêcheurs sont très forts. Ils vont nous donner du fil à retordre, car ils ont l'habitude de lutter pour garder leur équilibre sur les bateaux secoués par les vagues. Mais j'ai bien réfléchi. Nous allons leur présenter notre meilleur castell : huit niveaux de trois hommes.

Eduardo avait déjà dessiné son castell sur une feuille de papier. Il s'adressa à chacun. À l'appel de son nom, chaque grimpeur montait prendre sa place. Le castell s'éleva lentement, hésitant.

Josep était affecté au troisième étage. Le castell fut dressé et démonté plusieurs fois. À chaque essai, Eduardo étudiait le résultat avec soin et procédait à des modifications et à des remplacements.

En définitive, Josep passa au quatrième niveau.

Pendant une pause, il s'aperçut que Maria del Mar était arrivée avec Francesc. Elle s'approcha d'Eduardo et eut un conciliabule avec lui. Chacun affichait une mine sérieuse. Puis Eduardo hocha la tête pour signifier à Maria qu'il était d'accord. Il dit alors à Francesc :

– Monte sur moi.

Et il lui montra son dos.

Francesc se mit à courir, maladroitement à cause de sa hanche, et Josep ressentit de la peine pour lui. Ce gosse courait mal. On aurait dit un crabe. Mais l'enfant prenait de la vitesse. Il bondit sur les épaules d'Eduardo et s'y cramponna.

Eduardo était satisfait. Il rattrapa le jeune garçon et ordonna à ses hommes d'élever quatre niveaux de castell. Josep s'exécuta comme les autres. Une fois en place, il ne pouvait plus voir Francesc. Autour de lui, on bavardait sans lâcher prise. Soudain les tambours et les grallas attaquèrent un morceau vigoureux, comme en l'honneur d'une personne royale. Il ne s'agissait pourtant que d'évaluer les capacités d'un jeune grimpeur.

Peu après, Josep éprouva sur ses jambes le contact de deux petites mains. L'enfant lui grimpait dessus comme un singe. Francesc lui passa les bras autour du cou. Josep perçut la respiration de l'enfant. Une voix lui murmura à l'oreille :

– Josep !

L'instant d'après, Francesc se hâtait de redescendre.

Le samedi suivant, Josep sortait de sa cave une brouette de gravats, quand il entendit s'approcher une calèche. Il releva les yeux. La calèche, tirée par un cheval gris, transportait un homme et une femme. Quand l'attelage fut plus près, Josep vit que la femme n'était autre que sa belle-sœur, Rosa Sert. Quant à l'homme qui accompagnait Rosa, il ne l'avait jamais vu. Rosa fit un petit signe. L'homme, qui tenait les rênes, bifurqua dans la vigne.

– Hola ! cria Josep.

Il reposa sa brouette pour aller au-devant de la calèche.

– Hola, Josep ! répondit Rosa. Voici mon cousin, Carles Sert. À la filature, ils ont décidé de vérifier les machines. J'ai eu un congé. Et Carles voulait faire un tour dans la région, alors...

Josep la regardait. Il ne fit pas de commentaire.

Le cousin Carles... L'avocat...

Il les conduisit au banc, les invita à s'asseoir à l'ombre et leur apporta de l'eau fraîche. Il attendit qu'ils aient bu.

— Continue ce que tu as à faire, dit Rosa en lui montrant les vignes. Ne t'occupe pas de nous.

Josep répandit ses gravats et retourna à la cave, d'où il revint avec une autre brouette pleine de pierres. De temps en temps, il jetait un coup d'œil dans leur direction pour ne pas les perdre de vue. Rosa faisait faire à l'avocat le tour du propriétaire. Elle parlait d'abondance si lui ne disait presque rien. Ils disparurent dans les rangées de vigne. Quand Josep les vit à nouveau, ils se dirigeaient vers la masia. Ils s'arrêtèrent à quelque distance de la maison, comme pour l'estimer, puis en firent soigneusement le tour en l'examinant avec intérêt.

— Bon Dieu, mais qu'est-ce qu'ils font ? s'indigna Josep à voix haute.

L'avocat était en train de secouer la porte, comme pour en éprouver la solidité. Josep lâcha sa pelle et se dirigea vers eux.

— Maintenant, dit-il, je veux que vous fichiez le camp. Tout de suite.

— Inutile d'être désagréable, répliqua le cousin d'un ton glacial.

— Vous mettez la charrue devant les bœufs ! lui lança Josep. Rosa, votre chère cousine, peut fort bien attendre, que je sache ! Elle viendra prendre possession de la propriété si elle n'a pas son troisième versement. En attendant, allez-vous-en de chez moi.

Ils partirent, sans un regard ni un mot. Le visage de Rosa s'était figé en une grimace de mépris, l'air de signifier à Josep qu'il ignorait les bonnes manières. L'avocat fit claquer les rênes du petit attelage, et le cheval gris se mit en route. Josep les regarda s'éloigner et disparaître de sa vue.

— Et maintenant, murmura-t-il, que faire ?

49

En route pour le marché

*I*l avait hérité de Quim trente et une bouteilles vides, mais quatorze d'entre elles seulement avaient une forme appropriée. Leur contenance était de trois quarts de litre. Josep retrouva au milieu de ses outils quatre bouteilles supplémentaires – de très vieux flacons imprégnés de poussière et de saleté. Briel ayant reçu mission de tâcher d'en récupérer quelques-unes au village, il revint avec onze bouteilles de plus. Josep procéda au comptage. Il disposait en tout de vingt-neuf bouteilles.

Il les lava, les récura et les rinça à grande eau jusqu'à ce qu'elles reluisent, comme neuves. Il les emplit de vin noir et les boucha avec le plus grand soin. Marimar vint l'aider à découper les étiquettes. La vue de toutes ces bouteilles brillant comme un trésor avait pour effet de les rendre aussi nerveux l'un que l'autre.

– Où vas-tu les vendre ?

– Je vais essayer à Sitges. Demain est jour de marché. Je crois que j'emmènerai le garçon, avec ta permission.

Elle n'était pas contre.

– Il va adorer, dit-elle. Qu'est-ce que tu veux que j'écrive sur ces étiquettes ?

– Je ne sais pas... Finca Alvarez ? Bodega Alvarez ? Non, ça fait prétentieux... Pourquoi pas Vinas Alvarez ?

– Ça ne sonne pas vraiment juste.

Elle plongea sa plume dans l'encre et commença à tracer des cercles sur le papier qui craquait. Au-dessus des cercles, elle dessina une tige. La tige et les cercles collés les uns aux

autres formèrent une grappe élégante à côté de la laquelle
Maria écrivit :

Les vins de Josep
1877

Josep considéra avec attention l'étiquette qui ornerait ses
précieuses bouteilles et sourit.

Le lendemain, de bonne heure, il enveloppa chaque bouteille dans plusieurs couches de papier journal, de vieux
exemplaires d'*El Escabel* récupérés chez Nivaldo. Il confec-
tionna un nid de vieux chiffons afin qu'elles ne se brisent pas
en route. Il mit aussi dans un sac du pain et du chorizo. Le
tout fut rangé sur la charrette avec un seau et deux coupes à
goûter le vin.

Il faisait encore nuit quand il prit le Mulet par la bride et
emmena son attelage dans la vigne de Valls. Il y trouva Francesc déjà prêt, en train de l'attendre. Maria était levée aussi.
Portant à ses lèvres un café matinal, elle regarda son fils
prendre place à côté de Josep.

Et la charrette s'en alla en cahotant dans l'allée.

C'était la première fois que l'enfant quittait Santa Eulalia.
Il était calme, mais ses traits étaient empreints d'excitation.
Ils traversèrent des territoires qu'il n'avait jamais vus. Il tournait la tête de tous côtés pour ne rien perdre du spectacle –
une masia, des champs et des vignes, une oliveraie, trois
chiens noirs derrière leur barrière, et même au loin la flèche
de Montserrat lancée vers le ciel.

Quand il fit grand soleil, Josep trouva agréable de voyager
ainsi avec cet enfant, au rythme du Mulet dont les pas frappaient le chemin en cadence.

Le marché était déjà envahi par la foule des vendeurs.
Josep se mit en quête d'une place. Il en trouva une tout au
fond, près d'un étal enveloppé de délicieux parfums où deux
robustes cuistots proposaient des crevettes, des fritures
d'encornets et du ragoût de poisson à l'ail. L'un continua
d'attendre la clientèle pendant que l'autre, le sourire aux
lèvres, s'approcha des nouveaux venus.

— Hola ! dit-il en lorgnant les bouteilles enveloppées de papier journal. Qu'est-ce que vous vendez ?

— Du vin.

— Du vin ! Du bon ?

— Non seulement il est bon, mais il est spécial !

— Oh ! dit le cuistot en feignant d'être frappé d'effroi. Et il coûte combien, ce vin spécial ?

Josep lui annonça un chiffre. L'homme ferma les yeux et fit la moue.

— C'est deux fois le prix d'une bouteille de vin.

Josep le savait parfaitement. Mais la somme correspondait à ce dont il avait besoin pour payer sa dette envers Donat et Rosa. Il rectifia :

— Non. C'est deux fois le prix d'une bouteille de vin ordinaire de la région. Et le vin ordinaire de la région, c'est de la pisse de mule. Ce que je vends, moi, c'est du *vin*.

— Et il est fabriqué où, votre nectar ?

— À Santa Eulalia.

— Santa Eulalia ? Je suis membre des castellers de Sitges !

— Je suis membre des castellers de Santa Eulalia !

— Vraiment ? dit le cuistot avec un large sourire. Alors sachez, señor, que nous allons bientôt avoir l'occasion de vous faire mordre la poussière.

Josep lui renvoya son sourire.

— C'est possible, señor, mais ce n'est pas sûr.

— Mon nom est Frederic Fuxa. Et voici mon frère, Efren, qui est en train de servir les clients. Il est l'assistant de notre chef d'équipe. Tous les deux, nous sommes au troisième niveau du castell.

Josep était surpris. Au troisième niveau ! Ces deux hommes étaient des géants ! Si des géants occupaient le troisième niveau, à quoi ressemblaient les castellers des premier et deuxième niveaux ?

— Je suis au quatrième niveau, reprit-il. Mon nom est Josep Alvarez. Voici Francesc Valls, qui s'entraîne pour devenir notre anxaneta.

— Votre anxaneta ! dit Fuxa en regardant le garçon. C'est un rôle important. Un castell n'a aucune chance de gagner une compétition s'il n'a pas un excellent petit anxaneta pour grimper tout en haut.

Francesc était ravi de ce commentaire.

— Eh bien, reprit Fuxa, je vous souhaite bonne chance pour votre journée.

— Je vous remercie, señor. Vous n'êtes pas intéressé par mon vin ?

— Il est trop cher. Je suis un pêcheur, señor Alvarez. Je travaille dur pour gagner mon pain. Je ne suis pas un riche viticulteur de Santa Eulalia.

Ayant dit ces mots sur un ton débonnaire, il leur tourna le dos et regagna son étal.

Josep avait empli son seau à la pompe publique ; il le déposa sur le plateau de la charrette en disant à Francesc :

— Ton boulot consistera à rincer les coupes quand les gens auront goûté le vin.

Le garçon hocha la tête.

— Et qu'est-ce qu'on fait, maintenant, Josep ?

— Maintenant ? On attend.

Francesc hocha la tête encore une fois et s'assit patiemment, une coupe dans chaque main.

Le temps était long à passer.

Une forte activité régnait dans les allées du marché, mais peu nombreux étaient ceux qui venaient jusqu'aux étals du fond, où beaucoup de places, d'ailleurs, demeuraient vacantes.

Josep se tourna vers l'étal voisin, où une femme corpulente achetait une portion de tortilla. Il lui lança :

— Une bouteille de bon vin, señora ?

Pour toute réponse, elle fit non de la tête et partit.

Quelques minutes plus tard, deux hommes vinrent déguster des encornets frits qu'ils mangèrent debout.

— Une bonne bouteille de vin ? leur lança Josep.

Ils vinrent à lui d'un pas tranquille. L'un d'eux demanda, en mâchant son encornet :

— Combien ?

Josep leur dit le prix. L'homme déglutit, puis secoua la tête.

— Trop cher.

Son compagnon partageait cet avis ; tous deux s'éloignèrent.

273

– Vous ne voulez pas le goûter ? insista Josep.

Il sortit une bouteille de son emballage de papier journal et tendit la main vers le tire-bouchon. Avec d'infinies précautions, il versa un peu de vin dans chacune des coupes – environ le quart d'un petit verre servi au comptoir.

Les deux hommes acceptèrent les coupes. Ils voulaient bien goûter. Ils prirent le temps de humer le parfum du vin et le gardèrent en bouche avant de l'avaler.

– Il est bon, reconnut l'un d'eux, de mauvaise grâce.

Son ami grogna.

Ils échangèrent un regard.

– Tu nous fais un prix si on en prend une bouteille chacun ?

Josep sourit.

– Je ne peux pas.

– Alors...

L'homme haussa les épaules. Son compagnon secoua vigoureusement la tête. Ils restituèrent les coupes.

Frederic Fuxa avait observé la scène depuis son étal de poissons frits. Il regarda Josep avec une expression de reproche qui signifiait : « Qu'est-ce que je vous avais dit ? »

– Tu peux faire ton boulot, dit Josep à Francesc.

Le garçon fut tout heureux de s'occuper à plonger les coupes dans le seau d'eau.

Au bout d'une heure, ils avaient offert quatre dégustations à des passants, sans trouver le moindre acheteur. Josep commençait à se demander s'il ne commettait pas une erreur de méthode et essayant de vendre son vin sur le marché. Pourtant, les deux hommes qui avaient été les premiers à goûter se montrèrent à nouveau, et l'un d'eux dit à Josep :

– Il était bon. Mais j'aurais besoin de le goûter à nouveau pour en être sûr.

Son compagnon approuva en hochant la tête.

– Ah ! je regrette, répondit Josep. Je ne fais goûter qu'une fois.

– Mais... Après, on pourrait t'acheter du vin.

– Je regrette. Vraiment.

L'homme était déçu. Son ami reprit :

– Tant pis. Je vais en prendre une bouteille.

Et l'autre, finalement, soupira :

— Moi aussi.

Josep leur tendit leurs bouteilles enveloppées de papier. Ses mains tremblaient quand ils lui donnèrent l'argent. Il en avait le rouge aux joues. Il avait toujours vu sa famille produire un vin que Clemente venait chercher selon une routine immuable et payait à prix fixe. Pour la première fois, des clients lui achetaient du vin parce qu'ils en avaient fait le choix et que son cru leur convenait.

— Merci, señores. J'espère que vous apprécierez mon vin.

Frederic Fuxa n'en avait pas perdu une miette. Il quitta son étal pour venir féliciter Josep.

— Votre première vente de la journée ! Est-ce que vous me permettez un conseil ?

— Je vous en prie.

— Mon frère et moi, ça fait dix-neuf ans qu'on vient sur ce marché. On est des pêcheurs. Tout ce qu'on vend, on l'a sorti de la mer nous-mêmes. Chacun nous connaît. Tout le monde sait que notre poisson est frais. Vous, vous êtes nouveau. Les gens ne vous connaissent pas. Qu'est-ce que ça vous coûtait, de leur faire goûter une deuxième fois ?

— J'ai vendu deux bouteilles seulement, répondit Josep. Il me reste toutes les autres. Si elles ne partent pas, je sais quels ennuis m'attendent.

Fuxa pinça les lèvres et hocha la tête. Lui-même était marchand. Il n'avait pas besoin de plus d'explications.

— J'aimerais goûter moi aussi votre vin, señor.

Josep versa du vin dans les deux coupes.

— Faites-le goûter aussi à votre frère, señor.

Frederic acheta à Josep deux bouteilles, et Efren en acheta une.

Une demi-heure passa. Une femme et deux hommes vinrent manger du poisson chez les frères Fuxa.

— Hola, les Bocabellas ! s'exclama Efren. Comment ça se passe de votre côté ? Vous travaillez ?

— Un peu, répondit la femme. Et vous ?

Efren pinça les lèvres et fit oui de la tête. Un des hommes demanda :

— Il paraît qu'on fait goûter du vin ?

275

Frederic pointa l'index vers la charrette de Josep.

– Et du très bon! dit-il. On vient d'en acheter pour les fêtes de Pâques.

Les deux hommes et la femme réclamèrent leur dégustation. Josep leur tendit les coupes. La femme fit claquer sa langue.

– Fameux, dit-elle. Mais notre oncle est viticulteur.

– Pouah! lâcha un des hommes. Son vin, tu ne le boirais pas si ce n'était pas celui de l'oncle!

Tous trois éclatèrent de rire; puis chacun acheta une bouteille.

Frederic les regarda disparaître dans la foule du marché.

– Une bonne vente, dit-il. Ils sont cousins. Ils ont une ferme et font des légumes. Des gens importants à Sitges. Et qui parlent à tout le monde. Ils font toujours le tour du marché pour tailler une bavette avec les autres marchands. Votre vin, tout le monde va en entendre parler.

En effet, dans la demi-heure qui suivit, une dizaine de personnes se présentèrent pour goûter, sans acheter toutefois. Puis deux marchands s'approchèrent et, tandis qu'ils mâchaient leur gorgée de bon vin, un autre apparut. Josep avait observé que les gens qui faisaient leur marché étaient enclins à s'arrêter quand il y avait déjà du monde. Était-ce l'envie de goûter à quelque chose que d'autres trouvaient désirable? En tout cas, les affaires marchaient à présent. Une petite queue était en train de se former derrière les marchands qui finissaient de déguster; et cette file d'attente devait durer des heures.

Au milieu de l'après-midi, Josep et Francesc prirent le temps de casser la croûte. Josep était déjà allé deux fois rincer le seau et le remplir à nouveau. Malgré sa décision de ne pas faire goûter deux fois, il avait vidé deux bouteilles en dégustation, et il lui en restait neuf sur les bras. Mais, entre-temps, le bouche-à-oreille avait fonctionné, et tout le monde savait qu'il y avait un marchand de vin sur le marché. Josep vendit sa dernière bouteille alors qu'il restait plusieurs heures avant la fin du marché. Il acheta à Francesc une grande assiette d'encornets frits et, pendant que le garçon mangeait, alla chez un brocanteur faire l'acquisition de quatre bouteilles vides.

Sur la route du retour, Francesc voyagea sur les genoux de Josep, qui lui montra comment tenir les rênes du Mulet. Francesc les avait encore en main quand il s'endormit. Josep reprit les rênes et conduisit en serrant contre sa poitrine le corps maigre du garçon. Au bout d'un moment, Francesc se réveilla; mais ce fut pour aller à l'arrière s'endormir à nouveau, enveloppé dans une couverture près des bouteilles vides.

Ce dimanche-là, l'avocat vint à la propriété dans sa calèche tirée par le cheval gris. Et, cette fois, il était accompagné de Donat. L'avocat resta dans la voiture, une mallette de cuir posée sur le banc à côté de lui. Il n'eut pas un regard pour Josep. Celui-ci songea que la mallette devait contenir les documents relatifs à une saisie des biens pour non-paiement des dettes contractées. Il vit que Donat montrait des signes de nervosité.

— Tu as l'argent, Josep?

— Oui, répondit Josep calmement.

La somme était prête. Elle les attendait. Josep alla la chercher dans la maison. Il revint avec trois reçus qu'il présenta à son frère, un pour chaque versement. Donat parcourut les documents. Il se tourna vers la calèche.

— Carles?

L'avocat lut les documents à son tour et les approuva en hochant la tête. Il était déçu, cela ne faisait aucun doute. Mais il s'efforça de n'en rien laisser paraître. Donat, en revanche, était manifestement soulagé. Il compta l'argent, Josep lui tendit une plume et de l'encre, Donat signa les reçus.

— Je regrette pour ces tracasseries, Josep.

Josep ne répondit rien.

Donat tourna les talons et rejoignit la calèche. Mais il se ravisa au moment de se hisser sur le banc. Il revint à Josep.

— Elle n'est pas méchante, dit-il. Je sais qu'on peut le penser, mais ce n'est pas le cas. Des fois, elle est inquiète de notre situation, voilà tout.

Josep nota que le cousin de Rosa n'appréciait guère de voir Donat présenter des excuses à son frère; cette fois, il ne put cacher ses sentiments derrière le masque de son visage.

— Au revoir, Donat.

Donat salua Josep de la tête et prit place à côté de Carles Sert.

Josep, au seuil de sa maison, les regarda s'en aller. *Bizarre*, se dit-il, *comme on peut se sentir bien et mal en même temps*.

50

Une décision

Eduardo Montroig prenait cette compétition au sérieux, et les séances d'entraînement se révélèrent particulièrement rudes. Il ne s'agissait plus de s'amuser désormais, il fallait travailler toujours davantage à rechercher l'équilibre parfait, le rythme juste et la précision des gestes.

Eduardo s'était informé sur les castellers de Sitges, des hommes expérimentés au talent accompli, mais dont il pensait qu'ils pourraient n'être pas invincibles si leurs adversaires de Santa Eulalia acceptaient d'ajouter un élément à leur structure. Il se chargea de définir lui-même ce nouvel élément qui exigerait un surcroît d'effort et recommanda à ses hommes de garder le secret sur ce point afin de ménager l'effet de surprise.

Maria del Mar accompagna son fils à plusieurs exercices. Puis Josep s'offrit de l'emmener avec lui puisqu'il s'y rendait lui-même, ce qu'elle accepta avec joie.

Pour Josep, le meilleur moment des répétitions était celui qui voyait Francesc escalader quatre niveaux de la pyramide humaine. Le garçon se pressait alors contre le dos de Josep et murmurait son nom. Josep rêvait du jour où Francesc arriverait à grimper tout en haut du castell et à se dresser au pinacle en levant les bras en signe de triomphe. Francesc donnait des inquiétudes à Josep. N'était-il pas le type même de l'enfant fragile et vulnérable ? Que lui arriverait-il si le castell venait à s'effondrer le jour de la compétition ? D'un autre côté, Eduardo avait soin de prendre son temps avec Francesc ; c'était un chef honnête, sensible, qui jamais ne lui ferait courir de risques inutiles.

Eduardo, qui n'avait jamais renoncé à son attitude calme et digne, acheva sa période de deuil sans prononcer un mot ni en faire toute une histoire. Il se contenta d'ôter les rubans de crêpe noir cousus sur ses vêtements. Pourtant les villageois observèrent un changement chez lui. Non qu'il fût devenu joyeux, mais il semblait plus à l'aise, au point que beaucoup s'attendaient à le voir sous peu se mettre en quête d'une autre épouse.

Un jour que Josep était dans sa vigne, occupé à tailler ses sarments sous les feux du couchant, Eduardo apparut sur la route. Josep interrompit son labeur. Il avait toujours plaisir à recevoir une visite de son collègue du conseil municipal. C'était l'occasion de bavarder un moment. Quelle ne fut pas sa surprise de voir Montroig passer son chemin sans lui dire bonsoir ni lui adresser un signe.

Au-delà de la propriété de Josep, il n'y avait rien d'autre que la masia et la vigne de Maria del Mar.

Josep recommença de couper ses sarments, non sans surveiller la route du coin de l'œil.

Il faisait presque nuit quand Eduardo reparut. Il était en compagnie de Francesc. Tous deux redescendaient l'allée. Eduardo lança joyeusement :

– *Bona tarda*, Josep !

Francesc répéta en écho :

– *Bona tarda*, Josep !

– *Bona tarda*, Eduardo. *Bona tarda*, Francesc.

Josep avait répondu d'un ton généreux, tout en maniant la serpette un peu trop nerveusement peut-être, et sans vraiment regarder ce qu'il faisait, de sorte qu'il abîma un cep.

Il passa presque toute la nuit les yeux grands ouverts dans le noir, à essayer de se persuader qu'il devait en fait se réjouir pour elle.

Plusieurs fois elle lui avait parlé du genre d'homme qu'elle aimerait avoir un jour auprès d'elle. Elle recherchait quelqu'un qui fût capable de la traiter gentiment. Quelqu'un d'honnête, de sérieux, qui n'irait pas voir ailleurs. Un homme dur à l'ouvrage, aussi, et un bon père pour son fils. Bref : un Eduardo Montroig. Non pas un compagnon doté d'un grand sens de l'humour, mais une bonne personne. Un chef. Un mari qui avait une situation dans le village.

Après sa mauvaise nuit, Josep retourna à ses vignes plein de désespoir. La colère montait en lui comme une marée irrépressible. À midi, il abandonna sa serpette et se rendit chez Maria de Mar.

Ne l'ayant trouvée nulle part dans la propriété, il frappa à sa porte.

Elle vint ouvrir et lui dit un bonjour auquel il ne répondit pas, mais il prononça ces mots :

– Je veux partager ta vie. En toutes choses.

Elle le regarda d'un air stupéfait.

– Je... j'éprouve pour toi des sentiments très forts. Les plus forts qui existent !

Il vit qu'elle avait compris. La bouche de Maria del Mar trembla légèrement – comme si elle se retenait de lui rire au nez. Josep se sentit gagné par la panique. Elle ferma les yeux.

Il continua d'une voix qui menaçait de se briser car l'émotion le dominait ; son propos jaillit de ses lèvres comme un taureau charge l'épée qui le tuera.

– Je t'admire ! Je veux travailler avec toi tous les jours de ma vie, et dormir avec toi toutes les nuits. Oui, toutes les nuits. Et pour ce qui est de faire l'amour, ça ne m'intéresse plus si c'est juste un service rendu à un ami. Je veux être un père pour ton fils car je l'aime aussi. Je te donnerai d'autres enfants. Je veux te remplir le ventre d'enfants !

Il ajouta :

– Je t'offre la moitié de mes terres. J'ai des dettes, mais ce sont des vignes qui ont de la valeur. Tu le sais.

Et enfin :

– J'ai besoin de toi, Marimar. J'ai besoin de toi. Et je veux que tu sois ma femme.

Maria del Mar avait pâli. Josep vit qu'elle rassemblait son courage. Sa réponse allait-elle l'anéantir ? Elle avait les yeux humides, soudain. Elle dit d'une voix maîtrisée :

– Oh, Josep... C'est oui, bien sûr !

Il s'était préparé à un refus ; il n'était pas certain d'avoir bien entendu.

– Calme-toi, Josep. C'est oui! Il faut que tu comprennes que la réponse est oui!

Elle souriait de ses lèvres tremblantes; et Josep devait se demander le reste de ses jours si ce sourire de tendresse ne brillait pas aussi de l'éclat de la victoire.

51

Projets

*I*l n'arrivait pas à la laisser partir. Il gardait dans ses mains les mains de Maria et lui couvrait le visage de baisers qui auraient pu être ceux d'un père ou d'un frère, et qu'elle vivait, elle, comme une expérience toute neuve. Et plus ils s'embrassaient, plus s'enflammait leur désir; à la fin, ils se dévorèrent la bouche comme des amants.

— Il faut aller voir le prêtre, dit-elle dans un souffle. Je veux t'attacher à moi avant que tu n'aies recouvré la raison et changé d'avis.

Mais elle n'avait aucune crainte, en réalité, comme le trahissait son regard.

Le père Pio ne fut pas surpris d'apprendre qu'ils souhaitaient convoler.

— Où avez-vous été baptisés ?

L'un et l'autre l'avaient été, dans cette église dont il était l'officiant.

— Y a-t-il quelque urgence ? demanda le curé à Maria del Mar en la fixant d'un œil soupçonneux.

— Non, mon père.

— Bien. Au sein de l'Église, certains estiment que les fiançailles ne devraient pas durer moins d'un an, lorsque la chose est possible.

Maria del Mar se tut. Josep lâcha un soupir, puis secoua doucement la tête. Il posa sur le père Pio un regard qui, pour n'être pas un défi, n'était pas timide non plus. Le prêtre haussa les épaules.

— Quand une veuve se marie, dit-il froidement, il n'est pas nécessaire de faire durer la promesse aussi longtemps. Mais nous sommes déjà aux deux tiers du temps de carême. Le 2 avril, ce sera la fête de Pâques. À partir d'aujourd'hui, et jusqu'au jour de Pâques, nous allons vivre la période de prière et de méditation la plus solennelle de l'année. En aucun cas je ne pourrai célébrer un mariage.

— Quand serez-vous en mesure de le faire ? s'enquit Josep.

— Après Pâques... Si vous en êtes d'accord, vous pourrez vous marier le dernier dimanche d'avril. Qu'en dites-vous ?

Maria del Mar fit la grimace.

— Ça nous amène au moment où la vigne exige le plus de travail, dit-elle. Je n'ai pas envie de tout laisser tomber pour courir me marier en vitesse et retourner aussitôt à la besogne.

— Que proposez-vous ? demanda le curé.

— Le premier samedi de juin, dit-elle.

Le prêtre reprit, d'un ton sévère :

— Vous avez bien compris que jusqu'à cette date il n'est pas question que vous viviez ensemble ? Ni que vous ayez des rapports de mari et femme ?

— Oui, mon père, dit Maria del Mar. Nous avons bien compris. (Et, se tournant vers Josep :) La date te convient ?

— Si c'est ce que tu veux, répondit-il.

Il n'était pas familier de ce qui était en train de lui arriver ; or ce qui lui arrivait l'emplissait d'une joie qui était presque un choc.

Mais quand ils furent de nouveau seuls, ils comprirent que l'attente allait être longue et difficile. Ils échangèrent un chaste baiser.

— Dix semaines !

— Je sais.

Elle posa les yeux sur Francesc qui jouait par terre avec des cailloux ronds comme des billes. Elle glissa à l'oreille de Josep :

— Je parie qu'il aimerait bien avoir un petit frère ou une petite sœur à surveiller pendant que nous sommes dans les vignes...

— Si ça ne tenait qu'à moi, dit-il, je te le ferais tout de suite.

Ils échangèrent un regard ; et Josep s'autorisa à accueillir des pensées d'un genre qu'il ne souhaitait guère partager avec le prêtre. Peut-être Maria avait-elle les mêmes, d'ailleurs, car elle dit :

— Je crois qu'on ferait aussi bien de garder nos distances. Ça limitera les tentations. Sinon, nous ne pourrons pas nous retenir. Et il faudra aller à confesse avant le mariage.

Josep accepta la proposition – certes à contrecœur, mais en sachant qu'elle avait raison.

— Comment dit-on, reprit-elle, quand un homme riche veut mettre de l'argent dans une affaire ?

— Un placement, répondit Josep.

Elle hocha la tête. Oui, *placement* était bien le mot qu'elle cherchait.

— Attendons, dit-elle. Ce sera un bon placement.

Josep, qui avait de l'affection pour Eduardo Montroig, voulut le traiter avec respect. Il alla le voir dans sa vigne et lui dit simplement la vérité, à savoir que Maria del Mar et lui avaient décidé de devenir mari et femme.

Eduardo aurait préféré garder ses sentiments pour lui mais ce fut impossible : la déception se répandit sur ses traits. Puis il caressa son long menton, et son visage s'éclaira d'un sourire chaleureux – chose rare chez lui.

— Elle fera une excellente épouse, dit-il. Je vous souhaite bonne chance à tous les deux.

Josep n'informa qu'une seule personne de la nouvelle : Nivaldo. Et ils la fêtèrent en levant un toast ensemble. Josep vit combien son vieil ami l'épicier était heureux de cet événement.

52

Tournoi à Sitges

*L*e premier dimanche après Pâques, Josep et Maria del Mar se retrouvèrent à l'église. Francesc était assis entre les deux. Le père Pio parlait.

– Je publie les bans du mariage destiné à unir Josep Alvarez et Maria del Mar Orriols, tous deux enfants de la paroisse.

À la fin du service, le curé vint au seuil de l'église saluer ses paroissiens. Francesc fila à l'épicerie manger une saucisse. Josep et Marimar restèrent un moment sur la place, où ils reçurent les félicitations des villageois, dont beaucoup voulurent les embrasser, les étreindre et leur présenter leurs vœux de bonheur.

Josep, pour tromper son impatience, se réfugiait dans le labeur. Quand il en eut fini avec les vignes, il retourna dans son cellier. Le mur de pierre fut aux trois quarts achevé le premier vendredi d'avril, qui était le jour prévu pour le tournoi des castells. En écumant les marchés de la région, il avait réussi à réunir trente bouteilles de plus. Il les lava, les rinça, les fit sécher et les emplit de son vin noir. Il y colla des étiquettes, les enveloppa dans du papier journal et les rangea avec soin sur une couverture, à l'arrière de sa charrette, en ménageant une place pour Francesc. Quand ils se mirent en route pour le marché de Sitges, Marimar était assise sur le banc à son côté.

C'était le voyage vers le nord qu'il avait fait précédemment avec le garçon. Pourtant les choses avaient changé.

Le voyage fut agréable. Marimar était de bonne compagnie et d'humeur estivale. Josep se sentait déjà plus ou moins dans la peau d'un père de famille et ce rôle lui convenait.

À Sitges, il les emmena directement au fond du marché, près de l'étal de friture des frères Fuxa. Ceux-ci leur réservèrent un accueil chaleureux et leur décrivirent longuement la façon dont ils avaient l'intention de s'y prendre pour anéantir le castell de Santa Eulalia.

– On vous attendait ! ajouta Frederic. Car nos bouteilles, nous les avons vidées pendant les fêtes de Pâques.

Chacun des deux frères acheta deux bouteilles sans même attendre que Josep eût fini de s'installer. Et cette fois, il ne fallut pas patienter longtemps avant de voir venir les clients. Plusieurs personnes se hâtèrent d'acheter le vin de Josep, ce qui ne manqua pas d'attirer de nouveaux groupes d'acquéreurs. Maria del Mar aidait son futur époux à vendre des bouteilles ; et elle s'y prenait si bien qu'elle avait l'air d'avoir fait ce métier toute sa vie.

On voyait sur le marché beaucoup d'habitants de Santa Eulalia. C'étaient les castellers – soit des grimpeurs, soit des membres de la pinya et du baixos, soit encore des musiciens. Sans compter les spectateurs qui venaient assister au tournoi et applaudir les couleurs de leur village. Tous étaient curieux de voir Josep vendre ce vin qu'il avait produit sur les terres de son village.

Plusieurs personnes de Sitges, de sa connaissance, avaient l'intention de supporter leur propre équipe de castellers. Elles s'arrêtèrent aussi pour le saluer. Josep leur présenta sa fiancée. Juliana Lozano fit une apparition avec son mari et acheta une bouteille de bon vin. Emilio Rivera, lui, en acheta trois.

Josep vendit sa dernière bouteille longtemps avant la fin du marché. Bientôt viendrait l'heure du tournoi. Josep, Marimar et Francesc, assis côte à côte sur le plateau de leur charrette, mangèrent le ragoût de poisson à l'ail des frères Fuxa. Ils les regardèrent s'aider mutuellement à mettre leur ceinture – la faixa. Quand ils eurent fini de manger, Marimar retint la faixa de Josep, qui tourna sur lui-même comme une toupie pour l'enrouler autour de sa taille. Et Marimar la serra si bien qu'il en avait de la peine à respirer.

Ils se frayèrent un chemin dans la foule. Les musiciens de Sitges commencèrent à jouer. Francesc glissa sa main dans celle de Josep.

Bientôt une mélodie plaintive donna le signal du départ. La base de la pyramide se forma. Le castell de Sitges s'éleva. Les grimpeurs se lancèrent à l'assaut de la structure humaine.

Eduardo avait vu juste en ce qui concernait la nature de cette compétition et Josep le sut tout de suite. Les grimpeurs de Sitges montaient sans perdre une seconde, sans faire un geste de trop, de sorte que leur castell prenait forme rapidement, avec une efficacité redoutable. Puis le jeune garçon qui jouait le rôle de l'anxaneta s'élança à son tour, escalada les huit étages et leva les bras au pinacle en signe de triomphe. Tandis qu'il descendait de l'autre côté, les castellers déconstruisaient leur échafaudage derrière lui avec autant de grâce et de maîtrise tranquille qu'ils l'avaient édifié, au milieu des cris de joie et des applaudissements de la foule.

Les musiciens de Santa Eulalia jouèrent à leur tour. Les grallas lancèrent leur appel. Josep quitta ses chaussures et les confia à Francesc. Miramar lui souhaita bonne chance.

La base se forma rapidement. Le tour de Josep arriva très vite. Il monta facilement, comme tant de fois lors des répétitions. Il se retrouva debout sur les épaules de Leopoldo Flaquer. Il tenait par les épaules Albert Fiore et Marc Rubio, qui le soutenaient autant qu'il les soutenait lui-même.

Il sentit que Briel Tauré se dressait sur ses épaules.

Quatre niveaux de castellers représentaient une belle hauteur. De là-haut, Josep ne pouvait voir Marimar ni Francesc, mais il apercevait la foule et les badauds qui évoluaient à la périphérie des spectateurs.

Ainsi put-il distinguer deux religieuses, une petite et une grande, vêtues de leur robe noire et de leur coiffe blanche. Il vit aussi un garçon à la chevelure hirsute traîner un chien étique au corps tordu. Il vit un homme corpulent à longue barbe. Passa soudain un personnage au dos raide, serré dans un costume gris, coiffé d'un chapeau à large bord, qui marchait en boitant...

Cet homme ressemblait à quelque marchand.

Josep eut l'impression de le reconnaître.

Oui, cette claudication lui rappelait bien quelque chose ; et ce quelque chose l'emplissait de crainte.

Il eut envie de fuir, mais c'était impossible. Il était prisonnier du castell, vulnérable, attaché dans les airs.

Ses genoux menaçaient de le trahir. Il affermit sa prise sur ses camarades. Albert le regarda.

– Ça va, Josep ?

Il ne répondit rien.

Le personnage avait retiré son chapeau. Les cheveux étaient noirs mais le sommet du crâne était chauve. Il parcourait des yeux les étages du castell.

Sept ans...

Josep ferma les yeux un instant. Quand il les rouvrit, l'homme avait disparu. Pour tenter de le voir à nouveau, il baissa la tête autant que possible, sans lâcher son emprise sur les autres.

Ce fut en vain.

– Qu'est-ce qui se passe ? demanda Marc d'un ton anxieux.

Josep secoua la tête, se remit en position et s'efforça de tenir bon.

Un murmure se répandait autour d'eux. Les gens pointaient le doigt vers les hauteurs du castell. C'était la surprise ménagée par Eduardo : un étage supplémentaire de trois hommes. Neuf niveaux de porteurs ! Déjà l'anxaneta escaladait vivement les corps.

Quand la foule frémit et applaudit, Josep sut que l'enfant était parvenu au sommet de la structure humaine. L'anxaneta leva les bras. Puis il commença à redescendre sous les bravos.

Au septième niveau, Bernat Taulé, le frère de Briel, se montra un peu trop impatient de retrouver la terre ferme. Il perdit l'équilibre. Il se cramponna au partenaire le plus proche, Valenti Margal. Valenti le retint. L'espace de quelques secondes, le castell oscilla, chavira... Eduardo leur avait expliqué ce qu'il convenait de faire en pareil cas. Chacun chercha à recouvrer son équilibre. Bernat reprit pied. Finalement, il descendit un peu moins vite que d'habitude. Le castell acheva de se déconstruire sans autre incident.

Josep posa les pieds sur la terre ferme. Il ne prit même pas le temps de se chausser. Il s'enfonça dans la foule pour partir à la recherche de l'homme aperçu d'en haut.

Il ne put le retrouver, ni même l'apercevoir à nouveau.

Cet homme, c'était Peña.

C'est à peine si Josep avait eu le temps de se rendre compte que les juges discutaient âprement leur verdict. Les castellers de Sitges avaient édifié une pyramide sans défaut qui comptait huit niveaux de porteurs ; mais celle de Santa Eulalia avait réussi à édifier, puis à démonter sans problème, neuf étages de corps humains.

Les juges décidèrent qu'il y avait match nul.

Et cette décision parut satisfaire la majorité des présents.

Au retour, Francesc dormit à l'arrière de l'attelage. Sur le banc, Josep et Maria del Mar parlaient peu. Maria avait passé une excellente journée. Elle trouvait agréable de voyager en compagnie de son fils et de son promis. Pourtant, quand elle disait quelque chose à Josep, il répondait du bout des lèvres. Il avait l'air absent. Maria se dit qu'il n'y avait là rien de surprenant après une telle expérience.

Mais Josep, lui, se demandait s'il n'était pas en train de devenir fou.

53

Une étrange responsabilité

Assis sur le banc, devant sa vigne baignée d'une lumière acide de début de printemps, Josep ferma les paupières pour se forcer à réfléchir et à résister aux vagues de panique qui menaçaient de lui paralyser l'esprit.

Premièrement, était-il certain d'avoir vu Peña ?

Oui, il en était certain. Ce personnage, c'était Peña.

Deuxièmement, Peña l'avait-il vu, lui, et reconnu ?

Josep fut contraint d'admettre que Peña l'avait vu et reconnu. Peña avait levé les yeux vers le castell et son regard s'était figé. Plus il y pensait, plus il refusait de croire à une coïncidence. Selon toute probabilité, l'homme était venu au tournoi de Sitges dans l'espoir de l'apercevoir. Il avait dû apprendre, d'une façon ou d'une autre, que Josep Alvarez était rentré à Santa Eulalia ; et il avait eu besoin d'établir qu'il s'agissait bien du Josep Alvarez qu'il avait connu, entraîné et eu sous ses ordres. Autrement dit, il avait voulu s'assurer que Josep était bien celui qu'il recherchait, le seul garçon de ce village qui eût réussi à lui échapper.

À lui échapper jusqu'ici...

Josep accueillit une vague de désespoir.

Troisièmement, quelqu'un, c'était sûr, allait venir s'en prendre à lui.

Quatrièmement, quelles options s'offraient à lui ?

Josep n'avait pas oublié combien il avait souffert d'être pourchassé, de n'avoir pas de toit, d'errer sur les routes. Allait-il devoir vendre sa vigne, récupérer de l'argent liquide, prendre la diligence ?

Trop tard : il n'avait plus le temps.

D'ailleurs, il ne pouvait demander à Maria del Mar et à Francesc de le suivre pour mener à ses côtés une vie de fugitif. Mais quelle existence serait la sienne s'il les laissait en arrière ? Une existence misérable. Et puis infliger à Marimar un nouvel abandon... Cette simple pensée lui était une douleur.

En définitive, il en lui restait qu'une seule solution.

Il se souvint de la leçon de Peña.

N'importe qui peut tuer lorsque c'est nécessaire.

Quand c'est nécessaire, ça devient même très facile.

Son Le Mat était à l'entrée du grenier, derrière le sac de grain, là où il l'avait laissé après l'incident avec le sanglier. Quatre des neuf chambres étaient chargées. Et Josep n'avait plus de poudre. Il allait devoir se débrouiller avec quatre balles et un couteau bien aiguisé...

Pour échapper à la peur, il eut recours à son remède de toujours : la fuite dans le travail. Il travaillait sans marquer aucune pause. Il continua d'édifier son mur à l'intérieur de la cave, tailla ses vignes. Il ne se souciait pas de s'éloigner de Maria del Mar, sachant que Peña ne viendrait pas l'attaquer en plein jour sur le territoire de la commune.

Le soir, quand l'obscurité s'emparait de la maison, Josep sentait grandir ses craintes.

Une nuit, il prit son revolver, sortit et escalada la colline jusqu'à un endroit d'où il savait pouvoir surveiller l'allée sous la clarté d'une lune pâle. Il trouva presque agréable d'être assis sur cette crête dans l'obscurité, le regard rivé sur l'entrée de ses vignes. Sauf que Peña, s'il venait, n'arriverait pas en empruntant l'allée. Il ferait sûrement le tour de la propriété, afin de fondre sur la maison par le flanc de la colline. Josep tourna la tête et fixa la pente des yeux. Soudain il se sentit à découvert.

À découvert et totalement vulnérable.

Il décida finalement de rentrer chez lui. Il y prit des couvertures, et les emporta jusqu'à son cellier. Il les étala entre les fûts et la brouette pleine d'argile puisée dans la rivière et se coucha. Mais les cailloux lui meurtrissaient le dos. Et le cellier était glacé. C'était un bon endroit où entreposer du vin, mais non où dormir quand on était un homme en chair et en os. Josep se rendit compte aussi que si les ennuis venaient ce ne serait pas une bonne stratégie de se cacher sous la terre comme une bête traquée.

Il replia ses couvertures, reprit son revolver et rentra chez lui. Une fois au lit, il dormit d'un sommeil avare peuplé d'angoisse.

Il dormit mal deux nuits de suite. Pourtant, les premières heures du troisième jour le trouvèrent enfoui dans un si profond sommeil qu'il mit du temps à entendre les coups frappés contre sa porte.

Il se leva en toute hâte et batailla avec les jambes de son pantalon. Quand il descendit précipitamment l'escalier, la pendule française sonnait 5 heures. C'était l'heure à laquelle Josep se réveillait d'ordinaire. Il s'efforça de rassembler ses idées.

Aucun assassin ne se présenterait en frappant à la porte.

Était-ce Marimar? Francesc était-il malade à nouveau?

Il ne se décidait pas à ouvrir.

– Qui est là?

– Josep! C'est Nivaldo!

C'était bien la voix de Nivaldo, mais un homme armé ne se cachait-il pas derrière lui?

Josep ouvrit le verrou. Il entrebâilla la porte et jeta un coup d'œil dehors. Le ciel se chargeait de nuages. Il faisait encore sombre et l'on n'y voyait pas grand-chose. Nivaldo tendit vers lui une main tremblante et lui saisit farouchement le poignet.

– Viens, dit-il.

Nivaldo l'entraîna dans l'allée, qu'ils descendirent en courant avant de gagner la place. Nivaldo ne faisait que presser Josep de se hâter et refusait de répondre à aucune question. Josep nota qu'il empestait l'eau-de-vie. Nivaldo eut toutes les peines du monde, quand ils furent au seuil de l'épicerie, à enfiler la clef dans la serrure.

À l'intérieur, il gratta une allumette et enflamma la mèche d'une lampe dont la clarté tomba sur une bouteille d'alcool vide reposant sur le comptoir.

Josep comprit alors ce qui avait mis Nivaldo dans tous ses états.

Un homme gisait sur le sol.

Josep pensa d'abord qu'il dormait, puis il s'aperçut que la tête de l'homme formait avec son corps un angle bizarre. Il dormait, oui, mais d'un sommeil dont on ne se réveille plus.

— Nivaldo! murmura Josep.

Il lui prit la lampe des mains et se pencha vers le corps.

Peña était tombé d'une chaise qui était toujours renversée auprès de lui. Il ne ressemblait plus à l'homme d'apparence prospère qu'il avait aperçu au marché de Sitges. On aurait dit un soldat mort plutôt qu'un marchand. Josep reconnut les vêtements de travail usés et les chaussures de combat au cuir abîmé. Il vit le poignard enfoncé dans sa gaine. Peña avait les yeux clos. L'inclinaison de sa tête indiquait qu'il avait la nuque brisée. Il présentait au cou des ecchymoses d'un rouge aussi sombre que des grains d'ull de llebre, ainsi qu'une entaille à vif avec du sang coagulé.

— Qui a fait ça?

— Moi.

— Toi! Mais comment?

— Avec ça.

Nivaldo pointa le doigt vers une lourde barre de fer appuyée au mur que Josep avait toujours vue dans l'épicerie et dont Nivaldo se servait pour ouvrir ses caisses de farine ou de café.

— Ne pose pas de question. Contente-toi de me débarrasser de lui.

— Qu'est-ce que tu veux que j'en fasse?

— Je n'en sais rien. Et je ne veux pas le savoir.

Nivaldo avait une expression redoutable; il était à moitié ivre.

— Tu l'emmènes, dit-il. Et tu en fais ce que tu veux. Il faut que je nettoie tout ça avant l'arrivée des premiers clients.

Josek le regardait; il ne savait comment réagir.

— Josep! Je t'ai dit de me débarrasser de lui!

Il rentra chez lui en se disant que la charrette serait trop bruyante. La brouette était dans le cellier, pleine de terre glaise. Cependant il y avait aussi l'autre brouette, celle qu'il avait trouvée dans la maison de Quim – et celle-là était vide.

La roue de la brouette grinçait tellement que Josep dut perdre de longues minutes à l'enduire de graisse.

Enfin il put la pousser en silence jusqu'à l'épicerie.

Peña fut enroulé dans une couverture tachée. Nivaldo le prit par les pieds et Josep par les épaules. Ils le couchèrent dans la brouette. Mais le corps était si raide, déjà, qu'il refusait de se plier. Il risquait de tomber au cours du transport. Josep, en lui appuyant sur la taille, parvint à l'enfoncer dans les profondeurs de la brouette.

Nivaldo retourna s'enfermer dans son épicerie.

Josep s'éloigna avec son chargement.

La nuit se retirait peu à peu. Déjà les viticulteurs du village devaient quitter leurs lits. Josep était au supplice à l'idée de rencontrer quelqu'un et d'avoir à faire un brin de causette. Une image le hantait : Quim Torra tournant joyeusement autour de la place en poussant cette même brouette dans laquelle le curé, son amant, riait aux éclats. Josep dépassa la maison d'Eduardo. Il allait aussi vite que possible, essayant d'étouffer le moindre bruit. La roue ne grinçait plus, mais elle avait une protection métallique qui résonnait sur les pavés irréguliers puis sur les pierres du chemin.

Dans la propriété d'Angel, un coq chanta, un aboiement sauvage retentit – c'était le successeur du chien de garde que Josep avait apprivoisé autrefois, et qui avait rendu l'âme.

Josep accélérait le pas et redoublait d'efforts. Il pénétra enfin dans ses vignes, soulagé. Mais il s'arrêta subitement.

Qu'allait-il faire de ce corps, maintenant ?

C'était une étrange responsabilité que Nivaldo lui avait jetée dans les bras. Il ne pouvait se contenter de recouvrir le corps d'un peu de terre. Ni de l'enterrer n'importe où, n'importe comment. Mais il ne pouvait pas non plus se mettre à creuser une tombe en bonne et due forme alors que quelqu'un pouvait passer à tout moment. Les villageois allaient circuler sur la route, descendre à la rivière ; Mirimar ne manquerait pas de venir le voir, et Francesc...

Josep devait se débrouiller pour faire disparaître Peña.

Il prit la direction du cellier, ouvrit la porte, poussa la brouette à l'intérieur.

Il chercha sa lanterne dans le noir et l'alluma ; il savait désormais comment il allait procéder.

Il empoigna Peña sous les aisselles et l'arracha à la brouette. Il songeait à cette ouverture naturelle, creusée dans la roche, où il avait projeté de construire des étagères pour ses bouteilles. Finalement, son vin ne vieillirait pas dans ce réduit. L'endroit allait devenir le tombeau de Peña. Peña était un homme fort, musclé, et Josep dut batailler pour parvenir à le loger debout dans la cavité, le dos appuyé à la muraille rocheuse. La tête pendante du cadavre et ses épaules étaient soutenues par une pierre qui jaillissait du mur de l'autre côté. Peña avait tendance à se déhancher, mais Josep n'en avait cure ; il ne se souciait pas de rechercher pour le mort une belle et digne apparence.

Josep se dirigea vers la brouette emplie de glaise. Il avait ajouté la veille de l'eau à cette terre pour l'empêcher de sécher, mais une croûte s'était formée en surface. Il prit une cruche d'eau, et la vida entièrement sur l'argile qu'il mélangea avec la pelle. La croûte finit par disparaître. Il emplit un seau de glaise. Avec la truelle, il commença d'emplir d'argile le sol de la cavité où reposait le corps de Peña. Il trouva une grosse pierre qu'il déposa sur le lit de glaise et l'enfonça en se servant d'une autre pierre comme d'un marteau. Sur cette base, il entreprit d'édifier un carcan de pierre et de glaise.

Quand il eut empilé cinq couches de pierres, le corps de Peña était prisonnier jusqu'à mi-cuisses. Josep sortit de sa grotte en poussant la brouette de Quim. Il s'arrêta à la hauteur d'un tas de gravats qu'il avait eu l'intention de répandre dans l'allée et en emplit la brouette. Le soleil montait dans le ciel à présent et dissipait les dernière ombres de la nuit.

De retour à son ouvrage, il emplit la cavité de gravats et les poussa derrière le corps avec sa pelle. Il fit de même entre les jambes et sur les flancs du cadavre qui penchait légèrement, mais demeurait debout comme un arbre sur ses racines, et peu à peu disparaissait dans son sarcophage de pierres et de terre.

Josep fit un pas en arrière pour avoir du recul. Et il reprit l'édification du mur devant le corps.

Peña était enfoui jusqu'à la taille quand une voix claire retentit au-dehors.

– Josep !

C'était Francesc.

– Josep ! Josep !

Josep abandonna son ouvrage et tendit l'oreille. Francesc continuait de l'appeler. Puis sa voix diminua et disparut.

Josep recommença d'empiler devant le corps de Peña des pierres sur leur lit de glaise.

À mesure que son mur s'édifiait et formait un coffrage autour du corps, Josep chargeait le tombeau en gravats et tassait. Quand sa brouette était vide, il sortait prudemment la remplir à nouveau. Mais il était seul au pied de la colline, dans l'aveuglante lumière d'une journée parvenue désormais à la moitié de son terme. Ayant jeté de grosses pelletées de gravats dans la brouette, il retournait à l'intérieur travailler au frais, près de sa lanterne.

Il avançait avec ardeur et méthode, sans se soucier de la faim ni de la soif. La terre s'élevait autour du corps comme une lente marée. Il évitait de regarder le sergent Peña, mais, quand cela arrivait, il voyait la tête du mort couchée sur son épaule. L'entaille dans la chair était invisible. Josep ne s'attardait pas à observer le crâne partiellement chauve, les quelques cheveux gris qui apparaissaient ici ou là : ces détails faisaient de Peña une victime trop humaine, et Josep, en la circonstance, préférait penser à cet homme comme à un criminel.

Les épaules avaient disparu. Josep travaillait moins vite, à présent, perché sur le premier barreau de son échelle. Il ajouta au mur une rangée de pierres et emplit la cavité restante. La tête de Peña fut bientôt enfouie sous les gravats. Son crâne disparut à jamais. Josep tassa la terre. Peña était enterré.

Mais le mur était encore à un mètre du plafond, et Josep n'avait plus d'argile. Du moins pourrait-il continuer le travail sans craindre des visites.

Le temps avait passé vite. Josep s'aperçut que c'était déjà la fin de l'après-midi. Il n'avait ni mangé ni bu de toute la journée. Quand il descendit l'allée de Marimar en poussant la brouette de Quim, il avait la tête qui tournait.

À la rivière, il s'agenouilla, se lava les mains et but un peu d'eau fraîche. Ses paumes étaient imprégnées d'une odeur de glaise, mais quelle importance ? Il s'aspergea le visage.

Le bord de la rivière n'était pas loin de l'allée et en était séparé par des broussailles. Josep ôta ses chaussures, roula sur ses jambes le bas de son pantalon et poussa la brouette dans l'eau. Dans le lit de la rivière, des pierres se dressèrent comme des obstacles devant la roue. Josep dut pousser fort. Mais il fut bientôt en mesure de puiser au fond de l'eau un nouveau chargement d'argile.

Il remontait l'allée quand Marimar apparut. Elle venait de derrière sa maison. Elle le vit qui transportait dans la brouette une grande quantité de glaise, comme il le faisait souvent. Elle lui adressa un signe et un sourire ; Josep lui sourit à son tour mais poursuivit sa route sans s'arrêter.

Ayant déchargé la glaise, il fit une nouvelle brouette de gravats ; et il reprit son travail.

Il ne s'accorda qu'une seule pause. Il descendit de son échelle. Le Le Mat était couché sur un tonneau. Josep le prit et remonta sur l'échelle. Ayant déposé le revolver à l'intérieur du sarcophage, il le couvrit de plusieurs pelletées de terre.

Le mur, à présent, atteignait le plafond. Josep nettoya les pierres avec l'arête de sa truelle. Il descendit de l'échelle.

Le mur s'élevait sur une hauteur de trois mètres. Il partait de l'entrée et courait jusqu'au fond de la grotte, dont la partie construite de la main de l'homme s'harmonisait avec la roche naturelle. Josep souleva la lanterne pour examiner le cellier et vit qu'il offrait au regard une parfaite innocence.

— Maintenant, dit-il, il est à vous !

À qui avait-il adressé ces mots ? À Dieu ou aux Créatures ? Il n'en savait rien.

Il referma la porte derrière lui.

54

Discussion

*N*ivaldo le dévisageait.
– Un bol de ragoût ?
– Non.

Josep avait mangé et dormi. Il s'était réveillé, s'était lavé, avait mangé de nouveau, et dormi encore.

Il promena son regard dans la pièce. On devinait sur le sol les endroits que Nivaldo avait récurés de leurs traces sang. Où l'épicier avait-il caché les restes, et les chiffons qui lui avaient servi à tout nettoyer ? Josep se dit qu'il avait dû les enterrer.

Nivaldo ne tremblait plus mais il avait encore les yeux rouges. Il était dégrisé, maître de lui-même.
– Tu ne veux pas de café non plus ? demanda-t-il.
– Je veux des explications.

Nivaldo hocha la tête.
– Assieds-toi.

Ils prirent place à table, l'un en face de l'autre.
– Il a débarqué à 1 heure. Comme à son habitude. Je n'étais pas couché. Je lisais le journal. Il s'est assis à ta place. Il m'a dit qu'il avait faim. J'ai ouvert pour lui une bouteille d'eau-de-vie. Je lui ai répondu que j'allais réchauffer du ragoût. Je savais qu'il était là pour me tuer.

Nivaldo parlait d'une voix faible, épuisée.
– Que faire ? Lui régler son compte d'un coup de couteau ? J'avais peur du corps-à-corps. Je ne suis plus tout jeune ! Je suis malade. Il était bien plus costaud que moi. Mais j'avais encore assez de force pour lui flanquer un coup de barre de

299

fer. Je suis allé la chercher pendant qu'il buvait. Je me suis approché de lui par-derrière. Et j'ai frappé de toutes mes forces. Je savais qu'il me fallait réussir du premier coup, car il ne me laisserait pas une deuxième chance.

« Il était mort. Je me suis assis. Et j'ai vidé toute la bouteille d'eau-de-vie. À la fin, j'étais tellement ivre que je ne savais plus quoi faire. C'est alors que l'idée d'aller te chercher m'a traversé l'esprit. Je suis content d'en avoir fini avec lui.

– Content? dit Josep, amer. Un autre assassin viendra s'occuper de nous!

– Personne ne viendra. Il n'a mis personne d'autre dans le coup. Pour ne pas avoir à les tuer aussi, tout simplement. Il agissait seul. Nous étions les deux derniers hommes sur la terre à pouvoir lui attirer des ennuis. Alors il est venu à Santa Eulalia dans l'intention de se débarrasser de toi. Mais il a compris que nous étions liés, tous les deux. J'en savais assez sur son compte pour qu'il veuille se débarrasser de moi aussi.

Il soupira.

– En fait, je n'en sais pas tant que ça à son sujet! Quand j'ai fait sa connaissance, il se disait capitaine. Il avait été blessé en 1869 à Cuba. Il combattait les créoles sous les ordres de Valeriano Weyler. Un jour qu'on avait bu ensemble, il m'a dit que le général Weyler veillait sur lui et sur sa carrière. Ils avaient fait ensemble l'académie militaire de Tolède. Il était vraiment allé à Cuba et connaissait l'île comme sa poche. Apprenant que je venais de là-bas, il s'est mis à parler politique avec moi. Ah! on en a eu des discussions!

– Peña, c'était son vrai nom?

Nivaldo haussa les épaules.

– Vous vous êtes rencontrés comment?

– À une réunion.

– Quelle réunion?

– Une réunion carliste.

– Alors il était carliste...

Nivaldo se frotta la figure.

– Plein de soldats et d'officiers ont été amnistiés, reprit-il. Ils ont intégré l'armée gouvernementale après la première guerre civile. Mais quelques-uns ont déserté pour rejoindre les forces carlistes. D'autres sont restés au sein de l'armée, où ils ont travaillé comme espions pour le compte des carlistes. Quelques-uns ont changé de camp et se sont mis à espionner leurs propres amis pour le bénéfice du gouvernement. À ce moment-là, je considérais Peña comme un carliste, mais aujourd'hui... Aujourd'hui, je me demande de quel côté il était. Je sais qu'il fréquentait les réunions carlistes, mais... C'est lui qui nous a informés que les officiers carlistes avaient décidé de lever une armée au pays Basque après la troisième insurrection. Il m'a laissé entendre qu'il cherchait à recruter de jeunes Catalans pour porter le béret vert.

— Tu savais quels étaient ses plans avec le groupe des chasseurs ?

Nivaldo hésitait.

— Pas très bien. Je ne suis qu'un épicier de village. Je faisais ce qu'il me demandait. Mais je savais qu'il vous faisait subir cet entraînement dans un but bien précis. Quand j'ai appris par les journaux l'assassinat du général Prim, j'en ai eu des frissons. Les articles parlaient d'un groupe qui avait barré la route à l'attelage. Ça correspondait. J'ai deviné que nos garçons de Santa Eulalia étaient impliqués.

Josep le regardait.

— Manel, Guillem, Jordi, Esteve, Enric, Xavier : tous morts.

Nivaldo hocha la tête.

— C'est triste, dit-il. Mais ils sont partis soldats. Et les soldats meurent. J'ai moi-même vu mourir beaucoup de soldats...

— Mes amis ne sont pas morts en soldats, justement ! Tu nous as tous livrés à Peña ! Comme tu servais ton ragoût ! Tu aurais pu au moins nous expliquer ! Nous donner le choix !

— Réfléchis, Josep ! Certains d'entre vous étaient appelés à partir, mais d'autres non. Aucun de vous n'avait la moindre conscience politique...

— Tu as cru que j'étais mort aussi. Qu'est-ce que ça t'a fait ?

— Ça m'a brisé le cœur, qu'est-ce que tu crois ? En même temps j'étais fier ! Prim était un fléau pour le pays. D'accord, il nous a débarrassés de cette pute royale, Isabella. Une reine déchue. Mais il a fallu qu'il mette sur le trône cet Italien, cet Amédée ! Penser qu'on avait changé le cours de l'histoire, toi et moi ! Oui : j'en tremblais de fierté, que nous ayons viré Prim. J'en tremblais de fierté patriotique !

Il fixait sur Josep son œil unique qui semblait darder un rayon.

— J'ai fait don à l'Espagne de la personne que j'aimais le plus au monde ! Tu te rends compte de ça ?

— Bon Dieu, mais je ne t'appartenais pas ! Tu as disposé de moi ! Tu n'es pas mon père !

— J'étais plus ton père, et celui de Donat, que Marcel ne l'a jamais été ! Tu sais que c'est la vérité.

Josep eut envie de pleurer.

— Comment tu as pu t'embarquer dans une affaire pareille ? Tu n'es même pas espagnol ! Ni catalan !

— C'est comme ça que tu me parles ? J'étais espagnol et catalan avant que tu sois né !

Josep n'avait plus envie de pleurer. Il regardait l'œil unique baigné de fureur. Il s'écria tout à coup :

— Va te faire voir, Nivaldo !

Trois jours durant, il fut incapable de remettre les pieds dans son cellier. Puis vint le moment d'aller voir si le vin des barriques était prêt à être mis en bouteille. Les fûts exigeaient une attention permanente, car une menace était toujours susceptible de surgir à l'improviste. Josep revit son mur de pierre, et en face la paroi terreuse de la colline – cette terre où se cachaient tant de mystères naturels et humains.

Il éprouva le besoin d'achever enfin le cellier. Mais il avait utilisé toutes les pierres qui étaient à sa disposition depuis le début de ses travaux d'excavation. Il descendit à la rivière avec la brouette de Quim et y fit un chargement de bonnes pierres. Le mur fut entièrement achevé en l'espace d'une demi-journée.

Josep resta un moment à examiner les lieux. Le plafond et le rocher étaient tels qu'il les avait trouvés, tels que la nature les avait créés ; en face, tout était né de ses mains à lui, pierre après pierre. Ses barriques de vin formaient un bel alignement sur le sol de terre battue. Il fut habité par un sentiment de satisfaction qui était presque de l'orgueil. Il savait qu'il n'éprouverait plus la moindre réticence à l'idée de venir travailler ici.

En un sens, ce n'était pas plus immoral que de manger des baies poussées sur le mur du cimetière derrière l'église.

55

Union

*L*a pluie arriva tôt dans la saison, et ce fut une bonne
pluie, de celles qui irriguent sans faire de dégâts. En mai, l'air
fut si doux qu'il semblait un baiser sur la joue – une caresse
chaude et fraîche à la fois. Le mois n'avait plus que quelques
jours à vivre quand la vraie chaleur s'imposa. Le premier
vendredi de juin, Marimar recommanda à Josep de ne surtout
pas manger dans la casserole, car manger dans la casserole
attirait la pluie.

Le lendemain, il faisait chaud. Josep se leva avant l'aube et
descendit à la rivière, où il se décrassa à fond. Il se savonna la
tête et se coucha sur le dos. Les yeux grands ouverts, il laissa
le courant lui parcourir le corps et s'infiltrer dans ses narines.
Il vit briller derrière les bulles une lumière d'espérance répandue dans le ciel par le soleil levant. Il avait le sentiment que la
rivière le lavait de sa vie passée.

De retour chez lui, il revêtit son pantalon du dimanche et mit
des souliers noirs. Il enfila une chemise neuve. En dépit de la
chaleur, il noua à son col une grosse cravate bleu clair. Il passa
enfin la veste bleu foncé que Marimar lui avait achetée.

Francesc se présenta de bonne heure, si excité qu'il ne
tenait pas en place. Il prit la main de Josep. Tous deux descendirent l'allée et traversèrent la place. Dans l'église, ils
s'armèrent de patience et attendirent. Maria del Mar apparut
dans la charrette de Josep tirée par le Mulet, conduite par
Briel Taulé.

La mariée, qui n'avait aucun talent de couturière, avait fait
appel à Beatriu Corbero, la tante de Briel. Beatriu, moyennant

paiement, avait coupé une robe bleue qui s'harmonisait parfaitement avec la veste du marié. Maria del Mar espérait que
le bleu leur porterait bonheur. Cette robe, de toute façon, était
une dépense utile puisqu'elle pourrait être portée longtemps,
en diverses occasions. C'était une toilette de simple facture, à
col montant, avec des manches qui s'ouvraient aux poignets.
Les deux rangées de boutons noirs qui tombaient du col à la
ceinture étaient poussés vers l'avant par les seins généreux de
Maria. Elle avait éclaté de rire lorsque Beatriu lui avait suggéré d'adjoindre à sa robe un bustier. Maria n'en était pas
moins ravie de ce costume qui allait se rétrécissant aux
genoux après avoir rendu justice à ses larges hanches et à ses
cuisses. Elle était coiffée d'un petit chapeau de paille noir
orné d'un ruban rouge et tenait à la main un bouquet de roses
blanches coupées dans les vignes, la veille, par Josep et Francesc. Josep n'avait jamais vu Maria habillée autrement qu'en
vêtements de travail ; il en resta frappé de surprise quand elle
entra dans l'église.

Les bancs eurent tôt fait d'être envahis. Santa Eulalia était
le genre de village où tout le monde sort quand surviennent
un mariage ou un enterrement. Avant le début du service,
Josep vit Nivaldo se glisser à l'intérieur – en boitant fort, lui
sembla-t-il – et s'asseoir au fond, sur le dernier banc.

Debout devant le père Pio, Josep entendit à peine les mots
prononcés, tant il était submergé par le sentiment de sa bonne
fortune. Son attention s'éveilla seulement quand le prêtre,
ayant pris deux cierges, les présenta aux fiancés. Chacun en
alluma un. Les cierges figuraient leurs existences respectives.
Le curé leur en présenta un troisième, qu'ils allumèrent avec
leur propre flamme. C'était le symbole de leur union. Le père
Pio éteignit les deux premiers cierges. Et il annonça aux
jeunes gens que leurs vies, désormais, formaient une seule et
même entité.

Le couple fut béni. Le père les déclara mari et femme.
Marimar déposa pieusement son bouquet au pied de sainte
Eulalie.

Comme ils redescendaient la nef, Josep jeta un coup d'œil
vers le dernier banc et nota que Nivaldo était déjà parti.

Marimar avait préparé ses repas d'avance et s'était imaginé qu'elle pourrait passer son premier jour de vie commune à profiter tranquillement de son mari et de son fils, mais les villageois ne l'entendaient pas de cette oreille. Dès la fin de la cérémonie, Eduardo alluma un feu d'artifice sur la place, et les époux furent poursuivis jusque chez eux par le claquement des pétards.

Les quatre tables empruntées au voisinage, dressées dans les vignes de Marimar, se couvraient déjà de nourritures apportées par les villageois – des tortillas, des salades, du chorizo, des plats de viande et de poulet. Les gens arrivaient par petits groupes. Un cercle se forma autour des mariés. Les musiciens du castell avaient laissé chez eux tambours et grallas, mais ils étaient venus avec leurs guitares. La chaleur était si forte que Marimar dut bientôt se réfugier dans la maison et changer de toilette – son élégant costume fut remplacé par des effets ordinaires. Josep lui-même avait tombé la veste, dénoué sa cravate et retroussé ses manches.

Il regardait sa femme, tantôt bercé par un sentiment de reposant bonheur, tantôt visité par l'excitation ; il savait que Maria avait réalisé le mariage de ses rêves.

La nuit était déjà avancée quand les derniers convives décidèrent de rentrer chez eux. L'heure était venue des ultimes embrassades, des dernières étreintes. Francesc dormait depuis longtemps ; Josep dut le porter tout endormi dans sa chambre, et l'enfant se retrouva au lit sans s'être réveillé.

Les époux gagnèrent leur chambre et quittèrent leurs vêtements. Josep laissa la lampe allumée près du lit. Ils prirent le temps de se regarder puis ils se caressèrent et s'embrassèrent. Enfin ils roulèrent sur le lit, comme emportés par une faim tranquille. Josep savait que ce serait différent, cette fois. Marimar, sentant venir l'orgasme, pressa à toute force son mari contre elle, comme pour être pénétrée plus profondément encore ; elle ne voulait pas qu'il se retire trop tôt, comme il le faisait précédemment, car tout avait changé désormais.

Une heure plus tard, Josep se leva pour aller voir si l'enfant dormait bien. Quand il revint auprès de sa femme, il n'avait pas sommeil. Il avait envie d'elle. Elle rit de bon cœur et se donna à lui de nouveau. Ce fut une union intense, rendue plus puissante encore par l'interdiction de crier leur plaisir; leur étreinte ne fut pas silencieuse toutefois, car leurs corps arrachaient des plaintes au matelas et laissaient échapper des soupirs étouffés, fruits d'une longue mort jubilatoire.

Mais ces bruits-là, l'enfant dormait trop bien pour les entendre.

56

Changements

Maria del Mar appréciait peu la maison dans laquelle Ferran Valls l'avait conviée à venir s'établir avec son fils après le mariage. Il ne lui fallut pas longtemps pour rassembler leurs affaires et déménager dans la masia de Josep dont la pendule française faisait son admiration, ainsi que les meubles sculptés. Elle apporta sa propre table de cuisine, plus grande et plus solide que celle de son nouveau mari. Ses outils, elle les laissa dans la propriété de Valls. Ainsi, quand le besoin d'une serpe ou d'une bêche se faisait sentir, il leur suffisait d'aller la chercher. Il arrivait à Maria de s'exclamer avec satisfaction :

— Nous sommes riches en outils !

Deux jours après la noce, elle quitta la maison après le petit déjeuner pour aller désherber ses vignes. Quelques minutes plus tard, Josep la rejoignit et se mit à l'œuvre à ses côtés. L'après-midi, ils allèrent ensemble dans la propriété Torra couper de jeunes grappes dans une rangée dont Josep n'avait pas eu le temps de s'occuper au début du printemps, quand il avait commencé ses travaux d'élagage. Le lendemain, Josep poursuivit seul cette tâche, tandis que Maria allait dans les vignes Alvarez.

C'est ainsi qu'ils firent de cette bodega leur bien : sans jamais discuter, en travaillant ensemble ou séparément, en fonction des besoins de la vigne.

Une semaine après son mariage, Josep se rendit à l'épicerie du village. Il savait qu'il devrait continuer de venir s'approvisionner cher Nivaldo, car il n'était pas question d'aller au diable acheter des produits de base ; de plus, il ne tenait pas à exciter les rumeurs en laissant croire aux habitants de Santa Eulalia qu'il était en froid avec son vieil ami.

Ils parlèrent de la pluie et du beau temps, comme des étrangers. Josep formula sa commande. C'était la première fois qu'il achetait des provisions pour toute une famille, mais aucun commentaire ne lui vint en tête à ce propos, et Nivaldo n'y fit pas allusion non plus. Il prit les paquets que l'épicier alignait sur le comptoir et les transporta dans sa charrette – le sel, la farine, un sac de haricots, un autre de millet, un troisième de café, des bonbons pour Francesc.

Josep nota que Nivaldo était blême et qu'il boitait de plus en plus bas ; mais il ne lui demanda aucune nouvelle de sa santé.

Quand le chargement fut terminé, Nivaldo offrit à Josep un gros fromage rond de Tolède.

– Avec mes félicitations, dit-il.

C'était son cadeau de mariage.

Le premier mouvement de Josep fut de refuser, mais il se retint à la toute dernière seconde. Ce genre d'attention était chose naturelle dans un village, et Marimar aurait trouvé bizarre que Nivaldo ne leur fasse aucun présent.

– Merci, dit-il d'une voix contrainte.

Il paya l'épicier, hocha la tête et empocha sa monnaie.

Sur le chemin du retour, il fut la proie de sentiments contraires.

Il se souvenait de Peña comme d'un démon entré dans sa vie. Il était heureux de n'avoir plus rien à craindre de ce côté-là. Par ailleurs, il était mêlé au meurtre d'un homme. Si la vérité venait un jour à être découverte, il devrait partager avec Nivaldo la culpabilité de cet assassinat. La mort violente du général Prim lui avait attiré jadis de nombreux cauchemars qui, peu à peu, avaient disparu. À présent, il devait affronter de nouvelles angoisses. Il voyait en imagination des hordes de policiers débarquant dans ses vignes, ouvrant une brèche dans le mur de son cellier, tandis que Maria et Francesc étaient les témoins de sa honte. Puis les meurtiers étaient emmenés à

Barcelone. Et le bourreau les garrotait ou les pendait à une potence érigée place Sant Jaume.

L'été venu, il cessa d'aller vendre ses bouteilles au marché de Sitges de crainte d'exposer son vin à la chaleur. Il préférait demeurer dans la fraîcheur de son cellier, où il emplissait et bouchait d'autres bouteilles. Quand le sol en terre battue de la cave fut presque entièrement couvert de flacons habillés de leurs étiquettes, il décida de construire des casiers. Il lui restait le bois des vieilles cuves démontées. Cependant il manquait de clous. Un matin, de bonne heure, il attela le Mulet à sa charrette et se rendit à Sitges. Il y passa la matinée à choisir de vieilles bouteilles sur les étals des brocanteurs. Il finit par en acheter dix. Il acheta aussi de la poudre d'encre et du papier pour fabriquer de nouvelles étiquettes ainsi qu'un sac de clous.

Passant devant une auberge, il vit un exemplaire d'*El Cascabel* abandonné sur une table. Il attacha le Mulet à l'ombre. Cela lui manquait de ne plus pouvoir feuilleter le journal chez Nivaldo. Il commanda un café, s'assit et se plongea dans la lecture.

Il savait que la guerre avait pris fin. Les carlistes avaient renoncé, et la concorde semblait régner sur la nation. Pourtant Cuba connaissait toujours de dures batailles. Antonio Canovas del Castillo, le Premier ministre, avait formé à Madrid un gouvernement de coalition comprenant des modérés venus des rangs conservateurs et libéraux. Ce gouvernement opprimait ses adversaires. Il avait créé une commission chargée de rédiger une nouvelle Constitution, qui fut ratifiée par les Cortes et approuvée par la Couronne. Alphonse XII pouvait être satisfait, puisqu'il avait voulu régner sur une monarchie constitutionnelle marquée au coin de la stabilité. D'après l'éditorial d'*El Cascabel*, tout le monde ne soutenait pas l'action de Canovas, mais le peuple était soulagé d'en avoir fini avec les tensions et les bains de sang. Une autre plume du journal développait un commentaire sur la popularité du roi.

Ce même soir, à la nuit tombée, Josep était sur la place avec Eduardo, et les deux amis discutaient des changements politiques.

— Canovas va lever un nouvel impôt annuel sur les propriétés terriennes et les affaires, se plaignit Josep. Les cultivateurs devront payer vingt-cinq pesetas pour avoir le droit de vote. Les commerçants, cinquante.

— Voilà une mesure qui ne va pas être populaire, fit observer Eduardo sèchement.

Josep sourit et hocha la tête.

Eduardo, passant à autre chose, dit qu'il s'inquiétait pour la santé de Nivaldo. Il ajouta :

— Les anciens du village auront tôt fait de s'en aller. Angel Casals non plus n'est pas bien. La goutte a atteint les deux jambes. Il souffre beaucoup.

Il dit aussi, avec un certain malaise :

— J'ai eu une conversation intéressante avec lui, il y a quelques jours. Il pense que le moment est venu de laisser son fauteuil d'alcade à quelqu'un d'autre.

La nouvelle fut un choc pour Josep. Il n'avait connu qu'un seul alcade à Santa Eulalia : Angel Casals.

— Son père était alcade, reprit Eduardo. Il lui a succédé voilà quarante-quatre ans. Il aimerait bien faire une année encore, mais il voit que ses fils ne seront de toute façon pas assez vieux, ni assez mûrs, pour prendre la succession.

Il rougit légèrement.

— Josep... Il voudrait que son successeur, ce soit moi.

— Formidable ! s'exclama Josep.

— Tu n'en prendrais pas ombrage ? demanda Eduardo d'une voix anxieuse.

— Bien sûr que non !

— Angel t'admire beaucoup, tu sais. Il a beaucoup hésité entre nous deux. Ça n'a pas été facile de trancher. Mais il m'a choisi finalement, parce que je suis le plus âgé.

Eduardo souriait.

— Il s'est dit qu'étant plus âgé je devais être plus mûr. Mais tu sais, il n'y a pas de raison de laisser Angel choisir lui-même son successeur. Si tu voulais devenir l'alcade du village, j'appuierais ta candidature avec la plus grande joie.

Josep savait qu'Eduardo était sincère. Il secoua la tête.

— Il m'a fait promettre de servir au moins cinq ans, reprit Eduardo. Et il a ajouté que je pourrais ensuite passer le relais à un de ses fils...

— Promets-moi de servir au moins quarante-cinq ans ! dit Josep. Je souhaite rester au conseil du village le même nombre d'années. J'aime travailler avec toi.

Ils s'étreignirent chaleureusement.

Cette rencontre fut une bonne chose pour le moral de Josep. Il était sincèrement ravi qu'Eduardo devienne l'alcade du village. Peu importait au fond que l'alcade fût propriétaire d'une grande fabrique ou simple coupeur de raisin. Tout homme pouvait faire un bon alcade, un gouverneur compétent, un honnête député aux Cortes, un bon Premier ministre ou même un roi, pourvu qu'il se préoccupe des conditions de vie et de l'avenir de son peuple.

Josep construisit dans sa cave des casiers assez solides pour supporter plusieurs centaines de bouteilles, mais sans se soucier de fabriquer un meuble élégant. Pourtant, ayant aligné ses flacons, il vit qu'il aimait leur ordonnancement et la richesse des reflets du vin noir sous la clarté de sa lanterne.

Un soir qu'il était dans sa vigne, un cavalier apparut sur la route et fit bifurquer sa monture dans l'allée.

— C'est la vigne de Josep ? demanda-t-il.

— Oui.

— Êtes-vous Josep ?

— Oui.

L'homme descendit de cheval et se présenta sous le nom de Bru Fuxa. Il se rendait à Sitges, où il avait de la famille. Il poursuivit :

— La dernière fois que j'ai rendu visite à mon cousin Frederic Fuxa, que vous connaissez, nous avons vidé ensemble une bouteille de votre merveilleux vin. Je souhaite vous en acheter quatre bouteilles pour en faire cadeau à mes cousins.

Josep se tourna vers l'horizon et vit que le soleil encore chaud commençait à peine son déclin.

— Prenez donc le temps de vous reposer, dit-il. Ainsi vous finirez votre voyage à la fraîche, en profitant de la brise qui souffle sur la route de Barcelone.

Bru Fuxa sourit. Il alla attacher sa monture à côté du Mulet, à l'ombre de la masia, et il revint s'asseoir sur le banc qui regardait les vignes, où Josep lui apporta de l'eau fraîche.

Le visiteur expliqua qu'il cultivait des olives. Le sujet occupa la conversation. Josep l'emmena chez Valls et lui montra les vieux oliviers. Le señor Fuxa les jugea magnifiques et bien entretenus.

Entre-temps, le soleil s'était couché derrière l'horizon. Josep précéda Fuxa dans le cellier. Il nota que sa réserve de papier journal commençait à diminuer. Il emballa avec soin quatre bouteilles que le voyageur rangea dans les sacs suspendus à sa selle. Fuxa paya Josep et se hissa sur son cheval. Tirant sur les rênes, il salua le viticulteur d'un large sourire.

— C'est une belle bodega que vous avez là, señor. Vraiment. Mais...

Il finit en s'éloignant :

— Il lui manque une belle enseigne.

Le lendemain matin, Josep découpa dans du chêne une planche carrée et la cloua à un poteau. N'étant pas assez sûr de sa main, il pria Marimar d'y tracer les lettres de son écriture bien nette. Le résultat ne fut pas un chef-d'œuvre. La planche ressemblait peu ou prou à la pancarte que Donat avait plantée dans sa vigne pour la vendre. Mais c'était une enseigne, et elle remplissait son office puisqu'elle indiquait à l'étranger qu'il était parvenu aux VIGNES DE JOSEP.

Un mercredi après-midi, Josep se rendit à l'épicerie pour acheter du chorizo et eut la surprise d'y trouver Donat en train de servir à une cliente une mesure de farine. Donat n'aurait-il pas dû être à la filature, dans le vacarme assourdissant des machines ? Que faisait-il chez Nivaldo ? Josep attendit que la cliente soit partie et interrogea son frère, qui répondit :

— Nivaldo est malade. Il nous a envoyés chercher hier. J'ai compris qu'il était vraiment mal, et j'ai accouru tout de suite. Rosa essaie de le soigner. Et moi, je tiens la boutique.

Josep réfléchit. Quels mots prononcer en pareille circonstance ? Aucun ne lui vint.

— Il me faut du chorizo, dit-il.

— Combien ?

— Une demi-livre.

Donat coupa la saucisse, la pesa, y ajouta un morceau, et enveloppa le tout dans une page d'*El Cascabel*. Il compta l'argent de Josep et lui rendit la monnaie.

— Tu veux monter le voir ?

— Je ne crois pas.

Donat ne put cacher sa surprise.

— Pourquoi, Sainte Mère de Dieu ? Tu es fâché aussi contre lui ?

Josep ne répondit pas. Il prit son chorizo et tourna les talons. Il franchissait le seuil de l'épicerie quand il entendit son frère lui lancer :

— Tu n'aimes personne, hein ?

57

Extrême-onction

C'était l'époque de l'année où les raisins commencent à remplir leurs promesses et à s'imprégner des saveurs du futur vin ; Josep passait dans ses rangées en picorant ici et là des grains qu'il faisait éclater sous ses dents pour tâcher d'estimer les progrès de la maturation. C'était l'époque aussi où le viticulteur scrute le ciel, inquiet d'une pluie trop abondante, d'une tempête de grêle ou d'une sécheresse prolongée.

Josep n'était pas sûr de son raisin, et ce doute assombrissait son humeur.

Il vit Marimar et Francesc qui revenaient de la place où ils étaient allés chercher de l'eau. Elle lui dit qu'elle avait rencontré Rosa. D'après Rosa, le prêtre avait passé presque toute la journée au chevet de Nivaldo.

Josep, en arrivant à l'épicerie, vit que Donat avait les yeux rouges.

— Il est au plus mal ?

— Oui.

— Je... je peux le voir ?

Donat haussa les épaules d'un air las et eut un geste vers les trois marches de pierre qui permettaient de gagner l'entresol, au-dessus de la réserve. C'était là que vivait Nivaldo.

Josep longea le couloir sombre et s'arrêta au seuil de la chambre. Le vieil homme couché sur le dos regardait le plafond de son œil grand ouvert. Le père Pio, penché vers lui, remuait les lèvres.

— Nivaldo, dit Josep.

Il n'était pas certain que le prêtre eût remarqué sa présence. Le père Pio était égal à lui-même ; il murmurait des paroles que Josep ne comprenait pas. D'une main, il leva une coupe, et de l'autre un pinceau minuscule. Il plongea le pinceau dans la coupe et dessina une croix sur le front du malade. Puis il fit d'autres croix : sur l'oreille de Nivaldo, sur ses lèvres, sur ses narines. Écartant la couverture, il dénuda les jambes maigres. Il appliqua l'onction sur les mains, les pieds, et même sur les parties génitales du mourant.

– Nivaldo, c'est moi ! reprit Josep.

Mais le prêtre tendait déjà le bras pour fermer le bon œil du malheureux ; il y dessina une dernière croix avec son petit pinceau.

Tout le monde au village fréquentait l'épicerie depuis de longues années, et la plupart des gens estimaient son propriétaire. Même ceux qui ne l'aimaient pas assistèrent à ses funérailles et suivirent le cercueil jusqu'au cimetière.

Josep, Maria et Francesc étaient présents dans le cortège.

Au cimetière, Josep se retrouva à côté de son frère et de Rosa ; celle-ci lui dit, mal à l'aise :

– Je suis désolée. C'était pour toi un être cher.

– Je suis désolé moi aussi, répondit Josep.

Donat intervint à voix basse :

– Quelle pitié qu'ils n'aient pas pu lui trouver une place plus près du padre !

Josep eut envie de répliquer : « Qu'est-ce que ça change ? Tu crois peut-être qu'ils ont l'intention de se retrouver pour jouer aux dames ? »

Mais il ravala ce sarcasme. Il n'était pas d'humeur à discuter avec eux, de toute façon. Dès qu'il le put, il leur faussa compagnie et se rapprocha de la tombe.

Le plus grand désordre régnait dans ses pensées. Jamais il n'avait ressenti une telle lassitude, un tel désarroi. Il aurait voulu pouvoir tenir la main de Nivaldo dans les derniers instants. Il regrettait de n'avoir pas eu la sagesse de prononcer à l'intention de son vieil ami des paroles de réconciliation et de réconfort. Mais une part de lui-même s'emportait encore à l'idée que le vieux fou, cédant à sa manie du complot, ait pu expédier des jeunes gens à la mort. Comment avait-il pu voler des fils cadets pour en faire don à la guerre ? En même temps, il se souvenait avec affection de l'homme charmant qui avait été l'ami de son père. Il se rappelait les histoires que lui avait racontées Nivaldo quand il était enfant. C'était de Nivaldo que Josep tenait la légence des Créatures. C'était Nivaldo qui lui avait appris à lire et à écrire. Lui qui l'avait dégrossi. Lui qui l'avait aidé à se délivrer des fardeaux de l'innocence.

Josep savait que cet homme-là l'avait aimé toute sa vie durant. Il s'éloigna de Marimar et de Francesc pour pouvoir le pleurer.

58

Héritage

*D*eux jours plus tard, le village apprit que Nivaldo Machado avait déposé ses dernières volontés entre les mains d'Angel Casals et fait de lui son exécuteur testamentaire. Puis une nouvelle journée s'écoula, et chacun sut que l'épicerie était léguée à Donat et Rosa Alvarez.

Personne ne fut surpris de cette nouvelle. Santa Eulalia ne fut la proie d'aucune agitation particulière. Mais, trois semaines après l'enterrement, Donat ôta le banc qui se trouvait de toute éternité au seuil du magasin. Il le déplaça, en fait, pour le rapprocher de l'église. On vit trôner désormais à l'entrée du négoce une petite table ronde qui avait été naguère la propre table de Nivaldo, celle sur laquelle il prenait ses repas à l'entresol. Donat y adjoignit une autre table, plus grande, qu'il flanqua de chaises. Rosa expliqua aux gens que ces tables resteraient nues en temps normal et qu'elle les couvrirait de nappes les jours de fête.

Josep manifesta sa mauvaise humeur.

— Le corps de Nivaldo n'est pas encore refroidi qu'ils en sont déjà à tout changer ! Ils pourraient montrer un peu de décence !

Mais Maria del Mar exprima une autre opinion.

— Ils ont hérité d'un commerce, pas d'un monument. Moi, ça me plaît, ces changements. Avant, cette épicerie, on ne la voyait même pas. Elle puait ! Maintenant, elle sent bon. Et c'est plus joli.

— Je ne vois pas les choses comme ça. Mon frère est un malotru.

— Pas sa femme. Rosa est une personne énergique. Elle a de la volonté. Et ils travaillent dur, tous les deux.

— Tu ne vois donc pas que le banc et les tables mordent sur la place ? Et la place, c'est le territoire de la commune ! C'est un lieu public ! Ils n'ont pas le droit...

— Le banc a toujours été sur la place, Josep. Et c'est une bonne chose, ces tables dehors. Elles ornent la place, justement. Ça crée un peu d'animation.

La majorité des habitants de Santa Eulalia partageaient cet avis.

Josep, quand il traversait le centre du village, voyait désormais aux tables de l'épicerie des gens qui prenaient tranquillement un café ou mangeaient une assiette de chorizo et de fromage. Deux semaines plus tard, Donat ajouta une troisième table à sa terrasse ; et personne n'éleva de protestation auprès de l'alcade ou des membres du conseil.

Lors d'une répétition des castellers de Santa Eulalia, Eduardo félicita Francesc pour ses progrès. Dès le début de l'année suivante, l'enfant aurait la permission d'escalader les six premiers niveaux de la pyramide. Enfin viendrait l'étape ultime qui lui permettrait de s'élever jusqu'au pinacle.

Francesc ne se tenait plus de bonheur. Quand vint l'heure de l'entraînement, il grimpa le castell très vite. Josep, une fois encore, sentit les bras de l'enfant autour de son cou. Il attendit la suite, devenue rituelle : Francesc lui parlait doucement à l'oreille. Cette fois, pourtant, il ne prononça pas le prénom de Josep, mais un mot qui s'échappa de ses lèvres comme un souffle minuscule, ou comme une parole fantôme apportée par le vent :

— Padre...

Ce soir-là, quand ils furent réunis tous les trois pour le dîner, Josep regarda l'enfant et lui dit :

— Il y a quelque chose que j'aimerais te demander, Francesc. Une faveur.

La femme et l'enfant écoutaient avec intérêt.

— J'apprécierais beaucoup, reprit Josep, si tu m'appelais

319

« padre » désormais, et non plus « Josep ». Tu crois que c'est possible ?

Francesc regardait droit devant lui. Son visage rayonnait, mais il ne pouvait parler car il avait la bouche pleine. Il dut se contenter de faire oui de la tête.

Maria del Mar se tourna vers son mari et sourit.

59

Parler, écouter

C'était quand l'enfant était endormi qu'ils pouvaient jouir enfin de quelque intimité et profiter du meilleur moment de leur journée. Une nuit, Josep entraîna Maria del Mar dehors, et ils allèrent s'asseoir dans le noir, sur le banc devant la vigne.

Josep lui parla de ses amis, ces garçons avec lesquels il avait grandi, et qu'il avait retrouvés plus tard dans le groupe des chasseurs. Il raconta à sa femme l'arrivée au village du sergent Peña, évoqua l'entraînement militaire et les promesses faites alors. Il lui apprit enfin certaines choses qu'elle ignorait, à savoir que les jeunes gens du village avaient été utilisés comme des pions. Ils avaient prêté leur concours à l'assassinat d'un homme politique qu'ils ne connaissaient pas et dont ils ne comprenaient même pas pourquoi il devait mourir.

Maria del Mar écoutait. Josep lui dit qu'il avait été témoin, avec Guillem, de la mort de Jordi, le père de Francesc.

— Tu es sûr que Jordi est mort ? demanda-t-elle.

— Ils lui ont coupé la gorge.

Elle ne pleura pas à cette nouvelle, car il y avait longtemps qu'elle tenait Jordi Arnau pour mort ; mais elle prit la main de Josep et la serra très fort entre les siennes.

Josep lui décrivit alors la vie qu'il avait menée en tant que fugitif.

— Je suis le seul à avoir survécu, conclut-il.

— Es-tu encore en danger ?

– Non. Deux hommes seulement continuaient de représenter une menace pour moi, et ils ne sont plus de ce monde.

Il jugea plus confortable de finir sur un mensonge.

– Ils sont morts au combat.

Il n'ajouta rien de plus ; il savait que tout était dit et qu'ils ne reviendraient plus sur le sujet. Maria eut alors ce mot :

– Je suis heureuse qu'il n'y ait plus de secrets entre nous.

Elle lui donna un long baiser.

Josep détestait l'idée d'être obligé de mentir à Maria, fût-ce par omission. En contrepartie, il jura intérieurement de la traiter toujours avec amour et tendresse.

Mais ce qu'il n'avait pas avoué à Maria del Mar pesait sur lui comme un fardeau, comme une bosse dans son dos. Il n'y avait donc personne sur cette terre à qui il pût se confier entièrement ?

Non, il n'y avait personne.

Un samedi après-midi, Josep poussa la porte de l'église. Il avait peine à croire lui-même à ce qu'il était en train de faire, mais il ne pouvait s'en empêcher.

Huit personnes attendaient déjà : des hommes et des femmes pleins de foi et de piété. Certains venaient se confesser ici tous les samedis, afin de pouvoir se présenter le lendemain à la messe du dimanche avec une âme purifiée et y recevoir l'eucharistie.

L'épais rideau de velours rouge du confessionnal empêchait d'entendre les paroles des repentants, mais ceux qui attendaient leur tour préféraient s'asseoir sur les derniers bancs tout au fond de l'église. Sans doute était-ce une façon de faire respecter par avance le secret de leurs propres aveux et perversions. Josep prit place à leurs côtés.

Quand vint son tour, il pénétra dans l'obscurité du confessionnal, et tomba à genoux.

– Pardonnez-moi, mon père, parce que j'ai péché.

– Depuis quand ne vous êtes-vous pas confessé ?

– Depuis six... non... Depuis sept semaines.

– Quelle est la nature de vos péchés, mon fils ?

– Quelqu'un dont j'étais l'ami a... a tué un homme. Et je lui ai prêté main-forte.

— Vous l'avez aidé à le tuer?

— Non, mon père. Je me suis chargé du corps.

— Pourquoi cet homme a-t-il été tué?

La question laissa Josep interloqué. Elle ne semblait pas en rapport avec sa confession proprement dite.

— Il a débarqué à Santa Eulalia pour tuer mon ami. Ensuite, il m'aurait tué moi.

— Donc votre ami l'a tué pour se défendre?

— Oui.

— Peut-être aussi pour vous sauver la vie? Et peut-être même pour vous épargner d'avoir à le tuer vous-même?

— Peut-être...

— Si tel est le cas, mon fils, le crime perpétré par votre ami s'apparente à un geste d'amour, n'est-ce pas? Un geste d'amour envers vous.

Il a deviné, se dit Josep. *Il a tout compris.*

Josep se demanda même si le prêtre n'en savait pas plus, au sujet de la mort de Peña, qu'il n'en savait lui-même. Le père Pio avait passé toute une journée au chevet de Nivaldo alors que ce dernier était sur le point de rendre l'âme; Nivaldo lui avait probablement tout confessé.

— Et le corps? reprit le père. Vous l'avez enterré?

Enterré debout, songea Josep, mais enterré – il n'y avait aucun doute sur ce point. Il sentit son esprit s'affoler.

— Oui, mon père.

— Alors où est le péché, mon fils?

— Mon père... L'homme a été enterré dans une terre non consacrée. Et sans que les rites soient respectés...

— À l'heure qu'il est, il a rencontré son Créateur. Et son Créateur l'a jugé. Il ne vous appartient pas de vous soucier de savoir si un homme est ou non inhumé selon les rites. Je ne doute pas que la police regarderait cette affaire d'un œil tout différent, mais je ne suis pas la police. Je travaille pour Dieu. Pour l'Église catholique aussi. Et je vous le dis, il n'y a pas eu de péché. Vous avez fait œuvre de miséricorde. C'est une sainte obligation que d'enterrer un défunt. Ainsi, je le répète, il n'y a pas péché. Donc pas de confession.

Le prêtre ajouta, après un bref silence :

323

– Trouvez la paix, mon fils. Rentrez chez vous. Et ne vous tourmentez plus.

De l'autre côté de l'écran percé d'une myriade d'ouvertures grandes comme des têtes d'épingle, Josep entendit un claquement sec et définitif. Sa confession était finie avant même d'avoir commencé.

60

La Guardia Civil

*D*ans la matinée du troisième vendredi du mois d'août, Josep lisait le journal devant l'épicerie. Donat, son frère, essuyait les tables. Tous deux levèrent la tête en même temps quand leur parvint le claquement des sabots sur le pont.

Peu après, trois cavaliers pénétrèrent sur la place, fatigués d'avoir voyagé sous un soleil ardent. Deux d'entre eux étaient des soldats de la Guardia Civil. Josep connaissait ce genre d'hommes pour les avoir vus à Barcelone, allant toujours par deux, armés de leur fusil, coiffés de leur tricorne de cuir caractéristique, vêtus d'une tunique noire à col montant et d'un pantalon couleur de neige, chaussés de bottes luisantes. Ces deux-là portaient le tricorne, mais leur uniforme vert était maculé aux aisselles de larges taches de transpiration. Ils avaient leur fusil en bandoulière.

Le troisième homme montait une mule ; Josep plissa les yeux.

– Hola ! Tonio ! s'exclama Donat.

C'était le fils aîné d'Angel Casals.

Tonio gratifia Josep d'un très bref regard, puis salua Donat d'un hochement de tête, mais ne dit pas un mot. Il se dressait sur sa selle de toute la hauteur de son corps, comme s'il cherchait à imiter les deux soldats.

Josep les observait par-dessus son journal. Donat, son chiffon humide à la main, les suivit des yeux tandis qu'ils s'approchaient du pressoir et, ayant mis le pied à terre, attachaient leurs montures à la barrière publique. Ils allèrent tout droit à la pompe et burent à tour de rôle en se confiant mutuellement leurs fusils. Ils attendirent que Tonio se fût aussi désaltéré puis longuement aspergé la figure.

— Autant commencer tout de suite, dit Tonio quand il eut fini ses ablutions. C'est cette maison-là. La première après l'église. À l'heure qu'il est, il est soit chez lui, soit dans sa vigne. Si vous voulez, on peut aller voir dans la vigne.

L'un des soldats approuva d'un signe.

Donat nettoyait la même table pour la troisième fois ; Josep regarda les soldats et Tonio disparaître derrière la maison d'Eduardo Montroig.

Deux heures plus tard, Josep et Eduardo trouvèrent Maria del Mar et Francesc dans une rangée de vignes et les informèrent que le village avait de la visite.

— Deux hommes de la Guardia, expliqua Eduardo. Avec Tonio Casals qui leur sert de guide et de mouchard ! Ils m'ont posé des questions bizarres. Ils ont même fouillé ma maison ! Si je savais ce qu'ils peuvent bien chercher ! Et ce sacré Tonio, mon copain d'enfance, a creusé lui-même deux trous dans ma vigne !

Eduardo poursuivit :

— De là, ils sont allés à la ferme d'Angel. Voilà une demi-heure. On vient d'y passer. Tonio était en train de reboucher un trou qu'il avait creusé près du poulailler. Tu te rends compte ? Creuser le terrain de son propre père ! Qu'est-ce qu'ils peuvent bien chercher ?

Maria del Mar gardait les yeux fixés sur l'allée.

— Les voilà, dit-elle. Ils viennent ici.

— Mais qu'est-ce qu'ils cherchent ? répéta Eduardo.

Josep s'efforça de ne pas se retourner vers eux.

— Je ne sais pas, dit-il.

L'un des hommes de la Guardia était plus gros que son collègue, et plus petit d'une tête. C'était aussi le plus âgé des deux. Ces soldats n'étaient guère amènes. Ils ne se montraient pas agressifs non plus. Pourtant il émanait d'eux quelque chose de menaçant.

— Señor Alvarez ? Señora ? Je suis le sous-officier Bagès, et voici le première classe Manso. Je crois que vous fréquentez le señor Casals.

Josep approuva de la tête. Tonio s'exclama :

– Hola! Maria del Mar.

– Hola! Tonio, répondit-elle doucement.

– Nous aimerions jeter un coup d'œil dans votre propriété, señor. Y voyez-vous une objection?

Josep savait que la question était de pure forme. Il n'avait pas le pouvoir de dire non à ce sous-officier. Et quand bien même il l'aurait eu, il n'en aurait pas usé, de crainte d'apparaître comme un coupable. Mieux valait ne pas jouer à ce petit jeu avec la Guardia. La loi lui accordait une autorité sans limites, au point qu'il lui arrivait parfois de commettre des dégâts physiques ou économiques dans son zèle pour assurer le maintien de l'ordre.

– Aucune, répondit Josep.

Ils commencèrent par les maisons. Le chef ordonna à son subalterne d'aller avec Maria del Mar inspecter celle de Valls; lui-même irait avec Josep dans la maison Alvarez.

La petite masia ne comportait guère de cachettes. Le sous-officier plongea la tête dans l'âtre afin de fouiller des yeux le conduit de cheminée. Il se coucha pour regarder sous le lit déplaça le matelas de Francesc. S'il faisait frais à l'intérieur, le grenier était chaud. Il fallut faire glisser les sacs de grain et de haricots pour explorer les soupentes – à la fin de l'opération, le sous-officier et Josep étaient en nage.

– Combien de temps avez-vous fréquenté le colonel Julian Carmora?

Josep se sentit mal à l'aise. Il aurait voulu ne jamais connaître la véritable identité du sergent Peña. Pourtant il regarda le sous-officier d'un œil stupéfait. Bagès reprit :

– Quelle était la nature de votre relation avec le colonel Carmora?

– Je regrette. Je ne connais personne de ce nom.

Le sous-officier Bagès soutenait son regard.

– Vous en êtes sûr, señor?

– Absolument. Je n'ai jamais fréquenté aucun colonel.

– Vous avez bien de la chance.

De retour dans la vigne, ils trouvèrent Maria del Mar et Eduardo sur le banc.

– Où est le première classe Manso ? demanda Bagès.

– On a visité une maison ensemble, répondit Maria del Mar. L'autre, celle que vous voyez là-bas, est pleine d'outils. Il y a aussi deux charrues, de vieux harnais de cuir – toutes sortes de choses. Quand je l'ai laissé là-bas, il explorait notre attirail avec beaucoup de soin.

Le sous-officier décida de rejoindre son subalterne.

Ils le regardèrent s'éloigner.

– Tu as pu apprendre quelque chose ? demanda Eduardo.

Josep fit non de la tête.

Au bout d'un moment, Tonio Casals apparut au débouché d'une rangée de ceps et monta jusqu'à eux. Il s'agenouilla devant l'enfant.

– Hola, Francesc. Je suis Tonio Casals. Tu te souviens de moi ?

Francesc scruta le visage de Tonio, puis secoua la tête.

– Il est vrai que ça fait un bail. Tu étais tout petit.

Marimar intervint d'un ton aimable.

– Et toi, Tonio, qu'est-ce que tu deviens ? Comment vas-tu ?

– On fait aller, Maria del Mar. Je travaille à la prison régionale de Las Granyas. Je suis assistant de l'*alguacil*. Le travail me plaît.

– D'après ton père, dit Eduardo, tu fais aussi le commerce des olives.

– C'est vrai. Mais les olives, c'est un boulot de fermier. Et ça, ça ne m'attire pas. Surtout que mon patron me mène la vie dure... Mais il y a toujours quelque chose qui ne va pas, non ?

Eduardo bredouilla une approbation, puis demanda à son ami d'enfance :

– Et ça t'arrive souvent de travailler avec la Guardia ?

– Non, non. Mais je les connais. Et ils me connaissent, vu qu'ils viennent dans ma prison amener des détenus ou les chercher pour les interroger. En fait, je me demande si je ne vais pas essayer d'entrer dans la Guardia, moi aussi. Ce n'est pas facile. Il y a beaucoup de candidats et peu d'élus. Il faut suivre des cours et passer des examens. Mais comme je dis toujours, j'en connais un rayon, maintenant, à force de travailler à la prison. Ces deux-là, ils savaient que j'étais un gars de Santa Eulalia. Quand on les a envoyés en mission ici, ils m'ont pris comme guide et assistant. Croyez-moi, ils n'ont pas de mauvaises intentions...

— Mais, Tonio, reprit Maria del Mar, pourquoi ils fouillent nos propriétés ?

Tonio marqua une hésitation.

— Tu n'as pas besoin de t'en faire, dit-il.

Elle ouvrit de grands yeux.

— Ils m'ont demandé si je connaissais un certain colonel, dit-elle. Pourquoi ?

Tonio ne cachait pas son orgueil d'être dans le camp de l'autorité. Il s'assura que les deux soldats ne pouvaient l'entendre et répondit :

— Un colonel a disparu. Un homme qui avait un poste au ministère de la Guerre. Un futur général, d'après le sous-officier Bagès.

— Mais pourquoi ils viennent le chercher ici ? demanda Eduardo.

— La piste est maigre. Mais dans ses papiers, au ministère, ils ont retrouvé un document administratif de la Catalogne, avec les noms des conseillers municipaux des villes et des villages. Et il avait entouré d'un cercle les trois noms de Santa Eulalia.

Le conseil municipal, songea Josep. Voilà pourquoi ils perquisitionnent chez Casals, chez Eduardo et chez moi.

— C'est tout ? s'étonna Eduardo, incrédule. Trois noms entourés d'un cercle ?

Tonio approuvait du chef.

— Ça m'a fait rire quand ils m'ont dit ça. Je leur ai suggéré que le colonel envisageait peut-être de prendre sa retraite ici. Ou de venir y cultiver des vignes. Ou encore d'y envoyer des troupes faire des exercices et des manœuvres. Peut-être, peut-être, peut-être ! Ils ont insisté. Ils voulaient absolument pousser l'enquête jusqu'ici. Du coup, j'ai été obligé de creuser un trou dans la propriété de mon propre père ! C'est qu'ils n'ont rien. Pas le moindre indice. Alors qu'ils sont excellents. Les meilleurs, même.

Il sourit à Marimar.

— Mais sois patiente. On n'en a plus pour longtemps.

329

Le sous-officier Bagès était de retour.

— Señor, dit-il à Josep, voulez-vous me suivre ?

Tous deux gagnèrent le pied de la colline et la porte de la grotte.

— Qu'est-ce que c'est ?

— Mon cellier.

— Ouvrez, je vous prie.

Josep ouvrit la porte. Tous deux pénétrèrent dans la pénombre. Josep gratta une allumette et la présenta à la mèche de la lampe, qui produisit une clarté vacillante. Leurs ombres se découpèrent sur les murs.

— Ah, dit le sous-officier à voix basse, quelle fraîcheur ! Pourquoi ne vivez-vous pas ici ?

Josep eut un sourire forcé.

— Ça réchaufferait le vin, répondit-il.

Le soldat tendit la main et prit la lanterne. Il la souleva aussi haut que possible afin d'examiner les lieux : le mur rocheux, le plafond, la cloison de pierre qui commençait après les casiers à bouteilles. Il approcha la lampe de la cloison. Il l'examina avec soin. Josep s'aperçut avec consternation que l'argile entre les pierres n'avait pas partout la même couleur. Par endroits sèche et gris clair, elle était encore brune et humide à d'autres.

Rien n'était plus facile que de repérer les sections de mur bâties en dernier.

Le cœur de Josep lui cognait dans la poitrine. Il savait ce qui allait se passer maintenant. Le sous-officier allait étudier le mortier et commencer de desceller les pierres posées en dernier.

Bagès souleva de nouveau la lampe et recula d'un pas. À cet instant, la porte du cellier s'ouvrit sur le première classe Manso, qui passa la tête à l'intérieur et s'écria :

— Chef ! on a quelque chose !

Le sous-officier rendit sa lampe à Josep et marcha en direction du soldat. Josep, qui n'avait pas bougé, tendit l'oreille et perçut ces mots : « Une tombe cachée. » Pendant leur conciliabule, la chaleur s'engouffrait dans la cave.

— Señores ! lança Josep. S'il vous plaît ! La porte !

Ils n'avaient pas entendu. Déjà ils se précipitaient dehors. Josep souffla la mèche de sa lanterne et sortit à son tour en refermant solidement la porte derrière lui.

Ce n'était pas une journée étouffante pour la Catalogne, mais le contraste avec la fraîcheur du cellier était si fort qu'il prit Josep à la gorge.

Les autres étaient réunis au fond de la propriété Alvarez, du côté est. Angel Casals lui-même était là. Il s'était traîné à grand-peine, sans doute, car il semblait exténués, et s'appuyait à l'épaule de Marimar. Josep s'approcha. Il entendait le bruit sourd d'une pelle creusant la terre.

C'est Tonio Casals qui creusait.

Josep s'arrêta près du groupe. Il se sentait presque gagné par une sorte de joie hystérique à l'idée que son pire cauchemar allait dans un instant se réaliser sous ses yeux – sous les yeux de sa femme, surtout, de son fils, de ses amis et voisins. Tous seraient témoins du désastre et de sa disgrâce.

– Il y a quelque chose ! dit Tonio.

Il lâcha sa pelle et se baissa pour empoigner le quelque chose en question ; il tira jusqu'à déterrer deux grands os auxquels s'accrochaient encore des morceaux de terre et de chair.

– On dirait bien une jambe, annonça Tonio.

Il était pénétré de son importance. Soudain il lâcha, tout en laissant échapper un cri aigu :

– *Madre de Deu !*

La fameuse jambe retomba au fond du trou.

– Un sabot fendu ! C'est la jambe d'un démon !

La voix fraîche et claire de Francesc s'éleva soudain.

– Mais non, señor ! Ce n'est pas un démon ! C'est une patte de cochon sauvage ! Une patte de sanglier !

Josep s'aperçut avec soulagement qu'il ne s'était jamais soucié de savoir où Jaumet avait naguère enterré le maudit animal.

À cette découverte succéda un bref silence. Puis Eduardo poussa un grognement – un son qui aurait pu être exprimé par une pompe entrant en action. L'instant d'après, il éclatait de rire. C'était la première fois que Josep voyait rire son ami. Mais ce rire ressemblait à l'aboiement d'un chien asthmatique à bout de forces – c'était un sifflement rauque remontant d'une poitrine exténuée.

Et presque tout de suite, les autres – y compris les deux soldats – se laissèrent gagner par cette hilarité, touchés par le

comique de la situation autant que par la joie d'Eduardo.
Josep lui-même n'eut aucune peine à céder à cette réaction
hystérique et à mêler ses francs éclats de rire à ceux des
autres, tandis que Tonio, stoïque, enterrait à nouveau le
sanglier.

L'alcade avait l'air si mal en point que Josep l'entraîna
vers le banc, le fit asseoir et lui apporta de l'eau fraîche.
Tonio continua d'ignorer Josep et de s'adresser à Marimar.

– J'aimerais bien goûter ton vin, lui dit-il.

Elle hésita. Elle n'avait pas envie de le servir. Angel intervint en lançant à Tonio d'un ton brusque :

– Et moi, j'aimerais que tu me ramènes à la maison,
maintenant !

Il ajouta :

– J'ai engagé Beatriu Corbero pour nous préparer la paella
d'été au chorizo et aux légumes, un dîner dans le style d'ici,
pour toi et tes amis ! Il faut que j'aille voir où ça en est.

Eduardo aida l'alcade à se hisser sur la mule de Tonio, qui
prit l'animal par la bride et l'entraîna vers l'allée.

Étourdi, Josep prit un pichet et se dirigea vers sa barrique
de vin ordinaire, presque vide désormais. Il emplit le pichet et
distribua aux deux soldats, à Eduardo et à Maria del Mar des
verres hérités de Quim. Il versa le vin dans les verres.

Les soldats n'étaient pas pressés de prendre congé. Ils
burent tranquillement leur vin, complimentèrent Josep et se
laissèrent convaincre d'en boire un deuxième.

Puis des poignées de main furent échangées. Les soldats
quittèrent la propriété en souhaitant à Josep une récolte abondante. Ils enfourchèrent leurs chevaux et prirent la direction
de la place.

61

Monsieur

*A*u début de septembre, plusieurs personnes avaient cherché le chemin de la bodega dans l'intention d'y acheter du vin, et, quand Josep aperçut un cavalier dans l'allée du vignoble, il vit aussitôt en lui un nouveau client. Il nota que l'homme avait arrêté sa monture à hauteur de l'écriteau. Il s'approcha. Le cavalier affichait un large sourire.

– Monsieur Mendès !

Il vient goûter mon vin ! pensa Josep immédiatement ; il était partagé entre joie et terreur.

– Señor ! répondit Mendès.

Josep fut ravi de pouvoir présenter Maria del Mar et Francesc à Léon Mendès. Il avait beaucoup parlé du Français à sa femme, et elle savait ce que cet homme représentait pour lui. Dès que les présentations furent terminées, elle prit Francesc par la main et partit avec lui acheter un poulet à la ferme de Casals ; ils passeraient aussi par l'épicerie et en rapporteraient les ingrédients nécessaires à la préparation d'un dîner.

Josep dessella lui-même le cheval de Mendès. Il se souvenait que ce dernier, en Languedoc, montait autrefois une excellente jument arabe. Cette monture-là était une jument aussi, mais brune, à dos creux et au lignage douteux. Mendès l'avait louée à Barcelone à sa descente du train. Josep veilla à lui donner à boire et à manger. Puis il installa deux chaises à l'ombre. Il apporta des linges humides pour que son visiteur puisse se laver le visage et les mains ainsi qu'une cruche d'eau et des gobelets. Une fois assis, les deux viticulteurs parlèrent tout en se désaltérant.

Josep expliqua à Mendès que son frère et sa belle-sœur avaient voulu vendre la propriété Alvarez. Il dit comment il l'avait rachetée, puis agrandie en y adjoignant des terres voisines. Celle de son voisin Quim Torra, d'abord, un homme hanté par l'amour, et qui la lui avait pratiquement jetée dans les bras. Celle de Valls ensuite, qu'il avait unie aux deux premières en épousant Marimar.

Mendès écoutait avec attention, en regardant Josep d'un œil où brillait le plaisir. De temps en temps, il posait une question. Josep ne voulait pas le bousculer. Il tenait au contraire à l'accueillir avec politesse, en lui laissant du temps. Mais, au bout d'un moment, il n'y tint plus.

— Vous prendrez bien un verre de vin, dit-il en se levant.

Mendès sourit.

— J'avoue que ce vin ne serait pas de refus.

Josep se dirigea vers le cellier et en revint avec une bouteille et deux verres. Mendès prit la bouteille. Il en examina l'étiquette en soulevant les sourcils. Il la rendit à Josep, qui la déboucha.

— Vous allez me dire ce que vous en pensez, monsieur.

Il emplit le verre de Léon Mendès.

Aucun des deux ne fit le geste de trinquer : il s'agissait d'une dégustation.

Mendès présenta son verre à la lumière afin d'étudier la robe du vin. Puis il fit tourner doucement le breuvage, pour apprécier sa tenue. Les yeux fermés, il en respira les arômes. Il en but enfin une gorgée, qu'il garda longtemps en bouche. Respirant entre ses lèvres entrouvertes, il fit passer de l'air au-dessus du liquide. Puis il avala le vin. Il n'avait pas rouvert les yeux. Son expression était grave, pénétrée ; et Josep n'aurait su dire comment la déchiffrer.

Léon Mendès rouvrit les yeux. Il but une deuxième gorgée. Regardant Josep, il dit à voix basse :

— Oh oui !

Il ajouta :

— Il est excellent ! Je suis sûr que tu le sais, d'ailleurs. C'est un vin riche, fruité. Assez sec... C'est du tempranillo ?

Josep prit un air détaché ; intérieurement, il exultait.

– Oui, dit-il. Notre ull de llebre. Avec du grenache. Et une pointe de cariñena.

– Il a du corps, mais il reste élégant. Avec une longue tenue en bouche. Je serais extrêmement fier de moi si j'avais réussi à faire un tel vin !

– En un sens, monsieur, vous l'avez fait. J'ai essayé de me rappeler votre méthode et de l'appliquer, pas à pas.

– Alors *je suis* extrêmement fier de moi ! Peut-on en acheter ?

– *Deu !* Bien sûr qu'on peut en acheter !

– Je voulais dire : puis-je t'en acheter ? En barrique ?

– Oui, monsieur.

– Montre-moi tes vignes.

Ils parcoururent ensemble les rangées de ceps, cueillant un grain ici ou là. Ils essayaient d'évaluer le degré de maturation du raisin et de fixer le moment idéal pour la récolte. Ils arrivèrent ainsi au pied de la colline. Josep ouvrit la porte du cellier et s'effaça devant le visiteur.

Mendès étudia la cave avec soin, la lampe tendue à bout de bras.

– Tu l'as creusée toi-même ?

– Oui.

Josep expliqua comment il avait découvert, puis agrandi la grotte.

Mendès regarda les quatorze barriques de cent litres, et les trois de deux cent vingt-cinq.

– Tout le vin que tu as fabriqué est ici ?

Josep acquiesça.

– Le reste, je l'ai vendu pour le vinaigre. C'est comme ça que j'ai financé la fabrication du bon cru.

– Tu as confectionné une deuxième étiquette ?

– Un seul fût.

Il gardait une coupe sur le couvercle du tonneau, pour goûter. Il dut incliner la barrique. Il plongea la coupe dans le vin et la présenta à Mendès en le prévenant.

– C'est le fond.

Mendès apprécia aussi ce vin-là ; il le jugea comme un excellent vin de table ordinaire.

– Eh bien, reprit-il, si nous retournions nous asseoir à l'ombre ? Il me semble que nous avons beaucoup de choses à discuter.

– Tu en as vendu un peu, de ce bon cru ?

– Quelques bouteilles au marché de Sitges. Je les emporte sur ma charrette.

Quand Josep lui dit ce qu'il avait gagné, Mendès lâcha un soupir désolé.

– C'est donné, dit-il. Tu brades un cru excellent...

Il réfléchissait en tambourinant sur sa cuisse du bout des doigts.

– Tes barriques de cent litres, je veux t'en acheter onze. Je t'en donne deux fois le prix que tu le vends au marché.

Il sourit en voyant la tête que faisait Josep.

– Ce n'est pas générosité de ma part, précisa-t-il. Seulement le prix du marché. Depuis plusieurs années, le phylloxéra fait des ravages en Languedoc. Cette maudite bestiole a déjà détruit les trois quarts des vignobles français ! Les gens réclament du vin buvable ! Résultat, les prix sont très élevés. Et ils vont grimper encore. Je vais t'acheter du vin. Je paierai pour le faire transporter et pour le mettre en bouteilles. Et au bout du compte, je ferai un excellent profit.

« Égoïstement, j'aimerais pouvoir emporter toute ta production jusqu'à la dernière goutte. Mais je vais te laisser de quoi emplir neuf cents bouteilles afin que tu puisses développer ta propre clientèle sur ton propre territoire.

Josep hocha la tête.

– Pour vendre ce bon cru, enchaîna le Français, il va falloir que tu commences par te fournir en bouteilles neuves. Ensuite, tu vas confier tes étiquettes à un imprimeur. Puis tu iras vendre ton vin à Barcelone, en louant un grand étal sur le marché couvert. Le prix sera deux fois et demi celui de Sitges. À Barcelone, on trouve des gens qui disposent de moyens modestes, des pêcheurs et autres ; mais on y rencontre aussi des hommes d'affaires bien nantis, ainsi qu'une aristocratie fortunée qui tient à acheter ce qu'il y a de meilleur et qui a toujours un œil sur les nouveautés. Ton vin, tu verras, partira facilement.

Mendès se tut un instant, réfléchit, puis reprit subitement :
— Tu penses sortir combien de litres du pressoir ?
Josep plissa le front.
— Un peu plus que l'an dernier, répondit-il. Mais je vais devoir en vendre la plus grande partie pour le vinaigre. J'ai un grand besoin de trésorerie...
— Tu gagneras beaucoup plus en faisant du vin qu'en pressant pour le vinaigre...
— Mais je ne sais même pas comment je vais finir mon année, monsieur !
— Si c'est d'une avance que tu as besoin, je te la verserai. En échange, tu me cèdes l'exclusivité sur les deux tiers de tes fûts.
Il regardait Josep avec attention.
— Je dois te dire, Josep, que tu peux fort bien refuser mon offre. Beaucoup d'autres vont te parvenir. Je connais en France au moins une demi-douzaine de marchands de vin qui recherchent de nouveaux crus. Bientôt ils seront en Catalogne et dans toute l'Espagne.
Ces nouvelles commençaient à donner le tournis à Josep.
— Ce sont des décisions importantes, dit-il. Vous permettez que je vous laisse quelques minutes, le temps de réfléchir ?
— Je t'en prie ! Je vais en profiter pour faire un tour dans tes vignes. Ce sera une promenade agréable.
Il souriait. Une promenade qui ne serait pas du temps perdu, se dit Josep, car le Français ne manquerait pas de la mettre à profit en étudiant le vignoble de près.

La maison embaumait de riches parfums d'ail, d'herbes aromatiques et de cuisine mijotant sur le feu. Josep trouva Marimar occupée à éplucher des haricots. Son nez s'ornait d'une tache de farine.
— Angel a seulement accepté de me vendre une vieille poule qui ne pond plus ! dit-elle. Mais ce sera bon quand même. Je vais la faire rôtir doucement dans de l'huile mêlée de vin et de pruneaux. Il y aura aussi de l'omelette aux épinards, avec une sauce tomate au poivron et à l'ail...
Elle se tut et vint s'asseoir auprès de lui. Josep lui exposa l'offre de Mendès. Elle écouta attentivement et enregistra tout

ce qu'il lui disait. Mais elle ne posa pas de question. Il insista :

— C'est l'occasion de nous établir comme viticulteurs. Le phylloxéra, la cote du vin en France... On ne peut pas laisser passer cette chance.

Il se tut et la regarda, anxieux de sa réaction. Il savait qu'elle redoutait les changements. Elle trouvait une forme de sécurité dans le cours familier des choses, même si leur existence n'était pas toujours facile. Elle finit par dire :

— Tu en as envie, n'est-ce pas ?

— Oui. J'ai vraiment envie de le faire.

— Alors fais-le.

Elle se leva et se remit à éplucher ses haricots.

Ce fut un excellent dîner. Léon Mendès complimenta Marimar pour sa poule au vin et aux pruneaux. Il avait particulièrement apprécié, dit-il aussi, les pâtisseries qu'elle lui avait servies avec le café. Marimar éclata de rire car c'étaient des gâteaux qu'elle avait achetés tout faits à l'épicerie. L'épicière, précisa-t-elle, était aussi excellente pâtissière.

Quand Francesc eut souhaité le bonsoir à tout le monde et regagné son matelas, la conversation s'orienta de nouveau vers les vignes et le vin.

— Vos vignobles sont menacés ? demanda Josep.

Mendès fit oui de la tête.

— Le phylloxéra, dit-il. Nous risquons fort de l'avoir l'année prochaine. Ou l'année suivante.

Maria del Mar s'étonna.

— Il n'y a rien à faire ?

— Si. Le fléau arrive en Europe par le truchement de raisins importés des États-Unis. Mais il existe aussi des cépages américains que ce puceron ne dévore pas. Leurs racines doivent contenir quelque chose qu'il n'aime pas, ou qui le rend malade. Ou alors c'est le goût qui lui déplaît. Bref, quand nos ceps sont greffés sur ces cépages-là, le puceron leur fiche la paix.

Et Mendès de poursuivre :

— Ces trois dernières années, j'ai remplacé vingt-cinq pour cent de mes vignes avec des ceps greffés. La première récolte arrive au bout de quatre ans...

Il demanda à Josep :

– Ça t'intéresserait de remplacer des ceps ?

Maria del Mar intervint doucement.

– Mais pourquoi, monsieur ? Le phylloxéra est un problème français, non ?

– Un problème français qui sous peu deviendra aussi espagnol, madame !

– Le puceron n'arrivera pas à franchir les Pyrénées, dit Josep.

– Nombre d'experts estiment que c'est inévitable, au contraire, reprit Mendès. Le puceron n'est pas un aigle. Mais ses ailes minuscules lui permettent tout de même de faire du vingt-cinq kilomètres à l'heure. Porté par un vent fort, il peut se propager loin, sur une vaste étendue. D'ailleurs, l'homme l'aide à voyager. Combien de personnes traversent la frontière chaque année ? Ce puceron se cache où il veut. Sous le col d'un manteau, dans la crinière d'un cheval. Qui sait s'il n'est pas déjà arrivé en Espagne ?

Ces révélations mettaient Josep mal à l'aise.

– Si je comprends bien, nous n'avons pas le choix.

Mendès secouait la tête d'un air compatissant.

– Quoi qu'il en soit, dit-il, il faut bien y réfléchir.

Mendès dormit dans la maison de Valls, où Maria del Mar était allée changer les draps. Le lendemain, il se leva de bonne heure, peu après Josep et sa femme. Il les avait prévenus qu'il reprendrait le jour même la route de Barcelone, où il monterait dans le train pour la France. Pendant que Maria del Mar lui préparait une tortilla en guise de casse-croûte, il fit avec Josep une promenade dans les vignes baignées de fraîcheur matinale. Josep dit à Mendès son intention d'acheter des fûts de deux cent vingt-cinq litres et de les ranger le long des murs de son cellier, sur de larges étagères.

– Ça ira tant que tu me livreras ton vin presque toute suite, dit Mendès. Mais les prix ne vont pas baisser de sitôt, et le moment viendra où tu voudras vendre tout ton vin dans tes propres bouteilles. Alors il te faudra creuser un autre cellier dans cette colline. Un autre cellier au moins aussi grand.

– C'est du travail, de creuser une telle cave.

— Il faut que tu saches une chose, Josep. Le plus important de tout, peut-être. On est parfois obligé de faire confiance à autrui... Quand tes vignes auront atteint une certaine taille, tu ne pourras plus t'offrir le luxe de tout faire de tes mains.

Après le petit déjeuner, Josep sella le cheval de location. Les deux hommes s'étreignirent.

— Monsieur !

C'était Marimar qui les rejoignait à grands pas avec un sac contenant une bouteille de bon vin et la part de tortilla à déguster dans le train.

— Je vous souhaite un excellent voyage, monsieur !

Léon Mendès s'inclina.

— Je vous remercie, señora. Vous et votre mari avez créé une merveilleuse bodega.

62

Désaccord

*T*rois semaines plus tard, Josep et Maria del Mar eurent une sérieuse dispute, chose qui ne s'était jamais produite depuis leur mariage.

Parlant avenir, ils avaient décidé de commencer à replanter dès après la prochaine vendange. Chaque année, pendant quatre ans, ils remplaceraient vingt-cinq pour cent de leurs ceps par des plants greffés. C'est ce qu'avait fait Mendès en Languedoc, et ils entendaient imiter son exemple. Ce choix leur laissait encore deux saisons pour faire pleine récolte. Après, leur revenu diminuerait de vingt-cinq pour cent puisque les plants greffés ne produiraient du raisin qu'au bout de quatre ans. Et la quatrième année il n'y aurait pas de récolte du tout. Or cela serait compensé par la hausse des prix du vin. Car, entre-temps, ils auraient fait fructifier leur capital. Cette année sans vendange, ils étaient convenus de la consacrer à des travaux d'amélioration dans les vignes. Ils en profiteraient aussi pour creuser un second cellier et, s'ils pouvaient se le permettre, un puits sur la propriété Alvarez, destiné à leur seul usage, car un grand vignoble exigeait beaucoup de peine en matière de récurage et de rinçage. Aller constamment chercher de l'eau à la rivière était une terrible perte de temps et d'énergie. Un vignoble se devait de posséder son propre puits.

Quel plaisir ce serait d'avoir de quoi effectuer les aménagements nécessaires ! Un plaisir tout neuf, assurément, auquel Josep et Maria del Mar n'étaient pas accoutumés.

Un soir, Marimar revint du village en rapportant des cancans.

— Il paraît que Rosa et Donat cherchent une maison.

— Ah bon?

Josep n'avait écouté que d'une oreille; il essayait de se rappeler quand arriveraient les bouteilles qu'il avait commandées.

— Une maison? reprit-il, soudain étonné. Pour quoi faire?

— Rosa veut aménager leur appartement en café. En restaurant, même. Un restaurant au-dessus de l'épicerie! Elle cuisine bien. Elle fait du pain. M. Léon a apprécié ses gâteaux, tu as vu?

Josep approuva d'un air absent. Il songeait de nouveau à ses bouteilles. Il n'en aurait pas besoin avant plusieurs semaines. L'urgence, c'était de décider quelle vigne il convenait de vendanger en premier. Le vignoble était grand. Il était indispensable de planifier la récolte avec la plus grande précision. Il devait en parler avec sa femme.

Mais Marimar poursuivait ses propres réflexions.

— J'ai envie de leur donner la maison de Valls, dit-elle.

— À qui?

— À Rosa et Donat! J'ai envie de donner la maison de Valls à Rosa et Donat.

Josep renifla.

— Sûrement pas, dit-il.

— Donat est ton frère!

— Sa femme a essayé de me prendre ma terre. Et ma maison avec. Et mes vignes. Elle aurait pris jusqu'à mon pain de savon si je l'avais laissée faire! Jusqu'au bol dans lequel je mange ma soupe! Jamais je ne pourrai oublier ça.

— Rosa était au désespoir, Josep! Elle n'avait rien. Elle essayait de protéger l'héritage de son mari. Notre situation est différente.

« Je crois que si tu essayais de mieux la connaître, tu l'apprécierais. Elle est *intéressante*. C'est une travailleuse. Et elle a plus d'une corde à son arc...

— Elle peut aller se faire voir!

— Elle attend un enfant elle aussi!

Elle observa la réaction de Josep; mais il n'y eut pas de réaction.

— Écoute-moi, reprit-elle. Donat et Rosa sont nos seuls parents. Je veux que mes enfants grandissent au sein d'une famille. Et il y a trois maisons dans la bodega. Nous en occupons une. La deuxième, celle de Quim, nous sert de remise. Reste la mienne. Elle est vide. Je veux la leur donner.

– Ce n'est plus ta maison, dit Josep, rudement. J'en possède la moitié. De même que tu possèdes la moitié de cette maison-ci, et la moitié de celle de Quim. Alors dis-toi bien une chose, Marimar : *tu ne leur donneras pas ce qui m'appartient.*

Maria del Mar avait changé de tête. Son visage était pâle. Elle s'était comme repliée sur elle-même et semblait plus vieille, subitement. Elle avait la même physionomie qu'autrefois, quand Josep était revenu à Santa Eulalia – cette physionomie qu'il avait fini par oublier.

Marimar monta l'escalier de pierre qui conduisait à leur chambre.

Josep resta assis en bas, à ruminer cette querelle.

Il accomplissait tant d'efforts pour elle, au nom du serment qu'il s'était fait à lui-même de ne jamais la traiter cruellement, ni en actes ni en paroles – il refusait de la traiter comme l'avaient traitée les autres hommes. Il vit soudain qu'il avait le pouvoir de la blesser, de lui faire peut-être plus de mal encore.

Il ne bougea pas. Resta assis. S'accusa lui-même. Et ses sentiments s'enracinaient en lui. Les propos échangés défilèrent à nouveau dans ses pensées. Il se raidit sur sa chaise.

N'avait-elle pas dit que Rosa attendait un enfant, *elle aussi* ?

Avait-il bien entendu ?

Elle aussi...

Il bondit de sa chaise et se précipita dans l'escalier.

Le jeudi suivant arriva un convoi attelé à deux paires de chevaux. Josep orienta le charretier vers la maison de Quim et l'aida à transporter à l'étage quarante-deux caisses de bouteilles neuves. Les caisses, empilées sur deux niveaux, occupaient la moitié de ce qui avait été jadis la petite chambre de Quim. Quand le charretier fut parti, Josep en ouvrit une. Il prit entre ses mains une bouteille virginale qui brilla de tous ses reflets. Il la compara aux autres. Toutes étaient identiques.

Des voix lui parvinrent. Il sortit de la maison et se dirigea vers la propriété de Valls où étaient arrivés Maria del Mar et Donat. Marimar expliquait :

— Quand vous vous ,réveillerez dans cette masia, vous entendrez le bruit de la rivière...

— Hola ! lança Josep.

Donat, gêné, répondit à son salut. Marimar reprit :

— Je disais ce matin à Rosa que ce serait joli de planter ici davantage de rosiers sauvages. Devant notre maison aussi, d'ailleurs. Tu crois qu'il en reste, au bord de la rivière ? Tu ne les as pas tous pris ?

— La rivière est grande, dit Josep. Il y pousse beaucoup de rosiers sauvages. J'irai voir ça.

— J'irai avec toi, se hâta de proposer Donat. Je t'aiderai à les déterrer.

— Rosa aime les rosiers roses, reprit Maria del Mar. Elle peut tous les prendre. Pour notre maison, je préfère les roses blanches.

Donat riait.

— Il faudra attendre avril pour savoir lesquels sont roses et lesquels sont blancs ! dit-il.

Mais Josep secouait la tête.

— Je peux le savoir tout de suite. Les rosiers roses sont plus grands. On peut les déterrer en hiver, quand on a du temps.

Donat approuva du chef.

— Je ferais bien de retourner à l'épicerie auprès de Rosa, dit-il. Je voulais juste savoir la quantité de pierres dont j'aurais besoin pour réparer le mur tombé derrière la maison.

— Quel mur tombé ? dit Josep.

Ils firent le tour de la masia ; en effet, huit pierres de bonne taille gisaient, éparpillées sur le sol.

— Je savais qu'une pierre était branlante, dit Maria del Mar. Je voulais t'en parler... Mais qu'est-ce qui a pu faire ça ?

— Les soldats de la Guardia, je pense, répondit Josep. Ils ont vu qu'une pierre bougeait, alors ils l'ont arrachée du mur. Puis ils ont arraché aussi les autres, au cas où quelque chose aurait été caché là. Ils ont vraiment cherché partout.

— Je vais réparer ça, dit Donat.

Josep fit non de la tête.

– Je m'en occupe. Aujourd'hui même. J'aime la maçonnerie.

Donat eut une expression qui signifiait : « Comme tu voudras. » Il fit demi-tour et s'éloigna, non sans s'arrêter pour dire :

– Merci, Josep.

Et Josep, pour la première fois, prit le temps de s'intéresser à son frère. Il trouva qu'il avait l'air d'un homme aux rondeurs débonnaires. Donat avait le regard clair et les traits calmes ; il retournait à son travail d'un pas résolu.

Donat était son frère.

Josep sentit quelque chose se dissiper en lui – quelque chose de petit, de froid, de lourd : un péché qui lui glaçait le cœur depuis de longues années, et qu'il avait porté sans même s'en rendre compte.

– De rien, Donat.

La froidure qui s'abattit sur Santa Eulalia venait de loin – des montagnes, de la mer. Le vent allait-il se mettre à hurler ? Allait-il tout détruire ? Apporter la grêle ? Ou de minuscules atomes ailés, agressifs ? Cet automne-là, il plut à trois reprises. Mais ce fut chaque fois une pluie bienfaisante. Le soleil brilla presque tous les jours et dissipa le voile de fraîcheur laissé par la nuit. Ainsi, le raisin continua de mûrir.

Josep se dit alors qu'il ne ferait pas que replanter. Il en profiterait pour élargir ses variétés de ceps. Il allait créer des parcelles différentes et bien délimitées ; comme ses ancêtres ne s'étaient pas souciés de le faire, il était obligé aujourd'hui de cueillir le raisin dans le désordre des cépages plantés au hasard. Tout cela était fini. Il procéderait à l'avenir comme un général conduit une bataille : en coupant les raisins à maturité, sans leur laisser le temps de pourrir sur pied.

Les raisins les plus vieux, ceux qui avaient les plus petits grains, avaient l'air de mûrir rapidement. C'étaient ceux dont il avait tiré son cru – ce mélange si apprécié de la clientèle désormais. C'est pourquoi il en affectionnait particulièrement les grappes à la peau ridée. D'ailleurs, ceux-là, il ne les arracherait pas de sitôt. Pas tant qu'ils donneraient des fruits.

Il commença par vendanger le raisin destiné au vin ordinaire, celui-là même dont le jus partait naguère pour la vinaigrerie. Et il avait du monde pour l'aider. Donat avait informé les villageois que, durant la saison des vendanges, l'épicerie ne serait ouverte que de midi à 16 heures. Lui et Rosa venaient prêter main-forte aux coupeurs. Et, la nuit, ils foulaient le raisin. Briel Taulé était fidèle au poste. Marimar avait embauché aussi Iguasi Febrer et un cousin de Briel prénommé Adria. Eux aussi coupaient le jour et foulaient la nuit.

Tard, ce soir-là, Josep gagna la cuve et se décrassa soigneusement les pieds et les jambes. Les autres ne tarderaient plus à le rejoindre. Ils travaillaient en équipes, les uns coupant et triant le raisin pendant que les autres pressaient. Mais pour le moment Josep était seul. Il s'abîma dans la contemplation du décor. La cuve était pleine d'un raisin éclatant aux reflets rouge sombre. Sur les tables reposaient des tortillas et des gâteaux préparés par Rosa, protégés par des linges, flanqués de cruches d'eau fraîche et de gobelets. On avait aménagé sur le sol un foyer où du bois attendait de s'enflammer. Les torches et les lampes disposées autour de la cuve étaient prêtes à être allumées aussi.

Francesc arriva, courant de son pas inégal, à l'instant où Josep pénétrait dans la cuve et enfonçait les pieds dans le raisin.

— Je veux le faire aussi! dit-il.

La couche de raisin était trop profonde pour lui; il ne pourrait s'y déplacer.

— L'année prochaine, répondit Josep. Quand tu seras plus grand.

Il fut frôlé par une pointe de regret à l'idée que son père, le padre, n'avait connu ni Francesc ni Maria del Mar; il regrettait aussi que le padre ne puisse voir ce qu'il advenait de la propriété Alvarez.

Il se désolait en songeant que Marcel Alvarez ne goûterait pas son vin.

Mais Josep était monté sur les épaules de son père. Sur les épaules de tous ses ancêtres. Depuis combien de générations ses aïeux avaient-ils travaillé la terre de Galice? Et combien d'autres, avant eux, avaient peiné en tant que serfs sur le sol d'Espagne?

Une image lui donna soudain le vertige. C'était une vision de ses ascendants dressés les uns sur les autres et formant un castell. Chaque génération s'élevait plus haut que la précédente, au point que les derniers n'entendaient plus le son des tambours et des grallas. Un castell de cent étages, songea Josep. Et il dit à voix haute :

— Francesc l'escaladera jusqu'au pinacle. Francesc sera notre anxaneta.

Il attrapa l'enfant par les aisselles et le hissa sur ses épaules.

Francesc s'assit là-haut et laissa pendre ses jambes sur la poitrine de Josep, dont il attrapa à deux mains les cheveux en criant :

— Qu'est-ce qu'on fait, maintenant, padre ?

— Maintenant ?

Josep avança d'un pas. Que de rêves et d'espoirs contenus dans ce raisin ! Que de travail ! Que d'efforts et d'obstacles à franchir pour parvenir à en faire du vin ! Il respira le parfum des grappes. Les grains gorgés de pulpe éclataient sous ses pieds nus et libéraient le jus vital, le sang de la vigne séparé de son propre sang par une simple épaisseur de peau.

— Maintenant, répondit-il, on marche et on chante, Francesc ! On marche et on chante !

Impression réalisée sur CAMERON par

La Flèche

*pour le compte des Éditions Michel Lafon
en juin 2008*

Imprimé en France
Dépôt légal : juin 2008
N° d'impression : 47827
ISBN : 978-2-7499-0889-2
LAF 1097

Vice President and Editor-in-Chief: *Joseph Terry*
Development Editor: *Mark Getlein*
Assistant Development Editor: *Lai Moy*
Development Manager: *Janet Lanphier*
Senior Marketing Manager: *Melanie Craig*
Supplements Editor: *Donna Campion*
Media Supplements Editor: *Nancy Garcia*
Senior Production Manager: *Valerie Zaborski*
Project Coordination, Text Design, and Page Makeup: *TechBooks*
Cover Design Manager: *Nancy Danahy*
Cover Designer: *Kay Petronio*
On the Cover: *The Sensation of Crossing the Street—The West End, Edinburgh*, 1913, oils, by
    Stanley Cursiter, Private Collection, Scotland/Courtesy of William Hardie Ltd., Glasgow.
Photo Researcher: *Julie Tesser*
Manufacturing Buyer: *Lucy Hebard*
Printer and Binder: *Quebecor-World/Taunton*
Cover Printer: *The Lehigh Press, Inc.*

For permission to use copyrighted material, grateful acknowledgment is made to the copyright
holders on pages 2999–3002, which are hereby made part of this copyright page.

Library of Congress Cataloging-in-Publication Data

The Longman anthology of British literature / David Damrosch, general
    editor. — 2nd ed.
        p.   cm.
    Includes bibliographical references and index.
    Contents: v. 1. The Middle Ages / Christopher Baswell and Anne Howland
Schotter. The early modern period / Constance Jordan and Clare
Carroll. The Restoration and the 18th century / Stuart Sherman —
v. 2. The romantics and their contemporaries / Susan Wolfson and Peter
Manning. The Victorian age / Heather Henderson and William Sharpe.
The twentieth century / Kevin Dettmar and Jennifer Wicke.
    ISBN 0-321-09388-7 (v. 1). — ISBN 0-321-09389-5 (v. 2)
    1. English literature.   2. Great Britain—Literary collections.
I. Damrosch, David.
PR1109.L67   2002
820.8—dc21   2002066148

Please visit our website at http://www.ablongman.com/damrosch.

ISBN Single Volume Edition, Volume II: 0-321-09389-5
ISBN Volume 2A, The Romantics and Their Contemporaries: 0-321-10579-6
ISBN Volume 2B, The Victorian Age: 0-321-10669-5
ISBN Volume 2C, The Twentieth Century: 0-321-10580-X

1234567890—QWT—05 04 03 02

The Lake Isle of Innisfree   2246
Who Goes with Fergus?   2246
No Second Troy   2246
The Fascination of What's Difficult   2247
September 1913   2247
The Wild Swans at Coole   2248
An Irish Airman Foresees His Death   2249
Easter 1916   2249
The Second Coming   2251
A Prayer for My Daughter   2252
Sailing to Byzantium   2253
Meditations in Time of Civil War   2254
Nineteen Hundred and Nineteen   2259
Leda and the Swan   2262
Among School Children   2262
Byzantium   2264
Crazy Jane Talks with the Bishop   2265
Lapis Lazuli   2265
The Circus Animals' Desertion   2267
Under Ben Bulben   2268

JAMES JOYCE   2270

DUBLINERS   2274
Araby   2274
Eveline   2277
Clay   2280
The Dead   2284

Ulysses   2311
   [Chapter 13. Nausicaa]   2312
Finnegans Wake, and a First-Draft Version of Finnegans Wake   2338
   [Shem the Penman]   2339

T. S. ELIOT   2344

The Love Song of J. Alfred Prufrock   2347

   ✑ COMPANION READINGS
      Arthur Waugh: [Cleverness and the New Poetry]   2350
      Ezra Pound: Drunken Helots and Mr. Eliot   2352 ✑

Gerontion   2354
The Waste Land   2356
Journey of the Magi   2369
Four Quartets   2370
   Burnt Norton   2370
Tradition and the Individual Talent   2374

VIRGINIA WOOLF   **2380**

The Lady in the Looking-Glass: A Reflection   2382
Mrs Dalloway   2386
from A Room of One's Own   2485
from Three Guineas   2520
from The Diaries   2535
Letter to Gerald Brenan (25 December 1922)   2548

⇒ PERSPECTIVES ⇐
Regendering Modernism   **2550**

VIRGINIA WOOLF   2551
from Orlando   2552
VITA SACKVILLE-WEST   2557
Seducers in Ecuador   2558
E. M. FORSTER   2582
The Life to Come   2583
REBECCA WEST   2594
Indissoluble Matrimony   2594
KATHERINE MANSFIELD   2611
The Daughters of the Late Colonel   2611
JEAN RHYS   2624
Mannequin   2626
ANGELA CARTER   2629
Penetrating to the Heart of the Forest   2630

D. H. LAWRENCE   **2638**

Piano   2640
Song of a Man Who Has Come Through   2640
Tortoise Shout   2641
Snake   2643
Bavarian Gentians   2645
Cypresses   2646
Odour of Chrysanthemums   2647
The Horse Dealer's Daughter   2660
Surgery for the Novel—or a Bomb   2671

P. G. WODEHOUSE   **2674**

Strychnine in the Soup   2675

GRAHAM GREENE   **2687**

A Chance for Mr Lever   2688

⇒⊹ PERSPECTIVES ⊹⇐
World War II and the End of Empire   2698

SIR WINSTON CHURCHILL   2699
  Two Speeches Before the House of Commons   2700
STEPHEN SPENDER   2707
  Icarus   2708
  What I Expected   2708
  The Express   2709
  The Pylons   2709
ELIZABETH BOWEN   2710
  Mysterious Kôr   2710
EVELYN WAUGH   2720
  The Man Who Liked Dickens   2720
  Cruise   2730

  ∞ COMPANION READING
      Monty Python: Travel Agent   2734 ∞

GEORGE ORWELL   2737
  Politics and the English Language   2738
  Shooting an Elephant   2747
SALMAN RUSHDIE   2751
  Christopher Columbus and Queen Isabella of Spain Consummate
      Their Relationship   2752

DYLAN THOMAS   2757
  The Force That Through the Green Fuse Drives the Flower   2758
  Fern Hill   2759
  Poem in October   2760
  Do Not Go Gentle into That Good Night   2762
  Return Journey   2762

SAMUEL BECKETT   2770
  Krapp's Last Tape   2771
  Texts for Nothing   2777
      4 ("Where would I go, if I could go, who would I be, if I could be")   2777
      8 ("Only the words break the silence, all other sounds have ceased")   2778
  The Expelled   2780

Postwar Poets: English Voices   2788

W. H. AUDEN   2788
  Musée des Beaux Arts   2789
  In Memory of W. B. Yeats   2790

Spain 1937   2792
Lullaby   2794
September 1, 1939   2795
In Praise of Limestone   2797

STEVIE SMITH   2799
Not Waving but Drowning   2800
Pretty   2800
How Cruel Is the Story of Eve   2802
The New Age   2804

PHILIP LARKIN   2804
Church Going   2805
High Windows   2807
Talking in Bed   2807
MCMXIV   2807

SYLVIA PLATH   2808
The Colossus   2809
Daddy   2810
Lady Lazarus   2812
Child   2814

TED HUGHES   2814
Wind   2815
Relic   2815
Theology   2816
Dust As We Are   2816
Leaf Mould   2817
Telegraph Wires   2818

THOM GUNN   2819
Lines from a Book   2819
Elvis Presley   2820
A Map of the City   2820
Black Jackets   2821
From the Wave   2822
The Hug   2822
Patch Work   2823
The Missing   2824

V. S. NAIPAUL   2824
In a Free State   2826
Prologue, from a Journal: The Tramp at Piraeus   2826
Epilogue, from a Journal: The Circus at Luxor   2833

CARYL CHURCHILL   2838
Cloud Nine   2839

═┼ PERSPECTIVES ┼═
Whose Language?   2889

SEAMUS HEANEY   2890
The Toome Road   2891
A Postcard from North Antrim   2891
The Singer's House   2893
The Skunk   2893
Punishment   2894
Station Island   2895
12 ("Like a convalescent, I took the hand")   2895
In Memoriam *Francis Ledwidge*   2897
Postscript   2898
NUALA NÍ DHOMHNAILL   2899
Feeding a Child   2899
Parthenogenesis   2900
Labasheedy (The Silken Bed)   2902
As for the Quince   2903
Why I Choose to Write in Irish, The Corpse That Sits Up and Talks Back   2904
NGUGI WA THIONG'O   2912
Decolonizing the Mind   2913
Native African Languages   2913
NADINE GORDIMER   2917
What Were You Dreaming?   2917
JAMES KELMAN   2923
Home for a Couple of Days   2924
EAVAN BOLAND   2933
Anorexic   2934
The Journey   2935
The Pomegranate   2938
A Woman Painted on a Leaf   2939
Mise Eire   2940
PAUL MULDOON   2941
Cuba   2941
Aisling   2942
Meeting the British   2942
Sleeve Notes   2943

DEREK WALCOTT   2949
   A Far Cry from Africa   2950
   Wales   2951
   The Fortunate Traveller   2951
   Midsummer   2956
      50 ("I once gave my daughters, separately, two conch shells")   2956
      52 ("I heard them marching the leaf-wet roads of my head")   2957
      54 ("The midsummer sea, the hot pitch road, this grass, these shacks
         that made me")   2957

Political and Religious Orders   2959
Money, Weights, and Measures   2965
Literary and Cultural Terms   2967
Bibliography   2987
Credits   2999
Index   3003

LIST OF ILLUSTRATIONS

Color Plates   *following page* 1998

21. Paul Nash, *We Are Making a New World*

22. Charles Ginner, *Piccadilly Circus*

23. Vanessa Bell, *The Tub*

24. Vera Willoughby, *General Joy*

25. L. D. Luard, *The Spirit of 1943*

26. Stanley Spencer, *Shipbuilding on the Clyde: Furnaces*

27. Francis Bacon, *Study after Velasquez*

28. Gilbert and George, *Death Hope Life Fear*

29. David Hockney, *Great Pyramid at Giza with Broken Head from Thebes*

30. Chris Ofili, *No Woman, No Cry*

Black-and-White Images

Richard Nevinson, *The Arrival*	*page* 1990
Soldiers of the 9th Cameronians division near Arras, France, 24 March 1917	1997
London during the Blitz	2005
The Beatles preparing for a television broadcast	2010
Wyndham Lewis, *The Creditors*	2168
David Jones, frontispiece to *In Parenthesis*	2197
Photo of Sackville Street (now O'Connell Street), with view of Nelson's Pillar	2273
Virginia Woolf and T. S. Eliot	2381
View of Regent Street, London	2397
Leaders of the Actresses' Franchise League	2551
Winston Churchill, June 1943	2700
A still from Alfred Hitchcock's The Man Who Knew Too Much	2739
Three drawings by Stevie Smith	2801–2803

LIST OF ILLUSTRATIONS

Color Plates   *following page 1998*

21. Paul Nash, *We Are Making a New World*

22. Charles Ginner, *Piccadilly Circus*

23. Vanessa Bell, *The Tub*

24. Vera Willoughby, *General Joy*

25. L. D. Luard, *The Spirit of 1943*

26. Stanley Spencer, *Shipbuilding on the Clyde: Furnaces*

27. Francis Bacon, *Study after Velasquez*

28. Gilbert and George, *Death Hope Life Fear*

29. David Hockney, *Great Pyramid at Giza with Broken Head from Thebes*

30. Chris Ofili, *No Woman No Cry*

Black-and-White Images

Richard Nevinson, *The Arrival*   page 1990

Soldiers of the 9th Cameronians division near Arras, France,
24 March 1917   1997

London during the Blitz   2005

The Beatles preparing for a television broadcast   2010

Wyndham Lewis, *The Creditors*   2168

David Jones, frontispiece to *In Parenthesis*   2197

Photo of Sackville Street (now O'Connell Street), with view
of Nelson's Pillar   2273

Virginia Woolf and T. S. Eliot   2381

View of Regent Street, London   2397

Leaders of the Actresses' Franchise League   2551

Winston Churchill, June 1943   2700

A still from Alfred Hitchcock's *The Man Who Knew Too Much*   2739

Three drawings by Stevie Smith   2801–2803

PREFACE

Literature has a double life. Born in one time and place and read in another, literary works are at once products of their age and independent creations, able to live on long after their original world has disappeared. The goal of this anthology is to present a wealth of poetry, prose, and drama from the full sweep of the literary history of the British Isles, and to do so in ways that will bring out both the works' original cultural contexts and their lasting aesthetic power. These aspects are, in fact, closely related: Form and content, verbal music and social meanings, go hand in hand. This double life makes literature, as Aristotle said, "the most philosophical" of all the arts, intimately connected to ideas and to realities that the writer transforms into moving patterns of words. The challenge is to show these works in the contexts in which, and for which, they were written, while at the same time not trapping them within those contexts. The warm response this anthology received from the hundreds of teachers who adopted it in its first edition reflects the growing consensus that we do not have to accept an "either/or" choice between the literature's aesthetic and cultural dimensions. Our users' responses have now guided us in seeing how we can improve our anthology further, so as to be most pleasurable and stimulating to students, most useful to teachers, and most responsive to ongoing developments in literary studies. This preface can serve as a road map to the new phase in this book's life.

LITERATURE IN ITS TIME—AND IN OURS

When we engage with a rich literary history that extends back over a thousand years, we often encounter writers who assume their readers know all sorts of things that are little known today: historical facts, social issues, literary and cultural references. Beyond specific information, these works will have come out of a very different literary culture than our own. Even the contemporary British Isles present a cultural situation—or a mix of cultures—very different from what North American readers encounter at home, and these differences only increase as we go farther back in time. A major emphasis of this anthology is to bring the works' original cultural moment to life: not because the works simply or naively reflect that moment of origin, but because they do refract it in fascinating ways. British literature is both a major heritage for modern North America and, in many ways, a very distinct culture; reading British literature will regularly give an experience both of connection and of difference. Great writers create imaginative worlds that have their own compelling internal logic, and a prime purpose of this anthology is to help readers to understand the formal means—whether of genre, rhetoric, or style—with which these writers have created works of haunting beauty. At the same time, as Virginia Woolf says in A Room of One's Own, the gossamer threads of the artist's web are joined to reality "with bands of steel." This anthology pursues a range of strategies to bring out both the beauty of these webs of words and their points of contact with reality.

The Longman Anthology brings related authors and works together in several ways:

☞ **PERSPECTIVES: Broad groupings that illuminate underlying issues in a variety of the major works of a period.**

☞ **AND ITS TIME: A focused cluster that illuminates a specific cultural moment or a debate to which an author is responding.**

☞ **COMPANION READINGS: Pairings of works in dialogue with each other.**

These groupings provide a range of means of access to the literary culture of each period. The Perspectives sections do much more than record what major writers thought about an issue: they give a variety of views in a range of voices, to illustrate the wider culture within which the literature was being written. An attack on tobacco by King James the First; theological reflections by the pioneering scientist Isaac Newton; haunting testimony by Victorian child workers concerning their lives; these and many other vivid readings give rhetorical as well as social contexts for the poems, plays, and stories around them. Perspectives sections typically relate to several major authors of the period, as with a section on Government and Self-Government that relates broadly to Sir Thomas More's *Utopia*, to Spenser's *Faerie Queene*, and to Milton's *Paradise Lost*. Most of the writers included in Perspectives sections are important figures of the period who could be neglected if they were listed on their own with just a few pages each; grouping them together has proven to be useful pedagogically as well as intellectually. Perspectives sections may also include work by a major author whose primary listing appears elsewhere in the period; thus, a Perspective section on the abolition of slavery—a hotly debated issue in England from the 1790s through the 1830s—includes poems and essays on slavery by Wordsworth, Coleridge, and Barbauld, so as to give a rounded presentation of the issue in ways that can inform the reading of those authors in their individual sections.

When we present a major work "And Its Time," we give a cluster of related materials to suggest the context within which the work was written. Thus Sir Philip Sidney's great *Apology for Poetry* is accompanied by readings showing the controversy that was raging at the time concerning the nature and value of poetry. Some of the writers in these groupings and in our Perspectives sections have not traditionally been seen as literary figures, but all have produced lively and intriguing works, from medieval clerics writing about saints and sea monsters, to a polemical seventeenth-century tract giving *The Arraignment of Lewd, Idle, Froward, and Unconstant Women*, to rousing speeches by Winston Churchill as the British faced the Nazis during World War II.

Also, we include "Companion Readings" to present specific prior texts to which a work is responding: when Sir Thomas Wyatt creates a beautiful poem, *Whoso list to hunt*, by making a free translation of a Petrarch sonnet, we include Petrarch's original (with a literal translation) as a companion reading. For Conrad's *Heart of Darkness*, companion texts include Conrad's diary of the Congo journey on which he based his novella, and a bizarre lecture by Sir Henry Morton Stanley, the explorer-adventurer whose travel writings Conrad parodies.

CULTURAL EDITIONS

This edition also sees the establishment of an important new series of companion volumes, the Longman Cultural Editions, which carry further the anthology's emphases by presenting major texts along with a generous selection of contextual material. Five initial volumes are devoted to *King Lear*; a pairing of *Othello* and Eliza-beth Cary's *Tragedie of Mariam*; *Pride and Prejudice*; *Frankenstein*; and *Hard Times*. More are currently being developed. The *Othello/Mariam* and *Frankenstein* volumes build on material derived from the first edition of the anthology; presenting these works separately—available free, for course use, with the anthology itself—has helped to free up space for our many additions to this edition, from the medieval play *Mankind*, to a substantial increase in seventeenth-century lyric poetry, to the addi-tion of Sheridan's hilarious eighteenth-century play *The School for Scandal*, to *Doctor Jekyll and Mr. Hyde* in the Victorian period and *Mrs. Dalloway* in the twentieth cen-tury. Taken together, our new edition and the Longman Cultural Editions offer an unparalleled set of materials for the enjoyment and study of British literary culture from its first beginnings to the present.

ILLUSTRATING VISUAL CULTURE

Another important context for literary production has been a different kind of cul-ture: the visual. We have newly added in this edition a suite of color plates in each volume, and we also have one hundred black-and-white illustrations throughout the anthology, chosen to show artistic and cultural images that figured importantly for literary creation. Sometimes, a poem refers to a specific painting, or more generally emulates qualities of a school of visual art. At other times, more popular materials like advertisements may underlie scenes in Victorian or Modernist writing. In some cases, visual and literary creation have merged, as in Hogarth's series *A Rake's Progress*, included in Volume 1, or Blake's illustrated engravings of his *Songs of Inno-cence and of Experience*, several of whose plates are reproduced in color in Volume 2.

AIDS TO UNDERSTANDING

We have attempted to contextualize our selections in suggestive rather than exhaus-tive ways, trying to enhance rather than overwhelm the experience of reading the texts themselves. Thus, when difficult or archaic words need defining in poems, we use glosses in the margins, so as to disrupt the reader's eye as little as possible; foot-notes are intended to be concise and informative, rather than massive or interpre-tive. Important literary and social terms are defined when they are used; for conve-nience of reference, there is also an extensive glossary of literary and cultural terms at the end of each volume, together with useful summaries of British political and reli-gious organization, and of money, weights, and measures. For further reading, careful-ly selected, up-to-date bibliographies for each period and for each author can be found at the end of each volume.

LOOKING—AND LISTENING—FURTHER

Beyond the boundaries of the anthology itself, along with this edition we are intro-ducing a pair of CDs, one for each semester, giving a wide range of readings of texts in the anthology and of selections of music from each period. It is only in the past century or two that people usually began to read literature silently; most literature has been written in the expectation that it would be read aloud, or even sung in the case of lyric poetry ("lyric" itself means a work meant to be sung to the accompani-ment of a lyre or other instruments). The aural power and beauty of these works is a crucial dimension of their experience. For further explorations, we have also expanded our Web site, available to all users at www.awlonline.com/damrosch; this site gives a wealth of information, annotated links to related sites, and an archive of texts for further reading. For instructors, we have revised and expanded our popular companion volume, *Teaching British Literature*, written directly by the anthology editors, 600 pages in length, available free to everyone who adopts the anthology.

WHAT IS BRITISH LITERATURE?

Turning now to the book itself, let us begin by defining our basic terms: What is "British" literature? What is literature itself? And just what should an anthology of this material look like at the present time? The term "British" can mean many things, some of them contradictory, some of them even offensive to people on whom the name has been imposed. If the term "British" has no ultimate essence, it does have a history. The first British were Celtic people who inhabited the British Isles and the northern coast of France (still called Brittany) before various Germanic tribes of Angles and Saxons moved onto the islands in the fifth and sixth centuries. Gradually the Angles and Saxons amalgamated into the Anglo-Saxon culture that became dominant in the southern and eastern regions of Britain and then spread outward; the old British people were pushed west, toward what became known as Cornwall, Wales, and Ireland, which remained independent kingdoms for centuries, as did Celtic Scotland to the north. By an ironic twist of linguistic fate, the Anglo-Saxons began to appropriate the term British from the Britons they had displaced, and they took as a national hero the early, semi-mythic Welsh King Arthur. By the seventeenth century, English monarchs had extended their sway over Wales, Ireland, and Scotland, and they began to refer to their holdings as "Great Britain." Today, Great Britain includes England, Wales, Scotland, and Northern Ireland, but does not include the Republic of Ireland, which has been independent from England since 1922.

This anthology uses "British" in a broad sense, as a geographical term encompassing the whole of the British Isles. For all its fraught history, it seems a more satisfactory term than to speak simply of "English" literature, for two reasons. First: most speakers of English live in countries that are not the focus of this anthology; second, while the English language and its literature have long been dominant in the British Isles, other cultures in the region have always used other languages and have produced great literature in these languages. Important works by Irish, Welsh, and Scots writers appear regularly in the body of this anthology, some of them written directly in their languages and presented here in translation, and others written in an English inflected by the rhythms, habits of thought, and modes of expression characteristic of these other languages and the people who use them.

We use the term "literature" in a similarly capacious sense, to refer to a range of artistically shaped works written in a charged language, appealing to the imagination at least as much as to discursive reasoning. It is only relatively recently that creative writers have been able to make a living composing poems, plays, and novels, and only in the past hundred years or so has creating "belles lettres" or high literary art been thought of as a sharply separate sphere of activity from other sorts of writing that the same authors would regularly produce. Sometimes, Romantic poets wrote sonnets to explore the deepest mysteries of individual perception and memory; at other times, they wrote sonnets the way a person might now write an Op-Ed piece, and such a sonnet would be published and read along with parliamentary debates and letters to the editor on the most pressing contemporary issues.

Women's Writing, and Men's

Literary culture has always involved an interplay between central and marginal regions, groupings, and individuals. A major emphasis in literary study in recent years has been the recovery of writing by women writers, some of them little read until recently, others major figures in their time. The first edition of this anthology included more women, and more writing by the women we included, than any other anthology had ever done or does even today. This edition increases the presence of women writers still more, with new inclusions of such important voices as Christine de Pizan, Stevie Smith, and Eavan Boland, while also highlighting Virginia Woolf with the inclusion of the complete text of her great novel *Mrs. Dalloway*. Attending to these voices gives us a new variety of compelling works, and helps us rethink the entire periods in which they wrote. The first third of the nineteenth century, for example, can be defined more broadly than as a "Romantic Age" dominated by six male poets; looking closely at women's writing as well as at men's, we can deepen our understanding of the period as a whole, including the specific achievements of Blake, William Wordsworth, Coleridge, Keats, Percy Shelley, and Byron, all of whom continue to have a major presence in these pages as most of them did during the nineteenth century.

Varieties of Literary Experience

Above all, we have striven to give as full a presentation as possible to the varieties of great literature produced over the centuries in the British Isles, by women as well as by men, in outlying regions as well as in the metropolitan center of London, and in prose, drama, and verse alike. We have taken particular care to do justice to prose fiction: we include entire novels or novellas by Charles Dickens, Robert Louis Stevenson, Joseph Conrad, and Virginia Woolf, as well as a wealth of short fiction from the eighteenth century to the present. For the earlier periods, we include More's entire *Utopia*, and we give major space to narrative poetry by Chaucer, Spenser, and Milton, among others. Drama appears throughout the anthology, from the medieval *Second Play of the Shepherds* and *Mankind* to a range of twentieth-century plays: George Bernard Shaw's *Pygmalion*, a radio play by Dylan Thomas, Samuel Beckett's *Krapp's Last Tape*, and Caryl Churchill's gender-bending comedy *Cloud 9*. Finally, lyric poetry appears in profusion throughout the anthology, from early lyrics by anonymous Middle English poets and the trenchantly witty Dafydd ap Gwilym to the powerful contemporary voices of Philip Larkin, Seamus Heaney, Eavan Boland, Thom Gunn, and Derek Walcott—himself a product of colonial British education, heir of Shakespeare and James Joyce—who closes the anthology with poems about Englishness abroad and foreignness in Britain.

As topical as these contemporary writers are, we hope that this anthology will show that the great works of earlier centuries can also speak to us compellingly today, their value only increased by the resistance they offer to our views of ourselves and our world. To read and reread the full sweep of this literature is to be struck anew by the degree to which the most radically new works are rooted in centuries of prior innovation. Even this preface can close in no better way than by quoting the words written eighteen hundred years ago by Apuleius of Madaura—both a consummate artist and a kind of anthologist of extraordinary tales—when he concluded the prologue to his masterpiece *The Golden Ass*: Attend, reader, and pleasure is yours.

David Damrosch

ACKNOWLEDGMENTS

In planning and preparing the second edition of our anthology, the editors have been fortunate to have the support, advice, and assistance of many people. Our editor, Joe Terry, has been unwavering in his enthusiasm for the book and his commitment to it; he and his associates Roth Wilkofsky, Janet Lanphier, and Melanie Craig have supported us in every possible way throughout the process, ably assisted by Michele Cronin, Lai Moy, and Alison Main. Our developmental editor Mark Getlein guided us and our manuscript from start to finish with unfailing acuity and Wildean wit. Our copyeditor, Stephanie Magean, marvelously integrated the work of a dozen editors. Daniel Kline and Peter Meyers have devoted enormous energy and creativity to revising our Web site and developing our new audio CD. Joyce Riemer cleared our many permissions, and Julie Tesser tracked down and cleared our many new illustrations. Finally, Valerie Zaborski oversaw the production with sunny good humor and kept the book successfully on track on a very challenging schedule, working closely with Kevin Bradley, and then Kelly Ricci at TechBooks.

Our plans for the new edition have been shaped by comments and suggestions from many faculty who have used the book over the past four years. We are specifically grateful for the thoughtful advice of our reviewers for this edition, Robert Barrett (University of Pennsylvania), Mary Been (Clovis Community College), Stephen Behrendt (University of Nebraska), James Campbell (University of Central Florida), Linda McFerrin Cook (McLellan Community College), Kevin Gardner (Baylor University), Peter Greenfield (University of Puget Sound), Natalie Grinnell (Wofford College), Wayne Hall (University of Cincinnati), Donna Hamilton (University of Maryland), Carrie Hintz (Queens College), Eric Johnson (Dakota State College), Roxanne Kent-Drury (Northern Kentucky University), Adam Komisaruk (West Virginia University), John Laflin (Dakota State University), Paulino Lim (California State University, Long Beach), Ed Malone (Missouri Western State College), William W. Matter (Richland College), Evan Matthews (Navarro College), Lawrence McCauley (College of New Jersey), Peter E. Medine (University of Arizona), Charlotte Morse (Virginia Commonwealth University), Mary Morse (Rider University), Richard Nordquist (Armstrong Atlantic State University), John Ottenhoff (Alma College), Joyce Cornette Palmer (Texas Women's University), Leslie Palmer (University of North Texas), Rebecca Phillips (West Virginia University), William Rankin (Abilene Christian University), Sherry Rankin (Abilene Christian University), Luke Reinsma (Seattle Pacific University), David Rollison (College of Marin), Kathryn Rummel (California Polytechnic), R. G. Siemens (Malaspina University-College), Brad Sullivan (Florida Gulf Coast University), Brett Wallen (Cleveland Community College), Daniel Watkins (Duquesne University), and Julia Wright (University of Waterloo).

We remain grateful as well for the guidance of the many reviewers who advised us on the creation of the first edition, the base on which this new edition has been built. In addition to several of the people named above, we would like to thank Lucien Agosta (California State University, Sacramento), Anne W. Astell (Purdue University), Derek Attridge (Rutgers University), Linda Austin (Oklahoma State University), Joseph Bartolomeo (University of Massachusetts, Amherst), Todd Ben-der (University of Wisconsin, Madison), Bruce Boehrer (Florida State University), Joel J. Brattin (Worcester Polytechnic Institute), J. Douglas Canfield (University of Arizona), Paul A. Cantor (University of Virginia), George Allan Cate (University of Maryland, College Park), Eugene R. Cunnar (New Mexico State University), Earl Dachslager (University of Houston), Elizabeth Davis (University of California, Davis), Andrew Elfenbein (University of Minnesota), Margaret Ferguson (University of California, Davis), Sandra K. Fisher (State University of New York, Albany), Allen J. Frantzen (Loyola University, Chicago), Kate Garder Frost (University of Texas), Leon Gottfried (Purdue University), Mark L. Greenberg (Drexel University), James Hala (Drew University), Wendell Harris (Pennsylvania State University), Richard H. Haswell (Washington State University), Susan Sage Heinzelman (University of Texas, Austin), Standish Henning (University of Wisconsin, Madison), Jack W. Herring (Baylor University), Maurice Hunt (Baylor University), Colleen Juarretche (University of California, Los Angeles), R. B. Kershner (University of Florida), Lisa Klein (Ohio State University), Rita S. Kranidis (Radford University), Elizabeth B. Loizeaux (University of Maryland), John J. Manning (University of Connecticut), Michael B. McDonald (Iowa State University), Celia Millward (Boston University), Thomas C. Moser, Jr. (University of Maryland), Jude V. Nixon (Baylor University), Violet O'Valle (Tarrant County Junior College, Texas), Richard Pearce (Wheaton College), Renée Pigeon (California State University, San Bernardino), Tadeusz Pioro (Southern Methodist University), Deborah Preston (Dekalb College), Elizabeth Robertson (University of Colorado), Deborah Rogers (University of Maine), Brian Rosenberg (Allegheny College), Charles Ross (Purdue University), Harry Rusche (Emory University), Kenneth D. Shields (Southern Methodist University), Clare A. Simmons (Ohio State University), Sally Slocum (University of Akron), Phillip Snyder (Brigham Young University), Isabel Bonnyman Stanley (East Tennessee University), Margaret Sullivan (University of California, Los Angeles), Herbert Sussmann (Northeastern University), Ronald R. Thomas (Trinity College), Theresa Tinkle (University of Michigan), William A. Ulmer (University of Alabama), Jennifer A. Wagner (University of Memphis), Anne D. Wallace (University of Southern Mississippi), Jackie Walsh (McNeese State University, Louisiana), John Watkins (University of Minnesota), Martin Wechselblatt (University of Cincinnati), Arthur Weitzman (Northeastern University), Bonnie Wheeler (Southern Methodist University), Dennis L. Williams (Central Texas College), and Paula Woods (Baylor University).

Other colleagues brought our developing book into the classroom, teaching from portions of the work-in-progress. Our thanks go to Lisa Abney (Northwestern State University), Charles Lynn Batten (University of California, Los Angeles), Brenda Riffe Brown (College of the Mainland, Texas), John Brugaletta (California State University, Fullerton), Dan Butcher (Southeastern Louisiana University), Lynn Byrd (Southern University at New Orleans), David Cowles (Brigham Young University), Sheila Drain (John Carroll University), Lawrence Frank (University of Oklahoma), Leigh Garrison (Virginia Polytechnic Institute), David Griffin (New York University), Rita Harkness (Virginia Commonwealth University), Linda Kissler (Westmoreland County Community College, Pennsylvania), Brenda Lewis (Motlow State Community College, Tennessee), Paul Lizotte (River College), Wayne Luckman (Green River Community College, Washington), Arnold Markely (Pennsylvania State University, Delaware County), James McKusick (University of Maryland, Baltimore), Eva McManus (Ohio Northern University), Manuel Moyrao (Old Dominion

University), Kate Palguta (Shawnee State University, Ohio), Paul Puccio (University of Central Florida), Sarah Polito (Cape Cod Community College), Meredith Poole (Virginia Western Community College), Tracy Seeley (University of San Francisco), Clare Simmons (Ohio State University), and Paul Yoder (University of Arkansas, Little Rock).

As if all this help weren't enough, the editors also drew directly on friends and colleagues in many ways, for advice, for information, sometimes for outright contributions to headnotes and footnotes, even (in a pinch) for aid in proofreading. In particular, we wish to thank David Ackiss, Marshall Brown, James Cain, Cathy Corder, Jeffrey Cox, Michael Coyle, Pat Denison, Tom Farrell, Andrew Fleck, Jane Freilich, Laurie Glover, Lisa Gordis, Joy Hayton, Ryan Hibbet, V. Lauryl Hicks, Nelson Hilton, Jean Howard, David Kastan, Stanislas Kemper, Andrew Krull, Ron Levao, Carol Levin, David Lipscomb, Denise MacNeil, Jackie Maslowski, Richard Matlak, Anne Mellor, James McKusick, Melanie Micir, Michael North, David Paroissien, Stephen M. Parrish, Peter Platt, Cary Plotkin, Desma Polydorou, Gina Renee, Alan Richardson, Esther Schor, Catherine Siemann, Glenn Simshaw, David Tresilian, Shasta Turner, Nicholas Watson, Michael Winckleman, Gillen Wood, and Sarah Zimmerman for all their guidance and assistance.

The pages on the Restoration and the eighteenth century are the work of many collaborators, diligent and generous. Michael F. Suarez, S. J. (Campion Hall, Oxford) edited the Swift and Pope sections; Mary Bly (Fordham University) edited Sheridan's *School for Scandal*; Michael Caldwell (University of Chicago) edited the portions of "Reading Papers" on *The Craftsman* and the South Sea Bubble. Steven N. Zwicker (Washington University) co-wrote the period introduction, and the headnotes for the Dryden section. Bruce Redford (Boston University) crafted the footnotes for Dryden, Gay, Johnson, and Boswell. Susan Brown, Christine Coch, Tara Czechowski, Paige Reynolds, and Andrew Tumminia helped with texts, footnotes, and other matters throughout; William Pritchard gathered texts, wrote notes, and prepared the bibliography. To all, abiding thanks.

It has been a pleasure to work with all of these colleagues in the ongoing collaborative process that has produced this book and brought it to this new stage of its life and use. This book exists for its readers, whose reactions and suggestions we warmly welcome, as these will in turn reshape this book for later users in the years to come.

Richard Nevinson, *The Arrival*, 1913–1914.

The Twentieth Century

BEYOND THE PALE

Modern British literature has consistently been distinguished by its movement "beyond the pale." The Pale was originally the fenced-in territory established around Dublin by the invading English in the medieval period, a border between English civilization and Celtic foreignness. In later usage, the phrase "beyond the pale" came to have a purely metaphoric meaning: to stand outside the conventional boundaries of law, behavior, or social class. To snobbish members of the British elite, a poor flower-seller like Eliza Doolittle in Shaw's *Pygmalion* would be beyond the pale in a social sense; at its most serious, the phrase can designate actions violating universal standards of human decency, such as the colonists' appalling treatment of Africans that Conrad chillingly describes in *Heart of Darkness*. Throughout the twentieth century, writers active in the British Isles increasingly probed actions and locations beyond the pale of proper middle-class Englishness. Many of the century's greatest writers, such as the Pole Joseph Conrad, the Irishmen William Butler Yeats and James Joyce, and the Americans Ezra Pound and T. S. Eliot, themselves came from beyond the boundaries of England; others came from social strata within England less often visible before: provincial working-class writers like D. H. Lawrence and the Scots writer James Kelman; women like Rebecca West and Katherine Mansfield; men and women whose sexuality transcended conventional boundaries, such as E. M. Forster, Virginia Woolf, and Thom Gunn.

As the century went on, more and more writers active in the British Isles and its former colonies have been "beyond the pale" in a very literal sense, as people of color: Salman Rushdie, who grew up in India and Pakistan before establishing himself as a writer in England; V. S. Naipaul, a Caribbean of Indian ancestry; Ngugi wa-Thiongo, educated by British missionaries in Kenya; Derek Walcott, whose poetry moves between the Caribbean, England, North America, and Africa. With the ending of England's role as a colonial power, a new and dynamic relation of former colonies and colonizers has arisen, a pervasive interfusion of people and of roles, aptly symbolized by dizzying role changes in Carol Churchill's comic masterpiece *Cloud 9*. British literature has become a world literature, overflowing what were once its borders.

Earlier centuries had periodically seen the eruption of writers, and of issues, from beyond the pale of accepted norms and educated social groups, but these writers had often faced severe struggles against dominant values of upper-middle-class propriety and the strictures of established literary conventions. The fate of Oscar Wilde was a case in point: his arrest on sodomy charges in 1895 at the peak of his career as a playwright, his sentencing to hard labor and then his exile and death in France in 1900, all pointed up the ways in which late Victorian society could retaliate against the challenges posed by a brilliant, flamboyant, homosexual Irishman. A new generation of writers at the turn of the century set themselves to change this situation, seeking variously to infiltrate the Pale of established British literary expression, to expand its dimensions, or to abolish it altogether. For many of these young writers, a prime strategy for achieving these goals was to attack their predecessors, and they set about this task with gusto.

BURYING VICTORIA

Writing in 1928, Virginia Woolf described the cultural atmosphere of the Victorian era in the following way:

> Damp now began to make its way into every house. . . . The damp struck within. Men felt the chill in their hearts; the damp in their minds. . . . The life of the average woman was a succession of childbirths. She married at nineteen and had fifteen or eighteen children by the time she was thirty; for twins abounded. Thus the British Empire came into existence; and thus—for there is no stopping damp; it gets into inkpots as it gets into the wood-work—sentences swelled, adjectives multiplied, lyrics became epics, and little trifles that had been essays a column long were now encyclopedias in ten or twenty volumes.

Woolf of course exaggerates here for her own effect; yet this passage does capture nicely the stereotypical view of the Victorians that flourished during the modern period—and helped make it possible. Ezra Pound, for instance, called the later nineteenth century "a rather blurry, messy sort of period, a rather sentimentalistic, mannerish sort of period." Polemical descriptions like these served the rhetorical purposes of writers at the start of the new century as they attempted to stake out their terrain and to forge a literature and a perspective of their own.

The opening decade of the new century was a time of transition. Woolf later suggested, her tongue perhaps in her cheek, that as a result of a Post-Impressionist exhibition of paintings in London, "on or about December, 1910, human character changed." Almost no one, however, seems to have maintained that anything changed very decisively on the morning of 1 January 1900. Queen Victoria, at that time on the throne for nearly sixty-five years and in mourning for Prince Albert for almost forty, lived and ruled on into the following year; the subsequent reign of Edward VII (1901–1910) differed only slightly from that of his mother in many respects, the entire nation mourning the loss of their queen as she had the loss of her husband. But Woolf, in a 1924 essay, saw a gulf between herself and the Edwardians: Edwardian novelists, she writes, "established conventions which do their business; and that business is not our business." Edward VII himself, in fact, was clearly not a Victorian. He had a reputation as a playboy and implicitly rebelled against the conventions that his mother had upheld. During his reign, the mannered decadence of the 1890s modulated into a revived social realism seen in ambitious novels like Joseph Conrad's *Nostromo* and H. G. Wells's darkly comic masterpiece *Tono-Bungay*, while poets like Yeats and Hardy produced major poems probing the relations of self, society, and history. Writers in general considered themselves to be voices of a nation taking stock of its place in the world in a new century. They saw their times as marked by accelerating social and technological change and by the burden of a worldwide empire, which achieved its greatest extent in the years between 1900 and 1914—encompassing as much as a quarter of the world's population and dominating world trade through a global network of ports.

This period of consolidation and reflection abruptly came to an end four years into the reign of George V, with the start of World War I in August 1914; the relatively tranquil prewar years of George's early reign were quickly memorialized, and nostalgized, in the wake of the war's disruption to the traditionally English way of life. This first Georgian period was abruptly elevated into a cultural "golden age" by the British public and British publishers, a process that was typified by the pastoral poetry gathered by Edward Marsh in his hugely popular series of five anthologies called *Georgian Poetry*, the first of which was published in 1912. As a consequence of Marsh's skill as a tastemaker, this brief period before the war is frequently known as the Georgian period in British literature, though George V himself remained on the throne until 1936, when the distant rumble of World War II was to be heard by those with ears to hear.

The quarter century from 1914 until the start of the war in 1939 is now conventionally known as the modernist period. To be modern was, in one respect, to rebel openly and loudly against one's philosophical and artistic inheritance, in much the same way that the Romantic writers of the late eighteenth and early nineteenth centuries had sought to distinguish themselves from their Augustan forebears. This gesture—the way in which a new artistic movement seeks to define itself through caricature of the movement(s) that gave it birth—is a recurrent feature in literary history, but it took on a particular urgency and energy among the modernists, who advanced the view summarized in Pound's bold slogan, "Make It New." A great modernist monument to this anti-Victorian sentiment was Lytton Strachey's elegantly ironic *Eminent Victorians* (1918), whose probing biographical portraits punctured a series of Victorian pieties. Much of Bernard Shaw's writing (including *Pygmalion*) is animated by anti-Victorian animus as well, taking the theatrical wit of Oscar Wilde and turning it against specific targets. Exaggerated though it was, the ritualized slaughter performed by modernists like Woolf, Strachey, and Shaw seems to have achieved a clearing of the literary and artistic terrain that formed a necessary prelude to further innovation. The modernists' "Victorians" were oversimplified, sometimes straw figures, but the battle that was waged against them was real indeed, and the principles of modernism were forged and refined in the process.

THE FOUNDATIONS OF MODERN SKEPTICISM

The best Victorian writers had not been afraid to ask difficult, unsettling questions. Tennyson's restless skepticism in *In Memoriam*, for example, exemplifies the spirit of Victorian inquiry. But the conclusion of that poem foresees an ongoing progress toward future perfection, guided by "One God, one law, one element, / And one far-off divine event, / To which the whole creation moves." Tennyson himself doubted that such unities could be embodied in the present; twentieth-century writers found increasing fragmentation around them and became more and more suspicious of narratives of historical progress and of social unity.

Modern explorations are undertaken with absolutely no confidence as to the results that will be discovered, still less that a public exists who could understand the writers' discoveries. For that reason Thomas Hardy's ruthless skepticism now seems quintessentially modern. This new attitude is quite clear in Ford Madox Ford's *The Good Soldier* (1915), the first installment of which was published in the inaugural issue of Wyndham Lewis's violently modern magazine *Blast*. John Dowell, the narrator/protagonist of Ford's novel, worries for 250 pages about his sense that the "givens" of civil society seem to have been knocked out from under him, and that he has been left to create values and meaning on his own. Struggling to extract the moral of the story he tells us—the story of his wife's long-standing affair with his best friend, and their consequent deaths—Dowell can only conclude:

I don't know. And there is nothing to guide us. And if everything is so nebulous about a matter so elementary as the morals of sex, what is there to guide us in the more subtle morality of all other personal contacts, associations, and activities? Or are we meant to act on impulse alone? It is all a darkness.

In Conrad's *Heart of Darkness,* the narrator Charlie Marlow suffers from a similar moral vertigo. When, at the novella's close, he resolves to perform an action he finds deeply repugnant—to tell a lie—he worries that his willful violation of the moral order will provoke an immediate act of divine retribution. None, however, is forthcoming: "It seemed to me that the house would collapse before I could escape, that the heavens would fall upon my head. But nothing happened. The heavens do not fall for such a trifle." In works like these, a voyage is undertaken into a vast, unknown, dark expanse. Those few who come out alive have seen too much ever to be the same.

Similar perceptions underlie modern humor. The Theater of the Absurd that flourished in the 1950s and 1960s, in the work of playwrights like Samuel Beckett and Harold Pinter, had roots in Wilde and Shaw and their comic explorations of the arbitrary conventionality of long-held social values. Throughout the twentieth century, writers devoted themselves to unfolding many varieties of irony—from the severe ironies of Conrad and Yeats to the more tender ironies of Woolf and Auden, to the farcical absurdities of Tom Stoppard and Joe Orton. Joyce described his mixture of high and low comedy as "jocoserious"; asked the meaning of his dense book *Finnegans Wake,* he replied, "It's meant to make you laugh."

Whether seen in comic or tragic light, the sense of a loss of moorings was pervasive. Following the rapid social and intellectual changes of the previous century, the early twentieth century suffered its share of further concussions tending to heighten modern uncertainty. It was even becoming harder to understand the grounds of uncertainty itself. The critiques of Marx and Darwin had derived new messages from bodies of evidence available in principle to all literate citizens; the most important paradigm shifts of the early twentieth century, on the other hand, occurred in the fields of philosophy, psychology, and physics, and often rested on evidence invisible to the average citizen. The German philosopher Friedrich Nietzsche (1844–1900) was, as his dates suggest, wholly a nineteenth-century man, yet his ideas had their most profound impact in the twentieth century. Nietzsche described his lifelong philosophical project as "the revaluation of all values"; in his 1882 treatise *The Joyful Science,* he went so far as to assert that "God is dead." This deliberately provocative statement came as the culmination of a long and complicated argument, and did not mean simply that Nietzsche was an atheist (though he was). Nietzsche was suggesting that traditional religion had been discredited by advances in the natural and physical sciences, and as transcendent standards of truth disappeared, so logically must all moral and ethical systems depending on some faith for their force. It was from this base that Nietzsche created the idea of the *Übermensch,* the "superman" who because of his intellectual and moral superiority to others must not be bound by social conventions. Conrad's tragic figure Kurtz and Shaw's comic Professor Henry Higgins represent two very different takes on this idea, building on Nietzsche's interest in showing how all values are "constructed" rather than given—at some level arbitrary, all truths being merely opinions, all social identities merely roles.

The new psychology, whose earliest stirrings are to be found in the last decades of the nineteenth century, came of age at the turn of the twentieth. Sigmund Freud's *The*

Interpretation of Dreams (1900) and *Psychopathology of Everyday Life* (1901) together illustrate in an especially vivid way his evolving theories about the influence of the unconscious mind, and past (especially childhood) experience, on our daily lives. The whole of Freud's work was translated into English by James Strachey (Lytton's brother), and was published in conjunction with the Hogarth Press, owned and run by Leonard and Virginia Woolf; for this reason, among others, the Freudian revolution was felt early, and strongly, among the London intelligentsia. The new psychology was frequently distorted and misunderstood by the larger public; among the artistic community Freud provoked a wide range of response, from the enthusiastic adoption of his theories by some to nervous rejection by writers like Joyce. This response is complicated, in part, by the fact that Freud himself took an interest in artistic and creative processes, and presumed to explain to writers the psychopathology at the heart of their own genius; as the Freudian literary critic Lionel Trilling succinctly put it, "the poet is a poet by reason of his sickness as well as by reason of his power." As Freud's supporter W. H. Auden wrote in his elegy, *In Memory of Sigmund Freud* (1939):

> If often he was wrong and at times absurd,
> To us he is no more a person
> Now but a whole climate of opinion
> Under whom we conduct our different lives.

A further intellectual shock wave was the revolution in physics that was spearheaded by Albert Einstein's *Special Theory of Relativity* (1905). In both this theory (dealing with motion) and later in the General Theory of Relativity (dealing with gravity), Einstein shook the traditional understanding of the universe and our relationship to it; the certainty and predictability of the Newtonian description of the universe had been undone. The "uncertainty" of Einstein's universe was seemingly reinforced by developments in quantum physics, such as the work of Niels Bohr (who won the Nobel Prize in physics in 1922) and Werner Heisenberg, author of the famous "Uncertainty Principle" and the principle of complementarity, which together assert that the movement of subatomic particles can only be predicted by probability and not measured, as the very act of measurement alters their behavior. Ironically enough, the true import of these ideas is not, as the truism has it, that "everything is relative"—in fact, Einstein says almost the exact opposite. In Einstein's vision of the world, *nothing* is relative: everything is absolute, and absolutely fixed—except for us, fallible and limited observers, who have no secure standpoint from which "to see the thing as in itself it really is," to quote Matthew Arnold's 1867 formulation of the critic's goal. The only way to experience the truth, it would seem, would be to find what T. S. Eliot called "the still point of the turning world," an "unmoved mover" outside the flux and change of our day-to-day world. Einstein himself never really rejected the idea of transcendent truth; he once said to an interviewer that to him, the idea of our universe without a Creator was inconceivable. In this case, however, the popular fiction has been more influential than the facts, and the work of Einstein, Heisenberg, and Bohr has been used to support the widespread sense that, as Sean O'Casey's character Captain Jack Boyle puts it in *Juno and the Paycock* (1924), "the whole worl's in a state o' chassis!"

The philosophical and moral upheavals of these years were given added force by the profound shock of World War I—"The Great War," as it came to be known. The

British entered the conflict against Germany partly in order to preserve their influence in Europe and their dominance around the globe, and partly out of altruistic notions of gallantry and fair play—to aid their weaker allies against German aggression. The conflict was supposed to take a few weeks; it lasted four grueling years and cost hundreds of thousands of British lives. Notions of British invincibility, of honor, even of the viability of civilization all weakened over the years of vicious trench warfare in France. The progress of technology, which had raised Victorian standards of living, now led to a mechanization of warfare that produced horrific numbers of deaths—as many as a million soldiers died in the single protracted battle of the Somme in 1916. As poets discovered as they served in the trenches, and as the people back home came to learn, modernity had arrived with a vengeance.

REVOLUTIONS OF STYLE

The end of the war was accompanied by a sense of physical and moral exhaustion. To be modern has been defined as a persistent sense of having arrived on the stage of history after history has finished. The critic Perry Meisel, for instance, describes modernism as "a structure of compensation, a way of adjusting to the paradox of belatedness." Behind Ezra Pound's struggle to reinvent poetry lay a nagging suspicion that there was nothing new left to make or say, and Pound claimed that the very slogan "Make It New" was taken off the bathtub of an ancient Chinese emperor. As T. S. Eliot explains in his essay *Tradition and the Practice of Poetry,* "The perpetual task of poetry is to *make all things new.* Not necessarily to make new things. . . . It is always partly a revolution, or a reaction, from the work of the previous generation."

That revolution was carried out both on the level of subject matter and often on the level of style as well. Some important early twentieth-century fiction writers, like John Galsworthy, and H. G. Wells, felt no real need to depart from inherited narrative models, and hewed more or less to a realist or naturalist line, carrying on from the French naturalists like Emile Zola and the Norwegian dramatist Henrik Ibsen. But for those writers we now call modernist, these conventions came to seem too limiting and lifeless. The modern writer was faced with an enormous, Nietzschean task: to create new and appropriate values for modern culture, and a style appropriate to those values. As a consequence, there is often a probing, nervous quality in the modernist explorations of ultimate questions. This quality can be seen at the very start of the century in Conrad's *Heart of Darkness,* a novel about psychological depth and social disintegration that simultaneously implicates its readers in the moral ambiguities of its events. These ambiguities, moreover, are reflected in the very presentation of the narrative itself. In the modern novel, we are no longer allowed to watch from a safe distance while our protagonists mature and change through their trials; instead, we are made to undergo those trials ourselves, through the machinations of the narrative. This technique had already been employed in the nineteenth century, as for instance in the dramatic monologues of Robert Browning; but this narrative of process becomes pervasive in modernist texts, where the uncertainties of the form, the waverings and unpredictability of the narrative, mirror similar qualities in the mind of the narrator or protagonist. Often the reader is drawn into the story's crisis by a heightened use of the technique of plunging the narrative suddenly *in medias res:* "There was no hope for him this time: it was the third stroke" (Joyce, *The*

Soldiers of the 9th Cameronians division prepare to go "over the top" during a daylight raid near Arras, France, 24 March 1917. During such an offensive, troops would make their way quickly across the contested territory between the opposing armies' trenches—the area known as No Man's Land—and attempt to take control of an enemy trench in order to conduct bombing raids and gain whatever intelligence might be found in the abandoned foxholes. The pace of this warfare—where a week's progress might be measured in yards, rather than miles—was, according to troops on both sides, the most salient feature of trench warfare. The human costs included diseases caused by standing water (like infamous "trench foot") and emotional disorders caused by the stress of waiting and constant shelling ("shell shock").

Sisters); "A sudden blow:" (Yeats, *Leda and the Swan*); "'Yes, of course, if it's fine tomorrow,' said Mrs. Ramsay" (Woolf, *To the Lighthouse*). The customary preliminary information—the sort of dossier about the characters that we expect—isn't given; the reader is put in the position of a detective who has to sort all this information out unaided. This narrative decontextualization reaches its culmination in the theater of Beckett and Pinter, who typically withhold any and all background information about characters. "Confusion," Samuel Beckett told an interviewer in 1956, "is all around us and our only chance now is to let it in. The only chance of renovation is to open our eyes and see the mess. It is not a mess you can make sense of."

Early in the century, a number of poets began to dispense with the frames of reference provided by conventional poetic forms. The first real Anglo-American poetic movement of the century was Imagism, a reaction against the expansive wordiness of Victorian poetry like Tennyson's *Idylls of the King* or Browning's *The Ring and the Book*. Imagists like Pound and H. D. wrote short, spare poems embodying a revelatory image or moment. The most memorable Imagist poems have the concentrated impact of a haiku. But the form leaves little scope for narrative development; that path seems to have been opened by a rediscovery of the seventeenth-century metaphysical poets, notably by T. S. Eliot. The techniques of metaphysical poets like John Donne suggested to Eliot a means for expanding the repertory of Imagist poetry, which he used to good effect in poems like *The Love Song of J. Alfred Prufrock*, which opens with a thoroughly modernized metaphysical conceit:

> Let us go then, you and I,
> when the evening is spread out against the sky
> Like a patient etherized upon a table.

One strategy for making literature new was to make it difficult; this notion was, in part, a response to the proliferation of popular entertainments during the early twentieth century, a development that both disturbed and intrigued many artists, writers, and cultural critics. In such a context, "difficult" literature (such as the densely allusive poetry of Eliot, or the multilayered prose of Joyce) was seen to be of greater artistic merit than the products of an easily consumable mass culture—even as both Eliot and Joyce drew on popular culture and diction as they reshaped the norms of their literary art. Thus, while one of the primary targets of modernist renovation was Victorian literary manners, another was the complacent taste and sensibility of a large, and growing, middle class. Artists had been declaring the need to shock the bourgeoisie since time immemorial; Matthew Arnold worried publicly, and at length, about the dilution of a natural aristocracy of taste by the pseudoculture of newly educated British philistines, at the same time that he campaigned for greatly expanded public education. The Education Act of 1870 resulted in the explosive growth of elementary education, which meant that the reading class grew exponentially. Within the art world, the most obvious result of this anxiety was the "art for art's sake" movement associated with Walter Pater that began in the 1870s. Art was becoming its own material—as, for instance, in French artist Marcel Duchamp's mustache on the Mona Lisa.

In some ways modernist art and literature turned inward, becoming cannibalistic and self-referential. This is demonstrated well in Joyce's novel *A Portrait of the Artist as a Young Man*, whose protagonist is autobiographical in genesis yet critical in intent; the way Joyce accomplishes this is by moving Stephen Dedalus, his artist-protagonist, through various prose poses—writing now like Gustave Flaubert, now like Cardinal Newman, now like Pater. Stephen can only mimic—not create—a style; such is the situation of the modern writer, Joyce suggests, and his novel *Ulysses* dramatizes this by adopting a kaleidoscopic array of styles in its eighteen chapters. It thus becomes increasingly difficult to think of "style" as the achievement of an individual, and more and more it becomes the culmination of a cultural, national, or ethnic project or history. As the French critic Roland Barthes has written, the text in the modern period becomes a "multidimensional space in which a variety of writings, none of them original, blend and clash," "a tissue of quotations drawn from innumerable centres of culture"—an apt and dramatic description of modernist texts like Eliot's *The Waste Land*, Joyce's *Ulysses*, and Pound's *Cantos*. To be textual is, during this period, to be intertextual and interdisciplinary as well.

The stylistic experimentation of modernist writers was fueled by the era's technological advances. From the mid-nineteenth century on, Britain had prided itself on

Color Plate 21 Paul Nash, *We Are Making a New World*, 1918. An Irish painter especially noted for his extraordinary depictions of World War I, Nash is perhaps best known for this stark landscape of the no-man's-land nightmare of trench warfare, a scene empty of human beings, an apocalyptic vision of the horrors created by the modern technology of war, the nightmare "new world" of his painting's ironic title.

Color Plate 22 Charles Ginner, *Piccadilly Circus,* 1912. A depiction of London shortly before
World War I, the scene features a seemingly quaint flower seller in the midst of urban change.
Like Eliza Doolittle in *Pygmalion* (page 2087), she is surrounded by evidence of the energies and
transformations of the modern city: automobiles, advertising, and even a woman boldly strolling
alone down the sidewalk. The word "new" on the poster sums up the social scene.

Color Plate 23 Vanessa Bell, *The Tub*, 1917. Bell was Virginia Woolf's sister and, like her, a member of the Bloomsbury Group—a casual association of friends, family, and lovers who were at the forefront of Britain's literary, artistic, and cultural scene for three decades. Bell was a gifted painter with an astonishing color sense; her innovative abstract and figural paintings make her England's strongest female artist of the period. She was known as well for decorative and crafts work such as the furniture, painting and china she created for Omega Workshops, led by Roger Fry. Together with Duncan Grant and Clive Bell, she decorated Charleston, the legendary Bloomsbury country house now on England's register of cultural landmarks.

Color Plate 27 Francis Bacon, *Study After Velasquez*, 1950. Irish painter Francis Bacon lived for most of his life in London, where his squalid studio, now reconstructed at the Hugh Lane Gallery in Dublin, was famous as a hub of creativity. Bacon was surely one of the great artists of the modern period; his innovations in portraiture are unforgettable icons of modernity. Perhaps his most iconic works are the series of screaming popes. Based on classical portraits of a pope by Velasquez, Bacon's nameless pope has a face haunted with knowledge of the holocausts of the twentieth century. He seems to scream at us from behind a wasteland of totalitarian bars. Bacon was a highly literary painter, and he was inspired to create some of his most tragic and innovative painting by the poetry of Eliot and Yeats.

Color Plate 28 Gilbert and George, *Death Hope Life Fear*, 1984. Performance artists and photographers, the gay couple Gilbert and George have offered provocative art for decades, beginning with their first performance piece, for which they gilded themselves with metallic paint and stood motionless for a long, long time. Other pieces have included simply declaring their everyday life to be performance art. Since the 1980s they have also produced huge photographic canvases with religious, political, and homoerotic imagery. Cultural agents-provocateurs, Gilbert and George try to create witty yet highly charged confrontations between spectators and their own cultural beliefs, wishes, and secrets.

Color Plate 29   David Hockney, *Great Pyramid at Giza with Broken Head from Thebes*, 1963. Hockney has become a premier artist of our time by reinventing portraiture. Unlike Francis Bacon, who basically deconstructed the human body in his work, Hockney's paintings are filled with sunlight and color. Long stints in Los Angeles have made Hockney the visual poet of the California swimming pool, its aqua waters set shimmering by the beautiful young men Hockney places there. Branching out into many media, Hockney's recent work includes photographic collages and theater stage design. The Egyptian scene depicted here is less typical, but it shows his fascination both with other cultures and countries and with the "deadpan vistas of postmodern and postimperial tourism."

Color Plate 30   Chris Ofili, *No Woman, No Cry*, 1998. In the 1990s London took the crown from New York as the world's hottest art scene. Young British visual artists have caused a veritable Sensation—the name of one of their group shows—and even prompted the Tate Gallery to build an entirely new wing to house contemporary work. Chris Ofili is one of the most exciting painters in the group. Nigerian by birth, Ofili represents the multicultural Britain that is remaking British art, literature, and popular culture. Ofili integrates African cultural symbols into a painting style drawn from American pop art and British figural painting. Titled after a Bob Marley song, the painting here makes a vivid icon of a black British woman, her clothes a landscape of hot color studded with dried elephant dung, a sacred substance in African rites. "Mr. Ofili generously supports the six London Zoo elephants whose dung is dried for his paintings."

its industrial strength and leadership; with the electrification of Britain at the turn of the century, however, the Industrial Revolution was gradually overtaken by a technological revolution. If the sinking of the Titanic on her maiden voyage in 1912 stands as a symbol of the vulnerability of progress—a sort of watery funeral for traditional British industry—the first transatlantic flight in 1919 pointed toward the future. Advances in photographic technology made documentary photographs a part of daily life and brought a heightened visual dimension to political campaigns and to advertising; the advent of quick and inexpensive newspaper photographs put vivid images of the carnage of World War I on Britain's breakfast tables. The texture and pace of daily life changed in the early years of the century to such a degree that average men and women were comfortable referring to themselves by that hopelessly awkward designation, "modern" (from the Latin *modo,* "just now"). And clearly, the London inhabited by the denizens of Eliot's *Waste Land* is a profoundly different place from the London of Dickens. Eliot portrays a woman who works in an office, composes letters on a typewriter, talks to clients on the telephone, plays records on the phonograph at her flat after having casual sex with a co-worker, and eats her evening meal from tins.

The advent of technology had far-reaching effects on the writing of the period. Beckett, famously, imagined a tape recorder before he had ever seen one in order to make possible the memory play of his *Krapp's Last Tape* (1959); more generally, the technology of the transistor radio, and government sponsorship of radio and television by the British Broadcasting Corporation, made possible wholly new literary genres. Beckett and Dylan Thomas were among the first to take advantage of the new media, writing plays for radio and then for television. A generation earlier, Joyce made use of early art film strategies in his "Circe" episode of *Ulysses.* In the most advanced writing of the modernist period we find an increasing sense that the technologies of print affect the text itself. Pound's *Cantos* were composed, not just transcribed, on a typewriter, and cannot be imagined in their current form composed with pen and ink; Joyce plays with the typographic conventions of newspaper headlines in the "Aeolus" chapter of *Ulysses* to create an ironic running commentary on the action. A crucial scene in Joyce's *Finnegans Wake* features a television broadcast (which was not available commercially when the novel was published), blending with a nuclear explosion (also several years before the fact). The scene culminates in "the abnihilisation of the etym"—both a destruction of atom/Adam/etym and its recovery *from* ("ab") nothingness.

MODERNISM AND THE MODERN CITY

Paralleling the new social and artistic opportunities of the twentieth century was a kind of anomie or alienation created by the rush toward industrialization. Vast numbers of human figures remained undifferentiated and the mass-manufactured hats and clothing worn by British industrial workers served only to heighten the monotony of their daily routines. Newspapers eagerly published photographs of thousands of sooty-faced miners. The members of the workforce, which Marx had called "alienated labor," were seen to be estranged not just from their work but from one another as well, as they themselves became mass products. This situation is dramatized especially vividly in the silent films of the period—from the dystopian vision of Fritz Lang's

Metropolis (1926) to the more comic vision presented by the British-American Charlie Chaplin in *Modern Times* (1936). The sense of major cities being overrun by crowds of nameless human locusts recurs in the poetry of the period:

> A crowd flowed over London Bridge, so many,
> I had not thought death had undone so many.
> Sighs, short and infrequent, were exhaled,
> And each man fixed his eyes before his feet.
>
> (Eliot, *The Waste Land*)

> I have met them at close of day
> Coming with vivid faces
> From counter or desk among grey
> Eighteenth-century houses.
>
> (Yeats, *Easter 1916*)

The Victorian concern over huge numbers of urban poor was seconded by a fear of large numbers of restive urban lower-middle class workers and their families.

The city also appeared in far more positive guises, as the modernists were urban sophisticates above all else. Joyce famously remarked that if Dublin were one day destroyed, it could be recreated whole from the pages of his *Ulysses*. Virginia Woolf's great novel *Mrs Dalloway* is among other things a glowing tribute to London as the center of incongruous juxtapositions and unexpected connections, the quintessence of life itself: "Heaven only knows why one loves it so," Clarissa Dalloway thinks,

> how one sees it so, making it up, building it round one, tumbling it, creating it every moment afresh. . . . In people's eyes, in the swing, tramp, and trudge; in the bellow and the uproar; the carriages, motor cars, omnibuses, vans, sandwich men shuffling and swinging; brass bands; barrel organs; in the triumph and the jingle and the strange high singing of some aeroplane overhead was what she loved; life; London; this moment of June.

London had a magnetic attraction for many American writers as well, as a transatlantic literary culture blossomed. Henry James based novels like *The American* and *Portrait of a Lady* on the adventures of Americans living abroad; James himself was an American who lived most of the last thirty-five years of his life in London, and was naturalized as a British citizen three months before his death. T. S. Eliot moved to London in 1915 and lived there until his death in 1965, becoming a British subject, a communicant of the Church of England, and being knighted along the way. The great comic writer P. G. Wodehouse commuted back and forth across the Atlantic in the 1920s and 1930s as his plays and musical comedies were staged in New York and London. In many ways, New York and London had never been so close. This artistic diaspora resulted in a richer, more complex and urbane literature.

PLOTTING THE SELF

The Freudian revolution grew from and reinforced an intense interest in the workings of the individual psyche, and modernists like Woolf and Joyce devoted themselves to capturing the mind's modulations. Both Woolf and Joyce employed versions

of what came to be known as the "stream-of-consciousness" technique, in which fragmentary thoughts gradually build up a portrayal of characters' perceptions and of
their unstated concerns. Consider this passage from the "interior monologue" of
Joyce's protagonist Leopold Bloom, as he prepares a saucer of milk for his cat:

> They call them stupid. They understand what we say better than we understand them.
> She understands all she wants to. Vindictive too. Wonder what I look like to her. Height
> of a tower? No, she can jump me. . . . Cruel. Her nature. Curious mice never squeal. Seem
> to like it.

On the surface, Bloom's staccato thoughts reflect on the cat; at the same time, he
identifies the cat with his unfaithful wife Molly, and—without admitting it to himself—he reflects on the cat's foreign psyche as a way of coming to terms with Molly's
needs and desires. The development of stream-of-consciousness narrative grows out
of a sense that the self is not "natural" or "given" but a construction—specifically a
social construction—and that, consequently, traditional methods for depicting character no longer suffice. We are all the products of our own past and we are also, powerfully, products of larger social forces that shape the stories we tell about ourselves,
and which others tell about us.

In the Victorian novel, plot crises were typically resolved in some definitive way,
such as by a marriage or a change in the financial status of the protagonist. In the
modern novel, lasting resolutions growing out of a common vision are few and far
between. Walter Pater had counseled his readers, at the conclusion of *The Renaissance,* that "to burn always with a hard, gemlike flame, to maintain this ecstasy" was
"success in life"; in the modern period, everyone wants that ecstasy, but no one is
sure quite what it looks like amid the ruthless individualism of modern life. "We live
as we dream, alone," Conrad's narrator Marlow mutters despondently; "Only connect," the epigraph to E. M. Forster's *Howards End* (1910) implores. On the eve of
the London Blitz, however, the characters in Woolf's *Between the Acts* (still the most
powerful British novel of World War II) are united only as they sing the refrain, "Dispersed are we." The texts of the modern period, bookended as they are by two world
wars, represent a real, agonized meditation on how modern individuals can become
united as community again. Woolf herself was skeptical of the possibility and her last
novel remains unfinished—or finished only by her husband Leonard—because she
took her own life before she could complete it. In the novels of Woolf and Joyce, and
in the poetry of Yeats and Auden, community is the glimpsed prospect, the promised
land: seen as a possibility but never realized, or embodied precariously in a gesture, a
moment, a metaphor, and above all in art itself.

After the modernist high-water mark of the 1920s, the atmosphere darkened
amid the international financial depression of the 1930s triggered by the U.S. stock
market crash of 1929. The decade saw the growth of British Marxism and widespread
labor agitation. The decade also witnessed the international growth of fascism and
totalitarianism; writers like Shaw, Wyndham Lewis, Eliot, Yeats, Pound, and
Lawrence for a time saw the order and stability promised by authoritarian governments as the only antidote to the "mere anarchy" Yeats decries in his poem *The Second Coming.* In the late thirties, however, intellectual sentiment turned increasingly
against the fascist movements being led in Germany by Hitler, in Italy by Mussolini
and in Spain by Franco. During Spain's brutal civil war (1936–1939), many writers

supported the democratic Republicans against the ultimately victorious fascist General Franco. Meanwhile a series of weak British governments did little to oppose Hitler's increasing belligerence and extremism; the failure to stand up for democratic principles, coupled with worldwide economic depression, led many young intellectuals and artists to became Leftists.

Compared to the stylistic experiments of the previous two decades, British writing of the 1930s sometimes looks rather flat, neutral. This can be attributed in part to the disillusionment that followed World War I, and the very real sense throughout the thirties that things were building up to another war, that art had become something of an irrelevancy. The German cultural critic Theodor Adorno was to write after the war, "no poetry after Auschwitz"; writers of the thirties seem to have had this sense well in advance of Auschwitz. Yeats admired the character in Auguste de Villiers de L'Isle-Adam's drama *Axël* who said, "As for living, we let the servants do that for us"; the young writers of the thirties, however, were concerned that (in Auden's phrase) "poetry makes nothing happen," and were committed to the idea that it must. "Late modernism," as the critic Tyrus Miller has described this writing, was newly engaged with popular culture and political events alike.

THE RETURN OF THE REPRESSED

Modern British literature is characterized by the increasing presence of women's voices, working-class voices, and voices expressing varied ethnic, religious, and sexual perspectives which, whether methodically or inadvertently, had often been excluded from the British literary tradition. The writings of an author like Woolf made England think hard about who she really was, as did, in another sense, the writings of the former colonial administrator George Orwell. In the modern period, Britain begins to deal in a fully conscious way with its human rights problems—most significantly, its treatment of women and the diverse ethnic groups of its colonial possessions.

The gradual enfranchisement and political and economic liberation of British women in the early years of the twentieth century comprised a fundamental social change; the novelist D. H. Lawrence, a rather equivocal friend of the women's movement, called it "perhaps the greatest revolution of modern times." The Women's Property Act—passed in 1882, the year of Woolf's birth—for the first time allowed married women to own property. Decades of sometimes violent suffragist agitation led finally to full voting rights for women in 1928 and to the gradual opening up of opportunities in higher education and the professions.

The quick pace of these changes naturally made many men uneasy. In their monumental three-volume study *No Man's Land: The Place of the Woman Writer in the Twentieth Century*, critics Sandra Gilbert and Susan Gubar suggest that this "war between the sexes" was one of the primary driving forces behind the modernist literary movement. Having emphasized the revolutionary force of the women's movement, Lawrence goes on to warn that the movement, "is even going beyond, and becoming a tyranny of woman, of the individual woman in the house, and of the feminine ideas and ideals in the world." In a half-serious essay titled *Cocksure Women and Hensure Men*, Lawrence complained of women more cocky, in their assurance, than the cock himself. . . . It is really out of scheme, it is not in relation to the rest of things. . . . They find, so often, that instead of having laid an egg, they have laid a vote, or an empty ink-bottle, or some other absolutely unhatchable object, which means nothing to them.

On the level of literary principles, a masculinist emphasis can be seen in Ezra Pound's insistence that modern poetry should "move against poppy-cock," "be harder and saner . . . 'nearer the bone' . . . as much like granite as it can be."

Other writers, male and female, supported women's rights; almost all writers sought to rebel against Victorian sexual norms and gender roles. Joyce battled with censors beginning in 1906, and his *Ulysses* was put on trial in New York on obscenity charges in 1933 (and cleared of those charges in the same week that the United States repealed Prohibition). Defending his sexual and scatological scenes, Joyce put the modernists' case for frankness this way:

> The modern writer has other problems facing him, problems which are more intimate and unusual. We prefer to search in the corners for what has been hidden, and moods, atmospheres and intimate relationships are the modern writers' theme. . . . The modern theme is the subterranean forces, those hidden tides which govern everything and run humanity counter to the apparent flood: those poisonous subtleties which envelop the soul, the ascending fumes of sex.

In defense of his "dirty" book *Lady Chatterley's Lover* (1928), whose full text was banned as obscene until 1960, Lawrence wrote: "In spite of all antagonism, I put forth this novel as an honest, healthy book, necessary for us today. . . . We are today, as human beings, evolved and cultured far beyond the taboos which are inherent in our culture. . . . The mind has an old groveling fear of the body and the body's potencies. It is the mind we have to liberate, to civilize on these points." In a rich irony, Joyce and Lawrence hated one another's writing: Joyce insisted on calling Lawrence's best-known novel "Lady Chatterbox's Lover." He dismissed the novel as "a piece of propaganda in favour of something which, outside of D. H. L.'s country at any rate, makes all the propaganda for itself." Lawrence, for his part, thought the last chapter of *Ulysses* (Molly Bloom's famous soliloquy) "the dirtiest, most indecent, obscene thing ever written."

Sexuality of all stripes was on trial. The lesbian writer Radclyffe Hall was tried for obscenity in 1928 for her novel *The Well of Loneliness*—whose most obscene sentence is, "That night they were not divided." The trial became a public spectacle, and was a rallying point for writers like Woolf and E. M. Forster, who spoke valiantly in favor of Hall's right to explore her subject, which was primarily the loneliness, rather than the fleshly joys, of same-sex love. Forster's overtly homosexual writings, including his novel *Maurice*, were not published until after his death in 1970. Woolf was somewhat more open in her novel *Orlando* (1928), whose protagonist changes sex from male to female. In Joyce's *Ulysses*, Leopold Bloom fantasizes about becoming a "new womanly man" and dreams of being chastised by a dominatrix who appears first as Bella and then as Bello Cohen. It was not only sexual taboos that were challenged in the writing of the period; in practice there began to be a loosening of the strict gender and sexual roles, which had been reinforced by the homophobia resulting from Oscar Wilde's trial. Gay, lesbian, and bisexual writers like Forster,

Woolf, Hall, Stein, Natalie Barney, Djuna Barnes, H. D., Ronald Firbank, and Carl Van Vechten pushed the comfort level of the British reading public; even the "healthy" version of sexuality celebrated by D. H. Lawrence in his greatest novel *Women in Love* begins to suggest that heterosexuality and homosexuality are shifting boundaries, not immutable categories.

The growing independence of the individual subject began to be matched by drives for independence among imperial subjects as well. In "John Bull's other island," as Bernard Shaw called Ireland in his play of that title, agitations for independence grew widespread from the late nineteenth century onward, culminating in the Easter Rising of 1916 and the 1922 partitioning of Ireland, when the Irish Republic became an independent nation while Northern Ireland remained part of Great Britain. No match for England militarily, the Irish used words as their chief weapon in the struggle for independence.

The liberation of Britain's overseas colonial holdings began in the early decades of the century and gathered momentum thereafter. The history of Great Britain in the twentieth century is, in some ways, the story of the centrifugal forces that have largely stripped Britain of its colonial possessions. Britain suffered humiliating losses in the Boer War (1899–1902), fought by the British to take possession of the Boer Republic of South Africa. Half a million British troops were unable to win outright victory over eighty thousand Boers; finally the British adopted a scorched-earth policy that entailed massive arrests and the deaths of thousands of captives in unsanitary camps. This debilitating and unsavory conquest marked the low point of British imperialism, and public disgust led to a reaction against empire itself. Independence movements sprang up in colonies around the world, most notably in India, Britain's largest colony, "the jewel in the crown" of Queen Victoria, where Mohandas Gandhi's Congress Party struggled through nonviolent resistance to force Britain to grant its independence.

WORLD WAR II AND ITS AFTERMATH

The year 1939 and the start of World War II closed the modernist era. It was the year that saw the publication of Joyce's *Finnegans Wake*, which the critic Ihab Hassan calls a "monstrous prophecy" of postmodernity. The seminal modernist careers of Joyce, Woolf, Yeats, Ford, and Freud all came to an end—as did the social and political order of the previous decades. Throughout the late thirties, the government had engaged in futile efforts at diplomacy as Hitler expanded German control in central Europe. Prime Minister Neville Chamberlain finally denounced Hitler when the Germans invaded Czechoslovakia early in 1939; on September 1, Germany invaded Poland, and within days Britain declared war. In contrast to the "Great War," this conflict began with few illusions—but with the knowledge that Britain was facing an implacable and better-armed enemy. Unlike the Great War, fought on foreign soil, the new war hit home directly; during "the Blitz" from July 1940 through 1941, the German Luftwaffe carried out massive bombing raids on London and many other targets around Britain.

During these years, Winston Churchill emerged as a pivotal figure both strategically and morally. First as commander in chief of the navy, and starting in May 1940

London during the Blitz, seen from the north transept of St. Paul's Cathedral.

as prime minister, he directed British military operations while rallying popular support through stirring speeches and radio addresses. The war had profound effects throughout British society, as almost every man—and many women—between the ages of 14 and 64 came to be involved in the war effort, in conditions that weakened old divisions of region and class and that provided the impetus for new levels of government involvement in social planning. At the war's end in September of 1945, Britain emerged victorious, in concert with its allies. In contrast with the United States, though, Britain had suffered enormous civilian casualties and crushing economic losses, both within Great Britain and throughout its far-flung colonies. As much as a quarter of Britain's national wealth had been consumed by the war. The great city of London had undergone horrific bombing during the the Blitz, whose attacks left the face of this world capital as scarred as had the Great Fire three centuries before. Although morally and socially triumphant in its defeat of Nazism and fascism, Britain was left shattered economically and exhausted spiritually. Its people had come through the war gallantly, only to face grim conditions at home and political unrest throughout the empire.

The global effort of that war, whose battles were fought not only in Europe but in Africa, Asia, Latin America, the Middle East, and the Pacific, had forced Britain to draw massively on its colonies for raw materials, money, and soldiers. Since the resistance to the British empire had begun long before World War II, the drafting of millions of already restive colonial subjects into the armed forces intensified the tensions and the conflicts running beneath the surface of the empire. One of the most important political phenomena of the twentieth century was about to hit a depleted Britain with a vengeance: the decolonization of most of the conquered globe in the great wave of independence movements that swept the world after 1945. One by one, with greater and lesser degrees of violence and agony, colonies slipped out of Britain's imperial net. From the independence of India (1947) to the independence struggles of Kenya, Nigeria, Zaire, Palestine, Egypt, and many others, Britain experienced the accelerated loss of the largest empire in Western history. Retaining only a handful of Caribbean, Latin American, and Pacific Rim possessions, the empire had radically shrunk. India, Pakistan, Canada, Australia, and a few other countries adopted commonwealth status, remaining commercially linked but becoming essentially independent politically. The empire on which the sun never set was fast becoming largely confined to England, Scotland, Wales, and Northern Ireland—an ongoing area of tension and conflict to the present day.

The dizzying pace of decolonization after the war put Britain in a paradoxically modern position ahead of many other Western countries: the unquestioned ability, and the rarely questioned right, of Western societies to dominate the globe had finally encountered decisive opposition. Within fifty years Britain found itself transformed from the dominant global power into a relatively small and, for a time, impoverished island nation, no longer a dictator of the world's history, but merely part of it. This dislocation was profoundly registered in British culture, and British writers strove to assess these losses—and to define the new possibilities for a freer and more open society that might emerge from the wreckage of empire.

One of the exciting aspects of British literature after World War II, then, is its very incoherence. New players not only joined the game, but in some instances began to call the shots, as the struggles for independence from British colonial control provided vivid and critical literary subjects—"subjects" in the sense of topics as well as those newly empowered writers whose subjectivity emerged on the page. At the same time, the shrinking of empire was turning Great Britain back into a small nation. Vita Sackville-West's story *Seducers in Ecuador* serves as a beautiful pre-war parable of Britain's precarious global significance; its main character travels around the Mediterranean by yacht with a group of fellow English citizens, with many if not most of their exotic ports of call under British imperial control. When the man buys a pair of blue spectacles in Egypt, he finds that he cannot bear to take them off: the story subtly suggests that they are imperial sunglasses, affording him a way of looking at the world—a gaze of control and domination—that ironically destroys his life when he tries to wear them back in England. The British literature that comes after the loss of Suez, of Egypt and Palestine and Arabia, reverses Sackville-West's prescient parable. The inhabitants of colonized zones don spectacles themselves, and use them to look unsparingly at their colonizers.

A new generation of writers also took on the task of evaluating English culture from inside. John of Gaunt's beautiful paean to "this sceptered isle, this England," in Shakespeare's *Henry IV* had to be rewritten now: what was "this England" to be? In the absence of its colonial possessions, and in the general misery of shortages and rationing after the war, there was suddenly a sharp new scrutiny of British society. Its class-bound hierarchies appeared in an even harsher light, and its failures at home became the source of profound self-examination. Rage and anger accompanied this process of self-awareness, and a generation of literary artists dubbed the "angry young men" arose to meet the failures head-on, often in realist drama so faithful to its shabby subjects it was called "kitchen sink" drama, after the cold-water flat settings where the characters played out their rage. Playwrights such as John Osborne (as in the aptly titled *Look Back in Anger*) and novelists such as Anthony Burgess (*A Clockwork Orange*) angrily or satirically probed the discrepancy between England's glorious past and its seemingly squalid present.

A sense of diminishment in the world's eyes led to a passionate critique of British institutions, particularly its class structure, even where the literature produced was conservative in its looking backward. The extraordinary poet Philip Larkin might be seen as a key figure in this generation of writers. Larkin was a librarian in a rural town for most of his adult life. His poetry takes on the sardonic voice of the disenfranchised and the dispossessed—speaking not for the poor or the downtrodden but instead articulating the sense of loss and fury of middle and upper-class England, bereft of its historical prestige, impoverished by modern culture. He sings of nature, home, and country in a voice that is lacerating and self-mocking, using jazzy and colloquial poetic diction and Anglo-Saxon expletives. As one of his poems memorably declares:

> They fuck you up, your mum and dad.
>   They may not mean to, but they do.
> They fill you with the faults they had
>   And add some extra, just for you.

Larkin also wrote several notable novels at this time, among them *A Girl in Winter*, which explores from a surprisingly feminine and even feminist point of view the struggles of an emigré to Britain who must conceal the traumas her family experienced during the war, in order to "fit in" with a blithe and cavalier aristocratic British family. Larkin's artistry joins that of a host of other postwar writers, mostly male, who write from the center of an England now put off-kilter by the wrenching changes after the war.

Profound historical changes were to continue after the war with the commencement of the Cold War, in which the new world superpowers, the United States and the former Soviet Union, became locked in an intense battle for ideological, political, and economic dominance. Human beings now possessed the technological means to destroy the planet and its inhabitants, and these weapons of destruction were amassed by two societies with sharply conflicting goals. Britain along with Western Europe unequivocally aligned itself on the side of the United States, joining in the long fight against communism and Soviet socialism. While not itself a superpower, Britain had to shape its own social goals in light of the Cold War raging around it. A supremely eloquent voice in the articulation of what was at stake was that of the British writer George Orwell, known for his lucid essays on politics and language, including *Politics and the English Language*, to cite one of his classic works. Immediately after the war Orwell crafted *1984*, an enduring parable of Cold War culture. This book envisions a future society in the year 1984 when the infamous

"Big Brother" is watching everyone. That tale of a society of totalitarian surveillance was a thinly veiled allegory of the possibilities inherent not only in a Soviet takeover but even in Western societies and their implicit tendencies toward control and bureaucracy. It may be that Orwell was able to be prophetic about the cultural touchstones of the next several decades because as a British writer he wrote from an oblique angle: the colonial relationship of Britain to the United States had become reversed, with Britain almost becoming an outpost of the United States in terms of its Cold War dominance, reminiscent of Britain's dominance of the fate of the American colonies in the centuries leading up to the American Revolution. It is sometimes possible to see more clearly from a position outside the exact center— and Britain was, in this sense, no longer the center of English-speaking Western civilization. Strangely enough, that ex-centricity granted its literary writers a certain kind of insight.

The British novel after World War II made a retreat from modernist experimentalism. One explanation for a return to the realism that Woolf had so passionately argued against comes, paradoxically, from feminism of the very sort Woolf espouses in *A Room of One's Own* and *Three Guineas*. For as women began to write in large numbers, the novel with characters and a plot became a kind of room these writers needed to make their own. A host of important women writers emerged who revived the novel—which had been declared dead by the French, at least, around 1950—by using its traditions to incorporate their experiences as women, "making it new" not by formal experiments, but by opening that familiar, even a little shabby, room to new voices and new stories. Among the practitioners of this "feminist realism"— although some of them would vehemently deny the label "feminist"—are Jean Rhys, Doris Lessing, Margaret Drabble, A. S. Byatt, Muriel Spark, Iris Murdoch, Nadine Gordimer, and Buchi Emecheta. In every case these are writers who ring changes on ostensibly traditional forms.

A particularly vibrant arena of British literary innovation after the postwar period was British drama; the dramatic form seemed to lend itself to the staging of new social and aesthetic experiments which, with the exception of women's writing as noted above, largely bypassed the British novel of this period. The most innovative of all British dramatists of the twentieth century after World War I was indubitably the Irishman Samuel Beckett. Living in a form of self-imposed exile in France, and a further self-imposed exile within the French language, Beckett moved from being the writer of mordant novels (*Molloy; Malone Dies*) to becoming an extraordinary dramatist. He often wrote his plays first in French, later translating them into English, so that English was their "secondary" language, leading to multiple puns in both English and French. Beckett's contribution to dramatic form, for which he received the Nobel Prize, is nonetheless a creation within British literature. Beckett sculpted his plays out of silence, paring down lines of dialogue until their short sentences and sometimes single words reverberate with the unspoken. More than any other dramatist in English, Samuel Beckett found the pockets of silence in English speech, and made those silences speak. His characters do not inhabit a real place, like England, but instead occupy an abstract space of human existence, where the human predicaments of longing and desire for redemption, the failures of understanding, and the bafflement of death are experienced in their purest form.

Within England a host of dramatic luminaries gave vital energy to the British stage after 1945. While John Osborne created realist dramas of rage and dispossession, Harold Pinter emphasized the careful chiseling of language, bringing out the full ambiguity hidden in seemingly innocuous social conversation. Tom Stoppard joins Harold Pinter in his postwar longevity as a master of the British drama, despite or perhaps because of being an immigrant—"a bounced Czech," as he has called himself. Stoppard employs a brilliant rhetorical surface in his plays, which are often modernist puzzle boxes in their annihilation of the rules of time and space. In his meteoric but short dramatic career the playwright Joe Orton took a reverse tack to that of Beckettian silence and economy, or Pinterian ordinary language, and returned to the example of Oscar Wilde. Using a wildly baroque vocabulary and an epigrammatic wit, Orton brought an explicit gay drama and gay sensibility to the postwar theater, in works like *Loot*, which revolves around a seductive lower-class character who wreaks sexual havoc with all the inhabitants of a country estate, male and female, young and old. In *What the Butler Saw*, Orton imagines a monumental statue, bearing the national "phallus," which is hilariously blown to bits.

The impoverishment of the fifties abated in the sixties, at least for the middle class, as British banking and finance reinvigorated the economy. "Swinging London" became a household phrase, as British urban culture set the pace in music, fashion, and style. The Carnaby Street mode of dress and fashion mavens like Mary Quant, Jean Muir, and Zandra Rhodes were copied all over the world, worn by Jean Shrimpton and Twiggy, who were among the first supermodels. British film came out of a postwar slump and movies like *Morgan* and *Georgy Girl* had huge audiences at home and in the United States. A delirious excitement invested British popular culture, and London became a hub of the new once more. The critique of British society mounted by Joe Orton's work found its double in the youth culture of "Mods" and "Rockers." Asked which he was, the Beatles' drummer Ringo Starr claimed to synthesize both: "I'm a mocker."

Amid the cultural ferment of the sixties and seventies, successive British governments struggled with intractable problems of inflation and unemployment, punctuated by frequent strikes by Britain's powerful unions, and rising violence in Northern Ireland. The generally pro-union government of Harold Wilson (1964–1970) was followed by the Conservative government of Edward Heath, who put new stress on private enterprise. A major shift away from the "welfare state," however, came only at the end of the decade, when Heath was succeeded by the formidable Margaret Thatcher, the prime minister of Britain for a record twelve years. The daughter of a lower middle-class family, Thatcher vaulted into politics when that was an exceptionally rare opportunity not only for a woman, but for a person whose father was a shop-keeper. Trained as a chemist, Thatcher worked long and hard for the (Tory) Conservative Party, even as Britain was ruled by a succession of Labour and Socialist governments. When her chance came to lead England as its Tory prime minister, Thatcher and her political and ideological colleagues began a governmental revolution by adopting free-market policies similar to those identified with the Ronald Reagan school of U.S. Republicanism. Thatcher set about dismantling as much of the welfare state of postwar modern Britain as she could—and that was a considerable amount.

The Beatles preparing for a television broadcast, c. 1963.

Margaret Thatcher had an enormous impact on British identity, as well as on British society. Among the very small number of women worldwide who have ever wielded such substantial political power—Golda Meir and Indira Gandhi come to mind as others—Thatcher's polished good looks, her extreme toughness, and her uncompromising political dictates combined to produce a caricature of her as the domineering English governess, laying down the rules of what would be good for Britain's unruly citizens. Thatcher's economic policies emphasized productivity as never before; under her rule, an entrepreneurial culture began to flourish at the expense of once-sacred British social entitlements in education, health care, and civic subsidy of the arts and culture. Margaret Thatcher's most breathtaking quotation, and the one summing up her philosophy of government, was uttered in response to complaints about what was happening to the fabric of British society and, especially, to its poor, elderly, immigrants, and the mass numbers of the unemployed. "There is no such thing as society," she declared. What she meant was that government had no role to play in creating a unitary, egalitarian society. The forces of the unleashed free market, and the will of private individuals, would replace any notion of a social contract or social compact between and among British citizens. There was irony, of course, in Thatcher's seeming to turn her back on members of her own class and those below it, and despite the power and immense reputation she acquired world-wide, there was always scathing and vocal opposition to her within Britain, as she privatized the universities and abolished tenure, made inroads on the National Health Service, dissolved city councils and established poll taxes. Prime Minister Thatcher declared and fought Britain's last imperial war of modern times, against

Argentina over the control of the Falkland Islands, and she was fierce opponent of nationalist sentiment among the Scottish and the Welsh, a firm upholder of Britain's right to control Northern Ireland in perpetuity, and strongly against the move toward joining the European Community. Thatcher became, an icon in Britain, as well as its longest-governing Prime Minister: an icon for her certainty, confidence, and her personification of the huge changes she brought about. Though she provoked sharp opposition, her brilliance and energy were never in question, nor was her international influence.

By and large, the literary response to Thatcher's vision of Britain was electrifying in its opposition to everything she stood for. The jolt of anti-Thatcherism galvanized fiction, poetry, drama, visual art, and film. Among the many superb artists honed in the crucible of anti-Thatcherism is the playwright Caryl Churchill. While Churchill was plying her craft well before Maggie's reign began, Churchill is an apt symbol of the passionate creativity unleashed from the later 1970s into the mid–1990s, especially given the gender she shares with Thatcher. Without question Caryl Churchill is among the foremost playwrights in the world today; such singularity means for Churchill that gender—in addition to class, race, age, sexuality, nationality, ethnicity and the like—is foregrounded in her plays. Churchill's provocative theater is designed in part to open that Pandora's box which Thatcher herself ignored. Churchill's play *Top Girls*, for example, sets Thatcher's political rise into collision with a contemporary feminism that questions whether female power is simply identical to masculine power—i.e., just a matter of who's on top, and who's at the top. By those lights, Thatcher's success made her a top girl par excellence, yet the play sets up a dinner party to debate this, a conversation between and among powerful women throughout the centuries from around the world, some of them historical figures, others images and icons, legends or myths, all eager to investigate whether or not women's liberation inheres in a simple exchange of dominance.

Major changes have occurred in the last several years of the twentieth century, changes sweeping enough to have diminished Margaret Thatcher's iconic stature, and to have partially reversed the social revolution she began. At the turn of the century, the Labour Party reclaimed countrol of the country, changing course economically and emphasizing the very social contract Thatcher had set aside. Britain is an increasingly pivotal member of the European Community alliance, and its own internal divisions have come productively to the fore. Surprisingly, the twentieth century ended in much the same way as did the nineteenth century for Britain, with a nationwide debate on home rule. In 1886 and again in 1893 the eminent British prime minister William Gladstone fought for the establishment of a separte Irish parliament—thus the term "home rule"—to allow the Irish colony, with its differing religion of Roman Catholicism and its unique Gaelic culture, to have control over its own internal affairs. Gladstone and his Liberal Party formed an alliance with the Irish National Party's members of Parliament, who were led by the great Charles Steward Parnell, a Protestant Irishman known as "the uncrowned king of Ireland." Parnell's political fall due to an extramarital scandal removed a key player in Gladstone's strategy, and his final attempt in 1893 at voting in home rule failed. This failure led to the Irish revolution, the Irish Civil War, and the continuing violence within Northern Ireland, the six counties still belonging to Britain and occupied by their army.

Britain's new prime minister, Anthony Blair, was elected in 1997 from the Labour Party, breaking the Conservative Party's eighteen-year hold on the position under Thatcher and her chosen successor, the rather low-key John Major. One of Blair's main campaign promises was bringing home rule to both Scotland and Wales, regions of Britain with their own language and dialect, their own cultural mores, and a long history of armed conflict with England. The referendum on the Scottish parliament, with the power to raise and lower income taxes within Scotland, and a considerable budget to operate as Scotland chooses, for its schools, health, housing and transport, overwhelmingly passed the popular vote; Wales has voted as well for the creation of a Welsh assembly with many of the same powers and responsibilities. While the Republic of Ireland is now a nation in its own right, Tony Blair's commitment to the peace talks in Northern Ireland, and to the inclusion of Sinn Fein in those talks, has also provided the first stirrings of political momentum in resolving the century-old conflict between Northern Irish Protestants who largely wish to remain attached to Britain, and the Northern Irish Catholics who have fought for the autonomy of this part of Ireland.

LANGUAGE AND IDENTITY

Complicated questions of language and identity have increasingly come to dominate the most recent phase of British literature. A great paradox of the British postwar period, in its time of imperial shrinkage, involves the fate of the English language. Britain may have been "kicked out" of many of its former colonies as a governing presence, but English was rarely shown the door at the same time. For economic and cultural reasons English as a global language became even more widely dispersed and dominant after World War II. Of course, the spread of U.S. interests has played a role in the hegemony of English. However, the old contours of the British empire continue to shape much of the production of English literature today. In this way, the former British empire has become part of the fabric of British literature. V. S. Naipaul, for example, has long resided in England, but he was born to Indian parents in Trinidad, where the British had deployed Indian labor. His writing is as much in dialog with the British literary tradition, and an extension of it, as that of any native-born British author. Naipaul's winning of the 2001 Nobel Prize for literature both confirms his international standing and highlights the altered literary geography of England itself.

Salman Rushdie, who is of Pakistani parentage, is another intriguing example of this process of crossing the increasingly porous boundaries of Britishness, as well as a cautionary tale of how powerful literature can be. Rushdie's novels are part of British literature at its modernist best, drawing on the entire English literary tradition, yet informed by a cosmopolitan and a non-Western literary tradition as well. Eight years after he achieved great acclaim for his novel *Midnight's Children* (1980), a book that adapted the "magic realism" of Latin American fiction to the history of Indian independence, Rushdie published *The Satanic Verses*. This novel recounts a magical mystery tour of sorts, the arrival of two South Asian refugees to modern

London: one a film star from Bombay, the other a kind of trickster figure. Embedded in this complex tale of migration and identity is a brief dream sequence satirizing the prophet Mohammed. In response to this dream-within-a-dream passage, the Iranian theocratic government delivered a *fatwa*—an edict sentencing Rushdie to death for treachery to the religion of Islam. Rushdie did not write the book in Arabic, nor did he write it for a Muslim audience, but that was irrelevant to the clerics who pronounced sentence on him before millions of devout adherents. From that time until a few years ago, Rushdie was forced to live in a form of self-imposed house arrest, guarded by the British government. In an ironic twist, British literature itself had become his prison house of language, his internal exile. It is this tradition that "protects" him as a great writer, and, because of its porous literary borders, is responsible for his predicament.

In recent years British literature has been infused with new life both from foreign-born writers and from new voices bubbling up from within the British Isles, in the shape of Welsh, Scottish, and Irish literary prose and poetry. The Nobel Prize-winning Irish poet Seamus Heaney is a kind of internal outsider, since, as he has written, he does not consider himself to be part of "British" literature as ordinarily defined, while he nonetheless writes English poetry deeply influenced by English poets from Milton to Wordsworth to Eliot. Some writers have deliberately taken themselves out of British literature for political and literary reasons, using the strongest means possible: they have decided to write in a language other than English. For example, the Kenyan writer Ngugi wa-Thiongo, educated by British missionaries and then at a British university, whose first memorized poem was Wordsworth's *Daffodils*, now writes in the Kikuyu language, and translates his work into English. The Irish poet Nuala Ní Dhomhnaill has made a similar decision: she writes and publishes her poetry first in Irish, and only later translates it into English as a "second" language.

In recent years British writing has been invigorated from "below," as well as from "outside": there has been a profusion of working-class or lower-middle-class novelists, poets, and screenwriters, many of whom adopt the dialect or argot of lower-class Welsh, Scottish, and Irish English. The Scottish writer Irvine Welsh is one example of this cross-fertilization today; his novel *Trainspotting* received ample literary accolades and was made into a widely seen film that, like the book, circulated throughout Europe, the Americas, and much of the globe. Its picaresque tale of down-and-out yet lively and smart urban twenty-somethings trying to find fulfillment in drugs, travel, and petty crime made Glaswegian knockabouts and their dialect emblematic of the modern condition. When James Kelman won the Booker Prize for the best novel published in England in 1994, there was widespread outrage: the working-class, expletive-laced speech of his Scottish protagonist was deemed unliterary by many, or at least unreadable and not in conformity with what was revered as the Queen's English. Poetry too has become a vehicle for a range of literary experiments, linking music and film to rhymed and unrhymed, and often performed, verse, connecting the popular and the literary. This upsurge of vivacious and often provocative writing is primarily the work of younger writers, and in many instances the novels are almost immediately being turned into films with international audiences.

In the past hundred years British literature has seen upheavals of aesthetic form, of geographic location, and of linguistic content. What is no longer in question, oddly enough, despite the current age of cyberspace and interactive media, is whether literature itself will survive. As Mark Twain once commented dryly after reading his own obituary in the newspaper: "The reports of my death are greatly exaggerated." The reports of literature's inevitable eclipse at the hands of media and mass culture have, it seems, been greatly exaggerated too. At this moment, British literary creativity is fed from many streams, welling up unpredictably, located in unexpected places. British literature has not merely survived; it remains a vital index of contemporary social and cultural life, and a crucial indication of the shape of things to come.

Joseph Conrad
1857–1924

One of the ironies of twentieth-century British literature is that many of its greatest writers were not conventionally "British." In the case of Joseph Conrad, arguably the first modern British writer, the irony is even more extreme, because Conrad was born a Pole, and learned English only when he was in his twenties. The transformation of Josef Konrad Nalecz Korzeniowski into "Joseph Conrad" is as fascinating and mysterious a story as the transforming journeys at the heart of his fiction.

Joseph Conrad was a lifelong exile from a country that no longer existed on the map of Europe as a separate country. At the time of Conrad's birth in 1857, Poland was divided between Russia and the Austro-Hungarian empire. His parents, Apollo and Eva, were Polish patriots, and after an uprising against Russia in 1863, the family was exiled to a village in the far north of Russia. Eva died when Josef was seven years old; Apollo when he was twelve. Apollo had been both a political activist and a man of letters, a poet and a translator of French and English literature into Polish. In a sense, by becoming a British novelist writing in English, Conrad was carrying on a project of translation begun by his father, a translation across cultures and literatures as well as languages. Hidden within Conrad's poetic and impressionistic literary language is a secret language—Polish—and a secret history of exile from his homeland.

After Conrad's parents died, he was raised by a cosmopolitan uncle, Tadeusz Bobrowski, who was also imbued with patriotic political leanings and a deep love of literature. Josef was sent to school in Cracow, Poland, where he was bored and restless. His uncle then sent him to Switzerland with a private tutor; they argued constantly for a year, and the tutor resigned. Not quite seventeen years old, Conrad proceeded to Marseilles and joined the French merchant navy. He spent twenty years as a sailor and as a ship's captain, spending four years sailing under the French flag, and then sixteen years with British trading ships. In 1894 Josef Korzeniowski completed his transformation into the writer Joseph Conrad by changing his name and settling in England to become a full-time writer.

By the end of the nineteenth century, the nationalistic wars that had led to a divided Poland had been followed by another historical phenomenon: the dividing-up of the globe by the nations of Europe as these powers consolidated empires. The oceans were crucial pathways in these struggles, not simply vast, watery landscapes outside of history. The seafaring Conrad, who had wanted to leave the frustrations of school behind him and see the world, became intimately involved in the everyday business of the making of empires, playing a minor role behind the scenes of the major political forces of the age. Merchant ships of the kind he served on traced the routes of trade and commerce, which now had become the routes of colonization and political conquest as well. As he came to realize he was an eyewitness to modern history in the making, Joseph Conrad discovered his abiding subject as a writer.

Conrad's voyages during this twenty-year odyssey took him East and West, to Indonesia and the Philippines, to Venezuela, the West Indies, and Africa. Working all the while, he watched as bit by bit the patchwork quilt of empire was put together. Wishing to avoid conscription in the French navy when he came of age, in 1878 Conrad joined the British merchant navy. The British empire had become the most extensive and mighty of any imperial power, and in his capacity as seaman Conrad worked in the main ports of call of the empire upon which the sun supposedly never set. He adopted British citizenship in 1886; after his uncle Tadeusz's death in 1894, Conrad made the final decision to become a writer, and to write in English rather than in French. At the age of thirty-seven, Joseph Conrad was newly born.

As a British writer, Conrad was a sort of ventriloquist. On the surface, he was as English as any other writer in his circle: he married an Englishwoman, Jessie George, and became a recognized part of British literary life, forming friendships with other major writers like Henry James and Ford Madox Ford, and achieving great popularity with the British reading public. A stranger from an exotically foreign place, by British standards, a newcomer to the English language, he nonetheless spoke through an English "voice" he created. From his distanced perspective, he was able to make English do things it had not done in the past for native writers of English. Language in Conrad's writing is always a bit off kilter, reading as if it had been translated instead of being, as it was, originally written in English. His prose has a hallucinatory effect, and a poetic intensity linked to his approaching the words of the English language afresh. The most famous of Conrad's narrators is the character Marlow, who appears in several of his major works as an elusive commentator on the action. His Englishness is as real as it can be, for an imitation. Marlow is perhaps even more British than the British, lapsing often into British slang like "By Jove!" as if to authenticate the reality of Conrad's vision of the British world. Through narrative voices like that of Marlow, Conrad can tell stories that may appear to be familiar and ordinary but are in fact anything but that. If modernist writers succeed in making us doubt that we can truly be at home in the world, Conrad can be said to have been the first writer to convey this homelessness in English.

There is another paradox at the heart of Joseph Conrad's work. His writing straddles the nineteenth and the twentieth centuries, with the five major works he wrote in the years before 1900—*Almayer's Folly*, *The Nigger of the "Narcissus,"* *Heart of Darkness*, *Lord Jim*, and *Typhoon*—thought of by many critics as more modernist and experimental than later novels he wrote in the twentieth century—*Nostromo*, *The Secret Agent*, *Under Western Eyes*, *Chance*, and *Victory*. The critic Ian Watt claims that the "intense experimentation which began in 1896 and ended in 1900" resulted from Conrad's concentration in those five earlier works on his own personal experience, a personal experience of travel, exile, and solitude that was a radical premonition of the conditions of modernity. Works like *Heart of Darkness*, written during Queen Victoria's reign, for Watt present "the obdurate incompatibility of the self and the world in which it exists." In book after book, he sets a lone individual into confrontation with the complexities of the modern world, whether the world be that of European imperialism, or political anarchism, or the secret world of spies, or the world of political revolution. His heroes and (much less often) heroines have to find their bearings as society crumbles around them, and Conrad usually depicts them at a moment of choice, when they have to act on their lonely knowledge without any guarantee that they have chosen rightly.

A reliance on personal experience might seem to be a recipe for a straightforward, realist style, but Conrad's prose throughout his work is complex and symbolic, relying on images that are spun into complicated and ambiguous webs of symbolism. What stands out prominently in Conrad's style is its visual nature, the emphasis on making the reader "see." Critics of Conrad's writing early on seized on the strikingly visual aspect of his effects, and his friend and fellow modernist writer Ford Madox Ford wrote an essay in 1913, *On Impressionism*, which put Conrad in a newly invented camp of impressionist writers. Conrad never fully agreed with this description of his style, nor did he have any special fondness for impressionist painting or the works of its greatest practitioners, Monet and Cézanne. Nonetheless, his own preface to *The Nigger of the "Narcissus"* describes all successful art as based on "an impression conveyed through the senses," and in each of his first five books narrators recount what they have *seen*. The narrator goes back over an experience in retelling it to an audience, an experience whose significance is not necessarily clear even to the narrator but whose meaning is revealed through the accumulation of imagistic details. The powers of sight are directly related to the powers of insight, or self-knowledge. A famous passage from *Heart of Darkness* explains the storytelling technique of the narrator Marlow, but also explains a philosophical conviction at the core of Conrad's writing: "The yarns of seamen have a direct simplicity, the whole meaning of which lies within the shell of a cracked nut. But Marlow was not typical (if his propensity to spin yarns be excepted), and to him the meaning of an episode was not inside like a kernel but outside, enveloping the tale which brought it out only as a glow brings out a haze, in the likeness of one of these misty halos that are sometimes made visible by the spectral illumination of moonshine." Events cast a visual glow and haze where meaning can be found only in the most subtle shades and ambiguous highlights of language. The reader must participate in the gradual, and partial, process of accumulating meaning.

Heart of Darkness is a work at the heart of modern British literature. First published serially in *Blackwood's Magazine* in 1899, it was reprinted as a complete work along with a companion novella, *Youth,* in 1902, and writers have returned to it again and again, in the form of quotations and allusions and imitations of its style; its story has been rewritten by each successive generation, in novels, films like *Apocalypse Now,* and even rock lyrics. Almost mythic in resonance, *Heart of Darkness* itself is structured around a mythical core—that is, the hero's quest. The journey or quest motif pervades world literature and English literature alike, from the *Odyssey* and the *Epic of Gilgamesh* to Dante's *Divine Comedy,* Bunyan's *Pilgrim's Progress,* and Byron's *Childe Harold. Heart of Darkness* condenses in its pages an epic range of theme and experience, both the social themes of empire and cultural clash, and the personal theme of the hero's quest for self-discovery.

As with all his early work, Conrad based *Heart of Darkness* on his own experience, in this case a trip he took up the Congo River in 1890 in order to become captain of a small steamship. The trip was an unusual one even by Conrad's standards, as he had been sailing the major oceans of the world on large ships. Conrad had reasons for choosing the assignment, however; he had been fascinated by maps since boyhood, and the blank space on the continent of Africa represented by the then-unexplored interior impelled him on. He was curious to see for himself the scandalous imperial practices of the Belgian King Leopold II in the Congo, who possessed what he called the Congo Free State (now Zaire) as his own private property, draining it of raw materials like ivory, while claiming to be suppressing savagery and spreading European civilization. After traveling two hundred miles upriver to Kinshasa to join his ship, however, he found it was undergoing repairs. He traveled as a passenger on a trip to Stanley Falls, to bring back an ailing company agent, Georges Klein, who died on the return trip to Kinshasa. These events provided the germ of Conrad's novella, which transformed Klein ("Little," in German) into the uncanny figure of Kurtz.

A diary Conrad kept during his journey (excerpted as a Companion Reading following *Heart of Darkness*) records his dawning awareness that King Leopold's policy in the Congo was nothing other than slave labor, ultimately causing the deaths of more than a million Africans. Initially an observer, Conrad became a passionately informed partisan, and made known his findings in the form of journalism and essays in the attempt to halt the King's genocidal policies. *Heart of Darkness* records these evils, and the ravages of Belgian colonialism on the African tribal societies it encountered and uprooted. Scholars of African history have shown how accurate his descriptions are, from the bit of white thread worn around the neck of a certain tribal group, to the construction of the railroad to Kinshasa and its devastating human impact. Conrad never names the Congo, nor the places and landmarks his character Marlow visits, yet he himself later called the book a "Kodak," or a snapshot, of the Congo.

The location is left unnamed in part because Conrad wishes to show that the heart of this darkness can shift on its axis. Marlow is telling the tale to several anonymous Englishmen as they sail the Thames on their yacht. Under the Roman empire, Britain had itself been thought of as a savage wilderness, a dark continent. The journey upriver, as Marlow points out, has been a reverse journey as well, a journey back from Africa to the darkness that lies at the heart of an England that claims to be civilizing those whom it is merely conquering. The seemingly clear-cut boundaries of light and dark, black and white, have blurred and even reversed themselves, and the nested narrative of the story itself challenges our understanding and even our sense of self. In this narrative, as in Conrad's other works, we are confronted with the tragic irony that human knowledge always comes too late.

Preface to *The Nigger of the "Narcissus"*[1]

A work that aspires, however humbly, to the condition of art should carry its justification in every line. And art itself may be defined as a single-minded attempt to render the highest kind of justice to the visible universe, by bringing to light the truth, manifold and one, underlying its every aspect. It is an attempt to find in its forms, in its colours, in its light, in its shadows, in the aspects of matter, and in the facts of life what of each is fundamental, what is enduring and essential—their one illuminating and convincing quality—the very truth of their existence. The artist, then, like the thinker or the scientist, seeks the truth and makes his appeal. Impressed by the aspect of the world the thinker plunges into ideas, the scientist into facts—whence, presently, emerging they make their appeal to those qualities of our being that fit us best for the hazardous enterprise of living. They speak authoritatively to our common sense, to our intelligence, to our desire of peace, or to our desire of unrest; not seldom to our prejudices, sometimes to our fears, often to our egoism—but always to our credulity. And their words are heard with reverence, for their concern is with weighty matters: with the cultivation of our minds and the proper care of our bodies, with the attainment of our ambitions, with the perfection of the means and the glorification of our precious aims.

It is otherwise with the artist.

Confronted by the same enigmatical spectacle the artist descends within himself, and in that lonely region of stress and strife, if he be deserving and fortunate, he finds the terms of his appeal. His appeal is made to our less obvious capacities: to that part of our nature which, because of the warlike conditions of existence, is necessarily kept out of sight within the more resisting and hard qualities—like the vulnerable body within a steel armour. His appeal is less loud, more profound, less distinct, more stirring—and sooner forgotten. Yet its effect endures for ever. The changing wisdom of successive generations discards ideas, questions facts, demolishes theories. But the artist appeals to that part of our being which is not dependent on wisdom; to that in us which is a gift and not an acquisition—and, therefore, more permanently enduring. He speaks to our capacity for delight and wonder, to the sense of mystery surrounding our lives; to our sense of pity, and beauty, and pain; to the latent feeling of fellowship with all creation—and to the subtle but invincible conviction of solidarity that knits together the loneliness of innumerable hearts, to the solidarity in dreams, in joy, in sorrow, in aspirations, in illusions, in hope, in fear, which binds men to each other, which binds together all humanity—the dead to the living and the living to the unborn.

It is only some such train of thought, or rather of feeling, that can in a measure explain the aim of the attempt, made in the tale which follows, to present an unrestful episode in the obscure lives of a few individuals out of all the disregarded multitude of the bewildered, the simple, and the voiceless. For, if any part of truth dwells in the belief confessed above, it becomes evident that there is not a place of splendour or a dark corner of the earth that does not deserve, if only a passing glance of wonder and pity. The motive, then, may be held to justify the matter of the work; but this preface, which is simply an avowal of endeavour, cannot end here—for the avowal is not yet complete.

---

1. Conrad's novella *The Nigger of the "Narcissus"* deals with the tragic death of a black seaman aboard a merchant ship named the *Narcissus*; Conrad had served as first mate on a ship of that name in the Indian Ocean in 1883. He published the novella in *The New Review* in 1897, then added this preface when it came out in book form in 1898.

Fiction—if it at all aspires to be art—appeals to temperament. And in truth it must be, like painting, like music, like all art, the appeal of one temperament to all the other innumerable temperaments whose subtle and resistless power endows passing events with their true meaning, and creates the moral, the emotional atmosphere of the place and time. Such an appeal to be effective must be an impression conveyed through the senses; and, in fact, it cannot be made in any other way, because temperament, whether individual or collective, is not amenable to persuasion. All art, therefore, appeals primarily to the senses, and the artistic aim when expressing itself in written words must also make its appeal through the senses, if its high desire is to reach the secret spring of responsive emotions. It must strenuously aspire to the plasticity of sculpture, to the colour of painting, and to the magic suggestiveness of music—which is the art of arts. And it is only through complete, unswerving devotion to the perfect blending of form and substance; it is only through an unremitting never-discouraged care for the shape and ring of sentences that an approach can be made to plasticity, to colour, and that the light of magic suggestiveness may be brought to play for an evanescent instant over the commonplace surface of words: of the old, old words, worn thin, defaced by ages of careless usage.

The sincere endeavour to accomplish that creative task, to go as far on that road as his strength will carry him, to go undeterred by faltering, weariness, or reproach, is the only valid justification for the worker in prose. And if his conscience is clear, his answer to those who, in the fullness of a wisdom which looks for immediate profit, demand specifically to be edified, consoled, amused; who demand to be promptly improved, or encouraged, or frightened, or shocked, or charmed, must run thus: My task which I am trying to achieve is, by the power of the written word to make you hear, to make you feel—it is, before all, to make you see. That—and no more, and it is everything. If I succeed, you shall find there according to your deserts: encouragement, consolation, fear, charm—all you demand—and, perhaps, also that glimpse of truth for which you have forgotten to ask.

To snatch in a moment of courage, from the remorseless rush of time, a passing phase of life, is only the beginning of the task. The task approached in tenderness and faith is to hold up unquestioningly, without choice and without fear, the rescued fragment before all eyes in the light of a sincere mood. It is to show its vibration, its colour, its form; and through its movement, its form, and its colour, reveal the substance of its truth—disclose its inspiring secret: the stress and passion within the core of each convincing moment. In a single-minded attempt of that kind, if one be deserving and fortunate, one may perchance attain to such clearness of sincerity that at last the presented vision of regret or pity, of terror or mirth, shall awaken in the hearts of the beholders that feeling of unavoidable solidarity; of the solidarity in mysterious origin, in toil, in joy, in hope, in uncertain fate, which binds men to each other and all mankind to the visible world.

It is evident that he who, rightly or wrongly, holds by the convictions expressed above cannot be faithful to any one of the temporary formulas of his craft. The enduring part of them—the truth which each only imperfectly veils—should abide with him as the most precious of his possessions, but they all: Realism, Romanticism, Naturalism, even the unofficial sentimentalism (which, like the poor, is exceedingly difficult to get rid of), all these gods must, after a short period of fellowship, abandon him—even on the very threshold of the temple—to the stammerings of his conscience and to the outspoken consciousness of the difficulties of his work. In that uneasy solitude the supreme cry of Art for Art itself, loses the exciting ring of its apparent immorality. It sounds far off. It has ceased to be a cry, and is heard only as a whisper, often incomprehensible, but at times and faintly encouraging.

Sometimes, stretched at ease in the shade of a roadside tree, we watch the motions of a labourer in a distant field, and after a time, begin to wonder languidly as to what the fellow may be at. We watch the movements of his body, the waving of his arms, we see him bend down, stand up, hesitate, begin again. It may add to the charm of an idle hour to be told the purpose of his exertions. If we know he is trying to lift a stone, to dig a ditch, to uproot a stump, we look with a more real interest at his efforts; we are disposed to condone the jar of his agitation upon the restfulness of the landscape; and even, if in a brotherly frame of mind, we may bring ourselves to forgive his failure. We understood his object, and, after all, the fellow has tried, and perhaps he had not the strength—and perhaps he had not the knowledge. We forgive, go on our way—and forget.

And so it is with the workman of art. Art is long and life is short, and success is very far off. And thus, doubtful of strength to travel so far, we talk a little about the aim—the aim of art, which, like life itself, is inspiring, difficult—obscured by mists. It is not in the clear logic of a triumphant conclusion; it is not in the unveiling of one of those heartless secrets which are called the Laws of Nature. It is not less great, but only more difficult.

To arrest, for the space of a breath, the hands busy about the work of the earth, and compel men entranced by the sight of distant goals to glance for a moment at the surrounding vision of form and colour, of sunshine and shadows; to make them pause for a look, for a sigh, for a smile—such is the aim, difficult and evanescent, and reserved only for a very few to achieve. But sometimes, by the deserving and the fortunate, even that task is accomplished. And when it is accomplished—behold!—all the truth of life is there: a moment of vision, a sigh, a smile—and the return to an eternal rest.

Heart of Darkness
1

The *Nellie*, a cruising yawl,[1] swung to her anchor without a flutter of the sails, and was at rest. The flood had made, the wind was nearly calm, and being bound down the river, the only thing for it was to come to and wait for the turn of the tide.

The sea-reach of the Thames stretched before us like the beginning of an interminable waterway. In the offing the sea and the sky were welded together without a joint, and in the luminous space the tanned sails of the barges drifting up with the tide seemed to stand still in red clusters of canvas sharply peaked, with gleams of varnished sprits. A haze rested on the low shores that ran out to sea in vanishing flatness. The air was dark above Gravesend, and farther back still seemed condensed into a mournful gloom, brooding motionless over the biggest, and the greatest, town on earth.[2]

The Director of Companies was our captain and our host. We four affectionately watched his back as he stood in the bows looking to seaward. On the whole river there was nothing that looked half so nautical. He resembled a pilot, which to a seaman is trustworthiness personified. It was difficult to realise his work was not out there in the luminous estuary, but behind him, within the brooding gloom.

Between us there was, as I have already said somewhere, the bond of the sea. Besides holding our hearts together through long periods of separation, it had the effect of making us tolerant of each other's yarns—and even convictions. The

---

1. A two-masted ship.   2. London. Gravesend is the last major town on the Thames estuary, from which the river joins the North Sea.

Lawyer—the best of old fellows—had, because of his many years and many virtues, the only cushion on deck, and was lying on the only rug. The Accountant had brought out already a box of dominoes, and was toying architecturally with the bones. Marlow sat cross-legged right aft, leaning against the mizzen-mast.[3] He had sunken cheeks, a yellow complexion, a straight back, an ascetic aspect, and, with his arms dropped, the palms of hands outwards, resembled an idol. The Director, satisfied the anchor had good hold, made his way aft and sat down amongst us. We exchanged a few words lazily. Afterwards there was silence on board the yacht. For some reason or other we did not begin that game of dominoes. We felt meditative, and fit for nothing but placid staring. The day was ending in a serenity of still and exquisite brilliance. The water shone pacifically; the sky, without a speck, was a benign immensity of unstained light; the very mist on the Essex marshes was like a gauzy and radiant fabric, hung from the wooded rises inland, and draping the low shores in diaphanous folds. Only the gloom to the west, brooding over the upper reaches, became more sombre every minute, as if angered by the approach of the sun.

And at last, in its curved and imperceptible fall, the sun sank low, and from glowing white changed to a dull red without rays and without heat, as if about to go out suddenly, stricken to death by the touch of that gloom brooding over a crowd of men.

Forthwith a change came over the waters, and the serenity became less brilliant but more profound. The old river in its broad reach rested unruffled at the decline of day, after ages of good service done to the race that peopled its banks, spread out in the tranquil dignity of a waterway leading to the uttermost ends of the earth. We looked at the venerable stream not in the vivid flush of a short day that comes and departs for ever, but in the august light of abiding memories. And indeed nothing is easier for a man who has, as the phrase goes, "followed the sea" with reverence and affection, than to evoke the great spirit of the past upon the lower reaches of the Thames. The tidal current runs to and fro in its unceasing service, crowded with memories of men and ships it has borne to the rest of home or to the battles of the sea. It had known and served all the men of whom the nation is proud, from Sir Francis Drake to Sir John Franklin, knights all, titled and untitled—the great knights-errant of the sea.[4] It had borne all the ships whose names are like jewels flashing in the night of time, from the *Golden Hind* returning with her round flanks full of treasure, to be visited by the Queen's Highness and thus pass out of the gigantic tale, to the *Erebus* and *Terror,* bound on other conquests—and that never returned. It had known the ships and the men. They had sailed from Deptford, from Greenwich, from Erith—the adventurers and the settlers; kings' ships and the ships of men on 'Change; captains, admirals, the dark "interlopers" of the Eastern trade, and the commissioned "generals" of East India fleets.[5] Hunters for gold or pursuers of fame, they all had gone out on that stream, bearing the sword, and often the torch, messengers of the might within the land, bearers of a spark from the sacred fire. What greatness had not floated on the ebb of that river into the mystery of an unknown earth! . . . The dreams of men, the seed of commonwealths, the germs of empires.

3. A secondary mast at the stern of the ship.
4. Sir Francis Drake (1540–1596) was captain of *The Golden Hind* in the service of Queen Elizabeth I; his reputation came from the successful raids he mounted against Spanish ships returning laden with gold from the New World (South America). In 1845 Sir John Franklin led an expedition in the *Erebus* and *Terror* in search of the Northwest Passage (to the Pacific); all perished.

5. Deptford, Greenwich, and Erith lie on the Thames between London and Gravesend; "men on 'Change" are brokers on the Stock Exchange; the East India Company, a commercial and trading concern, became *de facto* ruler of large tracts of India in the 18th and 19th centuries.

The sun set; the dusk fell on the stream, and lights began to appear along the shore. The Chapman lighthouse, a three-legged thing erect on a mudflat, shone strongly. Lights of ships moved in the fairway—a great stir of lights going up and going down. And farther west on the upper reaches the place of the monstrous town was still marked ominously on the sky, a brooding gloom in sunshine, a lurid glare under the stars.

"And this also," said Marlow suddenly, "has been one of the dark places of the earth."

He was the only man of us who still "followed the sea." The worst that could be said of him was that he did not represent his class. He was a seaman, but he was a wanderer too, while most seamen lead, if one may so express it, a sedentary life. Their minds are of the stay-at-home order, and their home is always with them—the ship; and so is their country—the sea. One ship is very much like another, and the sea is always the same. In the immutability of their surroundings the foreign shores, the foreign faces, the changing immensity of life, glide past, veiled not by a sense of mystery but by a slightly disdainful ignorance; for there is nothing mysterious to a seaman unless it be the sea itself, which is the mistress of his existence and as inscrutable as Destiny. For the rest, after his hours of work, a casual stroll or a casual spree on shore suffices to unfold for him the secret of a whole continent, and generally he finds the secret not worth knowing. The yarns of seamen have a direct simplicity, the whole meaning of which lies within the shell of a cracked nut. But Marlow was not typical (if his propensity to spin yarns be excepted), and to him the meaning of an episode was not inside like a kernel but outside, enveloping the tale which brought it out only as a glow brings out a haze, in the likeness of one of these misty halos that sometimes are made visible by the spectral illumination of moonshine.

His remark did not seem at all surprising. It was just like Marlow. It was accepted in silence. No one took the trouble to grunt even; and presently he said, very slow,—

"I was thinking of very old times, when the Romans first came here, nineteen hundred years ago[6]—the other day. . . . Light came out of this river since—you say Knights? Yes; but it is like a running blaze on a plain, like a flash of lightning in the clouds. We live in the flicker—may it last as long as the old earth keeps rolling! But darkness was here yesterday. Imagine the feelings of a commander of a fine—what d'ye call 'em?—trireme in the Mediterranean, ordered suddenly to the north; run overland across the Gauls in a hurry;[7] put in charge of one of these craft the legionaries,—a wonderful lot of handy men they must have been too—used to build, apparently by the hundred, in a month or two, if we may believe what we read. Imagine him here—the very end of the world, a sea the colour of lead, a sky the colour of smoke, a kind of ship about as rigid as a concertina—and going up this river with stores, or orders, or what you like. Sandbanks, marshes, forests, savages,—precious little to eat fit for a civilised man, nothing but Thames water to drink. No Falernian wine here, no going ashore. Here and there a military camp lost in a wilderness, like a needle in a bundle of hay—cold, fog, tempests, disease, exile, and death,—death skulking in the air, in the water, in the bush. They must have been dying like flies here. Oh yes—he did it. Did it very well, too, no doubt, and without thinking much about it either, except afterwards to brag of what he had gone through in his time, perhaps. They were men enough to face the darkness. And perhaps he was cheered

6. A Roman force under Julius Caesar landed in Britain in 55 B.C., but it was not until A.D. 43 that the Emperor Claudius decided to conquer the island.

7. A *trireme* is an ancient warship, propelled by oarsmen; the Gauls were the pre-Roman tribes who occupied present-day France; they were subdued by Julius Caesar between 58–50 B.C.

by keeping his eye on a chance of promotion to the fleet at Ravenna by-and-by, if he had good friends in Rome and survived the awful climate. Or think of a decent young citizen in a toga—perhaps too much dice, you know—coming out here in the train of some prefect, or tax-gatherer, or trader even, to mend his fortunes. Land in a swamp, march through the woods, and in some inland post feel the savagery, the utter savagery, had closed round him,—all that mysterious life of the wilderness that stirs in the forest, in the jungles, in the hearts of wild men. There's no initiation either into such mysteries. He has to live in the midst of the incomprehensible, which is also detestable. And it has a fascination, too, that goes to work upon him. The fascination of the abomination—you know. Imagine the growing regrets, the longing to escape, the powerless disgust, the surrender, the hate."

He paused.

"Mind," he began again, lifting one arm from the elbow, the palm of the hand outwards, so that, with his legs folded before him, he had the pose of a Buddha preaching in European clothes and without a lotus-flower—"Mind, none of us would feel exactly like this. What saves us is efficiency—the devotion to efficiency. But these chaps were not much account, really. They were no colonists; their administration was merely a squeeze, and nothing more, I suspect. They were conquerors, and for that you want only brute force—nothing to boast of, when you have it, since your strength is just an accident arising from the weakness of others. They grabbed what they could get for the sake of what was to be got. It was just robbery with violence, aggravated murder on a great scale, and men going at it blind—as is very proper for those who tackle a darkness. The conquest of the earth, which mostly means the taking it away from those who have a different complexion or slightly flatter noses than ourselves, is not a pretty thing when you look into it too much. What redeems it is the idea only. An idea at the back of it; not a sentimental pretence but an idea; and an unselfish belief in the idea—something you can set up, and bow down before, and offer a sacrifice to. . . ."

He broke off. Flames glided in the river, small green flames, red flames, white flames, pursuing, overtaking, joining, crossing each other—then separating slowly or hastily. The traffic of the great city went on in the deepening night upon the sleepless river. We looked on, waiting patiently—there was nothing else to do till the end of the flood; but it was only after a long silence, when he said, in a hesitating voice, "I suppose you fellows remember I did once turn fresh-water sailor for a bit," that we knew we were fated, before the ebb began to run, to hear about one of Marlow's inconclusive experiences.

"I don't want to bother you much with what happened to me personally," he began, showing in this remark the weakness of many tellers of tales who seem so often unaware of what their audience would best like to hear; "yet to understand the effect of it on me you ought to know how I got out there, what I saw, how I went up that river to the place where I first met the poor chap. It was the farthest point of navigation and the culminating point of my experience. It seemed somehow to throw a kind of light on everything about me—and into my thoughts. It was sombre enough too—and pitiful—not extraordinary in any way—not very clear either. No, not very clear. And yet it seemed to throw a kind of light.

"I had then, as you remember, just returned to London after a lot of Indian Ocean, Pacific, China Seas—a regular dose of the East—six years or so, and I was loafing about, hindering you fellows in your work and invading your homes, just as though I had got a heavenly mission to civilise you. It was very fine for a time, but after a bit I did get tired of resting. Then I began to look for a ship—I should think the hardest work on earth. But the ships wouldn't even look at me. And I got tired of that game too.

"Now when I was a little chap I had a passion for maps. I would look for hours at South America, or Africa, or Australia, and lose myself in all the glories of exploration. At that time there were many blank spaces on the earth, and when I saw one that looked particularly inviting on a map (but they all look that) I would put my finger on it and say, When I grow up I will go there. The North Pole was one of these places, I remember. Well, I haven't been there yet, and shall not try now. The glamour's off. Other places were scattered about the Equator, and in every sort of latitude all over the two hemispheres. I have been in some of them, and . . . well, we won't talk about that. But there was one yet—the biggest, the most blank, so to speak—that I had a hankering after.

"True, by this time it was not a blank space any more. It had got filled since my boyhood with rivers and lakes and names. It had ceased to be a blank space of delightful mystery—a white patch for a boy to dream gloriously over. It had become a place of darkness. But there was in it one river especially, a mighty big river, that you could see on the map, resembling an immense snake uncoiled, with its head in the sea, its body at rest curving afar over a vast country, and its tail lost in the depths of the land. And as I looked at the map of it in a shop-window, it fascinated me as a snake would a bird—a silly little bird. Then I remembered there was a big concern, a Company for trade on that river. Dash it all! I thought to myself, they can't trade without using some kind of craft on that lot of fresh water—steamboats! Why shouldn't I try to get charge of one. I went on along Fleet Street, but could not shake off the idea. The snake had charmed me.

"You understand it was a Continental concern, that Trading Society; but I have a lot of relations living on the Continent, because it's cheap and not so nasty as it looks, they say.

"I am sorry to own I began to worry them. This was already a fresh departure for me. I was not used to get things that way, you know. I always went my own road and on my own legs where I had a mind to go. I wouldn't have believed it of myself; but, then—you see—I felt somehow I must get there by hook or by crook. So I worried them. The men said 'My dear fellow,' and did nothing. Then—would you believe it?—I tried the women. I, Charlie Marlow, set the women to work—to get a job. Heavens! Well, you see, the notion drove me. I had an aunt, a dear enthusiastic soul. She wrote: 'It will be delightful. I am ready to do anything, anything for you. It is a glorious idea. I know the wife of a very high personage in the Administration, and also a man who has lots of influence with,' &c., &c. She was determined to make no end of fuss to get me appointed skipper of a river steamboat, if such was my fancy.

"I got my appointment—of course; and I got it very quick. It appears the Company had received news that one of their captains had been killed in a scuffle with the natives. This was my chance, and it made me the more anxious to go. It was only months and months afterwards, when I made the attempt to recover what was left of the body, that I heard the original quarrel arose from a misunderstanding about some hens. Yes, two black hens. Fresleven—that was the fellow's name, a Dane—thought himself wronged somehow in the bargain, so he went ashore and started to hammer the chief of the village with a stick. Oh, it didn't surprise me in the least to hear this, and at the same time to be told that Fresleven was the gentlest, quietest creature that ever walked on two legs. No doubt he was; but he had been a couple of years already out there engaged in the noble cause, you know, and he probably felt the need at last of asserting his self-respect in some way. Therefore he whacked the old nigger mercilessly, while a big crowd of his people watched him, thunderstruck, till some man,—I was told the chief's son,—in desperation at hearing the old chap yell, made a tentative jab with a spear at the white man—and of course it went quite easy between the shoulder-blades. Then the whole population cleared into the forest, expecting all kinds of calamities to happen, while, on the other hand, the steamer Fresleven commanded left also in a bad panic, in charge of the engineer, I believe. Afterwards nobody seemed to trouble much about Fresleven's remains, till I got out and stepped into his shoes. I couldn't let it rest, though; but when an opportunity offered at last to meet my predecessor, the grass growing through his ribs was tall enough to hide his bones. They were all there. The supernatural being had not been touched after he fell. And the village was deserted, the huts gaped black, rotting, all askew within the fallen enclosures. A calamity had come to it, sure enough. The people had vanished. Mad terror had scattered them, men, women, and children, through the bush, and they had never returned. What became of the hens I don't know either. I should think the cause of progress got them, anyhow. However, through this glorious affair I got my appointment, before I had fairly begun to hope for it.

"I flew around like mad to get ready, and before forty-eight hours I was crossing the Channel to show myself to my employers, and sign the contract. In a very few hours I arrived in a city that always makes me think of a whited sepulchre.[8] Prejudice no doubt. I had no difficulty in finding the Company's offices. It was the biggest thing in the town, and everybody I met was full of it. They were going to run an oversea empire, and make no end of coin by trade.

"A narrow and deserted street in deep shadow, high houses, innumerable windows with venetian blinds, a dead silence, grass sprouting between the stones, imposing carriage archways right and left, immense double doors standing ponderously ajar. I slipped through one of these cracks, went up a swept and ungarnished staircase, as arid as a desert, and opened the first door I came to. Two women, one fat and the other slim, sat on straw-bottomed chairs, knitting black wool. The slim one got up and walked straight at me—still knitting with downcast eyes—and only just as I began to think of getting out of her way, as you would for a somnambulist, stood still, and looked up. Her dress was as plain as an umbrella-cover, and she turned round without a word and preceded me into a waiting-room. I gave my name, and looked about. Deal table in the middle, plain chairs all round the walls, on one end a large shining map, marked with all the colours of a rainbow. There was a vast amount of red—good to see at any time, because one knows that some real work is done in there, a deuce of a lot of blue, a little green, smears of orange, and, on the East Coast, a purple patch, to show where the jolly pioneers of progress drink the jolly lager-beer.[9] However, I wasn't going into any of these. I was going into the yellow. Dead in the centre. And the river was there—fascinating—deadly—like a snake. Ough! A door opened, a white-haired secretarial head, but wearing a compassionate expression, appeared, and a skinny forefinger beckoned me into the sanctuary. Its light was dim, and a heavy writing-desk squatted in the middle. From behind that structure came out an impression of pale plumpness in a frock-coat. The great man himself. He was five feet six, I should judge, and had his grip on the handle-end of ever so many millions. He shook hands, I fancy, murmured vaguely, was satisfied with my French. Bon voyage.

---

8. Brussels was the headquarters of the Société Anonyme Belge pour le Commerce du Haut-Congo (Belgian Corporation for Trade in the Upper Congo), with which Conrad obtained his post through the influence of his aunt, Marguerite Poradowska.
9. British territories were traditionally marked in red on colonial maps; lager was originally a continental beer, not much drunk in England.

"In about forty-five seconds I found myself again in the waiting-room with the compassionate secretary, who, full of desolation and sympathy, made me sign some document. I believe I undertook amongst other things not to disclose any trade secrets. Well, I am not going to.

"I began to feel slightly uneasy. You know I am not used to such ceremonies, and there was something ominous in the atmosphere. It was just as though I had been let into some conspiracy—I don't know—something not quite right; and I was glad to get out. In the outer room the two women knitted black wool feverishly. People were arriving, and the younger one was walking back and forth introducing them. The old one sat on her chair. Her flat cloth slippers were propped up on a foot-warmer, and a cat reposed on her lap. She wore a starched white affair on her head, had a wart on one cheek, and silver-rimmed spectacles hung on the tip of her nose. She glanced at me above the glasses. The swift and indifferent placidity of that look troubled me. Two youths with foolish and cheery countenances were being piloted over, and she threw at them the same quick glance of unconcerned wisdom. She seemed to know all about them and about me too. An eerie feeling came over me. She seemed uncanny and fateful. Often far away there I thought of these two, guarding the door of Darkness, knitting black wool as for a warm pall, one introducing, introducing continuously to the unknown, the other scrutinising the cheery and foolish faces with unconcerned old eyes. *Ave!* Old knitter of black wool. *Morituri te salutant.*[1] Not many of those she looked at ever saw her again—not half, by a long way.

"There was yet a visit to the doctor. 'A simple formality,' assured me the secretary, with an air of taking an immense part in all my sorrows. Accordingly a young chap wearing his hat over the left eyebrow, some clerk I suppose,—there must have been clerks in the business, though the house was as still as a house in a city of the dead,—came from somewhere upstairs, and led me forth. He was shabby and careless, with ink-stains on the sleeves of his jacket, and his cravat was large and billowy, under a chin shaped like the toe of an old boot. It was a little too early for the doctor, so I proposed a drink, and thereupon he developed a vein of joviality. As we sat over our vermouths he glorified the Company's business, and by-and-by I expressed casually my surprise at him not going out there. He became very cool and collected all at once. 'I am not such a fool as I look, quoth Plato to his disciples,' he said sententiously, emptied his glass with great resolution, and we rose.

"The old doctor felt my pulse, evidently thinking of something else the while. 'Good, good for there,' he mumbled, and then with a certain eagerness asked me whether I would let him measure my head. Rather surprised, I said Yes, when he produced a thing like calipers and got the dimensions back and front and every way, taking notes carefully. He was an unshaven little man in a threadbare coat like a gaberdine, with his feet in slippers, and I thought him a harmless fool. 'I always ask leave, in the interests of science, to measure the crania of those going out there,' he said. 'And when they come back too?' I asked. 'Oh, I never see them,' he remarked; 'and moreover, the changes take place inside, you know.' He smiled, as if at some quiet joke. 'So you are going out there. Famous. Interesting too.' He gave me a searching glance, and made another note. 'Ever any madness in your family?' he asked, in a matter-of-fact tone. I felt very annoyed. 'Is that question in the interests of science too?' 'It would be,' he said, without taking notice of my irritation, 'interesting for science to watch the mental changes of individuals, on the spot, but . . .' 'Are you an

---

1. Hail! . . . Those who are about to die salute you!—traditional cry of Roman gladiators.

alienist?'[2] I interrupted. 'Every doctor should be—a little,' answered that original, imperturbably. 'I have a little theory which you Messieurs who go out there must help me to prove. This is my share in the advantages my country shall reap from the possession of such a magnificent dependency. The mere wealth I leave to others. Pardon my questions, but you are the first Englishman coming under my observation . . .' I hastened to assure him I was not in the least typical. 'If I were,' said I, 'I wouldn't be talking like this with you.' 'What you say is rather profound, and probably erroneous,' he said, with a laugh. 'Avoid irritation more than exposure to the sun. Adieu. How do you English say, eh? Good-bye. Ah! Good-bye. Adieu. In the tropics one must before everything keep calm.' . . . He lifted a warning forefinger. . . . 'Du calme, du calme. Adieu.'

"One thing more remained to do—say good-bye to my excellent aunt. I found her triumphant. I had a cup of tea—the last decent cup of tea for many days—and in a room that most soothingly looked just as you would expect a lady's drawing-room to look, we had a long quiet chat by the fireside. In the course of these confidences it became quite plain to me I had been represented to the wife of the high dignitary, and goodness knows to how many more people besides, as an exceptional and gifted creature—a piece of good fortune for the Company—a man you don't get hold of every day. Good heavens! and I was going to take charge of a twopenny-half-penny river-steamboat with a penny whistle attached! It appeared, however, I was also one of the Workers, with a capital—you know. Something like an emissary of light, something like a lower sort of apostle. There had been a lot of such rot let loose in print and talk just about that time, and the excellent woman, living right in the rush of all that humbug, got carried off her feet. She talked about 'weaning those ignorant millions from their horrid ways,' till, upon my word, she made me quite uncomfortable. I ventured to hint that the Company was run for profit.

"'You forget, dear Charlie, that the labourer is worthy of his hire,' she said, brightly.[3] It's queer how out of touch with truth women are. They live in a world of their own, and there had never been anything like it, and never can be. It is too beautiful altogether, and if they were to set it up it would go to pieces before the first sunset. Some confounded fact we men have been living contentedly with ever since the day of creation would start up and knock the whole thing over.

"After this I got embraced, told to wear flannel, be sure to write often, and so on—and I left. In the street—I don't know why—a queer feeling came to me that I was an impostor. Odd thing that I, who used to clear out for any part of the world at twenty-four hours' notice, with less thought than most men give to the crossing of a street, had a moment—I won't say of hesitation, but of startled pause, before this commonplace affair. The best way I can explain it to you is by saying that, for a second or two, I felt as though, instead of going to the centre of a continent, I were about to set off for the centre of the earth.

"I left in a French steamer, and she called in every blamed port they have out there, for, as far as I could see, the sole purpose of landing soldiers and custom-house officers. I watched the coast. Watching a coast as it slips by the ship is like thinking about an enigma. There it is before you—smiling, frowning, inviting, grand, mean, insipid, or savage, and always mute with an air of whispering, Come and find out. This one was almost featureless, as if still in the making, with an aspect of monotonous grimness. The edge of a colossal jungle, so dark-green as to be almost black,

---

2. A psychologist.   3. 1 Timothy 5.18.

fringed with white surf, ran straight, like a ruled line, far, far away along a blue sea whose glitter was blurred by a creeping mist. The sun was fierce, the land seemed to glisten and drip with steam. Here and there greyish-whitish specks showed up, clustered inside the white surf, with a flag flying above them perhaps—settlements some centuries old, and still no bigger than pin-heads on the untouched expanse of their background. We pounded along, stopped, landed soldiers; went on, landed custom-house clerks to levy toll in what looked like a Godforsaken wilderness, with a tin shed and a flag-pole lost in it; landed more soldiers—to take care of the custom-house clerks, presumably. Some, I heard, got drowned in the surf; but whether they did or not, nobody seemed particularly to care. They were just flung out there, and on we went. Every day the coast looked the same, as though we had not moved; but we passed various places—trading places—with names like Gran' Bassam, Little Popo,[4] names that seemed to belong to some sordid farce acted in front of a sinister back-cloth. The idleness of a passenger, my isolation amongst all these men with whom I had no point of contact, the oily and languid sea, the uniform sombreness of the coast, seemed to keep me away from the truth of things, within the toil of a mournful and senseless delusion. The voice of the surf heard now and then was a positive pleasure, like the speech of a brother. It was something natural, that had its reason, that had a meaning. Now and then a boat from the shore gave one a momentary contact with reality. It was paddled by black fellows. You could see from afar the white of their eyeballs glistening. They shouted, sang; their bodies streamed with perspiration; they had faces like grotesque masks—these chaps; but they had bone, muscle, a wild vitality, an intense energy of movement, that was as natural and true as the surf along their coast. They wanted no excuse for being there. They were a great comfort to look at. For a time I would feel I belonged still to a world of straightforward facts; but the feeling would not last long. Something would turn up to scare it away. Once, I remember, we came upon a man-of-war anchored off the coast. There wasn't even a shed there, and she was shelling the bush. It appears the French had one of their wars going on thereabouts. Her ensign dropped limp like a rag; the muzzles of the long eight-inch guns stuck out all over the low hull; the greasy, slimy swell swung her up lazily and let her down, swaying her thin masts. In the empty immensity of earth, sky, and water, there she was, incomprehensible, firing into a continent. Pop, would go one of the eight-inch guns; a small flame would dart and vanish, a little white smoke would disappear, a tiny projectile would give a feeble screech—and nothing happened. Nothing could happen. There was a touch of insanity in the proceeding, a sense of lugubrious drollery in the sight; and it was not dissipated by somebody on board assuring me earnestly there was a camp of natives—he called them enemies!—hidden out of sight somewhere.

"We gave her letters (I heard the men in that lonely ship were dying of fever at the rate of three a day) and went on. We called at some more places with farcical names, where the merry dance of death and trade goes on in a still and earthy atmosphere as of an overheated catacomb;[5] all along the formless coast bordered by dangerous surf, as if Nature herself had tried to ward off intruders; in and out of rivers,

---

4. Grand Bassam and Grand Popo are the names of ports where Conrad's ship called on its way to the Congo.
5. In a letter in May 1890 Conrad wrote: "What makes me rather uneasy is the information that 60 per cent. of our Company's employés return to Europe before they have completed even six months' service. Fever and dysentery! There are others who are sent home in a hurry at the end of a year, so that they shouldn't die in the Congo." According to a 1907 report, 150 out of every 2,000 native Congolese laborers died each month while in company employ; "All along the [railroad] track one would see corpses."

streams of death in life, whose banks were rotting into mud, whose waters, thickened into slime, invaded the contorted mangroves, that seemed to writhe at us in the extremity of an impotent despair. Nowhere did we stop long enough to get a particularised impression, but the general sense of vague and oppressive wonder grew upon me. It was like a weary pilgrimage amongst hints for nightmares.

"It was upward of thirty days before I saw the mouth of the big river. We anchored off the seat of the government. But my work would not begin till some two hundred miles farther on. So as soon as I could I made a start for a place thirty miles higher up.

"I had my passage on a little sea-going steamer. Her captain was a Swede, and knowing me for a seaman, invited me on the bridge. He was a young man, lean, fair, and morose, with lanky hair and a shuffling gait. As we left the miserable little wharf, he tossed his head contemptuously at the shore. 'Been living there?' he asked. I said, 'Yes.' 'Fine lot these government chaps—are they not?' he went on, speaking English with great precision and considerable bitterness. 'It is funny what some people will do for a few francs a month. I wonder what becomes of that kind when it goes up country?' I said to him I expected to see that soon. 'So-o-o!' he exclaimed. He shuffled athwart, keeping one eye ahead vigilantly. 'Don't be too sure,' he continued. 'The other day I took up a man who hanged himself on the road. He was a Swede, too.' 'Hanged himself! Why, in God's name?' I cried. He kept on looking out watchfully. 'Who knows? The sun too much for him, or the country perhaps.'

"At last we opened a reach. A rocky cliff appeared, mounds of turned-up earth by the shore, houses on a hill, others, with iron roofs, amongst a waste of excavations, or hanging to the declivity. A continuous noise of the rapids above hovered over this scene of inhabited devastation. A lot of people, mostly black and naked, moved about like ants. A jetty projected into the river. A blinding sunlight drowned all this at times in a sudden recrudescence of glare. 'There's your Company's station,' said the Swede, pointing to three wooden barrack-like structures on the rocky slope. 'I will send your things up. Four boxes did you say? So. Farewell.'

"I came upon a boiler wallowing in the grass, then found a path leading up the hill. It turned aside for the boulders, and also for an undersized railway-truck lying there on its back with its wheels in the air. One was off. The thing looked as dead as the carcass of some animal. I came upon more pieces of decaying machinery, a stack of rusty rails. To the left a clump of trees made a shady spot, where dark things seemed to stir feebly. I blinked, the path was steep. A horn tooted to the right, and I saw the black people run. A heavy and dull detonation shook the ground, a puff of smoke came out of the cliff, and that was all. No change appeared on the face of the rock. They were building a railway. The cliff was not in the way or anything; but this objectless blasting was all the work going on.

"A slight clinking behind me made me turn my head. Six black men advanced in a file, toiling up the path. They walked erect and slow, balancing small baskets full of earth on their heads, and the clink kept time with their footsteps. Black rags were wound round their loins, and the short ends behind wagged to and fro like tails. I could see every rib, the joints of their limbs were like knots in a rope; each had an iron collar on his neck, and all were connected together with a chain whose bights swung between them, rhythmically clinking. Another report from the cliff made me think suddenly of that ship of war I had seen firing into a continent. It was the same kind of ominous voice; but these men could by no stretch of imagination be called enemies. They were called criminals, and the outraged law, like the bursting shells, had come to them, an insoluble mystery from over the sea. All their meagre breasts panted together, the violently dilated nostrils quivered, the eyes stared stonily up-hill. They passed me within six inches, without a glance, with that complete, deathlike indifference of unhappy savages. Behind this raw matter one of the reclaimed, the product of the new forces at work, strolled despondently, carrying a rifle by its middle. He had a uniform jacket with one button off, and seeing a white man on the path, hoisted his weapon to his shoulder with alacrity. This was simple prudence, white men being so much alike at a distance that he could not tell who I might be. He was speedily reassured, and with a large, white, rascally grin, and a glance at his charge, seemed to take me into partnership in his exalted trust. After all, I also was a part of the great cause of these high and just proceedings.

"Instead of going up, I turned and descended to the left. My idea was to let that chain-gang get out of sight before I climbed the hill. You know I am not particularly tender; I've had to strike and to fend off. I've had to resist and to attack sometimes—that's only one way of resisting—without counting the exact cost, according to the demands of such sort of life as I had blundered into. I've seen the devil of violence, and the devil of greed, and the devil of hot desire; but, by all the stars! these were strong, lusty, red-eyed devils, that swayed and drove men—men, I tell you. But as I stood on this hillside, I foresaw that in the blinding sunshine of that land I would become acquainted with a flabby, pretending, weak-eyed devil of a rapacious and pitiless folly. How insidious he could be, too, I was only to find out several months later and a thousand miles farther. For a moment I stood appalled, as though by a warning. Finally I descended the hill, obliquely, towards the trees I had seen.

"I avoided a vast artificial hole somebody had been digging on the slope, the purpose of which I found it impossible to divine. It wasn't a quarry or a sandpit, anyhow. It was just a hole. It might have been connected with the philanthropic desire of giving the criminals something to do. I don't know. Then I nearly fell into a very narrow ravine, almost no more than a scar in the hillside. I discovered that a lot of imported drainage-pipes for the settlement had been tumbled in there. There wasn't one that was not broken. It was a wanton smash-up. At last I got under the trees. My purpose was to stroll into the shade for a moment; but no sooner within than it seemed to me I had stepped into the gloomy circle of some Inferno. The rapids were near, and an uninterrupted, uniform, headlong, rushing noise filled the mournful stillness of the grove, where not a breath stirred, not a leaf moved, with a mysterious sound—as though the tearing pace of the launched earth had suddenly become audible.

"Black shapes crouched, lay, sat between the trees, leaning against the trunks, clinging to the earth, half coming out, half effaced within the dim light, in all the attitudes of pain, abandonment, and despair. Another mine on the cliff went off, followed by a slight shudder of the soil under my feet. The work was going on. The work! And this was the place where some of the helpers had withdrawn to die.

"They were dying slowly—it was very clear. They were not enemies, they were not criminals, they were nothing earthly now,—nothing but black shadows of disease and starvation, lying confusedly in the greenish gloom. Brought from all the recesses of the coast in all the legality of time contracts, lost in uncongenial surroundings, fed on unfamiliar food, they sickened, became inefficient, and were then allowed to crawl away and rest. These moribund shapes were free as air—and nearly as thin. I began to distinguish the gleam of eyes under the trees. Then, glancing down, I saw a face near my hand. The black bones reclined at full length with one shoulder against the tree, and slowly the eyelids rose and the sunken eyes looked up at me, enormous and vacant, a kind of blind, white flicker in the depths of the orbs, which died out slowly. The man seemed young—almost a boy—but you know with them it's hard to tell. I found nothing else to do but to offer him one of my good Swede's ship's biscuits I had in my pocket. The fingers closed slowly on it and held—there was no other movement and no other glance. He had tied a bit of white worsted round his neck— Why? Where did he get it? Was it a badge—an ornament—a charm—a propitiatory act? Was there any idea at all connected with it? It looked startling round his black neck, this bit of white thread from beyond the seas.

"Near the same tree two more bundles of acute angles sat with their legs drawn up. One, with his chin propped on his knees, stared at nothing, in an intolerable and appalling manner: his brother phantom rested its forehead, as if overcome with a great weariness; and all about others were scattered in every pose of contorted collapse, as in some picture of a massacre or a pestilence. While I stood horror-struck, one of these creatures rose to his hands and knees, and went off on all-fours towards the river to drink. He lapped out of his hand, then sat up in the sunlight, crossing his shins in front of him, and after a time let his woolly head fall on his breastbone.

"I didn't want any more loitering in the shade, and I made haste towards the station. When near the buildings I met a white man, in such an unexpected elegance of get-up that in the first moment I took him for a sort of vision. I saw a high starched collar, white cuffs, a light alpaca jacket, snowy trousers, a clear silk necktie, and varnished boots. No hat. Hair parted, brushed, oiled, under a green-lined parasol held in a big white hand. He was amazing, and had a penholder behind his ear.

"I shook hands with this miracle, and I learned he was the Company's chief accountant, and that all the book-keeping was done at this station. He had come out for a moment, he said, 'to get a breath of fresh air.' The expression sounded wonderfully odd, with its suggestion of sedentary desk-life. I wouldn't have mentioned the fellow to you at all, only it was from his lips that I first heard the name of the man who is so indissolubly connected with the memories of that time. Moreover, I respected the fellow. Yes; I respected his collars, his vast cuffs, his brushed hair. His appearance was certainly that of a hairdresser's dummy; but in the great demoralisation of the land he kept up his appearance. That's backbone. His starched collars and got-up shirt-fronts were achievements of character. He had been out nearly three years; and, later on, I could not help asking him how he managed to sport such linen. He had just the faintest blush, and said modestly, 'I've been teaching one of the native women about the station. It was difficult. She had a distaste for the work.' Thus this man had verily accomplished something. And he was devoted to his books, which were in apple-pie order.

"Everything else in the station was in a muddle,—heads, things, buildings. Strings of dusty niggers with splay feet arrived and departed; a stream of manufactured goods, rubbishy cottons, beads, and brass-wire set into the depths of darkness, and in return came a precious trickle of ivory.

"I had to wait in the station for ten days—an eternity. I lived in a hut in the yard, but to be out of the chaos I would sometimes get into the accountant's office. It was built of horizontal planks, and so badly put together that, as he bent over his high desk, he was barred from neck to heels with narrow strips of sunlight. There was no need to open the big shutter to see. It was hot there too; big flies buzzed fiendishly, and did not sting, but stabbed. I sat generally on the floor, while, of faultless appearance (and even slightly scented), perching on a high stool, he wrote, he wrote.

Sometimes he stood up for exercise. When a truckle-bed with a sick man (some invalided agent from up-country) was put in there, he exhibited a gentle annoyance. 'The groans of this sick person,' he said, 'distract my attention. And without that it is extremely difficult to guard against clerical errors in this climate.'

"One day he remarked, without lifting his head, 'In the interior you will no doubt meet Mr Kurtz.' On my asking who Mr Kurtz was, he said he was a first-class agent; and seeing my disappointment at this information, he added slowly, laying down his pen, 'He is a very remarkable person.' Further questions elicited from him that Mr Kurtz was at present in charge of a trading-post, a very important one, in the true ivory-country, at 'the very bottom of there. Sends in as much ivory as all the others put together . . .' He began to write again. The sick man was too ill to groan. The flies buzzed in a great peace.

"Suddenly there was a growing murmur of voices and a great tramping of feet. A caravan had come in. A violent babble of uncouth sounds burst out on the other side of the planks. All the carriers were speaking together, and in the midst of the uproar the lamentable voice of the chief agent was heard 'giving it up' tearfully for the twentieth time that day. . . . He rose slowly. 'What a frightful row,' he said. He crossed the room gently to look at the sick man, and returning, said to me, 'He does not hear.' 'What! Dead?' I asked, startled. 'No, not yet,' he answered, with great composure. Then, alluding with a toss of the head to the tumult in the station-yard, 'When one has got to make correct entries, one comes to hate those savages—hate them to the death.' He remained thoughtful for a moment. 'When you see Mr Kurtz,' he went on, 'tell him from me that everything here'—he glanced at the desk—'is very satisfactory. I don't like to write to him—with those messengers of ours you never know who may get hold of your letter—at that Central Station.' He stared at me for a moment with his mild, bulging eyes. 'Oh, he will go far, very far,' he began again. 'He will be a somebody in the Administration before long. They, above—the Council in Europe, you know—mean him to be.'

"He turned to his work. The noise outside had ceased, and presently in going out I stopped at the door. In the steady buzz of flies the homeward-bound agent was lying flushed and insensible; the other, bent over his books, was making correct entries of perfectly correct transactions; and fifty feet below the doorstep I could see the still tree-tops of the grove of death.

"Next day I left that station at last, with a caravan of sixty men, for a two-hundred-mile tramp.

"No use telling you much about that. Paths, paths, everywhere; a stamped-in network of paths spreading over the empty land, through long grass, through burnt grass, through thickets, down and up chilly ravines, up and down stony hills ablaze with heat; and a solitude, a solitude, nobody, not a hut. The population had cleared out a long time ago. Well, if a lot of mysterious niggers armed with all kinds of fearful weapons suddenly took to travelling on the road between Deal[6] and Gravesend, catching the yokels right and left to carry heavy loads for them, I fancy every farm and cottage thereabouts would get empty very soon. Only here the dwellings were gone too. Still, I passed through several abandoned villages. There's something pathetically childish in the ruins of grass walls. Day after day, with the stamp and shuffle of sixty pair of bare feet behind me, each pair under a 60-lb. load. Camp, cook, sleep, strike camp, march. Now and then a carrier dead in harness, at rest in

6. An English port.

the long grass near the path, with an empty water-gourd and his long staff lying by his side. A great silence around and above. Perhaps on some quiet night the tremor of far-off drums, sinking, swelling, a tremor vast, faint; a sound weird, appealing, suggestive, and wild—and perhaps with as profound a meaning as the sound of bells in a Christian country. Once a white man in an unbuttoned uniform, camping on the path with an armed escort of lank Zanzibaris,[7] very hospitable and festive—not to say drunk. Was looking after the upkeep of the road, he declared. Can't say I saw any road or any upkeep, unless the body of a middle-aged negro, with a bullet-hole in the forehead, upon which I absolutely stumbled three miles farther on, may be considered as a permanent improvement. I had a white companion too, not a bad chap, but rather too fleshy and with the exasperating habit of fainting on the hot hillsides, miles away from the least bit of shade and water. Annoying, you know, to hold your own coat like a parasol over a man's head while he is coming-to. I couldn't help asking him once what he meant by coming there at all. 'To make money, of course. What do you think?' he said, scornfully. Then he got fever, and had to be carried in a hammock slung under a pole. As he weighed sixteen stone I had no end of rows with the carriers. They jibbed, ran away, sneaked off with their loads in the night—quite a mutiny. So, one evening, I made a speech in English with gestures, not one of which was lost to the sixty pairs of eyes before me, and the next morning I started the hammock off in front all right. An hour afterwards I came upon the whole concern wrecked in a bush—man, hammock, groans, blankets, horrors. The heavy pole had skinned his poor nose. He was very anxious for me to kill somebody, but there wasn't the shadow of a carrier near. I remembered the old doctor,—'It would be interesting for science to watch the mental changes of individuals, on the spot.' I felt I was becoming scientifically interesting. However, all that is to no purpose. On the fifteenth day I came in sight of the big river again, and hobbled into the Central Station. It was on a back water surrounded by scrub and forest, with a pretty border of smelly mud on one side, and on the three others enclosed by a crazy fence of rushes. A neglected gap was all the gate it had, and the first glance at the place was enough to let you see the flabby devil was running that show. White men with long staves in their hands appeared languidly from amongst the buildings, strolling up to take a look at me, and then retired out of sight somewhere. One of them, a stout, excitable chap with black moustaches, informed me with great volubility and many digressions, as soon as I told him who I was, that my steamer was at the bottom of the river. I was thunderstruck. What, how, why? Oh, it was 'all right.' The 'manager himself' was there. All quite correct. 'Everybody had behaved splendidly! splendidly!'—'You must,' he said in agitation, 'go and see the general manager at once. He is waiting!'

   "I did not see the real significance of that wreck at once. I fancy I see it now, but I am not sure—not at all. Certainly the affair was too stupid—when I think of it—to be altogether natural. Still. . . . But at the moment it presented itself simply as a confounded nuisance. The steamer was sunk. They had started two days before in a sudden hurry up the river with the manager on board, in charge of some volunteer skipper, and before they had been out three hours they tore the bottom out of her on stones, and she sank near the south bank. I asked myself what I was to do there, now my boat was lost. As a matter of fact, I had plenty to do in fishing my command out of the river. I had to set about it the very next day. That, and the repairs when I brought the pieces to the station, took some months.

7. Africans from Zanzibar, in East Africa; they were widely used as mercenaries.

"My first interview with the manager was curious. He did not ask me to sit down after my twenty-mile walk that morning. He was commonplace in complexion, in feature, in manners, and in voice. He was of middle size and of ordinary build. His eyes, of the usual blue, were perhaps remarkably cold, and he certainly could make his glance fall on one as trenchant and heavy as an axe. But even at these times the rest of his person seemed to disclaim the intention. Otherwise there was only an indefinable, faint expression of his lips, something stealthy—a smile—not a smile—I remember it, but I can't explain. It was unconscious, this smile was, though just after he had said something it got intensified for an instant. It came at the end of his speeches like a seal applied on the words to make the meaning of the commonest phrase appear absolutely inscrutable. He was a common trader, from his youth up employed in these parts—nothing more. He was obeyed, yet he inspired neither love nor fear, nor even respect. He inspired uneasiness. That was it! Uneasiness. Not a definite mistrust—just uneasiness—nothing more. You have no idea how effective such a . . . a . . . faculty can be. He had no genius for organising, for initiative, or for order even. That was evident in such things as the deplorable state of the station. He had no learning, and no intelligence. His position had come to him—why? Perhaps because he was never ill . . . He had served three terms of three years out there . . . Because triumphant health in the general rout of constitutions is a kind of power in itself. When he went home on leave he rioted on a large scale—pompously. Jack ashore—with a difference—in externals only. This one could gather from his casual talk. He originated nothing, he could keep the routine going—that's all. But he was great. He was great by this little thing that it was impossible to tell what could control such a man. He never gave that secret away. Perhaps there was nothing within him. Such a suspicion made one pause—for out there there were no external checks. Once when various tropical diseases had laid low almost every 'agent' in the station, he was heard to say, 'Men who come out here should have no entrails.' He sealed the utterance with that smile of his, as though it had been a door opening into a darkness he had in his keeping. You fancied you had seen things—but the seal was on. When annoyed at meal-times by the constant quarrels of the white men about precedence, he ordered an immense round table to be made, for which a special house had to be built. This was the station's mess-room. Where he sat was the first place—the rest were nowhere. One felt this to be his unalterable conviction. He was neither civil nor uncivil. He was quiet. He allowed his 'boy'—an overfed young negro from the coast—to treat the white men, under his very eyes, with provoking insolence.

"He began to speak as soon as he saw me. I had been very long on the road. He could not wait. Had to start without me. The up-river stations had to be relieved. There had been so many delays already that he did not know who was dead and who was alive, and how they got on—and so on, and so on. He paid no attention to my explanations, and, playing with a stick of sealing-wax, repeated several times that the situation was 'very grave, very grave.' There were rumours that a very important station was in jeopardy, and its chief, Mr Kurtz, was ill. Hoped it was not true. Mr Kurtz was . . . I felt weary and irritable. Hang Kurtz, I thought. I interrupted him by saying I had heard of Mr Kurtz on the coast. 'Ah! So they talk of him down there,' he murmured to himself. Then he began again, assuring me Mr Kurtz was the best agent he had, an exceptional man, of the greatest importance to the Company; therefore I could understand his anxiety. He was, he said, 'very, very uneasy.' Certainly he fidgeted on his chair a good deal, exclaimed, 'Ah, Mr Kurtz!' broke the stick of sealing-wax and seemed dumbfounded by the accident. Next thing he wanted to know 'how long it would take to' . . . I interrupted him again. Being hungry, you know, and kept on my feet too, I was getting savage. 'How can I tell?' I said. 'I haven't even seen the wreck yet—some months, no doubt.' All this talk seemed to me so futile. 'Some months,' he said. 'Well, let us say three months before we can make a start. Yes. That ought to do the affair.' I flung out of his hut (he lived all alone in a clay hut with a sort of verandah) muttering to myself my opinion of him. He was a chattering idiot. Afterwards I took it back when it was borne in upon me startlingly with what extreme nicety he had estimated the time requisite for the 'affair.'

"I went to work the next day, turning, so to speak, my back on that station. In that way only it seemed to me I could keep my hold on the redeeming facts of life. Still, one must look about sometimes; and then I saw this station, these men strolling aimlessly about in the sunshine of the yard. I asked myself sometimes what it all meant. They wandered here and there with their absurd long staves in their hands, like a lot of faithless pilgrims bewitched inside a rotten fence. The word 'ivory' rang in the air, was whispered, was sighed. You would think they were praying to it. A taint of imbecile rapacity blew through it all, like a whiff from some corpse. By Jove! I've never seen anything so unreal in my life. And outside, the silent wilderness surrounding this cleared speck on the earth struck me as something great and invincible, like evil or truth, waiting patiently for the passing away of this fantastic invasion.

"Oh, those months! Well, never mind. Various things happened. One evening a grass shed full of calico, cotton prints, beads, and I don't know what else, burst into a blaze so suddenly that you would have thought the earth had opened to let an avenging fire consume all that trash. I was smoking my pipe quietly by my dismantled steamer, and saw them all cutting capers in the light, with their arms lifted high, when the stout man with moustaches came tearing down to the river, a tin pail in his hand, assured me that everybody was 'behaving splendidly, splendidly,' dipped about a quart of water and tore back again. I noticed there was a hole in the bottom of his pail.

"I strolled up. There was no hurry. You see the thing had gone off like a box of matches. It had been hopeless from the very first. The flame had leaped high, driven everybody back, lighted up everything—and collapsed. The shed was already a heap of embers glowing fiercely. A nigger was being beaten near by. They said he had caused the fire in some way; be that as it may, he was screeching most horribly. I saw him, later on, for several days, sitting in a bit of shade looking very sick and trying to recover himself: afterwards he arose and went out—and the wilderness without a sound took him into its bosom again. As I approached the glow from the dark I found myself at the back of two men, talking. I heard the name of Kurtz pronounced, then the words, 'take advantage of this unfortunate accident.' One of the men was the manager. I wished him a good evening. 'Did you ever see anything like it—eh? it is incredible,' he said, and walked off. The other man remained. He was a first-class agent, young, gentlemanly, a bit reserved, with a forked little beard and a hooked nose. He was stand-offish with the other agents, and they on their side said he was the manager's spy upon them. As to me, I had hardly ever spoken to him before. We got into talk, and by-and-by we strolled away from the hissing ruins. Then he asked me to his room, which was in the main building of the station. He struck a match, and I perceived that this young aristocrat had not only a silver-mounted dressing-case but also a whole candle all to himself. Just at that time the manager was the only man supposed to have any right to candles. Native mats covered the clay walls; a collection of spears, assegais,[8] shields, knives was hung up in trophies. The business intrusted to this fellow was the making of bricks—so I had been informed; but there wasn't a fragment of a brick anywhere in the station, and he had been there more than a year—waiting. It seems he could not make bricks without something, I don't know what—straw maybe. Anyway, it could not be found there, and as it was not likely to be sent from Europe, it did not appear clear to me what he was waiting for. An act of special creation perhaps. However, they were all waiting—all the sixteen or twenty pilgrims of them—for something; and upon my word it did not seem an uncongenial occupation, from the way they took it, though the only thing that ever came to them was disease—as far as I could see. They beguiled the time by backbiting and intriguing against each other in a foolish kind of way. There was an air of plotting about that station, but nothing came of it, of course. It was as unreal as everything else—as the philanthropic pretence of the whole concern, as their talk, as their government, as their show of work. The only real feeling was a desire to get appointed to a trading-post where ivory was to be had, so that they could earn percentages. They intrigued and slandered and hated each other only on that account,—but as to effectually lifting a little finger—oh, no. By heavens! there is something after all in the world allowing one man to steal a horse while another must not look at a halter. Steal a horse straight out. Very well. He has done it. Perhaps he can ride. But there is a way of looking at a halter that would provoke the most charitable of saints into a kick.

"I had no idea why he wanted to be sociable, but as we chatted in there it suddenly occurred to me the fellow was trying to get at something—in fact, pumping me. He alluded constantly to Europe, to the people I was supposed to know there—putting leading questions as to my acquaintances in the sepulchral city, and so on. His little eyes glittered like mica discs—with curiosity,—though he tried to keep up a bit of superciliousness. At first I was astonished, but very soon I became awfully curious to see what he would find out from me. I couldn't possibly imagine what I had in me to make it worth his while. It was very pretty to see how he baffled himself, for in truth my body was full of chills, and my head had nothing in it but that wretched steamboat business. It was evident he took me for a perfectly shameless prevaricator. At last he got angry, and, to conceal a movement of furious annoyance, he yawned. I rose. Then I noticed a small sketch in oils, on a panel, representing a woman, draped and blind-folded, carrying a lighted torch. The background was sombre—almost black. The movement of the woman was stately, and the effect of the torchlight on the face was sinister.

"It arrested me, and he stood by civilly, holding a half-pint champagne bottle (medical comforts) with the candle stuck in it. To my question he said Mr Kurtz had painted this—in this very station more than a year ago—while waiting for means to go to his trading-post. 'Tell me, pray,' said I, 'who is this Mr Kurtz?'

" 'The chief of the Inner Station,' he answered in a short tone, looking away. 'Much obliged,' I said, laughing. 'And you are the brickmaker of the Central Station. Every one knows that.' He was silent for a while. 'He is a prodigy,' he said at last. 'He is an emissary of pity, and science, and progress, and devil knows what else. We want,' he began to declaim suddenly, 'for the guidance of the cause intrusted to us by Europe, so to speak, higher intelligence, wide sympathies, a singleness of purpose.' 'Who says that?' I asked. 'Lots of them,' he replied. 'Some even write that; and so *he* comes here, a special being, as you ought to know.' 'Why ought I to know?' I inter-

8. Slender African spears.

rupted, really surprised. He paid no attention. 'Yes. To-day he is chief of the best station, next year he will be assistant-manager, two years more and . . . but I daresay you know what he will be in two years' time. You are of the new gang—the gang of virtue. The same people who sent him specially also recommended you. Oh, don't say no. I've my own eyes to trust.' Light dawned upon me. My dear aunt's influential acquaintances were producing an unexpected effect upon that young man. I nearly burst into a laugh. 'Do you read the Company's confidential correspondence?' I asked. He hadn't a word to say. It was great fun. 'When Mr Kurtz,' I continued severely, 'is General Manager, you won't have the opportunity.'

"He blew the candle out suddenly, and we went outside. The moon had risen. Black figures strolled about listlessly, pouring water on the glow, whence proceeded a sound of hissing; steam ascended in the moonlight; the beaten nigger groaned somewhere. 'What a row the brute makes!' said the indefatigable man with the moustaches, appearing near us. 'Serve him right. Transgression—punishment—bang! Pitiless, pitiless. That's the only way. This will prevent all conflagrations for the future. I was just telling the manager . . .' He noticed my companion, and became crestfallen all at once. 'Not in bed yet,' he said, with a kind of servile heartiness; 'it's so natural. Ha! Danger—agitation.' He vanished. I went on to the river-side, and the other followed me. I heard a scathing murmur at my ear, 'Heap of muffs—go to.' The pilgrims could be seen in knots gesticulating, discussing. Several had still their staves in their hands. I verily believe they took these sticks to bed with them. Beyond the fence the forest stood up spectrally in the moonlight, and through the dim stir, through the faint sounds of that lamentable courtyard, the silence of the land went home to one's very heart,—its mystery, its greatness, the amazing reality of its concealed life. The hurt nigger moaned feebly somewhere near by, and then fetched a deep sigh that made me mend my pace away from there. I felt a hand introducing itself under my arm. 'My dear sir,' said the fellow, 'I don't want to be misunderstood, and especially by you, who will see Mr Kurtz long before I can have that pleasure. I wouldn't like him to get a false idea of my disposition. . . .'

"I let him run on, this papier-mâché Mephistopheles,[9] and it seemed to me that if I tried I could poke my forefinger through him, and would find nothing inside but a little loose dirt, maybe. He, don't you see, had been planning to be assistant-manager by-and-by under the present man, and I could see that the coming of that Kurtz had upset them both not a little. He talked precipitately, and I did not try to stop him. I had my shoulders against the wreck of my steamer, hauled up on the slope like a carcass of some big river animal. The smell of mud, of primeval mud, by Jove! was in my nostrils, the high stillness of primeval forest was before my eyes; there were shiny patches on the black creek. The moon had spread over everything a thin layer of silver—over the rank grass, over the mud, upon the wall of matted vegetation standing higher than the wall of a temple, over the great river I could see through a sombre gap glittering, glittering, as it flowed broadly by without a murmur. All this was great, expectant, mute, while the man jabbered about himself. I wondered whether the stillness on the face of the immensity looking at us two were meant as an appeal or as a menace. What were we who had strayed in here? Could we handle that dumb thing, or would it handle us? I felt how big, how confoundedly big, was that thing that couldn't talk, and perhaps was deaf as well. What was in there? I could see a little ivory coming out from there, and I had heard Mr Kurtz was in there. I had heard enough about it too—God knows! Yet somehow it didn't bring any image with it—no more than if I had been told an angel or a fiend was in there. I believed it in the

9. One of the devils who tempts Faust.

same way one of you might believe there are inhabitants in the planet Mars. I knew once a Scotch sailmaker who was certain, dead sure, there were people in Mars. If you asked him for some idea how they looked and behaved, he would get shy and mutter something about 'walking on all-fours.' If you as much as smiled, he would—though a man of sixty—offer to fight you. I would not have gone so far as to fight for Kurtz, but I went for him near enough to a lie. You know I hate, detest, and can't bear a lie, not because I am straighter than the rest of us, but simply because it appals me. There is a taint of death, a flavour of mortality in lies,—which is exactly what I hate and detest in the world—what I want to forget. It makes me miserable and sick, like biting something rotten would do. Temperament, I suppose. Well, I went near enough to it by letting the young fool there believe anything he liked to imagine as to my influence in Europe. I became in an instant as much of a pretence as the rest of the bewitched pilgrims. This simply because I had a notion it somehow would be of help to that Kurtz whom at the time I did not see—you understand. He was just a word for me. I did not see the man in the name any more than you do. Do you see him? Do you see the story? Do you see anything? It seems to me I am trying to tell you a dream—making a vain attempt, because no relation of a dream can convey the dream-sensation, that commingling of absurdity, surprise, and bewilderment in a tremor of struggling revolt, that notion of being captured by the incredible which is of the very essence of dreams. . . ."

He was silent for a while.

". . . No, it is impossible; it is impossible to convey the life-sensation of any given epoch of one's existence,—that which makes its truth, its meaning—its subtle and penetrating essence. It is impossible. We live, as we dream—alone. . . ."

He paused again as if reflecting, then added—

"Of course in this you fellows see more than I could then. You see me, whom you know. . . ."

It had become so pitch dark that we listeners could hardly see one another. For a long time already he, sitting apart, had been no more to us than a voice. There was not a word from anybody. The others might have been asleep, but I was awake. I listened, I listened on the watch for the sentence, for the word, that would give me the clue to the faint uneasiness inspired by this narrative that seemed to shape itself without human lips in the heavy night-air of the river.

". . . Yes—I let him run on," Marlow began again, "and think what he pleased about the powers that were behind me. I did! And there was nothing behind me! There was nothing but that wretched, old, mangled steamboat I was leaning against, while he talked fluently about 'the necessity for every man to get on.' 'And when one comes out here, you conceive, it is not to gaze at the moon.' Mr Kurtz was a 'universal genius,' but even a genius would find it easier to work with 'adequate tools—intelligent men.' He did not make bricks—why, there was a physical impossibility in the way—as I was well aware; and if he did secretarial work for the manager, it was because 'no sensible man rejects wantonly the confidence of his superiors.' Did I see it? I saw it. What more did I want? What I really wanted was rivets, by heaven! Rivets. To get on with the work—to stop the hole. Rivets I wanted. There were cases of them down at the coast—cases—piled up—burst—split! You kicked a loose rivet at every second step in that station yard on the hillside. Rivets had rolled into the grove of death. You could fill your pockets with rivets for the trouble of stooping down—and there wasn't one rivet to be found where it was wanted. We had plates that would do, but nothing to fasten them with. And every week the messenger, a lone negro, letter-bag on shoulder and staff in hand, left our station for the coast. And several times a week a coast caravan came in with trade goods,—ghastly glazed calico that made you shudder only to look at it, glass beads value about a penny a quart, confounded spotted cotton handkerchiefs. And no rivets. Three carriers could have brought all that was wanted to set that steamboat afloat.

"He was becoming confidential now, but I fancy my unresponsive attitude must have exasperated him at last, for he judged it necessary to inform me he feared neither God nor devil, let alone any mere man. I said I could see that very well, but what I wanted was a certain quantity of rivets—and rivets were what really Mr Kurtz wanted, if he had only known it. Now letters went to the coast every week. . . . 'My dear sir,' he cried, 'I write from dictation.' I demanded rivets. There was a way—for an intelligent man. He changed his manner; became very cold, and suddenly began to talk about a hippopotamus; wondered whether sleeping on board the steamer (I stuck to my salvage night and day) I wasn't disturbed. There was an old hippo that had the bad habit of getting out on the bank and roaming at night over the station grounds. The pilgrims used to turn out in a body and empty every rifle they could lay hands on at him. Some even had sat up o' nights for him. All this energy was wasted, though. 'That animal has a charmed life,' he said; 'but you can say this only of brutes in this country. No man—you apprehend me?—no man here bears a charmed life.' He stood there for a moment in the moonlight with his delicate hooked nose set a little askew, and his mica eyes glittering without a wink, then, with a curt Good night, he strode off. I could see he was disturbed and considerably puzzled, which made me feel more hopeful than I had been for days. It was a great comfort to turn from that chap to my influential friend, the battered, twisted, ruined, tin-pot steamboat. I clambered on board. She rang under my feet like an empty Huntley & Palmer[1] biscuit-tin kicked along a gutter; she was nothing so solid in make, and rather less pretty in shape, but I had expended enough hard work on her to make me love her. No influential friend would have served me better. She had given me a chance to come out a bit—to find out what I could do. No, I don't like work. I had rather laze about and think of all the fine things that can be done. I don't like work—no man does—but I like what is in the work,—the chance to find yourself. Your own reality—for yourself, not for others—what no other man can ever know. They can only see the mere show, and never can tell what it really means.

"I was not surprised to see somebody sitting aft, on the deck, with his legs dangling over the mud. You see I rather chummed with the few mechanics there were in that station, whom the other pilgrims naturally despised—on account of their imperfect manners, I suppose. This was the foreman—a boiler-maker by trade—a good worker. He was a lank, bony, yellow-faced man, with big intense eyes. His aspect was worried, and his head was as bald as the palm of my hand; but his hair in falling seemed to have stuck to his chin, and had prospered in the new locality, for his beard hung down to his waist. He was a widower with six young children (he had left them in charge of a sister of his to come out there), and the passion of his life was pigeon-flying. He was an enthusiast and a connoisseur. He would rave about pigeons. After work hours he used sometimes to come over from his hut for a talk about his children and his pigeons; at work, when he had to crawl in the mud under the bottom of the steamboat, he would tie up that beard of his in a kind of white serviette[2] he brought

---

1. A brand of English cookies.   2. Napkin.

for the purpose. It had loops to go over his ears. In the evening he could be seen squatted on the bank rinsing that wrapper in the creek with great care, then spreading it solemnly on a bush to dry.

"I slapped him on the back and shouted 'We shall have rivets!' He scrambled to his feet exclaiming 'No! Rivets!' as though he couldn't believe his ears. Then in a low voice, 'You . . . eh?' I don't know why we behaved like lunatics. I put my finger to the side of my nose and nodded mysteriously. 'Good for you!' he cried, snapped his fingers above his head, lifting one foot. I tried a jig. We capered on the iron deck. A frightful clatter came out of that hulk, and the virgin forest on the other bank of the creek sent it back in a thundering roll upon the sleeping station. It must have made some of the pilgrims sit up in their hovels. A dark figure obscured the lighted doorway of the manager's hut, vanished, then, a second or so after, the doorway itself vanished too. We stopped, and the silence driven away by the stamping of our feet flowed back again from the recesses of the land. The great wall of vegetation, an exuberant and entangled mass of trunks, branches, leaves, boughs, festoons, motionless in the moonlight, was like a rioting invasion of soundless life, a rolling wave of plants, piled up, crested, ready to topple over the creek, to sweep every little man of us out of his little existence. And it moved not. A deadened burst of mighty splashes and snorts reached us from afar, as though an ichthyosaurus had been taking a bath of glitter in the great river. 'After all,' said the boiler-maker in a reasonable tone, 'why shouldn't we get the rivets?' Why not, indeed! I did not know of any reason why we shouldn't. 'They'll come in three weeks,' I said, confidently.

"But they didn't. Instead of rivets there came an invasion, an infliction, a visitation. It came in sections during the next three weeks, each section headed by a donkey carrying a white man in new clothes and tan shoes, bowing from that elevation right and left to the impressed pilgrims. A quarrelsome band of footsore sulky niggers trod on the heels of the donkey; a lot of tents, camp-stools, tin boxes, white cases, brown bales would be shot down in the courtyard, and the air of mystery would deepen a little over the muddle of the station. Five such instalments came, with their absurd air of disorderly flight with the loot of innumerable outfit shops and provision stores, that, one would think, they were lugging, after a raid, into the wilderness for equitable division. It was an inextricable mess of things decent in themselves but that human folly made look like the spoils of thieving.

"This devoted band called itself the Eldorado Exploring Expedition,[3] and I believe they were sworn to secrecy. Their talk, however, was the talk of sordid buccaneers: it was reckless without hardihood, greedy without audacity, and cruel without courage; there was not an atom of foresight or of serious intention in the whole batch of them, and they did not seem aware these things are wanted for the work of the world. To tear treasure out of the bowels of the land was their desire, with no more moral purpose at the back of it than there is in burglars breaking into a safe. Who paid the expenses of the noble enterprise I don't know; but the uncle of our manager was leader of that lot.

"In exterior he resembled a butcher in a poor neighbourhood, and his eyes had a look of sleepy cunning. He carried his fat paunch with ostentation on his short legs, and during the time his gang infested the station spoke to no one but his nephew. You could see these two roaming about all day long with their heads close together in an everlasting confab.

3. Eldorado, legendary land of gold in South America and the object of many fruitless 16th-century Spanish expeditions.

"I had given up worrying myself about the rivets. One's capacity for that kind of folly is more limited than you would suppose. I said Hang!—and let things slide. I had plenty of time for meditation, and now and then I would give some thought to Kurtz. I wasn't very interested in him. No. Still, I was curious to see whether this man, who had come out equipped with moral ideas of some sort, would climb to the top after all, and how he would set about his work when there."

2

"One evening as I was lying flat on the deck of my steamboat, I heard voices approaching—and there were the nephew and the uncle strolling along the bank. I laid my head on my arm again, and had nearly lost myself in a doze, when somebody said in my ear, as it were: 'I am as harmless as a little child, but I don't like to be dictated to. Am I the manager—or am I not? I was ordered to send him there. It's incredible.' . . . I became aware that the two were standing on the shore alongside the forepart of the steamboat, just below my head. I did not move; it did not occur to me to move: I was sleepy. 'It is unpleasant,' grunted the uncle. 'He has asked the Administration to be sent there,' said the other, 'with the idea of showing what he could do; and I was instructed accordingly. Look at the influence that man must have. Is it not frightful?' They both agreed it was frightful, then made several bizarre remarks: 'Make rain and fine weather—one man—the Council—by the nose'—bits of absurd sentences that got the better of my drowsiness, so that I had pretty near the whole of my wits about me when the uncle said, 'The climate may do away with this difficulty for you. Is he alone there?' 'Yes,' answered the manager; 'he sent his assistant down the river with a note to me in these terms: "Clear this poor devil out of the country, and don't bother sending more of that sort. I had rather be alone than have the kind of men you can dispose of with me." It was more than a year ago. Can you imagine such impudence?' 'Anything since then?' asked the other, hoarsely. 'Ivory,' jerked the nephew; 'lots of it—prime sort—lots—most annoying, from him.' 'And with that?' questioned the heavy rumble. 'Invoice,' was the reply fired out, so to speak. Then silence. They had been talking about Kurtz.

"I was broad awake by this time, but, lying perfectly at ease, remained still, having no inducement to change my position. 'How did that ivory come all this way?' growled the elder man, who seemed very vexed. The other explained that it had come with a fleet of canoes in charge of an English half-caste clerk Kurtz had with him; that Kurtz had apparently intended to return himself, the station being by that time bare of goods and stores, but after coming three hundred miles, had suddenly decided to go back, which he started to do alone in a small dug-out with four paddlers, leaving the half-caste to continue down the river with the ivory. The two fellows there seemed astounded at anybody attempting such a thing. They were at a loss for an adequate motive. As to me, I seemed to see Kurtz for the first time. It was a distinct glimpse: the dug-out, four paddling savages, and the lone white man turning his back suddenly on the headquarters, on relief, on thoughts of home—perhaps; setting his face towards the depths of the wilderness, towards his empty and desolate station. I did not know the motive. Perhaps he was just simply a fine fellow who stuck to his work for its own sake. His name, you understand, had not been pronounced once. He was 'that man.' The half-caste, who, as far as I could see, had conducted a difficult trip with great prudence and pluck, was invariably alluded to as 'that scoundrel.' The 'scoundrel' had reported that the 'man' had been very ill—had recovered imperfectly.

. . . The two below me moved away then a few paces, and strolled back and forth at some little distance. I heard: 'Military post—doctor—two hundred miles—quite alone now—unavoidable delays—nine months—no news—strange rumours.' They approached again, just as the manager was saying, 'No one, as far as I know, unless a species of wandering trader—a pestilential fellow, snapping ivory from the natives.' Who was it they were talking about now? I gathered in snatches that this was some man supposed to be in Kurtz's district, and of whom the manager did not approve. 'We will not be free from unfair competition till one of these fellows is hanged for an example,' he said. 'Certainly,' grunted the other; 'get him hanged! Why not? Any-thing—anything can be done in this country. That's what I say; nobody here, you understand, *here*, can endanger your position. And why? You stand the climate—you outlast them all. The danger is in Europe; but there before I left I took care to—' They moved off and whispered, then their voices rose again. 'The extraordinary series of delays is not my fault. I did my possible.' The fat man sighed, 'Very sad.' 'And the pestiferous absurdity of his talk,' continued the other; 'he bothered me enough when he was here. "Each station should be like a beacon on the road towards better things, a centre for trade of course, but also for humanising, improving, instructing." Conceive you—that ass! And he wants to be manager! No, it's—' Here he got choked by excessive indignation, and I lifted my head the least bit. I was sur-prised to see how near they were—right under me. I could have spat upon their hats. They were looking on the ground, absorbed in thought. The manager was switching his leg with a slender twig: his sagacious relative lifted his head. 'You have been well since you came out this time?' he asked. The other gave a start. 'Who? I? Oh! Like a charm—like a charm. But the rest—oh, my goodness! All sick. They die so quick, too, that I haven't the time to send them out of the country—it's incredible!' 'H'm. Just so,' grunted the uncle. 'Ah! my boy, trust to this—I say, trust to this.' I saw him extend his short flipper of an arm for a gesture that took in the forest, the creek, the mud, the river,—seemed to beckon with a dishonouring flourish before the sunlit face of the land a treacherous appeal to the lurking death, to the hidden evil, to the profound darkness of its heart. It was so startling that I leaped to my feet and looked back at the edge of the forest, as though I had expected an answer of some sort to that black display of confidence. You know the foolish notions that come to one some-times. The high stillness confronted these two figures with its ominous patience, waiting for the passing away of a fantastic invasion.

"They swore aloud together—out of sheer fright, I believe—then, pretending not to know anything of my existence, turned back to the station. The sun was low; and leaning forward side by side, they seemed to be tugging painfully uphill their two ridiculous shadows of unequal length, that trailed behind them slowly over the tall grass without bending a single blade.

"In a few days the Eldorado Expedition went into the patient wilderness, that closed upon it as the sea closes over a diver. Long afterwards the news came that all the donkeys were dead. I know nothing as to the fate of the less valuable animals. They, no doubt, like the rest of us, found what they deserved. I did not inquire. I was then rather excited at the prospect of meeting Kurtz very soon. When I say very soon I mean it comparatively. It was just two months from the day we left the creek when we came to the bank below Kurtz's station.

"Going up that river was like travelling back to the earliest beginnings of the world, when vegetation rioted on the earth and the big trees were kings. An empty stream, a great silence, an impenetrable forest. The air was warm, thick, heavy, sluggish. There was no joy in the brilliance of sunshine. The long stretches of the water-way ran on, deserted, into the gloom of overshadowed distances. On silvery sand-banks hippos and alligators sunned themselves side by side. The broadening waters flowed through a mob of wooded islands; you lost your way on that river as you would in a desert, and butted all day long against shoals, trying to find the channel, till you thought yourself bewitched and cut off for ever from everything you had known once—somewhere—far away—in another existence perhaps. There were moments when one's past came back to one, as it will sometimes when you have not a moment to spare to yourself; but it came in the shape of an unrestful and noisy dream, remem-bered with wonder amongst the overwhelming realities of this strange world of plants, and water, and silence. And this stillness of life did not in the least resemble a peace. It was the stillness of an implacable force brooding over an inscrutable inten-tion. It looked at you with a vengeful aspect. I got used to it afterwards; I did not see it any more; I had no time. I had to keep guessing at the channel; I had to discern, most-ly by inspiration, the signs of hidden banks; I watched for sunken stones; I was learn-ing to clap my teeth smartly before my heart flew out, when I shaved by a fluke some infernal sly old snag that would have ripped the life out of the tin-pot steamboat and drowned all the pilgrims; I had to keep a look-out for the signs of dead wood we could cut up in the night for next day's steaming. When you have to attend to things of that sort, to the mere incidents of the surface, the reality—the reality, I tell you—fades. The inner truth is hidden—luckily, luckily. But I felt it all the same; I felt often its mysterious stillness watching me at my monkey tricks, just as it watches you fellows performing on your respective tight-ropes for—what is it? half-a-crown a tumble—"

"Try to be civil, Marlow," growled a voice, and I knew there was at least one lis-tener awake besides myself.

"I beg your pardon. I forgot the heartache which makes up the rest of the price. And indeed what does the price matter, if the trick be well done? You do your tricks very well. And I didn't do badly either, since I managed not to sink that steamboat on my first trip. It's a wonder to me yet. Imagine a blindfolded man set to drive a van over a bad road. I sweated and shivered over that business considerably, I can tell you. After all, for a seaman, to scrape the bottom of the thing that's supposed to float all the time under his care is the unpardonable sin. No one may know of it, but you never forget the thump—eh? A blow on the very heart. You remember it, you dream of it, you wake up at night and think of it—years after—and go hot and cold all over. I don't pretend to say that steamboat floated all the time. More than once she had to wade for a bit, with twenty cannibals splashing around and pushing. We had enlisted some of these chaps on the way for a crew. Fine fellows—cannibals—in their place. They were men one could work with, and I am grateful to them. And, after all, they did not eat each other before my face: they had brought along a provision of hippo-meat which went rotten, and made the mystery of the wilderness stink in my nostrils. Phoo! I can sniff it now. I had the manager on board and three or four pilgrims with their staves—all complete. Sometimes we came upon a station close by the bank, clinging to the skirts of the unknown, and the white men rushing out of a tumble-down hovel, with great gestures of joy and surprise and welcome, seemed very strange,—had the appearance of being held there captive by a spell. The word 'ivory' would ring in the air for a while—and on we went again into the silence, along emp-ty reaches, round the still bends, between the high walls of our winding way, rever-berating in hollow claps the ponderous beat of the stern-wheel. Trees, trees, millions of trees, massive, immense, running up high; and at their foot, hugging the bank against the stream, crept the little begrimed steamboat, like a sluggish beetle crawling on the floor of a lofty portico. It made you feel very small, very lost, and yet it was not altogether depressing that feeling. After all, if you were small, the grimy beetle crawled on—which was just what you wanted it to do. Where the pilgrims imagined it crawled to I don't know. To some place where they expected to get something, I bet! For me it crawled towards Kurtz—exclusively; but when the steam-pipes started leaking we crawled very slow. The reaches opened before us and closed behind, as if the forest had stepped leisurely across the water to bar the way for our return. We penetrated deeper and deeper into the heart of darkness. It was very quiet there. At night sometimes the roll of drums behind the curtain of trees would run up the river and remain sustained faintly, as if hovering in the air high over our heads, till the first break of day. Whether it meant war, peace, or prayer we could not tell. The dawns were heralded by the descent of a chill stillness; the woodcutters slept, their fires burned low; the snapping of a twig would make you start. We were wanderers on a prehistoric earth, on an earth that wore the aspect of an unknown planet. We could have fancied ourselves the first of men taking possession of an accursed inheritance, to be subdued at the cost of profound anguish and of excessive toil. But suddenly, as we struggled round a bend, there would be a glimpse of rush walls, of peaked grass-roofs, a burst of yells, a whirl of black limbs, a mass of hands clapping, of feet stamping, of bodies swaying, of eyes rolling, under the droop of heavy and motionless foliage. The steamer toiled along slowly on the edge of a black and incomprehensible frenzy. The prehistoric man was cursing us, praying to us, welcoming us—who could tell? We were cut off from the comprehension of our surroundings; we glided past like phantoms, wondering and secretly appalled, as sane men would be before an enthusiastic outbreak in a madhouse. We could not understand, because we were too far and could not remember, because we were travelling in the night of first ages, of those ages that are gone, leaving hardly a sign—and no memories.

"The earth seemed unearthly. We are accustomed to look upon the shackled form of a conquered monster, but there—there you could look at a thing monstrous and free. It was unearthly, and the men were—No, they were not inhuman. Well, you know, that was the worst of it—this suspicion of their not being inhuman. It would come slowly to one. They howled, and leaped, and spun, and made horrid faces; but what thrilled you was just the thought of their humanity—like yours—the thought of your remote kinship with this wild and passionate uproar. Ugly. Yes, it was ugly enough; but if you were man enough you would admit to yourself that there was in you just the faintest trace of a response to the terrible frankness of that noise, a dim suspicion of there being a meaning in it which you—you so remote from the night of first ages—could comprehend. And why not? The mind of man is capable of anything—because everything is in it, all the past as well as all the future. What was there after all? Joy, fear, sorrow, devotion, valour, rage—who can tell?—but truth—truth stripped of its cloak of time. Let the fool gape and shudder—the man knows, and can look on without a wink. But he must at least be as much of a man as these on the shore. He must meet that truth with his own true stuff—with his own inborn strength. Principles? Principles won't do. Acquisitions, clothes, pretty rags—rags that would fly off at the first good shake. No; you want a deliberate belief. An appeal to me in this fiendish row—is there? Very well; I hear; I admit, but I have a voice too, and for good or evil mine is the speech that cannot be silenced. Of course, a fool, what with sheer fright and fine sentiments, is always safe. Who's that grunting? You wonder I didn't go ashore for a howl and a dance? Well, no—I didn't. Fine sentiments, you say? Fine sentiments be hanged! I had no time. I had to mess about with white-lead and strips of woollen blanket helping to put bandages on those leaky steam-pipes—I tell you. I had to watch the steering, and circumvent those snags, and get the tin-pot along by hook or by crook. There was surface-truth enough in these things to save a wiser man. And between whiles I had to look after the savage who was fireman. He was an improved specimen; he could fire up a vertical boiler. He was there below me, and, upon my word, to look at him was as edifying as seeing a dog in a parody of breeches and a feather hat, walking on his hind-legs. A few months of training had done for that really fine chap. He squinted at the steam-gauge and at the water-gauge with an evident effort of intrepidity—and he had filed teeth too, the poor devil, and the wool of his pate shaved into queer patterns, and three ornamental scars on each of his cheeks. He ought to have been clapping his hands and stamping his feet on the bank, instead of which he was hard at work, a thrall to strange witch-craft, full of improving knowledge. He was useful because he had been instructed; and what he knew was this—that should the water in that transparent thing disap-pear, the evil spirit inside the boiler would get angry through the greatness of his thirst, and take a terrible vengeance. So he sweated and fired up and watched the glass fearfully (with an impromptu charm, made of rags, tied to his arm, and a piece of polished bone, as big as a watch, stuck flatways through his lower lip), while the wooded banks slipped past us slowly, the short noise was left behind, the inter-minable miles of silence—and we crept on, towards Kurtz. But the snags were thick, the water was treacherous and shallow, the boiler seemed indeed to have a sulky dev-il in it, and thus neither that fireman nor I had any time to peer into our creepy thoughts.

"Some fifty miles below the Inner Station we came upon a hut of reeds, an inclined and melancholy pole, with the unrecognisable tatters of what had been a flag of some sort flying from it, and a neatly stacked wood-pile. This was unexpected. We came to the bank, and on the stack of firewood found a flat piece of board with some faded pencil-writing on it. When deciphered it said: 'Wood for you. Hurry up. Approach cautiously.' There was a signature, but it was illegible—not Kurtz—a much longer word. Hurry up. Where? Up the river? 'Approach cautiously.' We had not done so. But the warning could not have been meant for the place where it could be only found after approach. Something was wrong above. But what—and how much? That was the question. We commented adversely upon the imbecility of that tele-graphic style. The bush around said nothing, and would not let us look very far, either. A torn curtain of red twill hung in the doorway of the hut, and flapped sadly in our faces. The dwelling was dismantled; but we could see a white man had lived there not very long ago. There remained a rude table—a plank on two posts; a heap of rubbish reposed in a dark corner, and by the door I picked up a book. It had lost its covers, and the pages had been thumbed into a state of extremely dirty softness; but the back had been lovingly stitched afresh with white cotton thread, which looked clean yet. It was an extraordinary find. Its title was, 'An Inquiry into some Points of Seamanship,' by a man Tower, Towson—some such name—Master in his Majesty's Navy. The matter looked dreary reading enough, with illustrative diagrams and repulsive tables of figures, and the copy was sixty years old. I handled this amazing antiquity with the greatest possible tenderness, lest it should dissolve in my hands. Within, Towson or Towser was inquiring earnestly into the breaking strain of ships' chains and tackle, and other such matters. Not a very enthralling book; but at the first glance you could see there a singleness of intention, an honest concern for the right way of going to work, which made these humble pages, thought out so many years ago, luminous with another than a professional light. The simple old sailor, with his talk of chains and purchases, made me forget the jungle and the pilgrims in a delicious sensation of having come upon something unmistakably real. Such a book being there was wonderful enough; but still more astounding were the notes pencilled in the margin, and plainly referring to the text. I couldn't believe my eyes! They were in cipher! Yes, it looked like cipher. Fancy a man lugging with him a book of that description into this nowhere and studying it—and making notes—in cipher at that! It was an extravagant mystery.

"I had been dimly aware for some time of a worrying noise, and when I lifted my eyes I saw the wood-pile was gone, and the manager, aided by all the pilgrims, was shouting at me from the river-side. I slipped the book into my pocket. I assure you to leave off reading was like tearing myself away from the shelter of an old and solid friendship.

"I started the lame engine ahead. 'It must be this miserable trader—this intruder,' exclaimed the manager, looking back malevolently at the place we had left. 'He must be English,' I said. 'It will not save him from getting into trouble if he is not careful,' muttered the manager darkly. I observed with assumed innocence that no man was safe from trouble in this world.

"The current was more rapid now, the steamer seemed at her last gasp, the stern-wheel flopped languidly, and I caught myself listening on tiptoe for the next beat of the float, for in sober truth I expected the wretched thing to give up every moment. It was like watching the last flickers of a life. But still we crawled. Sometimes I would pick out a tree a little way ahead to measure our progress towards Kurtz by, but I lost it invariably before we got abreast. To keep the eyes so long on one thing was too much for human patience. The manager displayed a beautiful resignation. I fretted and fumed and took to arguing with myself whether or no I would talk openly with Kurtz; but before I could come to any conclusion it occurred to me that my speech or my silence, indeed any action of mine, would be a mere futility. What did it matter what any one knew or ignored? What did it matter who was manager? One gets sometimes such a flash of insight. The essentials of this affair lay deep under the surface, beyond my reach, and beyond my power of meddling.

"Towards the evening of the second day we judged ourselves about eight miles from Kurtz's station. I wanted to push on; but the manager looked grave, and told me the navigation up there was so dangerous that it would be advisable, the sun being very low already, to wait where we were till next morning. Moreover, he pointed out that if the warning to approach cautiously were to be followed, we must approach in daylight—not at dusk, or in the dark. This was sensible enough. Eight miles meant nearly three hours' steaming for us, and I could also see suspicious ripples at the upper end of the reach. Nevertheless, I was annoyed beyond expression at the delay, and most unreasonably too, since one night more could not matter much after so many months. As we had plenty of wood, and caution was the word, I brought up in the middle of the stream. The reach was narrow, straight, with high sides like a railway cutting. The dusk came gliding into it long before the sun had set. The current ran smooth and swift, but a dumb immobility sat on the banks. The living trees, lashed together by the creepers and every living bush of the undergrowth, might have been changed into stone, even to the slenderest twig, to the lightest leaf. It was not sleep—it seemed unnatural, like a state of trance. Not the faintest sound of any kind could be heard. You looked on amazed, and began to suspect yourself of being deaf—then the night came suddenly, and struck you blind as well. About three in the morning some large fish leaped, and the loud splash made me jump as though a gun had been fired. When the sun rose there was a white fog, very warm and clammy, and more blinding than the night. It did not shift or drive; it was just there, standing all round you like something solid. At eight or nine, perhaps, it lifted as a shutter lifts. We had a glimpse of the towering multitude of trees, of the immense matted jungle, with the blazing little ball of the sun hanging over it—all perfectly still—and then the white shutter came down again, smoothly, as if sliding in greased grooves. I ordered the chain, which we had begun to heave in, to be paid out again. Before it stopped running with a muffled rattle, a cry, a very loud cry, as of infinite desolation, soared slowly in the opaque air. It ceased. A complaining clamour, modulated in savage discords, filled our ears. The sheer unexpectedness of it made my hair stir under my cap. I don't know how it struck the others: to me it seemed as though the mist itself had screamed, so suddenly, and apparently from all sides at once, did this tumultuous and mournful uproar arise. It culminated in a hurried outbreak of almost intolerably excessive shrieking, which stopped short, leaving us stiffened in a variety of silly attitudes, and obstinately listening to the nearly as appalling and excessive silence. 'Good God! What is the meaning—?' stammered at my elbow one of the pilgrims,—a little fat man, with sandy hair and red whiskers, who wore side-spring boots, and pink pyjamas tucked into his socks. Two others remained open-mouthed a whole minute, then dashed into the little cabin, to rush out incontinently and stand darting scared glances, with Winchesters at 'ready' in their hands. What we could see was just the steamer we were on, her outlines blurred as though she had been on the point of dissolving, and a misty strip of water, perhaps two feet broad, around her— and that was all. The rest of the world was nowhere, as far as our eyes and ears were concerned. Just nowhere. Gone, disappeared; swept off without leaving a whisper or a shadow behind.

"I went forward, and ordered the chain to be hauled in short, so as to be ready to trip the anchor and move the steamboat at once if necessary. 'Will they attack?' whispered an awed voice. 'We will all be butchered in this fog,' murmured another. The faces twitched with the strain, the hands trembled slightly, the eyes forgot to wink. It was very curious to see the contrast of expressions of the white men and of the black fellows of our crew, who were as much strangers to that part of the river as we, though their homes were only eight hundred miles away. The whites, of course greatly discomposed, had besides a curious look of being painfully shocked by such an outrageous row. The others had an alert, naturally interested expression; but their faces were essentially quiet, even those of the one or two who grinned as they hauled at the chain. Several exchanged short, grunting phrases, which seemed to settle the matter to their satisfaction. Their headman, a young, broad-chested black, severely draped in dark-blue fringed cloths, with fierce nostrils and his hair all done up artfully in oily ringlets, stood near me. 'Aha!' I said, just for good fellowship's sake. 'Catch 'im,' he snapped, with a bloodshot widening of his eyes and a flash of sharp teeth— 'catch 'im. Give 'im to us.' 'To you, eh?' I asked; 'what would you do with them?' 'Eat 'im!' he said, curtly, and, leaning his elbow on the rail, looked out into the fog in a dignified and profoundly pensive attitude. I would no doubt have been properly horrified, had it not occurred to me that he and his chaps must be very hungry: that they must have been growing increasingly hungry for at least this month past. They had been engaged for six months (I don't think a single one of them had any clear idea of time, as we at the end of countless ages have. They still belonged to the beginnings of time—had no inherited experience to teach them, as it were), and of course, as long as there was a piece of paper written over in accordance with some farcical law or other made down the river, it didn't enter anybody's head to trouble how they would live. Certainly they had brought with them some rotten hippo-meat, which couldn't have lasted very long, anyway, even if the pilgrims hadn't, in the midst of a shocking hullabaloo, thrown a considerable quantity of it overboard. It looked like a high-handed proceeding; but it was really a case of legitimate self-defence. You can't breathe dead hippo waking, sleeping, and eating, and at the same time keep your precarious grip on existence. Besides that, they had given them every week three pieces of brass wire, each about nine inches long; and the theory was they were to buy their provisions with that currency in river-side villages. You can see how *that* worked. There were either no villages, or the people were hostile, or the director, who like the rest of us fed out of tins, with an occasional old he-goat thrown in, didn't want to stop the steamer for some more or less recondite reason. So, unless they swallowed the wire itself, or made loops of it to snare the fishes with, I don't see what good their extravagant salary could be to them. I must say it was paid with a regularity worthy of a large and honourable trading company. For the rest, the only thing to eat—though it didn't look eatable in the least—I saw in their possession was a few lumps of some stuff like half-cooked dough, of a dirty lavender colour, they kept wrapped in leaves, and now and then swallowed a piece of, but so small that it seemed done more for the looks of the thing than for any serious purpose of sustenance. Why in the name of all the gnawing devils of hunger they didn't go for us—they were thirty to five—and have a good tuck-in for once, amazes me now when I think of it. They were big powerful men, with not much capacity to weigh the consequences, with courage, with strength, even yet, though their skins were no longer glossy and their muscles no longer hard. And I saw that something restraining, one of those human secrets that baffle probability, had come into play there. I looked at them with a swift quickening of interest—not because it occurred to me I might be eaten by them before very long, though I own to you that just then I perceived—in a new light, as it were—how unwholesome the pilgrims looked, and I hoped, yes, I positively hoped, that my aspect was not so—what shall I say?—so—unappetising: a touch of fantastic vanity which fitted well with the dream-sensation that pervaded all my days at that time. Perhaps I had a little fever too. One can't live with one's finger everlastingly on one's pulse. I had often 'a little fever,' or a little touch of other things—the playful paw-strokes of the wilderness, the preliminary trifling before the more serious onslaught which came in due course. Yes; I looked at them as you would on any human being, with a curiosity of their impulses, motives, capacities, weaknesses, when brought to the test of an inexorable physical necessity. Restraint! What possible restraint? Was it superstition, disgust, patience, fear—or some kind of primitive honour? No fear can stand up to hunger, no patience can wear it out, disgust simply does not exist where hunger is; and as to superstition, beliefs, and what you may call principles, they are less than chaff in a breeze. Don't you know the devilry of lingering starvation, its exasperating torment, its black thoughts, its sombre and brooding ferocity? Well, I do. It takes a man all his inborn strength to fight hunger properly. It's really easier to face bereavement, dishonour, and the perdition of one's soul—than this kind of prolonged hunger. Sad, but true. And these chaps too had no earthly reason for any kind of scruple. Restraint! I would just as soon have expected restraint from a hyena prowling amongst the corpses of a battlefield. But there was the fact facing me—the fact dazzling, to be seen, like the foam on the depths of the sea, like a ripple on an unfathomable enigma, a mystery greater—when I thought of it—than the curious, inexplicable note of desperate grief in this savage clamour that had swept by us on the river-bank, behind the blind whiteness of the fog.

"Two pilgrims were quarrelling in hurried whispers as to which bank. 'Left.' 'No, no; how can you? Right, right, of course.' 'It is very serious,' said the manager's voice behind me; 'I would be desolated if anything should happen to Mr Kurtz before we came up.' I looked at him, and had not the slightest doubt he was sincere. He was just the kind of man who would wish to preserve appearances. That was his restraint. But when he muttered something about going on at once, I did not even take the trouble to answer him. I knew, and he knew, that it was impossible. Were we to let go our hold of the bottom, we would be absolutely in the air—in space. We wouldn't be able to tell where we were going to—whether up or down stream, or across—till we fetched against one bank or the other,—and then we wouldn't know at first which it was. Of course I made no move. I had no mind for a smash-up. You couldn't imagine a more deadly place for a shipwreck. Whether drowned at once or not, we were sure to perish speedily in one way or another. 'I authorise you to take all the risks,' he said, after a short silence. 'I refuse to take any,' I said shortly; which was just the answer he expected, though its tone might have surprised him. 'Well, I must defer to your judgment. You are captain,' he said, with marked civility. I turned my shoulder to him in sign of my appreciation, and looked into the fog. How long would it last? It was the most hopeless look-out. The approach to this Kurtz grubbing for ivory in the wretched bush was beset by as many dangers as though he had been an enchanted princess sleeping in a fabulous castle. 'Will they attack, do you think?' asked the manager, in a confidential tone.

"I did not think they would attack, for several obvious reasons. The thick fog was one. If they left the bank in their canoes they would get lost in it, as we would be if we attempted to move. Still, I had also judged the jungle of both banks quite impenetrable—and yet eyes were in it, eyes that had seen us. The river-side bushes were certainly very thick; but the undergrowth behind was evidently penetrable. However, during the short lift I had seen no canoes anywhere in the reach—certainly not abreast of the steamer. But what made the idea of attack inconceivable to me was the nature of the noise—of the cries we had heard. They had not the fierce character boding of immediate hostile intention. Unexpected, wild, and violent as they had been, they had given me an irresistible impression of sorrow. The glimpse of the steamboat had for some reason filled those savages with unrestrained grief. The danger, if any, I expounded, was from our proximity to a great human passion let loose. Even extreme grief may ultimately vent itself in violence—but more generally takes the form of apathy. . . .

"You should have seen the pilgrims stare! They had no heart to grin, or even to revile me; but I believe they thought me gone mad—with fright, maybe. I delivered a regular lecture. My dear boys, it was no good bothering. Keep a look-out? Well, you may guess I watched the fog for the signs of lifting as a cat watches a mouse; but for anything else our eyes were of no more use to us than if we had been buried miles deep in a heap of cotton-wool. It felt like it too—choking, warm, stifling. Besides, all I said, though it sounded extravagant, was absolutely true to fact. What we afterwards alluded to as an attack was really an attempt at repulse. The action was very far from being aggressive—it was not even defensive, in the usual sense: it was undertaken under the stress of desperation, and in its essence was purely protective.

"It developed itself, I should say, two hours after the fog lifted, and its commencement was at a spot, roughly speaking, about a mile and a half below Kurtz's station. We had just floundered and flopped round a bend, when I saw an islet, a mere grassy hummock of bright green, in the middle of the stream. It was the only thing of the kind; but as we opened the reach more, I perceived it was the head of a long sandbank, or rather of a chain of shallow patches stretching down the middle of the river. They were discoloured, just awash, and the whole lot was seen just under the water, exactly as a man's backbone is seen running down the middle of his back under the skin. Now, as far as I did see, I could go to the right or to the left of this. I didn't know either channel, of course. The banks looked pretty well alike, the depth appeared the same; but as I had been informed the station was on the west side, I naturally headed for the western passage.

"No sooner had we fairly entered it than I became aware it was much narrower than I had supposed. To the left of us there was the long uninterrupted shoal, and to the right a high, steep bank heavily overgrown with bushes. Above the bush the trees stood in serried ranks. The twigs overhung the current thickly, and from distance to distance a large limb of some tree projected rigidly over the stream. It was then well on in the afternoon, the face of the forest was gloomy, and a broad strip of shadow had already fallen on the water. In this shadow we steamed up—very slowly, as you may imagine. I sheered her well inshore—the water being deepest near the bank, as the sounding-pole informed me.

"One of my hungry and forbearing friends was sounding in the bows just below me. This steamboat was exactly like a decked scow.[4] On the deck there were two little teak-wood houses, with doors and windows. The boiler was in the fore-end, and the machinery right astern. Over the whole there was a light roof, supported on stanchions. The funnel projected through that roof, and in front of the funnel a small cabin built of light planks served for a pilot-house. It contained a couch, two camp-stools, a loaded Martini-Henry[5] leaning in one corner, a tiny table, and the steering-wheel. It had a wide door in front and a broad shutter at each side. All these were always thrown open, of course. I spent my days perched up there on the extreme fore-end of that roof, before the door. At night I slept, or tried to, on the couch. An athletic black belonging to some coast tribe, and educated by my poor predecessor, was the helmsman. He sported a pair of brass earrings, wore a blue cloth wrapper from the waist to the ankles, and thought all the world of himself. He was the most unstable kind of fool I had ever seen. He steered with no end of a swagger while you were by; but if he lost sight of you, he became instantly the prey of an abject funk, and would let that cripple of a steamboat get the upper hand of him in a minute.

"I was looking down at the sounding-pole, and feeling much annoyed to see at each try a little more of it stick out of that river, when I saw my poleman give up the business suddenly, and stretch himself flat on the deck, without even taking the trouble to haul his pole in. He kept hold on it though, and it trailed in the water. At the same time the fireman, whom I could also see below me, sat down abruptly before his furnace and ducked his head. I was amazed. Then I had to look at the river mighty quick, because there was a snag in the fairway. Sticks, little sticks, were flying about— thick: they were whizzing before my nose, dropping below me, striking behind me against my pilot-house. All this time the river, the shore, the woods, were very qui-

4. A flat-bottomed boat.   5. A rifle.

et—perfectly quiet. I could only hear the heavy splashing thump of the stern-wheel and the patter of these things. We cleared the snag clumsily. Arrows, by Jove! We were being shot at! I stepped in quickly to close the shutter on the landside. That fool-helmsman, his hands on the spokes, was lifting his knees high, stamping his feet, champing his mouth, like a reined-in horse. Confound him! And we were staggering within ten feet of the bank. I had to lean right out to swing the heavy shutter, and I saw a face amongst the leaves on the level with my own, looking at me very fierce and steady; and then suddenly, as though a veil had been removed from my eyes, I made out, deep in the tangled gloom, naked breasts, arms, legs, glaring eyes,—the bush was swarming with human limbs in movement, glistening, of bronze colour. The twigs shook, swayed, and rustled, the arrows flew out of them, and then the shutter came to. 'Steer her straight,' I said to the helmsman. He held his head rigid, face forward; but his eyes rolled, he kept on lifting and setting down his feet gently, his mouth foamed a little. 'Keep quiet!' I said in a fury. I might just as well have ordered a tree not to sway in the wind. I darted out. Below me there was a great scuffle of feet on the iron deck; confused exclamations; a voice screamed, 'Can you turn back?' I caught sight of a V-shaped ripple on the water ahead. What? Another snag! A fusillade burst out under my feet. The pilgrims had opened with their Winchesters, and were simply squirting lead into that bush. A deuce of a lot of smoke came up and drove slowly forward. I swore at it. Now I couldn't see the ripple or the snag either. I stood in the doorway, peering, and the arrows came in swarms. They might have been poisoned, but they looked as though they wouldn't kill a cat. The bush began to howl. Our wood-cutters raised a warlike whoop; the report of a rifle just at my back deafened me. I glanced over my shoulder, and the pilot-house was yet full of noise and smoke when I made a dash at the wheel. The fool-nigger had dropped everything, to throw the shutter open and let off that Martini-Henry. He stood before the wide opening, glaring, and I yelled at him to come back, while I straightened the sudden twist out of that steam-boat. There was no room to turn even if I had wanted to, the snag was somewhere very near ahead in that confounded smoke, there was no time to lose, so I just crowd-ed her into the bank—right into the bank, where I knew the water was deep.

"We tore slowly along the overhanging bushes in a whirl of broken twigs and fly-ing leaves. The fusillade below stopped short, as I had foreseen it would when the squirts got empty. I threw my head back to a glinting whizz that traversed the pilot-house, in at one shutter-hole and out at the other. Looking past that mad helmsman, who was shaking the empty rifle and yelling at the shore, I saw vague forms of men running bent double, leaping, gliding, distinct, incomplete, evanescent. Something big appeared in the air before the shutter, the rifle went overboard, and the man stepped back swiftly, looked at me over his shoulder in an extraordinary, profound, familiar manner, and fell upon my feet. The side of his head hit the wheel twice, and the end of what appeared a long cane clattered round and knocked over a little camp-stool. It looked as though after wrenching that thing from somebody ashore he had lost his balance in the effort. The thin smoke had blown away, we were clear of the snag, and looking ahead I could see that in another hundred yards or so I would be free to sheer off, away from the bank; but my feet felt so very warm and wet that I had to look down. The man had rolled on his back and stared straight up at me; both his hands clutched that cane. It was the shaft of a spear that, either thrown or lunged through the opening, had caught him in the side just below the ribs; the blade had gone in out of sight, after making a frightful gash; my shoes were full; a pool of blood lay very still, gleaming dark-red under the wheel; his eyes shone with an amazing lustre. The fusillade burst out again. He looked at me anxiously, gripping the spear like something precious, with an air of being afraid I would try to take it away from him. I had to make an effort to free my eyes from his gaze and attend to the steering. With one hand I felt above my head for the line of the steam-whistle, and jerked out screech after screech hurriedly. The tumult of angry and warlike yells was checked instantly, and then from the depths of the woods went out such a tremulous and prolonged wail of mournful fear and utter despair as may be imagined to follow the flight of the last hope from the earth. There was a great commotion in the bush; the shower of arrows stopped, a few dropping shots rang out sharply—then silence, in which the languid beat of the stern-wheel came plainly to my ears. I put the helm hard astarboard at the moment when the pilgrim in pink pyjamas, very hot and agitated, appeared in the doorway. 'The manager sends me—' he began in an official tone, and stopped short. 'Good God!' he said, glaring at the wounded man.

"We two whites stood over him, and his lustrous and inquiring glance enveloped us both. I declare it looked as though he would presently put to us some question in an understandable language; but he died without uttering a sound, without moving a limb, without twitching a muscle. Only in the very last moment, as though in response to some sign we could not see, to some whisper we could not hear, he frowned heavily, and that frown gave to his black death-mask an inconceivably sombre, brooding, and menacing expression. The lustre of inquiring glance faded swiftly into vacant glassiness. 'Can you steer?' I asked the agent eagerly. He looked very dubious; but I made a grab at his arm, and he understood at once I meant him to steer whether or no. To tell you the truth, I was morbidly anxious to change my shoes and socks. 'He is dead,' murmured the fellow, immensely impressed. 'No doubt about it,' said I, tugging like mad at the shoelaces. 'And, by the way, I suppose Mr Kurtz is dead as well by this time.'

"For the moment that was the dominant thought. There was a sense of extreme disappointment, as though I had found out I had been striving after something altogether without a substance. I couldn't have been more disgusted if I had travelled all this way for the sole purpose of talking with Mr Kurtz. Talking with . . . I flung one shoe overboard, and became aware that that was exactly what I had been looking forward to—a talk with Kurtz. I made the strange discovery that I had never imagined him as doing, you know, but as discoursing. I didn't say to myself, 'Now I will never see him,' or 'Now I will never shake him by the hand,' but, 'Now I will never hear him.' The man presented himself as a voice. Not of course that I did not connect him with some sort of action. Hadn't I been told in all the tones of jealousy and admiration that he had collected, bartered, swindled, or stolen more ivory than all the other agents together. That was not the point. The point was in his being a gifted creature, and that of all his gifts the one that stood out pre-eminently, that carried with it a sense of real presence, was his ability to talk, his words—the gift of expression, the bewildering, the illuminating, the most exalted and the most contemptible, the pulsating stream of light, or the deceitful flow from the heart of an impenetrable darkness.

"The other shoe went flying unto the devil-god of that river. I thought, By Jove! it's all over. We are too late; he has vanished—the gift has vanished, by means of some spear, arrow, or club. I will never hear that chap speak after all,—and my sorrow had a startling extravagance of emotion, even such as I had noticed in the howling sorrow of these savages in the bush. I couldn't have felt more of lonely desolation somehow, had I been robbed of a belief or had missed my destiny in life. . . . Why do you sigh in this beastly way, somebody? Absurd? Well, absurd. Good Lord! mustn't a man ever—Here, give me some tobacco." . . .

There was a pause of profound stillness, then a match flared, and Marlow's lean face appeared, worn, hollow, with downward folds and dropped eyelids, with an aspect of concentrated attention; and as he took vigorous draws at his pipe, it seemed to retreat and advance out of the night in the regular flicker of the tiny flame. The match went out.

"Absurd!" he cried. "This is the worst of trying to tell . . . Here you all are, each moored with two good addresses, like a hulk with two anchors, a butcher round one corner, a policeman round another, excellent appetites, and temperature normal— you hear—normal from year's end to year's end. And you say, Absurd! Absurd be— exploded! Absurd! My dear boys, what can you expect from a man who out of sheer nervousness had just flung overboard a pair of new shoes? Now I think of it, it is amazing I did not shed tears. I am, upon the whole, proud of my fortitude. I was cut to the quick at the idea of having lost the inestimable privilege of listening to the gifted Kurtz. Of course I was wrong. The privilege was waiting for me. Oh yes, I heard more than enough. And I was right, too. A voice. He was very little more than a voice. And I heard—him—it—this voice—other voices—all of them were so little more than voices—and the memory of that time itself lingers around me, impalpable, like a dying vibration of one immense jabber, silly, atrocious, sordid, savage, or simply mean, without any kind of sense. Voices, voices—even the girl herself—now—"

He was silent for a long time.

"I laid the ghost of his gifts at last with a lie," he began suddenly. "Girl! What? Did I mention a girl? Oh, she is out of it—completely. They—the women I mean— arc out of it—should be out of it. We must help them to stay in that beautiful world of their own, lest ours gets worse. Oh, she had to be out of it. You should have heard the disinterred body of Mr Kurtz saying, "My Intended." You would have perceived directly then how completely she was out of it. And the lofty frontal bone of Mr Kurtz! They say the hair goes on growing sometimes, but this—ah—specimen was impressively bald. The wilderness had patted him on the head, and, behold, it was like a ball—an ivory ball; it had caressed him, and—lo!—he had withered; it had taken him, loved him, embraced him, got into his veins, consumed his flesh, and sealed his soul to its own by the inconceivable ceremonies of some devilish initiation. He was its spoiled and pampered favourite. Ivory? I should think so. Heaps of it, stacks of it. The old mud shanty was bursting with it. You would think there was not a single tusk left either above or below the ground in the whole country. 'Mostly fossil,' the manager had remarked disparagingly. It was no more fossil than I am; but they call it fossil when it is dug up. It appears these niggers do bury the tusks sometimes—but evidently they couldn't bury this parcel deep enough to save the gifted Mr Kurtz from his fate. We filled the steamboat with it, and had to pile a lot on the deck. Thus he could see and enjoy as long as he could see, because the appreciation of this favour had remained with him to the last. You should have heard him say, 'My ivory.' Oh yes, I heard him. 'My Intended, my ivory, my station, my river, my—' everything belonged to him. It made me hold my breath in expectation of hearing the wilderness burst into a prodigious peal of laughter that would shake the fixed stars in their places. Everything belonged to him—but that was a trifle. The thing was to know what he belonged to, how many powers of darkness claimed him for their own. That was the reflection that made you creepy all over. It was impossible—it was not good for one either—trying to imagine. He had taken a high seat amongst the devils of the land—I mean literally. You can't understand. How could you?—with solid pavement under your feet, surrounded by kind neighbours ready to cheer you or to fall on you, stepping delicately between the butcher and the policeman, in the holy terror of scandal and gallows and lunatic asylums—how can you imagine what particular region of the first ages a man's untrammelled feet may take him into by the way of solitude—utter solitude without a policeman—by the way of silence—utter silence, where no warning voice of a kind neighbour can be heard whispering of public opinion? These little things make all the great difference. When they are gone you must fall back upon your own innate strength, upon your own capacity for faithfulness. Of course you may be too much of a fool to go wrong—too dull even to know you are being assaulted by the powers of darkness. I take it, no fool ever made a bargain for his soul with the devil: the fool is too much of a fool, or the devil too much of a devil—I don't know which. Or you may be such a thunderingly exalted creature as to be altogether deaf and blind to anything but heavenly sights and sounds. Then the earth for you is only a standing place—and whether to be like this is your loss or your gain I won't pretend to say. But most of us are neither one nor the other. The earth for us is a place to live in, where we must put up with sights, with sounds, with smells too, by Jove!—breathe dead hippo, so to speak, and not be contaminated. And there, don't you see? your strength comes in, the faith in your ability for the digging of unostentatious holes to bury the stuff in—your power of devotion, not to yourself, but to an obscure, back-breaking business. And that's difficult enough. Mind, I am not trying to excuse or even explain—I am trying to account to myself for—for—Mr Kurtz—for the shade of Mr Kurtz. This initiated wraith from the back of Nowhere honoured me with its amazing confidence before it vanished altogether. This was because it could speak English to me. The original Kurtz had been educated partly in England, and—as he was good enough to say himself—his sympathies were in the right place. His mother was half-English, his father was half-French. All Europe contributed to the making of Kurtz; and by-and-by I learned that, most appropriately, the International Society for the Suppression of Savage Customs had intrusted him with the making of a report, for its future guidance. And he had written it too. I've seen it. I've read it. It was eloquent, vibrating with eloquence, but too high-strung, I think. Seventeen pages of close writing he had found time for! But this must have been before his—let us say—nerves went wrong, and caused him to preside at certain midnight dances ending with unspeakable rites, which—as far as I reluctantly gathered from what I heard at various times—were offered up to him—do you understand?—to Mr Kurtz himself. But it was a beautiful piece of writing. The opening paragraph, however, in the light of later information, strikes me now as ominous. He began with the argument that we whites, from the point of development we had arrived at, 'must necessarily appear to them [savages] in the nature of supernatural beings—we approach them with the might as of a deity,' and so on, and so on. 'By the simple exercise of our will we can exert a power for good practically unbounded,' &c., &c. From that point he soared and took me with him. The peroration was magnificent, though difficult to remember, you know. It gave me the notion of an exotic Immensity ruled by an august Benevolence. It made me tingle with enthusiasm. This was the unbounded power of eloquence—of words—of burning noble words. There were no practical hints to interrupt the magic current of phrases, unless a kind of note at the foot of the last page, scrawled evidently much later, in an unsteady hand, may be regarded as the exposition of a method. It was very simple, and at the end of that moving appeal to every altruistic sentiment it blazed at you, luminous and terrifying, like a flash of lightning in a serene sky: 'Exterminate all the brutes!' The curious part was that he had apparently forgotten all about that valuable postscriptum, because, later on, when he in a sense came to himself, he repeatedly entreated me to take good care of 'my pamphlet' (he called it), as it was sure to have in the future a good influence upon his career. I had full information about all these things, and, besides, as it turned out, I was to have the care of his memory. I've done enough for it to give me the indisputable right to lay it, if I choose, for an everlasting rest in the dust-bin of progress, amongst all the sweepings and, figuratively speaking, all the dead cats of civilisation. But then, you see, I can't choose. He won't be forgotten. Whatever he was, he was not common. He had the power to charm or frighten rudimentary souls into an aggravated witch-dance in his honour; he could also fill the small souls of the pilgrims with bitter misgivings: he had one devoted friend at least, and he had conquered one soul in the world that was neither rudimentary nor tainted with self-seeking. No; I can't forget him, though I am not prepared to affirm the fellow was exactly worth the life we lost in getting to him. I missed my late helmsman awfully,—I missed him even while his body was still lying in the pilot-house. Perhaps you will think it passing strange this regret for a savage who was no more account than a grain of sand in a black Sahara. Well, don't you see, he had done something, he had steered; for months I had him at my back—a help—an instrument. It was a kind of partnership. He steered for me—I had to look after him, I worried about his deficiencies, and thus a subtle bond had been created, of which I only became aware when it was suddenly broken. And the intimate profundity of that look he gave me when he received his hurt remains to this day in my memory—like a claim of distant kinship affirmed in a supreme moment.

"Poor fool! If he had only left that shutter alone. He had no restraint, no restraint—just like Kurtz—a tree swayed by the wind. As soon as I had put on a dry pair of slippers, I dragged him out, after first jerking the spear out of his side, which operation I confess I performed with my eyes shut tight. His heels leaped together over the little doorstep; his shoulders were pressed to my breast; I hugged him from behind desperately. Oh! he was heavy, heavy; heavier than any man on earth, I should imagine. Then without more ado I tipped him overboard. The current snatched him as though he had been a wisp of grass, and I saw the body roll over twice before I lost sight of it for ever. All the pilgrims and the manager were then congregated on the awning-deck about the pilot-house, chattering at each other like a flock of excited magpies, and there was a scandalised murmur at my heartless promptitude. What they wanted to keep that body hanging about for I can't guess. Embalm it, maybe. But I had also heard another, and a very ominous, murmur on the deck below. My friends the woodcutters were likewise scandalised, and with a better show of reason—though I admit that the reason itself was quite inadmissible. Oh, quite! I had made up my mind that if my late helmsman was to be eaten, the fishes alone should have him. He had been a very second-rate helmsman while alive, but now he was dead he might have become a first-class temptation, and possibly cause some startling trouble. Besides, I was anxious to take the wheel, the man in pink pyjamas showing himself a hopeless duffer at the business.

"This I did directly the simple funeral was over. We were going half-speed, keeping right in the middle of the stream, and I listened to the talk about me. They had given up Kurtz, they had given up the station; Kurtz was dead, and the station had been burnt—and so on—and so on. The red-haired pilgrim was beside himself with the thought that at least this poor Kurtz had been properly revenged. 'Say! We must have made a glorious slaughter of them in the bush. Eh? What do you think? Say?' He positively danced, the bloodthirsty little gingery beggar. And he had nearly fainted when he saw the wounded man! I could not help saying, 'You made a glorious lot of smoke, anyhow.' I had seen, from the way the tops of the bushes rustled and flew, that almost all the shots had gone too high. You can't hit anything unless you take aim and fire from the shoulder; but these chaps fired from the hip with their eyes shut. The retreat, I maintained—and I was right—was caused by the screeching of the steam-whistle. Upon this they forgot Kurtz, and began to howl at me with indignant protests.

"The manager stood by the wheel murmuring confidentially about the necessity of getting well away down the river before dark at all events, when I saw in the distance a clearing on the river-side and the outlines of some sort of building. 'What's this?' I asked. He clapped his hands in wonder. 'The station!' he cried. I edged in at once, still going half-speed.

"Through my glasses I saw the slope of a hill interspersed with rare trees and perfectly free from undergrowth. A long decaying building on the summit was half buried in the high grass; the large holes in the peaked roof gaped black from afar; the jungle and the woods made a background. There was no enclosure or fence of any kind; but there had been one apparently, for near the house half-a-dozen slim posts remained in a row, roughly trimmed, and with their upper ends ornamented with round carved balls. The rails, or whatever there had been between, had disappeared. Of course the forest surrounded all that. The river-bank was clear, and on the waterside I saw a white man under a hat like a cart-wheel beckoning persistently with his whole arm. Examining the edge of the forest above and below, I was almost certain I could see movements—human forms gliding here and there. I steamed past prudently, then stopped the engines and let her drift down. The man on the shore began to shout, urging us to land. 'We have been attacked,' screamed the manager. 'I know—I know. It's all right,' yelled back the other, as cheerful as you please. 'Come along. It's all right. I am glad.'

"His aspect reminded me of something I had seen—something funny I had seen somewhere. As I manoeuvred to get alongside, I was asking myself, 'What does this fellow look like?' Suddenly I got it. He looked like a harlequin. His clothes had been made of some stuff that was brown holland[6] probably, but it was covered with patches all over, with bright patches, blue, red, and yellow,—patches on the back, patches on front, patches on elbows, on knees; coloured binding round his jacket, scarlet edging at the bottom of his trousers; and the sunshine made him look extremely gay and wonderfully neat withal, because you could see how beautifully all this patching had been done. A beardless, boyish face, very fair, no features to speak of, nose peeling, little blue eyes, smiles and frowns chasing each other over that open countenance like sunshine and shadow on a wind-swept plain. 'Look out, captain!' he cried; 'there's a snag lodged in here last night.' What! Another snag? I confess I swore shamefully. I had nearly holed my cripple, to finish off that charming trip. The harlequin on the bank turned his little pug nose up to me. 'You English?' he asked, all smiles. 'Are you?' I shouted from the wheel. The smiles vanished, and he shook his head as if sorry for my disappointment. Then he brightened up. 'Never mind!' he

---

6. A smooth linen fabric.

cried encouragingly. 'Are we in time?' I asked. 'He is up there,' he replied, with a toss of the head up the hill, and becoming gloomy all of a sudden. His face was like the autumn sky, overcast one moment and bright the next.

"When the manager, escorted by the pilgrims, all of them armed to the teeth, had gone to the house, this chap came on board. 'I say, I don't like this. These natives are in the bush,' I said. He assured me earnestly it was all right. 'They are simple people,' he added; 'well, I am glad you came. It took me all my time to keep them off.' 'But you said it was all right,' I cried. 'Oh, they meant no harm,' he said; and as I stared he corrected himself, 'Not exactly.' Then vivaciously, 'My faith, your pilot-house wants a clean-up!' In the next breath he advised me to keep enough steam on the boiler to blow the whistle in case of any trouble. 'One good screech will do more for you than all your rifles. They are simple people,' he repeated. He rattled away at such a rate he quite overwhelmed me. He seemed to be trying to make up for lots of silence, and actually hinted, laughing, that such was the case. 'Don't you talk with Mr Kurtz?' I said. 'You don't talk with that man—you listen to him,' he exclaimed with severe exaltation. 'But now—' He waved his arm, and in the twinkling of an eye was in the uttermost depths of despondency. In a moment he came up again with a jump, possessed himself of both my hands, shook them continuously, while he gabbled: 'Brother sailor . . . honour . . . pleasure . . . delight . . . introduce myself . . . Russian . . . son of an arch-priest . . . Government of Tambov[7] . . . What? Tobacco! English tobacco; the excellent English tobacco! Now, that's brotherly. Smoke? Where's a sailor that does not smoke?'

"The pipe soothed him, and gradually I made out he had run away from school, had gone to sea in a Russian ship; ran away again; served some time in English ships; was now reconciled with the arch-priest. He made a point of that. 'But when one is young one must see things, gather experience, ideas; enlarge the mind.' 'Here!' I interrupted. 'You can never tell! Here I have met Mr Kurtz,' he said, youthfully solemn and reproachful. I held my tongue after that. It appears he had persuaded a Dutch trading-house on the coast to fit him out with stores and goods, and had started for the interior with a light heart, and no more idea of what would happen to him than a baby. He had been wandering about that river for nearly two years alone, cut off from everybody and everything. 'I am not so young as I look. I am twenty-five,' he said. 'At first old Van Shuyten would tell me to go to the devil,' he narrated with keen enjoyment; 'but I stuck to him, and talked and talked, till at last he got afraid I would talk the hind-leg off his favorite dog, so he gave me some cheap things and a few guns, and told me he hoped he would never see my face again. Good old Dutchman, Van Shuyten. I sent him one small lot of ivory a year ago, so that he can't call me a little thief when I get back. I hope he got it. And for the rest, I don't care. I had some wood stacked for you. That was my old house. Did you see?'

"I gave him Towson's book. He made as though he would kiss me, but restrained himself. 'The only book I had left, and I thought I had lost it,' he said, looking at it ecstatically. 'So many accidents happen to a man going about alone, you know. Canoes get upset sometimes—and sometimes you've got to clear out so quick when the people get angry.' He thumbed the pages. 'You made notes in Russian?' I asked. He nodded. 'I thought they were written in cipher,' I said. He laughed, then became serious. 'I had lots of trouble to keep these people off,' he said. 'Did they want to kill

7. A province of Western Russia.

you?' I asked. 'Oh no!' he cried, and checked himself. 'Why did they attack us?' I pursued. He hesitated, then said shamefacedly, 'They don't want him to go.' 'Don't they?' I said, curiously. He nodded a nod full of mystery and wisdom. 'I tell you,' he cried, 'this man has enlarged my mind.' He opened his arms wide, staring at me with his little blue eyes that were perfectly round."

3

"I looked at him, lost in astonishment. There he was before me, in motley, as though he had absconded from a troupe of mimes, enthusiastic, fabulous. His very existence was improbable, inexplicable, and altogether bewildering. He was an insoluble problem. It was inconceivable how he had existed, how he had succeeded in getting so far, how he had managed to remain—why he did not instantly disappear. 'I went a little farther,' he said, 'then still a little farther—till I had gone so far that I don't know how I'll ever get back. Never mind. Plenty time. I can manage. You take Kurtz away quick—quick—I tell you.' The glamour of youth enveloped his particoloured rags, his destitution, his loneliness, the essential desolation of his futile wanderings. For months—for years—his life hadn't been worth a day's purchase; and there he was gallantly, thoughtlessly alive, to all appearance indestructible solely by the virtue of his few years and of his unreflecting audacity. I was seduced into something like admiration—like envy. Glamour urged him on, glamour kept him unscathed. He surely wanted nothing from the wilderness but space to breathe in and to push on through. His need was to exist, and to move onwards at the greatest possible risk, and with a maximum of privation. If the absolutely pure, uncalculating, unpractical spirit of adventure had ever ruled a human being, it ruled this be-patched youth. I almost envied him the possession of this modest and clear flame. It seemed to have consumed all thought of self so completely, that, even while he was talking to you, you forgot that it was he—the man before your eyes—who had gone through these things. I did not envy him his devotion to Kurtz, though. He had not meditated over it. It came to him, and he accepted it with a sort of eager fatalism. I must say that to me it appeared about the most dangerous thing in every way he had come upon so far.

"They had come together unavoidably, like two ships becalmed near each other, and lay rubbing sides at last. I suppose Kurtz wanted an audience, because on a certain occasion, when encamped in the forest, they had talked all night, or more probably Kurtz had talked. 'We talked of everything,' he said, quite transported at the recollection. 'I forgot there was such a thing as sleep. The night did not seem to last an hour. Everything! Everything! . . . Of love too.' 'Ah, he talked to you of love!' I said, much amused. 'It isn't what you think,' he cried, almost passionately. 'It was in general. He made me see things—things.'

"He threw his arms up. We were on deck at the time, and the headman of my wood-cutters, lounging near by, turned upon him his heavy and glittering eyes. I looked around, and I don't know why, but I assure you that never, never before, did this land, this river, this jungle, the very arch of this blazing sky, appear to me so hopeless and so dark, so impenetrable to human thought, so pitiless to human weakness. 'And, ever since, you have been with him, of course?' I said.

"On the contrary. It appears their intercourse had been very much broken by various causes. He had, as he informed me proudly, managed to nurse Kurtz through two illnesses (he alluded to it as you would to some risky feat), but as a rule Kurtz wandered alone, far in the depths of the forest. 'Very often coming to this station, I had to wait days and days before he would turn up,' he said. 'Ah, it was worth waiting for!—sometimes.' 'What was he doing? exploring or what?' I asked. 'Oh yes, of course'; he had discovered lots of villages, a lake too—he did not know exactly in what direction; it was dangerous to inquire too much—but mostly his expeditions had been for ivory. 'But he had no goods to trade with by that time,' I objected. 'There's a good lot of cartridges left even yet,' he answered, looking away. 'To speak plainly, he raided the country,' I said. He nodded. 'Not alone, surely!' He muttered something about the villages round that lake. 'Kurtz got the tribe to follow him, did he?' I suggested. He fidgeted a little. 'They adored him,' he said. The tone of these words was so extraordinary that I looked at him searchingly. It was curious to see his mingled eagerness and reluctance to speak of Kurtz. The man filled his life, occupied his thoughts, swayed his emotions. 'What can you expect?' he burst out; 'he came to them with thunder and lightning, you know—and they had never seen anything like it—and very terrible. He could be very terrible. You can't judge Mr Kurtz as you would an ordinary man. No, no, no! Now—just to give you an idea—I don't mind telling you, he wanted to shoot me too one day—but I don't judge him.' 'Shoot you!' I cried. 'What for?' 'Well, I had a small lot of ivory the chief of that village near my house gave me. You see I used to shoot game for them. Well, he wanted it, and wouldn't hear reason. He declared he would shoot me unless I gave him the ivory and then cleared out of the country, because he could do so, and had a fancy for it, and there was nothing on earth to prevent him killing whom he jolly well pleased. And it was true too. I gave him the ivory. What did I care! But I didn't clear out. No, no. I couldn't leave him. I had to be careful, of course, till we got friendly again for a time. He had his second illness then. Afterwards I had to keep out of the way; but I didn't mind. He was living for the most part in those villages on the lake. When he came down to the river, sometimes he would take to me, and sometimes it was better for me to be careful. This man suffered too much. He hated all this, and somehow he couldn't get away. When I had a chance I begged him to try and leave while there was time; I offered to go back with him. And he would say yes, and then he would remain; go off on another ivory hunt; disappear for weeks; forget himself amongst these people—forget himself—you know.' 'Why! he's mad,' I said. He protested indignantly. Mr Kurtz couldn't be mad. If I had heard him talk, only two days ago, I wouldn't dare hint at such a thing. . . . I had taken up my binoculars while we talked, and was looking at the shore, sweeping the limit of the forest at each side and at the back of the house. The consciousness of there being people in that bush, so silent, so quiet—as silent and quiet as the ruined house on the hill—made me uneasy. There was no sign on the face of nature of this amazing tale that was not so much told as suggested to me in desolate exclamations, completed by shrugs, in interrupted phrases, in hints ending in deep sighs. The woods were unmoved, like a mask—heavy, like the closed door of a prison—they looked with their air of hidden knowledge, of patient expectation, of unapproachable silence. The Russian was explaining to me that it was only lately that Mr Kurtz had come down to the river, bringing along with him all the fighting men of that lake tribe. He had been absent for several months— getting himself adored, I suppose—and had come down unexpectedly, with the intention to all appearance of making a raid either across the river or down stream. Evidently the appetite for more ivory had got the better of the—what shall I say?— less material aspirations. However, he had got much worse suddenly. 'I heard he was lying helpless, and so I came up—took my chance,' said the Russian. 'Oh, he is bad, very bad.' I directed my glass to the house. There were no signs of life, but there was the ruined roof, the long mud wall peeping above the grass, with three little square window-holes, no two of the same size; all this brought within reach of my hand, as it were. And then I made a brusque movement, and one of the remaining posts of that vanished fence leaped up in the field of my glass. You remember I told you I had been struck at the distance by certain attempts at ornamentation, rather remarkable in the ruinous aspect of the place. Now I had suddenly a nearer view, and its first result was to make me throw my head back as if before a blow. Then I went carefully from post to post with my glass, and I saw my mistake. These round knobs were not ornamental but symbolic; they were expressive and puzzling, striking and disturbing—food for thought and also for the vultures if there had been any looking down from the sky; but at all events for such ants as were industrious enough to ascend the pole. They would have been even more impressive, those heads on the stakes, if their faces had not been turned to the house. Only one, the first I had made out, was facing my way. I was not so shocked as you may think. The start back I had given was really nothing but a movement of surprise. I had expected to see a knob of wood there, you know. I returned deliberately to the first I had seen—and there it was, black, dried, sunken, with closed eyelids,—a head that seemed to sleep at the top of that pole, and, with the shrunken dry lips showing a narrow white line of the teeth, was smiling too, smiling continuously at some endless and jocose dream of that eternal slumber.

"I am not disclosing any trade secrets. In fact the manager said afterwards that Mr Kurtz's methods had ruined the district. I have no opinion on that point, but I want you clearly to understand that there was nothing exactly profitable in these heads being there. They only showed that Mr Kurtz lacked restraint in the gratification of his various lusts, that there was something wanting in him—some small matter which, when the pressing need arose, could not be found under his magnificent eloquence. Whether he knew of this deficiency himself I can't say. I think the knowledge came to him at last—only at the very last. But the wilderness had found him out early, and had taken on him a terrible vengeance for the fantastic invasion. I think it had whispered to him things about himself which he did not know, things of which he had no conception till he took counsel with this great solitude—and the whisper had proved irresistibly fascinating. It echoed loudly within him because he was hollow at the core. . . . I put down the glass, and the head that had appeared near enough to be spoken to seemed at once to have leaped away from me into inaccessible distance.

"The admirer of Mr Kurtz was a bit crestfallen. In a hurried, indistinct voice he began to assure me he had not dared to take these—say, symbols—down. He was not afraid of the natives; they would not stir till Mr Kurtz gave the word. His ascendancy was extraordinary. The camps of these people surrounded the place, and the chiefs came every day to see him. They would crawl . . . 'I don't want to know anything of the ceremonies used when approaching Mr Kurtz,' I shouted. Curious, this feeling that came over me that such details would be more intolerable than those heads drying on the stakes under Mr Kurtz's windows. After all, that was only a savage sight, while I seemed at one bound to have been transported into some lightless region of subtle horrors, where pure, uncomplicated savagery was a positive relief, being something that had a right to exist—obviously—in the sunshine. The young man looked at me with surprise. I suppose it did not occur to him Mr Kurtz was no idol of mine. He forgot I hadn't heard any of these splendid monologues on, what was it? on love, justice, conduct of life—or what not. If it had come to crawling before Mr Kurtz, he crawled as much as the veriest savage of them all. I had no idea of the conditions, he said: these heads were the heads of rebels. I shocked him excessively by laughing. Rebels! What would be the next definition I was to hear? There had been enemies, criminals, workers—and these were rebels. Those rebellious heads looked very subdued to me on their sticks. 'You don't know how such a life tries a man like Kurtz,' cried Kurtz's last disciple. 'Well, and you?' I said. 'I! I! I am a simple man. I have no great thoughts. I want nothing from anybody. How can you compare me to . . . ?' His feelings were too much for speech, and suddenly he broke down. 'I don't understand,' he groaned. 'I've been doing my best to keep him alive, and that's enough. I had no hand in all this. I have no abilities. There hasn't been a drop of medicine or a mouthful of invalid food for months here. He was shamefully abandoned. A man like this, with such ideas. Shamefully! Shamefully! I—I—haven't slept for the last ten nights. . . .'

"His voice lost itself in the calm of the evening. The long shadows of the forest had slipped down-hill while we talked, had gone far beyond the ruined hovel, beyond the symbolic row of stakes. All this was in the gloom, while we down there were yet in the sunshine, and the stretch of the river abreast of the clearing glittered in a still and dazzling splendour, with a murky and overshadowed bend above and below. Not a living soul was seen on the shore. The bushes did not rustle.

"Suddenly round the corner of the house a group of men appeared, as though they had come up from the ground. They waded waist-deep in the grass, in a compact body, bearing an improvised stretcher in their midst. Instantly, in the emptiness of the landscape, a cry arose whose shrillness pierced the still air like a sharp arrow flying straight to the very heart of the land; and, as if by enchantment, streams of human beings—of naked human beings—with spears in their hands, with bows, with shields, with wild glances and savage movements, were poured into the clearing by the dark-faced and pensive forest. The bushes shook, the grass swayed for a time, and then everything stood still in attentive immobility.

" 'Now, if he does not say the right thing to them we are all done for,' said the Russian at my elbow. The knot of men with the stretcher had stopped too, half-way to the steamer, as if petrified. I saw the man on the stretcher sit up, lank and with an uplifted arm, above the shoulders of the bearers. 'Let us hope that the man who can talk so well of love in general will find some particular reason to spare us this time,' I said. I resented bitterly the absurd danger of our situation, as if to be at the mercy of that atrocious phantom had been a dishonouring necessity. I could not hear a sound, but through my glasses I saw the thin arm extended commandingly, the lower jaw moving, the eyes of that apparition shining darkly far in its bony head that nodded with grotesque jerks. Kurtz—Kurtz—that means 'short' in German—don't it? Well, the name was as true as everything else in his life—and death. He looked at least seven feet long. His covering had fallen off, and his body emerged from it pitiful and appalling as from a winding-sheet. I could see the cage of his ribs all astir, the bones of his arm waving. It was as though an animated image of death carved out of old ivory had been shaking its hand with menaces at a motionless crowd of men made of dark and glittering bronze. I saw him open his mouth wide—it gave him a weirdly voracious aspect, as though he had wanted to swallow all the air, all the earth, all the men before him. A deep voice reached me faintly. He must have been shouting. He fell back suddenly. The stretcher shook as the bearers staggered forward again, and almost at the same time I noticed that the crowd of savages was vanishing without any perceptible movement of retreat, as if the forest that had ejected these beings so suddenly had drawn them in again as the breath is drawn in a long aspiration.

"Some of the pilgrims behind the stretcher carried his arms—two shot-guns, a heavy rifle, and a light revolver-carbine—the thunderbolts of that pitiful Jupiter. The manager bent over him murmuring as he walked beside his head. They laid him down in one of the little cabins—just a room for a bed-place and a camp-stool or two, you know. We had brought his belated correspondence, and a lot of torn envelopes and open letters littered his bed. His hand roamed feebly amongst these papers. I was struck by the fire of his eyes and the composed languor of his expression. It was not so much the exhaustion of disease. He did not seem in pain. This shadow looked satiated and calm, as though for the moment it had had its fill of all the emotions.

"He rustled one of the letters, and looking straight in my face said, 'I am glad.' Somebody had been writing to him about me. These special recommendations were turning up again. The volume of tone he emitted without effort, almost without the trouble of moving his lips, amazed me. A voice! a voice! It was grave, profound, vibrating, while the man did not seem capable of a whisper. However, he had enough strength in him— factitious no doubt—to very nearly make an end of us, as you shall hear directly.

"The manager appeared silently in the doorway; I stepped out at once and he drew the curtain after me. The Russian, eyed curiously by the pilgrims, was staring at the shore. I followed the direction of his glance.

"Dark human shapes could be made out in the distance, flitting indistinctly against the gloomy border of the forest, and near the river two bronze figures, leaning on tall spears, stood in the sunlight under fantastic head-dresses of spotted skins, warlike and still in statuesque repose. And from right to left along the lighted shore moved a wild and gorgeous apparition of a woman.

"She walked with measured steps, draped in striped and fringed cloths, treading the earth proudly, with a slight jingle and flash of barbarous ornaments. She carried her head high; her hair was done in the shape of a helmet; she had brass leggings to the knee, brass wire gauntlets to the elbow, a crimson spot on her tawny cheek, innumerable necklaces of glass beads on her neck; bizarre things, charms, gifts of witchmen, that hung about her, glittered and trembled at every step. She must have had the value of several elephant tusks upon her. She was savage and superb, wild-eyed and magnificent; there was something ominous and stately in her deliberate progress. And in the hush that had fallen suddenly upon the whole sorrowful land, the immense wilderness, the colossal body of the fecund and mysterious life seemed to look at her, pensive, as though it had been looking at the image of its own tenebrous and passionate soul.

"She came abreast of the steamer, stood still, and faced us. Her long shadow fell to the water's edge. Her face had a tragic and fierce aspect of wild sorrow and of dumb pain mingled with the fear of some struggling, half-shaped resolve. She stood looking at us without a stir, and like the wilderness itself, with an air of brooding over an inscrutable purpose. A whole minute passed, and then she made a step forward. There was a low jingle, a glint of yellow metal, a sway of fringed draperies, and she stopped as if her heart had failed her. The young fellow by my side growled. The pilgrims murmured at my back. She looked at us all as if her life had depended upon the unswerving steadiness of her glance. Suddenly she opened her bared arms and threw them up rigid above her head, as though in an uncontrollable desire to touch the sky, and at the same time the swift shadows darted out on the earth, swept around on the river, gathering the steamer in a shadowy embrace. A formidable silence hung over the scene.

"She turned away slowly, walked on, following the bank, and passed into the bushes to the left. Once only her eyes gleamed back at us in the dusk of the thickets before she disappeared.

"'If she had offered to come aboard I really think I would have tried to shoot her,' said the man of patches, nervously. 'I had been risking my life every day for the last fortnight to keep her out of the house. She got in one day and kicked up a row about those miserable rags I picked up in the storeroom to mend my clothes with. I wasn't decent. At least it must have been that, for she talked like a fury to Kurtz for an hour, pointing at me now and then. I don't understand the dialect of this tribe. Luckily for me, I fancy Kurtz felt too ill that day to care, or there would have been mischief. I don't understand. . . . No—it's too much for me. Ah, well, it's all over now.'

"At this moment I heard Kurtz's deep voice behind the curtain, 'Save me!—save the ivory, you mean. Don't tell me. Save *me!* Why, I've had to save you. You are interrupting my plans now. Sick! Sick! Not so sick as you would like to believe. Never mind. I'll carry my ideas out yet—I will return. I'll show you what can be done. You with your little peddling notions—you are interfering with me. I will return. I . . .'

"The manager came out. He did me the honour to take me under the arm and lead me aside. 'He is very low, very low,' he said. He considered it necessary to sigh, but neglected to be consistently sorrowful. 'We have done all we could for him—haven't we? But there is no disguising the fact, Mr Kurtz has done more harm than good to the Company. He did not see the time was not ripe for vigorous action. Cautiously, cautiously—that's my principle. We must be cautious yet. The district is closed to us for a time. Deplorable! Upon the whole, the trade will suffer. I don't deny there is a remarkable quantity of ivory—mostly fossil. We must save it, at all events—but look how precarious the position is—and why? Because the method is unsound.' 'Do you,' said I, looking at the shore, 'call it "unsound method"?' 'Without doubt,' he exclaimed, hotly. 'Don't you?' . . . 'No method at all,' I murmured after a while. 'Exactly,' he exulted. 'I anticipated this. Shows a complete want of judgment. It is my duty to point it out in the proper quarter.' 'Oh,' said I, 'that fellow—what's his name?—the brickmaker, will make a readable report for you.' He appeared confounded for a moment. It seemed to me I had never breathed an atmosphere so vile, and I turned mentally to Kurtz for relief—positively for relief. 'Nevertheless, I think Mr Kurtz is a remarkable man,' I said with emphasis. He started, dropped on me a cold heavy glance, said very quietly, 'He was,' and turned his back on me. My hour of favour was over; I found myself lumped along with Kurtz as a partisan of methods for which the time was not ripe: I was unsound! Ah! but it was something to have at least a choice of nightmares.

"I had turned to the wilderness really, not to Mr Kurtz, who, I was ready to admit, was as good as buried. And for a moment it seemed to me as if I also were buried in a vast grave full of unspeakable secrets. I felt an intolerable weight oppressing my breast, the smell of the damp earth, the unseen presence of victorious corruption, the darkness of an impenetrable night. . . . The Russian tapped me on the shoulder. I heard him mumbling and stammering something about 'brother seaman—couldn't conceal—knowledge of matters that would affect Mr Kurtz's reputation.' I waited. For him evidently Mr Kurtz was not in his grave; I suspect that for him Mr Kurtz was one of the immortals. 'Well!' said I at last, 'speak out. As it happens, I am Mr Kurtz's friend—in a way.'

"He stated with a good deal of formality that had we not been 'of the same profession,' he would have kept the matter to himself without regard to consequences. He suspected 'there was an active ill-will towards him on the part of these white men that—' 'You are right,' I said, remembering a certain conversation I had overheard. 'The manager thinks you ought to be hanged.' He showed a concern at this intelligence which amused me at first. 'I had better get out of the way quietly,' he said, earnestly. 'I can do no more for Kurtz now, and they would soon find some excuse. What's to stop them? There's a military post three hundred miles from here.' 'Well, upon my word,' said I, 'perhaps you had better go if you have any friends amongst the savages near by.' 'Plenty,' he said. 'They are simple people—and I want nothing, you know.' He stood biting his lip, then: 'I don't want any harm to happen to these whites here, but of course I was thinking of Mr Kurtz's reputation—but you are a brother seaman and—' 'All right,' said I, after a time. 'Mr Kurtz's reputation is safe with me.' I did not know how truly I spoke.

"He informed me, lowering his voice, that it was Kurtz who had ordered the attack to be made on the steamer. 'He hated sometimes the idea of being taken away—and then again . . . But I don't understand these matters. I am a simple man. He thought it would scare you away—that you would give it up, thinking him dead. I could not stop him. Oh, I had an awful time of it this last month.' 'Very well,' I said. 'He is all right now.' 'Ye-e-es,' he muttered, not very convinced apparently. 'Thanks,' said I; 'I shall keep my eyes open.' 'But quiet—eh?' he urged, anxiously. 'It would be awful for his reputation if anybody here—' I promised a complete discretion with great gravity. 'I have a canoe and three black fellows waiting not very far. I am off. Could you give me a few Martini-Henry cartridges?' I could, and did, with proper secrecy. He helped himself, with a wink at me, to a handful of my tobacco. 'Between sailors—you know—good English tobacco.' At the door of the pilot-house he turned round—'I say, haven't you a pair of shoes you could spare?' He raised one leg. 'Look.' The soles were tied with knotted strings sandal-wise under his bare feet. I rooted out an old pair, at which he looked with admiration before tucking it under his left arm. One of his pockets (bright red) was bulging with cartridges, from the other (dark blue) peeped 'Towson's Inquiry,' &c., &c. He seemed to think himself excellently well equipped for a renewed encounter with the wilderness. 'Ah! I'll never, never meet such a man again. You ought to have heard him recite poetry—his own too it was, he told me. Poetry!' He rolled his eyes at the recollection of these delights. 'Oh, he enlarged my mind!' 'Good-bye,' said I. He shook hands and vanished in the night. Sometimes I ask myself whether I had ever really seen him—whether it was possible to meet such a phenomenon! . . .

"When I woke up shortly after midnight his warning came to my mind with its hint of danger that seemed, in the starred darkness, real enough to make me get up for the purpose of having a look round. On the hill a big fire burned, illuminating fitfully a crooked corner of the station-house. One of the agents with a picket of a few of our blacks, armed for the purpose, was keeping guard over the ivory; but deep within the forest, red gleams that wavered, that seemed to sink and rise from the ground amongst confused columnar shapes of intense blackness, showed the exact position of the camp where Mr Kurtz's adorers were keeping their uneasy vigil. The monotonous beating of a big drum filled the air with muffled shocks and a lingering vibration. A steady droning sound of many men chanting each to himself some weird incantation came out from the black, flat wall of the woods as the humming of bees comes out of a hive, and had a strange narcotic effect upon my half-awake senses. I believe I dozed off leaning over the rail, till an abrupt burst of yells, an overwhelming outbreak of a pent-up and mysterious frenzy, woke me up in a bewildered wonder. It was cut short all at once, and the low droning went on with an effect of audible and soothing silence. I glanced casually into the little cabin. A light was burning within, but Mr Kurtz was not there.

"I think I would have raised an outcry if I had believed my eyes. But I didn't believe them at first—the thing seemed so impossible. The fact is, I was completely unnerved by a sheer blank fright, pure abstract terror, unconnected with any distinct shape of physical danger. What made this emotion so overpowering was— how shall I define it?—the moral shock I received, as if something altogether monstrous, intolerable to thought and odious to the soul, had been thrust upon me unexpectedly. This lasted of course the merest fraction of a second, and then the usual sense of commonplace, deadly danger, the possibility of a sudden onslaught and massacre, or something of the kind, which I saw impending, was positively welcome and composing. It pacified me, in fact, so much, that I did not raise an alarm.

"There was an agent buttoned up inside an ulster[8] and sleeping on a chair on deck within three feet of me. The yells had not awakened him; he snored very slightly; I left him to his slumbers and leaped ashore. I did not betray Mr Kurtz—it was ordered I should never betray him—it was written I should be loyal to the nightmare of my choice. I was anxious to deal with this shadow by myself alone,—and to this day I don't know why I was so jealous of sharing with any one the peculiar blackness of that experience.

"As soon as I got on the bank I saw a trail—a broad trail through the grass. I remember the exultation with which I said to myself, 'He can't walk—he is crawling on all-fours—I've got him.' The grass was wet with dew. I strode rapidly with clenched fists. I fancy I had some vague notion of falling upon him and giving him a drubbing. I don't know. I had some imbecile thoughts. The knitting old woman with the cat obtruded herself upon my memory as a most improper person to be sitting at the other end of such an affair. I saw a row of pilgrims squirting lead in the air out of Winchesters held to the hip. I thought I would never get back to the steamer, and imagined myself living alone and unarmed in the woods to an advanced age. Such silly things—you know. And I remember I confounded the beat of the drum with the beating of my heart, and was pleased at its calm regularity.

"I kept to the track though—then stopped to listen. The night was very clear: a dark blue space, sparkling with dew and starlight, in which black things stood very still. I thought I could see a kind of motion ahead of me. I was strangely cocksure of everything that night. I actually left the track and ran in a wide semicircle (I verily believe chuckling to myself) so as to get in front of that stir, of that motion I had seen—if indeed I had seen anything. I was circumventing Kurtz as though it had been a boyish game.

"I came upon him, and, if he had not heard me coming, I would have fallen over him too, but he got up in time. He rose, unsteady, long, pale, indistinct, like a vapour exhaled by the earth, and swayed slightly, misty and silent before me; while at my back the fires loomed between the trees, and the murmur of many voices issued from the forest. I had cut him off cleverly; but when actually confronting him I seemed to come to my senses, I saw the danger in its right proportion. It was by no means over yet. Suppose he began to shout? Though he could hardly stand, there was still plenty of vigour in his voice. 'Go away—hide yourself,' he said, in that profound tone. It was very awful. I glanced back. We were within thirty yards from the nearest fire. A black figure stood up, strode on long black legs, waving long black arms, across the glow. It had horns—antelope horns, I think—on its head. Some sorcerer, some witch-man, no doubt: it looked fiend-like enough. 'Do you know what you are doing?' I whispered. 'Perfectly,' he answered, raising his voice for that single word: it sounded to me far off and yet loud, like a hail through a speaking-trumpet. If he makes a row we are lost, I thought to myself. This clearly was not a case for fisticuffs, even apart from the very natural aversion I had to beat that Shadow—this wandering and tormented thing. 'You will be lost,' I said—'utterly lost.' One gets sometimes such a flash of inspiration, you know. I did say the right thing, though indeed he could not have been more irretrievably lost than he was at this very moment, when the foundations of our intimacy were being laid—to endure—to endure—even to the end—even beyond.

8. Long overcoat.

" 'I had immense plans,' he muttered irresolutely. 'Yes,' said I; 'but if you try to shout I'll smash your head with—' there was not a stick or a stone near. 'I will throttle you for good,' I corrected myself. 'I was on the threshold of great things,' he pleaded, in a voice of longing, with a wistfulness of tone that made my blood run cold. 'And now for this stupid scoundrel—' 'Your success in Europe is assured in any case,' I affirmed, steadily. I did not want to have the throttling of him, you understand—and indeed it would have been very little use for any practical purpose. I tried to break the spell—the heavy, mute spell of the wilderness—that seemed to draw him to its pitiless breast by the awakening of forgotten and brutal instincts, by the memory of gratified and monstrous passions. This alone, I was convinced, had driven him out to the edge of the forest, to the bush, towards the gleam of fires, the throb of drums, the drone of weird incantations; this alone had beguiled his unlawful soul beyond the bounds of permitted aspirations. And, don't you see, the terror of the position was not in being knocked on the head—though I had a very lively sense of that danger too—but in this, that I had to deal with a being to whom I could not appeal in the name of anything high or low. I had, even like the niggers, to invoke him—himself—his own exalted and incredible degradation. There was nothing either above or below him, and I knew it. He had kicked himself loose of the earth. Confound the man! he had kicked the very earth to pieces. He was alone, and I before him did not know whether I stood on the ground or floated in the air. I've been telling you what we said—repeating the phrases we pronounced,—but what's the good? They were common everyday words,—the familiar, vague sounds exchanged on every waking day of life. But what of that? They had behind them, to my mind, the terrific suggestiveness of words heard in dreams, of phrases spoken in nightmares. Soul! If anybody had ever struggled with a soul, I am the man. And I wasn't arguing with a lunatic either. Believe me or not, his intelligence was perfectly clear—concentrated, it is true, upon himself with horrible intensity, yet clear; and therein was my only chance—barring, of course, the killing him there and then, which wasn't so good, on account of unavoidable noise. But his soul was mad. Being alone in the wilderness, it had looked within itself, and, by heavens! I tell you, it had gone mad. I had—for my sins, I suppose—to go through the ordeal of looking into it myself. No eloquence could have been so withering to one's belief in mankind as his final burst of sincerity. He struggled with himself, too. I saw it,—I heard it. I saw the inconceivable mystery of a soul that knew no restraint, no faith, and no fear, yet struggling blindly with itself. I kept my head pretty well; but when I had him at last stretched on the couch, I wiped my forehead, while my legs shook under me as though I had carried half a ton on my back down that hill. And yet I had only supported him, his bony arm clasped round my neck—and he was not much heavier than a child.

"When next day we left at noon, the crowd, of whose presence behind the curtain of trees I had been acutely conscious all the time, flowed out of the woods again, filled the clearing, covered the slope with a mass of naked, breathing, quivering, bronze bodies. I steamed up a bit, then swung down-stream, and two thousand eyes followed the evolutions of the splashing, thumping, fierce river-demon beating the water with its terrible tail and breathing black smoke into the air. In front of the first rank, along the river, three men, plastered with bright red earth from head to foot, strutted to and fro restlessly. When we came abreast again, they faced the river, stamped their feet, nodded their horned heads, swayed their scarlet bodies; they shook towards the fierce river-demon a bunch of black feathers, a mangy skin with a pendent tail—something that looked like a dried gourd; they shouted periodically together strings of amazing words that resembled no sounds of human language; and the deep murmurs of the crowd, interrupted suddenly, were like the responses of some satanic litany.

"We had carried Kurtz into the pilot-house: there was more air there. Lying on the couch, he stared through the open shutter. There was an eddy in the mass of human bodies, and the woman with helmeted head and tawny cheeks rushed out to the very brink of the stream. She put out her hands, shouted something, and all that wild mob took up the shout in a roaring chorus of articulated, rapid, breathless utterance.

"'Do you understand this?' I asked.

"He kept on looking out past me with fiery, longing eyes, with a mingled expression of wistfulness and hate. He made no answer, but I saw a smile, a smile of indefinable meaning, appear on his colourless lips that a moment after twitched convulsively. 'Do I not?' he said slowly, gasping, as if the words had been torn out of him by a supernatural power.

"I pulled the string of the whistle, and I did this because I saw the pilgrims on deck getting out their rifles with an air of anticipating a jolly lark. At the sudden screech there was a movement of abject terror through that wedged mass of bodies. 'Don't! don't! you frighten them away,' cried some one on deck disconsolately. I pulled the string time after time. They broke and ran, they leaped, they crouched, they swerved, they dodged the flying terror of the sound. The three red chaps had fallen flat, face down on the shore, as though they had been shot dead. Only the barbarous and superb woman did not so much as flinch, and stretched tragically her bare arms after us over the sombre and glittering river.

"And then that imbecile crowd down on the deck started their little fun, and I could see nothing more for smoke.

"The brown current ran swiftly out of the heart of darkness, bearing us down towards the sea with twice the speed of our upward progress; and Kurtz's life was running swiftly too, ebbing, ebbing out of his heart into the sea of inexorable time. The manager was very placid, he had no vital anxieties now, he took us both in with a comprehensive and satisfied glance: the 'affair' had come off as well as could be wished. I saw the time approaching when I would be left alone of the party of 'unsound method.' The pilgrims looked upon me with disfavour. I was, so to speak, numbered with the dead. It is strange how I accepted this unforeseen partnership, this choice of nightmares forced upon me in the tenebrous land invaded by these mean and greedy phantoms.

"Kurtz discoursed. A voice! a voice! It rang deep to the very last. It survived his strength to hide in the magnificent folds of eloquence the barren darkness of his heart. Oh, he struggled! he struggled! The wastes of his weary brain were haunted by shadowy images now—images of wealth and fame revolving obsequiously round his unextinguishable gift of noble and lofty expression. My Intended, my station, my career, my ideas—these were the subjects for the occasional utterances of elevated sentiments. The shade of the original Kurtz frequented the bedside of the hollow sham, whose fate it was to be buried presently in the mould of primeval earth. But both the diabolic love and the unearthly hate of the mysteries it had penetrated fought for the possession of that soul satiated with primitive emotions, avid of lying fame, of sham distinction, of all the appearances of success and power.

"Sometimes he was contemptibly childish. He desired to have kings meet him at railway-stations on his return from some ghastly Nowhere, where he intended to accomplish great things. 'You show them you have in you something that is really profitable, and then there will be no limits to the recognition of your ability,' he would say. 'Of course you must take care of the motives—right motives—always.' The long reaches that were like one and the same reach, monotonous bends that were exactly alike, slipped past the steamer with their multitude of secular[9] trees looking patiently after this grimy fragment of another world, the forerunner of change, of conquest, of trade, of massacres, of blessings. I looked ahead—piloting. 'Close the shutter,' said Kurtz suddenly one day; 'I can't bear to look at this.' I did so. There was a silence. 'Oh, but I will wring your heart yet!' he cried at the invisible wilderness.

"We broke down—as I had expected—and had to lie up for repairs at the head of an island. This delay was the first thing that shook Kurtz's confidence. One morning he gave me a packet of papers and a photograph,—the lot tied together with a shoe-string. 'Keep this for me,' he said. 'This noxious fool' (meaning the manager) 'is capa-ble of prying into my boxes when I am not looking.' In the afternoon I saw him. He was lying on his back with closed eyes, and I withdrew quietly, but I heard him mut-ter, 'Live rightly, die, die . . .' I listened. There was nothing more. Was he rehearsing some speech in his sleep, or was it a fragment of a phrase from some newspaper arti-cle? He had been writing for the papers and meant to do so again, 'for the furthering of my ideas. It's a duty.'

"His was an impenetrable darkness. I looked at him as you peer down at a man who is lying at the bottom of a precipice where the sun never shines. But I had not much time to give him, because I was helping the engine-driver to take to pieces the leaky cylinders, to straighten a bent connecting-rod, and in other such matters. I lived in an infernal mess of rust, filings, nuts, bolts, spanners, hammers, ratchet-drills—things I abominate, because I don't get on with them. I tended the little forge we fortunately had aboard; I toiled wearily in a wretched scrap-heap—unless I had the shakes too bad to stand.

"One evening coming in with a candle I was startled to hear him say a little tremulously, 'I am lying here in the dark waiting for death.' The light was within a foot of his eyes. I forced myself to murmur, 'Oh, nonsense!' and stood over him as if transfixed.

"Anything approaching the change that came over his features I have never seen before, and hope never to see again. Oh, I wasn't touched. I was fascinated. It was as though a veil had been rent. I saw on that ivory face the expression of sombre pride, of ruthless power, of craven terror—of an intense and hopeless despair. Did he live his life again in every detail of desire, temptation, and surrender during that supreme moment of complete knowledge? He cried in a whisper at some image, at some vision,—he cried out twice, a cry that was no more than a breath—

" 'The horror! The horror!'

"I blew the candle out and left the cabin. The pilgrims were dining in the mess-room, and I took my place opposite the manager, who lifted his eyes to give me a questioning glance, which I successfully ignored. He leaned back, serene, with that peculiar smile of his sealing the unexpressed depths of his meanness. A continuous shower of small flies streamed upon the lamp, upon the cloth, upon our hands and faces. Suddenly the manager's boy put his insolent black head in the doorway, and said in a tone of scathing contempt—

9. Ancient.

" 'Mistah Kurtz—he dead.'

"All the pilgrims rushed out to see. I remained, and went on with my dinner. I believe I was considered brutally callous. However, I did not eat much. There was a lamp in there—light, don't you know—and outside it was so beastly, beastly dark. I went no more near the remarkable man who had pronounced a judgment upon the adventures of his soul on this earth. The voice was gone. What else had been there? But I am of course aware that next day the pilgrims buried something in a muddy hole.

"And then they very nearly buried me.

"However, as you see, I did not go to join Kurtz there and then. I did not. I remained to dream the nightmare out to the end, and to show my loyalty to Kurtz once more. Destiny. My destiny! Droll thing life is—that mysterious arrangement of merciless logic for a futile purpose. The most you can hope from it is some knowledge of yourself—that comes too late—a crop of unextinguishable regrets. I have wrestled with death. It is the most unexciting contest you can imagine. It takes place in an impalpable greyness, with nothing underfoot, with nothing around, without specta-tors, without clamour, without glory, without the great desire of victory, without the great fear of defeat, in a sickly atmosphere of tepid scepticism, without much belief in your own right, and still less in that of your adversary. If such is the form of ultimate wisdom, then life is a greater riddle than some of us think it to be. I was within a hair's-breadth of the last opportunity for pronouncement, and I found with humilia-tion that probably I would have nothing to say. This is the reason why I affirm that Kurtz was a remarkable man. He had something to say. He said it. Since I had peeped over the edge myself, I understand better the meaning of his stare, that could not see the flame of the candle, but was wide enough to embrace the whole universe, pierc-ing enough to penetrate all the hearts that beat in the darkness. He had summed up—he had judged. 'The horror!' He was a remarkable man. After all, this was the expression of some sort of belief; it had candour, it had conviction, it had a vibrating note of revolt in its whisper, it had the appalling face of a glimpsed truth—the strange commingling of desire and hate. And it is not my own extremity I remember best—a vision of greyness without form filled with physical pain, and a careless con-tempt for the evanescence of all things—even of this pain itself. No! It is his extrem-ity that I seem to have lived through. True, he had made that last stride, he had stepped over the edge, while I had been permitted to draw back my hesitating foot. And perhaps in this is the whole difference; perhaps all the wisdom, and all truth, and all sincerity, are just compressed into that inappreciable moment of time in which we step over the threshold of the invisible. Perhaps! I like to think my sum-ming-up would not have been a word of careless contempt. Better his cry—much better. It was an affirmation, a moral victory paid for by innumerable defeats, by abominable terrors, by abominable satisfactions. But it was a victory! That is why I have remained loyal to Kurtz to the last, and even beyond, when a long time after I heard once more, not his own voice, but the echo of his magnificent eloquence thrown to me from a soul as translucently pure as a cliff of crystal.

"No, they did not bury me, though there is a period of time which I remember mistily, with a shuddering wonder, like a passage through some inconceivable world that had no hope in it and no desire. I found myself back in the sepulchral city resenting the sight of people hurrying through the streets to filch a little money from each other, to devour their infamous cookery, to gulp their unwholesome beer, to dream their insignificant and silly dreams. They trespassed upon my thoughts. They were intruders whose knowledge of life was to me an irritating pretence, because I felt so sure they could not possibly know the things I knew. Their bearing, which was simply the bearing of commonplace individuals going about their business in the assurance of perfect safety, was offensive to me like the outrageous flauntings of folly in the face of a danger it is unable to comprehend. I had no particular desire to enlighten them, but I had some difficulty in restraining myself from laughing in their faces, so full of stupid importance. I daresay I was not very well at that time. I tottered about the streets—there were various affairs to settle—grinning bitterly at perfectly respectable persons. I admit my behaviour was inexcusable, but then my temperature was seldom normal in these days. My dear aunt's endeavours to 'nurse up my strength' seemed altogether beside the mark. It was not my strength that wanted nursing, it was my imagination that wanted soothing. I kept the bundle of papers given me by Kurtz, not knowing exactly what to do with it. His mother had died lately, watched over, as I was told, by his Intended. A clean-shaved man, with an official manner and wearing gold-rimmed spectacles, called on me one day and made inquiries, at first circuitous, afterwards suavely pressing, about what he was pleased to denominate certain 'documents.' I was not surprised, because I had had two rows with the manager on the subject out there. I had refused to give up the smallest scrap out of that package, and I took the same attitude with the spectacled man. He became darkly menacing at last, and with much heat argued that the Company had the right to every bit of information about its 'territories.' And, said he, 'Mr Kurtz's knowledge of unexplored regions must have been necessarily extensive and peculiar—owing to his great abilities and to the deplorable circumstances in which he had been placed: therefore—' I assured him Mr Kurtz's knowledge, however extensive, did not bear upon the problems of commerce or administration. He invoked then the name of science. 'It would be an incalculable loss if,' &c., &c. I offered him the report on the 'Suppression of Savage Customs,' with the postscriptum torn off. He took it up eagerly, but ended by sniffing at it with an air of contempt. 'This is not what we had a right to expect,' he remarked. 'Expect nothing else,' I said. 'There are only private letters.' He withdrew upon some threat of legal proceedings, and I saw him no more; but another fellow, calling himself Kurtz's cousin, appeared two days later, and was anxious to hear all the details about his dear relative's last moments. Incidentally he gave me to understand that Kurtz had been essentially a great musician. 'There was the making of an immense success,' said the man, who was an organist, I believe, with lank grey hair flowing over a greasy coat-collar. I had no reason to doubt his statement; and to this day I am unable to say what was Kurtz's profession, whether he ever had any—which was the greatest of his talents. I had taken him for a painter who wrote for the papers, or else for a journalist who could paint—but even the cousin (who took snuff during the interview) could not tell me what he had been—exactly. He was a universal genius—on that point I agreed with the old chap, who thereupon blew his nose noisily into a large cotton handkerchief and withdrew in senile agitation, bearing off some family letters and memoranda without importance. Ultimately a journalist anxious to know something of the fate of his 'dear colleague' turned up. This visitor informed me Kurtz's proper sphere ought to have been politics 'on the popular side.' He had furry straight eyebrows, bristly hair cropped short, an eye-glass on a broad ribbon, and, becoming expansive, confessed his opinion that Kurtz really couldn't write a bit—'but heavens! how that man could talk! He electrified large meetings. He had faith—don't you see?—he had the faith. He could get himself to believe anything—anything. He would have been a splendid leader of an extreme party.' 'What party?' I asked. 'Any party,' answered the other. 'He was an—an—extremist.' Did I not think so? I assented. Did I know, he asked, with a sudden flash of curiosity, 'what it was that had induced him to go out there?' 'Yes,' said I, and forthwith handed him the famous Report for publication, if he thought fit. He glanced through it hurriedly, mumbling all the time, judged 'it would do,' and took himself off with this plunder.

"Thus I was left at last with a slim packet of letters and the girl's portrait. She struck me as beautiful—I mean she had a beautiful expression. I know that the sunlight can be made to lie too, yet one felt that no manipulation of light and pose could have conveyed the delicate shade of truthfulness upon those features. She seemed ready to listen without mental reservation, without suspicion, without a thought for herself. I concluded I would go and give her back her portrait and those letters myself. Curiosity? Yes; and also some other feeling perhaps. All that had been Kurtz's had passed out of my hands: his soul, his body, his station, his plans, his ivory, his career. There remained only his memory and his Intended—and I wanted to give that up too to the past, in a way,—to surrender personally all that remained of him with me to that oblivion which is the last word of our common fate. I don't defend myself. I had no clear perception of what it was I really wanted. Perhaps it was an impulse of unconscious loyalty, or the fulfilment of one of those ironic necessities that lurk in the facts of human existence. I don't know. I can't tell. But I went.

"I thought his memory was like the other memories of the dead that accumulate in every man's life,—a vague impress on the brain of shadows that had fallen on it in their swift and final passage; but before the high and ponderous door, between the tall houses of a street as still and decorous as a well-kept alley in a cemetery, I had a vision of him on the stretcher, opening his mouth voraciously, as if to devour all the earth with all its mankind. He lived then before me; he lived as much as he had ever lived—a shadow insatiable of splendid appearances, of frightful realities; a shadow darker than the shadow of the night, and draped nobly in the folds of a gorgeous eloquence. The vision seemed to enter the house with me—the stretcher, the phantom-bearers, the wild crowd of obedient worshippers, the gloom of the forests, the glitter of the reach between the murky bends, the beat of the drum, regular and muffled like the beating of a heart—the heart of a conquering darkness. It was a moment of triumph for the wilderness, an invading and vengeful rush which, it seemed to me, I would have to keep back alone for the salvation of another soul. And the memory of what I had heard him say afar there, with the horned shapes stirring at my back, in the glow of fires, within the patient woods, those broken phrases came back to me, were heard again in their ominous and terrifying simplicity. I remembered his abject pleading, his abject threats, the colossal scale of his vile desires, the meanness, the torment, the tempestuous anguish of his soul. And later on I seemed to see his collected languid manner, when he said one day, 'This lot of ivory now is really mine. The Company did not pay for it. I collected it myself at a very great personal risk. I am afraid they will try to claim it as theirs though. H'm. It is a difficult case. What do you think I ought to do—resist? Eh? I want no more than justice.' . . . He wanted no more than justice—no more than justice. I rang the bell before a mahogany door on the first floor, and while I waited he seemed to stare at me out of the glassy panel—stare with that wide and immense stare embracing, condemning, loathing all the universe. I seemed to hear the whispered cry, 'The horror! The horror!'

"The dusk was falling. I had to wait in a lofty drawing-room with three long windows from floor to ceiling that were like three luminous and bedraped columns. The bent gilt legs and backs of the furniture shone in indistinct curves. The tall marble fireplace had a cold and monumental whiteness. A grand piano stood massively in a corner, with dark gleams on the flat surfaces like a sombre and polished sarcophagus. A high door opened—closed. I rose.

"She came forward, all in black, with a pale head, floating towards me in the dusk. She was in mourning. It was more than a year since his death, more than a year since the news came; she seemed as though she would remember and mourn for ever. She took both my hands in hers and murmured, 'I had heard you were coming.' I noticed she was not very young—I mean not girlish. She had a mature capacity for fidelity, for belief, for suffering. The room seemed to have grown darker, as if all the sad light of the cloudy evening had taken refuge on her forehead. This fair hair, this pale visage, this pure brow, seemed surrounded by an ashy halo from which the dark eyes looked out at me. Their glance was guileless, profound, confident, and trustful. She carried her sorrowful head as though she were proud of that sorrow, as though she would say, I—I alone know how to mourn for him as he deserves. But while we were still shaking hands, such a look of awful desolation came upon her face that I perceived she was one of those creatures that are not the playthings of Time. For her he had died only yesterday. And, by Jove! the impression was so powerful that for me too he seemed to have died only yesterday—nay, this very minute. I saw her and him in the same instant of time—his death and her sorrow—I saw her sorrow in the very moment of his death. Do you understand? I saw them together—I heard them together. She had said, with a deep catch of the breath, 'I have survived'; while my strained ears seemed to hear distinctly, mingled with her tone of despairing regret, the summing-up whisper of his eternal condemnation. I asked myself what I was doing there, with a sensation of panic in my heart as though I had blundered into a place of cruel and absurd mysteries not fit for a human being to behold. She motioned me to a chair. We sat down. I laid the packet gently on the little table, and she put her hand over it. . . . 'You knew him well,' she murmured, after a moment of mourning silence.

" 'Intimacy grows quickly out there,' I said. 'I knew him as well as it is possible for one man to know another.'

" 'And you admired him,' she said. 'It was impossible to know him and not to admire him. Was it?'

" 'He was a remarkable man,' I said, unsteadily. Then before the appealing fixity of her gaze, that seemed to watch for more words on my lips, I went on, 'It was impossible not to—'

" 'Love him,' she finished eagerly, silencing me into an appalled dumbness. 'How true! how true! But when you think that no one knew him so well as I! I had all his noble confidence. I knew him best.'

" 'You knew him best,' I repeated. And perhaps she did. But with every word spoken the room was growing darker, and only her forehead, smooth and white, remained illumined by the unextinguishable light of belief and love.

" 'You were his friend,' she went on. 'His friend,' she repeated, a little louder. 'You must have been, if he had given you this, and sent you to me. I feel I can speak to you—and oh! I must speak. I want you—you who have heard his last words—to know I have been worthy of him. . . . It is not pride. . . . Yes! I am proud to know I understood him better than any one on earth—he told me so himself. And since his mother died I have had no one—no one—to—to—'

"I listened. The darkness deepened. I was not even sure whether he had given me the right bundle. I rather suspect he wanted me to take care of another batch of his papers which, after his death, I saw the manager examining under the lamp. And the girl talked, easing her pain in the certitude of my sympathy; she talked as thirsty men drink. I had heard that her engagement with Kurtz had been disapproved by her people. He wasn't rich enough or something. And indeed I don't know whether he had not been a pauper all his life. He had given me some reason to infer that it was his impatience of comparative poverty that drove him out there.

" '. . . Who was not his friend who had heard him speak once?' she was saying. 'He drew men towards him by what was best in them.' She looked at me with intensity. 'It is the gift of the great,' she went on, and the sound of her low voice seemed to have the accompaniment of all the other sounds, full of mystery, desolation, and sorrow, I had ever heard—the ripple of the river, the soughing of the trees swayed by the wind, the murmurs of wild crowds, the faint ring of incomprehensible words cried from afar, the whisper of a voice speaking from beyond the threshold of an eternal darkness. 'But you have heard him! You know!' she cried.

" 'Yes, I know,' I said with something like despair in my heart, but bowing my head before the faith that was in her, before that great and saving illusion that shone with an unearthly glow in the darkness, in the triumphant darkness from which I could not have defended her—from which I could not even defend myself.

" 'What a loss to me—to us!'—she corrected herself with beautiful generosity; then added in a murmur, 'To the world.' By the last gleams of twilight I could see the glitter of her eyes, full of tears—of tears that would not fall.

" 'I have been very happy—very fortunate—very proud,' she went on. 'Too fortunate. Too happy for a little while. And now I am unhappy for—for life.'

"She stood up; her fair hair seemed to catch all the remaining light in a glimmer of gold. I rose too.

" 'And of all this,' she went on, mournfully, 'of all his promise, and of all his greatness, of his generous mind, of his noble heart, nothing remains—nothing but a memory. You and I—'

" 'We shall always remember him,' I said, hastily.

" 'No!' she cried. 'It is impossible that all this should be lost—that such a life should be sacrificed to leave nothing—but sorrow. You know what vast plans he had. I knew of them too—I could not perhaps understand,—but others knew of them. Something must remain. His words, at least, have not died.'

" 'His words will remain,' I said.

" 'And his example,' she whispered to herself. 'Men looked up to him,—his goodness shone in every act. His example—'

" 'True,' I said; 'his example too. Yes, his example. I forgot that.'

" 'But I do not. I cannot—I cannot believe—not yet. I cannot believe that I shall never see him again, that nobody will see him again, never, never, never.'

"She put out her arms as if after a retreating figure, stretching them black and with clasped pale hands across the fading and narrow sheen of the window. Never see him! I saw him clearly enough then. I shall see this eloquent phantom as long as I live, and I shall see her too, a tragic and familiar Shade, resembling in this gesture another one, tragic also, and bedecked with powerless charms, stretching bare brown arms over the glitter of the infernal stream, the stream of darkness. She said suddenly very low, 'He died as he lived.'

" 'His end,' said I, with dull anger stirring in me, 'was in every way worthy of his life.'

" 'And I was not with him,' she murmured. My anger subsided before a feeling of infinite pity.

" 'Everything that could be done—' I mumbled.

" 'Ah, but I believed in him more than any one on earth—more than his own mother, more than—himself. He needed me! Me! I would have treasured every sigh, every word, every sign, every glance.'

"I felt like a chill grip on my chest. 'Don't,' I said, in a muffled voice.

" 'Forgive me. I—I—have mourned so long in silence—in silence. . . . You were with him—to the last? I think of his loneliness. Nobody near to understand him as I would have understood. Perhaps no one to hear. . . .'

" 'To the very end,' I said, shakily. 'I heard his very last words. . . .' I stopped in a fright.

" 'Repeat them,' she said in a heart-broken tone. 'I want—I want—something—something—to—to live with.'

"I was on the point of crying at her, 'Don't you hear them?' The dusk was repeating them in a persistent whisper all around us, in a whisper that seemed to swell menacingly like the first whisper of a rising wind. 'The horror! the horror!'

" 'His last word—to live with,' she murmured. 'Don't you understand I loved him—I loved him—I loved him!'

"I pulled myself together and spoke slowly.

" 'The last word he pronounced was—your name.'

"I heard a light sigh, and then my heart stood still, stopped dead short by an exulting and terrible cry, by the cry of inconceivable triumph and of unspeakable pain. 'I knew it—I was sure!' . . . She knew. She was sure. I heard her weeping; she had hidden her face in her hands. It seemed to me that the house would collapse before I could escape, that the heavens would fall upon my head. But nothing happened. The heavens do not fall for such a trifle. Would they have fallen, I wonder, if I had rendered Kurtz that justice which was his due? Hadn't he said he wanted only justice? But I couldn't. I could not tell her. It would have been too dark—too dark altogether. . . ."

Marlow ceased, and sat apart, indistinct and silent, in the pose of a meditating Buddha. Nobody moved for a time. "We have lost the first of the ebb," said the Director, suddenly. I raised my head. The offing was barred by a black bank of clouds, and the tranquil waterway leading to the uttermost ends of the earth flowed sombre under an overcast sky—seemed to lead into the heart of an immense darkness.

❦

Companion Readings
Joseph Conrad: from Congo Diary

Arrived at Matadi[1] on the 13th of June, 1890.

Mr Gosse, chief of the station (O.K.) retaining us for some reason of his own.

Made the acquaintance of Mr Roger Casement,[2] which I should consider as a great pleasure under any circumstances and now it becomes a positive piece of luck.

Thinks, speaks well, most intelligent and very sympathetic.

---

1. Colonial station near the mouth of the Congo River. Conrad arrived there on his way to take up his command of a steamship upriver at Kinshasa.
2. Casement (1864–1916) and Conrad were employed at the time by the same company. Casement later served as British consul in various parts of Africa, and was the author of a report on the Congo (1904) that did much to make public the terrible conditions there. He was knighted in 1912. In 1916 he was executed by the British for his part in the Easter Rebellion in Ireland.

Feel considerably in doubt about the future. Think just now that my life amongst the people (white) around here cannot be very comfortable. Intend avoid acquaintances as much as possible. * * *

24th. Gosse and R.C. gone with a large lot of ivory down to Boma. On G.['s] return to start to up the river. Have been myself busy packing ivory in casks. Idiotic employment. Health good up to now. * * *

Prominent characteristic of the social life here: people speaking ill of each other.

* * *

Friday, 4th July.

Left camp at 6h a.m. after a very unpleasant night. Marching across a chain of hills and then in a maze of hills. At 8:15 opened out into an undulating plain. Took bearings of a break in the chain of mountains on the other side. * * *

Saw another dead body lying by the path in an attitude of meditative repose.

In the evening three women of whom one albino passed our camp. Horrid chalky white with pink blotches. Red eyes. Red hair. Features very Negroid and ugly. Mosquitos. At night when the moon rose heard shouts and drumming in distant villages. Passed a bad night.

Saturday, 5th July. go.

Left at 6:15. Morning cool, even cold and very damp. Sky densely overcast. Gentle breeze from NE. Road through a narrow plain up to R. Kwilu. Swift-flowing and deep, 50 yds. wide. Passed in canoes. After[war]ds up and down very steep hills intersected by deep ravines. Main chain of heights running mostly NW-SE or W and E at times. Stopped at Manyamba. Camp[in]g place bad—in hollow—water very indifferent. Tent set at 10:15.

Section of today's road. NNE Distance 12 m. [a drawing]

Today fell into a muddy puddle. Beastly. The fault of the man that carried me. After camp[in]g went to a small stream, bathed and washed clothes. Getting jolly well sick of this fun.

Tomorrow expect a long march to get to Nsona, 2 days from Manyanga. No sunshine today.

* * *

Saturday, 26th.

Left very early. Road ascending all the time. Passed villages. Country seems thickly inhabited. At 11h arrived at large market place. Left at noon and camped at 1h p.m.

[section of the day's march with notes]

a camp—a white man died here—market—govt. post—mount—crocodile pond—Mafiesa. * * *

Sunday, 27th.

Left at 8h am. Sent luggage carriers straight on to Luasi and went ourselves round by the Mission of Sutili.

Hospitable reception by Mrs Comber. All the missio[naries] absent.

The looks of the whole establishment eminently civilized and very refreshing to see after the lots of tumble-down hovels in which the State and Company agents are content to live—fine buildings. Position on a hill. Rather breezy.

Left at 3h pm. At the first heavy ascent met Mr Davis, miss[ionary] returning from a preaching trip. Rev. Bentley away in the South with his wife. * * *

Tuesday, 29th.

Left camp at 7h after a good night's rest. Continuous ascent; rather easy at first. Crossed wooded ravines and the river Lunzadi by a very decent bridge.

At 9h met Mr Louette escorting a sick agent of the Comp[an]y back to Matadi. Looking very well. Bad news from up the river. All the steamers disabled. One wrecked. Country wooded. At 10:30 camped at Inkissi. * * *

Today did not set the tent but put up in Gov[ernmen]t shimbek.[3] Zanzibari in charge—very obliging. Met ripe pineapple for the first time. On the road today passed a skeleton tied up to a post. Also white man's grave—no name. Heap of stones in the form of a cross.

Health good now.

Wednesday, 30th.

Left at 6 a.m. intending to camp at Kinfumu. Two hours' sharp walk brought me to Nsona na Nsefe. Market. ½ hour after, Harou arrived very ill with billious [sic] attack and fever. Laid him down in Gov[ernmen]t shimbek. Dose of Ipeca.[4] Vomiting bile in enormous quantities. At 11h gave him 1 gramme of quinine and lots of hot tea. Hot fit ending in heavy perspiration. At 2 p.m. put him in hammock and started for Kinfumu. Row with carriers all the way. Harou suffering much through the jerks of the hammock. Camped at a small stream.

At 4h Harou better. Fever gone. * * *

Up till noon, sky clouded and strong NW wind very chilling. From 1h pm to 4h pm sky clear and very hot day. Expect lots of bother with carriers tomorrow. Had them all called and made a speech which they did not understand. They promise good behaviour. * * *

Friday, 1st of August 1890.

* * *   Row between the carriers and a man stating himself in Gov[ernmen]t employ, about a mat. Blows with sticks raining hard. Stopped it. Chief came with a youth about 13 suffering from gunshot wound in the head. Bullet entered about an inch above the right eyebrow and came out a little inside. The roots of the hair, fairly in the middle of the brow in a line with the bridge of the nose. Bone not damaged apparently. Gave him a little glycerine to put on the wound made by the bullet on coming out. Harou not very well. Mosquitos. Frogs. Beastly. Glad to see the end of this stupid tramp. Feel rather seedy. Sun rose red. Very hot day. Wind S[ou]th.

Sir Henry Morton Stanley: from *Address to the Manchester Chamber of Commerce*[1]

There is not one manufacturer here present who could not tell me if he had the opportunity how much he personally suffered through the slackness of trade; and I dare say that you have all some vague idea that if things remain as they are the future of the cotton manufacture is not very brilliant. New inventions are continually cropping up, so that

3. A group of huts.
4. A medicine.
1. The journalist and adventurer Henry Morton Stanley wrote best-selling accounts of his exploits in Africa; an excerpt from his *Through the Dark Continent* begins on page 1803. He delivered this address to the textile manu-

facturers of Manchester in 1886, seeking their support for the commercial exploitation of the Congo. This speech gives a striking example of the outlook—and rhetoric— of the people who created the conditions Conrad encountered when he went to the Congo in 1890.

your power of producing, if stimulated, is almost incalculable; but new markets for the sale of your products are not of rapid growth, and as other nations, by prohibitive tariffs, are bent upon fostering native manufacturers to the exclusion of your own, such markets as are now open to you are likely to be taken away from you in course of time. Well, then, I come to you with at least one market where there are at present, perhaps, 6,250,000 yards of cheap cottons sold every year on the Congo banks and in the Congo markets.[2]

I was interested the other day in making a curious calculation, which was, supposing that all the inhabitants of the Congo basin were simply to have one Sunday dress each, how many yards of Manchester cloth would be required; and the amazing number was 320,000,000 yards, just for one Sunday dress! (Cheers.) Proceeding still further with these figures I found that two Sunday dresses and four everyday dresses would in one year amount to 3,840,000,000 yards, which at 2d. [two pence] per yard would be of the value of £16,000,000. The more I pondered upon these things I discovered that I could not limit these stores of cotton cloth to day dresses. I would have to provide for night dresses also—(laughter)—and these would consume 160,000,000 yards. (Cheers.) Then the grave cloths came into mind, and, as a poor lunatic, who burned Bolobo Station,[3] destroyed 30,000 yards of cloth in order that he should not be cheated out of a respectable burial, I really feared for a time that the millions would get beyond measurable calculation. However, putting such accidents aside, I estimate that, if my figures of population are approximately correct, 2,000,000 die every year, and to bury these decently, and according to the custom of those who possess cloth, 16,000,000 yards will be required, while the 40,000 chiefs will require an average of 100 yards each, or 4,000,000 yards. I regarded these figures with great satisfaction, and I was about to close my remarks upon the millions of yards of cloth that Manchester would perhaps be required to produce when I discovered that I had neglected to provide for the family wardrobe or currency chest, for you must know that in the Lower Congo there is scarcely a family that has not a cloth fund of about a dozen pieces of about 24 yards each. This is a very important institution, otherwise how are the family necessities to be provided for? How are the fathers and mothers of families to go to market to buy greens, bread, oil, ground nuts, chickens, fish, and goats, and how is the petty trade to be conducted? How is ivory to be purchased, the gums, rubber, dye powders, gunpowder, copper slugs, guns, trinkets, knives, and swords to be bought without a supply of cloth? Now, 8,000,000 families at 300 yards each will require 2,400,000,000. (Cheers.) You all know how perishable such currency must be; but if you sum up these several millions of yards, and value all of them at the average price of 2d. per yard, you will find that it will be possible for Manchester to create a trade—in the course of time—in cottons in the Congo basin amounting in value to about £26,000,000 annually. (Loud cheers.) I have said nothing about Rochdale savelist, or your own superior prints, your gorgeous handkerchiefs, with their variegated patterns, your checks and striped cloths, your ticking and twills.[4] I must satisfy myself with suggesting them; your own imaginations will no doubt carry you to the limbo of immeasurable and incalculable millions. (Laughter and cheers.)

2. The Congo Free State (later Zaire), a vast area of central Africa around the Congo River, was formally brought under the ownership of Leopold II of Belgium and other investors in the International Association of the Congo by the Berlin West Africa Conference of 1884–1885. Stanley's expeditions there (from 1876) had been financed by Leopold, and from 1879 Stanley had set up trading stations along the river to facilitate the exploitation of the area's natural resources.

3. The London *Times* carried frequent reports of disturbances in the Congo at this time; in March 1884, for example, Congolese attacks on foreign trading establishments at Nokki in the Lower Congo had caused the Europeans to "declare war against the natives."

4. Savelist is cheap fabric; ticking is a strong cotton or linen fabric; twill is a kind of textile weave.

Now, if your sympathy for yourselves and the fate of Manchester has been excited sufficiently, your next natural question would be as follows: We acknowledge, sir, that you have contrived by an artful array of imposing millions to excite our attention, at least, to this field; but we beg to ask you what Manchester is to do in order that we may begin realising this sale of untold millions of yards of cotton cloth? I answer that the first thing to do is for you to ask the British Government to send a cruiser to the mouth of the Congo to keep watch and ward over that river until the European nations have agreed among themselves as to what shall be done with the river, lest one of these days you will hear that it is too late. (Hear, hear.) Secondly, to study whether, seeing that it will never do to permit Portugal to assume sovereignty over that river[5]—and England publicly disclaims any wish to possess that river for herself—it would not be as well to allow the International Association to act as guardians of international right to free trade and free entrance and exit into and out of the river. (Hear, hear.) The main point, remember, always is a guarantee that the lower river shall be free, that, however the Upper Congo may be developed, no Power, inspired by cupidity, shall seize upon the mouth of the river and build custom houses. (Hear, hear.) The Lower Congo in the future will only be valuable because down its waters will have to be floated the produce of the rich basin above to the ocean steamships. It will always have a fair trade of its own, but it bears no proportion to the almost limitless trade that the Upper Congo could furnish. If the Association could be assured that the road from Europe to Vivi[6] was for ever free, the first steps to realise the sale of those countless millions of yards of cotton cloth would be taken. Over six millions of yards are now used annually; but we have no means of absorbing more, owing to the difficulties of transport. Every man capable and willing to carry a load is employed. When human power was discovered to be not further available we tested animal power and discovered it to be feebler and more costly than the other; and we have come to the conclusion that steam power must now assist us or we remain *in statu quo* [as things now stand]. But before having recourse to this steam power, and building the iron road along which your bales of cotton fabrics may roll on to the absorbing markets of the Upper Congo unceasingly, the Association pauses to ask you, and the peoples of other English cities, such as London, Liverpool, Glasgow, Birmingham, Leeds, Preston, Sheffield, who profess to understand the importance of the work we have been doing, and the absorbing power of those markets we have reached, what help you will render us, for your own sakes, to make those markets accessible? (Hear, hear.) The Association will not build that railway to the Upper Congo, nor invest one piece of sterling gold in it, unless they are assured they will not be robbed of it, and the Lower Congo will be placed under some flag that shall be a guarantee to all the world that its waters and banks are absolutely free. (Cheers.)

You will agree with me, I am sure, that trade ought to expand and commerce grow, and if we can coax it into mature growth in this Congo basin that it would be a praiseworthy achievement, honoured by men and gods; for out of this trade, this intercourse caused by peaceful barter, proceed all those blessings which you and I enjoy. The more trade thrives, the more benefits to mankind are multipled, and near-

5. The mouth of the Congo River had been discovered by the Portuguese in 1482.
6. A town on the Upper Congo river; from 1882 Stanley had been arguing that a railway should be built between the Lower and Upper Congo to facilitate the exploitation of the interior. It was completed in 1898.

er to gods do men become. (Hear, hear.) The builders of railroads through wilder-
nesses generally require large concessions of lands; but the proposed builders of this
railway to connect the Lower with the Upper Congo do not ask for any landed concessions; but they ask for a concession of authority over the Lower Congo in order
that the beneficent policy which directs the civilising work on the Upper Congo may
be extended to the Lower River, and that the mode of government and action may
be uniform throughout. The beneficent policy referred to is explained in the treaty
made and concluded with the United States Government.[7] That treaty says: "That
with the object of enabling civilisation and commerce to penetrate into Equatorial
Africa the Free States of the Congo have resolved to levy no customs duties whatever. The Free States also guarantee to all men who establish themselves in their territories the right of purchasing, selling, or leasing any land and buildings, of creating
factories and of trade on the sole condition that they conform to the law. The International Association of the Congo is prepared to enter into engagements with other
nations who desire to secure the free admission of their products on the same terms as
those agreed upon with the United States."

Here you have in brief the whole policy. I might end here, satisfied with having
reminded you of these facts, which probably you had forgotten. Obedience to the
laws—that is, laws drawn for protection of all—is the common law of all civilised
communities, without which men would soon become demoralised. Can anybody
object to that condition? Probably many of you here recollect reading those interesting letters from the Congo which were written by an English clerk in charge of an
English factory. They ended with the cry of "Let us alone." In few words he meant to
say, "We are doing very well as we are, we do not wish to be protected, and least of all
taxed—therefore, let us alone. Our customers, the natives, are satisfied with us. The
native chiefs are friendly and in accord with us; the disturbances, if any occur, are
local; they are not general, and they right themselves quickly enough, for the trader
cannot exist here if he is not just and kind in his dealings. The obstreperous and violent white is left to himself and ruin. Therefore, let us alone." Most heartily do I echo
this cry; but unfortunately the European nations will not heed this cry; they think
that some mode of government is necessary to curb those inclined to be refractory,
and if there is at present a necessity to exhibit judicial power and to restrict evil-
minded and ill-conditioned whites, as the Congo basin becomes more and more pop-
ulated this necessity will be still more apparent. At the same time, if power appears
on the Congo with an arbitrary and unfeeling front—with a disposition to tax and
levy burdensome tariffs just as trade begins to be established—the outlook for enterprise becomes dismal and dark indeed.[8] (Hear, hear.) * * *

No part of Africa, look where I might, appeared so promising to me as this
neglected tenth part of the continent. I have often fancied myself—when I had
nothing to do better than dream—gazing from some lofty height, and looking down
upon this square compact patch of 800,000,000 acres, with its 80,000 native towns,
its population of 40,000,000 souls, its 17,000 miles of river waters, and its 30,000
square miles of lakes, all lying torpid, lifeless, inert, soaked in brutishness and bestial-
ity, and I have never yet descended from that airy perch in the empyrean and
touched earth but I have felt a purpose glow in me to strive to do something to awak-

7. The United States was the first country to recognize
the right of the International Association to govern the
Congo territories in April 1884.

8. The right of the International Association to govern
the Congo was eventually ended in 1908, following widespread protests against the regime's brutality.

en it into life and movement, and I have sometimes half fancied that the face of aged Livingstone,[9] vague and indistinct as it were, shone through the warm, hazy atmosphere, with a benignant smile encouraging me in my purpose. * * *

Yet, though examined from every point of view, a study of the Upper Congo and its capabilities produces these exciting arrays of figures and possibilities, I would not pay a two-shilling piece for it all so long as it remains as it is. It will absorb easily the revenue of the wealthiest nation in Europe without any return. I would personally one hundred times over prefer a snug little freehold in a suburb of Manchester to being the owner of the 1,300,000 English square miles of the Congo basin if it is to remain as inaccessible as it is to-day, or if it is to be blocked by that fearful tariff-loving nation, the Portuguese. (Hear, hear.) But if I were assured that the Lower Congo would remain free, and the flag of the Association guaranteed its freedom, I would if I were able build that railway myself—build it solid and strong—and connect the Lower Congo with the Upper Congo, perfectly satisfied that I should be followed by the traders and colonists of all nations. * * * The Portuguese have had nearly 400 years given them to demonstrate to the world what they could do with the river whose mouth they discovered, and they have been proved to be incapable to do any good with it, and now civilisation is inclined to say to them, "Stand off from this broad highway into the regions beyond—(cheers); let others who are not paralytic strive to do what they can with it to bring it within the number of accessible markets. There are 40,000,000 of naked people beyond that gateway, and the cotton spinners of Manchester are waiting to clothe them. Rochdale and Preston women are waiting for the word to weave them warm blue and crimson savelist. Birmingham foundries are glowing with the red metal that shall presently be made into ironwork in every fashion and shape for them, and the trinkets that shall adorn those dusky bosoms; and the ministers of Christ are zealous to bring them, the poor benighted heathen, into the Christian fold." (Cheers.)

Mr JACOB BRIGHT, M.P., who was received with loud cheers, said: I have listened with extreme interest to one of the ablest, one of the most eloquent addresses which have ever been delivered in this city—(cheers); and I have heard with uncommon pleasure the views of a man whose ability, whose splendid force of character, whose remarkable heroism, have given him a world-wide reputation. (Cheers.) * * *

Mr GRAFTON, M.P., moved:—

> That the best thanks of this meeting be and are hereby given to Mr H. M. Stanley for his address to the members of the Chamber, and for the interesting information conveyed by him respecting the Congo and prospects of international trade on the West Coast and interior of Africa.

He remarked that Mr Stanley's name was already enrolled in the pages of history, and would be handed down to posterity with the names of the greatest benefactors of our species, such as Columbus, who had opened out the pathways of the world. Long might Mr Stanley be spared to witness the benefit of his arduous and beneficent labours. (Cheers.)

9. David Livingstone (1813–1873), Scottish explorer and missionary. His expeditions into central Africa, in search of the source of the Nile River, were heavily publicized; when Livingstone "disappeared" in the course of what proved to be his last expedition, Stanley, then a correspondent for the *New York Herald*, was sent to find him. The two men met on the banks of Lake Tanganyika in East Africa in 1871; Stanley published an account of their meeting in *How I Found Livingstone* (1872).

Gang of Four: We Live As We Dream, Alone[1]

Everybody is in too many pieces
No man's land surrounds our desires
To crack the shell we mix with others
Some lie in the arms of lovers

The city is the place to be
With no money you go crazy
I need an occupation
You have to pay for satisfaction

We live as we dream, alone
To crack this shell we mix with others
Some flirt with fascism
Some lie in the arms of lovers

We live as we dream, alone
(repeat)

Everybody is in too many pieces
No man's land surrounds me
Without money we'll all go crazy

Man and woman need to work
It helps to define ourselves
We were not born in isolation
But sometimes it seems that way

We live as we dream, alone
(repeat)

We live as we dream, alone
The space between our work and its product
Some fall into fatalism
As if it started out this way

We live as we dream, alone
(repeat)

We live as we dream, alone
We were not born in isolation
But sometimes it seems that way
The space between our work and its product
As if it must always be this way

With our money we'll. . . .

1. In 1976 the Sex Pistols set off the British punk revolution with their first single, "Anarchy in the U.K." The Gang of Four is one of many bands that arose during the early years of punk, when a wide range of musical possibilities seemed open to anyone with a guitar. The Gang of Four's music combines the assaultive sound of punk bands with an infectious dance sensibility—lacing this unlikely hybrid with neo-Marxist lyrics about consumerism and labor. "We Live As We Dream, Alone," from their 1982 album *Songs of the Free*, takes a famous line from *Heart of Darkness* and makes it the cry of alienated labor, thereby reframing Conrad's message for a nation dominated by the conservative policies of Thatcherism.

·+· ⚌✦⚌ ·+·

Bernard Shaw
1856–1950

Few writers so dominate their times that their names become household words, let alone, as with (George) Bernard Shaw, their initials: three letters as identifiable during his lifetime as a brand name or a logo is today. G.B.S. was the shorthand code for one of the most celebrated and controversial writers of the twentieth century—a novelist, music critic, playwright, pamphleteer, political theorist, educator, and essayist. Shaw's life arc stretched a venerable ninety-four years from the midpoint of the nineteenth century to the midpoint of the twentieth. In his very long and almost unbelievably prolific career Shaw articulated most of the new ideas associated with modernity, whether in the dramatic form of the plays he is best remembered for today, or in the philosophical and political essays for which he was equally famed during his lifetime. He was awarded the Nobel Prize for literature in 1925, although in characteristically defiant fashion, he refused to accept the money, saying that the honor "is greater than is good for my spiritual health." By the same token, when the British government tried to award him the Order of Merit, he riposted, "I have already conferred it upon myself." So well known was he, and so influential as an iconoclast, that the adjective "Shavian" sprang from his last name, denoting a worldview of exuberant and profound contradictions, where opposing ideas are brought into comic, and ultimately serious, artistic and social synthesis.

A major force on the London stage and in British cultural life, Shaw was not conventionally British. He was Irish, born in Dublin in 1856, the third child of George Carr Shaw and Bessie Gurly. Brought up in "an awful little kennel with primitive sanitary arrangements" on Synge Street in Dublin, Shaw had a startlingly unusual childhood: his father, an alchoholic clerk on his way down the social scale, had permitted Shaw's mother Bessie to bring her vocal coach and lover, Vandeleur Lee, to live in the family house. As Shaw once remarked, Bessie "was simply not a wife or mother at all." Bessie's brother Walter Gurly, a ship's surgeon, was another part of the menage; an ebullient man who electrifyingly proclaimed his idiosyncratic views of the Bible, Gurly became Shaw's "third father." The eccentricities of his upbringing, with three fathers and an absentee mother, led to Shaw's firm belief that parents and children were inevitably mismatched, and to his strong activism for equal rights for all members of the family constellation.

Shaw's experiments with schooling were abysmal failures, largely because only vocational training was available to a family of his means, and by the age of fifteen he had seen his last of school, which he likened to a jail designed "to keep the little devils locked up where they cannot drive their mothers mad." What took the place of formal schooling was Shaw's self-education as a voracious reader of Homer, Shakespeare, Shelley, Dickens, and much popular literature—"all normal people require both classics and trash," he wrote—and his constant immersion in the rich musical life of Dublin. In 1873 his "father" Vandeleur Lee left for London to become a musical impresario, followed soon after by Bessie Shaw and young Bernard's two sisters, leaving Shaw essentially abandoned in Dublin. Thrown back on his own resources, he worked miserably as a clerk and lived in a rooming house, teaching himself to play the piano and organizing musicales with other clerks in their off hours. So acute did his misery grow that in 1876 he decided to go to London himself, and moved in with his mother, Lee, and his sister Lucy.

The move to London altered everything for Shaw. London was the cornucopia that the deprived and impoverished colonial city of Dublin was not, and Shaw was simultaneously intoxicated with its grandeur and disillusioned by its poverty and inequalities. He recognized London as "the literary center of the English language," and he quickly established himself as a budding essayist and critic, and a would-be playwright, while also writing four novels that received rejection notices labeling them "sordid" and "perverse." The hub of Shaw's endeavors was the British Museum's famous reading room and library. Sitting at his assigned carrel (unbeknownst to him, Lenin sat nearby), Shaw read large numbers of books, among them Karl Marx's *Das Kapital,* a book that ironically had been written in that very same reading room. "It was the only book that ever turned me upside down," Shaw confessed, and he began attending meetings of every radical society he could find, until the Fabian Society claimed his loyalty. He delivered a paper before the group in 1884, beginning a long career as a political theorist and polemicist, writing essays such as *The Intelligent Woman's Guide to Socialism and Capitalism.*

Shaw became a charismatic public lecturer on social and political topics, and he began to write art and music criticism. In vivid essays he argued that the innovations of such radical composers as Wagner were parallel to the radical changes in politics and social arrangements Shaw also championed. Like James Joyce, he fervently admired Henrik Ibsen, the Norwegian playwright whose plays seemed to sound the death knell for Victorian social certainties. Ibsen's *The Doll House,* for example, dramatized the growing movement for the emancipation of women, a cause Shaw adamantly supported. Ibsen's drama pointed the way for Shaw's own development into a great playwright: he realized through Ibsen's example that he need not adopt an "art for art's sake" philosophy, as the reigning vision of the *fin de siècle* described its ideal; instead, art could be fully engaged in ideas, and could have as its mission nothing less than changing the world.

Shaw struggled for seven years to break free of Victorian dramatic constraints and the rigid structures of nineteenth-century drama, until in 1895 he had created his first play, *Widower's Houses.* While the play is not particularly memorable, its subtitle does give a sense of the special goals of Shavian drama at this early stage: "An Original Didactic Realist Play in Three Acts, Designed to Induce People to Vote on the Progressive Side at the Next County Council in London." Art for art's sake, indeed. "Why would art if it was just for art's sake interest me at all?" Shaw asked.

The political play of ideas was the form Shaw crafted and perfected over the next thirty years, drawing on a rich history of political thought and philosophical inquiry. He borrowed from British thinkers like Carlyle and from the German philosopher Friedrich Nietzsche, whose controversial writings argued that human beings make their own truth and thus create their own values. In plays like *Man and Superman, Androcles and the Lion, Arms and the Man,* and *The Doctor's Dilemma,* Shaw staged debates over values that only seem to be universal or eternal, likening the contemporary values of Edwardian Britain to outmoded garments that his society should change. Shaw was a political iconoclast whose democratic ideals were meshed with an unsentimental acknowledgment of human nature. He wanted the best cultural goods—education, art, freedom from drudgery—to be distributed equally to all without regard to sex, class, or race. However, he never romanticized the working class nor any other political group, and, never a utopian, Shaw always argued that lasting change should gradually be pressed with pragmatism, common sense, and energetic wit.

The "Shavian" element of all the plays, and of Shaw's essays and reviews, resides in an unwillingness to propose a simple answer to social problems, or to establish a clear-cut "right" and "wrong." Shaw's thinking is dialectical in style: ideas bounce and ricochet off one another, and things happen in his plays by means of a quicksilver collision of ideas that yields a new and unexpected synthesis. Shaw's characters are not simply ideas dressed up to look like people; instead, the characters embody the ever-changing and often arbitrary flow of ideas as these come to life in real, quirky, individual human beings, embroiled in verbal duels. One of his characters puts it this way: "I want to be an active verb." There are no outright villains, and no pure heroes or heroines, in a Shaw play: for example, while ruthless capitalism is a social evil in Shaw's universe, his plays are full of capitalist *characters* who are wise and winning.

It is helpful—if somewhat dizzying—to remember that Bernard Shaw and Sigmund Freud were born in the same year, and that each man was a powerful voice in transforming modern ideas of sex, gender, and "the woman question." Shaw in fact commented on this unexpected affinity when he first stumbled on Freud's writings in 1911, and pronounced "I have said it all before him." For Freud, the Rosetta Stone of understanding was sex, and his great discovery was that women are also sexual beings. For Shaw, too, sex is everywhere, but it is never the problem—sex is liberating for men and women alike. Shaw was an ardent proponent of free love, and had many romances and affairs, although most of them appear to have been limited to the pages of his torrid correspondence. In 1898, at the age of forty-two, he married Charlotte Payne-Townshend, a wealthy supporter of Fabian socialist causes, but he remained attached, at least on paper, to several other women.

In his famous essay *The Quintessence of Ibsenism,* Shaw used his commentary on Ibsen's plays as a way of proclaiming his own discoveries about the New Woman: "There is no such species in creation as 'Woman, lovely Woman,' the woman being simply the female of the human species, and to have one conception of humanity for the woman and another for the man, or one law for the woman and another for the man, or one artistic convention for the woman and another for the man, or, for that matter, a skirt for the woman and a pair of breeches for the man . . . is unnatural and unworkable." Shaw was dedicated to tearing down what he saw as the oppressive veil of Victorian ideals of womanhood—that women are self-sacrificing, pure, noble, and passive. Women are usually the social visionaries in his plays, not because he thought of women as "better," or even as fundamentally different, but because their struggles with orthodoxy were basic. The modern woman can change into "modern dress"—the radical costumes of the mind—with much more ease and enthusiasm, indeed, more lightheartedly and playfully, than can men. By allying women with the newest of the new ideas, in plays including *Major Barbara, Mrs. Warren's Profession, Pygmalion, Misalliance,* and *Saint Joan,* Shaw indicates the excitement, the vitality, and the innovation behind women who have burst out of the confines of domestic duty.

Shaw's plays employ classic comic situations, with elements drawn from Roman comedy and from Shakespeare. Yet for all their classical economy, Shaw's plays feel experimental, perhaps because they are constructed musically rather than dramatically. Shaw, who is still considered to be the most distinguished music critic of modern times, loves to draw on the musical style of a harmony of voices rather than singling out one or two main protagonists, often creating a kind of chamber play that is reliant on its ensemble. *Pygmalion* has this ensemble structure—we don't get a "full" portrait of any single character in the play, since the characters, like the colored glass bits of a kaleidoscope, change in relation to one another and form new patterns from scene to scene.

Pygmalion—first performed in London and New York in 1914, and published in 1916—is Shaw's most enduringly popular play, due in no small part to the big-budget 1964 Warner Brothers film adaptation *My Fair Lady,* starring Rex Harrison as Professor Henry Higgins and Audrey Hepburn as Eliza Doolittle and featuring songs by the gifted team of Lerner and Loewe. *Pygmalion* foregrounds most of Shaw's characteristic themes: his distaste for and distrust of the British class system, his impatience with the second-class status afforded women in the early decades of the twentieth century, and the hollowness of what Eliza's father refers to as "middle class morality." *Pygmalion* is also characteristic in the way that Shaw uses comic means—as well as a long brow-beating postscript—to put his ideas for social reform across. In the end, aristocratic status is made to look like something of a parlor trick—and that while elegant costume and genteel pronunciation might get one accepted into polite society there is, as W. B. Yeats wrote in his poem "A Coat," "more enterprise / In walking naked."

Bernard Shaw is at once a brilliant comic dramatist—in his essays and his letters as in his plays—and one of the great political playwrights of modern British literature, infusing all his work with the conviction that our social, economic, and sexual lives need transformation. For Shaw, it is comedy and laughter that draw an audience into a generous, collective ensemble—one rather like the ensemble of characters in his plays, none of whom could exist as a full-fledged human being without the others. Shaw disarms us with laughter, dismantling our expectations about what is natural, necessary, or inevitable. In his comedy, words are deeds and gestures speak, always pointedly.

Preface

A Professor of Phonetics

As will be seen later on, Pygmalion needs, not a preface, but a sequel, which I have supplied in its due place.

The English have no respect for their language, and will not teach their children to speak it. They cannot spell it because they have nothing to spell it with but an old foreign alphabet of which only the consonants—and not all of them—have any agreed speech value. Consequently no man can teach himself what it should sound like from reading it; and it is impossible for an Englishman to open his mouth without making some other Englishman despise him. Most European languages are now accessible in black and white to foreigners: English and French are not thus accessible even to Englishmen and Frenchmen. The reformer we need most today is an energetic phonetic enthusiast: that is why I have made such a one the hero of a popular play.

There have been heroes of that kind crying in the wilderness for many years past. When I became interested in the subject towards the end of the eighteen-seventies, the illustrious Alexander Melville Bell, the inventor of Visible Speech, had emigrated to Canada, where his son invented the telephone; but Alexander J. Ellis was still a London patriarch, with an impressive head always covered by a velvet skull cap, for which he would apologize to public meetings in a very courtly manner. He and Tito Pagliardini, another phonetic veteran, were men whom it was impossible to dislike. Henry Sweet, then a young man, lacked their sweetness of character: he was about as conciliatory to conventional mortals as Ibsen[1] or Samuel Butler.[2] His great ability as a phonetician (he was, I think, the best of them all at his job) would have entitled him to high official recognition, and perhaps enabled him to popularize his subject, but for his Satanic contempt for all academic dignitaries and persons in general who thought more of Greek than of phonetics. Once, in the days when the Imperial Institute rose in South Kensington, and Joseph Chamberlain[3] was booming the Empire, I induced the editor of a leading monthly review to commission an article from Sweet on the imperial importance of his subject. When it arrived, it contained nothing but a savagely derisive attack on a professor of language and literature whose chair Sweet regarded as proper to a phonetic expert only. The article, being libellous, had to be returned as impossible; and I had to renounce my dream of dragging its author into the limelight. When I met him afterwards, for the first time for many years, I found to my astonishment that he, who had been a quite tolerably presentable young man, had actually managed by sheer scorn to alter his personal appearance until he had become a sort of walking repudiation of Oxford and all its traditions. It must have been largely in his own despite that he was squeezed into something called a Readership of phonetics there. The future of phonetics rests probably with his pupils, who all swore by him; but nothing could bring the man himself into any sort of compliance with the university to which he nevertheless clung by divine right in an intensely Oxonian way. I daresay his papers, if he has left any, include some satires that may be published without too destructive results fifty years hence. He was, I believe, not in the least an ill-natured man: very much the opposite, I should say; but he would not suffer fools gladly; and to him all scholars who were not rabid phoneticians were fools.

---

1. Henrik Ibsen (1828–1906), Norwegian playwright whose realist plays dealing with contemporary social problems were a large influence on Shaw.

2. Samuel Butler (1835–1902), whose satirical novels were admired by Shaw.

3. Joseph Chamberlain (1836–1914), British statesman.

Those who knew him will recognize in my third act the allusion to the Current Shorthand in which he used to write postcards. It may be acquired from a four and sixpenny manual published by the Clarendon Press. The postcards which Mrs Higgins describes are such as I have received from Sweet. I would decipher a sound which a cockney would represent by *zerr*, and a Frenchman by *seu*, and then write demanding with some heat what on earth it meant. Sweet, with boundless contempt for my stupidity, would reply that it not only meant but obviously was the word Result, as no other word containing that sound, and capable of making sense with the context, existed in any language spoken on earth. That less expert mortals should require fuller indications was beyond Sweet's patience. Therefore, though the whole point of his Current Shorthand is that it can express every sound in the language perfectly, vowels as well as consonants, and that your hand has to make no stroke except the easy and current ones with which you write m, n, and u, l, p, and q, scribbling them at whatever angle comes easiest to you, his unfortunate determination to make this remarkable and quite legible script serve also as a shorthand reduced it in his own practice to the most inscrutable of cryptograms. His true objective was the provision of a full, accurate, legible script for our language; but he was led past that by his contempt for the popular Pitman system of shorthand, which he called the Pitfall system. The triumph of Pitman was a triumph of business organization: there was a weekly paper to persuade you to learn Pitman: there were cheap textbooks and exercise books and transcripts of speeches for you to copy, and schools where experienced teachers coached you up to the necessary proficiency. Sweet could not organize his market in that fashion. He might as well have been the Sybil who tore up the leaves of prophecy that nobody would attend to. The four and sixpenny manual, mostly in his lithographed hand-writing, that was never vulgarly advertized, may perhaps some day be taken up by a syndicate and pushed upon the public as The Times pushed the Encyclopaedia Britannica; but until then it will certainly not prevail against Pitman. I have bought three copies of it during my lifetime; and I am informed by the publishers that its cloistered existence is still a steady and healthy one. I actually learned the system two several[4] times; and yet the shorthand in which I am writing these lines is Pitman's. And the reason is, that my secretary cannot transcribe Sweet, having been perforce taught in the schools of Pitman. In America I could use the commercially organized Gregg shorthand, which has taken a hint from Sweet by making its letters writable (current, Sweet would have called them) instead of having to be geometrically drawn like Pitman's; but all these systems, including Sweet's, are spoilt by making them available for verbatim reporting, in which complete and exact spelling and word division are impossible. A complete and exact phonetic script is neither practicable nor necessary for ordinary use; but if we enlarge our alphabet to the Russian size, and make our spelling as phonetic as Spanish, the advance will be prodigious.

Pygmalion[5] Higgins is not a portrait of Sweet, to whom the adventure of Eliza Doolittle would have been impossible; still, as will be seen, there are touches of Sweet in the play. With Higgins's physique and temperament Sweet might have set the Thames on fire. As it was, he impressed himself professionally on Europe to an extent that made his comparative personal obscurity, and the failure of Oxford to do justice to his eminence, a puzzle to foreign specialists in his subject. I do not blame Oxford, because I think Oxford is quite right in demanding a certain social amenity

4. Different.
5. In Greek myth, Pygmalion was king of Cyprus and a   sculptor; he fell in love with his own creation, and Aphrodite brought the statue, Galatea, to life.

from its nurslings (heaven knows it is not exorbitant in its requirements!); for although I well know how hard it is for a man of genius with a seriously underrated subject to maintain serene and kindly relations with the men who underrate it, and who keep all the best places for less important subjects which they profess without originality and sometimes without much capacity for them, still, if he overwhelms them with wrath and disdain, he cannot expect them to heap honors on him.

Of the later generations of phoneticians I know little. Among them towered Robert Bridges, to whom perhaps Higgins may owe his Miltonic sympathies, though here again I must disclaim all portraiture. But if the play makes the public aware that there are such people as phoneticians, and that they are among the most important people in England at present, it will serve its turn.

I wish to boast that Pygmalion has been an extremely successful play, both on stage and screen, all over Europe and North America as well as at home. It is so intensely and deliberately didactic, and its subject is esteemed so dry, that I delight in throwing it at the heads of the wiseacres who repeat the parrot cry that art should never be didactic. It goes to prove my contention that great art can never be anything else.

Finally, and for the encouragement of people troubled with accents that cut them off from all high employment, I may add that the change wrought by Professor Higgins in the flower-girl is neither impossible nor uncommon. The modern concierge's daughter who fulfils her ambition by playing the Queen of Spain in Ruy Blas at the Théâtre Français is only one of many thousands of men and women who have sloughed off their native dialects and acquired a new tongue. Our West End shop assistants and domestic servants are bi-lingual. But the thing has to be done scientifically, or the last state of the aspirant may be worse than the first. An honest slum dialect is more tolerable than the attempts of phonetically untaught persons to imitate the plutocracy. Ambitious flower-girls who read this play must not imagine that they can pass themselves off as fine ladies by untutored imitation. They must learn their alphabet over again, and different, from a phonetic expert. Imitation will only make them ridiculous.

NOTE FOR TECHNICIANS. A complete representation of the play as printed for the first time in this edition is technically possible only on the cinema screen or on stages furnished with exceptionally elaborate machinery. For ordinary theatrical use the scenes separated by rows of asterisks are to be omitted.

In the dialogue an e upside down indicates the indefinite vowel, sometimes called obscure or neutral, for which, though it is one of the commonest sounds in English speech, our wretched alphabet has no letter.

Pygmalion

ACT 1

London at 11.15 p.m. Torrents of heavy summer rain. Cab whistles blowing frantically in all directions. Pedestrians running for shelter into the portico of St Paul's church (not Wren's[1] cathedral but Inigo Jones's[2] church in Covent Garden vegetable market), among them a lady and her daughter in evening dress. All are peering out gloomily at the rain, except one man with his back turned to the rest, wholly preoccupied with a notebook in which he is writing.

The church clock strikes the first quarter.

---

1. Sir Christopher Wren (1632–1723), English architect.   2. Inigo Jones (1573–1652), English architect.

THE DAUGHTER [*in the space between the central pillars, close to the one on her left*]: I'm getting chilled to the bone. What can Freddy be doing all this time? He's been gone twenty minutes.

THE MOTHER [*on her daughter's right*]: Not so long. But he ought to have got us a cab by this.

A BYSTANDER [*on the lady's right*]: He wont get no cab not until half-past eleven, missus, when they come back after dropping their theatre fares.

THE MOTHER: But we must have a cab. We cant stand here until half-past eleven. It's too bad.

THE BYSTANDER: Well it aint my fault, missus.

THE DAUGHTER: If Freddy had a bit of gumption, he would have got one at the theatre door.

THE MOTHER: What could he have done, poor boy?

THE DAUGHTER: Other people get cabs. Why couldnt he?

[*Freddy rushes in out of the rain from the Southampton Street side, and comes between them closing a dripping umbrella. He is a young man of twenty, in evening dress, very wet round the ankles.*]

THE DAUGHTER: Well, havnt you got a cab?

FREDDY: Theres not one to be had for love or money.

THE MOTHER: Oh, Freddy, there must be one. You cant have tried.

THE DAUGHTER: It's too tiresome. Do you expect us to go and get one ourselves?

FREDDY: I tell you theyre all engaged. The rain was so sudden: nobody was prepared; and everybody had to take a cab. Ive been to Charing Cross one way and nearly to Ludgate Circus the other; and they were all engaged.

THE MOTHER: Did you try Trafalgar Square?

FREDDY: There wasnt one at Trafalgar Square.

THE DAUGHTER: Did you try?

FREDDY: I tried as far as Charing Cross Station. Did you expect me to walk to Hammersmith?

THE DAUGHTER: You havnt tried at all.

THE MOTHER: You really are very helpless, Freddy. Go again; and dont come back until you have found a cab.

FREDDY: I shall simply get soaked for nothing.

THE DAUGHTER: And what about us? Are we to stay here all night in this draught, with next to nothing on? You selfish pig—

FREDDY: Oh, very well: I'll go. I'll go. [*He opens his umbrella and dashes off Strandwards, but comes into collision with a flower girl who is hurrying in for shelter, knocking her basket out of her hands. A blinding flash of lightning, followed instantly by a rattling peal of thunder, orchestrates the incident.*]

THE FLOWER GIRL: Nah then, Freddy: look wh'y' gowin, deah.

FREDDY: Sorry. [*He rushes off.*]

THE FLOWER GIRL [*picking up her scattered flowers and replacing them in the basket*]: Theres menners f'yer! Tə -oo banches o voylets trod into the mad.

[*She sits down on the plinth of the column, sorting her flowers, on the lady's right. She is not at all a romantic figure. She is perhaps eighteen, perhaps twenty, hardly older. She wears a little sailor hat of black straw that has long been exposed to the dust and soot of London and has seldom if ever been brushed. Her hair needs washing rather badly: its mousy color can hardly be natural. She wears a shoddy black coat that reaches*] *nearly to her knees and is shaped to her waist. She has a brown skirt with a coarse apron. Her boots are much the worse for wear. She is no doubt as clean as she can afford to be; but compared to the ladies she is very dirty. Her features are no worse than theirs; but their condition leaves something to be desired; and she needs the services of a dentist.]*

THE MOTHER: How do you know that my son's name is Freddy, pray?

THE FLOWER GIRL: Ow, eez, yə -ooa san, is e? Wal, fewd dan y' d-ooty bawmz a mather should, eed now bettern to spawl a pore gel's flahrzn than ran awy athaht pyin. Will ye-oo py me f'them? [*Here, with apologies, this desperate attempt to represent her dialect without a phonetic alphabet must be abandoned as unintelligible outside London.*]

THE DAUGHTER: Do nothing of the sort, mother. The idea!

THE MOTHER: Please allow me, Clara. Have you any pennies?

THE DAUGHTER: No. Ive nothing smaller than sixpence.

THE FLOWER GIRL [*hopefully*]: I can give you change for a tanner, kind lady.

THE MOTHER [*to Clara*]: Give it to me. [*Clara parts reluctantly.*] Now [*to the girl*] This is for your flowers.

THE FLOWER GIRL: Thank you kindly, lady.

THE DAUGHTER: Make her give you the change. These things are only a penny a bunch.

THE MOTHER: Do hold your tongue, Clara. [*To the girl*] You can keep the change.

THE FLOWER GIRL: Oh, thank you, lady.

THE MOTHER: Now tell me how you know that young gentleman's name.

THE FLOWER GIRL: I didnt.

THE MOTHER: I heard you call him by it. Dont try to deceive me.

THE FLOWER GIRL [*protesting*]: Who's trying to deceive you? I called him Freddy or Charlie same as you might yourself if you was talking to a stranger and wished to be pleasant.

THE DAUGHTER: Sixpence thrown away! Really, mamma, you might have spared Freddy that. [*She retreats in disgust behind the pillar.*]

[*An elderly gentleman of the amiable military type rushes into the shelter, and closes a dripping umbrella. He is in the same plight as Freddy, very wet about the ankles. He is in evening dress, with a light overcoat. He takes the place left vacant by the daughter.*]

THE GENTLEMAN: Phew!

THE MOTHER [*to the gentleman*]: Oh, sir, is there any sign of its stopping?

THE GENTLEMAN: I'm afraid not. It started worse than ever about two minutes ago. [*He goes to the plinth beside the flower girl; puts up his foot on it; and stoops to turn down his trouser ends.*]

THE MOTHER: Oh dear! [*She retires sadly and joins her daughter.*]

THE FLOWER GIRL [*taking advantage of the military gentleman's proximity to establish friendly relations with him*]: If it's worse, it's a sign it's nearly over. So cheer up, Captain; and buy a flower off a poor girl.

THE GENTLEMAN: I'm sorry. I havnt any change.

THE FLOWER GIRL: I can give you change, Captain.

THE GENTLEMAN: For a sovereign? Ive nothing less.

THE FLOWER GIRL: Garn! Oh do buy a flower off me, Captain. I can change half-a-crown. Take this for tuppence.

THE GENTLEMAN: Now dont be troublesome: theres a good girl. [*Trying his pockets.*] I really havnt any change—Stop: heres three hapence, if thats any use to you [*he retreats to the other pillar*].

THE FLOWER GIRL [*disappointed, but thinking three halfpence better than nothing*]: Thank you, sir.

THE BYSTANDER [*to the girl*]: You be careful: give him a flower for it. Theres a bloke here behind taking down every blessed word youre saying. [*All turn to the man who is taking notes.*]

THE FLOWER GIRL [*springing up terrified*]: I aint done nothing wrong by speaking to the gentleman. Ive a right to sell flowers if I keep off the kerb. [*Hysterically.*] I'm a respectable girl: so help me. I never spoke to him except to ask him to buy a flower off me.

[*General hubbub, mostly sympathetic to the flower girl, but deprecating her excessive sensibility. Cries of* Dont start hollerin. Who's hurting you? Nobody's going to touch you. Whats the good of fussing? Steady on. Easy easy, etc., *come from the elderly staid spectators, who pat her comfortingly. Less patient ones bid her shut her head, or ask her roughly what is wrong with her. A remoter group, not knowing what the matter is, crowd in and increase the noise with question and answer:* Whats the row? What-she-do? Where is he? A tec[3] taking her down. What! him? Yes: him over there: Took money off the gentleman, etc.]

THE FLOWER GIRL [*breaking through them to the gentleman, crying wildly*]: Oh, sir, dont let him charge me. You dunno what it means to me. Theyll take away my character and drive me on the streets for speaking to gentlemen. They—

THE NOTE TAKER [*coming forward on her right, the rest crowding after him*]: There! there! there! there! Who's hurting you, you silly girl? What do you take me for?

THE BYSTANDER: It's aw rawt: e's a genleman: look at his bə -oots. [*Explaining to the note taker.*] She thought you was a copper's nark, sir.

THE NOTE TAKER [*with quick interest*]: Whats a copper's nark?

THE BYSTANDER [*inapt at definition*]: It's a—well, it's a copper's nark, as you might say. What else would you call it? A sort of informer.

THE FLOWER GIRL [*still hysterical*]: I take my Bible oath I never said a word—

THE NOTE TAKER [*overbearing but good-humored*]: Oh, shut up, shut up. Do I look like a policeman?

THE FLOWER GIRL [*far from reassured*]: Then what did you take down my words for? How do I know whether you took me down right? You just shew[4] me what youve wrote about me. [*The note taker opens his book and holds it steadily under her nose, though the pressure of the mob trying to read it over his shoulders would upset a weaker man.*] Whats that? That aint proper writing. I cant read that.

THE NOTE TAKER: I can. [*Reads, reproducing her pronunciation exactly.*] "Cheer ap, Keptin; n' baw ya flahr orf a pore gel."

THE FLOWER GIRL [*much distressed*]: It's because I called him Captain. I meant no harm. [*To the gentleman.*] Oh, sir, dont let him lay a charge agen me for a word like that. You—

THE GENTLEMAN: Charge! I make no charge. [*To the note taker.*] Really, sir, if you are a detective, you need not begin protecting me against molestation by young women until I ask you. Anybody could see that the girl meant no harm.

---

3. Detective.   4. Show.

THE BYSTANDERS GENERALLY [*demonstrating against police espionage*]: Course they could. What business is it of yours? You mind your own affairs. He wants promotion, he does. Taking down people's words! Girl never said a word to him. What harm if she did? Nice thing a girl cant shelter from the rain without being insulted, etc., etc., etc. [*She is conducted by the more sympathetic demonstrators back to her plinth, where she resumes her seat and struggles with her emotion.*]

THE BYSTANDER: He aint a tec. He's a blooming busy-body: thats what he is. I tell you, look at his bɘ -oots.

THE NOTE TAKER [*turning on him genially*]: And how are all your people down at Selsey?

THE BYSTANDER [*suspiciously*]: Who told you my people come from Selsey?

THE NOTE TAKER: Never you mind. They did. [*To the girl.*] How do you come to be up so far east? You were born in Lisson Grove.

THE FLOWER GIRL [*appalled*]: Oh, what harm is there in my leaving Lisson Grove? It wasnt fit for a pig to live in; and I had to pay four-and-six a week. [*In tears.*] Oh, boo—hoo—oo—

THE NOTE TAKER: Live where you like; but stop that noise.

THE GENTLEMAN [*to the girl*]: Come, come! he cant touch you: you have a right to live where you please.

A SARCASTIC BYSTANDER [*thrusting himself between the note taker and the gentleman*]: Park Lane, for instance. I'd like to go into the Housing Question with you, I would.

THE FLOWER GIRL [*subsiding into a brooding melancholy over her basket, and talking very low-spiritedly to herself*]: I'm a good girl, I am.

THE SARCASTIC BYSTANDER [*not attending to her*]: Do you know where I come from?

THE NOTE TAKER [*promptly*]: Hoxton.

[*Titterings. Popular interest in the note taker's performance increases.*]

THE SARCASTIC ONE [*amazed*]: Well, who said I didnt? Bly me! you know everything, you do.

THE FLOWER GIRL [*still nursing her sense of injury*]: Aint no call to meddle with me, he aint.

THE BYSTANDER [*to her*]: Of course he aint. Dont you stand it from him. [*To the note taker.*] See here: what call have you to know about people what never offered to meddle with you?

THE FLOWER GIRL: Let him say what he likes. I dont want to have no truck with him.

THE BYSTANDER: You take us for dirt under your feet, dont you? Catch you taking liberties with a gentleman!

THE SARCASTIC BYSTANDER: Yes: tell him where he come from if you want to go fortune-telling.

THE NOTE TAKER: Cheltenham, Harrow, Cambridge, and India.

THE GENTLEMAN: Quite right.

[*Great laughter. Reaction in the note taker's favor. Exclamations of* He knows all about it. Told him proper. Hear him tell the toff where he come from? *etc.*]

THE GENTLEMAN: May I ask, sir, do you do this for your living at a music hall?

THE NOTE TAKER: I've thought of that. Perhaps I shall some day.

[*The rain has stopped; and the persons on the outside of the crowd begin to drop off.*]

THE FLOWER GIRL [*resenting the reaction*]: He's no gentleman, he aint, to interfere with a poor girl.

THE DAUGHTER [*out of patience, pushing her way rudely to the front and displacing the
gentleman, who politely retires to the other side of the pillar*]: What on earth is Freddy
doing? I shall get pneumownia if I stay in this draught any longer.

THE NOTE TAKER [*to himself, hastily making a note of her pronunciation of "monia"*]:
Earlscourt.

THE DAUGHTER [*violently*]: Will you please keep your impertinent remarks to
yourself.

THE NOTE TAKER: Did I say that out loud? I didnt mean to. I beg your pardon.
Your mother's Epsom, unmistakeably.

THE MOTHER [*advancing between the daughter and the note taker*]: How very curious! I was brought up in Largelady Park, near Epsom.

THE NOTE TAKER [*uproariously amused*]: Ha! ha! what a devil of a name! Excuse
me. [*To the daughter.*] You want a cab, do you?

THE DAUGHTER: Dont dare speak to me.

THE MOTHER: Oh, please, please, Clara. [*Her daughter repudiates her with an angry
shrug and retires haughtily.*] We should be so grateful to you, sir, if you found us a
cab. [*The note taker produces a whistle.*] Oh, thank you. [*She joins her daughter. The
note taker blows a piercing blast.*]

THE SARCASTIC BYSTANDER: There! I knowed he was a plain-clothes copper.

THE BYSTANDER: That aint a police whistle: thats a sporting whistle.

THE FLOWER GIRL [*still preoccupied with her wounded feelings*]: He's no right to
take away my character. My character is the same to me as any lady's.

THE NOTE TAKER: I dont know whether youve noticed it; but the rain stopped
about two minutes ago.

THE BYSTANDER: So it has. Why didnt you say so before? And us losing our time
listening to your silliness! [*He walks off towards the Strand.*]

THE SARCASTIC BYSTANDER: I can tell where you come from. You come from
Anwell. Go back there.

THE NOTE TAKER [*helpfully*]: Hanwell.

THE SARCASTIC BYSTANDER [*affecting great distinction of speech*]: Thenk you,
teacher. Haw haw! So long. [*He touches his hat with mock respect and strolls off.*]

THE FLOWER GIRL: Frightening people like that! How would he like it himself?

THE MOTHER: It's quite fine now, Clara. We can walk to a motor bus. Come. [*She
gathers her skirts above her ankles and hurries off towards the Strand.*]

THE DAUGHTER: But the cab—[*her mother is out of hearing*]. Oh, how tiresome!
[*She follows angrily.*]
[*All the rest have gone except the note taker, the gentleman, and the flower girl, who
sits arranging her basket, and still pitying herself in murmurs.*]

THE FLOWER GIRL: Poor girl! Hard enough for her to live without being worried
and chivied.

THE GENTLEMAN [*returning to his former place on the note taker's left*]: How do you
do it, if I may ask?

THE NOTE TAKER: Simply phonetics. The science of speech. Thats my profession: also my hobby. Happy is the man who can make a living by his hobby! You
can spot an Irishman or a Yorkshireman by his brogue. *I* can place any man within six miles. I can place him within two miles in London. Sometimes within two
streets.

THE FLOWER GIRL: Ought to be ashamed of himself, unmanly coward!

THE GENTLEMAN: But is there a living in that?

THE NOTE TAKER: Oh, yes. Quite a fat one. This is an age of upstarts. Men begin in Kentish Town with £80 a year, and end in Park Lane with a hundred thousand. They want to drop Kentish Town; but they give themselves away every time they open their mouths. Now I can teach them—

THE FLOWER GIRL: Let him mind his own business and leave a poor girl—

THE NOTE TAKER [*explosively*]: Woman: cease this detestable boohooing instantly: or else seek the shelter of some other place of worship.

THE FLOWER GIRL [*with feeble defiance*]: Ive a right to be here if I like, same as you.

THE NOTE TAKER: A woman who utters such depressing and disgusting sounds has no right to be anywhere—no right to live. Remember that you are a human being with a soul and the divine gift of articulate speech: that your native language is the language of Shakespear and Milton and The Bible; and dont sit there crooning like a bilious pigeon.

THE FLOWER GIRL [*quite overwhelmed, looking up at him in mingled wonder and deprecation without daring to raise her head*]: Ah-ah-ah-ow-ow-ow-oo!

THE NOTE TAKER [*whipping out his book*]: Heavens! what a sound! [*He writes; then holds out the book and reads, reproducing her vowels exactly.*] Ah-ah-ah-ow-ow-ow-oo!

THE FLOWER GIRL [*tickled by the performance, and laughing in spite of herself*]: Garn!

THE NOTE TAKER: You see this creature with her kerbstone English: the English that will keep her in the gutter to the end of her days. Well, sir, in three months I could pass that girl off as a duchess at an ambassador's garden party. I could even get her a place as lady's maid or shop assistant, which requires better English.

THE FLOWER GIRL: What's that you say?

THE NOTE TAKER: Yes, you squashed cabbage leaf, you disgrace to the noble architecture of these columns, you incarnate insult to the English language: I could pass you off as the Queen of Sheba. [*To the Gentleman.*] Can you believe that?

THE GENTLEMAN: Of course I can. I am myself a student of Indian dialects; and—

THE NOTE TAKER [*eagerly*]: Are you? Do you know Colonel Pickering, the author of Spoken Sanscrit?

THE GENTLEMAN: I am Colonel Pickering. Who are you?

THE NOTE TAKER: Henry Higgins, author of Higgins's Universal Alphabet.

PICKERING [*with enthusiasm*]: I came from India to meet you.

HIGGINS: I was going to India to meet you.

PICKERING: Where do you live?

HIGGINS: 27A Wimpole Street. Come and see me tomorrow.

PICKERING: I'm at the Carlton. Come with me now and lets have a jaw over some supper.

HIGGINS: Right you are.

THE FLOWER GIRL [*to Pickering, as he passes her*]: Buy a flower, kind gentleman. I'm short for my lodging.

PICKERING: I really havnt any change. I'm sorry. [*He goes away.*]

HIGGINS [*shocked at the girl's mendacity*]: Liar. You said you could change half-a-crown.

THE FLOWER GIRL [*rising in desperation*]: You ought to be stuffed with nails, you ought. [*Flinging the basket at his feet.*] Take the whole blooming basket for sixpence. [*The church clock strikes the second quarter.*]

HIGGINS [*hearing in it the voice of God, rebuking him for his Pharisaic want of charity to the poor girl*]: A reminder. [*He raises his hat solemnly; then throws a handful of money into the basket and follows Pickering.*]

THE FLOWER GIRL [*picking up a half-crown*]: Ah-ow-ooh! [*picking up a couple of florins*] Aaah-ow-ooh! [*picking up several coins*] Aaaaaah-ow-ooh! [*picking up a half-sovereign*] Aaaaaaaaaaaah-ow-ooh!!!

FREDDY [*springing out of a taxicab*]: Got one at last. Hallo! [*To the girl.*] Where are the two ladies that were here?

THE FLOWER GIRL: They walked to the bus when the rain stopped.

FREDDY: And left me with a cab on my hands! Damnation!

THE FLOWER GIRL [*with grandeur*]: Never mind, young man. I'm going home in a taxi. [*She sails off to the cab. The driver puts his hand behind him and holds the door firmly shut against her. Quite understanding his mistrust, she shews him her handful of money.*] A taxi fare aint no object to me, Charlie. [*He grins and opens the door.*] Here. What about the basket?

THE TAXIMAN: Give it here. Tuppence extra.

LIZA: No: I dont want nobody to see it. [*She crushes it into the cab and gets in, continuing the conversation through the window.*] Goodbye, Freddy.

FREDDY [*dazedly raising his hat*]: Goodbye.

TAXIMAN: Where to?

LIZA: Bucknam Pellis [Buckingham Palace].

TAXIMAN: What d'ye mean—Bucknam Pellis?

LIZA: Dont you know where it is? In the Green Park, where the King lives. Goodbye, Freddy. Dont let me keep you standing there. Goodbye.

FREDDY: Goodbye. [*He goes.*]

TAXIMAN: Here? Whats this about Bucknam Pellis? What business have you at Bucknam Pellis?

LIZA: Of course I havnt none. But I wasnt going to let him know that. You drive me home.

TAXIMAN: And wheres home?

LIZA: Angel Court, Drury Lane, next Meiklejohn's oil shop.

TAXIMAN: That sounds more like it, Judy. [*He drives off.*]

*   *   *

Let us follow the taxi to the entrance to Angel Court, a narrow little archway between two shops, one of them Meiklejohn's oil shop. When it stops there, Eliza gets out, dragging her basket with her.

LIZA: How much?

TAXIMAN [*indicating the taximeter*]: Cant you read? A shilling.

LIZA: A shilling for two minutes!!

TAXIMAN: Two minutes or ten: it's all the same.

LIZA: Well. I dont call it right.

TAXIMAN: Ever been in a taxi before?

LIZA [*with dignity*]: Hundreds and thousands of times, young man.

TAXIMAN [*laughing at her*]: Good for you. Judy, Keep the shilling, darling, with best love from all at home. Good luck! [*He drives off.*]

LIZA [*humiliated*]: Impidence!

[She picks up the basket and trudges up the alley with it to her lodging: a small room with very old wall paper hanging loose in the damp places. A broken pane in the window is mended with paper. A portrait of a popular actor and a fashion plate of ladies' dresses, all wildly beyond poor Eliza's means, both torn from newspapers, are pinned up on the wall. A birdcage hangs in the window; but its tenant died long ago: it remains as a memorial only.

These are the only visible luxuries: the rest is the irreducible minimum of poverty's needs: a wretched bed heaped with all sorts of coverings that have any warmth in them, a draped packing case with a basin and jug on it and a little looking glass over it, a chair and table, the refuse of some suburban kitchen, and an American alarum clock on the shelf above the unused fireplace: the whole lighted with a gas lamp with a penny in the slot meter. Rent: four shillings a week.

Here Eliza, chronically weary, but too excited to go to bed, sits, counting her new riches and dreaming and planning what to do with them, until the gas goes out, when she enjoys for the first time the sensation of being able to put in another penny without grudging it. This prodigal mood does not extinguish her gnawing sense of the need for economy sufficiently to prevent her from calculating that she can dream and plan in bed more cheaply and warmly than sitting up without a fire. So she takes off her shawl and skirt and adds them to the miscellaneous bedclothes. Then she kicks off her shoes and gets into bed without any further change.]

ACT 2

Next day at 11 a.m. Higgins's laboratory in Wimpole Street. It is a room on the first floor, looking on the street, and was meant for the drawing room. The double doors are in the middle of the back wall; and persons entering find in the corner to their right two tall file cabinets at right angles to one another against the wall. In this corner stands a flat writing-table, on which are a phonograph, a laryngoscope, a row of tiny organ pipes with a bellows, a set of lamp chimneys for singing flames with burners attached to a gas plug in the wall by an indiarubber tube, several tuning-forks of different sizes, a life-size image of half a human head, shewing in section the vocal organs, and a box containing a supply of wax cylinders for the phonograph.

Further down the room, on the same side, is a fireplace, with a comfortable leather-covered easy-chair at the side of the hearth nearest the door, and a coal-scuttle. There is a clock on the mantel-piece. Between the fireplace and the phonograph table is a stand for newspapers.

On the other side of the central door, to the left of the visitor, is a cabinet of shallow drawers. On it is a telephone and the telephone directory. The corner beyond, and most of the side wall, is occupied by a grand piano, with the keyboard at the end furthest from the door, and a bench for the player extending the full length of the keyboard. On the piano is a dessert dish heaped with fruit and sweets, mostly chocolates.

The middle of the room is clear. Besides the easy-chair, the piano bench, and two chairs at the phonograph table, there is one stray chair. It stands near the fireplace. On the walls, engravings: mostly Piranesis[1] and mezzotint[2] portraits. No paintings.

Pickering is seated at the table, putting down some cards and a tuning-fork which he has been using. Higgins is standing up near him, closing two or three file drawers which are hanging out. He appears in the morning light as a robust, vital, appetizing sort of man of forty or thereabouts, dressed in a professional-looking black frock-coat with a white linen collar and black silk tie. He is of the energetic scientific type, heartily, even violently interested in everything that can be studied as a scientific subject, and careless about himself and other people, including their feelings. He is,

---

1. Giovanni Piranesi (1720–1778), Italian architect and engraver.

2. Prints produced with copper or steel engraved plates.

in fact, but for his years and size, rather like a very impetuous baby 'taking notice' eagerly and loudly, and requiring almost as much watching to keep him out of unintended mischief. His manner varies from genial bullying when he is in a good humor to stormy petulance when anything goes wrong: but he is so entirely frank and void of malice that he remains likeable even in his least reasonable moments.

HIGGINS [*as he shuts the last drawer*]: Well, I think thats the whole show.

PICKERING: It's really amazing. I havnt taken half of it in, you know.

HIGGINS: Would you like to go over any of it again?

PICKERING [*rising and coming to the fireplace, where he plants himself with his back to the fire*]: No, thank you: not now. I'm quite done up for this morning.

HIGGINS [*following him, and standing beside him on his left*]: Tired of listening to sounds?

PICKERING: Yes. It's a fearful strain. I rather fancied myself because I can pronounce twenty-four distinct vowel sounds; but your hundred and thirty beat me. I cant hear a bit of difference between most of them.

HIGGINS [*chuckling, and going over to the piano to eat sweets*]: Oh, that comes with practice. You hear no difference at first; but you keep on listening, and presently you find theyre all as different as A from B. [*Mrs Pearce looks in: she is Higgins's housekeeper.*] Whats the matter?

MRS PEARCE [*hesitating, evidently perplexed*]: A young woman asks to see you, sir.

HIGGINS: A young woman! What does she want?

MRS PEARCE: Well, sir, she says youll be glad to see her when you know what she's come about. She's quite a common girl, sir. Very common indeed. I should have sent her away, only I thought perhaps you wanted her to talk into your machines. I hope Ive not done wrong; but really you see such queer people sometimes—youll excuse me, I'm sure, sir—

HIGGINS: Oh, thats all right, Mrs Pearce. Has she an interesting accent?

MRS PEARCE: Oh, something dreadful, sir, really. I dont know how you can take an interest in it.

HIGGINS [*to Pickering*]: Lets have her up. Shew her up, Mrs Pearce. [*He rushes across to his working table and picks out a cylinder to use on the phonograph.*]

MRS PEARCE [*only half resigned to it*]: Very well, sir. It's for you to say. [*She goes downstairs.*]

HIGGINS: This is rather a bit of luck. I'll shew you how I make records. We'll set her talking; and I'll take it down first in Bell's Visible Speech; then in broad Romic; and then we'll get her on the phonograph so that you can turn her on as often as you like with the written transcript before you.

MRS PEARCE [*returning*]: This is the young woman, sir.

[*The flower girl enters in state. She has a hat with three ostrich feathers, orange, sky-blue, and red. She has a nearly clean apron and the shoddy coat has been tidied a little. The pathos of this deplorable figure, with its innocent vanity and consequential air, touches Pickering, who has already straightened himself in the presence of Mrs Pearce. But as to Higgins, the only distinction he makes between men and women is that when he is neither bullying nor exclaiming to the heavens against some featherweight cross, he coaxes women as a child coaxes its nurse when it wants to get anything out of her.*]

HIGGINS [*brusquely, recognizing her with unconcealed disappointment, and at once, baby-like, making an intolerable grievance of it*]: Why, this is the girl I jotted down last night. She's no use: Ive got all the records I want of the Lisson Grove lingo; and I'm not going to waste another cylinder on it. [*To the girl.*] Be off with you: I dont want you.

THE FLOWER GIRL: Dont you be so saucy. You aint heard what I come for yet. [*To Mrs Pearce, who is waiting at the door for further instructions.*] Did you tell him I come in a taxi?

MRS PEARCE: Nonsense, girl! what do you think a gentleman like Mr Higgins cares what you came in?

THE FLOWER GIRL: Oh, we are proud! He aint above giving lessons, not him: I heard him say so. Well, I aint come here to ask for any compliment; and if my money's not good enough I can go elsewhere.

HIGGINS: Good enough for what?

THE FLOWER GIRL: Good enough for yə -oo. Now you know, dont you? I'm coming to have lessons, I am. And to pay for em tə -oo: make no mistake.

HIGGINS [*stupent*][3]: Well!!! [*Recovering his breath with a gasp.*] What do you expect me to say to you?

THE FLOWER GIRL: Well, if you was a gentleman, you might ask me to sit down, I think. Dont I tell you I'm bringing you business?

HIGGINS: Pickering: shall we ask this baggage to sit down, or shall we throw her out of the window?

THE FLOWER GIRL [*running away in terror to the piano, where she turns at bay*]: Ah-ah-oh-ow-ow-ow-oo! [*Wounded and whimpering.*] I wont be called a baggage when Ive offered to pay like any lady.

[*Motionless, the two men stare at her from the other side of the room, amazed.*]

PICKERING [*gently*]: But what is it you want?

THE FLOWER GIRL: I want to be a lady in a flower shop stead of sellin at the corner of Tottenham Court Road. But they wont take me unless I can talk more genteel. He said he could teach me. Well, here I am ready to pay him—not asking any favor—and he treats me zif I was dirt.

MRS PEARCE: How can you be such a foolish ignorant girl as to think you could afford to pay Mr Higgins?

THE FLOWER GIRL: Why shouldnt I? I know what lessons cost as well as you do; and I'm ready to pay.

HIGGINS: How much?

THE FLOWER GIRL [*coming back to him triumphant*]: Now youre talking! I thought youd come off it when you saw a chance of getting back a bit of what you chucked at me last night. [*Confidentially.*] Youd had a drop in, hadnt you?

HIGGINS [*peremptorily*]: Sit down.

THE FLOWER GIRL: Oh, if youre going to make a compliment of it—

HIGGINS [*thundering at her*]: Sit down.

MRS PEARCE [*severely*]: Sit down, girl. Do as youre told.

THE FLOWER GIRL: Ah-ah-ah-ow-ow-oo! [*She stands, half rebellious, half-bewildered.*]

PICKERING [*very courteous*]: Wont you sit down? [*He places the stray chair near the hearthrug between himself and Higgins.*]

LIZA [*coyly*]: Dont mind if I do. [*She sits down. Pickering returns to the hearthrug.*]

HIGGINS: Whats your name?

THE FLOWER GIRL: Liza Doolittle.

HIGGINS [*declaiming gravely*]: Eliza, Elizabeth, Betsy and Bess,
      They went to the woods to get a bird's nes':

3. Astonished.

PICKERING: They found a nest with four eggs in it:

HIGGINS: They took one apiece, and left three in it.

[*They laugh heartily at their own fun.*]

LIZA: Oh, dont be silly.

MRS PEARCE [*placing herself behind Eliza's chair*]: You mustnt speak to the gentleman like that.

LIZA: Well, why wont he speak sensible to me?

HIGGINS: Come back to business. How much do you propose to pay me for the lessons?

LIZA: Oh, I know whats right. A lady friend of mine gets French lessons for eighteenpence an hour from a real French gentleman. Well, you wouldnt have the face to ask me the same for teaching me my own language as you would for French; so I wont give more than a shilling. Take it or leave it.

HIGGINS [*walking up and down the room, ratting his keys and his cash in his pockets*]: You know, Pickering, if you consider a shilling, not as a simple shilling, but as a percentage of this girl's income, it works out as fully equivalent to sixty or seventy guineas from a millionaire.

PICKERING: How so?

HIGGINS: Figure it out. A millionaire has about £150 a day. She earns about half-a-crown.

LIZA [*haughtily*]: Who told you I only—

HIGGINS [*continuing*]: She offers me two-fifths of her day's income for a lesson. Two-fifths of a millionaire's income for a day would be somewhere about £60. It's handsome. By George, it's enormous! it's the biggest offer I ever had.

LIZA [*rising, terrified*]: Sixty pounds! What are you talking about? I never offered you sixty pounds. Where would I get—

HIGGINS: Hold your tongue.

LIZA [*weeping*]: But I aint got sixty pounds. Oh—

MRS PEARCE: Dont cry, you silly girl. Sit down. Nobody is going to touch your money.

HIGGINS: Somebody is going to touch you, with a broom-stick, if you dont stop snivelling. Sit down.

LIZA [*obeying slowly*]: Ah-ah-ah-ow-oo-o! One would think you was my father.

HIGGINS: If I decide to teach you, I'll be worse than two fathers to you. Here [*he offers her his silk handkerchief*]!

LIZA: Whats this for?

HIGGINS: To wipe your eyes. To wipe any part of your face that feels moist. Remember: thats your handkerchief; and thats your sleeve. Dont mistake the one for the other if you wish to become a lady in a shop.

[*Liza, utterly bewildered, stares helplessly at him.*]

MRS PEARCE: It's no use talking to her like that, Mr Higgins: she doesnt understand you. Besides, youre quite wrong: she doesnt do it that way at all. [*She takes the handkerchief.*]

LIZA [*snatching it*]: Here! You give me that handkerchief. He gev it to me, not to you.

PICKERING [*laughing*]: He did. I think it must be regarded as her property, Mrs Pearce.

MRS PEARCE [*resigning herself*]: Serve you right, Mr Higgins.

PICKERING: Higgins: I'm interested. What about the ambassador's garden party? I'll say youre the greatest teacher alive if you make that good. I'll bet you all the expenses of the experiment you cant do it. And I'll pay for the lessons.

LIZA: Oh, you are real good. Thank you, Captain.

HIGGINS [*tempted, looking at her*]: It's almost irresistible. She's so deliciously low— so horribly dirty—

LIZA [*protesting extremely*]: Ah-ah-ah-ah-ow-oo-oo!!! I aint dirty: I washed my face and hands afore I come, I did.

PICKERING: Youre certainly not going to turn her head with flattery, Higgins.

MRS PEARCE [*uneasy*]: Oh, dont say that, sir: theres more ways than one of turning a girl's head; and nobody can do it better than Mr Higgins, though he may not always mean it. I do hope, sir, you wont encourage him to do anything foolish.

HIGGINS [*becoming excited as the idea grows on him*]: What is life but a series of inspired follies? The difficulty is to find them to do. Never lose a chance: it doesnt come every day. I shall make a duchess of this draggletailed guttersnipe.

LIZA [*strongly deprecating this view of her*]: Ah-ah-ah-ow-ow-oo!

HIGGINS: [*carried away*]: Yes: in six months—in three if she has a good ear and a quick tongue—I'll take her anywhere and pass her off as anything. We'll start today: now! this moment! Take her away and clean her, Mrs Pearce. Monkey Brand,[4] if it wont come off any other way. Is there a good fire in the kitchen?

MRS PEARCE [*protesting*]: Yes; but—

HIGGINS [*storming on*]: Take all her clothes off and burn them. Ring up Whiteley or somebody for new ones. Wrap her up in brown paper til they come.

LIZA: Youre no gentleman, youre not, to talk of such things. I'm a good girl, I am; and I know what the like of you are, I do.

HIGGINS: We want none of your Lisson Grove prudery here, young woman. Youve got to learn to behave like a duchess. Take her away, Mrs Pearce. If she gives you any trouble, wallop her.

LIZA [*springing up and running between Pickering and Mrs Pearce for protection*]: No! I'll call the police, I will.

MRS PEARCE: But Ive no place to put her.

HIGGINS: Put her in the dustbin.

LIZA: Ah-ah-ah-ow-ow-oo!

PICKERING: Oh come, Higgins! Be reasonable.

MRS PEARCE [*resolutely*]: You must be reasonable, Mr Higgins: really you must. You cant walk over everybody like this.

[*Higgins, thus scolded, subsides. The hurricane is succeeded by a zephyr of amiable surprise.*]

HIGGINS [*with professional exquisiteness of modulation*]: I walk over everybody! My dear Mrs Pearce, my dear Pickering, I never had the slightest intention of walking over anyone. All I propose is that we should be kind to this poor girl. We must help her to prepare and fit herself for her new station in life. If I did not express myself clearly it was because I did not wish to hurt her delicacy, or yours.

[*Liza, reassured, steals back to her chair.*]

MRS PEARCE [*to Pickering*]: Well, did you ever hear anything like that, sir?

PICKERING [*laughing heartily*]: Never, Mrs Pearce: never.

4. Widely advertised brand of household cleanser—"won't wash clothes!"

HIGGINS [*patiently*]: Whats the matter?

MRS PEARCE: Well, the matter is, sir, that you cant take a girl up like that as if you were picking up a pebble on the beach.

HIGGINS: Why not?

MRS PEARCE: Why not! But you dont know anything about her. What about her parents? She may be married.

LIZA: Garn!

HIGGINS: There! As the girl very properly says, Garn! Married indeed! Dont you know that a woman of that class looks a worn out drudge of fifty a year after she's married?

LIZA: Whood marry me?

HIGGINS [*suddenly resorting to the most thrillingly beautiful low tones in his best elocutionary style*]: By George, Eliza, the streets will be strewn with the bodies of men shooting themselves for your sake before Ive done with you.

MRS PEARCE: Nonsense, sir. You mustnt talk like that to her.

LIZA [*rising and squaring herself determinedly*]: I'm going away. He's off his chump, he is. I dont want no balmies teaching me.

HIGGINS [*wounded in his tenderest point by her insensibility to his elocution*]: Oh, indeed! I'm mad, am I? Very well, Mrs Pearce: you neednt order the new clothes for her. Throw her out.

LIZA [*whimpering*]: Nah-ow. You got no right to touch me.

MRS PEARCE: You see now what comes of being saucy. [*Indicating the door.*] This way, please.

LIZA [*almost in tears*]: I didnt want no clothes. I wouldnt have taken them. [*She throws away the handkerchief.*] I can buy my own clothes.

HIGGINS [*deftly retrieving the handkerchief and intercepting her on her reluctant way to the door*]: Youre an ungrateful wicked girl. This is my return for offering to take you out of the gutter and dress you beautifully and make a lady of you.

MRS PEARCE: Stop, Mr Higgins. I wont allow it. It's you that are wicked. Go home to your parents, girl; and tell them to take better care of you.

LIZA: I aint got no parents. They told me I was big enough to earn my own living and turned me out.

MRS PEARCE: Wheres your mother?

LIZA: I aint got no mother. Her that turned me out was my sixth stepmother. But I done without them. And I'm a good girl, I am.

HIGGINS: Very well, then, what on earth is all this fuss about? The girl doesnt belong to anybody—is no use to anybody but me. [*He goes to Mrs Pearce and begins coaxing.*] You can adopt her, Mrs Pearce: I'm sure a daughter would be a great amusement to you. Now dont make any more fuss. Take her downstairs; and—

MRS PEARCE: But whats to become of her? Is she to be paid anything? Do be sensible, sir.

HIGGINS: Oh, pay her whatever is necessary: put it down in the housekeeping book. [*Impatiently.*] What on earth will she want with money? She'll have her food and her clothes. She'll only drink if you give her money.

LIZA [*turning on him*]: Oh you are a brute. It's a lie: nobody ever saw the sign of liquor on me. [*To Pickering.*] Oh, sir: youre a gentleman: dont let him speak to me like that.

PICKERING [*in good-humored remonstrance*]: Does it occur to you, Higgins, that the girl has some feelings?

HIGGINS [*looking critically at her*]: Oh no, I dont think so. Not any feelings that we need bother about. [*Cheerily.*] Have you, Eliza?

LIZA: I got my feelings same as anyone else.

HIGGINS [*to Pickering, reflectively*]: You see the difficulty?

PICKERING: Eh? What difficulty?

HIGGINS: To get her to talk grammar. The mere pronunciation is easy enough.

LIZA: I dont want to talk grammar. I want to talk like a lady in a flower-shop.

MRS PEARCE: Will you please keep to the point, Mr Higgins. I want to know on what terms the girl is to be here. Is she to have any wages? And what is to become of her when youve finished your teaching? You must look ahead a little.

HIGGINS [*impatiently*]: Whats to become of her if I leave her in the gutter? Tell me that, Mrs Pearce.

MRS PEARCE: Thats her own business, not yours. Mr Higgins.

HIGGINS: Well, when Ive done with her, we can throw her back into the gutter; and then it will be her own business again; so thats all right.

LIZA: Oh, youve no feeling heart in you: you dont care for nothing but yourself. [*She rises and takes the floor resolutely.*] Here! Ive had enough of this. I'm going [*making for the door*]. You ought to be ashamed of yourself, you ought.

HIGGINS [*snatching a chocolate cream from the piano, his eyes suddenly beginning to twinkle with mischief*]: Have some chocolates, Eliza.

LIZA [*halting, tempted*]: How do I know what might be in them? Ive heard of girls being drugged by the like of you.

[*Higgins whips out his penknife; cuts a chocolate in two; puts one half into his mouth and bolts it; and offers her the other half.*]

HIGGINS: Pledge of good faith. Eliza. I eat one half: you eat the other. [*Liza opens her mouth to retort: he pops the half chocolate into it.*] You shall have boxes of them, barrels of them, every day. You shall live on them. Eh?

LIZA [*who has disposed of the chocolate after being nearly choked by it*]: I wouldnt have ate it, only I'm too ladylike to take it out of my mouth.

HIGGINS: Listen, Eliza. I think you said you came in a taxi.

LIZA: Well, what if I did? Ive as good a right to take a taxi as anyone else.

HIGGINS: You have, Eliza; and in future you shall have as many taxis as you want. You shall go up and down and round the town in a taxi every day. Think of that, Eliza.

MRS PEARCE: Mr Higgins: youre tempting the girl. It's not right. She should think of the future.

HIGGINS: At her age! Nonsense! Time enough to think of the future when you havnt any future to think of. No, Eliza: do as this lady does: think of other people's futures; but never think of your own. Think of chocolates, and taxis, and gold, and diamonds.

LIZA: No: I dont want no gold and no diamonds. I'm a good girl, I am. [*She sits down again, with an attempt at dignity.*]

HIGGINS: You shall remain so, Eliza, under the care of Mrs Pearce. And you shall marry an officer in the Guards, with a beautiful moustache: the son of a marquis, who will disinherit him for marrying you, but will relent when he sees your beauty and goodness—

PICKERING: Excuse me, Higgins: but I really must interfere. Mrs Pearce is quite right. If this girl is to put herself in your hands for six months for an experiment in teaching, she must understand thoroughly what she's doing.

HIGGINS: How can she? She's incapable of understanding anything. Besides, do any of us understand what we are doing? If we did, would we ever do it?

PICKERING: Very clever, Higgins; but not to the present point. [*To Eliza.*] Miss Doolittle—

LIZA [*overwhelmed*]: Ah-ah-ow-oo!

HIGGINS: There! Thats all youll get out of Eliza. Ah-ah-ow-oo! No use explaining. As a military man you ought to know that. Give her her orders: thats enough for her. Eliza: you are to live here for the next six months, learning how to speak beautifully, like a lady in a florist's shop. If youre good and do whatever youre told, you shall sleep in a proper bedroom, and have lots to eat, and money to buy chocolates and take rides in taxis. If youre naughty and idle you will sleep in the back kitchen among the black beetles, and be walloped by Mrs Pearce with a broomstick. At the end of six months you shall go to Buckingham Palace in a carriage, beautifully dressed. If the King finds out youre not a lady, you will be taken by the police to the Tower of London, where your head will be cut off as a warning to other presumptuous flower girls. If you are not found out, you shall have a present of seven-and-sixpence to start life with as a lady in a shop. If you refuse this offer you will be a most ungrateful wicked girl; and the angels will weep for you. [*To Pickering.*] Now are you satisfied, Pickering? [*To Mrs Pearce.*] Can I put it more plainly and fairly, Mrs Pearce?

MRS PEARCE [*patiently*]: I think youd better let me speak to the girl properly in private. I dont know that I can take charge of her or consent to the arrangement at all. Of course I know you dont mean her any harm; but when you get what you call interested in people's accents, you never think or care what may happen to them or you. Come with me, Eliza.

HIGGINS: Thats all right. Thank you, Mrs Pearce. Bundle her off to the bathroom.

LIZA [*rising reluctantly and suspiciously*]: Youre a great bully, you are. I wont stay here if I dont like. I wont let nobody wallop me. I never asked to go to Bucknam Palace, I didnt. I was never in trouble with the police, not me. I'm a good girl—

MRS PEARCE: Dont answer back, girl. You dont understand the gentleman. Come with me. [*She leads the way to the door, and holds it open for Eliza.*]

LIZA [*as she goes out*]: Well, what I say is right. I wont go near the King, not if I'm going to have my head cut off. If I'd known what I was letting myself in for, I wouldnt have come here. I always been a good girl; and I never offered to say a word to him; and I dont owe him nothing; and I dont care; and I wont be put upon; and I have my feelings the same as anyone else—

[*Mrs Pearce shuts the door; and Eliza's plaints are no longer audible.*]

*　　*　　*

Eliza is taken upstairs to the third floor greatly to her surprise; for she expected to be taken down to the scullery. There Mrs Pearce opens a door and takes her into a spare bedroom.

MRS PEARCE: I will have to put you here. This will be your bedroom.

LIZA: O-h, I couldnt sleep here, missus. It's too good for the likes of me. I should be afraid to touch anything. I aint a duchess yet, you know.

MRS PEARCE: You have got to make yourself as clean as the room: then you wont be afraid of it. And you must call me Mrs Pearce, not missus. [*She throws open the door of the dressing-room, now modernized as a bathroom.*]

LIZA: Gawd! whats this? Is this where you wash clothes? Funny sort of copper[5] I call it.

---

5. Kettle to boil laundry.

MRS PEARCE: It is not a copper. This is where we wash ourselves, Eliza, and where I am going to wash you.

LIZA: You expect me to get into that and wet myself all over! Not me. I should catch my death. I knew a woman did it every Saturday night; and she died of it.

MRS PEARCE: Mr Higgins has the gentlemen's bathroom down-stairs; and he has a bath every morning, in cold water.

LIZA: Ugh! He's made of iron, that man.

MRS PEARCE: If you are to sit with him and the Colonel and be taught you will have to do the same. They wont like the smell of you if you dont. But you can have the water as hot as you like. There are two taps: hot and cold.

LIZA [weeping]: I couldnt. I dursnt. Its not natural: It would kill me. Ive never had a bath in my life: not what youd call a proper one.

MRS PEARCE: Well, dont you want to be clean and sweet and decent, like a lady? You know you cant be a nice girl inside if youre a dirty slut outside.

LIZA: Boohoo!!!!

MRS PEARCE: Now stop crying and go back into your room and take off all your clothes. Then wrap yourself in this [taking down a gown from its peg and handing it to her] and come back to me. I will get the bath ready.

LIZA [all tears]: I cant. I wont. I'm not used to it. Ive never took off all my clothes before. It's not right: it's not decent.

MRS PEARCE: Nonsense, child. Dont you take off all your clothes every night when you go to bed?

LIZA [amazed]: No. Why should I? I should catch my death. Of course I take off my skirt.

MRS PEARCE: Do you mean that you sleep in the underclothes you wear in the daytime?

LIZA: What else have I to sleep in?

MRS PEARCE: You will never do that again as long as you live here. I will get you a proper nightdress.

LIZA: Do you mean change into cold things and lie awake shivering half the night? You want to kill me, you do.

MRS PEARCE: I want to change you from a frowzy[6] slut to a clean respectable girl fit to sit with the gentlemen in the study. Are you going to trust me and do what I tell you or be thrown out and sent back to your flower basket?

LIZA: But you dont know what the cold is to me. You dont know how I dread it.

MRS PEARCE: Your bed wont be cold here: I will put a hot water bottle in it. [Pushing her into the bedroom.] Off with you and undress.

LIZA: Oh, if only I'd a known what a dreadful thing it is to be clean I'd never have come. I didnt know when I was well off. I—[Mrs Pearce pushes her through the door, but leaves it partly open lest her prisoner should take to flight.]

[Mrs Pearce puts on a pair of white rubber sleeves, and fills the bath, mixing hot and cold, and testing the result with the bath thermometer. She perfumes it with a handful of bath salts and adds a palmful of mustard. She then takes a formidable looking long handled scrubbing brush and soaps it profusely with a ball of scented soap.

Eliza comes back with nothing on but the bath gown huddled tightly round her, a piteous spectacle of abject terror.]

MRS PEARCE: Now come along. Take that thing off.

LIZA: Oh I couldnt, Mrs Pearce: I reely couldnt. I never done such a thing.

6. Dirty, untidy.

MRS PEARCE: Nonsense. Here: step in and tell me whether it's hot enough for you.

LIZA: Ah-oo! Ah-oo! It's too hot.

MRS PEARCE [*deftly snatching the gown away and throwing Eliza down on her back*]: It wont hurt you. [*She sets to work with the scrubbing brush.*]

[*Eliza's screams are heartrending.*]

*   *   *

Meanwhile the Colonel has been having it out with Higgins about Eliza. Pickering has come from the hearth to the chair and seated himself astride of it with his arms on the back to cross-examine him.

PICKERING: Excuse the straight question, Higgins. Are you a man of good character where women are concerned?

HIGGINS [*moodily*]: Have you ever met a man of good character where women are concerned?

PICKERING: Yes: very frequently.

HIGGINS [*dogmatically, lifting himself on his hands to the level of the piano, and sitting on it with a bounce*]: Well, I havnt. I find that the moment I let a woman make friends with me, she becomes jealous, exacting, suspicious, and a damned nuisance. I find that the moment I let myself make friends with a woman, I become selfish and tyrannical. Women upset everything. When you let them into your life, you find that the woman is driving at one thing and youre driving at another.

PICKERING: At what, for example?

HIGGINS [*coming off the piano restlessly*]: Oh, Lord knows! I suppose the woman wants to live her own life; and the man wants to live his; and each tries to drag the other on to the wrong track. One wants to go north and the other south; and the result is that both have to go east, though they both hate the east wind. [*He sits down on the bench at the keyboard.*] So here I am, a confirmed old bachelor, and likely to remain so.

PICKERING [*rising and standing over him gravely*]: Come, Higgins! You know what I mean. If I'm to be in this business I shall feel responsible for that girl. I hope it's understood that no advantage is to be taken of her position.

HIGGINS: What! That thing! Sacred. I assure you. [*Rising to explain.*] You see, she'll be a pupil; and teaching would be impossible unless pupils were sacred. Ive taught scores of American millionairesses how to speak English: the best looking women in the world. I'm seasoned. They might as well be blocks of wood. I might as well be a block of wood. It's—

[*Mrs Pearce opens the door. She has Eliza's hat in her hand. Pickering retires to the easy-chair at the hearth and sits down.*]

HIGGINS [*eagerly*]: Well, Mrs Pearce: is it all right?

MRS PEARCE [*at the door*]: I just wish to trouble you with a word, if I may, Mr Higgins.

HIGGINS: Yes, certainly. Come in. [*She comes forward.*] Dont burn that, Mrs Pearce. I'll keep it as a curiosity. [*He takes the hat.*]

MRS PEARCE: Handle it carefully, sir, please. I had to promise her not to burn it; but I had better put it in the oven for a while.

HIGGINS [*putting it down hastily on the piano*]: Oh! thank you. Well, what have you to say to me?

PICKERING: Am I in the way?

MRS PEARCE: Not at all, sir. Mr Higgins: will you please be very particular what you say before the girl?

HIGGINS [*sternly*]: Of course. I'm always particular about what I say. Why do you say this to me?

MRS PEARCE [*unmoved*]: No sir: youre not at all particular when youve mislaid anything or when you get a little impatient. Now it doesnt matter before me: I'm used to it. But you really must not swear before the girl.

HIGGINS [*indignantly*]: I swear! [*Most emphatically.*] I never swear. I detest the habit. What the devil do you mean?

MRS PEARCE [*stolidly*]: Thats what I mean, sir. You swear a great deal too much. I dont mind your damning and blasting, and what the devil and where the devil and who the devil—

HIGGINS: Mrs Pearce: this language from your lips! Really!

MRS PEARCE [*not to be put off*]: —but there is a certain word I must ask you not to use. The girl used it herself when she began to enjoy the bath. It begins with the same letter as bath.[7] She knows no better: she learnt it at her mother's knee. But she must not hear it from your lips.

HIGGINS [*loftily*]: I cannot charge myself with having ever uttered it, Mrs Pearce. [*She looks at him steadfastly. He adds, hiding an uneasy conscience with a judicial air.*] Except perhaps in a moment of extreme and justifiable excitement.

MRS PEARCE: Only this morning, sir, you applied it to your boots, to the butter, and to the brown bread.

HIGGINS: Oh, that! Mere alliteration, Mrs Pearce, natural to a poet.

MRS PEARCE: Well, sir, whatever you choose to call it. I beg you not to let the girl hear you repeat it.

HIGGINS: Oh, very well, very well. Is that all?

MRS PEARCE: No, sir. We shall have to be very particular with this girl as to personal cleanliness.

HIGGINS: Certainly. Quite right. Most important.

MRS PEARCE: I mean not to be slovenly about her dress or untidy in leaving things about.

HIGGINS [*going to her solemnly*]: Just so. I intended to call your attention to that. [*He passes on to Pickering, who is enjoying the conversation immensely.*] It is these little things that matter, Pickering. Take care of the pence and the pounds will take care of themselves is as true of personal habits as of money. [*He comes to anchor on the hearthrug, with the air of a man in an unassailable position.*]

MRS PEARCE: Yes, sir. Then might I ask you not to come down to breakfast in your dressing-gown, or at any rate not to use it as a napkin to the extent you do, sir. And if you would be so good as not to eat everything off the same plate, and to remember not to put the porridge saucepan out of your hand on the clean tablecloth, it would be a better example to the girl. You know you nearly choked yourself with a fishbone in the jam only last week.

HIGGINS [*routed from the hearthrug and drifting back to the piano*]: I may do these things sometimes in absence of mind; but surely I dont do them habitually. [*Angrily.*] By the way: my dressing-gown smells most damnably of benzine.

MRS PEARCE: No doubt it does, Mr Higgins. But if you will wipe your fingers—

HIGGINS [*yelling*]: Oh very well, very well: I'll wipe them in my hair in future.

MRS PEARCE: I hope youre not offended, Mr Higgins.

---

7. The word in question is "bloody" which, at the time the play was written and produced, was a vulgar term not used in polite society.

HIGGINS [*shocked at finding himself thought capable of an unamiable sentiment*]: Not at all, not at all. Youre quite right, Mrs Pearce: I shall be particularly careful before the girl. Is that all?

MRS PEARCE: No, sir. Might she use some of those Japanese dresses you brought from abroad? I really cant put her back into her old things.

HIGGINS: Certainly. Anything you like. Is that all?

MRS PEARCE: Thank you, sir. Thats all. [*She goes out.*]

HIGGINS: You know, Pickering, that woman has the most extraordinary ideas about me. Here I am, a shy, diffident sort of man. Ive never been able to feel really grown-up and tremendous, like other chaps. And yet she's firmly persuaded that I'm an arbitrary overbearing bossing kind of person. I cant account for it.

[*Mrs Pearce returns.*]

MRS PEARCE: If you please, sir, the trouble's beginning already. Theres a dustman downstairs, Alfred Doolittle, wants to see you. He says you have his daughter here.

PICKERING [*rising*]: Phew! I say!

HIGGINS [*promptly*]: Send the blackguard[8] up.

MRS PEARCE: Oh, very well, sir. [*She goes out.*]

PICKERING: He may not be a blackguard, Higgins.

HIGGINS: Nonsense. Of course he's a blackguard.

PICKERING: Whether he is or not, I'm afraid we shall have some trouble with him.

HIGGINS [*confidently*]: Oh no: I think not. If theres any trouble he shall have it with me, not I with him. And we are sure to get something interesting out of him.

PICKERING: About the girl?

HIGGINS: No, I mean his dialect.

PICKERING: Oh!

MRS PEARCE [*at the door*]: Doolittle, sir. [*She admits Doolittle and retires.*]

[*Alfred Doolittle is an elderly but vigorous dustman, clad in the costume of his profession, including a hat with a back brim covering his neck and shoulders. He has well marked and rather interesting features, and seems equally free from fear and conscience. He has a remarkably expressive voice, the result of a habit of giving vent to his feelings without reserve. His present pose is that of wounded honor and stern resolution.*]

DOOLITTLE [*at the door, uncertain which of the two gentlemen is his man*]: Professor Iggins?

HIGGINS: Here, Good morning. Sit down.

DOOLITTLE: Morning, Governor. [*He sits down magisterially.*] I come about a very serious matter, Governor.

HIGGINS [*to Pickering*]: Brought up in Hounslow. Mother Welsh, I should think. [*Doolittle opens his mouth, amazed. Higgins continues.*] What do you want, Doolittle?

DOOLITTLE [*menacingly*]: I want my daughter: thats what I want. See?

HIGGINS: Of course you do. Youre her father, arnt you? You dont suppose anyone else wants her, do you? I'm glad to see you have some spark of family feeling left. She's upstairs. Take her away at once.

DOOLITTLE [*rising, fearfully taken aback*]: What!

HIGGINS: Take her away. Do you suppose I'm going to keep your daughter for you?

DOOLITTLE [*remonstrating*]: Now, now, look here, Governor. Is this reasonable? Is it fairity[9] to take advantage of a man like this? The girl belongs to me. You got her. Where do I come in? [*He sits down again.*]

---

8. Scoundrel.   9. Fair play.

HIGGINS: Your daughter had the audacity to come to my house and ask me to teach her how to speak properly so that she could get a place in a flower-shop. This gentleman and my housekeeper have been here all the time. [*Bullying him.*] How dare you come here and attempt to blackmail me? You sent her here on purpose.

DOOLITTLE [*protesting*]: No, Governor.

HIGGINS: You must have. How else could you possibly know that she is here?

DOOLITTLE: Dont take a man up like that, Governor.

HIGGINS: The police shall take you up. This is a plant—a plot to extort money by threats. I shall telephone for the police. [*He goes resolutely to the telephone and opens the directory.*]

DOOLITTLE: Have I asked you for a brass farthing? I leave it to the gentleman here: have I said a word about money?

HIGGINS [*throwing the book aside and marching down on Doolittle with a poser[1]*]: What else did you come for?

DOOLITTLE [*sweetly*]: Well, what would a man come for? Be human, Governor.

HIGGINS [*disarmed*]: Alfred: did you put her up to it?

DOOLITTLE: So help me, Governor, I never did. I take my Bible oath I aint seen the girl these two months past.

HIGGINS: Then how did you know she was here?

DOOLITTLE [*"most musical, most melancholy"*]: I'll tell you, Governor, if youll only let me get a word in. I'm willing to tell you. I'm wanting to tell you. I'm waiting to tell you.

HIGGINS: Pickering: this chap has a certain natural gift of rhetoric. Observe the rhythm of his native woodnotes wild. "I'm willing to tell you: I'm wanting to tell you: I'm waiting to tell you." Sentimental rhetoric! Thats the Welsh strain in him. It also accounts for his mendacity[2] and dishonesty.

PICKERING: Oh, please, Higgins: I'm west country[3] myself. [*To Doolittle.*] How did you know the girl was here if you didnt send her?

DOOLITTLE: It was like this, Governor. The girl took a boy in the taxi to give him a jaunt. Son of her landlady, he is. He hung about on the chance of her giving him another ride home. Well, she sent him back for her luggage when she heard you was willing for her to stop here. I met the boy at the corner of Long Acre and Endell Street.

HIGGINS: Public house. Yes?

DOOLITTLE: The poor man's club, Governor: why shouldnt I?

PICKERING: Do let him tell his story, Higgins.

DOOLITTLE: He told me what was up. And I ask you, what was my feelings and my duty as a father? I says to the boy, "You bring me the luggage," I says—

PICKERING: Why didnt you go for it yourself?

DOOLITTLE: Landlady wouldnt have trusted me with it, Governor. She's that kind of woman: you know. I had to give the boy a penny afore he trusted me with it, the little swine. I brought it to her just to oblige you like, and make myself agreeable. Thats all.

HIGGINS: How much luggage?

DOOLITTLE: Musical instrument, Governor. A few pictures, a trifle of jewelry, and a bird-cage. She said she didn't want no clothes. What was I to think from that, Governor? I ask you as a parent what was I to think?

1. Puzzle
2. Tendency to lie.
                                    3. From the west of England—perhaps even Wales.

HIGGINS: So you came to rescue her from worse than death eh?

DOOLITTLE [*appreciatively: relieved at being so well understood*]: Just so, Governor. Thats right.

PICKERING: But why did you bring her luggage if you intended to take her away?

DOOLITTLE: Have I said a word about taking her away? Have I now?

HIGGINS [*determinedly*]: Youre going to take her away, double quick. [*He crosses to the hearth and rings the bell.*]

DOOLITTLE [*rising*]: No, Governor. Dont say that. I'm not the man to stand in my girl's light. Heres a career opening for her as you might say; and—
[*Mrs Pearce opens the door and awaits orders.*]

HIGGINS: Mrs Pearce: this is Eliza's father. He has come to take her away. Give her to him. [*He goes back to the piano, with an air of washing his hands of the whole affair.*]

DOOLITTLE: No. This is a misunderstanding. Listen here—

MRS PEARCE: He cant take her away, Mr Higgins: how can he? You told me to burn her clothes.

DOOLITTLE: Thats right. I cant carry the girl through the streets like a blooming monkey, can I? I put it to you.

HIGGINS: You have put it to me that you want your daughter. Take your daughter. If she has no clothes go out and buy her some.

DOOLITTLE [*desperate*]: Wheres the clothes she come in? Did I burn them or did your missus here?

MRS PEARCE: I am the housekeeper, if you please. I have sent for some clothes for the girl. When they come you can take her away. You can wait in the kitchen. This way, please.
[*Doolittle, much troubled, accompanies her to the door; then hesitates: finally turns confidentially to Higgins.*]

DOOLITTLE: Listen here, Governor. You and me is men of the world, aint we?

HIGGINS: Oh! Men of the world, are we? Youd better go, Mrs Pearce.

MRS PEARCE: I think so, indeed, sir. [*She goes, with dignity.*]

PICKERING: The floor is yours, Mr Doolittle.

DOOLITTLE [*to Pickering*]: I thank you, Governor. [*To Higgins, who takes refuge on the piano bench, a little overwhelmed by the proximity of his visitor; for Doolittle has a professional flavor of dust about him.*] Well, the truth is, Ive taken a sort of fancy to you, Governor; and if you want the girl, I'm not so set on having her back home again but what I might be open to an arrangement. Regarded in the light of a young woman, she's a fine handsome girl. As a daughter she's not worth her keep; and so I tell you straight. All I ask is my rights as a father; and youre the last man alive to expect me to let her go for nothing; for I can see youre one of the straight sort, Governor. Well, whats a five-pound note to you? and whats Eliza to me? [*He turns to his chair and sits down judicially.*]

PICKERING: I think you ought to know, Doolittle, that Mr Higgins's intentions are entirely honorable.

DOOLITTLE: Course they are, Governor. If I thought they wasn't, I'd ask fifty.

HIGGINS [*revolted*]: Do you mean to say that you would sell your daughter for £50?

DOOLITTLE: Not in a general way I wouldnt; but to oblige a gentleman like you I'd do a good deal, I do assure you.

PICKERING: Have you no morals, man?

DOOLITTLE [*unabashed*]: Cant afford them, Governor. Neither could you if you was as poor as me. Not that I mean any harm, you know. But if Liza is going to have a bit out of this, why not me too?

HIGGINS [*troubled*]: I dont know what to do, Pickering. There can be no question that as a matter of morals it's a positive crime to give this chap a farthing. And yet I feel a sort of rough justice in his claim.

DOOLITTLE: Thats it, Governor. Thats all I say. A father's heart, as it were.

PICKERING: Well, I know the feeling; but really it seems hardly right—

DOOLITTLE: Dont say that, Governor. Dont look at it that way. What am I, Governors both? I ask you, what am I? I'm one of the undeserving poor: thats what I am. Think of what that means to a man. It means that he's up agen middle class morality all the time. If theres anything going, and I put in for a bit of it, it's always the same story: "Youre undeserving: so you cant have it." But my needs is as great as the most deserving widow's that ever got money out of six different charities in one week for the death of the same husband. I dont need less than a deserving man: I need more. I dont eat less hearty than him; and I drink a lot more. I want a bit of amusement, cause I'm a thinking man. I want cheerfulness and a song and a band when I feel low. Well, they charge me just the same for everything as they charge the deserving. What is middle class morality? Just an excuse for never giving me anything. Therefore, I ask you, as two gentlemen, not to play that game on me. I'm playing straight with you. I aint pretending to be deserving. I'm undeserving; and I mean to go on being undeserving. I like it; and thats the truth. Will you take advantage of a man's nature to do him out of the price of his own daughter what he's brought up and fed and clothed by the sweat of his brow until she's growed big enough to be interesting to you two gentlemen? Is five pounds unreasonable? I put it to you: and I leave it to you.

HIGGINS [*rising, and going over to Pickering*]: Pickering: if we were to take this man in hand for three months, he could choose between a seat in the Cabinet and a popular pulpit in Wales.

PICKERING: What do you say to that, Doolittle?

DOOLITTLE: Not me, Governor, thank you kindly. Ive heard all the preachers and all the prime ministers—for I'm a thinking man and game for politics or religion or social reform same as all the other amusements—and I tell you it's a dog's life any way you look at it. Undeserving poverty is my line. Taking one station in society with another, it's—it's—well, it's the only one that has any ginger in it, to my taste.

HIGGINS: I suppose we must give him a fiver.

PICKERING: He'll make a bad use of it, I'm afraid.

DOOLITTLE: Not me, Governor, so help me I wont. Dont you be afraid that I'll save it and spare it and live idle on it. There wont be a penny of it left by Monday: I'll have to go to work same as if I'd never had it. It wont pauperize me, you bet. Just one good spree for myself and the missus, giving pleasure to ourselves and employment to others, and satisfaction to you to think it's not been throwed away. You couldnt spend it better.

HIGGINS: [*taking out his pocket book and coming between Doolittle and the piano*]: This is irresistible. Lets give him ten. [*He offers two notes to the dustman.*]

DOOLITTLE: No. Governor. She wouldnt have the heart to spend ten; and perhaps I shouldnt neither. Ten pounds is a lot of money: it makes a man feel prudent like; and then good-bye to happiness. You give me what I ask you, Governor: not a penny more, and not a penny less.

PICKERING: Why dont you marry that missus of yours? I rather draw the line at encouraging that sort of immorality.

DOOLITTLE: Tell her so. Governor: tell her so. *I'm* willing. It's me that suffers by
it. Ive no hold on her. I got to be agreeable to her. I got to give her presents. I got
to buy her clothes something sinful. I'm a slave to that woman, Governor, just
because I'm not her lawful husband. And she knows it too. Catch her marrying
me! Take my advice, Governor—marry Eliza while she's young and dont know no
better. If you dont youll be sorry for it after. If you do, she'll be sorry for it after; but
better her than you, because youre a man, and she's only a woman and dont know
how to be happy anyhow.

HIGGINS: Pickering: If we listen to this man another minute, we shall have no
convictions left. [*To Doolittle.*] Five pounds I think you said.

DOOLITTLE: Thank you kindly, Governor.

HIGGINS: Youre sure you wont take ten?

DOOLITTLE: Not now. Another time, Governor.

HIGGINS [*handing him a five-pound note*]: Here you are.

DOOLITTLE: Thank you, Governor. Good morning. [*He hurries to the door, anxious
to get away with his booty. When he opens it he is confronted with a dainty and exquisitely clean young Japanese lady in a simple blue cotton kimono printed cunningly with
small white jasmine blossoms. Mrs Pearce is with her. He gets out of her way deferentially and apologizes.*] Beg pardon, miss.

THE JAPANESE LADY: Garn! Dont you know you own daughter?

DOOLITTLE: ⎧ *exclaiming* ⎫ Bly me! It's Eliza!
HIGGINS: ⎨ *simul-* ⎬ Whats that? This!
PICKERING: ⎩ *taneously* ⎭ By Jove!

LIZA: Dont I look silly?

HIGGINS: Silly?

MRS PEARCE [*at the door*]: Now, Mr Higgins, please dont say anything to make the
girl conceited about herself.

HIGGINS [*conscientiously*]: Oh! Quite right, Mrs Pearce. [*To Eliza.*] Yes: damned silly.

MRS PEARCE: Please, sir.

HIGGINS [*correcting himself*]: I mean extremely silly.

LIZA: I should look all right with my hat on. [*She takes up her hat; puts it on; and
walks across the room to the fireplace with a fashionable air.*]

HIGGINS: A new fashion, by George! And it ought to look horrible!

DOOLITTLE: [*with fatherly pride*]: Well, I never thought she'd clean up as good
looking as that, Governor. She's a credit to me, aint she?

LIZA: I tell you, it's easy to clean up here. Hot and cold water on tap, just as much
as you like, there is. Woolly towels, there is; and a towel horse[4] so hot, it burns
your fingers. Soft brushes to scrub yourself, and a wooden bowl of soap smelling
like primroses. Now I know why ladies is so clean. Washing's a treat for them.
Wish they could see what it is for the like of me!

HIGGINS: I'm glad the bathroom met with your approval.

LIZA: It didnt: not all of it; and I dont care who hears me say it. Mrs Pearce knows.

HIGGINS: What was wrong, Mrs Pearce?

MRS PEARCE [*blandly*]: Oh, nothing, sir. It doesnt matter.

LIZA: I had a good mind to break it. I didn't know which way to look. But I hung a
towel over it, I did.

HIGGINS: Over what?

4. Towel rack.

MRS PEARCE: Over the looking-glass sir.

HIGGINS: Doolittle: you have brought your daughter up too strictly.

DOOLITTLE: Me! I never brought her up at all, except to give her a lick of a strap now and again. Dont put it on me, Governor. She aint accustomed to it, you see: thats all. But she'll soon pick up your free-and-easy ways.

LIZA: I'm a good girl, I am; and I wont pick up no free-and-easy ways.

HIGGINS: Eliza: if you say again that youre a good girl, your father shall take you home.

LIZA: Not him. You dont know my father. All he come here for was to touch you for some money to get drunk on.

DOOLITTLE: Well, what else would I want money for? To put into the plate in church, I suppose. [*She puts out her tongue at him. He is so incensed by this that Pickering presently finds it necessary to step between them.*] Dont you give me none of your lip; and dont let me hear you giving this gentleman any of it neither, or youll hear from me about it. See?

HIGGINS: Have you any further advice to give her before you go, Doolittle? Your blessing, for instance.

DOOLITTLE: No, Governor: I aint such a mug as to put up my children to all I know myself. Hard enough to hold them in without that. If you want Eliza's mind improved, Governor, you do it yourself with a strap. So long, gentlemen. [*He turns to go.*]

HIGGINS [*impressively*]: Stop. Youll come regularly to see your daughter. It's your duty, you know. My brother is a clergyman; and he could help you in your talks with her.

DOOLITTLE [*evasively*]: Certainly. I'll come, Governor. Not just this week, because I have a job at a distance. But later on you may depend on me. Afternoon, gentlemen. Afternoon, maam. [*He touches his hat to Mrs Pearce, who disdains the salutation and goes out. He winks at Higgins, thinking him probably a fellow-sufferer from Mrs Pearce's difficult disposition, and follows her.*]

LIZA: Dont you believe the old liar. He'd as soon you set a bull-dog on him as a clergyman. You wont see him again in a hurry.

HIGGINS: I dont want to, Eliza. Do you?

LIZA: Not me. I dont want never to see him again. I dont. He's a disgrace to me, he is, collecting dust, instead of working at his trade.

PICKERING: What is his trade, Eliza?

LIZA: Talking money out of other people's pockets into his own. His proper trade's a navvy[5]; and he works at it sometimes too—for exercise—and earns good money at it. Aint you going to call me Miss Doolittle any more?

PICKERING: I beg your pardon, Miss Doolittle. It was a slip of the tongue.

LIZA: Oh, I dont mind; only it sounded so genteel. I should just like to take a taxi to the corner of Tottenham Court Road and get out there and tell it to wait for me, just to put the girls in their place a bit. I wouldnt speak to them, you know.

PICKERING: Better wait til we get you something really fashionable.

HIGGINS: Besides, you shouldnt cut your old friends now that you have risen in the world. Thats what we call snobbery.

LIZA: You dont call the like of them my friends now, I should hope. Theyve took it out of me often enough with their ridicule when they had the chance; and now I mean to get a bit of my own back. But if I'm to have fashionable clothes, I'll wait.

5. Manual laborer.

I should like to have some. Mrs Pearce says youre going to give me some to wear in bed at night different to what I wear in the daytime; but it do seem a waste of money when you could get something to shew. Besides, I never could fancy changing into cold things on a winter night.

MRS PEARCE [*coming back*]: Now, Eliza. The new things have come for you to try on.

LIZA: Ah-ow-oo-ooh! [*She rushes out.*]

MRS PEARCE [*following her*]: Oh, dont rush about like that, girl. [*She shuts the door behind her.*]

HIGGINS: Pickering: we have taken on a stiff job.

PICKERING [*with conviction*]: Higgins: we have.

*   *   *

There seems to be some curiosity as to what Higgins's lessons to Eliza were like. Well, here is a sample: the first one.

Picture Eliza, in her new clothes, and feeling her inside put out of step by a lunch, dinner, and breakfast of a kind to which it is unaccustomed, seated with Higgins and the Colonel in the study, feeling like a hospital out-patient at a first encounter with the doctors.

Higgins, constitutionally unable to sit still, discomposes her still more by striding restlessly about. But for the reassuring presence and quietude of her friend the Colonel she would run for her life, even back to Drury Lane.

HIGGINS: Say your alphabet.

LIZA: I know my alphabet. Do you think I know nothing? I dont need to be taught like a child.

HIGGINS [*thundering*]: Say your alphabet.

PICKERING: Say it, Miss Doolittle. You will understand presently. Do what he tells you; and let him teach you in his own way.

LIZA: Oh well, if you put it like that—Ahyee, bə yee, cə yee, də yee—

HIGGINS [*with the roar of a wounded lion*]: Stop. Listen to this, Pickering. This is what we pay for as elementary education. This unfortunate animal has been locked up for nine years in school at our expense to teach her to speak and read the language of Shakespear and Milton. And the result is Ahyee, Bə -yee, Cə -yee, Də -yee. [*To Eliza.*] Say A, B, C, D.

LIZA [*almost in tears*]: But I'm saying it. Ahyee, Bə yee, Cə -yee—

HIGGINS: Stop. Say a cup of tea.

LIZA: A cappə tə -ee.

HIGGINS: Put your tongue forward until it squeezes against the top of your lower teeth. Now say cup.

LIZA: C-c-c—I cant. C-Cup.

PICKERING: Good. Splendid, Miss Doolittle.

HIGGINS: By Jupiter, she's done it at the first shot. Pickering: we shall make a duchess of her. [*To Eliza.*] Now do you think you could possibly say tea? Not tə -yee, mind: if you ever say bə -yee cə -yee də -yee again you shall be dragged round the room three times by the hair of your head. [*Fortissimo.*] T, T, T, T.

LIZA [*weeping*]: I cant hear no difference cep that it sounds more genteel-like when you say it.

HIGGINS: Well, if you can hear that difference, what the devil are you crying for? Pickering: give her a chocolate.

PICKERING: No, no. Never mind crying a little, Miss Doolittle: you are doing very well; and the lessons wont hurt. I promise you I wont let him drag you round the room by your hair.

HIGGINS: Be off with you to Mrs Pearce and tell her about it. Think about it. Try to do it by yourself: and keep your tongue well forward in your mouth instead of trying to roll it up and swallow it. Another lesson at half-past four this afternoon. Away with you.

[*Eliza, still sobbing, rushes from the room.*]

And that is the sort of ordeal poor Eliza has to go through for months before we meet her again on her first appearance in London society of the professional class.

ACT 3

It is Mrs Higgins's at-home day.[1] Nobody has yet arrived. Her drawing room, in a flat on Chelsea Embankment, has three windows looking on the river; and the ceiling is not so lofty as it would be in an older house of the same pretension. The windows are open, giving access to a balcony with flowers in pots. If you stand with your face to the windows, you have the fireplace on your left and the door in the right-hand wall close to the corner nearest the windows.

Mrs Higgins was brought up on Morris[2] and Burne Jones[3]; and her room, which is very unlike her son's room in Wimpole Street, is not crowded with furniture and little tables and nicknacks. In the middle of the room there is a big ottoman; and this, with the carpet, the Morris wallpapers, and the Morris chintz window curtains and brocade covers of the ottoman and its cushions, supply all the ornament, and are much too handsome to be hidden by odds and ends of useless things. A few good oil-paintings from the exhibitions in the Grosvenor Gallery thirty years ago (the Burne Jones, not the Whistler[4] side of them) are on the walls. The only landscape is a Cecil Lawson[5] on the scale of a Rubens[6]. There is a portrait of Mrs Higgins as she was when she defied the fashion in her youth in one of the beautiful Rossettian[7] costumes which, when caricatured by people who did not understand, led to the absurdities of popular estheticism in the eighteen-seventies.

In the corner diagonally opposite the door Mrs Higgins, now over sixty and long past taking the trouble to dress out of the fashion, sits writing at an elegantly simple writing-table with a bell button within reach of her hand. There is a Chippendale chair further back in the room between her and the window nearest her side. At the other side of the room, further forward, is an Elizabethan chair roughly carved in the taste of Inigo Jones. On the same side a piano in a decorated case. The corner between the fireplace and the window is occupied by a divan cushioned in Morris chintz.

It is between four and five in the afternoon.

The door is opened violently; and Higgins enters with his hat on.

MRS HIGGINS [*dismayed*]: Henry! [*Scolding him.*] What are you doing here today? It is my at-home day: you promised not to come. [*As he bends to kiss her, she takes his hat off, and presents it to him.*]

HIGGINS: Oh bother! [*He throws the hat down on the table.*]

MRS HIGGINS: Go home at once.

HIGGINS [*kissing her*]: I know, mother. I came on purpose.

MRS HIGGINS: But you mustnt. I'm serious, Henry. You offend all my friends: they stop coming whenever they meet you.

HIGGINS: Nonsense! I know I have no small talk; but people dont mind. [*He sits on the settee.*]

1. Reception of visitors in one's home in genteel society.
2. William Morris (1834–1896), English graphic artist, poet, and social reformer.
3. Sir Edward Coley Burne-Jones (1833–1898), English painter and designer.
4. James Abbott McNeill Whistler (1834–1903), American avant-garde painter who did much of his work living in London.
5. Cecil Gordon Lawson (1851–1882), English landscape painter.
6. Peter Paul Rubens (1577–1640), Flemish painter.
7. Dante Gabriel Rossetti (1828–1882), painter and poet, founder of the Pre-Raphaelite Brotherhood.

MRS HIGGINS: Oh! dont they? Small talk indeed! What about your large talk? Really, dear, you mustnt stay.

HIGGINS: I must. Ive a job for you. A phonetic job.

MRS HIGGINS: No use, dear. I'm sorry; but I cant get round your vowels; and though I like to get pretty postcards in your patent shorthand, I always have to read the copies in ordinary writing you so thoughtfully send me.

HIGGINS: Well, this isnt a phonetic job.

MRS HIGGINS: You said it was.

HIGGINS: Not your part of it. Ive picked up a girl.

MRS HIGGINS: Does that mean that some girl has picked you up?

HIGGINS: Not at all. I dont mean a love affair.

MRS HIGGINS: What a pity!

HIGGINS: Why?

MRS HIGGINS: Well, you never fall in love with anyone under forty-five. When will you discover that there are some rather nice-looking young women about?

HIGGINS: Oh, I cant be bothered with young women. My idea of a lovable woman is somebody as like you as possible. I shall never get into the way of seriously liking young women: some habits lie too deep to be changed. [*Rising abruptly and walking about, jingling his money and his keys in his trouser pockets.*] Besides, theyre all idiots.

MRS HIGGINS: Do you know what you would do if you really loved me, Henry?

HIGGINS: Oh bother! What? Marry, I suppose.

MRS HIGGINS: No. Stop fidgeting and take your hands out of your pockets. [*With a gesture of despair, he obeys and sits down again.*] Thats a good boy. Now tell me about the girl.

HIGGINS: She's coming to see you.

MRS HIGGINS: I dont remember asking her.

HIGGINS: You didnt. *I* asked her. If youd known her you wouldnt have asked her.

MRS HIGGINS: Indeed! Why?

HIGGINS: Well, It's like this. She's a common flower-girl. I picked her off the kerbstone.

MRS HIGGINS: And invited her to my at-home!

HIGGINS [*rising and coming to her to coax her*]: Oh, thatll be all right. Ive taught her to speak properly; and she has strict orders as to her behavior. She's to keep to two subjects: the weather and everybody's health—Fine day and How do you do, you know—and not to let herself go on things in general. That will be safe.

MRS HIGGINS: Safe! To talk about our health! About our insides! Perhaps about our outsides! How could you be so silly, Henry?

HIGGINS [*impatiently*]: Well, she must talk about something. [*He controls himself and sits down again.*] Oh, she'll be all right; dont you fuss. Pickering is in it with me. Ive a sort of bet on that I'll pass her off as a duchess in six months. I started on her some months ago; and she's getting on like a house on fire. I shall win my bet. She has a quick ear; and she's been easier to teach than my middle-class pupils because she's had to learn a complete new language. She talks English almost as you talk French.

MRS HIGGINS: Thats satisfactory, at all events.

HIGGINS: Well, it is and it isnt.

MRS HIGGINS: What does that mean?

HIGGINS: You see, Ive got her pronunciation all right; but you have to consider not only how a girl pronounces, but what she pronounces; and thats where—
[*They are interrupted by the parlormaid, announcing guests.*]

THE PARLORMAID: Mrs and Miss Eynsford Hill. [*She withdraws.*]

HIGGINS: Oh Lord! [*He rises: snatches his hat from the table; and makes for the door; but before he reaches it his mother introduces him.*]
[*Mrs and Miss Eynsford Hill are the mother and daughter who sheltered from the rain in Covent Garden. The mother is well bred, quiet, and has the habitual anxiety of straitened means. The daughter has acquired a gay air of being very much at home in society; the bravado of genteel poverty.*]

MRS EYNSFORD HILL [*to Mrs Higgins*]: How do you do? [*They shake hands.*]

MISS EYNSFORD HILL: How d'you do? [*She shakes.*]

MRS HIGGINS [*introducing*]: My son Henry.

MRS EYNSFORD HILL: Your celebrated son! I have so longed to meet you, Professor Higgins.

HIGGINS [*glumly, making no movement in her direction*]: Delighted. [*He backs against the piano and bows brusquely.*]

MISS EYNSFORD HILL [*going to him with confident familiarity*]: How do you do?

HIGGINS [*staring at her*]: Ive seen you before somewhere. I havnt the ghost of a notion where; but Ive heard your voice. [*Drearily*] It doesnt matter. Youd better sit down.

MRS HIGGINS: I'm sorry to say that my celebrated son has no manners. You mustnt mind him.

MISS EYNSFORD HILL [*gaily*]: I dont. [*She sits in the Elizabethan chair.*]

MRS EYNSFORD HILL [*a little bewildered*]: Not at all. [*She sits on the ottoman between her daughter and Mrs Higgins, who has turned her chair away from the writing-table.*]

HIGGINS: Oh, have I been rude? I didnt mean to be.
[*He goes to the central window, through which, with his back to the company, he contemplates the river and the flowers in Battersea Park on the opposite bank as if they were a frozen desert.
     The parlormaid returns, ushering in Pickering.*]

THE PARLORMAID: Colonel Pickering. [*She withdraws.*]

PICKERING: How do you do, Mrs Higgins?

MRS HIGGINS: So glad youve come. Do you know Mrs Eynsford Hill—Miss Eynsford Hill? [*Exchange of bows. The Colonel brings the Chippendale chair a little forward between Mrs Hill and Mrs Higgins, and sits down.*]

PICKERING: Has Henry told you what weve come for?

HIGGINS [*over his shoulder*]: We were interrupted: damn it!

MRS HIGGINS: Oh Henry, Henry, really!

MRS EYNSFORD HILL [*half rising*]: Are we in the way?

MRS HIGGINS [*rising and making her sit down again*]: No, no. You couldnt have come more fortunately; we want you to meet a friend of ours.

HIGGINS [*turning hopefully*]: Yes, by George! We want two or three people. Youll do as well as anybody else.
[*The parlormaid returns, ushering Freddy.*]

THE PARLORMAID: Mr Eynsford Hill.

HIGGINS [*almost audibly, past endurance*]: God of Heaven! Another of them.

FREDDY [*shaking hands with Mrs Higgins*]: Ahdedo?

MRS HIGGINS: Very good of you to come. [*Introducing.*] Colonel Pickering.

FREDDY [*bowing*]: Ahdedo?

MRS HIGGINS: I dont think you know my son, Professor Higgins.

FREDDY [*going to Higgins*]: Ahdedo?

HIGGINS [*looking at him much as if he were a pickpocket*]: I'll take my oath Ive met you before somewhere. Where was it?

FREDDY: I dont think so.

HIGGINS [*resignedly*]: It dont matter, anyhow. Sit down.

> [*He shakes Freddy's hand and almost slings him on to the ottoman with his face to the window; then comes round to the other side of it.*]

HIGGINS: Well, here we are, anyhow! [*He sits down on the ottoman next Mrs Eynsford Hill, on her left.*] And now, what the devil are we going to talk about until Eliza comes?

MRS HIGGINS: Henry: you are the life and soul of the Royal Society's soirées; but really youre rather trying on more commonplace occasions.

HIGGINS: Am I? Very sorry. [*Beaming suddenly.*] I suppose I am, you know. [*Uproariously.*] Ha, ha!

MISS EYNSFORD HILL [*who considers Higgins quite eligible matrimonially*]: I sympathize. I havnt any small talk. If people would only be frank and say what they really think!

HIGGINS [*relapsing into gloom*]: Lord forbid!

MRS EYNSFORD HILL [*taking up her daughter's cue*]: But why?

HIGGINS: What they think they ought to think is bad enough, Lord knows; but what they really think would break up the whole show. Do you suppose it would be really agreeable if I were to come out now with what I really think?

MISS EYNSFORD HILL [*gaily*]: Is it so very cynical?

HIGGINS: Cynical! Who the dickens said it was cynical? I mean it wouldnt be decent.

MRS EYNSFORD HILL [*seriously*]: Oh! I'm sure you dont mean that, Mr Higgins.

HIGGINS: You see, we're all savages, more or less. We're supposed to be civilized and cultured—to know all about poetry and philosophy and art and science, and so on; but how many of us know even the meanings of these names? [*To Miss Hill.*] What do you know of poetry? [*To Mrs Hill.*] What do you know of science? [*Indicating Freddy.*] What does he know of art or science or anything else? What the devil do you imagine I know of philosophy?

MRS HIGGINS [*warningly*]: Or of manners, Henry?

THE PARLORMAID [*opening the door*]: Miss Doolittle. [*She withdraws.*]

HIGGINS [*rising hastily and running to Mrs Higgins*]: Here she is, mother. [*He stands on tiptoe and makes signs over his mother's head to Eliza to indicate to her which lady is her hostess.*]

> [*Eliza, who is exquisitely dressed, produces an impression of such remarkable distinction and beauty as she enters that they all rise, quite fluttered. Guided by Higgins's signals, she comes to Mrs Higgins with studied grace.*]

LIZA [*speaking with pedantic correctness of pronunciation and great beauty of tone*]: How do you do, Mrs Higgins? [*She gasps slightly in making sure of the H in Higgins, but is quite successful.*] Mr Higgins told me I might come.

MRS HIGGINS [*cordially*]: Quite right: I'm very glad indeed to see you.

PICKERING: How do you do, Miss Doolittle?

LIZA [*shaking hands with him*]: Colonel Pickering, is it not?

MRS EYNSFORD HILL: I feel sure we have met before, Miss Doolittle. I remember your eyes.

LIZA: How do you do? [*She sits down on the ottoman gracefully in the place just left vacant by Higgins.*]

MRS EYNSFORD HILL [*introducing*]: My daughter Clara.

LIZA: How do you do?

CLARA [*impulsively*]: How do you do? [*She sits down on the ottoman beside Eliza, devouring her with her eyes.*]

FREDDY [*coming to their side of the ottoman*]: Ive certainly had the pleasure.

MRS EYNSFORD HILL [*introducing*]: My son Freddy.

LIZA: How do you do?

[*Freddy bows and sits down in the Elizabethan chair, infatuated.*]

HIGGINS [*suddenly*]: By George, yes: It all comes back to me! [*They stare at him.*] Covent Garden! [*Lamentably.*] What a damned thing!

MRS HIGGINS: Henry, please! [*He is about to sit on the edge of the table.*] Dont sit on my writing-table: youll break it.

HIGGINS [*sulkily*]: Sorry.

[*He goes to the divan, stumbling into the fender and over the fire-irons on his way; extricating himself with muttered imprecations; and finishing his disastrous journey by throwing himself so impatiently on the divan that he almost breaks it. Mrs Higgins looks at him, but controls herself and says nothing.*

A long and painful pause ensues.]

MRS HIGGINS [*at last, conversationally*]: Will it rain, do you think?

LIZA: The shallow depression in the west of these islands is likely to move slowly in an easterly direction. There are no indications of any great change in the barometrical situation.

FREDDY: Ha! ha! how awfully funny!

LIZA: What is wrong with that, young man? I bet I got it right.

FREDDY: Killing!

MRS EYNSFORD HILL: I'm sure I hope it wont turn cold. Theres so much influenza about. It runs right through our whole family regularly every spring.

LIZA [*darkly*]: My aunt died of influenza: so they said.

MRS EYNSFORD HILL [*clicks her tongue sympathetically*]: !!!

LIZA [*in the same tragic tone*]: But it's my belief they done the old woman in.

MRS HIGGINS [*puzzled*]: Done her in?

LIZA: Y-e-e-e-es, Lord love you! Why should she die of influenza? She come through diphtheria right enough the year before. I saw her with my own eyes. Fairly blue with it, she was. They all thought she was dead; but my father he kept ladling gin down her throat til she came to so sudden that she bit the bowl off the spoon.

MRS EYNSFORD HILL [*startled*]: Dear me!

LIZA [*piling up the indictment*]: What call would a woman with that strength in her have to die of influenza? What become of her new straw hat that should have come to me? Somebody pinched it; and what I say is, them as pinched it done her in.

MRS EYNSFORD HILL: What does doing her in mean?

HIGGINS [*hastily*]: Oh, thats the new small talk. To do a person in means to kill them.

MRS EYNSFORD HILL [to Eliza, horrified]: You surely dont believe that your aunt was killed?

LIZA: Do I not! Them she lived with would have killed her for a hat-pin, let alone a hat.

MRS EYNSFORD HILL: But it cant have been right for your father to pour spirits down her throat like that. It might have killed her.

LIZA: Not her. Gin was mother's milk to her. Besides, he'd poured so much down his own throat that he knew the good of it.

MRS EYNSFORD HILL: Do you mean that he drank?

LIZA: Drank! My word! Something chronic.

MRS EYNSFORD HILL: How dreadful for you!

LIZA: Not a bit. It never did him no harm what I could see. But then he did not keep it up regular. [Cheerfully.] On the burst, as you might say, from time to time. And always more agreeable when he had a drop in. When he was out of work, my mother used to give him fourpence and tell him to go out and not come back until he'd drunk himself cheerful and loving-like. Theres lots of women has to make their husbands drunk to make them fit to live with. [Now quite at her ease.] You see, it's like this. If a man has a bit of a conscience, it always takes him when he's sober; and then it makes him low-spirited. A drop of booze just takes that off and makes him happy. [To Freddy, who is in convulsions of suppressed laughter.] Here! What are you sniggering at?

FREDDY: The new small talk. You do it so awfully well.

LIZA: If I was doing it proper, what was you laughing at? [To Higgins.] Have I said anything I oughtnt?

MRS HIGGINS [interposing]: Not at all, Miss Doolittle.

LIZA: Well, thats a mercy, anyhow. [Expansively.] What I always say is—

HIGGINS [rising and looking at his watch]: Ahem!

LIZA [looking round at him; taking the hint; and rising]: Well: I must go. [They all rise. Freddy goes to the door.] So pleased to have met you. Goodbye. [She shakes hands with Mrs Higgins.]

MRS HIGGINS: Goodbye.

LIZA: Goodbye, Colonel Pickering.

PICKERING: Goodbye, Miss Doolittle. [They shake hands].

LIZA [nodding to the others]: Goodbye, all.

FREDDY [opening the door for her]: Are you walking across the Park, Miss Doolittle? If so—

LIZA [perfectly elegant diction]: Walk! Not bloody likely. [Sensation.] I am going in a taxi. [She goes out.]

  [Pickering gasps and sits down. Freddy goes out on the balcony to catch another glimpse of Eliza.]

MRS EYNSFORD HILL [suffering from shock]: Well, I really cant get used to the new ways.

CLARA [throwing herself discontentedly into the Elizabethan chair]: Oh, it's all right, mamma, quite right. People will think we never go anywhere or see anybody if you are so old-fashioned.

MRS EYNSFORD HILL: I daresay I am very old-fashioned; but I do hope you wont begin using that expression, Clara. I have got accustomed to hear you talking about men as rotters, and calling everything filthy and beastly; though I do think it horrible and unladylike. But this last is really too much. Dont you think so, Colonel Pickering?

PICKERING: Dont ask me, Ive been away in India for several years; and manners have changed so much that I sometimes dont know whether I'm at a respectable dinner-table or in a ship's forecastle.

CLARA: It's all a matter of habit. Theres no right or wrong in it. Nobody means anything by it. And it's so quaint, and gives such a smart emphasis to things that are not in themselves very witty. I find the new small talk delightful and quite innocent.

MRS EYNSFORD HILL [rising]: Well, after that, I think it's time for us to go. [Pickering and Higgins rise.]

CLARA [rising]: Oh yes: we have three at-homes to go to still. Goodbye, Mrs Higgins. Goodbye, Colonel Pickering. Goodbye, Professor Higgins.

HIGGINS [coming grimly at her from the divan, and accompanying her to the door]: Goodbye. Be sure you try on that small talk at the three at-homes. Dont be nervous about it. Pitch it in strong.

CLARA [all smiles]: I will. Goodbye. Such non-sense, all this early Victorian prudery!

HIGGINS [tempting her]: Such damned nonsense!

CLARA: Such bloody nonsense!

MRS EYNSFORD HILL [convulsively]: Clara!

CLARA: Ha! ha! [She goes out radiant, conscious of being thoroughly up to date, and is heard descending the stairs in a stream of silvery laughter.]

FREDDY [to the heavens at large]: Well, I ask you—[He gives it up, and comes to Mrs Higgins.] Goodbye.

MRS HIGGINS [shaking hands]: Goodbye. Would you like to meet Miss Doolittle again?

FREDDY [eagerly]: Yes, I should, most awfully.

MRS HIGGINS: Well, you know my days.

FREDDY: Yes. Thanks awfully. Goodbye. [He goes out.]

MRS EYNSFORD HILL: Goodbye, Mr Higgins.

HIGGINS: Goodbye. Goodbye.

MRS EYNSFORD HILL [to Pickering]: It's no use. I shall never be able to bring myself to use that word.

PICKERING: Dont. It's not compulsory, you know. Youll get on quite well without it.

MRS EYNSFORD HILL: Only, Clara is so down on me if I am not positively reeking with the latest slang. Goodbye.

PICKERING: Goodbye. [They shake hands.]

MRS EYNSFORD HILL [to Mrs Higgins]: You mustnt mind Clara. [Pickering, catching from her lowered tone that this is not meant for him to hear, discreetly joins Higgins at the window.] We're so poor! and she gets so few parties, poor child! She doesnt quite know. [Mrs Higgins, seeing that her eyes are moist, takes her hand sympathetically and goes with her to the door.] But the boy is nice. Dont you think so?

MRS HIGGINS: Oh, quite nice. I shall always be delighted to see him.

MRS EYNSFORD HILL: Thank you, dear. Goodbye. [She goes out.]

HIGGINS [eagerly]: Well? Is Eliza presentable? [He swoops on his mother and drags her to the ottoman, where she sits down in Eliza's place with her son on her left.] [Pickering returns to his chair on her right.]

MRS HIGGINS: You silly boy, of course she's not presentable. She's a triumph of your art and of her dressmaker's; but if you suppose for a moment that she doesnt give herself away in every sentence she utters, you must be perfectly cracked about her.

PICKERING: But dont you think something might be done? I mean something to eliminate the sanguinary element from her conversation.

MRS HIGGINS: Not as long as she is in Henry's hands.

HIGGINS [*aggrieved*]: Do you mean that my language is improper?

MRS HIGGINS: No, dearest: it would be quite proper—say on a canal barge; but it would not be proper for her at a garden party.

HIGGINS [*deeply injured*]: Well I must say—

PICKERING [*interrupting him*]: Come, Higgins: you must learn to know yourself. I havnt heard such language as yours since we used to review the volunteers in Hyde Park twenty years ago.

HIGGINS [*sulkily*]: Oh, well, if you say so, I suppose I dont always talk like a bishop.

MRS HIGGINS [*quieting Henry with a touch*]: Colonel Pickering: will you tell me what is the exact state of things in Wimpole Street?

PICKERING [*cheerfully: as if this completely changed the subject*]: Well, I have come to live there with Henry. We work together at my Indian Dialects; and we think it more convenient—

MRS HIGGINS: Quite so. I know all about that: it's an excellent arrangement. But where does this girl live?

HIGGINS: With us, of course. Where should she live?

MRS HIGGINS: But on what terms? Is she a servant? If not, what is she?

PICKERING [*slowly*]: I think I know what you mean, Mrs Higgins.

HIGGINS: Well, dash me if *I* do! Ive had to work at the girl every day for months to get her to her present pitch. Besides, she's useful. She knows where my things are, and remembers my appointments and so forth.

MRS HIGGINS: How does your housekeeper get on with her?

HIGGINS: Mrs Pearce? Oh, she's jolly glad to get so much taken off her hands; for before Eliza came, she used to have to find things and remind me of my appointments. But she's got some silly bee in her bonnet about Eliza. She keeps saying "You dont think, sir": doesnt she, Pick?

PICKERING: Yes: thats the formula. "You dont think, sir." Thats the end of every conversation about Eliza.

HIGGINS: As if I ever stop thinking about the girl and her confounded vowels and consonants. I'm worn out, thinking about her, and watching her lips and her teeth and her tongue, not to mention her soul, which is the quaintest of the lot.

MRS HIGGINS: You certainly are a pretty pair of babies, playing with your live doll.

HIGGINS: Playing! The hardest job I ever tackled: make no mistake about that, mother. But you have no idea how fright-fully interesting it is to take a human being and change her into a quite different human being by creating a new speech for her. It's filling up the deepest gulf that separates class from class and soul from soul.

PICKERING [*drawing his chair closer to Mrs Higgins and bending over to her eagerly*]: Yes: it's enormously interesting. I assure you. Mrs Higgins, we take Eliza very seriously. Every week—every day almost—there is some new change. [*Closer again.*] We keep records of every stage—dozens of gramophone disks and photographs—

HIGGINS [*assailing her at the other ear*]: Yes, by George: it's the most absorbing experiment I ever tackled. She regularly fills our lives up: doesnt she, Pick?

PICKERING: We're always talking Eliza.

HIGGINS: Teaching Eliza.

PICKERING: Dressing Eliza.

MRS HIGGINS: What!

HIGGINS: Inventing new Elizas.

HIGGINS: ⎱ [*speaking* ⎰ You know, she has the most extraordinary quickness of ear;
PICKERING: ⎰ *together*] ⎱ I assure you, my dear Mrs Higgins, that girl

HIGGINS: ⎱ ⎰ just like a parrot. Ive tried her with every
PICKERING: ⎰ ⎱ is a genius. She can play the piano quite beautifully.

HIGGINS: ⎱ ⎰ possible sort of sound that a human being can make—
PICKERING: ⎰ ⎱ We have taken her to classical concerts and to music

HIGGINS: ⎱ ⎰ Continental dialects, African dialects, Hottentot
PICKERING: ⎰ ⎱ halls; and it's all the same to her: she plays everything

HIGGINS: ⎱ ⎰ clicks, things it took me years to get hold of; and
PICKERING: ⎰ ⎱ she hears right off when she comes home, whether it's

HIGGINS: ⎱ ⎰ she picks them up like a shot, right away, as if she had
PICKERING: ⎰ ⎱ Beethoven and Brahms or Lehar and Lionel Monckton;

HIGGINS: ⎱ ⎰ been at it all her life.
PICKERING: ⎰ ⎱ though six months ago, she'd never as much as touched a piano—

MRS HIGGINS [*putting her fingers in her ears, as they are by this time shouting one another down with an intolerable noise*]: Sh-sh-sh—sh!

[*They stop.*]

PICKERING: I beg your pardon. [*He draws his chair back apologetically.*]

HIGGINS: Sorry. When Pickering starts shouting nobody can get a word in edgeways.

MRS HIGGINS: Be quiet, Henry, Colonel Pickering: dont you realize that when Eliza walked into Wimpole Street, something walked in with her?

PICKERING: Her father did. But Henry soon got rid of him.

MRS HIGGINS: It would have been more to the point if her mother had. But as her mother didnt something else did.

PICKERING: But what?

MRS HIGGINS [*unconsciously dating herself by the word*]: A problem.

PICKERING: Oh I see. The problem of how to pass her off as a lady.

HIGGINS: I'll solve that problem. Ive half solved it already.

MRS HIGGINS: No, you two infinitely stupid male creatures: the problem of what is to be done with her afterwards.

HIGGINS: I dont see anything in that. She can go her own way, with all the advantages I have given her.

MRS HIGGINS: The advantages of that poor woman who was here just now! The manners and habits that disqualify a fine lady from earning her own living without giving her a fine lady's income! Is that what you mean?

PICKERING [*indulgently, being rather bored*]: Oh, that will be all right, Mrs Higgins. [*He rises to go.*]

HIGGINS [*rising also*]: We'll find her some light employment.

PICKERING: She's happy enough. Dont you worry about her. Goodbye. [*He shakes hands as if he were consoling a frightened child, and makes for the door.*]

HIGGINS: Anyhow, theres no good bothering now. The thing's done. Goodbye, mother. [*He kisses her, and follows Pickering.*]

PICKERING [*turning for a final consolation*]: There are plenty of openings. We'll do whats right. Goodbye.

HIGGINS [*to Pickering as they go out together*]: Lets take her to the Shakespear exhibition at Earls Court.

PICKERING: Yes: lets. Her remarks will be delicious.

HIGGINS: She'll mimic all the people for us when we get home.

PICKERING: Ripping. [*Both are heard laughing as they go down-stairs.*]

MRS HIGGINS [*rises with an impatient bounce, and returns to her work at the writing-table. She sweeps a litter of disarranged papers out of the way; snatches a sheet of paper from her stationery case; and tries resolutely to write. At the third time she gives it up; flings down her pen; grips the table angrily and exclaims*]: Oh, men! men!! men!!!

*   *   *

Clearly Eliza will not pass as a duchess yet; and Higgins's bet remains unwon. But the six months are not yet exhausted; and just in time Eliza does actually pass as a princess. For a glimpse of how she did it imagine an Embassy in London one summer evening after dark. The hall door has an awning and a carpet across the sidewalk to the kerb, because a grand reception is in progress. A small crowd is lined up to see the guests arrive.

A Rolls-Royce car drives up. Pickering in evening dress, with medals and orders, alights, and hands out Eliza, in opera cloak, evening dress, diamonds, fan, flowers and all accessories. Higgins follows. The car drives off; and the three go up the steps and into the house, the door opening for them as they approach.

Inside the house they find themselves in a spacious hall from which the grand staircase rises. On the left are the arrangements for the gentlemen's cloaks. The male guests are depositing their hats and wraps there.

On the right is a door leading to the ladies' cloakroom. Ladies are going in cloaked and coming out in splendor. Pickering whispers to Eliza and points out the ladies' room. She goes into it. Higgins and Pickering take off their overcoats and take tickets for them from the attendant.

One of the guests, occupied in the same way, has his back turned. Having taken his ticket, he turns round and reveals himself as an important looking young man with an astonishingly hairy face. He has an enormous moustache, flowing out into luxuriant whiskers. Waves of hair cluster on his brow. His hair is cropped closely at the back, and glows with oil. Otherwise he is very smart. He wears several worthless orders. He is evidently a foreigner, guessable as a whiskered Pandour[8] from Hungary: but in spite of the ferocity of his moustache he is amiable and genially voluble.

Recognizing Higgins, he flings his arms wide apart and approaches him enthusiastically.

WHISKERS: Maestro, maestro. [*He embraces Higgins and kisses him on both cheeks.*] You remember me?

HIGGINS: No I dont. Who the devil are you?

WHISKERS: I am your pupil: your first pupil, your best and greatest pupil. I am little Nepommuck, the marvellous boy. I have made your name famous throughout Europe. You teach me phonetic. You cannot forget ME.

HIGGINS: Why dont you shave?

NEPOMMUCK: I have not your imposing appearance, your chin, your brow. Nobody notices me when I shave. Now I am famous: they call me Hairy Faced Dick.

HIGGINS: And what are you doing here among all these swells?

NEPOMMUCK: I am interpreter. I speak 32 languages. I am indispensable at these international parties. You are great cockney specialist: you place a man anywhere in London the moment he open his mouth. I place any man in Europe.

[*A footman hurries down the grand staircase and comes to Nepommuck.*]

FOOTMAN: You are wanted upstairs. Her Excellency cannot understand the Greek gentleman.

NEPOMMUCK: Thank you, yes, immediately.

---

8. Member of the legendarily cruel Croatian militia.

[*The footman goes and is lost in the crowd.*]

NEPOMMUCK. [*to Higgins*]: This Greek diplomatist pretends he cannot speak nor understand English. He cannot deceive me. He is the son of a Clerkenwell watchmaker. He speaks English so villainously that he dare not utter a word of it without betraying his origin. I help him to pretend; but I make him pay through the nose. I make them all pay. Ha ha! [*He hurries upstairs.*]

PICKERING: Is this fellow really an expert? Can he find out Eliza and blackmail her?

HIGGINS: We shall see. If he finds her out I lose my bet.

[*Eliza comes from the cloakroom and joins them.*]

PICKERING: Well, Eliza, now for it. Are you ready?

LIZA: Are you nervous, Colonel?

PICKERING: Frightfully. I feel exactly as I felt before my first battle. It's the first time that frightens.

LIZA: It is not the first time for me, Colonel. I have done this fifty times—hundreds of times—in my little piggery in Angel Court in my day-dreams. I am in a dream now. Promise me not to let Professor Higgins wake me; for if he does I shall forget everything and talk as I used to in Drury Lane.

PICKERING: Not a word, Higgins. [*To Eliza.*] Now ready?

LIZA: Ready.

PICKERING: Go.

[*They mount the stairs, Higgins last. Pickering whispers to the footman on the first landing.*]

FIRST LANDING FOOTMAN: Miss Doolittle, Colonel Pickering, Professor Higgins.

SECOND LANDING FOOTMAN: Miss Doolittle, Colonel Pickering, Professor Higgins.

[*At the top of the staircase the Ambassador and his wife, with Nepommuck at her elbow, are receiving.*]

HOSTESS [*taking Eliza's hand*]: How d'ye do?

HOST [*same play*]: How d'ye do? How d'ye do, Pickering?

LIZA [*with a beautiful gravity that awes her hostess*]: How do you do? [*She passes on to the drawing room.*]

HOSTESS: Is that your adopted daughter, Colonel Pickering? She will make a sensation.

PICKERING: Most kind of you to invite her for me. [*He passes on.*]

HOSTESS [*to Nepommuck*]: Find out all about her.

NEPOMMUCK [*bowing*]: Excellency—[*He goes into the crowd.*]

HOST: How d'ye do, Higgins? You have a rival here tonight. He introduced himself as your pupil. Is he any good?

HIGGINS: He can learn a language in a fortnight—knows dozens of them. A sure mark of a fool. As a phonetician, no good whatever.

HOSTESS: How d'ye do, Professor?

HIGGINS: How do you do? Fearful bore for you this sort of thing. Forgive my part in it. [*He passes on.*]

[*In the drawing room and its suite of salons the reception is in full swing. Eliza passes through. She is so intent on her ordeal that she walks like a somnambulist in a desert instead of a débutante in a fashionable crowd. They stop talking to look at her, admiring her dress, her jewels, and her strangely attractive self. Some of the younger ones at the back stand on their chairs to see.*]

The Host and Hostess come in from the staircase and mingle with their guests. Higgins, gloomy and contemptuous of the whole business, comes into the group where they are chatting.]

HOSTESS: Ah, here is Professor Higgins: he will tell us. Tell us all about the wonderful young lady, Professor.

HIGGINS [*almost morosely*]: What wonderful young lady?

HOSTESS: You know very well. They tell me there has been nothing like her in London since people stood on their chairs to look at Mrs Langtry.[9]

[*Nepommuck joins the group, full of news.*]

HOSTESS: Ah, here you are at last, Nepommuck. Have you found out all about the Doolittle lady?

NEPOMMUCK: I have found out all about her. She is a fraud.

HOSTESS: A fraud! Oh no.

NEPOMMUCK: YES, yes. She cannot deceive me. Her name cannot be Doolittle.

HIGGINS: Why?

NEPOMMUCK: Because Doolittle is an English name. And she is not English.

HOSTESS: Oh, nonsense! She speaks English perfectly.

NEPOMMUCK: Too perfectly. Can you shew me any English woman who speaks English as it should be spoken? Only foreigners who have been taught to speak it speak it well.

HOSTESS: Certainly she terrified me by the way she said How d'ye do. I had a schoolmistress who talked like that; and I was mortally afraid of her. But if she is not English what is she?

NEPOMMUCK: Hungarian.

ALL THE REST: Hungarian!

NEPOMMUCK: Hungarian. And of royal blood. I am Hungarian. My blood is royal.

HIGGINS: Did you speak to her in Hungarian?

NEPOMMUCK: I did. She was very clever. She said "Please speak to me in English: I do not understand French." French! She pretends not to know the difference between Hungarian and French. Impossible: she knows both.

HIGGINS: And the blood royal? How did you find that out?

NEPOMMUCK: Instinct, maestro, instinct. Only the Magyar races can produce that air of the divine right, those resolute eyes. She is a princess.

HOST: What do you say, Professor?

HIGGINS: I say an ordinary London girl out of the gutter and taught to speak by an expert. I place her in Drury Lane.

NEPOMMUCK: Ha ha ha! Oh, maestro, maestro, you are mad on the subject of cockney dialects. The London gutter is the whole world for you.

HIGGINS [*to the Hostess*]: What does your Excellency say?

HOSTESS: Oh, of course I agree with Nepommuck. She must be a princess at least.

HOST: Not necessarily legitimate, of course. Morganatic[1] perhaps. But that is undoubtedly her class.

HIGGINS: I stick to my opinion.

HOSTESS: Oh, you are incorrigible.

---

9. Lillie Langtry (1852–1929), English actress and celebrity spokesperson for Pears' soap.
1. Form of marriage in which partners of unequal social station agree that neither the lower-ranking spouse nor any children will have a claim to the higher-ranking spouse's titles or property.

[*The group breaks up, leaving Higgins isolated. Pickering joins him.*]

PICKERING: Where is Eliza? We must keep an eye on her.

[*Eliza joins them.*]

LIZA: I dont think I can bear much more. The people all stare so at me. An old lady has just told me that I speak exactly like Queen Victoria. I am sorry if I have lost your bet. I have done my best: but nothing can make me the same as these people.

PICKERING: You have not lost it, my dear. You have won it ten times over.

HIGGINS: Let us get out of this. I have had enough of chattering to these fools.

PICKERING: Eliza is tired; and I am hungry. Let us clear out and have supper somewhere.

ACT 4

The Wimpole Street laboratory. Midnight. Nobody in the room. The clock on the mantelpiece strikes twelve. The fire is not alight: it is a summer night.

Presently Higgins and Pickering are heard on the stairs.

HIGGINS [*calling down to Pickering*]: I say, Pick: lock up, will you? I shant be going out again.

PICKERING: Right. Can Mrs Pearce go to bed? We dont want anything more, do we?

HIGGINS: Lord, no!

[*Eliza opens the door and is seen on the lighted landing in all the finery in which she has just won Higgins's bet for him. She comes to the hearth, and switches on the electric lights there. She is tired: her pallor contrasts strongly with her dark eyes and hair; and her expression is almost tragic. She takes off her cloak; puts her fan and gloves on the piano; and sits down on the bench, brooding and silent. Higgins, in evening dress, with overcoat and hat, comes in, carrying a smoking jacket which he has picked up downstairs. He takes off the hat and overcoat; throws them carelessly on the newspaper stand; disposes of his coat in the same way; puts on the smoking jacket; and throws himself wearily into the easy-chair at the hearth. Pickering, similarly attired, comes in. He also takes off his hat and overcoat, and is about to throw them on Higgins's when he hesitates.*]

PICKERING: I say: Mrs Pearce will row if we leave these things lying about in the drawing room.

HIGGINS: Oh, chuck them over the bannisters into the hall. She'll find them there in the morning and put them away all right. She'll think we were drunk.

PICKERING: We are, slightly. Are there any letters?

HIGGINS: I didnt look. [*Pickering takes the overcoats and hats and goes downstairs. Higgins begins half singing half yawning an air from La Fanciulla del Golden West. Suddenly he stops and exclaims.*] I wonder where the devil my slippers are!

[*Eliza looks at him darkly; then rises suddenly and leaves the room.*

Higgins yawns again, and resumes his song.

Pickering returns, with the contents of the letterbox in his hand.]

PICKERING: Only circulars, and this coroneted billet-doux[1] for you. [*He throws the circulars into the fender, and posts himself on the hearthrug, with his back to the grate.*]

HIGGINS [*glancing at the billet-doux*]: Money-lender. [*He throws the letter after the circulars.*]

1. Love letter.

[*Eliza returns with a pair of large down-at-heel slippers. She places them on the carpet before Higgins, and sits as before without a word.*]

HIGGINS [*yawning again*]: Oh Lord! What an evening! What a crew! What a silly tomfoolery! [*He raises his shoe to unlace it, and catches sight of the slippers. He stops unlacing and looks at them as if they had appeared there of their own accord.*] Oh! theyre there, are they?

PICKERING [*stretching himself*]: Well, I feel a bit tired. It's been a long day. The garden party, a dinner party, and the reception! Rather too much of a good thing. But youve won your bet, Higgins. Eliza did the trick, and something to spare, eh?

HIGGINS [*fervently*]: Thank God it's over!

[*Eliza flinches violently; but they take no notice of her; and she recovers herself and sits stonily as before.*]

PICKERING: Were you nervous at the garden party? I was. Eliza didnt seem a bit nervous.

HIGGINS: Oh, she wasnt nervous. I knew she'd be all right. No: it's the strain of putting the job through all these months that has told on me. It was interesting enough at first, while we were at the phonetics; but after that I got deadly sick of it. If I hadnt backed myself to do it I should have chucked the whole thing up two months ago. It was a silly notion: the whole thing has been a bore.

PICKERING: Oh come! the garden party was frightfully exciting. My heart began beating like anything.

HIGGINS: Yes, for the first three minutes. But when I saw we were going to win hands down, I felt like a bear in a cage, hanging about doing nothing. The dinner was worse: sitting gorging there for over an hour, with nobody but a damned fool of a fashionable woman to talk to! I tell you, Pickering, never again for me. No more artificial duchesses. The whole thing has been simple purgatory.

PICKERING: Youve never been broken in properly to the social routine. [*Strolling over to the piano.*] I rather enjoy dipping into it occasionally myself: it makes me feel young again. Anyhow, it was a great success: an immense success. I was quite frightened once or twice because Eliza was doing it so well. You see, lots of the real people cant do it at all: theyre such fools that they think style comes by nature to people in their position; and so they never learn. Theres always something professional about doing a thing superlatively well.

HIGGINS: Yes: thats what drives me mad: the silly people dont know their own silly business. [*Rising.*] However, it's over and done with; and now I can go to bed at last without dreading tomorrow.

[*Eliza's beauty becomes murderous.*]

PICKERING: I think I shall turn in too. Still, it's been a great occasion: a triumph for you. Goodnight. [*He goes.*]

HIGGINS [*following him*]: Goodnight. [*Over his shoulder, at the door.*] Put out the lights, Eliza; and tell Mrs Pearce not to make coffee for me in the morning: I'll take tea. [*He goes out.*]

[*Eliza tries to control herself and feel indifferent as she rises and walks across to the hearth to switch off the lights. By the time she gets there she is on the point of screaming. She sits down in Higgins's chair and holds on hard to the arms. Finally she gives way and flings herself furiously on the floor, raging.*]

HIGGINS [*in despairing wrath outside*]: What the devil have I done with my slippers? [*He appears at the door.*]

Cinderella story motif being McCurd

LIZA [*snatching up the slippers, and hurling them at him one after the other with all her force*]: There are your slippers. And there. Take your slippers; and may you never have a day's luck with them!

HIGGINS [*astounded*]: What on earth—! [*He comes to her.*] Whats the matter? Get up. [*He pulls her up.*] Anything wrong?

LIZA [*breathless*]: Nothing wrong—with you. Ive won your bet for you, havnt I? Thats enough for you. *I* dont matter, I suppose.

HIGGINS: You won my bet! You! Presumptuous insect! *I* won it. What did you throw those slippers at me for?

LIZA: Because I wanted to smash your face. I'd like to kill you, you selfish brute. Why didnt you leave me where you picked me out of—in the gutter? You thank God it's all over, and that now you can throw me back again there, do you? [*She crisps her fingers frantically.*]

HIGGINS [*looking at her in cool wonder*]: The creature is nervous, after all.

LIZA [*gives a suffocated scream of fury, and instinctively darts her nails at his face*]: !!

HIGGINS [*catching her wrists*]: Ah! would you? Claws in, you cat. How dare you shew your temper to me? Sit down and be quiet. [*He throws her roughly into the easy-chair.*]

LIZA [*crushed by superior strength and weight*]: Whats to become of me? Whats to become of me?

HIGGINS: How the devil do I know whats to become of you? What does it matter what becomes of you?

LIZA: You dont care. I know you dont care. You wouldnt care if I was dead. I'm nothing to you—not so much as them slippers.

HIGGINS [*thundering*]: Those slippers.

LIZA [*with bitter submission*]: Those slippers. I didnt think it made any difference now.

[*A pause. Eliza hopeless and crushed. Higgins a little uneasy.*]

HIGGINS [*in his loftiest manner*]: Why have you begun going on like this? May I ask whether you complain of your treatment here?

LIZA: No.

HIGGINS: Has anybody behaved badly to you? Colonel Pickering? Mrs Pearce? Any of the servants?

LIZA: No.

HIGGINS: I presume you dont pretend that *I* have treated you badly?

LIZA: No.

HIGGINS: I am glad to hear it. [*He moderates his tone.*] Perhaps youre tired after the strain of the day. Will you have a glass of champagne? [*He moves towards the door.*]

LIZA: No. [*Recollecting her manners.*] Thank you.

HIGGINS [*good-humored again*]: This has been coming on you for some days. I suppose it was natural for you to be anxious about the garden party. But thats all over now. [*He pats her kindly on the shoulder. She writhes.*] Theres nothing more to worry about.

LIZA: No. Nothing more for you to worry about. [*She suddenly rises and gets away from him by going to the piano bench, where she sits and hides her face.*] Oh God! I wish I was dead.

HIGGINS [*staring after her in sincere surprise*]: Why? In heaven's name, why? [*Reasonably, going to her.*] Listen to me, Eliza. All this irritation is purely subjective.

LIZA: I dont understand. I'm too ignorant.

HIGGINS: It's only imagination. Low spirits and nothing else. Nobody's hurting you. Nothing's wrong. You go to bed like a good girl and sleep it off. Have a little cry and say your prayers: that will make you comfortable.

LIZA: I heard your prayers. "Thank God it's all over!"

HIGGINS [*impatiently*]: Well, dont you thank God it's all over? Now you are free and can do what you like.

LIZA [*pulling herself together in desperation*]: What am I fit for? What have you left me fit for? Where am I to go? What am I to do? Whats to become of me?

HIGGINS [*enlightened, but not at all impressed*]: Oh, thats whats worrying you, is it? [*He thrusts his hands into his pockets, and walks about in his usual manner, rattling the contents of his pockets, as if condescending to a trivial subject out of pure kindness.*] I shouldnt bother about it if I were you. I should imagine you wont have much difficulty in settling yourself somewhere or other, though I hadnt quite realized that you were going away. [*She looks quickly at him: he does not look at her, but examines the dessert stand on the piano and decides that he will eat an apple.*] You might marry, you know. [*He bites a large piece out of the apple and munches it noisily.*] You see, Eliza, all men are not confirmed old bachelors like me and the Colonel. Most men are the marrying sort (poor devils!); and youre not bad-looking: it's quite a pleasure to look at you sometimes—not now, of course, because youre crying and looking as ugly as the very devil; but when youre all right and quite yourself, youre what I should call attractive. That is, to the people in the marrying line, you understand. You go to bed and have a good nice rest; and then get up and look at yourself in the glass; and you wont feel so cheap.

[*Eliza again looks at him, speechless, and does not stir.*
The look is quite lost on him: he eats his apple with a dreamy expression of happiness, as it is quite a good one.]

HIGGINS [*a genial afterthought occurring to him*]: I daresay my mother could find some chap or other who would do very well.

LIZA: We were above that at the corner of Tottenham Court Road.

HIGGINS [*waking up*]: What do you mean?

LIZA: I sold flowers. I didnt sell myself. Now youve made a lady of me I'm not fit to sell anything else. I wish youd left me where you found me.

HIGGINS [*slinging the core of the apple decisively into the grate*]: Tosh, Eliza. Dont you insult human relations by dragging all this cant about buying and selling into it. You neednt marry the fellow if you dont like him.

LIZA: What else am I to do?

HIGGINS: Oh, lots of things. What about your old idea of a florist's shop? Pickering could set you up in one: he has lots of money. [*Chuckling.*] He'll have to pay for all those togs you have been wearing today; and that, with the hire of the jewellery, will make a big hole in two hundred pounds. Why, six months ago you would have thought it the millennium to have a flower shop of your own. Come! youll be all right. I must clear off to bed: I'm devilish sleepy. By the way, I came down for something: I forget what it was.

LIZA: Your slippers.

HIGGINS: Oh yes, of course. You shied them at me. [*He picks them up, and is going out when she rises and speaks to him.*]

LIZA: Before you go, sir—

HIGGINS [*dropping the slippers in his surprise at her calling him Sir*]: Eh?

LIZA: Do my clothes belong to me or to Colonel Pickering?

HIGGINS [*coming back into the room as if her question were the very climax of unreason*]: What the devil use would they be to Pickering?

LIZA: He might want them for the next girl you pick up to experiment on.

HIGGINS [*shocked and hurt*]: Is that the way you feel towards us?

LIZA: I dont want to hear anything more about that. All I want to know is whether anything belongs to me. My own clothes were burnt.

HIGGINS: But what does it matter? Why need you start bothering about that in the middle of the night?

LIZA: I want to know what I may take away with me. I dont want to be accused of stealing.

HIGGINS [*now deeply wounded*]: Stealing! You shouldnt have said that. Eliza. That shews a want of feeling.

LIZA: I'm sorry. I'm only a common ignorant girl; and in my station I have to be careful. There cant be any feelings between the like of you and the like of me. Please will you tell me what belongs to me and what doesnt?

HIGGINS [*very sulky*]: You may take the whole damned houseful if you like. Except the jewels. Theyre hired. Will that satisfy you? [*He turns on his heel and is about to go in extreme dudgeon.*[2]]

LIZA [*drinking in his emotion like nectar, and nagging him to provoke a further supply*]: Stop, please. [*She takes off her jewels.*] Will you take these to your room and keep them safe? I dont want to run the risk of their being missing.

HIGGINS [*furious*]: Hand them over. [*She puts them into his hands.*] If these belonged to me instead of to the jeweller, I'd ram them down your ungrateful throat. [*He perfunctorily thrusts them into his pockets, unconsciously decorating himself with the protruding ends of the chains.*]

LIZA [*taking a ring off*]: This ring isnt the jeweller's: it's the one you bought me in Brighton. I dont want it now. [*Higgins dashes the ring violently into the fireplace, and turns on her so threateningly that she crouches over the piano with her hands over her face, and exclaims.*] Dont you hit me.

HIGGINS: Hit you! You infamous creature, how dare you accuse me of such a thing? It is you who have hit me. You have wounded me to the heart.

LIZA [*thrilling with hidden joy*]: I'm glad. Ive got a little of my own back, anyhow.

HIGGINS [*with dignity, in his finest professional style*]: You have caused me to lose my temper: a thing that has hardly ever happened to me before. I prefer to say nothing more tonight. I am going to bed.

LIZA [*pertly*]: Youd better leave a note for Mrs Pearce about the coffee; for she wont be told by me.

HIGGINS [*formally*]: Damn Mrs Pearce; and damn the coffee: and damn you; and [*wildly*] damn my own folly in having lavished my hard-earned knowledge and the treasure of my regard and intimacy on a heartless guttersnipe. [*He goes out with impressive decorum, and spoils it by slamming the door savagely*].

[*Eliza goes down on her knees on the hearthrug to look for the ring. When she finds it she considers for a moment what to do with it. Finally she flings it down on the dessert stand and goes upstairs in a tearing rage.*]

* * *

2. Anger, irritation.

The furniture of Eliza's room has been increased by a big wardrobe and a sumptuous dressing-table. She comes in and switches on the electric light. She goes to the wardrobe; opens it; and pulls out a walking dress, a hat, and a pair of shoes, which she throws on the bed. She takes off her evening dress and shoes: then takes a padded hanger from the wardrobe: adjusts it carefully in the evening dress; and hangs it, in the wardrobe, which she shuts with a slam. She puts on her walking shoes, her walking dress, and hat. She takes her wrist watch from the dressing-table and fastens it on. She pulls on her gloves: takes her vanity bag; and looks into it to see that her purse is there before hanging it on her wrist. She makes for the door. Every movement expresses her furious resolution.

She takes a last look at herself in the glass.

She suddenly puts out her tongue at herself; then leaves the room, switching off the electric light at the door.

Meanwhile, in the street outside, Freddy Eynsford Hill, lovelorn, is gazing up at the second floor, in which one of the windows is still lighted.

The light goes out.

FREDDY: Goodnight, darling, darling, darling.

[*Eliza comes out, giving the door a considerable bang behind her.*]

LIZA: Whatever are you doing here?

FREDDY: Nothing. I spend most of my nights here. It's the only place where I'm happy. Dont laugh at me, Miss Doolittle.

LIZA: Dont you call me Miss Doolittle, do you hear? Liza's good enough for me. [*She breaks down and grabs him by the shoulders.*] Freddy: you dont think I'm a heartless guttersnipe, do you?

FREDDY: Oh no, no, darling: how can you imagine such a thing? You are the loveliest, dearest—

[*He loses all self-control and smothers her with kisses. She, hungry for comfort, responds. They stand there in one another's arms.*

An elderly police constable arrives.]

CONSTABLE [*scandalized*]: Now then! Now then!! Now then!!!

[*They release one another hastily.*]

FREDDY: Sorry, constable. Weve only just become engaged.

[*They run away.*

The constable shakes his head, reflecting on his own courtship and on the vanity of human hopes. He moves off in the opposite direction with slow professional steps.

The flight of the lovers takes them to Cavendish Square. There they halt to consider their next move.]

LIZA [*out of breath*]: He didnt half give me a fright, that copper. But you answered him proper.

FREDDY: I hope I havnt taken you out of your way. Where were you going?

LIZA: To the river.

FREDDY: What for?

LIZA: To make a hole in it.

FREDDY [*horrified*]: Eliza, darling. What do you mean? What's the matter?

LIZA: Never mind. It doesnt matter now. Theres nobody in the world now but you and me, is there?

FREDDY: Not a soul.

[*They indulge in another embrace, and are again surprised by a much younger constable.*]

SECOND CONSTABLE: Now then, you two! What's this? Where do you think you are? Move along here, double quick.

FREDDY: As you say, sir, double quick.

[*They run away again, and are in Hanover Square before they stop for another conference.*]

FREDDY: I had no idea the police were so devilishly prudish.

LIZA: It's their business to hunt girls off the streets.

FREDDY: We must go somewhere. We cant wander about the streets all night.

LIZA: Cant we? I think it'd be lovely to wander about for ever.

FREDDY: Oh, darling.

[*They embrace again, oblivious of the arrival of a crawling taxi. It stops.*]

TAXIMAN: Can I drive you and the lady anywhere, sir?

[*They start asunder.*]

LIZA: Oh, Freddy, a taxi. The very thing.

FREDDY: But, damn it, Ive no money.

LIZA: I have plenty. The Colonel thinks you should never go out without ten pounds in your pocket. Listen. We'll drive about all night; and in the morning I'll call on old Mrs Higgins and ask her what I ought to do. I'll tell you all about it in the cab. And the police wont touch us there.

FREDDY: Righto! Ripping. [*To the Taximan.*] Wimbledon Common. [*They drive off.*]

ACT 5

Mrs Higgins's drawing room. She is at her writing-table as before. The parlormaid comes in.

THE PARLORMAID [*at the door*]: Mr Henry, maam, is downstairs with Colonel Pickering.

MRS HIGGINS: Well, shew them up.

THE PARLORMAID: Theyre using the telephone, maam. Telephoning to the police, I think.

MRS HIGGINS: What!

THE PARLORMAID [*coming further in and lowering her voice*]: Mr Henry is in a state, maam. I thought I'd better tell you.

MRS HIGGINS: If you had told me that Mr Henry was not in a state it would have been more surprising. Tell them to come up when theyve finished with the police. I suppose he's lost something.

THE PARLORMAID: Yes, maam [*Going.*]

MRS HIGGINS: Go upstairs and tell Miss Doolittle that Mr Henry and the Colonel are here. Ask her not to come down til I send for her.

THE PARLORMAID: Yes, maam.

[*Higgins bursts in. He is, as the parlormaid has said, in a state.*]

HIGGINS: Look here, mother: heres a confounded thing!

MRS HIGGINS: Yes, dear. Good morning. [*He checks his impatience and kisses her, whilst the parlormaid goes out.*] What is it?

HIGGINS: Eliza's bolted.

MRS HIGGINS [*calmly continuing her writing*]: You must have frightened her.

HIGGINS: Frightened her! nonsense! She was left last night, as usual, to turn out the lights and all that; and instead of going to bed she changed her clothes and went right off: her bed wasnt slept in. She came in a cab for her things before seven this morning; and that fool Mrs Pearce let her have them without telling me a word about it. What am I to do?

MRS HIGGINS: Do without, I'm afraid, Henry. The girl has a perfect right to leave if she chooses.

HIGGINS [*wandering distractedly across the room*]: But I cant find anything. I dont know what appointments Ive got. I'm—[*Pickering comes in. Mrs Higgins puts down her pen and turns away from the writing-table.*]

PICKERING [*shaking hands*]: Good morning. Mrs Higgins. Has Henry told you? [*He sits down on the ottoman.*]

HIGGINS: What does that ass of an inspector say? Have you offered a reward?

MRS HIGGINS [*rising in indignant amazement*]: You dont mean to say you have set the police after Eliza?

HIGGINS: Of course. What are the police for? What else could we do? [*He sits in the Elizabethan chair.*]

PICKERING: The inspector made a lot of difficulties. I really think he suspected us of some improper purpose.

MRS HIGGINS: Well, of course he did. What right have you to go to the police and give the girl's name as if she were a thief, or a lost umbrella, or something? Really! [*She sits down again, deeply vexed.*]

HIGGINS: But we want to find her.

PICKERING: We cant let her go like this, you know, Mrs Higgins. What were we to do?

MRS HIGGINS: You have no more sense, either of you, than two children. Why— [*The parlormaid comes in and breaks off the conversation.*]

THE PARLORMAID: Mr Henry: a gentleman wants to see you very particular. He's been sent on from Wimpole Street.

HIGGINS: Oh, bother! I cant see anyone now. Who is it?

THE PARLORMAID: A Mr Doolittle, sir.

PICKERING: Doolittle! Do you mean the dustman?

THE PARLORMAID: Dustman! Oh no, sir: a gentleman.

HIGGINS [*springing up excitedly*]: By George, Pick, it's some relative of hers that she's gone to. Somebody we know nothing about. [*To the parlormaid.*] Send him up, quick.

THE PARLORMAID: Yes, sir. [*She goes.*]

HIGGINS [*eagerly, going to his mother*]: Genteel relatives! now we shall hear something. [*He sits down in the Chippendale chair.*]

MRS HIGGINS: Do you know any of her people?

PICKERING: Only her father: the fellow we told you about.

THE PARLORMAID [*announcing*]: Mr Doolittle. [*She withdraws.*]
  [*Doolittle enters. He is resplendently dressed as for a fashionable wedding, and might, in fact, be the bridegroom. A flower in his buttonhole, a dazzling silk hat, and patent leather shoes complete the effect. He is too concerned with the business he has come on to notice Mrs Higgins. He walks straight to Higgins, and accosts him with vehement reproach.*]

DOOLITTLE [*indicating his own person*]: See here! Do you see this? You done this.

HIGGINS: Done what, man?

DOOLITTLE: This, I tell you. Look at it. Look at this hat. Look at this coat.

PICKERING: Has Eliza been buying you clothes?

DOOLITTLE: Eliza! not she. Why would she buy me clothes?

MRS HIGGINS: Good morning, Mr Doolittle. Wont you sit down?

DOOLITTLE [*taken aback as he becomes conscious that he has forgotten his hostess*]: Asking your pardon, maam. [*He approaches her and shakes her proffered hand.*] Thank you. [*He sits down on the ottoman, on Pickering's right.*] I am that full of what has happened to me that I cant think of anything else.

HIGGINS: What the dickens has happened to you?

DOOLITTLE: I shouldnt mind if it had only happened to me: anything might happen to anybody and nobody to blame but Providence, as you might say. But this is something that you done to me: yes, you, Enry Iggins.

HIGGINS: Have you found Eliza?

DOOLITTLE: Have you lost her?

HIGGINS: Yes.

DOOLITTLE: You have all the luck, you have. I aint found her: but she'll find me quick enough now after what you done to me.

MRS HIGGINS: But what has my son done to you. Mr Doolittle?

DOOLITTLE: Done to me! Ruined me. Destroyed my happiness. Tied me up and delivered me into the hands of middle class morality.

HIGGINS [rising intolerantly and standing over Doolittle]: Youre raving. Youre drunk. Youre mad. I gave you five pounds. After that I had two conversations with you, at half-a-crown an hour. Ive never seen you since.

DOOLITTLE: Oh! Drunk am I? Mad am I? Tell me this. Did you or did you not write a letter to an old blighter in America that was giving five millions to found Moral Reform Societies all over the world, and that wanted you to invent a universal language for him?

HIGGINS: What! Ezra D. Wannafeller! He's dead. [He sits down again carelessly.]

DOOLITTLE: Yes: he's dead; and I'm done for. Now did you or did you not write a letter to him to say that the most original moralist at present in England, to the best of your knowledge, was Alfred Doolittle, a common dustman?

HIGGINS: Oh, after your first visit I remember making some silly joke of the kind.

DOOLITTLE: Ah! You may well call it a silly joke. It put the lid on me right enough. Just give him the chance he wanted to shew that Americans is not like us: that they reckonize and respect merit in every class of life, however humble. Them words is in his blooming will, in which, Henry Higgins, thanks to your silly joking, he leaves me a share in his Pre-digested Cheese Trust worth three thousand a year on condition that I lecture for his Wannafeller Moral Reform World League as often as they ask me up to six times a year.

HIGGINS: The devil he does! Whew! [Brightening suddenly.] What a lark!

PICKERING: A safe thing for you, Doolittle. They wont ask you twice.

DOOLITTLE: It aint the lecturing I mind. I'll lecture them blue in the face, I will, and not turn a hair. It's making a gentleman of me that I object to. Who asked him to make a gentleman of me? I was happy. I was free. I touched pretty nigh everybody for money when I wanted it, same as I touched you, Enry Iggins. Now I am worried[1]: tied neck and heels: and everybody touches me for money. It's a fine thing for you, says my solicitor. Is it? says I. You mean it's a good thing for you, I says. When I was a poor man and had a solicitor once when they found a pram in the dust cart, he got me off, and got shut of me and got me shut of him as quick as he could. Same with the doctors: used to shove me out of the hospital before I could hardly stand on my legs, and nothing to pay. Now they finds out that I'm not a healthy man and cant live unless they looks after me twice a day. In the house I'm not let do a hand's turn for myself: somebody else must do it and touch me for it. A year ago I hadnt a relative in the world except two or three that wouldnt speak to me. Now Ive fifty, and not a decent week's wages among the lot of them. I have to live for others and not for myself: thats middle class morality. You talk of losing Eliza. Dont you be anxious: I bet she's on my doorstep by this:

1. Worried.

she that could support herself easy by selling flowers if I wasnt respectable. And the next one to touch me will be you, Enry Iggins. I'll have to learn to speak middle class language from you, instead of speaking proper English. Thats where youll come in; and I daresay thats what you done it for.

MRS HIGGINS: But, my dear Mr Doolittle, you need not suffer all this if you are really in earnest. Nobody can force you to accept this bequest. You can repudiate it. Isnt that so, Colonel Pickering?

PICKERING: I believe so.

DOOLITTLE [*softening his manner in deference to her sex*]: Thats the tragedy of it, maam. It's easy to say chuck it; but I havnt the nerve. Which of us has? We're all intimidated. Intimidated, maam: thats what we are. What is there for me if I chuck it but the workhouse in my old age? I have to dye my hair already to keep my job as a dustman. If I was one of the deserving poor, and had put by a bit, I could chuck it; but then why should I, acause[2] the deserving poor might as well be millionaires for all the happiness they ever has. They dont know what happiness is. But I, as one of the undeserving poor, have nothing between me and the pauper's uniform but this here blasted three thousand a year that shoves me into the middle class. (Excuse the expression, maam; youd use it yourself if you had my provocation.) Theyve got you every way you turn: it's a choice between the Skilly of the workhouse and the Char Bydis[3] of the middle class; and I havnt the nerve for the workhouse. Intimidated: thats what I am. Broke. Bought up. Happier men than me will call for my dust, and touch me for their tip; and I'll look on helpless, and envy them. And thats what your son has brought me to. [*He is overcome by emotion.*]

MRS HIGGINS: Well, I'm very glad youre not going to do anything foolish, Mr Doolittle. For this solves the problem of Eliza's future. You can provide for her now.

DOOLITTLE [*with melancholy resignation*]: Yes, maam: I'm expected to provide for everyone now, out of three thousand a year.

HIGGINS [*jumping up*]: Nonsense! he cant provide for her. He shant provide for her. She doesnt belong to him. I paid him five pounds for her. Doolittle: either youre an honest man or a rogue.

DOOLITTLE [*tolerantly*]: A little of both, Henry, like the rest of us: a little of both.

HIGGINS: Well, you took that money for the girl; and you have no right to take her as well.

MRS HIGGINS: Henry: dont be absurd. If you want to know where Eliza is, she is upstairs.

HIGGINS [*amazed*]: Upstairs!!! Then I shall jolly soon fetch her downstairs. [*He makes resolutely for the door.*]

MRS HIGGINS [*rising and following him*]: Be quiet, Henry. Sit down.

HIGGINS: I——

MRS HIGGINS: Sit down, dear; and listen to me.

HIGGINS: Oh very well, very well, very well. [*He throws himself ungraciously on the ottoman, with his face towards the windows.*] But I think you might have told us this half an hour ago.

MRS HIGGINS: Eliza came to me this morning. She told me of the brutal way you two treated her.

2. Because.
3. In his odyssey to return home to Ithaca, the Greek hero Odysseus had to sail carefully between the paired hazards of Scylla, a monster who would pluck and eat mariners who passed too close, and Charybdis, an enormous whirlpool.

HIGGINS [*bouncing up again*]: What!

PICKERING [*rising also*]: My dear Mrs Higgins, she's been telling you stories. We didnt treat her brutally. We hardly said a word to her; and we parted on particularly good terms. [*Turning on Higgins.*] Higgins: did you bully her after I went to bed?

HIGGINS: Just the other way about. She threw my slippers in my face. She behaved in the most outrageous way. I never gave her the slightest provocation. The slippers came bang into my face the moment I entered the room—before I had uttered a word. And used perfectly awful language.

PICKERING [*astonished*]: But why? What did we do to her?

MRS HIGGINS: I think I know pretty well what you did. The girl is naturally rather affectionate, I think. Isnt she, Mr Doolittle?

DOOLITTLE: Very tender-hearted, maam. Takes after me.

MRS HIGGINS: Just so. She had become attached to you both. She worked very hard for you, Henry. I dont think you quite realize what anything in the nature of brain work means to a girl of her class. Well, it seems that when the great day of trial came, and she did this wonderful thing for you without making a single mistake, you two sat there and never said a word to her, but talked together of how glad you were that it was all over and how you had been bored with the whole thing. And then you were surprised because she threw your slippers at you! I should have thrown the fire-irons at you.

HIGGINS: We said nothing except that we were tired and wanted to go to bed. Did we, Pick?

PICKERING [*shrugging his shoulders*]: That was all.

MRS HIGGINS [*ironically*]: Quite sure?

PICKERING: Absolutely, Really, that was all.

MRS HIGGINS: You didnt thank her, or pet her, or admire her, or tell her how splendid she'd been.

HIGGINS [*impatiently*]: But she knew all about that. We didnt make speeches to her, if thats what you mean.

PICKERING [*conscience stricken*]: Perhaps we were a little inconsiderate. Is she very angry?

MRS HIGGINS [*returning to her place at the writing-table*]: Well, I'm afraid she wont go back to Wimpole Street, especially now that Mr Doolittle is able to keep up the position you have thrust on her; but she says she is quite willing to meet you on friendly terms and to let bygones be bygones.

HIGGINS [*furious*]: Is she, by George? Ho!

MRS HIGGINS: If you promise to behave yourself, Henry, I'll ask her to come down. If not, go home: for you have taken up quite enough of my time.

HIGGINS: Oh, all right. Very well. Pick: you behave yourself. Let us put on our best Sunday manners for this creature that we picked out of the mud. [*He flings himself sulkily into the Elizabethan chair.*]

DOOLITTLE [*remonstrating*]: Now, now, Enry Iggins! Have some consideration for my feelings as a middle class man.

MRS HIGGINS: Remember your promise, Henry. [*She presses the bell-button on the writing-table.*] Mr Doolittle: will you be so good as to step out on the balcony for a moment. I dont want Eliza to have the shock of your news until she has made it up with these two gentlemen. Would you mind?

DOOLITTLE: As you wish, lady. Anything to help Henry to keep her off my hands. [*He disappears through the window.*]

[*The parlormaid answers the bell. Pickering sits down in Doolittle's place.*]

MRS HIGGINS: Ask Miss Doolittle to come down, please.

THE PARLORMAID: Yes, maam. [*She goes out.*]

MRS HIGGINS: Now, Henry: be good.

HIGGINS: I am behaving myself perfectly.

PICKERING: He is doing his best, Mrs Higgins.

[*A pause. Higgins throws back his head; stretches out his legs; and begins to whistle.*]

MRS HIGGINS: Henry, dearest, you dont look at all nice in that attitude.

HIGGINS [*pulling himself together*]: I was not trying to look nice, mother.

MRS HIGGINS: It doesnt matter, dear. I only wanted to make you speak.

HIGGINS: Why?

MRS HIGGINS: Because you cant speak and whistle at the same time.

[*Higgins groans. Another very trying pause.*]

HIGGINS [*springing up, out of patience*]: Where the devil is that girl? Are we to wait here all day?

[*Eliza enters, sunny, self-possessed, and giving a staggeringly convincing exhibition of ease of manner. She carries a little work-basket, and is very much at home. Pickering is too much taken aback to rise.*]

LIZA: How do you do, Professor Higgins? Are you quite well?

HIGGINS [*choking*]: Am I— [*He can say no more.*]

LIZA: But of course you are: you are never ill. So glad to see you again, Colonel Pickering. [*He rises hastily; and they shake hands.*] Quite chilly this morning, isnt it? [*She sits down on his left. He sits beside her.*]

HIGGINS: Dont you dare try this game on me. I taught it to you; and it doesnt take me in. Get up and come home; and dont be a fool.

[*Eliza takes a piece of needlework from her basket, and begins to stitch at it, without taking the least notice of this outburst.*]

MRS HIGGINS: Very nicely put, indeed, Henry. No woman could resist such an invitation.

HIGGINS: You let her alone, mother. Let her speak for herself. You will jolly soon see whether she has an idea that I havnt put into her head or a word that I havnt put into her mouth. I tell you I have created this thing out of the squashed cabbage leaves of Covent Garden; and now she pretends to play the fine lady with me.

MRS HIGGINS [*placidly*]: Yes, dear; but youll sit down, wont you?

[*Higgins sits down again, savagely.*]

LIZA [*to Pickering, taking no apparent notice of Higgins, and working away deftly*]: Will you drop me altogether now that the experiment is over, Colonel Pickering?

PICKERING: Oh dont. You mustnt think of it as an experiment. It shocks me, somehow.

LIZA: Oh, I'm only a squashed cabbage leaf—

PICKERING [*impulsively*]: No.

LIZA [*continuing quietly*]: —but I owe so much to you that I should be very unhappy if you forgot me.

PICKERING: It's very kind of you to say so, Miss Doolittle.

LIZA: It's not because you paid for my dresses. I know you are generous to everybody with money. But it was from you that I learnt really nice manners; and that is what makes one a lady, isnt it? You see it was so very difficult for me with the example of Professor Higgins always before me. I was brought up to be just like him, unable to control myself, and using bad language on the slightest provocation. And I should never have known that ladies and gentlemen didnt behave like that if you hadnt been there.

HIGGINS: Well!!

PICKERING: Oh, thats only his way, you know. He doesnt mean it.

LIZA: Oh, *I* didnt mean it either, when I was a flower girl. It was only my way. But you see I did it; and thats what makes the difference after all.

PICKERING: No doubt. Still, he taught you to speak; and I couldnt have done that, you know.

LIZA [*trivially*]: Of course: that is his profession.

HIGGINS: Damnation!

LIZA [*continuing*]: It was just like learning to dance in the fashionable way: there was nothing more than that in it. But do you know what began my real education?

PICKERING: What?

LIZA [*stopping her work for a moment*]: Your calling me Miss Doolittle that day when I first came to Wimpole Street. That was the beginning of self-respect for me. [*She resumes her stitching.*] And there were a hundred little things you never noticed, because they came naturally to you. Things about standing up and taking off your hat and opening doors—

PICKERING: Oh, that was nothing.

LIZA: Yes: things that shewed you thought and felt about me as if I were something better than a scullery-maid; though of course I know you would have been just the same to a scullery-maid if she had been let into the drawing room. You never took off your boots in the dining room when I was there.

PICKERING: You mustnt mind that. Higgins takes off his boots all over the place.

LIZA: I know. I am not blaming him. It is his way, isnt it? But it made such a difference to me that you didnt do it. You see, really and truly, apart from the things anyone can pick up (the dressing and the proper way of speaking, and so on), the difference between a lady and a flower girl is not how she behaves, but how she's treated. I shall always be a flower girl to Professor Higgins, because he always treats me as a flower girl, and always will; but I know I can be a lady to you, because you always treat me as a lady, and always will.

MRS HIGGINS: Please dont grind your teeth. Henry.

PICKERING: Well, this is really very nice of you, Miss Doolittle.

LIZA: I should like you to call me Eliza, now, if you would.

PICKERING: Thank you. Eliza, of course.

LIZA: And I should like Professor Higgins to call me Miss Doolittle.

HIGGINS: I'll see you damned first.

MRS HIGGINS: Henry! Henry!

PICKERING [*laughing*]: Why dont you slang back at him? Dont stand it. It would do him a lot of good.

LIZA: I cant. I could have done it once but now I cant go back to it. You told me, you know, that when a child is brought to a foreign country, it picks up the language in a few weeks, and forgets its own. Well, I am a child in your country. I have forgotten my own language, and can speak nothing but yours. Thats the real breakoff with the corner of Tottenham Court Road. Leaving Wimpole Street finishes it.

PICKERING [*much alarmed*]: Oh! but youre coming back to Wimpole Street, arnt you? Youll forgive Higgins?

HIGGINS [*rising*]: Forgive! Will she, by George! Let her go. Let her find out how she can get on without us. She will relapse into the gutter in three weeks without me at her elbow.

[*Doolittle appears at the centre window. With a look of dignified reproach at Higgins, he comes slowly and silently to his daughter, who, with her back to the window, is unconscious of his approach.*]

PICKERING: He's incorrigible, Eliza. You wont relapse, will you?

LIZA: No: not now. Never again. I have learnt my lesson. I dont believe I could utter one of the old sounds if I tried. [*Doolittle touches her on her left shoulder. She drops her work, losing her self-possession utterly at the spectacle of her father's splendor.*] A-a-a-a-a-ah-ow-ooh!

HIGGINS [*with a crow of triumph*]: Aha! Just so. A-a-a-a-ahowooh! A-a-a-a-ahowooh! A-a-a-a-ahowooh! Victory! Victory! [*He throws himself on the divan, folding his arms, and spraddling arrogantly.*]

DOOLITTLE: Can you blame the girl? Dont look at me like that, Eliza. It aint my fault. Ive come into some money.

LIZA: You must have touched a millionaire this time, dad.

DOOLITTLE: I have. But I'm dressed something special today. I'm going to St George's. Hanover Square. Your stepmother is going to marry me.

LIZA [*angrily*]: Youre going to let yourself down to marry that low common woman!

PICKERING [*quietly*]: He ought to, Eliza. [*To Doolittle.*] Why has she changed her mind?

DOOLITTLE [*sadly*]: Intimidated, Governor. Intimidated. Middle class morality claims its victim. Wont you put on your hat, Liza, and come and see me turned off?

LIZA: If the Colonel says I must. I—I'll [*almost sobbing*] I'll demean myself. And get insulted for my pains, like enough.

DOOLITTLE: Dont be afraid: she never comes to words with anyone now, poor woman! respectability has broke all the spirit out of her.

PICKERING [*squeezing Eliza's elbow gently*]: Be kind to them, Eliza. Make the best of it.

LIZA [*forcing a little smile for him through her vexation*]: Oh well, just to shew theres no ill feeling. I'll be back in a moment. [*She goes out.*]

DOOLITTLE [*sitting down beside Pickering*]: I feel uncommon nervous about the ceremony, Colonel. I wish youd come and see me through it.

PICKERING: But youve been through it before, man. You were married to Eliza's mother.

DOOLITTLE: Who told you that, Colonel?

PICKERING: Well, nobody told me. But I concluded—naturally—

DOOLITTLE: No: that aint the natural way, Colonel: It's only the middle class way. My way was always the undeserving way. But dont say nothing to Eliza. She dont know: I always had a delicacy about telling her.

PICKERING: Quite right. We'll leave it so, if you dont mind.

DOOLITTLE: And youll come to the church, Colonel, and put me through straight?

PICKERING: With pleasure. As far as a bachelor can.

MRS HIGGINS: May I come, Mr Doolittle? I should be very sorry to miss your wedding.

DOOLITTLE: I should indeed be honored by your condescension, maam; and my poor old woman would take it as a tremenjous compliment. She's been very low, thinking of the happy days that are no more.

MRS HIGGINS [*rising*]: I'll order the carriage and get ready. [*The men rise, except Higgins.*] I shant be more than fifteen minutes. [*As she goes to the door Eliza comes in, hatted and buttoning her gloves.*] I'm going to the church to see your father married, Eliza. You had better come in the brougham[4] with me. Colonel Pickering can go on with the bridegroom.

> [*Mrs Higgins goes out. Eliza comes to the middle of the room between the centre window and the ottoman. Pickering joins her.*]

DOOLITTLE: Bridegroom! What a word! It makes a man realize his position, somehow. [*He takes up his hat and goes towards the door.*]

PICKERING: Before I go, Eliza, do forgive Higgins and come back to us.

LIZA: I dont think dad would allow me. Would you, dad?

DOOLITTLE [*sad but magnanimous*]: They played you off very cunning, Eliza, them two sportsmen. If it had been only one of them, you could have nailed him. But you see, there was two; and one of them chaperoned the other, as you might say. [*To Pickering.*] It was artful of you, Colonel: but I bear no malice: I should have done the same myself. I been the victim of one woman after another all my life, and I dont grudge you two getting the better of Liza. I shant interfere. It's time for us to go, Colonel. So long, Henry. See you in St George's, Eliza. [*He goes out.*]

PICKERING [*coaxing*]: Do stay with us, Eliza. [*He follows Doolittle.*]

> [*Eliza goes out on the balcony to avoid being alone with Higgins. He rises and joins her there. She immediately comes back into the room and makes for the door; but he goes along the balcony quickly and gets his back to the door before she reaches it.*]

HIGGINS: Well, Eliza, youve had a bit of your own back, as you call it. Have you had enough? and are you going to be reasonable? Or do you want any more?

LIZA: You want me back only to pick up your slippers and put up with your tempers and fetch and carry for you.

HIGGINS: I havnt said I wanted you back at all.

LIZA: Oh, indeed. Then what are we talking about?

HIGGINS: About you, not about me. If you come back I shall treat you just as I have always treated you. I cant change my nature; and I dont intend to change my manners. My manners are exactly the same as Colonel Pickering's.

LIZA: Thats not true. He treats a flower girl as if she was a duchess.

HIGGINS: And I treat a duchess as if she was a flower girl.

LIZA: I see. [*She turns away composedly, and sits on the ottoman, facing the window.*] The same to everybody.

HIGGINS: Just so.

LIZA: Like father.

HIGGINS [*grinning, a little taken down*]: Without accepting the comparison at all points, Eliza, it's quite true that your father is not a snob, and that he will be quite at home in any station of life to which his eccentric destiny may call him. [*Seriously.*] The great secret, Eliza, is not having bad manners or good manners or any other particular sort of manners, but having the same manner for all human souls: in short, behaving as if you were in Heaven, where there are no third-class carriages, and one soul is as good as another.

LIZA: Amen. You are a born preacher.

HIGGINS [*irritated*]: The question is not whether I treat you rudely, but whether you ever heard me treat anyone else better.

---

4. Four-wheeled horse carriage.

LIZA [*with sudden sincerity*]: I dont care how you treat me. I dont mind your swearing at me. I shouldnt mind a black eye: Ive had one before this. But [*standing up and facing him*] I wont be passed over.

HIGGINS: Then get out of my way; for I wont stop for you. You talk about me as if I were a motor bus.

LIZA: So you are a motor bus: all bounce and go, and no consideration for anyone. But I can do without you: dont think I cant.

HIGGINS: I know you can. I told you you could.

LIZA [*wounded, getting away from him to the other side of the ottoman with her face to the hearth*]: I know you did, you brute. You wanted to get rid of me.

HIGGINS: Liar.

LIZA: Thank you. [*She sits down with dignity.*]

HIGGINS: You never asked yourself, I suppose, whether I could do without you.

LIZA [*earnestly*]: Dont you try to get round me. Youll have to do without me.

HIGGINS [*arrogant*]: I can do without anybody. I have my own soul: my own spark of divine fire. But [*with sudden humility*] I shall miss you, Eliza. [*He sits down near her on the ottoman.*] I have learnt something from your idiotic notions: I confess that humbly and gratefully. And I have grown accustomed to your voice and appearance. I like them, rather.

LIZA: Well, you have both of them on your gramophone and in your book of photographs. When you feel lonely without me, you can turn the machine on. It's got no feelings to hurt.

HIGGINS: I cant turn your soul on. Leave me those feelings; and you can take away the voice and the face. They are not you.

LIZA: Oh, you are a devil. You can twist the heart in a girl as easy as some could twist her arms to hurt her. Mrs Pearce warned me. Time and again she has wanted to leave you; and you always got round her at the last minute. And you dont care a bit for her. And you dont care a bit for me.

HIGGINS: I care for life, for humanity; and you are a part of it that has come my way and been built into my house. What more can you or anyone ask?

LIZA: I wont care for anybody that doesnt care for me.

HIGGINS: Commercial principles, Eliza. Like [*reproducing her Covent Garden pronunciation with professional exactness*] s'yollin voylets [selling violets], isnt it?

LIZA: Dont sneer at me. It's mean to sneer at me.

HIGGINS: I have never sneered in my life. Sneering doesnt become either the human face or the human soul. I am expressing my righteous contempt for Commercialism. I dont and wont trade in affection. You call me a brute because you couldnt buy a claim on me by fetching my slippers and finding my spectacles. You were a fool: I think a woman fetching a man's slippers is a disgusting sight: did I ever fetch your slippers? I think a good deal more of you for throwing them in my face. No use slaving for me and then saying you want to be cared for: who cares for a slave? If you come back, come back for the sake of good fellowship; for youll get nothing else. Youve had a thousand times as much out of me as I have out of you; and if you dare to set up your little dog's tricks of fetching and carrying slippers against my creation of a Duchess Eliza. I'll slam the door in your silly face.

LIZA: What did you do it for if you didnt care for me?

HIGGINS [*heartily*]: Why, because it was my job.

LIZA: You never thought of the trouble it would make for me.

HIGGINS: Would the world ever have been made if its maker had been afraid of making trouble? Making life means making trouble. Theres only one way of escaping trouble; and thats killing things. Cowards, you notice, are always shrieking to have troublesome people killed.

LIZA: I'm no preacher: I dont notice things like that. I notice that you dont notice me.

HIGGINS [jumping up and walking about intolerantly]: Eliza: youre an idiot. I waste the treasures of my Miltonic mind by spreading them before you. Once for all, understand that I go my way and do my work without caring twopence what happens to either of us. I am not intimidated, like your father and your stepmother. So you can come back or go to the devil: which you please.

LIZA: What am I to come back for?

HIGGINS [bouncing up on his knees on the ottoman and leaning over it to her]: For the fun of it. Thats why I took you on.

LIZA [with averted face]: And you may throw me out tomorrow if I dont do everything you want me to?

HIGGINS: Yes; and you may walk out tomorrow if I dont do everything you want me to.

LIZA: And live with my stepmother?

HIGGINS: Yes, or sell flowers.

LIZA: Oh! If I only could go back to my flower basket! I should be independent of both you and father and all the world! Why did you take my independence from me? Why did I give it up? I'm a slave now, for all my fine clothes.

HIGGINS: Not a bit. I'll adopt you as my daughter and settle money on you if you like. Or would you rather marry Pickering?

LIZA [looking fiercely round at him]: I wouldnt marry you if you asked me; and youre nearer my age than what he is.

HIGGINS [gently]: Than he is: not "than what he is."

LIZA [losing her temper and rising]: I'll talk as I like. Youre not my teacher now.

HIGGINS [reflectively]: I dont suppose Pickering would, though. He's as confirmed an old bachelor as I am.

LIZA: Thats not what I want; and dont you think it. Ive always had chaps enough wanting me that way. Freddy Hill writes to me twice and three times a day, sheets and sheets.

HIGGINS [disagreeably surprised]: Damn his impudence! [He recoils and finds himself sitting on his heels.]

LIZA: He has a right to if he likes, poor lad. And he does love me.

HIGGINS [getting off the ottoman]: You have no right to encourage him.

LIZA: Every girl has a right to be loved.

HIGGINS: What! By fools like that?

LIZA: Freddy's not a fool. And if he's weak and poor and wants me, may be he'd make me happier than my betters that bully me and dont want me.

HIGGINS: Can he make anything of you? Thats the point.

LIZA: Perhaps I could make something of him. But I never thought of us making anything of one another; and you never think of anything else. I only want to be natural.

HIGGINS: In short, you want me to be as infatuated about you as Freddy? Is that it?

LIZA: No I dont. Thats not the sort of feeling I want from you. And dont you be too sure of yourself or of me. I could have been a bad girl if I'd liked. Ive seen more of some things than you, for all your learning. Girls like me can drag gentle-men down to make love to them easy enough. And they wish each other dead the next minute.

HIGGINS: Of course they do. Then what in thunder are we quarrelling about?

LIZA [*much troubled*]: I want a little kindness. I know I'm a common ignorant girl, and you a book-learned gentleman; but I'm not dirt under your feet. What I done [*correcting herself*] what I did was not for the dresses and the taxis: I did it because we were pleasant together and I come—came—to care for you; not to want you to make love to me, and not forgetting the difference between us, but more friendly like.

HIGGINS: Well, of course. Thats just how I feel. And how Pickering feels. Eliza: youre a fool.

LIZA: Thats not a proper answer to give me [*she sinks on the chair at the writing-table in tears*].

HIGGINS: It's all youll get until you stop being a common idiot. If youre going to be a lady, youll have to give up feeling neglected if the men you know dont spend half their time snivelling over you and the other half giving you black eyes. If you cant stand the coldness of my sort of life, and the strain of it, go back to the gutter. Work til youre more a brute than a human being: and then cuddle and squabble and drink til you fall asleep. Oh, it's a fine life, the life of the gutter. It's real: it's warm: it's violent: you can feel it through the thickest skin: you can taste it and smell it without any training or any work. Not like Science and Literature and Classical Music and Philosophy and Art. You find me cold, unfeeling, selfish, dont you? Very well: be off with you to the sort of people you like. Marry some senti-mental hog or other with lots of money, and a thick pair of lips to kiss you with and a thick pair of boots to kick you with. If you cant appreciate what youve got, youd better get what you can appreciate.

LIZA [*desperate*]: Oh, you are a cruel tyrant. I cant talk to you: you turn everything against me: I'm always in the wrong. But you know very well all the time that youre nothing but a bully. You know I cant go back to the gutter, as you call it, and that I have no real friends in the world but you and the Colonel. You know well I couldnt bear to live with a low common man after you two; and it's wicked and cruel of you to insult me by pretending I could. You think I must go back to Wimpole Street because I have nowhere else to go but father's. But dont you be too sure that you have me under your feet to be trampled on and talked down. I'll marry Freddy, I will, as soon as I'm able to support him.

HIGGINS [*thunderstruck*]: Freddy!!! that young fool! That poor devil who couldnt get a job as an errand boy even if he had the guts to try for it! Woman: do you not understand that I have made you a consort for a king?

LIZA: Freddy loves me: that makes him king enough for me. I dont want him to work: he wasnt brought up to it as I was. I'll go and be a teacher.

HIGGINS: Whatll you teach, in heaven's name?

LIZA: What you taught me. I'll teach phonetics.

HIGGINS: Ha! Ha! ha!

LIZA: I'll offer myself as an assistant to that hairyfaced Hungarian.

HIGGINS [*rising in a fury*]: What! That impostor! That humbug! That toadying ignoramus! Teach him my methods! my discoveries! You take one step in his direction and I'll wring your neck. [*He lays hands on her.*] Do you hear?

LIZA [*defiantly non-resistant*]: Wring away. What do I care? I knew youd strike me some day. [*He lets her go, stamping with rage at having forgotten himself, and recoils so hastily that he stumbles back into his seat on the ottoman.*] Aha! Now I know how to deal with you. What a fool I was not to think of it before! You cant take away the knowledge you gave me. You said I had a finer ear than you. And I can be civil and kind to people, which is more than you can. Aha! [*Purposely dropping her aitches to annoy him.*] Thats done you, Enry Iggins, it az. Now I dont care that [*snapping her fingers*] for your bullying and your big talk. I'll advertize it in the papers that your duchess is only a flower girl that you taught, and that she'll teach anybody to be a duchess just the same in six months for a thousand guineas. Oh, when I think of myself crawling under your feet and being trampled on and called names, when all the time I had only to lift up my finger to be as good as you, I could just kick myself.

HIGGINS [*wondering at her*]: You damned impudent slut, you! But it's better than snivelling; better than fetching slippers and finding spectacles, isnt it? [*Rising.*] By George, Eliza, I said I'd make a woman of you; and I have. I like you like this.

LIZA: Yes: you can turn round and make up to me now that I'm not afraid of you, and can do without you.

HIGGINS: Of course I do, you little fool. Five minutes ago you were like a millstone round my neck. Now youre a tower of strength: a consort battleship. You and I and Pickering will be three old bachelors instead of only two men and a silly girl.

[*Mrs Higgins returns, dressed for the wedding. Eliza instantly becomes cool and elegant.*]

MRS HIGGINS: The carriage is waiting, Eliza. Are you ready?

LIZA: Quite. Is the Professor coming?

MRS HIGGINS: Certainly not. He cant behave himself in church. He makes remarks out loud all the time on the clergyman's pronunciation.

LIZA: Then I shall not see you again, Professor. Goodbye. [*She goes to the door.*]

MRS HIGGINS [*coming to Higgins*]: Goodbye, dear.

HIGGINS: Goodbye, mother. [*He is about to kiss her, when he recollects something.*] Oh, by the way, Eliza, order a ham and a Stilton cheese, will you? And buy me a pair of reindeer gloves, number eights, and a tie to match that new suit of mine. You can choose the color. [*His cheerful, careless, vigorous voice shews that he is incorrigible.*]

LIZA [*disdainfully*]: Number eights are too small for you if you want them lined with lamb's wool. You have three new ties that you have forgotten in the drawer of your washstand. Colonel Pickering prefers double Gloucester to Stilton; and you dont notice the difference. I telephoned Mrs Pearce this morning not to forget the ham. What you are to do without me I cannot imagine. [*She sweeps out.*]

MRS HIGGINS: I'm afraid youve spoilt that girl, Henry. I should be uneasy about you and her if she were less fond of Colonel Pickering.

HIGGINS: Pickering! Nonsense: she's going to marry Freddy. Ha ha! Freddy! Freddy!! Ha ha ha ha ha!!!!! [*He roars with laughter as the play ends.*]

Sequel

The rest of the story need not be shewn in action, and indeed, would hardly need telling if our imaginations were not so enfeebled by their lazy dependence on the ready-mades and reach-me-downs of the ragshop in which Romance keeps its stock of "happy endings" to misfit all stories. Now, the history of Eliza Doolittle, though called a romance because the transfiguration it records seems exceedingly improbable, is common enough. Such transfigurations have been achieved by hundreds of resolutely ambitious young women since Nell Gwynne[1] set them the example by playing queens and fascinating kings in the theatre in which she began by selling oranges. Nevertheless, people in all directions have assumed, for no other reason than that she became the heroine of a romance, that she must have married the hero of it. This is unbearable, not only because her little drama, if acted on such a thoughtless assumption, must be spoiled, but because the true sequel is patent to anyone with a sense of human nature in general, and of feminine instinct in particular.

Eliza, in telling Higgins she would not marry him if he asked, was not coquetting: she was announcing a well-considered decision. When a bachelor interests, and dominates, and teaches, and becomes important to a spinster, as Higgins with Eliza, she always, if she has character enough to be capable of it, considers very seriously indeed whether she will play for becoming that bachelor's wife, especially if he is so little interested in marriage that a determined and devoted woman might capture him if she set herself resolutely to do it. Her decision will depend a good deal on whether she is really free to choose; and that, again, will depend on her age and income. If she is at the end of her youth, and has no security for her livelihood, she will marry him because she must marry anybody who will provide for her. But at Eliza's age a good-looking girl does not feel that pressure: she feels free to pick and choose. She is therefore guided by her instinct in the matter. Eliza's instinct tells her not to marry Higgins. It does not tell her to give him up. It is not in the slightest doubt as to his remaining one of the strongest personal interests in her life. It would be very sorely strained if there was another woman likely to supplant her with him. But as she feels sure of him on that last point, she has no doubt at all as to her course, and would not have any, even if the difference of twenty years in age, which seems so great to youth, did not exist between them.

As our own instincts are not appealed to by her conclusion, let us see whether we cannot discover some reason in it. When Higgins excused his indifference to young women on the ground that they had an irresistible rival in his mother, he gave the clue to his inveterate old-bachelordom. The case is uncommon only to the extent that remarkable mothers are uncommon. If an imaginative boy has a sufficiently rich mother who has intelligence, personal grace, dignity of character without harshness, and a cultivated sense of the best art of her time to enable her to make her house beautiful, she sets a standard for him against which very few women can struggle, besides effecting for him a disengagement of his affections, his sense of beauty, and his idealism from his specifically sexual impulses. This makes him a standing puzzle to the huge number of uncultivated people who have been brought up in tasteless homes by commonplace or disagreeable parents, and to whom, consequently, literature, painting, sculpture, music, and affectionate personal relations come as modes of sex if they come at all. The word passion means nothing else to them; and that Higgins could have a passion for phonetics and idealize his mother instead of Eliza, would seem to them absurd and unnatural. Nevertheless, when we look round and see that hardly anyone is too ugly or disagreeable to find a wife or a husband if he or she wants one, whilst many old maids and bachelors are above the average in quality and culture, we

1. Nell Gwynne (1650–1687), London theatre vendor, actor, and later mistress of Charles II.

cannot help suspecting that the disentanglement of sex from the associations with which it is commonly confused, a disentanglement which persons of genius achieve by sheer intellectual analysis, is sometimes produced or aided by parental fascination.

Now, though Eliza was incapable of thus explaining to herself Higgins's formidable powers of resistance to the charm that prostrated Freddy at the first glance, she was instinctively aware that she could never obtain a complete grip of him, or come between him and his mother (the first necessity of the married woman). To put it shortly, she knew that for some mysterious reason he had not the makings of a married man in him, according to her conception of a husband as one to whom she would be his nearest and fondest and warmest interest. Even had there been no mother-rival, she would still have refused to accept an interest in herself that was secondary to philosophic interests. Had Mrs Higgins died, there would still have been Milton and the Universal Alphabet. Landor's remark that to those who have the greatest power of loving, love is a secondary affair, would not have recommended Landor to Eliza. Put that along with her resentment of Higgins's domineering superiority, and her mistrust of his coaxing cleverness in getting round her and evading her wrath when he had gone too far with his impetuous bullying, and you will see that Eliza's instinct had good grounds for warning her not to marry her Pygmalion.

And now, whom did Eliza marry? For if Higgins was a predestinate old bachelor, she was most certainly not a predestinate old maid. Well, that can be told very shortly to those who have not guessed it from the indications she has herself given them.

Almost immediately after Eliza is stung into proclaiming her considered determination not to marry Higgins, she mentions the fact that young Mr Frederick Eynsford Hill is pouring out his love for her daily through the post. Now Freddy is young, practically twenty years younger than Higgins: he is a gentleman (or, as Eliza would qualify him, a toff[2]), and speaks like one. He is nicely dressed, is treated by the Colonel as an equal, loves her unaffectedly, and is not her master, nor ever likely to dominate her in spite of his advantage of social standing. Eliza has no use for the foolish romantic tradition that all women love to be mastered, if not actually bullied and beaten. "When you go to women" says Nietzsche[3] "take your whip with you." Sensible despots have never confined that precaution to women: they have taken their whips with them when they have dealt with men, and been slavishly idealized by the men over whom they have flourished the whip much more than by women. No doubt there are slavish women as well as slavish men; and women, like men, admire those that are stronger than themselves. But to admire a strong person and to live under that strong person's thumb are two different things. The weak may not be admired and hero-worshipped; but they are by no means disliked or shunned; and they never seem to have the least difficulty in marrying people who are too good for them. They may fail in emergencies: but life is not one long emergency: it is mostly a string of situations for which no exceptional strength is needed, and with which even rather weak people can cope if they have a stronger partner to help them out. Accordingly, it is a truth everywhere in evi-

2. Fashionable gentleman.
3. Friedrich Nietzsche (1844–1900), German philosopher whose rejection of traditional Judeo-Christian ethics and belief in the natural moral superiority of certain individuals fascinated Shaw, finding its most direct expression in his play Man and Superman (1903).

dence that strong people, masculine or feminine, not only do not marry stronger people, but do not shew any preference for them in selecting their friends. When a lion meets another with a louder roar "the first lion thinks the last a bore." The man or woman who feels strong enough for two, seeks for every other quality in a partner than strength.

The converse is also true. Weak people want to marry strong people who do not frighten them too much: and this often leads them to make the mistake we describe metaphorically as "biting off more than they can chew." They want too much for too little; and when the bargain is unreasonable beyond all bearing, the union becomes impossible: it ends in the weaker party being either discarded or borne as a cross, which is worse. People who are not only weak, but silly or obtuse as well, are often in these difficulties.

This being the state of human affairs, what is Eliza fairly sure to do when she is placed between Freddy and Higgins? Will she look forward to a lifetime of fetching Higgins's slippers or to a lifetime of Freddy fetching hers? There can be no doubt about the answer. Unless Freddy is biologically repulsive to her, and Higgins biologically attractive to a degree that overwhelms all her other instincts, she will, if she marries either of them, marry Freddy.

And that is just what Eliza did.

Complications ensued; but they were economic, not romantic. Freddy had no money and no occupation. His mother's jointure,[4] a last relic of the opulence of Largelady Park, had enabled her to struggle along in Earlscourt with an air of gentility, but not to procure any serious secondary education for her children, much less give the boy a profession. A clerkship at thirty shillings a week was beneath Freddy's dignity, and extremely distasteful to him besides. His prospects consisted of a hope that if he kept up appearances somebody would do something for him. The something appeared vaguely to his imagination as a private secretaryship or a sinecure of some sort. To his mother it perhaps appeared as a marriage to some lady of means who could not resist her boy's niceness. Fancy her feelings when he married a flower girl who had become disclassed under extraordinary circumstances which were now notorious!

It is true that Eliza's situation did not seem wholly ineligible. Her father, though formerly a dustman, and now fantastically disclassed, had become extremely popular in the smartest society by a social talent which triumphed over every prejudice and every disadvantage. Rejected by the middle class, which he loathed, he had shot up at once into the highest circles by his wit, his dustmanship (which he carried like a banner), and his Nietzschean transcendence of good and evil. At intimate ducal dinners he sat on the righthand of the Duchess; and in country houses he smoked in the pantry and was made much of by the butler when he was not feeding in the dining room and being consulted by cabinet ministers. But he found it almost as hard to do all this on four thousand a year as Mrs Eynsford Hill to live in Earlscourt on an income so pitiably smaller that I have not the heart to disclose its exact figure. He absolutely refused to add the last straw to his burden by contributing to Eliza's support.

Thus Freddy and Eliza, now Mr and Mrs Eynsford Hill, would have spent a penniless honeymoon but for a wedding present of £500 from the Colonel to Eliza. It

4. Estate settled upon a widow by her late husband.

lasted a long time because Freddy did not know how to spend money, never having had any to spend, and Eliza, socially trained by a pair of old bachelors, wore her clothes as long as they held together and looked pretty, without the least regard to their being many months out of fashion. Still, £500 will not last two young people for ever; and they both knew, and Eliza felt as well, that they must shift themselves in the end. She could quarter herself on Wimpole Street because it had come to be her home; but she was quite aware that she ought not to quarter Freddy there, and that it would not be good for his character if she did.

Not that the Wimpole Street bachelors objected. When she consulted them, Higgins declined to be bothered about her housing problem when that solution was so simple. Eliza's desire to have Freddy in the house with her seemed of no more importance than if she had wanted an extra piece of bedroom furniture. Pleas as to Freddy's character, and the moral obligation on him to earn his own living, were lost on Higgins. He denied that Freddy had any character, and declared that if he tried to do any useful work some competent person would have the trouble of undoing it: a procedure involving a net loss to the community, and great unhappiness to Freddy himself, who was obviously intended by Nature for such light work as amusing Eliza, which, Higgins declared, was a much more useful and honorable occupation than working in the city. When Eliza referred again to her project of teaching phonetics, Higgins abated not a jot of his violent opposition to it. He said she was not within ten years of being qualified to meddle with his pet subject: and as it was evident that the Colonel agreed with him, she felt she could not go against them in this grave matter, and that she had no right, without Higgins's consent, to exploit the knowledge he had given her: for his knowledge seemed to her as much his private property as his watch: Eliza was no communist. Besides, she was superstitiously devoted to them both, more entirely and frankly after her marriage than before it.

It was the Colonel who finally solved the problem, which had cost him much perplexed cogitation. He one day asked Eliza, rather shyly, whether she had quite given up her notion of keeping a flower shop. She replied that she had thought of it, but had put it out of her head, because the Colonel had said, that day at Mrs Higgins's, that it would never do. The Colonel confessed that when he said that, he had not quite recovered from the dazzling impression of the day before. They broke the matter to Higgins that evening. The sole comment vouchsafed by him very nearly led to a serious quarrel with Eliza. It was to the effect that she would have in Freddy an ideal errand boy.

Freddy himself was next sounded on the subject. He said he had been thinking of a shop himself; though it had presented itself to his pennilessness as a small place in which Eliza should sell tobacco at one counter whilst he sold newspapers at the opposite one. But he agreed that it would be extraordinarily jolly to go early every morning with Eliza to Covent Garden and buy flowers on the scene of their first meeting: a sentiment which earned him many kisses from his wife. He added that he had always been afraid to propose anything of the sort, because Clara would make an awful row about a step that must damage her matrimonial chances, and his mother could not be expected to like it after clinging for so many years to that step of the social ladder on which retail trade is impossible.

This difficulty was removed by an event highly unexpected by Freddy's mother. Clara, in the course of her incursions into those artistic circles which were the highest within her reach, discovered that her conversational qualifications were expected to include a grounding in the novels of Mr H. G. Wells.[5] She borrowed them in various directions so energetically that she swallowed them all within two months. The result was a conversion of a kind quite common today. A modern Acts of the Apostles would fill fifty whole Bibles if anyone were capable of writing it.

Poor Clara, who appeared to Higgins and his mother as a disagreeable and ridiculous person, and to her own mother as in some inexplicable way a social failure, had never seen herself in either light; for, though to some extent ridiculed and mimicked in West Kensington like everybody else there, she was accepted as a rational and normal—or shall we say inevitable?—sort of human being. At worst they called her The Pusher; but to them no more than to herself had it ever occurred that she was pushing the air, and pushing it in a wrong direction. Still, she was not happy. She was growing desperate. Her one asset, the fact that her mother was what the Epsom greengrocer called a carriage lady, had no exchange value, apparently. It had prevented her from getting educated, because the only education she could have afforded was education with the Earlscourt greengrocer's daughter. It had led her to seek the society of her mother's class; and that class simply would not have her, because she was much poorer than the greengrocer, and, far from being able to afford a maid, could not afford even a house-maid, and had to scrape along at home with an illiberally treated general servant. Under such circumstances nothing could give her an air of being a genuine product of Largelady Park. And yet its tradition made her regard a marriage with anyone within her reach as an unbearable humiliation. Commercial people and professional people in a small way were odious to her. She ran after painters and novelists; but she did not charm them; and her bold attempts to pick up and practise artistic and literary talk irritated them. She was, in short, an utter failure, an ignorant, incompetent, pretentious, unwelcome, penniless, useless little snob; and though she did not admit these disqualifications (for nobody ever faces unpleasant truths of this kind until the possibility of a way out dawns on them) she felt their effects too keenly to be satisfied with her position.

Clara had a startling eyeopener when, on being suddenly wakened to enthusiasm by a girl of her own age who dazzled her and produced in her a gushing desire to take her for a model, and gain her friendship, she discovered that this exquisite apparition had graduated from the gutter in a few months time. It shook her so violently, that when Mr H. G. Wells lifted her on the point of his puissant pen, and placed her at the angle of view from which the life she was leading and the society to which she clung appeared in its true relation to real human needs and worthy social structure, he effected a conversion and a conviction of sin comparable to the most sensational feats of General Booth[6] or Gypsy Smith.[7] Clara's snobbery went bang. Life suddenly began to move with her. Without knowing how or why, she began to make friends and enemies. Some of the acquaintances to whom she had been a tedious or indifferent or ridiculous affliction, dropped her: others became cordial. To her amazement she found that some "quite nice" people were saturated with Wells, and that this accessibility to ideas was the secret of their niceness. People she had thought deeply religious and had tried to conciliate on that tack with disastrous results, suddenly took an interest in her, and

5. H(erbert) G(eorge) Wells (1866–1946), English novelist and writer of science fiction, who shared Shaw's zeal for social reform, while their passion meant they were often at odds.

6. ("General") William Booth (1829–1912), English religious reformer and founder of the Salvation Army.
7. Rodney ("Gypsy") Smith (1860–1947), popular British preacher and evangelist.

revealed a hostility to conventional religion which she had never conceived possible except among the most desperate characters. They made her read Galsworthy; and Galsworthy exposed the vanity of Largelady Park and finished her. It exasperated her to think that the dungeon in which she had languished for so many unhappy years had been unlocked all the time, and that the impulses she had so carefully struggled with and stifled for the sake of keeping well with society, were precisely those by which alone she could have come into any sort of sincere human contact. In the radiance of these discoveries, and the tumult of their reaction, she made a fool of herself as freely and conspicuously as when she so rashly adopted Eliza's expletive in Mrs Higgins's drawing room; for the new-born Wellsian had to find her bearings almost as ridiculously as a baby; but nobody hates a baby for its ineptitudes, or thinks the worse of it for trying to eat the matches; and Clara lost no friends by her follies. They laughed at her to her face this time; and she had to defend herself and fight it out as best she could.

When Freddy paid a visit to Earlscourt (which he never did when he could possibly help it) to make the desolating announcement that he and his Eliza were thinking of blackening the Largelady scutcheon by opening a shop, he found the little household already convulsed by a prior announcement from Clara that she also was going to work in an old furniture shop in Dover Street, which had been started by a fellow Wellsian. This appointment Clara owed, after all, to her old social accomplishment of Push. She had made up her mind that, cost what it might, she would see Mr Wells in the flesh; and she had achieved her end at a garden party. She had better luck than so rash an enterprise deserved, Mr Wells came up to her expectations. Age had not withered him, nor could custom stale his infinite variety in half an hour. His pleasant neatness and compactness, his small hands and feet, his teeming ready brain, his unaffected accessibility, and a certain fine apprehensiveness which stamped him as susceptible from his topmost hair to his tipmost toe, proved irresistible. Clara talked of nothing else for weeks and weeks afterwards. And as she happened to talk to the lady of the furniture shop, and that lady also desired above all things to know Mr Wells and sell pretty things to him, she offered Clara a job on the chance of achieving that end through her.

And so it came about that Eliza's luck held, and the expected opposition to the flower shop melted away. The shop is in the arcade of a railway station not very far from the Victoria and Albert Museum; and if you live in that neighborhood you may go there any day and buy a buttonhole from Eliza.

Now here is a last opportunity for romance. Would you not like to be assured that the shop was an immense success, thanks to Eliza's charms and her early business experience in Covent Garden? Alas! the truth is the truth: the shop did not pay for a long time, simply because Eliza and her Freddy did not know how to keep it. True, Eliza had not to begin at the very beginning: she knew the names and prices of the cheaper flowers; and her elation was unbounded when she found that Freddy, like all youths educated at cheap, pretentious, and thoroughly inefficient schools, knew a little Latin. It was very little, but enough to make him appear to her a Porson or Bentley,[8] and to put him at his ease with botanical nomenclature. Unfortunately he knew nothing else; and Eliza, though she could count money up to eighteen shillings or so, and had acquired a certain familiarity with the language

---

8. Richard Porson (1759–1808), English classical scholar; Richard Bentley (1662–1742), English classical scholar satirized by Jonathan Swift in *The Battle of the Books*.

of Milton from her struggles to qualify herself for winning Higgins's bet, could not write out a bill without utterly disgracing the establishment. Freddy's power of stating in Latin that Balbus built a wall[9] and that Gaul was divided into three parts did not carry with it the slightest knowledge of accounts or business: Colonel Pickering had to explain to him what a cheque book and a bank account meant. And the pair were by no means easily teachable. Freddy backed up Eliza in her obstinate refusal to believe that they could save money by engaging a bookkeeper with some knowledge of the business. How, they argued, could you possibly save money by going to extra expense when you already could not make both ends meet? But the Colonel, after making the ends meet over and over again, at last gently insisted; and Eliza, humbled to the dust by having to beg from him so often, and stung by the uproarious derision of Higgins, to whom the notion of Freddy succeeding at anything was a joke that never palled, grasped the fact that business, like phonetics, has to be learned.

On the piteous spectacle of the pair spending their evenings in shorthand schools and polytechnic classes, learning book-keeping and typewriting with incipient junior clerks, male and female, from the elementary schools, let me not dwell. There were even classes at the London School of Economics, and a humble personal appeal to the director of that institution to recommend a course bearing on the flower business. He, being a humorist, explained to them the method of the celebrated Dickensian essay on Chinese Metaphysics by the gentleman who read an article on China and an article on Metaphysics and combined the information. He suggested that they should combine the London School with Kew Gardens. Eliza, to whom the procedure of the Dickensian gentleman seemed perfectly correct (as in fact it was) and not in the least funny (which was only her ignorance), took the advice with entire gravity. But the effort that cost her the deepest humiliation was a request to Higgins, whose pet artistic fancy, next to Milton's verse, was calligraphy, and who himself wrote a most beautiful Italian hand, that he would teach her to write. He declared that she was congenitally incapable of forming a single letter worthy of the least of Milton's words; but she persisted; and again he suddenly threw himself into the task of teaching her with a combination of stormy intensity, concentrated patience, and occasional bursts of interesting disquisition on the beauty and nobility, the august mission and destiny, of human handwriting. Eliza ended by acquiring an extremely uncommercial script which was a positive extension of her personal beauty, and spending three times as much on stationery as anyone else because certain qualities and shapes of paper became indispensable to her. She could not even address an envelope in the usual way because it made the margins all wrong.

Their commercial schooldays were a period of disgrace and despair for the young couple. They seemed to be learning nothing about flower shops. At last they gave it up as hopeless, and shook the dust of the shorthand schools, and the polytechnics, and the London School of Economics from their feet for ever. Besides, the business was in some mysterious way beginning to take care of itself. They had somehow forgotten their objections to employing other people. They came to the conclusion that their own way was the best, and that they had really a remarkable talent for business. The Colonel, who had been compelled for some years to keep a sufficient sum on current account at his bankers to make up their deficits, found that the provision was unnecessary: the young people were prospering. It is true that there was not quite fair play between them

9. From Cicero's *Letters to Atticus* 12.2; a common schoolboy's Latin translation exercise.

and their competitors in trade. Their week-ends in the country cost them nothing, and saved them the price of their Sunday dinners; for the motor car was the Colonel's; and he and Higgins paid the hotel bills. Mr F. Hill, florist and greengrocer (they soon discovered that there was money in asparagus; and asparagus led to other vegetables), had an air which stamped the business as classy; and in private life he was still Frederick Eynsford Hill, Esquire. Not that there was any swank about him; nobody but Eliza knew that he had been christened Frederick Challoner. Eliza herself swanked like anything.

That is all. That is how it has turned out. It is astonishing how much Eliza still manages to meddle in the housekeeping at Wimpole Street in spite of the shop and her own family. And it is notable that though she never nags her husband, and frankly loves the Colonel as if she were his favorite daughter, she has never got out of the habit of nagging Higgins that was established on the fatal night when she won his bet for him. She snaps his head off on the faintest provocation, or on none. He no longer dares to tease her by assuming an abysmal inferiority of Freddy's mind to his own. He storms and bullies and derides; but she stands up to him so ruthlessly that the Colonel has to ask her from time to time to be kinder to Higgins; and it is the only request of his that brings a mulish expression into her face. Nothing but some emergency or calamity great enough to break down all likes and dislikes, and throw them both back on their common humanity—and may they be spared any such trial!—will ever alter this. She knows that Higgins does not need her, just as her father did not need her. The very scrupulousness with which he told her that day that he had become used to having her there, and dependent on her for all sorts of little services, and that he should miss her if she went away (it would never have occurred to Freddy or the Colonel to say anything of the sort) deepens her inner certainty that she is "no more to him than them slippers"; yet she has a sense, too, that his indifference is deeper than the infatuation of commoner souls. She is immensely interested in him. She has even secret mischievous moments in which she wishes she could get him alone, on a desert island, away from all ties and with nobody else in the world to consider, and just drag him off his pedestal and see him making love like any common man. We all have private imaginations of that sort. But when it comes to business, to the life that she really leads as distinguished from the life of dreams and fancies, she likes Freddy and she likes the Colonel; and she does not like Higgins and Mr Doolittle. Galatea never does quite like Pygmalion; his relation to her is too god-like to be altogether agreeable.

LETTERS
To Francis Collison[1]

Springburn. Strachur
20th August 1903

Now I ask you, Mr Collison, as a sensible man, what the devil you suppose I want with a canary. I am a vegetarian, and cant eat it; and it is not big enough to eat me. But you are not a sensible man: you are a "fancier"; and you believe that the height of earthly happiness is to be surrounded with pigeons & Persian cats & guinea pigs & rabbits, with a tub full of toads & newts under the counter. I once had a canary, a little green brute that flew in through the open window one day & would not go away.

---

1. Shaw had loaned money to Francis Collison, a small shopkeeper, some years earlier. Collison chose to express his gratitude by sending a pet canary to Shaw; he also offered Shaw a kitten.

I hated it and it hated me. I bought it a cage—a thing I abhor—& gave it everything I could find at the seedsman's; but it was utterly miserable & did its best to make me miserable until some benevolent person stole it. I have been happy ever since until this day, when I have received from Woking the devastating news that you have inflicted another canary on me. Now if you had sent me a sea-gull or a nightjar (the nightjar is my favorite bird) I could have let it loose & watched it flying & stalked it with a camera—the only sort of sport I can endure—; but this unhappy little wretch would be killed if it flew about, and will do nothing but titivate itself in its absurd cage (I have telegraphed to the gardener's wife to buy the largest cage in Woking for it) and make a confounded noise which will frighten all the thrushes & blackbirds away. And now, having taken advantage of my being away on my holiday to introduce this ornithological pest into my household, you want to send me a kitten as well. Why, man, the kitten will kill the canary when it grows up. Have you no common sense? Prince Sam indeed! Damn Prince Sam! I am a republican, and care nothing for your Princes. Do you suppose I want a noisome little beast to cover my house with its excrements, and bring all the cats in Woking to celebrate its debaucheries with nocturnal yowlings? You speak of it as "her"; so I conclude it is a female, which means that I shall have sixteen mongrels added to the menagerie every two months. Mrs Ricketts of Bishops Stortford ought to be ashamed of herself. What did I ever do to her or to you that you should heap these injuries on me? Did my books ever do you any harm? Did they disturb you with silly whistlings at your work, or bring forth litters of little books that you had to drown? In your letter of the 5th, you said you would forward the animals "when convenient to me and mine." I said to myself, "Thank God: he will wait until I ask him for the accursed things; and in the meantime he will be happy nursing the detestable kitten & trying to teach the bird tunes." But in the excess & exuberance of your destructive benevolence you were not content to wait. You sent the bird; and for all I know, the wretched kitten may now be on its way. My only hope is in the gardener's wife. She has one canary already; and perhaps, if I make her a present of the cage, she will consent to take the other if I offer her five shillings a week for the term of its natural life. I shall then hear it only when I walk in the garden; and at every trill I shall curse the name of F. Collison.

G. Bernard Shaw

To *The Times*[2]

Sir,—This is a terrible moment in our national life. We are not often thoroughly frightened. When England trembles the world knows that a great peril overshadows our island. It is not the first time that we have faced dangers that have made even our gayest and bravest clench their teeth and hold their breath. We watched the Armada creeping slowly up the Channel.[3] We wiped our brow when chance revealed the treason of Guy Fawkes.[4] We are listening even now for the bugle of the German invader, and scanning the waves we rule for the periscope of the French submarine.[5] But until now we have

---

2. On 23 October 1906, ten women were arrested at the House of Commons, charged with "using threatening and abusive words." Among them was Anne Cobden-Sanderson, daughter of Richard Cobden, a prominent economist. Following reports of her harsh treatment in prison. Shaw published this letter in the London *Times* on 31 October 1906.

3. In 1588 Philip II of Spain sent a naval armada to invade England; it was defeated.
4. The best-known conspirator in the "Gunpowder Plot," which aimed to blow up James I and Parliament in 1606.
5. From 1906 to 1914 there was growing tension between England and Germany, ultimately leading to war.

faced our fate like men, with our Parliament unshaken in our midst, grandly calm as the Roman senators who sat like statues when Brennus and his barbarians charged blood-stained into their hall.[6] When Charles Bradlaugh,[7] the most muscular man in England, dashed into the House of Commons to claim a seat in that august Assembly the police carried him, titanically struggling, down the stairs, deposited him in the yard with a shattered fountain pen, and disdainfully set him free to do his worst. It was but the other day that a desperado arose in the Strangers' Gallery of the House of Commons and burst into disorderly eloquence. Without a moment's hesitation the dauntless attendants hurled themselves upon him, and extruded him from our Legislature. He was not haled before the magistrate; he was not imprisoned; no man deigned to ask securities for his good behaviour; the British lion scorned protection against so puny an antagonist.

But the strongest nerves give way at last. The warriors of Philip were, when all is said, only men. German soldiers, French bluejackets, Guy Fawkes, Bradlaugh, and the stranger in the gallery, bold and dangerous as they were, were no females. The peril to-day wears a darker, deadlier aspect. Ten women—ten petticoated, long-stockinged, corseted females have hurled themselves on the British Houses of Parliament. Desperate measures are necessary. I have a right to speak in this matter, because it was in my play *Man and Superman*[8] that my sex were first warned of woman's terrible strength and man's miserable weakness.

It is a striking confirmation of the correctness of my views that the measures which have always been deemed sufficient to protect the House of Commons against men are not to be trusted against women. Take, for example, the daughters of Richard Cobden, long known to everybody worth knowing in London as among the most charming and interesting women of our day. One of them—one only—and she the slightest and rosiest of the family—did what the herculean Charles Bradlaugh did. To the immortal glory of our Metropolitan Police they did not blench. They carried the lady out even as they carried Bradlaugh. But they did not dare to leave her at large as they left him. They held on to her like grim death until they had her safe under bolt and bar, until they had stripped her to see that she had no weapons concealed, until a temperate diet of bread and cocoa should have abated her perilous forces. She—and the rest of the terrible ten.

For the moment we have time to breathe. But has the Government considered the fact that owing to the imperfections of our law these ladies will be at large again before many weeks are passed? I ask, in the name of the public, whether proper precautions have been taken. It is not enough for Mr Herbert Gladstone, Mr Haldane, Mr Asquith, and Sir Henry Campbell-Bannerman[9] to sit there pale and determined, with drawn lips and folded arms, helplessly awaiting a renewal of the assault—an assault the consequences of which no man can foresee. It is their duty without a moment's delay to quadruple the police staff inside the Houses of Parliament. Westminster and Vauxhall bridges should be strongly held by the Guards. If necessary, special constables should be enrolled. I am no coward; but I do not want to see a repetition of the folly that found us unprepared in 1899.

I submit, however, that if these precautions are taken we might, perhaps, venture to let Mrs Cobden-Sanderson and her friends out. As a taxpayer, I object to having to pay for her bread and cocoa when her husband is, not only ready, but apparently even anxious to provide a more generous diet at home. After all, if Mr Cobden-Sanderson is not

6. According to legend, Brennus was the leader of a band of Gauls who captured Rome in 390 B.C.
7. Radical politician, forbidden to take up his seat in Parliament from 1880–1885 due to his professed atheism.
8. First performed in 1905.
9. Members of the Liberal government then in power.

afraid, surely, the rest of us may pluck up a little. We owe something to Mr Cobden-Sanderson,[1] both as one of our most distinguished artist craftsmen and as a most munificent contributor in crises where public interests have been at stake. If Mrs Cobden-Sanderson must remain a prisoner whilst the Home Secretary is too paralysed with terror to make that stroke of the pen for which every sensible person in the three kingdoms is looking to him, why on earth cannot she be imprisoned in her own house? We should still look ridiculous, but at least the lady would not be a martyr. I suppose nobody in the world really wishes to see one of the nicest women in England suffering from the coarsest indignity and the most injurious form of ill-treatment that the law could inflict on a pickpocket. It gives us an air of having lost our tempers and made fools of ourselves, and of being incapable of acting generously now that we have had time to come to our senses. Surely, there can be no two opinions among sane people as to what we ought to do.

Will not the Home Secretary rescue us from a ridiculous, an intolerable, and incidentally a revoltingly spiteful and unmanly situation?

Yours, &c.,
G. Bernard Shaw

Thomas Hardy
1840–1928

Thomas Hardy led a double life: one of the great Victorian novelists, he abandoned fiction in 1896 and reinvented himself as a poet. In a series of volumes published from 1898 through the early decades of the twentieth century, Hardy emerged as one of the most compelling voices in modern poetry. How should this strangely bifurcated literary career be read? There are continuities as well as divergences between Hardy's fiction and his poetry, and the shifts in his work provide a telling instance of the interwoven links and discontinuities between the Victorian era and the new modernism of the twentieth century.

Hardy was born and reared in the village of Higher Bockhampton, Stinsford, in the rural county of Dorset in southern England. He left home in his early twenties and worked as a church architect in London for five years, then returned to the family home in 1867; he continued to accept architectural commissions while trying his hand at fiction and poetry. In early poems such as *Hap* and *Neutral Tones* Hardy revealed his abiding sense of a universe ruled by a blind or hostile fate, a world whose landscapes are etched with traces of the fleeting stories of their inhabitants. He was not able to find a publisher for such works, and he largely stopped writing poetry, but his first novel, *Desperate Remedies,* was published in 1871. By 1874 he was earning a steady income from his writing and was able to marry Emma Lavinia Gifford, the sister-in-law of a rector whose church he had been restoring. He produced twenty novels within a twenty-five year period, achieving fame, popularity, and no little controversy for the provocative and dark worlds he created. In *Far from the Madding Crowd, The Return of the Native, Tess of the d'Urbervilles,* and *Jude the Obscure,* Hardy transformed the realist novel of manners into tragic accounts of the industrialization of rural Britain, the bankruptcy of religious faith, and irreconcilable tensions between social classes and between men and women. Though he had become a master of characterization and plot, in his later novels Hardy grew increasingly preoccupied with fundamentally lyrical questions of interiority, subjective perception, and personal voice.

---

1. Thomas James Cobden-Sanderson (1840–1922), book designer and friend of Shaw's.

After the sexual frankness of *Jude the Obscure* provoked shocked reviews—the Bishop of Wakefield went so far as to burn the book—Hardy decided to abandon his prose writing altogether and to mine his chosen territory with the tools of a poet.

He began by recreating in poetry the landscape of his fiction. Hardy's first poetry collection, published when he was fifty-eight, was *Wessex Poems* (1898), its title referring to the imaginary countryside that he had created in his novels, loosely based on regions in the south of England but named for a long-vanished medieval kingdom. Hardy's "Wessex" was a place whose towns and roads and forests and fields were breathed into life by the novelist. The Wessex novels were published with maps of the territory, and the landmarks were to remain constant throughout the disparate books. The region took such a hold on readers' imaginations that a Wessex tourist industry emerged, one which is still in place today. Hardy was as painstaking in giving the precise (although imaginary) coordinates of a village pathway as he was in tracing the path of a character's destiny.

Many of Hardy's poems take root in this same creative landscape, now viewed by an intensely self-aware speaker who retraces his personal history, himself "tracked by phantoms having weird detective ways," as he says in *Wessex Heights*. Burning logs, a photograph, a diminishing figure on a train platform, a deer at a window all provide "moments of vision" (the title of one of his collections) that foreshadow the modernist "epiphanies" of Joyce and Woolf. Like the major modernists, Hardy explored the workings of memory, of perception, and of individual vision. In other poems, he focused on contemporary events, most notably in a series of poems written during World War I, unsparing in their presentation both of the necessity of waging the conflict and of its horrifying waste.

In his poetry as in his prose, Hardy's modern themes are typically set in a rural landscape with ancient roots. A constant feature of the Wessex novels involves characters setting off on one of the myriad footpaths connecting obscure villages and solitary cottages with one another. Hardy invented his own geography for Wessex, but the footpaths really existed and were the most important trails carved into the landscape by travelers over many years. Called "ley lines" in folk culture, such footpaths are thought to gather their energy over time, as hundreds of people gradually wear down a shared path and leave traces of themselves in the form of memory and tradition. Hardy's poems move between personal, historical, and natural levels of experience, but it is the landscape above all that conveys the power of these events.

Hardy embodied his moments of vision in poems that recall old oral and religious forms of verse, especially those of ballads and hymns. Like Wordsworth, Burns, and Kipling, Hardy was fascinated by the power of popular verse forms to convey deep truths in seemingly simple meters and diction; like his predecessors, Hardy brought his traditional forms to life by subtle modulations of their elements. The lines of Hardy's poetry are measured with extreme care and precision—not in any way approaching "free verse." As W. H. Auden wrote of Hardy's poetry: "No English poet, not even Donne or Browning, employed so many and so complicated stanza forms. Anyone who imitates his style will learn at least one thing, how to make words fit into a complicated structure." With architectural care, Hardy built up his words into complicated structures, lines, and stanzas following well-used poetic paths. With its compelling mixture of tradition and modernity, stoic calm and deep emotional intensity, Hardy's poetry has become a touchstone for modern poets writing in English, from Ezra Pound, who said he "needed no other poet," to Philip Larkin, Seamus Heaney, and Derek Walcott. "Auden worshiped his honesty, Eliot disliked his heresy," the critic Irving Howe has commented; "but Hardy prepared the ground for both."

Hardy mined his native landscape, and his own memory, until his death, composing many of his best poems in his seventies and eighties. He had built a house on the outskirts of Dorchester in 1885, and he lived there for the rest of his life, with his wife Emma until her death in 1912, and subsequently with his secretary, Florence Dugdale, whom he married in 1914. When he died, his body was buried in Westminster Abbey; but his heart, as he had directed, was buried in the grave of his wife Emma, next to his father's grave, in the Stinsford churchyard.

Hardy's short story *The Withered Arm* appears on page 1429.

Hap°   *chance*

If but some vengeful god would call to me
From up the sky, and laugh: "Thou suffering thing,
Know that thy sorrow is my ecstasy,
That thy love's loss is my hate's profiting!"

5   Then would I bear it, clench myself, and die,
Steeled by the sense of ire unmerited;
Half-eased in that a Powerfuller than I
Had willed and meted° me the tears I shed.   *given*

But not so. How arrives it joy lies slain,
10   And why unblooms the best hope ever sown?
—Crass Casualty obstructs the sun and rain,
And dicing° Time for gladness casts a moan. . . .   *gambling*
These purblind° Doomsters had as readily strown   *half-blind*
Blisses about my pilgrimage as pain.

1866   1898

Neutral Tones

We stood by a pond that winter day,
And the sun was white, as though chidden° of God,   *rebuked*
And a few leaves lay on the starving sod;
    —They had fallen from an ash, and were gray.

5   Your eyes on me were as eyes that rove
Over tedious riddles of years ago;
And some words played between us to and fro
    On which lost the more by our love.

The smile on your mouth was the deadest thing
10   Alive enough to have strength to die;
And a grin of bitterness swept thereby
    Like an ominous bird a-wing. . . .

Since then, keen lessons that love deceives,
And wrings with wrong, have shaped to me
15   Your face, and the God-curst sun, and a tree,
    And a pond edged with grayish leaves.

1867   1898

Wessex Heights

There are some heights in Wessex,[1] shaped as if by a kindly hand
For thinking, dreaming, dying on, and at crises when I stand,
Say, on Ingpen Beacon eastward, or on Wylls-Neck westwardly,
I seem where I was before my birth, and after death may be.

---

1. An imaginary county in southwest England that forms the setting for Hardy's writings; the place names that follow are in "Wessex."

5 In the lowlands I have no comrade, not even the lone man's friend—
   Her who suffereth long and is kind;[2] accepts what he is too weak to mend:
   Down there they are dubious and askance; there nobody thinks as I,
   But mind-chains do not clank where one's next neighbour is the sky.

   In the towns I am tracked by phantoms having weird detective ways—
10 Shadows of beings who fellowed with myself of earlier days:
   They hang about at places, and they say harsh heavy things—
   Men with a wintry sneer, and women with tart disparagings.

   Down there I seem to be false to myself, my simple self that was,
   And is not now, and I see him watching, wondering what crass cause
15 Can have merged him into such a strange continuator as this,
   Who yet has something in common with himself, my chrysalis.

   I cannot go to the great grey Plain; there's a figure against the moon,
   Nobody sees it but I, and it makes my breast beat out of tune;
   I cannot go to the tall-spired town, being barred by the forms now passed
20 For everybody but me, in whose long vision they stand there fast.
   There's a ghost at Yell'ham Bottom chiding loud at the fall of the night,
   There's a ghost in Froom-side Vale, thin-lipped and vague, in a shroud
      of white,
   There is one in the railway train whenever I do not want it near,
   I see its profile against the pane, saying what I would not hear.

25 As for one rare fair woman, I am now but a thought of hers,
   I enter her mind and another thought succeeds me that she prefers,
   Yet my love for her in its fulness she herself even did not know;
   Well, time cures hearts of tenderness, and now I can let her go.

   So I am found on Ingpen Beacon, or on Wylls-Neck to the west,
30 Or else on homely Bulbarrow, or little Pilsdon Crest,
   Where men have never cared to haunt, nor women have walked with me,
   And ghosts then keep their distance; and I know some liberty.

                                                    1898

The Darkling Thrush[1]

   I leant upon a coppice° gate   *wood*
       When Frost was spectre-gray,
   And Winter's dregs made desolate
       The weakening eye of day.
5 The tangled bine-stems° scored the sky   *stems of bushes*
       Like strings of broken lyres,
   And all mankind that haunted nigh
       Had sought their household fires.

   The land's sharp features seemed to be
10   The Century's corpse outleant,[2]
   His crypt the cloudy canopy,
       The wind his death-lament.
   The ancient pulse of germ° and birth   *seed*

---

2. Cf. Corinthians 13.4: "Charity suffereth long, and is kind."

1. The poem was published on 31 December 1900.
2. As if leaning out from a coffin.

Was shrunken hard and dry,
15   And every spirit upon earth
Seemed fervourless as I.

At once a voice arose among
The bleak twigs overhead
In a full-hearted evensong
20   Of joy illimited;
An aged thrush, frail, gaunt, and small,
In blast-beruffled plume,
Had chosen thus to fling his soul
Upon the growing gloom.

25   So little cause for carolings
Of such ecstatic sound
Was written on terrestrial things
Afar or nigh around,
That I could think there trembled through
30   His happy good-night air
Some blessed Hope, whereof he knew
And I was unaware.

On the Departure Platform

We kissed at the barrier; and passing through
She left me, and moment by moment got
Smaller and smaller, until to my view
She was but a spot;

5   A wee white spot of muslin fluff
That down the diminishing platform bore
Through hustling crowds of gentle and rough
To the carriage door.

Under the lamplight's fitful glowers,
10   Behind dark groups from far and near,
Whose interests were apart from ours,
She would disappear,

Then show again, till I ceased to see
That flexible form, that nebulous white;
15   And she who was more than my life to me
Had vanished quite. . . .

We have penned new plans since that fair fond day,
And in season she will appear again—
Perhaps in the same soft white array—
20   But never as then!

—"And why, young man, must eternally fly
A joy you'll repeat, if you love her well?"
—O friend, nought happens twice thus; why,
I cannot tell!

1909

The Convergence of the Twain
(Lines on the loss of the "Titanic")[1]

1

In a solitude of the sea
Deep from human vanity,
And the Pride of Life that planned her, stilly couches she.

2

Steel chambers, late the pyres
Of her salamandrine° fires,   *white-hot*
Cold currents thrid°, and turn to rhythmic tidal lyres.   *thread*

3

Over the mirrors meant
To glass the opulent
The sea-worm crawls—grotesque, slimed, dumb, indifferent.

4

Jewels in joy designed
To ravish the sensuous mind
Lie lightless, all their sparkles bleared and black and blind.

5

Dim moon-eyed fishes near
Gaze at the gilded gear
And query: "What does this vaingloriousness down here?" . . . .

6

Well: while was fashioning
This creature of cleaving wing,
The Immanent Will that stirs and urges everything

7

Prepared a sinister mate
For her—so gaily great—
A Shape of Ice, for the time far and dissociate.[2]

8

And as the smart ship grew
In stature, grace, and hue,
In shadowy silent distance grew the Iceberg too.

9

Alien they seemed to be:
No mortal eye could see
The intimate welding of their later history,

10

Or sign that they were bent
By paths coincident
On being anon twin halves of one august event,

11

Till the Spinner of the Years
Said "Now!" And each one hears,
And consummation comes, and jars two hemispheres.

1912

---

1. The largest ocean-liner of its day, the supposedly unsinkable *Titanic* sank on 15 April 1912 on its maiden voyage after colliding with an iceberg; two thirds of its 2,200 passengers died.
2. According to Hardy, the Immanent Will is that which secretly guides events.

At Castle Boterel[1]

As I drive to the junction of lane and highway,
  And the drizzle bedrenches the waggonette,°   *cart*
I look behind at the fading byway,
  And see on its slope, now glistening wet,
5   Distinctly yet

Myself and a girlish form benighted
  In dry March weather. We climb the road
Beside a chaise.° We had just alighted   *carriage*
  To ease the sturdy pony's load
10   When he sighed and slowed.

What we did as we climbed, and what we talked of
  Matters not much, nor to what it led,—
Something that life will not be balked of
  Without rude reason till hope is dead,
15   And feeling fled.

It filled but a minute. But was there ever
  A time of such quality, since or before,
In that hill's story? To one mind never,
  Though it has been climbed, foot-swift, foot-sore,
20   By thousands more.

Primaeval rocks form the road's steep border,
  And much have they faced there, first and last,
Of the transitory in Earth's long order;
  But what they record in colour and cast
25   Is—that we two passed.

And to me, though Time's unflinching rigour,
  In mindless rote, has ruled from sight
The substance now, one phantom figure
  Remains on the slope, as when that night
30   Saw us alight.

I look and see it there, shrinking, shrinking,
  I look back at it amid the rain
For the very last time; for my sand is sinking,
  And I shall traverse old love's domain
35   Never again.

March 1913   1914

Channel Firing[1]

That night your great guns, unawares,
Shook all our coffins as we lay,
And broke the chancel window-squares,
We thought it was the Judgment-day

---

1. Hardy's first wife Emma died in November 1912; in 1913 the poet revisited scenes of their courtship in Cornwall in southwest England.

1. The poem refers to military exercises in the English Channel prior to World War I.

5   And sat upright. While drearisome
       Arose the howl of wakened hounds:
       The mouse let fall the altar-crumb,
       The worms drew back into the mounds,
       The glebe° cow drooled. Till God called, "No;   *field*
10   It's gunnery practice out at sea
       Just as before you went below;
       The world is as it used to be:

       "All nations striving strong to make
       Red war yet redder. Mad as hatters
15   They do no more for Christés sake
       Than you who are helpless in such matters.

       "That this is not the judgment-hour
       For some of them's a blessed thing,
       For if it were they'd have to scour
20   Hell's floor for so much threatening. . . .

       "Ha, ha. It will be warmer when
       I blow the trumpet (if indeed
       I ever do; for you are men,
       And rest eternal sorely need)."

25   So down we lay again. "I wonder,
       Will the world ever saner be,"
       Said one, "than when He sent us under
       In our indifferent century!"

       And many a skeleton shook his head.
30   "Instead of preaching forty year,"
       My neighbour Parson Thirdly said,
       "I wish I had stuck to pipes and beer."

       Again the guns disturbed the hour,
       Roaring their readiness to avenge,
35   As far inland as Stourton Tower,
       And Camelot, and starlit Stonehenge.[2]

April 1914   1914

In Time of "The Breaking of Nations"[1]

1

Only a man harrowing clods
        In a slow silent walk
With an old horse that stumbles and nods
        Half asleep as they stalk.

2

5   Only thin smoke without flame
        From the heaps of couch-grass;

2. The town of Stour Head, which Hardy calls Stourton, is in the county of Dorset. According to legend, Camelot was the site of King Arthur's court; Stonehenge is a prehistoric site in southwest England.

1. Cf. Jeremiah 51.20: "Thou art my battle axe and weapons of war: for with thee will I break in pieces the nations, and with thee will I destroy kingdoms."

Yet this will go onward the same
    Though Dynasties pass.

3

Yonder a maid and her wight°   man
10   Come whispering by:
War's annals will cloud into night
    Ere their story die.

1915   1916

I Looked Up from My Writing

I looked up from my writing,
    And gave a start to see,
As if rapt in my inditing,
    The moon's full gaze on me.

5   Her meditative misty head
        Was spectral in its air,
And I involuntarily said,
    "What are you doing there?"

"Oh, I've been scanning pond and hole
10   And waterway hereabout
For the body of one with a sunken soul
    Who has put his life-light out.

"Did you hear his frenzied tattle?
    It was sorrow for his son
15   Who is slain in brutish battle,
        Though he has injured none.

"And now I am curious to look
    Into the blinkered mind
Of one who wants to write a book
20   In a world of such a kind."

Her temper overwrought me,
    And I edged to shun her view,
For I felt assured she thought me
    One who should drown him too.

1917

"And There Was a Great Calm"[1]
(On the Signing of the Armistice, 11 Nov. 1918)[2]

1

There had been years of Passion—scorching, cold,
And much Despair, and Anger heaving high,
Care whitely watching, Sorrows manifold,
Among the young, among the weak and old,
5   And the pensive Spirit of Pity whispered, "Why?"

1. A phrase from Mark 4.39, after Jesus has calmed a storm at sea.

2. The armistice ending World War I was signed by Germany and the Allies on this date.

2

Men had not paused to answer. Foes distraught
Pierced the thinned peoples in a brute-like blindness,
Philosophies that sages long had taught,
And Selflessness, were as an unknown thought,
10   And "Hell!" and "Shell!" were yapped at Lovingkindness.

3

The feeble folk at home had grown full-used
To "dug-outs," "snipers," " 'Huns,"³ from the war-adept
In the mornings heard, and at evetides perused;
To day-dreamt men in millions, when they mused—
15   To nightmare-men in millions when they slept.

4

Waking to wish existence timeless, null,
Sirius⁴ they watched above where armies fell;
He seemed to check his flapping when, in the lull
Of night a boom came thencewise, like the dull
20   Plunge of a stone dropped into some deep well.

5

So, when old hopes that earth was bettering slowly
Were dead and damned, there sounded "War is done!"
One morrow. Said the bereft, and meek, and lowly,
"Will men some day be given to grace? yea, wholly,
25   And in good sooth,° as our dreams used to run?"   *truth*

6

Breathless they paused. Out there men raised their glance
To where had stood those poplars lank and lopped,
As they had raised it through the four years' dance
Of Death in the now familiar flats of France;
30   And murmured, "Strange, this! How? All firing stopped?"

7

Aye; all was hushed. The about-to-fire fired not,
The aimed-at moved away in trance-lipped song.
One checkless regiment slung a clinching shot
And turned. The Spirit of Irony smirked out, "What?
35   Spoil peradventures° woven of Rage and Wrong?"   *perhaps*

8

Thenceforth no flying fires inflamed the gray,
No hurtlings shook the dewdrop from the thorn,
No moan perplexed the mute bird on the spray;
Worn horses mused: "We are not whipped to-day;"
40   No weft-winged engines° blurred the moon's thin horn.   *early airplanes*

9

Calm fell. From Heaven distilled a clemency;
There was peace on earth, and silence in the sky;
Some could, some could not, shake off misery:
The Sinister Spirit sneered: "It had to be!"
45   And again the Spirit of Pity whispered, "Why?"
1918

1919, 1922

---

3. Slang for "Germans" during the war.   4. The brightest star in the night sky.

Logs on the Hearth
A Memory of a Sister[1]

The fire advances along the log
    Of the tree we felled,
Which bloomed and bore striped apples by the peck°   *basketful*
    Till its last hour of bearing knelled.

5   The fork that first my hand would reach
    And then my foot
In climbings upward inch by inch, lies now
    Sawn, sapless, darkening with soot.

Where the bark chars is where, one year,
10   It was pruned, and bled—
Then overgrew the wound. But now, at last,
    Its growings all have stagnated.

My fellow-climber rises dim
    From her chilly grave—
15   Just as she was, her foot near mine on the bending limb,
    Laughing, her young brown hand awave.

1915   1917

The Photograph

The flame crept up the portrait line by line
As it lay on the coals in the silence of night's profound,
    And over the arm's incline,
And along the marge° of the silkwork superfine,   *margin*
5   And gnawed at the delicate bosom's defenceless round.

Then I vented a cry of hurt, and averted my eyes;
The spectacle was one that I could not bear,
    To my deep and sad surprise;
But, compelled to heed, I again looked furtivewise
10 Till the flame had eaten her breasts, and mouth, and hair.

"Thank God, she is out of it now!" I said at last,
In a great relief of heart when the thing was done
    That had set my soul aghast,
And nothing was left of the picture unsheathed from the past
15 But the ashen ghost of the card it had figured on.

She was a woman long hid amid packs of years,
She might have been living or dead; she was lost to my sight,
    And the deed that had nigh drawn tears
Was done in a casual clearance of life's arrears;
20 But I felt as if I had put her to death that night! . . .

                    * * *

---

1. Hardy's sister Mary died in November 1915.

—Well; she knew nothing thereof did she survive,
And suffered nothing if numbered among the dead;
    Yet—yet—if on earth alive
Did she feel a smart, and with vague strange anguish strive?
25   If in heaven, did she smile at me sadly and shake her head?

                                                        1917

The Fallow Deer at the Lonely House

One without looks in to-night
    Through the curtain-chink
From the sheet of glistening white;
One without looks in to-night
5   As we sit and think
    By the fender-brink.

We do not discern those eyes
    Watching in the snow;
Lit by lamps of rosy dyes
10 We do not discern those eyes
    Wondering, aglow,
    Fourfooted, tiptoe.

                                                        1922

Afterwards

When the Present has latched its postern° behind my tremulous stay,   *gate*
    And the May month flaps its glad green leaves like wings,
Delicate-filmed as new-spun silk, will the neighbours say,
    "He was a man who used to notice such things"?

5 If it be in the dusk when, like an eyelid's soundless blink,
    The dewfall-hawk comes crossing the shades to alight
Upon the wind-warped upland thorn, a gazer may think,
    "To him this must have been a familiar sight."

If I pass during some nocturnal blackness, mothy and warm,
10   When the hedgehog travels furtively over the lawn,
One may say, "He strove that such innocent creatures should come to no harm,
    But he could do little for them; and now he is gone."

If, when hearing that I have been stilled at last, they stand at the door,
    Watching the full-starred heavens that winter sees,
15 Will this thought rise on those who will meet my face no more,
    "He was one who had an eye for such mysteries"?

And will any say when my bell of quittance is heard in the gloom,
    And a crossing breeze cuts a pause in its outrollings,
Till they rise again, as they were a new bell's boom,
20   "He hears it not now, but used to notice such things"?

                                                        1917

Epitaph

I never cared for Life: Life cared for me,
And hence I owed it some fidelity.
It now says, "Cease; at length thou hast learnt to grind
Sufficient toll for an unwilling mind,
And I dismiss thee—not without regard
That thou didst ask no ill-advised reward,
Nor sought in me much more than thou couldst find."

1922

⇒╫ PERSPECTIVES ╬⇐
The Great War: Confronting the Modern

The multiplying technological, artistic, and social changes at the turn of the twentieth century impressed that generation's artists as a rupture with the past. And no event so graphically suggested that human history had "changed, changed utterly," as World War I—"the Great War."

Great Britain, like its enemy Germany, entered the war with idealistic aims. Prime Minister H. H. Asquith put the justice of the British case this way in a speech to the House of Commons on 7 August 1914: "I do not think any nation ever entered into a great conflict—and this is one of the greatest that history will ever know—with a clearer conscience or stronger conviction that it is fighting not for aggression, not for the maintenance of its own selfish ends, but in defence of principles the maintenance of which is vital to the civilization of the world." But cynicism set in quickly—first among ground troops on the Western Front, dug into trenches and watching "progress" that could be measured in yards per day. Soon the British public became disillusioned with the war effort, partly as a result of technological advances in the news media. Daily papers in England carried photographs from the front, and while editorial policy generally supported the British government and printed heroic images of the fighting, this sanitized version of the war was largely offset by the long published lists of casualties; during the four years and three months that Britain was involved in the war, more than a million British troops—an average of fifteen hundred per day—were killed in action.

The war's lasting legacy was a sense of bitterly rebuffed idealism, bringing with it a suspicion of progress, technology, government, bureaucracy, nationalism, and conventional morality—themes probed in new ways by the period's writers. Just as the war had involved radically new strategies and new technologies, writers intensified their search for new forms and modes of expression as they and their compatriots found themselves in the midst of a conflict unlike anything previously known in the annals of history.

╾╴ ≡◆≡ ╶╼

Blast

Wyndham Lewis (1884–1957), founder of the provocative arts magazine *Blast*, was often at odds with his sometime co-conspirator Ezra Pound: indeed both men were usually at odds with most of their friends. But they did agree on one thing: that the writers of Edwardian and Georgian England had failed to throw off the deadening literary mannerisms of the previous century. "As for the nineteenth century," Pound wrote, "with all respects to its achievements, I think we shall look back upon it as a rather blurry, messy sort of a period, a rather sentimentalistic, mannerish sort of a period."

Some violent corrective was needed. The name of Lewis's magazine was intended to suggest an explosive charge that would blow away tired literary and social conventions. It was a calculated assault on good taste, both in its contents and, more immediately, in its form: an oversized, bright pink cover with the single word *BLAST* splashed diagonally across it. Lewis carefully oversaw the details of typography; visually and rhetorically, *Blast* is indebted to the polemical style of the Italian artist F. T. Marinetti (1876–1944), the founder of Italian futurism. Marinetti's vivid manifestos for futurism celebrated a modern aesthetic of speed, technology, and power. Lewis in turn founded a movement he called Vorticism, and *Blast* bore the subtitle *The Review of the Great English Vortex*.

The definition of *vorticism* was left intentionally hazy; as canny an observer as the Vorticist painter William Roberts, one of the signatories of the manifesto, claimed that Vorticism was first and foremost "a slogan." In 1915 Lewis defined it this way: "By Vorticism we mean (a) ACTIVITY as opposed to the tasteful PASSIVITY of Picasso; (b) SIGNIFICANCE as opposed to the

Wyndham Lewis, *The Creditors* (design
for *Timon of Athens*), 1912–1913.

dull or anecdotal character to which the Naturalist is condemned; (c) ESSENTIAL MOVEMENT
and ACTIVITY (such as the energy of a mind) as opposed to the imitative cinematography, the
fuss and hysterics of the Futurists."

In its disorienting layout of typography, the *Vorticist Manifesto* is as much a visual as a literary statement, reflecting the multiple and always skewed interest of its primary author, Lewis.
Born on a yacht off the coast of Nova Scotia, he had moved to London with his mother when his
parents separated in 1893. A precocious painter, he won a scholarship to the progressive Slade
School of Art at age sixteen, but moved to Paris before completing his studies. He returned to
London in 1909 and began a career as a painter and writer. During the War, he served both as an
artillery officer and as a commissioned war artist. He also wrote an experimental novel, *Tarr*
(1918), and went on to produce a range of works in the dozen years thereafter, including pro-fas-
cist political theory in *The Art of Being Ruled* (1926) and more general cultural criticism in *Time
and Western Man* (1927), in which he attacked the modern cult of subjectivity. During the thirties, he became increasingly unpopular in London, first as a result of a satirical novel, *The Apes of
God*, which lampooned figures in the literary and art world and their patrons; following two libel
actions against him, publishers became wary of taking on his works. Lewis and his wife spent the
years of World War II living in poverty in America and Canada; after the war, he returned to
England, where he became an art critic for the British Broadcasting Corporation. He continued
to draw, paint, and write memoirs, satirical stories, and an allegorical fantasy in several volumes.

Along with the *Vorticist Manifesto*, the first issue of *Blast* included poetry by Pound, fiction by Ford Madox Ford and Rebecca West, a play by Lewis, and illustrations by Lewis and

others. The timing of the first issue couldn't have been worse: after delays caused by typesetting difficulties, *Blast* went on sale in London on June 20, 1914; World War I began just a few weeks later. While Lewis and his confederates had declared war on conventional artistic and literary taste with their "puce monster"—an advertisement for the first issue announced the "END OF THE CHRISTIAN ERA"—they were usurped by a much more pressing conflict. As Lewis later wrote, "In 1914 I produced a huge review called *Blast*, which for the most part I wrote myself. That was my first public appearance. Immediately the War broke out and put an end to all that." Lewis brought out a second issue in July 1915, attempting to fend off charges of irrelevancy with a special "War Number" that included T. S. Eliot's "Preludes" and "Rhapsody on a Windy Night" and a manifesto from the sculptor Henri Gaudier-Brzeska, "written from the trenches," which concludes poignantly with an obituary for Gaudier, "Mort pour la Patrie" (died for the fatherland). But by this time, *Blast* itself was for all intents and purposes dead; its second issue was its last. Short-lived though it was, however, *Blast* was remarkably important in clearing the way for the new art of modernism.

VORTICIST MANIFESTO
LONG LIVE THE VORTEX!

Long live the great art vortex sprung up in the centre of this town!

We stand for the Reality of the Present—not for the sentimental Future, or the sacripant[1] Past.

We want to leave Nature and Men alone.

We do not want to make people wear Futurist Patches, or fuss men to take to pink and sky-blue trousers.

We are not their wives or tailors.

The only way Humanity can help artists is to remain independent and work unconsciously.

WE NEED THE UNCONSCIOUSNESS OF HUMANITY—their stupidity, animalism and dreams.

We believe in no perfectibility except our own.

Intrinsic beauty is in the Interpreter and Seer, not in the object or content.[2]

We do not want to change the appearance of the world, because we are not Naturalists, Impressionists or Futurists (the latest form of Impressionism), and do not depend on the appearance of the world for our art.

WE ONLY WANT THE WORLD TO LIVE, and to feel its crude energy flowing through us.

It may be said that great artists in England are always revolutionary, just as in France any really fine artist had a strong traditional vein.

Blast sets out to be an avenue for all those vivid and violent ideas that could reach the Public in no other way.

Blast will be popular, essentially. It will not appeal to any particular class, but to the fundamental and popular instincts in every class and description of people, **TO THE INDIVIDUAL.** The moment a man feels or realizes himself as an artist, he ceases to belong to any milieu or time. Blast is created for this timeless, fundamental Artist that exists in everybody.

---

1. Boasting of valor.
2. Although the Vorticists go on to differentiate themselves from the Impressionists, this statement is very close to the impressionism articulated by Walter Pater in *The Renaissance* (1873); see page 1665.

The Man in the Street and the Gentleman are equally ignored.

Popular art does not mean the art of the poor people, as it is usually supposed to. It means the art of the individuals.

Education (art education and general education) tends to destroy the creative instinct. Therefore it is in times when education has been non-existent that art chiefly flourished.

But it is nothing to do with "the People."

It is a mere accident that that is the most favourable time for the individual to appear.

To make the rich of the community shed their education skin, to destroy politeness, standardization and academic, that is civilized, vision, is the task we have set ourselves.

We want to make in England not a popular art, not a revival of lost folk art, or a romantic fostering of such unactual conditions, but to make individuals, wherever found.

We will convert the King if possible.

A VORTICIST KING! WHY NOT?

DO YOU THINK LLOYD GEORGE[3] **HAS THE VORTEX IN HIM?**

MAY WE HOPE FOR ART FROM LADY MOND?[4]

We are against the glorification of "the People," as we are against snobbery. It is not necessary to be an outcast bohemian, to be unkempt or poor, any more than it is necessary to be rich or handsome, to be an artist. Art is nothing to do with the coat you wear. A top-hat can well hold the Sixtine.[5] A cheap cap could hide the image of Kephren.

AUTOMOBILISM (Marinetteism) bores us. We don't want to go about making a hullo-bulloo about motor cars, anymore than about knives and forks, elephants or gas-pipes.

Elephants are **VERY BIG.** Motor cars go quickly.

Wilde gushed twenty years ago about the beauty of machinery. Gissing,[6] in his romantic delight with modern lodging houses was futurist in this sense.

The futurist is a sensational and sentimental mixture of the aesthete of 1890 and the realist of 1870.

The "Poor" are detestable animals! They are only picturesque and amusing for the sentimentalist or the romantic! The "Rich" are bores without a single exception, *en tant que riches* [so far as they are rich]!

We want those simple and great people found everywhere.

Blast presents an art of Individuals.

MANIFESTO.

1

BLAST First (from politeness) ENGLAND

CURSE ITS CLIMATE FOR ITS SINS AND INFECTIONS

DISMAL SYMBOL, SET round our bodies,

of effeminate lout within.

---

3. David Lloyd George, British statesman, and Prime Minister 1916–1922.
4. A leader of fashionable London society.

5. The Sistine Chapel in the Vatican.
6. George Gissing (1857–1903), naturalist novelist.

VICTORIAN VAMPIRE, the LONDON cloud sucks
the TOWN'S heart.

A 1000 MILE LONG, 2 KILOMETER Deep

BODY OF WATER even, is pushed against us
from the Floridas, TO MAKE US MILD.
OFFICIOUS MOUNTAINS keep back DRASTIC WINDS

SO MUCH VAST MACHINERY TO PRODUCE

THE CURATE of "Eltham"
BRITANNIC AESTHETE
WILD NATURE CRANK
DOMESTICATED POLICEMAN
LONDON COLISEUM
SOCIALIST-PLAYWRIGHT
DALY'S MUSICAL COMEDY
GAIETY CHORUS GIRL
TONKS[7]

CURSE

the flabby sky that can manufacture no snow, but can only drop the sea on us in a
drizzle like a poem by Mr. Robert Bridges.[8]

CURSE

the lazy air that cannot stiffen the back of the **SERPENTINE**, or put
Aquatic steel half way down the **MANCHESTER CANAL**.

―――――――

But ten years ago we saw distinctly both snow and ice
here.
May some vulgarly inventive, but useful person, arise,
and restore to us the necessary **BLIZZARDS**.

LET US ONCE MORE WEAR THE ERMINE
OF THE NORTH.

WE BELIEVE IN THE EXISTENCE OF THIS USEFUL LITTLE CHEMIST IN OUR MIDST!

7. Henry Tonks, a teacher at the Slade School of Art (where Lewis and other Vorticists studied) who resisted as "contamination" such modern innovations as Post-Impressionism and Cubism.
8. Poet Laureate from 1913 until his death in 1930, noted for his technical skill and high moral tone.

2
OH BLAST FRANCE

pig plagiarism
BELLY
SLIPPERS
POODLE TEMPER
BAD MUSIC

SENTIMENTAL GALLIC GUSH
SENSATIONALISM
FUSSINESS.

PARISIAN PAROCHIALISM.

Complacent young man, so much respect for Papa and his son!—Oh!— Papa is wonderful: but all papas are!

BLAST

APERITIFS (Pernots, Amers picon)
Bad change
Naively seductive Houri salon-picture Cocottes
Slouching blue porters (can carry a pantechnicon)
Stupidly rapacious people at every step
Economy maniacs
Bouillon Kub (for being a bad pun)

PARIS.

Clap-trap Heaven of amative German professor.
Ubiquitous lines of silly little trees.
Arcs de Triomphe.
Imperturbable, endless prettiness.
Large empty cliques, higher up.
Bad air for the individual.

BLAST
MECCA OF THE AMERICAN

because it is not other side of Suez Canal, instead of an afternoon's ride from London.

3
CURSE

WITH EXPLETIVE OF WHIRLWIND
THE BRITANNIC AESTHETE

CREAM OF THE SNOBBISH EARTH
ROSE OF SHARON OF GOD-PRIG
  OF SIMIAN VANITY
SNEAK AND SWOT OF THE SCHOOL-ROOM
IMBERB (or Berbed when in Belsize)-PEDANT |

PRACTICAL JOKER
DANDY
CURATE

BLAST all products of phlegmatic cold
Life of LOOKER-ON.
CURSE

SNOBBERY
(disease of feminity)
FEAR OF RIDICULE
(arch vice of inactive, sleepy)
PLAY
STYLISM
SINS AND PLAGUES
of this LYMPHATIC finished
(we admit in every sense
finished)
VEGETABLE HUMANITY.

4
BLAST

THE SPECIALIST
"PROFESSIONAL"
"GOOD WORKMAN"
"GROVE-MAN"
ONE ORGAN MAN

BLAST THE

AMATEUR
SCIOLAST
ART-PIMP
JOURNALIST
SELF MAN
NO-ORGAN MAN

5
BLAST HUMOUR

Quack ENGLISH drug for stupidity and sleepiness.
Arch enemy of REAL, conventionalizing like

> gunshot, freezing supple
> REAL in ferocious chemistry
> of laughter.

BLAST SPORT
HUMOUR'S FIRST COUSIN AND ACCOMPLICE.

Impossibility for Englishman to be grave and
keep his end up, psychologically.
Impossible for him to use Humour as well
and be <u>persistently</u> grave.
Alas! necessity for big doll's show in front
of mouth.
Visitation of Heaven on
English Miss
gums, canines of **FIXED GRIN**
Death's head symbol of Anti-Life.

CURSE those who will hang over this
Manifesto with SILLY CANINES exposed.

6
BLAST

years 1837 to 1900

Curse abysmal inexcusable middle-class (also Aristocracy and Proletariat).

BLAST

pasty shadow cast by gigantic BOEHM[9]
(Imagined at introduction of BOURGEOIS VICTORIAN VISTAS).
WRING THE NECK OF all sick inventions born in that pro-
gressive white wake.

---

9. Joseph Edgar Boehm (1834–1890), sculptor for Queen Victoria.

BLAST their weeping whiskers—hirsute
RHETORIC of EUNUCH and STYLIST—
SENTIMENTAL HYGIENICS
ROUSSEAUISMS (wild Nature cranks)
FRATERNIZING WITH MONKEYS
DIABOLICS—raptures and roses
of the erotic bookshelves
culminating in
PURGATORY OF PUTNEY.[1]
CHAOS OF ENOCH ARDENS[2]

> laughing Jennys[3]
> Ladies with Pains
> good-for-nothing Guineveres.

SNOBBISH BORROVIAN running after
GIPSY KINGS and ESPADAS[4]

> bowing the knee to
> wild Mother Nature,
> her feminine contours,
> Unimaginative insult to
> MAN.

DAMN

all those to-day who have taken on that Rotten Menagerie, and still crack their whips and tumble in Piccadilly Circus, as though London were a provincial town.

WE WHISPER IN YOUR EAR A GREAT SECRET.

LONDON IS <u>NOT</u> A PROVINCIAL TOWN.

We will allow Wonder Zoos. But we do not want the
GLOOMY VICTORIAN CIRCUS in
Piccadilly Circus.

IT IS PICCADILLY'S CIRCUS!

NOT MEANT FOR MENAGERIES trundling
out of Sixties DICKENSIAN CLOWNS,
CORELLI[5] LADY RIDERS, TROUPS
OF PERFORMING GIPSIES (who
complain besides that 1/6 a night
does not pay fare back to Clapham).

---

1. A middle-class suburb of London.
2. *Enoch Arden* (1864), a sentimental narrative poem by Tennyson.
3. From Dante Gabriel Rossetti's popular poem *Jenny* (1870), again disliked for its sentimentality.

4. Refers to the contemporary popularity of the gypsy romances of George Borrow, such as *The Zincali* (1841).
5. Marie Corelli, pseud. of Mary Mackay (1855–1924), author of best-selling religious novels and romances.

BLAST[6]

The Post Office   Frank Brangwyn   Robertson Nicol
Rev. Pennyfeather   Galloway Kyle
(Bells)   (Cluster of Grapes)
Bishop of London and all his posterity
Galsworthy   Dean Inge   Croce   Matthews
Rev Meyer   Seymour Hicks
Lionel Cust   C. B. Fry   Bergson Abdul Bahai
Hawtrey   Edward Elgar   Sardlea
Filson Young   Marie Corelli   Geddes
Codliver Oil   St. Loe Strachey   Lyceum Club
Rhabindraneth Tagore   Lord Glenconner of Glen
Weiniger   Norman Angel   Ad. Mahon
Mr. and Mrs. Dearmer   Beecham   Ella
A. C. Benson   (Pills, Opera, Thomas)   Sydney Webb
British Academy   Messrs. Chapell
Countess of Warwick   George Edwards
Willie Ferraro   Captain Cook   R. J. Campbell
Clan Thesiger   Martin Harvey   William Archer
George Grossmith   R. H. Benson
Annie Besant   Chenil   Clan Meynell
Father Vaughan   Joseph Holbrooke   Clan Strachey

1

BLESS ENGLAND!

BLESS ENGLAND

FOR ITS SHIPS

which switchback on Blue, Green and
Red **SEAS** all around the **PINK
EARTH-BALL,**

BIG BETS ON EACH.

BLESS ALL SEAFARERS.

THEY exchange not one LAND for another, but one ELEMENT for
ANOTHER. The MORE against the LESS ABSTRACT.

---

6. The list of those blasted by the Vorticists falls, according to the critic William Wees, into seven categories: (1) members of the (literary and cultural) Establishment (e.g., William Archer, drama critic of the *Nation*); (2) people who represented popular or snobbish fads (e.g., Sir Abdul Baha Bahai, leader of the Bahai faith); (3) high-minded popular writers, (e.g., Marie Corelli); (4) mediocre but popular figures (e.g., the poet Ella Wheeler Wilcox); (5) fuzzy-minded reformers and idealists (e.g., Sidney Webb, a leader of the Fabian Socialist organization); (6) "popular figures whom the Vorticists just didn't like" (e.g., C. B. Fry, a cricket player); and (7) "blasting just for the fun of it . . . or blasting that grew from special circumstances and private reasons known only to insiders" (e.g., the Post Office and Cod Liver Oil). See William C. Wees, *Vorticism and the English Avant-Garde* (1972), pp. 217–27.

BLESS the vast planetary abstraction of the **OCEAN.**

———————

BLESS THE ARABS OF THE **ATLANTIC.**
THIS ISLAND MUST BE CONTRASTED WITH THE BLEAK WAVES.

———————

BLESS ALL PORTS.

PORTS, RESTLESS MACHINES of

	scooped out basins
	heavy insect dredgers
	monotonous cranes
	stations
	lighthouses, blazing
	through the frosty
	starlight, cutting the
	storm like a cake
	beaks of infant boats,
	side by side,
	heavy chaos of
	wharves,
	steep walls of
	factories
	womanly town

BLESS these **MACHINES** that work the little boats across
clean liquid space, in beelines.

BLESS the great **PORTS**

HULL
LIVERPOOL
LONDON
NEWCASTLE-ON-TYNE
BRISTOL
GLASGOW

BLESS ENGLAND,

Industrial Island machine, pyramidal workshop,
its apex at Shetland, discharging itself on the sea.

BLESS

cold
magnanimous
delicate
gauche
fanciful
stupid

ENGLISHMEN.

2

BLESS the HAIRDRESSER.

He attacks Mother Nature for a small fee.
Hourly he ploughs heads for sixpence,
Scours chins and lips for threepence.
He makes systematic mercenary war on this
WILDNESS.
He trims aimless and retrograde growths
into CLEAN ARCHED SHAPES and
ANGULAR PLOTS.

BLESS this HESSIAN (or SILESIAN) EXPERT[7]
correcting the grotesque anachronisms
of our physique.

3

BLESS ENGLISH HUMOUR

It is the great barbarous weapon of
the genius among races.
The wild MOUNTAIN RAILWAY from IDEA
to IDEA, in the ancient Fair of LIFE.

BLESS SWIFT   for his solemn bleak
wisdom of laughter.

SHAKESPEARE   for his bitter Northern
Rhetoric of humour.

BLESS ALL ENGLISH EYES
that grow crows-feet with their
FANCY and ENERGY.

BLESS this hysterical WALL built round
the EGO.

BLESS the solitude of LAUGHTER.

BLESS the separating, ungregarious

BRITISH GRIN.

4

BLESS FRANCE

for its BUSHELS of VITALITY
to the square inch.

7. From German industrial regions.

HOME OF MANNERS (the Best, the **WORST** and interesting mixtures).

MASTERLY PORNOGRAPHY (great enemy of progress).
COMBATIVENESS
GREAT HUMAN SCEPTICS
DEPTHS OF ELEGANCE
FEMALE QUALITIES
FEMALES
BALLADS of its **PREHISTORIC APACHE**
Superb hardness and hardiesse of its
Voyou° type, rebellious adolescent.   *disreputable*
Modesty and humanity of many there.
GREAT FLOOD OF LIFE pouring out
of wound of **1797.**[8]
Also bitterer stream from **1870.**[9]
STAYING POWER, like a cat.

BLESS[1]

Bridget   Berrwolf   Bearline   Cranmer Byng
Frieder Graham   The Pope   Maria de Tomaso
Captain Kemp   Munroe   Gaby   Jenkins
R. B. Cuningham Grahame   Barker
(not his brother)   (John and Granville)
Mrs. Wil Finnimore   Madame Strindberg   Carson
Salvation Army   Lord Howard de Walden
Capt. Craig   Charlotte Corday   Cromwell
Mrs. Duval   Mary Robertson   Lillie Lenton
Frank Rutter   Castor Oil   James Joyce
Leveridge   Lydia Yavorska   Preb. Carlyle   Jenny
Mon. le compte de Gabulis   Smithers   Dick Burge
33 Church Street   Sievier   Gertie Millar
Norman Wallis   Miss Fowler   Sir Joseph Lyons
Martin Wolff   Watt   Mrs. Hepburn
Alfree   Tommy   Captain Kendell   Young Ahearn
Wilfred Walter   Kate Lechmere   Henry Newbolt
Lady Aberconway   Frank Harris   Hamel
Gilbert Canaan   Sir James Mathew Barry
Mrs. Belloc Lowdnes   W. L. George   Rayner
George Robey   George Mozart   Harry Weldon

---

8. The rise of Napoleon Bonaparte.
9. Beginning of Franco-Prussian War and end of the Second Empire, led by Napoleon Bonaparte's nephew Napoleon III.
1. This list of the blessed falls, according to William Wees, into four categories: (1) "some of the blessings, like most of the blasts, seemed designed to affront respectable public opinion" (e.g., the Pope and the Salvation Army); (2) "working class entertainments such as boxing and music halls"; (3) "a few selected representatives of the fine arts" (e.g., James Joyce); and (4) "friends of the Vorticists or of the avant-garde in general" (e.g., Frank Rutter and P. J. Konody, two sympathetic art critics).

Chaliapine   George Hirst   Graham White
Hucks   Salmet   Shirley Kellogg   Bandsman Rice
Petty Officer Curran   Applegarth   Konody
Colin Bell   Lewis Hind   LEFRANC
Hubert   Commercial Process Co.

MANIFESTO.

I.

1. Beyond Action and Reaction we would establish ourselves.
2. We start from opposite statements of a chosen world. Set up violent structure of adolescent clearness between two extremes.
3. We discharge ourselves on both sides.
4. We fight first on one side, then on the other, but always for the SAME cause, which is neither side or both sides and ours.
5. Mercenaries were always the best troops.
6. We are Primitive Mercenaries in the Modern World.
7. Our Cause is NO-MAN'S.
8. We set Humour at Humour's throat.
   Stir up Civil War among peaceful apes.
9. We only want Humour if it has fought like Tragedy.
10. We only want Tragedy if it can clench its side-muscles like hands on its belly, and bring to the surface a laugh like a bomb.

II.

1. We hear from America and the Continent all sorts of disagreeable things about England: "the unmusical, anti-artistic, unphilosophic country."
2. We quite agree.
3. Luxury, sport, the famous English "Humour," the thrilling ascendancy and idée fixe of Class, producing the most intense snobbery in the World; heavy stagnant pools of Saxon blood, incapable of anything but the song of a frog, in home-counties:—these phenomena give England a peculiar distinction in the wrong sense, among the nations.
4. This is why England produces such good artists from time to time.
5. This is also the reason why a movement towards art and imagination could burst up here, from this lump of compressed life, with more force than anywhere else.
6. To believe that it is necessary for or conducive to art, to "improve" life, for instance—make architecture, dress, ornament, in "better taste," is absurd.
7. The Art-instinct is permanently primitive.
8. In a chaos of imperfection, discord, etc., it finds the same stimulus as in Nature.
9. The artist of the modern movement is a savage (in no sense an "advanced," perfected, democratic, Futurist individual of Mr. Marinetti's limited imagination): this enormous, jangling, journalistic, fairy desert of modern life serves him as Nature did more technically primitive man.

[10] As the steppes and the rigours of the Russian winter, when the peasant has to lie for weeks in his hut, produces that extraordinary acuity of feeling and intelligence we associate with the Slav; so England is just now the most favourable country for the appearance of a great art.

III.

[1] We have made it quite clear that there is nothing Chauvinistic or picturesquely patriotic about our contentions.

[2] But there is violent boredom with that feeble Europeanism, abasement of the miserable "intellectual" before anything coming from Paris, Cosmopolitan sentimentality, which prevails in so many quarters.

[3] Just as we believe that an Art must be organic with its Time,
So we insist that what is actual and vital for the South, is ineffectual and unactual in the North.

[4] Fairies have disappeared from Ireland (despite foolish attempts to revive them)[2] and the bull-ring languishes in Spain.

[5] But mysticism on the one hand, gladiatorial instincts, blood and asceticism on the other, will be always actual, and springs of Creation for these two peoples.

[6] The English Character is based on the Sea.

[7] The particular qualities and characteristics that the sea always engenders in men are those that are, among the many diagnostics of our race, the most fundamentally English.

[8] That unexpected universality as well, found in the completest English artists, is due to this.

IV.

[1] We assert that the art for these climates, then, must be a northern flower.

[2] And we have implied what we believe should be the specific nature of the art destined to grow up in this country, and models of whose flue decorate the pages of this magazine.

[3] It is not a question of the characterless material climate around us.
Were that so the complication of the Jungle, dramatic Tropic growth, the vastness of American trees, would not be for us.

[4] But our industries, and the Will that determined, face to face with its needs, the direction of the modern world, has reared up steel trees where the green ones were lacking; has exploded in useful growths, and found wilder intricacies than those of Nature.

V.

[1] We bring clearly forward the following points, before further defining the character of this necessary native art.

2. The Celtic Revival was a nostalgic movement in Irish arts and letters.

2   At the freest and most vigorous period of ENGLAND'S history, her literature, then chief Art, was in many ways identical with that of France.

3   Chaucer was very much cousin of Villon[3] as an artist.

4   Shakespeare and Montaigne[4] formed one literature.

5   But Shakespeare reflected in his imagination a mysticism, madness and delicacy
peculiar to the North, and brought equal quantities of Comic and Tragic
together.

6   Humour is a phenomenon caused by sudden pouring of culture into Barbary.[5]

7   It is intelligence electrified by flood of Naivety.

8   It is Chaos invading Concept and bursting it like nitrogen.

9   It is the Individual masquerading as Humanity like a child in clothes too big for him.

10 Tragic Humour is the birthright of the North.

11 Any great Northern Art will partake of this insidious and volcanic chaos.

12 No great ENGLISH Art need be ashamed to share some glory with France,
tomorrow it may be with Germany, where the Elizabethans did before it.

13 But it will never be French, any more than Shakespeare was, the most catholic
and subtle Englishman.

VI.

1   The Modern World is due almost entirely to Anglo-Saxon genius,—its appearance and its spirit.

2   Machinery, trains, steam-ships, all that distinguishes externally our time, came
far more from here than anywhere else.

3   In dress, manners, mechanical inventions, LIFE, that is, ENGLAND, has influenced Europe in the same way that France has in Art.

4   But busy with this LIFE-EFFORT, she has been the last to become conscious
of the Art that is an organism of this new Order and Will of Man.

5   Machinery is the greatest Earth-medium: incidentally it sweeps away the doc-
trines of a narrow and pedantic Realism at one stroke.

6   By mechanical inventiveness, too, just as Englishmen have spread themselves all
over the Earth, they have brought all the hemispheres about them in their
original island.

7   It cannot be said that the complication of the Jungle, dramatic tropic growths,
the vastness of American trees, is not for us.

8   For, in the forms of machinery, Factories, new and vaster buildings, bridges and
works, we have all that, naturally, around us.

VII.

1   Once this consciousness towards the new possibilities of expression in present life has come, however, it will be more the legitimate property of Englishmen than of any other people in Europe.

2   It should also, as it is by origin theirs, inspire them more forcibly and directly.

---

3. François Villon (1431–1463?), French poet.
4. Michel de Montaigne (1533–1592), French essayist.

5. An old name for the western part of North Africa; possibly used here to mean "barbarity."

$\boxed{3}$ They are the inventors of this bareness and hardness, and should be the great enemies of Romance.

$\boxed{4}$ The Romance peoples will always be, at bottom, its defenders.

$\boxed{5}$ The Latins are at present, for instance, in their "discovery" of sport, their Futuristic gush over machines, aeroplanes, etc., the most romantic and sentimental "moderns" to be found.

$\boxed{6}$ It is only the second-rate people in France or Italy who are thorough revolutionaries.

$\boxed{7}$ In England, on the other hand, there Is no vulgarity in revolt.

$\boxed{8}$ Or, rather, there is no revolt, it is the normal state.

$\boxed{9}$ So often rebels of the North and the South are diametrically opposed species.

$\boxed{10}$ The nearest thing in England to a great traditional French artist, is a great revolutionary English one.

Signatures for Manifesto[6]

R. Aldington

Arbuthnot

L. Atkinson

Gaudier Brzeska

J. Dismorr

C. Hamilton

E. Pound

W. Roberts

H. Sanders

E. Wadsworth

Wyndham Lewis

Rupert Brooke
1887–1915

Rupert Brooke was the first of Britain's "war poets," and the last poem he completed during his short lifetime—*The Soldier*—is alone enough to guarantee his lasting place in modern poetry.

Brooke rose with extraordinary speed to the center of the British literary establishment. While an undergraduate, he worked with the *Cambridge Review* and came into contact with such influential writers as Henry James, W. B. Yeats, Virginia Woolf, and Lytton Strachey, and the editor and publisher Edward Marsh. In 1912, after the publication of his first volume of poetry, Brooke suffered a nervous breakdown; after a short recovery period, he spent most of the next three years traveling. World War I began shortly after he returned to England in the spring of 1914; Brooke enlisted immediately and was commissioned on a ship that sailed to Antwerp, Belgium, where Brooke saw no action through early 1915. During this lull, Brooke

6. The signatories to the manifesto are Richard Aldington, English writer and man of letters; Malcolm Arbuthnot, professional photographer; Lawrence Atkinson, Vorticist artist; Henri Gaudier-Brzeska, Vorticist sculptor and contributor to *Blast* who was killed in the trenches in World War I and whose obituary was included in *Blast II*; Jessica Dismoor, artist whose illustrations were included in *Blast*; Cuthbert Hamilton, avant-garde artist; Ezra Pound; William Roberts, painter; Helen Saunders, Vorticist designer; Edward Wadsworth, Vorticist painter; and Wyndham Lewis.

wrote the war sonnets for which he is best remembered today. While his ship was sailing to Gallipoli, Brooke died of blood poisoning, before seeing combat duty.

It is nearly impossible, even at this late date, to separate Brooke the myth from Brooke the poet; he was something of a national hero even before his death, thanks to the popular reception of his volume of war sonnets, *Nineteen Fourteen*. In Brooke's writings about the war, the irony of early poems like *Heaven* ("And in that Heaven of all their wish, / There shall be no more land, say fish") falls away. These patriotic poems—and most especially *The Soldier*, in which Brooke seemed to have foreseen his own death—meshed perfectly with the temperament of the British people as the nation entered into war. When *The Soldier* was read aloud at Saint Paul's Cathedral in London on Easter Sunday, 1915, Brooke the man—whom Yeats called "the handsomest man in England"—was permanently immortalized as the symbol of English pride.

The Great Lover

I HAVE been so great a lover: filled my days
So proudly with the splendour of Love's praise,
The pain, the calm, and the astonishment,
Desire illimitable, and still content,
5   And all dear names men use, to cheat despair,
For the perplexed and viewless streams that bear
Our hearts at random down the dark of life.
Now, ere the unthinking silence on that strife
Steals down, I would cheat drowsy Death so far,
10   My night shall be remembered for a star
That outshone all the suns of all men's days.
Shall I not crown them with immortal praise
Whom I have loved, who have given me, dared with me
High secrets, and in darkness knelt to see
15   The inenarrable° godhead of delight?   *indescribable*
Love is a flame;—we have beaconed the world's night.
A city:—and we have built it, these and I.
An emperor:—we have taught the world to die.
So, for their sakes I loved, ere I go hence,
20   And the high cause of Love's magnificence,
And to keep loyalties young, I'll write those names
Golden for ever, eagles, crying flames,
And set them as a banner, that men may know,
To dare the generations, burn, and blow
25   Out on the wind of Time, shining and streaming . . . .

These I have loved:
             White plates and cups, clean-gleaming,
Ringed with blue lines; and feathery, faëry dust;
Wet roofs, beneath the lamp-light; the strong crust
Of friendly bread; and many-tasting food;
30   Rainbows; and the blue bitter smoke of wood;
And radiant raindrops couching in cool flowers;
And flowers themselves, that sway through sunny hours,
Dreaming of moths that drink them under the moon;
Then, the cool kindliness of sheets, that soon
35   Smooth away trouble; and the rough male kiss

Of blankets; grainy wood; live hair that is
Shining and free; blue-massing clouds; the keen
Unpassioned beauty of a great machine;
The benison° of hot water; furs to touch;   *benediction*
40   The good smell of old clothes; and other such—
The comfortable smell of friendly fingers,
Hair's fragrance, and the musty reek that lingers
About dead leaves and last year's ferns. . . .
                              Dear names,
And thousand other throng to me! Royal flames;
45   Sweet water's dimpling laugh from tap or spring;
Holes in the ground; and voices that do sing;
Voices in laughter, too; and body's pain,
Soon turned to peace; and the deep-panting train;
Firm sands; the little dulling edge of foam
50   That browns and dwindles as the wave goes home;
And washen stones, gay for an hour; the cold
Graveness of iron; moist black earthen mould;
Sleep; and high places; footprints in the dew;
And oaks; and brown horse-chestnuts, glossy-new;
55   And new-peeled sticks; and shining pools on grass;—
All these have been my loves. And these shall pass,
Whatever passes not, in the great hour,
Nor all my passion, all my prayers, have power
To hold them with me through the gate of Death.
60   They'll play deserter, turn with the traitor breath,
Break the high bond we made, and sell Love's trust
And sacramented covenant to the dust.
—Oh, never a doubt but, somewhere, I shall wake,
And give what's left of love again, and make
New friends, now strangers. . . .
65   But the best I've known,
Stays here, and changes, breaks, grows old, is blown
About the winds of the world, and fades from brains
Of living men, and dies.
Nothing remains.

          O dear my loves, O faithless, once again
70   This one last gift I give: that after men
Shall know, and later lovers, far-removed,
Praise you, "All these were lovely"; say, "He loved."

MATAIEA, 1914

The Soldier

If I should die, think only this of me:
    That there's some corner of a foreign field
That is forever England. There shall be
    In that rich earth a richer dust concealed;
5   A dust whom England bore, shaped, made aware,

Gave, once, her flowers to love, her ways to roam,
A body of England's, breathing English air,
Washed by the rivers, blest by suns of home.

And think, this heart, all evil shed away,
10   A pulse in the Eternal mind, no less
Gives somewhere back the thoughts by England given,
Her sights and sounds; dreams happy as her day;
And laughter, learnt of friends; and gentleness,
In hearts at peace, under an English heaven.

Siegfried Sassoon
1886–1967

It is tempting to describe a poet like Siegfried Sassoon by emphasizing his differences from the hugely popular Rupert Brooke. Sassoon was born to a wealthy Jewish family, who made their fortune in India; he lived a life of ease before the war, writing slight Georgian poetry and hunting foxes. World War I suddenly and unequivocally changed all that. Sassoon served with the Royal Welsh Fusiliers, and before the end of 1915 saw action in France; he helped a wounded soldier to safety during heavy fire, for which he was awarded a Military Cross. After being wounded himself, Sassoon refused to return to battle; from his hospital bed, he wrote an open letter to the war department suggesting that the war was being unnecessarily prolonged, and as a result, he narrowly avoided a court-martial. Owing to the intervention of his fellow soldier the poet Robert Graves, he was instead committed to a hospital and treated for "shell-shock." He returned to the front in 1919, and was wounded a second time.

Where the war poetry of Brooke is patriotic to the point of sentimentality, Sassoon's verse is characterized by an unrelentingly realistic portrayal of the horrors of modern warfare. And where Brooke's poetry was eagerly welcomed by an anxious public, Sassoon's was largely rejected as either unpatriotic or unnecessarily grotesque. After the war, he lived in seclusion in the country, writing memoirs and poetry—though rarely with the shock value of his early war poems.

Glory of Women

You love us when we're heroes, home on leave,
Or wounded in a mentionable place.
You worship decorations; you believe
That chivalry redeems the war's disgrace.
5   You make us shells. You listen with delight,
By tales of dirt and danger fondly thrilled.
You crown our distant ardours while we fight,
And mourn our laurelled memories when we're killed.
You can't believe that British troops "retire"
10   When hell's last horror breaks them, and they run,
Trampling the terrible corpses—blind with blood.
O German mother dreaming by the fire,
While you are knitting socks to send your son
His face is trodden deeper in the mud.
Craiglockhart,[1] 1917

---

1. A hospital near Edinburgh, Scotland, where Sassoon (along with Wilfred Owen) was treated for shell shock.

"They"

The Bishop tells us: "When the boys come back
"They will not be the same; for they'll have fought
"In a just cause: they lead the last attack
"On Anti-Christ[1]; their comrades' blood has bought
5 "New right to breed an honourable race,
"They have challenged Death and dared him face to face."

"We're none of us the same!" the boys reply.
"For George lost both his legs; and Bill's stone blind;
"Poor Jim's shot through the lungs and like to die;
10 "And Bert's gone syphilitic[2]: you'll not find
"A chap who's served that hasn't found *some* change."
And the Bishop said: "The ways of God are strange!"

The Rear-Guard

(Hindenburg Line, April 1917)

Groping along the tunnel, step by step,
He winked his prying torch° with patching glare   lantern or flashlight
From side to side, and sniffed the unwholesome air.

Tins, boxes, bottles, shapes too vague to know;
5 A mirror smashed, the mattress from a bed;
And he, exploring fifty feet below
The rosy gloom of battle overhead.

Tripping, he grabbed the wall; saw some one lie
Humped at his feet, half-hidden by a rug,
10 And stooped to give the sleeper's arm a tug.
"I'm looking for headquarters." No reply.
"God blast your neck!" (For days he'd had no sleep,)
"Get up and guide me through this stinking place."
Savage, he kicked a soft, unanswering heap,
15 And flashed his beam across the livid face
Terribly glaring up, whose eyes yet wore
Agony dying hard ten days before;
And fists of fingers clutched a blackening wound.

Alone he staggered on until he found
20 Dawn's ghost that filtered down a shafted stair
To the dazed, muttering creatures underground
Who hear the boom of shells in muffled sound.
At last, with sweat of horror in his hair,
He climbed through darkness to the twilight air,
25 Unloading hell behind him step by step.

1. In Christian tradition, the archenemy of Christ whose   2. Infected with syphilis.
appearance will signal the beginning of the "end times."

Everyone Sang

Everyone suddenly burst out singing;
And I was filled with such delight
As prisoned birds must find in freedom,
Winging wildly across the white
5   Orchards and dark-green fields; on   on   and out of sight.
Everyone's voice was suddenly lifted;
And beauty came like the setting sun:
My heart was shaken with tears; and horror
Drifted away . . . O, but Everyone
10   Was a bird; and the song was wordless; the singing will never be done.
April 1919

⇥ ⇥◈⇥ ⇤

Wilfred Owen
1893–1918

The poet C. Day Lewis wrote that Wilfred Owen's poems were "certainly the finest written by any English poet of the First War." In his small body of poems Owen manages to combine his friend Siegfried Sassoon's outrage at the horror of the war with a formal and technical skill reminiscent of his idols Keats and Shelley. Sassoon himself characterized their differences as poets this way: "My trench-sketches were like rockets, sent up to illuminate the darkness. . . . It was Owen who revealed how, out of realistic horror and scorn, poetry might be made."

Owen grew up on the Welsh border in Shropshire, the landscape A. E. Housman was to celebrate in his poetry. After finishing technical school, Owen spent two years in training with an evangelical Church of England vicar, trying to decide whether to pursue formal training as a clergyman. As a result of his experiences, Owen became dissatisfied with the institutional church's response to the poverty and suffering of England's least privileged citizens. In October 1915 he enlisted with the Artists' Rifles, and on 29 December 1916, he left for France as a lieutenant with the Lancashire Fusiliers.

Owen quickly became disillusioned with the war; as a result of almost unimaginable privations, which included being blown into the air while he slept in a foxhole, Owen suffered a breakdown, and was sent to the Craiglockhart War Hospital in Edinburgh. Owen composed nearly all of his poetry in the fourteen months of his rehabilitation, between August 1917 and September 1918; though hard to imagine, it is quite possible that if he had not been sent back to Great Britain to recover from his "shell shock," we might now know nothing of his poetry. While at Craiglockhart he met Sassoon and found his true voice and mode; he published his first poems on war themes anonymously in the hospital's magazine, which he edited. In September 1918 Owen returned to the battlefields of France; he was killed in action at Sambre Canal on November 4, 1918, one week before the Armistice. Dylan Thomas called Owen "one of the four most profound influences upon the poets who came after him"—the others being Hopkins, Yeats, and Eliot.

Anthem for Doomed Youth

What passing-bells for these who die as cattle?
    Only the monstrous anger of the guns.
    Only the stuttering rifles' rapid rattle
Can patter out their hasty orisons.°   prayers
5   No mockeries now for them; no prayers nor bells,

Nor any voice of mourning save the choirs,–
The shrill, demented choirs of wailing shells;
   And bugles calling for them from sad shires.

What candles may be held to speed them all?
10   Not in the hands of boys, but in their eyes
Shall shine the holy glimmers of good-byes.
   The pallor of girls' brows shall be their pall;[1]
Their flowers the tenderness of patient minds,
And each slow dusk a drawing-down of blinds.

Strange Meeting

It seemed that out of battle I escaped
Down some profound dull tunnel, long since scooped
Through granites which titanic wars had groined.°   *joined together*
Yet also there encumbered sleepers groaned,
5 Too fast in thought or death to be bestirred.
Then, as I probed them, one sprang up, and stared
With piteous recognition in fixed eyes,
Lifting distressful hands as if to bless.
And by his smile, I knew that sullen hall,
10 By his dead smile I knew we stood in Hell.
With a thousand pains that vision's face was grained;
Yet no blood reached there from the upper ground,
And no guns thumped, or down the flues made moan.
"Strange friend," I said, "here is no cause to mourn."
15 "None," said that other, "save the undone years,
The hopelessness. Whatever hope is yours,
Was my life also; I went hunting wild
After the wildest beauty in the world,
Which lies not calm in eyes, or braided hair,
20 But mocks the steady running of the hour,
And if it grieves, grieves richlier than here.
For of my glee might many men have laughed,
And of my weeping something had been left,
Which must die now. I mean the truth untold,
25 The pity of war, the pity war distilled.
Now men will go content with what we spoiled,
Or, discontent, boil bloody, and be spilled.
They will be swift with swiftness of the tigress.
None will break ranks, though nations trek from progress.
30 Courage was mine, and I had mystery,
Wisdom was mine, and I had mastery:
To miss the march of this retreating world
Into vain citadels that are not walled.
Then, when much blood had clogged their chariot-wheels,
35 I would go up and wash them from sweet wells,
Even with truths that lie too deep for taint.
I would have poured my spirit without stint

1. The cloth draped over a coffin.

But not through wounds; not on the cess of war.
Foreheads of men have bled where no wounds were.
40   I am the enemy you killed, my friend.
I knew you in this dark: for so you frowned
Yesterday through me as you jabbed and killed.
I parried; but my hands were loath and cold.
Let us sleep now . . . ."

Disabled

*enemy from
pe rew*

He sat in a wheeled chair, waiting for dark,
And shivered in his ghastly suit of grey,
Legless, sewn short at elbow. Through the park
Voices of boys rang saddening like a hymn,
5   Voices of play and pleasure after day,
Till gathering sleep had mothered them from him.

About this time Town used to swing so gay
When glow-lamps budded in the light blue trees,
And girls glanced lovelier as the air grew dim,—
10   In the old times, before he threw away his knees.
Now he will never feel again how slim
Girls' waists are, or how warm their subtle hands.
All of them touch him like some queer disease.

There was an artist silly for his face,
15   For it was younger than his youth, last year.
Now, he is old; his back will never brace;
He's lost his colour very far from here,
Poured it down shell-holes till the veins ran dry,
And half his lifetime lapsed in the hot race
20   And leap of purple spurted from his thigh.

One time he liked a blood-smear down his leg,
After the matches, carried shoulder-high.
It was after football, when he'd drunk a peg,[1]
He thought he'd better join.—He wonders why.
25   Someone had said he'd look a god in kilts,
That's why; and maybe, too, to please his Meg,
Aye, that was it, to please the giddy jilts°   *girls or women*
He asked to join. He didn't have to beg;
Smiling they wrote his lie: aged nineteen years.

30   Germans he scarcely thought of; all their guilt,
And Austria's, did not move him. And no fears
Of Fear came yet. He thought of jewelled hilts
For daggers in plaid socks; of smart salutes;
And care of arms; and leave; and pay arrears;
35   Esprit de corps;[2] and hints for young recruits.
And soon, he was drafted out with drums and cheers.

---

1. Alcoholic drink, such as brandy and soda.   2. Spirit of the group (French); camaraderie.

Some cheered him home, but not as crowds cheer Goal.
Only a solemn man who brought him fruits
Thanked him; and then enquired about his soul.

40 Now, he will spend a few sick years in institutes,
And do what things the rules consider wise,
And take whatever pity they may dole.
Tonight he noticed how the women's eyes
Passed from him to the strong men that were whole.
45 How cold and late it is! Why don't they come
And put him into bed? Why don't they come?

Dulce Et Decorum Est[1]

Bent double, like old beggars under sacks,
Knock-kneed, coughing like hags, we cursed through sludge,
Till on the haunting flares we turned our backs
And towards our distant rest began to trudge.
5 Men marched asleep. Many had lost their boots
But limped on, blood-shod. All went lame; all blind;
Drunk with fatigue; deaf even to the hoots
Of tired, outstripped Five-Nines[2] that dropped behind.

Gas! Gas! Quick, boys!—An ecstasy of fumbling,
10 Fitting the clumsy helmets just in time;
But someone still was yelling out and stumbling
And flound'ring like a man in fire or lime[3] . . .
Dim, through the misty panes and thick green light,
As under a green sea, I saw him drowning.

15 In all my dreams, before my helpless sight,
He plunges at me, guttering, choking, drowning.

If in some smothering dreams you too could pace
Behind the wagon that we flung him in,
And watch the white eyes writhing in his face,
20 His hanging face, like a devil's sick of sin;
If you could hear, at every jolt, the blood
Come gargling from the froth-corrupted lungs,
Obscene as cancer, bitter as the cud
Of vile, incurable sores on innocent tongues,—
25 My friend, you would not tell with such high zest
To children ardent for some desperate glory,
The old Lie: Dulce et decorum est
Pro patria mori.

---

1. From the *Odes* of the Roman satirist Horace (65–8
B.C.): Dulce et decorum est pro patria mori [sweet and fitting it is to die for your fatherland].
2. Artillery shells used by the Germans.

3. Calcium oxide, a powerfully caustic alkali used, among
other purposes, for cleaning the flesh off the bones of
corpses.

Isaac Rosenberg
1890–1918

World War I was the spur that goaded some poets, like Wilfred Owen, into the writing of poetry; for Isaac Rosenberg the war was simply the catalyst for a more vivid and powerful verse. Rosenberg began writing poetry on Jewish themes when he was just fifteen; he had published two volumes of poems and a verse play, *Moses,* by the time he joined the army in 1916. Rosenberg's experience of the war was, in important ways, different from the other poets represented here. To begin with, he was the son of Lithuanian Jewish immigrants who had settled in the East End, London's Jewish ghetto. As a child, Rosenberg lived with severe poverty; he was forced to leave school at fourteen to help support his family. He went to war not as an officer, but as a private; as the critic Irving Howe writes, "No glamorous fatality hangs over Rosenberg's head: he was just a clumsy, stuttering Jewish doughboy." He was killed while on patrol outside the trenches—a private's dangerous assignment.

His experiences on the Western Front seem to have provided him with the perfect canvas for his essentially religious art. Siegfried Sassoon, alluding to Rosenberg's training as an artist at the Slade School, later described his poems as "scriptural and sculptural": "His experiments were a strenuous effort for impassioned expression; his imagination had a sinewy and muscular aliveness; often he saw things in terms of sculpture, but he did not carve or chisel; he *modeled* words with fierce energy and aspiration." His less-than-genteel background also made Rosenberg impatient with the patriotic sentiments of a poet like Rupert Brooke, for whose "begloried sonnets" he had nothing but contempt. In the poetry of Rosenberg, by contrast—according to Sassoon—"words and images obey him, instead of leading him into over-elaboration." Interest in Rosenberg's poetry has recently been revived by critics interested in his use of Jewish themes; the critic Harold Bloom, for instance, calls Rosenberg "an English poet with a Jewish difference," and suggests that he is "the best Jewish poet writing in English that our century has given us."

Break of Day in the Trenches

> The darkness crumbles away—
> It is the same old druid[1] Time as ever.
> Only a live thing leaps my hand—
> A queer sardonic rat—
5 > As I pull the parapet's poppy
> To stick behind my ear.
> Droll rat, they would shoot you if they knew
> Your cosmopolitan sympathies.
> Now you have touched this English hand
10 > You will do the same to a German—
> Soon, no doubt, if it be your pleasure
> To cross the sleeping green between.
> It seems you inwardly grin as you pass
> Strong eyes, fine limbs, haughty athletes
15 > Less chanced than you for life,
> Bonds to the whims of murder,
> Sprawled in the bowels of the earth,
> The torn fields of France.

1. Member of an ancient Celtic religion.

What do you see in our eyes
20 At the shrieking iron and flame
Hurled through still heavens?
What quaver—what heart aghast?
Poppies whose roots are in man's veins
Drop, and are ever dropping;
25 But mine in my ear is safe,
Just a little white with the dust.

1916   1922

Dead Man's Dump

The plunging limbers over the shattered track
Racketed with their rusty freight,
Stuck out like many crowns of thorns,   *Christ image*
And the rusty stakes like sceptres old
5 To stay the flood of brutish men
Upon our brothers dear.

The wheels lurched over sprawled dead
But pained them not, though their bones crunched,
Their shut mouths made no moan.
10 They lie there huddled, friend and foeman,
Man born of man, and born of woman,
And shells go crying over them
From night till night and now.

Earth has waited for them,
15 All the time of their growth
Fretting for their decay:
Now she has them at last!
In the strength of their strength
Suspended—stopped and held.

20 What fierce imaginings their dark souls lit?
Earth! have they gone into you!
Somewhere they must have gone,
And flung on your hard back
Is their soul's sack
25 Emptied of God-ancestralled essences.
Who hurled them out? Who hurled?

None saw their spirits' shadow shake the grass,
Or stood aside for the half used life to pass
Out of those doomed nostrils and the doomed mouth,
30 When the swift iron burning bee
Drained the wild honey of their youth.

What of us who, flung on the shrieking pyre,°   *funeral bonfire*
Walk, our usual thoughts untouched,
Our lucky limbs as on ichor[1] fed,

1. The vital fluid flowing in the veins of the Gods in classical mythology.

35   Immortal seeming ever?
Perhaps when the flames beat loud on us,
A fear may choke in our veins
And the startled blood may stop.

The air is loud with death,
40   The dark air spurts with fire,
The explosions ceaseless are.
Timelessly now, some minutes past,
These dead strode time with vigorous life,
Till the shrapnel called 'An end!'
45   But not to all. In bleeding pangs
Some borne on stretchers dreamed of home,
Dear things, war-blotted from their hearts.

Maniac Earth! howling and flying, your bowel
Seared by the jagged fire, the iron love,
50   The impetuous storm of savage love.
Dark Earth! dark Heavens! swinging in chemic smoke,
What dead are born when you kiss each soundless soul
With lightning and thunder from your mined heart,
Which man's self dug, and his blind fingers loosed?

55   A man's brains splattered on
A stretcher-bearer's face;
His shook shoulders slipped their load,
But when they bent to look again
The drowning soul was sunk too deep
60   For human tenderness.

They left this dead with the older dead,
Stretched at the cross roads.

Burnt black by strange decay
Their sinister faces lie,
65   The lid over each eye,
The grass and coloured clay
More motion have than they,
Joined to the great sunk silences.

Here is one not long dead;
70   His dark hearing caught our far wheels,
And the choked soul stretched weak hands
To reach the living word the far wheels said,
The blood-dazed intelligence beating for light,
Crying through the suspense of the far torturing wheels
75   Swift for the end to break
Or the wheels to break,
Cried as the tide of the world broke over his sight.

Will they come? Will they ever come?
Even as the mixed hoofs of the mules,

80   The quivering-bellied mules,
        And the rushing wheels all mixed
        With his tortured upturned sight.
        So we crashed round the bend,
        We heard his weak scream,
85   We heard his very last sound,
        And our wheels grazed his dead face.

David Jones
1895–1974

David Jones's long narrative poem *In Parenthesis* is arguably the great literary text of World War I. While other poets have more vividly recreated the horrors of the war, and prose chroniclers like Robert Graves have analyzed more precisely the futility and banality of trench warfare, Jones's "writing"—the only generic label he was willing to assign *In Parenthesis*—combines the resources of both poetry and prose, and brings to bear a historical, religious, and mythical framework through which to understand the war. In Jones's text the Great War is revealed to be just the most recent battle in the great war that is human history.

Jones was born near London to an English mother and Welsh father; his father impressed upon him the richness of his Welsh heritage. After leaving grammar school, Jones enrolled in art school; when war broke out, however, he was quick to enlist, and joined the Royal Welch Fusiliers as an infantryman in January 1915. He served on the Western Front until March 1918, having been wounded at the battle of the Somme in June 1916; he remarked later that the war "had a permanent effect upon me and has affected my work in all sorts of ways." After the war, Jones went to Ditchling Common, a Catholic artists' guild run by the writer and sculptor Eric Gill. Jones was attracted to Gill's regimen of work and prayer; he converted to Roman Catholicism in 1921 and soon joined the guild, where he lived and worked until 1933.

Jones did not begin to write *In Parenthesis* until 1928. The poem tells the story of Private John Ball, from his embarkation from England in December 1915 to the battle of the Somme. The text modulates from straightforward narrative to a kind of prose poetry to stretches of pure poetry, incorporating echoes and allusions of texts, from the Welsh epic *The Mabinogion* to the medieval battle epic *Y Gododdin* to Malory's *Morte d'Arthur* to Shakespeare's history plays to Eliot's *The Waste Land*—as well as drawing from "subliterary" sources such as soldier's slang. *In Parenthesis* is difficult and allusive, as are many other monumental works of modernist literature, like Joyce's *Ulysses* and *Finnegans Wake*, Pound's *Cantos*, and Eliot's *The Waste Land*. While this difficulty has sometimes kept away the readers Jones deserves, the critic Thomas Dilworth calls *In Parenthesis* "the only authentic and successful epic poem in the language since *Paradise Lost*."

In Parenthesis differs from other war poetry in argument as well as form; the poem is not simply a protest against the war but rather an attempt to place the war into a world-historical context. As the critic Samuel Rees writes, it "is not a poem either to provoke or to end a war . . . except as it adds to the accumulation of testimony to the stupidities and brutality of history that each age must learn from or, more likely, ignore." In the writing he produced after In Parenthesis Jones continued to be concerned with contemporary society's loss of interest in the past, and with the depersonalizing effects of technology; his other great poem, *The Anathemata*, was judged by W. H. Auden to be "probably the finest long poem in English in this century."

from In Parenthesis[1]
Part 1. The Many Men So Beautiful[2]

'49 Wyatt, 01549 Wyatt.

Coming sergeant.

Pick 'em up, pick 'em up—I'll stalk within yer chamber.

Private Leg . . . sick.

Private Ball . . . absent.

'01 Ball, '01 Ball, Ball of No. 1.

Where's Ball, 2501 Ball—you corporal,

Ball of your section.

Movement round and about the Commanding Officer.

Bugler, will you sound "Orderly Sergeants."

A hurrying of feet from three companies converging on the little group apart where on horses sit the central command. But from "B" Company there is no such darting out. The Orderly Sergeant of "B" is licking the stub end of his lead pencil; it divides a little his fairish moist moustache.

Heavily jolting and sideway jostling, the noise of liquid shaken in a small vessel by a regular jogging movement, a certain clinking ending in a shuffling of the feet sidelong—all clear and distinct in that silence peculiar to parade grounds and to refectories. The silence of a high order, full of peril in the breaking of it, like the coming on parade of John Ball.

He settles between numbers 4 and 5 of the rear rank. It is as ineffectual as the ostrich in her sand. Captain Gwynn does not turn or move or give any sign.

Have that man's name taken if you please, Mr. Jenkins.

Take that man's name, Sergeant Snell.

Take his name, corporal.

Take his name take his number—charge him—late on parade—the Battalion being paraded for overseas—warn him for Company Office.

Have you got his name Corporal Quilter.

Temporary unpaid Lance-Corporal Aneirin Merddyn Lewis had somewhere in his Welsh depths a remembrance of the nature of man, of how a lance-corporal's stripe is but held vicariously and from on high, is of one texture with an eternal economy. He brings in a manner, baptism, and metaphysical order to the bankruptcy of the occasion.

'01 Ball is it—there was a man in Bethesda late for the last bloody judgment.

Corporal Quilter on the other hand knew nothing of these things.

Private Ball's pack, ill adjusted and without form, hangs more heavily on his shoulder blades, a sense of ill-usage pervades him. He withdraws within himself to soothe himself—the inequity of those in high places is forgotten. From where he stood heavily, irksomely at ease, he could see, half-left between 7 and 8 of the front rank, the profile of Mr. Jenkins and the elegant cut of his war-time rig and his flax

---

1. In his preface, Jones writes: "This writing is called 'In Parenthesis' because I have written it in a kind of space between—I don't know between quite what—but as you turn aside to do something; and because for us amateur soldiers (and especially for the writer, who was not only an amateur, but grotesquely incompetent, a knocker-over of piles, a parade's despair) the war itself was a parenthe-sis—how glad we thought we were to step outside its brackets at the end of '18—and also because our curious type of existence here is altogether in parenthesis."
2. Coleridge, *Ancient Mariner,* part iv, verse 4 [Jones's note]. "The many men, so beautiful! / And they all dead did lie: / And a thousand thousand slimy things / Lived on; and so did I."

David Jones, frontis-
piece to *In Paren-
thesis,* 1937.

head held front; like San Romano's[3] foreground squire, unhelmeted; but we don't
have lances now nor banners nor trumpets. It pains the lips to think of bugles—and
did they blow Defaulters[4] on the Uccello horns.

He put his right hand behind him to ease his pack, his cold knuckles find something metallic and colder.

No mess-tin cover.

Shining sanded mess-tin giving back the cold early light. *Improperly dressed, the
Battalion being paraded for overseas.* His imaginings as to the precise relationship of
this general indictment from the book to his own naked mess-tin were with suddenness and most imperatively impinged upon, as when an animal hunted, stopping in
some ill-chosen covert to consider the wickedness of man, is started into fresh effort
by the cry and breath of dogs dangerously and newly near. For the chief huntsman is
winding his horn, the officer commanding is calling his Battalion by name—whose
own the sheep are.

---

3. Cf. painting, "Rout of San Romano." Paolo Uccello   4. Soldiers convicted by a court-martial.
(Nat. Gal.) [Jones's note].

55th Battalion!
Fifty-fifth Bat-tal-i-on
'talion!!

From "D" to "A" his eyes knew that parade. He detected no movement. They were properly at ease.

Reverberation of that sudden command broke hollowly upon the emptied huts behind "D" Company's rear platoons. They had only in them the rolled mattresses, the neatly piled bed-boards and the empty tea-buckets of the orderly-men, emptied of their last gun-fire.[5]

Stirrups taut and pressing upward in the midst of his saddle he continues the ritual words by virtue of which a regiment is moved in column of route:

. . . the Battalion will move in column of fours to the right—"A" Company—"A" Company leading.

Words lost, yet given continuity by that thinner command from in front of No. 1. Itself to be wholly swallowed up by the concerted movement of arms in which the spoken word effected what it signified.

"A" Company came to the slope, their files of four turn right. The complex of command and heel-iron turned confuse the morning air. The rigid structure of their lines knows a swift mobility, patterns differently for those sharp successive cries.

Mr. P. D. I. Jenkins who is twenty years old has now to do his business:

No. 7 Platoon—number seven.
number seven—right—by the right.
How they sway in the swing round for all this multiplicity of gear.
Keept'y'r dressing.
Sergeant Snell did his bit.
Corporal Quilter intones:
Dress to the right—no—other right.
Keep those slopes.
Keep those sections of four.
Pick those knees up.
Throw those chests out.
Hold those heads up.
Stop that talking.
Keep those chins in.
Left left lef'—lef' righ' lef'—you Private Ball it's you I'v got me glad-eye on.

So they came outside the camp. The liturgy of a regiment departing has been sung. Empty wet parade ground. A campwarden, some unfit men and other details loiter, dribble away, shuffle off like men whose ship has sailed.

The long hutment lines stand. Not a soul. It rains harder: torn felt lifts to the wind above Hut 10, Headquarter Company; urinal concrete echoes for a solitary whistler. Corrugated iron empty—no one. Chill gust slams the vacant canteen door.

Miss Veronica Best who runs the hut for the bun-wallahs[6] stretches on her palliasse,[7] she's sleepy, she can hear the band: We've got too many buns—and all those wads[8]—

---

5. Tea served to troops before first parade. Rouse parade [Jones's note].
6. Person pertaining to: e.g. staff-wallah; person addicted

to: e.g. bun-wallah [Jones's note].
7. Straw mattress.
8. Canteen sandwiches [Jones's note].

you knew they were going—why did you order them—they won't be in after rouse-parade even—they've gone.

Know they've gone—shut up—Jocks from Bardown move in Monday. Violet turns to sleep again.

Horses' tails are rather good—and the way this one springs from her groomed flanks.

He turns slightly in his saddle.

You may march at ease.

No one said march easy Private Ball, you're bleedin' quick at some things ain't yer.

The Squire from the Rout of San Romano smokes Melachrino No. 9.

The men may march easy and smoke, Sergeant Snell.

Some like tight belts and some like loose belts—trussed-up pockets—cigarettes in ammunition pouches—rifle-bolts, webbing, buckles and rain—gotta light mate—give us a match chum. How cold the morning is and blue, and how mysterious in cupped hands glow the match-lights of a concourse of men, moving so early in the morning.

The body of the high figure in front of the head of the column seemed to change his position however so slightly. It rains on the transparent talc of his map-case.

The Major's horse rubs noses with the horse of the superior officer. Their docked manes brush each, as two friends would meet. The dark horse snorts a little for the pulling at her bridle rein.

In "D" Company round the bend of the road in the half-light is movement, like a train shunting, when the forward coaches buffer the rear coaches back. The halt was unexpected. How heavy and how top-heavy is all this martial panoply and how the ground seems to press upward to afflict the feet.

The bastard's lost his way already.

Various messages are passed.

Some lean on their rifles as aged men do on sticks in stage-plays. Some lean back with the muzzle of the rifle supporting the pack in the position of gentlewomen at field sports, but not with so great assurance.

It's cold when you stop marching with all this weight and icy down the back.

Battalion cyclists pass the length of the column. There is fresh stir in "A" Company.

Keep your column distance.

The regular rhythm of the march has re-established itself.

The rain increases with the light and the weight increases with the rain. In all that long column in brand-new overseas boots weeping blisters stick to the hard wool of grey government socks.

I'm bleedin' cripple already Corporal, confides a limping child.

Kipt' that step there.

Keep that proper distance.

Keept' y'r siction o' four—can't fall out me little darlin'.

Corporal Quilter subsides, he too retreats within himself, he has his private thoughts also.

It's a proper massacre of the innocents in a manner of speaking, no so-called seven ages o' man only this bastard military age.

Keep that step there.

Keep that section distance.

Hand us thet gas-pipe young Saunders—let's see you shape—you too, little Benjamin—hang him about like a goddam Chris'us tree—use his ample shoulders for an armoury-rack—it is his part to succour the lambs of the flock.

With some slackening of the rain the band had wiped their instruments. Broken catches on the wind-gust came shrilly back:

Of Hector and Lysander and such great names as these—the march proper to them.[9]

So they went most of that day and it rained with increasing vigour until night-fall. In the middle afternoon the outer parts of the town of embarkation were reached. They halted for a brief while; adjusted puttees,[1] straightened caps, fastened undone buttons, tightened rifle-slings and attended each one to his own bedraggled and irregular condition. The band recommenced playing; and at the attention and in excellent step they passed through the suburbs, the town's centre, and so towards the docks. The people of that town did not acclaim them, nor stop about their business—for it was late in the second year.[2]

By some effort of a corporate will the soldierly bearing of the text books maintained itself through the town, but with a realisation of the considerable distance yet to be covered through miles of dock, their frailty reasserted itself—which slackening called for fresh effort from the Quilters and the Snells, but at this stage with a more persuasive intonation, with almost motherly concern.

Out of step and with a depressing raggedness of movement and rankling of tempers they covered another mile between dismal sheds, high and tarred. Here funnels and mastheads could be seen. Here the influence of the sea and of the tackle and ways of its people fell upon them. They revived somewhat, and for a while. Yet still these interminable ways between—these incessant halts at junctions. Once they about-turned. Embarkation officers, staff people of all kinds and people who looked as though they were in the Navy but who were not, consulted with the Battalion Commander. A few more halts, more passing of messages,—a further intensifying of their fatigue. The platoons of the leading company unexpectedly wheel. The spacious shed is open at either end, windy and comfortless. Multifarious accoutrements, metal and cloth and leather sink with the perspiring bodies to the concrete floor.

Certain less fortunate men were detailed for guard, John Ball amongst them. The others lay, where they first sank down, wet with rain and sweat. They smoked; they got very cold. They were given tins of bully beef and ration biscuits for the first time, and felt like real expeditionary soldiers. Sometime between midnight and 2 a.m. they were paraded. Slowly, and with every sort of hitch, platoon upon platoon formed single file and moved toward an invisible gangway. Each separate man found his own feet stepping in the darkness on an inclined plane, the smell and taste of salt and machinery, the texture of rope, and the glimmer of shielded light about him.

So without sound of farewell or acclamation, shrouded in a dense windy darkness, they set toward France. They stood close on deck and beneath deck, each man upholstered in his life-belt. From time to time a seaman would push between them about some duty belonging to his trade.

---

9. *The British Grenadiers* is the ceremonial march of all Grenadier and Fusilier Regiments [Jones's note].

1. Leggings.

2. That is to say in December 1915 [Jones's note].

Under a high-slung arc-light whose cold clarity well displayed all their sea weariness, their long cramped-upness and fatigue, they stumblingly and one by one trickled from the ship on to French land. German prisoners in green tunics, made greener by the light, heavily unloading timber at a line of trucks—it still rained, and a bitter wind in from the sea.

A young man, comfortable in a short fleece jacket, stood smoking, immediately beneath the centre of the arc—he gave orders in a pleasant voice, that measured the leisure of his circumstances and of his class. Men move to left and right within the orbit of the light, and away into the half darkness, undefined, beyond it.

"B" Company were conducted by a guide, through back ways between high shuttered buildings, to horse-stalls, where they slept. In the morning, they were given Field Service postcards—and sitting in the straw they crossed out what did not apply, and sent them to their mothers, to their sweethearts.

Toward evening on the same day they entrained in cattle trucks; and on the third day, which was a Sunday, sunny and cold, and French women in deep black were hurrying across flat land—they descended from their grimy, littered, limb restricting, slatted vehicles, and stretched and shivered at a siding. You feel exposed and apprehensive in this new world.

from Part 4. King Pellam's Launde[3]

Lance-Corporal Lewis looked about him and on all this liquid action.

It may be remembered Seithenin and the desolated cantrefs, the sixteen fortified places, the great cry of the sea, above the sigh of Gwyddno when his entrenchments stove in.[4] Anyway he kept the joke to himself for there was none to share it in that company, for although Watcyn knew everything about the Neath fifteen, and could sing Sospan Fach[5] to make the traverse ring, he might have been an Englishman when it came to matters near to Aneirin's heart. For Watcyn was innocent of his descent from Aeneas, was unaware of Geoffrey Arthur and his cooked histories,[6] or Twm Shon Catti[7] for the matter of that—which pained his lance-corporal friend, for whom Troy still burned, and sleeping kings return, and wild men might yet stir from Mawddwy secrecies.[8] And he who will not come again from his reconnaissance—

<hr>

3. Cf. Malory, book ii, ch. 16 [Jones's note]. In that chapter of Malory's Morte D'Arthur, King Pellam rides out through his land and "found the people dead, slain on every side."

4. Refers to tradition of the inundation of Cantref Gwaelod ruled over by Gwyddno, whose drunken dyke-warden, Seithenin, failed to attend to his duties [Jones's note].

5. Cf. song, Sospan Fach, associated with Rugby Football matches; often heard among Welsh troops in France. The refrain runs:

> Sospan fach yn berwi ar y tan,
> Sospan fawr yn berwi ar y llawr.
> a'r gath wedi crafu Joni bach,

which implies, I think, that the little saucepan is boiling on the fire, the big saucepan on the floor, and pussy-cat has scratched of calamitous happenings, Mary Ann has hurt her finger, the scullion is not too well, the baby cries in its cradle—it also talks of Dai who goes for a soldier. There is an English version that introduced the words

"Old Fritz took away our only fry-pan"—which lends it more recent association [Jones's note].

6. See the story in Geoffrey of Monmouth (Geoffrey Arthur), of how Aeneas, after the fall of Troy, journeyed to Italy (as in the Aeneid), how his grandson Brute eventually came to this island and founded the British Kingdom, with the New Troy, London, as its chief city, and how he is regarded as the father of the British race [Jones's note].

7. The story of Twm Shon Catti is a local verson of that general theme: audacious-robber-become-able-magistrate-married-to-beautiful-heiress. He is associated with the Tregaron-Llandovery district. A very broad-sheet type of hero [Jones's note].

8. "The Red-haired Bandits of Mawddwy" are notorious in local tradition. Historically a band of outlaws who troubled the authorities in mid-Wales in the 16th century, about whom legend has accumulated. Perhaps they have become identified with that idea of a mysterious (red?) race lurking in fastnesses which I seem to have heard about elsewhere [Jones's note].

they've searched his breeches well, they've given him an ivy crown—ein llyw olaf—whose wounds they do bleed by day and by night in December wood.[9]

Lance-Corporal Lewis fed on these things.

Corporal Quilter made investigation round and about the lean-to. No human being was visible in the trench or on the open track. A man, seemingly native to the place, a little thick man, swathed with sacking, a limp, saturated bandolier thrown over one shoulder and with no other accoutrements, gorgeted in woollen Balaclava,[1] groped out from between two tottering corrugated uprights, his great moustaches beaded with condensation under his nose. Thickly greaved with mud so that his boots and puttees and sandbag tie-ons were become one whole of trickling ochre. His minute pipe had its smoking bowl turned inversely. He spoke slowly. He told the corporal that this was where shovels were usually drawn for any fatigue in the supports.[2] He slipped back quickly, with a certain animal caution, into his hole; to almost immediately poke out his wool-work head, to ask if anyone had the time of day or could spare him some dark shag or a picture-paper. Further, should they meet a white dog in the trench her name was Belle, and he would like to catch any bastard giving this Belle the boot.

John Ball told him the time of day.

No one had any dark shag.

No one had a picture-paper.

They certainly would be kind to the bitch, Belle. They'd give her half their iron rations—Jesus—they'd let her bite their backsides without a murmur.

He draws-to the sacking curtain over his lair.

Corporal Quilter beckoned his men to where a series of disused fire-bays led from the main trench.

Picks, shovels, dredging-ladles, carriers, containers, gas-rattles,[3] two of Mrs. Thingumajig's patent gas-dispersing flappers,[4] emptied S.A.A.[5] boxes, grenade boxes, two bales of revetting-wire, pine stakes; rusted-to-bright-orange barbed wire of curious design—three coils of it; fine good new dark efficient corkscrew staples, splayed-out all ways; three drums of whale oil, the splintered stock of a Mauser rifle, two unexploded yellow-ochre toffee-apples,[6] their strong rods unrusted; three left-leg gum-boots; a Scotch officer's fine bright bonnet; some type of broken pump, its rubber slack punctured, coiled like a dead slime-beast, reared its brass nozzle out from under rum-jar and picket-maul.[7]

9. "Our last ruler," the last Llywelyn. Killed on December 10th–11th, 1282 near Cefn-y-Bedd in the woods of Buelt; decapitated, his head crowned with ivy. A relic of the Cross was found "in his breeches pocket." The greatest English poet of our time has written: "And sang within the bloody wood / When Agamemnon cried aloud." If the song of birds accompanied Llywelyn's death cry, with that chorus-end, ended the last vestiges of what remained of that order of things which arose out of the Roman eclipse in this Island. "Ein llyw olaf" is an appellation charged with much significance, if we care at all to consider ancient things come at last to their term. He belonged, already, before they pierced him, to the dead of Camlann. We venerate him, dead, between the winter oaks. His contemporary Gruffyddap yr Ynad Côch sang of his death: "The voice of Lamentation is heard in every place . . . the course of nature is changed . . . the trees of the forest furiously rush against each other" [Jones's note]. The poet Jones refers to is T. S. Eliot; he quotes from *Sweeney Among the Nightingales*.

1. A wool helmet with a flap covering the neck
2. Area of second line of trenches in front system, usually a few hundred yeards to rear of front line [Jones's note].
3. Wooden clappers used to give gas alarm [Jones's note].
4. Properly called "The Ayrton Fan." Designed to disperse gas hanging in dugouts or trenches Any simple invention appearing among the troops was attributed to female ingenuity [Jones's note].
5. Small Arms Ammunition. Ball-cartridge [Jones's note].
6. English trench-mortar projectile, the shape of which suggested that name—also, if I remember rightly, yellow paint was used on some part of them—which would add to the similarity [Jones's note].
7. Heavy mallet for driving home stakes used in wire entanglements [Jones's note].

This trove piled haphazardly, half-submerged. You must have a lumber room where you have habitation.

Corporal Quilter calls the leading man. He indicates with a jerk of the head the job of work.

One and one, from one pair of hands to another equally reluctant, they pass the shovels the length of the file.

Corporal Quilter stands watching.

There wanted one shovel to the number of the party. Private Saunders devised that he should be the unprovided man, by the expedient of busying himself with his left puttee, conveniently come down.

Corporal Quilter spits from time to time on the duck-board. He hands to Private Saunders a dredging-ladle and the heavier pick, the other he takes himself. He gives the word of command to move on.

The warden of stores withdraws again his curtain; his shiny thread-bare hind-parts first thrust out—now his whole hair-suit torso, now his aboriginal mask.

N.C.O.[8] in charge of party—you corporal.

Corporal Quilter signatures the chit.[9]

12 shovels
2 picks
1 ladle.

See yer bring 'em again—all the so-called complement.

They watched him vanish, mandrill fashion, into his enclosure. They wondered how long a time it took to become so knit with the texture of this country-side, so germane to the stuff about, so moulded by, made proper to, the special environment dictated by a stationary war.

Another ten minutes brought them to a double forking of earthworks. Here they recrossed the road, sharp right; a single barricade of sandbags rose direct from the stone sets to afford some meagre shield. There was no parados,[1] and as they filed over, each man turned his head toward the left, toward north west, a toward-home glancing, back down the broken avenue.

Extending fields spread flatly, far to either side, uninterrupted to the sight, not any longer barriered nor revetted in. It was a great goodness in their eyes, this expanse, they drank in this visual freedom gladly, and were disposed to linger before dropping one by one down, where Sandbag Alley meets the road on the north-east side. With that descending this gate to their prison-house of earth closed-to, which had momentarily stood ajar, tantalisingly upon the western escape, where the way led back by the forward batteries—to Hen's Post where you roost in comparative shelter, to Curzon Post where the support platoon take off their boots by day and sleep like rajahs on a palliasse, if things pan out reasonably. To the reserves, to billets,[2] to buildings two stories high, yet roofed intact—and further still to steadings[3] where the mules fidget in their lines and make their palaeolithic cries against the distant flares. To where rosy orderlies smooth the coats of mares they grown as leisurely as boys in Barsetshire. To the very marches of the forward zone, to where mess-caterers write their bogus chits. Where once a day, perhaps, the pickled pilchards jostle the Gentleman's Relish on the top shelf, with the vibration. Where Frenchmen's children are at play about the steep weed-grown incline of a '14 Johnson hole,[4] and each other casement shows its grubby paste-board:

BIÈRE

EGG CHIP 3 FRANC

CAFÉ AU LAIT

ENGLISH SPOKE HEER

And Corporal Bardolph stays and stays.

And beyond again—recedes green kilometre; flat, neat, Hobbema-scape[5]—but the contours and the pressure vary when you reach
Ste. Marie Cappel.
It's healthy O it's pleasant to be, in
Clairmarais.
After which are places known only by report.
To here they come by day from Whitehall, and sky-blue foederati[6] from The Province, starred, gold-faced, wreathed with silver bay—talk through interpreters.
And gorget-patches blaze in their variety, but
O christ the blanco,
O the visitations O—so they say.
They drift up with these Songs of Arcady from time to time.

The zones aren't really water-tight you know.

Sometimes in quiet areas when the morning's aired, they do appear—immaculate, bright-greaved ambassadors, to the spirits in prison; who sip their starry nectar from nickel flasks at noon.

They knock their briars[7] out on their bright *talaria*.[8] They grace the trench like wall-flowers, for an hour; as spirits lightly come from many mansions, and the avenues, where they sit below the pseudo-Fragonards[9] cross-legged, slacked, or lie at night under a Baroque cupidon,[1] guiding the campaign.

After that there is only the Big Ship.[2]

To all this then the road led back, without deviation from Sandbag Alley; which does excuse their dawdling feet.

The same stenches, remembered from the darkness, impurified the heavy air, in and around these deep decaying ramparts. Bobby Saunders felt his last-night sickness wretchedly return, an added misery to his melting bowels. His pick and long ladle tangle with his rifle slung. They let him drop to the rear to find a tumbled, antique, wattled-bay to be alone in.

He was back again, fallen in at the tail of the file. Sallow as Christmas clown, pink lidded, a skimpy woodbine[3] stuck to his bleached under-lip, irregularly burned, its glow as ruby sequin-shine—worn wryly on goosey flesh on thrashed circus-child.

---

4. Large shell-hole, called after Jack Johnson. It is a term associated more with the earlier period of the war; later on one seldom heard it used [Jones's note].
5. Meindert Hobbema (1638–1709) was a Dutch landscape artist.
6. Allies; possibly a play on the word *fodder*, i.e. cannon fodder.
7. Pipes.
8. Winged sandals, like those worn by Mercury.
9. Jean Honoré Fragonard (1732–1806) painted scenes of

idealized love.
1. A beautiful young person; Cupid-like.
2. (1) Generic term for any cross-channel boat, conveying troops from France back to England. (2) Leave-boat. (3) That mythological, desired ship, which would, at the termination of hostilities, bring all expeditionary men, maimed or whole, home again. Here, these town-bred Tommies would seem to have the seed of a very potent mythological theme [Jones's note].
3. Cigarette.

No party wanted here corporal.

The sapper, workmanly, and with deliberate care, scrapes quite bright his turned shovel-blade.

Just packing up, corporal, bin getting this bit clear since stand-down, better see the gaffer—a bit along be the piss-house next the Gas-post—most like.

They sagged on their digging gear. The freshly-spread chloride threw upward pallid light as Jack Frost would, and unexpected facets tell. This searching unfamiliar influence cast new pallor, and when they looked from each to each they seemed to each a very ghastly crew.

Corporal Quilter comes again. He spits on the slats. He lights a cigarette.

Wash out—'bout turn, lead on back.

Move on, the leading man

lead on in front,

lead on out.

The storeman found the complement correct. In half an hour they were back in the fire-trench traverses.

Corporal Quilter gave them no formal dismissal, nor did he enquire further what duties his party might next perform. Each one of them disposed himself in some part of their few yards of trench, and for an hour or more were left quite undisturbed, to each his own business. To talk together of the morning's affairs; to fall easily to sleep; to search for some personally possessed thing, wedged tightly between articles drawn from the Quartermaster; to re-read yet again the last arrived letter; to see if the insistent water were penetrated within the stout valise canvas, sufficiently to make useless the very thing you could do with; to look at illustrations in last week's limp and soiled *Graphic*, of Christmas preparations with the Fleet, and full-page portraits of the High Command; to be assured that the spirit of the troops is excellent, that the nation proceeds confidently in its knowledge of victory, that Miss Ashwell would perform before all ranks, that land-girls stamp like girls in Luna.

The two Joneses were in argument.

Private Ball groped in his pack to find his book. The Indian paper was abominably adhered, especially for split finger-tips—and one anthology is as bad as a library and there is no new thing under the sun.[4]

> *Takis, on the motheris breast sowkand,*
> *The babe full of benignitie:—*

*   *   *

> *He takis the campion in the stour,*

*   *   *

> *He has tane Rowll of Aberdene,*
> *And gentill Rowll of Corstorphine;*
> *Two better fallowis did no man see:—*[5]

He closed the book—he would eat some chocolate.

---

4. This is the oft-repeated wisdom of the Preacher in Ecclesiastes.
5. Private Ball reads from "Lament for the Makaris" by William Dunbar (?1456–?1513), Scottish poet and priest.

The poem is an elegy for the transitoriness of created things, including friends of the poet; it includes the refrain *"Timor mortis conturbat me"* ("Fear of death disturbs me").

Aneirin Lewis sat motionless in the far corner of the bay. The man from Rother-hithe looked to the well-being of his mouth-organ.[6] Private Watcyn was trying to read the scores on the reverse side of Private Thomas's *Western Mail*—as do men in railway carriages. Bobby Saunders slept.

The midday quietness was quite unbroken. They changed sentries at five min-utes to the hour, and even this was done without a word for the "relief" or the "relieved," regardless of proper usage. A faulty detonated 4.2 deranged the picketed wire outside the trench as the new sentry took over, making him hug closer the para-pet, in expectation; but the capricious gunners let be at that, for their ways are inscrutable.

The day wore on without any happening. The sun unseen reached his low meridian. They ate what bread remained from breakfast and opened tins of beef, and more successfully made some tea. The feebleness of before-noon abated, gave place to an after-lunch content. With the passing hours the wind veered from south to south-east to east. Men sneezed, it grew noticeably colder. The sentry at the Gas Post put up the Alert notice. They were almost eager when required to fill sandbags to repair a freshly destroyed defence. They warmed to their work, and found some interest in this remaking. They strengthened their hands like the builders at the water-gate, and everyone wore his harness and so builded other than the watcher at the fire-step,[7] who saw mirrored a new influence break the topmost headers of his parapets; and creep down that dun hostile wall and bathe the rusted tangle of his outer belt—now sweep all the waste with horizontal beam.

Hidden since the dawn he shines at his departing: fretted like captive-fire at boundary-mound. Each interstice burned between lath and common rafter—each cranny bright, where four walls yet held precariously, purlin and principal, far away over, beyond the parados, in the west.

Tomorrow, before daybreak, a ranging heavy will find the foundations and leave the kitchen flooring pounded like red-pepper, with Cecile's school satchel still hang-ing at its peg; and the Papal Blessing punctured in its gimcrack frame, poking from the midden. Ober-Leutnant Müller will be blamed for failing to locate a British battery.

The watcher at the fire-step began to hope that his friends would so make an end of their work as to spread their tea-napery of news-sheets, to make the dixie[8] boil to synchronise with his relief.

The last direct radiance gave out, his wire and rising glacis[9] went cold and unil-lumined, yet clearly defined, in an evenly distributed after-visibility. The cratered earth, of all growing things bereaved, bore that uncreaturely impressiveness of tele-scope-observed bodies—where even pterodactyl would feel the place unfriendly.

His mates came from the building-up, and work of restoration; the watched dix-ie almost boiled. Watcyn had already opened the *Dairymaid* canned butter, it was just light enough to know the green and gilt of the enamelled tin. It was an extremely good brand. The light from their gusty culinary flame began to tell warmly on the nearer surfaces. The walls with the skeleton roof stood quite black now against an even clearness, and showed for the last time what remained of that unity intended of their builders. The sky overhead looked crisp as eggshell, wide-domed of porcelain, that suddenly would fracture to innumerable stars. The thin mud on the fire-steps

---

6. Harmonica.
7. Cf. Nehemiah iii and iv [Jones's note]. These chapters describe the rebuilding of the walls of Jerusalem.
8. Kettle.
9. A bank of earth in front of the fortification.

slats glistened, sharpened into rime. The up-to-ankle water became intolerably cold. Two men hasten from the communication trench. They deposit grenade-boxes in a recess used for that purpose and quickly go away. A young man in a British warm, his fleecy muffler cosy to his ears, enquired if anyone had seen the Liaison Officer from Corps, as one who asks of the Tube-lift man at Westminster the whereabouts of the Third Sea Lord. Vacant faces turned to him. He was advised to try Mr. Jenkins in the sap.[1] He turned again, the way he came. Sergeant Snell hurried along the trench carrying a Véry-light pistol; he detailed four men for company rations as he passed. The man with the loose tea and sugar shook some part of it from the sack into the boiling water; and as he poured he heard unmistakable words, nearing, traverse by traverse from the right.

Mr. Jenkins was back from the sap:

Drink that stuff quickly and stand-to.

He is away again with no other word.

No-man's-land[2] whitened rigid: all its contours silver filigreed, as damascened.[3] With the coming dark, ground-mist creeps back to regain the hollow places; across the rare atmosphere you could hear foreign men cough, and stamp with foreign feet. Things seen precisely just now lost exactness. Biez wood became only a darker shape uncertainly expressed. Your eyes begin to strain after escaping definitions. Whether that picket-iron moved toward or some other fell away, or after all is it an animate thing just there by the sap-head or only the slight frosted-sway of suspended wire.

A long way off a machine-gunner seemed as one tuning an instrument, who strikes the same note quickly, several times, and now a lower one, singly; while scene-shifters thud and scrape behind expectant curtaining; and impatient shuffling of the feet—in the stalls they take out watches with a nervous hand, they can hardly bear it.

Now the fixed-riflemen take notice: it is almost time for ration-parties to perambulate the road.

The first star tremored: her fragile ray as borne on quivering exsultet-reed. From Gretchen Trench lights begin to rise, the first to splutter out, ill discharged.

Have you seen grinning boys fumble with points of flame who blame the taper's damp. At last, one adequately fused, soars competently up in hurrying challenge, to stand against that admirable bright, as crystal cut, lit singly to herald the immediateness of night.

In a quarter of an hour it was quite dark.

You are told to stand-down.

Night-sentries are posted in twos.

Men detailed are to report at once.

Messages drift from bay to bay.

Pass it along—Mr. Prys-Picton's patrol will go out at 8.30 from Pope's Nose and will return by the Sally-Port. Sentries will not fire in this area. The countersign is "Harlequin."

The Lewis-team by the road are experimenting through their newly enlarged loop-hole.

Fans of orange light broke in dancing sequence beyond his lines.

Bursts in groups of four jarred the frosted air with ringing sound.

Brittle discord waft back from the neighbourhood of the Richebourg truckway.

---

1. Trench.
2. The uncontrolled area between two opposing armies.

3. Decorated with wavy lines.

Guns of swift response opened on his back areas. In turn his howitzers coal-boxed the Supports.

So gathered with uneven pulse the night-antiphonal: mortared-canisters careened oblique descent with meteor trail; and men were dumb and held their breath for this, as for no thing other.

In the next sector the continued vibrating developed greater weight.

High signal-flares shot up to agitate the starred serenity: red and green and white.[4]

The N.C.O. at the Gas Post looked to his apparatus, and placed in a convenient sequence his ready rocket-gear.

But it peters out; and with the lull they speak to each other.

The sentries stand more erect.

They whistle, softly.

Solitary star-shells toss as the dark deepens.

Mr. Prys-Picton's patrol came in, well before midnight.

from *Part 6. Pavilions and Captains of Hundreds*[5]

John Ball heard the noise of the carpenters where he squatted to clean his rifle. Which hammering brought him disquiet more than the foreboding gun-fire which gathered intensity with each half-hour. He wished they'd stop that hollow tap-tapping. He'd take a walk. He'd go and find his friend with the Lewis guns. And perhaps Olivier would be there. No orders were out yet, and tea would not yet be up.

These three seldom met except for very brief periods out of the line—at Brigade rest perhaps—or if some accident of billeting threw them near together. These three loved each other, but the routine of their lives made chances of foregathering rare. These two with linked arms walked together in a sequestered place above the company lines and found a grassy slope to sit down on. And Signaller Olivier came soon and sat with them. And you feel a bit less windy.

They talked of ordinary things. Of each one's friends at home; those friends unknown to either of the other two. Of the possible duration of the war. Of how they would meet and in what good places afterwards. Of the dissimilar merits of Welsh-men and Cockneys. Of the diverse virtues of Regular and Temporary Officers. Of if you'd ever read the books of Mr. Wells.[6] Of the poetry of Rupert Brooke. Of how you really couldn't very well carry more than one book at a time in your pack. Of the losses of the Battalion since they'd come to France. Of the hateful discomfort of having no greatcoats with fighting-order, of how bad this was. Of how everybody ought rightly to have Burberry's,[7] like officers. Of how German knee boots were more proper to trench war than puttees. Of how privileged Olivier was because he could manage to secrete a few personal belongings along with the signaller's impedimenta. Of how he was known to be a favourite with the Regimental and how he'd feel the draught if he were back with his platoon. Of whether they three would be together for the Duration, and how you hoped so very much indeed. Of captains of thousands and of hundreds, of corporals, of many things. Of the Lloyd George administration, of the Greek, Venizelos, who Olivier said was important, of whom John Ball had never

---

4. Coloured rockets used as a gas S.O.S. [Jones's note].
5. Malory, and Hist. Bks. of O.T. [Jones's note]. The term "pavillions" in Malory refers to the large tents erected for long-term sieges; "captains of hundreds" refers to military

leaders throughout the Old Testament books of Numbers, Deuteronomy, and Chronicles.
6. H. G. Wells, writer of novels and short fiction.
7. High-quality raincoats.

previously heard. Of the neutrality of Spain. Of whether the French nation was nice or nasty. Of whether anyone would ever get leave and what it would be like if you did. Of how stripes, stars, chevrons, specialisations, jobs away from the battalion, and all distinguishing marks were better resisted for as long as possible. Of how it were best to take no particular notice, to let the stuff go over you, how it were wise to lie doggo[8] and to wait the end.

And watched the concentration in the valley.

Where the road switch-backed the nearer slope, tilted, piled-to-overloading lim-bers, their checking brakes jammed down, and pack-beasts splayed their nervous fore-legs—stiffened to the incline. And where it cut the further hill a mechanised ambulance climbed up and over, and another came toward.

Every few minutes thinned-out smoke wreaths spread up from beyond, to signify the norm of his withdrawing range and the reluctant ebb of his fire. But now and then a more presuming burst would seem to overreach its mark and plunge up white rubble this side; for although the tide be most certainly outbound, yet will some local flow, swell in with make-believe recovery, to flood again the drying shingle and mock with saucy spray the accuracy of their tide-charts; make brats too venturesome flop back with belly-full and guardian nurse girls squeal.

> Amelia's second-best parasol
>   sails the raging main;
>   her fine fancy's properly split
>   she wont see that ever

they cut it a bit too fine
and there was scattering from that maiming all over the shop, and the wind right up, and two or three lay sidelong on that hill, and Ginger O'Hara the padre's[9] bloke and O the white bodies in the trouble. And a great untidiness breaching the neat line of bivvies;[1] and unpiled arms by great violence with rove-off piling swivels.

> The Quarter's knocked-off[2] S.R.D.[3]
>   is blown to buggery,
>   diluted and far from home[4]
>   what won't half get him shirty.

Mules broke amuck across the open ground, where it said no traffic by daylight, just where his last salvo made dark corona for the hill.

Echoes that make you sit up and take notice tumbled to and fro the hollow in emptied hard collapse, quite other than the sustained, boomed-out

> boom-oom, boom-oom

and the felt recoil,
shocked up from the trained muzzles which sway their sylvan masquerade with each discharge.

John Ball and his friends were watching from their grassy knoll.

---

8. Hidden.
9. Priest's.
1. Bivouacs, or temporary encampments.
2. Pinched, stolen [Jones's note].
3. These initials were stamped on every ration rum-jar,

and were interpreted by the troops: "Service Rum Dilut-ed" [Jones's note].
4. Refers to statement frequently made by exasperated soldiers: "Fed up, ——d up and far from ——ing home" [Jones's note].

A certain liveliness.

He's not half so disposed to turn the other cheek as yesterday.

The signaller was rather in the know or anyway his trade gave him ear to the gossip at H.Q.

He's got snug in his new positions and brought up more heavies our people reckoned on that the Second-in-Command on the wire with Brigade and I gathered our strafe hadn't really begun not till two one four o hours I fancy O we shan't do anything for twenty-four hours of course but of course they may change all that—tamper with the menu every five minutes—in fact orderly room has assumed a real Change Alley atmosphere and talk about tenterhooks and all on thorns and how you really don't know from one minute to the next it's a proper shemozzle. You'd hardly credit it—who do you suppose would not first sit down and think if he be able with a half-brigade—and the Reg'mental looks the Major up and down and takes him for a damned Derbyite—Reg'mental's superb but he can't get over the second Boer War.

The Lewis gunner pulled up bits of daisy.

Waiting for the Esses Essses Bubble to go up—is—abitofa sstrain—I reckon.

New dilapidations on the further hill made the other two attend.

He's got the road this time.

Proper crumps.

I wonder if we'll shift him really.

What's the odds.

What bit of line do you fancy for the winter vacation, when this show's petered gently out.

It's now or never they reckon—they all agree to that you know.

This year next year some time then hold Court of Enquiry as to the probable causes contributing to the loss of the War by Land.

        Do you suppose.
that rows of Field-Marshals
Don Ac Ac Gees,
G Esses 0, 1, 2 and 3 and
Ac Ac Q Emma Gees will
fall on their dress-swords[5]

Our young men shall see visions.[6] 25201 Ball has clicked for the gift of bloody prophecy, what a wheeze—*hara-kiri* [suicide] parade by Whitehall Gate—with Royal Mary in her ermine stole and all the king's horses, and the Chaplain General.

He wormed about a bit on his stomach to get quite comfortable and looked intently into the eye of a buttercup.

The Chaplain General will explain how it's a Christian act after all. Give 'em burial in Paul's, there will be letters to *The Times* saying it should have been the Abbey, of course always the Abbey—of course—failing the long mound over the water.

By the way, the C.S.M. of "D" has laid a wager with the Reg'mental over this show—stands to snaffle a hundred francs if the cavalry get going.

---

5. South sea Bubble, Deputy Assistant Adjutant General, General Staff Officer 1st, 2nd and 3rd grades, Acting Assistant Quartermaster General, in Signaller's Alphabet [Jones's note]. The South Sea Bubble was an 18th-century investment disaster, in which British speculators invested money in the South Sea Company, founded to trade slaves with Spanish America.

6. Cf. Joel 2.28: "And afterward, / I will pour out my Spirit on all people. / Your sons and daughters will prophesy, / your old men will dream dreams, / your young men will see visions."

Safe as the Waacs dearie, might as well count on the White Knight or the Great Twin Brothers.

Why not?—I'm all for victory: how—good—it—would—be.

Castorneck on Pollux in harness on the right—boot to boot to Aunty Bembridge with her Mafeking V.C.[7]—all in their battle-bowlers—more preferably with plumes—when we go over—this Conchy[8] propaganda's no bon for the troops—hope Jerry puts one on Mecklenburg Square—instead of fussing patriotic Croydon. He'd have to gas the whole district, and Golders Green as well, to be efficacious and—half the B.E.F.[9]—I shouldn't wonder.

And the Lewis gunner uprooting idly with stretched out arm still lying on his stomach turned his left cheek to the wiry downland grass and screwed up his right eye.

Why not join the At-trocities Commission sstraight away—toot sweet—mutilate Little Willie—garrotte Mr. Bertrand-bloody-Russell[1] with the Union Flag—detail Fr. Vaughan[2] O.C. Sergeant Instructors—to pr-reach a course of sermons on the Bull Ring[3] to further foster the offensive spirit.

Tea's up "B" Company.

Roll up—roll up for yer char.

Roll up me lucky lads.

So long—come again soon, don't get nabbed tapping the Gen'ral's wire—I'd hate to see you shot at dawn.

"B" Company were making a queue about the field kitchen and each returning to his group of friends between the bivouac lines with their steaming mess-tins.

And after tea it was a summer evening, simply heavenly if it wasn't for the midges and it was odd not having Fatigues or anything much of course you couldn't get far & you couldn't get a wet anyhow and the whole up and down of the valley like proletarian holiday. But engines positioned for the assault and the paraphernalia of the gunners and all that belongs to the preparation toward a general action and corrugated tin shelters and hastily contrived arbours and a place of tabernacles and of no long continuing nor abidingness, yet not by no means haphazard nor prejudicial to good-order.

Well you couldn't go far afield because of the stand-by but blokes came across from "A" and the other companies to see their friends and people talked a good bit about what the Show was going to be like and were all agog but no one seemed to know anything much as to anything and you got the same served up again garnished with a different twist and emphasis maybe and some would say such and such and others would say the matter stood quite otherwise and there would be a division among them and lily-livered blokes looked awfully unhappy, people you never would expect it of and same the other way the oddest types seemed itching for a set-to quite genuine it would appear but after all who can read or search out the secret places you get a real eye-opener now and then and any subsequent revealing seldom conforms

7. A Victoria's Cross medal, awarded for acts of conspicuous bravery in the presence of the enemy; Mafeking, South Africa, was the site in 1899–1900 of a protracted battle in the Boer War.
8. Slang for conscientious objector.
9. British Expeditionary Force.
1. Bertrand Russell (1872–1970), British philosopher and mathematician, was jailed for his opposition to World War I.

2. Eminent R. C. preacher; reputed to have urged greater zeal in the destruction of enemy personnel [Jones's note].
3. The large training ground at Rouen, associated with intensive exercises of all kinds, particularly "assault drill." A paradise for Staff Instructors; detested by all frontfighters. The nature of the Ring is perhaps best described in the staff jargon elucidating the object of its curriculum, "to foster the offensive spirit" [Jones's note].

and you misconstrue his apparent noble bearing and grope about in continued misapprehension or can it by any manner of means be that everyone is interiorly in as great misery and unstably set as you are and is the essential unity of mankind chiefly monstrated in this faint-heartness and breeze-right-up aptitude.

Joe Donkin, that never had spoken to anyone since he joined the Battalion at Divisional Rest[4] in April except to pass the time of day a grave and solitary man whose civvy occupation no one seemed to know about but old Craddock his most near associate—they always managed to get on the same Fatigue and used to sit silent together in the boozer—this Craddock said he knew but wouldn't divulge but said it was a job no decent man need be ashamed on anyway. Joe looked more set up than ever previous and said outright and before them all that this is what he had 'listed for and how he would most certainly avenge his five brethren from the same womb as himself on these miscreant bastard square-heads and sons of bitches who in a '15 show in these parts so he declared had shamefully done four of them to death in some Jock reg'ment it seemed and the youngest of all six was at this same hour when he Joe Donkin sat and spoke with them going near skelington in Jerry concentration camp back there. Private Float joking and unadvised and because of his inherent inability to get the hang of this man's sensitivity said it serves 'em right for 'listing in a crush like that and how the kilties always got it in the neck if they didn't beat it soon enough which they more generally did and got his arse kicked by this Joe who was in no jocund mood but singly resolved and fore-arming himself in the inward man to be the better and more wholly addressed toward this enterprise of making expiation life for life if by any means he might for the gassing before Fricourt on the same day of the four brothers Donkin all good men of their hands. He said as how blood was thicker nor water three times and went off with Private Craddock and no other word to his bothy[5] at the furthest end of the lines.

The other slope was still sun-lighted, but it was getting almost cool on this east-facing hill, and the creeping down and so across so gradually, gathered to itself, minute by minute, the lesser cast-shadows, the little glints and smallnesses, garnered all these accidents of light within a large lengthened calm. Very soon the high ridge-line alone caught cast lateral ray. But for long after that, his shrapnel bursts, away beyond, were gauffered at their spreading edges with reflected gold. Across the evening, homing birds, birds of the air with nests cawed on high above them waiting, and the preparation there. Oddly stirred winds gusted coolish to your face, that might have borne things webbed and blind, or the grey owl suddenly. And some people began settling down for the night or at least to get a snooze before this talked-of bombardment loosed off to make it difficult. Some of them were already fallen to sleep, but the more solicitous disposed themselves in groups and stood about on that hill, and rather tended to speak in undertones as though to not hasten or not disturb, to not activate too soon the immense potential empoweredness—and talk about impending dooms—it fair gets you in the guts.

    Let 'em kip on now and take their rest.

---

4. A period when the entire Division was withdrawn from the line to reorganise and recuperate. It was attended by an access of discipline and physical training and the arrival of new dragts. To some temperaments "Div. Rest" was not welcome [Jones's note].

5. Hut.

But they roused them now and platoon commanders came—and orderly sergeants with orders and orderly corporals with some final detail and runners countermanding last minute memoranda. And bivvies all go down and unlacing of ground-sheets and each one very concerned with his own affairs and spreading out things on the earth, and rolling up tightly and making last adjustments and—what bastard's knocked-off me trenching-tool-blade-carrier.

They eat whatever cannot conveniently be taken.

They ate John Ball's seed-cake.

Standing together already trussed-up in battle-order with two extra bandoliers slung, and rifles in their hands—in haste they ate it.

And crumbs go down between your webbing—but better carry it in belly than leave it.

He managed to get the tin of sardines into his tunic's left bottom pocket, along with the two grenades.

Just like them—they issued four apiece just when you gathered you'd everything neatly arranged.

In fumbling and haste they did these things.

It was the beginning of the darkness and they moved toward the further ridge.

Now they moved, all the four companies, each platoon at fifty yards' interval. On either side their line of march the waiting batteries.

No. 7 had begun to feel the pull of the incline and No. 6 were coping with the steepest bit, and the leading files of "A" Company's most advanced platoon already had such sight as the July half-light would allow, of the place beyond—whose bodies knew already the relaxation of the further descent. It was exactly 9.39 by John Ball's luminous wrist-watch when it happened.

It was not so much that the noise surprised you—although you had to spit in a bloke's ear to make any impression.

They spent some hours of that night failing to get contact with the unit to be relieved, but before day broke, No. 7 occupied a shallow trench, freshly digged. They put out wire. It commenced to rain.

Hour on hour the gunfire did not relax nor lessen, in fact took on a more tremendous depth.

Rain clouds thickened to wintry dark across the summer night, broke a soaker over them, more confused them where some sought with inutile trenching tools to deepen against his retaliatory fire. Or some just curled up and chanced it.

No one seemed to know the dispositions of the place but Sergeant Quilter was of the opinion that his platoon occupied a bit of the new advanced line. In this he felt some satisfaction. Mr. Jenkins seemed not to be existent. But soon he re-appears—he says that no one has the foggiest notion who is where.

He urges an improvement for their meagre cover.

He digs himself.

When daylight fully came they were withdrawn across the open, which seemed silly, and he obviously saw them and put across Woolly-Bears[6] low over them scampering like disturbed game.

---

6. Very heavy German shrapnel, the burst of which gave off a dense blackish smoke, that sprawled the air in a thick rolling compact cloud [Jones's note].

And now you seemed to be in some foreign awfully well made place engineered deep in the gleaming chalk. And the sun stood burning straight above the lie of this trench when the rain stopped and you felt faint for the noisomeness sweated up from the white walls, and all the odds and ends lying about were so newfangle and by the hands of strange men and how is a man to know the habits of their God, whether He smites suddenly or withholds, if you mishandle the things set apart, the objects of His people He is jealous of. You sit with circumspection and you rise with care. And black script inscription at different junctions pointed. And all the arrangements of the place like somebody else's house. The late occupants seem respectable enough by their appointments and certainly one up on the kind of life you've had any experience of for some while. Everything well done and convenient electric light fittings. Cosy, too, and nothing gimcrack and everything of the best. You hope they haven't left any infernal and exactly-timed machines for you before they legged it.

God knows what it was all about, but they moved you back again that evening to another field of bivouac.

And you saw the whole depth of the advance and gauged the nature of the contest yard by yard, and made some estimate of the expenditure and how they'd bargained for each hundred feet with Shylock batteries. You marked how meshed intricacies of wire and cunning nest had played sharp tricks on green and eager plaintiffs. They lay heaped for this bloody suing.

Back past the broken village on the hill—gleamed white inner—plaster where the apse[7] bared in cross section its engineered masonry, which great shearing away and deeps displaying only more made shine out from victim stone the intellection of the builders. For here were blasted bare the opportune thrust, the lively interior contriving, the bright bones of the thing. And the grave-yard huddled—silver black and filigree Mary-Helps and the funerary glass shivered where they ask of your charity. And the civvy dead who died in the Lord with *Libera nos* and full observance, churned and shockt from rest all out-harrowed and higgledy-piggledly along with those other— wood white with heavy script for mortuary monument, for these shovelled just into surface soil like dog—with perhaps an *Our Father* said if it was extra quiet.

But all the old women in Bavaria are busy with their novenas, you bet your life, and don't sleep lest the watch should fail, nor weave for the wire might trip his darling feet and the dead Karl might not come home.

Nor spill the pitcher at the well—he told Josef how slippery it was out there.[8]
O clemens, O pia and
turn all out of alignment the English guns amen.[9]

And mules died: their tough clipt hides that have a homely texture flayed horridly to make you weep, sunk in their servility of chain and leather. There had been only time to shove them just out of the road.

They lay with little sleep one more night in bivouac and went again next day to that bewilderment of white-worked fosse and gallery, artful traverse, and well-planned shelter, that had been his Front System.

---

7. Vaulted end of a church.
8. Cf. *Golden Bough*, under "sympathetic magic" [Jones's note]. Sir James Frazer's 12-volume study of world myth was enormously suggestive to modernist writers like Jones and T. S. Eliot. "Sympathetic magic" is the notion that one thing or event can affect another at some distance, because of a "sympathetic" connection between them. In

this regard, Frazer discusses the sympathetic connection between a king and his nation.
9. Cf. terminating lines of the *Salve Regina* [Jones's note]. The "Salve Regina" ("Hail Queen") is the best known of the four Breviary anthems of the Blessed Virgin Mary, in the Catholic liturgy.

And in the afternoon rain, saw, for the first time, infantry go forward to assault.

No. 7 were disposed in high overlooking ground. So that John Ball & the rest could comfortably, and in cover, because of the run of their trench, observe, as cock-aded men of privilege were used to do, who pointed with their batons where the low smoke went before the forming squadrons on a plain. They wondered for each long stretched line going so leisurely down the slope and up again, strained eyes to catch last glimpses where the creeping smoke-screen gathered each orderly deployment within itself. They wondered for the fate of each tenuous assumption—settled back to their immediate duties in the trench. As sea-board men, who watch some perilous outgoing dip to a shrouded speck; who come down from the white sea-wall, turn eyes from the white in-swell and get down to some job of work.

Some time during the night they were moved by a guide into their own assembly positions.

from *Part 7. The Five Unmistakable Marks*[1]

At the gate of the wood you try a last adjustment, but slung so, it's an impediment, it's of detriment to your hopes, you had best be rid of it—the sagging webbing and all and what's left of your two fifty—but it were wise to hold on to your mask.

You're clumsy in your feebleness, you implicate your tin-hat rim with the slack sling of it.

Let it lie for the dews to rust it, or ought you to decently cover the working parts.

Its dark barrel, where you leave it under the oak, reflects the solemn star that ris-es urgently from Cliff Trench.

It's a beautiful doll for us

it's the Last Reputable Arm.

But leave it—under the oak.

leave it for a Cook's tourist to the Devastated Areas[2] and crawl as far as you can and wait for the bearers.

Mrs. Willy Hartington has learned to draw sheets and so has Miss Melpomené;[3] and on the south lawns,

men walk in red white and blue

under the cedars

and by every green tree

and beside comfortable waters.

But why dont the bastards come—

Bearers!—stret-cher bear-errs!

or do they divide the spoils at the Aid-Post.[4]

---

1. Printed here is the conclusion to the chapter, which closes *In Parenthesis*. The chapter's title comes from Lewis Carroll's narrative poem *The Hunting of the Snark*, which concerns a voyage in search of the Snark; "warranted, genuine Snarks" can be identified by "five unmistakable marks." The poem ends with the death of the explorer who discovers the Snark.
2. This may appear to be an anachronism, but I remember in 1917 discussing with a friend the possibilties of tourist activity if peace ever came. I remember we went into details and wondered if the inexploded projectile lying near us would go up under a holiday-maker, and how people would stand to be photographed on our parapets. I recall feeling very angry about this, as you do if you think of strangers ever occupying a house you live in, and which has, for you, particular associations [Jones's note].
3. Greek muse of tragedy.
4. The R.A.M.C. was suspected by disgruntled men of the fighting units of purloining articles from the kit of the wounded and the dead. Their regimental initials were commonly interpreted: "Rob All My Comrades" [Jones's note].

But how many men do you suppose could bear away a third of us: drag just a little further—he yet may counter-attack.

Lie still under the oak
next to the Jerry
and Sergeant Jerry Coke.

    The feet of the reserves going up tread level with your forehead; and no word for
you; they whisper one with another; pass on, inward;
these latest succours:
green Kimmerii[5] to bear up the war.

Oeth and Annoeth's hosts they were
who in that night grew
younger men
younger striplings.[6]

The geste says this and the man who was on the field . . . and who wrote the book . . .
the man who does not know this has not understood anything.[7]

━━ ⋈ ━━

Robert Graves
1895—1985

Goodbye to All That, Robert Graves's autobiography through the year 1929, contains some of
the most immediate and closely observed writing about World War I. The sense of immediacy
conveyed in this prose derives in part from Graves's close brush with death at the battle of the
Somme. Graves was unconscious for twenty-four hours with severe chest wounds and, as he
relates below, his commanding officer wrote to his mother to break the news of his death; "I
was dead, an hour or more," Graves later wrote in the poem *Escape*. But in this instance, at
least, the grave was not strong enough to contain Graves, and he was able to write his mother
about a week later, on his twenty-first birthday, that he was alive and recovering.

    Graves went on to a long and productive career, publishing approximately 140 books and
800 shorter works, writing both poetry and fiction until his fortieth birthday, then concentrating on his poetry and mythopoetic literary theory for the next forty years, before effectively
retiring in 1975. The best known of the novels is the Roman historical novel *I, Claudius*,
which along with *Claudius the God and His Wife Messalina* was brilliantly adapted for television
by the BBC in the 1970s. The poetry and poetics of the second half of his life revolve around
his concept of the "White Goddess," which Graves details in his best-known critical work, *The
White Goddess: A Historical Grammar of Poetic Myth* (1948). Graves, working closely with the
American poet Laura Riding, came to believe that the vocation of the poet was to become a
devotee of a muselike goddess who on the one hand inspires but, on the other hand ultimately

5. In Homer, the kimmerioi were a race who lived in eternal darkness, "on whom the sun never looks."
6. Cf. Englyn 30 of the *Englynion y Beddeu*, "The Stanzas
of the Graves." See Rhys, *Origin of the Englyn*, *Y Cymm-
rodor*, vol. xviii. Oeth and Annoeth's hosts occur in
Welsh tradition as a mysterious body of troops that seem
to have some affinity with the Legions. They were said to
"fight as well in the covert as in the open." Cf. *The Iolo*

MSS [Jones's note].
7. Cf. Chanson de Roland, lines 2095–8:

> Co dit la geste e cil qui el camp fur,
> [Li ber Gilie por qui Deus fait vertuz]
> E fist la chartre [el muster de Loum].
> Ki tant ne set, ne l'ad prod entendut.

I have used Mr. Rene Hague's translation [Jones's note].

destroys her disciples; "the main theme of all poetry," Graves wrote, "is, properly, the relations of man and woman." This pose put him at odds with most of the modernist literary establishment, and the criticism of his later years was dedicated to tilting at the false gods of the modernist literary pantheon. He spent his later years living in relative seclusion on the Mediterranean island of Majorca.

from Goodbye to All That
Chapter 17

I was one of about thirty instructors at the Havre[1] "Bull Ring," where newly-arrived drafts were sent for technical instruction before going up the line. Most of my colleagues were specialists in musketry, machine-gun, gas, or bombs. I had no specialist training, only general experience. I was put on instructional work in trench relief and trench discipline in a model set of trenches. My principal other business was arms-drill. One day it rained, and the commandant of the Bull Ring suddenly ordered me to lecture in the big concert hall. "There are three thousand men there waiting for you, and you're the only available officer with a loud enough voice to make himself heard." They were Canadians, so instead of giving my usual semi-facetious lecture on "How to be happy though in the trenches," I paid them the compliment of telling them the story of Loos,[2] and what a balls-up it was, and why it was a balls-up. It was the only audience that I ever held for an hour with real attention. I expected the commandant to be furious with me because the principal object of the Bull Ring was to inculcate the offensive spirit, but he took it well and I had several more concert-hall lectures put on me after this.

In the instructors' mess the chief subjects of conversation besides local and technical talk were *morale*, the reliability of various divisions in battle, the value of different training methods, and war-morality, with particular reference to atrocities. We talked more freely there than would have been possible either in England or in the trenches. We decided that about a third of the troops in the British Expeditionary Force were dependable on all occasions; these were the divisions that were always called on for the most important tasks. About a third were variable, that is, where a division contained one or two bad battalions, but could be more or less trusted. The remainder were more or less untrustworthy; being put in positions of comparative safety they had about a quarter of the casualties that the best divisions had. It was a matter of pride to belong to one of the recognized best divisions—the Seventh, the Twenty-ninth, Guards', First Canadian, for instance. They were not pampered when in reserve as the German storm-troops were, but promotion, leave, and the chance of a wound came quicker in them. The mess agreed that the most dependable British troops were the Midland county regiments, industrial Yorkshire and Lancashire troops, and the Londoners. The Ulsterman, Lowland Scots and Northern English were pretty good. The Catholic Irish and the Highland Scots were not considered so good—they took unnecessary risks in trenches and had unnecessary casualties, and in battle, though they usually made their objective, they too often lost it in the counter-attack; without officers they were no good. English southern county regiments varied from good to very bad. All overseas troops were good. The dependability of divisions also varied with their seniority in date of promotion. The latest formed regular divisions and the second-line territorial divisions, whatever their recruiting area, were usually inferior. Their senior officers and warrant-officers were not good enough.

---

1. Le Havre, a seaport in northern France.   2. The scene of an early setback for the Allies.

We once discussed which were the cleanest troops in trenches, taken in nationalities. We agreed on a list like this, in descending order: English and German Protestants; Northern Irish, Welsh and Canadians; Irish and German Catholics; Scottish; Mohammedan Indians; Algerians; Portuguese; Belgians; French. The Belgians and French were put there for spite; they were not really dirtier than the Algerians or Portuguese.

Atrocities. Propaganda reports of atrocities were, we agreed, ridiculous. Atrocities against civilians were surely few. We remembered that while the Germans were in a position to commit atrocities against enemy civilians, Germany itself, except for the early Russian cavalry raid, had never had the enemy on her soil. We no longer believed accounts of unjustified German atrocities in Belgium; knowing the Belgians now at first-hand. By atrocities we meant, specifically, rape, mutilation and torture, not summary shootings of suspected spies, harbourers of spies, *francs-tireurs* [sharpshooters], or disobedient local officials. If the atrocity list was to include the accidental-on-purpose bombing or machine-gunning of civilians from the air, the Allies[3] were now committing as many atrocities as the Germans. French and Belgian civilians had often tried to win our sympathy and presents by exhibiting mutilations of children—stumps of hands and feet, for instance—representing them as deliberate, fiendish atrocities when they were merely the result of shell-fire, British or French shell-fire as likely as not. We did not believe that rape was any more common on the German side of the line than on the Allied side. It was unnecessary. Of course, a bully-beef diet, fear of death, and absence of wives made ample provision of women necessary in the occupied areas. No doubt the German army authorities provided brothels in the principal French towns behind the line, as did the French on the Allied side. But the voluntary system would suffice. We did not believe stories of forcible enlistment of women.

As for atrocities against soldiers. The difficulty was to say where to draw the line. For instance, the British soldier at first regarded as atrocious the use of bowie-knives by German patrols. After a time he learned to use them himself; they were cleaner killing weapons than revolvers or bombs. The Germans regarded as atrocious the British Mark VII rifle bullet, which was more apt to turn on striking than the German bullet. For true atrocities, that is, personal rather than military violations of the code of war, there were few opportunities. The most obvious opportunity was in the interval between surrender of prisoners and their arrival (or non-arrival) at headquarters. And it was an opportunity of which advantage was only too often taken. Nearly every instructor in the mess knew of specific cases when prisoners had been murdered on the way back. The commonest motives were, it seems, revenge for the death of friends or relations, jealousy of the prisoner's pleasant trip to a comfortable prison camp in England, military enthusiasm, fear of being suddenly overpowered by the prisoners or, more simply, not wanting to be bothered with the escorting job. In any of these cases the conductors would report on arrival at headquarters that a German shell had killed the prisoners; no questions would be asked. We had every reason to believe that the same thing happened on the German side, where prisoners, as useless mouths to feed in a country already on short rations, were even less welcome. We had none of us heard of prisoners being more than threatened at headquarters to get

3. The nations of the Triple Entente (Great Britain, France, Russia) and their allies (Belgium, Serbia, Japan, Italy)—including, loosely, the United States—which united to oppose the Central Powers (Germany, Austria-Hungary, Turkey, and Bulgaria) in World War I.

military information from them; the sort of information that trench-prisoners could give was not of sufficient importance to make torture worth while; in any case it was found that when treated kindly prisoners were anxious, in gratitude, to tell as much as they knew.

The troops that had the worst reputation for acts of violence against prisoners were the Canadians (and later the Australians). With the Canadians the motive was said to be revenge for a Canadian found crucified with bayonets through his hands and feet in a German trench; this atrocity was never substantiated, nor did we believe the story freely circulated that the Canadians crucified a German officer in revenge shortly afterwards. (Of the Australians the only thing to be said was that they were only two generations removed from the days of Ralph Rashleigh and Marcus Clarke.[4]) How far this reputation for atrocities was deserved, and how far it was due to the overseas habit of bragging and leg-pulling, we could not decide. We only knew that to have committed atrocities against prisoners was, among the overseas men, and even among some British troops, a boast, not a confession.

I heard two first-hand accounts later in the war.

A Canadian-Scot: "I was sent back with three bloody prisoners, you see, and one was limping and groaning, so I had to keep on kicking the sod down the trench. He was an officer. It was getting dark and I was getting fed up, so I thought: 'I'll have a bit of a game.' I had them covered with the officer's revolver and I made 'em open their pockets. Then I dropped a Mills' bomb[5] in each, with the pin out, and ducked behind a traverse. Bang, bang, bang! No more bloody prisoners. No good Fritzes[6] but dead 'uns."

An Australian: "Well, the biggest lark I had was at Morlancourt when we took it the first time. There were a lot of Jerries[7] in a cellar and I said to 'em: 'Come out, you Camarades.' So out they came, a dozen of 'em, with their hands up. 'Turn out your pockets,' I told 'em. They turned 'em out. Watches and gold and stuff, all dinkum.[8] Then I said: 'Now back into your cellar, you sons of bitches.' For I couldn't be bothered with 'em. When they were all down I threw half a dozen Mills' bombs in after 'em. I'd got the stuff all right, and we weren't taking prisoners that day."

The only first-hand account I heard of large-scale atrocities was from an old woman at Cardonette on the Somme, with whom I was billeted in July 1916. It was at Cardonette that a battalion of French Turcos[9] overtook the rear guard of a German division retreating from the Marne in September 1914. The Turcos surprised the dead-weary Germans while they were still marching in column. The old woman went, with gestures, through a pantomime of slaughter, ending: "Et enfin ces animaux leur ont arraché les oreilles et les ont mis à la poche."[1] The presence of coloured troops in Europe was, from the German point of view, we knew, one of the chief Allied atrocities. We sympathized. Recently, at Flixécourt, one of the instructors told us, the cook of a corps headquarter-mess used to be visited at the château every morning by a Turco; he was orderly to a French liaison officer. The Turco used to say: "Tommy,[2] give Johnny pozzy," and a tin of plum and apple jam used to be given him. One afternoon the corps was due to shift, so that morning the cook said to the Turco, giving him his farewell tin: "Oh, la, la, Johnny, napoo pozzy to-morrow."

---

4. Novelists of criminal life in 19th-century Australia, where British convicts were often sent.
5. A high-explosive grenade.
6. Germans.
7. German soldiers.

8. Authentic [Australian slang].
9. Native Algerians who served in the French infantry.
1. "And finally these animals tore off their ears and put them in their pockets."
2. A British soldier.

The Turco would not believe it. "Yes, Tommy, mate," he said, "pozzy for Johnny to-morrow, to-morrow, to-morrow." To get rid of him the cook said: "Fetch me the head of a Fritz, Johnny, to-night. I'll ask the general to give you pozzy to-morrow, to-morrow, to-morrow." "All right, mate," said the Turco, "me get Fritz head to-night, general give me pozzy to-morrow." That evening the mess cook of the new corps that had taken over the château was surprised to find a Turco asking for him and swinging a bloody head in a sandbag. "Here's Fritz head, mate," said the Turco, "general give me pozzy to-morrow, to-morrow, to-morrow." As Flixécourt was twenty miles or more behind the line . . . He did not need to end the story, but swore it was true, because he had seen the head.

We discussed the continuity of regimental *morale*. A captain in a line battalion of one of the Surrey regiments said: "It all depends on the reserve battalion at home." He had had a year's service when the war broke out; the battalion, which had been good, had never recovered from the first battle of Ypres. He said: "What's wrong with us is that we have a rotten depot. The drafts are bad and so we get a constant re-infection." He told me one night in our sleeping hut: "In both the last two attacks that we made I had to shoot a man of my company to get the rest out of the trench. It was so bloody awful that I couldn't stand it. It's the reason why I applied to be sent down here." This was not the usual loose talk that one heard at the base. He was a good fellow and he was speaking the truth. I was sorrier for Phillips—that was not his name—than for any other man I met in France. He deserved a better regiment. There was never any trouble with the Royal Welch like that. The boast of every good battalion in France was that it had never lost a trench; both our battalions made it. This boast had to be understood broadly; it meant never having been forced out of a trench by an enemy attack without recapturing it before the action ended. Capturing a German trench and being unable to hold it for lack of reinforcements did not count, nor did retirement from a trench by order or when the battalion of the left or right had broken and left a flank in the air. And in the final stages of the war trench-es could be honourably abandoned as being entirely obliterated by bombardment, or because not really trenches at all, but a line of selected shell-craters.

We all agreed on the value of arms-drill as a factor in *morale*. "Arms-drill as it should be done," someone said, "is beautiful, especially when the company feels itself as a single being and each movement is not a movement of every man together, but a single movement of one large creature." I used to have big bunches of Canadians to drill four or five hundred at a time. Spokesmen came forward once and asked what sense there was in sloping and ordering arms and fixing and unfixing bayonets. They said they had come to France to fight and not to guard Buckingham Palace. I told them that in every division of the four in which I had served there had been three different kinds of troops. Those that had guts but were no good at drill; those that were good at drill but had no guts; and those that had guts and were good at drill. These last fellows were, for some reason or other, much the best men in a show. I didn't know why and I didn't care. I told them that when they were better at fighting than the Guards' Division they could perhaps afford to neglect their arms-drill.

We often theorized in the mess about drill. We knew that the best drill never came from being bawled at by a sergeant-major, that there must be perfect respect between the man who gives the order and the men that carry it through. The test of drill came, I said, when the officer gave an incorrect word of command. If the compa-ny could carry through the order intended without hesitation, or, suppose the order happened to be impossible, could stand absolutely still or continue marching without any disorder in the ranks, that was good drill. The corporate spirit that came from drilling together was regarded by some instructors as leading to loss of initiative in the men drilled. Others denied this and said it acted just the other way round. "Suppose there is a section of men with rifles, and they are isolated from the rest of the company and have no N.C.O.[3] in charge and meet a machine-gun. Under the stress of danger that section will have that all-one-body feeling of drill and will obey an imaginary word of command. There will be no communication between its members, but there will be a drill movement. Two men will quite naturally open fire on the machine-gun while the remainder will work round, part on the left flank and part on the right, and the final rush will be simultaneous. Leadership is supposed to be the perfection for which drill has been instituted. That is wrong. Leadership is only the first stage. Perfection of drill is communal action. Drill may seem to be antiquated parade-ground stuff, but it is the foundation of tactics and musketry. It was parade-ground musketry that won all the battles in our regimental histories; this war will be won by parade-ground tactics. The simple drill tactics of small units fighting in limited spaces—fighting in noise and confusion so great that leadership is quite impossible." In spite of variance on this point we all agreed that regimental pride was the greatest moral force that kept a battalion going as an effective fighting unit, contrasting it particularly with patriotism and religion.

Patriotism. There was no patriotism in the trenches. It was too remote a sentiment, and rejected as fit only for civilians. A new arrival who talked patriotism would soon be told to cut it out. As Blighty,[4] Great Britain was a quiet, easy place to get back to out of the present foreign misery, but as a nation it was nothing. The nation included not only the trench-soldiers themselves and those who had gone home wounded, but the staff, Army Service Corps, lines of communication troops, base units, home-service units, and then civilians down to the detested grades of journalists, profiteers, "starred" men exempted from enlistment, conscientious objectors, members of the Government. The trench-soldier, with this carefully graded caste-system of honour, did not consider that the German trench-soldier might have exactly the same system himself. He thought of Germany as a nation in arms, a unified nation inspired with the sort of patriotism that he despised himself. He believed most newspaper reports of conditions and sentiments in Germany, though believing little or nothing of what he read about conditions and sentiments in England. His cynicism, in fact, was not confined to his own country. But he never underrated the German as a soldier. Newspaper libels on Fritz's courage and efficiency were resented by all trench-soldiers of experience.

Religion. It was said that not one soldier in a hundred was inspired by religious feeling of even the crudest kind. It would have been difficult to remain religious in the trenches though one had survived the irreligion of the training battalion at home. A regular sergeant at Montagne, a Second Battalion man, had recently told me that he did not hold with religion in time of war. He said that the niggers (meaning the Indians) were right in officially relaxing their religious rules when they were fighting. "And all this damn nonsense, sir—excuse me, sir—that we read in the papers, sir, about how miraculous it is that the wayside crucifixes are always getting shot at but the figure of our Lord Jesus somehow don't get hurt, it fairly

---

3. Noncommissioned officer.   4. England.

makes me sick, sir." This was to explain why in giving practice fire-orders from the hilltop he had shouted out: "Seven hundred, half left, bloke on cross, five rounds consecrate, Fire!" His platoon, even the two men whose letters home always had the same formal beginning: "Dear Sister in Christ," or "Dear Brother in Christ," blazed away.

The troops, while ready to believe in the Kaiser as a comic personal devil, were aware that the German soldier was, on the whole, more devout than himself in the worship of God. In the instructors' mess we spoke freely of God and Gott as opposed tribal deities. For the regimental chaplains as a body we had no respect. If the regimental chaplains had shown one tenth the courage, endurance, and other human qualities that the regimental doctors showed, we agreed, the British Expeditionary Force might well have started a religious revival. But they had not. The fact is that they were under orders not to get mixed up with the fighting, to stay behind with the transport and not to risk their lives. No soldier could have any respect for a chaplain who obeyed these orders, and yet there was not in our experience one chaplain in fifty who was not glad to obey them. Occasionally on a quiet day in a quiet sector the chaplain would make a daring afternoon visit to the support line and distribute a few cigarettes, and that was all. But he was always in evidence back in rest-billets. Sometimes the colonel would summon him to come up with the rations and bury the day's dead, and he would arrive, speak his lines, and hastily retire. The position was made difficult by the respect that most of the commanding officers had for the cloth, but it was a respect that they soon outwore. The colonel in one battalion I served with got rid of four new chaplains in as many months. Finally he applied for a Roman Catholic chaplain, alleging a change of faith in the men under his command. For, as I should have said before, the Roman Catholics were not only permitted in posts of danger, but definitely enjoined to be wherever fighting was so that they could give extreme unction to the dying. And we had never heard of an R.C. chaplain who was unwilling to do all that was expected of him and more. It was recalled that Father Gleeson of the Munsters, when all the officers were put out of action at the first battle of Ypres, stripped off his black badges and, taking command of the survivors, held the line.

Anglican chaplains were remarkably out of touch with their troops. I told how the Second Battalion chaplain just before the Loos fighting had preached a violent sermon on the battle against sin, and how one old soldier behind me had grumbled: "Christ, as if one bloody push wasn't enough to worry about at a time." The Catholic padre, on the other hand, had given his men his blessing and told them that if they died fighting for the good cause they would go straight to Heaven, or at any rate would be excused a great many years in Purgatory. Someone told us of the chaplain of his battalion when he was in Mesopotamia, how on the eve of a big battle he had preached a sermon on the commutation of tithes. This was much more sensible than the battle against sin, he said; it was quite up in the air, and took the men's minds off the fighting.

I was feeling a bit better after a few weeks at the base, though the knowledge that this was only temporary relief was with me all the time. One day I walked out of the mess to begin the afternoon's work on the drill ground. I had to pass by the place where bombing instruction was given. A group of men was standing around the table where the various types of bombs were set out for demonstration. There was a sudden crash. An instructor of the Royal Irish Rifles had been giving a little unofficial instruction before the proper instructor arrived. He had picked up a No. 1 percussion grenade and said: "Now, lads, you've got to be careful with this chap. Remember that if you touch anything while you're swinging it, it will go off." To illustrate the point he rapped it against the edge of the table. It killed him and another man and wounded twelve others more or less severely.

Chapter 20

Four days after the raid we heard that we were due for the Somme. We marched through Béthune, which had been much knocked about and was nearly deserted, to Fouquières, and there entrained for the Somme. The Somme railhead was near Amiens and we marched by easy stages through Cardonette, Daours, and Buire, until we came to the original front line, close to the place where David Thomas[5] had been killed. The fighting had moved two miles on. This was on the afternoon of 14th July. At 4 a.m. on the 15th July we moved up the Méaulte-Fricourt-Bazentin road which wound through "Happy Valley" and found ourselves in the more recent battle area. Wounded men and prisoners came streaming past us. What struck me most was the number of dead horses and mules lying about; human corpses I was accustomed to, but it seemed wrong for animals to be dragged into the war like this. We marched by platoons, at fifty yards distance. Just beyond Fricourt we found a German shell-barrage across the road. So we left it and moved over thickly shell-pitted ground until 8 a.m., when we found ourselves on the fringe of Mametz Wood, among the dead of our new-army battalions that had been attacking Mametz Wood. We halted in thick mist. The Germans had been using lachrymatory shell[6] and the mist held the fumes; we coughed and swore. We tried to smoke, but the gas had got into the cigarettes, so we threw them away. Later we wished we had not, because it was not the cigarettes that had been affected so much as our own throats. The colonel called up the officers and we pulled out our maps. We were expecting orders for an attack. When the mist cleared we saw a German gun with "First Battalion Royal Welch Fusiliers" chalked on it. It was evidently a trophy. I wondered what had happened to Siegfried[7] and my friends of A Company. We found the battalion quite close in bivouacs; Siegfried was still alive, as were Edmund Dadd and two other A Company officers. The battalion had been in heavy fighting. In their first attack at Fricourt they had overrun our opposite number in the German army, the Twenty-third Infantry Regiment, who were undergoing a special disciplinary spell in the trenches because an inspecting staff-officer, coming round, had found that all the officers were back in Mametz village in a deep dug-out instead of up in the trenches with their men. (It was said that throughout that bad time in March in the German trenches opposite to us there had been no officer of higher rank than corporal.) Their next objective had been The Quadrangle, a small copse this side of Mametz Wood. I was told that Siegfried had then distinguished himself by taking single-handed a battalion frontage that the Royal Irish Regiment had failed to take the day before. He had gone over with bombs in daylight, under covering fire from a couple of rifles, and scared the occupants out. It was a pointless feat; instead of reporting or signalling for reinforcements he sat down in the German trench and began dozing over a book of poems which he had brought with him. When he finally went back he did not report. The colonel was furious. The

---

5. A British officer and close friend of Graves's, who was killed in March 1916; his death nearly caused Graves a nervous collapse. Thomas is represented in Siegfried Sassoon's autobiographical *Memoirs of a Fox-Hunting Man*

(1928) in the character of Dick Tiltwood.
6. Tear gas.
7. Siegfried Sassoon.

attack on Mametz Wood had been delayed for two hours because it was reported that British patrols were still out. "British patrols" were Siegfried and his book of poems. "It would have got you a D.S.O.[8] if you'd only had more sense," stormed the colonel. Siegfried had been doing heroic things ever since I had left the battalion. His nickname in the Seventh Division was "Mad Jack." He was given a Military Cross for bringing in a wounded lance-corporal from a mine-crater close to the German lines, under heavy fire. He was one of the rare exceptions to the rule against the decoration of Third Battalion officers. I did not see Siegfried this time; he was down with the transport having a rest. So I sent him a rhymed letter, by one of our own transport men, about the times that we were going to have together when the war ended; how, after a rest at Harlech, we were going for a visit to the Caucasus and Persia and China; and what good poetry we would write. It was in answer to one he had written to me from the army school at Flixécourt a few weeks previously (which appears in *The Old Huntsman*).

I went for a stroll with Edmund Dadd, who was now commanding A Company. Edmund was cursing: "It's not fair, Robert. You remember A Company under Richardson was always the best company. Well, it's kept up its reputation, and the C.O.[9] shoves us in as the leading company of every show, and we get our objectives and hold them, and so we've got to do the same again the next time. And he says that I'm indispensable in the company, so he makes me go over every time instead of giving me a rest and letting my second-in-command take his turn. I've had five shows in just over a fortnight and I can't go on being lucky every time. The colonel's about due for his C.B.[1] Apparently A Company is making sure of it for him."

For the next two days we were in bivouacs outside the wood. We were in fighting kit and the nights were wet and cold. I went into the wood to find German overcoats to use as blankets. Mametz Wood was full of dead of the Prussian Guards Reserve, big men, and of Royal Welch and South Wales Borderers of the new-army battalions, little men. There was not a single tree in the wood unbroken. I got my greatcoats and came away as quickly as I could, climbing over the wreckage of green branches. Going and coming, by the only possible route, I had to pass by the corpse of a German with his back propped against a tree. He had a green face, spectacles, close shaven hair; black blood was dripping from the nose and beard. He had been there for some days and was bloated and stinking. There had been bayonet fighting in the wood. There was a man of the South Wales Borderers and one of the Lehr regiment who had succeeded in bayoneting each other simultaneously. A survivor of the fighting told me later that he had seen a young soldier of the Fourteenth Royal Welch bayoneting a German in parade-ground style, automatically exclaiming as he had been taught: "In, out, on guard." He said that it was the oddest thing he had heard in France.

I found myself still superstitious about looting or collecting souvenirs. The greatcoats were only a loan, I told myself. Almost the only souvenir I had allowed myself to keep was a trench periscope, a little rod-shaped metal one sent me from home; when I poked it up above the parapet it offered only an inch-square target to the German snipers. Yet a sniper at Cuinchy, in May, drilled it through, exactly central, at four hundred yards range. I sent it home, but had no time to write a note of explanation. My mother, misunderstanding, and practical as usual, took it back to the makers and made them change it for a new one.

---

8. Distinguished Service Order.
9. Commanding officer.

1. Companion of the Bath, a British military honor.

Our brigade, the Nineteenth, was the reserve brigade of the Thirty-third Division; the other brigades, the Ninety-ninth and Hundredth, had attacked Martinpuich two days previously and had been stopped with heavy losses as soon as they started. Since then we had had nothing to do but sit about in shell-holes and watch the artillery duel going on. We had never seen artillery so thick. On the 18th we moved up to a position just to the north of Bazentin le Petit to relieve the Tyneside Irish. I was with D Company. The guide who was taking us up was hysterical and had forgotten the way; we put him under arrest and found it ourselves. As we went up through the ruins of the village we were shelled. We were accustomed to that, but they were gas shells.[2] The standing order with regard to gas shells was not to put on one's respirator but hurry on. Up to that week there had been no gas shells except lachrymatory ones; these were the first of the real kind, so we lost about half a dozen men. When at last we arrived at the trenches, which were scooped at a roadside and only about three feet deep, the company we were relieving hurried out without any of the usual formalities; they had been badly shaken. I asked their officer where the Germans were. He said he didn't know, but pointed vaguely towards Martinpuich, a mile to our front. Then I asked him where and what were the troops on our left. He didn't know. I cursed him and he went off. We got into touch with C Company behind us on the right and with the Fourth Suffolks not far off on the left. We began deepening the trenches and locating the Germans; they were in a trench-system about five hundred yards away but keeping fairly quiet.

The next day there was very heavy shelling at noon; shells were bracketing along our trench about five yards short and five yards over, but never quite getting it. We were having dinner and three times running my cup of tea was spilt by the concussion and filled with dirt. I was in a cheerful mood and only laughed. I had just had a parcel of kippers[3] from home; they were far more important than the bombardment—I recalled with appreciation one of my mother's sayings: "Children, remember this when you eat your kippers; kippers cost little, yet if they cost a hundred guineas a pair they would still find buyers among the millionaires." Before the shelling had started a tame magpie had come into the trench; it had apparently belonged to the Germans who had been driven out of the village by the Gordon Highlanders a day or two before. It was looking very draggled. "That's one for sorrow," I said. The men swore that it spoke something in German as it came in, but I did not hear it. I was feeling tired and was off duty, so without waiting for the bombardment to stop I went to sleep in the trench. I decided that I would just as soon be killed asleep as awake. There were no dug-outs, of course. I always found it easy now to sleep through bombardments. I was conscious of the noise in my sleep, but I let it go by. Yet if anybody came to wake me for my watch or shouted "Stand-to!" I was alert in a second. I had learned to go to sleep sitting down, standing up, marching, lying on a stone floor, or in any other position, at a moment's notice at any time of day or night. But now I had a dreadful nightmare; it was as though somebody was handling me secretly, choosing the place to drive a knife into me. Finally, he gripped me in the small of the back. I woke up with a start, shouting, and punched the small of my back where the hand was. I found that I had killed a mouse that had been frightened by the bombardment and run down my neck.

That afternoon the company got an order through from the brigade to build two cruciform strong-points at such-and-such a map reference. Moodie, the company

---

2. Either chlorine or mustard gas, used by the Germans in World War I, causing blistering of the skin and lungs, blindness, and even death.

3. Smoked herring.

commander, and I looked at our map and laughed. Moodie sent back a message that he would be glad to do so, but would require an artillery bombardment and strong reinforcements because the points selected, half way to Martinpuich, were occupied in force by the enemy. The colonel came up and verified this. He said that we should build the strong-point about three hundred yards forward and two hundred yards apart. So one platoon stayed behind in the trench and the other went out and started digging. A cruciform strong-point consisted of two trenches, each some thirty yards long, crossing at right angles to each other; it was wired all round, so that it looked, in diagram, like a hot-cross bun. The defenders could bring fire to bear against an attack from any direction. We were to hold each of these points with a Lewis gun[4] and a platoon of men.

It was a bright moonlight night. My way to the strong-point on the right took me along the Bazentin-High Wood road. A German sergeant-major, wearing a pack and full equipment, was lying on his back in the middle of the road, his arms stretched out wide. He was a short, powerful man with a full black beard. He looked sinister in the moonlight; I needed a charm to get myself past him. The simplest way, I found, was to cross myself. Evidently a brigade of the Seventh Division had captured the road and the Germans had been shelling it heavily. It was a sunken road and the defenders had begun to scrape fire-positions in the north bank, facing the Germans. The work had apparently been interrupted by a counter-attack. They had done no more than scrape hollows in the lower part of the bank. To a number of these little hollows wounded men had crawled, put their heads and shoulders inside and died there. They looked as if they had tried to hide from the black beard. They were Gordon Highlanders.

I was visiting the strong-point on the right. The trench had now been dug two or three feet down and a party of Engineers had arrived with coils of barbed wire for the entanglement. I found that work had stopped. The whisper went round: "Get your rifles ready. Here comes Fritz." I lay down flat to see better, and about seventy yards away in the moonlight I could make out massed figures. I immediately sent a man back to the company to find Moodie and ask him for a Lewis gun and a flare-pistol. I restrained the men, who were itching to fire, telling them to wait until they came closer. I said: "They probably don't know we're here and we'll get more of them if we let them come right up close. They may even surrender." The Germans were wandering about irresolutely and we wondered what the game was. There had been a number of German surrenders at night recently, and this might be one on a big scale. Then Moodie came running with a Lewis gun, the flare-pistol, and a few more men with rifle-grenades. He decided to give the enemy a chance. He sent up a flare and fired a Lewis gun over their heads. A tall officer came running towards us with his hands up in surrender. He was surprised to find that we were not Germans. He said that he belonged to the Public Schools Battalion in our own brigade. Moodie asked him what the hell he was doing. He said that he was in command of a patrol. He was sent back for a few more of his men, to make sure it was not a trick. The patrol was half a company of men wandering about aimlessly between the lines, their rifles slung over their shoulders, and, it seemed, without the faintest idea where they were or what information they were supposed to bring back. This Public Schools Battalion was one of four or five others which had been formed some time in 1914. Their training had been continually interrupted by large numbers of men being withdrawn as

4. A lightweight machine gun.

officers for other regiments. The only men left, in fact, seemed to be those who were unfitted to hold commissions; yet unfitted by their education to make good soldiers in the ranks. The other battalions had been left behind in England as training battalions; only this one had been sent out. It was a constant embarrassment to the brigade.

I picked up a souvenir that night. A German gun-team had been shelled as it was galloping out of Bazentin towards Martinpuich. The horses and the driver had been killed. At the back of the limber[5] were the gunners' treasures. Among them was a large lump of chalk wrapped up in a piece of cloth; it had been carved and decorated in colours with military mottos, the flags of the Central Powers, and the names of the various battles in which the gunner had served. I sent it as a present to Dr. Dunn. I am glad to say that both he and it survived the war; he is in practice at Glasgow, and the lump of chalk is under a glass case in his consulting room. The evening of the next day, July 19th, we were relieved. We were told that we would be attacking High Wood, which we could see a thousand yards away to the right at the top of a slope. High Wood was on the main German battle-line, which ran along the ridge, with Delville Wood not far off on the German left. Two British brigades had already attempted it; in both cases the counter-attack had driven them out. Our battalion had had a large number of casualties and was now only about four hundred strong.

I have kept a battalion order issued at midnight:

To O.C.B Co.   2nd R.W.F.   20.7.16.

Companies	will	move	as	under
to	same	positions	in	S14b
as	were	to	have	been
taken	over	from	Cameronians	aaa
	A Coy.	12.30 a.m.		
	B Coy.	12.45 a.m.		
	C Coy.	1 a.m.		
	D Coy.	1.15 a.m.	aaa	
	At	2 a.m.	Company	Commanders
will	meet	C.O.	at	X
Roads	S14b 99.	aaa		
Men	will	lie	down	and
get	under	cover	but	equipment
will	not	be	taken	off aaa

S14b 99 was a map reference for Bazentin churchyard. We lay here on the reverse slope of a slight ridge about half a mile from the wood. I attended the meeting of company commanders; the colonel told us the plan. He said: "Look here, you fellows, we're in reserve for this attack. The Cameronians are going up to the wood first, then the Fifth Scottish Rifles; that's at five a.m. The Public Schools Battalion are in support if anything goes wrong. I don't know if we shall be called on; if we are, it will mean that the Jocks have legged it.[6] As usual," he added. This was an appeal to prejudice. "The Public Schools Battalion is, well, what we know, so if we are called for, that means it will be the end of us." He said this with a laugh and we all laughed. We

---

5. A horse-drawn vehicle carrying a field-gun.   6. Scottish soldiers have run away.

were sitting on the ground protected by the road-bank; a battery of French 75's was firing rapid over our heads about twenty yards away. There was a very great concentration of guns in Happy Valley now. We could hardly hear what he was saying. He told us that if we did get orders to reinforce, we were to shake out in artillery formation; once in the wood we were to hang on like death. Then he said good-bye and good luck and we rejoined our companies.

At this juncture the usual inappropriate message came through from Division. Division could always be trusted to send through a warning about verdigris on vermorel-sprayers,[7] or the keeping of pets in trenches, or being polite to our allies, or some other triviality, when an attack was in progress. This time it was an order for a private in C Company to report immediately to the assistant provost-marshal back at Albert, under escort of a lance-corporal. He was for a court-martial. A sergeant of the company was also ordered to report as a witness in the case. The private was charged with the murder of a French civilian in an *estaminet* [tavern] at Béthune about a month previously. Apparently there had been a good deal of brandy going and the French civilian, who had a grudge against the British (it was about his wife), started to tease the private. He was reported, somewhat improbably, as having said: "English no bon, Allmand très bon. War fineesh, napoo the English.[8] Allmand win." The private had immediately drawn his bayonet and run the man through. At the court-martial the private was exculpated; the French civil representative commended him for having "energetically repressed local defeatism." So he and the two N.C.O.'s missed the battle.

What the battle that they missed was like I pieced together afterwards. The Jocks did get into the wood and the Royal Welch were not called on to reinforce until eleven o'clock in the morning. The Germans put down a barrage along the ridge where we were lying, and we lost about a third of the battalion before our show started. I was one of the casualties.

It was heavy stuff, six and eight inch. There was so much of it that we decided to move back fifty yards; it was when I was running that an eight-inch shell burst about three paces behind me. I was able to work that out afterwards by the line of my wounds. I heard the explosion and felt as though I had been punched rather hard between the shoulder-blades, but had no sensation of pain. I thought that the punch was merely the shock of the explosion; then blood started trickling into my eye and I felt faint and called to Moodie: "I've been hit." Then I fell down. A minute or two before I had had two very small wounds on my left hand; they were in exactly the same position as the two, on my right hand, that I had got during the preliminary bombardment at Loos. This I had taken as a sign that I would come through all right. For further security I had repeated to myself a line of Nietzsche's, whose poems, in French, I had with me:

> Non, tu ne peus pas me tuer.[9]

It was the poem about a man on the scaffold with the red-bearded executioner standing over him. (This copy of Nietzsche, by the way, had contributed to the suspicions about me as a spy. Nietzsche was execrated in the papers as the philosopher of German militarism; he was more popularly interpreted as a William le Queux[1] mystery-man—the sinister figure behind the Kaiser.)

---

7. Equipment used to spray water to absorb poisonous gases.
8. "English no good, German very good."
9. No, you cannot kill me.

1. Author of the popular novel *The Invasion of 1910* (1906), in which "the greatest of all wars" begins with the invasion of England.

One piece of shell went through my left thigh, high up near the groin; I must have been at the full stretch of my stride to have escaped emasculation. The wound over the eye was nothing; it was a little chip of marble, possibly from one of the Bazentin cemetery headstones. This and a finger wound, which split the bone, probably came from another shell that burst in front of me. The main wound was made by a piece of shell that went in two inches below the point of my right shoulder and came out through my chest two inches above my right nipple, in a line between it and the base of my neck.

My memory of what happened then is vague. Apparently Doctor Dunn came up through the barrage with a stretcher-party, dressed my wound, and got me down to the old German dressing-station at the north end of Mametz Wood. I just remember being put on the stretcher and winking at the stretcher-bearer sergeant who was looking at me and saying: "Old Gravy's got it, all right." The dressing-station was overworked that day; I was laid in a corner on a stretcher and remained unconscious for more than twenty-four hours.

It was about ten o'clock on the 20th that I was hit. Late that night the colonel came to the dressing-station; he saw me lying in the corner and was told that I was done for. The next morning, the 21st, when they were clearing away the dead, I was found to be still breathing; so they put me on an ambulance for Heilly, the nearest field-hospital. The pain of being jolted down the Happy Valley, with a shell-hole at every three or four yards of the roads, woke me for awhile. I remember screaming. But once back on the better roads I became unconscious again. That morning the colonel wrote the usual formal letters of condolence to the next-of-kin of the six or seven officers who had been killed. This was his letter to my mother:

22/7/16

DEAR MRS. GRAVES,

I very much regret to have to write and tell you your son has died of wounds. He was very gallant, and was doing so well and is a great loss.

He was hit by a shell and very badly wounded, and died on the way down to the base I believe. He was not in bad pain, and our doctor managed to get across and attend him at once.

We have had a very hard time, and our casualties have been large. Believe me you have all our sympathy in your loss, and we have lost a very gallant soldier.

Please write to me if I can tell you or do anything.

Yours sincerely,

**

Later he made out the official casualty list and reported me died of wounds. It was a long casualty list, because only eighty men were left in the battalion.

Heilly was on the railway; close to the station was the hospital—marquee tents with the red cross painted prominently on the roofs to discourage air-bombing. It was fine July weather and the tents were insufferably hot. I was semi-conscious now, and realized my lung-wound by the shortness of breath. I was amused to watch the little bubbles of blood, like red soap-bubbles, that my breath made when it escaped through the hole of the wound. The doctor came over to me. I felt sorry for him; he looked as though he had not had any sleep for days. I asked him for a drink. He said: "Would you like some tea?" I whispered: "Not with condensed milk in it." He said: "I'm afraid there's no fresh milk." Tears came to my eyes; I expected better of a hospital behind the lines. He said: "Will you have some water?" I said: "Not if it's boiled." He said: "It is boiled. And I'm afraid I can't give you anything with alcohol in it in your present condition." I said: "Give me some fruit then." He said: "I have seen no fruit for days." But a few minutes later he came back with two rather unripe green-gages. I felt so grateful that I promised him a whole orchard when I recovered.

The nights of the 22nd and 23rd were very bad. Early on the morning of the 24th, when the doctor came to see how I was, I said: "You must send me away from here. The heat will kill me." It was beating through the canvas on my head. He said: "Stick it out. It's your best chance to lie here and not to be moved. You'd not reach the base alive." I said: "I'd like to risk the move. I'll be all right, you'll see." Half an hour later he came back. "Well, you're having it your way. I've just got orders to evacuate every case in the hospital. Apparently the Guards have been in it up at Delville Wood and we'll have them all coming in to-night." I had no fears now about dying. I was content to be wounded and on the way home.

I had been given news of the battalion from a brigade-major, wounded in the leg, who was in the next bed to me. He looked at my label and said: "I see you're in the Second Royal Welch Fusiliers. Well, I saw your High Wood show through field-glass-es. The way your battalion shook out into artillery formation, company by compa-ny—with each section of four or five men in file at fifty yards interval and distance—going down into the hollow and up the slope through the barrage, was the most beautiful bit of parade-ground drill I've ever seen. Your company officers must have been superb." I happened to know that one company at least had started without a single officer. I asked him whether they had held the wood. He said: "They hung on at the near end. I believe what happened was that the Public Schools Battalion came away as soon as it got dark; and so did the Scotsmen. Your chaps were left there alone for some time. They steadied themselves by singing. Later, the chaplain—R.C. of course—Father McCabe, brought the Scotsmen back. They were Glasgow Catholics and would follow a priest where they wouldn't follow an officer. The middle of the wood was impossible for either the Germans or your fellows to hold. There was a ter-rific concentration of artillery on it. The trees were splintered to matchwood. Late that night the survivors were relieved by a brigade of the Seventh Division; your First Battalion was in it."

That evening I was put in the hospital train. They could not lift me from the stretcher to put me on a bunk, for fear of starting haemorrhage in the lung; so they laid the stretcher on top of it, with the handles resting on the head-rail and foot-rail. I had been on the same stretcher since I was wounded. I remember the journey only as a nightmare.

My back was sagging, and I could not raise my knees to relieve the cramp because the bunk above me was only a few inches away. A German officer on the other side of the carriage groaned and wept unceasingly. He had been in an aero-plane crash and had a compound fracture of the leg. The other wounded men were cursing him and telling him to stow it and be a man, but he went on, keeping every one awake. He was not delirious, only frightened and in great pain. An orderly gave me a pencil and paper and I wrote home to say that I was wounded but all right. This was July 24th, my twenty-first birthday, and it was on this day, when I arrived at Rouen, that my death officially occurred. My parents got my letter two days after the letter from the colonel; mine was dated July 23rd, because I had lost count of days when I was unconscious; his was dated the 22nd. They could not decide whether my letter had been written just before I died and misdated, or whether I had died just after writing it. "Died of wounds" was, however, so much more circumstantial than "killed" that they gave me up. I was in No. 8 Hospital at Rouen; an exchâteau[2] high above the town. The day after I arrived a Cooper aunt of mine, who had married a Frenchman, came up to the hospital to visit a nephew in the South Wales Borderers who had just had a leg amputated. She happened to see my name in a list on the door of the ward, so she wrote to my mother to reassure her. On the 30th I had a letter from the colonel:

30/7/16

DEAR VON RUNICKE,

I cannot tell you how pleased I am you are alive. I was told your number was up for certain, and a letter was supposed to have come in from Field Ambulance saying you had gone under.

Well, it's good work. We had a rotten time, and after succeeding in doing practically the impossible we collected that rotten crowd and put them in their places, but directly dark came they legged it. It was too sad.

We lost heavily. It is not fair putting brave men like ours alongside that crowd. I also wish to thank you for your good work and bravery, and only wish you could have been with them. I have read of bravery but I have never seen such magnificent and wonderful disregard for death as I saw that day. It was almost uncanny—it was so great. I once heard an old officer in the Royal Welch say the men would follow you to Hell; but these chaps would bring you back and put you in a dugout in Heaven.

Good luck and a quick recovery. I shall drink your health to-night.

***

I had little pain all this time, but much discomfort; the chief pain came from my finger, which had turned septic because nobody had taken the trouble to dress it, and was throbbing. And from the thigh, where the sticky medical plaster, used to hold down the dressing, pulled up the hair painfully when it was taken off each time the wound was dressed. My breath was very short still. I contrasted the pain and discomfort favourably with that of the operation on my nose of two months back; for this I had won no sympathy at all from anyone, because it was not an injury contracted in war. I was weak and petulant and muddled. The R.A.M.C.[3] bugling outraged me. The "Rob All My Comrades," I complained, had taken everything I had except a few papers in my tunic-pocket and a ring which was too tight on my finger to be pulled off; and now they mis-blew the Last Post flat and windily, and with the pauses in the wrong places, just to annoy me. I remember that I told an orderly to put the bugler under arrest and jump to it or I'd report him to the senior medical officer.

Next to me was a Welsh boy, named O.M. Roberts, who had joined us only a few days before he was hit. He told me about High Wood; he had reached the edge of the wood when he was wounded in the groin. He had fallen into a shell-hole. Some time in the afternoon he had recovered consciousness and seen a German officer working round the edge of the wood, killing off the wounded with an automatic pistol. Some of our lightly-wounded were, apparently, not behaving as wounded men should; they were sniping. The German worked nearer. He saw Roberts move and came towards him, fired and hit him in the arm. Roberts was very weak and tugged at his Webley.[4]

---

2. Commandeered castle.
3. Royal Army Medical Corps.

4. Revolver.

He had great difficulty in getting it out of the holster. The German fired again and missed. Roberts rested the Webley against the lip of the shell-hole and tried to pull the trigger; he was not strong enough. The German was quite close now and was going to make certain of him this time. Roberts said that he just managed to pull the trigger with the fingers of both hands when the German was only about five yards away. The shot took the top of his head off. Roberts fainted.

The doctors had been anxiously watching my lung, which was gradually filling with blood and pressing my heart too far away to the left of my body; the railway journey had restarted the haemorrhage. They marked the gradual progress of my heart with an indelible pencil on my skin and said that when it reached a certain point they would have to aspirate me. This sounded a serious operation, but it only consisted of putting a hollow needle into my lung through the back and drawing the blood off into a vacuum flask through it. I had a local anæsthetic; it hurt no more than a vaccination, and I was reading the *Gazette de Rouen* as the blood hissed into the flask. It did not look much, perhaps half a pint. That evening I heard a sudden burst of lovely singing in the courtyard where the ambulances pulled up. I recognized the quality of the voices. I said to Roberts: "The First Battalion have been in it again," and asked a nurse to verify it; I was right. It was their Delville Wood show, I think, but I am uncertain now of the date.

A day or two later I was taken back to England by hospital ship.

━━+ END OF PERSPECTIVES: THE GREAT WAR +━━

━━+ ⊰❖⊱ +━━

Speeches on Irish Independence

Through the eight centuries of British rule in Ireland, Irish nationalist sentiment remained strong, though it was often forced underground. Ireland had gained a hundred members in the British Parliament when the United Kingdom was formed in 1801, yet on crucial issues they were regularly outvoted by the English majority. As Ireland gradually recovered from the effects of the famine of the 1840s, nationalist agitation increased, only inflamed by English attempts at repression. In 1870 the Home Rule League was formed, to press for legislative independence. In 1877 the League elected as its parliamentary leader a bold young nationalist named Charles Stewart Parnell (1846–1891), who came to dominate the movement for the ensuing dozen years; his tragic fall from power in 1889 shocked both his supporters and his detractors. For Yeats and Joyce especially, Parnell was proof of their suspicion that, as Joyce's character Stephen Dedalus was to put it, Ireland is "the old sow that eats her farrow."

Parnell assembled a powerful coalition in Parliament, bringing other business to a halt until Irish issues were considered. After years of negotiation, the Liberal prime minister Gladstone agreed to introduce a Home Rule bill in 1886. The bill was defeated, but passage was believed to be just a matter of time. Parnell's fortunes were quickly to turn, however. On Christmas Eve, 1889, Captain William O'Shea, a moderate Home Rule member, brought a divorce action against his wife Katherine ("Kitty"), and named Parnell as respondent. Parnell had been conducting an affair with Kitty O'Shea since 1880; some suggest that Captain O'Shea had long known this, and brought the action at this point for political gain. As a result of the divorce, the Irish parliamentary party removed Parnell from the leadership, and the Catholic hierarchy in Ireland turned against him, declaring him unfit for public office; a large portion of the Irish people abandoned him as well. Others, especially in Dublin, remained fiercely loyal to Parnell; but he was a broken man, and died just a few months after his marriage to Kitty O'Shea in June 1891.

The ensuing years were marked by token reforms and by division in Ireland, between ardent nationalists, moderate reformers, and Protestants who opposed weakened ties to England. The Irish republic can be dated from the Easter Rising in 1916 which, though unsuccessful, started the movement toward Irish independence which resulted six years later in the founding of the Irish Free State. After the failure of a third Home Rule bill in 1914, the Irish Republican Brotherhood stepped up their activities and began planning for a large-scale revolutionary uprising. In the spring of 1916 the Irish statesman Sir Roger Casement traveled to Germany to raise support for the planned uprising, but he managed only to obtain some obsolete firearms and was arrested on his return to Ireland. Three days later, on Easter Monday, April 24, a small force of about a thousand rebels seized the General Post Office and other city buildings, and declared a provisional Republican government, in a stirring proclamation read on the Post Office steps by Padriac Pearce, the planned president. W. B. Yeats vividly evokes that historical moment, and its transformation into nationalist mythology, in his poem *Easter 1916*. Street fighting continued for about a week, until Pearse and other leaders were forced to surrender. The execution of these leaders helped to rally support for the Republican cause among the Irish people and contributed to the founding of the Irish Republican Army (IRA) in 1919. Guided by the brilliant tactician Michael Collins, the IRA harrassed British troops and kept them from crushing the nationalist resistance.

As a result of this ongoing state of virtual civil war, the British government was ultimately forced to pass the Government of Ireland Act in 1920, dividing Ireland into two self-governing areas, Northern Ireland and Southern Ireland. Historically, the south has been primarily Catholic (currently more than 90 percent), and the north Protestant (about 65 percent); all twentieth-century political divisions of Ireland have been made with the awareness of these religious and cultural differences. At the close of 1921, the Anglo-Irish Treaty laid the ground-work for Ireland's twenty-six southern counties to establish an Irish Free State, the Republic of Ireland; the six counties of Northern Ireland would retain their status as a member of the United Kingdom. Michael Collins, who negotiated the 1921 treaty, was ambushed and killed in 1922 by opponents of Irish partition. This division of the island remains in effect today, although recurrent terrorist violence of the IRA has been directed at winning independence as well for Northern Ireland. Thus while Ireland and England are still somewhat uneasy neighbors, 1922 marks the incomplete realization of a 750-year-old dream—in the words of a popular ballad, the dream that Ireland might be "a nation once again."

Charles Stewart Parnell
At Limerick

I firmly believe that, bad as are the prospects of this country, out of that we will obtain good for Ireland. * * * It is the duty of the Irish tenant farmers to combine amongst themselves and ask for a reduction of rent, and if they get no reduction where a reduction is necessary, then I say that it is the duty of the tenant to pay no rent until he gets it. And if they combined in that way, if they stood together, and if being refused a reasonable and just reduction, they kept a firm grip of their homesteads, I can tell them that no power on earth could prevail against the hundreds of thousands of the tenant farmers of this country. Do not fear. You are not to be exterminated as you were in 1847,[1] and take my word for it it will not be attempted. You should ask for concessions that are just. Ask for them in a proper manner, and good landlords will give these conditions. But for the men who had always shown themselves regardless of right

---

1. After the failure of the potato crops in 1845 and 1846, and English refusal to suspend rent payments of Irish tenant farmers, 1847 was perhaps the year of most extreme suffering and starvation. During the years of the Potato Famine, the Irish population plummeted, through starvation, disease, and emigration, from about 8.5 million in 1845 to 6.6 million in 1851. This national tragedy forms the backdrop for Parnell's remarks (31 August 1879) to the tenant farmers of Limerick, who seemed to be facing an agricultural crisis of similar magnitude.

and justice in their dealings with these questions, I say it is necessary for you to main-tain a firm and determined attitude. If you maintain that attitude victory must be yours. If when a farm was tenantless, owing to any cause, you refuse to take it, and the present most foolish competition amongst farmers came to an end, as undoubtedly it now must, these men who are forgetful of reason and of common sense must come to reconsider their position. I believe that the land of a country ought to be owned by the people of the country. And I think we should centre our exertions upon attaining that end. * * * When we have the people of this country prosperous, self-reliant, and confi-dent of the future, we will have an Irish nation which will be able to hold its own amongst the nations of the world. We will have a country which will be able to speak with the enemy in the gate—we will have a people who will understand their rights, and, knowing those rights, will be resolved to maintain them. We must all have this without injustice to any individual.

Before the House of Commons[1]

* * * I can assure the House that it is not my belief that anything I can say, or wish to say at this time, will have the slightest effect on the public opinion of the House, or upon the public opinion of this country. I have been accustomed during my political life to rely upon the public opinion of those whom I have desired to help, and with whose aid I have worked for the cause of prosperity and freedom in Ireland: and the utmost that I desire to do in the very few words which I shall address to this House, is to make my position clear to the Irish people at home and abroad from the unjust aspersions which have been cast upon me by a man[2] who ought to be ashamed to devote his high ability to the task of traducing[3] them. I don't wish to reply to the ques-tions of the right hon. gentleman. I consider he has no right to question me, standing as he does in a position very little better than an informer with regard to the secrets of the men with whom he was associated, and he has not even the pretext of that remark-able informer whose proceedings we have lately heard of.[4] He had not even the pretext of that miserable man that he was attempting to save his own life. No, sir: other motives of less importance seem to have weighed with the right hon. gentleman in the extraordinary course which he has adopted on the present occasion of going out of his way to collect together a series of extracts, perhaps nine or ten in number, out of a number of speeches—many hundreds and thousands—delivered during the Land League movement[5] by other people and not by me, upon which to found an accusation against me for what has been said and done by others. * * * The right hon. gentleman has asked me to defend myself. Sir, I have nothing to defend myself for. The right hon. gentleman has confessed that he attempted to obtain a declaration or public promise from me which would have the effect of discrediting me with the Irish people. He has admitted that he failed in that attempt, and failing in that attempt, he lost his own reputation. He boasted last night that he had deposed me from some imaginary posi-tion which he was pleased to assign to me; but, at least, I have this consolation—that

1. Delivered 23 February 1883.
2. William Edward Forster, chief secretary for Ireland, had attacked Parnell at the beginning of the 1883 ses-sion.
3. Slandering.
4. James Carey (1845–1883), one of the Invincibles (an Irish nationalist group who killed the Irish chief secretary and undersecretary in Dublin's Phoenix Park in May

1882). After his arrest, he turned informer but was killed by another of the Invincibles while the British govern-ment attempted to transport him to safety in South Africa.
5. A division of the Home Rule Confederation, founded in 1879 by Michael Davitt and led by Parnell, that fought for the tenant farmers' security of tenure, fair rents on property, and the freedom to sell their property.

he also deposed himself. * * * I have taken very little part in Irish politics since my release from Kilmainham.[6] I expressed my reason for that upon the passing of the Crimes Act.[7] I said that, in my judgment, the Crimes Act would result in such a state of affairs that between the Government and secret societies it would be impossible for constitutional agitation to exist in Ireland. I believe so still. * * * It would have been far better if you were going to pass an Act of this kind and to administer an Act of this kind as you are going to administer it, and as you are obliged to administer it—up to the hilt—that it should be done by the seasoned politician who is now in disgrace. Call him back to his post! Send him to help Lord Spencer[8] in his congenial work of the gallows in Ireland! Send him to look after the Secret Inquisitions of Dublin Castle! Send him to superintend the payment of blood money! Send him to distribute the taxes which an unfortunate and starving peasantry have to pay for crimes not committed by them! All this would be congenial work. We invite you to man your ranks, and send your ablest and best men. Push forward the task of misgoverning Ireland! For my part I am confident as to the future of Ireland. Although her horizon may appear at this moment clouded, I believe that our people will survive the present oppression as we have survived many and worse ones. And although our progress may be slow it will be sure, and the time will come when this House and the people of this country will admit once again that they have been mistaken; that they have been deceived by those who ought to be ashamed of deceiving them; that they have been led astray as to the method of governing a noble, a generous, and an impulsive people; that they will reject their present leaders who are conducting them into the terrible course, which, I am sorry to say, the Government appears to be determined to enter; that they will reject these guides and leaders with just as much determination as they rejected the services of the right hon. gentleman the member of Bradford.[9]

At Portsmouth, After the Defeat of Mr. Gladstone's Home Rule Bill[1]

It is, I believe, about the first time I have had the honour of addressing a mainly English audience. And I have been induced to do so now because I rely greatly upon the spirit of fair play among the English masses, and because the issues for my country are so great and so vital at the present moment—the issues which underlie this present struggle—that the Irishman who remains silent when it might be possible to do something to help his country would be more unworthy than tongue could describe. * * * I have, in my career as a member of Parliament, never wittingly injured the cause of the English working man. I have done something to show my sympathy for the masses of the people of this country. * * * Some years ago it was my privilege to strike with English members a successful blow in favour of the abolition of flogging in the army and navy. We were met then by the very same arguments as we are met with today, and from the same class of persons. It was said by the late Lord Beaconsfield[2] that the integrity of the British Empire would be endangered if flogging were abolished, and he called a great meeting at one of the Ministerial offices in London, a great meeting of his supporters both in the Lords and Commons, for the purpose of exhorting them to stand shoulder to shoulder in defence of the British Empire against the

---

6. A jail in Dublin where Parnell was held between October 1881 and May 1882, after a series of popular speeches to the Irish people couched in violent language.
7. A coercion act against Irish agitation passed in 1881.
8. John Poyntz, fifth Earl of Spencer; Lord Lieutenant of Ireland for a second term (1882–1885).

9. I.e., William Edward Forster.
1. The first Home Rule bill, which would have given Ireland a "wide measure of autonomy"; Parnell gave this speech (25 June 1886), shortly after the bill's defeat.
2. Benjamin Disraeli, Prime Minister of England in 1868, and from 1874 to 1880.

abolition of flogging in the army. * * * I have shown you that in some respects the Irish settlement proposed by Mr Gladstone does not give a Parliament, a Legislature with the powers possessed by Grattan's Parliament;[3] but I have shown you on the other hand that as regards our own exclusively domestic business it gives larger powers, more important powers, more valuable powers for Ireland itself than was possessed by Grattan's, and therefore we think that this settlement proposed by Mr Gladstone will prove a more durable settlement than the restitution of the Grattan Parliament or the Repeal of the Union would prove. * * * Imperial unity does not require or necessitate unity of Parliaments. Will you carry that away with you and remember it, because it is the keystone of our whole proceedings. * * * I should say that Ireland would justly deserve to lose her privilege if she passed laws oppressive of the minority. * * * So far as coercion was concerned it has not brought you any nearer to the end of the Irish question. * * * One great fault in English coercion has been that no matter what your intentions have been when you have commenced coercion, you have never discriminated between political agitators and breakers of the law. * * * Lord Carnarvon[4] will not deny that he was as strong a Home Ruler as I was last August, and that when he went over to Ireland he became stronger and stronger every day he lived in that country. There is another thing he has not denied: he has not denied that he sought an interview with me in order to speak to me and consult with me about a Constitution for Ireland.[5] * * * Untold is the guilt of that man who, for party purposes, does not take advantage of the spirit which is abroad amongst the English to put the hand of the Irish into that of the English to close the strife of centuries—a strife that has been of no advantage to the people of either country; a strife that has only been for the benefit of the money-grabbing landlords; a strife that has impeded popular progress in England as well as in Ireland, and that must continue to impede it; a strife which is fanned for the purpose of cheating you out of your rights, and to divert the energies of the newly enfranchised masses of Great Britain from the redress of their grievances to the odious task of oppressing and keeping down the small sister country.

In Committee Room No. 15[1]

The men whose ability is now so conspicuously exercised as that of Mr. Healy and Mr. Sexton, will have to bear their responsibility for this. * * * Why did you encourage me to come forward and maintain my leadership in the face of the world if you were not going to stand by me? * * * I want to ask you before you vote my deposition to be sure you are getting value for it. * * * I know what Mr. Gladstone will do for you; I know what Mr. Morley[2] will do for you; and I know there is not a single one of the lot to be trusted unless you trust yourselves. Be to your own selves true and hence it follows, as the day the night, thou can'st not be false to any man.[3] * * * If I am to leave you tonight I should like to leave you in security. I should like, and it is not an unfair

3. Henry Grattan was leader of the movement that gave Ireland legislative independence in 1782.
4. Lord lieutenant of Ireland from 1885 to 1886 and member of the British Parliament.
5. Parnell and Carnarvon met on 1 August 1885, and discussed Irish Home Rule and an Irish Constitution.
1. Office of Parnell's party in Dublin. Parnell spoke to the party leadership on 6 December 1890 following a motion by Timothy Healy and Thomas Sexton to depose him as their leader in Parliament. Healy had been a Member of Parliament allied with Parnell's legislative agenda; Sexton had

also supported Parnell in Parliament. In the wake of Parnell's involvement with the O'Shea divorce case, however, both abandoned Parnell and withdrew their support for his policies—an act of treachery which inspired James Joyce's first literary production, at age 8, a poem titled "Et Tu, Healy?" This scene, imaginatively recreated, also provides the backdrop to Joyce's story Ivy Day in the Committee Room.
2. John Morley (1838–1923), twice Chief Secretary for Ireland.
3. A paraphrase of lines from Polonius's speech in Hamlet, 1.3.78–80.

thing for me to ask, that I should come within sight of the Promised Land; that I should come with you, having come so far, if not to the end of this course, that I should at least come with you as far as you will allow and permit me to come with you, at least until it is absolutely sure that Ireland and I can go no further.

Proclamation of the Irish Republic
Poblacht na h Eireann[1]

THE PROVISIONAL GOVERNMENT OF THE IRISH REPUBLIC
TO THE
PEOPLE OF IRELAND

Irishmen and Irishwomen:

In the name of God and of the dead generations from which she receives her old tradition of nationhood, Ireland, through us, summons her children to her flag and strikes for her freedom.

Having organised and trained her manhood through her secret revolutionary organisation, the Irish Republican Brotherhood, and through her open miltary organisations, the Irish Volunteers and the Irish Citizen Army, having patiently perfected her discipline, having resolutely waited for the right moment to reveal itself, she now seizes that moment, and, supported by her exiled children in America and by gallant allies in Europe, but relying in the first on her own strength, she strikes in full confidence of victory.

We declare the right of the people of Ireland to the ownership of Ireland, and to the unfettered control of Irish destinies, to be sovereign and indefeasible. The long usurpation of that right by a foreign people and government has not extinguished the right, nor can it ever be extinguished except by the destruction of the Irish people. In every generation the Irish have asserted their right to National freedom and sovereignty; six times during the past three hundred years they have asserted it in arms. Standing on that fundamental right and again asserting it in arms in the face of the world, we hereby proclaim the Irish Republic as a Sovereign Independent State, and we pledge our lives and the lives of our comrades-in-arms to the cause of its freedom, of its welfare, and of its exaltation among the nations.

The Irish Republic is entitled to, and hereby claims, the allegiance of every Irishman and Irishwoman. The Republic guarantees religious and civil liberty, equal rights and equal opportunities to all its citizens, and declares its resolve to pursue the happiness and prosperity of the whole nation and of all its parts, cherishing all the children of the nation equally, and oblivious of the differences carefully fostered by an alien government, which have divided a minority from the majority in the past.

Until our arms have brought the opportune moment for the establishment of a permanent National Government, representative of the whole people of Ireland and elected by the suffrages of all her men and women,[2] the Provisional Government, hereby constituted, will administer the civil and military affairs of the Republic in trust for the people.

1. *Irish Republic,* in the Irish language.
2. This call for women's suffrage in the Irish Republic predates full British women's suffrage by 12 years, and American women's suffrage by four years.

We place the cause of the Irish Republic under the protection of the Most High God, Whose blessing we invoke upon our arms, and we pray that no one who serves that cause will dishonor it by cowardice, inhumanity, or rapine. In this supreme hour the Irish nation must, by its valour and discipline and by the readiness of its children to sacrifice themselves for the common good, prove itself worthy of the august destiny to which it is called.

Signed on Behalf of the Provisional Government,
THOMAS J. CLARKE,
SEAN MACDIARMADA,
THOMAS MACDONAGH,
P. H. PEARSE,
EAMONN CEANNT,
JAMES CONNOLLY,
JOSEPH PLUNKETT.

Easter 1916

Padraic Pearse
Kilmainham Prison[1]

The following is the substance of what I said when asked today by the President of the Court-Martial at Richmond Barracks whether I had anything to say in my defence:

I desire, in the first place, to repeat what I have already said in letters to General Maxwell and Brigadier General Lowe.[2] My object in agreeing to an unconditional surrender was to prevent the further slaughter of the civil population of Dublin and to save the lives of our gallant fellows, who, having made for six days a stand unparalleled in military history, were now surrounded, and in the case of those under the immediate command of H.Q., without food. I fully understand now, as then, that my own life is forfeit to British law, and I shall die very cheerfully if I can think that the British Government, as it has already shown itself strong, will now show itself magnanimous enough to accept my single life in forfeiture and to give a general amnesty to the brave men and boys who have fought at my bidding.[3]

In the second place, I wish it to be understood that any admissions I make here are to be taken as involving myself alone. They do not involve and must not be used against anyone who acted with me, not even those who may have set their names to documents with me. (The Court assented to this.)

I admit that I was Commandant-General Commanding-in-Chief of the forces of the Irish Republic which have been acting against you for the past week, and that I was President of the Provisional Government. I stand over all my acts and words done or spoken, in these capacities. When I was a child of ten I went on my bare knees by my bedside one night and promised God that I should devote my life to an effort to free my country. I have kept the promise. I have helped to organize, to arm, to train, and to discipline my fellow-countrymen to the sole end that, when the time came, they might fight for Irish freedom. The time, as it seemed to me, did come, and we went into the fight. I am glad we did, we seem to have lost, but we have not lost. To refuse to fight would have been to lose, to fight is to win; we have kept faith with

1. 2 May 1916. Pearse had been arrested on 29 April 1916, ending the street fighting that had begun when he read the Proclamation of the Irish Republic on 16 April. Pearse was executed at the conclusion of this military trial.

2. Leaders of the British troops during the Easter Rising.
3. This was not to be the case; in addition to Pearse, several other conspirators were executed by the British.

the past, and handed on a tradition to the future. I repudiate the assertion of the prosecutor that I sought to aid and abet England's enemy. Germany is no more to me than England is. I asked and accepted German aid in the shape of arms and an expeditionary force, we neither asked for nor accepted German gold, nor had any traffic with Germany but what I state. My object was to win Irish freedom. We struck the first blow ourselves, but I should have been glad of an ally's aid.

I assume that I am speaking to Englishmen who value their freedom and who profess to be fighting for the freedom of Belgium and Serbia;[4] believe that we too love freedom and desire it. To us it is more desirable than anything in the world. If you strike us down now we shall rise again and renew the fight, you cannot conquer Ireland, you cannot extinguish the Irish passion for freedom; if our deed has not been sufficient to win freedom then our children will win it by a better deed.

Michael Collins
The Substance of Freedom[1]

* * * We gather here today to uphold and to expound the Treaty. It was not our intention to hold any meetings until the issue was definitely before the electorate. But as a campaign has been begun in the country by Mr. de Valera and his followers we cannot afford to wait longer.

Mr de Valera's campaign is spoken of as a campaign against the Treaty. It is not really that.

The Irish people have already ratified the Treaty through their elected representatives. And the people of Ireland will stand by that ratification. The weekly paper of our opponents, which they call *The Republic of Ireland*, admits that ratification. Document No. 2[2] lapsed with the approval by the Dáil of the Treaty, they said in a leading article in the issue of February 21st; and in the issue of February 28th it is said "alternative documents are no longer in question."

No, it is not a campaign against the Treaty.

Nothing would disconcert Mr. de Valera and his followers more than the wrecking of the Treaty, than the loss of what has been secured by the Treaty.

It is a campaign, not against the Treaty, but against the Free State. And not only against the Free State, but still more against those who stand for the Free State. "Please God we will win," said Mr. de Valera last Sunday at Ennis, "and then there will be an end to the Free State." And if there were an end to the Free State, what then? What is the object of our opponents? I will tell you what it is.

In the same leading article of February 28th (in *The Republic of Ireland*) they say: "The Republican position is clear," and "We stand against the Treaty for the maintenance of the Republic."

The maintenance of the Republic [exclaimed Mr. Collins]. That is very curious. Because in the previous week's issue we were told by a member of the Dáil Cabinet that before the Truce of July last[3] it had become plain that it was physically impossi-

---

4. In World War I.

1. The text is compiled from reports of audience members for Collins's speech at a public meeting on 5 March 1922. The "treaty" in question is the Anglo-Irish Treaty establishing 26 of Ireland's 32 counties as the Irish Free State and setting up a parliamentary government in Ireland. The treaty was opposed by Eamon de Valera, a surviving leader of the Easter Rising and leader of Sinn Féin, the Irish Republican organization whose Irish name means "Ourselves Alone." Though he was imprisoned by the newly formed Free State for his refusal to sign the treaty, de Valera later went on to serve as both Prime Minister and President of Ireland.

2. A document proposing an alternative arrangement, put forward by a private session of the Dáil Éireann (Irish Parliament) in December 1921.

3. A 1921 truce that led to negotiations and the Anglo-Irish Treaty.

ble to secure Ireland's ideal of a completely isolated Republic in the immediate future, otherwise than by driving the overwhelmingly superior British forces out of the country. * * *

I will tell you what has happened since.

The Treaty has been brought back. It has brought and is bringing such freedom to Ireland in the transference to us of all governmental powers, but, above all, in the departure of the British armed forces, that it has become safe, and simple, and easy, and courageous to stand now for what was surrendered in July, because the British armed forces were still here.

We could not beat the British out by force, so the Republican ideal was surrendered. But when we have beaten them out by the Treaty the Republican ideal, which was surrendered in July, is restored.

The object of Mr de Valera and his party emerges. They are stealing our clothes.

We have beaten out the British by means of the Treaty. While damning the Treaty, and us with it, they are taking advantage of the evacuation which the Treaty secures.

After the surrender of the Republican ideal in July we were sent over to make a Treaty with England.

Some of us were sent very much against our wishes. That is well-known to our opponents. Everyone knew then, and it is idle and dishonest to deny now, that in the event of a settlement some postponement of the realisation of our full national sentiment would have to be agreed to.

We were not strong enough to realise the full Republican ideal. In addition, we must remember that there is a strong minority in our country up in the North-East that does not yet share our national views, but has to be reckoned with. In view of these things I claim that we brought back the fullest measure of freedom obtainable—the solid substance of independence.

We signed the Treaty believing it gave us such freedom. Our opponents make use of the advantage of the Treaty while they vilify it and us. The position gained by the Treaty provides them with a jumping off ground. After dropping the Republic while the British were still here, they shout bravely for it now from the safe foothold provided for them by means of the Treaty.

It is a mean campaign.

We were left with the Herculean labour and the heavy responsibility of taking over a Government. This would be a colossal task for the most experienced men of any nation. And we are young and not experienced. While we are thus engaged our former comrades go about the country talking. They tell the people to think of their own strength and the weakness of the enemy. Yes! and what is it that has made us strong and the enemy weak in the last few months? Yes, the enemy becomes weaker every day as his numbers grow less. And as they grow less, louder and louder do our opponents shout for the Republic which they surrendered in July last.

What has made the enemy weaker? The enemy that was then too strong for us? Is it the division in our ranks, which is Mr. de Valera's achievement, and which is already threatening a suspension of the evacuation? Or is it the Treaty which is our achievement?

Mr de Valera, in Limerick last Sunday, compared Ireland to a party that had set out to cross a desert, and they had come to a green spot, he said, and there were some who came along to tell them to lie down and stay there, and be satisfied and not go on.

Yes, we had come by means of the Treaty to a green oasis, the last in the long weary desert over which the Irish nation has been travelling. Oases are the resting-places of the desert, and unless the traveller finds them and refreshes himself he never reaches his destination.

Ireland has been brought to the last one, beyond which there is but a little and an easy stretch to go. The nation has earned the right to rest for a little while we renew our strength, and restore somewhat our earlier vigour.

But there are some amongst us who, while they take full advantage of the oasis—only a fool or a madman would fail to do that—complain of those who have led them to it. They find fault with it. They do nothing to help. They are poisoning the wells, wanting now to hurry on, seeing the road ahead short and straight, wanting the glory for themselves of leading the Irish nation over it, while unwilling to fill and shoulder the pack.

We are getting the British armed forces out of Ireland. Because of that evacuation our opponents are strong enough and brave enough now to say: "They are traitors who got you this. We are men of principle. We stand for the Republic"—that Republic which it was physically impossible to secure until the traitors had betrayed you.

Have we betrayed you? * * *

The arrangement in regard to North-East Ulster is not ideal. But then the position in North-East Ulster is not ideal.

If the Free State is established, however, union is certain. Forces of persuasion and pressure are embodied in the Treaty which will bring the North-East into a united Ireland. If they join us they can have control in their own area. If they stay outside Ireland, then they can only have their own corner, and cannot, and will not, have the counties and areas which belong to Ireland and to the Irish people, according to the wishes of the inhabitants.

Then upon the area remaining outside will fall the burdens and restrictions of the 1920 Partition Act.[4] These disabilities cannot be removed without our consent. If the North-East does not come in, then they are deciding upon bankruptcy for themselves and, remember, this is not our wish but their own.

We must not, however, take a gloomy view of this situation, for, with the British gone, the incentive to partition is gone; but the evacuation is held up by our own disunion—if the Free State is threatened, as long as there is any hope of seeing it destroyed, the North-East will remain apart. Partition will remain.

Destroy the Free State, and you perpetuate Partition. You destroy all hopes of union.

It is best to speak out plainly.

Destroy the Free State now and you destroy more even than the hope, the certainty of union. You destroy our hopes of national freedom, all realisation in our generation of the democratic right of the people of Ireland to rule themselves without interference from any outside power. * * *

But the aim of all of us can be for unity and independence. In public matters it must be realised that we cannot get all each one wants. We have to agree to get what is essential.

We have to agree to sink individual differences or only to work for them on legitimate lines which do not undermine and destroy the basis on which all rests and which alone makes it possible for us all, as Irishmen and women, to pursue

4. The act that divided Ireland politically into Northern Ireland (Ulster) and the Republic of Ireland.

our own aims freely in Ireland, namely, the union and independence of the nation as a whole.

We must be Irish first and last, and must be Republicans or Document Two-ites, or Free Staters, only within the limits which leave Ireland strong, united and free.

Would any other form of freedom which was obtainable now, which would have been acquiesced in by so large a body of our countrymen, have fulfilled the objects of Sinn Féin better, have put us in such a strong position to secure any that are yet unfulfilled?

We claim that the solid substance of freedom has been won, and that full powers are in the hands of the nation to mould its own life, quite as full for that purpose as if we had already our freedom in the Republican form.

Any difficulties will not be of our own making. There is no enemy nor any foreign Government here any longer to hinder us. Will we not take the fruits of victory, or do we mean to let them decay in our hands, while we wrangle as to whether they are ripe or whether they have exactly the bloom and shape we dreamed of before they had ripened?

No freedom when realised has quite the glory dreamed of by the captive.

[END OF SPEECHES ON IRISH INDEPENDENCE]

William Butler Yeats
1865–1939

Beginning his career as a poet during the languid 1880s and 1890s, William Butler Yeats fought, as Ezra Pound said of T. S. Eliot, to modernize himself on his own. At a time when Irish poetry seemed to be in danger of ossifying into a sentimental, self-indulgent luxury, Yeats instead forged a verse that would serve as an exacting instrument of introspection and national inquiry. As a consequence, all modern Irish writing—most clearly poetry, but prose, drama, and literary nonfiction as well—is directly in his debt.

Yeats was born in the Dublin suburb of Sandymount, but his spiritual home, the land of his mother Susan Pollexfen and her people, was the countryside of County Sligo. His father, John Butler Yeats, was an amateur philosopher, an insolvent painter, and a refugee from the legal profession; his grandfather and great-grandfather were both clergymen of the Church of Ireland. Through his mother's family, Yeats traced a close connection with the countryside of Ireland, and the myths and legends of the Irish people. Both parents belonged to the Anglo-Irish Protestant ascendancy, a heritage Yeats remained fiercely proud of all his life; but the success of his poetry, in part, lay in his ability to reconcile the British literary tradition with the native materials of the Irish Catholic tradition.

As he tells it in his autobiography, Yeats's childhood was not a happy one; in 1915 he wrote: "I remember little of childhood but its pain." His father, though a talented painter, lacked the ability to turn his gifts to profit; he would linger over a single portrait for months and sometimes years, revising ceaselessly. When Yeats was three, his father moved his family to London in order to put himself to school as a painter; their existence, though intellectually and artistically rich and stimulating, was quite straitened financially. The young Yeats found London sterile and joyless; fortunately for his imagination, and his future poetry, portions of each year were spent in the Sligo countryside, where Yeats spent time gathering the local folklore and taking long, wide-ranging walks and pony rides. The family remained in London until 1875, and had four more children (though one brother died in childhood). All his surviving siblings were to remain important to Yeats in his artistic life: his brother Jack B. Yeats became an important Irish painter, and his sisters Lily and Lolly together founded the Dun Emer Press, later called the Cuala Press, which published limited-edition volumes of some of Yeats's poetry.

In 1880 the family returned permanently to Ireland, settling first in Howth, in Dublin Bay; the city of Dublin, with its largely unsung history and tradition, fueled Yeats's imagination in a way that London never had. When the time for college came, Yeats was judged unlikely to pass Trinity College's entrance exams, and he was sent instead to the Metropolitan School of Art, apparently in preparation to follow in his father's footsteps. His true gift, it soon appeared, was not for drawing and painting but for poetry. He steeped himself in the Romantic poets, especially Shelley and Keats, as well as the English poet of Irish residence Edmund Spenser. His first poems were published in the *Dublin University Review* in March 1885.

Yeats's early work is self-evidently apprentice work; it draws heavily on the late-Romantic, Pre-Raphaelite ambience so important in the painting of his father and his father's colleagues. He also began to take an active interest in the various mystical movements that were then finding a foothold in Dublin and London, and with friends formed a Hermetic Society in Dublin as an antidote to the humanist rationalism to which his father was so passionately attached. At the same time—almost as a self-administered antidote to the teachings of mystics like the Brahmin teacher Mohini Chatterji—Yeats began to attend the meetings of several Dublin political and debating societies, and became increasingly interested in the nationalist artistic revival that would become known as the Irish Renaissance or Celtic Revival. Unlike most of his debating society comrades, Yeats imagined this political and cultural renaissance as resulting from a marriage of Blakean opposites: "I had noticed that Irish Catholics among whom had been born so many political martyrs had not the good taste, the household courtesy and decency of the Protestant Ireland I had known, yet Protestant Ireland seemed to think of nothing but getting on in the world. I thought we might bring the halves together if we had a national literature that made Ireland beautiful in the memory, and yet had been freed from provincialism by an exacting criticism, a European pose."

The Yeats family moved back to London in 1887; finances were difficult as ever, and Yeats contributed to the family's upkeep by editing two anthologies, *Poems and Ballads of Young Ireland* (1888) and *Fairy and Folk Tales of the Irish Peasantry* (1888). His own first collection of poems, *The Wanderings of Oisin and Other Poems*, was published in the following year; the poems are resolutely romantic, Yeats himself describing his manner at the time as "in all things Pre-Raphaelite." The poems were well received, but the praise of one reader in particular caught Yeats's attention. The statuesque beauty Maud Gonne appeared at Yeats's door with an introduction from the Irish revolutionary John O'Leary, and declared that the title poem had brought her to tears. It was a fateful meeting; throughout five decades Yeats continued to write to Gonne, for Gonne—the critic M. L. Rosenthal has suggested that "virtually every poem celebrating a woman's beauty or addressing a beloved woman has to do with her." Rosenthal might have added, every poem decrying the sacrifice of life to politics, including *No Second Troy, Easter 1916, A Prayer for My Daughter,* and others, all of which lament Gonne's increasing political fanaticism. This fanaticism, which Gonne considered simply patriotism, made impossible the spiritual and emotional consummation that Yeats so fervently desired. He proposed marriage, but she declined, marrying instead an Irish soldier who would later be executed for his role in the Easter Rising of 1916. Yeats is, among his other distinctions, a great poet of unrequited love.

The 1890s in London were heady times for a young poet. Yeats became even more active in his studies of the occult, studying with the charismatic Theosophist Madame Blavatsky and attending meetings of the Order of the Golden Dawn, a Christian cabalist society. The practical upshot of these activities for his later poetry was a confirmed belief in a storehouse of all human experience and knowledge, which he called variously the *Spiritus Mundi* and *Anima Mundi*, invoked in later poems like *The Second Coming* (1920). In 1891 Yeats, together with Ernest Rhys, founded the Rhymers' Club, which brought him into almost nightly contact with such important literary figures as Lionel Johnson, Ernest Dowson, Arthur Symons, and Oscar

Wilde; during this same period, he established the Irish Literary Society in London, and the National Literary Society in Dublin. Clearly, something of a program for modern Irish poetry was beginning to emerge, even if Yeats himself wasn't yet quite ready to write it. Yeats also spent the years from 1887 to 1891 studying the writings of that most mystic of English poets, William Blake; working with his father's friend Edwin Ellis, he produced an edition of and extended commentary on Blake's prophetic writings. Summing up the lesson of Blake's writings, Yeats wrote: "I had learned from Blake to hate all abstractions."

Romantic abstraction was easier to abjure in principle than in practice; Yeats's poetry of the 1890s still hankers after what one of his dramatis personae would later call "the loveliness that has long faded from the world." As one critic has written, "Early Yeats was the best poetry in English in late Victorian times; but they were bad times." Yeats began the process of throwing off the false manners of his Pre-Raphaelite upbringing with his play *The Countess Cathleen*, first performed by the Abbey Theatre, funded by subscriptions collected by his good friend Lady Augusta Gregory. Yeats's play, like Synge's *Playboy of the Western World* years later on that same stage, offended Irish sensibilities; in it, Cathleen sells her soul in order to protect Irish peasants from starvation. Yeats's volume *The Wind Among the Reeds* (1899) closes out the 1890s quite conveniently; it is ethereal, beautiful, and mannered. With this volume, Yeats's early phase comes to a close.

The early years of the twentieth century found Yeats concentrating his energies on the writing of poetic dramas, including, *The Pot of Broth* (1902) and *On Baile's Strand* (1904), for his fledgling Irish National Theatre. In 1903, the small Dun Emer Press published his volume of poems *In the Seven Woods*. These poems, including *Adam's Curse*, show Yeats working in a more spare idiom, the cadences and rhythms closer to those of actual speech—a consequence, some have argued, of his years writing for the stage. New poems published in *The Green Helmet and Other Poems* (1910) display Yeats as an increasingly mature and confident poet; his treatment of Maud Gonne in *No Second Troy*, for instance, shows a tragic acceptance of the fact that he will never have her, nor master her indomitable spirit. In *A Coat*, the poem that closes the 1914 collection *Responsibilities*, Yeats writes of the embroidered cloak he had fashioned for himself in his early poems, whose vanity is now brought home to him by the gaudiness of his imitators. He resolves, in the volume's closing lines, to set his cloak aside, "For there's more enterprise / In walking naked." This sense was strengthened by his close work, during the winter of 1912–1913, with Ezra Pound, in a cottage in rural Sussex. Both studied the stripped-down Japanese Noh drama and the Orientalist Ernest Fennollosa's work on the Chinese ideogram, and both men no doubt reinforced one another's increasing desire for a poetry that would be, in Pound's phrase, "closer to the bone."

The Easter Rising of 1916 took Yeats by surprise; he was in England at the time and complained of not having been informed in advance. A number of the rebel leaders were personal friends; he writes their names into Irish literature in *Easter 1916*, an excruciatingly honest, and ambivalent, exploration of the nature of heroism and nationalism. Yeats's mixed feelings about the revolution derived in part from a concern that some of his early writings, like the nationalist *Cathleen ní Houlihan*, might have contributed to the slaughter that followed in the wake of Easter 1916; as he wrote many years later, he couldn't help but wonder, "Did that play of mine send out / Certain men the English shot?"

The intricacies of Yeats's emotional and romantic life would require an essay of their own. His first marriage proposal to Maud Gonne in 1891, politely refused, set a pattern that was to remain in place for many years; though a number of poems try to reason through the affair, Yeats remained tragically attracted to this woman who did not return his affection, and multiple proposals were turned down as routinely as the first. He would have done as well, he was to write years later, to profess his love "to a statue in a museum." In the summer of 1917 things reached such a pass that Yeats proposed to Maud Gonne's adopted daughter Iseult; here, again, he was refused. Then, hastily, in October 1917 he married a longtime friend Georgiana ("George") Hyde-Lees. For all the tragicomedy leading up to the marriage, Yeats could not have chosen better; George was intelligent and sympathetic, and she brought the additional gift of an interest in mysticism and a facility in automatic writing that Yeats was soon to take full advantage of. Since early childhood, Yeats had heard voices speaking to him, and when he was twenty-one a voice commanded him "Hammer your thoughts into unity"; this charge had weighed on his mind for years, and his various experiments in mysticism and esoteric religions were intended to discover the system wherein his thoughts might be made to cohere.

With George, Yeats finally created that system on his own; its fullest exposition is found in A Vision (1928), though elements of it turn up in his poems beginning as early as No Second Troy. The system is complicated enough to fill out over 300 pages in the revised (1937) edition; at the heart of the system, though, is a simple diagram of two interpenetrating cones, oriented horizontally, such that the tip of each cone establishes the center of the base of the opposite cone. These two cones describe the paths of two turning gyres, or spirals, representing two alternating antithetical ages which make up human history. Yeats saw history as composed of cycles of approximately 2,000 years; his apocalyptic poem The Second Coming, for instance, describes the anxiety caused by the recognition that the 2,000 years of Christian (in Yeats's terms, "primary") values were about to be succeeded by an antithetical age—the "rough beast" of a time characterized by values and beliefs in every way hostile to those of the Christian era. For Yeats, however, as for William Blake, this vacillation and tension between contraries was not to be regretted; Blake taught that "without Contraries is no progression," and Yeats, that "all the gains of man come from conflict with the opposite of his true being."

Yeats's greatest phase begins with the poems of Michael Robartes and the Dancer (1921). His mytho-historical system informs a number of the poems written in the 1920s and after; it explains, for instance, why Yeats saw the brutal rape of Leda by Zeus in the form of a swan as a precursor of the traditional Christian iconography of the Virgin Mary "visited" by God the Father in the form of a dove. A logical corollary of Yeats's belief in historical recurrence was the philosophy, articulated best in his late poem Lapis Lazuli, of tragic joy: "All things fall and are built again, / And those that build them again are gay." In a letter inspired by the gift of lapis lazuli that the poem celebrates, Yeats wrote to a friend: "To me the supreme aim is an act of faith or reason to make one rejoice in the midst of tragedy." The influence of the writing of Nietzsche, whom Yeats had been reading, is apparent in these formulations.

While continuing to push at the boundaries of modern literature and modern poetry, Yeats also enjoyed the role of statesman. In the fall of 1922, Yeats was made a senator of the new Irish Free State; in 1923 he was awarded the Nobel Prize for literature, the first Irish writer ever to receive the award. The 1930s also saw Yeats flirt briefly with fascism, as did other writers like Pound and Wyndham Lewis. Yeats's belief in the importance of an aristocracy, and his disappointment over the excesses of revolutionary zeal demonstrated in the Irish civil war, for a time during the 1930s made the fascist program of the Irish Blueshirt movement look attractive. He composed Three Songs to the Same Tune as rallying songs for the Blueshirts, but the poems were too recherché for any such use. He soon became disillusioned with the party.

Yeats continued to write major poetry almost until his death; his growing ill health seems only to have made his poetry stronger and more defiant, as evidenced in such sinuous and clearsighted poems as Lapis Lazuli and the bawdy Crazy Jane poems. In the work published as Last Poems (1939), Yeats most satisfactorily put into practice what he had much earlier discovered in theory: that he must, as he wrote in The Circus Animals' Desertion, return for his poetry to "the foul rag-and-bone shop of the heart." After a long period of heart trouble, Yeats died on 28 January 1939; he was buried in Roquebrune, France, where he and George had been spending the winter. In 1948 he was reinterred, as he had wished, in Drumcliff churchyard near

Sligo, where his grandfather and great-grandfather had served as rectors. Again according to his wishes, his epitaph is that which he wrote for himself in *Under Ben Bulben*:

> Cast a cold eye
> On life, on death.
> Horseman, pass by!

The Lake Isle of Innisfree[1]

I will arise and go now, and go to Innisfree,
And a small cabin build there, of clay and wattles° made: *woven twigs*
Nine bean-rows will I have there, a hive for the honey-bee,
And live alone in the bee-loud glade.

5   And I shall have some peace there, for peace comes dropping slow,
Dropping from the veils of the morning to where the cricket sings;
There midnight's all a glimmer, and noon a purple glow,
And evening full of the linnet's° wings.   *song bird*

I will arise and go now, for always night and day
10 I hear lake water lapping with low sounds by the shore;
While I stand on the roadway, or on the pavements grey,
I hear it in the deep heart's core.

1890   1890

Who Goes with Fergus?[1]

Who will go drive with Fergus now,
And pierce the deep wood's woven shade,
And dance upon the level shore?
Young man, lift up your russet brow,
5   And lift your tender eyelids, maid,
And brood on hopes and fear no more.

And no more turn aside and brood
Upon love's bitter mystery;
For Fergus rules the brazen° cars,   *brass*
10 And rules the shadows of the wood,
And the white breast of the dim sea
And all dishevelled wandering stars.

1893

No Second Troy[1]

Why should I blame her that she filled my days
With misery, or that she would of late
Have taught to ignorant men most violent ways,
Or hurled the little streets upon the great,
5   Had they but courage equal to desire?

---

1. A small island in Lough Gill outside the town of Sligo, near the border with Northern Ireland.
1. The poem is a lyric from the second scene of Yeats's play *The Countess Cathleen*. Fergus was an ancient Irish

king who gave up his throne to feast, fight, and hunt.
1. Yeats here compares Maud Gonne to Helen of Troy; the Trojan War began from two kings' rivalry over Helen.

What could have made her peaceful with a mind
That nobleness made simple as a fire,
With beauty like a tightened bow, a kind
That is not natural in an age like this,
10   Being high and solitary and most stern?
Why, what could she have done, being what she is?
Was there another Troy for her to burn?

1908   1910

The Fascination of What's Difficult

The fascination of what's difficult
Has dried the sap out of my veins, and rent
Spontaneous joy and natural content
Out of my heart. There's something ails our colt[1]
5   That must, as if it had not holy blood
Nor on Olympus leaped from cloud to cloud,
Shiver under the lash, strain, sweat and jolt
As though it dragged road metal. My curse on plays
That have to be set up in fifty ways,
10   On the day's war with every knave and dolt,
Theatre business, management of men.
I swear before the dawn comes round again
I'll find the stable and pull out the bolt.

1910   1910

September 1913[1]

What need you, being come to sense,
But fumble in a greasy till
And add the halfpence to the pence
And prayer to shivering prayer, until
5   You have dried the marrow from the bone;
For men were born to pray and save:
Romantic Ireland's dead and gone,
It's with O'Leary[2] in the grave.

Yet they were of a different kind,
10   The names that stilled your childish play,
They have gone about the world like wind,
But little time had they to pray
For whom the hangman's rope was spun,
And what, God help us, could they save?
15   Romantic Ireland's dead and gone,
It's with O'Leary in the grave.

1. Pegasus, winged horse of Greek mythology.
1. Yeats wrote the poem on 7 September 1913, and it was published the following day in the *Irish Times*.
2. John O'Leary (1830–1907) was involved first in the nationalist Young Ireland movement, and later went on to co-found its successor, the Fenian movement. After serving nine years of penal servitude for his republican activities, he was exiled in Paris for 15 years, before being allowed to return to Dublin in 1885. O'Leary was a friend of Yeats's father, John Butler Yeats.

Was it for this the wild geese[3] spread
The grey wing upon every tide;
For this that all the blood was shed,
20   For this Edward Fitzgerald[4] died,
And Robert Emmet[5] and Wolfe Tone,[6]
All that delirium of the brave?
Romantic Ireland's dead and gone,
It's with O'Leary in the grave.

25   Yet could we turn the years again,
And call those exiles as they were
In all their loneliness and pain,
You'd cry, 'Some woman's yellow hair
Has maddened every mother's son':
30   They weighed so lightly what they gave.
But let them be, they're dead and gone,
They're with O'Leary in the grave.

The Wild Swans at Coole[1]

The trees are in their autumn beauty,
The woodland paths are dry,
Under the October twilight the water
Mirrors a still sky;
5   Upon the brimming water among the stones
Are nine-and-fifty swans.

The nineteenth autumn has come upon me
Since I first made my count;
I saw, before I had well finished,
10   All suddenly mount
And scatter wheeling in great broken rings
Upon their clamorous wings.

I have looked upon those brilliant creatures,
And now my heart is sore.
15   All's changed since I, hearing at twilight,
The first time on this shore,
The bell-beat of their wings above my head,
Trod with a lighter tread.

Unwearied still, lover by lover,
20   They paddle in the cold
Companionable streams or climb the air;
Their hearts have not grown old;

3. The "wild geese" were those Irishmen who fled Ireland in the wake of the Penal Laws of 1691; many of them fought as soldiers in the French, Spanish, and Austrian armies. About 120,000 "wild geese" are thought to have left Ireland between 1691 and 1730.
4. Lord Edward Fitzgerald (1763–1798) was a leader of the nationalist United Irishmen and died of wounds he received while being taken into custody by authorities.
5. Robert Emmet (1778–1803) led an unsuccessful revolt against the British government in 1803 and was hanged.
6. Theobald Wolfe Tone (1763–1798) led a friendly French force to Ireland to help oust the British in the ill-fated "year of the French" uprising in 1798. He was arrested and committed suicide while in prison awaiting execution.
1. Coole Park was the name of the estate of Yeats's patron Lady Gregory in Galway.

Passion or conquest, wander where they will,
Attend upon them still.

25 But now they drift on the still water,
Mysterious, beautiful;
Among what rushes will they build,
By what lake's edge or pool
Delight men's eyes when I awake some day
30 To find they have flown away?
1916   1917

An Irish Airman Foresees His Death[1]

I know that I shall meet my fate
Somewhere among the clouds above;
Those that I fight I do not hate,
Those that I guard I do not love;
5   My country is Kiltartan Cross,[2]
My countrymen Kiltartan's poor,
No likely end could bring them loss
Or leave them happier than before.
Nor law, nor duty bade me fight,
10 Nor public men, nor cheering crowds,
A lonely impulse of delight
Drove to this tumult in the clouds;
I balanced all, brought all to mind,
The years to come seemed waste of breath,
15 A waste of breath the years behind
In balance with this life, this death.

Easter 1916[1]

I have met them at close of day
Coming with vivid faces
From counter or desk among grey
Eighteenth-century houses.
5   I have passed with a nod of the head
Or polite meaningless words,
Or have lingered awhile and said
Polite meaningless words,
And thought before I had done
10 Of a mocking tale or a gibe°   *taunt*
To please a companion
Around the fire at the club,
Being certain that they and I
But lived where motley° is worn: *jester's outfit*
15 All changed, changed utterly:
A terrible beauty is born.

---

1. The particular airman Yeats had in mind was Major Robert Gregory (1881–1918), only child of his dear friend Lady Augusta Gregory, who was killed in action in Italy during World War I.

2. The crossroads in Kiltartan, near the Gregory estate at Coole Park.
1. The Irish Republic was declared on Easter Monday, 24 April, 1916.

That woman's days were spent
In ignorant good-will,
Her nights in argument
20   Until her voice grew shrill.[2]
What voice more sweet than hers
When, young and beautiful,
She rode to harriers?°   *hunting dogs*
This man[3] had kept a school
25   And rode our wingèd horse;
This other[4] his helper and friend
Was coming into his force;
He might have won fame in the end,
So sensitive his nature seemed,
30   So daring and sweet his thought.
This other man[5] I had dreamed
A drunken, vainglorious lout.
He had done most bitter wrong
To some who are near my heart,
35   Yet I number him in the song;
He, too, has resigned his part
In the casual comedy;
He, too, has been changed in his turn,
Transformed utterly:
40   A terrible beauty is born.

Hearts with one purpose alone
Through summer and winter seem
Enchanted to a stone
To trouble the living stream.
45   The horse that comes from the road,
The rider, the birds that range
From cloud to tumbling cloud,
Minute by minute they change;
A shadow of cloud on the stream
50   Changes minute by minute;
A horse-hoof slides on the brim,
And a horse plashes within it;
The long-legged moor-hens dive,
And hens to moor-cocks call;
55   Minute by minute they live:
The stone's in the midst of all.

Too long a sacrifice
Can make a stone of the heart.
O when may it suffice?
60   That is Heaven's part, our part
To murmur name upon name,

2. Countess Markiewicz, née Constance Gore-Booth, played a prominent part in the Easter Rising and was sentenced to be executed; her sentence was later reduced to imprisonment.
3. Padraic Pearse.

4. Thomas MacDonagh, poet executed for his role in the rebellion.
5. Major John MacBride, briefly married to Maud Gonne, was also executed.

As a mother names her child
When sleep at last has come
On limbs that had run wild.
65   What is it but nightfall?
No, no, not night but death;
Was it needless death after all?
For England may keep faith
For all that is done and said.
70   We know their dream; enough
To know they dreamed and are dead;
And what if excess of love
Bewildered them till they died?
I write it out in a verse—
75   MacDonagh and MacBride
And Connolly[6] and Pearse
Now and in time to be,
Wherever green is worn,
Are changed, changed utterly:
80   A terrible beauty is born.
1916   1916

The Second Coming[1]

Turning and turning in the widening gyre°   *circle or spiral*
The falcon cannot hear the falconer;
Things fall apart; the centre cannot hold;
Mere anarchy is loosed upon the world,
5   The blood-dimmed tide is loosed, and everywhere
The ceremony of innocence is drowned;
The best lack all conviction, while the worst
Are full of passionate intensity.

Surely some revelation is at hand;
10   Surely the Second Coming is at hand.
The Second Coming! Hardly are those words out
When a vast image out of *Spiritus Mundi*[2]
Troubles my sight: somewhere in sands of the desert
A shape with lion body and the head of a man,
15   A gaze blank and pitiless as the sun,
Is moving its slow thighs, while all about it
Reel shadows of the indignant desert birds.
The darkness drops again; but now I know
That twenty centuries° of stony sleep   *the Christian era*
20   Were vexed to nightmare by a rocking cradle,
And what rough beast, its hour come round at last,
Slouches towards Bethlehem to be born?
1919   1921

---

6. James Connolly, Marxist commander-in-chief of the
Easter rebels; also executed.
1. Traditionally, the return of Christ to earth on Judgment Day.

2. A storehouse of images and symbols common to all
humankind; similar to Carl Jung's notion of the collective unconscious.

A Prayer for My Daughter[1]

Once more the storm is howling, and half hid
Under this cradle-hood and coverlid
My child sleeps on. There is no obstacle
But Gregory's wood and one bare hill
5   Whereby the haystack- and roof-levelling wind,
Bred on the Atlantic, can be stayed;
And for an hour I have walked and prayed
Because of the great gloom that is in my mind.

I have walked and prayed for this young child an hour
10   And heard the sea-wind scream upon the tower,
And under the arches of the bridge, and scream
In the elms above the flooded stream;
Imagining in excited reverie
That the future years had come,
15   Dancing to a frenzied drum,
Out of the murderous innocence of the sea.

May she be granted beauty and yet not
Beauty to make a stranger's eye distraught,
Or hers before a looking-glass, for such,
20   Being made beautiful overmuch,
Consider beauty a sufficient end,
Lose natural kindness and maybe
The heart-revealing intimacy
That chooses right, and never find a friend.

25   Helen[2] being chosen found life flat and dull
And later had much trouble from a fool,
While that great Queen,[3] that rose out of the spray,
Being fatherless could have her way
Yet chose a bandy-leggèd smith[4] for man.
30   It's certain that fine women eat
A crazy salad with their meat
Whereby the Horn of Plenty is undone.
In courtesy I'd have her chiefly learned;
Hearts are not had as a gift but hearts are earned
35   By those that are not entirely beautiful;
Yet many, that have played the fool
For beauty's very self, has charm made wise,
And many a poor man that has roved,
Loved and thought himself beloved,
40   From a glad kindness cannot take his eyes.

May she become a flourishing hidden tree
That all her thoughts may like the linnet° be,   *song bird*
And have no business but dispensing round
Their magnanimities of sound,

1. Anne Butler Yeats was born 26 February 1919.
2. Helen of Troy, who left her husband Menelaus for Paris.
3. Aphrodite, Greek goddess of love, born from the sea.
4. Aphrodite's husband Hephaestus, the god of fire, was lame.

45   Nor but in merriment begin a chase,
      Nor but in merriment a quarrel.
      O may she live like some green laurel
      Rooted in one dear perpetual place.

      My mind, because the minds that I have loved,
50   The sort of beauty that I have approved,
      Prosper but little, has dried up of late,
      Yet knows that to be choked with hate
      May well be of all evil chances chief.
      If there's no hatred in a mind
55   Assault and battery of the wind
      Can never tear the linnet from the leaf.

      An intellectual hatred is the worst,
      So let her think opinions are accursed.
      Have I not seen the loveliest woman born
60   Out of the mouth of Plenty's horn,
      Because of her opinionated mind
      Barter that horn and every good
      By quiet natures understood
      For an old bellows full of angry wind?

65   Considering that, all hatred driven hence,
      The soul recovers radical innocence
      And learns at last that it is self-delighting,
      Self-appeasing, self-affrighting,
      And that its own sweet will is Heaven's will;
70   She can, though every face should scowl
      And every windy quarter howl
      Or every bellows burst, be happy still.

      And may her bridegroom bring her to a house
      Where all's accustomed, ceremonious;
75   For arrogance and hatred are the wares
      Peddled in the thoroughfares.
      How but in custom and in ceremony
      Are innocence and beauty born?
      Ceremony's a name for the rich horn,
80   And custom for the spreading laurel tree.

June 1919   1919

Sailing to Byzantium[1]

1

      That is no country for old men. The young
      In one another's arms, birds in the trees,
      —Those dying generations—at their song,
      The salmon-falls, the mackerel-crowded seas,
5   Fish, flesh, or fowl, commend all summer long
      Whatever is begotten, born, and dies.

---

1. Constantinople, now called Istanbul, capital of the Byzantine Empire and the holy city of Eastern Christianity.

Caught in that sensual music all neglect
Monuments of unageing intellect.

2

An aged man is but a paltry thing,
10   A tattered coat upon a stick, unless
Soul clap its hands and sing, and louder sing
For every tatter in its mortal dress,
Nor is there singing school but studying
Monuments of its own magnificence;
15   And therefore I have sailed the seas and come
To the holy city of Byzantium.

3

O sages standing in God's holy fire
As in the gold mosaic of a wall,
Come from the holy fire, perne° in a gyre,   *spin*
20   And be the singing-masters of my soul.
Consume my heart away; sick with desire
And fastened to a dying animal
It knows not what it is; and gather me
Into the artifice of eternity.

4

25   Once out of nature I shall never take
My bodily form from any natural thing,
But such a form as Grecian goldsmiths make
Of hammered gold and gold enamelling
To keep a drowsy Emperor awake;—
30   Or set upon a golden bough to sing
To lords and ladies of Byzantium
Of what is past, or passing, or to come.

1926   1927

Meditations in Time of Civil War[1]

1. Ancestral Houses

Surely among a rich man's flowering lawns,
Amid the rustle of his planted hills,
Life overflows without ambitious pains;
And rains down life until the basin spills,
5   And mounts more dizzy high the more it rains
As though to choose whatever shape it wills
And never stoop to a mechanical
Or servile shape, at others' beck and call.

Mere dreams, mere dreams! Yet Homer had not sung
10   Had he not found it certain beyond dreams
That out of life's own self-delight had sprung
The abounding glittering jet; though now it seems
As if some marvellous empty sea-shell flung

---

1. Written at Yeats's country home at Thor Bellylee, Sligo, in 1922, during the civil war between the Free State forces and the "irregulars."

Out of the obscure dark of the rich streams,
15   And not a fountain, were the symbol which
Shadows the inherited glory of the rich.

Some violent bitter man, some powerful man
Called architect and artist in, that they,
Bitter and violent men, might rear in stone
20   The sweetness that all longed for night and day,
The gentleness none there had ever known;
But when the master's buried mice can play,
And maybe the great-grandson of that house,
For all its bronze and marble, 's but a mouse.

25   O what if gardens where the peacock strays
With delicate feet upon old terraces,
Or else all Juno[2] from an urn displays
Before the indifferent garden deities;
O what if levelled lawns and gravelled ways
30   Where slippered Contemplation finds his ease
And Childhood a delight for every sense,
But take our greatness with our violence?
What if the glory of escutcheoned° doors,   shield-embossed
And buildings that a haughtier age designed,
35   The pacing to and fro on polished floors
Amid great chambers and long galleries, lined
With famous portraits of our ancestors;
What if those things the greatest of mankind
Consider most to magnify, or to bless,
40   But take our greatness with our bitterness?

2. My House

An ancient bridge, and a more ancient tower,
A farmhouse that is sheltered by its wall,
An acre of stony ground,
Where the symbolic rose can break in flower,
5   Old ragged elms, old thorns innumerable,
The sound of the rain or sound
Of every wind that blows;
The stilted water-hen
Crossing stream again
10   Scared by the splashing of a dozen cows;
A winding stair, a chamber arched with stone,
A grey stone fireplace with an open hearth,
A candle and written page.
Il Penseroso's Platonist[3] toiled on
15   In some like chamber, shadowing forth
How the daemonic rage
Imagined everything.

2. Roman Goddess of marriage and patroness of women;   3. Follower of the idealist philosophy of Plato, in Milton's
the peacock was sacred to her as a symbol of immortality.   poem Il Penseroso ("The Contemplative").

Benighted travellers
From markets and from fairs
20   Have seen his midnight candle glimmering.

Two men have founded here. A man-at-arms
Gathered a score of horse and spent his days
In this tumultuous spot,
Where through long wars and sudden night alarms
25   His dwindling score and he seemed castaways
Forgetting and forgot;
And I, that after me
My bodily heirs may find,
To exalt a lonely mind,
30   Befitting emblems of adversity.

3. My Table

Two heavy trestles, and a board
Where Sato's[4] gift, a changeless sword,
By pen and paper lies,
That it may moralise
5   My days out of their aimlessness.
A bit of an embroidered dress
Covers its wooden sheath.
Chaucer had not drawn breath
When it was forged. In Sato's house,
10   Curved like new moon, moon-luminous,
It lay five hundred years.
Yet if no change appears
No moon; only an aching heart
Conceives a changeless work of art.
15   Our learned men have urged
That when and where 'twas forged
A marvellous accomplishment,
In painting or in pottery, went
From father unto son
20   And through the centuries ran
And seemed unchanging like the sword.
Soul's beauty being most adored,
Men and their business took
The soul's unchanging look;
25   For the most rich inheritor,
Knowing that none could pass Heaven's door
That loved inferior art,
Had such an aching heart
That he, although a country's talk
30   For silken clothes and stately walk,
Had waking wits; it seemed
Juno's peacock screamed.

---

4. Junzo Sato, Japanese consul who presented Yeats with an ancestral ceremonial sword.

4. My Descendants

Having inherited a vigorous mind
From my old fathers, I must nourish dreams
And leave a woman and a man behind
As vigorous of mind, and yet it seems
5 Life scarce can cast a fragrance on the wind,
Scarce spread a glory to the morning beams,
But the torn petals strew the garden plot;
And there's but common greenness after that.

And what if my descendants lose the flower
10 Through natural declension of the soul,
Through too much business with the passing hour,
Through too much play, or marriage with a fool?
May this laborious stair and this stark tower
Become a roofless ruin that the owl
15 May build in the cracked masonry and cry
Her desolation to the desolate sky.

The Primum Mobile⁵ that fashioned us
Has made the very owls in circles move;
And I, that count myself most prosperous,
20 Seeing that love and friendship are enough,
For an old neighbour's friendship chose the house
And decked and altered it for a girl's love,
And know whatever flourish and decline
These stones remain their monument and mine.

5. The Road at My Door

An affable Irregular,⁶
A heavily-built Falstaffian⁷ man,
Comes cracking jokes of civil war
As though to die by gunshot were
5 The finest play under the sun.

A brown Lieutenant and his men,
Half dressed in national uniform,
Stand at my door, and I complain
Of the foul weather, hail and rain,
10 A pear tree broken by the storm.

I count those feathered balls of soot
The moor-hen guides upon the stream,
To silence the envy in my thought;
And turn towards my chamber, caught
15 In the cold snows of a dream.

5. Prime mover (Latin); part of the Ptolemaic system that described the revolution of the heavens around the earth.
6. A member of the Irish Republican Army (IRA), which opposed any cooperation with British power and started the civil war.
7. Robust, bawdy, witty; after Sir John Falstaff, comic character in Shakespeare's *The Merry Wives of Windsor* and *Henry IV*.

6. The Stare's° Nest by My Window

starling's

The bees build in the crevices
Of loosening masonry, and there
The mother birds bring grubs and flies.
My wall is loosening; honey-bees,
5   Come build in the empty house of the stare.

We are closed in, and the key is turned
On our uncertainty; somewhere
A man is killed, or a house burned,
Yet no clear fact to be discerned:
10   Come build in the empty house of the stare.

A barricade of stone or of wood;
Some fourteen days of civil war;
Last night they trundled down the road
That dead young soldier in his blood:
15   Come build in the empty house of the stare.

We had fed the heart on fantasies,
The heart's grown brutal from the fare;
More substance in our enmities
Than in our love; O honey-bees,
20   Come build in the empty house of the stare.

7. I See Phantoms of Hatred
and of the Heart's Fullness
and of the Coming Emptiness

I climb to the tower-top and lean upon broken stone,
A mist that is like blown snow is sweeping over all,
Valley, river, and elms, under the light of a moon
That seems unlike itself, that seems unchangeable,
5   A glittering sword out of the east. A puff of wind
And those white glimmering fragments of the mist sweep by.
Frenzies bewilder, reveries perturb the mind;
Monstrous familiar images swim to the mind's eye.

"Vengeance upon the murderers," the cry goes up,
10   "Vengeance for Jacques Molay."[8] In cloud-pale rags, or in lace,
The rage-driven, rage-tormented, and rage-hungry troop,
Trooper belabouring trooper, biting at arm or at face,
Plunges towards nothing, arms and fingers spreading wide
For the embrace of nothing; and I, my wits astray
15   Because of all that senseless tumult, all but cried
For vengeance on the murderers of Jacques Molay.

Their legs long, delicate and slender, aquamarine their eyes,
Magical unicorns bear ladies on their backs.
The ladies close their musing eyes. No prophecies,
20   Remembered out of Babylonian almanacs,

8. Jacques de Molay, Grand Master of the Knights Templar, who was burned as a witch in 1314.

Have closed the ladies' eyes, their minds are but a pool
Where even longing drowns under its own excess;
Nothing but stillness can remain when hearts are full
Of their own sweetness, bodies of their loveliness.

25 The cloud-pale unicorns, the eyes of aquamarine,
The quivering half-closed eyelids, the rags of cloud or of lace,
Or eyes that rage has brightened, arms it has made lean,
Give place to an indifferent multitude, give place
To brazen hawks. Nor self-delighting reverie,
30 Nor hate of what's to come, nor pity for what's gone,
Nothing but grip of claw, and the eye's complacency,
The innumerable clanging wings that have put out the moon.

I turn away and shut the door, and on the stair
Wonder how many times I could have proved my worth
35 In something that all others understand or share;
But O! ambitious heart, had such a proof drawn forth
A company of friends, a conscience set at ease,
It had but made us pine the more. The abstract joy,
The half-read wisdom of daemonic images,
40 Suffice the ageing man as once the growing boy.
1921   1928

Nineteen Hundred and Nineteen

Many ingenious lovely things are gone
That seemed sheer miracle to the multitude,
Protected from the circle of the moon
That pitches common things about. There stood
5 Amid the ornamental bronze and stone
An ancient image made of olive wood—
And gone are Phidias'[1] famous ivories
And all the golden grasshoppers and bees.

We too had many pretty toys when young;
10 A law indifferent to blame or praise,
To bribe or threat; habits that made old wrong
Melt down, as it were wax in the sun's rays;
Public opinion ripening for so long
We thought it would outlive all future days.
15 O what fine thought we had because we thought
That the worst rogues and rascals had died out.

All teeth were drawn, all ancient tricks unlearned,
And a great army but a showy thing;
What matter that no cannon had been turned
20 Into a ploughshare?[2] Parliament and king
Thought that unless a little powder burned
The trumpeters might burst with trumpeting

---

1. A 5th-century B.C. Greek sculptor.   2. Isaiah 2.4: "And they shall beat their swords into
ploughshares and their spears into pruninghooks."

And yet it lack all glory; and perchance
The guardsmen's drowsy chargers would not prance.

25 Now days are dragon-ridden, the nightmare
Rides upon sleep: a drunken soldiery
Can leave the mother, murdered at her door,
To crawl in her own blood, and go scot-free;
The night can sweat with terror as before
30 We pieced our thoughts into philosophy,
And planned to bring the world under a rule,
Who are but weasels fighting in a hole.

He who can read the signs nor sink unmanned
Into the half-deceit of some intoxicant
35 From shallow wits; who knows no work can stand,
Whether health, wealth or peace of mind were spent
On master-work of intellect or hand,
No honour leave its mighty monument,
Has but one comfort left: all triumph would
40 But break upon his ghostly solitude.

But is there any comfort to be found?
Man is in love and loves what vanishes,
What more is there to say? That country round
None dared admit, if such a thought were his,
45 Incendiary or bigot could be found
To burn that stump on the Acropolis,
Or break in bits the famous ivories
Or traffic in the grasshoppers or bees.

2

When Loie Fuller's[3] Chinese dancers enwound
50 A shining web, a floating ribbon of cloth,
It seemed that a dragon of air
Had fallen among dancers, had whirled them round
Or hurried them off on its own furious path;
So the Platonic Year
55 Whirls out new right and wrong,
Whirls in the old instead;
All men are dancers and their tread
Goes to the barbarous clangour of a gong.

3

Some moralist or mythological poet[4]
60 Compares the solitary soul to a swan;
I am satisfied with that,
Satisfied if a troubled mirror show it,
Before that brief gleam of its life be gone,
An image of its state;
65 The wings half spread for flight,
The breast thrust out in pride
Whether to play, or to ride
Those winds that clamour of approaching night.

---

3. American dancer (1862–1928).   4. Possibly Shelley in *Prometheus Unbound*, 2.5.72–74.

A man in his own secret mediation
70 Is lost amid the labyrinth that he has made
In art or politics;
Some Platonist affirms that in the station
Where we should cast off body and trade
The ancient habit sticks,
75 And that if our works could
But vanish with our breath
That were a lucky death,
For triumph can but mar our solitude.

The swan has leaped into the desolate heaven:
80 That image can bring wildness, bring a rage
To end all things, to end
What my laborious life imagined, even
The half-imagined, the half-written page;
O but we dreamed to mend
85 Whatever mischief seemed
To afflict mankind, but now
That winds of winter blow
Learn that we were crack-pated when we dreamed.

4

We, who seven years ago
90 Talked of honour and of truth,
Shriek with pleasure if we show
The weasel's twist, the weasel's tooth.

5

Come let us mock at the great
That had such burdens on the mind
95 And toiled so hard and late
To leave some monument behind,
Nor thought of the levelling wind.

Come let us mock at the wise;
With all those calendars whereon
100 They fixed old aching eyes,
They never saw how seasons run,
And now but gape at the sun.

Come let us mock at the good
That fancied goodness might be gay,
105 And sick of solitude
Might proclaim a holiday:
Wind shrieked—and where are they?

Mock mockers after that
That would not lift a hand maybe
110 To help good, wise or great
To bar that foul storm out, for we
Traffic in mockery.

6

Violence upon the roads: violence of horses;
Some few have handsome riders, are garlanded

115   On delicate sensitive ear or tossing mane,
       But wearied running round and round in their courses
       All break and vanish, and evil gathers head:

       Herodias' daughters have returned again,[5]
       A sudden blast of dusty wind and after
120   Thunder of feet, tumult of images,
       Their purpose in the labyrinth of the wind;
       And should some crazy hand dare touch a daughter
       All turn with amorous cries, or angry cries,
       According to the wind, for all are blind.
125   But now wind drops, dust settles; thereupon
       There lurches past, his great eyes without thought
       Under the shadow of stupid straw-pale locks,
       That insolent fiend Robert Artisson[6]
       To whom the love-lorn Lady Kyteler brought
130   Bronzed peacock feathers, red combs of her cocks.

                                                        1919

Leda and the Swan[1]

       A sudden blow: the great wings beating still
       Above the staggering girl, her thighs caressed
       By the dark webs, her nape caught in his bill,
       He holds her helpless breast upon his breast.

5   How can those terrified vague fingers push
       The feathered glory from her loosening thighs?
       And how can body, laid in that white rush,
       But feel the strange heart beating where it lies?

       A shudder in the loins engenders there
10   The broken wall, the burning roof and tower
       And Agamemnon[2] dead.
                                Being so caught up,
       So mastered by the brute blood of the air,
       Did she put on his knowledge with his power
       Before the indifferent beak could let her drop?

1923   1924

Among School Children

                           1
       I walk through the long schoolroom questioning;[1]
       A kind old nun in a white hood replies;
       The children learn to cipher and to sing,

5. Herodias told her daughter Salome to ask Herod for the head of John the Baptist on a platter (Matthew 14.8).
6. An evil spirit much run after in Kilkenny at the start of the fourteenth century [Yeats's note]. He was said to have seduced Dame Alice Kyteler, who poisoned her husbands and was accused of sacrificing cocks and peacocks to him.
1. In Greek mythology, Zeus came to Leda in the form of a swan and raped her; Helen of Troy and Clytemnestra

were their offspring.
2. Brother of Menelaus, husband of Helen. When she was abducted by Paris, Agamemnon fought to rescue her. He was murdered by his wife Clytemnestra on his return home.
1. While an Irish senator, Yeats visited St. Otteran's School in Waterford.

To study reading-books and history,
5 To cut and sew, be neat in everything
In the best modern way—the children's eyes
In momentary wonder stare upon
A sixty-year-old smiling public man.

2

I dream of a Ledaean[2] body, bent
10 Above a sinking fire, a tale that she
Told of a harsh reproof, or trivial event
That changed some childish day to tragedy—
Told, and it seemed that our two natures blent
Into a sphere from youthful sympathy,
15 Or else, to alter Plato's parable,
Into the yolk and white of the one shell.[3]

3

And thinking of that fit of grief or rage
I look upon one child or t'other there
And wonder if she stood so at that age—
20 For even daughters of the swan can share
Something of every paddler's heritage—
And had that colour upon cheek or hair,
And thereupon my heart is driven wild:
She stands before me as a living child.

4

25 Her present image floats into the mind—
Did Quattrocento[4] finger fashion it
Hollow of cheek as though it drank the wind
And took a mess of shadows for its meat?
And I though never of Ledaean kind
30 Had pretty plumage once—enough of that,
Better to smile on all that smile, and show
There is a comfortable kind of old scarecrow.

5

What youthful mother, a shape upon her lap
Honey of generation had betrayed,
35 And that must sleep, shriek, struggle to escape
As recollection or the drug decide,
Would think her son, did she but see that shape
With sixty or more winters on its head,
A compensation for the pang of his birth,
40 Or the uncertainty of his setting forth?

6

Plato thought nature but a spume° that plays   *froth*
Upon a ghostly paradigm of things;
Solider Aristotle played the taws[5]
Upon the bottom of a king of kings;
45 World-famous golden-thighed Pythagoras[6]

2. Of Leda, the mother of Helen of Troy (or Helen herself).
3. According to Plato's parable in the *Symposium*, male and female were once the two halves of a single body; it was subsequently cut in half like a hard-boiled egg.

4. Fifteenth-century artists of Italy's Renaissance.
5. A leather strap, used to spin a top.
6. A 6th-century B.C. Greek philosopher who developed a mathematical basis for the universe and music.

Fingered upon a fiddle-stick or strings
What a star sang and careless Muses heard:
Old clothes upon old sticks to scare a bird.

7

Both nuns and mothers worship images,
50   But those the candles light are not as those
That animate a mother's reveries,
But keep a marble or a bronze repose.
And yet they too break hearts—O Presences
That passion, piety or affection knows,
55   And that all heavenly glory symbolise—
O self-born mockers of man's enterprise;

8

Labour is blossoming or dancing where
The body is not bruised to pleasure soul,
Nor beauty born out of its own despair,
60   Nor blear-eyed wisdom out of midnight oil.
O chestnut tree, great rooted blossomer,
Are you the leaf, the blossom or the bole?
O body swayed to music, O brightening glance,
How can we know the dancer from the dance?

1926   1927

Byzantium

The unpurged images of day recede;
The Emperor's drunken soldiery are abed;
Night resonance recedes, night-walkers' song
After great cathedral gong;
5   A starlit or a moonlit dome disdains
All that man is,
All mere complexities,
The fury and the mire of human veins.
Before me floats an image, man or shade,
10   Shade more than man, more image than a shade;
For Hades' bobbin° bound in mummy-cloth   *spool*
May unwind the winding path;
A mouth that has no moisture and no breath
Breathless mouths may summon;
15   I hail the superhuman;
I call it death-in-life and life-in-death.

Miracle, bird or golden handiwork,
More miracle than bird or handiwork,
Planted on the starlit golden bough,
20   Can like the cocks of Hades crow,
Or, by the moon embittered, scorn aloud
In glory of changeless metal
Common bird or petal
And all complexities of mire or blood.

25   At midnight on the Emperor's pavement flit
Flames that no faggot° feeds, nor steel has lit,   *bundle of sticks*

Nor storm disturbs, flames begotten of flame,
Where blood-begotten spirits come
And all complexities of fury leave,
30   Dying into a dance,
An agony of trance,
An agony of flame that cannot singe a sleeve.

Astraddle on the dolphin's mire and blood,
Spirit after spirit! The smithies break the flood,
35   The golden smithies of the Emperor!
Marbles of the dancing floor
Break bitter furies of complexity,
Those images that yet
Fresh images beget,
40   That dolphin-torn, that gong-tormented sea.
1930   1932

Crazy Jane Talks with the Bishop

I met the Bishop on the road
And much said he and I.
"Those breasts are flat and fallen now
Those veins must soon be dry;
5   Live in a heavenly mansion,
Not in some foul sty."

"Fair and foul are near of kin,
And fair needs foul," I cried.
"My friends are gone, but that's a truth
10   Nor grave nor bed denied,
Learned in bodily lowliness
And in the heart's pride.

"A woman can be proud and stiff
When on love intent;
15   But Love has pitched his mansion in
The place of excrement;
For nothing can be sole or whole
That has not been rent."
1931   1932

Lapis Lazuli[1]
(For Harry Clifton[2])

I have heard that hysterical women say
They are sick of the palette and fiddle-bow,
Of poets that are always gay,
For everybody knows or else should know
5   That if nothing drastic is done
Aeroplane and Zeppelin will come out,

1. A rich blue mineral producing the pigment ultramarine; used by the ancients for decoration.

2. A friend who gave Yeats a carving in lapis lazuli on his birthday.

Pitch like King Billy bomb-balls[3] in
Until the town lie beaten flat.

All perform their tragic play,
10   There struts Hamlet, there is Lear,
That's Ophelia, that Cordelia;[4]
Yet they, should the last scene be there,
The great stage curtain about to drop,
If worthy their prominent part in the play,
15   Do not break up their lines to weep.
They know that Hamlet and Lear are gay;
Gaiety transfiguring all that dread.
All men have aimed at, found and lost;
Black out; Heaven blazing into the head:
20   Tragedy wrought to its uttermost.
Though Hamlet rambles and Lear rages,
And all the drop scenes drop at once
Upon a hundred thousand stages,
It cannot grow by an inch or an ounce.

25   On their own feet they came, or on shipboard,
Camel-back, horse-back, ass-back, mule-back,
Old civilisations put to the sword.
Then they and their wisdom went to rack:
No handiwork of Callimachus[5]
30   Who handled marble as if it were bronze,
Made draperies that seemed to rise
When sea-wind swept the corner, stands;
His long lamp chimney shaped like the stem
Of a slender palm, stood but a day;
35   All things fall and are built again
And those that build them again are gay.

Two Chinamen, behind them a third,
Are carved in Lapis Lazuli,
Over them flies a long-legged bird
40   A symbol of longevity;
The third, doubtless a serving-man,
Carries a musical instrument.

Every discolouration of the stone,
Every accidental crack or dent
45   Seems a water-course or an avalanche,
Or lofty slope where it still snows
Though doubtless plum or cherry-branch
Sweetens the little half-way house
Those Chinamen climb towards, and I

3. German bombs; "King Billy" is a nickname for Kaiser Wilhelm II. Yeats may also mean to invoke King William I of England, "William of Orange," whose defeat of King James II at the Battle of the Boyne in 1690 resulted in the Protestant ascendancy in Ireland.
4. Characters from *Hamlet* and *King Lear*.
5. Greek poet, grammarian, critic, and sculptor (c. 310–c. 240 B.C.).

50 Delight to imagine them seated there;
There, on the mountain and the sky,
On all the tragic scene they stare.
One asks for mournful melodies;
Accomplished fingers begin to play.
55 Their eyes mid many wrinkles, their eyes,
Their ancient, glittering eyes, are gay.

1936   1938

The Circus Animals' Desertion

1

I sought a theme and sought for it in vain,
I sought it daily for six weeks or so.
Maybe at last being but a broken man
I must be satisfied with my heart, although
5 Winter and summer till old age began
My circus animals were all on show,
Those stilted boys, that burnished chariot,
Lion and woman and the Lord knows what.

2

What can I but enumerate old themes,
10 First that sea-rider Oisin[1] led by the nose
Through three enchanted islands, allegorical dreams,
Vain gaiety, vain battle, vain repose,
Themes of the embittered heart, or so it seems,
That might adorn old songs or courtly shows;
15 But what cared I that set him on to ride,
I, starved for the bosom of his fairy bride.

And then a counter-truth filled out its play,
"The Countess Cathleen"[2] was the name I gave it,
She, pity-crazed, had given her soul away
20 But masterful Heaven had intervened to save it.
I thought my dear must her own soul destroy
So did fanaticism and hate enslave it,
And this brought forth a dream and soon enough
This dream itself had all my thought and love.

25 And when the Fool and Blind Man stole the bread
Cuchulain[3] fought the ungovernable sea;
Heart mysteries there, and yet when all is said
It was the dream itself enchanted me:
Character isolated by a deed
30 To engross the present and dominate memory.
Players and painted stage took all my love
And not those things that they were emblems of.

---

1. Mythical Irish poet-warrior, son of the great Finn, who crossed the sea on an enchanted horse; hero of Yeats's early narrative poem *The Wanderings of Oisin*.
2. Yeats's play *Cathleen ní Houlihan* (1902) tells the tradi-

tional story of its title character, allegorical symbol of Ireland.
3. Hero of the medieval Irish epic *The Tain*, who single-handedly defended Ulster.

3

Those masterful images because complete
Grew in pure mind but out of what began?
35   A mound of refuse or the sweepings of a street,
Old kettles, old bottles, and a broken can,
Old iron, old bones, old rags, that raving slut
Who keeps the till. Now that my ladder's gone
I must lie down where all the ladders start
40   In the foul rag and bone shop of the heart.

1939

Under Ben Bulben[1]

1

Swear by what the Sages spoke
Round the Mareotic Lake[2]
That the Witch of Atlas[3] knew,
Spoke and set the cocks a-crow.

5   Swear by those horsemen, by those women
Complexion and form prove superhuman,
That pale, long-visaged company
That airs an immortality
Completeness of their passions won;
10   Now they ride the wintry dawn
Where Ben Bulben sets the scene.

Here's the gist of what they mean.

2

Many times man lives and dies
Between his two eternities,
15   That of race and that of soul,
And ancient Ireland knew it all.
Whether man dies in his bed
Or the rifle knocks him dead,
A brief parting from those dear
20   Is the worst man has to fear.
Though grave-diggers' toil is long,
Sharp their spades, their muscle strong,
They but thrust their buried men
Back in the human mind again.

3

25   You that Mitchel's prayer have heard,
"Send war in our time, O Lord!"[4]
Know that when all words are said
And a man is fighting mad,
Something drops from eyes long blind,
30   He completes his partial mind,
For an instant stands at ease,

---

1. A mountain in County Sligo.
2. An ancient region south of Alexandria, Egypt, known as a center of Neoplatonism.
3. *The Witch of Atlas* is the title of a poem by Percy Shelley.
4. John Mitchel, revolutionary patriot, wrote "Give us war in our time, O Lord!" while in prison.

Laughs aloud, his heart at peace.
Even the wisest man grows tense
With some sort of violence
35 Before he can accomplish fate,
Know his work or choose his mate.

4

Poet and sculptor do the work,
Nor let the modish painter shirk
What his great forefathers did,
40 Bring the soul of man to God,
Make him fill the cradles right.

Measurement began our might:
Forms a stark Egyptian[5] thought,
Forms that gentler Phidias wrought.
45 Michael Angelo left a proof
On the Sistine Chapel roof,
Where but half-awakened Adam
Can disturb globe-trotting Madam
Till her bowels are in heat,
50 Proof that there's a purpose set
Before the secret working mind:
Profane perfection of mankind.

Quattrocento[6] put in paint
On backgrounds for a God or Saint
55 Gardens where a soul's at ease;
Where everything that meets the eye,
Flowers and grass and cloudless sky
Resemble forms that are, or seem
When sleepers wake and yet still dream,
60 And when it's vanished still declare,
With only bed and bedstead there,
That Heavens had opened.
                          Gyres run on;
When that greater dream had gone
Calvert and Wilson, Blake and Claude,[7]
65 Prepared a rest for the people of God,
Palmer's phrase,[8] but after that
Confusion fell upon our thought.

5

Irish poets learn your trade,
Sing whatever is well made,
70 Scorn the sort now growing up
All out of shape from toe to top,
Their unremembering hearts and heads
Base-born products of base beds.

---

5. Plotinus, 3rd-century A.D. Egyptian-born philosopher, founder of Neoplatonism.
6. Fifteenth-century artists of Italy's Renaissance.
7. Edward Calvert (1799–1883), English painter and engraver, disciple of William Blake; Richard Wilson (1714–1782), British landscape painter; Claude Lorrain (1600–1682), French landscape painter.
8. Samuel Palmer (1805–1881), English painter of visionary landscapes and admirer of Blake.

Sing the peasantry, and then
75   Hard-riding country gentlemen,
The holiness of monks, and after
Porter-drinkers' randy° laughter;   *lusty*
Sing the lords and ladies gay
That were beaten into the clay
80   Through seven heroic centuries;[9]
Cast your mind on other days
That we in coming days may be
Still the indomitable Irishry.

6

Under bare Ben Bulben's head
85   In Drumcliff[1] churchyard Yeats is laid.
An ancestor was rector there
Long years ago; a church stands near,
By the road an ancient cross.
No marble, no conventional phrase,
90   On limestone quarried near the spot
By his command these words are cut:

> *Cast a cold eye*
> *On life, on death.*
> *Horseman, pass by!*

1938   1939

James Joyce
1882–1941

James Joyce was one of the great innovators who brought the novel into the modern era. As T. S. Eliot put it, Joyce made "the modern world possible for art." The poet Edith Sitwell wrote that by the turn of the century, "language had become, not so much an abused medium, as a dead and outworn thing, in which there was no living muscular system. Then came the rebirth of the medium, and this was effected, as far as actual vocabularies were concerned, very largely by such prose writers as Mr. James Joyce and Miss Gertrude Stein." Joyce objected to this flaccidity, citing examples in the work of George Moore, the most important Irish novelist of the first decade of the twentieth century; Moore's novel *The Untilled Field*, Joyce complained to his brother Stanislaus, was "damned stupid," "dull and flat," and "ill written." In a comment that would have pleased Joyce, one critic writing in 1929 declared that Joyce had by that date "conclusively reduced all the pretensions of the realistic novel to absurdity."

James Augustus Aloysius Joyce was born in Rathgar, a middle-class suburb of Dublin; though he was to leave Ireland more or less permanently at age twenty-two, Ireland generally, and "Dear Dirty Dublin" specifically, were never far from his mind and writing. He was the eldest surviving son in a large family consisting, according to his father, of "sixteen or seventeen children." His father, John Stanislaus Joyce, born and raised in Cork, was a tax collector and sometime Parnellite political employee; his mother was Mary Jane Joyce, née Murray.

---

9. I.e., the seven centuries since the conquest of Ireland by Henry II.

1. A village lying on the slopes of Ben Bulben, where Yeats was buried.

There is no better imaginative guide to the twists and turns of Joyce's family fortunes, and their effect on the young writer, than his first novel, A Portrait of the Artist as a Young Man; the life of Joyce's autobiographical hero Stephen Dedalus closely follows Joyce's own. The novel brings young Stephen from his earliest memories, through his Catholic schooling at Clongowes Wood College and Belvedere College, up to his graduation from University College, Dublin, and departure for Paris. Like Stephen, Joyce in these years first considered entering the priesthood, then began regarding Catholicism with increasing skepticism and irony, coming to view religion, family, and nation as three kinds of net or trap. One of the most important events of the early part of Joyce's life was the betrayal and subsequent death of "the uncrowned king of Ireland," Charles Stewart Parnell, the political leader who was working hard to make Home Rule for Ireland a reality; his demise, after his adulterous affair with Kitty O'Shea was discovered, was remembered by Joyce in his first poem, Et Tu, Healy—which he wrote at the age of eight—and in a haunting story, Ivy Day in the Committee Room. Joyce moved to Paris after graduation in 1902 and began medical studies, but he soon had to return to Dublin, as his mother was dying. Joyce gave up the idea of a medical career, which his father could not afford to finance in any event; he briefly tried teaching school and sought to define himself as a writer.

Like Dedalus, the young Joyce first concentrated on writing poetry. The majority of his early poems were collected in the volume Chamber Music (1907); both the strength and weakness of the poems is suggested by the praise of Arthur Symons, who in his review in the Nation described the lyrics as "tiny, evanescent things." Poetry was ultimately to prove a dead end for Joyce; though he brought out one more volume of thirteen poems during his lifetime (Pomes Penyeach, 1927), and wrote one forgettable play (Exiles, 1918), prose fiction is the primary area in which Joyce's influence continues to be felt.

The year 1904 proved to be an absolute watershed in Joyce's development as a writer. In January 1904—indeed, perhaps in the single day 7 January 1904—Joyce wrote an impressionistic prose sketch which would ultimately serve as the manifesto for his first novel. From this beginning, Joyce shaped his novel, which was to have been called Stephen Hero; and though he worked on it steadily for more than three years, and the manuscript grew to almost a thousand pages, the novel was not coming together in quite the way Joyce had hoped. Hence in the fall of 1907, he began cutting and radically reshaping the material into what would become A Portrait of the Artist as a Young Man, one of the finest examples of the Künstlerroman (novel of artistic growth) in English; H. G. Wells called it "by far the most living and convincing picture that exists of an Irish Catholic upbringing."

June 16, 1904, in particular is a crucial day in the Joycean calendar, for it is "Bloomsday"—the day on which the events narrated in Ulysses take place—and according to legend, it is the day that Nora Barnacle first agreed to go out walking with Joyce. Joyce's father thought Nora's maiden name a good omen, suggesting that she would "stick to him," and indeed she did; without the benefit of marriage, she agreed to accompany him four months later on his artistic exile to the Continent, and though they were not legally married until 1931, she proved a faithful and devoted partner, a small spot of stability amidst the chaos of Joyce's life. They settled for several years in Trieste, Italy, where Joyce taught English at a Berlitz school and where their two children, Giorgio and Lucia, were born. Joyce returned briefly to Ireland in 1909, seeking unsuccessfully to get work published and to start a movie theater; after another brief visit in 1912, he never returned. He spent most of World War I in Zurich, then moved to Paris, where he eked out an existence with the help of several benefactors as his reputation began to grow.

He had begun his first book in June or July 1904, invited by the Irish man of letters "A. E." (George Russell) to submit a short story to his paper The Irish Homestead. Joyce began writing the series of fifteen stories that would be published in 1914 as Dubliners. In letters to London publisher Grant Richards about his conception for the short stories, Joyce wrote that he planned the volume to be a chapter of Ireland's "moral history" and that in writing it he had "taken the first step towards the spiritual liberation of my country." Richards, however, objected to the stark realism—or sordidness—of several scenes, and pressed Joyce to eliminate vulgarisms;

Joyce refused. Finally, desperate to have the book published, Joyce wrote to Richards: "I seriously believe that you will retard the course of civilisation in Ireland by preventing the Irish people from having one good look at themselves in my nicely polished looking-glass."

During this period, Joyce also experimented with a form of short prose sketch that he called the "epiphany." An epiphany, as it is defined in *Stephen Hero*, is "a sudden spiritual manifestation, whether in the vulgarity of speech or of gesture or in a memorable phase of the mind itself." It consequently falls to the artist to "record these epiphanies with extreme care, seeing that they themselves are the most delicate and evanescent of moments." One benefit of Joyce's experimentation with prose epiphanies is that the searching realism and psychological richness of the stories in *Dubliners* are conveyed with a lucid economy of phrasing—what Joyce called "a style of scrupulous meanness"—and by a similar penchant for understatement on the level of plot. The stories often seem to "stop," rather than end; time and again, Joyce withholds the tidy conclusion that conventional fiction had trained readers to expect. In story after story, characters betray what Joyce termed their "paralysis"—a paralysis of the will that prevents them from breaking out of deadening habit. The final story of the collection, *The Dead*—written after the volume had ostensibly been completed, and comprising a broader scope and larger cast of characters than the other stories—is Joyce's finest work of short fiction, and justly praised as one of the great stories of our time; it was filmed, quite sensitively and beautifully, by director John Huston, the last film project before his death.

A second decisive year for Joyce was 1914. Having completed *Dubliners*, Joyce seems never to have thought seriously about writing short fiction again; and throughout the period he was writing his stories, he continued to work on *A Portrait*. As was the case with *Dubliners*, negotiations for the publication of *A Portrait* were extremely difficult; despite its dazzling language, few editors could get beyond the opening pages, with their references to bedwetting and their use of crude slang. Even though the novel had been published serially in *The Egoist* beginning in 1914, and was praised by influential writers like W. B. Yeats, H. G. Wells, and Ezra Pound, the book was rejected by every publisher in London to whom Joyce offered it, before finally being accepted by B. W. Huebsch in New York, and published in December 1916.

With both his stories and his first novel between hard covers, Joyce was finally able to concentrate his energies on the one novel for which, more than any other, he will be remembered—*Ulysses*; that work, too, had begun in 1914. The novel is structured, loosely, on eighteen episodes from Homer's *Odyssey*; Leopold Bloom, advertising salesman, is a modern-day Ulysses, the streets of Dublin his Aegean Sea, and Molly Bloom his (unfaithful) Penelope. Stephen Dedalus, stuck teaching school and estranged from his real father, is an unwitting Telemachus (Ulysses' son) in search of a father. Critics have disagreed over the years as to how seriously readers should take these Homeric parallels; Eliot understood them to be of the utmost importance—"a way of controlling, of ordering, of giving a shape and a significance to the immense panorama of futility and anarchy which is contemporary history"—while the equally supportive Pound suggested that the parallel structure was merely "the remains of a medieval allegorical culture; it matters little, it is a question of cooking, which does not restrict the action, nor inconvenience it, nor harm the realism, nor the contemporaneity of the action."

Concomitant with the Homeric structure, Joyce sought to give each of his eighteen chapters its own style. Chapter 12, focusing on Bloom's encounter with Dublin's Cyclops, called "the Citizen," is written in a style of "gigantism"—full of mock-epic epithets and catalogues, playfully suggestive of the style of ancient Celtic myth and legend. Chapter 13, which parallels Odysseus's encounter with Nausicaa, is written in the exaggerated style of Victorian women's magazines and sentimental fiction, a style which Joyce characterized as "a namby-pamby jammy marmalady drawersy (alto-là!) style with effects of incense, mariolatry, masturbation, stewed cockles, painter's palette, chitchat, circumlocutions, etc etc." While realist writers sought constantly to flush artifice from their writing, to arrive finally at a style which would be value-neutral, Joyce takes the English language on a voyage in the opposite direction; each

Photo of Sackville Street (now O'Connell Street), Dublin, with view of Nelson's Pillar.

chapter, as he wrote to his patron Harriet Shaw Weaver, left behind it "a burnt-up field." It would be difficult to overestimate the influence that *Ulysses* has had on modern writing; Eliot's candid response to the novel, reported in a letter to Joyce, was "I have nothing but admiration; in fact, I wish, for my own sake, that I had not read it."

Other people wanted to make sure that no one else would read it. *Ulysses* was promptly banned as obscene, in Ireland, England, and many other countries. Copies were smuggled into the United States, where a pirated edition was published, paying Joyce no royalties. Finally in 1933, in a landmark decision, a federal judge found that the book's frank language and sexual discussions were fully justified artistically—though he allowed that "*Ulysses* is a rather strong draught to ask some sensitive, though normal, persons to take."

In 1923, with *Ulysses* completed, Joyce suddenly reinvented himself and his writing once again, and turned his attention to the writing of the novel that would occupy him almost until his death—*Finnegans Wake*. If *Ulysses* attacks the novel form at the level of style, *Finnegans Wake* targets the very structures of the English language. The story, in its broad outlines, is adapted from a vaudeville music-hall number, "Finnegan's Wake"; the novel's "protagonist," called by myriad names most of which bear the initials H.C.E. (Humphrey Chimpden Earwicker, Here Comes Everybody), has fallen in a drunken stupor, and the content of his dream is, apparently, the novel we read. But since the book is a night book, so Joyce felt that the language must be a night language, a meeting-place of dream and desire, rather than the straightforward language of the day. The novel's language is a neologismic amalgam of more than a dozen modern and ancient languages—a hybrid that devotees call "Wakese"; when questioned as to the wisdom of such a strategy, Joyce replied that *Ulysses* had proved English to be inadequate. "I'd like a language," he told his friend Stefan Zweig, "which is above all languages, a language to which all will do service. I cannot express myself in English without enclosing myself in a tradition." Though *Finnegans Wake* is of a complexity to frustrate even some of Joyce's most ardent admirers, interest in the novel has, if anything, increased in the wake of poststructuralist criticism, and shows no signs of letting up soon.

On 13 January 1941, Joyce died of a perforated ulcer; his illness and death almost certainly owed something to an adult life of rather heavy drinking and surely to the pain of his self-exile. Though his oeuvre consists largely of one volume of short stories and three novels, his importance for students of modern literature is extraordinary. As Richard Ellmann writes at the opening of his magisterial biography, "We are still learning to be James Joyce's contemporaries, to understand our interpreter."

from DUBLINERS
Araby

NORTH RICHMOND STREET, being blind,[1] was a quiet street except at the hour when the Christian Brothers' School set the boys free. An uninhabited house of two storeys stood at the blind end, detached from its neighbours in a square ground. The other houses of the street, conscious of decent lives within them, gazed at one another with brown imperturbable faces.

The former tenant of our house, a priest, had died in the back drawing-room. Air, musty from having been long enclosed, hung in all the rooms, and the waste room behind the kitchen was littered with old useless papers. Among these I found a few paper-covered books, the pages of which were curled and damp: *The Abbot*, by Walter Scott,[2] *The Devout Communicant*[3] and *The Memoirs of Vidocq*.[4] I liked the last best because its leaves were yellow. The wild garden behind the house contained a central apple-tree and a few straggling bushes under one of which I found the late tenant's rusty bicycle-pump. He had been a very charitable priest; in his will he had left all his money to institutions and the furniture of his house to his sister.

When the short days of winter came dusk fell before we had well eaten our dinners. When we met in the street the houses had grown sombre. The space of sky above us was the colour of ever-changing violet and towards it the lamps of the street lifted their feeble lanterns. The cold air stung us and we played till our bodies glowed. Our shouts echoed in the silent street. The career of our play brought us through the dark muddy lanes behind the houses where we ran the gantlet[5] of the rough tribes from the cottages, to the back doors of the dark dripping gardens where odours arose from the ashpits, to the dark odorous stables where a coachman smoothed and combed the horse or shook music from the buckled harness. When we returned to the street light from the kitchen windows had filled the areas. If my uncle was seen turning the corner we hid in the shadow until we had seen him safely housed. Or if Mangan's sister came out on the doorstep to call her brother in to his tea we watched her from our shadow peer up and down the street. We waited to see whether she would remain or go in and, if she remained, we left our shadow and walked up to Mangan's steps resignedly. She was waiting for us, her figure defined by the light from the half-opened door. Her brother always teased her before he obeyed and I stood by the railings looking at her. Her dress swung as she moved her body and the soft rope of her hair tossed from side to side.

Every morning I lay on the floor in the front parlour watching her door. The blind was pulled down to within an inch of the sash so that I could not be seen. When she came out on the doorstep my heart leaped. I ran to the hall, seized my

---

1. A dead end.
2. A romantic novel concerning Mary Queen of Scots, published in 1820.
3. A religious tract written by a Franciscan friar.
4. François Vidocq was chief of detectives with the Paris

police in the early 19th century, before being dismissed from the force for falsifying records. He probably did not write the *Memoirs*.
5. Risk; challenge (variation of "gauntlet").

books and followed her. I kept her brown figure always in my eye and, when we came near the point at which our ways diverged, I quickened my pace and passed her. This happened morning after morning. I had never spoken to her, except for a few casual words, and yet her name was like a summons to all my foolish blood.

Her image accompanied me even in places the most hostile to romance. On Saturday evenings when my aunt went marketing I had to go to carry some of the parcels. We walked through the flaring streets, jostled by drunken men and bargaining women, amid the curses of labourers, the shrill litanies of shop-boys who stood on guard by the barrels of pigs' cheeks, the nasal chanting of street-singers, who sang a *come-all-you*[6] about O'Donovan Rossa,[7] or a ballad about the troubles in our native land. These noises converged in a single sensation of life for me: I imagined that I bore my chalice safely through a throng of foes. Her name sprang to my lips at moments in strange prayers and praises which I myself did not understand. My eyes were often full of tears (I could not tell why) and at times a flood from my heart seemed to pour itself out into my bosom. I thought little of the future. I did not know whether I would ever speak to her or not or, if I spoke to her, how I could tell her of my confused adoration. But my body was like a harp and her words and gestures were like fingers running upon the wires.

One evening I went into the back drawing-room in which the priest had died. It was a dark rainy evening and there was no sound in the house. Through one of the broken panes I heard the rain impinge upon the earth, the fine incessant needles of water playing in the sodden beds. Some distant lamp or lighted window gleamed below me. I was thankful that I could see so little. All my senses seemed to desire to veil themselves and, feeling that I was about to slip from them, I pressed the palms of my hands together until they trembled, murmuring: *O love! O love!* many times.

At last she spoke to me. When she addressed the first words to me I was so confused that I did not know what to answer. She asked me was I going to *Araby*. I forget whether I answered yes or no. It would be a splendid bazaar, she said; she would love to go.

—And why can't you? I asked.

While she spoke she turned a silver bracelet round and round her wrist. She could not go, she said, because there would be a retreat[8] that week in her convent. Her brother and two other boys were fighting for their caps and I was alone at the railings. She held one of the spikes, bowing her head towards me. The light from the lamp opposite our door caught the white curve of her neck, lit up her hair that rested there and, falling, lit up the hand upon the railing. It fell over one side of her dress and caught the white border of a petticoat, just visible as she stood at ease.

—It's well for you, she said.

—If I go, I said, I will bring you something.

What innumerable follies laid waste my waking and sleeping thoughts after that evening! I wished to annihilate the tedious intervening days. I chafed against the work of school. At night in my bedroom and by day in the classroom her image came between me and the page I strove to read. The syllables of the word *Araby* were called to me through the silence in which my soul luxuriated and cast an Eastern enchantment over me. I asked for leave to go to the bazaar on Saturday night. My aunt was surprised and hoped it was not some Freemason affair.[9] I answered few questions in class. I watched my master's face pass from amiability to sternness; he hoped

---

6. A popular type of ballad beginning with the formula, "Come all you Irishmen . . . ."

7. Jeremiah O'Donovan, an Irish nationalist exiled to the United States.

8. A period of withdrawal for prayer, meditation, and religious study.

9. The Masonic Order was a guild thought to be an enemy of the Catholic Church.

I was not beginning to idle. I could not call my wandering thoughts together. I had hardly any patience with the serious work of life which, now that it stood between me and my desire, seemed to me child's play, ugly monotonous child's play.

On Saturday morning I reminded my uncle that I wished to go to the bazaar in the evening. He was fussing at the hallstand, looking for the hat-brush, and answered me curtly:

—Yes, boy, I know.

As he was in the hall I could not go into the front parlour and lie at the window. I left the house in bad humour and walked slowly towards the school. The air was pitilessly raw and already my heart misgave me.

When I came home to dinner my uncle had not yet been home. Still it was early. I sat staring at the clock for some time and, when its ticking began to irritate me, I left the room. I mounted the staircase and gained the upper part of the house. The high cold empty gloomy rooms liberated me and I went from room to room singing. From the front window I saw my companions playing below in the street. Their cries reached me weakened and indistinct and, leaning my forehead against the cool glass, I looked over at the dark house where she lived. I may have stood there for an hour, seeing nothing but the brown-clad figure cast by my imagination, touched discreetly by the lamplight at the curved neck, at the hand upon the railings and at the border below the dress.

When I came downstairs again I found Mrs Mercer sitting at the fire. She was an old garrulous woman, a pawnbroker's widow, who collected used stamps for some pious purpose. I had to endure the gossip of the tea-table. The meal was prolonged beyond an hour and still my uncle did not come. Mrs Mercer stood up to go: she was sorry she couldn't wait any longer, but it was after eight o'clock and she did not like to be out late, as the night air was bad for her. When she had gone I began to walk up and down the room, clenching my fists. My aunt said:

—I'm afraid you may put off your bazaar for this night of Our Lord.

At nine o'clock I heard my uncle's latchkey in the halldoor. I heard him talking to himself and heard the hallstand rocking when it had received the weight of his overcoat. I could interpret these signs. When he was midway through his dinner I asked him to give me the money to go to the bazaar. He had forgotten.

—The people are in bed and after their first sleep now, he said.

I did not smile. My aunt said to him energetically:

—Can't you give him the money and let him go? You've kept him late enough as it is.

My uncle said he was very sorry he had forgotten. He said he believed in the old saying: *All work and no play makes Jack a dull boy*. He asked me where I was going and, when I had told him a second time he asked me did I know *The Arab's Farewell to his Steed*.[1] When I left the kitchen he was about to recite the opening lines of the piece to my aunt.

I held a florin[2] tightly in my hand as I strode down Buckingham Street towards the station. The sight of the streets thronged with buyers and glaring with gas recalled to me the purpose of my journey. I took my seat in a third-class carriage of a deserted train. After an intolerable delay the train moved out of the station slowly. It crept onward among ruinous houses and over the twinkling river. At Westland Row Station a crowd of people pressed to the carriage doors; but the porters moved them

---

1. A sentimental poem by Caroline Norton, in which the speaker imagines his despair upon selling his favorite horse.

2. A coin worth two shillings.

back, saying that it was a special train for the bazaar. I remained alone in the bare carriage. In a few minutes the train drew up beside an improvised wooden platform. I passed out on to the road and saw by the lighted dial of a clock that it was ten minutes to ten. In front of me was a large building which displayed the magical name.

I could not find any sixpenny entrance and, fearing that the bazaar would be closed, I passed in quickly through a turnstile, handing a shilling to a weary-looking man. I found myself in a big hall girdled at half its height by a gallery. Nearly all the stalls were closed and the greater part of the hall was in darkness. I recognised a silence like that which pervades a church after a service. I walked into the centre of the bazaar timidly. A few people were gathered about the stalls which were still open. Before a curtain, over which the words *Café Chantant*[3] were written in coloured lamps, two men were counting money on a salver.[4] I listened to the fall of the coins.

Remembering with difficulty why I had come I went over to one of the stalls and examined porcelain vases and flowered tea-sets. At the door of the stall a young lady was talking and laughing with two young gentlemen. I remarked their English accents and listened vaguely to their conversation.

—O, I never said such a thing!

—O, but you did!

—O, but I didn't!

—Didn't she say that?

—Yes. I heard her.

—O, there's a . . . fib!

Observing me the young lady came over and asked me did I wish to buy anything. The tone of her voice was not encouraging; she seemed to have spoken to me out of a sense of duty. I looked humbly at the great jars that stood like eastern guards at either side of the dark entrance to the stall and murmured:

—No, thank you.

The young lady changed the position of one of the vases and went back to the two young men. They began to talk of the same subject. Once or twice the young lady glanced at me over her shoulder.

I lingered before her stall, though I knew my stay was useless, to make my interest in her wares seem the more real. Then I turned away slowly and walked down the middle of the bazaar. I allowed the two pennies to fall against the sixpence in my pocket. I heard a voice call from one end of the gallery that the light was out. The upper part of the hall was now completely dark.

Gazing up into the darkness I saw myself as a creature driven and derided by vanity; and my eyes burned with anguish and anger.

Eveline

She sat at the window watching the evening invade the avenue. Her head was leaned against the window curtains and in her nostrils was the odour of dusty cretonne.[1] She was tired.

Few people passed. The man out of the last house passed on his way home; she heard his footsteps clacking along the concrete pavement and afterwards crunching on the cinder path before the new red houses. One time there used to be a field there

3. A café with musical entertainment.   1. Heavy cotton fabric.
4. A tray for food and drinks.

in which they used to play every evening with other people's children. Then a man from Belfast bought the field and built houses in it—not like their little brown houses but bright brick houses with shining roofs. The children of the avenue used to play together in that field—the Devines, the Waters, the Dunns, little Keogh the cripple, she and her brothers and sisters. Ernest, however, never played: he was too grown up. Her father used often to hunt them in out of the field with his blackthorn stick; but usually little Keogh used to keep *nix*[2] and call out when he saw her father coming. Still they seemed to have been rather happy then. Her father was not so bad then; and besides, her mother was alive. That was a long time ago; she and her brothers and sisters were all grown up; her mother was dead. Tizzie Dunn was dead, too, and the Waters had gone back to England. Everything changes. Now she was going to go away like the others, to leave her home.

Home! She looked round the room, reviewing all its familiar objects which she had dusted once a week for so many years, wondering where on earth all the dust came from. Perhaps she would never see again those familiar objects from which she had never dreamed of being divided. And yet during all those years she had never found out the name of the priest whose yellowing photograph hung on the wall above the broken harmonium[3] beside the coloured print of the promises made to Blessed Margaret Mary Alacoque.[4] He had been a school friend of her father. Whenever he showed the photograph to a visitor her father used to pass it with a casual word:

—He is in Melbourne now.

She had consented to go away, to leave her home. Was that wise? She tried to weigh each side of the question. In her home anyway she had shelter and food; she had those whom she had known all her life about her. Of course she had to work hard both in the house and at business. What would they say of her in the Stores when they found out that she had run away with a fellow? Say she was a fool, perhaps; and her place would be filled up by advertisement. Miss Gavan would be glad. She had always had an edge on her, especially whenever there were people listening.

—Miss Hill, don't you see these ladies are waiting?

—Look lively, Miss Hill, please.

She would not cry many tears at leaving the Stores.

But in her new home, in a distant unknown country, it would not be like that. Then she would be married—she, Eveline. People would treat her with respect then. She would not be treated as her mother had been. Even now, though she was over nineteen, she sometimes felt herself in danger of her father's violence. She knew it was that that had given her the palpitations. When they were growing up he had never gone for her, like he used to go for Harry and Ernest, because she was a girl; but latterly he had begun to threaten her and say what he would do to her only for her dead mother's sake. And now she had nobody to protect her. Ernest was dead and Harry, who was in the church decorating business, was nearly always down somewhere in the country. Besides, the invariable squabble for money on Saturday nights had begun to weary her unspeakably. She always gave her entire wages—seven shillings—and Harry always sent up what he could but the trouble was to get any

2. To serve as a lookout.

3. A small reed organ.

4. Catholic saint who took a vow of chastity at age four and carved the name "Jesus" into her chest with a knife as an adolescent. In 1673 she experienced a series of revelations; these resulted in the founding of the Devotion to the Sacred Heart of Jesus.

money from her father. He said she used to squander the money, that she had no head, that he wasn't going to give her his hard-earned money to throw about the streets, and much more, for he was usually fairly bad of a Saturday night. In the end he would give her the money and ask her had she any intention of buying Sunday's dinner. Then she had to rush out as quickly as she could and do her marketing, holding her black leather purse tightly in her hand as she elbowed her way through the crowds and returning home late under her load of provisions. She had hard work to keep the house together and to see that the two young children who had been left to her charge went to school regularly and got their meals regularly. It was hard work—a hard life—but now that she was about to leave it she did not find it a wholly undesirable life.

She was about to explore another life with Frank. Frank was very kind, manly, open-hearted. She was to go away with him by the night-boat to be his wife and to live with him in Buenos Ayres where he had a home waiting for her. How well she remembered the first time she had seen him; he was lodging in a house on the main road where she used to visit. It seemed a few weeks ago. He was standing at the gate, his peaked cap pushed back on his head and his hair tumbled forward over a face of bronze. Then they had come to know each other. He used to meet her outside the Stores every evening and see her home. He took her to see *The Bohemian Girl*[5] and she felt elated as she sat in an unaccustomed part of the theatre with him. He was awfully fond of music and sang a little. People knew that they were courting and, when he sang about the lass that loves a sailor, she always felt pleasantly confused. He used to call her Poppens out of fun. First of all it had been an excitement for her to have a fellow and then she had begun to like him. He had tales of distant countries. He had started as a deck boy at a pound a month on a ship of the Allan Line going out to Canada. He told her the names of the ships he had been on and the names of the different services. He had sailed through the Straits of Magellan and he told her stories of the terrible Patagonians.[6] He had fallen on his feet in Buenos Ayres, he said, and had come over to the old country just for a holiday. Of course, her father had found out the affair and had forbidden her to have anything to say to him.

—I know these sailor chaps, he said.

One day he had quarrelled with Frank and after that she had to meet her lover secretly.

The evening deepened in the avenue. The white of two letters in her lap grew indistinct. One was to Harry; the other was to her father. Ernest had been her favorite but she liked Harry too. Her father was becoming old lately, she noticed; he would miss her. Sometimes he could be very nice. Not long before, when she had been laid up for a day, he had read her out a ghost story and made toast for her at the fire. Another day, when their mother was alive, they had all gone for a picnic to the Hill of Howth.[7] She remembered her father putting on her mother's bonnet to make the children laugh.

Her time was running out but she continued to sit by the window, leaning her head against the window curtain, inhaling the odour of dusty cretonne. Down far in the avenue she could hear a street organ playing. She knew the air.[8] Strange that it should come that very night to remind her of the promise to her mother, her promise to keep the home together as long as she could. She remembered the last night of her

---

5. An opera (1843) by Irish composer Michael William Balfe, based on a tale by Cervantes about a rich girl kidnapped by gypsies and an exiled nobleman.

6. Native peoples of Southern Argentina.
7. Northeast of Dublin, the hill dominates Dublin Bay.
8. Tune.

mother's illness; she was again in the close dark room at the other side of the hall and outside she heard a melancholy air of Italy. The organ-player had been ordered to go away and given sixpence. She remembered her father strutting back into the sickroom saying:

—Damned Italians! coming over here!

As she mused the pitiful vision of her mother's life laid its spell on the very quick of her being—that life of commonplace sacrifices closing in final craziness. She trembled as she heard again her mother's voice saying constantly with foolish insistence:

—Derevaun Seraun! Derevaun Seraun![9]

She stood up in a sudden impulse of terror. Escape! She must escape! Frank would save her. He would give her life, perhaps love, too. But she wanted to live. Why should she be unhappy? She had a right to happiness. Frank would take her in his arms, fold her in his arms. He would save her.

She stood among the swaying crowd in the station at the North Wall.[1] He held her hand and she knew that he was speaking to her, saying something about the passage over and over again. The station was full of soldiers with brown baggages. Through the wide doors of the sheds she caught a glimpse of the black mass of the boat, lying in beside the quay wall, with illumined portholes. She answered nothing. She felt her cheek pale and cold and, out of a maze of distress, she prayed to God to direct her, to show her what was her duty. The boat blew a long mournful whistle into the mist. If she went, to-morrow she would be on the sea with Frank, steaming toward Buenos Ayres. Their passage had been booked. Could she still draw back after all he had done for her? Her distress awoke a nausea in her body and she kept moving her lips in silent fervent prayer.

A bell clanged upon her heart. She felt him seize her hand:

—Come!

All the seas of the world tumbled about her heart. He was drawing her into them: he would drown her. She gripped with both hands at the iron railing.

—Come!

No! No! No! It was impossible. Her hands clutched the iron in frenzy. Amid the seas she sent a cry of anguish!

—Eveline! Evvy!

He rushed beyond the barrier and called to her to follow. He was shouted at to go on but he still called to her. She set her white face to him, passive, like a helpless animal. Her eyes gave him no sign of love or farewell or recognition.

Clay

The matron had given her leave to go out as soon as the women's tea was over and Maria looked forward to her evening out. The kitchen was spick and span: the cook said you could see yourself in the big copper boilers. The fire was nice and bright and on one of the side-tables were four very big barmbracks.[1] These barmbracks seemed uncut; but if you went closer you would see that they had been cut into long thick even slices and were ready to be handed round at tea. Maria had cut them herself.

---

9. Though some commentators have suggested the phrase is Irish, it seems more likely to be incoherent nonsense.
1. A point of embarkation in Dublin for passenger ships—but those, as critic Hugh Kenner points out, heading for Liverpool, not Buenos Aires.
1. Speckled cakes or currant buns.

Maria was a very, very small person indeed but she had a very long nose and a very long chin. She talked a little through her nose, always soothingly: *Yes, my dear*, and *No, my dear*. She was always sent for when the women quarrelled over their tubs and always succeeded in making peace. One day the matron had said to her:

—Maria, you are a veritable peace-maker!

And the sub-matron and two of the Board ladies[2] had heard the compliment. And Ginger Mooney was always saying what she wouldn't do to the dummy[3] who had charge of the irons if it wasn't for Maria. Everyone was so fond of Maria.

The women would have their tea at six o'clock and she would be able to get away before seven. From Ballsbridge to the Pillar, twenty minutes; from the Pillar to Drumcondra, twenty minutes; and twenty minutes to buy the things. She would be there before eight. She took out her purse with the silver clasps and read again the words *A Present from Belfast*. She was very fond of that purse because Joe had brought it to her five years before when he and Alphy had gone to Belfast on a Whit-Monday[4] trip. In the purse were two half-crowns and some coppers. She would have five shillings clear after paying tram fare. What a nice evening they would have, all the children singing! Only she hoped that Joe wouldn't come in drunk. He was so different when he took any drink.

Often he had wanted her to go and live with them; but she would have felt herself in the way (though Joe's wife was ever so nice with her) and she had become accustomed to the life of the laundry. Joe was a good fellow. She had nursed him and Alphy too; and Joe used often say:

—Mamma is mamma but Maria is my proper mother.

After the break-up at home the boys had got her that position in the *Dublin by Lamplight* laundry,[5] and she liked it. She used to have such a bad opinion of Protestants but now she thought they were very nice people, a little quiet and serious, but still very nice people to live with. Then she had her plants in the conservatory and she liked looking after them. She had lovely ferns and wax-plants and, whenever anyone came to visit her, she always gave the visitor one or two slips from her conservatory. There was one thing she didn't like and that was the tracts[6] on the walls; but the matron was such a nice person to deal with, so genteel.

When the cook told her everything was ready she went into the women's room and began to pull the big bell. In a few minutes the women began to come in by twos and threes, wiping their steaming hands in their petticoats and pulling down the sleeves of their blouses over their red steaming arms. They settled down before their huge mugs which the cook and the dummy filled up with hot tea, already mixed with milk and sugar in huge tin cans. Maria superintended the distribution of the barmbrack and saw that every woman got her four slices. There was a great deal of laughing and joking during the meal. Lizzie Fleming said Maria was sure to get the ring and, though Fleming had said that for so many Hallow Eves, Maria had to laugh and say she didn't want any ring or man either; and when she laughed her grey-green eyes sparkled with disappointed shyness and the tip of her nose nearly met the tip of her chin. Then Ginger Mooney lifted up her mug of tea and proposed Maria's health while all the other women clattered with their mugs on the table, and said she was

2. Members of the governing board of the Dublin by Lamplight Laundry.
3. Slang for a mute person.
4. Holiday following Whitsunday, the seventh Sunday after Easter.
5. Joyce's invented benevolent society, run by Protestant women, "saves" Dublin's prostitutes from a life on the streets by giving them honest work in a laundry. Maria works for the laundry but appears not to be a reformed prostitute herself.
6. Evangelical religious texts.

sorry she hadn't a sup of porter[7] to drink it in. And Maria laughed again till the tip of her nose nearly met the tip of her chin and till her minute body nearly shook itself asunder because she knew that Mooney meant well though, of course, she had the notions of a common woman.

But wasn't Maria glad when the women had finished their tea and the cook and the dummy had begun to clear away the tea-things! She went into her little bedroom and, remembering that the next morning was a mass morning, changed the hand of the alarm from seven to six. Then she took off her working skirt and her house-boots and laid her best skirt out on the bed and her tiny dress-boots beside the foot of the bed. She changed her blouse too and, as she stood before the mirror, she thought of how she used to dress for mass on Sunday morning when she was a young girl; and she looked with quaint affection at the diminutive body which she had so often adorned. In spite of its years she found it a nice tidy little body.

When she got outside the streets were shining with rain and she was glad of her old brown raincloak. The tram was full and she had to sit on the little stool at the end of the car, facing all the people, with her toes barely touching the floor. She arranged in her mind all she was going to do and thought how much better it was to be independent and to have your own money in your pocket. She hoped they would have a nice evening. She was sure they would but she could not help thinking what a pity it was Alphy and Joe were not speaking. They were always falling out now but when they were boys together they used to be the best of friends: but such was life.

She got out of her tram at the Pillar and ferreted her way quickly among the crowds. She went into Downes's cakeshop but the shop was so full of people that it was a long time before she could get herself attended to. She bought a dozen of mixed penny cakes, and at last came out of the shop laden with a big bag. Then she thought what else would she buy: she wanted to buy something really nice. They would be sure to have plenty of apples and nuts. It was hard to know what to buy and all she could think of was cake. She decided to buy some plumcake but Downes's plumcake had not enough almond icing on top of it so she went over to a shop in Henry Street. Here she was a long time in suiting herself and the stylish young lady behind the counter, who was evidently a little annoyed by her, asked her was it wedding-cake she wanted to buy. That made Maria blush and smile at the young lady; but the young lady took it all very seriously and finally cut a thick slice of plumcake, parcelled it up and said:

—Two-and-four, please.

She thought she would have to stand in the Drumcondra tram because none of the young men seemed to notice her but an elderly gentleman made room for her. He was a stout gentleman and he wore a brown hard hat; he had a square red face and a greyish moustache. Maria thought he was a colonel-looking gentleman and she reflected how much more polite he was than the young men who simply stared straight before them. The gentleman began to chat with her about Hallow Eve and the rainy weather. He supposed the bag was full of good things for the little ones and said it was only right that the youngsters should enjoy themselves while they were young. Maria agreed with him and favoured him with demure nods and hems. He was very nice with her, and when she was getting out at the Canal Bridge she thanked

---

7. A heavy, dark brown ale.

him and bowed, and he bowed to her and raised his hat and smiled agreeably; and while she was going up along the terrace, bending her tiny head under the rain, she thought how easy it was to know a gentleman even when he has a drop taken.

Everybody said: O, here's Maria! when she came to Joe's house. Joe was there, having come home from business, and all the children had their Sunday dresses on. There were two big girls in from next door and games were going on. Maria gave the bag of cakes to the eldest boy, Alphy, to divide and Mrs Donnelly said it was too good of her to bring such a big bag of cakes and made all the children say:

—Thanks, Maria.

But Maria said she had brought something special for papa and mamma, something they would be sure to like, and she began to look for her plumcake. She tried in Downes's bag and then in the pockets of her raincloak and then on the hallstand but nowhere could she find it. Then she asked all the children had any of them eaten it—by mistake, of course—but the children all said no and looked as if they did not like to eat cakes if they were to be accused of stealing. Everybody had a solution for the mystery and Mrs Donnelly said it was plain that Maria had left it behind her in the tram. Maria, remembering how confused the gentleman with the greyish moustache had made her, coloured with shame and vexation and disappointment. At the thought of the failure of her little surprise and of the two and fourpence she had thrown away for nothing she nearly cried outright.

But Joe said it didn't matter and made her sit down by the fire. He was very nice with her. He told her all that went on in his office, repeating for her a smart answer which he had made to the manager. Maria did not understand why Joe laughed so much over the answer he had made but she said that the manager must have been a very overbearing person to deal with. Joe said he wasn't so bad when you knew how to take him, that he was a decent sort so long as you didn't rub him the wrong way. Mrs Donnelly played the piano for the children and they danced and sang. Then the two next-door girls handed round the nuts. Nobody could find the nutcrackers and Joe was nearly getting cross over it and asked how did they expect Maria to crack nuts without a nutcracker. But Maria said she didn't like nuts and that they weren't to bother about her. Then Joe asked would she take a bottle of stout[8] and Mrs Donnelly said there was port wine too in the house if she would prefer that. Maria said she would rather they didn't ask her to take anything: but Joe insisted.

So Maria let him have his way and they sat by the fire talking over old times and Maria thought she would put in a good word for Alphy. But Joe cried that God might strike him stone dead if ever he spoke a word to his brother again and Maria said she was sorry she had mentioned the matter. Mrs Donnelly told her husband it was a great shame for him to speak that way of his own flesh and blood but Joe said that Alphy was no brother of his and there was nearly being a row[9] on the head of it. But Joe said he would not lose his temper on account of the night it was and asked his wife to open some more stout. The two next-door girls had arranged some Hallow Eve games[1] and soon everything was merry again. Maria was delighted to see the children so merry and Joe and his wife in such good spirits. The next-door girls put some saucers on the table and then led the children up to the table, blindfold. One

8. An extra-strength ale.
9. Argument.
1. The primary game that Maria and the girls play is a traditional Irish Halloween game. In its original version, a blindfolded girl would be led to three plates, and would choose one. Choosing the plate with a ring meant that she would soon marry; water meant she would emigrate (probably to America); and soil, or clay, meant she would soon die. In modern times, a prayer book was substituted for this unsavory third option, suggesting that the girl would enter a convent.

got the prayer-book and the other three got the water; and when one of the next-door girls got the ring Mrs Donnelly shook her finger at the blushing girl as much as to say: O, I know all about it! They insisted then on blindfolding Maria and leading her up to the table to see what she would get; and, while they were putting on the bandage, Maria laughed and laughed again till the tip of her nose nearly met the tip of her chin.

They led her up to the table amid laughing and joking and she put her hand out in the air as she was told to do. She moved her hand about here and there in the air and descended on one of the saucers. She felt a soft wet substance with her fingers and was surprised that nobody spoke or took off her bandage. There was a pause for a few seconds; and then a great deal of scuffling and whispering. Somebody said something about the garden, and at last Mrs Donnelly said something very cross to one of the next-door girls and told her to throw it out at once: that was no play. Maria understood that it was wrong that time and so she had to do it over again: and this time she got the prayer-book.

After that Mrs Donnelly played Miss McCloud's Reel for the children and Joe made Maria take a glass of wine. Soon they were all quite merry again and Mrs Donnelly said Maria would enter a convent before the year was out because she had got the prayer-book. Maria had never seen Joe so nice to her as he was that night, so full of pleasant talk and reminiscences. She said they were all very good to her.

At last the children grew tired and sleepy and Joe asked Maria would she not sing some little song before she went, one of the old songs. Mrs Donnelly said Do, please, Maria! and so Maria had to get up and stand beside the piano. Mrs Donnelly bade the children be quiet and listen to Maria's song. Then she played the prelude and said Now, Maria! and Maria, blushing very much, began to sing in a tiny quavering voice. She sang I Dreamt that I Dwelt,[2] and when she came to the second verse she sang again:

> I dreamt that I dwelt in marble halls
>   With vassals and serfs at my side
> And of all who assembled within those walls
>   That I was the hope and the pride.
> I had riches too great to count, could boast
>   Of a high ancestral name,
> But I also dreamt, which pleased me most,
>   That you loved me still the same.

But no one tried to show her her mistake;[3] and when she had ended her song Joe was very much moved. He said that there was no time like the long ago and no music for him like poor old Balfe, whatever other people might say; and his eyes filled up so much with tears that he could not find what he was looking for and in the end he had to ask his wife to tell him where the corkscrew was.

The Dead

Lily, the caretaker's daughter, was literally run off her feet. Hardly had she brought one gentleman into the little pantry behind the office on the ground floor and helped him off with his overcoat than the wheezy hall-door bell clanged again and she had

---

2. Aria from Act 2 of *The Bohemian Girl*.

3. Maria repeats the first verse rather than singing the second.

to scamper along the bare hallway to let in another guest. It was well for her she had not to attend to the ladies also. But Miss Kate and Miss Julia had thought of that and had converted the bathroom upstairs into a ladies' dressing-room. Miss Kate and Miss Julia were there, gossiping and laughing and fussing, walking after each other to the head of the stairs, peering down over the banisters and calling down to Lily to ask her who had come.

It was always a great affair, the Misses Morkan's annual dance. Everybody who knew them came to it, members of the family, old friends of the family, the members of Julia's choir, any of Kate's pupils that were grown up enough and even some of Mary Jane's pupils too. Never once had it fallen flat. For years and years it had gone off in splendid style as long as anyone could remember; ever since Kate and Julia, after the death of their brother Pat, had left the house in Stoney Batter[1] and taken Mary Jane, their only niece, to live with them in the dark gaunt house on Usher's Island,[2] the upper part of which they had rented from Mr Fulham, the corn-factor on the ground floor. That was a good thirty years ago if it was a day. Mary Jane, who was then a little girl in short clothes, was now the main prop of the household for she had the organ in Haddington Road.[3] She had been through the Academy[4] and gave a pupils' concert every year in the upper room of the Antient Concert Rooms. Many of her pupils belonged to better-class families on the Kingstown and Dalkey line.[5] Old as they were, her aunts also did their share. Julia, though she was quite grey, was still the leading soprano in Adam and Eve's,[6] and Kate, being too feeble to go about much, gave music lessons to beginners on the old square piano in the back room. Lily, the caretaker's daughter, did housemaid's work for them. Though their life was modest they believed in eating well; the best of everything: diamond-bone sirloins, three-shilling tea and the best bottled stout.[7] But Lily seldom made a mistake in the orders so that she got on well with her three mistresses. They were fussy, that was all. But the only thing they would not stand was back answers.

Of course they had good reason to be fussy on such a night. And then it was long after ten o'clock and yet there was no sign of Gabriel and his wife. Besides they were dreadfully afraid that Freddy Malins might turn up screwed.[8] They would not wish for worlds that any of Mary Jane's pupils should see him under the influence; and when he was like that it was sometimes very hard to manage him. Freddy Malins always came late but they wondered what could be keeping Gabriel: and that was what brought them every two minutes to the banisters to ask Lily had Gabriel or Freddy come.

—O, Mr Conroy, said Lily to Gabriel when she opened the door for him, Miss Kate and Miss Julia thought you were never coming. Good-night, Mrs Conroy.

—I'll engage[9] they did, said Gabriel, but they forget that my wife here takes three mortal hours to dress herself.

He stood on the mat, scraping the snow from his goloshes, while Lily led his wife to the foot of the stairs and called out:

—Miss Kate, here's Mrs Conroy.

1. A district in northwest Dublin.
2. Two adjoining quays on the south side of the River Liffey.
3. Played the organ in a church on the Haddington Road.
4. Royal Academy of Music.
5. The train line connecting Dublin to the affluent suburbs south of the city.
6. A Dublin church.
7. An extra-strength ale.
8. Drunk.
9. Wager.

Kate and Julia came toddling down the dark stairs at once. Both of them kissed Gabriel's wife, said she must be perished alive and asked was Gabriel with her.

—Here I am as right as the mail, Aunt Kate! Go on up. I'll follow, called out Gabriel from the dark.

He continued scraping his feet vigorously while the three women went upstairs, laughing, to the ladies' dressing-room. A light fringe of snow lay like a cape on the shoulders of his overcoat and like toecaps on the toes of his goloshes; and, as the buttons of his overcoat slipped with a squeaking noise through the snow-stiffened frieze, a cold fragrant air from out-of-doors escaped from crevices and folds.

—Is it snowing again, Mr Conroy? asked Lily.

She had preceded him into the pantry to help him off with his overcoat. Gabriel smiled at the three syllables she had given his surname and glanced at her. She was a slim, growing girl, pale in complexion and with hay-coloured hair. The gas in the pantry made her look still paler. Gabriel had known her when she was a child and used to sit on the lowest step nursing a rag doll.

—Yes, Lily, he answered, and I think we're in for a night of it.

He looked up at the pantry ceiling, which was shaking with the stamping and shuffling of feet on the floor above, listened for a moment to the piano and then glanced at the girl, who was folding his overcoat carefully at the end of a shelf.

—Tell me, Lily, he said in a friendly tone, do you still go to school?

—O no, sir, she answered. I'm done schooling this year and more.

—O, then, said Gabriel gaily, I suppose we'll be going to your wedding one of these fine days with your young man, eh?

The girl glanced back at him over her shoulder and said with great bitterness:

—The men that is now is only all palaver[1] and what they can get out of you.

Gabriel coloured as if he felt he had made a mistake and, without looking at her, kicked off his goloshes and flicked actively with his muffler at his patent-leather shoes.

He was a stout tallish young man. The high colour of his cheeks pushed upwards even to his forehead where it scattered itself in a few formless patches of pale red; and on his hairless face there scintillated restlessly the polished lenses and the bright gilt rims of the glasses which screened his delicate and restless eyes. His glossy black hair was parted in the middle and brushed in a long curve behind his ears where it curled slightly beneath the groove left by his hat.

When he had flicked lustre into his shoes he stood up and pulled his waistcoat down more tightly on his plump body. Then he took a coin rapidly from his pocket.

—O Lily, he said, thrusting it into her hands, it's Christmas-time, isn't it? Just . . . here's a little. . . .

He walked rapidly towards the door.

—O no, sir! cried the girl, following him. Really, sir, I wouldn't take it.

—Christmas-time! Christmas-time! said Gabriel, almost trotting to the stairs and waving his hand to her in deprecation.

The girl, seeing that he had gained the stairs, called out after him:

—Well, thank you, sir.

He waited outside the drawing-room door until the waltz should finish, listening to the skirts that swept against it and to the shuffling of feet. He was still discomposed by the girl's bitter and sudden retort. It had cast a gloom over him which he tried to dispel by arranging his cuffs and the bows of his tie. Then he took from his

1. Empty talk.

waistcoat pocket a little paper and glanced at the headings he had made for his speech. He was undecided about the lines from Robert Browning for he feared they would be above the heads of his hearers. Some quotation that they could recognise from Shakespeare or from the Melodies[2] would be better. The indelicate clacking of the men's heels and the shuffling of their soles reminded him that their grade of culture differed from his. He would only make himself ridiculous by quoting poetry to them which they could not understand. They would think that he was airing his superior education. He would fail with them just as he had failed with the girl in the pantry. He had taken up a wrong tone. His whole speech was a mistake from first to last, an utter failure.

Just then his aunts and his wife came out of the ladies' dressing-room. His aunts were two small plainly dressed old women. Aunt Julia was an inch or so taller. Her hair, drawn low over the tops of her ears, was grey; and grey also, with darker shadows, was her large flaccid face. Though she was stout in build and stood erect her slow eyes and parted lips gave her the appearance of a woman who did not know where she was or where she was going. Aunt Kate was more vivacious. Her face, healthier than her sister's, was all puckers and creases, like a shrivelled red apple, and her hair, braided in the same old-fashioned way, had not lost its ripe nut colour.

They both kissed Gabriel frankly. He was their favourite nephew, the son of their dead elder sister, Ellen, who had married T.J. Conroy of the Port and Docks.

—Gretta tells me you're not going to take a cab back to Monkstown[3] to-night, Gabriel, said Aunt Kate.

—No, said Gabriel, turning to his wife, we had quite enough of that last year, hadn't we. Don't you remember, Aunt Kate, what a cold Gretta got out of it? Cab windows rattling all the way, and the east wind blowing in after we passed Merrion. Very jolly it was. Gretta caught a dreadful cold.

Aunt Kate frowned severely and nodded her head at every word.

—Quite right, Gabriel, quite right, she said. You can't be too careful.

—But as for Gretta there, said Gabriel, she'd walk home in the snow if she were let.

Mrs Conroy laughed.

—Don't mind him, Aunt Kate, she said. He's really an awful bother, what with green shades for Tom's eyes at night and making him do the dumb-bells, and forcing Eva to eat the stirabout.[4] The poor child! And she simply hates the sight of it! . . . O, but you'll never guess what he makes me wear now!

She broke out into a peal of laughter and glanced at her husband, whose admiring and happy eyes had been wandering from her dress to her face and hair. The two aunts laughed heartily too, for Gabriel's solicitude was a standing joke with them.

—Goloshes! said Mrs Conroy. That's the latest. Whenever it's wet underfoot I must put on my goloshes. Tonight even he wanted me to put them on, but I wouldn't. The next thing he'll buy me will be a diving suit.

Gabriel laughed nervously and patted his tie reassuringly while Aunt Kate nearly doubled herself, so heartily did she enjoy the joke. The smile soon faded from Aunt Julia's face and her mirthless eyes were directed towards her nephew's face. After a pause she asked:

—And what are goloshes, Gabriel?

---

2. Thomas Moore's *Irish Melodies*, a perennial favorite volume of poetry.

3. An elegant suburb south of Dublin.
4. Porridge.

—Goloshes, Julia! exclaimed her sister. Goodness me, don't you know what goloshes are? You wear them over your . . . over your boots, Gretta, isn't it?

—Yes, said Mrs Conroy. Guttapercha[5] things. We both have a pair now. Gabriel says everyone wears them on the continent.

—O, on the continent, murmured Aunt Julia, nodding her head slowly.

Gabriel knitted his brows and said, as if he were slightly angered:

—It's nothing very wonderful but Gretta thinks it very funny because she says the word reminds her of Christy Minstrels.[6]

—But tell me, Gabriel, said Aunt Kate, with brisk tact. Of course, you've seen about the room. Gretta was saying . . .

—O, the room is all right, replied Gabriel. I've taken one in the Gresham.[7]

—To be sure, said Aunt Kate, by far the best thing to do. And the children, Gretta, you're not anxious about them?

—O, for one night, said Mrs Conroy. Besides, Bessie will look after them.

—To be sure, said Aunt Kate again. What a comfort it is to have a girl like that, one you can depend on! There's that Lily, I'm sure I don't know what has come over her lately. She's not the girl she was at all.

Gabriel was about to ask his aunt some questions on this point but she broke off suddenly to gaze after her sister who had wandered down the stairs and was craning her neck over the banisters.

—Now, I ask you, she said, almost testily, where is Julia going? Julia! Julia! Where are you going?

Julia, who had gone halfway down one flight, came back and announced blandly:

—Here's Freddy.

At the same moment a clapping of hands and a final flourish of the pianist told that the waltz had ended. The drawing-room door was opened from within and some couples came out. Aunt Kate drew Gabriel aside hurriedly and whispered into his ear:

—Slip down, Gabriel, like a good fellow and see if he's all right, and don't let him up if he's screwed. I'm sure he's screwed. I'm sure he is.

Gabriel went to the stairs and listened over the banisters. He could hear two persons talking in the pantry. Then he recognised Freddy Malins' laugh. He went down the stairs noisily.

—It's such a relief, said Aunt Kate to Mrs Conroy, that Gabriel is here. I always feel easier in my mind when he's here. . . . Julia, there's Miss Daly and Miss Power will take some refreshment. Thanks for your beautiful waltz, Miss Daly. It made lovely time.

A tall wizen-faced man, with a stiff grizzled moustache and swarthy skin, who was passing out with his partner said:

—And may we have some refreshment, too, Miss Morkan?

—Julia, said Aunt Kate summarily, and here's Mr Browne and Miss Furlong. Take them in, Julia, with Miss Daly and Miss Power.

—I'm the man for the ladies, said Mr Browne, pursing his lips until his moustache bristled and smiling in all his wrinkles. You know, Miss Morkan, the reason they are so fond of me is—

5. Rubberized fabric.   7. The most elegant hotel in Dublin.
6. A 19th-century minstrel show.

He did not finish his sentence, but, seeing that Aunt Kate was out of earshot, at once led the three young ladies into the back room. The middle of the room was occupied by two square tables placed end to end, and on these Aunt Julia and the caretaker were straightening and smoothing a large cloth. On the sideboard were arrayed dishes and plates, and glasses and bundles of knives and forks and spoons. The top of the closed square piano served also as a sideboard for viands[8] and sweets. At a smaller sideboard in one corner two young men were standing, drinking hop-bitters.[9]

Mr Browne led his charges thither and invited them all, in jest, to some ladies' punch, hot, strong and sweet. As they said they never took anything strong he opened three bottles of lemonade for them. Then he asked one of the young men to move aside, and, taking hold of the decanter, filled out for himself a goodly measure of whisky. The young men eyed him respectfully while he took a trial sip.

—God help me, he said, smiling, it's the doctor's orders.

His wizened face broke into a broader smile, and the three young ladies laughed in musical echo to his pleasantry, swaying their bodies to and fro, with nervous jerks of their shoulders. The boldest said:

—O, now, Mr Browne, I'm sure the doctor never ordered anything of the kind.

Mr Browne took another sip of his whisky and said, with sidling mimicry:

—Well, you see, I'm like the famous Mrs Cassidy, who is reported to have said: *Now, Mary Grimes, if I don't take it, make me take it, for I feel I want it.*

His hot face had leaned forward a little too confidentially and he had assumed a very low Dublin accent so that the young ladies, with one instinct, received his speech in silence. Miss Furlong, who was one of Mary Jane's pupils, asked Miss Daly what was the name of the pretty waltz she had played; and Mr Browne, seeing that he was ignored, turned promptly to the two young men who were more appreciative.

A red-faced young woman, dressed in pansy, came into the room, excitedly clapping her hands and crying:

—Quadrilles![1] Quadrilles!

Close on her heels came Aunt Kate, crying:

—Two gentlemen and three ladies, Mary Jane!

—O, here's Mr Bergin and Mr Kerrigan, said Mary Jane. Mr Kerrigan, will you take Miss Power? Miss Furlong, may I get you a partner, Mr Bergin. O, that'll just do now.

—Three ladies, Mary Jane, said Aunt Kate.

The two young gentlemen asked the ladies if they might have the pleasure, and Mary Jane turned to Miss Daly.

—O, Miss Daly, you're really awfully good, after playing for the last two dances, but really we're so short of ladies to-night.

—I don't mind in the least, Miss Morkan.

—But I've a nice partner for you, Mr Bartell D'Arcy, the tenor. I'll get him to sing later on. All Dublin is raving about him.

—Lovely voice, lovely voice! said Aunt Kate.

As the piano had twice begun the prelude to the first figure Mary Jane led her recruits quickly from the room. They had hardly gone when Aunt Julia wandered slowly into the room, looking behind her at something.

—What is the matter, Julia? asked Aunt Kate anxiously. Who is it?

8. Meats.
9. Dry ale.

1. A French square dance.

Julia, who was carrying in a column of table-napkins, turned to her sister and said, simply, as if the question had surprised her:

—It's only Freddy, Kate, and Gabriel with him.

In fact right behind her Gabriel could be seen piloting Freddy Malins across the landing. The latter, a young man of about forty, was of Gabriel's size and build, with very round shoulders. His face was fleshy and pallid, touched with colour only at the thick hanging lobes of his ears and at the wide wings of his nose. He had coarse features, a blunt nose, a convex and receding brow, tumid and protruded lips. His heavy-lidded eyes and the disorder of his scanty hair made him look sleepy. He was laughing heartily in a high key at a story which he had been telling Gabriel on the stairs and at the same time rubbing the knuckles of his left fist backwards and forwards into his left eye.

—Good-evening, Freddy, said Aunt Julia.

Freddy Malins bade the Misses Morkan good-evening in what seemed an off-hand fashion by reason of the habitual catch in his voice and then, seeing that Mr Browne was grinning at him from the sideboard, crossed the room on rather shaky legs and began to repeat in an undertone the story he had just told to Gabriel.

—He's not so bad, is he? said Aunt Kate to Gabriel.

Gabriel's brows were dark but he raised them quickly and answered:

—O no, hardly noticeable.

—Now, isn't he a terrible fellow! she said. And his poor mother made him take the pledge on New Year's Eve. But come on, Gabriel, into the drawing-room.

Before leaving the room with Gabriel she signalled to Mr Browne by frowning and shaking her forefinger in warning to and fro. Mr Browne nodded in answer and, when she had gone, said to Freddy Malins:

—Now, then, Teddy, I'm going to fill you out a good glass of lemonade just to buck you up.

Freddy Malins, who was nearing the climax of his story, waved the offer aside impatiently but Mr Browne, having first called Freddy Malins' attention to a disarray in his dress, filled out and handed him a full glass of lemonade. Freddy Malins' left hand accepted the glass mechanically, his right hand being engaged in the mechanical readjustment of his dress. Mr Browne, whose face was once more wrinkling with mirth, poured out for himself a glass of whisky while Freddy Malins exploded, before he had well reached the climax of his story, in a kink of high-pitched bronchitic laughter and, setting down his untasted and overflowing glass, began to rub the knuckles of his left fist backwards and forwards into his left eye, repeating words of his last phrase as well as his fit of laughter would allow him.

Gabriel could not listen while Mary Jane was playing her Academy piece, full of runs and difficult passages, to the hushed drawing-room. He liked music but the piece she was playing had no melody for him and he doubted whether it had any melody for the other listeners, though they had begged Mary Jane to play something. Four young men, who had come from the refreshment-room to stand in the door-way at the sound of the piano, had gone away quietly in couples after a few minutes. The only persons who seemed to follow the music were Mary Jane herself, her hands racing along the key-board or lifted from it at the pauses like those of a priestess in momentary imprecation, and Aunt Kate standing at her elbow to turn the page.

Gabriel's eyes, irritated by the floor, which glittered with beeswax under the heavy chandelier, wandered to the wall above the piano. A picture of the balcony scene in *Romeo and Juliet* hung there and beside it was a picture of the two murdered princes[2] in the Tower which Aunt Julia had worked in red, blue and brown wools when she was a girl. Probably in the school they had gone to as girls that kind of work had been taught, for one year his mother had worked for him as a birthday present a waistcoat of purple tabinet,[3] with little foxes' heads upon it, lined with brown satin and having round mulberry buttons. It was strange that his mother had had no musical talent though Aunt Kate used to call her the brains carrier of the Morkan family. Both she and Julia had always seemed a little proud of their serious and matronly sister. Her photograph stood before the pierglass.[4] She held an open book on her knees and was pointing out something in it to Constantine who, dressed in a man-o'-war suit, lay at her feet. It was she who had chosen the names for her sons for she was very sensible of the dignity of family life. Thanks to her, Constantine was now senior curate in Balbriggan[5] and, thanks to her, Gabriel himself had taken his degree in the Royal University.[6] A shadow passed over his face as he remembered her sullen opposition to his marriage. Some slighting phrases she had used still rankled in his memory; she had once spoken of Gretta as being country cute and that was not true of Gretta at all. It was Gretta who had nursed her during all her last long illness in their house at Monkstown.

He knew that Mary Jane must be near the end of her piece for she was playing again the opening melody with runs of scales after every bar and while he waited for the end the resentment died down in his heart. The piece ended with a trill of octaves in the treble and a final deep octave in the bass. Great applause greeted Mary Jane as, blushing and rolling up her music nervously, she escaped from the room. The most vigorous clapping came from the four young men in the doorway who had gone away to the refreshment-room at the beginning of the piece but had come back when the piano had stopped.

Lancers[7] were arranged. Gabriel found himself partnered with Miss Ivors. She was a frank-mannered talkative young lady, with a freckled face and prominent brown eyes. She did not wear a low-cut bodice and the large brooch which was fixed in the front of her collar bore on it an Irish device.

When they had taken their places she said abruptly:

—I have a crow to pluck with you.

—With me? said Gabriel.

She nodded her head gravely.

—What is it? asked Gabriel, smiling at her solemn manner.

—Who is G. C.? answered Miss Ivors, turning her eyes upon him.

Gabriel coloured and was about to knit his brows, as if he did not understand, when she said bluntly:

—O, innocent Amy! I have found out that you write for *The Daily Express*.[8] Now, aren't you ashamed of yourself?

—Why should I be ashamed of myself? asked Gabriel, blinking his eyes and trying to smile.

---

2. The young sons of Edward IV, murdered in the Tower of London by order of their uncle, Edward III.
3. Silk and wool fabric.
4. A large high mirror.
5. Seaport 19 miles southeast of Dublin.

6. The Royal University of Ireland, established in 1882.
7. A type of quadrille for 8 or 16 people.
8. A conservative paper opposed to the struggle for Irish independence.

—Well, I'm ashamed of you, said Miss Ivors frankly. To say you'd write for a rag like that. I didn't think you were a West Briton.[9]

A look of perplexity appeared on Gabriel's face. It was true that he wrote a literary column every Wednesday in *The Daily Express*, for which he was paid fifteen shillings. But that did not make him a West Briton surely. The books he received for review were almost more welcome than the paltry cheque. He loved to feel the covers and turn over the pages of newly printed books. Nearly every day when his teaching in the college was ended he used to wander down the quays to the second-hand booksellers, to Hickey's on Bachelor's Walk, to Webb's or Massey's on Aston's Quay, or to O'Clohissey's in the by-street. He did not know how to meet her charge. He wanted to say that literature was above politics. But they were friends of many years' standing and their careers had been parallel, first at the University and then as teachers: he could not risk a grandiose phrase with her. He continued blinking his eyes and trying to smile and murmured lamely that he saw nothing political in writing reviews of books.

When their turn to cross had come he was still perplexed and inattentive. Miss Ivors promptly took his hand in a warm grasp and said in a soft friendly tone:

—Of course, I was only joking. Come, we cross now.

When they were together again she spoke of the University question[1] and Gabriel felt more at ease. A friend of hers had shown her his review of Browning's poems. That was how she had found out the secret: but she liked the review immensely. Then she said suddenly:

—O, Mr Conroy, will you come for an excursion to the Aran Isles[2] this summer? We're going to stay there a whole month. It will be splendid out in the Atlantic. You ought to come. Mr Clancy is coming, and Mr Kilkelly and Kathleen Kearney. It would be splendid for Gretta too if she'd come. She's from Connacht,[3] isn't she?

—Her people are, said Gabriel shortly.

—But you will come, won't you? said Miss Ivors, laying her warm hand eagerly on his arm.

—The fact is, said Gabriel, I have already arranged to go—

—Go where? asked Miss Ivors.

—Well, you know, every year I go for a cycling tour with some fellows and so—

—But where? asked Miss Ivors.

—Well, we usually go to France or Belgium or perhaps Germany, said Gabriel awkwardly.

—And why do you go to France and Belgium, said Miss Ivors, instead of visiting your own land?

—Well, said Gabriel, it's partly to keep in touch with the languages and partly for a change.

—And haven't you your own language to keep in touch with—Irish? asked Miss Ivors.

—Well, said Gabriel, if it comes to that, you know, Irish is not my language.

Their neighbours had turned to listen to the cross-examination. Gabriel glanced right and left nervously and tried to keep his good humour under the ordeal which was making a blush invade his forehead.

9. Disparaging term for people wishing to identify Ireland as British.
1. Ireland's oldest and most prestigious university, Trinity College, was open only to Protestants; the "University question" involved, in part, the provision of quality university education to Catholics.
2. Islands off the west coast of Ireland where the people still retained their traditional culture and spoke Irish.
3. A province on the west coast of Ireland.

—And haven't you your own land to visit, continued Miss Ivors, that you know nothing of, your own people, and your own country?

—O, to tell you the truth, retorted Gabriel suddenly, I'm sick of my own country, sick of it!

—Why? asked Miss Ivors.

Gabriel did not answer for his retort had heated him.

—Why? repeated Miss Ivors.

They had to go visiting together and, as he had not answered her, Miss Ivors said warmly:

—Of course, you've no answer.

Gabriel tried to cover his agitation by taking part in the dance with great energy. He avoided her eyes for he had seen a sour expression on her face. But when they met in the long chain he was surprised to feel his hand firmly pressed. She looked at him from under her brows for a moment quizzically until he smiled. Then, just as the chain was about to start again, she stood on tiptoe and whispered into his ear:

—West Briton!

When the lancers were over Gabriel went away to a remote corner of the room where Freddy Malins' mother was sitting. She was a stout feeble old woman with white hair. Her voice had a catch in it like her son's and she stuttered slightly. She had been told that Freddy had come and that he was nearly all right. Gabriel asked her whether she had had a good crossing. She lived with her married daughter in Glasgow and came to Dublin on a visit once a year. She answered placidly that she had had a beautiful crossing and that the captain had been most attentive to her. She spoke also of the beautiful house her daughter kept in Glasgow, and of all the nice friends they had there. While her tongue rambled on Gabriel tried to banish from his mind all memory of the unpleasant incident with Miss Ivors. Of course the girl or woman, or whatever she was, was an enthusiast but there was a time for all things. Perhaps he ought not to have answered her like that. But she had no right to call him a West Briton before people, even in joke. She had tried to make him ridiculous before people, heckling him and staring at him with her rabbit's eyes.

He saw his wife making her way towards him through the waltzing couples. When she reached him she said into his ear:

—Gabriel, Aunt Kate wants to know won't you carve the goose as usual. Miss Daly will carve the ham and I'll do the pudding.

—All right, said Gabriel.

—She's sending in the younger ones first as soon as this waltz is over so that we'll have the table to ourselves.

—Were you dancing? asked Gabriel.

—Of course I was. Didn't you see me? What words had you with Molly Ivors?

—No words. Why? Did she say so?

—Something like that. I'm trying to get that Mr D'Arcy to sing. He's full of conceit, I think.

—There were no words, said Gabriel moodily, only she wanted me to go for a trip to the west of Ireland and I said I wouldn't.

His wife clasped her hands excitedly and gave a little jump.

—O, do go, Gabriel, she cried. I'd love to see Galway again.

—You can go if you like, said Gabriel coldly.

She looked at him for a moment, then turned to Mrs Malins and said:

—There's a nice husband for you, Mrs Malins.

While she was threading her way back across the room Mrs Malins, without adverting to the interruption, went on to tell Gabriel what beautiful places there were in Scotland and beautiful scenery. Her son-in-law brought them every year to the lakes and they used to go fishing. Her son-in-law was a splendid fisher. One day he caught a fish, a beautiful big big fish, and the man in the hotel boiled it for their dinner.

Gabriel hardly heard what she said. Now that supper was coming near he began to think again about his speech and about the quotation. When he saw Freddy Malins coming across the room to visit his mother Gabriel left the chair free for him and retired into the embrasure of the window. The room had already cleared and from the back room came the clatter of plates and knives. Those who still remained in the drawing-room seemed tired of dancing and were conversing quietly in little groups. Gabriel's warm trembling fingers tapped the cold pane of the window. How cool it must be outside! How pleasant it would be to walk out alone, first along by the river and then through the park! The snow would be lying on the branches of the trees and forming a bright cap on the top of the Wellington Monument.[4] How much more pleasant it would be there than at the supper-table!

He ran over the headings of his speech: Irish hospitality, sad memories, the Three Graces, Paris, the quotation from Browning. He repeated to himself a phrase he had written in his review: *One feels that one is listening to a thought-tormented music.* Miss Ivors had praised the review. Was she sincere? Had she really any life of her own behind all her propagandism? There had never been any ill-feeling between them until that night. It unnerved him to think that she would be at the supper-table, looking up at him while he spoke with her critical quizzing eyes. Perhaps she would not be sorry to see him fail in his speech. An idea came into his mind and gave him courage. He would say, alluding to Aunt Kate and Aunt Julia: *Ladies and Gentlemen, the generation which is now on the wane among us may have had its faults but for my part I think it had certain qualities of hospitality, of humour, of humanity, which the new and very serious and hypereducated generation that is growing up around us seems to me to lack.* Very good: that was one for Miss Ivors. What did he care that his aunts were only two ignorant old women?

A murmur in the room attracted his attention. Mr Browne was advancing from the door, gallantly escorting Aunt Julia, who leaned upon his arm, smiling and hanging her head. An irregular musketry of applause escorted her also as far as the piano and then, as Mary Jane seated herself on the stool, and Aunt Julia, no longer smiling, half turned so as to pitch her voice fairly into the room, gradually ceased. Gabriel recognised the prelude. It was that of an old song of Aunt Julia's—*Arrayed for the Bridal.*[5] Her voice, strong and clear in tone, attacked with great spirit the runs which embellish the air and though she sang very rapidly she did not miss even the smallest of the grace notes. To follow the voice, without looking at the singer's face, was to feel and share the excitement of swift and secure flight. Gabriel applauded loudly with all the others at the close of the song and loud applause was borne in from the invisible supper-table. It sounded so genuine that a little colour struggled into Aunt Julia's face as she bent to replace in the music-stand the old leather-bound song-book that had her initials on the cover. Freddy Malins, who had listened with his head

---

4. A monument to the Duke of Wellington, an Irish-born English military hero, located in Phoenix Park, Dublin's major public park.

5. A popular but challenging song set to music from Bellini's opera *I Puritani* (1835).

perched sideways to hear her better, was still applauding when everyone else had ceased and talking animatedly to his mother who nodded her head gravely and slowly in acquiescence. At last, when he could clap no more, he stood up suddenly and hurried across the room to Aunt Julia whose hand he seized and held in both his hands, shaking it when words failed him or the catch in his voice proved too much for him.

—I was just telling my mother, he said, I never heard you sing so well, never. No, I never heard your voice so good as it is to-night. Now! Would you believe that now? That's the truth. Upon my word and honour that's the truth. I never heard your voice sound so fresh and so . . . so clear and fresh, never.

Aunt Julia smiled broadly and murmured something about compliments as she released her hand from his grasp. Mr Browne extended his open hand towards her and said to those who were near him in the manner of a showman introducing a prodigy to an audience:

—Miss Julia Morkan, my latest discovery!

He was laughing very heartily at this himself when Freddy Malins turned to him and said:

—Well, Browne, if you're serious you might make a worse discovery. All I can say is I never heard her sing half so well as long as I am coming here. And that's the honest truth.

—Neither did I, said Mr. Browne. I think her voice has greatly improved.

Aunt Julia shrugged her shoulders and said with meek pride:

—Thirty years ago I hadn't a bad voice as voices go.

—I often told Julia, said Aunt Kate emphatically, that she was simply thrown away in that choir. But she never would be said by me.

She turned as if to appeal to the good sense of the others against a refractory child while Aunt Julia gazed in front of her, a vague smile of reminiscence playing on her face.

—No, continued Aunt Kate, she wouldn't be said or led by anyone, slaving there in that choir night and day, night and day. Six o'clock on Christmas morning! And all for what?

—Well, isn't it for the honour of God, Aunt Kate? asked Mary Jane, twisting round on the piano-stool and smiling.

Aunt Kate turned fiercely on her niece and said:

—I know all about the honour of God, Mary Jane, but I think it's not at all honourable for the pope to turn out the women out of the choirs that have slaved there all their lives and put little whipper-snappers of boys over their heads. I suppose it is for the good of the Church if the pope does it. But it's not just, Mary Jane, and it's not right.

She had worked herself into a passion and would have continued in defence of her sister for it was a sore subject with her but Mary Jane, seeing that all the dancers had come back, intervened pacifically:

—Now, Aunt Kate, you're giving scandal to Mr Browne who is of the other persuasion.

Aunt Kate turned to Mr Browne, who was grinning at this allusion to his religion, and said hastily:

—O, I don't question the pope's being right. I'm only a stupid old woman and I wouldn't presume to do such a thing. But there's such a thing as common everyday politeness and gratitude. And if I were in Julia's place I'd tell that Father Healy straight up to his face . . .

—And besides, Aunt Kate, said Mary Jane, we really are all hungry and when we are hungry we are all very quarrelsome.

—And when we are thirsty we are also quarrelsome, added Mr Browne.

—So that we had better go to supper, said Mary Jane, and finish the discussion afterwards.

On the landing outside the drawing-room Gabriel found his wife and Mary Jane trying to persuade Miss Ivors to stay for supper. But Miss Ivors, who had put on her hat and was buttoning her cloak, would not stay. She did not feel in the least hungry and she had already overstayed her time.

—But only for ten minutes, Molly, said Mrs Conroy. That won't delay you.

—To take a pick itself, said Mary Jane, after all your dancing.

—I really couldn't, said Miss Ivors.

—I am afraid you didn't enjoy yourself at all, said Mary Jane hopelessly.

—Ever so much, I assure you, said Miss Ivors, but you really must let me run off now.

—But how can you get home? asked Mrs Conroy.

—O, it's only two steps up the quay.

Gabriel hesitated a moment and said:

—If you will allow me, Miss Ivors, I'll see you home if you really are obliged to go.

But Miss Ivors broke away from them.

—I won't hear of it, she cried. For goodness sake go in to your suppers and don't mind me. I'm quite well able to take care of myself.

—Well, you're the comical girl, Molly, said Mrs Conroy frankly.

—*Beannacht libh,*[6] cried Miss Ivors, with a laugh, as she ran down the staircase.

Mary Jane gazed after her, a moody puzzled expression on her face, while Mrs Conroy leaned over the banisters to listen for the hall-door. Gabriel asked himself was he the cause of her abrupt departure. But she did not seem to be in ill humour: she had gone away laughing. He stared blankly down the staircase.

At that moment Aunt Kate came toddling out of the supper-room, almost wringing her hands in despair.

—Where is Gabriel? she cried. Where on earth is Gabriel? There's everyone waiting in there, stage to let, and nobody to carve the goose!

—Here I am, Aunt Kate! cried Gabriel, with sudden animation, ready to carve a flock of geese, if necessary.

A fat brown goose lay at one end of the table and at the other end, on a bed of creased paper strewn with sprigs of parsley, lay a great ham, stripped of its outer skin and peppered over with crust crumbs, a neat paper frill round its shin and beside this was a round of spiced beef. Between these rival ends ran parallel lines of side-dishes: two little minsters of jelly, red and yellow; a shallow dish full of blocks of blancmange and red jam, a large green leaf-shaped dish with a stalk-shaped handle, on which lay bunches of purple raisins and peeled almonds, a companion dish on which lay a solid rectangle of Smyrna figs, a dish of custard topped with grated nutmeg, a small bowl full of chocolates and sweets wrapped in gold and silver papers and a glass vase in which stood some tall celery stalks. In the centre of the table there stood, as sentries to a fruit-stand which upheld a pyramid of oranges and American apples, two squat old-fashioned decanters of cut glass, one containing port and the other dark sherry. On the closed square piano a pudding in a huge yellow dish lay in waiting and behind

6. Farewell (Irish).

it were three squads of bottles of stout and ale and minerals, drawn up according to the colours of their uniforms, the first two black, with brown and red labels, the third and smallest squad white, with transverse green sashes.

Gabriel took his seat boldly at the head of the table and, having looked to the edge of the carver, plunged his fork firmly into the goose. He felt quite at ease now for he was an expert carver and liked nothing better than to find himself at the head of a well-laden table.

—Miss Furlong, what shall I send you? he asked. A wing or a slice of the breast?

—Just a small slice of the breast.

—Miss Higgins, what for you?

—O, anything at all, Mr Conroy.

While Gabriel and Miss Daly exchanged plates of goose and plates of ham and spiced beef Lily went from guest to guest with a dish of hot floury potatoes wrapped in a white napkin. This was Mary Jane's idea and she had also suggested apple sauce for the goose but Aunt Kate had said that plain roast goose without apple sauce had always been good enough for her and she hoped she might never eat worse. Mary Jane waited on her pupils and saw that they got the best slices and Aunt Kate and Aunt Julia opened and carried across from the piano bottles of stout and ale for the gentlemen and bottles of minerals for the ladies. There was a great deal of confusion and laughter and noise, the noise of orders and counter-orders, of knives and forks, of corks and glass-stoppers. Gabriel began to carve second helpings as soon as he had finished the first round without serving himself. Everyone protested loudly so that he compromised by taking a long draught of stout for he had found the carving hot work. Mary Jane settled down quietly to her supper but Aunt Kate and Aunt Julia were still toddling round the table, walking on each other's heels, getting in each other's way and giving each other unheeded orders. Mr Browne begged of them to sit down and eat their suppers and so did Gabriel but they said there was time enough so that, at last, Freddy Malins stood up and, capturing Aunt Kate, plumped her down on her chair amid general laughter.

When everyone had been well served Gabriel said, smiling:

—Now, if anyone wants a little more of what vulgar people call stuffing let him or her speak.

A chorus of voices invited him to begin his own supper and Lily came forward with three potatoes which she had reserved for him.

—Very well, said Gabriel amiably, as he took another preparatory draught, kindly forget my existence, ladies and gentlemen, for a few minutes.

He set to his supper and took no part in the conversation with which the table covered Lily's removal of the plates. The subject of talk was the opera company which was then at the Theatre Royal. Mr Bartell D'Arcy, the tenor, a dark-complexioned young man with a smart moustache, praised very highly the leading contralto of the company but Miss Furlong thought she had a rather vulgar style of production. Freddy Malins said there was a negro chieftain singing in the second part of the Gaiety pantomime who had one of the finest tenor voices he had ever heard.

—Have you heard him? he asked Mr Bartell D'Arcy across the table.

—No, answered Mr Bartell D'Arcy carelessly.

—Because, Freddy Malins explained, now I'd be curious to hear your opinion of him. I think he has a grand voice.

—It takes Teddy to find out the really good things, said Mr Browne familiarly to the table.

—And why couldn't he have a voice too? asked Freddy Malins sharply. Is it because he's only a black?

Nobody answered this question and Mary Jane led the table back to the legitimate opera. One of her pupils had given her a pass for *Mignon*. Of course it was very fine, she said, but it made her think of poor Georgina Burns. Mr Browne could go back farther still, to the old Italian companies that used to come to Dublin—Tietjens, Ilma de Murzka, Campanini, the great Trebelli, Giuglini, Ravelli, Aramburo.[7] Those were the days, he said, when there was something like singing to be heard in Dublin. He told too of how the top gallery of the old Royal used to be packed night after night, of how one night an Italian tenor had sung five encores to *Let Me Like a Soldier Fall*, introducing a high C every time, and of how the gallery boys would sometimes in their enthusiasm unyoke the horses from the carriage of some great *prima donna* and pull her themselves through the streets to her hotel. Why did they never play the grand old operas now, he asked, *Dinorah*, *Lucrezia Borgia*? Because they could not get the voices to sing them: that was why.

—O, well, said Mr Bartell D'Arcy, I presume there are as good singers to-day as there were then.

—Where are they? asked Mr Browne defiantly.

—In London, Paris, Milan, said Mr Bartell D'Arcy warmly. I suppose Caruso,[8] for example, is quite as good, if not better than any of the men you have mentioned.

—Maybe so, said Mr Browne. But I may tell you I doubt it strongly.

—O, I'd give anything to hear Caruso sing, said Mary Jane.

—For me, said Aunt Kate, who had been picking a bone, there was only one tenor. To please me, I mean. But I suppose none of you ever heard of him.

—Who was he, Miss Morkan? asked Mr Bartell D'Arcy politely.

—His name, said Aunt Kate, was Parkinson. I heard him when he was in his prime and I think he had then the purest tenor voice that was ever put into a man's throat.

—Strange, said Mr Bartell D'Arcy. I never even heard of him.

—Yes, yes, Miss Morkan is right, said Mr Browne. I remember hearing of old Parkinson but he's too far back for me.

—A beautiful pure sweet mellow English tenor, said Aunt Kate with enthusiasm.

Gabriel having finished, the huge pudding was transferred to the table. The clatter of forks and spoons began again. Gabriel's wife served out spoonfuls of the pudding and passed the plates down the table. Midway down they were held up by Mary Jane, who replenished them with raspberry or orange jelly or with blancmange and jam. The pudding was of Aunt Julia's making and she received praises for it from all quarters. She herself said that it was not quite brown enough.

—Well, I hope, Miss Morkan, said Mr Browne, that I'm brown enough for you because, you know, I'm all brown.

All the gentlemen, except Gabriel, ate some of the pudding out of compliment to Aunt Julia. As Gabriel never ate sweets the celery had been left for him. Freddy Malins also took a stalk of celery and ate it with his pudding. He had been told that celery was a capital thing for the blood and he was just then under doctor's care. Mrs

7. Famous 19th-century operatic singers.   8. Enrico Caruso (1874–1921), a famous tenor.

Malins, who had been silent all through the supper, said that her son was going down to Mount Melleray[9] in a week or so. The table then spoke to Mount Melleray, how bracing the air was down there, how hospitable the monks were and how they never asked for a penny-piece from their guests.

—And do you mean to say, asked Mr Browne incredulously, that a chap can go down there and put up there as if it were a hotel and live on the fat of the land and then come away without paying a farthing?

—O, most people give some donation to the monastery when they leave, said Mary Jane.

—I wish we had an institution like that in our Church, said Mr Browne candidly.

He was astonished to hear that the monks never spoke, got up at two in the morning and slept in their coffins. He asked what they did it for.

—That's the rule of the order, said Aunt Kate firmly.

—Yes, but why? asked Mr Browne.

Aunt Kate repeated that it was the rule, that was all. Mr Browne still seemed not to understand. Freddy Malins explained to him, as best he could, that the monks were trying to make up for the sins committed by all the sinners in the outside world. The explanation was not very clear for Mr Browne grinned and said:

—I like that idea very much but wouldn't a comfortable spring bed do them as well as a coffin?

—The coffin, said Mary Jane, is to remind them of their last end.

As the subject had grown lugubrious it was buried in a silence of the table during which Mrs Malins could be heard saying to her neighbour in an indistinct undertone:

—They are very good men, the monks, very pious men.

The raisins and almonds and figs and apples and oranges and chocolates and sweets were now passed about the table and Aunt Julia invited all the guests to have either port or sherry. At first Mr Bartell D'Arcy refused to take either but one of his neighbours nudged him and whispered something to him upon which he allowed his glass to be filled. Gradually as the last glasses were being filled the conversation ceased. A pause followed, broken only by the noise of the wine and by unsettlings of chairs. The Misses Morkan, all three, looked down at the tablecloth. Someone coughed once or twice and then a few gentlemen patted the table gently as a signal for silence. The silence came and Gabriel pushed back his chair and stood up.

The patting at once grew louder in encouragement and then ceased altogether. Gabriel leaned his ten trembling fingers on the tablecloth and smiled nervously at the company. Meeting a row of upturned faces he raised his eyes to the chandelier. The piano was playing a waltz tune and he could hear the skirts sweeping against the drawing-room door. People, perhaps, were standing in the snow on the quay outside, gazing up at the lighted windows and listening to the waltz music. The air was pure there. In the distance lay the park where the trees were weighted with snow. The Wellington Monument wore a gleaming cap of snow that flashed westward over the white field of Fifteen Acres.[1]

He began:

—Ladies and Gentlemen.

—It has fallen to my lot this evening, as in years past, to perform a very pleasing task but a task for which I am afraid my poor powers as a speaker are all too inadequate.

9. Site of a Trappist monastery in the south of Ireland.   1. A section of Phoenix Park.

—No, no! said Mr Browne.

—But, however that may be, I can only ask you tonight to take the will for the deed and to lend me your attention for a few moments while I endeavour to express to you in words what my feelings are on this occasion.

—Ladies and Gentlemen. It is not the first time that we have gathered together under this hospitable roof, around this hospitable board. It is not the first time that we have been the recipients—or perhaps, I had better say, the victims—of the hospitality of certain good ladies.

He made a circle in the air with his arm and paused. Everyone laughed or smiled at Aunt Kate and Aunt Julia and Mary Jane who all turned crimson with pleasure. Gabriel went on more boldly:

—I feel more strongly with every recurring year that our country has no tradition which does it so much honour and which it should guard so jealously as that of its hospitality. It is a tradition that is unique as far as my experience goes (and I have visited not a few places abroad) among the modern nations. Some would say, perhaps, that with us it is rather a failing than anything to be boasted of. But granted even that, it is, to my mind, a princely failing, and one that I trust will long be cultivated among us. Of one thing, at least, I am sure. As long as this one roof shelters the good ladies aforesaid—and I wish from my heart it may do so for many and many a long year to come—the tradition of genuine warm-hearted courteous Irish hospitality, which our forefathers have handed down to us and which we in turn must hand down to our descendants, is still alive among us.

A hearty murmur of assent ran round the table. It shot through Gabriel's mind that Miss Ivors was not there and that she had gone away discourteously: and he said with confidence in himself:

—Ladies and Gentlemen.

—A new generation is growing up in our midst, a generation actuated by new ideas and new principles. It is serious and enthusiastic for these new ideas and its enthusiasm, even when it is misdirected, is, I believe, in the main sincere. But we are living in a sceptical and, if I may use the phrase, a thought-tormented age: and sometimes I fear that this new generation, educated or hypereducated as it is, will lack those qualities of humanity, of hospitality, of kindly humour which belonged to an older day. Listening to-night to the names of all those great singers of the past it seemed to me, I must confess, that we were living in a less spacious age. Those days might, without exaggeration, be called spacious days: and if they are gone beyond recall let us hope, at least, that in gatherings such as this we shall still speak of them with pride and affection, still cherish in our hearts the memory of those dead and gone great ones whose fame the world will not willingly let die.

—Hear, hear! said Mr Browne loudly.

—But yet, continued Gabriel, his voice falling into a softer inflection, there are always in gatherings such as this sadder thoughts that will recur to our minds: thoughts of the past, of youth, of changes, of absent faces that we miss here to-night. Our path through life is strewn with many such sad memories: and were we to brood upon them always we could not find the heart to go on bravely with our work among the living. We have all of us living duties and living affections which claim, and rightly claim, our strenuous endeavours.

—Therefore, I will not linger on the past. I will not let any gloomy moralising intrude upon us here to-night. Here we are gathered together for a brief moment from the bustle and rush of our everyday routine. We are met here as friends, in the spirit of good-fellowship, as colleagues, also to a certain extent, in the true spirit of *camaraderie,* and as the guests of—what shall I call them?—the Three Graces[2] of the Dublin musical world.

The table burst into applause and laughter at this sally. Aunt Julia vainly asked each of her neighbors in turn to tell her what Gabriel had said.

—He says we are the Three Graces, Aunt Julia, said Mary Jane.

Aunt Julia did not understand but she looked up, smiling, at Gabriel, who continued in the same vein:

—Ladies and Gentlemen.

—I will not attempt to play to-night the part that Paris[3] played on another occasion. I will not attempt to choose between them. The task would be an invidious one and one beyond my poor powers. For when I view them in turn, whether it be our chief hostess herself, whose good heart, whose too good heart, has become a byword with all who know her, or her sister, who seems to be gifted with perennial youth and whose singing must have been a surprise and a revelation to us all to-night, or, last but not least, when I consider our youngest hostess, talented, cheerful, hard-working and the best of nieces, I confess, Ladies and Gentlemen, that I do not know to which of them I should award the prize.

Gabriel glanced down at his aunts and, seeing the large smile on Aunt Julia's face and the tears which had risen to Aunt Kate's eyes, hastened to his close. He raised his glass of port gallantly, while every member of the company fingered a glass expectantly, and said loudly:

—Let us toast them all three together. Let us drink to their health, wealth, long life, happiness and prosperity and may they long continue to hold the proud and self-won position which they hold in their profession and the position of honour and affection which they hold in our hearts.

All the guests stood up, glass in hand, and, turning towards the three seated ladies, sang in unison, with Mr Browne as leader:

> *For they are jolly gay fellows,*
> *For they are jolly gay fellows,*
> *For they are jolly gay fellows,*
> *Which nobody can deny.*

Aunt Kate was making frank use of her handkerchief and even Aunt Julia seemed moved. Freddy Malins beat time with his pudding-fork and the singers turned towards one another, as if in melodious conference, while they sang, with emphasis:

> *Unless he tells a lie,*
> *Unless he tells a lie.*

Then, turning once more towards their hostesses, they sang:

> *For they are jolly gay fellows,*
> *For they are jolly gay fellows,*
> *For they are jolly gay fellows,*
> *Which nobody can deny.*

---

2. Companions to the Muses in Greek mythology.
3. Paris was the judge of a divine beauty contest in which

Hera, Athena, and Aphrodite competed; his selection of Aphrodite was, indirectly, the cause of the Trojan War.

The acclamation which followed was taken up beyond the door of the supper-room by many of the other guests and renewed time after time, Freddy Malins acting as officer with his fork on high.

The piercing morning air came into the hall where they were standing so that Aunt Kate said:

—Close the door, somebody. Mrs Malins will get her death of cold.

—Browne is out there, Aunt Kate, said Mary Jane.

—Browne is everywhere, said Aunt Kate, lowering her voice.

Mary Jane laughed at her tone.

—Really, she said archly, he is very attentive.

—He has been laid on here like the gas, said Aunt Kate in the same tone, all during the Christmas.

She laughed herself this time good-humouredly and then added quickly:

—But tell him to come in, Mary Jane, and close the door. I hope to goodness he didn't hear me.

At that moment the hall-door was opened and Mr Browne came in from the doorstep, laughing as if his heart would break. He was dressed in a long green over-coat with mock astrakhan cuffs and collar and wore on his head an oval fur cap. He pointed down the snow-covered quay from where the sound of shrill prolonged whistling was borne in.

—Teddy will have all the cabs in Dublin out, he said.

Gabriel advanced from the little pantry behind the office, struggling into his overcoat and looking round the hall, said:

—Gretta not down yet?

—She's getting on her things, Gabriel, said Aunt Kate.

—Who's playing up there? asked Gabriel.

—Nobody. They're all gone.

—O no, Aunt Kate, said Mary Jane. Bartell D'Arcy and Miss O'Callaghan aren't gone yet.

—Someone is strumming at the piano, anyhow, said Gabriel.

Mary Jane glanced at Gabriel and Mr Browne and said with a shiver:

—It makes me feel cold to look at you two gentlemen muffled up like that. I wouldn't like to face your journey home at this hour.

—I'd like nothing better this minute, said Mr Browne stoutly, than a rattling fine walk in the country or a fast drive with a good spanking goer between the shafts.

—We used to have a very good horse and trap at home, said Aunt Julia sadly.

—The never-to-be-forgotten Johnny, said Mary Jane, laughing.

Aunt Kate and Gabriel laughed too.

—Why, what was wonderful about Johnny? asked Mr Browne.

—The late lamented Patrick Morkan, our grandfather, that is, explained Gabriel, commonly known in his later years as the old gentleman, was a glue-boiler.

—O, now, Gabriel, said Aunt Kate, laughing, he had a starch mill.

—Well, glue or starch, said Gabriel, the old gentleman had a horse by the name of Johnny. And Johnny used to work in the old gentleman's mill, walking round and round in order to drive the mill. That was all very well; but now comes the tragic part about Johnny. One fine day the old gentleman thought he'd like to drive out with the quality to a military review in the park.

—The Lord have mercy on his soul, said Aunt Kate compassionately.

—Amen, said Gabriel. So the old gentleman, as I said, harnessed Johnny and put on his very best tall hat and his very best stock collar and drove out in grand style from his ancestral mansion somewhere near Back Lane, I think.

Everyone laughed, even Mrs Malins, at Gabriel's manner and Aunt Kate said:

—O now, Gabriel, he didn't live in Back Lane, really. Only the mill was there.

—Out from the mansion of his forefathers, continued Gabriel, he drove with Johnny. And everything went on beautifully until Johnny came in sight of King Billy's statue:[4] and whether he fell in love with the horse King Billy sits on or whether he thought he was back again in the mill, anyhow he began to walk round the statue.

Gabriel paced in a circle round the hall in his goloshes amid the laughter of the others.

—Round and round he went, said Gabriel, and the old gentleman, who was a very pompous old gentleman, was highly indignant. *Go on, sir! What do you mean, sir? Johnny! Johnny! Most extraordinary conduct! Can't understand the horse!*

The peals of laughter which followed Gabriel's imitation of the incident were interrupted by a resounding knock at the hall-door. Mary Jane ran to open it and let in Freddy Malins. Freddy Malins, with his hat well back on his head and his shoulders humped with cold, was puffing and steaming after his exertions.

—I could only get one cab, he said.

—O, we'll find another along the quay, said Gabriel.

—Yes, said Aunt Kate. Better not keep Mrs Malins standing in the draught.

Mrs Malins was helped down the front steps by her son and Mr Browne and, after many manoeuvres, hoisted into the cab. Freddy Malins clambered in after her and spent a long time settling her on the seat, Mr Browne helping him with advice. At last she was settled comfortably and Freddy Malins invited Mr Browne into the cab. There was a good deal of confused talk, and then Mr Browne got into the cab. The cabman settled his rug over his knees, and bent down for the address. The confusion grew greater and the cabman was directed differently by Freddy Malins and Mr Browne, each of whom had his head out through a window of the cab. The difficulty was to know where to drop Mr Browne along the route and Aunt Kate, Aunt Julia and Mary Jane helped the discussion from the doorstep with cross-directions and contradictions and abundance of laughter. As for Freddy Malins he was speechless with laughter. He popped his head in and out of the window every moment, to the great danger of his hat, and told his mother how the discussion was progressing till at last Mr Browne shouted to the bewildered cabman above the din of everybody's laughter:

—Do you know Trinity College?

—Yes, sir, said the cabman.

—Well, drive bang up against Trinity College gates, said Mr Browne, and then we'll tell you where to go. You understand now?

—Yes, sir, said the cabman.

—Make like a bird for Trinity College.

—Right, sir, cried the cabman.

The horse was whipped up and the cab rattled off along the quay amid a chorus of laughter and adieus.

---

4. Statue of William of Orange, who defeated the Irish Catholic forces in the Battle of the Boyne in 1690, which stood in College Green in front of Trinity College in the heart of Dublin. It was seen as a symbol of British imperial oppression.

Gabriel had not gone to the door with the others. He was in a dark part of the hall gazing up the staircase, a woman was standing near the top of the first flight, in the shadow also. He could not see her face but he could see the terracotta and salmonpink panels of her skirt which the shadow made appear black and white. It was his wife. She was leaning on the banisters, listening to something. Gabriel was surprised at her stillness and strained his ear to listen also. But he could hear little save the noise of laughter and dispute on the front steps, a few chords struck on the piano and a few notes of a man's voice singing.

He stood still in the gloom of the hall, trying to catch the air that the voice was singing and gazing up at his wife. There was grace and mystery in her attitude as if she were a symbol of something. He asked himself what is a woman standing on the stairs in the shadow, listening to distant music, a symbol of. If he were a painter he would paint her in that attitude. Her blue felt hat would show off the bronze of her hair against the darkness and the dark panels of her skirt would show off the light ones. *Distant Music* he would call the picture if he were a painter.

The hall-door was closed; and Aunt Kate, Aunt Julia and Mary Jane came down the hall, still laughing.

—Well, isn't Freddy terrible? said Mary Jane. He's really terrible.

Gabriel said nothing but pointed up the stairs towards where his wife was stand-ing. Now that the hall-door was closed the voice and the piano could be heard more clearly. Gabriel held up his hand for them to be silent. The song seemed to be in the old Irish tonality and the singer seemed uncertain both of his words and of his voice. The voice, made plaintive by distance and by the singer's hoarseness, faintly illumi-nated the cadence of the air with words expressing grief:

> O, the rain falls on my heavy locks
> And the dew wets my skin,
> My babe lies cold . . .

—O, exclaimed Mary Jane. It's Bartell D'Arcy singing and he wouldn't sing all the night. O, I'll get him to sing a song before he goes.

—O do, Mary Jane, said Aunt Kate.

Mary Jane brushed past the others and ran to the staircase but before she reached it the singing stopped and the piano was closed abruptly.

—O, what a pity! she cried. Is he coming down, Gretta?

Gabriel heard his wife answer yes and saw her come down towards them. A few steps behind her were Mr Bartell D'Arcy and Miss O'Callaghan.

—O, Mr D'Arcy, cried Mary Jane, it's downright mean of you to break off like that when we were all in raptures listening to you.

—I have been at him all the evening, said Miss O'Callaghan, and Mrs Conroy too and he told us he had a dreadful cold and couldn't sing.

—O, Mr D'Arcy, said Aunt Kate, now that was a great fib to tell.

—Can't you see that I'm as hoarse as a crow? said Mr D'Arcy roughly.

He went into the pantry hastily and put on his overcoat. The others, taken aback by his rude speech, could find nothing to say. Aunt Kate wrinkled her brows and made signs to the others to drop the subject. Mr D'Arcy stood swathing his neck carefully and frowning.

—It's the weather, said Aunt Julia, after a pause.

—Yes, everybody has colds, said Aunt Kate readily, everybody.

—They say, said Mary Jane, we haven't had snow like it for thirty years; and I read this morning in the newspapers that the snow is general all over Ireland.

—I love the look of snow, said Aunt Julia sadly.

—So do I, said Miss O'Callaghan. I think Christmas is never really Christmas unless we have the snow on the ground.

—But poor Mr D'Arcy doesn't like the snow, said Aunt Kate, smiling.

Mr D'Arcy came from the pantry, full swathed and buttoned, and in a repentant tone told them the history of his cold. Everyone gave him advice and said it was a great pity and urged him to be very careful of his throat in the night air. Gabriel watched his wife who did not join in the conversation. She was standing right under the dusty fanlight and the flame of the gas lit up the rich bronze of her hair which he had seen her drying at the fire a few days before. She was in the same attitude and seemed unaware of the talk about her. At last she turned towards them and Gabriel saw that there was colour on her cheeks and that her eyes were shining. A sudden tide of joy went leaping out of his heart.

—Mr D'Arcy, she said, what is the name of that song you were singing?

—It's called *The Lass of Aughrim*, said Mr D'Arcy, but I couldn't remember it properly. Why? Do you know it?

—*The Lass of Aughrim*, she repeated. I couldn't think of the name.

—It's a very nice air, said Mary Jane. I'm sorry you were not in voice to-night.

—Now, Mary Jane, said Aunt Kate, don't annoy Mr D'Arcy. I won't have him annoyed.

Seeing that all were ready to start she shepherded them to the door where good-night was said:

—Well, good-night, Aunt Kate, and thanks for the pleasant evening.

—Good-night, Gabriel. Good-night, Gretta!

—Good-night, Aunt Kate, and thanks ever so much. Good-night, Aunt Julia.

—O, good-night, Gretta, I didn't see you.

—Good-night, Mr D'Arcy. Good-night, Miss O'Callaghan.

—Good-night, Miss Morkan.

—Good-night, again.

—Good-night, all. Safe home.

—Good-night. Good-night.

The morning was still dark. A dull yellow light brooded over the houses and the river; and the sky seemed to be descending. It was slushy underfoot; and only streaks and patches of snow lay on the roofs, on the parapets of the quay and on the area railings. The lamps were still burning redly in the murky air and, across the river, the palace of the Four Courts[5] stood out menacingly against the heavy sky.

She was walking on before him with Mr Bartell D'Arcy, her shoes in a brown parcel tucked under one arm and her hands holding her skirt up from the slush. She had no longer any grace of attitude but Gabriel's eyes were still bright with happiness. The blood went bounding along his veins; and the thoughts went rioting through his brain, proud, joyful, tender, valorous.

She was walking on before him so lightly and so erect that he longed to run after her noiselessly, catch her by the shoulders and say something foolish and affectionate into her ear. She seemed to him so frail that he longed to defend her against something and then to be alone with her. Moments of their secret life together burst like stars upon his memory. A heliotrope envelope was lying beside his breakfast-cup and he was caressing it with his hand. Birds were twittering in the ivy and the sunny web

5. The Irish law courts.

of the curtain was shimmering along the floor: he could not eat for happiness. They were standing on the crowded platform and he was placing a ticket inside the warm palm of her glove. He was standing with her in the cold, looking in through a grated window at a man making bottles in a roaring furnace. It was very cold. Her face, fragrant in the cold air, was quite close to his; and suddenly she called out to the man at the furnace:

—Is the fire hot, sir?

But the man could not hear her with the noise of the furnace. It was just as well. He might have answered rudely.

A wave of yet more tender joy escaped from his heart and went coursing in warm flood along his arteries. Like the tender fires of stars moments of their life together, that no one knew of or would ever know of, broke upon and illumined his memory. He longed to recall to her those moments, to make her forget the years of their dull existence together and remember only their moments of ecstasy. For the years, he felt, had not quenched his soul or hers. Their children, his writing, her household cares had not quenched all their souls' tender fire. In one letter that he had written to her then he had said: *Why is it that words like these seem to me so dull and cold? Is it because there is no word tender enough to be your name?*

Like distant music these words that he had written years before were borne towards him from the past. He longed to be alone with her. When the others had gone away, when he and she were in their room in the hotel, then they would be alone together. He would call her softly:

—Gretta!

Perhaps she would not hear at once: she would be undressing. Then something in his voice would strike her. She would turn and look at him. . . .

At the corner of Winetavern Street they met a cab. He was glad of its rattling noise as it saved him from conversation. She was looking out of the window and seemed tired. The others spoke only a few words, pointing out some building or street. The horse galloped along wearily under the murky morning sky, dragging his old rattling box after his heels, and Gabriel was again in a cab with her, galloping to catch the boat, galloping to their honeymoon.

As the cab drove across O'Connell Bridge Miss O'Callaghan said:

—They say you never cross O'Connell Bridge without seeing a white horse.

—I see a white man this time, said Gabriel.

—Where? asked Mr Bartell D'Arcy.

Gabriel pointed to the statue, on which lay patches of snow. Then he nodded familiarly to it and waved his hand.

—Good-night, Dan,[6] he said gaily.

When the cab drew up before the hotel Gabriel jumped out and, in spite of Mr Bartell D'Arcy's protest, paid the driver. He gave the man a shilling over his fare. The man saluted and said:

—A prosperous New Year to you, sir.

—The same to you, said Gabriel cordially.

She leaned for a moment on his arm in getting out of the cab and while standing at the curbstone, bidding the others good-night. She leaned lightly on his arm, as lightly as when she had danced with him a few hours before. He had felt proud

---

6. A statue of Daniel O'Connell, 19th-century nationalist leader, stands at the south end of Sackville Street (now called O'Connell Street).

and happy then, happy that she was his, proud of her grace and wifely carriage. But now, after the kindling again of so many memories, the first touch of her body, musical and strange and perfumed, sent through him a keen pang of lust. Under cover of her silence he pressed her arm closely to his side; and, as they stood at the hotel door, he felt that they had escaped from their lives and duties, escaped from home and friends and run away together with wild and radiant hearts to a new adventure.

An old man was dozing in a great hooded chair in the hall. He lit a candle in the office and went before them to the stairs. They followed him in silence, their feet falling in soft thuds on the thickly carpeted stairs. She mounted the stairs behind the porter, her head bowed in the ascent, her frail shoulders curved as with a burden, her skirt girt tightly about her. He could have flung his arms about her hips and held her still for his arms were trembling with desire to seize her and only the stress of his nails against the palms of his hands held the wild impulse of his body in check. The porter halted on the stairs to settle his guttering candle. They halted too on the steps below him. In the silence Gabriel could hear the falling of the molten wax into the tray and the thumping of his own heart against his ribs.

The porter led them along a corridor and opened a door. Then he set his unstable candle down on a toilet-table and asked at what hour they were to be called in the morning.

—Eight, said Gabriel.

The porter pointed to the tap of the electric-light and began a muttered apology but Gabriel cut him short.

—We don't want any light. We have light enough from the street. And I say, he added, pointing to the candle, you might remove that handsome article, like a good man.

The porter took up his candle again, but slowly for he was surprised by such a novel idea. Then he mumbled good-night and went out. Gabriel shot the lock to.

A ghostly light from the street lamp lay in a long shaft from one window to the door. Gabriel threw his overcoat and hat on a couch and crossed the room towards the window. He looked down into the street in order that his emotion might calm a little. Then he turned and leaned against a chest of drawers with his back to the light. She had taken off her hat and cloak and was standing before a large swinging mirror, unhooking her waist. Gabriel paused for a few moments, watching her, and then said:

—Gretta!

She turned away from the mirror slowly and walked along the shaft of light towards him. Her face looked so serious and weary that the words would not pass Gabriel's lips. No, it was not the moment yet.

—You looked tired, he said.

—I am a little, she answered.

—You don't feel ill or weak?

—No, tired: that's all.

She went on to the window and stood there, looking out. Gabriel waited again and then, fearing that diffidence was about to conquer him, he said abruptly:

—By the way, Gretta!

—What is it?

—You know that poor fellow Malins? he said quickly.

—Yes. What about him?

—Well, poor fellow, he's a decent sort of chap after all, continued Gabriel in a false voice. He gave me back that sovereign I lent him and I didn't expect it really. It's a pity he wouldn't keep away from that Browne, because he's not a bad fellow at heart.

He was trembling now with annoyance. Why did she seem so abstracted? He did not know how he could begin. Was she annoyed, too, about something? If she would only turn to him or come to him of her own accord! To take her as she was would be brutal. No, he must see some ardour in her eyes first. He longed to be master of her strange mood.

—When did you lend him the pound? she asked, after a pause.

Gabriel strove to restrain himself from breaking out into brutal language about the sottish Malins and his pound. He longed to cry to her from his soul, to crush her body against his, to overmaster her. But he said:

—O, at Christmas, when he opened that little Christmas-card shop in Henry Street.

He was in such a fever of rage and desire that he did not hear her come from the window. She stood before him for an instant, looking at him strangely. Then, suddenly raising herself on tiptoe and resting her hands lightly on his shoulders, she kissed him.

—You are a very generous person, Gabriel, she said.

Gabriel, trembling with delight at her sudden kiss and at the quaintness of her phrase, put his hands on her hair and began smoothing it back, scarcely touching it with his fingers. The washing had made it fine and brilliant. His heart was brimming over with happiness. Just when he was wishing for it she had come to him of her own accord. Perhaps her thoughts had been running with his. Perhaps she had felt the impetuous desire that was in him and then the yielding mood had come upon her. Now that she had fallen to him so easily he wondered why he had been so diffident.

He stood, holding her head between his hands. Then, slipping one arm swiftly about her body and drawing her towards him, he said softly:

—Gretta dear, what are you thinking about?

She did not answer nor yield wholly to his arm. He said again, softly:

—Tell me what it is, Gretta. I think I know what is the matter. Do I know?

She did not answer at once. Then she said in an outburst of tears:

—O, I am thinking about that song, *The Lass of Aughrim*.

She broke loose from him and ran to the bed and, throwing her arms across the bed-rail, hid her face. Gabriel stood stock-still for a moment in astonishment and then followed her. As he passed in the way of the cheval-glass he caught sight of himself in full length, his broad, well-filled shirt-front, the face whose expression always puzzled him when he saw it in a mirror and his glimmering gilt-rimmed eyeglasses. He halted a few paces from her and said:

—What about the song? Why does that make you cry?

She raised her head from her arms and dried her eyes with the back of her hand like a child. A kinder note than he had intended went into his voice.

—Why, Gretta? he asked.

—I am thinking about a person long ago who used to sing that song.

—And who was the person long ago? asked Gabriel, smiling.

—It was a person I used to know in Galway when I was living with my grandmother, she said.

The smile passed away from Gabriel's face. A dull anger began to gather again at the back of his mind and the dull fires of his lust began to glow angrily in his veins.

—Someone you were in love with? he asked ironically.

—It was a young boy I used to know, she answered, named Michael Furey. He used to sing that song, *The Lass of Aughrim*. He was very delicate.

Gabriel was silent. He did not wish her to think that he was interested in this delicate boy.

—I can see him so plainly, she said after a moment. Such eyes as he had: big dark eyes! And such an expression in them—an expression!

—O then, you were in love with him? said Gabriel.

—I used to go out walking with him, she said, when I was in Galway.

A thought flew across Gabriel's mind.

—Perhaps that was why you wanted to go to Galway with that Ivors girl? he said coldly.

She looked at him and asked in surprise:

—What for?

Her eyes made Gabriel feel awkward. He shrugged his shoulders and said:

—How do I know? To see him perhaps.

She looked away from him along the shaft of light towards the window in silence.

—He is dead, she said at length. He died when he was only seventeen. Isn't it a terrible thing to die so young as that?

—What was he? asked Gabriel, still ironically.

—He was in the gasworks, she said.

Gabriel felt humiliated by the failure of his irony and by the evocation of this figure from the dead, a boy in the gasworks. While he had been full of memories of their secret life together, full of tenderness and joy and desire, she had been comparing him in her mind with another. A shameful consciousness of his own person assailed him. He saw himself as a ludicrous figure, acting as a pennyboy[7] for his aunts, a nervous well-meaning sentimentalist, orating to vulgarians and idealising his own clownish lusts, the pitiable fatuous fellow he had caught a glimpse of in the mirror. Instinctively he turned his back more to the light lest she might see the shame that burned upon his forehead.

He tried to keep up his tone of cold interrogation but his voice when he spoke was humble and indifferent.

—I suppose you were in love with this Michael Furey, Gretta, he said.

—I was great with him at that time, she said.

Her voice was veiled and sad. Gabriel, feeling now how vain it would be to try to lead her whither he had purposed, caressed one of her hands and said, also sadly:

—And what did he die of so young, Gretta? Consumption, was it?

—I think he died for me, she answered.[8]

A vague terror seized Gabriel at this answer as if, at that hour when he had hoped to triumph, some impalpable and vindictive being was coming against him, gathering forces against him in its vague world. But he shook himself free of it with an effort of reason and continued to caress her hand. He did not question her again for he felt that she would tell him of herself. Her hand was warm and moist: it did not respond to his touch but he continued to caress it just as he had caressed her first letter to him that spring morning.

---

7. Errand boy.

8. Gretta here echoes the words of Yeats's Cathleen ní Houlihan: "Singing I am about a man I knew one time, yellow-haired Donough that was hanged in Galway. . . .

He died for love of me: many a man has died for love of me." The play was first performed in Dublin on 2 April 1902.

—It was in the winter, she said, about the beginning of the winter when I was going to leave my grandmother's and come up here to the convent. And he was ill at the time in his lodgings in Galway and wouldn't be let out and his people in Oughterard[9] were written to. He was in decline, they said, or something like that. I never knew rightly.

She paused for a moment and sighed.

—Poor fellow, she said. He was very fond of me and he was such a gentle boy. We used to go out together, walking, you know, Gabriel, like the way they do in the country. He was going to study singing only for his health. He had a very good voice, poor Michael Furey.

—Well; and then? asked Gabriel.

—And then when it came to the time for me to leave Galway and come up to the convent he was much worse and I wouldn't be let see him so I wrote a letter saying I was going up to Dublin and would be back in the summer and hoping he would be better then.

She paused for a moment to get her voice under control and then went on:

—Then the night before I left I was in my grandmother's house in Nuns' Island, packing up, and I heard gravel thrown up against the window. The window was so wet I couldn't see so I ran downstairs as I was and slipped out the back into the garden and there was the poor fellow at the end of the garden, shivering.

—And did you not tell him to go back? asked Gabriel.

—I implored him to go home at once and told him he would get his death in the rain. But he said he did not want to live. I can see his eyes as well as well! He was standing at the end of the wall where there was a tree.

—And did he go home? asked Gabriel.

—Yes, he went home. And when I was only a week in the convent he died and he was buried in Oughterard where his people came from. O, the day I heard that, that he was dead!

She stopped, choking with sobs, and, overcome by emotion, flung herself face downward on the bed, sobbing in the quilt. Gabriel held her hand for a moment longer, irresolutely, and then, shy of intruding on her grief, let it fall gently and walked quietly to the window.

She was fast asleep.

Gabriel, leaning on his elbow, looked for a few moments unresentfully on her tangled hair and half-open mouth, listening to her deep-drawn breath. So she had had that romance in her life: a man had died for her sake. It hardly pained him now to think how poor a part he, her husband, had played in her life. He watched her while she slept as though he and she had never lived together as man and wife. His curious eyes rested long upon her face and on her hair: and, as he thought of what she must have been then, in that time of her first girlish beauty, a strange friendly pity for her entered his soul. He did not like to say even to himself that her face was no longer beautiful but he knew that it was no longer the face for which Michael Furey had braved death.

Perhaps she had not told him all the story. His eyes moved to the chair over which she had thrown some of her clothes. A petticoat string dangled to the floor. One boot stood upright, its limp upper fallen down: the fellow of it lay upon its side.

9. A small village in Western Ireland.

He wondered at his riot of emotions of an hour before. From what had it proceeded? From his aunt's supper, from his own foolish speech, from the wine and dancing, the merry-making when saying good-night in the hall, the pleasure of the walk along the river in the snow. Poor Aunt Julia! She, too, would soon be a shade with the shade of Patrick Morkan and his horse. He had caught that haggard look upon her face for a moment when she was singing *Arrayed for the Bridal*. Soon, perhaps, he would be sitting in that same drawing-room, dressed in black, his silk hat on his knees. The blinds would be drawn down and Aunt Kate would be sitting beside him, crying and blowing her nose and telling him how Julia had died. He would cast about in his mind for some words that might console her, and would find only lame and useless ones. Yes, yes: that would happen very soon.

The air of the room chilled his shoulders. He stretched himself cautiously along under the sheets and lay down beside his wife. One by one they were all becoming shades. Better pass boldly into that other world, in the full glory of some passion, than fade and wither dismally with age. He thought of how she who lay beside him had locked in her heart for so many years that image of her lover's eyes when he had told her that he did not wish to live.

Generous tears filled Gabriel's eyes. He had never felt like that himself towards any woman but he knew that such a feeling must be love. The tears gathered more thickly in his eyes and in the partial darkness he imagined he saw the form of a young man standing under a dripping tree. Other forms were near. His soul had approached that region where dwell the vast hosts of the dead. He was conscious of, but could not apprehend, their wayward and flickering existence. His own identity was fading out into a grey impalpable world: the solid world itself which these dead had one time reared and lived in was dissolving and dwindling.

A few light taps upon the pane made him turn to the window. It had begun to snow again. He watched sleepily the flakes, silver and dark, falling obliquely against the lamplight. The time had come for him to set out on his journey westward. Yes, the newspapers were right: snow was general all over Ireland. It was falling on every part of the dark central plain, on the treeless hills, falling softly upon the Bog of Allen and, farther westward, softly falling into the dark mutinous Shannon waves.[1] It was falling, too, upon every part of the lonely churchyard on the hill where Michael Furey lay buried. It lay thickly drifted on the crooked crosses and headstones, on the spears of the little gate, on the barren thorns. His soul swooned slowly as he heard the snow falling faintly through the universe and faintly falling, like the descent of their last end, upon all the living and the dead.

ULYSSES   *Ulysses* boldly announced that modern literature had set itself new tasks and devised new means to "make it new." In his review of the novel, T. S. Eliot wrote that Joyce had discovered "a way of controlling, of ordering, of giving a shape and a significance to the panorama of futility and anarchy which is contemporary history. . . . It is, I seriously believe, a step toward making the modern world possible for art . . . ." The technique with which Joyce shaped his materials Eliot called (at Joyce's suggestion) the mythical method—using ancient myth to suggest "a continuous parallel between contemporaneity and antiquity." Joyce's purposes in using myth—in the case of *Ulysses*, a series of parallels to Homer's *Odyssey*—are open to debate; but he was quite frank about the fact that each of the novel's eighteen chapters was

1. Where Ireland's longest river, the Shannon, empties into the sea.

modeled, however loosely, on one of Odysseus's adventures. Thus Leopold Bloom, the novel's advertising-salesman protagonist, is in some sense a modern-day Odysseus; rather than finding his way back from Troy and the Trojan Wars, he simply navigates his way through a very full day in Dublin on 16 June 1904. This day, however, has its perils. Bloom, a Jew, is set upon by anti-Semites, threatened with violence, and driven from the pub where he drinks; much later, in Dublin's red-light district, he rescues a very drunk young poet, Stephen Dedalus, from arrest, and takes him back to his home for a cup of cocoa and conversation. Foremost among Bloom's tests on this particular day, however, is his knowledge that his wife Molly will consummate an affair with the brash, egotistical tenor Blazes Boylan—an affair which, owing to his own shortcomings as a husband, Bloom is unwilling to stop.

The chapter given here is the thirteenth chapter, the "Nausicaa" episode. We find Bloom killing time on the beach at Sandymount, trying to stay away from his home long enough that his wife's new lover, Blazes Boylan, will be gone before his return. He has just narrowly escaped bodily injury at the hands of the unnamed ultra-Nationalist Citizen in Chapter 12, "Cyclops"; finding his way to the seaside for a bit of fresh air and relaxation, Bloom is happy to come across the self-consciously displayed feminine commodity Gerty MacDowell, who, having been stood up by young Reggie Wylie, is willing to suffer Bloom's sensual and sexual gaze. Her poignant fate as a young woman in a country missing half its young men is also clear. In the episode from the *Odyssey* on which this chapter is loosely based, Odysseus finds himself in the land of the seafaring Phaeacians, and in the company of Princess Nausicaa and her ladies, who have come to the water to do the laundry. In the *Odyssey*, Odysseus sheds his disguise, reveals himself to Nausicaa, and begs for her help in returning to home (Ithaca) and wife (Penelope); in Joyce's version, it is Nausicaa who does the revealing, to an admiring Odysseus who is carefully avoiding his return journey home. Joyce uses the scene to comment on the nature of attraction, beauty, and desire, and the ways in which sentimental fiction, commodity culture, and Bloom's own profession of advertising have affected the way we understand and seek to satisfy our deepest desires.

from Ulysses
[CHAPTER 13. "NAUSICAA"]

The summer evening had begun to fold the world in its mysterious embrace.[1] Far away in the west the sun was setting and the last glow of all too fleeting day lingered lovingly on sea and strand, on the proud promontory of dear old Howth[2] guarding as ever the waters of the bay, on the weedgrown rocks along Sandymount shore and, last but not least, on the quiet church[3] whence there streamed forth at times upon the stillness the voice of prayer to her who is in her pure radiance a beacon ever to the stormtossed heart of man, Mary, star of the sea.

The three girl friends were seated on the rocks, enjoying the evening scene and the air which was fresh but not too chilly. Many a time and oft were they wont to come there to that favourite nook to have a cosy chat beside the sparkling waves and discuss matters feminine, Cissy Caffrey and Edy Boardman with the baby in the pushcar and Tommy and Jacky Caffrey, two little curlyheaded boys, dressed in sailor suits with caps to match and the name H. M. S.[4] Belleisle printed on both. For Tommy and Jacky Caffrey were twins, scarce four years old and very noisy and spoiled twins

---

1. The prose style of the first half of this chapter is to some extent modeled on the overripe prose of sentimental 19th-century "women's" fiction, like Maria Cummins's novel *The Lamplighter* (1854), which Gerty MacDowell has read and which pops up in her thoughts later in the chapter.

2. The northeast headland of Dublin Bay, visible from the shore at Sandymount, where this chapter takes place.
3. The church would be the Roman Catholic Church of Mary, Star of the Sea, near Sandymount Strand.
4. His Majesty's Ship.

sometimes but for all that darling little fellows with bright merry faces and endearing ways about them. They were dabbling in the sand with their spades and buckets, building castles as children do, or playing with their big coloured ball, happy as the day was long. And Edy Boardman was rocking the chubby baby to and fro in the pushcar while that young gentleman fairly chuckled with delight. He was but eleven months and nine days old and, though still a tiny toddler, was just beginning to lisp his first babyish words. Cissy Caffrey bent over him to tease his fat little plucks and the dainty dimple in his chin.

—Now, baby, Cissy Caffrey said. Say out big, big. I want a drink of water.

And baby prattled after her:

—A jink a jink a jawbo.

Cissy Caffrey cuddled the wee chap for she was awfully fond of children, so patient with little sufferers and Tommy Caffrey could never be got to take his castor oil unless it was Cissy Caffrey that held his nose and promised him the scatty heel of the loaf or brown bread with golden syrup on. What a persuasive power that girl had! But to be sure baby was as good as gold, a perfect little dote in his new fancy bib. None of your spoilt beauties, Flora Mac Flimsy sort, was Cissy Caffrey. A truerhearted lass never drew the breath of life, always with a laugh in her gipsylike eyes and a frol-icsome word on her cherryripe red lips, a girl lovable in the extreme. And Edy Board-man laughed too at the quaint language of little brother.

But just then there was a slight altercation between Master Tommy and Master Jacky. Boys will be boys and our two twins were no exception to this golden rule. The apple of discord was a certain castle of sand which Master Jacky had built and Master Tommy would have it right go wrong that it was to be architecturally improved by a frontdoor like the Martello tower[5] had. But if Master Tommy was headstrong Master Jacky was selfwilled too and, true to the maxim that every little Irishman's house is his castle, he fell upon his hated rival and to such purpose that the wouldbe assailant came to grief and (alas to relate!) the coveted castle too. Needless to say the cries of discomfited Master Tommy drew the attention of the girl friends.

—Come here, Tommy, his sister called imperatively, at once! And you, Jacky, for shame to throw poor Tommy in the dirty sand. Wait till I catch you for that.

His eyes misty with unshed tears Master Tommy came at her call for their big sis-ter's word was law with the twins. And in a sad plight he was after his misadventure. His little man-o'-war top and unmentionables were full of sand but Cissy was a past mistress in the art of smoothing over life's tiny troubles and and very quickly not one speck of sand was to be seen on his smart little suit. Still the blue eyes were glistening with hot tears that would well up so she kissed away the hurtness and shook her hand at Master Jacky the culprit and said if she was near him she wouldn't be far from him, her eyes dancing in admonition.

—Nasty bold Jacky! she cried.

She put an arm round the little mariner and coaxed winningly:

—What's your name? Butter and cream?

—Tell us who is your sweetheart, spoke Edy Boardman. Is Cissy your sweetheart?

—Nao, tearful Tommy said.

—Is Edy Boardman your sweetheart? Cissy queried.

—Nao, Tommy said.

5. One of a series of towers on the Irish coast built by the British at the start of the 19th century to protect against a sea invasion by the French during the Napoleonic Wars.

—I know, Edy Boardman said none too amiably with an arch glance from her shortsighted eyes. I know who is Tommy's sweetheart, Gerty is Tommy's sweetheart.

—Nao, Tommy said on the verge of tears.

Cissy's quick motherwit guessed what was amiss and she whispered to Edy Boardman to take him there behind the pushcar where the gentlemen couldn't see and to mind he didn't wet his new tan shoes.

But who was Gerty?

Gerty MacDowell who was seated near her companions, lost in thought, gazing far away into the distance was in very truth as fair a specimen of winsome Irish girlhood as one could wish to see. She was pronounced beautiful by all who knew her though, as folks often said, she was more a Giltrap than a MacDowell. Her figure was slight and graceful, inclining even to fragility but those iron jelloids she had been taking of late had done her a world of good much better than the Widow Welch's female pills and she was much better of those discharges she used to get and that tired feeling. The waxen pallor of her face was almost spiritual in its ivorylike purity though her rosebud mouth was a genuine Cupid's bow, Greekly perfect. Her hands were of finely veined alabaster with tapering fingers and as white as lemon juice and queen of ointments could make them though it was not true that she used to wear kid gloves in bed or take a milk footbath either. Bertha Supple told that once to Edy Boardman, a deliberate lie, when she was black out at daggers drawn with Gerty (the girl chums had of course their little tiffs from time to time like the rest of mortals) and she told her not let on whatever she did that it was her that told her or she'd never speak to her again. No. Honour where honour is due. There was an innate refinement, a languid queenly *hauteur*[6] about Gerty which was unmistakably evidenced in her delicate hands and higharched instep. Had kind fate but willed her to be born a gentlewoman of high degree in her own right and had she only received the benefit of a good education Gerty MacDowell might easily have held her own beside any lady in the land and have seen herself exquisitely gowned with jewels on her brow and patrician[7] suitors at her feet vying with one another to pay their devoirs[8] to her. Mayhap it was this, the love that might have been, that lent to her softlyfeatured face at whiles a look, tense with suppressed meaning, that imparted a strange yearning tendency to the beautiful eyes, a charm few could resist. Why have women such eyes of witchery? Gerty's were of the bluest Irish blue, set off by lustrous lashes and dark expressive brows. Time was when those brows were not so silkily seductive. It was Madame Vera Verity, directress of the Woman Beautiful page of the Princess novelette, who had first advised her to try eyebrowleine which gave that haunting expression to the eyes, so becoming in leaders of fashion, and she had never regretted it. Then there was blushing scientifically cured and how to be tall increase your height and you have a beautiful face but your nose?[9] That would suit Mrs Dignam because she had a button one. But Gerty's crowning glory was her wealth of wonderful hair. It was dark brown with a natural wave in it. She had cut it that very morning on account of the new moon and it nestled about her pretty head in a profusion of luxuriant clusters and pared her nails too, Thursday for wealth.[1] And just now at

6. Arrogance.
7. Aristocratic.
8. Respects.
9. The phrases that comprise this sentence are modeled on claims from advertisements for various cosmetics and beauty treatments, such as would be advertised in women's magazines of the period (1904).
1. Gerty's actions here are suggested by a number of common superstitions and folk beliefs.

Edy's words as a telltale flush, delicate as the faintest rosebloom, crept into her cheeks she looked so lovely in her sweet girlish shyness that of a surety God's fair land of Ireland did not hold her equal.

For an instant she was silent with rather sad downcast eyes. She was about to retort but something checked the words on her tongue. Inclination prompted her to speak out: dignity told her to be silent. The pretty lips pouted a while but then she glanced up and broke out into a joyous little laugh which had in it all the freshness of a young May morning. She knew right well, no-one better, what made squinty Edy say that because of him cooling in his attentions when it was simply a lover's quarrel. As per usual somebody's nose was out of joint about the boy that had the bicycle always riding up and down in front of her window. Only now his father kept him in the evenings studying hard to get an exhibition in the intermediate[2] that was on and he was going to Trinity college to study for a doctor when he left the high school like his brother W. E. Wylie who was racing in the bicycle races in Trinity college university. Little recked[3] he perhaps for what she felt, that dull aching void in her heart sometimes, piercing to the core. Yet he was young and perchance he might learn to love her in time. They were protestants in his family and of course Gerty knew Who came first and after Him the blessed Virgin and then Saint Joseph. But he was undeniably handsome with an exquisite nose and he was what he looked, every inch a gentleman, the shape of his head too at the back without his cap on that she would know anywhere something off the common and the way he turned the bicycle at the lamp with his hands off the bars and also the nice perfume of those good cigarettes and besides they were both of a size and that was why Edy Boardman thought she was so frightfully clever because he didn't go and ride up and down in front of her bit of a garden.

Gerty was dressed simply but with the instinctive taste of a votary[4] of Dame Fashion for she felt that there was just a might that he might be out. A neat blouse of electric blue, selftinted by dolly dyes (because it was expected in the *Lady's Pictorial* that electric blue would be worn), with a smart vee opening down to the division and kerchief pocket (in which she always kept a piece of cottonwool scented with her favourite perfume because the handkerchief spoiled the sit) and a navy threequarter skirt cut to the stride showed off her slim graceful figure to perfection. She wore a coquettish little love of a hat of wideleaved nigger straw contrast trimmed with an underbrim of eggblue chenille and at the side a butterfly bow to tone. All Tuesday week afternoon she was hunting to match that chenille but at last she found what she wanted at Clery's[5] summer sales, the very it, slightly shopsoiled but you would never notice, seven fingers two and a penny. She did it up all by herself and what joy was hers when she tried it on then, smiling at the lovely reflection which the mirror gave back to her! And when she put it on the waterjug to keep the shape she knew that that would take the shine out of some people she knew. Her shoes were the newest thing in footwear (Edy Boardman prided herself that she was very *petite* but she never had a foot like Gerty MacDowell, a five, and never would ash, oak or elm[6]) with patent toecaps and just one smart buckle at her higharched instep. Her well-turned ankle displayed its perfect proportions beneath her skirt and just the proper

---

2. I.e., to be ranked highly in his class upon graduation, so as to secure a spot at Dublin's protestant university, Trinity College.
3. Cared.
4. Religious devotee.
5. The biggest department store in downtown Dublin.
6. Till the end of time.

amount and no more of her shapely limbs encased in finespun hose with highspliced heels and wide garter tops. As for undies they were Gerty's chief care and who that knows the fluttering hopes and fears of sweet seventeen (though Gerty would never see seventeen again) can find it in his heart to blame her? She had four dinky sets, with awfully pretty stitchery, three garments and nighties extra, and each set slotted with different coloured ribbons, rosepink, pale blue, mauve and peagreen and she aired them herself and blued them when they came home from the wash and ironed them and she had a brickbat to keep the iron on because she wouldn't trust those washerwomen as far as she'd see them scorching the things. She was wearing the blue for luck, hoping against hope, her own colour and the lucky colour too for a bride to have a bit of blue somewhere on her because the green she wore that day week brought grief because his father brought him in to study for the intermediate exhibition and because she thought perhaps he might be out because when she was dressing that morning she nearly slipped up the old pair on her inside out and that was for luck and lovers' meetings if you put those things on inside out so long as it wasn't of a Friday.

And yet and yet! That strained look on her face! A gnawing sorrow is there all the time. Her very soul is in her eyes and she would give worlds to be in the privacy of her own familiar chamber where, giving way to tears, she could have a good cry and relieve her pentup feelings. Though not too much because she knew how to cry nicely before the mirror. You are lovely, Gerty, it said. The paly light of evening falls upon a face infinitely sad and wistful. Gerty MacDowell yearns in vain. Yes, she had known from the first that her daydream of a marriage has been arranged and the weddingbells ringing for Mrs Reggy Wylie T. C. D.[7] (because the one who married the elder brother would be Mrs Wylie) and in the fashionable intelligence Mrs Gertrude Wylie was wearing a sumptuous confection of grey trimmed with expensive blue fox was not to be. He was too young to understand. He would not believe in love, a woman's birthright. The night of the party long ago in Stoers' (he was still in short trousers) when they were alone and he stole an arm round her waist she went white to the very lips. He called her little one in a strangely husky voice and snatched a half kiss (the first!) but it was only the end of her nose and then he hastened from the room with a remark about refreshments. Impetuous fellow! Strength of character had never been Reggy Wylie's strong point and he who would woo and win Gerty MacDowell must be a man among men. But waiting, always waiting to be asked and it was leap year[8] too and would soon be over. No prince charming is her beau ideal to lay a rare and wondrous love at her feet but rather a manly man with a strong quiet face who had not found his ideal, perhaps his hair slightly flecked with grey, and who would understand, take her in his sheltering arms, strain her to him in all the strength of his deep passionate nature and comfort her with a long long kiss. It would be like heaven. For such a one she yearns this balmy summer eve. With all the heart of her she longs to be his only, his affianced bride for riches for poor, in sickness in health, till death us two part, from this to this day forward.

And while Edy Boardman was with little Tommy behind the pushcar she was just thinking would the day ever come when she could call herself his little wife to be. Then they could talk about her till they went blue in the face, Bertha Supple too, and Edy, the spitfire, because she would be twentytwo in November. She would care for him with

7. Trinity College, Dublin; a Trinity graduate would be allowed to use these initials after his name.

8. Traditionally, a woman may propose marriage to a man only during a leap year.

creature comforts too for Gerty was womanly wise and knew that a mere man liked that feeling of hominess. Her griddlecakes done to a goldenbrown hue and queen Ann's pudding of delightful creaminess had won golden opinions from all because she had a lucky hand also for lighting a fire, dredge in the fine selfraising flour and always stir in the same direction then cream the milk and sugar and whisk well the white of eggs though she didn't like the eating part when there were any people that made her shy and often she wondered why you couldn't eat something poetical like violets or roses and they would have a beautifully appointed drawingroom with pictures and engravings and the photograph of grandpapa Giltrap's lovely dog Garryowen that almost talked, it was so human, and chintz covers for the chairs and that silver toastrack in Clery's summer jumble sales like they have in rich houses. He would be tall with broad shoulders (she had always admired tall men for a husband) with glistening white teeth under his carefully trimmed sweeping moustache and they would go on the continent for their honeymoon (three wonderful weeks!) and then, when they settled down in a nice snug and cosy little homely house, every morning they would both have brekky,[9] simple but perfectly served, for their own two selves and before he went out to business he would give his dear little wifey a good hearty hug and gaze for a moment deep down into her eyes.

Edy Boardman asked Tommy Caffrey was he done and he said yes, so then she buttoned up his little knickerbockers for him and told him to run off and play with Jacky and to be good now and not to fight. But Tommy said he wanted the ball and Edy told him no that baby was playing with the ball and if he took it there'd be wigs on the green[1] but Tommy said it was his ball and he wanted his ball and he pranced on the ground, if you please. The temper of him! O, he was a man already was little Tommy Caffrey since he was out of pinnies.[2] Edy told him no, no and to be off now with him and she told Cissy Caffrey not to give in to him.

—You're not my sister, naughty Tommy said. It's my ball.

But Cissy Caffrey told baby Boardman to look up, look up high at her finger and she snatched the ball quickly and threw it along the sand and Tommy after it in full career, having won the day.

—Anything for a quiet life, laughed Ciss.

And she tickled tiny tot's two cheeks to make him forget and played here's the lord mayor, here's his two horses, here's his gingerbread carriage and here he walks in, chinchopper, chinchopper, chinchopper chin. But Edy got as cross as two sticks about him getting his own way like that from everyone always petting him.

—I'd like to give him something, she said, so I would, where I won't say.

—On the beeoteetom, laughed Cissy merrily.

Gerty MacDowell bent down her head and crimsoned at the idea of Cissy saying an unladylike thing like that out loud she'd be ashamed of her life to say, flushing a deep rosy red, and Edy Boardman said she was sure the gentleman opposite heard what she said. But not a pin cared Ciss.

—Let him! she said with a pert toss of her head and a piquant tilt of her nose. Give it to him too on the same place as quick as I'd look at him.

Madcap Ciss with her golliwog curls. You had to laugh at her sometimes. For instance when she asked you would you have some more Chinese tea and jaspberry ram and when she drew the jugs too and the men's faces on her nails with red ink make you split your sides or when she wanted to go where you know she said she

---

9. Breakfast.
1. A fistfight or altercation.

2. Pinafores. "Out of pinnies" would mean something like "out of diapers."

wanted to run and pay a visit to the Miss White. That was just like Cissycums. O, and will you ever forget the evening she dressed up in her father's suit and hat and the burned cork moustache and walked down Tritonville road, smoking a cigarette. There was none to come up to her for fun. But she was sincerity itself, one of the bravest and truest hearts heaven ever made, not one of your twofaced things, too sweet to be wholesome.

And then there came out upon the air the sound of voices and the pealing anthem of the organ. It was the men's temperance retreat conducted by the mission-er, the reverend John Hughes S. J.[3] rosary, sermon and benediction of the Most Blessed Sacrament. They were there gathered together without distinction of social class (and a most edifying spectacle it was to see) in that simple fane[4] beside the waves, after the storms of this weary world, kneeling before the feet of the immacu-late, reciting the litany of Our Lady of Loreto, beseeching her to intercede for them, the old familiar words, holy Mary, holy virgin of virgins. How sad to poor Gerty's ears! Had her father only avoided the clutches of the demon drink, by taking the pledge or those powders the drink habit cured in Pearson's Weekly, she might now be rolling in her carriage, second to none. Over and over had she told herself that as she mused by the dying embers in a brown study without the lamp because she hated two lights or oftentimes gazing out of the window dreamily by the hour at the rain falling on the rusty bucket, thinking. But that vile decoction which has ruined so many hearths and homes had cast its shadow over her childhood days. Nay, she had even witnessed in the home circle deeds of violence caused by intemperance and had seen her own father, a prey to the fumes of intoxication, forget himself com-pletely for if there was one thing of all things that Gerty knew it was the man who lifts his hand to a woman save in the way of kindness deserves to be branded as the lowest of the low.

And still the voices sang in supplication to the Virgin most powerful, Virgin most merciful. And Gerty, rapt in thought, scarce saw or heard her companions or the twins at their boyish gambols[5] or the gentleman off Sandymount green that Cissy Caffrey called the man that was so like himself passing along the strand taking a short walk. You never saw him anyway screwed but still and for all that she would not like him for a father because he was too old or something or on account of his face (it was a palpable case of doctor Fell) or his carbuncly nose with the pimples on it and his sandy moustache a bit white under his nose. Poor father! With all his faults she loved him still when he sang *Tell me, Mary, how to woo thee* or *My love and cottage near Rochelle* and they had stewed cockles and lettuce with Lazenby's salad dressing for supper and when he sang *The moon hath raised* with Mr Dignam that died suddenly and was buried, God have mercy on him, from a stroke.[6] Her mother's birthday that was and Charley was home on his holidays and Tom and Mr Dignam and Mrs and Patsy and Freddy Dignam and they were to have had a group[7] taken. No-one would have thought the end was so near. Now he was laid to rest. And her mother said to him to let that be a warning to him for the rest of his days and he couldn't even go to the funeral on account of the gout and she had to go into town to bring him the let-ters and samples from his office about Catesby's cork lino, artistic standard designs, fit for a palace, gives tiptop wear and always bright and cheery in the home.

3. Society of Jesus; the Jesuits.
4. Temple or church.
5. Frolics.
6. The funeral of Patrick ("Paddy") Dignam has taken place this morning, at Glasnevin Cemetery; that he died of a "stroke" is a polite euphemism, since it appears he has died of cirrhosis or another alcohol-related disease.
7. A group photograph.

A sterling good daughter was Gerty just like a second mother in the house, a ministering angel too with a little heart worth its weight in gold. And when her mother had those raging splitting headaches who was it rubbed on the menthol cone on her forehead but Gerty though she didn't like her mother taking pinches of snuff and that was the only single thing they ever had words about, taking snuff. Everyone thought the world of her for her gentle ways. It was Gerty who turned off the gas at the main every night and it was Gerty who tacked up on the wall of that place[8] where she never forgot every fortnight the chlorate of lime Mr Tunney the grocer's christmas almanac the picture of halcyon days where a young gentleman in the costume they used to wear then with a threecornered hat was offering a bunch of flowers to his ladylove with oldtime chivalry through her lattice window. You could see there was a story behind it. The colours were done something lovely. She was in a soft clinging white in a studied attitude and the gentleman was in chocolate and he looked a thorough aristocrat. She often looked at them dreamily when she went there for a certain purpose and felt her own arms that were white and soft just like hers with the sleeves back and thought about those times because she had found out in Walker's pronouncing dictionary that belonged to grandpapa Giltrap about the halcyon days what they meant.

The twins were now playing in the most approved brotherly fashion, till at last Master Jacky who was really as bold as brass there was no getting behind that deliberately kicked the ball as hard as ever he could down towards the seaweedy rocks. Needless to say poor Tommy was not slow to voice his dismay but luckily the gentleman in black who was sitting there by himself came gallantly to the rescue and intercepted the ball. Our two champions claimed their plaything with lusty cries and to avoid trouble Cissy Caffrey called to the gentleman to throw it to her please. The gentleman aimed the ball once or twice and then threw it up the strand[9] towards Cissy Caffrey but it rolled down the slope and stopped right under Gerty's skirt near the little pool by the rock. The twins clamoured again for it and Cissy told her to kick it away and let them fight for it so Gerty drew back her foot but she wished their stupid ball hadn't come rolling down to her and she gave a kick but she missed and Edy and Cissy laughed.

—If you fail try again, Edy Boardman said.

Gerty smiled assent and bit her lip. A delicate pink crept into her pretty cheek but she was determined to let them see so she just lifted her skirt a little but just enough and took good aim and gave the ball a jolly good kick and it went ever so far and the two twins after it down towards the shingle. Pure jealousy of course it was nothing else to draw attention on account of the gentleman opposite looking. She felt the warm flush, a danger signal always with Gerty MacDowell, surging and flaming into her cheeks. Till then they had only exchanged glances of the most casual but now under the brim of her new hat she ventured a look at him and the face that met her gaze there in the twilight, wan[1] and strangely drawn, seemed to her the saddest she had ever seen.

Through the open window of the church the fragrant incense was wafted and with it the fragrant names of her who was conceived without stain of original sin, spiritual vessel, pray for us, honourable vessel, pray for us, vessel of singular devotion, pray for us, mystical rose. And careworn hearts were there and toilers for their daily

8. Gerty's euphemism for the outhouse, or outdoor toilet. It is her job to change the chlorate of lime, used as a disinfectant and deodorant.

9. Seashore.

1. Pale.

bread and many who had erred and wandered, their eyes wet with contrition but for all that bright with hope for the reverend father Hughes had told them what the great saint Bernard said in his famous prayer of Mary, the most pious Virgin's intercessory power that it was not recorded in any age that those who implored her powerful protection were ever abandoned by her.

The twins were now playing again right merrily for the troubles of childhood are but as fleeting summer showers. Cissy played with baby Boardman till he crowed with glee, clapping baby hands in air. Peep she cried behind the hood of the pushcar and Edy asked where was Cissy gone and then Cissy popped up her head and cried ah! and, my word, didn't the little chap enjoy that! And then she told him to say papa.

—Say papa, baby. Say pa pa pa pa pa pa pa.

And baby did his level best to say it for he was very intelligent for eleven months everyone said and big for his age and the picture of health, a perfect little bunch of love, and he would certainly turn out to be something great, they said.

—Haja ja ja haja.

Cissy wiped his little mouth with the dribbling bib and wanted him to sit up properly and say pa pa pa but when she undid the strap she cried out, holy saint Denis, that he was possing wet and to double the half blanket the other way under him. Of course his infant majesty was most obstreperous at such toilet formalities and he let everyone know it:

—Habaa baaaahabaaa baaaa.

And two great big lovely big tears coursing down his cheeks. It was all no use soothering him with no, nono, baby, no and telling him about the geegee and where was the puffpuff but Ciss, always, readywitted, gave him in his mouth the teat of the suckingbottle and the young heathen was quickly appeased.

Gerty wished to goodness they would take their squalling baby home out of that and not get on her nerves no hour to be out and the little brats of twins. She gazed out towards the distant sea. It was like the paintings that man used to do on the pavement with all the coloured chalks and such a pity too leaving them there to be all blotted out, the evening and the clouds coming out and the Bailey light[2] on Howth and to hear the music like that and the perfume of those incense they burned in the church like a kind of waft. And while she gazed her heart went pitapat. Yes, it was her he was looking at and there was meaning in his look. His eyes burned into her as though they would search her through and through, read her very soul. Wonderful eyes they were, superbly expressive, but could you trust them? People were so queer. She could see at once by his dark eyes and his pale intellectual face that he was a foreigner the image of the photo she had of Martin Harvey, the matinée idol, only for the moustache which she preferred because she wasn't stagestruck like Winny Rippingham that wanted they two to always dress the same on account of a play but she could not see whether he had an aquiline nose or a slightly retroussé[3] from where he was sitting. He was in deep mourning,[4] she could see that, and the story of a haunting sorrow was written on his face. She would have given worlds to know what it was. He was looking up so intently, so still and he saw her kick the ball and perhaps he could see the bright steel buckles of her shoes if she swung them like that thoughtfully with the toes down. She was glad that something told her to put on the transparent stock-

---

2. The lighthouse perched at the tip of Howth Head.
3. An aquiline nose is hooked; a retroussé nose is turned-up.

4. The as-yet unnamed gentleman on the strand has attended the funeral of Paddy Dignam and is wearing black.

ings thinking Reggy Wylie might be out but that was far away. Here was that of which she had so often dreamed. It was he who mattered and there was joy on her face because she wanted him because she felt instinctively that he was like no-one else. The very heart of the girlwoman went out to him, her dreamhusband, because she knew on the instant it was him. If he had suffered, more sinned against than sinning, or even, even, if he had been himself a sinner, a wicked man, she cared not. Even if he was a protestant or methodist she could convert him easily if he truly loved her. There were wounds that wanted healing with heartbalm. She was a womanly woman not like other flighty girls, unfeminine, he had known, those cyclists showing off what they hadn't got and she just yearned to know all, to forgive all if she could make him fall in love with her, make him forget the memory of the past. Then mayhap he would embrace her gently, like a real man, crushing her soft body to him, and love her, his ownest girlie, for herself alone.

Refuge of sinners. Comfortress of the afflicted. *Ora pro nobis.*[5] Well has it been said that whosoever prays to her with faith and constancy can never be lost or cast away: and fitly is she too a haven of refuge for the afflicted because of the seven dolours[6] which transpierced her own heart. Gerty could picture the whole scene in the church, the stained glass windows lighted up, the candles, the flowers and the blue banners of the blessed Virgin's sodality[7] and Father Conroy was helping Canon O'Hanlon at the altar, carrying things in and out with his eyes cast down. He looked almost a saint and his confessionbox was so quiet and clean and dark and his hands were just like white wax and if ever she became a Dominican nun in their white habit perhaps he might come to the convent for the novena of Saint Dominic. He told her that time when she told him about that in confession crimsoning up to the roots of her hair for fear he could see, not to be troubled because that was only the voice of nature and we were all subject to nature's laws, he said, in this life and that that was no sin because that came from the nature of woman instituted by God, he said, and that Our Blessed Lady herself said to the archangel Gabriel be it done unto me according to Thy Word. He was so kind and holy and often and often she thought and thought could she work a ruched teacosy[8] with embroidered floral design for him as a present or a clock but they had a clock she noticed on the mantelpiece white and gold with a canary bird that came out of a little house to tell the time the day she went there about the flowers for the forty hours' adoration[9] because it was hard to know what sort of a present to give or perhaps an album of illuminated views of Dublin or some place.

The exasperating little brats of twins began to quarrel again and Jacky threw the ball out towards the sea and they both ran after it. Little monkeys common as ditchwater. Someone ought to take them and give them a good hiding for themselves to keep them in their places, the both of them. And Cissy and Edy shouted after them to come back because they were afraid the tide might come in on them and be drowned.

—Jacky! Tommy!

Not they! What a great notion they had! So Cissy said it was the very last time she'd ever bring them out. She jumped up and called them and she ran down the slope past him, tossing her hair behind her which had a good enough colour if there

5. From the Litany of Our Lady: "Pray for us."
6. Sorrows.
7. A lay group within a religious order.
8. A padded, lace-edged cover for a teapot, to help keep the tea warm.
9. A period of prayer and devotion instituted by Pope Clement VIII, in memory of the 40 hours Jesus spent in the tomb before the Resurrection.

had been more of it but with all the thingamerry she was always rubbing into it she couldn't get it to grow long because it wasn't natural so she could just go and throw her hat at it. She ran with long gandery strides it was a wonder she didn't rip up her skirt at the side that was too tight on her because there was a lot of the tomboy about Cissy Caffrey and she was a forward[1] piece whenever she thought she had a good opportunity to show off and just because she was a good runner she ran like that so that he could see all the end of her petticoat running and her skinny shanks up as far as possible. It would have served her just right if she had tripped up over something accidentally on purpose with her high crooked French heels on her to make her look tall and got a fine tumble. *Tableau!*[2] That would have been a very charming exposé for a gentleman like that to witness.

Queen of angels, queen of patriarchs, queen of prophets, of all saints, they prayed, queen of the most holy rosary and then Father Conroy handed the thurible[3] to Canon[4] O' Hanlon and he put in the incense and censed the Blessed Sacrament and Cissy Caffrey caught the two twins and she was itching to give them a ringing good clip on the ear but she didn't because she thought he might be watching but she never made a bigger mistake in all her life because Gerty could see without looking that he never took his eyes off of her and then Canon O'Hanlon handed the thurible back to Father Conroy and knelt down looking up at the Blessed Sacrament and the choir began to sing *Tantum ergo*[5] and she just swung her foot in and out in time as the music rose and fell to the *Tantumer gosa cramen tum*. Three and eleven she paid for those stockings in Sparrow's of George's street on the Tuesday, no the Monday before Easter and there wasn't a brack on them and that was what he was looking at, transparent, and not at her insignificant ones that had neither shape nor form (the cheek of her!) because he had eyes in his head to see the difference for himself.

Cissy came up along the strand with the two twins and their ball with her hat anyhow on her to one side after her run and she did look a streel[6] tugging the two kids along with the flimsy blouse she bought only a fortnight before like a rag on her back and a bit of her petticoat hanging like a caricature. Gerty just took off her hat for a moment to settle her hair and a prettier, a daintier head of nutbrown tresses was never seen on a girl's shoulders, a radiant little vision, in sooth,[7] almost maddening in its sweetness. You would have to travel many a long mile before you found a head of hair the like of that. She could almost see the swift answering flush of admiration in his eyes that set her tingling in every nerve. She put on her hat so that she could see from underneath the brim and swung her buckled shoe faster for her breath caught as she caught the expression in his eyes. He was eying her as a snake eyes its prey. Her woman's instinct told her that she had raised the devil in him and at the thought a burning scarlet swept from throat to brow till the lovely colour of her face became a glorious rose.

Edy Boardman was noticing it too because she was squinting at Gerty, half smiling, with her specs, like an old maid, pretending to nurse the baby. Irritable little gnat she was and always would be and that was why no-one could get on with her, poking her nose into what was no concern of hers. And she said to Gerty:

---

1. Bold, impertinent.
2. In a popular parlor game, participants would strike poses to convey scenes or *tableaux*. In this context, Gerty means something like, "Wouldn't that be a picture!"
3. A censer; an implement for burning and wafting the smoke of incense in a church service.

4. Title of respect for the member of a religious order.
5. Gerty's rhythmical rendition of the hymn which begins, in Latin, *Tantum ergo Sacramentum*, "So great a sacrament."
6. A loose or disreputable woman.
7. In truth.

—A penny for your thoughts.

—What? replied Gerty with a smile reinforced by the whitest of teeth. I was only wondering was it late.

Because she wished to goodness they'd take the snottynosed twins and their baby home to the mischief out of that so that was why she just gave a gentle hint about its being late. And when Cissy came up Edy asked her the time and Miss Cissy, as glib as you like, said it was half past kissing time, time to kiss again. But Edy wanted to know because they were told to be in early.

—Wait, said Cissy, I'll ask my uncle Peter over there what's the time by his conundrum.[8]

So over she went and when he saw her coming she could see him take his hand out of his pocket, getting nervous, and beginning to play with his watchchain, looking at the church. Passionate nature though he was Gerty could see that he had enormous control over himself. One moment he had been there, fascinated by a loveliness that made him gaze and the next moment it was the quiet gravefaced gentleman, selfcontrol expressed in every line of his distinguishedlooking figure.

Cissy said to excuse her would he mind telling her what was the right time and Gerty could see him taking out his watch, listening to it and looking up and clearing his throat and he said he was very sorry his watch was stopped but he thought it must be after eight because the sun was set. His voice had a cultured ring in it and though he spoke in measured accents there was a suspicion of a quiver in the mellow tones. Cissy said thanks and came back with her tongue out and said uncle said his waterworks were out of order.

Then they sang the second verse of the *Tantum ergo* and Canon O'Hanlon got up again and censed the Blessed Sacrament and knelt down and he told Father Conroy that one of the candles was just going to set fire to the flowers and Father Conroy got up and settled it all right and she could see the gentleman winding his watch and listening to the works and she swung her leg more in and out in time. It was getting darker but he could see and he was looking all the time that he was winding the watch or whatever he was doing to it and then he put it back and put his hands back into his pockets. She felt a kind of a sensation rushing all over her and she knew by the feel of her scalp and that irritation against her stays that that thing must be coming on because the last time too was when she clipped her hair on account of the moon. His dark eyes fixed themselves on her again drinking in her every contour, literally worshipping at her shrine. If ever there was undisguised admiration in a man's passionate gaze it was there plain to be seen on that man's face. It is for you, Gertrude MacDowell, and you know it.

Edy began to get ready to go and it was high time for her and Gerty noticed that that little hint she gave had the desired effect because it was a long way along the strand to where there was the place to push up the pushcar and Cissy took off the twins' caps and tidied their hair to make herself attractive of course and Canon O'Hanlon stood up with his cope[9] poking up at his neck and Father Conroy handed him the card to read off and he read out *Panem de coelo praestitisti eis*[1] and Edy and Cissy were talking about the time all the time and asking her but Gerty could pay them back in their own coin and she just answered with scathing politeness when Edy asked her was she heartbroken about her best boy throwing her over. Gerty winced sharply. A brief cold blaze shone from her eyes that spoke volumes of scorn immeasurable. It hurt. O yes, it cut

8. Puzzle (Cissy is using the word nonsensically).   1. You have given them bread from Heaven (Latin).
9. A long ecclesiastical mantle.

deep because Edy had her own quiet way of saying things like that she knew would wound like the confounded little cat she was. Gerty's lips parted swiftly to frame the word but she fought back the sob that rose to her throat, so slim, so flawless, so beautifully moulded it seemed one an artist might have dreamed of. She had loved him better than he knew. Lighthearted deceiver and fickle like all his sex he would never understand what he had meant to her and for an instant there was in the blue eyes a quick stinging of tears. Their eyes were probing her mercilessly but with a brave effort she sparkled back in sympathy as she glanced at her new conquest for them to see.

—O, responded Gerty, quick as lightning, laughing, and the proud head flashed up. I can throw my cap at who I like because it's leap year.

Her words rang out crystalclear, more musical than the cooing of the ringdove but they cut the silence icily. There was that in her young voice that told that she was not a one to be lightly trifled with. As for Mr Reggy with his swank and his bit of money she could just chuck him aside as if he was so much filth and never again would she cast as much as a second thought on him and tear his silly postcard into a dozen pieces. And if ever after he dared to presume she could give him one look of measured scorn that would make him shrivel up on the spot. Miss puny little Edy's countenance fell to no slight extent and Gerty could see by her looking as black as thunder that she was simply in a towering rage though she hid it, the little kinnatt,[2] because that shaft had struck home for her petty jealousy and they both knew that she was something aloof, apart in another sphere, that she was not of them and there was somebody else too that knew it and saw it so they could put that in their pipe and smoke it.

Edy straightened up baby Boardman to get ready to go and Cissy tucked in the ball and the spades and buckets and it was high time too because the sandman was on his way for Master Boardman junior and Cissy told him too that Billy Winks was coming and that baby was to go deedaw and baby looked just too ducky, laughing up out of his gleeful eyes, and Cissy poked him like that out of fun in his wee fat tummy and baby, without as much as by your leave, sent up his compliments on to his brand-new dribbling bib.

—O my! Puddeny pie! protested Ciss. He has his bib destroyed.

The slight *contretemps*[3] claimed her attention but in two twos she set that little matter to rights.

Gerty stifled a smothered exclamation and gave a nervous cough and Edy asked what and she was just going to tell her to catch it while it was flying but she was ever ladylike in her deportment so she simply passed it off with consummate tact by saying that that was the benediction because just then the bell rang out from the steeple over the quiet seashore because Canon O'Hanlon was up on the altar with the veil that Father Conroy put round him round his shoulders giving the benediction with the Blessed Sacrament in his hands.

How moving the scene there in the gathering twilight, the last glimpse of Erin, the touching chime of those evening bells and at the same time a bat flew forth from the ivied belfry through the dusk, hither, thither, with a tiny lost cry. And she could see far away the lights of the lighthouses so picturesque she would have loved to do with a box of paints because it was easier than to make a man and soon the lamplighter would be going his rounds past the presbyterian church grounds and along by shady Tritonville avenue where the couples walked and lighting the lamp near her

2. Brat.   3. Set to; argument; fight.

window where Reggy Wylie used to turn his freewheel like she read in that book *The Lamplighter* by Miss Cummins,[4] author of *Mabel Vaughan* and other tales. For Gerty had her dreams that no-one knew of. She loved to read poetry and when she got a keepsake from Bertha Supple of that lovely confession album with the coralpink cover to write her thoughts in she laid it in the drawer of her toilettable which, though it did not err on the side of luxury, was scrupulously neat and clean. It was there she kept her girlish treasures trove, the tortoiseshell combs, her child of Mary badge, the whiterose scent, the eyebrowleine, her alabaster pouncetbox and the ribbons to change when her things came home from the wash and there were some beautiful thoughts written in it in violet ink that she bought in Hely's of Dame Street for she felt that she too could write poetry if she could only express herself like that poem that appealed to her so deeply that she had copied out of the newspaper she found one evening round the potherbs.[5] *Art thou real, my ideal?* it was called by Louis J. Walsh, Magherafelt,[6] and after there was something about *twilight, wilt thou ever?* and ofttimes the beauty of poetry, so sad in its transient loveliness, had misted her eyes with silent tears that the years were slipping by for her, one by one, and but for that one shortcoming she knew she need fear no competition and that was an accident coming down Dalkey hill and she always tried to conceal it. But it must end, she felt. If she saw that magic lure in his eyes there would be no holding back for her. Love laughs at locksmiths. She would make the great sacrifice. Her every effort would be to share his thoughts. Dearer than the whole world would she be to him and gild his days with happiness. There was the allimportant question and she was dying to know was he a married man or a widower who had lost his wife or some tragedy like the nobleman with the foreign name from the land of song had to have her put into a madhouse, cruel only to be kind. But even if—what then? Would it make a very great difference? From everything in the least indelicate her finebred nature instinctively recoiled. She loathed that sort of person, the fallen women off the accommodation walk beside the Dodder[7] that went with the soldiers and coarse men, with no respect for a girl's honour, degrading the sex and being taken up to the police station. No, no: not that. They would be just good friends like a big brother and sister without all that other in spite of the conventions of Society with a big ess. Perhaps it was an old flame he was in mourning for from the days beyond recall. She thought she understood. She would try to understand him because men were so different. The old love was waiting, waiting with little white hands stretched out, with blue appealing eyes. Heart of mine! She would follow her dream of love, the dictates of her heart that told her he was her all in all, the only man in all the world for her for love was the master guide. Nothing else mattered. Come what might she would be wild, untrammelled, free.

Canon O'Hanlon put the Blessed Sacrament back into the tabernacle[8] and the choir sang *Laudate Dominum omnes gentes*[9] and then he locked the tabernacle door because the benediction was over and Father Conroy handed him his hat to put on and crosscat Edy asked wasn't she coming but Jacky Caffrey called out:

—O, look, Cissy!

And they all looked was it sheet lightning but Tommy saw it too over the trees beside the church, blue and then green and purple.

—It's fireworks, Cissy Caffrey said.

---

4. Maria Cummins's 1854 novel *The Lamplighter* supplies the stylistic template for the first half of this chapter.
5. Herbs or greens cooked in a pot.
6. A small village in northeastern Ireland.

7. One of the four rivers that runs through Dublin.
8. Ceremonial receptacle for the Eucharist.
9. Give praise to the Lord, O ye nations (Latin).

And they all ran down the strand to see over the houses and the church, hel-terskelter, Edy with the pushcar with baby Boardman in it and Cissy holding Tommy and Jacky by the hand so they wouldn't fall running.

—Come on, Gerty, Cissy called. It's the bazaar fireworks.

But Gerty was adamant. She had no intention of being at their beck and call. If they could run like rossies[1] she could sit so she said she could see from where she was. The eyes that were fastened upon her set her pulses tingling. She looked at him a moment, meeting his glance, and a light broke in upon her. Whitehot passion was in that face, passion silent as the grave and it had made her his. At last they were left alone without the others to pry and pass remarks and she knew he could be trusted to the death, steadfast, a sterling man, a man of inflexible honour to his fingertips. His hands and face were working and a tremour went over her. She leaned back far to look up where the fireworks were and she caught her knee in her hands so as not to fall back looking up and there was no-one to see only him and her when she revealed all her graceful beautifully shaped legs like that, supply soft and delicately rounded, and she seemed to hear the panting of his heart, his hoarse breathing, because she knew about the passion of men like that, hotblooded, because Bertha Supple told her once in dead secret and made her swear she'd never about the gentleman lodger that was staying with them out of the Congested Districts Board[2] that had pictures cut out of papers of those skirtdancers and highkickers and she said he used to do something not very nice that you could imagine sometimes in the bed. But this was altogether different from a thing like that because there was all the difference because she could almost feel him draw her face to his and the first quick hot touch of his handsome lips. Besides there was absolution[3] so long as you didn't do the other thing before being married and there ought to be women priests that would understand without your telling out and Cissy Caffrey too sometimes had that dreamy kind of dreamy look in her eyes so that she too, my dear, and Winny Rippingham so mad about actors' photographs and besides it was on account of that other thing coming on the way it did.

And Jacky Caffrey shouted to look, there was another and she leaned back and the garters were blue to match on account of the transparent and they all saw it and shouted to look, look there it was and she leaned back ever so far to see the fireworks and some-thing queer was flying about through the air, a soft thing to and fro, dark. And she saw a long Roman candle going up over the trees up, up, and, in the tense hush, they were all breathless with excitement as it went higher and higher and she had to lean back more and more to look up after it, high, high, almost out of sight, and her face was suffused with a divine, an entrancing blush from straining back and he could see her other things too, nainsook knickers, the fabric that caresses the skin, better than those other petti-width, the green, four and eleven, on account of being white and she let him and she saw that he saw and then it went so high it went out of sight a moment and she was trembling in every limb from being bent so far back that he had a full view high up above her knee where no-one ever not even on the swing or wading and she wasn't ashamed and he wasn't either to look in that immodest way like that because he couldn't resist the sight of the wondrous revealment half offered like those skirtdancers behaving so immodest before gentlemen looking and he kept on looking, looking. She would fain have cried to him chokingly, held out her snowy slender arms to him to come, to feel his lips laid on

1. A loose or disreputable woman (cf. "streel").
2. A board established to address problems of urban over-
crowding and poverty.
3. A remission of sin.

her white brow, the cry of a young girl's love, a little strangled cry, wrung from her, that cry that has rung through the ages. And then a rocket sprang and bang shot blind blank and O! then the Roman candle burst and it was like a sigh of O! and everyone cried O! O! in raptures and it gushed out of it a stream of rain gold hair threads and they shed and ah! they were all greeny dewy stars falling with golden, O so lovely! O so soft, sweet, soft!

Then all melted away dewily in the grey air: all was silent. Ah! She glanced at him as she bent forward quickly, a pathetic little glance of piteous protest, of shy reproach under which he coloured like a girl. He was leaning back against the rock behind. Leopold Bloom (for it is he) stands silent, with bowed head before those young guileless eyes. What a brute he had been! At it again? A fair unsullied soul had called to him and, wretch that he was, how had he answered? An utter cad he had been. He of all men! But there was an infinite store of mercy in those eyes, for him too a word of pardon even though he had erred and sinned and wandered. Should a girl tell? No, a thousand times no. That was their secret, only theirs, alone in the hiding twilight and there was none to know or tell save the little bat that flew so softly through the evening to and fro and little bats don't tell.

Cissy Caffrey whistled, imitating the boys in the football field to show what a great person she was: and then she cried:

—Gerty! Gerty! We're going. Come on. We can see from farther up.

Gerty had an idea, one of love's little ruses. She slipped a hand into her kerchief pocket and took out the wadding and waved in reply of course without letting him and then slipped it back. Wonder if he's too far to. She rose. Was it goodbye? No. She had to go but they would meet again, there, and she would dream of that till then, tomorrow, of her dream of yester eve. She drew herself up to her full height. Their souls met in a last lingering glance and the eyes that reached her heart, full of a strange shining, hung enraptured on her sweet flowerlike face. She half smiled at him wanly, a sweet forgiving smile, a smile that verged on tears, and then they parted.

Slowly without looking back she went down the uneven strand to Cissy, to Edy, to Jacky and Tommy Caffrey, to little baby Boardman. It was darker now and there were stones and bits of wood on the strand and slippy seaweed. She walked with a certain quiet dignity characteristic of her but with care and very slowly because, because Gerty MacDowell was. . . .

Tight boots? No. She's lame! O![4]

Mr Bloom watched her as she limped away. Poor girl! That's why she's left on the shelf and the others did a sprint. Thought something was wrong by the cut of her jib. Jilted beauty. A defect is ten times worse in a woman. But makes them polite. Glad I didn't know it when she was on show. Hot little devil all the same. Wouldn't mind. Curiosity like a nun or a negress or a girl with glasses. That squinty one is delicate. Near her monthlies, I expect, makes them feel ticklish. I have such a bad headache today.[5] Where did I put the letter? Yes, all right. All kinds of crazy longings. Licking pennies. Girl in Tranquilla convent that nun told me liked to smell rock oil. Virgins go mad in the end I suppose. Sister? How many women in Dublin have it today? Martha, she. Something in the air. That's the moon. But then why don't all women menstruate at the same time with same moon, I mean? Depends on

---

4. At this point in the chapter, the narrative point of view shifts from primarily Gerty's to Leopold Bloom's.
5. This sentence is remembered by Bloom from the letter he has received earlier in the day from his secret correspondent, Martha Clifford, with whom he is carrying on a postal "affair."

the time they were born, I suppose. Or all start scratch then get out of step. Some-times Molly and Milly[6] together. Anyhow I got the best of that. Damned glad I didn't do it in the bath this morning over her silly I will punish you letter. Made up for that tramdriver this morning. That gouger M'Coy stopping me to say nothing. And his wife engagement in the country valise, voice like a pickaxe. Thankful for small mer-cies. Cheap too. Yours for the asking. Because they want it themselves. Their natural craving. Shoals of them every evening poured out of offices. Reserve better. Don't want it they throw it at you. Catch em alive, O. Pity they can't see themselves. A dream of wellfilled hose. Where was that? Ah, yes. Mutoscope[7] pictures in Capel street: for men only. Peeping Tom. Willy's hat and what the girls did with it. Do they snapshot those girls or is it all a fake. *Lingerie* does it. Felt for the curves inside her *deshabillé*.[8] Excites them also when they're. I'm all clean come and dirty me. And they like dressing one another for the sacrifice. Milly delighted with Molly's new blouse. At first. Put them all on to take them all off. Molly. Why I bought her the violet garters. Us too: the tie he[9] wore, his lovely socks and turnedup trousers. He wore a pair of gaiters the night that first we met. His lovely shirt was shining beneath his what? of jet. Say a woman loses a charm with every pin she takes out. Pinned together. O Mairy lost the pin of her. Dressed up to the nines for somebody. Fashion part of their charm. Just changes when you're on the track of the secret. Except the east: Mary, Martha: now as then. No reasonable offer refused. She wasn't in a hurry either. Always off to a fellow when they are. They never forget an appointment. Out on spec probably. They believe in chance because like themselves. And the others inclined to give her an odd dig. Girl friends at school, arms round each other's necks or with ten fingers locked, kissing and whispering secrets about nothing in the con-vent garden. Nuns with whitewashed faces, cool coif and their rosaries going up and down, vindictive too for what they can't get. Barbed wire.[1] Be sure now and write to me. And I'll write to you. Now won't you? Molly and Josie Powell. Till Mr Right comes along, then meet once in a blue moon. *Tableau!* O, look who it is for the love of God! How are you at all? What have you been doing with yourself? Kiss and delighted to, kiss, to see you. Picking holes in each other's appearance. You're look-ing splendid. Sister souls showing their teeth at one another. How many have you left? Wouldn't lend each other a pinch of salt.

Ah!

Devils they are when that's coming on them. Dark devilish appearance. Molly often told me feel things a ton weight. Scratch the sole of my foot. O that way! O, that's exquisite! Feel it myself too. Good to rest once in a way. Wonder if it's bad to go with them then. Safe in one way. Turns milk, makes fiddlestrings snap. Something about withering plants I read in a garden. Besides they say if the flower withers she wears she's a flirt. All are. Daresay she felt I. When you feel like that you often meet

6. Molly is Marion ("Molly") Bloom, Leopold's 33-year-old wife, to whom he has been married for 15 years; Milly is Millicent ("Milly") Bloom, their daughter, who turned 15 the day before that on which the action of the novel is set.
7. A device for viewing sequential stop-action pho-tographs, comprising a primitive motion picture. The mutoscope show Bloom recalls was pornographic.
8. Revealing or inadequately concealing, garment. The word *deshabillé*, along with other phrases like "opulent curves," is remembered in Bloom's interior monologue

from the pornographic book *Sweets of Sin* that he has examined and purchased at a second-hand bookseller ear-lier in the day.
9. The masculine pronouns here, and elsewhere in the pages that follow, frequently refer to Hugh "Blazes" Boy-lan, the Dublin singer and impresario who will be leaving on a musical tour to Belfast with Molly Bloom later in the summer; the two have inaugurated a love affair earlier this same afternoon.
1. Bloom here thinks of the (apocryphal) story that barbed wire was invented by a nun.

what you feel. Liked me or what? Dress they look at. Always know a fellow courting: collars and cuffs. Well cocks and lions do the same and stags. Same time might prefer a tie undone or something. Trousers? Suppose I when I was? No. Gently does it. Dislike rough and tumble. Kiss in the dark and never tell. Saw something in me. Wonder what. Sooner have me as I am than some poet chap with bearsgrease plastery hair, lovelock over his dexter optic.[2] To aid gentleman in literary. Ought to attend to my appearance my age. Didn't let her see me in profile. Still, you never know. Pretty girls and ugly men marrying. Beauty and the beast. Besides I can't be so if Molly. Took off her hat to show her hair. Wide brim bought to hide her face, meeting someone might know her, bend down or carry a bunch of flowers to smell. Hair strong in rut. Ten bob I got for Molly's combings when we were on the rocks in Holles street. Why not? Suppose he gave her money. Why not? All a prejudice. She's worth ten, fifteen, more a pound. What? I think so. All that for nothing. Bold hand. Mrs Marion.[3] Did I forget to write address on that letter like the postcard I sent to Flynn. And the day I went to Drimmie's without a necktie. Wrangle with Molly it was put me off. No, I remember. Richie Goulding. He's another. Weighs on his mind. Funny my watch stopped at half past four. Dust. Shark liver oil they use to clean could do it myself. Save. Was that just when he, she?[4]

O, he did. Into her. She did. Done.

Ah!

Mr Bloom with careful hand recomposed his wet shirt. O Lord, that little limping devil. Begins to feel cold and clammy. After effect not pleasant. Still you have to get rid of it someway. They don't care. Complimented perhaps. Go home to nicey bread and milky and say night prayers with the kiddies. Well, aren't they. See her as she is spoil all. Must have the stage setting, the rouge, costume, position, music. The name too. *Amours* of actresses. Nell Gwynn, Mrs Bracegirdle, Maud Branscombe. Curtain up. Moonlight silver effulgence. Maiden discovered with pensive bosom. Little sweetheart come and kiss me. Still I feel. The strength it gives a man. That's the secret of it. Good job I let off there behind coming out of Dignam's. Cider that was. Otherwise I couldn't have. Makes you want to sing after. *Lacaus esant taratara.*[5] Suppose I spoke to her. What about? Bad plan however of you don't know how to end the conversation. Ask them a question they ask you another. Good idea if you're in a cart. Wonderful of course if you say: good evening, and you see she's on for it: good evening. O but the dark evening in the Appian way I nearly spoke to Mrs Clinch O thinking she was. Whew! Girl in Meath street that night. All the dirty things I made her say all wrong of course. My arks she called it. It's so hard to find one who. Aho! If you don't answer when they solicit must be horrible for them till they harden. And kissed my hand when I gave her the extra two shillings. Parrots. Press the button and the bird will squeak. Wish she hadn't called me sir. O, her mouth in the dark! And you a married man with a single girl! That's what they enjoy. Taking a man from

<hr />

2. A monocle worn in the right eye (in Bloom's imagination, associated with the stereotypical image of a poet).

3. The phrases are associated in Bloom's mind with the letter he brought upstairs to Molly that morning, addressed in a "bold hand" by Blazes Boylan to "Mrs. Marion [rather than, as decorum would dictate, Mrs. Leopold] Bloom." The letter probably confirmed the details of their afternoon rendezvous, as Bloom knows all too well.

4. Bloom here wonders if his watch stopped just at the moment that Molly and Boylan were committing their adultery against him (4:30 P.M.). Evidence from elsewhere in the book does suggest that the two events were nearly coincident.

5. Bloom's rhythmical rendition of *La causa è santa*, "The cause is sacred," from the Italian version of Giacomo Meyerbeer's opera, *Les Hugenots* (1836).

another woman. Or even hear of it. Different with me. Glad to get away from other chap's wife. Eating off his cold plate. Chap in the Burton today spitting back gum-chewed gristle. French letter still in my pocketbook. Cause of half the trouble. But might happen sometime, I don't think. Come in. All is prepared. I dreamt. What? Worst is beginning. How they change the venue when it's not what they like. Ask you do you like mushrooms because she once knew a gentleman who. Or ask you what someone was going to say when he changed his mind and stopped. Yet if I went the whole hog, say: I want to, something like that. Because I did. She too. Offend her. Then make it up. Pretend to want something awfully, then cry off for her sake. Flatters them. She must have been thinking of someone else all the time. What harm? Must since she came to the use of reason, he, he and he. First kiss does the trick. The propitious moment. Something inside them goes pop. Mushy like, tell by their eye, on the sly. First thoughts are best. Remember that till their dying day. Molly, lieutenant Mulvey that kissed her under the Moorish wall beside the gardens. Fifteen she told me. But her breasts were developed. Fell asleep then. After Glencree dinner that was when we drove home the featherbed mountain. Gnashing her teeth in sleep. Lord mayor had his eye on her too. Val Dillon. Apoplectic.

There she is with them down there for the fireworks. My fireworks. Up like a rocket, down like a stick. And the children, twins they must be, waiting for something to happen. Want to be grownups. Dressing in mother's clothes. Time enough, understand all the ways of the world. And the dark one with the mop head and the nigger mouth. I knew she could whistle. Mouth made for that. Like Molly. Why that high class whore in Jammet's wore her veil only to her nose. Would you mind, please, telling me the right time? I'll tell you the right time up a dark lane. Say prunes and prisms forty times every morning, cure for fat lips. Caressing the little boy too. Onlookers see most of the game. Of course they understand birds, animals, babies. In their line.

Didn't look back when she was going down the strand. Wouldn't give that satisfaction. Those girls, those girls, those lovely seaside girls.[6] Fine eyes she had, clear. It's the white of the eye brings that out not so much the pupil. Did she know what I? Course. Like a cat sitting beyond a dog's jump. Women never meet one like that Wilkins in the high school drawing a picture of Venus with all his belongings on show. Call that innocence? Poor idiot! His wife has her work cut out for her. Never see them sit on a bench marked *Wet Paint*. Eyes all over them. Look under the bed for what's not there. Longing to get the fright of their lives. Sharp as needles they are. When I said to Molly the man at the corner of Cuffe street was goodlooking, thought she might like, twigged at once he had a false arm. Had too. Where do they get that? Typist going up Roger Greene's stairs two at a time to show her understandings. Handed down from father to mother to daughter, I mean. Bred in the bone. Milly for example drying her handkerchief on the mirror to save the ironing. Best place for an ad to catch a woman's eye on a mirror.[7] And when I sent her for Molly's Paisley shawl to Presscott's, by the way that ad I must, carrying home the change in her stocking. Clever little minx! I never told her. Neat way she carries parcels too. Attract men, small thing like that. Holding up her hand, shaking it, to let the blood flow back when it was red. Who did you learn that from?

6. From the song of which Milly Bloom's letter to her father makes mention, and which Blazes Boylan is known for singing, "Seaside Girls." The later phrase "Your head it simply swirls" is also from this song.

7. Bloom's profession is advertising canvasser, selling advertising space in newspapers to various retail concerns.

Nobody. Something the nurse taught me. O, don't they know? Three years old she was in front of Molly's dressingtable just before we left Lombard street west. Me have a nice pace. Mullingar. Who knows? Ways of the world. Young student. Straight on her pins anyway not like the other. Still she was game. Lord, I am wet. Devil you are. Swell of her calf. Transparent stockings, stretched to breaking point. Not like that frump today. A. E. Rumpled stockings. Or the one in Grafton street. White. Wow! Beef to the heel.

A monkey puzzle rocket burst, spluttering in darting crackles. Zrads and zrads, zrads, zrads. And Cissy and Tommy ran out to see and Edy after with the pushcar and then Gerty beyond the curve of the rocks. Will she? Watch! Watch! See! Looked round. She smelt an onion. Darling, I saw your. I saw all.

Lord!

Did me good all the same. Off colour after Kiernan's, Dignam's.[8] For this relief much thanks. In *Hamlet,* that is.[9] Lord! It was all things combined. Excitement. When she leaned back felt an ache at the butt of my tongue. Your head it simply swirls. He's right. Might have made a worse fool of myself however. Instead of talking about nothing. Then I will tell you all. Still it was a kind of language between us. It couldn't be? No, Gerty they called her. Might be false name however like my and the address Dolphin's barn a blind.[1]

> Her maiden name was Jemima Brown
> And she lived with her mother in Irishtown.

Place made me think of that I suppose. All tarred with the same brush. Wiping pens in their stockings. But the ball rolled down to her as if it understood. Every bullet has its billet. Course I never could throw anything straight at school. Crooked as a ram's horn. Sad however because it lasts only a few years till they settle down to potwalloping and papa's pants will soon fit Willy and fullers' earth[2] for the baby when they hold him out to do ah ah. No soft job. Saves them. Keeps them out of harm's way. Nature. Washing child, washing corpse. Dignam. Children's hands always round them. Cocoanut skulls, monkeys, not even closed at first, sour milk in their swaddles and tainted curds. Oughtn't to have given that child an empty teat to suck. Fill it up with wind. Mrs Beaufoy, Purefoy. Must call to the hospital.[3] Wonder is nurse Callan there still. She used to look over some nights when Molly was in the Coffee Palace. That young doctor O'Hare I noticed her brushing his coat. And Mrs Breen and Mrs Dignam once like that too, marriageable. Worst of all at night Mrs Duggan told me in the City Arms. Husband rolling in drunk, stink of pub off him like a polecat. Have that in your nose in the dark, whiff of stale boose. Then ask in the morning: was I drunk last night? Bad policy however to fault the husband. Chickens come home to roost. They stick by one another like glue. Maybe the women's fault also. That's where Molly can knock spots off them. It is the blood of the south. Moorish. Also the form, the figure. Hands felt for the opulent. Just compare for instance those others. Wife locked up at home, skeleton in the cupboard. Allow me to introduce my. Then they trot you out some kind of a nondescript, wouldn't know what to

---

8. Kiernan's is the pub Barney Kiernan's, where Bloom got into a heated argument with a jingoistic Irish nationalist, The Citizen, in the previous chapter; Dignam's is the funeral of Paddy Dignam, recounted in Chapter 6.
9. *Hamlet,* 1.1.8.
1. Bloom here considers for the moment the possibility that this mysterious girl on the beach might be the same

mysterious woman, "Martha Clifford," with whom he is carrying on his intrigue by post.
2. Material used for cleaning the grease from clothing.
3. The next chapter of *Ulysses,* known as "Oxen of the Sun," takes place at the Holles Street National Maternity Hospital, where family friend Mina Purefoy is undergoing a long and difficult labor.

call her. Always see a fellow's weak point in his wife. Still there's destiny in it, falling in love. Have their own secrets between them. Chaps that would go to the dogs if some woman didn't take them in hand. Then little chits of girls, height of a shilling in coppers, with little hubbies. As God made them He matched them. Sometimes children turn out well enough. Twice nought makes one. Or old rich chap of seventy and blushing bride. Marry in May and repent in December. This wet is very unpleasant. Stuck. Well the foreskin is not back. Better detach.

Ow!

Other hand a sixfooter with a wifey up to his watchpocket. Long and the short of it. Big he and little she. Very strange about my watch. Wristwatches are always going wrong. Wonder is there any magnetic influence between the person because that was about the time he. Yes, I suppose at once. Cat's away the mice will play. I remember looking in Pill lane. Also that now is magnetism. Back of everything magnetism. Earth for instance pulling this and being pulled. That causes movement. And time? Well that's the time the movement takes. Then if one thing stopped the whole ghesabo would stop bit by bit. Because it's all arranged. Magnetic needle tells you what's going on in the sun, the stars. Little piece of steel iron. When you hold out the fork. Come. Come. Tip. Woman and man that is. Fork and steel. Molly, he. Dress up and look and suggest and let you see and see more and defy you if you're a man to see that and, like a sneeze coming, legs, look, look and if you have any guts in you. Tip. Have to let fly.

Wonder how is she feeling in that region. Shame all put on before third person. More put out about a hole in her stocking. Molly, her underjaw stuck out, head back, about the farmer in the ridingboots and spurs at the horse show. And when the painters were in Lombard street west. Fine voice that fellow had. How Giuglini[4] began. Smell that I did, like flowers. It was too. Violets. Came from the turpentine probably in the paint. Make their own use of everything. Same time doing it scraped her slipper on the floor so they wouldn't hear. But lots of them can't kick the beam, I think. Keep that thing up for hours. Kind of a general all round over me and half down my back.

Wait. Hm. Hm. Yes. That's her perfume. Why she waved her hand. I leave you this to think of me when I'm far away on the pillow. What is it? Heliotrope? No, Hyacinth? Hm. Roses, I think. She'd like scent of that kind. Sweet and cheap: soon sour. Why Molly likes opoponax. Suits her with a little jessamine mixed. Her high notes and her low notes. At the dance night she met him, dance of the hours. Heat brought it out. She was wearing her black and it had the perfume of the time before. Good conductor, is it? Or bad? Light too. Suppose there's some connection. For instance if you go into a cellar where it's dark. Mysterious thing too. Why did I smell it only now? Took its time in coming like herself, slow but sure. Suppose it's ever so many millions of tiny grains blown across. Yes, it is. Because those spice islands, Cinghalese this morning, smell them leagues off. Tell you what it is. It's like a fine fine veil or web they have all over the skin, fine like what do you call it gossamer and they're always spinning it out of them, fine as anything, rainbow colours without knowing it. Clings to everything she takes off. Vamp of her stockings. Warm shoe. Stays. Drawers: little kick, taking them off. Byby till next time. Also the cat likes to sniff in her shift on the bed. Know her smell in a thousand. Bathwater too. Reminds me of strawberries and cream. Wonder where it is really. There or the armpits or under the neck. Because you get it out of all holes and corners. Hyacinth perfume

4. Italian tenor Antonio Giuglini (1827–1865) enjoyed great success in Dublin.

made of oil or ether or something. Muskrat. Bag under their tails one grain pour off odour for years. Dogs at each other behind. Good evening. Evening, How do you sniff? Hm. Hm. Very well, thank you. Animals go by that. Yes now, look at it that way. We're the same. Some women for instance warn you off when they have their period. Come near. Then get a hogo[5] you could hang your hat on. Like what? Potted herrings gone stale or. Boof! Please keep off the grass.

Perhaps they get a man smell off us. What though? Cigary gloves Long John had on his desk the other. Breath? What you eat and drink gives that. No. Mansmell, I mean. Must be connected with that because priests that are supposed to be are different. Women buzz round it like flies round treacle. Railed off the altar get on to it at any cost. The tree of forbidden priest. O father, will you? Let me be the first to. That diffuses itself all through the body, permeates. Source of life and it's extremely curious the smell. Celery sauce. Let me.

Mr Bloom inserted his nose. Hm. Into the. Hm. Opening of his waistcoat. Almonds or. No. Lemons it is. Ah no, that's the soap.[6]

O by the by that lotion. I knew there was something on my mind. Never went back and the soap not paid. Dislike carrying bottles like that hag this morning. Hynes might have paid me that three shillings. I could mention Meagher's just to remind him. Still if he works that paragraph. Two and nine. Bad opinion of me he'll have. Call tomorrow. How much do I owe you? Three and nine? Two and nine, sir. Ah. Might stop him giving credit another time. Lose your customers that way. Pubs do. Fellows run up a bill on the slate and then slinking around the back streets into somewhere else.

Here's this nobleman passed before. Blown in from the bay. Just went as far as turn back. Always at home at dinnertime. Looks mangled out: had a good tuck in. Enjoying nature now. Grace after meals. After supper walk a mile. Sure he has a small bank balance somewhere, government sit.[7] Walk after him now make him awkward like those newsboys me today. Still you learn something. See ourselves as others see us. So long as women don't mock what matter? That's the way to find out. Ask yourself who is he now. *The Mystery Man on the Beach*, prize titbit story by Mr Leopold Bloom. Payment at the rate of one guinea per column. And that fellow today at the graveside in the brown macintosh. Corns on his kismet however. Healthy perhaps absorb all the. Whistle brings rain they say. Must be some somewhere. Salt in the Ormond damp. The body feels the atmosphere. Old Betty's joints are on the rack. Mother Shipton's prophecy that is about ships around they fly in the twinkling. No. Signs of rain it is. The royal reader. And distant hills seem coming nigh.

Howth. Bailey light. Two, four, six, eight, nine. See. Has to change or they might think it a house. Wreckers. Grace darling. People afraid of the dark. Also glowworms, cyclists: lightingup time. Jewels diamonds flash better. Light is a kind of reassuring. Not going to hurt you. Better now of course than long ago. Country roads. Run you through the small guts for nothing. Still two types there are you bob against. Scowl or smile. Pardon! Not at all. Best time to spray plants too in the shade after the sun. Some light still. Red rays are longest. Roygbiv Vance taught us: red, orange, yellow, green, blue, indigo, violet. A star I see. Venus? Can't tell yet. Two, when three it's night. Were those nightclouds there all the time? Looks like a phantom ship. No. Wait. Trees are they? An optical illusion. Mirage. Land of the setting sun this. Homerule sun setting in the southeast. My native land, goodnight.

---

5. Flavor or, in this case, odor.
6. In Chapter 5 ("Lotus Eaters"), Bloom has purchased a bar of lemon soap, which he carries in his pants pocket, and put in an order for hand lotion.
7. Situation, or position.

Dew falling. Bad for you, dear, to sit on that stone. Brings on white fluxions. Never have little baby then less he was big strong fight his way up through. Might get piles myself. Sticks too like a summer cold, sore on the mouth. Cut with grass or paper worst. Friction of the position. Like to be that rock she sat on. O sweet little, you don't know how nice you looked. I begin to like them at that age. Green apples. Grab at all that offer. Suppose it's the only time we cross legs, seated. Also the library today: those girl graduates. Happy chairs under them. But it's the evening influence. They feel all that. Open like flowers, know their hours, sunflowers, Jerusalem artichokes, in ballrooms, chandeliers, avenues under the lamps. Nightstock in Mat Dillon's garden where I kissed her shoulder. Wish I had a full length oilpainting of her then. June that was too I wooed. The year returns. History repeats itself. Ye crags and peaks I'm with you once again. Life, love, voyage round your own little world. And now? Sad about her lame of course but must be on your guard not to feel too much pity. They take advantage.

All quiet on Howth now. The distant hills seem. Where we. The rhododendrons.[8] I am a fool perhaps. He gets the plums and I the plumstones. Where I come in. All that old hill has seen. Names change: that's all. Lovers: yum yum.

Tired I feel now. Will I get up? O wait. Drained all the manhood out of me, little wretch. She kissed me. My youth. Never again. Only once it comes. Or hers. Take the train there tomorrow. No. Returning not the same. Like kids your second visit to a house. The new I want. Nothing new under the sun. Care of P. O. Dolphin's barn. Are you not happy in your? Naughty darling. At Dolphin's barn charades in Luke Doyle's house. Mat Dillon and his bevy of daughters: Tiny, Atty, Floey, Maimy, Louy, Hetty. Molly too. Eightyseven that was. Year before we. And the old major partial to his drop of spirits. Curious she an only child, I an only child. So it returns. Think you're escaping and run into yourself. Longest way round is the shortest way home. And just when he and she. Circus horse walking in a ring. Rip van Winkle we played. Rip: tear in Henny Doyle's overcoat. Van: breadvan delivering. Winkle: cockles and periwinkles. Then I did Rip van Winkle coming back. She leaned on the sideboard watching. Moorish eyes. Twenty years asleep in Sleepy Hollow. All changed. Forgotten. The young are old. His gun rusty from the dew.

Ba. What is that flying about? Swallow? Bat probably. Thinks I'm a tree, so blind. Have birds no smell? Metempsychosis.[9] They believed you could be changed into a tree from grief. Weeping willow. Ba. There he goes. Funny little beggar. Wonder where he lives. Belfry up there. Very likely. Hanging by his heels in the odour of sanctity. Bell scared him out, I suppose. Mass seems to be over. Could hear them all at it. Pray for us. And pray for us. And pray for us. Good idea the repetition. Same thing with ads. Buy from us. And buy from us. Yes, there's the light in the priest's house. Their frugal meal. Remember about the mistake in the valuation when I was in Thom's. Twentyeight it is. Two houses they have. Gabriel Conroy's[1] brother is curate. Ba. Again. Wonder why they come out at night like mice. They're a mixed breed. Birds are like hopping mice. What frightens them, light or noise? Better sit still. All instinct like the bird in drouth got water out of the end of a jar by throwing in pebbles. Like a little man in a cloak he is with tiny hands. Weeny bones. Almost

8. In the closing chapter of *Ulysses*, "Penelope," Molly Bloom recounts in poetic language the early days of her courtship with and marriage to Leopold, including a romantic episode on the rhododendron-covered hillsides of Howth Head.

9. The belief that, after death, the soul is reborn in another body. Molly has earlier asked Leopold to define this term for her in Chapter 4, "Calypso."

1. Gabriel Conroy is the proud protagonist of the great short story that closes *Dubliners*, "The Dead."

see them shimmering, kind of a bluey white. Colours depend on the light you see. Stare the sun for example like the eagle then look at a shoe see a blotch blob yellowish. Wants to stamp his trademark on everything. Instance, that cat this morning on the staircase. Colour of brown turf. Say you never see them with three colours. Not true. That half tabbywhite tortoiseshell in the *City Arms* with the letter em on her forehead. Body fifty different colours. Howth a while ago amethyst. Glass flashing. That's how that wise man what's his name with the burning glass. Then the heather goes on fire. It can't be tourists' matches. What? Perhaps the sticks dry rub together in the wind and light. Or broken bottles in the furze act as a burning glass in the sun. Archimedes. I have it! My memory's not so bad.

Ba. Who knows what they're always flying for. Insects? That bee last week got into the room playing with his shadow on the ceiling. Might be the one bit me, come back to see. Birds too never find out what they say. Like our small talk. And says she and says he. Nerve they have to fly over the ocean and back. Lots must be killed in storms, telegraph wires. Dreadful life sailors have too. Big brutes of oceangoing steamers floundering along in the dark, lowing out like seacows. *Faugh a ballagh.*[2] Out of that, bloody curse to you. Others in vessels, bit of a handkerchief sail, pitched about like snuff at a wake when the stormy winds do blow. Married too. Sometimes away for years at the ends of the earth somewhere. No ends really because it's round. Wife in every port they say. She has a good job if she minds it till Johnny comes marching home again. If ever he does. Smelling the tail end of ports. How can they like the sea? Yet they do. The anchor's weighed. Off he sails with a scapular or a medal on him for luck. Well? And the tephilim[3] no what's this they call it poor papa's father had on his door to touch. That brought us out of the land of Egypt and into the house of bondage. Something in all those superstitions because when you go out never know what dangers. Hanging on to a plank or astride of a beam for grim life, lifebelt round round him, gulping salt water, and that's the last of his nibs till the sharks catch hold of him. Do fish ever get seasick?

Then you have a beautiful calm without a cloud, smooth sea, placid, crew and cargo in smithereens, Davy Jones' locker. Moon looking down. Not my fault, old cockalorum.

A lost long candle wandered up the sky from Mirus bazaar in search of funds for Mercer's hospital and broke, drooping, and shed a cluster of violet but one white stars. They floated, fell: they faded. The shepherd's hour: the hour of folding: hour of tryst. From house to house, giving his everwelcome double knock, went the nine o'clock postman, the glowworm's lamp at his belt gleaming here and there through the laurel hedges. And among the five young trees a hoisted lintstock[4] lit the lamp at Leahy's terrace. By screens of lighted windows, by equal gardens a shrill voice went crying, wailing: *Evening Telegraph, stop press edition! Result of the Gold Cup races!* and from the door of Dignam's house a boy ran out and called. Twittering the bat flew here, flew there. Far out over the sands the coming surf crept, grey. Howth settled for slumber tired of long days, of yumyum rhododendrons (he was old) and felt gladly the night breeze lift, ruffle his fell of ferns. He lay but opened a red eye unsleeping, deep and slowly breathing, slumberous but awake. And far on Kish bank the anchored lightship twinkled, winked at Mr Bloom.

Life those chaps out there must have, stuck in the same spot. Irish Lights board. Penance for their sins. Coastguards too. Rocket and breeches buoy and lifeboat. Day we went out for the pleasure cruise in the Erin's King, throwing them the sack of old

---

2. Irish, "Clear the way" (a battle cry).
3. The *tephilim* is a leather pouch containing passages from the first five books of the Hebrew bible; Bloom is instead thinking of a *mezuzah*, a piece of parchment
inscribed with passages from the books of Deuteronomy, affixed to the doorpost of Jewish households.
4. A stake notched at one end to hold a lighted match.

papers. Bears in the zoo. Filthy trip. Drunkards out to shake up their livers. Puking overboard to feed the herrings. Nausea. And the women, fear of God in their faces. Milly, no sign of funk. Her blue scarf loose, laughing. Don't know what death is at that age. And then their stomachs clean. But being lost they fear. When we hid behind the tree at Crumlin. I didn't want to. Mamma! Mamma! Babes in the wood. Frightening them with masks too. Throwing them up in the air to catch them. I'll murder you. Is it only half fun? Or children playing battle. Whole earnest. How can people aim guns at each other. Sometimes they go off. Poor kids. Only troubles wildfire and nettlerash. Calomel purge I got her for that. After getting better asleep with Molly. Very same teeth she has. What do they love? Another themselves? But the morning she chased her with the umbrella. Perhaps so as not to hurt. I felt her pulse. Ticking. Little hand it was: now big. Dearest Papli.[5] All that the hand says when you touch. Loved to count my waistcoat buttons. Her first stays I remember. Made me laugh to see. Little paps to begin with. Left one is more sensitive, I think. Mine too. Nearer the heart. Padding themselves out if fat is in fashion. Her growing pains at night, calling, wakening me. Frightened she was when her nature came on her first. Poor child! Strange moment for the mother too. Brings back her girlhood. Gibraltar. Looking from Buena Vista. O'Hara's tower. The seabirds screaming. Old Barbary ape that gobbled all his family. Sundown, gunfire for the men to cross the lines. Looking out over the sea she told me. Evening like this, but clear, no clouds. I always thought I'd marry a lord or a gentleman with a private yacht. *Buenas noches, señorita. El hombre ama la muchaha hermosa.*[6] Why me? Because you were so foreign from the others.

Better not stick here all night like a limpet. This weather makes you dull. Must be getting on for nine by the light. Go home. Too late for *Leah, Lily of Killarney*. No. Might be still up. Call to the hospital to see. Hope she's over. Long day I've had. Martha, the bath, funeral, house of keys, museum with those goddesses, Dedalus' song. Then that bawler in Barney Kiernan's. Got my own back there. Drunken ranters. What I said about his God made him wince.[7] Mistake to hit back. Or? No. Ought to go home and laugh at themselves. Always want to be swilling in company. Afraid to be alone like a child of two. Suppose he hit me. Look at it other way round. Not so bad then. Perhaps not to hurt he meant. Three cheers for Israel. Three cheers for the sister-in-law he hawked about, three fangs in her mouth. Same style of beauty. Particularly nice old party for a cup of tea. The sister of the wife of the wild man of Borneo has just come to town. Imagine that in the early morning at close range. Everyone to his taste as Morris said when he kissed the cow. But Dignam's put the boots on it. Houses of mourning so depressing because you never know. Anyhow she wants the money. Must call to those Scottish widows as I promised. Strange name. Takes it for granted we're going to pop off first. That widow on Monday was is outside Cramer's that looked at me. Buried the poor husband but progressing favourably on the premium. Her widow's mite. Well? What do you expect her to do? Must wheedle her way along. Widower I hate to see. Looks so forlorn. Poor man O'Connor wife and five children poisoned by mussels here. The sewage. Hopeless. Some good matronly woman in a porkpie hat to mother him.

5. Papli is Milly's affectionate name for her father, with which she opens the letter he has received that morning.
6. Good evening, Miss. The man loves the beautiful young girl (Spanish).
7. Bloom here gives a very brief summary of his day to this point: "Martha," Martha Clifford, his amorous correspondent from whom he has received a letter; "the bath," in which Bloom indulges himself in the "Lotus Eaters" chapter; the "funeral" of Paddy Dignam is recounted in

Chapter 6, "Hades"; "house of keys" refers to the motif of an ad he is attempting to sell to Alexander Keyes, Wine & Tea Merchant, in Chapter 7, "Aeolus"; in Chapter 8, "Lestrygonians," Bloom wanders over to the museum to ascertain whether or not Greek statues indeed have anal sphincters; and in Chapter 11, "Sirens," Bloom has heard Simon Dedalus sing "Come, Thou Lost One," from the opera *Martha*. For "that bawler in Barney Kiernan's," see note 8, page 2331.

Take him in tow, platter face and a large apron. Ladies' grey flanelette bloomers, three shillings a pair, astonishing bargain. Plain and loved, loved for ever, they say. Ugly: no woman thinks she is. Love, lie and be handsome for tomorrow we die. See him sometimes walking about trying to find out who played the trick. U. p: up.[8] Fate that is. He, not me. Also a shop often noticed. Curse seems to dog it. Dreamt last night? Wait. Something confused. She had red slippers on. Turkish. Wore the breeches. Suppose she does. Would I like her in pyjamas? Damned hard to answer. Nannetti's gone. Mailboat. Near Holyhead by now. Must nail that ad of Keyes's. Work Hynes and Crawford. Petticoats for Molly. She has something to put in them. What's that? Might be money.

Mr Bloom stooped and turned over a piece of paper on the strand. He brought it near his eyes and peered. Letter? No. Can't read. Better go. Better. I'm tired to move. Page of an old copybook. All those holes and pebbles. Who could count them? Never know what you find. Bottle with story of a treasure in it thrown from a wreck. Parcels post. Children always want to throw things in the sea. Trust? Bread cast on the waters. What's this? Bit of stick.

O! Exhausted that female has me. Not so young now. Will she come here tomorrow? Wait for her somewhere for ever. Must come back. Murderers do. Will I?

Mr Bloom with his stick gently vexed the thick sand at his foot. Write a message for her. Might remain. What?

I.

Some flatfoot tramp on it in the morning. Useless. Washed away. Tide comes here a pool near her foot. Bend, see my face there, dark mirror, breathe on it, stirs. All these rocks with lines and scars and letters. O, those transparent! Besides they don't know. What is the meaning of that other world. I called you naughty boy because I do not like.[9]

AM. A.

No room. Let it go.

Mr Bloom effaced the letters with his slow boot. Hopeless thing sand. Nothing grows in it. All fades. No fear of big vessels coming up here. Except Guinness's barges. Round the Kish in eighty days. Done half by design.

He flung his wooden pen away. The stick fell in silted sand, stuck. Now if you were trying to do that for a week on end you couldn't. Chance. We'll never meet again. But it was lovely. Goodbye, dear. Thanks. Made me feel so young.

Short snooze now if I had. Must be near nine. Liverpool boat long gone. Not even the smoke. And she can do the other. Did too. And Belfast. I won't go.[1] Race there, race back to Ennis.[2] Let him. Just close my eyes a moment. Won't sleep though. Half dream. It never comes the same. Bat again. No harm in him. Just a few.

O sweety all your little girlwhite up I saw dirty bracegirdle made me do love sticky we two naughty Grace darling she him half past the bed met him pike hoses frillies for Raoul to perfume your wife black hair heave under embon *señorita* young eyes Mulvey plump years dreams return tail end Agendath swoony lovey showed me her next year in drawers return next in her next her next.[3]

---

8. "U.p: up" is the text of a mysterious postcard received by Dennis Breen; he has gone to investigate filing suit against its (anonymous) sender. The message seems to be mocking Breen sexually, suggesting that he is so constantly aroused that he can only urinate upward.
9. The preceding two sentences are from Martha Clifford's letter.

1. Bloom is thinking here of Molly's upcoming singing tour, on which she will be accompanied by Blazes Boylan.
2. Bloom himself is planning a memorial trip to Ennis, where his father committed suicide on 27 June 1886.
3. This paragraph represents the unstructured thought fragments of Bloom as he drifts off to sleep.

A bat flew. Here. There. Here. Far in the grey a bell chimed. Mr Bloom with open mouth, his left boot sanded sideways, leaned, breathed. Just for a few

> Cuckoo
> Cuckoo
> Cuckoo.

The clock on the mantelpiece in the priest's house cooed where Canon O'Hanlon and Father Conroy and the reverend John Hughes S. J. were taking tea and sodabread and butter and fried mutton chops with catsup and talking about

> Cuckoo
> Cuckoo
> Cuckoo.

Because it was a little canarybird bird that came out of its little house to tell the time that Gerty MacDowell noticed the time she was there because she was as quick as anything about a thing like that, was Gerty MacDowell, and she noticed at once that that foreign gentleman that was sitting on the rocks looking was

> Cuckoo
> Cuckoo
> Cuckoo.

FINNEGANS WAKE Among twentieth-century texts—indeed, among all texts—*Finnegans Wake* is *sui generis*, the only one of its kind. Having completed the complex and multifaceted critique of language, narrative, consciousness, sexuality, and politics of *Ulysses*—an in-depth exploration of one day in the life of a Dublin Everyman—Joyce set out in *Finnegans Wake* to write a book of the night: "One great part of every human existence is passed in a state which cannot be rendered sensible by the use of wideawake language, cutanddry grammar and go-ahead plot," Joyce wrote to his patron Harriet Shaw Weaver. Thus while *Ulysses* seeks to exploit the resources of the English language and English prose styles, *Finnegans Wake* instead attempts to create a new language, by synthesizing elements of many languages (at least sixty-five modern and ancient languages) and utilizing allusions to and structures from many mythological and religious systems.

The basic plot of *Finnegans Wake* is quite simple. The protagonist H.C.E.—while his initials remain constant, his name shifts among various possibilities like Humphrey Chimpden Earwicker, Howth Castle and Environs, Here Comes Everybody, and Hush! Caution! Echoland!—lies unconscious or asleep as the book opens. Like Tim Finnegan in the vaudeville song "Finnegan's Wake," who rises from the dead when splashed with whiskey by mourners at his wake, H.C.E. keeps coming to life in new forms. The thoughts and events recounted by the book may take place within his unconscious/dreaming mind. Those thoughts and events cluster around the relationships in the Earwicker family—H.C.E.'s wife A.L.P. (most often Anna Livia Plurabelle, from the Latin name for the River Liffey which runs through Dublin), their twin sons Shem ("the Penman") and Shaun ("the Post"), and their daughter Isobel ("Issy"). H.C.E.'s fall is symbolic of the biblical Fall; the book is filled with rumor and gossip regarding some kind of sexual indiscretion perpetrated by H.C.E. in Dublin's Phoenix Park. And the symbol of the phoenix, which rises from its own ashes, is poetically appropriate to the figure of H.C.E./Tim Finnegan/Finn Macool (legendary Irish hero), who will fall but must always rise again. Joyce underscores this cyclical view of human life and human history in *Finnegans Wake* by employing a mythological framework derived from the *New Science*

(1725) of Italian philosopher Giambattista Vico; the occurence in the text of hundred-letter "thunderclaps" signals the shift from one historical period to the next.

Asked the book's meaning, Joyce once replied, "It's meant to make you laugh." All the same, an entire scholarly industry has grown up—as Joyce hoped—to elucidate the book's thousands of outrageous puns and recondite allusions. Yet the book is best encountered, particularly on a first reading, as a rich prose poetry, and Joyce meant seriously the advice he gave to first-time readers: "It is all so simple. If anyone doesn't understand a passage, all he need do is read it aloud." The prose achieved its formidable complexity by a process of accretion. Starting with a comparatively straightforward first draft of a chapter, Joyce reworked it as many as nine times, each time adding—and rarely subtracting—jokes, asides, levels and layers of meaning. The ultimate result is marked both by universality and confusion—a "chaosmos," in the book's own term.

In order to show the process, and to give aid in reading the final version, the passage given here is accompanied by Joyce's marked-up early draft, as edited by David Hayman in A First-Draft Version of Finnegans Wake; this runs at the bottom of each page, below the corresponding final text. Simple additions to the first draft are shown in italics; deleted words are crossed out, followed by their replacements in boldface. Further levels of addition and substitution are shown in brackets and in bold italics. A careful reading of all this will go far to clarify the final version, and will also show how steadily Joyce built up both the humor and the poetry of his material.

This passage tells the story of Shem, one of H.C.E.'s sons. He's a writer and, like all writers, something of a plagiarist; Shem, it should be noted, is the Irish form of James, Joyce's Christian name. For a finale, Shem distills an ink from his own excrement, and writes his life's story over the surface of his own body.

from Finnegans Wake
[SHEM THE PENMAN]

One cannot even begin to post figure out a statuesquo ante as to how slow in reality the excommunicated Drumcondriac, nate Hamis, really was. Who can say how many pseudostylic shamiana, how few or how many of the most venerated public impostures, how very many piously forged palimpsests slipped in the first place by this morbid process from his pelagiarist pen?

Be that as it may, but for that light phantastic of his gnose's glow as it slid lucifericiously within an inch of its page (he would touch at its from time to other, the red eye of his fear in saddishness, to ensign the colours by the beerlitz in his mathness and his educandees to outhue to themselves in the cries of girlglee: gember!

---

from A First-Draft Version of Finnegans Wake
[SHEM THE PENMAN]

One cannot even begin to imagine how really low such a creature really was. Who knows how many unsigned first copies of original masterpieces, how many pseudostylous shamiana, how few of the most venerated public impostures, how very many palimpsests slipped from that plagiarist pen?

Be that as it may, But for his nose's glow as it slid so close to the parchment he would never have penned a word to paper. By that rosy lamp's effluvious burning he scribbled & scratched nameless shamelessness about everybody ever he met, even sheltering for 5 minutes from a *spring* shower under the dogs' mbrella of a public wall, *while*

inkware! chonchambre! cinsero! zinnzabar! tincture and gin!) Nibs never would have quilled a seriph to sheepskin. By that rosy lampoon's effluvious burning and with help of the simulchronic flush in his pann (a ghinee a ghirk he ghets there!) he scrabbled and scratched and scriobbled and skrevened nameless shamelessness about everybody ever he met, even sharing a precipitation under the idlish tarriers' umbrella of a showerproof wall, while all over up and down the four margins of this rancid Shem stuff the evilsmeller (who was devoted to Uldfadar Sardanapalus) used to stipple endlessly inartistic portraits of himself in the act of reciting old Nichiabelli's monolook interyerear Hanno, o Nonanno, acce'l brubblemm'as, ser Autore, q.e.d., a heartbreakingly handsome young paolo with love lyrics for the goyls in his eyols, a plaintiff's tanner vuice, a jucal inkome of one hundred and thirtytwo dranchmas per yard from Broken Hill stranded estate, Camebreech mannings, cutting a great dash in a brandnew two guinea dress suit and a burled hogsford hired for a Fursday evenin merry pawty, anna loavely long pair of inky Italian moostarshes glistering with boric vaseline and frangipani. Puh! How unwhisperably so!

The house O'Shea or O'Shame, Quivapieno, known as the Haunted Inkbottle, no number Brimstone Walk, Asia in Ireland, as it was infested with the raps, with his penname SHUT sepiascraped on the doorplate and a blind of black sailcloth over its wan phwinshogue, in which the soulcontracted son of the secret cell groped through life at the expense of the taxpayers, dejected into day and night with jesuit bark and bitter bite, calicohydrants of zolfor and scoppialamina by full and forty Queasisanos, every day in everyone's way more exceeding in violent abuse of self and others, was the worst, it is hoped, even in our western playboyish world for pure mousefarm filth. You brag of your brass castle or your tyled house in ballyfermont? Niggs, niggs and niggs again. For this was a stinksome inkenstink, quite puzzonal to the wrottel. Smatterafact, Angles aftanon browsing there thought not Edam reeked more rare. My wud! The warped flooring of the lair and soundconducting walls thereof, to say nothing of the uprights and imposts, were persianly literatured with burst loveletters, telltale stories, stickyback snaps, doubtful eggshells, bouchers, flints, borers, puffers,

---

all over & up & *down* the *two* margins of his foul text ~~he~~ the evilsmeller used to draw ~~endless~~ endlessly *inartistic* portraits of himself as a strikingly handsome yound man with love lyrics in his eyes *a tiptop tenor voice,* ~~an~~ *a [ducal] income of £20,000 a year [derived] from landed property, Oxford manners, morals and , a brandnew 3 guinea evening suit for a party,* & a lovely pair of inky ~~Italian~~ Italian's moustaches. How unwhisperably low!

The house of ~~Shem~~ Shame, *infested with the raps* & known as the haunted inkbottle, in which he groped through life at the expense of the taxpayers, injected into day & night by 40 quacks ~~grown~~ day by day ~~increasing~~ exceeding in violent abuse of self & others, was the worst, it is *practically* believed *even* in our *playboyish* western world for pure filth. The *warped* ~~floor~~ flooring *of his lair* was persianly ~~carpeted~~ literatured with burst ~~letters~~ loveletters *citizens'* throwaways, [*telltale stories,*] stickamygdaloid almonds, rindless raisins, alphybettyformed verbage, vivlical viasses, ompiter dictas, visus umbique, ahems and ahahs, imeffible tries at speech unasyllabled, you owe mes, eyoldhyms, fluefoul smut, fallen lucifers, vestas which had served, showered ornaments, borrowed brogues, reversibles jackets, blackeye lenses, family jars, falsehair shirts, Godforsaken scapulars, neverworn breeches, cutthroat ties, counterfeit franks, best intentions, curried notes, upset latten tintacks, unused mill and stumpling stones, twisted quills, painful digests, magnifying wineglasses, solid objects cast at goblins, once current puns, quashed quotatoes, messes of mottage, unquestionable issue papers, seedy ejaculations, limerick damns, crocodile tears, spilt ink, blasphematory spits, stale shestnuts, schoolgirl's, young ladies, milkmaids', washerwomen's, shopkeepers' wives, merry widows', ex nuns', vice abbess's, pro virgins', super whores', silent sisters', Charleys' aunts', grand-mothers', mothers'-in-laws, fostermothers', godmothers' garters, tress clippings from right, lift and cintrum, worms of snot, toothsome pickings, cans of Swiss condensed bilk, highbrow lotions, kisses from the antipodes, presents from pickpockets, borrowed plumes, relaxable handgrips, princess promises, lees of whine, deoxodised carbons, convertible collars, diviliouker doffers, broken wafers, unloosed shoe latchets, crooked strait waistcoats, fresh horrors from Hades, globules of mercury, undeleted glete, glass eyes for an eye, gloss teeth for a tooth, war moans, special sighs, longsufferings of longstanding, ahs ohs ouis sis jas jos gias neys thaws sos, yeses and yeses and yeses, to which, if one has the stomach to add the breakages, upheavals distortions, inversions of all this chambermade music one stands, given a grain of goodwill, a fair chance of actually seeing the whirling dervish, Tumult, son of Thunder, self exiled in upon his ego, a nightlong a shaking betwixtween white or reddr hawrors, noondayterrorised to skin and bone by an ineluctable phantom (may the Shaper have mercery on him!) writing the mystery of himsel in furniture.

---

yback snapshots, ~~cockroaches~~ **bullcockroaches,** ~~dated post-dated~~ **doubtful** *eggshells,* you owe mes, ~~fluefallen~~ fluefoul smut, fallen lucifers, vestas ~~which had served~~, *borrowed brogues, cutthroat ties, reversible jackets, blackeyed glasses, neverworn breeches,* Godforsaken scapulars, falsehair shirts, twisted ~~goose~~ quills, ~~ejaculated~~ **seedy ejaculations,** crocodiles' tears, spilt ink, blasphematory spits, stale chestnuts, ~~girls~~ **schoolgirls** *young* ladies' *peasant* maidens' ~~city~~ *married* wives' *merry* widows' *3* nuns' ~~womens'~~ **workwomens'** *fat* abbess's *prudent* virgins' *wedable impudent* whores' *silent* sisters' *Charleys* aunts' grandmothers' mothers-in-laws' fostermothers' godmothers' garters, ~~snotworms~~ **worms of snot,** *counterfeit francs* ~~good~~ **best** intentions, *new quotatoes, limerick damns,* ~~stale~~ *once* current puns, *[unquestionable issue papers, messes of mottage,]* princess promises, lees of wine, broken wafers, *showered ornaments,* unloosed shoe latchets, deoxidised carbons, crushed straight waistcoats, globules of mercury, undeleted glete, toothsome pickings, ~~dam~~ fireproof fireworks, ohs ouis sees gras jas neys thaws ahs yeses and yeses and yeses, tress clippings. *To which [if one has the stomach] add [the] breakages, upheavals, inversions, distortions, of [all] this chambermade music & one [stands a fair chance of] actually* ~~sees~~ *seeing the whirling dervish, exiled in upon his ego, [noonday terrorized by an ineluctable shadow,] writing the history of himself in furniture.* Of course ~~the~~ **our** low ~~creature~~ **hero** was & *had to be* a selfvaleter so he got up ~~what~~ **whatever** is meant by a kitchenette & fowlhouse for the sake of eggs in what was meant for a closet. Naturally he never needed such an ~~alcove~~ **alcohove** for his

Of course our low hero was a self valeter by choice of need so up he got up whatever is meant by a stourbridge clay kitchenette and lithargogalenu fowlhouse for the sake of akes (the umpple does not fall very far from the dumpertree) which the moromelodious jigsmith, in defiance of the Uncontrollable Birth Preservativation (Game and Poultry) Act, playing lallaryrook cookerynook, by the dodginess of his lentern, brooled and cocked and potched in an athanor, whites and yolks and yilks and whotes to the frulling fredonnance of Mas blanca que la blanca hermana and Amarilla, muy bien, with cinnamon and locusts and wild beeswax and liquorice and Carrageen moss and blaster of Barry's and Asther's mess and Huster's micture and Yellownan's embrocation and Pinkingtone's patty and stardust and sinner's tears, acuredent to Sharadan's Art of Panning, chanting, for all regale to the like of the legs he left behind with Litty fun Letty fan Leven, his cantraps of fermented words, abracadabra calubra culorum, (his oewfs à la Madame Gabrielle de l'Eglise, his avgs à la Mistress B. de B. Meinfelde, his eiers Usquadmala à la pomme de ciel, his uoves, oves and uves à la Sulphate de Soude, his ochiuri sowtay sowmmonay a la Monseigneur, his soufflosion of oogs with somekat on toyast à la Mère Puard, his Poggadovies alla Fenella, his Frideggs à la Tricarême) in what was meant for a closet (Ah ho! If only he had listened better to the four masters that infanted him Father Mathew and Le Père Noble and Pastor Lucas and Padre Aguilar—not forgetting Layteacher Baudwin! Ah ho!) His costive Satan's antimonian manganese limolitmious nature never needed such an alcove so, when Robber and Mumsell, the pulpic dictators, on the nudgment of their legal advisers, Messrs Codex and Podex, and under his own benefiction of their pastor Father Flammeus Falconer, boycotted him of all muttonsuet candles and romeruled stationery for any purpose, he winged away on a wildgoup's chase across the kathartic ocean and made synthetic ink and sensitive paper for his own end out of his wit's waste. You ask, in Sam Hill, how? Let manner and matter of this for these our sporting times be cloaked up in the language of blushfed porporates that an Anglican ordinal, not reading his own rude dunsky tunga, may ever behold the brand of scarlet on the brow of her of Babylon and feel not the pink one in his own damned cheek.

Primum opifex, altus prosator, ad terram viviparam et cunctipotentem sine ullo pudore nec venia, suscepto pluviali atque discinctis perizomatis, natibus nudis uti nati fuissent, sese adpropinquans, flens et gemens, in manum suam evacuavit (highly prosy, crap in his hand, sorry!), postea, animale nigro exoneratus, classicum pulsans, stercus proprium, quod appellavit deiectiones suas, in vas olim honorabile tristitiae

---

purpose and when George W Robber, the ~~paper stat~~ paper king, boycotted him of *all* stationery & *muttonsuet candles* for any purpose he went away & made *synthetic ink for* & *unruled* ~~foolscap~~ *parchment for* ~~it~~ himself ~~with~~ **out of** his wits' ends. *How? Let [the manner & the matter of] it [for these [our] sporting times] be* ~~veiled~~ **cloaked up** *in the language of* ~~blushing~~ **blushfed** *cardinals* ~~lest~~ **that** *[the] Anglican* ~~cardinals~~ **cardinal,** *[not] reading his own* ~~words~~ **rude speech,** *[may always] behold the scarlet [brand] on the brown of* ~~the~~ **her** *of Babylon yet feel not the pink one in his [own damned] cheek*

[Following "his own damned cheek," the first-draft version also describes Shem's next actions in Latin, with interjections in English. A translation of the final version would be:] First the creator, lofty proser, toward the fecund and all-potent earth, with

posuit, eodem sub invocatione fratrorum geminorum Medardi et Godardi laete ac melliflue minxit, psalmum qui incipit: Lingua mea calamus scribae velociter scribentis: magna voce cantitans (did a piss, says he was dejected, asks to be exonerated), demum ex stercore turpi cum divi Orionis iucunditate mixto, cocto, frigorique exposito, encaustum sibi fecit indelibile (faked O'Ryan's, the indelible ink).

Then, pious Eneas, conformant to thc fulminant firman which enjoins on the tremylose terrian that, when the call comes, he shall produce nichthemerically from his unheavenly body a no uncertain quantity of obscene matter not protected by copriright in the United Stars of Ourania or bedeed and bedood and bedang and bedung to him, with this double dye, brought to blood heat, gallic acid on iron ore, through the bowels of his misery, flashly, faithly, nastily, appropriately, this Esuan Menschavik and the first till last alshemist wrote over every square inch of the only foolscap available, his own body, till by its corrosive sublimation one continuous present tense integument slowly unfolded all marryvoising moodmoulded cyclewheeling history (thereby, he said, reflecting from his own individual person life unlivable, transaccidentated through the slow fires of consciousness into a dividual chaos, perilous, potent, common to allflesh, human only, mortal) but with each word that would not pass away the squidself which he had squirtscreened from the crystalline world waned chagreenold and doriangrayer in its dudhud. This exists that isits after having been said we know. And dabal take dabnal! And the dal dabal dab aldanabal! So perhaps, agglaggagglomeratively asaspenking, after all and arklast fore arklyst on his last public misappearance, circling the square, for the deathfête of Saint Ignaceous Poisonivy, of the Fickle Crowd (hopon the sexth day of Hogsober, killim our king, layum low!) and brandishing his bellbearing stylo, the shining keyman of the wilds of change, if what is sauce for the zassy is souse for the zazimas, the blond cop who thought it was ink was out of his depth but bright in the main.

---

neither shame nor modesty, a little weepily loosened his belt; with his buttocks naked as the day he was born, reaching up to himself, moaning and groaning, he evacuated in his hand (highly prosy, crap in his hand, sorry!); then, having unloaded this living blackness, blowing on a trumpet, he took his own dung, which he called his "dejections," and put this gloominess in a formerly honorable container, into which, invoking the twin brothers Medard and Godard, he joyfully and mellifluously urinated, loudly singing the psalm that begins: My tongue is the reed of a swiftly-writing scribe (did a piss, says he was dejected, asks to be exonerated), then finally, having mixed in the foul dung, with the joy of the divine Orion he cooked it and set it out to cool, making his own indelible encaustic (faked O'Ryan's, the indelible ink).

With the *double* eye he wrote minutely, appropriately over every part of the only foolscap available, his own body, till *one* integument slowly unfolded universal history *the [~~varied~~ progressive] reflection from his [individual] person of ~~lived~~ life **unlivable** transaccidentated in the slow fire of consciousness into a dividual chaos, perilous, potent, common to all flesh, mortal only,* & that self which he hid from the world grew darker* & darker in *its* outlook. So perhaps ~~when he last~~ at **his** last *public* disappearance the blond cop, who thought it was ink, was out.

T. S. Eliot
1888–1965

T. S. Eliot was one of the dominant forces in English-language poetry of the twentieth century. When the entire body of Eliot's writing and influence is taken into account—not only his relatively modest poetic and dramatic production, but his literary criticism, his religious and cultural criticism, his editorial work at the British publishing house Faber and Faber, his influence on younger poets coming up in his wake, and quite simply his *presence* as a literary and cultural icon—no one looms larger. As one of those younger poets, Karl Shapiro, has written: "Eliot is untouchable; he is Modern Literature incarnate and an institution unto himself." Eliot's obituary in *Life* magazine declared that "Our age beyond any doubt has been, and will continue to be, the Age of Eliot."

Thomas Stearns Eliot was born in Saint Louis, Missouri. The roots of Eliot's family tree go deep into American, and specifically New England, soil. His ancestor Andrew Eliot was one of the original settlers of the Massachusetts Bay Colony, emigrating from East Coker, in Somerset, England, in the mid-seventeenth century; he later became one of the jurors who tried the Salem "witches." The Eliots became a distinguished New England family; the Eliot family tree includes a president of Harvard University and three U.S. Presidents (John Adams, John Quincy Adams, and Rutherford B. Hayes). In 1834 the Reverend William Greenleaf Eliot, the poet's grandfather, graduated from Harvard and moved to Saint Louis, where he established the city's first Unitarian church; he went on to found Washington University, and became its chancellor in 1872. It was into this family environment—redolent of New England, New England religion (Unitarianism), and New England educational tradition (Harvard)—that Eliot was born in 1888. And yet in a 1960 essay, Eliot wrote "My urban imagery was that of Saint Louis, upon which that of Paris and London had been superimposed." The sights and sounds of Saint Louis impressed themselves deeply on Eliot's young imagination, especially the looming figure of the Mississippi River (which he was to call "a strong brown god" in *The Dry Salvages*).

From age ten Eliot attended Smith Academy in Saint Louis—also founded by his grandfather—and spent his last year of secondary school at the Milton Academy in Milton, Massachusetts, in preparation for his entrance into Harvard in 1906. Eliot went on to take his A.B. (1909) and M.A. (1910) degrees from Harvard and largely completed a Ph.D. in philosophy from Harvard, first spending a relatively unstructured year in Paris, attending lectures at the Sorbonne and hearing Henri Bergson lecture at the Collège de France. He wrote a doctoral dissertation on the neo-idealist philosopher F. H. Bradley in 1916, which was accepted by the philosophy department at Harvard, but he never returned to Cambridge to defend the dissertation and take the degree. Eliot's year in Paris was crucial in many ways; in addition to breathing in the vital Parisian intellectual and artistic scene, he soaked up the writing of late-nineteenth-century French poets like Jules Laforgue, Tristan Corbière, and Charles Baudelaire.

Eliot's poems are deeply indebted both to French and to British poets. The poem with which Eliot broke onto the modern poetry scene was *The Love Song of J. Alfred Prufrock*, composed between 1910 and 1911. In a strikingly new and jarring idiom, the poem builds on the dramatic monologues of Robert Browning, breaking up the unified voice at the center of Browning's experiments with startling juxtapositions and transitions, and adding the violent and disturbing imagery of the French symbolist poets. The resulting poem is a heavily ironic "love song" in which neither lover nor beloved exists with any solidity outside the straitjacket of "a formulated phrase"; Prufrock, like modern European humanity whom he represents, is unable to penetrate the thick husk of habit, custom, and cliché to arrive at something substantial.

Eliot, and the poem, came to the notice of modern literature impresario Ezra Pound; in 1915 Pound saw to it that *Prufrock* was published in Harriet Monroe's influential *Poetry* magazine, as well as in his own *Catholic Anthology*, which brought Eliot to the notice of the (largely hostile) British literary establishment in the person of reviewers like the *Quarterly Review*'s Arthur Waugh. Eliot wrote three other great poems in this early period, *Portrait of a Lady*, *Preludes*, and *Rhapsody on a Windy Night*. Like *Prufrock*, the poems deal unflinchingly with loneliness, alienation, isolation; while isolation is hardly a new theme for poetry, Eliot suggests in a particularly modernist form in these poems that our isolation from others derives from, and tragically mirrors, our isolation from ourselves. This internalized alienation was also one of the themes of Eliot's early and influential review essay *The Metaphysical Poets* (1921); in that piece, he suggested that English poetry had suffered through a long drought, dating from about the time of Milton, caused by what Eliot termed a "dissociation of sensibility." At the time of the metaphysical poets (in the seventeenth century), a poet, or any sensitive thinker, was a unified whole; "A thought to Donne," Eliot writes, "was an experience; it modified his sensibility. . . . the ordinary man's experience is chaotic, irregular, fragmentary." That chaotic consciousness seemed to Eliot especially pronounced in the early decades of the twentieth century; though not sanguine of easy solutions, he did believe that modern poets, writing a poetry that would synthesize the seemingly unrelated sensations and experiences of modern men and women, might show a way out of "the immense panorama of futility and anarchy which is contemporary history," as he wrote in 1923 in a review of Joyce's *Ulysses*.

A collection of Eliot's early poems was published in 1917 as *Prufrock and Other Observations* by the Egoist Press, through the offices of Pound. For the remainder of the decade, however, Eliot's poetic output was small; feeling himself at a creative cul de sac, he wrote a few poems in French in 1917, including *Dans le Restaurant* which later appeared, trimmed and translated, as a part of *The Waste Land*. On Pound's suggestion, Eliot set himself, as a formal exercise, to write several poems modeled on the quatrains of Théophile Gautier. Arguably the most significant and influential of Eliot's early writings, however, were his many critical essays and book reviews; between 1916 and 1921 he wrote nearly a hundred essays and reviews, many of which were published in 1920 as *The Sacred Wood*. Critics still disagree as to whether Eliot's poetry or critical prose has been the more influential; the most important of Eliot's critical precepts, such as the "impersonality" of poetry and the inherent difficulty of modern writing, have entered wholesale into the way that modern literature is studied and taught. Eliot's critical principles, complemented and extended by academics such as I. A. Richards, make up the foundation of what came to be known as the New Criticism, a major mode of reading that emphasizes close attention to verbal textures and to poetic ironies, paradoxes, and tensions between disparate elements—all prominent features of Eliot's own poetry.

Eliot lived in modest circumstances for several years, working as a schoolteacher and then a bank clerk between 1916 and 1922. He then edited an increasingly influential quarterly, *The Criterion* (1922–1939), and became an editor at Faber and Faber, a post he retained until his death. His reputation as a poet was confirmed in 1922 with *The Waste Land*, the epochal work that remains Eliot's best-known and most influential poem; Pound called it "about enough . . . to make the rest of us shut up shop." More than any other text of the century, *The Waste Land* forcibly changed the idiom that contemporary poetry must adopt if it were to remain contemporary. Perhaps the poem's most impressive formal achievement, created in no small part through Ezra Pound's judicious editorial work, is its careful balance between structure and chaos, unity and fragmentation; this poise is created in the poem in equal parts by the mythical structures Eliot used to undergird the contemporary action and the pedantic footnotes he added to the poem, after its periodical publication in the *Dial*, to call the reader's attention to those structures. *The Waste Land*—like *Ulysses*, *Finnegans Wake*, Pound's *Cantos*, and a number of other important texts—looks unified largely because we readers look for it to be unified. Such a style of reading is one of the great triumphs of modernism, and one Eliot was instrumental in teaching to readers and teachers alike.

The Waste Land is justly celebrated for giving voice to the nearly universal pessimism and alienation of the early decades of the twentieth century Europe—though Eliot maintained to the end that he was not a spokesperson for his generation or for anything else, and that the poem was "only the relief of a personal and wholly insignificant grouse against life; it is just a piece of rhythmical grumbling." Owing to the development of recording technology, to "give voice" in this case is not merely a metaphor, for Eliot's recording of *The Waste Land*, in what Virginia Woolf called Eliot's "sepulchral voice," has been tremendously influential on two generations of poets and students. Eliot's critical principle of "impersonality," however, has sometimes served to obscure how very personal, on one level, the poem is. The poem was completed during Eliot's convalescence at a sanatorium in Margate, England ("On Margate Sands. / I can connect / Nothing with nothing," the speaker despairs in section 3, "The Fire Sermon") and in Lausanne, Switzerland; the speaker, like the poet, is reduced to shoring the fragments of a disappearing civilization against his ruin. The poem also bears painful testimony to the increasingly desperate state of Eliot's wife Vivien Haigh-Wood, whom he had married in 1915; she suffered terribly from what was at the time called "nervousness," and had finally to be institutionalized in 1938. Whole stretches of one-sided "dialogue" from the "A Game of Chess" section would seem to have been taken verbatim from the couple's private conversations: "My nerves are very bad to-night. Yes, bad. Stay with me. / Speak to me. Why do you never speak? Speak." On the draft of the poem, Pound wrote "photography" alongside this passage. *The Waste Land* remains one of the century's most incisive and insightful texts regarding the breakdown of social, communal, cultural, and personal relationships.

In 1930 Eliot's next important poem, the introspective and confessional *Ash Wednesday*, was published; in the time since the publication of *The Waste Land*, however, Eliot's personal belief system had undergone a sea change. In June 1927 he was baptized into the Anglican church; five months later, he was naturalized as a British citizen. In his 1928 monograph *For Lancelot Andrewes*, Eliot declared himself to be "classicist in literature, royalist in politics, and Anglo-Catholic in religion." His poem *Journey of the Magi*, published as a pamphlet a month after his baptism, addresses the journey Eliot himself had made through death to a rebirth— precisely the rebirth which, in the opening lines of *The Waste Land*, seems an impossibility.

The 1930s also saw Eliot's entry into the theater, with three poetic dramas: *The Rock* (1934), *Murder in the Cathedral* (1935), and *The Family Reunion* (1939). In his later years, these highbrow dramas were complemented with a handful of more popular social dramas, *The Cocktail Party* (1950), *The Confidential Clerk* (1954), and *The Elder Statesman* (1959). Though celebrated by critics at the time for their innovative use of verse and their willingness to wrestle with both modern problems and universal themes, the plays have slipped in popularity in recent years. Nevertheless, as fate would have it, Eliot is the posthumous librettist of one of the most successful musicals in the history of British and American theater: his playful children's book *Old Possum's Book of Practical Cats* (1939), light verse written for the enjoyment of his godchildren, was transformed by Andrew Lloyd Webber in 1980 into the smash-hit musical *Cats*.

Eliot's final poetic achievement—and, for many, his greatest—is the set of four poems published together in 1943 as *Four Quartets*. Eliot believed them to be the best of his writing; "The *Four Quartets*: I rest on those," he told an interviewer in 1959. Structurally—though the analogy is a loose one—Eliot modeled the *Quartets* on the late string quartets of Beethoven, especially the last, the A Minor Quartet; as early as 1931 he had written the poet Stephen Spender, "I have the A Minor Quartet on the gramophone, and I find it quite inexhaustible to study. There is a sort of heavenly or at least more than human gaiety about some of his later things which one imagines might come to oneself as the fruit of reconcilliation and relief after immense suffering; I should like to get something of that into verse before I die."

Eliot's last years were brightened by increasing public accolades, including the Nobel Prize for literature in 1948; he became a very popular speaker on the public lecture circuit, attracting an audience of 15,000, for instance, at a lecture at the University of Minnesota in 1956, later published as *The Frontiers of Criticism*. These public appearances largely took the place of creative writing after 1960. In January 1947 Vivien Eliot died in an institution; a decade later, he married Esme Valery Fletcher, and enjoyed a fulfilling companionate marriage until his death in January 1965. Like Hardy and Yeats, Eliot expressed his wish to be buried in his ancestors' parish church, in his case at East Coker, the home of his ancestor Andrew Eliot; thus, in his death and burial, the opening of his poem *East Coker* is literalized: "In my beginning is my end."

The Love Song of J. Alfred Prufrock

S'io credessi che mia risposta fosse
a persona che mai tornasse al mondo,
questa fiamma staria senza più scosse.
Ma per ciò che giammai di questo fondo
non tornò vivo alcun, s'i'odo il vero,
senza tema d'infamia ti rispondo.[1]

Let us go then, you and I

gainst the sky
ble;
serted streets,

eap hotels
ter-shells:
rgument

question . . .

go

pon the window-panes,
zzle on the window-panes,
of the evening,
d in drains,
falls from chimneys,
den leap,
ber night,
fell asleep.

And indeed there will be time
For the yellow smoke that slides along the street
25 Rubbing its back upon the window-panes;
There will be time, there will be time
To prepare a face to meet the faces that you meet;
There will be time to murder and create,
And time for all the works and days of hands
30 That lift and drop a question on your plate;
Time for you and time for me,
And time yet for a hundred indecisions,

---

1. From Dante's *Inferno* (27.61–66). Dante asks one of the damned souls for its name, and it replies: "If I thought my answer were for one who could return to the world, I would not reply, but as none ever did return alive from this depth, without fear of infamy I answer thee."

And for a hundred visions and revisions,
Before the taking of a toast and tea.

35   In the room the women come and go
Talking of Michelangelo.

And indeed there will be time
To wonder, "Do I dare?" and, "Do I dare?"
Time to turn back and descend the stair,
40   With a bald spot in the middle of my hair—
(They will say: "How his hair is growing thin!")
My morning coat, my collar mounting firmly to the chin,
My necktie rich and modest, but asserted by a simple pin—
(They will say: "But how his arms and legs are thin!")
45   Do I dare
Disturb the universe?
In a minute there is time
For decisions and revisions which a minute will reverse.

For I have known them all already, known them all—
50   Have known the evenings, mornings, afternoons,
I have measured out my life with coffee spoons;
I know the voices dying with a dying fall
Beneath the music from a farther room.
      So how should I presume?

55   And I have known the eyes already, known them all—
The eyes that fix you in a formulated phrase,
And when I am formulated, sprawling on a pin,
When I am pinned and wriggling on the wall,
Then how should I begin
60   To spit out all the butt-ends of my days and ways?
      And how should I presume?

And I have known the arms already, known them all—
Arms that are braceleted and white and bare
(But in the lamplight, downed with light brown hair!)
65   Is it perfume from a dress
That makes me so digress?
Arms that lie along a table, or wrap about a shawl.
      And should I then presume?
      And how should I begin?
                        . . .

70   Shall I say, I have gone at dusk through narrow streets
And watched the smoke that rises from the pipes
Of lonely men in shirt-sleeves, leaning out of windows? . . .

I should have been a pair of ragged claws
Scuttling across the floors of silent seas.
                        . . .

75   And the afternoon, the evening, sleeps so peacefully!
Smoothed by long fingers,
Asleep . . . tired . . . or it malingers,
Stretched on the floor, here beside you and me.

Should I, after tea and cakes and ices,
80   Have the strength to force the moment to its crisis?
But though I have wept and fasted, wept and prayed,
Though I have seen my head (grown slightly bald) brought
     in upon a platter,[2]
I am no prophet—and here's no great matter;
I have seen the moment of my greatness flicker,
85   And I have seen the eternal Footman hold my coat, and snicker,
And in short, I was afraid.

And would it have been worth it, after all,
After the cups, the marmalade, the tea,
Among the porcelain, among some talk of you and me,
90   Would it have been worth while,
To have bitten off the matter with a smile,
To have squeezed the universe into a ball
To roll it towards some overwhelming question,
To say: "I am Lazarus, come from the dead,
95   Come back to tell you all, I shall tell you all"[3]—
If one, settling a pillow by her head,
    Should say: "That is not what I meant at all.
    That is not it, at all."

And would it have been worth it, after all,
100   Would it have been worth while,
After the sunsets and the dooryards and the sprinkled streets,
After the novels, after the teacups, after the skirts that trail
    along the floor—
And this, and so much more?—
It is impossible to say just what I mean!
105   But as if a magic lantern[4] threw the nerves in patterns on a
    screen:
Would it have been worth while
If one, settling a pillow or throwing off a shawl,
And turning toward the window, should say:
    "That is not it at all,
110   That is not what I meant, at all."

    . . .

No! I am not Prince Hamlet, nor was meant to be;
Am an attendant lord, one that will do
To swell a progress, start a scene or two,
Advise the prince; no doubt, an easy tool,
115   Deferential, glad to be of use,
Politic, cautious, and meticulous;
Full of high sentence, but a bit obtuse;
At times, indeed, almost ridiculous—
Almost, at times, the Fool.

---

2. Cf. Matthew 14. John the Baptist was beheaded by Herod and his head was brought to his wife, Herodias, on a platter.
3. Cf. John 11. Jesus raised Lazarus from the grave after he had been dead four days.
4. A device that employs a candle to project images, rather like a slide projector.

120   I grow old . . . I grow old . . .
         I shall wear the bottoms of my trousers rolled.

         Shall I part my hair behind? Do I dare to eat a peach?
         I shall wear white flannel trousers, and walk upon the beach.
         I have heard the mermaids singing, each to each.

125   I do not think that they will sing to me.

         I have seen them riding seaward on the waves
         Combing the white hair of the waves blown back
         When the wind blows the water white and black.

         We have lingered in the chambers of the sea
130   By sea-girls wreathed with seaweed red and brown
         Till human voices wake us, and we drown.

⚬⚬⚬

COMPANION READINGS

Arthur Waugh:[1] [Cleverness and the New Poetry]

Cleverness is, indeed, the pitfall of the New Poetry. There is no question about the ingenuity with which its varying moods are exploited, its elaborate symbolism evolved, and its sudden, disconcerting effect exploded upon the imagination. Swift, brilliant images break into the field of vision, scatter like rockets, and leave a trail of flying fire behind. But the general impression is momentary; there are moods and emotions, but no steady current of ideas behind them. Further, in their determination to surprise and even to puzzle at all costs these young poets are continually forgetting that the first essence of poetry is beauty; and that, however much you may have observed the world around you, it is impossible to translate your observation into poetry, without the intervention of the spirit of beauty, controlling the vision, and reanimating the idea.

The temptations of cleverness may be insistent, but its risks are equally great: how great indeed will, perhaps, be best indicated by the example of the "Catholic Anthology," which apparently represents the very newest of all the new poetic movements of the day. This strange little volume bears upon its cover a geometrical device, suggesting that the material within holds the same relation to the art of poetry as the work of the Cubist school hold to the art of painting and design. The product of the volume is mainly American in origin, only one or two of the contributors being of indisputably English birth. But it appears here under the auspices of a house associated with some of the best poetry of the younger generation, and is prefaced by a short lyric by Mr W. B. Yeats, in which that honoured representative of a very different school of inspiration makes bitter fun of scholars and critics, who

> Edit and annotate the lines
> That young men, tossing on their beds,
> Rhymed out in love's despair
> To flatter beauty's ignorant ear.

---

1. Influential publisher, editor, and critic (1866–1943); father of novelist Evelyn Waugh. The *Catholic Anthology* (1914), which Waugh attacks in this review from the *Quarterly Review* (London), was edited by Ezra Pound and included Eliot's *The Love Song of J. Alfred Prufrock* and printed W. B. Yeats's *The Scholars* as a preface.

The reader will not have penetrated far beyond this warning notice before he finds himself in the very stronghold of literary rebellion, if not of anarchy. Mr Orrick Johns may be allowed to speak for his colleagues, as well as for himself:

> This is the song of youth,
> This is the cause of myself;
> I knew my father well and he was a fool,
> Therefore will I have my own foot in the path before I take a step;
> I will go only into new lands,
> And I will walk on no plank-walks.
> The horses of my family are wind-broken,
> And the dogs are old,
> And the guns rust;
> I will make me a new bow from an ash-tree,
> And cut up the homestead into arrows.

And Mr Ezra Pound takes up the parable in turn, in the same wooden prose, cut into battens:

> Come, my songs, let us express our baser passions.
> Let us express our envy for the man with a steady job and no worry about the future.
> You are very idle, my songs,
> I fear you will come to a bad end.
> You stand about the streets. You loiter at the corners and bus-stops,
> You do next to nothing at all.
> You do not even express our inner nobility,
> You will come to a very bad end.
> And I? I have gone half cracked.[2]

It is not for his audience to contradict the poet, who for once may be allowed to pronounce his own literary epitaph. But this, it is to be noted, is the "poetry" that was to say nothing that might not be said "actually in life—under emotion,"[3] the sort of emotion that settles down into the banality of a premature decrepitude:

> I grow old. . . . I grow old . . .
> I shall wear the bottoms of my trousers rolled.
> Shall I part my hair behind? Do I dare to eat a peach?
> I shall wear white flannel trousers, and walk upon the beach.
> I have heard the mermaids singing, each to each.
> I do not think that they will sing to me.

Here, surely, is the reduction to absurdity of that school of literary license which, beginning with the declaration "I knew my father well and he was a fool" naturally proceeds to the convenient assumption that everything which seemed wise and true to the father must inevitably be false and foolish to the son. Yet if the fruits of emancipation are to be recognised in the unmetrical, incoherent banalities of these literary "Cubists," the state of Poetry is indeed threatened with anarchy which will end in something worse even than "red ruin and the breaking up of laws." From such a catastrophe the humour, commonsense, and artistic judgment of the best of the new "Georgians" will assuredly save their generation; nevertheless, a hint of warning

---

2. From Pound's *Further Instructions*.

3. Waugh here paraphrases Wordsworth's prescription in the Preface to *Lyrical Ballads*.

may not be altogether out of place. It was a classic custom in the family hall, when the feast was at its height, to display a drunken slave among the sons of the household, to the end that they, being ashamed at the ignominious folly of his gesticulations, might determine never to be tempted into such a pitiable condition themselves. The custom had its advantages; for the wisdom of the younger generation was found to be fostered more surely by a single example than by a world of homily and precept.

Ezra Pound: Drunken Helots and Mr. Eliot[1]

Genius has I know not what peculiar property, its manifestations are various, but however diverse and dissimilar they may be, they have at least one property in common. It makes no difference in what art, in what mode, whether the most conservative, or the most ribald-revolutionary, or the most diffident; if in any land, or upon any floating deck over the ocean, or upon some newly contrapted craft in the aether, genius manifests itself, at once some elderly gentleman has a flux of bile from his liver; at once from the throne or the easy Cowperian[2] sofa, or from the gutter, or from the oeconomical press room there bursts a torrent of elderly words, splenetic, irrelevant, they form themselves instinctively into large phrases denouncing the inordinate product.

This peculiar kind of *rabbia* [madness] might almost be taken as the test of a work of art, mere talent seems incapable of exciting it. "You can't fool me, sir, you're a scoundrel," bawls the testy old gentleman.

Fortunately the days when "that very fiery particle" could be crushed out by the "Quarterly" are over, but it interests me, as an archaeologist, to note that the firm which no longer produces Byron, but rather memoirs, letters of the late Queen, etc., is still running a review, and that this review is still where it was in 1812, or whatever the year was; and that, not having an uneducated Keats to condemn, a certain Mr. Waugh is scolding about Mr. Eliot.[3]

All I can find out, by asking questions concerning Mr. Waugh, is that he is "a very old chap," "a reviewer." From internal evidence we deduce that he is, like the rest of his generation of English *gens-de-lettres* [men of letters], ignorant of Laforgue; of De Régnier's "Odelettes," of his French contemporaries generally, of De Gourmont's "Litanies," of Tristan Corbière, Laurent Tailhade.[4] This is by no means surprising. We are used to it from his "b'ilin'."[5]

However, he outdoes himself, he calls Mr. Eliot a "drunken helot." So called they Anacreon[6] in the days of his predecessors, but from the context in the "Quarterly" article I judge that Mr. Waugh does not intend the phrase as a compliment, he is trying to be abusive, and moreover, he in his limited way has succeeded.

Let us sample the works of the last "Drunken Helot." I shall call my next anthology "Drunken Helots" if I can find a dozen poems written half so well as the following:

1. Pound replied to Waugh's review in the *Egoist*, June 1917. A "helot" is a serf or slave.
2. After 18th-century poet William Cowper.
3. Pound is invoking the savage review of Keats that appeared in the *Quarterly Review* and was believed by his friends to have hastened Keats's death.
4. A series of French writers and texts that Pound admired. Jules Laforgue (1860–1887) was a French poet who helped develop free verse; he was an important influence on Eliot's early poetry. Henri de Régnier

(1864–1936) was a French symbolist poet; Remy de Gourmont (1858–1915) was an influential French poet, novelist, essayist, publisher, and literary critic; Tristan Corbière, pseudonym for Édouard Joachim Corbière (1854–1919), was a French poet who worked with common speech and slang; and Laurent Tailhade (1854–1919) was a satiric French poet.
5. Byline, identifying the author of a newspaper article.
6. Greek writer of love poems and drinking songs.

[Quotes *Conversation Galante*]

Our helot has a marvellous neatness. There is a comparable finesse in Laforgue's "Votre âme est affaire d'oculiste," but hardly in English verse.

Let us reconsider this drunkenness:

[Quotes *La Figlia Che Piange*]

And since when have helots taken to reading Dante and Marlowe? Since when have helots made a new music, a new refinement, a new method of turning old phrases into new by their aptness? However the "Quarterly," the century old, the venerable, the praeclarus,[7] the voice of Gehova[8] and Co., Sinai and 51A Albemarle Street, London, W. 1, has pronounced this author a helot. They are all for an aristocracy made up of, possibly, Tennyson, Southey and Wordsworth, the flunkey, the dull and the duller. Let us sup with the helots. Or perhaps the good Waugh is a wag,[9] perhaps he hears with the haspirate[1] and wishes to pun on Mr. Heliot's name: a bright bit of syzygy.[2]

I confess his type of mind puzzles me, there is no telling what he is up to.

I do not wish to misjudge him, this theory may be the correct one. You never can tell when old gentlemen grow facetious. He does not mention Mr. Eliot's name; he merely takes his lines and abuses them. The artful dodger,[3] he didn't (*sotto voce*[4]) "he didn't want 'people' to know that Mr. Eliot was a poet".

The poem he chooses for malediction is the title poem, "Prufrock." It is too long to quote entire.

[Quotes portion of *Prufrock*]

Let us leave the silly old Waugh. Mr. Eliot has made an advance on Browning. He has also made his dramatis personae contemporary and convincing. He has been an individual in his poems. I have read the contents of this book over and over, and with continued joy in the freshness, the humanity, the deep quiet culture. "I have tried to write of a few things that really have moved me" is so far as I know, the sum of Mr. Eliot's "poetic theory." His practice has been a distinctive cadence, a personal modus of arrangement, remote origins in Elizabethan English and in the modern French masters, neither origin being sufficiently apparent to affect the personal quality. It is writing without pretence. Mr. Eliot at once takes rank with the five or six living poets whose English one can read with enjoyment.

The "Egoist" has published the best prose writer of my generation. It follows its publication of Joyce by the publication of a "new" poet who is at least unsurpassed by any of his contemporaries, either of his own age or his elders.

It is perhaps "unenglish" to praise a poet whom one can read with enjoyment. Carlyle's generation wanted "improving" literature, Smile's "Self-Help"[5] and the rest of it. Mr. Waugh dates back to that generation, the virus is in his blood, he can't help it. The exactitude of the younger generation gets on his nerves, and so on and so on. He will "fall into line in time" like the rest of the bread-and-butter reviewers. Intelligent people will read "J. Alfred Prufrock"; they will wait with some eagerness for Mr.

---

7. Preeminent.
8. Jehovah.
9. Joker.
1. To aspirate is to add the "h" sound to the begining of a word: thus Eliot becomes "Hel[i]ot."
2. Any two related things (either similar or opposite).

3. The Artful Dodger is the name of Fagan's favorite pickpocket in Dickens's *Oliver Twist*.
4. In a low voice.
5. Samuel Smiles's *Self-Help* (1859) preached the Victorian gospel of self-improvement.

Eliot's further inspirations. It is 7.30 p.m. I have had nothing alcoholic to-day, nor yet yesterday. I said the same sort of thing about James Joyce's prose over two years ago. I am now basking in the echoes. Only a half-caste rag for the propagation of garden suburbs, and a local gazette in Rochester, N.Y., U.S.A., are left whining in opposition. * * *

However, let us leave these bickerings, this stench of the printing-press, weekly and quarterly, let us return to the gardens of the Muses,

> Till human voices wake us and we drown,

as Eliot has written in conclusion to the poem which the "Quarterly" calls the *reductio ad absurdum*:[6]

> I have seen them riding seaward on the waves
> Combing the white hair of the waves blown back
> When the wind blows the water white and black.
>
> We have lingered in the chambers of the sea
> By sea-girls wreathed with seaweed red and brown
> Till human voices wake us, and we drown.

The poetic mind leaps the gulf from the exterior world, the trivialities of Mr. Prufrock, diffident, ridiculous, in the drawing-room, Mr. Apollinax's laughter "submarine and profound" transports him from the desiccated new-statesmanly atmosphere of Professor Canning-Cheetah's. Mr. Eliot's melody rushes out like the thought of Fragilion "among the birch-trees."[7] Mr. Waugh is my bitten macaroon at this festival.

Gerontion[1]

Thou hast nor youth nor age
But as it were an after dinner sleep
Dreaming of both.[2]

Here I am, an old man in a dry month,
Being read to by a boy, waiting for rain.
I was neither at the hot gates
Nor fought in the warm rain
5   Nor knee deep in the salt marsh, heaving a cutlass,
Bitten by flies, fought.
My house is a decayed house,
And the Jew squats on the window sill, the owner,
Spawned in some estaminet° of Antwerp,   *café*
10   Blistered in Brussels, patched and peeled in London.
The goat coughs at night in the field overhead;

---

6. Reduction to absurdity (Latin), the rhetorical technique of pushing the consequences of an idea to the point where it looks ridiculous.
7. The names and images in this sentence not taken from *Prufrock* are from another of Eliot's early poems, Mr. *Apollinax*. The poem ends with the lines, "Of dowager Mrs. Phlaccus, and Professor and Mrs. Cheetah / I

remember a slice of lemon, and a bitten macaroon."
1. From the Greek word meaning "old man." While still working on what was to become *The Waste Land*, Eliot had considered printing *Gerontion* as a kind of prelude; Pound disapproved of the idea, and it was dropped.
2. Loosely quoted from Shakespeare's *Measure for Measure* (3.1.32–34).

Rocks, moss, stonecrop, iron, merds.°   *droppings, shit*
The woman keeps the kitchen, makes tea,
Sneezes at evening, poking the peevish gutter.

15   I an old man,
A dull head among windy spaces.

Signs are taken for wonders. "We would see a sign!"[3]
The word within a word, unable to speak a word,
Swaddled with darkness. In the juvescence° of the year   *youth*
20   Came Christ the tiger

In depraved May, dogwood and chestnut, flowering judas,[4]
To be eaten, to be divided, to be drunk
Among whispers; by Mr. Silvero
With caressing hands, at Limoges[5]
25   Who walked all night in the next room;
By Hakagawa, bowing among the Titians;[6]
By Madame de Tornquist, in the dark room
Shifting the candles; Fräulein von Kulp
Who turned in the hall, one hand on the door.
30   Vacant shuttles
Weave the wind. I have no ghosts,
An old man in a draughty house
Under a windy knob.

After such knowledge, what forgiveness? Think now
35   History has many cunning passages, contrived corridors
And issues, deceives with whispering ambitions,
Guides us by vanities. Think now
She gives when our attention is distracted
And what she gives, gives with such supple confusions
40   That the giving famishes the craving. Gives too late
What's not believed in, or is still believed,
In memory only, reconsidered passion. Gives too soon
Into weak hands, what's thought can be dispensed with
Till the refusal propagates a fear. Think
45   Neither fear nor courage saves us. Unnatural vices
Are fathered by our heroism. Virtues
Are forced upon us by our impudent crimes.
These tears are shaken from the wrath-bearing tree.

The tiger springs in the new year. Us he devours. Think at last
50   We have not reached conclusion, when I
Stiffen in a rented house. Think at last
I have not made this show purposelessly
And it is not by any concitation°   *stirring up*
Of the backward devils.

---

3. Eliot here echoes the sermon by Anglican theologican
Lancelot Andrewes (1555–1626) on Matthew: "An evil
and adulterous generation seeketh after a sign; and there
shall no sign be given to it, but the sign of the prophet
Jonas." (Matthew 12.39).
4. A flowering shrub-tree, named after Judas Iscariot;

according to legend, Judas hanged himself on this type of
tree after betraying Jesus.
5. City in France; home of fine china of the same name.
6. Painter of the Italian Renaissance (1477–1576) known
for his female nudes.

55   I would meet you upon this honestly.
        I that was near your heart was removed therefrom
        To lose beauty in terror, terror in inquisition.
        I have lost my passion: why should I need to keep it
        Since what is kept must be adulterated?
60   I have lost my sight, smell, hearing, taste and touch:
        How should I use them for your closer contact?

        These with a thousand small deliberations
        Protract the profit of their chilled delirium,
        Excite the membrane, when the sense has cooled,
65   With pungent sauces, multiply variety
        In a wilderness of mirrors. What will the spider do,
        Suspend its operations, will the weevil
        Delay? De Bailhache, Fresca, Mrs. Cammel, whirled
        Beyond the circuit of the shuddering Bear[7]
70   In fractured atoms. Gull against the wind, in the windy straits
        Of Belle Isle,[8] or running on the Horn.[9]
        White feathers in the snow, the Gulf claims,
        And an old man driven by the Trades[1]
        To a sleepy corner.

75   Tenants of the house,
        Thoughts of a dry brain in a dry season.

THE WASTE LAND Like Conrad's *Heart of Darkness*—from which Eliot had originally planned to take his epigraph, "The horror! the horror!"—*The Waste Land* has become part of the symbolic landscape of twentieth-century Western culture; the text, like Conrad's, has been appropriated by commentators high and low, left and right, as an especially apt description of the psychosocial and interpersonal malaise of modern Europeans. Late in 1921 Eliot, who was suffering under a number of pressures both personal and artistic, took three months' leave from his job at Lloyd's Bank and went for a "rest cure" at a clinic in Lausanne, Switzerland. On his way he passed through Paris and showed the manuscript of the poem—really manuscripts of a number of fragments, whose interrelationship Eliot was trying to work out—to Ezra Pound; Pound and Eliot went through the poem again as Eliot returned to London in January 1922. Pound's editorial work was considerable, as the facsimile edition of the draft reveals; Pound said that he performed the poem's "caesarian operation," and Eliot dedicated *The Waste Land* to Pound—*il miglior fabbro* ("the better craftsman," a phrase from Dante).

    The most obvious feature of *The Waste Land* is its difficulty. Eliot was perhaps the first poet and literary critic to argue that such "difficulty" was not just a necessary evil but in fact a constitutive element of poetry that would come to terms with the modern world. In his review of a volume of metaphysical poetry, Eliot implicitly links the complex poetry of Donne and Marvell with the task of the modern poet: "We can only say that it appears likely that poets in our civilization, as it exists at present, must be *difficult*. Our civilization comprehends great variety and complexity, and this variety and complexity, playing upon a refined sensibility, must produce various and complex results." In the case of *The Waste Land*, the difficulty lies primarily in the poem's dense tissue of quotations from and allusions to other texts; as Eliot's

7. The constellation Ursa Major, also called the Great
Bear or Big Dipper.
8. The passage between Newfoundland and southern
Labrador.
9. Cape Horn, the southernmost point of South America.
1. The trade winds, nearly constant tropical winds.

own footnotes to the poem demonstrate, the poem draws its strength, and achieves a kind of universality, by making implicit and explicit reference to texts as widely different as Ovid's *Metamorphoses* and a World War I Australian marching song.

Beyond the density of the poem's quotations and allusions, Eliot hoped to suggest the possibilty of an order beneath the chaos. In his review of Joyce's *Ulysses* (published in November 1923) Eliot was to describe the "mythical method," deploying allusions to classical mythology to suggest an implicit (and recurring) order beneath contemporary history; and while his use of myth was not so methodical as Joyce's, his use of vegetation myth and romance structures points outside the world of the poem to "another world," where the brokenness of the waste land might be healed. At the time of writing the poem, however, Eliot could not see clearly where that healing might come from.

The Waste Land[1]

"Nam Sibyllam quidem Cumis ego ipse oculis meis vidi in
ampulla pendere, et cum illi pueri dicerent: Σίβυλλα τί
θέλεις; respondebat illa: ἀποθανεῖν θέλω."[2]

FOR EZRA POUND
il miglior fabbro.

I. THE BURIAL OF THE DEAD

April is the cruellest month, breeding
Lilacs out of the dead land, mixing
Memory and desire, stirring
Dull roots with spring rain.
5   Winter kept us warm, covering
Earth in forgetful snow, feeding
A little life with dried tubers.
Summer surprised us, coming over the Starnbergersee[3]
With a shower of rain; we stopped in the colonnade,
10   And went on in sunlight, into the Hofgarten,[4]
And drank coffee, and talked for an hour.
Bin gar keine Russin, stamm' aus Litauen, echt deutsch.[5]
And when we were children, staying at the arch-duke's,
My cousin's, he took me out on a sled,
15   And I was frightened. He said, Marie,
Marie, hold on tight. And down we went.
In the mountains, there you feel free.

1. Not only the title, but the plan and a good deal of the incidental symbolism of the poem were suggested by Miss Jessie L. Weston's book on the Grail legend: *From Ritual to Romance* (Cambridge). Indeed, so deeply am I indebted, Miss Weston's book will elucidate the difficulties of the poem much better than my notes can do; and I recommend it (apart from the great interest of the book itself) to any who think such elucidation of the poem worth the trouble. To another work of anthropology I am indebted in general, one which has influenced our generation profoundly; I mean *The Golden Bough*; I have used especially the two volumes *Adonis, Attis, Osiris*. Anyone who is acquainted with these works will immediately recognize in the poem certain references to vegetation ceremonies [Eliot's note]. Sir James Frazer (1854–1941) brought out the 12 volumes of *The Golden Bough*, a vast work of anthropology and comparative mythology and religion, between 1890 and 1915, with a supplement published in 1936.

2. From the *Satyricon* of Petronius (first century A.D.). "For once I myself saw with my own eyes the Sybil at Cumae hanging in a cage, and when the boys said to her, 'Sybil, what do you want?' she replied, 'I want to die.'" The Sybil was granted anything she wished by Apollo, if only she would be his; she made the mistake of asking for everlasting life, without asking for eternal youth.

3. A lake near Munich.

4. A public park in Munich, with a zoo and cafés.

5. I'm not a Russian at all; I come from Lithuania, a true German. (German)

I read, much of the night, and go south in the winter.

What are the roots that clutch, what branches grow
20 Out of this stony rubbish? Son of man,[6]
You cannot say, or guess, for you know only
A heap of broken images, where the sun beats,
And the dead tree gives no shelter, the cricket no relief,[7]
And the dry stone no sound of water. Only
25 There is shadow under this red rock,
(Come in under the shadow of this red rock),
And I will show you something different from either
Your shadow at morning striding behind you
Or your shadow at evening rising to meet you;
30 I will show you fear in a handful of dust.
                    Frisch weht der Wind
                    Der Heimat zu
                    Mein Irisch Kind,
                    Wo weilest du?[8]
35 "You gave me hyacinths first a year ago;
They called me the hyacinth girl."
—Yet when we came back, late, from the hyacinth garden,
Your arms full, and your hair wet, I could not
Speak, and my eyes failed, I was neither
40 Living nor dead, and I knew nothing,
Looking into the heart of light, the silence.
Oed' und leer das Meer.[9]

Madame Sosostris, famous clairvoyante,
Had a bad cold, nevertheless
45 Is known to be the wisest woman in Europe,
With a wicked pack of cards.[1] Here, said she,
Is your card, the drowned Phoenician Sailor,
(Those are pearls that were his eyes.[2] Look!)
Here is Belladonna, the Lady of the Rocks,
50 The lady of situations.
Here is the man with three staves, and here the Wheel,
And here is the one-eyed merchant, and this card,

6. Cf. Ezekiel 2.7 [Eliot's note]. Ezekiel 2.8 reads: "But thou, son of man, hear what I say unto thee; Be not thou rebellious like that rebellious house: open thy mouth, and eat that I give thee."
7. Cf. Ecclesiastes 12.5 [Eliot's note]. "They shall be afraid of that which is high, and fears shall be in the way, and the almond tree shall flourish, and the grasshopper shall be a burden, and desire shall fail."
8. V. *Tristan and Isolde*, i, verses 5–8 [Eliot's note]. In Wagner's opera, Tristan sings this about Isolde, the woman he is leaving behind as he sails for home: "Fresh blows the wind to the homeland; my Irish child, where are you waiting?"
9. Id. iii, verse 24 [Eliot's note]. Tristan is dying and waiting for Isolde to come to him, but a shepherd, whom Tristan has hired to keep watch for her ship, reports only "Desolate and empty the sea.
1. I am not familiar with the exact constitution of the

Tarot pack of cards, from which I have obviously departed to suit my own convenience. The Hanged Man, a member of the traditional pack, fits my purpose in two ways: because he is associated in my mind with the Hanged God of Frazer, and because I associated him with the hooded figure in the passage of the disciples to Emmaus in Part V. The Phoenician Sailor and the Merchant appear later; also the "crowds of people," and Death by Water is executed in Part IV. The Man with Three Staves (an authentic member of the Tarot pack) I associate, quite arbitrarily, with the Fisher King Himself [Eliot's note].
2. From Ariel's song, in Shakespeare's *The Tempest*: "Full fathom five thy father lies; / Of his bones are coral made; / Those are pearls that were his eyes: / Nothing of him that doth fade, / But doth suffer a sea-change" (1.2.399–403).

Which is blank, is something he carries on his back,
Which I am forbidden to see. I do not find
55 The Hanged Man.[3] Fear death by water.
I see crowds of people, walking round in a ring.
Thank you. If you see dear Mrs. Equitone,
Tell her I bring the horoscope myself:
One must be so careful these days.

60 Unreal City,[4]
Under the brown fog of a winter dawn,
A crowd flowed over London Bridge, so many,
I had not thought death had undone so many.[5]
Sighs, short and infrequent, were exhaled,[6]
65 And each man fixed his eyes before his feet.
Flowed up the hill and down King William Street,
To where Saint Mary Woolnoth kept the hours
With a dead sound on the final stroke of nine.[7]
There I saw one I knew, and stopped him, crying: "Stetson!
70 You who were with me in the ships at Mylae![8]
That corpse you planted last year in your garden,
Has it begun to sprout? Will it bloom this year?
Or has the sudden frost disturbed its bed?
O keep the Dog far hence, that's friend to men,[9]
75 Or with his nails he'll dig it up again!
You! hypocrite lecteur!—mon semblable,—mon frère!"[1]

II. A Game of Chess[2]

The Chair she sat in, like a burnished throne,[3]
Glowed on the marble, where the glass
Held up by standards wrought with fruited vines
80 From which a golden Cupidon peeped out
(Another hid his eyes behind his wing)
Doubled the flames of sevenbranched candelabra
Reflecting light upon the table as
The glitter of her jewels rose to meet it,
85 From satin cases poured in rich profusion.
In vials of ivory and coloured glass
Unstoppered, lurked her strange synthetic perfumes,
Unguent, powdered, or liquid—troubled, confused
And drowned the sense in odours; stirred by the air

---

3. The tarot card that depicts a man hanging by one foot from a cross.
4. Cf. Baudelaire: "Fourmillante cité, cité pleine de rêves, / Où le spectre en plein jour raccroche le passant" [Eliot's note].
5. Cf. *Inferno*, iii.55–7: "si lunga tratta / di gente, ch'io non avrei mai creduto / che morte tanta n'avesse disfatta" [Eliot's note]. "Such an endless train, / Of people, it never would have entered in my head / There were so many men whom death had slain."
6. Cf. *Inferno*, iv. 25–7: "Ouivi, secondo che per ascoltare, / non avea pianto, ma' che di sospiri, / che l'aura eterna facevan tremare" [Eliot's note]. "We heard no loud complaint, no crying there, / No sound of grief except the sound of sighing / Quivering forever through the eternal air."
7. A phenomenon which I have often noticed [Eliot's note].
8. The Battle of Mylae (260 B.C.) in the First Punic War.
9. Cf. the Dirge in Webster's *White Devil* [Eliot's note].
1. V. Baudelaire, Preface to *Fleurs du Mal* [Eliot's note]. "Hypocrite reader—my double—my brother!"
2. Cf. Thomas Middleton's drama *A Game at Chess* (1625), a political satire.
3. Cf. *Antony and Cleopatra*, II. ii. 190 [Eliot's note].

90   That freshened from the window, these ascended
     In fattening the prolonged candle-flames,
     Flung their smoke into the laquearia,[4]
     Stirring the pattern on the coffered ceiling.
     Huge sea-wood fed with copper
95   Burned green and orange, framed by the coloured stone,
     In which sad light a carvèd dolphin swam.
     Above the antique mantel was displayed
     As though a window gave upon the sylvan scene[5]
     The change of Philomel, by the barbarous king[6]
100 So rudely forced; yet there the nightingale[7]
     Filled all the desert with inviolable voice
     And still she cried, and still the world pursues,
     "Jug Jug" to dirty ears.
     And other withered stumps of time
105 Were told upon the walls; staring forms
     Leaned out, leaning, hushing the room enclosed.
     Footsteps shuffled on the stair.
     Under the firelight, under the brush, her hair
     Spread out in fiery points
110 Glowed into words, then would be savagely still.

     "My nerves are bad to-night. Yes, bad. Stay with me.
     Speak to me. Why do you never speak. Speak.
         What are you thinking of? What thinking? What?
     I never know what you are thinking. Think."

115 I think we are in rats' alley[8]
     Where the dead men lost their bones.

     "What is that noise?"
                              The wind under the door.[9]
     "What is that noise now? What is the wind doing?"
120   Nothing again nothing.

                                             "Do
     "You know nothing? Do you see nothing? Do you remember
     Nothing?"
     I remember
125 Those are pearls that were his eyes.
     "Are you alive, or not? Is there nothing in your head?"[1]
                                                        But

---

4. "Laquearia. V. *Aeneid*, I.726: "dependent lychni laque-aribus aureis / incensi, et noctem flammis funalia vin-cunt." [Eliot's note]. "Burning lamps hang from the gold-panelled ceiling / And torches dispel the night with their flames"; a *laquearia* is a panelled ceiling. The passage from Virgil's *Aeneid* describes the banquet given by Dido for her lover Aeneas.
5. "Sylvan scene. V. Milton, *Paradise Lost*, iv. 140 [Eliot's note]. "And over head up grew / Insuperable height of loftiest shade, / Cedar, and Pine, and Fir, and branching Palm, / A Silvan Scene, and as the ranks ascend / Shade above shade, a woody Theatre / Of stateliest view" The

passage describes the Garden of Eden, as seen through Satan's eyes.
6. V. Ovid, *Metamorphoses*, vi, Philomela [Eliot's note]. Philomela was raped by King Tereus, her sister's husband, and was then changed into a nightingale.
7. Cf. Part III, l. 204 [Eliot's note].
8. Cf. Part III, l. 195 [Eliot's note].
9. Cf. Webster: "Is the wind in that door still?" [Eliot's note]. From John Webster's *The Devil's Law Case*, 3.2.162. The doctor asks this question when he discovers that a "murder victim" is still breathing.
1. Cf. Part I, l. 37, 48 [Eliot's note].

O O O O that Shakespeherian Rag—[2]
It's so elegant
130 So intelligent
"What shall I do now? What shall I do?"
"I shall rush out as I am, and walk the street
With my hair down, so. What shall we do tomorrow?
What shall we ever do?"
135   The hot water at ten.
And if it rains, a closed car at four.
And we shall play a game of chess,
Pressing lidless eyes and waiting for a knock upon the door.[3]
When Lil's husband got demobbed,° I said—   demobilized
140 I didn't mince my words, I said to her myself,
HURRY UP PLEASE ITS TIME[4]
Now Albert's coming back, make yourself a bit smart.
He'll want to know what you done with that money he gave you
To get yourself some teeth. He did, I was there.
145 You have them all out, Lil, and get a nice set,
He said, I swear, I can't bear to look at you.
And no more can't I, I said, and think of poor Albert,
He's been in the army four years, he wants a good time,
And if you don't give it him, there's others will, I said.
150 Oh is there, she said. Something o' that, I said.
Then I'll know who to thank, she said, and give me a straight look.
HURRY UP PLEASE ITS TIME
If you don't like it you can get on with it, I said.
Others can pick and choose if you can't.
155 But if Albert makes off, it won't be for lack of telling.
You ought to be ashamed, I said, to look so antique.
(And her only thirty-one.)
I can't help it, she said, pulling a long face,
It's them pills I took, to bring it off, she said.
160 (She's had five already, and nearly died of young George.)
The chemist[5] said it would be all right, but I've never been the same.
You *are* a proper fool, I said.
Well, if Albert won't leave you alone, there it is, I said,
What you get married for if you don't want children?
165 HURRY UP PLEASE ITS TIME
Well, that Sunday Albert was home, they had a hot gammon,°   ham
And they asked me in to dinner, to get the beauty of it hot—
HURRY UP PLEASE ITS TIME
HURRY UP PLEASE ITS TIME
170 Goonight Bill. Goonight Lou. Goonight May. Goonight.
Ta ta. Goonight. Goonight.
Good night, ladies, good night, sweet ladies, good night, good night.[6]

2. Quoting an American ragtime song featured in Zieg-
field's Follies of 1912.
3. Cf. the game of chess in Middleton's *Women beware
Women* [Eliot's note].
4. A British pub-keeper's call for a last round before
closing.

5. Pharmacist.
6. Ophelia speaks these words in Shakespeare's *Hamlet*,
and they are understood by the King as certain evidence
of her insanity: "Good night ladies, good night. Sweet
ladies, good night, good night" (4.5.72–73).

III. THE FIRE SERMON

The river's tent is broken; the last fingers of leaf
Clutch and sink into the wet bank. The wind
175 Crosses the brown land, unheard. The nymphs are departed.
Sweet Thames, run softly, till I end my song.[7]
The river bears no empty bottles, sandwich papers,
Silk handkerchiefs, cardboard boxes, cigarette ends
Or other testimony of summer nights. The nymphs are departed.
180 And their friends, the loitering heirs of City directors;
Departed, have left no addresses.
By the waters of Leman[8] I sat down and wept . . .
Sweet Thames, run softly till I end my song,
Sweet Thames, run softly, for I speak not loud or long.
185 But at my back in a cold blast I hear
The rattle of the bones, and chuckle spread from ear to ear.

A rat crept softly through the vegetation
Dragging its slimy belly on the bank
While I was fishing in the dull canal
190 On a winter evening round behind the gashouse
Musing upon the king my brother's wreck
And on the king my father's death before him.[9]
White bodies naked on the low damp ground
And bones cast in a little low dry garret,
195 Rattled by the rat's foot only, year to year.
But at my back from time to time I hear[1]
The sound of horns and motors, which shall bring[2]
Sweeney to Mrs. Porter in the spring.
O the moon shone bright on Mrs. Porter[3]
200 And on her daughter
They wash their feet in soda water
Et O ces voix d'enfants, chantant dans la coupole![4]

Twit twit twit
Jug jug jug jug jug jug
205 So rudely forc'd.
Tereu

Unreal City
Under the brown fog of a winter noon
Mr. Eugenides, the Smyrna[5] merchant

---

7. V. Spenser, *Prothalamion* [Eliot's note]; Spenser's poem (1596) celebrates the double marriage of Lady Elizabeth and Lady Katherine Somerset.
8. Lake Geneva. The line echoes Psalm 137, in which, exiled in Babylon, the Hebrew poets are too full of grief to sing.
9. Cf. *The Tempest*, I. ii [Eliot's note].
1. Cf. Marvell, *To His Coy Mistress* [Eliot's note]. "But at my back I always hear / Time's wingéd chariot hurrying near."
2. Cf. Day, *Parliament of Bees:* "When of the sudden, listening, you shall hear, / A noise of horns and hunting, which shall bring / Actaeon to Diana in the spring, /

Where all shall see her naked skin . . ." [Eliot's note].
3. I do not know the origin of the ballad from which these are taken: it was reported to me from Sydney, Australia [Eliot's note]. Sung by Australian soldiers in World War I: "O the moon shone bright on Mrs. Porter / And on the daughter / Of Mrs. Porter / They wash their feet in soda water / And so they oughter / To keep them clean."
4. V. Verlaine, *Parsifal* [Eliot's note]. "And O those children's voices singing in the dome." Paul Verlaine's sonnet describes Parsifal, who keeps himself pure in hopes of seeing the holy grail, and has his feet washed before entering the castle.
5. Seaport in western Turkey.

210 Unshaven, with a pocket full of currants
     C.i.f.[6] London: documents at sight,
     Asked me in demotic° French   *vulgar*
     To luncheon at the Cannon Street Hotel[7]
     Followed by a weekend at the Metropole.[8]

215 At the violet hour, when the eyes and back
     Turn upward from the desk, when the human engine waits
     Like a taxi throbbing waiting,
     I Tiresias,[9] though blind, throbbing between two lives,
     Old man with wrinkled female breasts, can see
220 At the violet hour, the evening hour that strives
     Homeward, and brings the sailor home from sea,[1]
     The typist home at teatime, clears her breakfast, lights
     Her stove, and lays out food in tins.
     Out of the window perilously spread
225 Her drying combinations touched by the sun's last rays,
     On the divan are piled (at night her bed)
     Stockings, slippers, camisoles, and stays.
     I Tiresias, old man with wrinkled dugs
     Perceived the scene, and foretold the rest—
230 I too awaited the expected guest.
     He, the young man carbuncular,° arrives,   *pimply*
     A small house agent's clerk, with one bold stare,
     One of the low on whom assurance sits
     As a silk hat on a Bradford[2] millionaire.
235 The time is now propitious, as he guesses,

6. The currants were quoted at a price "carriage and insurance free to London"; and the Bill of Lading, etc., were to be handed to the buyer upon payment of the sight draft [Eliot's note].
7. A Hotel in London near the train station used for travel to and from continental Europe.
8. An upscale seaside resort hotel in Brighton.
9. Tiresias, although a mere spectator and not indeed a "character," is yet the most important personage in the poem, uniting all the rest. Just as the one-eyed merchant, seller of currants, melts into the Phoenician Sailor, and the latter is not wholly distinct from Ferdinand Prince of Naples, so all the women are one woman, and the two sexes meet in Tiresias. What Tiresias *sees*, in fact, is the substance of the poem. The whole passage from Ovid is of great anthropological interest: ". . . Cum Iunone iocos et 'maior vestra profecto est / Quam, quae contingit maribus,' dixisse, 'voluptas.' / Illa negat; placuit quae sit sententia docti / Quaerere Tiresiae: venus huic erat utraque nota. / Nam duo magnorum viridi coeuntia silva / Corpora serpentum baculi violaverat ictu / Deque viro factus, mirabile, femina septem / Egerat autumnos; octavo rursus eosdem / Vidit et 'est vestrae si tanta potentia plagae,' / Dixit 'ut auctoris sortem in contraria mutet, / Nunc quoque vos feriam!' percussis anguibus isdem / Forma prior rediit genetivaque venit imago. / Arbiter hic igitur sumptus de lite iocosa / Dicta Iovis firmat; gravius Saturnia iusto / Nec pro materia fertur doluisse suique / Iudicis aeterna damnavit lumina nocte, / At pater omnipotens (neque enim licet inrita cuiquam / Facta dei fecisse deo) pro lumine adempto / Scire futura dedit poenamque lev-

avit honore" [Eliot's note]. This passage from Ovid's *Metamorphoses* describes Tiresias's sex change: "[The story goes that once Jove, having drunk a great deal,] jested with Juno. He said, 'Your pleasure in love is really greater than that enjoyed by men.' She denied it; so they decided to seek the opinion of the wise Tiresias, for he knew both aspects of love. For once, with a blow of his staff, he had committed violence on two huge snakes as they copulated in the green forest; and—wonderful to tell—was turned from a man into a woman and thus spent seven years. In the eighth year he saw the same snakes again and said: 'If a blow struck at you is so powerful that it changes the sex of the giver, I will now strike at you again.' With these words he struck the snakes, and his former shape was restored to him and he became as he had been born. So he was appointed arbitrator in the playful quarrel, and supported Jove's statement. It is said that Saturnia [i.e., Juno] was quite disproportionately upset, and condemned the arbitrator to perpetual blindness. But the almighty father (for no god may undo what has been done by another god), in return for the sight that was taken away, gave him the power to know the future and so lightened the penalty paid by the honor."
1. This may not appear as exact as Sappho's lines but I had in mind the "longshore" or "dory" fisherman, who returns at nightfall [Eliot's note]. "Hesperus, thou bringst home all things bright morning scattered: thou bringest the sheep, the goat, the child to the mother."
2. An industrial town in Yorkshire; many of its residents became wealthy during World War I.

The meal is ended, she is bored and tired,
Endeavours to engage her in caresses
Which still are unreproved, if undesired.
Flushed and decided, he assaults at once;
240   Exploring hands encounter no defence;
His vanity requires no response,
And makes a welcome of indifference.
(And I Tiresias have foresuffered all
Enacted on this same divan or bed;
245   I who have sat by Thebes below the wall
And walked among the lowest of the dead.)
Bestows one final patronising kiss,
And gropes his way, finding the stairs unlit . . .

She turns and looks a moment in the glass,
250   Hardly aware of her departed lover;
Her brain allows one half-formed thought to pass:
"Well now that's done: and I'm glad it's over."
When lovely woman stoops to folly and[3]
Paces about her room again, alone,
255   She smoothes her hair with automatic hand,
And puts a record on the gramophone.

"This music crept by me upon the waters"[4]
And along the Strand, up Queen Victoria Street.
O City city, I can sometimes hear
260   Beside a public bar in Lower Thames Street,
The pleasant whining of a mandoline
And a clatter and a chatter from within
Where fishmen lounge at noon: where the walls
Of Magnus Martyr[5] hold
265   Inexplicable splendour of Ionian white and gold.

The river sweats[6]
Oil and tar
The barges drift
With the turning tide
270   Red sails
Wide
To leeward, swing on the heavy spar.
The barges wash
Drifting logs
275   Down Greenwich reach

---

3. V. Goldsmith, the song in *The Vicar of Wakefield* [Eliot's note]. Oliver Goldsmith's character Olivia, on returning to the place where she was seduced, sings, "When lovely woman stoops to folly / And finds too late that men betray / What charm can soothe her melancholy, / What art can wash her guilt away? / The only art her guilt to cover, / To hide her shame from every eye, / To give repentance to her lover / And wring his bosom— is to die."
4. V. *The Tempest*, as above [Eliot's note].

5. The interior of St. Magnus Martyr is to my mind one of the finest among Wren's interiors. See *The Proposed Demolition of Nineteen City Churches* (P.S. King & Son, Ltd.) [Eliot's note].
6. The Song of the (three) Thames-daughters begins here. From line 292 to 306 inclusive they speak in turn. V. *Gotterdammerung*, III.I: the Rhine-daughters [Eliot's note]. In Richard Wagner's opera, *Twilight of the Gods*, the Rhine maidens, when their gold is stolen, lament that the beauty of the river is gone.

Past the Isle of Dogs.[7]
    Weialala leia
    Wallala leialala

Elizabeth and Leicester[8]
280   Beating oars
The stern was formed
A gilded shell
Red and gold
The brisk swell
285   Rippled both shores
Southwest wind
Carried down stream
The peal of bells
White towers
290   Weialala leia
       Wallala leialala

"Trams and dusty trees.
Highbury bore me. Richmond and Kew[9]
Undid me. By Richmond I raised my knees
295   Supine on the floor of a narrow canoe."

"My feet are at Moorgate,[1] and my heart
Under my feet. After the event
He wept. He promised 'a new start.'
I made no comment. What should I resent?"

300   "On Margate Sands.[2]
I can connect
Nothing with nothing.
The broken fingernails of dirty hands.
My people humble people who expect
305   Nothing."
       la la
To Carthage then I came[3]

Burning burning burning burning[4]
O Lord Thou pluckest me out[5]

---

7. Greenwich is a borough on the south bank of the River Thames; the Isle of Dogs is a peninsula in East London formed by a sharp bend in the Thames called Greenwich Reach.

8. V. Froude, *Elizabeth*, vol. I, Ch. iv, letter of De Quadra to Philip of Spain: "In the afternoon we were in a barge, watching the games on the river. (The Queen) was alone with Lord Robert and myself on the poop, when they began to talk nonsense, and went so far that Lord Robert at last said, as I was on the spot there was no reason why they should not be married if the queen pleased" [Eliot's note].

9. "Cf. *Purgatorio*, V. 133: "Ricorditi di me, che son la Pia; / Siena mi fe', disfecemi Maremma." [Eliot's note]. "Remember me, that I am called Piety; / Sienna made me and Maremma undid me." Highbury, Richmond, and Kew are suburbs of London near the Thames.

1. A slum in East London.

2. A seaside resort in the Thames estuary.

3. V. St. Augustine's *Confessions*: "to Carthage then I came, where a cauldron of unholy loves sang all about mine ears" [Eliot's note].

4. The complete text of the Buddha's Fire Sermon (which corresponds in importance to the Sermon on the Mount) from which these words are taken, will be found translated in the late Henry Clarke Warren's *Buddhism in Translation* (Harvard Oriental Series). Mr. Warren was one of the great pioneers of Buddhist studies in the Occident [Eliot's note].

5. From St. Augustine's *Confessions* again. The collocation of these two representatives of eastern and western asceticism, as the culmination of this part of the poem, is not an accident [Eliot's note]. Augustine writes: "I entangle my steps with these outward beauties, but thou pluckest me out, O Lord, Thou pluckest me out."

310   O Lord Thou pluckest

burning

IV. DEATH BY WATER

Phlebas the Phoenician, a fortnight dead,
Forgot the cry of gulls, and the deep sea swell
And the profit and loss.
315   A current under sea
Picked his bones in whispers. As he rose and fell
He passed the stages of his age and youth
Entering the whirlpool.
                              Gentile or Jew
320   O you who turn the wheel and look to windward,
Consider Phlebas, who was once handsome and tall as you.

V. WHAT THE THUNDER SAID[6]

After the torchlight red on sweaty faces
After the frosty silence in the gardens
After the agony in stony places
325   The shouting and the crying
Prison and palace and reverberation
Of thunder of spring over distant mountains
He who was living is now dead
We who were living are now dying
330   With a little patience

Here is no water but only rock
Rock and no water and the sandy road
The road winding above among the mountains
Which are mountains of rock without water
335   If there were water we should stop and drink
Amongst the rock one cannot stop or think
Sweat is dry and feet are in the sand
If there were only water amongst the rock
Dead mountain mouth of carious° teeth that cannot spit   rotting
340   Here one can neither stand nor lie nor sit
There is not even silence in the mountains
But dry sterile thunder without rain
There is not even solitude in the mountains
But red sullen faces sneer and snarl
345   From doors of mudcracked houses
                              If there were water

And no rock
If there were rock
And also water
350   And water
A spring

---

6. In the first part of Part V three themes are employed: the journey to Emmaus, the approach to the Chapel Perilous (see Miss Weston's book), and the present decay of eastern Europe [Eliot's note].

A pool among the rock
If there were the sound of water only
Not the cicada
355 And dry grass singing
But sound of water over a rock
Where the hermit-thrush sings in the pine trees
Drip drop drip drop drop drop drop[7]
But there is no water

360 Who is the third who walks always beside you?
When I count, there are only you and I together[8]
But when I look ahead up the white road
There is always another one walking beside you
Gliding wrapt in a brown mantle, hooded
365 I do not know whether a man or a woman
—But who is that on the other side of you?

What is that sound high in the air[9]
Murmur of maternal lamentation
Who are those hooded hordes swarming
370 Over endless plains, stumbling in cracked earth
Ringed by the flat horizon only
What is the city over the mountains
Cracks and reforms and bursts in the violet air
Falling towers
375 Jerusalem Athens Alexandria
Vienna London
Unreal

A woman drew her long black hair out tight
And fiddled whisper music on those strings
380 And bats with baby faces in the violet light
Whistled, and beat their wings
And crawled head downward down a blackened wall
And upside down in air were towers
Tolling reminiscent bells, that kept the hours
385 And voices singing out of empty cisterns and exhausted wells

In this decayed hole among the mountains
In the faint moonlight, the grass is singing

7. This is *Turdus aonalaschkae pallasii*, the hermit-thrush which I have heard in Quebec County. Chapman says (*Handbook of Birds of Eastern North America*) "it is most at home in secluded woodland and thickety retreats. . . . Its notes are not remarkable for variety or volume, but in purity and sweetness of tone and exquisite modulation they are unequalled." Its "water-dripping song" is justly celebrated [Eliot's note].
8. The following lines were stimulated by the account of one of the Antarctic expeditions (I forget which, but I think one of Shackleton's): it was related that the party of explorers, at the extremity of their strength, had the constant delusion that there was one more member than could actually be counted [Eliot's note]. There seems also to be an echo of the account of Jesus meeting his disciples on the road to Emmaus: "Jesus himself drew near, and

went with them. But their eyes were holden that they should not know him" (Luke 24.13–16).
9. Cf. Hermann Hesse, *Blick ins Chaos*: "Schon ist halb Europa, schon ist zumindest der halbe Osten Europas auf dem Wege zum Chaos, fährt betrunken im heiligen Wahn am Abgrund entlang und singt dazu, singt betrunken und hymnisch wie Dmitri Karamasoff sang. Ueber diese Lieder lacht der Bürger beleidigt, der Heilige und Seher hört sie mit Tränen" [Eliot's note]. "Already half of Europe, already at least half of Eastern Europe, on the way to chaos, drives drunk in sacred infatuation along the edge of the precipice, singing drunkenly, as though singing hymns, as Dmitri Karamazov sang. The offended bourgeois laughs at the songs; the saint and the seer hear them with tears."

Over the tumbled graves, about the chapel
There is the empty chapel, only the wind's home.
390   It has no windows, and the door swings,
Dry bones can harm no one.
Only a cock stood on the rooftree
Co co rico co co rico
In a flash of lightning. Then a damp gust
395   Bringing rain

Ganga[1] was sunken, and the limp leaves
Waited for rain, while the black clouds
Gathered far distant, over Himavant.[2]
The jungle crouched, humped in silence.
400   Then spoke the thunder
DA
Datta: what have we given?[3]
My friend, blood shaking my heart
The awful daring of a moment's surrender
405   Which an age of prudence can never retract
By this, and this only, we have existed
Which is not to be found in our obituaries
Or in memories draped by the beneficent spider[4]
Or under seals broken by the lean solicitor
410   In our empty rooms
DA
Dayadhvam: I have heard the key[5]
Turn in the door once and turn once only
We think of the key, each in his prison
415   Thinking of the key, each confirms a prison
Only at nightfall, aethereal rumours
Revive for a moment a broken Coriolanus[6]
DA
Damyata: The boat responded
420   Gaily, to the hand expert with sail and oar
The sea was calm, your heart would have responded
Gaily, when invited, beating obedient
To controlling hands

---

1. The river Ganges.
2. The Himalayas.
3. "Datta, dayadhvam, damyata" (Give, sympathize, control). The fable of the meaning of the Thunder is found in the *Brihadaranyaka—Upanishad*, 5, I. A translation is found in Deussen's *Sechzig Upanishads des Vada*, p. 489 [Eliot's note]. "That very thing is repented even today by the heavenly voice, in the form of thunder, in the form of thunder as 'Da,' 'Da,' 'Da,'. . . . Therefore one should practice these three things: self-control, alms-giving, and compassion."
4. Cf. Webster, *The White Devil*, v. vi: ". . . they'll remarry / Ere the worm pierce your winding-sheet, ere the spider / make a thin curtain for your epitaphs" [Eliot's note].
5. Cf. *Inferno*, xxxiii. 46: "ed io sentii chiavar l'uscio di sotto / all'orrible torre." Also F. H. *Bradley, Appearance*

and Reality, p. 346: "My external sensations are no less private to myself than are my thoughts or my feelings. In either case my experience falls within my own circle, a circle closed on the outside; and, with all its elements alike, every sphere is opaque to the others which surround it. . . . In brief, regarded as an existence which appears in a soul, the whole world for each is peculiar and private to that soul." [Eliot's note]. In the passage from the *Inferno*, Ugolino tells Dante of his imprisonment and starvation until he became so desperate that he ate his children: "And I heard below me the door of the horrible tower being locked."
6. In Shakespeare's play of the same name, Coriolanus is a Roman general who is exiled and later leads the enemy in an attack against the Romans.

I sat upon the shore
425 Fishing, with the arid plain behind me[7]
Shall I at least set my lands in order?
London Bridge is falling down falling down falling down
Poi s'ascose nel foco che gli affina[8]
Quando fiam uti chelidon—O swallow swallow[9]
430 *Le Prince d'Aquitaine à la tour abolie*[1]
These fragments I have shored against my ruins
Why then Ile fit you. Hieronymo's mad againe.[2]
Datta. Dayadhvam. Damyata.
Shantih   shantih   shantih[3]

Journey of the Magi[1]

"A cold coming we had of it,
Just the worst time of the year
For a journey, and such a long journey:
The ways deep and the weather sharp,
5 The very dead of winter."
And the camels galled, sore-footed, refractory,
Lying down in the melting snow.
There were times we regretted
The summer palaces on slopes, the terraces,
10 And the silken girls bringing sherbet.
Then the camel men cursing and grumbling
And running away, and wanting their liquor and women,
And the night-fires going out, and the lack of shelters,
And the cities hostile and the towns unfriendly
15 And the villages dirty and charging high prices:
A hard time we had of it.
At the end we preferred to travel all night,
Sleeping in snatches,
With the voices singing in our ears, saying
20 That this was all folly.

Then at dawn we came down to a temperate valley,
Wet, below the snow line, smelling of vegetation,
With a running stream and a water-mill beating the darkness
And three trees on the low sky.
25 And an old white horse galloped away in the meadow.

---

7. V. Weston, *From Ritual to Romance*; chapter on the Fisher King [Eliot's note].

8. V. *Purgatorio*, xxvi.148: "Ara vos prec per aquella valor / que vos condus al som de l'escalina, / sovegna vos a temps de ma dolor." / Poi s'ascose nel foco che gli affina" [Eliot's note]. In this passage, the poet Arnaut Daniel speaks to Dante: "Now I pray you, by the goodness that guides you to the top of this staircase, be mindful in time of my suffering."

9. V. *Pervigilium Veneris.* Cf. Philomela in Parts II and III [Eliot's note]. Philomel asks, "When shall I be a swallow?"

1. V. Gerard de Nerval, Sonnet *El Desdichado* [Eliot's note]. "The Prince of Aquitane in the ruined tower."

2. V. Kyd's *Spanish Tragedy* [Eliot's note]. The subtitle of Kyd's play is, "Hieronymo's Mad Againe." His son having been murdered, Hieronymo is asked to compose a court play, to which he responds "Why then Ile fit you"; his son's murder is revenged in the course of the play.

3. Shantih. Repeated as here, a formal ending to an Upanishad. "The Peace which passeth understanding" is a feeble translation of the content of this word [Eliot's note]. The Upanishads are poetic commentaries on Hindu Scriptures.

1. The narrative of the poem is based upon the tradition of the three wise men who journeyed to Bethlehem to worship the infant Christ; cf. Matthew 2.1–12.

Then we came to a tavern with vine-leaves over the lintel,
Six hands at an open door dicing for pieces of silver,
And feet kicking the empty wine-skins.
But there was no information, and so we continued
30   And arrived at evening, not a moment too soon
Finding the place; it was (you may say) satisfactory.

All this was a long time ago, I remember,
And I would do it again, but set down
This set down
35   This: were we led all that way for
Birth or Death? There was a Birth, certainly,
We had evidence and no doubt. I had seen birth and death,
But had thought they were different; this Birth was
Hard and bitter agony for us, like Death, our death.
40   We returned to our places, these Kingdoms,
But no longer at ease here, in the old dispensation,
With an alien people clutching their gods.
I should be glad of another death.

                                                                    1927

from FOUR QUARTETS
Burnt Norton[1]

τοῦ λόγον δ' ἐόντος ξυνοῦ ζώουσιν οἱ πολλοί ὡς ἰδίαν
ἔχοντες φρόνησιν.[2]

                                                        I. p. 77. Fr. 2

ὁδὸς ἄνω κάτω μία καὶ ωὐτή.[3]

                                                        I. p. 89. Fr. 60
         Diels: Die Fragmente der Vorsokratiker (Herakleitos).

1

Time present and time past
Are both perhaps present in time future,
And time future contained in time past.
If all time is eternally present
5   All time is unredeemable.
What might have been is an abstraction
Remaining a perpetual possibility
Only in a world of speculation.
What might have been and what has been
10   Point to one end, which is always present.
Footfalls echo in the memory
Down the passage which we did not take
Towards the door we never opened

---

1. A large country house in Gloucestershire, England, named for an earlier house on the site that had burned down in the 17th century.
2. Although the Word governs all things, most people live as though they had wisdom of their own. (From the Greek philosopher Heraclitus, c. 500 B.C.)
3. The way up and the way down are the same.

Into the rose-garden. My words echo
15 Thus, in your mind.
                              But to what purpose
Disturbing the dust on a bowl of rose-leaves
I do not know.
                    Other echoes
Inhabit the garden. Shall we follow?
Quick, said the bird, find them, find them,
20 Round the corner. Through the first gate,
Into our first world, shall we follow
The deception of the thrush? Into our first world.
There they were, dignified, invisible,
Moving without pressure, over the dead leaves,
25 In the autumn heat, through the vibrant air,
And the bird called, in response to
The unheard music hidden in the shrubbery,
And the unseen eyebeam crossed, for the roses
Had the look of flowers that are looked at.
30 There they were as our guests, accepted and accepting.
So we moved, and they, in a formal pattern,
Along the empty alley, into the box circle,
To look down into the drained pool.
Dry the pool, dry concrete, brown edged,
35 And the pool was filled with water out of sunlight,
And the lotos rose, quietly, quietly,
The surface glittered out of heart of light,
And they were behind us, reflected in the pool.
Then a cloud passed, and the pool was empty.
40 Go, said the bird, for the leaves were full of children,
Hidden excitedly, containing laughter.
Go, go, go, said the bird: human kind
Cannot bear very much reality.
Time past and time future
45 What might have been and what has been
Point to one end, which is always present.

2

Garlic and sapphires in the mud
Clot the bedded axle-tree.
The trilling wire in the blood
50 Sings below inveterate scars
Appeasing long forgotten wars.
The dance along the artery
The circulation of the lymph
Are figured in the drift of stars
55 Ascend to summer in the tree
We move above the moving tree
In light upon the figured leaf
And hear upon the sodden floor
Below, the boarhound and the boar
60 Pursue their pattern as before
But reconciled among the stars.

At the still point of the turning world. Neither flesh nor fleshless;
Neither from nor towards; at the still point, there the dance is,
But neither arrest nor movement. And do not call it fixity,
65 Where past and future are gathered. Neither movement from nor towards,
Neither ascent nor decline. Except for the point, the still point,
There would be no dance, and there is only the dance.
I can only say, *there* we have been: but I cannot say where.
And I cannot say, how long, for that is to place it in time.

70 The inner freedom from the practical desire,
The release from action and suffering, release from the inner
And the outer compulsion, yet surrounded
By a grace of sense, a white light still and moving,
Erhebung[4] without motion, concentration
75 Without elimination, both a new world
And the old made explicit, understood
In the completion of its partial ecstasy,
The resolution of its partial horror.
Yet the enchainment of past and future
80 Woven in the weakness of the changing body,
Protects mankind from heaven and damnation
Which flesh cannot endure.
                              Time past and time future
Allow but a little consciousness.
To be conscious is not to be in time
85 But only in time can the moment in the rose-garden,
The moment in the arbour where the rain beat,
The moment in the draughty church at smokefall
Be remembered; involved with past and future.
Only through time time is conquered.

3

90 Here is a place of disaffection
Time before and time after
In a dim light: neither daylight
Investing form with lucid stillness
Turning shadow into transient beauty
95 With slow rotation suggesting permanence
Nor darkness to purify the soul
Emptying the sensual with deprivation
Cleansing affection from the temporal.
Neither plenitude nor vacancy. Only a flicker
100 Over the strained time-ridden faces
Distracted from distraction by distraction

Filled with fancies and empty of meaning
Tumid apathy with no concentration
Men and bits of paper, whirled by the cold wind
105 That blows before and after time,
Wind in and out of unwholesome lungs
Time before and time after.

---

4. Lifting up; the German philosopher Hegel's term for a new stage in understanding.

Eructation° of unhealthy souls   *belching*
Into the faded air, the torpid
110 Driven on the wind that sweeps the gloomy hills of London,
Hampstead and Clerkenwell, Campden and Putney,
Highgate, Primrose and Ludgate. Not here
Not here the darkness, in this twittering world.

Descend lower, descend only
115 Into the world of perpetual solitude,
World not world, but that which is not world,
Internal darkness, deprivation
And destitution of all property,
Desiccation of the world of sense,
120 Evacuation of the world of fancy,
Inoperancy of the world of spirit;
This is the one way, and the other
Is the same, not in movement
But abstention from movement; while the world moves
125 In appetency,° on its metalled ways   *desire*
Of time past and time future.

4

Time and the bell have buried the day,
The black cloud carries the sun away.
Will the sunflower turn to us, will the clematis
130 Stray down, bend to us; tendril and spray
Clutch and cling?
Chill
Fingers of yew be curled
Down on us? After the kingfisher's wing
135 Has answered light to light, and is silent, the light is still
At the still point of the turning world.

5

Words move, music moves
Only in time; but that which is only living
Can only die. Words, after speech, reach
140 Into the silence. Only by the form, the pattern,
Can words or music reach
The stillness, as a Chinese jar still
Moves perpetually in its stillness.
Not the stillness of the violin, while the note lasts,
145 Not that only, but the co-existence,
Or say that the end precedes the beginning,
And the end and the beginning were always there
Before the beginning and after the end.
And all is always now. Words strain,
150 Crack and sometimes break, under the burden,
Under the tension, slip, slide, perish,
Decay with imprecision, will not stay in place,
Willl not stay still. Shrieking voices
Scolding, mocking, or merely chattering,
155 Always assail them. The Word in the desert
Is most attacked by voices of temptation,

The crying shadow in the funeral dance,
The loud lament of the disconsolate chimera.

The detail of the pattern is movement,
160 As in the figure of the ten stairs.[5]
Desire itself is movement
Not in itself desirable;
Love is itself unmoving,
Only the cause and end of movement,
165 Timeless, and undesiring
Except in the aspect of time
Caught in the form of limitation
Between un-being and being.
Sudden in a shaft of sunlight
170 Even while the dust moves
There rises the hidden laughter
Of children in the foliage
Quick now, here, now, always—
Ridiculous the waste sad time
175 Stretching before and after.
1935   1935, 1943

Tradition and the Individual Talent

1

In English writing we seldom speak of tradition, though we occasionally apply its name in deploring its absence. We cannot refer to "the tradition" or to "a tradition"; at most, we employ the adjective in saying that the poetry of So-and-so is "tradition-al" or even "too traditional." Seldom, perhaps, does the word appear except in a phrase of censure. If otherwise, it is vaguely approbative,[1] with the implication, as to the work approved, of some pleasing archaeological reconstruction. You can hardly make the word agreeable to English ears without this comfortable reference to the reassuring science of archaeology.

Certainly the word is not likely to appear in our appreciations of living or dead writers. Every nation, every race, has not only its own creative, but its own critical turn of mind; and is even more oblivious of the shortcomings and limitations of its critical habits than of those of its creative genius. We know, or think we know, from the enormous mass of critical writing that has appeared in the French language the critical method or habit of the French; we only conclude (we are such unconscious people) that the French are "more critical" than we, and sometimes even plume our-selves a little with the fact, as if the French were the less spontaneous. Perhaps they are; but we might remind ourselves that criticism is as inevitable as breathing, and that we should be none the worse for articulating what passes in our minds when we read a book and feel an emotion about it, for criticizing our own minds in their work of criticism. One of the facts that might come to light in this process is our tendency to insist, when we praise a poet, upon those aspects of his work in which he least resembles any one else. In these aspects or parts of his work we pretend to find what

5. St. John of the Cross used this figure to describe the   1. Approving.
way to achieve mystical union with God.

is individual, what is the peculiar essence of the man. We dwell with satisfaction upon the poet's difference from his predecessors, especially his immediate predecessors; we endeavour to find something that can be isolated in order to be enjoyed. Whereas if we approach a poet without this prejudice we shall often find that not only the best, but the most individual parts of his work may be those in which the dead poets, his ancestors, assert their immortality most vigorously. And I do not mean the impressionable period of adolescence, but the period of full maturity.

Yet if the only form of tradition, of handing down, consisted in following the ways of the immediate generation before us in a blind or timid adherence to its successes, "tradition" should positively be discouraged. We have seen many such simple currents soon lost in the sand; and novelty is better than repetition. Tradition is a matter of much wider significance. It cannot be inherited, and if you want it you must obtain it by great labour. It involves, in the first place, the historical sense, which we may call nearly indispensable to any one who would continue to be a poet beyond his twenty-fifth year; and the historical sense involves a perception, not only of the pastness of the past, but of its presence; the historical sense compels a man to write not merely with his own generation in his bones, but with a feeling that the whole of the literature of Europe from Homer and within it the whole of the literature of his own country has a simultaneous existence and composes a simultaneous order. This historical sense, which is a sense of the timeless as well as of the temporal and of the timeless and of the temporal together, is what makes a writer traditional. And it is at the same time what makes a writer most acutely conscious of his place in time, of his own contemporaneity.

No poet, no artist of any art, has his complete meaning alone. His significance, his appreciation is the appreciation of his relation to the dead poets and artists. You cannot value him alone; you must set him, for contrast and comparison, among the dead. I mean this as a principle of aesthetic, not merely historical, criticism. The necessity that he shall conform, that he shall cohere, is not onesided; what happens when a new work of art is created is something that happens simultaneously to all the works of art which preceded it. The existing monuments form an ideal order among themselves, which is modified by the introduction of the new (the really new) work of art among them. The existing order is complete before the new work arrives; for order to persist after the supervention[2] of novelty, the whole existing order must be, if ever so slightly, altered; and so the relations, proportions, values of each work of art toward the whole are readjusted; and this is conformity between the old and the new. Whoever has approved this idea of order, of the form of European, of English literature will not find it preposterous that the past should be altered by the present as much as the present is directed by the past. And the poet who is aware of this will be aware of great difficulties and responsibilities.

In a peculiar sense he will be aware also that he must inevitably be judged by the standards of the past. I say judged, not amputated, by them; not judged to be as good as, or worse or better than, the dead; and certainly not judged by the canons of dead critics. It is a judgment, a comparison, in which two things are measured by each other. To conform merely would be for the new work not really to conform at all; it would not be new, and would therefore not be a work of art. And we do not quite say that the new is more valuable because it fits in; but its fitting in is a test of its value— a test, it is true, which can only be slowly and cautiously applied, for we are none of

---

2. The appearance of something additional.

us infallible judges of conformity. We say: it appears to conform, and is perhaps individual, or it appears individual, and may conform; but we are hardly likely to find
that it is one and not the other.

To proceed to a more intelligible exposition of the relation of the poet to the
past: he can neither take the past as a lump, an indiscriminate bolus,[3] nor can he
form himself wholly on one or two private admirations, nor can he form himself
wholly upon one preferred period. The first course is inadmissible, the second is an
important experience of youth, and the third is a pleasant and highly desirable supplement. The poet must be very conscious of the main current, which does not at all
flow invariably through the most distinguished reputations. He must be quite aware
of the obvious fact that art never improves, but that the material of art is never quite
the same. He must be aware that the mind of Europe—the mind of his own country—a mind which he learns in time to be much more important than his own private mind—is a mind which changes, and that this change is a development which
abandons nothing en route, which does not superannuate either Shakespeare, or
Homer, or the rock drawing of the Magdalenian draughtsmen.[4] That this development, refinement perhaps, complication certainly, is not, from the point of view of
the artist, any improvement. Perhaps not even an improvement from the point of
view of the psychologist or not to the extent which we imagine; perhaps only in the
end based upon a complication in economics and machinery. But the difference
between the present and the past is that the conscious present is an awareness of the
past in a way and to an extent which the past's awareness of itself cannot show.

Some one said: "The dead writers are remote from us because we *know* so much
more than they did." Precisely, and they are that which we know.

I am alive to a usual objection to what is clearly part of my programme for the
métier of poetry. The objection is that the doctrine requires a ridiculous amount of
erudition (pedantry), a claim which can be rejected by appeal to the lives of poets in
any pantheon. It will even be affirmed that much learning deadens or perverts poetic
sensibility. While, however, we persist in believing that a poet ought to know as
much as will not encroach upon his necessary receptivity and necessary laziness, it is
not desirable to confine knowledge to whatever can be put into a useful shape for
examinations, drawing-rooms, or the still more pretentious modes of publicity. Some
can absorb knowledge, the more tardy must sweat for it. Shakespeare acquired more
essential history from Plutarch than most men could from the whole British Museum.
What is to be insisted upon is that the poet must develop or procure the consciousness of the past and that he should continue to develop this consciousness throughout his career.

What happens is a continual surrender of himself as he is at the moment to
something which is more valuable. The progress of an artist is a continual self-sacrifice, a continual extinction of personality.

There remains to define this process of depersonalization and its relation to the
sense of tradition. It is in this depersonalization that art may be said to approach the
condition of science. I, therefore, invite you to consider, as a suggestive analogy, the
action which takes place when a bit of finely filiated[5] platinum is introduced into a
chamber containing oxygen and sulphur dioxide.

3. A lump; a mass of chewed food.
4. Drawings of hunting scenes, rendered in caves in

France and Spain, c. 13,000–10,000 B.C.
5. Eliot apparently means "made into filaments."

2

Honest criticism and sensitive appreciation are directed not upon the poet but upon the poetry. If we attend to the confused cries of the newspaper critics and the *susurrus* [buzzing] of popular repetition that follows, we shall hear the names of poets in great numbers; if we seek not Blue-book[6] knowledge but the enjoyment of poetry, and ask for a poem, we shall seldom find it. I have tried to point out the importance of the relation of the poem to other poems by other authors, and suggested the conception of poetry as a living whole of all the poetry that has ever been written. The other aspect of this Impersonal theory of poetry is the relation of the poem to its author. And I hinted, by an analogy, that the mind of the mature poet differs from that of the immature one not precisely in any valuation of "personality," not being necessarily more interesting, or having "more to say," but rather by being a more finely perfected medium in which special, or very varied, feelings are at liberty to enter into new combinations.

The analogy was that of the catalyst. When the two gases previously mentioned are mixed in the presence of a filament of platinum, they form sulphurous acid. This combination takes place only if the platinum is present; nevertheless the newly formed acid contains no trace of platinum, and the platinum itself is apparently unaffected; has remained inert, neutral, and unchanged. The mind of the poet is the shred of platinum. It may partly or exclusively operate upon the experience of the man himself; but, the more perfect the artist, the more completely separate in him will be the man who suffers and the mind which creates; the more perfectly will the mind digest and transmute the passions which are its material.

The experience, you will notice, the elements which enter the presence of the transforming catalyst, are of two kinds: emotions and feelings. The effect of a work of art upon the person who enjoys it is an experience different in kind from any experience not of art. It may be formed out of one emotion, or may be a combination of several; and various feelings, inhering for the writer in particular words or phrases or images, may be added to compose the final result. Or great poetry may be made without the direct use of any emotion whatever: composed out of feelings solely. Canto XV of the *Inferno* (Brunetto Latini) is a working up of the emotion evident in the situation; but the effect, though single as that of any work of art, is obtained by considerable complexity of detail. The last quatrain gives an image, a feeling attaching to an image, which "came," which did not develop simply out of what precedes, but which was probably in suspension in the poet's mind until the proper combination arrived for it to add itself to.[7] The poet's mind is in fact a receptacle for seizing and storing up numberless feelings, phrases, images, which remain there until all the particles which can unite to form a new compound are present together.

If you compare several representative passages of the greatest poetry you see how great is the variety of types of combination, and also how completely any semi-ethical criterion of "sublimity" misses the mark. For it is not the "greatness," the intensity, of the emotions, the components, but the intensity of the artistic process, the pressure, so to speak, under which the fusion takes place, that counts. The

---

6. Official government publication.
7. He [Brunetto Latini] turned then, and he seemed, / across that plain, like one of those who run / for the green cloth at Verona; and of those, / more like the one who wins, than those who lose (*Inferno*, 15.119–22).

episode of Paolo and Francesca employs a definite emotion, but the intensity of the poetry is something quite different from whatever intensity in the supposed experience it may give the impression of. It is no more intense, furthermore, than Canto XXVI, the voyage of Ulysses, which has not the direct dependence upon an emotion.[8] Great variety is possible in the process of transmutation of emotion: the murder of Agamemnon,[9] or the agony of Othello, gives an artistic effect apparently closer to a possible original than the scenes from Dante. In the *Agamemnon*, the artistic emotion approximates to the emotion of an actual spectator; in *Othello* to the emotion of the protagonist himself. But the difference between art and the event is always absolute; the combination which is the murder of Agamemnon is probably as complex as that which is the voyage of Ulysses. In either case there has been a fusion of elements. The ode of Keats contains a number of feelings which have nothing particular to do with the nightingale, but which the nightingale, partly, perhaps, because of its attractive name, and partly because of its reputation, served to bring together.

The point of view which I am struggling to attack is perhaps related to the metaphysical theory of the substantial unity of the soul: for my meaning is, that the poet has, not a "personality" to express, but a particular medium, which is only a medium and not a personality, in which impressions and experiences combine in peculiar and unexpected ways. Impressions and experiences which are important for the man may take no place in the poetry, and those which become important in the poetry may play quite a negligible part in the man, the personality.

I will quote a passage which is unfamiliar enough to be regarded with fresh attention in the light—or darkness—of these observations:

> And now methinks I could e'en chide myself
> For doating on her beauty, though her death
> Shall be revenged after no common action.
> Does the silkworm expend her yellow labours
> For thee? For thee does she undo herself?
> Are lordships sold to maintain ladyships
> For the poor benefit of a bewildering minute?
> Why does yon fellow falsify highways,
> And put his life between the judge's lips,
> To refine such a thing—keeps horse and men
> To beat their valours for her? . . . [1]

In this passage (as is evident if it is taken in its context) there is a combination of positive and negative emotions: an intensely strong attraction toward beauty and an equally intense fascination by the ugliness which is contrasted with it and which destroys it. This balance of contrasted emotion is in the dramatic situation to which the speech is pertinent, but that situation alone is inadequate to it. This is, so to

---

8. Dante's *Inferno*, Canto 5, tells the story of the lovers Paolo and Francesca; Canto 26 tells of the suffering of Ulysses in hell.

9. In Aeschylus's drama *Agamemnon*, Clytemnestra kills her husband Agamemnon for having sacrificed her daughter, Iphigenia, to the goddess Artemis.

1. From Cyril Tourneur's *The Revenger's Tragedy* (1607),

3.4; the speaker is addressing the skull of his former beloved, murdered after she refused to respond to an evil duke's advances. The revenger will make up the skull to look alive, putting poison on its lips; the evil Duke then dies when he kisses this supposed maiden in a dusky garden.

speak, the structural emotion, provided by the drama. But the whole effect, the dominant tone, is due to the fact that a number of floating feelings, having an affinity to this emotion by no means superficially evident, have combined with it to give us a new art emotion.

It is not in his personal emotions, the emotions provoked by particular events in his life, that the poet is in any way remarkable or interesting. His particular emotions may be simple, or crude, or flat. The emotion in his poetry will be a very complex thing, but not with the complexity of the emotions of people who have very complex or unusual emotions in life. One error, in fact, of eccentricity in poetry is to seek for new human emotions to express; and in this search for novelty in the wrong place it discovers the perverse. The business of the poet is not to find new emotions, but to use the ordinary ones and, in working them up into poetry, to express feelings which are not in actual emotions at all. And emotions which he has never experienced will serve his turn as well as those familiar to him. Consequently, we must believe that "emotion recollected in tranquillity"[2] is an inexact formula. For it is neither emotion, nor recollection, nor, without distortion of meaning, tranquillity. It is a concentration, and a new thing resulting from the concentration, of a very great number of experiences which to the practical and active person would not seem to be experiences at all; it is a concentration which does not happen consciously or of deliberation. These experiences are not "recollected," and they finally unite in an atmosphere which is "tranquil" only in that it is a passive attending upon the event. Of course this is not quite the whole story. There is a great deal, in the writing of poetry, which must be conscious and deliberate. In fact, the bad poet is usually unconscious where he ought to be conscious, and conscious where he ought to be unconscious. Both errors tend to make him "personal." Poetry is not a turning loose of emotion, but an escape from emotion; it is not the expression of personality, but an escape from personality. But, of course, only those who have personality and emotions know what it means to want to escape from these things.

3

ὁ δὲ νοῦς ἴσως θειότερόν τι καὶ ἀπαθές ἐστιν.[3]

This essay proposes to halt at the frontier of metaphysics or mysticism, and confine itself to such practical conclusions as can be applied by the responsible person interested in poetry. To divert interest from the poet to the poetry is a laudable aim: for it would conduce to a juster estimation of actual poetry, good and bad. There are many people who appreciate the expression of sincere emotion in verse, and there is a smaller number of people who can appreciate technical excellence. But very few know when there is an expression of *significant* emotion, emotion which has its life in the poem and not in the history of the poet. The emotion of art is impersonal. And the poet cannot reach this impersonality without surrendering himself wholly to the work to be done. And he is not likely to know what is to be done unless he lives in what is not merely the present, but the present moment of the past, unless he is conscious, not of what is dead, but of what is already living.

---

2. This is Wordsworth's famous description of poetry in the Preface to *Lyrical Ballads*; see page 337.
3. The mind is doubtless something more divine and unimpressionable (from Aristotle's *De Anima* [*On the Soul*]).

━━━ ❂ ━━━

Virginia Woolf

1882–1941

Virginia Woolf is the foremost woman writer of the twentieth century, writing in any language; within British literature, Woolf is in the company of James Joyce, T. S. Eliot, William Butler Yeats, and few others as a major author, of whatever gender. To take account of the transformations in modern English literature—in language, in style, and in substance—requires reckoning with Virginia Woolf, one of the chief architects of literary modernism. By 1962 Edward Albee could sardonically title a play *Who's Afraid of Virginia Woolf?*, knowing that her name would signify the greatness of modern literature. Woolf wrote luminous and intricate novels, two pivotal books on sexual politics, society, and war, several volumes of short stories and collected essays, reviews and pamphlets, and thirty volumes of a remarkable diary. Woolf was a woman of letters in an almost old-fashioned sense, one of the century's subtlest observers of social and psychic life, and a hauntingly beautiful prose writer.

Woolf's writing career began in childhood but was officially launched in 1915 with the publication of her first novel, *The Voyage Out*, when she was thirty-three. *The Voyage Out* was an emblematic beginning for her public career as a novelist, with its title suggesting the need to venture forth, to make a voyage into the world and out of the imprisonments of life and language. This novel paid special homage to *Heart of Darkness*, Joseph Conrad's story of a voyage through Africa that uncovers the heart of Europe's imperial encounter with the African continent and its exploited people. The theme resonated for Woolf throughout her books, because she too concentrated on the costs—both social and personal—of attempting to gain freedom. With the exception of *Orlando* (1928), a playful and flamboyant novel with a few scenes set in Turkey and Russia, Woolf was never again to set a novel outside the geographical confines of England. Voyaging out had become a matter of voyaging within. Woolf does not turn away from the larger world; she sets that larger world and its history squarely in England.

Woolf's own roots went deep in Victorian literary culture. She was born in 1882 into a privileged and illustrious British professional family with connections to the world of letters on both sides. She was the third child of the marriage of Leslie Stephen and Julia Duckworth, both of whom had been widowed; Leslie Stephen had married a daughter of the novelist William Thackeray, and Julia had been the wife of a publisher, and was connected to a long line of judges, teachers, and magistrates. Woolf's father, eventually to become Sir Leslie, was a prominent editor and a striving philosopher, who was appointed president of the London Library. His fame was to come not from his philosophical work but from his massive *Dictionary of National Biography*, a book that placed, and ranked, the leading figures of British national life for many centuries. Woolf's *Orlando*, with its subtitle: *A Biography*, spoofed the entire enterprise of the biography of great men by having *her* great man, Orlando, unexpectedly turn into a woman halfway through the novel.

Woolf grew up as an intensely literary child, surrounded by her father's project of arbitrating the greatness of the (mostly) men of letters she nonetheless sought to emulate. Her mother Julia was a famed beauty, whose magical grace was captured in the photographs of her equally famous relative, the photographer Julia Margaret Cameron. Woolf was to provide a haunting portrait of both her mother and father in her novel *To the Lighthouse* (1927), where the beautiful and consummately maternal Mrs. Ramsay ministers to her irascible and intellectually tormented philosopher husband, Mr. Ramsay, until her sudden death deprives the family and its circle of friends of their ballast in life. Julia Stephen's premature death in 1895 had cast just such a pall over her own family, especially over thirteen-year-old Virginia, who had a mental breakdown. Breakdowns would recur at intervals throughout her life.

Virginia Woolf and T. S. Eliot.

The death-haunted life characteristic of the Victorian family was Virginia Woolf's own experience. Two years after Julia died, Woolf's beloved half-sister and mother substitute, Stella Duckworth, died in childbirth at the age of twenty-seven. Woolf was also to lose her difficult but immensely loved father in 1904 (not so coincidentally, the same year Virginia was to publish her first essay and review), and her brother Thoby died of typhoid contracted on a trip to Greece with her in 1906. The novel *Jacob's Room* (1922) deals with a young man named Jacob and his college room, as perceived by his sister after his death in World War I. The items in Jacob's room are cloaked in memory and live in the consciousness of the sister as far more than precious objects—memory infuses them with shared life. The dead return again and again in Woolf's imagination and in her imaginative work; her development of the "moment of consciousness" in her writing, her novels' concentration on the binding powers of memory, and her invocation of the spreading, intertwining branches of human relations persisting even after death, may be the effect of her painful tutelage in loss.

As upper-class women, Woolf and her sisters were not given a formal education, while Thoby and Adrian both went to fine schools and ultimately to university. The sense of having been deliberately shut out of education by virtue of her sex was to inflect all of Woolf's writing and thinking. Education is a pervasive issue in her novels, and an enormous issue in her essays on social and political life, *A Room of One's Own* (1929) and *Three Guineas* (1938). Woolf became an autodidact, steeping herself in English literature, history, political theory, and art history, but she never lost the keen anguish nor the self-doubt occasioned by the closed doors of the academy to women. Education became for Woolf perhaps the key to transforming the role and the perception of women in society, and writing became her own mode of entry into the public world.

In 1912, Virginia Stephens married Leonard Woolf, like herself a member of the Bloomsbury group, but unlike her in being a Jew and coming from a commercial and far less illustrious family. Leonard Woolf was an "outsider" in anti-Semitic Britain no less than Virginia, who as a great woman writer was equally outside the norm. An accomplished writer in his own right, a political theorist and an activist in socialist issues and in anti-imperialist causes, Leonard Woolf devoted himself to Virginia and to her writing career. They established and ran the Hogarth Press together, an imprint that was to publish all of Virginia's books, as well as many important works of poetry, prose, and criticism from others. Virginia Woolf's erotic and emotional ties to women, and, in particular, her romance with Vita Sackville-West, while not necessarily explicitly sexual—no one seems to know for a certainty— were indubitably of the greatest importance to her life. Despite this, she placed Leonard Woolf and their marriage at the center of her being, and their rich and complex partnership weathered Virginia's numerous mental breakdowns. When she felt another episode of depression overtaking her in 1941, it was partly her reluctance to subject Leonard to what she saw as the burden of her madness, which tragically led her to drown herself in the river near their home and their beloved press.

Woolf's themes and techniques as a writer are all distilled in her gem of a story *The Lady in the Looking-Glass: A Reflection* (1929), which is a parable about the dangers and the transcendence of writing. The lady of the title is absent for most of the brief story; an invisible narrator builds a world around her absence by recounting only what can be seen or sensed in the mirror to be glimpsed above the mantel. One of the oldest metaphors for literary art is the mirror, and with it, the notion that literature "holds up the mirror to nature," or reality. Literary art was long considered to be an imitation of reality, its mirrored reflection, its "re-presentation." Woolf's story takes the garden shears of her missing character and tears representation to pieces, so to speak. Language cannot simply mirror something, her prose tells us, because it is too mysterious and subtle and wayward to do so. No imitation can ever capture subjective reality, and even inanimate objects are, for Woolf, filled with subjectivity. Finally, the story takes a "lady," a woman, as its subject because Woolf indicates that representation which tries to be realistic or real is instead a cruel violation, almost a form of rape. Truth in art is neither a representation nor a reflection: truth can only be gotten at sideways, in fragments, and with the fluidity of consciousness, in a subjective moment. "Examine for a moment an ordinary mind on an ordinary day," Woolf wrote in an essay on *Modern Fiction* in 1925:

> The mind receives a myriad impressions—trivial, fantastic, evanescent, or engraved with the sharpness of steel. From all sides they come, an incessant shower of innumerable atoms; and, as they fall, as they shape themselves into the life of Monday or Tuesday, the accent falls differently from of old; the moment of importance came not here but there; so that, if a writer were a free man and not a slave, if he could write what he chose, not what he must, if he could base his work upon his own feeling and not upon convention, there would be no plot, no comedy, no tragedy, no love interest or catastrophe in the accepted style, and perhaps not a single button sewn on as the Bond Street tailors would have it.

Woolf's stories are written out of her own painfully won freedom of observation; the passages that follow from *A Room of One's Own* and *Three Guineas* meditate on the ways in which society and even human character would have to change in order for such freedom to spread.

The Lady in the Looking-Glass: A Reflection[1]

People should not leave looking-glasses hanging in their rooms any more than they should leave open cheque books or letters confessing some hideous crime. One could not help looking, that summer afternoon, in the long glass that hung outside in the

1. Published in *Harper's Magazine*, December 1929.

hall. Chance had so arranged it. From the depths of the sofa in the drawing-room one could see reflected in the Italian glass not only the marble-topped table opposite, but a stretch of the garden beyond. One could see a long grass path leading between banks of tall flowers until, slicing off an angle, the gold rim cut it off.

The house was empty, and one felt, since one was the only person in the drawing-room, like one of those naturalists who, covered with grass and leaves, lie watching the shyest animals—badgers, otters, kingfishers—moving about freely, themselves unseen. The room that afternoon was full of such shy creatures, lights and shadows, curtains blowing, petals falling—things that never happen, so it seems, if someone is looking. The quiet old country room with its rugs and stone chimney pieces, its sunken bookcases and red and gold lacquer cabinets, was full of such nocturnal creatures. They came pirouetting across the floor, stepping delicately with high-lifted feet and spread tails and pecking allusive beaks as if they had been cranes or flocks of elegant flamingoes whose pink was faded, or peacocks whose trains were veined with silver. And there were obscure flushes and darkenings too, as if a cuttlefish had suddenly suffused the air with purple; and the room had its passions and rages and envies and sorrows coming over it and clouding it, like a human being. Nothing stayed the same for two seconds together.

But, outside, the looking-glass reflected the hall table, the sunflowers, the garden path so accurately and so fixedly that they seemed held there in their reality unescapably. It was a strange contrast—all changing here, all stillness there. One could not help looking from one to the other. Meanwhile, since all the doors and windows were open in the heat, there was a perpetual sighing and ceasing sound, the voice of the transient and the perishing, it seemed, coming and going like human breath, while in the looking-glass things had ceased to breathe and lay still in the trance of immortality.

Half an hour ago the mistress of the house, Isabella Tyson, had gone down the grass path in her thin summer dress, carrying a basket, and had vanished, sliced off by the gilt rim of the looking-glass. She had gone presumably into the lower garden to pick flowers; or as it seemed more natural to suppose, to pick something light and fantastic and leafy and trailing, traveller's joy, or one of those elegant sprays of convolvulus that twine round ugly walls and burst here and there into white and violet blossoms. She suggested the fantastic and the tremulous convolvulus rather than the upright aster, the starched zinnia, or her own burning roses alight like lamps on the straight posts of their rose trees. The comparison showed how very little, after all these years, one knew about her; for it is impossible that any woman of flesh and blood of fifty-five or sixty should be really a wreath or a tendril. Such comparisons are worse than idle and superficial—they are cruel even, for they come like the convolvulus itself trembling between one's eyes and the truth. There must be truth; there must be a wall. Yet it was strange that after knowing her all these years one could not say what the truth about Isabella was; one still made up phrases like this about convolvulus and traveller's joy. As for facts, it was a fact that she was a spinster; that she was rich; that she had bought this house and collected with her own hands—often in the most obscure corners of the world and at great risk from poisonous stings and Oriental diseases—the rugs, the chairs, the cabinets which now lived their nocturnal life before one's eyes. Sometimes it seemed as if they knew more about her than we, who sat on them, wrote at them, and trod on them so carefully, were allowed to know. In each of these cabinets were many little drawers, and each almost certainly held letters, tied with bows of ribbon, sprinkled with sticks of lavender or rose leaves. For it was another fact—if facts were what one wanted—that Isabella had known many people, had had many friends; and thus if one had the audacity to open a drawer and read her letters, one would find the traces of many agitations, of appointments to meet, of upbraidings for not having met, long letters of intimacy and affection, violent letters of jealousy and reproach, terrible final words of parting—for all those interviews and assignations had led to nothing—that is, she had never married, and yet, judging from the mask-like indifference of her face, she had gone through twenty times more of passion and experience than those whose loves are trumpeted forth for all the world to hear. Under the stress of thinking about Isabella, her room became more shadowy and symbolic; the corners seemed darker, the legs of chairs and tables more spindly and hieroglyphic.

Suddenly these reflections were ended violently and yet without a sound. A large black form loomed into the looking-glass; blotted out everything, strewed the table with a packet of marble tablets veined with pink and grey, and was gone. But the picture was entirely altered. For the moment it was unrecognisable and irrational and entirely out of focus. One could not relate these tablets to any human purpose. And then by degrees some logical process set to work on them and began ordering and arranging them and bringing them into the fold of common experience. One realised at last that they were merely letters. The man had brought the post.

There they lay on the marble-topped table, all dripping with light and colour at first and crude and unabsorbed. And then it was strange to see how they were drawn in and arranged and composed and made part of the picture and granted that stillness and immortality which the looking-glass conferred. They lay there invested with a new reality and significance and with a greater heaviness, too, as if it would have needed a chisel to dislodge them from the table. And, whether it was fancy or not, they seemed to have become not merely a handful of casual letters but to be tablets graven with eternal truth—if one could read them, one would know everything there was to be known about Isabella, yes, and about life, too. The pages inside those marble-looking envelopes must be cut deep and scored thick with meaning. Isabella would come in, and take them, one by one, very slowly, and open them, and read them carefully word by word, and then with a profound sigh of comprehension, as if she had seen to the bottom of everything, she would tear the envelopes to little bits and tie the letters together and lock the cabinet drawer in her determination to conceal what she did not wish to be known.

The thought served as a challenge. Isabella did not wish to be known—but she should no longer escape. It was absurd, it was monstrous. If she concealed so much and knew so much one must prize her open with the first tool that came to hand— the imagination. One must fix one's mind upon her at that very moment. One must fasten her down there. One must refuse to be put off any longer with sayings and doings such as the moment brought forth—with dinners and visits and polite conversations. One must put oneself in her shoes. If one took the phrase literally, it was easy to see the shoes in which she stood, down in the lower garden, at this moment. They were very narrow and long and fashionable—they were made of the softest and most flexible leather. Like everything she wore, they were exquisite. And she would be standing under the high hedge in the lower part of the garden, raising the scissors that were tied to her waist to cut some dead flower, some overgrown branch. The sun would beat down on her face, into her eyes; but no, at the critical moment a veil of cloud covered the sun, making the expression of her eyes doubtful—was it mocking or tender, brilliant or dull? One could only see the indeterminate outline of her rather faded, fine face looking at the sky. She was thinking, perhaps, that she must order a new net for the strawberries; that she must send flowers to Johnson's widow; that it was time she drove over to see the Hippesleys in their new house. Those were the things she talked about at dinner certainly. But one was tired of the things that she talked about at dinner. It was her profounder state of being that one wanted to catch and turn to words, the state that is to the mind what breathing is to the body, what one calls happiness or unhappiness. At the mention of those words it became obvious, surely, that she must be happy. She was rich; she was distinguished; she had many friends; she travelled—she bought rugs in Turkey and blue pots in Persia. Avenues of pleasure radiated this way and that from where she stood with her scissors raised to cut the trembling branches while the lacy clouds veiled her face.

Here with a quick movement of her scissors she snipped the spray of traveller's joy and it fell to the ground. As it fell, surely some light came in too, surely one could penetrate a little farther into her being. Her mind then was filled with tenderness and regret. . . . To cut an overgrown branch saddened her because it had once lived, and life was dear to her. Yes, and at the same time the fall of the branch would suggest to her how she must die herself and all the futility and evanescence of things. And then again quickly catching this thought up, with her instant good sense, she thought life had treated her well; even if fall she must, it was to lie on the earth and moulder sweetly into the roots of violets. So she stood thinking. Without making any thought precise—for she was one of those reticent people whose minds hold their thoughts enmeshed in clouds of silence—she was filled with thoughts. Her mind was like her room, in which lights advanced and retreated, came pirouetting and stepping delicately, spread their tails, pecked their way; and then her whole being was suffused, like the room again, with a cloud of some profound knowledge, some unspoken regret, and then she was full of locked drawers, stuffed with letters, like her cabinets. To talk of "prizing her open" as if she were an oyster, to use any but the finest and subtlest and most pliable tools upon her was impious and absurd. One must imagine—here was she in the looking-glass. It made one start.

She was so far off at first that one could not see her clearly. She came lingering and pausing, here straightening a rose, there lifting a pink to smell it, but she never stopped; and all the time she became larger and larger in the looking-glass, more and more completely the person into whose mind one had been trying to penetrate. One verified her by degrees—fitted the qualities one had discovered into this visible body. There were her grey-green dress, and her long shoes, her basket, and something sparkling at her throat. She came so gradually that she did not seem to derange the pattern in the glass, but only to bring in some new element which gently moved and altered the other objects as if asking them, courteously, to make room for her. And the letters and the table and the grass walk and the sunflowers which had been waiting in the looking-glass separated and opened out so that she might be received among them. At last there she was, in the hall. She stopped dead. She stood by the table. She stood perfectly still. At once the looking-glass began to pour over her a light that seemed to fix her; that seemed like some acid to bite off the unessential and superficial and to leave only the truth. It was an enthralling spectacle. Everything dropped from her—clouds, dress, basket, diamond—all that one had called the creeper and convolvulus. Here was the hard wall beneath. Here was the woman herself. She stood naked in that pitiless light. And, there was nothing. Isabella was perfectly empty. She had no thoughts. She had no friends. She cared for nobody. As for her letters, they were all bills. Look, as she stood there, old and angular, veined and lined, with her high nose and her wrinkled neck, she did not even trouble to open them.

People should not leave looking-glasses hanging in their rooms.

MRS DALLOWAY   From the distance of the twenty-first century, Virginia Woolf's majestic novel *Mrs Dalloway* is a time capsule of modernity. Set on a single day in June in the city of London shortly after the end of World War I, the novel manages to include the whole world and hold it, trembling in the moment, for our inspection. In and through the thoughts of a loosely connected group of friends and acquaintances and strangers on that June day, all the major strands of modernity are woven: war and violence on an unprecedented scale, technology and urbanism, refugees and exile, empire and migration. The divisions between people by virtue of their gender, or their class, their color or their accent, their sexuality and their politics are threads in the fabric of the novel. While there is no long journey or close-up encounter with otherness in *Mrs Dalloway*, it truly is also a modernist work that goes "beyond the pale." Refusing to submit to the acceptable social platitudes about war, women, the poor, empire, violence and suffering, sexual desire and even death, the novel voyages into the heart of darkness Conrad called London: "for it, too, is a heart of darkness." *Mrs Dalloway* rewrites *Heart of Darkness* for twentieth-century Britain spent by World War I, unsure of its values and its traditions, undergoing upheavals by all those dispossessed abroad and at home. It does so through its unlikely heroine Clarissa Dalloway, a middle-aged woman whose name is borrowed from the first major English novel, Samuel Richardson's *Clarissa*, and whose girlhood was spent on an eighteenth-century country estate summoning up a pastoral English tradition now completely disappeared.

Mrs *Dalloway* was written in part as a response to two very different immediately contemporary modern British novels. Woolf was playing deliberate homage to her friend E. M. Forster's extraordinary *A Passage to India*, a work that approached colonial India and the British who lived there through the prism of multiple consciousness. *Mrs Dalloway*, too, while located in London, uses a narrative that wends its way freely into and out of the minds of its characters, and has only the barest linear plot, since the character Clarissa Dalloway is spending the day making final preparations for the party that closes the novel. The shadow of Joyce's *Ulysses* falls across the novel as well; in response to that colossal and encyclopedic novel of life on 16 June 1904, in Dublin, Woolf crafts a svelte and swift-moving novel, using only one narrative style and taking women and men equally as the momentary home for the roving, nomadic consciousness of the book. Whereas Joyce gave *Ulysses* an epic scale, Woolf was seeking a more intimate form. As she argued three years later in *A Room of One's Own*, "the book has somehow to be adjusted to the body, and at a venture one would say that women's books should be shorter, more concentrated, than those of men." Woolf's smaller canvas is just as open to the world as is *Ulysses*, and there is nothing dainty in her depiction of the horrors of war, of the shock and dazzle of modern consciousness, of the power of desire, and of the violence that courses through human relationships and social institutions alike. Like Dublin for Joyce, London itself becomes the novel's central focus and almost its chief protagonist, a place of surprising encounters and ambiguous possibilities as genders, classes, and nationalities intermingle amid a cityscape replete with centuries of British history and bustling with modern commercial culture.

Mrs *Dalloway* is centered by the pastoral greensward of Regent's Part, the swathe across which on this day of the party all the major characters cut their path and intersect: Clarissa Dalloway herself; her old friend Peter Walsh, returning from years in India; the mad Septimus Warren Smith, trailing his Italian bride Rezia; Richard Dalloway, plunged in the worries of a civil servant and bureaucrat; a country servant girl who has come to London to try her luck; and an ancient woman who sings a primordial British melody. This green world is sliced and scored by the irresolvable divisions and distinctions that march across it; the park becomes a virtual parade ground for these incommensurable lives. The impossibility of continuing to deny the effects of World War I, with its slaughter of an entire generation and the massive mental and physical illnesses it left in its wake, the difficulty of assimilating the rural and the colonial influx of desperate people, and the intractability of the problem of the urban underclass: all these forces of instability and distance collide across the face of the romantic literary idea of England as a green park writ large, a beautiful island, that once promised to ameliorate those divisions. The people in the book can be united only through shared memories, which it turns out are very different from one another, or in modern moments of spectacle and shopping, for example the sky-writing scene, when the public magic of advertisement unites the scattered onlookers in reading the runic letters Glaxo-Kremo, toffee god of the skies. In a world of conflict and division, Clarissa manages to have her party, and without fully knowing it to draw everyone together.

Modernity has scattered people, tossed them over the globe, scarred them with its violence, wounded them by its social rules and grounded them when they wish to take flight. Against this invisible power that fragments and divides, *Mrs Dalloway* proposes that the frail but potent forces of love and generosity, gathered up as the gift of art, collect the fragments and make them momentarily but preciously whole.

Mrs Dalloway

Mrs Dalloway said she would buy the flowers herself.

For Lucy had her work cut out for her. The doors would be taken off their hinges; Rumpelmayer's men were coming. And then, thought Clarissa Dalloway, what a morning—fresh as if issued to children on a beach.

What a lark! What a plunge! For so it had always seemed to her, when, with a little squeak of the hinges, which she could hear now, she had burst open the French windows and plunged at Bourton into the open air. How fresh, how calm, stiller than this of course, the air was in the early morning; like the flap of a wave; the kiss of a wave; chill and sharp and yet (for a girl of eighteen as she then was) solemn, feeling as she did, standing there at the open window, that something awful was about to happen; looking at the flowers, at the trees with the smoke winding off them and the rooks rising, falling; standing and looking until Peter Walsh said, "Musing among the vegetables?"—was that it?—"I prefer men to cauliflowers"—was that it? He must have said it at breakfast one morning when she had gone out on to the terrace—Peter Walsh. He would be back from India one of these days, June or July, she forgot which, for his letters were awfully dull; it was his sayings one remembered; his eyes, his pocket-knife, his smile, his grumpiness and, when millions of things had utterly vanished—how strange it was!—a few sayings like this about cabbages.

She stiffened a little on the kerb, waiting for Durtnall's van to pass. A charming woman, Scrope Purvis thought her (knowing her as one does know people who live next door to one in Westminster); a touch of the bird about her, of the jay, blue-green, light, vivacious, though she was over fifty, and grown very white since her illness. There she perched, never seeing him, waiting to cross, very upright.

For having lived in Westminster—how many years now? over twenty,—one feels even in the midst of the traffic, or waking at night, Clarissa was positive, a particular hush, or solemnity; an indescribable pause; a suspense (but that might be her heart, affected, they said, by influenza) before Big Ben strikes. There! Out it boomed. First a warning, musical; then the hour, irrevocable. The leaden circles dissolved in the air. Such fools we are, she thought, crossing Victoria Street. For Heaven only knows why one loves it so, how one sees it so, making it up, building it round one, tumbling it, creating it every moment afresh; but the veriest frumps, the most dejected of miseries sitting on doorsteps (drink their downfall) do the same; can't be dealt with, she felt positive, by Acts of Parliament for that very reason: they love life. In people's eyes, in the swing, tramp, and trudge; in the bellow and the uproar; the carriages, motor cars, omnibuses, vans, sandwich men shuffling and swinging; brass bands; barrel organs; in the triumph and the jingle and the strange high singing of some aeroplane overhead was what she loved; life; London; this moment of June.

For it was the middle of June. The War was over,[1] except for some one like Mrs Foxcroft at the Embassy last night eating her heart out because that nice boy was killed and now the old Manor House must go to a cousin; or Lady Bexborough who opened a bazaar,[2] they said, with the telegram in her hand, John, her favourite, killed; but it was over; thank Heaven—over. It was June. The King and Queen[3] were at the Palace. And everywhere, though it was still so early, there was a beating, a stirring of galloping ponies, tapping of cricket bats; Lords, Ascot, Ranelagh[4] and all the rest of it; wrapped in the soft mesh of the grey-blue morning air, which, as the day wore on, would unwind them, and set down on their lawns and pitches the bouncing ponies, whose forefeet just struck the ground and up they sprung, the whirling young men, and laughing girls in their transparent muslins who, even now, after dancing all night, were taking their absurd woolly dogs for a run; and even now, at this hour, discreet old dowagers were shooting out in their motor cars on errands of mystery; and the shopkeepers were fidgeting in their windows with their paste and diamonds, their lovely old sea-green brooches in eighteenth-century settings to tempt Americans (but one must economise, not buy things rashly for Elizabeth), and she, too, loving it as she did with an absurd and faithful passion, being part of it, since her people were courtiers once in the time of the Georges,[5] she, too, was going that very night to kindle and illuminate; to give her party. But how strange, on entering the Park, the silence; the mist; the hum; the slow-swimming happy ducks; the pouched birds waddling; and who should be coming along with his back against the Government buildings, most appropriately, carrying a despatch box stamped with the Royal Arms,[6] who but Hugh Whitbread; her old friend Hugh—the admirable Hugh!

"Good-morning to you, Clarissa!" said Hugh, rather extravagantly, for they had known each other as children. "Where are you off to?"

"I love walking in London," said Mrs Dalloway. "Really it's better than walking in the country."

They had just come up—unfortunately—to see doctors. Other people came to see pictures; go to the opera; take their daughters out; the Whitbreads came "to see doctors." Times without number Clarissa had visited Evelyn Whitbread in a nursing home. Was Evelyn ill again? Evelyn was a good deal out of sorts, said Hugh, intimating by a kind of pout or swell of his very well-covered, manly, extremely

1. World War I (1914–1918).

2. These street markets, borrowing their exotic name from trading centers in the Middle East, became a fashionable locus of philanthropy in 19th-century London. In the stalls, most often operated by women, were peddled a variety of wares, ostensibly to raise funds for charitable causes. These enterprises also provoked sharp criticism from those, like the *Saturday Review* (June 1872) columnist quoted here, who feared a blurred distinction between the sellers and the goods: "the ladies holding the stalls . . . make a merchandise of their smiles, and drive a roaring trade in their *cartes-de-visite* and autographs, with miserable little coat bouquets made up and fastened in by their own hands, and sold at prices more like the current rates of El Dorado than London . . . ." Nor did the ambiguities of the bazaar escape the notice of Woolf's contemporaries, as Joyce's 1916 story *Araby* is in part concerned with the "vanity" of the scene.

3. George V (r. 1910–1936) and Mary.

4. Lord's Cricket Ground, in northwest London, accommodates the headquarters of the game's key organizations and is regarded as the home of cricket in England. Ascot is a premier English racecourse. Ranelagh Gardens were, at one time, one of the most fashionable pleasure gardens of London.

5. George I (r. 1714–1727), George II (r. 1727–1760), George III (r. 1760–1820) and George IV (r. 1820–1830). It was during these reigns that the East India Company officially ceased to exist as an autonomous entity and was brought under Parliamentary supervision/administration, an event that hastened the empire's spread.

6. A visible sign indicating that Hugh Whitbread has been entrusted with official government business.

handsome, perfectly upholstered body (he was almost too well dressed always, but presumably had to be, with his little job at Court) that his wife had some internal ailment, nothing serious, which, as an old friend, Clarissa Dalloway would quite understand without requiring him to specify. Ah yes, she did of course; what a nuisance; and felt very sisterly and oddly conscious at the same time of her hat. Not the right hat for the early morning, was that it? For Hugh always made her feel, as he bustled on, raising his hat rather extravagantly and assuring her that she might be a girl of eighteen, and of course he was coming to her party to-night, Evelyn absolutely insisted, only a little late he might be after the party at the Palace to which he had to take one of Jim's boys,—she always felt a little skimpy beside Hugh; schoolgirlish; but attached to him, partly from having known him always, but she did think him a good sort in his own way, though Richard was nearly driven mad by him, and as for Peter Walsh, he had never to this day forgiven her for liking him.

She could remember scene after scene at Bourton—Peter furious; Hugh not, of course, his match in any way, but still not a positive imbecile as Peter made out; not a mere barber's block. When his old mother wanted him to give up shooting or to take her to Bath he did it, without a word; he was really unselfish, and as for saying, as Peter did, that he had no heart, no brain, nothing but the manners and breeding of an English gentleman, that was only her dear Peter at his worst; and he could be intolerable; he could be impossible; but adorable to walk with on a morning like this.

(June had drawn out every leaf on the trees. The mothers of Pimlico gave suck to their young. Messages were passing from the Fleet to the Admiralty. Arlington Street and Piccadilly[7] seemed to chafe the very air in the Park and lift its leaves hotly, brilliantly, on waves of that divine vitality which Clarissa loved. To dance, to ride, she had adored all that.)

For they might be parted for hundreds of years, she and Peter; she never wrote a letter and his were dry sticks; but suddenly it would come over her, If he were with me now what would he say?—some days, some sights bringing him back to her calmly, without the old bitterness; which perhaps was the reward of having cared for people; they came back in the middle of St James's Park on a fine morning—indeed they did. But Peter—however beautiful the day might be, and the trees and the grass, and the little girl in pink—Peter never saw a thing of all that. He would put on his spectacles, if she told him to; he would look. It was the state of the world that interested him; Wagner, Pope's poetry, people's characters eternally, and the defects of her own soul. How he scolded her! How they argued! She would marry a Prime Minister and stand at the top of a staircase; the perfect hostess he called her (she had cried over it in her bedroom), she had the makings of the perfect hostess, he said.

So she would still find herself arguing in St James's Park, still making out that she had been right—and she had too—not to marry him. For in marriage a little licence, a little independence there must be between people living together day in day out in the same house; which Richard gave her, and she him. (Where was he this morning for instance? Some committee, she never asked what.) But with Peter everything had to be shared; everything gone into. And it was intolerable, and when it came to that scene in the little garden by the fountain, she had to break with him or they would have been destroyed, both of them ruined, she was convinced; though she had borne about with her for years like an arrow sticking in her heart the grief,

---

7. All locations in the vicinity of St. James's Park, in south-central London.

the anguish; and then the horror of the moment when some one told her at a concert that he had married a woman met on the boat going to India! Never should she forget all that! Cold, heartless, a prude, he called her. Never could she understand how he cared. But those Indian women did presumably—silly, pretty, flimsy nincompoops. And she wasted her pity. For he was quite happy, he assured her—perfectly happy, though he had never done a thing that they talked of; his whole life had been a failure. It made her angry still.

She had reached the Park gates. She stood for a moment, looking at the omnibuses in Piccadilly.

She would not say of any one in the world now that they were this or were that. She felt very young; at the same time unspeakably aged. She sliced like a knife through everything; at the same time was outside, looking on. She had a perpetual sense, as she watched the taxi cabs, of being out, out, far out to sea and alone; she always had the feeling that it was very, very dangerous to live even one day. Not that she thought herself clever, or much out of the ordinary. How she had got through life on the few twigs of knowledge Fräulein Daniels gave them she could not think. She knew nothing; no language, no history; she scarcely read a book now, except memoirs in bed; and yet to her it was absolutely absorbing; all this; the cabs passing; and she would not say of Peter, she would not say of herself, I am this, I am that.

Her only gift was knowing people almost by instinct, she thought, walking on. If you put her in a room with some one, up went her back like a cat's; or she purred. Devonshire House, Bath House, the house with the china cockatoo, she had seen them all lit up once; and remembered Sylvia, Fred, Sally Seton—such hosts of people; and dancing all night; and the waggons plodding past to market; and driving home across the Park. She remembered once throwing a shilling into the Serpentine.[8] But every one remembered; what she loved was this, here, now, in front of her; the fat lady in the cab. Did it matter then, she asked herself, walking towards Bond Street,[9] did it matter that she must inevitably cease completely; all this must go on without her; did she resent it; or did it not become consoling to believe that death ended absolutely? but that somehow in the streets of London, on the ebb and flow of things, here, there, she survived, Peter survived, lived in each other, she being part, she was positive, of the trees at home; of the house there, ugly, rambling all to bits and pieces as it was; part of people she had never met; being laid out like a mist between the people she knew best, who lifted her on their branches as she had seen the trees lift the mist, but it spread ever so far, her life, herself. But what was she dreaming as she looked into Hatchards' shop window? What was she trying to recover? What image of white dawn in the country, as she read in the book spread open:

> Fear no more the heat o' the sun
> Nor the furious winter's rages.[1]

This late age of the world's experience had bred in them all, all men and women, a well of tears. Tears and sorrows; courage and endurance; a perfectly upright and stoical bearing. Think, for example, of the woman she admired most, Lady Bexborough, opening the bazaar.

8. An artificial pond in Hyde Park, largest of the London parks and site of the 1851 Great Exhibition.
9. Area of fashionable shops in northwest London.

1. Cymbeline 4.2. 258–81. A farewell to the dead, the song is also a reminder that the living must also "come to dust."

There were Jorrocks' *Jaunts and Jollities*; there were *Soapy Sponge* and Mrs Asquith's *Memoirs* and *Big Game Shooting in Nigeria*,[2] all spread open. Ever so many books there were; but none that seemed exactly right to take to Evelyn Whitbread in her nursing home. Nothing that would serve to amuse her and make that indescribably dried-up little woman look, as Clarissa came in, just for a moment cordial; before they settled down for the usual interminable talk of women's ailments. How much she wanted it—that people should look pleased as she came in, Clarissa thought and turned and walked back towards Bond Street, annoyed, because it was silly to have other reasons for doing things. Much rather would she have been one of those people like Richard who did things for themselves, whereas, she thought, waiting to cross, half the time she did things not simply, not for themselves; but to make people think this or that; perfect idiocy she knew (and now the policeman held up his hand) for no one was ever for a second taken in. Oh if she could have had her life over again! she thought, stepping on to the pavement, could have looked even differently!

She would have been, in the first place, dark like Lady Bexborough, with a skin of crumpled leather and beautiful eyes. She would have been, like Lady Bexborough, slow and stately; rather large; interested in politics like a man; with a country house; very dignified, very sincere. Instead of which she had a narrow pea-stick figure; a ridiculous little face, beaked like a bird's. That she held herself well was true; and had nice hands and feet; and dressed well, considering that she spent little. But often now this body she wore (she stopped to look at a Dutch picture), this body, with all its capacities, seemed nothing—nothing at all. She had the oddest sense of being herself invisible, unseen; unknown; there being no more marrying, no more having of children now, but only this astonishing and rather solemn progress with the rest of them, up Bond Street, this being Mrs Dalloway; not even Clarissa any more; this being Mrs Richard Dalloway.

Bond Street fascinated her; Bond Street early in the morning in the season; its flags flying; its shops; no splash; no glitter; one roll of tweed in the shop where her father had bought his suits for fifty years; a few pearls; salmon on an iceblock.

"That is all," she said, looking at the fishmonger's. "That is all," she repeated, pausing for a moment at the window of a glove shop where, before the War, you could buy almost perfect gloves. And her old Uncle William used to say a lady is known by her shoes and her gloves. He had turned on his bed one morning in the middle of the War. He had said, "I have had enough." Gloves and shoes; she had a passion for gloves; but her own daughter, her Elizabeth, cared not a straw for either of them.

Not a straw, she thought, going on up Bond Street to a shop where they kept flowers for her when she gave a party. Elizabeth really cared for her dog most of all. The whole house this morning smelt of tar.[3] Still, better poor Grizzle than Miss Kilman; better distemper and tar and all the rest of it than sitting mewed in a stuffy bedroom with a prayer book! Better anything, she was inclined to say. But it might be only a phase, as Richard said, such as all girls go through. It might be falling in love. But why with Miss Kilman? who had been badly treated of course; one must make allowances for that, and Richard said she was very able, had a really historical mind. Anyhow they were inseparable, and Elizabeth, her own daughter, went to Communion;

2. *Jorrocks' Jaunts and Jollities* (1838) and *Mr Sponge's Sporting Tour* (1853) were comic sporting novels by Robert Smith Surtees (Woolf misattributes authorship of the first of these to its title character). All eight of his books are concerned with characteristic elements of English fox-hunting society. Presumably, the last book mentioned is also of the hunting-adventure ilk. Mrs Emma Alice Margaret (Margot) Asquith (1864–1945) was the second wife of Prime Minister Herbert Asquith. Her autobiography details her prominence in London Society.

3. Used as an agent in dog-grooming products.

and how she dressed, how she treated people who came to lunch she did not care a bit, it being her experience that the religious ecstasy made people callous (so did causes); dulled their feelings, for Miss Kilman would do anything for the Russians, starved herself for the Austrians, but in private inflicted positive torture, so insensitive was she, dressed in a green mackintosh coat. Year in year out she wore that coat; she perspired; she was never in the room five minutes without making you feel her superiority, your inferiority; how poor she was; how rich you were; how she lived in a slum without a cushion or a bed or a rug or whatever it might be, all her soul rusted with that grievance sticking in it, her dismissal from school during the War—poor embittered unfortunate creature! For it was not her one hated but the idea of her, which undoubtedly had gathered in to itself a great deal that was not Miss Kilman; had become one of those spectres with which one battles in the night; one of those spectres who stand astride us and suck up half our life-blood, dominators and tyrants; for no doubt with another throw of the dice, had the black been uppermost and not the white, she would have loved Miss Kilman! But not in this world. No.

It rasped her, though, to have stirring about in her this brutal monster! to hear twigs cracking and feel hooves planted down in the depths of that leaf-encumbered forest, the soul; never to be content quite, or quite secure, for at any moment the brute would be stirring, this hatred, which, especially since her illness, had power to make her feel scraped, hurt in her spine; gave her physical pain, and made all pleasure in beauty, in friendship, in being well, in being loved and making her home delightful rock, quiver, and bend as if indeed there were a monster grubbing at the roots, as if the whole panoply of content were nothing but self love! this hatred!

Nonsense, nonsense! she cried to herself, pushing through the swing doors of Mulberry's the florists.

She advanced, light, tall, very upright, to be greeted at once by button-faced Miss Pym, whose hands were always bright red, as if they had been stood in cold water with the flowers.

There were flowers: delphiniums, sweet peas, bunches of lilac; and carnations, masses of carnations. There were roses; there were irises. Ah yes—so she breathed in the earthy garden sweet smell as she stood talking to Miss Pym who owed her help, and thought her kind, for kind she had been years ago; very kind, but she looked older, this year, turning her head from side to side among the irises and roses and nodding tufts of lilac with her eyes half closed, snuffing in, after the street uproar, the delicious scent, the exquisite coolness. And then, opening her eyes, how fresh like frilled linen clean from a laundry laid in wicker trays the roses looked; and dark and prim the red carnations, holding their heads up; and all the sweet peas spreading in their bowls, tinged violet, snow white, pale—as if it were the evening and girls in muslin frocks came out to pick sweet peas and roses after the superb summer's day, with its almost blue-black sky, its delphiniums, its carnations, its arum lilies was over; and it was the moment between six and seven when every flower—roses, carnations, irises, lilac—glows; white, violet, red, deep orange; every flower seems to burn by itself, softly, purely in the misty beds; and how she loved the grey-white moths spinning in and out, over the cherry pie, over the evening primroses!

And as she began to go with Miss Pym from jar to jar, choosing, nonsense, nonsense, she said to herself, more and more gently, as if this beauty, this scent, this colour, and Miss Pym liking her, trusting her, were a wave which she let flow over her and surmount that hatred, that monster, surmount it all; and it lifted her up and up when—oh! a pistol shot in the street outside!

"Dear, those motor cars," said Miss Pym, going to the window to look, and coming back and smiling apologetically with her hands full of sweet peas, as if those motor cars, those tyres of motor cars, were all *her* fault.

The violent explosion which made Mrs Dalloway jump and Miss Pym go to the window and apologise came from a motor car which had drawn to the side of the pavement precisely opposite Mulberry's shop window. Passers-by who, of course, stopped and stared, had just time to see a face of the very greatest importance against the dove-grey upholstery, before a male hand drew the blind and there was nothing to be seen except a square of dove grey.

Yet rumours were at once in circulation from the middle of Bond Street to Oxford Street on one side, to Atkinson's scent shop on the other, passing invisibly, inaudibly, like a cloud, swift, veil-like upon hills, falling indeed with something of a cloud's sudden sobriety and stillness upon faces which a second before had been utterly disorderly. But now mystery had brushed them with her wing; they had heard the voice of authority; the spirit of religion was abroad with her eyes bandaged tight and her lips gaping wide. But nobody knew whose face had been seen. Was it the Prince of Wales's, the Queen's, the Prime Minister's? Whose face was it? Nobody knew.

Edgar J. Watkiss, with his roll of lead piping round his arm, said audibly, humorously of course: "The Proime Minister's kyar."

Septimus Warren Smith, who found himself unable to pass, heard him.

Septimus Warren Smith, aged about thirty, palefaced, beak-nosed, wearing brown shoes and a shabby overcoat, with hazel eyes which had that look of apprehension in them which makes complete strangers apprehensive too. The world has raised its whip; where will it descend?

Everything had come to a standstill. The throb of the motor engines sounded like a pulse irregularly drumming through an entire body. The sun became extraordinarily hot because the motor car had stopped outside Mulberry's shop window; old ladies on the tops of omnibuses spread their black parasols; here a green, here a red parasol opened with a little pop. Mrs Dalloway, coming to the window with her arms full of sweet peas, looked out with her little pink face pursed in enquiry. Every one looked at the motor car. Septimus looked. Boys on bicycles sprang off. Traffic accumulated. And there the motor car stood, with drawn blinds, and upon them a curious pattern like a tree, Septimus thought, and this gradual drawing together of everything to one centre before his eyes, as if some horror had come almost to the surface and was about to burst into flames, terrified him. The world wavered and quivered and threatened to burst into flames. It is I who am blocking the way, he thought. Was he not being looked at and pointed at; was he not weighted there, rooted to the pavement, for a purpose? But for what purpose?

"Let us go on, Septimus," said his wife, a little woman, with large eyes in a sallow pointed face; an Italian girl.

But Lucrezia herself could not help looking at the motor car and the tree pattern on the blinds. Was it the Queen in there—the Queen going shopping?

The chauffeur, who had been opening something, turning something, shutting something, got on to the box.[4]

"Come on," said Lucrezia.

---

4. The car having backfired and stalled, the driver recharges it by cranking the starting handle and returns to his seat.

But her husband, for they had been married four, five years now, jumped, started, and said, "All right!" angrily, as if she had interrupted him.

People must notice; people must see. People, she thought, looking at the crowd staring at the motor car; the English people, with their children and their horses and their clothes, which she admired in a way; but they were "people" now, because Septimus had said, "I will kill myself"; an awful thing to say. Suppose they had heard him? She looked at the crowd. Help, help! she wanted to cry out to butchers' boys and women. Help! Only last autumn she and Septimus had stood on the Embankment wrapped in the same cloak and, Septimus reading a paper instead of talking, she had snatched it from him and laughed in the old man's face who saw them! But failure one conceals. She must take him away into some park.

"Now we will cross," she said.

She had a right to his arm, though it was without feeling. He would give her, who was so simple, so impulsive, only twenty-four, without friends in England, who had left Italy for his sake, a piece of bone.

The motor car with its blinds drawn and an air of inscrutable reserve proceeded towards Piccadilly, still gazed at, still ruffling the faces on both sides of the street with the same dark breath of veneration whether for Queen, Prince, or Prime Minister nobody knew. The face itself had been seen only once by three people for a few seconds. Even the sex was now in dispute. But there could be no doubt that greatness was seated within; greatness was passing, hidden, down Bond Street, removed only by a hand's-breadth from ordinary people who might now, for the first and last time, be within speaking distance of the majesty of England, of the enduring symbol of the state which will be known to curious antiquaries, sifting the ruins of time, when London is a grass-grown path and all those hurrying along the pavement this Wednesday morning are but bones with a few wedding rings mixed up in their dust and the gold stoppings of innumerable decayed teeth. The face in the motor car will then be known.

It is probably the Queen, thought Mrs Dalloway, coming out of Mulberry's with her flowers; the Queen. And for a second she wore a look of extreme dignity standing by the flower shop in the sunlight while the car passed at a foot's pace, with its blinds drawn. The Queen going to some hospital; the Queen opening some bazaar, thought Clarissa.

The crush was terrific for the time of day. Lords, Ascot, Hurlingham, what was it? she wondered, for the street was blocked. The British middle classes sitting sideways on the tops of omnibuses with parcels and umbrellas, yes, even furs on a day like this, were, she thought, more ridiculous, more unlike anything there has ever been than one could conceive; and the Queen herself held up; the Queen herself unable to pass. Clarissa was suspended on one side of Brook Street; Sir John Buckhurst, the old Judge on the other, with the car between them (Sir John had laid down the law for years and liked a well-dressed woman) when the chauffeur, leaning ever so slightly, said or showed something to the policeman, who saluted and raised his arm and jerked his head and moved the omnibus to the side and the car passed through. Slowly and very silently it took its way.

Clarissa guessed; Clarissa knew of course; she had seen something white, magical, circular, in the footman's hand, a disc inscribed with a name,—the Queen's, the Prince of Wales's, the Prime Minister's?—which, by force of its own lustre, burnt its way through (Clarissa saw the car diminishing, disappearing), to blaze among candelabras, glittering stars, breasts stiff with oak leaves, Hugh Whitbread and all his colleagues, the gentlemen of England, that night in Buckingham Palace. And Clarissa, too, gave a party. She stiffened a little; so she would stand at the top of her stairs.

The car had gone, but it had left a slight ripple which flowed through glove shops and hat shops and tailors' shops on both sides of Bond Street. For thirty seconds all heads were inclined the same way—to the window. Choosing a pair of gloves— should they be to the elbow or above it, lemon or pale grey?—ladies stopped; when the sentence was finished something had happened. Something so trifling in single instances that no mathematical instrument, though capable of transmitting shocks in China, could register the vibration; yet in its fulness rather formidable and in its common appeal emotional; for in all the hat shops and tailors' shops strangers looked at each other and thought of the dead; of the flag; of Empire. In a public house in a back street a Colonial insulted the House of Windsor[5] which led to words, broken beer glasses, and a general shindy, which echoed strangely across the way in the ears of girls buying white underlinen threaded with pure white ribbon for their weddings. For the surface agitation of the passing car as it sunk grazed something very profound.

Gliding across Piccadilly, the car turned down St James's Street. Tall men, men of robust physique, well-dressed men with their tail-coats and their white slips and their hair raked back who, for reasons difficult to discriminate, were standing in the bow window of Brooks's with their hands behind the tails of their coats, looking out, perceived instinctively that greatness was passing, and the pale light of the immortal presence fell upon them as it had fallen upon Clarissa Dalloway. At once they stood even straighter, and removed their hands, and seemed ready to attend their Sovereign, if need be, to the cannon's mouth, as their ancestors had done before them. The white busts and the little tables in the background covered with copies of the *Tatler* and syphons of soda water seemed to approve; seemed to indicate the flowing corn and the manor houses of England; and to return the frail hum of the motor wheels as the walls of a whispering gallery return a single voice expanded and made sonorous by the might of a whole cathedral. Shawled Moll Pratt with her flowers on the pavement wished the dear boy well (it was the Prince of Wales for certain) and would have tossed the price of a pot of beer—a bunch of roses—into St James's Street out of sheer light-heartedness and contempt of poverty had she not seen the constable's eye upon her, discouraging an old Irishwoman's loyalty. The sentries at St James's saluted; Queen Alexandra's policeman approved.

A small crowd meanwhile had gathered at the gates of Buckingham Palace. Listlessly, yet confidently, poor people all of them, they waited; looked at the Palace itself with the flag flying; at Victoria, billowing on her mound, admired her shelves of running water, her geraniums; singled out from the motor cars in the Mall first this one, then that; bestowed emotion, vainly, upon commoners out for a drive; recalled their tribute to keep it unspent while this car passed and that; and all the time let rumour accumulate in their veins and thrill the nerves in their thighs at the thought of Royalty looking at them; the Queen bowing; the Prince saluting; at the thought of the heavenly life divinely bestowed upon Kings; of the equerries and deep curtsies; of the Queen's old doll's house; of Princess Mary married to an Englishman, and the Prince—ah! the Prince! who took wonderfully, they said, after old King Edward, but was ever so much slimmer. The Prince lived at St James's; but he might come along in the morning to visit his mother.

So Sarah Bletchley said with her baby in her arms, tipping her foot up and down as though she were by her own fender in Pimlico, but keeping her eyes on the Mall, while Emily Coates ranged over the Palace windows and thought of the housemaids,

5. The royal house of England since George V so dubbed it in 1917, in abrogation of the nominal German link in the dynastic name Saxe-Coburg-Gotha.

the innumerable housemaids, the bedrooms, the innumerable bedrooms. Joined by an elderly gentleman with an Aberdeen terrier, by men without occupation, the crowd increased. Little Mr Bowley, who had rooms in the Albany and was sealed with wax over the deeper sources of life but could be unsealed suddenly, inappropriately, sentimentally, by this sort of thing—poor women waiting to see the Queen go past—poor women, nice little children, orphans, widows, the War—tut-tut—actually had tears in his eyes. A breeze flaunting ever so warmly down the Mall through the thin trees, past the bronze heroes, lifted some flag flying in the British breast of Mr Bowley and he raised his hat as the car turned into the Mall and held it high as the car approached; and let the poor mothers of Pimlico press close to him, and stood very upright. The car came on.

Suddenly Mrs Coates looked up into the sky. The sound of an aeroplane bored ominously into the ears of the crowd. There it was coming over the trees, letting out white smoke from behind, which curled and twisted, actually writing something! making letters in the sky! Every one looked up.

Dropping dead down the aeroplane soared straight up, curved in a loop, raced, sank, rose, and whatever it did, wherever it went, out fluttered behind it a thick ruffled bar of white smoke which curled and wreathed upon the sky in letters.[6] But what letters? A C was it? an E, then an L? Only for a moment did they lie still; then they moved and melted and were rubbed out up in the sky, and the aeroplane shot further away and again, in a fresh space of sky, began writing a K, an E, a Y perhaps?

"Glaxo,"[7] said Mrs Coates in a strained, awestricken voice, gazing straight up, and her baby, lying stiff and white in her arms, gazed straight up.

"Kreemo,"[8] murmured Mrs Bletchley, like a sleepwalker. With his hat held out perfectly still in his hand, Mr Bowley gazed straight up. All down the Mall people were standing and looking up into the sky. As they looked the whole world became perfectly silent, and a flight of gulls crossed the sky, first one gull leading, then another, and in this extraordinary silence and peace, in this pallor, in this purity, bells struck eleven times, the sound fading up there among the gulls.

The aeroplane turned and raced and swooped exactly where it liked, swiftly, freely, like a skater—

"That's an E," said Mrs Bletchley—or a dancer—

"It's toffee," murmured Mr Bowley—(and the car went in at the gates and nobody looked at it), and shutting off the smoke, away and away it rushed, and the smoke faded and assembled itself round the broad white shapes of the clouds.

It had gone; it was behind the clouds. There was no sound. The clouds to which the letters E, G, or L had attached themselves moved freely, as if destined to cross from West to East on a mission of the greatest importance which would never be revealed, and yet certainly so it was—a mission of the greatest importance. Then suddenly, as a train comes out of a tunnel, the aeroplane rushed out of the clouds again, the sound boring into the ears of all people in the Mall, in the Green Park, in Piccadilly, in Regent Street, in Regent's Park, and the bar of smoke curved behind and it dropped down, and it soared up and wrote one letter after another—but what word was it writing?

6. Skywriting was still a fairly cutting-edge phenomenon when Woolf was writing this novel. After the war, aviator Major Jack C. Savage purchased an SE5a airplane, the best British fighter of World War I (then being sold at reduced war-surplus prices) and converted it for skywriting purposes, developing the technique as a form of advertising. By 1922 Savage had sold his services to large companies and drew amazed crowds onto the streets of London and other cities when slogans such as "Persil," "Castrol" and "Daily Mail" appeared in the sky.

7. Glaxo India Limited, a UK pharmaceutical company, incorporated in 1924.

8. Kreemo was a brand of root beer.

View of Regent Street, London, 1927.

Lucrezia Warren Smith, sitting by her husband's side on a seat in Regent's Park in the Broad Walk, looked up.

"Look, look, Septimus!" she cried. For Dr Holmes had told her to make her husband (who had nothing whatever seriously the matter with him but was a little out of sorts) take an interest in things outside himself.

So, thought Septimus, looking up, they are signalling to me. Not indeed in actual words; that is, he could not read the language yet; but it was plain enough, this beauty, this exquisite beauty, and tears filled his eyes as he looked at the smoke words languishing and melting in the sky and bestowing upon him in their inexhaustible charity and laughing goodness one shape after another of unimaginable beauty and signalling their intention to provide him, for nothing, for ever, for looking merely, with beauty, more beauty! Tears ran down his cheeks.

It was toffee; they were advertising toffee, a nursemaid told Rezia. Together they began to spell t . . . o . . . f . . .

"K . . . R . . ." said the nursemaid, and Septimus heard her say "Kay Arr" close to his ear, deeply, softly, like a mellow organ, but with a roughness in her voice like a grasshopper's, which rasped his spine deliciously and sent running up into his brain waves of sound which, concussing, broke. A marvellous discovery indeed—that the human voice in certain atmospheric conditions (for one must be scientific, above all scientific) can quicken trees into life! Happily Rezia put her hand with a tremendous weight on his knee so that he was weighted down, transfixed, or the excitement of the elm trees rising and falling, rising and falling with all their leaves alight and the colour

thinning and thickening from blue to the green of a hollow wave, like plumes on horses' heads, feathers on ladies', so proudly they rose and fell, so superbly, would have sent
him mad. But he would not go mad. He would shut his eyes; he would see no more.

But they beckoned; leaves were alive; trees were alive. And the leaves being
connected by millions of fibres with his own body, there on the seat, fanned it up and
down; when the branch stretched he, too, made that statement. The sparrows fluttering, rising, and falling in jagged fountains were part of the pattern; the white and
blue, barred with black branches. Sounds made harmonies with premeditation; the
spaces between them were as significant as the sounds. A child cried. Rightly far
away a horn sounded. All taken together meant the birth of a new religion—

"Septimus!" said Rezia. He started violently. People must notice.

"I am going to walk to the fountain and back," she said.

For she could stand it no longer. Dr Holmes might say there was nothing the
matter. Far rather would she that he were dead! She could not sit beside him when
he stared so and did not see her and made everything terrible; sky and tree, children
playing, dragging carts, blowing whistles, falling down; all were terrible. And he
would not kill himself; and she could tell no one. "Septimus has been working too
hard"—that was all she could say to her own mother. To love makes one solitary, she
thought. She could tell nobody, not even Septimus now, and looking back, she saw
him sitting in his shabby overcoat alone, on the seat, hunched up, staring. And it was
cowardly for a man to say he would kill himself, but Septimus had fought; he was
brave; he was not Septimus now. She put on her lace collar. She put on her new hat
and he never noticed; and he was happy without her. Nothing could make her happy
without him! Nothing! He was selfish. So men are. For he was not ill. Dr Holmes said
there was nothing the matter with him. She spread her hand before her. Look! Her
wedding ring slipped—she had grown so thin. It was she who suffered—but she had
nobody to tell.

Far was Italy and the white houses and the room where her sisters sat making
hats, and the streets crowded every evening with people walking, laughing out loud,
not half alive like people here, huddled up in Bath chairs, looking at a few ugly flowers stuck in pots!

"For you should see the Milan gardens," she said aloud. But to whom?

There was nobody. Her words faded. So a rocket fades. Its sparks, having grazed
their way into the night, surrender to it, dark descends, pours over the outlines of
houses and towers; bleak hillsides soften and fall in. But though they are gone, the
night is full of them; robbed of colour, blank of windows, they exist more ponderously,
give out what the frank daylight fails to transmit—the trouble and suspense of things
conglomerated there in the darkness; huddled together in the darkness; reft of the
relief which dawn brings when, washing the walls white and grey, spotting each win-
dowpane, lifting the mist from the fields, showing the redbrown cows peacefully grazing, all is once more decked out to the eye; exists again. I am alone; I am alone! she
cried, by the fountain in Regent's Park (staring at the Indian and his cross), as perhaps
at midnight, when all boundaries are lost, the country reverts to its ancient shape, as
the Romans saw it, lying cloudy, when they landed, and the hills had no names and
rivers wound they knew not where—such was her darkness; when suddenly, as if a
shelf were shot forth and she stood on it, she said how she was his wife, married years
ago in Milan, his wife, and would never, never tell that he was mad! Turning, the
shelf fell; down, down she dropped. For he was gone, she thought—gone, as he threatened, to kill himself—to throw himself under a cart! But no; there he was; still sitting
alone on the seat, in his shabby overcoat, his legs crossed, staring, talking aloud.

Men must not cut down trees. There is a God. (He noted such revelations on the backs of envelopes.) Change the world. No one kills from hatred. Make it known (he wrote it down). He waited. He listened. A sparrow perched on the railing opposite chirped Septimus, Septimus, four or five times over and went on, drawing its notes out, to sing freshly and piercingly in Greek words how there is no crime and, joined by another sparrow, they sang in voices prolonged and piercing in Greek words, from trees in the meadow of life beyond a river where the dead walk, how there is no death.

There was his hand; there the dead. White things were assembling behind the railings opposite. But he dared not look. Evans was behind the railings!

"What are you saying?" said Rezia suddenly, sitting down by him.

Interrupted again! She was always interrupting.

Away from people—they must get away from people, he said (jumping up), right away over there, where there were chairs beneath a tree and the long slope of the park dipped like a length of green stuff with a ceiling cloth of blue and pink smoke high above, and there was a rampart of far irregular houses hazed in smoke, the traffic hummed in a circle, and on the right, duncoloured animals stretched long necks over the Zoo palings, barking, howling. There they sat down under a tree.

"Look," she implored him, pointing at a little troop of boys carrying cricket stumps, and one shuffled, spun round on his heel and shuffled, as if he were acting a clown at the music hall.

"Look," she implored him, for Dr Holmes had told her to make him notice real things, go to a music hall, play cricket—that was the very game, Dr Holmes said, a nice out-of-door game, the very game for her husband.

"Look," she repeated.

Look the unseen bade him, the voice which now communicated with him who was the greatest of mankind, Septimus, lately taken from life to death, the Lord who had come to renew society, who lay like a coverlet, a snow blanket smitten only by the sun, for ever unwasted, suffering for ever, the scapegoat, the eternal sufferer, but he did not want it, he moaned, putting from him with a wave of his hand that eternal suffering, that eternal loneliness.

"Look," she repeated, for he must not talk aloud to himself out of doors.

"Oh look," she implored him. But what was there to look at? A few sheep. That was all.

The way to Regent's Park Tube station—could they tell her the way to Regent's Park Tube station—Maisie Johnson wanted to know. She was only up from Edinburgh two days ago.

"Not this way—over there!" Rezia exclaimed, waving her aside, lest she should see Septimus.

Both seemed queer, Maisie Johnson thought. Everything seemed very queer. In London for the first time, come to take up a post at her uncle's in Leadenhall Street, and now walking through Regent's Park in the morning, this couple on the chairs gave her quite a turn; the young woman seeming foreign, the man looking queer; so that should she be very old she would still remember and make it jangle again among her memories how she had walked through Regent's Park on a fine summer's morning fifty years ago. For she was only nineteen and had got her way at last, to come to London; and now how queer it was, this couple she had asked the way of, and the girl started and jerked her hand, and the man—he seemed awfully odd; quarrelling, perhaps; parting for ever, perhaps; something was up, she knew; and now all these people (for she returned to the Broad Walk), the stone basins, the prim flowers, the old men and women, invalids most of them in Bath chairs—all seemed, after Edinburgh, so queer. And Maisie Johnson, as she joined that gently trudging, vaguely gazing, breeze-kissed company—squirrels perching and preening, sparrow fountains fluttering for crumbs, dogs busy with the railings, busy with each other, while the soft warm air washed over them and lent to the fixed unsurprised gaze with which they received life something whimsical and mollified—Maisie Johnson positively felt she must cry Oh! (For that young man on the seat had given her quite a turn. Something was up, she knew.)

Horror! horror! she wanted to cry. (She had left her people; they had warned her what would happen.)

Why hadn't she stayed at home? she cried, twisting the knob of the iron railing.

That girl, thought Mrs Dempster (who saved crusts for the squirrels and often ate her lunch in Regent's Park), don't know a thing yet; and really it seemed to her better to be a little stout, a little slack, a little moderate in one's expectations. Percy drank. Well, better to have a son, thought Mrs Dempster. She had had a hard time of it, and couldn't help smiling at a girl like that. You'll get married, for you're pretty enough, thought Mrs Dempster. Get married, she thought, and then you'll know. Oh, the cooks, and so on. Every man has his ways. But whether I'd have chosen quite like that if I could have known, thought Mrs Dempster, and could not help wishing to whisper a word to Maisie Johnson; to feel on the creased pouch of her worn old face the kiss of pity. For it's been a hard life, thought Mrs Dempster. What hadn't she given to it? Roses; figure; her feet too. (She drew the knobbed lumps beneath her skirt.)

Roses, she thought sardonically. All trash, m'dear. For really, what with eating, drinking, and mating, the bad days and good, life had been no mere matter of roses, and what was more, let me tell you, Carrie Dempster had no wish to change her lot with any woman's in Kentish Town! But, she implored, pity. Pity, for the loss of roses. Pity she asked of Maisie Johnson, standing by the hyacinth beds.

Ah, but that aeroplane! Hadn't Mrs Dempster always longed to see foreign parts? She had a nephew, a missionary. It soared and shot. She always went on the sea at Margate, not out o' sight of land, but she had no patience with women who were afraid of water. It swept and fell. Her stomach was in her mouth. Up again. There's a fine young feller aboard of it, Mrs Dempster wagered, and away and away it went, fast and fading, away and away the aeroplane shot; soaring over Greenwich and all the masts; over the little island of grey churches, St Paul's and the rest till, on either side of London, fields spread out and dark brown woods where adventurous thrushes hopping boldly, glancing quickly, snatched the snail and tapped him on a stone, once, twice, thrice.

Away and away the aeroplane shot, till it was nothing but a bright spark; an aspiration; a concentration; a symbol (so it seemed to Mr Bentley, vigorously rolling his strip of turf at Greenwich) of man's soul; of his determination, thought Mr Bentley, sweeping round the cedar tree, to get outside his body, beyond his house, by means of thought, Einstein,[9] speculation,[1] mathematics, the Mendelian theory[2]—away the aeroplane shot.

Then, while a seedy-looking nondescript man carrying a leather bag stood on the steps of St Paul's Cathedral, and hesitated, for within was what balm, how great a welcome, how many tombs with banners waving over them, tokens of victories not over

9. Einstein had just won the Nobel Prize in Physics in 1922 for his General Theory of Relativity.
1. The practice of speculating in stocks or land.
2. Gregor Mendel (1823–1884), the founder of modern

genetics, derived certain basic laws of heredity by observing the occurrence of specific traits over successive generations of pea plants.

armies, but over, he thought, that plaguy spirit of truth seeking which leaves me at present without a situation, and more than that, the cathedral offers company, he thought, invites you to membership of a society; great men belong to it; martyrs have died for it; why not enter in, he thought, put this leather bag stuffed with pamphlets before an altar, a cross, the symbol of something which has soared beyond seeking and questing and knocking of words together and has become all spirit, disembodied, ghostly—why not enter in? he thought and while he hesitated out flew the aeroplane over Ludgate Circus.

It was strange; it was still. Not a sound was to be heard above the traffic. Unguided it seemed; sped of its own free will. And now, curving up and up, straight up, like something mounting in ecstasy, in pure delight, out from behind poured white smoke looping, writing a T, an O, an F.

"What are they looking at?" said Clarissa Dalloway to the maid who opened her door.

The hall of the house was cool as a vault. Mrs Dalloway raised her hand to her eyes, and, as the maid shut the door to, and she heard the swish of Lucy's skirts, she felt like a nun who has left the world and feels fold round her the familiar veils and the response to old devotions. The cook whistled in the kitchen. She heard the click of the typewriter. It was her life, and, bending her head over the hall table, she bowed beneath the influence, felt blessed and purified, saying to herself, as she took the pad with the telephone message on it, how moments like this are buds on the tree of life, flowers of darkness they are, she thought (as if some lovely rose had blossomed for her eyes only); not for a moment did she believe in God; but all the more, she thought, taking up the pad, must one repay in daily life to servants, yes, to dogs and canaries, above all to Richard her husband, who was the foundation of it—of the gay sounds, of the green lights, of the cook even whistling, for Mrs Walker was Irish and whistled all day long—one must pay back from this secret deposit of exquisite moments, she thought, lifting the pad, while Lucy stood by her, trying to explain how.

"Mr Dalloway, ma'am"—

Clarissa read on the telephone pad, "Lady Bruton wishes to know if Mr Dalloway will lunch with her to-day."

"Mr Dalloway, ma'am, told me to tell you he would be lunching out."

"Dear!" said Clarissa, and Lucy shared as she meant her to her disappointment (but not the pang); felt the concord between them; took the hint; thought how the gentry love; gilded her own future with calm; and, taking Mrs Dalloway's parasol, handled it like a sacred weapon which a Goddess, having acquitted herself honourably in the field of battle, sheds, and placed it in the umbrella stand.

"Fear no more," said Clarissa. Fear no more the heat o' the sun; for the shock of Lady Bruton asking Richard to lunch without her made the moment in which she had stood shiver, as a plant on the river-bed feels the shock of a passing oar and shivers: so she rocked: so she shivered.

Millicent Bruton, whose lunch parties were said to be extraordinarily amusing, had not asked her. No vulgar jealousy could separate her from Richard. But she feared time itself, and read on Lady Bruton's face, as if it had been a dial cut in impassive stone, the dwindling of life; how year by year her share was sliced; how little the margin that remained was capable any longer of stretching, of absorbing, as in the youthful years, the colours, salts, tones of existence, so that she filled the room she entered, and felt often as she stood hesitating one moment on the threshold of her drawing-room, an exquisite suspense, such as might stay a diver before plunging while the sea darkens and brightens beneath him, and the waves which threaten to break, but only gently split their surface, roll and conceal and encrust as they just turn over the weeds with pearl.

She put the pad on the hall table. She began to go slowly upstairs, with her hand on the bannisters, as if she had left a party, where now this friend now that had flashed back her face, her voice; had shut the door and gone out and stood alone, a single figure against the appalling night, or rather, to be accurate, against the stare of this matter-of-fact June morning; soft with the glow of rose petals for some, she knew, and felt it, as she paused by the open staircase window which let in blinds flapping, dogs barking, let in, she thought, feeling herself suddenly shrivelled, aged, breastless, the grinding, blowing, flowering of the day, out of doors, out of the window, out of her body and brain which now failed, since Lady Bruton, whose lunch parties were said to be extraordinarily amusing, had not asked her.

Like a nun withdrawing, or a child exploring a tower, she went upstairs, paused at the window, came to the bathroom. There was the green linoleum and a tap dripping. There was an emptiness about the heart of life; an attic room. Women must put off their rich apparel. At midday they must disrobe. She pierced the pincushion and laid her feathered yellow hat on the bed. The sheets were clean, tight stretched in a broad white band from side to side. Narrower and narrower would her bed be. The candle was half burnt down and she had read deep in Baron Marbot's *Memoirs*.[3] She had read late at night of the retreat from Moscow. For the House sat so long that Richard insisted, after her illness, that she must sleep undisturbed. And really she preferred to read of the retreat from Moscow. He knew it. So the room was an attic; the bed narrow; and lying there reading, for she slept badly, she could not dispel a virginity preserved through childbirth which clung to her like a sheet. Lovely in girlhood, suddenly there came a moment—for example on the river beneath the woods at Clieveden—when, through some contraction of this cold spirit, she had failed him. And then at Constantinople, and again and again. She could see what she lacked. It was not beauty; it was not mind. It was something central which permeated; something warm which broke up surfaces and rippled the cold contact of man and woman, or of women together. For *that* she could dimly perceive. She resented it, had a scruple picked up Heaven knows where, or, as she felt, sent by Nature (who is invariably wise); yet she could not resist sometimes yielding to the charm of a woman, not a girl, of a woman confessing, as to her they often did, some scrape, some folly. And whether it was pity, or their beauty, or that she was older, or some accident—like a faint scent, or a violin next door (so strange is the power of sounds at certain moments), she did undoubtedly then feel what men felt. Only for a moment; but it was enough. It was a sudden revelation, a tinge like a blush which one tried to check and then, as it spread, one yielded to its expansion, and rushed to the farthest verge and there quivered and felt the world come closer, swollen with some astonishing significance, some pressure of rapture, which split its thin skin and gushed and poured with an extraordinary alleviation over the cracks and sores! Then, for that moment, she had seen an illumination; a match burning in a crocus; an inner meaning almost expressed. But the close withdrew; the hard softened. It was over—the moment. Against such moments (with women too) there contrasted (as she laid her hat down) the bed and Baron Marbot and the candle half-burnt. Lying awake, the

3. Jean-Baptiste Antoine Marcellin, baron de Marbot (1782–1854). A general in Napoleon's army, his *Memoirs* offer a first-hand account of Napoleon's disastrous Russian campaign and of the decimation of the French army during its retreat from Moscow in 1812.

floor creaked; the lit house was suddenly darkened, and if she raised her head she could just hear the click of the handle released as gently as possible by Richard, who slipped upstairs in his socks and then, as often as not, dropped his hotwater bottle and swore! How she laughed!

But this question of love (she thought, putting her coat away), this falling in love with women. Take Sally Seton; her relation in the old days with Sally Seton. Had not that, after all, been love?

She sat on the floor—that was her first impression of Sally—she sat on the floor with her arms round her knees, smoking a cigarette. Where could it have been? The Mannings? The Kinloch-Jones's? At some party (where, she could not be certain), for she had a distinct recollection of saying to the man she was with, "Who is that?" And he had told her, and said that Sally's parents did not get on (how that shocked her— that one's parents should quarrel!). But all that evening she could not take her eyes off Sally. It was an extraordinary beauty of the kind she most admired, dark, large-eyed, with that quality which, since she hadn't got it herself, she always envied—a sort of abandonment, as if she could say anything, do anything; a quality much commoner in foreigners than in Englishwomen. Sally always said she had French blood in her veins, an ancestor had been with Marie Antoinette, had his head cut off, left a ruby ring. Perhaps that summer she came to stay at Bourton, walking in quite unexpectedly without a penny in her pocket, one night after dinner, and upsetting poor Aunt Helena to such an extent that she never forgave her. There had been some quarrel at home. She literally hadn't a penny that night when she came to them— had pawned a brooch to come down. She had rushed off in a passion. They sat up till all hours of the night talking. Sally it was who made her feel, for the first time, how sheltered the life at Bourton was. She knew nothing about sex—nothing about social problems. She had once seen an old man who had dropped dead in a field—she had seen cows just after their calves were born. But Aunt Helena never liked discussion of anything (when Sally gave her William Morris,[4] it had to be wrapped in brown paper). There they sat, hour after hour, talking in her bedroom at the top of the house, talking about life, how they were to reform the world. They meant to found a society to abolish private property, and actually had a letter written, though not sent out. The ideas were Sally's, of course—but very soon she was just as excited—read Plato in bed before breakfast; read Morris; read Shelley by the hour.

Sally's power was amazing, her gift, her personality. There was her way with flowers, for instance. At Bourton they always had stiff little vases all the way down the table. Sally went out, picked hollyhocks, dahlias—all sorts of flowers that had never been seen together—cut their heads off, and made them swim on the top of water in bowls. The effect was extraordinary—coming in to dinner in the sunset. (Of course Aunt Helena thought it wicked to treat flowers like that.) Then she forgot her sponge, and ran along the passage naked. That grim old housemaid, Ellen Atkins, went about grumbling—"Suppose any of the gentlemen had seen?" Indeed she did shock people. She was untidy, Papa said.

The strange thing, on looking back, was the purity, the integrity, of her feeling for Sally. It was not like one's feeling for a man. It was completely disinterested, and besides, it had a quality which could only exist between women, between women just

---

4. Morris (1834–1894) was an artist and critic who dedicated himself to increasingly radical political activity beginning in the 1870s. He was an active proponent of the Socialist movement, which he believed was capable of solving the worst problems—poverty, unemployment, the death of art, the growing gap between the upper and lower classes—of industrialized Victorian society. In 1884, he published his *Art and Socialism* and (with Hyndman) *A Summary of the Principles of Socialism*, and until his death, he lectured regularly on art and socialism.

grown up. It was protective, on her side; sprang from a sense of being in league together, a presentiment of something that was bound to part them (they spoke of marriage always as a catastrophe), which led to this chivalry, this protective feeling which was much more on her side than Sally's. For in those days she was completely reckless; did the most idiotic things out of bravado; bicycled round the parapet on the terrace; smoked cigars. Absurd, she was—very absurd. But the charm was overpowering, to her at least, so that she could remember standing in her bedroom at the top of the house holding the hot-water can in her hands and saying aloud, "She is beneath this roof. . . . She is beneath this roof!"

No, the words meant absolutely nothing to her now. She could not even get an echo of her old emotion. But she could remember going cold with excitement, and doing her hair in a kind of ecstasy (now the old feeling began to come back to her, as she took out her hairpins, laid them on the dressing-table, began to do her hair), with the rooks flaunting up and down in the pink evening light, and dressing, and going downstairs, and feeling as she crossed the hall "if it were now to die 'twere now to be most happy."[5] That was her feeling—Othello's feeling, and she felt it, she was convinced, as strongly as Shakespeare meant Othello to feel it, all because she was coming down to dinner in a white frock to meet Sally Seton!

She was wearing pink gauze—was that possible? She *seemed*, anyhow, all light, glowing, like some bird or air ball that has flown in, attached itself for a moment to a bramble. But nothing is so strange when one is in love (and what was this except being in love?) as the complete indifference of other people. Aunt Helena just wandered off after dinner; Papa read the paper. Peter Walsh might have been there, and old Miss Cummings; Joseph Breitkopf certainly was, for he came every summer, poor old man, for weeks and weeks, and pretended to read German with her, but really played the piano and sang Brahms without any voice.

All this was only a background for Sally. She stood by the fireplace talking, in that beautiful voice which made everything she said sound like a caress, to Papa, who had begun to be attracted rather against his will (he never got over lending her one of his books and finding it soaked on the terrace), when suddenly she said, "What a shame to sit indoors!" and they all went out on to the terrace and walked up and down. Peter Walsh and Joseph Breitkopf went on about Wagner. She and Sally fell a little behind. Then came the most exquisite moment of her whole life passing a stone urn with flowers in it. Sally stopped; picked a flower; kissed her on the lips. The whole world might have turned upside down! The others disappeared; there she was alone with Sally. And she felt that she had been given a present, wrapped up, and told just to keep it, not to look at it—a diamond, something infinitely precious, wrapped up, which, as they walked (up and down, up and down), she uncovered, or the radiance burnt through, the revelation, the religious feeling!—when old Joseph and Peter faced them:

"Star-gazing?" said Peter.

It was like running one's face against a granite wall in the darkness! It was shocking; it was horrible!

Not for herself. She felt only how Sally was being mauled already, maltreated; she felt his hostility; his jealousy; his determination to break into their companionship. All this she saw as one sees a landscape in a flash of lightning—and Sally (never had she admired her so much!) gallantly taking her way unvanquished. She laughed. She made old Joseph tell her the names of the stars, which he liked doing very seriously. She stood there: she listened. She heard the names of the stars.

5. *Othello* 2.1.87–88.

"Oh this horror!" she said to herself, as if she had known all along that something would interrupt, would embitter her moment of happiness.

Yet, after all, how much she owed to him later. Always when she thought of him she thought of their quarrels for some reason—because she wanted his good opinion so much, perhaps. She owed him words: "sentimental," "civilised"; they started up every day of her life as if he guarded her. A book was sentimental; an attitude to life sentimental. "Sentimental," perhaps she was to be thinking of the past. What would he think, she wondered, when he came back?

That she had grown older? Would he say that, or would she see him thinking when he came back, that she had grown older? It was true. Since her illness she had turned almost white.

Laying her brooch on the table, she had a sudden spasm, as if, while she mused, the icy claws had had the chance to fix in her. She was not old yet. She had just broken into her fifty-second year. Months and months of it were still untouched. June, July, August! Each still remained almost whole, and, as if to catch the falling drop, Clarissa (crossing to the dressing-table) plunged into the very heart of the moment, transfixed it, there—the moment of this June morning on which was the pressure of all the other mornings, seeing the glass, the dressing-table, and all the bottles afresh, collecting the whole of her at one point (as she looked into the glass), seeing the delicate pink face of the woman who was that very night to give a party; of Clarissa Dalloway; of herself.

How many million times she had seen her face, and always with the same imperceptible contraction! She pursed her lips when she looked in the glass. It was to give her face point. That was her self—pointed; dart-like; definite. That was her self when some effort, some call on her to be her self, drew the parts together, she alone knew how different, how incompatible and composed so for the world only into one centre, one diamond, one woman who sat in her drawing-room and made a meeting-point, a radiancy no doubt in some dull lives, a refuge for the lonely to come to, perhaps; she had helped young people, who were grateful to her; had tried to be the same always, never showing a sign of all the other sides of her—faults, jealousies, vanities, suspicions, like this of Lady Bruton not asking her to lunch; which, she thought (combing her hair finally), is utterly base! Now, where was her dress?

Her evening dresses hung in the cupboard. Clarissa, plunging her hand into the softness, gently detached the green dress and carried it to the window. She had torn it. Some one had trod on the skirt. She had felt it give at the Embassy party at the top among the folds. By artificial light the green shone, but lost its colour now in the sun. She would mend it. Her maids had too much to do. She would wear it to-night. She would take her silks, her scissors, her—what was it?—her thimble, of course, down into the drawing-room, for she must also write, and see that things generally were more or less in order.

Strange, she thought, pausing on the landing, and assembling that diamond shape, that single person, strange how a mistress knows the very moment, the very temper of her house! Faint sounds rose in spirals up the well of the stairs; the swish of a mop; tapping; knocking; a loudness when the front door opened; a voice repeating a message in the basement; the chink of silver on a tray; clean silver for the party. All was for the party.

(And Lucy, coming into the drawing-room with her tray held out, put the giant candlesticks on the mantelpiece, the silver casket in the middle, turned the crystal dolphin towards the clock. They would come; they would stand; they would talk in the mincing tones which she could imitate, ladies and gentlemen. Of all, her mistress was loveliest—mistress of silver, of linen, of china, for the sun, the silver, doors off their hinges, Rumpelmayer's men, gave her a sense, as she laid the paper-knife on the inlaid table, of something achieved. Behold! Behold! she said, speaking to her old friends in the baker's shop, where she had first seen service at Caterham, prying into the glass. She was Lady Angela, attending Princess Mary, when in came Mrs Dalloway.)

"Oh Lucy," she said, "the silver does look nice!"

"And how," she said, turning the crystal dolphin to stand straight, "how did you enjoy the play last night?" "Oh, they had to go before the end!" she said. "They had to be back at ten!" she said. "So they don't know what happened," she said. "That does seem hard luck," she said (for her servants stayed later, if they asked her). "That does seem rather a shame," she said, taking the old bald-looking cushion in the middle of the sofa and putting it in Lucy's arms, and giving her a little push, and crying:

"Take it away! Give it to Mrs Walker with my compliments! Take it away!" she cried.

And Lucy stopped at the drawing-room door, holding the cushion, and said, very shyly, turning a little pink, Couldn't she help to mend that dress?

But, said Mrs Dalloway, she had enough on her hands already, quite enough of her own to do without that.

"But, thank you, Lucy, oh, thank you," said Mrs Dalloway, and thank you, thank you, she went on saying (sitting down on the sofa with her dress over her knees, her scissors, her silks), thank you, thank you, she went on saying in gratitude to her servants generally for helping her to be like this, to be what she wanted, gentle, generous-hearted. Her servants liked her. And then this dress of hers—where was the tear? and now her needle to be threaded. This was a favourite dress, one of Sally Parker's, the last almost she ever made, alas, for Sally had now retired, living at Ealing, and if ever I have a moment, thought Clarissa (but never would she have a moment any more), I shall go and see her at Ealing. For she was a character, thought Clarissa, a real artist. She thought of little out-of-the-way things; yet her dresses were never queer. You could wear them at Hatfield; at Buckingham Palace. She had worn them at Hatfield; at Buckingham Palace.

Quiet descended on her, calm, content, as her needle, drawing the silk smoothly to its gentle pause, collected the green folds together and attached them, very lightly, to the belt. So on a summer's day waves collect, overbalance, and fall; collect and fall; and the whole world seems to be saying "that is all" more and more ponderously, until even the heart in the body which lies in the sun on the beach says too, That is all. Fear no more, says the heart. Fear no more, says the heart, committing its burden to some sea, which sighs collectively for all sorrows, and renews, begins, collects, lets fall. And the body alone listens to the passing bee; the wave breaking; the dog barking, far away barking and barking.

"Heavens, the front-door bell!" exclaimed Clarissa, staying her needle. Roused, she listened.

"Mrs Dalloway will see me," said the elderly man in the hall. "Oh yes, she will see *me*," he repeated, putting Lucy aside very benevolently, and running upstairs ever so quickly. "Yes, yes, yes," he muttered as he ran upstairs. "She will see me. After five years in India, Clarissa will see me."

"Who can—what can," asked Mrs Dalloway (thinking it was outrageous to be interrupted at eleven o'clock on the morning of the day she was giving a party), hearing a step on the stairs. She heard a hand upon the door. She made to hide her dress, like a virgin protecting chastity, respecting privacy. Now the brass knob slipped.

Now the door opened, and in came—for a single second she could not remember what he was called! so surprised she was to see him, so glad, so shy, so utterly taken aback to have Peter Walsh come to her unexpectedly in the morning! (She had not read his letter.)

"And how are you?" said Peter Walsh, positively trembling; taking both her hands; kissing both her hands. She's grown older, he thought, sitting down. I shan't tell her anything about it, he thought, for she's grown older. She's looking at me, he thought, a sudden embarrassment coming over him, though he had kissed her hands. Putting his hand into his pocket, he took out a large pocket-knife and half opened the blade.

Exactly the same, thought Clarissa; the same queer look; the same check suit; a little out of the straight his face is, a little thinner, dryer, perhaps, but he looks awfully well, and just the same.

"How heavenly it is to see you again!" she exclaimed. He had his knife out. That's so like him, she thought.

He had only reached town last night, he said; would have to go down into the country at once; and how was everything, how was everybody—Richard? Elizabeth?

"And what's all this?" he said, tilting his pen-knife towards her green dress.

He's very well dressed, thought Clarissa; yet he always criticises *me*.

Here she is mending her dress; mending her dress as usual, he thought; here she's been sitting all the time I've been in India; mending her dress; playing about; going to parties; running to the House and back and all that, he thought, growing more and more irritated, more and more agitated, for there's nothing in the world so bad for some women as marriage, he thought; and politics; and having a Conservative husband, like the admirable Richard. So it is, so it is, he thought, shutting his knife with a snap.

"Richard's very well. Richard's at a Committee," said Clarissa.

And she opened her scissors, and said, did he mind her just finishing what she was doing to her dress, for they had a party that night?

"Which I shan't ask you to," she said. "My dear Peter!" she said.

But it was delicious to hear her say that—my dear Peter! Indeed, it was all so delicious—the silver, the chairs; all so delicious!

Why wouldn't she ask him to her party? he asked.

Now of course, thought Clarissa, he's enchanting! perfectly enchanting! Now I remember how impossible it was ever to make up my mind—and why did I make up my mind—not to marry him? she wondered, that awful summer?

"But it's so extraordinary that you should have come this morning!" she cried, putting her hands, one on top of another, down on her dress.

"Do you remember," she said, "how the blinds used to flap at Bourton?"

"They did," he said; and he remembered break-fasting alone, very awkwardly, with her father; who had died; and he had not written to Clarissa. But he had never got on well with old Parry, that querulous, weak-kneed old man, Clarissa's father, Justin Parry.

"I often wish I'd got on better with your father," he said.

"But he never liked any one who—our friends," said Clarissa; and could have bitten her tongue for thus reminding Peter that he had wanted to marry her.

Of course I did, thought Peter; it almost broke my heart too, he thought; and was overcome with his own grief, which rose like a moon looked at from a terrace, ghastly beautiful with light from the sunken day. I was more unhappy than I've ever been since, he thought. And as if in truth he were sitting there on the terrace he edged a little towards Clarissa; put his hand out; raised it; let it fall. There above them it hung, that moon. She too seemed to be sitting with him on the terrace, in the moonlight.

"Herbert has it now," she said. "I never go there now," she said.

Then, just as happens on a terrace in the moonlight, when one person begins to feel ashamed that he is already bored, and yet as the other sits silent, very quiet, sadly looking at the moon, does not like to speak, moves his foot, clears his throat, notices some iron scroll on a table leg, stirs a leaf, but says nothing—so Peter Walsh did now. For why go back like this to the past? he thought. Why make him think of it again? Why make him suffer, when she had tortured him so infernally? Why?

"Do you remember the lake?" she said, in an abrupt voice, under the pressure of an emotion which caught her heart, made the muscles of her throat stiff, and contracted her lips in a spasm as she said "lake." For she was a child, throwing bread to the ducks, between her parents, and at the same time a grown woman coming to her parents who stood by the lake, holding her life in her arms which, as she neared them, grew larger and larger in her arms, until it became a whole life, a complete life, which she put down by them and said, "This is what I have made of it! This!" And what had she made of it? What, indeed? sitting there sewing this morning with Peter.

She looked at Peter Walsh; her look, passing through all that time and that emotion, reached him doubtfully; settled on him tearfully; and rose and fluttered away, as a bird touches a branch and rises and flutters away. Quite simply she wiped her eyes.

"Yes," said Peter. "Yes, yes, yes," he said, as if she drew up to the surface something which positively hurt him as it rose. Stop! Stop! he wanted to cry. For he was not old; his life was not over; not by any means. He was only just past fifty. Shall I tell her, he thought, or not? He would like to make a clean breast of it all. But she is too cold, he thought; sewing, with her scissors; Daisy would look ordinary beside Clarissa. And she would think me a failure, which I am in their sense, he thought; in the Dalloways' sense. Oh yes, he had no doubt about that; he was a failure, compared with all this—the inlaid table, the mounted paper-knife, the dolphin and the candlesticks, the chair-covers and the old valuable English tinted prints—he was a failure! I detest the smugness of the whole affair, he thought; Richard's doing, not Clarissa's; save that she married him. (Here Lucy came into the room, carrying silver, more silver, but charming, slender, graceful she looked, he thought, as she stooped to put it down.) And this has been going on all the time! he thought; week after week; Clarissa's life; while I—he thought; and at once everything seemed to radiate from him; journeys; rides; quarrels; adventures; bridge parties; love affairs; work; work, work! and he took out his knife quite openly—his old horn-handled knife which Clarissa could swear he had had these thirty years—and clenched his fist upon it.

What an extraordinary habit that was, Clarissa thought; always playing with a knife. Always making one feel, too, frivolous; empty-minded; a mere silly chatterbox, as he used. But I too, she thought, and, taking up her needle, summoned, like a Queen whose guards have fallen sleep and left her unprotected (she had been quite taken aback by this visit—it had upset her) so that any one can stroll in and have a look at her where she lies with the brambles curving over her, summoned to her help the things she did; the things she liked; her husband; Elizabeth; her self, in short, which Peter hardly knew now, all to come about her and beat off the enemy.

"Well, and what's happened to you?" she said. So before a battle begins, the horses paw the ground; toss their heads; the light shines on their flanks; their necks curve. So Peter Walsh and Clarissa, sitting side by side on the blue sofa, challenged each other. His powers chafed and tossed in him. He assembled from different quarters all sorts of things; praise; his career at Oxford; his marriage, which she knew nothing whatever about; how he had loved; and altogether done his job.

"Millions of things!" he exclaimed, and, urged by the assembly of powers which were now charging this way and that and giving him the feeling at once frightening and extremely exhilarating of being rushed through the air on the shoulders of people he could no longer see, he raised his hands to his forehead.

Clarissa sat very upright; drew in her breath.

"I am in love," he said, not to her however, but to some one raised up in the dark so that you could not touch her but must lay your garland down on the grass in the dark.

"In love," he repeated, now speaking rather dryly to Clarissa Dalloway; "in love with a girl in India." He had deposited his garland. Clarissa could make what she would of it.

"In love!" she said. That he at his age should be sucked under in his little bow-tie by that monster! And there's no flesh on his neck; his hands are red; and he's six months older than I am! her eye flashed back to her; but in her heart she felt, all the same, he is in love. He has that, she felt; he is in love.

But the indomitable egotism which for ever rides down the hosts opposed to it, the river which says on, on, on; even though, it admits, there may be no goal for us whatever, still on, on; this indomitable egotism charged her cheeks with colour; made her look very young; very pink; very bright-eyed as she sat with her dress upon her knee, and her needle held to the end of green silk, trembling a little. He was in love! Not with her. With some younger woman, of course.

"And who is she?" she asked.

Now this statue must be brought from its height and set down between them.

"A married woman, unfortunately," he said; "the wife of a Major in the Indian Army."

And with a curious ironical sweetness he smiled as he placed her in this ridiculous way before Clarissa.

(All the same, he is in love, thought Clarissa.)

"She has," he continued, very reasonably, "two small children; a boy and a girl; and I have come over to see my lawyers about the divorce."

There they are! he thought. Do what you like with them, Clarissa! There they are! And second by second it seemed to him that the wife of the Major in the Indian Army (his Daisy) and her two small children became more and more lovely as Clarissa looked at them; as if he had set light to a grey pellet on a plate and there had risen up a lovely tree in the brisk sea-salted air of their intimacy (for in some ways no one understood him, felt with him, as Clarissa did)—their exquisite intimacy.

She flattered him; she fooled him, thought Clarissa; shaping the woman, the wife of the Major in the Indian Army, with three strokes of a knife. What a waste! What a folly! All his life long Peter had been fooled like that; first getting sent down from Oxford; next marrying the girl on the boat going out to India; now the wife of a Major in the Indian Army—thank Heaven she had refused to marry him! Still, he was in love; her old friend, her dear Peter, he was in love.

"But what are you going to do?" she asked him. Oh the lawyers and solicitors, Messrs. Hooper and Grateley of Lincoln's Inn, they were going to do it, he said. And he actually pared his nails with his pocket-knife.

For Heaven's sake, leave your knife alone! she cried to herself in irrepressible irritation; it was his silly unconventionality, his weakness; his lack of the ghost of a notion what any one else was feeling that annoyed her, had always annoyed her; and now at his age, how silly!

I know all that, Peter thought; I know what I'm up against, he thought, running his finger along the blade of his knife, Clarissa and Dalloway and all the rest of them; but I'll show Clarissa—and then to his utter surprise, suddenly thrown by those uncontrollable forces thrown through the air, he burst into tears; wept; wept without the least shame, sitting on the sofa, the tears running down his cheeks.

And Clarissa had leant forward, taken his hand, drawn him to her, kissed him,— actually had felt his face on hers before she could down the brandishing of silver flashing—plumes like pampas grass in a tropic gale in her breast, which, subsiding, left her holding his hand, patting his knee and, feeling as she sat back extraordinarily at her ease with him and light-hearted, all in a clap it came over her, If I had married him, this gaiety would have been mine all day!

It was all over for her. The sheet was stretched and the bed narrow. She had gone up into the tower alone and left them blackberrying in the sun. The door had shut, and there among the dust of fallen plaster and the litter of birds' nests how distant the view had looked, and the sounds came thin and chill (once on Leith Hill, she remembered), and Richard, Richard! she cried, as a sleeper in the night starts and stretches a hand in the dark for help. Lunching with Lady Bruton, it came back to her. He has left me; I am alone for ever, she thought, folding her hands upon her knee.

Peter Walsh had got up and crossed to the window and stood with his back to her, flicking a bandanna handkerchief from side to side. Masterly and dry and desolate he looked, his thin shoulder-blades lifting his coat slightly; blowing his nose violently. Take me with you, Clarissa thought impulsively, as if he were starting directly upon some great voyage; and then, next moment, it was as if the five acts of a play that had been very exciting and moving were now over and she had lived a lifetime in them and had run away, had lived with Peter, and it was now over.

Now it was time to move, and, as a woman gathers her things together, her cloak, her gloves, her opera-glasses, and gets up to go out of the theatre into the street, she rose from the sofa and went to Peter.

And it was awfully strange, he thought, how she still had the power, as she came tinkling, rustling, still had the power as she came across the room, to make the moon, which he detested, rise at Bourton on the terrace in the summer sky.

"Tell me," he said, seizing her by the shoulders. "Are you happy, Clarissa? Does Richard—"

The door opened.

"Here is my Elizabeth," said Clarissa, emotionally, histrionically, perhaps.

"How d'y do?" said Elizabeth coming forward.

The sound of Big Ben striking the half-hour stuck out between them with extraordinary vigour, as if a young man, strong, indifferent, inconsiderate, were swinging dumb-bells this way and that.

"Hullo, Elizabeth!" cried Peter, stuffing his handkerchief into his pocket, going quickly to her, saying "Good-bye, Clarissa" without looking at her, leaving the room quickly, and running downstairs and opening the hall door.

"Peter! Peter!" cried Clarissa, following him out on to the landing. "My party to-night! Remember my party to-night!" she cried, having to raise her voice against the roar of the open air, and, overwhelmed by the traffic and the sound of all the clocks striking, her voice crying "Remember my party to-night!" sounded frail and thin and very far away as Peter Walsh shut the door.

Remember my party, remember my party, said Peter Walsh as he stepped down the street, speaking to himself rhythmically, in time with the flow of the sound, the direct downright sound of Big Ben striking the half-hour. (The leaden circles dissolved in the air.) Oh these parties, he thought; Clarissa's parties. Why does she give these parties, he thought. Not that he blamed her or this effigy of a man in a tail-coat with a carnation in his button-hole coming towards him. Only one person in the world could be as he was, in love. And there he was, this fortunate man, himself, reflected in the plate-glass window of a motor-car manufacturer in Victoria Street. All India lay behind him; plains, mountains; epidemics of cholera; a district twice as big as Ireland; decisions he had come to alone—he, Peter Walsh; who was now really for the first time in his life, in love. Clarissa had grown hard, he thought; and a trifle sentimental into the bargain, he suspected, looking at the great motor-cars capable of doing—how many miles on how many gallons? For he had a turn for mechanics; had invented a plough in his district, had ordered wheel-barrows from England, but the coolies wouldn't use them, all of which Clarissa knew nothing whatever about.

The way she said "Here is my Elizabeth!"—that annoyed him. Why not "Here's Elizabeth" simply? It was insincere. And Elizabeth didn't like it either. (Still the last tremors of the great booming voice shook the air round him; the half-hour; still early; only half-past eleven still.) For he understood young people; he liked them. There was always something cold in Clarissa, he thought. She had always, even as a girl, a sort of timidity, which in middle age becomes conventionality, and then it's all up, it's all up, he thought, looking rather drearily into the glassy depths, and wondering whether by calling at that hour he had annoyed her; overcome with shame suddenly at having been a fool; wept; been emotional; told her everything, as usual, as usual.

As a cloud crosses the sun, silence falls on London; and falls on the mind. Effort ceases. Time flaps on the mast. There we stop; there we stand. Rigid, the skeleton of habit alone upholds the human frame. Where there is nothing, Peter Walsh said to himself; feeling hollowed out, utterly empty within. Clarissa refused me, he thought. He stood there thinking, Clarissa refused me.

Ah, said St Margaret's,[6] like a hostess who comes into her drawing-room on the very stroke of the hour and finds her guests there already. I am not late. No, it is precisely half-past eleven, she says. Yet, though she is perfectly right, her voice, being the voice of the hostess, is reluctant to inflict its individuality. Some grief for the past holds it back; some concern for the present. It is half-past eleven, she says, and the sound of St Margaret's glides into the recesses of the heart and buries itself in ring after ring of sound, like something alive which wants to confide itself, to disperse itself, to be, with a tremor of delight, at rest—like Clarissa herself, thought Peter Walsh, coming down the stairs on the stroke of the hour in white. It is Clarissa herself, he thought, with a deep emotion, and an extraordinarily clear, yet puzzling, recollection of her, as if this bell had come into the room years ago, where they sat at

6. The parish church for the House of Commons. On 11 November 1918, when the Great War was over, members of both Houses of Parliament attended a service there.

some moment of great intimacy, and had gone from one to the other and had left, like a bee with honey, laden with the moment. But what room? What moment? And why had he been so profoundly happy when the clock was striking? Then, as the sound of St Margaret's languished, he thought, She has been ill, and the sound expressed languor and suffering. It was her heart, he remembered; and the sudden loudness of the final stroke tolled for death that surprised in the midst of life, Clarissa falling where she stood, in her drawing-room. No! No! he cried. She is not dead! I am not old, he cried, and marched up Whitehall, as if there rolled down to him, vigorous, unending, his future.

He was not old, or set, or dried in the least. As for caring what they said of him— the Dalloways, the Whitbreads, and their set, he cared not a straw—not a straw (though it was true he would have, some time or other, to see whether Richard couldn't help him to some job). Striding, staring, he glared at the statue of the Duke of Cambridge. He had been sent down from Oxford—true. He had been a Socialist, in some sense a failure—true. Still the future of civilisation lies, he thought, in the hands of young men like that; of young men such as he was, thirty years ago; with their love of abstract principles; getting books sent out to them all the way from London to a peak in the Himalayas; reading science; reading philosophy. The future lies in the hands of young men like that, he thought.

A patter like the patter of leaves in a wood came from behind, and with it a rustling, regular thudding sound, which as it overtook him drummed his thoughts, strict in step, up Whitehall, without his doing. Boys in uniform, carrying guns, marched with their eyes ahead of them, marched, their arms stiff, and on their faces an expression like the letters of a legend written round the base of a statue praising duty, gratitude, fidelity, love of England.

It is, thought Peter Walsh, beginning to keep step with them, a very fine training. But they did not look robust. They were weedy for the most part, boys of sixteen, who might, to-morrow, stand behind bowls of rice, cakes of soap on counters. Now they wore on them unmixed with sensual pleasure or daily preoccupations the solemnity of the wreath which they had fetched from Finsbury Pavement[7] to the empty tomb. They had taken their vow. The traffic respected it; vans were stopped.

I can't keep up with them, Peter Walsh thought, as they marched up Whitehall, and sure enough, on they marched, past him, past every one, in their steady way, as if one will worked legs and arms uniformly, and life, with its varieties, its irreticences, had been laid under a pavement of monuments and wreaths and drugged into a stiff yet staring corpse by discipline. One had to respect it; one might laugh; but one had to respect it, he thought. There they go, thought Peter Walsh, pausing at the edge of the pavement; and all the exalted statues, Nelson, Gordon, Havelock,[8] the black, the spectacular images of great soldiers stood looking ahead of them, as if they too had made the same renunciation (Peter Walsh felt he too had made it, the great renunci-

---

7. A street near the Armoury House, which housed the Honourable Artillery Company, the oldest regiment in the British Army. The marching boys presumably belong to the Company's London Cadets, who performed ceremonial duties in the city during peacetime. The Cenotaph (empty tomb) in Whitehall was a monument, constructed in 1917 as a temporary memorial and finally completed in stone in 1920, to English soldiers killed in the war.

8. Monumental statuary in Trafalgar Square. Horatio Nelson (1758–1805) was the hero of the Battle of Trafalgar who decisively defeated Napoleon's navy in 1805.

Charles George Gordon (1833–1885) served famously as a military leader and administrator in China, Egypt and the Sudan. When he was killed attempting to crush a rebellion in Khartoum, a public outcry was raised against the British government (whose foreign policies he had often criticized publicly) for having been inordinately slow to provide Gordon with relief. General Sir Henry Havelock (1795–1857) distinguished himself in the first Anglo-Burmese war (1824–1826) and the first Afghan war (1839–1842), and also played a significant role in the extremely violent English suppression of the 1857 Indian Mutiny.

ation), trampled under the same temptations, and achieved at length a marble stare. But the stare Peter Walsh did not want for himself in the least; though he could respect it in others. He could respect it in boys. They don't know the troubles of the flesh yet, he thought, as the marching boys disappeared in the direction of the Strand—all that I've been through, he thought, crossing the road, and standing under Gordon's statue, Gordon whom as a boy he had worshipped; Gordon standing lonely with one leg raised and his arms crossed,—poor Gordon, he thought.

And just because nobody yet knew he was in London, except Clarissa, and the earth, after the voyage, still seemed an island to him, the strangeness of standing alone, alive, unknown, at half-past eleven in Trafalgar Square overcame him. What is it? Where am I? And why, after all, does one do it? he thought, the divorce seeming all moonshine. And down his mind went flat as a marsh, and three great emotions bowled over him; understanding; a vast philanthropy; and finally, as if the result of the others, an irrepressible, exquisite delight; as if inside his brain by another hand strings were pulled, shutters moved, and he, having nothing to do with it, yet stood at the opening of endless avenues, down which if he chose he might wander. He had not felt so young for years.

He had escaped! was utterly free—as happens in the downfall of habit when the mind, like an unguarded flame, bows and bends and seems about to blow from its holding. I haven't felt so young for years! thought Peter, escaping (only of course for an hour or so) from being precisely what he was, and feeling like a child who runs out of doors, and sees, as he runs, his old nurse waving at the wrong window. But she's extraordinarily attractive, he thought, as, walking across Trafalgar Square in the direction of the Haymarket, came a young woman who, as she passed Gordon's statue, seemed, Peter Walsh thought (susceptible as he was), to shed veil after veil, until she became the very woman he had always had in mind; young, but stately; merry, but discreet; black, but enchanting.

Straightening himself and stealthily fingering his pocket-knife he started after her to follow this woman, this excitement, which seemed even with its back turned to shed on him a light which connected them, which singled him out, as if the random uproar of the traffic had whispered through hollowed hands his name, not Peter, but his private name which he called himself in his own thoughts. "You," she said, only "you," saying it with her white gloves and her shoulders. Then the thin long cloak which the wind stirred as she walked past Dent's shop in Cockspur Street blew out with an enveloping kindness, a mournful tenderness, as of arms that would open and take the tired—

But she's not married; she's young; quite young, thought Peter, the red carnation he had seen her wear as she came across Trafalgar Square burning again in his eyes and making her lips red. But she waited at the kerbstone. There was a dignity about her. She was not worldly, like Clarissa; not rich, like Clarissa. Was she, he wondered as she moved, respectable? Witty, with a lizard's flickering tongue, he thought (for one must invent, must allow oneself a little diversion), a cool waiting wit, a darting wit; not noisy.

She moved; she crossed; he followed her. To embarrass her was the last thing he wished. Still if she stopped he would say "Come and have an ice," he would say, and she would answer, perfectly simply, "Oh yes."

But other people got between them in the street, obstructing him, blotting her out. He pursued; she changed. There was colour in her cheeks; mockery in her eyes; he was an adventurer, reckless, he thought, swift, daring, indeed (landed as he was last night from India) a romantic buccaneer, careless of all these damned proprieties, yellow dressing-gowns, pipes, fishing-rods, in the shop windows; and respectability and evening parties and spruce old men wearing white slips beneath their waistcoats. He was a buccaneer. On and on she went, across Piccadilly, and up Regent Street, ahead of him, her cloak, her gloves, her shoulders combining with the fringes and the laces and the feather boas in the windows to make the spirit of finery and whimsy which dwindled out of the shops on to the pavement, as the light of a lamp goes wavering at night over hedges in the darkness.

Laughing and delightful, she had crossed Oxford Street and Great Portland Street and turned down one of the little streets, and now, and now, the great moment was approaching, for now she slackened, opened her bag, and with one look in his direction, but not at him, one look that bade farewell, summed up the whole situation and dismissed it triumphantly, for ever, had fitted her key, opened the door, and gone! Clarissa's voice saying, Remember my party, Remember my party, sang in his ears. The house was one of those flat red houses with hanging flower-baskets of vague impropriety. It was over.

Well, I've had my fun; I've had it, he thought, looking up at the swinging baskets of pale geraniums. And it was smashed to atoms—his fun, for it was half made up, as he knew very well; invented, this escapade with the girl; made up, as one makes up the better part of life, he thought—making oneself up; making her up; creating an exquisite amusement, and something more. But odd it was, and quite true; all this one could never share—it smashed to atoms.

He turned; went up the street, thinking to find somewhere to sit, till it was time for Lincoln's Inn—for Messrs. Hooper and Grateley. Where should he go? No matter. Up the street, then, towards Regent's Park. His boots on the pavement struck out "no matter"; for it was early, still very early.

It was a splendid morning too. Like the pulse of a perfect heart, life struck straight through the streets. There was no fumbling—no hesitation. Sweeping and swerving, accurately, punctually, noiselessly, there, precisely at the right instant, the motor-car stopped at the door. The girl, silk-stockinged, feathered, evanescent, but not to him particularly attractive (for he had had his fling), alighted. Admirable butlers, tawny chow dogs, halls laid in black and white lozenges with white blinds blowing, Peter saw through the opened door and approved of. A splendid achievement in its own way, after all, London; the season; civilisation. Coming as he did from a respectable Anglo-Indian family which for at least three generations had administered the affairs of a continent (it's strange, he thought, what a sentiment I have about that, disliking India, and empire, and army as he did), there were moments when civilisation, even of this sort, seemed dear to him as a personal possession; moments of pride in England; in butlers; chow dogs; girls in their security. Ridiculous enough, still there it is, he thought. And the doctors and men of business and capable women all going about their business, punctual, alert, robust, seemed to him wholly admirable, good fellows, to whom one would entrust one's life, companions in the art of living, who would see one through. What with one thing and another, the show was really very tolerable; and he would sit down in the shade and smoke.

There was Regent's Park. Yes. As a child he had walked in Regent's Park—odd, he thought, how the thought of childhood keeps coming back to me—the result of seeing Clarissa, perhaps; for women live much more in the past than we do, he thought. They attach themselves to places; and their fathers—a woman's always proud of her father. Bourton was a nice place, a very nice place, but I could never get on with the old man, he thought. There was quite a scene one night—an argument about something or other, what, he could not remember. Politics presumably.

Yes, he remembered Regent's Park; the long straight walk; the little house where one bought air-balls to the left; an absurd statue with an inscription some-where or other. He looked for an empty seat. He did not want to be bothered (feeling a little drowsy as he did) by people asking him the time. An elderly grey nurse, with a baby asleep in its perambulator—that was the best he could do for himself; sit down at the far end of the seat by that nurse.

She's a queer-looking girl, he thought, suddenly remembering Elizabeth as she came into the room and stood by her mother. Grown big; quite grown-up, not exactly pretty; handsome rather; and she can't be more than eighteen. Probably she doesn't get on with Clarissa. "There's my Elizabeth"—that sort of thing—why not "Here's Elizabeth" simply?—trying to make out, like most mothers, that things are what they're not. She trusts to her charm too much, he thought. She overdoes it.

The rich benignant cigar smoke eddied coolly down his throat; he puffed it out again in rings which breasted the air bravely for a moment; blue, circular—I shall try and get a word alone with Elizabeth to-night, he thought—then began to wobble into hourglass shapes and taper away; odd shapes they take, he thought. Suddenly he closed his eyes, raised his hand with an effort, and threw away the heavy end of his cigar. A great brush swept smooth across his mind, sweeping across it moving branches, children's voices, the shuffle of feet, and people passing, and humming traffic, rising and falling traffic. Down, down he sank into the plumes and feathers of sleep, sank, and was muffled over.

The grey nurse resumed her knitting as Peter Walsh, on the hot seat beside her, began snoring. In her grey dress, moving her hands indefatigably yet quietly, she seemed like the champion of the rights of sleepers, like one of those spectral presences which rise in twilight in woods made of sky and branches. The solitary traveller, haunter of lanes, disturber of ferns, and devastator of great hemlock plants, looking up, suddenly sees the giant figure at the end of the ride.

By conviction an atheist perhaps, he is taken by surprise with moments of extraordinary exaltation. Nothing exists outside us except a state of mind, he thinks; a desire for solace, for relief, for something outside these miserable pigmies, these feeble, these ugly, these craven men and women. But if he can conceive of her, then in some sort she exists, he thinks, and advancing down the path with his eyes upon sky and branches he rapidly endows them with womanhood; sees with amazement how grave they become; how majestically, as the breeze stirs them, they dispense with a dark flutter of the leaves charity, comprehension, absolution, and then, flinging themselves suddenly aloft, confound the piety of their aspect with a wild carouse.

Such are the visions which proffer great cornucopias full of fruit to the solitary traveller, or murmur in his ear like sirens lolloping away on the green sea waves, or are dashed in his face like bunches of roses, or rise to the surface like pale faces which fishermen flounder through floods to embrace.[9]

Such are the visions which ceaselessly float up, pace beside, put their faces in front of, the actual thing; often overpowering the solitary traveller and taking away from him the sense of the earth, the wish to return, and giving him for substitute a general peace, as if (so he thinks as he advances down the forest ride) all this fever of living were simplicity itself; and myriads of things merged in one thing; and this figure, made of sky and branches as it is, had risen from the troubled sea (he is elderly, past fifty now) as a shape might be sucked up out of the waves to shower down from

9. His visions here all allude to powerful female figures in Greek and Roman mythology. The first suggests either Demeter, goddess of the harvest and protectress of women and marriage, often represented holding the cornucopia, or one of the three Graces, with whom the cornucopia (as well as the rose) is associated in some artistic traditions. The synesthetic "visions" which "murmur in his ear" seem to have their origin in Homer's sirens, whose island is littered with the bones of victims lured in by their song, while the "pale faces" connote the popular legend of the mermaid to which Shakespeare alludes in *Comedy of Errors* 3.2: "O, train me not, sweet mermaid, with thy note / To drown in thy sister's flood of tears."

her magnificent hands compassion, comprehension, absolution. So, he thinks, may I never go back to the lamplight; to the sitting-room; never finish my book; never knock out my pipe; never ring for Mrs Turner to clear away; rather let me walk straight on to this great figure, who will, with a toss of her head, mount me on her streamers and let me blow to nothingness with the rest.

Such are the visions. The solitary traveller is soon beyond the wood; and there, coming to the door with shaded eyes, possibly to look for his return, with hands raised, with white apron blowing, is an elderly woman who seems (so powerful is this infirmity) to seek, over a desert, a lost son; to search for a rider destroyed; to be the figure of the mother whose sons have been killed in the battles of the world. So, as the solitary traveller advances down the village street where the women stand knitting and the men dig in the garden, the evening seems ominous; the figures still; as if some august fate, known to them, awaited without fear, were about to sweep them into complete annihilation.

Indoors among ordinary things, the cupboard, the table, the window-sill with its geraniums, suddenly the outline of the landlady, bending to remove the cloth, becomes soft with light, an adorable emblem which only the recollection of cold human contacts forbids us to embrace. She takes the marmalade; she shuts it in the cupboard.

"There is nothing more to-night, sir?"

But to whom does the solitary traveller make reply?

So the elderly nurse knitted over the sleeping baby in Regent's Park. So Peter Walsh snored.

He woke with extreme suddenness, saying to himself, "The death of the soul."

"Lord, Lord!" he said to himself out loud, stretching and opening his eyes. "The death of the soul." The words attached themselves to some scene, to some room, to some past he had been dreaming of. It became clearer; the scene, the room, the past he had been dreaming of.

It was at Bourton that summer, early in the 'nineties, when he was so passionately in love with Clarissa. There were a great many people there, laughing and talking, sitting round a table after tea and the room was bathed in yellow light and full of cigarette smoke. They were talking about a man who had married his housemaid, one of the neighbouring squires, he had forgotten his name. He had married his housemaid, and she had been brought to Bourton to call—an awful visit it had been. She was absurdly over-dressed, "like a cockatoo," Clarissa had said, imitating her, and she never stopped talking. On and on she went, on and on. Clarissa imitated her. Then somebody said— Sally Seton it was—did it make any real difference to one's feelings to know that before they'd married she had had a baby? (In those days, in mixed company, it was a bold thing to say.) He could see Clarissa now, turning bright pink; somehow contracting; and saying, "Oh, I shall never be able to speak to her again!" Whereupon the whole party sitting round the tea-table seemed to wobble. It was very uncomfortable.

He hadn't blamed her for minding the fact, since in those days a girl brought up as she was, knew nothing, but it was her manner that annoyed him; timid; hard; something arrogant; unimaginative; prudish. "The death of the soul." He had said that instinctively, ticketing the moment as he used to do—the death of her soul.

Every one wobbled; every one seemed to bow, as she spoke, and then to stand up different. He could see Sally Seton, like a child who has been in mischief, leaning forward, rather flushed, wanting to talk, but afraid, and Clarissa did frighten people. (She was Clarissa's greatest friend, always about the place, totally unlike her, an attractive creature, handsome, dark, with the reputation in those days of great daring and he used to give her cigars, which she smoked in her bedroom. She had either been engaged to somebody or quarrelled with her family and old Parry disliked them both equally, which was a great bond.) Then Clarissa, still with an air of being offended with them all, got up, made some excuse, and went off, alone. As she opened the door, in came that great shaggy dog which ran after sheep. She flung herself upon him, went into raptures. It was as if she said to Peter—it was all aimed at him, he knew—"I know you thought me absurd about that woman just now; but see how extraordinarily sympathetic I am; see how I love my Rob!"

They had always this queer power of communicating without words. She knew directly he criticised her. Then she would do something quite obvious to defend herself, like this fuss with the dog—but it never took him in, he always saw through Clarissa. Not that he said anything, of course; just sat looking glum. It was the way their quarrels often began.

She shut the door. At once he became extremely depressed. It all seemed useless—going on being in love; going on quarrelling; going on making it up, and he wandered off alone, among outhouses, stables, looking at the horses. (The place was quite a humble one; the Parrys were never very well off; but there were always grooms and stable-boys about—Clarissa loved riding—and an old coachman—what was his name?—an old nurse, old Moody, old Goody, some such name they called her, whom one was taken to visit in a little room with lots of photographs, lots of bird-cages.)

It was an awful evening! He grew more and more gloomy, not about that only; about everything. And he couldn't see her; couldn't explain to her; couldn't have it out. There were always people about—she'd go on as if nothing had happened. That was the devilish part of her—this coldness, this woodenness, something very profound in her, which he had felt again this morning talking to her; an impenetrability. Yet Heaven knows he loved her. She had some queer power of fiddling on one's nerves, turning one's nerves to fiddle-strings, yes.

He had gone in to dinner rather late, from some idiotic idea of making himself felt, and had sat down by old Miss Parry—Aunt Helena—Mr Parry's sister, who was supposed to preside. There she sat in her white Cashmere shawl, with her head against the window—a formidable old lady, but kind to him, for he had found her some rare flower, and she was a great botanist, marching off in thick boots with a black collecting-box slung between her shoulders. He sat down beside her, and couldn't speak. Everything seemed to race past him; he just sat there, eating. And then half-way through dinner he made himself look across at Clarissa for the first time. She was talking to a young man on her right. He had a sudden revelation. "She will marry that man," he said to himself. He didn't even know his name.

For of course it was that afternoon, that very afternoon, that Dalloway had come over; and Clarissa called him "Wickham"; that was the beginning of it all. Somebody had brought him over; and Clarissa got his name wrong. She introduced him to everybody as Wickham. At last he said "My name is Dalloway!"—that was his first view of Richard—a fair young man, rather awkward, sitting on a deck-chair, and blurting out "My name is Dalloway!" Sally got hold of it; always after that she called him "My name is Dalloway!"

He was a prey to revelations at that time. This one—that she would marry Dalloway—was blinding—overwhelming at the moment. There was a sort of—how could he put it?—a sort of ease in her manner to him; something maternal; something gentle. They were talking about politics. All through dinner he tried to hear what they were saying.

Afterwards he could remember standing by old Miss Parry's chair in the drawing-room. Clarissa came up, with her perfect manners, like a real hostess, and wanted to introduce him to some one—spoke as if they had never met before, which enraged him. Yet even then he admired her for it. He admired her courage; her social instinct; he admired her power of carrying things through. "The perfect hostess," he said to her, whereupon she winced all over. But he meant her to feel it. He would have done anything to hurt her after seeing her with Dalloway. So she left him. And he had a feeling that they were all gathered together in a conspiracy against him—laughing and talking—behind his back. There he stood by Miss Parry's chair as though he had been cut out of wood, he talking about wild flowers. Never, never had he suffered so infernally! He must have forgotten even to pretend to listen; at last he woke up; he saw Miss Parry looking rather disturbed, rather indignant, with her prominent eyes fixed. He almost cried out that he couldn't attend because he was in Hell! People began going out of the room. He heard them talking about fetching cloaks; about its being cold on the water, and so on. They were going boating on the lake by moonlight—one of Sally's mad ideas. He could hear her describing the moon. And they all went out. He was left quite alone.

"Don't you want to go with them?" said Aunt Helena—old Miss Parry!—she had guessed. And he turned round and there was Clarissa again. She had come back to fetch him. He was overcome by her generosity—her goodness.

"Come along," she said. "They're waiting."

He had never felt so happy in the whole of his life! Without a word they made it up. They walked down to the lake. He had twenty minutes of perfect happiness. Her voice, her laugh, her dress (something floating, white, crimson), her spirit, her adventurousness; she made them all disembark and explore the island; she startled a hen; she laughed; she sang. And all the time, he knew perfectly well, Dalloway was falling in love with her; she was falling in love with Dalloway; but it didn't seem to matter. Nothing mattered. They sat on the ground and talked—he and Clarissa. They went in and out of each other's minds without any effort. And then in a second it was over. He said to himself as they were getting into the boat, "She will marry that man," dully, without any resentment; but it was an obvious thing. Dalloway would marry Clarissa.

Dalloway rowed them in. He said nothing. But somehow as they watched him start, jumping on to his bicycle to ride twenty miles through the woods, wobbling off down the drive, waving his hand and disappearing, he obviously did feel, instinctively, tremendously, strongly, all that; the night; the romance; Clarissa. He deserved to have her.

For himself, he was absurd. His demands upon Clarissa (he could see it now) were absurd. He asked impossible things. He made terrible scenes. She would have accepted him still, perhaps, if he had been less absurd. Sally thought so. She wrote him all that summer long letters; how they had talked of him; how she had praised him, how Clarissa burst into tears! It was an extraordinary summer—all letters, scenes, telegrams—arriving at Bourton early in the morning, hanging about till the servants were up; appalling *tête-à-têtes* with old Mr Parry at breakfast; Aunt Helena formidable but kind; Sally sweeping him off for talks in the vegetable garden; Clarissa in bed with headaches.

The final scene, the terrible scene which he believed had mattered more than anything in the whole of his life (it might be an exaggeration—but still so it did seem now) happened at three o'clock in the afternoon of a very hot day. It was a trifle that led up to it—Sally at lunch saying something about Dalloway, and calling him "My name is Dalloway"; whereupon Clarissa suddenly stiffened, coloured, in a way she had, and rapped out sharply, "We've had enough of that feeble joke." That was all; but for him it was precisely as if she had said, "I'm only amusing myself with you; I've an understanding with Richard Dalloway." So he took it. He had not slept for nights. "It's got to be finished one way or the other," he said to himself. He sent a note to her by Sally asking her to meet him by the fountain at three. "Something very important has happened," he scribbled at the end of it.

The fountain was in the middle of a little shrubbery, far from the house, with shrubs and trees all round it. There she came, even before the time, and they stood with the fountain between them, the spout (it was broken) dribbling water incessantly. How sights fix themselves upon the mind! For example, the vivid green moss.

She did not move. "Tell me the truth, tell me the truth," he kept on saying. He felt as if his forehead would burst. She seemed contracted, petrified. She did not move. "Tell me the truth," he repeated, when suddenly that old man Breitkopf popped his head in carrying the *Times;* stared at them; gaped; and went away. They neither of them moved. "Tell me the truth," he repeated. He felt that he was grinding against something physically hard; she was unyielding. She was like iron, like flint, rigid up the backbone. And when she said, "It's no use. It's no use. This is the end"—after he had spoken for hours, it seemed, with the tears running down his cheeks—it was as if she had hit him in the face. She turned, she left him, went away.

"Clarissa!" he cried. "Clarissa!" But she never came back. It was over. He went away that night. He never saw her again.

It was awful, he cried, awful, awful!

Still, the sun was hot. Still, one got over things. Still, life had a way of adding day to day. Still, he thought, yawning and beginning to take notice—Regent's Park had changed very little since he was a boy, except for the squirrels—still, presumably there were compensations—when little Elise Mitchell, who had been picking up pebbles to add to the pebble collection which she and her brother were making on the nursery mantelpiece, plumped her handful down on the nurse's knee and scudded off again full tilt into a lady's legs. Peter Walsh laughed out.

But Lucrezia Warren Smith was saying to herself, It's wicked; why should I suffer? she was asking, as she walked down the broad path. No; I can't stand it any longer, she was saying, having left Septimus, who wasn't Septimus any longer, to say hard, cruel, wicked things, to talk to himself, to talk to a dead man, on the seat over there; when the child ran full tilt into her, fell flat, and burst out crying.

That was comforting rather. She stood her upright, dusted her frock, kissed her.

But for herself she had done nothing wrong; she had loved Septimus; she had been happy; she had had a beautiful home, and there her sisters lived still, making hats. Why should *she* suffer?

The child ran straight back to its nurse, and Rezia saw her scolded, comforted, taken up by the nurse who put down her knitting, and the kind-looking man gave her his watch to blow open to comfort her—but why should *she* be exposed? Why not left in Milan? Why tortured? Why?

Slightly waved by tears the broad path, the nurse, the man in grey, the perambulator, rose and fell before her eyes. To be rocked by this malignant torturer was her lot. But why? She was like a bird sheltering under the thin hollow of a leaf, who blinks at the sun when the leaf moves; starts at the crack of a dry twig. She was exposed; she was surrounded by the enormous trees, vast clouds of an indifferent world, exposed; tortured; and why should she suffer? Why?

She frowned; she stamped her foot. She must go back again to Septimus since it was almost time for them to be going to Sir William Bradshaw. She must go back and tell him, go back to him sitting there on the green chair under the tree, talking to himself, or to that dead man Evans, whom she had only seen once for a moment in the shop. He had seemed a nice quiet man; a great friend of Septimus's, and he had been killed in the War. But such things happen to every one. Every one has friends who were killed in the War. Every one gives up something when they marry. She had given up her home. She had come to live here, in this awful city. But Septimus let himself think about horrible things, as she could too, if she tried. He had grown stranger and stranger. He said people were talking behind the bedroom walls. Mrs Filmer thought it odd. He saw things too—he had seen an old woman's head in the middle of a fern. Yet he could be happy when he chose. They went to Hampton Court on top of a bus, and they were perfectly happy. All the little red and yellow flowers were out on the grass, like floating lamps he said, and talked and chattered and laughed, making up stories. Suddenly he said, "Now we will kill ourselves," when they were standing by the river, and he looked at it with a look which she had seen in his eyes when a train went by, or an omnibus—a look as if something fascinated him; and she felt he was going from her and she caught him by the arm. But going home he was perfectly quiet—perfectly reasonable. He would argue with her about killing themselves; and explain how wicked people were; how he could see them making up lies as they passed in the street. He knew all their thoughts, he said; he knew everything. He knew the meaning of the world, he said.

Then when they got back he could hardly walk. He lay on the sofa and made her hold his hand to prevent him from falling down, down, he cried, into the flames! and saw faces laughing at him, calling him horrible disgusting names, from the walls, and hands pointing round the screen. Yet they were quite alone. But he began to talk aloud, answering people, arguing, laughing, crying, getting very excited and making her write things down. Perfect nonsense it was; about death; about Miss Isabel Pole. She could stand it no longer. She would go back.

She was close to him now, could see him staring at the sky, muttering, clasping his hands. Yet Dr Holmes said there was nothing the matter with him. What then had happened—why had he gone, then, why, when she sat by him, did he start, frown at her, move away, and point at her hand, take her hand, look at it terrified?

Was it that she had taken off her wedding ring? "My hand has grown so thin," she said. "I have put it in my purse," she told him.

He dropped her hand. Their marriage was over, he thought, with agony, with relief. The rope was cut; he mounted; he was free, as it was decreed that he, Septimus, the lord of men, should be free; alone (since his wife had thrown away her wedding ring; since she had left him), he, Septimus, was alone, called forth in advance of the mass of men to hear the truth, to learn the meaning, which now at last, after all the toils of civilisation— Greeks, Romans, Shakespeare, Darwin, and now himself—was to be given whole to. . . . "To whom?" he asked aloud. "To the Prime Minister," the voices which rustled above his head replied. The supreme secret must be told to the Cabinet; first that trees are alive; next there is no crime; next love, universal love, he muttered, gasping, trembling, painfully drawing out these profound truths which needed, so deep were they, so difficult, an immense effort to speak out, but the world was entirely changed by them for ever.

No crime; love; he repeated, fumbling for his card and pencil, when a Skye terrier snuffed his trousers and he started in an agony of fear. It was turning into a man! He could not watch it happen! It was horrible, terrible to see a dog become a man! At once the dog trotted away.

Heaven was divinely merciful, infinitely benignant. It spared him, pardoned his weakness. But what was the scientific explanation (for one must be scientific above all things)? Why could he see through bodies, see into the future, when dogs will become men? It was the heat wave presumably, operating upon a brain made sensitive by eons of evolution. Scientifically speaking, the flesh was melted off the world. His body was macerated until only the nerve fibres were left. It was spread like a veil upon a rock.

He lay back in his chair, exhausted but upheld. He lay resting, waiting, before he again interpreted, with effort, with agony, to mankind. He lay very high, on the back of the world. The earth thrilled beneath him. Red flowers grew through his flesh; their stiff leaves rustled by his head. Music began clanging against the rocks up here. It is a motor horn down in the street, he muttered; but up here it cannoned from rock to rock, divided, met in shocks of sound which rose in smooth columns (that music should be visible was a discovery) and became an anthem, an anthem twined round now by a shepherd boy's piping (That's an old man playing a penny whistle by the public-house, he muttered) which, as the boy stood still came bubbling from his pipe, and then, as he climbed higher, made its exquisite plaint while the traffic passed beneath. This boy's elegy is played among the traffic, thought Septimus. Now he withdraws up into the snows, and roses hang about him—the thick red roses which grow on my bedroom wall, he reminded himself. The music stopped. He has his penny, he reasoned it out, and has gone on to the next public-house.

But he himself remained high on his rock, like a drowned sailor on a rock. I leant over the edge of the boat and fell down, he thought. I went under the sea. I have been dead, and yet am now alive, but let me rest still; he begged (he was talking to himself again—it was awful, awful!); and as, before waking, the voices of birds and the sound of wheels chime and chatter in a queer harmony, grow louder and louder and the sleeper feels himself drawing to the shores of life, so he felt himself drawing towards life, the sun growing hotter, cries sounding louder, something tremendous about to happen.

He had only to open his eyes; but a weight was on them; a fear. He strained; he pushed; he looked; he saw Regent's Park before him. Long streamers of sunlight fawned at his feet. The trees waved, brandished. We welcome, the world seemed to say; we accept; we create. Beauty, the world seemed to say. And as if to prove it (scientifically) wherever he looked at the houses, at the railings, at the antelopes stretching over the palings, beauty sprang instantly. To watch a leaf quivering in the rush of air was an exquisite joy. Up in the sky swallows swooping, swerving, flinging themselves in and out, round and round, yet always with perfect control as if elastics held them; and the flies rising and falling; and the sun spotting now this leaf, now that, in mockery, dazzling it with soft gold in pure good temper; and now and again some chime (it might be a motor horn) tinkling divinely on the grass stalks—all of this, calm and reasonable as it was, made out of ordinary things as it was, was the truth now; beauty, that was the truth now. Beauty was everywhere.[1]

1. Cf. Keats, *Ode on a Grecian Urn*: "Beauty is truth, truth beauty—that is all / Ye know on earth, and all ye need to know."

"It is time," said Rezia.

The word "time" split its husk; poured its riches over him; and from his lips fell like shells, like shavings from a plane, without his making them, hard, white, imperishable words, and flew to attach themselves to their places in an ode to Time; an immortal ode to Time. He sang. Evans answered from behind the tree. The dead were in Thessaly, Evans sang, among the orchids. There they waited till the War was over, and now the dead, now Evans himself—

"For God's sake don't come!" Septimus cried out. For he could not look upon the dead.

But the branches parted. A man in grey was actually walking towards them. It was Evans! But no mud was on him; no wounds; he was not changed. I must tell the whole world, Septimus cried, raising his hand (as the dead man in the grey suit came nearer), raising his hand like some colossal figure who has lamented the fate of man for ages in the desert alone with his hands pressed to his forehead, furrows of despair on his cheeks, and now sees light on the desert's edge which broadens and strikes the iron-black figure (and Septimus half rose from his chair), and with legions of men prostrate behind him he, the giant mourner, receives for one moment on his face the whole—

"But I am so unhappy, Septimus," said Rezia trying to make him sit down.

The millions lamented; for ages they had sorrowed. He would turn round, he would tell them in a few moments, only a few moments more, of this relief, of this joy, of this astonishing revelation—

"The time, Septimus," Rezia repeated. "What is the time?"

He was talking, he was starting, this man must notice him. He was looking at them.

"I will tell you the time," said Septimus, very slowly, very drowsily, smiling mysteriously. As he sat smiling at the dead man in the grey suit the quarter struck—the quarter to twelve.

And that is being young. Peter Walsh thought as he passed them. To be having an awful scene—the poor girl looked absolutely desperate—in the middle of the morning. But what was it about, he wondered, what had the young man in the overcoat been saying to her to make her look like that; what awful fix had they got themselves into, both to look so desperate as that on a fine summer morning? The amusing thing about coming back to England, after five years, was the way it made, anyhow the first days, things stand out as if one had never seen them before; lovers squabbling under a tree; the domestic family life of the parks. Never had he seen London look so enchanting—the softness of the distances; the richness; the greenness; the civilisation, after India, he thought, strolling across the grass.

This susceptibility to impressions had been his undoing no doubt. Still at his age he had, like a boy or a girl even, these alternations of mood; good days, bad days, for no reason whatever, happiness from a pretty face, downright misery at the sight of a frump. After India of course one fell in love with every woman one met. There was a freshness about them; even the poorest dressed better than five years ago surely; and to his eye the fashions had never been so becoming; the long black cloaks; the slimness; the elegance; and then the delicious and apparently universal habit of paint. Every woman, even the most respectable, had roses blooming under glass; lips cut with a knife; curls of Indian ink; there was design, art, everywhere; a change of some sort had undoubtedly taken place. What did the young people think about? Peter Walsh asked himself.

Those five years—1918 to 1923—had been, he suspected, somehow very important. People looked different. Newspapers seemed different. Now for instance there was a man writing quite openly in one of the respectable weeklies about water-closets. That you couldn't have done ten years ago—written quite openly about water-closets in a respectable weekly. And then this taking out a stick of rouge, or a powder-puff and making up in public. On board ship coming home there were lots of young men and girls—Betty and Bertie he remembered in particular—carrying on quite openly; the old mother sitting and watching them with her knitting, cool as a cucumber. The girl would stand still and powder her nose in front of every one. And they weren't engaged; just having a good time; no feelings hurt on either hide. As hard as nails she was—Betty What'shername—; but a thorough good sort. She would make a very good wife at thirty—she would marry when it suited her to marry; marry some rich man and live in a large house near Manchester.

Who was it now who had done that? Peter Walsh asked himself, turning into the Broad Walk,—married a rich man and lived in a large house near Manchester? Somebody who had written him a long, gushing letter quite lately about "blue hydrangeas." It was seeing blue hydrangeas that made her think of him and the old days—Sally Seton, of course! It was Sally Seton—the last person in the world one would have expected to marry a rich man and live in a large house near Manchester, the wild, the daring, the romantic Sally!

But of all that ancient lot, Clarissa's friends—Whitbreads, Kinderleys, Cunninghams, Kinloch-Jones's—Sally was probably the best. She tried to get hold of things by the right end anyhow. She saw through Hugh Whitbread anyhow—the admirable Hugh—when Clarissa and the rest were at his feet.

"The Whitbreads?" he could hear her saying. "Who are the Whitbreads? Coal merchants. Respectable tradespeople."

Hugh she detested for some reason. He thought of nothing but his own appearance, she said. He ought to have been a Duke. He would be certain to marry one of the Royal Princesses. And of course Hugh had the most extraordinary, the most natural, the most sublime respect for the British aristocracy of any human being he had ever come across. Even Clarissa had to own that. Oh, but he was such a dear, so unselfish, gave up shooting to please his old mother—remembered his aunts' birthdays, and so on.

Sally, to do her justice, saw through all that. One of the things he remembered best was an argument one Sunday morning at Bourton about women's rights (that antediluvian topic), when Sally suddenly lost her temper, flared up, and told Hugh that he represented all that was most detestable in British middle-class life. She told him that she considered him responsible for the state of "those poor girls in Piccadilly"—Hugh, the perfect gentleman, poor Hugh!—never did a man look more horrified! She did it on purpose she said afterwards (for they used to get together in the vegetable garden and compare notes). "He's read nothing, thought nothing, felt nothing," he could hear her saying in that very emphatic voice which carried so much farther than she knew. The stable-boys had more life in them than Hugh, she said. He was a perfect specimen of the public school type, she said. No country but England could have produced him. She was really spiteful, for some reason; had some grudge against him. Something had happened—he forgot what—in the smoking-room. He had insulted her—kissed her? Incredible! Nobody believed a word against Hugh of course. Who could? Kissing Sally in the smoking-room! If it had been some Honourable Edith or Lady Violet, perhaps; but not that ragamuffin Sally without a penny to her name, and a father or a mother gambling at Monte Carlo. For of all the people he had ever met Hugh was the greatest snob—the most obsequious—no, he didn't cringe exactly. He was too much of a prig for that. A first-rate valet was the obvious comparison—somebody who walked behind carrying suit cases; could be trusted to send telegrams—indispensable to hostesses. And he'd found his job—married his Honourable Evelyn; got some little post at Court, looked after the King's cellars, polished the Imperial shoe-buckles, went about in knee-breeches and lace ruffles. How remorseless life is! A little job at Court!

He had married this lady, the Honourable Evelyn, and they lived hereabouts, so he thought (looking at the pompous houses overlooking the Park), for he had lunched there once in a house which had, like all Hugh's possessions, something that no other house could possibly have—linen cupboards it might have been. You had to go and look at them—you had to spend a great deal of time always admiring whatever it was—linen cupboards, pillow-cases, old oak furniture, pictures, which Hugh had picked up for an old song. But Mrs Hugh sometimes gave the show away. She was one of those obscure mouse-like little women who admire big men. She was almost negligible. Then suddenly she would say something quite unexpected—something sharp. She had the relics of the grand manner perhaps. The steam coal was a little too strong for her—it made the atmosphere thick. And so there they lived, with their linen cupboards and their old masters and their pillow-cases fringed with real lace at the rate of five or ten thousand a year presumably, while he, who was two years older than Hugh, cadged for a job.

At fifty-three he had to come and ask them to put him into some secretary's office, to find him some usher's job teaching little boys Latin, at the beck and call of some mandarin in an office, something that brought in five hundred a year; for if he married Daisy, even with his pension, they could never do on less. Whitbread could do it presumably; or Dalloway. He didn't mind what he asked Dalloway. He was a thorough good sort; a bit limited; a bit thick in the head; yes; but a thorough good sort. Whatever he took up he did in the same matter-of-fact sensible way; without a touch of imagination, without a spark of brilliancy, but with the inexplicable niceness of his type. He ought to have been a country gentleman—he was wasted on politics. He was at his best out of doors, with horses and dogs—how good he was, for instance, when that great shaggy dog of Clarissa's got caught in a trap and had its paw half torn off, and Clarissa turned faint and Dalloway did the whole thing; bandaged, made splints; told Clarissa not to be a fool. That was what she liked him for perhaps—that was what she needed. "Now, my dear, don't be a fool. Hold this—fetch that," all the time talking to the dog as if it were a human being.

But how could she swallow all that stuff about poetry? How could she let him hold forth about Shakespeare? Seriously and solemnly Richard Dalloway got on his hind legs and said that no decent man ought to read Shakespeare's sonnets because it was like listening at keyholes (besides the relationship was not one that he approved). No decent man ought to let his wife visit a deceased wife's sister. Incredible! The only thing to do was to pelt him with sugared almonds—it was at dinner. But Clarissa sucked it all in; thought it so honest of him; so independent of him; Heaven knows if she didn't think him the most original mind she'd ever met!

That was one of the bonds between Sally and himself. There was a garden where they used to walk, a walled-in place, with rose-bushes and giant cauliflowers—he could remember Sally tearing off a rose, stopping to exclaim at the beauty of the cabbage leaves in the moonlight (it was extraordinary how vividly it all came back to him, things he hadn't thought of for years), while she implored him, half laughing of course, to carry off Clarissa, to save her from the Hughs and the Dalloways and all the other "perfect gentlemen" who would "stifle her soul" (she wrote reams of poetry in those days), make a mere hostess of her, encourage her worldliness. But one must do

Clarissa justice. She wasn't going to marry Hugh anyhow. She had a perfectly clear notion of what she wanted. Her emotions were all on the surface. Beneath, she was very shrewd—a far better judge of character than Sally, for instance, and with it all, purely feminine; with that extraordinary gift, that woman's gift, of making a world of her own wherever she happened to be. She came into a room; she stood, as he had often seen her, in a doorway with lots of people round her. But it was Clarissa one remembered. Not that she was striking; not beautiful at all; there was nothing picturesque about her; she never said anything specially clever; there she was, however; there she was.

No, no, no! He was not in love with her any more! He only felt, after seeing her that morning, among her scissors and silks, making ready for the party, unable to get away from the thought of her; she kept coming back and back like a sleeper jolting against him in a railway carriage; which was not being in love, of course; it was thinking of her, criticising her, starting again, after thirty years, trying to explain her. The obvious thing to say of her was that she was worldly; cared too much for rank and society and getting on in the world—which was true in a sense; she had admitted it to him. (You could always get her to own up if you took the trouble; she was honest.) What she would say was that she hated frumps, fogies, failures, like himself presumably; thought people had no right to slouch about with their hands in their pockets; must do something, be something; and these great swells, these Duchesses, these hoary old Countesses one met in her drawing-room, unspeakably remote as he felt them to be from anything that mattered a straw, stood for something real to her. Lady Bexborough, she said once, held herself upright (so did Clarissa herself; she never lounged in any sense of the word; she was straight as a dart, a little rigid in fact). She said they had a kind of courage which the older she grew the more she respected. In all this there was a great deal of Dalloway, of course; a great deal of the public-spirited, British Empire, tariff-reform, governing-class spirit, which had grown on her, as it tends to do. With twice his wits, she had to see things through his eyes—one of the tragedies of married life. With a mind of her own, she must always be quoting Richard—as if one couldn't know to a tittle what Richard thought by reading the *Morning Post* of a morning! These parties for example were all for him, or for her idea of him (to do Richard justice he would have been happier farming in Norfolk). She made her drawing-room a sort of meeting-place; she had a genius for it. Over and over again he had seen her take some raw youth, twist him, turn him, wake him up; set him going. Infinite numbers of dull people conglomerated round her of course. But odd unexpected people turned up; an artist sometimes; sometimes a writer; queer fish in that atmosphere. And behind it all was that network of visiting, leaving cards, being kind to people; running about with bunches of flowers, little presents; So-and-so was going to France—must have an air-cushion; a real drain on her strength; all that interminable traffic that women of her sort keep up; but she did it genuinely, from a natural instinct.

Oddly enough, she was one of the most thorough-going sceptics he had ever met, and possibly (this was a theory he used to make up to account for her, so transparent in some ways, so inscrutable in others), possibly she said to herself, As we are a doomed race, chained to a sinking ship (her favourite reading as a girl was Huxley and Tyndall,[2] and they were fond of these nautical metaphors), as the whole thing is

2. Thomas H. Huxley (1825–1895) and John Tyndall (1820–1893) were staunch defenders of Darwin's evolutionary model, as set forth in *The Origin of Species* (1859).

a bad joke, let us, at any rate, do our part; mitigate the sufferings of our fellow-prison-
ers (Huxley again); decorate the dungeon with flowers and air-cushions; be as decent
as we possibly can. Those ruffians, the Gods, shan't have it all their own way,—her
notion being that the Gods, who never lost a chance of hurting, thwarting and spoil-
ing human lives were seriously put out if, all the same, you behaved like a lady. That
phase came directly after Sylvia's death—that horrible affair. To see your own sister
killed by a falling tree (all Justin Parry's fault—all his carelessness) before your very
eyes, a girl too on the verge of life, the most gifted of them, Clarissa always said, was
enough to turn one bitter. Later she wasn't so positive perhaps; she thought there
were no Gods; no one was to blame; and so she evolved this atheist's religion of doing
good for the sake of goodness.

And of course she enjoyed life immensely. It was her nature to enjoy (though
goodness only knows, she had her reserves; it was a mere sketch, he often felt, that
even he, after all these years, could make of Clarissa). Anyhow there was no bitterness in her; none of that sense of moral virtue which is so repulsive in good women.
She enjoyed practically everything. If you walked with her in Hyde Park now it was a
bed of tulips, now a child in a perambulator, now some absurd little drama she made
up on the spur of the moment. (Very likely, she would have talked to those lovers, if
she had thought them unhappy.) She had a sense of comedy that was really exquisite,
but she needed people, always people, to bring it out, with the inevitable result that
she frittered her time away, lunching, dining, giving these incessant parties of hers,
talking nonsense, sayings things she didn't mean, blunting the edge of her mind, losing her discrimination. There she would sit at the head of the table taking infinite
pains with some old buffer who might be useful to Dalloway—they knew the most
appalling bores in Europe—or in came Elizabeth and everything must give way to
her. She was at a High School, at the inarticulate stage last time he was over, a
round-eyed, pale-faced girl, with nothing of her mother in her, a silent stolid creature, who took it all as a matter of course, let her mother make a fuss of her, and then
said "May I go now?" like a child of four; going off, Clarissa explained, with that mixture of amusement and pride which Dalloway himself seemed to rouse in her, to play
hockey. And now Elizabeth was "out," presumably; thought him an old fogy, laughed
at her mother's friends. Ah well, so be it. The compensation of growing old, Peter
Walsh thought, coming out of Regent's Park, and holding his hat in hand, was simply
this; that the passions remain as strong as ever, but one has gained—at last!—the
power which adds the supreme flavour to existence,—the power of taking hold of
experience, of turning it round, slowly, in the light.

A terrible confession it was (he put his hat on again), but now, at the age of fifty-
three one scarcely needed people any more. Life itself, every moment of it, every drop
of it, here, this instant, now, in the sun, in Regent's Park, was enough. Too much
indeed. A whole lifetime was too short to bring out, now that one had acquired the
power, the full flavour; to extract every ounce of pleasure, every shade of meaning;
which both were so much more solid than they used to be, so much less personal. It
was impossible that he should ever suffer again as Clarissa had made him suffer. For
hours at a time (pray God that one might say these things without being overheard!),
for hours and days he never thought of Daisy.

Could it be that he was in love with her then, remembering the misery, the torture, the extraordinary passion of those days? It was a different thing altogether—a
much pleasanter thing—the truth being, of course, that now *she* was in love with
him. And that perhaps was the reason why, when the ship actually sailed, he felt an

extraordinary relief, wanted nothing so much as to be alone; was annoyed to find all her little attentions—cigars, notes, a rug for the voyage—in his cabin. Every one if they were honest would say the same; one doesn't want people after fifty; one doesn't want to go on telling women they are pretty; that's what most men of fifty would say, Peter Walsh thought, if they were honest.

But then these astonishing accesses of emotion—bursting into tears this morning, what was all that about? What could Clarissa have thought of him? thought him a fool presumably, not for the first time. It was jealousy that was at the bottom of it— jealousy which survives every other passion of mankind, Peter Walsh thought, holding his pocket-knife at arm's length. She had been meeting Major Orde, Daisy said in her last letter; said it on purpose he knew; said it to make him jealous; he could see her wrinkling her forehead as she wrote, wondering what she could say to hurt him; and yet it made no difference; he was furious! All this pother of coming to England and seeing lawyers wasn't to marry her, but to prevent her from marrying anybody else. That was what tortured him, that was what came over him when he saw Clarissa so calm, so cold, so intent on her dress or whatever it was; realising what she might have spared him, what she had reduced him to—a whimpering, snivelling old ass. But women, he thought, shutting his pocket-knife, don't know what passion is. They don't know the meaning of it to men. Clarissa was as cold as an icicle. There she would sit on the sofa by his side, let him take her hand, give him one kiss—Here he was at the crossing.

A sound interrupted him; a frail quivering sound, a voice bubbling up without direction, vigour, beginning or end, running weakly and shrilly and with an absence of all human meaning into

ee um fah um so
foo swee too eem oo

the voice of no age or sex, the voice of an ancient spring spouting from the earth; which issued, just opposite Regent's Park Tube station from a tall quivering shape, like a funnel, like a rusty pump, like a wind-beaten tree for ever barren of leaves which lets the wind run up and down its branches singing

ee um fah um so
foo swee too eem oo

and rocks and creaks and moans in the eternal breeze.

Through all ages—when the pavement was grass, when it was swamp, through the age of tusk and mammoth, through the age of silent sunrise, the battered woman—for she wore a skirt—with her right hand exposed, her left clutching at her side, stood singing of love—love which has lasted a million years, she sang, love which prevails, and millions of years ago, her lover, who had been dead these centuries, had walked, she crooned, with her in May; but in the course of ages, long as summer days, and flaming, she remembered, with nothing but red asters, he had gone; death's enormous sickle had swept those tremendous hills, and when at last she laid her hoary and immensely aged head on the earth, now become a mere cinder of ice, she implored the Gods to lay by her side a bunch of purple heather, there on her high burial place which the last rays of the last sun caressed; for then the pageant of the universe would be over.

As the ancient song bubbled up opposite Regent's Park Tube station still the earth seemed green and flowery; still, though it issued from so rude a mouth, a mere hole in the earth, muddy too, matted with root fibres and tangled grasses, still the old bubbling burbling song, soaking through the knotted roots of infinite ages, and skeletons and treasure, streamed away in rivulets over the pavement and all along the Marylebone Road, and down towards Euston, fertilising, leaving a damp stain.

Still remembering how once in some primeval May she had walked with her lover, this rusty pump, this battered old woman with one hand exposed for coppers the other clutching her side, would still be there in ten million years, remembering how once she had walked in May, where the sea flows now, with whom it did not matter—he was a man, oh yes, a man who had loved her. But the passage of ages had blurred the clarity of that ancient May day; the bright petalled flowers were hoar and silver frosted; and she no longer saw, when she implored him (as she did now quite clearly) "look in my eyes with thy sweet eyes intently," she no longer saw brown eyes, black whiskers or sunburnt face but only a looming shape, a shadow shape, to which, with the birdlike freshness of the very aged she still twittered "give me your hand and let me press it gently" (Peter Walsh couldn't help giving the poor creature a coin as he stepped into his taxi), "and if some one should see, what matter they?" she demanded; and her fist clutched at her side, and she smiled, pocketing her shilling, and all peering inquisitive eyes seemed blotted out, and the passing generations—the pavement was crowded with bustling middle-class people—vanished, like leaves, to be trodden under, to be soaked and steeped and made mould of by that eternal spring—

ee um fah um so
foo swee too eem oo

"Poor old woman," said Rezia Warren Smith, waiting to cross.
Oh poor old wretch!
Suppose it was a wet night? Suppose one's father, or somebody who had known one in better days had happened to pass, and saw one standing there in the gutter? And where did she sleep at night?
Cheerfully, almost gaily, the invincible thread of sound wound up into the air like the smoke from a cottage chimney, winding up clean beech trees and issuing in a tuft of blue smoke among the topmost leaves. "And if some one should see, what matter they?"
Since she was so unhappy, for weeks and weeks now, Rezia had given meanings to things that happened, almost felt sometimes that she must stop people in the street, if they looked good, kind people, just to say to them "I am unhappy"; and this old woman singing in the street "if some one should see, what matter they?" made her suddenly quite sure that everything was going to be right. They were going to Sir William Brad-shaw; she thought his name sounded nice; he would cure Septimus at once. And then there was a brewer's cart, and the grey horses had upright bristles of straw in their tails; there were newspaper placards. It was a silly, silly dream, being unhappy.
So they crossed, Mr and Mrs Septimus Warren Smith, and was there, after all, anything to draw attention to them, anything to make a passer-by suspect here is a young man who carries in him the greatest message in the world, and is, moreover, the happiest man in the world, and the most miserable? Perhaps they walked more slowly than other people, and there was something hesitating, trailing, in the man's walk, but what more natural for a clerk, who has not been in the West End on a weekday at this hour for years, than to keep looking at the sky, looking at this, that and the other, as if Portland Place were a room he had come into when the family are away, the chandeliers being hung in holland bags, and the caretaker, as she lets in

long shafts of dusty light upon deserted, queer-looking armchairs, lifting one corner of the long blinds, explains to the visitors what a wonderful place it is; how wonderful, but at the same time, he thinks, as he looks at chairs and tables, how strange.

To look at, he might have been a clerk, but of the better sort; for he wore brown boots; his hands were educated; so, too, his profile—his angular, big-nosed, intelligent, sensitive profile; but not his lips altogether, for they were loose; and his eyes (as eyes tend to be), eyes merely; hazel, large; so that he was, on the whole, a border case, neither one thing nor the other, might end with a house at Purley and a motor car, or continue renting apartments in back streets all his life; one of those half-educated, self-educated men whose education is all learnt from books borrowed from public libraries, read in the evening after the day's work, on the advice of well-known authors consulted by letter.

As for the other experiences, the solitary ones, which people go through alone, in their bedrooms, in their offices, walking the fields and the streets of London, he had them; had left home, a mere boy, because of his mother; she lied; because he came down to tea for the fiftieth time with his hands unwashed; because he could see no future for a poet in Stroud; and so, making a confidant of his little sister, had gone to London leaving an absurd note behind him, such as great men have written, and the world has read later when the story of their struggles has become famous.

London has swallowed up many millions of young men called Smith; thought nothing of fantastic Christian names like Septimus with which their parents have thought to distinguish them. Lodging off the Euston Road, there were experiences, again experiences, such as change a face in two years from a pink innocent oval to a face lean, contracted, hostile. But of all this what could the most observant of friends have said except what a gardener says when he opens the conservatory door in the morning and finds a new blossom on his plant:—It has flowered; flowered from vanity, ambition, idealism, passion, loneliness, courage, laziness, the usual seeds, which all muddled up (in a room off the Euston Road), made him shy, and stammering, made him anxious to improve himself, made him fall in love with Miss Isabel Pole, lecturing in the Waterloo Road upon Shakespeare.

Was he not like Keats? she asked; and reflected how she might give him a taste of *Antony and Cleopatra* and the rest; lent him books; wrote him scraps of letters; and lit in him such a fire as burns only once in a life-time, without heat, flickering a red gold flame infinitely ethereal and insubstantial over Miss Pole; *Antony and Cleopatra*; and the Waterloo Road. He thought her beautiful, believed her impeccably wise; dreamed of her, wrote poems to her, which, ignoring the subject, she corrected in red ink; he saw her, one summer evening, walking in a green dress in a square. "It has flowered," the gardener might have said, had he opened the door; had he come in, that is to say, any night about this time, and found him writing; found him tearing up his writing; found him finishing a masterpiece at three o'clock in the morning and running out to pace the streets, and visiting churches, and fasting one day, drinking another, devouring Shakespeare, Darwin, *The History of Civilisation*,[3] and Bernard Shaw.[4]

3. The magnum opus of Henry Thomas Buckle (1821–1862), an English historian who gained notoriety by applying the methods of empirical science to historical inquiry, and by emphasizing social/intellectual history over more traditional political/military subject matter. (Buckle held, for instance, that the influence of women in any given period was an indicator by which its degree of "civilisation" could be measured.)

4. Irish-born dramatist, journalist, and prominent leader within the socialist Fabian Society. An advocate of major artistic and political reforms, Shaw argued cogently in favor of women's rights, the abolition of private property, and the revitalization of London theater through the performance of works that were imbued with real moral and social weight.

Something was up, Mr Brewer knew; Mr Brewer, managing clerk at Sibleys and Arrowsmiths, auctioneers, valuers, land and estate agents; something was up, he thought, and, being paternal with his young men, and thinking very highly of Smith's abilities, and prophesying that he would, in ten or fifteen years, succeed to the leather arm-chair in the inner room under the skylight with the deed-boxes round him, "if he keeps his health," said Mr Brewer, and that was the danger—he looked weakly; advised football, invited him to supper and was seeing his way to consider recommending a rise of salary, when something happened which threw out many of Mr Brewer's calculations, took away his ablest young fellows, and eventually, so prying and insidious were the fingers of the European War, smashed a plaster cast of Ceres,[5] ploughed a hole in the geranium beds, and utterly ruined the cook's nerves at Mr Brewer's establishment at Muswell Hill.

Septimus was one of the first to volunteer. He went to France to save an England which consisted almost entirely of Shakespeare's plays and Miss Isabel Pole in a green dress walking in a square. There in the trenches the change which Mr Brewer desired when he advised football was produced instantly; he developed manliness; he was promoted; he drew the attention, indeed the affection of his officer, Evans by name. It was a case of two dogs playing on a hearth-rug; one worrying a paper screw, snarling, snapping, giving a pinch, now and then, at the old dog's ear; the other lying somnolent, blinking at the fire, raising a paw, turning and growling good-temperedly. They had to be together, share with each other, fight with each other, quarrel with each other. But when Evans (Rezia who had only seen him once called him "a quiet man," a sturdy red-haired man, undemonstrative in the company of women), when Evans was killed, just before the Armistice, in Italy, Septimus, far from showing any emotion or recognising that here was the end of a friendship, congratulated himself upon feeling very little and very reasonably. The War had taught him. It was sublime. He had gone through the whole show, friendship, European War, death, had won promotion, was still under thirty and was bound to survive. He was right there. The last shells missed him. He watched them explode with indifference. When peace came he was in Milan, billeted in the house of an innkeeper with a courtyard, flowers in tubs, little tables in the open, daughters making hats, and to Lucrezia, the younger daughter, he became engaged one evening when the panic was on him—that he could not feel.

For now that it was all over, truce signed, and the dead buried, he had, especially in the evening, these sudden thunder-claps of fear. He could not feel. As he opened the door of the room where the Italian girls sat making hats, he could see them; could hear them; they were rubbing wires among coloured beads in saucers; they were turning buckram shapes this way and that; the table was all strewn with feathers, spangles, silks, ribbons; scissors were rapping on the table; but something failed him; he could not feel. Still, scissors rapping, girls laughing, hats being made protected him; he was assured of safety; he had a refuge. But he could not sit there all night. There

---

5. Roman mythological equivalent of Demeter, Greek goddess of corn and the harvest (cf. Peter Walsh's cornucopia-wielding "vision" on page 2416). According to the myth, when her daughter, Proserpina, was abducted by Pluto, god of the Underworld, Ceres desperately searched the world over for her, and in her grief she allowed the earth to grow barren. Hoping to end the ensuing famine, Jupiter finally intervened with Pluto, and henceforth Proserpina was allowed to leave the underworld for six months each year, during which time Ceres is said annually to restore the earth to a state of fertility. In another story which seems at least tangentially linked to Septimus' postwar "message" ("Men must not cut down trees," page 2399), Ceres is supposed to have punished a man with famine for having cut down a sacred oak. Regardless of how much he had eaten, he always desired to eat as much again; at last he consumed himself and died.

were moments of waking in the early morning. The bed was falling; he was falling. Oh for the scissors and the lamplight and the buckram shapes! He asked Lucrezia to marry him, the younger of the two, the gay, the frivolous, with those little artist's fingers that she would hold up and say "It is all in them." Silk, feathers, what not were alive to them.

"It is the hat that matters most," she would say, when they walked out together. Every hat that passed, she would examine; and the cloak and the dress and the way the woman held herself. Ill-dressing, over-dressing she stigmatised, not savagely, rather with impatient movements of the hands, like those of a painter who puts from him some obvious well-meant glaring imposture; and then, generously, but always critically, she would welcome a shopgirl who had turned her little bit of stuff gallantly, or praise, wholly, with enthusiastic and professional understanding, a French lady descending from her carriage, in chinchilla, robes, pearls.

"Beautiful!" she would murmur, nudging Septimus, that he might see. But beauty was behind a pane of glass. Even taste (Rezia liked ices, chocolates, sweet things) had no relish to him. He put down his cup on the little marble table. He looked at people outside; happy they seemed, collecting in the middle of the street, shouting, laughing, squabbling over nothing. But he could not taste, he could not feel. In the teashop among the tables and the chattering waiters the appalling fear came over him—he could not feel. He could reason; he could read, Dante for example, quite easily ("Septimus, do put down your book," said Rezia, gently shutting the *Inferno*), he could add up his bill; his brain was perfect; it must be the fault of the world then— that he could not feel.

"The English are so silent," Rezia said. She liked it, she said. She respected these Englishmen, and wanted to see London, and the English horses, and the tailor-made suits, and could remember hearing how wonderful the shops were, from an Aunt who had married and lived in Soho.

It might be possible, Septimus thought, looking at England from the train window, as they left Newhaven; it might be possible that the world itself is without meaning.

At the office they advanced him to a post of considerable responsibility. They were proud of him; he had won crosses. "You have done your duty; it is up to us—" began Mr Brewer; and could not finish, so pleasurable was his emotion. They took admirable lodgings off the Tottenham Court Road.

Here he opened Shakespeare once more. That boy's business of the intoxication of language—*Antony and Cleopatra*—had shrivelled utterly. How Shakespeare loathed humanity—the putting on of clothes, the getting of children, the sordidity of the mouth and the belly! This was now revealed to Septimus; the message hidden in the beauty of words. The secret signal which one generation passes, under disguise, to the next is loathing, hatred, despair. Dante the same. Aeschylus (translated) the same. There Rezia sat at the table trimming hats. She trimmed hats for Mrs Filmer's friends; she trimmed hats by the hour. She looked pale, mysterious, like a lily, drowned, under water, he thought.

"The English are so serious," she would say, putting her arms round Septimus, her cheek against his.

Love between man and woman was repulsive to Shakespeare. The business of copulation was filth to him before the end. But, Rezia said, she must have children. They had been married five years.

They went to the Tower together; to the Victoria and Albert Museum; stood in the crowd to see the King open Parliament. And there were the shops—hat shops, dress shops, shops with leather bags in the window, where she would stand staring. But she must have a boy.

She must have a son like Septimus, she said. But nobody could be like Septimus; so gentle; so serious; so clever. Could she not read Shakespeare too? Was Shakespeare a difficult author? she asked.

One cannot bring children into a world like this. One cannot perpetuate suffering, or increase the breed of these lustful animals, who have no lasting emotions, but only whims and vanities, eddying them now this way, now that.

He watched her snip, shape, as one watches a bird hop, flit in the grass, without daring to move a finger. For the truth is (let her ignore it) that human beings have neither kindness, nor faith, nor charity beyond what serves to increase the pleasure of the moment. They hunt in packs. Their packs scour the desert and vanish screaming into the wilderness. They desert the fallen. They are plastered over with grimaces. There was Brewer at the office, with his waxed moustache, coral tie-pin, white slip, and pleasurable emotions—all coldness and clamminess within,—his geraniums ruined in the War—his cook's nerves destroyed; or Amelia What'shername, handing round cups of tea punctually at five—a leering, sneering obscene little harpy; and the Toms and Berties in their starched shirt fronts oozing thick drops of vice. They never saw him drawing pictures of them naked at their antics in his notebook. In the street, vans roared past him; brutality blared out on placards; men were trapped in mines; women burnt alive; and once a maimed file of lunatics being exercised or displayed for the diversion of the populace (who laughed aloud), ambled and nodded and grinned past him, in the Tottenham Court Road, each half apologetically, yet triumphantly, inflicting his hopeless woe. And would *he* go mad?

At tea Rezia told him that Mrs Filmer's daughter was expecting a baby. *She* could not grow old and have no children! She was very lonely, she was very unhappy! She cried for the first time since they were married. Far away he heard her sobbing; he heard it accurately, he noticed it distinctly; he compared it to a piston thumping. But he felt nothing.

His wife was crying, and he felt nothing; only each time she sobbed in this profound, this silent, this hopeless way, he descended another step into the pit.

At last, with a melodramatic gesture which he assumed mechanically and with complete consciousness of its insincerity, he dropped his head on his hands. Now he had surrendered; now other people must help him. People must be sent for. He gave in.

Nothing could rouse him. Rezia put him to bed. She sent for a doctor—Mrs Filmer's Dr Holmes. Dr Holmes examined him. There was nothing whatever the matter, said Dr Holmes. Oh, what a relief! What a kind man, what a good man! thought Rezia. When he felt like that he went to the Music Hall, said Dr Holmes. He took a day off with his wife and played golf. Why not try two tabloids of bromide dissolved in a glass of water at bedtime? These old Bloomsbury houses, said Dr Holmes, tapping the wall, are often full of very fine panelling, which the landlords have the folly to paper over. Only the other day, visiting a patient, Sir Somebody Something in Bedford Square—

So there was no excuse; nothing whatever the matter, except the sin for which human nature had condemned him to death; that he did not feel. He had not cared when Evans was killed; that was worst; but all the other crimes raised their heads and shook their fingers and jeered and sneered over the rail of the bed in the early hours of the morning at the prostrate body which lay realising its degradation; how he had married his wife without loving her; had lied to her; seduced her; outraged Miss Isabel Pole, and was so pocked and marked with vice that women shuddered when they saw him in the street. The verdict of human nature on such a wretch was death.

Dr Holmes came again. Large, fresh coloured, handsome, flicking his boots, looking in the glass, he brushed it all aside—headaches, sleeplessness, fears, dreams—nerve symptoms and nothing more, he said. If Dr Holmes found himself even half a pound below eleven stone six, he asked his wife for another plate of porridge at breakfast (Rezia would learn to cook porridge.) But, he continued, health is largely a matter in our own control. Throw yourself into outside interests; take up some hobby. He opened Shakespeare—*Antony and Cleopatra*; pushed Shakespeare aside. Some hobby, said Dr Holmes, for did he not owe his own excellent health (and he worked as hard as any man in London) to the fact that he could always switch off from his patients on to old furniture? And what a very pretty comb, if he might say so, Mrs Warren Smith was wearing!

When the damned fool came again, Septimus refused to see him. Did he indeed? said Dr Holmes, smiling agreeably. Really he had to give that charming little lady, Mrs Smith, a friendly push before he could get past her into her husband's bedroom.

"So you're in a funk," he said agreeably, sitting down by his patient's side. He had actually talked of killing himself to his wife, quite a girl, a foreigner, wasn't she? Didn't that give her a very odd idea of English husbands? Didn't one owe perhaps a duty to one's wife? Wouldn't it be better to do something instead of lying in bed? For he had had forty years' experience behind him; and Septimus could take Dr Holmes's word for it—there was nothing whatever the matter with him. And next time Dr Holmes came he hoped to find Smith out of bed and not making that charming little lady his wife anxious about him.

Human nature, in short, was on him—the repulsive brute, with the blood-red nostrils. Holmes was on him. Dr Holmes came quite regularly every day. Once you stumble, Septimus wrote on the back of a postcard, human nature is on you. Holmes is on you. Their only chance was to escape, without letting Holmes know; to Italy—anywhere, anywhere, away from Dr Holmes.

But Rezia could not understand him. Dr Holmes was such a kind man. He was so interested in Septimus. He only wanted to help them, he said. He had four little children and he had asked her to tea, she told Septimus.

So he was deserted. The whole world was clamouring: Kill yourself, kill yourself, for our sakes. But why should he kill himself for their sakes? Food was pleasant; the sun hot; and this killing oneself, how does one set about it, with a table knife, uglily, with floods of blood,—by sucking a gaspipe? He was too weak; he could scarcely raise his hand. Besides, now that he was quite alone, condemned, deserted, as those who are about to die are alone, there was a luxury in it, an isolation full of sublimity; a freedom which the attached can never know. Holmes had won of course; the brute with the red nostrils had won. But even Holmes himself could not touch this last relic straying on the edge of the world, this outcast, who gazed back at the inhabited regions, who lay, like a drowned sailor, on the shore of the world.

It was at that moment (Rezia gone shopping) that the great revelation took place. A voice spoke from behind the screen. Evans was speaking. The dead were with him.

"Evans, Evans!" he cried.

Mr Smith was talking aloud to himself, Agnes the servant girl cried to Mrs Filmer in the kitchen. "Evans, Evans," he had said as she brought in the tray. She jumped, she did. She scuttled downstairs.

And Rezia came in, with her flowers, and walked across the room, and put the roses in a vase, upon which the sun struck directly, and it went laughing, leaping round the room.

She had had to buy the roses, Rezia said, from a poor man in the street. But they were almost dead already, she said, arranging the roses.

So there was a man outside; Evans presumably; and the roses, which Rezia said were half dead, had been picked by him in the fields of Greece. "Communication is health; communication is happiness, communication—" he muttered.

"What are you saying, Septimus?" Rezia asked, wild with terror, for he was talking to himself.

She sent Agnes running for Dr Holmes. Her husband, she said, was mad. He scarcely knew her.

"You brute! You brute!" cried Septimus, seeing human nature, that is Dr Holmes, enter the room.

"Now what's all this about?" said Dr Holmes in the most amiable way in the world. "Talking nonsense to frighten your wife?" But he would give him something to make him sleep. And if they were rich people, said Dr Holmes, looking ironically round the room, by all means let them go to Harley Street; if they had no confidence in him, said Dr Holmes, looking not quite so kind.

It was precisely twelve o'clock; twelve by Big Ben; whose stroke was wafted over the northern part of London; blent with that of other clocks, mixed in a thin ethereal way with the clouds and wisps of smoke, and died up there among the seagulls— twelve o'clock struck as Clarissa Dalloway laid her green dress on her bed, and the Warren Smiths walked down Harley Street. Twelve was the hour of their appointment. Probably, Rezia thought, that was Sir William Bradshaw's house with the grey motor car in front of it. The leaden circles dissolved in the air.

Indeed it was—Sir William Bradshaw's motor car; low, powerful, grey with plain initials interlocked on the panel, as if the pomps of heraldry were incongruous, this man being the ghostly helper, the priest of science; and, as the motor car was grey, so to match its sober suavity, grey furs, silver grey rugs were heaped in it, to keep her ladyship warm while she waited. For often Sir William would travel sixty miles or more down into the country to visit the rich, the afflicted, who could afford the very large fee which Sir William very properly charged for his advice. Her ladyship waited with the rugs about her knees an hour or more, leaning back, thinking sometimes of the patient, sometimes, excusably, of the wall of gold, mounting minute by minute while she waited; the wall of gold that was mounting between them and all shifts and anxieties (she had borne them bravely; they had had their struggles) until she felt wedged on a calm ocean, where only spice winds blow; respected, admired, envied, with scarcely anything left to wish for, though she regretted her stoutness; large dinner-parties every Thursday night to the profession; an occasional bazaar to be opened; Royalty greeted; too little time, alas, with her husband, whose work grew and grew; a boy doing well at Eton; she would have liked a daughter too; interests she had, however, in plenty; child welfare; the after-care of the epileptic, and photography, so that if there was a church building, or a church decaying, she bribed the sexton, got the key and took photographs, which were scarcely to be distinguished from the work of professionals, while she waited.

Sir William himself was no longer young. He had worked very hard; he had won his position by sheer ability (being the son of a shopkeeper); loved his profession; made a fine figurehead at ceremonies and spoke well—all of which had by the time he was knighted given him a heavy look, a weary look (the stream of patients being so incessant, the responsibilities and privileges of his profession so onerous), which weariness, together with his grey hairs, increased the extraordinary distinction of his presence and gave him the reputation (of the utmost importance in dealing with nerve cases) not merely of lightning skill, and almost infallible accuracy in diagnosis but of sympathy; tact; understanding of the human soul. He could see the first moment they came into the room (the Warren Smiths they were called); he was certain directly he saw the man; it was a case of extreme gravity. It was a case of complete breakdown—complete physical and nervous breakdown, with every symptom in an advanced stage, he ascertained in two or three minutes (writing answers to questions, murmured discreetly, on a pink card).

How long had Dr Holmes been attending him?

Six weeks.

Prescribed a little bromide? Said there was nothing the matter? Ah yes (those general practitioners! thought Sir William. It took half his time to undo their blunders. Some were irreparable).

"You served with great distinction in the War?"

The patient repeated the word "war" interrogatively.

He was attaching meanings to words of a symbolical kind. A serious symptom, to be noted on the card.

"The War?" the patient asked. The European War—that little shindy of schoolboys with gunpowder? Had he served with distinction? He really forgot. In the War itself he had failed.

"Yes, he served with the greatest distinction," Rezia assured the doctor; "he was promoted."

"And they have the very highest opinion of you at your office?" Sir William murmured, glancing at Mr Brewer's very generously worded letter. "So that you have nothing to worry you, no financial anxiety, nothing?"

He had committed an appalling crime and been condemned to death by human nature.

"I have—I have," he began, "committed a crime—"

"He has done nothing wrong whatever," Rezia assured the doctor. If Mr Smith would wait, said Sir William, he would speak to Mrs Smith in the next room. Her husband was very seriously ill, Sir William said. Did he threaten to kill himself?

Oh, he did, she cried. But he did not mean it, she said. Of course not. It was merely a question of rest, said Sir William; of rest, rest, rest; a long rest in bed. There was a delightful home down in the country where her husband would be perfectly looked after. Away from her? she asked. Unfortunately, yes; the people we care for most are not good for us when we are ill. But he was not mad, was he? Sir William said he never spoke of "madness"; he called it not having a sense of proportion. But her husband did not like doctors. He would refuse to go there. Shortly and kindly Sir William explained to her the state of the case. He had threatened to kill himself. There was no alternative. It was a question of law. He would lie in bed in a beautiful house in the country. The nurses were admirable. Sir William would visit him once a week. If Mrs Warren Smith was quite sure she had no more questions to ask—he never hurried his patients—they would return to her husband. She had nothing more to ask—not of Sir William.

So they returned to the most exalted of mankind; the criminal who faced his judges; the victim exposed on the heights; the fugitive; the drowned sailor; the poet of the immortal ode; the Lord who had gone from life to death;[6] to Septimus Warren Smith, who sat in the arm-chair under the skylight staring at a photograph of Lady Bradshaw in Court dress, muttering messages about beauty.

"We have had our little talk," said Sir William.

"He says you are very, very ill," Rezia cried.

"We have been arranging that you should go into a home," said Sir William.

"One of Holmes's homes?" sneered Septimus.

The fellow made a distasteful impression. For there was in Sir William, whose father had been a tradesman, a natural respect for breeding and clothing, which shabbiness nettled; again, more profoundly, there was in Sir William, who had never had time for reading, a grudge, deeply buried, against cultivated people who came into his room and intimated that doctors, whose profession is a constant strain upon all the highest faculties, are not educated men.

"One of my homes, Mr Warren Smith," he said, "where we will teach you to rest."

And there was just one thing more.

He was quite certain that when Mr Warren Smith was well he was the last man in the world to frighten his wife. But he had talked of killing himself.

"We all have our moments of depression," said Sir William.

Once you fall, Septimus repeated to himself, human nature is on you. Holmes and Bradshaw are on you. They scour the desert. They fly screaming into the wilderness. The rack and the thumbscrew[7] are applied. Human nature is remorseless.

"Impulses came upon him sometimes?" Sir William asked, with his pencil on a pink card.

That was his own affair, said Septimus.

"Nobody lives for himself alone," said Sir William, glancing at the photograph of his wife in Court dress.

"And you have a brilliant career before you," said Sir William. There was Mr Brewer's letter on the table. "An exceptionally brilliant career."

But if he confessed? If he communicated? Would they let him off then, his torturers?

"I—I—" he stammered.

But what was his crime? He could not remember it.

"Yes?" Sir William encouraged him. (But it was growing late.)

Love, trees, there is no crime—what was his message?

He could not remember it.

"I—I—" Septimus stammered.

6. These follow in the series of characterizations which ironize Septimus' sense of his own postwar existence. The drowned sailor must call to mind the corresponding persona in Eliot's *The Waste Land* (1922), Phlebas the Phoenician sailor-merchant, who simultaneously represents the possibility of fertility and renewal, and the failure of this possibility: "As he rose and fell / He passed the stages of his age, and youth / Entering the whirlpool" (316–18). The poet of the immortal ode may refer us back to Keats's *Ode on a Grecian Urn*, in which immortality is both the promise that the lovers figured on the urn will be "forever panting, and forever young," and the similarly everlasting contingency that "never, never, canst [the lovers] kiss." The immortality is as frustrating as it is desired, a thing to "tease us out of thought." The final image before we come to Septimus suggests an unaccomplished version of the Christian resurrection, concluding in death rather than the hope of life.

7. Instruments of torture.

"Try to think as little about yourself as possible," said Sir William kindly. Really, he was not fit to be about.

Was there anything else they wished to ask him? Sir William would make all arrangements (he murmured to Rezia) and he would let her know between five and six that evening he murmured.

"Trust everything to me," he said, and dismissed them.

Never, never had Rezia felt such agony in her life! She had asked for help and been deserted! He had failed them! Sir William Bradshaw was not a nice man.

The upkeep of that motor car alone must cost him quite a lot, said Septimus, when they got out into the street.

She clung to his arm. They had been deserted.

But what more did she want?

To his patients he gave three-quarters of an hour; and if in this exacting science which has to do with what, after all, we know nothing about—the nervous system, the human brain—a doctor loses his sense of proportion, as a doctor he fails. Health we must have; and health is proportion; so that when a man comes into your room and says he is Christ (a common delusion), and has a message, as they mostly have, and threatens, as they often do, to kill himself, you invoke proportion; order rest in bed; rest in solitude; silence and rest; rest without friends, without books, without messages; six months' rest; until a man who went in weighing seven stone six comes out weighing twelve.

Proportion, divine proportion, Sir William's goddess, was acquired by Sir William walking hospitals, catching salmon, begetting one son in Harley Street by Lady Bradshaw, who caught salmon herself and took photographs scarcely to be distinguished from the work of professionals. Worshipping proportion, Sir William not only prospered himself but made England prosper, secluded her lunatics, forbade childbirth, penalised despair, made it impossible for the unfit to propagate their views until they, too, shared his sense of proportion—his, if they were men, Lady Bradshaw's if they were women (she embroidered, knitted, spent four nights out of seven at home with her son), so that not only did his colleagues respect him, his subordinates fear him, but the friends and relations of his patients felt for him the keenest gratitude for insisting that these prophetic Christs and Christesses, who prophesied the end of the world, or the advent of God, should drink milk in bed, as Sir William ordered; Sir William with his thirty years' experience of these kinds of cases, and his infallible instinct, this is madness, this sense; in fact, his sense of proportion.

But Proportion has a sister, less smiling, more formidable, a Goddess even now engaged—in the heat and sands of India, the mud and swamp of Africa, the purlieus of London, wherever in short the climate or the devil tempts men to fall from the true belief which is her own—is even now engaged in dashing down shrines, smashing idols, and setting up in their place her own stern countenance. Conversion is her name and she feasts on the wills of the weakly, loving to impress, to impose, adoring her own features stamped on the face of the populace. At Hyde Park Corner on a tub she stands preaching; shrouds herself in white and walks penitentially disguised as brotherly love through factories and parliaments; offers help, but desires power; smites out of her way roughly the dissentient, or dissatisfied; bestows her blessing on those who, looking upward, catch submissively from her eyes the light of their own. This lady too (Rezia Warren Smith divined it) had her dwelling in Sir William's heart, though concealed, as she mostly is, under some plausible disguise; some venerable name; love, duty, self sacrifice. How he would work—how toil to raise funds, propagate reforms, initiate institutions! But conversion, fastidious Goddess, loves blood better than brick, and feasts most subtly on the human will. For example, Lady

Bradshaw. Fifteen years ago she had gone under. It was nothing you could put your finger on; there had been no scene, no snap; only the slow sinking, water-logged, of her will into his. Sweet was her smile, swift her submission; dinner in Harley Street, numbering eight or nine courses, feeding ten or fifteen guests of the professional classes, was smooth and urbane. Only as the evening wore on a very slight dulness, or uneasiness perhaps, a nervous twitch, fumble, stumble and confusion indicated, what it was really painful to believe—that the poor lady lied. Once, long ago, she had caught salmon freely: now, quick to minister to the craving which lit her husband's eye so oilily for dominion, for power, she cramped, squeezed, pared, pruned, drew back, peeped through; so that without knowing precisely what made the evening disagreeable, and caused this pressure on the top of the head (which might well be imputed to the professional conversation, or the fatigue of a great doctor whose life, Lady Bradshaw said, "is not his own but his patients'") disagreeable it was: so that guests, when the clock struck ten, breathed in the air of Harley Street even with rapture; which relief, however, was denied to his patients.

There in the grey room, with the pictures on the wall, and the valuable furniture, under the ground glass skylight, they learnt the extent of their transgressions; huddled up in arm-chairs, they watched him go through, for their benefit, a curious exercise with the arms, which he shot out, brought sharply back to his hip, to prove (if the patient was obstinate) that Sir William was master of his own actions, which the patient was not. There some weakly broke down; sobbed, submitted; others, inspired by Heaven knows what intemperate madness, called Sir William to his face a damnable humbug; questioned, even more impiously, life itself. Why live? they demanded. Sir William replied that life was good. Certainly Lady Bradshaw in ostrich feathers hung over the mantelpiece, and as for his income it was quite twelve thousand a year. But to us, they protested, life has given no such bounty. He acquiesced. They lacked a sense of proportion. And perhaps, after all, there is no God? He shrugged his shoulders. In short, this living or not living is an affair of our own? But there they were mistaken. Sir William had a friend in Surrey where they taught, what Sir William frankly admitted was a difficult art—a sense of proportion. There were, moreover, family affection; honour; courage; and a brilliant career. All of these had in Sir William a resolute champion. If they failed him, he had to support police and the good of society, which, he remarked very quietly, would take care, down in Surrey, that these unsocial impulses, bred more than anything by the lack of good blood, were held in control. And then stole out from her hiding-place and mounted her throne that Goddess whose lust is to override opposition, to stamp indelibly in the sanctuaries of others the image of herself. Naked, defenceless, the exhausted, the friendless received the impress of Sir William's will. He swooped; he devoured. He shut people up. It was this combination of decision and humanity that endeared Sir William so greatly to the relations of his victims.

But Rezia Warren Smith cried, walking down Harley Street, that she did not like that man.

Shredding and slicing, dividing and subdividing, the clocks of Harley Street nibbled at the June day, counselled submission, upheld authority, and pointed out in chorus the supreme advantages of a sense of proportion, until the mound of time was so far diminished that a commercial clock, suspended above a shop in Oxford Street, announced, genially and fraternally, as if it were a pleasure to Messrs. Rigby and Lowndes to give the information gratis, that it was half-past one.

Looking up, it appeared that each letter of their names stood for one of the hours; subconsciously one was grateful to Rigby and Lowndes for giving one time ratified by Greenwich; and this gratitude (so Hugh Whitbread ruminated, dallying there in front of the shop window), naturally took the form later of buying off Rigby and Lowndcs socks or shoes. So he ruminated. It was his habit. He did not go deeply. He brushed surfaces; the dead languages, the living, life in Constantinople, Paris, Rome; riding, shooting, tennis, it had been once. The malicious asserted that he now kept guard at Buckingham Palace, dressed in silk stockings and knee-breeches, over what nobody knew. But he did it extremely efficiently. He had been afloat on the cream of English society for fifty-five years. He had known Prime Ministers. His affections were understood to be deep. And if it were true that he had not taken part in any of the great movements of the time or held important office, one or two humble reforms stood to his credit; an improvement in public shelters was one; the protection of owls in Norfolk another; servant girls had reason to be grateful to him; and his name at the end of letters to the *Times*, asking for funds, appealing to the public to protect, to preserve, to clear up litter, to abate smoke, and stamp out immorality in parks, commanded respect.

A magnificent figure he cut too, pausing for a moment (as the sound of the half hour died away) to look critically, magisterially, at socks and shoes; impeccable, substantial, as if he beheld the world from a certain eminence, and dressed to match; but realised the obligations which size, wealth, health, entail, and observed punctiliously even when not absolutely necessary, little courtesies, old-fashioned ceremonies which gave a quality to his manner, something to imitate, something to remember him by, for he would never lunch, for example, with Lady Bruton, whom he had known these twenty years, without bringing her in his outstretched hand a bunch of carnations and asking Miss Brush, Lady Bruton's secretary, after her brother in South Africa, which, for some reason, Miss Brush, deficient though she was in every attribute of female charm, so much resented that she said "Thank you, he's doing very well in South Africa," when, for half a dozen years, he had been doing badly in Portsmouth.

Lady Bruton herself preferred Richard Dalloway, who arrived at the next moment. Indeed they met on the doorstep.

Lady Bruton preferred Richard Dalloway of course. He was made of much finer material. But she wouldn't let them run down her poor dear Hugh. She could never forget his kindness—he had been really remarkably kind—she forgot precisely upon what occasion. But he had been—remarkably kind. Anyhow, the difference between one man and another does not amount to much. She had never seen the sense of cutting people up, as Clarissa Dalloway did—cutting them up and sticking them together again; not at any rate when one was sixty-two. She took Hugh's carnations with her angular grim smile. There was nobody else coming, she said. She had got them there on false pretences, to help her out of a difficulty—

"But let us eat first," she said.

And so there began a soundless and exquisite passing to and fro through swing doors of aproned white-capped maids, handmaidens not of necessity, but adepts in a mystery or grand deception practised by hostesses in Mayfair from one-thirty to two, when, with a wave of the hand, the traffic ceases, and there rises instead this profound illusion in the first place about the food—how it is not paid for; and then that the table spreads itself voluntarily with glass and silver, little mats, saucers of red fruit; films of brown cream mask turbot; in casseroles severed chickens swim; coloured, undomestic, the fire burns; and with the wine and the coffee (not paid for) rise jocund visions before musing eyes; gently speculative eyes; eyes to whom life appears musical, mysterious; eyes now kindled to observe genially the beauty of the red carnations which Lady Bruton (whose movements were always angular) had laid beside her plate, so that Hugh Whitbread, feeling at peace with the entire universe and at the same time completely sure of his standing, said, resting his fork,

"Wouldn't they look charming against your lace?"

Miss Brush resented this familiarity intensely. She thought him an underbred fellow. She made Lady Bruton laugh.

Lady Bruton raised the carnations, holding them rather stiffly with much the same attitude with which the General held the scroll in the picture behind her; she remained fixed, tranced. Which was she now, the General's great-grand-daughter? great-great-grand-daughter? Richard Dalloway asked himself. Sir Roderick, Sir Miles, Sir Talbot—that was it. It was remarkable how in that family the likeness persisted in the women. She should have been a general of dragoons herself. And Richard would have served under her, cheerfully; he had the greatest respect for her; he cherished these romantic views about well-set-up old women of pedigree, and would have liked, in his good-humoured way, to bring some young hot-heads of his acquaintance to lunch with her; as if a type like hers could be bred of amiable tea-drinking enthusiasts! He knew her country. He knew her people. There was a vine, still bearing, which either Lovelace or Herrick[8]—she never read a word of poetry herself, but so the story ran—had sat under. Better wait to put before them the question that bothered her (about making an appeal to the public; if so, in what terms and so on), better wait until they have had their coffee, Lady Bruton thought; and so laid the carnations down beside her plate.

"How's Clarissa?" she asked abruptly.

Clarissa always said that Lady Bruton did not like her. Indeed, Lady Bruton had the reputation of being more interested in politics than people; of talking like a man; of having had a finger in some notorious intrigue of the eighties, which was now beginning to be mentioned in memoirs. Certainly there was an alcove in her drawing-room, and a table in that alcove, and a photograph upon that table of General Sir Talbot Moore, now deceased, who had written there (one evening in the eighties) in Lady Bruton's presence, with her cognisance, perhaps advice, a telegram ordering the British troops to advance upon an historical occasion. (She kept the pen and told the story.) Thus, when she said in her offhand way "How's Clarissa?" husbands had difficulty in persuading their wives and indeed, however devoted, were secretly doubtful themselves, of her interest in women who often got in their husbands' way, prevented them from accepting posts abroad, and had to be taken to the seaside in the middle of the session to recover from influenza. Nevertheless her inquiry, "How's Clarissa?" was known by women infallibly, to be a signal from a well-wisher, from an almost silent companion, whose utterances (half a dozen perhaps in the course of a lifetime) signified recognition of some feminine comradeship which went beneath masculine lunch parties and united Lady Bruton and Mrs Dalloway, who seldom met, and appeared when they did meet indifferent and even hostile, in a singular bond.

8. Both were Cavalier poets of the 17th century; with others in this school, Lovelace and Herrick were influenced primarily by Ben Jonson and John Donne. The Cavaliers were characterized by their treatment of sophisticated and whimsical themes alike in a witty, yet colloquial and straightforward style.

"I met Clarissa in the Park this morning," said Hugh Whitbread, diving into the casserole, anxious to pay himself this little tribute, for he had only to come to London and he met everybody at once; but greedy, one of the greediest men she had ever known, Milly Brush thought, who observed men with unflinching rectitude, and was capable of everlasting devotion, to her own sex in particular, being knobbed, scraped, angular, and entirely without feminine charm.

"D'you know who's in town?" said Lady Bruton suddenly bethinking her. "Our old friend, Peter Walsh."

They all smiled. Peter Walsh! And Mr Dalloway was genuinely glad, Milly Brush thought; and Mr Whitbread thought only of his chicken.

Peter Walsh! All three, Lady Bruton, Hugh Whitbread, and Richard Dalloway, remembered the same thing—how passionately Peter had been in love; been rejected; gone to India; come a cropper; made a mess of things; and Richard Dalloway had a very great liking for the dear old fellow too. Milly Brush saw that; saw a depth in the brown of his eyes; saw him hesitate; consider; which interested her, as Mr Dalloway always interested her, for what was he thinking, she wondered, about Peter Walsh?

That Peter Walsh had been in love with Clarissa; that he would go back directly after lunch and find Clarissa; that he would tell her, in so many words, that he loved her. Yes, he would say that.

Milly Brush once might almost have fallen in love with these silences; and Mr Dalloway was always so dependable; such a gentleman too. Now, being forty, Lady Bruton had only to nod, or turn her head a little abruptly, and Milly Brush took the signal, however deeply she might be sunk in these reflections of a detached spirit, of an uncorrupted soul whom life could not bamboozle, because life had not offered her a trinket of the slightest value; not a curl, smile, lip, cheek, nose; nothing whatever; Lady Bruton had only to nod, and Perkins was instructed to quicken the coffee.

"Yes; Peter Walsh has come back," said Lady Bruton. It was vaguely flattering to them all. He had come back, battered, unsuccessful, to their secure shores. But to help him, they reflected, was impossible; there was some flaw in his character. Hugh Whitbread said one might of course mention his name to So-and-so. He wrinkled lugubriously, consequentially, at the thought of the letters he would write to the heads of Government offices about "my old friend, Peter Walsh," and so on. But it wouldn't lead to anything—not to anything permanent, because of his character.

"In trouble with some woman," said Lady Bruton. They had all guessed that *that* was at the bottom of it.

"However," said Lady Bruton, anxious to leave the subject, "we shall hear the whole story from Peter himself."

(The coffee was very slow in coming.)

"The address?" murmured Hugh Whitbread; and there was at once a ripple in the grey tide of service which washed round Lady Bruton day in, day out, collecting, intercepting, enveloping her in a fine tissue which broke concussions, mitigated interruptions, and spread round the house in Brook Street a fine net where things lodged and were picked out accurately, instantly, by grey-haired Perkins, who had been with Lady Bruton these thirty years and now wrote down the address; handed it to Mr Whitbread, who took out his pocketbook, raised his eyebrows, and slipping it in among documents of the highest importance, said that he would get Evelyn to ask him to lunch.

(They were waiting to bring the coffee until Mr Whitbread had finished.)

Hugh was very slow, Lady Bruton thought. He was getting fat, she noticed. Richard always kept himself in the pink of condition. She was getting impatient;

the whole of her being was setting positively, undeniably, domineeringly brushing aside all this unnecessary trifling (Peter Walsh and his affairs) upon that subject which engaged her attention, and not merely her attention, but that fibre which was the ramrod of her soul, that essential part of her without which Millicent Bruton would not have been Millicent Bruton; that project for emigrating young people[9] of both sexes born of respectable parents and setting them up with a fair prospect of doing well in Canada. She exaggerated. She had perhaps lost her sense of proportion. Emigration was not to others the obvious remedy, the sublime conception. It was not to them (not to Hugh, or Richard, or even to devoted Miss Brush) the liberator of the pent egotism, which a strong martial woman, well nourished, well descended, of direct impulses, downright feelings, and little introspective power (broad and simple—why could not every one be broad and simple? she asked) feels rise within her, once youth is past, and must eject upon some object— it may be Emigration, it may be Emancipation; but whatever it be, this object round which the essence of her soul is daily secreted, becomes inevitably prismatic, lustrous, half looking-glass, half precious stone; now carefully hidden in case people should sneer at it; now proudly displayed. Emigration had become, in short, largely Lady Bruton.

But she had to write. And one letter to the *Times*, she used to say to Miss Brush, cost her more than to organise an expedition to South Africa (which she had done in the war). After a morning's battle beginning, tearing up, beginning again, she used to feel the futility of her own womanhood as she felt it on no other occasion, and would turn gratefully to the thought of Hugh Whitbread who possessed—no one could doubt it—the art of writing letters to the *Times*.

A being so differently constituted from herself, with such a command of language; able to put things as editors like them put; had passions which one could not call simply greed. Lady Bruton often suspended judgement upon men in deference to the mysterious accord in which they, but no woman, stood to the laws of the universe; knew how to put things; knew what was said; so that if Richard advised her, and Hugh wrote for her, she was sure of being somehow right. So she let Hugh eat his soufflé; asked after poor Evelyn; waited until they were smoking, and then said,

"Milly, would you fetch the papers?"

And Miss Brush went out, came back; laid papers on the table; and Hugh produced his fountain pen; his silver fountain pen, which had done twenty years' service, he said, unscrewing the cap. It was still in perfect order; he had shown it to the makers; there was no reason, they said, why it should ever wear out; which was somehow to Hugh's credit, and to the credit of the sentiments which his pen expressed (so Richard Dalloway felt) as Hugh began carefully writing capital letters with rings round them in the margin, and thus marvellously reduced Lady Bruton's tangles to sense, to grammar such as the editor of the *Times*, Lady Bruton felt, watching the marvellous transformation, must respect. Hugh was slow. Hugh was pertinacious. Richard said one must take risks. Hugh proposed modifications in deference to people's feelings, which, he said rather tartly when Richard laughed, "had to be considered," and read out "how, therefore, we are of opinion that the times are ripe . . . the superfluous youth of our ever-increasing population . . . what we owe to the dead . . ." which Richard thought all stuffing and bunkum, but no harm in it, of course, and

9. Assisted emigration, particularly of children and women, to the colonies was one solution proposed to the problems posed by surplus labor and unemployment in England. Between 1869 and the early 1930s, various philanthropic organizations sent over 100,000 children to Canada from Great Britain during the child emigration movement.

Hugh went on drafting sentiments in alphabetical order of the highest nobility, brushing the cigar ash from his waistcoat, and summing up now and then the progress they had made until, finally, he read out the draft of a letter which Lady Bruton felt certain was a masterpiece. Could her own meaning sound like that?

Hugh could not guarantee that the editor would put it in; but he would be meeting somebody at luncheon.

Whereupon Lady Bruton, who seldom did a graceful thing, stuffed all Hugh's carnations into the front of her dress, and flinging her hands out called him "My Prime Minister!" What she would have done without them both she did not know. They rose. And Richard Dalloway strolled off as usual to have a look at the General's portrait, because he meant, whenever he had a moment of leisure, to write a history of Lady Bruton's family.

And Millicent Bruton was very proud of her family. But they could wait, they could wait, she said, looking at the picture; meaning that her family, of military men, administrators, admirals, had been men of action, who had done their duty; and Richard's first duty was to his country, but it was a fine face, she said; and all the papers were ready for Richard down at Aldmixton whenever the time came; the Labour Government she meant. "Ah, the news from India!" she cried.

And then, as they stood in the hall taking yellow gloves from the bowl on the malachite table and Hugh was offering Miss Brush with quite unnecessary courtesy some discarded ticket or other compliment, which she loathed from the depths of her heart and blushed brick red, Richard turned to Lady Bruton, with his hat in his hand, and said,

"We shall see you at our party to-night?" whereupon Lady Bruton resumed the magnificence which letter-writing had shattered. She might come; or she might not come. Clarissa had wonderful energy. Parties terrified Lady Bruton. But then, she was getting old. So she intimated, standing at her doorway; handsome; very erect; while her chow stretched behind her, and Miss Brush disappeared into the background with her hands full of papers.

And Lady Bruton went ponderously, majestically, up to her room, lay, one arm extended, on the sofa. She sighed, she snored, not that she was asleep, only drowsy and heavy, drowsy and heavy, like a field of clover in the sunshine this hot June day, with the bees going round and about and the yellow butterflies. Always she went back to those fields down in Devonshire, where she had jumped the brooks on Patty, her pony, with Mortimer and Tom, her brothers. And there were the dogs; there were the rats; there were her father and mother on the lawn under the trees, with the tea-things out, and the beds of dahlias, the hollyhocks, the pampas grass; and they, little wretches, always up to some mischief! stealing back through the shrubbery, so as not to be seen, all bedraggled from some roguery. What old nurse used to say about her frocks!

Ah dear, she remembered—it was Wednesday in Brook Street. Those kind good fellows, Richard Dalloway, Hugh Whitbread, had gone this hot day through the streets whose growl came up to her lying on the sofa. Power was hers, position, income. She had lived in the forefront of her time. She had had good friends; known the ablest men of her day. Murmuring London flowed up to her, and her hand, lying on the sofa back, curled upon some imaginary baton such as her grandfathers might have held, holding which she seemed, drowsy and heavy, to be commanding battalions marching to Canada, and those good fellows walking across London, that territory of theirs, that little bit of carpet, Mayfair.

And they went further and further from her, being attached to her by a thin thread (since they had lunched with her) which would stretch and stretch, get thinner and thinner as they walked across London; as if one's friends were attached to one's body, after lunching with them, by a thin thread, which (as she dozed there) became hazy with the sound of bells, striking the hour or ringing to service, as a single spider's thread is blotted with rain-drops, and, burdened, sags down. So she slept.

And Richard Dalloway and Hugh Whitbread hesitated at the corner of Conduit Street at the very moment that Millicent Bruton, lying on the sofa, let the thread snap; snored. Contrary winds buffeted at the street corner. They looked in at a shop window; they did not wish to buy or to talk but to part, only with contrary winds buffeting the street corner, with some sort of lapse in the tides of the body, two forces meeting in a swirl, morning and afternoon, they paused. Some newspaper placard went up in the air, gallantly, like a kite at first, then paused, swooped, fluttered; and a lady's veil hung. Yellow awnings trembled. The speed of the morning traffic slackened, and single carts rattled carelessly down half-empty streets. In Norfolk, of which Richard Dalloway was half thinking, a soft warm wind blew back the petals; confused the waters; ruffled the flowering grasses. Haymakers, who had pitched beneath hedges to sleep away the morning toil, parted curtains of green blades; moved trembling globes of cow parsley to see the sky; the blue, the steadfast, the blazing summer sky.

Aware that he was looking at a silver two-handled Jacobean mug, and that Hugh Whitbread admired condescendingly with airs of connoisseurship a Spanish necklace which he thought of asking the price of in case Evelyn might like it—still Richard was torpid; could not think or move. Life had thrown up this wreckage; shop windows full of coloured paste, and one stood stark with the lethargy of the old, stiff with the rigidity of the old, looking in. Evelyn Whitbread might like to buy this Spanish necklace—so she might. Yawn he must. Hugh was going into the shop.

"Right you are!" said Richard, following.

Goodness knows he didn't want to go buying necklaces with Hugh. But there are tides in the body. Morning meets afternoon. Borne like a frail shallop[1] on deep, deep floods, Lady Bruton's great-grandfather and his memoir and his campaigns in North America were whelmed and sunk. And Millicent Bruton too. She went under. Richard didn't care a straw what became of Emigration; about that letter, whether the editor put it in or not. The necklace hung stretched between Hugh's admirable fingers. Let him give it to a girl, if he must buy jewels—any girl, any girl in the street. For the worthlessness of this life did strike Richard pretty forcibly—buying necklaces for Evelyn. If he'd had a boy he'd have said, Work, work. But he had his Elizabeth; he adored his Elizabeth.

"I should like to see Mr Dubonnet," said Hugh in his curt worldly way. It appeared that this Dubonnet had the measurements of Mrs Whitbread's neck, or, more strangely still, knew her views upon Spanish jewellery and the extent of her possessions in that line (which Hugh could not remember). All of which seemed to Richard Dalloway awfully odd. For he never gave Clarissa presents, except a bracelet two or three years ago, which had not been a success. She never wore it. It pained him to remember that she never wore it. And as a single spider's thread after wavering here and there attaches itself to the point of a leaf, so Richard's mind, recovering from its lethargy, set now on his wife, Clarissa, whom Peter Walsh had loved so passionately; and Richard had had a sudden vision of her there at luncheon; of himself and Clarissa; of their life together; and he drew the tray of old jewels towards him, and, taking up first this brooch then that ring, "How much is that?" he asked, but doubted his own taste. He wanted to open the drawing-room door and come in holding out something; a present for Clarissa. Only what? But Hugh was on his legs again.

1. A small open boat fitted with sails or oars.

He was unspeakably pompous. Really, after dealing here for thirty-five years he was not going to be put off by a mere boy who did not know his business. For Dubonnet, it seemed, was out, and Hugh would not buy anything until Mr Dubonnet chose to be in; at which the youth flushed and bowed his correct little bow. It was all perfectly correct. And yet Richard couldn't have said that to save his life! Why these people stood that damned insolence he could not conceive. Hugh was becoming an intolerable ass. Richard Dalloway could not stand more than an hour of his society. And, flicking his bowler hat by way of farewell, Richard turned at the corner of Conduit Street eager, yes, very eager, to travel that spider's thread of attachment between himself and Clarissa; he would go straight to her, in Westminster.

But he wanted to come in holding something. Flowers? Yes, flowers, since he did not trust his taste in gold; any number of flowers, roses, orchids, to celebrate what was, reckoning things as you will, an event; this feeling about her when they spoke of Peter Walsh at luncheon; and they never spoke of it; not for years had they spoken of it; which, he thought, grasping his red and white roses together (a vast bunch in tissue paper), is the greatest mistake in the world. The time comes when it can't be said; one's too shy to say it, he thought, pocketing his sixpence or two of change, setting off with his great bunch held against his body to Westminster to say straight out in so many words (whatever she might think of him), holding out his flowers, "I love you." Why not? Really it was a miracle thinking of the War, and thousands of poor chaps, with all their lives before them, shovelled together, already half forgotten; it was a miracle. Here he was walking across London to say to Clarissa in so many words that he loved her. Which one never does say, he thought. Partly one's lazy; partly one's shy. And Clarissa—it was difficult to think of her; except in starts, as at luncheon, when he saw her quite distinctly; their whole life. He stopped at the crossing; and repeated—being simple by nature, and undebauched, because he had tramped, and shot; being pertinacious and dogged, having championed the down-trodden and followed his instincts in the House of Commons; being preserved in his simplicity yet at the same time grown rather speechless, rather stiff—he repeated that it was a miracle that he should have married Clarissa; a miracle—his life had been a miracle, he thought; hesitating to cross. But it did make his blood boil to see little creatures of five or six crossing Piccadilly alone. The police ought to have stopped the traffic at once. He had no illusions about the London police. Indeed, he was collecting evidence of their malpractices; and those costermongers,[2] not allowed to stand their barrows in the streets; and prostitutes, good Lord, the fault wasn't in them, nor in young men either, but in our detestable social system and so forth; all of which he considered, could be seen considering, grey, dogged, dapper, clean, as he walked across the Park to tell his wife that he loved her.

For he would say it in so many words, when he came into the room. Because it is a thousand pities never to say what one feels, he thought, crossing the Green Park and observing with pleasure how in the shade of the trees whole families, poor families, were sprawling; children kicking up their legs; sucking milk; paper bags thrown about, which could easily be picked up (if people objected) by one of those fat gentlemen in livery; for he was of opinion that every park, and every square, during the summer months should be open to children (the grass of the park flushed and faded, lighting up the poor mothers of Westminster and their crawling babies, as if a yellow lamp were moved beneath). But what could be done for female vagrants like that

2. Merchants who sell produce out of a cart or street stand.

poor creature, stretched on her elbow (as if she had flung herself on the earth, rid of all ties, to observe curiously, to speculate boldly, to consider the whys and the wherefores, impudent, loose-lipped, humorous), he did not know. Bearing his flowers like a weapon, Richard Dalloway approached her; intent he passed her; still there was time for a spark between them—she laughed at the sight of him, he smiled good-humouredly, considering the problem of the female vagrant; not that they would ever speak. But he would tell Clarissa that he loved her, in so many words. He had, once upon a time, been jealous of Peter Walsh; jealous of him and Clarissa. But she had often said to him that she had been right not to marry Peter Walsh; which, knowing Clarissa, was obviously true; she wanted support. Not that she was weak; but she wanted support.

As for Buckingham Palace (like an old prima donna facing the audience all in white) you can't deny it a certain dignity, he considered, nor despise what does, after all, stand to millions of people (a little crowd was waiting at the gate to see the King drive out) for a symbol, absurd though it is; a child with a box of bricks could have done better, he thought; looking at the memorial to Queen Victoria (whom he could remember in her horn spectacles driving through Kensington), its white mound, its billowing motherliness; but he liked being ruled by the descendant of Horsa; he liked continuity; and the sense of handing on the traditions of the past. It was a great age in which to have lived. Indeed, his own life was a miracle; let him make no mistake about it; here he was, in the prime of life, walking to his house in Westminster to tell Clarissa that he loved her. Happiness is this, he thought.

It is this, he said, as he entered Dean's Yard. Big Ben was beginning to strike, first the warning, musical; then the hour, irrevocable. Lunch parties waste the entire afternoon, he thought, approaching his door.

The sound of Big Ben flooded Clarissa's drawing-room, where she sat, ever so annoyed, at her writing-table; worried; annoyed. It was perfectly true that she had not asked Ellie Henderson to her party; but she had done it on purpose. Now Mrs Marsham wrote "she had told Ellie Henderson she would ask Clarissa—Ellie so much wanted to come."

But why should she invite all the dull women in London to her parties? Why should Mrs Marsham interfere? And there was Elizabeth closeted all this time with Doris Kilman. Anything more nauseating she could not conceive. Prayer at this hour with that woman. And the sound of the bell flooded the room with its melancholy wave; which receded, and gathered itself together to fall once more, when she heard, distractingly, something fumbling, something scratching at the door. Who at this hour? Three, good Heavens! Three already! For with overpowering directness and dignity the clock struck three; and she heard nothing else; but the door handle slipped round and in came Richard! What a surprise! In came Richard, holding out flowers. She had failed him, once at Constantinople; and Lady Bruton, whose lunch parties were said to be extraordinarily amusing, had not asked her. He was holding out flowers—roses, red and white roses. (But he could not bring himself to say he loved her; not in so many words.)

But how lovely, she said, taking his flowers. She understood; she understood without his speaking; his Clarissa. She put them in vases on the mantelpiece. How lovely they looked! she said. And was it amusing, she asked? Had Lady Bruton asked after her? Peter Walsh was back. Mrs Marsham had written. Must she ask Ellie Henderson? That woman Kilman was upstairs.

"But let us sit down for five minutes," said Richard.

It all looked so empty. All the chairs were against the wall. What had they been doing? Oh, it was for the party; no, he had not forgotten, the party. Peter Walsh was back. Oh yes; she had had him. And he was going to get a divorce; and he was in love with some woman out there. And he hadn't changed in the slightest. There she was, mending her dress. . . .

"Thinking of Bourton," she said.

"Hugh was at lunch," said Richard. She had met him too! Well, he was getting absolutely intolerable. Buying Evelyn necklaces; fatter than ever, an intolerable ass.

"And it came over me 'I might have married you,'" she said, thinking of Peter sitting there in his little bow-tie; with that knife, opening it, shutting it. "Just as he always was, you know."

They were talking about him at lunch, said Richard. (But he could not tell her he loved her. He held her hand. Happiness is this, he thought.) They had been writing a letter to the *Times* for Millicent Bruton. That was about all Hugh was fit for.

"And our dear Miss Kilman?" he asked. Clarissa thought the roses absolutely lovely; first bunched together; now of their own accord starting apart.

"Kilman arrives just as we've done lunch," she said. "Elizabeth turns pink. They shut themselves up. I suppose they're praying."

Lord! He didn't like it; but these things pass over if you let them.

"In a mackintosh with an umbrella," said Clarissa.

He had not said "I love you"; but he held her hand. Happiness is this, is this, he thought.

"But why should I ask all the dull women in London to my parties?" said Clarissa. And if Mrs Marsham gave a party, did *she* invite her guests?

"Poor Ellie Henderson," said Richard—it was a very odd thing how much Clarissa minded about her parties, he thought.

But Richard had no notion of the look of a room. However—what was he going to say?

If she worried about these parties he would not let her give them. Did she wish she had married Peter? But he must go.

He must be off, he said, getting up. But he stood for a moment as if he were about to say something; and she wondered what? Why? There were the roses.

"Some Committee?" she asked, as he opened the door.

"Armenians," he said; or perhaps it was "Albanians."

And there is a dignity in people; a solitude; even between husband and wife a gulf; and that one must respect, thought Clarissa, watching him open the door; for one would not part with it oneself, or take it, against his will, from one's husband, without losing one's independence, one's self-respect—something, after all, priceless.

He returned with a pillow and a quilt.

"An hour's complete rest after luncheon," he said. And he went.

How like him! He would go on saying "An hour's complete rest after luncheon" to the end of time, because a doctor had ordered it once. It was like him to take what doctors said literally; part of his adorable, divine simplicity, which no one had to the same extent; which made him go and do the thing while she and Peter frittered their time away bickering. He was already halfway to the House of Commons, to his Armenians, his Albanians, having settled her on the sofa, looking at his roses. And people would say, "Clarissa Dalloway is spoilt." She cared much more for her roses than for the Armenians. Hunted out of existence, maimed, frozen, the victims of cruelty and injustice (she had heard Richard say so over and over again)—no, she could feel nothing for the Albanians, or was it the Armenians? but she loved her roses (didn't that help the Armenians?)—the only flowers she could bear to see cut. But Richard was already at the House of Commons; at his Committee, having settled all her difficulties. But no; alas, that was not true. He did not see the reasons against asking Ellie Henderson. She would do it, of course, as he wished it. Since he had brought the pillows, she would lie down. . . . But—but—why did she suddenly feel, for no reason that she could discover, desperately unhappy? As a person who has dropped some grain of pearl or diamond into the grass and parts the tall blades very carefully, this way and that, and searches here and there vainly, and at last spies it there at the roots, so she went through one thing and another; no, it was not Sally Seton saying that Richard would never be in the Cabinet because he had a second-class brain (it came back to her); no, she did not mind that; nor was it to do with Elizabeth either and Doris Kilman; those were facts. It was a feeling, some unpleasant feeling, earlier in the day perhaps; something that Peter had said, combined with some depression of her own, in her bedroom, taking off her hat; and what Richard had said had added to it, but what had he said? There were his roses. Her parties! That was it! Her parties! Both of them criticised her very unfairly, laughed at her very unjustly, for her parties. That was it! That was it!

Well, how was she going to defend herself? Now that she knew what it was, she felt perfectly happy. They thought, or Peter at any rate thought, that she enjoyed imposing herself; liked to have famous people about her; great names; was simply a snob in short. Well, Peter might think so. Richard merely thought it foolish of her to like excitement when she knew it was bad for her heart. It was childish, he thought. And both were quite wrong. What she liked was simply life.

"That's what I do it for," she said, speaking aloud, to life.

Since she was lying on the sofa, cloistered, exempt, the presence of this thing which she felt to be so obvious became physically existent; with robes of sound from the street, sunny, with hot breath, whispering, blowing out the blinds. But suppose Peter said to her, "Yes, yes, but your parties—what's the sense of your parties?" all she could say was (and nobody could be expected to understand): They're an offering; which sounded horribly vague. But who was Peter to make out that life was all plain sailing?—Peter always in love, always in love with the wrong woman? What's your love? she might say to him. And she knew his answer; how it is the most important thing in the world and no woman possibly understood it. Very well. But could any man understand what she meant either? about life? She could not imagine Peter or Richard taking the trouble to give a party for no reason whatever.

But to go deeper, beneath what people said (and these judgements, how superficial, how fragmentary they are!) in her own mind now, what did it mean to her, this thing she called life? Oh, it was very queer. Here was So-and-so in South Kensington; some one up in Bayswater; and somebody else, say, in Mayfair. And she felt quite continuously a sense of their existence; and she felt what a waste; and she felt what a pity; and she felt if only they could be brought together; so she did it. And it was an offering; to combine, to create; but to whom?

An offering for the sake of offering, perhaps. Anyhow, it was her gift. Nothing else had she of the slightest importance; could not think, write, even play the piano. She muddled Armenians and Turks; loved success; hated discomfort; must be liked; talked oceans of nonsense: and to this day, ask her what the Equator was, and she did not know.

All the same, that one day should follow another; Wednesday, Thursday, Friday, Saturday; that one should wake up in the morning; see the sky; walk in the park; meet Hugh Whitbread; then suddenly in came Peter; then these roses; it was enough. After that, how unbelievable death was!—that it must end; and no one in the whole world would know how she had loved it all; how, every instant . . .

The door opened. Elizabeth knew that her mother was resting. She came in very quietly. She stood perfectly still. Was it that some Mongol had been wrecked on the coast of Norfolk (as Mrs Hilbery said), had mixed with the Dalloway ladies, perhaps, a hundred years ago? For the Dalloways, in general, were fairhaired; blue-eyed; Elizabeth, on the contrary, was dark; had Chinese eyes in a pale face; an Oriental mystery; was gentle, considerate, still. As a child, she had had a perfect sense of humour; but now at seventeen, why, Clarissa could not in the least understand, she had become very serious; like a hyacinth, sheathed in glossy green, with buds just tinted, a hyacinth which has had no sun.

She stood quite still and looked at her mother; but the door was ajar, and outside the door was Miss Kilman, as Clarissa knew; Miss Kilman in her mackintosh, listening to whatever they said.

Yes, Miss Kilman stood on the landing, and wore a mackintosh; but had her reasons. First, it was cheap; second, she was over forty; and did not, after all, dress to please. She was poor, moreover; degradingly poor. Otherwise she would not be taking jobs from people like the Dalloways; from rich people, who liked to be kind. Mr Dalloway, to do him justice, had been kind. But Mrs Dalloway had not. She had been merely condescending. She came from the most worthless of all classes—the rich, with a smattering of culture. They had expensive things everywhere; pictures, carpets, lots of servants. She considered that she had a perfect right to anything that the Dalloways did for her.

She had been cheated. Yes, the word was no exaggeration, for surely a girl has a right to some kind of happiness? And she had never been happy, what with being so clumsy and so poor. And then, just as she might have had a chance at Miss Dolby's school, the War came; and she had never been able to tell lies. Miss Dolby thought she would be happier with people who shared her views about the Germans. She had had to go. It was true that the family was of German origin; spelt the name Kiehlman in the eighteenth century; but her brother had been killed. They turned her out because she would not pretend that the Germans were all villains—when she had German friends, when the only happy days of her life had been spent in Germany! And after all, she could read history. She had had to take whatever she could get. Mr Dalloway had come across her working for the Friends.[3] He had allowed her (and that was really generous of him) to teach his daughter history. Also she did a little Extension[4] lecturing and so on. Then Our Lord had come to her (and here she always bowed her head). She had seen the light two years and three months ago. Now she did not envy women like Clarissa Dalloway; she pitied them.

She pitied and despised them from the bottom of her heart, as she stood on the soft carpet, looking at the old engraving of a little girl with a muff. With all this luxury going on, what hope was there for a better state of things? Instead of lying on a sofa—"My mother is resting," Elizabeth had said—she should have been in a factory; behind a counter; Mrs Dalloway and all the other fine ladies!

3. The Quakers, known as the Society of Friends, are a Protestant sect devoted to the practice and promotion of pacifism, as well as philanthropic causes such as prison reform and the improvement of conditions for the institutionalized insane.

4. Extension lectures were a mode of higher education available to students who were unable to attend the university proper. The extension lecture was an important transitional development in the struggle for equal education for women in England in the later 19th century; due to the efforts of local Ladies Educational Associations and similar organizations, the lecture circuit continued to grow even after women began to gain admission to universities.

Bitter and burning, Miss Kilman had turned in to a church two years three months ago. She had heard the Rev. Edward Whittaker preach; the boys sing; had seen the solemn lights descend, and whether it was the music, or the voices (she herself when alone in the evening found comfort in a violin; but the sound was excruciating; she had no ear), the hot and turbulent feelings which boiled and surged in her had been assuaged as she sat there, and she had wept copiously, and gone to call on Mr Whittaker at his private house in Kensington. It was the hand of God, he said. The Lord had shown her the way. So now, whenever the hot and painful feelings boiled within her, this hatred of Mrs Dalloway, this grudge against the world, she thought of God. She thought of Mr Whittaker. Rage was succeeded by calm. A sweet savour filled her veins, her lips parted, and, standing formidable upon the landing in her mackintosh, she looked with steady and sinister serenity at Mrs Dalloway, who came out with her daughter.

Elizabeth said she had forgotten her gloves. That was because Miss Kilman and her mother hated each other. She could not bear to see them together. She ran upstairs to find her gloves.

But Miss Kilman did not hate Mrs Dalloway. Turning her large gooseberry-coloured eyes upon Clarissa, observing her small pink face, her delicate body, her air of freshness and fashion, Miss Kilman felt, Fool! Simpleton! You who have known neither sorrow nor pleasure; who have trifled your life away! And there rose in her an overmastering desire to overcome her; to unmask her. If she could have felled her it would have eased her. But it was not the body; it was the soul and its mockery that she wished to subdue; make feel her mastery. If only she could make her weep; could ruin her; humiliate her; bring her to her knees crying, You are right! But this was God's will, not Miss Kilman's. It was to be a religious victory. So she glared; so she glowered.

Clarissa was really shocked. This a Christian—this woman! This woman had taken her daughter from her! She in touch with invisible presences! Heavy, ugly, commonplace, without kindness or grace, she know the meaning of life!

"You are taking Elizabeth to the Stores?" Mrs Dalloway said.

Miss Kilman said she was. They stood there. Miss Kilman was not going to make herself agreeable. She had always earned her living. Her knowledge of modern history was thorough in the extreme. She did out of her meagre income set aside so much for causes she believed in; whereas this woman did nothing, believed nothing; brought up her daughter—but here was Elizabeth, rather out of breath, the beautiful girl.

So they were going to the Stores. Odd it was, as Miss Kilman stood there (and stand she did, with the power and taciturnity of some prehistoric monster armoured for primeval warfare), how, second by second, the idea of her diminished, how hatred (which was for ideas, not people) crumbled, how she lost her malignity, her size, became second by second merely Miss Kilman, in a mackintosh, whom Heaven knows Clarissa would have liked to help.

At this dwindling of the monster, Clarissa laughed. Saying good-bye, she laughed.

Off they went together, Miss Kilman and Elizabeth, downstairs.

With a sudden impulse, with a violent anguish, for this woman was taking her daughter from her, Clarissa leant over the bannisters and cried out, "Remember the party! Remember our party to-night!"

But Elizabeth had already opened the front door; there was a van passing; she did not answer.

Love and religion! thought Clarissa, going back into the drawing-room, tingling all over. How detestable, how destestable they are! For now that the body of Miss Kilman was not before her, it overwhelmed her—the idea. The cruelest things in the world, she thought, seeing them clumsy, hot, domineering, hypocritical, eavesdropping, jealous, infinitely cruel and unscrupulous, dressed in a mackintosh coat, on the landing; love and religion. Had she ever tried to convert any one herself? Did she not wish everybody merely to be themselves? And she watched out of the window the old lady opposite climbing upstairs. Let her climb upstairs if she wanted to; let her stop; then let her, as Clarissa had often seen her, gain her bedroom, part her curtains, and disappear again into the background. Somehow one respected that—that old woman looking out of the window, quite unconscious that she was being watched. There was something solemn in it—but love and religion would destroy that, whatever it was, the privacy of the soul. The odious Kilman would destroy it. Yet it was a sight that made her want to cry.

Love destroyed too. Everything that was fine, everything that was true went. Take Peter Walsh now. There was a man, charming, clever, with ideas about everything. If you wanted to know about Pope, say, or Addison, or just to talk nonsense, what people were like, what things meant, Peter knew better than any one. It was Peter who had helped her; Peter who had lent her books. But look at the women he loved—vulgar, trivial, commonplace. Think of Peter in love—he came to see her after all these years, and what did he talk about? Himself. Horrible passion! she thought. Degrading passion! she thought, thinking of Kilman and her Elizabeth walking to the Army and Navy Stores.

Big Ben struck the half-hour.

How extraordinary it was, strange, yes, touching, to see the old lady (they had been neighbours ever so many years) move away from the window, as if she were attached to that sound, that string. Gigantic as it was, it had something to do with her. Down, down, into the midst of ordinary things the finger fell making the moment solemn. She was forced, so Clarissa imagined, by that sound, to move, to go—but where? Clarissa tried to follow her as she turned and disappeared, and could still just see her white cap moving at the back of the bedroom. She was still there moving about at the other end of the room. Why creeds and prayers and mackintoshes? when, thought Clarissa, that's the miracle, that's the mystery; that old lady, she meant, whom she could see going from chest of drawers to dressing-table. She could still see her. And the supreme mystery which Kilman might say she had solved, or Peter might say he had solved, but Clarissa didn't believe either of them had the ghost of an idea of solving, was simply this: here was one room; there another. Did religion solve that, or love?

Love—but here the other clock, the clock which always struck two minutes after Big Ben, came shuffling in with its lap full of odds and ends, which it dumped down as if Big Ben were all very well with his majesty laying down the law, so solemn, so just, but she must remember all sorts of little things besides—Mrs Marsham, Ellie Henderson, glasses for ices—all sorts of little things came flooding and lapping and dancing in on the wake of that solemn stroke which lay flat like a bar of gold on the sea. Mrs Marsham, Ellie Henderson, glasses for ices. She must telephone now at once.

Volubly, troublously, the late clock sounded, coming in on the wake of Big Ben, with its lap full of trifles. Beaten up, broken up by the assault of carriages, the brutality of vans, the eager advance of myriads of angular men, of flaunting women, the domes and spires of offices and hospitals, the last relics of this lap full of odds and ends seemed to break, like the spray of an exhausted wave, upon the body of Miss Kilman standing still in the street for a moment to mutter "It is the flesh."

It was the flesh that she must control. Clarissa Dalloway had insulted her. That she expected. But she had not triumphed; she had not mastered the flesh. Ugly, clumsy, Clarissa Dalloway had laughed at her for being that; and had revived the fleshly desires, for she minded looking as she did beside Clarissa. Nor could she talk as she did. But why wish to resemble her? Why? She despised Mrs Dalloway from the bottom of her heart. She was not serious. She was not good. Her life was a tissue of vanity and deceit. Yet Doris Kilman had been over-come. She had, as a matter of fact, very nearly burst into tears when Clarissa Dalloway laughed at her. "It is the flesh, it is the flesh," she muttered (it being her habit to talk aloud) trying to subdue this turbulent and painful feeling as she walked down Victoria Street. She prayed to God. She could not help being ugly; she could not afford to buy pretty clothes. Clarissa Dalloway had laughed—but she would concentrate her mind upon something else until she had reached the pillar-box. At any rate she had got Elizabeth. But she would think of something else; she would think of Russia; until she reached the pillar-box.

How nice it must be, she said, in the country, struggling, as Mr Whittaker had told her, with that violent grudge against the world which had scorned her, sneered at her, cast her off, beginning with this indignity—the infliction of her unlovable body which people could not bear to see. Do her hair as she might, her forehead remained like an egg, bald, white. No clothes suited her. She might buy anything. And for a woman, of course, that meant never meeting the opposite sex. Never would she come first with any one. Sometimes lately it had seemed to her that, except for Elizabeth, her food was all that she lived for; her comforts; her dinner, her tea; her hot-water bottle at night. But one must fight; vanquish; have faith in God. Mr Whittaker had said she was there for a purpose. But no one knew the agony! He said, pointing to the crucifix, that God knew. But why should she have to suffer when other women, like Clarissa Dalloway, escaped? Knowledge comes through suffering, said Mr Whittaker.

She had passed the pillar-box, and Elizabeth had turned into the cool brown tobacco department of the Army and Navy Stores while she was still muttering to herself what Mr Whittaker had said about knowledge coming through suffering and the flesh. "The flesh," she muttered.

What department did she want? Elizabeth interrupted her.

"Petticoats," she said abruptly, and stalked straight on to the lift.

Up they went. Elizabeth guided her this way and that; guided her in her abstraction as if she had been a great child, an unwieldy battleship. There were the petticoats, brown, decorous, striped, frivolous, solid, flimsy; and she chose, in her abstraction, portentously, and the girl serving thought her mad.

Elizabeth rather wondered, as they did up the parcel, what Miss Kilman was thinking. They must have their tea, said Miss Kilman, rousing, collecting herself. They had their tea.

Elizabeth rather wondered whether Miss Kilman could be hungry. It was her way of eating, eating with intensity, then looking, again and again, at a plate of sugared cakes on the table next them; then, when a lady and a child sat down and the child took the cake, could Miss Kilman really mind it? Yes, Miss Kilman did mind it. She had wanted that cake—the pink one. The pleasure of eating was almost the only pure pleasure left her, and then to be baffled even in that!

When people are happy, they have a reserve, she had told Elizabeth, upon which to draw, whereas she was like a wheel without a tyre (she was fond of such metaphors), jolted by every pebble, so she would say staying on after the lesson standing by the fire-place with her bag of books, her "satchel," she called it, on a Tuesday morning, after the lesson was over. And she talked too about the War. After all, there were people who did not think the English invariably right. There were books. There were meetings. There were other points of view. Would Elizabeth like to come with her to listen to So-and-so (a most extraordinary looking old man)? Then Miss Kilman took her to some church in Kensington and they had tea with a clergyman. She had lent her books. Law, medicine, politics, all professions are open to women of your generation, said Miss Kilman. But for herself, her career was absolutely ruined and was it her fault? Good gracious, said Elizabeth, no.

And her mother would come calling to say that a hamper had come from Bourton and would Miss Kilman like some flowers? To Miss Kilman she was always very, very nice, but Miss Kilman squashed the flowers all in a bunch, and hadn't any small talk, and what interested Miss Kilman bored her mother, and Miss Kilman and she were terrible together; and Miss Kilman swelled and looked very plain. But then Miss Kilman was frightfully clever. Elizabeth had never thought about the poor. They lived with everything they wanted,—her mother had breakfast in bed every day; Lucy carried it up; and she liked old women because they were Duchesses, and being descended from some Lord. But Miss Kilman said (one of those Tuesday mornings when the lesson was over), "My grandfather kept an oil and colour shop in Kensington." Miss Kilman made one feel so small.

Miss Kilman took another cup of tea. Elizabeth, with her oriental bearing, her inscrutable mystery, sat perfectly upright; no, she did not want anything more. She looked for her gloves—her white gloves. They were under the table. Ah, but she must not go! Miss Kilman could not let her go! this youth, that was so beautiful, this girl, whom she genuinely loved! Her large hand opened and shut on the table.

But perhaps it was a little flat somehow, Elizabeth felt. And really she would like to go.

But said Miss Kilman, "I've not quite finished yet."

Of course, then, Elizabeth would wait. But it was rather stuffy in here.

"Are you going to the party to-night?" Miss Kilman said. Elizabeth supposed she was going; her mother wanted her to go. She must not let parties absorb her, Miss Kilman said, fingering the last two inches of a chocolate éclair.

She did not much like parties, Elizabeth said. Miss Kilman opened her mouth, slightly projected her chin, and swallowed down the last inches of the chocolate éclair, then wiped her fingers, and washed the tea round in her cup.

She was about to split asunder, she felt. The agony was so terrific. If she could grasp her, if she could clasp her, if she could make her hers absolutely and forever and then die; that was all she wanted. But to sit here, unable to think of anything to say; to see Elizabeth turning against her; to be felt repulsive even by her—it was too much; she could not stand it. The thick fingers curled inwards.

"I never go to parties," said Miss Kilman, just to keep Elizabeth from going. "People don't ask me to parties"—and she knew as she said it that it was this egotism that was her undoing; Mr Whittaker had warned her; but she could not help it. She had suffered so horribly. "Why should they ask me?" she said. "I'm plain, I'm unhappy." She knew it was idiotic. But it was all those people passing—people with parcels who despised her, who made her say it. However, she was Doris Kilman. She had her degree. She was a woman who had made her way in the world. Her knowledge of modern history was more than respectable.

"I don't pity myself," she said. "I pity"—she meant to say "your mother" but no, she could not, not to Elizabeth. "I pity other people," she said, "more."

Like some dumb creature who has been brought up to a gate for an unknown purpose, and stands there longing to gallop away, Elizabeth Dalloway sat silent. Was Miss Kilman going to say anything more?

"Don't quite forget me," said Doris Kilman; her voice quivered. Right away to the end of the field the dumb creature galloped in terror.

The great hand opened and shut.

Elizabeth turned her head. The waitress came. One had to pay at the desk, Elizabeth said, and went off, drawing out, so Miss Kilman felt, the very entrails in her body, stretching them as she crossed the room, and then, with a final twist, bowing her head very politely, she went.

She had gone. Miss Kilman sat at the marble table among the éclairs, stricken once, twice, thrice by shocks of suffering. She had gone. Mrs Dalloway had triumphed. Elizabeth had gone. Beauty had gone, youth had gone.

So she sat. She got up, blundered off among the little tables, rocking slightly from side to side, and somebody came after her with her petticoat, and she lost her way, and was hemmed in by trunks specially prepared for taking to India; next got among the accouchement sets, and baby linen; through all the commodities of the world, perishable and permanent, hams, drugs, flowers, stationery, variously smelling, now sweet, now sour she lurched; saw herself thus lurching with her hat askew, very red in the face, full length in a looking-glass; and at last came out into the street.

The tower of Westminster Cathedral rose in front of her, the habitation of God. In the midst of the traffic, there was the habitation of God. Doggedly she set off with her parcel to that other sanctuary, the Abbey, where, raising her hands in a tent before her face, she sat beside those driven into shelter too; the variously assorted worshippers, now divested of social rank, almost of sex, as they raised their hands before their faces; but once they removed them, instantly reverent, middle class, English men and women, some of them desirous of seeing the wax works.

But Miss Kilman held her tent before her face. Now she was deserted; now rejoined. New worshippers came in from the street to replace the strollers, and still, as people gazed round and shuffled past the tomb of the Unknown Warrior, still she barred her eyes with her fingers and tried in this double darkness, for the light in the Abbey was bodiless, to aspire above the vanities, the desires, the commodities, to rid herself both of hatred and of love. Her hands twitched. She seemed to struggle. Yet to others God was accessible and the path to Him smooth. Mr Fletcher, retired, of the Treasury, Mrs Gorham, widow of the famous K.C., approached Him simply, and having done their praying, leant back, enjoyed the music (the organ pealed sweetly), and saw Miss Kilman at the end of the row, praying, praying, and, being still on the threshold of their underworld, thought of her sympathetically as a soul haunting the same territory; a soul cut out of immaterial substance; not a woman, a soul.

But Mr Fletcher had to go. He had to pass her, and being himself neat as a new pin, could not help being a little distressed by the poor lady's disorder; her hair down; her parcel on the floor. She did not at once let him pass. But, as he stood gazing about him, at the white marbles, grey window panes, and accumulated treasures (for he was extremely proud of the Abbey), her largeness, robustness, and power as she sat there shifting her knees from time to time (it was so rough the approach to her God—so tough her desires) impressed him, as they had impressed Mrs Dalloway (she could not get the thought of her out of her mind that afternoon), the Rev. Edward Whittaker, and Elizabeth too.

And Elizabeth waited in Victoria Street for an omnibus. It was so nice to be out of doors. She thought perhaps she need not go home just yet. It was so nice to be out in the air. So she would get on to an omnibus. And already, even as she stood there, in her very well cut clothes, it was beginning. . . . People were beginning to compare her to poplar trees, early dawn, hyacinths, fawns, running water, and garden lilies, and it made her life a burden to her, for she so much preferred being left alone to do what she liked in the country, but they would compare her to lilies, and she had to go to parties, and London was so dreary compared with being alone in the country with her father and the dogs.

Buses swooped, settled, were off-garish caravans, glistening with red and yellow varnish. But which should she get on to? She had no preferences. Of course, she would not push her way. She inclined to be passive. It was expression she needed, but her eyes were fine, Chinese, oriental, and, as her mother said, with such nice shoulders and holding herself so straight, she was always charming to look at; and lately, in the evening especially, when she was interested, for she never seemed excited, she looked almost beautiful, very stately, very serene. What could she be thinking? Every man fell in love with her, and she was really awfully bored. For it was beginning. Her mother could see that—the compliments were beginning. That she did not care more about it—for instance for her clothes—sometimes worried Clarissa, but perhaps it was as well with all those puppies and guinea pigs about having distemper, and it gave her a charm. And now there was this odd friendship with Miss Kilman. Well, thought Clarissa about three o'clock in the morning, reading Baron Marbot for she could not sleep, it proves she has a heart.

Suddenly Elizabeth stepped forward and most competently boarded the omnibus, in front of everybody. She took a seat on top. The impetuous creature—a pirate—started forward, sprang away; she had to hold the rail to steady herself, for a pirate it was, reckless, unscrupulous, bearing down ruthlessly, circumventing dangerously, boldly snatching a passenger, or ignoring a passenger, squeezing eel-like and arrogant in between, and then rushing insolently all sails spread up Whitehall. And did Elizabeth give one thought to poor Miss Kilman who loved her without jealousy, to whom she had been a fawn in the open, a moon in a glade? She was delighted to be free. The fresh air was so delicious. It had been so stuffy in the Army and Navy Stores. And now it was like riding, to be rushing up Whitehall; and to each movement of the omnibus the beautiful body in the fawn-coloured coat responded freely like a rider, like the figure-head of a ship, for the breeze slightly disarrayed her; the heat gave her cheeks the pallor of white painted wood; and her fine eyes, having no eyes to meet, gazed ahead, blank, bright, with the staring incredible innocence of sculpture.

It was always talking about her own sufferings that made Miss Kilman so difficult. And was she right? If it was being on committees and giving up hours and hours every day (she hardly ever saw him in London) that helped the poor, her father did that, goodness knows,—if that was what Miss Kilman meant about being a Christian; but it was so difficult to say. Oh, she would like to go a little further. Another penny was it to the Strand? Here was another penny then. She would go up the Strand.

She liked people who were ill. And every profession is open to the women of your generation, said Miss Kilman. So she might be a doctor. She might be a farmer. Animals are often ill. She might own a thousand acres and have people under her. She would go and see them in their cottages. This was Somerset[5] House. One might

5. Somerset House is a huge neoclassical building located between the Strand and River Thames; it primarily housed government offices.

be a very good farmer—and that, strangely enough though Miss Kilman had her share in it, was almost entirely due to Somerset House. It looked so splendid, so serious, that great grey building. And she liked the feeling of people working. She liked those churches, like shapes of grey paper, breasting the stream of the Strand. It was quite different here from Westminster, she thought, getting off at Chancery Lane. It was so serious; it was so busy. In short, she would like to have a profession. She would become a doctor, a farmer, possibly go into Parliament, if she found it necessary, all because of the Strand.

The feet of those people busy about their activities, hands putting stone to stone, minds eternally occupied not with trivial chatterings (comparing women to poplars—which was rather exciting, of course, but very silly), but with thoughts of ships, of business, of law, of administration, and with it all so stately (she was in the Temple), gay (there was the river), pious (there was the Church), made her quite determined, whatever her mother might say, to become either a farmer or a doctor. But she was, of course, rather lazy.

And it was much better to say nothing about it. It seemed so silly. It was the sort of thing that did sometimes happen, when one was alone—buildings without architects' names, crowds of people coming back from the city having more power than single clergymen in Kensington, than any of the books Miss Kilman had lent her, to stimulate what lay slumbrous, clumsy, and shy on the mind's sandy floor to break surface, as a child suddenly stretches its arms; it was just that, perhaps, a sigh, a stretch of the arms, an impulse, a revelation, which has its effects for ever, and then down again it went to the sandy floor. She must go home. She must dress for dinner. But what was the time?—where was a clock?

She looked up Fleet Street. She walked just a little way towards St Paul's, shyly, like some one penetrating on tiptoe, exploring a strange house by night with a candle, on edge lest the owner should suddenly fling wide his bedroom door and ask her business, nor did she dare wander off into queer alleys, tempting bye-streets, any more than in a strange house open doors which might be bedroom doors, or sitting-room doors, or lead straight to the larder.[6] For no Dalloways came down the Strand daily; she was a pioneer, a stray, venturing, trusting.

In many ways, her mother felt, she was extremely immature, like a child still, attached to dolls, to old slippers; a perfect baby; and that was charming. But then, of course, there was in the Dalloway family the tradition of public service. Abbesses, principals, head mistresses, dignitaries, in the republic of women—without being brilliant, any of them, they were that. She penetrated a little further in the direction of St Paul's. She liked the geniality, sisterhood, motherhood, brotherhood of this uproar. It seemed to her good. The noise was tremendous; and suddenly there were trumpets (the unemployed) blaring, rattling about in the uproar; military music; as if people were marching; yet had they been dying—had some woman breathed her last and whoever was watching, opening the window of the room where she had just brought off that act of supreme dignity, looked down on Fleet Street, that uproar, that military music would have come triumphing up to him, consolatory, indifferent.

It was not conscious. There was no recognition in it of one's fortune, or fate, and for that very reason even to those dazed with watching for the last shivers of consciousness on the faces of the dying, consoling. Forgetfulness in people might wound, their ingratitude corrode, but this voice, pouring endlessly, year in year out, would

6. Where the food supplies of a household are kept; a pantry.

take whatever it might be; this vow; this van; this life; this procession, would wrap them all about and carry them on, as in the rough stream of a glacier the ice holds a splinter of bone, a blue petal, some oak trees, and rolls them on.

But it was later than she thought. Her mother would not like her to be wandering off alone like this. She turned back down the Strand.

A puff of wind (in spite of the heat, there was quite a wind) blew a thin black veil over the sun and over the Strand. The faces faded; the omnibuses suddenly lost their glow. For although the clouds were of mountainous white so that one could fancy hacking hard chips off with a hatchet, with broad golden slopes, lawns of celestial pleasure gardens, on their flanks, and had all the appearance of settled habitations assembled for the conference of gods above the world, there was a perpetual movement among them. Signs were interchanged, when, as if to fulfil some scheme arranged already, now a summit dwindled, now a whole block of pyramidal size which had kept its station inalterably advanced into the midst or gravely led the procession to fresh anchorage. Fixed though they seemed at their posts, at rest in perfect unanimity, nothing could be fresher, freer, more sensitive superficially than the snow-white or gold-kindled surface; to change, to go, to dismantle the solemn assemblage was immediately possible; and in spite of the grave fixity, the accumulated robustness and solidity, now they struck light to the earth, now darkness.

Calmly and competently, Elizabeth Dalloway mounted the Westminster omnibus.

Going and coming, beckoning, signalling, so the light and shadow which now made the wall grey, now the bananas bright yellow, now made the Strand grey, now made the omnibuses bright yellow, seemed to Septimus Warren Smith lying on the sofa in the sitting-room; watching the watery gold glow and fade with the astonishing sensibility of some live creature on the roses, on the wall-paper. Outside the trees dragged their leaves like nets through the depths of the air; the sound of water was in the room and through the waves came the voices of birds singing. Every power poured its treasures on his head, and his hand lay there on the back of the sofa, as he had seen his hand lie when he was bathing, floating, on the top of the waves, while far away on shore he heard dogs barking and barking far away. Fear no more, says the heart in the body; fear no more.

He was not afraid. At every moment Nature signified by some laughing hint like that gold spot which went round the wall—there, there, there—her determination to show, by brandishing her plumes, shaking her tresses, flinging her mantle this way and that, beautifully, always beautifully, and standing close up to breathe through her hollowed hands Shakespeare's words, her meaning.

Rezia, sitting at the table twisting a hat in her hands, watched him; saw him smiling. He was happy then. But she could not bear to see him smiling. It was not marriage; it was not being one's husband to look strange like that, always to be starting, laughing, sitting hour after hour silent, or clutching her and telling her to write. The table drawer was full of those writings; about war; about Shakespeare; about great discoveries; how there is no death. Lately he had become excited suddenly for no reason (and both Dr Holmes and Sir William Bradshaw said excitement was the worst thing for him), and waved his hands and cried out that he knew the truth! He knew everything! That man, his friend who was killed, Evans, had come, he said. He was singing behind the screen. She wrote it down just as he spoke it. Some things were very beautiful; others sheer nonsense. And he was always stopping in the middle, changing his mind; wanting to add something; hearing something new; listening with his hand up.

But she heard nothing.

And once they found the girl who did the room reading one of these papers in fits of laughter. It was a dreadful pity. For that made Septimus cry out about human cruelty—how they tear each other to pieces. The fallen, he said, they tear to pieces. "Holmes is on us," he would say, and he would invent stories about Holmes; Holmes eating porridge; Holmes reading Shakespeare—making himself roar with laughter or rage, for Dr Holmes seemed to stand for something horrible to him. "Human nature," he called him. Then there were the visions. He was drowned, he used to say, and lying on a cliff with the gulls screaming over him. He would look over the edge of the sofa down into the sea. Or he was hearing music. Really it was only a barrel organ or some man crying in the street. But "Lovely!" he used to cry, and the tears would run down his cheeks, which was to her the most dreadful thing of all, to see a man like Septimus, who had fought, who was brave, crying. And he would lie listening until suddenly he would cry that he was falling down, down into the flames! Actually she would look for flames, it was so vivid. But there was nothing. They were alone in the room. It was a dream, she would tell him and so quiet him at last, but sometimes she was frightened too. She sighed as she sat sewing.

Her sigh was tender and enchanting, like the wind outside a wood in the evening. Now she put down her scissors; now she turned to take something from the table. A little stir, a little crinkling, a little tapping built up something on the table there, where she sat sewing. Through his eyelashes he could see her blurred outline; her little black body; her face and hands; her turning movements at the table, as she took up a reel, or looked (she was apt to lose things) for her silk. She was making a hat for Mrs Filmer's married daughter, whose name was—he had forgotten her name.

"What is the name of Mrs Filmer's married daughter?" he asked.

"Mrs Peters," said Rezia. She was afraid it was too small, she said, holding it before her. Mrs Peters was a big woman; but she did not like her. It was only because Mrs Filmer had been so good to them. "She gave me grapes this morning," she said—that Rezia wanted to do something to show that they were grateful. She had come into the room the other evening and found Mrs Peters, who thought they were out, playing the gramophone.

"Was it true?" he asked. She was playing the gramophone? Yes; she had told him about it at the time; she had found Mrs Peters playing the gramophone.

He began, very cautiously, to open his eyes, to see whether a gramophone was really there. But real things—real things were too exciting. He must be cautious. He would not go mad. First he looked at the fashion papers on the lower shelf, then, gradually at the gramophone with the green trumpet. Nothing could be more exact. And so, gathering courage, he looked at the sideboard; the plate of bananas; the engraving of Queen Victoria and the Prince Consort; at the mantelpiece, with the jar of roses. None of these things moved. All were still; all were real.

"She is a woman with a spiteful tongue," said Rezia.

"What does Mr Peters do?" Septimus asked.

"Ah," said Rezia, trying to remember. She thought Mrs Filmer had said that he travelled for some company. "Just now he is in Hull," she said.

"Just now!" She said that with her Italian accent. She said that herself. He shaded his eyes so that he might see only a little of her face at a time, first the chin, then the nose, then the forehead, in case it were deformed, or had some terrible mark on it. But no, there she was, perfectly natural, sewing, with the pursed lips that women have, the set, the melancholy expression, when sewing. But there was nothing terrible about it, he assured himself, looking a second time, a third time at her face, her hands, for what was frightening or disgusting in her as she sat there in broad daylight, sewing? Mrs Peters had a spiteful tongue. Mr Peters was in Hull. Why then rage and prophesy? Why fly scourged and outcast? Why be made to tremble and sob by the clouds? Why seek truths and deliver messages when Rezia sat sticking pins into the front of her dress, and Mr Peters was in Hull? Miracles, revelations, agonies, loneliness, falling through the sea, down, down into the flames, all were burnt out, for he had a sense, as he watched Rezia trimming the straw hat for Mrs Peters, of a coverlet of flowers.

"It's too small for Mrs Peters," said Septimus.

For the first time for days he was speaking as he used to do! Of course it was—absurdly small, she said. But Mrs Peters had chosen it.

He took it out of her hands. He said it was an organ grinder's monkey's hat.

How it rejoiced her that! Not for weeks had they laughed like this together, poking fun privately like married people. What she meant was that if Mrs Filmer had come in, or Mrs Peters or anybody they would not have understood what she and Septimus were laughing at.

"There," she said, pinning a rose to one side of the hat. Never had she felt so happy! Never in her life!

But that was still more ridiculous, Septimus said. Now the poor woman looked like a pig at a fair. (Nobody ever made her laugh as Septimus did.)

What had she got in her work-box? She had ribbons and beads, tassels, artificial flowers. She tumbled them out on the table. He began putting odd colours together—for though he had no fingers, could not even do up a parcel, he had a wonderful eye, and often he was right, sometimes absurd, of course, but sometimes wonderfully right.

"She shall have a beautiful hat!" he murmured, taking up this and that, Rezia kneeling by his side, looking over his shoulder. Now it was finished—that is to say the design; she must stitch it together. But she must be very, very careful, he said, to keep it just as he had made it.

So she sewed. When she sewed, he thought, she made a sound like a kettle on the hob; bubbling, murmuring, always busy, her strong little pointed fingers pinching and poking; her needle flashing straight. The sun might go in and out, on the tassels, on the wallpaper, but he would wait, he thought, stretching out his feet, looking at his ringed sock at the end of the sofa; he would wait in this warm place, this pocket of still air, which one comes on at the edge of a wood sometimes in the evening, when, because of a fall in the ground, or some arrangement of the trees (one must be scientific above all, scientific), warmth lingers, and the air buffets the cheek like the wing of a bird.

"There it is," said Rezia, twirling Mrs Peters' hat on the tips of her fingers. "That'll do for the moment. Later . . ." her sentence bubbled away drip, drip, drip, like a contented tap left running.

It was wonderful. Never had he done anything which made him feel so proud. It was so real, it was so substantial, Mrs Peters' hat.

"Just look at it," he said.

Yes, it would always make her happy to see that hat. He had become himself then, he had laughed then. They had been alone together. Always she would like that hat.

He told her to try it on.

"But I must look so queer!" she cried, running over to the glass and looking first this side then that. Then she snatched it off again, for there was a tap at the door. Could it be Sir William Bradshaw? Had he sent already?

No! it was only the small girl with the evening paper.

What always happened, then happened—what happened every night of their lives. The small girl sucked her thumb at the door; Rezia went down on her knees; Rezia cooed and kissed; Rezia got a bag of sweets out of the table drawer. For so it always happened. First one thing, then another. So she built it up, first one thing and then another. Dancing, skipping, round and round the room they went. He took the paper. Surrey was all out, he read. There was a heat wave. Rezia repeated: Surrey was all out. There was a heat wave, making it part of the game she was playing with Mrs Filmer's grandchild, both of them laughing, chattering at the same time, at their game. He was very tired. He was very happy. He would sleep. He shut his eyes. But directly he saw nothing the sounds of the game became fainter and stranger and sounded like the cries of people seeking and not finding, and passing further and further away. They had lost him!

He started up in terror. What did he see? The plate of bananas on the sideboard. Nobody was there (Rezia had taken the child to its mother. It was bedtime). That was it: to be alone forever. That was the doom pronounced in Milan when he came into the room and saw them cutting out buckram shapes with their scissors; to be alone forever.

He was alone with the sideboard and the bananas. He was alone, exposed on this bleak eminence, stretched out—but not on a hill-top; not on a crag; on Mrs Filmer's sitting-room sofa. As for the visions, the faces, the voices of the dead, where were they? There was a screen in front of him, with black bulrushes and blue swallows. Where he had once seen mountains, where he had seen faces, where he had seen beauty, there was a screen.

"Evans!" he cried. There was no answer. A mouse had squeaked, or a curtain rustled. Those were the voices of the dead. The screen, the coal-scuttle, the sideboard remained to him. Let him then face the screen, the coal-scuttle and the sideboard . . . but Rezia burst into the room chattering.

Some letter had come. Everybody's plans were changed. Mrs Filmer would not be able to go to Brighton after all. There was no time to let Mrs Williams know, and really Rezia thought it very, very annoying, when she caught sight of the hat and thought . . . perhaps . . . she . . . might just make a little. . . . Her voice died out in contented melody.

"Ah, damn!" she cried (it was a joke of theirs, her swearing), the needle had broken. Hat, child, Brighton, needle. She built it up; first one thing, then another, she built it up, sewing.

She wanted him to say whether by moving the rose she had improved the hat. She sat on the end of the sofa.

They were perfectly happy now, she said, suddenly, putting the hat down. For she could say anything to him now. She could say whatever came into her head. That was almost the first thing she had felt about him, that night in the café when he had come in with his English friends. He had come in, rather shyly, looking round him, and his hat had fallen when he hung it up. That she could remember. She knew he was English, though not one of the large Englishmen her sister admired, for he was always thin; but he had a beautiful fresh colour; and with his big nose, his bright eyes, his way of sitting a little hunched made her think, she had often told him, of a young hawk, that first evening she saw him, when they were playing dominoes, and he had come in—of a young hawk; but with her he was always very gentle. She had never seen him wild or drunk, only suffering sometimes through this terrible war, but even so, when she came in, he would put it all away. Anything, anything in the whole world, any little bother with her work, anything that struck her to say she would tell him, and he understood at once. Her own family even were not the same. Being older than she was and being so clever—how serious he was, wanting her to read Shakespeare before she could even read a child's story in English!—being so much more experienced, he could help her. And she too could help him.

But this hat now. And then (it was getting late) Sir William Bradshaw.

She held her hands to her head, waiting for him to say did he like the hat or not, and as she sat there, waiting, looking down, he could feel her mind, like a bird, falling from branch to branch, and always alighting, quite rightly; he could follow her mind, as she sat there in one of those loose lax poses that came to her naturally and, if he should say anything, at once she smiled, like a bird alighting with all its claws firm upon the bough.

But he remembered Bradshaw said, "The people we are most fond of are not good for us when we are ill." Bradshaw said, he must be taught to rest. Bradshaw said they must be separated.

"Must," "must," why "must"? What power had Bradshaw over him? "What right has Bradshaw to say 'must' to me?" he demanded.

"It is because you talked of killing yourself," said Rezia. (Mercifully, she could now say anything to Septimus.)

So he was in their power! Holmes and Bradshaw were on him! The brute with the red nostrils was snuffing into every secret place! "Must" it could say! Where were his papers? the things he had written?

She brought him his papers, the things he had written, things she had written for him. She tumbled them out on to the sofa. They looked at them together. Diagrams, designs, little men and women brandishing sticks for arms, with wings—were they?—on their backs; circles traced round shillings and sixpences—the suns and stars; zigzagging precipices with mountaineers ascending roped together, exactly like knives and forks; sea pieces with little faces laughing out of what might perhaps be waves: the map of the world. Burn them! he cried. Now for his writings; how the dead sing behind rhododendron bushes; odes to Time; conversations with Shakespeare; Evans, Evans, Evans—his messages from the dead; do not cut down trees; tell the Prime Minister. Universal love: the meaning of the world. Burn them! he cried.

But Rezia laid her hands on them. Some were very beautiful, she thought. She would tie them up (for she had no envelope) with a piece of silk.

Even if they took him, she said, she would go with him. They could not separate them against their wills, she said.

Shuffling the edges straight, she did up the papers, and tied the parcel almost without looking, sitting beside him, he thought, as if all her petals were about her. She was a flowering tree; and through her branches looked out the face of a lawgiver, who had reached a sanctuary where she feared no one; not Holmes; not Bradshaw; a miracle, a triumph, the last and greatest. Staggering he saw her mount the appalling staircase, laden with Holmes and Bradshaw, men who never weighed less than eleven stone six, who sent their wives to Court, men who made ten thousand a year and talked of proportion; who different in their verdicts (for Holmes said one thing, Bradshaw another), yet judges they were; who mixed the vision and the sideboard; saw nothing clear, yet ruled, yet inflicted. "Must" they said. Over them she triumphed.

"There!" she said. The papers were tied up. No one should get at them. She would put them away.

And, she said, nothing should separate them. She sat down beside him and called him by the name of that hawk or crow which being malicious and a great destroyer of crops was precisely like him. No one could separate them, she said.

Then she got up to go into the bedroom to pack their things, but hearing voices downstairs and thinking that Dr Holmes had perhaps called, ran down to prevent him coming up.

Septimus could hear her talking to Holmes on the staircase.

"My dear lady, I have come as a friend," Holmes was saying.

"No. I will not allow you to see my husband," she said.

He could see her, like a little hen, with her wings spread barring his passage. But Holmes persevered.

"My dear lady, allow me . . ." Holmes said, putting her aside (Holmes was a powerfully built man).

Holmes was coming upstairs. Holmes would burst open the door. Holmes would say "In a funk, eh?" Holmes would get him. But no; not Holmes; not Bradshaw. Getting up rather unsteadily, hopping indeed from foot to foot, he considered Mrs Filmer's nice clean bread knife with "Bread" carved on the handle. Ah, but one mustn't spoil that. The gas fire? But it was too late now. Holmes was coming. Razors he might have got, but Rezia, who always did that sort of thing, had packed them. There remained only the window, the large Bloomsbury-lodging house window, the tiresome, the troublesome, and rather melodramatic business of opening the window and throwing himself out. It was their idea of tragedy, not his or Rezia's (for she was with him). Holmes and Bradshaw like that sort of thing. (He sat on the sill.) But he would wait till the very last moment. He did not want to die. Life was good. The sun hot. Only human beings—what did *they* want? Coming down the staircase opposite an old man stopped and stared at him. Holmes was at the door. "I'll give it you!" he cried, and flung himself vigorously, violently down on to Mrs Filmer's area railings.

"The coward!" cried Dr Holmes, bursting the door open. Rezia ran to the window, she saw; she understood. Dr Holmes and Mrs Filmer collided with each other. Mrs Filmer flapped her apron and made her hide her eyes in the bedroom. There was a great deal of running up and down stairs. Dr Holmes came in—white as a sheet, shaking all over, with a glass in his hand. She must be brave and drink something, he said (What was it? Something sweet), for her husband was horribly mangled, would not recover consciousness, she must not see him, must be spared as much as possible, would have the inquest to go through, poor young woman. Who could have foretold it? A sudden impulse, no one was in the least to blame (he told Mrs Filmer). And why the devil he did it, Dr Holmes could not conceive.

It seemed to her as she drank the sweet stuff that she was opening long windows, stepping out into some garden. But where? The clock was striking—one, two, three: how sensible the sound was; compared with all this thumping and whispering; like Septimus himself. She was falling asleep. But the clock went on striking, four, five, six and Mrs Filmer waving her apron (they wouldn't bring the body in here, would they?) seemed part of that garden; or a flag. She had once seen a flag slowly rippling out from a mast when she stayed with her aunt at Venice. Men killed in battle were thus saluted, and Septimus had been through the War. Of her memories, most were happy.

She put on her hat, and ran through cornfields—where could it have been?—on to some hill, somewhere near the sea, for there were ships, gulls, butterflies, they sat on a cliff. In London too, there they sat, and, half dreaming, came to her through the bedroom door, rain falling, whisperings, stirrings among dry corn, the caress of the sea, as it seemed to her, hollowing them in its arched shell and murmuring to her laid on shore, strewn she felt, like flying flowers over some tomb.

"He is dead," she said, smiling at the poor old woman who guarded her with her honest light-blue eyes fixed on the door. (They wouldn't bring him in here, would they?) But Mrs Filmer pooh-poohed. Oh no, oh no! They were carrying him away now. Ought she not to be told? Married people ought to be together, Mrs Filmer thought. But they must do as the doctor said.

"Let her sleep," said Dr Holmes, feeling her pulse. She saw the large outline of his body standing dark against the window. So that was Dr Holmes.

One of the triumphs of civilisation, Peter Walsh thought. It is one of the triumphs of civilisation, as the light high bell of the ambulance sounded. Swiftly, cleanly the ambulance sped to the hospital, having picked up instantly, humanely, some poor devil; some one hit on the head, struck down by disease, knocked over perhaps a minute or so ago at one of these crossings, as might happen to oneself. That was civilisation. It struck him coming back from the East—the efficiency, the organisation, the communal spirit of London. Every cart or carriage of its own accord drew aside to let the ambulance pass. Perhaps it was morbid; or was it not touching rather, the respect which they showed this ambulance with its victim inside—busy men hurrying home yet instantly bethinking them as it passed of some wife; or presumably how easily it might have been them there, stretched on a shelf with a doctor and a nurse.... Ah, but thinking became morbid, sentimental, directly one began conjuring up doctors, dead bodies; a little glow of pleasure, a sort of lust too over the visual impression warned one not to go on with that sort of thing any more—fatal to art, fatal to friendship. True. And yet, thought Peter Walsh, as the ambulance turned the corner though the light high bell could be heard down the next street and still farther as it crossed the Tottenham Court Road, chiming constantly, it is the privilege of loneliness; in privacy one may do as one chooses. One might weep if no one saw. It had been his undoing—this susceptibility—in Anglo-Indian society; not weeping at the right time, or laughing either. I have that in me, he thought standing by the pillar-box, which could now dissolve in tears. Why, Heaven knows. Beauty of some sort probably, and the weight of the day, which beginning with that visit to Clarissa had exhausted him with its heat, its intensity, and the drip, drip, of one impression after another down into that cellar where they stood, deep, dark, and no one would ever know. Partly for that reason, its secrecy, complete and inviolable, he had found life like an unknown garden, full of turns and corners, surprising, yes; really it took one's breath away, these moments; there coming to him by the pillar-box opposite the British Museum one of them, a moment, in which things came together; this ambulance; and life and death. It was as if he were sucked up to some very high roof by that rush of emotion and the rest of him, like a white shell-sprinkled beach, left bare. It had been his undoing in Anglo-Indian society—this susceptibility.

Clarissa once, going on top of an omnibus with him somewhere, Clarissa superficially at least, so easily moved, now in despair, now in the best of spirits, all aquiver in those days and such good company, spotting queer little scenes, names, people from the top of a bus, for they used to explore London and bring back bags full of treasures from the Caledonian market—Clarissa had a theory in those days—they had heaps of theories, always theories, as young people have. It was to explain the feeling they had of dissatisfaction; not knowing people; not being known. For how could they know each other? You met every day; then not for six months, or years. It was unsatisfactory, they agreed, how little one knew people. But she said, sitting on the bus going up Shaftesbury Avenue, she felt herself everywhere; not "here, here, here"; and she tapped the back of the seat; but everywhere. She waved her hand, going up Shaftesbury Avenue. She was all that. So that to know her, or any one, one must seek out the people who completed them; even the places. Odd affinities she had with people she had never spoken to, some woman in the street, some man behind a counter—even trees, or barns. It ended in a transcendental theory which, with her horror of death, allowed her to believe, or say that she believed (for all her scepticism), that since our apparitions, the part of us which appears, are so momentary compared with the other, the unseen part of us, which spreads wide, the unseen might survive, be recovered somehow attached to this person or that, or even haunting certain places after death . . . perhaps—perhaps.

Looking back over that long friendship of almost thirty years her theory worked to this extent. Brief, broken, often painful as their actual meetings had been what with his absences and interruptions (this morning, for instance, in came Elizabeth, like a long-legged colt, handsome, dumb, just as he was beginning to talk to Clarissa) the effect of them on his life was immeasurable. There was a mystery about it. You were given a sharp, acute, uncomfortable grain—the actual meeting; horribly painful as often as not; yet in absence, in the most unlikely places, it would flower out, open, shed its scent, let you touch, taste, look about you, get the whole feel of it and understanding, after years of lying lost. Thus she had come to him; on board ship; in the Himalayas; suggested by the oddest things (so Sally Seton, generous, enthusiastic goose! thought of *him* when she saw blue hydrangeas). She had influenced him more than any person he had ever known. And always in this way coming before him without his wishing it, cool, ladylike, critical; or ravishing, romantic, recalling some field or English harvest. He saw her most often in the country, not in London. One scene after another at Bourton. . . .

He had reached his hotel. He crossed the hall, with its mounds of reddish chairs and sofas, its spike-leaved, withered-looking plants. He got his key off the hook. The young lady handed him some letters. He went upstairs—he saw her most often at Bourton, in the late summer, when he stayed there for a week, or fortnight even, as people did in those days. First on top of some hill there she would stand, hands clapped to her hair, her cloak blowing out, pointing, crying to them—she saw the Severn[7] beneath. Or in a wood, making the kettle boil—very ineffective with her fingers; the smoke curtseying, blowing in their faces; her little pink face showing through; begging water from an old woman in a cottage, who came to the door to watch them go. They walked always; the others drove. She was bored driving, disliked all animals, except that dog. They tramped miles along roads. She would break off to get her bearings, pilot him back across country; and all the time they argued, discussed poetry, discussed people, discussed politics (she was a Radical then); never noticing a thing except when she stopped, cried out at a view or a tree, and made him look with her; and so on again, through stubble fields, she walking ahead, with a flower for her aunt, never tired of walking for all her delicacy; to drop down on Bourton in the dusk. Then, after dinner, old Breitkopf would open the piano and sing without any voice, and they would lie sunk in arm-chairs, trying not to laugh, but always breaking down and laughing laughing—laughing at nothing. Breitkopf was supposed not to see. And then in the morning, flirting up and down like a wagtail in front of the house. . . .

Oh it was a letter from her! This blue envelope; that was her hand. And he would have to read it. Here was another of those meetings, bound to be painful! To read her letter needed the devil of an effort. "How heavenly it was to see him. She must tell him that." That was all.

7. River flowing from central Wales through England and into the Bristol Channel.

But it upset him. It annoyed him. He wished she hadn't written it. Coming on top of his thoughts, it was like a nudge in the ribs. Why couldn't she let him be? After all, she had married Dalloway, and lived with him in perfect happiness all these years.

These hotels are not consoling places. Far from it. Any number of people had hung up their hats on those pegs. Even the flies, if you thought of it, had settled on other people's noses. As for the cleanliness which hit him in the face, it wasn't cleanliness, so much as bareness, frigidity; a thing that had to be. Some arid matron made her rounds at dawn sniffing, peering, causing blue-nosed maids to scour, for all the world as if the next visitor were a joint of meat to be served on a perfectly clean platter. For sleep, one bed; for sitting in, one arm-chair; for cleaning one's teeth and shaving one's chin, one tumbler, one looking-glass. Books, letters, dressing-gown, slipped about on the impersonality of the horsehair like incongruous impertinences. And it was Clarissa's letter that made him see all this. "Heavenly to see you. She must say so!" He folded the paper; pushed it away; nothing would induce him to read it again!

To get that letter to him by six o'clock she must have sat down and written it directly he left her; stamped it; sent somebody to the post. It was, as people say, very like her. She was upset by his visit. She had felt a great deal; had for a moment, when she kissed his hand, regretted, envied him even, remembered possibly (for he saw her look it) something he had said—how they would change the world if she married him perhaps; whereas, it was this; it was middle age; it was mediocrity; then forced herself with her indomitable vitality to put all that aside, there being in her a thread of life which for toughness, endurance, power to overcome obstacles, and carry her triumphantly through he had never known the like of. Yes; but there would come a reaction directly he left the room. She would be frightfully sorry for him; she would think what in the world she could do to give him pleasure (short always of the one thing) and he could see her with the tears running down her cheeks going to her writing-table and dashing off that one line which he was to find greeting him. . . . "Heavenly to see you!" And she meant it.

Peter Walsh had now unlaced his boots.

But it would not have been a success, their marriage. The other thing, after all, came so much more naturally.

It was odd; it was true; lots of people felt it. Peter Walsh, who had done just respectably, filled the usual posts adequately, was liked, but thought a little cranky, gave himself airs—it was odd that *he* should have had, especially now that his hair was grey, a contented look; a look of having reserves. It was this that made him attractive to women who liked the sense that he was not altogether manly. There was something unusual about him, or something behind him. It might be that he was bookish—never came to see you without taking up the book on the table (he was now reading, with his bootlaces trailing on the floor); or that he was a gentleman, which showed itself in the way he knocked the ashes out of his pipe, and in his manners of course to women. For it was very charming and quite ridiculous how easily some girl without a grain of sense could twist him round her finger. But at her own risk. That is to say, though he might be ever so easy, and indeed with his gaiety and good-breeding fascinating to be with, it was only up to a point. She said something—no, no; he saw through that. He wouldn't stand that—no, no. Then he could shout and rock and hold his sides together over some joke with men. He was the best judge of cooking in India. He was a man. But not the sort of man one had to respect—which was a mercy; not like Major Simmons, for instance; not in the least like that, Daisy thought, when, in spite of her two small children, she used to compare them.

He pulled off his boots. He emptied his pockets. Out came with his pocket-knife a snapshot of Daisy on the verandah; Daisy all in white, with a fox-terrier on her knee; very charming, very dark; the best he had ever seen of her. It did come, after all so naturally; so much more naturally than Clarissa. No fuss. No bother. No finicking and fidgeting. All plain sailing. And the dark, adorably pretty girl on the verandah exclaimed (he could hear her). Of course, of course she would give him everything! she cried (she had no sense of discretion) everything he wanted! she cried, running to meet him, whoever might be looking. And she was only twenty-four. And she had two children. Well, well!

Well indeed he had got himself into a mess at his age. And it came over him when he woke in the night pretty forcibly. Suppose they did marry? For him it would be all very well, but what about her? Mrs Burgess, a good sort and no chatterbox, in whom he had confided, thought this absence of his in England, ostensibly to see lawyers might serve to make Daisy reconsider, think what it meant. It was a question of her position, Mrs Burgess said; the social barrier; giving up her children. She'd be a widow with a past one of these days, draggling about in the suburbs, or more likely, indiscriminate (you know, she said, what such women get like, with too much paint). But Peter Walsh pooh-poohed all that. He didn't mean to die yet. Anyhow she must settle for herself; judge for herself, he thought, padding about the room in his socks, smoothing out his dress-shirt, for he might go to Clarissa's party, or he might go to one of the Halls, or he might settle in and read an absorbing book written by a man he used to know at Oxford. And if he did retire, that's what he'd do—write books. He would go to Oxford and poke about in the Bodleian. Vainly the dark, adorably pretty girl ran to the end of the terrace; vainly waved her hand; vainly cried she didn't care a straw what people said. There he was, the man she thought the world of, the perfect gentleman, the fascinating, the distinguished (and his age made not the least difference to her), padding about a room in an hotel in Bloomsbury, shaving, washing, continuing, as he took up cans, put down razors, to poke about in the Bodleian, and get at the truth about one or two little matters that interested him. And he would have a chat with whoever it might be, and so come to disregard more and more precise hours for lunch, and miss engagements, and when Daisy asked him, as she would, for a kiss, a scene, fail to come up to the scratch (though he was genuinely devoted to her)—in short it might be happier, as Mrs Burgess said, that she should forget him, or merely remember him as he was in August 1922, like a figure standing at the cross roads at dusk, which grows more and more remote as the dog-cart spins away, carrying her securely fastened to the back seat, though her arms are outstretched, and as she sees the figure dwindle and disappear still she cries out how she would do anything in the world, anything, anything, anything. . . .

He never knew what people thought. It became more and more difficult for him to concentrate. He became absorbed; he became busied with his own concerns; now surly, now gay; dependent on women, absent-minded, moody, less and less able (so he thought as he shaved) to understand why Clarissa couldn't simply find them a lodging and be nice to Daisy; introduce her. And then he could just—just do what? just haunt and hover (he was at the moment actually engaged in sorting out various keys, papers), swoop and taste, be alone, in short, sufficient to himself; and yet nobody of course was more dependent upon others (he buttoned his waistcoat); it had been his undoing. He could not keep out of smoking-rooms, liked colonels, liked golf, liked bridge, and above all women's society, and the fineness of their companionship, and their faithfulness and audacity and greatness in loving which though it had its drawbacks seemed to him (and the dark, adorably pretty face was on top of the envelopes) so wholly admirable, so splendid a flower to grow on the crest of human life, and yet he could not come up to the scratch, being always apt to see round things (Clarissa had sapped something in him permanently), and to tire very easily of mute devotion and to want variety in love, though it would make him furious if Daisy loved anybody else, furious! for he was jealous, uncontrollably jealous by temperament. He suffered tortures! But where was his knife; his watch; his seals, his note-case, and Clarissa's letter which he would not read again but liked to think of, and Daisy's photograph? And now for dinner.

They were eating.

Sitting at little tables round vases, dressed or not dressed, with their shawls and bags laid beside them, with their air of false composure, for they were not used to so many courses at dinner, and confidence, for they were able to pay for it, and strain, for they had been running about London all day shopping, sightseeing; and their natural curiosity, for they looked round and up as the nice-looking gentleman in horn-rimmed spectacles came in, and their good nature, for they would have been glad to do any little service, such as lend a time-table or impart useful information, and their desire, pulsing in them, tugging at them subterraneously, somehow to establish connections if it were only a birth-place (Liverpool, for example) in common or friends of the same name; with their furtive glances, odd silences, and sudden withdrawals into family jocularity and isolation; there they sat eating dinner when Mr Walsh came in and took his seat at a little table by the curtain.

It was not that he said anything, for being solitary he could only address himself to the waiter; it was his way of looking at the menu, of pointing his forefinger to a particular wine, of hitching himself up to the table, of addressing himself seriously, not gluttonously to dinner, that won him their respect; which, having to remain unexpressed for the greater part of the meal, flared up at the table where the Morrises sat when Mr Walsh was heard to say at the end of the meal, "Bartlett pears." Why he should have spoken so moderately yet firmly, with the air of a disciplinarian well within his rights which are founded upon justice, neither young Charles Morris, nor old Charles, neither Miss Elaine nor Mrs Morris knew. But when he said, "Bartlett pears," sitting alone at his table, they felt that he counted on their support in some lawful demand; was champion of a cause which immediately became their own, so that their eyes met his eyes sympathetically, and when they all reached the smoking-room simultaneously, a little talk between them became inevitable.

It was not very profound—only to the effect that London was crowded; had changed in thirty years; that Mr Morris preferred Liverpool; that Mrs Morris had been to the Westminster flower-show, and that they had all seen the Prince of Wales. Yet, thought Peter Walsh, no family in the world can compare with the Morrises; none whatever; and their relations to each other are perfect, and they don't care a hang for the upper classes, and they like what they like, and Elaine is training for the family business, and the boy has won a scholarship at Leeds, and the old lady (who is about his own age) has three more children at home; and they have two motor cars, but Mr Morris still mends the boots on Sunday: it is superb, it is absolutely superb, thought Peter Walsh, swaying a little backwards and forwards with his liqueur glass in his hand among the hairy red chairs and ash-trays, feeling very well pleased with himself, for the Morrises liked him. Yes, they liked a man who said, "Bartlett pears." They liked him, he felt.

He would go to Clarissa's party. (The Morrises moved off; but they would meet again.) He would go to Clarissa's party, because he wanted to ask Richard what they were doing in India—the conservative duffers. And what's being acted? And music. . . . Oh yes, and mere gossip.

For this is the truth about our soul, he thought, our self, who fish-like inhabits deep seas and plies among obscurities threading her way between the boles of giant weeds, over sun-flickered spaces and on and on into gloom, cold, deep, inscrutable; suddenly she shoots to the surface and sports on the wind-wrinkled waves; that is, has a positive need to brush, scrape, kindle herself, gossiping. What did the Government mean—Richard Dalloway would know—to do about India?

Since it was a very hot night and the paper boys went by with placards proclaiming in huge red letters that there was a heat-wave, wicker chairs were placed on the hotel steps and there, sipping, smoking, detached gentlemen sat. Peter Walsh sat there. One might fancy that day, the London day, was just beginning. Like a woman who had slipped off her print dress and white apron to array herself in blue and pearls, the day changed, put off stuff, took gauze, changed to evening, and with the same sigh of exhilaration that a woman breathes, tumbling petticoats on the floor, it too shed dust, heat, colour; the traffic thinned; motor cars, tinkling, darting, succeeded the lumber of vans; and here and there among the thick foliage of the squares an intense light hung. I resign, the evening seemed to say, as it paled and faded above the battlements and prominences, moulded, pointed, of hotel, flat, and block of shops, I fade, she was beginning, I disappear, but London would have none of it, and rushed her bayonets into the sky, pinioned her, constrained her to partnership in her revelry.

For the great revolution of Mr Willett's summer time had taken place since Peter Walsh's last visit to England. The prolonged evening was new to him. It was inspiriting, rather. For as the young people went by with their despatch-boxes, awfully glad to be free, proud too, dumbly, of stepping this famous pavement, joy of a kind, cheap, tinselly, if you like, but all the same rapture, flushed their faces. They dressed well too; pink stockings; pretty shoes. They would now have two hours at the pictures. It sharpened, it refined them, the yellow-blue evening light; and on the leaves in the square shone lurid, livid—they looked as if dipped in sea water—the foliage of a submerged city. He was astonished by the beauty; it was encouraging too, for where the returned Anglo-Indian sat by rights (he knew crowds of them) in the Oriental Club biliously summing up the ruin of the world, here was he, as young as ever; envying young people their summer time and the rest of it, and more than suspecting from the words of a girl, from a housemaid's laughter—intangible things you couldn't lay your hands on—that shift in the whole pyramidal accumulation which in his youth had seemed immovable. On top of them it had pressed; weighed them down, the women especially, like those flowers Clarissa's Aunt Helena used to press between sheets of grey blotting-paper with Littré's dictionary on top, sitting under the lamp after dinner. She was dead now. He had heard of her, from Clarissa, losing the sight of one eye. It seemed so fitting—one of nature's masterpieces—that old Miss Parry should turn to glass. She would die like some bird in a frost gripping her perch. She belonged to a different age, but being so entire, so complete, would always stand up on the horizon, stone-white, eminent, like a lighthouse marking some past stage on this adventurous, long, long voyage, this interminable (he felt for a copper to buy a paper and read about Surrey and Yorkshire—he had held out that copper millions of times. Surrey was all out once more)—this interminable life. But cricket was no mere game.

Cricket was important. He could never help reading about cricket. He read the scores in the stop press first, then how it was a hot day; then about a murder case. Having done things millions of times enriched them, though it might be said to take the surface off. The past enriched, and experience, and having cared for one or two people, and so having acquired the power which the young lack, of cutting short, doing what one likes, not caring a rap what people say and coming and going without any very great expectations (he left his paper on the table and moved off), which however (and he looked for his hat and coat) was not altogether true of him, not to-night, for here he was starting to go to a party, at his age, with the belief upon him that he was about to have an experience. But what?

Beauty anyhow. Not the crude beauty of the eye. It was not beauty pure and simple—Bedford Place leading into Russell Square. It was straightness and emptiness of course; the symmetry of a corridor; but it was also windows lit up, a piano, a gramophone sounding; a sense of pleasure-making hidden, but now and again emerging when, through the uncurtained window, the window left open, one saw parties sitting over tables, young people slowly circling, conversations between men and women, maids idly looking out (a strange comment theirs, when work was done), stockings drying on top ledges, a parrot, a few plants. Absorbing, mysterious, of infinite richness, this life. And in the large square where the cabs shot and swerved so quick, there were loitering couples, dallying, embracing, shrunk up under the shower of a tree; that was moving; so silent, so absorbed, that one passed, discreetly, timidly, as if in the presence of some sacred ceremony to interrupt which would have been impious. That was interesting. And so on into the flare and glare.

His light overcoat blew open, he stepped with indescribable idiosyncrasy, leant a little forward, tripped, with his hands behind his back and his eyes still a little hawk-like; he tripped through London, towards Westminster, observing.

Was everybody dining out, then? Doors were being opened here by a footman to let issue a high-stepping old dame, in buckled shoes, with three purple ostrich feathers in her hair. Doors were being opened for ladies wrapped like mummies in shawls with bright flowers on them, ladies with bare heads. And in respectable quarters with stucco pillars through small front gardens lightly swathed with combs in their hair (having run up to see the children), women came; men waited for them, with their coats blowing open, and the motor started. Everybody was going out. What with these doors being opened, and the descent and the start, it seemed as if the whole of London were embarking in little boats moored to the bank, tossing on the waters, as if the whole place were floating off in carnival. And Whitehall was skated over, silver beaten as it was, skated over by spiders, and there was a sense of midges[8] round the arc lamps; it was so hot that people stood about talking. And here in Westminster was a retired Judge, presumably, sitting four square at his house door dressed all in white. An Anglo-Indian presumably.

And here a shindy of brawling women, drunken women; here only a policeman and looming houses, high houses, domed houses, churches, parliaments, and the hoot of a steamer on the river, a hollow misty cry. But it was her street, this, Clarissa's; cabs were rushing round the corner, like water round the piers of a bridge, drawn together, it seemed to him because they bore people going to her party, Clarissa's party.

8. Tiny, gnatlike flying insects.

The cold stream of visual impressions failed him now as if the eye were a cup that overflowed and let the rest run down its china walls unrecorded. The brain must wake now. The body must contract now, entering the house, the lighted house, where the door stood open, where the motor cars were standing, and bright women descending: the soul must brave itself to endure. He opened the big blade of his pocket-knife.

Lucy came running full tilt downstairs, having just nipped in to the drawing-room to smooth a cover, to straighten a chair, to pause a moment and feel whoever came in must think how clean, how bright, how beautifully cared for, when they saw the beautiful silver, the brass fire-irons, the new chair-covers, and the curtains of yellow chintz: she appraised each; heard a roar of voices; people already coming up from dinner; she must fly!

The Prime Minister was coming, Agnes said: so she had heard them say in the dining-room, she said, coming in with a tray of glasses. Did it matter, did it matter in the least, one Prime Minister more or less? It made no difference at this hour of the night to Mrs Walker among the plates, saucepans, cullenders, frying-pans, chicken in aspic, ice-cream freezers, pared crusts of bread, lemons, soup tureens, and pudding basins which, however hard they washed up in the scullery seemed to be all on top of her, on the kitchen table, on chairs, while the fire blared and roared, the electric lights glared, and still supper had to be laid. All she felt was, one Prime Minister more or less made not a scrap of difference to Mrs Walker.

The ladies were going upstairs already, said Lucy; the ladies were going up, one by one, Mrs Dalloway walking last and almost always sending back some message to the kitchen, "My love to Mrs Walker," that was it one night. Next morning they would go over the dishes—the soup, the salmon; the salmon, Mrs Walker knew, as usual underdone, for she always got nervous about the pudding and left it to Jenny; so it happened, the salmon was always underdone. But some lady with fair hair and silver ornaments had said, Lucy said, about the entrée, was it really made at home? But it was the salmon that bothered Mrs Walker, as she spun the plates round and round, and pulled in dampers[9] and pulled out dampers; and there came a burst of laughter from the dining-room; a voice speaking; then another burst of laughter—the gentlemen enjoying themselves when the ladies had gone. The tokay, said Lucy running in. Mr Dalloway had sent for the tokay, from the Emperor's cellars, the Imperial Tokay.[1]

It was borne through the kitchen. Over her shoulder Lucy reported how Miss Elizabeth looked quite lovely; she couldn't take her eyes off her; in her pink dress, wearing the necklace Mr Dalloway had given her. Jenny must remember the dog, Miss Elizabeth's fox-terrier, which, since it bit, had to be shut up and might, Elizabeth thought, want something. Jenny must remember the dog. But Jenny was not going upstairs with all those people about. There was a motor at the door already! There was a ring at the bell—and the gentlemen still in the dining-room, drinking tokay!

There, they were going upstairs; that was the first to come, and now they would come faster and faster, so that Mrs Parkinson (hired for parties) would leave the hall door ajar, and the hall would be full of gentlemen waiting (they stood waiting, sleeking down their hair) while the ladies took their cloaks off in the room along the passage; where Mrs Barnet helped them, old Ellen Barnet, who had been with the fami-

9. Movable plates or valves that control the draft in a stove or furnace.

1. A sweet or dry wine made in the vicinity of Tokay, a town in northern Hungary.

ly for forty years, and came every summer to help the ladies, and remembered mothers when they were girls, and though very unassuming did shake hands; said "milady" very respectfully, yet had a humorous way with her, looking at the young ladies, and ever so tactfully helping Lady Lovejoy, who had some trouble with her underbodice. And they could not help feeling, Lady Lovejoy and Miss Alice, that some little privilege in the matter of brush and comb, was awarded them having known Mrs Barnet—"thirty years, milady," Mrs Barnet supplied her. Young ladies did not use to rouge, said Lady Lovejoy, when they stayed at Bourton in the old days. And Miss Alice didn't need rouge, said Mrs Barnet, looking at her fondly. There Mrs Barnet would sit, in the cloakroom, patting down the furs, smoothing out the Spanish shawls, tidying the dressing-table, and knowing perfectly well, in spite of the furs and the embroideries, which were nice ladies, which were not. The dear old body, said Lady Lovejoy, mounting the stairs, Clarissa's old nurse.

And then Lady Lovejoy stiffened. "Lady and Miss Lovejoy," she said to Mr Wilkins (hired for parties). He had an admirable manner, as he bent and straightened himself, bent and straightened himself and announced with perfect impartiality "Lady and Miss Lovejoy . . . Sir John and Lady Needham . . . Miss Weld . . . Mr Walsh." His manner was admirable; his family life must be irreproachable, except that it seemed impossible that a being with greenish lips and shaven cheeks could ever have blundered into the nuisance of children.

"How delightful to see you!" said Clarissa. She said it to every one. How delightful to see you! She was at her worst—effusive, insincere. It was a great mistake to have come. He should have stayed at home and read his book, thought Peter Walsh; should have gone to a music hall; he should have stayed at home, for he knew no one.

Oh dear, it was going to be a failure; a complete failure, Clarissa felt it in her bones as dear old Lord Lexham stood there apologising for his wife who had caught cold at the Buckingham Palace garden party. She could see Peter out of the tail of her eye, criticising her, there, in that corner. Why, after all, did she do these things? Why seek pinnacles and stand drenched in fire? Might it consume her anyhow! Burn her to cinders! Better anything, better brandish one's torch and hurl it to earth than taper and dwindle away like some Ellie Henderson! It was extraordinary how Peter put her into these states just by coming and standing in a corner. He made her see herself; exaggerate. It was idiotic. But why did he come, then, merely to criticise? Why always take, never give? Why not risk one's one little point of view? There he was wandering off, and she must speak to him. But she would not get the chance. Life was that—humiliation, renunciation. What Lord Lexham was saying was that his wife would not wear her furs at the garden party because "my dear, you ladies are all alike"—Lady Lexham being seventy-five at least! It was delicious, how they petted each other, that old couple. She did like old Lord Lexham. She did think it mattered, her party, and it made her feel quite sick to know that it was all going wrong, all falling flat. Anything, any explosion, any horror was better than people wandering aimlessly, standing in a bunch at a corner like Ellie Henderson, not even caring to hold themselves upright.

Gently the yellow curtain with all the birds of Paradise blew out and it seemed as if there were a flight of wings into the room, right out, then sucked back. (For the windows were open.) Was it draughty, Ellie Henderson wondered? She was subject to chills. But it did not matter that she should come down sneezing tomorrow; it was the girls with their naked shoulders she thought of, being trained to think of others by an old father, an invalid, late vicar of Bourton, but he was dead now; and her chills never went to her chest, never. It was the girls she thought of, the young girls with their bare shoulders, she herself having always been a wisp of a creature, with her thin hair and meagre profile; though now, past fifty, there was beginning to shine through some mild beam, something purified into distinction by years of self-abnegation but obscured again, perpetually, by her distressing gentility, her panic fear, which arose from three hundred pounds' income, and her weaponless state (she could not earn a penny) and it made her timid, and more and more disqualified year by year to meet well-dressed people who did this sort of thing every night of the season, merely telling their maids "I'll wear so and so," whereas Ellie Henderson ran out nervously and bought cheap pink flowers, half a dozen, and then threw a shawl over her old black dress. For her invitation to Clarissa's party had come at the last moment. She was not quite happy about it. She had a sort of feeling that Clarissa had not meant to ask her this year.

Why should she? There was no reason really, except that they had always known each other. Indeed, they were cousins. But naturally they had rather drifted apart, Clarissa being so sought after. It was an event to her, going to a party. It was quite a treat just to see the lovely clothes. Wasn't that Elizabeth, grown up, with her hair done in the fashionable way, in the pink dress? Yet she could not be more than seventeen. She was very, very handsome. But girls when they first came out didn't seem to wear white as they used. (She must remember everything to tell Edith.) Girls wore straight frocks, perfectly tight, with skirts well above the ankles. It was not becoming, she thought.

So, with her weak eyesight, Ellie Henderson craned rather forward, and it wasn't so much she who minded not having any one to talk to (she hardly knew anybody there), for she felt that they were all such interesting people to watch; politicians presumably; Richard Dalloway's friends; but it was Richard himself who felt that he could not let the poor creature go on standing there all the evening by herself.

"Well, Ellie, and how's the world treating *you*?" he said in his genial way, and Ellie Henderson, getting nervous and flushing and feeling that it was extraordinarily nice of him to come and talk to her, said that many people really felt the heat more than the cold.

"Yes, they do," said Richard Dalloway. "Yes."

But what more did one say?

"Hullo, Richard," said somebody, taking him by the elbow, and, good Lord, there was old Peter, old Peter Walsh. He was delighted to see him—ever so pleased to see him! He hadn't changed a bit. And off they went together walking right across the room, giving each other little pats, as if they hadn't met for a long time, Ellie Henderson thought, watching them go, certain she knew that man's face. A tall man, middle aged, rather fine eyes, dark, wearing spectacles, with a look of John Burrows. Edith would be sure to know.

The curtain with its flight of birds of Paradise blew out again. And Clarissa saw—she saw Ralph Lyon beat it back, and go on talking. So it wasn't a failure after all! it was going to be all right now—her party. It had begun. It had started. But it was still touch and go. She must stand there for the present. People seemed to come in a rush.

Colonel and Mrs Garrod . . . Mr Hugh Whitbread . . . Mr Bowley . . . Mrs Hilbery . . . Lady Mary Maddox . . . Mr Quin . . . intoned Wilkin. She had six or seven words with each, and they went on, they went into the rooms; into something now, not nothing, since Ralph Lyon had beat back the curtain.

And yet for her own part, it was too much of an effort. She was not enjoying it. It was too much like being—just anybody, standing there; anybody could do it; yet this anybody she did a little admire, couldn't help feeling that she had, anyhow, made this happen, that it marked a stage, this post that she felt herself to have become, for oddly enough she had quite forgotten what she looked like, but felt herself a stake driven in at the top of her stairs. Every time she gave a party she had this feeling of being something not herself, and that every one was unreal in one way; much more real in another. It was, she thought, partly their clothes, partly being taken out of their ordinary ways, partly the background, it was possible to say things you couldn't say anyhow else, things that needed an effort; possible to go much deeper. But not for her; not yet anyhow.

"How delightful to see you!" she said. Dear old Sir Harry! He would know every one.

And what was so odd about it was the sense one had as they came up the stairs one after another, Mrs Mount and Celia, Herbert Ainsty, Mrs Dakers—oh and Lady Bruton!

"How awfully good of you to come!" she said, and she meant it—it was odd how standing there one felt them going on, going on, some quite old, some . . .

What name? Lady Rosseter? But who on earth was Lady Rosseter?

"Clarissa!" That voice! It was Sally Seton! Sally Seton! after all these years! She loomed through a mist. For she hadn't looked like that, Sally Seton, when Clarissa grasped the hot water can, to think of her under this roof, under this roof! Not like that!

All on top of each other, embarrassed, laughing, words tumbled out—passing through London; heard from Clara Haydon; what a chance of seeing you! So I thrust myself in—without an invitation. . . .

One might put down the hot water can quite composedly. The lustre had gone out of her. Yet it was extraordinary to see her again, older, happier, less lovely. They kissed each other, first this cheek then that, by the drawing-room door, and Clarissa turned, with Sally's hand in hers, and saw her rooms full, heard the roar of voices, saw the candlesticks, the blowing curtains, and the roses which Richard had given her.

"I have five enormous boys," said Sally.

She had the simplest egotism, the most open desire to be thought first always, and Clarissa loved her for being still like that. "I can't believe it!" she cried, kindling all over with pleasure at the thought of the past.

But alas, Wilkins; Wilkins wanted her; Wilkins was emitting in a voice of commanding authority as if the whole company must be admonished and the hostess reclaimed from frivolity, one name:

"The Prime Minister," said Peter Walsh.

The Prime Minister? Was it really? Ellie Henderson marvelled. What a thing to tell Edith!

One couldn't laugh at him. He looked so ordinary. You might have stood him behind a counter and bought biscuits—poor chap, all rigged up in gold lace. And to be fair, as he went his rounds, first with Clarissa then with Richard escorting him, he did it very well. He tried to look somebody. It was amusing to watch. Nobody looked at him. They just went on talking, yet it was perfectly plain that they all knew, felt to the marrow of their bones, this majesty passing; this symbol of what they all stood for, English society. Old Lady Bruton, and she looked very fine too, very stalwart in her lace, swam up, and they withdrew into a little room which at once became spied upon, guarded, and a sort of stir and rustle rippled through every one, openly: the Prime Minister!

Lord, lord, the snobbery of the English! thought Peter Walsh, standing in the corner. How they loved dressing up in gold lace and doing homage! There! That must be, by Jove it was, Hugh Whitbread, snuffing round the precincts of the great, grown rather fatter, rather whiter, the admirable Hugh!

He looked always as if he were on duty, thought Peter, a privileged, but secretive being, hoarding secrets which he would die to defend, though it was only some little piece of tittle-tattle dropped by a court footman, which would be in all the papers to-morrow. Such were his rattles, his baubles, in playing with which he had grown white, come to the verge of old age, enjoying the respect and affection of all who had the privilege of knowing this type of the English public school man. Inevitably one made up things like that about Hugh; that was his style; the style of those admirable letters which Peter had read thousands of miles across the sea in the *Times*, and had thanked God he was out of that pernicious hubble-bubble if it were only to hear baboons chatter and coolies beat their wives. An olive-skinned youth from one of the Universities stood obsequiously by. Him he would patronise, initiate, teach how to get on. For he liked nothing better than doing kindnesses, making the hearts of old ladies palpitate with the joy of being thought of in their age, their affliction, thinking themselves quite forgotten, yet here was dear Hugh driving up and spending an hour talking of the past, remembering trifles, praising the homemade cake, though Hugh might eat cake with a Duchess any day of his life, and, to look at him, probably did spend a good deal of time in that agreeable occupation. The All-judging, the All-merciful, might excuse. Peter Walsh had no mercy. Villains there must be, and God knows the rascals who get hanged for battering the brains of a girl out in a train do less harm on the whole than Hugh Whitbread and his kindness. Look at him now, on tiptoe, dancing forward, bowing and scraping, as the Prime Minister and Lady Bruton emerged, intimating for all the world to see that he was privileged to say something, something private, to Lady Bruton as she passed. She stopped. She wagged her fine old head. She was thanking him presumably for some piece of servility. She had her toadies, minor officials in Government offices who ran about putting through little jobs on her behalf, in return for which she gave them luncheon. But she derived from the eighteenth century. She was all right.

And now Clarissa escorted her Prime Minister down the room, prancing, sparkling, with the stateliness of her grey hair. She wore ear-rings, and a silver-green mermaid's dress. Lolloping on the waves and braiding her tresses she seemed, having that gift still; to be; to exist; to sum it all up in the moment as she passed; turned, caught her scarf in some other woman's dress, unhitched it, laughed, all with the most perfect ease and air of a creature floating in its element. But age had brushed her; even as a mermaid might behold in her glass the setting sun on some very clear evening over the waves. There was a breath of tenderness; her severity, her prudery, her woodenness were all warmed through now, and she had about her as she said good-bye to the thick gold-laced man who was doing his best, and good luck to him, to look important, an inexpressible dignity; an exquisite cordiality; as if she wished the whole world well, and must now, being on the very verge and rim of things, take her leave. So she made him think. (But he was not in love.)

Indeed, Clarissa felt, the Prime Minister had been good to come. And, walking down the room with him, with Sally there and Peter there and Richard very pleased, with all those people rather inclined, perhaps, to envy, she had felt that intoxication of the moment, that dilatation of the nerves of the heart itself till it seemed to quiver, steeped, upright;—yes, but after all it was what other people felt, that; for, though she loved it and felt it tingle and sting, still these semblances, these triumphs (dear old Peter, for example, thinking her so brilliant), had a hollowness; at arm's length they were, not in the heart; and it might be that she was growing old but they satisfied her no longer as they used; and suddenly, as she saw the Prime Minister go down the stairs, the gilt rim of the Sir Joshua picture of the little girl with a muff brought back Kilman with a rush; Kilman her enemy. That was satisfying; that was real. Ah, how she hated her—hot, hypocritical, corrupt; with all that power; Elizabeth's seducer; the woman who had crept in to steal and defile (Richard would say, What nonsense!). She hated her: she loved her. It was enemies one wanted, not friends—not Mrs Durrant and Clara, Sir William and Lady Bradshaw, Miss Truelock and Eleanor Gibson (whom she saw coming upstairs). They must find her if they wanted her. She was for the party!

There was her old friend Sir Harry.

"Dear Sir Harry!" she said, going up to the fine old fellow who had produced more bad pictures than any other two Academicians in the whole of St John's Wood (they were always of cattle, standing in sunset pools absorbing moisture, or signifying, for he had a certain range of gesture, by the raising of one foreleg and the toss of the antlers, "the Approach of the Stranger"—all his activities, dining out, racing, were founded on cattle standing absorbing moisture in sunset pools).

"What are you laughing at?" she asked him. For Willie Titcomb and Sir Harry and Herbert Ainsty were all laughing. But no. Sir Harry could not tell Clarissa Dalloway (much though he liked her; of her type he thought her perfect, and threatened to paint her) his stories of the music hall stage. He chaffed her about her party. He missed his brandy. These circles, he said, were above him. But he liked her; respected her, in spite of her damnable, difficult upper-class refinement, which made it impossible to ask Clarissa Dalloway to sit on his knee. And up came that wandering will-o'-the-wisp, that vagulous phosphorescence, old Mrs Hilbery, stretching her hands to the blaze of his laughter (about the Duke and the Lady), which, as she heard it across the room, seemed to reassure her on a point which sometimes bothered her if she woke early in the morning and did not like to call her maid for a cup of tea; how it is certain we must die.

"They won't tell us their stories," said Clarissa.

"Dear Clarissa!" exclaimed Mrs Hilbery. She looked to-night, she said, so like her mother as she first saw her walking in a garden in a grey hat.

And really Clarissa's eyes filled with tears. Her mother, walking in a garden! But alas, she must go.

For there was Professor Brierly, who lectured on Milton, talking to little Jim Hutton (who was unable even for a party like this to compass both tie and waist-coat or make his hair lie flat), and even at this distance they were quarrelling, she could see. For Professor Brierly was a very queer fish. With all those degrees, honours, lectureships between him and the scribblers he suspected instantly an atmosphere not favourable to his queer compound; his prodigious learning and timidity; his wintry charm without cordiality; his innocence blent with snobbery; he quivered if made conscious by a lady's unkempt hair, a youth's boots, of an underworld, very creditable doubtless, of rebels, of ardent young people; of would-be geniuses, and intimated with a little toss of the head, with a sniff—Humph!—the value of moderation; of some slight training in the classics in order to appreciate Milton. Professor Brierly (Clarissa could see) wasn't hitting it off with little Jim Hutton (who wore red socks, his black being at the laundry) about Milton. She interrupted.

She said she loved Bach. So did Hutton. That was the bond between them, and Hutton (a very bad poet) always felt that Mrs Dalloway was far the best of the great ladies who took an interest in art. It was odd how strict she was. About music she was purely impersonal. She was rather a prig. But how charming to look at! She made her house so nice if it weren't for her Professors. Clarissa had half a mind to snatch him off and set him down at the piano in the back room. For he played divinely.

"But the noise!" she said. "The noise!"

"The sign of a successful party." Nodding urbanely, the Professor stepped delicately off.

"He knows everything in the whole world about Milton," said Clarissa.

"Does he indeed?" said Hutton, who would imitate the Professor throughout Hampstead; the Professor on Milton; the Professor on moderation; the Professor stepping delicately off.

But she must speak to that couple, said Clarissa, Lord Gayton and Nancy Blow.

Not that *they* added perceptibly to the noise of the party. They were not talking (perceptibly) as they stood side by side by the yellow curtains. They would soon be off elsewhere, together; and never had very much to say in any circumstances. They looked; that was enough. They looked so clean, so sound, she with an apricot bloom of powder and paint, but he scrubbed, rinsed, with the eyes of a bird, so that no ball could pass him or stroke surprise him. He struck, he leapt, accurately, on the spot. Ponies' mouths quivered at the end of his reins. He had his honours, ancestral monuments, banners hanging in the church at home. He had his duties; his tenants; a mother and sisters; had been all day at Lords, and that was what they were talking about—cricket, cousins, the movies—when Mrs Dalloway came up. Lord Gayton liked her most awfully. So did Miss Blow. She had such charming manners.

"It is angelic—it is delicious of you to have come!" she said. She loved Lords; she loved youth, and Nancy, dressed at enormous expense by the greatest artists in Paris, stood there looking as if her body had merely put forth, of its own accord, a green frill.

"I had meant to have dancing," said Clarissa.

For the young people could not talk. And why should they? Shout, embrace, swing, be up at dawn; carry sugar to ponies; kiss and caress the snouts of adorable chows; and then all tingling and streaming, plunge and swim. But the enormous resources of the English language, the power it bestows, after all, of communicating feelings (at their age, she and Peter would have been arguing all the evening), was not for them. They would solidify young. They would be good beyond measure to the people on the estate, but alone, perhaps, rather dull.

"What a pity!" she said. "I had hoped to have dancing."

It was so extraordinarily nice of them to have come! But talk of dancing! The rooms were packed.

There was old Aunt Helena in her shawl. Alas, she must leave them—Lord Gayton and Nancy Blow. There was old Miss Parry, her aunt.

For Miss Helena Parry was not dead: Miss Parry was alive. She was past eighty. She ascended staircases slowly with a stick. She was placed in a chair (Richard had seen to it). People who had known Burma in the 'seventies were always led up to her. Where had Peter got to? They used to be such friends. For at the mention of India, or even Ceylon, her eyes (only one was glass) slowly deepened, became blue, beheld, not human beings—she had no tender memories, no proud illusions about Viceroys, Generals, Mutinies—it was orchids she saw, and mountain passes and herself carried on the backs of coolies in the 'sixties over solitary peaks; or descending to uproot orchids (startling blossoms, never beheld before) which she painted in water-colour; an indomitable Englishwoman, fretful if disturbed by the War, say, which dropped a bomb at her very door, from her deep meditation over orchids and her own figure journeying in the 'sixties in India—but here was Peter.

"Come and talk to Aunt Helena about Burma," said Clarissa.

And yet he had not had a word with her all the evening!

"We will talk later," said Clarissa, leading him up to Aunt Helena, in her white shawl, with her stick.

"Peter Walsh," said Clarissa.

That meant nothing.

Clarissa had asked her. It was tiring; it was noisy; but Clarissa had asked her. So she had come. It was a pity that they lived in London—Richard and Clarissa. If only for Clarissa's health it would have been better to live in the country. But Clarissa had always been fond of society.

"He has been in Burma," said Clarissa.

Ah. She could not resist recalling what Charles Darwin had said about her little book on the orchids of Burma.

(Clarissa must speak to Lady Bruton.)

No doubt it was forgotten now, her book on the orchids of Burma, but it went into three editions before 1870, she told Peter. She remembered him now. He had been at Bourton (and he had left her, Peter Walsh remembered, without a word in the drawing-room that night when Clarissa had asked him to come boating).

"Richard so much enjoyed his lunch party," said Clarissa to Lady Bruton.

"Richard was the greatest possible help," Lady Bruton replied. "He helped me to write a letter. And how are you?"

"Oh, perfectly well!" said Clarissa. (Lady Bruton detested illness in the wives of politicians.)

"And there's Peter Walsh!" said Lady Bruton (for she could never think of anything to say to Clarissa; though she liked her. She had lots of fine qualities; but they had nothing in common—she and Clarissa. It might have been better if Richard had married a woman with less charm, who would have helped him more in his work. He had lost his chance of the Cabinet). "There's Peter Walsh!" she said, shaking hands with that agreeable sinner, that very able fellow who should have made a name for himself but hadn't (always in difficulties with women), and, of course, old Miss Parry. Wonderful old lady!

Lady Bruton stood by Miss Parry's chair, a spectral grenadier, draped in black, inviting Peter Walsh to lunch; cordial; but without small talk, remembering nothing whatever about the flora or fauna of India. She had been there, of course; had stayed with three Viceroys; thought some of the Indian civilians uncommonly fine fellows; but what a tragedy it was—the state of India! The Prime Minister had just been telling her (old Miss Parry huddled up in her shawl, did not care what the Prime Minister had just been telling her), and Lady Bruton would like to have Peter Walsh's opinion, he being fresh from the centre, and she would get Sir Sampson to meet him, for really it prevented her from sleeping at night, the folly of it, the wickedness she might say, being a soldier's daughter. She was an old woman now, not good for much. But her house, her servants, her good friend Milly Brush—did he remember her?—were all there only asking to be used if—if they could be of help, in short. For she never spoke of England, but this isle of men, this dear, dear land, was in her blood (without reading Shakespeare),[2] and if ever a woman could have worn the helmet and shot the arrow, could have led troops to attack, ruled with indomitable justice barbarian hordes and lain under a shield noseless in a church, or made a green grass mound on some primeval hillside, that woman was Millicent Bruton. Debarred by her sex and some truancy, too, of the logical faculty (she found it impossible to write a letter to the *Times*), she had the thought of Empire always at hand, and had acquired from her association with that armoured goddess her ramrod bearing, her robustness of demeanour, so that one could not figure her even in death parted from the earth or roaming territories over which, in some spiritual shape, the Union Jack had ceased to fly. To be not English even among the dead—no, no! Impossible!

But was it Lady Bruton (whom she used to know)? Was it Peter Walsh grown grey? Lady Rosseter asked herself (who had been Sally Seton). It was old Miss Parry certainly—the old aunt who used to be so cross when she stayed at Bourton. Never should she forget running along the passage naked, and being sent for by Miss Parry! And Clarissa! oh Clarissa! Sally caught her by the arm.

Clarissa stopped beside them.

"But I can't stay," she said. "I shall come later. Wait," she said, looking at Peter and Sally. They must wait, she meant, until all these people had gone.

"I shall come back," she said, looking at her old friends, Sally and Peter, who were shaking hands, and Sally, remembering the past no doubt, was laughing.

But her voice was wrung of its old ravishing richness; her eyes not aglow as they used to be, when she smoked cigars, when she ran down the passage to fetch her sponge bag, without a stitch of clothing on her, and Ellen Atkins asked, What if the gentlemen had met her? But everybody forgave her. She stole a chicken from the larder because she was hungry in the night; she smoked cigars in her bedroom; she left a priceless book in the punt.[3] But everybody adored her (except perhaps Papa). It was her warmth; her vitality—she would paint, she would write. Old women in the village never to this day forgot to ask after "your friend in the red cloak who seemed so bright." She accused Hugh Whitbread, of all people (and there he was, her old friend Hugh, talking to the Portuguese Ambassador), of kissing her in the smoking-room to punish her for saying that women should have votes. Vulgar men did, she said. And Clarissa remembered having to persuade her not to denounce him at family prayers—which she was capable of doing with her daring, her recklessness, her melodramatic love of being the centre of everything and creating scenes, and it was bound, Clarissa used to think, to end in some awful tragedy; her death; her martyrdom; instead of which she had married, quite unexpectedly, a bald man with a large buttonhole who owned, it was said, cotton mills at Manchester. And she had five boys!

She and Peter had settled down together. They were talking: it seemed so familiar—that they should be talking. They would discuss the past. With the two of them (more even than with Richard) she shared her past; the garden; the trees; old Joseph Breitkopf singing Brahms without any voice; the drawing-room wall-paper; the smell of the mats.

---

2. Lady Bruton intuitively refers to John of Gaunt's extravagant catalogue of patriotic descriptors in *Richard II* 2.1:

  This royal throne of kings, this sceptred isle . . .
  This happy breed of men, this little world . . .
  This blessed plot, this earth, this realm, this England . . .
  This land of such dear souls, this dear dear land . . . .

That she incorporates these terms into her celebration of empire is ironic given the grim prophecy with which Gaunt concludes: "That England that was wont to conquer others / Hath made a shameful conquest of itself."
3. A flat-bottomed boat with broad, square ends, usually propelled using a long pole.

A part of this Sally must always be; Peter must always be. But she must leave them. There were the Bradshaws, whom she disliked. She must go up to Lady Bradshaw (in grey and silver, balancing like a sea-lion at the edge of its tank, barking for invitations, Duchesses, the typical successful man's wife), she must go up to Lady Bradshaw and say . . .

But Lady Bradshaw anticipated her.

"We are shockingly late, dear Mrs Dalloway, we hardly dared to come in," she said.

And Sir William, who looked very distinguished, with his grey hair and blue eyes, said yes; they had not been able to resist the temptation. He was talking to Richard about that Bill probably, which they wanted to get through the Commons. Why did the sight of him, talking to Richard, curl her up? He looked what he was, a great doctor. A man absolutely at the head of his profession, very powerful, rather worn. For think what cases came before him—people in the uttermost depths of misery; people on the verge of insanity; husbands and wives. He had to decide questions of appalling difficulty. Yet—what she felt was, one wouldn't like Sir William to see one unhappy. No; not that man.

"How is your son at Eton?" she asked Lady Bradshaw.

He had just missed his eleven, said Lady Bradshaw, because of the mumps. His father minded even more than he did, she thought "being," she said, "nothing but a great boy himself."

Clarissa looked at Sir William, talking to Richard. He did not look like a boy—not in the least like a boy. She had once gone with some one to ask his advice. He had been perfectly right; extremely sensible. But Heavens—what a relief to get out to the street again! There was some poor wretch sobbing, she remembered, in the waiting-room. But she did not know what it was—about Sir William; what exactly she disliked. Only Richard agreed with her, "didn't like his taste, didn't like his smell." But he was extraordinarily able. They were talking about this Bill. Some case, Sir William was mentioning, lowering his voice. It had its bearing upon what he was saying about the deferred effects of shell shock. There must be some provision in the Bill.

Sinking her voice, drawing Mrs Dalloway into the shelter of a common femininity, a common pride in the illustrious qualities of husbands and their sad tendency to overwork, Lady Bradshaw (poor goose—one didn't dislike her) murmured how, "just as we were starting, my husband was called up on the telephone, a very sad case. A young man (that is what Sir William is telling Mr Dalloway) had killed himself. He had been in the army." Oh! thought Clarissa, in the middle of my party, here's death, she thought.

She went on, into the little room where the Prime Minister had gone with Lady Bruton. Perhaps there was somebody there. But there was nobody. The chairs still kept the impress of the Prime Minister and Lady Bruton, she turned deferentially, he sitting four-square, authoritatively. They had been talking about India. There was nobody. The party's splendour fell to the floor, so strange it was to come in alone in her finery.

What business had the Bradshaws to talk of death at her party? A young man had killed himself. And they talked of it at her party—the Bradshaws, talked of death. He had killed himself—but how? Always her body went through it first, when she was told, suddenly, of an accident; her dress flamed, her body burnt. He had thrown himself from a window. Up had flashed the ground; through him, blundering, bruising, went the rusty spikes. There he lay with a thud, thud, thud in his brain, and then a suffocation of blackness. So she saw it. But why had he done it? And the Bradshaws talked of it at her party!

She had once thrown a shilling into the Serpentine, never anything more. But he had flung it away. They went on living (she would have to go back; the rooms were still crowded; people kept on coming). They (all day she had been thinking of

Bourton, of Peter, of Sally), they would grow old. A thing there was that mattered; a thing, wreathed about with chatter, defaced, obscured in her own life, let drop every day in corruption, lies, chatter. This he had preserved. Death was defiance. Death was an attempt to communicate; people feeling the impossibility of reaching the centre which, mystically, evaded them; closeness drew apart; rapture faded, one was alone. There was an embrace in death.

But this young man who had killed himself—had he plunged holding his treasure? "If it were now to die, 'twere now to be most happy," she had said to herself once, coming down in white.

Or there were the poets and thinkers. Suppose he had had that passion, and had gone to Sir William Bradshaw, a great doctor yet to her obscurely evil, without sex or lust, extremely polite to women, but capable of some indescribable outrage—forcing your soul, that was it—if this young man had gone to him, and Sir William had impressed[4] him, like that, with his power, might he not then have said (indeed she felt it now), Life is made intolerable; they make life intolerable, men like that?

Then (she had felt it only this morning) there was the terror; the overwhelming incapacity, one's parents giving it into one's hands, this life, to be lived to the end, to be walked with serenely; there was in the depths of her heart an awful fear. Even now, quite often if Richard had not been there reading the *Times*, so that she could crouch like a bird and gradually revive, send roaring up that immeasurable delight, rubbing stick to stick, one thing with another, she must have perished. But that young man had killed himself.

Somehow it was her disaster—her disgrace. It was her punishment to see sink and disappear here a man, there a woman, in this profound darkness, and she forced to stand here in her evening dress. She had schemed; she had pilfered. She was never wholly admirable. She had wanted success. Lady Bexborough and the rest of it. And once she had walked on the terrace at Bourton.

It was due to Richard; she had never been so happy. Nothing could be slow enough; nothing last too long. No pleasure could equal, she thought, straightening the chairs, pushing in one book on the shelf, this having done with the triumphs of youth, lost herself in the process of living, to find it, with a shock of delight, as the sun rose, as the day sank. Many a time had she gone, at Bourton when they were all talking, to look at the sky; or seen it between people's shoulders at dinner; seen it in London when she could not sleep. She walked to the window.

It held, foolish as the idea was, something of her own in it, this country sky, this sky above Westminster. She parted the curtains; she looked. Oh, but how surprising!—in the room opposite the old lady stared straight at her! She was going to bed. And the sky. It will be a solemn sky, she had thought, it will be a dusky sky, turning away its cheek in beauty. But there it was—ashen pale, raced over quickly by tapering vast clouds. It was new to her. The wind must have risen. She was going to bed, in the room opposite. It was fascinating to watch her, moving about, that old lady, crossing the room, coming to the window. Could she see her? It was fascinating, with people still laughing and shouting in the drawing-room, to watch that old woman, quite quietly, going to bed. She pulled the blind now. The clock began striking. The

---

4. Given the cause of Septimus's condition, "impress" here may suggest both the usual meaning of the word (i.e., that Sir William had a marked effect on Septimus) and, figuratively, an older sense of it, meaning "to force a person into public, especially military service."

young man had killed himself; but she did not pity him; with the clock striking the hour, one, two, three, she did not pity him, with all this going on. There! the old lady had put out her light! the whole house was dark now with this going on, she repeated, and the words came to her, Fear no more the heat of the sun. She must go back to them. But what an extraordinary night! She felt somehow very like him—the young man who had killed himself. She felt glad that he had done it; thrown it away. The clock was striking. The leaden circles dissolved in the air. He made her feel the beauty; made her feel the fun. But she must go back. She must assemble. She must find Sally and Peter. And she came in from the little room.

"But where is Clarissa?" said Peter. He was sitting on the sofa with Sally. (After all these years he really could not call her "Lady Rosseter.") "Where's the woman gone to?" he asked. "Where's Clarissa?"

Sally supposed, and so did Peter for the matter of that, that there were people of importance, politicians, whom neither of them knew unless by sight in the picture papers, whom Clarissa had to be nice to, had to talk to. She was with them. Yet there was Richard Dalloway not in the Cabinet. He hadn't been a success, Sally supposed? For herself, she scarcely ever read the papers. She sometimes saw his name mentioned. But then—well, she lived a very solitary life, in the wilds, Clarissa would say, among great merchants, great manufacturers, men, after all, who did things. She had done things too!

"I have five sons!" she told him.

Lord, Lord, what a change had come over her! the softness of motherhood; its egotism too. Last time they met, Peter remembered, had been among the cauliflowers in the moonlight, the leaves "like rough bronze" she had said, with her literary turn; and she had picked a rose. She had marched him up and down that awful night, after the scene by the fountain; he was to catch the midnight train. Heavens, he had wept!

That was his old trick, opening a pocket-knife, thought Sally, always opening and shutting a knife when he got excited. They had been very, very intimate, she and Peter Walsh, when he was in love with Clarissa, and there was that dreadful, ridiculous scene over Richard Dalloway at lunch. She had called Richard "Wickham." Why not call Richard "Wickham"? Clarissa had flared up! and indeed they had never seen each other since, she and Clarissa, not more than half a dozen times perhaps in the last ten years. And Peter Walsh had gone off to India, and she had heard vaguely that he had made an unhappy marriage, and she didn't know whether he had any children, and she couldn't ask him, for he had changed. He was rather shrivelled-looking, but kinder, she felt, and she had a real affection for him, for he was connected with her youth, and she still had a little Emily Brontë he had given her, and he was to write, surely? In those days he was to write.

"Have you written?" she asked him, spreading her hand, her firm and shapely hand, on her knee in a way he recalled.

"Not a word!" said Peter Walsh, and she laughed.

She was still attractive, still a personage, Sally Seton. But who was this Rosseter? He wore two camellias on his wedding day—that was all Peter knew of him. "They have myriads of servants, miles of conservatories," Clarissa wrote; something like that. Sally owned it with a shout of laughter.

"Yes, I have ten thousand a year"—whether before the tax was paid or after, she couldn't remember, for her husband, "whom you must meet," she said, "whom you would like," she said, did all that for her.

And Sally used to be in rags and tatters. She had pawned her grandmother's ring which Marie Antoinette had given her great-grandfather to come to Bourton.

Oh yes, Sally remembered; she had it still, a ruby ring which Marie Antoinette had given her great-grandfather. She never had a penny to her name in those days, and going to Bourton always meant some frightful pinch. But going to Bourton had meant so much to her—had kept her sane, she believed, so unhappy had she been at home. But that was all a thing of the past—all over now, she said. And Mr Parry was dead; and Miss Parry was still alive. Never had he had such a shock in his life! said Peter. He had been quite certain she was dead. And the marriage had been, Sally supposed, a success? And that very handsome, very self-possessed young woman was Elizabeth, over there, by the curtains, in red.

(She was like a poplar, she was like a river, she was like a hyacinth, Willie Titcomb was thinking. Oh how much nicer to be in the country and do what she liked! She could hear her poor dog howling, Elizabeth was certain.) She was not a bit like Clarissa, Peter Walsh said.

"Oh, Clarissa!" said Sally.

What Sally felt was simply this. She had owed Clarissa an enormous amount. They had been friends, not acquaintances, friends, and she still saw Clarissa all in white going about the house with her hands full of flowers—to this day tobacco plants made her think of Bourton. But—did Peter understand?—she lacked something. Lacked what was it? She had charm; she had extraordinary charm. But to be frank (and she felt that Peter was an old friend, a real friend—did absence matter? did distance matter? She had often wanted to write to him, but torn it up, yet felt he understood, for people understand without things being said, as one realises growing old, and old she was, had been that afternoon to see her sons at Eton, where they had the mumps), to be quite frank then, how could Clarissa have done it?—married Richard Dalloway? a sportsman, a man who cared only for dogs. Literally, when he came into the room he smelt of the stables. And then all this? She waved her hand.

Hugh Whitbread it was, strolling past in his white waistcoat, dim, fat, blind, past everything he looked, except self-esteem and comfort.

"He's not going to recognise us," said Sally, and really she hadn't the courage—so that was Hugh! the admirable Hugh!

"And what does he do?" she asked Peter.

He blacked the King's boots or counted bottles at Windsor, Peter told her. Peter kept his sharp tongue still! But Sally must be frank, Peter said. That kiss now, Hugh's.

On the lips, she assured him, in the smoking-room one evening. She went straight to Clarissa in a rage. Hugh didn't do such things! Clarissa said, the admirable Hugh! Hugh's socks were without exception the most beautiful she had ever seen—and now his evening dress. Perfect! And had he children?

"Everybody in the room has six sons at Eton," Peter told her, except himself. He, thank God, had none. No sons, no daughters, no wife. Well, he didn't seem to mind, said Sally. He looked younger, she thought, than any of them.

But it had been a silly thing to do, in many ways, Peter said, to marry like that; "a perfect goose she was," he said, but, he said, "we had a splendid time of it," but how could that be? Sally wondered; what did he mean? and how odd it was to know him and yet not know a single thing that had happened to him. And did he say it out of pride? Very likely, for after all it must be galling for him (though he was an oddity, a sort of sprite, not at all an ordinary man), it must be lonely at his age to have no home, nowhere to go to. But he must stay with them for weeks and weeks. Of course he would; he would love to stay with them, and that was how it came out. All these years the Dalloways had never been once. Time after time they had asked them.

Clarissa (for it was Clarissa of course) would not come. For, said Sally, Clarissa was at heart a snob—one had to admit it, a snob. And it was that that was between them, she was convinced. Clarissa thought she had married beneath her, her husband being—she was proud of it—a miner's son. Every penny they had he had earned. As a little boy (her voice trembled) he had carried great sacks.

(And so she would go on, Peter felt, hour after hour; the miner's son; people thought she had married beneath her; her five sons; and what was the other thing— plants, hydrangeas, syringas, very, very rare hibiscus lilies that never grow north of the Suez Canal, but she, with one gardener in a suburb near Manchester, had beds of them, positively beds! Now all that Clarissa had escaped, unmaternal as she was.)

A snob was she? Yes, in many ways. Where was she, all this time? It was getting late.

"Yet," said Sally, "when I heard Clarissa was giving a party, I felt I couldn't *not* come—must see her again (and I'm staying in Victoria Street, practically next door). So I just came without an invitation. But," she whispered, "tell me, do. Who is this?"

It was Mrs Hilbery, looking for the door. For how late it was getting! And, she murmured, as the night grew later, as people went, one found old friends; quiet nooks and corners; and the loveliest views. Did they know, she asked, that they were sur- rounded by an enchanted garden? Lights and trees and wonderful gleaming lakes and the sky. Just a few fairy lamps, Clarissa Dalloway had said, in the back garden! But she was a magician! It was a park. . . . And she didn't know their names, but friends she knew they were, friends without names, songs without words, always the best. But there were so many doors, such unexpected places, she could not find her way.

"Old Mrs Hilbery," said Peter; but who was that? that lady standing by the cur- tain all the evening, without speaking? He knew her face; connected her with Bour- ton. Surely she used to cut up underclothes at the large table in the window? David- son, was that her name?

"Oh, that is Ellie Henderson," said Sally. Clarissa was really very hard on her. She was a cousin, very poor. Clarissa *was* hard on people.

She was rather, said Peter. Yet, said Sally, in her emotional way, with a rush of that enthusiasm which Peter used to love her for, yet dreaded a little now, so effusive she might become—how generous to her friends Clarissa was! and what a rare quali- ty one found it, and how sometimes at night or on Christmas Day, when she counted up her blessings, she put that friendship first. They were young; that was it. Clarissa was pure-hearted; that was it. Peter would think her sentimental. So she was. For she had come to feel that it was the only thing worth saying—what one felt. Cleverness was silly. One must say simply what one felt.

"But I do not know," said Peter Walsh, "what I feel."

Poor Peter, thought Sally. Why did not Clarissa come and talk to them? That was what he was longing for. She knew it. All the time he was thinking only of Clarissa, and was fidgeting with his knife.

He had not found life simple, Peter said. His relations with Clarissa had not been simple. It had spoilt his life, he said. (They had been so intimate—he and Sally Seton, it was absurd not to say it.) One could not be in love twice, he said. And what could she say? Still, it is better to have loved (but he would think her sentimental— he used to be so sharp). He must come and stay with them in Manchester. That is all very true, he said. All very true. He would love to come and stay with them, directly he had done what he had to do in London.

And Clarissa had cared for him more than she had ever cared for Richard. Sally was positive of that.

"No, no, no!" said Peter (Sally should not have said that—she went too far). That good fellow—there he was at the end of the room, holding forth, the same as ever, dear old Richard. Who was he talking to? Sally asked, that very distinguished-looking man? Living in the wilds as she did, she had an insatiable curiosity to know who people were. But Peter did not know. He did not like his looks, he said, probably a Cabinet Minister. Of them all, Richard seemed to him the best, he said—the most disinterested.

"But what has he done?" Sally asked. Public work, she supposed. And were they happy together? Sally asked (she herself was extremely happy); for, she admitted, she knew nothing about them, only jumped to conclusions, as one does, for what can one know even of the people one lives with every day? she asked. Are we not all prisoners? She had read a wonderful play about a man who scratched on the wall of his cell,[5] and she had felt that was true of life—one scratched on the wall. Despairing of human relationships (people were so difficult), she often went into her garden and got from her flowers a peace which men and women never gave her. But no; he did not like cabbages; he preferred human beings, Peter said. Indeed, the young are beautiful, Sally said, watching Elizabeth cross the room. How unlike Clarissa at her age! Could he make anything of her? She would not open her lips. Not much, not yet, Peter admitted. She was like a lily, Sally said, a lily by the side of a pool. But Peter did not agree that we know nothing. We know everything, he said; at least he did.

But these two, Sally whispered, these two coming now (and really she must go, if Clarissa did not come soon), this distinguished-looking man and his rather common-looking wife who had been talking to Richard—what could one know about people like that?

"That they're damnable humbugs," said Peter, looking at them casually. He made Sally laugh.

But Sir William Bradshaw stopped at the door to look at a picture. He looked in the corner for the engraver's name. His wife looked too. Sir William Bradshaw was so interested in art.

When one was young, said Peter, one was too much excited to know people. Now that one was old, fifty-two to be precise (Sally was fifty-five, in body, she said, but her heart was like a girl's of twenty); now that one was mature then, said Peter, one could watch, one could understand, and one did not lose the power of feeling, he said. No, that is true, said Sally. She felt more deeply, more passionately, every year. It increased, he said, alas, perhaps, but one should be glad of it—it went on increasing in his experience. There was some one in India. He would like to tell Sally about her. He would like Sally to know her. She was married, he said. She had two small children. They must all come to Manchester, said Sally—he must promise before they left.

There's Elizabeth, he said, she feels not half what we feel, not yet. But, said Sally, watching Elizabeth go to her father, one can see they are devoted to each other. She could feel it by the way Elizabeth went to her father.

For her father had been looking at her, as he stood talking to the Bradshaws, and he had thought to himself, Who is that lovely girl? And suddenly he realised that it was his Elizabeth, and he had not recognised her, she looked so lovely in her pink frock! Elizabeth had felt him looking at her as she talked to Willie Titcomb. So she went to him and they stood together, now that the party was almost over, looking at

5. Perhaps another reference to *Richard II*. See 5.5.19–21: "how these vain weak nails / May tear a passage through the flinty ribs / Of this hard world, my ragged prison walls."

the people going, and the rooms getting emptier and emptier, with things scattered on the floor. Even Ellie Henderson was going, nearly last of all, though no one had spoken to her, but she had wanted to see everything, to tell Edith. And Richard and Elizabeth were rather glad it was over, but Richard was proud of his daughter. And he had not meant to tell her, but he could not help telling her. He had looked at her, he said, and he had wondered, Who is that lovely girl? and it was his daughter! That did make her happy. But her poor dog was howling.

"Richard has improved. You are right," said Sally. "I shall go and talk to him. I shall say good-night. What does the brain matter," said Lady Rosseter, getting up, "compared with the heart?"

"I will come," said Peter, but he sat on for a moment. What is this terror? what is this ecstasy? he thought to himself. What is it that fills me with extraordinary excitement?

It is Clarissa, he said.

For there she was.

A ROOM OF ONE'S OWN   *A Room of One's Own* is difficult to categorize—it is a long essay, a nonfiction novella, a political pamphlet, and a philosophical discourse all in one. Its effects have not been so difficult to categorize—Virginia Woolf's idiosyncratic text has been recognized as a classic from the time of its publication in 1929. The book was a departure from Woolf's output until then; she was a major literary figure, having already published such key novels as *Jacob's Room, Mrs Dalloway, To the Lighthouse,* and *Orlando,* and she was an established essayist with a formidable reputation as an arbiter of the literary tradition. One way of characterizing this book is to see that it represents Woolf's scrutiny of her own position as a woman writer, a self-examination of her public position that inevitably became a political document. The focus is not on Woolf's life or her work per se, but rather on the social and psychological conditions that would make such a life generally possible. The book creates a microcosm of such possibility in the "room" of its title; the book itself is a room within which its author contemplates and analyzes the dimensions of social space for women. Woolf recognizes that seemingly neutral social space, the room of cultural agency just as the room of writing, is in truth a gendered space. She directs her political inquiry toward the making and remaking of such rooms.

A Room of One's Own comes from established traditions of writing as well. It draws on the conversational tone and novelistic insight of the literary essay as perfected in the nineteenth century by such writers as Charles Lamb—whose *Oxford in the Vacation* (see page 924) was certainly in Woolf's mind when she wrote the opening chapter of her essay. At the same time, Woolf's book joins a lineage of feminist political philosophy, whose most eloquent exponent prior to Woolf herself was Mary Wollstonecraft, who joined the rhetorical ranks of Rousseau and John Stuart Mill with the publication of *A Vindication of the Rights of Woman,* her passionately reasoned exhortation for the equal and universal human rights of women. (Selections from Wollstonecraft's *Vindication* can be found on page 512.) The century and a half since Wollstonecraft had produced a rich history of feminist agitation and feminist thought. Virginia Woolf draws on this less-known tradition, invoking nineteenth-century figures from the women's movement like Emily Davies, Josephine Butler, and Octavia Hill. She also places her deliberations in the context of the suffragist movement and its fraught history in Britain. Virginia Woolf was strongly engaged in the debates of the suffrage movement, and its divisions over radical action or more conciliatory political approaches. Much of Woolf's long essay is devoted to demonstrating the subversive quality of occupying the blank page and wielding the printed word.

As politically motivated as *A Room of One's Own* is, it is equally a literary text. Woolf draws on all the intricacies of literary tropes and figures to mount her argument for women's education, women's equality, and women's social presence. Not the least of her strategies is her manipulation of the rhetoric of address—in other words, the audience implied by the language of a text. Woolf creates an ironic space, or room, in which she is a playfully ambiguous speaker addressing an uncertain audience: women at the colleges where she has been invited to speak, but also men and women alike who will read her printed text. By doing so, she keeps an ironic tension in play, holding at bay her anger at being censored or silenced by male readers by creating a sense of privacy and secrecy among women. This underscores Woolf's primary argument, the need for autonomy and self-determination. Her modest proposal, although faintly ironic, is also eminently pragmatic—the room of one's own that is her metaphor for the college classroom or the blank canvas or the book's page is at the same time the actual room, paid for and unintruded upon by domestic worries or social codes, whose possession permits a woman to find out who she may be.

from A Room of One's Own
Chapter 1

But, you may say, we asked you to speak about women and fiction—what has that got to do with a room of one's own?[1] I will try to explain. When you asked me to speak about women and fiction I sat down on the banks of a river and began to wonder what the words meant. They might mean simply a few remarks about Fanny Burney; a few more about Jane Austen; a tribute to the Brontës and a sketch of Haworth Parsonage under snow; some witticisms if possible about Miss Mitford; a respectful allusion to George Eliot; a reference to Mrs Gaskell and one would have done.[2] But at second sight the words seemed not so simple. The title women and fiction might mean, and you may have meant it to mean, women and what they are like; or it might mean women and the fiction that they write; or it might mean women and the fiction that is written about them; or it might mean that somehow all three are inextricably mixed together and you want me to consider them in that light. But when I began to consider the subject in this last way, which seemed the most interesting, I soon saw that it had one fatal drawback. I should never be able to come to a conclusion. I should never be able to fulfil what is, I understand, the first duty of a lecturer—to hand you after an hour's discourse a nugget of pure truth to wrap up between the pages of your notebooks and keep on the mantelpiece for ever. All I could do was to offer you an opinion upon one minor point—a woman must have money and a room of her own if she is to write fiction; and that, as you will see, leaves the great problem of the true nature of woman and the true nature of fiction unsolved. I have shirked the duty of coming to a conclusion upon these two questions—women and fiction remain, so far as I am concerned, unsolved problems. But in order to make some amends I am going to do what I can to show you how I arrived at this opinion about the room and the money. I am going to develop in your presence as fully and freely as I can the train of thought which led me to think this. Perhaps if I lay bare the ideas, the prejudices, that lie behind this statement you will find that they have some bearing upon women and some upon fiction. At any rate, when a subject is highly controversial—and any question about sex is that—one cannot hope to tell the truth. One can only show how one came to hold whatever opinion one does hold. One can only give one's audience the chance of drawing their own conclusions as they observe the limitations, the prejudices, the idiosyncrasies of the speaker. Fiction here is likely to contain more

1. Woolf delivered her essay in a shorter version to meetings first at two women's colleges, Newnham and Girton   College, Cambridge University, in October 1928.
2. Important 19th-century novelists.

truth than fact. Therefore I propose, making use of all the liberties and licences of a novelist, to tell you the story of the two days that preceded my coming here—how, bowed down by the weight of the subject which you have laid upon my shoulders, I pondered it, and made it work in and out of my daily life. I need not say that what I am about to describe has no existence; Oxbridge is an invention; so is Fernham;[3] "I" is only a convenient term for somebody who has no real being. Lies will flow from my lips, but there may perhaps be some truth mixed up with them; it is for you to seek out this truth and to decide whether any part of it is worth keeping. If not, you will of course throw the whole of it into the wastepaper basket and forget all about it.

Here then was I (call me Mary Beton, Mary Seton, Mary Carmichael[4] or by any name you please—it is not a matter of any importance) sitting on the banks of a river a week or two ago in fine October weather, lost in thought. That collar I have spoken of, women and fiction, the need of coming to some conclusion on a subject that raises all sorts of prejudices and passions, bowed my head to the ground. To the right and left bushes of some sort, golden and crimson, glowed with the colour, even it seemed burnt with the heat, of fire. On the further bank the willows wept in perpetual lamentation, their hair about their shoulders. The river reflected whatever it chose of sky and bridge and burning tree, and when the undergraduate had oared his boat through the reflections they closed again, completely, as if he had never been. There one might have sat the clock round lost in thought. Thought—to call it by a prouder name than it deserved—had let its line down into the stream. It swayed, minute after minute, hither and thither among the reflections and the weeds, letting the water lift it and sink it, until—you know the little tug—the sudden conglomeration of an idea at the end of one's line: and then the cautious hauling of it in, and the careful laying of it out? Alas, laid on the grass how small, how insignificant this thought of mine looked; the sort of fish that a good fisherman puts back into the water so that it may grow fatter and be one day worth cooking and eating. I will not trouble you with that thought now, though if you look carefully you may find it for yourselves in the course of what I am going to say.

But however small it was, it had, nevertheless, the mysterious property of its kind—put back into the mind, it became at once very exciting, and important; and as it darted and sank, and flashed hither and thither, set up such a wash and tumult of ideas that it was impossible to sit still. It was thus that I found myself walking with extreme rapidity across a grass plot. Instantly a man's figure rose to intercept me. Nor did I at first understand that the gesticulations of a curious-looking object, in a cut-away coat and evening shirt, were aimed at me. His face expressed horror and indignation. Instinct rather than reason came to my help; he was a Beadle; I was a woman. This was the turf; there was the path. Only the Fellows and Scholars are allowed here; the gravel is the place for me.[5] Such thoughts were the work of a moment. As I regained the path the arms of the Beadle sank, his face assumed its usual repose, and though turf is better walking than gravel, no very great harm was done. The only

3. "Oxbridge" was in fact the common slang term for Oxford and Cambridge universities. "Fernham" suggests Newnham College.
4. Three of the four Marys who by tradition were attendants to Mary Queen of Scots (executed in 1567), and who figure in many Scottish ballads; the fourth was Mary

Hamilton.
5. A beadle is a disciplinary officer. The fellows of Oxbridge colleges typically tutor the undergraduates, who are divided into scholars and commoners. The commoners form the majority of the student body.

charge I could bring against the Fellows and Scholars of whatever the college might happen to be was that in protection of their turf, which has been rolled for 300 years in succession, they had sent my little fish into hiding.

What idea it had been that had sent me so audaciously trespassing I could not now remember. The spirit of peace descended like a cloud from heaven, for if the spirit of peace dwells anywhere, it is in the courts and quadrangles of Oxbridge on a fine October morning. Strolling through those colleges past those ancient halls the roughness of the present seemed smoothed away; the body seemed contained in a miraculous glass cabinet through which no sound could penetrate, and the mind, freed from any contact with facts (unless one trespassed on the turf again), was at liberty to settle down upon whatever meditation was in harmony with the moment. As chance would have it, some stray memory of some old essay about revisiting Oxbridge in the long vacation brought Charles Lamb to mind—Saint Charles, said Thackeray,[6] putting a letter of Lamb's to his forehead. Indeed, among all the dead (I give you my thoughts as they came to me), Lamb is one of the most congenial; one to whom one would have liked to say, Tell me then how you wrote your essays? For his essays are superior even to Max Beerbohm's, I thought, with all their perfection, because of that wild flash of imagination, that lightning crack of genius in the middle of them which leaves them flawed and imperfect, but starred with poetry. Lamb then came to Oxbridge perhaps a hundred years ago. Certainly he wrote an essay—the name escapes me—about the manuscript of one of Milton's poems which he saw here.[7] It was Lycidas perhaps, and Lamb wrote how it shocked him to think it possible that any word in Lycidas could have been different from what it is. To think of Milton changing the words in that poem seemed to him a sort of sacrilege. This led me to remember what I could of Lycidas and to amuse myself with guessing which word it could have been that Milton had altered, and why. It then occurred to me that the very manuscript itself which Lamb had looked at was only a few hundred yards away, so that one could follow Lamb's footsteps across the quadrangle to that famous library where the treasure is kept. Moreover, I recollected, as I put this plan into execution, it is in this famous library that the manuscript of Thackeray's Esmond is also preserved. The critics often say that Esmond is Thackeray's most perfect novel. But the affectation of the style, with its imitation of the eighteenth century, hampers one, so far as I remember; unless indeed the eighteenth-century style was natural to Thackeray —a fact that one might prove by looking at the manuscript and seeing whether the alterations were for the benefit of the style or of the sense. But then one would have to decide what is style and what is meaning, a question which—but here I was actually at the door which leads into the library itself. I must have opened it, for instantly there issued, like a guardian angel barring the way with a flutter of black gown instead of white wings, a deprecating, silvery, kindly gentleman, who regretted in a low voice as he waved me back that ladies are only admitted to the library if accompanied by a Fellow of the College or furnished with a letter of introduction.

That a famous library has been cursed by a woman is a matter of complete indifference to a famous library. Venerable and calm, with all its treasures safe locked within its breast, it sleeps complacently and will, so far as I am concerned, so sleep for ever. Never will I wake those echoes, never will I ask for that hospitality again, I

6. William Makepeace Thackeray (1811–1863), novelist and journalist, Woolf's father's first father-in-law.
7. Lamb's Oxford in the Vacation—describing the locales Lamb himself was too poor to attend in term time. The manuscript of Milton's elegy Lycidas (1638) is in the Wren Library of Trinity College, Cambridge, together with that of Thackeray's novel The History of Henry Esmond (1852).

vowed as I descended the steps in anger. Still an hour remained before luncheon, and what was one to do? Stroll on the meadows? sit by the river? Certainly it was a lovely autumn morning; the leaves were fluttering red to the ground; there was no great hardship in doing either. But the sound of music reached my ear. Some service or celebration was going forward. The organ complained magnificently as I passed the chapel door. Even the sorrow of Christianity sounded in that serene air more like the recollection of sorrow than sorrow itself; even the groanings of the ancient organ seemed lapped in peace. I had no wish to enter had I the right, and this time the verger might have stopped me, demanding perhaps my baptismal certificate, or a letter of introduction from the Dean. But the outside of these magnificent buildings is often as beautiful as the inside. Moreover, it was amusing enough to watch the congregation assembling, coming in and going out again, busying themselves at the door of the chapel like bees at the mouth of a hive. Many were in cap and gown; some had tufts of fur on their shoulders; others were wheeled in bath-chairs; others, though not past middle age, seemed creased and crushed into shapes so singular that one was reminded of those giant crabs and crayfish who heave with difficulty across the sand of an aquarium. As I leant against the wall the University indeed seemed a sanctuary in which are preserved rare types which would soon be obsolete if left to fight for existence on the pavement of the Strand.[8] Old stories of old deans and old dons came back to mind, but before I had summoned up courage to whistle—it used to be said that at the sound of a whistle old Professor —— instantly broke into a gallop—the venerable congregation had gone inside. The outside of the chapel remained. As you know, its high domes and pinnacles can be seen, like a sailing-ship always voyaging never arriving, lit up at night and visible for miles, far away across the hills. Once, presumably, this quadrangle with its smooth lawns, its massive buildings, and the chapel itself was marsh too, where the grasses waved and the swine rootled. Teams of horses and oxen, I thought, must have hauled the stone in wagons from far countries, and then with infinite labour the grey blocks in whose shade I was now standing were poised in order one on top of another, and then the painters brought their glass for the windows, and the masons were busy for centuries up on that roof with putty and cement, spade and trowel. Every Saturday somebody must have poured gold and silver out of a leathern purse into their ancient fists, for they had their beer and skittles presumably of an evening. An unending stream of gold and silver, I thought, must have flowed into this court perpetually to keep the stones coming and the masons working; to level, to ditch, to dig and to drain. But it was then the age of faith, and money was poured liberally to set these stones on a deep foundation, and when the stones were raised, still more money was poured in from the coffers of kings and queens and great nobles to ensure that hymns should be sung here and scholars taught. Lands were granted; tithes were paid. And when the age of faith was over and the age of reason had come, still the same flow of gold and silver went on; fellowships were founded; lectureships endowed; only the gold and silver flowed now, not from the coffers of the king, but from the chests of merchants and manufacturers, from the purses of men who had made, say, a fortune from industry, and returned, in their wills, a bounteous share of it to endow more chairs, more lectureships, more fellowships in the university where they had learnt their craft. Hence the libraries and laboratories; the observatories; the splendid equipment of costly and delicate instruments which now stands on glass shelves, where centuries ago the grasses waved and

8. A thoroughfare in central London.

the swine rootled. Certainly, as I strolled round the court, the foundation of gold and silver seemed deep enough; the pavement laid solidly over the wild grasses. Men with trays on their heads went busily from staircase to staircase. Gaudy blossoms flowered in window-boxes. The strains of the gramophone blared out from the rooms within. It was impossible not to reflect—the reflection whatever it may have been was cut short. The clock struck. It was time to find one's way to luncheon.

It is a curious fact that novelists have a way of making us believe that luncheon parties are invariably memorable for something very witty that was said, or for something very wise that was done. But they seldom spare a word for what was eaten. It is part of the novelist's convention not to mention soup and salmon and ducklings, as if soup and salmon and ducklings were of no importance whatsoever, as if nobody ever smoked a cigar or drank a glass of wine. Here, however, I shall take the liberty to defy that convention and to tell you that the lunch on this occasion began with soles, sunk in a deep dish, over which the college cook had spread a counterpane of the whitest cream, save that it was branded here and there with brown spots like the spots on the flanks of a doe. After that came the partridges, but if this suggests a couple of bald, brown birds on a plate you are mistaken. The partridges, many and various, came with all their retinue of sauces and salads, the sharp and the sweet, each in its order; their potatoes, thin as coins but not so hard; their sprouts, foliated as rosebuds but more succulent. And no sooner had the roast and its retinue been done with than the silent serving-man, the Beadle himself perhaps in a milder manifestation, set before us, wreathed in napkins, a confection which rose all sugar from the waves. To call it pudding and so relate it to rice and tapioca would be an insult. Meanwhile the wineglasses had flushed yellow and flushed crimson; had been emptied; had been filled. And thus by degrees was lit, halfway down the spine, which is the seat of the soul, not that hard little electric light which we call brilliance, as it pops in and out upon our lips, but the more profound, subtle and subterranean glow, which is the rich yellow flame of rational intercourse. No need to hurry. No need to sparkle. No need to be anybody but oneself. We are all going to heaven and Vandyck[9] is of the company—in other words, how good life seemed, how sweet its rewards, how trivial this grudge or that grievance, how admirable friendship and the society of one's kind, as, lighting a good cigarette, one sunk among the cushions in the window-seat.

If by good luck there had been an ash-tray handy, if one had not knocked the ash out of the window in default, if things had been a little different from what they were, one would not have seen, presumably, a cat without a tail. The sight of that abrupt and truncated animal padding softly across the quadrangle changed by some fluke of the subconscious intelligence the emotional light for me. It was as if some one had let fall a shade. Perhaps the excellent hock was relinquishing its hold. Certainly, as I watched the Manx cat pause in the middle of the lawn as if it too questioned the universe, something seemed lacking, something seemed different. But what was lacking, what was different, I asked myself, listening to the talk. And to answer that question I had to think myself out of the room, back into the past, before the war indeed,[1] and to set before my eyes the model of another luncheon party held in rooms not very far distant from these; but different. Everything was different. Meanwhile the talk went on among the guests, who were many and young, some of this sex, some of that; it went on swimmingly, it went on agreeably, freely, amusingly. And as it went on I set it against the background

9. Sir Anthony Van Dyck, prominent 17th-century soci-   1. World War I.
ety painter.

of that other talk, and as I matched the two together I had no doubt that one was the descendant, the legitimate heir of the other. Nothing was changed; nothing was different save only—here I listened with all my ears not entirely to what was being said, but to the murmur or current behind it. Yes, that was it—the change was there. Before the war at a luncheon party like this people would have said precisely the same things but they would have sounded different, because in those days they were accompanied by a sort of humming noise, not articulate, but musical, exciting, which changed the value of the words themselves. Could one set that humming noise to words? Perhaps with the help of the poets one could. A book lay beside me and, opening it, I turned casually enough to Tennyson. And here I found Tennyson was singing:

> There has fallen a splendid tear
>   From the passion-flower at the gate.
> She is coming, my dove, my dear;
>   She is coming, my life, my fate;
> The red rose cries, "She is near, she is near";
>   And the white rose weeps, "She is late";
> The larkspur listens, "I hear, I hear";
>   And the lily whispers, "I wait."[2]

Was that what men hummed at luncheon parties before the war? And the women?

> My heart is like a singing bird
>   Whose nest is in a water'd shoot;
> My heart is like an apple tree
>   Whose boughs are bent with thick-set fruit;
> My heart is like a rainbow shell
>   That paddles in a halcyon sea;
> My heart is gladder than all these
>   Because my love is come to me.[3]

Was that what women hummed at luncheon parties before the war?

There was something so ludicrous in thinking of people humming such things even under their breath at luncheon parties before the war that I burst out laughing, and had to explain my laughter by pointing at the Manx cat, who did look a little absurd, poor beast, without a tail, in the middle of the lawn. Was he really born so, or had he lost his tail in an accident? The tailless cat, though some are said to exist in the Isle of Man, is rarer than one thinks. It is a queer animal, quaint rather than beautiful. It is strange what a difference a tail makes—you know the sort of things one says as a lunch party breaks up and people are finding their coats and hats.

This one, thanks to the hospitality of the host, had lasted far into the afternoon. The beautiful October day was fading and the leaves were falling from the trees in the avenue as I walked through it. Gate after gate seemed to close with gentle finality behind me. Innumerable beadles were fitting innumerable keys into well-oiled locks; the treasure-house was being made secure for another night. After the avenue one comes out upon a road—I forget its name—which leads you, if you take the right

---

2. From Tennyson's *Maud* (1855), lines 908–915.   3. The first stanza of Christina Rossetti's poem *A Birthday* (1857); see page 1616.

turning, along to Fernham.[4] But there was plenty of time. Dinner was not till half-past seven. One could almost do without dinner after such a luncheon. It is strange how a scrap of poetry works in the mind and makes the legs move in time to it along the road. Those words—

> There has fallen a splendid tear
>   From the passion-flower at the gate.
> She is coming, my dove, my dear—

sang in my blood as I stepped quickly along towards Headingley. And then, switching off into the other measure, I sang, where the waters are churned up by the weir:

> My heart is like a singing bird
>   Whose nest is in a water'd shoot;
> My heart is like an apple tree—

What poets, I cried aloud, as one does in the dusk, what poets they were!

In a sort of jealousy, I suppose, for our own age, silly and absurd though these comparisons are, I went on to wonder if honestly one could name two living poets now as great as Tennyson and Christina Rossetti were then. Obviously it is impossible, I thought, looking into those foaming waters, to compare them. The very reason why the poetry excites one to such abandonment, such rapture, is that it celebrates some feeling that one used to have (at luncheon parties before the war perhaps), so that one responds easily, familiarly, without troubling to check the feeling, or to compare it with any that one has now. But the living poets express a feeling that is actually being made and torn out of us at the moment. One does not recognize it in the first place; often for some reason one fears it; one watches it with keenness and compares it jealously and suspiciously with the old feeling that one knew. Hence the difficulty of modern poetry; and it is because of this difficulty that one cannot remember more than two consecutive lines of any good modern poet. For this reason—that my memory failed me—the argument flagged for want of material. But why, I continued, moving on towards Headingley, have we stopped humming under our breath at luncheon parties? Why has Alfred ceased to sing

> She is coming, my dove, my dear?

Why has Christina ceased to respond

> My heart is gladder than all these
> Because my love is come to me?

Shall we lay the blame on the war? When the guns fired in August 1914, did the faces of men and women show so plain in each other's eyes that romance was killed? Certainly it was a shock (to women in particular with their illusions about education, and so on) to see the faces of our rulers in the light of the shell-fire. So ugly they looked—German, English, French—so stupid. But lay the blame where one will, on whom one will, the illusion which inspired Tennyson and Christina Rossetti to sing so passionately about the coming of their loves is far rarer now than then. One has

---

4. Both Girton and Newnham Colleges, established only in the late 19th century, are outside the old university area of Cambridge.

only to read, to look, to listen, to remember. But why say "blame"? Why, if it was an illusion, not praise the catastrophe, whatever it was, that destroyed illusion and put truth in its place? For truth . . . those dots mark the spot where, in search of truth, I missed the turning up to Fernham. Yes indeed, which was truth and which was illusion, I asked myself. What was the truth about these houses, for example, dim and festive now with their red windows in the dusk, but raw and red and squalid, with their sweets and their boot-laces, at nine o'clock in the morning? And the willows and the river and the gardens that run down to the river, vague now with the mist stealing over them, but gold and red in the sunlight—which was the truth, which was the illusion about them? I spare you the twists and turns of my cogitations, for no conclusion was found on the road to Headingley, and I ask you to suppose that I soon found out my mistake about the turning and retraced my steps to Fernham.

As I have said already that it was an October day, I dare not forfeit your respect and imperil the fair name of fiction by changing the season and describing lilacs hanging over garden walls, crocuses, tulips and other flowers of spring. Fiction must stick to facts, and the truer the facts the better the fiction—so we are told. Therefore it was still autumn and the leaves were still yellow and falling, if anything, a little faster than before, because it was now evening (seven twenty-three to be precise) and a breeze (from the south-west to be exact) had risen. But for all that there was something odd at work:

> My heart is like a singing bird
> > Whose nest is in a water'd shoot;
> My heart is like an apple tree
> > Whose boughs are bent with thick-set fruit—

perhaps the words of Christina Rossetti were partly responsible for the folly of the fancy—it was nothing of course but a fancy—that the lilac was shaking its flowers over the garden walls, and the brimstone butterflies were scudding hither and thither, and the dust of the pollen was in the air. A wind blew, from what quarter I know not, but it lifted the half-grown leaves so that there was a flash of silver grey in the air. It was the time between the lights when colours undergo their intensification and purples and golds burn in window-panes like the beat of an excitable heart; when for some reason the beauty of the world revealed and yet soon to perish (here I pushed into the garden, for, unwisely, the door was left open and no beadles seemed about), the beauty of the world which is so soon to perish, has two edges, one of laughter, one of anguish, cutting the heart asunder. The gardens of Fernham lay before me in the spring twilight, wild and open, and in the long grass, sprinkled and carelessly flung, were daffodils and bluebells, not orderly perhaps at the best of times, and now wind-blown and waving as they tugged at their roots. The windows of the building, curved like ships' windows among generous waves of red brick, changed from lemon to silver under the flight of the quick spring clouds. Somebody was in a hammock, somebody, but in this light they were phantoms only, half guessed, half seen, raced across the grass—would no one stop her?—and then on the terrace, as if popping out to breathe the air, to glance at the garden, came a bent figure, formidable yet humble, with her great forehead and her shabby dress—could it be the famous scholar, could it be J——H—— herself?[5] All was dim, yet intense too, as if the scarf which the dusk had flung over the garden were torn asunder by star or sword—the flash of some terrible reality leaping, as its way is, out of the heart of the spring. For youth——

---

5. Jane Harrison, a famous classical scholar.

Here was my soup. Dinner was being served in the great dining-hall. Far from being spring it was in fact an evening in October. Everybody was assembled in the big dining-room. Dinner was ready. Here was the soup. It was a plain gravy soup. There was nothing to stir the fancy in that. One could have seen through the transparent liquid any pattern that there might have been on the plate itself. But there was no pattern. The plate was plain. Next came beef with its attendant greens and pota-toes—a homely trinity, suggesting the rumps of cattle in a muddy market, and sprouts curled and yellowed at the edge, and bargaining and cheapening, and women with string bags on Monday morning. There was no reason to complain of human nature's daily food, seeing that the supply was sufficient and coal-miners doubtless were sit-ting down to less. Prunes and custard followed. And if any one complains that prunes, even when mitigated by custard, are an uncharitable vegetable (fruit they are not), stringy as a miser's heart and exuding a fluid such as might run in misers' veins who have denied themselves wine and warmth for eighty years and yet not given to the poor, he should reflect that there are people whose charity embraces even the prune. Biscuits and cheese came next, and here the water-jug was liberally passed round, for it is the nature of biscuits to be dry, and these were biscuits to the core. That was all. The meal was over. Everybody scraped their chairs back; the swing-doors swung violently to and fro; soon the hall was emptied of every sign of food and made ready no doubt for breakfast next morning. Down corridors and up staircases the youth of England went banging and singing. And was it for a guest, a stranger (for I had no more right here in Fernham than in Trinity or Somerville or Girton or Newnham or Christchurch),[6] to say, "The dinner was not good," or to say (we were now, Mary Seton and I, in her sitting-room), "Could we not have dined up here alone?" for if I had said anything of the kind I should have been prying and searching into the secret economies of a house which to the stranger wears so fine a front of gai-ety and courage. No, one could say nothing of the sort. Indeed, conversation for a moment flagged. The human frame being what it is, heart, body and brain all mixed together, and not contained in separate compartments as they will be no doubt in another million years, a good dinner is of great importance to good talk. One cannot think well, love well, sleep well, if one has not dined well. The lamp in the spine does not light on beef and prunes. We are all *probably* going to heaven, and Vandyck is, we *hope*, to meet us round the next corner—that is the dubious and qualifying state of mind that beef and prunes at the end of the day's work breed between them. Happily my friend, who taught science, had a cupboard where there was a squat bot-tle and little glasses—(but there should have been sole and partridge to begin with)—so that we were able to draw up to the fire and repair some of the damages of the day's living. In a minute or so we were slipping freely in and out among all those objects of curiosity and interest which form in the mind in the absence of a particular person, and are naturally to be discussed on coming together again—how somebody has married, another has not; one thinks this, another that; one has improved out of all knowledge, the other most amazingly gone to the bad—with all those specula-tions upon human nature and the character of the amazing world we live in which spring naturally from such beginnings. While these things were being said, however, I became shamefacedly aware of a current setting in of its own accord and carrying everything forward to an end of its own. One might be talking of Spain or Portugal,

6. Trinity, Girton, and Newnham are colleges of Cambridge University; Somerville and Christchurch are at Oxford.

of book or racehorse, but the real interest of whatever was said was none of those things, but a scene of masons on a high roof some five centuries ago. Kings and nobles brought treasure in huge sacks and poured it under the earth. This scene was for ever coming alive in my mind and placing itself by another of lean cows and a muddy market and withered greens and the stringy hearts of old men—these two pictures, disjointed and disconnected and nonsensical as they were, were for ever coming together and combating each other and had me entirely at their mercy. The best course, unless the whole talk was to be distorted, was to expose what was in my mind to the air, when with good luck it would fade and crumble like the head of the dead king when they opened the coffin at Windsor. Briefly, then, I told Miss Seton about the masons who had been all those years on the roof of the chapel, and about the kings and queens and nobles bearing sacks of gold and silver on their shoulders, which they shovelled into the earth; and then how the great financial magnates of our own time came and laid cheques and bonds, I suppose, where the others had laid ingots and rough lumps of gold. All that lies beneath the colleges down there, I said; but this college, where we are now sitting, what lies beneath its gallant red brick and the wild unkempt grasses of the garden? What force is behind the plain china off which we dined, and (here it popped out of my mouth before I could stop it) the beef, the custard and the prunes?

Well, said Mary Seton, about the year 1860—Oh, but you know the story, she said, bored, I suppose, by the recital. And she told me—rooms were hired. Committees met. Envelopes were addressed. Circulars were drawn up. Meetings were held; letters were read out; so-and-so has promised so much; on the contrary, Mr——won't give a penny. The *Saturday Review* has been very rude. How can we raise a fund to pay for offices? Shall we hold a bazaar? Can't we find a pretty girl to sit in the front row? Let us look up what John Stuart Mill said on the subject.[7] Can any one persuade the editor of the——to print a letter? Can we get Lady——to sign it? Lady——is out of town. That was the way it was done, presumably, sixty years ago, and it was a prodigious effort, and a great deal of time was spent on it. And it was only after a long struggle and with the utmost difficulty that they got thirty thousand pounds together.[8] So obviously we cannot have wine and partridges and servants carrying tin dishes on their heads, she said. We cannot have sofas and separate rooms. "The amenities," she said, quoting from some book or other, "will have to wait."[9]

At the thought of all those women working year after year and finding it hard to get two thousand pounds together, and as much as they could do to get thirty thousand pounds, we burst out in scorn at the reprehensible poverty of our sex. What had our mothers been doing then that they had no wealth to leave us? Powdering their noses? Looking in at shop windows? Flaunting in the sun at Monte Carlo? There were some photographs on the mantel-piece. Mary's mother—if that was her picture—may have been a wastrel in her spare time (she had thirteen children by a minister of the church), but if so her gay and dissipated life had left too few traces of its pleasures on her face. She was a homely body; an old lady in a plaid shawl which was fastened

7. In 1869 Mill published his essay *The Subjection of Women*, which argued forcefully for women's suffrage and their right to equality with men.
8. "We are told that we ought to ask for £30,000 at least. ...It is not a large sum, considering that there is to be but one college of this sort for Great Britain, Ireland and the Colonies, and considering how easy it is to raise immense sums for boys' schools. But considering how few people really wish women to be educated, it is a good deal."–Lady Stephen, *Life of Miss Emily Davies* [Woolf's note].
9. Every penny which could be scraped together was set aside for building, and the amenities had to be postponed.–R. Strachey, *The Cause* [Woolf's note].

by a large cameo; and she sat in a basket-chair, encouraging a spaniel to look at the camera, with the amused, yet strained expression of one who is sure that the dog will move directly the bulb is pressed. Now if she had gone into business; had become a manufacturer of artificial silk or a magnate on the Stock Exchange; if she had left two or three hundred thousand pounds to Fernham, we could have been sitting at our ease tonight and the subject of our talk might have been archaeology, botany, anthropology, physics, the nature of the atom, mathematics, astronomy, relativity, geography. If only Mrs Seton and her mother and her mother before her had learnt the great art of making money and had left their money, like their fathers and their grandfathers before them, to found fellowships and lectureships and prizes and scholarships appropriated to the use of their own sex, we might have dined very tolerably up here alone off a bird and a bottle of wine; we might have looked forward without undue confidence to a pleasant and honourable lifetime spent in the shelter of one of the liberally endowed professions. We might have been exploring or writing; mooning about the venerable places of the earth; sitting contemplative on the steps of the Parthenon, or going at ten to an office and coming home comfortably at half-past four to write a little poetry. Only, if Mrs Seton and her like had gone into business at the age of fifteen, there would have been—that was the snag in the argument—no Mary. What, I asked, did Mary think of that? There between the curtains was the October night, calm and lovely, with a star or two caught in the yellowing trees. Was she ready to resign her share of it and her memories (for they had been a happy family, though a large one) of games and quarrels up in Scotland, which she is never tired of praising for the fineness of its air and the quality of its cakes, in order that Fernham might have been endowed with fifty thousand pounds or so by a stroke of the pen? For, to endow a college would necessitate the suppression of families altogether. Making a fortune and bearing thirteen children—no human being could stand it. Consider the facts, we said. First there are nine months before the baby is born. Then the baby is born. Then there are three or four months spent in feeding the baby. After the baby is fed there are certainly five years spent in playing with the baby. You cannot, it seems, let children run about the streets. People who have seen them running wild in Russia say that the sight is not a pleasant one. People say, too, that human nature takes its shape in the years between one and five. If Mrs Seton, I said, had been making money, what sort of memories would you have had of games and quarrels? What would you have known of Scotland, and its fine air and cakes and all the rest of it? But it is useless to ask these questions, because you would never have come into existence at all. Moreover, it is equally useless to ask what might have happened if Mrs Seton and her mother and her mother before her had amassed great wealth and laid it under the foundations of college and library, because, in the first place, to earn money was impossible for them, and in the second, had it been possible, the law denied them the right to possess what money they earned. It is only for the last forty-eight years that Mrs Seton has had a penny of her own. For all the centuries before that it would have been her husband's property—a thought which, perhaps, may have had its share in keeping Mrs Seton and her mothers off the Stock Exchange.[1] Every penny I earn, they may have said, will be taken from me and disposed of

1. The late 19th century saw the passage of legislation designed to improve the legal status of women. In 1870 the Married Women's Property Act allowed women to retain £200 of their own earnings (which previously had automatically become the property of her husband); in 1884 a further act gave married women the same rights over property as unmarried women, and allowed them to carry on trades or businesses using their property.

according to my husband's wisdom—perhaps to found a scholarship or to endow a fellowship in Balliol or Kings,[2] so that to earn money, even if I could earn money, is not a matter that interests me very greatly. I had better leave it to my husband.

At any rate, whether or not the blame rested on the old lady who was looking at the spaniel, there could be no doubt that for some reason or other our mothers had mismanaged their affairs very gravely. Not a penny could be spared for "amenities"; for partridges and wine, beadles and turf, books and cigars, libraries and leisure. To raise bare walls out of the bare earth was the utmost they could do.

So we talked standing at the window and looking, as so many thousands look every night, down on the domes and towers of the famous city beneath us. It was very beautiful, very mysterious in the autumn moonlight. The old stone looked very white and venerable. One thought of all the books that were assembled down there; of the pictures of old prelates and worthies hanging in the panelled rooms; of the painted windows that would be throwing strange globes and crescents on the pavement; of the tablets and memorials and inscriptions; of the fountains and the grass; of the quiet rooms looking across the quiet quadrangles. And (pardon me the thought) I thought, too, of the admirable smoke and drink and the deep armchairs and the pleasant carpets: of the urbanity, the geniality, the dignity which are the offspring of luxury and privacy and space. Certainly our mothers had not provided us with anything comparable to all this—our mothers who found it difficult to scrape together thirty thousand pounds, our mothers who bore thirteen children to ministers of religion at St Andrews.

So I went back to my inn, and as I walked through the dark streets I pondered this and that, as one does at the end of the day's work. I pondered why it was that Mrs Seton had no money to leave us; and what effect poverty has on the mind; and what effect wealth has on the mind; and I thought of the queer old gentlemen I had seen that morning with tufts of fur upon their shoulders; and I remembered how if one whistled one of them ran; and I thought of the organ booming in the chapel and of the shut doors of the library; and I thought how unpleasant it is to be locked out; and I thought how it is worse perhaps to be locked in; and, thinking of the safety and prosperity of the one sex and of the poverty and insecurity of the other and of the effect of tradition and of the lack of tradition upon the mind of a writer, I thought at last that it was time to roll up the crumpled skin of the day, with its arguments and its impressions and its anger and its laughter, and cast it into the hedge. A thousand stars were flashing across the blue wastes of the sky. One seemed alone with an inscrutable society. All human beings were laid asleep—prone, horizontal, dumb. Nobody seemed stirring in the streets of Oxbridge. Even the door of the hotel sprang open at the touch of an invisible hand—not a boots was sitting up to light me to bed, it was so late.

from *Chapter 3*

It would have been impossible, completely and entirely, for any woman to have written the plays of Shakespeare in the age of Shakespeare. Let me imagine, since facts are so hard to come by, what would have happened had Shakespeare had a wonderfully gifted sister, called Judith, let us say. Shakespeare himself went, very probably—his mother was an heiress—to the grammar school, where he may have learnt Latin—Ovid, Virgil, and Horace—and the elements of grammar and logic. He was, it

---

2. Balliol is a college of Oxford University; King's is at Cambridge.

is well known, a wild boy who poached rabbits, perhaps shot a deer, and had, rather sooner than he should have done, to marry a woman in the neighbourhood, who bore him a child rather quicker than was right. That escapade sent him to seek his fortune in London. He had, it seemed, a taste for the theatre; he began by holding horses at the stage door. Very soon he got work in the theatre, became a successful actor, and lived at the hub of the universe, meeting everybody, knowing everybody, practising his art on the boards, exercising his wits in the streets, and even getting access to the palace of the queen. Meanwhile his extraordinarily gifted sister, let us suppose, remained at home. She was as adventurous, as imaginative, as agog to see the world as he was. But she was not sent to school. She had no chance of learning grammar and logic, let alone of reading Horace and Virgil. She picked up a book now and then, one of her brother's perhaps, and read a few pages. But then her parents came in and told her to mend the stockings or mind the stew and not moon about with books and papers. They would have spoken sharply but kindly, for they were substantial people who knew the conditions of life for a woman and loved their daughter—indeed, more likely than not she was the apple of her father's eye. Perhaps she scribbled some pages up in an apple loft on the sly, but was careful to hide them or set fire to them. Soon, however, before she was out of her teens, she was to be betrothed to the son of a neighbouring wool-stapler. She cried out that marriage was hateful to her, and for that she was severely beaten by her father. Then he ceased to scold her. He begged her instead not to hurt him, not to shame him in this matter of her marriage. He would give her a chain of beads or a fine petticoat, he said; and there were tears in his eyes. How could she disobey him? How could she break his heart? The force of her own gift alone drove her to it. She made up a small parcel of her belongings, let herself down by a rope one summer's night and took the road to London. She was not seventeen. The birds that sang in the hedge were not more musical than she was. She had the quickest fancy, a gift like her brother's, for the tune of words. Like him, she had a taste for the theatre. She stood at the stage door; she wanted to act, she said. Men laughed in her face. The manager—a fat, loose-lipped man—guffawed. He bellowed something about poodles dancing and women acting—no woman, he said, could possibly be an actress. He hinted—you can imagine what. She could get no training in her craft. Could she even seek her dinner in a tavern or roam the streets at midnight? Yet her genius was for fiction and lusted to feed abundantly upon the lives of men and women and the study of their ways. At last—for she was very young, oddly like Shakespeare the poet in her face, with the same grey eyes and rounded brows—at last Nick Greene the actor-manager took pity on her; she found herself with child by that gentleman and so—who shall measure the heat and violence of the poet's heart when caught and tangled in a woman's body?—killed herself one winter's night and lies buried at some cross-roads where the omnibuses now stop outside the Elephant and Castle.[3]

That, more or less, is how the story would run, I think, if a woman in Shakespeare's day had had Shakespeare's genius. But for my part, I agree with the deceased bishop, if such he was—it is unthinkable that any woman in Shakespeare's day should have had Shakespeare's genius. For genius like Shakespeare's is not born among labouring, uneducated, servile people. It was not born in England among the Saxons and the Britons. It is not born today among the working classes. How, then, could it have been born among women whose work began, according to Professor

3. A tavern on the outskirts of South London.

Trevelyan,[4] almost before they were out of the nursery, who were forced to it by their parents and held to it by all the power of law and custom? Yet genius of a sort must have existed among women as it must have existed among the working classes. Now and again an Emily Brontë or a Robert Burns blazes out and proves its presence. But certainly it never got itself on to paper. When, however, one reads of a witch being ducked, of a woman possessed by devils, of a wise woman selling herbs, or even of a very remarkable man who had a mother, then I think we are on the track of a lost novelist, a suppressed poet, of some mute and inglorious Jane Austen, some Emily Brontë who dashed her brains out on the moor or mopped and mowed about the highways crazed with the torture that her gift had put her to. Indeed, I would venture to guess that Anon, who wrote so many poems without signing them, was often a woman. It was a woman Edward Fitzgerald,[5] I think, suggested who made the ballads and the folk-songs, crooning them to her children, beguiling her spinning with them, or the length of the winter's night.

This may be true or it may be false—who can say?—but what is true in it, so it seemed to me, reviewing the story of Shakespeare's sister as I had made it, is that any woman born with a great gift in the sixteenth century would certainly have gone crazed, shot herself, or ended her days in some lonely cottage outside the village, half witch, half wizard, feared and mocked at. For it needs little skill in psychology to be sure that a highly gifted girl who had tried to use her gift for poetry would have been so thwarted and hindered by other people, so tortured and pulled asunder by her own contrary instincts, that she must have lost her health and sanity to a certainty. No girl could have walked to London and stood at a stage door and forced her way into the presence of actor-managers without doing herself a violence and suffering an anguish which may have been irrational—for chastity may be a fetish invented by certain societies for unknown reasons—but were none the less inevitable. Chastity had then, it has even now, a religious importance in a woman's life, and has so wrapped itself round with nerves and instincts that to cut it free and bring it to the light of day demands courage of the rarest. To have lived a free life in London in the sixteenth century would have meant for a woman who was poet and playwright a nervous stress and dilemma which might well have killed her. Had she survived, whatever she had written would have been twisted and deformed, issuing from a strained and morbid imagination. And undoubtedly, I thought, looking at the shelf where there are no plays by women, her work would have gone unsigned. That refuge she would have sought certainly. It was the relic of the sense of chastity that dictated anonymity to women even so late as the nineteenth century. Currer Bell, George Eliot, George Sand,[6] all the victims of inner strife as their writings prove, sought ineffectively to veil themselves by using the name of a man. Thus they did homage to the convention, which if not implanted by the other sex was liberally encouraged by them (the chief glory of a woman is not to be talked of, said Pericles, himself a much-talked-of man), that publicity in women is detestable.[7] Anonymity runs in their blood. The desire to be veiled still possesses them. They are not even now as concerned about the health of their fame as men are, and, speaking generally, will pass a tombstone or a signpost without feeling an irresistible desire to cut their names on it,

4. George Trevelyan (1876–1962), historian.
5. Poet and translator (1809–1883).
6. Currer Bell, pen name of Charlotte Brontë; George Eliot, pen name of Mary Ann Evans; George Sand, pen name of Amandine Aurore Lucille Dupin (1804–1876).

7. The Athenian statesman Pericles was reported by the historian Thucydides to have said, "That woman is most praiseworthy whose name is least bandied about on men's lips, whether for praise or dispraise."

as Alf, Bert or Chas. must do in obedience to their instinct, which murmurs if it sees a fine woman go by, or even a dog, Ce chien est à moi [that dog is mine]. And, of course, it may not be a dog, I thought, remembering Parliament Square, the Sieges Allee[8] and other avenues; it may be a piece of land or a man with curly black hair. It is one of the great advantages of being a woman that one can pass even a very fine negress without wishing to make an Englishwoman of her.

That woman, then, who was born with a gift of poetry in the sixteenth century, was an unhappy woman, a woman at strife against herself. All the conditions of her life, all her own instincts, were hostile to the state of mind which is needed to set free whatever is in the brain. But what is the state of mind that is most propitious to the act of creation, I asked. Can one come by any notion of the state that furthers and makes possible that strange activity? Here I opened the volume containing the Tragedies of Shakespeare. What was Shakespeare's state of mind, for instance, when he wrote Lear and Antony and Cleopatra? It was certainly the state of mind most favourable to poetry that there has ever existed. But Shakespeare himself said nothing about it. We only know casually and by chance that he "never blotted a line." Nothing indeed was ever said by the artist himself about his state of mind until the eighteenth century perhaps. Rousseau perhaps began it.[9] At any rate, by the nineteenth century self-consciousness had developed so far that it was the habit for men of letters to describe their minds in confessions and autobiographies. Their lives also were written, and their letters were printed after their deaths. Thus, though we do not know what Shakespeare went through when he wrote Lear, we do know what Carlyle went through when he wrote the French Revolution; what Flaubert went through when he wrote Madame Bovary; what Keats was going through when he tried to write poetry against the coming of death and the indifference of the world.

And one gathers from this enormous modern literature of confession and self-analysis that to write a work of genius is almost always a feat of prodigious difficulty. Everything is against the likelihood that it will come from the writer's mind whole and entire. Generally material circumstances are against it. Dogs will bark; people will interrupt; money must be made; health will break down. Further, accentuating all these difficulties and making them harder to bear is the world's notorious indifference. It does not ask people to write poems and novels and histories; it does not need them. It does not care whether Flaubert finds the right word or whether Carlyle scrupulously verifies this or that fact. Naturally, it will not pay for what it does not want. And so the writer, Keats, Flaubert, Carlyle, suffers, especially in the creative years of youth, every form of distraction and discouragement. A curse, a cry of agony, rises from those books of analysis and confession. "Mighty poets in their misery dead"—that is the burden of their song. If anything comes through in spite of all this, it is a miracle, and probably no book is born entire and uncrippled as it was conceived.

But for women, I thought, looking at the empty shelves, these difficulties were infinitely more formidable. In the first place, to have a room of her own, let alone a quiet room or a sound-proof room, was out of the question, unless her parents were exceptionally rich or very noble, even up to the beginning of the nineteenth century. Since her pin money, which depended on the good will of her father, was only enough to keep her clothed, she was debarred from such alleviations as came even to Keats or Tennyson or Carlyle, all poor men, from a walking tour, a little journey to

8. Victory Road, a thoroughfare in Berlin.
9. Jean-Jacques Rousseau, 18th-century political philoso-   pher and novelist, author of a famous memoir, Confessions.

France, from the separate lodging which, even if it were miserable enough, sheltered them from the claims and tyrannies of their families. Such material difficulties were formidable; but much worse were the immaterial. The indifference of the world which Keats and Flaubert and other men of genius have found so hard to bear was in her case not indifference but hostility. The world did not say to her as it said to them, Write if you choose; it makes no difference to me. The world said with a guffaw, Write? What's the good of your writing? Here the psychologists of Newnham and Girton might come to our help, I thought, looking again at the blank spaces on the shelves. For surely it is time that the effect of discouragement upon the mind of the artist should be measured, as I have seen a dairy company measure the effect of ordinary milk and Grade A milk upon the body of the rat. They set two rats in cages side by side, and of the two one was furtive, timid and small, and the other was glossy, bold and big. Now what food do we feed women as artists upon? I asked, remembering, I suppose, that dinner of prunes and custard. To answer that question I had only to open the evening paper and to read that Lord Birkenhead is of opinion—but really I am not going to trouble to copy out Lord Birkenhead's opinion upon the writing of women. What Dean Inge says I will leave in peace.[1] The Harley Street specialist may be allowed to rouse the echoes of Harley Street with his vociferations without raising a hair on my head. I will quote, however, Mr Oscar Browning,[2] because Mr Oscar Browning was a great figure in Cambridge at one time, and used to examine the students at Girton and Newnham. Mr Oscar Browning was wont to declare "that the impression left on his mind, after looking over any set of examination papers, was that, irrespective of the marks he might give, the best woman was intellectually the inferior of the worst man." After saying that Mr Browning went back to his rooms— and it is this sequel that endears him and makes him a human figure of some bulk and majesty—he went back to his rooms and found a stable-boy lying on the sofa—"a mere skeleton, his cheeks were cavernous and sallow, his teeth were black, and he did not appear to have the full use of his limbs. . . . 'That's Arthur' [said Mr Browning]. 'He's a dear boy really and most high-minded.'" The two pictures always seem to me to complete each other. And happily in this age of biography the two pictures often do complete each other, so that we are able to interpret the opinions of great men not only by what they say, but by what they do.

But though this is possible now, such opinions coming from the lips of important people must have been formidable enough even fifty years ago. Let us suppose that a father from the highest motives did not wish his daughter to leave home and become writer, painter or scholar. "See what Mr Oscar Browning says," he would say; and there was not only Mr Oscar Browning; there was the *Saturday Review*; there was Mr Greg[3]—the "essentials of a woman's being," said Mr Greg emphatically, "are that *they are supported by, and they minister to, men*"—there was an enormous body of masculine opinion to the effect that nothing could be expected of women intellectually. Even if her father did not read out loud these opinions, any girl could read them for herself; and the reading, even in the nineteenth century, must have lowered her vitality, and told profoundly upon her work. There would always have been that assertion—you cannot do this, you are incapable of doing that—to protest against, to overcome. Probably for a novelist this germ is no longer of much effect;

1. F. E. Smith, Lord Birkenhead (1872–1930), British statesman; William Ralph Inge (1860–1954), Dean of St. Paul's Cathedral in London.

2. Cambridge historian (1837–1923).
3. Sir Walter Greg (1879–1959), scholar and bibliographer.

for there have been women novelists of merit. But for painters it must still have some sting in it; and for musicians, I imagine, is even now active and poisonous in the extreme. The woman composer stands where the actress stood in the time of Shakespeare. Nick Greene, I thought, remembering the story I had made about Shakespeare's sister, said that a woman acting put him in mind of a dog dancing. Johnson repeated the phrase two hundred years later of women preaching.[4] And here, I said, opening a book about music, we have the very words used again in this year of grace, 1928, of women who try to write music. "Of Mlle. Germaine Taille-ferre one can only repeat Dr. Johnson's dictum concerning a woman preacher, trans-posed into terms of music. 'Sir, a woman's composing is like a dog's walking on his hind legs. It is not done well, but you are surprised to find it done at all.'"[5] So accu-rately does history repeat itself.

Thus, I concluded, shutting Mr Oscar Browning's life and pushing away the rest, it is fairly evident that even in the nineteenth century a woman was not encouraged to be an artist. On the contrary, she was snubbed, slapped, lectured and exhorted. Her mind must have been strained and her vitality lowered by the need of opposing this, of disproving that. For here again we come within range of that very interesting and obscure masculine complex which has had so much influence upon the woman's movement; that deep-seated desire, not so much that she shall be inferior as that he shall be superior, which plants him wherever one looks, not only in front of the arts, but barring the way to politics too, even when the risk to himself seems infinitesimal and the suppliant humble and devoted. Even Lady Bessborough, I remembered, with all her passion for politics, must humbly bow herself and write to Lord Granville Leveson-Gower:[6] ". . . notwith-standing all my violence in politics and talking so much on that subject, I perfect-ly agree with you that no woman has any business to meddle with that or any oth-er serious business, farther than giving her opinion (if she is ask'd)." And so she goes on to spend her enthusiasm where it meets with no obstacle whatsoever upon that immensely important subject, Lord Granville's maiden speech in the House of Commons. The spectacle is certainly a strange one, I thought. The his-tory of men's opposition to women's emancipation is more interesting perhaps than the story of that emancipation itself. An amusing book might be made of it if some young student at Girton or Newnham would collect examples and deduce a theory—but she would need thick gloves on her hands, and bars to protect her of solid gold.

But what is amusing now, I recollected, shutting Lady Bessborough, had to be taken in desperate earnest once. Opinions that one now pastes in a book labelled cock-a-doodle-dum and keeps for reading to select audiences on summer nights once drew tears, I can assure you. Among your grandmothers and great-grandmothers there were many that wept their eyes out. Florence Nightingale shrieked aloud in her agony.[7] Moreover, it is all very well for you, who have got yourselves to college and enjoy sitting-rooms—or is it only bed-sitting-rooms?—of your own to say that genius should disregard such opinions; that genius should be above caring what is said of it. Unfortunately, it is precisely the men or women of genius who mind most what is said of them. Remember Keats. Remember the words he had cut on his tombstone.

---

4. Samuel Johnson (1709–1784), poet and man of letters.
5. A *Survey of Contemporary Music*, Cecil Gray, page 246 [Woolf's note].
6. Lady Bessborough (1761–1821), correspondent of the

British statesman Lord Granville.
7. See *Cassandra*, by Florence Nightingale, printed in *The Cause*, by R. Strachey [Woolf's note]; see page 1498.

Think of Tennyson; think—but I need hardly multiply instances of the undeniable, if very unfortunate, fact that it is the nature of the artist to mind excessively what is said about him. Literature is strewn with the wreckage of men who have minded beyond reason the opinions of others.

And this susceptibility of theirs is doubly unfortunate, I thought, returning again to my original enquiry into what state of mind is most propitious for creative work, because the mind of an artist, in order to achieve the prodigious effort of freeing whole and entire the work that is in him, must be incandescent, like Shakespeare's mind, I conjectured, looking at the book which lay open at *Antony and Cleopatra*. There must be no obstacle in it, no foreign matter unconsumed.

For though we say that we know nothing about Shakespeare's state of mind, even as we say that, we are saying something about Shakespeare's state of mind. The reason perhaps why we know so little of Shakespeare—compared with Donne or Ben Jonson or Milton—is that his grudges and spites and antipathies are hidden from us. We are not held up by some "revelation" which reminds us of the writer. All desire to protest, to preach, to proclaim an injury, to pay off a score, to make the world the witness of some hardship or grievance was fired out of him and consumed. Therefore his poetry flows from him free and unimpeded. If ever a human being got his work expressed completely, it was Shakespeare. If ever a mind was incandescent, unimpeded, I thought, turning again to the bookcase, it was Shakespeare's mind.

from *Chapter 4*

The extreme activity of mind which showed itself in the later eighteenth century among women—the talking, and the meeting, the writing of essays on Shakespeare, the translating of the classics—was founded on the solid fact that women could make money by writing. Money dignifies what is frivolous if unpaid for. It might still be well to sneer at "blue stockings with an itch for scribbling," but it could not be denied that they could put money in their purses. Thus, towards the end of the eighteenth century a change came about which, if I were rewriting history, I should describe more fully and think of greater importance than the Crusades or the Wars of the Roses. The middle-class woman began to write. For if *Pride and Prejudice* matters, and *Middlemarch* and *Villette* and *Wuthering Heights* matter,[8] then it matters far more than I can prove in an hour's discourse that women generally, and not merely the lonely aristocrat shut up in her country house among her folios and her flatterers, took to writing. Without those forerunners, Jane Austen and the Brontës and George Eliot could no more have written than Shakespeare could have written without Marlowe, or Marlowe without Chaucer, or Chaucer without those forgotten poets who paved the ways and tamed the natural savagery of the tongue. For masterpieces are not single and solitary births; they are the outcome of many years of thinking in common, of thinking by the body of the people, so that the experience of the mass is behind the single voice. Jane Austen should have laid a wreath upon the grave of Fanny Burney, and George Eliot done homage to the robust shade of Eliza Carter— the valiant old woman who tied a bell to her bedstead in order that she might wake early and learn Greek. All women together ought to let flowers fall upon the tomb of

8. *Pride and Prejudice* (1813), a novel by Jane Austen; *Middlemarch* (1871–1872) by George Eliot; *Villette* (1853) by Charlotte Brontë; *Wuthering Heights* (1847) by Emily Brontë.

Aphra Behn[9] which is, most scandalously but rather appropriately, in Westminster Abbey, for it was she who earned them the right to speak their minds. It is she—shady and amorous as she was—who makes it not quite fantastic for me to say to you tonight: Earn five hundred a year by your wits.

Here, then, one had reached the early nineteenth century. And here, for the first time, I found several shelves given up entirely to the works of women. But why, I could not help asking, as I ran my eyes over them, were they, with very few exceptions, all novels? The original impulse was to poetry. The "supreme head of song" was a poetess. Both in France and in England the women poets precede the women novelists. Moreover, I thought, looking at the four famous names, what had George Eliot in common with Emily Brontë? Did not Charlotte Brontë fail entirely to understand Jane Austen? Save for the possibly relevant fact that not one of them had a child, four more incongruous characters could not have met together in a room—so much so that it is tempting to invent a meeting and a dialogue between them. Yet by some strange force they were all compelled, when they wrote, to write novels. Had it something to do with being born of the middle class, I asked; and with the fact, which Miss Emily Davies a little later was so strikingly to demonstrate,[1] that the middle-class family in the early nineteenth century was possessed only of a single sitting-room between them? If a woman wrote, she would have to write in the common sitting-room. And, as Miss Nightingale was so vehemently to complain,—"women never have an half hour . . . that they can call their own"—she was always interrupted. Still it would be easier to write prose and fiction there than to write poetry or a play. Less concentration is required. Jane Austen wrote like that to the end of her days. "How she was able to effect all this," her nephew writes in his Memoir, "is surprising, for she had no separate study to repair to, and most of the work must have been done in the general sitting-room, subject to all kinds of casual interruptions. She was careful that her occupation should not be suspected by servants or visitors or any persons beyond her own family party."[2] Jane Austen hid her manuscripts or covered them with a piece of blotting-paper. Then, again, all the literary training that a woman had in the early nineteenth century was training in the observation of character, in the analysis of emotion. Her sensibility had been educated for centuries by the influences of the common sitting-room. People's feelings were impressed on her; personal relations were always before her eyes. Therefore, when the middle-class woman took to writing, she naturally wrote novels, even though, as seems evident enough, two of the four famous women here named were not by nature novelists. Emily Brontë should have written poetic plays; the overflow of George Eliot's capacious mind should have spread itself when the creative impulse was spent upon history or biography. They wrote novels, however; one may even go further, I said, taking *Pride and Prejudice* from the shelf, and say that they wrote good novels. Without boasting or giving pain to the opposite sex, one may say that *Pride and Prejudice* is a good book. At any rate, one would not have been ashamed to have been caught in the act of writing *Pride and Prejudice*. Yet Jane Austen was glad that a hinge creaked, so that she might hide her manuscript before any one came in. To Jane Austen there

9. A dramatist and the first English woman to earn a living by writing (1640–1689). Westminster Abbey, in central London, is the burial place of many of the English kings and queens, as well as of famous poets and statesmen.

1. (Sarah) Emily Davies was prominent in the movement to secure university education for women in the 19th century and was chief founder of Girton College, Cambridge (1873).

2. *Memoir of Jane Austen*, by her nephew, James Edward Austen-Leigh [Woolf's note].

was something discreditable in writing *Pride and Prejudice*. And, I wondered, would *Pride and Prejudice* have been a better novel if Jane Austen had not thought it necessary to hide her manuscript from visitors? I read a page or two to see; but I could not find any signs that her circumstances had harmed her work in the slightest. That, perhaps, was the chief miracle about it. Here was a woman about the year 1800 writing without hate, without bitterness, without fear, without protest, without preaching. That was how Shakespeare wrote, I thought, looking at *Antony and Cleopatra*; and when people compare Shakespeare and Jane Austen, they may mean that the minds of both had consumed all impediments; and for that reason we do not know Jane Austen and we do not know Shakespeare, and for that reason Jane Austen pervades every word that she wrote, and so does Shakespeare. If Jane Austen suffered in any way from her circumstances it was in the narrowness of life that was imposed upon her. It was impossible for a woman to go about alone. She never travelled; she never drove through London in an omnibus or had luncheon in a shop by herself. But perhaps it was the nature of Jane Austen not to want what she had not. Her gift and her circumstances matched each other completely. But I doubt whether that was true of Charlotte Brontë, I said, opening *Jane Eyre* and laying it beside *Pride and Prejudice*.[3]

I opened it at chapter twelve and my eye was caught by the phrase, "Anybody may blame me who likes." What were they blaming Charlotte Brontë for, I wondered? And I read how Jane Eyre used to go up on to the roof when Mrs Fairfax was making jellies and looked over the fields at the distant view. And then she longed—and it was for this that they blamed her—that "then I longed for a power of vision which might overpass that limit; which might reach the busy world, towns, regions full of life I had heard of but never seen: that then I desired more of practical experience than I possessed; more of intercourse with my kind, of acquaintance with variety of character than was here within my reach. I valued what was good in Mrs Fairfax, and what was good in Adèle; but I believed in the existence of other and more vivid kinds of goodness, and what I believed in I wished to behold.

"Who blames me? Many, no doubt, and I shall be called discontented. I could not help it: the restlessness was in my nature; it agitated me to pain sometimes. . . .

"It is vain to say human beings ought to be satisfied with tranquillity: they must have action; and they will make it if they cannot find it. Millions are condemned to a stiller doom than mine, and millions are in silent revolt against their lot. Nobody knows how many rebellions ferment in the masses of life which people earth. Women are supposed to be very calm generally: but women feel just as men feel; they need exercise for their faculties and a field for their efforts as much as their brothers do; they suffer from too rigid a restraint, too absolute a stagnation, precisely as men would suffer; and it is narrow-minded in their more privileged fellow-creatures to say that they ought to confine themselves to making puddings and knitting stockings, to playing on the piano and embroidering bags. It is thoughtless to condemn them, or laugh at them, if they seek to do more or learn more than custom has pronounced necessary for their sex.

3. Woolf goes on to describe parts of the plot of *Jane Eyre*; Jane Eyre, a penniless orphan, having suffered greatly during her schooling, takes up the post of governess to Adele, the daughter of Mr. Rochester, a man of strange moods. Rochester falls in love with Jane, who agrees to marry him; however this is prevented by Rochester's mad wife—whom Rochester has locked in the attic, concealing her existence from Jane—who tears Jane's wedding veil on the eve of the marriage. Rochester at first tells Jane that Grace Poole, a servant, had been responsible for this and other strange events, including the uncanny laughter occasionally heard in the house.

"When thus alone I not unfrequently heard Grace Poole's laugh . . . ."

That is an awkward break, I thought. It is upsetting to come upon Grace Poole all of a sudden. The continuity is disturbed. One might say, I continued, laying the book down beside *Pride and Prejudice*, that the woman who wrote those pages had more genius in her than Jane Austen; but if one reads them over and marks that jerk in them, that indignation, one sees that she will never get her genius expressed whole and entire. Her books will be deformed and twisted. She will write in a rage where she should write calmly. She will write foolishly where she should write wisely. She will write of herself where she should write of her characters. She is at war with her lot. How could she help but die young, cramped and thwarted?

One could not but play for a moment with the thought of what might have happened if Charlotte Brontë had possessed say three hundred a year—but the foolish woman sold the copyright of her novels outright for fifteen hundred pounds; had somehow possessed more knowledge of the busy world, and towns and regions full of life; more practical experience, and intercourse with her kind and acquaintance with a variety of character. In those words she puts her finger exactly not only upon her own defects as a novelist but upon those of her sex at that time. She knew, no one better, how enormously her genius would have profited if it had not spent itself in solitary visions over distant fields; if experience and intercourse and travel had been granted her. But they were not granted; they were withheld; and we must accept the fact that all those good novels, *Villette, Emma, Wuthering Heights, Middlemarch*, were written by women without more experience of life than could enter the house of a respectable clergyman; written too in the common sitting-room of that respectable house and by women so poor that they could not afford to buy more than a few quires of paper at a time upon which to write *Wuthering Heights* or *Jane Eyre*. One of them, it is true, George Eliot, escaped after much tribulation, but only to a secluded villa in St John's Wood. And there she settled down in the shadow of the world's disapproval.[4] "I wish it to be understood," she wrote, "that I should never invite any one to come and see me who did not ask for the invitation"; for was she not living in sin with a married man and might not the sight of her damage the chastity of Mrs Smith or whoever it might be that chanced to call? One must submit to the social convention, and be "cut off from what is called the world." At the same time, on the other side of Europe, there was a young man living freely with this gipsy or with that great lady; going to the wars; picking up unhindered and uncensored all that varied experience of human life which served him so splendidly later when he came to write his books. Had Tolstoi lived at the Priory in seclusion with a married lady "cut off from what is called the world," however edifying the moral lesson, he could scarcely, I thought, have written *War and Peace*.

But one could perhaps go a little deeper into the question of novel-writing and the effect of sex upon the novelist. If one shuts one's eyes and thinks of the novel as a whole, it would seem to be a creation owning a certain looking-glass likeness to life, though of course with simplifications and distortions innumerable. At any rate, it is a structure leaving a shape on the mind's eye, built now in squares, now pagoda shaped, now throwing out wings and arcades, now solidly compact and domed like the

---

4. Following a strictly religious childhood, the novelist George Eliot lost her faith and eloped with G. H. Lewes, a married man, with whom she lived for the rest of his life; her family never forgave her.

Cathedral of Saint Sofia at Constantinople.[5] This shape, I thought, thinking back over certain famous novels, starts in one the kind of emotion that is appropriate to it. But that emotion at once blends itself with others, for the "shape" is not made by the relation of stone to stone, but by the relation of human being to human being. Thus a novel starts in us all sorts of antagonistic and opposed emotions. Life conflicts with something that is not life. Hence the difficulty of coming to any agreement about novels, and the immense sway that our private prejudices have upon us. On the one hand, we feel, You—John the hero—must live, or I shall be in the depths of despair. On the other, we feel, Alas, John, you must die, because the shape of the book requires it. Life conflicts with something that is not life. Then since life it is in part, we judge it as life. James is the sort of man I most detest, one says. Or, This is a farrago of absurdity. I could never feel anything of the sort myself. The whole structure, it is obvious, thinking back on any famous novel, is one of infinite complexity, because it is thus made up of so many different judgments, of so many different kinds of emotion. The wonder is that any book so composed holds together for more than a year or two, or can possibly mean to the English reader what it means for the Russian or the Chinese. But they do hold together occasionally very remarkably. And what holds them together in these rare instances of survival (I was thinking of *War and Peace*) is something that one calls integrity, though it has nothing to do with paying one's bills or behaving honourably in an emergency. What one means by integrity, in the case of the novelist, is the conviction that he gives one that this is the truth. Yes, one feels, I should never have thought that this could be so; I have never known people behaving like that. But you have convinced me that so it is, so it happens. One holds every phrase, every scene to the light as one reads—for Nature seems, very oddly, to have provided us with an inner light by which to judge of the novelist's integrity or disintegrity. Or perhaps it is rather that Nature, in her most irrational mood, has traced in invisible ink on the walls of the mind a premonition which these great artists confirm; a sketch which only needs to be held to the fire of genius to become visible. When one so exposes it and sees it come to life one exclaims in rapture, But this is what I have always felt and known and desired! And one boils over with excitement, and, shutting the book even with a kind of reverence as if it were something very precious, a stand-by to return to as long as one lives, one puts it back on the shelf, I said, taking *War and Peace* and putting it back in its place. If, on the other hand, these poor sentences that one takes and tests rouse first a quick and eager response with their bright colouring and their dashing gestures but there they stop: something seems to check them in their development: or if they bring to light only a faint scribble in that corner and a blot over there, and nothing appears whole and entire, then one heaves a sigh of disappointment and says, Another failure. This novel has come to grief somewhere.

And for the most part, of course, novels do come to grief somewhere. The imagination falters under the enormous strain. The insight is confused; it can no longer distinguish between the true and the false; it has no longer the strength to go on with the vast labour that calls at every moment for the use of so many different faculties. But how would all this be affected by the sex of the novelist, I wondered, looking at *Jane Eyre* and the others. Would the fact of her sex in any way interfere with the integrity of a woman novelist—that integrity which I take to be the backbone of the

5. The Hagia Sophia, a domed basilica completed in A.D. 537, named for the female personification of Wisdom in the Bible.

writer? Now, in the passages I have quoted from *Jane Eyre*, it is clear that anger was tampering with the integrity of Charlotte Brontë the novelist. She left her story, to which her entire devotion was due, to attend to some personal grievance. She remembered that she had been starved of her proper due of experience—she had been made to stagnate in a parsonage mending stockings when she wanted to wander free over the world. Her imagination swerved from indignation and we feel it swerve. But there were many more influences than anger tugging at her imagination and deflecting it from its path. Ignorance, for instance. The portrait of Rochester is drawn in the dark. We feel the influence of fear in it; just as we constantly feel an acidity which is the result of oppression, a buried suffering smouldering beneath her passion, a rancour which contracts those books, splendid as they are, with a spasm of pain.

And since a novel has this correspondence to real life, its values are to some extent those of real life. But it is obvious that the values of women differ very often from the values which have been made by the other sex; naturally, this is so. Yet it is the masculine values that prevail. Speaking crudely, football and sport are "important"; the worship of fashion, the buying of clothes "trivial." And these values are inevitably transferred from life to fiction. This is an important book, the critic assumes, because it deals with war. This is an insignificant book because it deals with the feelings of women in a drawing-room. A scene in a battlefield is more important than a scene in a shop—everywhere and much more subtly the difference of value persists. The whole structure, therefore, of the early nineteenth-century novel was raised, if one was a woman, by a mind which was slightly pulled from the straight, and made to alter its clear vision in deference to external authority. One has only to skim those old forgotten novels and listen to the tone of voice in which they are written to divine that the writer was meeting criticism; she was saying this by way of aggression, or that by way of conciliation. She was admitting that she was "only a woman," or protesting that she was "as good as a man." She met that criticism as her temperament dictated, with docility and diffidence, or with anger and emphasis. It does not matter which it was; she was thinking of something other than the thing itself. Down comes her book upon our heads. There was a flaw in the centre of it. And I thought of all the women's novels that lie scattered, like small pock-marked apples in an orchard, about the secondhand book shops of London. It was the flaw in the centre that had rotted them. She had altered her values in deference to the opinion of others.

But how impossible it must have been for them not to budge either to the right or to the left. What genius, what integrity it must have required in face of all that criticism, in the midst of that purely patriarchal society, to hold fast to the thing as they saw it without shrinking. Only Jane Austen did it and Emily Brontë. It is another feather, perhaps the finest, in their caps. They wrote as women write, not as men write. Of all the thousand women who wrote novels then, they alone entirely ignored the perpetual admonitions of the eternal pedagogue—write this, think that. They alone were deaf to that persistent voice, now grumbling, now patronising, now domineering, now grieved, now shocked, now angry, now avuncular, that voice which cannot let women alone, but must be at them, like some too conscientious governess, adjuring them, like Sir Egerton Brydges,[6] to be refined; dragging even into the criticism of poetry criticism of sex; admonishing them, if they would be good and win, as I suppose, some shiny prize, to keep within certain limits which the gentleman in

6. Scholar and editor (1762–1837), Brydges had criticized the writings of Margaret Cavendish, Duchess of Newcastle (1623–1674), for what he considered to be their coarse language.

question thinks suitable:[7] ". . . female novelists should only aspire to excellence by courageously acknowledging the limitations of their sex."[8] That puts the matter in a nutshell, and when I tell you, rather to your surprise, that this sentence was written not in August 1828 but in August 1928, you will agree, I think, that however delightful it is to us now, it represents a vast body of opinion—I am not going to stir those old pools, I take only what chance has floated to my feet—that was far more vigorous and far more vocal a century ago. It would have needed a very stalwart young woman in 1828 to disregard all those snubs and chidings and promises of prizes. One must have been something of a firebrand to say to oneself, Oh, but they can't buy literature too. Literature is open to everybody. I refuse to allow you, Beadle though you are, to turn me off the grass. Lock up your libraries if you like; but there is no gate, no lock, no bolt that you can set upon the freedom of my mind.

But whatever effect discouragement and criticism had upon their writing—and I believe that they had a very great effect—that was unimportant compared with the other difficulty which faced them (I was still considering those early nineteenth-century novelists) when they came to set their thoughts on paper—that is that they had no tradition behind them, or one so short and partial that it was of little help. For we think back through our mothers if we are women. It is useless to go to the great men writers for help, however much one may go to them for pleasure. Lamb, Browne, Thackeray, Newman, Sterne, Dickens, De Quincey—whoever it may be—never helped a woman yet, though she may have learnt a few tricks of them and adapted them to her use. The weight, the pace, the stride of a man's mind are too unlike her own for her to lift anything substantial from him successfully. The ape is too distant to be sedulous. Perhaps the first thing she would find, setting pen to paper, was that there was no common sentence ready for her use. All the great novelists like Thackeray and Dickens and Balzac have written a natural prose, swift but not slovenly, expressive but not precious, taking their own tint without ceasing to be common property. They have based it on the sentence that was current at the time. The sentence that was current at the beginning of the nineteenth century ran something like this perhaps: "The grandeur of their works was an argument with them, not to stop short, but to proceed. They could have no higher excitement or satisfaction than in the exercise of their art and endless generations of truth and beauty. Success prompts to exertion; and habit facilitates success." That is a man's sentence; behind it one can see Johnson, Gibbon[9] and the rest. It was a sentence that was unsuited for a woman's use. Charlotte Brontë, with all her splendid gift for prose, stumbled and fell with that clumsy weapon in her hands. George Eliot committed atrocities with it that beggar description. Jane Austen looked at it and laughed at it and devised a perfectly natural, shapely sentence proper for her own use and never departed from it. Thus, with less genius for writing than Charlotte Brontë, she got infinitely more said. Indeed, since freedom and fullness of expression are of the essence of the art, such a lack of tradition, such a scarcity and inadequacy of tools, must have told enormously upon the writing of women. Moreover, a book is not made of sentences laid end to end, but of sentences built, if an image helps, into arcades or domes. And this shape too has

7. "[She] has a metaphysical purpose, and that is a dangerous obsession, especially with a woman, for women rarely possess men's healthy love of rhetoric. It is a strange lack in the sex which is in other things more primitive and more materialistic."—New Criterion, June 1928 [Woolf's note].

8. "If, like the reporter, you believe that female novelists should only aspire to excellence by courageously acknowledging the limitations of their sex (Jane Austen [has] demonstrated how gracefully this gesture can be accomplished). . . ."—Life and Letters, August 1928 [Woolf's note].

9. Edward Gibbon, author of The History of the Decline and Fall of the Roman Empire (1776–1788).

been made by men out of their own needs for their own uses. There is no reason to think that the form of the epic or of the poetic plays suits a woman any more than the sentence suits her. But all the older forms of literature were hardened and set by the time she became a writer. The novel alone was young enough to be soft in her hands—another reason, perhaps, why she wrote novels. Yet who shall say that even now "the novel" (I give it inverted commas to mark my sense of the words' inadequacy), who shall say that even this most pliable of all forms is rightly shaped for her use? No doubt we shall find her knocking that into shape for herself when she has the free use of her limbs; and providing some new vehicle, not necessarily in verse, for the poetry in her. For it is the poetry that is still denied outlet. And I went on to ponder how a woman nowadays would write a poetic tragedy in five acts—would she use verse—would she not use prose rather?

But these are difficult questions which lie in the twilight of the future. I must leave them, if only because they stimulate me to wander from my subject into trackless forests where I shall be lost and, very likely, devoured by wild beasts. I do not want, and I am sure that you do not want me, to broach that very dismal subject, the future of fiction, so that I will only pause here one moment to draw your attention to the great part which must be played in that future so far as women are concerned by physical conditions. The book has somehow to be adapted to the body, and at a venture one would say that women's books should be shorter, more concentrated, than those of men, and framed so that they do not need long hours of steady and uninterrupted work. For interruptions there will always be. Again, the nerves that feed the brain would seem to differ in men and women, and if you are going to make them work their best and hardest, you must find out what treatment suits them—whether these hours of lectures, for instance, which the monks devised, presumably, hundreds of years ago, suit them—what alternations of work and rest they need, interpreting rest not as doing nothing but as doing something but something that is different; and what should that difference be? All this should be discussed and discovered; all this is part of the question of women and fiction. And yet, I continued, approaching the bookcase again, where shall I find that elaborate study of the psychology of women by a woman? If through their incapacity to play football women are not going to be allowed to practise medicine——

Happily my thoughts were now given another turn.

Chapter 6

Next day the light of the October morning was falling in dusty shafts through the uncurtained windows, and the hum of traffic rose from the street. London then was winding itself up again; the factory was astir; the machines were beginning. It was tempting, after all this reading, to look out of the window and see what London was doing on the morning of the twenty-sixth of October 1928. And what was London doing? Nobody, it seemed, was reading *Antony and Cleopatra*. London was wholly indifferent, it appeared, to Shakespeare's plays. Nobody cared a straw—and I do not blame them—for the future of fiction, the death of poetry or the development by the average woman of a prose style completely expressive of her mind. If opinions upon any of these matters had been chalked on the pavement, nobody would have stooped to read them. The nonchalance of the hurrying feet would have rubbed them out in half an hour. Here came an errand-boy; here a woman with a dog on a lead. The fascination of the London street is that no two people are ever alike; each seems bound on some private affair of his own. There were the business-like, with their little bags; there were the drifters rattling sticks upon area railings; there were affable characters to whom the streets serve for clubroom, hailing men in carts and giving information without being asked for it. Also there were funerals to which men, thus suddenly reminded of the passing of their own bodies, lifted their hats. And then a very distinguished gentleman came slowly down a doorstep and paused to avoid collision with a bustling lady who had, by some means or other, acquired a splendid fur coat and a bunch of Parma violets. They all seemed separate, self-absorbed, on business of their own.

At this moment, as so often happens in London, there was a complete lull and suspension of traffic. Nothing came down the street; nobody passed. A single leaf detached itself from the plane tree at the end of the street, and in that pause and suspension fell. Somehow it was like a signal falling, a signal pointing to a force in things which one had overlooked. It seemed to point to a river, which flowed past, invisibly, round the corner, down the street, and took people and eddied them along, as the stream at Oxbridge had taken the undergraduate in his boat and the dead leaves. Now it was bringing from one side of the street to the other diagonally a girl in patent leather boots, and then a young man in a maroon overcoat; it was also bringing a taxi-cab; and it brought all three together at a point directly beneath my window; where the taxi stopped; and the girl and the young man stopped; and they got into the taxi; and then the cab glided off as if it were swept on by the current elsewhere.

The sight was ordinary enough; what was strange was the rhythmical order with which my imagination had invested it; and the fact that the ordinary sight of two people getting into a cab had the power to communicate something of their own seeming satisfaction. The sight of two people coming down the street and meeting at the corner seems to ease the mind of some strain, I thought, watching the taxi turn and make off. Perhaps to think, as I had been thinking these two days, of one sex as distinct from the other is an effort. It interferes with the unity of the mind. Now that effort had ceased and that unity had been restored by seeing two people come together and get into a taxi-cab. The mind is certainly a very mysterious organ, I reflected, drawing my head in from the window, about which nothing whatever is known, though we depend upon it so completely. Why do I feel that there are severances and oppositions in the mind, as there are strains from obvious causes on the body? What does one mean by "the unity of the mind," I pondered, for clearly the mind has so great a power of concentrating at any point at any moment that it seems to have no single state of being. It can separate itself from the people in the street, for example, and think of itself as apart from them, at an upper window looking down on them. Or it can think with other people spontaneously, as, for instance, in a crowd waiting to hear some piece of news read out. It can think back through its fathers or through its mothers, as I have said that a woman writing thinks back through her mothers. Again if one is a woman one is often surprised by a sudden splitting off of consciousness, say in walking down Whitehall,[1] when from being the natural inheritor of that civilisation, she becomes, on the contrary, outside of it, alien and critical. Clearly the mind is always altering its focus, and bringing the world into different perspectives. But some of these states of mind seem, even if adopted spontaneously, to be less comfortable than others. In order to keep oneself continuing in them one is unconsciously holding something back, and gradually the repression becomes an effort. But there may be some state of mind in which one could continue without effort because nothing is required to be held back. And this perhaps, I thought, coming in from the window, is one of them. For certainly when I saw the couple get into the taxi-cab the

---

1. A main thoroughfare in central London and site of government offices.

mind felt as if, after being divided, it had come together again in a natural fusion. The obvious reason would be that it is natural for the sexes to co-operate. One has a profound, if irrational, instinct in favour of the theory that the union of man and woman makes for the greatest satisfaction, the most complete happiness. But the sight of the two people getting into the taxi and the satisfaction it gave me made me also ask whether there are two sexes in the mind corresponding to the two sexes in the body, and whether they also require to be united in order to get complete satisfaction and happiness. And I went on amateurishly to sketch a plan of the soul so that in each of us two powers preside, one male, one female; and in the man's brain, the man predominates over the woman, and in the woman's brain, the woman predominates over the man. The normal and comfortable state of being is that when the two live in harmony together, spiritually co-operating. If one is a man, still the woman part of the brain must have effect; and a woman also must have intercourse with the man in her. Coleridge perhaps meant this when he said that a great mind is androgynous.[2] It is when this fusion takes place that the mind is fully fertilised and uses all its faculties. Perhaps a mind that is purely masculine cannot create, any more than a mind that is purely feminine, I thought. But it would be well to test what one meant by man-womanly, and conversely by woman-manly, by pausing and looking at a book or two.

Coleridge certainly did not mean, when he said that a great mind is androgynous, that it is a mind that has any special sympathy with women; a mind that takes up their cause or devotes itself to their interpretation. Perhaps the androgynous mind is less apt to make these distinctions than the single-sexed mind. He meant, perhaps, that the androgynous mind is resonant and porous; that it transmits emotion without impediment; that it is naturally creative, incandescent and undivided. In fact one goes back to Shakespeare's mind as the type of the androgynous, of the man-womanly mind, though it would be impossible to say what Shakespeare thought of women. And if it be true that it is one of the tokens of the fully developed mind that it does not think specially or separately of sex, how much harder it is to attain that condition now than ever before. Here I came to the books by living writers, and there paused and wondered if this fact were not at the root of something that had long puzzled me. No age can ever have been as stridently sex-conscious as our own; those innumerable books by men about women in the British Museum are a proof of it. The Suffrage campaign was no doubt to blame.[3] It must have roused in men an extraordinary desire for self-assertion; it must have made them lay an emphasis upon their own sex and its characteristics which they would not have troubled to think about had they not been challenged. And when one is challenged, even by a few women in black bonnets, one retaliates, if one has never been challenged before, rather excessively. That perhaps accounts for some of the characteristics that I remember to have found here, I thought, taking down a new novel by Mr A, who is in the prime of life and very well thought of, apparently, by the reviewers. I opened it. Indeed, it was delightful to read a man's writing again. It was so direct, so straightforward after the writing of women. It indicated such freedom of mind, such liberty of person, such confidence in himself. One had a sense of physical well-being in the presence of this well-nourished, well-educated, free mind, which had never been thwarted or

2. The poet Samuel Taylor Coleridge made the remark in September 1832—"a great mind must be androgynous"— and it was duly recorded in his *Table Talk*.
3. The campaign for women's suffrage, which had been steadily gaining support during the 19th century, resorted to unconstitutional methods following the founding of the Women's Social and Political Union in 1903.

opposed, but had had full liberty from birth to stretch itself in whatever way it liked. All this was admirable. But after reading a chapter or two a shadow seemed to lie across the page. It was a straight dark bar, a shadow shaped something like the letter "I." One began dodging this way and that to catch a glimpse of the landscape behind it. Whether that was indeed a tree or a woman walking I was not quite sure. Back one was always hailed to the letter "I." One began to be tired of "I." Not but what this "I" was a most respectable "I"; honest and logical; as hard as a nut, and polished for centuries by good teaching and good feeding. I respect and admire that "I" from the bottom of my heart. But—here I turned a page or two, looking for something or other—the worst of it is that in the shadow of the letter "I" all is shapeless as mist. Is that a tree? No, it is a woman. But . . . she has not a bone in her body, I thought, watching Phoebe, for that was her name, coming across the beach. Then Alan got up and the shadow of Alan at once obliterated Phoebe. For Alan had views and Phoebe was quenched in the flood of his views. And then Alan, I thought, has passions; and here I turned page after page very fast, feeling that the crisis was approaching, and so it was. It took place on the beach under the sun. It was done very openly. It was done very vigorously. Nothing could have been more indecent. But . . . I had said "but" too often. One cannot go on saying "but." One must finish the sentence somehow, I rebuked myself. Shall I finish it, "But . . . I am bored!" But why was I bored? Partly because of the dominance of the letter "I" and the aridity, which, like the giant beech tree, it casts within its shade. Nothing will grow there. And partly for some more obscure reason. There seemed to be some obstacle, some impediment of Mr A's mind which blocked the fountain of creative energy and shored it within narrow limits. And remembering the lunch party at Oxbridge, and the cigarette ash and the Manx cat and Tennyson and Christina Rossetti all in a bunch, it seemed possible that the impediment lay there. As he no longer hums under his breath, "There has fallen a splendid tear from the passion-flower at the gate," when Phoebe crosses the beach, and she no longer replies, "My heart is like a singing bird whose nest is in a water'd shoot," when Alan approaches what can he do? Being honest as the day and logical as the sun, there is only one thing he can do. And that he does, to do him justice, over and over (I said, turning the pages) and over again. And that, I added, aware of the awful nature of the confession, seems somehow dull. Shakespeare's indecency uproots a thousand other things in one's mind, and is far from being dull. But Shakespeare does it for pleasure; Mr A, as the nurses say, does it on purpose. He does it in protest. He is protesting against the equality of the other sex by asserting his own superiority. He is therefore impeded and inhibited and self-conscious as Shakespeare might have been if he too had known Miss Clough[4] and Miss Davies. Doubtless Elizabethan literature would have been very different from what it is if the woman's movement had begun in the sixteenth century and not in the nineteenth.

What, then, it amounts to, if this theory of the two sides of the mind holds good, is that virility has now become self-conscious—men, that is to say, are now writing only with the male side of their brains. It is a mistake for a woman to read them, for she will inevitably look for something that she will not find. It is the power of suggestion that one most misses, I thought, taking Mr B the critic in my hand and reading, very carefully and very dutifully, his remarks upon the art of poetry. Very able they were, acute and full of learning; but the trouble was, that his feelings no longer communicated; his mind seemed separated into different chambers; not a sound carried

4. Anne Jemima Clough (1820–1892), feminist and first Principal of Newnham College, Cambridge.

from one to the other. Thus, when one takes a sentence of Mr B into the mind it falls plump to the ground—dead; but when one takes a sentence of Coleridge into the mind, it explodes and gives birth to all kinds of other ideas, and that is the only sort of writing of which one can say that it has the secret of perpetual life.

But whatever the reason may be, it is a fact that one must deplore. For it means—here I had come to rows of books by Mr Galsworthy and Mr Kipling—that some of the finest works of our greatest living writers fall upon deaf ears. Do what she will a woman cannot find in them that fountain of perpetual life which the critics assure her is there. It is not only that they celebrate male virtues, enforce male values and describe the world of men; it is that the emotion with which these books are permeated is to a woman incomprehensible. It is coming, it is gathering, it is about to burst on one's head, one begins saying long before the end. That picture will fall on old Jolyon's head;[5] he will die of the shock; the old clerk will speak over him two or three obituary words; and all the swans on the Thames will simultaneously burst out singing. But one will rush away before that happens and hide in the gooseberry bushes, for the emotion which is so deep, so subtle, so symbolical to a man moves a woman to wonder. So with Mr Kipling's officers who turn their backs; and his Sowers who sow the Seed; and his Men who are alone with their Work; and the Flag—one blushes at all these capital letters as if one had been caught eavesdropping at some purely masculine orgy. The fact is that neither Mr Galsworthy nor Mr Kipling has a spark of the woman in him. Thus all their qualities seem to a woman, if one may generalise, crude and immature. They lack suggestive power. And when a book lacks suggestive power, however hard it hits the surface of the mind it cannot penetrate within.

And in that restless mood in which one takes books out and puts them back again without looking at them I began to envisage an age to come of pure, of self-assertive virility, such as the letters of professors (take Sir Walter Raleigh's letters, for instance) seem to forebode, and the rulers of Italy have already brought into being.[6] For one can hardly fail to be impressed in Rome by the sense of unmitigated masculinity; and whatever the value of unmitigated masculinity upon the state, one may question the effect of it upon the art of poetry. At any rate, according to the newspapers, there is a certain anxiety about fiction in Italy. There has been a meeting of academicians whose object it is "to develop the Italian novel." "Men famous by birth, or in finance, industry or the Fascist corporations" came together the other day and discussed the matter, and a telegram was sent to the Duce expressing the hope "that the Fascist era would soon give birth to a poet worthy of it." We may all join in that pious hope, but it is doubtful whether poetry can come out of an incubator. Poetry ought to have a mother as well as a father. The Fascist poem, one may fear, will be a horrid little abortion such as one sees in a glass jar in the museum of some county town. Such monsters never live long, it is said; one has never seen a prodigy of that sort cropping grass in a field. Two heads on one body do not make for length of life.

However, the blame for all this, if one is anxious to lay blame, rests no more upon one sex than upon the other. All seducers and reformers are responsible, Lady Bessborough when she lied to Lord Granville; Miss Davies when she told the truth to Mr Greg. All who have brought about a state of sex-consciousness are to blame, and it is they who drive me, when I want to stretch my faculties on a book, to seek it in that happy

---

5. A climactic moment in John Galsworthy's novel sequence *The Forsyte Saga* (1906–1929).
6. Sir Walter Raleigh was Professor of English Literature at Oxford; his *Letters* were published in 1926. Woolf refers to the nascent Italian Fascist state.

age, before Miss Davies and Miss Clough were born, when the writer used both sides of his mind equally. One must turn back to Shakespeare then, for Shakespeare was androgynous; and so was Keats and Sterne and Cowper and Lamb and Coleridge. Shelley perhaps was sexless. Milton and Ben Jonson had a dash too much of the male in them. So had Wordsworth and Tolstoi. In our time Proust was wholly androgynous, if not perhaps a little too much of a woman. But that failing is too rare for one to complain of it, since without some mixture of the kind the intellect seems to predominate and the other faculties of the mind harden and become barren. However, I consoled myself with the reflection that this is perhaps a passing phase; much of what I have said in obedience to my promise to give you the course of my thoughts will seem out of date; much of what flames in my eyes will seem dubious to you who have not yet come of age.

Even so, the very first sentence that I would write here, I said, crossing over to the writing-table and taking up the page headed Women and Fiction, is that it is fatal for any one who writes to think of their sex. It is fatal to be a man or woman pure and simple; one must be woman-manly or man-womanly. It is fatal for a woman to lay the least stress on any grievance; to plead even with justice any cause; in any way to speak consciously as a woman. And fatal is no figure of speech; for anything written with that conscious bias is doomed to death. It ceases to be fertilised. Brilliant and effective, powerful and masterly, as it may appear for a day or two, it must wither at nightfall; it cannot grow in the minds of others. Some collaboration has to take place in the mind between the woman and the man before the act of creation can be accomplished. Some marriage of opposites has to be consummated. The whole of the mind must lie wide open if we are to get the sense that the writer is communicating his experience with perfect fullness. There must be freedom and there must be peace. Not a wheel must grate, not a light glimmer. The curtains must be close drawn. The writer, I thought, once his experience is over, must lie back and let his mind celebrate its nuptials in darkness. He must not look or question what is being done. Rather, he must pluck the petals from a rose or watch the swans float calmly down the river. And I saw again the current which took the boat and the undergraduate and the dead leaves; and the taxi took the man and the woman, I thought, seeing them come together across the street, and the current swept them away, I thought, hearing far off the roar of London's traffic, into that tremendous stream.

Here, then, Mary Beton ceases to speak. She has told you how she reached the conclusion—the prosaic conclusion—that it is necessary to have five hundred a year and a room with a lock on the door if you are to write fiction or poetry. She has tried to lay bare the thoughts and impressions that led her to think this. She has asked you to follow her flying into the arms of a Beadle, lunching here, dining there, drawing pictures in the British Museum, taking books from the shelf, looking out of the window. While she has been doing all these things, you no doubt have been observing her failings and foibles and deciding what effect they have had on her opinions. You have been contradicting her and making whatever additions and deductions seem good to you. That is all as it should be, for in a question like this truth is only to be had by laying together many varieties of error. And I will end now in my own person by anticipating two criticisms, so obvious that you can hardly fail to make them.

No opinion has been expressed, you may say, upon the comparative merits of the sexes even as writers. That was done purposely, because, even if the time had come for such a valuation—and it is far more important at the moment to know how much money women had and how many rooms than to theorise about their capacities—even if the time had come I do not believe that gifts, whether of mind or character, can be weighed like sugar and butter, not even in Cambridge, where they are so adept at putting people into classes and fixing caps on their heads and letters after their names. I do not believe that even the Table of Precedency which you will find in Whitaker's *Almanac*[7] represents a final order of values, or that there is any sound reason to suppose that a Commander of the Bath will ultimately walk in to dinner behind a Master in Lunacy. All this pitting of sex against sex, of quality against quality; all this claiming of superiority and imputing of inferiority, belong to the private-school stage of human existence where there are "sides," and it is necessary for one side to beat another side, and of the utmost importance to walk up to a platform and receive from the hands of the Headmaster himself a highly ornamental pot. As people mature they cease to believe in sides or in Headmasters or in highly ornamental pots. At any rate, where books are concerned, it is notoriously difficult to fix labels of merit in such a way that they do not come off. Are not reviews of current literature a perpetual illustration of the difficulty of judgment? "This great book," "this worthless book," the same book is called by both names. Praise and blame alike mean nothing. No, delightful as the pastime of measuring may be, it is the most futile of all occupations, and to submit to the decrees of the measurers the most servile of attitudes. So long as you write what you wish to write, that is all that matters; and whether it matters for ages or only for hours, nobody can say. But to sacrifice a hair of the head of your vision, a shade of its colour, in deference to some Headmaster with a silver pot in his hand or to some professor with a measuring-rod up his sleeve, is the most abject treachery, and the sacrifice of wealth and chastity which used to be said to be the greatest of human disasters, a mere flea-bite in comparison.

Next I think that you may object that in all this I have made too much of the importance of material things. Even allowing a generous margin for symbolism, that five hundred a year stands for the power to contemplate, that a lock on the door means the power to think for oneself, still you may say that the mind should rise above such things; and that great poets have often been poor men. Let me then quote to you the words of your own Professor of Literature, who knows better than I do what goes to the making of a poet. Sir Arthur Quiller-Couch writes:[8]

"What are the great poetical names of the last hundred years or so? Coleridge, Wordsworth, Byron, Shelly, Landor, Keats, Tennyson, Browning, Arnold, Morris, Rossetti, Swinburne . . . we may stop there. Of these, all but Keats, Browning, Rossetti were University men; and of these three, Keats, who died young, cut off in his prime, was the only one not fairly well to do. It may seem a brutal thing to say, and it is a sad thing to say: but, as a matter of hard fact, the theory that poetical genius bloweth where it listeth, and equally in poor and rich, holds little truth. As a matter of hard fact, nine out of those twelve were University men: which means that somehow or other they procured the means to get the best education England can give. As a matter of hard fact, of the remaining three you know that Browning was well to do, and I challenge you that, if he had not been well to do, he would no more have attained to write *Saul* or *The Ring and the Book* than Ruskin would have attained to writing *Modern Painters* if his father had not dealt prosperously in business. Rossetti had a small private income; and, moreover, he painted. There remains but Keats; whom Atropos[9] slew young, as she

---

slew John Clare in a mad-house, and James Thomson by the laudanum he took to drug disappointment. These are dreadful facts, but let us face them. It is—however dishonouring to us as a nation—certain that, by some fault in our commonwealth, the poor poet has not in these days, nor has had for two hundred years, a dog's chance. Believe me—and I have spent a great part of ten years in watching some three hundred and twenty elementary schools—we may prate of democracy, but actually, a poor child in England has little more hope than had the son of an Athenian slave to be emancipated into that intellectual freedom of which great writings are born."

Nobody could put the point more plainly. "The poor poet has not in these days, nor has had for two hundred years, a dog's chance . . . a poor child in England has little more hope than had the son of an Athenian slave to be emancipated into that intellectual freedom of which great writings are born." That is it. Intellectual freedom depends upon material things. Poetry depends upon intellectual freedom. And women have always been poor, not for two hundred years merely, but from the beginning of time. Women have had less intellectual freedom than the sons of Athenian slaves. Women, then, have not had a dog's chance of writing poetry. That is why I have laid so much stress on money and a room of one's own. However, thanks to the toils of those obscure women in the past, of whom I wish we knew more, thanks, curiously enough, to two wars, the Crimean which let Florence Nightingale out of her drawing-room, and the European War which opened the doors to the average woman some sixty years later, these evils are in the way to be bettered. Otherwise you would not be here tonight, and your chance of earning five hundred pounds a year, precarious as I am afraid that it still is, would be minute in the extreme.

Still, you may object, why do you attach so much importance to this writing of books by women when, according to you, it requires so much effort, leads perhaps to the murder of one's aunts, will make one almost certainly late for luncheon, and may bring one into very grave disputes with certain very good fellows? My motives, let me admit, are partly selfish. Like most uneducated Englishwomen, I like reading—I like reading books in the bulk. Lately my diet has become a trifle monotonous; history is too much about wars; biography too much about great men; poetry has shown, I think, a tendency to sterility, and fiction—but I have sufficiently exposed my disabilities as a critic of modern fiction and will say no more about it. Therefore I would ask you to write all kinds of books, hesitating at no subject however trivial or however vast. By hook or by crook, I hope that you will possess yourselves of money enough to travel and to idle, to contemplate the future or the past of the world, to dream over books and loiter at street corners and let the line of thought dip deep into the stream. For I am by no means confining you to fiction. If you would please me—and there are thousands like me—you would write books of travel and adventure, and research and scholarship, and history and biography, and criticism and philosophy and science. By so doing you will certainly profit the art of fiction. For books have a way of influencing each other. Fiction will be much the better for standing cheek by jowl with poetry and philosophy. Moreover, if you consider any great figure of the past, like Sappho, like the Lady Murasaki,[1] like Emily Brontë, you will find that she is an inheritor as well as an originator, and has come into existence because women have come to have the habit of writing naturally; so that even as a prelude to poetry such activity on your part would be invaluable.

1. Sappho (c. mid-7th century B.C.), Greek woman poet; Shikibu Murasaki (978–1014) wrote *The Tale of Genji*, a major early work of Japanese literature.

But when I look back through these notes and criticise my own train of thought as I made them, I find that my motives were not altogether selfish. There runs through these comments and discursions the conviction—or is it the instinct?—that good books are desirable and that good writers, even if they show every variety of human depravity, are still good human beings. Thus when I ask you to write more books I am urging you to do what will be for your good and for the good of the world at large. How to justify this instinct or belief I do not know, for philosophic words, if one has not been educated at a university, are apt to play one false. What is meant by "reality"? It would seem to be something very erratic, very undependable—now to be found in a dusty road, now in a scrap of newspaper in the street, now in a daffodil in the sun. It lights up a group in a room and stamps some casual saying. It overwhelms one walking home beneath the stars and makes the silent world more real than the world of speech—and then there it is again in an omnibus in the uproar of Piccadilly.[2] Sometimes, too, it seems to dwell in shapes too far away for us to discern what their nature is. But whatever it touches, it fixes and makes permanent. That is what remains over when the skin of the day has been cast into the hedge; that is what is left of past time and of our loves and hates. Now the writer, as I think, has the chance to live more than other people in the presence of this reality. It is his business to find it and collect it and communicate it to the rest of us. So at least I infer from reading *Lear* or *Emma* or *La Recherche du Temps Perdu*. For the reading of these books seems to perform a curious couching operation on the senses; one sees more intensely afterwards; the world seems bared of its covering and given an intenser life. Those are the enviable people who live at enmity with unreality; and those are the pitiable who are knocked on the head by the thing done without knowing or caring. So that when I ask you to earn money and have a room of your own, I am asking you to live in the presence of reality, an invigorating life, it would appear, whether one can impart it or not.

Here I would stop, but the pressure of convention decrees that every speech must end with a peroration. And a peroration addressed to women should have something, you will agree, particularly exalting and ennobling about it. I should implore you to remember your responsibilities, to be higher, more spiritual; I should remind you how much depends upon you, and what an influence you can exert upon the future. But those exhortations can safely, I think, be left to the other sex, who will put them, and indeed have put them, with far greater eloquence than I can compass. When I rummage in my own mind I find no noble sentiments about being companions and equals and influencing the world to higher ends. I find myself saying briefly and prosaically that it is much more important to be oneself than anything else. Do not dream of influencing other people, I would say, if I knew how to make it sound exalted. Think of things in themselves.

And again I am reminded by dipping into newspapers and novels and biographies that when a woman speaks to women she should have something very unpleasant up her sleeve. Women are hard on women. Women dislike women. Women . . . but are you not sick to death of the word? I can assure you that I am. Let us agree, then, that a paper read by a woman to women should end with something particularly disagreeable.

But how does it go? What can I think of? The truth is, I often like women. I like their unconventionality. I like their subtlety. I like their anonymity. I like—but I must not run on in this way. That cupboard there,—you say it holds clean table-napkins

2. A district of London.

only; but what if Sir Archibald Bodkin were concealed among them?[3] Let me then adopt a sterner tone. Have I, in the preceding words, conveyed to you sufficiently the warnings and reprobation of mankind? I have told you the very low opinion in which you were held by Mr Oscar Browning. I have indicated what Napoleon once thought of you and what Mussolini thinks now. Then, in case any of you aspire to fiction, I have copied out for your benefit the advice of the critic about courageously acknowledging the limitations of your sex. I have referred to Professor X and given prominence to his statement that women are intellectually, morally and physically inferior to men. I have handed on all that has come my way without going in search of it, and here is a final warning—from Mr John Langdon Davies.[4] Mr John Langdon Davies warns women "that when children cease to be altogether desirable, women cease to be altogether necessary." I hope you will make a note of it.

How can I further encourage you to go about the business of life? Young women, I would say, and please attend, for the peroration is beginning, you are, in my opinion, disgracefully ignorant. You have never made a discovery of any sort of importance. You have never shaken an empire or led an army into battle. The plays of Shakespeare are not by you, and you have never introduced a barbarous race to the blessings of civilisation. What is your excuse? It is all very well for you to say, pointing to the streets and squares and forests of the globe swarming with black and white and coffee-coloured inhabitants, all busily engaged in traffic and enterprise and love-making, we have had other work on our hands. Without our doing, those seas would be unsailed and those fertile lands a desert. We have borne and bred and washed and taught, perhaps to the age of six or seven years, the one thousand six hundred and twenty-three million human beings who are, according to statistics, at present in existence, and that, allowing that some had help, takes time.

There is truth in what you say—I will not deny it. But at the same time may I remind you that there have been at least two colleges for women in existence in England since the year 1866; that after the year 1880 a married woman was allowed by law to possess her own property; and that in 1919—which is a whole nine years ago—she was given a vote? May I also remind you that the most of the professions have been open to you for close on ten years now? When you reflect upon these immense privileges and the length of time time during which they have been enjoyed, and the fact that there must be at this moment some two thousand women capable of earning over five hundred a year in one way or another, you will agree that the excuse of lack of opportunity, training, encouragement, leisure and money no longer holds good. Moreover, the economists are telling us that Mrs Seton has had too many children. You must, of course, go on bearing children, but, so they say, in twos and threes, not in tens and twelves.

Thus, with some time on your hands and with some book learning in your brains—you have had enough of the other kind, and are sent to college partly, I suspect, to be uneducated—surely you should embark upon another stage of your very long, very laborious and highly obscure career. A thousand pens are ready to suggest what you should do and what effect you will have. My own suggestion is a little fantastic, I admit; I prefer, therefore, to put it in the form of fiction.

3. Sir Archibald Bodkin was then Director of Public Prosecutions; his office had been responsible for the 1928 prosecution of Radclyffe Hall's novel *The Well of Loneliness* on a charge of obscenity. It was subsequently banned. Woolf had wanted to give evidence in the book's defense at the trial, but expert witnesses were not allowed by the presiding magistrate.

4. *A Short History of Women*, by John Langford Davies [Woolf's note].

I told you in the course of this paper that Shakespeare had a sister; but do not look for her in Sir Sidney Lee's life of the poet. She died young–alas, she never wrote a word. She lies buried where the omnibuses now stop, opposite the Elephant and Castle. Now my belief is that this poet who never wrote a word and was buried at the crossroads still lives. She lives in you and in me, and in many other women who are not here tonight, for they are washing up the dishes and putting the children to bed. But she lives; for great poets do not die; they are continuing presences; they need only the opportunity to walk among us in the flesh. This opportunity, as I think, it is now coming within your power to give her. For my belief is that if we live another century or so—I am talking of the common life which is the real life and not of the little separate lives which we live as individuals—and have five hundred a year each of us and rooms of our own; if we have the habit of freedom and the courage to write exactly what we think; if we escape a little from the common sitting-room and see human beings not always in their relation to each other but in relation to reality; and the sky, too, and the trees or whatever it may be in themselves; if we look past Milton's bogey, for no human being should shut out the view; if we face the fact, for it is a fact, that there is no arm to cling to, but that we go alone and that our relation is to the world of reality and not only to the world of men and women, then the opportunity will come and the dead poet who was Shakespeare's sister will put on the body which she has so often laid down. Drawing her life from the lives of the unknown who were her forerunners, as her brother did before her, she will be born. As for her coming without that preparation, without that effort on our part, without that determination that when she is born again she shall find it possible to live and write her poetry, that we cannot expect, for that would be impossible. But I maintain that she would come if we worked for her, and that so to work, even in poverty and obscurity, is worth while.

THREE GUINEAS   *Three Guineas* marked Virginia Woolf's return to the genre she had employed in *A Room of One's Own*: the extended political and literary essay with a feminist theme. Like the earlier essay, this text is cast as a response to a request—in this case, a letter from an unnamed man asking her opinions on the prevention of war. Woolf wrote *Three Guineas* in 1938, against the backdrop of impending world war. Her analysis of gender inequality, and the social construction of those conditions of inequality, is intensified in the later work because of the urgency of the imminent war. Woolf uses her critique of sexism to investigate the perpetuation of violence in human history and to argue that the same dominances that bring about female inequality are responsible for the evils of war.

Woolf's argument is anything but simple, and her text anything but a straightforward polemic. Her rhetoric is laced with irony and an almost savage playfulness, in light of the seriousness of the historical moment. The primary metaphor of this work—as of her novel *Orlando* (1928)—is that of costume and dress. Hardly a retreat to a frivolous subject, the emphasis on clothing cloaks Woolf's understanding of the invented nature of social power. In other words, she does not attribute male dominance to biological superiority on the part of men; instead, she investigates the degree to which human hierarchies of gender, of class, and of race are made by human culture and are thus "conventional," just as fashion is. While there is something grotesque about comparing Nazi uniforms to the vestments and robes of the clergy, as Woolf does in the essay, her purpose is to scandalously unveil this truth of culture, and thereby to suggest that dominance can be reversed or transformed.

Woolf uses the lens of sexism to investigate the nature of authority—which is generally male authority in the institutions of modern society. Woolf is not reductive in doing this–she never implies that women are "better" in ethical or other ways, nor that authority is less vile when abused by women, as it occasionally is. She is eager to find the skeleton key to unlock the mystery of brute authority, and to warn against the militarism she saw as a permanent feature of British as well as German society. Woolf does not exempt any national culture or any group from suscepti- bility to power and its corrupting effects. In this essay, which shocked its audience in a way the more playful *A Room of One's Own* did not, she offers a comparative survey of the institutions of authority, or civil society. The vestments of power, Woolf shows, can be adopted by groups and by entire nations and even civilizations. *Three Guineas* is a clarion call to arms, to the weapons of thought and education as alternatives to the unthinkable horrors of a second world war. Virginia Woolf saw her prophecy of war come true shortly after its publication, and that fatal fact, as much as her own mental illness, was a push toward the suicide that claimed her life in 1941.

from Three Guineas[1]

Three years is a long time to leave a letter unanswered, and your letter has been lying without an answer even longer than that. I had hoped that it would answer itself, or that other people would answer it for me. But there it is with its question—How in your opinion are we to prevent war?—still unanswered.

It is true that many answers have suggested themselves, but none that would not need explanation, and explanations take time. In this case, too, there are reasons why it is particularly difficult to avoid misunderstanding. A whole page could be filled with excuses and apologies; declarations of unfitness, incompetence, lack of knowledge, and experience: and they would be true. But even when they were said there would still remain some difficulties so fundamental that it may well prove impossible for you to understand or for us to explain. But one does not like to leave so remarkable a letter as yours—a letter perhaps unique in the history of human correspondence, since when before has an educated man asked a woman how in her opinion war can be prevent- ed?—unanswered. Therefore let us make the attempt; even if it is doomed to failure.

In the first place let us draw what all letter-writers instinctively draw, a sketch of the person to whom the letter is addressed. Without someone warm and breathing on the other side of the page, letters are worthless. You, then, who ask the question, are a little grey on the temples; the hair is no longer thick on the top of your head. You have reached the middle years of life not without effort, at the Bar;[2] but on the whole your journey has been prosperous. There is nothing parched, mean or dissatisfied in your expression. And without wishing to flatter you, your prosperity—wife, children, house—has been deserved. You have never sunk into the contented apathy of middle life, for, as your letter from an office in the heart of London shows, instead of turning on your pillow and prodding your pigs, pruning your pear trees—you have a few acres in Norfolk—you are writing letters, attending meetings, presiding over this and that, asking questions, with the sound of the guns in your ears. For the rest, you began your education at one of the great public schools and finished it at the university.

It is now that the first difficulty of communication between us appears. Let us rapidly indicate the reason. We both come of what, in this hybrid age when, though birth is mixed, classes still remain fixed, it is convenient to call the educated class. When we meet in the flesh we speak with the same accent; use knives and forks in the same way; expect maids to cook dinner and wash up after dinner; and can talk during dinner without much difficulty about politics and people; war and peace; bar- barism and civilization—all the questions indeed suggested by your letter. Moreover,

---

1. A guinea had been a gold coin worth one pound and one shilling (21 shillings); although no longer in circula- tion, guineas were used in determining professional fees and luxury items.

2. In Britain, "the Bar" refers collectively to lawyers; to be called to the Bar means to enter the profession.

we both earn our livings. But . . . those three dots mark a precipice, a gulf so deeply cut between us that for three years and more I have been sitting on my side of it wondering whether it is any use to try to speak across it. Let us then ask someone else—it is Mary Kingsley—to speak for us.[3] "I don't know if I ever revealed to you the fact that being allowed to learn German was all the paid-for education I ever had. Two thousand pounds was spent on my brother's, I still hope not in vain."[4] Mary Kingsley is not speaking for herself alone; she is speaking, still, for many of the daughters of educated men. And she is not merely speaking for them; she is also pointing to a very important fact about them, a fact that must profoundly influence all that follows: the fact of Arthur's Education Fund. You, who have read *Pendennis*,[5] will remember how the mysterious letters A.E.F. figured in the household ledgers. Ever since the thirteenth century English families have been paying money into that account. From the Pastons[6] to the Pendennises, all educated families from the thirteenth century to the present moment have paid money into that account. It is a voracious receptacle. Where there were many sons to educate it required a great effort on the part of the family to keep it full. For your education was not merely in book-learning; games educated your body; friends taught you more than books or games. Talk with them broadened your outlook and enriched your mind. In the holidays you travelled; acquired a taste for art; a knowledge of foreign politics; and then, before you could earn your own living, your father made you an allowance upon which it was possible for you to live while you learnt the profession which now entitles you to add the letters K.C.[7] to your name. All this came out of Arthur's Education Fund. And to this your sisters, as Mary Kingsley indicates, made their contribution. Not only did their own education, save for such small sums as paid the German teacher, go into it; but many of those luxuries and trimmings which are, after all, an essential part of education—travel, society, solitude, a lodging apart from the family house—they were paid into it too. It was a voracious receptacle, a solid fact—Arthur's Education Fund—a fact so solid indeed that it cast a shadow over the entire landscape. And the result is that though we look at the same things, we see them differently. What is that congregation of buildings there, with a semi-monastic look, with chapels and halls and green playing-fields? To you it is your old school, Eton or Harrow;[8] your old university, Oxford or Cambridge; the source of memories and of traditions innumerable. But to us, who see it through the shadow of Arthur's Education Fund, it is a schoolroom table; an omnibus going to a class; a little woman with a red nose who is not well educated herself but has an invalid mother to support; an allowance of £50 a year with which to buy clothes, give presents and take journeys on coming to maturity.

3. Mary Kingsley traveled extensively in West Africa in the final decade of the 19th century, publishing an account of her expeditions in 1897; see page 1810.
4. *The Life of Mary Kingsley*, by Stephen Gwynn, p. 15. It is difficult to get exact figures of the sums spent on the education of educated men's daughters. About £20 or £30 presumably covered the entire cost of Mary Kingsley's education (b. 1862; d. 1900). A sum of £100 may be taken as about the average in the 19th century and even later. The women thus educated often felt the lack of education very keenly. "I always feel the defects of my education most painfully when I go out," wrote Anne J. Clough, the first Principal of Newnham (*Life of Anne J. Clough*, by B. A Clough, p. 60) . . .

But the educated man's daughter in the 19th century was even more ignorant of life than of books. One reason for that ignorance is suggested by the following quotation: "It was supposed that most men were not 'vir-

tuous', that is, that nearly all would be capable of accosting and annoying—or worse—any unaccompanied young woman whom they met." ("Society and the Season," by Mary, Countess of Lovelace, in *Fifty Years*, 1882–1932, p. 37.) She was therefore confined to a very narrow circle; and her "ignorance and indifference" to anything outside it was excusable. The connection between that ignorance and the 19th-century conception of manhood, which—witness the Victorian hero—made "virtue" and virility incompatible is obvious. In a well-known passage, Thackeray complains of the limitations which virtue and virility between them impose upon his art [Woolf's note].
5. *The History of Pendennis* (1848–1850), a novel by William Makepeace Thackeray.
6. *The Paston Letters* (c. 1420–1504) are a record of the domestic conditions of a well-to-do medieval family.
7. King's Counsel; the title for senior barristers.
8. Prestigious boys' schools.

Such is the effect that Arthur's Education Fund has had upon us. So magically does it change the landscape that the noble courts and quadrangles of Oxford and Cambridge often appear to educated men's daughters[9] like petticoats with holes in them, cold legs of mutton, and the boat train starting for abroad while the guard slams the door in their faces.

* * *

Here then is your own letter. In that, as we have seen, after asking for an opinion as to how to prevent war, you go on to suggest certain practical measures by which we can help you to prevent it. These are it appears that we should sign a manifesto, pledging ourselves "to protect culture and intellectual liberty";[1] that we should join a certain society, devoted to certain measures whose aim is to preserve peace; and, finally, that we should subscribe to that society which like the others is in need of funds.

First, then, let us consider how we can help you to prevent war by protecting culture and intellectual liberty, since you assure us that there is a connection between those rather abstract words and these very positive photographs—the photographs of dead bodies and ruined houses.

But if it was surprising to be asked for an opinion how to prevent war, it is still more surprising to be asked to help you in the rather abstract terms of your manifesto to protect culture and intellectual liberty. Consider, Sir, in the light of the facts given above, what this request of yours means. It means that in the year 1938 the sons of educated men are asking the daughters to help them to protect culture and intellectual liberty. And why, you may ask, is that so surprising? Suppose that the Duke of Devonshire, in his star and garter,[2] stepped down into the kitchen and said to the maid who was peeling potatoes with a smudge on her cheek: "Stop your potato peeling, Mary, and help me to construe this rather difficult passage in Pindar,"[3] would not Mary be surprised and run screaming to Louisa the cook, "Lawks,

---

9. Our ideology is still so inveterately anthropocentric that it has been necessary to coin this clumsy term—educated man's daughter—to describe the class whose fathers have been educated at public schools and universities. Obviously, if the term "bourgeois" fits her brother, it is grossly incorrect to use it of one who differs so profoundly in the two prime characteristics of the bourgeoisie—capital and environment [Woolf's note].

1. It is to be hoped that some methodical person has made a collection of the various manifestoes and questionnaires issued broadcast during the years 1936–7. Private people of no political training were invited to sign appeals asking their own and foreign governments to change their policy; artists were asked to fill up forms stating the proper relation of the artist to the State, to religion, to morality; pledges were required that the writer should use English grammatically and avoid vulgar expressions; and dreamers were invited to analyse their dreams. By way of inducement it was generally proposed to publish the results in the daily or weekly Press. What effect this inquisition has had upon governments it is for the politician to say. Upon literature, since the output of books is unstaunched, and grammar would seem to be neither better nor worse, the effect is problematical. But the inquisition . . . points, indirectly, to the death of the Siren, that much ridiculed and often upper-class lady who by keeping open house for the aristocracy, plutocracy, intelligentsia, ignorantsia, etc., tried to provide all classes with a talking-ground or scratching-post where they could rub up minds, manners and morals more privately, and perhaps as usefully. The part that the Siren

played in promoting culture and intellectual liberty in the 18th century is held by historians to be of some importance. Even in our own day she had her uses. Witness W. B. Yeats—"How often have I wished that he [Synge] might live long enough to enjoy that communion with idle, charming cultivated women which Balzac in one of his dedications calls 'the chief consolation of genius'!" (Dramatis Personae, W. B. Yeats, p. 127.) Lady St. Helier who, as Lady Jeune, preserved the 18th-century tradition, informs us, however, that "Plovers' eggs at 2s 6d. apiece, forced strawberries, early asparagus, petits poussins . . . are now considered almost a necessity by anyone aspiring to give a good dinner" (1909); and her remark that the reception day was "very fatiguing . . . how exhausted I felt when half-past seven came, and how gladly at eight o' clock I sat down to a peaceful tête-à-tête dinner with my husband!" (Memories of Fifty Years, by Lady St. Helier, pp. 3, 5, 182) may explain why such houses are shut, why such hostesses are dead, and why therefore the intelligentsia, the ignorantsia, the aristocracy, the bureaucracy, the bourgeoisie, etc., are driven (unless somebody will revive that society on an economic basis) to do their talking in public. But in view of the multitude of manifestoes and questionnaires now in circulation it would be foolish to suggest another into the minds and motives of the Inquisitors [Woolf's note].

2. Badges of the Order of the Garter, the highest English Order of Knighthood.

3. Greek poet (c. 522–443 B.C.), famous for his poems celebrating the victors at the ancient Olympic Games.

Louie, Master must be mad!" That, or something like it, is the cry that rises to our lips when the sons of educated men ask us, their sisters, to protect intellectual liberty and culture. But let us try to translate the kitchenmaid's cry into the language of educated people.

Once more we must beg you, Sir, to look from our angle, from our point of view, at Arthur's Education Fund. Try once more, difficult though it is to twist your head in that direction, to understand what it has meant to us to keep that receptacle filled all these centuries so that some 10,000 of our brothers may be educated every year at Oxford and Cambridge. It has meant that we have already contributed to the cause of culture and intellectual liberty more than any other class in the community. For have not the daughters of educated men paid into Arthur's Education Fund from the year 1262 to the year 1870 all the money that was needed to educate themselves, bating such miserable sums as went to pay the governess, the German teacher, and the dancing master? Have they not paid with their own education for Eton and Harrow, Oxford and Cambridge, and all the great schools and universities on the continent—the Sorbonne and Heidelberg, Salamanca and Padua and Rome? Have they not paid so generously and lavishly if so indirectly, that when at last, in the nineteenth century, they won the right to some paid-for education for themselves, there was not a single woman who had received enough paid-for education to be able to teach them?[4] And now, out of the blue, just as they were hoping that they might filch not only a little of that same university education for themselves but some of the trimmings—travel, pleasure, liberty—for themselves, here is your letter informing them that the whole of that vast, that fabulous sum—for whether counted directly in cash, or indirectly in things done without, the sum that filled Arthur's Education Fund is vast—has been wasted or wrongly applied. With what other purpose were the universities of Oxford and Cambridge founded, save to protect culture and intellectual liberty? For what other object did your sisters go without teaching or travel or luxuries themselves except that with the money so saved their brothers should go to schools and universities and there learn to protect culture and intellectual liberty? But now since you proclaim them in danger and ask us to add our voice to yours, and our sixpence to your guinea, we must assume that the money so spent was wasted and that those societies have failed. Yet, the reflection must intrude, if the public schools and universities with their elaborate machinery for mind-training and body-training have failed, what reason is there to think that your society, sponsored though it is by distinguished names, is going to succeed, or that your manifesto, signed though it is by still more distinguished names, is going to convert? Ought you not, before you lease an office, hire a secretary, elect a committee and appeal for funds, to consider why those schools and universities have failed?

That, however, is a question for you to answer. The question which concerns us is what possible help we can give you in protecting culture and intellectual liberty—we who have been shut out from the universities so repeatedly, and are only now admitted so restrictedly; we who have received no paid-for education whatsoever, or so little that we can only read our own tongue and write our own language, we who are, in fact, members not of the intelligentsia but of the ignorantsia? To confirm us in our modest estimate of our own culture and to prove that you in fact share it there is

4. "He did begin however on May 13th (1844) to lecture weekly at Queen's College which Maurice and other professors at King's had established a year before, primarily for the examination and training of governesses. Kingsley was ready to share in this unpopular task because he believed in the higher education of women." (*Charles Kingsley*, by Margaret Farrand Thorp, p. 65) [Woolf's note].

Whitaker with his facts. Not a single educated man's daughter, Whitaker says, is thought capable of teaching the literature of her own language at either university. Nor is her opinion worth asking, Whitaker informs us, when it comes to buying a picture for the National Gallery, a portrait for the Portrait Gallery, or a mummy for the British Museum. How then can it be worth your while to ask us to protect culture and intellectual liberty when, as Whitaker proves with his cold facts, you have no belief that our advice is worth having when it comes to spending the money, to which we have contributed, in buying culture and intellectual liberty for the State? Do you wonder that the unexpected compliment takes us by surprise? Still, there is your letter. There are facts in that letter, too. In it you say that war is imminent; and you go on to say, in more languages than one—here is the French version: *Seule la culture désintéressée peut garder le monde de sa ruine*[5]—you go on to say that by protecting intellectual liberty and our inheritance of culture we can help you to prevent war. And since the first statement at least is indisputable and any kitchenmaid even if her French is defective can read and understand the meaning of "Air Raid Precautions" when written in large letters upon a blank wall, we cannot ignore your request on the plea of ignorance or remain silent on the plea of modesty. Just as any kitchenmaid would attempt to construe a passage in Pindar if told that her life depended on it, so the daughters of educated men, however little their training qualifies them, must consider what they can do to protect culture and intellectual liberty if by so doing they can help you to prevent war. So let us by all means in our power examine this further method of helping you, and see, before we consider your request that we should join your society, whether we can sign this manifesto in favour of culture and intellectual liberty with some intention of keeping our word.

* * *

Thus, Sir, it becomes clear that we must make our appeal only to those daughters of educated men who have enough to live upon. To them we might address ourselves in this wise: "Daughters of educated men who have enough to live upon . . ." But again the voice falters: again the prayer peters out into separate dots. For how many of them are there? Dare we assume in the face of Whitaker, of the laws of property, of the wills in the newspapers, of facts in short, that 1,000, 500, or even 250 will answer when thus addressed? However that may be, let the plural stand and continue: "Daughters of educated men who have enough to live upon, and read and write your own language for your own pleasure, may we very humbly entreat you to sign this gentleman's manifesto with some intention of putting your promise into practice?"

Here, if indeed they consent to listen, they might very reasonably ask us to be more explicit—not indeed to define culture and intellectual liberty, for they have books and leisure and can define the words for themselves. But what, they may well ask, is meant by this gentleman's "disinterested" culture, and how are we to protect that and intellectual liberty in practice? Now as they are daughters, not sons, we may begin by reminding them of a compliment once paid them by a great historian. "Mary's conduct," says Macaulay, "was really a signal instance of that perfect disinterestedness and self-devotion of which man seems to be incapable, but which is sometimes found in women."[6] Compliments, when you are asking a favour, never come

<hr />

5. "Only disinterested culture can save the world from ruin." The French, as the above quotation shows, are as active as the English in issuing manifestoes. That the French, who refuse to allow the women of France to vote, and still inflict upon them laws whose almost medieval severity can be studied in *The Position of Women in Con-* *temporary France*, by Frances Clark, should appeal to English women to help them to protect liberty and culture must cause surprise [Woolf's note].

6. Macaulay's *History of England*, Vol III, p. 278 (standard edition) [Woolf's note].

amiss. Next let us refer them to the tradition which has long been honoured in the private house—the tradition of chastity. "Just as for many centuries, Madam," we might plead, "it was thought vile for a woman to sell her body without love, but right to give it to the husband whom she loved, so it is wrong, you will agree, to sell your mind without love, but right to give it to the art which you love." "But what," she may ask, "is meant by 'selling your mind without love'?" "Briefly," we might reply, "to write at the command of another person what you do not want to write for the sake of money. But to sell a brain is worse than to sell a body, for when the body seller has sold her momentary pleasure she takes good care that the matter shall end there. But when a brain seller has sold her brain, its anaemic, vicious and diseased progeny are let loose upon the world to infect and corrupt and sow the seeds of disease in others. Thus we are asking you, Madam, to pledge yourself not to commit adultery of the brain because it is a much more serious offence than the other." "Adultery of the brain," she may reply, "means writing what I do not want to write for the sake of money. Therefore you ask me to refuse all publishers, editors, lecture agents and so on who bribe me to write or to speak what I do not want to write or to speak for the sake of money?" "That is so, Madam; and we further ask that if you should receive proposals for such sales you will resent them and expose them as you would resent and expose such proposals for selling your body, for your own sake and for the sake of others. But we would have you observe that the verb 'to adulterate' means, according to the dictionary, 'to falsify by admixture of baser ingredients.' Money is not the only baser ingredient. Advertisement and publicity are also adulterers. Thus, culture mixed with personal charm, or culture mixed with advertisement and publicity, are also adulterated forms of culture. We must ask you to abjure them; not to appear on public platforms; not to lecture; not to allow your private face to be published, or details of your private life; not to avail yourself, in short, of any of the forms of brain prostitution which are so insidiously suggested by the pimps and panders of the brain-selling trade; or to accept any of those baubles and labels by which brain merit is advertised and certified—medals, honours, degrees—we must ask you to refuse them absolutely, since they are all tokens that culture has been prostituted and intellectual liberty sold into captivity."

Upon hearing this definition, mild and imperfect as it is, of what it means, not merely to sign your manifesto in favour of culture and intellectual liberty, but to put that opinion into practice, even those daughters of educated men who have enough to live upon may object that the terms are too hard for them to keep. For they would mean loss of money which is desirable, loss of fame which is universally held to be agreeable, and censure and ridicule which are by no means negligible. Each would be the butt of all who have an interest to serve or money to make from the sale of brains. And for what reward? Only, in the rather abstract terms of your manifesto, that they would thus "protect culture and intellectual liberty," not by their opinion but by their practice.

Since the terms are so hard, and there is no body in existence whose ruling they need respect or obey, let us consider what other method of persuasion is left to us. Only, it would seem, to point to the photographs—the photographs of dead bodies and ruined houses. Can we bring out the connection between them and prostituted culture and intellectual slavery and make it so clear that the one implies the other, that the daughters of educated men will prefer to refuse money and fame, and to be the objects of scorn and ridicule rather than suffer themselves, or allow others to suffer, the penalties there made visible? It is difficult in the short time at our disposal, and with the weak weapons in our possession, to make that connection clear, but if what you, Sir, say is true, and there is a connection and a very real one between them, we must try to prove it.

* * *

Now that we have tried to see how we can help you to prevent war by attempting to define what is meant by protecting culture and intellectual liberty let us consider your next and inevitable request: that we should subscribe to the funds of your society. For you, too, are an honorary treasurer, and like the other honorary treasurers in need of money. Since you, too, are asking for money it might be possible to ask you, also, to define your aims, and to bargain and to impose terms as with the other honorary treasurers. What then are the aims of your society? To prevent war, of course. And by what means? Broadly speaking, by protecting the rights of the individual; by opposing dictatorship; by ensuring the democratic ideals of equal opportunity for all. Those are the chief means by which as you say, "the lasting peace of the world can be assured." Then, Sir, there is no need to bargain or to haggle. If those are your aims, and if, as it is impossible to doubt, you mean to do all in your power to achieve them, the guinea is yours—would that it were a million! The guinea is yours; and the guinea is a free gift, given freely.

But the word "free" is used so often, and has come, like used words, to mean so little, that it may be well to explain exactly, even pedantically, what the word "free" means in this context. It means here that no right or privilege is asked in return. The giver is not asking you to admit her to the priesthood of the Church of England; or to the Stock Exchange; or to the Diplomatic Service. The giver has no wish to be "English" on the same terms that you yourself are "English." The giver does not claim in return for the gift admission to any profession; any honour, title, or medal; any professorship or lectureship; any seat upon any society, committee or board. The gift is free from all such conditions because the one right of paramount importance to all human beings is already won. You cannot take away her right to earn a living. Now then for the first time in English history an educated man's daughter can give her brother one guinea of her own making at his request for the purpose specified above without asking for anything in return. It is a free gift, given without fear, without flattery, and without conditions. That, Sir, is so momentous an occasion in the history of civilization that some celebration seems called for. But let us have done with the old ceremonies—the Lord Mayor, with turtles and sheriffs in attendance, tapping nine times with his mace upon a stone while the Archbishop of Canterbury in full canonicals invokes a blessing.[7] Let us invent a new ceremony for this new occasion. What more fitting than to destroy an old word, a vicious and corrupt word that has done much harm in its day and is now obsolete? The word "feminist" is the word indicated. That word, according to the dictionary, means "one who champions the rights of women." Since the only right, the right to earn a living, has been won, the word no longer has a meaning. And a word without a meaning is a dead word, a corrupt word. Let us therefore celebrate this occasion by cremating the corpse. Let us write that word in large black letters on a sheet of foolscap; then solemnly apply a match to the paper. Look, how it burns! What a light dances over the world! Now let us bray the ashes in a mortar with a goosefeather pen, and declare in unison singing together

---

7. The Lord Mayor of London is a largely ceremonial figure; the Archbishop of Canterbury is the senior bishop of the Church of England.

that anyone who uses that word in future is a ring-the-bell-and-run-away-man,[8] a mischief maker, a groper among old bones, the proof of whose defilement is written in a smudge of dirty water upon his face. The smoke has died down; the word is destroyed. Observe, Sir, what has happened as the result of our celebration. The word "feminist" is destroyed; the air is cleared; and in that clearer air what do we see? Men and women working together for the same cause. The cloud has lifted from the past too. What were they working for in the nineteenth century—those queer dead women in their poke bonnets and shawls? The very same cause for which we are working now. "Our claim was no claim of women's rights only;"—it is Josephine Butler[9] who speaks—"it was larger and deeper; it was a claim for the rights of all—all men and women—to the respect in their persons of the great principles of Justice and Equality and Liberty." The words are the same as yours; the claim is the same as yours. The daughters of educated men who were called, to their resentment, "feminists" were in fact the advance guard of your own movement. They were fighting the same enemy that you are fighting and for the same reasons. They were fighting the tyranny of the patriarchal state as you are fighting the tyranny of the Fascist state. Thus we are merely carrying on the same fight that our mothers and grandmothers fought; their words prove it; your words prove it. But now with your letter before us we have your assurance that you are fighting with us, not against us. That fact is so inspiring that another celebration seems called for. What could be more fitting than to write more dead words, more corrupt words, upon more sheets of paper and burn them—the words, Tyrant, Dictator, for example? But, alas, those words are not yet obsolete. We can still shake out eggs from newspapers; still smell a peculiar and unmistakable odour in the region of Whitehall and Westminster. And abroad the monster has come more openly to the surface. There is no mistaking him there. He has widened his scope. He is interfering now with your liberty; he is dictating how you shall live; he is making distinctions not merely between the sexes, but between the races. You are feeling in your own persons what your mothers felt when they were shut out, when they were shut up, because they were women. Now you are being shut out, you are being shut up, because you are Jews, because you are democrats, because of race, because of religion. It is not a photograph that you look upon any longer; there you go, trapesing along in the procession yourselves. And that makes a difference. The whole iniquity of dictatorship, whether in Oxford or Cambridge, in Whitehall or Downing Street, against Jews or against women, in England, or in Germany, in Italy or in Spain is now apparent to you. But now we are fighting together. The daughters and sons of educated men are fighting side by side. That fact is so inspiring, even if no celebration is yet possible, that if this one guinea could be multiplied a million times all those guineas should be at your service without any other conditions than those that you have imposed upon yourself. Take this one guinea then and use it to assert "the rights of all—all men and women—to the respect in their persons of the great principles of Justice and Equality and Liberty." Put this penny candle in the window of your new society, and may we live to see the day when in the blaze of our common freedom the words tyrant and dictator shall be burnt to ashes, because the words tyrant and dictator shall be obsolete.

8. This word has been coined in order to define those who make use of words with the desire to hurt but at the same time to escape detection. In a transitional age when many qualities are changing their value, new words to express new values are much to be desired. Vanity, for example, which would seem to lead to severe complica-tions of cruelty and tyranny, judging from evidence supplied abroad, is still masked by a name with trivial associations. A supplement to the *Oxford English Dictionary* is indicated [Woolf's note].

9. Feminist involved in the movement for educational reform (1828–1906).

That request then for a guinea answered, and the cheque signed, only one fur-ther request of yours remains to be considered—it is that we should fill up a form and become members of your society. On the face of it that seems a simple request, easily granted. For what can be simpler than to join the society to which this guinea has just been contributed? On the face of it, how easy, how simple; but in the depths, how difficult, how complicated. . . . What possible doubts, what possible hesitations can those dots stand for? What reason or what emotion can make us hesitate to become members of a society whose aims we approve, to whose funds we have con-tributed? It may be neither reason nor emotion, but something more profound and fundamental than either. It may be difference. Different we are, as facts have proved, both in sex and in education. And it is from that difference, as we have already said, that our help can come, if help we can, to protect liberty, to prevent war. But if we sign this form which implies a promise to become active members of your society, it would seem that we must lose that difference and therefore sacrifice that help. ✱ ✱ ✱

✱ ✱ ✱ Thus, Sir, while we respect you as a private person and prove it by giving you a guinea to spend as you choose, we believe that we can help you most effectively by refusing to join your society; by working for our common ends—justice and equality and liberty for all men and women—outside your society, not within.

But this, you will say, if it means anything, can only mean that you, the daugh-ters of educated men, who have promised us your positive help, refuse to join our society in order that you may make another of your own. And what sort of society do you propose to found outside ours, but in co-operation with it, so that we may both work together for our common ends? That is a question which you have every right to ask, and which we must try to answer in order to justify our refusal to sign the form you send. Let us then draw rapidly in outline the kind of society which the daughters of educated men found and join outside your society but in co-operation with its ends. In the first place, this new society, you will be relieved to learn, would have no honorary treasurer, for it would need no funds. It would have no office, no commit-tee, no secretary; it would call no meetings; it would hold no conferences. If name it must have, it could be called the Outsiders' Society. That is not a resonant name, but it has the advantage that it squares with facts—the facts of history, of law, of biogra-phy; even, it may be, with the still hidden facts of our still unknown psychology. It would consist of educated men's daughters working in their own class—how indeed can they work in any other?[1]—and by their own methods for liberty, equality and peace. Their first duty, to which they would bind themselves not by oath, for oaths and ceremonies have no part in a society which must be anonymous and elastic

1. In the 19th century much valuable work was done for the working class by educated men's daughters in the only way that was then open to them. But now that some of them at least have received an expensive education, it is arguable that they can work much more effectively by remaining in their own class and using the methods of that class to improve a class which stands much in need of improvement. If on the other hand the educated (as so often happens) renounce the very qualities which education should have brought—reason, tolerance, knowledge—and play at belonging to the work-ing class and adopting its cause, they merely expose that cause to the ridicule of the educated class and do nothing to improve their own. But the number of books written by the educated about the working class would seem to show that the glamour of the working class and the emotional relief afforded by adopting its cause, are today as irresistible to the middle class as the glamour of the aristocracy was 20 years ago (see *A la Recherche du Temps Perdu*). Meanwhile it would be inter-esting to know what the true-born working man or woman thinks of the playboys and playgirls of the educated class who adopt the working-class cause without sacrificing middle-class capital, or sharing working-class experience. "The average housewife," according to Mrs Murphy, Home Service Director of the British Commercial Gas Association, "washed an acre of dirty dishes, a mile of glass and three miles of clothes and scrubbed five miles of floor yearly." (*Daily Telegraph*, September 29th, 1937.) For a more detailed account of working-class life, see *Life as We Have Known It* by Co-operative working women, edited by Margaret Llewelyn Davies. *The Life of Joseph Wright* also gives a remarkable account of work-ing-class life at first hand and not through pro-proletarian spectacles [Woolf's note].

before everything, would be not to fight with arms. This is easy for them to observe, for in fact, as the papers inform us, "the Army Council have no intention of opening recruiting for any women's corps.[2]" The country ensures it. Next they would refuse in the event of war to make munitions or nurse the wounded. Since in the last war both these activities were mainly discharged by the daughters of working men, the pressure upon them here too would be slight, though probably disagreeable. On the other hand the next duty to which they would pledge themselves is one of considerable difficulty, and calls not only for courage and initiative, but for the special knowledge of the educated man's daughter. It is, briefly, not to incite their brothers to fight, or to dissuade them, but to maintain an attitude of complete indifference. But the attitude expressed by the word "indifference" is so complex and of such importance that it needs even here further definition. Indifference in the first place must be given a firm footing upon fact. As it is a fact that she cannot understand what instinct compels him, what glory, what interest, what manly satisfaction fighting provides for him— "without war there would be no outlet for the manly qualities which fighting develops"—as fighting thus is a sex characteristic which she cannot share, the counterpart some claim of the maternal instinct which he cannot share, so is it an instinct which she cannot judge. The outsider therefore must leave him free to deal with this instinct by himself, because liberty of opinion must be respected, especially when it is based upon an instinct which is as foreign to her as centuries of tradition and education can make it.[3] This is a fundamental and instinctive distinction upon which indifference may be based. But the outsider will make it her duty not merely to base her indifference upon instinct, but upon reason. When he says, as history proves that he has said, and may say again, "I am fighting to protect our country" and thus seeks to rouse her patriotic emotion, she will ask herself, "What does 'our country' mean to me an outsider?" To decide this she will analyse the meaning of patriotism in her own case. She will inform herself of the position of her sex and her class in the past. She will inform herself of the amount of land, wealth and property in the possession of her own sex and class in the present—how much of "England" in fact belongs to her. From the same sources she will inform herself of the legal protection which the law has given her in the past and now gives her. And if he adds that he is fighting to protect her body, she will reflect upon the degree of physical protection that she now enjoys when the words "Air Raid Precaution" are written on blank walls. And if he says that he is fighting to protect England from foreign rule, she will reflect that for her there are no "foreigners," since by law she becomes a foreigner if she marries a foreigner. And she will do her best to make this a fact, not by forced fraternity, but by human sympathy. All these facts will convince her reason (to put it in a nutshell) that her sex and class has very little to thank England for in the past; not much to thank England for in the present; while the security of her person in the future is highly dubious. But probably she will have imbibed, even from the governess, some

2. "It was stated yesterday at the War Office that the Army Council have no intention of opening recruiting for any women's corps." (*The Times*, October 22nd, 1937.) This marks a prime distinction between the sexes. Pacifism is enforced upon women. Men are still allowed liberty of choice [Woolf's note].

3. The following quotation shows, however, that if sanctioned the fighting instinct easily develops. "The eyes deeply sunk into the sockets, the features acute, the amazon keeps herself very straight on the stirrups at the head of her squadron . . . Five English parliamentaries look at this woman with the respectful and a bit restless admiration one feels for a 'fauve' of an unknown species . . . The amazon Amalia rides in fact a magnificent dapple-grey horse, with glossy hair, which flatters like a parade horse . . . This woman who has killed five men—but who feels not sure about the sixth—was for the envoys of the House of Commons an excellent introducer to the Spanish War." (*The Martyrdom of Madrid*, Inedited Witnesses, by Louis Delaprée, pp. 34, 5, 6. Madrid, 1937) [Woolf's note].

romantic notion that Englishmen, those fathers and grandfathers whom she sees marching in the picture of history, are "superior" to the men of other countries. This she will consider it her duty to check by comparing French historians with English; German with French; the testimony of the ruled—the Indians or the Irish, say—with the claims made by their rulers. Still some "patriotic" emotion, some ingrained belief in the intellectual superiority of her own country over other countries may remain. Then she will compare English painting with French painting; English music with German music; English literature with Greek literature, for translations abound. When all these comparisons have been faithfully made by the use of reason, the outsider will find herself in possession of very good reasons for her indifference. She will find that she has no good reason to ask her brother to fight on her behalf to protect "our" country. " 'Our country,' " she will say, "throughout the greater part of its history has treated me as a slave; it has denied me education or any share in its possessions. 'Our' country still ceases to be mine if I marry a foreigner. 'Our' country denies me the means of protecting myself, forces me to pay others a very large sum annually to protect me, and is so little able, even so, to protect me that Air Raid precautions are written on the wall. Therefore if you insist upon fighting to protect me, or 'our' country, let it be understood, soberly and rationally between us, that you are fighting to gratify a sex instinct which I cannot share; to procure benefits which I have not shared and probably will not share; but not to gratify my instincts, or to protect myself or my country. For," the outsider will say, "in fact, as a woman, I have no country. As a woman I want no country. As a woman my country is the whole world." And if, when reason has said its say, still some obstinate emotion remains, some love of England dropped into a child's ears by the cawing of rooks in an elm tree, by the splash of waves on a beach, or by English voices murmuring nursery rhymes, this drop of pure, if irrational, emotion she will make serve her to give to England first what she desires of peace and freedom for the whole world.

Such then will be the nature of her "indifference" and from this indifference certain actions must follow. She will bind herself to take no share in patriotic demonstrations; to assent to no form of national self-praise; to make no part of any claque or audience that encourages war; to absent herself from military displays, tournaments, tattoos, prize-givings and all such ceremonies as encourage the desire to impose "our" civilization or "our" dominion upon other people. The psychology of private life, moreover, warrants the belief that this use of indifference by the daughters of educated men would help materially to prevent war. For psychology would seem to show that it is far harder for human beings to take action when other people are indifferent and allow them complete freedom of action, than when their actions are made the centre of excited emotion. The small boy struts and trumpets outside the window: implore him to stop; he goes on; say nothing; he stops. That the daughters of educated men then should give their brothers neither the white feather of cowardice nor the red feather of courage, but no feather at all;[4] that they should shut the bright eyes that rain influence, or let those eyes look elsewhere when war is discussed—that is the duty to which outsiders will train themselves in peace before the threat of death inevitably makes reason powerless.

Such then are some of the methods by which the society, the anonymous and secret Society of Outsiders would help you, Sir, to prevent war and to ensure freedom. * * *

---

4. During the First World War in Britain, patriotic women would hand a white feather to men who seemed to have evaded military service.

It would be easy to define in greater number and more exactly the duties of those who belong to the Society of Outsiders, but not profitable. Elasticity is essential; and some degree of secrecy, as will be shown later, is at present even more essential. But the description thus loosely and imperfectly given is enough to show you, Sir, that the Society of Outsiders has the same ends as your society—freedom, equality, peace; but that it seeks to achieve them by the means that a different sex, a different tradition, a different education, and the different values which result from those differences have placed within our reach. Broadly speaking, the main distinction between us who are outside society and you who are inside society must be that whereas you will make use of the means provided by your position—leagues, conferences, campaigns, great names, and all such public measures as your wealth and political influence place within your reach—we, remaining outside, will experiment not with public means in public but with private means in private. Those experiments will not be merely critical but creative. To take two obvious instances:—the outsiders will dispense with pageantry not from any puritanical dislike of beauty. On the contrary, it will be one of their aims to increase private beauty; the beauty of spring, summer, autumn; the beauty of flowers, silks, clothes; the beauty which brims not only every field and wood but every barrow in Oxford Street;[5] the scattered beauty which needs only to be combined by artists in order to become visible to all. But they will dispense with the dictated, regimented, official pageantry, in which only one sex takes an active part—those ceremonies, for example, which depend upon the deaths of kings, or their coronations to inspire them. Again, they will dispense with personal distinctions—medals, ribbons, badges, hoods, gowns—not from any dislike of personal adornment, but because of the obvious effect of such distinctions to constrict, to stereotype and to destroy. Here, as so often, the example of the Fascist States is at hand to instruct us—for if we have no example of what we wish to be, we have, what is perhaps equally valuable, a daily and illuminating example of what we do not wish to be. With the example then, that they give us of the power of medals, symbols, orders and even, it would seem, of decorated ink-pots[6] to hypnotize the human mind it must be our aim not to submit ourselves to such hypnotism. We must extinguish the coarse glare of advertisement and publicity, not merely because the limelight is apt to be held in incompetent hands, but because of the psychological effect of such illumination upon those who receive it. Consider next time you drive along a country road the attitude of a rabbit caught in the glare of a head-lamp—its glazed eyes, its rigid paws. Is there not good reason to think without going outside our own country, that the "attitudes," the false and unreal positions taken by the human form in England as well as in Germany, are due to the limelight which paralyses the free action of the human faculties and inhibits the human power to change and create new wholes much as a strong head-lamp paralyses the little creatures who run out of the darkness into its beams? It is a guess; guessing is dangerous; yet we have some reason to guide us in the guess that ease and freedom, the power to change and the power to grow, can only be preserved by obscurity; and that if we wish to help the human mind to create, and to prevent it from scoring the same rut repeatedly, we must do what we can to shroud it in darkness.

* * *

5. Busy commercial street in central London.
6. To speak accurately, "a large silver plaque in the form of the Reich eagle . . . was created by President Hindenburg for scientists and other distinguished civilians . . . It

may not be worn. It is usually placed on the writing-desk of the recipient." (Daily paper, April 21st, 1936) [Woolf's note].

It seems, Sir, as we listen to the voices of the past, as if we were looking at the photograph again, at the picture of dead bodies and ruined houses that the Spanish Government sends us almost weekly.[7] Things repeat themselves it seems. Pictures and voices are the same today as they were 2,000 years ago.

Such then is the conclusion to which our enquiry into the nature of fear has brought us—the fear which forbids freedom in the private house. That fear, small, insignificant and private as it is, is connected with the other fear, the public fear, which is neither small nor insignificant, the fear which has led you to ask us to help you to prevent war. Otherwise we should not be looking at the picture again. But it is not the same picture that caused us at the beginning of this letter to feel the same emotions—you called them "horror and disgust"; we called them horror and disgust. For as this letter has gone on, adding fact to fact, another picture has imposed itself upon the foreground. It is the figure of a man; some say, others deny, that he is Man himself,[8] the quintessence of virility, the perfect type of which all the others are imperfect adumbrations. He is a man certainly. His eyes are glazed; his eyes glare. His body, which is braced in an unnatural position, is tightly cased in a uniform. Upon the breast of that uniform are sewn several medals and other mystic symbols. His hand is upon a sword. He is called in German and Italian Führer or Duce; in our own language Tyrant or Dictator. And behind him lie ruined houses and dead bodies—men, women and children. But we have not laid that picture before you in order to excite once more the sterile emotion of hate. On the contrary it is in order to release other emotions such as the human figure, even thus crudely in a coloured photograph, arouses in us who are human beings. For it suggests a connection and for us a very important connection. It suggests that the public and the private worlds are inseparably connected; that the tyrannies and servilities of the one are the tyrannies and servilities of the other. But the human figure even in a photograph suggests other and more complex emotions. It suggests that we cannot dissociate ourselves from that figure but are ourselves that figure. It suggests that we are not passive spectators doomed to unresisting obedience but by our thoughts and actions can ourselves change that figure. A common interest unites us; it is one world, one life. How essential it is that we should realise that unity the dead bodies, the ruined houses prove. For such will be our ruin if you in the immensity of your public abstractions forget the private figure, or if we in the intensity of our private emotions forget the public world. Both houses will be ruined, the public and the private, the material and the spiritual, for they are inseparably connected. But with your letter before us we have reason to hope. For by asking our help you recognise that connection; and by reading your words we are reminded of other connections that lie far deeper than the facts on the surface. Even here, even now your letter tempts us to shut our ears to these little facts, these trivial details, to listen not to the bark of the guns and the bray of the gramophones but to the voices

7. The Republican Government in Spain was then engaged in a war against Fascist forces intent on seizing power; by 1939 the Fascists had gained control of the country.

8. The nature of manhood and the nature of womanhood are frequently defined by both Italian and German dictators. Both repeatedly insist that it is the nature of man and indeed the essence of manhood to fight . . . It is possible that the Fascist States by revealing to the younger generation at least the need for emancipation from the old conception of virility are doing for the male sex what the Crimean and the European wars did for their sisters. Professor Huxley, however, warns us that "any considerable alteration of the hereditary constitution is an affair of millennia, not of decades." On the other hand, as science also assures us that our life on earth is "an affair of millennia, not of decades," some alteration in the hereditary constitution may be worth attempting [Woolf's note].

of the poets, answering each other, assuring us of a unity that rubs out divisions as if they were chalk marks only; to discuss with you the capacity of the human spirit to overflow boundaries and make unity out of multiplicity. But that would be to dream—to dream the recurring dream that has haunted the human mind since the beginning of time; the dream of peace, the dream of freedom. But, with the sound of the guns in your ears you have not asked us to dream. You have not asked us what peace is; you have asked us how to prevent war. Let us then leave it to the poets to tell us what the dream is; and fix our eyes upon the photograph again: the fact.

Whatever the verdict of others may be upon the man in uniform—and opinions differ—there is your letter to prove that to you the picture is the picture of evil. And though we look upon that picture from different angles our conclusion is the same as yours—it is evil. We are both determined to do what we can to destroy the evil which that picture represents, you by your methods, we by ours. And since we are different, our help must be different. What ours can be we have tried to show—how imperfectly, how superficially there is no need to say.[9] But as a result the answer to your question must be that we can best help you to prevent war not by repeating your words and following your methods but by finding new words and creating new methods. We can best help you to prevent war not by joining your society but by remaining outside your society but in co-operation with its aim. That aim is the same for us both. It is to assert "the rights of all—all men and women—to the respect in their persons of the great principles of Justice and Equality and Liberty." To elaborate further is unnecessary, for we have every confidence that you interpret those words as we do. And excuses are unnecessary, for we can trust you to make allowances for those deficiencies which we foretold and which this letter has abundantly displayed.

To return then to the form that you have sent and ask us to fill up: for the reasons given we will leave it unsigned. But in order to prove as substantially as possible that our aims are the same as yours, here is the guinea, a free gift, given freely, without any other conditions than you choose to impose upon yourself. It is the third of three guineas; but the three guineas, you will observe, though given to three different treasurers are all given to the same cause, for the causes are the same and inseparable.

Now, since you are pressed for time, let me make an end; apologising three times over to the three of you, first for the length of this letter, second for the smallness of the contribution, and thirdly for writing at all. The blame for that however rests upon you, for this letter would never have been written had you not asked for an answer to your own.

9. Coleridge however expresses the views and aims of the outsiders with some accuracy in the following passage: "Man must be *free* or to what purpose was he made a Spirit of Reason, and not a Machine of Instinct? Man must *obey*; or wherefore has he a conscience? The powers, which create this difficulty, contain its solution likewise, for *their* service is perfect freedom." . . . To which may be added a quotation from Walt Whitman: "Of Equality—as if it harm'd me, giving others the same chances and rights as myself—as if it were not indispensable to my own rights that others possess the same." And finally the words of a half-forgotten novelist, George Sand, are worth considering: "All lives are bound up with each other, and any human being who would describe his or her selfhood in isolation, without linking it to that of his or her fellows, would only offer a mystery to be untangled. . . . That kind of individuality has by itself neither meaning nor importance. It only takes on any kind of meaning by becoming a part of the general life, by grounding itself together with the individuality of each of my fellows, and through that gesture it becomes a part of history." (*Histoire de ma Vie* [The Story of My Life], by George Sand, pp. 240–1) [Woolf's note, quoting Sand in French].

from The Diaries

Friday 1 January [1915]

To start this diary rightly, it should begin on the last day of the old year, when, at breakfast, I received a letter from Mrs Hallett. She said that she had had to dismiss Lily[1] at a moments notice, owing to her misbehaviour. We naturally supposed that a certain kind of misbehaviour was meant; a married gardener, I hazarded. Our speculations made us both uncomfortable all day. Now this morning I hear from Lily herself. She writes, very calmly, that she left because Mrs Hallett was "insulting" to her; having been given a day & nights holiday, she came back at 8.30 A.M. "not early enough." What is the truth? This, I guess: Mrs H. is an old angry woman, meticulous, indeed as we knew tyrannical, about her servants; & Lily honestly meant no wrong. But I have written for particulars—another lady wanting a character at once. Then I had to write to Mrs Waterlow about the chimney sweeping charges foisted on us, such a letter as comes naturally to the strong character, but not to the weak. And then we tramped to the Co-ops.[2] in rain & cold to protest against their bookkeeping. Manager a bored languid young man, repeating rather than defending himself. Half way home we heard "British warship . . . British warship" & found that the Formidable has been sunk in the channel.[3] We were kept awake last night by New Year Bells. At first I thought they were ringing for a victory.

Saturday 2 January [1915]

This is the kind of day which if it were possible to choose an altogether average sample of our life, I should select. We breakfast; I interview Mrs Le Grys. She complains of the huge Belgian appetites, & their preference for food fried in butter. "They never *give* one anything" she remarked. The Count, taking Xmas dinner with them, insisted, after Pork & Turkey, that he wanted a third meat. Therefore Mrs Le G. hopes that the war will soon be over. If they eat thus in their exile, how must they eat at home, she wonders?[4] After this, L[eonard]. & I both settle down to our scribbling. He finishes his Folk Story review, & I do about 4 pages of poor Effie's story;[5] we lunch; & read the papers, agree that there is no news. I read Guy Mannering upstairs for 20 minutes;[6] & then we take Max [a dog] for a walk. Halfway up to the Bridge, we found ourselves cut off by the river, which rose visibly, with a little ebb & flow, like the pulse of a heart. Indeed, the road we had come along was crossed, after 5 minutes, by a stream several inches deep. One of the queer things about the suburbs is that the vilest little red villas are always let, & that not one of them has an open window, or an uncurtained window. I expect that people take a pride in their curtains, & there is great rivalry among neighbours. One house had curtains of yellow silk, striped with lace insertion. The rooms inside must be in semi-darkness; & I suppose rank with the smell of meat & human beings. I believe that being curtained is a mark of respectability— Sophie[7] used to insist upon it. And then I did my marketing. Saturday night is the great buying night; & some counters are besieged by three rows of women. I always

1. A maid.
2. A British retail chain.
3. The H.M.S. *Formidable* was torpedoed by a German submarine.
4. Belgian refugees were housed in English homes following the German invasion of Belgium.
5. Later published as *Night and Day* (1919).
6. *Guy Mannering* (1815), a novel by Sir Walter Scott.
7. A former family cook.

choose the empty shops, where I suppose, one pays ½ a lb. more. And then we had tea, & honey & cream; & now L. is typewriting his article; & we shall read all the evening & go to bed.

Thursday 11 October [1917]

The dinner last night went off: the delicate things were discussed. We could both wish that ones first impression of K.M.[8] was not that she stinks like a—well civet cat that had taken to street walking. In truth, I'm a little shocked by her commonness at first sight; lines so hard & cheap. However, when this diminishes, she is so intelligent & inscrutable that she repays friendship. My saying—Chaste & the Unchaste—was exaggerated by Murry for reasons of his own; reasons that make him wish all of a sudden to break with Garsington.[9] We discussed Henry James, & K.M. was illuminating I thought. A munition worker called Leslie Moor came to fetch her—another of these females on the border land of propriety, & naturally inhabiting the underworld—rather vivacious, sallow skinned, without any attachment to one place rather than another. Today poor L. had to go the round of Drs & committees, with a visit to Squire thrown in. His certifications are repeated. He weighs only 9.6. I bought my winter store of gloves, got a reference in the London Library, & met L. at Spikings for tea. Heaven blessed us by sending a quick train, & we came home, very glad to be home, over our fire, though we had to light it, & cook up our dinner, owing to the servants off day.

Thursday 6 December [1917]

When I wrote that we were only at the beginning of our days work, last night, I spoke more truly than I knew. Nothing was further from our minds than air raids; a bitter night, no moon up till eleven. At 5 however, I was wakened by L. to a most instant sense of guns: as if one's faculties jumped up fully dressed. We took clothes, quilts, a watch & a torch; the guns sounding nearer as we went down stairs to sit with the servants on the ancient black horse hair chest wrapped in quilts in the kitchen passage. Lottie having said she felt bad, passed on to a general rattle of jokes & comments which almost silenced the guns. They fired very quickly, apparently towards Barnes. Slowly the sounds got more distant, & finally ceased; we unwrapped ourselves & went back to bed. In ten minutes there could be no question of staying there: guns apparently at Kew. Up we jumped, more hastily this time, since I remember leaving my watch, & trailing cloak & stockings behind me. Servants apparently calm & even jocose. In fact one talks through the noise, rather bored by having to talk at 5 A.M. than anything else. Guns at one point so loud that the whistle of the shell going up followed the explosion. One window did, I think, rattle. Then silence. Cocoa was brewed for us, & off we went again. Having trained one's ears to listen one can't get them not to for a time; & as it was after 6, carts were rolling out of stables, motor cars throbbing, & then prolonged ghostly whistlings which meant, I suppose, Belgian work people recalled to the munitions factory. At last in the distance I heard bugles; L. was by this time asleep, but the dutiful boy scouts came down our road & wakened him carefully; it struck me how sentimental the suggestion of the sound was, & how thousands of old ladies were offering up their thanksgivings at the sound,

8. The writer Katherine Mansfield; see page 2611.
9. John Middleton Murray (1889–1957), critic and jour- nalist, married Katherine Mansfield in 1918. Garsington Manor was the home of Lady Ottoline Morrell.

& connecting him (a boy scout with small angel wings) with some joyful vision— And then I went to sleep, but the servants sat up with their heads out of the window in the bitter cold—frost white on the roofs—until the bugle sounded, when they went back to the kitchen and sat there till breakfast. The logic of the proceeding escapes me.

Today we have printed, & discussed the raid, which, according to the Star I bought was the work of 25 Gothas, attacking in 5 squadrons & 2 were brought down. A perfectly still & fine winter's day, so about 5.30-tomorrow morning perhaps—

Monday 21 January [1918]

Here I was interrupted on the verge of a description of London at the meeting of sun set & moon rise. I drove on top of a Bus from Oxford St. to Victoria station, & observed how the passengers were watching the spectacle: the same sense of interest & mute attention shown as in the dress circle before some pageant. A Spring night; blue sky with a smoke mist over the houses. The shops were still lit; but not the lamps, so that there were bars of light all down the streets; & in Bond Street I was at a loss to account for a great chandelier of light at the end of the street; but it proved to be several shop windows jutting out into the road, with lights on different tiers. Then at Hyde Park Corner the search light rays out, across the blue; part of a pageant on a stage where all has been wonderfully muted down. The gentleness of the scene was what impressed me; a twilight view of London. Houses very large & looking stately. Now & then someone, as the moon came into view, remarked upon the chance for an air raid. We escaped though, a cloud rising towards night.

Friday 8 August [1918]

In the absence of human interest, which makes us peaceful & content, one may as well go on with Byron. Having indicated that I am ready, after a century, to fall in love with him, I suppose my judgment of Don Juan[1] may be partial. It is the most readable poem of its length ever written, I suppose; a quality which it owes in part to the springy random haphazard galloping nature of its method. This method is a discovery by itself. Its what one has looked for in vain—a[n] elastic shape which will hold whatever you choose to put into it. Thus he could write out his mood as it came to him; he could say whatever came into his head. He wasn't committed to be poetical; & thus escaped his evil genius of the false romantic & imaginative. When he is serious he is sincere; & he can impinge upon any subject he likes. He writes 16 canto's without once flogging his flanks. He had, evidently, the able witty mind of what my father Sir Leslie would have called a thoroughly masculine nature. I maintain that these illicit kind of books are far more interesting than the proper books which respect illusions devoutly all the time. Still, it doesn't seem an easy example to follow; & indeed like all free & easy things, only the skilled & mature really bring them off successfully. But Byron was full of ideas—a quality that gives his verse a toughness, & drives me to little excursions over the surrounding landscape or room in the middle of my reading. And tonight I shall have the pleasure of finishing him— though why, considering that I've enjoyed almost every stanza, this should be a pleasure

1. Byron's satirical epic poem Don Juan (1819–1824); see page 668.

I really dont know. But so it always is, whether the books a good book or a bad book. Maynard Keynes admitted in the same way that he always cuts off the advertisements at the end with one hand while he's reading, so as to know exactly how much he has to get through. ＊＊＊

Sunday (Easter) 20 April [1919]

＊＊＊ In the idleness which succeeds any long article, & Defoe is the 2nd leader this month, I got out this diary, & read as one always does read one's own writing, with a kind of guilty intensity. I confess that the rough & random style of it, often so ungrammatical, & crying for a word altered, afflicted me somewhat. I am trying to tell whichever self it is that reads this hereafter that I can write very much better; & take no time over this; & forbid her to let the eye of man behold it. And now I may add my little compliment to the effect that it has a slapdash & vigour, & sometimes hits an unexpected bulls eye. But what is more to the point is my belief that the habit of writing thus for my own eye only is good practise. It loosens the ligaments. Never mind the misses & the stumbles. Going at such a pace as I do I must make the most direct & instant shots at my object, & thus have to lay hands on words, choose them, & shoot them with no more pause than is needed to put my pen in the ink. I believe that during the past year I can trace some increase of ease in my professional writing which I attribute to my casual half hours after tea. Moreover there looms ahead of me the shadow of some kind of form which a diary might attain to. I might in the course of time learn what it is that one can make of this loose, drifting material of life; finding another use for it than the use I put it to, so much more consciously & scrupulously, in fiction. What sort of diary should I like mine to be? Something loose knit, & yet not slovenly, so elastic that it will embrace any thing, solemn, slight or beautiful that comes into my mind. I should like it to resemble some deep old desk, or capacious hold-all, in which one flings a mass of odds & ends without looking them through. I should like to come back, after a year or two, & find that the collection had sorted itself & refined itself & coalesced, as such deposits so mysteriously do, into a mould, transparent enough to reflect the light of our life, & yet steady, tranquil composed with the aloofness of a work of art. The main requisite, I think on re-reading my old volumes, is not to play the part of censor, but to write as the mood comes or of anything whatever; since I was curious to find how I went for things put in haphazard, & found the significance to lie where I never saw it at the time. But looseness quickly becomes slovenly. A little effort is needed to face a character or an incident which needs to be recorded. ＊＊＊

Wednesday 7 January [1920]

To begin the year on the last pages of my old book—the few I've not torn off for letter writing—is all upside-down of course; but of a part with the character of the work.

This is our last evening. We sit over the fire waiting for post—the cream of the day, I think. Yet every part of the day here has its merits—even the breakfast without toast. That—however it begins—ends with Pippins; most mornings the sun comes in; we finish in good temper; & I go off to the romantic chamber over grass rough with frost & ground hard as brick. Then Mrs Dedman comes to receive orders—to give them, really, for she has planned our meals to suit her days cooking before she comes. We share her oven. The result is always savoury—stews & mashes & deep many coloured dishes swimming in gravy thick with carrots & onions. Elsie, aged 18, can be spoken to as though she had a head on her shoulders. The house is empty by half past eleven; empty now at five o'clock; we tend our fire, cook coffee, read, I find, luxuriously, peacefully, at length.

But I should not spend my time on an indoor chronicle; unless I lazily shirked the describing of winter down & meadow—the recording of what takes my breath away at every turn. Heres the sun out for example & all the upper twigs of the trees as if dipped in fire; the trunks emerald green; even bark bright tinted, & variable as the skin of a lizard. Then theres Asheham hill smoke misted; the windows of the long train spots of sun; the smoke lying back on the carriages like a rabbits lop ears. The chalk quarry glows pink; & my water meadows lush as June, until you see that the grass is short, & rough as a dogfishes back. But I could go on counting what I've noticed page after page. Every day or nearly I've walked towards a different point & come back with a string of these matchings & marvels. Five minutes from the house one is out in the open, a great pull over Asheham; &, as I say, every direction bears fruit. Once we went over the cornfield & up onto the down—a dim Sunday after-noon—muddy on the road, but dry up above. The long down grass pale, & as we pushed through it, up got a hawk at our feet, seeming to trail near the ground, as if weighted down—attached to something. It let the burden fall, & rose high as we came up. We found the wings of a partridge attached to [a] bleeding stump, for the Hawk had almost done his meal. We saw him go back to find it. Further down the hill side a great white owl "wavy" (for that describes his way of weaving a web round a tree—the plumy soft look of him in the dusk adding truth to the word) "wavy in the dusk," flew behind the hedge as we came past. Village girls were returning, & calling out to friends in doors. So we cross the field & churchyard, find our coke burnt through to red, toast the bread—& the evening comes.

L. has spent most of his time pruning the apple trees, & tying plums to the wall. To do this he wears two jackets, 2 pairs of socks, two pairs of gloves; even so the cold bites through. These last days have been like frozen water, ruffled by the wind into atoms of ice against the cheek; then, in the shelter, forming round you in a still pool.

* * *

Wednesday 16 August [1922]

I should be reading Ulysses, & fabricating my case for & against. I have read 200 pages so far—not a third; & have been amused, stimulated, charmed interested by the first 2 or 3 chapters—to the end of the Cemetery scene; & then puzzled, bored, irritated, & disillusioned as by a queasy undergraduate scratching his pimples. And Tom,[2] great Tom, thinks this on a par with War & Peace! An illiterate, underbred book it seems to me: the book of a self taught working man, & we all know how dis-tressing they are, how egotistic, insistent, raw, striking, & ultimately nauseating. When one can have the cooked flesh, why have the raw? But I think if you are anaemic, as Tom is, there is a glory in blood. Being fairly normal myself I am soon ready for the classics again. I may revise this later. I do not compromise my critical sagacity. I plant a stick in the ground to mark page 200.

For my own part I am laboriously dredging my mind for Mrs Dalloway & bring-ing up light buckets. I don't like the feeling I'm writing too quickly. I must press it together. I wrote 4 thousand words of reading in record time, 10 days; but then it was merely a quick sketch of Pastons, supplied by books. Now I break off, according to my

2. T. S. Eliot.

quick change theory, to write Mrs D. (who ushers in a host of others, I begin to perceive) then I do Chaucer; & finish the first chapter early in September. By the time, I have my Greek beginning perhaps, in my head;[3] & so the future is all pegged out; & when Jacob is rejected in America & ignored in England,[4] I shall be philosophically driving my plough fields away. They are cutting the corn all over the country, which supplies that metaphor, & perhaps excuses it. But I need no excuses, since I am not writing for the Lit Sup. Shall I ever write for them again? * * *

Wednesday 6 September [1922]

* * * I finished Ulysses, & think it a mis-fire. Genius it has I think; but of the inferior water. The book is diffuse. It is brackish. It is pretentious. It is underbred, not only in the obvious sense, but in the literary sense. A first rate writer, I mean, respects writing too much to be tricky; startling; doing stunts. I'm reminded all the time of some callow board school boy, say like Henry Lamb, full of wits & powers, but so self-conscious & egotistical that he loses his head, becomes extravagant, mannered, uproarious, ill at ease, makes kindly people feel sorry for him, & stern ones merely annoyed; & one hopes he'll grow out of it; but as Joyce is 40 this scarcely seems likely. I have not read it carefully; & only once; & it is very obscure; so no doubt I have scamped the virtue of it more than is fair. I feel that myriads of tiny bullets pepper one & spatter one; but one does not get one deadly wound straight in the face—as from Tolstoy, for instance; but it is entirely absurd to compare him with Tolstoy.

Tuesday 19 June [1923]

I took up this book with a kind of idea that I might say something about my writing—which was prompted by glancing at what K.M. said about her writing in the Dove's Nest.[5] But I only glanced. She said a good deal about feeling things deeply: also about being pure, which I wont criticise, though of course I very well could. But now what do I feel about my writing?—this book, that is, The Hours,[6] if thats its name? One must write from deep feeling, said Dostoevsky. And do I? Or do I fabricate with words, loving them as I do? No I think not. In this book I have almost too many ideas. I want to give life & death, sanity & insanity; I want to criticise the social system, & to show it at work, at its most intense—But here I may be posing. I heard from Ka [Arnold-Forster] this morning that she doesn't like In the Orchard.[7] At once I feel refreshed. I become anonymous, a person who writes for the love of it. She takes away the motive of praise, & lets me feel that without any praise, I should be content to go on. This is what Duncan [Grant] said of his painting the other night. I feel as if I slipped off all my ball dresses & stood naked—which as I remember was a very pleasant thing to do. But to go on. Am I writing The Hours from deep emotion? Of course the mad part tries me so much, makes my mind squint so badly that I can hardly face spending the next weeks at it. Its a question though of these characters. People, like Arnold Bennett, say I cant create, or didn't in J[acob]'s

3. Woolf refers to her book of critical essays The Common Reader (1925), which begins with the essays The Pastons and Chaucer and On Not Knowing Greek.
4. Woolf's novel Jacob's Room (1923).
5. J. M. Murray wrote an introduction to Mansfield's The

Dove's Nest and Other Stories (1923), which quotes extracts from her journal.
6. "The Hours" was an early title for Mrs Dalloway (1925).
7. In the Orchard (1923), an essay by Woolf.

R[oom], characters that survive. My answer is—but I leave that to the Nation:[8] its only the old argument that character is dissipated into shreds now: the old post-Dostoevsky argument. I daresay its true, however, that I haven't that "reality" gift. I insubstantise, wilfully to some extent, distrusting reality—its cheapness. But to get further. Have I the power of conveying the true reality? Or do I write essays about myself? Answer these questions as I may, in the uncomplimentary sense, & still there remains this excitement. To get to the bones, now I'm writing fiction again I feel my force flow straight from me at its fullest. After a dose of criticism I feel that I'm writing sideways, using only an angle of my mind. This is justification; for free use of the faculties means happiness. I'm better company, more of a human being. Nevertheless, I think it most important in this book to go for the central things, even though they dont submit, as they should however, to beautification in language. No, I don't nail my crest to the Murrys, who work in my flesh after the manner of the jigger insect. Its annoying, indeed degrading, to have these bitternesses. Still, think of the 18th Century. But then they were overt, not covert, as now.

I foresee, to return to The Hours, that this is going to be the devil of a struggle. The design is so queer & so masterful. I'm always having to wrench my substance to fit it. The design is certainly original, & interests me hugely. I should like to write away & away at it, very quick and fierce. Needless to say, I cant. In three weeks from today I shall be dried up. * * *

Monday 5 May [1924]

* * * London is enchanting. I step out upon a tawny coloured magic carpet, it seems, & get carried into beauty without raising a finger. The nights are amazing, with all the white porticoes & broad silent avenues. And people pop in & out, lightly, divertingly like rabbits; & I look down Southampton Row, wet as a seal's back or red & yellow with sunshine, & watch the omnibus going & coming, & hear the old crazy organs. One of these days I will write about London, & how it takes up the private life & carries it on, without any effort. Faces passing lift up my mind; prevent it from settling, as it does in the stillness at Rodmell. * * *

Friday 17 October [1924]

It is disgraceful. I did run up stairs thinking I'd make time to enter that astounding fact—the last words of the last page of Mrs Dalloway; but was interrupted. Anyhow I did them a week ago yesterday. "For there she was." & I felt glad to be quit of it, for it has been a strain the last weeks, yet fresher in the head; with less I mean of the usual feeling that I've shaved through, & just kept my feet on the tight rope. I feel indeed rather more fully relieved of my meaning than usual—whether this will stand when I re-read is doubtful. But in some ways this book is a feat; finished without break from illness, wh. is an exception; & written really, in one year; & finally, written from the end of March to the 8th of October without more than a few days break for writing journalism. So it may differ from the others. Anyhow, I feel that I have exorcised the spell wh. Murry & others said I had laid myself under after

8. In a 1923 review of *Jacob's Room*, the novelist Arnold Bennett had written that "I have seldom read a cleverer book than Virginia Woolf's *Jacob's Room* . . . But the characters do not vitally survive in the mind because the author has been obsessed by details of originality and cleverness." Woolf's reply, Mr. *Bennett and Mrs. Brown*, mocking Bennett's realist fiction as "thin gruel," appeared in the *Nation and Athenaeum* in December 1923.

Jacob's Room. The only difficulty is to hold myself back from writing others. My cul-de-sac, as they called it, stretches so far, & shows such vistas. I see already The Old Man. * * *

Thursday 18 June [1925]

No, Lytton does not like Mrs Dalloway, &, what is odd, I like him all the better for saying so, & don't much mind. What he says is that there is a discordancy between the ornament (extremely beautiful) & what happens (rather ordinary—or unimportant). This is caused he thinks by some discrepancy in Clarissa herself; he thinks she is disagreeable & limited, but that I alternately laugh at her, & cover her, very remarkably, with myself. So that I think as a whole, the book does not ring solid; yet, he says, it is a whole; & he says sometimes the writing is of extreme beauty. What can one call it but genius? he said! Coming when, one never can tell. Fuller of genius, he said than anything I had done. Perhaps, he said, you have not yet mastered your method. You should take something wilder & more fantastic, a frame work that admits of anything, like Tristram Shandy.[9] But then I should lose touch with emotions, I said. Yes, he agreed, there must be reality for you to start from. Heaven knows how you're to do it. But he thought me at the beginning, not at the end. And he said C[ommon].R[eader]. was divine, a classic; Mrs D. being, I fear, a flawed stone. This is very personal, he said & old fashioned perhaps; yet I think there is some truth in it. For I remember the night at Rodmell when I decided to give it up, because I found Clarissa in some way tinselly. Then I invented her memories. But I think some distaste for her persisted. Yet, again, that was true to my feeling for Kitty,[1] & one must dislike people in art without its mattering, unless indeed it is true that certain characters detract from the importance of what happens to them. None of this hurts me, or depresses me. Its odd that when Clive & others (several of them) say it is a masterpiece, I am not much exalted; when Lytton picks holes, I get back into my working fighting mood, which is natural to me. I don't see myself a success. I like the sense of effort better. The sales collapsed completely for 3 days; now a little dribble begins again. I shall be more than pleased if we sell 1500. Its now 1250.

July 20th. Have sold about 1550

Monday 21 December [1925]

But no Vita! But Vita for 3 days at Long Barn,[2] from which L[eonard]. & I returned yesterday. These Sapphists *love* women; friendship is never untinged with amorosity. In short, my fears & refrainings, my "impertinence" my usual self-consciousness in intercourse with people who mayn't want me & so on—were all, as L. said, sheer fudge; &, partly thanks to him (he made me write) I wound up this wounded & stricken year in great style. I like her & being with her, & the splendour—she shines in the grocers shop in Sevenoaks with a candle lit radiance, stalking on legs like beech trees, pink glowing, grape clustered, pearl hung. That is the secret of her glamour, I suppose. Anyhow she found me incredibly dowdy, no woman cared less for personal appearance—no one put on things in the way I did. Yet so

9. *Tristram Shandy* (1759–1767), an open-ended, episodic novel by Laurence Sterne.
1. Katherine Maxse (1867–1922), a prominent hostess in Woolf's youth, was a model for Clarissa Dalloway.
2. Country home of Vita Sackville-West and her husband Harold Nicolson.

beautiful, &c. What is the effect of all this on me? Very mixed. There is her maturity & full breastedness: her being so much in full sail on the high tides, where I am coasting down backwaters; her capacity I mean to take the floor in any company, to represent her country, to visit Chatsworth, to control silver, servants, chow dogs; her motherhood (but she is a little cold & offhand with her boys) her being in short (what I have never been) a real woman. Then there is some voluptuousness about her; the grapes are ripe; & not reflective. No. In brain & insight she is not as highly organised as I am. But then she is aware of this, & so lavishes on me the maternal protection which, for some reason, is what I have always most wished from everyone. What L. gives me, & Nessa [Vanessa Bell] gives me, & Vita, in her more clumsy external way, tries to give me. For of course, mingled with all this glamour, grape clusters & pearl necklaces, there is something loose fitting. How much, for example, shall I really miss her when she is motoring across the desert? I will make a note on that next year. Anyhow, I am very glad that she is coming to tea today, & I shall ask her, whether she minds my dressing so badly? I think she does. I read her poem; which is more compact, better seen & felt than anything yet of hers. * * *

Saturday 31 July [1926]

My own Brain

Here is a whole nervous breakdown in miniature. We came on Tuesday. Sank into a chair, could scarcely rise; everything insipid; tasteless, colourless. Enormous desire for rest. Wednesday—only wish to be alone in the open air. Air delicious— avoided speech; could not read. Thought of my own power of writing with veneration, as of something incredible, belonging to someone else; never again to be enjoyed by me. Mind a blank. Slept in my chair. Thursday. No pleasure in life whatsoever; but felt perhaps more attuned to existence. Character & idiosyncracy as Virginia Woolf completely sunk out. Humble & modest. Difficulty in thinking what to say. Read automatically, like a cow chewing cud. Slept in chair. Friday. Sense of physical tiredness; but slight activity of the brain. Beginning to take notice. Making one or two plans. No power of phrase making. Difficulty in writing to Lady Colefax. Saturday (today) much clearer & lighter. Thought I could write, but resisted, or found it impossible. A desire to read poetry set in on Friday. This brings back a sense of my own individuality. Read some Dante & Bridges, without troubling to understand, but got pleasure from them. Now I begin to wish to write notes, but not yet novel. But today senses quickening. No "making up" power yet; no desire to cast scenes in my book. Curiosity about literature returning: want to read Dante, Havelock Ellis, & Berlioz autobiography; also to make a looking glass with shell frame. These processes have sometimes been spread over several weeks. * * *

Wednesday 15 September [1926]

A State of Mind

Woke up perhaps at 3. Oh its beginning its coming—the horror—physically like a painful wave swelling about the heart—tossing me up. I'm unhappy unhappy! Down—God, I wish I were dead. Pause. But why am I feeling this? Let me watch the wave rise. I watch. Vanessa. Children. Failure. Yes; I detect that. Failure failure. (The wave rises). Oh they laughed at my taste in green paint! Wave crashes. I wish I were dead! I've only a few years to live I hope. I cant face this horror any more—(this is the wave spreading out over me).

This goes on; several times, with varieties of horror. Then, at the crisis, instead of the pain remaining intense, it becomes rather vague. I doze. I wake with a start. The wave again! The irrational pain: the sense of failure; generally some specific incident, as for example my taste in green paint, or buying a new dress, or asking Dadie for the week end, tacked on.

At last I say, watching as dispassionately as I can, Now take a pull of yourself. No more of this. I reason. I take a census of happy people & unhappy. I brace myself to shove to throw to batter down. I begin to march blindly forward. I feel obstacles go down. I say it doesn't matter. Nothing matters. I become rigid & straight, & sleep again, & half wake & feel the wave beginning & watch the light whitening & won-der how, this time, breakfast & daylight will overcome it; & then hear L. in the pas-sage & simulate, for myself as well as for him, great cheerfulness; & generally am cheerful, by the time breakfast is over. Does everyone go through this state? Why have I so little control? It is not creditable, nor lovable. It is the cause of much waste & pain in my life.

Saturday 27 October [1928]

Thank God, my long toil at the women's lecture[3] is this moment ended. I am back from speaking at Girton, in floods of rain. Starved but valiant young women— that's my impression. Intelligent eager, poor; & destined to become schoolmistresses in shoals. I blandly told them to drink wine & have a room of their own. Why should all the splendour, all the luxury of life be lavished on the Julians & the Francises, & none on the Phares & the Thomases?[4] There's Julian not much relishing it, perhaps. I fancy sometimes the world changes. I think I see reason spreading. But I should have liked a closer & thicker knowledge of life. I should have liked to deal with real things sometimes. I get such a sense of tingling & vitality from an evenings talk like that; one's angularities & obscurities are smoothed & lit. How little one counts, I think: how little anyone counts; how fast & furious & masterly life is; & how all these thousands are swimming for dear life. I felt elderly & mature. And nobody respected me. They were very eager, egotistical, or rather not much impressed by age & repute. Very little reverence or that sort of thing about. The corridors of Girton are like vaults in some horrid high church cathedral—on & on they go, cold & shiny—with a light burning. High gothic rooms; acres of bright brown wood; here & there a photograph. * * *

Wednesday 23 October [1929]

As it is true—I write only for an hour—then sink back feeling I cannot keep my brain on that spin any more—then typewrite, & am done by 12—I will here sum up my impressions before publishing a Room of One's Own. It is a little ominous that Morgan wont review it.[5] It makes me suspect that there is a shrill feminine tone in it which my intimate friends will dislike. I forecast, then, that I shall get no criticism, except of the evasive jocular kind, from Lytton, Roger & Morgan; that the press will be kind & talk of its charm, & sprightiness; also I shall be attacked for a feminist & hinted at for a sapphist; Sibyl will ask me to luncheon; I shall get a good many letters

3. The lecture that became A Room of One's Own.
4. Elsie Phare was a student at Newnham College, Cam-bridge; Margaret Thomas was a student at Girton Col-lege. Their invitations had brought Woolf to Cambridge.

Julian Bell, Woolf's nephew, was a student at King's College.
5. He [E. M. Forster] wrote yesterday 3rd Dec. & said he very much liked it [Woolf's note].

from young women. I am afraid it will not be taken seriously. Mrs Woolf is so accomplished a writer that all she says makes easy reading . . . this very feminine logic . . . a book to be put in the hands of girls. I doubt that I mind very much. The Moths; but I think it is to be waves, is trudging along;[6] & I have that to refer to, if I am damped by the other. It is a trifle, I shall say; so it is, but I wrote it with ardour & conviction. * * *

Friday 20 May [1938]

Time & again I have meant to write down my expectations, dreads, & so on, waiting the publication on—I think June 2nd—of 3 G[uinea]s—but haven't, because what with living in the solid world of Roger, & then (again this morning) in the airy world of Poyntz Hall I feel extremely little.[7] And dont want to rouse feeling. What I'm afraid of is the taunt Charm & emptiness. The book I wrote with such violent feelings to relieve that immense pressure will not dimple the surface. That is my fear. Also I'm uneasy at taking this role in the public eye—afraid of autobiography in public. But the fears are entirely outbalanced (this is honest) by the immense relief & peace I have gained, & enjoy this moment. Now I am quit of that poison & excitement. Nor is that all. For having spat it out, my mind is made up. I need never recur or repeat. I am an outsider. I can take my way: experiment with my own imagination in my own way. The pack may howl, but it shall never catch me. And even if the pack—reviewers, friends, enemies—pays me no attention or sneers, still I'm free. This is the actual result of that spiritual conversion (I cant bother to get the right words) in the autumn of 1933—or 4—when I rushed through London, buying, I remember, a great magnifying glass, from sheer ecstasy, near Blackfriars: when I gave the man who played the harp half a crown for talking to me about his life in the Tube station. The omens are mixed: L. is less excited than I hoped; Nessa highly ambiguous; Miss Hepworth & Mrs Nicholls say "Women owe a great deal to Mrs Woolf" & I have promised Pippa to supply books. Now for R.'s letters & Monks H—at the moment windy & cold.

Wednesday 14 September [1938]

Things worse today. Rioting in Prague. Sudeten ultimatum. It looks as if Hitler meant to slide sideways into war. Raises riots: will say cant be stopped.[8] This came on the 9.30 wireless last night. This morning more marking time. No one knows. Headachy, partly screw of Roger partly this gloom. So I'm stopping Roger;[9] as we go up to lunch with Bella tomorrow. And whats the private position? So black I cant gather together. Work I suppose. If it is war, then every country joins in: chaos. To oppose this with Roger my only private position. Well thats an absurd little match to strike. But its a hopeless war this—when we know winning means nothing. So we're committed, for the rest of our lives, to public misery. This will be slashed with private too. * * *

---

6. "The Moths" was an early title for *The Waves* (1931).
7. "Poyntz Hall" later became *Between the Acts* (1941).
8. The German Chancellor Adolf Hitler had been putting pressure on the Czechoslovak government to allow the incorporation of that country's German minority into Germany, even though this would mean the disintegration of Czechoslovakia. A speech Hitler made at Nuremberg had given the signal for the German minority (the "Sudeten Germans") in Czechoslovakia to riot; the Czech government imposed martial law, the immediate revocation of which was then demanded by the German government in Berlin. British Prime Minister Neville Chamberlain flew to meet Hitler, and, fearful of war and in the face of German threats to invade Czechoslovakia, informed the Czechs that Britain and France would not support them against German demands. The Germans soon took over Czechoslovakia.
9. Woolf was working on a biography of her friend, Roger Fry, published in 1940 as *Roger Fry: A Biography*.

Saturday 1 October [1938]

A violent storm—purple ink clouds—dissolving like blots of ink in water—strong enough to drive us in here in the middle of our game. L. is storing apples—finest harvest for perhaps some years. No longer a matter of concern. We were to live on apples honey & cabbage. Postman delivered an oration—"just my own thoughts" on War & Dictators. How all will worship C[hamberlai]n. now: but in 5 years time we may be saying we ought to have put him, Hitler, down now. These dictators & their lust for power—they cant stop. He'll get stronger & stronger. Then . . . But now we cant help being glad of peace. Its human nature. We're made that way. A solid clear spoken if repetitive private thinker who kept our letters waiting 10 minutes. Only the N. Statesman &c. Soon looked through & tossed aside. Peace when they went to Press hung on a straw. Now grown (we suppose) to a rope—unless this storm is symbolical; its odd how susceptible the mind becomes to weather symbols—roping everything in—in crises like this is, or was. Of course there's bound to be a turn against relief—but I'm watching the storm—as in violent illness. One turns peevish & has a sense of emptiness. I should fill this now either by letter writing or sketching R. wh last as the least burdensome, I will do.

Sunday 29 January [1939]

Yes, Barcelona has fallen: Hitler speaks tomorrow; the next dress rehearsal begins: I have seen Marie Stopes, Princesse de Polignac, Philip & Pippin, & Dr Freud in the last 3 days,[1] also had Tom to dinner & to the Stephens' party.

Dr Freud gave me a narcissus. Was sitting in a great library with little statues at a large scrupulously tidy shiny table. We like patients on chairs. A screwed up shrunk very old man: with a monkeys light eyes, paralysed spasmodic movements, inarticulate: but alert. On Hitler. Generation before the poison will be worked out. About his books. Fame? I was infamous rather than famous, didnt make £50 by his first book. Difficult talk. An interview. Daughter & Martin helped. Immense potential, I mean an old fire now flickering. When we left he took up the stand What are you going to do? The English—war.

Wednesday 6 September [1939]

Our first air raid warning at 8.30 this morning. A warbling that gradually insinuates itself as I lay in bed. So dressed & walked on the terrace with L. Sky clear. All cottages shut. Breakfast. All clear. During the interval a raid on Southwark. No news.

The Hepworths came on Monday. Rather like a sea voyage. Forced conversation. Boredom. All meaning has run out of everything. Scarcely worth reading papers. The BBC gives any news the day before. Emptiness. Inefficiency. I may as well record these things. My plan is to force my brain to work on Roger. But Lord this is the worst of all my life's experiences. I note that force is the dullest of experiences. It means feeling only bodily feelings: one gets cold & torpid. Endless interruptions. We have done the curtains. We have carried coals &c into the cottage for the 8 Battersea women & children. The expectant mothers are all quarrelling. Some went

---

1. Sigmund Freud, mortally ill with cancer of the jaw, had fled the Nazis and settled in Hampstead with his daughter Anna.

back yesterday. We took the car to be hooded, met Nessa, were driven to tea at Charleston. Yes, its an empty meaningless world now. Am I a coward? Physically I expect I am. Going to London tomorrow I expect frightens me. At a pinch eno' adrenalin is secreted to keep one calm. But my brain stops. I took up my watch this morning & then put it down. Lost. That kind of thing annoys me. No doubt one can conquer this. But my mind seems to curl up & become undecided. To cure this one had better read a solid book like Tawney, an exercise of the muscles. The Hepworths are travelling books in Brighton. Shall I walk? Yes. Its the gnats & flies that settle on noncombatants. This war has begun in cold blood. One merely feels that the killing machine has to be set in action. So far, The Athena has been sunk. It seems entirely meaningless—a perfunctory slaughter, like taking a jar in one hand, a hammer in the other. Why must this be smashed? Nobody knows. This feeling is different from any before. And all the blood has been let out of common life. No movies or theatres allowed. No letters, except strays from America. "Reviewing"[2] rejected by Atlantic. No friends write or ring up. Yes, a long sea voyage, with strangers making conversation, & lots of small bothers & arrangements seems the closest I can get. Of course all creative power is cut off. * * *

Monday 13 May [1940]

I admit to some content, some closing of a chapter, & peace that comes with it, from posting my proofs today: I admit—because we're in the 3rd day of "the greatest battle in history." It began (here) with the 8 oclock wireless announcing, as I lay half asleep, the invasion of Holland & Belgium. The third day of the Battle of Waterloo. Apple blossom snowing the garden. A bowl lost in the pond. Churchill exhorting all men to stand together. "I have nothing to offer but blood & tears & sweat."[3] These vast formless shapes further circulate. They aren't substances; but they make everything else minute. Duncan saw an air battle over Charleston—a silver pencil & a puff of smoke. Percy has seen the wounded arriving in their boots. So my little moment of peace comes in a yawning hollow. But though L. says he has petrol in the garage for suicide shd. Hitler win, we go on. Its the vastness, & the smallness, that make this possible. So intense are my feelings (about Roger): yet the circumference (the war) seems to make a hoop round them. No, I cant get the odd incongruity of feeling intensely & at the same time knowing that there's no importance in that feeling. Or is there, as I sometimes think, more importance than ever? * * *

Sunday 22 December [1940]

How beautiful they were, those old people—I mean father & mother—how simple, how clear, how untroubled. I have been dipping into old letters & fathers memoirs. He loved her—oh & was so candid & reasonable & transparent—& had such a fastidious delicate mind, educated, & transparent. How serene & gay even their life reads to me: no mud; no whirlpools. And so human—with the children & the little hum & song of the nursery. But if I read as a contemporary I shall lose my childs vision & so must stop. Nothing turbulent; nothing involved: no introspection.

---

2. An essay on book reviewing.
3. Germany invaded Holland, Belgium, and Luxembourg on 10 May; on the same day Neville Chamberlain resigned as prime minister, and Winston Churchill took office at the head of a coalition government. In seeking support for his administration, Churchill said "I have nothing to offer but blood, toil, tears and sweat"; see page 2700 for this speech.

Letter to Gerald Brenan[1]

Christmas Day 1922

Dear Gerald,

* * * I have been thinking a great deal about what you say of writing novels. One must renounce, you say. I can do better than write novels, you say. I don't altogether understand. I don't see how to write a book without people in it. Perhaps you mean that one ought not to attempt a "view of life"?—one ought to limit oneself to one's own sensations—at a quartet for instance; one ought to be lyrical, descriptive: but not set people in motion, and attempt to enter them, and give them impact and volume? Ah, but I'm doomed! As a matter of fact, I think that we all are. It is not possible now, and never will be, to say I renounce. Nor would it be a good thing for literature were it possible. This generation must break its neck in order that the next may have smooth going. For I agree with you that nothing is going to be achieved by us. Fragments— paragraphs—a page perhaps: but no more. Joyce to me seems strewn with disaster. I can't even see, as you see, his triumphs. A gallant approach, that is all that is obvious to me: then the usual smash and splinters (I have only read him, partly, once). The human soul, it seems to me, orientates itself afresh every now and then. It is doing so now. No one can see it whole, therefore. The best of us catch a glimpse of a nose, a shoulder, something turning away, always in movement. Still, it seems better to me to catch this glimpse, than to sit down with Hugh Walpole, Wells,[2] etc. etc. and make large oil paintings of fabulous fleshy monsters complete from top to toe. Of course, being under 30, this does not apply to you. To you, something more complete may be vouchsafed. If so, it will be partly because I, and some others, have made our attempts first. I have wandered from the point. Never mind. I am only scribbling, more to amuse myself than you, who may never read, or understand: for I am doubtful whether people, the best disposed towards each other, are capable of more than an intermittent signal as they forge past—a sentimental metaphor, leading obviously to ships, and night and storm and reefs and rocks, and the obscured, uncompassionate moon. I wish I had your letter for I could then go ahead; without so many jerks.

You said you were very wretched, didn't you? You described your liver rotting, and how you read all night, about the early fathers; and then walked, and saw the dawn. But were wretched, and tore up all you wrote, and felt you could never, never write—and compared this state of yours with mine, which you imagine to be secure, rooted, benevolent, industrious—you did not say dull—but somehow unattainable, and I daresay, unreal. But you must reflect that I am 40: further, every 10 years, at 20, again at 30, such agony of different sorts possessed me that not content with rambling and reading I did most emphatically attempt to end it all; and should have been often thankful, if by stepping on one flagstone rather than another I could have been anni- hilated where I stood. I say this partly in vanity that you may not think me insipid; partly as a token (one of those flying signals out of the night and so on) that so we live, all of us who feel and reflect, with recurring cataclysms of horror: starting up in the night in agony: Every ten years brings, I suppose, one of those private orientations which match the vast one which is, to my mind, general now in the race. I mean, life

---

1. Novelist and critic.
2. Sir Hugh Walpole (1884–1941), novelist and critic;   H. G. Wells (1866–1946), novelist, journalist, sociologist and historian.

has to be sloughed: has to be faced: to be rejected; then accepted on new terms with rapture. And so on, and so on; till you are 40, when the only problem is how to grasp it tighter and tighter to you, so quick it seems to slip, and so infinitely desirable is it.

As for writing, at 30 I was still writing, reading; tearing up industriously. I had not published a word (save reviews). I despaired. Perhaps at that age one is really most a writer. Then one cannot write, not for lack of skill, but because the object is too near, too vast. I think perhaps it must recede before one can take a pen to it. At any rate, at 20, 30, 40, and I've no doubt 50, 60, and 70, that to me is the task; not particularly noble or heroic, as I see it in my own case, for all my inclinations are to write; but the object of adoration to me, when there comes along someone capable of achieving—if only the page or paragraph; for there are no teachers, saints, prophets, good people, but the artists—as you said—But the last sentence is hopelessly unintelligible. Indeed, I am getting to the end of my letter writing capacity. I have many more things to say; but they cower under their coverlets, and nothing remains but to stare at the fire, and finger some book till the ideas freshen within me, or they once more become impartible.

I think, too, there is a great deal of excitement and fun and pure pleasure and brilliance in one's fellow creatures. I'm not sure that you shouldn't desert your mountain, take your chance, and adventure with your human faculties—friendships, conversations, relations, the mere daily intercourse. Why do young men hold books up before their eyes so long? French literature falls like a blue tint over the landscape.

But I am not saying what I mean, and had better stop. Only you must write to me again—anything that occurs to you—And what about something for the Hogarth Press.[3]

Leonard adds his wishes to mine for the future.

Yours
Virginia Woolf

P.S.

I add a postscript, which is intended to explain why I say that one must not renounce. I think I mean that beauty, which you say I sometimes achieve, is only got by the failure to get it; by grinding all the flints together; by facing what must be humiliation—the things one can't do—To aim at beauty deliberately, without this apparently insensate struggle, would result, I think, in little daisies and forget-me-nots—simpering sweetnesses—true love knots—But I agree that one must (we, in our generation must) renounce finally the achievement of the greater beauty: the beauty which comes from completeness, in such books as War and Peace, and Stendhal I suppose, and some of Jane Austen; and Sterne; and I rather suspect in Proust, of whom I have only read one volume. Only now that I have written this, I doubt its truth. Are we not always hoping? and though we fail every time, surely we do not fail so completely as we should have failed if we were not in the beginning, prepared to attack the whole. One must renounce, when the book is finished; but not before it is begun. Excuse me for boring on: you may have said nothing of the kind. I was wondering to myself why it is that though I try sometimes to limit myself to the thing I do well, I am always drawn on and on, by human beings, I think, out of the little circle of safety, on and on, to the whirlpools; when I go under.

---

3. A publishing concern owned by Virginia Woolf and her husband Leonard; it began operations in 1917 and went on to publish all of Woolf's work.

≈ PERSPECTIVES ≈
Regendering Modernism

Changes in the understanding of gender and sexuality are at the heart of modernity, and the modernist writing of the twentieth century is characterized by entirely new conceptions of what it means to be a woman, to be a man, to be a desiring, sexual being. Modernist literature did not simply "reflect" the enormous transformations in gender roles, divisions of labor, social institutions such as marriage and the family, and investigations of the self and psyche that emerged during this period: instead, this literature was partly responsible for shaping such transformations and giving people a shared vocabulary with which to name these changes.

This process can be described as "regendering." While "sex" refers to the biological differences between the female sex and the male sex, "gender" is a cultural term, a name for the ways that a culture constructs genders as identities, and how those identities are then organized. In the twentieth century much of what had been taken as a "natural" difference between the sexes—with women as weaker, more irrational, less intellectual, more virtuous, lacking in sexual desire, designed by nature for maternity, incapable of leadership and most public professions—came to be understood as the construction of gender, a state of affairs that was not innate, but rather had been created and reinforced by culture. Having "made" gender, culture could also remake it.

Gender cut to the quick of all the reconsiderations modernity made possible: the relation between self and other, in encounters of all kinds from the domestic to the imperial; the nature of selfhood and subjectivity itself, when complete self-awareness had been shown by Freud and others to be an impossibility. Gender governs the distinctions between public and private that underwrite every aspect of society, from the family to the school to the hospital to the factory to the courts, establishing the binaries that shape a culture—good/evil, rational/irrational, nature/culture, savage/civilized.

The first few decades of the twentieth century saw social and political upheavals in gender politics, as the movement for women's suffrage spread widely and occasioned actions from the symbolic to the fatal, as in the hunger strikes of imprisoned suffragists and the suicide of a leading feminist as she leapt into the path of a royal racehorse. Quite often the literary activities of women writers such as Woolf were in tandem with the movement, if not directly allied with it, as in the many lectures Woolf gave for working-class women and men in extension schools, and her clarion calls for women's educational and political rights. Ironically, several of the writers included here disdained the feminist label, Rebecca West chief among them, in part for the understandable reason that being lumped in with feminist agitation put their writing in a female ghetto. Much antifeminist sentiment among women writers was an attempt to have their work taken seriously as art, rather than viewed as a type of gender propaganda.

The widespread emphasis on gender issues in modernism, even where the changing of gender roles is feared or resisted, should not be taken to imply that modernism had an easy time breaking barriers or forging new vocabularies for gender and sexuality: many modernist works and their authors suffered powerful censorship, public attacks and even silencing altogether. Joyce's *Ulysses* was banned in Britain and Ireland, and was put on trial in the United States, chiefly for its frank acknowledgment of female and male desires alike. Lawrence's works with their overt focus on sexuality experienced much censorship, the trial over *Lady Chatterley's Lover* being only the most sensational. The great modernist writer E. M. Forster was unable to publish any of his explicitly homosexual work until shortly before his death in 1970; while the homo-erotic aspects of his writing could be glimpsed between the lines, during the lifetime of modernism, homosexuality was still a crime in Britain. The gender hierarchies that had prevented many women from getting higher education and precluded them from full citizenship, also meant that the publishing world was dominated by men, in turn permitting many journals, presses, and magazines to remain male clubs of a sort; all this made it especially hard for women writers to

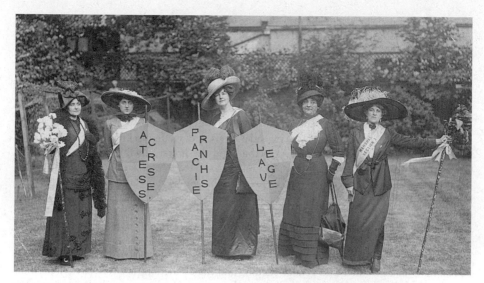

Leaders of the Actresses' Franchise League. One of the remarkable features of the suffragist movement in Britain was the spectacular manner it often adopted, from the carefully costumed and
staged protest rallies of groups like the Actresses' Franchise League to the hunger strikes, and consequent forced feedings, later instigated by more militant feminists impatient with the pace of
change. Women's Social and Political Union member Kitty Marion, for instance, recalled the dismay expressed by a Bishop who had enjoyed the "beautiful processions" of the early days of the
movement. "Yes," Marion replied, "but our beautiful processions didn't get us the vote . . . and we
want the vote!"

break into print or to remain noticed once they had. Virginia Woolf lamented this imbalance
and tried to rectify it in part by establishing the Hogarth Press with her husband Leonard Woolf,
an imprint that published her work along with a host of modern writing by men and women.

Even writers who have been labeled as misogynists were far more invested in new attitudes
about gender and sex than this label allows. T. S. Eliot involved himself in encouraging the
careers of many women writers, and his poetry, while conservative in its gender politics, makes
clear that sexuality is fluid and mysterious, belonging to women as much as to men, and serving
not simply as a procreative duty but as a way of knowing oneself. D. H. Lawrence was excoriated by American feminist critic Kate Millett in the 1970s for what she saw as his virulent hatred
of women, yet even a swift review of his novels and stories reveals some of the strongest, most
explicitly sexual female characters in the canon and a good deal of homoerotic byplay on both
sides of the sexual divide. As Sackville-West's character Artivale jokes, ". . . what a queer
world! Every value altered." The varied selections presented here show a range of writers
exploring the endlessly suggestive ambiguities and dislocations of modern gender identities.

Virginia Woolf
1882–1941

People have often read Virginia Woolf's *Orlando* as a literary spoof, concentrating on its playfulness, its dedication to her intimate friend Vita Sackville-West, its glossy surface and constantly ironic tone. If we consider, though, that Woolf is taking on a form brought to its
national, imperial, Victorian height by her own father, then the gender politics of *Orlando*

becomes something else again. His work on the *Dictionary of National Biography* gave enormous cultural power to her father, in the sense that he could be an arbiter of someone's importance to the national life; the connection to the British empire is direct too, because it only became necessary to have such a reference work at the point that Britain was spreading itself out over the globe. *Orlando* is subtitled "A Biography" and even includes illustrations it pretends are portraits of "Orlando," as well as a photograph of Vita Sackville-West captioned "Orlando today." A biography of a person who won't neatly die within one historical "age," who won't produce documented accomplishments and who won't even conform to the sanctity of sexual identity means that all bets are off: the regendering work of modernism has begun.

This "biography," moreover, is wrapped around the literary tradition of England, since Orlando is a writer whose writings we never really get to read. Interlaced with Britain's imperial identity (Orlando is an ambassador), this mock biography shows the linkage of sexism in England and racism abroad. *Orlando* is not a novel in which we identify with the hero/heroine, or are moved by the characters' losses and courage, as happens in *Mrs Dalloway*; we are kept at arm's length from Orlando because through ironic distance Woolf wants to invalidate the assumptions of her father's time: that gender identity is fixed, that only great men create history, that literature is the work of male genius, and that sexual desire, failure, and silence are to be feared. *Orlando* is filled with gender-bending and the oscillations of sexual desire; Orlando masquerades as a man and as a woman, has sexual partners of both sexes, and at one point marries a gypsy—a gesture to Sackville-West's Spanish and Roma heritage. In *Orlando*, no judgment of the biographical subject can be made, and this stymies the whole notion of fixing an identity. Orlando defies categories, boundaries, traditions, and expectations. S/he is beyond the Victorian pale.

from Orlando

At length, with a gesture of extraordinary majesty and grace, first bowing profoundly, then raising himself proudly erect, Orlando took the golden circlet of strawberry leaves and placed it, with a gesture which none that saw it ever forgot, upon his brows.[1] It was at this point that the first disturbance began. Either the people had expected a miracle—some say a shower of gold was prophesied to fall from the skies—which did not happen, or this was the signal chosen for the attack to begin; nobody seems to know; but as the coronet settled on Orlando's brows a great uproar rose. Bells began ringing; the harsh cries of the prophets were heard above the shouts of the people; many Turks fell flat to the ground and touched the earth with their foreheads. A door burst open. The natives pressed into the banqueting rooms. Women shrieked. A certain lady, who was said to be dying for love of Orlando, seized a candelabra and dashed it to the ground. What might not have happened, had it not been for the presence of Sir Adrian Scrope and a squad of British bluejackets,[2] nobody can say. But the Admiral ordered the bugles to be sounded; a hundred bluejackets stood instantly at attention; the disorder was quelled, and quiet, at least for the time being, fell upon the scene.

So far, we are on the firm, if rather narrow, ground of ascertained truth. But nobody has ever known exactly what took place later that night. The testimony of the sentries and others seems, however, to prove that the Embassy was empty of company, and shut up for the night in the usual way by two A.M. The Ambassador was seen to go to his room, still wearing the insignia of his rank, and shut the door. Some say he locked it, which was against his custom. Others maintain that they heard

1. This part of the novel takes place in Istanbul, Turkey, as Orlando is being made a British duke in a ceremony at   the British Embassy.
2. Sailors.

music of a rustic kind, such as shepherds play, later that night in the courtyard under the Ambassador's window. A washer-woman, who was kept awake by a toothache said that she saw a man's figure, wrapped in a cloak or dressing gown, come out upon the balcony. Then, she said, a woman, much muffled, but apparently of the peasant class was drawn up by means of a rope which the man let down to her on to the balcony. There, the washer-woman said, they embraced passionately 'like lovers,' and went into the room together, drawing the curtains so that no more could be seen.

Next morning, the Duke, as we must now call him, was found by his secretaries sunk in profound slumber amid bed clothes that were much tumbled. The room was in some disorder, his coronet having rolled on the floor, and his cloak and garter being flung all of a heap on a chair. The table was littered with papers. No suspicion was felt at first, as the fatigues of the night had been great. But when afternoon came and he still slept, a doctor was summoned. He applied the remedies which had been used on the previous occasion, plasters, nettles, emetics, etc., but without success. Orlando slept on. His secretaries then thought it their duty to examine the papers on the table. Many were scribbled over with poetry, in which frequent mention was made of an oak tree.[3] There were also various state papers and others of a private nature concerning the management of his estates in England. But at length they came upon a document of far greater significance. It was nothing less, indeed, than a deed of marriage, drawn up, signed, and witnessed between his Lordship, Orlando, Knight of the Garter, etc. etc. etc., and Rosina Pepita, a dancer, father unknown, but reputed a gipsy, mother also unknown but reputed a seller of old iron in the market-place over against the Galata Bridge. The secretaries looked at each other in dismay. And still Orlando slept. Morning and evening they watched him, but, save that his breathing was regular and his cheeks still flushed their habitual deep rose, he gave no sign of life. Whatever science or ingenuity could do to waken him they did. But still he slept.

On the seventh day of his trance (Thursday, May the 10th) the first shot was fired of that terrible and bloody insurrection of which Lieutenant Brigge had detected the first symptoms. The Turks rose against the Sultan, set fire to the town, and put every foreigner they could find, either to the sword or to the bastinado. A few English managed to escape; but, as might have been expected, the gentlemen of the British Embassy preferred to die in defence of their red boxes, or, in extreme cases, to swallow bunches of keys rather than let them fall into the hands of the Infidel.[4] The rioters broke into Orlando's room, but seeing him stretched to all appearance dead they left him untouched, and only robbed him of his coronet and the robes of the Garter.[5]

And now again obscurity descends, and would indeed that it were deeper! Would, we almost have it in our hearts to exclaim, that it were so deep that we could see nothing whatever through its opacity! Would that we might here take the pen and write Finis[6] to our work! Would that we might spare the reader what is to come and say to him in so many words, Orlando died and was buried. But here, alas, Truth, Candour, and Honesty, the austere Gods who keep watch and ward by the inkpot of the biographer, cry No! Putting their silver trumpets to their lips they demand in one blast, Truth! And again they cry Truth! and sounding yet a third time in concert they peal forth, The Truth and nothing but the Truth!

---

3. Throughout the novel, Orlando writes a poem about an oak tree that changes over the centuries as literary styles develop.
4. Non-Muslims.

5. While the book is fiction, this description of an insurrection against the Ottoman Empire, in which the British played a role, is historical.
6. The end.

At which—Heaven be praised! for it affords us a breathing space—the doors gently open, as if a breath of the gentlest and holiest zephyr[7] had wafted them apart, and three figures enter.[8] First, comes our Lady of Purity; whose brows are bound with fillets of the whitest lamb's wool; whose hair is an avalanche of the driven snow; and in whose hand reposes the white quill of a virgin goose. Following her, but with a statelier step, comes our Lady of Chastity; on whose brow is set like a turret of burning but unwasting fire a diadem of icicles; her eyes are pure stars, and her fingers, if they touch you, freeze you to the bone. Close behind her, sheltering indeed in the shadow of her more stately sisters, comes our Lady of Modesty, frailest and fairest of the three; whose face is only shown as the young moon shows when it is thin and sickle shaped and half hidden among clouds. Each advances towards the centre of the room where Orlando still lies sleeping; and with gestures at once appealing and commanding, *Our Lady of Purity* speaks first:

"I am the guardian of the sleeping fawn; the snow is dear to me; and the moon rising; and the silver sea. With my robes I cover the speckled hen's eggs and the brindled[9] sea shell; I cover vice and poverty. On all things frail or dark or doubtful, my veil descends. Wherefore, speak not, reveal not. Spare, O spare!"

Here the trumpets peal forth.

"Purity Avaunt! Begone Purity!"

Then *Our Lady Chastity* speaks:

"I am she whose touch freezes and whose glance turns to stone. I have stayed the star in its dancing, and the wave as it falls. The highest Alps are my dwelling place; and when I walk, the lightnings flash in my hair; where my eyes fall, they kill. Rather than let Orlando wake, I will freeze him to the bone. Spare, O spare!"

Here the trumpets peal forth.

"Chastity Avaunt! Begone Chastity!"

Then *Our Lady of Modesty* speaks, so low that one can hardly hear:

"I am she that men call Modesty. Virgin I am and ever shall be. Not for me the fruitful fields and the fertile vineyard. Increase[1] is odious to me; and when the apples burgeon[2] or the flocks breed, I run, I run; I let my mantle fall. My hair covers my eyes. I do not see. Spare, O Spare!"

Again the trumpets peal forth:

"Modesty Avaunt! Begone Modesty!"

With gestures of grief and lamentation the three sisters now join hands and dance slowly, tossing their veils and singing as they go:

"Truth, come not out from your horrid den. Hide deeper, fearful Truth. For you flaunt in the brutal gaze of the sun things that were better unknown and undone; you unveil the shameful; the dark you make clear. Hide! Hide! Hide!"

Here they make as if to cover Orlando with their draperies. The trumpets, meanwhile, still blare forth:

"The Truth and nothing but the Truth."

At this the Sisters try to cast their veils over the mouths of the trumpets so as to muffle them, but in vain, for now all trumpets blare forth together.

"Horrid Sisters, go!"

The Sisters become distracted and wail in unison, still circling and flinging their veils up and down.

---

7. Breeze.
8. What follows is an ironic version of an allegorical masque, a form of court drama.

9. Mottled.
1. Reproduction.
2. Grow.

"It has not always been so! But men want us no longer; the women detest us. We go; we go. I *(Purity says this)* to the hen roost. I *(Chastity says this)* to the still unravished heights of Surrey. I *(Modesty says this)* to any cosy nook where there are curtains in plenty.

"For there, not here (all speak together joining hands and making gestures of farewell and despair towards the bed where Orlando lies sleeping) dwell still in nest and boudoir, office and lawcourt those who love us; those who honour us, virgins and city men; lawyers and doctors; those who prohibit; those who deny; those who reverence without knowing why; those who praise without understanding; the still very numerous (Heaven be praised) tribe of the respectable; who prefer to see not; desire to know not; love the darkness; those still worship us, and with reason; for we have given them Wealth, Prosperity, Comfort, Ease. To them we go, you we leave. Come, Sisters come! This is no place for us here."

They retire in haste, waving their draperies over their heads, as if to shut out something that they dare not look upon and close the door behind them.

We are, therefore, now left entirely alone in the room with the sleeping Orlando and the trumpeters. The trumpeters, ranging themselves side by side in order, blow one terrific blast:—

"THE TRUTH!"

at which Orlando woke.

He stretched himself. He rose. He stood upright in complete nakedness before us, and while the trumpets pealed Truth! Truth! Truth! we have no choice left but confess—he was a woman.

The sound of the trumpets died away and Orlando stood stark naked. No human being, since the world began, has ever looked more ravishing. His form combined in one the strength of a man and a woman's grace. As he stood there, the silver trumpets prolonged their note, as if reluctant to leave the lovely sight which their blast had called forth; and Chastity, Purity, and Modesty, inspired, no doubt, by Curiosity, peeped in at the door and threw a garment like a towel at the naked form which, unfortunately, fell short by several inches. Orlando looked himself up and down in a long looking-glass, without showing any signs of discomposure, and went, presumably, to his bath.

We may take advantage of this pause in the narrative to make certain statements. Orlando had become a woman—there is no denying it. But in every other respect, Orlando remained precisely as he had been. The change of sex, though it altered their future, did nothing whatever to alter their identity. Their faces remained, as their portraits prove, practically the same. His memory—but in future we must, for convention's sake, say "her" for "his," and "she" for "he"—her memory then, went back through all the events of her past life without encountering any obstacle. Some slight haziness there may have been, as if a few dark drops had fallen into the clear pool of memory; certain things had become a little dimmed; but that was all. The change seemed to have been accomplished painlessly and completely and in such a way that Orlando herself showed no surprise at it. Many people, taking this into account, and holding that such a change of sex is against nature, have been at great pains to prove (1) that Orlando had always been a woman, (2) that Orlando is at this moment a man. Let biologists and psychologists determine. It is enough for us to state the simple fact; Orlando was a man till the age of thirty; when he became a woman and has remained so ever since.

But let other pens treat of sex and sexuality; we quit such odious subjects as soon as we can. Orlando had now washed, and dressed herself in those Turkish coats and trousers which can be worn indifferently by either sex; and was forced to consider her position. That it was precarious and embarrassing in the extreme must be the first thought of every reader who has followed her story with sympathy. Young, noble, beautiful, she had woken to find herself in a position than which we can conceive none more delicate for a young lady of rank. We should not have blamed her had she rung the bell, screamed, or fainted. But Orlando showed no such signs of perturbation. All her actions were deliberate in the extreme, and might indeed have been thought to show tokens of premeditation. First, she carefully examined the papers on the table; took such as seemed to be written in poetry, and secreted them in her bosom; next she called her Seleuchi hound, which had never left her bed all these days, though half famished with hunger, fed and combed him; then stuck a pair of pistols in her belt; finally wound about her person several strings of emeralds and pearls of the finest orient which had formed part of her Ambassadorial wardrobe. This done, she leant out of the window, gave one low whistle, and descended the shattered and bloodstained staircase, now strewn with the litter of waste paper baskets, treaties, despatches, seals, sealing wax, etc., and so entered the courtyard. There, in the shadow of a giant fig tree waited an old Gipsy on a donkey. He led another by the bridle. Orlando swung her leg over it; and thus, attended by a lean dog, riding a donkey, in company of a gipsy, the Ambassador of Great Britain at the Court of the Sultan left Constantinople. * * *

And as she drove, we may seize the opportunity, since the landscape was of a simple English kind which needs no description, to draw the reader's attention more particularly than we could at the moment to one or two remarks which have slipped in here and there in the course of the narrative. For example, it may have been observed that Orlando hid her manuscripts when interrupted. Next, that she looked long and intently in the glass[3]; and now, as she drove to London, one might notice her starting and suppressing a cry when the horses galloped faster than she liked. Her modesty as to her writing, her vanity as to her person, her fears for her safety all seem to hint that what was said a short time ago about there being no change in Orlando the man and Orlando the woman, was ceasing to be altogether true. She was becoming a little more modest, as women are, of her brains, and a little more vain, as women are, of her person. Certain susceptibilities were asserting themselves, and others were diminishing. The change of clothes had, some philosophers will say, much to do with it. Vain trifles as they seem, clothes have, they say, more important offices than merely to keep us warm. They change our view of the world and the world's view of us. For example, when Captain Bartolus saw Orlando's skirt, he had an awning stretched for her immediately, pressed her to take another slice of beef, and invited her to go ashore with him in the long boat. These compliments would certainly not have been paid her had her skirts, instead of flowing, been cut tight to her legs in the fashion of breeches. And when we are paid compliments, it behoves us[4] to make some return. Orlando curtseyed; she complied; she flattered the good man's humours as she would not have done had his neat breeches been a woman's skirts, and his braided coat a woman's satin bodice. Thus, there is much to support the view that it is clothes that wear us and not we them; we may make them take the mould of arm or breast, but they mould our hearts, our brains, our tongues to their liking. So, having now worn skirts for a considerable time, a certain change was visible in Orlando, which is to be found even in her face. If we compare the picture of Orlando as a man with that of Orlando as a woman we shall see that though both are undoubtedly one and the same person, there are certain changes. The man has his hand free to seize his sword; the woman must use hers to keep the satins from slipping from her shoulders. The man looks the world full in

---

3. Mirror.   4. We should.

the face, as if it were made for his uses and fashioned to his liking. The woman takes a sidelong glance at it, full of subtlety, even of suspicion. Had they both worn the same clothes, it is possible that their outlook might have been the same too.

That is the view of some philosophers and wise ones, but on the whole, we incline to another. The difference between the sexes is, happily, one of great profundity. Clothes are but a symbol of something hid deep beneath. It was a change in Orlando herself that dictated her choice of a woman's dress and of a woman's sex. And perhaps in this she was only expressing rather more openly than usual—openness indeed was the soul of her nature—something that happens to most people without being thus plainly expressed. For here again, we come to a dilemma. Different though the sexes are, they intermix. In every human being a vacillation[5] from one sex to the other takes place, and often it is only the clothes that keep the male or female likeness, while underneath the sex is the very opposite of what it is above. Of the complications and confusions which thus result every one has had experience; but here we leave the general question and note only the odd effect it had in the particular case of Orlando herself.

For it was this mixture in her of man and woman, one being uppermost and then the other, that often gave her conduct an unexpected turn. The curious of her own sex would argue how, for example, if Orlando was a woman, did she never take more than ten minutes to dress? And were not her clothes chosen rather at random, and sometimes worn rather shabby? And then they would say, still, she has none of the formality of a man, or a man's love of power. She is excessively tender-hearted. She could not endure to see a donkey beaten or a kitten drowned. Yet again, they noted, she detested household matters, was up at dawn and out among the fields in summer before the sun had risen. No farmer knew more about the crops than she did. She could drink with the best and liked games of hazard. She rode well and drove six horses at a gallop over London Bridge. Yet again, though bold and active as a man, it was remarked that the sight of another in danger brought on the most womanly palpitations. She would burst into tears on slight provocation. She was unversed in geography, found mathematics intolerable, and held some caprices[6] which are more common among women than men, as for instance, that to travel south is to travel down hill. Whether, then, Orlando was most man or woman, it is difficult to say and cannot now be decided. For her coach was now rattling over the cobbles. She had reached her home in the city. The steps were being let down; the iron gates were being opened. She was entering her father's house at Blackfriar's which, though fashion was fast deserting that end of the town, was still a pleasant, roomy mansion, with gardens running down to the river, and a pleasant grove of nut trees to walk in.

⊷ ⊱⊰ ⊶

Vita Sackville-West
1892–1962

Vita Sackville-West is most widely known now as Virginia Woolf's passionate, lifelong friend; as the spouse of Sir Harold Nicolson, an important political figure in England; and as the owner of an important British country estate, Knole, whose gardens under her direction became legendary. Yet Sackville-West's prolific writing—poetry, fiction, travel writing, literary essays and family biography—is extraordinary in its own right, and its global perspective and liberated approach to gender, race, and class makes her body of work an exemplary instance of the regendering of modernism.

5. Movement.   6. Whimsical beliefs.

Sackville-West was born in 1892 at Knole, Kent, the only daughter of Lionel and Victoria Josepha Catalina Sackville-West. As her mother's many names may indicate, she was Spanish, while Vita's father was the scion of an ancient English family. Sackville-West imagined throughout her life that what she saw as her mother's extravagant Spanish blood and her father's eminently British rationalism were at war in herself. The combination led Vita to become a serious and productive writer as well as a spirited, daring adventurer across cultural, geographic, and sexual lines. Her writing talent emerged early, despite her wealthy parents' decision not to send her to school or university, and she published a verse drama, *Chatterton* (1909), when she was only seventeen. After a standard social debut, Vita met and married Harold Nicolson in 1913, and continued the peripatetic life she had led with her parents by establishing a home with him in Constantinople (now Istanbul), the capital of Turkey.

When World War I began, Sackville-West and Nicolson returned to England, and in those years (1914–1925) Vita gave birth to her sons, Benedict and Nigel. At the same time, and with her husband's encouragement, Vita had two intense love affairs with women, the first Violet Trefusis, and the second Virginia Woolf. When Harold Nicolson was posted to Teheran, Persia (now Iran) in 1926, Sackville-West spent much time with him there and traveling, with and without him, in the Middle East, Egypt, and the Mediterranean coasts. She won England's prestigious Hawthornden Prize in 1926 for her long pastoral poem about Persian peasants, *The Land*. Two travel books she published to acclaim during this period exemplify Sackville-West's pioneering writing and her uniqueness as a woman writer: neither *Passenger to Teheran* (1926) nor *Twelve Days* (1928) gives any hint of their author's gender, nor contains any autobiographical details. Vita broke with the conventions of most travel writing, offering an imaginative analysis of foreign cultures and landscapes as if from the inside. Her other works include two novels, *The Edwardians* (1930) and *All Passion Spent* (1931); the *Collected Poems* of 1933; and two family biographies, including her last and most charming work, a portrait of her Spanish and gypsy grandmother, *Pepita* (1937).

Vita was famous, and perhaps even notorious, among her circle for her penchant for traveling alone every year, whether in Europe or Africa or Asia, dressed in men's attire and attired with male freedoms. Her ready transvestism in the service of pleasure and knowledge, her bisexuality and her lavish appreciation of non-British and non-Western cultures are distinctive stamps on her life and her work. It seems no accident that Virginia Woolf chose to celebrate her friend and possibly lover by making the character Orlando in the novel of the same name a fusion of Sackville-West's fluid gender identities and her ease with and love for things "beyond the pale." Vita Sackville-West's fiction *Seducers in Ecuador* makes those gifts abundantly clear. Dedicated to Virginia Woolf, although the published work misspells the dedication as "Virginia Wolf," the story romps through a cruise following the path of Britain's Mediterranean empire. Writing about a group of very staid and hidebound British travelers—the complete opposite of her own freewheeling and passionately observant perspective on the world—she shows with dry wit what happens when one of the men, Mr. Lomax, dons sunglasses and begins to see the world through a new lens, the colored spectacles opening up possibilities beyond empire, safe choices, and British xenophobia. In everything she did and wrote, Vita Sackville-West was urging her countrymen and women to open their eyes and, really see the globe Britain then claimed to rule. Only at her death in 1962, ironically after the Suez crisis had caused Britain to lose most of the territory her story delineates, could it ever be said of her that all passion was spent.

Seducers in Ecuador

IT was in Egypt that Arthur Lomax contracted the habit which, after a pleasantly varied career, brought him finally to the scaffold.[1]

---

1. Gallows.

In Egypt most tourists wear blue spectacles. Arthur Lomax followed this prudent if unbecoming fashion. In the company of three people he scarcely knew, but into whose intimacy he had been forced by the exigencies of yachting; straddling his long legs across a donkey; attired in a suit of white ducks,[2] a solar topee[3] on his head, his blue spectacles on his nose, he contemplated the Sphinx.[4] But Lomax was less inter-ested in the Sphinx than in the phenomenon produced by the wearing of those coloured glasses. In fact, he had already dismissed the Sphinx as a most overrated object, which, deprived of the snobbishness of legend to help it out, would have little chance of luring the traveller over fifteen hundred miles of land and sea to Egypt. But, as so often happens, although disappointed in one quarter he had been richly and unexpectedly rewarded in another. The world was changed for him, and, had he but known it, the whole of his future altered, by those two circles of blue glass. Unfortunately one does not recognise the turning-point of one's future until one's future has become one's past.

Whether he pushed the glasses up on to his forehead, and looked out from underneath them, or slid them down to the tip of his nose, and looked out above them, he confronted unaided the too realistic glare of the Egyptian sun. When, how-ever, he readjusted them to the place where they were intended to be worn, he immediately reentered the curious world so recently become his own. It was more than curious; it was magical. A thick green light shrouded everything, the sort of light that might be the forerunner of some undreamed-of storm, or hang between a dying sun and a dead world. He wondered at the poverty of the common imagina-tion, which degraded blue glasses into a prosaic, even a comic, thing. He resolved, however, not to initiate a soul into his discovery. To those blessed with perception, let perception remain sacred, but let the obtuse dwell for ever in their darkness.

But for[5] Bellamy, Lomax would not have been in Egypt at all. Bellamy owned the yacht. A tall, cadaverous man, with a dark skin, white hair, and pale blue eyes, he belonged to Lomax's club. They had never taken any notice of one another beyond a nod. Then one evening Bellamy, sitting next to Lomax at dinner, mentioned that he was sailing next day for Egypt. He was greatly put out because his third guest, a man, had failed him. "Family ties," he grumbled; and then, to Lomax, "somehow you don't look as though you had any." "I haven't," said Lomax. "Lucky man," grumbled Bel-lamy. "No," said Lomax, "not so much lucky as wise. A man isn't born with wife and children, and if he acquires them he has only himself to blame." This appeared to amuse Bellamy, especially coming from Lomax, who was habitually taciturn, and he said, "That being so, you'd better come along to Egypt to-morrow." "Thanks," said Lomax, "I will."

This trip would serve to pass the time. A yachting trip was a pleasant, civilised thing to undertake, and Lomax appreciated pleasant, civilised things. He had very little use for the conspicuous or the arresting. Such inclinations as he had towards the finer gestures—and it is not to be denied that such inclinations were latent in him—had been judiciously repressed, until Lomax could congratulate himself on having achieved the comfortable ideal of all true Englishmen. From this trip, then, he anticipated nothing but six or seven agreeable weeks of sight-seeing in company as civilised as his own. It is, however, the purpose of this story to demonstrate the

2. Canvas material.
3. Hat.
4. The British administered Egypt at this time, so there was not only tourist traffic between England and Egypt,

but also a significant British presence as civil servants, administrators and soldiers.
5. Except for.

danger of becoming involved in the lives of others without having previously tested the harmlessness of those others, and the danger above all of contracting in middle-age a new habit liable to release those lions of folly which prowl about our depths, and which it is the duty of every citizen to keep securely caged.

Of course one cannot blame Lomax. He knew nothing of Bellamy, and for Miss Whitaker his original feeling was one of purely chivalrous compassion. Besides, it must be remembered that under the new influence of his spectacles he was living in a condition of ecstasy—a breathless condition, in which he was hurried along by his instincts, and precipitated into compromising himself before he had had time to remove his spectacles and consult his reason. Indeed, with a rapidity that he was never well able to understand, he found himself in such a position that he no longer dared to remove his spectacles at all; he could not face a return to the daylight mood; realism was no longer for him. And the spectacles, having once made him their slave, served him well. They altered the world in the most extraordinary way. The general light was green instead of yellow, the sky and the desert both turned green, reds became purple, greens were almost black. It produced an effect of stillness, everything seemed muffled. The noises of the world lost their significance. Everything became at once intensified and remote. Lomax found it decidedly more interesting than the sights of Egypt. The sights of Egypt were a fact, having a material reality, but here was a phenomenon that presented life under a new aspect. Lomax knew well enough that to present life under a new aspect is the beginning and probably also the end of genius; it is therefore no wonder that his discovery produced in him so profound and sensational an excitement. His companions thought him silent; they thought him even a little dull. But they were by that time accustomed to his silence; they no longer regarded him as a possible stimulant; they regarded him merely as a fixture—uncommunicative, but emanating an agreeable if undefined sense of security. Although they could not expect to be amused by him, in each one of them dwelt an unphrased conviction that Lomax was a man to be depended upon in the event of trouble. The extent to which he could be depended upon they had yet to learn.

It is now time to be a little more explicit on the question of the companions of Lomax.

Perhaps Miss Whitaker deserves precedence, since it was she, after all, who married Lomax.

And perhaps Bellamy should come next, since it was he, after all, for whose murder Lomax was hanged.

And perhaps Artivale should come third, since it was to him, after all, that Lomax bequeathed his, that is to say Bellamy's, fortune.

The practised reader will have observed by now that the element of surprise is not to be looked for in this story.

"Lord Carnarvon would be alive to-day if he had not interfered with the Tomb," said Miss Whitaker to Lomax.[6]

Lomax, lying in a deck-chair in the verandah of their hotel, expressed dissent.

"I *know* it," said Miss Whitaker with extreme simplicity.

"Now how do you know it?" said Lomax, bored.

---

6. Miss Whitaker refers to the great British archaeologist Lord Carnavon, whose discovery of King Tutankhamen's tomb caused a global sensation. His subsequent death was believed by some to be caused by a curse placed on all who disturbed the Pharaohs' grave sites.

But Miss Whitaker never condescended to the direct explanation. She preferred to suggest reserves of information too recondite[7] to be imparted. She had, too, that peculiarly irritating habit of a constant and oblique reference to absent friends, which makes present company feel excluded, insignificant, unadventurous and contemptible. "*You and I* would never agree on those questions," she replied on this occasion.

Lomax asked her once where she lived in London. She looked at him mistrustfully, like a little brown animal that fears to be enticed into a trap, and replied that she was to be found at a variety of addresses. "Not that *you'd* find me there," she added, with a laugh. Lomax knew that she did not mean to be rude, but only interesting. He was not interested; not interested enough even to ask Bellamy. Bellamy, now, interested him a great deal, though he would always have waited for Bellamy to take the first step towards a closer intimacy. Bellamy, however, showed no disposition to take it. He was civil and hospitable to his guests, but as aloof as a peak. Lomax knew him to be very rich and very delicate, and that was about the sum of his knowledge. Bellamy's reticence made his confidences, when they did finally come, all the more surprising.

Artivale, the fourth member of the party, was on the contrary as expansive as he well could be. He was a dark, slim, poor, untidy young scientist, consumed by a burning zest for life and his profession. His youth, his zeal, and his ability were his outstanding characteristics. Bellamy in his discreet way would smile at his exuberance, but everybody liked Artivale except Miss Whitaker, who said he was a bounder. Miss Whitaker admired only one type of man, and dismissed as perverts or bounders all those who did not belong to it; which was unfortunate for Lomax, Bellamy, and Artivale, none of whom conformed. Her friends, she let it be understood, were men of a very different stamp. Artivale did not appear to suffer under her disapprobation, and his manner towards her remained as candid and as engaging as towards everybody else, no less sure of his welcome than a puppy or a child. With him alone Lomax might have shared the delight of the coloured spectacles, had he felt any desire so to share. Artivale had skirted the subject; he had settled his spectacles, peered about him, and laughed. "By Jove, what a queer world! Every value altered." He dashed off to other trains of thought—he couldn't stay long poised on any one thing,—giving Lomax just a second in which to appreciate the exactness of his observation.

Artivale was like that—swift and exact; and always uninsistent.

Lomax went to the chemist[8] in Cairo, and bought all the coloured spectacles he could find. He had already his blue pair, bought in London; in Cairo he bought an amber pair, and a green, and a black. He amused himself by wearing them turn and turn about; but soon it ceased to be an amusement and became an obsession—a vice. Bellamy with his reserve, and Heaven knows what tragedy at the back of it; a finished life, Bellamy's, one felt, without knowing why. Miss Whitaker with her elaborate mystery; an empty life, one felt, at the back of it; empty as a sail inflated by wind— and how the sails bellied white, across the blue Mediterranean! Artivale with his energy; a bursting life, one felt, thank God, beside the other two. Lomax with his spectacles. All self-sufficient, and thereby severed from one another. Lomax thought himself the least apart, because, through his glasses, he surveyed.

---

7. Complicated.   8. Pharmacy.

He was wearing the black ones when he came on Miss Whitaker sobbing in the verandah.

Miss Whitaker had not taken much notice of him on the journey out. She had not, in fact, taken much notice of anybody, but had spent her time writing letters, which were afterwards left about in subtle places, addressed to Ecuador. Arrived in Egypt, she had emerged from her epistolary[9] seclusion. Perhaps it had not aroused the comment she hoped for. She had then taken up Lomax, and dealt out to him the fragments of her soul. She would not give him her address in London, but she would give him snippets of her spiritual experience. Allusive they were, rather than explicit; chucked at him, with a sort of contempt, as though he were not worthy to receive them, but as though an inner pressure compelled their expectoration.[1] Lomax, drunk behind his wall of coloured glass, played up to the impression he was expected to glean. He knew already—and his glasses deepened the knowledge—that life was a business that had to be got through; nor did he see any reason, in his disheartened way, why Bellamy's queer yachting party shouldn't enrich his ennui as far as possible.

He was, then, wearing his black spectacles when he came on Miss Whitaker sobbing in the verandah.

The black ones were, at the moment, his favourites. You know the lull that comes over the world at the hour of solar eclipse? How the birds themselves cease to sing, and go to roost? How the very leaves on the trees become still and metallic? How the heaven turns to copper? How the stars come out, terrible in the day-time, with the clock at mid-day instead of at midnight? How all is hushed before the superstition of impending disaster? So, at will, was it with Lomax. But Miss Whitaker, for once, was a natural woman.

"Oh," she said, looking up at last, "do for goodness' sake take off those horrid spectacles."

Lomax realised then the gulf between himself, dwelling in his strange world, and the rest of mankind in a wholesome day. But he knew that if he took them off, Miss Whitaker would immediately become intolerable.

"The glare hurts my eyes," he said. So do we lie. Miss Whitaker little knew what she gained. Looking at Lomax, she saw a man made absurd. Looking at Miss Whitaker, Lomax saw a woman in distress. All womanhood in distress; all womanhood pressed by catastrophe. His common sense was divinely in abeyance; and he kept it there. What else, indeed, was worth while?

To Miss Whitaker, too, was communicated a certain imminence.[2] Her own stories were marvellously coming true. Indeed, to her, they were always true; what else was worth while? But that the truth of fact should corroborate the truth of imagination! Her heart beat. She kept her eyes averted from Lomax; it was her only chance. He kept his eyes bent upon her; it was his. At all costs she must not see the glasses, and at all costs he must see through them, and through them alone. He gazed. The chair she sat in was a smoky cloud; her fragility was duskily tinged. Her tears were Ethiopian jewels; black pearls; grief in mourning.[3] Yet Lomax had been, once, an ordinary man, getting through life; not more cynical than most. An ordinary man, with nothing in the world to keep him busy. Perhaps that had been his trouble. Anyway, that was, now, extravagantly remedied.

---

9. Letter-writing.
1. Spitting out.
2. Anticipation.
3. There is a pun here on the words of Paul in the New

Testament, referring to seeing "through a glass darkly." Lomax sees darkly through his spectacles, so Miss Whitaker's false grief is smoky, dusky, Ethiopian. True Knowledge would be light, radiant instead of dark.

It took a long time to get a confession out of Miss Whitaker. She could write Ecuador on an envelope, and without comment allow it to be observed, but she could not bring herself to utter so precise a geographical statement.[4] There were moments when it seemed to Lomax, even behind the black glasses, perfectly ridiculous that he should suggest marriage to Miss Whitaker. He did not even know her; but then, certainly, the idea of marriage with a woman one did not know had always appeared to him a degree less grotesque than the reverse. The only woman in his life being inaccessible, one reason for marriage with anybody else was as good as another. And what better reason than that one had found a lonely woman in tears, and had looked on her through coloured glasses?

Miss Whitaker knew only that she must keep her head. She had not thought that the loose strands cast by her about Lomax could have hardened so suddenly into a knot. She had never known them so harden before. But what an extraordinary man! Having spent her life in the hopes of coming across somebody who would play up, she was astonished now that she had found him. He was too good to be believed in. Very rapidly—for he was pressing her—she must make up her mind. The situation could not be allowed to fritter out into the commonplace. It did not occur to her that the truth was as likely to increase his attention as any fiction. She was not alone in this; for who stands back to perceive the pattern made by their own lives? They plaster on every sort of colour, which in due time flakes off and discovers the design beneath. Miss Whitaker only plastered her colour a little thicker than most. She was finding, however, that Lomax had got hold of her paint-brush and was putting in every kind of chiaroscuro[5] while she, helplessly, looked on. Now it was the grey of disillusion, now the high light of faith. The picture shaped itself under her eyes. She tried to direct him, but he had bolted with her. "Ten days ago," she tried to say, "you didn't know me." And, to make matters more disconcerting, Lomax himself was evidently in some great distress. He seemed to be impelled by some inner fire to pronounce the words he was pronouncing; to be abandoning all egoism under the exaltation of self-sacrifice. The absurd creature believed in his mission. And Miss Whitaker was not slow to kindle at his flame. They were both caught up, now, in their own drama. Intent, he urged details from her, and with now a sigh escaping her, and now a little flare of pride, she hinted confirmation. It was really admirable, the background which between them they contrived to build up; personalities emerged, three-dimensional; Ecuador fell into its place with a click. Even the expedition to Egypt fitted in—Miss Whitaker had accepted Bellamy's invitation in order to escape the vigilance of a brother. He had a hot temper, this brother—Robert; any affront to his sister, and he would be flying off to Ecuador. Robert was immensely wealthy; he owned an oil-field in Persia; he would spare no expense in searching Ecuador from end to end. He had already been known to scour Russia to avenge a woman. By this time Lomax was himself ready to scour Ecuador. Miss Whitaker wavered; she relished the idea of a Lomax with smoking nostrils ransacking Central America, but on second thoughts she dissuaded him; she didn't want, she said, to send him to his death.[6] Lomax had an idea that the man—still anonymous—would not prove so formidable. Miss Whitaker constructed him as very formidable indeed; one of the world's bad lots, but in every sense of the word irresistible. Lomax scorned the adjective; he had

4. She is pretending that a man seduced her and fled to Ecuador, leaving her pregnant and in need of a respectable marriage.
5. Shading.

6. Miss Whitaker is only fantasizing, but by mentioning Central America Sackville-West is expanding the stage of the story to another part of Britain's empire, including British Honduras and British Guyana.

no use, he said, for bad lots so callous as to lay the sole burden of consequences upon the woman. He used a strong word. Miss Whitaker blinked. The men she admired did not use such words in the presence of women. Still, under the circumstances, she made no comment; she overlooked the irregularity. She merely put up a chiding finger; not a word of blame was to be uttered in her hearing.

"By the way," said Lomax, as they finally parted to dress for dinner, "perhaps you wouldn't mind telling me your Christian name?"

The hotel façade was a concrete wall pierced with windows; the rooms were square compartments enclosing single individuals. Sometimes they enclosed couples, linked together by convention or by lust. In either case the persons concerned were really quite separate, whether they wanted to be or whether they didn't. They had no choice in the matter. Boots and shoes stood outside the doors, in a row down the passage. The riding-boots of soldiers, tanned and spurred. High-heeled, strapped shoes of women. Sometimes two pairs stood side by side, right and proper, masculine and feminine; and this made the single pairs look forlorn. Surely, if they could have walked without feet in them, they would have edged together? The little Anglo-Egyptian[7] wife of the colonel, carefully creaming her nose before powdering it, wished that that Mr. Bellamy, who looked so distinguished, would ask them down to his yacht at Alexandria. The colonel, in his shirt sleeves, wished only that his stud would go into his collar. Artivale, bending over a dead chameleon, slit up its belly neatly with his nail scissors. The little Swiss waiter in his cupboard of a bedroom saw the sweat from his forehead drip upon the floor as he pared away the corn upon his toe. He sat, unconsciously, in the attitude of the Tireur d'Epines.[8] But Lomax and Miss Whitaker, on reaching their bedrooms, paused appalled at their own madness as the blessing of solitude enclosed them with the shutting of the door.

It is not really difficult to get a marriage license. Besides, once one has committed oneself to a thing, pride forbids that one should draw back. Nevertheless, Lomax was married in his spectacles—the blue ones. Without them, he could not have gone through the ceremony. They walked home, when it was over, *via* the bazaars.[9] They had to flatten themselves against the wall to let a string of camels go by. The din and shouting of the bazaar rose round them; Achmed Ali, with cheap carpets over his arm, displayed to Miss Whitaker his excellent teeth and his bad Assiout shawls; some one smashed a bottle of scent and its perfume rose up under their feet, like incense before a sacrifice. Still they made no reference to what had just taken place. It was in their covenant that no reference should be made, neither between one another, nor to any one else. Time enough for that, thought Lomax, an indeterminate number of months hence. That was Miss Whitaker's business. When she needed him, she had only to send him a message. In the meantime, Bellamy met them on the steps of the hotel, more genial than usual, for he had been talking to the colonel's wife and she had amused him—a transient amusement, but better than nothing to that sad man.

"Been sight-seeing?" he inquired; and then, as Miss Whitaker passed into the hotel, "It's really noble of you, my dear Lomax," he said, "to have taken Miss Whitaker off like that for a whole morning."

---

7. British living in Egypt.
8. A classical sculpture of a boy pulling a thorn out of his

foot.
9. Market-places.

Marion Vane's husband died that afternoon. She had sat by his bedside trying loyally not to think that now she would be free to marry Lomax. She did not know where Lomax was, for they had long since settled that it was better for them not to communicate. He would see the death in the papers, of course, and perhaps he would write her a formal letter of condolence, but she knew she could trust him not to come near her until she sent for him. This was April; in October she would send. Then she was startled by a faint throaty sound, and saw that the fingers which had been picking the blankets were once convulsed, and then lay still.

The *Nereid* set sail from Alexandria two days later. Bellamy did not seem able to make up his mind where he wanted to go. Sicily was talked of, the Dalmatian coast, the Piraeus, and Constantinople. The others were quite passive under his vacillations. Now they were afloat, and had re-entered that self-contained little world which is in every ship at sea; temporary, but with so convincing an illusion of permanence; a world weighing so many tons, confined within a measure of so many paces, limited to a population of so many souls, a world at the same time restricted and limitless, here closely bound by the tiny compass of the ship, and there subject to no frontiers but those of the watery globe itself. In a ship at sea our land life slips away, and our existence fills with the new conditions. Moreover in a sailing ship the governing laws are few and simple; a mere question of elements. Bellamy was sailor enough—eccentric enough, said some—to despise auxiliary steam. Appreciative of caprice, in the wind he found a spirit capricious enough to satisfy his taste. In a calm he was patient, and in a storm amused, and for the rest he comported himself in this matter, as in all others (according to his set and general principle), as though he had the whole leisure of life before him.

No shore was visible, for Bellamy liked to keep the shore out of sight. It increased, he explained, not only the sense of space but also the sense of time. So they lounged along, having the coasts of Barbary somewhere over the horizon, and being pleasantly independent of century; indeed, the hours of their meals were of greater import to them than the interval elapsed since the birth of Christ. This, Bellamy said, was the whole-some attitude. Bellamy, in his courteous, sophisticated, and ironical way, was ever so slightly a tyrant. He did not dictate to them, but he suggested, not only where they should go, but also what they should think. It was very subtly done. There was not enough, not nearly enough, for them to resent; there was only enough to make them, sometimes, for a skimming moment, uneasy. What if Bellamy, when they wanted to go home, wouldn't go home? What if, from being a host, he should slide into being a jailer?

But in the meantime it was pleasant enough to cruise in the *Nereid*, lying in deck-chairs, while Bellamy, with his hand on the helm and the great blade of the mainsail above him, watched from under the peak of his cap, not them, but the sea.

Very blue it was too, and the *Nereid*, when she was not running before a fair wind on an even keel, lay over to the water, so low that now and then she shipped[1] a gobbet of sea, only a thin little runnel that escaped at once through the open scuppers of the lee runner, in a hurry to get back to its element. Bellamy was bored by a fair wind; he hated the monotony of a day with the sheet out and the beautiful scooped shape of the spinnaker,[2] and the crew asleep for'ard, since there was no han-

1. Took on.   2. Sail.

dling of gear to keep them on the run. What he liked was a day with plenty of tack-
ing, and then he would turn the mate or the captain off and take the wheel himself,
and cry "Lee-o!" to the crew. And what pleased him even better was to catch the eye
of the mate and give the order with only a nod of the head, so that his unwarned
guests slithered across the deck as the ship went about, when he would laugh and
apologise with perfect urbanity[3]; but they noticed that next time he had the chance
he did precisely the same thing again. "Bellamy likes teasing us," said Lomax, with a
good deal of meaning in his tone. Bellamy did, even by so slight an irritation. And
once he brought off a Dutchman's gybe,[4] which nearly shot Lomax, who was lying
asleep under the mizzen-boom, into the sea.

One sleeps a great part of the time on a yacht. Artivale fished, and dissected the
fish he caught, so that a section of the deck was strewn with little ribs and spines.
Lomax surveyed these through his spectacles. Artivale had long slim fingers, and he
took up and set down the little bones, fitting them together, with the dexterity of a
lace-maker among her bobbins. Tailor-wise he sat, his hair lifted by the wind, and
sometimes he looked up with a full smile into the disapproving face of Miss Whitaker. "Play spillikins,[5] Miss Whitaker?" he asked, jumbling his fish bones all together
into a heap.

Very blue and white it all was. Soft, immense white clouds floated, and the sails
were white, and Artivale's tiny graveyard, but the scrubbed deck, which in
Southampton Water had looked white, here appeared pale yellow by contrast. The
sails threw blue shadows. The crew ran noiselessly on bare feet. "When shall we get
there?" Lomax wondered, but since he did not know where "there" was, and since all
the blueness and whiteness were to him overlaid as with the angry cloud of an
impending storm, he was content to hammock himself passively in the amplitude of
enveloping time. He was, indeed, in no hurry, for his land-life, now withdrawn, had
been merely a thing to be got through; he had an idle curiosity to see what was going
to happen in these changed aeons that stretched before him; nor did he know that
Marion Vane's husband was dead. So he lay in his deck-chair, speculating about Bellamy, watching Artivale, aware of the parallel proximity of Miss Whitaker—who was
his wife—in *her* deck-chair, and occasionally, by way of refreshment, turning his eyes
behind their owlish spectacles over the expanse of his lurid sea and sky.

What of it, anyway? There were quite a number of other communities in the
world besides this little community, microscopic on the Mediterranean. Lomax saw
the blue as it was not, the others saw or thought they saw the blue as it was, but unless
and until our means of communication become more subtle than they at present are,
we cannot even be sure that our eyes see colours alike. How, then, should we know
one another? Lomax lived alone with his secret, Bellamy with his; and as for Miss
Whitaker, if Truth be indeed accustomed to dwell at the bottom of a well, at the bottom of Miss Whitaker's heart she must surely have found a dwelling suited to her
taste. Artivale, being a scientist intent upon a clue, probably knew more of the secrets
of life than the seamen who begot their offspring in the rude old fashion, but it is to be
doubted whether even Artivale knew much that was worth knowing. He claimed to
have produced a tadpole by ectogenetic[6] birth, but, having produced it, he was quite
unable to tell that tadpole whither it was going when it inconsiderately died, and,
moreover, as he himself observed, there were tadpoles enough in the world already.

---

3. Poise.
4. Quick tack.

5. A game with sticks.
6. A form of cloning.

Volcanic islands began, pitting the sea; white towns and golden temples clung to a violet coast. Bellamy suggested to them that they did not want to land, a suggestion in which they acquiesced. They shared a strange disinclination to cross Bellamy. They were sailing now within a stone's throw of a wild, precipitous coast, their nights and their days boundaried by magnificent sunsets and splendid dawns. But for those, time did not exist. Geography did not exist either; Bellamy referred to Illyria, and they were content to leave it at that. It fitted in with the unreality of their voyage. There are paintings of ships setting sail into a haze of sunlight, ships full-rigged, broad-beamed, with tracery of rope, pushing off for the unknown, voyages to Cythera, misty and romantic; Lomax wore the amber spectacles, and saw a golden ship evanescent in golden air.[7] Morning and evening flamed upon the sea; each day was a lagoon of blue. Islets and rocks stained the shield of water; mountains swept down and trod the sea; cities of Illyria rose upon the breast of the coastline; rose; drew near; and faded past. Venice and Byzantium in spire and cupola clashed the arms of peace for ever on the scene of their exploits. But towns were rare; they passed not more than one in every four-and-twenty hours. For the rest, they were alone with that piratical seaboard descending barbarously to the sea; never a hut, never a road, never a goat to hint at life, but caves and creeks running between the headlands, and sullen mountains like a barrier between the water and the inland tracts. The little ship sailed lonely beneath the peaks. Day after day she sailed, idly coasting Illyria, and Bellamy waited for the storm. "Treacherous waters," he had observed on entering them. Indeed it seemed incongruous that the sea should be so calm and the shore so wild. Day after day unbroken, with that angry coast always on their right hand and the placid sea on their left; day after day of leisure, with a wall of disaster banking higher and higher against them.

Those paintings of ships show the ship setting sail in fair weather; they never follow her into the turbulence of her adventure. Friends speed her with waving handkerchiefs, and turn away, and know nothing of her till a letter comes saying that she has arrived at her place of port. And, for the matter of that, the lives of friends touch here and there in the same fashion, and the gap over the interval is never bridged, knowledge being but a splintered mirror which shall never gather to a smooth and even surface.

The *Nereid*, then, with her living freight, saw the serenity of Illyria broken up into a night of anger, but the wives of the crew, lighting their lamps in brick cottages at Brightlingsea,[8] knew nothing of it, and the wife of the captain writing to her aunt said, "Joe has a nice job with a gentleman name of Bellamy on a yorl[9] in the Meddingterranean," and Marion Vane with an edging of white lawn[1] to her mourning at neck and cuffs was vague to her trustee at dinner regarding the disposal of her country house, for she believed that this time next year she would be married to Lomax. The *Nereid* was not broad-beamed; she was slim as a hound, and it was not with a plebeian solidity but with an aristocratic mettle that she took the storm. Her canvas rapidly furled, she rode with bare masts crazily sawing the sky. Black ragged night enveloped her; the coast, although invisible, contributed to the tempest, throwing its boulders against the waves as the waves hurled themselves against its boulders. The little boat, a thing of naught,[2] was battered at that meeting-place of enemies. Rain and spray

---

7. Illyria and Cythera are literary place names more than real geography; the cruise has become a romantic literary voyage, bathed in golden light.
8. Town in England.

9. Yacht.
1. Sheer fabric.
2. Nothing.

drove together across the deck, as momently the storm increased and the wind tore howling through the naked spars. The men were black figures clinging to stays for support, going down with the ship when she swooped from the crest down into the trough, rising again with her, thankful to find the deck still there beneath their feet, lashed by the rain, blinded by the darkness, unable to see, able only to feel, whether with their hands that, wet and frozen, clung to rail and stanchion, or with their bodies that sank and rose, enduring the tremendous buffeting of the tossing ship, and the shock of water that, as it broke over the deck, knocked the breath from their lungs and all but swept them from their refuge into the hopeless broiling of the sea.

Lomax was in the deck-house. There, he was dry, and could prop himself to resist the rearing and plunging; and could almost enjoy, moreover, the drench of water flung against the little hutch, invisible, but mighty and audible, streaming away after sweeping the ship from end to end. A funny lot they would be to drown, he reflected; and he remembered their departure from Southampton, all a little shy and constrained, with Miss Whitaker sprightly but on the defensive. How long ago that was, he failed to calculate. They had drifted down to Calshot, anchoring there on a washed April evening, between a liquid sky and oily lagoon-like reaches, gulls and sea-planes skimming sea and heaven, in the immense primrose peace of sunset. And they had known nothing of one another, and Miss Whitaker had written letters after dinner in the saloon. Well, well! thought Lomax.

There came a fumbling at the deck-house door, a sudden blast of wind, a shower of spray, and Bellamy, in glistening oilskins, scrambled into the shelter, slamming the door behind him. A pool began to gather immediately round him on the floor. Lomax thought that he looked strangely triumphant,—as though this were his hour. "Glad to have got us all into this mess," he thought meanly. It aggravated him that he should never yet have found the key to Bellamy.

"I want to talk to you," cried Bellamy, rocking on his feet as he stood.

He wanted to talk. External danger, then, gave him internal courage.

"Come into my cabin," he cried to Lomax over his shoulder, as he began to make his way down the companion.

But Lomax, really, knew nothing of all this. The storm, really, had not entered his consciousness at all; Bellamy, and Bellamy alone, had occupied it all the while. All that he knew, really, was that he found himself in Bellamy's cabin.

In Bellamy's cabin, everything loose had been stowed away, so that it was bare of personal possessions; the narrow bunk, the swinging lamp, the closed cupboards alone remained untouched in the cabin that had sheltered the privacy of Bellamy's midnight hours. Lomax, as he lurched in through the door and was violently thrown against the bunk, reflected that he had never before set foot in the owner's quarters. They were small, low, and seamanlike; no luxury of chintz[3] softened the plain wooden fittings; Lomax forgot the delicate yacht, and saw himself only in the presence of a sailor aboard his vessel, for Bellamy in his sou'wester[4] and streaming oilskins, straddling in sea-boots beneath the lamp, had more the aspect of a captain newly descended from the bridge than of the millionaire owner of a pleasure yawl. He kept his feet, too, in spite of the violent motion, while Lomax, clinging to the side of the bunk, could barely save himself from being flung again across the cabin. But Bellamy stood

---

3. Flowered upholstery.   4. Rain hat.

there full of triumph, fully alive for the first time since Lomax had known him; his courteous languor dropped from him, he looked like a happy man. "This weather suits you," Lomax shouted above the din.

The yacht strained and creaked; now she lifted high on a wave, now fell sickeningly down into the trough. Water dashed against the closed port-hole and streamed past as the ship rose again to take the wave. Cast about in all directions, now dipping with her bows, now rolling heavily from furrow to furrow, she floundered with no direction and with no purpose other than to keep afloat; govern herself she could not, but maintain her hold on life she would. Lomax, who in the cabin down below could see nothing of the action of the sea, felt only the ship shaken in an angry hand, and heard the crash of tumult as the seas struck down upon the deck. "Will she live through it?" he screamed.

"If she isn't driven ashore," cried Bellamy with perfect indifference. "Come nearer; we can't make ourselves heard in this infernal noise."

It did not occur to him to move nearer to Lomax; perhaps he took pride in standing in the middle of the cabin, under the lamp now madly swaying in its gimbals,[5] with the water still dripping from his oilskins into a pool on the floor. Lomax staggered towards him, clinging on to the edge of the bunk. It crossed his mind that this was a strange occasion to choose for conversation, but his standard of strangeness being by now somewhat high he did not pause for long to consider that.

"I want to have a talk with you," said Bellamy again.

An enormous shock of water struck the ship overhead, and for a moment she quivered through all her timbers,—a moment of stillness almost, while she ceased to roll, and nothing but that shudder ran through her. "Stood that well," said Bellamy, listening. Then she plunged; plunged as though never to rise any more, falling down as though a trap in the waters had opened to receive her; but she came up, lifted as rapidly as she had fallen, with a tremendous list over on to her side; righted herself, and took again to her rolling. The mate appeared in the doorway.

"Dinghy's gone, sir."

The man poured with water; in his black oilskins, his black sou'wester, he was a part of the black, wet night made tangible. Bellamy turned to Lomax. "So we're isolated. Not that a boat could have lived in a sea like this."

"What are you really thinking of?" cried Lomax. "Not of the dinghy, or the sea, but something you've had in your mind all these weeks. And why tell it to me? You don't know me," but he remembered that he did not know Miss Whitaker, yet he had married her.

"Know you! Know you!" said Bellamy impatiently. "What's knowing, at best? I want you to do me a favour. I want a promise from you. I know you enough to know you won't refuse it."

"Why do you wear those glasses here?" cried Bellamy, staring at his guest.

Lomax, contriving to seat himself on the edge of the bunk, and holding on to the rod, shouted back, "If I took them off I might refuse any promise."

"I like you," said Bellamy. "I want you to come to me any day I should send for you—in England."

"So we are going back to England, are we?" said Lomax. He remembered their speculations about Bellamy. And so accustomed had he grown to the close limitation of the yacht and their four selves inhabiting it, that the prospect of disintegration was

5. Brackets.

not only unconvincing, but positively distasteful. "We had," he said, "an idea that you wouldn't allow us to go back," but he wondered as he said it why men should take pleasure in bringing pain upon one another.

"Was I so sinister a figure?" said Bellamy. He took off his helmet, shining from the wet, and the lamp over his head gleamed upon his thick white hair and carved the shadows of weariness on his face, shadows that moved and shifted with the swinging of the lamp. "I was inconsiderate, doubtless,—exasperating,—wouldn't make plans,—I owe you all an apology. I am an egoist, you see, Lomax. I was thinking of myself. There were certain things I wanted to allow myself the luxury of forgetting."

It was intolerable that Bellamy should heap this blame upon himself.

"You teased us," muttered Lomax in shamed justification.

"Yes, I teased you," said Bellamy. "I apologise again. I disturbed your comfort. But knowing myself to be a dying man, I indulged myself in that mischief. I had moods, I confess, when the sight of your comfort and your security irritated me even into the desire to drown you all. It's bad thinking, of a very elementary sort, and the foundation of most cynicism. I accept your rebuke."

"Damn you," said Lomax, twisting his hands.

"Nevertheless," Bellamy continued, "I shan't scruple to ask of you the favour I was going to ask. I am a coward, Lomax. I am afraid of pain. I am afraid of disease,—of long, slow, disgusting disease—you understand me? And I have long been looking for some one who, when the moment came, would put me out of it."

"You can count on me," said Lomax. At the same time he could not help hoping that the moment had not come there and then. Procrastination and a carefully chosen pair of spectacles would make him a very giant of decision.

Lomax went up on deck; he wanted a storm outside his head as well as a storm within it. The rain had ceased, and the tall spars swayed across a cloudy sky, rent between the clouds to show the moon. The sea was very rough and beautiful beneath the moon. It was good to see the storm at last, to see as well as to feel. Stars appeared, among the rack of the clouds, and vaguely astronomical phrases came into Lomax's mind: Nebulæ, Inter-planetary space, Asteroids, Eighty thousand miles a second; he supposed that there were men to whom trillions were a workable reality, just as there were men who could diagnose Bellamy's disease and give him his sentence of death for the sum of two guineas. Two guineas was a contemptible sum to Bellamy, who was so rich a man. To Artivale, what did two guineas mean? A new retort? A supply of chemical? And to Lomax himself,—a new pair of glasses? Tossed on Illyrian billows, he saw a lunar rainbow standing suddenly upon the waves, amazingly coloured in the night of black and silver. Life jumbled madly in his brain. There was Marion, too, lost to him from the moment he had stepped out of that system in which existence was simply a thing to be got through as inconspicuously as possible; and leaning against the deck-house for support he came nearer to tears than he had ever been in his life.

Of course it was to be expected that the death of so wealthy a man as Bellamy should create a certain sensation. There were headlines in the papers, and Arthur Lomax, who had dined with him that evening and had been the last person to see him alive, spent tiresome days evading reporters. Veronal[6] it was; no question or doubt about that; the tumbler containing the dregs of poison and the dregs of whisky and soda was found quite frankly standing on the table beside him. Lomax's evidence

6. A drug.

at the inquest threw no light on the suicide; no, Mr. Bellamy had not appeared depressed; yes, Mr. Bellamy had mixed a whisky and soda and drunk it off in his, Lomax's, presence. He had not seen Mr. Bellamy add anything to the contents of the tumbler. He was unable to say whether Mr. Bellamy had mixed a second whisky and soda after he, Lomax, had left the house. What time had he left? Late; about one in the morning. They had sat up talking. No, he had not known Mr. Bellamy very long, but they had been for a yachting cruise together, lasting some weeks. He would not say that they had become intimate. He knew nothing of Mr. Bellamy's private affairs. He had been very much shocked to read of the death next morning in the papers. Thank you, Mr. Lomax, that will do.

Bellamy was buried, and Lomax, Artivale, and Miss Whitaker attended the funeral, drawn together again into their little group of four,—if you counted Bellamy, invisible, but terribly present, in his coffin. To be buried in the rain is dreary, but to be buried on a morning of gay sunshine is more ironical. Fortunately for Lomax, he was able to obscure the sunshine by the use of his black glasses; and heaven knows he needed them. He was either indifferent or oblivious to the remarkable appearance he offered, in a top-hat, a black coat, and black spectacles. "Weak eyes," noted the reporters. In fact he cared nothing for externals now, especially with the memory of his last meeting with Bellamy strong upon him. On seeing Miss Whitaker he roused himself a little, just enough to look at her with a wondering curiosity; he had forgotten her existence lately, except for the dim but constant knowledge that something stood blocked between him and Marion Vane, a something that wore neither name nor features, and whose materialisation he recognised, briefly puzzled by her importance, as Miss Whitaker. Important yet not important, for, in the muffled world which was his refuge, nothing mattered; events happened, but his mind registered nothing. Marion Vane herself was but a figure coming to him with outstretched hands, a figure so long desired, wearing that very gesture seemingly so impossible; and, in that gesture finally made, so instantly repudiated. His whole relationship with Marion Vane seemed now condensed into that moment of repudiation. "I am the resurrection and the life," saith the Lord, but the clods thumped down with very convincing finality into Bellamy's grave. Miss Whitaker stood near him, in black, very fragile; yes, she too had her pathos. Whether she had or had not trapped him with a lie . . . well, the lie, and the necessity for the lie, were of a deeper pathos than any truth she might have chosen to exploit. It is less pathetic to have a seducer in Ecuador than to have no seducer anywhere. But she might, thought Lomax, at least have acted up to her own invention. She might, knowing that she was going to meet him at the funeral, at least have thrust a cushion up under her skirt.[7] A coarse man, Lomax. But perhaps she would have thought that irreverent at a funeral. There was no telling what queer superstitions people had; half the time, they did not know themselves, until a test found them out. Perhaps Miss Whitaker had boggled at that. Give her the benefit of the doubt; oh, surely better to credit her with a scruple than with lack of imagination! "I am become the first-fruits of them that sleep"—what did it all mean, anyway? Bellamy and the storm; why should the storm have given Bellamy courage? brought, so to speak, his hitherto only speculative courage to a head? Where was the relationship? What bearing had the extrinsic world upon the intrinsic? Why should the contemplation of life through coloured glasses make that life the

---

7. Lomax means that it would be better if Miss Whitaker, his legal wife, made the lie she used more convincing by feigning pregnancy.

easier to ruin? Why should reality recede? What *was* reality? Marion with her hands outstretched; so sure of him. Better to have helped Bellamy; better to have helped Miss Whitaker. Even though Miss Whitaker's need of help was, perhaps, fictitious? Yes, even so. The loss was hers, not his. Her falsity could not impair his quixotism[8]; that was a wild, irrational thing, separate, untouched, independent. It flamed out of his life,—for all the unreality of Miss Whitaker, that actual Miss Whitaker who subscribed to the census paper, paid rates and taxes, and had an existence in the eyes of the law,—it flamed as a few things flamed: his two meetings with Bellamy, his repudiation of Marion Vane. There were just a few gashes of life, bitten in; that was all one could hope for. Was it worth living seventy, eighty years, to accumulate half-a-dozen scars? Half-a-dozen ineradicable pictures, scattered over the monotony of seventy, eighty pages. He had known, when he married Miss Whitaker, that he repudiated Marion Vane; to repudiate her when she came with outstretched hands was but the projection of the half-hour in the Cairo registry office. But it was that that he remembered, and her hurt incredulous eyes; as it was Bellamy's cry that he remembered; always the tangible thing,—such was the weakness of the human, fleshly system. Now, Bellamy would rot and be eaten, "Earth to earth, dust to dust"; his sickly body corrupting within the senseless coffin; and by that Lomax would be haunted, rather than by his spiritual tragedy; the tangible again, in the worms crawling in and out of a brain its master had preferred to still into eternal nescience.[9] How long did it take for the buried flesh to become a skeleton? So long, and no less, would Lomax be haunted by the rotting corpse of Bellamy, as he would not have been haunted by the man dragging out a living death. Illogical, all of it; based neither upon truth nor upon reason, but always upon instinct, which reason dismissed as fallacious. Lomax opened his eyes, which he had closed; saw the world darkened, though he knew the sun still shone; and regretted nothing.

He had never before seen Miss Whitaker's house. It was small, and extremely conventional. He sat drinking her tea, and telling himself over and over again that she was his wife. There were letters on her writing-table, and he caught himself looking for the foreign stamp; but he could see nothing but bills. He suspected her correspondence of containing nothing more intimate. Yet here she was, a woman secretly married; that, at any rate, was true, whatever else might be false. He wondered whether she hinted it to her acquaintances, and whether they disbelieved her.

"Why did you laugh?" said Miss Whitaker.

They resumed their conversation. It was feverishly impersonal, yet they both thought it must end by crashing into the shrine of intimacy. But as though their lives depended upon it they juggled with superficiality. Lomax devoted only half his attention to their talk, which indeed was of a nature so contemptibly futile as to deserve no more; the rest of his attention wandered about the room, inquiring into the sudden vividness of Miss Whitaker's possessions: her initials on a paper-cutter, E. A. W.; the photograph of a woman, unknown to him, on the mantel-piece; a little stone Buddha; a seal in the pen-tray. Lomax saw them all through his darkened veil. This was her present,—this small, conventional room; here she opened her morning paper, smoked her after-breakfast cigarette; here she returned in the evening, removed her hat, sat down to a book, poked the fire. But her past stretched away behind her, a blank to Lomax. No doubt she had done sums, worn a pig-tail, cried,

---

8. Doomed idealism.   9. Unknowing.

and had a mother. So far, conjectures were safe. But her emotional interludes? All locked up? or hadn't there been any? What, to her, was the half-hour in the Cairo registry office? Did it bulk, to her, as Bellamy and Marion Vane bulked to him? One could never feel the shape of another person's mind; never justly apprehend its population. And he was not at all anxious to plumb the possibly abysmal pathos of Miss Whitaker; he didn't want those friends of hers, those strong manly men, to evaporate beneath the crudity of his search. He didn't want to be faced with the true desolation of the little room.

The rumours about Bellamy's death became common property only a few weeks later. They apparently had their origin in Bellamy's will, by which the fortune went to Lomax, turning him from a poor man into a rich one, to his embarrassed astonishment. He wondered vaguely whether the rumours had been set afoot by Miss Whitaker, but came to the conclusion that fact or what she believed to be fact had less allurement for her than frank fiction. Ergo, he said, her seducer in Ecuador interests her more than her secret husband in London. And he reasoned well.

Bellamy's body was exhumed. No one understood why, since the administration of veronal had never been disputed. It was exhumed secretly, at night, by the light of a lantern, and carried into an empty cottage next to the graveyard. The papers next day gave these details. Lomax read them with a nauseous horror. Bellamy, who had abjured life so that his tormented body might be at peace! And now, surrounded by constables, officers of the Law, on a rainy night, lit by the gleams of a hurricane lantern, what remained of his flesh had been smuggled into a derelict cottage and investigated by the scalpel of the anatomist. Truly the grave was neither fine nor private.[1]

Then the newspaper accounts ceased; Bellamy was reburied; and the world went on as usual.

A friendship flared up—surely the queerest in London,—between Lomax and Miss Whitaker. They met quite often. They dined together; they went to theatres. One afternoon they chartered a taxi and did a London round: they went to Sir John Soane's Museum, to Mme. Tussaud's, and the Zoo. Side by side, they looked at Mme. Tussaud's own modelling[2] of Marie Antoinette's severed head fresh from the basket; they listened to somebody's cook beside them, reading from her catalogue: "Mary Antonette, gelatined[3] in 1792; Lewis sixteen,—why, he was gelatined too"; they held their noses in the Small Cats' House, appreciated the Coati, who can turn his long snout up or down, to left or right, without moving his head, and contemplated at length the Magnificent Bird of Paradise, who hopped incessantly, and the Frogmouth, who, of all creation, has in the supremest degree the quality of immobility and identification with his bough. Lomax found Miss Whitaker quite companionable on these occasions. If she told him how often she had observed the Magnificent Bird and the Frogmouth in their native haunts, he liked her none the less for that; a piquancy was added to her otherwise drab little personality, for he was convinced that she had never stirred out of England save in Bellamy's yacht. And certainly there had been neither Magnificent Bird nor Frogmouth in Illyria.

How romantic were the journeys of Miss Whitaker! How picturesque her travelling companions!

---

1. A play on the last lines of Andrew Marvell's poem *To His Coy Mistress:* "The grave's a fine and private place, / but none, I think, do there embrace."

2. In wax.

3. Guillotined.

It must not be thought, however, that she incessantly talked about herself, for the very reverse was true; the allusions which she let fall were few, but although few they were always most startling.

Her company was usually, if not immediately, available. That was a great advantage to Lomax, who soon found that he could depend upon her almost at a moment's notice. Sometimes, indeed, a little obstacle came back to him over the telephone: "Lunch to-day? oh dear, I am so sorry I can't; I promised Roger that I would lunch with him," or else, "I promised Carmen that I would motor down to Kew." Lomax would express his regret. And Miss Whitaker, "But wait a moment, if you will ring off now I will try to get through to him (or her), and see if I can put it off." And twenty minutes later Lomax's telephone bell would ring, and Miss Whitaker would tell him how angry Roger (or Carmen) had been, declaring that she was really too insufferable, and that he (or she) would have nothing more to do with her.

Miss Whitaker, indeed, was part of the fantasy of Lomax's life. He took a great interest in Roger and Carmen, and was never tired of their doings or their tempers. He sometimes arrived at Miss Whitaker's house to find a used tea-cup on the tray, which was pointed out to him as evidence of their recent departure. He sympathised over a bruise inflicted by the jealousy of Roger. On the whole, he preferred Carmen, for he liked women to have pretty hands, and Carmen's were small, southern, and dimpled; in fact, he came very near to being in love with Carmen. He beheld them, of course, as he now beheld Miss Whitaker, as he beheld everything, through the miraculous veil of his spectacles; crudity was tempered, criticism in abeyance; only compassion remained, and a vast indifference. All sense of reality had finally left him on the day that he repudiated Marion Vane; he scarcely suffered now, and even the nightmare which was beginning to hem him in held no personal significance; he was withdrawn. He heard the rumours about Bellamy's death, as though they concerned another man. He was quite sure that he regretted nothing he had done.

He was staring at the card he held in his hand: MR. ROBERT WHITAKER.

So Robert existed. Robert who had scoured Russia to avenge a woman. He was disappointed in Miss Whitaker. Since Robert existed, what need had she to mention him? An imaginary brother might tickle the fancy; a real brother was merely commonplace. With a sigh he gave orders for the admission of Robert. He awaited him, reflecting that the mortification of discovering that which one believed true to be untrue is as nothing compared to the mortification of discovering that which one believed untrue to be true. All art, said Lomax, is a lie; but that lie contains more truth than the truth. But here was Robert.

He was large and angry; lamentably like his sister's presentment of him. Lomax began to believe both in his Persian oil-field and in his exaggerated sense of honour. And when he heard Robert's business, he could no longer cherish any doubts as to Miss Whitaker's veracity. Here was Robert, large as life, and unmistakably out for revenge.

Lomax sat smiling, examining his fingernails, and assenting to everything. Yes, he had been secretly married to Robert's sister in Cairo. Yes, it was quite possible, if Robert liked to believe it, that he was a bigamist. A seducer of young women. At that Lomax frankly laughed. Robert did not at all like the note in his laughter; mocking? satirical? He did not like it at all. Did Mr. Lomax at least realise that he would have Miss Whitaker's family to reckon with? He, Robert, had heard things lately about Mr. Lomax which he would not specify at present, but which would be investigated, with possibly very unpleasant results for Mr. Lomax. They were things which were making Miss Whitaker's family most uneasy. He did not pretend to know what Mr.

Lomax's little game had been, but he had come to-day to warn him that he had better lie low and be up to no tricks. Lomax was greatly amused to find himself regarded as an adventurer. He put on a bland manner towards Robert which naturally strengthened Robert's conviction. And his last remark persuaded Robert that he was not only dangerous, but eccentric.

"By the way," he said, stopping Robert at the door, "would you mind telling me whether you have ever been in Russia? And did you catch your man?"

Robert stared angrily, and said, "Yes, to both questions."

"Ah, pity, pity!" said Lomax regretfully, shaking his head. There was another illusion gone.

He was almost tempted to wonder whether he ought not to believe again, as he had believed originally, in the seducer in Ecuador.

When he next saw Miss Whitaker he made no allusion to Robert's visit; neither did she, though she must have known of it. She had received an anonymous letter threatening abduction, and was full of that; she showed it to Lomax, who considered it with suitable gravity. He found Miss Whitaker's adventures most precious to him in his state of life and of mind. He clung on to them, for he knew that his own danger was becoming urgent. He had heard the phrase, "living on a volcano," but until now it had had as little meaning as it has for the rest of us. But now he knew well enough the expectation of being blown, at any moment, sky-high.

With these thoughts in his head, Lomax decided that he must see Artivale before it was too late. Before it was too late. Before, that is to say, he had been deprived of the liberty of action; that was the first step, that deprivation, to be followed by the second step: deprived of speech, gesture, thought,—deprived of life itself. Before he was reduced, first to a prisoner, and then to a limp body lifted from under the gallows by the hands of men.

He must see Artivale.

Artivale lived in Paris. Lomax travelled to Paris, surprised, almost, to find his passport unchallenged and himself unchecked as he climbed into a train or crossed the gangway of a boat. Again and again surprise returned to him, whether he ordered a cup of tea in his Pullman[4] or sat in his corner of the French compartment looking at *La Vie Parisienne* like any ordinary man. He was going to Paris. He had bought his ticket, and the clerk in the booking-office had handed it to him without comment. That meant freedom—being a free man. The privileges of freedom. He looked at his fellow-travellers and wondered whether they knew how free they were. How free to come and go, and how quickly their freedom might be snatched from them. He wondered what they would say if they knew that a condemned man travelled with them. Time was the important thing; whether he had time enough to do what he had to do before the hand fell upon him. "But," thought Lomax, laughing to himself, "they are all condemned, only they forget about it; they know it, but they forget." And as he looked at them through his spectacles,—the black ones,—moving as though they had eternity before them in a world dim, unreal, and subdued, they seemed to him in their preoccupation and their forgetfulness extremely pitiful.

Under the great girders of the Gare du Nord[5] they scurried, tiny figures galvanised suddenly into shouting and haste. But it was not the recollection of their ultimate condemnation that made them hurry; it was the returning urgency of their

4. Berth.   5. Parisian railway station.

own affairs after the passivity of the journey. After all, the train is going as fast as it can, and the most impatient traveller can do no more than allow himself to be carried. But on arrival it is different. Porters may be speeded up by abuse, other travellers may be shoved out of the way, one may capture the first taxi in the rank rather than the last. All these things are of great importance. Perversely, Lomax, as soon as he had descended from the train, began to dawdle. The station, that great cavern full of shadows, swallowing up the gleaming tracks, stopping the monstrous trains as with a wall of finality; those tiny figures so senselessly hurrying; those loads of humanity discharged out of trains from unknown origins towards unknown destinations; all this appeared to him as the work of some crazy etcher, building up a system of lit or darkened masses, here a column curving into relief, there a cavernous exit yawning to engulf, here groins and iron arches soaring to a very heaven of night, there metallic perspectives diminishing towards a promise of day; and everywhere the tiny figures streaming beneath the architectural nightmare, microscopic bodies of men with faces undistinguishable, flying as for their lives along passage-ways between eddies of smoke in a fantastic temple of din and murk and machinery. Moreover, he was wearing, it must be remembered, the black glasses. That which was sombre enough to other eyes, to him was sinister as the pit. He knew the mood which the black glasses induced; yet he had deliberately come away with no other pair in his pocket. The fear which troubled him most was the thought that in his imprisonment his glasses might be taken from him,—he had dim recollections, survivals from a life in which the possibility of imprisonment played no part, that condemned criminals must be deprived of all instruments of suicide. And the black glasses, of them all, best suited his natural humour. Therefore he had indulged himself, on perhaps his last opportunity, by bringing no alternative pair. Since he had lost everything in life, he would riot in the luxury of beholding life through an extravagance of darkness.

A dragon pursued him, clanging a bell; mechanically he moved aside, and the electric luggage-trucks passed him, writhing into the customs-house at the end of the station. Artivale lived in the Quartier Latin; it was necessary to get there before the hand fell on his shoulder. Paris taxidrivers were mad,[6] surely, and their taxis on the verge of disintegration; chasing enormous trams, charged by demoniac lorries, hooting incessantly and incessantly hooted at, Lomax in his wheeled scrap-iron rattled across a Paris darkened into the menace of an imminent cataclysm. A heaven of lead hung over the ghastly streets. All condemned, thought Lomax, as he racketed through the procession of life that was so gaily unconscious of the night in which it moved.

He arrived at Artivale's house.

Artivale himself opened the door.

"Good God!" he said on seeing Lomax, "what . . . But come in.—You're ill," he continued, when he had got Lomax inside the door.

"No," said Lomax, oblivious of the startling appearance he presented, with haggard cheeks behind the absurd spectacles; "only, I had to see you,—in a hurry."

"In a hurry?" said Artivale, accustomed to think of Lomax as a man without engagements, occupations, or urgency.

"You see," said Lomax, "I murdered Bellamy and I may be arrested at any moment."

"Of course that does explain your hurry," said Artivale, "but would you mind coming down to the kitchen, where I want to keep my eye on some larvae? We can talk there. My servants don't understand English."

---

6. Insane.

Lomax followed him downstairs to the basement, where in a vaulted kitchen enormous blue butterflies circled in the air and a stout negress stoked the oven. The room was dark and excessively hot. "We're in the tropics," said Lomax, looking at the butterflies.

Artivale apologised for the atmosphere. "I have to keep it hot for the sake of the larvae," he explained, "and I had to import the black women because no French servant would stand the heat. These are the larvae," and he showed Lomax various colourless smudges lying on the tables and the dresser. "Now tell me about Bellamy."

The negress beamed upon them benevolently, showing her teeth. A negro girl came from an inner room, carrying a pile of plates. A butterfly of extraordinary brilliancy quivered for a moment on the kitchen clock, and swept away, up into the shadows of the roof, fanning Lomax with its wings in passing.

"The murder was nothing," said Lomax; "he asked me to do it. He was ill, you see,—mortally,—and he was afraid of pain. That's all very simple. He left me his fortune, though."

"Yes," said Artivale, "I read his will in the paper."

"I am leaving that to you," said Lomax.

"To me,—but, my dear fellow, you're not going to die."

"Oh yes," said Lomax, "I shall be hung, of course. Besides, we are all condemned, you know."

"Ultimately, yes," replied Artivale, "but not imminently."

"That's why people forget about it," said Lomax, gazing at him very intently.

Artivale began to wonder whether Lomax suffered from delusions.

"Could you take off those spectacles?" he asked.

"No," said Lomax. "I should go mad if I did. You have no idea how beautiful your butterflies are, seen through them,—the blue through a veil of black. But to go back to the fortune. I ought, perhaps, to leave it to Miss Whitaker, but she has enough of her own already."

"Why to Miss Whitaker?" asked Artivale.

"I married her in Cairo," replied Lomax; "I forgot to tell you that. It is so difficult to remember all these things."

"Are you telling me that you and Miss Whitaker were married all that time on the yacht?"

"Exactly. She was going to have a child, you know,—by another man."

"I see," said Artivale.

"But of course all these things that I am telling you are private."

"Oh, quite," said Artivale. "Miss Whitaker was going to have a child, so you married her; Bellamy had a mortal illness, so you murdered him. Private and confidential. I quite understand."

"I hope you will have no scruples about accepting the fortune," said Lomax anxiously. "I am leaving it to you, really, as I should leave it to a scientific institute,—because I believe you will use it to the good of humanity. But if you make any difficulties I shall alter my will and leave it to the Royal Society."

"Tell me, Lomax," said Artivale, "do you care a fig for humanity?"

"There is nothing else to care about," said Lomax.

"Of course I accept your offer,—though not for myself," said Artivale.

"That's all right then," said Lomax, and he rose to go.

"Stay a moment," said Artivale. "Naturally, you got Bellamy to sign a paper stating that you were about to murder him at his own request?"

"No," said Lomax; "it did cross my mind, but it seemed indelicate, somehow,—egotistic, you know, at a moment like that, to mention such a thing,—and as he didn't suggest it I thought I wouldn't bother him. After all, he was paying me a great compliment,—a very great compliment."

"Oh, undoubtedly!" said Artivale, "but I think, if you will forgive my saying so, that your delicacy outran your prudence. Any evidence that I can give . . ."

"But you have only my word, and that isn't evidence," replied Lomax, smiling.

At that moment a bell pealed through the house upstairs.

"That will be for me," said Lomax; "how lucky that I had time to say what I wanted to say."

"Oh, you *are* lucky, aren't you?" cried Artivale wildly; "a lucky, lucky dog. Your luck's inconceivable. Lomax,—look here,—Lomax,—you must get out of this house. The back door . . ."

The bell rang again.

"It's only a question of sooner or later," said Lomax gently; "for everybody, you know; not only for me. If they let me keep the spectacles I don't mind. With them, I don't see things as they are. Or perhaps I do. It doesn't make much difference which. If you won't go up and open that door, I shall go and open it myself."

They took Lomax away in a cab. He was not allowed to keep his spectacles. Artivale came downstairs again to the kitchen, and watched a peacock butterfly of humming-bird proportions crawl free of its cocoon and spread its wings in flight.

It was only during the course of his trial that Lomax discovered how pitiable a weapon was truth. A law-court is a place of many contradictions; pitch-pine walls and rows of benches give it the appearance of a school treat, white wigs and scarlet and phraseology erect it into a seeming monument to all civilisation, but of the help-lessness of the victim there is at least no doubt at all. His bewilderment is the one certain factor. Lomax in the days when he might meet fact with fantasy had been a contented man; now, when he tried to meet with fact the fantastical world which so suddenly and so utterly swamped him, was a man confounded, a man floundering for a foothold. He had lost his spectacles. He had lost his attitude towards life. He had lost Miss Whitaker, or at any rate had exchanged her for a Miss Whitaker new and formidable, a Miss Whitaker who, astonishingly and catastrophically, spoke a portion of the truth. If earth had turned to heaven and heaven to earth a greater chaos could not have resulted in his mind.

The public see me in the dock; they do not see me in my cell. Let me look at the walls; they are white, not clouded into a nameless colour, as once they would have been. Uncompromisingly white. How ugly, how bare! But I must remember: this is a prison cell. I have no means of turning it into anything else. I am a prisoner on trial for my life. That's fact. A plain man, suffering the consequences for the actions of a creature enchanted, now disappeared. The white walls are fact. Geometry is a fact,—or so they say.—but didn't some one suggest that in another planetary system the laws of geometry might be reversed? This cell is geometrical; square floor, square ceiling, square walls, square window intersected by bars. Geometrical shadows, Euclidean angles. White light. Did I, or did I not, do this, that, and the other? I did, but . . . No buts. Facts are facts. Yes or no. Geometrical questions require geometrical answers. If A be equal to B, then C . . . But either I am mad, or they are mad, or the King's English no longer means what it used to mean.

In the dock again. Amazing statements, in substance true, in essence madly false. He must neither interrupt nor attempt to justify. All these events, which dance round him pointing crooked fingers, disfiguring their aspects into such caricatures, all these events came about so naturally, so inevitably. He knows that, as a lesson learnt, though the enchantment is gone from him. If he might speak, even, what should he relate of that experience? If he might speak! But when he speaks he damns himself. His counsel speaks for him, well-primed, so far as his client's idea of honour has been allowed to prime him; but Lomax knows all the time that his life is of no real consequence to his counsel, except in so far as success provides advertisement; he knows that after the trial is over, one way or the other, his counsel will meet the opposing counsel in the lobby and stop to joke with him, "Got the better of you that time," or, "Well, you were too much for me."

Meanwhile his counsel has been eloquent, in an academic way. Lomax has nothing to complain of. The opening speech for the defence. A simple defence: murder at the victim's request; a man threatened by a mortal disease. An act of friendship; an exaggerated act of friendship, it may be said; but shall it be called the less noble for that? But Lomax sees it coldly; he judges dispassionately, as though the story were not his own. Here stands this man; the jury will hear him tell how, out of compassion for a man he barely knew, he exposed himself to the utmost risk; even the precautions of common prudence were neglected by him in the urgency and delicacy of the circumstances. Another man would have refused this friendly office; or, accepting it, would have ensured his personal safety by a written assurance; or, thirdly, would have hurried from the house before the death had taken place. Not so the prisoner. Prisoner had remained for two hours with the dead body of his friend in the room, dealing with his private papers according to instructions previously received. (Here the prisoner was observed to show some signs of emotion.) Again, the prisoner might have pleaded not guilty; but, regretting his inaccuracies at the time of the inquest, had refused to do so. He was determined to tell the whole truth and to throw himself upon the mercy of the jury.

Lomax realised fully the impossible task his obstinacy had imposed upon his unfortunate counsel.[7]

He realised too, however, that the difficulties improved the game, from the point of view of his counsel. How great would his triumph be, supposing . . . ! And, after all, it was nothing but a game.

"A helpless fellow," said counsel to his wife that night, over his port. "I never had to deal with such a case,—never. Of course, if I can get him off, I'm made," and he fell to ruminating, and his wife, who was in love with him, knew better than to interrupt.

How strange a colour were faces in the mass! A face examined separately and in detail was pink, porous, distinctive with mouth and eyebrows, but taken collectively they were of a uniform buff, and wore but one expression, of imbecile curiosity. Upturned, vacuous curiosity. Lomax had a prolonged opportunity for looking down upon such a mass. Here and there he picked out a face he knew,— Artivale, Robert Whitaker, the captain of the *Nereid*,—and wondered vaguely what strands had drawn them all together at that place. Only by an effort of concentration could he connect them with himself. The voice went on, telling the

7. Attorney.

truth on his behalf. The jury leaned forward to stare at him. The judge, with a long face and dewlaps[8] like a blood-hound, up under his canopy, drew pictures on his blotting-paper. Outside in the streets, sensational posters flowered against the railings with the noonday editions. The Coati in the Zoo waggled his snout; at Mme. Tussaud's the waxen murderers stood accumulating dust in the original dock of the Old Bailey; the *Nereid,* stripped of her wings, swayed a forlorn hulk in the mud at Brightlingsea.

The prosecution was thick with argument. It bore down upon Lomax like a fog through which he could not find his way. He heard his piteous motives scouted; he heard the exquisite ridicule: he saw a smile of derision flicker across the jury. And he sympathised. He quite saw that he could not expect to be believed. If only Bellamy had not left him that fortune, he might have stood a chance. But he would not be so ungenerous as to criticise Bellamy.

That was the first day of the prosecution. Lomax at night in his cell was almost happy: he was glad to endure this for Bellamy's sake. He had loved Bellamy. He was glad to know at last how much he had loved Bellamy. And his privilege had been to spare Bellamy years of intolerable life. He never stopped to argue that Bellamy might just as well have performed the function for himself; for Bellamy was a coward,—had said so once and for all, and Lomax had accepted it. Lomax did not sleep much that night, but a sort of exultation kept him going: he had saved Bellamy, Artivale would have the money, and it was still just possible that to Miss Whitaker he had rendered a service. Not much of a service, certainly, to provide her with a convicted murderer upon whom to father her child; but, between himself and his own conscience, he knew that his intentions had been honourable. His brain was perfectly clear that night. He knew that he must hold on to those three things, and he would go compensated to the scaffold.

On the second day two of his three things were taken from him.

The first was the harder to bear. Post-mortem had revealed no mortal disease in the exhumed body. Lomax, lack-lustre in the dock, stirred to brief interest: so Bellamy, too, had been of the same company? But what Bellamy had really believed would now never be known.

The second concerned Miss Whitaker. Before she was called, the court was cleared, counsel submitting that the evidence about to be produced was of too delicate and private a character for publication. Ah, thought Lomax, here is a delicacy they can understand! He sat quiet while feet shuffled out of the court, herded away by a bailiff. Then when the doors were closed he heard the now familiar voice: Evelyn Amy Whitaker.

She was in the witness-box. She was very much frightened, but she had been subpoenaed, and Robert had terrorised her. She would not look at Lomax. Was she resident at 40 College Buildings, Kensington? She was. She had known the prisoner since April of the present year. She had met him on Mr. Bellamy's yacht. They had sailed from Southampton to Alexandria and from thence had travelled by train to Cairo. In Cairo she had married the prisoner.

Here Lomax's counsel protested that the evidence was irrelevant.

Counsel for the Crown maintained that the evidence was necessary to throw light upon the prisoner's character, and the objection was overruled.

8. Jowls.

Examination continued: the marriage took place entirely at the prisoner's suggestion. He had appeared very strange, and insisted upon wearing coloured spectacles even when not in the sun,—but here another protest was raised, and allowed by his lordship. Prisoner had always been very much interested in Mr. Bellamy, and occasionally said he could not understand him; also asked witness and Mr. Artivale their opinion. She had never heard Mr. Bellamy make any reference to his health. She had known Mr. Bellamy and the prisoner to be closeted for long talks in Mr. Bellamy's cabin.

Cross-examined by counsel for the defence: was it not a fact that she had led the prisoner to believe that she was with child by a man then living abroad? and that prisoner's suggestion of marriage was prompted by considerations of chivalry? Certainly not.

Dr. Edward Williams, of Harley Street, gynaecologist, examined: he had attended the witness, and could state upon oath that she was not in the condition described. The lady was, in fact, he might add, a virgin.

Lomax listened to this phantasmagoria of truth and untruth. He could have thanked the doctor for the outstanding and indubitable accuracy of his statement. It shone out like a light in darkness.

His lordship, much irritated: "I cannot have this."

As your lordship pleases.

But the jury looked paternally at Miss Whitaker, thinking that she had had a lucky escape.

And again Lomax sympathised with the scepticism of the jury. Again he saw that he could not expect to be believed. "People don't do such things"; men were not quixotic[9] to that extent. Of course they could not believe. Why, he himself, in his prespectacle days, would not have believed. He scarcely believed now. The spectacles were really responsible; but it would only make matters worse to tell the jury about the spectacles. There was no place for such things in a tribunal; and, since all life was a tribunal, there should be no place for such things in life. The evidence for the defence was already sufficiently weak. Lomax had never known the name of the doctor who had given Bellamy his death-sentence, and advertisement had failed to produce him. Artivale, an impassioned witness, had had his story immediately pulled to pieces. Lomax himself was examined. But it all sounded very thin. And now that he was deprived of his spectacles,—was become again that ordinary man, that Arthur Lomax getting through existence, with only the information of that fantastic interlude, as though it concerned another man, the information rather than the memory, since it existed now for him in words and not in sensation,—now that he was returned to his pre-spectacle days, he could survey his story with cold hard sense and see that it could bear no relation to a world of fact. It was a mistake, he had always known that it was a mistake, to mix one's manners. And for having permitted himself that luxury, he was about to be hanged. It was perhaps an excessive penalty, but Lomax was not one to complain.

Miss Whitaker came to visit him in prison. She was his wife, however shamefully he had treated her, and had no difficulty in obtaining the necessary permission from compassionate authority. Lomax was pleased to see her. She reminded him of Illyria and the Coati,—though, of course, Illyria and the Coati were things he knew

---

9. Hopelessly idealistic.

of only by hearsay. But Miss Whitaker herself was a little embarrassed; was almost sorry she had come. Like Lomax, she found reality confusing. "I am afraid you have ruined your life," she said, looking round Lomax's neat cell.

"Not at all," said Lomax politely, "so long as I haven't ruined yours. I am only sorry my counsel should have mentioned that about the child. He got it out of me in an unguarded moment. I am glad to have this opportunity of apologising."

"Yes, poor little thing," said Miss Whitaker. "But as my name hasn't appeared, no harm was done. I was sorry, too, that I had to give evidence against you. Robert insisted,—I always warned you that Robert was very revengeful."

"Quite," said Lomax.

"I ought to tell you," said Miss Whitaker, looking down at her shoes, "that *he* is coming home. He has been among the Indians for the last six months, and it has broken his health. He lands at Southampton,—where we sailed from, do you remember?—just before Christmas."[1]

"I am sorry," said Lomax, "that I shan't have the pleasure of meeting him."

"No," said Miss Whitaker; and then, seeming to lose her head a little, she again said, "No; of course you won't. Perhaps I ought to be going?"

Anyway, Artivale would have the money. Lomax hugged that to his breast. Science would have the money; and science was a fact, surely, incapable of caricature; absolute, as mathematics were absolute. He had had enough of living in a world where truth was falsehood and falsehood truth. He was about to abandon that world, and his only legacy to it should be to an incorruptible province; let him hold that comfort, where all other comforts had turned to so ingenious a mockery.

Shortly after Lomax had been hanged, Bellamy's nearest relations, two maiden ladies who lived at Hampstead and interested themselves in the conversion of the heathen, entered a plea that Bellamy's will had been composed under the undue influence of Arthur Lomax. The case was easily proved, and it was understood that the bulk of the fortune would be placed by the next-of-kin as conscience money at the disposal of His Majesty's Treasury.

E. M. Forster
1879–1970

Edward Morgan Forster, fondly referred to by friends as Morgan or "Bunny," had an enormous effect on modern British literature and letters over the course of his long life. Born in 1879, Forster died at 91 in 1970, having traversed the course of British culture from its Victorian and imperial peak to the postimperial world of the Beatles and the waning of the British novel. His prolific output of novels, short stories, literary criticism, travel writing, and political essays had also waned by the time of his death, partly because the subject he most wished to write about—male homosexual love—was the final taboo of British literature he did not live to see broken. His autobiographical novel *Maurice*, describing an upper-class Englishman's finding of true love with a working-class man employed on a friend's estate, was published only in 1971, after Forster's death. The novels of Forster's youth and middle age remain classics of modern

---

1. The "he" Miss Whitaker refers to is her supposed seducer in Ecuador; presumably this is yet another lie she tells Lomax.

British literature—and the basis for several films in recent years. *Howards End* (1910) explores the fault lines between classes in British society, while *A Passage to India* (1924) defines the processes that would lead inexorably to the loss of Britain's empire.

Forster had a privileged upbringing, and a private education that led him to King's College, Cambridge, and degrees in classics and history. His family wealth allowed him to live in Greece, Italy, and Egypt after graduation in 1901; he spent part of World War I as a Red Cross volunteer in Alexandria, Egypt. He first traveled to India in 1912–1913, and later served as private secretary to the Maharajah of Dewas in 1921. Observing the tensions of empire first-hand, he became a journalist for the Labor Party's *Daily Herald*, later a radio broadcaster in the cause of Indian independence and a reviewer for the *New Statesman* and *Nation*. After Indian independence was achieved in 1947, he was brought to India in public tribute for his actions on behalf of the political solution to independence.

Forster was close to Virginia Woolf as friend and as literary influence: Woolf's *Mrs Dalloway* (1925) is modeled in part on *A Passage to India*, in that it takes one of its central characters from London to India and back. Like Woolf's novel, *A Passage to India* is notable for its use of multiple perspectives; Forster employed the shifting viewpoints of an elderly British woman, a Muslim Indian physician, and a male British educator and civil servant of empire, writing his story across the lines of difference of race, religion, gender, and culture. *The Life to Come*, coming from a body of work published posthumously, fuses Forster's concern for the expression of homosexual love with his equally distinctive and lifelong focus on the wrongs of Britain's empire and the harsh inequities of imperialism. Set in a nameless colony, the story is an allegory of the costs of suppressing others and the supreme price paid by suppressing oneself. Sexual desire, friendship and love between colonizer and colonized, master and servant, "superior" and "inferior" were the very things that, for Forster, could break down the barriers of empire abroad, and the inequalities of society at home. Reverend Pinmay, a prim, repressed colonial master in a clerical collar, can't accept Chief Vithobai as an equal, but he reaps the destruction he has sown. One of Forster's most famous lines is from an essay on literary form: "Only connect," he wrote, and that call to make connection, whether in narrative form, or between classes, races, sexes, and countries, is the hallmark of his fiction.

The Life to Come
1. Night

Love had been born somewhere in the forest, of what quality only the future could decide. Trivial or immortal, it had been born to two human bodies as a midnight cry. Impossible to tell whence the cry had come, so dark was the forest. Or into what worlds it would echo, so vast was the forest. Love had been born for good or evil, for a long life or a short.

There was hidden among the undergrowth of that wild region a small native hut. Here, after the cry had died away, a light was kindled. It shone upon the pagan limbs and the golden ruffled hair of a young man. He, calm and dignified, raised the wick of a lamp which had been beaten down flat, he smiled, lit it, and his surroundings trembled back into his sight. The hut lay against the roots of an aged tree, which undulated[1] over its floor and surged at one place into a natural couch, a sort of throne, where the young man's quilt had been spread. A stream sang outside, a firefly relit its lamp also. A remote, a romantic spot . . . lovely, lovable . . . and then he caught sight of a book on the floor, and he dropped beside it with a dramatic moan as if it was a corpse

---

1. Flowed.

and he the murderer. For the book in question was his Holy Bible. "Though I speak with the tongues of men and of angels, and have not—" a scarlet flower hid the next word, flowers were everywhere, even round his own neck. Losing his dignity, he sobbed "Oh, what have I done?" and not daring to answer the question he hurled the flowers through the door of the hut and the Bible after them, then rushed to retrieve the latter in an agony of grotesque remorse. All had fallen into the stream, all were carried away by the song. Darkness and beauty, darkness and beauty. "Only one end to this," he thought. And he scuttled back for his pistol. But the pistol was not with him, for he was negligent in his arrangements and had left it over with the servants at the further side of the great tree; and the servants, awoken from slumber, took alarm at his talk of firearms. In spite of all he could say, they concluded that an attack was impending from the neighbouring village, which had already proved unfriendly, and they implored their young master not to resist, but to hide in the brushwood until dawn and slip away as soon as the forest paths were visible. Contrary to his orders, they began packing, and next morning he was riding away from the enchanted hut, and descending the watershed into the next valley. Looking back at the huge and enigmatic masses of the trees, he prayed them to keep his unspeakable secret, to conceal it even from God, and he felt in his unhinged state that they had the power to do this, and that they were not ordinary trees.

When he reached the coast, the other missionaries there saw at once from his face that he had failed. Nor had they expected otherwise. The Roman Catholics, far more expert than themselves, had failed to convert Vithobai, the wildest, strongest, most stubborn of all the inland chiefs. And Paul Pinmay (for this was the young man's name) was at that time a very young man indeed, and had partly been sent in order that he might discover his own limitations. He was inclined to be impatient and headstrong, he knew little of the language and still less of native psychology, and indeed he disdained to study this last, declaring in his naïve way that human nature is the same all over the world. They heard his story with sympathy but without surprise. He related how on his arrival he had asked for an audience, which Vithobai had granted inside his ancestral stockade. There, dictionary in hand, he had put the case for Christ, and at the end Vithobai, not deigning to reply in person, had waved to a retainer and made him answer. The retainer had been duly refuted, but Vithobai remained impassive and unfriendly behind his amulets and robes. So he put the case a second time, and another retainer was put up against him, and the audience continued on these lines until he was so exhausted that he was fain to withdraw. Forbidden to sleep in the village, he was obliged to spend the night all alone in a miserable hut, while the servants kept careful watch before the entrance and reported that an attack might be expected at any moment. He had therefore judged it fitter to come away at sunrise. Such was his story—told in a mixture of missionary jargon and of slang—and towards the close he was looking at his colleagues through his long eyelashes to see whether they suspected anything.

"Do you advise a renewed attempt next week?" asked one of them, who was addicted to irony.

And another: "Your intention, I think, when you left us, was to get into touch with this unapproachable Vithobai personally, indeed you declared that you would not return until you had done so."

And a third: "But you must rest now, you look tired."

He was tired, but as soon as he lay down his secret stole out of its hiding-place beyond the mountains, and lay down by his side. And he recalled Vithobai, Vithobai the unapproachable, coming into his hut out of the darkness and smiling at him. Oh how delighted he had been! Oh how surprised! He had scarcely recognized the sardonic chief in this gracious and bare-limbed boy, whose only ornaments were scarlet flowers. Vithobai had laid all formality aside. "I have come secretly," were his first words. "I wish to hear more about this god whose name is Love." How his heart had leapt after the despondency of the day! "Come to Christ!" he had cried, and Vithobai had said, "Is that your name?" He explained No, his name was not Christ, although he had the fortune to be called Paul after a great apostle, and of course he was no god but a sinful man, chosen to call other sinners to the Mercy Seat. "What is Mercy? I wish to hear more," said Vithobai, and they sat down together upon the couch that was almost a throne. And he had opened the Bible at 1. Cor. 13, and had read and expounded the marvellous chapter, and spoke of the love of Christ and of our love for each other in Christ, very simply but more eloquently than ever before, while Vithobai said, "This is the first time I have heard such words, I like them," and drew closer, his body aglow and smelling sweetly of flowers. And he saw how intelligent the boy was and how handsome, and determining to win him there and then imprinted a kiss on his forehead and drew him to Abraham's bosom.[2] And Vithobai had lain in it gladly—too gladly and too long—and had extinguished the lamp. And God alone saw them after that.

Yes, God saw and God sees. Go down into the depths of the woods and He beholds you, throw His Holy Book into the stream, and you destroy only print and paper, not the Word. Sooner or later, God calls every deed to the light. And so it was with Mr Pinmay. He began, though tardily, to meditate upon his sin. Each time he looked at it its aspect altered. At first he assumed that all the blame was his, because he should have set an example. But this was not the root of the matter, for Vithobai had shown no reluctance to be tempted. On the contrary . . . and it was his hand that beat down the light. And why had he stolen up from the village if not to tempt? . . . Yes, to tempt, to attack the new religion by corrupting its preacher, yes, yes, that was it, and his retainers celebrated his victory now in some cynical orgy. Young Mr Pinmay saw it all. He remembered all that he had heard of the antique[3] power of evil in the country, the tales he had so smilingly dismissed as beneath a Christian's notice, the extraordinary uprushes of energy which certain natives were said to possess and occasionally to employ for unholy purposes. And having reached this point he found that he was able to pray; he confessed his defilement (the very name of which cannot be mentioned among Christians), he lamented that he had postponed, perhaps for a generation, the victory of the Church, and he condemned, with increasing severity, the arts of his seducer. On the last topic he became truly eloquent, he always found something more to say, and having begun by recommending the boy to mercy he ended by asking that he might be damned.

"But perhaps this is going too far," he thought, and perhaps it was, for just as he finished his prayers there was a noise as of horsemen below, and then all his colleagues came dashing into his room. They were in extreme excitement. Cried one: "News from the interior, news from the forest. Vithobai and the entire of his people have embraced Christianity." And the second: "Here we have the triumph of youth, oh it puts us to shame." While the third exclaimed alternately "Praise be to God!" and "I beg your pardon." They rejoiced one with another and rebuked their own

2. Forster is using Paul Pinmay's religious rhetoric for double meanings: "drew him to Abraham's bosom" means both that Pinmay tried to convert Vithobai to Christianity, but also that he embraced him.
3. Ancient.

hardness of heart and want of faith in the Gospel method, and they thought the more highly of young Pinmay because he was not elated by his success, on the contrary, he appeared to be disturbed, and fell upon his knees in prayer.

2. Evening

Mr Pinmay's trials, doubts and final triumphs are recorded in a special pamphlet, published by his Society and illustrated by woodcuts. There is a picture called "What it seemed to be", which shows a hostile and savage potentate threatening him; in another picture, called "What it really was!," a dusky youth in western clothes sits among a group of clergymen and ladies, looking like a waiter, and supported by under-waiters, who line the steps of a building labelled "School." Barnabas (for such was the name that the dusky youth received at his baptism)—Barnabas proved an exemplary convert. He made mistakes, and his theology was crude and erratic, but he never backslid, and he had authority with his own people, so that the missionaries had only to explain carefully what they wanted, and it was carried out. He evinced abundant zeal, and behind it a steadiness of purpose all too rare. No one, not even the Roman Catholics, could point to so solid a success.[4]

Since Mr Pinmay was the sole cause of the victory, the new district naturally fell to his charge. Modest, like all sincere workers, he was reluctant to accept, refusing to go although the chief sent deputation after deputation to escort him, and only going in the end because he was commanded to do so by the Bishop. He was appointed for a term of ten years. As soon as he was installed, he set to work energetically—indeed, his methods provoked criticism, although they were fully justified by their fruits. He who had been wont to lay such stress on the Gospel teaching, on love, kindness, and personal influence, he who had preached that the Kingdom of Heaven is intimacy and emotion, now reacted with violence and treated the new converts and even Barnabas himself with the gloomy severity of the Old Law. He who had ignored the subject of native psychology now became an expert therein, and often spoke more like a disillusioned official[5] than a missionary. He would say: "These people are so unlike ourselves that I much doubt whether they have really accepted Christ. They are pleasant enough when they meet us, yet probably spread all manner of ill-natured gossip when our backs are turned. I cannot wholly trust them." He paid no respect to local customs, suspecting them all to be evil, he undermined the tribal organization, and—most risky of all—he appointed a number of native catechists of low type from the tribe in the adjoining valley. Trouble was expected, for this was an ancient and proud people, but their spirit seemed broken, or Barnabas broke it where necessary. At the end of the ten years the Church was to know no more docile sons.

Yet Mr Pinmay had his anxious moments.

His first meeting with Barnabas was the worst of them.

He had managed to postpone it until the day of his installation by the Bishop, and of the general baptism. The ceremonies were over, and the whole tribe, headed by their chief, had filed past the portable font and been signed on the forehead with the cross of Christ. Mistaking the nature of the rite, they were disposed to gaiety. Barnabas laid his outer garment aside, and running up to the group of missionaries like any young man of his people said, "My brother in Christ, oh come quickly," and stroked Mr Pinmay's flushed face, and tried to kiss his forehead and golden hair.

---

4. A number of Christian sects are competing to convert the "heathen."

5. A colonial civil servant.

Mr Pinmay disengaged himself and said in a trembling voice: "In the first place send your people each to his home."

The order was given and obeyed.

"In the second place, let no one come before me again until he is decently clad," he continued, more firmly.

"My brother, like you?"

The missionary was now wearing a suit of ducks[6] with shirt, vest, pants and cholera belt, also sun-helmet, starched collar, blue tie spotted with white, socks, and brown boots. "Yes, like me," he said. "And in the third place are you decently clad yourself, Barnabas?"

The chief was wearing but little. A cincture[7] of bright silks supported his dagger and floated in the fresh wind when he ran. He had silver armlets, and a silver necklet, closed by a falcon's head which nestled against his throat. His eyes flashed like a demon, for he was unaccustomed to rebuke, but he submitted and vanished into his stockade.

The suspense of the last few weeks had quite altered Mr Pinmay's character. He was no longer an open-hearted Christian knight[8] but a hypocrite whom a false step would destroy. The retreat of Barnabas relieved him. He saw that he had gained an ascendancy over the chief which it was politic to develop. Barnabas respected him, and would not willingly do harm—had even an affection for him, loathsome as the idea might seem. All this was to the good. But he must strike a second blow. That evening he went in person to the stockade, taking with him two colleagues who had recently arrived and knew nothing of the language.

The chief received them in soiled European clothes—in the interval he had summoned one of the traders who accompanied the baptismal party. He had mastered his anger, and speaking courteously he said: "Christ awaits us in my inner chamber."

Mr Pinmay had thought out his line of action. He dared not explain the hideous error, nor call upon his fellow sinner to repent; the chief must remain in a state of damnation for a time, for a new church depended on it. His reply to the unholy suggestion was "Not yet."

"Why not yet?" said the other, his beautiful eyes filling with tears. "God orders me to love you now."

"He orders me to refrain."

"How can that be, when God is Love?"

"I have served him the longer and I know."

"But this is my palace and I am a great chief."

"God is greater than all chiefs."

"As it was in your hut let it here be. Dismiss your companions and the gate will be barred behind them, and we close out the light. My body and the breath in it are yours. Draw me again to your bosom. I give myself, I, Vithobai the King."

"Not yet," repeated Mr Pinmay, covering his eyes with his hand.

"My beloved, I give myself . . . take me . . . I give you my kingdom." And he fell prone.

"Arise, Barnabas. . . . We do not want your kingdom. We have only come to teach you to rule it rightly. And do not speak of what happened in the hut. Never

6. Cotton canvas.
7. Loose belt.

8. A reference to the Crusades, where the Knights Templar killed rather than converted their Muslim enemy.

mention the hut, the word hut, the thought, either to me or to anyone. It is my wish and my command."

"Never?"

"Never."

"Come, my gods, come back to me," he cried, leaping up and wrenching at his clothes. "What do I gain by leaving you?"

"No, no, no!" prevaricated Mr Pinmay. "I said Never speak, not that I would never come."

The boy was reassured. He said: "Yes. I misunderstood. You do come to Christ, but not yet. I must wait. For how long?"

"Until I call you. Meanwhile obey all my orders, whether given directly or through others."

"Very well, my brother. Until you call me."

"And do not call me your brother."

"Very well."

"Or seek my company." Turning to the other missionaries, he said, "Now let us go." He was glad he had brought companions with him, for his repentance was still insecure. The sun was setting, the inner chamber garlanded, the stockade deserted, the boy wild with passion, weeping as if his heart had broken. They might have been so happy together in their sin and no one but God need have known.

3. Day

The next crisis that Mr Pinmay had to face was far less serious, yet it shocked him more, because he was unprepared for it. The occasion was five years later, just before his own marriage. The cause of Christ had progressed greatly in the interval. Dancing had been put down, industry encouraged, inaccurate notions as to the nature of religion had disappeared, nor in spite of espionage had he discovered much secret immorality. He was marrying one of the medical missionaries, a lady who shared his ideals, and whose brother had a mining concession above the village.

As he leant over the veranda, meditating with pleasure on the approaching change in his life, a smart European dogcart[9] drove up, and Barnabas scrambled out of it to pay his congratulations. The chief had developed into an affable and rather weedy[1] Christian with a good knowledge of English. He likewise was about to be married—his bride a native catechist from the adjoining valley, a girl inferior to him by birth, but the missionaries had selected her.

Congratulations were exchanged.

Mr Pinmay's repentance was now permanent, and his conscience so robust that he could meet the chief with ease and transact business with him in private, when occasion required it. The brown hand, lying dead for an instant in his own, awoke no reminiscences of sin.

Wriggling rather awkwardly inside his clothes, Barnabas said with a smile: "Will you take me a short drive in your dog-cart, Mr Pinmay?"

Mr Pinmay replied that he had no dog-cart.

"Excuse me, sir, you have. It stands below. It, and the horse, are my wedding gift to you."

9. Carriage.   1. Shaggy.

The missionary had long desired a horse and cart, and he accepted them without waiting to ask God's blessing. "You should not have given me such an expensive present," he remarked. For the chief was no longer wealthy; in the sudden advent of civilization he had chanced to lose much of his land.

"My reward is enough if we go one drive, sir."

As a rule he did not choose to be seen pleasuring with a native—it undermined his authority—but this was a special occasion. They moved briskly through the village, Barnabas driving to show the paces of the horse, and presently turned to the woods or to what remained of them; there was a tolerable road, made by the timber-fellers, which wound uphill towards a grove. The scene was uninteresting, and pervaded by a whitish light that seemed to penetrate every recess. They spoke of local affairs.

"How much of the timber is earmarked for the mines?" inquired Mr Pinmay, in the course of the conversation.

"An increasing amount as the galleries extend deeper into the mountain. I am told that the heat down there is now so great that the miners work unclad. Are they to be fined for this?"

"No. It is impossible to be strict about mines. They constitute a special case."

"I understand. I am also told that disease among them increases."

"It does, but then so do our hospitals."

"I do not understand."

"Can't you grasp, Barnabas, that under God's permission certain evils attend civilization, but that if men do God's will the remedies for the evils keep pace? Five years ago you had not a single hospital in this valley."

"Nor any disease. I understand. Then all my people were strong."

"There was abundant disease," corrected the missionary. "Vice and superstition, to mention no others. And intertribal war. Could you have married a lady from another valley five years ago?"

"No. Even as a concubine[2] she would have disgraced me."

"All concubines are a disgrace."

"I understand. In regard to this marriage, sir, there is, however, a promise that you made me once."

"About the mining concession, of course? Exactly. Yes, I never thought you were treated fairly there. I will certainly approach my future brother-in-law to get you some compensation. But you ought to have been more careful at the time. You signed your rights away without consulting me. I am always willing to be consulted."

"It is not the mining concession," said Barnabas patiently; although a good steward for the Church, he had grown careless where his own affairs were concerned. "It is quite another promise." He seemed to be choosing his words. Speaking slowly and without any appearance of emotion, he said at last: "Come to Christ."

"Come to Him indeed," said Mr Pinmay in slightly reproving tones, for he was not accustomed to receive such an invitation from a spiritual inferior.

Barnabas paused again, then said: "In the hut."

"What hut?" He had forgotten.

"The hut with the Mercy Seat."

Shocked and angry, he exclaimed: "Barnabas, Barnabas, this is disgraceful. I forbad you ever to mention this subject."

2. A formal mistress.

At that moment the horse drew up at the entrance of the grove. Civilization tapped and clinked behind them, under a garish sun. The road ended, and a path where two could walk abreast continued into the delicate gray and purple recesses of the trees. Tepid, impersonal, as if he still discussed public affairs, the young man said: "Let us both be entirely reasonable, sir. God continues to order me to love you. It is my life, whatever else I seem to do. My body and the breath in it are still yours, though you wither them up with this waiting. Come into the last forest, before it is cut down, and I will be kind, and all may end well. But it is now five years since you first said Not yet."

"It is, and now I say Never."

"This time you say Never?"

"I do."

Without replying, Barnabas handed him the reins, and then jerked himself out of the cart. It was a most uncanny movement, which seemed to proceed direct from the will. He scarcely used his hands or rose to his feet before jumping. But his soul uncoiled like a spring, and thrust the cart violently away from it against the ground. Mr Pinmay had heard of such contortions, but never witnessed them; they were startling, they were disgusting. And the descent was equally sinister. Barnabas lay helpless as if the evil uprush had suddenly failed. "Are you ill?" asked the clergyman.

"No."

"Then what ails you?"

"No."

"Do you repent of your words?"

"No."

"Then you must be punished. As the head of the community you are bound to set an example. You are fined one hundred pounds for backsliding."

"No." Then as if to himself he said: "First the grapes of my body are pressed. Then I am silenced. Now I am punished. Night, evening and a day. What remains?"[3]

What should remain? The remark was meaningless. Mr Pinmay drove back alone, rather thoughtful. He would certainly have to return the horse and cart—they had been intended as a bribe—and the hundred pounds must be collected by one of his subordinates. He wished that the whole unsavoury business had not been raked up into the light just before his wedding. Its senselessness alarmed him.

4. Morning

The concluding five years of Mr Pinmay's ministry were less satisfactory than their predecessors. His marriage was happy, his difficulties few, nothing tangible opposed him, but he was haunted by the scene outside the grove. Could it signify that he himself had not been pardoned? Did God, in His mystery, demand from him that he should cleanse his brother's soul before his own could be accepted? The dark erotic perversion that the chief mistook for Christianity—who had implanted it? He had put this question from him in the press of his earlier dangers, but it intruded itself now that he was safe. Day after day he heard the cold voice of the somewhat scraggy and unattractive native inviting him to sin, or saw the leap from the cart that suggested a dislocated soul. He turned to the Christianity of the valley, but he found no consolation there. He had implanted that too: not in sin, but in reaction against sin,

---

3. Barnabas has a seizure in the road, akin to Saul being stricken on the road to Damascus, and becoming Paul, a Christian. Barnabas instead "falls out" of Christianity when Pinmay rejects his love.

and so its fruits were as bitter. If Barnabas distorted Christ, the valley ignored Him. It was hard, it lacked personality and beauty and emotion and all that Paul Pinmay had admired in his youth. It could produce catechists and organizers, but never a saint. What was the cause of the failure? The hut, the hut. In the concluding years of his stay, he ordered it to be pulled down.

He seldom met Barnabas now. There was no necessity for it, since the chief's usefulness decreased as the community developed and new men pushed their way to the top. Though still helpful when applied to, he lost all capacity for initiative. He moved from his old stockaded enclosure with its memories of independence, and occupied a lofty but small modern house at the top of the village, suitable to his straitened[4] circumstances. Here he and his wife and their children (one more every eleven months) lived in the semi-European style. Sometimes he worked in the garden, although menial labour was regarding as degrading, and he was assiduous at prayer meetings, where he frequented the back row. The missionaries called him a true Christian when they called him anything, and congratulated themselves that witchcraft had no rallying-point; he had served their purpose, he began to pass from their talk. Only Mr Pinmay watched him furtively and wondered where his old energies had gone. He would have preferred an outburst to this corrupt acquiescence; he knew now that he could deal with outbursts. He even felt weaker himself, as if the same curse infected them both, and this though he had again and again confessed his own share of the sin to God, and had acquired a natural loathing for it in consequence of his marriage.

He could not really feel much sorrow when he learned that the unfortunate fellow was dying.

Consumption[5] was the cause. One of the imported workers had started an epidemic, and Mr and Mrs Pinmay were busied up to the moment of their own departure, negotiating an extension to the cemetery. They expected to leave the valley before Barnabas did, but during the last week he made, so to speak, a spurt, as if he would outstrip them. His was a very rapid case. He put up no fight. His heart seemed broken. They had little time to devote to individuals, so wide was the scope of their work, still they hurried over to see him one morning, hearing that he had had a fresh haemorrhage, and was not likely to survive the day. "Poor fellow, poor lad, he was an important factor ten years back—times change," murmured Mr Pinmay as he pushed the Holy Communion under the seat of the dog-cart—Barnabas's own cart, as it happened, for Mrs Pinmay, knowing nothing of the incident, had acquired it cheaply at a sale a couple of years back. As he drove it briskly up through the village Mr Pinmay's heart grew lighter, and he thanked God for permitting Barnabas, since die we must, to pass away at this particular moment; he would not have liked to leave him behind, festering, equivocal, and perhaps acquiring some sinister power.

When they arrived, Mrs Barnabas told them that her husband was still alive, and, she thought, conscious, but in such darkness of spirit that he would not open his eyes or speak. He had been carried up onto the roof, on account of the heat in his room, and his gestures had indicated that he would be left alone. "But he must not be left alone," said Mr Pinmay. "We must watch with him through this dark hour. I will prepare him in the first place." He climbed the staircase that led through a trapdoor onto the roof. In the shadow of the parapet lay the dying man, coughing gently, and stark naked.

---

4. Reduced.   5. Tuberculosis.

"Vithobai!" he cried in amazement.

He opened his eyes and said: "Who calls me?"

"You must have some covering, Barnabas," said Mr Pinmay fussily. He looked round, but there was nothing on the roof except a curious skein[6] of blue flowers threaded round a knife. He took them up. But the other said, "Do not lay those upon me yet," and he refrained, remembering that blue is the colour of despair in that valley, just as red is the colour of love. "I'll get you a shawl," he continued. "Why, you are not lying upon a mattress, even."

"It is my own roof. Or I thought it was until now. My wife and household respected my wishes. They laid me here because it is not the custom of my ancestors to die in a bed."

"Mrs Barnabas should have known better. You cannot possibly lie on hard asphalt."

"I have found that I can."

"Vithobai, Vithobai," he cried, more upset than he expected.

"Who calls me?"

"You are not going back to your old false gods?"

"Oh no. So near to the end of my life, why should I make any change? These flowers are only a custom, and they comfort me."

"There is only one comforter . . . ." He glanced around the roof, then fell upon his knees. He could save a soul without danger to himself at last. "Come to Christ," he said, "but not in the way that you suppose. The time has come for me to explain. You and I once sinned together, yes, you and your missionary whom you so reverence. You and I must now repent together, yes, such is God's law." And confusedly, and with many changes of emotion and shiftings of his point of view and reservations, he explained the nature of what had happened ten years ago and its present consequences.

The other made a painful effort to follow, but his eyes kept closing. "What is all this talk?" he said at last. "And why do you wait until I am ill and you old?"

"I waited until I could forgive you and ask your forgiveness. It is the hour of your atonement and mine. Put away all despair, forget those wicked flowers. Let us repent and leave the rest to God."

"I repent, I do not repent . . ." he wailed.

"Hush! Think what you say."

"I forgive you, I do not forgive, both are the same. I am good I am evil I am pure I am foul, I am this or that, I am Barnabas, I am Vithobai. What difference does it make now? It is my deeds that await me, and I have no strength left to add to them. No strength, no time. I lie here empty, but you fill me up with thoughts, and then press me to speak them that you may have words to remember afterwards. . . . But it is deeds, deeds that count, O my lost brother. Mine are this little house instead of my old great one, this valley which other men own, this cough that kills me, those bastards that continue my race; and that deed in the hut, which you say caused all, and which now you call joy, now sin. How can I remember which it was after all these years, and what difference if I could? It was a deed, it has gone before me with the others to be judged."

"Vithobai," he pleaded, distressed because he himself had been called old.

"Who calls me the third time?"

6. Woven or braided.

"Kiss me."

"My mouth is down here."

"Kiss my forehead—no more—as a sign that I am forgiven. Do not misunderstand me this time . . . in perfect purity . . . the holy salutation of Christ. And then say with me: Our Father which art in Heaven, hallowed be Thy name . . . ."

"My mouth is down here," he repeated wearily.

Mr Pinmay feared to venture the kiss lest Satan took an advantage. He longed to do something human before he had the sinking man carried down to receive the Holy Communion, but he had forgotten how. "You have forgiven me, my poor fellow," he worried on. "If you do not, how can I continue my vocation, or hope for the forgiveness of God?"

The lips moved.

"If you forgive me, move your lips once more, as a sign."

He became rigid, he was dying.

"You do still love me?"

"My breast is down here."

"In Christ, I mean." And uncertain of what he ought to do he laid his head hesitatingly upon the poor skeleton. Vithobai shivered, then looked at him with surprise, pity, affection, disdain, with all, but with little of any, for his spirit had mainly departed, and only the ghosts of its activities remained. He was a little pleased. He raised a hand painfully, and stroked the scanty hair, golden no longer. He whispered, "Too late," but he smiled a little.

"It is never too late," said Mr Pinmay, permitting a slow encircling movement of the body, the last it would ever accomplish. "God's mercy is infinite, and endureth for ever and ever. He will give us other opportunities. We have erred in this life but it will not be so in the life to come."

The dying man seemed to find comfort at last. "The life to come," he whispered, but more distinctly. "I had forgotten it. You are sure it is coming?"

"Even your old false religion was sure of that."

"And we shall meet in it, you and I?" he asked, with a tender yet reverent caress.

"Assuredly, if we keep God's commandments."

"Shall we know one another again?"

"Yes, with all spiritual knowledge."

"And will there be love?"

"In the real and true sense, there will."

"Real and true love! Ah, that would be joyful." His voice gained strength, his eyes had an austere beauty as he embraced his friend, parted from him so long by the accidents of earth. Soon God would wipe away all tears. "The life to come," he shouted. "Life, life, eternal life. Wait for me in it." And he stabbed the missionary through the heart.

The jerk the knife gave brought his own fate hurrying upon him. He had scarcely the strength to push the body onto the asphalt or to spread the skein of blue flowers. But he survived for a moment longer, and it was the most exquisite he had ever known. For love was conquered at last and he was again a king, he had sent a messenger before him to announce his arrival in the life to come, as a great chief should. "I served you for ten years," he thought, "and your yoke was hard, but mine will be harder and you shall serve me now for ever and ever." He dragged himself up, he looked over the parapet. Below him were a horse and cart, beyond, the valley which he had once ruled, the site of the hut, the ruins of his old stockade, the schools, the hospital, the cemetery, the stacks of timber, the polluted stream, all that he had been used to regard as signs of his disgrace. But they signified nothing this morning, they were flying like mist, and beneath them, solid and eternal, stretched the kingdom of the dead. He rejoiced as in boyhood, he was expected there now. Mounting on the corpse, he climbed higher, raised his arms over his head, sunlit, naked, victorious, leaving all disease and humiliation behind him, and he swooped like a falcon from the parapet in pursuit of the terrified shade.[7]

✦ ⚔ ✦

Rebecca West
1892–1983

Rebecca West is increasingly appreciated as a writer of fiction, literary criticism, political commentary, and biography, as well as one of the most important journalists of the century. Born Cicely Fairfield in Ireland, she was educated in Edinburgh after her father died when she was ten years old. She became an actress in London, taking the stage name "Rebecca West" from a heroine she had played in Ibsen's drama *Rosmersholm*. By the time she was twenty, she was becoming active in left-wing journalism and in agitation for women's rights. In 1914, when she wrote *Indissoluble Matrimony*, she was involved in a love affair with the free-thinking but married novelist H. G. Wells, with whom she had a son; at the same time, she was working on a critical biography of Henry James. She went on to write searching and sometimes critical essays on male modernists like Joyce, Eliot, and Lawrence, and perceptive essays on Virginia Woolf and Katherine Mansfield. Throughout her life, she wrote both novels and political journalism, notably a major study of Balkan politics and culture, *Black Lamb and Grey Falcon* (1942), and a series of brilliant reports on the Nuremberg trials of Nazi war criminals at the end of World War II, collected as *A Train of Powder* (1955). She was made Dame Commander of the British Empire in 1959. Like her political writing, her fiction is notable for its irreverent probing of modernity's fault lines. Though never an orthodox feminist, West demonstrated a keen insight into the psychology of women and men, and portrayed the straitened thinking that made feminism's ultimate victory anything but a foregone conclusion.

Indissoluble Matrimony

When George Silverton opened the front door he found that the house was not empty for all its darkness. The spitting noise of the striking of damp matches and mild, growling exclamations of annoyance told him that his wife was trying to light the dining-room gas. He went in and with some short, hostile sound of greeting lit a match and brought brightness into the little room. Then, irritated by his own folly in bringing private papers into his wife's presence, he stuffed the letters he had brought from the office deep into the pockets of his overcoat. He looked at her suspiciously, but she had not seen them, being busy in unwinding her orange motor-veil. His eyes remained on her face to brood a little sourly on her moving loveliness, which he had not been sure of finding: for she was one of those women who create an illusion alternately of extreme beauty and extreme ugliness. Under her curious dress, designed in some pitifully cheap and worthless stuff by a successful mood of her indiscreet taste— she had black blood in her—her long body seemed pulsing with some exaltation. The blood was coursing violently under her luminous yellow skin, and her lids, dusky with fatigue, drooped contentedly over her great humid black eyes. Perpetually she raised her hand to the mass of black hair that was coiled on her thick golden neck, and stroked it with secretive enjoyment, as a cat licks its fur. And her large mouth smiled frankly, but abstractedly, at some digested pleasure.

There was a time when George would have looked on this riot of excited loveliness with suspicion. But now he knew it was almost certainly caused by some trifle—a long walk through stinging weather, the report of a Socialist victory at a by-election, or the intoxication of a waltz refrain floating from the municipal band-stand across the flats of the local recreation ground. And even if it had been caused by some amorous interlude he would not have greatly cared. In the ten years since their marriage he had lost the quality which would have made him resentful. He now believed that quality to be purely physical. Unless one was in good condition and responsive to the messages sent out by the flesh Evadne could hardly concern one. He turned the bitter thought over in his heart and stung himself by deliberately gazing unmoved upon her beautiful joyful body.

"Let's have supper now!" she said rather greedily.

He looked at the table and saw she had set it before she went out. As usual she had been in an improvident hurry: it was carelessly done. Besides, what an absurd supper to set before a hungry solicitor's clerk! In the centre, obviously intended as the principal dish, was a bowl of plums, softly red, soaked with the sun, glowing like jewels in the downward stream of the incandescent light. Besides them was a great yellow melon, its sleek sides fluted with rich growth, and a honey-comb glistening on a willow-pattern dish. The only sensible food to be seen was a plate of tongue laid at his place.

"I can't sit down to supper without washing my hands!"

While he splashed in the bathroom upstairs he heard her pull in a chair to the table and sit down to her supper. It annoyed him. There was no ritual about it. While he was eating the tongue she would be crushing honey on new bread, or stripping a plum of its purple skin and holding the golden globe up to the gas to see the light filter through. The meal would pass in silence. She would innocently take his dumbness for a sign of abstraction and forbear to babble. He would find the words choked on his lips by the weight of dullness that always oppressed him in her presence. Then, just about the time when he was beginning to feel able to formulate his obscure grievances against her, she would rise from the table without a word and run upstairs to her work, humming in that uncanny, negro way of hers.

And so it was. She ate with an appalling catholicity of taste, with a nice child's love of sweet foods, and occasionally she broke into that hoarse beautiful croon. Every now and then she looked at him with too obvious speculations as to whether his silence was due to weariness or uncertain temper. Timidly she cut him an enormous slice of the melon, which he did not want. Then she rose abruptly and flung herself into the rocking chair on the hearth. She clasped her hands behind her head and strained backwards so that the muslin stretched over her strong breasts. She sang softly to the ceiling.

There was something about the fantastic figure that made him feel as though they were not properly married.

"Evadne?"

"S?"

"What have you been up to this evening?"

"I was at Milly Stafordale's."

He was silent again. That name brought up the memory of his courting days. It was under the benign eyes of blonde, plebeian Milly that he had wooed the distracting creature in the rocking chair.

Ten years before, when he was twenty-five, his firm had been reduced to hysteria over the estates of an extraordinarily stupid old woman, named Mrs. Mary Ellerker. Her stupidity, grappling with the complexity of the sources of the vast income which rushed in spate from the properties of four deceased husbands, demanded oceans of explanations even over her weekly rents. Silverton alone in the office, by reason of a certain natural incapacity for excitement, could deal calmly with this marvel of imbecility. He alone could endure to sit with patience in the black-panelled drawing-room amidst the jungle of shiny mahogany furniture and talk to a mass of darkness, who rested heavily in the window-seat and now and then made an idiotic remark in a bright, hearty voice. But it shook even him. Mrs. Mary Ellerker was obscene. Yet she was perfectly sane and, although of that remarkable plainness noticeable in most oft-married women, in good enough physical condition. She merely presented the loathsome spectacle of an ignorant mind, contorted by the artificial idiocy of coquetry, lack of responsibility, and hatred of discipline, stripped naked by old age. That was the real horror of her. One feared to think how many women were really like Mrs. Ellerker under their armour of physical perfection or social grace. For this reason he turned eyes of hate on Mrs. Ellerker's pretty little companion, Milly Stafordale, who smiled at him over her embroidery with wintry northern brightness. When she was old she too would be obscene.

This horror obsessed him. Never before had he feared anything. He had never lived more than half-an-hour from a police station, and, as he had by some chance missed the melancholy clairvoyance of adolescence, he had never conceived of any horror with which the police could not deal. This disgust of women revealed to him that the world is a place of subtle perils. He began to fear marriage as he feared death. The thought of intimacy with some lovely, desirable and necessary wife turned him sick as he sat at his lunch. The secret obscenity of women! He talked darkly of it to his friends. He wondered why the Church did not provide a service for the absolution of men after marriage. Wife desertion seemed to him a beautiful return of the tainted body to cleanliness.

On his fifth visit to Mrs. Ellerker he could not begin his business at once. One of Milly Stafordale's friends had come in to sing to the old lady. She stood by the piano against the light, so that he saw her washed with darkness. Amazed, of tropical fruit. And before he had time to apprehend the sleepy wonder of her beauty, she had begun to sing. Now he knew that her voice was a purely physical attribute, built in her as she lay in her mother's womb, and no index of her spiritual values. But then, as it welled up from the thick golden throat and clung to her lips, it seemed a sublime achievement of the soul. It was smouldering contralto such as only those of black blood can possess. As she sang her great black eyes lay on him with the innocent shamelessness of a young animal, and he remembered hopefully that he was good looking. Suddenly she stood in silence, playing with her heavy black plait. Mrs. Ellerker broke into silly thanks. The girl's mother, who had been playing the accompaniment, rose and stood rolling up her music. Silverton, sick with excitement, was introduced to them. He noticed that the mother was a little darker than the conventions permit. Their name was Hannan—Mrs. Arthur Hannan and Evadne. They moved lithely and quietly out of the room, the girl's eyes still lingering on his face.

The thought of her splendour and the rolling echoes of her voice disturbed him all night. Next day, going to his office, he travelled with her on the horse-car that bound his suburb to Petrick. One of the horses fell lame, and she had time to tell him that she was studying at a commercial college. He quivered with distress. All the time he had a dizzy illusion that she was nestling up against him. They parted shyly. During the next few days they met constantly. He began to go and see them in the evening at their home—a mean flat crowded with cheap glories of bead curtains and Oriental hangings that set off the women's alien beauty. Mrs. Hannan was a widow and they lived alone, in a wonderful silence. He talked more than he had ever done in his whole life before. He took a dislike to the widow, she was consumed with fiery subterranean passions, no fit guardian for the tender girl.

Now he could imagine with what silent rapture Evadne had watched his agitation. Almost from the first she had meant to marry him. He was physically attractive, though not strong. His intellect was gently stimulating like a mild white wine. And it was time she married. She was ripe for adult things. This was the real wound in his soul. He had tasted of a divine thing created in his time for dreams out of her rich beauty, her loneliness, her romantic poverty, her immaculate youth. He had known love. And Evadne had never known anything more than a magnificent physical adventure which she had secured at the right time as she would have engaged a cab to take her to the station in time for the cheapest excursion train. It was a quick way to light-hearted living. With loathing he remembered how in the days of their engagement she used to gaze purely into his blinking eyes and with her unashamed kisses incite him to extravagant embraces. Now he cursed her for having obtained his spiritual revolution on false pretences. Only for a little time had he had his illusion, for their marriage was hastened by Mrs. Hannan's sudden death. After three months of savage mourning Evadne flung herself into marriage, and her excited candour had enlightened him very soon.

That marriage had lasted ten years. And to Evadne their relationship was just the same as ever. Her vitality needed him as it needed the fruit on the table before him. He shook with wrath and a sense of outraged decency.

"O George!" She was yawning widely.

"What's the matter?" he said without interest.

"It's so beastly dull."

"I can't help that, can I?"

"No." She smiled placidly at him. "We're a couple of dull dogs, aren't we? I wish we had children."

After a minute she suggested, apparently as an alternative amusement, "Perhaps the post hasn't passed."

As she spoke there was a rat-tat and the slither of a letter under the door. Evadne picked herself up and ran out into the lobby. After a second or two, during which she made irritating inarticulate exclamations, she came in reading the letter and stroking her bust with a gesture of satisfaction.

"They want me to speak at Longton's meeting on the nineteenth," she purred.

"Longton? What's he up to?"

Stephen Longton was the owner of the biggest iron works in Petrick, a man whose refusal to adopt the livery of busy oafishness thought proper to commercial men aroused the gravest suspicions.

"He's standing as Socialist candidate for the town council."

". . . Socialist!" he muttered.

He set his jaw. That was a side of Evadne he considered as little as possible. He had never been able to assimilate the fact that Evadne had, two years after their marriage, passed through his own orthodox Radicalism[1] to a passionate Socialism, and that after reading enormously of economics she had begun to write for the Socialist press and to speak successfully at meetings. In the jaundiced recesses of his mind he took it for granted that her work would have the lax fibre of her character: that it would be infected with her Oriental crudities. Although once or twice he had been congratulated on her brilliance, he mistrusted this phase of her activity as a caper of the sensualist. His eyes blazed on her and found the depraved, over-sexed creature, looking milder than a gazelle, holding out a hand-bill to him.

"They've taken it for granted!"

He saw her name—his name—

MRS. EVADNE SILVERTON.[2]

It was at first the blaze of stout scarlet letters on the dazzling white ground that made him blink. Then he was convulsed with rage.

"Georgie dear!"

She stepped forward and caught his weak body to her bosom. He wrenched himself away. Spiritual nausea made him determined to be a better man than her.

"A pair of you! You and Longton—!" he snarled scornfully. Then, seeing her startled face, he controlled himself.

"I thought it would please you," said Evadne, a little waspishly.

"You mustn't have anything to do with Longton," he stormed.

A change passed over her. She became ugly. Her face was heavy with intellect, her lips coarse with power. He was at arms with a Socialist lead. Much he would have preferred the bland sensualist again.

"Why?"

"Because—his lips stuck together like blotting-paper—he's not the sort of man my wife should—should—"

With movements which terrified him by their rough energy, she folded up the bills and put them back in the envelope.

"George. I suppose you mean that he's a bad man." He nodded.

"I know quite well that the girl who used to be his typist is his mistress." She spoke it sweetly, as if reasoning with an old fool. "But she's got consumption. She'll be dead in six months. In fact, I think it's rather nice of him. To look after her and all that."

"My God!" He leapt to his feet, extending a shaking forefinger. As she turned to him, the smile dying on her lips, his excited weakness wrapped him in a paramnesic illusion:[3] it seemed to him that he had been through all this before—a long, long time ago. "My God, you talk like a woman off the streets!"

---

1. An extreme form of Liberalism, still comfortably within the continuum of British democratic politics; Socialism, which Evadne has embraced, advocates the abolition of the current system and is thus too extreme for George's bourgeois attitudes.
2. Evadne would have been addressed in polite society as "Mrs. George Silverton"; George reads this breach of decorum as one more sign that his wife is out of control. Leopold Bloom, the protagonist of James Joyce's *Ulysses*, makes a similar observation when his wife Molly receives a letter from her lover addressed to "Mrs. Marion Bloom."
3. A condition in which fact and fiction become confused.

Evadne's lips lifted over her strong teeth. With clever cruelty she fixed his eyes with hers, well knowing that he longed to fall forward and bury his head on the table in a transport of hysterical sobs. After a moment of this torture she turned away, herself distressed by a desire to cry.

"How can you say such dreadful, dreadful things!" she protested, chokingly.

He sat down again. His eyes looked little and red, but they blazed on her. "I wonder if you are," he said softly.

"Are what?" she asked petulantly, a tear rolling down her nose.

"You know," he answered, nodding.

"George, George, George!" she cried.

"You've always been keen on kissing and making love, haven't you, my precious? At first you startled me, you did! I didn't know women were like that." From that morass he suddenly stepped on to a high peak of terror. Amazed to find himself sincere, he cried—"I don't believe good women are!"

"Georgie, how can you be so silly!" exclaimed Evadne shrilly. "You know quite well I've been as true to you as any woman could be." She sought his eyes with a liquid glance of reproach. He averted his gaze, sickened at having put himself in the wrong. For even while he degraded his tongue his pure soul fainted with loathing of her fleshliness.

"I—I'm sorry."

Too wily to forgive him at once, she showed him a lowering profile with downcast lids. Of course, he knew it was a fraud: an imputation against her chastity was no more poignant than a reflection on the cleanliness of her nails—rude and spiteful, but that was all. But for a time they kept up the deception, while she cleared the table in a steely silence.

"Evadne, I'm sorry. I'm tired." His throat was dry. He could not bear the discord of a row added to the horror of their companionship. "Evadne, do forgive me—I don't know what I meant by—"

"That's all right, silly!" she said suddenly and bent over the table to kiss him. Her brow was smooth. It was evident from her splendid expression that she was preoccupied. Then she finished clearing up the dishes and took them into the kitchen. While she was out of the room he rose from his seat and sat down in the armchair by the fire, setting his bull-dog pipe alight. For a very short time he was free of her voluptuous presence. But she ran back soon, having put the kettle on and changed her blouse for a loose dressing-jacket, and sat down on the arm of his chair. Once or twice she bent and kissed his brow, but for the most part she lay back with his head drawn to her bosom, rocking herself rhythmically. Silverton, a little disgusted by their contact, sat quite motionless and passed into a doze. He revolved in his mind the incidents of his day's routine and remembered a snub from a superior. So he opened his eyes and tried to think of something else. It was then that he became conscious that the rhythm of Evadne's movement was not regular. It was broken as though she rocked in time to music. Music? His sense of hearing crept up to hear if there was any sound of music in the breaths she was emitting rather heavily every now and then. At first he could hear nothing. Then it struck him that each breath was a muttered phrase. He stiffened, and hatred flamed through his veins. The words came clearly through her lips. . . . "The present system of wage-slavery . . . ."

"Evadne!" He sprang to his feet. "You're preparing your speech!"

She did not move. "I am," she said.

"Damn it, you shan't speak!"

"Damn it, I will!"

"Evadne, you shan't speak! If you do I swear to God above I'll turn you out into the streets——." She rose and came towards him. She looked black and dangerous. She trod softly like a cat with her head down. In spite of himself, his tongue licked his lips in fear and he cowered a moment before he picked up a knife from the table. For a space she looked down on him and the sharp blade.

"You idiot, can't you hear the kettle's boiling over?"

He shrank back, letting the knife fall on the floor. For three minutes he stood there controlling his breath and trying to still his heart. Then he followed her into the kitchen. She was making a noise with a basinful of dishes.

"Stop that row."

She turned round with a dripping dish-cloth in her hand and pondered whether to throw it at him. But she was tired and wanted peace: so that she could finish the rough draft of her speech. So she stood waiting.

"Did you understand what I said then? If you don't promise me here and now——"

She flung her arms upwards with a cry and dashed past him. He made to run after her upstairs, but stumbled on the threshold of the lobby and sat with his ankle twisted under him, shaking with rage. In a second she ran downstairs again, clothed in a big cloak with black bundle clutched to her breast. For the first time in their married life she was seized with a convulsion of sobs. She dashed out of the front door and banged it with such passion that a glass pane shivered to fragments behind her.

"What's this? What's this?" he cried stupidly, standing up. He perceived with an insane certainty that she was going out to meet some unknown lover. "I'll come and tell him what a slut you are!" he shouted after her and stumbled to the door. It was jammed now and he had to drag at it.

The night was flooded with the yellow moonshine of midsummer: it seemed to drip from the lacquered leaves of the shrubs in the front garden. In its soft clarity he could see her plainly, although she was now two hundred yards away. She was hastening to the north end of Sumatra Crescent, an end that curled up the hill like a silly kitten's tail and stopped abruptly in green fields. So he knew that she was going to the young man who had just bought the Georgian Manor, whose elm-trees crowned the hill. Oh, how he hated her! Yet he must follow her, or else she would cover up her adulteries so that he could not take his legal revenge. So he began to run—silently, for he wore his carpet slippers. He was only a hundred yards behind her when she slipped through a gap in the hedge to tread a field-path. She still walked with pride, for though she was town-bred, night in the open seemed not at all fearful to her. As he shuffled in pursuit his carpet slippers were engulfed in a shining pool of mud: he raised one with a squelch, the other was left. This seemed the last humiliation. He kicked the other one off his feet and padded on in his socks, snuffling in anticipation of a cold. Then physical pain sent him back to the puddle to pluck out the slippers; it was a dirty job. His heart battered his breast as he saw that Evadne had gained the furthest hedge and was crossing the stile into the lane that ran up to the Manor gates.

"Go on, you beast!" he muttered, "Go on, go on!" After a scamper he climbed the stile and thrust his lean neck beyond a mass of wilted hawthorn bloom that crumbled into vagrant petals at his touch.

The lane mounted yellow as cheese to where the moon lay on his iron tracery of the Manor gates. Evadne was not there. Hardly believing his eyes he hobbled over into the lane and looked in the other direction. There he saw her disappearing round the bend of the road. Gathering himself up to a run, he tried to think out his bearings. He had seldom passed this way, and like most people without strong primitive instincts he had no sense of orientation. With difficulty he remembered that after a mile's mazy wanderings between high hedges this lane sloped suddenly to the bowl of heather overhung by the moorlands, in which lay the Petrick reservoirs, two untamed lakes.

"Eh! she's going to meet him by the water!" he cursed to himself. He remembered the withered ash tree, seared by lightning to its root, that stood by the road at the bare frontier of the moor. "May God strike her like that," he prayed," "as she fouls the other man's lips with her kisses. O God! let me strangle her. Or bury a knife deep in her breast." Suddenly he broke into a lolloping run. "O my Lord, I'll be able to divorce her. I'll be free. Free to live alone. To do my day's work and sleep my night's sleep without her. I'll get a job somewhere else and forget her. I'll bring her to the dogs. No clean man or woman in Petrick will look at her now. They won't have her to speak at that meeting now!" His throat swelled with joy, he leapt high in the air.

"I'll lie about her. If I can prove that she's wrong with this man they'll believe me if I say she's a bad woman and drinks. I'll make her name a joke. And then—"

He flung wide his arms in ecstasy: the left struck against stone. More pain than he had thought his body could hold convulsed him, so that he sank on the ground hugging his aching arm. He looked backwards as he writhed and saw that the hedge had stopped; above him was the great stone wall of the county asylum. The question broke on him—was there any lunatic in its confines so slavered with madness as he himself? Nothing but madness could have accounted for the torrent of ugly words, the sea of uglier thoughts that was now a part of him. "O God, me to turn like this!" he cried, rolling over full-length on the grassy bank by the roadside. That the infidelity of his wife, a thing that should have brought out the stern manliness of his true nature, should have discovered him as lecherous-lipped as any pot-house[4] lounger, was the most infamous accident of his married life. The sense of sin descended on him so that his tears flowed hot and bitterly. "Have I gone to the Unitarian chapel every Sunday morning and to the Ethical Society every evening for nothing?" his spirit asked itself in its travail. "All those Browning lectures for nothing . . . ."[5] He said the Lord's Prayer several times and lay for a minute quietly crying. The relaxation of his muscles brought him a sense of rest which seemed forgiveness falling from God. The tears dried on his cheeks. His calmer consciousness heard the sound of rushing waters mingled with the beating of blood in his ears. He got up and scrambled round the turn of the road that brought him to the withered ash-tree.

He walked forward on the parched heatherland to the mound whose scarred sides, heaped with boulders, tufted with mountain grasses, shone before him in the moonlight. He scrambled up to it hurriedly and hoisted himself from ledge to ledge till he fell on his knees with a squeal of pain. His ankle was caught in a crevice of the rock. Gulping down his agony at this final physical humiliation he heaved himself upright and raced on to the summit, and found himself before the Devil's Cauldron, filled to the brim with yellow moonshine and the fiery play of summer lightning. The rugged crags opposite him were a low barricade against the stars to which the mound where he stood shot forward like a bridge. To the left of this the long Lisbech pond lay like a trailing serpent; its silver scales glittered as the wind swept down from

---

4. Tavern.
5. George's activities—Unitarian church, Ethical Society, Browning Society—suggest that he participated in public exercises of a high moral nature without giving himself over to traditional religious faith, which he would have seen as "irrational" and "unmanly."

the vaster moorlands to the east. To the right under a steep drop of twenty feet was the Whimsey pond, more sinister, shaped in an unnatural oval, sheltered from the wind by the high ridge so that the undisturbed moonlight lay across it like a sharp-edged sword.

He looked about for some sign of Evadne. She could not be on the land by the margin of the lakes, for the light blazed so strongly that each reed could be clearly seen like a black dagger stabbing the silver. He looked down Lisbech and saw far east a knot of red and green and orange lights. Perhaps for some devilish purpose Evadne had sought Lisbech railway station. But his volcanic mind had preserved one grain of sense that assured him that, subtle as Evadne's villainy might be, it would not lead her to walk five miles out of her way to a terminus which she could have reached in fifteen minutes by taking a train from the station down the road. She must be under cover somewhere here. He went down the gentle slope that fell from the top of the ridge to Lisbech pond in a disorder of rough heather, unhappy patches of cultivated grass, and coppices of silver birch, fringed with flaming broom that seemed faintly tarnished in the moonlight. At the bottom was a roughly hewn path which he fol-lowed in hot aimless hurry. In a little he approached a riot of falling waters. There was a slice ten feet broad carved out of the ridge, and to this narrow channel of black shining rock the floods of Lisbech leapt some feet and raced through to Whimsey. The noise beat him back. The gap was spanned by a gaunt thing of paint-blistered iron, on which he stood dizzily and noticed how the wide step that ran on each side of the channel through to the other pond was smeared with sinister green slime. Now his physical distress reminded him of Evadne, whom he had almost forgotten in con-templation of these lonely waters. The idea of her had been present but obscured, as sometimes toothache may cease active torture. His blood lust set him on and he stag-gered forward with covered ears. Even as he went something caught his eye in a thicket high up on the slope near the crags. Against the slender pride of some silver birches stood a gnarled hawthorn tree, its branches flattened under the stern moor-land winds so that it grew squat like an opened umbrella. In its dark shadows, faintly illumined by a few boughs of withered blossom, there moved a strange bluish light. Even while he did not know what it was it made his flesh stir.

The light emerged. It was the moonlight reflected from Evadne's body. She was clad in a black bathing dress, and her arms and legs and the broad streak of flesh laid bare by a rent down the back shone brilliantly white, so that she seemed like a grotesquely patterned wild animal as she ran down to the lake. Whirling her arms above her head she trampled down into the water and struck out strongly. Her movements were full of brisk delight and she swam quickly. The moonlight made her the centre of a little feathery blur of black and silver, with a comet's tail trailing in her wake.

Nothing in all his married life had ever staggered Silverton so much as this. He had imagined his wife's adultery so strongly that it had come to be. It was now as real as their marriage; more real than their courtship. So this seemed to be the last crime of the adulteress. She had dragged him over those squelching fields and these rough moors and changed him from a man of irritations, but no passions, into a cold design-er of murderous treacheries, so that he might witness a swimming exhibition! For a minute he was stunned. Then he sprang down to the rushy edge and ran along in the direction of her course, crying—"Evadne! Evadne!" She did not hear him. At last he achieved a chest note and shouted—"Evadne! come here!" The black and silver feather shivered in mid-water. She turned immediately and swam back to shore. He suspected sullenness in her slowness, but was glad of it, for after the shock of this extraordinary incident he wanted to go to sleep. Drowsiness lay on him like lead. He shook himself like a dog and wrenched off his linen collar, winking at the bright moon to keep himself awake. As she came quite near he was exasperated by the happy, snorting breaths she drew, and strolled a pace or two up the bank. To his enragement the face she lifted as she waded to dry land was placid, and she scrambled gaily up the bank to his side.

"O George, why did you come!" she exclaimed quite affectionately, laying a damp hand on his shoulder.

"O damn it, what does this mean!" he cried, committing a horrid tenor squeak. "What are you doing?"

"Why. George," she said," "I came here for a bathe."

He stared into her face and could make nothing of it. It was only sweet surfaces of flesh, soft radiances of eye and lip, a lovely lie of comeliness. He forgot this present grievance in a cold search for the source of her peculiar hatefulness. Under this sick gaze she pouted and turned away with a peevish gesture. He made no sign and stood silent, watching her saunter to that gaunt iron bridge. The roar of the little waterfall did not disturb her splendid nerves and she drooped sensuously over the hand-rail, sniffing up the sweet night smell; too evidently trying to abase him to another apology.

A mosquito whirred into his face. He killed it viciously and strode off towards his wife, who showed by a common little toss of the head that she was conscious of his coming.

"Look here, Evadne!" he panted. "What did you come here for? Tell me the truth and I promise I'll not—I'll not—"

"Not WHAT, George?"

"O please, please tell me the truth, do Evadne!" he cried pitifully.

"But, dear, what is there to carry on about so? You went on so queerly about my meeting that my head felt fit to split, and I thought the long walk and the dip would do me good." She broke off, amazed at the wave of horror that passed over his face.

His heart sank. From the loose-lipped hurry in the telling of her story, from the bigness of her eyes and the lack of subtlety in her voice, he knew that this was the truth. Here was no adulteress whom he could accuse in the law courts and condemn into the street, no resourceful sinner whose merry crimes he could discover. Here was merely his good wife, the faithful attendant of his hearth, relentless wrecker of his soul.

She came towards him as a cat approaches a displeased master, and hovered about him on the stone coping of the noisy sluice.

"Indeed!" he found himself saying sarcastically. "Indeed!"

"Yes, George Silverton, indeed!" she burst out, a little frightened. "And why shouldn't I? I used to come here often enough on summer nights with poor Mamma—"

"Yes!" he shouted. It was exactly the sort of thing that would appeal to that weird half-black woman from the back of beyond. "Mamma!" he cried tauntingly, "Mamma!"

There was a flash of silence between them before Evadne, clutching her breast and balancing herself dangerously on her heels on the stone coping, broke into gentle shrieks. "You dare talk of my Mamma, my poor Mamma, and she cold in her grave! I haven't been happy since she died and I married you, you silly little misery, you!" Then the rage was suddenly wiped off her brain by the perception of a crisis.

The trickle of silence overflowed into a lake, over which their spirits flew, look-ing at each other's reflection in the calm waters: in the hurry of their flight they had never before seen each other. They stood facing one another with dropped heads, quietly thinking.

The strong passion which filled them threatened to disintegrate their souls as a magnetic current decomposes the electrolyte, so they fought to organise their sensa-tions. They tried to arrange themselves and their lives for comprehension, but beyond sudden lyric visions of old incidents of hatefulness—such as a smarting quar-rel of six years ago as to whether Evadne had or had not cheated the railway compa-ny out of one and eightpence on an excursion ticket—the past was intangible. It trailed behind this intense event as the pale hair trails behind the burning comet. They were pre-occupied with the moment. Quite often George had found a mean pleasure in the thought that by never giving Evadne a child he had cheated her out of one form of experience, and now he paid the price for this unnatural pride of steril-ity. For now the spiritual offspring of their intercourse came to birth. A sublime loathing was between them. For a little time it was a huge perilous horror, but after-wards, like men aboard a ship whose masts seek the sky through steep waves, they found a drunken pride in the adventure. This was the very absolute of hatred. It cheapened the memory of the fantasias of irritation and ill-will they had performed in the less boring moments of their marriage, and they felt dazed, as amateurs who had found themselves creating a masterpiece. For the first time they were possessed by a supreme emotion and they felt a glad desire to strip away restraint and express it nakedly. It was ecstasy; they felt tall and full of blood.

Like people who, bewitched by Christ, see the whole earth as the breathing body of God, so they saw the universe as the substance and the symbol of their hatred. The stars trembled overhead with wrath. A wind from behind the angry crags set the moonlight on Lisbech quivering with rage, and the squat hawthorn-tree creaked slowly like the irritation of a dull little man. The dry moors, parched with harsh anger, waited thirstily and, sending out the murmur of rustling mountain grass and the cry of wakening fowl, seemed to huddle closer to the lake. But this sense of the earth's sympathy slipped away from them and they loathed all matter as the dull wrap-ping of their flame-like passion. At their wishing matter fell away and they saw sarcas-tic visions. He saw her as a toad squatting on the clean earth, obscuring the stars and pressing down its hot moist body on the cheerful fields. She felt his long boneless body coiled round the roots of the lovely tree of life. They shivered fastidiously. With an uplifting sense of responsibility they realised that they must kill each other.

A bird rose over their heads with a leaping flight that made it seem as though its black body was bouncing against the bright sky. The foolish noise and motion precip-itated their thoughts. They were broken into a new conception of life. They perceived that God is war and his creatures are meant to fight. When dogs walk through the world cats must climb trees. The virgin must snare the wanton, the fine lover must put the prude to the sword. The gross man of action walks, spurred on the bloodless bodies of the men of thought, who lie quiet and cunningly do not tell him where his grossness leads him. The flesh must smother the spirit, the spirit must set the flesh on fire and watch it burn. And those who were gentle by nature and shrank from the ordained brutality were betrayers of their kind, surrendering the earth to the seed of their ene-mies. In this war there is no discharge. If they succumbed to peace now, the rest of their lives would be dishonourable, like the exile of a rebel who has begged his life as the reward of cowardice. It was their first experience of religious passion, and they abandoned themselves to it so that their immediate personal qualities fell away from them. Neither his weakness nor her prudence stood in the way of the event.

They measured each other with the eye. To her he was a spidery thing against the velvet blackness and hard silver surfaces of the pond. The light soaked her bathing dress so that she seemed, against the jagged shadows of the rock cutting, as though she were clad in a garment of dark polished mail. Her knees were bent so clearly, her toes gripped the coping so strongly. He understood very clearly that if he did not kill her instantly she would drop him easily into the deep riot of waters. Yet for a space he could not move, but stood expecting a degrading death. Indeed, he gave her time to kill him. But she was without power too, and struggled weakly with a hallucination. The quarrel in Sumatra Crescent with its suggestion of vast and unmentionable antagonisms; her swift race through the moon-drenched countryside, all crepitant with night noises: the swimming in the wine-like lake: their isolation on the moor, which was expressedly hostile to them, as nature always is to lonely man: and this stark contest face to face, with their resentments heaped between them like a pile of naked swords—these things were so strange that her civilised self shrank back appalled. There entered into her the primitive woman who is the curse of all women: a creature of the most utter femaleness, useless, save for childbirth, with no strong brain to make her physical weakness a light accident, abjectly and corruptingly afraid of man. A squaw, she dared not strike her lord.

The illusion passed like a moment of faintness and left her enraged at having forgotten her superiority even for an instant. In the material world she had a thousand times been defeated into making prudent reservations and practising unnatural docilities. But in the world of thought she had maintained unfalteringly her masterfulness in spite of the strong yearning of her temperament towards voluptuous surrenders. That was her virtue. Its violation whipped her to action and she would have killed him at once, had not his moment come a second before hers. Sweating horribly, he had dropped his head forward on his chest: his eyes fell on her feet and marked the plebeian moulding of her ankle, which rose thickly over a crease of flesh from the heel to the calf. The woman was coarse in grain and pattern.

He had no instinct for honourable attack, so he found himself striking her in the stomach. She reeled from pain, not because his strength overcame hers. For the first time her eyes looked into his candidly open, unveiled by languor or lust: their hard brightness told him how she despised him for that unwarlike blow. He cried out as he realised that this was another of her despicable victories and that the whole burden of the crime now lay on him, for he had begun it. But the rage was stopped on his lips as her arms, flung wildly out as she fell backwards, caught him about the waist with abominable justness of eye and evil intention. So they fell body to body into the quarrelling waters.

The feathery confusion had looked so soft, yet it seemed the solid rock they struck. The breath shot out of him and suffocation warmly stuffed his ears and nose. Then the rock cleft and he was swallowed by a brawling blackness in which whirled a vortex that flung him again and again on a sharp thing that burned his shoulder. All about him fought the waters, and they cut his flesh like knives. His pain was past belief. Though God might be war, he desired peace in his time, and he yearned for another God—a child's God, an immense arm coming down from the hills and lifting him to a kindly bosom. Soon his body would burst for breath, his agony would smash in his breast bone. So great was his pain that his consciousness was strained to apprehend it, as a too tightly stretched canvas splits and rips.

Suddenly the air was sweet on his mouth. The starlight seemed as hearty as a cheer. The world was still there, the world in which he had lived, so he must be safe. His own weakness and loveableness induced enjoyable tears, and there was a delicious moment of abandonment to comfortable whining before he realised that the water would not kindly buoy him up for long, and that even now a hostile current clasped his waist. He braced his flaccid body against the sucking blackness and flung his head back so that the water should not bubble so hungrily against the cords of his throat. Above him the slime of the rock was sticky with moonbeams, and the leprous light brought to his mind a newspaper paragraph, read years ago, which told him that the dawn had discovered floating in some oily Mersey dock, under walls as infected with wet growth as this, a corpse whose blood-encrusted finger-tips were deeply cleft. On the instant his own finger-tips seemed hot with blood and deeply cleft from clawing at the impregnable rock. He screamed gaspingly and beat his hands through the strangling flood. Action, which he had always loathed and dreaded, had broken the hard mould of his self-possession, and the dry dust of his character was blown hither and thither by fear. But one sharp fragment of intelligence which survived this detrition of his personality perceived that a certain gleam on the rock about a foot above the water was not the cold putrescence of the slime, but certainly the hard and merry light of a moon-ray striking on solid metal. His left hand clutched upwards at it, and he swung from a rounded projection. It was, his touch told him, a leaden ring hanging obliquely from the rock, to which his memory could visualise precisely in some past drier time when Lisbech sent no flood to Whimsey, a waterman mooring a boat strewn with pale-bellied perch. And behind the stooping waterman he remembered a flight of narrow steps that led up a buttress to a stone shelf that ran through the cutting. Unquestionably he was safe. He swung in a happy rhythm from the ring, his limp body trailing like a caterpillar through the stream to the foot of the steps, while he gasped in strength. A part of him was in agony, for his arm was nearly dragged out of its socket and a part of him was embarrassed because his hysteria shook him with a deep rumbling chuckle that sounded as though he meditated on some unseemly joke; the whole was pervaded by a twilight atmosphere of unenthusiastic gratitude for his rescue, like the quietly cheerful tone of a Sunday evening sacred concert. After a minute's deep breathing he hauled himself up by the other hand and prepared to swing himself on to the steps.

But first, to shake off the wet worsted rags, once his socks, that now stuck uncomfortably between his toes, he splashed his feet outwards to midstream. A certain porpoise-like surface met his left foot. Fear dappled his face with goose flesh. Without turning his head he knew what it was. It was Evadne's fat flesh rising on each side of her deep-furrowed spine through the rent in her bathing dress.

Once more hatred marched through his soul like a king: compelling service by his godhead and, like all gods, a little hated for his harsh lieu[6] on his worshipper. He saw his wife as the curtain of flesh between him and celibacy, and solitude and all those delicate abstentions from life which his soul desired. He saw her as the invisible worm destroying the rose of the world with her dark secret love.[7] Now he knelt on the lowest stone step watching her wet seal-smooth head bobbing nearer on the waters. As her strong arms, covered with little dark points where her thick hairs were clotted with moisture, stretched out towards safety he bent forward and laid his hands on her head. He held her face under water. Scornfully he noticed the bubbles

---

6. Discipline.
7. A reference to William Blake's poem *The Sick Rose*, in which a worm has entered a rose's "bed / of crimson joy; / And his dark secret love / Does thy life destroy."

that rose to the surface from her protesting mouth and nostrils, and the foam raised by her arms and her thick ankles. To the end the creature persisted in turmoil, in movement, in action. . . .

She dropped like a stone. His hands, with nothing to resist them, slapped the water foolishly and he nearly overbalanced forward into the stream. He rose to his feet very stiffly. "I must be a very strong man," he said, as he slowly climbed the steps. "I must be a very strong man," he repeated, a little louder, as with a hot and painful rigidity of the joints he stretched himself out at full length along the stone shelf. Weakness closed him in like a lead coffin. For a little time the wetness of his clothes persisted in being felt: then the sensation oozed out of him and his body fell out of knowledge. There was neither pain nor joy nor any other reckless ploughing of the brain by nerves. He knew unconsciousness, or rather the fullest consciousness he had ever known. For the world became nothingness, and nothingness which is free from the yeasty nuisance of matter and the ugliness of generation was the law of his being. He was absorbed into vacuity, the untamed substance of the universe, round which he conceived passion and thought to circle as straws caught up by the wind. He saw God and lived.

In Heaven a thousand years are a day. And this little corner of time in which he found happiness shrank to a nut-shell as he opened his eyes again. This peace was hardly printed on his heart, yet the brightness of the night was blurred by the dawn. With the grunting carefulness of a man drunk with fatigue, he crawled along the stone shelf to the iron bridge, where he stood with his back to the roaring sluice and rested. All things seemed different now and happier. Like most timid people he disliked the night, and the commonplace hand which the dawn laid on the scene seemed to him a sanctification. The dimmed moon sank to her setting behind the crags. The jewel lights of Lisbech railway station were weak, cheerful twinklings. A steaming bluish milk of morning mist had been spilt on the hard silver surface of the lake, and the reeds no longer stabbed it like little daggers, but seemed a feathery fringe, like the pampas grass in the front garden in Sumatra Crescent. The black crags became brownish, and the mist disguised the sternness of the moor. This weakening of effects was exactly what he had always thought the extinction of Evadne would bring the world. He smiled happily at the moon.

Yet he was moved to sudden angry speech. "If I had my time over again," he said, "I wouldn't touch her with the tongs." For the cold he had known all along he would catch had settled in his head, and his handkerchief was wet through.

He leaned over the bridge and looked along Lisbech and thought of Evadne. For the first time for many years he saw her image without spirits, and wondered without indignation why she had so often looked like the cat about to steal the cream. What was the cream? And did she ever steal it? Now he would never know. He thought of her very generously and sighed over the perversity of fate in letting so much comeliness.

"If she had married a butcher or a veterinary surgeon she might have been happy," he said, and shook his head at the glassy black water that slid under the bridge to that boiling sluice.

A gust of ague[8] reminded him that wet clothes clung to his fevered body and that he ought to change as quickly as possible, or expect to be laid up for weeks. He turned along the path that led back across the moor to the withered ash tree, and was learning the torture of bare feet on gravel when he cried out to himself: "I shall be

8. Fever.

hanged for killing my wife." It did not come as a trumpet-call, for he was one of those people who never quite hear what is said to them, and this deafishness extended in him to emotional things. It stole on him clamly, like a fog closing on a city. When he first felt hemmed in by this certainty he looked over his shoulder to the crags, remembering tales of how Jacobite fugitives had hidden on the moors for many weeks. There lay at least another day of freedom. But he was the kind of man who always goes home. He stumbled on, not very unhappy, except for his feet. Like many people of weak temperament he did not fear death. Indeed, it had a peculiar appeal to him; for while it was important, exciting, it did not, like most important and exciting things try to create action. He allowed his imagination the vanity of painting pictures. He saw himself standing in their bedroom, plotting this last event, with the white sheet and the high lights of the mahogany wardrobe shining ghostly at him through the darkness. He saw himself raising a thin hand to the gas bracket and turning on the tap. He saw himself staggering to their bed while death crept in at his nostrils. He saw his corpse lying in full daylight, and for the first time knew himself certainly, unquestionably dignified.

He threw back his chest in pride: but at that moment the path stopped and he found himself staggering down the mound of heatherland and boulders with bleeding feet. Always he had suffered from sore feet, which had not exactly disgusted but, worse still, disappointed Evadne. A certain wistfulness she had always evinced when she found herself the superior animal had enraged and humiliated him many times. He felt that sting him now; and flung himself down the mound cursing. When he stumbled up to the withered ash tree he hated her so much that it seemed as though she were alive again, and a sharp wind blowing down from the moor terrified him like her touch.

He rested there. Leaning against the stripped grey trunk, he smiled up at the sky, which was now so touched to ineffectiveness by the dawn that it looked like a tent of faded silk. There was the peace of weakness in him, which he took to be spiritual, because it had no apparent physical justification: but he lost it as his dripping clothes chilled his tired flesh. His discomfort reminded him that the phantasmic night was passing from him. Daylight threatened him: the daylight in which for so many years he had worked in the solicitor's office and been snubbed and ignored. "'The garish day,'" he murmured disgustedly, quoting the blasphemy of some hymn writer. He wanted his death to happen in this phantasmic night.

So he limped his way along the road. The birds had not yet begun to sing, but the rustling noises of the night had ceased. The silent highway was consecrated to his proud progress. He staggered happily like a tired child returning from a lovely birthday walk: his death in the little bedroom, which for the first time he would have to himself, was a culminating treat to be gloated over like the promise of a favourite pudding for supper. As he walked he brooded dozingly on large and swelling thoughts. Like all people of weak passions and enterprise he loved to think of Napoleon, and in the shadow of the great asylum wall he strutted a few steps of his advance from murder to suicide, with arms crossed on his breast and thin legs trying to strut massively. He was so happy. He wished that a military band went before him, and pretended that the high hedges were solemn lines of men, stricken in awe to silence as their king rode out to some nobly self-chosen doom. Vast he seemed to himself, and magnificent like music, and solemn like the Sphinx. He had saved the earth from corruption by killing Evadne, for whom he now felt the unremorseful pity a conqueror might bestow on a devastated empire. He might have grieved that his victory brought him death, but with immense pride he found that the occasion was exactly described by a text. "He saved others, Himself He could not save."[9] He had missed the stile in the field above Sumatra Crescent and had to go back and hunt for it in the hedge. So quickly had his satisfaction borne him home.

The field had the fantastic air that jerry-builders[1] give to land poised on the knife-edge of town and country, so that he walked in romance to his very door. The unmarred grass sloped to a stone-hedge of towers of loose brick, trenches and mounds of shining clay, and the fine intentful spires of the scaffolding round the last unfinished house. And he looked down on Petrick. Though to the actual eye it was but a confusion of dark distances through the twilight, a breaking of velvety perspectives, he saw more intensely than ever before its squalid walls and squalid homes where mean men and mean women enlaced their unwholesome lives. Yet he did not shrink from entering for his great experience: as Christ did not shrink from being born in a stable. He swaggered with humility over the trodden mud of the field and the new white flags of Sumatra Crescent. Down the road before him there passed a dim figure, who paused at each lamp post and raised a long wand to behead the yellow gas-flowers that were now wilting before the dawn: a ghostly herald preparing the world to be his deathbed. The Crescent curved in quiet darkness, save for one house, where blazed a gas-lit room with undrawn blinds. The brightness had the startling quality of a scream. He looked in almost anxiously as he passed, and met the blank eyes of a man in evening clothes who stood by the window shaking a medicine. His face was like a wax mask softened by heat: the features were blurred with the suffering which comes from the spectacle of suffering. His eyes lay unshiftingly on George's face as he went by and he went on shaking the bottle. It seemed as though he would never stop.

In the hour of his grandeur George was not forgetful of the griefs of the little human people, but interceded with God for the sake of this stranger. Everything was beautiful, beautiful, beautiful.

His own little house looked solemn as a temple. He leaned against the lamppost at the gate and stared at its empty windows and neat bricks. The disorder of the shattered pane of glass could be overlooked by considering a sign that this house was a holy place: like the Passover blood on the lintel. The propriety of the evenly drawn blind pleased him enormously. He had always known that this was how the great tragic things of the world had accomplished themselves: quietly. Evadne's raging activity belonged to trivial or annoying things like spring-cleaning or thunderstorms. Well, the house belonged to him now. He opened the gate and went up the asphalt path, sourly noticing that Evadne had as usual left out the lawn-mower, though it might very easily have rained, with the wind coming up as it was. A stray cat that had been sleeping in the tuft of pampas grass in the middle of the lawn was roused by his coming, and fled insolently close to his legs. He hated all wild homeless things, and bent for a stone to throw at it. But instead his fingers touched a slug, which reminded him of the feeling of Evadne's flesh through the slit in her bathing dress. And suddenly the garden was possessed by her presence: she seemed to amble there as she had so often done, sowing seeds unwisely and tormenting the last days of an

---

9. These are the words of the priests and elders mocking Jesus at his crucifixion; Matthew 27.42.   1. Low-wage, slipshod workers.

ailing geranium by insane transplantation, exclaiming absurdly over such mere weeds as morning glory. He caught the very clucking of her voice. . . . The front door opened at his touch.

The little lobby with its closed doors seemed stuffed with expectant silence. He realised that he had come to the theatre of his great adventure. Then panic seized him. Because this was the home where he and she had lived together so horribly he doubted whether he could do this splendid momentous thing, for here he had always been a poor thing with the habit of failure. His heart beat in him more quickly than his raw feet could pad up the oil-clothed stairs. Behind the deal door at the end of the passage was death. Nothingness! It would escape him, even the idea of it would escape him if he did not go to it at once. When he burst at last into its presence he felt so victorious that he sank back against the door waiting for death to come to him without turning on the gas. He was so happy. His death was coming true.

But Evadne lay on his deathbed. She slept there soundly, with her head flung back on the pillows so that her eyes and brow seemed small in shadow, and her mouth and jaw huge above her thick throat in the light. Her wet hair straggled across the pillow on to a broken cane chair covered with her tumbled clothes. Her breast, silvered with sweat, shone in the ray of the street lamp that had always disturbed their nights. The counterpane rose enormously over her hips in rolls of glazed linen. Out of mere innocent sleep her sensuality was distilling a most drunken pleasure.

Not for one moment did he think this a phantasmic appearance. Evadne was not the sort of woman to have a ghost.

Still leaning against the door, he tried to think it all out: but his thoughts came brokenly, because the dawnlight flowing in at the window confused him by its pale glare and that lax figure on the bed held his attention. It must have been that when he laid his murderous hands on her head she had simply dropped below the surface and swum a few strokes under water as any expert swimmer can. Probably he had never even put her into danger, for she was a great lusty creature and the weir was a little place. He had imagined the wonder and peril of the battle as he had imagined his victory. He sneezed exhaustingly, and from his physical distress realised how absurd it was ever to have thought that he had killed her. Bodies like his do not kill bodies like hers.

Now his soul was naked and lonely as though the walls of his body had fallen in at death, and the grossness of Evadne's sleep made him suffer more unlovely a destitution than any old beggarwoman squatting by the roadside in the rain. He had thought he had had what every man most desires: one night of power over a woman for the business of murder or love. But it had been a lie. Nothing beautiful had ever happened to him. He would have wept, but the hatred he had learnt on the moors obstructed all tears in his throat. At least this night had given him passion enough to put an end to it all.

Quietly he went to the window and drew down the sash. There was no fireplace, so that sealed the room. Then he crept over to the gas bracket and raised his thin hand, as he had imagined in his hour of vain glory by the lake.

He had forgotten Evadne's thrifty habit of turning off the gas at the main to prevent leakage when she went to bed.

He was beaten. He undressed and got into bed: as he had done every night for ten years, and as he would do every night until he died. Still sleeping, Evadne caressed him with warm arms.

Katherine Mansfield
1888–1923

Katherine Mansfield was one of the twentieth century's most gifted writers of short fiction. As Elizabeth Bowen has written, Mansfield realized that "the short story . . . is not intended to be the medium either for exploration or long-term development of character. Character cannot be more than *shown*. . . ." Mansfield thus turned the short story away from contrived plot conventions, and toward the illumination of small events as they reveal the fabric of a life, making of short fiction an almost dramatic form.

Mansfield was born in Wellington, New Zealand. She moved to England more or less permanently before her twentieth birthday, but many of her most successful stories return to her childhood and her homeland for their subject. The path to this mature fiction was complicated, however; when she arrived in London in 1908, Mansfield was pregnant. She quickly married and the same day left her husband, who was not the child's father; she went to a German spa, where she miscarried. This tumultuous background is reflected in the bitter stories of her first volume, *In a German Pension*. In 1911 Mansfield met John Middleton Murray, editor and man of letters, with whom she remained until the end of her life.

Paradoxically, the horrors of World War I (in which her brother Leslie was killed) had an uplifting effect on Mansfield's writing. The result of the war, she wrote, is that "Now we know ourselves for what we are. In a way its a tragic knowledge. Its as though, even while we live again we face death. But *through Life*: thats the point. We see death in life as we see death in a flower that is fresh unfolded. Our hymn is to the flower's beauty—we would make that beauty immortal because we *know*."

One important element of Mansfield's "tragic knowledge" was the awareness that she was dying; she suffered her first tubercular hemorrhage in 1918, and never regained her health. She remained dedicated to her art until the very end, however, producing nineteen major stories during the last nineteen months of her life; Virginia Woolf, who admired and even envied Mansfield's talent, wrote that "No one felt more seriously the importance of writing than she did." The story included here, *The Daughters of the Late Colonel*, diagnoses with both tenderness and horror the spiritual death that Mansfield saw around her. It invokes a theme that has been important in twentieth-century literature from Henry James's *The Beast in the Jungle* to Samuel Beckett's *Waiting for Godot*, and beyond: that, as John Lennon put it, "Life is what happens to you / While you're busy making other plans."

The Daughters of the Late Colonel

1

The week after was one of the busiest weeks of their lives. Even when they went to bed it was only their bodies that lay down and rested; their minds went on, thinking things out, talking things over, wondering, deciding, trying to remember where . . .

Constantia lay like a statue, her hands by her sides, her feet just overlapping each other, the sheet up to her chin. She stared at the ceiling.

"Do you think father would mind if we gave his top-hat to the porter?"

"The porter?" snapped Josephine. "Why ever the porter? What a very extraordinary idea!"

"Because," said Constantia slowly, "he must often have to go to funerals. And I noticed at—at the cemetery that he only had a bowler." She paused. "I thought then how very much he'd appreciate a top-hat. We ought to give him a present, too. He was always very nice to father."

"But," cried Josephine, flouncing on her pillow and staring across the dark at Constantia, "father's head!" And suddenly, for one awful moment, she nearly giggled. Not, of course, that she felt in the least like giggling. It must have been habit. Years ago, when they had stayed awake at night talking, their beds had simply heaved. And now the porter's head, disappearing, popped out, like a candle, under father's hat. . . . The giggle mounted, mounted; she clenched her hands; she fought it down; she frowned fiercely at the dark and said "Remember" terribly sternly.

"We can decide to-morrow," she sighed.

Constantia had noticed nothing; she sighed.

"Do you think we ought to have our dressing-gowns dyed as well?"

"Black?" almost shrieked Josephine.

"Well, what else?" said Constantia. "I was thinking—it doesn't seem quite sincere, in a way, to wear black out of doors and when we're fully dressed, and then when we're at home—"

"But nobody sees us," said Josephine. She gave the bedclothes such a twitch that both her feet became uncovered, and she had to creep up the pillows to get them well under again.

"Kate does," said Constantia. "And the postman very well might."

Josephine thought of her dark-red slippers, which matched her dressing-gown, and of Constantia's favourite indefinite green ones which went with hers. Black! Two black dressing-gowns and two pairs of black woolly slippers, creeping off to the bathroom like black cats.

"I don't think it's absolutely necessary," said she.

Silence. Then Constantia said, "We shall have to post the papers with the notice in them to-morrow to catch the Ceylon mail. . . . How many letters have we had up till now?"

"Twenty-three."

Josephine had replied to them all, and twenty-three times when she came to "We miss our dear father so much" she had broken down and had to use her handkerchief, and on some of them even to soak up a very light-blue tear with an edge of blotting-paper. Strange! She couldn't have put it on—but twenty-three times. Even now, though, when she said over to herself sadly. "We miss our dear father so much" she could have cried if she'd wanted to.

"Have you got enough stamps?" came from Constantia.

"Oh, how can I tell?" said Josephine crossly. "What's the good of asking me that now?"

"I was just wondering," said Constantia mildly.

Silence again. There came a little rustle, a scurry, a hop.

"A mouse," said Constantia.

"It can't be a mouse because there aren't any crumbs," said Josephine.

"But it doesn't know there aren't," said Constantia.

A spasm of pity squeezed her heart. Poor little thing! She wished she'd left a tiny piece of biscuit on the dressing-table. It was awful to think of it not finding anything. What would it do?

"I can't think how they manage to live at all," she said slowly.

"Who?" demanded Josephine.

And Constantia said more loudly than she meant to, "Mice."

Josephine was furious. "Oh, what nonsense, Con!" she said. "What have mice got to do with it? You're asleep."

"I don't think I am," said Constantia. She shut her eyes to make sure. She was.

Josephine arched her spine, pulled up her knees, folded her arms so that her fists came under her ears, and pressed her cheek hard against the pillow.

2

Another thing which complicated matters was they had Nurse Andrews staying on with them that week. It was their own fault; they had asked her. It was Josephine's idea. On the morning—well, on the last morning, when the doctor had gone, Josephine had said to Constantia, "Don't you think it would be rather nice if we asked Nurse Andrews to stay on for a week as our guest?"

"Very nice," said Constantia.

"I thought," went on Josephine quickly, "I should just say this afternoon, after I've paid her, 'My sister and I would be very pleased, after all you've done for us, Nurse Andrews, if you would stay on for a week as our guest.' I'd have to put that in about being our guest in case—"

"Oh, but she could hardly expect to be paid!" cried Constantia.

"One never knows," said Josephine sagely.

Nurse Andrews had, of course, jumped at the idea. But it was a bother. It meant they had to have regular sit-down meals at the proper times, whereas if they'd been alone they could just have asked Kate if she wouldn't have minded bringing them a tray wherever they were. And meal-times now that the strain was over were rather a trial.

Nurse Andrews was simply fearful about butter. Really they couldn't help feeling that about butter, at least, she took advantage of their kindness. And she had that maddening habit of asking for just an inch more bread to finish what she had on her plate, and then, at the last mouthful, absent-mindedly—of course it wasn't absent-mindedly—taking another helping. Josephine got very red when this happened, and she fastened her small, beadlike eyes on the tablecloth as if she saw a minute strange insect creeping through the web of it. But Constantia's long, pale face lengthened and set, and she gazed away—away—far over the desert, to where that line of camels unwound like a thread of wool. . . .

"When I was with Lady Tukes," said Nurse Andrews, "she had such a dainty little contrayvance for the buttah. It was a silvah Cupid balanced on the—on the bordah of a glass dish, holding a tayny fork. And when you wanted some buttah you simply pressed his foot and he bent down and speared you a piece. It was quite a gayme."

Josephine could hardly bear that. But "I think those things are very extravagant" was all she said.

"But whey?" asked Nurse Andrews, beaming through her eye-glasses. "No one, surely, would take more buttah than one wanted—would one?"

"Ring, Con," cried Josephine. She couldn't trust herself to reply.

And proud young Kate, the enchanted princess, came in to see what the old tabbies wanted now. She snatched away their plates of mock something or other and slapped down a white, terrified blancmange.

"Jam, please, Kate," said Josephine kindly.

Kate knelt and burst open the sideboard, lifted the lid of the jam-pot, saw it was empty, put it on the table, and stalked off.

"I'm afraid," said Nurse Andrews a moment later, "there isn't any."

"Oh, what a bother!" said Josephine. She bit her lip. "What had we better do?"

Constantia looked dubious. "We can't disturb Kate again," she said softly.

Nurse Andrews waited, smiling at them both. Her eyes wandered, spying at everything behind her eye-glasses. Constantia in despair went back to her camels. Josephine frowned heavily—concentrated. If it hadn't been for this idiotic woman she and Con would, of course, have eaten their blancmange without. Suddenly the idea came.

"I know," she said. "Marmalade. There's some marmalade in the sideboard. Get it, Con."

"I hope," laughed Nurse Andrews, and her laugh was like a spoon tinkling against a medicine-glass—"I hope it's not very bittah marmalayde."

3

But, after all, it was not long now, and then she'd be gone for good. And there was no getting over the fact that she had been very kind to father. She had nursed him day and night at the end. Indeed, both Constantia and Josephine felt privately she had rather overdone the not leaving him at the very last. For when they had gone in to say good-bye Nurse Andrews had sat beside his bed the whole time, holding his wrist and pretending to look at her watch. It couldn't have been necessary. It was so tact-less, too. Supposing father had wanted to say something—something private to them. Not that he had. Oh, far from it! He lay there, purple, a dark, angry purple in the face, and never even looked at them when they came in. Then, as they were standing there, wondering what to do, he had suddenly opened one eye. Oh, what a difference it would have made, what a difference to their memory of him, how much easier to tell people about it, if he had only opened both! But no—one eye only. It glared at them a moment and then . . . went out.

4

It had made it very awkward for them when Mr Farolles, of St John's, called the same afternoon.

"The end was quite peaceful, I trust?" were the first words he said as he glided towards them through the dark drawing-room.

"Quite," said Josephine faintly. They both hung their heads. Both of them felt certain that eye wasn't at all a peaceful eye.

"Won't you sit down?" said Josephine.

"Thank you, Miss Pinner," said Mr Farolles gratefully. He folded his coat-tails and began to lower himself into father's armchair, but just as he touched it he almost sprang up and slid into the next chair instead.

He coughed. Josephine clasped her hands; Constantia looked vague.

"I want you to feel, Miss Pinner," said Mr Farolles, "and you, Miss Constantia, that I'm trying to be helpful. I want to be helpful to you both, if you will let me. These are the times," said Mr Farolles, very simply and earnestly, "when God means us to be helpful to one another."

"Thank you very much, Mr Farolles," said Josephine and Constantia.

"Not at all," said Mr Farolles gently. He drew his kid gloves through his fingers and leaned forward. "And if either of you would like a little Communion, either or both of you, here *and* now, you have only to tell me. A little Communion is often very help—a great comfort," he added tenderly.

But the idea of a little Communion terrified them. What! In the drawing-room by themselves—with no—no altar or anything! The piano would be much too high, thought Constantia, and Mr Farolles could not possibly lean over it with the chalice. And Kate would be sure to come bursting in and interrupt them, thought Josephine. And supposing the bell rang in the middle? It might be somebody important—about their mourning. Would they get up reverently and go out, or would they have to wait . . . in torture?

"Perhaps you will send round a note by your good Kate if you would care for it later," said Mr Farolles.

"Oh yes, thank you very much!" they both said.

Mr Farolles got up and took his black straw hat from the round table.

"And about the funeral," he said softly. "I may arrange that—as your dear father's old friend and yours, Miss Pinner—and Miss Constantia?"

Josephine and Constantia got up too.

"I should like it to be quite simple," said Josephine firmly, "and not too expensive. At the same time, I should like—"

"A good one that will last," thought dreamy Constantia, as if Josephine were buying a nightgown. But of course Josephine didn't say that. "One suitable to our father's position." She was very nervous.

"I'll run round to our good friend Mr Knight," said Mr Farolles soothingly. "I will ask him to come and see you. I am sure you will find him very helpful indeed."

5

Well, at any rate, all that part of it was over, though neither of them could possibly believe that father was never coming back. Josephine had had a moment of absolute terror at the cemetery, while the coffin was lowered, to think that she and Constantia had done this thing without asking his permission. What would father say when he found out? For he was bound to find out sooner or later. He always did. "Buried. You two girls had me *buried*!" She heard his stick thumping. Oh, what would they say? What possible excuse could they make? It sounded such an appalling heartless thing to do. Such a wicked advantage to take of a person because he happened to be helpless at the moment. The other people seemed to treat it all as a matter of course. They were strangers; they couldn't be expected to understand that father was the very last person for such a thing to happen to. No, the entire blame for it all would fall on her and Constantia. And the expense, she thought, stepping into the tight-buttoned cab. When she had to show him the bills. What would he say then?

She heard him absolutely roaring, "And do you expect me to pay for this gim-crack excursion of yours?"

"Oh," groaned poor Josephine aloud, "we shouldn't have done it, Con!"

And Constantia, pale as a lemon in all that blackness, said in a frightened whisper, "Done what, Jug?"

"Let them bu-bury father like that," said Josephine, breaking down and crying into her new, queer-smelling mourning handkerchief.

"But what else could we have done?" asked Constantia wonderingly. "We couldn't have kept him, Jug—we couldn't have kept him unburied. At any rate, not in a flat that size."

Josephine blew her nose; the cab was dreadfully stuffy.

"I don't know," she said forlornly. "It is all so dreadful. I feel we ought to have tried to, just for a time at least. To make perfectly sure. One thing's certain"—and her tears sprang out again—"father will never forgive us for this—never!"

6

Father would never forgive them. That was what they felt more than ever when, two mornings later, they went into his room to go through his things. They had discussed it quite calmly. It was even down on Josephine's list of things to be done. *Go through father's things and settle about them.* But that was a very different matter from saying after breakfast:

"Well, are you ready, Con?"

"Yes, Jug—when you are."

"Then I think we'd better get it over."

It was dark in the hall. It had been a rule for years never to disturb father in the morning, whatever happened. And now they were going to open the door without knocking even. . . . Constantia's eyes were enormous at the idea; Josephine felt weak in the knees.

"You—you go first," she gasped, pushing Constantia.

But Constantia said, as she always had said on those occasions, "No, Jug, that's not fair. You're eldest."

Josephine was just going to say—what at other times she wouldn't have owned to for the world—what she kept for her very last weapon, "But you're tallest," when they noticed that the kitchen door was open, and there stood Kate. . . .

"Very stiff," said Josephine, grasping the door-handle and doing her best to turn it. As if anything ever deceived Kate!

It couldn't be helped. That girl was . . . Then the door was shut behind them, but—but they weren't in father's room at all. They might have suddenly walked through the wall by mistake into a different flat altogether. Was the door just behind them? They were too frightened to look. Josephine knew that if it was it was holding itself tight shut; Constantia felt that, like the doors in dreams, it hadn't any handle at all. It was the coldness which made it so awful. Or the whiteness—which? Everything was covered. The blinds were down, a cloth hung over the mirror, a sheet hid the bed; a huge fan of white paper filled the fireplace. Constantia timidly put out her hand; she almost expected a snowflake to fall. Josephine felt a queer tingling in her nose, as if her nose was freezing. Then a cab klop-klopped over the cobbles below, and the quiet seemed to shake into little pieces.

"I had better pull up a blind," said Josephine bravely.

"Yes, it might be a good idea," whispered Constantia.

They only gave the blind a touch, but it flew up and the cord flew after, rolling round the blindstick, and the little tassel tapped as if trying to get free. That was too much for Constantia.

"Don't you think—don't you think we might put it off for another day?" she whispered.

"Why?" snapped Josephine, feeling, as usual, much better now that she knew for certain that Constantia was terrified. "It's got to be done. But I do wish you wouldn't whisper, Con."

"I didn't know I was whispering," whispered Constantia.

"And why do you keep on staring at the bed?" said Josephine, raising her voice almost defiantly. "There's nothing on the bed."

"Oh, Jug, don't say so!" said poor Connie. "At any rate, not so loudly."

Josephine felt herself that she had gone too far. She took a wide swerve over to the chest of drawers, put out her hand, but quickly drew it back again.

"Connie!" she gasped, and she wheeled round and leaned with her back against the chest of drawers.

"Oh, Jug—what?"

Josephine could only glare. She had the most extraordinary feeling that she had just escaped something simply awful. But how could she explain to Constantia that father was in the chest of drawers? He was in the top drawer with his handkerchiefs and neckties, or in the next with his shirts and pyjamas, or in the lowest of all with his suits. He was watching there, hidden away—just behind the door-handle—ready to spring.

She pulled a funny old-fashioned face at Constantia, just as she used to in the old days when she was going to cry.

"I can't open," she nearly wailed.

"No, don't, Jug," whispered Constantia earnestly. "It's much better not to. Don't let's open anything. At any rate, not for a long time."

"But—but it seems so weak," said Josephine, breaking down.

"But why not be weak for once, Jug?" argued Constantia, whispering quite fierce-ly. "If it is weak." And her pale stare flew from the locked writing-table—so safe—to the huge glittering wardrobe, and she began to breathe in a queer, panting way. "Why shouldn't we be weak for once in our lives, Jug? It's quite excusable. Let's be weak—be weak, Jug. It's much nicer to be weak than to be strong."

And then she did one of those amazingly bold things that she'd done about twice before in their lives; she marched over to the wardrobe, turned the key, and took it out of the lock. Took it out of the lock and held it up to Josephine, showing Josephine by her extraordinary smile that she knew what she'd done, she'd risked deliberately father being in there among his overcoats.

If the huge wardrobe had lurched forward, had crashed down on Constantia, Josephine wouldn't have been surprised. On the contrary, she would have thought it the only suitable thing to happen. But nothing happened. Only the room seemed quieter than ever, and bigger flakes of cold air fell on Josephine's shoulders and knees. She began to shiver.

"Come, Jug," said Constantia, still with that awful callous smile, and Josephine followed just as she had that last time, when Constantia had pushed Benny into the round pond.

7

But the strain told on them when they were back in the dining-room. They sat down, very shaky, and looked at each other.

"I don't feel I can settle to anything," said Josephine, "until I've had something. Do you think we could ask Kate for two cups of hot water?"

"I really don't see why we shouldn't," said Constantia carefully. She was quite normal again. "I won't ring. I'll go to the kitchen door and ask her."

"Yes, do," said Josephine, sinking down into a chair. "Tell her, just two cups, Con, nothing else—on a tray."

"She needn't even put the jug on, need she?" said Constantia, as though Kate might very well complain if the jug had been there.

"Oh no, certainly not! The jug's not at all necessary. She can pour it direct out of the kettle," cried Josephine, feeling that would be a labour-saving indeed.

Their cold lips quivered at the greenish brims. Josephine curved her small red hands round the cup; Constantia sat up and blew on the wavy stream, making it flutter from one side to the other.

"Speaking of Benny," said Josephine.

And though Benny hadn't been mentioned Constantia immediately looked as though he had.

"He'll expect us to send him something of father's, of course. But it's so difficult to know what to send to Ceylon."

"You mean things get unstuck so on the voyage," murmured Constantia.

"No, lost," said Josephine sharply. "You know there's no post. Only runners."

Both paused to watch a black man in white linen drawers running through the pale fields for dear life, with a large brown-paper parcel in his hands. Josephine's black man was tiny; he scurried along glistening like an ant. But there was something blind and tireless about Constantia's tall, thin fellow, which made him, she decided, a very unpleasant person indeed. . . . On the veranda, dressed all in white and wearing a cork helmet, stood Benny. His right hand shook up and down, as father's did when he was impatient. And behind him, not in the least interested, sat Hilda, the unknown sister-in-law. She swung in a cane rocker and flicked over the leaves of the *Tatler*.

"I think his watch would be the most suitable present," said Josephine.

Constantia looked up; she seemed surprised.

"Oh, would you trust a gold watch to a native?"

"But of course I'd disguise it," said Josephine. "No one would know it was a watch." She liked the idea of having to make a parcel such a curious shape that no one could possibly guess what it was. She even thought for a moment of hiding the watch in a narrow cardboard corset-box that she'd kept by her for a long time, waiting for it to come in for something. It was such beautiful firm cardboard. But, no, it wouldn't be appropriate for this occasion. It had lettering on it: *Medium Women's 28. Extra Firm Busks*. It would be almost too much of a surprise for Benny to open that and find father's watch inside.

"And of course it isn't as though it would be going—ticking, I mean," said Constantia, who was still thinking of the native love of jewellery. "At least," she added, "it would be very strange if after all that time it was."

8

Josephine made no reply. She had flown off on one of her tangents. She had suddenly thought of Cyril. Wasn't it more usual for the only grandson to have the watch? And then dear Cyril was so appreciative, and a gold watch meant so much to a young man. Benny, in all probability, had quite got out of the habit of watches; men so seldom wore waistcoats in those hot climates. Whereas Cyril in London wore them from year's end to year's end. And it would be so nice for her and Constantia, when he came to tea, to know it was there. "I see you've got on grandfather's watch, Cyril." It would be somehow so satisfactory.

Dear boy! What a blow his sweet, sympathetic little note had been! Of course they quite understood; but it was most unfortunate.

"It would have been such a point, having him," said Josephine.

"And he would have enjoyed it so," said Constantia, not thinking what she was saying.

However, as soon as he got back he was coming to tea with his aunties. Cyril to tea was one of their rare treats.

"Now, Cyril, you mustn't be frightened of our cakes. Your Auntie Con and I bought them at Buszard's this morning. We know what a man's appetite is. So don't be ashamed of making a good tea."

Josephine cut recklessly into the rich dark cake that stood for her winter gloves or the soling and heeling of Constantia's only respectable shoes. But Cyril was most unmanlike in appetite.

"I say, Aunt Josephine, I simply can't. I've only just had lunch, you know."

"Oh, Cyril, that can't be true! It's after four," cried Josephine. Constantia sat with her knife poised over the chocolate-roll.

"It is, all the same," said Cyril. "I had to meet a man at Victoria, and he kept me hanging about till . . . there was only time to get lunch and to come on here. And he gave me—phew"—Cyril put his hand to his forehead—"a terrific blow-out," he said.

It was disappointing—to-day of all days. But still he couldn't be expected to know.

"But you'll have a meringue, won't you, Cyril?" said Aunt Josephine. "These meringues were bought specially for you. Your dear father was so fond of them. We were sure you are, too."

"I *am*, Aunt Josephine," cried Cyril ardently. "Do you mind if I take half to begin with?"

"Not at all, dear boy; but we mustn't let you off with that."

"Is your dear father still so fond of meringues?" asked Auntie Con gently. She winced faintly as she broke through the shell of hers.

"Well, I don't quite know, Auntie Con," said Cyril breezily. At that they both looked up.

"Don't know?" almost snapped Josephine. "Don't know a thing like that about your own father, Cyril?"

"Surely," said Auntie Con softly.

Cyril tried to laugh it off. "Oh, well," he said, "it's such a long time since—" He faltered. He stopped. Their faces were too much for him.

"Even *so*," said Josephine.

And Auntie Con looked.

Cyril put down his teacup. "Wait a bit," he cried. "Wait a bit, Aunt Josephine. What am I thinking of?"

He looked up. They were beginning to brighten. Cyril slapped his knee.

"Of course," he said, "it was meringues. How could I have forgotten? Yes, Aunt Josephine, you're perfectly right. Father's most frightfully keen on meringues."

They didn't only beam. Aunt Josephine went scarlet with pleasure; Auntie Con gave a deep, deep sigh.

"And now, Cyril, you must come and see father," said Josephine. "He knows you were coming to-day."

"Right," said Cyril, very firmly and heartily. He got up from his chair; suddenly he glanced at the clock.

"I say, Auntie Con, isn't your clock a bit slow? I've got to meet a man at—at Paddington just after five. I'm afraid I shan't be able to stay very long with grandfather."

"Oh, he won't expect you to stay *very* long!" said Aunt Josephine.

Constantia was still gazing at the clock. She couldn't make up her mind if it was fast or slow. It was one or the other, she felt almost certain of that. At any rate, it had been.

Cyril still lingered. "Aren't you coming along, Auntie Con?"

"Of course," said Josephine, "we shall all go. Come on, Con."

9

They knocked at the door, and Cyril followed his aunts into grandfather's hot, sweetish room.

"Come on," said Grandfather Pinner. "Don't hang about. What is it? What've you been up to?"

He was sitting in front of a roaring fire, clasping his stick. He had a thick rug over his knees. On his lap there lay a beautiful pale yellow silk handkerchief.

"It's Cyril, father," said Josephine shyly. And she took Cyril's hand and led him forward.

"Good afternoon, grandfather," said Cyril, trying to take his hand out of Aunt Josephine's. Grandfather Pinner shot his eyes at Cyril in the way he was famous for. Where was Auntie Con? She stood on the other side of Aunt Josephine; her long arms hung down in front of her; her hands were clasped. She never took her eyes off grandfather.

"Well," said Grandfather Pinner, beginning to thump, "what have you got to tell me?"

What had he, what had he got to tell him? Cyril felt himself smiling like a perfect imbecile. The room was stifling, too.

But Aunt Josephine came to his rescue. She cried brightly, "Cyril says his father is still very fond of meringues, father dear."

"Eh?" said Grandfather Pinner, curving his hand like a purple meringue-shell over one ear.

Josephine repeated, "Cyril says his father is still very fond of meringues."

"Can't hear," said old Colonel Pinner. And he waved Josephine away with his stick, then pointed with his stick to Cyril. "Tell me what she's trying to say," he said.

(My God!) "Must I?" said Cyril, blushing and staring at Aunt Josephine.

"Do, dear," she smiled. "It will please him so much."

"Come on, out with it!" cried Colonel Pinner testily, beginning to thump again.

And Cyril leaned forward and yelled, "Father's still very fond of meringues."

At that Grandfather Pinner jumped as though he had been shot.

"Don't shout!" he cried. "What's the matter with the boy? *Meringues!* What about 'em?"

"Oh, Aunt Josephine, must we go on?" groaned Cyril desperately.

"It's quite all right, dear boy," said Aunt Josephine, as though he and she were at the dentist's together. "He'll understand in a minute." And she whispered to Cyril, "He's getting a bit deaf, you know." Then she leaned forward and really bawled at Grandfather Pinner, "Cyril only wanted to tell you, father dear, that *his* father is still very fond of meringues."

Colonel Pinner heard that time, heard and brooded, looking Cyril up and down.

"What an esstrordinary thing!" said old Grandfather Pinner. "What an esstrordinary thing to come all this way here to tell me!"

And Cyril felt it *was.*

"Yes, I shall send Cyril the watch," said Josephine.

"That would be very nice," said Constantia. "I seem to remember last time he came there was some little trouble about the time."

10

They were interrupted by Kate bursting through the door in her usual fashion, as though she had discovered some secret panel in the wall.

"Fried or boiled?" asked the bold voice.

Fried or boiled? Josephine and Constantia were quite bewildered for the moment. They could hardly take it in.

"Fried or boiled what, Kate?" asked Josephine, trying to begin to concentrate. Kate gave a loud sniff. "Fish."

"Well, why didn't you say so immediately?" Josephine reproached her gently. "How could you expect us to understand, Kate? There are a great many things in this world, you know, which are fried or boiled." And after such a display of courage she said quite brightly to Constantia, "Which do you prefer, Con?"

"I think it might be nice to have it fried," said Constantia. "On the other hand, of course boiled fish is very nice. I think I prefer both equally well . . . Unless you . . . In that case—"

"I shall fry it," said Kate, and she bounced back, leaving their door open and slamming the door of her kitchen.

Josephine gazed at Constantia; she raised her pale eyebrows until they rippled away into her pale hair. She got up. She said in a very lofty, imposing way, "Do you mind following me into the drawing-room, Constantia? I've something of great importance to discuss with you."

For it was always to the drawing-room they retired when they wanted to talk over Kate.

Josephine closed the door meaningly. "Sit down, Constantia," she said, still very grand. She might have been receiving Constantia for the first time. And Con looked round vaguely for a chair, as though she felt indeed quite a stranger.

"Now the question is," said Josephine, bending forward, "whether we shall keep her or not."

"That is the question," agreed Constantia.

"And this time," said Josephine firmly, "we must come to a definite decision."

Constantia looked for a moment as though she might begin going over all the other times, but she pulled herself together and said, "Yes, Jug."

"You see, Con," explained Josephine, "everything is so changed now." Constantia looked up quickly. "I mean," went on Josephine, "we're not dependent on Kate as we were." And she blushed faintly. "There's not father to cook for."

"That is perfectly true," agreed Constantia. "Father certainly doesn't want any cooking now, whatever else—

" Josephine broke in sharply. "You're not sleepy, are you, Con?"

"Sleepy, Jug?" Constantia was wide-eyed.

"Well, concentrate more," said Josephine sharply, and she returned to the subject. "What it comes to is, if we did"—and this she barely breathed, glancing at the door—"give Kate notice"—she raised her voice again—"we could manage our own food."

"Why not?" cried Constantia. She couldn't help smiling. The idea was so exciting. She clasped her hands. What should we live on, Jug?"

"Oh, eggs in various forms!" said Jug, lofty again. "And, besides, there are all the cooked foods."

"But I've always heard," said Constantia, "they are considered so very expensive."

"Not if one buys them in moderation," said Josephine. But she tore herself away from this fascinating bypath and dragged Constantia after her.

"What we've got to decide now, however, is whether we really do trust Kate or not."

Constantia leaned back. Her flat little laugh flew from her lips.

"Isn't it curious, Jug," said she, "that just on this one subject I've never been able to quite make up my mind?"

11

She never had. The whole difficulty was to prove anything. How did one prove things, how could one? Suppose Kate had stood in front of her and deliberately made a face. Mightn't she very well have been in pain? Wasn't it impossible, at any rate, to ask Kate if she was making a face at her? If Kate answered "No"—and of course she would say "No"—what a position! How undignified! Then again Constantia suspected, she was almost certain that Kate went to her chest of drawers when she and Josephine were out, not to take things but to spy. Many times she had come back to find her amethyst cross in the most unlikely places, under her lace ties or on top of her evening Bertha. More than once she had laid a trap for Kate. She had arranged things in a special order and then called Josephine to witness.

"You see, Jug?"

"Quite, Con."

"Now we shall be able to tell."

But, oh dear, when she did go to look, she was as far off from a proof as ever! If anything was displaced, it might so very well have happened as she closed the drawer; a jolt might have done it so easily.

"You come, Jug, and decide. I really can't. It's too difficult."

But after a pause and a long glare Josephine would sigh, "Now you've put the doubt into my mind, Con, I'm sure I can't tell myself."

"Well, we can't postpone it again," said Josephine. "If we postpone it this time—"

12

But at that moment in the street below a barrel-organ struck up. Josephine and Constantia sprang to their feet together.

"Run, Con," said Josephine. "Run quickly. There's sixpence on the—"

Then they remembered. It didn't matter. They would never have to stop the organ-grinder again. Never again would she and Constantia be told to make that monkey take his noise somewhere else. Never would sound that loud, strange bellow when father thought they were not hurrying enough. The organ-grinder might play there all day and the stick would not thump.

> It never will thump again,
> It never will thump again,

played the barrel-organ.

What was Constantia thinking? She had such a strange smile; she looked different. She couldn't be going to cry.

"Jug, Jug," said Constantia softly, pressing her hands together. "Do you know what day it is? It's Saturday. It's a week to-day, a whole week."

> *A week since father died,*
> *A week since father died,*

cried the barrel-organ. And Josephine, too, forgot to be practical and sensible; she smiled faintly, strangely. On the Indian carpet there fell a square of sunlight, pale red; it came and went and came—and stayed, deepened—until it shone almost golden.

"The sun's out," said Josephine, as though it really mattered.

A perfect fountain of bubbling notes shook from the barrel-organ, round, bright notes, carelessly scattered.

Constantia lifted her big, cold hands as if to catch them, and then her hands fell again. She walked over to the mantelpiece to her favourite Buddha. And the stone and gilt image, whose smile always gave her such a queer feeling, almost a pain and yet a pleasant pain, seemed to-day to be more than smiling. He knew something; he had a secret. "I know something that you don't know," said her Buddha. Oh, what was it, what could it be? And yet she had always felt there was . . . something.

The sunlight pressed through the windows, thieved its way in, flashed its light over the furniture and the photographs. Josephine watched it. When it came to mother's photograph, the enlargement over the piano, it lingered as though puzzled to find so little remained of mother, except the earrings shaped like tiny pagodas and a black feather boa. Why did the photographs of dead people always fade so? wondered Josephine. As soon as a person was dead their photograph died too. But, of course, this one of mother was very old. It was thirty-five years old. Josephine remembered standing on a chair and pointing out that feather boa to Constantia and telling her that it was a snake that had killed their mother in Ceylon. . . . Would everything have been different if mother hadn't died? She didn't see why. Aunt Florence had lived with them until they had left school, and they had moved three times and had their yearly holiday and . . . and there'd been changes of servants, of course.

Some little sparrows, young sparrows they sounded, chirped on the window-ledge. *Yeep-eyeep-yeep*. But Josephine felt they were not sparrows, not on the window-ledge. It was inside her, that queer little crying noise. *Yeep-eyeep-yeep*. Ah, what was it crying, so weak and forlorn?

If mother had lived, might they have married? But there had been nobody for them to marry. There had been father's Anglo-Indian friends before he quarreled with them. But after that she and Constantia never met a single man except clergymen. How did one meet men? Or even if they'd met them, how could they have got to know men well enough to be more than strangers? One read of people having adventures, being followed, and so on. But nobody had ever followed Constantia and her. Oh yes, there had been one year at Eastbourne a mysterious man at their boarding-house who had put a note on the jug of hot water outside their bedroom door! But by the time Connie had found it the steam had made the writing too faint to read; they couldn't even make out to which of them it was addressed. And he had left next day. And that was all. The rest had been looking after father, and at the same time keeping out of father's way. But now? But now? The thieving sun touched Josephine gently. She lifted her face. She was drawn over to the window by gentle beams. . . .

Until the barrel-organ stopped playing Constantia stayed before the Buddha, wondering, but not as usual, not vaguely. This time her wonder was like longing. She remembered the times she had come in here, crept out of bed in her nightgown when the moon was full, and lain on the floor with her arms outstretched, as though she was crucified. Why? The big, pale moon had made her do it. The horrible dancing figures on the carved screen had leered at her and she hadn't minded. She remembered too how, whenever they were at the seaside, she had gone off by herself and got as close to the sea as she could, and sung something, something she had made up, while she gazed all over that restless water. There had been this other life, running out, bringing things home in bags, getting things on approval, discussing them with Jug, and taking them back to get more things on approval, and arranging father's trays and trying not to annoy father. But it all seemed to have happened in a kind of tunnel. It wasn't real. It was only when she came out of the tunnel into the moonlight or by the sea or into a thunderstorm that she really felt herself. What did it mean? What was it she was always wanting? What did it all lead to? Now? Now?

She turned away from the Buddha with one of her vague gestures. She went over to where Josephine was standing. She wanted to say something to Josephine, something frightfully important, about—about the future and what . . .

"Don't you think perhaps—" she began.

But Josephine interrupted her. "I was wondering if now—" she murmured. They stopped; they waited for each other.

"Go on, Con," said Josephine.

"No, no, Jug; after you," said Constantia.

"No, say what you were going to say. You began," said Josephine.

"I . . . I'd rather hear what you were going to say first," said Constantia.

"Don't be absurd, Con."

"Really, Jug."

"Connie!"

"Oh, *Jug!*"

A pause. Then Constantia said faintly, "I can't say what I was going to say, Jug, because I've forgotten what it was . . . that I was going to say."

Josephine was silent for a moment. She stared at a big cloud where the sun had been. Then she replied shortly, "I've forgotten too."

***

Jean Rhys
1890–1979

Jean Rhys is the pen name of Ella Gwendolyn Rees Williams, born a Creole of Scottish, Irish, and Welsh descent on the British-held island of Dominica in the British West Indies. Her family history, her place of birth, and her social, economic, and cultural positions were all to play important roles in her writings, as she incorporated fictionalized versions of the family history and her own childhood in the Caribbean into her major novels *Voyage in the Dark* (1934) and *Wide Sargasso Sea* (1966), and wove this unusual background into her short fiction as well. Jean Rhys's writing is an example of postcolonial fiction before the fact, in that she moved to London and wrote for decades before most of the British colonies in the Caribbean became independent. Yet Rhys's fiction shows the features of postcolonial contemporary writing in English found in the work of V. S. Naipaul, Salman Rushdie, Derek Walcott, Seamus Heaney, Ngugi wa-Thiongo, and others in this anthology: like them, she addresses the complex and painful identity of nations and individuals once belonging to the British empire in a tongue and a literary tradition shared by colonizer and colonized alike. Rhys's work is marked by the prevalence in it of outsiders and outcasts, through whose alien perspectives she observes and critiques the norms and conventions of British society. Narrative voice is a key element of her writing, and its shifting points of view with no one authoritative voice echo the problem of authority and even authorship in a postcolonial world. To this dizzying sense of homelessness and alienation from place Rhys adds also a trenchant consideration of the effect of displacement on women, whose voices are silenced and to whom cultural authority was seldom granted. Her story *Mannequin* voices precisely the vertigo experienced by a young girl, Anna, who is thrown out into the world to make her way as a fashion model or mannequin, experiencing the coldness of Europe after the rich friendships of her Caribbean home, feeling the disdain of the British for her outsider status, and suffering exploitation by the men and women who treat her like a commodity—a piece of beautiful property to be bought and sold.

Rhys left Dominica in 1907 to enter the proper Perse School for girls, where she took first prize in Roman history on the college exams for Oxford and Cambridge. She was never to go to a university, however, because when her father died in the West Indies in 1910 she was left penniless and alone in England, and refused to return to Dominica. Taking the stage name Vivian Gray, she broke with middle-class conventions and with all the rules of propriety for women and joined a traveling musical variety troupe as a chorus girl. Rhys had a checkered history for many years, employed fleetingly as a model, an actress, a secretary and a prostitute, undertaking three rocky marriages and a literary life that vacillated between Paris and London. The destitution she had suffered from her father's death was repeated many times, in crises ranging from her own alcoholism to the financial frauds committed by at least one husband. As a writer, though, Rhys blossomed under the unlikely sponsorship of the great modernist Ford Madox Ford, who published her piece *Triple Sec*, ironically named after a liqueur, in his prestigious *Transatlantic Review*, and who involved her in the vibrant literary scene in Paris at the time. Her first collection of short fiction, *The Left Bank, and Other Stories* (1927) had an introduction by Ford; the next decade saw the publication of *Postures* (1928), and three strong and stunning autobiographical novels, among her best works: *After Leaving Mr. MacKenzie* (1930), *Voyage in the Dark* (1934), and *Good Morning, Midnight* (1939).

The war years of the 1940s and England's difficult aftermath in the economically and culturally devastated 1950s saw Rhys sink into obscurity and hard times. A second patron, however, the actress Selma Vas Dias, tracked her down only by advertising for her in a newspaper after adapting *Good Morning, Midnight* as a BBC radio play; with her encouragement Rhys began to write again at what might have been the end of her career. In 1957 she got a book contract for an idea she had of retelling *Jane Eyre* from the perspective of Bertha Mason, the Caribbean first wife of Rochester, who has gone mad and is sequestered in his castle's attic. Her hidden presence is discovered by the intrepid Jane on the verge of the latter's wedding night, which she calls off. Jane returns to marry Rochester only after Bertha has set the great house afire, killing herself and blinding her husband. In Charlotte Brontë's classic novel, Bertha Mason is a terrifying "other," a frightening reminder of Britain's involvement in colonialism and the slave trade, and there is more than a hint that her Creole lineage includes African blood.

In *Wide Sargasso Sea* (1966), Rhys's acknowledged masterpiece and now itself a classic of postcolonial fiction, the tables are turned. The book begins in the West Indies, and follows its main character as she is essentially sold to a British nobleman who can never be reconciled to her "strangeness," her cultural difference, and her ties to the Caribbean land and its people—black, white, and Creole. Her insanity is hardly the madness of a wild savage, as Brontë's book had described it; instead, the woman is driven mad by her treatment as the ultimate outsider.

Jean Rhys was seventy-six years old when she achieved literary fame by her rewriting of the British literary tradition. She lived on, famously cranky and bitter, and hugely productive, publishing two collections of short fiction written from a range of female perspectives, old and young, white and of color. Rhys's truth-telling about gender oppression, her understanding that it was linked to racism and colonial exploitation, and her frankness about sex and power masquerading as love were ahead of her time. *Tigers Are Better-Looking* came out in 1968, *Sleep it Off, Lady* in 1976, until Jean Rhys the British Creole writer slept it off for good in 1979.

Mannequin[1]

Twelve o'clock. Déjeuner chez Jeanne Veron,[2] Place Vendôme.

Anna, dressed in the black cotton, chemise-like garment of the mannequin off duty was trying to find her way along dark passages and down complicated flights of stairs to the underground from where lunch was served.

She was shivering, for she had forgotten her coat, and the garment that she wore was very short, sleeveless, displaying her rose-coloured stockings to the knee. Her hair was flamingly and honestly red; her eyes, which were very gentle in expression, brown and heavily shadowed with kohl; her face small and pale under its professional rouge. She was fragile, like a delicate child, her arms pathetically thin. It was to her legs that she owed this dazzling, this incredible opportunity.

Madame Veron, white-haired with black eyes, incredibly distinguished, who had given them one sweeping glance, the glance of the connoisseur, smiled imperiously and engaged her at an exceedingly small salary. As a beginner, Madame explained, Anna could not expect more. She was to wear the jeune fille[3] dresses. Another smile, another sharp glance.

Anne was conducted from the Presence by an underling who helped her to take off the frock she had worn temporarily for the interview. Aspirants for an engagement are always dressed in a model of the house.

She had spent yesterday afternoon in a delirium tempered by a feeling of exaggerated reality, and in buying the necessary make up. It had been such a forlorn hope, answering the advertisement.

The morning had been dreamlike. At the back of the wonderful decorated salons she had found an unexpected sombreness; the place, empty, would have been dingy and melancholy, countless puzzling corridors and staircases, a rabbit warren and a labyrinth. She despaired of ever finding her way.

In the mannequins' dressing-room she spent a shy hour making up her face—in an extraordinary and distinctive atmosphere of slimness and beauty; white arms and faces vivid with rouge; raucous voices and the smell of cosmetics; silken lingerie. Coldly critical glances were bestowed upon Anna's reflection in the glass. None of them looked at her directly . . . A depressing room, taken by itself, bare and cold, a very inadequate conservatory for these human flowers. Saleswomen in black rushed in and out, talking in sharp voices; a very old woman hovered, helpful and shapeless, showing Anna where to hang her clothes, presenting to her the black garment that Anna was wearing, going to lunch. She smiled with professional motherliness, her little, sharp, black eyes travelling rapidly from la nouvelle's hair to her ankles and back again.

She was Madame Pecard, the dresser.

Before Anna had spoken a word she was called away by a small boy in buttons to her destination in one of the salons: there, under the eye of a vendeuse,[4] she had to learn the way to wear the innocent and springlike air and garb of the jeune fille. Behind a yellow, silken screen she was hustled into a leather coat and paraded under the cold eyes of an American buyer. This was the week when the spring models are shown to important people from big shops all over Europe and America: the most critical week of the season . . . The American buyer said that he would have that, but

---

1. French term for fashion model.
2. Lunch at Jeanne Veron's.
3. Young girl.
4. Saleswoman.

with an inch on to the collar and larger cuffs. In vain the saleswoman, in her best English with its odd Chicago accent, protested that that would completely ruin the chic of the model. The American buyer knew what he wanted and saw that he got it.

The vendeuse sighed, but there was a note of admiration in her voice. She respected Americans: they were not like the English, who, under a surface of annoying moroseness of manner, were notoriously timid and easy to turn round your finger.

"Was that all right?" Behind the screen one of the saleswomen smiled encouragingly and nodded. The other shrugged her shoulders. She had small, close-set eyes, a long thin nose and tight lips of the regulation puce colour. Behind her silken screen Anna sat on a high white stool. She felt that she appeared charming and troubled. The white and gold of the salon suited her red hair.

A short morning. For the mannequin's day begins at ten and the process of making up lasts an hour. The friendly saleswoman volunteered the information that her name was Jeannine, that she was in the lingerie, that she considered Anna rudement jolie,[5] that noon was Anna's lunch hour. She must go down the corridor and up those stairs, through the big salon then . . . Anyone would tell her. But Anna, lost in the labyrinth, was too shy to ask her way. Besides, she was not sorry to have time to brace herself for the ordeal. She had reached the regions of utility and oilcloth: the decorative salons were far overhead. Then the smell of food—almost visible, it was so cloudlike and heavy—came to her nostrils, and high-noted, and sibilant, a buzz of conversation made her draw a deep breath. She pushed a door open.

She was in a big, very low-ceilinged room, all the floor space occupied by long wooden tables with no cloths . . . She was sitting at the mannequins' table, gazing at a thick and hideous white china plate, a twisted tin fork, a wooden-handled stained knife, a tumbler so thick it seemed unbreakable.

There were twelve mannequins at Jeanne Veron's: six of them were lunching, the others still paraded, goddess-like, till their turn came for rest and refreshment. Each of the twelve was a distinct and separate type: each of the twelve knew her type and kept to it, practising rigidly in clothing, manner, voice and conversation.

Round the austere table were now seated Babette, the gamine, the traditional blonde enfant: Mona, tall and darkly beautiful, the femme fatale, the wearer of sumptuous evening gowns. Georgette was the garçonne;[6] Simone with green eyes Anna knew instantly for a cat whom men would and did adore, a sleek, white, purring, long-lashed creature . . . Eliane was the star of the collection.

Eliane was frankly ugly and it did not matter: no doubt Lilith,[7] from whom she was obviously descended, had been ugly too. Her hair was henna-tinted, her eyes small and black, her complexion bad under her thick make-up. Her hips were extraordinarily slim, her hands and feet exquisite, every movement she made was as graceful as a flower's in the wind. Her walk . . . But it was her walk which made her the star there and earned her a salary quite fabulous for Madame Veron's, where large salaries were not the rule . . . Her walk and her "chic of the devil" which lit an expression of admiration in even the cold eyes of American buyers.

Eliane was a quiet girl, pleasant-mannered. She wore a ring with a beautiful emerald on one long, slim finger, and in her small eyes were both intelligence and mystery.

Madame Pecard, the dresser, was seated at the head of the mannequin's table, talking loudly, unlistened to, and gazing benevolently at her flock.

---

5. Awfully cute.
6. Boyish girl.

7. Mythical rejected first wife of Adam.

At other tables sat the sewing girls, pale-faced, blackfrocked—the workers heroically gay, but with the stamp of labour on them: and the saleswomen. The mannequins, with their sensual, blatant charms and their painted faces were watched covertly, envied and apart.

Babette the blonde enfant was next to Anna, and having started the conversation with a few good, round oaths at the quality of the sardines, announced proudly that she could speak English and knew London very well. She began to tell Anna the history of her adventures in the city of coldness, dark and fogs . . . She had gone to a job as a mannequin in Bond Street and the villainous proprietor of the shop having tried to make love to her and she being rigidly virtuous, she had left. And another job, Anna must figure to herself, had been impossible to get, for she, Babette, was too small and slim for the Anglo-Saxon idea of a mannequin.

She stopped to shout in a loud voice to the woman who was serving: "Hé, my old one, don't forget your little Babette . . ."

Opposite, Simone the cat and the sportive Georgette were having a low-voiced conversation about the tristeness of a monsieur of their acquaintance. "I said to him," Georgette finished decisively, "Nothing to be done, my rabbit. You have not looked at me well, little one. In my place would you not have done the same?"

She broke off when she realized that the others were listening, and smiled in a friendly way at Anna.

She too, it appeared, had ambitions to go to London because the salaries were so much better there. Was it difficult? Did they really like French girls? Parisiennes?

The conversation became general,

"The English boys are nice," said Babette, winking one divinely candid eye. "I had a chic type who used to take me to dinner at the Empire Palace. Oh, a pretty boy . . ."

"It is the most chic restaurant in London," she added importantly.

The meal reached the stage of dessert. The other tables were gradually emptying; the mannequins all ordered very strong coffee, several liqueur. Only Mona and Eliane remained silent; Eliane, because she was thinking of something else; Mona, because it was her type, her genre to be haughty.

Her hair swept away from her white, narrow forehead and her small ears: her long earrings nearly touching her shoulders, she sipped her coffee with a disdainful air. Only once, when the blonde enfant, having engaged in a passage of arms with the waitress and got the worst of it was momentarily discomfited and silent, Mona narrowed her eyes and smiled an astonishingly cruel smile.

As soon as her coffee was drunk she got up and went out.

Anna produced a cigarette, and Georgette, perceiving instantly that here was the sportive touch, her genre, asked for one and lit it with a devil-may-care air. Anna eagerly passed her cigarettes round, but the Mère Pecard interfered weightily. It was against the rules of the house for the mannequins to smoke, she wheezed. The girls all lit their cigarettes and smoked. The Mère Pecard rumbled on: "A caprice, my children. All the world knows that mannequins are capricious. Is it not so?" She appealed to the rest of the room.

As they went out Babette put her arm round Anna's waist and whispered: "Don't answer Madame Pecard. We don't like her. We never talk to her. She spies on us. She is a camel."[8]

8. In French slang, "camel" is equivalent to "bitch."

That afternoon Anna stood for an hour to have a dress draped on her. She showed this dress to a stout Dutch lady buying for the Hague, to a beautiful South American with pearls, to a silver-haired American gentleman who wanted an evening cape for his daughter of seventeen, and to a hook-nosed, odd English lady of title who had a loud voice and dressed, under her furs, in a grey jersey and stout boots.

The American gentleman approved of Anna, and said so, and Anna gave him a passionately grateful glance. For, if the vendeuse Jeannine had been uniformly kind and encouraging, the other, Madame Tienne, had been as uniformly disapproving and had once even pinched her arm hard.

About five o'clock Anna became exhausted. The four white and gold walls seemed to close in on her. She sat on her high white stool staring at a marvellous nightgown and fighting an intense desire to rush away. Anywhere! Just to dress and rush away anywhere, from the raking eyes of the customers and the pinching fingers of Irene.

"I will one day. I can't stick it," she said to herself. "I won't be able to stick it." She had an absurd wish to gasp for air.

Jeannine came and found her like that.

"It is hard at first, hein? . . . One ask oneself: Why? For what good? It is all idiot. We are all so. But we go on. Do not worry about Irene." She whispered: "Madame Vernon likes you very much. I heard her say so."

At six o'clock Anna was out in the rue de la Paix; her fatigue forgotten, the feeling that now she really belonged to the great, maddening city possessed her and she was happy in her beautifully cut tailor-made and beret.

Georgette passed her and smiled; Babette was in a fur coat.

All up the street the mannequins were coming out of the shops, pausing on the pavements a moment, making them as gay and as beautiful as beds of flowers before they walked swiftly away and the Paris night swallowed them up.

Angela Carter
1940–1992

When Angela Carter broke onto the British literary scene in 1966 with her first novel, *Shadow Dance*, realist narrative strategies were the order of the day. The British experience of the second world war, and the fragmentation of the Empire it accelerated, seemed to demand a gritty, topical, engaged variety of writing which would detail Britannia's newly straitened circumstances; the Angry Young Men and the "kitchen sink" school of drama, along with the unsentimental poetry of writers like Philip Larkin, set a no-nonsense tone for literary production.

Carter was having none of it: near the end of her career, she summed up her outlook by saying, "I am the pure product of an advanced, industrialised, post-imperialist country in decline." Her writing, from the start, was characterized by strategies that parallel the main activity of her characters in *Shadow Dance*: rummaging through the junk shop of the past. Words, phrases, images, characters, plots in Carter's novels and short stories most often have invisible quotation marks surrounding them: she is supremely aware, and works to make her readers aware, that part of the burden of postmodernism is the awareness that it has all already been said. As she said to an interviewer, "In a period like this of transition and conflicting ideologies, when there isn't a prevalent ideology, really all artists can do is go round mopping up."

As a result, self-conscious echoing of other literary texts—what critics call *intertextuality*—runs throughout Carter's writing. That first novel closes with an ironic reworking of a scene from Russian writer Fyodor Dostoevsky's novel *The Idiot;* the opening of her 1969 novel *Heroes and Villains* parodies the opening of Jane Austen's canonical 1816 novel, *Emma.* At the same time, Carter brought to contemporary British fiction a sensibility which, almost instinctively, sought to bring down the arbitrary barriers erected between "literary" and "genre" fiction. Her stories and novels deploy the resources, variously, of fairy tales, pornography, fantasy, science fiction, myth, and romance to address, finally, universals of the human condition.

Before her death from cancer at age fifty-one, Carter had published, together with ten novels, plays, film scripts, an opera, a feminist study of (paradoxically) the profoundly misogynist Marquis de Sade, and a great trove of short stories. One collection, *The Bloody Chamber* (1979), rewrites a number of timeless fairy tales through the lenses of contemporary feminism and Freudian theory (she had translated and introduced *The Fairy Tales of Charles Perrault* in 1977). The story reprinted here first appeared in the 1974 collection *Fireworks: Nine Profane Pieces.*

Penetrating to the Heart of the Forest

The whole region was like an abandoned flower bowl, filled to overflowing with green, living things; and, protected on all sides by the ferocious barricades of the mountains, those lovely reaches of forest lay so far inland the inhabitants believed the name, Ocean, that of a man in another country, and would have taken an oar, had they ever seen one, to be a winnowing fan. They built neither roads nor towns; in every respect like Candide,[1] especially that of past ill-fortune, all they did now was to cultivate their gardens.

They were the descendants of slaves who, many years before, ran away from plantations in distant plains, in pain and hardship crossed the arid neck of the continent, and endured an infinity of desert and tundra, before they clambered the rugged foothills to scale at last the heights themselves and so arrive in a region that offered them in plentiful fulfilment all their dreams of a promised land. Now, the groves that skirted those forests of pine in the central valley formed for them all of the world they wished to know and nothing in their self-contained quietude concerned them but the satisfaction of simple pleasures. Not a single exploring spirit had ever been curious enough to search to its source the great river that watered their plots, or to penetrate to the heart of the forest itself. They had grown far too contented in their lost fastness to care for anything but the joys of idleness.

They had brought with them as a relic of their former life only the French their former owners had branded on their tongues, though certain residual, birdlike flutings of forgotten African dialects put unexpected cadences in their speech and, with the years, they had fashioned an arboreal argot[2] of their own to which a French grammar would have proved a very fallible guide. And they had also packed up in their

---

1. After a series of tragedies, Candide—the protagonist of Voltaire's philosophical novel—settles on a small farm, and resolves, in the face of life's sorrow and pain, "we must cultivate our garden."

2. Specialized vocabulary.

ragged bandanas a little, dark, voodoo folklore. But such bloodstained ghosts could not survive in sunshine and fresh air and emigrated from the village in a body, to live only the ambiguous life of horned rumours in the woods, becoming at last no more than shapes with indefinable outlines who lurked, perhaps, in the green deeps, until, at last, one of the shadows modulated imperceptibly into the actual shape of a tree.

Almost as if to justify to themselves their lack of a desire to explore, they finally seeded by word of mouth a mythic and malign tree within the forest, a tree the image of the Upas Tree of Java whose very shadow was murderous, a tree that exuded a virulent sweat of poison from its moist bark and whose fruits could have nourished with death an entire tribe. And the presence of this tree categorically forbade exploration—even though all knew, in their hearts, that such a tree did not exist. But, even so, they guessed it was safest to be a stay-at-home.

Since the woodlanders could not live without music, they made fiddles and guitars for themselves with great skill and ingenuity. They loved to eat well so they stirred themselves enough to plant vegetables, tend goats and chickens and blend these elements together in a rustic but voluptuous cookery. They dried, candied and preserved in honey some of the wonderful fruits they grew and exchanged this produce with the occasional traveller who came over the single, hazardous mountain pass, carrying bales of cotton fabrics and bundles of ribbons. With these, the women made long skirts and blouses for themselves and trousers for their menfolk, so all were dressed in red and yellow flowered cloth, purple and green checkered cloth, or cloth striped like a rainbow, and they plaited themselves hats from straw. They needed nothing more than a few flowers before they felt their graceful toilets were complete and a profusion of flowers grew all around them, so many flowers that the straw-thatched villages looked like inhabited gardens, for the soil was of amazing richness and the flora proliferated in such luxuriance that when Dubois, the botanist, came over the pass on his donkey, he looked down on that paradisial landscape and exclaimed: "Dear God! It is as if Adam had opened Eden to the public!"

Dubois was seeking a destination whose whereabouts he did not know, though he was quite sure it existed. He had visited most of the out-of-the-way parts of the world to peer through the thick lenses of his round spectacles at every kind of plant. He gave his name to an orchid in Dahomey, to a lily in Indo-China and to a dark-eyed Portuguese girl in a Brazilian town of such awesome respectability that even its taxis wore antimacassar. But, because he loved the frail wife whose grave eyes already warned him she would live briefly, he rooted there, a plant himself in alien soil, and, out of gratitude, she gave him two children at one birth before she died.

He found his only consolation in a return to the flowering wilderness he had deserted for her sake. He was approaching middle age, a rawboned, bespectacled man who habitually stooped out of a bashful awareness of his immense height, hirsute and gentle as a herbivorous lion. The vicissitudes of a life in which his reticence had cheated him of the fruits of his scholarship, together with the forlorn conclusion of his marriage, had left him with a yearning for solitude and a desire to rear his children in a place where ambition, self-seeking and guile were strangers, so that they would grow up with the strength and innocence of young trees.

But such a place was hard to find.

His wanderings took him to regions ever more remote from civilisation but he was never seized with a conviction of home-coming until that morning, as the sun irradiated the mists and his donkey picked its way down a rough path so overgrown with dew-drenched grass and mosses it had become no more than the subtlest intimation of a direction.

It took him circuitously down to a village sunk in a thicket of honeysuckle that filled with languorous sweetness the rarefied air of the uplands. On the dawning light hung, trembling, the notes of a pastoral aubade[3] somebody was picking out on a guitar. As Dubois passed the house, a plump, dark-skinned woman with a crimson handkerchief round her head threw open a pair of shutters and leaned out to pick a spray of morning glory. As she tucked it behind her ear, she saw the stranger and smiled like another sunrise, greeting him with a few melodious phrases of his native language she had somehow mixed with burned cream and sunshine. She offered him a little breakfast which she was certain he must need since he had travelled so far and, while she spoke, the yellow-painted door burst open and a chattering tide of children swept out to surround the donkey, turning up to Dubois faces like sunflowers.

Six weeks after his arrival among the Creoles,[4] Dubois left again for the house of his parents-in-law. There, he packed his library, notebooks and records of researches; his most precious collections of specimens and his equipment; as much clothing as he felt would last him the rest of his life; and a crate containing objects of sentimental value. This case and his children were the only concessions he made to the past. And, once he had installed all those safely in a wooden farmhouse the villagers had interrupted their inactivity long enough to make ready for him, he closed the doors of his heart to everything but the margins of the forest, which were to him a remarkable book it would take all the years that remained to him to learn to read.

The birds and beasts showed no fear of him. Painted magpies perched reflectively on his shoulders as he pored over the drawings he made among the trees, while fox cubs rolled in play around his feet and even learned to nose in his capacious pockets for cookies. As his children grew older, he seemed to them more an emanation of their surroundings than an actual father, and from him they unknowingly imbibed a certain radiant inhumanity which sprang from a benign indifference towards by far the greater part of mankind—towards all those who were not beautiful, gentle and, by nature, kind.

"Here, we have all become *homo silvester*, men of the woods," he would say. "And that is by far superior to the precocious and destructive species, *homo sapiens*— knowing man. Knowing man, indeed; what more than nature does man need to know?"

Other carefree children were their playfellows and their toys were birds, butterflies and flowers. Their father spared them enough of his time to teach them to read, to write and to draw. Then he gave them the run of his library and left them alone, to grow as they pleased. So they thrived on a diet of simple food, warm weather, perpetual holidays and haphazard learning. They were fearless since there was nothing to be afraid of, and they always spoke the truth because there was no need to lie. No hand or voice was ever raised in anger against them and so they did not know what anger was; when they came across the word in books, they thought it must mean the mild fretfulness they felt when it rained two days together, which did not happen often. They quite forgot the dull town where they had been born. The green world took

3. A song evoking daybreak, or lovers departing at day-   4. People of mixed African descent.
break.

them for its own and they were fitting children of their foster mother, for they were strong, lithe and supple, browned by the sun to the very colour of the villagers whose liquid *patois*[5] they spoke. They resembled one another so closely each could have used the other as a mirror and almost seemed to be different aspects of the same person for all their gestures, turns of phrase and manner of speech were exactly similar. Had they known how, they would have been proud, because their intimacy was so perfect it could have bred that sense of loneliness which is the source of pride and, as they read more and more of their father's books, their companionship deepened since they had nobody but one another with whom to discuss the discoveries they made in common. From morning to evening, they were never apart, and at night they slept together in a plain, narrow bed on a floor of beaten earth while the window held the friendly nightlight of a soft, southern moon above them in a narrow frame. But often they slept under the moon itself, for they came and went as they pleased and spent most of their time out of doors, exploring the forests until they had gone further and seen more than ever their father had.

At last, these explorations took them into the untrodden, virginal reaches of the deep interior. Here, they walked hand in hand beneath the vaulted architraves of pines in a hushed interior like that of a sentient cathedral. The topmost branches twined so thickly that only a subdued viridian[6] dazzle of light could filter through and the children felt against their ears a palpable fur of intense silence. Those who felt less kinship with the place might have been uneasy, as if abandoned among serene, voiceless, giant forms that cared nothing for man. But, if the children sometimes lost their way, they never lost themselves for they took the sun by day and the stars by the otherwise trackless night for their compass and could discern clues in the labyrinth that those who trusted the forest less would not have recognised, for they knew the forest too well to know of any harm it might do them.

Long ago, in their room at home, they began work on a map of the forest. This was by no means the map an authentic cartographer would have made. They marked hills with webs of feathers of the birds they found there, clearings with an integument of pressed flowers and especially magnificent trees with delicate, brightly coloured drawings on whose watercolour boughs they stuck garlands of real leaves so that the map became a tapestry made out of the substance of the forest itself. At first, in the centre of the map, they put their own thatched cottage and Madeline drew in the garden the shaggy figure of their father, whose leonine mane was as white, now, as the puff ball of a dandelion, bending with a green watering can over his pots of plants, tranquil, beloved and oblivious. But as they grew older, they grew discontented with their work for they found out their home did not lie at the heart of the forest but only somewhere in its green suburbs. They were seized with the desire to pierce more and yet more deeply into the unfrequented places and now their expeditions lasted for a week or longer. Though he was always glad to see them return, their father had often forgotten they had been away. At last, nothing but the discovery of the central node of the unvisited valley, the navel of the forest, would satisfy them. It grew to be almost an obsession with them. They spoke of the adventure only to one another and did not share it with the other companions who, as they grew older, grew less and less necessary to their absolute intimacy, since, lately,

---

5. Regional dialect.   6. Blue-green.

for reasons beyond their comprehension, this intimacy had been subtly invaded by tensions which exacerbated their nerves yet exerted on them both an intoxicating glamour.

Besides, when they spoke of the heart of the forest to their other friends, a veil of darkness came over the woodlanders' eyes and, half-laughing, half-whispering, they could hint at the wicked tree that grew there as though, even if they did not believe in it, it was a metaphor for something unfamiliar they preferred to ignore, as one might say: "Let sleeping dogs lie. Aren't we happy as we are?" When they saw this laughing apathy, this incuriosity blended with a tinge of fear, Emile and Madeline could not help but feel a faint contempt, for their world, though beautiful, seemed to them, in a sense, incomplete—as though it lacked the knowledge of some mystery they might find, might they not? in the forest, on their own.

In their father's books they found references to the Antiar or Antshar of the Indo-Malay archipelago, the *antiaris toxicaria* whose milky juice contains a most potent poison, like the quintessence of belladonna.[7] But their reason told them that not even the most intrepid migratory bird could have brought the sticky seeds on its feet to cast them down here in these land-locked valleys far from Java. They did not believe the wicked tree could exist in this hemisphere; and yet they were curious. But they were not afraid.

One August morning, when both were thirteen years old, they put bread and cheese in their knapsacks and started out on a journey so early the homesteads were sleeping and even the morning glories were still in bud. The settlements were just as their father had seen them first, prelapsarian[8] villages where any Fall was inconceivable; his children, bred in those quiet places, saw them with eyes pure of nostalgia for lost innocence and thought of them only with that faint, warm claustrophobia which the word, "home," signifies. At noon, they ate lunch with a family whose cottage lay at the edges of the uninhabited places and when they bade their hosts goodbye, they knew, with a certain anticipatory relish, they would not see anyone else but one another for a long time.

At first, they followed the wide river which led them directly into the ramparts of the great pines and, though days and nights soon merged together in a sonorous quiet where trees grew so close together that birds had no room to sing or fly, they kept a careful tally of the passing time for they knew that, five days away from home, along the leisurely course of the water, the pines thinned out.

The bramble-covered riverbanks, studded, at this season, with flat, pink discs of blossom, grew so narrow that the water tumbled fast enough to ring out various carillons while grey squirrels swung from branch to low branch of trees which, released from the strait confines of the forest, now grew in shapes of a feminine slightness and grace. Rabbits twitched moist, velvet noses and laid their ears along their backs but did not run away when they saw the barefoot children go by and Emile pointed out to Madeline how a wise toad, squatting meditatively among the kingcups, must have a jewel in his head because bright beams darted out through his eyes, as though a cold fire burned inside his head. They had read of this phenomenon in old books but never seen it before.

---

7. A poisonous herb of Eurasia.
8. "Before the Fall," the state of innocence before

humankind's fall from grace narrated in the first two chapters of Genesis.

They had never seen anything in this place before. It was so beautiful they were a little awe-struck.

Then Madeline stretched out her hand to pick a water-lily unbudding on the surface of the river but she jumped back with a cry and gazed down at her finger with a mixture of pain, affront and astonishment. Her bright blood dripped down on to the grass.

"Emile!" she said. "It bit me!"

They had never encountered the slightest hostility in the forest before. Their eyes met in wonder and surmise while the birds chanted recitatives to the accompaniment of the river. "This is a strange place," said Emile hesitantly. "Perhaps we should not pick any flowers in this part of the forest. Perhaps we have found some kind of carnivorous water-lily."

He washed the tiny wound, bound it with his handkerchief and kissed her cheek, to comfort her, but she would not be comforted and irritably flung a pebble in the direction of the flower. When the pebble struck the lily, the flower unfurled its close circle of petals with an audible snap and, bewildered, they glimpsed inside them a set of white, perfect fangs. Then the waxen petals closed swiftly over the teeth again, concealing them entirely, and the water-lily again looked perfectly white and innocent.

"See! It *is* a carnivorous water-lily!" said Emile. "Father *will* be excited when we tell him."

But Madeline, her eyes still fixed on the predator as if it fascinated her, slowly shook her head. She had grown very serious.

"No," she said. "We must not talk of the things we find in the heart of the forest. They are all secrets. If they were not secrets, we would have heard of them before."

Her words fell with a strange weight, as heavy as her own gravity, as if she might have received some mysterious communication from the perfidious[9] mouth that wounded her. At once, listening to her, Emile thought of the legendary tree; and then he realised that, for the first time in his life, he did not understand her, for, of course, they had heard of the tree. Looking at her in a new puzzlement, he sensed the ultimate difference of a femininity he had never before known any need or desire to acknowledge and this difference might give her the key to some order of knowledge to which he might not yet aspire, himself, for all at once she seemed far older than he. She raised her eyes and fixed on him a long, solemn regard which chained him in a conspiracy of secrecy, so that, henceforth, they would share only with one another the treacherous marvels round them. At last, he nodded.

"Very well, then," he said. "We won't tell father."

Though they knew he never listened when they spoke to him, never before had they consciously concealed anything from him.

Night was approaching. They walked a little further, until they found pillows of moss laid ready for their heads beneath the branches of a flowering tree. They drank clear water, ate the last of the food they had brought with them and then slept in one another's arms as if they were the perfect children of the place, although they slept less peacefully than usual for both were visited by unaccustomed nightmares of knives and snakes and suppurating[1] roses. But though each stirred and murmured, the

9. Treacherous.   1. Discharging fluid.

dreams were so strangely inconsequential, nothing but fleeting sequences of detached, malign images, that the children forgot them as they slept and woke only with an irritable residue of nightmare, the dregs of unremembered dreaming, knowing only they had slept badly.

In the morning, they stripped and bathed in the river. Emile[2] saw that time was subtly altering the contours of both their bodies and he found he could no longer ignore his sister's nakedness, as he had done since babyhood, while, from the way she suddenly averted her own eyes after, in her usual playful fashion, she splashed him with water, she, too, experienced the same extraordinary confusion. So they fell silent and hastily dressed themselves. And yet the confusion was pleasurable and made their blood sting. He examined her finger and found the marks of the lily's teeth were gone; the wound had healed over completely. Yet he still shuddered with an unfamiliar thrill of dread when he remembered the fanged flower.

"We have no food left," he said. "We should turn back at noon."

"Oh, no!" said Madeline with a mysterious purposefulness that might have been rooted, had he known it, only in a newborn wish to make him do as she wanted, against his own wishes. "No! I'm sure we shall find something to eat. After all, this is the season for wild strawberries."

He, too, knew the lore of the forest. At no time of the year could they not find food—berries, roots, salads, mushrooms, and so on. So he saw she knew he had only used a pale excuse to cover his increasing agitation at finding himself alone with her so far from home. And now he had used up his excuse, there was nothing for it but to go on. She walked with a certain irresolute triumph, as though she were aware she had won an initial victory which, though insignificant in itself, might herald more major battles in the future, although they did not even know the formula for a quarrel, yet.

And already this new awareness of one another's shapes and outlines had made them less twinned, less indistinguishable from one another. So they fell once more to their erudite botanising, in order to pretend that all was as it had always been, before the forest showed its teeth; and now the meandering path of the river led them into such magical places that they found more than enough to talk about for, by the time the shadows vanished at noon, they had come into a landscape that seemed to have undergone an alchemical change, a vegetable transmutation, for it contained nothing that was not marvellous.

Ferns uncurled as they watched, revealing fronded fringes containing innumerable, tiny, shining eyes glittering like brilliants where the ranks of seeds should have been. A vine was covered with slumbrous, purple flowers that, as they passed, sang out in a rich contralto with all the voluptuous wildness of flamenco—and then fell silent. There were trees that bore, instead of foliage, brown, speckled plumage of birds. And when they had grown very hungry, they found a better food than even Madeline had guessed they might, for they came to a clump of low trees with trunks scaled like trout, growing at the water's edge. These trees put out shell-shaped fruit and, when they broke these open and ate them, they tasted oysters. After they consumed their fishy luncheon, they walked on a little and discovered a tree knobbed with white, red-tipped whorls that looked so much

---

2. The name "Emile" is borrowed from Jean-Jacques Rousseau's novel on male education of the same name. Rousseau's Emile needed to know only nature, supposedly; the references to Adam and Eve and to Madeline / Magdalen suggest human nature is more complex.

like breasts they put their mouths to the nipples and sucked a sweet, refreshing milk.

"See?" said Madeline, and this time her triumph was unconcealed. "I told you we should find something to nourish us!"

When the shadows of the evening fell like a thick dust of powdered gold on the enchanted forest and they were beginning to feel weary, they came to a small valley which contained a pool that seemed to have no outlet or inlet and so must be fed by an invisible spring. The valley was filled with the most delightful, citronesque fragrance as sharply refreshing as a celestial eau-de-cologne and they saw the source of the perfume at once.

"Well!" exclaimed Emile. "This certainly isn't the fabled Upas Tree! It must be some kind of incense tree, such as the incense trees of Upper India where, after all, one finds a similar climate, or so I've read."

The tree was a little larger than a common apple tree but far more graceful in shape. The springing boughs hung out a festival of brilliant streamers, long, aromatic sprays of green, starlike flowers tipped with the red anthers of the stamens, cascading over clusters of leaves so deep a green and of such a glossy texture the dusk turned to discs of black glass those that the sunset did not turn to fire. These leaves hid secret bunches of fruit, mysterious spheres of visible gold streaked with green, as if all the unripe suns in the world were sleeping on the tree until a multiple, universal dawning should wake them all in splendour. As they stood hand in hand gazing at the beautiful tree, a small wind parted the leaves so they would see the fruit more clearly and, in the rind, set squarely in the middle of each faintly flushed cheek, was a curious formation—a round set of serrated indentations exactly resembling the marks of a bite made by the teeth of a hungry man. As if the sight stimulated her own appetite, Madeline laughed and said: "Goodness, Emile, the forest has even given us dessert."

She sprang towards the exquisite, odoriferous tree which, at that moment, suffused in a failing yet hallucinatory light the tone and intensity of liquefied amber, seemed to her brother a perfect equivalent of his sister's amazing beauty, a beauty he had never seen before that filled him, now, with ecstasy. The dark pool reflected her darkly, like an antique mirror. She raised her hand to part the leaves in search of a ripe fruit but the greenish skin seemed to warm and glow under her fingers so the first one she touched came as easily off the stem as if it had been brought to perfection by her touch. It seemed to be some kind of apple or pear. It was so juicy the juice ran down her chin and she extended a long, crimson, newly sensual tongue to lick her lips, laughing.

"It tastes so good!" she said. "Here! Eat!"

She came back to him, splashing through the margins of the pool, holding the fruit out towards him on her palm. She was like a beautiful statue which has just come to life. Her enormous eyes were lit like nocturnal flowers that had been waiting only for this especial night to open and, in their vertiginous[3] depths, reveal to her brother in expressible entirety the hitherto unguessed at, unknowable, inexpressible vistas of love.

He took the apple; ate; and, after that, they kissed.

END OF PERSPECTIVES: REGENDERING MODERNISM

3. Revolving, dizzying.

D. H. Lawrence
1885–1930

D. H. Lawrence's meteoric literary life ended in Venice, Italy, in 1930, where he died at the age of forty-five, far from his birthplace in Nottinghamshire, the coal-mining heart of England. If Lawrence was something of a comet in British literature, arcing across its skies with vibrant energy and controversy while he lived, he was equally visible after his death in the excitement and danger that persisted like a halo around his texts. A formidable poet, an exceptional essayist and literary critic, and a major novelist, Lawrence created works that were pioneering in their defiant eroticism, their outspoken treatment of class politics, and their insistence on seeing British literature as part of world literature in a time of global crisis. Many of his writings were censored and unavailable in England until long after his death, or published in expurgated versions or in private printings. Their frank concentration on sexuality, and on female as well as male desire, continues to make Lawrence's novels provocative and even controversial today.

David Herbert Lawrence was the son of a coal miner. As a primarily self-educated writer who studied and taught at Nottingham University College, instead of Oxford or Cambridge, he was unlike many of his literary peers in being lower-class and outside the privileged literary and social circles they moved in. He essentially invented himself, drawing on the support and encouragement of his mother, and nurturing a clear-eyed and furious analysis of British class structure that pervades many of his novels. The sexual frankness of his work is accompanied by its economic frankness, its willingness to point out all the ways that culture and taste are fashioned by income as much as by ideas. The sense of being an outsider to the gentlemanly world of letters fed Lawrence's need to live and work outside Britain, and he traveled restlessly to Europe and America, to Australia and Mexico. Lawrence is deeply associated with many of the countries and places he lived in; with Italy, above all, in the power of his writing about Italian culture and landscape; with the United States, in classic analysis of American literature, and in works set in New Mexico and San Francisco; with France, Germany, and Switzerland as backdrops for his literary works and their cultural theorizing; with Australia for his commentary on this distant British colony and its indigenous peoples, in novels like *Kangaroo*; with Mexico and the primitivism and exoticism he explored in *The Plumed Serpent* and *Aaron's Rod*.

As peripatetic and as open to experience as Lawrence was, his great writing begins with novels and stories set in England. Some of his early and most exceptional works are, in fact, modernist versions of a central nineteenth-century literary genre, the *bildungsroman*, or the story of a personal education. Lawrence's *Sons and Lovers* (1912) has the autobiographical overtones that often accompany a coming-of-age narrative. Written after the death of his devoted mother Lydia Lawrence in 1910, the book delineates the experience of a young man who was as socially and economically disadvantaged as Lawrence himself, and the almost incestuous love between mother and son that allows him to break free from the crushing life in the mines that might have been his only option, and to follow his deep need for love, imagination, and poetry into the writing of literature. His later novel *The Rainbow* (published in an expurgated version in 1915) is also a *bildungsroman*, but featuring as its protagonist a female character and specifically feminine issues of education and freedom. In a preface to the novel, Lawrence wrote that he insisted on portraying characters that were not the old-fashioned character portraits of the past, relying on "the old stable ego." For Lawrence, people were internally fragmented, not completely self-aware, and above all governed by sexual currents that exceeded their conscious knowledge and control. In this Lawrence was profoundly influenced by Freud's discovery of the prominence and power of the unconscious. All of Lawrence's writing engages with the invisible and largely silent realm of the unconscious, whose wishes and impulses are a kind of dynamic dance running under the surface of the conscious sense of self.

To this dance of the unconscious rhythms of life Lawrence added an abiding fascination with myth. He joined most modernist writers in his interest in showing the persistence of myth in modern culture: Joyce, Woolf, Eliot, and Faulkner all structured work around mythic parallels or mythic figures. For Lawrence, myth loomed importantly because it allowed for the discussion of hidden patterns and cycles in human action and human relationships, patterns that are much larger than the individual human being. Our personalities are illusions, Lawrence's fiction claims, because they mask deeper mythic forms. In *The Rainbow*, Lawrence draws his mythic structure from the Bible, and the cycles of birth, death, and rebirth in the story of Noah and the flood, with the rainbow of God's promise starting the cycle of rebirth over and over again.

One of Lawrence's greatest novels is *Women in Love*, a story of two sisters confronting modern life as they move out of their country's orbit and take on independence, sexual freedom, and careers in the world. He began writing it in 1916, during World War I. The war was as shattering to Lawrence as it was to every other British writer; for Lawrence, it was the apotheosis and the logical conclusion of the machine culture he hated for having spoiled England even before the war wreaked its devastation. Lawrence sharply criticized industrial capitalism, but not from the vantage point of an aristocratic worldview that regretted the loss of the landed estates. He thought and wrote as the son of a worker whose life was maimed by industrial toil in the mines, and as a school teacher of the impoverished children of miners and laborers who had lost their self-sufficient way of life on the land. Lawrence did not dream of a return to a golden feudal age, but he did dissect the ravages of industry and the connections between world war, capital, and modernization. *Women in Love* embraces these themes and more, as it turns to Europe and its classical culture to try to find a way out of the cultural impasse and sterility Lawrence saw around him. However, in this novel and others Lawrence writes of a death instinct visible for him in European culture, including its philosophy and art. At times, Lawrence's intense hatred of modernity led him to flirt with fascism, which occasionally seemed to him to promise a way out of the dead end of modern society and its hideous conflagrations in war. In order to rescue the life-affirming capacities of human society Lawrence sought out exotic and foreign cultures, and what he termed "primitive" cultures around the world—ostensibly unspoiled agricultural societies still predicated on myth rather than machine. These exotic alternatives, as Lawrence saw, were hardly utopian either, and most such societies were contaminated by colonization and Western influences. Lawrence did seek a less rationalized and less materialistic perspective in the "primitive" or archaic worlds he explored, and found that these cultures were more open to the life-giving force of sexuality. At once intense and engaging, his travel writing gives a sense of immediacy mingled with deep reflection.

Sexuality is the force in human life that most clearly derives from unconscious fantasies and desires, and on that basis it is at the heart of Lawrence's writing. Lawrence's work was thought shocking because it takes for granted the erotic elements hidden in the family—what Freud had called the "family romance." The alliances and the divisions between family members have an erotic component for Lawrence; in addition, relations to friends and to all others one encounters are sexualized in mysterious ways, often involving a powerful homoerotic current. Much of Lawrence's fiction seems to idealize a sexual state beyond words and beyond conscious understanding, and to depict this Lawrence draws on a beautiful incantatory style, filled with a highly musical repetition and rhythm.

Lawrence's own erotic career is as famous as his writing. The passion and frustrations of his marriage to the formidable Frieda Weekely (born Frieda von Richthofen) remained a hidden presence in all his writing after their marriage in 1914. When they met, Frieda was a married woman with an impressive erotic career behind her; she became a close partner in his political and cultural essay writing, and in his restless travels. They lived in Germany, Italy, and in Taos, New Mexico, among other locales. After his death in Italy, she and her then lover transported Lawrence's ashes back to Taos, and the two built a kind of shrine to Lawrence on the grounds of what had been his home with Frieda. It was in this region that they had explored Hispanic and Indian cultures under the sponsorship of a patron of the avant-garde, Mabel Dodge Luhan. Up until the mid-1980s it was possible to pay a dollar to the manager of the Taos Hotel and be admitted into his office, where numerous paintings by D. H. Lawrence were on display. Lawrence was a fascinating, if not a major, painter; the exhibits of his paintings in England were subject to the same censorship and public outrage as his novels. A viewer of the paintings could read them as an allegory for many of the disquieting themes of his literary work: the majority of them depict a couple, usually male and female, locked in an embrace that is as urgent as it is suffocating; around the edges of these couplings Lawrence painted menacing wolves and dogs, often with teeth bared or fangs dripping with blood, emblematic of the intensity and even the destructiveness of erotic relationships.

In his 1923 essay *Surgery for the Novel—or a Bomb,* Lawrence expresses his impatience with the endlessly refined analyses of modernists like Proust and Joyce. "What is the underlying impulse in us," he asks, "that will provide the motive power for a new state of things, when this democratic-industrial-lovey-dovey-darling-take-me-to-mama state of things is bust? *What next?*" His own efforts to forge a new mythic realism can be seen in his novella *The Fox,* also from 1923, which explores the interpenetration of human and animal, nature and social constraint, masculinity and feminity, sexual desire and deep aggression. The story's rural setting becomes a place at once of poverty and of beauty, in which Lawrence can counterpoint pursuits and entrapments on several levels, giving symbolic resonance to sharply observed naturalistic detail.

Lawrence's poetry explores related concerns. Like Thomas Hardy before him, Lawrence was equally gifted in both literary endeavors. Lawrence's poetry emanates from the same image-suffused, musically rhythmic, and tautly modern space as his prose works. Like Lawrence himself, his art desires to move *beyond*—beyond the old stable fictions of the ego in his prose, and beyond the old stable fiction of the lyric voice. In his poetry he accomplishes this by a preternatural immediacy, an intensity of "thereness" that includes what might in the past have seemed to be incoherent elements or fragmentary perspectives. What has been silent, veiled, or unconscious, in personal and in public life, rears up and announces itself in Lawrence's writing, appears on the page and defies silencing.

Piano

Softly, in the dusk, a woman is singing to me;
Taking me back down the vista of years, till I see
A child sitting under the piano, in the boom of the tingling strings
And pressing the small, poised feet of a mother who smiles as she sings.

5   In spite of myself, the insidious mastery of song
Betrays me back, till the heart of me weeps to belong
To the old Sunday evenings at home, with winter outside
And hymns in the cosy parlour, the tinkling piano our guide.

So now it is vain for the singer to burst into clamour
10   With the great black piano appassionato. The glamour
Of childish days is upon me, my manhood is cast
Down in the flood of remembrance, I weep like a child for the past.

1908   1913

Song of a Man Who Has Come Through

Not I, not I, but the wind that blows through me!
A fine wind is blowing the new direction of Time.
If only I let it bear me, carry me, if only it carry me!
If only I am sensitive, subtle, oh, delicate, a winged gift!

5   If only, most lovely of all, I yield myself and am borrowed
By the fine, fine wind that takes its course through the chaos of the world
Like a fine, an exquisite chisel, a wedge-blade inserted;
If only I am keen and hard like the sheer tip of a wedge
Driven by invisible blows,
10   The rock will split, we shall come at the wonder, we shall find the Hesperides.[1]

Oh, for the wonder that bubbles into my soul,
I would be a good fountain, a good well-head,
Would blur no whisper, spoil no expression.

What is the knocking?
15   What is the knocking at the door in the night?
It is somebody wants to do us harm.

No, no, it is the three strange angels.[2]
Admit them, admit them.

                                  1917

Tortoise Shout

I thought he was dumb,
I said he was dumb,
Yet I've heard him cry.
First faint scream,
5   Out of life's unfathomable dawn,
Far off, so far, like a madness, under the horizon's dawning rim,
Far, far off, far scream.

Tortoise *in extremis*.

Why were we crucified into sex?
10   Why were we not left rounded off, and finished in ourselves,
As we began,
As he certainly began, so perfectly alone?

A far, was-it-audible scream,
Or did it sound on the plasm direct?

15   Worse than the cry of the new-born,
A scream,
A yell,
A shout,
A paean,
20   A death-agony,
A birth-cry,
A submission,
All tiny, tiny, far away, reptile under the first dawn.
War-cry, triumph, acute-delight, death-scream reptilian,
25   Why was the veil torn?

1. Three sisters who guard a tree with golden apples at the end of the world; Hercules (Heracles) steals the apples as the eleventh of his twelve labors.

2. Probably the three angels who appeared to Abraham in Genesis 18, prior to the destruction of the cities of Sodom and Gomorrah.

The silken shriek of the soul's torn membrane?
The male soul's membrane
Torn with a shriek half music, half horror.

Crucifixion.

30   Male tortoise, cleaving behind the hovel-wall of that dense female,
Mounted and tense, spread-eagle, out-reaching out of the shell
In tortoise-nakedness,
Long neck, and long vulnerable limbs extruded, spread-eagle over her
        house-roof,
And the deep, secret, all-penetrating tail curved beneath her walls,
35   Reaching and gripping tense, more reaching anguish in uttermost tension
Till suddenly, in the spasm of coition, tupping like a jerking leap, and oh!
Opening its clenched face from his outstretched neck
And giving that fragile yell, that scream,
Super-audible,
40   From his pink, cleft, old-man's mouth,
Giving up the ghost,
Or screaming in Pentecost,[1] receiving the ghost.

His scream, and his moment's subsidence,
The moment of eternal silence,
45   Yet unreleased, and after the moment, the sudden, startling jerk of coition,
        and at once
The inexpressible faint yell—
And so on, till the last plasm of my body was melted back
To the primeval rudiments of life, and the secret.

So he tups, and screams
50   Time after time that frail, torn scream
After each jerk, the longish interval,
The tortoise eternity,
Age-long, reptilian persistence,
Heart-throb, slow heart-throb, persistent for the next spasm.

55   I remember, when I was a boy,
I heard the scream of a frog, which was caught with his foot in the mouth
        of an up-starting snake;
I remember when I first heard bull-frogs break into sound in the spring;
I remember hearing a wild goose out of the throat of night
Cry loudly, beyond the lake of waters;
60   I remember the first time, out of a bush in the darkness, a nightingale's
        piercing cries and gurgles startled the depths of my soul;
I remember the scream of a rabbit as I went through a wood at midnight;
I remember the heifer in her heat, blorting and blorting through the hours,
        persistent and irrepressible;
I remember my first terror hearing the howl of weird, amorous cats;
I remember the scream of a terrified, injured horse, the sheet-lightning,
65   And running away from the sound of a woman in labour, something like an
        owl whooing,

1. The day the Holy Spirit descended on Christ's disciples, which marked the beginning of the Christian church's mission
to the world.

And listening inwardly to the first bleat of a lamb,
The first wail of an infant,
And my mother singing to herself,
And the first tenor singing of the passionate throat of a young collier,[2] who
    has long since drunk himself to death,
70   The first elements of foreign speech
On wild dark lips.

And more than all these,
And less than all these,
This last,
75   Strange, faint coition yell
Of the male tortoise at extremity,
Tiny from under the very edge of the farthest far-off horizon of life.

The cross,
The wheel on which our silence first is broken,
80   Sex, which breaks up our integrity, our single inviolability, our deep
    silence,
Tearing a cry from us.

Sex, which breaks us into voice, sets us calling across the deeps, calling,
    calling for the complement,
Singing, and calling, and singing again, being answered, having found.
Torn, to become whole again, after long seeking for what is lost,
85   The same cry from the tortoise as from Christ, the Osiris-cry of
    abandonment,[3]
That which is whole, torn asunder,
That which is in part, finding its whole again throughout the universe.

1921

Snake[1]

A snake came to my water-trough
On a hot, hot day, and I in pyjamas for the heat,
To drink there.

In the deep, strange-scented shade of the great dark carob tree
5   I came down the steps with my pitcher
And must wait, must stand and wait, for there he was at the trough before me.

He reached down from a fissure in the earth-wall in the gloom
And trailed his yellow-brown slackness soft-bellied down, over the edge of
    the stone trough
And rested his throat upon the stone bottom,
10   And where the water had dripped from the tap, in a small clearness,
He sipped with his straight mouth,
Softly drank through his straight gums, into his slack long body,
Silently.

---

2. A coal miner.
3. Osiris was a major god of ancient Egypt; he was slain and fragments of his corpse scattered; these were found and buried, and Osiris became ruler of the underworld.

1. Lawrence had an encounter with a snake drinking from a water trough while living in Taormina, Sicily, in July 1912.

Someone was before me at my water-trough,
15   And I, like a second comer, waiting.

He lifted his head from his drinking, as cattle do,
And looked at me vaguely, as drinking cattle do,
And flickered his two-forked tongue from his lips, and mused a moment,
And stooped and drank a little more,
20   Being earth-brown, earth-golden from the burning bowels of the earth
On the day of Sicilian July, with Etna smoking.

The voice of my education said to me
He must be killed,
For in Sicily the black, black snakes are innocent, the gold are venomous.

25   And voices in me said, If you were a man
You would take a stick and break him now, and finish him off.

But must I confess how I liked him,
How glad I was he had come like a guest in quiet, to drink at my water-trough
And depart peaceful, pacified, and thankless,
30   Into the burning bowels of this earth?

Was it cowardice, that I dared not kill him?
Was it perversity, that I longed to talk to him?
Was it humility, to feel so honoured?
I felt so honoured.

35   And yet those voices:
If you were not afraid, you would kill him!

And truly I was afraid, I was most afraid,
But even so, honoured still more
That he should seek my hospitality
40   From out the dark door of the secret earth.

He drank enough
And lifted his head, dreamily, as one who has drunken,
And flickered his tongue like a forked night on the air, so black,
Seeming to lick his lips,
45   And looked around like a god, unseeing, into the air,
And slowly turned his head,
And slowly, very slowly, as if thrice adream,
Proceeded to draw his slow length curving round
And climb again the broken bank of my wall-face.

50   And as he put his head into that dreadful hole,
And as he slowly drew up, snake-easing his shoulders, and entered farther,
A sort of horror, a sort of protest against his withdrawing into that horrid
      black hole,
Deliberately going into the blackness, and slowly drawing himself after,
Overcame me now his back was turned.
55   I looked round, I put down my pitcher,
I picked up a clumsy log
And threw it at the water-trough with a clatter.

I think it did not hit him,
But suddenly that part of him that was left behind convulsed in
    undignified haste,
60   Writhed like lightning, and was gone
Into the black hole, the earth-lipped fissure in the wall front,
At which, in the intense still noon, I stared with fascination.

And immediately I regretted it.
I thought how paltry, how vulgar, what a mean act!
65   I despised myself and the voices of my accursed human education.

And I thought of the albatross,
And I wished he would come back, my snake.

For he seemed to me again like a king,
Like a king in exile, uncrowned in the underworld,
70   Now due to be crowned again.

And so, I missed my chance with one of the lords
Of life.
And I have something to expiate;
A pettiness.

                                                              1923

Bavarian Gentians

Not every man has gentians in his house
in soft September, at slow, sad Michaelmas.[1]

Bavarian gentians, big and dark, only dark
darkening the day-time, torch-like with the smoking blueness of Pluto's gloom,
5   ribbed and torch-like, with their blaze of darkness spread blue
down flattening into points, flattened under the sweep of white day
torch-flower of the blue-smoking darkness, Pluto's dark-blue daze,[2]
black lamps from the halls of Dis, burning dark blue,
giving off darkness, blue darkness, as Demeter's pale lamps give off light,
10   lead me then, lead the way.

Reach me a gentian, give me a torch!
let me guide myself with the blue, forked torch of this flower
down the darker and darker stairs, where blue is darkened on blueness
even where Persephone goes, just now, from the frosted September
15   to the sightless realm where darkness is awake upon the dark
and Persephone herself is but a voice
or a darkness invisible enfolded in the deeper dark
of the arms Plutonic, and pierced with the passion of dense gloom,
among the splendour of torches of darkness, shedding darkness on the lost
    bride and her groom.

1923, 1929   1932

---

1. The feast of St. Michael the Archangel, September 29.
2. Persephone was a daughter of Zeus and Demeter, goddess of agriculture; she was abducted by Hades, king of the Underworld (also known as Pluto or Dis), causing Demeter such sorrow that the land became barren. Zeus commanded Hades to release Persephone, which he did, though she was able to emerge from the Underworld each spring, returning in the fall to her husband. The story offers an explanation of seasonal change.

Cypresses[1]

Tuscan cypresses,
What is it?

Folded in like a dark thought
For which the language is lost,
5 Tuscan cypresses,
Is there a great secret?
Are our words no good?

The undeliverable secret,
Dead with a dead race and a dead speech, and yet
10 Darkly monumental in you,
Etruscan[2] cypresses.

Ah, how I admire your fidelity,
Dark cypresses!

Is it the secret of the long-nosed Etruscans?
15 The long-nosed, sensitive-footed, subtly-smiling Etruscans,
Who made so little noise outside the cypress groves?

Among the sinuous, flame-tall cypresses
That swayed their length of darkness all around
Etruscan-dusky, wavering men of old Etruria:
20 Naked except for fanciful long shoes,
Going with insidious, half-smiling quietness
And some of Africa's imperturbable sang-froid[3]
About a forgotten business.

What business, then?
25 Nay, tongues are dead, and words are hollow as hollow seed-pods,
Having shed their sound and finished all their echoing
Etruscan syllables,
That had the telling.

Yet more I see you darkly concentrate,
30 Tuscan cypresses,
On one old thought:
On one old slim imperishable thought, while you remain
Etruscan cypresses;
Dusky, slim marrow-thought of slender, flickering men of Etruria,
35 Whom Rome called vicious.

Vicious, dark cypresses:
Vicious, you supple, brooding, softly-swaying pillars of dark flame.
Monumental to a dead, dead race
Embowered in you!

40 Were they then vicious, the slender, tender-footed
Long-nosed men of Etruria?
Or was their way only evasive and different, dark, like cypress-trees in a wind?

---

1. An evergreen tree traditionally associated with mourning.   The Etruscan language is extinct.
2. A native or inhabitant of Etruria, an ancient country   3. Composure.
of Italy in modern Tuscany, conquered by the Romans.

They are dead, with all their vices,
And all that is left
45   Is the shadowy monomania[4] of some cypresses
And tombs.

The smile, the subtle Etruscan smile still lurking
Within the tombs,
Etruscan cypresses.
50   He laughs longest who laughs last;
Nay, Leonardo only bungled the pure Etruscan smile.

What would I not give
To bring back the rare and orchid-like
Evil-yclept[5] Etruscan?
55   For as to the evil
We have only Roman word for it,
Which I, being a little weary of Roman virtue,
Don't hang much weight on.

For oh, I know, in the dust where we have buried
60   The silenced races and all their abominations,
We have buried so much of the delicate magic of life.

There in the deeps
That churn the frankincense and ooze the myrrh,
Cypress shadowy,
65   Such an aroma of lost human life!

They say the fit survive,
But I invoke the spirits of the lost.
Those that have not survived, the darkly lost,
To bring their meaning back into life again,
70   Which they have taken away
And wrapt inviolable in soft cypress-trees,
Etruscan cypresses.

Evil, what is evil?
There is only one evil, to deny life
75   As Rome denied Etruria
And mechanical America Montezuma still.

Fiesole.
1923

Odour of Chrysanthemums

1

The small locomotive engine Number 4, came clanking, stumbling down from Selston[1] with seven full wagons. It appeared round the corner with loud threats of speed, but the colt that it startled from among the gorse,[2] which still flickered indistinctly in the raw afternoon, out-distanced it at a canter A woman, walking up the railway line to Underwood,[3] drew back into the hedge, held her basket

---

4. Obsession with one idea.
5. Middle English, "named."
1. Mining village in Nottinghamshire, central England.

2. Wild, yellow-flowered shrub.
3. Small village in central England.

aside, and watched the footplate of the engine advancing. The trucks thumped heavily past, one by one, with slow inevitable movement, as she stood insignificantly trapped between the jolting black wagons and the hedge; then they curved away towards the coppice where the withered oak leaves dropped noiselessly, while the birds, pulling at the scarlet hips beside the track, made off into the dusk that had already crept into the spinney.[4] In the open, the smoke from the engine sank and cleaved to the rough grass. The fields were dreary and forsaken, and in the marshy strip that led to the whimsey, a reedy pit-pond, the fowls had already abandoned their run among the alders, to roost in the tarred fowl-house. The pit-bank loomed up beyond the pond, flames like red sores licking its ashy sides, in the afternoon's stagnant light. Just beyond rose the tapering chimneys and the clumsy black headstocks of Brinsley Colliery. The two wheels were spinning fast up against the sky, and the winding engine rapped out its little spasms. The miners were being turned up.

The engine whistled as it came into the wide bay of railway lines beside the colliery, where rows of trucks stood in harbour.

Miners, single, trailing and in groups, passed like shadows diverging home. At the edge of the ribbed level of sidings squat a low cottage, three steps down from the cinder track. A large bony vine clutched at the house, as if to claw down the tiled roof. Round the bricked yard grew a few wintry primroses. Beyond, the long garden sloped down to a bushcovered brook course. There were some twiggy apple trees, winter-crack trees, and ragged cabbages. Beside the path hung dishevelled pink chrysanthemums, like pink cloths hung on bushes. A woman came stooping out of the felt-covered fowl-house, half-way down the garden. She closed and padlocked the door, then drew herself erect, having brushed some bits from her white apron.

She was a tall woman of imperious mien, handsome, with definite black eyebrows. Her smooth black hair was parted exactly. For a few moments she stood steadily watching the miners as they passed along the railway: then she turned towards the brook course. Her face was calm and set, her mouth was closed with disillusionment. After a moment she called:

"John!" There was no answer. She waited, and then said distinctly:

"Where are you?"

"Here!" replied a child's sulky voice from among the bushes. The woman looked piercingly through the dusk.

"Are you at that brook?" she asked sternly.

For answer the child showed himself before the raspberrycanes that rose like whips. He was a small, sturdy boy of five. He stood quite still, defiantly.

"Oh!" said the mother, conciliated. "I thought you were down at that wet brook—and you remember what I told you——"

The boy did not move or answer.

"Come, come on in," she said more gently, "it's getting dark. There's your grandfather's engine coming down the line!"

The lad advanced slowly, with resentful, taciturn movement. He was dressed in trousers and waistcoat of cloth that was too thick and hard for the size of the garments. They were evidently cut down from a man's clothes.

As they went slowly towards the house he tore at the ragged wisps of chrysanthemums and dropped the petals in handfuls among the path.

4. A small thicket.

"Don't do that—it does look nasty," said his mother. He refrained, and she, suddenly pitiful, broke off a twig with three or four wan flowers and held them against her face. When mother and son reached the yard her hand hesitated, and instead of laying the flower aside, she pushed it in her apron-band. The mother and son stood at the foot of the three steps looking across the bay of lines at the passing home of the miners. The trundle of the small train was imminent. Suddenly the engine loomed past the house and came to a stop opposite the gate.

The engine-driver, a short man with round grey beard, leaned out of the cab high above the woman.

"Have you got a cup of tea?" he said in a cheery, hearty fashion.

It was her father. She went in, saying she would mash.[5] Directly, she returned.

"I didn't come to see you on Sunday," began the little greybearded man.

"I didn't expect you," said his daughter.

The engine-driver winced; then, reassuming his cheery, airy manner, he said:

"Oh, have you heard then? Well, and what do you think——?"

"I think it is soon enough," she replied.

At her brief censure the little man made an impatient gesture, and said coaxingly, yet with dangerous coldness:

"Well, what's a man to do? It's no sort of life for a man of my years, to sit at my own hearth like a stranger. And if I'm going to marry again it may as well be soon as late—what does it matter to anybody?"

The woman did not reply, but turned and went into the house. The man in the engine-cab stood assertive, till she returned with a cup of tea and a piece of bread and butter on a plate. She went up the steps and stood near the footplate of the hissing engine.

"You needn't 'a' brought me bread an' butter," said her father. "But a cup of tea"—he sipped appreciatively—"it's very nice." He sipped for a moment or two, then: "I hear as Walter's got another bout on," he said.

"When hasn't he?" said the woman bitterly.

"I heerd tell of him in the 'Lord Nelson' braggin' as he was going to spend that b—— afore he went: half a sovereign that was."

"When?" asked the woman.

"A' Sat'day night—I know that's true."

"Very likely," she laughed bitterly. "He gives me twenty-three shillings."

"Aye, it's a nice thing, when a man can do nothing with his money but make a beast of himself!" said the grey-whiskered man. The woman turned her head away. Her father swallowed the last of his tea and handed her the cup.

"Aye," he sighed, wiping his mouth. "It's a settler, it is——"

He put his hand on the lever. The little engine strained and groaned, and the train rumbled towards the crossing. The woman again looked across the metals. Darkness was settling over the spaces of the railway and trucks: the miners, in grey sombre groups, were still passing home. The winding engine pulsed hurriedly, with brief pauses. Elizabeth Bates looked at the dreary flow of men, then she went indoors. Her husband did not come.

The kitchen was small and full of firelight; red coals piled glowing up the chimney mouth. All the life of the room seemed in the white, warm hearth and the steel fender reflecting the red fire. The cloth was laid for tea; cups glinted in the shadows.

---

5. Separate tea from the leaves.

At the back, where the lowest stairs protruded into the room, the boy sat struggling with a knife and a piece of white wood. He was almost hidden in the shadow. It was half-past four. They had but to await the father's coming to begin tea. As the mother watched her son's sullen little struggle with the wood, she saw herself in his silence and pertinacity; she saw the father in her child's indifference to all but himself. She (seemed to be) occupied by her husband. He had probably gone past his home, slunk past his own door, to drink before he came in, while his dinner spoiled and wasted in waiting. She glanced at the clock, then took the potatoes to strain them in the yard. The garden and fields beyond the brook were closed in uncertain darkness. When she rose with the saucepan, leaving the drain steaming into the night behind her, she saw the yellow lamps were lit along the high road that went up the hill away beyond the space of the railway lines and the field.

Then again she watched the men trooping home, fewer now and fewer.

Indoors the fire was sinking and the room was dark red. The woman put her saucepan on the hob, and set a batter-pudding near the mouth of the oven. Then she stood unmoving. Directly, gratefully, came quick young steps to the door. Someone hung on the latch a moment, then a little girl entered and began pulling off her out-door things, dragging a mass of curls, just ripening from gold to brown, over her eyes with her hat.

Her mother chid her for coming late from school, and said she would have to keep her at home the dark winter days.

"Why, mother, it's hardly a bit dark yet. The lamp's not lighted, and my father's not home."

"No, he isn't. But it's a quarter to five! Did you see anything of him?"

The child became serious. She looked at her mother with large, wistful blue eyes.

"No, mother, I've never seen him. Why? Has he come up an' gone past, to Old Brinsley? He hasn't, mother, 'cos I never saw him."

"He'd watch that," said the mother bitterly, "he'd take care as you didn't see him. But you may depend upon it, he's seated in the 'Prince o' Wales.' He wouldn't be this late."

The girl looked at her mother piteously.

"Let's have our teas, mother, should we?" said she.

The mother called John to table. She opened the door once more and looked out across the darkness of the lines. All was deserted: she could not hear the winding-engines.

"Perhaps," she said to herself, "he's stopped to get some ripping[6] done."

They sat down to tea. John, at the end of the table near the door, was almost lost in the darkness. Their faces were hidden from each other. The girl crouched against the fender slowly moving a thick piece of bread before the fire. The lad, his face a dusky mark on the shadow, sat watching her who was transfigured in the red glow.

"I do think it's beautiful to look in the fire," said the child.

"Do you?" said her mother. "Why?"

"It's so red, and full of little caves—and it feels so nice, and you can fair smell it."

"It'll want mending directly," replied her mother, "and then if your father comes he'll carry on and say there never is a fire when a man comes home sweating from the pit. A public-house[7] is always warm enough."

There was silence till the boy said complainingly: "Make haste, our Annie."

---

6. Tearing a vein of coal from the earth.   7. Pub; tavern.

"Well, I am doing! I can't make the fire do it no faster, can I?"

"She keeps wafflin' it about so's to make 'er slow," grumbled the boy.

"Don't have such an evil imagination, child," replied the mother.

Soon the room was busy in the darkness with the crisp sound of crunching. The mother ate very little. She drank her tea determinedly, and sat thinking. When she rose her anger was evident in the stern unbending of her head. She looked at the pudding in the fender, and broke out:

"It is a scandalous thing as a man can't even come home to his dinner! If it's crozzled up to a cinder I don't see why I should care. Past his very door he goes to get to a public-house, and here I sit with his dinner waiting for him——"

She went out. As she dropped piece after piece of coal on the red fire, the shadows fell on the walls, till the room was almost in total darkness.

"I canna see," grumbled the invisible John. In spite of herself, the mother laughed.

"You know the way to your mouth," she said. She set the dust-pan outside the door. When she came again like a shadow on the hearth, the lad repeated, complaining sulkily:

"I canna see."

"Good gracious!" cried the mother irritably, "you're as bad as your father if it's a bit dusk!"

Nevertheless, she took a paper spill from a sheaf on the mantelpiece and proceeded to light the lamp that hung from the ceiling in the middle of the room. As she reached up, her figure displayed itself just rounding with maternity.

"Oh, mother——!" exclaimed the girl.

"What?" said the woman, suspended in the act of putting the lamp-glass over the flame. The copper reflector shone handsomely on her, as she stood with uplifted arm, turning to face her daughter.

"You've got a flower in your apron!" said the child, in a little rapture at this unusual event.

"Goodness me!" exclaimed the woman, relieved. "One would think the house was afire." She replaced the glass and waited a moment before turning up the wick. A pale shadow was seen floating vaguely on the floor.

"Let me smell!" said the child, still rapturously, coming forward and putting her face to her mother's waist.

"Go along, silly!" said the mother, turning up the lamp. The light revealed their suspense so that the woman felt it almost unbearable. Annie was still bending at her waist. Irritably, the mother took the flowers out from her apron-band.

"Oh, mother—don't take them out!" Annie cried, catching her hand and trying to replace the sprig.

"Such nonsense!" said the mother, turning away. The child put the pale chrysanthemums to her lips, murmuring:

"Don't they smell beautiful!"

Her mother gave a short laugh.

"No," she said, "not to me. It was chrysanthemums when I married him, and chrysanthemums when you were born, and the first time they ever brought him home drunk, he'd got brown chrysanthemums in his button-hole."

She looked at the children. Their eyes and their parted lips were wondering. The mother sat rocking in silence for some time. Then she looked at the clock.

"Twenty minutes to six!" In a tone of fine bitter carelessness she continued: "Eh, he'll not come now till they bring him. There he'll stick! But he needn't come rolling in here in his pit-dirt, for *I* won't wash him. He can lie on the floor——Eh, what a fool I've been, what a fool! And this is what I came here for, to this dirty hole, rats and all, for him to slink past his very door. Twice last week—he's begun now——"

She silenced herself, and rose to clear the table.

While for an hour or more the children played, subduedly intent, fertile of imagination, united in fear of the mother's wrath, and in dread of their father's home-coming, Mrs. Bates sat in her rocking-chair making a 'singlet' of thick cream-coloured flannel, which gave a dull wounded sound as she tore off the grey edge. She worked at her sewing with energy, listening to the children, and her anger wearied itself, lay down to rest, opening its eyes from time to time and steadily watching, its ears raised to listen. Sometimes even her anger quailed and shrank, and the mother suspended her sewing, tracing the footsteps that thudded along the sleepers outside; she would lift her head sharply to bid the children 'hush', but she recovered herself in time, and the footsteps went past the gate, and the children were not flung out of their play-world.

But at last Annie sighed, and gave in. She glanced at her wagon of slippers, and loathed the game. She turned plaintively to her mother.

"Mother!"—but she was inarticulate.

John crept out like a frog from under the sofa. His mother glanced up.

"Yes," she said, "just look at those shirt-sleeves!"

The boy held them out to survey them, saying nothing. Then somebody called in a hoarse voice away down the line, and suspense bristled in the room, till two people had gone by outside, talking.

"It is time for bed," said the mother.

"My father hasn't come," wailed Annie plaintively. But her mother was primed with courage.

"Never mind. They'll bring him when he does come—like a log." She meant there would be no scene. "And he may sleep on the floor till he wakes himself. I know he'll not go to work to-morrow after this!"

The children had their hands and faces wiped with a flannel. They were very quiet. When they had put on their night-dresses, they said their prayers, the boy mumbling. The mother looked down at them, at the brown silken bush of intertwining curls in the nape of the girl's neck, at the little black head of the lad, and her heart burst with anger at their father, who caused all three such distress. The children hid their faces in her skirts for comfort.

When Mrs. Bates came down, the room was strangely empty, with a tension of expectancy. She took up her sewing and stitched for some time without raising her head. Meantime her anger was tinged with fear.

2

The clock struck eight and she rose suddenly, dropping her sewing on her chair. She went to the stair-foot door, opened it, listening. Then she went out, locking the door behind her.

Something scuffled in the yard, and she started, though she knew it was only the rats with which the place was over-run. The night was very dark. In the great bay of railway lines, bulked with trucks, there was no trace of light, only away back she could see a few yellow lamps at the pit-top, and the red smear of the burning pit-bank on the night. She hurried along the edge of the track, then, crossing the converging lines, came to the stile by the white gates, whence she emerged on the road. Then the fear which had led her shrank. People were walking up to New Brinsley; she saw the lights in the houses; twenty yards farther on were the broad windows of the 'Prince of Wales', very warm and bright, and the loud voices of men could be heard distinctly. What a fool she had been to imagine that anything had happened to him! He was merely drinking over there at the 'Prince of Wales'. She faltered. She had never yet been to fetch him, and she never would go. So she continued her walk towards the long straggling line of houses, standing back on the highway. She entered a passage between the dwellings.

"Mr. Rigley?—Yes! Did you want him? No, he's not in at this minute."

The raw-boned woman leaned forward from her dark scullery and peered at the other, upon whom fell a dim light through the blind of the kitchen window.

"Is it Mrs. Bates?" she asked in a tone tinged with respect.

"Yes. I wondered if your Master was at home. Mine hasn't come yet."

" 'Asn't 'e! Oh, Jack's been 'ome an' 'ad 'is dinner an' gone out. 'E's just gone for 'alf an hour afore bed-time. Did you call at the 'Prince of Wales'?"

"No——"

"No, you didn't like——! It's not very nice." The other woman was indulgent. There was an awkward pause. "Jack never said nothink about—about your Master," she said.

"No!—I expect he's stuck in there!"

Elizabeth Bates said this bitterly, and with recklessness. She knew that the woman across the yard was standing at her door listening, but she did not care. As she turned:

"Stop a minute! I'll just go an' ask Jack if 'e knows anythink," said Mrs. Rigley.

"Oh no—I wouldn't like to put——!"

"Yes, I will, if you'll just step inside an' see as th' childer doesn't come downstairs and set theirselves afire."

Elizabeth Bates, murmuring a remonstrance,[8] stepped inside. The other woman apologised for the state of the room.

The kitchen needed apology. There were little frocks and trousers and childish undergarments on the squab and on the floor, and a litter of playthings everywhere. On the black American cloth of the table were pieces of bread and cake, crusts, slops, and a teapot with cold tea.

"Eh, ours is just as bad," said Elizabeth Bates, looking at the woman, not at the house. Mrs. Rigley put a shawl over her head and hurried out, saying:

"I shanna be a minute."

The other sat, noting with faint disapproval the general untidiness of the room. Then she fell to counting the shoes of various sizes scattered over the floor. There were twelve. She sighed and said to herself: "No wonder!"—glancing at the litter. There came the scratching of two pairs of feet on the yard, and the Rigleys entered. Elizabeth Bates rose. Rigley was a big man, with very large bones. His head looked particularly bony. Across his temple was a blue scar, caused by a wound got in the pit, a wound in which the coal-dust remained blue like tattooing.

" 'Asna 'e come whoam yit?" asked the man, without any form of greeting, but with deference and sympathy. "I couldna say wheer he is—'e's non ower theer!"—he jerked his head to signify the 'Prince of Wales'.

" 'E's 'appen[9] gone up to th' 'Yew'," said Mrs. Rigley.

There was another pause. Rigley had evidently something to get off his mind:

8. Protestation or objection.   9. Perhaps, maybe.

"Ah left 'im finishin' a stint,"[1] he began. "Loose-all 'ad bin gone about ten minutes when we com'n away, an' I shouted: 'Are ter comin', Walt?' an' 'e said: 'Go on,
Ah shanna be but a'ef a minnit,' so we com'n ter th' bottom, me an' Bowers, thinkin'
as 'e wor just behint, an' 'ud come up i' th' next bantle[2]——"

He stood perplexed, as if answering a charge of deserting his mate. Elizabeth
Bates, now again certain of disaster, hastened to reassure him:

"I expect 'e's gone up to th' 'Yew Tree', as you say. It's not the first time. I've fretted myself into a fever before now. He'll come home when they carry him."

"Ay, isn't it too bad!" deplored the other woman.

"I'll just step up to Dick's an' see if 'e *is* theer," offered the man, afraid of appearing alarmed, afraid of taking liberties.

"Oh, I wouldn't think of bothering you that far," said Elizabeth Bates, with
emphasis, but he knew she was glad of his offer.

As they stumbled up the entry, Elizabeth Bates heard Rigley's wife run across the
yard and open her neighbour's door. At this, suddenly all the blood in her body
seemed to switch away from her heart.

"Mind!" warned Rigley. "Ah've said many a time as Ah'd fill up them ruts in this
entry, sumb'dy 'll be breakin' their legs yit."

She recovered herself and walked quickly along with the miner.

"I don't like leaving the children in bed, and nobody in the house," she said.

"No, you dunna!" he replied courteously. They were soon at the gate of the
cottage.

"Well, I shanna be many minnits, Dunna you be frettin' now, 'e'll be all right,"
said the butty.[3]

"Thank you very much, Mr. Rigley," she replied.

"You're welcome!" he stammered, moving away. "I shanna be many minnits."

The house was quiet. Elizabeth Bates took off her hat and shawl, and rolled back
the rug. When she had finished, she sat down. It was a few minutes past nine. She
was startled by the rapid chuff of the winding-engine at the pit, and the sharp whirr
of the brakes on the rope as it descended. Again she felt the painful sweep of her
blood, and she put her hand to her side, saying aloud: "Good gracious!—it's only the
nine o'clock deputy going down," rebuking herself.

She sat still, listening. Half an hour of this, and she was wearied out.

"What am I working myself up like this for?" she said pitiably to herself, "I s'll
only be doing myself some damage."

She took out her sewing again.

At a quarter to ten there were footsteps. One person! She watched for the door
to open. It was an elderly woman, in a black bonnet and a black woollen shawl—his
mother. She was about sixty years old, pale, with blue eyes, and her face all wrinkled
and lamentable. She shut the door and turned to her daughter-in-law peevishly.

"Eh, Lizzie, whatever shall we do, whatever shall we do!" she cried.

Elizabeth drew back a little, sharply.

"What is it, mother?" she said.

The elder woman seated herself on the sofa.

"I don't know, child, I can't tell you!"—she shook her head slowly. Elizabeth sat
watching her, anxious and vexed.

1. Amount of work to be done.   3. Fellow coal miner.
2. Carload.

"I don't know," replied the grandmother, sighing very deeply. "There's no end to my troubles, there isn't. The things I've gone through, I'm sure it's enough——!" She wept without wiping her eyes, the tears running.

"But, mother," interrupted Elizabeth, "what do you mean? What is it?"

The grandmother slowly wiped her eyes. The fountains of her tears were stopped by Elizabeth's directness. She wiped her eyes slowly.

"Poor child! Eh, you poor thing!" she moaned. "I don't know what we're going to do, I don't—and you as you are—it's a thing, it is indeed!"

Elizabeth waited.

"Is he dead?" she asked, and at the words her heart swung violently, though she felt a slight flush of shame at the ultimate extravagance of the question. Her words sufficiently frightened the old lady, almost brought her to herself.

"Don't say so, Elizabeth! We'll hope it's not as bad as that; no, may the Lord spare us that, Elizabeth. Jack Rigley came just as I was sittin' down to a glass afore going to bed, an' 'e said: ''Appen you'll go down th' line, Mrs. Bates. Walt's had an accident. 'Appen you'll go an' sit wi' 'er till we can get him home.' I hadn't time to ask him a word afore he was gone. An' I put my bonnet on an' come straight down, Lizzie. I thought to myself: 'Eh, that poor blessed child, if anybody should come an' tell her of a sudden, there's no knowin' what'll 'appen to 'er.' You mustn't let it upset you, Lizzie—or you know what to expect. How long is it, six months—or is it five, Lizzie? Ay!"—the old woman shook her head—"time slips on, it slips on! Ay!"

Elizabeth's thoughts were busy elsewhere. If he was killed—would she be able to manage on the little pension and what she could earn?—she counted up rapidly. If he was hurt—they wouldn't take him to the hospital—how tiresome he would be to nurse!—but perhaps she'd be able to get him away from the drink and his hateful ways. She would—while he was ill. The tears offered to come to her eyes at the picture. But what sentimental luxury was this she was beginning? She turned to consider the children. At any rate she was absolutely necessary for them. They were her business.

"Ay!" repeated the old woman, "it seems but a week or two since he brought me his first wages. Ay—he was a good lad, Elizabeth, he was, in his way. I don't know why he got to be such a trouble, I don't. He was a happy lad at home, only full of spirits. But there's no mistake he's been a handful of trouble, he has! I hope the Lord'll spare him to mend his ways. I hope so, I hope so. You've had a sight o' trouble with him, Elizabeth, you have indeed. But he was a jolly enough lad wi' me, he was, I can assure you. I don't know how it is . . . ."

The old woman continued to muse aloud, a monotonous irritating sound, while Elizabeth thought concentratedly, startled once, when she heard the winding-engine chuff quickly, and the brakes skirr with a shriek. Then she heard the engine more slowly, and the brakes made no sound. The old woman did not notice. Elizabeth waited in suspense. The mother-in-law talked, with lapses into silence.

"But he wasn't your son, Lizzie, an' it makes a difference. Whatever he was, I remember him when he was little, an' I learned to understand him and to make allowances. You've got to make allowances for them——"

It was half-past ten, and the old woman was saying: "But it's trouble from beginning to end; you're never too old for trouble, never too old for that——" when the gate banged back, and there were heavy feet on the steps.

"I'll go, Lizzie, let me go," cried the old woman, rising. But Elizabeth was at the door. It was a man in pit-clothes.

"They're bringin' 'im, Missis," he said. Elizabeth's heart halted a moment. Then it surged on again, almost suffocating her.

"Is he—is it bad?" she asked.

The man turned away, looking at the darkness:

"The doctor says 'e'd been dead hours. 'E saw 'im i' th' lamp-cabin."

The old woman, who stood just behind Elizabeth, dropped into a chair, and folded her hands, crying: "Oh, my boy, my boy!"

"Hush!" said Elizabeth, with a sharp twitch of a frown. "Be still, mother, don't waken th' children: I wouldn't have them down for anything!"

The old woman moaned softly, rocking herself. The man was drawing away. Elizabeth took a step forward.

"How was it?" she asked.

"Well, I couldn't say for sure," the man replied, very ill at ease. " 'E wor finishin' a stint an' th' butties 'ad gone, an' a lot o' stuff come down atop 'n 'im."

"And crushed him?" cried the widow, with a shudder.

"No," said the man, "it fell at th' back of 'im. 'E wor under th' face, an' it niver touched 'im. It shut 'im in. It seems 'e wor smothered."

Elizabeth shrank back. She heard the old woman behind her cry:

"What?—what did 'e say it was?"

The man replied, more loudly: " 'E wor smothered!"

Then the old woman wailed aloud, and this relieved Elizabeth.

"Oh, mother," she said, putting her hand on the old woman, "don't waken th' children, don't waken th' children."

She wept a little, unknowing, while the old mother rocked herself and moaned. Elizabeth remembered that they were bringing him home, and she must be ready. "They'll lay him in the parlour," she said to herself, standing a moment pale and perplexed.

Then she lighted a candle and went into the tiny room. The air was cold and damp, but she could not make a fire, there was no fireplace. She set down the candle and looked round. The candlelight glittered on the lustre-glasses, on the two vases that held some of the pink chrysanthemums, and on the dark mahogany. There was a cold, deathly smell of chrysanthemums in the room. Elizabeth stood looking at the flowers. She turned away, and calculated whether there would be room to lay him on the floor, between the couch and the chiffonier.[4] She pushed the chairs aside. There would be room to lay him down and to step round him. Then she fetched the old red tablecloth, and another old cloth, spreading them down to save her bit of carpet. She shivered on leaving the parlour; so, from the dresser drawer she took a clean shirt and put it at the fire to air. All the time her mother-in-law was rocking herself in the chair and moaning.

"You'll have to move from there, mother," said Elizabeth. "They'll be bringing him in. Come in the rocker."

The old mother rose mechanically, and seated herself by the fire, continuing to lament. Elizabeth went into the pantry for another candle, and there, in the little pent-house under the naked tiles, she heard them coming. She stood still in the pantry doorway, listening. She heard them pass the end of the house, and come awkwardly down the three steps, a jumble of shuffling footsteps and muttering voices. The old woman was silent. The men were in the yard.

4. Chest of drawers.

Then Elizabeth heard Matthews, the manager of the pit, say: "You go in first, Jim. Mind!"

The door came open, and the two women saw a collier backing into the room, holding one end of a stretcher, on which they could see the nailed pit-boots of the dead man. The two carriers halted, the man at the head stooping to the lintel of the door.

"Wheer will you have him?" asked the manager, a short, white-bearded man.

Elizabeth roused herself and came from the pantry carrying the unlighted candle.

"In the parlour," she said.

"In there, Jim!" pointed the manager, and the carriers backed round into the tiny room. The coat with which they had covered the body fell off as they awkwardly turned through the two doorways, and the women saw their man, naked to the waist, lying stripped for work. The old woman began to moan in a low voice of horror.

"Lay th' stretcher at th' side," snapped the manager, "an' put 'im on th' cloths. Mind now, mind! Look you now——!"

One of the men had knocked off a vase of chrysanthemums. He stared awkwardly, then they set down the stretcher. Elizabeth did not look at her husband. As soon as she could get in the room, she went and picked up the broken vase and the flowers.

"Wait a minute!" she said.

The three men waited in silence while she mopped up the water with a duster.

"Eh, what a job, what a job, to be sure!" the manager was saying, rubbing his brow with trouble and perplexity. "Never knew such a thing in my life, never! He'd no busines to ha' been left. I never knew such a thing in my life! Fell over him clean as a whistle, an' shut him in. Not four foot of space, there wasn't—yet it scarce bruised him."

He looked down at the dead man, lying prone, half naked, all grimed with coal-dust.

"''Sphyxiated', the doctor said. It is the most terrible job I've ever known. Seems as if it was done o' purpose. Clean over him, an' shut 'im in, like a mousetrap"—he made a sharp, descending gesture with his hand.

The colliers standing by jerked aside their heads in hopeless comment.

The horror of the thing bristled upon them all.

Then they heard the girl's voice upstairs calling shrilly: "Mother, mother—who is it? Mother, who is it?"

Elizabeth hurried to the foot of the stairs and opened the door:

"Go to sleep!" she commanded sharply. "What are you shouting about? Go to sleep at once—there's nothing—"

Then she began to mount the stairs. They could hear her on the boards, and on the plaster floor of the little bedroom. They could hear her distinctly:

"What's the matter now?—what's the matter with you, silly thing?"—her voice was much agitated, with an unreal gentleness.

"I thought it was some men come," said the plaintive voice of the child. "Has he come?"

"Yes, they've brought him. There's nothing to make a fuss about. Go to sleep now, like a good child."

They could hear her voice in the bedroom, they waited whilst she covered the children under the bedclothes.

"Is he drunk?" asked the girl, timidly, faintly.

"No! No—he's not! He—he's asleep."

"Is he asleep downstairs?"

"Yes—and don't make a noise."

There was silence for a moment, then the men heard the frightened child again: "What's that noise?"

"It's nothing, I tell you, what are you bothering for?"

The noise was the grandmother moaning. She was oblivious of everything, sitting on her chair rocking and moaning The manager put his hand on her arm and bade her "Sh—sh!!"

The old woman opened her eyes and looked at him. She was shocked by this interruption, and seemed to wonder.

"What time is it?" the plaintive thin voice of the child, sinking back unhappily into sleep, asked this last question.

"Ten o'clock," answered the mother more softly. Then she must have bent down and kissed the children.

Matthews beckoned to the men to come away. They put on their caps and took up the stretcher. Stepping over the body, they tiptoed out of the house. None of them spoke till they were far from the wakeful children.

When Elizabeth came down she found her mother alone on the parlour floor, leaning over the dead man, the tears dropping on him.

"We must lay him out," the wife said. She put on the kettle, then returning knelt at the feet, and began to unfasten the knotted leather laces. The room was clammy and dim with only one candle, so that she had to bend her face almost to the floor. At last she got off the heavy boots and put them away.

"You must help me now," she whispered to the old woman. Together they stripped the man.

When they arose, saw him lying in the naïve dignity of death, the women stood arrested in fear and respect. For a few moments they remained still, looking down, the old mother whimpering. Elizabeth felt countermanded.[5] She saw him, how utterly inviolable he lay in himself. She had nothing to do with him. She could not accept it. Stooping, she laid her hand on him, in claim. He was still warm, for the mine was hot where he had died. His mother had his face between her hands, and was murmuring incoherently. The old tears fell in succession as drops from wet leaves; the mother was not weeping, merely her tears flowed. Elizabeth embraced the body of her husband, with cheek and lips. She seemed to be listening, inquiring, trying to get some connection. But she could not. She was driven away. He was impregnable.

She rose, went into the kitchen, where she poured warm water into a bowl, brought soap and flannel and a soft towel.

"I must wash him," she said.

Then the old mother rose stiffly, and watched Elizabeth as she carefully washed his face, carefully brushing the big blond moustache from his mouth with the flannel. She was afraid with a bottomless fear, so she ministered to him. The old woman, jealous, said:

"Let me wipe him!"—and she kneeled on the other side drying slowly as Elizabeth washed, her big black bonnet sometimes brushing the dark head of her daughter-in-law. They worked thus in silence for a long time. They never forgot it was death, and the touch of the man's dead body gave them strange emotions, different in

5. Overruled, contradicted.

each of the women; a great dread possessed them both, the mother felt the lie was given to her womb, she was denied; the wife felt the utter isolation of the human soul, the child within her was a weight apart from her.

At last it was finished. He was a man of handsome body, and his face showed no traces of drink. He was blond, full-fleshed, with fine limbs. But he was dead.

"Bless him," whispered his mother, looking always at his face, and speaking out of sheer terror. "Dear lad—bless him!" She spoke in a faint, sibilant ecstasy of fear and mother love.

Elizabeth sank down again to the floor, and put her face against his neck, and trembled and shuddered. But she had to draw away again. He was dead, and her living flesh had no place against his. A great dread and weariness held her: she was so unavailing. Her life was gone like this.

"White as milk he is, clear as a twelve-month baby, bless him, the darling!" the old mother murmured to herself. "Not a mark on him, clear and clean and white, beautiful as ever a child was made," she murmured with pride. Elizabeth kept her face hidden.

"He went peaceful, Lizzie—peaceful as sleep. Isn't he beautiful, the lamb? Ay—he must ha' made his peace, Lizzie. 'Appen he made it all right, Lizzie, shut in there. He'd have time. He wouldn't look like this if he hadn't made his peace. The lamb, the dear lamb. Eh, but he had a hearty laugh. I loved to hear it. He had the heartiest laugh, Lizzie, as a lad——"

Elizabeth looked up. The man's mouth was fallen back, slightly open under the cover of the moustache. The eyes, half shut, did not show glazed in the obscurity. Life with its smoky burning gone from him, had left him apart and utterly alien to her. And she knew what a stranger he was to her. In her womb was ice of fear, because of this separate stranger with whom she had been living as one flesh. Was this what it all meant—utter, intact separateness, obscured by heat of living? In dread she turned her face away. The fact was too deadly. There had been nothing between them, and yet they had come together, exchanging their nakedness repeatedly. Each time he had taken her, they had been two isolated beings, far apart as now. He was no more responsible than she. The child was like ice in her womb. For as she looked at the dead man, her mind, cold and detached, said clearly: "Who am I? What have I been doing? I have been fighting a husband who did not exist. He existed all the time. What wrong have I done? What was that I have been living with? There lies the reality, this man." And her soul died in her for fear: she knew she had never seen him, he had never seen her, they had met in the dark and had fought in the dark, not knowing whom they met nor whom they fought. And now she saw, and turned silent in seeing. For she had been wrong. She had said he was something he was not; she had felt familiar with him. Whereas he was apart all the while, living as she never lived, feeling as she never felt.

In fear and shame she looked at his naked body, that she had known falsely. And he was the father of her children. Her soul was torn from her body and stood apart. She looked at his naked body and was ashamed, as if she had denied it. After all, it was itself. It seemed awful to her. She looked at his face, and she turned her own face to the wall. For his look was other than hers, his way was not her way. She had denied him what he was—she saw it now. She had refused him as himself. And this had been her life, and his life. She was grateful to death, which restored the truth. And she knew she was not dead.

And all the while her heart was bursting with grief and pity for him. What had he suffered? What stretch of horror for this helpless man! She was rigid with agony.

She had not been able to help him. He had been cruelly injured, this naked man, this other being, and she could make no reparation. There were the children—but the children belonged to life. This dead man had nothing to do with them. He and she were only channels through which life had flowed to issue in the children. She was a mother—but how awful she knew it now to have been a wife. And he, dead now, how awful he must have felt it to be a husband. She felt that in the next world he would be a stranger to her. If they met there, in the beyond, they would only be ashamed of what had been before. The children had come, for some mysterious reason, out of both of them. But the children did not unite them. Now he was dead, she knew how eternally he was apart from her, how eternally he had nothing more to do with her. She saw this episode of her life closed. They had denied each other in life. Now he had withdrawn. An anguish came over her. It was finished then: it had become hopeless between them long before he died. Yet he had been her husband. But how little!

"Have you got his shirt, 'Lizabeth?"

Elizabeth turned without answering, though she strove to weep and behave as her mother-in-law expected. But she could not, she was silenced. She went into the kitchen and returned with the garment.

"It is aired," she said, grasping the cotton shirt here and there to try. She was almost ashamed to handle him; what right had she or anyone to lay hands on him; but her touch was humble on his body. It was hard work to clothe him. He was so heavy and inert. A terrible dread gripped her all the while: that he could be so heavy and utterly inert, unresponsive, apart. The horror of the distance between them was almost too much for her—it was so infinite a gap she must look across.

At last it was finished. They covered him with a sheet and left him lying, with his face bound. And she fastened the door of the little parlour, lest the children should see what was lying there. Then, with peace sunk heavy on her heart, she went about making tidy the kitchen. She knew she submitted to life, which was her immediate master. But from death, her ultimate master, she winced with fear and shame.

The Horse Dealer's Daughter

"Well, Mabel, and what are you going to do with yourself?" asked Joe, with foolish flippancy. He felt quite safe himself. Without listening for an answer, he turned aside, worked a grain of tobacco to the tip of his tongue, and spat it out. He did not care about anything, since he felt safe himself.

The three brothers and the sister sat round the desolate breakfast-table, attempting some sort of desultory consultation. The morning's post had given the final tap to the family fortunes, and all was over. The dreary dining-room itself, with its heavy mahogany furniture, looked as if it were waiting to be done away with.

But the consultation amounted to nothing. There was a strange air of ineffectuality about the three men, as they sprawled at table, smoking and reflecting vaguely on their own condition. The girl was alone, a rather short, sullen-looking young woman of twenty-seven. She did not share the same life as her brothers. She would have been good-looking, save for the impressive fixity of her face, "bull-dog," as her brothers called it.

There was a confused tramping of horses' feet outside. The three men all sprawled round in their chairs to watch. Beyond the dark holly bushes that separated the strip of lawn from the high-road, they could see a cavalcade of shire horses swinging out of their own yard, being taken for exercise. This was the last time. These were the last horses that would go through their hands. The young men watched with critical, callous look. They were all frightened at the collapse of their lives, and the sense of disaster in which they were involved left them no inner freedom.

Yet they were three fine, well-set fellows enough. Joe, the eldest, was a man of thirty-three, broad and handsome in a hot, flushed way. His face was red, he twisted his black moustache over a thick finger, his eyes were shallow and restless. He had a sensual way of uncovering his teeth when he laughed, and his bearing was stupid. Now he watched the horses with a glazed look of helplessness in his eyes, a certain stupor of downfall.

The great draught-horses swung past. They were tied head to tail, four of them, and they heaved along to where a lane branched off from the high-road, planting their great hoofs floutingly in the fine black mud, swinging their great rounded haunches sumptuously, and trotting a few sudden steps as they were led into the lane, round the corner. Every movement showed a massive, slumbrous strength, and a stupidity which held them in subjection. The groom at the head looked back, jerking the leading rope. And the cavalcade moved out of sight up the lane, the tail of the last horse, bobbed up tight and stiff, held out taut from the swinging great haunches as they rocked behind the hedges in a motion-like sleep.

Joe watched with glazed hopeless eyes. The horses were almost like his own body to him. He felt he was done for now. Luckily he was engaged to a woman as old as himself, and therefore her father, who was steward of a neighbouring estate, would provide him with a job. He would marry and go into harness. His life was over, he would be a subject animal now.

He turned uneasily aside, the retreating steps of the horses echoing in his ears. Then, with foolish restlessness, he reached for the scraps of bacon-rind from the plates, and making a faint whistling sound, flung them to the terrier that lay against the fender. He watched the dog swallow them, and waited till the creature looked into his eyes. Then a faint grin came on his face, and in a high, foolish voice he said:

"You won't get much more bacon, shall you, you little b——?"

The dog faintly and dismally wagged its tail, then lowered its haunches, circled round, and lay down again.

There was another helpless silence at the table. Joe sprawled uneasily in his seat, not willing to go till the family conclave was dissolved. Fred Henry, the second brother, was erect, clean-limbed, alert. He had watched the passing of the horses with more *sang-froid*.[1] If he was an animal, like Joe, he was an animal which controls, not one which is controlled. He was master of any horse, and he carried himself with a well-tempered air of mastery. But he was not master of the situations of life. He pushed his coarse brown moustache upwards, off his lip, and glanced irritably at his sister, who sat impassive and inscrutable.

"You'll go and stop with Lucy for a bit, shan't you?" he asked. The girl did not answer.

"I don't see what else you can do," persisted Fred Henry.

"Go as a skivvy,"[2] Joe interpolated laconically.

The girl did not move a muscle.

1. Composure.   2. Female domestic servant.

"If I was her, I should go in for training for a nurse," said Malcolm, the youngest of them all. He was the baby of the family, a young man of twenty-two, with a fresh, jaunty *museau*.[3]

But Mabel did not take any notice of him. They had talked at her and round her for so many years, that she hardly heard them at all.

The marble clock on the mantelpiece softly chimed the half-hour, the dog rose uneasily from the hearth-rug and looked at the party at the breakfast-table. But still they sat on in ineffectual conclave.

"Oh, all right," said Joe suddenly, apropos of nothing. "I'll get a move on."

He pushed back his chair, straddled his knees with a downward jerk, to get them free, in horsey fashion, and went to the fire. Still he did not go out of the room; he was curious to know what the others would do or say. He began to charge his pipe, looking down at the dog and saying in a high, affected voice:

"Going wi' me? Going wi' me are ter? Tha'rt goin' further than tha counts on just now, dost hear?"

The dog faintly wagged its tail, the man stuck out his jaw and covered his pipe with his hands, and puffed intently, losing himself in the tobacco, looking down all the while at the dog with an absent brown eye. The dog looked up at him in mournful distrust. Joe stood with his knees stuck out, in real horsey fashion.

"Have you had a letter from Lucy?" Fred Henry asked of his sister.

"Last week," came the neutral reply.

"And what does she say?"

There was no answer.

"Does she *ask* you to go and stop there?" persisted Fred Henry.

"She says I can if I like."

"Well, then, you'd better. Tell her you'll come on Monday."

This was received in silence.

"That's what you'll do then, is it?" said Fred Henry, in some exasperation.

But she made no answer. There was a silence of futility and irritation in the room. Malcolm grinned fatuously.

"You'll have to make up your mind between now and next Wednesday," said Joe loudly, "or else find yourself lodgings on the kerbstone."

The face of the young woman darkened, but she sat on immutable.

"Here's Jack Ferguson!" exclaimed Malcolm, who was looking aimlessly out of the window.

"Where?" exclaimed Joe loudly.

"Just gone past."

"Coming in?"

Malcolm craned his neck to see the gate.

"Yes," he said.

There was a silence. Mabel sat on like one condemned, at the head of the table. Then a whistle was heard from the kitchen. The dog got up and barked sharply. Joe opened the door and shouted:

"Come on."

After a moment a young man entered. He was muffled up in overcoat and a purple woollen scarf, and his tweed cap, which he did not remove, was pulled down

---

3. Muzzle; face.

on his head. He was of medium height, his face was rather long and pale, his eyes looked tired.

"Hello, Jack! Well, Jack!" exclaimed Malcolm and Joe. Fred Henry merely said: "Jack."

"What's doing?" asked the newcomer, evidently addressing Fred Henry.

"Same. We've got to be out by Wednesday. Got a cold?"

"I have—got it bad, too."

"Why don't you stop in?"

"Me stop in? When I can't stand on my legs, perhaps I shall have a chance." The young man spoke huskily. He had a slight Scotch accent.

"It's a knock-out, isn't it," said Joe, boisterously, "if a doctor goes round croaking with a cold. Looks bad for the patients, doesn't it?"

The young doctor looked at him slowly.

"Anything the matter with *you*, then?" he asked sarcastically.

"Not as I know of. Damn your eyes, I hope not. Why?"

"I thought you were very concerned about the patients, wondered if you might be one yourself."

"Damn it, no, I've never been patient to no flaming doctor, and hope I never shall be," returned Joe.

At this point Mabel rose from the table and they all seemed to become aware of her existence. She began putting the dishes together. The young doctor looked at her, but did not address her. He had not greeted her. She went cut of[4] the room with the tray, her face impassive and unchanged.

"When are you off then, all of you?" asked the doctor.

"I'm catching the eleven-forty," replied Malcolm. "Are you goin' down wi' th' trap,[5] Joe?"

"Yes, I've told you I'm going down wi' th' trap, haven't I?"

"We'd better be getting her in then. So long, Jack, if I don't see you before I go," said Malcolm, shaking hands.

He went out, followed by Joe, who seemed to have his tail between his legs.

"Well, this is the devil's own," exclaimed the doctor, when he was left alone with Fred Henry. "Going before Wednesday, are you?"

"That's the orders," replied the other.

"Where, to Northampton?"

"That's it."

"The devil!" exclaimed Ferguson, with quiet chagrin.

And there was silence between the two.

"All settled up, are you?" asked Ferguson.

"About."

There was another pause.

"Well, I shall miss yer, Freddy, boy," said the young doctor.

"And I shall miss thee, Jack," returned the other.

"Miss you like hell," mused the doctor.

Fred Henry turned aside. There was nothing to say. Mabel came in again, to finish clearing the table.

"What are *you* going to do, then, Miss Pervin?" asked Fergusson. "Going to your sister's, are you?"

---

4. Left.   5. Light horse-drawn carriage.

Mabel looked at him with her steady, dangerous eyes, that always made him uncomfortable, unsettling his superficial ease.

"No," she said.

"Well, what in the name of fortune *are* you going to do? Say what you mean to do," cried Fred Henry, with futile intensity.

But she only averted her head, and continued her work. She folded the white table-cloth, and put on the chenille cloth.

"The sulkiest bitch that ever trod!" muttered her brother.

But she finished her task with perfectly impassive face, the young doctor watching her interestedly all the while. Then she went out.

Fred Henry stared after her, clenching his lips, his blue eyes fixing in sharp antagonism, as he made a grimace of sour exasperation.

"You could bray her into bits, and that's all you'd get out of her," he said, in a small, narrowed tone.

The doctor smiled faintly.

"What's she *going* to do, then?" he asked.

"Strike me if *I* know!" returned the other.

There was a pause. Then the doctor stirred.

"I'll be seeing you to-night, shall I?" he said to his friend.

"Ay—where's it to be? Are we going over to Jessdale?"

"I don't know. I've got such a cold on me. I'll come round to the 'Moon and Stars', anyway."

"Let Lizzie and May miss their night for once, eh?"

"That's it—if I feel as I do now."

"All's one——"

The two young men went through the passage and down to the back door together. The house was large, but it was servantless now, and desolate. At the back was a small bricked houseyard and beyond that a big square, gravelled fine and red, and having stables on two sides. Sloping, dank, winter-dark fields stretched away on the open sides.

But the stables were empty. Joseph Pervin, the father of the family, had been a man of no education, who had become a fairly large horse dealer. The stables had been full of horses, there was a great turmoil and come-and-go of horses and of dealers and grooms. Then the kitchen was full of servants. But of late things had declined. The old man had married a second time, to retrieve his fortunes. Now he was dead and everything was gone to the dogs, there was nothing but debt and threatening.

For months, Mabel had been servantless in the big house, keeping the home together in penury for her ineffectual brothers. She had kept house for ten years. But previously it was with unstinted means. Then, however brutal and coarse everything was, the sense of money had kept her proud, confident. The men might be foul-mouthed, the women in the kitchen might have bad reputations, her brothers might have illegitimate children. But so long as there was money, the girl felt herself established, and brutally proud, reserved.

No company came to the house, save dealers and coarse men. Mabel had no associates of her own sex, after her sister went away. But she did not mind. She went regularly to church, she attended to her father. And she lived in the memory of her mother, who had died when she was fourteen, and whom she had loved. She had loved her father, too, in a different way, depending upon him, and feeling secure in him, until at the age of fifty-four he married again. And then she had set hard against him. Now he had died and left them all hopelessly in debt.

She had suffered badly during the period of poverty. Nothing, however, could shake the curious, sullen, animal pride that dominated each member of the family. Now, for Mabel, the end had come. Still she would not cast about her. She would follow her own way just the same. She would always hold the keys of her own situation. Mindless and persistent, she endured from day to day. Why should she think? Why should she answer anybody? It was enough that this was the end, and there was no way out. She need not pass any more darkly along the main street of the small town, avoiding every eye. She need not demean herself any more, going into the shops and buying the cheapest food. This was at an end. She thought of nobody, not even of herself. Mindless and persistent, she seemed in a sort of ecstasy to be coming nearer to her fulfilment, her own glorification, approaching her dead mother, who was glorified.

In the afternoon she took a little bag, with shears and sponge and a small scrubbing-brush, and went out. It was a grey, wintry day, with saddened, dark green fields and an atmosphere blackened by the smoke of foundries not far off. She went quickly, darkly along the causeway, heeding nobody, through the town to the churchyard.

There she always felt secure, as if no one could see her, although as a matter of fact she was exposed to the stare of everyone who passed along under the churchyard wall. Nevertheless, once under the shadow of the great looming church, among the graves, she felt immune from the world, reserved within the thick churchyard wall as in another country.

Carefully she clipped the grass from the grave, and arranged the pinky white, small chrysanthemums in the tin cross. When this was done, she took an empty jar from a neighbouring grave, brought water, and carefully, most scrupulously sponged the marble headstone and the coping-stone.

It gave her sincere satisfaction to do this. She felt in immediate contact with the world of her mother. She took minute pains, went through the park in a state bordering on pure happiness, as if in performing this task she came into a subtle, intimate connection with her mother. For the life she followed here in the world was far less real than the world of death she inherited from her mother.

The doctor's house was just by the church. Fergusson, being a mere hired assistant, was slave to the country-side. As he hurried now to attend to the out-patients in the surgery, glancing across the graveyard with his quick eye, he saw the girl at her task at the grave. She seemed so intent and remote, it was like looking into another world. Some mystical element was touched in him. He slowed down as he walked, watching her as if spellbound.

She lifted her eyes, feeling him looking. Their eyes met. And each looked again at once, each feeling, in some way, found out by the other. He lifted his cap and passed on down the road. There remained distinct in his consciousness, like a vision, the memory of her face, lifted from the tombstone in the churchyard, and looking at him with slow, large, portentous eyes. It *was* portentous, her face. It seemed to mesmerise him. There was a heavy power in her eyes which laid hold of his whole being, as if he had drunk some powerful drug. He had been feeling weak and done before. Now the life came back into him, he felt delivered from his own fretted, daily self.

He finished his duties at the surgery[6] as quickly as might be, hastily filling up the bottles of the waiting people with cheap drugs. Then, in perpetual haste, he set off

6. Physician's office.

again to visit several cases in another part of his round, before tea-time. At all times he preferred to walk if he could, but particularly when he was not well. He fancied the motion restored him.

The afternoon was falling. It was grey, deadened, and wintry, with a slow, moist, heavy coldness sinking in and deadening all the faculties. But why should he think or notice? He hastily climbed the hill and turned across the dark green fields, following the black cinder-track. In the distance, across a shallow dip in the country, the small town was clustered like smouldering ash, a tower, a spire, a heap of low, raw, extinct houses. And on the nearest fringe of the town, sloping into the dip, was Old-meadow, the Pervins' house. He could see the stables and the outbuildings distinctly, as they lay towards him on the slope. Well, he would not go there many more times! Another resource would be lost to him, another place gone: the only company he cared for in the alien, ugly little town he was losing. Nothing but work, drudgery, constant hastening from dwelling to dwelling among the colliers[7] and the iron-work-ers. It wore him out, but at the same time he had a craving for it. It was a stimulant to him to be in the homes of the working people, moving, as it were, through the innermost body of their life. His nerves were excited and gratified. He could come so near, into the very lives of the rough, inarticulate, powerfully emotional men and women. He grumbled, he said he hated the hellish hole. But as a matter of fact it excited him, the contact with the rough, strongly-feeling people was a stimulant applied direct to his nerves.

Below Oldmeadow, in the green, shallow, soddened hollow of fields, lay a square, deep pond. Roving across the landscape, the doctor's quick eye detected a figure in black passing through the gate of the field, down towards the pond. He looked again. It would be Mabel Pervin. His mind suddenly became alive and attentive.

Why was she going down there? He pulled up on the path on the slope above, and stood staring. He could just make sure of the small black figure moving in the hollow of the failing day. He seemed to see her in the midst of such obscurity, that he was like a clairvoyant, seeing rather with the mind's eye than with ordinary sight. Yet he could see her positively enough, whilst he kept his eye attentive. He felt, if he looked away from her, in the thick, ugly falling dusk, he would lose her altogether.

He followed her minutely as she moved, direct and intent, like something trans-mitted rather than stirring in voluntary activity, straight down the field towards the pond. There she stood on the bank for a moment. She never raised her head. Then she waded slowly into the water.

He stood motionless as the small black figure walked slowly and deliberately towards the centre of the pond, very slowly, gradually moving deeper into the motionless water, and still moving forward as the water got up to her breast. Then he could see her no more in the dusk of the dead afternoon.

"There!" he exclaimed. "Would you believe it?"

And he hastened straight down, running over the wet, soddened fields, pushing through the hedges, down into the depression of callous wintry obscurity. It took him several minutes to come to the pond. He stood on the bank, breathing heavily. He could see nothing. His eyes seemed to penetrate the dead water. Yes, perhaps that was the dark shadow of her black clothing beneath the surface of the water.

7. Coal miners.

He slowly ventured into the pond. The bottom was deep, soft clay, he sank in, and the water clasped dead cold round his legs. As he stirred he could smell the cold, rotten clay that fouled up into the water. It was objectionable in his lungs. Still, repelled and yet not heeding, he moved deeper into the pond. The cold water rose over his thighs, over his loins, upon his abdomen. The lower part of his body was all sunk in the hideous cold element. And the bottom was so deeply soft and uncertain, he was afraid of pitching with his mouth underneath. He could not swim, and was afraid.

He crouched a little, spreading his hands under the water and moving them round, trying to feel for her. The dead cold pond swayed upon his chest. He moved again, a little deeper, and again, with his hands underneath, he felt all around under the water. And he touched her clothing. But it evaded his fingers. He made a desperate effort to grasp it.

And so doing he lost his balance and went under, horribly, suffocating in the foul earthy water, struggling madly for a few moments. At last, after what seemed an eternity, he got his footing, rose again into the air and looked around. He gasped, and knew he was in the world. Then he looked at the water. She had risen near him. He grasped her clothing, and drawing her nearer, turned to take his way to land again.

He went very slowly, carefully, absorbed in the slow progress. He rose higher, climbing out of the pond. The water was now only about his legs; he was thankful, full of relief to be out of the clutches of the pond. He lifted her and staggered on to the bank, out of the horror of wet, grey clay.

He laid her down on the bank. She was quite unconscious and running with water. He made the water come from her mouth, he worked to restore her. He did not have to work very long before he could feel the breathing begin again in her; she was breathing naturally. He worked a little longer. He could feel her live beneath his hands; she was coming back. He wiped her face, wrapped her in his overcoat, looked round into the dim, dark grey world, then lifted her and staggered down the bank and across the fields.

It seemed an unthinkably long way, and his burden so heavy he felt he would never get to the house. But at last he was in the stable-yard, and then in the house-yard. He opened the door and went into the house. In the kitchen he laid her down on the hearth-rug and called. The house was empty. But the fire was burning in the grate.

Then again he kneeled to attend to her. She was breathing regularly, her eyes were wide open and as if conscious, but there seemed something missing in her look. She was conscious in herself, but unconscious of her surroundings.

He ran upstairs, took blankets from a bed, and put them before the fire to warm. Then he removed her saturated, earthy-smelling clothing, rubbed her dry with a towel, and wrapped her naked in the blankets. Then he went into the dining-room, to look for spirits. There was a little whisky. He drank a gulp himself, and put some into her mouth.

The effect was instantaneous. She looked full into his face, as if she had been seeing him for some time, and yet had only just become conscious of him.

"Dr. Fergusson?" she said.

"What?" he answered.

He was divesting himself of his coat, intending to find some dry clothing upstairs. He could not bear the smell of the dead, clayey water, and he was mortally afraid for his own health.

"What did I do?" she asked.

"Walked into the pond," he replied. He had begun to shudder like one sick, and could hardly attend to her. Her eyes remained full on him, he seemed to be going dark in his mind, looking back at her helplessly. The shuddering became quieter in him, his life came back to him, dark and unknowing, but strong again.

"Was I out of my mind?" she asked, while her eyes were fixed on him all the time.

"Maybe, for the moment," he replied. He felt quiet, because his strength had come back. The strange fretful strain had left him.

"Am I out of my mind now?" she asked.

"Are you?" he reflected a moment. "No," he answered truthfully, "I don't see that you are." He turned his face aside. He was afraid now, because he felt dazed, and felt dimly that her power was stronger than his, in this issue. And she continued to look at him fixedly all the time. "Can you tell me where I shall find some dry things to put on?" he asked.

"Did you dive into the pond for me?" she asked.

"No," he answered. "I walked in. But I went in overhead as well."

There was silence for a moment. He hesitated. He very much wanted to go upstairs to get into dry clothing. But there was another desire in him. And she seemed to hold him. His will seemed to have gone to sleep, and left him, standing there slack before her. But he felt warm inside himself. He did not shudder at all, though his clothes were sodden on him.

"Why did you?" she asked.

"Because I didn't want you to do such a foolish thing," he said.

"It wasn't foolish," she said, still gazing at him as she lay on the floor, with a sofa cushion under her head. "It was the right thing to do. I knew best, then."

"I'll go and shift these wet things," he said. But still he had not the power to move out of her presence, until she sent him. It was as if she had the life of his body in her hands, and he could not extricate himself. Or perhaps he did not want to.

Suddenly she sat up. Then she became aware of her own immediate condition. She felt the blankets about her, she knew her own limbs. For a moment it seemed as if her reason were going. She looked round, with wild eye, as if seeking something. He stood still with fear. She saw her clothing lying scattered.

"Who undressed me?" she asked, her eyes resting full and inevitable on his face.

"I did," he replied, "to bring you round."

For some moments she sat and gazed at him awfully, her lips parted.

"Do you love me, then?" she asked.

He only stood and stared at her, fascinated. His soul seemed to melt.

She shuffled forward on her knees, and put her arms round him, round his legs, as he stood there, pressing her breasts against his knees and thighs, clutching him with strange, convulsive certainty, pressing his thighs against her, drawing him to her face, her throat, as she looked up at him with flaring, humble eyes of transfiguration, triumphant in first possession.

"You love me," she murmured, in strange transport, yearning and triumphant and confident. "You love me. I know you love me, I know."

And she was passionately kissing his knees, through the wet clothing, passionately and indiscriminately kissing his knees, his legs, as if unaware of everything.

He looked down at the tangled wet hair, the wild, bare, animal shoulders. He was amazed, bewildered, and afraid. He had never thought of loving her. He had never wanted to love her. When he rescued her and restored her, he was a doctor, and she was a patient. He had had no single personal thought of her. Nay, this introduction of the personal element was very distasteful to him, a violation of his profession-al honour. It was horrible to have her there embracing his knees. It was horrible. He revolted from it, violently. And yet—and yet—he had not the power to break away.

She looked at him again, with the same supplication of powerful love, and that same transcedent, frightening light of triumph. In view of the delicate flame which seemed to come from her face like a light, he was powerless. And yet he had never intended to love her. He had never intended. And something stubborn in him could not give way.

"You love me," she repeated, in a murmur of deep, rhapsodic assurance. "You love me."

Her hands were drawing him, drawing him down to her. He was afraid, even a little horrified. For he had, really, no intention of loving her. Yet her hands were drawing him towards her. He put out his hand quickly to steady himself, and grasped her bare shoulder. A flame seemed to burn the hand that grasped her soft shoulder. He had no intention of loving her: his whole will was against his yielding. It was hor-rible. And yet wonderful was the touch of her shoulders, beautiful the shining of her face. Was she perhaps mad? He had a horror of yielding to her. Yet something in him ached also.

He had been staring away at the door, away from her. But his hand remained on her shoulder. She had gone suddenly very still. He looked down at her. Her eyes were now wide with fear, with doubt, the light was dying from her face, a shadow of terri-ble greyness was returning. He could not bear the touch of her eyes' question upon him, and the look of death behind the question.

With an inward groan he gave way, and let his heart yield towards her. A sudden gentle smile came on his face. And her eyes, which never left his face, slowly, slowly filled with tears. He watched the strange water rise in her eyes, like some slow foun-tain coming up. And his heart seemed to burn and melt away in his breast.

He could not bear to look at her any more. He dropped on his knees and caught her head with his arms and pressed her face against his throat. She was very still. His heart, which seemed to have broken, was burning with a kind of agony in his breast. And he felt her slow, hot tears wetting his throat. But he could not move.

He felt the hot tears wet his neck and the hollows of his neck, and he remained motionless, suspended through one of man's eternities. Only now it had become indispensable to him to have her face pressed close to him; he could never let her go again. He could never let her head go away from the close clutch of his arm. He wanted to remain like that for ever, with his heart hurting him in a pain that was also life to him. Without knowing, he was looking down on her damp, soft brown hair.

Then, as it were suddenly, he smelt the horrid stagnant smell of that water. And at the same moment she drew away from him and looked at him. Her eyes were wist-ful and unfathomable. He was afraid of them, and he fell to kissing her, not knowing what he was doing. He wanted her eyes not to have that terrible, wistful, unfath-omable look.

When she turned her face to him again, a faint delicate flush was glowing, and there was again dawning that terrible shining of joy in her eyes, which really terrified him, and yet which he now wanted to see, because he feared the look of doubt still more.

"You love me?" she said, rather faltering.

"Yes." The word cost him a painful effort. Not because it wasn't true. But because it was too newly true, the *saying* seemed to tear open again his newly-torn heart. And he hardly wanted it to be true, even now.

She lifted her face to him, and he bent forward and kissed her on the mouth, gently, with the one kiss that is an eternal pledge. And as he kissed her his heart strained again in his breast. He never intended to love her. But now it was over. He had crossed over the gulf to her, and all that he had left behind had shrivelled and become void.

After the kiss, her eyes again slowly filled with tears. She sat still, away from him, with her face drooped aside, and her hands folded in her lap. The tears fell very slowly. There was complete silence. He too sat there motionless and silent on the hearth-rug. The strange pain of his heart that was broken seemed to consume him. That he should love her? That this was love! That he should be ripped open in this way! Him, a doctor! How they would all jeer if they knew! It was agony to him to think they might know.

In the curious naked pain of the thought he looked again to her. She was sitting there drooped into a muse. He saw a tear fall, and his heart flared hot. He saw for the first time that one of her shoulders was quite uncovered, one arm bare, he could see one of her small breasts; dimly, because it had become almost dark in the room.

"Why are you crying?" he asked, in an altered voice.

She looked up at him, and behind her tears the consciousness of her situation for the first time brought a dark look of shame to her eyes.

"I'm not crying, really," she said, watching him, half frightened.

He reached his hand, and softly closed it on her bare arm.

"I love you! I love you!" he said in a soft, low vibrating voice, unlike himself.

She shrank, and dropped her head. The soft, penetrating grip of his hand on her arm distressed her. She looked up at him.

"I want to go," she said. "I want to go and get you some dry things."

"Why?" he said. "I'm all right."

"But I want to go," she said. "And I want you to change your things."

He released her arm, and she wrapped herself in the blanket, looking at him rather frightened. And still she did not rise.

"Kiss me," she said wistfully.

He kissed her, but briefly, half in anger.

Then, after a second, she rose nervously, all mixed up in the blanket. He watched her in her confusion as she tried to extricate herself and wrap herself up so that she could walk. He watched her relentlessly, as she knew. And as she went, the blanket trailing, and as he saw a glimpse of her feet and her white leg, he tried to remember her as she was when he had wrapped her in the blanket. But then he didn't want to remember, because she had been nothing to him then, and his nature revolted from remembering her as she was when she was nothing to him.

A tumbling, muffled noise from within the dark house startled him. Then he heard her voice: "There are clothes." He rose and went to the foot of the stairs, and gathered up the garments she had thrown down. Then he came back to the fire, to rub himself down and dress. He grinned at his own appearance when he had finished.

The fire was sinking, so he put on coal. The house was now quite dark, save for the light of a street-lamp that shone in faintly from beyond the holly trees. He lit the gas with matches he found on the mantelpiece. Then he emptied the pockets of his own clothes, and threw all his wet things in a heap into the scullery. After which he gathered up her sodden clothes, gently, and put them in a separate heap on the coppertop in the scullery.

It was six o'clock on the clock. His own watch had stopped. He ought to go back to the surgery. He waited, and still she did not come down. So he went to the foot of the stairs and called:

"I shall have to go."

Almost immediately he heard her coming down. She had on her best dress of black voile, and her hair was tidy, but still damp. She looked at him—and in spite of herself, smiled.

"I don't like you in those clothes," she said.

"Do I look a sight?" he answered.

They were shy of one another.

"I'll make you some tea," she said.

"No, I must go."

"Must you?" And she looked at him again with the wide, strained, doubtful eyes. And again, from the pain of his breast, he knew how he loved her. He went and bent to kiss her, gently, passionately, with his heart's painful kiss.

"And my hair smells so horrible," she murmured in distraction. "And I'm so awful, I'm so awful! Oh no, I'm too awful." And she broke into bitter, heart-broken sobbing. "You can't want to love me, I'm horrible."

"Don't be silly, don't be silly," he said, trying to comfort her, kissing her, holding her in his arms. "I want you, I want to marry you, we're going to be married, quickly, quickly—to-morrow if I can."

But she only sobbed terribly, and cried:

"I feel awful. I feel awful. I feel I'm horrible to you."

"No, I want you, I want you," was all he answered, blindly, with that terrible intonation which frightened her almost more than her horror lest he should *not* want her.

Surgery for the Novel—or a Bomb

You talk about the future of the baby, little cherub, when he's in the cradle cooing; and it's a romantic, glamorous subject. You also talk, with the parson, about the future of the wicked old grandfather who is at last lying on his death-bed. And there again you have a subject for much vague emotion, chiefly of fear this time.

How do we feel about the novel? Do we bounce with joy thinking of the wonderful novelistic days ahead? Or do we grimly shake our heads and hope the wicked creature will be spared a little longer? Is the novel on his death-bed, old sinner? Or is he just toddling round his cradle, sweet little thing? Let us have another look at him before we decide this rather serious case.

There he is, the monster with many faces, many branches to him, like a tree: the modern novel. And he is almost dual, like Siamese twins. On the one hand, the pale-faced, high-browed, earnest novel, which you have to take seriously; on the other, that smirking, rather plausible hussy, the popular novel.

Let us just for the moment feel the pulses of *Ulysses* and of Miss Dorothy Richardson and M. Marcel Proust, on the earnest side of Briareus;[1] on the other, the throb of *The Sheik* and Mr Zane Grey, and, if you will, Mr Robert Chambers and the

---

1. Briareus aided Zeus in fighting the Titans, here represented by the epic modernist novels of Joyce, Proust, and Dorothy Richardson (author of a 12-volume sequence of novels, *Pilgrimage* (1915–1938), of which *Pointed Roofs* was the first).

rest.[2] Is *Ulysses* in his cradle? Oh, dear! What a grey face! And *Pointed Roofs*, are they a gay little toy for nice little girls? And M. Proust? Alas! You can hear the death-rattle in their throats. They can hear it themselves. They are listening to it with acute interest, trying to discover whether the intervals are minor thirds or major fourths. Which is rather infantile, really.

So there you have the "serious" novel, dying in a very long-drawn-out fourteen-volume death-agony, and absorbedly, childishly interested in the phenomenon. "Did I feel a twinge in my little toe, or didn't I?" asks every character of Mr Joyce or of Miss Richardson or M. Proust. Is my aura a blend of frankincense and orange pekoe and boot-blacking, or is it myrrh and bacon-fat and Shetland tweed? The audience round the death-bed gapes for the answer. And when, in a sepulchral tone, the answer comes at length, after hundreds of pages: "It is none of these, it is abysmal chloro-coryamba-sis,"[3] the audience quivers all over, and murmurs: "That's just how I feel myself."

Which is the dismal, long-drawn-out comedy of the death-bed of the serious novel. It is self-consciousness picked into such fine bits that the bits are most of them invisible, and you have to go by smell. Through thousands and thousands of pages Mr Joyce and Miss Richardson tear themselves to pieces, strip their smallest emotions to the finest threads, till you feel you are sewed inside a wool mattress that is being slow-ly shaken up, and you are turning to wool along with the rest of the woolliness.

It's awful. And it's childish. It really is childish, after a certain age, to be absorbedly self-conscious. One has to be self-conscious at seventeen: still a little self-conscious at twenty-seven; but if we are going it strong at thirty-seven, then it is a sign of arrested development, nothing else. And if it is still continuing at forty-seven, it is obvious senile precocity.

And there's the serious novel: senile-precocious. Absorbedly, childishly concerned with *what I am*. "I am this, I am that, I am the other. My reactions are such, and such, and such. And, oh, Lord, if I liked to watch myself closely enough, if I liked to analyse my feelings minutely, as I unbutton my gloves, instead of saying crudely I unbuttoned them, then I could go on to a million pages instead of a thousand. In fact, the more I come to think of it, it is gross, it is uncivilized bluntly to say: I unbuttoned my gloves. After all, the absorbing adventure of it! Which button did I begin with?" etc.

The people in the serious novels are so absorbedly concerned with themselves and what they feel and don't feel, and how they react to every mortal button; and their audience as frenziedly absorbed in the application of the author's discoveries to their own reactions: "That's me! That's exactly it! I'm just finding myself in this book!" Why, this is more than death-bed, it is almost post-mortem behaviour.

Some convulsion or cataclysm will have to get this serious novel out of its self-consciousness. The last great war made it worse. What's to be done? Because, poor thing, it's really young yet. The novel has never become fully adult. It has never quite grown to years of discretion. It has always youthfully hoped for the best, and felt rather sorry for itself on the last page. Which is just childish. The childishness has become very long-drawn-out. So very many adolescents who drag their adolescence on into their forties and their fifties and their sixties! There needs some sort of surgical operation, somewhere.

Then the popular novels—the *Sheiks* and *Babbitts* and Zane Grey novels. They are just as self-conscious, only they do have more illusions about themselves. The heroines

2. *The Sheik* (1919) was a lurid best-seller by Edith Maude Hull; Zane Grey (1875–1939), popular American writer of westerns; Robert Chalmers (1865–1933), prolific American novelist.

3. A word of Lawrence's invention.

do think they are lovelier, and more fascinating, and purer. The heroes do see them-selves more heroic, braver, more chivalrous, more fetching. The mass of the populace "find themselves" in the popular novels. But nowadays it's a funny sort of self they find. A Sheik with a whip up his sleeve, and a heroine with weals on her back, but adored in the end, adored, the whip out of sight, but the weals still faintly visible.

It's a funny sort of self they discover in the popular novels. And the essential moral of *If Winter Comes*, for example, is so shaky. "The gooder you are, the worse it is for you, poor you, oh, poor you. Don't you be so blimey good, it's not good enough." Or *Babbitt*:[4] "Go on, you make your pile, and then pretend you're too good for it. Put it over the rest of the grabbers that way. They're only pleased with them-selves when they've made their pile. You go one better."

Always the same sort of baking-powder gas to make you rise: the soda counter-acting the cream of tartar, and the tartar counteracted by the soda. Sheik heroines, duly whipped, wildly adored. Babbitts with solid fortunes, weeping from self-pity. Winter-Comes heroes as good as pie, hauled off to jail. *Moral:* Don't be too good, because you'll go to jail for it. *Moral:* Don't feel sorry for yourself till you've made your pile and don't need to feel sorry for yourself. *Moral:* Don't let him adore you till he's whipped you into it. Then you'll be partners in mild crime as well as in holy matrimony.

Which again is childish. Adolescence which *can't* grow up. Got into the self-conscious rut and going crazy, quite crazy in it. Carrying on their adolescence into middle age and old age, like the looney Cleopatra in *Dombey and Son*,[5] murmuring "Rose-coloured curtains" with her dying breath.

The future of the novel? Poor old novel, it's in a rather dirty, messy tight cor-ner. And it's either got to get over the wall or knock a hole through it. In other words, it's got to grow up. Put away childish things like: "Do I love the girl, or don't I?"—"Am I pure and sweet, or am I not?"—"Do I unbutton my right glove first, or my left?"—"Did my mother ruin my life by refusing to drink the cocoa which my bride had boiled for her?" These questions and their answers don't real-ly interest me any more, though the world still goes sawing them over. I simply don't care for any of these things now, though I used to. The purely emotional and self-analytical stunts are played out in me. I'm finished. I'm deaf to the whole band. But I'm neither *blasé* nor cynical, for all that. I'm just interested in some-thing else.

Supposing a bomb were put under the whole scheme of things, what would we be after? What feelings do we want to carry through into the next epoch? What feelings will carry us through? What is the underlying impulse in us that will provide the motive power for a new state of things, when this democratic-industrial-lovey-dovey-darling-take-me-to-mamma state of things is bust?

What next? That's what interests me. "What now?" is no fun any more.

If you wish to look into the past for what-next books, you can go back to the Greek philosophers. Plato's Dialogues are queer little novels. It seems to me it was the greatest pity in the world, when philosophy and fiction got split. They used to be one, right from the days of myth. Then they went and parted, like a nagging married couple, with Aristotle and Thomas Aquinas and that beastly Kant.[6] So the novel

4. *If Winter Comes* (1915), a novel by American author A. S. M. Hutchinson; *Babbitt* (1922) by American author Sinclair Lewis.
5. In Dickens's novel *Dombey and Son* (1847–1948), the

second wife of Mr. Dombey is known as "Cleopatra."
6. All systematic philosophers who wrote syllogistically; in a letter of 1928, Lawrence included Immanuel Kant in a list of "grand perverts."

went sloppy, and philosophy went abstract-dry. The two should come together again—in the novel.

You've got to find a new impulse for new things in mankind, and it's really fatal to find it through abstraction. No, no; philosophy and religion, they've both gone too far on the algebraical tack: Let X stand for sheep and Y for goats: then X minus Y equals Heaven, and X plus Y equals Earth, and Y minus X equals Hell. Thank you! But what coloured shirt does X have on?

The novel has a future. It's got to have the courage to tackle new propositions without using abstractions; it's got to present us with new, really new feelings, a whole line of new emotion, which will get us out of the emotional rut. Instead of snivelling about what is and has been, or inventing new sensations in the old line, it's got to break a way through, like a hole in the wall. And the public will scream and say it is sacrilege: because, of course, when you've been jammed for a long time in a tight corner, and you get really used to its stuffiness and its tightness, till you find it suffocatingly cozy; then, of course, you're horrified when you see a new glaring hole in what was your cosy wall. You're horrified. You back away from the cold stream of fresh air as if it were killing you. But gradually, first one and then another of the sheep filters through the gap, and finds a new world outside.

＊┄═◆═┄＊

P. G. Wodehouse
1881–1975

Pelham Grenville Wodehouse—"Plum" to his many friends—wrote ninety-eight books over a period of seventy-five years, virtually inventing the modern comic novel. He created a world of feckless aristocrats and energetic young adventurers, detailing their exploits in a rich and supple prose that blends classical rhythms with the latest British and American slang. Immensely popular as a novelist—with sales of over fifty million volumes at last count, in more than thirty languages—Wodehouse was equally active as a writer for Broadway and the London stage, and he became the first truly trans-Atlantic writer, shuttling back and forth between England and America in company with his productions. From 1915 through the 1930s, Wodehouse had a major influence on the development of musical theater; he had no fewer than five shows running at once on Broadway in 1917.

All these successes followed hard work under difficult circumstances. Born in England, Wodehouse spent several years in Hong Kong, where his father was a magistrate; his parents then sent him back to England for boarding school, and he saw little of his parents thereafter, often spending vacations with some of his twenty aunts—most of them (he later claimed) menaces to society. As he was completing high school, his father suffered sunstroke and returned to England on disability, unable to afford to send his son to college. Wodehouse went to work as a bank clerk, writing reams of stories in the evenings. He sold his first story in 1901, got a part-time job as a humor columnist in 1902, and quit his bank job on the spot.

His early stories centered on British boarding-school life, satirizing the students' jockeyings for popularity and the teachers'—always futile—efforts to project authority. In 1915 he had his first great commercial success with *Pigs Have Wings*, mining what would prove to be his lasting territory of choice, a half-imaginary world of eccentric minor nobility bumbling about in their country homes, surrounded by censorious servants, witty con artists, elderly aunts, and houseguests like the eminent looney-doctor Sir Roderick Glossop and his drippy daughter Honoria, who thinks the stars are God's daisy chain. Struggling for a foothold in this world are usually two young people, Wodehouse's typical hero and heroine: an amiable but somewhat passive young man and an energetic and imaginative young woman, in this instance Amelia Bassett, who must persuade her formidable mother Lady Bassett that her young swain is not the "pipsqueak" she believes him to be. Explorer, lion-hunter, and detective story fanatic, Lady Bassett has dozens of analogues in other Wodehouse stories, as well as a clear family resemblance to the "blocking characters" of stage comedies, like Wilde's Lady Bracknell and Shaw's Lady Britomart, who stand in the way of the young couple's desires.

Wodehouse's fiction drew on his extensive stage experience, and he composed his stories with an eye for staging and a keen ear for dialogue. He never tired of playing variations on the stock elements of popular farce, and as early as 1928 a reviewer accused him of plagiarizing his own work. Wodehouse countered this charge by admitting it, in the preface to his next book, *Fish Preferred*: "A certain critic—for such men, I regret to say, do exist—made a nasty remark about my last novel that it contained 'all the old Wodehouse characters under different names.' . . . With my superior intelligence I have outgeneraled the man this time by putting in all the old Wodehouse characters under the same names. Pretty silly it will make him feel, I rather fancy."

Strychnine in the Soup, from *Meet Mr. Mulliner* (1927), takes the pleasures of popular fiction as its own theme, its plot turning on the characters' mutual obsession with the latest tale by their favorite detective-story writer. The story is set in a frame of storytelling: it is one of a series of tales by Mr. Mulliner, a raconteur who regales his club companions (named for their favorite drinks) with the adventures of his many nieces and nephews. In Wodehouse's world, literary and social conventions intermingle, and the pleasures of storytelling can bridge the gaps between classes, genders, and generations. A master of convention and a mocker of conventionality, Wodehouse himself creates an artificial paradise, shot through with reality.

Strychnine in the Soup

From the moment the Draught Stout entered the bar parlor of the Anglers' Rest, it had been obvious that he was not his usual cheery self. His face was drawn and twisted, and he sat with bowed head in a distant corner by the window, contributing nothing to the conversation which, with Mr Mulliner as its center, was in progress around the fire. From time to time he heaved a hollow sigh.

A sympathetic Lemonade and Angostura, putting down his glass, went across and laid a kindly hand on the sufferer's shoulder.

"What is it, old man?" he asked. "Lost a friend?"

"Worse," said the Draught Stout. "A mystery novel. Got halfway through it on the journey down here, and left it in the train."

"My nephew Cyril, the interior decorator," said Mr Mulliner, "once did the very same thing. These mental lapses are not infrequent."

"And now," proceeded the Draught Stout, "I'm going to have a sleepless night, wondering who poisoned Sir Geoffrey Tuttle, Bart."

"The bart. was poisoned, was he?"

"You never said a truer word. Personally, I think it was the vicar who did him in. He was known to be interested in strange poisons."

Mr Mulliner smiled indulgently.

"It was not the vicar," he said. "I happen to have read *The Murglow Manor Mystery*. The guilty man was the plumber."

"What plumber?"

"The one who comes in Chapter Two to mend the shower bath. Sir Geoffrey had wronged his aunt in the year '96, so he fastened a snake in the nozzle of the shower bath with glue; and when Sir Geoffrey turned on the stream the hot water melted the glue. This released the snake, which dropped through one of the holes, bit the baronet in the leg, and disappeared down the waste pipe."

"But that can't be right," said the Draught Stout. "Between Chapter Two and the murder there was an interval of several days."

"The plumber forgot his snake and had to go back for it," explained Mr Mulliner. "I trust that this revelation will prove sedative."

"I feel a new man," said the Draught Stout. "I'd have lain awake worrying about that murder all night."

"I suppose you would. My nephew Cyril was just the same. Nothing in this modern life of ours," said Mr Mulliner, taking a sip of his hot Scotch and lemon, "is more remarkable than the way in which the mystery novel has gripped the public. Your true enthusiast, deprived of his favorite reading, will stop at nothing in order to get it. He is like a victim of the drug habit when withheld from cocaine. My nephew Cyri—"

"Amazing the things people will leave in trains," said a Small Lager. "Bags . . . umbrellas . . . even stuffed chimpanzees, occasionally, I've been told. I heard a story the other day . . ."

My nephew Cyril (said Mr Mulliner) had a greater passion for mystery stories than anyone I have ever met. I attribute this to the fact that, like so many interior decorators, he was a fragile, delicate young fellow, extraordinarily vulnerable to any ailment that happened to be going the rounds. Every time he caught mumps or influenza or German measles or the like, he occupied the period of convalescence in reading mystery stories. And, as the appetite grows by what it feeds on, he had become, at the time at which this narrative opens, a confirmed addict. Not only did he devour every volume of this type on which he could lay his hands, but he was also to be found at any theater which was offering the kind of drama where skinny arms come unexpectedly out of the chiffonier and the audience feels a mild surprise if the lights stay on for ten consecutive minutes.

And it was during a performance of *The Gray Vampire* at the St James's that he found himself sitting next to Amelia Bassett, the girl whom he was to love with all the stored-up fervor of a man who hitherto had been inclined rather to edge away when in the presence of the other sex.

He did not know her name was Amelia Bassett. He had never seen her before. All he knew was that at last he had met his fate, and for the whole of the first act he was pondering the problem of how he was to make her acquaintance.

It was as the lights went up for the first intermission that he was aroused from his thoughts by a sharp pain in the right leg. He was just wondering whether it was gout or sciatica when, glancing down, he perceived that what had happened was that his neighbor, absorbed by the drama, had absent-mindedly collected a handful of his flesh and was twisting it in an ecstasy of excitement.

It seemed to Cyril a good *point d'appui*.

"Excuse me," he said.

The girl turned. Her eyes were glowing, and the tip of her nose still quivered.

"I beg your pardon?"

"My leg," said Cyril. "Might I have it back, if you've finished with it?"

The girl looked down. She started visibly.

"I'm awfully sorry," she gasped.

"Not at all," said Cyril. "Only too glad to have been of assistance."

"I got carried away."

"You are evidently fond of mystery plays."

"I love them."

"So do I. And mystery novels?"

"Oh, yes!"

"Have you read *Blood on the Banisters*?"

"Oh, *yes!* I thought it was better than *Severed Throats!*"

"So did I," said Cyril. "Much better. Brighter murders, subtler detectives, crisper clues . . . better in every way."

The two twin souls gazed into each other's eyes. There is no surer foundation for a beautiful friendship than a mutual taste in literature.

"My name is Amelia Bassett," said the girl.

"Mine is Cyril Mulliner. Bassett?" He frowned thoughtfully. "The name seems familiar."

"Perhaps you have heard of my mother. Lady Bassett. She's rather a well-known big-game hunter and explorer. She tramps through jungles and things. She's gone out to the lobby for a smoke. By the way"—she hesitated—"if she finds us talking, will you remember that we met at the Polterwoods'?"

"I quite understand."

"You see, Mother doesn't like people who talk to me without a formal introduction. And when Mother doesn't like anyone, she is so apt to hit them over the head with some hard instrument."

"I see," said Cyril. "Like the Human Ape in *Gore by the Gallon*."

"Exactly. Tell me," said the girl, changing the subject, "if you were a millionaire, would you rather be stabbed in the back with a paper knife or found dead without a mark on you, staring with blank eyes at some appalling sight?"

Cyril was about to reply when, looking past her, he found himself virtually in the latter position. A woman of extraordinary formidableness had lowered herself into the seat beyond and was scrutinizing him keenly through a tortoise-shell lorgnette. She reminded Cyril of Wallace Beery.[1]

"Friend of yours, Amelia?" she said.

"This is Mr Mulliner, Mother. We met at the Polterwoods'."

"Ah?" said Lady Bassett.

She inspected Cyril through her lorgnette.

"Mr Mulliner," she said, "is a little like the chief of the Lower Isisi—though, of course, he was darker and had a ring through his nose. A dear, good fellow," she continued reminiscently, "but inclined to become familiar under the influence of trade gin. I shot him in the leg."

"Er—why?" asked Cyril.

"He was not behaving like a gentleman," said Lady Bassett primly.

"After taking your treatment," said Cyril, awed, "I'll bet he could have written a Book of Etiquette."

"I believe he did," said Lady Bassett carelessly. "You must come and call on us some afternoon, Mr Mulliner. I am in the telephone book. If you are interested in man-eating pumas, I can show you some nice heads."

The curtain rose on Act Two, and Cyril returned to his thoughts. Love, he felt joyously, had come into his life at last. But then so, he had to admit, had Lady Bassett. There is, he reflected, always something.

1. American film actor (1885–1949) specializing in blustery, rubber-faced palookas.

I will pass lightly over the period of Cyril's wooing. Suffice it to say that his progress was rapid. From the moment he told Amelia that he had once met Dorothy Sayers,[2] he never looked back. And one afternoon, calling and finding that Lady Bassett was away in the country, he took the girl's hand in his and told his love.

For a while all was well. Amelia's reactions proved satisfactory to a degree. She checked up enthusiastically on his proposition. Falling into his arms, she admitted specifically that he was her Dream Man.

Then came the jarring note.

"But it's no use," she said, her lovely eyes filling with tears. "Mother will never give her consent."

"Why not?" said Cyril, stunned. "What is it she objects to about me?"

"I don't know. But she generally alludes to you as 'that pipsqueak.'"

"Pipsqueak?" said Cyril. "What is a pipsqueak?"

"I'm not quite sure, but it's something Mother doesn't like very much. It's a pity she ever found out that you are an interior decorator."

"An honorable profession," said Cyril, a little stiffly.

"I know; but what she admires are men who have to do with the great open spaces."

"Well, I also design ornamental gardens."

"Yes," said the girl doubtfully, "but still—"

"And, dash it," said Cyril indignantly, "this isn't the Victorian age. All that business of Mother's Consent went out twenty years ago."

"Yes, but no one told Mother."

"It's preposterous!" cried Cyril. "I never heard such rot. Let's just slip off and get married quietly and send her a picture postcard from Venice or somewhere, with a cross and a 'This is our room. Wish you were with us' on it."

The girl shuddered.

"She would be with us," she said. "You don't know Mother. The moment she got that picture postcard, she would come over to wherever we were and put you across her knee and spank you with a hairbrush. I don't think I could ever feel the same toward you if I saw you lying across Mother's knee, being spanked with a hairbrush. It would spoil the honeymoon."

Cyril frowned. But a man who has spent most of his life trying out a series of patent medicines is always an optimist.

"There is only one thing to be done," he said. "I shall see your mother and try to make her listen to reason. Where is she now?"

"She left this morning for a visit to the Winghams in Sussex."

"Excellent! I know the Winghams. In fact, I have a standing invitation to go and stay with them whenever I like. I'll send them a wire and push down this evening. I will oil up to your mother sedulously and try to correct her present unfavorable impression of me. Then, choosing my moment, I will shoot her the news. It may work. It may not work. But at any rate I consider it a fair sporting venture."

"But you are so diffident, Cyril. So shrinking. So retiring and shy. How can you carry through such a task?"

"Love will nerve me."

"Enough, do you think? Remember what Mother is. Wouldn't a good, strong drink be more help?"

2. English writer of mystery stories (1893–1957).

Cyril looked doubtful.

"My doctor has always forbidden me alcoholic stimulants. He says they increase the blood pressure."

"Well, when you meet Mother, you will need all the blood pressure you can get. I really do advise you to fuel up a little before you see her."

"Yes," agreed Cyril, nodding thoughtfully. "I think you're right. It shall be as you say. Good-bye, my angel one."

"Good-bye, Cyril, darling. You will think of me every minute while you're gone?"

"Every single minute. Well, practically every single minute. You see, I have just got Horatio Slingsby's latest book, *Strychnine in the Soup,* and I shall be dipping into that from time to time. But all the rest of the while . . . Have you read it, by the way?"

"Not yet. I had a copy, but Mother took it with her."

"Ah? Well, if I am to catch a train that will get me to Barkley for dinner, I must be going. Good-bye, sweetheart, and never forget that Gilbert Glendale in *The Missing Toe* won the girl he loved in spite of being up against two mysterious stranglers and the entire Black Mustache gang."

He kissed her fondly, and went off to pack.

Barkley Towers, the country seat of Sir Mortimer and Lady Wingham, was two hours from London by rail. Thinking of Amelia and reading the opening chapters of Horatio Slingsby's powerful story, Cyril found the journey pass rapidly. In fact, so preoccupied was he that it was only as the train started to draw out of Barkley Regis station that he realized where he was. He managed to hurl himself onto the platform just in time.

As he had taken the five-seven express, stopping only at Gluebury Peveril, he arrived at Barkley Towers at an hour which enabled him not only to be on hand for dinner but also to take part in the life-giving distribution of cocktails which preceded the meal.

The house party, he perceived on entering the drawing room, was a small one. Besides Lady Bassett and himself, the only visitors were a nondescript couple of the name of Simpson, and a tall, bronzed, handsome man with flashing eyes who, his hostess informed him in a whispered aside, was Lester Mapledurham (pronounced Mum), the explorer and big-game hunter.

Perhaps it was the oppressive sensation of being in the same room with two explorers and big-game hunters that brought home to Cyril the need for following Amelia's advice as quickly as possible. But probably the mere sight of Lady Bassett alone would have been enough to make him break a lifelong abstinence. To her normal resemblance to Wallace Beery she appeared now to have added a distinct suggestion of Victor McLaglen,[3] and the spectacle was sufficient to send Cyril leaping toward the cocktail tray.

After three rapid glasses he felt a better and a braver man. And so lavishly did he irrigate the ensuing dinner with hock, sherry, champagne, old brandy, and port that at the conclusion of the meal he was pleased to find that his diffidence had completely vanished. He rose from the table feeling equal to asking a dozen Lady Bassetts for their consent to marry a dozen daughters.

In fact, as he confided to the butler, prodding him genially in the ribs as he spoke, if Lady Bassett attempted to high-hat *him*, he would know what to do about it. He made no threats, he explained to the butler; he simply stated that he would know what to do about it. The butler said "Very good, sir. Thank you, sir," and the incident closed.

3. A character actor in films, specializing in military roles (1886–1959).

It had been Cyril's intention—feeling, as he did, in this singularly uplifted and dominant frame of mind—to get hold of Amelia's mother and start oiling up to her immediately after dinner. But, what with falling into a doze in the smoking room and then
getting into an argument on theology with one of the underfootmen whom he met in
the hall, he did not reach the drawing room until nearly half-past ten. And he was
annoyed, on walking in with a merry cry of "Lady Bassett! Call for Lady Bassett!" on
his lips, to discover that she had retired to her room.

Had Cyril's mood been even slightly less elevated, this news might have acted as a
check on his enthusiasm. So generous, however, had been Sir Mortimer's hospitality
that he merely nodded eleven times, to indicate comprehension, and then, having ascertained that his quarry was roosting in the Blue Room, sped thither with a brief "Tallyho!"

Arriving at the Blue Room, he banged heartily on the door and breezed in. He
found Lady Bassett propped up with pillows. She was smoking a cigar and reading a
book. And that book, Cyril saw with intense surprise and resentment, was none other than Horatio Slingsby's *Strychnine in the Soup*.

The spectacle brought him to an abrupt halt.

"Well, I'm dashed!" he cried. "Well, I'm blowed! What do you mean by pinching[4] my book?"

Lady Bassett had lowered her cigar. She now raised her eyebrows.

"What are you doing in my room, Mr Mulliner?"

"It's a little hard," said Cyril, trembling with self-pity. "I go to enormous expense
to buy detective stories, and no sooner is my back turned than people rush about the
place sneaking them."

"This book belongs to my daughter Amelia."

"Good old Amelia!" said Cyril cordially. "One of the best."

"I borrowed it to read in the train. Now will you kindly tell me what you are
doing in my room, Mr Mulliner?"

Cyril smote his forehead.

"Of course. I remember now. It all comes back to me. She told me you had taken
it. And, what's more, I've suddenly recollected something which clears you completely. I was hustled and bustled at the end of the journey. I sprang to my feet,
hurled bags onto the platform—in a word, lost my head. And, like a chump, I went
and left my copy of *Strychnine in the Soup* in the train. Well, I can only apologize."

"You can not only apologize. You can also tell me what you are doing in my room."

"What I am doing in your room?"

"Exactly."

"Ah!" said Cyril, sitting down on the bed. "You may well ask."

"I *have* asked. Three times."

Cyril closed his eyes. For some reason, his mind seemed cloudy and not at its best.

"If you are proposing to go to sleep here, Mr Mulliner," said Lady Bassett, "tell
me, and I shall know what to do about it."

The phrase touched a chord in Cyril's memory. He recollected now his reasons
for being where he was. Opening his eyes, he fixed them on her.

"Lady Bassett," he said, "you are, I believe, an explorer?"

"I am."

"In the course of your explorations, you have wandered through many a jungle in
many a distant land?"

4. Stealing.

"I have."

"Tell me, Lady Bassett," said Cyril keenly, "while making a pest of yourself to the denizens of those jungles, did you notice one thing? I allude to the fact that Love is everywhere—aye, even in the jungle. Love, independent of bounds and frontiers, of nationality and species, works its spell on every living thing. So that, no matter whether an individual be a Congo native, an American song writer, a jaguar, an armadillo, a bespoke tailor, or a tsetse-tsetse fly, he will infallibly seek his mate. So why shouldn't an interior decorator and designer of ornamental gardens? I put this to you, Lady Bassett."

"Mr Mulliner," said his roommate, "you are blotto!"

Cyril waved his hand in a spacious gesture, and fell off the bed.

"Blotto I may be," he said, resuming his seat, "but, none the less, argue as you will, you can't get away from the fact that I love your daughter Amelia."

There was a tense pause.

"What did you say?" cried Lady Bassett.

"When?" said Cyril absently, for he had fallen into a daydream and, as far as the intervening blankets would permit, was playing This Little Pig Went to Market with his companion's toes.

"Did I hear you say . . . . my daughter Amelia?"

"Gray-eyed girl, medium height, sort of browny red hair," said Cyril, to assist her memory. "Dash it, you *must* know Amelia. She goes everywhere. And let me tell you something, Mrs—I've forgotten your name. We're going to be married, if I can obtain her foul mother's consent. Speaking as an old friend, what would you say the chances were?"

"Extremely slight."

"Eh?"

"Seeing that I *am* Amelia's mother . . ."

Cyril blinked, genuinely surprised.

"Why, so you are! I didn't recognize you. Have you been there all the time?"

"I have."

Suddenly Cyril's gaze hardened. He drew himself up stiffly.

"What are you doing in my bed?" he demanded.

"This is not your bed."

"Then whose is it?"

"Mine."

Cyril shrugged his shoulders helplessly.

"Well, it all looks very funny to me," he said. "I suppose I must believe your story, but, I repeat, I consider the whole thing odd, and I propose to institute very strict inquiries. I may tell you that I happen to know the ringleaders. I wish you a very hearty good night."

It was perhaps an hour later that Cyril, who had been walking on the terrace in deep thought, repaired once more to the Blue Room in quest of information. Running over the details of the recent interview in his head, he had suddenly discovered that there was a point which had not been satisfactorily cleared up.

"I say," he said.

Lady Bassett looked up from her book, plainly annoyed.

"Have you no bedroom of your own, Mr Mulliner?"

"Oh, yes," said Cyril. "They've bedded me out in the Moat Room. But there was something I wanted you to tell me."

"Well?"

"Did you say I might or mightn't?"

"Might or mightn't what?"

"Marry Amelia?"

"No. You may not."

"No?"

"No!"

"Oh!" said Cyril. "Well, pip-pip once more."

It was a moody Cyril Mulliner who withdrew to the Moat Room. He now realized the position of affairs. The mother of the girl he loved refused to accept him as an eligible suitor. A dickens of a situation to be in, felt Cyril, somberly unshoeing himself.

Then he brightened a little. His life, he reflected, might be wrecked, but he still had two thirds of *Strychnine in the Soup* to read.

At the moment when the train reached Barkley Regis station, Cyril had just got to the bit where Detective Inspector Mould looks through the half-open cellar door and, drawing in his breath with a sharp hissing sound, recoils in horror. It was obviously going to be good. He was just about to proceed to the dressing table where, he presumed, the footman had placed the book on unpacking his bag, when an icy stream seemed to flow down the center of his spine and the room and its contents danced before him.

Once more he had remembered that he had left the volume in the train.

He uttered an animal cry and tottered to a chair.

The subject of bereavement is one that has often been treated powerfully by poets, who have run the whole gamut of the emotions while laying bare for us the agony of those who have lost parents, wives, children, gazelles, money, fame, dogs, cats, doves, sweethearts, horses, and even collar studs. But no poet has yet treated of the most poignant bereavement of all—that of the man halfway through a detective story who finds himself at bedtime without the book.

Cyril did not care to think of the night that lay before him. Already his brain was lashing itself from side to side like a wounded snake as it sought for some explanation of Inspector Mould's strange behavior. Horatio Slingsby was an author who could be relied on to keep faith with his public. He was not the sort of man to fob the reader off in the next chapter with the statement that what had made Inspector Mould look horrified was the fact that he had suddenly remembered that he had forgotten all about the letter his wife had given him to post. If looking through cellar doors disturbed a Slingsby detective, it was because a dismembered corpse lay there, or at least a severed hand.

A soft moan, as of something in torment, escaped Cyril. What to do? What to do? Even a makeshift substitute for *Strychnine in the Soup* was beyond his reach. He knew so well what he would find if he went to the library in search of something to read. Sir Mortimer Wingham was heavy and county-squire-ish. His wife affected strange religions. Their literature was in keeping with their tastes. In the library there would be books on Bahai-ism, volumes in old leather of the *Rural Encyclopedia, My Two Years in Sunny Ceylon,* by the Rev. Orlo Waterbury . . . but of anything that would interest Scotland Yard, of anything with a bit of blood in it and a corpse or two into which a fellow could get his teeth, not a trace.

What, then, coming right back to it, to do?

And suddenly, as if in answer to the question, came the solution. Electrified, he saw the way out.

The hour was now well advanced. By this time Lady Bassett must surely be asleep. *Strychnine in the Soup* would be lying on the table beside her bed. All he had to do was to creep in and grab it.

The more he considered the idea, the better it looked. It was not as if he did not know the way to Lady Bassett's room or the topography of it when he got there. It seemed to him as if most of his later life had been spent in Lady Bassett's room. He could find his way about it with his eyes shut.

He hesitated no longer. Donning a dressing gown, he left his room and hurried along the passage.

Pushing open the door of the Blue Room and closing it softly behind him, Cyril stood for a moment full of all those emotions which come to man revisiting some long-familiar spot. There the dear old room was, just the same as ever. How it all came back to him! The place was in darkness, but that did not deter him. He knew where the bed table was, and he made for it with stealthy steps.

In the manner in which Cyril Mulliner advanced toward the bed table there was much which would have reminded Lady Bassett, had she been an eyewitness, of the furtive prowl of the Lesser Iguanodon tracking its prey. In only one respect did Cyril and this creature of the wild differ in their technique. Iguanodons—and this applies not only to the Lesser but to the Larger Iguanodon—seldom, if ever, trip over cords on the floor and bring the lamps to which they are attached crashing to the ground like a ton of bricks.

Cyril did. Scarcely had he snatched up the book and placed it in the pocket of his dressing gown, when his foot became entangled in the trailing cord and the lamp on the table leaped nimbly into the air and, to the accompaniment of a sound not unlike that made by a hundred plates coming apart simultaneously in the hands of a hundred scullery maids, nose-dived to the floor and became a total loss.

At the same moment, Lady Bassett, who had been chasing a bat out of the window, stepped in from the balcony and switched on the lights.

To say that Cyril Mulliner was taken aback would be to understate the facts. Nothing like his recent misadventure had happened to him since his eleventh year, when, going surreptitiously to his mother's cupboard for jam, he had jerked three shelves down on his head, containing milk, butter, homemade preserves, pickles, cheese, eggs, cakes, and potted meat. His feelings on the present occasion closely paralleled that boyhood thrill.

Lady Bassett also appeared somewhat discomposed.

"You!" she said.

Cyril nodded, endeavoring the while to smile in a reassuring manner.

"Hullo!" he said.

His hostess's manner was now one of unmistakable displeasure.

"Am I not to have a moment of privacy, Mr Mulliner?" she asked severely. "I am, I trust, a broad-minded woman, but I cannot approve of this idea of communal bedrooms."

Cyril made an effort to be conciliatory.

"I do keep coming in, don't I?" he said.

"You do," agreed Lady Bassett. "Sir Mortimer informed me, on learning that I had been given this room, that it was supposed to be haunted. Had I known that it was haunted by you, Mr Mulliner, I should have packed up and gone to the local inn."

Cyril bowed his head. The censure, he could not but feel, was deserved.

"I admit," he said, "that my conduct has been open to criticism. In extenuation, I can but plead my great love. This is no idle social call, Lady Bassett. I looked in because I wished to take up again this matter of my marrying your daughter Amelia. You say I can't. Why can't I? Answer me that, Lady Bassett."

"I have other views for Amelia," said Lady Bassett stiffly. "When my daughter gets married it will not be to a spineless, invertebrate product of our modern hot-house civilization, but to a strong, upstanding, keen-eyed, two-fisted he-man of the open spaces. I have no wish to hurt your feelings, Mr Mulliner," she continued, more kindly, "but you must admit that you are, when all is said and done, a pipsqueak."

"I deny it," cried Cyril warmly. "I don't even know what a pipsqueak is."

"A pipsqueak is a man who has never seen the sun rise beyond the reaches of the Lower Zambezi; who would not know what to do if faced by a charging rhinoceros. What, pray, would you do if faced by a charging rhinoceros, Mr Mulliner?"

"I am not likely," said Cyril, "to move in the same social circles as charging rhinoceri."

"Or take another simple case, such as happens every day. Suppose you are crossing a rude bridge over a stream in Equatorial Africa. You have been thinking of a hundred trifles and are in a reverie. From this you wake to discover that in the branches overhead a python is extending its fangs toward you. At the same time, you observe that at one end of the bridge is a crouching puma; at the other are two head-hunters—call them Pat and Mike—with poisoned blowpipes to their lips. Below, half hidden in the stream, is an alligator. What would you do in such a case, Mr Mulliner?"

Cyril weighed the point.

"I should feel embarrassed," he had to admit. "I shouldn't know where to look."

Lady Bassett laughed an amused, scornful little laugh.

"Precisely. Such a situation would not, however, disturb Lester Mapledurham."

"Lester Mapledurham!"

"The man who is to marry my daughter Amelia. He asked me for her hand shortly after dinner."

Cyril reeled. The blow, falling so suddenly and unexpectedly, had made him feel boneless. And yet, he felt, he might have expected this. These explorers and big-game hunters stick together.

"In a situation such as I have outlined, Lester Mapledurham would simply drop from the bridge, wait till the alligator made its rush, insert a stout stick between its jaws, and then hit it in the eye with a spear, being careful to avoid its lashing tail. He would then drift downstream and land at some safer spot. That is the type of man I wish for as a son-in-law."

Cyril left the room without a word. Not even the fact that he now had *Strychnine in the Soup* in his possession could cheer his mood of unrelieved blackness. Back in his room, he tossed the book moodily onto the bed and began to pace the floor. And he had scarcely completed two laps when the door opened.

For an instant, when he heard the click of the latch, Cyril supposed that his visitor must be Lady Bassett, who, having put two and two together on discovering her loss, had come to demand her property back. And he cursed the rashness which had led him to fling it so carelessly upon the bed, in full view.

But it was not Lady Bassett. The intruder was Lester Mapledurham. Clad in a suit of pajamas which in their general color scheme reminded Cyril of a boudoir he had recently decorated for a society poetess, he stood with folded arms, his keen eyes fixed menacingly on the young man.

"Give me those jewels!" said Lester Mapledurham.

Cyril was at a loss.

"Jewels?"

"Jewels!"

"What jewels?"

Lester Mapledurham tossed his head impatiently.

"I don't know what jewels. They may be the Wingham Pearls or the Bassett Diamonds or the Simpson Sapphires. I'm not sure which room it was I saw you coming out of."

Cyril began to understand.

"Oh, did you see me coming out of a room?"

"I did. I heard a crash and, when I looked out, you were hurrying along the corridor."

"I can explain everything," said Cyril. "I had just been having a chat with Lady Bassett on a personal matter. Nothing to do with diamonds."

"You're sure?" said Mapledurham.

"Oh, rather," said Cyril. "We talked about rhinoceri and pythons and her daughter Amelia and alligators and all that sort of thing, and then I came away."

Lester Mapledurham seemed only half convinced.

"H'm!" he said. "Well, if anything is missing in the morning, I shall know what to do about it." His eye fell on the bed. "Hullo!" he went on, with sudden animation. "Slingsby's latest? Well, well! I've been wanting to get hold of this. I hear it's good. The Leeds *Mercury* says: 'These gripping pages . . .'"

He turned to the door, and with a hideous pang of agony Cyril perceived that it was plainly his intention to take the book with him. It was swinging lightly from a bronzed hand about the size of a medium ham.

"Here!" he cried vehemently.

Lester Mapledurham turned.

"Well?"

"Oh, nothing," said Cyril. "Just good night."

He flung himself face downwards on the bed as the door closed, cursing himself for the craven cowardice which had kept him from snatching the book from the explorer. There had been a moment when he had almost nerved himself to the deed, but it was followed by another moment in which he had caught the other's eye. And it was as if he had found himself exchanging glances with Lady Bassett's charging rhinoceros.

And now, thanks to this pusillanimity,[5] he was once more *Strychnine in the Soup* -less.

How long Cyril lay there, a prey to the gloomiest thoughts, he could not have said. He was aroused from his meditations by the sound of the door opening again.

Lady Bassett stood before him. It was plain that she was deeply moved. In addition to resembling Wallace Beery and Victor McLaglen, she now had a distinct look of George Bancroft.[6]

She pointed a quivering finger at Cyril.

"You hound!" she cried. "Give me that book!"

Cyril maintained his poise with a strong effort.

"What book?"

"The book you sneaked out of my room."

---

5. Timidity.

6. Film actor (1882–1956), specializing in gangster roles and exuding a smooth villainy.

"Has someone sneaked a book out of your room?" Cyril struck his forehead. "Great heavens!" he cried.

"Mr Mulliner," said Lady Bassett coldly, "more book and less gibbering!"

Cyril raised a hand.

"I know who's got your book. Lester Mapledurham!"

"Don't be absurd."

"He has, I tell you. As I was on my way to your room just now, I saw him coming out, carrying something in a furtive manner. I remember wondering a bit at the time. He's in the Clock Room. If we pop along there now, we shall just catch him red-handed."

Lady Bassett reflected.

"It is impossible," she said at length. "He is incapable of such an act. Lester Mapledurham is a man who once killed a lion with a sardine opener."

"The very worst sort," said Cyril. "Ask anyone."

"And he is engaged to my daughter." Lady Bassett paused. "Well, he won't be long, if I find that what you say is true. Come, Mr Mulliner!"

Together the two passed down the silent passage. At the door of the Clock Room they paused. A light streamed from beneath it. Cyril pointed silently to this sinister evidence of reading in bed, and noted that his companion stiffened and said something to herself in an undertone in what appeared to be some sort of native dialect.

The next moment she had flung the door open and, with a spring like that of a crouching zebu, had leaped to the bed and wrenched the book from Lester Mapledurham's hands.

"So!" said Lady Bassett.

"So!" said Cyril, feeling that he could not do better than follow the lead of such a woman.

"Hullo!" said Lester Mapledurham, surprised. "Something the matter?"

"So it was you who stole my book!"

"Your book?" said Lester Mapledurham. "I borrowed this from Mr Mulliner there."

"A likely story!" said Cyril. "Lady Bassett is aware that I left my copy of *Strychnine in the Soup* in the train."

"Certainly," said Lady Bassett. "It's no use talking, young man, I have caught you with the goods. And let me tell you one thing that may be of interest. If you think that, after a dastardly act like this, you are going to marry Amelia, forget it!"

"Wipe it right out of your mind," said Cyril.

"But listen—"

"I will not listen. Come, Mr Mulliner."

She left the room, followed by Cyril. For some moments they walked in silence.

"A merciful escape," said Cyril.

"For whom?"

"For Amelia. My gosh, think of her tied to a man like that. Must be a relief to you to feel that she's going to marry a respectable interior decorator."

Lady Bassett halted. They were standing outside the Moat Room now. She looked at Cyril, her eyebrows raised.

"Are you under the impression, Mr Mulliner," she said, "that, on the strength of what has happened, I intend to accept you as a son-in-law?"

Cyril reeled.

"Don't you?"

"Certainly not."

Something inside Cyril seemed to snap. Recklessness descended upon him. He became for a space a thing of courage and fire, like the African leopard in the mating season.

"Oh!" he said.

And, deftly whisking *Strychnine in the Soup* from his companion's hand, he darted into his room, banged the door, and bolted it.

"Mr Mulliner!"

It was Lady Bassett's voice, coming pleadingly through the woodwork. It was plain that she was shaken to the core, and Cyril smiled sardonically. He was in a position to dictate terms.

"Give me that book, Mr Mulliner!"

"Certainly not," said Cyril. "I intend to read it myself. I hear good reports of it on every side. The Peebles *Intelligencer* says: 'Vigorous and absorbing.'"

A low wail from the other side of the door answered him.

"Of course," said Cyril suggestively, "if it were my future mother-in-law who was speaking, her word would naturally be law."

There was a silence outside.

"Very well," said Lady Bassett.

"I may marry Amelia?"

"You may."

Cyril unbolted the door.

"Come—Mother," he said, in a soft, kindly voice. "We will read it together, down in the library."

Lady Bassett was still shaken.

"I hope I have acted for the best," she said.

"You have," said Cyril.

"You will make Amelia a good husband?"

"Grade A," Cyril assured her.

"Well, even if you don't," said Lady Bassett resignedly, "I can't go to bed without that book. I had just got to the bit where Inspector Mould is trapped in the underground den of the Faceless Fiend."

Cyril quivered.

"*Is* there a Faceless Fiend?" he cried.

"There are two Faceless Fiends," said Lady Bassett.

"My gosh!" said Cyril. "Let's hurry."

⊶ ⧱ ⊷

Graham Greene
1904–1991

In a 1945 essay on the French Catholic novelist François Mauriac, Graham Greene wrote that "a disaster overtook the English novel" with the death of Henry James; the cause of that disaster, Greene goes on to explain, was that "the religious sense was lost to the English novel, and with the religious sense went the sense of the importance of the human act." It is this importance of the human act that comprises the recurrent theme of Greene's own writing, and makes his voice a unique one in twentieth-century fiction.

Greene was one of six children born to Charles Henry Greene, the headmaster of Berkhamstead School, and his wife Marion R. Greene. Graham matriculated at his father's school in 1915 and graduated in 1921, when he went to Oxford, taking his degree in history. Like Evelyn Waugh, whom he would later befriend, Greene became a Roman Catholic convert in his twenties (he joined the church in 1926); after a few years as a literary journalist and an editor for the *Times* of London, Greene published his first novel, *The Man Within*, in 1929. His first self-consciously Catholic novel was *Brighton Rock* (1938); the religious framework through which Greene had come to view the world was now pressed into service as a framework for fictional narrative, and with impressive success. The novel makes clear the pattern that was to emerge in the majority of Greene's later fiction: that of "perfect evil walking the world where perfect good can never walk again"—a theme amply illustrated in his chilling 1936 story *A Chance for Mr Lever*.

Three novels of the 1940s and 1950s are today generally recognized as Greene's greatest: *The Power and the Glory* (1940), set in Mexico; *The Heart of the Matter* (1948), set, like *A Chance for Mr Lever*, in West Africa; and *The End of the Affair* (1951), which takes place back home in London during the Blitz. In all of Greene's most powerful work, his protagonist suffers a fall—a fall which, as the critic Richard Hauer Costa writes, often comes to seem a fortunate fall, stripping him of all disguises and pretense and hurling him headlong into a state of unmerited grace. The narrator who tells of Mr. Lever's fall, though, doubts that the hand of Providence has been at work.

A Chance for Mr Lever

Mr Lever knocked his head against the ceiling and swore. Rice was stored above, and in the dark the rats began to move. Grains of rice fell between the slats on to his Revelation suitcase, his bald head, his cases of tinned food, the little square box in which he kept his medicines. His boy had already set up the camp-bed and mosquito-net, and outside in the warm damp dark his folding table and chair. The thatched pointed huts streamed away towards the forest and a woman went from hut to hut carrying fire. The glow lit her old face, her sagging breasts, her tattooed diseased body.

It was incredible to Mr Lever that five weeks ago he had been in London.

He couldn't stand upright; he went down on hands and knees in the dust and opened his suitcase. He took out his wife's photograph and stood it on the chop-box; he took out a writing-pad and an indelible pencil: the pencil had softened in the heat and left mauve stains on his pyjamas. Then, because the light of the hurricane lamp disclosed cockroaches the size of black-beetles flattened against the mud wall, he carefully closed the suitcase. Already in ten days he had learnt that they'd eat anything—socks, shirts, the laces out of your shoes.

Mr Lever went outside; moths beat against his lamp, but there were no mosquitoes; he hadn't seen or heard one since he landed. He sat in a circle of light carefully observed. The blacks squatted outside their huts and watched him; they were friendly, interested, amused, but their strict attention irritated Mr Lever. He could feel the small waves of interest washing round him, when he began to write, when he stopped writing, when he wiped his damp hands with a handkerchief. He couldn't touch his pocket without a craning of necks.

Dearest Emily, he wrote, *I've really started now. I'll send this letter back with a carrier when I've located Davidson. I'm very well. Of course everything's a bit strange. Look after yourself, my dear, and don't worry.*

"Massa buy chicken," his cook said, appearing suddenly between the huts. A small stringy fowl struggled in his hands.

"Well," Mr Lever said, "I gave you a shilling, didn't I?"

"They no like," the cook said. "These low bush people."

"Why don't they like? It's good money."

"They want king's money," the cook said, handing back the Victorian shilling. Mr Lever had to get up, go back into his hut, grope for his money-box, search through twenty pounds of small change: there was no peace.

He had learnt that very quickly. He had to economize (the whole trip was a gamble which scared him); he couldn't afford hammock carriers. He would arrive tired out after seven hours of walking at a village of which he didn't know the name and not for a minute could he sit quietly and rest. He must shake hands with the chief, he must see about a hut, accept presents of palm wine he was afraid to drink, buy rice and palm oil for the carriers, give them salts and aspirin, paint their sores with iodine. They never left him alone for five minutes on end until he went to bed. And then the rats began, rushing down the walls like water when he put out the light, gambolling[1] among his cases.

I'm too old, Mr Lever told himself, I'm too old, writing damply, indelibly, *I hope to find Davidson tomorrow. If I do, I may be back almost as soon as this letter. Don't economize on the stout and milk, dear, and call in the doctor if you feel bad. I've got a premonition this trip's going to turn out well. We'll take a holiday, you need a holiday,* and staring ahead past the huts and the black faces and the banana trees towards the forest from which he had come, into which he would sink again next day, he thought, Eastbourne,[2] Eastbourne would do her a world of good; and he continued to write the only kind of lies he had ever told Emily, the lies which comforted. *I ought to draw at least three hundred in commission and expenses.* But it wasn't the sort of place where he'd been accustomed to sell heavy machinery; thirty years of it, up and down Europe and in the States, but never anything like this. He could hear his filter dripping in the hut, and somewhere somebody was playing something (he was so lost he hadn't got the simplest terms to his hands), something monotonous, melancholy, superficial, a twanging of palm fibres which seemed to convey that you weren't happy, but it didn't matter, everything would always be the same.

Look after yourself, Emily, he repeated. It was almost the only thing he found himself capable of writing to her; he couldn't describe the narrow, steep, lost paths, the snakes sizzling away like flames, the rats, the dust, the naked diseased bodies. He was unbearably tired of nakedness. *Don't forget*—It was like living with a lot of cows.

"The chief," his boy whispered, and between the huts under a waving torch came an old stout man wearing a robe of native cloth and a battered bowler hat. Behind him his men carried six bowls of rice, a bowl of palm oil, two bowls of broken meat. "Chop for the labourers," the boy explained, and Mr Lever had to get up and smile and nod and try to convey without words that he was pleased, that the chop was excellent, that the chief would get a good dash[3] in the morning. At first the smell had been almost too much for Mr Lever.

"Ask him," he said to his boy, "if he's seen a white man come through here lately. Ask him if a white man's been digging around here. Damn it," Mr Lever burst out, the sweat breaking on the backs of his hands and on his bald head, "ask him if he's seen Davidson?"

"Davidson?"

"Oh, hell," Mr Lever said, "you know what I mean. The white man I'm looking for."

---

1. Frolicking.
2. A seaport in Sussex, England.

3. Tip.

"White man?"

"What do you imagine I'm here for, eh? White man? Of course white man. I'm not here for my health." A cow coughed, rubbed its horns against the hut and two goats broke through between the chief and him, upsetting the bowls of meat scraps; nobody cared, they picked the meat out of the dust and dung.

Mr Lever sat down and put his hands over his face, fat white well-cared-for hands with wrinkles of flesh over the rings. He felt too old for this.

"Chief say no white man been here long time."

"How long?"

"Chief say not since he pay hut tax."

"How long's that?"

"Long long time."

"Ask him how far is it to Greh, tomorrow."

"Chief say too far."

"Nonsense," Mr Lever said.

"Chief say too far. Better stay here. Fine town. No humbug."

Mr Lever groaned. Every evening there was the same trouble. The next town was always too far. They would invent any excuse to delay him, to give themselves a rest.

"Ask the chief how many hours—?"

"Plenty, plenty." They had no idea of time.

"This fine chief. Fine chop. Labourers tired. No humbug."

"We are going on," Mr Lever said.

"This fine town. Chief say—"

He thought: if this wasn't the last chance, I'd give up. They nagged him so, and suddenly he longed for another white man (not Davidson, he daren't say anything to Davidson) to whom he could explain the desperation of his lot. It wasn't fair that a man, after thirty years' commercial travelling, should need to go from door to door asking for a job. He had been a good traveller, he had made money for many people, his references were excellent, but the world had moved on since his day. He wasn't streamlined; he certainly wasn't streamlined. He had been ten years retired when he lost his money in the depression.

Mr Lever walked up and down Victoria Street showing his references. Many of the men knew him, gave him cigars, laughed at him in a friendly way for wanting to take on a job at his age ("I can't somehow settle at home. The old warhorse you know . . ."), cracked a joke or two in the passage, went back that night to Maidenhead silent in the first-class carriage, shut in with age and ruin and how bad things were and poor devil his wife's probably sick.

It was in the rather shabby little office off Leadenhall Street that Mr Lever met his chance. It called itself an engineering firm, but there were only two rooms, a typewriter, a girl with gold teeth and Mr Lucas, a thin narrow man with a tic in one eyelid. All through the interview the eyelid flickered at Mr Lever. Mr Lever had never before fallen so low as this.

But Mr Lucas struck him as reasonably honest. He put "all his cards on the table." He hadn't got any money, but he had expectations; he had the handling of a patent. It was a new crusher. There was money in it. But you couldn't expect the big trusts to change over their machinery now. Things were too bad. You'd got to get in at the start, and that was where—why, that was where this chief, the bowls of chop, the nagging and the rats and the heat came in. They called themselves a republic, Mr

Lucas said, he didn't know anything about that, they were not as black as they were painted, he supposed (ha, ha, nervously, ha, ha); anyway, this company had slipped agents over the border and grabbed a concession: gold and diamonds. He could tell Mr Lever in confidence that the trust was frightened of what they'd found. Now an enterprising man could just slip across (Mr Lucas liked the word slip, it made everything sound easy and secret) and introduce this new crusher to them: it would save them thousands when they started work, there'd be a fat commission, and afterwards, with that start . . . There was a fortune for them all.

"But can't you fix it up in Europe?"

Tic, tic, went Mr Lucas's eyelid. "A lot of Belgians; they are leaving all decisions to the man on the spot. An Englishman called Davidson."

"How about expenses?"

"That's the trouble," Mr Lucas said. "We are only beginning. What we want is a partner. We can't afford to send a man. But if you like a gamble . . . Twenty per cent commission."

"Chief say excuse him." The carriers squatted round the basins and scooped up the rice in their left hands. "Of course. Of course," Mr Lever said absent-mindedly. "Very kind, I'm sure."

He was back out of the dust and dark, away from the stink of goats and palm oil and whelping bitches, back among the rotarians and lunch at Stone's, "the pint of old," and the trade papers; he was a good fellow again, finding his way back to Golders Green just a bit lit;[4] his masonic emblem rattled on his watch-chain, and he bore with him from the tube station to his house in Finchley Road a sense of companionship, of broad stories and belches, a sense of bravery.

He needed all his bravery now; the last of his savings had gone into the trip. After thirty years he knew a good thing when he saw it, and he had no doubts about the new crusher. What he doubted was his ability to find Davidson. For one thing there weren't any maps; the way you travelled in the Republic was to write down a list of names and trust that someone in the villages you passed would understand and know the route. But they always said "Too far." Good fellowship wilted before the phrase.

"Quinine,"[5] Mr Lever said. "Where's my quinine?" His boy never remembered a thing; they just didn't care what happened to you; their smiles meant nothing, and Mr Lever, who knew better than anyone the value of a meaningless smile in business, resented their heartlessness, and turned towards the dilatory boy an expression of disappointment and dislike.

"Chief say white man in bush five hours away."

"That's better," Mr Lever said. "It must be Davidson. He's digging for gold?"

"Ya. White man dig for gold in bush."

"We'll be off early tomorrow," Mr Lever said.

"Chief say better stop this town. Fever humbug white man."

"Too bad," Mr Lever said, and he thought with pleasure: my luck's changed. He'll want help. He won't refuse me a thing. A friend in need is a friend indeed, and his heart warmed towards Davidson, seeing himself arrive like an answer to prayer out of the forest, feeling quite biblical and vox humana.[6] He thought: Prayer. I'll pray

4. Tipsy.
6. A type of pipe organ.
5. Chemical compound taken to fight off malaria.

tonight, that's the kind of thing a fellow gives up, but it pays, there's something in it, remembering the long agonizing prayer on his knees, by the sideboard, under the decanters, when Emily went to hospital.

"Chief say white man dead."

Mr Lever turned his back on them and went into his hut. His sleeve nearly over-turned the hurricane lamp. He undressed quickly, stuffing his clothes into a suitcase away from the cockroaches. He wouldn't believe what he had been told; it wouldn't pay him to believe. If Davidson were dead, there was nothing he could do but return; he had spent more than he could afford; he would be a ruined man. He supposed that Emily might find a home with her brother, but he could hardly expect her brother—he began to cry, but you couldn't have told in the shadowy hut the difference between sweat and tears. He knelt down beside his camp-bed and mosquito-net and prayed on the dust of the earth floor. Up till now he had always been careful never to touch ground with his naked feet for fear of jiggers;[7] there were jiggers everywhere, they only waited an opportunity to dig themselves in under the toe-nails, lay their eggs and multiply.

"O God," Mr Lever prayed, "don't let Davidson be dead; let him be just sick and glad to see me." He couldn't bear the idea that he might not any longer be able to support Emily. "O God, there's nothing I wouldn't do." But that was an empty phrase; he had no real notion as yet of what he would do for Emily. They had been happy together for thirty-five years; he had never been more than momentarily unfaithful to her when he was lit after a rotarian dinner and egged on by the boys; whatever skirt he'd been with in his time, he had never for a moment imagined that he could be happy married to anyone else. It wasn't fair if, just when you were old and needed each other most, you lost your money and couldn't keep together.

But of course Davidson wasn't dead. What would he have died of? The blacks were friendly. People said the country was unhealthy, but he hadn't so much as heard a mosquito. Besides, you didn't die of malaria; you just lay between the blankets and took quinine and felt like death and sweated it out of you. There was dysentery, but Davidson was an old campaigner; you were safe if you boiled and filtered the water. The water was poison even to touch; it was unsafe to wet your feet because of guinea worm,[8] but you didn't die of guinea worm.

Mr Lever lay in bed and his thoughts went round and round and he couldn't sleep. He thought: you don't die of a thing like guinea worm. It makes a sore on your foot, and if you put your foot in water you can see the eggs dropping out. You have to find the end of the worm, like a thread of cotton, and wind it round a match and wind it out of your leg without breaking; it stretches as high as the knee. I'm too old for this country, Mr Lever thought.

Then his boy was beside him again. He whispered urgently to Mr Lever through the mosquito-net. "Massa, the labourers say they go home."

"Go home?" Mr Lever asked wearily; he had heard it so often before. "Why do they want to go home? What is it now?" but he didn't really want to hear the lat-est squabble: that the Bande men were never sent to carry water because the head-man was a Bande, that someone had stolen an empty treacle tin and sold it in the village for a penny, that someone wasn't made to carry a proper load, that the next day's journey was "too far." He said, "Tell 'em they can go home. I'll pay

---

7. A tropical flea that burrows under the skin.   8. A worm, growing up to several feet long, which lives under the skin.

them off in the morning. But they won't get any dash. They'd have got a good dash if they'd stayed." He was certain it was just another try-on; he wasn't as green as all that.

"Yes, massa. They no want dash."

"What's that?"

"They frightened fever humbug them like white man."

"I'll get carriers in the village. They can go home."

"Me too, massa."

"Get out," Mr Lever said; it was the last straw; "get out and let me sleep." The boy went at once, obedient even though a deserter, and Mr Lever thought: sleep, what a hope. He lifted the net and got out of bed (barefooted again: he didn't care a damn about the jiggers) and searched for his medicine box. It was locked, of course, and he had to open his suitcase and find the key in a trouser pocket. His nerves were more on edge than ever by the time he found the sleeping tablets and he took three of them. That made him sleep, heavily and dreamlessly, though when he woke he found that something had made him fling out his arms and open the net. If there had been a single mosquito in the place, he'd have been bitten, but of course there wasn't one.

He could tell at once that the trouble hadn't blown over. The village—he didn't know its name—was perched on a hilltop; east and west the forest flowed out beneath the little plateau; to the west it was a dark unfeatured mass like water, but in the east you could already discern the unevenness, the great grey cotton trees lifted above the palms. Mr Lever was always called before dawn, but no one had called him. A few of his carriers sat outside a hut sullenly talking; his boy was with them. Mr Lever went back inside and dressed; he thought all the time, I must be firm, but he was scared, scared of being deserted, scared of being made to return.

When he came outside again the village was awake: the women were going down the hill to fetch water, winding silently past the carriers, past the flat stones where the chiefs were buried, the little grove of trees where the rice birds, like green and yellow canaries, nested. Mr Lever sat down on his folding chair among the chickens and whelping bitches and cow dung and called his boy. He took "a strong line"; but he didn't know what was going to happen. "Tell the chief I want to speak to him," he said.

There was some delay; the chief wasn't up yet, but presently he appeared in his blue and white robe, setting his bowler hat straight. "Tell him," Mr Lever said, "I want carriers to take me to the white man and back. Two days."

"Chief no agree," the boy said.

Mr Lever said furiously, "Damn it, if he doesn't agree, he won't get any dash from me, not a penny." It occurred to him immediately afterwards how hopelessly dependent he was on these people's honesty. There in the hut for all to see was his moneybox; they had only to take it. This wasn't a British or French colony; the blacks on the coast wouldn't bother, could do nothing if they did bother, because a stray Englishman had been robbed in the interior.

"Chief say how many?"

"It's only for two days," Mr Lever said. "I can do with six."

"Chief say how much?"

"Sixpence a day and chop."

"Chief no agree."

"Ninepence a day then."

"Chief say too far. A shilling."

"All right, all right," Mr Lever said, "A shilling then. You others can go home if you want to. I'll pay you off now, but you won't get any dash, not a penny."

He had never really expected to be left, and it gave him a sad feeling of loneliness to watch them move sullenly away (they were ashamed of themselves) down the hill to the west. They hadn't any loads, but they weren't singing; they drooped silently out of sight, his boy with them, and he was alone with his pile of boxes and the chief who couldn't talk a word of English. Mr Lever smiled tremulously.

It was ten o'clock before his new carriers were chosen; he could tell that none of them wanted to go, and they would have to walk through the heat of the middle day if they were to find Davidson before it was dark. He hoped the chief had explained properly where they were going; he couldn't tell; he was completely shut off from them, and when they started down the eastward slope, he might just as well have been alone.

They were immediately caught up in the forest. Forest conveys a sense of wildness and beauty, of an active natural force, but this Liberian forest was simply a dull green wilderness. You passed, on the path a foot or so wide, through an endless back garden of tangled weeds; it didn't seem to be growing round you, so much as dying. There was no life at all, except for a few large birds whose wings creaked overhead through the invisible sky like an unoiled door. There was no view, no way out for the eyes, no change of scene. It wasn't the heat that tired, so much as the boredom; you had to think of things to think about; but even Emily failed to fill the mind for more than three minutes at a time. It was a relief, a distraction, when the path was flooded and Mr Lever had to be carried on a man's back. At first he had disliked the strong bitter smell (it reminded him of a breakfast food he was made to eat as a child), but he soon got over that. Now he was unaware that they smelt at all; any more than he was aware that the great swallow-tailed butterflies, which clustered at the water's edge and rose in green clouds round his waist, were beautiful. His senses were dulled and registered very little except his boredom.

But they did register a distinct feeling of relief when his leading carrier pointed to a rectangular hole dug just off the path. Mr Lever understood. Davidson had come this way. He stopped and looked at it. It was like a grave dug for a small man, but it went down deeper than graves usually do. About twelve feet below there was black water, and a few wooden props which held the sides from slipping were beginning to rot; the hole must have been dug since the rains. It didn't seem enough, that hole, to have brought out Mr Lever with his plans and estimates for a new crusher. He was used to big industrial concerns, the sight of pitheads, the smoke of chimneys, the dingy rows of cottages back to back, the leather armchair in the office, the good cigar, the masonic hand-grips, and again it seemed to him, as it had seemed in Mr Lucas's office, that he had fallen very low. It was as if he was expected to do business beside a hole a child had dug in an overgrown and abandoned back garden; percentages wilted in the hot damp air. He shook his head; he mustn't be discouraged; this was an old hole. Davidson had probably done better since. It was only common sense to suppose that the gold rift which was mined at one end in Nigeria, at the other in Sierra Leone, would pass through the republic. Even the biggest mines had to begin with a hole in the ground. The company (he had talked to the directors in Brussels) were quite confident: all they wanted was the approval of the man on the spot that the crusher was suitable for local conditions. A signature, that was all he had to get, he told himself, staring down into the puddle of black water.

Five hours, the chief had said, but after six hours they were still walking. Mr Lever had eaten nothing; he wanted to get to Davidson first. All through the heat of the day he walked. The forest protected him from the direct sun, but it shut out the air, and the occasional clearings, shrivelled though they were in the vertical glare, seemed cooler than the shade because there was a little more air to breathe. At four o'clock the heat diminished, but he began to fear they wouldn't reach Davidson before dark. His foot pained him; he had caught a jigger the night before; it was as if someone were holding a lighted match to his toe. Then at five they came on a dead black.

Another rectangular hole in a small cleared space among the dusty greenery had caught Mr Lever's eye. He peered down and was shocked to see a face return his stare, white eyeballs like phosphorus in the black water. The black had been bent almost double to fit him in; the hole was really too small to be a grave, and he had swollen. His flesh was like a blister you could prick with a needle. Mr Lever felt sick and tired; he might have been tempted to return if he could have reached the village before dark, but now there was nothing to do but go on; the carriers luckily hadn't seen the body. He waved them forward and stumbled after them among the roots, fighting his nausea. He fanned himself with his sun helmet; his wide fat face was damp and pale. He had never seen an uncared-for body before; his parents he had seen carefully laid out with closed eyes and washed faces; they "fell asleep" quite in accordance with their epitaphs, but you couldn't think of sleep in connexion with the white eyeballs and the swollen face. Mr Lever would have liked very much to say a prayer, but prayers were out of place in the dead drab forest; they simply didn't "come."

With the dusk a little life did waken: something lived in the dry weeds and brittle trees, if only monkeys. They chattered and screamed all round you, but it was too dark to see them; you were like a blind man in the centre of a frightened crowd who wouldn't say what scared them. The carriers too were frightened. They ran under their fifty-pound loads behind the dipping light of the hurricane lamp, their huge flat carriers' feet flapping in the dust like empty gloves. Mr Lever listened nervously for mosquitoes; you would have expected them to be out by now, but he didn't hear one.

Then at the top of a rise above a small stream they came on Davidson. The ground had been cleared in a square of twelve feet and a small tent pitched; he had dug another hole; the scene came dimly into view as they climbed the path; the chop-boxes piled outside the tent, the syphon of soda water, the filter, an enamel basin. But there wasn't a light, there wasn't a sound, the flaps of the tent were not closed, and Mr Lever had to face the possibility that after all the chief might have told the truth.

Mr Lever took the lamp and stooped inside the tent. There was a body on the bed. At first Mr Lever thought Davidson was covered with blood, but then he realized it was a black vomit which stained his shirt and khaki shorts, the fair stubble on his chin. He put out a hand and touched Davidson's face, and if he hadn't felt a slight breath on his palm he would have taken him for dead; his skin was so cold. He moved the lamp closer, and now the lemon-yellow face told him all he wanted to know: he hadn't thought of that when his boy said fever. It was quite true that a man didn't die of malaria, but an odd piece of news read in New York in '98 came back to mind: there had been an outbreak of yellow jack[9] in Rio and ninety-four per cent of the cases had been fatal. It hadn't meant anything to him then, but it did now. While he watched, Davidson was sick, quite effortlessly; he was like a tap out of which something flowed.

It seemed at first to Mr Lever to be the end of everything, of his journey, his hopes, his life with Emily. There was nothing he could do for Davidson, the man was unconscious, there were times when his pulse was so low and irregular that Mr Lever thought that he was dead until another black stream spread from his mouth; it was no use even cleaning him. Mr Lever laid his own blankets over the bed on top of Davidson's because he was so cold to the touch, but he had no idea whether he was doing the right, or even the fatally wrong, thing. The chance of survival, if there were any chance at all, depended on neither of them. Outside his carriers had built a fire and were cooking the rice they had brought with them. Mr Lever opened his folding chair and sat by the bed. He wanted to keep awake: it seemed right to keep awake. He opened his case and found his unfinished letter to Emily. He sat by Davidson's side and tried to write, but he could think of nothing but what he had already written too often: *Look after yourself. Don't forget that stout and milk.*

He fell asleep over his pad and woke at two and thought that Davidson was dead. But he was wrong again. He was very thirsty and missed his boy. Always the first thing his boy did at the end of a march was to light a fire and put on a kettle; after that, by the time his table and chair were set up, there was water ready for the filter. Mr Lever found half a cup of soda water left in Davidson's syphon; if it had been only his health at stake he would have gone down to the stream, but he had Emily to remember. There was a typewriter by the bed, and it occurred to Mr Lever that he might just as well begin to write his report of failure now; it might keep him awake; it seemed disrespectful to the dying man to sleep. He found paper under some letters which had been typed and signed but not sealed. Davidson must have been taken ill very suddenly. Mr Lever wondered whether it was he who had crammed the black into the hole; his boy perhaps, for there was no sign of a servant. He balanced the typewriter on his knee and headed the letter "In Camp near Greh."

It seemed to him unfair that he should have come so far, spent so much money, worn out a rather old body to meet his inevitable ruin in a dark tent beside a dying man, when he could have met it just as well at home with Emily in the plush parlour. The thought of the prayers he had uselessly uttered on his knees by the camp-bed among the jiggers, the rats and the cockroaches made him rebellious. A mosquito, the first he had heard, went humming round the tent. He slashed at it savagely; he wouldn't have recognized himself among the rotarians. He was lost and he was set free. Moralities were what enabled a man to live happily and successfully with his fellows, but Mr Lever wasn't happy and he wasn't successful, and his only fellow in the little stuffy tent wouldn't be troubled by Untruth in Advertising or by Mr Lever coveting his neighbour's oxen. You couldn't keep your ideas intact when you discovered their geographical nature. The Solemnity of Death: death wasn't solemn; it was a lemon-yellow skin and a black vomit. Honesty is the Best Policy: he saw quite suddenly how false that was. It was an anarchist who sat happily over the typewriter, an

---

9. Yellow fever, a tropical disease transmitted by mosquitoes.

anarchist who recognized nothing but one personal relationship, his affection for Emily. Mr Lever began to type: *I have examined the plans and estimates of the new Lucas crusher . . .*

Mr Lever thought with savage happiness: I win. This letter would be the last the company would hear from Davidson. The junior partner would open it in the dapper Brussels office; he would tap his false teeth with a Waterman pen and go in to talk to M. Golz. *Taking all these factors into consideration I recommend acceptance. . . .* They would telegraph to Lucas. As for Davidson, that trusted agent of the company would have died of yellow fever at some never accurately determined date. Another agent would come out, and the crusher . . . Mr Lever carefully copied Davidson's signature on a spare sheet of paper. He wasn't satisfied. He turned the original upside-down and copied it that way, so as not to be confused by his own idea of how a letter should be formed. That was better, but it didn't satisfy him. He searched until he found Davidson's own pen and began again to copy and copy the signature. He fell asleep copying it and woke again an hour later to find the lamp was out; it had burnt up all the oil. He sat there beside Davidson's bed till daylight; once he was bitten by a mosquito in the ankle and clapped his hand to the place too late: the brute went humming out. With the light Mr Lever saw that Davidson was dead. "Dear, dear," he said. "Poor fellow." He spat out with the words, quite delicately in a corner, the bad morning taste in his mouth. It was like a little sediment of his conventionality.

Mr Lever got two of his carriers to cram Davidson tidily into his hole. He was no longer afraid of them or of failure or of separation. He tore up his letter to Emily. It no longer represented his mood in its timidity, its secret fear, its gentle fussing phrases, *Don't forget the stout. Look after yourself.* He would be home as soon as the letter, and they were going to do things together now they'd never dreamt of doing. The money for the crusher was only the beginning. His ideas stretched farther now than Eastbourne, they stretched as far as Switzerland; he had a feeling that, if he really let himself go, they'd stretch as far as the Riviera. How happy he was on what he thought of as "the trip home." He was freed from what had held him back through a long pedantic career, the fear of a conscious fate that notes the dishonesty, notes the skirt in Piccadilly, notes the glass too many of Stone's special. Now he had said Boo to that goose . . .

But you who are reading this, who know so much more than Mr Lever, who can follow the mosquito's progress from the dead swollen black to Davidson's tent, to Mr Lever's ankle, you may possibly believe in God, a kindly god tender towards human frailty, ready to give Mr Lever three days of happiness, three days off the galling chain, as he carried back through the forest his amateurish forgeries and the infection of yellow fever in the blood. The story might very well have encouraged my faith in that loving omniscience if it had not been shaken by personal knowledge of the drab forest through which Mr Lever now went so merrily, where it is impossible to believe in any spiritual life, in anything outside the nature dying round you, the shrivelling of the weeds. But of course, there are two opinions about everything; it was Mr Lever's favourite expression, drinking beer in the Ruhr, Pernod[1] in Lorraine, selling heavy machinery.

1936

---

1. A licorice-flavored liqueur.

≡ PERSPECTIVES ≡

World War II and the End of Empire

World War I had been a catastrophe of unprecedented proportions. Never before in world history had a preponderance of national powers joined together into two warring alliances; never before had the theater of war included such a wide expanse of the globe. But for Great Britain, at least, the war was foreign rather than domestic; as demoralizing and bleak as the fighting was, it was "over there," and never touched the British Isles. World War II would be a very different story.

World War II started, technically, with Hitler's invasion of Poland on 1 September, 1939; as is the case with all world-historical conflicts, however, the war's genesis can be traced further back—in this case, back two decades to the peace treaties with which World War I was uneasily concluded. The victors of World War I never quite got what they hoped for, and the defeated nations had their defeat transformed into ritual diplomatic humiliation. Meanwhile, a worldwide economic depression had begun in the United States in 1929 and spread to Europe by the early 1930s, weakening democratic governments and lending a seductive edge to the rhetoric of political extremists. As a result, when Hitler began to rise to power in a beleaguered Germany during the 1930s, his message of empowerment was one that many Germans wanted to hear. Beginning with Poland, Hitler overran Denmark, Luxembourg, the Netherlands, Belgium, and Norway in quick succession, and by June 1940 had conquered even France. Britain was next on Hitler's list, as the major remaining obstacle to the domination of Europe.

Hitler hoped to paralyze and demoralize the British by a devastating series of attacks by air. This drew out to become the ten-month long Battle of Britain, in which the German Luftwaffe (air force) engaged Britain's Royal Air Force in the previously inviolable air space over England's green and pleasant land. The battle brought enormous costs—especially during the eight months of nightly air raids over British metropolitan centers known as the Blitz. The bombing caused great destruction to London, which was bombed every night between 7 September and 2 November, 1940; more than 15,000 civilians were killed in London (30,000 nationwide), over half a million left homeless, and important cultural and architectural treasures, such as the House of Commons and Buckingham Palace, were damaged or destroyed. This violation of England's homeland was costly in psychological and emotional terms as well; one poignant register of the broad impact of the air raids can be seen in Virginia Woolf's final novel *Between the Acts*, where the sound of bombs falling on distant London unnerves the residents and guests of Pointz Hall. As Woolf's diaries and letters make clear, the sound of those bombs were also a crucial factor in her decision to take her own life in March 1941.

In May 1941, Germany finally gave up its attempt to conquer Britain from the air. With the bombing of Pearl Harbor by the Japanese in December 1941, the United States entered the war on the side of the Allies; with their help, Britain was able to mount an offensive against Germany on the European mainland and retake land that had been invaded by Germany. In 1942, Britain and the United States began to plan an invasion across the English Channel. The first attempt, a raid staged at the French port of Dieppe in the summer of 1942, was a disappointing failure. The Allies regrouped, however, and planned the offensive known as D-Day. On 6 June, 1944, Allied troops, under the command of General Dwight D. Eisenhower, crossed the channel with 2,700 ships and 176,000 soldiers and overcame German defenses; by the end of the month, about a million Allied troops were on the ground in France, and the tide of the war had turned. In April 1945 Hitler committed suicide; one week later, Germany signed a statement of unconditional surrender, with Japan following suit on 2 September.

World War II was over; in some important arenas, however, its influence had just begun to be felt. With such a great proportion of its able-bodied young men going off to war, millions of women in both Britain and the United States took employment outside the home for the first time; that trend, once started, has only gained momentum in the years since. The economic and personal freedom ceded to women during the wartime emergency laid the groundwork for the contemporary women's movement in Great Britain; Margaret Thatcher, Britain's first woman Prime Minister (1979–1990), was a postwar inheritor of Winston Churchill's legacy.

At the same time, the United States and the Soviet Union emerged from the war as the preeminent world powers; Britain, while on the winning side, saw its global prestige in eclipse, and found itself in the midst of an economic crisis. At the height of the war, Britain was devoting 54 percent of its gross national product to the war effort; by the war's end it had expended practically all of its foreign financial resources and was several billion pounds in debt to its wartime allies. In short, Britain was bankrupt. As its colonial possessions increased their protests against British rule, Britain had neither the military nor the economic power to control them; India, which had begun its independence movement during World War I, finally won full independence on 15 August, 1947, and Burma and Ceylon (now Sri Lanka) quickly followed suit in early 1948. At about the same time, Britain was forced to withdraw from Palestine, and from all of Egypt except for the Suez Canal; the Canal itself was nationalized by Egypt in the summer of 1956. The 1960s saw increased Irish Republican activity in Northern Ireland, degenerating into armed sectarian violence in 1968; recent years have seen periodic waves of IRA violence in support of independence for Ulster, alternating with largely unsuccessful diplomatic attempts to forge a lasting peace in Northern Ireland. In the spring of 1982 Prime Minister Thatcher sent British troops to liberate the Falkland Islands, a small self-governing British colony off the coast of Argentina, from an Argentinian occupying force; Thatcher won a resounding reelection the following year on the strength of the British success, suggesting that pride in the British Empire, while diminishing in importance, was by no means yet extinct.

━•━ ≡◆≡ ━•━

Sir Winston Churchill
1874–1965

British historian A. J. P. Taylor has written of a unique paradox of World War II: though it was a time of unprecedented stress and anxiety for the British people, "Great Britain was never so free from political controversy." The reason? Winston Churchill's ability to forge a partnership between himself and the British people. "There have been many great British leaders," Taylor continues; "There has only been one whom everyone recognized as the embodiment of the national will." The pictures of Churchill—watch-chain draped across his waistcoat, cigar drooping from his jowly face (above his bow tie and beneath his homburg), index and middle fingers raised in the V of Victory—is perhaps the most familiar and buoyant icon of Allied victory in the war.

Winston Churchill was born at Blenheim Palace, the ancestral home of his grandfather, the seventh duke of Marlborough; his father, Lord Randolph Churchill, had a distinguished career as a Conservative member of Parliament. Young Winston proved not to be an outstanding scholar, however, and instead of university, was sent to the Royal Military Academy. This military training, and his subsequent combat experience on the Western Front and in the Sudan, was to prove invaluable as he led his country as prime minister through the darkest days of World War II. Equally important to Churchill the statesman was his early work as a journalist and essayist; the economist John Kenneth Galbraith suggested that Churchill's power as an orator derived from his "fearsome certainty that he was completely right," a certainty made manifest in "his use of language as a weapon." In Churchill's well-known phrases, like "blood, toil, tears and sweat," a nation at war found its rallying cries.

Winston Churchill, June 1943.
Returning to 10 Downing
Street after meeting with
American president Franklin
Roosevelt in Washington, D.C.,
and visiting Allied armies in
North Africa, the Prime Minis-
ter flashes his famous "V for
Victory" sign to reporters.

Two Speeches Before the House of Commons

["Blood, Toil, Tears and Sweat"][1]

I beg to move,

> That this House welcomes the formation of a Government representing the united and in-
> flexible resolve of the nation to prosecute the war with Germany to a victorious conclusion.

On Friday evening last I received His Majesty's Commission to form a new
Administration. It was the evident wish and will of Parliament and the nation that
this should be conceived on the broadest possible basis and that it should include all
parties, both those who supported the late Government and also the parties of the
Opposition. I have completed the most important part of this task. A War Cabinet
has been formed of five Members, representing, with the Opposition Liberals, the
unity of the nation. The three party Leaders have agreed to serve, either in the War
Cabinet or in high executive office. The three Fighting Services have been filled. It
was necessary that this should be done in one single day, on account of the extreme

1. Delivered in the House of Commons, 13 May 1940.

urgency and rigour of events. A number of other positions, key positions, were filled yesterday, and I am submitting a further list to His Majesty to-night. I hope to complete the appointment of the principal Ministers during to-morrow. The appointment of the other Ministers usually takes a little longer, but I trust that, when Parliament meets again, this part of my task will be completed, and that the administration will be complete in all respects.

I considered it in the public interest to suggest that the House should be summoned to meet to-day. Mr Speaker agreed, and took the necessary steps, in accordance with the powers conferred upon him by the Resolution of the House. At the end of the proceedings to-day, the Adjournment of the House will be proposed until Tuesday, 21st May, with, of course, provision for earlier meeting, if need be. The business to be considered during that week will be notified to Members at the earliest opportunity. I now invite the House, by the Motion which stands in my name, to record its approval of the steps taken and to declare its confidence in the new Government.

To form an Administration of this scale and complexity is a serious undertaking in itself, but it must be remembered that we are in the preliminary stage of one of the greatest battles in history, that we are in action at many other points in Norway and in Holland, that we have to be prepared in the Mediterranean, that the air battle is continuous and that many preparations, such as have been indicated by my hon. Friend below the Gangway, have to be made here at home. In this crisis I hope I may be pardoned if I do not address the House at any length to-day. I hope that any of my friends and colleagues, or former colleagues, who are affected by the political reconstruction, will make allowance, all allowance, for any lack of ceremony with which it has been necessary to act. I would say to the House, as I said to those who have joined this Government: "I have nothing to offer but blood, toil, tears and sweat."

We have before us an ordeal of the most grievous kind. We have before us many, many long months of struggle and of suffering. You ask, what is our policy? I can say: It is to wage war, by sea, land and air, with all our might and with all the strength that God can give us; to wage war against a monstrous tyranny, never surpassed in the dark, lamentable catalogue of human crime. That is our policy. You ask, what is our aim? I can answer in one word: It is victory, victory at all costs, victory in spite of all terror, victory, however long and hard the road may be; for without victory, there is no survival. Let that be realised; no survival for the British Empire, no survival for all that the British Empire has stood for, no survival for the urge and impulse of the ages, that mankind will move forward towards its goal. But I take up my task with buoyancy and hope. I feel sure that our cause will not be suffered to fail among men. At this time I feel entitled to claim the aid of all, and I say, "Come then, let us go forward together with our united strength."

["Wars are not won by evacuations"][1]

From the moment that the French defenses at Sedan and on the Meuse[2] were broken at the end of the second week of May, only a rapid retreat to Amiens[3] and the south could have saved the British and French Armies who had entered Belgium at the

1. Delivered in the Hosue of Commons 4 June 1940. This speech exemplifies Churchill's ability to rally his people amid the greatest difficulties—here, the disastrous defeat of the British and French armies in April–May 1940. What might have been seen as the humiliation of the British army becomes, in Churchill's stirring account, the heroic achievement of a successful evacuation against all odds.
2. A river flowing through France, Belgium, and the Netherlands.
3. A city located on the Somme River in northern France.

appeal of the Belgian King; but this strategic fact was not immediately realized. The French High Command hoped they would be able to close the gap, and the Armies of the north were under their orders. Moreover, a retirement of this kind would have involved almost certainly the destruction of the fine Belgian Army of over 20 divisions and the abandonment of the whole of Belgium. Therefore, when the force and scope of the German penetration were realized and when a new French Generalissimo,[4] General Weygand, assumed command in place of General Gamelin, an effort was made by the French and British Armies in Belgium to keep on holding the right hand of the Belgians and to give their own right hand to the newly created French Army which was to have advanced across the Somme[5] in great strength to grasp it.

However, the German eruption swept like a sharp scythe around the right and rear of the Armies of the north. Eight or nine armored divisions, each of about four hundred armored vehicles of different kinds, but carefully assorted to be complementary and divisible into small self-contained units, cut off all communications between us and the main French Armies. It severed our own communications for food and ammunition, which ran first to Amiens and afterwards through Abbeville, and it shore its way up the coast to Boulogne and Calais, and almost to Dunkirk.[6] Behind this armored and mechanized onslaught came a number of German divisions in lorries, and behind them again there plodded comparatively slowly the dull brute mass of the ordinary German Army and German people, always so ready to be led to the trampling down in other lands of liberties and comforts which they have never known in their own.

I have said this armored scythe-stroke almost reached Dunkirk—almost but not quite. Boulogne and Calais were the scenes of desperate fighting. The Guards defended Boulogne for a while and were then withdrawn by orders from this country. The Rifle Brigade, the 60th Rifles, and the Queen Victoria's Rifles, with a battalion of British tanks and 1,000 Frenchmen, in all about four thousand strong, defended Calais to the last. The British Brigadier was given an hour to surrender. He spurned the offer, and four days of intense street fighting passed before silence reigned over Calais, which marked the end of a memorable resistance. Only 30 unwounded survivors were brought off by the Navy, and we do not know the fate of their comrades. Their sacrifice, however, was not in vain. At least two armored divisions, which otherwise would have been turned against the British Expeditionary Force, had to be sent to overcome them. They have added another page to the glories of the light divisions, and the time gained enabled the Graveline water lines to be flooded and to be held by the French troops.

Thus it was that the port of Dunkirk was kept open. When it was found impossible for the Armies of the north to reopen their communications to Amiens with the main French Armies, only one choice remained. It seemed, indeed, forlorn. The Belgian, British and French Armies were almost surrounded. Their sole line of retreat was to a single port and to its neighboring beaches. They were pressed on every side by heavy attacks and far outnumbered in the air.

When, a week ago today, I asked the House to fix this afternoon as the occasion for a statement, I feared it would be my hard lot to announce the greatest military disaster in our long history. I thought—and some good judges agreed with me—that

4. Supreme commander of the French forces.   6. Seaports in northern France.
5. A river in northern France.

perhaps 20,000 or 30,000 men might be re-embarked. But it certainly seemed that the whole of the French First Army and the whole of the British Expeditionary Force north of the Amiens-Abbeville gap would be broken up in the open field or else would have to capitulate for lack of food and ammunition. These were the hard and heavy tidings for which I called upon the House and the nation to prepare themselves a week ago. The whole root and core and brain of the British Army, on which and around which we were to build, and are to build, the great British Armies in the later years of the war, seemed about to perish upon the field or to be led into an ignominious and starving capacity.

That was the prospect a week ago. But another blow which might well have proved final was yet to fall upon us. The King of the Belgians[7] had called upon us to come to his aid. Had not this Ruler and his Government severed themselves from the Allies, who rescued their country from extinction in the late war, and had they not sought refuge in what was proved to be a fatal neutrality, the French and British Armies might well at the outset have saved not only Belgium but perhaps even Poland. Yet at the last moment, when Belgium was already invaded, King Leopold called upon us to come to his aid, and even at the last moment we came. He and his brave, efficient Army, nearly half a million strong, guarded our left flank and thus kept open our only line of retreat to the sea. Suddenly, without prior consultation, with the least possible notice, without the advice of his Ministers and upon his own personal act, he sent a plenipotentiary[8] to the German Command, surrendered his Army, and exposed our whole flank and means of retreat.

I asked the House a week ago to suspend its judgment because the facts were not clear, but I do not feel that any reason now exists why we should not form our own opinions upon this pitiful episode. The surrender of the Belgian Army compelled the British at the shortest notice to cover a flank to the sea more than 30 miles in length. Otherwise all would have been cut off, and all would have shared the fate to which King Leopold had condemned the finest Army his country had ever formed. So in doing this and in exposing this flank, as anyone who followed the operations on the map will see, contact was lost between the British and two out of the three corps forming the First French Army, who were still farther from the coast than we were, and it seemed impossible that any large number of Allied troops could reach the coast.

The enemy attacked on all sides with great strength and fierceness, and their main power, the power of their far more numerous Air Force, was thrown into the battle or else concentrated upon Dunkirk and the beaches. Pressing in upon the narrow exit, both from the east and from the west, the enemy began to fire with cannon upon the beaches by which alone the shipping could approach or depart. They sowed magnetic mines in the channels and seas; they sent repeated waves of hostile aircraft, sometimes more than a hundred strong in one formation, to cast their bombs upon the single pier that remained, and upon the sand dunes upon which the troops had their eyes for shelter. Their U-boats, one of which was sunk, and their motor launches took their toll of the vast traffic which now began. For four or five days an intense struggle reigned. All their armored divisions—or what was left of them—together with great masses of infantry and artillery, hurled themselves in vain upon the ever-narrowing, ever-contracting appendix within which the British and French Armies fought.

7. Leopold III (1901–1983).　　　　　　　　8. Diplomatic agent.

Meanwhile, the Royal Navy, with the willing help of countless merchant sea-men, strained every nerve to embark the British and Allied troops; 220 light warships and 650 other vessels were engaged. They had to operate upon the difficult coast, often in adverse weather, under an almost ceaseless hail of bombs and an increasing concentration of artillery fire. Nor were the seas, as I have said, themselves free from mines and torpedoes. It was in conditions such as these that our men carried on, with little or no rest, for days and nights on end, making trip after trip across the danger-ous waters, bringing with them always men whom they had rescued. The numbers they have brought back are the measure of their devotion and their courage. The hospital ships, which brought off many thousands of British and French wounded, being so plainly marked were a special target for Nazi bombs; but the men and women on board them never faltered in their duty.

Meanwhile, the Royal Air Force, which had already been intervening in the bat-tle, so far as its range would allow, from home bases, now used part of its main metro-politan fighter strength, and struck at the German bombers and at the fighters which in large numbers protected them. This struggle was protracted and fierce. Suddenly the scene has cleared, the crash and thunder has for the moment—but only for the moment—died away. A miracle of deliverance, achieved by valor, by perseverance, by perfect discipline, by faultless service, by resource, by skill, by unconquerable fidelity, is manifest to us all. The enemy was hurled back by the retreating British and French troops. He was so roughly handled that he did not hurry their departure seri-ously. The Royal Air Force engaged the main strength of the German Air Force, and inflicted upon them losses of at least four to one; and the Navy, using nearly 1,000 ships of all kinds, carried over 335,000 men, French and British, out of the jaws of death and shame, to their native land and to the tasks which lie immediately ahead. We must be very careful not to assign to this deliverance the attributes of a victory. Wars are not won by evacuations. But there was a victory inside this deliverance, which should be noted. It was gained by the Air Force. Many of our soldiers coming back have not seen the Air Force at work; they saw only the bombers which escaped its protective attack. They underrate its achievements. I have heard much talk of this; that is why I go out of my way to say this. I will tell you about it.

This was a great trial of strength between the British and German Air Forces. Can you conceive a greater objective for the Germans in the air than to make evacu-ation from these beaches impossible, and to sink all these ships which were displayed, almost to the extent of thousands? Could there have been an objective of greater mil-itary importance and significance for the whole purpose of the war than this? They tried hard, and they were beaten back; they were frustrated in their task. We got the Army away; and they have paid fourfold for any losses which they have inflicted. Very large formations of German aeroplanes—and we know that they are a very brave race—have turned on several occasions from the attack of one-quarter of their number of the Royal Air Force, and have dispersed in different directions. Twelve aeroplanes have been hunted by two. One aeroplane was driven into the water and cast away by the mere charge of a British aeroplane, which had no more ammunition. All of our types—the Hurricane, the Spitfire and the new Defiant—and all our pilots have been vindicated as superior to what they have at present to face.

When we consider how much greater would be our advantage in defending the air above this Island against an overseas attack, I must say that I find in these facts a sure basis upon which practical and reassuring thoughts may rest. I will pay my trib-ute to these young airmen. The great French Army was very largely, for the time being, cast back and disturbed by the onrush of a few thousands of armored vehicles. May it not also be that the cause of civilization itself will be defended by the skill and devotion of a few thousand airmen? There never has been, I suppose, in all the world, in all the history of war, such an opportunity for youth. The Knights of the Round Table, the Crusaders, all fall back into the past—not only distant but prosaic; these young men, going forth every morn to guard their native land and all that we stand for, holding in their hands these instruments of colossal and shattering power, of whom it may be said that

> Every morn brought forth a noble chance
> And every chance brought forth a noble knight,[9]

deserve our gratitude, as do all the brave men who, in so many ways and on so many occasions, are ready, and continue ready to give life and all for their native land.

I return to the Army. In the long series of very fierce battles, now on this front, now on that, fighting on three fronts at once, battles fought by two or three divisions against an equal or somewhat larger number of the enemy, and fought fiercely on some of the old grounds that so many of us knew so well—in these battles our losses in men have exceeded 30,000 killed, wounded and missing. I take occasion to express the sympathy of the House to all who have suffered bereavement or who are still anxious. The President of the Board of Trade [Sir Andrew Duncan] is not here today. His son has been killed, and many in the House have felt the pangs of affliction in the sharpest form. But I will say this about the missing: We have had a large number of wounded come home safely to this country, but I would say about the missing that there may be very many reported missing who will come back home, some day, in one way or another. In the confusion of this fight it is inevitable that many have been left in positions where honor required no further resistance from them.

Against this loss of over 30,000 men, we can set a far heavier loss certainly inflicted upon the enemy. But our losses in materiel are enormous. We have perhaps lost one-third of the men we lost in the opening days of the battle of 21st March, 1918, but we have lost nearly as many guns—nearly one thousand—and all our transport, all the armored vehicles that were with the Army in the north. This loss will impose a further delay on the expansion of our military strength. That expansion had not been proceeding as far as we had hoped. The best of all we had to give had gone to the British Expeditionary Force, and although they had not the numbers of tanks and some articles of equipment which were desirable, they were a very well and finely equipped Army. They had the first-fruits of all that our industry had to give, and that is gone. And now here is this further delay. How long it will be, how long it will last, depends upon the exertions which we make in this Island. An effort the like of which has never been seen in our records is now being made. Work is proceeding everywhere, night and day, Sundays and week days. Capital and Labor have cast aside their interests, rights, and customs and put them into the common stock. Already the flow of munitions has leaped forward. There is no reason why we should not in a few months overtake the sudden and serious loss that has come upon us, without retarding the development of our general program.

Nevertheless, our thankfulness at the escape of our Army and so many men, whose loved ones have passed through an agonizing week, must not blind us to the fact that what has happened in France and Belgium is a colossal military disaster.

---

9. Churchill misquotes slightly Tennyson's poem *Morte d'Arthur*, lines 280–81.

The French Army has been weakened, the Belgian Army has been lost, a large part of those fortified lines upon which so much faith had been reposed is gone, many valuable mining districts and factories have passed into the enemy's possession, the whole of the Channel ports are in his hands, with all the tragic consequences that follow from that, and we must expect another blow to be struck almost immediately at us or at France. We are told that Herr Hitler has a plan for invading the British Isles. This has often been thought of before. When Napoleon lay at Boulogne for a year with his flat-bottomed boats and his Grand Army, he was told by someone. "There are bitter weeds in England." There are certainly a great many more of them since the British Expeditionary Force returned.

The whole question of home defense against invasion is, of course, powerfully affected by the fact that we have for the time being in this Island incomparably more powerful military forces than we have ever had at any moment in this war or the last. But this will not continue. We shall not be content with a defensive war. We have our duty to our Ally. We have to reconstitute and build up the British Expeditionary Force once again, under its gallant Commander-in-Chief, Lord Gort. All this is in train; but in the interval we must put our defenses in this Island into such a high state of organization that the fewest possible numbers will be required to give effective security and that the largest possible potential of offensive effort may be realized. On this we are now engaged. It will be very convenient, if it be the desire of the House, to enter upon this subject in a secret Session. Not that the government would necessarily be able to reveal in very great detail military secrets, but we like to have our discussions free, without the restraint imposed by the fact that they will be read the next day by the enemy; and the Government would benefit by views freely expressed in all parts of the House by Members with their knowledge of so many different parts of the country. I understand that some request is to be made upon this subject, which will be readily acceded to by His Majesty's Government.

We have found it necessary to take measures of increasing stringency, not only against enemy aliens and suspicious characters of other nationalities, but also against British subjects who may become a danger or a nuisance should the war be transported to the United Kingdom. I know there are a great many people affected by the orders which we have made who are the passionate enemies of Nazi Germany. I am very sorry for them, but we cannot, at the present time and under the present stress, draw all the distinctions which we should like to do. If parachute landings were attempted and fierce fighting attendant upon them followed, these unfortunate people would be far better out of the way, for their own sakes as well as for ours. There is, however, another class, for which I feel not the slightest sympathy. Parliament has given us the powers to put down Fifth Column[1] activities with a strong hand, and we shall use those powers subject to the supervision and correction of the House, without the slightest hesitation until we are satisfied, and more than satisfied, that this malignancy in our midst has been effectively stamped out.

Turning once again, and this time more generally, to the question of invasion, I would observe that there has never been a period in all these long centuries of which we boast when an absolute guarantee against invasion, still less against serious raids, could have been given to our people. In the days of Napoleon the same wind which would have carried his transports across the Channel might have driven away the

---

1. Traitorous: a term coined by a Spanish fascist general in 1936, who attacked Madrid with four columns of troops, and later boasted that he had been aided by a "fifth column" of secret fascist supporters inside the city.

blockading fleet. There was always the chance, and it is that chance which has excited and befooled the imaginations of many Continental tyrants. Many are the tales that are told. We are assured that novel methods will be adopted, and when we see the originality of malice, the ingenuity of aggression, which our enemy displays, we may certainly prepare ourselves for every kind of novel stratagem and every kind of brutal and treacherous maneuver. I think that no idea is so outlandish that it should not be considered and viewed with a searching, but at the same time, I hope, with a steady eye. We must never forget the solid assurances of sea power and those which belong to air power if it can be locally exercised.

I have, myself, full confidence that if all do their duty, if nothing is neglected, and if the best arrangements are made, as they are being made, we shall prove ourselves once again able to defend our Island home, to ride out the storm of war, and to outlive the menace of tyranny, if necessary for years, if necessary alone. At any rate, that is what we are going to try to do. That is the resolve of His Majesty's Government—every man of them. That is the will of Parliament and the nation. The British Empire and the French Republic, linked together in their cause and in their need, will defend to the death their native soil, aiding each other like good comrades to the utmost of their strength. Even though large tracts of Europe and many old and famous States have fallen or may fall into the grip of the Gestapo and all the odious apparatus of Nazi rule, we shall not flag or fail. We shall go on to the end, we shall fight in France, we shall fight on the seas and oceans, we shall fight with growing confidence and growing strength in the air, we shall defend our Island, whatever the cost may be, we shall fight on the beaches, we shall fight on the landing grounds, we shall fight in the fields and in the streets, we shall fight in the hills; we shall never surrender, and even if, which I do not for a moment believe, this Island or a large part of it were subjugated and starving, then our Empire beyond the seas, armed and guarded by the British Fleet, would carry on the struggle, until, in God's good time, the New World, with all its power and might, steps forth to the rescue and the liberation of the old.

Stephen Spender
1909–1995

Stephen Spender was an important member of the group of poets writing in the wake of World War I and in the rising shadow of fascism and the approach of World War II. World War I, Spender said, "knocked the ballroom-floor from under middle-class English life"; his first important volume, *Poems*, was published in 1933—the year that Hitler rose to the chancellorship of the Third Reich. Thus the turn toward politics that characterizes the poetry of Spender and the other young Oxford poets who allied themselves with W. H. Auden—the so-called "Auden Generation"—seems in retrospect not so much a decision as an inevitability. Spender speaks this way, too, about his brief affiliation with communism, suggesting that the embrace of communism by British intellectuals in the 1930s was not a matter of economic theory but of conscience. For Spender, Auden, Cecil Day-Lewis and others, fascism was such an obvious, and obviously powerful, evil that only communism appeared strong enough to keep it at bay.

The complex energies and tensions of the 1930s drew forth from Spender his most idealistic and passionate poetry; he will be remembered primarily for the poetry he wrote in his twenties. Some of the energy of his writing derives from his sense of exclusion from English society; his mixed German-Jewish-English ancestry and his bisexuality led him to find, as he wrote, that "my feeling for the English was at times almost like being in love with an alien race". After World War II, Spender wrote little poetry, but continued to work in literary and cultural criticism. His *Collected Poems* was published in 1985.

Icarus[1]

He will watch the hawk with an indifferent eye
    Or pitifully;
Nor on those eagles that so feared him, now
    Will strain his brow;
5   Weapons men use, stone, sling and strong-thewed° bow   *strong-muscled*
    He will not know.

This aristocrat, superb of all instinct,
    With death close linked
Had paced the enormous cloud, almost had won
10   War on the sun;
Till now, like Icarus mid-ocean-drowned,
    Hands, wings, are found.

                  1929

What I Expected

What I expected, was
Thunder, fighting,
Long struggles with men
And climbing.
5   After continual straining
I should grow strong;
Then the rocks would shake
And I rest long.

What I had not foreseen
10   Was the gradual day
Weakening the will
Leaking the brightness away,
The lack of good to touch,
The fading of body and soul
15   Smoke before wind,
Corrupt, unsubstantial.

The wearing of Time,
And the watching of cripples pass
With limbs shaped like questions
20   In their odd twist,
The pulverous° grief   *dusty*
Melting the bones with pity,
The sick falling from earth—
These, I could not foresee.

---

1. In Greek mythology, Icarus was the son of Daedalus, the inventor. To escape from Crete, Daedalus fashioned wings for his son and himself out of wax. Daedalus warned Icarus not to fly too high, for the heat of the sun would melt the wax wings; but Icarus, intoxicated by the power of flight, ignored his father's warning and plunged to his death in the sea.

25 Expecting always
    Some brightness to hold in trust
    Some final innocence
    Exempt from dust,
    That, hanging solid,
30 Would dangle through all
    Like the created poem,
    Or the faceted crystal.

                                                                    1933

The Express

    After the first powerful plain manifesto
    The black statement of pistons, without more fuss
    But gliding like a queen, she leaves the station.
    Without bowing and with restrained unconcern
5   She passes the houses which humbly crowd outside,
    The gasworks, and at last the heavy page
    Of death, printed by gravestones in the cemetery.
    Beyond the town, there lies the open country
    Where, gathering speed, she acquires mystery,
10 The luminous self-possession of ships on ocean.
    It is now she begins to sing—at first quite low
    Then loud, and at last with a jazzy madness—
    The song of her whistle screaming at curves,
    Of deafening tunnels, brakes, innumerable bolts.
15 And always light, aerial underneath
    Retreats the elate metre of her wheels.
    Steaming through metal landscape on her lines,
    She plunges new eras of white happiness
    Where speed throws up strange shapes, broad curves
20 And parallels clean like trajectories from guns.
    At last, further than Edinburgh or Rome,
    Beyond the crest of the world, she reaches night
    Where only a low stream-line brightness
    Of phosphorus, on the tossing hills is white.
25 Ah, like a comet through flame, she moves entranced
    Wrapt in her music no bird-song, no, nor bough,
    Breaking with honey buds, shall ever equal.

                                                                    1933

The Pylons

    The secret of these hills was stone, and cottages
    Of that stone made,
    And crumbling roads
    That turned on sudden hidden villages.

5   Now over these small hills, they have built the concrete
    That trails black wire;
    Pylons, those pillars
    Bare like nude, giant girls that have no secret.

        The valley with its gilt and evening look
10   And the green chestnut
        Of customary root,
        Are mocked dry like the parched bed of a brook.

        But far above and far as sight endures
        Like whips of anger
15   With lightning's danger
        There runs the quick perspective of the future.

        This dwarfs our emerald country by its trek
        So tall with prophecy:
        Dreaming of cities
20   Where often clouds shall lean their swan-white neck.

                                                        1933

Elizabeth Bowen
1899–1973

Elizabeth Bowen was born into a world that was, at the turn of the century, on the verge of disappearing forever: the world of the Anglo-Irish ascendancy, the privileged world of the Protestant "big house" tradition. Bowen's Court, an estate in County Cork, had been in her family since an ancestor in the service of Oliver Cromwell had come to Ireland in 1749; the estate passed out of the family in 1960, when Elizabeth could no longer afford to maintain the property, and it was torn down by its new owner in 1963.

In stark contrast to her proud Anglo-Irish heritage, Bowen's childhood was rootless in the extreme. As a young child, the family's time was split between Bowen's Court, in the country, and Dublin, where her father was a barrister; in 1906, he suffered a nervous breakdown, and Elizabeth moved to London with her mother. Bowen's mother died of cancer in 1912, and Elizabeth was shuttled between various relatives. During World War I, she returned to neutral Ireland, where she worked in a hospital with veterans suffering from "shell shock"; she returned to London in 1918 to attend art school and lived primarily in London for the rest of her life.

Bowen was in London during the Blitz. She again volunteered her services to the victims of war, working for the Ministry of Information as an air-raid warden. She wrote a number of vivid, powerful stories about the ravages of war in London during the Blitz—among them *Mysterious Kôr* (1946), which the American novelist and short-story writer Eudora Welty has called the "most extraordinary story of those she wrote out of her life in wartime London."

Bowen's writing was not confined to short fiction; in addition to her more than eighty short stories, she was the author of ten novels—the most popular of which are *The Death of the Heart* (1938) and *The Heat of the Day* (1949)—as well as a great deal of newspaper and magazine writing and a history of her ancestral home, *Bowen's Court* (1964), published the year after it was demolished.

Mysterious Kôr

Full moonlight drenched the city and searched it; there was not a niche left to stand in. The effect was remorseless: London looked like the moon's capital—shallow, cratered, extinct. It was late, but not yet midnight; now the buses had stopped the polished roads and streets in this region sent for minutes together a ghostly unbroken reflection up. The soaring new flats and the crouching old shops and houses looked equally brittle under the moon, which blazed in windows that looked its way. The futility of the black-out[1] became laughable: from the sky, presumably, you could see every slate in the roofs, every whited kerb, every contour of the naked winter flowerbeds in the park; and the lake, with its shining twists and tree-darkened islands would be a landmark for miles, yes, miles, overhead.

However, the sky, in whose glassiness floated no clouds but only opaque balloons, remained glassy-silent. The Germans no longer came by the full moon. Something more immaterial seemed to threaten, and to be keeping people at home. This day between days, this extra tax, was perhaps more than senses and nerves could bear. People stayed indoors with a fervour that could be felt: the buildings strained with battened-down human life, but not a beam, not a voice, not a note from a radio escaped. Now and then under streets and buildings the earth rumbled: the Underground[2] sounded loudest at this time.

Outside the now gateless gates of the park, the road coming downhill from the north-west turned south and became a street, down whose perspective the traffic lights went through their unmeaning performance of changing colour. From the promontory of pavement outside the gates you saw at once up the road and down the street: from behind where you stood, between the gateposts, appeared the lesser strangeness of grass and water and trees. At this point, at this moment, three French soldiers, directed to a hostel[3] they could not find, stopped singing to listen derisively to the waterbirds wakened up by the moon. Next, two wardens coming off duty emerged from their post and crossed the road diagonally, each with an elbow cupped inside a slung-on tin hat. The wardens turned their faces, mauve in the moonlight, towards the Frenchmen with no expression at all. The two sets of steps died in opposite directions, and, the birds subsiding, nothing was heard or seen until, a little way down the street, a trickle of people came out of the Underground, around the anti-panic brick wall. These all disappeared quickly, in an abashed way, or as though dissolved in the street by some white acid, but for a girl and a soldier who, by their way of walking, seemed to have no destination but each other and to be not quite certain even of that. Blotted into one shadow he tall, she little, these two proceeded towards the park. They looked in, but did not go in; they stood there debating without speaking. Then, as though a command from the street behind them had been received by their synchronized bodies, they faced round to look back the way they had come.

His look up the height of a building made his head drop back, and she saw his eyeballs glitter. She slid her hand from his sleeve, stepped to the edge of the pavement and said: "Mysterious Kôr."

"What is?" he said, not quite collecting himself.

"This is—

> Mysterious Kôr thy walls forsaken stand,
> Thy lonely towers beneath a lonely moon—

—this is Kôr."[4]

"Why," he said, "it's years since I've thought of that."

---

1. During the Blitz, all lights were ordered concealed or extinguished at night so that enemy planes would have difficulty locating their targets.
2. The London subway system.
3. An inn.
4. Kôr is the lost city of H. Rider Haggard's 1887 adventure novel *She*. These lines are from a poem by Andrew Lang (1844–1912). The central character Ayesha, whose name means *She-who-must-be-obeyed*, is incessantly described as "mysterious." One of Ayesha's statements—"My empire is of the imagination"—may have had an ironic resonance for Bowen, writing about the condition of England during World War II.

She said: "I think of it all the time—"

> *Not in the waste beyond the swamps and sand,*
> *The fever-haunted forest and lagoon,*
> *Mysterious Kôr thy walls———*

—a completely forsaken city, as high as cliffs and as white as bones, with no history———"

"But something must once have happened: why had it been forsaken?"

"How could anyone tell you when there's nobody there?"

"Nobody there since how long?"

"Thousands of years."

"In that case, it would have fallen down."

"No, not Kôr," she said with immediate authority. "Kôr's altogether different; it's very strong; there is not a crack in it anywhere for a weed to grow in; the corners of stones and the monuments might have been cut yesterday, and the stairs and arches are built to support themselves."

"You know all about it," he said, looking at her.

"I know, I know all about it."

"What, since you read that book?"

"Oh, I didn't get much from that; I just got the name. I knew that must be the right name; it's like a cry."

"Most like the cry of a crow to me." He reflected, then said: "But the poem begins with 'Not'—'*Not in the waste beyond the swamps and sand*—' And it goes on, as I remember, to prove Kôr's not really anywhere. When even a poem says there's no such place—"

"What it tries to say doesn't matter: I see what it makes me see. Anyhow, that was written some time ago, at that time when they thought they had got everything taped, because the whole world had been explored, even the middle of Africa. Every thing and place had been found and marked on some map; so what wasn't marked on any map couldn't be there at all. So *they* thought: that was why he wrote the poem. '*The world is disenchanted,*' it goes on. That was what set me off hating civilization."

"Well, cheer up," he said; "there isn't much of it left."

"Oh, yes, I cheered up some time ago. This war shows we've by no means come to the end. If you can blow whole places out of existence, you can blow whole places into it. I don't see why not. They say we can't say what's come out since the bombing started. By the time we've come to the end, Kôr may be the one city left: the abiding city. I should laugh."

"No, you wouldn't," he said sharply. "*You* wouldn't—at least, I hope not. I hope you don't know what you're saying—does the moon make you funny?"

"Don't be cross about Kôr; please don't, Arthur," she said.

"I thought girls thought about people."

"What, these days?" she said. "Think about people? How can anyone think about people if they've got any heart? I don't know how other girls manage: I always think about Kôr."

"Not about me?" he said. When she did not at once answer, he turned her hand over, in anguish, inside his grasp. "Because I'm not there when you want me—is that my fault?"

"But to think about Kôr is to think about you and me."

"In that dead place?"

"No, ours—we'd be alone here."

Tightening his thumb on her palm while he thought this over, he looked behind them, around them, above them—even up at the sky. He said finally: "But we're alone here."

"That was why I said 'Mysterious Kôr.'"

"What, you mean we're there now, that here's there, that now's then? . . . I don't mind," he added, letting out as a laugh the sigh he had been holding in for some time. "You ought to know the place, and for all I could tell you we might be anywhere: I often do have it, this funny feeling, the first minute or two when I've come up out of the Underground. Well, well: join the Army and see the world." He nodded towards the perspective of traffic lights and said, a shade craftily: "What are those, then?"

Having caught the quickest possible breath, she replied: "Inexhaustible gases; they bored through to them and lit them as they came up; by changing colour they show the changing of minutes; in Kôr there is no sort of other time."

"You've got the moon, though: that can't help making months."

"Oh, and the sun, of course; but those two could do what they liked; we should not have to calculate when they'd come or go.'

"We might not have to," he said, 'but I bet I should."

"I should not mind what you did, so long as you never said, 'What next?'"

"I don't know about 'next,' but I do know what we'd do first."

"What, Arthur?"

"Populate Kôr."

She said: "I suppose it would be all right if our children were to marry each other?"

But her voice faded out; she had been reminded that they were homeless on this his first night of leave. They were, that was to say, in London without any hope of any place of their own. Pepita shared a two-roomed flatlet with a girl friend, in a by-street off the Regent's Park Road, and towards this they must make their halfhearted way. Arthur was to have the sitting-room divan, usually occupied by Pepita, while she herself had half of her girl friend's bed. There was really no room for a third, and least of all for a man, in those small rooms packed with furniture and the two girls' belongings: Pepita tried to be grateful for her friend Callie's forbearance—but how could she be, when it had not occurred to Callie that she would do better to be away tonight? She was more slow-witted than narrow-minded—but Pepita felt she owed a kind of ruin to her. Callie, not yet known to be home later than ten, would be now waiting up, in her house-coat, to welcome Arthur. That would mean three-sided chat, drinking cocoa, then turning in: that would be that, and that would be all. That was London, this war—they were lucky to have a roof—London, full enough before the Americans came. Not a place: they would even grudge you sharing a grave—that was what even married couples complained. Whereas in Kôr . . .

In Kôr . . . Like glass, the illusion shattered: a car hummed like a hornet towards them, veered, showed its scarlet tail-light, streaked away up the road. A woman edged round a front door and along the area railings timidly called her cat; meanwhile a clock near, then another set further back in the dazzling distance, set about striking midnight. Pepita, feeling Arthur release her arm with an abruptness that was the inverse of passion, shivered; whereat he asked brusquely: "Cold? Well, which way?—we'd better be getting on."

Callie was no longer waiting up. Hours ago she had set out the three cups and saucers, the tins of cocoa and household milk and, on the gas-ring, brought the kettle to just short of the boil. She had turned open Arthur's bed, the living-room divan, in the neat inviting way she had learnt at home—then, with a modest impulse, replaced the cover. She had, as Pepita foresaw, been wearing her cretonne[5] housecoat, the nearest thing to a hostess gown that she had; she had already brushed her hair for the night, rebraided it, bound the braids in a coronet round her head. Both lights and the wireless[6] had been on, to make the room both look and sound gay: all alone, she had come to that peak moment at which company should arrive—but so seldom does. From then on she felt welcome beginning to wither in her, a flower of the heart that had bloomed too early. There she had sat like an image, facing the three cold cups, on the edge of the bed to be occupied by an unknown man.

Callie's innocence and her still unsought-out state had brought her to take a proprietary pride in Arthur; this was all the stronger, perhaps, because they had not yet met. Sharing the flat with Pepita, this last year, she had been content with reflecting the heat of love. It was not, surprisingly, that Pepita seemed very happy— there were times when she was palpably on the rack, and this was not what Callie could understand. "Surely you owe it to Arthur," she would then say, "to keep cheerful? So long as you love each other———" Callie's calm brow glowed—one might say that it glowed in place of her friend's; she became the guardian of that ideality which for Pepita was constantly lost to view. It was true, with the sudden prospect of Arthur's leave, things had come nearer to earth: he became a proposition, and she would have been as glad if he could have slept somewhere else. Physically shy, a brotherless virgin, Callie shrank from sharing this flat with a young man. In this flat you could hear everything: what was once a three-windowed Victorian drawing-room had been partitioned, by very thin walls, into kitchenette, living-room, Callie's bedroom. The living-room was in the centre; the two others open off it. What was once the conservatory, half a flight down, was now converted into a draughty bathroom, shared with somebody else on the girl's floor. The flat, for these days, was cheap—even so, it was Callie, earning more than Pepita, who paid the greater part of the rent: it thus became up to her, more or less, to express good will as to Arthur's making a third. "Why, it will be lovely to have him here," Callie said. Pepita accepted the good will without much grace—but then, had she ever much grace to spare?— she was as restlessly secretive, as self-centred, as a little half-grown black cat. Next came a puzzling moment: Pepita seemed to be hinting that Callie should fix herself up somewhere else. "But where would I go?" Callie marvelled when this was at last borne in on her. "You know what London's like now. And, anyway"—here she laughed, but hers was a forehead that coloured as easily as it glowed—"it wouldn't be proper, would it, me going off and leaving just you and Arthur; I don't know what your mother would say to me. No, we may be a little squashed, but we'll make things ever so homey. I shall not mind playing gooseberry, really, dear."

But the hominess by now was evaporating, as Pepita and Arthur still and still did not come. At half-past ten, in obedience to the rule of the house, Callie was obliged to turn off the wireless, whereupon silence out of the stepless street began seeping into the slighted room. Callie recollected the fuel target and turned off her dear little table lamp, gaily painted with spots to make it look like a toadstool, thereby leaving only the hanging light. She laid her hand on the kettle, to find it gone cold again and sigh for the wasted gas if not for her wasted thought. Where are they? Cold crept up her out of the kettle; she went to bed.

---

5. Cotton fabric with a printed pattern.   6. Radio.

Callie's bed lay along the wall under the window: she did not like sleeping so close up under glass, but the clearance that must be left for the opening of door and cupboards made this the only possible place. Now she got in and lay rigidly on the bed's inner side, under the hanging hems of the window curtains, training her limbs not to stray to what would be Pepita's half. This sharing of her bed with another body would not be the least of her sacrifice to the lovers' love; tonight would be the first night—or at least, since she was an infant—that Callie had slept with anyone. Child of a sheltered middle-class household, she had kept physical distances all her life. Already repugnance and shyness ran through her limbs; she was preyed upon by some more obscure trouble than the expectation that she might not sleep. As to *that*, Pepita was restless; her tossings on the divan, her broken-off exclamations and blurred pleas had been to be heard, most nights, through the dividing wall.

Callie knew, as though from a vision, that Arthur would sleep soundly, with assurance and majesty. Did they not all say, too, that a soldier sleeps like a log? With awe she pictured, asleep, the face that she had not yet, awake, seen—Arthur's man's eyelids, cheekbones and set mouth turned up to the darkened ceiling. Wanting to savour darkness herself, Callie reached out and put off her bedside lamp.

At once she knew that something was happening—outdoors, in the street, the whole of London, the world. An advance, an extraordinary movement was silently taking place; blue-white beams overflowed from it, silting, dropping round the edges of the muffling black-out curtains. When, starting up, she knocked a fold of the curtain, a beam like a mouse ran across her bed. A searchlight, the most powerful of all time, might have been turned full and steady upon her defended window; finding flaws in the blackout stuff, it made veins and stars. Once gained by this idea of pressure she could not lie down again; she sat tautly, drawn-up knees touching her breasts, and asked herself if there were anything she should do. She parted the curtains, opened them slowly wider, looked out—and was face to face with the moon.

Below the moon, the houses opposite her window blazed back in transparent shadow; and something—was it a coin or a ring?—glittered half-way across the chalk-white street. Light marched in past her face, and she turned to see where it went: out stood the curves and garlands of the great white marble Victorian mantelpiece of that lost drawing-room; out stood, in the photographs turned her way, the thoughts with which her parents had faced the camera, and the humble puzzlement of her two dogs at home. Of silver brocade, just faintly purpled with roses, became her housecoat hanging over the chair. And the moon did more: it exonerated and beautified the lateness of the lovers' return. No wonder, she said herself, no wonder—if this was the world they walked in, if this was whom they were with. Having drunk in the white explanation, Callie lay down again. Her half of the bed was in shadow, but she allowed one hand to lie, blanched, in what would be Pepita's place. She lay and looked at the hand until it was no longer her own.

Callie woke to the sound of Pepita's key in the latch. But no voices? What had happened? Then she heard Arthur's step. She heard his unslung equipment dropped with a weary, dull sound, and the plonk of his tin hat on a wooden chair. "Sssh-sssh!" Pepita exclaimed, "she *might* be asleep!"

Then at last Arthur's voice: "But I thought you said—"

"I'm not asleep; I'm just coming!" Callie called out with rapture, leaping out from her form in shadow into the moonlight, zipping on her enchanted house-coat over her nightdress, kicking her shoes on, and pinning in place, with a trembling firmness, her plaits in their coronet round her head. Between these movements of hers she heard not another sound. Had she only dreamed they were there? Her heart beat: she stepped through the living-room, shutting her door behind her.

Pepita and Arthur stood on the other side of the table; they gave the impression of being lined up. Their faces, at different levels—for Pepita's rough, dark head came only an inch above Arthur's khaki shoulder—were alike in abstention from any kind of expression; as though, spiritually, they both still refused to be here. Their features looked faint, weathered—was this the work of the moon? Pepita said at once: "I suppose we are very late?"

"I don't wonder," Callie said, "on this lovely night."

Arthur had not raised his eyes; he was looking at the three cups. Pepita now suddenly jogged his elbow, saying, "Arthur, wake up; say something; this is Callie—well, Callie, this is Arthur, of course."

"Why, yes of course this is Arthur," returned Callie, whose candid eyes since she entered had not left Arthur's face. Perceiving that Arthur did not know what to do, she advanced round the table to shake hands with him. He looked up, she looked down, for the first time: she rather beheld than felt his red-brown grip on what still seemed her glove of moonlight. "Welcome, Arthur," she said. "I'm so glad to meet you at last. I hope you will be comfortable in the flat."

"It's been kind of you," he said after consideration.

"Please do not feel that," said Callie. "This is Pepita's home, too, and we both hope—don't we, Pepita?—that you'll regard it as yours. Please feel free to do just as you like. I am sorry it is so small."

"Oh, I don't know," Arthur said, as though hypnotized; "it seems a nice little place."

Pepita, meanwhile, glowered and turned away.

Arthur continued to wonder, though he had once been told, how these two unalike girls had come to set up together—Pepita so small, except for her too-big head, compact of childish brusqueness and of unchildish passion, and Callie, so sedate, waxy and tall—an unlit candle. Yes, she was like one of those candles on sale outside a church; there could be something votive even in her demeanour. She was unconscious that her good manners, those of an old fashioned country doctor's daughter, were putting the other two at a disadvantage. He found himself touched by the grave good faith with which Callie was wearing that tartish house-coat, above which her face kept the glaze of sleep; and, as she knelt to relight the gas-ring under the kettle, he marked the strong, delicate arch of one bare foot, disappearing into the arty green shoe. Pepita was now too near him ever again to be seen as he now saw Callie—in a sense, he never *had* seen Pepita for the first time: she had not been, and still sometimes was not, his type. No, he had not thought of her twice; he had not remembered her until he began to remember her with passion. You might say he had not seen Pepita coming: their love had been a collision in the dark.

Callie, determined to get this over, knelt back and said: "Would Arthur like to wash his hands?" When they had heard him stumble down the half-flight of stairs, she said to Pepita: "Yes, I was so glad you had the moon."

"Why?" said Pepita. She added: "There was too much of it."

"You're tired. Arthur looks tired, too."

"How would you know? He's used to marching about. But it's all this having no place to go."

"But, Pepita, you——"

But at this point Arthur came back: from the door he noticed the wireless, and went direct to it. "Nothing much on now, I suppose?" he doubtfully said.

"No; you see it's past midnight; we're off the air. And, anyway, in this house they don't like the wireless late. By the same token," went on Callie, friendly smiling, "I'm afraid I must ask you, Arthur, to take your boots off, unless, of course, you mean to stay sitting down. The people below us——"

Pepita flung off, saying something under her breath, but Arthur, remarking, "No, I don't mind," both sat down and began to take off his boots. Pausing, glancing to left and right at the divan's fresh cotton spread, he said: "It's all right is it, for me to sit on this?"

"That's my bed," said Pepita. "You are to sleep in it."

Callie then made the cocoa, after which they turned in. Preliminary trips to the bathroom having been worked out, Callie was first to retire, shutting the door behind her so that Pepita and Arthur might kiss each other good night. When Pepita joined her, it was without knocking: Pepita stood still in the moon and began to tug off her clothes. Glancing with hate at the bed, she asked: "Which side?"

"I expected you'd like the outside."

"What are you standing about for?"

"I don't really know: as I'm inside I'd better get in first."

"Then why not get in?"

When they had settled rigidly, side by side, Callie asked: "Do you think Arthur's got all he wants?"

Pepita jerked her head up. "We can't sleep in all this moon."

"Why, you don't believe the moon does things, actually?"

"Well, it couldn't hope to make some of us *much* more screwy."

Callie closed the curtains, then said: "What do you mean? And—didn't you hear?—I asked if Arthur's got all he wants."

"That's what I meant—have you got a screw loose, really?"

"Pepita, I won't stay here if you're going to be like this."

"In that case, you had better go in with Arthur."

"What about me?" Arthur loudly said through the wall. "I can hear practically all you girls are saying."

They were both startled—rather that than abashed. Arthur, alone in there, had thrown off the ligatures[7] of his social manner: his voice held the whole authority of his sex—he was impatient, sleepy, and he belonged to no one.

"Sorry," the girls said in unison. Then Pepita laughed soundlessly, making their bed shake, till to stop herself she bit the back of her hand, and this movement made her elbow strike Callie's cheek. "Sorry," she had to whisper. No answer: Pepita fingered her elbow and found, yes, it was quite true, it was wet. "Look, shut up crying, Callie: what have I done?"

Callie rolled right round, in order to press her forehead closely under the window, into the curtains, against the wall. Her weeping continued to be soundless: now and then, unable to reach her handkerchief, she staunched her eyes with a curtain, disturbing slivers of moon. Pepita gave up marvelling, and soon slept: at least there is something in being dog-tired.

A clock struck four as Callie woke up again—but something else had made her open her swollen eyelids. Arthur, stumbling about on his padded feet, could be heard next door attempting to make no noise. Inevitably, he bumped the edge of the table. Callie sat up: by her side Pepita lay like a mummy rolled half over, in for-

7. Restrictions.

bidding, tenacious sleep. Arthur groaned. Callie caught a breath, climbed lightly over Pepita, felt for her torch[8] on the mantelpiece, stopped to listen again. Arthur groaned again: Callie, with movements soundless as they were certain, opened the door and slipped through to the living-room. "What's the matter?" she whispered. "Are you ill?"

"No; I just got a cigarette. Did I wake you up?"

"But you groaned."

"I'm sorry; I'd no idea."

"But do you often?"

"I've no idea, really, I tell you," Arthur repeated. The air of the room was dense with his presence, overhung by tobacco. He must be sitting on the edge of his bed, wrapped up in his overcoat—she could smell the coat, and each time he pulled on the cigarette his features appeared down there, in the fleeting, dull reddish glow. "Where are you?" he said. "Show a light."

Her nervous touch on her torch, like a reflex to what he said, made it flicker up for a second. "I am just by the door; Pepita's asleep; I'd better go back to bed."

"Listen. Do you two get on each other's nerves?"

"Not till tonight," said Callie, watching the uncertain swoops of the cigarette as he reached across to the ashtray on the edge of the table. Shifting her bare feet patiently, she added: "You don't see us as we usually are."

"She's a girl who shows things in funny ways—I expect she feels bad at our putting you out like this—I know I do. But then we'd got no choice, had we?"

"It is really I who am putting you out," said Callie.

"Well, that can't be helped either, can it? You had the right to stay in your own place. If there'd been more time, we might have gone to the country, though I still don't see where we'd have gone there. It's one harder when you're not married, unless you've got the money. Smoke?"

"No, thank you. Well, if you're all right, I'll go back to bed."

"I'm glad she's asleep—funny the way she sleeps, isn't it? You can't help wondering where she is. You haven't got a boy, have you, just at present?"

"No. I've never had one."

"I'm not sure in one way that you're not better off. I can see there's not so much in it for a girl these days. It makes me feel cruel the way I unsettle her: I don't know how much it's me myself or how much it's something the matter that I can't help. How are any of us to know how things could have been? They forget war's not just only war; it's years out of people's lives that they've never had before and won't have again. Do you think she's fanciful?"

"Who, Pepita?"

"It's enough to make her—tonight was the pay-off. We couldn't get near any movie or any place for sitting; you had to fight into the bars, and she hates the staring in bars, and with all that milling about, every street we went, they kept on knocking her even off my arm. So then we took the tube to that park down there, but the place was as bad as daylight, let alone it was cold. We hadn't the nerve—well, that's nothing to do with you."

"I don't mind."

"Or else you don't understand. So we began to play—we were off in Kôr."

8. Flashlight.

"Core of what?"

"Mysterious Kôr—ghost city."

"Where?"

"You may ask. But I could have sworn she saw it, and from the way she saw it I saw it, too. A game's a game, but what's a hallucination? You begin by laughing, then it gets in you and you can't laugh it off. I tell you, I woke up just now not knowing where I'd been; and I had to get up and feel round this table before I even knew where I was. It wasn't till then that I thought of a cigarette. Now I see why she sleeps like that, if that's where she goes."

"But she is just as often restless; I often hear her."

"Then she doesn't always make it. Perhaps it takes me, in some way—Well, I can't see any harm: when two people have got no place, why not want Kôr, as a start? There are no restrictions on wanting, at any rate."

"But, oh, Arthur, can't wanting want what's human?"

He yawned. "To be human's to be at a dead loss." Stopping yawning, he ground out his cigarette: the china tray skidded at the edge of the table. "Bring that light here a moment—that is, will you? I think I've messed ash all over these sheets of hers."

Callie advanced with the torch alight, but at arm's length: now and then her thumb made the beam wobble. She watched the lit-up inside of Arthur's hand as he brushed the sheet; and once he looked up to see her white-nightgowned figure curving above and away from him, behind the arc of light. "What's that swinging?"

"One of my plaits of hair. Shall I open the window wider?"

"What, to let the smoke out? Go on. And how's your moon?"

"Mine?" Marvelling over this, as the first sign that Arthur remembered that she was Callie, she uncovered the window, pushed up the sash, then after a minute said: "Not so strong."

Indeed, the moon's power over London and the imagination had now declined. The siege of light had relaxed; the search was over; the street had a look of survival and no more. Whatever had glittered there, coin or ring, was now invisible or had gone. To Callie it seemed likely that there would never be such a moon again; and on the whole she felt this was for the best. Feeling air reach in like a tired arm round her body, she dropped the curtains against it and returned to her own room.

Back by her bed, she listened; Pepita's breathing still had the regular sound of sleep. At the other side of the wall the divan creaked as Arthur stretched himself out again. Having felt ahead of her lightly, to make sure her half was empty, Callie climbed over Pepita and got in. A certain amount of warmth had travelled between the sheets from Pepita's flank, and in this Callie extended her sword-cold body: she tried to compose her limbs; even they quivered after Arthur's words in the dark, words to the dark. The loss of her own mysterious expectation, of her love for love, was a small thing beside the war's total of unlived lives. Suddenly Pepita flung out one hand: its back knocked Callie lightly across the face.

Pepita had now turned over and lay with her face up. The hand that had struck Callie must have lain over the other, which grasped the pyjama collar. Her eyes, in the dark, might have been either shut or open, but nothing made her frown more or less steadily: it became certain, after another moment, that Pepita's act of justice had been unconscious. She still lay, as she had lain, in an avid dream, of which Arthur had been the source, of which Arthur was not the end. With him she looked this way, that way, down the wide, void, pure streets, between statues, pillars and shadows, through archways and colonnades. With him she went up the stairs down which nothing but moon came; with him trod the ermine[9] dust of the endless halls, stood on terraces, mounted the extreme tower, looked down on the statued squares, the wide, void, pure streets. He was the password, but not the answer: it was to Kôr's finality that she turned.

Evelyn Waugh
1903–1966

Few writers have demonstrated Evelyn Waugh's keen eye for the foibles and pretensions of the British aristocracy, while at the same time creating a gallery of vivid and memorable characters. He made a name for himself with his first novel *Decline and Fall* (1928), which is a thinly veiled autobiographical novel detailing Waugh's experiences at Oxford (which he left after three years without graduating) and as a schoolteacher (Waugh was fired from three schools in two years). The novel reveals a considerable gift as a social critic and satirist; all of the important writing Waugh would do for the next three and a half decades works in a similar vein.

Evelyn Waugh was born the son of Arthur Waugh, an influential late-Victorian literary critic and publisher (whose savage review of Eliot's *The Love Song of J. Alfred Prufrock* is reprinted on page 2350); reading and writing were central to Evelyn's childhood experience, as was an Anglican religious training. For a time, Waugh attempted to renounce both his religious faith and writing vocation; the publication of *Decline and Fall*, however, and his conversion to Catholicism (following the breakup of his brief first marriage) in 1930, confirmed both aspects of his calling. He went on to write a long string of critically and popularly successful novels, including *Vile Bodies* (1930), *Black Mischief* (1932), *A Handful of Dust* (1934), and *Put Out More Flags* (1942). His most enduringly popular novel (owing in part to its serialization by the BBC in 1980), is *Brideshead Revisited* (1945); a good deal of its interest lies in Waugh's vivid picture of the effete, aestheticist, homoerotic atmosphere of Oxford during his time there. His story *Cruise* (1936) is classic Waugh: biliously funny and sharply observant, mocking the idle British tourist who can see nothing new under the exotic Mediterranean sun. *Cruise* is the comic flip side of Sackville-West's *Seducers in Ecuador*.

Far less comically, Waugh's story *The Man Who Liked Dickens* is a cautionary tale of what might happen to an ordinary, if wealthy, Englishman venturing "beyond the pale" of European civilization in a disastrous journey to the Amazon. Waugh adapted the chilling ending of his story to serve as the equally disturbing ending of his great novel *A Handful of Dust*. Like Graham Greene's *A Chance for Mr Lever*, Waugh's story and novel are in dialogue with modernism, recreating Conrad by undertaking a journey to the heart of darkness, a heart found to the dismay of the main character to contain the very England he had futilely tried to escape. Waugh's work has a satiric modernism at its heart.

The Man Who Liked Dickens

Although Mr McMaster had lived in Amazonas for nearly sixty years, no one except a few families of Shiriana Indians was aware of his existence. His house stood in a small savannah[1], one of those little patches of sand and grass that crop up occasionally in that neighbourhood, three miles or so across, bounded on all sides by forest.

---

9. White.   1. Field.

Connection to Heart of Darkness
blank space on mess (2024)

The stream which watered it was not marked on any map; it ran through rapids, always dangerous and at most seasons of the year impassable, to join the upper waters of the River Uraricoera, whose course, though boldly delineated in every school atlas, is still largely conjectural. None of the inhabitants of the district, except Mr McMaster, had ever heard of the republic of Colombia, Venezuela, Brazil or Bolivia, each of whom had at one time or another claimed its possession.

Mr McMaster's house was larger than those of his neighbours, but similar in character—a palm thatch roof, breast high walls of mud and wattle, and a mud floor. He owned the dozen or so head of puny cattle which grazed in the savannah, a plantation of cassava, some banana and mango trees, a dog, and, unique in the neighbourhood, a single-barrelled, breech-loading shotgun. The few commodities which he employed from the outside world came to him through a long succession of traders, passed from hand to hand, bartered for in a dozen languages at the extreme end of one of the longest threads in the web of commerce that spreads from Manáos into the remote fastness of the forest.

One day while Mr McMaster was engaged in filling some cartridges, a Shiriana came to him with the news that a white man was approaching through the forest, alone and very sick. He closed the cartridge and loaded his gun with it, put those that were finished into his pocket and set out in the direction indicated.

The man was already clear of the bush when Mr McMaster reached him, sitting on the ground, clearly in a very bad way. He was without hat or boots, and his clothes were so torn that it was only by the dampness of his body that they adhered to it; his feet were cut and grossly swollen, every exposed surface of skin was scarred by insect and bat bites; his eyes were wild with fever. He was talking to himself in delirium, but stopped when Mr McMaster approached and addressed him in English.

"I'm tired," the man said; then: "Can't go any farther. My name is Henty and I'm tired. Anderson died. That was a long time ago. I expect you think I'm very odd."

"I think you are ill, my friend."

"Just tired. It must be several months since I had anything to eat."

Mr McMaster hoisted him to his feet and, supporting him by the arm, led him across the hummocks of grass towards the farm.

"It is a very short way. When we get there I will give you something to make you better."

"Jolly kind of you." Presently he said: "I say, you speak English. I'm English, too. My name is Henty."

"Well, Mr Henty, you aren't to bother about anything more. You're ill and you've had a rough journey. I'll take care of you."

They went very slowly, but at length reached the house.

"Lie there in the hammock. I will fetch something for you."

Mr McMaster went into the back room of the house and dragged a tin canister from under a heap of skins. It was full of a mixture of dried leaf and bark. He took a handful and went outside to the fire. When he returned he put one hand behind Henty's head and held up the concoction of herbs in a calabash for him to drink. He sipped, shuddering slightly at the bitterness. At last he finished it. Mr McMaster threw out the dregs on the floor. Henty lay back in the hammock sobbing quietly. Soon he fell into a deep sleep.

* * * * *

"Ill-fated" was the epithet applied by the press to the Anderson expedition to the Parima and upper Uraricoera region of Brazil. Every stage of the enterprise from the preliminary arrangements in London to its tragic dissolution in Amazonas was attacked by misfortune. It was due to one of the early setbacks that Paul Henty became connected with it.

He was not by nature an explorer; an even-tempered, good-looking young man of fastidious tastes and enviable possessions, unintellectual, but appreciative of fine architecture and the ballet, well travelled in the more accessible parts of the world, a collector though not a connoisseur, popular among hostesses, revered by his aunts. He was married to a lady of exceptional charm and beauty, and it was she who upset the good order of his life by confessing her affection for another man for the second time in the eight years of their marriage. The first occasion had been a short-lived infatuation with a tennis professional, the second was a captain in the Coldstream Guards, and more serious.

Henty's first thought under the shock of this revelation was to go out and dine alone. He was a member of four clubs, but at three of them he was liable to meet his wife's lover. Accordingly he chose one which he rarely frequented, a semi-intellectual company composed of publishers, barristers, and men of scholarship awaiting election to the Athenaeum.[2]

Here, after dinner, he fell into conversation with Professor Anderson and first heard of the proposed expedition to Brazil. The particular misfortune that was retarding arrangements at that moment was the defalcation[3] of the secretary with two-thirds of the expedition's capital. The principals were ready—Professor Anderson, Dr Simmons the anthropologist, Mr Necher the biologist, Mr Brough the surveyor, wireless operator and mechanic—the scientific and sporting apparatus was packed up in crates ready to be embarked, the necessary facilities had been stamped and signed by the proper authorities, but unless twelve hundred pounds was forthcoming the whole thing would have to be abandoned.

Henty, as has been suggested, was a man of comfortable means; the expedition would last from nine months to a year; he could shut his country house—his wife, he reflected, would want to remain in London near her young man—and cover more than the sum required. There was a glamour about the whole journey which might, he felt, move even his wife's sympathies. There and then, over the club fire, he decided to accompany Professor Anderson.

When he went home that evening he announced to his wife: "I have decided what I shall do."

"Yes, darling?"

"You are certain that you no longer love me?"

"*Darling*, you *know*, I *adore* you."

"But you are certain you love this guardsman, Tony whatever-his-name-is, more?"

"Oh, yes, *ever* so much more. Quite a different thing altogether."

"Very well, then. I do not propose to do anything about a divorce for a year. You shall have time to think it over. I am leaving next week for the Uraricoera."

"Golly, where's that?"

"I am not perfectly sure. Somewhere in Brazil, I think. It is unexplored. I shall be away a year."

"But darling, how ordinary! Like people in books—big game, I mean, and all that."

"You have obviously already discovered that I am a very ordinary person."

---

2. The Athenaeum was a prestigious, intellectual society and men's club.   3. Disappearance.

"Now, Paul, don't be disagreeable—oh, there's the telephone. It's probably Tony. If it is, d'you mind terribly if I talk to him alone for a bit?"

But in the ten days of preparation that followed she showed greater tenderness, putting off her soldier twice in order to accompany Henty to the shops where he was choosing his equipment and insisting on his purchasing a worsted cummerbund.[4] On his last evening she gave a supper party for him at the Embassy to which she allowed him to ask any of his friends he liked; he could think of no one except Professor Anderson, who looked oddly dressed, danced tirelessly and was something of a failure with everyone. Next day Mrs Henty came with her husband to the boat train and presented him with a pale blue, extravagantly soft blanket, in a suède case of the same colour furnished with a zip fastener and monogram. She kissed him good-bye and said, "Take care of yourself in wherever it is."

Had she gone as far as Southampton she might have witnessed two dramatic passages. Mr Brough got no farther than the gangway before he was arrested for debt—a matter of £32; the publicity given to the dangers of the expedition was responsible for the action. Henty settled the account.

The second difficulty was not to be overcome so easily. Mr Necher's mother was on the ship before them; she carried a missionary journal in which she had just read an account of the Brazilian forests. Nothing would induce her to permit her son's departure; she would remain on board until he came ashore with her. If necessary, she would sail with him, but go into those forests alone he should not. All argument was unavailing with the resolute old lady, who eventually, five minutes before the time of embarkation, bore her son off in triumph, leaving the company without a biologist.

Nor was Mr Brough's adherence long maintained. The ship in which they were travelling was a cruising liner taking passengers on a round voyage. Mr Brough had not been on board a week and had scarcely accustomed himself to the motion of the ship before he was engaged to be married; he was still engaged, although to a different lady, when they reached Manáos and refused all inducements to proceed farther, borrowing his return fare from Henty and arriving back in Southampton engaged to the lady of his first choice, whom he immediately married.

In Brazil the officials to whom their credentials were addressed were all out of power. While Henty and Professor Anderson negotiated with the new administrators, Dr Simmons proceeded up river to Boa Vista where he established a base camp with the greater part of the stores. These were instantly commandeered by the revolutionary garrison, and he himself imprisoned for some days and subjected to various humiliations which so enraged him that, when released, he made promptly for the coast, stopping at Manáos only long enough to inform his colleagues that he insisted on leaving his case personally before the central authorities at Rio.

Thus, while they were still a month's journey from the start of their labours, Henty and Professor Anderson found themselves alone and deprived of the greater part of their supplies. The ignominy of immediate return was not to be borne. For a short time they considered the advisability of going into hiding for six months in Madeira or Tenerife, but even there detection seemed probable; there had been too many photographs in the illustrated papers before they left London. Accordingly, in low spirits, the two explorers at last set out alone for the Uraricoera with little hope of accomplishing anything of any value to anyone.

4. A cummerbund wraps around the waist and is usually worn with a tuxedo; Henty's wife encouraged him to buy a woolen (worsted) one, impractical for the tropics.

For seven weeks they paddled through green, humid tunnels of forest. They took a few snapshots of naked, misanthropic Indians; bottled some snakes and later lost them when their canoe capsized in the rapids; they overtaxed their digestions, imbibing nauseous intoxicants at native galas; they were robbed of the last of their sugar by a Guianese prospector. Finally, Professor Anderson fell ill with malignant malaria, chattered feebly for some days in his hammock, lapsed into coma and died, leaving Henty alone with a dozen Maku oarsmen, none of whom spoke a word of any language known to him. They reversed their course and drifted down stream with a minimum of provisions and no mutual confidence.

One day, a week or so after Professor Anderson's death, Henty awoke to find that his boys and his canoe had disappeared during the night, leaving him with only his hammock and pajamas some two or three hundred miles from the nearest Brazilian habitation. Nature forbade him to remain where he was although there seemed little purpose in moving. He set himself to follow the course of the stream, at first in the hope of meeting a canoe. But presently the whole forest became peopled for him with frantic apparitions, for no conscious reason at all. He plodded on, now wading in the water, now scrambling through the bush.

Vaguely at the back of his mind he had always believed that the jungle was a place full of food; that there was danger of snakes and savages and wild beasts, but not of starvation. But now he observed that this was far from being the case. The jungle consisted solely of immense tree trunks, embedded in a tangle of thorn and vine rope, all far from nutritious. On the first day he suffered hideously. Later he seemed anaesthetized and was chiefly embarrassed by the behaviour of the inhabitants who came out to meet him in footman's livery, carrying his dinner, and then irresponsibly disappeared or raised the covers of their dishes and revealed live tortoises. Many people who knew him in London appeared and ran round him with derisive cries, asking him questions to which he could not possibly know the answer. His wife came, too, and he was pleased to see her, assuming that she had got tired of her guardsman and was there to fetch him back; but she soon disappeared, like all the others.[5]

It was then that he remembered that it was imperative for him to reach Manàos; he redoubled his energy, stumbling against boulders in the stream and getting caught up among the vines. "But I mustn't waste my strength," he reflected. Then he forgot that, too, and was conscious of nothing more until he found himself lying in a hammock in Mr McMaster's house.

His recovery was slow. At first, days of lucidity alternated with delirium; then his temperature dropped and he was conscious even when most ill. The days of fever grew less frequent, finally occurring in the normal system of the tropics, between long periods of comparative health. Mr McMaster dosed him regularly with herbal remedies.

"It's very nasty," said Henty, "but it does do good."

"There is medicine for everything in the forest," said Mr McMaster; "to make you well and to make you ill. My mother was an Indian and she taught me many of them. I have learned others from time to time from my wives. There are plants to cure you and give you fever, to kill you and send you mad, to keep away snakes, to intoxicate fish so that you can pick them out of the water with your hands like fruit

---

5. Henty is obviously delirious.

from a tree. There are medicines even I do not know. They say that it is possible to bring dead people to life after they have begun to stink, but I have not seen it done."

"But surely you are English?"

"My father was—at least a Barbadian. He came to British Guiana as a missionary. He was married to a white woman but he left her in Guiana to look for gold. Then he took my mother. The Shiriana women are ugly but very devoted. I have had many. Most of the men and women living in this savannah are my children. That is why they obey—for that reason and because I have the gun. My father lived to a great age. It is not twenty years since he died. He was a man of education. Can you read?"

"Yes, of course."

"It is not everyone who is so fortunate. I cannot."

Henty laughed apologetically. "But I suppose you haven't much opportunity here."

"Oh yes, that is just it. I have a great many books. I will show you when you are better. Until five years ago there was an Englishman—at least a black man, but he was well educated in Georgetown. He died. He used to read to me every day until he died. You shall read to me when you are better."

"I shall be delighted to."

"Yes, you shall read to me," Mr McMaster repeated, nodding over the calabash.

During the early days of his convalescence Henty had little conversation with his host; he lay in the hammock staring up at the thatched roof and thinking about his wife, rehearsing over and over again different incidents in their life together, including her affairs with the tennis professional and the soldier. The days, exactly twelve hours each, passed without distinction. Mr McMaster retired to sleep at sundown, leaving a little lamp burning—a hand-woven wick drooping from a pot of beef fat—to keep away vampire bats.

The first time that Henty left the house Mr McMaster took him for a little stroll around the farm.

"I will show you the black man's grave," he said, leading him to a mound between the mango trees. "He was very kind to me. Every afternoon until he died, for two hours, he used to read to me. I think I will put up a cross—to commemorate his death and your arrival—a pretty idea. Do you believe in God?"

"I've never really thought about it much."

"You are perfectly right. I have thought about it a *great* deal and I still do not know . . . Dickens did."

"I suppose so."

"Oh yes, it is apparent in all his books. You will see."

That afternoon Mr McMaster began the construction of a head-piece for the Negro's grave. He worked with a large spokeshave in a wood so hard that it grated and rang like metal.

At last when Henty had passed six or seven consecutive days without fever, Mr McMaster said, "Now I think you are well enough to see the books."

At one end of the hut there was a kind of loft formed by a rough platform erected up in the eaves of the roof. Mr McMaster propped a ladder against it and mounted. Henty followed, still unsteady after his illness. Mr McMaster sat on the platform and Henty stood at the top of the ladder looking over. There was a heap of small bundles there, tied up with rag, palm leaf and rawhide.

"It has been hard to keep out the worms and ants. Two are practically destroyed. But there is an oil the Indians know how to make that is useful."

He unwrapped the nearest parcel and handed down a calf-bound book. It was an early American edition of *Bleak House*.

"It does not matter which we take first."

"You are fond of Dickens?"

"Why, yes, of course. More than fond, far more. You see, they are the only books I have ever heard. My father used to read them and then later the black man . . . and now you. I have heard them all several times by now but I never get tired; there is always more to be learned and noticed, so many characters, so many changes of scene, so many words . . . I have all Dickens's books except those that the ants devoured. It takes a long time to read them all—more than two years."

"Well," said Henty lightly. "they will well last out my visit."

"Oh, I hope not. It is delightful to start again. Each time I think I find more to enjoy and admire."

They took down the first volume of *Bleak House* and that afternoon Henty had his first reading.

He had always rather enjoyed reading aloud and in the first year of marriage had shared several books in this way with his wife, until one day, in one of her rare moments of confidence, she remarked that it was torture to her. Sometimes after that he had thought it might be agreeable to have children to read to. But Mr McMaster was a unique audience.

The old man sat astride his hammock opposite Henty, fixing him throughout with his eyes, and following the words, soundlessly, with his lips. Often when a new character was introduced he would say, "Repeat the name, I have forgotten him," or, "Yes, yes, I remember her well. She dies, poor woman." He would frequently interrupt with questions; not as Henty would have imagined about the circumstances of the story—such things as the procedure of the Lord Chancellor's Court or the social conventions of the time, though they must have been unintelligible, did not concern him—but always about the characters. "Now, why does she say that? Does she really mean it? Did she feel faint because of the heat of the fire or of something in that paper?" He laughed loudly at all the jokes and at some passages which did not seem humorous to Henty, asking him to repeat them two or three times; and later at the description of the sufferings of the outcasts in "Tom-all-Alone's" tears ran down his cheeks into his beard. His comments on the story were usually simple. "I think that Dedlock is a very proud man," or, "Mrs Jellyby does not take enough care of her children." Henty enjoyed the readings almost as much as he did.

At the end of the first day the old man said, "You read beautifully, with a far better accent than the black man. And you explain better. It is almost as though my father were here again." And always at the end of a session he thanked his guest courteously. "I enjoyed that very much. It was an extremely distressing chapter. But, if I remember rightly, it will all turn out well."

By the time that they were well into the second volume, however, the novelty of the old man's delight had begun to wane, and Henty was feeling strong enough to be restless. He touched more than once on the subject of his departure, asking about canoes and rains and the possibility of finding guides. But Mr McMaster seemed obtuse and paid no attention to these hints.

One day, running his thumb through the pages of *Bleak House* that remained to be read, Henty said, "We still have a lot to get through. I hope I shall be able to finish it before I go."

"Oh yes," said Mr McMaster. "Do not disturb yourself about that. You will have time to finish it, my friend."

For the first time Henty noticed something slightly menacing in his host's manner. That evening at supper, a brief meal of farine[6] and dried beef eaten just before sundown, Henty renewed the subject.

"You know, Mr McMaster, the time has come when I must be thinking about getting back to civilization. I have already imposed myself on your hospitality for too long."

Mr McMaster bent over his plate, crunching mouthfuls of farine, but made no reply.

"How soon do you think I shall be able to get a boat? . . . I said how soon do you think I shall be able to get a boat? I appreciate all your kindness to me more than I can say, but . . ."

"My friend, any kindness I may have shown is amply repaid by your reading of Dickens. Do not let us mention the subject again."

"Well, I'm very glad you have enjoyed it. I have, too. But I really must be thinking of getting back . . ."

"Yes," said Mr McMaster. "The black man was like that. He thought of it all the time. But he died here . . ."

Twice during the next day Henty opened the subject but his host was evasive. Finally he said, "Forgive me, Mr McMaster, but I really must press the point. When can I get a boat?"

"There is no boat."

"Well, the Indians can build one."

"You must wait for the rains. There is not enough water in the river now."

"How long will that be?"

"A month . . . two months . . ."

They had finished *Bleak House* and were nearing the end of *Dombey and Son* when the rain came.

"Now it is time to make preparations to go."

"Oh, that is impossible. The Indians will not make a boat during the rainy season—it is one of their superstitions."

"You might have told me."

"Did I not mention it? I forgot."

Next morning Henty went out alone while his host was busy, and, looking as aimless as he could, strolled across the savannah to the group of Indian houses. There were four or five Shirianas sitting in one of the doorways. They did not look up as he approached them. He addressed them in the few words of Maku he had acquired during the journey but they made no sign whether they understood him or not. Then he drew a sketch of a canoe in the sand, he went through some vague motions of carpentry, pointed from them to him, then made motions of giving something to them and scratched out the outlines of a gun and a hat and a few other recognizable articles of trade. One of the women giggled, but no one gave any sign of comprehension, and he went away unsatisfied.

At their midday meal Mr McMaster said, "Mr Henty, the Indians tell me that you have been trying to speak with them. It is easier that you say anything you wish

6. Grain.

through me. You realize, do you not, that they would do nothing without my authority. They regard themselves, quite rightly in most cases, as my children."

"Well, as a matter of fact, I was asking them about a canoe."

"So they gave me to understand . . . and now if you have finished your meal perhaps we might have another chapter. I am quite absorbed in the book."

They finished *Dombey and Son*; nearly a year had passed since Henty had left England, and his gloomy foreboding of permanent exile became suddenly acute when, between the pages of *Martin Chuzzlewit*, he found a document written in pencil in irregular characters.

> Year 1919
> I James McMaster of Brazil do swear to Barnabas Washington of Georgetown that if he finish this book in fact Martin Chuzzlewit I will let him go away back as soon as finished.

There followed a heavy pencil X, and after it: *Mr McMaster made this mark signed Barnabas Washington.*

"Mr McMaster," said Henty. "I must speak frankly. You saved my life, and when I get back to civilization I will reward you to the best of my ability. I will give you anything within reason. But at present you are keeping me here against my will. I demand to be released."

"But, my friend, what is keeping you? You are under no restraint. Go when you like."

"You know very well that I can't get away without your help."

"In that case you must humour an old man. Read me another chapter."

"Mr McMaster, I swear by anything you like that when I get to Manáos I will find someone to take my place. I will pay a man to read to you all day."

"But I have no need of another man. You read so well."

"I have read for the last time."

"I hope not," said Mr McMaster politely.

That evening at supper only one plate of dried meat and farine was brought in and Mr McMaster ate alone. Henty lay without speaking, staring at the thatch.

Next day at noon a single plate was put before Mr McMaster, but with it lay his gun, cocked, on his knee, as he ate. Henty resumed the reading of *Martin Chuzzlewit* where it had been interrupted.

Weeks passed hopelessly. They read *Nicholas Nickleby* and *Little Dorrit* and *Oliver Twist*. Then a stranger arrived in the savannah, a half-caste prospector, one of that lonely order of men who wander for a lifetime through the forests, tracing the little streams, sifting the gravel and, ounce by ounce, filling the little leather sack of gold dust, more often than not dying of exposure and starvation with five hundred dollars' worth of gold hung around their necks. Mr McMaster was vexed at his arrival, gave him farine and *passo* and sent him on his journey within an hour of his arrival, but in that hour Henty had time to scribble his name on a slip of paper and put it into the man's hand.

From now on there was hope. The days followed their unvarying routine; coffee at sunrise, a morning of inaction while Mr McMaster pottered about on the business of the farm, farine and *passo* at noon. Dickens in the afternoon, farine and *passo* and sometimes some fruit for supper, silence from sunset to dawn with the small wick glowing in the beef fat and the palm thatch overhead dimly discernible; but Henty lived in quiet confidence and expectation.

Some time, this year or the next, the prospector would arrive at a Brazilian village with news of his discovery. The disasters to the Anderson expedition would not have passed unnoticed. Henty could imagine the headlines that must have appeared in the popular press; even now probably there were search parties working over the country he had crossed; any day English voices might sound over the savannah and a dozen friendly adventurers come crashing through the bush. Even as he was reading, while his lips mechanically followed the printed pages, his mind wandered away from his eager, crazy host opposite, and he began to narrate to himself incidents of his homecoming—the gradual re-encounters with civilization; he shaved and bought new clothes at Manáos, telegraphed for money, received wires of congratulation; he enjoyed the leisurely river journey to Belem, the big liner to Europe; savoured good claret and fresh meat and spring vegetables; he was shy at meeting his wife and uncertain how to address . . . "*Darling*, you've been much longer than you said. I quite thought you were lost . . ."

And then Mr McMaster interrupted. "May I trouble you to read that passage again? It is one I particularly enjoy."

The weeks passed; there was no sign of rescue, but Henty endured the day for hope of what might happen on the morrow; he even felt a slight stirring of cordiality towards his gaoler[7] and was therefore quite willing to join him when, one evening after a long conference with an Indian neighbour, he proposed a celebration.

"It is one of the local feast days," he explained, "and they have been making *piwari*. You may not like it, but you should try some. We will go across to this man's home tonight."

Accordingly after supper they joined a party of Indians that were assembled round the fire in one of the huts at the other side of the savannah. They were singing in an apathetic, monotonous manner and passing a large calabash of liquid from mouth to mouth. Separate bowls were brought for Henty and Mr McMaster, and they were given hammocks to sit in.

"You must drink it all without lowering the cup. That is the etiquette."

Henty gulped the dark liquid, trying not to taste it. But it was not unpleasant, hard and muddy on the palate like most of the beverages he had been offered in Brazil, but with a flavour of honey and brown bread. He leant back in the hammock feeling unusually contented. Perhaps at that very moment the search party was in camp a few hours' journey from them. Meanwhile he was warm and drowsy. The cadence of song rose and fell interminably, liturgically. Another calabash of *piwari* was offered him and he handed it back empty. He lay full length watching the play of shadows on the thatch as the Shirianas began to dance. Then he shut his eyes and thought of England and his wife and fell asleep.

He awoke, still in the Indian hut, with the impression that he had outslept his usual hour. By the position of the sun he knew it was late afternoon. No one else was about. He looked for his watch and found to his surprise that it was not on his wrist. He had left it in the house, he supposed, before coming to the party.

"I must have been tight last night," he reflected. "Treacherous drink, that." He had a headache and feared a recurrence of fever. He found when he set his feet to the ground that he stood with difficulty; his walk was unsteady and his mind confused as

7. Jailer.

it had been during the first weeks of his convalescence. On the way across the savannah he was obliged to stop more than once, shutting his eyes and breathing deeply. When he reached the house he found Mr McMaster sitting there.

"Ah, my friend, you are late for the reading this afternoon. There is scarcely another half hour of light. How do you feel?"

"Rotten. That drink doesn't seem to agree with me."

"I will give you something to make you better. The forest has remedies for everything; to make you awake and to make you sleep."

"You haven't seen my watch anywhere?"

"You have missed it?"

"Yes. I thought I was wearing it. I say, I've never slept so long."

"Not since you were a baby. Do you know how long? Two days."

"Nonsense. I can't have."

"Yes, indeed. It is a long time. It is a pity because you missed our guests."

"Guests?"

"Why, yes. I have been quite gay while you were asleep. Three men from outside. Englishmen. It is a pity you missed them. A pity for them, too, as they particularly wished to see you. But what could I do? You were so sound asleep. They had come all the way to find you, so—I thought you would not mind—as you could not greet them yourself I gave them a little souvenir, your watch. They wanted something to take home to your wife who is offering a great reward for news of you. They were very pleased with it. And they took some photographs of the little cross I put up to commemorate your coming. They were pleased with that, too. They were very easily pleased. But I do not suppose they will visit us again, our life here is so retired . . . no pleasures except reading . . . I do not suppose we shall ever have visitors again . . . well, well, I will get you some medicine to make you feel better. Your head aches, does it not . . . We will not have any Dickens today . . . but tomorrow, and the day after that, and the day after that. Let us read *Little Dorrit* again. There are passages in that book I can never hear without the temptation to weep."

Cruise
LETTERS FROM A YOUNG LADY OF LEISURE

S.S. Glory of Greece

Darling,

Well I said I would write and so I would have only goodness it was rough so didnt. Now everything is a bit more alright so I will tell you. Well as you know the cruise started at Monte Carlo[1] and when papa and all of us went to Victoria[2] we found that the tickets didnt include the journey there so Goodness how furious he was and said he wouldnt go but Mum said of course we must go and we said that too only papa had changed all his money into Liri or Franks on account of foreigners being so dishonest but he kept a shilling for the porter at Dover being methodical so then he had to change it back again and that set him wrong all the way to Monte Carlo and he wouldnt get me and Bertie a sleeper and wouldnt sleep himself in his through being so angry Goodness how Sad.

Then everything was much more alright the purser called him Colonel and he likes his cabin so he took Bertie to the casino and he lost and Bertie won and I think

---

1. Gambling resort in southeast France.   2. London train station.

Bertie got a bit plastered at least he made a noise going to bed he's in the next cabin as if he were being sick and that was before we sailed. Bertie has got some books on Baroque art on account of his being at Oxford.

Well the first day it was rough and I got up and felt odd in the bath and the soap wouldnt work on account of salt water you see and came into breakfast and there was a list of so many things including steak and onions and there was a corking young man who said we are the only ones down may I sit here and it was going beautifully and he had steak and onions but it was no good I had to go back to bed just when he was saying there was nothing he admired so much about a girl as her being a good sailor goodness how sad.

The thing is not to have a bath and to be very slow in all movements. So next day it was Naples and we saw some Bertie churches and then that bit that got blown up in an earthquake and a poor dog killed they have a plaster cast of him goodness how sad.[3] Papa and Bertie saw some pictures we weren't allowed to see and Bill drew them for me afterwards and Miss P. tried to look too. I havent told you about Bill and Miss P. have I? Well Bill is rather old but clean looking and I dont suppose hes very old not really I mean and he's had a very disillusionary life on account of his wife who he says I wont say a word against but she gave him the raspberry with a foreigner and that makes[4] him hate foreigners. Miss P. is called Miss Phillips and is lousy[4] she wears a yachting cap and is a bitch. And the way she makes up to the second officer is no ones business and its clear to the meanest intelligence he hates her but its part of the rules that all the sailors have to pretend to fancy the passengers. Who else is there? Well a lot of old ones. Papa is having a walk out with one called Lady Muriel something or other who knew uncle Ned. And there is a honeymoon couple very embarrassing. And a clergyman and a lovely pansy with a camera and white suit and lots of families from the industrial north.

So Bertie sends his love too. XXXXXX etc.

Mum bought a shawl and an animal made of lava.

POST-CARD

This is a picture of Taormina.[5] Mum bought a shawl here. V. funny because Miss P. got left as shed made chums only with second officer and he wasnt allowed ashore so when it came to getting into cars Miss P. had to pack in with a family from the industrial north.

S.S. *Glory of Greece*

Darling,

Hope you got P.C. from Sicily. The moral of that was not to make chums with sailors though who I've made a chum of is the purser who's different on account he leads a very cynical life with a gramophone in his cabin and as many cocktails as he likes and welsh rabbits[6] sometimes and I said but do you pay for all these drinks but he said no that's all right.

So we have three days at sea which the clergyman said is a good thing as it makes us all friendly but it hasn't made me friendly with Miss P. who won't leave poor Bill

---

3. Pompeii is being described, a city on the Bay of Naples buried by the eruption of Mount Vesuvius in A.D. 79. Much of the city has been excavated, including several erotic frescoes.

4. Lousy with money; rich.
5. Coastal town on the island of Sicily.
6. Welsh rabbit (or rarebit): English muffins covered with a sauce of melted cheese, beer, and mustard.

alone not taking any more chances of being left alone when she goes ashore. The purser says theres always someone like her on board in fact he says that about everyone except me who he says quite rightly is different goodness how decent.

So there are deck games they are hell. And the day before we reach Haifa[7] there is to be a fancy dress dance. Papa is very good at the deck games expecially one called shuffle board and eats more than he does in London but I daresay its alright. You have to hire dresses for the ball from the barber I mean we do not you. Miss P. has brought her own. So I've thought of a v. clever thing at least the purser suggested it and that is to wear the clothes of one of the sailors I tried his on and looked a treat. Poor Miss P.

Bertie is madly unpop. he wont play any of the games and being plastered the other night too and tried to climb down a ventilator and the second officer pulled him out and the old ones at the captains table look *askance* at him. New word that. Literary yes? No?

So I think the pansy is writing a book he has a green fountain pen and green ink but I couldnt see what it was. XXXX Pretty good about writing you will say and so I am.

POST-CARD

This is a photograph of the Holyland and the famous sea of Gallillee. It is all v. Eastern with camels. I have a lot to tell you about the ball. *Such* goings on and will write very soon. Papa went off for the day with Lady M. and came back saying enchanting woman Knows the world.

S.S. *Glory of Greece*

Darling,

Well the Ball we had to come in to dinner in our clothes and everyone clapped as we came downstairs. So I was pretty late on account of not being able to make up my mind whether to wear the hat and in the end did and looked a corker. Well it was rather a faint clap for me considering so when I looked about there were about twenty girls and some women all dressed like me so how cynical the purser turns out to be. Bertie looked horribly dull as an apache. Mum and Papa were sweet. Miss P. had a ballet dress from the Russian ballet which couldnt have been more unsuitable so we had champagne for dinner and were jolly and they threw paper streamers and I threw mine before it was unrolled and hit Miss P. on the nose. Ha ha. So feeling matey I said to the steward isnt this fun and he said yes for them who hasnt got to clear it up goodness how Sad.

Well of course Bertie was plastered and went a bit far particularly in what he said to Lady M. then he sat in the cynical pursers cabin in the dark and cried so Bill and I found him and Bill gave him some drinks and what you do think he went off with Miss P. and we didnt see either of them again it only shows into what degradation the Demon Drink can drag you him I mean.

Then who should I meet but the young man who had steak and onions on the first morning and is called Robert and said I have been trying to meet you again all the voyage. Then I bitched him a bit goodness how Decent.

Poor Mum got taken up by Bill and he told her all about his wife and how she had disillusioned him with the foreigner so to-morrow we reach Port Said d.v.[8] which

---

7. Port city in Palestine, now Israel.   8. *Deo volente*: God willing.

is latin in case you didn't know meaning God Willing and all go up the nile and to Cairo for a week.

Will send P.C. of Sphinx.

XXXXXX

POST-CARD

This is the Sphinx. Goodness how Sad.

POST-CARD

This is temple of someone. Darling I cant wait to tell you I'm engaged to Arthur. Arthur is the one I thought was a pansy. Bertie thinks egyptian art is v. inartistic.

POST-CARD

This is Tutankhamens v. famous Tomb. Bertie says it is vulgar and is engaged to Miss P. so hes not one to speak and I call her Mabel now. G how S. Bill wont speak to Bertie Robert wont speak to me Papa and Lady M. seem to have had a row there was a man with a snake in a bag also a little boy who told my fortune which was v. prosperous Mum bought a shawl.

POST-CARD

Saw this Mosque today. Robert is engaged to a new girl called something or other who is lousy.

S.S. *Glory of Greece*

Darling,

Well so we all came back from Egypt pretty excited and the cynical purser said what *news* and I said news well Im engaged to Arthur and Bertie is engaged to Miss P. and she is called Mabel now which is hardest of all to bear I said and Robert to a lousy girl and Papa has had a row with Lady M. and Bill has had a row with Bertie and Roberts lousy girl was awful to me and Arthur was sweet but the cynical purser wasnt a bit surprised on account he said people always get engaged and have quarrels on the Egyptian trip every cruise so I said I wasnt in the habit of getting engaged lightly thank you and he said I wasnt apparently in the habit of going to Egypt so I wont speak to him again nor will Arthur.

All love.

S.S. *Glory of Greece*

Sweet,

This is Algiers[9] not very eastern in fact full of frogs.[1] So it is all off with Arthur I was right about him at the first but who I am engaged to is Robert which is *much* better for all concerned really particularly Arthur on account of what I said originally first impressions always right. Yes? No? Robert and I drove about all day in the Botanic gardens and Goodness he was Decent. Bertie got plastered and had a row with Mabel—Miss P. again—so thats all right too and Robert's lousy girl spent all day on board with second officer. Mum bought shawl. Bill told Lady M. about his dis-

9. Capital of Algeria, port city on the Mediterranean Sea.   1. Frenchmen.

illusionment and she told Robert who said yes we all know so Lady M. said it was very unreticent of Bill and she had very little respect for him and didnt blame his wife or the foreigner.

Love.

POST-CARD

I forget what I said in my last letter but if I mentioned a lousy man called Robert you can take it as unsaid. This is still Algiers and Papa ate *dubious oysters* but is all right. Bertie went to a house full of tarts when he was plastered and is pretty unreticent about it as Lady M. would say.

POST-CARD

So now we are back and sang old lang syne is that how you spell it and I kissed Arthur but wont speak to Robert and he cried not Robert I mean Arthur so then Bertie apologised to most of the people hed insulted but Miss P. walked away pretending not to hear. Goodness what a bitch.

COMPANION READING
Monty Python:[1] Travel Agent

Fade up on close up of picture of Everest. Pull back to reveal travel agent's office.

BOUNDER: Mount Everest, forbidding, aloof, terrifying. The highest place on earth. No I'm sorry we don't go there. No.
   By the time Bounder is saying his last sentence the camera has revealed the office and Bounder himself sitting at a desk. Bounder now replaces the telephone into which he has been speaking. After a pause the tourist—Mr Smoke-Too-Much—enters the office and approaches Mr Bounder's secretary.
TOURIST: Good morning.
SECRETARY: Oh good morning. (*Sexily.*) Do you want to go upstairs?
TOURIST: What?
SECRETARY (*sexily*): Do you want to go upstairs? (*Brightly.*) Or have you come to arrange a holiday?
TOURIST: Er . . . to arrange a holiday.
SECRETARY: Oh, sorry.
TOURIST: What's all this about going upstairs?
SECRETARY: Oh, nothing, nothing. Now, where were you thinking of going?
TOURIST: India.
SECRETARY: Ah one of our adventure holidays!
TOURIST: Yes!

---

1. A popular British comedy troupe, made famous through their weekly BBC television series *Monty Python's Flying Circus* (1969–1974), as well as feature films such as *Monty Python and the Holy Grail* (1974) and *The Life of Brian* (1979). The performers in this skit, as presented on their television program, are Michael Palin (Bounder), Eric Idle (Tourist) and Carol Cleveland (Secretary).

SECRETARY: Well you'd better speak to Mr Bounder about that. Mr Bounder, this gentleman is interested in the India Overland.

  Walks over to Bounder's desk where he is greeted by Bounder.

BOUNDER: Ah. Good morning. I'm Bounder of Adventure.

TOURIST: My name is Smoke-Too-Much.

BOUNDER: What?

TOURIST: My name is Smoke-Too-Much. Mr Smoke-Too-Much.

BOUNDER: Well, you'd better cut down a bit then.

TOURIST: What?

BOUNDER: You'd better cut down a bit then.

TOURIST: Oh I see! Cut down a bit, for Smoke-Too-Much.

BOUNDER: Yes, ha ha . . . I expect you get people making jokes about your name all the time, eh?

TOURIST: No, no actually. Actually, it never struck me before. Smoke . . . too . . . much!

BOUNDER: Anyway, you're interested in one of our adventure holidays, eh?

TOURIST: Yes. I saw your advert in the bolour supplement.

BOUNDER: The what?

TOURIST: The bolour supplement.

BOUNDER: The colour supplement?[2]

TOURIST: Yes. I'm sorry I can't say the letter "B."

BOUNDER: C?

TOURIST: Yes that's right. It's all due to a trauma I suffered when I was a spoolboy. I was attacked by a bat.

BOUNDER: A cat?

TOURIST: No a bat.

BOUNDER: Can you say the letter "K."

TOURIST: Oh yes. Khaki, king, kettle, Kuwait, Keble Bollege Oxford.

BOUNDER: Why don't you say the letter "K" instead of the letter "C?"

TOURIST: What you mean . . . spell bolour with a "K?"

BOUNDER: Yes.

TOURIST: Kolour. Oh, that's very good, I never thought of that.

BOUNDER: Anyway, about the holiday.

TOURIST: Well I saw your adverts in the paper and I've been on package tours several times, you see, and I decided that this was for me.

BOUNDER: Ah good.

TOURIST: Yes I quite agree with you, I mean what's the point of being treated like a sheep, I mean I'm fed up going abroad and being treated like sheep, what's the point of being carted round in buses, surrounded by sweaty mindless oafs from Kettering and Boventry in their cloth caps and their cardigans and their transistor radios and their "Sunday Mirrors," complaining about the tea, "Oh they don't make it properly here do they not like at home" stopping at Majorcan bodegas,[3] selling fish and chips and Watney's Red Barrel[4] and calamares[5] and two veg and sitting in cotton sun frocks squirting Timothy White's suncream all over their puffy raw swollen purulent flesh cos they "overdid it on the first day!"

---

2. A photo insert in the Sunday newspaper.
3. Grocery stores on the island of Majorca, off the coast of Spain.
4. A popular English beer.
5. Squid.

BOUNDER (*agreeing patiently*): Yes. Absolutely, yes, I quite agree . . .

TOURIST: And being herded into endless Hotel Miramars and Bellevueses and Bontinentals with their international luxury modern roomettes and their Watney's Red Barrel and their swimming pools full of fat German businessmen pretending to be acrobats and forming pyramids and frightening the children and barging in to the queues and if you're not at your table spot on seven you miss your bowl of Campbell's Cream of Mushroom soup, the first item on the menu of International Cuisine, and every Thursday night there's bloody cabaret in the bar featuring some tiny emaciated dago with nine-inch hips and some big fat bloated tart with her hair Brylcreemed down and a big arse presenting Flamenco for Foreigners.

BOUNDER (*beginning to get fed up*): Yes, yes, now . . .

TOURIST: And then some adenoidal typists from Birmingham with diarrhoea and flabby white legs and hairy bandy-legged wop waiters called Manuel, and then, once a week there's an excursion to the local Roman ruins where you can buy cherryade and melted ice cream and bleedin' Watney's Red Barrel, and then one night they take you to a local restaurant with local colour and colouring and they show you there and you sit next to a party of people from Rhyl[6] who keeps singing "Torremolinos, Torremolinos," and complaining about the food, "Oh! It's so greasy isn't it?" and then you get cornered by some drunken greengrocer from Luton with an Instamatic and Dr Scholl sandals and Tuesday's "Daily Express" and he drones on and on and on about how Mr Smith should be running this country and how many languages Enoch Powell can speak and then he throws up all over the Cuba Libres.[7]

BOUNDER: Will you be quiet please.

TOURIST: And sending tinted postcards of places they don't know they haven't even visited, "to all at number 22, weather wonderful our room is marked with an "X." Wish you were here."

BOUNDER: Shut up.

TOURIST: "Food very greasy but we have managed to find this marvellous little place hidden away in the back streets."

BOUNDER: Shut up!

TOURIST: "Where you can even get Watney's Red Barrel and cheese and onion . . ."

BOUNDER: Shut up!!!

TOURIST: ". . . crisps[8] and the accordionist plays 'Maybe its because I'm a Londoner'" and spending four days on the tarmac at Luton[9] airport on a five-day package tour with nothing to eat but dried Watney's sandwiches . . .

BOUNDER: Shut your bloody gob! I've had enough of this, I'm going to ring the police.
    He dials and waits. Cut to a corner of a police station. One policeman is knitting, another is making a palm tree out of old newspapers. The phone rings.

KNITTING POLICEMAN: Oh . . . take it off the hook. (*They do so.*)
    Cut back to travel agent's office. The man is still going on, the travel agent looks crossly at the phone and puts it down. Then picks it up and dials again.

BOUNDER: Hello operator, operator . . . I'm trying to get the police . . . the police yes, what? (*Takes his shoe off and looks inside.*) nine and a half, nine and a half, yes, yes . . . I see . . . well can you keep trying please . . .
    Through all this the tourist is still going on:

---

6. A small town in Wales.   8. Potato chips.
7. A drink made with rum and cola.   9. Small city northwest of London.

TOURIST: ... and there's nowhere to sleep and the kids are vomiting and throwing up on the plastic flowers and they keep telling you it'll only be another hour although your plane is still in Iceland waiting to take some Swedes to Yugoslavia before it can pick you up on the tarmac at 3 a.m. in the bloody morning and you sit on the tarmac till six because of "unforeseen difficulties," i.e. the permanent strike of Air Traffic Control in Paris, and nobody can go to the lavatory until you take off at eight, and when you get to Malaga airport everybody's swallowing Enterovioform tablets[1] and queuing for the toilets and when you finally get to the hotel there's no water in the taps, there's no water in the pool, there's no water in the bog and there's only a bleeding lizard in the bidet, and half the rooms are double-booked and you can't sleep anyway ...

✦ ✦✦✦ ✦

George Orwell
1903–1950

The critic Irving Howe called George Orwell (pseudonym of Eric Arthur Blair) "the greatest moral force in English letters during the past several decades," as well as "the best English essayist since Hazlitt." He was one of the most consistently provocative British writers of the 1930s and 1940s; his characteristic mode was the polemic, whether that polemic was cloaked in the form of an essay or literary criticism, a novel or even travel writing.

Orwell was born in India into a lower-middle-class family, his father a British civil servant working as an administrator in the Opium Department of the Government of India. His mother managed to gain his entrance into Eton, an elite preparatory school, on a scholarship. The snobbism of his more affluent classmates was to leave a permanent mark. Unable to afford college, Orwell followed in his father's footsteps and enlisted in the Indian Imperial Police. Unlike his father, however, he was disgusted by the inhumanity of colonial rule that he witnessed while stationed in Burma; his revulsion is vividly depicted in essays like *Shooting an Elephant* and *A Hanging,* as well as in his early novel *Burmese Days* (1934). His distaste for police work caused Orwell to leave after five years, determined to establish himself as a writer; he became convinced of the importance of establishing an art of political writing. His 1945 political allegory *Animal Farm* is most specifically an indictment of the Soviet Union during the Cold War, but it conveys timeless larger lessons—that totalitarianism lurks just below the surface of every civil government, that absolute power in the hands of any government leads to the abolition of personal freedoms. Schoolchildren in both the United Kingdom and the United States are familiar with the novel's famous slogan: "All animals are equal . . . but some are more equal than others." These same themes are explored in Orwell's dystopian novel *Nineteen Eighty-Four* (1949), which has entered the contemporary imagination through its images of tyranny and oppression, through phrases like "newspeak" and "double-think," and through the foreboding, forbidding image of Big Brother, who is always "watching you."

Before his untimely death from tuberculosis, Orwell did important work in literary and cultural criticism. His criticism, Evelyn Waugh complained, insisted that the critic ask of every text: "What kind of man wrote or painted this? What were his motives, conscious or unconscious? What sort of people like his work? Why?" They were questions under which, as his disparaging mention of Waugh in *Inside the Whale* suggests, most of the fiction written during the 1930s did not fare well. He also became a defender of British popular culture in the 1940s;

---

1. Antidiarrheal medicine.

his essays on such "subliterary" forms as boys' magazines, seaside resort postcards, and personal ads, for instance, anticipate the recent interest in material culture at the center of British and American cultural studies. Almost half a century after his death, Orwell's enduring importance would seem to be his thoroughgoing distrust of "smelly little orthodoxies," be they literary, aesthetic, political, or linguistic.

Politics and the English Language

Most people who bother with the matter at all would admit that the English language is in a bad way, but it is generally assumed that we cannot by conscious action do anything about it. Our civilization is decadent and our language—so the argument runs—must inevitably share in the general collapse. It follows that any struggle against the abuse of language is a sentimental archaism, like preferring candles to electric light or hansom cabs to aeroplanes. Underneath this lies the half-conscious belief that language is a natural growth and not an instrument which we shape for our own purposes.

Now, it is clear that the decline of a language must ultimately have political and economic causes: it is not due simply to the bad influence of this or that individual writer. But an effect can become a cause, reinforcing the original cause and producing the same effect in an intensified form, and so on indefinitely. A man may take to drink because he feels himself to be a failure, and then fail all the more completely because he drinks. It is rather the same thing that is happening to the English language. It becomes ugly and inaccurate because our thoughts are foolish, but the slovenliness of our language makes it easier for us to have foolish thoughts. The point is that the process is reversible. Modern English, especially written English, is full of bad habits which spread by imitation and which can be avoided if one is willing to take the necessary trouble. If one gets rid of these habits one can think more clearly, and to think clearly is a necessary first step towards political regeneration: so that the fight against bad English is not frivolous and is not the exclusive concern of professional writers. I will come back to this presently, and I hope that by that time the meaning of what I have said here will have become clearer. Meanwhile, here are five specimens of the English language as it is now habitually written.

These five passages have not been picked out because they are especially bad—I could have quoted far worse if I had chosen—but because they illustrate various of the mental vices from which we now suffer. They are a little below the average, but are fairly representative samples. I number them so that I can refer back to them when necessary:

(1) I am not, indeed, sure whether it is not true to say that the Milton who once seemed not unlike a seventeenth-century Shelley had not become, out of an experience ever more bitter in each year, more alien [sic] to the founder of that Jesuit sect which nothing could induce him to tolerate.

Professor Harold Laski (Essay in Freedom of Expression)

(2) Above all, we cannot play ducks and drakes with a native battery of idioms which prescribes such egregious collocations of vocables as the Basic *put up with* for *tolerate* or *put at a loss* for *bewilder*.

Professor Lancelot Hogben (Interglossa)

(3) On the one side we have the free personality: by definition it is not neurotic, for it has neither conflict nor dream. Its desires, such as they are, are transparent, for they are just

A still from Alfred Hitchcock's *The Man Who Knew Too Much,* 1934. Hitchcock was among the great film-makers of the twentieth century. Nearly all of his fifty films were in the popular genre of the suspense-thriller, although their stylistic brilliance and cinematic daring elevate them to the highest levels of film art. The first half of Hitchcock's movie career was spent in his native Britain; after World War II he became a major Hollywood director. *The Man Who Knew Too Much* was his first international success, and the only film he ever remade (an American version in 1957). The film is a classical Hitchcockian parable of evil emerging in the midst of the everyday, as political violence erupts during a concert at the Royal Albert Hall, a London monument to Queen Victoria's husband.

> what institutional approval keeps in the forefront of consciousness; another institutional pattern would alter their number and intensity; there is little in them that is natural, irreducible, or culturally dangerous. But *on the other side,* the social bond itself is nothing but the mutual reflection of these self-secure integrities. Recall the definition of love. Is not this the very picture of a small academic? Where is there a place in this hall of mirrors for either personality or fraternity?

Essay on psychology in Politics *(New York)*

(4) All the "best people" from the gentlemen's clubs, and all the frantic fascist captains, united in common hatred of Socialism and bestial horror of the rising tide of the mass revolutionary movement, have turned to acts of provocation, to foul incendiarism, to medieval legends of poisoned wells, to legalize their own destruction of proletarian organizations, and rouse the agitated petty-bourgeoisie to chauvinistic fervor, on behalf of the fight against the revolutionary way out of the crisis.

Communist pamphlet

(5) If a new spirit is to be infused into this old country, there is one thorny and con-
tentious reform which must be tackled, and that is the humanization and galvanization of
the B.B.C. Timidity here will bespeak canker and atrophy of the soul. The heart of
Britain may be sound and of strong beat, for instance, but the British lion's roar at present
is like that of Bottom in Shakespeare's *Midsummer Night's Dream*—as gentle as any sucking dove. A virile new Britain cannot continue indefinitely to be traduced in the eyes or
rather ears, of the world by the effete languors of Langham Place, brazenly masquerading
as "standard English." When the Voice of Britain is heard at nine o'clock, better far and
infinitely less ludicrous to hear aitches honestly dropped than the present priggish, inflated, inhibited, school-ma'amish arch braying of blameless bashful mewing maidens!

Letter in Tribune

   Each of these passages has faults of its own, but, quite apart from avoidable ugliness, two qualities are common to all of them. The first is staleness of imagery; the
other is lack of precision. The writer either has a meaning and cannot express it, or
he inadvertently says something else, or he is almost indifferent as to whether his
words mean anything or not. This mixture of vagueness and sheer incompetence is
the most marked characteristic of modern English prose, and especially of any kind of
political writing. As soon as certain topics are raised, the concrete melts into the
abstract and no one seems able to think of turns of speech that are not hackneyed:
prose consists less and less of *words* chosen for the sake of their meaning, and more
and more of *phrases* tacked together like the sections of a prefabricated hen-house. I
list below, with notes and examples, various of the tricks by means of which the work
of prose-construction is habitually dodged:

Dying metaphors. A newly invented metaphor assists thought by evoking a visual image,
while on the other hand a metaphor which is technically "dead" (e.g. *iron resolution*)
has in effect reverted to being an ordinary word and can generally be used without loss
of vividness. But in between these two classes there is a huge dump of worn-out
metaphors which have lost all evocative power and are merely used because they save
people the trouble of inventing phrases for themselves. Examples are: *Ring the changes
on, take up the cudgels for, toe the line, ride roughshod over, stand shoulder to shoulder with,
play into the hands of, no axe to grind, grist to the mill, fishing in troubled waters, on the order
of the day, Achilles' heel, swan song, hotbed*. Many of these are used without knowledge of
their meaning (what is a "rift," for instance?), and incompatible metaphors are frequently mixed, a sure sign that the writer is not interested in what he is saying. Some
metaphors now current have been twisted out of their original meaning without those
who use them even being aware of the fact. For example, *toe the line* is sometimes written *tow the line*. Another example is *the hammer and the anvil*, now always used with the
implication that the anvil gets the worst of it. In real life it is always the anvil that
breaks the hammer, never the other way about: a writer who stopped to think what he
was saying would be aware of this, and would avoid perverting the original phrase.

Operators or *verbal false limbs*. These save the trouble of picking out appropriate verbs
and nouns, and at the same time pad each sentence with extra syllables which give it
an appearance of symmetry. Characteristic phrases are *render inoperative, militate
against, make contact with, be subjected to, give rise to, give grounds for, have the effect of,
play a leading part (role) in, make itself felt, take effect, exhibit a tendency to, serve the purpose of, etc., etc*. The keynote is the elimination of simple verbs. Instead of being a

single word, such as *break, stop, spoil, mend, kill,* a verb becomes a *phrase,* made up of a noun or adjective tacked on to some general-purposes verb such as *prove, serve, form, play, render.* In addition, the passive voice is wherever possible used in preference to the active, and noun constructions are used instead of gerunds (*by examination of* instead of *by examining*). The range of verbs is further cut down by means of the *-ize* and *de-* formations, and the banal statements are given an appearance of profundity by means of the *not un-* formation. Simple conjunctions and prepositions are replaced by such phrases as *with respect to, having regard to, the fact that, by dint of, in view of, in the interests of, on the hypothesis that*; and the ends of sentences are saved by anticlimax by such resounding common-places as *greatly to be desired, cannot be left out of account, a development to be expected in the near future, deserving of serious consideration, brought to a satisfactory conclusion,* and so on and so forth.

Pretentious diction. Words like *phenomenon, element, individual* (as noun), *objective, categorical, effective, virtual, basic, primary, promote, constitute, exhibit, exploit, utilize, eliminate, liquidate,* are used to dress up simple statement and give an air of scientific impartiality to biased judgments. Adjectives like *epoch-making, epic, historic, unforgettable, triumphant, age-old, inevitable, inexorable, veritable,* are used to dignify the sordid processes of international politics, while writing that aims at glorifying war usually takes on an archaic color, its characteristic words being: *realm, throne, chariot, mailed fist, trident, sword, shield, buckler, banner, jackboot, clarion.* Foreign words and expressions such as *cul de sac, ancien régime, deus ex machina, mutatis mutandis, status quo, gleichschaltung, weltanschauung,* are used to give an air of culture and elegance. Except for the useful abbreviations *i.e., e.g.,* and *etc.,* there is no real need for any of the hundreds of foreign phrases now current in English. Bad writers, and especially scientific, political and sociological writers, are nearly always haunted by the notion that Latin or Greek words are grander than Saxon ones, and unnecessary words like *expedite, ameliorate, predict, extraneous, deracinated, clandestine, subaqueous* and hundreds of others constantly gain ground from their Anglo-Saxon opposite numbers.[1] The jargon peculiar to Marxist writing (*hyena, hangman, cannibal, petty bourgeois, these gentry, lacquey, flunkey, mad dog, White Guard,* etc.) consists largely of words and phrases translated from Russian, German or French; but the normal way of coining a new word is to use a Latin or Greek root with the appropriate affix and, where necessary, the *-ize* formation. It is often easier to make up words of this kind (*deregionalize, impermissible, extramarital, non-fragmentary* and so forth) than to think up the English words that will cover one's meaning. The result, in general, is an increase in slovenliness and vagueness.

Meaningless words. In certain kinds of writing, particularly in art criticism and literary criticism, it is normal to come across long passages which are almost completely lacking in meaning.[2] Words like *romantic, plastic, values, human, dead, sentimental, natural,*

1. An interesting illustration of this is the way in which the English flower names which were in use till very recently are being ousted by Greek ones, *snapdragon* becoming *antirrhinum, forget-me-not* becoming *myosotis,* etc. It is hard to see any practical reason for this change of fashion: it is probably due to an instinctive turning-away from the more homely word and a vague feeling that the Greek word is scientific [Orwell's note].
2. Example: "Comfort's catholicity of perception and image, strangely Whitmanesque in range, almost the exact opposite in aesthetic compulsion, continues to evoke that trembling atmospheric accumulative hinting at a cruel, an inexorably serene timelessness. . . . Wrey Gardiner scores by aiming at simple bull's-eyes with precision. Only they are not so simple, and through this contented sadness runs more than the surface bitter-sweet of resignation." (*Poetry Quarterly*) [Orwell's note].

vitality, as used in art criticism, are strictly meaningless, in the sense that they not only do not point to any discoverable object, but are hardly ever expected to do so by the reader. When one critic writes, "The outstanding feature of Mr. X's work is its living quality," while another writes, "The immediately striking thing about Mr. X's work is its peculiar deadness," the reader accepts this as a simple difference of opinion. If words like *black* and *white* were involved, instead of the jargon words *dead* and *living*, he would see at once that language was being used in an improper way. Many political words are similarly abused. The word *Fascism* has now no meaning except in so far as it signifies "something not desirable." The words *democracy, socialism, freedom, patriotic, realistic, justice*, have each of them several different meanings which cannot be reconciled with one another. In the case of a word like *democracy*, not only is there no agreed definition, but the attempt to make one is resisted from all sides. It is almost universally felt that when we call a country democratic we are praising it: consequently the defenders of every kind of régime claim that it is a democracy, and fear that they might have to stop using the word if it were tied down to any one meaning. Words of this kind are often used in a consciously dishonest way. That is, the person who uses them has his own private definition, but allows his hearer to think he means something quite different. Statements like *Marshal Pétain*[3] *was a true patriot, The Soviet Press is the freest in the world, The Catholic Church is opposed to persecution*, are almost always made with intent to deceive. Other words used in variable meanings, in most cases more or less dishonestly, are: *class, totalitarian, science, progressive, reactionary, bourgeois, equality*.

Now that I have made this catalogue of swindles and perversions, let me give another example of the kind of writing that they lead to. This time it must of its nature be an imaginary one. I am going to translate a passage of good English into modern English of the worst sort. Here is a well-known verse from *Ecclesiastes*:

> I returned and saw under the sun, that the race is not to the swift, nor the battle to the strong, neither yet bread to the wise, nor yet riches to men of understanding, nor yet favour to men of skill; but time and chance happeneth to them all.

Here it is in modern English:

> Objective considerations of contemporary phenomena compels the conclusion that success or failure in competitive activities exhibits no tendency to be commensurate with innate capacity, but that a considerable element of the unpredictable must invariably be taken into account.

This is a parody, but not a very gross one. Exhibit (3), above, for instance, contains several patches of the same kind of English. It will be seen that I have not made a full translation. The beginning and ending of the sentence follow the original meaning fairly closely, but in the middle the concrete illustrations—race, battle, bread—dissolve into the vague phrase "success or failure in competitive activities." This had to be so, because no modern writer of the kind I am discussing—no one capable of using phrases like "objective consideration of contemporary phenomena"— would ever tabulate his thoughts in that precise and detailed way. The whole tendency of modern prose is away from concreteness. Now analyse these two sentences a little more closely. The first contains forty-nine words but only sixty syllables, and all its words are those of everyday life. The second contains thirty-eight words of ninety

3. Premier of the puppet government installed in France by the Nazis (1940–1944).

syllables: eighteen of its words are from Latin roots, and one from Greek. The first sentence contains six vivid images, and only one phrase ("time and chance") that could be called vague. The second contains not a single fresh, arresting phrase, and in spite of its ninety syllables it gives only a shortened version of the meaning contained in the first. Yet without a doubt it is the second kind of sentence that is gaining ground in modern English. I do not want to exaggerate. This kind of writing is not yet universal, and outcrops of simplicity will occur here and there in the worst-written page. Still, if you or I were told to write a few lines on the uncertainty of human fortunes, we should probably come much nearer to my imaginary sentence than to the one from *Ecclesiastes*.

As I have tried to show, modern writing at its worst does not consist in picking out words for the sake of their meaning and inventing images in order to make the meaning clearer. It consists in gumming together long strips of words which have already been set in order by someone else, and making the results presentable by sheer humbug. The attraction of this way of writing is that it is easy. It is easier—even quicker, once you have the habit—to say *In my opinion it is not an unjustifiable assumption that* than to say *I think*. If you use ready-made phrases, you not only don't have to hunt about for words; you also don't have to bother with the rhythms of your sentences, since these phrases are generally so arranged as to be more or less euphonious. When you are composing in a hurry—when you are dictating to a stenographer, for instance, or making a public speech—it is natural to fall into a pretentious, Latinized style. Tags like *a consideration which we should do well to bear in mind* or *a conclusion to which all of us would readily assent* will save many a sentence from coming down with a bump. By using stale metaphors, similes and idioms, you save much mental effort, at the cost of leaving your meaning vague, not only for your reader but for yourself. This is the significance of mixed metaphors. The sole aim of a metaphor is to call up a visual image. When these images clash—as in *The Fascist octopus has sung its swan song, the jackboot is thrown into the melting pot*—it can be taken as certain that the writer is not seeing a mental image of the objects he is naming; in other words he is not really thinking. Look again at the examples I gave at the beginning of this essay. Professor Laski (1) uses five negatives in fifty-three words. One of these is superfluous, making nonsense of the whole passage, and in addition there is the slip *alien* for akin, making further nonsense, and several avoidable pieces of clumsiness which increase the general vagueness. Professor Hogben (2) plays ducks and drakes with a battery which is able to write prescriptions, and, while disapproving of the everyday phrase *put up with*, is unwilling to look *egregious* up in the dictionary and see what it means; (3), if one takes an uncharitable attitude towards it, is simply meaningless: probably one could work out its intended meaning by reading the whole of the article in which it occurs. In (4), the writer knows more or less what he wants to say, but an accumulation of stale phrases chokes him like tea leaves blocking a sink. In (5), words and meaning have almost parted company. People who write in this manner usually have a general emotional meaning—they dislike one thing and want to express solidarity with another—but they are not interested in the detail of what they are saying. A scrupulous writer, in every sentence that he writes, will ask himself at least four questions, thus: What am I trying to say? What words will express it? What image or idiom will make it clearer? Is this image fresh enough to have an effect? And he will probably ask himself two more: Could I put it more shortly? Have I said anything that is avoidably ugly? But you are not obliged to go to all this trouble. You can shirk it by simply throwing your mind open and letting the ready-made phrases come crowding in. They will construct your sentences for you—even think your thoughts for you, to a certain extent—and at need they will perform the important service of partially concealing your meaning even from yourself. It is at this point that the special connection between politics and the debasement of language becomes clear.

In our time it is broadly true that political writing is bad writing. Where it is not true, it will generally be found that the writer is some kind of rebel, expressing his private opinions and not a "party line." Orthodoxy, of whatever color, seems to demand a lifeless, imitative style. The political dialects to be found in pamphlets, leading articles, manifestos, White Papers and the speeches of under-secretaries do, of course, vary from party to party, but they are all alike in that one almost never finds in them a fresh, vivid, home-made turn of speech. When one watches some tired hack on the platform mechanically repeating the familiar phrases—*bestial atrocities, iron heel, bloodstained tyranny, free peoples of the world, stand shoulder to shoulder*—one often has a curious feeling that one is not watching a live human being but some kind of dummy: a feeling which suddenly becomes stronger at moments when the light catches the speaker's spectacles and turns them into blank discs which seem to have no eyes behind them. And this is not altogether fanciful. A speaker who uses that kind of phraseology has gone some distance towards turning himself into a machine. The appropriate noises are coming out of his larynx, but his brain is not involved as it would be if he were choosing his words for himself. If the speech he is making is one that he is accustomed to make over and over again, he may be almost unconscious of what he is saying, as one is when one utters the responses in church. And this reduced state of consciousness, if not indispensable, is at any rate favorable to political conformity.

In our time, political speech and writing are largely the defense of the indefensible. Things like the continuance of British rule in India, the Russian purges and deportations, the dropping of the atom bombs on Japan, can indeed be defended, but only by arguments which are too brutal for most people to face, and which do not square with the professed aims of political parties. Thus political language has to consist largely of euphemism, question-begging and sheer cloudy vagueness. Defenseless villages are bombarded from the air, the inhabitants driven out into the countryside, the cattle machine-gunned, the huts set on fire with incendiary bullets: this is called *pacification*. Millions of peasants are robbed of their farms and sent trudging along the roads with no more than they can carry: this is called *transfer of population* or *rectification of frontiers*. People are imprisoned for years without trial, or shot in the back of the neck or sent to die of scurvy in Arctic lumber camps: this is called *elimination of unreliable elements*. Such phraseology is needed if one wants to name things without calling up mental pictures of them. Consider for instance some comfortable English professor defending Russian totalitarianism. He cannot say outright, "I believe in killing off your opponents when you can get good results by doing so." Probably, therefore, he will say something like this:

> While freely conceding that the Soviet regime exhibits certain features which the humanitarian may be inclined to deplore, we must, I think, agree that a certain curtailment of the right to political opposition is an unavoidable concomitant of transitional periods, and that the rigors which the Russian people have been called upon to undergo have been amply justified in the sphere of concrete achievement.

The inflated style is itself a kind of euphemism. A mass of Latin words falls upon the facts like soft snow, blurring the outlines and covering up all the details. The great enemy of clear language is insincerity. When there is a gap between one's real and one's declared aims, one turns as it were instinctively to long words and exhaust-ed idioms, like a cuttlefish squirting out ink. In our age there is no such thing as "keeping out of politics." All issues are political issues, and politics itself is a mass of lies, evasions, folly, hatred, and schizophrenia. When the general atmosphere is bad, language must suffer. I should expect to find—this is a guess which I have not suffi-cient knowledge to verify—that the German, Russian and Italian languages have all deteriorated in the last ten or fifteen years, as a result of dictatorship.

But if thought corrupts language, language can also corrupt thought. A bad usage can spread by tradition and imitation, even among people who should and do know better. The debased language that I have been discussing is in some ways very conve-nient. Phrases like *a not unjustifiable assumption, leaves much to be desired, would serve no good purpose, a consideration which we should do well to bear in mind,* are a continuous temptation, a packet of aspirins always at one's elbow. Look back through this essay, and for certain you will find that I have again and again committed the very faults I am protesting against. By this morning's post I have received a pamphlet dealing with con-ditions in Germany. The author tells me that he "felt impelled" to write it. I open it at random, and here is almost the first sentence that I see: "[The Allies] have an opportu-nity not only of achieving a radical transformation of Germany's social and political structure in such a way as to avoid a nationalistic reaction in Germany itself, but at the same time of laying the foundations of a co-operative and unified Europe." You see, he "feels impelled" to write—feels, presumably, that he has something new to say—and yet his words, like cavalry horses answering the bugle, group themselves automatically into the familiar dreary pattern. This invasion of one's mind by ready-made phrases (*lay the foundations, achieve a radical transformation*) can only be prevented if one is constant-ly on guard against them, and every such phrase anaesthetizes a portion of one's brain.

I said earlier that the decadence of our language is probably curable. Those who deny this would argue, if they produced an argument at all, that language merely reflects existing social conditions, and that we cannot influence its development by any direct tinkering with words and constructions. So far as the general tone or spirit of a language goes, this may be true, but it is not true in detail. Silly words and expressions have often disappeared, not through any evolutionary process but owing to the conscious action of a minority. Two recent examples were *explore every avenue* and *leave no stone unturned,* which were killed by the jeers of a few journalists. There is a long list of flyblown metaphors which could similarly be got rid of if enough peo-ple would interest themselves in the job; and it should also be possible to laugh the *not un-* formation out of existence, to reduce the amount of Latin and Greek in the average sentence, to drive out foreign phrases and strayed scientific words, and, in general, to make pretentiousness unfashionable. But all these are minor points. The defence of the English language implies more than this, and perhaps it is best to start by saying what it does *not* imply.

To begin with it has nothing to do with archaism, with the salvaging of obsolete words and turns of speech, or with the setting up of a "standard English" which must never be departed from. On the contrary, it is especially concerned with the scrap-ping of every word or idiom which has outworn its usefulness. It has nothing to do with correct grammar and syntax, which are of no importance so long as one makes one's meaning clear, or with the avoidance of Americanisms, or with having what is called a "good prose style." On the other hand it is not concerned with fake simplici-ty and the attempt to make written English colloquial. Nor does it even imply in every case preferring the Saxon word to the Latin one, though it does imply using the fewest and shortest words that will cover one's meaning. What is above all needed is to let the meaning choose the word, and not the other way about. In prose, the worst thing one can do with words is to surrender to them. When you think of a concrete object, you think wordlessly, and then, if you want to describe the thing you have been visualizing you probably hunt about till you find the exact words that seem to fit it. When you think of something abstract you are more inclined to use words from the start, and unless you make a conscious effort to prevent it, the existing dialect will come rushing in and do the job for you, at the expense of blurring or even chang-ing your meaning. Probably it is better to put off using words as long as possible and get one's meaning as clear as one can through pictures or sensations. Afterwards one can choose—not simply *accept*—the phrases that will best cover the meaning, and then switch round and decide what impression one's words are likely to make on another person. This last effort of the mind cuts out all stale or mixed images, all pre-fabricated phrases, needless repetitions, and humbug and vagueness generally. But one can often be in doubt about the effect of a word or a phrase, and one needs rules that one can rely on when instinct fails. I think the following rules will cover most cases:

(i) Never use a metaphor, simile or other figure of speech which you are used to seeing in print.
(ii) Never use a long word where a short one will do.
(iii) If it is possible to cut a word out, always cut it out.
(iv) Never use the passive where you can use the active.
(v) Never use a foreign phrase, a scientific word or a jargon word if you can think of an everyday English equivalent.
(vi) Break any of these rules sooner than say anything outright barbarous.

These rules sound elementary, and so they are, but they demand a deep change of attitude in anyone who has grown used to writing in the style now fashionable. One could keep all of them and still write bad English, but one could not write the kind of stuff that I quoted in those five specimens at the beginning of this article.

I have not here been considering the literary use of language, but merely lan-guage as an instrument for expressing and not for concealing or preventing thought. Stuart Chase and others have come near to claiming that all abstract words are mean-ingless, and have used this as a pretext for advocating a kind of political quietism. Since you don't know what Fascism is, how can you struggle against Fascism? One need not swallow such absurdities as this, but one ought to recognize that the present political chaos is connected with the decay of language, and that one can probably bring about some improvement by starting at the verbal end. If you simplify your Eng-lish, you are freed from the worst follies of orthodoxy. You cannot speak any of the necessary dialects, and when you make a stupid remark its stupidity will be obvious, even to yourself. Political language—and with variations this is true of all political parties, from Conservatives to Anarchists—is designed to make lies sound truthful and murder respectable, and to give an appearance of solidity to pure wind. One can-not change this all in a moment, but one can at least change one's own habits, and from time to time one can even, if one jeers loudly enough, send some worn-out and useless phrase—some *jackboot, Achilles' heel, hotbed, melting pot, acid test, veritable inferno* or other lump of verbal refuse—into the dustbin where it belongs.

1946

Shooting an Elephant

In Moulmein, in Lower Burma,[1] I was hated by large numbers of people—the only time in my life that I have been important enough for this to happen to me. I was sub-divisional police officer of the town, and in an aimless, petty kind of way anti-European feeling was very bitter. No one had the guts to raise a riot, but if a European woman went through the bazaars alone somebody would probably spit betel[2] juice over her dress. As a police officer I was an obvious target and was baited whenever it seemed safe to do so. When a nimble Burman tripped me up on the football field and the referee (another Burman) looked the other way, the crowd yelled with hideous laughter. This happened more than once. In the end the sneering yellow faces of young men that met me everywhere, the insults hooted after me when I was at a safe distance, got badly on my nerves. The young Buddhist priests were the worst of all. There were several thousands of them in the town and none of them seemed to have anything to do except stand on street corners and jeer at Europeans.

All this was perplexing and upsetting. For at that time I had already made up my mind that imperialism was an evil thing and the sooner I chucked up my job and got out of it the better. Theoretically—and secretly, of course—I was all for the Burmese and all against their oppressors, the British. As for the job I was doing, I hated it more bitterly than I can perhaps make clear. In a job like that you see the dirty work of Empire at close quarters. The wretched prisoners huddling in the stinking cages of the lock-ups, the grey, cowed faces of the long-term convicts, the scarred buttocks of the men who had been flogged with bamboos—all these oppressed me with an intolerable sense of guilt. But I could get nothing into perspective. I was young and ill-educated and I had had to think out my problems in the utter silence that is imposed on every Englishman in the East. I did not even know that the British Empire is dying, still less did I know that it is a great deal better than the younger empires that are going to supplant it. All I knew was that I was stuck between my hatred of the empire I served and my rage against the evil-spirited little beasts who tried to make my job impossible. With one part of my mind I thought of the British Raj[3] as an unbreakable tyranny, as something clamped down, *in saecula saeculorum*,[4] upon the will of prostrate peoples; with another part I thought that the greatest joy in the world would be to drive a bayonet into a Buddhist priest's guts. Feelings like these are the normal by-products of imperialism; ask any Anglo-Indian official, if you can catch him off duty.

One day something happened which in a roundabout way was enlightening. It was a tiny incident in itself, but it gave me a better glimpse than I had had before of the real nature of imperialism—the real motives for which despotic governments act. Early one morning the sub-inspector at a police station the other end of the town rang me up on the phone and said that an elephant was ravaging the bazaar. Would I please come and do something about it? I did not know what I could do, but I wanted to see what was happening and I got on to a pony and started out. I took my rifle, an old 44 Winchester and much too small to kill an elephant, but I thought the noise might be useful *in terrorem*.[5] Various Burmans stopped me on the way and told me about the elephant's doings. It was not, of course, a wild elephant, but a tame one

---

1. Republic in southeast Asia, bordered by Bangladesh, India, China, Laos, and Thailand.
2. An East Indian pepper plant, the leaves of which are chewed.
3. "Rule" (Hindi).
4. Forever and ever (Latin).
5. To frighten it (Latin).

which had gone "must".[6] It had been chained up as tame elephants always are when their attack of "must" is due, but on the previous night it had broken its chain and escaped. Its mahout,[7] the only person who could manage it when it was in that state, had set out in pursuit, but he had taken the wrong direction and was now twelve hours' journey away, and in the morning the elephant had suddenly reappeared in the town. The Burmese population had no weapons and were quite helpless against it. It had already destroyed somebody's bamboo hut, killed a cow and raided some fruit-stalls and devoured the stock; also it had met the municipal rubbish van, and, when the driver jumped out and took to his heels, had turned the van over and inflicted violence upon it.

The Burmese sub-inspector and some Indian constables were waiting for me in the quarter where the elephant had been seen. It was a very poor quarter, a labyrinth of squalid bamboo huts, thatched with palm-leaf, winding all over a steep hillside. I remember that it was a cloudy stuffy morning at the beginning of the rains. We began questioning the people as to where the elephant had gone, and, as usual, failed to get any definite information. That is invariably the case in the East; a story always sounds clear enough at a distance, but the nearer you get to the scene of events the vaguer it becomes. Some of the people said that the elephant had gone in one direction, some said that he had gone in another, some professed not even to have heard of any elephant. I had almost made up my mind that the whole story was a pack of lies, when we heard yells a little distance away. There was a loud, scandalised cry of "Go away, child! Go away this instant!" and an old woman with a switch in her hand came round the corner of a hut, violently shooing away a crowd of naked children. Some more women followed, clicking their tongues and exclaiming; evidently there was something there that the children ought not to have seen. I rounded the hut and saw a man's dead body sprawling in the mud. He was an Indian, a black Dravidian[8] coolie,[9] almost naked, and he could not have been dead many minutes. The people said that the elephant had come suddenly upon him round the corner of the hut, caught him with its trunk, put its foot on his back and ground him into the earth. This was the rainy season and the ground was soft, and his face had scored a trench a foot deep and a couple of yards long. He was lying on his belly with arms crucified and head sharply twisted to one side. His face was coated with mud, the eyes wide open, the teeth bared and grinning with an expression of unendurable agony. (Never tell me, by the way, that the dead look peaceful. Most of the corpses I have seen looked devilish.) The friction of the great beast's foot had stripped the skin from his back as neatly as one skins a rabbit. As soon as I saw the dead man I sent an orderly to a friend's house nearby to borrow an elephant rifle. I had already sent back the pony, not wanting it to go mad with fright and throw me if it smelled the elephant.

The orderly came back in a few minutes with a rifle and five cartridges, and meanwhile some Burmans had arrived and told us that the elephant was in the paddy fields below, only a few hundred yards away. As I started forward practically the whole population of the quarter flocked out of their houses and followed me. They had seen the rifle and were all shouting excitedly that I was going to shoot the elephant. They had not shown much interest in the elephant when he was merely ravaging their homes, but it was different now that he was going to be shot. It was a bit

---

6. A period of heightened aggressiveness and sexual activity in male elephants, during which violent frenzies occur.

7. Elephant driver (Hindi).
8. Native of southeast India or Sri Lanka.
9. A derogatory term for an unskilled Asian laborer.

of fun to them, as it would be to an English crowd; besides, they wanted the meat. It made me vaguely uneasy. I had no intention of shooting the elephant—I had merely sent for the rifle to defend myself if necessary—and it is always unnerving to have a crowd following you. I marched down the hill, looking and feeling a fool, with the rifle over my shoulder and an ever-growing army of people jostling at my heels. At the bottom, when you got away from the huts, there was a metalled road and beyond that a miry waste of paddy fields a thousand yards across, not yet ploughed but soggy from the first rains and dotted with coarse grass. The elephant was standing eighty yards from the road, his left side towards us. He took not the slightest notice of the crowd's approach. He was tearing up bunches of grass, beating them against his knees to clean them and stuffing them into his mouth.

I had halted on the road. As soon as I saw the elephant I knew with perfect certainty that I ought not to shoot him. It is a serious matter to shoot a working elephant—it is comparable to destroying a huge and costly piece of machinery—and obviously one ought not to do it if it can possibly be avoided. And at that distance, peacefully eating, the elephant looked no more dangerous than a cow. I thought then and I think now that his attack of "must" was already passing off; in which case he would merely wander harmlessly about until the mahout came back and caught him. Moreover, I did not in the least want to shoot him. I decided that I would watch him for a little while to make sure that he did not turn savage again, and then go home.

But at that moment I glanced round at the crowd that had followed me. It was an immense crowd, two thousand at the least and growing every minute. It blocked the road for a long distance on either side. I looked at the sea of yellow faces above the garish clothes—faces all happy and excited over this bit of fun, all certain that the elephant was going to be shot. They were watching me as they would watch a conjuror about to perform a trick. They did not like me, but with the magical rifle in my hands I was momentarily worth watching. And suddenly I realised that I should have to shoot the elephant after all. The people expected it of me and I had got to do it; I could feel their two thousand wills pressing me forward, irresistibly. And it was at this moment, as I stood there with the rifle in my hands, that I first grasped the hollowness, the futility of the white man's dominion in the East. Here was I, the white man with his gun, standing in front of the unarmed native crowd—seemingly the leading actor of the piece; but in reality I was only an absurd puppet pushed to and fro by the will of those yellow faces behind. I perceived in this moment that when the white man turns tyrant it is his own freedom that he destroys. He becomes a sort of hollow, posing dummy, the conventionalised figure of a sahib.[1] For it is the condition of his rule that he shall spend his life in trying to impress the "natives" and so in every crisis he has got to do what the "natives" expect of him. He wears a mask, and his face grows to fit it. I had got to shoot the elephant. I had committed myself to doing it when I sent for the rifle. A sahib has got to act like a sahib; he has got to appear resolute, to know his own mind and do definite things. To come all that way, rifle in hand, with two thousand people marching at my heels, and then to trail feebly away, having done nothing—no, that was impossible. The crowd would laugh at me. And my whole life, every white man's life in the East, was one long struggle not to be laughed at.

But I did not want to shoot the elephant. I watched him beating his bunch of grass against his knees, with that preoccupied grandmotherly air that elephants have. It seemed to me that it would be murder to shoot him. At that age I was not

1. White gentleman (Urdu).

squeamish about killing animals, but I had never shot an elephant and never wanted to. (Somehow it always seems worse to kill a *large* animal.) Besides, there was the beast's owner to be considered. Alive, the elephant was worth at least a hundred pounds; dead, he would only be worth the value of his tusks—five pounds, possibly. But I had got to act quickly. I turned to some experienced-looking Burmans who had been there when we arrived, and asked them how the elephant had been behaving. They all said the same thing: he took no notice of you if you left him alone, but he might charge if you went too close to him.

It was perfectly clear to me what I ought to do. I ought to walk up to within, say, twenty-five yards of the elephant and test his behaviour. If he charged I could shoot, if he took no notice of me it would be safe to leave him until the mahout came back. But also I knew that I was going to do no such thing. I was a poor shot with a rifle and the ground was soft mud into which one would sink at every step. If the elephant charged and I missed him, I should have about as much chance as a toad under a steam-roller. But even then I was not thinking particularly of my own skin, only the watchful yellow faces behind. For at that moment, with the crowd watching me, I was not afraid in the ordinary sense, as I would have been if I had been alone. A white man mustn't be frightened in front of "natives"; and so, in general, he isn't frightened. The sole thought in my mind was that if anything went wrong those two thousand Burmans would see me pursued, caught, trampled on and reduced to a grinning corpse like that Indian up the hill. And if that happened it was quite probable that some of them would laugh. That would never do. There was only one alternative. I shoved the cartridges into the magazine and lay down on the road to get a better aim.

The crowd grew very still, and a deep, low, happy sigh, as of people who see the theatre curtain go up at last, breathed from innumerable throats. They were going to have their bit of fun after all. The rifle was a beautiful German thing with cross-hair sights. I did not then know that in shooting an elephant one should shoot to cut an imaginary bar running from ear-hole to ear-hole. I ought therefore, as the elephant was sideways on, to have aimed straight at his ear-hole; actually I aimed several inches in front of this, thinking the brain would be further forward.

When I pulled the trigger I did not hear the bang or feel the kick—one never does when a shot goes home—but I heard the devilish roar of glee that went up from the crowd. In that instant, in too short a time, one would have thought, even for the bullet to get there, a mysterious, terrible change had come over the elephant. He neither stirred nor fell, but every line of his body had altered. He looked suddenly stricken, shrunken, immensely old, as though the frightful impact of the bullet had paralysed him without knocking him down. At last, after what seemed a long time—it might have been five seconds, I dare say—he sagged flabbily to his knees. His mouth slobbered. An enormous senility seemed to have settled upon him. One could have imagined him thousands of years old. I fired again into the same spot. At the second shot he did not collapse but climbed with desperate slowness to his feet and stood weakly upright, with legs sagging and head drooping. I fired a third time. That was the shot that did for him. You could see the agony of it jolt his whole body and knock the last remnant of strength from his legs. But in falling he seemed for a moment to rise, for as his hind legs collapsed beneath him he seemed to tower upwards like a huge rock toppling, his trunk reaching skyward like a tree. He trumpeted, for the first and only time. And then down he came, his belly towards me, with a crash that seemed to shake the ground even where I lay.

I got up. The Burmans were already racing past me across the mud. It was obviously that the elephant would never rise again, but he was not dead. He was breathing very rhythmically with long rattling gasps, his great mound of a side painfully rising and falling. His mouth was wide open—I could see far down into caverns of pale pink throat. I waited a long time for him to die, but his breathing did not weaken. Finally I fired my two remaining shots into the spot where I thought his heart must be. The thick blood welled out of him like red velvet, but still he did not die. His body did not even jerk when the shots hit him, the tortured breathing continued without a pause. He was dying, very slowly and in great agony, but in some world remote from me where not even a bullet could damage him further. I felt that I had got to put an end to that dreadful noise. It seemed dreadful to see the great beast lying there, powerless to move and yet powerless to die, and not even to be able to finish him. I sent back for my small rifle and poured shot after shot into his heart and down his throat. They seemed to make no impression. The tortured gasps continued as steadily as the ticking of a clock.

In the end I could not stand it any longer and went away. I heard later that it took him half an hour to die. Burmans were arriving with dahs[2] and baskets even before I left, and I was told they had stripped his body almost to the bones by the afternoon.

Afterwards, of course, there were endless discussions about the shooting of the elephant. The owner was furious, but he was only an Indian and could do nothing. Besides, legally I had done the right thing, for a mad elephant has to be killed, like a mad dog, if its owner fails to control it. Among the Europeans opinion was divided. The older men said I was right, the younger men said it was a damn shame to shoot an elephant for killing a coolie, because an elephant was worth more than any damn Coringhee[3] coolie. And afterwards I was very glad that the coolie had been killed; it put me legally in the right and it gave me a sufficient pretext for shooting the elephant. I often wondered whether any of the others grasped that I had done it solely to avoid looking a fool.

<hr />

Salman Rushdie
b. 1947

Born in Bombay on the day India achieved independence from Britain, Salman Rushdie was raised in Pakistan after the partition of the subcontinent. He then settled in England, where he soon became one of the most noted writers about the aftermath of empires. His magisterial novel *Midnight's Children* was awarded not only the prestigious Booker McConnell Prize for the best British novel of 1981 but later the "Booker of Bookers," as the best novel in the first twenty-five years of the prize's history. Like Saleem Sinai, the protagonist and narrator of *Midnight's Children*, Rushdie delights in telling its story, in a mixture of history, fantasy, fable, and sheer stylistic exuberance that has come to be known (through the works of Latin American writers like Gabriel Garcia Marquez) as magic realism. At once an Indian and a British writer, Rushdie enjoys a double status as both insider and outsider that allows him to comment both

2. Large knives.   3. Burmese place-name.

on the history of his native land and on the contemporary politics of Britain with savage and comic incisiveness.

Unfortunately, most who do not know Rushdie's writing well know his name from the publicity surrounding his 1988 novel *The Satanic Verses*; the novel was judged to be an affront to Islam, and on Valentine's Day in 1989 the late Iranian leader Ayatollah Ruhollah Khomeini issued a *fatwa*, or death threat, against both Rushdie and his publisher, carrying a multimillion dollar bounty. As a result, Rushdie was forced to go underground; for nearly ten years he moved from place to place protected by full-time bodyguards, making but unable to receive phone calls, and generally staying out of the public eye and out of harm's way. Under Islamic law, a *fatwa* can be lifted only by the man who imposed it; since Khomeini died with the *fatwa* still in effect, it technically will remain in effect until Rushdie's death, although subsequent Iranian leaders have suggested that the edict would not be enforced. Rushdie has, in recent years, begun a boldly public life in England and the United States.

It is both appalling and intriguing that the written word still has this much power. The book that followed *The Satanic Verses* was *Haroun and the Sea of Stories*, a tale often (mistakenly) labeled "juvenile." It is in fact an allegory of the power of language—its power to liberate, and the desperate attempts of what political philosopher Louis Althusser calls the "ideological state apparatus" to silence this free, anarchic speech. The story did indeed begin as a bath-time entertainment for Rushdie's son Zafar; but as the affair over the *Satanic Verses* grew and festered, the story matured into a parable of the responsibility of the artist to speak from the heart and conscience, regardless of the political consequences. Rushdie's story *Christopher Columbus and Queen Isabella of Spain Consummate Their Relationship* mixes history and fantasy, popular culture and high literary art to comment on the sometimes callow ways of power.

Christopher Columbus and Queen Isabella of Spain Consummate Their Relationship

Columbus, a foreigner, follows Queen Isabella for an eternity without entirely giving up hope.

— *In what characteristic postures?*

Proud yet supplicant, the head held high but the knee bent. Fawning yet fearless; possessed of a certain saucy vulgarity, he gets away with it by virtue of his confidence-man's charm. However, as time passes, the ingratiating aspects of his stance are emphasised; the sea-dog raffishness[1] wears a little thin. As do his shoes.

= *His hope. It is of what?*

Obvious answers first. He hopes for preferment. He wants to tie the Queen's favour to his helmet, like a knight in a romance. (He owns no helmet.) He has hopes of cash, and of three tall ships, *Niña Pinta Santa Maria*; of, in fourteen hundred and ninety-two, sailing across the ocean blue. But, on his first arrival at court, when the Queen herself asked him what he desired, he bowed over her olive hand and, with his lips a breath away from the great ring of her power, murmured a single, dangerous word.

"Consummation."

— *These unspeakable foreigners! The nerve! "Consummation," indeed! And then following in her footsteps, month after month, as if he stood a chance. His coarse epistles, his tuneless serenades beneath her casement windows, obliging her to have them closed, shutting out the cooling breeze. She had better things to do, a world to conquer & so forth, who did he think he was?*

---

1. Vulgarity.

=   *Foreigners can be dogged. And can also, on account of language difficulties, fail to take a hint. Then again, let us not forget, it is considered de rigueur[2] to keep a few foreigners around. They lend the place a certain cosmopolitan tone. They are often poor and consequently willing to perform divers[3] necessary but dirty jobs. They are, moreover, a warning against complacency, their existence in our midst reminding us that there are quarters in which (hard as it is to accept) we ourselves would be considered foreign, too.*

—   *But to speak so to the Queen!*

=   *Foreigners forget their place (having left it behind). Given time, they begin to think of themselves as our equals. It is an unavoidable hazard. They introduce into our austerities their Italianate blandishments. Nothing for it: turn a deaf ear, look the other way. They rarely mean real harm, and go too far only infrequently. The Queen, be assured, can look after herself.*

Columbus at Isabella's court is quickly burdened with the reputation of being a crazy man. His clothes are excessively colourful and he drinks, also, to excess. When Isabella wins a military victory she celebrates it with eleven days of psalms and the sonorous severities of priests. Columbus crashes about outside the cathedral, waving a wineskin. He is a one-man debauch.

—   *See him, the drunkard, his huge, shaggy head filled with nonsenses! A fool with a glittering eye dreaming of a golden paradise beyond the Western Edge of Things.*

"Consummation."

The Queen plays with Columbus.

At luncheon she promises him everything he wants; then cuts him dead later the same afternoon, looking through him as if he were a veil.

On his saint's day she summons him to her inmost boudoir, dismisses her girls, permits him to braid her hair and, for a moment, to fondle her breasts. Then she summons her guards. She banishes him to the stables and piggeries for forty days. He sits forlorn on horse-munched hay while his thoughts run on distant, fabled gold. He dreams of the Queen's perfumes but awakes, gagging, in a pigsty.

Toying with Columbus pleases the Queen.

And pleasing the Queen, he reminds himself, may help him to achieve his purpose. Pigs rootle by his feet. He grits his teeth.

"Pleasing the Queen is good."

Columbus ponders:

Does she torment him merely for sport?

Or: because he is foreign, and she is unused to his ways and meanings.

Or: because her ring finger, still hot with the memory of his lips his breath, has been — how-you-say? — *touched.* Yes: tentacles of warmth spread backward from her fingers towards her heart. A turbulence has been aroused.

Or: because she is torn between the possibility of embracing his scheme with a lover's abandon, and the more conventional, and differently (maliciously) pleasurable option of destroying him by laughing, finally, after much foreplay, in his foolish, supplicant face.

Columbus consoles himself with possibilities. Not all possibilities are consoling, however.

She is an absolute monarch. (Her husband is an absolute zero: a blank, couldn't be colder. We will not speak further of him.) She is a woman whose ring is often kissed. It means nothing to her. She is no stranger to flatteries. She resists them effortlessly.

She is a tyrant, who numbers among her possessions a private menagerie of four hundred and nineteen fools, some grotesquely malformed, others as beauteous as the dawn. He, Columbus, is merely her four hundred and twentieth idiot. This, too, is a plausible scenario.

Either: she understands his dream of a world beyond the world's end, and is moved by it, so profoundly that it spooks her, and she turns first towards it, then away;

Or: she doesn't understand him at all, nor cares to understand.

"Take your pick."

What's certain is that *he* doesn't understand *her*. Only the facts are plain. She is Isabella, all-conquering Queen. He is her invisible (though raucous, multicoloured, wine-bibbing) man.

"Consummation."

The sexual appetites of the male decline; those of the female continue, with the advancing years, to grow. Isabella is Columbus's last hope. He is running out of possible patrons, sales talk, flirtatiousness, hair, steam.

Time drags by.

Isabella gallops around, winning battles, expelling Moors from their strongholds, her appetites expanding by the week. The more of the land she swallows, the more warriors she engulfs, the hungrier she gets. Columbus, aware of a slow shrivelling inside him, scolds himself. He should see things as they are. He should come to his senses. What chance does he have here? Some days she makes him clean latrines. On other days he is on body-washing duty, and after a battle the bodies are not clean. Soldiers going to war wear man-sized diapers under their armour because the fear of death will open the bowels, will do it every time. Columbus was not cut out for this sort of work. He tells himself to leave Isabella, once and for all.

But there are problems: his advancing years, the patron shortage. Once he decamps, he will have to forget the western voyage.

The body of philosophical opinion which holds that life is absurd has never appealed to him. He is a man of action, revealing himself in deeds. But without the western voyage he will be obliged to accept the meaninglessness of life. This, too, would be a defeat. Invisible in hot tropical colours, unrequited, he remains, dogging her footsteps, hoping for the ecstasy of her glance.

"The search for money and patronage," Columbus says, "is not so different from the quest for love."

——

— *She is omnipotent. Castles fall at her feet. The Jews have been expelled. The Moors prepare their last surrender. The Queen is at Granada, riding at her armies' head.*

= *She overwhelms. Nothing she has wanted has ever been refused.*

— *All her dreams are prophecies.*

=   *Acting upon information received while sleeping, she draws up her invincible battle plans, foils the conspiracies of assassins, learns of the infidelities and corruptions for which she blackmails both her loyalists (to ensure their support) and her opponents (to ensure theirs). The dreams help her forecast the weather, negotiate treaties, and invest shrewdly in trade.*

—   *She eats like a horse and never gains an ounce.*

=   *The earth adores her footfall. Its shadows flee before the brilliance of her eyes.*

—   *Her face is a lush peninsula set in a sea of hair.*

=   *Her treasure chests are inexhaustible.*

—   *Her ears are soft question-marks, suggesting some uncertainty.*

=   *Her legs.*

—   *Her legs are not so great.*

=   *She is full of discontents.*

—   *No conquest satisfies her, no peak of ecstasy is high enough.*

=   *See: there at the gates of the Alhambra is Boabdil the Unlucky, the last Sultan of the last redoubt[4] of all the centuries of Arab Spain. Behold: now, at this very instant, he surrenders the keys to the citadel into her grasp . . . there! And as the weight of the keys falls from his hand into hers, she . . . she . . . yawns.*

Columbus gives up hope.

While Isabella is entering the Alhambra in listless triumph, he is saddling his mule. While she dawdles in the Court of the Lions, he departs in a flurry of whips elbows hooves, all rapidly obscured by a dust cloud.

Invisibility claims him. He surrenders to its will. Knowing he is abandoning his destiny, he abandons it. He rides away from Queen Isabella in hopeless anger, rides day and night, and when his mule dies under him he shoulders his ridiculous gypsy-patchwork bags, their rowdy colours muted now by dirt; and walks.

Around him stretches the rich plain her armies have subdued. Columbus sees none of it, neither the land's fertility nor the sudden barrenness of the vanquished castles looking down from their pinnacles. The ghosts of defeated civilisations flow unnoticed down the rivers whose names — Guadalthis and Guadalthat — retain an echo of the annihilated past.

Overhead, the arabesque wheelings of the patient buzzards.

Jews pass Columbus in long columns, but the tragedy of their expulsion makes no mark on him. Somebody tries to sell him a Toledo sword; he waves the man away. Having lost his own dream of ships, Columbus leaves the Jews to the ships of their exile, waiting in the harbour of Cadiz. Exhaustion strips him of his senses. This old world is too old and the new world is an unfound land.

"The loss of money and patronage," Columbus says, "is as bitter as unrequited love."

He walks beyond fatigue, beyond the limits of endurance and the frontiers of self, and somewhere along this path he loses his balance, he falls off the edge of his sanity, and out here beyond his mind's rim he sees, for the first and only time in his life, a vision.

4. A small fortification.

It is a dream of a dream.

He dreams of Isabella, languidly exploring the Alhambra, the great jewel she has seized from Boabdil, last of the Nasrids.

She is staring into a large stone bowl held aloft by stone lions. The bowl is filled with blood, and in it she sees—*that is, Columbus dreams her seeing*—a vision of her own.

The bowl shows her that everything, all the known world, is now hers. Everyone in it is in her hands, to do with as she pleases. And when she understands this— *Columbus dreams*—the blood at once congeals, becoming a thick and verminous sludge. Whereupon the Isabella of Columbus's weary, but also vengeful, imaginings is shaken to her very marrow by the realisation that she will never, *never*, NEVER! be satisfied by the possession of the Known. Only the Unknown, perhaps even the Unknowable, can satisfy her.

All at once she remembers Columbus (*he envisions her remembering him*). Columbus, the invisible man who dreams of entering the invisible world, the unknown and perhaps even unknowable world beyond the Edge of Things, beyond the stone bowl of the everyday, beyond the thick blood of the sea. Columbus in this bitter dream makes Isabella see the truth at last, makes her accept that her need for him is as great as his for her. Yes! She knows it now! She must must must give him the money, the ships, anything, and he must must must carry her flag and her favour beyond the end of the end of the earth, into exaltation and immortality, linking her to him for ever with bonds far harder to dissolve than those of any mortal love, the harsh and deifying ties of history.

"Consummation."

In Columbus's savage dream, Isabella tears her hair, runs from the Court of the Lions, screams for her heralds.

"Find him," she commands.

But Columbus in his dream refuses to be found. He wraps around himself the dusty patchwork cloak of his invisibility, and the heralds gallop hither and yon in vain.

Isabella screeches, beseeches, implores.

Bitch! Bitch! How do you like it now, Columbus sneers. By absenting himself from her court, by this final and suicidal invisibility, he has denied her her heart's desire. Serves her right.

Bitch!

She murdered his hopes, didn't she? Well, then. In doing so she has laid herself low as well. Poetic justice. Fair's fair. ————

At the dream's end he permits her messengers to find him. Their hoofbeats, their waving frantic arms. They plead, cajole, offer bribes. But it's too late. Only the sweet self-lacerating joy of murdering Possibility remains.

He answers the heralds: a shake of the head.

"No."

He comes to his senses.

He is on his knees in the fertility of the plains, waiting for death. He hears the hoofbeats approaching and raises his eyes, half expecting to see the Exterminating Angel, riding towards him like a conqueror. Its black wings, the boredom on its face.

Isabella's heralds surround him. They offer him food, drink, a horse. They are shouting.

—   *Good news! The Queen has summoned you.*
=   *Your voyage: wonderful news.*
—   *She saw a vision, and it scared her.*
=   *All her dreams are prophecies.*

The heralds dismount. They offer bribes, plead, cajole.

—   *She ran from the Court of the Lions, shouting out your name.*
=   *She will send you beyond the stone bowl of the known world, beyond the thick blood of the sea.*
—   *She's waiting for you in Santa Fé.*
=   *You must come at once.*

He stands up, like a requited lover, like a groom on his wedding day. He opens his mouth, and what almost spills out is the bitter refusal: no.

"Yes," he tells the heralds. *Yes. I'll come.*

＞＋＜ END OF PERSPECTIVES: WORLD WAR II AND THE END OF EMPIRE ＋＞＜

Dylan Thomas
1914–1953

One of the most important facts of Dylan Thomas's biography is his birthplace: Swansea, South Wales. Thomas was Welsh first, English second. Although Wales is entirely contained within the borders of England, it has its own language, unrelated to English. The Welsh language is a living and thriving one, and it is visible in Wales in place names, street signs, church music, and a host of other daily manifestations. Thomas uses the words of the English language in making his poems, plays, and stories, but these words are defamiliarized, are made strange, by virtue of their having been laid on top, as it were, of absent Welsh words and phrasings that echo nonetheless through the English lines. A common criticism made about Dylan Thomas's poetry by English critics who were his contemporaries was that the poetry was overly emotional and excessively musical, and that it lacked "rigor." These charges against the poems sound all too familiarly like the complaints against the Welsh and the Irish peoples—too emotional, too lyrical, too irrational. The innovative and densely lyrical patterns of Thomas's poetry and his prose style come partially out of his "Welshification" of English, a process that has effects on both the style and the subject matter of his work. In another register, he can be seen as the last of the Romantic poets, writing precocious lyrics infused with an intense sense of self.

Dylan Thomas's earliest volume, *18 Poems*, appeared in 1934 when Thomas was twenty years old, a suite of poems based on the cycle of life, birth, childhood, and death in Swansea. It caused a sensation for the magic of its wordplay and the intensely personal focus of the poems. The book was received ecstatically in Britain, but not so in Wales, whose provincial proprieties Thomas always viewed with a half-affectionate sarcasm. Like James Joyce, Thomas felt the necessity of escape; at the age of twenty-one he moved to the metropolitan center, to London, to pursue his hopes of a literary career. There he worked for the BBC as a writer and a performer on radio broadcasts. The short stories of his collection *Portrait of the Artist as a Young Dog* (1940) wittily recount, in obvious homage and parody of Joyce's *Portrait of the Artist as a*

Young Man, the travails of the would-be writer who hopes to break through the barriers of class and nation. He spent the years of World War II in London as well, but as a conscientious objector, not a combatant, and, as a Welshman, to a certain degree as an outsider within. The war was traumatizing for him as for so many others, and Thomas's pacifism and despair led to the superb poetry of his volume *Deaths and Entrances*.

Poetry alone could not pay the bills and allow Thomas and his young family to live in London. After the war he turned to screenplays and to short stories. The haunting radio play *Return Journey* gives a medley of voices encountered by the poet returning to a Swansea inhabited by the ghost of his youthful self. It can be compared to some of Hardy's memory-filled poetic landscapes and to stories like *Ivy Day in the Committee Room* in Joyce's *Dubliners;* it also anticipates the spare, ironic dramas that Samuel Beckett would write in the 1960s and 1970s.

In the late 1940s, Thomas returned to his poetry, this time less as a poet than as a performer or public reader of his own work. His vibrant and sonorous Welsh-accented voice (akin to that of the Welsh actor Richard Burton), melded with the incantatory lyricism of his poetic language, proved to be irresistible to the public, both in England and in the United States. His brilliant poetry readings instigated a new popularity for poetry itself on both sides of the Atlantic, and his captivating talents as a reader and indeed an actor created for him the persona of Dylan Thomas, Bohemian poet, which he wore until his early death in New York City, after an overdose of whiskey following a poetry reading. He was on his way to California to stay with Igor Stravinsky, with whom he planned to write an epic opera.

The great American poet John Berryman described certain recurrent words as the "unmistakable signature" of Dylan Thomas's poetry. Berryman chose a list of forty "key words" in Thomas's work, including among them: blood, sea, ghost, grave, death, light, time, sun, night, wind, love, and rain. Berryman noted the symbolic value Thomas made these seemingly simple words carry across the span of many poems. Thomas's themes were agreed by most critics to be simple and elemental ones—related to the cycles of life, to nature and childhood, to life's meaning. Berryman argued fiercely that while these were simple themes on the surface, what a poem means *is* its imagery, the way its words are put into relation to one another: "A poem that works well demonstrates an insight, and the insight may consist, not in the theme, but in the image-relations or the structure-relations." Thomas himself aimed at using wordplay and fractured syntax to create sound as a "verbal music." The musicality of his poems and his prose is stunningly evident, and rarely more so than in his play *Under Milk Wood*, a kind of oratorio for disembodied voices. In the play, published posthumously in 1954, Thomas gives voice to the inhabitants of the Welsh village of Llaregyub, whose voices weave together the actions of nature and humans on one single rural day. There is no "plot," and the actors simply stand on stage and read, taking on many voices as these ebb and flow musically through them.

Oral speech and song are more important than written language in rural countries and cultures, especially when one's written language is officially discouraged or even forbidden. Social memory is passed on in story and song; tales and jokes and sermons and performances loom larger in the society of a country town than do written artifacts. Dylan Thomas was very much a writer, yet his poetry and prose are written to be heard, to exist in the ear of the listener as much as the eye of the reader. The lush richness of Thomas's poetic voice is a verbal music that passes on a tradition of oral culture and its precious gifts. The spoken or sung word is a word accompanied by breath; breath is related in most cultures, but certainly in those of Wales and Ireland, to the spirit. One collection of Dylan Thomas's poetry and sketches he titled *The World I Breathe*. This title could as easily be *The Word I Breathe*.

The Force That Through the Green Fuse Drives the Flower

> The force that through the green fuse drives the flower
> Drives my green age; that blasts the roots of trees

Is my destroyer.
And I am dumb to tell the crooked rose
5   My youth is bent by the same wintry fever.

The force that drives the water through the rocks
Drives my red blood; that dries the mouthing streams
Turns mine to wax.
And I am dumb to mouth unto my veins
10   How at the mountain spring the same mouth sucks.

The hand that whirls the water in the pool
Stirs the quicksand; that ropes the blowing wind
Hauls my shroud sail.
And I am dumb to tell the hanging man
15   How of my clay is made the hangman's lime.

The lips of time leech to the fountain head;
Love drips and gathers, but the fallen blood
Shall calm her sores.
And I am dumb to tell a weather's wind
20   How time has ticked a heaven round the stars.

And I am dumb to tell the lover's tomb
How at my sheet goes the same crooked worm.

                                                    1933

Fern Hill

Now as I was young and easy under the apple boughs
About the lilting house and happy as the grass was green,
     The night above the dingle° starry,   *cart*
          Time let me hail and climb
5   Golden in the heydays of his eyes,
And honoured among wagons I was prince of the apple towns
And once below a time I lordly had the trees and leaves
          Trail with daisies and barley
     Down the rivers of the windfall light.

10   And as I was green and carefree, famous among the barns
About the happy yard and singing as the farm was home,
     In the sun that is young once only,
          Time let me play and be
     Golden in the mercy of his means,
15   And green and golden I was huntsman and herdsman, the calves
Sang to my horn, the foxes on the hills barked clear and cold,
          And the sabbath rang slowly
     In the pebbles of the holy streams.

All the sun long it was running, it was lovely, the hay
20   Fields high as the house, the tunes from the chimneys, it was air
          And playing, lovely and watery
               And fire green as grass.
          And nightly under the simple stars
As I rode to sleep the owls were bearing the farm away,
25   All the moon long I heard, blessed among stables, the nightjars.°   *birds*

Flying with the ricks,° and the horses   *straw*
     Flashing into the dark.

And then to awake, and the farm, like a wanderer white
With the dew, come back, the cock on his shoulder: it was all
30   Shining, it was Adam and maiden,
                The sky gathered again
            And the sun grew round that very day.
So it must have been after the birth of the simple light
In the first, spinning place, the spellbound horses walking warm
35   Out of the whinnying green stable
                On to the fields of praise.

And honoured among foxes and pheasants by the gay house
Under the new made clouds and happy as the heart was long,
     In the sun born over and over,
40   I ran my heedless ways,
     My wishes raced through the house high hay
And nothing I cared, at my sky blue trades, that time allows
In all his tuneful turning so few and such morning songs
     Before the children green and golden
45   Follow him out of grace,

Nothing I cared, in the lamb white days, that time would take me
Up to the swallow thronged loft by the shadow of my hand,
     In the moon that is always rising,
          Nor that riding to sleep
50   I should hear him fly with the high fields
And wake to the farm forever fled from the childless land.
Oh as I was young and easy in the mercy of his means,
     Time held me green and dying
     Though I sang in my chains like the sea.

Poem in October

It was my thirtieth year to heaven
Woke to my hearing from harbour and neighbour wood
     And the mussel° pooled and the heron   *shellfish*
          Priested° shore   *presided over*
5   The morning beckon
With water praying and call of seagull and rook
And the knock of sailing boats on the net webbed wall
          Myself to set foot
               That second
10   In the still sleeping town and set forth.

My birthday began with the water-
Birds and the birds of the winged trees flying my name
     Above the farms and the white horses
          And I rose
15   In the rainy autumn
And walked abroad in a shower of all my days.
High tide and the heron dived when I took the road

Over the border
And the gates
20   Of the town closed as the town awoke.

A springful of larks in a rolling
Cloud and the roadside bushes brimming with whistling
Blackbirds and the sun of October
Summery
25   On the hill's shoulder,
Here were fond climates and sweet singers suddenly
Come in the morning where I wandered and listened
To the rain wringing
Wind blow cold
30   In the wood faraway under me.

Pale rain over the dwindling harbour
And over the sea wet church the size of a snail
With its horns through mist and the castle
Brown as owls
35   But all the gardens
Of spring and summer were blooming in the tall tales
Beyond the border and under the lark full cloud.
There could I marvel
My birthday
40   Away but the weather turned around.

It turned away from the blithe° country   *lighthearted*
And down the other air and the blue altered sky
Streamed again a wonder of summer
With apples
45   Pears and red currants
And I saw in the turning so clearly a child's
Forgotten mornings when he walked with his mother
Through the parables°   *religious fables*
Of sun light
50   And the legends of the green chapels

And the twice told fields of infancy
That his tears burned my cheeks and his heart moved in mine.
These were the woods the river and sea
Where a boy
55   In the listening
Summertime of the dead whispered the truth of his joy
To the trees and the stones and the fish in the tide.
And the mystery
Sang alive
60   Still in the water and singingbirds.

And there could I marvel my birthday
Away but the weather turned around. And the true
Joy of the long dead child sang burning
In the sun.
65   It was my thirtieth

Year to heaven stood there then in the summer noon
Though the town below lay leaved with October blood.
    O may my heart's truth
      Still be sung
70   On this high hill in a year's turning.

Do Not Go Gentle into That Good Night

Do not go gentle into that good night,
Old age should burn and rave at close of day;
Rage, rage against the dying of the light.

Though wise men at their end know dark is right,
5   Because their words had forked no lightning they
Do not go gentle into that good night.

Good men, the last wave by, crying how bright
Their frail deeds might have danced in a green bay,
Rage, rage against the dying of the light.

10 Wild men who caught and sang the sun in flight,
And learn, too late, they grieved it on its way,
Do not go gentle into that good night.

Grave men, near death, who see with blinding sight
Blind eyes could blaze like meteors and be gay,
15 Rage, rage against the dying of the light.

And you, my father, there on the sad height,
Curse, bless, me now with your fierce tears, I pray.
Do not go gentle into that good night.
Rage, rage against the dying of the light.

1951

Return Journey[1]

NARRATOR: It was a cold white day in High Street, and nothing to stop the wind slicing up from the docks, for where the squat and tall shops had shielded the town from the sea lay their blitzed flat graves marbled with snow and headstoned with fences. Dogs, delicate as cats on water, as though they had gloves on their paws, padded over the vanished buildings. Boys romped, calling high and clear, on top of a levelled chemist's and a shoe-shop, and a little girl, wearing a man's cap, threw a snowball in a chill deserted garden that had once been the Jug and Bottle of the Prince of Wales.[2] The wind cut up the street with a soft sea-noise hanging on its arm, like a hooter in a muffler. I could see the swathed hill stepping up out of the town, which you never could see properly before, and the powdered fields of the roofs of Milton Terrace and Watkin Street and Fullers Row. Fish-frailed, net-bagged, umbrella'd, pixie-capped, fur-shoed, blue-nosed, puce-lipped, blinkered like drayhorses, scarved, mittened, galoshed, wearing everything but the cat's

1. Written in February 1947; broadcast by the BBC May 1947.   2. The name of a public house (pub).

blanket, crushes of shopping-women crunched in the little Lapland of the once grey drab street, blew and queued and yearned for hot tea, as I began my search through Swansea town cold and early on that wicked February morning.[3] I went into the hotel. "Good morning."

The hall-porter did not answer. I was just another snowman to him. He did not know that I was looking for someone after fourteen years, and he did not care. He stood and shuddered, staring through the glass of the hotel door at the snowflakes sailing down the sky, like Siberian confetti. The bar was just opening, but already one customer puffed and shook at the counter with a full pint of half-frozen Tawe water in his wrapped-up hand. I said Good morning, and the barmaid, polishing the counter vigorously as though it were a rare and valuable piece of Swansea china, said to her first customer:

BARMAID: Seen the film at the Elysium Mr Griffiths there's snow isn't it did you come up on your bicycle our pipes burst Monday . . .

NARRATOR: A pint of bitter,[4] please.

BARMAID: Proper little lake in the kitchen got to wear your Wellingtons when you boil a egg one and four please[5] . . .

CUSTOMER: The cold gets me just here . . .

BARMAID: . . . and eightpence change that's your liver Mr Griffiths you been on the cocoa again . . .

NARRATOR: I wonder whether you remember a friend of mine? He always used to come to this bar, some years ago. Every morning, about this time.

CUSTOMER: Just by here it gets me. I don't know what'd happen if I didn't wear a band . . .

BARMAID: What's his name?

NARRATOR: Young Thomas.

BARMAID: Lots of Thomases come here it's a kind of home from home for Thomases isn't it Mr Griffiths what's he look like?

NARRATOR: He'd be about seventeen or eighteen . . .

[Slowly]

BARMAID: . . . I was seventeen once . . .

NARRATOR: . . . and above medium height. Above medium height for Wales, I mean, he's five foot six and a half. Thick blubber lips; snub nose; curly mouse-brown hair; one front tooth broken after playing a game called Cats and Dogs, in the Mermaid, Mumbles; speaks rather fancy; truculent; plausible; a bit of a shower-off; plus-fours and no breakfast, you know; used to have poems printed in the *Herald of Wales*; there was one about an open-air performance of *Electra* in Mrs Bertie Perkins's garden in Sketty; lived up the Uplands; a bombastic adolescent provincial Bohemian with a thick-knotted artist's tie made out of his sister's scarf, she never knew where it had gone, and a cricket-shirt dyed bottle-green; a gabbing, ambitious, mock-tough, pretentious young man; and mole-y, too.

BARMAID: There's words what d'you want to find him for I wouldn't touch him with a barge-pole . . . would you, Mr Griffiths? Mind, you can never tell. I remember a man came here with a monkey. Called for 'alf for himself and a pint for the monkey. And he wasn't Italian at all. Spoke Welsh like a preacher.

---

3. Swansea, a city in South Wales on the mouth of the river Tawe, is the second largest city in Wales after Cardiff (the capital).

4. British beer.
5. One shilling and 4 pence.

NARRATOR: The bar was filling up. Snowy business bellies pressed their watch-chains against the counter; black business bowlers, damp and white now as Christ-mas puddings in their cloths, bobbed in front of the misty mirrors. The voice of commerce rang sternly through the lounge.

FIRST VOICE: Cold enough for you?

SECOND VOICE: How's your pipes, Mr Lewis?

THIRD VOICE: Another winter like this'll put paid to me, Mr Evans. I got the 'flu . . .

FIRST VOICE: Make it a double . . .

SECOND VOICE: Similar . . .

BARMAID: Okay, baby . . .

CUSTOMER: I seem to remember a chap like you described. There couldn't be two like him let's hope. He used to work as a reporter. Down the Three Lamps I used to see him. Lifting his ikkle elbow.

[Confidentially]

NARRATOR: What's the Three Lamps like now?

CUSTOMER: It isn't like anything. It isn't there. It's nothing mun. You remember Ben Evans's stores? It's right next door to that. Ben Evans isn't there either . . .

[Fade]

NARRATOR: I went out of the hotel into the snow and walked down High Street, past the flat white wastes where all the shops had been. Eddershaw Furnishers, Curry's Bicycles, Donegal Clothing Company, Doctor Scholl's, Burton Tailors, W. H. Smith, Boots Cash Chemists, Leslie's Stores, Upson's Shoes, Prince of Wales, Tucker's Fish, Stead & Simpson—all the shops bombed and vanished. Past the hole in space where Hodges & Clothiers had been, down Castle Street, past the remembered, invisible shops, Price's Fifty Shilling, and Crouch the Jeweller, Potter Gilmore Gowns, Evans Jeweller, Master's Outfitters, Style and Mantle, Lennard's Boots, True Form, Kardomah, R. E. Jones, Dean's Tailor, David Evans, Gregory Confectioners, Bovega, Burton's, Lloyd's Bank, and nothing. And into Temple Street. There the Three Lamps had stood, old Mac magisterial in his cor-ner. And there the Young Thomas whom I was searching for used to stand at the counter on Friday paynights with Freddie Farr Half Hook, Bill Latham, Cliff Williams, Gareth Hughes, Eric Hughes, Glyn Lowry, a man among men, his hat at a rakish angle, in that snug, smug, select Edwardian holy of best-bitter holies . . .

[Bar noises in background]

OLD REPORTER: Remember when I took you down the mortuary for the first time, Young Thomas? He'd never seen a corpse before, boys, except old Ron on a Satur-day night. "If you want to be a proper newspaperman," I said, "you got to be well known in the right circles. You got to be persona grata [acceptable] in the mortu-ary, see." He went pale green, mun.

FIRST YOUNG REPORTER: Look, he's blushing now . . .

OLD REPORTER: And when we got there what d'you think? The decorators were in at the mortuary, giving the old home a bit of a re-do like. Up on ladders having a slap at the roof. Young Thomas didn't see 'em, he had his pop eyes glued on the slab, and when one of the painters up the ladder said "Good morning, gents" in a deep voice he upped in the air and out of the place like a ferret. Laugh!

BARMAID [off]: You've had enough, Mr Roberts. You heard what I said.

[*Noise of a gentle scuffle*]

SECOND YOUNG REPORTER [*casually*]: There goes Mr Roberts.

OLD REPORTER: Well fair do's they throw you out very genteel in this pub . . .

FIRST YOUNG REPORTER: Ever seen Young Thomas covering a soccer match down the Vetch and working it out in tries?

SECOND YOUNG REPORTER: And up the Mannesman Hall shouting "Good footwork, sir," and a couple of punch-drunk colliers galumphing about like jumbos.

FIRST YOUNG REPORTER: What you been reporting to-day, Young Thomas?

SECOND YOUNG REPORTER: Two typewriter Thomas the ace news-dick . . .

OLD REPORTER: Let's have a dekko[6] at your note-book. "Called at British Legion: Nothing. Called at Hospital: One broken leg. Auction at the Metropole. Ring Mr Beynon *re* Gymanfa Ganu. Lunch: Pint and pasty at the Singleton with Mrs Giles. Bazaar at Bethesda Chapel. Chimney on fire at Tontine Street. Walters Road Sunday School Outing. Rehearsal of the *Mikado* at Skewen'—all front page stuff . . .

[*Fade*]

NARRATOR: The voices of fourteen years ago hung silent in the snow and ruin, and in the falling winter morning I walked on through the white havoc'd centre where once a very young man I knew had mucked about as chirpy as a sparrow after the sips and titbits and small change of the town. Near the *Evening Post* building and the fragment of the Castle I stopped a man whose face I thought I recognized from a long time ago. I said: I wonder if you can tell me . . .

PASSER-BY: Yes?

NARRATOR: He peered out of his blanketing scarves and from under his snow-balled Balaclava like an Eskimo with a bad conscience. I said: If you can tell me whether you used to know a chap called Young Thomas. He worked on the Post and used to wear an overcoat sometimes with the check lining inside out so that you could play giant draughts on him. He wore a conscious woodbine,[7] too . . .

PASSER-BY: What d'you mean, conscious woodbine?

NARRATOR: . . . and a perched pork pie with a peacock feather and he tried to slouch like a newshawk even when he was attending a meeting of the Gorseinon Buffalos[8] . . .

PASSER-BY: Oh, *him!* He owes me half a crown. I haven't seen him since the old Kardomah days. He wasn't a reporter then, he'd just left the grammar school.[9] Him and Charlie Fisher—Charlie's got whiskers now—and Tom Warner and Fred Janes, drinking coffee-dashes and arguing the toss.

NARRATOR: What about?

PASSER-BY: Music and poetry and painting and politics. Einstein and Epstein, Stravinsky and Greta Garbo, death and religion, Picasso and girls . . .

NARRATOR: And then?

---

6. British army slang for "a look" (from the Hindi word *dekho*).

7. A brand of cigarette.

8. A pork-pie hat takes its name from the circular shape of a pork pie; Gorseinon is a town near Swansea, appar-

ently with a chapter of the Royal Antediluvian Order of Buffaloes (founded 1822), a men's club.

9. Secondary school, typically educating students of ages 11–18.

PASSER-BY: Communism, symbolism, Bradman, Braque, the Watch Committee, free love, free beer, murder, Michelangelo, ping-pong, ambition, Sibelius, and girls . . .

NARRATOR: Is that all?

PASSER-BY: How Dan Jones was going to compose the most prodigious symphony, Fred Janes paint the most miraculously meticulous picture, Charlie Fisher catch the poshest trout, Vernon Watkins and Young Thomas write the most boiling poems, how they would ring the bells of London and paint it like a tart . . .

NARRATOR: And after that?

PASSER-BY: Oh the hissing of the butt-ends in the drains of the coffee-dashes and the tinkle and the gibble-gabble of the morning young lounge lizards as they talked about Augustus John, Emil Jannings, Carnera, Dracula, Amy Johnson, trial marriage, pocket-money, the Welsh sea, the London stars, King Kong, anarchy, darts, T. S. Eliot, and girls. . . . Duw, it's cold!

NARRATOR: And he hurried on, into the dervish snow, without a good morning or good-bye, swaddled in his winter woollens like a man in the island of his deafness, and I felt that perhaps he had never stopped at all to tell me of one more departed stage in the progress of the boy I was pursuing. The Kardomah Café was razed to the snow, the voices of the coffee-drinkers—poets, painters, and musicians in their beginnings—lost in the willynilly flying of the years and the flakes.

Down College Street I walked then, past the remembered invisible shops, Langley's, Castle Cigar Co., T. B. Brown, Pullar's, Aubrey Jeremiah, Goddard Jones, Richards, Hornes, Marles, Pleasance & Harper, Star Supply, Sidney Heath, Wesley Chapel, and nothing. . . . My search was leading me back, through pub and job and café, to the School.

[Fade] [School bell]

SCHOOLMASTER: Oh yes, yes, I remember him well,
    though I do not know if I would recognize him now:
    nobody grows any younger, or better,
    and boys grow into much the sort of men one would suppose
    though sometimes the moustaches bewilder
    and one finds it hard to reconcile one's memory of a small
    none-too-clean urchin lying his way unsuccessfully out of his homework
    with a fierce and many-medalled sergeant-major with three children or a
    divorced chartered accountant;
    and it is hard to realize
    that some little tousled rebellious youth whose only claim
    to fame among his contemporaries was his undisputed right
    to the championship of the spitting contest
    is now perhaps one's own bank manager.
    Oh yes, I remember him well, the boy you are searching for:
    he looked like most boys, no better, brighter, or more respectful;
    he cribbed, mitched,[1] spilt ink, rattled his desk and
    garbled his lessons with the worst of them;

1. Stole.

he could smudge, hedge, smirk, wriggle, wince,
whimper, blarney, badger, blush, deceive, be
devious, stammer, improvise, assume
offended dignity or righteous indignation as though to the manner born;[2]
sullenly and reluctantly he drilled, for some small
crime, under Sergeant Bird, so wittily nicknamed
Oiseau,° on Wednesday half-holidays,   bird
appeared regularly in detention classes,
hid in the cloakroom during algebra,
was, when a newcomer, thrown into the bushes of the
Lower Playground by bigger boys,
and threw newcomers into the bushes of the Lower
Playground when *he* was a bigger boy;
he scuffled at prayers,
he interpolated, smugly, the time-honoured wrong
irreverent words into the morning hymns,
he helped to damage the headmaster's rhubarb,
was thirty-third in trigonometry,
and, as might be expected, edited the School Magazine

    [*Fade*]

NARRATOR: The Hall is shattered, the echoing corridors charred where he scribbled and smudged and yawned in the long green days, waiting for the bell and the scamper into the Yard: the School on Mount Pleasant Hill has changed its face and its ways. Soon, they say, it may be no longer the School at all he knew and loved when he was a boy up to no good but the beat of his blood: the names are havoc'd from the Hall and the carved initials burned from the broken wood. But the names remain. What names did he know of the dead? Who of the honoured dead did he know such a long time ago? The names of the dead in the living heart and head remain for ever. Of all the dead whom did he know?

    [*Funeral bell*]

VOICE:

       Evans, K. J.
       Haines, G. C.
       Roberts, I. L.
       Moxham, J.
       Thomas, H.
       Baines, W.
       Bazzard, F. H.
       Beer, L. J.
       Bucknell, R.
       Tywford, G.
       Vagg, E. A.
       Wright, G.

    [*Fade*]

NARRATOR: Then I tacked down the snowblind hill, a cat-o'-nine-gales whipping from the sea, and, white and eiderdowned in the smothering flurry, people padded past me up and down like prowling featherbeds. And I plodded through the ankle-

2. As though born into a high station in life.

high one cloud that foamed the town, into flat Gower Street, its buildings melted, and along long Helen's Road. Now my search was leading me back to the seashore.

[*Noise of sea, softly*]

NARRATOR: Only two living creatures stood on the promenade, near the cenotaph, facing the tossed crystal sea: a man in a chewed muffler and a ratting cap, and an angry dog of a mixed make. The man dithered in the cold, beat his bare blue hands together, waited for some sign from sea or snow; the dog shouted at the weather, and fixed his bloodshot eyes on Mumbles Head. But when the man and I talked together, the dog piped down and fixed his eyes on me, blaming me for the snow. The man spoke towards the sea. Year in, year out, whatever the weather, once in the daytime, once in the dark, he always came to look at the sea. He knew all the dogs and boys and old men who came to see the sea, who ran or gambolled on the sand or stooped at the edge of the waves as though over a wild, wide, rolling ash-can. He knew the lovers who went to lie in the sandhills, the striding masculine women who roared at their terriers like tiger tamers, the loafing men whose work it was in the world to observe the great employment of the sea. He said:

PROMENADE-MAN: Oh yes, yes, I remember him well, but I didn't know what was his name. I don't know the names of none of the sandboys. They don't know mine. About fourteen or fifteen years old, you said, with a little red cap. And he used to play by Vivian's Stream. He used to dawdle in the arches, you said, and lark about on the railway-lines and holler at the old sea. He'd mooch about the dunes and watch the tankers and the tugs and the banana boats come out of the docks. He was going to run away to sea, he said. I know. On Saturday afternoon he'd go down to the sea when it was a long way out, and hear the foghorns though he couldn't see the ships. And on Sunday nights, after chapel, he'd be swaggering with his pals along the prom, whistling after the girls.

[*Titter*]

GIRL: Does your mother know you're out? Go away now. Stop following us.

[*Another girl titters*]

GIRL: Don't you say nothing, Hetty, you're only encouraging. No thank *you*, Mr Cheeky, with your cut-glass accent and your father's trilby![3] I don't want *no* walk on *no* sands. What d'you say? Ooh listen to him, Het, he's swallowed a dictionary. No, I don't want to go with nobody up no lane in the moonlight, see, and I'm not a baby-snatcher neither. I seen you going to school along Terrace Road, Mr Glad-Eye, with your little satchel and wearing your red cap and all. You seen me wearing my . . . no you never. Hetty, mind your glasses! Hetty Harris, you're as bad as them. Oh go away and do your homework, see. Cheek! Hetty Harris, don't you let him! Oooh, there's brazen! Well, just to the end of the prom, if you like. No further, mind . . .

PROMENADE-MAN: Oh yes, I knew him well. I've known him by the thousands . . .

NARRATOR: Even now, on the frozen foreshore, a high, far cry of boys, all like the boy I sought, slid on the glass of the streams and snowballed each other and the sky. Then I went on my way from the sea, up Brynmill Terrace and into Glanbrydan Avenue where Bert Trick had kept a grocer's shop and, in the kitchen, threat-

---

3. With an upper-class accent and an elegant hat.

ened the annihilation of the ruling classes over sandwiches and jelly and blanc-mange.[4] And I came to the shops and houses of the Uplands. Here and around here it was that the journey had begun of the one I was pursuing through his past.

[*Old piano cinema-music in background*]

FIRST VOICE: Here was once the flea-pit picture-house where he whooped for the scalping Indians with Jack Basset and banged for the rustlers' guns.

NARRATOR: Jackie Basset, killed.

THIRD VOICE: Here once was Mrs Ferguson's, who sold the best gob-stoppers[5] and penny packets full of surprises and a sweet kind of glue.

FIRST VOICE: In the fields behind Cwmdonkin Drive, the Murrays chased him and all cats.

SECOND VOICE: No fires now where the outlaws' fires burned and the paradisia-cal potatoes roasted in the embers.

THIRD VOICE: In the Graig beneath Town Hill he was a lonely killer hunting the wolves (or rabbits) and the red Sioux tribe (or Mitchell brothers).

[*Fade cinema-music into background of children's voices reciting, in unison, the names of the counties of Wales*]

FIRST VOICE: In Mirador School he learned to read and count. Who made the worst raffia doilies? Who put water in Joyce's galoshes, every morning prompt as prompt? In the afternoons, when the children were good, they read aloud from Struwelpeter.[6] And when they were bad, they sat alone in the empty classroom, hearing, from above them, the distant, terrible, sad music of the late piano lesson.

[*The children's voices fade. The piano lesson continues in background*]

NARRATOR: And I went up, through the white Grove, into Cwmdonkin Park, the snow still sailing and the childish, lonely, remembered music fingering on in the suddenly gentle wind. Dusk was folding the Park around, like another, darker snow. Soon the bell would ring for the closing of the gates, though the Park was empty. The park-keeper walked by the reservoir, where swans had glided, on his white rounds. I walked by his side and asked him my questions, up the swathed drives past buried beds and loaded utterly still furred and birdless trees towards the last gate. He said:

PARK-KEEPER: Oh yes, yes, I knew him well. He used to climb the reservoir rail-ings and pelt the old swans. Run like a billygoat over the grass you should keep off of. Cut branches off the trees. Carve words on the benches. Pull up moss in the rockery, go snip through the dahlias. Fight in the bandstand. Climb the elms and moon up the top like a owl. Light fires in the bushes. Play on the green bank. Oh yes, I knew him well. I think he was happy all the time. I've known him by the thousands.

NARRATOR: We had reached the last gate. Dusk drew around us and the town. I said: What has become of him now?

PARK-KEEPER: Dead.

NARRATOR: The Park-keeper said:

[*The park bell rings*]

PARK-KEEPER: Dead . . . Dead . . . Dead . . . Dead . . . Dead . . . Dead.

---

4. A pudding.
5. A kind of candy.
6. *Struwelpeter* ("Shock-head Peter") by the German   Heinrich Hoffman (1809–1874) was a popular book for   children.

Samuel Beckett

1906–1989

On January 5, 1953, *En Attendant Godot* (*Waiting for Godot*) premiered at the Théâtre de Babylone, Paris—and the shape of twentieth-century drama was permanently changed. *Godot* helped to strip the modern stage of everything but its essentials: two characters, seemingly without past or future or worldly possessions, and a spare stage: "A country road. A tree. Evening." Critics would subsequently find in Beckett's bleak stage suggestions of a postnuclear holocaust landscape, as they would in the later *Fin de partie* (*Endgame*, 1957); and for the remainder of his long and productive career, Beckett would continue to explore, with unparalleled honesty and courage, that realm of being that he called in one story *Sans*—"lessness."

April 13, 1906—Good Friday—is the date usually given for Samuel Barclay Beckett's birth, though the birth certificate shows May 13. He was born in the family home of Cooldrinagh in Foxrock, an upper-class Protestant suburb south of Dublin, to William Beckett, surveyor, and Mary (May) Roe, the daughter of a wealthy Kildare family. "You might say I had a happy childhood," Beckett later recalled; "my father did not beat me, nor did my mother run away from home." Beckett attended private academies in Dublin, then in 1920 was enrolled in Portora Royal School in Enniskillen, Northern Ireland, where he excelled more in sports than studies as star bowler on the cricket team, captain of rugby and swimming, and light-heavyweight champion in boxing. In 1923 Beckett entered Trinity College, Dublin, studying modern languages; he also enjoyed the freedom of the city, frequenting the Gate Theatre (for the drama of Pirandello and O'Casey), the music hall, and the movies (especially Charlie Chaplin, Laurel and Hardy, Buster Keaton, and the Marx Brothers). All would prove formative influences on his later drama and fiction.

In 1927 Beckett received his B.A. degree, first in his class in modern languages, and went off on fellowship to France to teach for two years at the École Normale Supérieure in Paris. While in Paris he became a friend of James Joyce, who influenced him profoundly. Besides aiding Joyce in various ways with his work, Beckett wrote an important essay, *Dante . . . Bruno . . . Vico . . . Joyce*, on *Finnegans Wake*—for a volume of critical writing published before the novel itself was completed. With characteristic understatement, Beckett has said that "Paris in the twenties was a good place for a young man to be"; at the same time, learning the craft of writing in Paris under the shadow of fellow Irish expatriate James Joyce would be enough to provoke the anxiety of influence in even the best of writers. However, Beckett's respect and admiration for Joyce were boundless and never wavered. In 1969 Beckett admitted that Joyce had become "an ethical ideal" for him: "Joyce had a moral effect on me. He made me realize artistic integrity."

The term of his fellowship in Paris having run out, Beckett returned to Dublin to assume teaching at Trinity College. That he was ill-suited to this role was immediately apparent to students, colleagues, and Beckett himself. "I saw that in teaching," Beckett later said, "I was talking of something I knew little about, to people who cared nothing about it. So I behaved very badly." The bad behavior to which Beckett refers was his resignation by mail while on spring holidays in Germany during his second year. Beckett returned briefly to Paris, where it became clear that the unwelcome attentions of Joyce's daughter Lucia were straining Beckett's relationship with the elder writer. He returned to the family home for a time in 1933, where he worked on his first published fiction, the Joycean collection of short stories *More Pricks than Kicks*.

The 1930s found Beckett shuttling back and forth between poverty in London and the frustrating comforts of home in Dublin; Paris seemed to him forbidden, owing to the break with Joyce. In spite of his difficult living circumstances, however, and occasional crippling attacks of clinical depression, Beckett managed to complete his first novel, *Murphy*. The manuscript was rejected by forty-one publishers before being accepted by Routledge in 1937. At the end of 1937, Beckett overcame his reluctance and moved back to Paris. From then on, he wrote largely in French. During the early years of World War II, he attempted to write but found it increasingly difficult to maintain the neutrality required of him by his Irish citizenship in light of the German invasion of France. He abandoned that neutrality in October 1940, when he joined one of the earliest French Resistance groups; he helped in Paris with Resistance activities until his group had been penetrated and betrayed, and just in the nick of time he and his lover Suzanne Deschevaux-Dumesnil (the two had met in 1938, and would eventually marry in 1961) were smuggled into Unoccupied France. At the end of the war Beckett returned to Paris, where he was awarded the *Croix de Guerre* and the *Médaille de la Résistance* by the French government.

While hiding from the Germans from 1942 to 1945 in the village of Roussillon in southeast France, Beckett wrote *Watt*, a complex and aridly witty novel that was never to enjoy the attention devoted to Beckett's other fiction. Meanwhile, Beckett continued his experiments with drama. Though it is drama for which Beckett is best known, he always put more stock in his fiction; "I turned to writing plays," he once said dismissively, "to relieve myself of the awful depression the prose led me into."

At an impasse in the writing of what would prove to be his greatest novels, the trilogy *Molloy, Malone Dies,* and *The Unnameable* (1951–1953), Beckett took off three months to write *Waiting for Godot*; it took four years to get the play produced. It is easy enough, in retrospect, to understand the producers' reservations: *Godot* breaks with the conventions of the well-made play at just about every turn, even down to its symmetrical, mirror-image two-act structure. The Irish critic Vivian Mercier wittily described *Godot* as a play in which "nothing happens, twice." Beckett's play *Krapp's Last Tape* (1960) uses a tape recorder (which, at the time of writing, Beckett had never seen) as a stage metaphor for the struggle over memory. In this play Beckett went farther than ever in stripping down his action, now involving just a single character. The play is less a monologue, though, than Krapp's dialogue with his past and future selves—and with the machine on which the selves of different years have recorded their fragmentary observations and memories.

After the success of his plays of the fifties and early sixties, Beckett turned to shorter and shorter forms, both in drama and fiction; he produced a number of very powerful, very short plays (*Not I*, 1973; *Footfalls*, 1976; *Rockabye*, 1981) and short, poetic texts that he called by a variety of self-deprecating names ("fizzles," "residua," "texts for nothing"). He sought an intensified power in the increasing economy of his works. In 1969 Beckett was awarded the Nobel Prize for literature, for "a body of work," as the citation declares, "that, in new forms of fiction and the theatre, has transmuted the destitution of modern man into exaltation."

Krapp's Last Tape

A late evening in the future.

> *Krapp's den.*

> *Front centre a small table, the two drawers of which open towards the audience.*

> *Sitting at the table, facing front, i.e. across from the drawers, a wearish old man: Krapp.*

> *Rusty black narrow trousers too short for him. Rusty black sleeveless waistcoat, four capacious pockets. Heavy silver watch and chain. Grimy white shirt open at neck, no collar. Surprising pair of dirty white boots, size ten at least, very narrow and pointed.*

> *White face. Purple nose. Disordered grey hair. Unshaven.*

> *Very near-sighted (but unspectacled). Hard of hearing.*

> *Cracked voice. Distinctive intonation.*

> *Laborious walk.*

> *On the table a tape-recorder with microphone and a number of cardboard boxes containing reels of recorded tapes.*

> *Table and immediately adjacent area in strong white light. Rest of stage in darkness.*

Krapp remains a moment motionless, heaves a great sigh, looks at his watch, fumbles in his pockets, takes out an envelope, puts it back, fumbles, takes out a small bunch of keys, raises it to his eyes, chooses a key, gets up and moves to front of table. He stoops, unlocks first drawer, peers into it, feels about inside it, takes out a reel of tape, peers at it, puts it back, locks drawer, unlocks second drawer, peers into it, feels about inside it, takes out a large banana, peers at it, locks drawer, puts keys back in his pocket. He turns, advances to edge of stage, halts, strokes banana, peels it, drops skin at his feet, puts end of banana in his mouth and remains motionless, staring vacuously before him. Finally he bites off the end, turns aside and begins pacing to and fro at edge of stage, in the light, i.e. not more than four or five paces either way, meditatively eating banana. He treads on skin, slips, nearly falls, recovers himself, stoops and peers at skin and finally pushes it, still stooping, with his foot over edge of stage into pit. He resumes his pacing, finishes banana, returns to table, sits down, remains a moment motionless, heaves a great sigh, takes keys from his pockets, raises them to his eyes, chooses key, gets up and moves to front of table, unlocks second drawer, takes out a second large banana, peers at it, locks drawer, puts back keys in his pocket, turns, advances to edge of stage, halts, strokes banana, peels it, tosses skin into pit, puts end of banana in his mouth and remains motionless, staring vacuously before him. Finally he has an idea, puts banana in his waistcoat pocket, the end emerging, and goes with all the speed he can muster backstage into darkness. Ten seconds. Loud pop of cork. Fifteen seconds. He comes back into light carrying an old ledger and sits down at table. He lays ledger on table, wipes his mouth, wipes his hands on the front of his waistcoat, brings them smartly together and rubs them.

KRAPP [*briskly*]: Ah! [*He bends over ledger, turns the pages, finds the entry he wants, reads.*] Box . . . thrree . . . spool . . . five. [*He raises his head and stares front. With relish.*] Spool . . . [*Pause.*] Spooool! [*Happy smile. Pause. He bends over table, starts peering and poking at the boxes.*] Box . . . thrree . . . thrree . . . four . . . two . . . [*with surprise*] nine! good God! . . . seven . . . ah! the little rascal! [*He takes up box, peers at it.*] Box thrree. [*He lays it on table, opens it and peers at spools inside.*] Spool . . . [*he peers at ledger*] . . . five . . . [*he peers at spools*] . . . five . . . five . . . ah! the little scoundrel! [*He takes out a spool, peers at it.*] Spool five. [*He lays it on table, closes box three, puts it back with the others, takes up the spool.*] Box thrree, spool five. [*He bends over the machine, looks up. With relish.*] Spooool! [*Happy smile. He bends, loads spool on machine, rubs his hands.*] Ah! [*He peers at ledger, reads entry at foot of page.*] Mother at rest at last. . . . Hm. . . . The black ball. . . . [*He raises his head, stares blankly front. Puzzled.*] Black ball? . . . [*He peers again at ledger, reads.*] The dark nurse. . . . [*He raises his head, broods, peers again at ledger, reads.*] Slight improvement in bowel condition. . . . Hm. . . . Memorable . . . what? [*He peers closer.*] Equinox, memorable equinox. [*He raises his head, stares blankly front. Puzzled.*] Memorable equinox? . . . [*Pause. He shrugs his shoulders, peers again at ledger, reads.*] Farewell to—[*he turns page*]—love. [*He raises his head, broods, bends over machine, switches on and assumes listening posture, i.e. leaning forward, elbows on table, hand cupping ear towards machine, face front.*]

TAPE [*strong voice, rather pompous, clearly Krapp's at a much earlier time*]: Thirty-nine today, sound as a—[*Settling himself more comfortably he knocks one of the boxes off the table, curses, switches off, sweeps boxes and ledger violently to the ground, winds tape back to beginning, switches on, resumes posture.*] Thirty-nine today, sound as a bell, apart from my old weakness, and intellectually I have now every reason to suspect at the . . . [*hesitates*] . . . crest of the wave—or thereabouts. Celebrated the awful occasion, as in recent years, quietly at the Winehouse. Not a soul. Sat before the fire with closed eyes, separating the grain from the husks. Jotted down a few notes, on the back of an envelope. Good to be back in my den, in my old rags. Have just eaten I regret to say three bananas and only with difficulty refrained from a fourth. Fatal things for a man with my condition. [*Vehemently.*] Cut'em out! [*Pause.*] The new light above my table is a great improvement. With all this darkness round me I feel less alone. [*Pause.*] In a way. [*Pause.*] I love to get up and move about in it, then back here to . . . [*hesitates*] . . . me. [*Pause.*] Krapp.

[*Pause.*]

The grain, now what I wonder do I mean by that, I mean . . . [*hesitates*] . . . I suppose I mean those things worth having when all the dust has—when all *my* dust has settled. I close my eyes and try and imagine them.

[*Pause. Krapp closes his eyes briefly.*]

Extraordinary silence this evening, I strain my ears and do not hear a sound. Old Miss McGlome always sings at this hour. But not tonight. Songs of her girlhood, she says. Hard to think of her as a girl. Wonderful woman though. Connaught,[1] I fancy. [*Pause.*] Shall I sing when I am her age, if I ever am? No. [*Pause.*] Did I sing as a boy? No. [*Pause.*] Did I ever sing? No.

[*Pause.*]

Just been listening to an old year, passages at random. I did not check in the book, but it must be at least ten or twelve years ago. At that time I think I was still living on and off with Bianca in Kedar Street. Well out of that, Jesus yes! Hopeless business. [*Pause.*] Not much about her, apart from a tribute to her eyes. Very warm. I suddenly saw them again. [*Pause.*] Incomparable! [*Pause.*] Ah well? [*Pause.*] These old P.M.s are gruesome, but I often find them—[*Krapp switches off, broods, switches on.*]—a help before embarking on a new . . . [*hesitates*] . . . retrospect. Hard to believe I was ever that young whelp. The voice! Jesus! And the aspirations! [*Brief laugh in which Krapp joins.*] And the resolutions! [*Brief laugh in which Krapp joins.*] To drink less, in particular. [*Brief laugh of Krapp alone.*] Statistics. Seventeen hundred hours, out of the preceding eight thousand odd, consumed on licensed premises[2] alone. More than 20 per cent, say 40 per cent of his waking life. [*Pause.*] Plans for a less . . . [*hesitates*] . . . engrossing sexual life. Last illness of his father. Flagging pursuit of happiness. Unattainable laxation.[3] Sneers at what he calls his youth and thanks to God that it's over. [*Pause.*] False ring there. [*Pause.*] Shadows of the opus . . . magnum.[4] Closing with a—[*brief laugh*]—yelp to Providence. [*Prolonged laugh in which Krapp joins.*] What remains of all that misery? A girl in a shabby green coat, on a railway-station platform? No?

[*Pause.*]

When I look—

[*Krapp switches off, broods, looks at his watch, gets up, goes backstage into darkness. Ten seconds. Pop of cork. Ten seconds. Second cork. Ten seconds. Third cork. Ten seconds. Brief burst of quavering song.*]

KRAPP [*sings*]: Now the day is over,
　　　　　　　Night is drawing nigh-igh,
　　　　　　　Shadows—

---

1. A province in northwestern Ireland.
2. Pubs licensed to sell alcohol.
3. Movement of the bowels.

4. An "magnum opus" is a great work; a magnum is a large wine bottle.

[*Fit of coughing. He comes back into light, sits down, wipes his mouth, switches on, resumes his listening posture.*]

TAPE: —back on the year that is gone, with what I hope is perhaps a glint of the old eye to come, there is of course the house on the canal where mother lay a-dying, in the late autumn, after her long viduity [*Krapp gives a start*] and the—[*Krapp switches off, winds back tape a little, bends his ear closer to machine, switches on*]—a-dying, after her long viduity, and the—

[*Krapp switches off, raises his head, stares blankly before him. His lips move in the syllables of "viduity." No sound. He gets up, goes backstage into darkness, comes back with an enormous dictionary, lays it on table, sits down and looks up the word.*]

KRAPP [*reading from dictionary*]:   State—or condition—of being—or remaining—a widow—or widower. [*Looks up. Puzzled.*] Being—or remaining? . . . [*Pause. He peers again at dictionary. Reading.*] "Deep weeds of viduity." . . . Also of an animal, especially a bird . . . the vidua or weaver-bird. . . . Black plumage of male. . . . [*He looks up. With relish.*] The vidua-bird!

[*Pause. He closes dictionary, switches on, resumes listening posture.*]

TAPE: —bench by the weir from where I could see her window. There I sat, in the biting wind, wishing she were gone. [*Pause.*] Hardly a soul, just a few regulars, nursemaids, infants, old men, dogs. I got to know them quite well—oh by appearance of course I mean! One dark young beauty I recollect particularly, all white and starch, incomparable bosom, with a big black hooded perambulator, most funeral thing. Whenever I looked in her direction she had her eyes on me. And yet when I was bold enough to speak to her—not having been introduced—she threatened to call a policeman. As if I had designs on her virtue! [*Laugh. Pause.*] The face she had! The eyes! Like . . . [*hesitates*] . . . chrysolite![5] [*Pause.*] Ah well. . . . [*Pause.*] I was there when—[*Krapp switches off, broods, switches on again.*]—the blind went down, one of those dirty brown roller affairs, throwing a ball for a little white dog as chance would have it. I happened to look up and there it was. All over and done with, at last. I sat on for a few moments with the ball in my hand and the dog yelping and pawing at me. [*Pause.*] Moments. Her moments, my moments. [*Pause.*] The dog's moments. [*Pause.*] In the end I held it out to him and he took it in his mouth, gently, gently. A small, old, black, hard, solid rubber ball. [*Pause.*] I shall feel it, in my hand, until my dying day. [*Pause.*] I might have kept it. [*Pause.*] But I gave it to the dog.

[*Pause.*]

   Ah well. . . .

[*Pause.*]

   Spiritually a year of profound gloom and indigence until that memorable night in March, at the end of the jetty, in the howling wind, never to be forgotten, when suddenly I saw the whole thing. The vision at last. This I fancy is what I have chiefly to record this evening, against the day when my work will be done and perhaps no place left in my memory, warm or cold, for the miracle that . . . [*hesitates*] . . . for the fire that set it alight. What I suddenly saw then was this, that the belief I had been going on all my life, namely—[*Krapp switches off impatiently, winds tape forward, switches on again*]—great granite rocks the foam flying up in the light of the lighthouse and the wind-gauge spinning like a propeller, clear to me at last that the dark I have always struggled to keep under is in reality my most—

5. Green gemstone.

[*Krapp curses, switches off, winds tape forward, switches on again*]—unshatterable association until my dissolution of storm and night with the light of the understanding and the fire—[*Krapp curses louder, switches off, winds tape forward, switches on again*]—my face in her breasts and my hand on her. We lay there without moving. But under us all moved, and moved us, gently, up and down, and from side to side.

[*Pause.*]

Past midnight. Never knew such silence. The earth might be uninhabited.

[*Pause.*]

Here I end—

[*Krapp switches off, winds tape back, switches on again.*]

—upper lake, with the punt,[6] bathed off the bank, then pushed out into the stream and drifted. She lay stretched out on the floorboards with her hands under her head and her eyes closed. Sun blazing down, bit of a breeze, water nice and lively. I noticed a scratch on her thigh and asked her how she came by it. Picking gooseberries, she said. I said again I thought it was hopeless and no good going on and she agreed, without opening her eyes. [*Pause.*] I asked her to look at me and after a few moments—[*Pause.*]—after a few moments she did, but the eyes just slits, because of the glare. I bent over her to get them in the shadow and they opened. [*Pause. Low.*] Let me in. [*Pause.*] We drifted in among the flags[7] and stuck. The way they went down, sighing, before the stem! [*Pause.*] I lay down across her with my face in her breasts and my hand on her. We lay there without moving. But under us all moved, and moved us, gently, up and down, and from side to side.

[*Pause.*]

Past midnight. Never knew—

[*Krapp switches off, broods. Finally he fumbles in his pockets, encounters the banana, takes it out, peers at it, puts it back, fumbles, brings out envelope, fumbles, puts back envelope, looks at his watch, gets up and goes backstage into darkness. Ten seconds. Sound of bottle against glass, then brief siphon. Ten seconds. Bottle against glass alone. Ten seconds. He comes back a little unsteadily into light, goes to front of table, takes out keys, raises them to his eyes, chooses key, unlocks first drawer, peers into it, feels about inside, takes out reel, peers at it, locks drawer, puts keys back in his pocket, goes and sits down, takes reel off machine, lays it on dictionary, loads virgin reel on machine, takes envelope from his pocket, consults back of it, lays it on table, switches on, clears his throat and begins to record.*]

KRAPP: Just been listening to that stupid bastard I took myself for thirty years ago, hard to believe I was ever as bad as that. Thank God that's all done with anyway. [*Pause.*] The eyes she had! [*Broods, realizes he is recording silence, switches off, broods. Finally.*] Everything there, everything, all the—[*Realizes this is not being recorded, switches on.*] Everything there, everything on this old muckball, all the light and dark and famine and feasting of . . . [*hesitates*] . . . the ages! [*In a shout.*] Yes! [*Pause.*] Let that go! Jesus! Take his mind off his homework! Jesus! [*Pause. Weary.*] Ah well, maybe he was right. [*Pause.*] Maybe he was right. [*Broods. Realizes. Switches off. Consults envelope.*] Pah! [*Crumples it and throws it away. Broods. Switches on.*] Nothing to say, not a squeak. What's a year now? The sour cud and the iron stool.[8] [*Pause.*] Revelled in the word spool. [*With relish.*] Spooool! Happi-

---

6. A small, flat-bottomed boat.
7. Reeds.

8. Indigestion and constipation.

est moment of the past half million. [*Pause.*] Seventeen copies sold, of which eleven at trade price to free circulating libraries beyond the seas. Getting known. [*Pause.*] One pound six and something, eight I have little doubt. [*Pause.*] Crawled out once or twice, before the summer was cold. Sat shivering in the park, drowned in dreams and burning to be gone. Not a soul. [*Pause.*] Last fancies. [*Vehemently.*] Keep 'em under! [*Pause.*] Scalded the eyes out of me reading *Effie*[9] again, a page a day, with tears again. Effie. . . . [*Pause.*] Could have been happy with her, up there on the Baltic, and the pines, and the dunes. [*Pause.*] Could I? [*Pause.*] And she? [*Pause.*] Pah! [*Pause.*] Fanny came in a couple of times. Bony old ghost of a whore. Couldn't do much, but I suppose better than a kick in the crutch. The last time wasn't so bad. How do you manage it, she said, at your age? I told her I'd been saving up for her all my life. [*Pause.*] Went to Vespers[1] once, like when I was in short trousers. [*Pause. Sings.*]

> Now the day is over,
> Night is drawing nigh-igh,
> Shadows—[*coughing, then almost inaudible*]—of the evening
> Steal across the sky.

[*Gasping.*] Went to sleep and fell off the pew. [*Pause.*] Sometimes wondered in the night if a last effort mightn't—[*Pause.*] Ah finish your booze now and get to your bed. Go on with this drivel in the morning. Or leave it at that. [*Pause.*] Leave it at that. [*Pause.*] Lie propped up in the dark—and wander. Be again in the dingle[2] on a Christmas Eve, gathering holly, the red-berried. [*Pause.*] Be again on Croghan[3] on a Sunday morning, in the haze, with the bitch, stop and listen to the bells. [*Pause.*] And so on. [*Pause.*] Be again, be again. [*Pause.*] All that old misery. [*Pause.*] Once wasn't enough for you. [*Pause.*] Lie down across her.
> [*Long pause. He suddenly bends over machine, switches off, wrenches off tape, throws it away, puts on the other, winds it forward to the passage he wants, switches on, listens staring front.*]

TAPE: —gooseberries, she said. I said again I thought it was hopeless and no good going on and she agreed, without opening her eyes. [*Pause.*] I asked her to look at me and after a few moments—[*Pause.*]—after a few moments she did, but the eyes just slits, because of the glare. I bent over to get them in the shadow and they opened. [*Pause. Low.*] Let me in. [*Pause.*] We drifted in among the flags and stuck. The way they went down, sighing, before the stem! [*Pause.*] I lay down across her with my face in her breasts and my hand on her. We lay there without moving. But under us all moved, and moved us, gently, up and down, and from side to side.
[*Pause. Krapp's lips move. No sound.*]
Past midnight. Never knew such silence. The earth might be uninhabited.
[*Pause.*]
Here I end this reel. Box—[*Pause.*]—three, spool—[*Pause.*]—five. [*Pause.*] Perhaps my best years are gone. When there was a chance of happiness. But I wouldn't want them back. Not with the fire in me now. No, I wouldn't want them back.
[*Krapp motionless staring before him. The tape runs on in silence.*]
CURTAIN

---

9. Theodor Fontane's sentimental novel *Effi Briest* (1895).   2. Valley.
1. Evening church service.   3. Mountain in County Wicklow in Southeastern Ireland.

from **Texts for Nothing**[1]

4

Where would I go, if I could go, who would I be, if I could be, what would I say, if I had a voice, who says this, saying it's me? Answer simply, someone answer simply. It's the same old stranger as ever, for whom alone accusative I exist, in the pit of my inexistence, of his, of ours, there's a simple answer. It's not with thinking he'll find me, but what is he to do, living and bewildered, yes, living, say what he may. Forget me, know me not, yes, that would be the wisest, none better able than he. Why this sudden affability after such desertion, it's easy to understand, that's what he says, but he doesn't understand. I'm not in his head, nowhere in his old body, and yet I'm there, for him I'm there, with him, hence all the confusion. That should have been enough for him, to have found me absent, but it's not, he wants me there, with a form and a world, like him, in spite of him, me who am everything, like him who is nothing. And when he feels me void of existence it's of his he would have me void, and vice versa, mad, mad, he's mad. The truth is he's looking for me to kill me, to have me dead like him, dead like the living. He knows all that, but it's no help his knowing it, I don't know it, I know nothing. He protests he doesn't reason and does nothing but reason, crooked, as if that could improve matters. He thinks words fail him, he thinks because words fail him he's on his way to my speechlessness, to being speechless with my speechlessness, he would like it to be my fault that words fail him, of course words fail him. He tells his story every five minutes, saying it is not his, there's cleverness for you. He would like it to be my fault that he has no story, of course he has no story, that's no reason for trying to foist one on me. That's how he reasons, wide of the mark, but wide of what mark, answer us that. He has me say things saying it's not me, there's profundity for you, he has me who say nothing say it's not me. All that is truly crass. If at least he would dignify me with the third person, like his other figments, not he, he'll be satisfied with nothing less than me, for his me. When he had me, when he was me, he couldn't get rid of me quick enough, I didn't exist, he couldn't have that, that was no kind of life, of course I didn't exist, any more than he did, of course it was no kind of life, now he has it, his kind of life, let him lose it, if he wants to be in peace, with a bit of luck. His life, what a mine, what a life, he can't have that, you can't fool him, ergo it's not his, it's not him, what a thought, treat him like that, like a vulgar Molloy, a common Malone, those mere mortals, happy mortals, have a heart, land him in that shit, who never stirred, who is none but me, all things considered, and what things, and how considered, he had only to keep out of it. That's how he speaks, this evening, how he has me speak, how he speaks to himself, how I speak, there is only me, this evening, here, on earth, and a voice that makes no sound because it goes towards none, and a head strewn with arms laid down and corpses fighting fresh, and a body, I nearly forgot. This evening, I say this evening, perhaps it's morning. And all these things, what things, all about me, I won't deny them any more, there's no sense in that any more. If it's nature perhaps it's trees and birds, they go together, water and air, so that all may go on, I don't need to know the details, perhaps I'm sitting under a palm. Or it's a room, with furniture, all that's required to make life comfortable, dark, because of the wall outside the window. What am I doing, talking, having my figments talk, it can only be me. Spells

---

1. Having completed his *Molloy* trilogy in 1950, Beckett wrote this series of short texts between 1950 and 1952 as "an attempt to get out of the attitude of disintegration" established in his trilogy—an attempt, Beckett later said, that failed.

of silence too, when I listen, and hear the local sounds, the world sounds, see what an effort I make, to be reasonable. There's my life, why not, it is one, if you like, if you must, I don't say no, this evening. There has to be one, it seems, once there is speech, no need of a story, a story is not compulsory, just a life, that's the mistake I made, one of the mistakes, to have wanted a story for myself, whereas life alone is enough. I'm making progress, it was time, I'll learn to keep my foul mouth shut before I'm done, if nothing foreseen crops up. But he who somehow comes and goes, unaided from place to place, even though nothing happens to him, true, what of him? I stay here, sitting, if I'm sitting, often I feel sitting, sometimes standing, it's one or the other, or lying down, there's another possibility, often I feel lying down, it's one of the three, or kneeling. What counts is to be in the world, the posture is immaterial, so long as one is on earth. To breathe is all that is required, there is no obligation to ramble, or receive company, you may even believe yourself dead on condition you make no bones about it, what more liberal regimen could be imagined, I don't know, I don't imagine. No point under such circumstances in saying I am somewhere else, someone else, such as I am I have all I need to hand, for to do what, I don't know, all I have to do, there I am on my own again at last, what a relief that must be. Yes, there are moments, like this moment, when I seem almost restored to the feasible. Then it goes, all goes, and I'm far again, with a far story again, I wait for me afar for my story to begin, to end, and again this voice cannot be mine. That's where I'd go, if I could go, that's who I'd be, if I could be.

8

Only the words break the silence, all other sounds have ceased. If I were silent I'd hear nothing. But if I were silent the other sounds would start again, those to which the words have made me deaf, or which have really ceased. But I am silent, it sometimes happens, no, never, not one second. I weep too without interruption. It's an unbroken flow of words and tears. With no pause for reflection. But I speak softer, every year a little softer. Perhaps. Slower too, every year a little slower. Perhaps. It is hard for me to judge. If so the pauses would be longer, between the words, the sentences, the syllables, the tears, I confuse them, words and tears, my words are my tears, my eyes my mouth. And I should hear, at every little pause, if it's the silence I say when I say that only the words break it. But nothing of the kind, that's not how it is, it's for ever the same murmur, flowing unbroken, like a single endless word and therefore meaningless, for it's the end gives the meaning to words. What right have you then, no, this time I see what I'm up to and put a stop to it, saying, None, none. But get on with the stupid old threne[1] and ask, ask until you answer, a new question, the most ancient of all, the question were things always so. Well I'm going to tell myself something (if I'm able), pregnant I hope with promise for the future, namely that I begin to have no very clear recollection of how things were before (I was!), and by before I mean elsewhere, time has turned into space and there will be no more time, till I get out of here. Yes, my past has thrown me out, its gates have slammed behind me, or I burrowed my way out alone, to linger a moment free in a dream of days and nights, dreaming of me moving, season after season, towards the last, like the living, till suddenly I was here, all memory gone. Ever since nothing but fantasies and hope of a story for me somehow, of having come from somewhere and of being able to go back, or on, somehow, some day, or without hope. Without what hope,

1. Song of lamentation.

haven't I just said, of seeing me alive, not merely inside an imaginary head, but a pebble sand to be, under a restless sky, restless on its shore, faint stirs day and night, as if to grow less could help, ever less and less and never quite be gone. No truly, no matter what, I say no matter what, hoping to wear out a voice, to wear out a head, or without hope, without reason, no matter what, without reason. But it will end, a desinence[2] will come, or the breath fail better still, I'll be silence, I'll know I'm silence, no, in the silence you can't know, I'll never know anything. But at least get out of here, at least that, no? I don't know. And time begin again, the steps on the earth, the night the fool implores at morning and the morning he begs at evening not to dawn. I don't know, I don't know what all that means, day and night, earth and sky, begging and imploring. And I can desire them? Who says I desire them, the voice, and that I can't desire anything, that looks like a contradiction, it may be for all I know. Me, here, if they could open, those little words, open and swallow me up, perhaps that is what has happened. If so let them open again and let me out, in the tumult of light that sealed my eyes, and of men, to try and be one again. Or if I'm guilty let me be forgiven and graciously authorized to expiate, coming and going in passing time, every day a little purer, a little deader. The mistake I make is to try and think, even the way I do, such as I am I shouldn't be able, even the way I do. But whom can I have offended so grievously, to be punished in this inexplicable way, all is inexplicable, space and time, false and inexplicable, suffering and tears, and even the old convulsive cry, It's not me, it can't be me. But am I in pain, whether it's me or not, frankly now, is there pain? Now is here and here there is no frankness, all I say will be false and to begin with not said by me, here I'm a mere ventriloquist's dummy, I feel nothing, say nothing, he holds me in his arms and moves my lips with a string, with a fish-hook, no, no need of lips, all is dark, there is no one, what's the matter with my head, I must have left it in Ireland, in a saloon, it must be there still, lying on the bar, it's all it deserved. But that other who is me, blind and deaf and mute, because of whom I'm here, in this black silence, helpless to move or accept this voice as mine, it's as him I must disguise myself till I die, for him in the meantime do my best not to live, in this pseudo-sepulture[3] claiming to be his. Whereas to my certain knowledge I'm dead and kicking above, somewhere in Europe probably, with every plunge and suck of the sky a little more overripe, as yesterday in the pump of the womb. No, to have said so convinces me of the contrary, I never saw the light of day, any more than he, ah if no were content to cut yes's throat and never cut its own. Watch out for the right moment, then not another word, is that the only way to have being and habitat? But I'm here, that much at least is certain, it's in vain I keep on saying it, it remains true. Does it? It's hard for me to judge. Less true and less certain in any case than when I say I'm on earth, come into the world and assured of getting out, that's why I say it, patiently, variously, trying to vary, for you never know, it's perhaps all a question of hitting on the right aggregate. So as to be here no more at last, to have never been here, but all this time above, with a name like a dog to be called up with and distinctive marks to be had up with, the chest expanding and contracting unaided, panting towards the grand apnoea.[4] The right aggregate, but there are four million possible, nay probable, according to Aristotle, who knew everything. But what is this I see, and how, a white stick and an ear-trumpet, where, Place de la République, at pernod[5] time, let me look closer at this, it's perhaps me at last. The trumpet, sailing at ear level, suddenly resembles a steam-whistle, of the kind thanks

2. Termination.
3. Tomb.

4. Cessation of breathing.
5. A licorice-flavored liqueur.

to which my steamers forge fearfully through the fog. That should fix the period, to the nearest half-century or so. The stick gains ground, tapping with its ferrule[6] the noble bassamento of the United Stores, it must be winter, at least not summer. I can also just discern, with a final effort of will, a bowler hat which seems to my sorrow a sardonic synthesis of all those that never fitted me and, at the other extremity, similarly suspicious, a complete pair of brown boots lacerated and gaping. These insignia, if I may so describe them, advance in concert, as though connected by the traditional human excipient,[7] halt, move on again, confirmed by the vast show windows. The level of the hat, and consequently of the trumpet, hold out some hope for me as a dying dwarf or at least hunchback. The vacancy is tempting, shall I enthrone my infirmities, give them this chance again, my dream infirmities, that they may take flesh and move, deteriorating, round and round this grandiose square which I hope I don't confuse with the Bastille,[8] until they are deemed worthy of the adjacent Père Lachaise[9] or, better still, prematurely relieved trying to cross over, at the hour of night's young thoughts. No, the answer is no. For even as I moved, or when the moment came, affecting beyond all others, to hold out my hand, or hat, without previous song, or any other form of concession to self-respect, at the terrace of a café, or in the mouth of the underground, I would know it was not me, I would know I was here, begging in another dark, another silence, for another alm, that of being or of ceasing, better still, before having been. And the hand old in vain would drop the mite and the old feet shuffle on, towards an even vainer death than no matter whose.

The Expelled

There were not many steps. I had counted them a thousand times, both going up and coming down, but the figure has gone from my mind. I have never known whether you should say one with your foot on the sidewalk, two with the following foot on the first step, and so on, or whether the sidewalk shouldn't count. At the top of the steps I fell foul of the same dilemma. In the other direction. I mean from top to bottom, it was the same, the word is not too strong. I did not know where to begin nor where to end, that's the truth of the matter. I arrived therefore at three totally different figures, without ever knowing which of them was right. And when I say that the figure has gone from my mind, I mean that none of the three figures is with me any more, in my mind. It is true that if I were to find, in my mind, where it is certainly to be found, one of these figures, I would find it and it alone, without being able to deduce from it the other two. And even were I to recover two, I would not know the third. No, I would have to find all three, in my mind, in order to know all three. Memories are killing. So you must not think of certain things, of those that are dear to you, or rather you must think of them, for if you don't there is the danger of finding them, in your mind, little by little. That is to say, you must think of them for a while, a good while, every day several times a day, until they sink forever in the mud. That's an order.

After all it is not the number of steps that matters. The important thing to remember is that there were not many, and that I have remembered. Even for the child there were not many, compared to other steps he knew, from seeing them every day, from going up them and coming down, and playing on them at knuckle-bones

---

6. Metal-capped tip.
7. Glue.

8. Parisian prison destroyed during the French Revolution in 1789.
9. Parisian cemetery.

and other games the very names of which he has forgotten. What must it have been like then for the man I had overgrown into?

The fall was therefore not serious. Even as I fell I heard the door slam, which brought me a little comfort, in the midst of my fall. For that meant they were not pursuing me down into the street with a stick, to beat me in full view of the passers-by. For if that had been their intention they would not have shut the door, but left it open, so that the persons assembled in the vestibule might enjoy my chastisement and be edified. So, for once, they had confined themselves to throwing me out and no more about it. I had time, before coming to rest in the gutter, to conclude this piece of reasoning.

Under these circumstances nothing compelled me to get up immediately. I rested my elbow on the sidewalk, funny the things you remember, settled my ear in the cup of my hand and began to reflect on my situation, notwithstanding its familiarity. But the sound, fainter but unmistakable, of the door slammed again, roused me from my reverie, in which already a whole landscape was taking form, charming with hawthorn and wild roses, most dreamlike, and made me look up in alarm, my hands flat on the sidewalk and my legs braced for flight. But it was merely my hat sailing towards me through the air, rotating as it came. I caught it and put it on. They were most correct, according to their god. They could have kept this hat, but it was not theirs, it was mine, so they gave it back to me. But the spell was broken.

How describe this hat? And why? When my head had attained I shall not say its definitive but its maximum dimensions, my father said to me, Come, son, we are going to buy your hat, as though it had pre-existed from time immemorial in a pre-established place. He went straight to the hat. I personally had no say in the matter, nor had the hatter. I have often wondered if my father's purpose was not to humiliate me, if he was not jealous of me who was young and handsome, fresh at least, while he was already old and all bloated and purple. It was forbidden me, from that day forth, to go out bareheaded, my pretty brown hair blowing in the wind. Sometimes, in a secluded street, I took it off and held it in my hand, but trembling. I was required to brush it morning and evening. Boys my age with whom, in spite of everything, I was obliged to mix occasionally, mocked me. But I said to myself, It is not really the hat, they simply make merry at the hat because it is a little more glaring than the rest, for they have no finesse. I have always been amazed at my contemporaries' lack of finesse, I whose soul writhed from morning to night, in the mere quest of itself. But perhaps they were simply being kind, like those who make game of the hunchback's big nose. When my father died I could have got rid of this hat, there was nothing more to prevent me, but not I. But how describe it? Some other time, some other time.

I got up and set off. I forget how old I can have been. In what had just happened to me there was nothing in the least memorable. It was neither the cradle nor the grave of anything whatever. Or rather it resembled so many other cradles, so many other graves, that I'm lost. But I don't believe I exaggerate when I say that I was in the prime of life, what I believe is called the full possession of one's faculties. Ah yes, them I possessed all right. I crossed the street and turned back towards the house that had just ejected me, I who never turned back when leaving. How beautiful it was! There were geraniums in the windows. I have brooded over geraniums for years. Geraniums are artful customers, but in the end I was able to do what I liked with them. I have always greatly admired the door of this house, up on top of its little flight of steps. How describe it? It was a massive green door, encased in summer in a kind of green and white striped housing, with a hole for the thunderous wrought-iron knocker and a slit for letters, this latter closed to dust, flies and tits by a brass flap fitted with springs. So much for that description. The door was set between two pillars of the same colour, the bell being on that to the right. The curtains were in unexceptionable taste. Even the smoke rising from one of the chimney-pots seemed to spread and vanish in the air more sorrowful than the neighbours', and bluer. I looked up at the third and last floor and saw my window outrageously open. A thorough cleaning was in full swing. In a few hours they would close the window, draw the curtains and spray the whole place with disinfectant. I knew them. I would have gladly died in that house. In a sort of vision I saw the door open and my feet come out.

I wasn't afraid to look, for I knew they were not spying on me from behind the curtains, as they could have done if they had wished. But I knew them. They had all gone back into their dens and resumed their occupations.

And yet I had done them no harm.

I did not know the town very well, scene of my birth and of my first steps in this world, and then of all the others, so many that I thought all trace of me was lost, but I was wrong! I went out so little! Now and then I would go to the window, part the curtains and look out. But then I hastened back to the depths of the room, where the bed was. I felt ill at ease with all this air about me, lost before the confusion of innumerable prospects. But I still knew how to act at this period, when it was absolutely necessary. But first I raised my eyes to the sky, whence cometh our help, where there are no roads, where you wander freely, as in a desert, and where nothing obstructs your vision, wherever you turn your eyes, but the limits of vision itself. When I was younger I thought life would be good in the middle of a plain and went to the Lüneburg[1] heath. With the plain in my head I went to the heath. There were other heaths far less remote, but a voice kept saying to me, It's the Lüneburg heath you need. The element lüne must have had something to do with it. As it turned out the Lüneburg heath was most unsatisfactory, most unsatisfactory. I came home disappointed and at the same time relieved. Yes, I don't know why, but I have never been disappointed, and I often was in the early days, without feeling at the same time, or a moment later, an undeniable relief.

I set off. What a gait. Stiffness of the lower limbs, as if nature had denied me knees, extraordinary splaying of the feet to right and left of the line of march. The trunk, on the contrary, as if by the effect of a compensatory mechanism, was as flabby as an old ragbag, tossing wildly to the unpredictable jolts of the pelvis. I have often tried to correct these defects, to stiffen my bust, flex my knees and walk with my feet in front of one another, for I had at least five or six, but it always ended in the same way, I mean by a loss of equilibrium, followed by a fall. A man must walk without paying attention to what he's doing, as he sighs, and when I walked without paying attention to what I was doing I walked in the way I have just described, and when I began to pay attention I managed a few steps of creditable execution and then fell. I decided therefore to be myself. This carriage is due, in my opinion, in part at least, to a certain leaning from which I have never been able to free myself completely and which left its stamp, as was only to be expected, on my impressionable years, those which govern the fabrication of character, I refer to the period which extends, as far as the eye can see, from the first totterings, behind a chair, to the third form, in which I concluded my studies. I had then the deplorable habit, having pissed in my

1. City 25 miles southeast of Hamburg, Germany. Lüne means "moon."

trousers, or shat there, which I did fairly regularly early in the morning, about ten or half past ten, of persisting in going on and finishing my day as if nothing had happened. The very idea of changing my trousers, or of confiding in mother, who goodness knows asked nothing better than to help me, was unbearable, I don't know why, and till bedtime I dragged on with burning and stinking between my little thighs, or sticking to my bottom, the result of my incontinence. Whence this wary way of walking, with legs stiff and wide apart, and this desperate rolling of the bust, no doubt intended to put people off the scent, to make them think I was full of gaiety and high spirits, without a care in the world, and to lend plausibility to my explanations concerning my nether rigidity, which I ascribed to hereditary rheumatism. My youthful ardour, in so far as I had any, spent itself in this effort, I became sour and mistrustful, a little before my time, in love with hiding and the prone position. Poor juvenile solutions, explaining nothing. No need then for caution, we may reason on to our heart's content, the fog won't lift.

The weather was fine. I advanced down the street, keeping as close as I could to the sidewalk. The widest sidewalk is never wide enough for me, once I set myself in motion, and I hate to inconvenience strangers. A policeman stopped me and said, The street for vehicles, the sidewalk for pedestrians. Like a bit of Old Testament. So I got back on the sidewalk, almost apologetically, and persevered there, in spite of an indescribable jostle, for a good twenty steps, till I had to fling myself to the ground to avoid crushing a child. He was wearing a little harness, I remember, with little bells, he must have taken himself for a pony, or a Clydesdale, why not, I would have crushed him gladly, I loathe children, and it would have been doing him a service, but I was afraid of reprisals. Everyone is a parent, that is what keeps you from hoping. One should reserve, on busy streets, special tracks for these nasty little creatures, their prams, hoops, sweets, scooters, skates, grandpas, grandmas, nannies, balloons and balls, all their foul little happiness in a word. I fell then, and brought down with me an old lady covered with spangles and lace, who must have weighed about sixteen stone.[2] Her screams soon drew a crowd. I had high hopes she had broken her femur, old ladies break their femur easily, but not enough, not enough. I took advantage of the confusion to make off, muttering unintelligible oaths, as if I were the victim, and I was, but I couldn't have proved it. They never lynch children, babies, no matter what they do they are whitewashed in advance. I personally would lynch them with the utmost pleasure, I don't say I'd lend a hand, no, I am not a violent man, but I'd encourage the others and stand them drinks when it was done. But no sooner had I begun to reel on than I was stopped by a second policeman, similar in all respects to the first, so much so that I wondered whether it was not the same one. He pointed out to me that the sidewalk was for everyone, as if it was quite obvious that I could not be assimilated to that category. Would you like me, I said, without thinking for a single moment of Heraclitus,[3] to get down in the gutter? Get down wherever you want, he said, but leave some room for others. If you can't bloody well get about like everyone else, he said, you'd do better to stay at home. It was exactly my feeling. And that he should attribute to me a home was no small satisfaction. At that moment a funeral passed, as sometimes happens. There was a great flurry of hats and at the same time a flutter of countless fingers. Personally if I were reduced to making the sign of the cross I would set my heart on doing it right, nose, navel, left nipple, right nipple.

2. 224 pounds.   3. Ancient Greek philosopher of flux.

But the way they did it, slovenly and wild, he seemed crucified all of a heap, no dignity, his knees under his chin and his hands anyhow. The more fervent stopped dead and muttered. As for the policeman he stiffened to attention, closed his eyes and saluted. Through the windows of the cabs I caught a glimpse of the mourners conversing with animation, no doubt scenes from the life of their late dear brother in Christ, or sister. I seem to have heard that the hearse trappings are not the same in both cases, but I never could find out what the difference consists in. The horses were farting and shitting as if they were going to the fair. I saw no one kneeling.

But with us the last journey is soon done, it is in vain you quicken your pace, the last cab containing the domestics soon leaves you behind, the respite is over, the bystanders go their ways, you may look to yourself again. So I stopped a third time, of my own free will, and entered a cab. Those I had just seen pass, crammed with people hotly arguing, must have made a strong impression on me. It's a big black box, rocking and swaying on its springs, the windows are small, you curl up in a corner, it smells musty. I felt my hat grazing the roof. A little later I leaned forward and closed the windows. Then I sat down again with my back to the horse. I was dozing off when a voice made me start, the cabman's. He had opened the door, no doubt despairing of making himself heard through the window. All I saw was his moustache. Where to? he said. He had climbed down from his seat on purpose to ask me that. And I who thought I was far away already. I reflected, searching in my memory for the name of a street, or a monument. Is your cab for sale? I said. I added, Without the horse. What would I do with a horse? But what would I do with a cab? Could I as much as stretch out in it? Who would bring me food? To the Zoo, I said. It is rare for a capital to be without a Zoo. I added, Don't go too fast. He laughed. The suggestion that he might go too fast to the Zoo must have amused him. Unless it was the prospect of being cabless. Unless it was simply myself, my own person, whose presence in the cab must have transformed it, so much so that the cabman, seeing me there with my head in the shadows of the roof and my knees against the window, had wondered perhaps if it was really his cab, really a cab. He hastens to look at his horse, and is reassured. But does one ever know oneself why one laughs? His laugh in any case was brief, which suggested I was not the joke. He closed the door and climbed back to his seat. It was not long then before the horse got under way.

Yes, surprising though it may seem, I still had a little money at this time. The small sum my father had left me as a gift, with no restrictions, at his death, I still wonder if it wasn't stolen from me. Then I had none. And yet my life went on, and even in the way I wanted, up to a point. The great disadvantage of this condition, which might be defined as the absolute impossibility of all purchase, is that it compels you to bestir yourself. It is rare, for example, when you are completely penniless, that you can have food brought to you from time to time in your retreat. You are therefore obliged to go out and bestir yourself, at least one day a week. You can hardly have a home address under these circumstances, it's inevitable. It was therefore with a certain delay that I learnt they were looking for me, for an affair concerning me. I forget through what channel. I did not read the newspapers, nor do I remember having spoken with anyone during these years, except perhaps three or four times, on the subject of food. At any rate, I must have had wind of the affair one way or another, otherwise I would never have gone to see the lawyer, Mr Nidder, strange how one fails to forget certain names, and he would never have received me. He verified my identity. That took some time. I showed him the metal initials in the lining of my hat, they proved nothing but they increased the probabilities. Sign, he said. He played with a cylindrical ruler, you could have felled an ox with it. Count, he said. A young woman, perhaps venal,[4] was present at this interview, as a witness no doubt. I stuffed the wad in my pocket. You shouldn't do that, he said. It occurred to me that he should have asked me to count before I signed, it would have been more in order. Where can I reach you, he said, if necessary? At the foot of the stairs I thought of something. Soon after I went back to ask him where this money came from, adding that I had a right to know. He gave me a woman's name that I've forgotten. Perhaps she had dandled me on her knees while I was still in swaddling clothes and there had been some lovey-dovey. Sometimes that suffices. I repeat, in swaddling clothes, for any later it would have been too late, for lovey-dovey. It is thanks to this money then that I still had a little. Very little. Divided by my life to come it was negligible, unless my conjectures were unduly pessimistic. I knocked on the partition beside my hat, right in the cabman's back if my calculations were correct. A cloud of dust rose from the upholstery. I took a stone from my pocket and knocked with the stone, until the cab stopped. I noticed that, unlike most vehicles, which slow down before stopping, the cab stopped dead. I waited. The whole cab shook. The cabman, on his high seat, must have been listening. I saw the horse as with my eyes of flesh. It had not lapsed into the drooping attitude of its briefest halts, it remained alert, its ears pricked up. I looked out of the window, we were again in motion. I banged again on the partition, until the cab stopped again. The cabman got down cursing from his seat. I lowered the window to prevent his opening the door. Faster, faster. He was redder than ever, purple in other words. Anger, or the rushing wind. I told him I was hiring him for the day. He replied that he had a funeral at three o'clock. Ah the dead. I told him I had changed my mind and no longer wished to go to the Zoo. Let us not go to the Zoo, I said. He replied that it made no difference to him where we went, provided it wasn't too far, because of his beast. And they talk to us about the specificity of primitive peoples' speech. I asked him if he knew of an eating-house. I added, You'll eat with me. I prefer being with a regular customer in such places. There was a long table with two benches of exactly the same length on either side. Across the table he spoke to me of his life, of his wife, of his beast, then again of his life, of the atrocious life that was his, chiefly because of his character. He asked me if I realized what it meant to be out of doors in all weathers. I learnt there were still some cabmen who spent their day snug and warm inside their cabs on the rank, waiting for a customer to come and rouse them. Such a thing was possible in the past, but nowadays other methods were necessary, if a man was to have a little laid up at the end of his days. I described my situation to him, what I had lost and what I was looking for. We did our best, both of us, to understand, to explain. He understood that I had lost my room and needed another, but all the rest escaped him. He had taken it into his head, whence nothing could ever dislodge it, that I was looking for a furnished room. He took from his pocket an evening paper of the day before, or perhaps the day before that again, and proceeded to run through the advertisements, five or six of which he underlined with a tiny pencil, the same that hovered over the likely outsiders. He underlined no doubt those he would have underlined if he had been in my shoes, or perhaps those concentrated in the same area, because of his beast. I would only have confused him by saying that I could tolerate no furniture in my room except the bed, and that all

4. Able to be bribed.

the other pieces, and even the very night-table, had to be removed before I would consent to set foot in it. About three o'clock we roused the horse and set off again. The cabman suggested I climb up beside him on the seat, but for some time already I had been dreaming of the inside of the cab and I got back inside. We visited, methodically I hope, one after another, the addresses he had underlined. The short winter's day was drawing to a close. It seems to me sometimes that these are the only days I have ever known, and especially that most charming moment of all, just before night wipes them out. The addresses he had underlined, or rather marked with a cross, as common people do, proved fruitless one by one, and one by one he crossed them out with a diagonal stroke. Later he showed me the paper, advising me to keep it safe so as to be sure not to look again where I had already looked in vain. In spite of the closed windows, the creaking of the cab and the traffic noises, I heard him singing, all alone aloft on his seat. He had preferred me to a funeral, this was a fact which would endure forever. He sang, *She is far from the land where her young hero*, those are the only words I remember. At each stop he got down from his seat and helped me down from mine. I rang at the door he directed me to and sometimes I disappeared inside the house. It was a strange feeling, I remember, a house all about me again, after so long. He waited for me on the sidewalk and helped me climb back into the cab. I was sick and tired of this cabman. He clambered back to his seat and we set off again. At a certain moment there occurred this. He stopped. I shook off my torpor and made ready to get down. But he did not come to open the door and offer me his arm, so that I was obliged to get down by myself. He was lighting the lamps. I love oil lamps, in spite of their having been, with candles, and if I except the stars, the first lights I ever knew. I asked him if I might light the second lamp, since he had already lit the first himself. He gave me his box of matches, I swung open on its hinges the little convex glass, lit and closed at once, so that the wick might burn steady and bright, snug in its little house, sheltered from the wind. I had this joy. We saw nothing, by the light of these lamps, save the vague outlines of the horse, but the others saw them from afar, two yellow glows sailing slowly through the air. When the equipage turned an eye could be seen, red or green as the case might be, a bossy rhomb,[5] as clear and keen as stained glass.

After we had verified the last address the cabman suggested bringing me to a hotel he knew where I would be comfortable. That makes sense, cabman, hotel, it's plausible. With his recommendation I would want for nothing. Every convenience, he said, with a wink. I place this conversation on the sidewalk, in front of the house from which I had just emerged. I remember, beneath the lamp, the flank of the horse, hollow and damp, and on the handle of the door the cabman's hand in its woollen glove. The roof of the cab was on a level with my neck. I suggested we have a drink. The horse had neither eaten nor drunk all day. I mentioned this to the cabman, who replied that his beast would take no food till it was back in the stable. If it ate anything whatever, during work, were it but an apple or a lump of sugar, it would have stomach pains and colics that would root it to the spot and might even kill it. That was why he was compelled to tie its jaws together with a strap whenever for one reason or another he had to let it out of his sight, so that it would not have to suffer from the kind hearts of the passers-by. After a few drinks the cabman invited me to do his wife and him the honour of spending the night in their home. It was not far. Recollecting these emotions, with the celebrated advantage of tranquillity, it seems to me

5. Round bulge.

he did nothing else, all that day, but turn about his lodging. They lived above a stable, at the back of a yard. Ideal location, I could have done with it. Having presented me to his wife, extraordinarily full-bottomed, he left us. She was manifestly ill at ease, alone with me. I could understand her, I don't stand on ceremony on these occasions. No reason for this to end or go on. Then let it end, I said I would go down to the stable and sleep there. The cabman protested. I insisted. He drew his wife's attention to the pustule[6] on top of my skull, for I had removed my hat out of civility. He should have that removed, she said. The cabman named a doctor he held in high esteem who had rid him of an induration[7] of the seat. If he wants to sleep in the stable, said his wife, let him sleep in the stable. The cabman took the lamp from the table and preceded me down the stairs, or rather ladder, which descended to the stable, leaving his wife in the dark. He spread a horse blanket on the ground in a corner on the straw and left me a box of matches in case I needed to see clearly in the night. I don't remember what the horse was doing all this time. Stretched out in the dark I heard the noise it made as it drank, a noise like no other, the sudden gallop of the rats and above me the muffled voices of the cabman and his wife as they criticized me. I held the box of matches in my hand, a big box of safety matches. I got up during the night and struck one. Its brief flame enabled me to locate the cab. I was seized, then abandoned, by the desire to set fire to the stable. I found the cab in the dark, opened the door, the rats poured out, I climbed in. As I settled down I noticed that the cab was no longer level, it was inevitable, with the shafts resting on the ground. It was better so, that allowed me to lie well back, with my feet higher than my head on the other seat. Several times during the night I felt the horse looking at me through the window and the breath of its nostrils. Now that it was unharnessed it must have been puzzled by my presence in the cab. I was cold, having forgotten to take the blanket, but not quite enough to go and get it. Through the window of the cab I saw the window of the stable, more and more clearly. I got out of the cab. It was not so dark now in the stable, I could make out the manger, the rack, the harness hanging, what else, buckets and brushes. I went to the door but couldn't open it. The horse didn't take its eyes off me. Don't horses ever sleep? It seemed to me the cabman should have tied it, to the manger for example. So I was obliged to leave by the window. It wasn't easy. But what is easy? I went out head first, my hands were flat on the ground of the yard while my legs were still thrashing to get clear of the frame. I remember the tufts of grass on which I pulled with both hands, in my effort to extricate myself. I should have taken off my greatcoat and thrown it through the window, but that would have meant thinking of it. No sooner had I left the yard than I thought of something. Weakness. I slipped a banknote in the match-box, went back to the yard and placed the box on the sill of the window through which I had just come. The horse was at the window. But after I had taken a few steps in the street I returned to the yard and took back my banknote. I left the matches, they were not mine. The horse was still at the window. I was sick and tired of this cabhorse. Dawn was just breaking. I did not know where I was. I made towards the rising sun, towards where I thought it should rise, the quicker to come into the light. I would have liked a sea horizon, or a desert one. When I am abroad in the morning I go to meet the sun, and in the evening, when I am abroad, I follow it, till I am down among the dead. I don't know why I told this story. I could just as well have told another. Perhaps some other time I'll be able to tell another. Living souls, you will see how alike they are.

---

6. Pus-filled blister.   7. Uncomfortable hardening of tissue.

POSTWAR POETS: ENGLISH VOICES

—✦—

W. H. Auden
1907–1973

Wystan Hugh Auden's fantastically wrinkled face is a familiar icon from photographs taken in his later years. Often depicting Auden posing with his ever-present cigarette against a cityscape or airport, the photographs reveal part of Auden's continuing allure, which is that he was a witness, in his writing and in his person, to the changing scene of life and letters in the middle decades of the twentieth century. Auden came to embody a British literary Golden Age that lived on after the conditions that had brought it into being had changed utterly. His imperturbable face, looking much older than it was, had a sagelike quality of wisdom and the measurement of time passing: a map of modern experience.

Born in York, England, Auden had a pampered childhood, and was too young to see service in World War I. He was of the postwar generation, a group of gifted poets and writers who sought to replace the terrible losses of the war, its literary as well as its human casualties. Auden attended Christ Church College, Oxford, where his precocious literary career began in 1928 with the private publication of his *Poems*, thirty copies of which were put together by his friend and fellow writer Stephen Spender at Oxford. Auden joined a number of his friends and peers in heading to Berlin; his friend Christopher Isherwood's *I Am a Camera* (later the basis for the musical *Cabaret*) documented the phenomenon of these expatriate British writers spending their youthful careers in a decadent and exciting Berlin. Like many of the rest—though some died fighting fascism in Spain—Auden returned to England; he became a teacher in Scotland and England while writing feverishly. The cultural ferment of the thirties led Auden in many directions: chiefly, he wrote poetry, but he also became a noted literary critic, and he collaborated with Isherwood and others on plays and screenplays.

Auden's literary and political wanderlust took him to Iceland in 1936, where he wrote *Letters from Iceland* with Louis MacNeice; to Spain, which resulted in much poetry and occasional writing; to China, Japan, and the United States, culminating in the book *On the Frontier*. In 1939 he took an epochal step: he settled in the United States, where he became a citizen in 1946. In this he was a reverse T. S. Eliot—Eliot was an American who became a British citizen and is usually included as a premier writer of British, not American, literature. Auden was an American citizen who is always included in British anthologies, and rarely, if ever, in American collections. Part of Auden's desire to live in America had to do with his need to escape a stifling set of expectations for him that obtained in England—social, literary, and even personal expectations. In 1935, he had married Thomas Mann's daughter Erika, largely to protect her from political persecution in Germany, since Auden was a homosexual and lived for most of his adult life with the poet Chester Kallman, whom he met in 1939.

It was during Auden's teaching and fellowship years in the United States that he began to produce the large oeuvre of his poetry and his criticism. He taught and lectured at many colleges and universities, and read widely, taking a particular interest in the existentialist theology of Søren Kierkegaard. Increasingly impatient with Marxist materialism, Auden found a renewed commitment to Christianity in his later decades. During these years he published such notable milestones as his *Collected Shorter Poems*, *The Age of Anxiety*, and the critical work *The Enchaféd Flood*. In 1958 his definitive *Selected Poetry* was published, followed in 1962 by his magisterial work of criticism, *The Dyer's Hand*. His peripatetic and sometimes difficult teaching life led him to accept an offer from Oxford in 1956, to spend summers in Italy and in Austria, and to make a final move to Oxford and Christ Church College in 1972. However, he died shortly thereafter in 1973, in Austria, where he shared a summer house with Kallman.

The title of one of Auden's major long poems, *The Age of Anxiety*, summons up a reigning motif of Auden's poetic writing. Auden's poetry is edgy, tense, worried, psychoanalytic and yet despondent of the powers of psychoanalysis to allay anxiety. Anxiety is in some ways Auden's muse. This arises from the seriousness with which Auden had gauged the world political situation. Having witnessed the depression, the rise of Nazism, totalitarianism, World War II, the Holocaust, the atomic bomb, and the Cold War, Auden's political realism is tinged inevitably with disillusionment. Modern history is one primary source for Auden's poetry; in poems like *Spain 1937* and *September 1, 1939*, he makes no retreat to purely aesthetic subject matter, or to the past, or to pure experimentation. Auden's is a poetry of waiting rooms, radio broadcasts, armed battalions, and of snatched pleasures treasured all the more for their fleeting magic.

Paradoxically, Auden's moral and political engagements coexist with an anarchic streak, a wry wit, and a love of leisure and play. Auden developed one of the most seductively varied voices in modern poetry, creating an endlessly inventive style that draws at will on Latin elegy, Anglo-Saxon alliterative verse forms, Norse runes and "kennings," technical scientific discourse, and the meters and language of British music hall songs and of American blues singers. All these elements can be present in a single stanza, to sometimes dizzying effect; in other poems, these radically different materials are blended and modulated into a deceptively plain style of great power.

A topic of special concern for Auden was the survival of literary language. How would poetry make claims for its relevance, given that it was now surrounded by so many other voices, from those of mass culture to the exigent rhetoric of war? Auden often compared himself poetically to William Butler Yeats, as another political poet in a time when poetry was seen as largely irrelevant or even antithetical to politics.

Auden's poetry remains a profoundly lyric poetry: that is, it celebrates the singular human voice that sings its lines. It is not surprising that he wrote opera librettos, notably *The Rake's Progress*, which he wrote with Chester Kallman for Igor Stravinsky. Auden was an intellectual inheritor of Freud and Marx—he knew the ways that the self could remain unknown to itself, and the ways that history could relentlessly rush on oblivious of the human lives swept up in its current. Still, the human voice of poetry goes on, even in the age of anxiety, framing its lyric songs. In the late phase of his poetry, Auden had despaired of systems, and returned even more to the meticulous versification he was so well versed in. His poems become almost defiant vehicles of traditional rhyme and meter, lodged in the modern, everyday world, where "in the deserts of the heart," Auden would "let the healing fountain start."

Musée des Beaux Arts[1]

About suffering they were never wrong,
The Old Masters: how well they understood
Its human position; how it takes place
While someone else is eating or opening a window or just walking dully along;
5   How, when the aged are reverently, passionately waiting
For the miraculous birth, there always must be
Children who did not specially want it to happen, skating

---

1. The Musées Royaux des Beaux-Arts in Brussels contain a collection of paintings by the Flemish painter Pieter Brueghel (1525–1569) that includes *The Fall of Icarus*; Brueghel is famous for his acute observation of ordinary life. A figure from Greek mythology, Icarus had wings of wax and feathers but flew too close to the sun, which melted the wax and caused him to fall into the sea.

On a pond at the edge of the wood:
They never forgot
10   That even the dreadful martyrdom must run its course
Anyhow in a corner, some untidy spot
Where the dogs go on with their doggy life and the torturer's horse
Scratches its innocent behind on a tree.

In Brueghel's *Icarus*, for instance: how everything turns away
15   Quite leisurely from the disaster; the ploughman may
Have heard the splash, the forsaken cry,
But for him it was not an important failure; the sun shone
As it had to on the white legs disappearing into the green
Water; and the expensive delicate ship that must have seen
20   Something amazing, a boy falling out of the sky,
Had somewhere to get to and sailed calmly on.

1938   1940

In Memory of W. B. Yeats
(d. January 1939)

1

He disappeared in the dead of winter:
The brooks were frozen, the air-ports almost deserted,
And snow disfigured the public statues;
The mercury sank in the mouth of the dying day.
5   O all the instruments agree
The day of his death was a dark cold day.

Far from his illness
The wolves ran on through the evergreen forests,
The peasant river was untempted by the fashionable quays;
10   By mourning tongues
The death of the poet was kept from his poems.

But for him it was his last afternoon as himself,
An afternoon of nurses and rumours;
The provinces of his body revolted,
15   The squares of his mind were empty,
Silence invaded the suburbs,
The current of his feeling failed: he became his admirers.

Now he is scattered among a hundred cities
And wholly given over to unfamiliar affections;
20   To find his happiness in another kind of wood
And be punished under a foreign code of conscience.
The words of a dead man
Are modified in the guts of the living.

But in the importance and noise of to-morrow
25   When the brokers are roaring like beasts on the floor of the Bourse,[1]
And the poor have the sufferings to which they are fairly accustomed,

_____
1. Stock exchange.

And each in the cell of himself is almost convinced of his freedom;
A few thousand will think of this day
As one thinks of a day when one did something slightly unusual.
30 O all the instruments agree
The day of his death was a dark cold day.

2

You were silly like us: your gift survived it all;
The parish of rich women, physical decay,
Yourself; mad Ireland hurt you into poetry.
35 Now Ireland has her madness and her weather still,
For poetry makes nothing happen: it survives
In the valley of its saying where executives
Would never want to tamper; it flows south
From ranches of isolation and the busy griefs,
40 Raw towns that we believe and die in; it survives,
A way of happening, a mouth.

3

Earth, receive an honoured guest;
William Yeats is laid to rest:
Let the Irish vessel lie
Emptied of its poetry.

45 Time that is intolerant
Of the brave and innocent,
And indifferent in a week
To a beautiful physique,

Worships language and forgives
50 Everyone by whom it lives;
Pardons cowardice, conceit,
Lays its honours at their feet.

Time that with this strange excuse
Pardoned Kipling and his views,
55 And will pardon Paul Claudel,[2]
Pardons him for writing well.

In the nightmare of the dark
All the dogs of Europe bark,
And the living nations wait,
60 Each sequestered in its hate;

Intellectual disgrace
Stares from every human face,
And the seas of pity lie
Locked and frozen in each eye.

65 Follow, poet, follow right
To the bottom of the night,
With your unconstraining voice
Still persuade us to rejoice;

2. Rudyard Kipling (1865–1936), short-story writer, poet, and novelist remembered for his celebration of British imperialism;
Paul Claudel (1868–1955), French poet and diplomat noted for his conservative views.

70   With the farming of a verse
Make a vineyard of the curse,
Sing of human unsuccess
In a rapture of distress;

In the deserts of the heart
Let the healing fountain start,
75   In the prison of his days
Teach the free man how to praise.

February 1939   1940

Spain 1937[1]

Yesterday all the past. The language of size
Spreading to China along the trade-routes; the diffusion
          Of the counting-frame and the cromlech;[2]
Yesterday the shadow-reckoning in the sunny climates.
5   Yesterday the assessment of insurance by cards,
The divination of water; yesterday the invention
          Of cart-wheels and clocks, the taming of
Horses; yesterday the bustling world of the navigators.
Yesterday the abolition of fairies and giants;
10   The fortress like a motionless eagle eyeing the valley,
          The chapel built in the forest;
Yesterday the carving of angels and of frightening gargoyles.

The trial of heretics among the columns of stone;
Yesterday the theological feuds in the taverns
15   And the miraculous cure at the fountain;
Yesterday the Sabbath of Witches. But today the struggle.

Yesterday the installation of dynamos and turbines;
The construction of railways in the colonial desert;
          Yesterday the classic lecture
20   On the origin of Mankind. But today the struggle.

Yesterday the belief in the absolute value of Greek;
The fall of the curtain upon the death of a hero;
          Yesterday the prayer to the sunset,
And the adoration of madmen. But today the struggle.

25   As the poet whispers, startled among the pines
Or, where the loose waterfall sings, compact, or upright
          On the crag by the leaning tower:
"O my vision. O send me the luck of the sailor."

And the investigator peers through his instruments
30   At the inhuman provinces, the virile bacillus
          Or enormous Jupiter finished:
"But the lives of my friends. I inquire, I inquire."

1. Auden visited Spain between January and March 1937, when the civil war between the Spanish government and military-backed Fascist insurgents was at its height. Many foreigners (the so-called "International Brigade") went to Spain at this time to aid the republican forces.
2. Prehistoric stone circle.

And the poor in their fireless lodgings dropping the sheets
Of the evening paper: "Our day is our loss. O show us
35   History the operator, the
Organiser, Time the refreshing river."

And the nations combine each cry, invoking the life
That shapes the individual belly and orders
                    The private nocturnal terror:
40   "Did you not found once the city state of the sponge,

"Raise the vast military empires of the shark
And the tiger, establish the robin's plucky canton?
                    Intervene. O descend as a dove or
A furious papa or a mild engineer: but descend."

45   And the life, if it answers at all, replies from the heart
And the eyes and the lungs, from the shops and squares of the city:
                    "O no, I am not the Mover,
Not today, not to you. To you I'm the

"Yes-man, the bar-companion, the easily-duped:
50   I am whatever you do; I am your vow to be
                    Good, your humorous story;
I am your business voice; I am your marriage.

"What's your proposal? To build the Just City? I will.
I agree. Or is it the suicide pact, the romantic
55   Death? Very well, I accept, for
I am your choice, your decision: yes, I am Spain."

Many have heard it on remote peninsulas,
On sleepy plains, in the aberrant fishermen's islands,
                    In the corrupt heart of the city;
60   Have heard and migrated like gulls or the seeds of a flower.

They clung like burrs to the long expresses that lurch
Through the unjust lands, through the night, through the alpine tunnel;
                    They floated over the oceans;
They walked the passes: they came to present their lives.

65   On that arid square, that fragment nipped off from hot
Africa, soldered so crudely to inventive Europe,
                    On that tableland scored by rivers,
Our fever's menacing shapes are precise and alive.

Tomorrow, perhaps, the future: the research on fatigue
70   And the movements of packers; the gradual exploring of all the
                    Octaves of radiation;
Tomorrow the enlarging of consciousness by diet and breathing.

Tomorrow the rediscovery of romantic love;
The photographing of ravens; all the fun under
75   Liberty's masterful shadow;
Tomorrow the hour of the pageant-master and the musician.

Tomorrow, for the young, the poets exploding like bombs,
The walks by the lake, the winter of perfect communion;

Tomorrow the bicycle races
80   Through the suburbs on summer evenings: but today the struggle.

Today the inevitable increase in the chances of death;
The conscious acceptance of guilt in the fact of murder;
Today the expending of powers
On the flat ephemeral pamphlet and the boring meeting.

85   Today the makeshift consolations; the shared cigarette;
The cards in the candle-lit barn and the scraping concert,
The masculine jokes; today the
Fumbled and unsatisfactory embrace before hurting.

The stars are dead; the animals will not look:
90   We are left alone with our day, and the time is short and
History to the defeated
May say Alas but cannot help or pardon.

1937

Lullaby

Lay your sleeping head, my love,
Human on my faithless arm;
Time and fevers burn away
Individual beauty from
5   Thoughtful children, and the grave
Proves the child ephemeral:
But in my arms till break of day
Let the living creature lie,
Mortal, guilty, but to me
10   The entirely beautiful.

Soul and body have no bounds:
To lovers as they lie upon
Her tolerant enchanted slope
In their ordinary swoon,
15   Grave the vision Venus sends
Of supernatural sympathy,
Universal love and hope;
While an abstract insight wakes
Among the glaciers and the rocks
20   The hermit's carnal ecstasy.

Certainty, fidelity
On the stroke of midnight pass
Like vibrations of a bell
And fashionable madmen raise
25   Their pedantic boring cry:
Every farthing of the cost,
All the dreaded cards foretell,
Shall be paid, but from this night
Not a whisper, not a thought,
30   Not a kiss nor look be lost.

Beauty, midnight, vision dies:
Let the winds of dawn that blow
Softly round your dreaming head
Such a day of welcome show
35   Eye and knocking heart may bless,
Find our mortal world enough;
Noons of dryness find you fed
By the involuntary powers,
Nights of insult let you pass
40   Watched by every human love.

1937   1940

September 1, 1939[1]

I sit in one of the dives
On Fifty-Second Street
Uncertain and afraid
As the clever hopes expire
5   Of a low dishonest decade:
Waves of anger and fear
Circulate over the bright
And darkened lands of the earth,
Obsessing our private lives;
10   The unmentionable odour of death
Offends the September night.

Accurate scholarship can
Unearth the whole offence
From Luther[2] until now
15   That has driven a culture mad,
Find what occurred at Linz,[3]
What huge imago made
A psychopathic god:[4]
I and the public know
20   What all schoolchildren learn,
Those to whom evil is done
Do evil in return.

Exiled Thucydides[5] knew
All that a speech can say
25   About Democracy,
And what dictators do,
The elderly rubbish they talk

[handwritten marginalia: what the poet can do]

[handwritten marginalia: 1–55 critique of international politics]

1. Auden arrived in New York City, where he was to spend World War II and much of the rest of his life, in January 1939. German forces marched into Poland on September 1, 1939; Britain and France declared war on September 3.
2. Martin Luther, German religious reformer (1483–1546), whose criticisms of Roman Catholic doctrine sparked the Protestant Reformation in Europe.
3. Linz, Austria, was Adolf Hitler's birthplace.
4. In the psychological terminology developed by C. G. Jung (1875–1961), an *imago* is an idealized mental image

of self or others, especially parental figures.
5. Fifth-century Athenian historian and general in the Peloponnesian War between Athens and Sparta (431–404 B.C.). In his famous *History of the Peloponnesian War*, which follows events until 411 B.C., Thucydides records the Athenian statesman Pericles' *Funeral Oration*, given at the end of the first year of the war. In it, Pericles describes the benefits and possible dangers of democratic government as it was then practiced at Athens. Thucydides himself was exiled from Athens in 424 B.C., following a military defeat incurred under his leadership.

To an apathetic grave;
Analysed all in his book,
30   The enlightenment driven away,
The habit-forming pain,
Mismanagement and grief:
We must suffer them all again.

Into this neutral air
35   Where blind skyscrapers use
Their full height to proclaim
The strength of Collective Man,
Each language pours its vain
Competitive excuse:
40   But who can live for long
In an euphoric dream;
Out of the mirror they stare,
Imperialism's face
And the international wrong.

45   Faces along the bar
Cling to their average day:
The lights must never go out,
The music must always play,
All the conventions conspire
50   To make this fort assume
The furniture of home;
Lest we should see where we are,
Lost in a haunted wood,
Children afraid of the night
55   Who have never been happy or good.

The windiest militant trash
Important Persons shout
Is not so crude as our wish:
What mad Nijinsky wrote
60   About Diaghilev
Is true of the normal heart;[6]
For the error bred in the bone
Of each woman and each man
Craves what it cannot have,
65   Not universal love
But to be loved alone.

From the conservative dark
Into the ethical life
The dense commuters come,
70   Repeating their morning vow,
"I *will* be true to the wife,

---

6. Vaslav Nijinsky (1890–1950), principal male dancer in the Ballets Russes company under the direction of Sergei Pavlovich Diaghilev (1872–1929). The company revolutionized the world of dance, causing a sensation on its visit to Paris in 1909. Auden borrowed the following lines from Nijinsky's (1937) *Diary*: "Diaghilev does not want universal love, but to be loved alone."

I'll concentrate more on my work,"
And helpless governors wake
To resume their compulsory game:
75   Who can release them now,
Who can reach the deaf,
Who can speak for the dumb?

All I have is a voice
To undo the folded lie,
80   The romantic lie in the brain
Of the sensual man-in-the-street
And the lie of Authority
Whose buildings grope the sky:
There is no such thing as the State
85   And no one exists alone;
Hunger allows no choice
To the citizen or the police;
We must love one another or die.

Defenceless under the night
90   Our world in stupor lies;
Yet, dotted everywhere,
Ironic points of light
Flash out wherever the Just
Exchange their messages:
95   May I, composed like them
Of Eros and of dust,
Beleaguered by the same
Negation and despair,
Show an affirming flame.

1939   1940

In Praise of Limestone[1]

If it form the one landscape that we, the inconstant ones,
        Are consistently homesick for, this is chiefly
Because it dissolves in water. Mark these rounded slopes
        With their surface fragrance of thyme and, beneath,
5   A secret system of caves and conduits; hear the springs
        That spurt out everywhere with a chuckle,
Each filling a private pool for its fish and carving
        Its own little ravine whose cliffs entertain
The butterfly and the lizard; examine this region
10   Of short distances and definite places:
What could be more like Mother or a fitter background
        For her son, the flirtatious male who lounges
Against a rock in the sunlight, never doubting
        That for all his faults he is loved; whose works are but
15   Extensions of his power to charm? From weathered outcrop
        To hill-top temple, from appearing waters to

---

1. This poem is set in the landscape of Yorkshire, where Auden was born.

Conspicuous fountains, from a wild to a formal vineyard,
    Are ingenious but short steps that a child's wish
To receive more attention than his brothers, whether
20   By pleasing or teasing, can easily take.

Watch, then, the band of rivals as they climb up and down
    Their steep stone gennels[2] in twos and threes, at times
Arm in arm, but never, thank God, in step; or engaged
    On the shady side of a square at midday in
25   Voluble discourse, knowing each other too well to think
    There are any important secrets, unable
To conceive a god whose temper-tantrums are moral
    And not to be pacified by a clever line
Or a good lay: for, accustomed to a stone that responds,
30   They have never had to veil their faces in awe
Of a crater whose blazing fury could not be fixed;
    Adjusted to the local needs of valleys
Where everything can be touched or reached by walking,
    Their eyes have never looked into infinite space
35   Through the lattice-work of a nomad's comb; born lucky,
    Their legs have never encountered the fungi
And insects of the jungle, the monstrous forms and lives
    With which we have nothing, we like to hope, in common.
So, when one of them goes to the bad, the way his mind works
40   Remains comprehensible: to become a pimp
Or deal in fake jewellery or ruin a fine tenor voice
    For effects that bring down the house, could happen to all
But the best and worst of us . . .
                 That is why, I suppose,
    The best and worst never stayed here long but sought
45 Immoderate soils where the beauty was not so external,
    The light less public and the meaning of life
Something more than a mad camp. "Come!" cried the granite wastes,
    "How evasive is your humour, how accidental
Your kindest kiss, how permanent is death." (Saints-to-be
50   Slipped away sighing.) "Come!" purred the clays and gravels.
"On our plains there is room for armies to drill; rivers
    Wait to be tamed and slaves to construct you a tomb
In the grand manner: soft as the earth is mankind and both
    Need to be altered." (Intendant Caesars rose and
55 Left, slamming the door.) But the really reckless were fetched
    By an older colder voice, the oceanic whisper:
"I am the solitude that asks and promises nothing;
    That is how I shall set you free. There is no love;
There are only the various envies, all of them sad."
60   They were right, my dear, all those voices were right
And still are; this land is not the sweet home that it looks,
    Nor its peace the historical calm of a site
Where something was settled once and for all: A backward

---

2. Channels.

And dilapidated province, connected
65   To the big busy world by a tunnel, with a certain
            Seedy appeal, is that all it is now? Not quite:
    It has a worldly duty which in spite of itself
            It does not neglect, but calls into question
    All the Great Powers assume; it disturbs our rights. The poet,
70   Admired for his earnest habit of calling
    The sun the sun, his mind Puzzle, is made uneasy
            By these marble statues which so obviously doubt
    His antimythological myth; and these gamins,[3]
            Pursuing the scientist down the tiled colonnade
75   With such lively offers, rebuke his concern for Nature's
            Remotest aspects: I, too, am reproached, for what
    And how much you know. Not to lose time, not to get caught,
            Not to be left behind, not, please! to resemble
    The beasts who repeat themselves, or a thing like water
80   Or stone whose conduct can be predicted, these
    Are our Common Prayer, whose greatest comfort is music
            Which can be made anywhere, is invisible,
    And does not smell. In so far as we have to look forward
            To death as a fact, no doubt we are right: But if
85   Sins can be forgiven, if bodies rise from the dead,
            These modifications of matter into
    Innocent athletes and gesticulating fountains,
            Made solely for pleasure, make a further point:
    The blessed will not care what angle they are regarded from,
90   Having nothing to hide. Dear, I know nothing of
    Either, but when I try to imagine a faultless love
            Or the life to come, what I hear is the murmur
    Of underground streams, what I see is a limestone landscape.

1948   1948

--- ⛣ ---

Stevie Smith
1902–1971

Stevie Smith was the sprightly nom-de-plume adopted by the woman who had been born the more conservatively named Florence Margaret Smith in 1902. Born in Yorkshire, she moved to London with her mother, aunt, and sister at age four, her father having abandoned the family, and lived in that house in Palmers Green, which she called fondly a "female habitation," for the rest of her life. Stevie Smith's subsequent life was not eventful on its surface, yet was bursting with the literary creativity that led her to reinvent the shy, forever single Florence as a hugely popular public poet, Stevie Smith.

    While working as a private secretary to two lords in London, Smith began to publish poetry in *Granta* magazine. She published the autobiographical *Novel on Yellow Paper* to wide success in 1936, after discouraging reviews of her poetry had sent her to fiction; the novel depicted a

3. Street urchins.

struggling poet, like herself, living through the public and private effects of World War I on the English nation. Stevie Smith then began to produce the poetry collections for which she is best known today, with *A Good Time Was Had by All* (1937) and *Tender Only to One* (1938). Each of these works blends poetry with line ink sketches Smith drew to accompany her work. The unassuming, often humorous drawings lent their sparkle to her poetry, and her poetry counterpointed the sketches with witty yet serious charm. The public appeal of her poetry was somewhat harmful to its reputation, especially at a time of such poetic ferment in Britain—Yeats, Auden, Spender, Thomas, and others were creating the most innovative, deeply serious, and sophisticated poetry of the century. By way of contrast, Smith's poetry seems unafraid of speaking in an open, personal, even stylistically simplified way, putting what might be seen as merely women's concerns— love, family, illness and loneliness—at the fore. The bulk of Smith's domestic life was spent devotedly taking care of her aunt at home; she survived this aunt by only three years, dying of a brain tumor in 1971. Nonetheless, she wrote her major collections of poetry in the 1950s and 1960s, and is best known perhaps for the title poem in her collection *Not Waving But Drowning* (1957). After her *Selected Poems* came out in 1964, Smith was awarded the Cholmondeley Award for Poetry in 1966 and the Queen's Gold Medal for Poetry in 1969. Her last two books, *Scorpion and Other Poems* (1972) and *Collected Poems* (1975) were published posthumously.

Stevie Smith's poetry has come to seem new again, a precursor in its speech-based patterns of the spoken word poetry movement, a lyrically expressive voice and a non-ironic emotionality almost contemporary in wearing its heart on its sleeve. Perhaps the current mode of writing most akin to Smith's quirky and original poetry is contained in the lyrics of female musicians and songwriters, from Alanis Morissette to P. J. Harvey and Chrissie Hynde. Her sketches, too, share something of the jaunty self-revelations of that work and keep Stevie's poetry ineradicably alive.

Not Waving but Drowning

Nobody heard him, the dead man,
But still he lay moaning:
I was much further out than you thought
And not waving but drowning.

5 Poor chap, he always loved larking°   *having fun*
And now he's dead
It must have been too cold for him his heart gave way,
They said.

Oh, no no no, it was too cold always
10 (Still the dead one lay moaning)
I was much too far out all my life
And not waving but drowning.

Pretty

Why is the word pretty so underrated?
In November the leaf is pretty when it falls
The stream grows deep in the woods after rain
And in the pretty pool the pike stalks

5 He stalks his prey, and this is pretty too,
The prey escapes with an underwater flash

But not for long, the great fish has him now
The pike is a fish who always has his prey

And this is pretty. The water rat is pretty
His paws are not webbed, he cannot shut his nostrils
As the otter can and the beaver, he is torn between
The land and water. Not 'torn', he does not mind.

The owl hunts in the evening and it is pretty
The lake water below him rustles with ice
There is frost coming from the ground, in the air mist
All this is pretty, it could not be prettier.

Yes, it could always be prettier, the eye abashes°   *ashamed*
It is becoming an eye that cannot see enough,

20   Out of the wood the eye climbs. This is prettier
      A field in the evening, tilting up.

      The field tilts to the sky. Though it is late
      The sky is lighter than the hill field
      All this looks easy but really it is extraordinary
      Well, it is extraordinary to be so pretty.

25   And it is careless, and that is always pretty
      This field, this owl, this pike, this pool are careless,
      As Nature is always careless and indifferent
      Who sees, who steps, means nothing, and this is pretty.

      So a person can come along like a thief—pretty!—
30   Stealing a look, pinching the sound and feel,
      Lick the icicle broken from the bank
      And still say nothing at all, only cry pretty.

      Cry pretty, pretty, pretty and you'll be able
      Very soon not even to cry pretty
35   And so be delivered entirely from humanity
      This is prettiest of all, it is very pretty.

How Cruel Is the Story of Eve

      How cruel is the story of Eve
      What responsibility
      It has in history
      For cruelty.

5   Touch, where the feeling is most vulnerable,
      Unblameworthy—ah reckless—desiring children,
      Touch there with a touch of pain?
      Abominable.

      Ah what cruelty,
10   In history
      What misery.

Put up to barter
The tender feelings
Buy her a husband to rule her
15   Fool her to marry a master
She must or rue it
The Lord said it.

And man, poor man,
Is he fit to rule,
20   Pushed to it?
How can he carry it, the governance,
And not suffer for it
Insuffisance?[1]
He must make woman lower then
25   So he can be higher then.

Oh what cruelty,
In history what misery.

Soon woman grows cunning
Masks her wisdom,
30   How otherwise will he
Bring food and shelter, kill enemies?
If he did not feel superior
It would be worse for her
And for the tender children
35   Worse for them.

Oh what cruelty,
In history what misery
Of falsity.

It is only a legend
40   You say? But what
Is the meaning of the legend
If not
To give blame to women most
And most punishment?

45   This is the meaning of a legend that colours
All human thought; it is not found among animals.
How cruel is the story of Eve,
What responsibility it has
In history
50   For misery.

Yet there is this to be said still:
Life would be over long ago

---

1. A neologism, or invented word; "insuffisance" suggests a blending of "insufficient" and "insufferable," qualities that "man" combines.

If men and women had not loved each other
Naturally, naturally,
55 Forgetting their mythology
They would have died of it else
Long ago, long ago,
And all would be emptiness now
And silence.

60 Oh dread Nature, for your purpose,
To have made them love so.

The New Age

Shall I tell you the signs of a New Age coming?
It is a sound of drubbing° and sobbing   *beating; pounding*
Of people crying, We are old, we are old
And the sun is going down and becoming cold
5 Oh sinful and sad and the last of our kind
If we turn to God now do you think He will mind?
Then they fall on their knees and begin to whine
That the state of Art itself presages decline
As if Art has anything or ever had
10 To do with civilization whether good or bad.
Art is wild as a cat and quite separate from civilization
But that is another matter that is not now under consideration.
Oh these people are fools with their sighing and sinning
Why should Man be at an end? he is hardly beginning.
15 This New Age will slip in under cover of their cries
And be upon them before they have opened their eyes.
Well, say geological time is a one-foot rule°   *ruler*
Then Man's only been here about half an inch to play the fool
Or be wise if he likes, as he often has been
20 Oh heavens how these crying people spoil the beautiful geological scene.

Philip Larkin
1922–1985

Philip Larkin's lifetime production of poems was quite small, but highly influential; he is best known for his three last volumes, *The Less Deceived* (1955), *The Whitsun Weddings* (1964), and *High Windows* (1974), which together collect fewer than one hundred poems. During his lifetime, however, he fulfilled the role—a role that every society seems to require—of the crotchety traditionalist poet, becoming famous for what the poet and critic Donald Hall has called a "genuine, uncultivated, sincere philistinism."

Born in Coventry, Larkin completed a B.A. and M.A. at Oxford (where he was a friend of the novelist Kingsley Amis), and became a professional librarian, working at the University of Hull from 1955 until his death. After two modestly successful novels (*Jill* and *A Girl in Winter*) and two undistinguished volumes of poetry (*The North Ship* and *XX Poems*), Larkin established himself as a new and important voice in British poetry with his collection *The Less Deceived*.

According to most critics, the influence of Thomas Hardy's poetry was decisive; Seamus Heaney writes that the "slips and excesses" of his first two volumes—consisting, primarily, of embarrassing echoes of W. B. Yeats—led Larkin "to seek the antidote of Thomas Hardy."

Larkin was attracted to Hardy's bleak outlook on life, as well as his skilled versification and spare language. Larkin's dark vision remained unremitting as late as *Aubade*, the last poem to be published during his lifetime:

> I work all day, and get half drunk at night.
> Waking at four to soundless dark, I stare.
> In time the curtain-edges will grow light.
> Till then I see what's really always there:
> Unresting death, a whole day nearer now,
> Making all thought impossible but how
> And where and when I shall myself die.

Like the most famous postwar British playwright, Samuel Beckett, the most important postwar British poet was not above having a laugh at his own despair; in an oft-repeated remark, Larkin told an interviewer that "deprivation is for me what daffodils were for Wordsworth."

Larkin is one of the most English of modern British poets; he refused to read "foreign" literature—including most American poetry—or to travel abroad; Hull became the center and circumference of his poetic world. He kept to himself to an extraordinary degree; he never married, nor did he maintain any longstanding intimate relationship. In his obituary for Larkin, Kingsley Amis described him as "a man much driven in upon himself, with increasing deafness from early middle age cruelly emphasizing his seclusion."

Even in his solitude, though, Larkin kept up a running dialogue with the outside world, not only as a poet but as a jazz reviewer for many years. His encyclopedic knowledge of jazz provides the basis for his probing, dyspeptic account of modernity in the opening essay of his collection *All What Jazz*. In this essay as in his verse, Larkin's writing is pointed, skeptical, acerbic—and always self-consciously English.

Church Going

> Once I am sure there's nothing going on
> I step inside, letting the door thud shut.
> Another church: matting, seats, and stone,
> And little books; sprawlings of flowers, cut
5 > For Sunday, brownish now; some brass and stuff
> Up at the holy end; the small neat organ;
> And a tense, musty, unignorable silence,
> Brewed God knows how long. Hatless, I take off
> My cycle-clips in awkward reverence,
>
10 > Move forward, run my hand around the font.
> From where I stand, the roof looks almost new—
> Cleaned, or restored? Someone would know: I don't.
> Mounting the lectern, I peruse a few
> Hectoring large-scale verses, and pronounce
15 > "Here endeth" much more loudly than I'd meant.
> The echoes snigger briefly. Back at the door
> I sign the book, donate an Irish sixpence,
> Reflect the place was not worth stopping for.
>
> Yet stop I did: in fact I often do,
20 > And always end much at a loss like this,

Wondering what to look for; wondering, too,
When churches fall completely out of use
What we shall turn them into, if we shall keep
A few cathedrals chronically on show,
25   Their parchment, plate and pyx[1] in locked cases,
And let the rest rent-free to rain and sheep.
Shall we avoid them as unlucky places?

Or, after dark, will dubious women come
To make their children touch a particular stone;
30   Pick simples° for a cancer; or on some   *medicinal plants*
Advised night see walking a dead one?
Power of some sort or other will go on
In games, in riddles, seemingly at random;
But superstition, like belief, must die,
35   And what remains when disbelief has gone?
Grass, weedy pavement, brambles, buttress, sky,

A shape less recognisable each week,
A purpose more obscure. I wonder who
Will be the last, the very last, to seek
40   This place for what it was; one of the crew
That tap and jot and know what rood-lofts[2] were?
Some ruin-bibber, randy for antique,
Or Christmas-addict, counting on a whiff
Of gown-and-bands and organ-pipes and myrrh?
45   Or will he be my representative,

Bored, uninformed, knowing the ghostly silt
Dispersed, yet tending to this cross of ground
Through suburb scrub because it held unspilt
So long and equably what since is found
50   Only in separation—marriage, and birth,
And death, and thoughts of these—for which was built
This special shell? For, though I've no idea
What this accoutred frowsty° barn is worth,   *stuffy*
It pleases me to stand in silence here;

55   A serious house on serious earth it is,
In whose blent air all our compulsions meet,
Are recognised, and robed as destinies.
And that much never can be obsolete,
Since someone will forever be surprising
60   A hunger in himself to be more serious,
And gravitating with it to this ground,
Which, he once heard, was proper to grow wise in,
If only that so many dead lie round.

1954   1955

---

1. The vessel in which the consecrated bread of the
eucharist is kept.

2. Loft at the top of a carved wood or stone screen, separating the nave from the chancel of a church.

High Windows

When I see a couple of kids
And guess he's fucking her and she's
Taking pills or wearing a diaphragm,
I know this is paradise

5 Everyone old has dreamed of all their lives—
Bonds and gestures pushed to one side
Like an outdated combine harvester,
And everyone young going down the long slide

To happiness, endlessly. I wonder if
10 Anyone looked at me, forty years back,
And thought, *That'll be the life;*
No God any more, or sweating in the dark

About hell and that, or having to hide
What you think of the priest. He
15 *And his lot will all go down the long slide*
Like free bloody birds. And immediately

Rather than words comes the thought of high windows:
The sun-comprehending glass,
And beyond it, the deep blue air, that shows
20 Nothing, and is nowhere, and is endless.
1967   1974

Talking in Bed

Talking in bed ought to be easiest,
Lying together there goes back so far,
An emblem of two people being honest.

Yet more and more time passes silently.
5 Outside, the wind's incomplete unrest
Builds and disperses clouds about the sky,

And dark towns heap up on the horizon.
None of this cares for us. Nothing shows why
At this unique distance from isolation

10 It becomes still more difficult to find
Words at once true and kind,
Or not untrue and not unkind.
1960   1964

MCMXIV[1]

Those long uneven lines
Standing as patiently
As if they were stretched outside
The Oval or Villa Park,

---

1. 1914, in the style of a monument to the war dead.

5   The crowns of hats, the sun
       On moustached archaic faces
       Grinning as if it were all
       An August Bank Holiday lark;

       And the shut shops, the bleached
10   Established names on the sunblinds,
       The farthings and sovereigns,
       And dark-clothed children at play
       Called after kings and queens,
       The tin advertisements
15   For cocoa and twist, and the pubs
       Wide open all day;

       And the countryside not caring:
       The place-names all hazed over
       With flowering grasses, and fields
20   Shadowing Domesday[2] lines
       Under wheat's restless silence;
       The differently-dressed servants
       With tiny rooms in huge houses,
       The dust behind limousines;

25   Never such innocence,
       Never before or since,
       As changed itself to past
       Without a word—the men
       Leaving the gardens tidy,
30   The thousands of marriages
       Lasting a little while longer:
       Never such innocence again.

1960   1964

Sylvia Plath
1932–1963

Among the most extravagantly gifted American poets of her generation, Sylvia Plath suffers from the common fate of all suicides: her life, and her art, is inevitably read with twenty-twenty hindsight through the event that ended her life. While such a reading is fundamentally sound—surely, a strong self-loathing and suicidal thoughts are as clearly present in Plath's verse as they are in the writing of the most famous artistic suicide of the second half of the twentieth century, Kurt Cobain—it also risks reducing her richly varied work to a single note.

Like the twentieth century's other preeminent American-turned-British poet, T. S. Eliot, Plath's intellectual and artistic roots were in New England; she was born in Boston and attended Smith College as an undergraduate. Her father died when Plath was just eight, and his death forms part of the traumatic backdrop of poems like *The Colossus* and *Daddy*. Plath graduated *summa cum*

2. The Domesday Book is the medieval record of the extent, value, and ownership of lands in England.

laude from Smith in 1955, despite bouts of severe depression and persistent thoughts of suicide; during her college career, she wrote and published poetry, and upon graduation won a prestigious Fulbright grant to study at Newnham College, Cambridge (to whose students Virginia Woolf had, a quarter-century earlier, delivered the lectures *A Room of One's Own*). While a student in England, Plath met the English poet Ted Hughes; they married in the spring of 1956, and after a spell of teaching at Smith, Plath and Hughes returned to England in 1959, where they remained.

The intimate history of Plath's depression, suicide attempts, marriage, and unhappiness as a mother is recounted in her novel *The Bell Jar*, published (pseudonymously) in January 1963, less than a month before her suicide. The fact that the large majority of the poems in her most important volume, the posthumously published *Ariel*, were written in London and (after their move in 1961) in the Hughes's home in the countryside in Devon accounts for the very British character of much of Plath's major poetry; and clearly the British publishers were first to recognize her talent, as each of her volumes was published in London before being brought out in New York. Like Eliot, Plath saw the life that surrounded her as "a heap of broken images" and sought for some way they might be reconciled, made whole: unlike Eliot, however, who embraced orthodox Christianity in middle age, Plath ultimately sought in vain.

The Colossus[1]

I shall never get you put together entirely,
Pieced, glued, and properly jointed.
Mule-bray, pig-grunt and bawdy cackles
Proceed from your great lips.
5   It's worse than a barnyard.

Perhaps you consider yourself an oracle,
Mouthpiece of the dead, or of some god or other.
Thirty years now I have labored
To dredge the silt from your throat.
10   I am none the wiser.

Scaling little ladders with gluepots and pails of Lysol
I crawl like an ant in mourning
Over the weedy acres of your brow
To mend the immense skull-plates and clear
15   The bald, white tumuli[2] of your eyes.

A blue sky out of the Oresteia[3]
Arches above us. O father, all by yourself
You are pithy and historical as the Roman Forum.
I open my lunch on a hill of black cypress.
20   Your fluted bones and acanthine[4] hair are littered

In their old anarchy to the horizon-line.
It would take more than a lightning-stroke
To create such a ruin.
Nights, I squat in the cornucopia
25   Of your left ear, out of the wind,

---

1. The tremendous Greek statue of the Sun god Apollo which, during ancient times, straddled the harbor at Rhodes.
2. Ancient grave mounds.
3. A dramatic trilogy by the Greek poet Aeschylus, cen-

tered on deadly violence within successive generations of a family.
4. Patterned after the leaves of the acanthus plant, as on the capitals of Corinthian columns.

Counting the red stars and those of plum-color.
The sun rises under the pillar of your tongue.
My hours are married to shadow.
No longer do I listen for the scrape of a keel
30   On the blank stones of the landing.

Daddy

You do not do, you do not do
Any more, black shoe
In which I have lived like a foot
For thirty years, poor and white,
5   Barely daring to breathe or Achoo.

Daddy, I have had to kill you.
You died before I had time——
Marble-heavy, a bag full of God,
Ghastly statue with one gray toe
10   Big as a Frisco seal

And a head in the freakish Atlantic
Where it pours bean green over blue
In the waters off beautiful Nauset.[1]
I used to pray to recover you.
15   Ach, du.[2]

In the German tongue, in the Polish town
Scraped flat by the roller
Of wars, wars, wars.
But the name of the town is common.
20   My Polack friend

Says there are a dozen or two.
So I never could tell where you
Put your foot, your root,
I never could talk to you.
25   The tongue stuck in my jaw.

It stuck in a barb wire snare.
Ich,[3] ich, ich, ich,
I could hardly speak.
I thought every German was you.
30   And the language obscene

An engine, an engine
Chuffing me off like a Jew.
A Jew to Dachau, Auschwitz, Belsen.[4]
I began to talk like a Jew.
35   I think I may well be a Jew.

The snows of the Tyrol, the clear beer of Vienna
Are not very pure or true.
With my gipsy ancestress and my weird luck

---

1. At Cape Cod, Massachusetts.
2. Ah, you (German).

3. I (German).
4. Three of the infamous Nazi "death camps."

And my Taroc[5] pack and my Taroc pack
40   I may be a bit of a Jew.

I have always been scared of *you*,
With your Luftwaffe,[6] your gobbledygoo.
And your neat mustache
And your Aryan eye, bright blue.
45   Panzer-man,[7] panzer-man, O You——

Not God but a swastika
So black no sky could squeak through.
Every woman adores a Fascist,
The boot in the face, the brute
50   Brute heart of a brute like you.

You stand at the blackboard, daddy,
In the picture I have of you,
A cleft in your chin instead of your foot
But no less a devil for that, no not
55   Any less the black man who

Bit my pretty red heart in two.
I was ten when they buried you.
At twenty I tried to die
And get back, back, back to you.
60   I thought even the bones would do.

But they pulled me out of the sack,
And they stuck me together with glue.
And then I knew what to do.
I made a model of you,
65   A man in black with a Meinkampf[8] look

And a love of the rack and the screw.
And I said I do, I do.
So daddy, I'm finally through.
The black telephone's off at the root,
70   The voices just can't worm through.

If I've killed one man, I've killed two——
The vampire who said he was you
And drank my blood for a year,
Seven years, if you want to know.
75   Daddy, you can lie back now.

There's a stake in your fat black heart
And the villagers never liked you.
They are dancing and stamping on you.
They always *knew* it was you.
80   Daddy, daddy, you bastard, I'm through.

12 October 1962

---

5. Variant of Tarot, a deck of cards used in telling fortunes.
6. The German air forces.

7. German tank divisions.
8. *Mein Kampf* (German, "My Struggle") is the title of
Hitler's political autobiography.

Lady Lazarus[1]

I have done it again.
One year in every ten
I manage it——

A sort of walking miracle, my skin
5 Bright as a Nazi lampshade,[2]
My right foot

A paperweight,
My face a featureless, fine
Jew linen.

10 Peel off the napkin
O my enemy.
Do I terrify?——

The nose, the eye pits, the full set of teeth?
The sour breath
15 Will vanish in a day.

Soon, soon the flesh
The grave cave ate will be
At home on me

And I a smiling woman.
20 I am only thirty.
And like the cat I have nine times to die.

This is Number Three.
What a trash
To annihilate each decade.

25 What a million filaments.
The peanut-crunching crowd
Shoves in to see

Them unwrap me hand and foot——
The big strip tease.
30 Gentlemen, ladies

These are my hands
My knees.
I may be skin and bone,

Nevertheless, I am the same, identical woman.
35 The first time it happened I was ten.
It was an accident.

The second time I meant
To last it out and not come back at all.
I rocked shut

---

1. Lazarus is the dead man whom Jesus brought back to life; John 11:1–44.

2. The Nazis sometimes used the skin of Jewish victims to make lampshades.

40   As a seashell.
They had to call and call
And pick the worms off me like sticky pearls.

Dying
Is an art, like everything else.
45   I do it exceptionally well.

I do it so it feels like hell.
I do it so it feels real.
I guess you could say I've a call.

It's easy enough to do it in a cell.
50   It's easy enough to do it and stay put.
It's the theatrical

Comeback in broad day
To the same place, the same face, the same brute
Amused shout:

55   'A miracle!'
That knocks me out.
There is a charge

For the eyeing of my scars, there is a charge
For the hearing of my heart——
60   It really goes.

And there is a charge, a very large charge
For a word or a touch
Or a bit of blood

Or a piece of my hair or my clothes.
65   So, so, Herr Doktor.[3]
So, Herr Enemy.

I am your opus,[4]
I am your valuable,
The pure gold baby

70   That melts to a shriek.
I turn and burn.
Do not think I underestimate your great concern.

Ash, ash—
You poke and stir.
75   Flesh, bone, there is nothing there——

A cake of soap,
A wedding ring,
A gold filling.[5]

---

3. Mr. Doctor (German).
4. Work (Latin); often used in artistic creations.

5. Articles that were rendered (soap) or taken (jewelry, gold fillings) from their Jewish victims by the Nazis.

Herr God, Herr Lucifer
80   Beware
Beware.

Out of the ash
I rise with my red hair
And I eat men like air.

Child

Your clear eye is the one absolutely beautiful thing.
I want to fill it with color and ducks,
The zoo of the new

Whose names you meditate—
5   April snowdrop, Indian pipe,
Little

Stalk without wrinkle,
Pool in which images
Should be grand and classical

10   Not this troublous
Wringing of hands, this dark
Ceiling without a star.

28 January 1963

— ◄◊► —

Ted Hughes
1930–1998

Ted Hughes can be called a "nature" poet—a somewhat unfortunate label with which he is often tagged—only in a complex and rather dark sense of the word. Critical of Western scientific discourse as leading to nuclear destruction, and finding Christianity depleted of spiritual sustenance, Hughes invokes the "bigger energy" of the natural world—not as a place of tranquil repose or a medium to the sublime, but as a fierce and virile life-force, driven solely by its own relentless will for survival, Tennyson's "nature red in tooth and claw." And yet this force, long neglected by modern humanity, is the source of creativity and regeneration.

Because of their supposed unsevered relationship with nature—their reliance on instinct rather than consciousness—animals, often predatory, provide the subject matter for many of Hughes's poems. Jaguars, crows, foxes, and wolves dominate their respective texts, as Hughes traces through their physicality a deep undercurrent of both human and nonhuman existence. In the much celebrated *Hawk Roosting* (*Lupercal* 1960), the beast provides a voice for nature, in a language as poised and powerful as its speaker: "I kill where I please because it is all mine. / There is no sophistry in my body." In subsequent volumes Hughes's creatures assume complex identities that blur the demarcations of "otherness." *Gog* and *Wodwo*, for instance (*Wodwo* 1967), introduce characters as enigmatic as their names, struggling to understand themselves in relation to their environment. In 1971 Hughes published *Crow*, a poetic-mythology that, among other things, reexamines biblical narratives in light of its grisly protagonist.

Like his modernist predecessors, Hughes was influenced by turn-of-the-century anthropological studies (including Sir James George Frazer's *The Golden Bough*) that infused ancient
cultural practices with new meaning and provided disillusioned writers with an alternative
symbolic system. Adopting to some extent the model of Robert Graves's *The White Goddess*,
Hughes maps out a mythology that places at the center of divinity an earth goddess, the source
of true poetry, who has been tragically usurped by patriarchal ideology.

Just as Hughes peers deep into the past for a better understanding of man and nature, his
language maintains a toughness and a vitality that harken back to more primitive verse forms.
That language was shaped early on by the farms and soggy moors of Mytholmroyd, where he
grew up. The torments of war were not eluded there; Hughes's father, after serving four years in
Flanders during World War I, brought home the emotional scarring of trench warfare. After
working two years as a radio mechanic for the RAF, Hughes went on to study anthropology at
Cambridge. There, he met Sylvia Plath, whom he married in 1956, and the tragic relationship
that ensued has kindled much interest in both popular and critical circles. *The Birthday Letters*,
in which Hughes retrospectively addresses Plath's suicide, met with immediate success after its
publication in 1998. Hughes died that same year, after serving fourteen years as Poet Laureate.

Wind

This house has been far out at sea all night,
The woods crashing through darkness, the booming hills,
Winds stampeding the fields under the window
Floundering black astride and blinding wet

5 Till day rose; then under an orange sky
The hills had new places, and wind wielded
Blade-light, luminous black and emerald,
Flexing like the lens of a mad eye.

At noon I scaled along the house-side as far as
10 The coal-house door. Once I looked up—
Through the brunt wind that dented the balls of my eyes
The tent of the hills drummed and strained its guyrope,[1]

The fields quivering, the skyline a grimace,
At any second to bang and vanish with a flap:
15 The wind flung a magpie away and a black-
Back gull bent like an iron bar slowly. The house

Rang like some fine green goblet in the note
That any second would shatter it. Now deep
In chairs, in front of the great fire, we grip
20 Our hearts and cannot entertain book, thought,

Or each other. We watch the fire blazing,
And feel the roots of the house move, but sit on,
Seeing the window tremble to come in,
Hearing the stones cry out under the horizons.

Relic

I found this jawbone at the sea's edge:
There, crabs, dogfish, broken by the breakers or tossed

---

1. Guide or anchoring rope on a ship or, as here, a tent.

To flap for half an hour and turn to a crust
Continue the beginning. The deeps are cold:
5   In that darkness camaraderie does not hold;
Nothing touches but, clutching, devours. And the jaws,
Before they are satisfied or their stretched purpose
Slacken, go down jaws; go gnawn bare. Jaws
Eat and are finished and the jawbone comes to the beach:
10   This is the sea's achievement; with shells,
Vertebrae, claws, carapaces,[1] skulls.

Time in the sea eats its tail, thrives, casts these
Indigestibles, the spars of purposes
That failed far from the surface. None grow rich
15   In the sea. This curved jawbone did not laugh
But gripped, gripped and is now a cenotaph.[2]

Theology

No, the serpent did not
Seduce Eve to the apple.
All that's simply
Corruption of the facts.

5   Adam ate the apple.
Eve ate Adam.
The serpent ate Eve.
This is the dark intestine.

The serpent, meanwhile,
10   Sleeps his meal off in Paradise—
Smiling to hear
God's querulous calling.

Dust As We Are

My post-war father was so silent
He seemed to be listening. I eavesdropped
On the hot line. His lonely sittings
Mangled me, in secret—like TV
5   Watched too long, my nerves lasered.
Then, an after-image of the incessant
Mowing passage of machine-gun effects,
What it filled a trench with. And his laugh
(How had that survived—so nearly intact?)
10   Twitched the curtain never quite deftly enough
Over the hospital wards
Crowded with his (photographed) shock-eyed pals.

I had to use up a lot of spirit
Getting over it. I was helping him.

---

1. A bony shell or shield, such as a turtle's shell.

2. A monument erected in memory of a deceased person whose body is buried elsewhere.

15 I was his supplementary convalescent.
He took up his pre-war *joie de vivre*.[1]
But his displays of muscular definition
Were a bleached montage—lit landscapes:
Swampquakes of the slime of puddled soldiers
20 Where bones and bits of equipment
Showered from every shell-burst.
                                        Naked men
Slithered staring where their mothers and sisters
Would never have to meet their eyes, or see
Exactly how they sprawled and were trodden.

25 So he had been salvaged and washed.
His muscles very white—marble white.
He had been heavily killed. But we had revived him.
Now he taught us a silence like prayer.
There he sat, killed but alive—so long
30 As we were very careful. I divined,
With a comb,
Under his wavy, golden hair, as I combed it,
The fragility of skull. And I filled
With his knowledge.
                                        After mother's milk
35 This was the soul's food. A soap-smell spectre
Of the massacre of innocents. So the soul grew.
A strange thing, with rickets[2]—a hyena.
No singing—that kind of laughter.

Leaf Mould

In Hardcastle Crags, that echoey museum,
Where she dug leaf mould[1] for her handfuls of garden
And taught you to walk, others are making poems.

Between finger and thumb roll a pine-needle,
5 *Feel the chamfer,[2] feel how they threaded*
The sewing machines.

                            And
Billy Holt invented a new shuttle[3]
As like an ant's egg, with its folded worker,
10 *As every other.*
You might see an ant carrying one.

                            And
The cordite[4] conscripts tramped away. But the cenotaphs[5]
Of all the shells that got their heads blown off

---

1. Enjoyment of life (French).
2. Disease caused by vitamin D deficiency, resulting in soft bones.
1. British variant of "mold."
2. A beveled cut, usually in wood.

3. A device that carries thread in a sewing machine.
4. A smokeless explosive powder.
5. A monument erected in memory of a deceased person whose body is buried elsewhere.

15   *And their insides blown out*
      Are these beech-bole[6] stalwarts.
                                    And oak, birch,

      Holly, sycamore, pine.

                                        The lightest air-stir
20   Released their love-whispers when she walked
      The needles weeping, singing, dedicating
      Your spectre-double, still in her womb,
      To this temple of her *Missa Solemnis.*[7]

      White-faced, brain-washed by her nostalgias,
25   You were her step-up transformer.
      She grieved for her girlhood and the fallen.
      You mourned for Paradise and its fable.

      Giving you the kiss of life
      She hung round your neck her whole valley
30   Like David's harp.[8]
      Now, whenever you touch it, God listens
      Only for her voice.

      Leaf mould. Blood-warm. Fibres crumbled alive
      Between thumb and finger.
35   *Feel again*
      The clogs twanging your footsoles, on the street's steepness,
      As you escaped.

Telegraph Wires

      Take telegraph wires, a lonely moor,
      And fit them together. The thing comes alive in your ear.

      Towns whisper to towns over the heather.
      But the wires cannot hide from the weather.

5   So oddly, so daintily made
      It is picked up and played.

      Such unearthly airs
      The ear hears, and withers!

      In the revolving ballroom of space,
10   Bowed over the moor, a bright face

      Draws out of telegraph wires the tones
      That empty human bones.

---

6. Trunk of a beech tree.
7. The "solemn mass," op. 123 by Ludwig van Beethoven.

8. In the Old Testament book of Psalms, King David plays his harp before the Lord.

Thom Gunn

b. 1929

Another of the twentieth-century's celebrated Anglo-American poets, Thom Gunn continues to be identified in the public mind as English, while he has lived almost exclusively in California since his first book was published in 1954. In the case of Gunn's poetry, this transatlantic identity is largely channeled through the medium of a popular culture that knows no national boundaries: growing up in post–World War II England and later San Francisco, Gunn is a poet who early chose to write about the most lowbrow of topics (motorcycle gangs, surfing, Elvis Presley, the leather scene) in classically trained and restrained high-verse forms. Though not the most celebrated of his generation, Gunn's will be the body of poetry, as the critic Blake Morrison has remarked, to which "future social historians and cultural anthropologists wanting to learn about the texture of our times" will turn in years to come. This observation seems even more accurate now than when it was written, as Gunn's poems about the AIDS crisis have poignantly demonstrated.

Gunn grew up in Hampstead, a well-heeled neighborhood of London, and was from his earliest years both a voracious reader and precocious writer. He studied English at Trinity College, Cambridge, and published his first book of poems, *Fighting Terms*, shortly after his graduation in 1954. These early poems were characterized by a youthful enthusiasm for strong authority figures, especially countercultural ones; the homosexuality that Gunn recognized in his Cambridge days would not be acknowledged openly in his poetry until *The Passages of Joy* (1982), and it is not difficult to see an unacknowledged homoeroticism energizing many of the poems of his early volumes. After receiving his B.A., Gunn moved to California, where he studied at Stanford; he soon established a home base in San Francisco, reveling in the countercultural scene that flourished there in the 1960s.

Early in his career, Gunn was identified with the group of young British poets known as The Movement; but a literary or political movement is always a somewhat fixed, stable, and inflexible thing, whereas Gunn's poetry—as his punning 1957 volume title suggests—is rather about "the sense of movement." He has explored many poetic and geographic terrains, and inhabited many different poetic *personae*, during his half-century as a public poet; perhaps the most vital of all came in 1992, when his volume *The Man with Night Sweats* (from which the poems *The Hug, Patch Work*, and *The Missing* are taken) was published. Though writing of course as a gay man for whom the tragedy of AIDS had been a particularly personal one, Gunn succeeds in these poems in bringing the implications and repercussions of the pandemic home for one and all.

Lines for a Book

> I think of all the toughs through history
> And thank heaven they lived, continually.
> I praise the overdogs from Alexander
> To those who would not play with Stephen Spender.[1]
> 5 Their pride exalted some, some overthrew,
> But was not vanity at last: they knew
> That though the mind has also got a place
> It's not in marvelling at its mirrored face
> And evident sensibility. It's better

---

1. British poet of the generation preceding Gunn's; see page 2707.

10 To go and see your friend than write a letter;
 To be a soldier than to be a cripple;
 To take an early weaning from the nipple
 Than think your mother is the only girl;
 To be insensitive, to steel the will,
15 Than sit irresolute all day at stool
 Inside the heart; and to despise the fool,
 Who may not help himself and may not choose,
 Than give him pity which he cannot use.
 I think of those exclusive by their action,
20 For whom mere thought could be no satisfaction—
 The athletes lying under tons of dirt
 Or standing gelded so they cannot hurt
 The pale curators and the families
 By calling up disturbing images.
25 I think of all the toughs through history
 And thank heaven they lived, continually.

Elvis Presley

 Two minutes long it pitches through some bar:
 Unreeling from a corner box, the sigh
 Of this one, in his gangling finery
 And crawling sideburns, wielding a guitar.

5 The limitations where he found success
 Are ground on which he, panting, stretches out
 In turn, promiscuously, by every note.
 Our idiosyncrasy and our likeness.

 We keep ourselves in touch with a mere dime:
10 Distorting hackneyed words in hackneyed songs
 He turns revolt into a style, prolongs
 The impulse to a habit of the time.

 Whether he poses or is real, no cat
 Bothers to say: the pose held is a stance,
15 Which, generation of the very chance
 It wars on, may be posture for combat.

A Map of the City

 I stand upon a hill and see
 A luminous country under me,
 Through which at two the drunk must weave;
 The transient's pause, the sailor's leave.

5 I notice, looking down the hill,
 Arms braced upon a window sill;
 And on the web of fire escapes
 Move the potential, the grey shapes.

 I hold the city here, complete:
10 And every shape defined by light

Is mine, or corresponds to mine,
Some flickering or some steady shine.

This map is ground of my delight.
Between the limits, night by night,
15   I watch a malady's advance,
I recognize my love of chance.

By the recurrent lights I see
Endless potentiality,
The crowded, broken, and unfinished!
20   I would not have the risk diminished.

Black Jackets

In the silence that prolongs the span
Rawly of music when the record ends,
    The red-haired boy who drove a van
In weekday overalls but, like his friends,

5   Wore cycle boots and jacket here
To suit the Sunday hangout he was in,
    Heard, as he stretched back from his beer,
Leather creak softly round his neck and chin.

    Before him, on a coal-black sleeve
10   Remote exertion had lined, scratched, and burned
    Insignia that could not revive
The heroic fall or climb where they were earned.

    On the other drinkers bent together,
Concocting selves for their impervious kit,
15   He saw it as no more than leather
Which, taut across the shoulders grown to it,

    Sent through the dimness of a bar
As sudden and anonymous hints of light
    As those that shipping give, that are
20   Now flickers in the Bay, now lost in night.

    He stretched out like a cat, and rolled
The bitterish taste of beer upon his tongue,
    And listened to a joke being told:
The present was the things he stayed among.

25   If it was only loss he wore,
He wore it to assert, with fierce devotion,
    Complicity and nothing more.
He recollected his initiation,

    And one especially of the rites.
30   For on his shoulders they had put tattoos:
    The group's name on the left, The Knights,
And on the right the slogan Born To Lose.

From the Wave

It mounts at sea, a concave wall
    Down-ribbed with shine,
And pushes forward, building tall
    Its steep incline.

5   Then from their hiding rise to sight
    Black shapes on boards
Bearing before the fringe of white
    It mottles towards.

Their pale feet curl, they poise their weight
10   With a learn'd skill.
It is the wave they imitate
    Keeps them so still.

The marbling bodies have become
    Half wave, half men,
15   Grafted it seems by feet of foam
    Some seconds, then,

Late as they can, they slice the face
    In timed procession:
Balance is triumph in this place,
20   Triumph possession.

The mindless heave of which they rode
    A fluid shelf
Breaks as they leave it, falls and, slowed,
    Loses itself.

25   Clear, the sheathed bodies slick as seals
    Loosen and tingle;
And by the board the bare foot feels
    The suck of shingle.

They paddle in the shallows still;
30   Two splash each other;
Then all swim out to wait until
    The right waves gather.

The Hug

It was your birthday, we had drunk and dined
    Half of the night with our old friend
      Who'd showed us in the end
    To a bed I reached in one drunk stride.
5   Already I lay snug,
And drowsy with the wine dozed on one side.

I dozed, I slept. My sleep broke on a hug,
    Suddenly, from behind,
In which the full lengths of our bodies pressed:

10   Your instep to my heel,
My shoulder-blades against your chest.
It was not sex, but I could feel
The whole strength of your body set,
        Or braced, to mine,
15   And locking me to you
As if we were still twenty-two
When our grand passion had not yet
        Become familial.
My quick sleep had deleted all
20   Of intervening time and place.
        I only knew
The stay of your secure firm dry embrace.

Patch Work

The bird book says, common, conspicuous.
This time of year all day
The mocking bird
Sweeps at a moderate height
5   Above the densely flowering
Suburban plots of May,
The characteristic shine
Of white patch cutting through the curved ash-grey
That bars each wing;
10   Or it appears to us
Perched on the post that ends a washing-line
To sing there, as in flight,
A repertoire of songs that it has heard
–From other birds, and others of its kind–
15   Which it has recombined
And made its own, especially one
With a few separate plangent[1] notes begun
Then linking trills[2] as a long confident run
Toward the immediate distance,
20   Repeated all day through
In the sexual longings of the spring
(Which also are derivative)
And almost mounting to
Fulfilment, thus to give
25   Such muscular vigour to a note so strong,
Fulfilment that does not destroy
The original, still-unspent
Longings that led it where it went
But links them in a bird's inhuman joy
30   Lifted upon the wing
Of that patched body, that insistence
Which fills the gardens up with headlong song.

---

1. Loud; striking.   2. Tremulous sounds, or the rapid alteration of two tones.

The Missing

Now as I watch the progress of the plague,[1]
The friends surrounding me fall sick, grow thin,
And drop away. Bared, is my shape less vague
—Sharply exposed and with a sculpted skin?

5   I do not like the statue's chill contour,
Not nowadays. The warmth investing me
Led outward through mind, limb, feeling, and more
In an involved increasing family.

Contact of friend led to another friend,
10   Supple entwinement through the living mass
Which for all that I knew might have no end,
Image of an unlimited embrace.

I did not just feel ease, though comfortable:
Aggressive as in some ideal of sport,
15   With ceaseless movement thrilling through the whole,
Their push kept me as firm as their support.

But death—Their deaths have left me less defined:
It was their pulsing presence made me clear.
I borrowed from it, I was unconfined,
20   Who tonight balance unsupported here,

Eyes glaring from raw marble, in a pose
Languorously part-buried in the block,
Shins perfect and no calves, as if I froze
Between potential and a finished work.

25   —Abandoned incomplete, shape of a shape,
In which exact detail shows the more strange,
Trapped in unwholeness, I find no escape
Back to the play of constant give and change.

August 1987

[END OF POSTWAR POETS: ENGLISH VOICES]

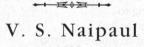

V. S. Naipaul
1932–

V. S. Naipaul has been called "the world's writer," and his Nobel Prize for literature in 2001 confirms his global significance. Naipaul is a British citizen, and he writes in English; he was educated at Oxford University, and he currently resides in Wiltshire, England. All the elements lend themselves to imagining an almost cozy British writer, happily ensconced within British society. And yet Naipaul's novels, stories, and essays are anything but complacent, rooted in place, or, for that matter, cozy. In major novels from A House for Mr. Biswas (1961)

---

1. AIDS, as other poems in the volume The Man with Night Sweats make clear.

to *The Mimic Men* (1967), *In a Free State* (1971), *Guerillas* (1973), and *The Enigma of Arrival* (1987), Naipaul has addressed the most volatile, violent, and despairing aspects of life in the developing world, from India to Africa to the Caribbean. Naipaul has referred to himself as "rootless," in spite of his present rootedness in the British countryside, and as "content to be a colonial, without a past, without ancestors."

Born in Chaguanas, Trinidad, Vidiadhar Surajprasad Naipaul grew up amid the complexities of a still-colonial environment, as the British government presided over the Caribbean islands of Trinidad and Tobago. His father was a journalist and writer; both his parents were part of the West Indian community in Trinidad, a community that was created as the British brought laborers from the then-British colony of India to work in other colonies in Africa and the Caribbean. Naipaul has always described himself as estranged from India where he has never lived, yet his family carried on many Indian traditions in Trinidad. Trinidad was and is a poor country, still suffering from the effects of its colonial dependence and underdevelopment. As Naipaul's semiautobiographical novel *A House for Mr. Biswas* depicts it, jobs were almost nonexistent. Naipaul attended Queen's Royal College in Trinidad from 1943–1948; at that point, like many other intellectuals from Caribbean nations, he left for England and Oxford University, from which he received his B.A. in 1953.

Naipaul writes of places that are on the brink of national independence or experiencing its aftermath, places that must try to construct a national identity out of the flimsy leavings of colonial power and superiority. Part of Naipaul's force as a writer derives from his unsparing examination of such societies, whether Caribbean, Indian, African, or even, in his travel memoir *A Turn in the South* (1988), the southern United States. Naipaul is noteworthy for his refusal to exempt the developing world from criticism for the failures he detects in its societies, even though he fully grants the harsh struggles of these nations and regions emerging from colonial rule into independence. In fact, Naipaul has himself been criticized for the harshness of his judgments of the efforts of postcolonial societies, which his essays have excoriated for their corruption, ineptitude, and political oppressiveness. Even the drive for political justice Naipaul often represents as turning into a desperate and futile fanaticism—the tragedy of conquest having devolved into farcical attempts at revolution. He also extends this pessimism to Britain itself, tracing the bitter legacy of empire, and the permanent scars it caused in British culture and politics.

Naipaul can be compared to his great precursor Joseph Conrad, also a novelist of the world, an exile and a rootless man. Conrad was never fully part of British society, and his first language was Polish, yet he remains a consummate British writer. Naipaul is something of a reverse Conrad, in that, also a self-imposed exile, he came back to the heart of England from one of the "ends of the earth" Conrad writes about. Naipaul's prose style is as elegantly British as the most rooted of British native writers; he uses chiseled cadences to construct compelling narratives about the strangest thing of all—the ordinariness of the extraordinary in modern times. He deals with specific themes: the loss of home in postcolonial Britain, the loss of the past that is a consequence of these forced migrations, and the unalterable void that remains behind.

Naipaul's *In a Free State* was awarded the Booker Prize, England's major literary award, in 1971. The novella presents three intertwined stories of displacement and homelessness: the first, *One Out of Many*, describes a Bombay-born domestic servant who finds himself transplanted to Washington, D.C.; the middle story, *Tell Me Who to Kill*, focuses on a frustrated young West Indian man transported to London; and the final story, *In a Free State*, turns the tables, throwing two white Englishmen into the middle of an African state in upheaval. The novella is framed within two passages from Naipaul's journal writing, reprinted here; the tramp in the first selection, who considers himself "a citizen of the world," poses the question, "what's nationality these days?"—a question with real resonance for Naipaul's writing; the closing piece presents a circus as a symbol of postwar Europe, in which the old geopolitical and racial boundaries no longer make sense.

from IN A FREE STATE
Prologue, from a Journal
The Tramp at Piraeus

It was only a two-day crossing from Piraeus to Alexandria,[1] but as soon as I saw the dingy little Greek steamer I felt I ought to have made other arrangements. Even from the quay it looked overcrowded, like a refugee ship; and when I went aboard I found there wasn't enough room for everybody.

There was no deck to speak of. The bar, open on two sides to the January wind, was the size of a cupboard. Three made a crowd there, and behind his little counter the little Greek barman, serving bad coffee, was in a bad mood. Many of the chairs in the small smoking-room, and a good deal of the floor space, had been seized by overnight passengers from Italy, among them a party of overgrown American school-children in their mid-teens, white and subdued but watchful. The only other public room was the dining-room, and that was being got ready for the first of the lunch sittings by stewards who were as tired and bad-tempered as the barman. Greek civility was something we had left on shore; it belonged perhaps to idleness, unemployment and pastoral despair.

But we on the upper part of the ship were lucky. We had cabins and bunks. The people on the lower deck didn't. They were deck passengers; night and day they required only sleeping room. Below us now they sat or lay in the sun, sheltering from the wind, humped figures in Mediterranean black among the winches and orange-coloured bulkheads.

They were Egyptian Greeks. They were travelling to Egypt, but Egypt was no longer their home. They had been expelled; they were refugees. The invaders had left Egypt; after many humiliations Egypt was free; and these Greeks, the poor ones, who by simple skills had made themselves only just less poor than Egyptians, were the casualties of that freedom.[2] Dingy Greek ships like ours had taken them out of Egypt. Now, briefly, they were going back, with tourists like ourselves, who were neutral, travelling only for the sights; with Lebanese businessmen; a troupe of Spanish night-club dancers; fat Egyptian students returning from Germany.

The tramp, when he appeared on the quay, looked very English; but that might only have been because we had no English people on board. From a distance he didn't look like a tramp. The hat and the rucksack, the lovat tweed jacket, the grey flannels and the boots might have belonged to a romantic wanderer of an earlier generation; in that rucksack there might have been a book of verse, a journal, the beginnings of a novel.

He was slender, of medium height, and he moved from the knees down, with short springy steps, each foot lifted high off the ground. It was a stylish walk, as stylish as his polka-dotted saffron neck-scarf. But when he came nearer we saw that all his clothes were in ruin, that the knot on his scarf was tight and grimy; that he was a tramp. When he came to the foot of the gangway he took off his hat, and we saw that he was an old man, with a tremulous worn face and wet blue eyes.

---

1. Piraeus is the port of Athens, Greece; Alexandria is a major port on Egypt's Mediterranean coast.
2. Since antiquity, there had been a strong Greek presence in Egypt, especially in Alexandria. In the 19th century, however, there was a renewed influx of Greek immigrants, most of whom retained their Greek nationality. This community played major roles in business, finance, shipping, and the professions, and Alexandria became noted for its flourishing Greek cultural life. From the 1930s on, however, with the rise of Egyptian nationalism and the end of many features of colonial rule, Greek numbers declined; following the 1952 revolution, the end of British colonial power in the region, and the later advent of "Arab Socialism," events to which Naipaul here refers, this decline became an exodus; today there are few Greeks in Egypt.

He looked up and saw us, his audience. He raced up the gangway, not using the hand-ropes. Vanity! He showed his ticket to the surly Greek; and then, not looking about him, asking no questions, he continued to move briskly, as though he knew his way around the ship. He turned into a passageway that led nowhere. With comical abruptness he swung right round on one heel and brought his foot down hard.

"Purser," he said to the deck-boards, as though he had just remembered something. "I'll go and see the purser."

And so he picked his way to his cabin and bunk.

Our sailing was delayed. While their places in the smoking-room were being watched over, some of the American schoolchildren had gone ashore to buy food; we were waiting for them to come back. As soon as they did—no giggles: the girls were plain, pale and abashed—the Greeks became especially furious and rushed. The Greek language grated like the anchor chain. Water began to separate us from the quay and we could see, not far from where we had been, the great black hulk of the liner *Leonardo da Vinci,* just docked.

The tramp reappeared. He was without his hat and rucksack and looked less nervous. Hands in trouser-pockets already stuffed and bulging, legs apart, he stood on the narrow deck like an experienced sea-traveller exposing himself to the first sea breeze of a real cruise. He was also assessing the passengers; he was looking for company. He ignored people who stared at him; when others, responding to his own stare, turned to look at him he swivelled his head away.

In the end he went and stood beside a tall blond young man. His instinct had guided him well. The man he had chosen was a Yugoslav who, until the day before, had never been out of Yugoslavia. The Yugoslav was willing to listen. He was baffled by the tramp's accent but he smiled encouragingly; and the tramp spoke on.

"I've been to Egypt six or seven times. Gone around the world about a dozen times. Australia, Canada, all those countries. Geologist, or used to be. First went to Canada in 1923. Been there about eight times now. I've been travelling for thirty-eight years. Youth-hostelling, that's how I do it. Not a thing to be despised. New Zealand, have you been there? I went there in 1934. Between you and me, they're a cut above the Australians. But what's nationality these days? I myself, I think of myself as a citizen of the world."

His speech was like this, full of dates, places and numbers, with sometimes a simple opinion drawn from another life. But it was mechanical, without conviction; even the vanity made no impression; those quivering wet eyes remained distant.

The Yugoslav smiled and made interjections. The tramp neither saw nor heard. He couldn't manage a conversation; he wasn't looking for conversation; he didn't even require an audience. It was as though, over the years, he had developed this way of swiftly explaining himself to himself, reducing his life to names and numbers. When the names and numbers had been recited he had no more to say. Then he just stood beside the Yugoslav. Even before we had lost sight of Piraeus and the *Leonardo da Vinci* the tramp had exhausted that relationship. He hadn't wanted company; he wanted only the camouflage and protection of company. The tramp knew he was odd.

At lunch I sat with two Lebanese. They were both overnight passengers from Italy and were quick to explain that it was luggage, not money, that had prevented them travelling by air. They looked a good deal less unhappy with the ship than they said they were. They spoke in a mixture of French, English and Arabic and were exciting and impressing each other with talk of the money other people, mainly Lebanese, were making in this or that unlikely thing.

They were both under forty. One was pink, plump and casually dressed, with a canary pullover; his business in Beirut was, literally, money. The other Lebanese was dark, well-built, with moustached Mediterranean good looks, and wore a three-piece check suit. He made reproduction furniture in Cairo and he said that business was bad since the Europeans had left. Commerce and culture had vanished from Egypt; there was no great demand among the natives for reproduction furniture; and there was growing prejudice against Lebanese like himself. But I couldn't believe in his gloom. While he was talking to us he was winking at one of the Spanish dancers.

At the other end of the room a fat Egyptian student with thick-lensed glasses was being raucous in German and Arabic. The German couple at his table were laughing. Now the Egyptian began to sing an Arabic song.

The man from Beirut said in his American accent, "You should go modern."

"Never," the furniture-maker said. "I will leave Egypt first. I will close my factory. It is a horror, the modern style. It is grotesque, totally grotesque. *Mais le style Louis Seize, ah, voilà l'âme*[3]—" He broke off to applaud the Egyptian and to shout his congratulations in Arabic. Wearily then, but without malice, he said under his breath, "Ah, these natives." He pushed his plate from him, sank in his chair, beat his fingers on the dirty tablecloth. He winked at the dancer and the tips of his moustache flicked upwards.

The steward came to clear away. I was eating, but my plate went as well.

"You were dining, monsieur?" the furniture-maker said. 'You must be *calme*. We must all be *calme*."

Then he raised his eyebrows and rolled his eyes. There was something he wanted us to look at.

It was the tramp, standing in the doorway, surveying the room. Such was the way he held himself that even now, at the first glance, his clothes seemed whole. He came to the cleared table next to ours, sat on a chair and shifted about in it until he was settled. Then he leaned right back, his arms on the rests, like the head of a household at the head of his table, like a cruise-passenger waiting to be served. He sighed and moved his jaws, testing his teeth. His jacket was in an appalling state. The pockets bulged; the flaps were fastened with safety pins.

The furniture-maker said something in Arabic and the man from Beirut laughed. The steward shooed us away and we followed the Spanish girls to the windy little bar for coffee.

Later that afternoon, looking for privacy, I climbed some steep steps to the open railed area above the cabins. The tramp was standing there alone, stained trouser-legs swollen, turn-ups shredded, exposed to the cold wind and the smuts from the smoke-stack. He held what looked like a little prayer-book. He was moving his lips and closing and opening his eyes, like a man praying hard. How fragile that face was, worked over by distress; how frail that neck, below the tight knot of the polka-dotted scarf. The flesh around his eyes seemed especially soft; he looked close to tears. It was strange. He looked for company but needed solitude; he looked for attention, and at the same time wanted not to be noticed.

I didn't disturb him. I feared to be involved with him. Far below, the Greek refugees sat or lay in the sun.

3. But in Louis XVI style—now there is the soul (French).

In the smoking-room after dinner the fat young Egyptian shouted himself hoarse, doing his cabaret act. People who understood what he was saying laughed all the time. Even the furniture-maker, forgetting his gloom about the natives, shouted and clapped with the rest. The American schoolchildren lay in their own promiscuous seasick heap and looked on, like people helplessly besieged; when they spoke among themselves it was in whispers.

The non-American part of the room was predominantly Arab and German and had its own cohesion. The Egyptian was our entertainer, and there was a tall German girl we could think of as our hostess. She offered us chocolate and had a word for each of us. To me she said: "You are reading a very good English book. These Penguin books are very good English books." She might have been travelling out to join an Arab husband; I wasn't sure.

I was sitting with my back to the door and didn't see when the tramp came in. But suddenly he was there before me, sitting on a chair that someone had just left. The chair was not far from the German girl's, but it stood in no intimate relationship to that chair or any other group of chairs. The tramp sat squarely on it, straight up against the back. He faced no one directly, so that in that small room he didn't become part of the crowd but appeared instead to occupy the centre of a small stage within it.

He sat with his old man's legs wide apart, his weighted jacket sagging over his bulging trouser-pockets. He had come with things to read, a magazine, the little book which I had thought was a prayer-book. I saw now that it was an old pocket diary with many loose leaves. He folded the magazine in four, hid it under his thigh, and began to read the pocket diary. He laughed, and looked up to see whether he was being noticed. He turned a page, read and laughed again, more loudly. He leaned towards the German girl and said to her over his shoulder, "I say, do you read Spanish?"

She said, carefully, "No."

"These Spanish jokes are awfully funny."

But though he read a few more, he didn't laugh again.

The Egyptian continued to clown; that racket went on. Soon the German girl was offering chocolate once more. "*Bitte?*" [would you like some] Her voice was soft.

The tramp was unfolding his magazine. He stopped and looked at the chocolate. But there was none for him. He unfolded his magazine. Then, unexpectedly, he began to destroy it. With nervous jigging hands he tore at a page, once, twice. He turned some pages, began to tear again; turned back, tore. Even with the raucousness around the Egyptian the sound of tearing paper couldn't be ignored. Was he tearing out pictures—sport, women, advertisements—that offended him? Was he hoarding toilet paper for Egypt?

The Egyptian fell silent and looked. The American schoolchildren looked. Now, too late after the frenzy, and in what was almost silence, the tramp made a show of reason. He opened the tattered magazine wide out, turned it around angrily, as though the right side up hadn't been easy to find, and at last pretended to read. He moved his lips; he frowned; he tore and tore. Strips and shreds of paper littered the floor around his chair. He folded the loose remains of the magazine, stuffed it into his jacket pocket, pinned the flaps down, and went out of the room, looking like a man who had been made very angry.

"I will kill him," the furniture-maker said at breakfast the next morning.

He was in his three-piece suit but he was unshaven and the dark rings below his eyes were like bruises. The man from Beirut, too, looked tired and crumpled. They hadn't had a good night. The third bunk in their cabin was occupied by an Austrian boy, a passenger from Italy, with whom they were on good terms. They had seen the rucksack and the hat on the fourth bunk; but it wasn't until it was quite late, all three in their bunks, that they had discovered that the tramp was to be the fourth among them.

"It was pretty bad," the man from Beirut said. He felt for delicate words and added, "The old guy's like a child."

"Child! If the English pig comes in now"—the furniture-maker raised his arm and pointed at the door—"I will *kill* him. Now."

He was pleased with the gesture and the words; he repeated them, for the room. The Egyptian student, hoarse and hungover after the evening's performance, said something in Arabic. It was obviously witty, but the furniture-maker didn't smile. He beat his fingers on the table, stared at the door and breathed loudly through his nose.

No one was in a good mood. The drumming and the throbbing and bucking of the ship had played havoc with stomachs and nerves; the cold wind outside irritated as much as it refreshed; and in the dining-room the air was stale, with a smell as of hot rubber. There was no crowd, but the stewards, looking unslept and unwashed, even their hair not well combed, were as rushed as before.

The Egyptian shrieked.

The tramp had come in, benign and rested and ready for his coffee and rolls. He had no doubts about his welcome now. He came without hesitation or great speed to the table next to ours, settled himself in his chair and began to test his teeth. He was quickly served. He chewed and drank with complete relish.

The Egyptian shrieked again.

The furniture-maker said to him, "I will send him to your room tonight."

The tramp didn't see or hear. He was only eating and drinking. Below the tight knot of his scarf his Adam's apple was very busy. He drank noisily, sighing afterwards; he chewed with rabbit-like swiftness, anxious to be free for the next mouthful; and between mouthfuls he hugged himself, rubbing his arms and elbows against his sides, in pure pleasure at food.

The fascination of the furniture-maker turned to rage. Rising, but still looking at the tramp, he called, "Hans!"

The Austrian boy, who was at the table with the Egyptian, got up. He was about sixteen or seventeen, square and chunky, enormously well-developed, with a broad smiling face. The man from Beirut also got up, and all three went outside.

The tramp, oblivious of this, and of what was being prepared for him, continued to eat and drink until, with a sigh which was like a sigh of fatigue, he was finished.

It was to be like a tiger-hunt, where bait is laid out and the hunter and spectators watch from the security of a platform. The bait here was the tramp's own rucksack. They placed that on the deck outside the cabin door, and watched it. The furniture-maker still pretended to be too angry to talk. But Hans smiled and explained the rules of the game as often as he was asked.

The tramp, though, didn't immediately play. After breakfast he disappeared. It was cold on the deck, even in the sunshine, and sometimes the spray came right up. People who had come out to watch didn't stay, and even the furniture-maker and the man from Beirut went from time to time to rest in the smoking-room among the Germans and Arabs and the Spanish girls. They were given chairs; there was sympathy for their anger and exhaustion. Hans remained at his post. When the cold wind made him go inside the cabin he watched through the open door, sitting on one of the lower bunks and smiling up at people who passed.

Then the news came that the tramp had reappeared and had been caught according to the rules of the game. Some of the American schoolchildren were already on deck, studying the sea. So were the Spanish girls and the German girl. Hans blocked the cabin door. I could see the tramp holding the strap of his rucksack; I could hear him complaining in English through the French and Arabic shouts of the furniture-maker, who was raising his arms and pointing with his right hand, the skirts of his jacket dancing.

In the dining-room the furniture-maker's anger had seemed only theatrical, an aspect of his Mediterranean appearance, the moustache, the wavy hair. But now, in the open, with an expectant audience and a victim so nearly passive, he was working himself into a frenzy.

"Pig! Pig!"

"It's not true," the tramp said, appealing to people who had only come to watch. "Pig!"

The grotesque moment came. The furniture-maker, so strongly built, so elegant in his square-shouldered jacket, lunged with his left hand at the old man's head. The tramp swivelled his head, the way he did when he refused to acknowledge a stare. And he began to cry. The furniture-maker's hand went wide and he stumbled forward against the rails into a spatter of spray. Putting his hands to his breast, feeling for pen and wallet and other things, he cried out, like a man aggrieved and desperate, "Hans! Hans!"

The tramp stooped; he stopped crying; his blue eyes popped. Hans had seized him by the polka-dotted scarf, twisting it, jerking it down. Kicking the rucksack hard, Hans at the same time flung the tramp forward by the knotted scarf. The tramp stumbled over Hans's kicking foot. The strain went out of Hans's smiling face and all that was left was the smile. The tramp could have recovered from his throw and stumble. But he preferred to fall and then to sit up. He was still holding the strap of his rucksack. He was crying again.

"It's not true. These remarks they've been making, it's not true."

The young Americans were looking over the rails.

"Hans!" the furniture-maker called.

The tramp stopped crying.

"Ha-ans!"

The tramp didn't look round. He got up with his rucksack and ran.

The story was that he had locked himself in one of the lavatories. But he reappeared among us, twice.

About an hour later he came into the smoking-room, without his rucksack, with no sign of distress on his face. He was already restored. He came in, in his abrupt way, not looking to right or left. Just a few steps brought him right into the small room and almost up against the legs of the furniture-maker, who was stretched out in an upholstered chair, exhausted, one hand over his half-closed eyes. After surprise, anger and contempt filled the tramp's eyes. He started to swivel his head away.

"Hans!" the furniture-maker called, recovering from his astonishment, drawing back his legs, leaning forward. "Ha-ans!"

Swivelling his head, the tramp saw Hans rising with some playing cards in his hands. Terror came to the tramp's eyes. The swivelling motion of his head spread to the rest of his body. He swung round on one heel, brought the other foot down hard, and bolted. Entry, advance, bandy-legged swivel and retreat had formed one unbroken movement.

"Hans!"

It wasn't a call to action. The furniture-maker was only underlining the joke. Hans, understanding, laughed and went back to his cards.

The tramp missed his lunch. He should have gone down immediately, to the first sitting, which had begun. Instead, he went into hiding, no doubt in one of the lavatories, and came out again only in time for the last sitting. It was the sitting the Lebanese and Hans had chosen. The tramp saw from the doorway.

"Ha-ans!"

But the tramp was already swivelling.

Later he was to be seen with his rucksack, but without his hat, on the lower deck, among the refugees. Without him, and then without reference to him, the joke continued, in the bar, on the narrow deck, in the smoking-room. "Hans! Ha-ans!" Towards the end Hans didn't laugh or look up; when he heard his name he completed the joke by giving a whistle. The joke lived; but by nightfall the tramp was forgotten.

At dinner the Lebanese spoke again in their disinterested way about money. The man from Beirut said that because of certain special circumstances in the Middle East that year, there was a fortune to be made from the well-judged exporting of Egyptian shoes; but not many people knew. The furniture-maker said the fact had been known to him for months. They postulated an investment, vied with each other in displaying knowledge of hidden, local costs, and calmly considered the staggering profits. But they weren't really exciting one another any longer. The game was a game; each had taken the measure of the other. And they were both tired.

Something of the lassitude of the American schoolchildren had come over the other passengers on this last evening. The Americans themselves were beginning to thaw out. In the smoking-room, where the lights seemed dimmer, their voices were raised in friendly boy-girl squabbles; they did a lot more coming and going; especially active was a tall girl in a type of ballet-dancer's costume, all black from neck to wrist to ankle. The German girl, our hostess of the previous evening, looked quite ill. The Spanish girls were flirting with nobody. The Egyptian, whose hangover had been compounded by seasickness, was playing bridge. Gamely from time to time he croaked out a witticism or a line of a song, but he got smiles rather than laughs. The furniture-maker and Hans were also playing cards. When a good card or a disappointing one was played the furniture-maker said in soft exclamation, expecting no response, "Hans, Hans." It was all that remained of the day's joke.

The man from Beirut came in and watched. He stood beside Hans. Then he stood beside the furniture-maker and whispered to him in English, their secret language. "The guy's locked himself in the cabin."

Hans understood. He looked at the furniture-maker. But the furniture-maker was weary. He played his hand, then went out with the man from Beirut.

When he came back he said to Hans, "He says that he will set fire to the cabin if we try to enter. He says that he has a quantity of paper and a quantity of matches. I believe that he will do it."

"What do we do?" the man from Beirut asked.

"We will sleep here. Or in the dining-room."

"But those Greek stewards sleep in the dining-room. I saw them this morning."

"That proves that it is possible," the furniture-maker said.

Later, the evening over, I stopped outside the tramp's cabin. At first I heard nothing. Then I heard paper being crumpled: the tramp's warning. I wonder how long he stayed awake that night, listening for footsteps, waiting for the assault on the door and the entry of Hans.

In the morning he was back on the lower deck, among the refugees. He had his hat again; he had recovered it from the cabin.

Alexandria was a long shining line on the horizon: sand and the silver of oil-storage tanks. The sky clouded over; the green sea grew choppier. We entered the breakwater in cold rain and stormlight.

Long before the immigration officials came on board we queued to meet them. Germans detached themselves from Arabs, Hans from the Lebanese, the Lebanese from the Spanish girls. Now, as throughout the journey since his meeting with the tramp, the tall blond Yugoslav was a solitary. From the lower deck the refugees came up with their boxes and bundles, so that at last they were more than their emblematic black wrappings. They had the slack bodies and bad skins of people who ate too many carbohydrates. Their blotched faces were immobile, distant, but full of a fierce, foolish cunning. They were watching. As soon as the officials came aboard the refugees began to push and fight their way towards them. It was a factitious frenzy, the deference of the persecuted to authority.

The tramp came up with his hat and rucksack. There was no nervousness in his movements but his eyes were quick with fear. He took his place in the queue and pretended to frown at its length. He moved his feet up and down, now like a man made impatient by officials, now like someone only keeping out the cold. But he was of less interest than he thought. Hans, mountainous with his own rucksack, saw him and then didn't see him. The Lebanese, shaved and rested after their night in the diningroom, didn't see him. That passion was over.

Epilogue, from a Journal
The Circus at Luxor

I was going to Egypt, this time by air, and I broke my journey at Milan. I did so for business reasons. But it was Christmas week, not a time for business, and I had to stay in Milan over the holidays. The weather was bad, the hotel empty and desolate.

Returning through the rain to the hotel one evening, after a restaurant dinner, I saw two Chinese men in dark-blue suits come out of the hotel dining-room. Fellow Asiatics, the three of us, I thought, wanderers in industrial Europe. But they didn't glance at me. They had companions: three more Chinese came out of the dining-room, two young men in suits, a fresh-complexioned young woman in a flowered tunic and slacks. Then five more Chinese came out, healthy young men and women; then about a dozen. Then I couldn't count. Chinese poured out of the dining-room and swirled about the spacious carpeted lobby before moving in a slow, softly chattering mass up the steps.

There must have been about a hundred Chinese. It was minutes before the lobby emptied. The waiters, serving-napkins in hand, stood in the door of the dining-room and watched, like people able at last to acknowledge an astonishment. Two more Chinese came out of the dining-room; they were the last. They were both short, elderly men, wrinkled and stringy, with glasses. One of them held a fat wallet in his small hand, but awkwardly, as though the responsibility made him nervous. The waiters straightened up. Not attempting style, puzzling over the Italian notes, the old Chinese with the wallet tipped, thanked and shook hands with each waiter. Then both the Chinese bowed and got into the lift. And the hotel lobby was desolate again.

"They are the circus," the dark-suited desk-clerk said. He was as awed as the waiters. "*Vengono dalla Cina rossa.* They come from Red China."

I left Milan in snow. In Cairo, in the derelict cul-de-sac behind my hotel, children in dingy jibbahs,[1] feeble from their day-long Ramadan fasting, played football in the white, warm dust.[2] In cafés, shabbier than I remembered, Greek and Lebanese businessmen in suits read the local French and English newspapers and talked with sullen excitement about the deals that might be made in Rhodesian tobacco, now that it was outlawed. The Museum was still haunted by Egyptian guides possessing only native knowledge. And on the other bank of the Nile there was a new Hilton hotel.

But Egypt still had her revolution. Street signs were now in Arabic alone; people in tobacco kiosks reacted sharply, as to an insult, when they were asked for *Egyptian* cigarettes; and in the railway station, when I went to get the train south, there was a reminder of the wars that had come with the revolution. Sunburnt soldiers, back from duty in Sinai,[3] crouched and sprawled on the floor of the waiting-room. These men with shrunken faces were the guardians of the land and the revolution; but to Egyptians they were only common soldiers, peasants, objects of a disregard that was older and more rooted than the revolution.

All day the peasant land rolled past the windows of the train: the muddy river, the green fields, the desert, the black mud, the *shadouf*,[4] the choked and crumbling flat-roofed towns the colour of dust: the Egypt of the school geography book. The sun set in a smoky sky; the land felt old. It was dark when I left the train at Luxor. Later that evening I went to the temple of Karnak.[5] It was a good way of seeing it for the first time, in the darkness, separate from the distress of Egypt: those extravagant columns, ancient in ancient times, the work of men of this Nile Valley.

There was no coin in Egypt that year, only paper money. All foreign currencies went far; and Luxor,[6] in recent imperial days a winter resort of some style, was accommodating itself to simpler tourists. At the Old Winter Palace Hotel, where fat Negro servants in long white gowns stood about in the corridors, they told me they were giving me the room they used to give the Aga Khan.[7] It was an enormous room, overfurnished in a pleasing old-fashioned way. It had a balcony and a view of the Nile and low desert hills on the other bank.

In those hill were the tombs.[8] Not all were of kings and not all were solemn. The ancient artist, recording the life of a lesser personage, sometimes recorded with a freer hand the pleasures of that life: the pleasures of the river, full of fish and birds, the pleasures of food and drink. The land had been studied, everything in it categorized,

---

1. A long outer garment, open at the front, with wide sleeves.
2. During the month of Ramadan in the Islamic calendar, Muslims fast from sunrise to sunset.
3. The Sinai Peninsula, stretching from the Suez Canal to the Israeli border, was occupied by Israel during the 1967 war between Israel and several Arab countries including Egypt; it was restored to Egypt in 1982 following almost a decade of negotiations.
4. A mechanism for raising irrigation water.
5. Luxor is a city in southern Egypt; north of it are ruins of the temple-complex of Karnak, which mostly dates

back to the New Kingdom (1550–1069 B.C.).
6. A favorite winter resort for European tourists when the Ottoman province and later Kingdom of Egypt was a British "protectorate" and British troops were stationed in the country. Following the coup d'etat in 1952, the subsequent declaration of a republic and British evacuation, their numbers dropped.
7. The *Imam*, or spiritual leader, of a sect within Islam.
8. Across from Luxor, on the western bank of the Nile, are the mountains that enclose the Valley of the Kings, where many Egyptian pharoahs were buried.

exalted into design. It was the special vision of men who knew no other land and saw what they had as rich and complete. The muddy Nile was only water: in the paintings, a blue-green chevron: recognizable, but remote, a river in fairyland.

It could be hot in the tombs. The guide, who was also sometimes the watchman, crouched and chattered in Arabic, earning his paper piastres,[9] pointing out every symbol of the goddess Hathor, rubbing a grimy finger on the paintings he was meant to protect. Outside, after the darkness and the bright visions of the past, there was only rubbled white sand; the sunlight stunned; and sometimes there were beggar boys in jibbahs.

To me these boys, springing up expectantly out of rock and sand when men approached, were like a type of sand animal. But my driver knew some of them by name; when he shooed them away it was with a languid gesture which also contained a wave. He was a young man, the driver, of the desert himself, and once no doubt he had been a boy in a jibbah. But he had grown up differently. He wore trousers and shirt and was vain of his good looks. He was reliable and correct, without the frenzy of the desert guide. Somehow in the desert he had learned boredom. His thoughts were of Cairo and a real job. He was bored with the antiquities, the tourists and the tourist routine.

I was spending the whole of that day in the desert, and now it was time for lunch. I had a Winter Palace lunchbox, and I had seen somewhere in the desert the new government rest-house where tourists could sit at tables and eat their sandwiches and buy coffee. I thought the driver was taking me there. But we went by unfamiliar ways to a little oasis with palm trees and a large, dried-up timber hut. There were no cars, no minibuses, no tourists, only anxious Egyptian serving-people in rough clothes. I didn't want to stay. The driver seemed about to argue, but then he was only bored. He drove to the new rest-house, set me down and said he would come back for me later.

The rest-house was crowded. Sunglassed tourists, exploring their cardboard lunch-boxes, chattered in various European languages. I sat on the terrace at a table with two young Germans. A brisk middle-aged Egyptian in Arab dress moved among the tables and served coffee. He had a camel-whip at his waist, and I saw, but only slowly, that for some way around the rest-house the hummocked sand was alive with little desert children. The desert was clean, the air was clean; these children were very dirty.

The rest-house was out of bounds to them. When they came close, tempted by the offer of a sandwich or an apple, the man with the camel-whip gave a camel-frightening shout. Sometimes he ran out among them, beating the sand with his whip, and they skittered away, thin little sand-smoothed legs frantic below swinging jibbahs. There was no rebuke for the tourists who had offered the food; this was an Egyptian game with Egyptian rules.

It was hardly a disturbance. The young Germans at my table paid no attention. The English students inside the rest-house, behind glass, were talking competitively about Carter and Lord Carnarvon.[1] But the middle-aged Italian group on the terrace, as they understood the rules of the game, became playful. They threw apples and made the children run far. Experimentally they broke up sandwiches and threw the pieces out onto the sand; and they got the children to come up quite close. Soon it was all action around the Italians; and the man with the camel-whip, like a man

---

9. There are 100 piastres in one Egyptian pound.
1. Funded by Lord Carnarvon, the British Egyptologist

Howard Carter discovered the tomb of Tutankhamen in the Valley of the Kings at Luxor in 1922.

understanding what was required of him, energetically patrolled that end of the terrace, shouting, beating the sand, earning his paper piastres.

A tall Italian in a cerise jersey stood up and took out his camera. He laid out food just below the terrace and the children came running. But this time, as though it had to be real for the camera, the camel-whip fell not on sand but on their backs, with louder, quicker camel-shouts. And still, among the tourists in the rest-house and among the Egyptian drivers standing about their cars and minibuses, there was no disturbance. Only the man with the whip and the children scrabbling in the sand were frantic. The Italians were cool. The man in the cerise jersey was opening another packet of sandwiches. A shorter, older man in a white suit had stood up and was adjusting his camera. More food was thrown out; the camel-whip continued to fall; the shouts of the man with the whip turned to resonant grunts.

Still the Germans at my table didn't notice; the students inside were still talking. I saw that my hand was trembling. I put down the sandwich I was eating on the metal table; it was my last decision. Lucidity, and anxiety, came to me only when I was almost on the man with the camel-whip. I was shouting. I took the whip away, threw it on the sand. He was astonished, relieved. I said, "I will report this to Cairo." He was frightened; he began to plead in Arabic. The children were puzzled; they ran off a little way and stood up to watch. The two Italians, fingering cameras, looked quite calm behind their sunglasses. The women in the party leaned back in their chairs to consider me.

I felt exposed, futile, and wanted only to be back at my table. When I got back I took up my sandwich. It had happened quickly; there had been no disturbance. The Germans stared at me. But I was indifferent to them now as I was indifferent to the Italian in the cerise jersey. The Italian women had stood up, the group was leaving; and he was ostentatiously shaking out lunch-boxes and sandwich wrappers onto the sand.

The children remained where they were. The man from whom I had taken the whip came to give me coffee and to plead again in Arabic and English. The coffee was free; it was his gift to me. But even while he was talking the children had begun to come closer. Soon they would be back, raking the sand for what they had seen the Italian throw out.

I didn't want to see that. The driver was waiting, leaning against the car door, his bare arms crossed. He had seen all that had happened. From him, an emancipated young man of the desert in belted trousers and sports shirt, with his thoughts of Cairo, I was expecting some gesture, some sign of approval. He smiled at me with the corners of his wide mouth, with his narrow eyes. He crushed his cigarette in the sand and slowly breathed out smoke through his lips; he sighed. But that was his way of smoking. I couldn't tell what he thought. He was as correct as before, he looked as bored.

Everywhere I went that afternoon I saw the pea-green Volkswagen minibus of the Italian group. Everywhere I saw the cerise jersey. I learned to recognize the plump, squiffy, short-stepped walk that went with it, the dark glasses, the receding hairline, the little stiff swing of the arms. At the ferry I thought I had managed to escape; but the minibus arrived, the Italians got out. I thought we would separate on the Luxor bank. But they too were staying at the Winter Palace. The cerise jersey bobbed confidently through bowing Egyptian servants in the lobby, the bar, the grand dining-room with fresh flowers and intricately folded napkins. In Egypt that year there was only paper money.

I stayed for a day or two on the Luxor bank. Dutifully, I saw Karnak by moonlight. When I went back to the desert I was anxious to avoid the rest-house. The driver understood. Without any show of triumph he took me when the time came to the timber hut among the palm trees. There were doing more business that day. There were about four or five parked minibuses. Inside, the hut was dark, cool and uncluttered. A number of tables had been joined together; and at this central dining-board there were about forty or fifty Chinese, men and women, chattering softly. They were part of the circus I had seen in Milan.

The two elderly Chinese sat together at one end of the long table, next to a small, finely made lady who looked just a little too old to be an acrobat. I had missed her in the crowd in Milan. Again, when the time came to pay, the man with the fat wallet used his hands awkwardly. The lady spoke to the Egyptian waiter. He called the other waiters and they all formed a line. For each waiter the lady had a handshake and gifts, money, something in an envelope, a medal. The ragged waiters stood stiffly, with serious averted faces, like soldiers being decorated. Then all the Chinese rose and, chattering, laughing softly, shuffled out of the echoing hut with their relaxed, slightly splayed gait. They didn't look at me; they appeared scarcely to notice the hut. They were as cool and well-dressed in the desert, the men in suits, the girls in slacks, as they had been in the rain of Milan. So self-contained, so handsome and healthy, so silently content with one another: it was hard to think of them as sightseers.

The waiter, his face still tense with pleasure, showed the medal on his dirty striped jibbah. It had been turned out from a mould that had lost its sharpness; but the ill-defined face was no doubt Chinese and no doubt that of the leader. In the envelope were pretty coloured postcards of Chinese peonies.

Peonies, China! So many empires had come here. Not far from where we were was the colossus on whose shin the Emperor Hadrian had caused to be carved verses in praise of himself, to commemorate his visit.[2] On the other bank, not far from the Winter Palace, was a stone with a rougher Roman inscription marking the southern limit of the Empire, defining an area of retreat.[3] Now another, more remote empire was announcing itself. A medal, a postcard; and all that was asked in return was anger and a sense of injustice.

Perhaps that had been the only pure time, at the beginning, when the ancient artist, knowing no other land, had learned to look at his own and had seen it as complete. But it was hard, travelling back to Cairo, looking with my stranger's eye at the fields and the people who worked in them, the dusty towns, the agitated peasant crowds at railway stations, it was hard to believe that there had been such innocence. Perhaps that vision of the land, in which the Nile was only water, a blue-green chevron, had always been a fabrication, a cause for yearning, something for the tomb.

The air-conditioning in the coach didn't work well; but that might have been because the two Negro attendants, still with the habits of the village, preferred to sit before the open doors to chat. Sand and dust blew in all day; it was hot until the sun set and everything went black against the red sky. In the dimly lit waiting-room of Cairo station there were more sprawled soldiers from Sinai, peasants in bulky woollen uniforms going back on leave to their villages. Seventeen months later these men, or men like them, were to know total defeat in the desert; and news photographs taken from helicopters flying down low were to show them lost, trying to walk back home, casting long shadows on the sand.

August 1969–October 1970

---

2. The Roman emperor Hadrian (reigned 117–138 A.D.) was noted for his interest in Egypt, traveling extensively there.

3. Egypt became a personal estate of the Roman emperor following the defeat of Cleopatra at the hands of Roman forces in 30 B.C.; the border with Nubia was set some 50 miles south of the first cataract of the Nile (some distance south of Luxor).

+→ ⇌◆⇌ →+

Caryl Churchill
b. 1938

The British playwright Caryl Churchill is recognized as one of the leading dramatists of our time, and surely as the preeminent female playwright of the twentieth century. Her plays continue to be noteworthy for their supple blend of political and cultural questions with innovative dramatic forms. Perhaps even more explicitly than plays by her peers Tom Stoppard and Harold Pinter, to mention only British dramatists, her drama has made unexpected interventions into current events and global as well as national politics. An explicitly feminist and socialist playwright, Churchill has demonstrated through the sophistication and literary power of her work, following great forebears such as Bertolt Brecht, Arthur Miller, Joe Orton, and Samuel Beckett, that political drama is neither aesthetically limited nor formally dull. The fireworks set off by her pyrotechnic plays at their best are as dazzling theatrically as they are penetrating in their insights.

Churchill spent her childhood in London, undergoing the Blitz of World War II, until she was sent in 1948 to Trafalgar School in Montreal, Canada. The daughter of a cartoonist father and a mother who had been a minor film actress, she was drawn to the arts. Returning to England for her B.A. from Oxford in 1960, she produced her first plays for collegiate theater. A wife and a mother of three sons, Churchill began in the early 1960s to write in earnest, as an outlet from the demands of family life. Radio and television rather than the stage were her first media for drama; the radio plays included *The Ants* (1962), *Not, Not, Not, Not Enough Oxygen* (1971), and *Schreber's Nervous Illness* (1972), and have been summed up by Churchill as tending "to be about bourgeois middle-class life and the destruction of it." When in the 1970s she turned to stage plays, she moved beyond the domestic focus of "the personal as political" and opened it up, considerably enlarging the arena of her plays' action, to settings ranging from Africa and Romania to lower-class housing and medieval history. Always, the complacent and even brutal status quo was her target. *Owners* was performed in 1972 at the Royal Court Theater Upstairs, its title making clear its anticapitalist stance, while her next play, *Objections to Sex and Violence* (performed first in 1975), initiated the explicit feminism of her work. Churchill took her commitments to egalitarian working conditions and collective decision-making into her own theatrical practice, collaborating with theater companies such as Joint Stock and Monstrous Regiment to bring out her new work after extensive workshop productions. The cascade of plays she wrote and staged in the later 1970s and 1980s under these collaborations met with great acclaim and success; *Light Shining on Buckinghamshire* (1976), *Vinegar Tom* (1976), *Cloud Nine* (1979), *Three More Sleepless Nights* (1980), *Top Girls* (1982), and *A Mouthful of Birds* (1986) belong to this fruitful period.

It was with *Cloud Nine* and later *Top Girls* that Churchill's voice in the theater was secured. Each play is as exciting for its theatrical innovations and its language as for its uncannily prescient political subject matter. *Top Girls* presented a dazzling array of famous women from around the globe and throughout history, some historical and others mythical, legendary, or literary figures—all of whom are assembled for a dinner party taking place in London at the home of a female executive celebrating a promotion. It is no accident that the action takes place in the present, where Margaret Thatcher had begun her long run as the British prime minister, the first English-speaking modern woman to hold such high political office. While Thatcher's position might seem to be a huge breakthrough for women, the thrust of the play as it emerges in the dialogue between the female guests, all of them "top girls" of one sort or another, is that genuine feminism cannot exist outside a larger commitment to social justice. Otherwise, society will continue to produce the occasional "top girl" as a token, or even worse, as the case of Thatcher shows, a force against equality and social transformation. Churchill's play skewers the emptiness of female achievement when it becomes just a cover for the status quo. The female executive the party honors is ruthless and aggressive in her search for equality, and having made it to the top, she finds it not only a lonely place, but a positively damaging one. Churchill's drama is never preachy or pat, however, and the conversation among the top girls of global culture flows with arguments, contradictions, and complexities.

Cloud Nine becomes a crystallizing play for this anthology, because it is written in the long line of British literary responses to Conrad's *Heart of Darkness*. With scenes set in a shadowy but fierce colonial past, and others set in contemporary London, Churchill again finds an experimental form to match her savage insights. *Cloud Nine* is written to be performed with not only cross-gender casting, but also cross-race and cross-class performances. One and the same actor may appear as a white male colonial master, a London working-class character, an older woman, and a female lover. The play puts its finger on the truth that any identity—gender, race, class, sexual orientation, powerful, powerless—is the product of a social script rather than an innate quality. These constructions of culture once seemed immutable, engraved in stone, and the consequences were hugely significant for all those categorized as "wrong" or "other" or "lesser" by nature. Churchill's dramaturgy brings this insight to vivid theatrical life, underscoring the multiple perspectives and voices so often lost or deliberately suppressed by a status quo that sees white, Western, male, heterosexual, and so on as the inevitable categories of authority and judgment. Her play's rundelay with these identities, often hilariously farcical as well as tragic, tries to dig into history to uncover the impulses "beyond the pale"—beyond the boundary line of what is accepted, beyond national borders, beyond so-called "normalcy" and into the skins and minds of those who think and feel differently.

Caryl Churchill made theatrical history yet again when the playwright, a director, and a group of student actors from London went to Romania during the nightmarish fall of its dictator Nicolae Ceausescu, and joined forces with Romanian actors to shape collectively Churchill's astonishing *Mad Forest: A Play from Romania* (1990). One of the first literary works of any genre to register the breakup of the countries and cultures of what had been called Eastern and Central Europe, Churchill's play and the communal composition of it made history, too. Her recent subjects are just as often the dispossessed and forgotten within Britain, especially urban adolescent girls, traditional farmers in the English fens and the Irish living in England. Among Churchill's many awards are three Obies (1982, 1983, 1988) and a Society of West End Theatre Award (1988). She continues to offer radical, inventive, and important theater—a theater of ideas and emotions made flesh.

Cloud Nine

Cloud Nine was written for Joint Stock Theatre Group in 1978–1979. The company's usual work method is to set up a workshop in which the writer, director and actors research a particular subject. The writer then goes away to write the play, before returning to the company for a rehearsal and rewrite period. In the case of *Cloud Nine* the workshop lasted for three weeks, the writing period for twelve, and the rehearsal for six.

The workshop for *Cloud Nine* was about sexual politics. This meant that the starting point for our research was to talk about ourselves and share our very different attitudes and experiences. We also explored stereotypes and role reversals in games and improvisations, read books and talked to other people. Though the play's situations and characters were not developed in the workshop, it draws deeply on this material, and I wouldn't have written the same play without it.

When I came to write the play, I returned to an idea that had been touched on briefly in the workshop—the parallel between colonial and sexual oppression, which Genet calls 'the colonial or feminine mentality of interiorised repression'. So the first act of *Cloud Nine* takes place in Victorian Africa, where Clive, the white man, imposes his ideals on his family and the natives. Betty, Clive's wife, is played by a man because she wants to be what men want her to be, and, in the same way, Joshua, the black servant, is played by a white man because he wants to be what whites want him to be. Betty does not value herself as a woman, nor does Joshua value himself as a black. Edward, Clive's son, is played by a woman for a different reason—partly to do with the stage convention of having boys played by women (Peter Pan, radio plays, etc.) and partly with highlighting the way Clive tries to impose traditional male behaviour on him. Clive struggles throughout the act to maintain the world he wants to see—a faithful wife, a manly son. Harry's homosexuality is reviled, Ellen's is invisible. Rehearsing the play for the first time, we were initially taken by how funny the first act was and then by the painfulness of the relationships—which then became more funny than when they had seemed purely farcical.

The second act is set in London in 1979—this is where I wanted the play to end up, in the changing sexuality of our own time. Betty is middle-aged; Edward and Victoria have grown up. A hundred years have passed, but for the characters only twenty-five years. There were two reasons for this. I felt the first act would be stronger set in Victorian times, at the height of colonialism, rather than in Africa during the 1950s. And when the company talked about their childhoods and the attitudes to sex and marriage that they had been given when they were young, everyone felt that they had received very conventional, almost Victorian expectations and that they had made great changes and discoveries in their lifetimes.

The first act, like the society it shows, is male dominated and firmly structured. In the second act, more energy comes from the women and the gays. The uncertainties and changes of society, and a more feminine and less authoritarian feeling, are reflected in the looser structure of the act. Betty, Edward and Victoria all change from the rigid positions they had been left in by the first act, partly because of their encounters with Gerry and Lin.

In fact, all the characters in this act change a little for the better. If men are finding it hard to keep control in the first act, they are finding it hard to let go in the second: Martin dominates Victoria, despite his declarations of sympathy for feminism, and the bitter end of colonialism is apparent in Lin's soldier brother, who dies in Northern Ireland. Betty is now played by a woman, as she gradually becomes real to herself. Cathy is played by a man, partly as a simple reversal of Edward being played by a woman, partly because the size and presence of a man on stage seemed appropriate to the emotional force of young children, and partly, as with Edward, to show more clearly the issues involved in learning what is considered correct behaviour for a girl.

It is essential for Joshua to be played by a white, Betty (I) by a man, Edward (I) by a woman, and Cathy by a man. The soldier should be played by the actor who plays Cathy. The doubling of Mrs Saunders and Ellen is not intended to make a point so much as for sheer fun—and of course to keep the company to seven in each act. The doubling can be done in any way that seems right for any particular production. The first production went Clive–Cathy, Betty–Edward, Edward–Betty, Maud–Victoria, Mrs Saunders/Ellen–Lin, Joshua–Gerry, Harry–Martin. When we did the play again, at the Royal Court in 1980, we decided to try a different doubling: Clive–Edward, Betty–Gerry, Edward–Victoria, Maud–Lin, Mrs Saunders/Ellen–Betty, Joshua–Cathy, Harry–Martin. I've a slight preference for the first way because I like seeing Clive become Cathy, and enjoy the Edward-Betty connections. Some doublings aren't practicable, but any way of doing the doubling seems to set up some interesting resonances between the two acts.

C.C. 1983

Characters

Act 1

CLIVE, *a colonial administrator*
BETTY, *his wife, played by a man*
JOSHUA, *his black servant, played by a white*
EDWARD, *his son, played by a woman*
VICTORIA, *his daughter, a dummy*
MAUD, *his mother-in-law*
ELLEN, *Edward's governess*
HARRY BAGLEY, *an explorer*
MRS SAUNDERS, *a widow*

Act 2

BETTY
EDWARD, *her son*
VICTORIA, *her daughter*
MARTIN, *Victoria's husband*
LIN
CATHY, *Lin's daughter age 5, played by a man*
GERRY, *Edward's lover*

Except for Cathy, characters in Act 2 are played by actors of their own sex.

Act 1 takes place in a British colony in Africa in Victorian times.

Act 2 takes place in London in 1979. But for the characters it is twenty-five years later.

ACT 1[1]

Scene 1

[*Low bright sun. Verandah. Flagpole with union jack. The Family—Clive, Betty, Edward, Victoria, Maud, Ellen, Joshua*]

ALL [*sing.*]: Come gather, sons of England, come gather in your pride.
 Now meet the world united, now face it side by side;
 Ye who the earth's wide corners, from veldt to prairie, roam.
 From bush and jungle muster all who call old England 'home'.
 Then gather round for England,

---

1. The first edition of *Cloud Nine* (Pluto/Joint Stock 1979) went to press before the end of rehearsal. Further changes were made within the first week or two of production, and these were incorporated in the Pluto/Joint Stock/Royal Court edition 1980. This edition also went to press during rehearsal, so although it may include some small changes made for that production, others don't turn up till the Pluto Plays edition 1983, which also includes a few changes from the American production, a few lines cut here or reinstated there. Other changes for the American production can be found in French's American acting edition—the main ones are the position of Betty's monologue and some lines of the "ghosts." For the Fireside Bookclub and Methuen Inc (1984) in America I did another brushing up, not very different from Pluto '83, and I have kept almost the same text for this edition. The scenes I tinker with most are the flogging scene and Edward's and Gerry's last scene—I no longer know what's the final version except by looking at the text.

There's a problem with the Maud and Ellen reappearances in Act Two. If Ellen is doubled with Betty, obviously only Maud can appear. Equally Maud-Betty would mean only Ellen could, though that seems a dull doubling. This text gives both Maud and Ellen. In the production at the Court in 1981 only Maud appeared and she has some extra lines so she can talk about sex as well as work; they can be found in Pluto 1983 [Churchill's note].

Rally to the flag,
From North and South and East and West
Come one and all for England!
CLIVE: This is my family. Though far from home
We serve the Queen wherever we may roam
I am a father to the natives here,
And father to my family so dear.
  [*He presents Betty. She is played by a man.*]
My wife is all I dreamt a wife should be,
And everything she is she owes to me.
BETTY: I live for Clive. The whole aim of my life
Is to be what he looks for in a wife.
I am a man's creation as you see,
And what men want is what I want to be.
  [*Clive presents Joshua. He is played by a white.*]
CLIVE: My boy's a jewel. Really has the knack.
You'd hardly notice that the fellow's black.
JOSHUA: My skin is black but oh my soul is white.
I hate my tribe. My master is my light.
I only live for him. As you can see,
What white men want is what I want to be.
  [*Clive presents Edward. He is played by a woman.*]
CLIVE: My son is young. I'm doing all I can
To teach him to grow up to be a man.
EDWARD: What father wants I'd dearly like to be.
I find it rather hard as you can see.
  [*Clive presents Victoria,[2] who is a dummy, Maud, and Ellen.*]
CLIVE: No need for any speeches by the rest.
My daughter, mother-in-law, and governess.
ALL [*sing*]: O'er countless numbers she, our Queen,
Victoria reigns supreme;
O'er Afric's sunny plains, and o'er
Canadian frozen stream;
The forge of war shall weld the chains of brotherhood secure;
So to all time in ev'ry clime our Empire shall endure.

Then gather round for England,
Rally to the flag,
From North and South and East and West
Come one and all for England!
  [*All go except Betty. Clive comes.*]
BETTY: Clive?
CLIVE: Betty. Joshua!
  [*Joshua comes with a drink for Clive.*]
BETTY: I thought you would never come. The day's so long without you.
CLIVE: Long ride in the bush.
BETTY: Is anything wrong? I heard drums.

---

2. Clive's patriotism and paternalistic concept of empire extends into his family life; he has named both his children after English monarchs.

CLIVE: Nothing serious. Beauty is a damned good mare. I must get some new boots sent from home. These ones have never been right. I have a blister.

BETTY: My poor dear foot.

CLIVE: It's nothing.

BETTY: Oh but it's sore.

CLIVE: We are not in this country to enjoy ourselves. Must have ridden fifty miles. Spoke to three different headmen who would all gladly chop off each other's heads and wear them round their waists.

BETTY: Clive!

CLIVE: Don't be squeamish, Betty, let me have my joke. And what has my little dove done today?

BETTY: I've read a little.

CLIVE: Good. Is it good?

BETTY: It's poetry.

CLIVE: You're so delicate and sensitive.

BETTY: And I played the piano. Shall I send for the children?

CLIVE: Yes, in a minute. I've a piece of news for you.

BETTY: Good news?

CLIVE: You'll certainly think it's good. A visitor.

BETTY: From home?

CLIVE: No. Well of course originally from home.

BETTY: Man or woman?

CLIVE: Man.

BETTY: I can't imagine.

CLIVE: Something of an explorer. Bit of a poet. Odd chap but brave as a lion. And a great admirer of yours.

BETTY: What do you mean? Whoever can it be?

CLIVE: With an H and a B. And does conjuring tricks for little Edward.

BETTY: That sounds like Mr Bagley.

CLIVE: Harry Bagley.

BETTY: He certainly doesn't admire me, Clive, what a thing to say. How could I possibly guess from that. He's hardly explored anything at all, he's just been up a river, he's done nothing at all compared to what you do. You should have said a heavy drinker and a bit of a bore.

CLIVE: But you like him well enough. You don't mind him coming?

BETTY: Anyone at all to break the monotony.

CLIVE: But you have your mother. You have Ellen.

BETTY: Ellen is a governess. My mother is my mother.

CLIVE: I hoped when she came to visit she would be company for you.

BETTY: I don't think mother is on a visit. I think she lives with us.

CLIVE: I think she does.

BETTY: Clive you are so good.

CLIVE: But are you bored my love?

BETTY: It's just that I miss you when you're away. We're not in this country to enjoy ourselves. If I lack society that is my form of service.

CLIVE: That's a brave girl. So today has been all right? No fainting? No hysteria?

BETTY: I have been very tranquil.

CLIVE: Ah what a haven of peace to come home to. The coolth, the calm, the beauty.

BETTY: There is one thing, Clive, if you don't mind.

CLIVE: What can I do for you, my dear?

BETTY: It's about Joshua.

CLIVE: I wouldn't leave you alone here with a quiet mind if it weren't for Joshua.

BETTY: Joshua doesn't like me.

CLIVE: Joshua has been my boy for eight years. He has saved my life. I have saved his life. He is devoted to me and to mine. I have said this before.

BETTY: He is rude to me. He doesn't do what I say. Speak to him.

CLIVE: Tell me what happened.

BETTY: He said something improper.

CLIVE: Well, what?

BETTY: I don't like to repeat it.

CLIVE: I must insist.

BETTY: I had left my book inside on the piano. I was in the hammock. I asked him to fetch it.

CLIVE: And did he not fetch it?

BETTY: Yes, he did eventually.

CLIVE: And what did he say?

BETTY: Clive—

CLIVE: Betty.

BETTY: He said Fetch it yourself. You've got legs under that dress.

CLIVE: Joshua!

[Joshua comes.]

CLIVE: Joshua, madam says you spoke impolitely to her this afternoon.

JOSHUA: Sir?

CLIVE: When she asked you to pass her book from the piano.

JOSHUA: She has the book, sir.

BETTY: I have the book now, but when I told you—

CLIVE: Betty, please, let me handle this. You didn't pass it at once?

JOSHUA: No sir, I made a joke first.

CLIVE: What was that?

JOSHUA: I said my legs were tired, sir. That was funny because the book was very near, it would not make my legs tired to get it.

BETTY: That's not true.

JOSHUA: Did madam hear me wrong?

CLIVE: She heard something else.

JOSHUA: What was that, madam?

BETTY: Never mind.

CLIVE: Now Joshua, it won't do you know. Madam doesn't like that kind of joke. You must do what madam says, just do what she says and don't answer back. You know your place, Joshua. I don't have to say any more.

JOSHUA: No sir.

BETTY: I expect an apology.

JOSHUA: I apologise, madam.

CLIVE: There now. It won't happen again, my dear. I'm very shocked Joshua, very shocked.

[Clive winks at Joshua, unseen by Betty. Joshua goes.]

CLIVE: I think another drink, and send for the children, and isn't that Harry riding down the hill? Wave, wave. Just in time before dark. Cuts it fine, the blighter. Always a hothead, Harry.

BETTY: Can he see us?

CLIVE: Stand further forward. He'll see your white dress. There, he waved back.

BETTY: Do you think so? I wonder what he saw. Sometimes sunset is so terrifying I can't bear to look.

CLIVE: It makes me proud. Elsewhere in the empire the sun is rising.[3]

BETTY: Harry looks so small on the hillside.

[*Ellen comes.*]

ELLEN: Shall I bring the children?

BETTY: Shall Ellen bring the children?

CLIVE: Delightful.

BETTY: Yes, Ellen, make sure they're warm. The night air is deceptive. Victoria was looking pale yesterday.

CLIVE: My love.

[*Maud comes from inside the house.*]

MAUD: Are you warm enough Betty?

BETTY: Perfectly.

MAUD: The night air is deceptive.

BETTY: I'm quite warm. I'm too warm.

MAUD: You're not getting a fever, I hope? She's not strong, you know, Clive. I don't know how long you'll keep her in this climate.

CLIVE: I look after Her Majesty's domains. I think you can trust me to look after my wife.

[*Ellen comes carrying Victoria, age 2. Edward, aged 9, lags behind.*]

BETTY: Victoria, my pet, say good evening to papa.

[*Clive takes Victoria on his knee.*]

CLIVE: There's my sweet little Vicky. What have we done today?

BETTY: She wore Ellen's hat.

CLIVE: Did she wear Ellen's big hat like a lady? What a pretty.

BETTY: And Joshua gave her a piggy back. Tell papa. Horsy with Joshy?

ELLEN: She's tired.

CLIVE: Nice Joshy played horsy. What a big strong Joshy. Did you have a gallop? Did you make him stop and go? Not very chatty tonight are we?

BETTY: Edward, say good evening to papa.

CLIVE: Edward my boy. Have you done your lessons well?

EDWARD: Yes papa.

CLIVE: Did you go riding?

EDWARD: Yes papa.

CLIVE: What's that you're holding?

BETTY: It's Victoria's doll. What are you doing with it, Edward?

EDWARD: Minding her.

BETTY: Well I should give it to Ellen quickly. You don't want papa to see you with a doll.

CLIVE: No, we had you with Victoria's doll once before, Edward.

ELLEN: He's minding it for Vicky. He's not playing with it.

BETTY: He's not playing with it, Clive. He's minding it for Vicky.

CLIVE: Ellen minds Victoria, let Ellen mind the doll.

ELLEN: Come, give it to me.

[*Ellen takes the doll.*]

---

3. Clive is alluding to the popular national boast that "the sun never sets on the British Empire."

EDWARD: Don't pull her about. Vicky's very fond of her. She likes me to have her.

BETTY: He's a very good brother.

CLIVE: Yes, it's manly of you Edward, to take care of your little sister. We'll say no more about it. Tomorrow I'll take you riding with me and Harry Bagley. Would you like that?

EDWARD: Is he here?

CLIVE: He's just arrived. There Betty, take Victoria now. I must go and welcome Harry.

[Clive tosses Victoria to Betty, who gives her to Ellen.]

EDWARD: Can I come, papa?

BETTY: Is he warm enough?

EDWARD: Am I warm enough?

CLIVE: Never mind the women, Ned. Come and meet Harry.

[They go. The women are left. There is a silence.]

MAUD: I daresay Mr Bagley will be out all day and we'll see nothing of him.

BETTY: He plays the piano. Surely he will sometimes stay at home with us.

MAUD: We can't expect it. The men have their duties and we have ours.

BETTY: He won't have seen a piano for a year. He lives a very rough life.

ELLEN: Will it be exciting for you, Betty?

MAUD: Whatever do you mean, Ellen?

ELLEN: We don't have very much society.

BETTY: Clive is my society.

MAUD: It's time Victoria went to bed.

ELLEN: She'd like to stay up and see Mr Bagley.

MAUD: Mr Bagley can see her tomorrow.

[Ellen goes.]

MAUD: You let that girl forget her place, Betty.

BETTY: Mother, she is governess to my son. I know what her place is. I think my friendship does her good. She is not very happy.

MAUD: Young women are never happy.

BETTY: Mother, what a thing to say.

MAUD: Then when they're older they look back and see that comparatively speaking they were ecstatic.

BETTY: I'm perfectly happy.

MAUD: You are looking very pretty tonight. You were such a success as a young girl. You have made a most fortunate marriage. I'm sure you will be an excellent hostess to Mr Bagley.

BETTY: I feel quite nervous at the thought of entertaining.

MAUD: I can always advise you if I'm asked.

BETTY: What a long time they're taking. I always seem to be waiting for the men.

MAUD: Betty you have to learn to be patient. I am patient. My mama was very patient.

[Clive approaches, supporting Caroline Saunders.]

CLIVE: It is a pleasure. It is an honour. It is positively your duty to seek my help. I would be hurt, I would be insulted by any show of independence. Your husband would have been one of my dearest friends if he had lived. Betty, look who has come, Mrs Saunders. She has ridden here all alone, amazing spirit. What will you have? Tea or something stronger? Let her lie down, she is overcome. Betty, you will know what to do.

[*Mrs Saunders lies down.*]

MAUD: I knew it. I heard drums. We'll be killed in our beds.

CLIVE: Now, please, calm yourself.

MAUD: I am perfectly calm. I am just outspoken. If it comes to being killed I shall take it as calmly as anyone.

CLIVE: There is no cause for alarm. Mrs Saunders has been alone since her husband died last year, amazing spirit. Not surprisingly, the strain has told. She has come to us as her nearest neighbours.

MAUD: What happened to make her come?

CLIVE: This is not an easy country for a woman.

MAUD: Clive, I heard drums. We are not children.

CLIVE: Of course you heard drums. The tribes are constantly at war, if the term is not too grand to grace their squabbles. Not unnaturally Mrs Saunders would like the company of white women. The piano. Poetry.

BETTY: We are not her nearest neighbours.

CLIVE: We are among her nearest neighbours and I was a dear friend of her late husband. She knows that she will find a welcome here. She will not be disappointed. She will be cared for.

MAUD: Of course we will care for her.

BETTY: Victoria is in bed, I must go and say goodnight. Mother, please, you look after Mrs Saunders.

CLIVE: Harry will be here at once.

[*Betty goes.*]

MAUD: How rash to go out after dark without a shawl.

CLIVE: Amazing spirit. Drink this.

MRS SAUNDERS: Where am I?

MAUD: You are quite safe.

MRS SAUNDERS: Clive? Clive? Thank God. This is very kind. How do you do? I am sorry to be a nuisance. Charmed. Have you a gun? I have a gun.

CLIVE: There is no need for guns I hope. We are all friends here.

MRS SAUNDERS: I think I will lie down again.

[*Harry Bagley and Edward have approached.*]

MAUD: Ah, here is Mr Bagley.

EDWARD: I gave his horse some water.

CLIVE: You don't know Mrs Saunders, do you Harry? She has at present collapsed, but she is recovering thanks to the good offices of my wife's mother who I think you've met before. Betty will be along in a minute. Edward will go home to school shortly. He is quite a young man since you saw him.

HARRY: I hardly knew him.

MAUD: What news have you for us, Mr Bagley?

CLIVE: Do you know Mrs Saunders, Harry? Amazing spirit.

EDWARD: Did you hardly know me?

HARRY: Of course I knew you. I mean you have grown.

EDWARD: What do you expect?

HARRY: That's quite right, people don't get smaller.

MAUD: Edward. You should be in bed.

EDWARD: No, I'm not tired, I'm not tired am I Uncle Harry?

HARRY: I don't think he's tired.

CLIVE: He is overtired. It is past his bedtime. Say goodnight.

EDWARD: Goodnight, sir.

CLIVE: And to your grandmother.

EDWARD: Goodnight, grandmother.

[Edward goes.]

MAUD: Shall I help Mrs Saunders indoors? I'm afraid she may get a chill.

CLIVE: Shall I give her an arm?

MAUD: How kind of you Clive. I think I am strong enough.

[Maud helps Mrs Saunders into the house.]

CLIVE: Not a word to alarm the women.

HARRY: Absolutely.

CLIVE: I did some good today I think. Kept up some alliances. There's a lot of affection there.

HARRY: They're affectionate people. They can be very cruel of course.

CLIVE: Well they are savages.

HARRY: Very beautiful people many of them.

CLIVE: Joshua! [To Harry.] I think we should sleep with guns.

HARRY: I haven't slept in a house for six months. It seems extremely safe.

[Joshua comes.]

CLIVE: Joshua, you will have gathered there's a spot of bother. Rumours of this and that. You should be armed I think.

JOSHUA: There are many bad men, sir. I pray about it. Jesus will protect us.

CLIVE: He will indeed and I'll also get you a weapon. Betty, come and keep Harry company. Look in the barn, Joshua, every night.

[Clive and Joshua go. Betty comes.]

HARRY: I wondered where you were.

BETTY: I was singing lullabies.

HARRY: When I think of you I always think of you with Edward in your lap.

BETTY: Do you think of me sometimes then?

HARRY: You have been thought of where no white woman has ever been thought of before.

BETTY: It's one way of having adventures. I suppose I will never go in person.

HARRY: That's up to you.

BETTY: Of course it's not. I have duties.

HARRY: Are you happy, Betty?

BETTY: Where have you been?

HARRY: Built a raft and went up the river. Stayed with some people. The king is always very good to me. They have a lot of skulls around the place but not white men's I think. I made up a poem one night. If I should die in this forsaken spot, There is a loving heart without a blot, Where I will live—and so on.

BETTY: When I'm near you it's like going out into the jungle. It's like going up the river on a raft. It's like going out in the dark.

HARRY: And you are safety and light and peace and home.

BETTY: But I want to be dangerous.

HARRY: Clive is my friend.

BETTY: I am your friend.

HARRY: I don't like dangerous women.

BETTY: Is Mrs Saunders dangerous?

HARRY: Not to me. She's a bit of an old boot.

[Joshua comes, unobserved.]

BETTY: Am I dangerous?

HARRY: You are rather.

BETTY: Please like me.

HARRY: I worship you.

BETTY: Please want me.

HARRY: I don't want to want you. Of course I want you.

BETTY: What are we going to do?

HARRY: I should have stayed on the river. The hell with it. [*He goes to take her in his arms, she runs away into the house. Harry stays where he is. He becomes aware of Joshua.*] Who's there?

JOSHUA: Only me sir.

HARRY: Got a gun now have you?

JOSHUA: Yes sir.

HARRY: Where's Clive?

JOSHUA: Going round the boundaries sir.

HARRY: Have you checked there's nobody in the barns?

JOSHUA: Yes sir.

HARRY: Shall we go in a barn and fuck? It's not an order.

JOSHUA: That's all right, yes.

[*They go off.*]

Scene 2

An open space some distance from the house. Mrs Saunders alone, breathless. She is carrying a riding crop. Clive arrives.

CLIVE: Why? Why?

MRS SAUNDERS: Don't fuss, Clive, it makes you sweat.

CLIVE: Why ride off now? Sweat, you would sweat if you were in love with somebody as disgustingly capricious as you are. You will be shot with poisoned arrows. You will miss the picnic. Somebody will notice I came after you.

MRS SAUNDERS: I didn't want you to come after me. I wanted to be alone.

CLIVE: You will be raped by cannibals.

MRS SAUNDERS: I just wanted to get out of your house.

CLIVE: My God, what women put us through. Cruel, cruel. I think you are the sort of woman who would enjoy whipping somebody. I've never met one before.

MRS SAUNDERS: Can I tell you something, Clive?

CLIVE: Let me tell you something first. Since you came to the house I have had an erection twenty-four hours a day except for ten minutes after the time we had intercourse.

MRS SAUNDERS: I don't think that's physically possible.

CLIVE: You are causing me appalling physical suffering. Is this the way to treat a benefactor?

MRS SAUNDERS: Clive, when I came to your house the other night I came because I was afraid. The cook was going to let his whole tribe in through the window.

CLIVE: I know that, my poor sweet. Amazing—

MRS SAUNDERS: I came to you although you are not my nearest neighbour—

CLIVE: Rather than to the old major of seventy-two.

MRS SAUNDERS: Because the last time he came to visit me I had to defend myself with a shotgun and I thought you would take no for an answer.

CLIVE: But you've already answered yes.

MRS SAUNDERS: I answered yes once. Sometimes I want to say no.

CLIVE: Women, my God. Look the picnic will start, I have to go to the picnic. Please Caroline—

MRS SAUNDERS: I think I will have to go back to my own house.

CLIVE: Caroline, if you were shot with poisoned arrows do you know what I'd do? I'd fuck your dead body and poison myself. Caroline, you smell amazing. You terrify me. You are dark like this continent. Mysterious. Treacherous. When you rode to me through the night. When you fainted in my arms. When I came to you in your bed, when I lifted the mosquito netting, when I said let me in, let me in. Oh don't shut me out, Caroline, let me in.

[He has been caressing her feet and legs. He disappears completely under her skirt.]

MRS SAUNDERS: Please stop. I can't concentrate. I want to go home. I wish I didn't enjoy the sensation because I don't like you, Clive. I do like living in your house where there's plenty of guns. But I don't like you at all. But I do like the sensation. Well I'll have it then. I'll have it, I'll have it—

[Voices are heard singing The First Noël.]

MRS SAUNDERS: Don't stop. Don't stop.

[Clive comes out from under her skirt.]

CLIVE: The Christmas picnic. I came.

MRS SAUNDERS: I didn't.

CLIVE: I'm all sticky.

MRS SAUNDERS: What about me? Wait.

CLIVE: All right, are you? Come on. We mustn't be found.

MRS SAUNDERS: Don't go now.

CLIVE: Caroline, you are so voracious. Do let go. Tidy yourself up. There's a hair in my mouth.

[Clive and Mrs Saunders go off. Betty and Maud come, with Joshua carrying the hamper.]

MAUD: I never would have thought a guinea fowl could taste so like a turkey.

BETTY: I had to explain to the cook three times.

MAUD: You did very well dear.

[Joshua sits apart with gun. Edward and Harry with Victoria on his shoulder, singing The First Noël. Maud and Betty are unpacking the hamper. Clive arrives separately.]

MAUD: This tablecloth was one of my mama's.

BETTY: Uncle Harry playing horsy.

EDWARD: Crackers crackers.[4]

BETTY: Not yet, Edward.

CLIVE: And now the moment we have all been waiting for.

[Clive opens champagne. General acclaim.]

CLIVE: Oh dear, stained my trousers, never mind.

EDWARD: Can I have some?

MAUD: Oh no Edward, not for you.

CLIVE: Give him half a glass.

MAUD: If your father says so.

CLIVE: All rise please. To Her Majesty Queen Victoria, God bless her, and her husband and all her dear children.

---

4. Small, cylindrical English party favors containing a tiny gift; the decorative wrapping is cracked open traditionally by two people pulling at each end.

ALL: The Queen.

EDWARD: Crackers crackers.

[*General cracker pulling, hats. Clive and Harry discuss champagne.*]

HARRY: Excellent, Clive, wherever did you get it?

CLIVE: I know a chap in French Equatorial Africa.

EDWARD: I won, I won mama.

[*Ellen arrives.*]

BETTY: Give a hat to Joshua, he'd like it.

[*Edward takes hat to Joshua. Betty takes a ball from the hamper and plays catch with Ellen. Murmurs of surprise and congratulations from the men whenever they catch the ball.*]

EDWARD: Mama, don't play. You know you can't catch a ball.

BETTY: He's perfectly right. I can't throw either.

[*Betty sits down. Ellen has the ball.*]

EDWARD: Ellen, don't you play either. You're no good. You spoil it.

[*Edward takes Victoria from Harry and gives her to Ellen. He takes the ball and throws it to Harry. Harry, Clive and Edward play ball.*]

BETTY: Ellen come and sit with me. We'll be spectators and clap.

[*Edward misses the ball.*]

CLIVE: Butterfingers.

EDWARD: I'm not.

HARRY: Throw straight now.

EDWARD: I did, I did.

CLIVE: Keep your eye on the ball.

EDWARD: You can't throw.

CLIVE: Don't be a baby.

EDWARD: I'm not, throw a hard one, throw a hard one—

CLIVE: Butterfingers. What will Uncle Harry think of you?

EDWARD: It's your fault. You can't throw. I hate you.

[*He throws the ball wildly in the direction of Joshua.*]

CLIVE: Now you've lost the ball. He's lost the ball.

EDWARD: It's Joshua's fault. Joshua's butterfingers.

CLIVE: I don't think I want to play any more. Joshua, find the ball will you?

EDWARD: Yes, please play. I'll find the ball. Please play.

CLIVE: You're so silly and you can't catch. You'll be no good at cricket.

MAUD: Why don't we play hide and seek?

EDWARD: Because it's a baby game.

BETTY: You've hurt Edward's feelings.

CLIVE: A boy has no business having feelings.

HARRY: Hide and seek. I'll be it. Everybody must hide. This is the base, you have to get home to base.

EDWARD: Hide and seek, hide and seek.

HARRY: Can we persuade the ladies to join us?

MAUD: I'm playing. I love games.

BETTY: I always get found straight away.

ELLEN: Come on, Betty, do. Vicky wants to play.

EDWARD: You won't find me ever.

[*They all go except Clive, Harry, Joshua.*]

HARRY: It is safe, I suppose?

CLIVE: They won't go far. This is very much my territory and it's broad daylight. Joshua will keep an open eye.

HARRY: Well I must give them a hundred. You don't know what this means to me, Clive. A chap can only go on so long alone. I can climb mountains and go down rivers, but what's it for? For Christmas and England and games and women singing. This is the empire, Clive. It's not me putting a flag in new lands. It's you. The empire is one big family. I'm one of its black sheep, Clive. And I know you think my life is rather dashing. But I want you to know I admire you. This is the empire, Clive, and I serve it. With all my heart.

CLIVE: I think that's about a hundred.

HARRY: Ready or not, here I come!

[He goes.]

CLIVE: Harry Bagley is a fine man, Joshua. You should be proud to know him. He will be in history books.

JOSHUA: Sir, while we are alone.

CLIVE: Joshua of course, what is it? You always have my ear. Any time.

JOSHUA: Sir, I have some information. The stable boys are not to be trusted. They whisper. They go out at night. They visit their people. Their people are not my people. I do not visit my people.

CLIVE: Thank you, Joshua. They certainly look after Beauty. I'll be sorry to have to replace them.

JOSHUA: They carry knives.

CLIVE: Thank you, Joshua.

JOSHUA: And, sir.

CLIVE: I appreciate this, Joshua, very much.

JOSHUA: Your wife.

CLIVE: Ah, yes?

JOSHUA: She also thinks Harry Bagley is a fine man.

CLIVE: Thank you, Joshua.

JOSHUA: Are you going to hide?

CLIVE: Yes, yes I am. Thank you. Keep your eyes open Joshua.

JOSHUA: I do, sir.

[Clive goes. Joshua goes. Harry and Betty race back to base.]

BETTY: I can't run, I can't run at all.

HARRY: There, I've caught you.

BETTY: Harry, what are we going to do?

HARRY: It's impossible, Betty.

BETTY: Shall we run away together?

[Maud comes.]

MAUD: I give up. Don't catch me. I have been stung.

HARRY: Nothing serious I hope.

MAUD: I have ointment in my bag. I always carry ointment. I shall just sit down and rest. I am too old for all this fun. Hadn't you better be seeking, Harry?

[Harry goes. Maud and Betty are alone for some time. They don't speak. Harry and Edward race back.]

EDWARD: I won, I won, you didn't catch me.

HARRY: Yes I did.

EDWARD: Mama, who was first?

BETTY: I wasn't watching. I think it was Harry.

EDWARD: It wasn't Harry. You're no good at judging. I won, didn't I grandma?

MAUD: I expect so, since it's Christmas.

EDWARD: I won, Uncle Harry. I'm better than you.

BETTY: Why don't you help Uncle Harry look for the others?

EDWARD: Shall I?

HARRY: Yes, of course.

BETTY: Run along then. He's just coming.

[Edward goes.]

BETTY: Harry, I shall scream.

HARRY: Ready or not, here I come.

[Harry runs off.]

BETTY: Why don't you go back to the house, mother, and rest your insect-bite?

MAUD: Betty, my duty is here. I don't like what I see. Clive wouldn't like it, Betty. I am your mother.

BETTY: Clive gives you a home because you are my mother.

[Harry comes back.]

HARRY: I can't find anyone else. I'm getting quite hot.

BETTY: Sit down a minute.

HARRY: I can't do that. I'm he. How's your sting?

MAUD: It seems to be swelling up.

BETTY: Why don't you go home and rest? Joshua will go with you, Joshua!

HARRY: I could take you back.

MAUD: That would be charming

BETTY: You can't go. You're he.

[Joshua comes.]

BETTY: Joshua, my mother wants to go back to the house. Will you go with her please.

JOSHUA: Sir told me I have to keep an eye.

BETTY: I am telling you to go back to the house. Then you can come back here and keep an eye.

MAUD: Thank you Betty. I know we have our little differences, but I always want what is best for you.

[Joshua and Maud go.]

HARRY: Don't give way. Keep calm.

BETTY: I shall kill myself.

HARRY: Betty, you are a star in my sky. Without you I would have no sense of direction. I need you, and I need you where you are, I need you to be Clive's wife. I need to go up rivers and know you are sitting here thinking of me.

BETTY: I want more than that. Is that wicked of me?

HARRY: Not wicked, Betty. Silly.

[Edward calls in the distance.]

EDWARD: Uncle Harry, where are you?

BETTY: Can't we ever be alone?

HARRY: You are a mother. And a daughter. And a wife.

BETTY: I think I shall go and hide again.

[Betty goes. Harry goes. Clive chases Mrs Saunders across the stage. Edward and Harry call in the distance.]

EDWARD: Uncle Harry!

HARRY: Edward!

[*Edward comes.*]

EDWARD: Uncle Harry!

[*Harry comes.*]

EDWARD: There you are. I haven't found anyone have you?

HARRY: I wonder where they all are.

EDWARD: Perhaps they're lost forever. Perhaps they're dead. There's trouble going on isn't there, and nobody says because of not frightening the women and children.

HARRY: Yes, that's right.

EDWARD: Do you think we'll be killed in our beds?

HARRY: Not very likely.

EDWARD: I can't sleep at night. Can you?

HARRY: I'm not used to sleeping in a house.

EDWARD: If I'm awake at night can I come and see you? I won't wake you up. I'll only come in if you're awake.

HARRY: You should try to sleep.

EDWARD: I don't mind being awake because I make up adventures. Once we were on a raft going down to the rapids. We've lost the paddles because we used them to fight off the crocodiles. A crocodile comes at me and I stab it again and again and the blood is everywhere and it tips up the raft and it has you by the leg and it's biting your leg right off and I take my knife and stab it in the throat and rip open its stomach and it lets go of you but it bites my hand but it's dead. And I drag you onto the river bank and I'm almost fainting with pain and we lie there in each other's arms.

HARRY: Have I lost my leg?

EDWARD: I forgot about the leg by then.

HARRY: Hadn't we better look for the others?

EDWARD: Wait. I've got something for you. It was in mama's box but she never wears it.

[*Edward gives Harry a necklace.*]

EDWARD: You don't have to wear it either but you might like it to look at.

HARRY: It's beautiful. But you'll have to put it back.

EDWARD: I wanted to give it to you.

HARRY: You did. It can go back in the box. You still gave it to me. Come on now, we have to find the others.

EDWARD: Harry, I love you.

HARRY: Yes I know. I love you too.

EDWARD: You know what we did when you were here before. I want to do it again. I think about it all the time. I try to do it to myself but it's not as good. Don't you want to any more?

HARRY: I do, but it's a sin and a crime and it's also wrong.

EDWARD: But we'll do it anyway won't we?

HARRY: Yes of course.

EDWARD: I wish the others would all be killed. Take it out now and let me see it.

HARRY: No.

EDWARD: Is it big now?

HARRY: Yes.

EDWARD: Let me touch it.

HARRY: No.

EDWARD: Just hold me.

HARRY: When you can't sleep.

EDWARD: We'd better find the others then. Come on.

HARRY: Ready or not, here we come.

[*They go out with whoops and shouts. Betty and Ellen come.*]

BETTY: Ellen, I don't want to play any more.

ELLEN: Nor do I, Betty.

BETTY: Come and sit here with me. Oh Ellen, what will become of me?

ELLEN: Betty, are you crying? Are you laughing?

BETTY: Tell me what you think of Harry Bagley.

ELLEN: He's a very fine man.

BETTY: No, Ellen, what you really think.

ELLEN: I think you think he's very handsome.

BETTY: And don't you think he is? Oh Ellen, you're so good and I'm so wicked.

ELLEN: I'm not so good as you think.

[*Edward comes.*]

EDWARD: I've found you.

ELLEN: We're not hiding Edward.

EDWARD: But I found you.

ELLEN: We're not playing, Edward, now run along.

EDWARD: Come on, Ellen, do play. Come on, mama.

ELLEN: Edward, don't pull your mama like that.

BETTY: Edward, you must do what your governess says. Go and play with Uncle Harry.

EDWARD: Uncle Harry!

[*Edward goes.*]

BETTY: Ellen, can you keep a secret?

ELLEN: Oh yes, yes please.

BETTY: I love Harry Bagley. I want to go away with him. There, I've said it, it's true.

ELLEN: How do you know you love him?

BETTY: I kissed him.

ELLEN: Betty.

BETTY: He held my hand like this. Oh I want him to do it again. I want him to stroke my hair.

ELLEN: Your lovely hair. Like this, Betty?

BETTY: I want him to put his arm around my waist.

ELLEN: Like this, Betty?

BETTY: Yes, oh I want him to kiss me again.

ELLEN: Like this Betty?

[*Ellen kisses Betty.*]

BETTY: Ellen, whatever are you doing? It's not a joke.

ELLEN: I'm sorry, Betty. You're so pretty. Harry Bagley doesn't deserve you. You wouldn't really go away with him?

BETTY: Oh Ellen, you don't know what I suffer. You don't know what love is. Everyone will hate me, but it's worth it for Harry's love.

ELLEN: I don't hate you, Betty, I love you.

BETTY: Harry says we shouldn't go away. But he says he worships me.

ELLEN: I worship you Betty.

BETTY: Oh Ellen, you are my only friend.

[*They embrace. The others have all gathered together. Maud has rejoined the party, and Joshua.*]

CLIVE: Come along everyone, you mustn't miss Harry's conjuring trick.

[*Betty and Ellen go to join the others.*]

MAUD: I didn't want to spoil the fun by not being here.

HARRY: What is it that flies all over the world and is up my sleeve?

[*Harry produces a union jack[5] from up his sleeve. General acclaim.*]

CLIVE: I think we should have some singing now. Ladies, I rely on you to lead the way.

ELLEN: We have a surprise for you. I have taught Joshua a Christmas carol. He has been singing it at the piano but I'm sure he can sing it unaccompanied, can't you, Joshua?

JOSHUA:

> In the deep midwinter
> Frosty wind made moan,
> Earth stood hard as iron,
> Water like a stone.
> Snow had fallen snow on snow
> Snow on snow,
> In the deep midwinter
> Long long ago.
>
> What can I give him
> Poor as I am?
> If I were a shepherd
> I would bring a lamb.
> If I were a wise man
> I would do my part
> What I can I give him,
> Give my heart.[6]

Scene 3

Inside the house, Betty, Mrs Saunders, Maud with Victoria. The blinds are down so the light isn't bright though it is day outside. Clive looks in.

CLIVE: Everything all right? Nothing to be frightened of.

[*Clive goes. Silence.*]

MAUD: Clap hands, daddy comes, with his pockets full of plums.[7] All for Vicky.

[*Silence.*]

MRS SAUNDERS: Who actually does the flogging?

MAUD: I don't think we want to imagine.

MRS SAUNDERS: I imagine Joshua.

BETTY: Yes I think it would be Joshua. Or would Clive do it himself?

MRS SAUNDERS: Well we can ask them afterwards.

MAUD: I don't like the way you speak of it, Mrs Saunders.

MRS SAUNDERS: How should I speak of it?

MAUD: The men will do it in the proper way, whatever it is. We have our own part to play.

MRS SAUNDERS: Harry Bagley says they should just be sent away. I don't think he likes to see them beaten.

---

5. Slang for the British flag.
6. A classic British hymn, with words by the poet Christina Rosetti.

7. A traditional Mother Goose nursery rhyme.

BETTY: Harry is so tender hearted. Perhaps he is right.

MAUD: Harry Bagley is not altogether—He has lived in this country a long time without any responsibilities. It is part of his charm but it hasn't improved his judgment. If the boys were just sent away they would go back to the village and make more trouble.

MRS SAUNDERS: And what will they say about us in the village if they've been flogged?

BETTY: Perhaps Clive should keep them here.

MRS SAUNDERS: That is never wise.

BETTY: Whatever shall we do?

MAUD: I don't think it is up to us to wonder. The men don't tell us what is going on among the tribes, so how can we possibly make a judgment?

MRS SAUNDERS: I know a little of what is going on.

BETTY: Tell me what you know. Clive tells me nothing.

MAUD: You would not want to be told about it, Betty. It is enough for you that Clive knows what is happening. Clive will know what to do. Your father always knew what to do.

BETTY: Are you saying you would do something different, Caroline?

MRS SAUNDERS: I would do what I did at my own home. I left. I can't see any way out except to leave. I will leave here. I will keep leaving everywhere I suppose.

MAUD: Luckily this household has a head. I am squeamish myself. But luckily Clive is not.

BETTY: You are leaving here then, Caroline?

MRS SAUNDERS: Not immediately. I'm sorry.

　　[Silence.]

MRS SAUNDERS: I wonder if it's over.

　　[Edward comes in.]

BETTY: Shouldn't you be with the men, Edward?

EDWARD: I didn't want to see any more. They got what they deserved. Uncle Harry said I could come in.

MRS SAUNDERS: I never allowed the servants to be beaten in my own house. I'm going to find out what's happening.

　　[Mrs Saunders goes out.]

BETTY: Will she go and look?

MAUD: Let Mrs Saunders be a warning to you, Betty. She is alone in the world. You are not, thank God. Since your father died, I know what it is to be unprotected. Vicky is such a pretty little girl. Clap hands, daddy comes, with his pockets full of plums. All for Vicky.

　　[Edward, meanwhile, has found the doll and is playing clap hands with her.]

BETTY: Edward, what have you got there?

EDWARD: I'm minding her.

BETTY: Edward, I've told you before, dolls are for girls.

MAUD: Where is Ellen? She should be looking after Edward. [She goes to the door.] Ellen! Betty, why do you let that girl mope about in her own room? That's not what she's come to Africa for.

BETTY: You must never let the boys at school know you like dolls. Never, never. No one will talk to you, you won't be on the cricket team, you won't grow up to be a man like your papa.

EDWARD: I don't want to be like papa. I hate papa.

MAUD: Edward! Edward!

BETTY: You're a horrid wicked boy and papa will beat you. Of course you don't hate him, you love him. Now give Victoria her doll at once.

EDWARD: She's not Victoria's doll, she's my doll. She doesn't love Victoria and Victoria doesn't love her. Victoria never even plays with her.

MAUD: Victoria will learn to play with her.

EDWARD: She's mine and she loves me and she won't be happy if you take her away, she'll cry, she'll cry, she'll cry.

[Betty takes the doll away, slaps him, bursts into tears. Ellen comes in.]

BETTY: Ellen, look what you've done. Edward's got the doll again. Now, Ellen, will you please do your job.

ELLEN: Edward, you are a wicked boy. I am going to lock you in the nursery until supper time. Now go upstairs this minute.

[She slaps Edward, who bursts into tears and goes out.]

ELLEN: I do try to do what you want. I'm so sorry.

[Ellen bursts into tears and goes out.]

MAUD: There now, Vicky's got her baby back. Where did Vicky's naughty baby go? Shall we smack her? Just a little smack [Maud smacks the doll hard.] There, now she's a good baby. Clap hands, daddy comes, with his pockets full of plums. All for Vicky's baby. When I was a child we honoured our parents. My mama was an angel.[8]

[Joshua comes in. He stands without speaking.]

BETTY: Joshua?

JOSHUA: Madam?

BETTY: Did you want something?

JOSHUA: Sent to see the ladies are all right, madam.

[Mrs Saunders comes in.]

MRS SAUNDERS: We're very well thank you, Joshua, and how are you?

JOSHUA: Very well thank you, Mrs Saunders.

MRS SAUNDERS: And the stable boys?

JOSHUA: They have had justice, madam.

MRS SAUNDERS: So I saw. And does your arm ache?

MAUD: This is not a proper conversation, Mrs Saunders.

MRS SAUNDERS: You don't mind beating your own people?

JOSHUA: Not my people, madam.

MRS SAUNDERS: A different tribe?

JOSHUA: Bad people.

[Harry and Clive come in.]

CLIVE: Well this is all very gloomy and solemn. Can we have the shutters open? The heat of the day has gone, we could have some light, I think. And cool drinks on the verandah, Joshua. Have some lemonade yourself. It is most refreshing.

[Sunlight floods in as the shutters are opened. Edward comes.]

EDWARD: Papa, papa, Ellen tried to lock me in the nursery. Mama is going to tell you of me. I'd rather tell you myself. I was playing with Vicky's doll again and I know it's very bad of me. And I said I didn't want to be like you and I said I hated you. And it's not true and I'm sorry, I'm sorry and please beat me and forgive me.

8. Maud alludes to the popular Victorian conflation of the mother with the angel, guardians of the children and the domestic sphere. Victorian mothers were the "angels of the house."

CLIVE: Well there's a brave boy to own up. You should always respect and love me, Edward, not for myself, I may not deserve it, but as I respected and loved my own father, because he was my father. Through our father we love our Queen and our God, Edward. Do you understand? It is something men understand.

EDWARD: Yes papa.

CLIVE: Then I forgive you and shake you by the hand. You spend too much time with the women. You may spend more time with me and Uncle Harry, little man.

EDWARD: I don't like women. I don't like dolls. I love you, papa, and I love you, Uncle Harry.

CLIVE: There's a fine fellow. Let us go out onto the verandah.

[*They all start to go. Edward takes Harry's hand and goes with him. Clive draws Betty back. They embrace.*]

BETTY: Poor Clive.

CLIVE: It was my duty to have them flogged. For you and Edward and Victoria, to keep you safe.

BETTY: It is terrible to feel betrayed.

CLIVE: You can tame a wild animal only so far. They revert to their true nature and savage your hand. Sometimes I feel the natives are the enemy. I know that is wrong. I know I have a responsibility towards them, to care for them and bring them all to be like Joshua. But there is something dangerous. Implacable. This whole continent is my enemy. I am pitching my whole mind and will and reason and spirit against it to tame it and I sometimes feel it will break over me and swallow me up.

BETTY: Clive, Clive, I am here. I have faith in you.

CLIVE: Yes, I can show you my moments of weakness, Betty because you are my wife and because I trust you. I trust you Betty, and it would break my heart if you did not deserve that trust. Harry Bagley is my friend. It would break my heart if he did not deserve my trust.

BETTY: I'm sorry, I'm sorry. Forgive me. It is not Harry's fault, it is all mine. Harry is noble. He has rejected me. It is my wickedness, I get bored, I get restless, I imagine things. There is something so wicked in me, Clive.

CLIVE: I have never thought of you having the weakness of your sex, only the good qualities.

BETTY: I am bad, bad, bad—

CLIVE: You are thoughtless, Betty, that's all. Women can be treacherous and evil. They are darker and more dangerous than men. The family protects us from that, you protect me from that. You are not that sort of woman. You are not unfaithful to me, Betty. I can't believe you are. It would hurt me so much to cast you off. That would be my duty.

BETTY: No, no, no.

CLIVE: Joshua has seen you kissing.

BETTY: Forgive me.

CLIVE: But I don't want to know about it. I don't want to know but I wonder of course, I wonder constantly. If Harry Bagley was not my friend I would shoot him. If I shot you every British man and woman would applaud me. But no. It was a moment of passion such as women are too weak to resist. But you must resist it, Betty, or it will destroy us. We must fight against it. We must resist this dark female lust, Betty, or it will swallow us up.

BETTY: I do, I do resist. Help me. Forgive me.

CLIVE: Yes I do forgive you. But I can't feel the same about you as I did. You are still my wife and we still have duties to the household.

> [*They go out arm in arm. As soon as they have gone Edward sneaks back to get the doll, which has been dropped on the floor. He picks it up and comforts it. Joshua comes through with a tray of drinks.*]

JOSHUA: Baby. Sissy. Girly.

> [*Joshua goes. Betty calls from off.*]

BETTY: Edward?

> [*Betty comes in.*]

BETTY: There you are, my darling. Come, papa wants us all to be together. Uncle Harry is going to tell how he caught a crocodile. Mama's sorry she smacked you.

> [*They embrace. Joshua comes in again, passing through.*]

BETTY: Joshua, fetch me some blue thread from my sewing box. It is on the piano.

JOSHUA: You've got legs under that skirt.

BETTY: Joshua.

JOSHUA: And more than legs.

BETTY: Edward, are you going to stand there and let a servant insult your mother?

EDWARD: Joshua, get my mother's thread.

JOSHUA: Oh little Eddy, playing at master. It's only a joke.

EDWARD: Don't speak to my mother like that again.

JOSHUA: Ladies have no sense of humour. You like a joke with Joshua.

EDWARD: You fetch her sewing at once, do you hear me? You move when I speak to you, boy.

JOSHUA: Yes sir, master Edward sir.

> [*Joshua goes.*]

BETTY: Edward, you were wonderful.

> [*She goes to embrace him but he moves away.*]

EDWARD: Don't touch me.

Song—A Boy's Best Friend [*All*].

> While plodding on our way, the toilsome road of life,
> How few the friends that daily there we meet.
> Not many will stand in trouble and in strife.
> With counsel and affection ever sweet.
> But there is one whose smile will ever on us beam,
> Whose love is dearer far than any other;
> And wherever we may turn
> This lesson we will learn
> A boy's best friend is his mother.
>
> Then cherish her with care
> And smooth her silv'ry hair,
> When gone you will never get another.
> And wherever we may turn
> This lesson we shall learn,
> A boy's best friend is his mother.

Scene 4

The verandah as in Scene 1. Early morning. Nobody there. Joshua comes out of the house slowly and stands for some time doing nothing. Edward comes out.

EDWARD: Tell me another bad story, Joshua. Nobody else is even awake yet.

JOSHUA: First there was nothing[9] and then there was the great goddess. She was very large and she had golden eyes and she made the stars and the sun and the earth. But soon she was miserable and lonely and she cried like a great waterfall and her tears made all the rivers in the world. So the great spirit sent a terrible monster, a tree with hundreds of eyes and a long green tongue, and it came chasing after her and she jumped into a lake and the tree jumped in after her, and she jumped right up into the sky. And the tree couldn't follow, he was stuck in the mud. So he picked up a big handful of mud and he threw it at her, up among the stars, and it hit her on the head. And she fell down onto the earth into his arms and the ball of mud is the moon in the sky. And then they had children which is all of us.

EDWARD: It's not true, though.

JOSHUA: Of course it's not true. It's a bad story. Adam and Eve is true. God made man white like him and gave him the bad woman who liked the snake and gave us all this trouble.

[*Clive and Harry come out.*]

CLIVE: Run along now, Edward. No, you may stay. You mustn't repeat anything you hear to your mother or your grandmother or Ellen.

EDWARD: Or Mrs Saunders?

CLIVE: Mrs Saunders is an unusual woman and does not require protection in the same way. Harry, there was trouble last night where we expected it. But it's all over now. Everything is under control but nobody should leave the house today I think.

HARRY: Casualties?

CLIVE: No, none of the soldiers hurt thank God. We did a certain amount of damage, set a village on fire and so forth.

HARRY: Was that necessary?

CLIVE: Obviously, it was necessary, Harry, or it wouldn't have happened. The army will come and visit, no doubt. You'll like that, eh, Joshua, to see the British army? And a treat for you, Edward, to see the soldiers. Would you like to be a soldier?

EDWARD: I'd rather be an explorer.

CLIVE: Ah, Harry, like you, you see. I didn't know an explorer at his age. Breakfast, I think, Joshua.

[*Clive and Joshua go in. Harry is following.*]

EDWARD: Uncle.

[*Harry stops.*]

EDWARD: Harry, why won't you talk to me?

HARRY: Of course I'll talk to you.

EDWARD: If you won't be nice to me I'll tell father.

HARRY: Edward, no, not a word, never, not to your mother, nobody, please. Edward, do you understand? Please.

EDWARD: I won't tell. I promise I'll never tell. I've cut my finger and sworn.

---

9. Joshua offers a loose amalgam of several different African creation myths. In one of these, the Dogon, a supreme god, casts pellets of earth into the sky to create stars; in another (Bartu) tradition, trees are an important progenitor for the rest of living creation.

HARRY: There's no need to get so excited Edward. We can't be together all the time. I will have to leave soon anyway, and go back to the river.

EDWARD: You can't, you can't go. Take me with you.

ELLEN: Edward!

HARRY: I have my duty to the Empire.

[Harry goes in. Ellen comes out.]

ELLEN: Edward, breakfast time. Edward.

EDWARD: I'm not hungry.

ELLEN: Betty, please come and speak to Edward.

[Betty comes.]

BETTY: Why what's the matter?

ELLEN: He won't come in for breakfast.

BETTY: Edward, I shall call your father.

EDWARD: You can't make me eat.

[He goes in. Betty is about to follow.]

ELLEN: Betty.

[Betty stops.]

ELLEN: Betty, when Edward goes to school will I have to leave?

BETTY: Never mind, Ellen dear, you'll get another place. I'll give you an excellent reference.

ELLEN: I don't want another place, Betty. I want to stay with you forever.

BETTY: If you go back to England you might get married, Ellen. You're quite pretty, you shouldn't despair of getting a husband.

ELLEN: I don't want a husband. I want you.

BETTY: Children of your own, Ellen, think.

ELLEN: I don't want children, I don't like children. I just want to be alone with you, Betty, and sing for you and kiss you because I love you, Betty.

BETTY: I love you too, Ellen. But women have their duty as soldiers have. You must be a mother if you can.

ELLEN: Betty, Betty, I love you so much. I want to stay with you forever, my love for you is eternal, stronger than death. I'd rather die than leave you, Betty.

BETTY: No you wouldn't, Ellen, don't be silly. Come, don't cry. You don't feel what you think you do. It's the loneliness here and the climate is very confusing. Come and have breakfast, Ellen dear, and I'll forget all about it.

[Ellen goes, Clive comes.]

BETTY: Clive, please forgive me.

CLIVE: Will you leave me alone?

[Betty goes back into the house. Harry comes.]

CLIVE: Women, Harry. I envy you going into the jungle, a man's life.

HARRY: I envy you.

CLIVE: Harry, I know you do. I have spoken to Betty.

HARRY: I assure you, Clive—

CLIVE: Please say nothing about it.

HARRY: My friendship for you—

CLIVE: Absolutely. I know the friendship between us, Harry, is not something that could be spoiled by the weaker sex. Friendship between men[1] is a fine thing. It is the noblest form of relationship.

---

1. Unwittingly, Clive aligns himself with a classical tradition of idealized male friendship which was often a coded reference to homosexual desire.

HARRY: I agree with you.

CLIVE: There is the necessity of reproduction. The family is all important. And there is the pleasure. But what we put ourselves through to get that pleasure, Harry. When I heard about our fine fellows last night fighting those savages to protect us I thought yes, that is what I aspire to. I tell you Harry, in confidence, I suddenly got out of Mrs Saunders' bed and came out here on the verandah and looked at the stars.

HARRY: I couldn't sleep last night either.

CLIVE: There is something dark about women, that threatens what is best in us. Between men that light burns brightly.

HARRY: I didn't know you felt like that.

CLIVE: Women are irrational, demanding, inconsistent, treacherous, lustful, and they smell different from us.

HARRY: Clive—

CLIVE: Think of the comradeship of men, Harry, sharing adventures, sharing danger, risking their lives together.

[Harry takes hold of Clive.]

CLIVE: What are you doing?

HARRY: Well, you said—

CLIVE: I said what?

HARRY: Between men.

[Clive is speechless.]

HARRY: I'm sorry, I misunderstood, I would never have dreamt, I thought—

CLIVE: My God, Harry, how disgusting.

HARRY: You will not betray my confidence.

CLIVE: I feel contaminated.

HARRY: I struggle against it. You cannot imagine the shame. I have tried everything to save myself.

CLIVE: The most revolting perversion. Rome fell, Harry, and this sin can destroy an empire.

HARRY: It is not a sin, it is a disease.

CLIVE: A disease more dangerous than diphtheria.[2] Effeminacy is contagious. How I have been deceived. Your face does not look degenerate. Oh Harry, how did you sink to this?

HARRY: Clive, help me, what am I to do?

CLIVE: You have been away from England too long.

HARRY: Where can I go except into the jungle to hide?

CLIVE: You don't do it with the natives, Harry? My God, what a betrayal of the Queen.

HARRY: Clive, I am like a man born crippled. Please help me.

CLIVE: You must repent.

HARRY: I have thought of killing myself.

CLIVE: That is a sin too.

HARRY: There is no way out. Clive, I beg of you, do not betray my confidence.

CLIVE: I cannot keep a secret like this. Rivers will be named after you, it's unthinkable. You must save yourself from depravity. You must get married. You are not unattractive to women. What a relief that you and Betty were not after all—good

---

2. An acute bacterial infection of the throat; untreated, diphtheria can be very serious, affecting the nervous system and the heart.

God, how disgusting. Now Mrs Saunders. She's a woman of spirit, she could go with you on your expeditions.

HARRY: I suppose getting married wouldn't be any worse than killing myself.

CLIVE: Mrs Saunders! Mrs Saunders! Ask her now, Harry. Think of England.

[Mrs Saunders comes. Clive withdraws. Harry goes up to Mrs Saunders.]

HARRY: Mrs Saunders, will you marry me?

MRS SAUNDERS: Why?

HARRY: We are both alone.

MRS SAUNDERS: I choose to be alone, Mr Bagley. If I can look after myself, I'm sure you can. Clive, I have something important to tell you. I've just found Joshua putting earth on his head.[3] He tells me his parents were killed last night by the British soldiers. I think you owe him an apology on behalf of the Queen.

CLIVE: Joshua! Joshua!

MRS SAUNDERS: Mr Bagley, I could never be a wife again. There is only one thing about marriage that I like.

[Clive comes.]

CLIVE: Joshua, I am horrified to hear what has happened. Good God!

MRS SAUNDERS: His father was shot. His mother died in the blaze.

[Mrs Saunders goes.]

CLIVE: Joshua, do you want a day off? Do you want to go to your people?

JOSHUA: Not my people, sir.

CLIVE: But you want to go to your parents' funeral?

JOSHUA: No sir.

CLIVE: Yes, Joshua, yes, your father and mother. I'm sure they were loyal to the crown. I'm sure it was all a terrible mistake.

JOSHUA: My mother and father were bad people.

CLIVE: Joshua, no.

JOSHUA: You are my father and mother.

CLIVE: Well really. I don't know what to say. That's very decent of you. Are you sure there's nothing I can do? You can have the day off you know.

[Betty comes out followed by Edward.]

BETTY: What's the matter? What's happening?

CLIVE: Something terrible has happened. No, I mean some relatives of Joshua's met with an accident.

JOSHUA: May I go sir?

CLIVE: Yes, yes of course. Good God, what a terrible thing. Bring us a drink will you Joshua?

[Joshua goes.]

EDWARD: What? What?

BETTY: Edward, go and do your lessons.

EDWARD: What is it, Uncle Harry?

HARRY: Go and do your lessons.

ELLEN: Edward, come in here at once.

EDWARD: What's happened, Uncle Harry?

[Harry has moved aside, Edward follows him. Ellen comes out.]

HARRY: Go away. Go inside. Ellen!

ELLEN: Go inside, Edward. I shall tell your mother.

3. A sign of extreme grief.

BETTY: Go inside, Edward at once. I shall tell your father.

CLIVE: Go inside, Edward. And Betty you go inside too.
  [*Betty, Edward and Ellen go. Maud comes out.*]

CLIVE: Go inside. And Ellen, you come outside.
  [*Ellen comes out.*]

CLIVE: Mr Bagley has something to say to you.

HARRY: Ellen. I don't suppose you would marry me?

ELLEN: What if I said yes?

CLIVE: Run along now, you two want to be alone.
  [*Harry and Ellen go out. Joshua brings Clive a drink.*]

JOSHUA: The governess and your wife, sir.

CLIVE: What's that, Joshua?

JOSHUA: She talks of love to your wife, sir. I have seen them. Bad women.

CLIVE: Joshua, you go too far. Get out of my sight.

Scene 5

The verandah. A table with a white cloth. A wedding cake and a large knife. Bottles and glasses. Joshua is putting things on the table. Edward has the doll. Joshua sees him with it. He holds out his hand. Edward gives him the doll. Joshua takes the knife and cuts the doll open and shakes the sawdust out of it. Joshua throws the doll under the table.

MAUD: Come along Edward, this is such fun.
  [*Everyone enters, triumphal arch for Harry and Ellen.*]

MAUD: Your mama's wedding was a splendid occasion, Edward. I cried and cried.
  [*Ellen and Betty go aside.*]

ELLEN: Betty, what happens with a man? I don't know what to do.

BETTY: You just keep still.

ELLEN: And what does he do?

BETTY: Harry will know what to do.

ELLEN: And is it enjoyable?

BETTY: Ellen, you're not getting married to enjoy yourself.

ELLEN: Don't forget me, Betty.
  [*Ellen goes.*]

BETTY: I think my necklace has been stolen Clive. I did so want to wear it at the wedding.

EDWARD: It was Joshua. Joshua took it.

CLIVE: Joshua?

EDWARD: He did, he did, I saw him with it.

HARRY: Edward, that's not true.

EDWARD: It is, it is.

HARRY: Edward, I'm afraid you took it yourself.

EDWARD: I did not.

HARRY: I have seen him with it.

CLIVE: Edward, is that true? Where is it? Did you take your mother's necklace? And to try and blame Joshua, good God.
  [*Edward runs off.*]

BETTY: Edward, come back. Have you got my necklace?

HARRY: I should leave him alone. He'll bring it back.

BETTY: I wanted to wear it. I wanted to look my best at your wedding.

HARRY: You always look your best to me.

BETTY: I shall get drunk.

[Mrs Saunders comes.]

MRS SAUNDERS: The sale of my property is completed. I shall leave tomorrow.

CLIVE: That's just as well. Whose protection will you seek this time?

MRS SAUNDERS: I shall go to England and buy a farm there. I shall introduce threshing machines.

CLIVE: Amazing spirit.

[He kisses her. Betty launches herself on Mrs Saunders. They fall to the ground.]

CLIVE: Betty—Caroline—I don't deserve this—Harry, Harry.

[Harry and Clive separate them. Harry holding Mrs Saunders, Clive Betty.]

CLIVE: Mrs Saunders, how can you abuse my hospitality? How dare you touch my wife? You must leave here at once.

BETTY: Go away, go away. You are a wicked woman.

MAUD: Mrs Saunders, I am shocked. This is your hostess.

CLIVE: Pack your bags and leave the house this instant.

MRS SAUNDERS: I was leaving anyway. There's no place for me here. I have made arrangements to leave tomorrow, and tomorrow is when I will leave. I wish you joy, Mr Bagley.

[Mrs Saunders goes.]

CLIVE: No place for her anywhere I should think. Shocking behaviour.

BETTY: Oh Clive, forgive me, and love me like you used to.

CLIVE: Were you jealous my dove? My own dear wife!

MAUD: Ah, Mr Bagley, one flesh, you see.

[Edward comes back with the necklace.]

CLIVE: Good God, Edward, it's true.

EDWARD: I was minding it for mama because of the troubles.

CLIVE: Well done, Edward, that was very manly of you. See Betty? Edward was protecting his mama's jewels from the rebels. What a hysterical fuss over nothing. Well done, little man. It is quite safe now. The bad men are dead. Edward, you may do up the necklace for mama.

[Edward does up Betty's necklace, supervised by Clive, Joshua is drinking steadily. Ellen comes back.]

MAUD: Ah, here's the bride. Come along, Ellen, you don't cry at your own wedding, only at other people's.

CLIVE: Now, speeches, speeches. Who is going to make a speech? Harry, make a speech.

HARRY: I'm no speaker. You're the one for that.

ALL: Speech, speech.

HARRY: My dear friends—what can I say—the empire—the family—the married state to which I have always aspired—your shining example of domestic bliss—my great good fortune in winning Ellen's love—happiest day of my life.

[Applause.]

CLIVE: Cut the cake, cut the cake.

[Harry and Ellen take the knife to cut the cake. Harry steps on the doll under the table.]

HARRY: What's this?

ELLEN: Oh look.

BETTY: Edward.

EDWARD: It was Joshua. It was Joshua. I saw him.

CLIVE: Don't tell lies again.
> [*He hits Edward across the side of the head.*]
> Unaccustomed as I am to public speaking—
> [*Cheers.*]
> Harry, my friend. So brave and strong and supple.
> Ellen, from neath her veil so shyly peeking.
> I wish you joy. A toast—the happy couple.
> Dangers are past. Our enemies are killed.
> —Put your arm round her, Harry, have a kiss—
> All murmuring of discontent is stilled.
> Long may you live in peace and joy and bliss.

[*While he is speaking Joshua raises his gun to shoot Clive. Only Edward sees. He does nothing to warn the others. He put his hands over his ears.*]
> BLACK.

ACT 2

Scene 1

Winter afternoon. Inside the hut of a one o'clock club, a children's playcentre in a park, Victoria and Lin, mothers. Cathy, Lin's daughter, age 4, played by a man, clinging to Lin. Victoria reading a book.

CATHY: Yum yum bubblegum.
> Stick it up your mother's bum.
> When it's brown
> Pull it down
> Yum yum bubblegum.
LIN: Like your shoes, Victoria.
CATHY: Jack be nimble, Jack be quick,
> Jack jump over the candlestick.
> Silly Jack, he should jump higher,
> Goodness gracious, great balls of fire.
LIN: Cathy, do stop. Do a painting.
CATHY: You do a painting.
LIN: You do a painting.
CATHY: What shall I paint?
LIN: Paint a house.
CATHY: No.
LIN: Princess.
CATHY: No.
LIN: Pirates.
CATHY: Already done that.
LIN: Spacemen.
CATHY: I never paint spacemen. You know I never.
LIN: Paint a car crash and blood everywhere.
CATHY: No, don't tell me. I know what to paint.
LIN: Go on then. You need an apron, where's an apron. Here.
CATHY: Don't want an apron.
LIN: Lift up your arms. There's a good girl.

CATHY: I don't want to paint.

LIN: Don't paint. Don't paint.

CATHY: What shall I do? You paint. What shall I do mum?

VICTORIA: There's nobody on the big bike, Cathy, quick.

[*Cathy goes out. Victoria is watching the children playing outside.*]

VICTORIA: Tommy, it's Jimmy's gun. Let him have it. What the hell.

[*She goes on reading. She reads while she talks.*]

LIN: I don't know how you can concentrate.

VICTORIA: You have to or you never do anything.

LIN: Yeh, well. It's really warm in here, that's one thing. It's better than standing out there. I got chilblains last winter.

VICTORIA: It is warm.

LIN: I suppose Tommy doesn't let you read much. I expect he talks to you while you're reading.

VICTORIA: Yes, he does.

LIN: I didn't get very far with that book you lent me.

VICTORIA: That's all right.

LIN: I was glad to have it, though. I sit with it on my lap while I'm watching telly. Well, Cathy's off. She's frightened I'm going to leave her. It's the babyminder didn't work out when she was two, she still remembers. You can't get them used to other people if you're by yourself. It's no good blaming me. She clings round my knees every morning up the nursery and they don't say anything but they make you feel you're making her do it. But I'm desperate for her to go to school. I did cry when I left her the first day. You wouldn't, you're too fucking sensible. You'll call the teacher by her first name. I really fancy you.

VICTORIA: What?

LIN: Put your book down will you for five minutes. You didn't hear a word I said.

VICTORIA: I don't get much time to myself.

LIN: Do you ever go to the movies?

VICTORIA: Tommy's very funny who he's left with. My mother babysits sometimes.

LIN: Your husband could babysit.

VICTORIA: But then we couldn't go to the movies.

LIN: You could go to the movies with me.

VICTORIA: Oh I see.

LIN: Couldn't you?

VICTORIA: Well yes, I could.

LIN: Friday night?

VICTORIA: What film are we talking about?

LIN: Does it matter what film?

VICTORIA: Of course it does.

LIN: You choose then. Friday night.

[*Cathy comes in with gun, shoots them saying Kiou kiou kiou, and runs off again.*]

LIN: Not in a foreign language, ok. You don't go in the movies to read.

[*Lin watches the children playing outside.*]

LIN: Don't hit him, Cathy, kill him. Point the gun, kiou, kiou, kiou. That's the way.

VICTORIA: They've just banned war toys in Sweden.

LIN: The kids'll just hit each other more.

VICTORIA: Well, psychologists do differ in their opinions as to whether or not aggression is innate.

LIN: Yeh?

VICTORIA: I'm afraid I do let Tommy play with guns and just hope he'll get it out of his system and not end up in the army.

LIN: I've got a brother in the army.

VICTORIA: Oh I'm sorry. Whereabouts is he stationed?

LIN: Belfast.

VICTORIA: Oh dear.

LIN: I've got a friend who's Irish and we went on a Troops Out[1] march. Now my dad won't speak to me.

VICTORIA: I don't get on too well with my father either.

LIN: And your husband? How do you get on with him?

VICTORIA: Oh, fine. Up and down. You know. Very well. He helps with the washing up and everything.

LIN: I left mine two years ago. He let me keep Cathy and I'm grateful for that.

VICTORIA: You shouldn't be grateful.

LIN: I'm a lesbian.

VICTORIA: You still shouldn't be grateful.

LIN: I'm grateful he didn't hit me harder than he did.

VICTORIA: I suppose I'm very lucky with Martin.

LIN: Don't get at me about how I bring up Cathy, ok?

VICTORIA: I didn't.

LIN: Yes you did. War toys. I'll give her a rifle for Christmas and blast Tommy's pretty head off for a start.

[Victoria goes back to her book.]

LIN: I hate men.

VICTORIA: You have to look at it in a historical perspective in terms of learnt behaviour since the industrial revolution.

LIN: I just hate the bastards.

VICTORIA: Well it's a point of view.

[By now Cathy has come back in and started painting in many colours, without an apron. Edward comes in.]

EDWARD: Victoria, mother's in the park. She's walking round all the paths very fast.

VICTORIA: By herself?

EDWARD: I told her you were here.

VICTORIA: Thanks.

EDWARD: Come on.

VICTORIA: Ten minutes talking to my mother and I have to spend two hours in a hot bath.

[Victoria goes out.]

LIN: Shit, Cathy, what about an apron. I don't mind you having paint on your frock but if it doesn't wash off just don't tell me you can't wear your frock with paint on, ok?

CATHY: Ok.

LIN: You're gay, aren't you?

EDWARD: I beg your pardon?

LIN: I really fancy your sister. I thought you'd understand. You do but you can go on pretending you don't, I don't mind. That's lovely Cathy, I like the green bit.

---

1. The Troops Out movement is dedicated to the removal of British troops from Ireland.

EDWARD: Don't go around saying that. I might lose my job.

LIN: The last gardener was ever so straight. He used to flash at all the little girls.

EDWARD: I wish you hadn't said that about me. It's not true.

LIN: It's not true and I never said it and I never thought it and I never will think it again.

EDWARD: Someone might have heard you.

LIN: Shut up about it then.

[*Betty and Victoria come up.*]

BETTY: It's quite a nasty bump.

VICTORIA: He's not even crying.

BETTY: I think that's very worrying. You and Edward always cried. Perhaps he's got concussion.

VICTORIA: Of course he hasn't mummy.

BETTY: That other little boy was very rough. Should you speak to somebody about him?

VICTORIA: Tommy was hitting him with a spade.

BETTY: Well he's a real little boy. And so brave not to cry. You must watch him for sighs of drowsiness. And nausea. If he's sick in the night, phone an ambulance. Well, you're looking very well darling, a bit tired, a bit peaky. I think the fresh air agrees with Edward. He likes the open air life because of growing up in Africa. He misses the sunshine, don't you, darling? We'll soon have Edward back on his feet. What fun it is here.

VICTORIA: This is Lin. And Cathy.

BETTY: Oh Cathy what a lovely painting. What is it? Well I think it's a house on fire. I think all that red is a fire. Is that right? Or do I see legs, is it a horse? Can I have the lovely painting or is it for mummy? Children have such imagination, it makes them so exhausting. [*To Lin.*] I'm sure you're wonderful, just like Victoria. I had help with my children. One does need help. That was in Africa of course so there wasn't the servant problem. This is my son Edward. This is—

EDWARD: Lin.

BETTY: Lin, this is Lin. Edward is doing something such fun, he's working in the park as a gardener. He does look exactly like a gardener.

EDWARD: I am a gardener.

BETTY: He's certainly making a stab at it. Well it will be a story to tell. I expect he will write a novel about it, or perhaps a television series. Well what a pretty child Cathy is. Victoria was a pretty child just like a little doll—you can't be certain how they'll grow up. I think Victoria's very pretty but she doesn't make the most of herself, do you darling, it's not the fashion I'm told but there are still women who dress out of *Vogue*, well we hope that's not what Martin looks for, though in many ways I wish it was, I don't know what it is Martin looks for and nor does he I'm afraid poor Martin. Well I am rattling on. I like your skirt dear but your shoes won't do at all. Well do they have lady gardeners, Edward, because I'm going to leave your father and I think I might need to get a job, not a gardener really of course. I haven't got green fingers I'm afraid, everything I touch shrivels straight up. Vicky gave me a poinsettia last Christmas and the leaves all fell off on Boxing Day.[2] Well good heavens, look what's happened to that lovely painting.

2. December 26 is a holiday celebrated in Britain, Australia, and Canada.

[*Cathy has slowly and carefully been going over the whole sheet with black paint. She has almost finished.*]

LIN: What you do that for silly? It was nice.

CATHY: I like your earrings.

VICTORIA: Did you say you're leaving Daddy?

BETTY: Do you darling? Shall I put them on you? My ears aren't pierced, I never wanted that, they just clip on the lobe.

LIN: She'll get paint on you, mind.

BETTY: There's a pretty girl. It doesn't hurt does it? Well you'll grow up to know you have to suffer a little bit for beauty.

CATHY: Look mum I'm pretty, I'm pretty, I'm pretty.

LIN: Stop showing off Cathy.

VICTORIA: It's time we went home. Tommy, time to go home. Last go then, all right.

EDWARD: Mum did I hear you right just now?

CATHY: I want my ears pierced.

BETTY: Ooh, not till you're big.

CATHY: I know a girl got her ears pierced and she's three. She's got real gold.

BETTY: I don't expect she's English, darling. Can I give her a sweety? I know they're not very good for the teeth, Vicky gets terribly cross with me. What does mummy say?

LIN: Just one, thank you very much.

CATHY: I like your beads.

BETTY: Yes they are pretty. Here you are.

[*It is the necklace from ACT 1.*]

CATHY: Look at me, look at me. Vicky, Vicky, Vicky look at me.

LIN: You look lovely, come on now.

CATHY: And your hat, and your hat.

LIN: No, that's enough.

BETTY: Of course she can have my hat.

CATHY: Yes, yes, hat, hat. Look look look.

LIN: That's enough, please, stop it now. Hat off, bye bye hat.

CATHY: Give me my hat.

LIN: Bye bye beads.

BETTY: It's just fun.

LIN: It's very nice of you.

CATHY: I want my beads.

LIN: Where's the other earring?

CATHY: I want my beads.

[*Cathy has the other earring in her hand. Meanwhile Victoria and Edward look for it.*]

EDWARD: Is it on the floor?

VICTORIA: Don't step on it.

EDWARD: Where?

CATHY: I want my beads. I want my beads.

LIN: You'll have a smack.

[*Lin gets the earring from Cathy.*]

CATHY: I want my beads.

BETTY: Oh dear oh dear. Have you got the earring? Thank you darling.

CATHY: I want my beads, you're horrid, I hate you, mum, you smell.

BETTY: This is the point you see where one had help. Well it's been lovely seeing you dears and I'll be off again on my little walk.

VICTORIA: You're leaving him? Really?

BETTY: Yes you hear aright, Vicky, yes. I'm finding a little flat, that will be fun.
  [*Betty goes.*]

BETTY: Bye bye Tommy, granny's going now. Tommy don't hit that little girl, say goodbye to granny.

VICTORIA: Fucking hell.

EDWARD: Puking Jesus.

LIN: That was news was it, leaving your father?

EDWARD: They're going to want so much attention.

VICTORIA: Does everybody hate their mothers?

EDWARD: Mind you, I wouldn't live with him.

LIN: Stop snivelling, pigface. Where's your coat? Be quiet now and we'll have doughnuts for tea and if you keep on we'll have dogshit on toast.
  [*Cathy laughs so much she lies on the floor.*]

VICTORIA: Tommy, you've had two last goes. Last last last last go.

LIN: Not that funny, come on, coat on.

EDWARD: Can I have your painting?

CATHY: What for?

EDWARD: For a friend of mine.

CATHY: What's his name?

EDWARD: Gerry.

CATHY: How old is he?

EDWARD: Thirty-two.

CATHY: You can if you like. I don't care. Kiou kiou kiou kiou.
  [*Cathy goes out. Edward takes the painting and goes out.*]

LIN: Will you have sex with me?

VICTORIA: I don't know what Martin would say. Does it count as adultery with a woman?

LIN: You'd enjoy it.

Scene 2

Spring. Swing, bench, pond nearby. Edward is gardening. Gerry sitting on a bench.

EDWARD: I sometimes pretend we don't know each other. And you've come to the park to eat your sandwiches and look at me.

GERRY: That would be more interesting, yes. Come and sit down.

EDWARD: If the superintendent comes I'll be in trouble. It's not my dinner time yet. Where were you last night? I think you owe me an explanation. We always do tell each other everything.

GERRY: Is that a rule?

EDWARD: It's what we agreed.

GERRY: It's a habit we've got into. Look, I was drunk. I woke up at 4 o'clock on somebody's floor. I was sick. I hadn't any money for a cab. I went back to sleep.

EDWARD: You could have phoned.

GERRY: There wasn't a phone.

EDWARD: Sorry.

GERRY: There was a phone and I didn't phone you. Leave it alone, Eddy, I'm warning you.

EDWARD: What are you going to do to me, then?

GERRY: I'm going to the pub.

EDWARD: I'll join you in ten minutes.

GERRY: I didn't ask you to come. [*Edward goes.*] Two years I've been with Edward.
You have to get away sometimes or you lose sight of yourself. The train from Victoria to Clapham still has those compartments without a corridor. As soon as I got
on the platform I saw who I wanted. Slim hips, tense shoulders, trying not to look
at anyone. I put my hand on my packet just long enough so that he couldn't miss
it. The train came in. You don't want to get in too fast or some straight dumbo
might get in with you. I sat by the window. I couldn't see where the fuck he'd got
to. Then just as the whistle went he got in. Great. It's a six-minute journey so you
can't start anything you can't finish. I stared at him and he unzipped his flies, then
he stopped. So I stood up and took my cock out. He took me in his mouth and
shut his eyes tight. He was sort of mumbling it about as if he wasn't sure what to
do, so I said, 'A bit tighter son' and he said 'Sorry' and then got on with it. He was
jerking off with his left hand, and I could see he'd got a fairsized one. I wished he'd
keep still so I could see his watch. I was getting really turned on. What if we pulled
into Clapham Junction now. Of course by the time we sat down again the train
was just slowing up. I felt wonderful. Then he started talking. It's better if nothing
is said. Once you find he's a librarian in Walthamstow with a special interest in
science fiction and lives with his aunt, then forget it. He said I hope you don't
think I do this all the time. I said I hope you will from now on. He said he would if
I was on the train, but why don't we go out for a meal? I opened the door before
the train stopped. I told him I live with somebody, I don't want to know. He was
jogging sideways to keep up. He said 'What's your phone number, you're my ideal
physical type, what sign of the zodiac are you? Where do you live? Where are you
going now? It's not fair, I saw him at Victoria a couple of months later and I went
straight down to the end of the platform and I picked up somebody really great
who never said a word, just smiled.

[*Cathy is on the swing.*]

CATHY: Batman and Robin
Had a batmobile.
Robin done a fart
And paralysed the wheel.
The wheel couldn't take it,
The engine fell apart,
All because of Robin
And his supersonic fart.

[*Cathy goes. Martin, Victoria and Betty walking slowly.*]

MARTIN: Tom!

BETTY: He'll fall in.

VICTORIA: No he won't.

MARTIN: Don't go too near the edge Tom. Throw the bread from there. The ducks
can get it.

BETTY: I'll never be able to manage. If I can't even walk down the street by myself.
Everything looks so fierce.

VICTORIA: Just watch Tommy feeding the ducks.

BETTY: He's going to fall in. Make Martin make him move back.

VICTORIA: He's not going to fall in.

BETTY: It's since I left your father.

VICTORIA: Mummy, it really was the right decision.

BETTY: Everything comes at me from all directions. Martin despises me.

VICTORIA: Of course he doesn't, mummy.

BETTY: Of course he does.

MARTIN: Throw the bread. That's the way. The duck can get it. Quack quack quack quack quack.

BETTY: I don't want to take pills. Lin says you can't trust doctors.

VICTORIA: You're not taking pills. You're doing very well.

BETTY: But I'm so frightened.

VICTORIA: What are you frightened of?

BETTY: Victoria, you always ask that as if there was suddenly going to be an answer.

VICTORIA: Are you all right sitting there?

BETTY: Yes, yes. Go and be with Martin.

[*Victoria joins Martin, Betty stays sitting on the bench.*]

MARTIN: You take the job, you go to Manchester. You turn it down, you stay in London. People are making decisions like this every day of the week. It needn't be for more than a year. You get long vacations. Our relationship might well stand the strain of that, and if it doesn't we're better out of it. I don't want to put any pressure on you. I'd just like to know so we can sell the house. I think we're moving into an entirely different way of life if you go to Manchester because it won't end there. We could keep the house as security for Tommy but he might as well get used to the fact that life nowadays is insecure. You should ask your mother what she thinks and then do the opposite. I could just take that room in Barbara's house, and then we could babysit for each other. You think that means I want to fuck Barbara. I don't. Well, I do, but I won't. And even if I did, what's a fuck between friends? What are we meant to do it with; strangers? Whatever you want to do, I'll be delighted. If you could just let me know what it is I'm to be delighted about. Don't cry again, Vicky, I'm not the sort of man who makes women cry.

[*Lin has come in and sat down with Betty, Cathy joins them. She is wearing a pink dress and carrying a rifle.*]

LIN: I've bought her three new frocks. She won't wear jeans to school any more because Tracy and Mandy called her a boy.

CATHY: Tracy's got a perm.

LIN: You should have shot them.

CATHY: They're coming to tea and we've got to have trifle.[3] Not trifle you make, trifle out of a packet. And you've got to wear a skirt. And tights.

LIN: Tracy's mum wears jeans.

CATHY: She does not. She wears velvet.

BETTY: Well I think you look very pretty. And if that gun has caps in it please take it a long way away.

CATHY: It's got red caps. They're louder.

MARTIN: Do you think you're well enough to do this job? You don't have to do it. No one's going to think any the less of you if you stay here with me. There's no

3. An English dessert of fruit, custard, and cake.

point being so liberated you make yourself cry all the time. You stay and we'll get everything sorted out. What it is about sex, when we talk while it's happening I get to feel it's like a driving lesson. Left, right, a little faster, carry on, slow down—
[*Cathy shoots Victoria.*]

CATHY: You're dead Vicky.

VICTORIA: Aaaargh.

CATHY: Fall over.

VICTORIA: I'm not falling over, the ground's wet.

CATHY: You're dead.

VICTORIA: Yes, I'm dead.

CATHY: The Dead Hand Gang fall over. They said I had to fall over in the mud or I can't play. That duck's a mandarin.

MARTIN: Which one? Look, Tommy.

CATHY: That's a diver. It's got a yellow eye and it dives. That's a goose. Tommy doesn't know it's a goose, he thinks it's a duck. The babies get eaten by weasels. Kiou kiou.

[*Cathy goes.*]

MARTIN: So I lost my erection last night not because I'm not prepared to talk, it's just that taking in technical information is a different part of the brain and also I don't like to feel that you do it better to yourself. I have read the Hite report.[4] I do know that women have to learn to get their pleasure despite our clumsy attempts at expressing undying devotion and ecstasy, and that what we spent our adolescence thinking was an animal urge we had to suppress is in fact a fine art we have to acquire. I'm not like whatever percentage of American men have become impotent as a direct result of women's liberation, which I am totally in favour of, more I sometimes think than you are yourself. Nor am I one of your villains who sticks it in, bangs away, and falls asleep. My one aim is to give you pleasure. My one aim is to give you rolling orgasms like I do other women. So why the hell don't you have them? My analysis for what it's worth is that despite all my efforts you still feel dominated by me. I in fact think it's very sad that you don't feel able to take that job. It makes me feel very guilty. I don't want you to do it just because I encourage you to do it. But don't you think you'd feel better if you did take the job? You're the one who's talked about freedom. You're the one who's experimenting with bisexuality, and I don't stop you, I think women have something to give each other. You seem to need the mutual support. You find me too overwhelming. So follow it through, go away, leave me and Tommy alone for a bit, we can manage perfectly well without you. I'm not putting any pressure on you but I don't think you're being a whole person. God knows I do everything I can to make you stand on your own two feet. Just be yourself. You don't seem to realise how insulting it is to me that you can't get yourself together.

[*Martin and Victoria go.*]

BETTY: You must be very lonely yourself with no husband. You don't miss him?

LIN: Not really, no.

BETTY: Maybe you like being on your own.

LIN: I'm seeing quite a lot of Vicky. I don't live alone. I live with Cathy.

BETTY: I would have been frightened when I was your age. I thought, the poor children, their mother all alone.

---

4. A 1976 publication by feminist Shere Hite that challenged conventional notions about female sexuality and suggested (through responses to thousands of questionnaires) that most women were unsatisfied with their sex lives.

LIN: I've a lot of friends.

BETTY: I find when I'm making tea I put out two cups. It's strange not having a man in the house. You don't know who to do things for.

LIN: Yourself.

BETTY: Oh, that's very selfish.

LIN: Have you any women friends?

BETTY: I've never been so short of men's company that I've had to bother with women.

LIN: Don't you like women?

BETTY: They don't have such interesting conversations as men. There has never been a woman composer of genius. They don't have a sense of humour. They spoil things for themselves with their emotions. I can't say I do like women very much, no.

LIN: But you're a woman.

BETTY: There's nothing says you have to like yourself.

LIN: Do you like me?

BETTY: There's no need to take it personally, Lin.

[*Martin and Victoria come back.*]

MARTIN: Did you know if you put cocaine on your prick you can keep it up all night? The only thing is of course it goes numb so you don't feel anything. But you would, that's the main thing. I just want to make you happy.

BETTY: Vicky, I'd like to go home.

VICTORIA: Yes, mummy, of course.

BETTY: I'm sorry, dear.

VICTORIA: I think Tommy would like to stay out a bit longer.

LIN: Hello, Martin. We do keep out of each other's way.

MARTIN: I think that's the best thing to do.

BETTY: Perhaps you'd walk home with me, Martin. I do feel safer with a man. The park is so large the grass seems to tilt.

MARTIN: Yes, I'd like to go home and do some work. I'm writing a novel about women from the women's point of view.

[*Martin and Betty go. Lin and Victoria are alone. They embrace.*]

VICTORIA: Why the hell can't he just be a wife and come with me? Why does Martin make me tie myself in knots? No wonder we can't just have a simple fuck. No, not Martin, why do I make myself tie myself in knots. It's got to stop, Lin. I'm not like that with you. Would you love me if I went to Manchester?

LIN: Yes.

VICTORIA: Would you love me if I went on a climbing expedition in the Andes mountains?

LIN: Yes.

VICTORIA: Would you love me if my teeth fell out?

LIN: Yes.

VICTORIA: Would you love me if I loved ten other people?

LIN: And me?

VICTORIA: Yes.

LIN: Yes.

VICTORIA: And I feel apologetic for not being quite so subordinate as I was. I am more intelligent than him. I am brilliant.

LIN: Leave him Vic. Come and live with me.

VICTORIA: Don't be silly.

LIN: Silly, Christ, don't then. I'm not asking because I need to live with someone. I'd enjoy it, that's all, we'd both enjoy it. Fuck you. Cathy, for fuck's sake stop throwing stones at the ducks. The man's going to get you.

VICTORIA: What man? Do you need a man to frighten your child with?

LIN: My mother said it.

VICTORIA: You're so inconsistent, Lin.

LIN: I've changed who I sleep with, I can't change everything.

VICTORIA: Like when I had to stop you getting a job in a boutique and collaborating with sexist consumerism.

LIN: I should have got that job, Cathy would have liked it. Why shouldn't I have some decent clothes? I'm sick of dressing like a boy, why can't I look sexy, wouldn't you love me?

VICTORIA: Lin, you've no analysis.

LIN: No but I'm good at kissing aren't I? I give Cathy guns, my mum didn't give me guns. I dress her in jeans, she wants to wear dresses. I don't know. I can't work it out, I don't want to. You read too many books, you get at me all the time, you're worse to me than Martin is to you, you piss me off, my brother's been killed. I'm sorry to win the argument that way but there it is.

VICTORIA: What do you mean win the argument?

LIN: I mean be nice to me.

VICTORIA: In Belfast?

LIN: I heard this morning. Don't don't start. I've hardly seen him for two years. I rung my father. You'd think I'd shot him myself. He doesn't want me to go to the funeral. [Cathy approaches.]

VICTORIA: What will you do?

LIN: Go of course.

CATHY: What is it? Who's killed? What?

LIN: It's Bill. Your uncle. In the army. Bill that gave you the blue teddy.

CATHY: Can I have his gun?

LIN: It's time we went home. Time you went to bed.

CATHY: No it's not.

LIN: We go home and you have tea and you have a bath and you go to bed.

CATHY: Fuck off.

LIN: Cathy, shut up.

VICTORIA: It's only half past five, why don't we—

LIN: I'll tell you why she has to go to bed—

VICTORIA: She can come home with me.

LIN: Because I want her out the fucking way.

VICTORIA: She can come home with me.

CATHY: I'm not going to bed.

LIN: I want her home with me not home with you, I want her in bed, I want today over.

CATHY: I'm not going to bed.
    [Lin hits Cathy, Cathy cries.]

LIN: And shut up or I'll give you something to cry for.

CATHY: I'm not going to bed.

VICTORIA: Cathy—

LIN: You keep out of it.

VICTORIA: Lin for God's sake.

[*They are all shouting. Cathy runs off. Lin and Victoria are silent. Then they laugh and embrace.*]

LIN: Where's Tommy?

VICTORIA: What? Didn't he go with Martin?

LIN: Did he?

VICTORIA: God oh God.

LIN: Cathy! Cathy!

VICTORIA: I haven't thought about him. How could I not think about him? Tommy!

LIN: Cathy! Come on, quick, I want some help.

VICTORIA: Tommy! Tommy!

[*Cathy comes back.*]

LIN: Where's Tommy? Have you seen him? Did he go with Martin? Do you know where he is?

CATHY: I showed him the goose. We went in the bushes.

LIN: Then what?

CATHY: I came back on the swing.

VICTORIA: And Tommy? Where was Tommy?

CATHY: He fed the ducks.

LIN: No that was before.

CATHY: He did a pee in the bushes. I helped him with his trousers.

VICTORIA: And after that?

CATHY: He fed the ducks.

VICTORIA: No no.

CATHY: He liked the ducks. I expect he fell in.

LIN: Did you see him fall in?

VICTORIA: Tommy! Tommy!

LIN: What's the last time you saw him?

CATHY: He did a pee.

VICTORIA: Mummy said he would fall in. Oh God, Tommy!

LIN: We'll go round the pond. We'll go opposite ways round the pond.

ALL [*Shout*]: Tommy!

[*Victoria and Lin go off opposite sides. Cathy climbs the bench.*

CATHY: Georgie Best, superstar

Walks like a woman and wears a bra.

There he is! I see him! Mum! Vicky! There he is! He's in the bushes.

[*Lin comes back.*]

LIN: Come on Cathy love, let's go home.

CATHY: Vicky's got him.

LIN: Come on.

CATHY: Is she cross?

LIN: No. Come on.

CATHY: I found him.

LIN: Yes. Come on.

[*Cathy gets off the bench. Cathy and Lin hug.*]

CATHY: I'm watching telly.

LIN: Ok.

CATHY: After the news.

LIN: Ok.

CATHY: I'm not going to bed.

LIN: Yes you are.

CATHY: I'm not going to bed now.

LIN: Not now but early.

CATHY: How early?

LIN: Not late.

CATHY: How not late?

LIN: Early.

CATHY: How early?

LIN: Not late.

[*They go off together. Gerry comes on. He waits. Edward comes.*]

EDWARD: I've got some fish for dinner. I thought I'd make a cheese sauce.

GERRY: I won't be in.

EDWARD: Where are you going?

GERRY: For a start I'm going to a sauna. Then I'll see.

EDWARD: All right. What time will you be back? We'll eat then.

GERRY: You're getting like a wife.

EDWARD: I don't mind that.

GERRY: Why don't I do the cooking sometime?

EDWARD: You can if you like. You're just not so good at it that's all. Do it tonight.

GERRY: I won't be in tonight.

EDWARD: Do it tomorrow. If we can't eat it we can always go to a restaurant.

GERRY: Stop it.

EDWARD: Stop what?

GERRY: Just be yourself.

EDWARD: I don't know what you mean. Everyone's always tried to stop me being feminine and now you are too.

GERRY: You're putting it on.

EDWARD: I like doing the cooking. I like being fucked. You do like me like this really.

GERRY: I'm bored, Eddy.

EDWARD: Go to the sauna.

GERRY: And you'll stay home and wait up for me.

EDWARD: No, I'll go to bed and read a book.

GERRY: Or knit. You could knit me a pair of socks.

EDWARD: I might knit. I like knitting.

GERRY: I don't mind if you knit. I don't want to be married.

EDWARD: I do.

GERRY: Well I'm divorcing you.

EDWARD: I wouldn't want to keep a man who wants his freedom.

GERRY: Eddy, do stop playing the injured wife, it's not funny.

EDWARD: I'm not playing. It's true.

GERRY: I'm not the husband so you can't be the wife.

EDWARD: I'll always be here, Gerry, if you want to come back. I know you men like to go off by yourselves. I don't think I could love deeply more than once. But I don't think I can face life on my own so don't leave it too long or it may be too late.

GERRY: What are you trying to turn me into?

EDWARD: A monster, darling, which is what you are.

GERRY: I'll collect my stuff from the flat in the morning.

[*Gerry goes. Edward sits on the bench. It gets darker Victoria comes.*]

VICTORIA: Tommy dropped a toy car somewhere, you haven't seen it? It's red. He says it's his best one. Oh the hell with it Martin's reading him a story. There, isn't it quiet?

[*They sit on the bench, holding hands.*]

EDWARD: I like women.

VICTORIA: That should please mother.

EDWARD: No listen Vicky. I'd rather be a woman. I wish I had breasts like that, I think they're beautiful. Can I touch them?

VICTORIA: What, pretending they're yours?

EDWARD: No, I know it's you.

VICTORIA: I think I should warn you I'm enjoying this.

EDWARD: I'm sick of men.

VICTORIA: I'm sick of men.

EDWARD: I think I'm a lesbian.

Scene 3

The park. Summer night. Victoria, Lin and Edward drunk.

LIN: Where are you?

VICTORIA: Come on.

EDWARD: Do we sit in a circle?

VICTORIA: Sit in a triangle.

EDWARD: You're good at mathematics. She's good at mathematics.

VICTORIA: Give me your hand. We all hold hands.

EDWARD: Do you know what to do?

LIN: She's making it up.

VICTORIA: We start off by being quiet.

EDWARD: What?

LIN: Hush.

EDWARD: Will something appear?

VICTORIA: It was your idea.

EDWARD: It wasn't my idea. It was your book.

LIN: You said call up the goddess.

EDWARD: I don't remember saying that.

LIN: We could have called her on the telephone.

EDWARD: Don't be so silly, this is meant to be frightening.

LIN: Kiss me.

VICTORIA: Are we going to do it?

LIN: We're doing it.

VICTORIA: A ceremony.

LIN: It's very sexy, you said it is. You said the women were priests in the temples and fucked all the time. I'm just helping.

VICTORIA: As long as it's sacred.

LIN: It's very sacred.

VICTORIA: Innin, Innana, Nana, Nut, Anat, Anahita, Istar, Isis.[5]

---

5. Sumerian, Egyptian, Babylonian, and Persian iterations of the mythological mother–goddess figure, usually associated with water and often the queen of heaven.

LIN: I can't remember all that.

VICTORIA: Lin! Innin, Innana, Nana, Nut, Anat, Anahita, Istar, Isis.

[*Lin and Edward join in and continue the chant under Victoria's speech.*]

VICTORIA: Goddess of many names, oldest of the old, who walked in chaos and created life, hear us calling you back through time, before Jehovah, before Christ, before men drove you out and burnt your temples, hear us, Lady, give us back what we were, give us the history we haven't had, make us the women we can't be.

ALL: Innin, Innana, Nana, Nut, Anat, Anahita, Istar, Isis.

[*Chant continues under other speeches.*]

LIN: Come back, goddess.

VICTORIA: Goddess of the sun and the moon her brother, little goddess of Crete with snakes in your hands.

LIN: Goddess of breasts.

VICTORIA: Goddess of cunts.

LIN: Goddess of fat bellies and babies. And blood blood blood.

[*Chant continues.*]

LIN: I see her.

EDWARD: What?

[*They stop chanting.*]

LIN: I see her. Very tall. Snakes in her hands. Light light light—look out! Did I give you a fright?

EDWARD: I was terrified.

VICTORIA: Don't spoil it Lin.

LIN: It's all out of a book.

VICTORIA: Innin Innana—I can't do it now. I was really enjoying myself.

LIN: She won't appear with a man here.

VICTORIA: They had men, they had sons and lovers.

EDWARD: They had eunuchs.

LIN: Don't give us ideas.

VICTORIA: There's Attis and Tammuz,[6] they're torn to pieces.

EDWARD: Tear me to pieces, Lin.

VICTORIA: The priestess chose a lover for a year and he was king because she chose him and then he was killed at the end of the year.

EDWARD: Hurray.

VICTORIA: And the women had the children and nobody knew it was done by fucking so they didn't know about fathers and nobody cared who the father was and the property was passed down through the maternal line—

LIN: Don't turn it into a lecture, Vicky, it's meant to be an orgy.

VICTORIA: It never hurts to understand the theoretical background. You can't separate fucking and economics.

LIN: Give us a kiss.

EDWARD: Shut up, listen.

LIN: What?

EDWARD: There's somebody there.

LIN: Where?

---

6. Attis is the son of Nana, one of the goddesses they have to invoke; he is said to have died after castrating himself. Tammuz was the husband of the Babylonian mother–goddess, Ishtar; she herself effects his death but has him resurrected annually for six months at a time.

EDWARD: There.

VICTORIA: The priestesses used to make love to total strangers.

LIN: Go on then, I dare you.

EDWARD: Go on, Vicky.

VICTORIA: He won't know it's a sacred rite in honour of the goddess.

EDWARD: We'll know.

LIN: We can tell him.

EDWARD: It's not what he thinks, it's what we think.

LIN: Don't tell him till after, he'll run a mile.

VICTORIA: Hello. We're having an orgy. Do you want me to suck your cock?

  [*The stranger approaches. It is Martin.*]

MARTIN: There you are. I've been looking everywhere. What the hell are you doing? Do you know what the time is? You're all pissed out of your minds.

  [*They leap on Martin, pull him down and start to make love to him.*]

MARTIN: Well that's all right. If all we're talking about is having a lot of sex there's no problem. I was all for the sixties when liberation just meant fucking.

  [*Another stranger approaches.*]

LIN: Hey you, come here. Come and have sex with us.

VICTORIA: Who is it?

  [*The stranger is a soldier.*]

LIN: It's my brother.

EDWARD: Lin, don't.

LIN: It's my brother.

VICTORIA: It's her sense of humour, you get used to it.

LIN: Shut up Vicky, it's my brother. Isn't it? Bill?

SOLDIER: Yes it's me.

LIN: And you are dead.

SOLDIER: Fucking dead all right yeh.

LIN: Have you come back to tell us something?

SOLDIER: No I've come for a fuck. That was the worst thing in the fucking army. Never fucking let out. Can't fucking talk to Irish girls. Fucking bored out of my fucking head. That or shit scared. For five minutes I'd be glad I wasn't bored, then I was fucking scared. Then we'd come in and I'd be glad I wasn't scared and then I was fucking bored. Spent the day reading fucking porn and the fucking night wanking. Man's fucking life[7] in the fucking army? No fun when the fucking kids hate you. I got so I fucking wanted to kill someone and I got fucking killed myself and I want a fuck.

LIN: I miss you. Bill. Bill.

  [*Lin collapses. Soldier goes. Victoria comforts Lin.*]

EDWARD: Let's go home.

LIN: Victoria, come home with us. Victoria's coming to live with me and Edward.

MARTIN: Tell me about it in the morning.

LIN: It's true.

VICTORIA: It is true.

MARTIN: Tell me when you're sober.

---

7. Bill is referring to the British Army's recruitment slogan, "It's a man's life in the modern army."

[*Edward, Lin, Victoria go off together. Martin goes off alone. Gerry comes on.*]

GERRY: I come here sometimes at night and pick somebody up. Sometimes I come here at night and don't pick anybody up. I do also enjoy walking about at night. There's never any trouble finding someone. I can have sex any time. You might not find the type you most fancy every day of the week, but there's plenty of people about who just enjoy having a good time. I quite like living alone. If I live with someone I get annoyed with them. Edward always put on Capital radio when he got up. The silence gets wasted. I wake up at four o'clock sometimes. Birds. Silence. If I bring somebody home I never let them stay the night. Edward! Edward!

[*Edward from Act 1 comes on.*]

EDWARD: Gerry I love you.

GERRY: Yes, I know. I love you, too.

EDWARD: You know what we did? I want to do it again. I think about it all the time. Don't you want to any more?

GERRY: Yes, of course.

Song—Cloud Nine [*All*]

It'll be fine when you reach Cloud Nine.

Mist was rising and the night was dark.
Me and my baby took a walk in the park.
He said Be mine and you're on Cloud Nine.

Better watch out when you're on Cloud Nine.

Smoked some dope on the playground swings
Higher and higher on true love's wings
He said Be mine and you're on Cloud Nine.

Twenty-five years on the same Cloud Nine.

Who did she meet on her first blind date?
The guys were no surprise but the lady was great
They were women in love, they were on Cloud Nine.

Two the same, they were on Cloud Nine.

The bride was sixty-five, the groom was seventeen,
They fucked in the back of the black limousine.
It was divine in their silver Cloud Nine.

Simply divine in their silver Cloud Nine.

The wife's lover's children and my lover's wife,
Cooking in my kitchen, confusing my life.
And it's upside down when you reach Cloud Nine.
Upside down when you reach Cloud Nine.

Scene 4

The park. Afternoon in late summer. Martin, Cathy, Edward.

CATHY: Under the bramble bushes,
Under the sea boom boom boom,
True love for you my darling,
True love for me my darling,
When we are married,
We'll raise a family.
Boy for you, girl for me,
Boom tiddley oom boom
SEXY.

EDWARD: You'll have Tommy and Cathy tonight then ok? Tommy's still on antibi-
otics, do make him finish the bottle, he takes it in Ribena.[8] It's no good in orange,
he spits it out. Remind me to give you Cathy's swimming things.

CATHY: I did six strokes, didn't I Martin? Did I do a width? How many strokes is a
length? How many miles is a swimming pool? I'm going to take my bronze and silver and gold and diamond.

MARTIN: Is Tommy still wetting the bed?

EDWARD: Don't get angry with him about it.

MARTIN: I just need to go to the launderette so I've got a spare sheet. Of course I
don't get fucking angry, Eddy, for God's sake. I don't like to say he is my son but
he is my son. I'm surprised I'm not wetting the bed myself.

CATHY: I don't wet the bed ever. Do you wet the bed Martin?

MARTIN: No.

CATHY: You said you did.

[*Betty comes.*]

BETTY: I do miss the sun living in England but today couldn't be more beautiful.
You appreciate the weekend when you're working. Betty's been at work this week,
Cathy. It's terrible tiring, Martin, I don't know how you've done it all these years.
And the money, I feel like a child with the money, Clive always paid everything
but I do understand it perfectly well. Look Cathy let me show you my money.

CATHY: I'll count it. Let me count it. What's that?

BETTY: Five pounds, Five and five is—?

CATHY: One two three—

BETTY: Five and five is ten, and five—

CATHY: If I get it right can I have one?

EDWARD: No you can't.

[*Cathy goes on counting the money.*]

BETTY: I never like to say anything, Martin, or you'll think I'm being a mother-
in-law.

EDWARD: Which you are.

BETTY: Thank you, Edward, I'm not talking to you. Martin, I think you're being
wonderful. Vicky will come back. Just let her stay with Lin till she sorts herself out.
It's very nice for a girl to have a friend; I had friends at school, that was very nice.
But I'm sure Lin and Edward don't want her with them all the time. I'm not at all
shocked that Lin and Edward aren't married and she already has a child, we all

8. A black currant-flavored fruit drink.

know first marriages don't always work out. But really Vicky must be in the way. And poor little Tommy. I hear he doesn't sleep properly and he's had a cough.

MARTIN: No, he's fine, Betty, thank you.

CATHY: My bed's horrible. I want to sleep in the big bed with Lin and Vicky and Eddy and I do get in if I've got a bad dream, and my bed's got a bump right in my back. I want to sleep in a tent.

BETTY: Well Tommy has got a nasty cough, Martin, whatever you say.

EDWARD: He's over that. He's got some medicine.

MARTIN: He takes it in Ribena.

BETTY: Well I'm glad to hear it. Look what a lot of money, Cathy, and I sit behind a desk of my own and I answer the telephone and keep the doctor's appointment book and it really is great fun.

CATHY: Can we go camping, Martin, in a tent? We could take the Dead Hand Gang.

BETTY: Not those big boys, Cathy? They're far too big and rough for you. They climb back into the park after dark. I'm sure mummy doesn't let you play with them, does she Edward? Well I don't know.

[Ice cream bells.]

CATHY: Ice cream. Martin you promised. I'll have a double ninety-nine.[9] No I'll have a shandy lolly. Betty, you have a shandy lolly and I'll have a lick. No, you have a double ninety-nine and I'll have the chocolate.

[Martin, Cathy and Betty go, leaving Edward. Gerry comes.]

GERRY: Hello, Eddy. Thought I might find you here.

EDWARD: Gerry.

GERRY: Not working today then?

EDWARD: I don't work here any more.

GERRY: Your mum got you into a dark suit?

EDWARD: No of course not. I'm on the dole. I am working, though, I do housework.

GERRY: Whose wife are you now then?

EDWARD: Nobody's. I don't think like that any more. I'm living with some women.

GERRY: What women?

EDWARD: It's my sister, Vic, and her lover. They go out to work and I look after the kids.

GERRY: I thought for a moment you said you were living with women.

EDWARD: We do sleep together, yes.

GERRY: I was passing the park anyway so I thought I'd look in, I was in the sauna the other night and I saw someone who looked like you but it wasn't. I had sex with him anyway.

EDWARD: I do go to the sauna sometimes.

[Cathy comes, gives Edward an ice cream, goes.]

GERRY: I don't think I'd like living with children. They make a lot of noise don't they?

EDWARD: I tell them to shut up and they shut up. I wouldn't want to leave them at the moment.

GERRY: Look why don't we go for a meal sometime?

EDWARD: Yes I'd like that. Where are you living now?

GERRY: Same place.

EDWARD: I'll come round for you tomorrow night about 7.30.

GERRY: Great.

---

9. Frozen treats; a shandy lolly is a kind of popsicle.

[*Edward goes. Harry comes. Harry and Gerry pick each other up. They go off. Betty comes back.*]

BETTY: No, the ice cream was my treat, Martin. Off you go. I'm going to have a quiet sit in the sun.

[*Maud comes.*]

MAUD: Let Mrs Saunders be a warning to you, Betty. I know what it is to be unprotected.

BETTY: But mother, I have a job. I earn money.

MAUD: I know we have our little differences but I always want what is best for you.

[*Ellen comes.*]

ELLEN: Betty, what happens with a man?

BETTY: You just keep still.

ELLEN: And is it enjoyable? Don't forget me, Betty.

[*Maud and Ellen go.*]

BETTY: I used to think Clive was the one who liked sex. But then I found I missed it. I used to touch myself when I was very little, I thought I'd invented something wonderful. I used to do it to go to sleep with or to cheer myself up, and one day it was raining and I was under the kitchen table, and my mother saw me with my hand under my dress rubbing away, and she dragged me out so quickly I hit my head and it bled and I was sick, and nothing was said, and I never did it again till this year. I thought if Clive wasn't looking at me there wasn't a person there. And one night in bed in my flat I was so frightened I started touching myself. I thought my hand might go through space. I touched my face, it was there, my arm, my breast, and my hand went down where I thought it shouldn't, and I thought well there is somebody there. It felt very sweet, it was a feeling from very long ago, it was very soft, just barely touching, and I felt myself gathering together more and more and I felt angry with Clive and angry with my mother and I went on and on defying them, and there was this vast feeling growing in me and all round me and they couldn't stop me and no one could stop me and I was there and coming and coming. Afterwards I thought I'd betrayed Clive. My mother would kill me. But I felt: triumphant because I was a separate person from them. And I cried because I didn't want to be. But I don't cry about it any more. Sometimes I do it three times in one night and it really is great fun.

[*Victoria and Lin come in.*]

VICTORIA: So I said to the professor, I don't think this is an occasion for invoking the concept of structural causality—oh hello mummy.

BETTY: I'm going to ask you a question, both of you. I have a little money from your grandmother. And the three of you are living in that tiny flat with two children. I wonder if we could get a house and all live in it together? It would give you more room.

VICTORIA: But I'm going to Manchester anyway.

LIN: We'd have a garden, Vicky.

BETTY: You do seem to have such fun all of you.

VICTORIA: I don't want to.

BETTY: I didn't think you would.

LIN: Come on, Vicky, she knows we sleep together, and Eddy.

BETTY: I think I've known for quite a while but I'm not sure. I don't usually think about it, so I don't know if I know about it or not.

VICTORIA: I don't want to live with my mother.

LIN: Don't think of her as your mother, think of her as Betty.

VICTORIA: But she thinks of herself as my mother.

BETTY: I am your mother.

VICTORIA: But mummy we don't even like each other.

BETTY: We might begin to.

[*Cathy comes on howling with a nosebleed.*]

LIN: Oh Cathy what happened?

BETTY: She's been assaulted.

VICTORIA: It's a nosebleed.

CATHY: Took my ice cream.

LIN: Who did?

CATHY: Took my money.

[*Martin comes.*]

MARTIN: Is everything all right?

LIN: I thought you were looking after her.

CATHY: They hit me. I can't play. They said I'm a girl.

BETTY: Those dreadful boys, the gang, the Dead Hand.

MARTIN: What do you mean you thought I was looking after her?

LIN: Last I saw her she was with you getting an ice cream. It's your afternoon.

MARTIN: Then she went off to play. She goes off to play. You don't keep an eye on her every minute.

LIN: She doesn't get beaten up when I'm looking after her.

CATHY: Took my money.

MARTIN: Why the hell should I look after your child anyway? I just want Tommy. Why should he live with you and Vicky all week?

LIN: I don't mind if you don't want to look after her but don't say you will and then this happens.

VICTORIA: When I get to Manchester everything's going to be different anyway, Lin's staying here, and you're staying here, we're all going to have to sit down and talk it through.

MARTIN: I'd really enjoy that.

CATHY: Hit me on the face.

LIN: You were the one looking after her and look at her now, that's all.

MARTIN: I've had enough of you telling me.

LIN: Yes you know it all.

MARTIN: Now stop it. I work very hard at not being like this, I could do with some credit.

LIN: Ok you're quite nice, try and enjoy it. Don't make me sorry for you, Martin, it's hard for me too. We've better things to do than quarrel. I've got to go and sort those little bastards out for a start. Where are they, Cathy?

CATHY: Don't kill them, mum, hit them. Give them a nosebleed, mum.

[*Lin goes.*]

VICTORIA: Tommy's asleep in the pushchair. We'd better wake him up or he won't sleep tonight.

MARTIN: Sometimes I keep him up watching television till he falls asleep on the sofa so I can hold him. Come on, Cathy, we'll get another ice cream.

CATHY: Chocolate sauce and nuts.

VICTORIA: Betty, would you like an ice cream?

BETTY: No thank you, the cold hurts my teeth, but what a nice thought, Vicky, thank you.

[*Victoria goes. Betty alone. Gerry comes.*]

BETTY: I think you used to be Edward's flatmate.

GERRY: You're his mother. He's talked about you.

BETTY: Well never mind. Children are always wrong about their parents. It's great problem knowing where to live and who to share with. I live by myself just now.

GERRY: Good. So do I. You can do what you like.

BETTY: I don't really know what I like.

GERRY: You'll soon find out.

BETTY: What do you like?

GERRY: Waking up at four in the morning.

BETTY: I like listening to music in bed and sometimes for supper I just have a big piece of bread and dip it in very hot lime pickle. So you don't get lonely by yourself? Perhaps you have a lot of visitors. I've been thinking I should have some visitors, I could give a little dinner party. Would you come? There wouldn't just be bread and lime pickle.

GERRY: Thank you very much.

BETTY: Or don't wait to be asked to dinner. Just drop in informally. I'll give you the address shall I? I don't usually give strange men my address but then you're not a strange man, you're a friend of Edward's. I suppose I seem a different generation to you but you are older than Edward. I was married for so many years it's quite hard to know how to get acquainted. But if there isn't a right way to do things you have to invent one. I always thought my mother was far too old to be attractive but when you get to an age yourself it feels quite different.

GERRY: I think you could be quite attractive.

BETTY: If what?

GERRY: If you stop worrying.

BETTY: I think when I do more about things I worry about them less. So perhaps you could help me do more.

GERRY: I might be going to live with Edward again.

BETTY: That's nice, but I'm rather surprised if he wants to share a flat. He's rather involved with a young woman he lives with, or two young women, I don't understand Edward but never mind.

GERRY: I'm very involved with him.

BETTY: I think Edward did try to tell me once but I didn't listen. So what I'm being told now is that Edward is 'gay' is that right? And you are too. And I've being making rather a fool of myself. But Edward does also sleep with women.

GERRY: He does, yes, I don't.

BETTY: Well people always say it's the mother's fault but I don't intend to start blaming myself. He seems perfectly happy.

GERRY: I could still come and see you.

BETTY: So you could, yes. I'd like that. I've never tried to pick up a man before.

GERRY: Not everyone's gay.

BETTY: No, that's lucky isn't it.

[*Gerry goes. Clive comes.*]

CLIVE: You are not that sort of woman, Betty. I can't believe you are. I can't feel the same about you as I did. And Africa is to be communist I suppose. I used to be proud to be British. There was a high ideal. I came out onto the verandah and looked at the stars.

[*Clive goes. Betty from Act 1 comes. Betty and Betty embrace.*]

⚞ PERSPECTIVES ⚟
Whose Language?

Though Britain's last major overseas colony, Hong Kong, rejoined China in 1997, at least one important reminder of British rule remains in countries as far-flung as India, South Africa, and New Zealand: the English language itself. Twentieth-century linguists, following on the pioneering work of Benjamin Lee Whorf and Edward Sapir, are nearly unanimous in their belief that languages do not merely serve to describe the world but in fact help to create that world, establishing both a set of possibilities and a set of limits.

The politics of language thus becomes important for writers, especially writers in colonial and postcolonial cultures. In an episode from Joyce's *A Portrait of the Artist as a Young Man*, the Irish protagonist Stephen Dedalus converses with the English-born Dean of Studies at University College, Dublin, where Stephen is a student. In the course of the conversation it becomes clear that Stephen is already a more supple and cunning user of the English language than his teacher, and yet he feels himself at a disadvantage in having to use the language of the invader; he muses: "The language in which we are speaking is his before it is mine. How different are the words *home*, *Christ*, *ale*, *master*, on his lips and on mine! I cannot speak or write these words without unrest of spirit. His language, so familiar and so foreign, will always be for me an acquired speech. I have not made or accepted its words. My voice holds them at bay. My soul frets in the shadow of his language." The Penal Acts of 1695 and 1696 had made the Irish language illegal in Ireland; after 500 years of trying to subdue the "wild Irish," British lawmakers realized that the Irish natives would never be brought under English rule until their tongues were bound. In his poem *Traditions*, Seamus Heaney meditates on the enduring cost of what he has called elsewhere "the government of the tongue":

> Our guttural muse
> was bulled long ago
> by the alliterative tradition,
> her uvula grows
> vestigial, forgotten.

In much colonial and postcolonial writing, however, the confusion of tongues inflicted by British rule has been seen by the writers of Empire as a positive linguistic resource. Nadine Gordimer in South Africa and James Kelman in Scotland both mix local dialect with standard English to take the measure of reality a far cry from London. Salman Rushdie, explaining his decision to use English rather than his native Hindi, writes: "Those of us who do use English do so in spite of our ambiguity towards it, or perhaps because of that, perhaps because we can find in that linguistic struggle a reflection of other struggles taking place in the real world, struggles between the cultures within ourselves and the influences working upon our societies. To conquer English may be to complete the process of making ourselves free." Thus a great deal of contemporary English-language writing—especially in countries where English was once the language of the conqueror (such as Ireland, Scotland, Wales, South Africa, India, and Kenya)—meditates on the blindnesses and insights inherent in using English. Some writers, like the Irish poet Nuala Ní Dhomhnaill, write in defiance of English; if one's native tongue is a minority language like Irish, this decision necessarily narrows a writer's potential audience. More common is the decision made by Rushdie, and by James Joyce before him: to write English as an "outsider," attesting to an alien's perspective on the majority language.

Seamus Heaney
b. 1939

More prominently than any poet since Yeats, Seamus Heaney has put Irish poetry back at the center of British literary studies. His first full-length collection, *Death of a Naturalist* (1966), ushered in a period of renewed interest in Irish poetry generally, and Ulster poetry in particular; the subsequent attention to poets like Derek Mahon, Michael Longley, Medbh McGuckian and Paul Muldoon owes a great deal to the scope of Heaney's popularity.

As a great number of Heaney's early poems bear poignant witness, he spent his childhood in rural County Derry, Northern Ireland; his family was part of the Catholic minority in Ulster, and his experiences growing up were for that reason somewhat atypical. The critic Irvin Ehrenpreis maps the matrix of Heaney's contradictory position as an Irish poet: "Speech is never simple, in Heaney's conception. He grew up as an Irish Catholic boy in a land governed by Protestants whose tradition is British. He grew up on a farm in his country's northern, industrial region. As a person, therefore, he springs from the old divisions of his nation." His experience was split not only along religious lines, then, but also national and linguistic ones; in some of his early poetry Heaney suggests the split through the paired names—"Mossbawn" (the very English name of his family's fifty-acre farm) and "Anahorish" (Irish *anach fhior uisce*, "place of clear water," where he attended primary school). As a result, Heaney's is a liminal poetry—a "door into the dark"—and Heaney stands in the doorway, with one foot in each world. Heaney makes brilliant use of the linguistic resources of both the traditions he inherited, drawing on the heritage of English Romanticism while also relying heavily on Irish-language assonance in lines like "There were dragon-flies, spotted butterflies, / But best of all was the warm thick slobber / of frogspawn that grew like clotted water / In the shade of the banks" (*Death of a Naturalist*).

When he was twelve, Heaney won a scholarship to a Catholic boarding school in Londonderry (now Derry) then went on to Queen's University, Belfast, which was the center of a vital new poetic movement in the 1960s. He was influenced by poets who were able to transform the local into the universal, especially Ted Hughes and Robert Frost. As an "Ulster poet," it has fallen to Heaney to use his voice and his position to comment on Northern Ireland's sectarian violence; ironically enough, however, his most explicitly "political" poems were published before the flare-up of the Troubles that began in 1969, and his most self-conscious response to Ulster's strife, the volume *North* (1975), uses historical and mythological frameworks to address the current political situation obliquely. The Irish critic Seamus Deane has written, "Heaney is very much in the Irish tradition in that he has learned, more successfully than most, to conceive of his personal experience in terms of his country's history"; for Heaney, as the popular saying has it, the personal is the political, and the political the personal. His most successful poems dealing with Ulster's political and religious situation are probably those treating neolithic bodies found preserved in peat bogs. Heaney was living in Belfast, lecturing at Queen's University, at the inception of the Troubles; as a Catholic, he felt a need to convey the urgency of the situation without falling into the easy Republican—or Unionist, for that matter—rhetoric. It was at this point that Heaney discovered the anthropologist P. V. Glob's *The Bog People* (1969), which documents (with riveting photographs) the discovery of sacrificial victims preserved in bogs for 2,000 years. Heaney intuitively knew that he had found his "objective correlative"—what he has called his "emblems of adversity"—with which to explore the Troubles.

Like Yeats, Heaney has, from the very start, enjoyed both popular and critical acclaim. His poems have a surface simplicity; his early poetry especially relishes the carefully observed detail of rural Irish life.

The Toome Road

One morning early I met armoured cars
In convoy, warbling along on powerful tyres,
All camouflaged with broken alder branches,
And headphoned soldiers standing up in turrets.
5 How long were they approaching down my roads
As if they owned them? The whole country was sleeping.
I had rights-of-way, fields, cattle in my keeping,
Tractors hitched to buckrakes in open sheds,
Silos, chill gates, wet slates, the greens and reds
10 Of outhouse roofs. Whom should I run to tell
Among all of those with their back doors on the latch
For the bringer of bad news, that small-hours visitant
Who, by being expected, might be kept distant?
Sowers of seed, erectors of headstones . . .
15 O charioteers, above your dormant guns,
It stands here still, stands vibrant as you pass,
The invisible, untoppled omphalos.[1]

A Postcard from North Antrim

In Memory of Sean Armstrong

A lone figure is waving
From the thin line of a bridge
Of ropes and slats, slung
Dangerously out between
5 The cliff-top and the pillar rock.
A nineteenth-century wind.
Dulse[1]-pickers. Sea campions.[2]

A postcard for you, Sean,
And that's you, swinging alone,
10 Antic, half-afraid,
In your gallowglass's[3] beard
And swallow-tail of serge[4]:
The Carrick-a-Rede Rope Bridge
Ghost-written on sepia.[5]

15 Or should it be your houseboat
Ethnically furnished,
Redolent of grass?
Should we discover you
Beside those warm-planked, democratic wharves
20 Among the twilights and guitars
Of Sausalito?[6]

---

1. The navel, or central point (Greek).
1. An edible red seaweed.
2. A flowering plant with red, pink, and white blossoms.
3. Foreign soldier.

4. A fabric used for suits.
5. A brown pigment used in old photographs.
6. A resort city on San Francisco Bay.

Drop-out on a come-back,
Prince of no-man's land
With your head in clouds or sand,
25 You were the clown
Social worker of the town
Until your candid forehead stopped
A pointblank teatime bullet.

Get up from your blood on the floor.
30 Here's another boat
In grass by the lough[7] shore,
Turf smoke, a wired hen-run—
Your local, hoped for, unfound commune.
Now recite me *William Bloat*,
35 Sing of *the Calabar*

Or of Henry Joy McCracken
Who kissed his Mary Ann
On the gallows at Cornmarket.
Or Ballycastle Fair.
40 "Give us the raw bar!"
"Sing it by brute force
If you forget the air."

Yet something in your voice
Stayed nearly shut.
45 Your voice was a harassed pulpit
Leading the melody
It kept at bay,
It was independent, rattling, non-transcendent
Ulster—old decency

50 And Old Bushmills,[8]
Soda farls,[9] strong tea,
New rope, rock salt, kale plants,
Potato-bread and Woodbine[1].
Wind through the concrete vents
55 Of a border check-point.
Cold zinc nailed for a peace line.

Fifteen years ago, come this October,
Crowded on your floor,
I got my arm round Marie's shoulder
60 For the first time.
"Oh, Sir Jasper,[2] do not touch me!"
You roared across at me,
Chorus-leading, splashing out the wine.

---

7. Lake.
8. Manufacturer of Irish whiskey.
9. Cakes.

1. Brand of cigarette.
2. Title of a traditional (and bawdy) rugby song.

The Singer's House

When they said *Carrickfergus*[1] I could hear
the frosty echo of saltminers' picks.
I imagined it, chambered and glinting,
a township built of light.

5   What do we say any more
to conjure the salt of our earth?
So much comes and is gone
that should be crystal and kept,

      and amicable weathers
10   that bring up the grain of things,
their tang of season and store,
are all the packing we'll get.

So I say to myself *Gweebarra*[2]
and its music hits off the place
15 like water hitting off granite.
I see the glittering sound

framed in your window,
knives and forks set on oilcloth[3],
and the seals' heads, suddenly outlined,
20 scanning everything.

People here used to believe
that drowned souls lived in the seals.
At spring tides they might change shape.
They loved music and swam in for a singer

25 who might stand at the end of summer
in the mouth of a whitewashed turf-shed,
his shoulder to the jamb, his song
a rowboat far out in evening.

When I came here first you were always singing,
30 a hint of the clip of the pick
in your winnowing climb and attack.
Raise it again, man. We still believe what we hear.

The Skunk

Up, black, striped and damasked like the chasuble[1]
At a funeral Mass, the skunk's tail
Paraded the skunk. Night after night
I expected her like a visitor.

---

1. Seaport just north of Belfast on the northeast coast of
Ireland.
2. Bay in County Donegal, in the northwest of Ireland.

3. Stiff, waterproof cloth often used as tablecloth.
1. A sleeveless vest worn by priests.

5   The refrigerator whinnied into silence.
       My desk light softened beyond the verandah.
       Small oranges loomed in the orange tree.
       I began to be tense as a voyeur.

       After eleven years I was composing
10   Love-letters again, broaching the word "wife"
       Like a stored cask, as if its slender vowel
       Had mutated into the night earth and air

       Of California. The beautiful, useless
       Tang of eucalyptus spelt your absence.
15   The aftermath of a mouthful of wine
       Was like inhaling you off a cold pillow.

       And there she was, the intent and glamorous,
       Ordinary, mysterious skunk,
       Mythologized, demythologized.
20   Snuffing the boards five feet beyond me.

       It all came back to me last night, stirred
       By the sootfall of your things at bedtime,
       Your head-down, tail-up hunt in a bottom drawer
       For the black plunge-line nightdress.

25   Hear it calling out to every creature.
       And they drink these waters, although it is dark here
              because it is the night.

       I am repining for this living fountain.
       Within this bread of life I see it plain
30   although it is the night.

Punishment[1]

       I can feel the tug
       of the halter at the nape
       of her neck, the wind
       on her naked front.

5   It blows her nipples
       to amber beads,
       it shakes the frail rigging
       of her ribs.

       I can see her drowned
10   body in the bog,
       the weighing stone,
       the floating rods and boughs.

---

1. A young girl's body, dating from the first century A.D., was recovered from a German bog in 1951. The body exhibited various punishments bestowed upon adulterous women by ancient Germanic peoples.

Under which at first
she was a barked sapling
15   that is dug up
oak-bone, brain-firkin[2]:

her shaved head
like a stubble of black corn,
her blindfold a soiled bandage,
20   her noose a ring

to store
the memories of love.
Little adulteress,
before they punished you

25   you were flaxen-haired,
undernourished, and your
tar-black face was beautiful.
My poor scapegoat,

I almost love you
30   but would have cast, I know,
the stones of silence.
I am the artful voyeur

of your brain's exposed
and darkened combs,
35   your muscles' webbing
and all your numbered bones:

I who have stood dumb
when your betraying sisters,
cauled[3] in tar,
40   wept by the railings[4],

who would connive
in civilized outrage
yet understand the exact
and tribal, intimate revenge.

from **Station Island**[1]

12

Like a convalescent, I took the hand
stretched down from the jetty, sensed again
an alien comfort as I stepped on ground

---

2. A wooden container.
3. Capped.
4. In Belfast, women may still be shaven, stripped, tarred and handcuffed to railings by the Irish Republican Army for keeping company with British soldiers [Heaney's note].
1. *Station Island* is a sequence of dream encounters with familiar ghosts, set on Station Island on Lough Derg in County Donegal. The island is also known as St. Patrick's

Purgatory because of a tradition that Patrick was the first to establish the penitential vigil of fasting and praying that still constitutes the basis of the three-day pilgrimage. Each unit of the contemporary pilgrim's exercises is called a "station" and a large part of each station involves walking barefoot and praying round the "beds," stone circles which are said to be the remains of early medieval monastic cells [Heaney's note].

to find the helping hand still gripping mine,
5   fish-cold and bony, but whether to guide
or to be guided I could not be certain

for the tall man in step at my side
seemed blind, though he walked straight as a rush
upon his ash plant, his eyes fixed straight ahead.[2]

10   Then I knew him in the flesh
out there on the tarmac[3] among the cars,
wintered hard and sharp as a blackthorn bush.

His voice eddying with the vowels of all rivers[4]
came back to me, though he did not speak yet,
15   a voice like a prosecutor's or a singer's,

cunning, narcotic, mimic, definite
as a steel nib's[5] downstroke, quick and clean,
and suddenly he hit a litter basket

with his stick, saying, 'Your obligation
20   is not discharged by any common rite.
What you do you must do on your own.

The main thing is to write
for the joy of it. Cultivate a work-lust
that imagines its haven like your hands at night

25   dreaming the sun in the sunspot of a breast.
You are fasted now, light-headed, dangerous.
Take off from here. And don't be so earnest,

so ready for the sackcloth and the ashes.[6]
Let go, let fly, forget.
30   You've listened long enough. Now strike your note.'

It was as if I had stepped free into space
alone with nothing that I had not known
already. Raindrops blew in my face

as I came to and heard the harangue and jeers
35   going on and on: 'The English language
belongs to us. You are raking at dead fires,

rehearsing the old whinges[7] at your age.
That subject people stuff is a cod's[8] game,
infantile, like this peasant pilgrimage.

40   You lose more of yourself than you redeem
doing the decent thing. Keep at a tangent.
When they make the circle wide, it's time to swim

---

2. The speaker alludes to James Joyce, who was nearly
blinded by glaucoma and who affected an ashplant walk-
ing-stick.
3. Blacktop; pavement.
4. The "Anna Livia Plurabelle" section of Joyce's last

novel *Finnegans Wake* is thick with the names of rivers.
5. Penpoint.
6. The dress of repentance and grief.
7. Complaints.
8. Fool's.

out on your own and fill the element
with signatures on your own frequency,
45   echo-soundings, searches, probes, allurements.

elver-gleams[9] in the dark of the whole sea.'
The shower broke in a cloudburst, the tarmac
fumed and sizzled. As he moved off quickly

the downpour loosed its screens round his straight walk.

In Memoriam Francis Ledwidge[1]
Killed in France 31 July 1917

The bronze soldier hitches a bronze cape
That crumples stiffly in imagined wind
No matter how the real winds buff and sweep
His sudden hunkering run, forever craned

5   Over Flanders.[2] Helmet and haversack,
The gun's firm slope from butt to bayonet,
The loyal, fallen names on the embossed plaque—
It all meant little to the worried pet

I was in nineteen forty-six or seven,
10   Gripping my Aunt Mary by the hand
Along the Portstewart prom, then round the crescent[3]
To thread the Castle Walk out to the strand.

The pilot from Coleraine sailed to the coal-boat.
Courting couples rose out of the scooped dunes.
15   A farmer stripped to his studs and shiny waistcoat
Rolled the trousers down on his timid shins.

Francis Ledwidge, you courted at the seaside
Beyond Drogheda[4] one Sunday afternoon.
Literary, sweet-talking, countrified,
20   You pedalled out the leafy road from Slane[5]

Where you belonged, among the dolorous
And lovely: the May altar of wild flowers,
Easter water sprinkled in outhouses,
Mass-rocks and hill-top raths and raftered byres.[6]

9. Young eels, especially those migrating up a stream from
the ocean.
1. Francis Ledwidge (1891–1917) was friendly with some
of the leaders of the 1916 Rising yet, like thousands of
Irishmen of the time, felt himself constrained to enlist in
the British Army to defend "the rights of small nations"
[Heaney's note].
2. Much trench warfare took place here during World

War I.
3. Promenade; crescent: curved row of houses.
4. Seaport near the mouth of the Boyne River.
5. The Hill of Slane rises above Slane village, with a
commanding view of the Boyne River.
6. Rocks where persecuted Roman Catholics celebrated
mass in secret; raths: old circular forts; byres: cow sheds.

25 I think of you in your Tommy's uniform,[7]
A haunted Catholic face, pallid and brave,
Ghosting the trenches like a bloom of hawthorn
Or silence cored from a Boyne passage-grave.[8]

It's summer, nineteen-fifteen. I see the girl
30 My aunt was then, herding on the long acre.
Behind a low bush in the Dardanelles
You suck stones to make your dry mouth water.

It's nineteen-seventeen. She still herds cows
But a big strafe[9] puts the candles out in Ypres:
35 "My soul is by the Boyne, cutting new meadows . . .
My country wears her confirmation dress."

"To be called a British soldier while my country
Has no place among nations . . ." You were rent
By shrapnel six weeks later. "I am sorry
40 That party politics should divide our tents."

In you, our dead enigma, all the strains
Criss-cross in useless equilibrium
And as the wind tunes through this vigilant bronze
I hear again the sure confusing drum

45 You followed from Boyne water to the Balkans
But miss the twilit note your flute should sound.
You were not keyed or pitched like these true-blue ones
Though all of you consort now underground.

Postscript

And some time make the time to drive out west
Into County Clare,[1] along the Flaggy Shore,
In September or October, when the wind
And the light are working off each other
5 So that the ocean on one side is wild
With foam and glitter, and inland among stones
The surface of a slate-grey lake is lit
By the earthed lightning of a flock of swans,
Their feathers roughed and ruffling, white on white,
10 Their fully grown headstrong-looking heads
Tucked or cresting or busy underwater.
Useless to think you'll park and capture it
More thoroughly. You are neither here nor there,
A hurry through which known and strange things pass
15 As big soft buffetings come at the car sideways
And catch the heart off guard and blow it open.

7. Uniform of a British soldier in World War I.
8. An underground burial chamber entered through a long tunnel; the Boyne is a river in east Ireland where William III defeated James II.

9. A close-range airplane attack; Ypres: site of three World War I battles.
1. County in west Ireland.

Nuala Ní Dhomhnaill
b. 1952

Ní Dhomhnaill was born in a coal mining region in England, to Irish parents; she was sent at the age of five, however, to live with relatives in the Gaeltacht (Irish-speaking area) on the Dingle Peninsula in West Kerry—"dropped into it cold-turkey," she says. She thus grew up bilingual, speaking English in the home, Irish out of it. Ní Dhomhnaill quickly learned that translation always picks up and leaves behind meaning; she tells this story: "I recall as a child someone asking my name in Irish. The question roughly translates as 'Who do you belong to?' Still most fluent in English, I replied, 'I don't belong to anybody. I belong to myself.' That became quite a joke in the village." In some ways, Ní Dhomhnaill's poetic career has been the process of discovering who, and whose, she is—and making those discoveries through the medium of the Irish language; her name itself, pronounced *nu-AH-la ne GOE-ne*, sounds different than it looks to English eyes.

"The individual psyche is a rather puny thing," she has said; "One's interior life dries up without the exchange with tradition." Ní Dhomhnaill's fruitful exchange with the Irish literary tradition has resulted in a poetry rich in the imagery of Irish folklore and mythology, and pregnant with the sense of contradiction and irony that undergirds Irish writing ("We [Celts] are truly comfortable only with ambiguity," she says). Ní Dhomhnaill's poetry in Irish includes the prize-winning volumes *An Dealg Droighin* (1981) and *Féar Suaithinseach* (1984), as well as a selection of poems from her volume *Feis* translated into English by the poet Paul Muldoon. The *Irish Literary Supplement* has called her "the most widely known and acclaimed Gaelic poet of the century"; by continuing to write in Irish, she has helped make it a viable language for modern poetry. Ní Dhomhnaill lives in Dublin and teaches at University College, Cork.

Feeding a Child[1]

From honey-dew of milking
from cloudy heat of beestings
the sun rises up the back
of bare hills,
5   a guinea gold
to put in your hand,
my own.
You drink your fill from my breast
and fall back asleep
10   into a lasting dream
laughter in your face.
What is going through your head
you who are but
a fortnight on earth?

15   Do you know day from night
that the great early ebb
announces spring tide?
That the boats
are on deep ocean,
20   where live the seals and fishes

1. Translated by Michael Hartnett.

and the great whales,
and are coming hand over hand
each by seven oars manned?
That your small boats swims
25   óró[2] in the bay
with the flippered peoples
and the small sea-creatures
she slippery-sleek
from stem to bow
30   stirring sea-sand up
sinking sea-foam down.

Of all these things are you
ignorant?
As my breast is explored
35   by your small hand
you grunt with pleasure
smiling and senseless.
I look into your face child
not knowing if you know
40   your herd of cattle
graze in the land of giants
trespassing and thieving
and that soon you will hear
the fee-fie-fo-fum
45   sounding in your ear.

You are my piggy
who went to market
who stayed at home
who got bread and butter
50   who got none.
There's one good bite in you
but hardly two—
I like your flesh
but not the broth thereof.
55   And who are the original patterns
of the heroes and giants
if not you and I?

1986

Parthenogenesis[1]

Once, a lady of the Ó Moores
(married seven years without a child)
swam in the sea in summertime.
She swam well, and the day
5   was fine as Ireland ever saw
not even a puff of wind in the air

---

2. Soothing nonsense sound in Irish.

1. Translated by Michael Hartnett. "Parthenogenesis" is the scientific term for virgin birth.

all the bay calm, all the sea smooth—
a sheet of glass—supple, she struck out
with strength for the breaking waves
10   and frisked, elated by the world.
She ducked beneath the surface and there saw
what seemed a shadow, like a man's.
And every twist and turn she made
the shadow did the same
15   and came close enough to touch.
Heart jumped and sound stopped in her mouth
her pulses ran and raced, sides near burst.
The lower currents with their ice
pierced her to the bone
20   and the noise of the abyss numbed all her limbs
then scales grew on her skin . . .
the lure of the quiet dreamy undersea . . .
desire to escape to sea and shells . . .
the seaweed tresses where at last
25   her bones changed into coral
and time made atolls of her arms,
pearls of her eyes in deep long sleep,
at rest in a nest of weed,
secure as feather beds . . .
30   But stop!
Her heroic heritage was there,
she rose with speedy, threshing feet
and made in desperation for the beach:
with nimble supple strokes she made the sand.
35   Near death until the day,
some nine months later
she gave birth to a boy.
She and her husband so satisfied,
so full of love for this new son
40   forgot the shadow in the sea
and did not see what only the midwife saw—
stalks of sea-tangle in the boy's hair
small shellfish and sea-ribbons
and his two big eyes
45   as blue and limpid as lagoons.
A poor scholar passing by
who found lodging for the night
saw the boy's eyes never closed
in dark or light and when all the world slept
50   he asked the boy beside the fire
"Who are your people?" Came the prompt reply
"Sea People."

This same tale is told in the West
but the woman's an Ó Flaherty
55   and tis the same in the South
where the lady's called Ó Shea:

this tale is told on every coast.
But whoever she was I want to say
that the fear she felt
60 when the sea-shadow followed her
is the same fear that vexed
the young heart of the Virgin
when she heard the angels' sweet bell
and in her womb was made flesh
65 by all accounts
the Son of the Living God.

1986

Labasheedy (The Silken Bed)[1]

I'd make a bed for you
in Labasheedy
in the tall grass
under the wrestling trees
5   where your skin
would be silk upon silk
in the darkness
when the moths are coming down.

Skin which glistens
10 shining over your limbs
like milk being poured
from jugs at dinnertime;
your hair is a herd of goats
moving over rolling hills,
15 hills that have high cliffs
and two ravines.

And your damp lips
would be as sweet as sugar
at evening and we walking
20 by the riverside
with honeyed breezes
blowing over the Shannon
and the fuchsias bowing down to you
one by one.

25 The fuchsias bending low
their solemn heads
in obeisance to the beauty
in front of them
I would pick a pair of flowers
30 as pendant earrings
to adorn you
like a bride in shining clothes.

1. Translated by the author.

O I'd make a bed for you
in Labasheedy,
35   in the twilight hour
with evening falling slow
and what a pleasure it would be
to have our limbs entwine
wrestling
40   while the moths are coming down.

1986

As for the Quince[1]

There came this bright young thing
with a Black & Decker
and cut down my quince-tree.
I stood with my mouth hanging open
5   while one by one
she trimmed off the branches.

When my husband got home that evening
and saw what had happened
he lost the rag,
10   as you might imagine.
"Why didn't you stop her?
What would she think
if I took the Black & Decker
round to her place
15   and cut down a quince-tree
belonging to her?
What would she make of that?"

Her ladyship came back next morning
while I was at breakfast.
20   She enquired about his reaction.
I told her straight
that he was wondering how she'd feel
if he took a Black & Decker
round to her house
25   and cut down a quince-tree of hers,
etcetera etcetera.

"O," says she, "that's very interesting."
There was a stress on the "very."
She lingered over the "ing."
30   She was remarkably calm and collected.

These are the times that are in it, so,
all a bit topsy-turvy.
The bottom falling out of my belly
as if I had got a kick up the arse

1. Translated by Paul Muldoon.

35   or a punch in the kidneys.
      A fainting-fit coming over me
      that took the legs from under me
      and left me so zonked
      I could barely lift a finger
40   till Wednesday.

      As for the quince, it was safe and sound
      and still somehow holding its ground.

                                                                    1988

Why I Choose to Write in Irish,
The Corpse That Sits Up and Talks Back[1]

Not so long ago I telephoned my mother about some family matter. "So what are you writing these days?" she asked, more for the sake of conversation than anything else. "Oh, an essay for *The New York Times*," I said, as casually as possible. "What is it about?" she asked. "About what it is like to write in Irish," I replied. There was a good few seconds' pause on the other end of the line; then, "Well, I hope you'll tell them that it is mad." End of conversation. I had got my comeuppance. And from my mother, who was the native speaker of Irish in our family, never having encountered a single word of English until she went to school at the age of 6, and well up in her teens before she realized that the name they had at home for a most useful item was actually two words—"safety pin"—and that they were English. Typical.

But really not so strange. Some time later I was at a reception at the American Embassy in Dublin for two of their writers, Toni Morrison and Richard Wilbur. We stood in line and took our buffet suppers along to the nearest available table. An Irishwoman across from me asked what I did. Before I had time to open my mouth her partner butted in: "Oh, Nuala writes poetry in Irish." And what did I write about? she asked. Again before I had time to reply he did so for me: "She writes poems of love and loss, and I could quote you most of them by heart." This was beginning to get up my nose, and so I attempted simultaneously to deflate him and to go him one better. "Actually," I announced, "I think the only things worth writing about are the biggies: birth, death and the most important thing in between, which is sex." "Oh," his friend said to me archly, "and is there a word for sex in Irish?"

I looked over at the next table, where Toni Morrison was sitting, and I wondered if a black writer in America had to put up with the likes of that, or its equivalent. Here I was in my own country, having to defend the official language of the state from a compatriot who obviously thought it was an accomplishment to be ignorant of it. Typical, and yet maybe not so strange.

Let me explain. Irish (as it is called in the Irish Constitution; to call it Gaelic is not P.C. at the moment, but seen as marginalizing) is the Celtic language spoken by a small minority of native speakers principally found in rural pockets on the western seaboard. These Irish-speaking communities are known as the "Gaeltacht," and are the last remnants of an earlier historical time when the whole island was Irish-speaking, or one huge "Gaeltacht." The number of Irish speakers left in these areas who use the language in most of their daily affairs is a hotly debated point, and varies from

1. Published in the *New York Times Book Review*, January 1995.

100,000 at the most optimistic estimate to 20,000 at the most conservative. For the sake of a round number let us take it to be 60,000, or about 2 percent of the population of the Republic of Ireland.

Because of the effort of the Irish Revival movement, and of the teaching of Irish in the school system, however, the language is also spoken with varying degrees of frequency and fluency by a considerably larger number of people who have learned it as a second language. So much so that census figures over the last few decades have consistently indicated that up to one million people, or 30 percent of the population of the Republic, claim to be speakers of Irish. To this can be added the 146,000 people in the Six Counties of Northern Ireland who also are competent in Irish. This figure of one million speakers is, of course, grossly misleading and in no way reflects a widespread use of the language in everyday life. Rather it can be seen as a reflection of general good will toward the language, as a kind of wishful thinking. Nevertheless that good will is important.

The fact that the Irish language, and by extension its literature, has a precarious status in Ireland at the moment is a development in marked contrast to its long and august history. I believe writing in Irish is the oldest continuous literary activity in Western Europe, starting in the fifth century and flourishing in a rich and varied manuscript tradition right down through the Middle Ages. During this time the speakers of any invading language, such as Norse, Anglo-Norman and English, were assimilated, becoming "more Irish than the Irish themselves." But the Battle of Kinsale in 1601, in which the British routed the last independent Irish princes, and the ensuing catastrophes of the turbulent 17th century, including forced population transfers, destroyed the social underpinning of the language. Its decline was much accelerated by the great famine of the mid-19th century; most of the one million who died of starvation and the millions who left on coffin ships for America were Irish speakers. The fact that the fate of emigration stared most of the survivors in the eye further speeded up the language change to English—after all, "What use was your Irish to you over in Boston?"

The indigenous high culture became the stuff of the speech of fishermen and small farmers, and this is the language that I learned in West Kerry in the 1950's at the age of 5 in a situation of total immersion, when I was literally and figuratively farmed out to my aunt in the parish of Ventry. Irish is a language of enormous elasticity and emotional sensitivity; of quick and hilarious banter and a welter of references both historical and mythological; it is an instrument of imaginative depth and scope, which has been tempered by the community for generations until it can pick up and sing out every hint of emotional modulation that can occur between people. Many international scholars rhapsodize that this speech of ragged peasants seems always on the point of bursting into poetry. The pedagogical accident that had me learn this language at an early age can only be called a creative one.

The Irish of the Revival, or "book Irish," was something entirely different, and I learned it at school. Although my first literary love affair was with the Munster poets, Aodhagán Ó Rathaille and Eoghan Rua Ó Suilleabháin, and I had learned reams and reams of poetry that wasn't taught at school, when I myself came to write it didn't dawn on me that I could possibly write in Irish. The overriding ethos had got even to me. Writing poetry in Irish somehow didn't seem to be intellectually credible. So my first attempts, elegies on the deaths of Bobby Kennedy and Martin Luther King published in the school magazine, were all in English. They were all right, but even I could see that there was something wrong with them.

Writing Irish poetry in English suddenly seemed a very stupid thing to be doing. So I switched language in mid-poem and wrote the very same poem in Irish, and I could see immediately that it was much better. I sent it in to a competition in *The Irish Times*, where it won a prize, and that was that. I never looked back.

I had chosen my language, or more rightly, perhaps, at some very deep level, the language had chosen me. If there is a level to our being that for want of any other word for it I might call "soul" (and I believe there is), then for some reason that I can never understand, the language that my soul speaks, and the place it comes from, is Irish. At 16 I had made my choice. And that was that. It still is. I have no other.

But if the actual choice to write poetry in Irish was easy, then nothing else about it actually is, especially the hypocritical attitude of the state. On the one hand, Irish is enshrined as a nationalistic token (the ceremonial *cúpla focal*—"few words"—at the beginning and end of speeches by politicians, broadcasters and even airline crews is an example). On the other hand, it would not be an exaggeration to speak of the state's indifference, even downright hostility, to Irish speakers in its failure to provide even the most basic services in Irish for those who wish to go about their everyday business in that language.

"The computer cannot understand Irish" leads the excuses given by the state to refuse to conduct its business in Irish, even in the Gaeltacht areas. Every single service gained by Irish speakers has been fought for bitterly. Thus the "Gaelscoileanna," or Irish schools, have been mostly started by groups of parents, often in the very teeth of fierce opposition from the Department of Education. And the only reason we have a single Irish radio station is that a civil rights group started a pirate station 20 years ago in the West and shamed the Government into establishing this vital service. An Irish television channel is being mooted[2] at present, but I'll believe it when I see it.

You might expect at least the cultural nationalists and our peers writing in English to be on our side. Not so. A recent television documentary film about Thomas Kinsella begins with the writer intoning the fact that history has been recorded in Irish from the fifth century to the 19th. Then there is a pregnant pause. We wait for a mention of the fact that life, experience, sentient consciousness, even history is being recorded in literature in Irish in the present day. We wait in vain. By an antiquarian sleight of hand it is implied that Irish writers in English are now the natural heirs to a millennium and a half of writing in Irish. The subtext of the film is that Irish is dead.

So what does that make me, and the many other writers of the large body of modern literature in Irish? A walking ghost? A linguistic specter?

Mind you, it is invidious of me to single out Thomas Kinsella; this kind of insidious "bad faith" about modern literature in Irish is alive and rampant among many of our fellow writers in English. As my fellow poet in Irish, Biddy Jenkinson, has said, "We have been pushed into an ironic awareness that by our passage we would convenience those who will be uneasy in their Irishness as long as there is a living Gaelic tradition to which they do not belong." Now let them make their peace with the tradition if they wish to, I don't begrudge them a line of it. But I'll be damned if their cultural identity is procured at the expense of my existence, or of that of my language.

2. Debated.

I can well see how it suits some people to see Irish-language literature as the last rictus[3] of a dying beast. As far as they are concerned, the sooner the language lies down and dies, the better, so they can cannibalize it with greater equanimity, peddling their "ethnic chic" with nice little translations "from the Irish." Far be it from them to make the real effort it takes to learn the living language. I dare say they must be taken somewhat aback when the corpse that they have long since consigned to choirs of angels, like a certain Tim Finnegan,[4] sits up and talks back to them.

The fault is not always one-sided. The Gaels (Irish-language writers) often fell prey to what Terence Browne, a literary historian, has called an "atmosphere of national self-righteousness and cultural exclusiveness," and their talent did not always equal the role imposed on them. Nevertheless, long after the emergence of a high standard of literature in Irish with Seán Ó Riordáin, Máirtín Ó Direáin and Máire Mhac an tSaoi in poetry, and Máirtín Ó Cadhain in prose, writing in Irish was conspicuously absent from anthologies in the 1950's and 60's. Even as late as the 70's one of our "greats," Seán Ó Riordáin, could hear on the radio two of his co-writers in English saying how "poetry in Ireland had been quiescent in the 50's," thus consigning to nothingness the great work that he and his fellow poets in Irish had produced during that very decade. After a lifetime devoted to poetry, is it any wonder that he died in considerable grief and bitterness?

As for the cultural nationalists, Irish was never the language of nationalist mobilization. Unlike other small countries where nationalism rose throughout the 19th century, in Ireland it was religion rather than language that mostly colored nationalism. Daniel O'Connell, the Liberator, a native-Irish-speaking Kerryman, used to address his monster mass meetings from the 1820's to the 40's in English, even though this language was not understood by 70 percent of the people he was addressing. Why? Because it was at the reporters over from *The Times* of London and their readers that his words were being primarily directed. It is particularly painful to recall that while nationalism was a major motivator in developing modern literary languages out of such varied tongues as Norwegian, Hungarian, Finnish and Estonian, during that very same period the high literary culture of Irish was being reduced to the language of peasants. By the time the revival began, the damage had already been done, and the language was already in irreversible decline (spoken by only 14.5 percent in 1880). The blatant myopia of the cultural nationalists is still alive and glaringly obvious in the disgraceful underrepresentation of Irish in the recently published three-volume *Field Day Anthology of Irish Writing*.

It should not be surprising, then, that we poets and fiction writers in Irish who are included in the anthology feel as if we are being reduced to being exotic background, like Irish Muzak. Thus the cultural nationalists, without granting Irish the intellectual credibility of rational discourse or the popular base of the oral tradition, enshrine it instead as the repository of their own utopian fantasies; pristine, changeless, "creative," but otherwise practically useless.

How does all this affect me, as a poet writing in Irish? Well, inasmuch as I am human and frail and prone to vanity and clamoring for attention, of course it disturbs me to be misunderstood, misrepresented and finally all but invisible in my own country. I get depressed, I grumble and complain, I stand around in rooms muttering darkly.

---

3. Gasp.
4. In the vaudeville song *Tim Finnegan's Wake*, the hero takes a drunken fall and dies. At his wake, however, whiskey is spilled over his body and he comes back to life. James Joyce uses this story as the central structure for *Finnegans Wake*.

Still and all, at some very deep and fundamental level it matters not one whit. All I ever wanted was to be left alone so that I could go on writing poetry in Irish. I still remember a time when I had an audience I could count on the fingers of one hand. I was perfectly prepared for that. I still am.

But it has been gratifying to reach a broader audience through the medium of translations, especially among the one million who profess some knowledge of Irish. Many of them probably had good Irish when they left school but have had no chance of using it since for want of any functional context where it would make sense to use the language. I particularly like it when my poetry in English translation sends them back to the originals in Irish, and when they then go on to pick up the long-lost threads of the language that is so rightly theirs. I also find it pleasant and vivifying to make an occasional trip abroad and to reach a wider audience by means of dual-language readings and publications.

But my primary audience is those who read my work in Irish only. A print run for a book of poems in Irish is between 1,000 and 1,500 copies. That doesn't sound like much until you realize that that number is considered a decent run by many poets in English in Ireland, or for that matter even in Britain or America, where there's a much larger population.

The very ancientness of the Irish literary tradition is also a great source of strength to me as a writer. This works at two levels, one that is mainly linguistic and prosodic and another that is mainly thematic and inspirational. At the linguistic level, Old Irish, though undoubtedly very difficult, is much closer to Modern Irish than, say, Anglo-Saxon is to Modern English. Anyone like me with a basic primary degree in the language and a bit of practice can make a fair job of reading most of the medieval texts in the original.

Thematically too, the older literature is a godsend, though I am only now slowly beginning to assess its unique possibilities to a modern writer. There are known to be well over 4,000 manuscripts in Ireland and elsewhere of material from Old to Modern Irish. Apart from the great medieval codices, only about 50 other manuscripts date from before 1650. Nevertheless, the vast majority of the manuscripts painstakingly copied down after this time are exemplars of much earlier manuscripts that have since been lost. A lot of this is catalogued in ways that are unsatisfactory for our time.

Many items of enormous psychological and sexual interest, for example, are described with the bias of the last century as "indecent and obscene tales, unsuitable for publication." On many such manuscripts human eye has not set sight since they were so described. In addition, most scholarly attention has been paid to pre-Norman-Conquest material as the repository of the unsullied wellsprings of the native soul (those cultural nationalists again!), with the result that the vast area of post-Conquest material has been unfairly neglected. The main advantage of all this material to me is that it is proof of the survival until even a very late historical date of a distinct *Weltanschauung* [worldview] radically different from the Anglo mentality that has since eclipsed it.

Because of a particular set of circumstances, Irish fell out of history just when the modern mentality was about to take off. So major intellectual changes like the Reformation, the Renaissance, the Enlightenment, Romanticism and Victorian prudery have never occurred in it, as they did in the major European languages.

One consequence is that the attitude to the body enshrined in Irish remains extremely open and uncoy. It is almost impossible to be "rude" or "vulgar" in Irish. The body, with its orifices and excretions, is not treated in a prudish manner but is accepted as *an nádúir,* or "nature," and becomes a source of repartee and laughter rather than anything to be ashamed of. Thus little old ladies of quite impeccable and unimpeachable moral character tell risqué stories with gusto and panache. Is there a word for sex in Irish, indeed! Is there an Eskimo word for snow?

By now I must have spent whole years of my life burrowing in the department of folklore at University College, Dublin, and yet there are still days when my hands shake with emotion holding manuscripts. Again, this material works on me on two levels. First is when I revel in the well-turned phrase or nuance or retrieve a word that may have fallen into disuse. To turn the pages of these manuscripts is to hear the voices of my neighbors and my relatives—all the fathers and grandfathers and uncles come to life again. The second interest is more thematic. This material is genuinely ineffable, like nothing else on earth.

Indeed, there is a drawer in the index entitled "Neacha neamhbeo agus nithe nach bhfuil ann" ("Unalive beings and things that don't exist"). Now I am not the greatest empiricist in the world but this one has even me stumped. Either they exist or they don't exist. But if they don't exist why does the card index about them stretch the length of my arm? Yet that is the whole point of this material and its most enduring charm. Do these beings exist? Well, they do and they don't. You see, they are beings from *an saol eile,* the "otherworld," which in Irish is a concept of such impeccable intellectual rigor and credibility that it is virtually impossible to translate into English, where it all too quickly becomes fey and twee and "fairies-at-the-bottom-of-the-garden."

The way so-called depth psychologists go on about the subconscious nowadays you'd swear they had invented it, or at the very least stumbled on a ghostly and ghastly continent where mankind had never previously set foot. Even the dogs in the street in West Kerry know that the "otherworld" exists, and that to be in and out of it constantly is the most natural thing in the world.

This constant tension between reality and fantasy, according to Jeffrey Gantz, the translator of *Early Irish Myths and Sagas,* is characteristic of all Celtic art, but manifests itself particularly in the literature of Ireland. Mr Gantz believes that it is not accidental to the circumstances of the literary transmission but is rather an innate characteristic, a gift of the Celts. It means that the "otherworld" is not simply an anticipated joyful afterlife; it is also—even primarily—an alternative to reality.

This easy interaction with the imaginary means that you don't have to have a raving psychotic breakdown to enter the "otherworld." The deep sense in the language that something exists beyond the ego-envelope is pleasant and reassuring, but it is also a great source of linguistic and imaginative playfulness, even on the most ordinary and banal of occasions.

Let's say I decide some evening to walk up to my aunt's house in West Kerry. She hears me coming. She knows it is me because she recognizes my step on the cement pavement. Still, as I knock lightly on the door she calls out, "An de bheoaibh nó de mhairbh thu?" ("Are you of the living or of the dead?") Because the possibility exists that you could be either, and depending on which category you belong to, an entirely different protocol would be brought into play. This is all a joke, of course, but a joke that is made possible by the imaginative richness of the language itself.

I am not constructing an essentialist argument here, though I do think that because of different circumstances, mostly historical, the strengths and weaknesses of Irish are different from those of English, and the imaginative possibilities of Irish are, from a poet's perspective, one of its greatest strengths. But this is surely as true of, say, Bengali as it is of Irish. It is what struck me most in the Nobel Prize acceptance speech made by the Yiddish writer Isaac Bashevis Singer. When often asked why he wrote in a dead language, Singer said he was wont to reply that he wrote mostly about ghosts, and that is what ghosts speak, a dead language.

Singer's reply touched a deep chord with his Irish audience. It reminded us that the precariousness of Irish is not an Irish problem alone. According to the linguist Michael Krause in *Language* magazine, minority languages in the English language sphere face a 90 percent extinction rate between now and some time in the next century. Therefore, in these days when a major problem is the growth of an originally Anglo-American, but now genuinely global, pop monoculture that reduces everything to the level of the most stupendous boredom, I would think that the preservation of minority languages like Irish, with their unique and unrepeatable way of looking at the world, would be as important for human beings as the preservation of the remaining tropical rain forests is for biological diversity.

Recently, on a short trip to Kerry with my three daughters, I stayed with my brother and his wife in the old house he is renovating on the eastern end of the Dingle peninsula, under the beetling brow of Cathair Chonroi promontory fort. My brother said he had something special to show us, so one day we trooped up the mountain to Derrymore Glen. Although the area is now totally denuded of any form of growth other than lichens and sphagnum moss, the name itself is a dead giveaway: Derrymore from *Doire Mór* in Irish, meaning "Large Oak Grove."

A more desolate spot you cannot imagine, yet halfway up the glen, in the crook of a hanging valley, intricate and gnarled, looking for all the world like a giant bonsai, was a single survivor, one solitary oak tree. Only the top branches were producing leaves, it was definitely on its last legs and must have been at least 200 to 300 years old. How it had survived the massive human and animal depredation of the countryside that occurred during that time I do not know, but somehow it had.

It was very much a *bile*, a sacred tree, dear to the Celts. A fairy tree. A magic tree. We were all very moved by it. Not a single word escaped us, as we stood in the drizzle. At last Ayse, my 10-year-old, broke the silence. "It would just give you an idea," she said, "of what this place was like when it really was a '*Doire Mór*' and covered with oak trees." I found myself humming the air of *Cill Cais*, that lament for both the great woods of Ireland and the largess of the Gaelic order that they had come to symbolize:

> Cad a dhéanfaimid feasta gan adhmad?
> Tá deireadh na gcoillte ar lár.
> Níl trácht ar Chill Cais ná a theaghlach
> is ní chlingfear a chling go brách.

> What will we do now without wood
> Now that the woods are laid low?
> Cill Cais or its household are not mentioned
> and the sound of its bell is no more.

A week later, back in Dublin, that question is still ringing in the air. I am waiting for the children to get out of school and writing my journal in Irish in a modern shopping mall in a Dublin suburb. Not a single word of Irish in sight on sign or advertisement, nor a single sound of it in earshot. All around me are well-dressed and articulate women. I am intrigued by snatches of animated conversation, yet I am conscious of a sense of overwhelming loss. I think back to the lonely hillside, and to Ayse. This is the answer to the question in the song. This is what we will do without wood.

At some level, it doesn't seem too bad. People are warm and not hungry. They are expressing themselves without difficulty in English. They seem happy. I close my notebook with a snap and set off in the grip of that sudden pang of despair that is always lurking in the ever-widening rents of the linguistic fabric of minority lan-guages. Perhaps my mother is right. Writing in Irish is mad. English is a wonderful language, and it also has the added advantage of being very useful for putting bread on the table. Change is inevitable, and maybe it is part of the natural order of things that some languages should die while others prevail.

And yet, and yet . . . I know this will sound ridiculously romantic and sentimen-tal. Yet not by bread alone. . . . We raise our eyes to the hills. . . . We throw our bread upon the waters.[5] There are mythical precedents. Take for instance Moses' mother, consider her predicament. She had the choice of giving up her son to the Egyptian soldiery, to have him cleft in two before her very eyes, or to send him down the Nile in a basket, a tasty dinner for crocodiles. She took what under the circumstances must have seemed very much like *rogha an dá dhiogha* ("the lesser of two evils") and Exodus and the annals of Jewish history tell the rest of the story, and are the direct results of an action that even as I write is still working out its inexorable destiny. I know it is wrong to compare small things with great, yet my final answer to why I write in Irish is this:

Ceist 'na Teangan

Curirim mo dhóchas ar snámh
i mbáidn´ teangan
faoi mar a leagfá naíonán
i gcliabhán
a bheadh fite fuaite
de dhuilleoga feileastraim
is bitiúman agus pic
bheith cuimilte lena thóin

ansan é a leagadh síos
i measc na ngiolcach
is coigeal na mban sí
le taobh na habhann,
féachaint n'fheadaráis
cá dtabharfaidh an sruth é,
féachaint, dála Mhaoise,
an bhfóirfidh iníon Fharoinn?

5. Echoing three biblical affirmations of the need to look beyond immediate material wants (Matthew 4.4, Psalm 121.1, Ecclesiastes 11.1). In the first passage cited, Jesus is fasting in the wilderness and rejects Satan's tempting suggestion that he turn stones into bread: "he answered, 'It is written, "Man shall not live by bread alone, but by every word that proceeds from the mouth of God." ' "

The Language Issue

I place my hope on the water
in this little boat
of the language, the way a body might put
an infant

in a basket of intertwined
iris leaves,
its underside proofed
with bitumen and pitch,

then set the whole thing down amidst
the sedge
and bulrushes by the edge
of a river

only to have it borne hither and thither,
not knowing where it might end up;
in the lap, perhaps,
of some Pharaoh's daughter.[6]

Ngugi wa Thiong'o
b. 1938–

The great novelist and postcolonial theorist Ngugi wa Thiong'o is a crucial figure to bring into the debate about the ownership of English. Like Nuala Ní Dhomhnaill, the Irish poet who has decided to write in Irish and have her work translated by others into English, even though English is her first language, Ngugi has political reasons for questioning the use of English by African writers who, as he once did, write the literature of modern Africa in European languages. Ngugi achieved prominence in Africa and in Britain and America for his English-language novels of the African struggle for self-determination, especially the revolution in Kenya that led to its independence from Great Britain. After two years of imprisonment by the Kenyan government in 1977 for what it considered a subversive play, Ngugi made the decision to stop writing in English and has since done his creative work in Gĩkũyũ, offering English translations, while continuing to write critical works and political essays in English for worldwide audiences. Despite his love of English and the global impact of his novels, Ngugi wa Thiong'o believes English can never be one of Africa's true languages of liberation and cultural creation.

A Kenyan of the Gĩkũyũ tribe, Ngugi was born James Ngugi, one of twenty-eight children of a peasant farmer who squatted on the land of an African landlord. Kenya was under British colonial rule then, and James's early education was at missionary-run primary schools. Political agitation for independence reached a peak in the 1950s, and when a "State of Emergency" was declared in Kenya in 1952 by the British, English became the official language of instruction. Ngugi won a place at the prestigious Alliance High School and received a thorough training in English literature. The struggle for independence powerfully affected him and his community; upon arriving home on a school vacation, for example, Ngugi found his home destroyed by the colonial soldiers, whose policy of "protecting" villages from insurgency was

---

6. As happened with Moses when the Israelites were enslaved in Egypt (Exodus 2). Fearing their growing numbers, Pharaoh had ordered all male Hebrew infants to be drowned in the Nile; Moses's mother instead set him adrift in a reed basket, which was found by the Pharaoh's daughter, who adopted him and raised him as an Egyptian. As an adult, Moses led the Israelites out of Egypt to the Promised Land.

actually designed to cut off the supply of food the villagers gave to the freedom fighters. This trauma is registered at the heart of Ngugi's writing; his novels almost all contain the motif of a thwarted attempt to return home.

Ngugi graduated from Makerere University College in Kampala with an honors degree in English; in the heady postcolonial atmosphere he read not only English classics but was also exposed to the new literature of Africa and the Caribbean by writers like Chinua Achebe and George Lamming. By 1966 James Ngugi had gone to England to study for an M.A. in English at Leeds University, although his main subject was to be Caribbean literature. Ngugi never finished his thesis, which was ironically a boon to world literature, because he was immersed in completing his important novel *A Grain of Wheat* (1966). Two novels had preceded it, the autobiographical *Weep Not, Child* (1964) and *The River Between* (1965). Throughout this time Ngugi continued to write plays; the last work he published as James Ngugi was a collection of short plays *This Time Tomorrow* (1970). While teaching as a visiting professor at several universities, Ngugi wa Thiong'o wrote one of his most impressive novels, *Petals of Blood* (1977). As its title suggests, the novel also treats the bloody trauma of breaking away as a new nation, a nation inevitably haunted by its former colonial existence.

The two years Ngugi spent in prison crystallized his thoughts about decolonization, which he had come to see was not merely a political event but demanded an entire change in the minds of those who had been dominated. The price of becoming free and establishing a viable culture entailed giving up the language of the colonizer. The president of Kenya, Daniel Arap Moi, has permanently banned Ngugi from Kenya as a political threat. From the time of his sentence on, although living in exile and far from his Gĩkũyũ roots in Kenya, Ngugi's fiction, plays, and poetry have been written in Gĩkũyũ language. His first post-English novel, *Caitaani Muthara-ini* (*Devil on the Cross*, 1980), was written in jail on sheets of the coarse toilet paper provided him in his prison cell and smuggled out by a sympathetic guard. With the strokes of his worn pencil on that rough and precious paper, Ngugi proved his dedication to creating an African literature in its indigenous tongues and ceased to be what he now calls an Afro-European writer. Ngugi has not been back to Kenya since 1982, and his books are banned in his homeland. He has written several novels in the past decade, as well as screenplays for African cinema and many more plays; he founded and edited the first Gĩkũyũ language literary journal *Mutiri*. Ngugi taught all over the world as a visiting professor at such institutions as Beyreuth University, Auckland University, and Yale University, among others, until finding an academic home at New York University in 1992, where he is the Erich Maria Remarque Professor of Languages and Literatures.

Paradoxically, perhaps, Ngugi wrote his great theoretical analysis of the political and spiritual process of decolonization, *Decolonizing the Mind* (1980), in English, and it has circulated globally as a worldwide touchstone of liberation. An excerpt chosen from this lasting book represents Ngugi's uncompromising answer to the question "whose language?" English can never belong to Africans until the languages of Africa create a literary home where English is not the master, but only an invited guest.

from DECOLONIZING THE MIND
Native African Languages

3

I was born into a large peasant family: father, four wives and about twenty-eight children. I also belonged, as we all did in those days, to a wider extended family and to the community as a whole.

We spoke Gĩkũyũ as we worked in the fields. We spoke Gĩkũyũ in and outside the home. I can vividly recall those evenings of story-telling around the fireside. It was mostly the grown-ups telling the children but everybody was interested and involved. We children would re-tell the stories the following day to other children who worked in the fields picking the pyrethrum flowers, tea-leaves or coffee beans of our European and African landlords.

The stories, with mostly animals as the main characters, were all told in Gĩkũyũ. Hare, being small, weak but full of innovative wit and cunning, was our hero. We identified with him as he struggled against the brutes of prey like Lion, Leopard, Hyena. His victories were our victories and we learnt that the apparently weak can outwit the strong. We followed the animals in their struggle against hostile nature—drought, rain, sun, wind—a confrontation often forcing them to search for forms of co-operation. But we were also interested in their struggles amongst themselves, and particularly between the beasts and the victims of prey. These twin struggles, against nature and other animals, reflected real-life struggles in the human world.

Not that we neglected stories with human beings as the main characters. There were two types of characters in such human-centred narratives: the species of truly human beings with qualities of courage, kindness, mercy, hatred of evil, concern for others; and a man-eat-man two-mouthed species with qualities of greed, selfishness, individualism and hatred of what was good for the larger co-operative community. Co-operation as the ultimate good in a community was a constant theme. It could unite human beings with animals against ogres and beasts of prey, as in the story of how Dove, after being fed with castoroil seeds, was sent to fetch a smith working far away from home and whose pregnant wife was being threatened by these man-eating two-mouthed ogres.

There were good and bad story-tellers. A good one could tell the same story over and over again, and it would always be fresh to us, the listeners. He or she could tell a story told by someone else and make it more alive and dramatic. The differences really were in the use of words and images and the inflexion of voices to effect different tones.

We therefore learnt to value words for their meaning and nuances. Language was not a mere string of words. It had a suggestive power well beyond the immediate and lexical meaning. Our appreciation of the suggestive magical power of language was reinforced by the games we played with words through riddles, proverbs, transpositions of syllables, or through nonsensical but musically arranged words. So we learnt the music of our language on top of the content. The language, through images and symbols, gave us a view of the world, but it had a beauty of its own. The home and the field were then our pre-primary school but what is important, for this discussion, is that the language of our evening teach-ins, and the language of our immediate and wider community, and the language of our work in the fields were one.

And then I went to school, a colonial school, and this harmony was broken. The language of my education was no longer the language of my culture. I first went to Kamaandura, missionary run, and then to another called Maanguũ run by nationalists grouped around the Gĩkũyũ Independent and Karinga Schools Association. Our language of education was still Gĩkũyũ. The very first time I was ever given an ovation for my writing was over a composition in Gĩkũyũ. So for my first four years there was still harmony between the language of my formal education and that of the Limuru peasant community.

It was after the declaration of a state of emergency over Kenya in 1952 that all the schools run by patriotic nationalists were taken over by the colonial regime and were placed under District Education Boards chaired by Englishmen. English became the language of my formal education. In Kenya, English became more than a language: it was *the* language, and all the others had to bow before it in deference.

Thus one of the most humiliating experiences was to be caught speaking Gĩkũyũ in the vicinity of the school. The culprit was given corporal punishment—three to five strokes of the cane on bare buttocks—or was made to carry a metal plate around the neck with inscriptions such as I AM STUPID or I AM A DONKEY. Sometimes the culprits were fined money they could hardly afford. And how did the teachers catch the culprits? A button was initially given to one pupil who was supposed to hand it over to whoever was caught speaking his mother tongue. Whoever had the button at the end of the day would sing who had given it to him and the ensuing process would bring out all the culprits of the day. Thus children were turned into witch-hunters and in the process were being taught the lucrative value of being a traitor to one's immediate community.

The attitude to English was the exact opposite: any achievement in spoken or written English was highly rewarded; prizes, prestige, applause; the ticket to higher realms. English became the measure of intelligence and ability in the arts, the sciences, and all the other branches of learning. English became *the* main determinant of a child's progress up the ladder of formal education.

As you may know, the colonial system of education in addition to its apartheid racial demarcation had the structure of a pyramid: a broad primary base, a narrowing secondary middle, and an even narrower university apex. Selections from primary into secondary were through an examination, in my time called Kenya African Preliminary Examination, in which one had to pass six subjects ranging from Maths to Nature Study and Kiswahili. All the papers were written in English. Nobody could pass the exam who failed the English language paper no matter how brilliantly he had done in the other subjects. I remember one boy in my class of 1954 who had distinctions in all subjects except English, which he had failed. He was made to fail the entire exam. He went on to become a turn boy in a bus company. I who had only passes but a credit in English got a place at the Alliance High School, one of the most elitist institutions for Africans in colonial Kenya. The requirements for a place at the University, Makerere University College, were broadly the same: nobody could go on to wear the undergraduate red gown, no matter how brilliantly they had performed in all the other subjects unless they had a credit—not even a simple pass!—in English. Thus the most coveted place in the pyramid and in the system was only available to the holder of an English language credit card. English was the official vehicle and the magic formula to colonial elitedom.

Literary education was now determined by the dominant language while also reinforcing that dominance. Orature (oral literature) in Kenyan languages stopped. In primary school I now read simplified Dickens and Stevenson alongside Rider Haggard. Jim Hawkins, Oliver Twist, Tom Brown—not Hare, Leopard and Lion—were now my daily companions in the world of imagination. In secondary school, Scott and G. B. Shaw vied with more Rider Haggard, John Buchan, Alan Paton, Captain W. E. Johns. At Makerere I read English: from Chaucer to T. S. Eliot with a touch of Graham Greene.

Thus language and literature were taking us further and further from ourselves to other selves, from our world to other worlds.

What was the colonial system doing to us Kenyan children? What were the consequences of, on the one hand, this systematic suppression of our languages and the literature they carried, and on the other the elevation of English and the literature it carried?

9

I started writing in Gĩkũyũ language in 1977 after seventeen years of involvement in Afro-European literature, in my case Afro-English literature. It was then that I collaborated with Ngũgĩ wa Mĩriĩ in the drafting of the playscript, *Ngaahika Ndeenda* (the English translation was *I Will Marry When I Want*). I have since published a novel in Gĩkũyũ, *Caitaani Mũtharabainĩ* (English translation: *Devil on the Cross*) and completed a musical drama, *Maitũ Njugĩra*, (English translation: *Mother Sing for Me*); three books for children, *Njamba Nene na Mbaathi i Mathagu, Bathitoora ya Njamba Nene, Njamba Nene na Cibũ Kĩng'ang'i*, as well as another novel manuscript: *Matigari Ma Njirũũngi*. Wherever I have gone, particularly in Europe, I have been confronted with the question: why are you now writing in Gĩkũyũ? Why do you now write in an African language? In some academic quarters I have been confronted with the rebuke, 'Why have you abandoned us?' It was almost as if, in choosing to write in Gĩkũyũ, I was doing something abnormal. But Gĩkũyũ is my mother tongue! The very fact that what common sense dictates in the literary practice of other cultures is being questioned in an African writer is a measure of how far imperialism has distorted the view of African realities. It has turned reality upside down: the abnormal is viewed as normal and the normal is viewed as abnormal. Africa actually enriches Europe: but Africa is made to believe that it needs Europe to rescue it from poverty. Africa's natural and human resources continue to develop Europe and America: but Africa is made to feel grateful for aid from the same quarters that still sit on the back of the continent. Africa even produces intellectuals who now rationalise this upside-down way of looking at Africa.

I believe that my writing in Gĩkũyũ language, a Kenyan language, an African language, is part and parcel of the anti-imperialist struggles of Kenyan and African peoples. In schools and universities our Kenyan languages—that is the languages of the many nationalities which make up Kenya—were associated with negative qualities of backwardness, underdevelopment, humiliation and punishment. We who went through that school system were meant to graduate with a hatred of the people and the culture and the values of the language of our daily humiliation and punishment. I do not want to see Kenyan children growing up in that imperialist-imposed tradition of contempt for the tools of communication developed by their communities and their history. I want them to transcend colonial alienation.

* * *

Chinua Achebe once decried the tendency of African intellectuals to escape into abstract universalism in the words that apply even more to the issue of the language of African literature:

> Africa has had such a fate in the world that the very adjective *African* can call up hideous fears of rejection. Better then to cut all the links with this homeland, this liability, and become in one giant leap the universal man. Indeed I understand this anxiety. *But running away from oneself seems to me a very inadequate way of dealing with an anxiety* [italics mine]. And if writers should opt for such escapism, who is to meet the challenge?

Who indeed?

We African writers are bound by our calling to do for our languages what Spenser, Milton and Shakespeare did for English; what Pushkin and Tolstoy did for Russian; indeed what all writers in world history have done for their languages by meeting the challenge of creating a literature in them, which process later opens the languages for philosophy, science, technology and all the other areas of human creative endeavours.

Nadine Gordimer
b. 1923

Nadine Gordimer was born in South Africa to Jewish emigrant parents from London. Thus her childhood, like those of the children of countless middle-class colonial families, was somewhat complex and contradictory. In an interview, Gordimer offers this explanation: "I think when you're born white in South Africa, you're peeling like an orange. You're sloughing off all the conditioning that you've had since you were a child." In Gordimer's case, that "sloughing off" of white, British prejudices and habits of mind has been thorough; the novelist Paul Theroux, for instance, suggests that "Gordimer's vision of Africa is the most complete one we have, and in time to come, when we want to know everything there is to know about a newly independent black African country, it is to this white South African woman . . . that we will turn."

Since Gordimer published her first collection of short stories in 1949 her writing has been praised for its evenhanded and scrupulously honest treatment of the political terrain of South Africa; over the years she has become, in the words of one critic, "the literary voice and conscience of her society." Among her gifts are an ear sensitive to the cadences and idiosyncrasies of spoken English, and a gift for social satire in service of a finally moral purpose. The long-standing subject of Gordimer's writing—her great theme—is, as critic Michiko Kakutani describes it, "the consequences of apartheid on the daily lives of men and women, the distortions it produces in relationships among both blacks and whites." In Gordimer's writing, these distortions are always shown rather than explained; her presentation is essentially dramatic, a trait she shares with modern masters of short fiction like Chekhov and Joyce.

Gordimer has been faulted for the emphasis in politics in her writing. Her response to this charge is eloquent: "The real influence of politics on my writing is the influence of politics on people. Their lives, and I believe their very personalities, are changed by the extreme political circumstances one lives under in South Africa. I am dealing with people; here are people who are shaped and changed by politics. In that way my material is profoundly influenced by politics." To date, Gordimer has published more than ten novels, including the celebrated *A Guest of Honour* (1970) and *The Conservationist* (1974; cowinner of the Booker McConnell Prize), and more than a dozen collections of short stories. *Jump and Other Stories*, which includes *What Were You Dreaming?*, was published in 1991, the same year Gordimer was awarded the Nobel Prize for Literature. In this story, the disjunction between black and white South African English is the starting-point for an exploration of blocked communication between races and genders alike.

What Were You Dreaming?

I'm standing here by the road long time, yesterday, day before, today. Not the same road but it's the same—hot, hot like today. When they turn off where they're going, I must get out again, wait again. Some of them they just pretend there's nobody there, they don't want to see nobody. Even go a bit faster, *ja*. Then they past, and I'm waiting. I combed my hair; I don't want to look like a *skollie* [ruffian]. Don't smile because they think you being too friendly, you think you good as them. They go and they go. Some's got the baby's napkin hanging over the back window to keep out this sun. Some's not going on holiday with their kids but is alone; all alone in a big car. But they'll never stop, the whites, if they alone. Never. Because these *skollies* and that kind've spoilt it all for us, sticking a gun in the driver's neck, stealing his money, beating him up and taking the car. Even killing him. So it's buggered up for us. No white wants some guy sitting behind his head. And the blacks—when they stop for you, they ask for money. They want you must pay, like for a taxi! The blacks!

But then these whites: they stopping; I'm surprised, because it's only two—empty in the back—and the car it's a beautiful one. The windows are that special glass, you can't see in if you outside, but the woman has hers down and she's calling me over with her finger. She ask me where I'm going and I say the next place because they don't like to have you for too far, so she say get in and lean into the back to move along her stuff that's on the back seat to make room. Then she say, lock the door, just push that button down, we don't want you to fall out, and it's like she's joking with someone she know. The man driving smiles over his shoulder and say something—I can't hear it very well, it's the way he talk English. So anyway I say what's all right to say, yes master, thank you master, I'm going to Warmbad. He ask again, but man, I don't get it—*Ekskuus?* Please? And she chips in—she's a lady with grey hair and he's a young chap—My friend's from England, he's asking if you've been waiting a long time for a lift. So I tell them—A long time? Madam! And because they white, I tell them about the blacks, how when they stop they ask you to pay. This time I under-stand what the young man's saying, he say, And most whites don't stop? And I'm careful what I say, I tell them about the blacks, how too many people spoil it for us, they robbing and killing, you can't blame white people. Then he ask where I'm from. And she laugh and look round where I'm behind her. I see she know I'm from the Cape, although she ask me. I tell her I'm from the Cape Flats[1] and she say she sup-pose I'm not born there, though, and she's right, I'm born in Wynberg, right there in Cape Town. So she say, And they moved you out?

Then I catch on what kind of white she is; so I tell her, yes, the government kicked us out from our place, and she say to the young man, You see?

He want to know why I'm not in the place in the Cape Flats, why I'm so far away here. I tell them I'm working in Pietersburg.[2] And he keep on, why? Why? What's my job, everything, and if I don't understand the way he speak, she chips in again all the time and ask me for him. So I tell him, panel beater.[3] And I tell him, the pay is very low in the Cape. And then I begin to tell them lots of things, some things is real and some things I just think of, things that are going to make them like me, maybe they'll take me all the way there to Pietersburg.

I tell them I'm six days on the road. I not going to say I'm sick as well, I been home because I was sick—because *she's* not from overseas, I suss that, she know that old story. I tell them I had to take leave because my mother's got trouble with my brothers and sisters, we seven in the family and no father. And s'true's God, it seem like what I'm saying. When do you ever see him except he's drunk. And my brother is trouble, trouble, he hangs around with bad people and my other brother doesn't help my mother. And that's no lie, neither, how can he help when he's doing time; but they don't need to know that, they only get scared I'm the same kind like him, if I tell about him, assault and intent to do bodily harm. The sisters are in school and my mother's only got the pension. *Ja.* I'm working there in Pietersburg and every week, madam, I swear to you, I send my pay for my mother and sisters. So then he say, Why get off here? Don't you want us to take you to Pietersburg? And she say, of course, they going that way.

And I tell them some more. They listening to me so nice, and I'm talking, talk-ing. I talk about the government, because I hear she keep saying to him, telling about this law and that law. I say how it's not fair we had to leave Wynberg and go to the

---

1. A small town near Cape Town.   3. A person who does body work on automobiles.
2. A city in northeastern South Africa.

Flats. I tell her we got sicknesses—she say what kind, is it unhealthy there? And I don't have to think what, I just say it's *bad, bad,* and she say to the man, *As I told you.* I tell about the house we had in Wynberg, but it's not my grannie's old house where we was all living together so long, the house I'm telling them about is more the kind of house they'll know, they wouldn't like to go away from, with a tiled bathroom, electric stove, everything. I tell them we spend three thousand rands fixing up that house—my uncle give us the money, that's how we got it. He give us his savings, three thousand rands. (I don't know why I say three; old Uncle Jimmy never have three or two or one in his life. I just say it.) And then we just kicked out. And panel beaters getting low pay there; it's better in Pietersburg.

He say, but I'm far from my home? And I tell her again, because she's white but she's a woman too, with that grey hair she's got grown-up kids—Madam. I send my pay home every week, s'true's God, so's they can eat, there in the Flats. I'm saying, *six days on the road.* While I'm saying it, I'm thinking; then I say, look at me, I got only these clothes, I sold my things on the way, to have something to eat. *Six days on the road.* He's from overseas and she isn't one of those who say you're a liar, doesn't trust you—right away when I got in the car, I notice she doesn't take her stuff over to the front like they usually do in case you pinch something of theirs. Six days on the road, and am I tired, tired! When I get to Pietersburg I must try borrow me a rand to get a taxi there to where I live. He say, Where do you live? Not in town? And she laugh, because he don't know nothing about this place, where whites live and where we must go—but I know they both thinking and I know what they thinking; I know I'm going to get something when I get out, don't need to worry about that. They feeling bad about me, now. Bad. Anyhow it's God's truth that I'm tired, tired, that's true.

They've put up her window and he's pushed a few buttons, now it's like in a supermarket, cool air blowing, and the windows like sunglasses: that sun can't get me here.

The Englishman glances over his shoulder as he drives.

"Taking a nap."

"I'm sure it's needed."

All through the trip he stops for everyone he sees at the roadside. Some are not hitching at all, never expecting to be given a lift anywhere, just walking in the heat outside with an empty plastic can to be filled with water or paraffin or whatever it is they buy in some country store, or standing at some point between departure and destination, small children and bundles linked on either side, baby on back. She hasn't said anything to him. He would only misunderstand if she explained why one doesn't give lifts in this country; and if she pointed out that in spite of this, she doesn't mind him breaking the sensible if unfortunate rule, he might misunderstand that, as well— think she was boasting of her disregard for personal safety weighed in the balance against decent concern for fellow beings.

He persists in making polite conversation with these passengers because he does-n't want to be patronizing; picking them up like so many objects and dropping them off again, silent, smelling of smoke from open cooking fires, sun and sweat, there behind his head. They don't understand his Englishman's English and if he gets an answer at all it's a deaf man's guess at what's called for. Some grin with pleasure and embarrass him by showing it the way they've been taught is acceptable, invoking him as *baas* and *master* when they get out and give thanks. But although he doesn't know it, being too much concerned with those names thrust into his hands like whips whose purpose is repugnant to him, has nothing to do with him, she knows each time that there is a moment of annealment[4] in the air-conditioned hired car belonging to nobody—a moment like that on a no-man's-land bridge in which an accord between warring countries is signed—when there is no calling of names, and all belong in each other's presence. He doesn't feel it because he has no wounds, neither has inflicted, nor will inflict any.

This one standing at the roadside with his transistor radio in a plastic bag was actually thumbing a lift like a townee; his expectation marked him out. And when her companion to whom she was showing the country inevitably pulled up, she read the face at the roadside immediately: the lively, cajoling, performer's eyes, the salmon-pinkish cheeks and nostrils, and as he jogged over smiling, the unselfconscious gap of gum between the canines.

A sleeper is always absent; although present, there on the back seat.

"The way he spoke about black people, wasn't it surprising? I mean—he's black himself."

"Oh no he's not. Couldn't you see the difference? He's a Cape Coloured. From the way he speaks English—couldn't you hear he's not like the Africans you've talked to?"

But of course he hasn't seen, hasn't heard: the fellow is dark enough, to those who don't know the signs by which you're classified, and the melodramatic, long-vowelled English is as difficult to follow if more fluent than the terse, halting responses of blacker people.

"Would he have a white grandmother or even a white father, then?"

She gives him another of the little history lessons she has been supplying along the way. The Malay slaves brought by the Dutch East India Company[5] to their supply station, on the route to India, at the Cape in the seventeenth century; the Khoikhoi who were the indigenous inhabitants of that part of Africa; add Dutch, French, English, German settlers whose back-yard progeniture with these and other blacks began a people who are all the people in the country mingled in one bloodstream. But encounters along the road teach him more than her history lessons, or the political analyses in which they share the same ideological approach although he does not share responsibility for the experience to which the ideology is being applied. She has explained Acts, Proclamations, Amendments. The Group Areas Act, Resettlement Act, Orderly Movement and Settlement of Black Persons Act. She has translated these statute-book euphemisms: people as movable goods. People packed onto trucks along with their stoves and beds while front-end loaders scoop away their homes into rubble. People dumped somewhere else. Always somewhere else. People as the figures, decimal points and multiplying zero-zero-zeros into which individual lives—Black Persons Orderly-Moved, -Effluxed, -Grouped—coagulate and compute. Now he has here in the car the intimate weary odour of a young man to whom these things happen.

"Half his family sick . . . it must be pretty unhealthy, where they've been made to go."

She smiles. "Well, I'm not too sure about that. I had the feeling, some of what he said . . . they're theatrical by nature. You must take it with a pinch of salt."

"You mean about the mother and sisters and so on?"

---

4. Tempering by heating.   5. Occupied South Africa from 1652–1795 while it was a Dutch Cape Colony.

She's still smiling, she doesn't answer.

"But he couldn't have made up about taking a job so far from home—and the business of sending his wages to his mother? That too?"

He glances at her.

Beside him, she's withdrawn as the other one, sleeping behind him. While he turns his attention back to the road, she is looking at him secretly, as if somewhere in his blue eyes registering the approaching road but fixed on the black faces he is trying to read, somewhere in the lie of his inflamed hand and arm that on their travels have been plunged in the sun as if in boiling water, there is the place through which the worm he needs to be infected with can find a way into him, so that he may host it and become its survivor, himself surviving through being fed on. Become like her. Complicity is the only understanding.

"Oh it's true, it's all true . . . not in the way he's told about it. Truer than the way he told it. All these things happen to them. And other things. Worse. But why burden us? Why try to explain to us? Things so far from what we know, how will they ever explain? How will we react? Stop our ears? Or cover our faces? Open the door and throw him out? They don't know. But sick mothers and brothers gone to the bad—these are the staples of misery, mmh? Think of the function of charity in the class struggles in your own country in the nineteenth century; it's all there in your literature. The lord-of-the-manor's compassionate daughter carrying hot soup to the dying cottager on her father's estate. The "advanced" upper-class woman comforting her cook when the honest drudge's daughter takes to whoring for a living. *Shame*, we say here. Shame. You must've heard it? We think it means, what a pity; we think we are expressing sympathy—for them. *Shame*. I don't know what we're saying about ourselves." She laughs.

"So you think it would at least be true that his family were kicked out of their home, sent away?"

"Why would anyone of them need to make that up? It's an everyday affair."

"What kind of place would they get, where they were moved?"

"Depends. A tent, to begin with. And maybe basic materials to build themselves a shack. Perhaps a one-room prefab. Always a tin toilet set down in the veld,[6] if nothing else. Some industrialist must be making a fortune out of government contracts for those toilets. You build your new life round that toilet. His people are Coloured, so it could be they were sent where there were houses of some sort already built for them; Coloureds usually get something a bit better than blacks are given."

"And the house would be more or less as good as the one they had? People as poor as that—and they'd spent what must seem a fortune to them, fixing it up."

"I don't know what kind of house they had. We're not talking about slum clearance, my dear; we're talking about destroying communities because they're black, and white people want to build houses or factories for whites where blacks live. I told you. We're talking about loading up trucks and carting black people out of sight of whites."

"And even where he's come to work—Pietersburg, whatever-it's-called—he doesn't live in the town."

"Out of sight." She has lost the thought for a moment, watching to make sure the car takes the correct turning. "Out of sight. Like those mothers and grannies and brothers and sisters far away on the Cape Flats."

"I don't think it's possible he actually sends all his pay. I mean how would one eat?"

6. Plains.

"Maybe what's left doesn't buy anything he really wants."

Not a sound, not a sigh in sleep behind them. They can go on talking about him as he always has been discussed, there and yet not there.

Her companion is alert to the risk of gullibility. He verifies the facts, smiling, just as he converts, mentally, into pounds and pence any sum spent in foreign coinage. "He didn't sell the radio. When he said he'd sold all his things on the road, he forgot about that."

"When did he say he'd last eaten?"

"Yesterday. He said."

She repeats what she has just been told: "Yesterday." She is looking through the glass that takes the shine of heat off the landscape passing as yesterday passed, time measured by the ticking second hand of moving trees, rows of crops, country-store stoeps,[7] filling stations, spiny crook'd fingers of giant euphorbia.[8] Only the figures by the roadside waiting, standing still.

Personal remarks can't offend someone dead-beat in the back. "How d'you think such a young man comes to be without front teeth?"

She giggles whisperingly and keeps her voice low, anyway. "Well, you may not believe me if I tell you . . ."

"Seems odd . . . I suppose he can't afford to have them replaced."

"It's—how shall I say—a sexual preference. Most usually you see it in their young girls, though. They have their front teeth pulled when they're about seventeen."

She feels his uncertainty, his not wanting to let comprehension lead him to a conclusion embarrassing to an older woman. For her part, she is wondering whether he won't find it distasteful if—at her de-sexed age—she should come out with it: for cock-sucking. "No one thinks the gap spoils a girl's looks, apparently. It's simply a sign she knows how to please. Same significance between men, I suppose ? A form of beauty. So everyone says. We've always been given to understand that's the reason."

"Maybe it's just another sexual myth. There are so many."

She's in agreement. "Black girls. Chinese girls. Jewish girls."

"And black men?"

"Oh my goodness, you bet. But we white ladies don't talk about that, we only dream, you know! Or have nightmares."

They're laughing. When they are quiet, she flexes her shoulders against the seat-back and settles again. The streets of a town are flickering their text across her eyes. "He might have had a car accident. They might have been knocked out in a fight."

They have to wake him because they don't know where he wants to be set down. He is staring at her lined white face (turned to him, calling him gently), stunned for a moment at this evidence that he cannot be anywhere he ought to be; and now he blinks and smiles his empty smile caught on either side by a canine tooth, and gulps and gives himself a shake like someone coming out of water. "Sorry! Sorry! Sorry madam!"

What about, she says, and the young man glances quickly, his blue eyes coming round over his shoulder: "Had a good snooze?"

"Ooh I was finished, master, finished, God bless you for the rest you give me. And with an empty stummick, you know, you dreaming so real. I was dreaming, dreaming, I didn't know nothing about I'm in the car!"

7. Verandas.   8. An African shrub.

It comes from the driver's seat with the voice (a real Englishman's from overseas) of one who is hoping to hear something that will explain everything. "What were you dreaming?"

But there is only hissing, spluttery laughter between the two white pointed teeth. The words gambol. "Ag, nothing, master, nothing, all *non-sunce*—"

The sense is that if pressed, he will produce for them a dream he didn't dream, a dream put together from bloated images on billboards, discarded calendars picked up, scraps of newspapers blown about—but they interrupt, they're asking where he'd like to get off.

"No, anywhere. Here it's all right. Fine. Just there by the corner. I must go look for someone who'll praps give me a rand for the taxi, because I can't walk so far, I haven't eaten nothing since yesterday . . . just here, the master can please stop just here—"

The traffic light is red, anyway, and the car is in the lane nearest the kerb. Her thin, speckled white arm with a skilled flexible hand, but no muscle with which to carry a load of washing or lift a hoe, feels back to release the lock he is fumbling at. "Up, up, pull it up." She has done it for him. "Can't you take a bus?"

"There's no buses Sunday, madam, this place is ve-ery bad for us for transport, I must tell you, we can't get nowhere Sundays, only work-days." He is out, the plastic bag with the radio under his arm, his feet in their stained, multi-striped jogging sneakers drawn neatly together like those of a child awaiting dismissal. "Thank you madam, thank you master, God bless you for what you done."

The confident dextrous hand is moving quickly down in the straw bag bought from a local market somewhere along the route. She brings up a pale blue note (the Englishman recognizes the two-rand denomination of this currency that he has memorized by colour) and turns to pass it, a surreptitious message, through the open door behind her. *Goodbye master madam.* The note disappears delicately as a tit-bit finger-fed. He closes the door, he's keeping up the patter, *goodbye master, goodbye madam,* and she instructs—"No, bang it. Harder. That's it." *Goodbye master, goodbye madam*—but they don't look back at him now, they don't have to see him thinking he must keep waving, keep smiling, in case they should look back.

She is the guide and mentor; she's the one who knows the country. She's the one—she knows that too—who is accountable. She must be the first to speak again. "At least if he's hungry he'll be able to buy a bun or something. And the bars are closed on Sunday."

━━━ ⊱⊰ ━━━

James Kelman
b. 1946

Though his first collection of stories was published (in a very limited edition) back in 1970, it was not until the 1990s that James Kelman emerged as one of the most distinctive voices in British literature. His development as a writer does not fit any of the usual patterns. He was born in Glasgow, Scotland, one of five sons of a frame-maker; he left school at fifteen to apprentice as a compositor. He worked at various manual jobs in Glasgow, London, and Manchester, peppered with regular bouts of unemployment and living "on the giro" (collecting unemployment).

At age twenty-eight, Kelman enrolled at Strathclyde University, where he studied English and philosophy; he left during his third year, however. In the meantime, he continued to write short stories while working at jobs including that of bus driver, which provided material for his grittily realistic first novel, *The Busconductor Hines* (1984). The novel's stark language and lack of dramatic events were ridiculed, however, by London-based critics; and his next novel, *A Chancer* (1985), was largely ignored. His writing, as Kelman well knows, is a slap in the face of the English literary establishment; he describes his work as both "political" and "anti-imperialist." The raw power of his writing could not be overlooked forever, though, and his 1989 novel *A Disaffection* was a finalist for the Booker Prize. Full recognition of Kelman's gifts seems to have come when he won the Booker Prize for his 1994 novel *How Late It Was, How Late;* this award provoked sharp controversy in England over the literary merits of the obscenity-laced musings of Kelman's shiftless, blind protagonist Sammy. The best of Kelman's writing regularly occasions comparisons with the bleak and brutal prose of Samuel Beckett, and has earned him the label "Scotland's Kafka"—a paradoxical term of praise for such a resolutely local writer.

Other writers (notably James Joyce, in his short story collection *Dubliners*) have attempted to chronicle the weary lives of the downtrodden working class on the fringes of the British Empire; unlike Joyce and Beckett, Kelman foreswore exile, choosing to remain a member of the local culture he depicts. "I don't earn much money," Kelman has said, "so I'm involved in the culture I write about." His 1987 story *Home for a Couple of Days* shows Kelman's powers of close observation and his keen ear for the vernacular style of Scottish English. The bitten-off cadences of Glasgow dialect at once unite and separate the characters, in a story of estrangement and return.

Home for a Couple of Days

Three raps at the door. His eyes opened and blinked as they met the sun rays streaming in through the slight gap between the curtains. "Mister Brown?" called somebody—a girl's voice.

"Just a minute." He squinted at his wristwatch. 9 o'clock. He walked to the door and opened it, poked his head out from behind it.

"That's your breakfast." She held out the tray as if for approval. A boiled egg and a plate of toast, a wee pot of tea.

"Thanks, that's fine, thanks." He took it and shut the door, poured a cup of tea immediately and carried it into the bathroom. He was hot and sweaty and needed a shower. He stared at himself in the mirror. He was quite looking forward to the day. Hearing the girl's accent made it all even more so. After the shower he started on the grub, ate all the toast but left the egg. He finished the pot of tea then shaved. As he prepared to leave he checked his wallet. He would have to get to a bank at some point.

The Green Park was a small hotel on the west side of Sauchiehall Street. Eddie had moved in late last night and taken a bed and breakfast. Beyond that he was not sure, how long he would be staying. Everything depended.

He was strolling in the direction of Partick, glancing now and then at the back pages of the *Daily Record*, quite enjoying the novelty of Scottish football[1] again. He stopped himself from smiling, lighted a cigarette. It was a sunny morning in early May and maybe it was that alone made him feel so optimistic about the future. The sound of a machine, noisy—but seeming to come from far away. It was just from the bowling greens across the street, a loud lawn-mower or something.

He continued round the winding bend, down past the hospital and up Church Street, cutting in through Chancellor Street and along the lane. The padlock hung

1. Soccer.

ajar on the bolt of the door of the local pub he used to frequent. Farther on the old primary school across the other side of the street. He could not remember any names of teachers or pupils at this moment. A funny feeling. It was as if he had lost his memory for one split second. He had stopped walking. He lighted another cigarette. When he returned the lighter and cigarette packet to the side pockets of his jacket he noticed a movement in the net curtains of the ground floor window nearby where he was standing. It was Mrs McLachlan. Who else. He smiled and waved but the face disappeared.

His mother stayed up the next close.[2] He kept walking. He would see her a bit later on. He would have to get her something too, a present, she was due it.

Along Dumbarton Road he entered the first cafe and he ordered a roll and sausage and asked for a cup of tea right away. The elderly woman behind the counter did not look twice at him. Why should she? She once caught him thieving a bar of Turkish Delight, that's why. He read the *Daily Record* to the front cover, still quite enjoying it all, everything, even the advertisements with the Glasgow addresses, it was good reading them as well.

At midday he was back up the lane and along to the old local. He got a pint of heavy,[3] sat in a corner sipping at it. The place had really changed. It was drastic—new curtains!

There were not many customers about but Eddie recognized one, a middle-aged man of average build who was wearing a pair of glasses. He leaned on the bar with his arms folded, chatting to the bartender. Neilie Johnston. When Eddie finished his beer he walked with the empty glass to the counter. "Heavy," he said and he pointed at Neilie's drink. The bartender nodded and poured him a whisky. Neilie looked at it and then at Eddie.

"Eddie!"

"How's it going Neilie?"

"Aw no bad son no bad." Neilie chuckled. The two of them shook hands. "Where've you been?"

"London."

"Aw London; aw aye. Well well."

"Just got back last night."

"Good . . ." Neilie glanced at Eddie's suit. "Prospering son eh?"

"Doing alright."

"That's the game."

"What about yourself? still marking the board?"[4]

"Marking the board! Naw. Christ son I've been away from that for a while!" Neilie pursed his lips before lifting the whisky and drinking a fairly large mouthful. He sniffed and nodded. "With Sweeney being out the game and the rest of it."

"Aye."

"You knew about that son?"

"Mm."

"Aye well the licence got lost because of it. And they'll no get it back either neither they will. They're fucking finished—caput! Him and his brother."

Both of them were silent for a time. The bartender had walked farther along and was now looking at a morning paper. Neilie nudged the glasses up his nose a bit and he said, "You and him got on okay as well son, you and Sweeney, eh?"

---

2. Alley.
3. Stout or porter.

4. Taking bets.

Eddie shrugged. "Aye, I suppose." He glanced at the other men ranged about the pub interior, brought his cigarettes and lighter out. When they were both smoking he called the bartender: "Two halfs!"

"You on holiday like?" said Neilie.

"Couple of days just, a wee break . . ." he paused to pay for the two whiskies.

Neilie emptied the fresh one into the tumbler he already had. "Ta[5] son," he said, "it's appreciated."

"You skint?"[6]

"Aye, how d'you guess! Giro[7] in two days."

"Nothing doing then?"

"Eh well . . ." Neilie sniffed. "I'm waiting the word on something, a wee bit of business. Nothing startling right enough." He pursed his lips and shrugged, swallowed some whisky.

"I hope you're lucky."

"Aye, ta."

"Cheers." Eddie drank his own whisky in a gulp and chased it down with a mouthful of heavy beer. "Aw Christ," he said, glancing at the empty tumbler.

"You should never rush whisky son!" Neilie chuckled, peering along at the bartender.

"I'm out the habit."

"Wish to fuck I could say the same!"

Eddie took a long drag on the cigarette and he kept the smoke in his lungs for a while. Then he drank more beer. Neilie was watching him, smiling in quite a friendly way. Eddie said, "Any of the old team come in these days?"

"Eh . . ."

"Fisher I mean, or Stevie Price? Any of them? Billy Dempster?"

"Fisher drinks in T. C.'s."

"Does he? Changed days."

"Och there's a lot changed son, a lot."

"Stevie's married right enough eh!"

"Is that right?"

"He's got two wee lassies."

"Well well."

"He's staying over in the south side."

"Aw."

A couple of minutes later and Eddie was swallowing the last of his beer and returning his cigarettes and lighter to the side pockets. "Okay Neilie, nice seeing you."

Neilie looked as if he was going to say something but changed his mind.

"I'm taking a walk," said Eddie.

"Fair enough son."

"I'll look in later." Eddie patted him on the side of the shoulder, nodded at the bartender. He glanced at the other customers as he walked to the exit but saw nobody he knew.

It was good getting back out into the fresh air. The place was depressing and Neilie hadnt helped matters. A rumour used to go about that he kept his wife on the game.[8] Eddie could believe it.

---

5. Thanks.
6. Broke.

7. Unemployment check.
8. Forced his wife to work as a prostitute.

There was a traffic jam down at Partick Cross. The rear end of a big articulated lorry[9] was sticking out into the main road and its front seemed to be stuck between two parked cars near to The Springwell Tavern. The lines of motors stretched along the different routes at the junction. Eddie stood at the Byres Road corner amongst a fair crowd of spectators. Two policemen arrived and donned the special sleeves they had for such emergencies and started directing operations. Eddie continued across the road.

In T. C.'s two games of dominoes were in progress plus there was music and a much cheerier atmosphere. It was better and fitted in more with the way Eddie remembered things. And there was Fisher at the other end of the bar in company with another guy. Eddie called to him: "Hey Tam!"

"Eddie!" Fisher was delighted. He waved his right fist in the air and when Eddie reached the other end he shook hands with him in a really vigorous way. "Ya bastard," he said, "it's great to see ye!" And then he grinned and murmured, "When did you get out!"[1]

"Out—what d'you mean?"

Fisher laughed.

"I'm being serious," said Eddie.

"Just that I heard you were having a holiday on the Isle of Wight."

"That's garbage."

"If you say so."

"Aye, fuck, I say so." Eddie smiled.

"Well, I mean, when Sweeney copped it . . . Then hearing about you . . . Made me think it was gen."[2]

"Ah well, there you are!"

"That's good," said Fisher and he nodded, then jerked his thumb at the other guy. "This is Mick . . ."

After the introductions Eddie got a round of drinks up and the three of them went to a table at the wall, the only one available. An elderly man was sitting at it already; he had a grumpy wizened face. He moved a few inches to allow the trio more space.

There was a short silence. And Eddie said, "Well Tam, how's Eileen?"

"Dont know. We split."

"Aw. Christ."

"Ah," Fisher said, "she started . . . well, she started seeing this other guy, if you want to know the truth."

"Honest?" Eddie frowned.

Fisher shook his head. "A funny lassie Eileen I mean you never really fucking knew her man I mean." He shook his head again. "You didnt know where you were with her, that was the fucking trouble!"

After a moment Eddie nodded. He lifted his pint and drank from it, waiting for Fisher to continue but instead of continuing Fisher turned and looked towards the bar, exhaled a cloud of smoke. The other guy, Mick, raised his eyebrows at Eddie who shrugged. Then Fisher faced to the front again and said, "I was surprised to hear that about Sweeney but, warehouses, I didnt think it was his scene."

Eddie made no answer.

---

9. Semi truck.
1. Of prison.

2. Genuine.

"Eh . . . ?"

"Mm."

"Best of gear right enough," Fisher added, still gazing at Eddie.

Eddie dragged on his cigarette. Then he said, "You probably heard he screwed the place well he never, he just handled the stuff."

"Aw."

"It was for screwing the place they done him for, but . . ." Eddie sniffed, drank from his pint.

"Aye, good." Fisher grinned. "So how you doing yourself then Eddie?"

"No bad."

"Better than no bad with that!" He gestured at Eddie's clothes. He reached to draw his thumb and forefinger along the lapel of the jacket. "Hand stitched," he said, "you didnt get that from John Collier's. Eh Mick?"

Mick smiled.

Eddie opened the jacket, indicated the inner pocket. "Look, no labels."

"What does that mean?"

"It means it was fucking dear."

"You're a bastard," said Fisher.

Eddie grinned. "Yous for another? A wee yin?"[3]

"Eh . . . Aye." Fisher said, "I'll have a doctor."

"What?"

"A doctor." Fisher winked at Mick. "He doesnt know what a doctor is!"

"What is it?" asked Eddie.

"A doctor, a doctor snoddy, a voddy."

"Aw aye. What about yourself?" Eddie asked Mick.

"I'll have one as well Eddie, thanks."

Although it was busy at the bar he was served quite quickly. It was good seeing as many working behind the counter as this. One of things he didnt like about England was the way sometimes you could wait ages to get served in their pubs—especially if they heard your accent.

He checked the time of the clock on the gantry[4] with his wristwatch. He would have to remember about the bank otherwise it could cause problems. Plus he was wanting to get a wee present for his mother, he needed a couple of quid[5] for that as well.

When he returned to the table Fisher said, "I was telling Mick about some of your exploits."

"Exploits." Eddie laughed briefly, putting the drinks on the table top and sitting down.

"It's cause the 2,000 Guineas is coming up. It's reminding me about something!"

"Aw aye." Eddie said to Mick. "The problem with this cunt[6] Fisher is that he's loyal to horses."

"Loyal to fucking horses!" Fisher laughed loudly.

"Ah well if you're thinking about what I think you're thinking about!"

"It was all Sweeney's fault!"

"That's right, blame a guy that cant talk up for himself!"

"So it was but!"

3. One.
4. Panelling.
5. Pounds sterling.

6. Often used in Scottish slang to refer to men, not sexually but as equivalent to "guy" or "bastard."

Eddie smiled. "And Dempster, dont forget Dempster!"

"That's right," said Fisher, turning to Mick, "Dempster was into it as well."

Mick shook his head. Fisher was laughing again, quite loudly.

"It wasnt as funny as all that," said Eddie.

"You dont think so! Every other cunt does!"

"Dont believe a word of it," Eddie told Mick.

"And do you still punt?"[7] Mick asked him.

"Now and again."

"Now and again!" Fisher laughed.

Eddie smiled.

"There's four races on the telly this afternoon," said Mick.

"Aye," said Fisher, "we were thinking of getting a couple of cans and that. You interested?"

"Eh, naw, I'm no sure yet, what I'm doing."

Fisher nodded.

"It's just eh . . ."

"Dont worry about it," said Fisher, and he drank a mouthful of the vodka.

"How's Stevie?"

"Alright—as far as I know, I dont see him much; he hardly comes out. Once or twice at the weekends, that's about it."

"Aye."

"What about yourself, you no married yet?"

"Eh . . ." Eddie made a gesture with his right hand. "Kind of yes and no."

Fisher jerked his thumb at Mick. "He's married—got one on the way."

"Have you? Good, that's good." Eddie raised his tumbler of whisky and saluted him. "All the best."

"Thanks."

"I cant imagine having a kid," said Eddie, and to Fisher he said: "Can you?"

"What! I cant even keep myself going never mind a snapper!"

Mick laughed and brought out a 10-pack of cigarettes. Eddie pushed it away when offered. "It's my crash,"[8] he said.

"Naw," said Mick, "you bought the bevy."

"I know but . . ." He opened his own packet and handed each of them a cigarette and he said to Fisher: "You skint?"

Fisher paused and squinted at him, "What do you think?"

"I think you're skint."

"I'm skint."

"It's a fucking dump of a city this, every cunt's skint."

Fisher jerked his thumb at Mick. "No him, he's no skint, a fucking millionaire, eh!"

Mick chuckled, "That'll be fucking right."

Eddie flicked his lighter and they took a light from him. Fisher said, "Nice . . ."

Eddie nodded, slipping it back into his pocket.

"What you up for by the way?"

"Och, a couple of things."

"No going to tell us?"

"Nothing to tell."

7. Bet.   8. Treat.

Fisher winked at Mick: "Dont believe a word of it."

"It's gen," said Eddie, "just the maw and that. Plus I was wanting to see a few of the old faces. A wee while since I've been away, three year."

"Aye and no even a postcard!"

"You never sent me one!"

"Aye but I dont know where the fuck you get to man I mean I fucking thought you were inside!"

"Tch!"

"He's supposed to be my best mate as well Mick, what d'you make of it!"

Mick smiled.

Not too long afterwards Eddie had swallowed the last of his whisky and then the heavy beer. "That's me," he said, "better hit the road. Aw right Tam! Mick, nice meeting you." Eddie shook hands with the two of them again.

Fisher said, "No bothering about the racing on the telly then . . ."

"Nah, better no—I've got a couple of things to do. The maw as well Tam, I've got to see her."

"Aye how's she keeping? I dont see her about much."

"Aw she's fine, keeping fine."

"That's good. Tell her I was asking for her."

"Will do . . ." Eddie edged his way out. The elderly man shifted on his chair, made a movement towards the drink he had lying by his hand. Eddie nodded at Mick and said to Fisher, "I'll probably look in later on."

A couple of faces at the bar seemed familiar but not sufficiently so and he continued on to the exit, strolling, hands in his trouser pockets, the cigarette in the corner of his mouth. Outside on the pavement he glanced from right to left, then the pub door banged behind him. It was Fisher. Eddie looked at him. "Naw eh . . ." Fisher sniffed. "I was just wondering and that, how you're fixed, just a couple of quid."

Eddie sighed, shook his head. "Sorry Tam but I'm being honest, I've got to hit the bank straight away; I'm totally skint."

"Aw. Okay. No problem."

"I mean if I had it . . . I'm no kidding ye, it's just I'm skint."

"Naw dont worry about it Eddie."

"Aye but Christ!" Eddie held his hands raised, palms upwards. "Sorry I mean." He hesitated a moment then said, "Wait a minute . . ." He dug out a big handful of loose change from his trouser pockets and arranged it into a neat sort of column on his left hand, and presented it to Fisher. "Any good?"

Fisher gazed at the money.

"Take it," said Eddie, giving it into his right hand.

"Ta Eddie. Mick's been keeping me going in there."

"When's the giro due?"

"Two more days."

"Garbage eh." He paused, nodded again and patted Fisher on the side of the shoulder. "Right you are then Tam, eh! I'll see ye!"

"Aye."

"I'll take a look in later on."

"Aye do that Eddie. You've actually just caught me at a bad time."

"I know the feeling," said Eddie and he winked and gave a quick wave. He walked on across the street without looking behind. Farther along he stepped sideways onto the path up by the Art Galleries.

There were a lot of children rushing about, plus women pushing prams. And the bowling greens were busy. Not just pensioners playing either, even young boys were out. Eddie still had the *Record* rolled in his pocket and he sat down on a bench for a few minutes, glancing back through the pages again, examining what was on at all the cinemas, theatres, seeing the pub entertainment and restaurants advertised.

No wind. Hardly even a breeze. The sun seemed to be beating right down on his head alone. Or else it was the alcohol; he was beginning to feel the effects. If he stayed on the bench he would end up falling asleep. The hotel. He got up, paused to light a cigarette. Along Sauchiehall Street there was a good curry smell coming for somewhere. He was starving. He turned into the entrance to The Green Park, walking up the wee flight of stairs and in to the lobby, the reception lounge. Somebody was hoovering carpets. He pressed the buzzer button, pressed it again when there came a break in the noise.

The girl who had brought him breakfast. "Mrs Grady's out the now," she told him.

"Aw."

"What was it you were wanting?"

"Eh well it was just I was wondering if there's a bank near?"

"A bank. Yes, if you go along to Charing Cross. They're all around there."

"Oh aye. Right." Eddie smiled. "It's funny how you forget wee details like that."

"Mmhh."

"Things have really changed as well. The people . . ." He grinned, shaking his head. She frowned. "Do you mean Glasgow people?"

"Aye but really I mean I'm talking about people I know, friends and that, people I knew before."

"Aw, I see."

Eddie yawned. He dragged on his cigarette. "Another thing I was wanting to ask her, if it's okay to go into the room, during the day."

"She prefers you not to, unless you're on full board."

"Okay."

"You can go into the lounge though."

He nodded.

"I dont know whether she knew you were staying tonight . . ."

"I am."

"I'll tell her."

"Eh . . ." Eddie had been about to walk off; he said, "Does she do evening meals as well like?"

"She does." The girl smiled.

"What's up?"

"I dont advise it at the moment," she said quietly, "the real cook's off sick just now and she's doing it all herself."

"Aw aye. Thanks for the warning!" Eddie dragged on the cigarette again. "I smelled a curry there somewhere . . ."

"Yeh, there's places all around."

"Great."

"Dont go to the first one, the one further along's far better—supposed to be one of the best in Glasgow."

"Is that right. That's great. Would you fancy coming at all?"

"Pardon?"

"It would be nice if you came, as well, if you came with me." Eddie shrugged. "It'd be good."

"Thanks, but I'm working."

"Well, I would wait."

"No, I dont think so."

"It's up to you," he shrugged, "I'd like you to but."

"Thanks."

Eddie nodded. He looked towards the glass-panelled door of the lounge, he patted his inside jacket pocket in an absent-minded way. And the girl said, "You know if it was a cheque you could cash it here. Mrs Grady would do it for you."

"That's good." He pointed at the lounge door. "Is that the lounge? Do you think it'd be alright if I maybe had a doze?"

"A doze?"

"I'm really tired. I was travelling a while and hardly got any sleep last night. If I could just stretch out a bit . . ."

He looked about for an ashtray, there was one on the small half-moon table closeby where he was standing; he stubbed the cigarette out, and yawned suddenly.

"Look," said the girl, "I'm sure if you went up the stair and lay down for an hour or so; I dont think she would mind."

"You sure?"

"It'll be okay."

"You sure but I mean . . ."

"Yeh."

"I dont want to cause you any bother."

"It's alright."

"Thanks a lot."

"Your bag's still there in your room as well you know."

"Aye."

"Will I give you a call? about 5?"

"Aye, fine. 6 would be even better!"

"I'm sorry, it'll have to be 5—she'll be back in the kitchen after that."

"I was only kidding."

"If it could be later I'd do it."

"Naw, honest, I was only kidding."

The girl nodded.

After a moment he walked to the foot of the narrow, carpeted staircase.

"You'll be wanting a cheque cashed then?"

"Aye, probably."

"I'll mention it to her."

Up in the room he unzipped his bag but did not take anything out, he sat down on the edge of the bed instead. Then he got up, gave a loud sigh and took off his jacket, draping it over the back of the bedside chair. He closed the curtains, lay stretched out on top of the bedspread. He breathed in and out deeply, gazing at the ceiling. He felt amazingly tired, how tired he was. He had never been much of an afternoon drinker and today was just proving the point. He raised himself up to unknot his shoelaces, lay back again, kicking the shoes off and letting them drop off onto the floor. He shut his eyes. He was not quite sure what he was going to do. Maybe he would just leave tomorrow. He would if he felt like it. Maybe even tonight! if he felt like it. Less than a minute later he was sleeping.

Eavan Boland
b. 1944

The question posed by this final section of the anthology—"whose language?"—asks to whom the English language belongs. The poet Eavan Boland puts a special spin on this question throughout her work. As an Irish writer, she has a complex relationship to the language and the literary tradition shared with England, of course. But the thrust of Boland's questioning is directed more toward Irish literature in English and above all to modern Irish poetry. In that rich poetic tradition, Boland sees an absence, hears a silence: the woman poet in Ireland has been, she argues, shut out of poetry in a distinctive way.

The *Field Day Anthology of Irish Literature* was a monumental undertaking; published to wide acclaim in the early 1990s, and edited by Seamus Heaney and Brian Friel among others, the anthology had an ambitious scope, intending to collect all the major writing in the Irish tradition up to the present day. Eavan Boland made a bold stand in print and in person after its publication, declaring that the absence of more female editors and more works by women was evidence of a long-standing gender problem in Irish literature, even today. Ireland was traditionally represented in poetry and fiction by the figure of a suffering woman, whether she was an old country crone, "the old sow that eats its farrow" in Joyce's *Ulysses,* the beautiful Countess Cathleen Ní Houlihan in Yeats's play, the grieving mother of the famine literature, or the magical ancient Queen Mab. Poetry was written about these metaphorical women, standing in for Ireland and symbolizing the country, but almost never, Boland asserts, in a woman's voice. Women had been sidelined in Irish history altogether, despite having played many active roles, turned by poetic language into beautiful icons or sorrowing mothers in the literature that articulated Irish independence. All of Eavan Boland's complex and distinguished poetry before and since her quarrel with the *Field Day* anthology has been devoted to supplying those absent women's voices. Boland's eloquent poetry is regarded as among the finest women's writing of our time.

Eavan Boland was born in Dublin in 1944; since her father was a diplomat, she spent considerable time outside Ireland growing up, in London when her father was Ambassador to the Court of St. James's from 1950 to 1956, and in New York City from 1956 to 1964 when he served as the Irish ambassador to the United Nations. She returned to Ireland and Dublin for college, receiving a first-class honors degree in English from Trinity College. She spent a year at Trinity as a junior lecturer, but then left the academic life to write full time, raise a family of two children with her novelist husband, and teach sporadically at the School of Irish Studies in Dublin. Her first full-length book of poems, *New Territory,* came out in 1967, followed eight years later by *The War Horse.*

Boland's third collection was a watershed for her: *In Her Own Image* (1980) inaugurated her concentration on bringing the inner lives of women to poetic voice. A fountain of volumes has emerged since then, as well as awards to match them. Among the books are *The Journey and Other Poems* (1983), *Selected Poems 1980–1990* (1990), *In a Time of Violence* (1994), *An Origin Like Water: Collected Poems* (1996), and *The Lost Land* (1998); the awards include a Lannan Foundation Award in Poetry and the American Ireland Fund Literary Award. Eavan Boland is currently almost as well known for her essays and reviews, and for her cultural journalism in the *Irish Times,* as for her prominence as a reader of her own poetry. And she has come full circle since leaving academe; Boland is currently a professor of English at Stanford University.

The poems by Eavan Boland collected for this anthology are diverse and complicated, yet each works to restore missing voices, missing narratives, most of them female. *Anorexic* voices the paradoxical self-destruction of starving for love and power; *The Pomegranate* is a beautiful rewriting of the myth of Persephone, the Greek maiden whose mother, Ceres, the goddess of fertility, was forced to let her daughter spend the winter each year underground with Hades, the god of death, in order to let spring come again. Narrated in the voice of a contemporary mother gazing at her own teenage daughter, separated from her by the girl's need to acquire independence, the poem modernizes the cycle of human seasons and probes the nature of maternal regret. Boland brings the intimacy of such feelings to her meditations on history, violence, and Ireland itself. *The Journey* evokes a mother's grief for her children of war and catastrophe, yet is far from passive—the woman is the traveler. *Mise Eire* is a dazzling play on words from its title onward; a defiant female voice repudiates Ireland, rejects it for naming her "the woman" in its poetry, not seeing beyond that designation to the real woman who once stood on the deck of the *Mary Belle*, headed to America, a half-dead infant in her arms. "A new language is a scar," the poem tells us. Eavan Boland's poetic task has been to heal those scars by uncovering them, to give voice to the absent throng of women in the Irish past.

Anorexic

Flesh is heretic.
My body is a witch.
I am burning it.

Yes I am torching
5   her curves and paps[1] and wiles.
They scorch in my self-denials.

How she meshed my head
in the half-truths
of her fevers till I renounced
10   milk and honey
and the taste of lunch.

I vomited
her hungers.
Now the bitch is burning.

15   I am starved and curveless.
I am skin and bone.
She has learned her lesson.

Thin as a rib
I turn in sleep.
20   My dreams probe

a claustrophobia
a sensuous enclosure.
How warm it was and wide

once by a warm drum,
25   once by the song of his breath
and in his sleeping side.[2]

Only a little more,
only a few more days
sinless, foodless.

---

1. Breasts.

2. These verses recall God's creation of Eve from one of Adam's ribs as he sleeps (Genesis 2.21).

30   I will slip
        back into him again
        as if I have never been away.

        Caged so
        I will grow
35   angular and holy

        past pain
        keeping his heart
        such company

        as will make me forget
40   in a small space
        the fall

        into forked dark,
        into python needs
        heaving to hips and breasts
45   and lips and heat
        and sweat and fat and greed.

The Journey

(for Elizabeth Ryle)

Immediately cries were heard. These were the loud wailing of infant
souls weeping at the very entrance-way; never had they had their share of
life's sweetness for the dark day had stolen them from their mothers'
breasts and plunged them to a death before their time.

—Virgil, *The Aeneid*, Book VI[1]

        And then the dark fell and "there has never,"
        I said, "been a poem to an antibiotic:
        never a word to compare with the odes on
        the flower of the raw sloe for fever

5   "or the devious Africa-seeking tern
        or the protein treasures of the sea-bed.
        Depend on it, somewhere a poet is wasting
        his sweet uncluttered metres on the obvious

        "emblem instead of the real thing.
10   Instead of sulpha we shall have hyssop dipped
        in the wild blood of the unblemished lamb,
        so every day the language gets less

---

1. In flight from his native Troy after its destruction by the Greeks, Virgil's hero Aeneas descends into the underworld, where his deceased father will give guidance to his future home, Italy. At the entrance to hell Aeneas encounters the threshold region of Limbo, where deceased infants are sent.

"for the task and we are less with the language."
I finished speaking and the anger faded
15   and dark fell and the book beside me
lay open at the page Aphrodite

comforts Sappho in her love's duress.[2]
The poplars shifted their music in the garden,
a child startled in a dream,
20   my room was a mess—

the usual hardcovers, half-finished cups,
clothes piled up on an old chair—
and I was listening out but in my head was
a loosening and sweetening heaviness,

25   not sleep, but nearly sleep, not dreaming really
but as ready to believe and still
unfevered, calm and unsurprised
when she came and stood beside me

and I would have known her anywhere
30   and I would have gone with her anywhere
and she came wordlessly
and without a word I went with her

down down down without so much as
ever touching down but always, always
35   with a sense of mulch beneath us,
the way of stairs winding down to a river

and as we went on the light went on
failing and I looked sideways to be certain
it was she, misshapen, musical—
40   Sappho—the scholiast's nightingale[3]

and down we went, again down
until we came to a sudden rest
beside a river in what seemed to be
an oppressive suburb of the dawn.

45   My eyes got slowly used to the bad light.
At first I saw shadows, only shadows.
Then I could make out women and children
and, in the way they were, the grace of love.

"Cholera, typhus, croup, diphtheria,"
50   she said, "in those days they racketed
in every backstreet and alley of old Europe.
Behold the children of the plague."

2. The greatest woman poet of ancient Greece, Sappho of Lesbos (born c. 630 B.C.) appeals in a famous poem to Aphrodite, goddess of love, to appear and stand beside her, to comfort her after she has been abandoned by a faithless woman she loves.
3. Scholiasts were ancient interpreters of classic texts.

Then to my horror I could see to each
nipple some had clipped a limpet shape—
55   suckling darknesses—while others had their arms weighed
down, making terrible pietàs.[4]

She took my sleeve and said to me, "Be careful.
Do not define these women by their work:
not as washerwomen trussed in dust and sweating,
60   muscling water into linen by the river's edge

"nor as court ladies brailled in silk
on wool and woven with an ivory unicorn
and hung, nor as laundresses tossing cotton,
brisking daylight with lavender and gossip.

65   "But these are women who went out like you
when dusk became a dark sweet with leaves,
recovering the day, stooping, picking up
teddy bears and rag dolls and tricycles and buckets—

"love's archaeology—and they too like you
70   stood boot deep in flowers once in summer
or saw winter come in with a single magpie
in a caul of haws, a solo harlequin."

I stood fixed. I could not reach or speak to them.
Between us was the melancholy river,[5]
75   the dream water, the narcotic crossing
and they had passed over it, its cold persuasions.

I whispered, "Let me be
let me at least be their witness," but she said,
"What you have seen is beyond speech,
80   beyond song, only not beyond love;

"remember it, you will remember it"
and I heard her say but she was fading fast
as we emerged under the stars of heaven,
"There are not many of us; you are dear

85   "and stand beside me as my own daughter.
I have brought you here so you will know forever
the silences in which are our beginnings,
in which we have an origin like water,"

and the wind shifted and the window clasp
90   opened, banged and I woke up to find
the poetry books stacked higgledy-piggledy,
my skirt spread out where I had laid it—

---

4. Michelangelo's famous sculpture *Pietà* (mercy, or piety) shows the Virgin Mary cradling the body of Jesus after his crucifixion.

5. In classical mythology, souls entered the underworld by crossing the River Lethe, which would wash away their memories of earthly life.

nothing was changed; nothing was more clear
but it was wet and the year was late.
95   The rain was grief in arrears; my children
slept the last dark out safely and I wept.

The Pomegranate

The only legend I have ever loved is
The story of a daughter lost in hell.
And found and rescued there.
Love and blackmail are the gist of it.
5   Ceres and Persephone the names.
And the best thing about the legend is
I can enter it anywhere. And have.
As a child in exile in
A city of fogs and strange consonants,
10   I read it first and at first I was
An exiled child in the crackling dusk of
The underworld, the stars blighted. Later
I walked out in a summer twilight
Searching for my daughter at bedtime.
15   When she came running I was ready
To make any bargain to keep her.
I carried her back past whitebeams.
And wasps and honey-scented buddleias.
But I was Ceres then and I knew
20   Winter was in store for every leaf
On every tree on that road.
Was inescapable for each one we passed.
And for me.
It is winter
25   And the stars are hidden.
I climb the stairs and stand where I can see
My child asleep beside her teen magazines,
Her can of Coke, her plate of uncut fruit.
The pomegranate! How did I forget it?
30   She could have come home and been safe
And ended the story and all
Our heartbroken searching but she reached
Out a hand and plucked a pomegranate.[1]
She put out her hand and pulled down
35   The French sound for apple and
The noise of stone and the proof
That even in the place of death,
At the heart of legend, in the midst
Of rocks full of unshed tears
40   Ready to be diamonds by the time

---

1. In the classical myth, Persephone would have emerged from the underworld unharmed except for the fact that she broke a command to bring nothing back: by plucking a pomegranate, she became liable to death. The next lines recall the derivation of the term "pomegranate" from Old French *pomme granade*, "seeded apple."

The story was told, a child can be
Hungry. I could warn her. There is still a chance.
The rain is cold. The road is flint-coloured.
The suburb has cars and cable television.
45 The veiled stars are above ground.
It is another world. But what else
Can a mother give her daughter but such
Beautiful rifts in time?
If I defer the grief I will diminish the gift.
50 The legend must be hers as well as mine.
She will enter it. As I have.
She will wake up. She will hold
The papery, flushed skin in her hand.
And to her lips. I will say nothing.

A Woman Painted on a Leaf

I found it among curios and silver.
in the pureness of wintry light.

A woman painted on a leaf.

Fine lines drawn on a veined surface
5 in a handmade frame.

This is not my face. Neither did I draw it.

A leaf falls in a garden.
The moon cools its aftermath of sap.
The pith of summer dries out in starlight.

10 A woman is inscribed there.

This is not death. It is the terrible
suspension of life.

I want a poem
I can grow old in. I want a poem I can die in.

15 I want to take
this dried-out face,
as you take a starling from behind iron,
and return it to its element of air, of ending—
so that autumn
20 which was once
the hard look of stars,
the frown on a gardener's face,
a gradual bronzing of the distance,

will be,
25 from now on,
a crisp tinder underfoot. Cheekbones. Eyes. Will be
a mouth crying out. Let me.

Let me die.

Mise Eire[1]

I won't go back to it—

my nation displaced
into old dactyls,[2]
oaths made
5   by the animal tallows
of the candle—

land of the Gulf Stream,
the small farm,
the scalded memory,
10   the songs
that bandage up the history,
the words
that make a rhythm of the crime

where time is time past.
15   A palsy of regrets.
No. I won't go back.
My roots are brutal:

I am the woman—
a sloven's mix
20   of silk at the wrists,
a sort of dove-strut
in the precincts of the garrison—

who practices
the quick frictions,
25   the rictus[3] of delight
and gets cambric for it,
rice-colored silks.

I am the woman
in the gansy-coat[4]
30   on board the *Mary Belle*,
in the huddling cold,

holding her half-dead baby to her
as the wind shifts East
and North over the dirty
35   water of the wharf

mingling the immigrant
guttural with the vowels
of homesickness who neither
knows nor cares that

40   a new language
is a kind of scar
and heals after a while
into a passable imitation
of what went before.

---

1. I am Ireland (Gaelic). Mise Eire also reads as "misery,"
a pun.
2. The English adapted "Eire" to "Ireland," drawing the

word out into dactylic meter.
3. Frozen smile.
4. A cheap cloth coat.

Paul Muldoon
b. 1951

If reading poetry sometimes appears to be a simple process of translation—a kind of verbal puzzle to be solved—the work of Paul Muldoon should disabuse readers of that notion. Muldoon's poetry celebrates and bears witness to a sense of the mysterious at the heart of everyday existence—the sense, which for Muldoon is a reason to celebrate rather than despair, that life will always elude our attempts to make it all make sense. Indeed, Muldoon's poetry often seems to adopt the motto of one of the bands he writes about in *Sleeve Notes*, the Talking Heads: "Stop making sense."

Like Seamus Heaney, who was later to be his tutor at Queen's University, Belfast, Muldoon was raised Catholic in protestant Northern Ireland. He was born and raised in Portadown, County Armagh; in grammar school his teachers introduced him to poetry, music, and the Irish language. Muldoon's first poems were written in Irish; but when he went to university he switched and began writing in English, fearing that his knowledge of Irish wasn't sufficiently sound. (He has, nevertheless, made English translations of some Irish poetry, including that of Nuala Ní Dhomhnaill.) Queen's University was a crucible of new poetry at the time, with Heaney and Michael Longley the group's established poets, and Medbh McGuckian and Ciaran Carson among his classmates. His first poetry collection, *New Weather,* was published by the prestigious British publisher Faber and Faber while Muldoon was still a student.

Muldoon's now substantial body of poetry—the poems of his first eight collections published with Faber were collected in *Poems 1968–1998* (2001)—covers a very wide geographic and imaginative terrain. His subjects range from ancient Irish legends and sagas, to detective fiction, to popular movies and song; his tastes are, in the lowercase sense of the word, truly catholic.

Since 1990, Muldoon has directed the creative writing program at Princeton University; in 1999 he was elected Professor of Poetry at Oxford. His Clarendon lectures in English literature, delivered at Oxford, were published as *To Ireland, I* in 1998.

Cuba[1]

My eldest sister arrived home that morning
In her white muslin evening dress.
"Who the hell do you think you are,
Running out to dances in next to nothing?
5   As though we hadn't enough bother
With the world at war, if not at an end."
My father was pounding the breakfast-table.

"Those Yankees were touch and go as it was—
If you'd heard Patton[2] in Armagh[3]—
10   But this Kennedy's nearly an Irishman
So he's not much better than ourselves.
And him with only to say the word.
If you've got anything on your mind
Maybe you should make your peace with God."

---

1. The background for the poem is the Cuban Missile Crisis of October 1962, to which the Irish felt some connection through the Irish-American President, John Fitzgerald Kennedy.

2. General George S. Patton (1885–1945), fiery and controversial American military leader in World Wars I and II.
3. An urban district of Northern Ireland.

15   I could hear May from beyond the curtain.
"Bless me, Father, for I have sinned.
I told a lie once, I was disobedient once.
And, Father, a boy touched me once."
"Tell me, child. Was this touch immodest?
20   Did he touch your breast, for example?"
"He brushed against me, Father. Very gently."

Aisling[1]

I was making my way home late one night
this summer, when I staggered
into a snow drift.

Her eyes spoke of a sloe-year,
5   her mouth a year of haws.[2]

Was she Aurora, or the goddess Flora,
Artemidora, or Venus bright,[3]
or Anorexia[4] who left
a lemon stain on my flannel sheet?

10   It's all much of a muchness.

In Belfast's Royal Victoria Hospital
a kidney machine
supports the latest hunger-striker
to have called off his fast, a saline
15   drip into his bag of brine.

A lick and a promise. Cuckoo spittle.
I hand my sample to Doctor Maw.
She gives me back a confident *All Clear*.

Meeting the British

We met the British in the dead of winter.
The sky was lavender

and the snow lavender-blue.
I could hear, far below,

5   the sound of two streams coming together
(both were frozen over)

and, no less strange,
myself calling out in French

---

1. The *aisling* (pron. "ashling") is a traditional Irish poetic form, in which the poet goes out walking and meets a beautiful lady; he learns that she is the personification of Ireland, and she promises him early deliverance from the yoke of foreign oppressors.
2. Both sloes and haws are shrubs (the blackthorn and hawthorn, respectively); both words have also been used to indicate something of little or no value, as in "not worth a haw."

3. Goddesses of classical mythology, representing, respectively, the morning, vegetation, the hunt and beauty.
4. Anorexia is no goddess, of course, but the medical condition *anorexia nervosa* in which a young woman (most commonly) denies herself food, sometimes to the point of death. Muldoon here likens the 1981 hunger strikes of the Irish Republican Army "blanket men" in British prisons (like Bobby Sands) to anorexia.

across that forest—
10 clearing. Neither General Jeffrey Amherst

nor Colonel Henry Bouquet[1]
could stomach our willow-tobacco.

As for the unusual
scent when the Colonel shook out his hand—

15 kerchief: *C'est la lavande,*
une fleur mauve comme le ciel.[2]

They gave us six fishhooks
and two blankets embroidered with smallpox.

Sleeve Notes

MICK JAGGER: *Rock music was a completely new musical form. It hadn't been around*
for ten years when we started doing it. Now it's forty years old.
JANN S. WENNER: *What about your own staying power?*
MICK JAGGER: *I have a lot of energy, so I don't see it as an immediate problem.*
JANN S. WENNER: *How's your hearing?*
MICK JAGGER: *My hearing's all right. Sometimes I use earplugs because it gets too loud*
on my left ear.
JANN S. WENNER: *Why your left ear?*
MICK JAGGER: *Because Keith's[1] standing on my left.*
—"JAGGER REMEMBERS," *Rolling Stone,* MARCH 1996

THE JIMI HENDRIX EXPERIENCE: *Are You Experienced?*[2]

"Like being driven over by a truck"
was how Pete Townshend[3] described the effect
of the wah-wah on "I Don't Live Today."

This predated by some months the pedal
5 Clapton used on "Tales of Brave Ulysses"[4]
And I'm taken aback (jolt upon jolt)
to think that Hendrix did it all "by hand."

To think, moreover, that he used *four*-track
one-inch tape has (jolt upon jolt) evoked
10 the long, long view from the Senior Study
through the smoke, yes sir, the smoke of battle
on the fields of Laois, yes sir, and Laos.[5]

Then there was the wah-wah on "Voodoo Child
(Slight Return)" from *Electric Ladyland.*[6]

---

1. General Jeffrey Amherst and Colonel Henry Bouquet: 18th-century British officers who served in the colonial United States.
2. It is lavender, a flower purple like the sky (French).
1. Keith Richards, the Rolling Stones' guitarist.
2. *Are You Experienced?* (1967) was Jimi Hendrix's first album; its best-known tracks are "Purple Haze" and "Fire."
3. Lead guitarist of The Who.

4. Track on the Cream album *Disraeli Gears* (see below).
5. Laois is a county and a town (Portlaois) in the midlands of Ireland; Laos is a country in Southeast Asia, in which the United States conducted bombing raids during the Vietnam War (about the time that *Are You Experienced?* was released).
6. *Electric Ladyland* (1968) was Hendrix's third album and featured the tracks "All Along the Watchtower" and "Crosstown Traffic."

CREAM: *Disraeli Gears*[7]

As I labored over the "Georgiks and Bukolikis"[8]
I soon learned to tell thunder from dynamite.

THE BEATLES: *The Beatles*[9]

Though that was the winter when late each night
I'd put away Cicero or Caesar
and pour new milk into an old saucer
for the hedgehog which, when it showed up right

5   on cue, would set its nose down like that flight
back from the U.S. . . . back from the, yes sir.
back from the . . . back from the U.S.S.R. . . .
I'd never noticed the play on "*album*" and "white."[1]

THE ROLLING STONES: *Beggar's Banquet*[2]

Thanks to Miss Latimore,
I was "coming along nicely" at piano

while, compared to the whoops and wild halloos
of the local urchins,

5   my diction
was im-pecc-a-ble.

In next to no time I would be lost
to the milk bars

and luncheonettes
10 of smoky Belfast,

where a troubadour
such as the frontman of Them[3]

had long since traded in the lute
for bass and blues harmonica.

VAN MORRISON: *Astral Weeks*[4]

Not only had I lived on Fitzroy Avenue,
I'd lived there with Madame Georgie Hyde Lees,[5]
to whom I would rather shortly be wed.

---

7. *Disraeli Gears* (1967) was the second album from British "supergroup" Cream, featuring Eric Clapton on lead guitar. The record featured "Sunshine of Your Love" and "Tales of Brave Ulysses."
8. A georgic is a poem on an agricultural theme; a bucolic is a pastoral poem.
9. The Beatles' 1968 double-album release, officially titled *The Beatles* but known colloquially as "The White Album," for its unadorned white cover. Best-known tracks: "While My Guitar Gently Weeps" (on which Eric Clapton plays an uncredited guitar solo), "Blackbird,"

"Helter Skelter," "Back in the USSR."
1. In the romance languages, the root *alb-* means "white."
2. *Beggar's Banquet* (1968) opens with "Sympathy for the Devil" and also features "Street Fighting Man."
3. "Them" was the name of Van Morrison's band before he left to go solo.
4. *Astral Weeks* (1968) is generally considered Morrison's greatest album, although it did not produce any hits (like his earlier "Brown-Eyed Girl" and later "Moondance").
5. Georgiana ("Georgie") Hyde-Lees married William Butler Yeats in 1917.

Georgie would lose out to The George and El Vino's
5   when I "ran away to the BBC"
as poets did, so Dylan Thomas said.

ERIC CLAPTON: *461 Ocean Boulevard*[6]

It's the house in all its whited sepulchritude[7]
(not the palm tree against which dogs piddle
as they make their way back from wherever
it was they were all night) that's really at a list.

5   Through the open shutters his music, scatty, skewed,
skids and skites from the neck of a bottle[8]
that might turn on him, might turn and sever
an artery, the big one that runs through his wrist.

ELVIS COSTELLO AND THE ATTRACTIONS: *My Aim Is True*[9]

Even the *reductio ad absurdum*[1]
of the *quid pro quo*[2] or "tit for tat"
killing (For "Eilis" read "Alison")

that now took over from the street riot
5   was not without an old-fashioned
sense of decorum, an unseemly seemliness.

WARREN ZEVON: *Excitable Boy*[3]

Somewhere between *Ocean Boulevard* and *Slowhand*[4]
I seemed to have misplaced my wedding band
and taken up with waitresses and usherettes
who drank straight gins and smoked crooked cheroots.[5]

5   Since those were still the days when more meant less
Georgie was herself playing fast and loose
with the werewolf who, not so very long before,
had come how-howling round our kitchen door

and introduced me to Warren Zevon, whose hymns
10   to booty, to beasts, to bimbos, boom boom,
are inextricably part of the warp and woof
of the wild and wicked poems in *Quoof*.[6]

---

6. *461 Ocean Boulevard* (1974) produced the hit "I Shot the Sheriff" (his cover of a Bob Marley song). The cover shows Clapton standing in front of a whitewashed stucco house next to a wind-bent palm tree.

7. Muldoon's coinage, combining "sepulchre" (tomb) and "pulchritude" (beauty). In *Heart of Darkness*, the narrator Marlow says that the city from which he embarks, and to which he returns at the end of his journey, always reminded him of "a whited sepulchre," a phrase Jesus used to describe the Pharisees in the New Testament.

8. The smoothed neck of a bottle is often used as a "slide" in playing slide guitar; Muldoon here also probably alludes to Clapton's severe substance abuse problems of this period (including heroin addiction), although by

the release of *461 Ocean Boulevard* Clapton had kicked heroin.

9. *My Aim Is True* was Costello's first album in 1977, featuring "Alison" and "Less Than Zero."

1. Reduction to absurdity (Latin), a rhetorical strategy.

2. This for that (Latin), or as Muldoon puts it, "tit for tat."

3. *Excitable Boy* (1978) features Zevon's only brush with pop success, the song "Werewolves of London."

4. Two Clapton albums: *461 Ocean Boulevard* was released in 1974 and *Slowhand* in 1977.

5. Cigars.

6. Muldoon's 1983 volume of poetry, including the poem *Aisling*.

DIRE STRAITS: *Dire Straits*[7]

There was that time the archangel ran his thumb along the shelf
and anointed, it seemed, his own brow with soot.

BLONDIE: *Parallel Lines*[8]

It had taken all morning to rehearse
a tracking shot

with an Arriflex[9]
mounted on a gurney.

5   The dream of rain
on the face of a well.

"Ready when you are, Mr. DeMilledoon."[1]
Another small crowd

on the horizon.
10   We should have rented a Steadicam.[2]

BRUCE SPRINGSTEEN: *The River*[3]

So it was I gave up the Oona for the Susquehanna,[4]
the Shannon for the Shenandoah.

LLOYD COLE AND THE COMMOTIONS: *Easy Pieces*[5]

Though not before I'd done my stint on the Cam.
The ceilings taller than the horizon.

The in-crowd
on the outs with the likes of Milton

5   and Spenser while Cromwell
still walked through the pouring rain.

In graveyards from Urney
to Ardglass, my countrymen laying down some *Lex*

talionis:[6] "Only the guy who's shot
10   gets to ride in the back of the hearse."

TALKING HEADS: *True Stories*[7]

You can take the man out of Armagh but, you may ask yourself,
can you take the Armagh out of the man in the big Armani suit?[8]

---

7. Dire Straits' debut album was released in 1978 and featured their first hit, "Sultans of Swing."
8. *Parallel Lines* (1978) featured Blondie's only venture into "disco," "Heart of Glass," as well as the hit "One Way or Another."
9. A professional movie camera.
1. Muldoon here merges his name with that of legendary Hollywood director Cecil B. DeMille.
2. A consumer-oriented videocamera.
3. *The River* (1980) is seen by many purists as a "sellout," containing the pop-oriented single "Hungry Heart."
4. Muldoon replaces two Irish with two American rivers.

5. *Easy Pieces* (1985) was the title of the American release of Cole's first album (*Rattlesnakes*, 1984, in the UK).
6. The principle of "an eye for an eye, a tooth for a tooth."
7. *True Stories* (1986) was the "soundtrack" for the 1986 David Byrne–directed film of the same title; it yielded the hit "Wild Wild Life."
8. In Jonathan Demme's wonderful 1984 documentary about the band, *Stop Making Sense*, David Byrne wears an enormously oversized ecru Georgio Armani suit.

U2: *The Joshua Tree*[9]

When I went to hear them in Giants Stadium
a year or two ago, the whiff
of kef[1]
brought back the night we drove all night from Palm

5   Springs to Blythe.[2] No Irish lad and his lass
were so happy as we who roared
and soared
through yucca-scented air. Dawn brought a sense of loss,

faint at first, that would deepen and expand
10   as our own golden chariot
was showered
with Zippo[3] spears from the upper tiers of the stands.

PINK FLOYD: *A Momentary Lapse of Reason*[4]

We stopped in at a roadhouse on the way back from Lyonesse
and ordered a Tom Collins and an Old-Fashioned.
As we remounted the chariot

the poplars' synthesized alamo-alamo-eleison
5   was counterpointed by a redheaded woodpecker's rat-tat-tat
on a snare, a kettledrum's de dum de dum.

PAUL SIMON: *Negotiations and Love Songs*[5]

Little did I think as I knelt by a pothole
to water my elephant with the other elephant drivers,
little did I think as I chewed on some betel[6]

that I might one day be following the river
5   down the West Side Highway[7] in his smoke-glassed
limo complete with bodyguard-cum-chauffeur

and telling him that his lyrics must surely last:
little did I think as I chewed and chewed
that my own teeth and tongue would be eaten by rust.

LEONARD COHEN: *I'm Your Man*[8]

When I turn up the rickety old gramophone
the wow and flutter[9] from a scratched LP
summons up white walls, the table, the single bed

9. The enduringly popular *The Joshua Tree* (1987) yielded the U2 hits, "With or Without You" and "I Still Haven't Found What I'm Looking For."
1. Marijuana.
2. A town in the Mohave Desert in southern California.
3. Disposable lighters.
4. A 1987 album featuring the track, "The Dogs of War."
5. A 1988 greatest-hits compilation of Simon's solo work, including "Mother and Child Reunion," "Still Crazy After All These Years," and many other familiar hits.
6. An East Indian pepper plant, the leaves of which are chewed.
7. The West Side Highway in Manhattan, running along the Hudson River.
8. A 1988 album featuring the title cut and "First We Take Manhattan."
9. The distortion introduced in playback by a phonograph.

where Lydia Languish will meet her Le Fanu
his songs have meant far more to me
than most of the so-called poems I've read.

NIRVANA: *Bleach*[1]

I went there, too, with Mona, or Monica.
Another shot of Absolut.

"The Wild Rover" or some folk anthem
on the jukebox. Some dour

bartender. I, too, have been held fast
by those snares and nets

off the Zinc Coast, the coast of Zanzibar,
                                    lost

                able
                    addiction
        "chin-chins"

                    loos,[2]

"And it's no,
nay, never, no never no more . . ."

BOB DYLAN: *Oh Mercy*[3]

All great artists are their own greatest threat,
as when they aim an industrial laser
at themselves and cut themselves back to the root

so that, with spring, we can never ever be sure
if they shake from head to foot
from an orgasm, you see, sir, or a seizure.

R.E.M.: *Automatic for the People*[4]

Like the grasping for air by an almighty mite
who's suffering from a bad case of the colic.

THE ROLLING STONES: *Voodoo Lounge*[5]

Giants Stadium again . . . Again the scent of drugs
struggling through rain so heavy some young Turks
would feel obliged to butt-hole
surf[6] across those vast puddles

1. *Bleach*, Nirvana's first record, was released on Seattle independent label Sub Pop in 1989 and features the hit single "About a Girl."
2. Toilets.
3. *Oh Mercy* (1989) is thought by many to be Dylan's best album of a rather weak decade for him. It includes the track "Ring Them Bells."
4. *Automatic for the People* (1992) was R.E.M.'s biggest

critical and popular success; it contained the hits "Everybody Hurts," "Drive," and "Man on the Moon," about the late comedian Andy Kaufmann.
5. *Voodoo Lounge* (1994) marked the thirtieth anniversary of the Rolling Stone's career as a rock band.
6. Muldoon plays on the name of the Texas-based band Butthole Surfers.

5   on the field. Some might have burned damp faggots[7]
       on a night like this, others faked
       the ho-ho-hosannas and the hallelujahs
       with their *"Tout passe, tout casse, tout lasse."*[8]

       The Stones, of course, have always found the way
10   of setting a burning brand
       to a petrol-soaked stack of hay

       and making a "Thou Shalt"
       of a "Thou Shalt Not." The sky over the Meadowlands[9]
       was still aglow as I drove home to my wife and child.

Derek Walcott
b. 1930

Over the last five decades, Derek Walcott has articulated the tensions of living between two worlds—the competing claims and traditions of the West Indies, his home, and Europe. A concern with issues of national identity runs throughout Walcott's large body of poetry and drama; his poetry exploits the resources of a European literary tradition in the service of Caribbean themes and concerns. No poet, as T. S. Eliot insisted, can write important poetry without tapping into some cultural or literary tradition; in the poem *Forest of Europe*, Walcott puts the question this way:

> What's poetry, if it is worth its salt,
> but a phrase men can pass from hand to mouth?
> From hand to mouth, across the centuries,
> the bread that lasts when systems have decayed.

Walcott was born in Castries, Saint Lucia, an isolated, volcanic island in the West Indies. Saint Lucia is a former British colony, and Walcott's education there was thoroughly British. In the introduction to *Dream on Monkey Mountain and Other Plays* (1970), Walcott writes, "The writers of my generation were natural assimilators. We knew the literature of Empires, Greek, Roman, British, through their essential classics; and both the patois of the street and the language of the classroom hid the elation of discovery." Empire and slavery left their impress on the Walcott family; both of his grandmothers were said to be descended from slaves. Walcott attended University College of the West Indies in Jamaica on a British government scholarship; he completed a degree in English in 1953, and from 1954 until 1957 taught in West Indian schools. In 1958 a Rockefeller Fellowship allowed him to spend a year in New York studying theater; the following year he moved to Trinidad and founded the Little Carib Theatre Workshop. It was in his playwriting that Walcott first accomplished the fusion of native and European elements he sought; his 1958 play *Drums and Colours,* for instance, employs calypso music, mime, and carnival masks to "carnivalize" the smooth surface of European drama, creating a literary form which, while written in English, is uniquely Caribbean in character. *O Babylon!* (1976), his most popular play, focuses on the Rastafarians of Jamaica. He is also a talented painter, and his poems are notable for the vivid clarity of their images.

---

7. Cigarettes.
8. Everything passes; everything breaks; everything tires ("all is vanity") (French).

9. The Meadowlands is a popular sports complex and rock venue in New Jersey.

Walcott has written more than fifteen volumes of poetry as well as a dozen plays. His first important poetry collection was *In a Green Night* (1962), which includes his best-known poem, *A Far Cry from Africa*. Africa and Britain serve as the double setting for his trenchant portrait of a foreign aid bureaucrat in *The Fortunate Traveller*. Walcott himself has never settled in one place for long, and for many years he has split his time between his home in Trinidad and a teaching post at Boston University. Walcott's poems create a landscape of historical and personal memory, overlaying empires, centuries, continents, and stages of his own life. He developed his themes most expansively in his verse novel *Omeros* (1991), which rewrites Homer's *Iliad* as a Caribbean story, interspersed with scenes of the poet's own life and travels in Boston, London, and Dublin. Walcott was awarded the Nobel Prize for literature in 1992, "for a poetic oeuvre of great luminosity, sustained by a historical vision, the outcome of a multicultural commitment."

A Far Cry from Africa

A wind is ruffling the tawny pelt
Of Africa. Kikuyu,[1] quick as flies,
Batten° upon the bloodstreams of the veldt.°   *fasten / open country*
Corpses are scattered through a paradise.
5   Only the worm, colonel of carrion, cries:
"Waste no compassion on these separate dead!"
Statistics justify and scholars seize
The salients of colonial policy.
What is that to the white child hacked in bed?
10   To savages, expendable as Jews?

Threshed out by beaters, the long rushes break
In a white dust of ibises[2] whose cries
Have wheeled since civilization's dawn
From the parched river or beast-teeming plain.
15   The violence of beast on beast is read
As natural law, but upright man
Seeks his divinity by inflicting pain.
Delirious as these worried beasts, his wars
Dance to the tightened carcass of a drum,
20   While he calls courage still that native dread
Of the white peace contracted by the dead.

Again brutish necessity wipes its hands
Upon the napkin of a dirty cause, again
A waste of our compassion, as with Spain,
25   The gorilla wrestles with the superman.
I who am poisoned with the blood of both,
Where shall I turn, divided to the vein?
I who have cursed
The drunken officer of British rule, how choose
30   Between this Africa and the English tongue I love?
Betray them both, or give back what they give?
How can I face such slaughter and be cool?
How can I turn from Africa and live?

1962

---

1. Indigenous people of Kenya.   2. Wading birds resembling storks.

Wales
for Ned Thomas

Those white flecks cropping the ridges of Snowdon[1]
will thicken their fleece and come wintering down
through the gap between alliterative hills,
through the caesura[2] that let in the Legions,
5   past the dark disfigured mouths of the chapels,
till a white silence comes to green-throated Wales.
Down rusty gorges, cold rustling gorse,[3]
over rocks hard as consonants, and rain-vowelled shales
sang the shallow-buried axe, helmet, and baldric°   *sword belt*
10   before the wet asphalt sibilance of tires.
A plump raven, Plantagenet,[4] unfurls its heraldic
caw over walls that held the cult of the horse.
In blackened cottages with their stony hatred
of industrial fires, a language is shared
15   like bread to the mouth, white flocks to dark byres°   *sheds*

1981

The Fortunate Traveller[1]
for Susan Sontag

And I heard a voice in the midst of the four beasts say,
A measure of wheat for a penny,
and three measures of barley for a penny;
and see thou hurt not the oil and the wine.

—*Revelation* 6.6[2]

1

It was in winter. Steeples, spires
congealed like holy candles. Rotting snow
flaked from Europe's ceiling. A compact man,
I crossed the canal in a grey overcoat,
5   on one lapel a crimson buttonhole
for the cold ecstasy of the assassin.
In the square coffin manacled to my wrist:
small countries pleaded through the mesh of graphs,
in treble-spaced, Xeroxed forms to the World Bank
10   on which I had scrawled the one word, MERCY;

I sat on a cold bench
under some skeletal lindens.
Two other gentlemen, black skins gone grey
as their identical, belted overcoats,

---

1. The highest peak in Wales.
2. A break or pause in the middle of a line of verse.
3. Spiny shrub with yellow leaves.
4. English royal house between 1154 and 1485.
1. Walcott's title invokes Thomas Nashe's tale *The*

Unfortunate Traveller (1594). Susan Sontag (b. 1933) is
an American cultural critic and novelist.
2. One of the Four Horsemen of the Apocalypse is
decreeing the famine and inflation that accompany wars
as the end of the world approaches.

15   crossed the white river.
      They spoke the stilted French
      of their dark river,
      whose hooked worm, multiplying its pale sickle,
      could thin the harvest of the winter streets.
20   "Then we can depend on you to get us those tractors?"
      "I gave my word."
      "May my country ask you why you are doing this, sir?"
      Silence.
      "You know if you betray us, you cannot hide?"
25   A tug. Smoke trailing its dark cry.

      At the window in Haiti, I remember
      a gecko[3] pressed against the hotel glass,
      with white palms, concentrating head.
      With a child's hands. Mercy, monsieur. Mercy.
30   Famine sighs like a scythe
      across the field of statistics and the desert
      is a moving mouth. In the hold of this earth
      10,000,000 shoreless souls are drifting.
      Somalia: 765,000, their skeletons will go under the tidal sand.
35   "We'll meet you in Bristol to conclude the agreement?"
      Steeples like tribal lances, through congealing fog
      the cries of wounded church bells wrapped in cotton,
      grey mist enfolding the conspirator
      like a sealed envelope next to its heart.

40   No one will look up now to see the jet
      fade like a weevil through a cloud of flour.
      One flies first-class, one is so fortunate.
      Like a telescope reversed, the traveller's eye
      swiftly screws down the individual sorrow
45   to an oval nest of antic numerals,
      and the iris, interlocking with this globe,
      condenses it to zero, then a cloud.
      Beetle-black taxi from Heathrow[4] to my flat.
      We are roaches,
50   riddling the state cabinets, entering the dark holes
      of power, carapaced in topcoats,
      scuttling around columns, signalling for taxis,
      with frantic antennae, to other huddles with roaches;
      we infect with optimism, and when
55   the cabinets crack, we are the first
      to scuttle, radiating separately
      back to Geneva, Bonn, Washington, London.

      Under the dripping planes of Hampstead Heath,
      I read her letter again, watching the drizzle
60   disfigure its pleading like mascara. Margo,
      I cannot bear to watch the nations cry.

---

3. A small lizard.   4. London's primary airport.

Then the phone: "We will pay you in Bristol."
Days in fetid bedclothes swallowing cold tea,
the phone stifled by the pillow. The telly
65   a blue storm with soundless snow.
I'd light the gas and see a tiger's tongue.
I was rehearsing the ecstasies of starvation
for what I had to do. *And have not charity.*[5]

I found my pity, desperately researching
70   the origins of history, from reed-built communes
by sacred lakes, turning with the first sprocketed
water-driven wheels. I smelled imagination
among bestial hides by the gleam of fat,
seeking in all races a common ingenuity.
75   I envisaged an Africa flooded with such light
as alchemized the first fields of emmer wheat and barley,
when we savages dyed our pale dead with ochre,
and bordered our temples
with the ceremonial vulva of the conch
80   in the grey epoch of the obsidian adze.
I sowed the Sahara with rippling cereals,
my charity fertilized these aridities.

What was my field? Late sixteenth century.
My field was a dank acre. A Sussex don,
85   I taught the Jacobean anxieties: *The White Devil.*[6]
Flamineo's torch startles the brooding yews.
The drawn end comes in strides. I loved my Duchess,
the white flame of her soul blown out between
the smoking cypresses. Then I saw children pounce
90   on green meat with a rat's ferocity.

I called them up and took the train to Bristol,
my blood the Severn's[7] dregs and silver.
On Severn's estuary the pieces flash,
Iscariot's salary,[8] patron saint of spies.
95   I thought, who cares how many million starve?
Their rising souls will lighten the world's weight
and level its gull-glittering waterline;
we left at sunset down the estuary.

England recedes. The forked white gull
100   screeches, circling back.
Even the birds are pulled back by their orbit,
even mercy has its magnetic field.
                          Back in the cabin,
I uncap the whisky, the porthole
105   mists with glaucoma. By the time I'm pissed,[9]

---

5. "Though I speak with the tongues of men and of angels, and have not charity, I am become as sounding brass, or a tinkling cymbal" (1 Corinthians 13.1).
6. Revenge tragedy (c. 1612) by John Webster.

7. A river running through Wales and England.
8. For betraying Jesus Christ, Judas Iscariot was paid 30 pieces of silver by the Roman authorities.
9. Drunk.

England, England will be
that pale serrated indigo on the sea-line.
"You are so fortunate, you get to see the world—"
Indeed, indeed, sirs, I have seen the world.
110   Spray splashes the portholes and vision blurs.

Leaning on the hot rail, watching the hot sea,
I saw them far off, kneeling on hot sand
in the pious genuflections of the locust,
as Ponce's armoured knees crush Florida
115   to the funereal fragrance of white lilies.

2

Now I have come to where the phantoms live,
I have no fear of phantoms, but of the real.
The Sabbath benedictions of the islands.
Treble clef of the snail on the scored leaf,
120   the Tantum Ergo[1] of black choristers
soars through the organ pipes of coconuts.
Across the dirty beach surpliced with lace,
they pass a brown lagoon behind the priest,
pale and unshaven in his frayed soutane,[2]
125   into the concrete church at Canaries;
as Albert Schweitzer[3] moves to the harmonium
of morning, and to the pluming chimneys,
the groundswell lifts *Lebensraum, Lebensraum*.[4]

Black faces sprinkled with continual dew—
130   dew on the speckled croton,[5] dew
on the hard leaf of the knotted plum tree,
dew on the elephant ears of the dasheen.[6]
Through Kurtz's teeth, white skull in elephant grass,
the imperial fiction sings. Sunday
135   wrinkles downriver from the Heart of Darkness.
The heart of darkness is not Africa.
The heart of darkness is the core of fire
in the white center of the holocaust.
The heart of darkness is the rubber claw
140   selecting a scalpel in antiseptic light,
the hills of children's shoes outside the chimneys,
the tinkling nickel instruments on the white altar;
Jacob, in his last card, sent me these verses:
"Think of a God who doesn't lose His sleep
145   if trees burst into tears or glaciers weep.
So, aping His indifference, I write now,
not Anno Domini: After Dachau."[7]

---

1. A hymn sung after the Blessed Sacrament has been exposed in the mass.
2. Black robe.
3. German physician, missionary, and musician in Africa; winner of the Nobel Peace Prize in 1952.

4. Space to live in; the term is especially associated with Nazi Germany's territorial expansion.
5. A tropical plant.
6. The taro plant of tropical Asia.
7. Site of the notorious Nazi concentration camp.

3

The night maid brings a lamp and draws the blinds.
I stay out on the verandah with the stars.
150   Breakfast congealed to supper on its plate.

There is no sea as restless as my mind.
The promontories snore. They snore like whales.
Cetus, the whale, was Christ.
The ember dies, the sky smokes like an ash heap.
155   Reeds wash their hands of guilt and the lagoon
is stained. Louder, since it rained,
a gauze of sand flies hisses from the marsh.

Since God is dead,[8] and these are not His stars,
but man-lit, sulphurous, sanctuary lamps,
160   it's in the heart of darkness of this earth
that backward tribes keep vigil of His Body,
in deya, lampion,[9] and this bedside lamp.
Keep the news from their blissful ignorance.
Like lice, like lice, the hungry of this earth
165   swarm to the tree of life. If those who starve
like these rain-flies who shed glazed wings in light
grew from sharp shoulder blades their brittle vans
and soared towards that tree, how it would seethe—
ah, Justice! But fires
170   drench them like vermin, quotas
prevent them, and they remain
compassionate fodder for the travel book,
its paragraphs like windows from a train,
for everywhere that earth shows its rib cage
175   and the moon goggles with the eyes of children,
we turn away to read. Rimbaud[1] learned that.
                                    Rimbaud, at dusk,
idling his wrist in water past temples
the plumed dates still protect in Roman file,
180   knew that we cared less for one human face
than for the scrolls in Alexandria's ashes,
that the bright water could not dye his hand
any more than poetry. The dhow's[2] silhouette
moved through the blinding coinage of the river
185   that, endlessly, until we pay one debt,
shrouds, every night, an ordinary secret.

4

The drawn sword comes in strides.
It stretches for the length of the empty beach;
the fishermen's huts shut their eyes tight.

---

8. So the German philosopher Friedrich Nietzsche declared in his 1882 text *The Gay Science*.
9. A small oil lamp with tinted glass.
1. Arthur Rimbaud (1854–1891), French poet. After abandoning poetry at the age of 20, he traveled in Egypt and the Sudan, later settling in Ethiopia as a trader and arms dealer.
2. A sailing vessel used by Arabs.

190 A frisson[3] shakes the palm trees.
 and sweats on the traveller's tree.
 They've found out my sanctuary. Philippe, last night:
 "It had two gentlemen in the village yesterday, sir,
 asking for you while you was in town.
195 I tell them you was in town. They send to tell you,
 there is no hurry. They will be coming back."

 In loaves of cloud, *and have not charity,*
 the weevil will make a sahara of Kansas,
 the ant shall eat Russia.
200 Their soft teeth shall make, *and have not charity,*
 the harvest's desolation,
 and the brown globe crack like a begging bowl,
 and though you fire oceans of surplus grain,
 and have not charity,

205 still, through thin stalks,
 the smoking stubble, stalks
 grasshopper: third horseman,
 the leather-helmed locust.[4]

               1981

from **Midsummer**
50

 I once gave my daughters, separately, two conch shells
 that were dived from the reef, or sold on the beach, I forget.
 They use them as doorstops or bookends, but their wet
 pink palates are the soundless singing of angels.
5 I once wrote a poem called "The Yellow Cemetery,"
 when I was nineteen. Lizzie's age. I'm fifty-three.
 These poems I heaved aren't linked to any tradition
 like a mossed cairn;[1] each goes down like a stone
 to the seabed, settling, but let them, with luck, lie
10 where stones are deep, in the sea's memory.
 Let them be, in water, as my father, who did watercolours,
 entered his work. He became one of his shadows,
 wavering and faint in the midsummer sunlight.
 His name is Warwick Walcott. I sometimes believe
15 that his father, in love or bitter benediction,
 named him for Warwickshire.[2] Ironies
 are moving. Now, when I rewrite a line,
 or sketch on the fast-drying paper the coconut fronds
 that he did so faintly, my daughters' hands move in mine.
20 Conches move over the sea-floor. I used to move
 my father's grave from the blackened Anglican headstones

---

3. Sudden passing excitement.
4. The locust, eater of crops, is here identified with the horseman of the Apocalypse quoted in the poem's epigraph.

1. A heap of stones marking a trail.
2. Birthplace of Shakespeare. Warwick Walcott, journalist, occasional poet, and printer, died when his son was a young child.

in Castries[3] to where I could love both at once—
the sea and his absence. Youth is stronger than fiction.

52

I heard them marching the leaf-wet roads of my head,
the sucked vowels of a syntax trampled to mud,
a division of dictions, one troop black, barefooted,
the other in redcoats bright as their sovereign's blood;
their feet scuffled like rain, the bare soles with the shod.
One fought for a queen, the other was chained in her service,
but both, in bitterness, travelled the same road.
Our occupation and the Army of Occupation
are born enemies, but what mortar can size
the broken stones of the barracks of Brimstone Hill
to the gaping brick of Belfast? Have we changed sides
to the moustached sergeants and the horsy gentry
because we serve English, like a two-headed sentry
guarding its borders? No language is neutral;
the green oak of English is a murmurous cathedral
where some took umbrage,[4] some peace, but every shade, all,
helped widen its shadow. I used to haunt the arches
of the British barracks of Vigie[5]. There were leaves there,
bright, rotting like revers of epaulettes[6], and the stenches
of history and piss. Leaves piled like the dropped aitches
of soldiers from rival shires, from the brimstone trenches
of Agincourt to the gas of the Somme.[7] On Poppy Day[8]
our schools bought red paper flowers. They were for Flanders.[9]
I saw Hotspur cursing the smoke through which a popinjay
minced from the battle. Those raging commanders
from Thersites to Percy,[1] their rant is our model.
I pinned the poppy to my blazer. It bled like a vowel.

54

The midsummer sea, the hot pitch road, this grass, these shacks that made me,
jungle and razor grass shimmering by the roadside, the edge of art;
wood lice are humming in the sacred wood,
nothing can burn them out, they are in the blood;
their rose mouths, like cherubs, sing of the slow science
of dying—all heads, with, at each ear, a gauzy wing.
Up at Forest Reserve, before branches break into sea,
I looked through the moving, grassed window and thought "pines,"
or conifers of some sort. I thought, they must suffer

3. Port and capital of Saint Lucia.
4. In two senses: offence, shade.
5. Vigie Beach near Castries, Saint Lucia.
6. Turned-up edges of ornamental shoulder pieces worn on uniforms.
7. French sites of important battles in 1415 and in World War I.
8. Veterans Day.

9. Scene of a disastrous World War I offensive—"the battle of the mud"—in which the British lost 324,000 soldiers.
1. The headstrong Sir Henry Percy (1364–1403) became known as "Hotspur"; he serves as rival to Prince Hal in Shakespeare's *Henry IV*. Thersites accuses Achilles of cowardice in Homer's *Iliad*.

10   in this tropical heat with their child's idea of Russia.
      Then suddenly, from their rotting logs, distracting signs
      of the faith I betrayed, or the faith that betrayed me—
      yellow butterflies rising on the road to Valencia[2]
      stuttering "yes" to the resurrection; "yes, yes is our answer,"
15   the gold-robed Nunc Dimittis[3] of their certain choir.
      Where's my child's hymnbook, the poems edged in gold leaf,
      the heaven I worship with no faith in heaven,
      as the Word turned toward poetry in its grief?
      Ah, bread of life, that only love can leaven!
20   Ah, Joseph, though no man ever dies in his own country,[4]
      the grateful grass will grow thick from his heart.

                                                        1984

≡+ END OF PERSPECTIVES: WHOSE LANGUAGE? +≡

---

2. A seaport in Eastern Spain.
3. "Lord, now let thy servant depart in peace," sung at the end of Mass.
4. The line echoes Jesus's comment that no prophet is honored in his own country (Mark 6.4). On one level, Joseph may be Jesus's father, mourning his son's early death. *Midsummer* as a whole is addressed to Walcott's friend Joseph Brodsky, the exiled Russian poet.

POLITICAL AND RELIGIOUS ORDERS

One political order that cannot be ignored by readers of British literature and history is the monarchy, since it provides the terms by which historical periods are even today divided up. Thus much of the nineteenth century is often spoken of as the "Victorian" age or period, after Queen Victoria (reigned 1837–1901), and the writing of the period is given the name Victorian literature. By the same token, writing of the period 1559–1603 is often called "Elizabethan" after Elizabeth I, and that of 1901–1910 "Edwardian" after Edward VII. This system however is based more on convention than logic, since few would call the history (or literature) of late twentieth-century Britain "Elizabethan" any more than they would call the history and literature of the eighteenth century "Georgian," though four king Georges reigned between 1714 and 1820. Where other, better terms exist these are generally adopted.

As these notes suggest, however, it is still common to think of British history in terms of the dates of the reigning monarch, even though the political influence of the monarchy has been strictly limited since the seventeenth century. Thus, where an outstanding political figure has emerged it is he or she who tends to name the period of a decade or longer; for the British, for example, the 1980s was the decade of "Thatcherism" as for Americans it was the period of "Reaganomics." The monarchy, though, still provides a point of common reference and has up to now shown a remarkable historical persistence, transforming itself as occasion dictates to fit new social circumstances. Thus, while most of the other European monarchies disappeared early in the twentieth century, if they had not already done so, the British institution managed to transform itself from imperial monarchy, a role adopted in the nineteenth century, to become the head of a welfare state and member of the European Union. Few of the titles gathered by Queen Victoria, such as Empress of India, remain to Elizabeth II (reigns 1952–), whose responsibilities now extend only to the British Isles with some vestigial role in Australia, Canada, and New Zealand among other places.

The monarchy's political power, like that of the aristocracy, has been successively diminished over the past several centuries, with the result that today both monarch and aristocracy have only formal authority. This withered state of today's institutions, however, should not blind us to the very real power they wielded in earlier centuries. Though the medieval monarch King John had famously been obliged to recognize the rule of law by signing the Magna Carta ("Great Charter") in 1215, thus ending arbitrary rule, the sixteenth- and seventeenth-century English monarchs still officially ruled by "divine right" and were under no obligation to attend to the wishes of Parliament. Charles I in the 1630s reigned mostly without summoning a parliament, and the concept of a "constitutional monarchy," being one whose powers were formally bound by statute, was introduced only when King William agreed to the Declaration of Right in 1689. This document, together with the contemporaneous Bill of Rights, while recognizing that sovereignty still rests in the monarch, formally transferred executive and legislative powers to Parliament. Bills still have to receive Royal Assent, though this was last denied by Queen Anne in 1707; the monarch still holds "prerogative" powers, though these, which include the appointment of certain officials, the dissolution of Parliament and so on, are, in practice wielded by the prime minister. Further information on the political character of various historical periods can be found in the period introductions.

Political power in Britain is thus held by the prime minister and his or her cabinet, members of which are also members of the governing party in the House of Commons. As long as the government is able to command a majority in the House of Commons, sometimes by a coalition of several parties but more usually by the absolute majority of one, it both makes the laws and carries them out. The situation is therefore very different from the American doctrine of the "Separation of Powers," in which Congress is independent of the President and can even be controlled by the opposing party. The British state of affairs has led to the office of prime minister being compared to that of an "elected dictatorship" with surprising frequency over the past several hundred years.

British government is bicameral, having both an upper and a lower house. Unlike other bicameral systems, however, the upper house, the House of Lords, is not elected, its membership being largely hereditary. Membership can come about in four main ways: (1) by birth, (2) by appointment by the current prime minister often in consultation with the Leader of the Opposition, (3) by virtue of holding a senior position in the judiciary, and (4) by being a bishop of the Established Church (the Church of England). In the House of Commons, the lower house, the particular features of the British electoral system have meant that there are never more than two large parties, one of which is in power. These are, together, "Her Majesty's Government and Opposition." Local conditions in Northern Ireland and Scotland have meant that these areas sometimes send members to Parliament in London who are members neither of the Conservative nor of the Labour parties; in general, however, the only other group in the Commons is the small Liberal Party.

Taking these categories in turn, all members of the hereditary aristocracy (the "peerage") have a seat in the House of Lords. The British aristocracy, unlike those of other European countries, was never formally dispossessed of political power (for example by a revolution), and though their influence is now limited, nevertheless all holders of hereditary title—dukes, marquesses, earls, viscounts and barons, in that order of precedence—sit in the Lords. Some continue to do political work and may be members of the Government or of the Opposition, though today it would be considered unusual for a senior member of government to sit in the House of Lords. The presence of the hereditary element in the Lords tends to give the institution a conservative tone, though the presence of the other members ensures this is by no means always the case. Secondly there are "life peers," who are created by the monarch on the prime minister's recommendation under legislation dating from 1958. They are generally individuals who have distinguished themselves in one field or another; retiring senior politicians from the Commons are generally elevated to the Lords, for example, as are some senior civil servants, diplomats, business and trade union leaders, academics, figures in the arts, retiring archbishops, and members of the military. Some of these take on formal political responsibilities and others do not. Finally, senior members of the judiciary sit in the Lords as Law Lords, while senior members of the Church of England hierarchy also sit in the Lords and frequently intervene in political matters. It has been a matter of some controversy whether senior members of other religious denominations, or religions, should also sit in the House of Lords. Within the constitution (by the Parliament Act of 1911 and other acts) the powers of the House of Lords are limited mostly to the amendment and delay of legislation; from time to time the question of its reform or abolition is raised.

In addition, there are minor orders of nobility that should be mentioned. A baronet is a holder of a hereditary title, but he is not a member of the peerage; the style is Sir (followed by his first and last names), Baronet (usually abbreviated as Bart. or Bt.). A knight is a member of one of the various orders of British knighthood, the oldest of which dates back to the Middle Ages (the Order of the Garter), the majority to the eighteenth or nineteenth centuries (the Order of the Thistle, the Bath, Saint Michael, and Saint George, etc.). The title is nonhereditary and is given for various services; it is marked by various initials coming after the name. K.C.B., for example, stands for "Knight Commander of the Bath," and there are many others.

In the House of Commons itself, the outstanding feature is the dominance of the party system. Party labels, such as "Whigs" and "Tories," were first used from the late seventeenth century, when groups of members began to form opposing factions in a Parliament now freed of much of the power of the king. The "Tories," for example, a name now used to refer to the modern Conservative Party, were originally members of that faction that supported James II (exiled in 1689); the word "Tory" comes from the Irish (Gaelic) for outlaw or thief. The "Whigs," on the other hand, supported the constitutional reforms associated with the 1689 Glorious Revolution; the word "whig" is obscurely related to the idea of regicide. The Whig faction largely dominated the political history of the eighteenth century, though the electorate was too small, and politics too controlled by the patronage of the great aristocratic families, for much of a party system to develop. It was only in the middle decades of the nineteenth century that the familiar party system in parliament and the associated electioneering organization in the country at large came into being. The Whigs were replaced by the Liberal Party around the mid-century, as the Liberals were to be replaced by the Labour Party in the early decades of the twentieth century; the Tories had become firm Conservatives by the time of Lord Derby's administrations in the mid-nineteenth century.

The party system has always been fertile ground for a certain amount of parliamentary theater, and it has fostered the emergence of some powerful personalities. Whereas the eighteenth-century Whig prime minister Sir Robert Walpole owed his authority to a mixture of personal patronage and the power made available through the alliances of powerful families, nineteenth-century figures such as Benjamin Disraeli (Conservative prime minister 1868, 1874–1880) and William Ewart Gladstone (Liberal prime minister 1868–1874; 1880–1885; 1885; 1892–1894), were at the apex of their respective party machines. Disraeli, theatrical, personable and with a keen eye for publicity (he was, among other things, a close personal friend of Queen Viotoria), formed a great contrast to the massive moral appeals of his parliamentary opponent Gladstone. One earlier figure, William Pitt (1759–1806), prime minister at twenty-four and leader of the country during the French Revolution and earlier Napoleonic wars, stands comparison with these in the historical record; of twentieth-century political figures, David Lloyd-George, Liberal prime minister during World War I, and Winston Churchill, Conservative, during World War II, deserve special mention.

Though political power in the United Kingdom now rests with Parliament at Westminster in London, this has not always been the only case. Wales, which is now formally a principality within the political construction. "England and Wales," was conquered by the English toward the end of the thirteenth century—too early for indigenous representative institutions to have fallen into place. Scotland, on the other hand, which from 1603 was linked with England under a joint monarchy but only became part of the same political entity with the Act of Union in 1707, did develop discrete institutions. Recent votes in both Scotland and Wales are leading toward greater local legislative control over domestic issues in both Scotland and Wales. Many Scottish institutions—for example, the legal and educational systems—are substantially different from those of England, which is not true in the case of Wales. The Church of Scotland in particular has no link with the Church of England, having been separately established in 1690 on a Presbyterian basis; this means that authority in the Scottish church is vested in elected pastors and lay elders and not in an ecclesiastical hierarchy of priests and bishops. But the most vexed of the relationships within the union has undoubtedly been that between England and Ireland.

There has been an English presence in Ireland from the Middle Ages on, and this became dominant in the later sixteenth century when English policy was deliberately to conquer and colonize the rest of the country. The consequence of this policy, however, was that an Irish Protestant "Ascendancy" came to rule over a largely dispossessed Catholic Irish peasantry; in 1689 at the Battle of the Boyne this state of affairs was made permanent, as Irish Catholic support for the exiled and Catholic-sympathizing James II was routed by the invading troops of the new Protestant king, William III. An Irish parliament met in Dublin, but this was restricted to Protestants; the Church of Ireland was the established Protestant church in a country where most of the population was Catholic. Irish political representation was shifted to Westminster by Pitt in 1800 under the formal Act of Union with Ireland; the Church of Ireland was disestablished by Gladstone later in the century. In the twentieth century, continuing agitation in the Catholic south of the country first for Home Rule and subsequently for independence from Britain—agitation that had been a feature of almost the whole nineteenth century at greater or lesser levels of intensity—led to the establishment first of the Irish Free State (1922) and later of the Republic (1948). In the Protestant North of the country, a local parliament met from 1922 within the common framework of the United Kingdom, but this was suspended in 1972 and representation returned to Westminster, as renewed violence in the province threatened local institutions. In Northern Ireland several hundred years of conflict between Protestants, who form the majority of the population in the province, and Catholics have led to continuing political problems.

Since the Reformation in the sixteenth century Britain has officially been a Protestant country with a national church headed by the monarch. This "Established Church," the Church of England or Anglican Church, has its own body of doctrine in the Thirty-Nine Articles and elsewhere, its own order of services in the Book of Common Prayer, and its own translation of the Bible (the "Authorized Version"), commissioned by James I (reigned 1603–1625) as Head of the Church. There is an extensive ecclesiastical hierarchy and a worldwide communion that includes the American Episcopalian Church.

The Reformation in England was not an easy business, and it has certain negative consequences even today. Some of these have been touched upon above in the case of Ireland. Those professing Roman Catholicism were excluded from political office and suffered other penalties until 1829, and a Catholic hierarchy parallel to that of the Church of England only came into being in Britain in the later nineteenth century. Though many of the restrictions on Roman Catholics enacted by Act of Parliament at the end of the seventeenth century were considerably softened in the course of the eighteenth, nevertheless they were very real.

English Protestantism, however, is far from being all of a piece. As early as the sixteenth century, many saw the substitution of the King's authority and that of the national ecclesiastical hierarchy for that of the Pope to be no genuine Protestant Reformation, which they thought demanded local autonomy and individual judgment. In the seventeenth century many "dissenting" or "Non-Conformist" Protestant sects thus grew up or gathered strength (many becoming "Puritans"), and these rejected the authority of the national church and its bishops and so the authority of the king. They had a brief moment of freedom during the Civil War and the Commonwealth (1649–1660) following the execution of Charles I, when there was a flowering of sects from Baptists and Quakers, which still exist today, to Ranters, Shakers, Anabaptists, Muggletonians, etc., which in the main do not (except for some sects in the United States). The monarchy and the Church were decisively reestablished in 1660, but subsequent legislation, most importantly the Act of Toleration (1689), suspended laws against dissenters on certain conditions.

Religious dissent or nonconformity remained powerful social movements over the following centuries and received new stimulus from the "New Dissenting" revivalist movements of the eighteenth century (particularly Methodism, though there was also a growth in the Congregationalist and Baptist churches). By the nineteenth century, the social character and geographical pattern of English dissent had been established: religious nonconformity was a feature of the new working classes brought into being by the Industrial Revolution in the towns of the Midlands and North of England. Anglicanism, which was associated with the preindustrial traditional order, was rejected also by many among the rising bourgeoisie and lower middle classes; almost every major English novel of the mid-nineteenth century and beyond is written against a background of religious nonconformity or dissent, which had complex social and political meanings. Nonconformity was also a particular feature of Welsh society.

Under legislation enacted by Edward I in 1290, the Jews were expelled from England, and there were few of them in the country until the end of the seventeenth century, when well-established Jewish communities began to appear in London (the medieval legislation was repealed under the Commonwealth in the 1650s). Restrictions on Jews holding public office continued until the mid-nineteenth century, and at the end of the century large Jewish communities were formed in many English cities by refugees from Central and Eastern European anti-Semitism.

Britain today is a multicultural country and significant proportions of the population, many of whom came to Britain from former British Empire territories, profess Hinduism or Islam, among other religions. The United Kingdom has been a member of the European Union since the early 1970s, and this has further loosened ties between Britain and former empire territories or dominions, many of which are still linked to Britain by virtue of the fact that the British monarch is Head of the "Commonwealth," an organization to which many of them belong. In some cases, the British monarch is also Head of State. Most importantly, however, British membership of the European Union has meant that powers formerly held by the national parliament have been transferred either to the European Parliament in Strasbourg, France, or to the European Commission, the executive agency in Brussels, Belgium, or, in the case of judicial review and appeal, to the European Court of Justice. This process seems set to generate tensions in Britain for some years to come.

David Tresilian

ENGLISH MONARCHS

Before the Norman conquest (1066), these included:

Alfred the Great	871–899
Edmund I	940–946
Ethelred the Unready	948–1016
Edward the Confessor	1042–1066
Harold II	1066

The following monarchs are divided by the dynasty ("House") to which they belong:

Normandy

William I the Conqueror	1066–1087
William II, Rufus	1087–1100
Henry I	1100–1135

Blois

Stephen	1135–1154

Plantagenet

Henry II	1154–1189
Richard I "Coeur de Lion"	1189–1199
John	1199–1216
Henry III	1216–1272
Edward I	1272–1307
Edward II	1307–1327
Edward III	1327–1377
Richard II	1377–1399

Lancaster

Henry IV	1399–1413
Henry V	1413–1422
Henry VI	1422–1471

York

Edward IV	1461–1483
Edward V	1483
Richard III	1483–1485

Tudor

Henry VII	1485–1509
Henry VIII	1509–1547
Edward VI	1547–1553
Mary I	1553–1558
Elizabeth I	1558–1603

Kings of England and of Scotland:
Stuart

James I (James VI of Scotland)	1603–1625
Charles I	1625–1649
Commonwealth (Republic)	
Council of State	1649–1653
Oliver Cromwell, Lord Protector	1653–1658
Richard Cromwell	1658–1660

Stuart

Charles II	1660–1685
James II	1685–1688
(Interregnum 1688–1689)	
William III and Mary II	1685–1701 (Mary dies 1694)
Anne	1702–1714

Hanover

George I	1714–1727
George II	1727–1760
George III	1760–1820
George IV	1820–1830
William IV	1830–1837
Victoria	1837–1901

Saxe-Coburg and Gotha

Edward VII	1901–1910

Windsor

George V	1910–1936
Edward VIII	1936
George VI	1936–1952
Elizabeth II	1952–

MONEY, WEIGHTS, AND MEASURES

The possibility of confusion by the British monetary system has considerably decreased since 1971, when decimalization of the currency took place. There are now 100 pence to a pound (worth about $1.60 in the late 1990s). Prior to this date the currency featured a gallery of other units as well. These coins—shillings, crowns, half-crowns, florins, threepenny-bits, and far-things—were contemporary survivals of the currency's historical development. As such they had a familiar presence in the culture, which was reflected in the slang terms used to refer to them in the spoken language. At least one of these terms, that of a "quid" for a pound, is still in use today.

The old currency divided the pound into 20 shillings, each of which contained 12 pence. There were, therefore, 240 pence in 1 pound. Five shillings made a crown, a half-crown was 2½ shillings, and a florin was 2 shillings; there was also a sixpence, a threepenny-bit, and a far-thing (a quarter of a penny). In slang, a shilling was a "bob," a sixpence a "tanner," and a penny a "copper." Sums were written as, for example, £12. 6s. 6d. or £12/6/6 (12 pounds, 6 shillings, and 6 pence; the "d." stands for "denarius," from the Latin). Figures up to £5 were often expressed in shillings alone: the father of the novelist D. H. Lawrence, for instance, who was a coal miner, was paid around 35 shillings a week at the beginning of the twentieth century— i.e., 1 pound and 15 shillings, or £1/15/–. At this time two gold coins were also still in circula- tion, the sovereign (£1) and the half-sovereign (10s.), which had been the principal coins of the nineteenth century; the largest silver coin was the half-crown (2 / 6). Later all coins were composed either of copper or an alloy of copper and nickel. The guinea was £1/1/– (1 pound and 1 shilling, or 21 shillings); though the actual coin had not been minted since the begin- ning of the nineteenth century, the term was still used well into the twentieth to price luxury items and to pay professional fees.

The number of dollars that a pound could buy has fluctuated with British economic for- tunes. The current figure has been noted above; in 1912 it was about $5.00. To get a sense of how much the pound was worth to those who used it as an everyday index of value, however, we have to look at what it could buy within the system in which it was used. To continue the Lawrence example, a coal miner may have been earning 35 shillings a week in the early years of the twentieth century, but of this he would have to have paid six shillings as rent on the family house; his son, by contrast, could command a figure of £300 as a publisher's advance on his novel *The Rainbow* (pub. 1915), a sum which alone would have placed him somewhere in the middle class. In *A Room of One's Own* (1928) Virginia Woolf recommended the figure of £500 a year as necessary if a woman were to write; at today's values this would be worth around £25,000 ($41,000)—considerably more than the pay of, for example, a junior faculty member at a British university, either then or now.

In earlier periods an idea of the worth of the currency, being the relation between wages and prices, can similarly be established by taking samples from across the country at specific dates. Toward the end of the seventeenth century, for example, Poor Law records tell us that a family of five could be considered to subsist on an annual income of £13/14/-, which included £9/14/– spent on food. At the same time an agricultural laborer earned around £15/12/– annu- ally, while at the upper end of the social scale, the aristocracy dramatically recovered and increased their wealth in the period after the restoration of the monarchy in 1660. By 1672 the early industrialist Lord Wharton was realizing an annual profit of £3,200 on his lead mine and smelting plant in the north of England; landed aristocratic families such as the Russells, spon- sors of the 1689 Glorious Revolution and later dukes of Bedford, were already worth £10,000 a year in 1660. Such details allow us to form some idea of the value of the £10 the poet John Milton received for *Paradise Lost* (pub. 1667), as well as to see the great wealth that went into building the eighteenth-century estates that now dot the English countryside.

By extending the same method to the analysis of wage-values during the Industrial Revolution over a century and a half later, the economic background to incidents of public disorder in the period, such as the 1819 "Peterloo Massacre" in St. Peter's Fields, near Manchester, can be reconstructed, as can the background to the poems of Wordsworth, for example, many of which concern vagrancy and the lives of the rural poor. Thus the essayist William Cobbett calculated in the 1820s that £1/4/– a week was needed to support a family of five, though actual average earnings were less than half this sum. By contrast, Wordsworth's projection of "a volume which consisting of 160 pages might be sold at 5 shillings" (1806)—part of the negotiations for his *Poems in Two Volumes* (1807)—firmly establishes the book as a luxury item. Jane Austen's contemporaneous novel *Mansfield Park* (1814), which gives many details about the economic affairs of the English rural gentry, suggests that at least £1000 a year is a desirable income.

Today's pound sterling, though still cited on the international exchanges with the dollar, the deutsche mark, and the yen, decisively lost to the dollar after World War I as the central currency in the international system. At present it seems highly likely that, with some other European national currencies, it will shortly cease to exist as the currency unit of the European Union is adopted as a single currency in the constituent countries of the Union.

British weights and measures present less difficulty to American readers since the vast inertia permeating industry and commerce following the separation of the United States from Britain prevented the reform of American weights and measures along metric lines, which had taken place where the monetary system was concerned. Thus the British "Imperial" system, with some minor local differences, was in place in both countries until decimalization of the British system began in stages from the early 1970s on. Today all British weights and measures, with the exception of road signs, which still generally give distances in miles, are metric in order to bring Britain into line with European Union standards. Though it is still possible to hear especially older people measuring area in acres and not in hectares, distances in miles and not in kilometers, or feet and yards and not centimeters and meters, weight in pounds and ounces and not in grams and kilograms, and temperature in Fahrenheit and not in centigrade, etc., it is becoming increasingly uncommon. Measures of distance that might be found in older texts— such as the league (three miles, but never in regular use), the furlong (220 yards), and the ell (45 inches)—are now all obsolete; the only measure still heard in current use is the stone (14 pounds), and this is generally used for body weight.

David Tresilian

LITERARY AND CULTURAL TERMS*

Absolutism. In criticism, the belief in irreducible, unchanging values of form and content that underlie the tastes of individuals and periods and arise from the stability of an absolute hierarchical order.

Accent. Stress or emphasis on a syllable, as opposed to the syllable's length of duration, its quantity. *Metrical accent* denotes the metrical pattern ($\smile$ –) to which writers fit and adjust accented words and rhetorical emphases, keeping the meter as they substitute word-accented feet and tune their rhetoric.

Accentual Verse. Verse with lines established by counting accents only, without regard to the number of unstressed syllables. This was the dominant form of verse in English until the time of Chaucer.

Acrostic. Words arranged, frequently in a poem or puzzle, to disclose a hidden word or message when the correct combination of letters is read in sequence.

Aestheticism. Devotion to beauty. The term applies particularly to a 19th-century literary and artistic movement celebrating beauty as independent from morality, and praising form above content; art for art's sake.

Aesthetics. The study of the beautiful; the branch of philosophy concerned with defining the nature of art and establishing criteria of judgment.

Alexandrine. A six-foot iambic pentameter line.

Allegorical Meaning. A secondary meaning of a narrative in addition to its primary meaning or literal meaning.

Allegory. A story that suggests another story. The first part of this word comes from the Greek *allos*, "other." An allegory is present in literature whenever it is clear that the author is saying, "By this I also mean that." In practice, allegory appears when a progression of events or images suggests a translation of them into conceptual language.

Alliteration. "Adding letters" (*Latin ad + littera*, "letter"). Two or more words, or accented syllables, chime on the same initial letter (*lost love alone*; *after apple-picking*) or repeat the same consonant.

Alliterative Verse. Verse using alliteration on stressed syllables for its fundamental structure.

Allusion. A meaningful reference, direct or indirect, as when William Butler Yeats writes, "Another Troy must rise and set," calling to mind the whole tragic history of Troy.

Amplification. A restatement of something more fully and in more detail, especially in oratory, poetry, and music.

Analogy. A comparison between things similar in a number of ways; frequently used to explain the unfamiliar by the familiar.

Anapest. A metrical foot: $\smile \smile$ –.

Anaphora. The technique of beginning successive clauses or lines with the same word.

Anatomy. Greek for "a cutting up": a dissection, analysis, or systematic study. The term was popular in titles in the 16th and 17th centuries.

Anglo-Norman (Language). The language of upper-class England after the Norman Conquest in 1066.

Anglo-Saxon. The people, culture, and language of three neighboring tribes—Jutes, Angles, and Saxons—who invaded England, beginning in 449, from the lower part of Denmark's Jutland Peninsula. The Angles, settling along the eastern seaboard of central and northern England, developed the first literate culture of any Germanic people.

---

*Adapted from *The Harper Handbook to Literature* by Northrop Frye, Sheridan Baker, George Perkins, and Barbara M. Perkins, 2d edition (Longman, 1997).

Antagonist. In Greek drama, the character who opposes the protagonist, or hero: therefore, any character who opposes another. In some works, the antagonist is clearly the villain (Iago in *Othello*), but in strict terminology an antagonist is merely an opponent and may be in the right.

Anthropomorphism. The practice of giving human attributes to animals, plants, rivers, winds, and the like, or to such entities as Grecian urns and abstract ideas.

Antithesis. (1) A direct contrast or opposition. (2) The second phase of dialectical argument, which considers the opposition—the three steps being *thesis, antithesis, synthesis.* (3) A rhetorical figure sharply contrasting ideas in balanced parallel structures.

Aphorism. A pithy saying of known authorship, as distinguished from a folk proverb.

Apology. A justification, as in Sir Philip Sidney's *The Apology for Poetry* (1595).

Apostrophe. (Greek, "a turning away"). An address to an absent or imaginary person, a thing, or a personified abstraction.

Archaism. An archaic or old-fashioned word or expression—for example, *o'er, ere,* or *darkling.*

Archetype. (1) The first of a genre, like Homer's *Iliad*, the first heroic epic. (2) A natural symbol imprinted in human consciousness by experience and literature, like dawn symbolizing hope or an awakening; night, death or repose.

Assonance. Repetition of middle vowel sounds: *fight, hive; pane, make.*

Aubade. Dawn song, from French *aube*, for dawn. The aubade originated in the Middle Ages as a song sung by a lover greeting the dawn, ordinarily expressing regret that morning means parting.

Avant-Garde. Experimental, innovative, at the forefront of a literary or artistic trend or movement. The term is French for *vanguard*, the advance unit of an army. It frequently suggests a struggle with tradition and convention.

Ballad. A narrative poem in short stanzas, with or without music. The term derives by way of French *ballade* from Latin *ballare*, "to dance," and once meant a simple song of any kind, lyric or narrative, especially one to accompany a dance.

Ballad Stanza. The name for common meter as found in ballads: a quatrain in iambic meter, alternating tetrameter and trimeter lines, usually rhyming *abcb*.

Bard. An ancient Celtic singer of the culture's lore in epic form; a poetic term for any poet.

Baroque. (1) A richly ornamented style in architecture and art. Founded in Rome by Frederigo Barocci about 1550, and characterized by swirling allegorical frescoes on ceilings and walls, it flourished throughout Europe until 1700. (2) A chromatic musical style with strict forms containing similar exuberant ornamentation, flourishing from 1600 to 1750. In literature, Richard Crashaw's bizarre imagery and the conceits and rhythms of John Donne and other metaphysical poets are sometimes called baroque, sometimes mannerist.

Bathos. (1) A sudden slippage from the sublime to the ridiculous. (2) Any anticlimax. (3) Sentimental pathos. (4) Triteness or dullness.

Blank Verse. Unrhymed iambic pentameter. *See also* Meter.

Bloomsbury Group. An informal social and intellectual group associated with Bloomsbury, a London residential district near the British Museum, from about 1904 until the outbreak of World War II. Virginia Woolf was a principal member. The group was loosely knit, but famed, especially in the 1920s, for its exclusiveness, aestheticism, and social and political freethinking.

Burden. (1) A refrain or set phrase repeated at intervals throughout a song or poem. (2) A bass accompaniment, the "load" carried by the melody, the origin of the term.

Burlesque. (1) A ridicule, especially on the stage, treating the lofty in low style, or the low in grandiose style. (2) A bawdy vaudeville, with obscene clowning and stripteasing.

Caesura. A pause in a metrical line, indicated by punctuation, momentarily suspending the beat (from Latin "a cutting off"). Caesuras are *masculine* at the end of a foot, and *feminine* in mid-foot.

Canon. The writings accepted as forming a part of the Bible, of the works of an author, or of a body of literature. Shakespeare's canon consists of works he wrote, which may be distinguished from works attributed to him but written by others. The word derives from Greek *kanon,* "rod" or "rule," and suggests authority. Canonical authors and texts are those taught most frequently, noncanonical are those rarely taught, and in between are disputed degrees of canonicity for authors considered minor or marginalized.

Canto. A major division in a long poem. The Italian expression is from Latin *cantus,* "song," a section singable in one sitting.

Caricature. Literary cartooning, depicting characters with exaggerated physical traits such as huge noses and bellies, short stature, squints, tics, humped backs, and so forth.

Catalog. In literature, an enumeration of ancestors, of ships, of warriors, of a woman's beauties, and the like; a standard feature of the classical epic.

Celtic Revival. In the 18th century, a groundswell of the Romantic movement in discovering the power in ancient, primitive poetry, particularly Welsh and Scottish Gaelic, as distinct from that of the classics.

Chiasmus. A rhetorical balance created by the inversion of one of two parallel phrases or clauses; from the Greek for a "placing crosswise," as in the Greek letter χ (chi).

Chronicle. A kind of history, with the emphasis on *time* (Greek *chronos*). Events are described in order as they occurred. The chronicles of the Middle Ages provided material for later writers and serve now as important sources of knowledge about the period.

Chronicle Play. A play dramatizing historical events, as from a chronicle.

Classical Literature. (1) The literature of ancient Greece and Rome. (2) Later literature reflecting the qualities of classical Greece or Rome. *See also,* Classicism; Neoclassicism. (3) The classic literature of any time or place, as, for example, classical American literature or classical Japanese literature.

Classicism. A principle in art and conduct reflecting the ethos of ancient Greece and Rome: balance, form, proportion, propriety, dignity, simplicity, objectivity, rationality, restraint, unity rather than diversity. In English literature, classicism emerged with Erasmus (1466–1536) and his fellow humanists. In the Restoration and 18th century, classicism, or neoclassicism, expressed society's deep need for balance and restraint after the shattering Civil War and Puritan commonwealth. Classicism continued in the 19th century, after the Romantic period, particularly in the work of Matthew Arnold. T. E. Hulme, Ezra Pound, and T. S. Eliot expressed it for the 20th century.

Cliché. An overused expression, once clever or metaphorical but now trite and timeworn.

Closed Couplet. The heroic couplet, especially when the thought and grammar are complete in the two iambic pentameter lines.

Closet Drama. A play written for reading in the "closet," or private study.

Cockney. A native of the East End of central London. The term originally meant "cocks' eggs," a rural term of contempt for city softies and fools. Cockneys are London's ingenious street peddlers, speaking a dialect rich with an inventive rhyming slang, dropping and adding aitches.

Comedy. One of the typical literary structures, originating as a form of drama and later extending into prose fiction and other genres as well. Comedy, as Susanne Langer says, is the image of Fortune; tragedy, the image of Fate.

Comedy of Humors. Comedy based on the ancient physiological theory that a predominance of one of the body's four fluids (humors) produces a comically unbalanced personality: (1) blood—sanguine, hearty, cheerful, amorous; (2) phlegm—phlegmatic, sluggish; (3) choler (yellow bile)—angry, touchy; (4) black bile—melancholic.

Comedy of Manners. Suave, witty, and risqué, satire of upper-class manners and immorals, particularly that of Restoration masters like George Etherege and William Congreve.

Common Meter. The ballad stanza as found in hymns and other poems: a quatrain (four-line stanza) in iambic meter, alternating tetrameter and trimeter, rhyming *abcb* or *abab*.

Complaint. A lyric poem, popular in the Middle Ages and the Renaissance, complaining of unrequited love, a personal situation, or the state of the world.

Conceit. Any fanciful, ingenious expression or idea, but especially one in the form of an extended metaphor.

Concordia Discors. "Discordant harmony," a phrase expressing for the 18th century the harmonious diversity of nature, a pleasing balance of opposites.

Concrete Poetry. Poetry that attempts a concrete embodiment of its idea, expressing itself physically apart from the meaning of the words. A recent relative of the much older *shaped poem*, the concrete poem places heavy emphasis on the picture and less on the words, so that the visual experience may be more interesting than the linguistic.

Connotation. The ideas, attitudes, or emotions associated with a word in the mind of speaker or listener, writer or reader. It is contrasted with the *denotation*, the thing the word stands for, the dictionary definition, an objective concept without emotional coloring.

Consonance. (1) Repetition of inner or end consonant sounds, as, for example, the *r* and *s* sounds from Gerard Manley Hopkins's *God's Grandeur:* "broods with warm breast." (2) In a broader sense, a generally pleasing combination of sounds or ideas.

Couplet. A pair of rhymed metrical lines, usually in iambic tetrameter or pentameter. Sometimes the two lines are of different length.

Cynghanedd. A complex medieval Welsh system of rhyme, alliteration, and consonance, to which Gerard Manley Hopkins alluded to describe his interplay of euphonious sounds, actually to be heard in any rich poet, as in the Welsh Dylan Thomas: "The force that through the green fuse drives the flower / Drives my green age."

Dactyl. A three-syllable metrical foot: $- \smile \smile$. It is the basic foot of dactylic hexameter, the six-foot line of Greek and Roman epic poetry.

Dactylic Hexameter. The classical or heroic line of the epic. A line based on six dactylic feet, with spondees substituted, and always ending $- \smile \smile \mid - -$.

Dead Metaphor. A metaphor accepted without its figurative picture: "a jacket," for the paper around a book, with no mental picture of the human coat that prompted the original metaphor.

Decasyllabic. Having ten syllables. An iambic pentameter line is decasyllabic.

Deconstruction. The critical dissection of a literary text's statements, ambiguities, and structure to expose its hidden contradictions, implications, and fundamental instability of meaning. Jacques Derrida originated deconstruction in *Of Grammatology* (1967) and *Writing and Difference* (1967).

Decorum. Propriety, fitness, the quality of being appropriate.

Defamiliarization. Turning the familiar to the strange by disrupting habitual ways of perceiving things. Derived from the thought of Victor Shklovsky and other Russian formalists, the idea is that art forces us to see things differently as we view them through the artist's sensibility, not our own.

Deism. A rational philosophy of religion, beginning with the theories of Lord Herbert of Cherbury, the "Father of Deism," in his *De Veritate* (1624). Deists generally held that God, the supreme Artisan, created a perfect clock of a universe, withdrew, and left it running, not to return to intervene in its natural works or the life of humankind; that the Bible is a moral guide, but neither historically accurate nor divinely authentic; and that reason guides human beings to virtuous conduct.

Denotation. The thing that a word stands for, the dictionary definition, an objective concept without emotional coloring. It is contrasted with the *connotation*, ideas, attitudes, or emotions associated with the word in the mind of user or hearer.

Dénouement. French for "unknotting": the unraveling of plot threads toward the end of a play, novel, or other narrative.

Determinism. The philosophical belief that events are shaped by forces beyond the control of human beings.

Dialect. A variety of language belonging to a particular time, place, or social group, as, for example, an 18th-century cockney dialect, a New England dialect, or a coal miner's dialect. A language other than one's own is for the most part unintelligible without study or translation; a dialect other than one's own can generally be understood, although pronunciation, vocabulary, and syntax seem strange.

Dialogue. Conversation between two or more persons, as represented in prose fiction, drama, or essays, as opposed to *monologue*, the speech of one person.

Diatribe. Greek for "a wearing away": a bitter and abusive criticism or invective, often lengthy, directed against a person, institution, or work.

Diction. Word choice in speech or writing, an important element of style.

Didactic. Greek for "teaching": instructive, or having the qualities of a teacher. Literature intended primarily for instruction or containing an important moralistic element is didactic.

Dirge. A lamenting funeral song.

Discourse. (1) A formal discussion of a subject. (2) The conventions of communication associated with specific areas, in usages such as "poetic discourse," "the discourse of the novel," or "historical discourse."

Dissenter. A term arising in the 1640s for a member of the clergy or a follower who dissented from the forms of the established Anglican church, particularly Puritans. Dissenters generally came from the lower middle classes.

Dissonance. (1) Harsh and jarring sound; discord. It is frequently an intentional effect, as in the poems of Robert Browning. (2) Occasionally a term for half rhyme or slant rhyme.

Distich. A couplet, or pair of rhymed metrical lines.

Dithyramb. A frenzied choral song and dance to honor Dionysus, Greek god of wine and the power of fertility. Any irregular, impassioned poetry may be called *dithyrambic*.

Doggerel. (1) Trivial verse clumsily aiming at meter, usually tetrameter. (2) Any verse facetiously low and loose in meter and rhyme.

Domesday Book. The recorded census and survey of landholders that William the Conqueror ordered in 1085; from "Doomsday," the Last Judgment.

Dramatic Irony. A character in drama or fiction unknowingly says or does something in ironic contrast to what the audience or reader knows or will learn.

Dramatic Monologue. A monologue in verse. A speaker addresses a silent listener, revealing, in dramatic irony, things about himself or herself of which the speaker is unaware.

Eclogue. A short poem, usually a pastoral, and often in the form of a dialogue or soliloquy.

Edition. The form in which a book is published, including its physical qualities and its content. A *first edition* is the first form of a book, printed and bound; a *second edition* is a later form, usually with substantial changes in content.

Edwardian Period (1901–1914). From the death of Queen Victoria to the outbreak of World War I, named for the reign of Victoria's son, Edward VII (1901–1910), a period generally reacting against Victorian propriety and convention.

Elegiac Stanza. An iambic pentameter quatrain rhyming *abab*, taking its name from Thomas Gray's *Elegy Written in a Country Churchyard* (1751).

Elegy. Greek for "lament": a poem on death or on a serious loss; characteristically a sustained meditation expressing sorrow and, frequently, an explicit or implied consolation.

Elision. Latin for "striking out": the omission or slurring of an unstressed vowel at the end of a word to bring a line of poetry closer to a prescribed metrical pattern.

Elizabethan Drama. English drama of the reign of Elizabeth I (1558–1603). Strictly speaking, drama from the reign of James I (1603–1625) belongs to the Jacobean period and that from the reign of Charles I (1625–1642) to the Caroline period, but the term *Elizabethan* is sometimes extended to include works of later reigns, before the closing of the theaters in 1642.

Elizabethan Period (1558–1603). The years marked by the reign of Elizabeth I.

Ellipsis. The omission of words for rhetorical effect: "*Drop dead*" for "You drop dead."

Emblem. (1) A didactic pictorial and literary form consisting of a word or phrase (*mot* or *motto*), a symbolic woodcut or engraving, and a brief moralistic poem (*explicatio*). Collections of emblems in book form were popular in the 16th and 17th centuries. (2) A type or symbol.

Emendation. A change made in a literary text to remove faults that have appeared through tampering or by errors in reading, transcription, or printing from the manuscript.

Empathy. Greek for "feeling with": identification with the feelings or passions of another person, natural creature, or even an inanimate object conceived of as possessing human attributes.

Emphasis. Stress placed on words, phrases, or ideas to show their importance, by *italics*, **boldface,** and punctuation "!!!"; by figurative language, meter, and rhyme; or by strategies of rhetoric, like climactic order, contrast, repetition, and position.

Empiricism. Greek for "experience": the belief that all knowledge comes from experience, that human understanding of general truth can be founded only on observation of particulars. Empiricism is basic to the scientific method and to literary naturalism.

Enclosed Rhyme. A couplet, or pair of rhyming lines, enclosed in rhyming lines to give the pattern *abba.*

Encomium. Originally a Greek choral song in praise of a hero; later, any formal expression of praise, in verse or prose.

End Rhyme. Rhyme at the end of a line of verse (the usual placement), as distinguished from *initial rhyme*, at the beginning, or *internal rhyme*, within the line.

Enjambment. Run-on lines in which grammatical sense runs from one line of poetry to the next without pause or punctuation. The opposite of an end-stopped line.

Enlightenment. A philosophical movement in the 17th and 18th centuries, particularly in France, characterized by the conviction that reason could achieve all knowledge, supplant organized religion, and ensure progress toward happiness and perfection.

Envoy (or Envoi). A concluding stanza, generally shorter than the earlier stanzas of a poem, giving a brief summary of theme, address to a prince or patron, or return to a refrain.

Epic. A long narrative poem, typically a recounting of history or legend or of the deeds of a national hero. During the Renaissance, critical theory emphasized two assumptions: (1) the encyclopedic knowledge needed for major poetry, and (2) an aristocracy of genres, according to which epic and tragedy, because they deal with heroes and ruling-class figures, were reserved for major poets.

Epic Simile. Sometimes called a *Homeric simile:* an extended simile, comparing one thing with another by lengthy description of the second, often beginning with "as when" and concluding with "so" or "such."

Epicurean. Often meaning hedonistic (*see also* Hedonism), devoted to sensual pleasure and ease. Actually, Epicurus (c. 341–270 B.C.) was a kind of puritanical Stoic, recommending detachment from pleasure and pain to avoid life's inevitable suffering, hence advocating serenity as the highest happiness, intellect over the senses.

Epigram. (1) A brief poetic and witty couching of a home truth. (2) An equivalent statement in prose.

Epigraph. (1) An inscription on a monument or building. (2) A quotation or motto heading a book or chapter.

Epilogue. (1) A poetic address to the audience at the end of a play. (2) The actor performing the address. (3) Any similar appendage to a literary work, usually describing what happens to the characters in the future.

Epiphany. In religious tradition, the revelation of a divinity. James Joyce adapted the term to signify a moment of profound or spiritual revelation. For Joyce, art was an epiphany.

Episode. An incident in a play or novel; a continuous event in action and dialogue.

Episodic Structure. In narration, the incidental stringing of one episode upon another, with no necessary causal connection or plot.

Epistle. (1) A letter, usually a formal or artistic one, like Saint Paul's Epistles in the New Testament, or Horace's verse *Epistles*, widely imitated in the late 17th and 18th centuries, most notably by Alexander Pope. (2) A dedication in a prefatory epistle to a play or book.

Epitaph. (1) An inscription on a tombstone or monument memorializing the person, or persons, buried there. (2) A literary epigram or brief poem epitomizing the dead.

Epithalamium (or Epithalamion). A lyric ode honoring a bride and groom.

Epithet. A term characterizing a person or thing: e.g., *Richard the Lion-Hearted*.

Epitome. (1) A summary, an abridgment, an abstract. (2) One that supremely represents an entire class.

Essay. A literary composition on a single subject; usually short, in prose, and nonexhaustive. The word derives from French *essai* "an attempt," first used in the modern sense by Michel de Montaigne, whose *Essais* (1580–1588) are classics of the genre.

Estates. The "three estates of the realm," recognized from feudal times onward: the clergy (Lords Spiritual), the nobility (Lords Temporal), and the burghers (the Commons). The Fourth Estate is now the press and other media.

Eulogy. A speech or composition of praise, especially of a deceased person.

Euphemism. Greek for "good speech": an attractive substitute for a harsh or unpleasant word or concept; figurative language or circumlocution substituting an indirect or oblique reference for a direct one.

Euphony. Melodious sound, the opposite of cacophony. A major feature of verse, but also a consideration in prose, euphony results from smooth-flowing meter or sentence rhythm as well as attractive sounds.

Euphuism. An artificial, highly elaborate affected style that takes its name from John Lyly's *Euphues: The Anatomy of Wit* (1578). Euphuism is characterized by the heavy use of rhetorical devices such as balance and antithesis, by much attention to alliteration and other sound patterns, and by learned allusion.

Excursus. (1) A lengthy discussion of a point, appended to a literary work. (2) A long digression.

Exegesis. A detailed analysis, explanation, and interpretation of a difficult text, especially the Bible.

Exemplum. Latin for "example": a story used to illustrate a moral point. *Exempla* were a characteristic feature of medieval sermons.

Existentialism. A philosophy centered on individual existence as unique and unrepeatable, hence rejecting the past for present existence and its unique dilemmas. Existentialism rose to prominence in the 1930s and 1940s, particularly in France after World War II.

Expressionism. An early 20th-century movement in art and literature, best understood as a reaction against conventional realism and naturalism, and especially as a revolt against conventional society. The expressionist looked inward for images, expressing in paint, on stage, or in prose or verse a distorted, nightmarish version of reality.

Eye Rhyme. A rhyme of words that look but do not sound the same: *one, stone; word, lord; teak, break*.

Fable. (1) A short, allegorical story in verse or prose, frequently of animals, told to illustrate a moral. (2) The story line or plot of a narrative or drama. (3) Loosely, any legendary or fabulous account.

Falling Meter. A meter beginning with a stress, running from heavy to light.

Farce. A wildly comic play, mocking dramatic and social conventions.

Feminine Ending. An extra unstressed syllable at the end of a metrical line, usually iambic.

Feminine Rhyme. A rhyme of both the stressed and the unstressed syllables of one feminine ending with another.

Feudalism. The political and social system prevailing in Europe from the ninth century until the 1400s. It was a system of independent holdings (*feud* is Germanic for "estate") in which autonomous lords pledged fealty and service to those more powerful in exchange for protection, as did villagers to the neighboring lord of the manor.

Fiction. An imagined creation in verse, drama, or prose. Fiction is a thing made, an invention. It is distinguished from nonfiction by its essentially imaginative nature, but elements of fiction appear in fundamentally nonfictional constructions such as essays, biographies, autobiographies, and histories. Although any invented person, place, event, or condition is a fiction, the term is now most frequently used to mean "prose fiction," as distinct from verse or drama.

Figurative Language. Language that is not literal, being either metaphorical or rhetorically patterned.

Figure of Speech. An expression extending language beyond its literal meaning, either pictorially through metaphor, simile, allusion, and the like, or rhetorically through repetition, balance, antithesis, and the like. A figure of speech is also called a *trope*.

Fin de Siècle. "The end of the century," especially the last decade of the 19th. The term, acquired with the French influence of the symbolists Stéphane Mallarmé and Charles Baudelaire, connotes preciosity and decadence.

First-Person Narration. Narration by a character involved in a story.

Flyting. Scottish for "scolding": a form of invective, or violent verbal assault, in verse; traditional in Scottish literature, possibly Celtic in origin. Typically, two poets exchange scurrilous and often exhaustive abuse.

Folio. From Latin for "leaf." (1) A sheet of paper, folded once. (2) The largest of the book sizes, made from standard printing sheets, folded once before trimming and binding.

Folktale. A story forming part of the folklore of a community, generally less serious than the stories called *myths*.

Foot. The metrical unit; in English, an accented syllable with accompanying light syllable or syllables.

Formula. A plot outline or set of characteristic ingredients used in the construction of a literary work or applied to a portion of one.

Foul Copy. A manuscript that has been used for printing, bearing the marks of the proofreader, editor, and printer, as well as, frequently, the author's queries and comments.

Four Elements. In ancient and medieval cosmology, earth, air, fire, and water—the four ultimate, exclusive, and eternal constituents that, according to Empedocles (c. 493–c. 433 B.C.) made up the world.

Fourteeners. Lines of 14 syllables—7 iambic feet, popular with the Elizabethans.

Frame Narrative. A narrative enclosing one or more separate stories. Characteristically, the frame narrative is created as a vehicle for the stories it contains.

Free Verse. French *vers libre;* poetry free of traditional metrical and stanzaic patterns.

Genre. A term often applied loosely to the larger forms of literary convention, roughly analogous to "species" in biology. The Greeks spoke of three main genres of poetry—lyric, epic, and drama.

Georgian. (1) Pertaining to the reigns of the four Georges—1714–1830, particularly the reigns of the first three, up to the close of the 18th century. (2) The literature written during the early years (1910–1914) of the reign of George V.

Georgic. A poem about farming and annual rural labors, after Virgil's *Georgics.*

Gloss. An explanation (from Greek *glossa* "tongue, language"); originally, Latin synonyms in the margins of Greek manuscripts and vernacular synonyms in later manuscripts as scribes gave the reader some help.

Glossary. A list of words, with explanations or definitions.

Gothic. Originally, pertaining to the Goths, then to any Germanic people. Because the Goths began warring with the Roman empire in the 3rd century A.D., eventually sacking Rome itself, the term later became a synonym for "barbaric," which the 18th century next applied to anything medieval, of the Dark Ages.

Gothic Novel. A type of fiction introduced and named by Horace Walpole's *Castle of Otranto, A Gothic Story* (1764). Walpole introduced supernatural terror, with a huge mysterious helmet, portraits that walk abroad, and statues with nosebleeds. Mary Shelley's *Frankenstein* (1818) transformed the Gothic into moral science fiction.

Grotesque. Anything unnaturally distorted, ugly, ludicrous, fanciful, or bizarre; especially, in the 19th century, literature exploiting the abnormal.

Hedonism. A philosophy that sees pleasure as the highest good.

Hegelianism. The philosophy of G. W. F. Hegel (1770–1831), who developed the system of thought known as Hegelian dialectic, in which a given concept, or *thesis,* generates its opposite, or *antithesis,* and from the interaction of the two arises a *synthesis.*

Heroic Couplet. The closed and balanced iambic pentameter couplet typical of the heroic plays of John Dryden; hence, any closed couplet.

Heroic Quatrain. A stanza in four lines of iambic pentameter, rhyming *abab* (*see also* Meter). Also known as the *heroic stanza* and the *elegiac stanza.*

Hexameter. Six-foot lines.

Historicism. (1) Historical relativism. (2) An approach to literature that emphasizes its historical environment, the climate of ideas, belief, and literary conventions surrounding and influencing the writer.

Homily. A religious discourse or sermon, especially one emphasizing practical spiritual or moral advice.

Hubris. From Greek *hybris,* "pride": prideful arrogance or insolence of the kind that causes the tragic hero to ignore the warnings that might turn aside the action that leads to disaster.

Humors. The *cardinal humors* of ancient medical theory: blood, phlegm, yellow bile (choler), black bile (melancholy). From ancient times until the 19th century, the humors were believed largely responsible for health and disposition. In literature, especially during the early modern period, characters were portrayed according to the humors that dominated them, as in the comedy of humors.

Hyperbole. Overstatement to make a point, as when a parent tells a child "I've told you a thousand times."

Iambus (or Iamb). A metrical foot: ⌣ – .

Idealism. Literary idealism follows from philosophical precepts, emphasizing a world in which the most important reality is a spiritual or transcendent truth not always reflected in the world of sense perception.

Idyll. A short poem of rustic pastoral serenity.

Image. A concrete picture, either literally descriptive, as in "Red roses covered the white wall," or figurative, as in "She is a rose," each carrying a sensual and emotive connotation.

Impressionism. A literary style conveying subjective impressions rather than objective reality, taking its name from the movement in French painting in the mid–19th century.

Industrial Revolution. The accelerated change, beginning in the 1760s, from an agricultural-shopkeeping society, using hand tools, to an industrial-mechanized one.

Influence. The apparent effect of literary works on subsequent writers and their work, as in Robert Browning's influence on T. S. Eliot.

Innuendo. An indirect remark or gesture, especially one implying something derogatory; an insinuation.

Interlocking Rhyme. Rhyme between stanzas; a word unrhymed in one stanza is used as a rhyme for the next, as in terza rima: *aba bcb cdc* and so on.

Internal Rhyme. Rhyme within a line, rather than at the beginning (*initial rhyme*) or end (*end rhyme*); also, rhyme matching sounds in the middle of a line with sounds at the end.

Intertextuality. (1) The relations between one literary text and others it evokes through such means as quotation, paraphrase, allusion, parody, and revision. (2) More broadly, the relations between a given text and all other texts, the potentially infinite sum of knowledge within which any text has its meaning.

Inversion. A reversal of sequence or position, as when the normal order of elements within a sentence is inverted for poetic or rhetorical effect.

Irony. In general, irony is the perception of a clash between appearance and reality, between *seems* and *is*, or between *ought* and *is*. The myriad shadings of irony seem to fall into three categories: (1) *Verbal irony*—saying something contrary to what it means; the appearance is what the words say, the reality is their contrary meaning. (2) *Dramatic irony*—saying or doing something while unaware of its ironic contrast with the whole truth; named for its frequency in drama, dramatic irony is a verbal irony with the speaker's awareness erased. (3) *Situational irony*—events turning to the opposite of what is expected or what should be.

Italian Sonnet (or Petrarchan Sonnet). A sonnet composed of an octave and sestet, rhyming *abbaabba cdecde* (or *cdcdcd* or some variant, without a closing couplet).

Italic (or Italics). Type slanting upward to the right. *This sentence is italic.*

Jacobean Period (1603–1625). The reign of James I, *Jacobus* being the Latin for "James." A certain skepticism and even cynicism seeped into Elizabethan joy.

Jargon. (1) Language peculiar to a trade or calling, as, for example, the jargon of astronauts, lawyers, or literary critics. (2) Confused or confusing language.

Jeremiad. A lament or complaint, especially one enumerating transgressions and predicting destruction of a people, of the kind found in the Book of Jeremiah.

Juvenilia. Youthful literary products.

Kenning. A compound figurative metaphor, a circumlocution, in Old English and Old Norse poetry: "whale-road," for the sea.

Lament. A grieving poem, an elegy, in Anglo-Saxon or Renaissance times. *Deor's Lament* (c. 980) records the actual grief of a scop, or court poet, at being displaced in his lord's hall.

Lampoon. A satirical, personal ridicule in verse or prose.

Lay (or Lai). (1) A ballad or related metrical romance originating with the Breton lay of French Brittany and retaining some of its Celtic magic and folklore.

Lexicon. A word list, a vocabulary, a dictionary.

Libretto. "The little book" (Italian): the text of an opera, cantata, or other musical drama.

Litany. A prayer with phrases spoken or sung by a leader alternated with responses from congregation or choir.

Literal. According to the letter (of the alphabet): the precise, plain meaning of a word or phrase in its simplest, original sense, considered apart from its sense as a metaphor or other figure of speech. Literal language is the opposite of figurative language.

Literature. Strictly defined, anything written. Therefore the oral culture of a people—its folk-lore, folk songs, folktales, and so on—is not literature until it is written down. The movies are not literature except in their printed scripts. By the same strict meaning, historical records, telephone books, and the like are all literature because they are written in letters of the alphabet, although they are not taught as literature in schools. In contrast to this strict, literal meaning, literature has come to be equated with *creative writing* or works of the imagination: chiefly poetry, prose fiction, and drama.

Lollards. From Middle Dutch, literally, "mumblers": a derisive term applied to the followers of John Wyclif (c. 1328–1384), the reformer behind the Wyclif Bible (1385), the first in English. Lollards preached against the abuses of the medieval church, setting up a standard of poverty and individual service as against wealth and hierarchical privilege.

Lyric. A poem, brief and discontinuous, emphasizing sound and pictorial imagery rather than narrative or dramatic movement.

Macaronic Verse. (1) Strictly, verse mixing words in a writer's native language with endings, phrases, and syntax of another language, usually Latin or Greek, creating a comic or burlesque effect. (2) Loosely, any verse mingling two or more languages.

Mannerism, Mannerist. Literary or artistic affectation; a stylistic quality produced by excessively peculiar, ornamental, or ingenious devices.

Manners. Social behavior. In usages like comedy of manners and novel of manners, the term suggests an examination of the behavior, morals, and values of a particular time, place, or social class.

Manuscript. Literally, "written by hand": any handwritten document, as, for example, a letter or diary; also, a work submitted for publication.

Marginalia. Commentary, references, or other material written by a reader in the margins of a manuscript or book.

Masculine Ending. The usual iambic ending, on the accented foot: ⌣ –.

Masculine Rhyme. The most common rhyme in English, on the last syllable of a line.

Masque. An allegorical, poetic, and musical dramatic spectacle popular in the English courts and mansions of the 16th and early 17th centuries. Figures from mythology, history, and romance mingled in a pastoral fantasy with fairies, fauns, satyrs, and witches, as masked amateurs from the court (including kings and queens) participated in dances and scenes.

Materialism. In philosophy, an emphasis upon the material world as the ultimate reality. Its opposite is *idealism*.

Melodrama. A play with dire ingredients—the mortgage foreclosed, the daughter tied to the railroad tracks—but with a happy ending.

Menippean Satire. Satire on pedants, bigots, rapacious professional people, and other persons or institutions perceiving the world from a single framework. Typical ingredients include a rambling narrative; unusual settings; displays of erudition; and long digressions.

Metaphor. Greek for "transfer" (*meta* and *trans* meaning "across"; *phor* and *fer* meaning "carry"): to carry something across. Hence a metaphor treats something as if it were something else. Money becomes a *nest egg*; a sandwich, a *submarine*.

Metaphysical Poetry. Seventeenth-century poetry of wit and startling extended metaphor.

Meter. The measured pulse of poetry. English meters derive from four Greek and Roman quantitative meters (*see* also Quantitative Verse), which English stresses more sharply, although the patterns are the same. The unit of each pattern is the *foot*, containing one stressed syllable and one or two light ones. *Rising meter* goes from light to heavy; *falling meter*, from heavy to light. One meter—iambic—has dominated English poetry, with the three others lending an occasional foot, for variety, and producing a few poems.

Rising Meters

Iambic: ⌣ – (the iambus)
Anapestic: ⌣ ⌣ – (the anapest)

Falling Meters

Trochaic: – ⌣ (the trochee)
Dactylic: – ⌣ ⌣ (the dactyl)

The number of feet in a line also gives the verse a name:

1 foot: monometer
2 feet: dimeter
3 feet: trimeter
4 feet: tetrameter
5 feet: pentameter
6 feet: hexameter
7 feet: heptameter

All meters show some variations, and substitutions of other kinds of feet, but three variations in iambic writing are virtually standard:

> Inverted foot: ‒ ˘ (a trochee)
> Spondee: ‒ ‒
> Ionic double foot: ˘ ˘ ‒ ‒

The *pyrrhic foot* of classical meters, two light syllables (˘ ˘), lives in the English line only in the Ionic double foot, although some prosodists scan a relatively light iambus as pyrrhic.

Examples of meters and scansion:

Iambic Tetrameter
An-ni- | hil-a- | ting all | that's made |
To a | green thought | in a | green shade. |

> *Andrew Marvell, "The Garden"*

Iambic Tetrameter
(with two inverted feet)
Close to | the sun | in lone- | ly lands, |
Ringed with | the az- | ure world, | he stands. |

> *Alfred, Lord Tennyson, "The Eagle"*

Iambic Pentameter
Love's not | Time's fool, | though ros- | y lips | and cheeks |
Within | his bend- | ing sick- | le's com- | pass come |

> *William Shakespeare, Sonnet 116*

When to | the ses- | sions of | sweet si- | lent thought |

> *William Shakespeare, Sonnet 30*

Anapestic Tetrameter
(trochees substituted)
The pop- | lars are felled; | farewell | to the shade |
And the whis- | pering sound | of the cool | colonnade |

> *William Cowper, "The Popular Field"*

Trochaic Tetrameter
Tell me | not in | mournful | numbers |

> *Henry Wadsworth Longfellow, "A Psalm of Life"*

Dactylic Hexameter
This is the | forest prim- | eval. The | murmuring | pines and the | hemlocks |
Bearded with | moss . . . .

> *Henry Wadsworth Longfellow, "Evangeline"*

Metonymy. "Substitute naming." A figure of speech in which an associated idea stands in for the actual item: "The *pen* is mightier than the *sword*" for "Literature and propaganda accomplish more and survive longer than warfare."

Metrics. The analysis and description of meter; also called *prosody*.

Middle English. The language of England from the middle of the 12th century to approximately 1500. English began to lose its inflectional endings and accepted many French words into its vocabulary, especially terms associated with the new social, legal, and governmental structures (*baron, judge, jury, marshal, parliament, prince*), and those in common use by the French upper classes (*mansion, chamber, veal, beef*).

Mimesis. A term meaning "imitation." It has been central to literary criticism since Aristotle's *Poetics*. The ordinary meaning of *imitation* as creating a resemblance to something else is clearly involved in Aristotle's definition of dramatic plot as *mimesis praxeos*, the imitation of an action.

Miracle Play. A medieval play based on a saint's life or story from the Bible.

Miscellany. A collection of various things. A literary miscellany is therefore a book collecting varied works, usually poems by different authors, a kind of anthology.

Mock Epic. A poem in epic form and manner ludicrously elevating some trivial subject to epic grandeur.

Modernism. A collective term, generally associated with the first half of the 20th century, for various aesthetic and cultural attempts to place a "modern" face on experience. Modernism arose from a sense that the old ways were worn out.

Monodrama. (1) A play with one character. (2) A closet drama or dramatic monologue.

Monody. (1) A Greek ode for one voice. (2) An elegiac lament, a dirge, in poetic soliloquy.

Monologue. (1) A poem or story in the form of a soliloquy. (2) Any extended speech.

Motif (or Motive). (1) A recurrent thematic element—word, image, symbol, object, phrase, action. (2) A conventional incident, situation, or device like the unknown knight of mysterious origin and low degree in the romance, or the baffling riddle in fairy tales.

Muse. The inspirer of poetry, on whom the poet calls for assistance. In Greek mythology the Muses were the nine daughters of Zeus and Mnemosyne ("Memory") presiding over the arts and sciences.

Mystery Play. Medieval religious drama; eventually performed in elaborate cycles of plays acted on pageant wagons or stages throughout city streets, with different guilds of artisans and merchants responsible for each.

Mysticism. A spiritual discipline in which sensory experience is expunged and the mind is devoted to deep contemplation and the reaching of a transcendental union with God.

Myth. From Greek *mythos,* "plot" or "narrative." The verbal culture of most if not all human societies began with stories, and certain stories have achieved a distinctive importance as being connected with what the society feels it most needs to know: stories illustrating the society's religion, history, class structure, or the origin of peculiar features of the natural environment.

Narrative Poem. One that tells a story, particularly the epic, metrical romance, and shorter narratives, like the ballad.

Naturalism. (1) Broadly, according to nature. (2) More specifically, a literary movement of the late 19th century; an extension of realism, naturalism was a reaction against the restrictions inherent in the realistic emphasis on the ordinary, as naturalists insisted that the extraordinary is real, too.

Neoclassical Period. Generally, the span of time from the restoration of Charles II to his father's throne in 1660 until the publication of William Wordsworth and Samuel Taylor Coleridge's *Lyrical Ballads* (1798). Writers hoped to revive something like the classical Pax Romana, an era of peace and literary excellence.

Neologism. A word newly coined or introduced into a language, or a new meaning given to an old word.

New Criticism. An approach to criticism prominent in the United States after the publication of John Crowe Ransom's *New Criticism* (1941). Generally, the New Critics were agreed that a poem or story should be considered an organic unit, with each part working to support the whole. They worked by close analysis, considering the text as the final authority, and were distrustful, though not wholly neglectful, of considerations brought from outside the text, as, for example, from biography or history.

New Historicism. A cross-disciplinary approach fostered by the rise of feminist and multi-cultural studies as well as a renewed emphasis on historical perspective. Associated in particular with work on the early modern and the romantic periods in the United States and England, the approach emphasizes analysis of the relationship between history and literature, viewing writings in both fields as "texts" for study. New Historicism has tended to note political influences on literary and historical texts, to illuminate the role of the writer against the backdrop of social customs and assumptions, and to view history as changeable and interconnected instead of as a linear progressive evolution.

Nocturne. A night piece; writing evocative of evening or night.

Nominalism. In the Middle Ages, the belief that universals have no real being, but are only names, their existence limited to their presence in the minds and language of humans. This belief was opposed to the beliefs of medieval realists, who held that universals have an independent existence, at least in the mind of God.

Norman Conquest. The period of English history in which the Normans consolidated their hold on England after the defeat of the Saxon King Harold by William, Duke of Normandy, in 1066. French became the court language and Norman lords gained control of English lands, but Anglo-Saxon administrative and judicial systems remained largely in place.

Novel. The extended prose fiction that arose in the 18th century to become a major literary expression of the modern world. The term comes from the Italian *novella*, the short "new" tale of intrigue and moral comeuppance most eminently disseminated by Boccaccio's *Decameron* (1348–1353). The terms *novel* and *romance*, from the French *roman*, competed interchangeably for most of the 18th century.

Novella. (1) Originally, a short tale. (2) In modern usage, a term sometimes used interchangeably with short novel or for a fiction of middle length.

Octave. (1) The first unit in an Italian sonnet: eight lines of iambic pentameter, rhyming *abbaabba. See also* Meter. (2) A stanza in eight lines.

Octavo (Abbreviated 8vo). A book made from sheets folded to give signatures of eight leaves (16 pages), a book of average size.

Octet. An octastich or octave.

Octosyllabic. Eight-syllable.

Ode. A long, stately lyric poem in stanzas of varied metrical pattern.

Old English. The language brought to England, beginning in 449, by the Jute, Angle, and Saxon invaders from Denmark; the language base from which modern English evolved.

Omniscient Narrative. A narrative account untrammeled by constraints of time or space. An omniscient narrator perspective knows about the external and internal realities of characters as well as incidents unknown to them, and can interpret motivation and meaning.

Onomatopoeia. The use of words formed or sounding like what they signify—*buzz, crack, smack, whinny*—especially in an extensive capturing of sense by sound.

Orientalism. A term denoting Western portrayals of Oriental culture. In literature it refers to a varied body of work beginning in the 18th century that described for Western readers the history, language, politics, and culture of the area east of the Mediterranean.

Oxymoron. A pointed stupidity: *oxy,* "sharp," plus *moron.* One of the great ironic figures of speech—for example, "a fearful joy," or Milton's "darkness visible."

Paleography. The study and interpretation of ancient handwriting and manuscript styles.

Palimpsest. A piece of writing on secondhand vellum, parchment, or other surface carrying traces of erased previous writings.

Panegyric. A piece of writing in praise of a person, thing, or achievement.

Pantheism. A belief that God and the universe are identical, from the Greek words *pan* ("all") and *theos* ("god"). God is all; all is God.

Pantomime. A form of drama presented without words, in a dumb show.

Parable. (1) A short tale, such as those of Jesus in the gospels, encapsulating a moral or religious lesson. (2) Any saying, figure of speech, or narrative in which one thing is expressed in terms of another.

Paradox. An apparently untrue or self-contradictory statement or circumstance that proves true upon reflection or when examined in another light.

Paraphrase. A rendering in other words of the sense of a text or passage, as of a poem, essay, short story, or other writing.

Parody. As comedy, parody exaggerates or distorts the prominent features of style or content in a work. As criticism, it mimics the work, borrowing words or phrases or characteristic turns of thought in order to highlight weaknesses of conception or expression.

Passion Play. Originally a play based on Christ's Passion; later, one including both Passion and Resurrection.

Pastiche. A work created by assembling bits and pieces from other works.

Pastoral. From Latin *pastor*, a shepherd. The first pastoral poet was Theocritus, a Greek of the 3rd century B.C. The pastoral poem is not really about shepherds, but about the complex society the poet and readers inhabit.

Pathetic Fallacy. The attribution of animate or human characteristics to nature, as, for example, when rocks, trees, or weather are portrayed as reacting in sympathy to human feelings or events.

Pathos. The feeling of pity, sympathy, tenderness, compassion, or sorrow evoked by someone or something that is helpless.

Pedantry. Ostentatious book learning.

Pentameter. A line of five metrical feet. (*See* Meter.)

Peripeteia (or Peripetia, Peripety). A sudden change in situation in a drama or fiction, a reversal of luck for good or ill.

Periphrasis. The practice of talking around the point; a wordy restatement; a circumlocution.

Peroration. (1) The summative conclusion of a formal oration. (2) Loosely, a grandiloquent speech.

Persona. A mask (in Latin); in poetry and fiction, the projected speaker or narrator of the work—that is, a mask for the actual author.

Personification. The technique of treating abstractions, things, or animals as persons. A kind of metaphor, personification turns abstract ideas, like love, into a physical beauty named Venus, or conversely, makes dumb animals speak and act like humans.

Petrarchan Sonnet. Another name for an Italian sonnet.

Phoneme. In linguistics, the smallest distinguishable unit of sound. Different for each language, phonemes are defined by determining which differences in sound function to signal a difference in meaning.

Phonetics. (1) The study of speech sounds and their production, transmission, and reception. (2) The phonetic system of a particular language. (3) Symbols used to represent speech sounds.

Picaresque Novel. A novel chronicling the adventures of a rogue (Spanish: *picaro*), typically presented as an autobiography, episodic in structure and panoramic in its coverage of time and place.

Picturesque, The. A quality in landscape, and in idealized landscape painting, admired in the second half of the 18th century and featuring crags, a torrent or winding stream, ruins, and perhaps a quiet cottage and cart, with contrasting light and shadow.

Plagiarism. Literary kidnapping (Latin *plagiarius*, "kidnapper")—the seizing and presenting as one's own the ideas or writings of another.

Plain Style. The straightforward, unembellished style of preaching favored by 17th-century Puritans as well as by reformers within the Anglican church, as speaking God's word directly from the inspired heart as opposed to the high style of aristocratic oratory and courtliness, the vehicle of subterfuge. Plain style was simultaneously advocated for scientific accuracy by the Royal Society.

Platonism. Any reflection of Plato's philosophy, particularly the belief in the eternal reality of ideal forms, of which the diversities of the physical world are but transitory shadows.

Poetics. The theory, art, or science of poetry. Poetics is concerned with the nature and function of poetry and with identifying and explaining its types, forms, and techniques.

Poet Laureate. Since the 17th century, a title conferred by the monarch on English poets. At first, the laureate was required to write poems to commemorate special occasions, such as royal birthdays, national celebrations, and the like, but since the early 19th century the appointment has been for the most part honorary.

Poetry. Imaginatively intense language, usually in verse. Poetry is a form of fiction—"the supreme fiction," said Wallace Stevens. It is distinguished from other fictions by the compression resulting from its heavier use of figures of speech and allusion and, usually, by the music of its patterns of sounds.

Postmodernism. A term first used in relation to literature in the late 1940s by Randall Jarrell and John Berryman to proclaim a new sensibility arising to challenge the reigning assumptions and practices of modernism. Intruding into one's own fiction to ponder its powers became a hallmark of the 1960s and 1970s.

Poststructuralism. A mode of literary criticism and thought centered on Jacques Derrida's concept of deconstruction. Structuralists see language as the paradigm for all structures. Poststructuralists see language as based on differences—hence the analytical deconstruction of what seemed an immutable system. What language expresses is already absent. Poststructuralism invites interpretations through the spaces left by the way words operate.

Pragmatism. In philosophy, the idea that the value of a belief is best judged by the acts that follow from it—its practical results.

Preciosity. An affected or overingenious refinement of language.

Predestination. The belief that an omniscient God, at the Creation, destined all subsequent events, particularly, in Calvinist belief, the election for salvation and the damnation of individual souls.

Pre-Raphaelite. Characteristic of a small but influential group of mid-19th-century painters who hoped to recapture the spiritual vividness they saw in medieval painting before Raphael (1483–1520).

Presbyterianism. John Calvin's organization of ecclesiastical governance not by bishops representing the pope but by elders representing the congregation.

Proscenium. That part of the stage projecting in front of the curtain.

Prose. Ordinary writing patterned on speech, as distinct from verse.

Prose Poetry. Prose rich in cadenced and poetic effects like alliteration, assonance, consonance, and the like, and in imagery.

Prosody. The analysis and description of meters; metrics (see also Meter). Linguists apply the term to the study of patterns of accent in a language.

Protagonist. The leading character in a play or story; originally the leader of the chorus in the agon ("contest") of Greek drama, faced with the antagonist, the opposition.

Pseudonym. A fictitious name adopted by an author for public use.

Psychoanalytic Criticism. A form of criticism that uses the insights of Freudian psychology to illuminate a work.

Ptolemaic Universe. The universe as perceived by Ptolemy, a Greco-Egyptian astronomer of the 2nd century A.D., whose theories were dominant until the Renaissance produced the Copernican universe. In Ptolemy's system, the universe was world-centered, with the sun, moon, planets, and stars understood as rotating around the earth in a series of concentric spheres.

Puritanism. A Protestant movement arising in the mid-16th century with the Reformation in England. Theocracy—the individual and the congregation governed directly under God through Christ—became primary, reflected in the centrality of the Scriptures and their exposition, and the direct individual experience of God's grace.

Quadrivium. The more advanced four of the seven liberal arts as studied in medieval universities: arithmetic, geometry, astronomy, and music.

Quantitative Verse. Verse that takes account of the quantity of the syllables (whether they take a long or short time to pronounce) rather than their stress patterns.

Quarto (Abbreviated 4to, 4o). A book made from sheets folded twice, giving signatures of four leaves (eight pages).

Quatrain. A stanza of four lines, rhymed or unrhymed. With its many variations, it is the most common stanzaic form in English.

Rationalism. The theory that reason, rather than revelation or authority, provides knowledge, truth, the choice of good over evil, and an adequate understanding of God and the universe.

Reader-Response Theory. A form of criticism that arose during the 1970s; it postulates the essential active involvement of the reader with the text and focuses on the effect of the process of reading on the mind.

Realism (in literature). The faithful representation of life. Realism carries the conviction of true reports of phenomena observable by others.

Realism (in philosophy). (1) In the Middle Ages, the belief that universal concepts possess real existence apart from particular things and the human mind. Medieval realism was opposed to nominalism. (2) In later epistemology, the belief that things exist apart from our perception of them. In this sense, realism is opposed to idealism, which locates all reality in our minds.

Recension. The text produced as a result of reconciling variant readings.

Recto. The right-hand page of an open book; the front of a leaf as opposed to the *verso* or back of a leaf.

Redaction. (1) A revised version. (2) A rewriting or condensing of an older work.

Refrain. A set phrase, or chorus, recurring throughout a song or poem, usually at the end of a stanza or other regular interval.

Relativism. The philosophical belief that nothing is absolute, that values are relative to circumstances. In criticism, relativism is either personal or historical.

Reversal. The thrilling change of luck for the protagonist at the last moment in comedy or tragedy.

Rhetoric. From Greek *rhetor*, "orator": the art of persuasion in speaking or writing.

Rhetorical Figure. A figure of speech employing stylized patterns of word order or meaning for purposes of ornamentation or persuasion.

Rhetorical Question. A question posed for effect, usually with a self-evident answer.

Rhyme (sometimes Rime, an older spelling). The effect created by matching sounds at the ends of words. The functions of rhyme are essentially four: pleasurable, mnemonic, structural, and rhetorical. Like meter and figurative language, rhyme provides a pleasure derived from fulfillment of a basic human desire to see similarity in dissimilarity, likeness with a difference.

Rhyme Royal. A stanza of seven lines of iambic pentameter, rhyming *ababbcc* (*see also* Meter).

Rhythm. The measured flow of repeated sound patterns, as, for example, the heavy stresses of accentual verse, the long and short syllables of quantitative verse, the balanced syntactical arrangements of parallelism in either verse or prose.

Romance. A continuous narrative in which the emphasis is on what happens in the plot, rather than on what is reflected from ordinary life or experience. Thus a central element in romance is adventure.

Romanticism. A term describing qualities that colored most elements of European and American intellectual life in the late 18th and early 19th centuries, from literature, art, and music, through architecture, landscape gardening, philosophy, and politics. The Romantics stressed the separateness of the person, celebrated individual perception and imagination, and embraced nature as a model for harmony in society and art.

Roundheads. Adherents of the Parliamentary, or Puritan, party in the English Civil War, so called from their short haircuts, as opposed to the fashionable long wigs of the Cavaliers, supporters of King Charles I.

Rubric. A heading, marginal notation, or other section distinguished for special attention by being printed in red ink or in distinctive type.

Run-on Line. A line of poetry whose sense does not stop at the end, with punctuation, but runs on to the next line.

Satire. Poking corrective ridicule at persons, types, actions, follies, mores, and beliefs.

Scop. An Anglo-Saxon bard, or court poet, a kind of poet laureate.

Semiotics. In anthropology, sociology, and linguistics, the study of signs, including words, other sounds, gestures, facial expressions, music, pictures, and other signals used in communication.

Senecan Tragedy. The bloody and bombastic tragedies of revenge inspired by Seneca's nine closet dramas.

Sensibility. Sensitive feeling, emotion. The term arose early in the 18th century to denote the tender undercurrent of feeling in the neoclassical period.

Sequel. A literary work that explores later events in the lives of characters introduced elsewhere.

Serial. A narration presented in segments separated by time. Novels by Charles Dickens and other 19th-century writers were first serialized in magazines.

Shakespearean Sonnet (or English Sonnet). A sonnet in three quatrains and a couplet, rhyming *abab cdcd efef gg*.

Signified, Signifier. In structural linguistics, the *signified* is the idea in mind when a word is used, an entity separate from the *signifier,* the word itself.

Simile. A metaphor stating the comparison by use of *like, as,* or *as if*.

Slang. The special vocabulary of a class or group of people (as, for example, truck drivers, jazz musicians, salespeople, drug dealers), generally considered substandard, low, or offensive when measured against formal, educated usage.

Sonnet. A verse form of 14 lines, in English characteristically in iambic pentameter and most often in one of two rhyme schemes: the *Italian* (or *Petrarchan*) or *Shakespearean* (or *English*). An Italian sonnet is composed of an octave, rhyming *abbaabba,* and a sestet, rhyming *cdecde* or *cdcdcd,* or in some variant pattern, but with no closing couplet. A Shakespearean sonnet has three quatrains and a couplet, and rhymes *abab cdcd efef gg*. In both types, the content tends to follow the formal outline suggested by rhyme linkage, giving two divisions to the thought of an Italian sonnet and four to a Shakespearean one.

Sonnet Sequence. A group of sonnets thematically unified to create a longer work.

Spondee. A metrical foot of two long, or stressed, syllables: – –.

Sprung Rhythm. Gerard Manley Hopkins's term to describe his variations of iambic meter to avoid the "same and tame." His feet, he said, vary from one to four syllables, with one stress per foot, on the first syllable.

Stanza. A term derived from an Italian word for "room" or "stopping place" and used, loosely, to designate any grouping of lines in a separate unit in a poem: a verse paragraph. More strictly, a stanza is a grouping of a prescribed number of lines in a given meter, usually with a particular rhyme scheme, repeated as a unit of structure.

Stereotype. A character representing generalized racial or social traits repeated as typical from work to work, with no individualizing traits.

Stichomythia. Dialogue in alternate lines, favored in Greek tragedy and by Seneca and his imitators among the Elizabethans—including William Shakespeare.

Stock Characters. Familiar types repeated in literature to become symbolic of a particular genre, like the hard-boiled hero of the detective story.

Stoicism. (1) Generally, fortitude, repression of feeling, indifference to pleasure or pain. (2) Specifically, the philosophy of the Stoics, who, cultivating endurance and self-control, restrain passions such as joy and grief that place them in conflict with nature's dictates.

Stress. In poetry, the accent or emphasis given to certain syllables, indicated in scansion by a *macron* (–). In a trochee, for example, the stress falls on the first syllable: *sŭmmĕr*. *See also* Meter.

Structuralism. The study of social organizations and myths, of language, and of literature as structures. Each part is significant only as it relates to others in the total structure, with nothing meaningful by itself.

Structural Linguistics. Analysis and description of the grammatical structures of a spoken language.

Sublime. In literature, a quality attributed to lofty or noble ideas, grand or elevated expression, or (the ideal of sublimity) an inspiring combination of thought and language. In nature or art, it is a quality, as in a landscape or painting, that inspires awe or reverence.

Subplot. A sequence of events subordinate to the main story in a narrative or dramatic work.

Syllabic Verse. Poetry in which meter has been set aside and the line is controlled by a set number of syllables, regardless of stress.

Symbol. Something standing for its natural qualities in another context, with human meaning added: an eagle, standing for the soaring imperious dominance of Rome.

Symbolism. Any use of symbols, especially with a theoretical commitment, as when the French Symbolists of the 1880s and 1890s stressed, in Stéphane Mallarmé's words, not the thing but the effect, the subjective emotion implied by the surface rendering.

Syncopation. The effect produced in verse or music when two stress patterns play off against one another.

Synecdoche. The understanding of one thing by another—a kind of metaphor in which a part stands for the whole, or the whole for a part: *a hired hand* meaning "a laborer."

Synesthesia. Greek for "perceiving together": close association or confusion of sense impressions, as in common phrases like "blue note" and "cold eye."

Synonyms. Words in the same language denoting the same thing, usually with different connotations: *female, woman, lady, dame; male, masculine, macho.*

Synopsis. A summary of a play, a narrative, or an argument.

Tenor and Vehicle. I. A. Richards's terms for the two aspects of metaphor, *tenor* being the actual thing projected figuratively in the *vehicle*. "She [tenor] is a rose [vehicle]."

Tercet (or Triplet). A verse unit of three lines, sometimes rhymed, sometimes not.

Terza Rima. A verse form composed of tercets with interlocking rhyme (*aba bcb cdc*, and so on), usually in iambic pentameter. Invented by Dante for his *Divine Comedy*.

Third-Person Narration. A method of storytelling in which someone who is not involved in the story, but stands somewhere outside it in space and time, tells of the events.

Topos. A commonplace, from Greek *topos* (plural *topoi*), "place." A rhetorical device, similarly remembered as a commonplace.

Tragedy. Fundamentally, a serious fiction involving the downfall of a hero or heroine. As a literary form, a basic mode of drama. Tragedy often involves the theme of isolation, in which a hero, a character of greater than ordinary human importance, becomes isolated from the community.

Tragic Irony. The essence of tragedy, in which the most noble and most deserving person, because of the very grounds of his or her excellence, dies in defeat. *See also* Irony.

Tragicomedy. (1) A tragedy with happy ending, frequently with penitent villain and romantic setting, disguises, and discoveries.

Travesty. Literally a "cross-dressing": a literary work so clothed, or presented, as to appear ludicrous; a grotesque image or likeness.

Trivium. The first three of the seven liberal arts as studied in medieval universities: grammar, logic, and rhetoric (including oratory).

Trochee. A metrical foot going – ⌣.

Trope. Greek *tropos* for "a turn": a word or phrase turned from its usual meaning to an unusual one; hence, a figure of speech, or an expression turned beyond its literal meaning.

Type. (1) A literary genre. (2) One of the type characters. (3) A symbol or emblem. (4) In theology and literary criticism, an event in early Scriptures or literatures that is seen as prefiguring an event in later Scriptures or in history or literature generally.

Type Characters. Individuals endowed with traits that mark them more distinctly as representatives of a type or class than as standing apart from a type: the typical doctor or rakish aristocrat, for example. Type characters are the opposite of individualized characters.

Typology. The study of types. Typology springs from a theory of literature or history that recognizes events as duplicated in time.

Utopia. A word from two Greek roots (*outopia*, meaning "no place," and *eutopia*, meaning "good place"), pointing to the idea that a utopia is a nonexistent land of social perfection.

Verisimilitude (*vraisemblance* in French). The appearance of actuality.

Verso. The left-hand page of an open book; the back of a leaf of paper.

Vice. A stock character from the medieval morality play, a mischief-making tempter.

Vignette. (1) A brief, subtle, and intimate literary portrait, named for *vignette* portraiture. (2) A short essay, sketch, or story, usually fewer than five hundred words.

Villanelle. One of the French verse forms, in five tercets, all rhyming *aba*, and a quatrain, rhyming *abaa*. The entire first and third lines are repeated alternately as the final lines of tercets 2, 3, 4, and 5, and together to conclude the quatrain.

Virgule. A "little rod"—the diagonal mark or slash used to indicate line ends in poetry printed continuously in running prose.

Vulgate. (1) A people's common vernacular language (Latin *vulgus*, "common people"). (2) The Vulgate Bible, translated by St. Jerome c. 383–405.

Wit and Humor. *Wit* is intellectual acuity; *humor*, an amused indulgence of human deficiencies. Wit now denotes the acuity that produces laughter. It originally meant mere understanding, then quickness of understanding, then, beginning in the 17th century, quick perception coupled with creative fancy. Humor (British *humour*, from the four bodily humors) was simply a disposition, usually eccentric. In the 18th century, *humour* came to mean a laughable eccentricity and then a kindly amusement at such eccentricity.

Zeugma. The technique of using one word to yoke two or more others for ironic or amusing effect, achieved when at least one of the yoked is a misfit, as in Alexander Pope's "lose her Heart, or Necklace, at a Ball."

BIBLIOGRAPHY
The Twentieth Century

General Background • Joseph Bristow, *Effeminate England: Homoerotic Writing after 1885*, 1995. • Carol T. Christ, *Victorian and Modern Poetics*, 1984. • Valentine Cunningham, *British Writers of the Thirties*, 1988. • Alistair Davies, ed., *An Annotated Critical Bibliography of Modernism*, 1982. • Marianne DeKoven, *Rich and Strange: Gender, History, Modernism*, 1991. • Kevin J. H. Dettmar, ed., *Rereading the New: A Backward Glance at Modernism*, 1992. • Terry Eagleton, Fredric Jameson, Edward W. Said, *Nationalism, Colonialism, and Literature*, 1990. • Maud Ellmann, *The Poetics of Impersonality: T. S. Eliot and Ezra Pound*, 1987. • David Gervais, *Literary Englands: Versions of "Englishness" in Modern Writing*, 1993. • John Halperin, *Eminent Georgians: The Lives of King George V, Elizabeth Bowen, St. John Philby, and Nancy Astor*, 1995. • Robert Hogan et al., *Dictionary of Irish Literature*, 1996. • Robert Hughes, *The Shock of the New*, 1981. • Hugh Kenner, *The Pound Era*, 1971. • Michael H. Levenson, *A Genealogy of Modernism: A Study of English Literary Doctrine, 1908–1922*, 1984. • James Longenbach, *Stone Cottage: Pound, Yeats, and Modernism*, 1988. • Perry Meisel, *The Myth of the Modern: A Study in British Literature and Criticism after 1850*, 1987. • Peter Nicholls, *Modernisms: A Literary Guide*, 1995. • Michael North, *The Political Aesthetic of Yeats, Eliot, and Pound*, 1991. • Michael North, *Reading 1922: A Return to the Scene of the Modern*, 1999. • Edward W. Said, *Beginnings*, 1981. • Herbert N. Schneidau, *Waking Giants: The Presence of the Past in Modernism*, 1991. • Sanford Schwartz, *The Matrix of Modernism: Pound, Eliot, and Early Twentieth-Century Thought*, 1985. • C. K. Stead, *Pound, Yeats, Eliot, and the Modernist Movement*, 1986. • George Watson, *British Literature since 1945*, 1991. • Stephen Watt and Kevin Dettmar, eds., *Marketing Modernisms*, 1996. • David Weir, *Anarchy and Culture*, 1997.

Perspectives: Regendering Modernism • Shari Benstock, *Women of the Left Bank: Paris, 1900–1940*, 1986. • Rita Felski, *The Gender of Modernity*, 1995. • Susan Stanford Friedman, *Mappings: Feminism and the Cultural Geographies of Encounter*, 1998. • Sandra Gilbert and Susan Gubar, *No Man's Land: The Place of the Woman Writer in the Twentieth Century*, 3 vols., 1988–1994. • Gabriele Griffin, *Difference in View: Women and Modernism*, 1994. • Gillian Hanscombe & Virginia L. Smyers, *Writing for Their Lives: The Modernist Women 1910–1940*, 1988. • Elizabeth Jane Harrison and Shirley Peterson, eds., *Unmanning Modernism: Gendered Re-Readings*, 1997. • Phyllis Lassner, *British Women Writers of World War II: Battlegrounds of Their Own*, 1998. • Anne McClintock, *Imperial Leather*, 1995. • Bonnie Kime Scott, ed., *The Gender of Modernism: A Critical Anthology*, 1990. • Karen Schneider, *Loving Arms: British Women Writing the Second World War*, 1997. • Anthea Trodd, *Women's Writing in English: Britain, 1900–1945*, 1998.

Perspectives: The Great War: Confronting the Modern • Adrian Barlow, *The Great War in British Literature*, 2000. • Allyson Booth, *Postcards from the Trenches: Negotiating the Space between Modernism and the First World War*, 1996. • Evelyn Cobley, *Representing War: Form and Ideology in First World War Narratives*, 1993. • Paul Fussell, *The Great War and Modern Memory*, 1975. • Dorothy Goldman, ed., *Women and World War I: The Written Response*, 1993. • Klein-Holger, *The First World War in Fiction: A Collection of Critical Essays*, 1976. • Pericles Lewis, *Modernism, Nationalism, and the Novel*, 2000. • Mark Morrisson, *The Public Face of Modernism*, 2001. • John Onions, *English Fiction and Drama of the Great War, 1918–1939*, 1990. • Vincent Pecora, *Self and Form in Modern Narrative*, 1989. • Lawrence Rainey, *Institutions of Modernism*, 1998. • Michal Tratner, *Modernism and Mass Politics*, 1995. • William C. Wees, *Vorticism and the English Avant-Garde*, 1972.

Perspectives: Whose Language? • Ian Baucom, *Out of Place: Englishness, Empire, and the Locations of Identity*, 1999. • Eugene Benson and L. W. Conolly, eds., *Encyclopedia of Post-Colonial Literatures in English*, 1994. • Elleke Boehmer, *Colonial and Postcolonial Literature: Migrant Metaphors*, 1995. • Robert Crawford, *Devolving English Literature*, 1992. • Michael Edward Gorra, *After Empire: Scott, Naipaul, Rushdie,*

1997. • Bruce King, ed., *New National and Post-Colonial Literatures: An Introduction*, 1996. • Patrick McGee, *Telling the Other*, 1992. • Judie Newman, *The Ballistic Bard: Postcolonial Fictions*, 1995. • Jahan Ramazani, *The Hybrid Muse: Postcolonial Poetry in English*, 2001. • Edward W. Said, *Culture and Imperialism*, 1993. • Jonathan White, ed., *Recasting the World: Writing after Colonialism*, 1993.

Perspectives: World War II and the End of Empire • Bill Ashcroft, Gareth Griffiths, and Helen Tiffin, *The Empire Writes Back: Theory and Practice in Post-Colonial Literatures*, 1989. • Bernard Bergonzi, *Wartime and Aftermath: English Literature and its Background, 1939–1960*, 1993. • Patrick Brantlinger, *Rule of Darkness: British Literature and Imperialism, 1830–1914*, 1988. • Alistair Davies and Alan Sinfield, eds., *British Culture of the Postwar: An Introduction to Literature and Society, 1945–1999*, 2000. • George Richard Esenwein, *Spain at War: The Spanish Civil War in Context, 1931–1939*, 1995. • Robert Hewison, *Under Siege: Literary Life in London, 1939–1945*, 1977. • Karen R. Lawrence, ed., *Decolonizing Tradition: New Views of Twentieth-Century "British" Literary Canons*, 1992. • David Leavitt, *While England Sleeps* [novel], 1993. • David Lloyd, *Anomalous States: Irish Writing and the Post-Colonial Moment*, 1993. • Robert H. MacDonald, *The Language of Empire: Myths and Metaphors of Popular Imperialism, 1880–1918*, 1994. • David Morgan, *The Battle for Britain: Citizenship and Ideology in the Second World War*, 1993. • John M. Muste, *Say That We Saw Spain Die: Literary Consequences of the Spanish Civil War*, 1966. • Mark Rawlinson, *British Writing of the Second World War*, 2000. • Andrew Sinclair, *War Like a Wasp: The Lost Decade of the 'Forties*, 1989. • Hugh Thomas, *The Spanish Civil War*, 1986. • Keith Williams, *British Writers and the Media, 1930–1945*, 1996.

Speeches on Irish Independence • Seamus Deane, *Celtic Revivals: Essays in Modern Irish Literature, 1880–1980*, 1985. • Roy Foster, *Modern Ireland 1600–1972*, 1988. • Tom Garvin, *1922: The Birth of Irish Democracy*, 1996. • Michael Hopkinson, *Green against Green: The Irish Civil War*, 1988. • Declan Kiberd, *Inventing Ireland*, 1996. • Julian Moynahan, *Anglo-Irish: The Literary Imagination in a Hyphenated Culture*, 1995. • Oonagh Walsh, *Ireland's Independence, 1880–1923*, 2002.

W. H. Auden • *Biographies.* • Richard Davenport Hines, *Auden*, 1993. • Charles Osborne, *W. H. Auden: The Life of a Poet*, 1979.

Criticism. • George W. Bahlke, ed., *Critical Essays on W. H. Auden*, 1991. • John G. Blair, *The Poetic Art of W. H. Auden*, 1965. • Harold Bloom, ed., *W. H. Auden*, 1986. • John R. Boly, *Reading Auden: The Returns of Caliban*, 1991. • Frederick Buell, *W. H. Auden as a Social Poet*, 1973. • John Fuller, *A Reader's Guide to W. H. Auden*, 1970. • John Haffenden, ed., *W. H. Auden: The Critical Heritage*, 1983. • Anthony Hecht, *The Hidden Law: The Poetry of W. H. Auden*, 1993. • Lucy McDiarmid, *Saving Civilization: Yeats, Eliot, and Auden between the Wars*, 1984. • Lucy McDiarmid, *Auden's Apologies for Poetry*, 1990. • Edward Mendelson, ed., *W. H. Auden: A Tribute*, 1974. • Edward Mendelson, *Early Auden*, 1981. • Edward Mendelson, *Later Auden*, 1999. • Monroe K. Spears, *The Poetry of W. H. Auden: The Disenchanted Island*, 1963. • George T. Wright, *W. H. Auden*, 1969.

Samuel Beckett • *Biographies.* • Lois Gordon, *The World of Samuel Beckett, 1906–1946*, 1996. • James Knowlson, *Damned to Fame: The Life of Samuel Beckett*, 1996.

Criticism. • H. Porter Abbott, *Beckett Writing Beckett: the Author in the Autograph*, 1996. • James Acheson, *Samuel Beckett's Artistic Theory and Practice: Criticism, Drama, and Early Fiction*, 1997. • Richard Begam, *Samuel Beckett and The End of Modernity*, 1996. • Linda Ben-Zvi, *Samuel Beckett*, 1986. • Bob Cochran, *Samuel Beckett: A Study of the Short Fiction*, 1992. • Ruby Cohn, *Back to Beckett*, 1974. • Ruby Cohn, *Just Play: Beckett's Theater*, 1980. • J. E. Dearlove, *Accommodating the Chaos: Samuel Beckett's Nonrelational Art*, 1982. • S. E. Gontarski, ed., *The Beckett Studies Reader*, 1993. • S. E. Gontarski, ed., *On Beckett: Essays and Criticism*, 1986. • Lawrence Graver and Raymond Federman, eds., *Samuel Beckett: The Critical Heritage*, 1979. • Mel Gussow, ed., *Conversations With and About Beckett*, 1996. • Hugh Kenner, *Flaubert, Joyce, and Beckett: The Stoic Comedians*, 1962. • Hugh Kenner, *A Reader's Guide to Samuel Beckett*, 1973. • Hugh Kenner, *Samuel Beckett: A Critical Study*, 1968. • Charles R. Lyons, *Samuel Beckett*, 1990. • Patrick A. McCarthy, ed., *Critical Essays on Samuel Beckett*, 1986. • Vivian Mercier, *Beckett/Beckett*, 1977. •

Kristin Morrison, *Canters and Chronicles: The Use of Narrative in the Plays of Samuel Beckett and Harold Pinter*, 1983. • Eoin O'Brien, *The Beckett Country: Samuel Beckett's Ireland*, 1993. • John Piling, ed., *The Cambridge Companion to Beckett*, 1994. • Christopher B. Ricks, *Beckett's Dying Words: The Clarendon Lectures, 1990*, 1993.

Eavan Boland • Eavan Boland, *A Kind of Scar: The Woman Poet in a National Tradition*, 1989. • Eavan Boland, *Object Lessons: The Life of the Woman and the Poet in Our Time*, 1995. • Patricia Boyle Haberstroh, *Women Creating Women: Contemporary Irish Women Poets*, 1996. • Debrah Raschke, "Eavan Boland's *Outside History* and *In a Time of Violence*: Rescuing Women, the Concrete, and Other Things Physical from the Dung Heap," *Colby Quarterly* 32.2 (1996), 135–42. • Marilyn Reizbaum, "An Interview with Eavan Boland," *Contemporary Literature* 30.4 (1989), 471–79.

Elizabeth Bowen • *Biographies*. • Elizabeth Bowen, *Bowen's Court and Seven Winters: Memories of a Dublin Childhood*, 1984. • Patricia Craig, *Elizabeth Bowen*, 1986.

Criticism. • Allan E. Austin, *Elizabeth Bowen*, 1989. • Andrew Bennett and Nicholas Royle, *Elizabeth Bowen and the Dissolution of the Novel: Still Lives*, 1995. • Harold Bloom, ed., *Elizabeth Bowen*, 1987. • Renée Hoogland, *Elizabeth Bowen: A Reputation in Writing*, 1994. • Heather B. Jordan, *How Will the Heart Endure: Elizabeth Bowen and the Landscape of War*, 1992. • Phyllis Lassner, *Elizabeth Bowen: A Study of Short Fiction*, 1991.

Rupert Brooke • *Biographies*. • Nigel H. Jones, *Rupert Brooke: Life, Death & Myth*, 1999. • John Lehmann, *Rupert Brooke: His Life and His Legend*, 1980.

Criticism. • Rupert Brooke, *The Letters of Rupert Brooke*, ed. Geoffrey Keynes, 1968. • Adrian Caesar, *Taking It Like a Man: Suffering, Sexuality, and the War Poets: Brooke, Sassoon, Owen, Graves*, 1993. • Paul Delany, *The Neo-Pagans: Rupert Brooke and the Ordeal of Youth*, 1987. • Pippa Harris, *Song of Love: The Letters of Rupert Brooke and Noel Oliver*, 1991. • William E. Laskowski, *Rupert Brooke*, 1994. • Jonathan Rutherford, *Forever England: Reflections on Race, Masculinity and Empire*, 1997.

Angela Carter • Aidan Day, *Angela Carter: The Rational Glass*, 1998 • Sarah Gamble, *Angela Carter: Writing from the Front Line*, 1997. • Alison Lee, *Angela Carter*, 1997. • Linden Peach, *Angela Carter*, 1998. • Lorna Sage, ed., *Flesh and the Mirror: Essays on the Art of Angela Carter*, 1994. • Lindsey Tucker, ed., *Critical Essays on Angela Carter*, 1998.

Caryl Churchill • Elaine Aston, *Caryl Churchill*, 2001. • Phyllis R. Randall, ed., *Caryl Churchill: A Casebook*, 1988. • Geraldine Cousin, *Churchill, the Playwright*, 1989. • Amelia Howe Kritzer, *The Plays of Caryl Churchill: Theatre of Empowerment*, 1991.

Sir Winston Churchill • *Biographies*. • Roy Jenkins, *Churchill: A Biography*, 2001. • William Manchester, *The Last Lion: Winston Spencer Churchill Visions of Glory, 1874–1932*, 1983. • William Manchester, *The Last Lion: Winston Spencer Churchill: Alone, 1932–1940*, 1989.

Criticism. • Winston S. Churchill, *Memoirs of The Second World War*, 1990. • Mark Donnelly, *Britain in the Second World War*, 1999 • Victor Feske, *From Belloc to Churchill: Private Scholars, Public Culture, and the Crisis of British Liberalism, 1900–1939*, 1996. • James Humes, *Wit and Wisdom of Winston Churchill*, 1995. • Warren F. Kimball, *Churchill and Roosevelt, the Complete Correspondence*, 3 vols., 1984. • Warren F. Kimball, *Forged in War: Roosevelt, Churchill, and the Second World War*, 1997. • Sheila Lawlor, ed., *Churchill and the Politics of War, 1940–1941*, 1994. • Keith Robbins, *Churchill*, 1993. • Manfred Weidhorn, *Churchill's Rhetoric and Political Discourse*, 1988.

Michael Collins • *Biographies*. • Tim P. Coogan, *Michael Collins: The Man Who Made Ireland*, 1996. • James Mackay, *Michael Collins: A Life*, 1997.

Criticism. • P. S. Beaslai, *Michael Collins and the Making of a New Ireland*, 2 vols., 1985. • Eoin Neeson, *The Life and Death of Michael Collins*, 1968. • Leon O'Broin, ed., *In Great Haste: The Letters of Michael Collins and Kitty Kiernan*, 1996. • Frank O'Connor, *The Big Fellow: Michael Collins and the Irish Revolution*, 1965. • Ulick O'Connor, *Michael Collins and the Troubles: The Struggle for Irish Freedom, 1912–1922*, 1996.

Joseph Conrad • *Biographies.* • John Batchelor, *The Life of Joseph Conrad: A Critical Biography*, 1993. • Ford Madox Ford, *Joseph Conrad: A Personal Remembrance*, 1989. • Frederick Karl, *Joseph Conrad: The Three Lives: A Biography*, 1979. • Jeffrey Meyers, *Joseph Conrad: A Biography*, 1991. • Ian Watt, *Joseph Conrad: A Critical Biography*, 1979.

Criticism. • Chinua Achebe, "An Image of Africa." • Ted Billy, ed., *Critical Essays on Joseph Conrad*, 1987. • Harold Bloom, ed., *Joseph Conrad's "Heart of Darkness,"* 1987. • Harold Bloom, ed., *Joseph Conrad*, 1986. • Harold Bloom, *Marlow*, 1992. • Keith Carabine, ed., *Joseph Conrad: Critical Assessments*, 4 vols., 1992. • Avrom Fleishman, *Conrad's Politics: Community and Anarchy in the Fiction of Joseph Conrad*, 1967. • Christopher L. GoGwilt, *The Invention of the West: Joseph Conrad and the Double-Mapping of Europe and Empire*, 1995. • Albert J. Guerard, *Conrad the Novelist*, 1958. • Geoffrey Harpham, *One of Us: The Mastery of Joseph Conrad*, 1996. • Nico Israel, Outlandish: *Writing Between Exile and Diaspora*, 2000. • Fredric Jameson, *The Political Unconscious: Narrative as a Socially Symbolic Act*, 1981. • Frederick R. Karl and Laurence Davies, eds., *The Collected Letters of Joseph Conrad*, 1983–. • Owen Knowles and Gene Moore, eds., *The Oxford Reader's Companion to Conrad*, 2000. • Vincent P. Pecora, *Self and Form in Modern Narrative*, 1989. • Martin Ray, ed., *Joseph Conrad: Interviews & Recollections*, 1990. • Edward W. Said, *Joseph Conrad and the Fiction of Autobiography*, 1966. • Edward W. Said, *The World, the Text, and the Critic*, 1983. • Norman Sherry, ed., *Conrad: The Critical Heritage*, 1973. • J. H. Stape, ed., *The Cambridge Companion to Joseph Conrad*, 1996. • Bruce Teets, *Joseph Conrad: An Annotated Bibliography*, 1990. • Cedric P. Watts, *A Preface to Conrad*, 1993. • Mark A. Wollaeger, *Joseph Conrad and the Fictions of Skepticism*, 1990.

Nuala Ní Dhomhnaill • M. Louise Cannon, "The Extraordinary Within the Ordinary: The Poetry of Eavan Boland and Nuala Ni Dhomhnaill," *South Atlantic Review* 60 (1995). • Deborah McWilliams Consalvo, "The Lingual Ideal in the Poetry of Nuala Ni Dhomhnaill," *Eire-Ireland: A Journal of Irish Studies*, 30 (1995). • Patricia Boyle Haberstroh, *Women Creating Women: Contemporary Irish Women Poets*, 1996. • Frank Sewell, *Modern Irish Poetry: A New Alhambra*, 2000.

T. S. Eliot • *Biographies.* • Peter Ackroyd, *T. S. Eliot: A Life*, 1984. • Denis Donoghue, *Words Alone: The Poet T. S. Eliot*, 2000. • Lyndall Gordon, *Eliot's Early Years*, 1977. • Lyndall Gordon, *Eliot's New Life*, 1988. • Lyndall Gordon, *T. S. Eliot: An Imperfect Life*, 1998.

Criticism. • Harold Bloom, ed., *T. S. Eliot*, 1985. • Harold Bloom, ed., *T. S. Eliot's "The Waste Land,"* 1986. • Jewel Spears Brooker and Joseph Bentley, *Reading "The Waste Land": Modernism and the Limits of Interpretation*, 1990. • Ronald Bush, *T. S. Eliot: The Modernist in History*, 1991. • T. S. Eliot, *The Letters of T. S. Eliot*, ed. Valerie Eliot, 1988–. • T. S. Eliot, *"The Waste Land": A Facsimile and Transcript of the Original Drafts Including the Annotations of Ezra Pound*, ed. Valerie Eliot, 1971. • Maud Ellmann, *The Poetics of Impersonality: T. S. Eliot and Ezra Pound*, 1987. • Nancy K. Gish, *"The Waste Land": A Poem of Memory and Desire*, 1988. • Michael Grant, ed., *T. S. Eliot: The Critical Heritage*, 1982. • Frank Lentricchia, *Modernist Quartet*, 1994. • James Longenbach, *Modernist Poetics of History: Pound, Eliot, and the Sense of the Past*, 1987. • Lucy McDiarmid, *Saving Civilization: Yeats, Eliot, and Auden Between the Wars*, 1984. • Gail McDonald, *Learning to Be Modern: Pound, Eliot, and the American University*, 1993. • Louis Menand, *Discovering Modernism: T. S. Eliot and His Context*, 1986. • Anthony David Moody, ed., *The Cambridge Companion to T. S. Eliot*, 1994. • Anthony David Moody, *Thomas Stearns Eliot, Poet*, 1979. • Jeffrey M. Perl, *Skepticism and Modern Enmity: Before and After Eliot*, 1989. • Christopher B. Ricks, *T. S. Eliot and Prejudice*, 1988. • John Paul Riquelme, *Harmony of Dissonances: T. S. Eliot, Romanticism and Imagination*, 1990. • Sanford Schwartz, *The Matrix of Modernism: Pound, Eliot, and Early Twentieth-Century Thought*, 1985. • Grover Cleveland Smith, *The Waste Land*, 1983. • Stanley Sultan, *Eliot, Joyce, and Company*, 1987. • Stanley Sultan, *"Ulysses," "The Waste Land," and Modernism: A Jubilee Study*, 1977.

E. M. Forster • *Biographies.* • Nicola Beauman, *Morgan: A Biography of the Novelist E. M. Forster*, 1994. • P. N. Furbank, *E. M. Forster: A Life*, 1994. • Mary Lago, *E. M. Forster: A Literary Life*, 1995.

Criticism. • Calvin Bedient, *Architects of the Self: George Eliot, D. H. Lawrence, and E. M. Forster*, 1972. • Harold Bloom, ed., *E. M.*

Forster, 1987. • G. K. Das, *E. M. Forster's India*, 1977. • Philip Gardner, *E. M. Forster: The Critical Heritage*, 1973. • Christopher Gillie, *A Preface to Forster*, 1983. • B. J. Kirkpatrick, *A Bibliography of E. M. Forster*, 1986. • Mary Lago and P. N. Furbank, eds., *Selected Letters of E. M. Forster*, 1983–85. • Robert K. Martin and George Piggford, eds., *Queer Forster*, 1997. • Sara Suleri, *The Rhetoric of English India*, 1992. • J. H. Stape, ed., *E. M. Forster: Interviews and Recollections*, 1993. • Lionel Trilling, *E. M. Forster*, 1965. • Alan Wilde, *Critical Essays on E. M. Forster*, 1985.

Nadine Gordimer • *Biographies*. • Nadine Gordimer, *Writing and Being*, 1995. • Andries Walter Oliphant, ed., *A Writing Life: Celebrating Nadine Gordimer*, 1998.

Criticism. • Nancy T. Bazin and Marilyn D. Seymour, *Conversations with Nadine Gordimer*, 1990. • Stephen Clingman, *The Novels of Nadine Gordimer: History from the Inside*, 1986. • Andrew V. Ettin, *Betrayals of the Body Politic: The Literary Commitments of Nadine Gordimer*, 1993. • Dominic Head, *Nadine Gordimer*, 1995. • Christopher Heywood, *Nadine Gordimer*, 1983. • Bruce King, ed., *The Later Fiction of Nadine Gordimer*, 1993. • Judie Newman, *Nadine Gordimer*, 1988. • Rowland Smith, ed., *Critical Essays on Nadine Gordimer*, 1990. • Kathrin Wagner, *Rereading Nadine Gordimer*, 1994.

Robert Graves • *Biographies*. • Richard Perceval Graves, *Robert Graves: The Assault Heroic, 1895–1926*, 1986. • Richard Perceval Graves, *Robert Graves: The Years with Laura, 1926–1940*, 1990.

Criticism. • Harold Bloom, ed., *Robert Graves*, 1987. • Adrian Caesar, *Taking It Like a Man: Suffering, Sexuality, and the War Poets: Brooke, Sassoon, Owen, Graves*, 1993. • Robert H. Canary, *Robert Graves*, 1980. • Diane DeBell, "Strategies of Survival: David Jones, In Parenthesis, and Robert Graves, Goodbye to All That," in *The First World War in Fiction: A Collection of Critical Essays*, ed. Klein-Holger, 1976. • Robert Graves, *Between Moon and Moon: Selected Letters of Robert Graves, 1946–1972*, ed. Paul O'Prey, 1984. • Robert Graves, *In Broken Images: Selected Letters of Robert Graves, 1914–1946*, ed. Paul O'Prey, 1982. • John Hildebidle, "Neither Worthy nor Capable: The War Memoirs of Graves, Blunden, and Sassoon," in *Modernism Reconsidered*, eds., Robert

Kiely and John Hildebidle, 1983. • Frank L. Kersnowski, ed., *Conversations with Robert Graves*, 1989. • Patrick J. Quinn, *The Great War and the Missing Muse: The Early Writings of Robert Graves and Siefried Sassoon*, 1994. • Katherine Snipes, *Robert Graves*, 1979.

Graham Greene • *Biographies*. • Michael Shelden, *Graham Greene: The Enemy Within*, 1994. • Norman Sherry, *The Life of Graham Greene*, 1989–1995.

Criticism. • Cates Baldridge, *Graham Greene's Fictions: The Virtues of Extremity*, 2000. • Harold Bloom, ed., *Graham Greene*, 1987. • Henry J. Donaghy, *Conversations with Graham Greene*, 1992. • Haim Gordon, *Fighting Evil: Unsung Heroes in the Novels of Graham Greene*, 1997. • Rosemary Kelly, *Graham Greene: A Study of the Short Fiction*, 1992. • Neil McEwan, *Graham Greene*, 1988. • Jeffrey Meyers, ed., *Graham Greene: A Revaluation: New Essays*, 1989. • R. H. Miller, *Understanding Graham Greene*, 1990. • Paul O'Prey, *A Reader's Guide to Graham Greene*, 1988. • Bernard Schweizer, *Radicals on the Road: The Politics of English Travel Writing in the 1930s*, 2001. • Grahame Smith, *The Achievement of Graham Greene*, 1986. • Cedric T. Watts, *A Preface to Greene*, 1997.

Thom Gunn • *Biographies*. • Thom Gunn, *Shelf Life: Essays, Memoirs, and an Interview*, 1993. • Thom Gunn, *The Occasions of Poetry: Essays in Criticism and Autobiography*, 1999.

Criticism. • Alan Norman Bold, *Gunn & Hughes: Thom Gunn and Ted Hughes*, 1976. • A. E. Dyson, ed., *Three Contemporary Poets: Thom Gunn, Ted Hughes & R. S. Thomas: A Casebook*, 1990.

Thomas Hardy • *Biographies*. • Simon Gatrell, *Hardy, the Creator: A Textual Biography*, 1988. • James Gibson, *Thomas Hardy: A Literary Life*, 1996. • Michael Millgate, *Thomas Hardy: A Biography*, 1982.

Criticism. • Harold Bloom, ed., *Thomas Hardy*, 1987. • Graham Clarke, ed., *Thomas Hardy: Critical Assessments*, 4 vols., 1993. • Reginald Gordon Cox, *Thomas Hardy: The Critical Heritage*, 1970. • Ronald P. Draper, *An Annotated Critical Bibliography of Thomas Hardy*, 1989. • Dale Kramer, *Critical Essays on Thomas Hardy: The Novels*, 1990. • Dale Kramer, ed., *The Cambridge Companion to Thomas Hardy*, 1999. • Robert Langbaum, *Thomas Hardy in Our*

Time, 1995. • C. Day Lewis, *The Lyrical Poetry of Thomas Hardy*, 1970. • Perry Meisel, *Thomas Hardy: The Return of the Repressed: A Study of the Major Fiction*, 1972. • J. Hillis Miller, *Thomas Hardy: Distance and Desire*, 1970. • Michael Millgate, ed., *Selected Letters*, 1990. • Charles P. C. Pettit, ed., *New Perspectives on Thomas Hardy*, 1994. • Richard L. Purdy and Michael Millgate, eds., *The Collected Letters of Thomas Hardy*, 1978–88. • Rosemary Sumner, *A Route to Modernism: Hardy, Lawrence, Woolf*, 2000. • Merryn Williams, *A Preface to Hardy*, 1993. • Paul Zietlow, *Moments of Vision: The Poetry of Thomas Hardy*, 1974.

Seamus Heaney • *Biographies*. • Helen Hennessy Vendler, *Seamus Heaney*, 1998. • Michael Parker, *Seamus Heaney: The Making of the Poet*, 1993.

Criticism. • Elmer Andrews, *The Poetry of Seamus Heaney*, 1988. • Elmer Andrews, *The Poetry of Seamus Heaney*, 2000. • Harold Bloom, ed., *Seamus Heaney*, 1986. • Sidney Burris, ed., *The Poetry of Resistance: Seamus Heaney and the Pastoral Tradition*, 1990. • Neil Corcoran, *Seamus Heaney: A Faber Student Guide*, 1986. • Neil Corcoran, *The Poetry of Seamus Heaney: A Critical Study*, 1998. • Tony Curtis, ed., *The Art of Seamus Heaney*, 2001. • Tony Curtis, ed., *The Art of Seamus Heaney*, 1994. • Michael J. Durkan and Rand Brandes, *Seamus Heaney: A Reference Guide*, 1996. • Thomas C. Foster, *Seamus Heaney*, 1989. • Robert F. Garratt, *Critical Essays on Seamus Heaney*, 1995. • Henry Hart, *Seamus Heaney, Poet of Contrary Progressions*, 1992. • Catherin Malloy and Phyllis Carey, eds., *Seamus Heaney: The Shaping Spirit*, 1996. • Michael R. Molino, *Questioning Tradition, Language, and Myth: The Poetry of Seamus Heaney*, 1994. • Bernard O'Donoghue, *Seamus Heaney and the Language of Poetry*, 1994. • Daniel Tobin, *Passage to the Center: Imagination and the Sacred in the Poetry of Seamus Heaney*, 1999.

Ted Hughes • *Biographies*. • Elaine Feinstein, *Ted Hughes: The Life of a Poet*, 2001. • Janet Malcolm, *Silent Woman: Sylvia Plath & Ted Hughes*, 1994.

Criticism. • Alan Norman Bold, *Gunn & Hughes: Thom Gunn and Ted Hughes*, 1976. • A. E. Dyson, *Three Contemporary Poets: Thom Gunn, Ted Hughes & R. S. Thomas: A Casebook*, 1990. • Nick Gammage, *The Epic Poise: A*

Celebration of Ted Hughes, 1999. • Leonard M. Scigaj, *Ted Hughes*, 1991. • Erica Wagner, *Ariel's Gift: A Commentary on Birthday Letters by Ted Hughes*, 2000.

David Jones • *Biographies*. • René Hague, ed., *Dai Great-Coat: A Self-Portrait of David Jones in His Letters*, 1980.

Criticism. • Thomas Dilworth, *The Shape of Meaning in the Poetry of David Jones*, 1988. • Thomas Dilworth, ed., *Inner Necessities: The Letters of David Jones to Desmond Chute*, 1984. • René Hague, *David Jones*, 1975. • Jeremy Hooker, *David Jones: An Exploratory Study of the Writings*, 1975. • David Jones, *David Jones: Letters to Vernon Watkins*, ed. Ruth Pryor, 1976. • Jonathan Miles and Derek Shiel, *David Jones: The Maker Unmade*, 1996. • Kathleen Raine, *David Jones, Solitary Perfectionist*, 1974. • Kathleen Staudt, ed., *At the Turn of a Civilization: David Jones and Modern Poetics*, 1993.

James Joyce • *Edition*. • *Ulysses*, ed. Hans Walter Gabler, 1984.

Biographies. • Richard Ellmann, *James Joyce*, 1982. • Herbert S. Gorman, *James Joyce*, 1948. • Michael Seidel, *James Joyce: A Short Introduction*, 2002.

Criticism. • Derek Attridge, ed., *The Cambridge Companion to James Joyce*, 1990. • Richard Brown, *James Joyce and Sexuality*, 1989. • Frank Budgen, *James Joyce and the Making of "Ulysses,"* 1960. • Vincent Cheng, *Joyce, Race and Empire*, 1995. • Kevin J. H. Dettmar, *The Illicit Joyce of Postmodernism: Reading Against the Grain*, 1996. • Enda Duffy, *The Subaltern "Ulysses,"* 1994. • Christine Froula, *Modernisms's Body*, 1996. • Don Gifford, *Ulysses Annotated: Notes for Joyce's "Ulysses,"* 1988. • Stuart Gilbert, *James Joyce's "Ulysses": A Study*, 1930. • Clive Hart and David Hayman, eds., *James Joyce's "Ulysses": Critical Essays*, 1974. • Hugh Kenner, *Joyce's Voices*, 1978. • Hugh Kenner, *Ulysses*, 1987. • R. B. Kershner, *Joyce, Bakhtin, and Popular Literature: Chronicles of Disorder*, 1989. • Karen Lawrence, *The Odyssey of Style in "Ulysses,"* 1981. • Garry Leonard, *Advertising and Joyce*, 1999. • A. Walton Litz, *The Art of James Joyce: Method and Design in "Ulysses" and "Finnegans Wake,"* 1961. • Patrick McGee, *Joyce Beyond Marx*, 2001. • Vicki Mahaffey, *Reauthorizing Joyce*, 1988. • Dominic Manganiello, *Joyce's Politics*, 1980. • E. H. Mikhail, *James Joyce: Interviews and Rec-*

ollections, 1990. • Margot Norris, *Joyce's Web: The Social Unraveling of Modernism*, 1992. • Richard Pearce, *The Politics of Narration: James Joyce, William Faulkner, and Virginia Woolf*, 1991. • David Pierce, *James Joyce's Ireland*, 1992. • Arthur Power, *Conversations with James Joyce*, 1974. • Mary T. Reynolds, ed., *James Joyce: A Collection of Critical Essays*, 1993. • Bonnie K. Scott, *Joyce and Feminism*, 1984. • Fritz Senn, *Joyce's Dislocations*, 1984. • Robert E. Spoo, *James Joyce and the Language of History: Dedalus's Nightmare*, 1994. • Joseph Valente, ed., *Quare Joyce*, 1998. • Jennifer Wicke, *Advertising Fictions: Literature, Advertising, and Social Reading*, 1988.

James Kelman • Ian Bell, "James Kelman," in *The New Welsh Review* 3 (1990). • Dietmar Bohnke, *Kelman Writes Back: Literary Politics in the Work of a Scottish Writer*, 1999. • Cairns Craig, "Resisting Arrest: James Kelman," in *The Scottish Novel Since the Seventies: New Visions, Old Dreams*, eds. Gavin Wallace and Randall Stevenson, 1993. • James Kelman, *Some Recent Attacks: Essays, Cultural and Political*, 1992. • Drew Milne, "James Kelman: Dialectics of Urbanity," *Swansea Review* (1994).

Philip Larkin • *Biographies.* • Andrew Motion, *Philip Larkin: A Writer's Life*, 1993.

Criticism. • James Booth, *Philip Larkin: Writer*, 1992. • James Booth, ed., *New Larkins for Old: Critical Essays*, 2000. • Richard Hoffpauir, *The Art of Restraint: English Poetry from Hardy to Larkin*, 1991. • Philip Larkin, *Selected Letters: 1940–1985*, ed. Anthony Thwaite, 1993. • Bruce K. Martin, *Philip Larkin*, 1978. • Janice Rossen, *Philip Larkin: His Life's Work*, 1990. • Dale Salwak, ed., *Philip Larkin: The Man and His Work*, 1988. • Andrew Swarbrick, *Out of Reach: The Poetry of Philip Larkin*, 1995. • Anthony Thwaite, *Larkin at Sixty*, 1982. • David Timms, *Philip Larkin*, 1973.

D. H. Lawrence • *Biographies.* • Mark Kinkead-Weekes, *D. H. Lawrence: Triumph to Exile, 1912–1922*, 1996. • Harry T. Moore, *The Priest of Love: A Life of D. H. Lawrence*, 1974. • John Worthen, *D. H. Lawrence: A Literary Life*, 1989.

Criticism. • James T. Boulton, ed., *The Letters of D. H. Lawrence*, 6 vols., 1979–. • Henry Coombes, *D. H. Lawrence: A Critical Anthology*, 1973. • James C. Cowan, *D. H. Lawrence: An Annotated Bibliography of Writings about Him*, 1982. • Paul Delany, *D. H. Lawrence's Night-*

mare: *The Writer and His Circle in the Years of the Great War*, 1978. • R. P. Draper, *D. H. Lawrence: The Critical Heritage*, 1970. • Geoff Dyer, *Out of Sheer Rage*, 1977. • Elaine Feinstein, *Lawrence and the Women*, 1993. • Anne Fernihough, ed., *The Cambridge Companion to D. H. Lawrence*, 2001. • Sandra Gilbert, *Acts of Attention: The Poems of D. H. Lawrence*, 1972. • Leo Hamalian, *D. H. Lawrence: A Collection of Criticism*, 1973. • Philip Hobsbaum, *A Reader's Guide to D. H. Lawrence*, 1981. • Dennis Jackson and Fleda Brown Jackson, eds., *Critical Essays on D. H. Lawrence*, 1988. • Thomas Rice Jackson, *D. H. Lawrence: A Guide to Research*, 1983. • F. R. Leavis, *D. H. Lawrence, Novelist*, 1970. • Henry Miller, *The World of Lawrence: A Passionate Appreciation*, 1980. • Kate Millet, *Sexual Politics*, 1970. • Ross C. Murfin, *The Poetry of D. H. Lawrence: Texts and Contexts*, 1983. • Joyce Carol Oates, *The Hostile Sun: The Poetry of D. H. Lawrence*, 1973. • F. B. Pinion, *A. D. H. Lawrence Companion: Life, Thought, and Works*, 1979. • Tony Pinkney, *D. H. Lawrence and Modernism*, 1990. • Paul Poplawski, *D. H. Lawrence: A Reference Companion*, 1996. • Peter Preston and Peter Hoare, eds., *D. H. Lawrence in the Modern World*, 1989. • Warren Roberts, *A Bibliography of D. H. Lawrence*, 1982. • Keith Sagar, ed., *A D. H. Lawrence Handbook*, 1982. • Keith M. Sagar, *The Art of D. H. Lawrence*, 1975. • Carol Siegel, *Lawrence among the Women: Wavering Boundaries in Women's Literary Traditions*, 1991. • Stephen Spender, *D. H. Lawrence: Novelist, Poet, Prophet*, 1973. • Rosemary Sumner, *A Route to Modernism: Hardy, Lawrence, Woolfe*, 2000.

Katherine Mansfield • *Biographies.* • Gillian Boddy, *Katherine Mansfield: The Woman and the Writer*, 1988. • Claire Tomalin, *Katherine Mansfield: A Secret Life*, 1987.

Criticism. • Mary Burgan, *Illness, Gender, and Writing: The Case of Katherine Mansfield*, 1994. • Saralyn R. Daly, *Katherine Mansfield*, 1994. • Pamela Dunbar, *Radical Mansfield: Double Discourse in Katherine Mansfield Short Stories*, 1997. • Ian A. Gordon, *Undiscovered Country: The New Zealand Stories of Katherine Mansfield*, 1974. • Sydney J. Kaplan, *Katherine Mansfield and the Origins of Modernist Fiction*, 1990. • Jasper F. Kobler, *Katherine Mansfield: A Study of the Short Fiction*, 1990. • Patricia Moran, *Word of Mouth: Body Language in Katherine Mansfield and Virginia Woolf*, 1996. • Patrick D. Morrow, *Katherine Mansfield's Fiction*, 1993. •

Rhoda B. Nathan, ed., *Critical Essays on Katherine Mansfield*, 1993. • Vincent O' Sullivan and Margaret Scott, *The Collected Letters of Katherine Mansfield*, 1984–1996. • Jan Pilditch, ed., *The Critical Response to Katherine Mansfield*, 1996. • Roger Robinson, ed., *Katherine Mansfield: In from the Margin*, 1994.

Paul Muldoon • Elmer Andrews, "Some Sweet Disorder"—The Poetry of Subversion: Paul Muldoon, Tom Paulin and Medbh McGuckian," in *British Poetry from the 1950s to the 1990s: Politics and Art*, 1997. • Barbara Buchanan, "Paul Muldoon: 'Who's to Know What's Knowable,'" in *Contemporary Irish Poetry: A Collection of Critical Essays*, 1992. • Neil Corcoran, *After Yeats and Joyce: Reading Modern Irish Literature*, 1997. • John Haffenden, "Paul Muldoon," in *Viewpoints: Poets in Conversation with John Haffenden*, 1981. • Seamus Heaney, "The Mixed Marriage," in *Preoccupations: Selected Prose 1968–1978*, 1984. • Jonathan Hufstader, *Tongue of Water, Teeth of Stones: Northern Irish Poetry and Social Violence*, 1999. • Dillon Johnston, *Irish Poetry after Joyce*, 1985; 1997. • Clair Wills, *Reading Paul Muldoon*, 1998.

V. S. Naipaul • Selwyn Reginald Cudjoe, *V. S. Naipaul: A Materialist Reading*, 1988. • Lillian Feder, *Naipaul's Truth: The Making of a Writer*, 2001. • Michael Edward Gorra, *After Empire: Scott, Naipaul, Rushdie*, 1997. • Robert D. Hamner, *V. S. Naipaul*, 1973. • Peter Hughes, *V. S. Naipaul*, 1988. • Kelvin Jarvis, *V. S. Naipaul: A Selective Bibliography with Annotations, 1957–1987*, 1989. • Richard Kelly, *V. S. Naipaul*, 1989. • Bruce Alvin King, *V. S. Naipaul*, 1993. • Judith Levy, *V. S. Naipaul: Displacement and Autobiography*, 1995. • Fawzia Mustafa, *V. S. Naipaul*, 1997. • Fawzia Mustafa, *V. S. Naipaul*, 1995. • Rob Nixon, *London Calling*, 1996. • Timothy F. Weiss, *On the Margins: The Art of Exile in V. S. Naipaul*, 1992. • Landeg White, *V. S. Naipaul: A Critical Introduction*, 1975.

Ngugi Wa Thiong'o • Simon Gikandi, *Ngugi wa Thiong'o*, 2000. • Oliver Lovesey, *Ngugi wa Thiong'o*, 2000. • Christopher Miller, *Theories of Africans*, 1998. • Peter Nazareth, ed., *Critical Essays on Ngugi wa Thiongo*, 2000. • Michael Parker and Roger Starkey, eds., *Postcolonial Literatures: Achebe, Ngugi, Desai, Walcott*, 1995. • Patrick Williams, *Ngugi wa Thiong'o*, 1999.

George Orwell • *Biographies.* • Peter Hobley Davison, *George Orwell: A Literary Life*, 1996. • Michael Shelden, *Orwell: The Authorized Biography*, 1991.

Criticism. • Harold Bloom, ed., *George Orwell*, 1987. • Peter Buitenhuis and Ira B. Nadel, *George Orwell, A Reassessment*, 1988. • Roger Fowler, *The Language of George Orwell*, 1995. • Jeffrey Meyers, ed., *George Orwell: The Critical Heritage*, 1997. • Valerie Meyers, *George Orwell*, 1991. • Bernard Oldsey and Joseph Browne, eds., *Critical Essays on George Orwell*, 1986. • Alok Rai, *Orwell and the Politics of Despair: A Critical Study of the Writings of George Orwell*, 1990. • John Rodden, *The Politics of Literary Reputation: The Making and Claiming of "St. George" Orwell*, 1991. • Bernard Schweizer, *Radicals on the Road: The Politics of English Travel Writing in the 1930s*, 2001. • Raymond Williams, *George Orwell*, 1971. • David Wykes, *A Preface to Orwell*, 1987.

Wilfred Owen • *Biographies.* • Harold Owen, *Journey from Obscurity; Wilfred Owen, 1893–1918*, 1963–1965. • Jon Stallworthy, *Wilfred Owen*, 1974.

Criticism. • Sven Bäckman, *Tradition Transformed: Studies in the Poetry of Wilfred Owen*, 1979. • Adrian Caesar, *Taking It Like a Man: Suffering, Sexuality, and the War Poets: Brooke, Sassoon, Owen, Graves*, 1993. • Desmond Graham, *The Truth of War: Owen, Rosenberg and Blunden*, 1984. • Dominic Hibberd, *Owen the Poet*, 1988. • Douglas Kerr, *Wilfred Owen's Voices: Language and Community*, 1993. • Arthur E. Lane, *An Adequate Response: The War Poetry of Wilfred Owen and Siegfried Sassoon*, 1972. • Stephen MacDonald, *Not About Heroes: The Friendship of Siegfried Sassoon and Wilfred Owen*, 1983. • Wilfred Owen, *Wilfred Owen: Collected Letters*, eds. William H. Owen and John Bell, 1967. • Stuart Sillars, *Structure and Dissolution in English Writing, 1910–1920*, 1999.

Charles Stewart Parnell • *Biographies.* • Robert Kee, *The Laurel and the Ivy: The Story of Charles Stewart Parnell and Irish Nationalism*, 1993. • F. S. L. Lyons, *Charles Stewart Parnell*, 1977.

Criticism. • Jules Abels, *The Parnell Tragedy*, 1966. • D. George Boyce and Alan O'Day, eds., *Parnell in Perspective*, 1991. • Noel Kissane, *Parnell: A Documentary History*, 1991. •

Emmet Larkin, *The Roman Catholic Church in Ireland and the Fall of Parnell, 1888–1891*, 1979. • F. S. L. Lyons, *The Fall of Parnell, 1890–1891*, 1960. • Conor Cruise O'Brien, *Parnell and His Party, 1880–90*, 1968. • Alan O'Day, *Parnell and the First Home Rule Episode 1884–87*, 1986. • Michael Steinman, *Yeats's Heroic Figures: Wilde, Parnell, Swift, Casement*, 1983.

Padraic Pearse • Ruth Dudley Edwards, *Patrick Pearse: The Triumph of Failure*, 1977. • Sean Farrell Moran, *Patrick Pearse and the Politics of Redemption: The Mind of the Easter Rising, 1916*, 1994. • Padraic Pearse, *The Letters of P. H. Pearse*, ed. Seamus O Buachalla, 1980. • Raymond J. Porter, *P.H. Pearse*, 1973.

Sylvia Plath • *Biographies.* • Ronald Hayman, *The Death and Life of Sylvia Plath*, 1991. • Janet Malcolm, *Silent Woman: Sylvia Plath & Ted Hughes*, 1994. • Anne Stevenson, *Bitter Fame: A Life of Sylvia Plath*, 1989. • Linda Wagner-Martin, *Sylvia Plath: A Biography*, 1987.

Criticism. • Steven Gould Axelrod, *Sylvia Plath: The Wound and the Cure of Words*, 1990. • Susan Bassnett, *Sylvia Plath*, 1987. • Christina Britzolakis, *Sylvia Plath and the Theatre of Mourning*, 1999. • Caroline King Barnard Hall, *Sylvia Plath*, 1998. • Sheryl L. Meyering, *Sylvia Plath: A Reference Guide, 1973–1988*, 1990. • Jacqueline Rose, *The Haunting of Sylvia Plath*, 1998. • Linda W. Wagner, *Critical Essays on Sylvia Plath*, 1984.

Jean Rhys • *Biographies.* • Carole Angier, *Jean Rhys*, 1985.

Criticism. • Mary Lou Emery, *Jean Rhys at "World's End": Novels of Colonial and Sexual Exile*, 1990. • Veronica Marie Gregg, *Jean Rhys's Historical Imagination: Reading and Writing the Creole*, 1995. • Paula Le Gallez, *The Rhys Woman*, 1990. • Cheryl Alexander Malcolm, *Jean Rhys: A Study of the Short Fiction*, 1996. • Sylvie Maurel, *Jean Rhys*, 1998. • Sanford V. Sternlicht, *Jean Rhys*, 1997.

Issac Rosenberg • *Biographies.* • Joseph Cohen, *Journey to the Trenches: The Life of Isaac Rosenberg: 1890–1918*, 1975. • Jean Moorcroft Wilson, *Isaac Rosenberg, Poet and Painter: A Biography*, 1975.

Criticism. • Desmond Graham, *The Truth of War: Owen, Rosenberg and Blunden*, 1984.

Salman Rushdie • Anouar Abdallah, ed., *For Rushdie: A Collection of Essays by 100 Arabic and Muslim Writers*, 1994. • Fawzia Afzal-Khan, *Cultural Imperialism and the Indo-English Novel: Genre and Ideology in R. K. Narayan, Anita Desai, Kamala Markandaya, and Salman Rushdie*, 1993. • Lisa Appignanesi and Sara Maitland, eds., *The Rushdie File*, 1990. • M. Keith Booker, ed., *Critical Essays on Salman Rushdie*, 1999. • Timothy Brennan, *Salman Rushdie and the Third World: Myths of the Nation*, 1989. • Catherine Cundy, *Salman Rushdie*, 1997. • Michael Edward Gorra, *After Empire: Scott, Naipaul, Rushdie*, 1997. • James Harrison, *Salman Rushdie*, 1991. • Nico Israel, *Outlandish: Writing between Exile and Diaspora*, 2000. • Steve MacDonogh, ed., *The Rushdie Letters: Freedom to Speak, Freedom to Write*, 1993. • Daniel Pipes, *The Rushdie Affair: The Novel, the Ayatollah, and the West*, 1990. • Malise Ruthven, *A Satanic Affair: Salman Rushdie and the Rage of Islam*, 1990.

Vita Sackville-West • *Biographies.* • Victoria Glendinning, *Vita: The Life of V. Sackville-West*, 1983.

Criticism. • Nigel Nicolson, *Portrait of a Marriage*, 1973. • Suzanne Raitt, *Vita and Virginia: The Work and Friendship of V. Sackville-West and Virginia Woolf*, 1993. • Sara Ruth Watson, *V. Sackville-West*, 1972.

Siegfried Sassoon • *Biographies.* • Sanford V. Sternlicht, *Siegfried Sassoon*, 1993. • Jean Moorcroft Wilson, *Siegfried Sassoon—The Making of a War Poet: A Biography 1886–1918*, 1999.

Criticism. • Adrian Caesar, *Taking It Like a Man: Suffering, Sexuality, and the War Poets: Brooke, Sassoon, Owen, Graves*, 1993. • Felicitas Corrigan, ed., *Siegfried Sassoon: Poet's Pilgrimage*, 1973. • John Hildebidle, "Neither Worthy Nor Capable: The War Memoirs of Graves, Blunden, and Sassoon," in *Modernism Reconsidered*, eds. Robert Kiely and John Hildebidle, 1983. • Arthur E. Lane, *An Adequate Response: The War Poetry of Wilfred Owen and Siegfried Sassoon*, 1972. • Stephen MacDonald, *Not About Heroes: The Friendship of Siegfried Sassoon and Wilfred Owen*, 1983. • Paul Moeyes, *Siegfried Sassoon, Scorched Glory: A Critical Study*, 1997. • Sigfried Sassoon, *Diaries*, 3 vols., ed. Rupert Hart-Davis, 1981–1985. • Stuart Sillars, *Structure and Dissolution in English Writing, 1910–1920*, 1999. • Michael

Thorpe, *Siegfried Sassoon: A Critical Study*, 1966.

Bernard Shaw • *Biographies*. • Michael Holroyd, *Bernard Shaw*, 4 vols., 1988–93. • Stanley Weintraub, ed., *Shaw: An Autobiography, Selected from His Writings*, 2 Vols., 1969–70.

Criticism. • *The Bodley Head Bernard Shaw: Collected Plays and Their Prefaces*, Vol. 7. London: Reinhardt, Bodley Head, 1972. • Harold Bloom, ed., *George Bernard Shaw's Pygmalion*, 1988. • Ian Britain, *Fabianism and Culture: A Study in British Socialism and the Arts c. 1884–1918*, 1982. • R. F. Dietrich, *Bernard Shaw's Novels*, 1996. • T. F. Evans, ed., *Shaw and Politics*, 1991. • J. Ellen Gainor, *Shaw's Daughters: Dramatic and Narrative Constructions of Gender*, 1991. • A. M. Gibbs, ed., *Shaw: Interviews and Recollections*, 1990. • Gareth Griffith, *Socialism and Superior Brains: The Political Thought of Bernard Shaw*, 1992. • Michael Holroyd, *The Genius of Shaw: A Symposium*, 1979. • Christopher Innes, ed. *The Cambridge Companion to George Bernard Shaw*, 1998. • Dan H. Laurence and James Rambeau, eds., *Agitations: Letters to the Press, 1875–1950*, 1985. • Dan H. Laurence, ed., *Collected Letters*, 1965–. • Dan H. Laurence, *Bernard Shaw: A Bibliography*, 1983. • Sally Peters, *Bernard Shaw: The Ascent of the Superman*, 1996. • Jean Reynolds, *Pygmalion's Wordplay*, 1999. • J. P. Wearing, Elsie B. Adams, and Stanley Weintraub, eds., *G. B. Shaw: An Annotated Bibliography of Writings about Him*, 3 vols., 1986–87. • Stanley Weintraub, *Bernard Shaw: A Guide to Research*, 1992. • Robert F. Whitman, *Shaw and the Play of Ideas*, 1977.

Stevie Smith • *Biographies*. • Jack Barbera, *Stevie, a Biography of Stevie Smith*, 1985. • Frances Spalding, *Stevie Smith: A Critical Biography*, 1988. • Sanford Sternlicht, ed., *In Search of Stevie Smith*, 1991.

Criticism. • Laura Severin, *Stevie Smith's Resistant Antics*, 1997. • Sanford V. Sternlicht, *Stevie Smith*, 1990.

Stephen Spender • *Biographies*. • Hugh David, *Stephen Spender: A Portrait with Background*, 1992.

Criticism. • Hemant Balvantrao Kulkarni, *Stephen Spender: Poet in Crisis*, 1970. • David Adams Leeming, *Stephen Spender: A Life in Modernism*, 1999. • Michael O'Neill, *Auden, MacNeice, Spender: The Thirties Poetry*, 1992. • Surya Nath Pandey, *Stephen Spender: A Study in Poetic Growth*, 1982. • Stephen Spender, *Journals, 1939–1983*, 1986. • Stephen Spender, *Letters to Christopher: Stephen Spender's Letters to Christopher Isherwood, 1929–1939, with "The Line of the Branch"—Two Thirties Journals*, ed. Lee Bartlett, 1980. • Sanford Sternlicht, *Stephen Spender*, 1992. • A. K. Weatherhead, *Stephen Spender and the Thirties*, 1975.

Dylan Thomas • John Ackerman, *Thomas: His Life and Work*, 1996 • Walford Davies, *Dylan Thomas: New Critical Essays*, 1972. • Paul Ferris, ed., *The Collected Letters*, 1985. • Paul Ferris, *Dylan Thomas*, 1977. • Constantine Fitzgibbon, *Selected Letters of Dylan Thomas*, 1966. • Georg Gaston, ed., *Critical Essays on Dylan Thomas*, 1989. • John Goodby and Chris Wigginton, eds. *Dylan Thomas*, 2001. • R. B. Kershner, *Dylan Thomas*, 1976. • Ruskworth M. Kidder, *Dylan Thomas: The Country of the Spirit*, 1973. • Jacob Korg, *Dylan Thomas*, 1992. • William T. Moynihan, *The Craft and Art of Dylan Thomas*, 1966. • Andrew Sinclair, *Dylan Thomas: No Man More Magical*, 1975. • Caitlin Thomas, *Leftover Life to Kill*, 1957. • William York Tindall, *A Reader's Guide to Dylan Thomas*, 1962. • George Tremlett, *Dylan Thomas: In the Mercy of His Means*, 1992.

Derek Walcott • *Biographies*. • Bruce King, *Derek Walcott: A Caribbean Life*, 2000.

Criticism. • William Baer, ed., *Conversations with Derek Walcott*, 1996. • Edward Baugh, *Derek Walcott: Memory as Vision: Another Life*, 1978. • Paul Breslin, *Nobody's Nation: Reading Derek Walcott*, 2001. • Stewart Brown, ed., *Art of Derek Walcott*, 1991. • Paula Burnett, *Derek Walcott: Politics and Poetics*, 2000.• Robert D. Hamner, *Derek Walcott*, 1993. • Robert D. Hamner, ed., *Critical Perspectives on Derek Walcott*, 1993. • Bruce King, *Derek Walcott and West Indian Drama: Not Only a Playwright But a Company: The Trinidad Theatre Workshop 1959–1993*, 1995. • Tejumola Olaniyan, *Scars of Conquest—Masks of Resistance: The Invention of Cultural Identities in African, African-American, and Caribbean Drama*, 1995. • Michael Parker and Roger Starkey, eds., *Postcolonial Literatures: Achebe, Ngugi, Desai, Walcott*, 1995. • Jahan Ramazani, *The Hybrid Muse: Postcolonial Poetry in English*, 2001. • Rei Terada, *Derek Walcott's Poetry: American Mimicry*, 1992. • John Thieme, *Derek Walcott*, 1999.

Evelyn Waugh • *Biographies*. • Selina Hastings, *Evelyn Waugh: A Biography*, 1995. • Martin Stannard, *Evelyn Waugh: The Early Years, 1903–1939*, 1987. • Martin Stannard, *Evelyn Waugh: The Later Years, 1939–1966*, 1992. • David Wykes, *Evelyn Waugh: A Literary Life*, 1999.

Criticism. • Alain Blayac, ed., *Evelyn Waugh: New Directions*, 1991. • James F. Carens, ed., *Critical Essays on Evelyn Waugh*, 1987. • Robert Murray Davis, *Evelyn Waugh and the Forms of His Time*, 1989. • Paul A. Doyle, *A Reader's Companion to the Novels and Short Stories of Evelyn Waugh*, 1989. • George McCartney, *Confused Roaring: Evelyn Waugh and the Modernist Tradition*, 1987. • Jacqueline McDonnell, *Evelyn Waugh*, 1988. • William Myers, *Evelyn Waugh and the Problem of Evil*, 1991. • Bernard Schweizer, *Radicals on the Road: The Politics of English Travel Writing in the 1930s*, 2001. • Martin Stannard, ed., *Evelyn Waugh: The Critical Heritage*, 1984. • Evelyn Waugh, *The Diaries of Evelyn Waugh*, ed. Michael Davie, 1976. • Evelyn Waugh, *The Letters of Evelyn Waugh*, 1980.

Rebecca West • *Biographies*. • Victoria Glendinning, *Rebecca West: A Life*, 1987. • J. R. Hammond, *H. G. Wells and Rebecca West*, 1991. • Carl E. Rollyson, *Rebecca West: A Life*, 1996.

Criticism. • Motley F. Deakin, *Rebecca West*, 1980. • Gordon N. Ray, *H. G. Wells and Rebecca West*, 1974. • Bernard Schweizer, *Radicals on the Road: The Politics of English Travel Writing in the 1930s*, 2001. • Bonnie Kime Scott, *Refiguring Modernism. Vol. I: The Women of 1928. Vol. II: Postmodern Feminist Readings of Woolf, West, and Barnes*, 1995. • Peter Wolfe, *Rebecca West: Artist and Thinker*, 1971.

P. G. Wodehouse • *Biographies*. • Lady Frances Lonsdale Donaldson, *P. G. Wodehouse: A Biography*, 1982.

Criticism. • Robert A. Hall Jr., *The Comic Style of P. G. Wodehouse*, 1974. • Robert F. Kiernan, *Frivolity Unbound: Six Masters of the Camp Novel—Thomas Love Peacock, E. F. Benson, Max Beerbohm, P. G. Wodehouse, Ronald Firbank, Ivy Compton-Burnett*, 1990. • Barry Phelps, *P. G. Wodehouse: Man and Myth*, 1992. • Iain Sproat, *Wodehouse Redeemed*, 1994. • Richard Usborne, *After Hours with P. G. Wodehouse*, 1991. • Richard J. Voorhees, *P. G. Wodehouse*, 1966. • P. G. Wodehouse, *Yours, Plum: The Letters of P. G. Wodehouse*, ed. Frances Donaldson, 1990.

Virginia Woolf • *Biographies*. • Gillian Beer, *Virginia Woolf: The Common Ground*, 1996. • Quentin Bell, *Virginia Woolf: A Biography*, 1972. • Lyndall Gordon, *Virginia Woolf: A Writer's Life*, 1993. • Mitchell Alexander Leaska, *Granite and Rainbow: The Life of Virginia Woolf*, 1998. • Hermione Lee, *Virginia Woolf*, 1998. • John Mepham, *Virginia Woolf: A Literary Life*, 1991.

Criticism. • Anne O. Bell, ed., *A Moment's Liberty: The Shorter Diary*, 1992. • Rachel Bowlby, *Feminist Destinations and Further Essays on Virginia Woolf*, 1997. • Alison Booth, *Greatness Engendered: George Eliot and Virginia Woolf*, 1992. • Rachel Bowlby, ed., *Virginia Woolf*, 1993. • Thomas C. Caramagno, *The Flight of the Mind: Virginia Woolf's Art and Manic-Depressive Illness*, 1992. • Pamela L. Caughie, *Virginia Woolf and Postmodernism: Literature in Quest and Question of Itself*, 1991. • Mary A. Caws, *Women of Bloomsbury: Virginia, Vanessa and Carrington*, 1991. • Emily Dalgarno, *Virginia Woolf and the Visible World*, 2001. • Margaret Homans, ed., *Virginia Woolf: A Collection of Critical Essays (20th Century Views)*, 1992. • Mark Hussey, *Virginia Woolf A to Z: A Comprehensive Reference for Students, Teachers, and Common Readers to Her Life, Work, & Critical Reception*, 1996. • James King, *Virginia Woolf*, 1995. • Mitchell A. Leaska, ed., *A Passionate Apprentice: The Early Journals, 1897–1909*, 1992. • Eleanor McNees, ed., *Virginia Woolf: Critical Assessments*, 4 vols., 1994. • Andrew McNeillie, ed., *Essays of Virginia Woolf*, 4 vols. • Douglas Mao, *Solid Objects*, 1998. • Kathy J. Phillips, *Virginia Woolf Against Empire*, 1994. • Panthea Reid, *Art and Affection: A Life of Virginia Woolf*, 1996. • Sue Roe and Susan Sellers, eds., *The Cambridge Companion to Virginia Woolf*, 2000. • S. P. Rosenbaum, ed., *Women and Fiction: The Manuscript Versions of "A Room of One's Own,"* 1992. • Bonnie Kime Scott, *Refiguring Modernism*, 2 vols., 1995. • Peter Stansky, *On Or about December 1910: Early Bloomsbury and Its Intimate World*, 1996. • J. H. Stape, *Virginia Woolf: Interviews and Recollections*, 1995. • J. H. Stape, *Congenial Spirits: The Selected Letters of Virginia Woolf*, 1991. • Jeanette Winterson, *Art Objects: Essays on Ecstasy and Effrontery*, 1996. • Alex Zwerdling, *Virginia Woolf and Real Life*, 1987.

William Butler Yeats • *Edition.* • *The Poems of W. B. Yeats: A New Edition*, ed. Richard J. Finneran, 1983.

Biographies. • Terence Brown, *The Life of W. B. Yeats: A Critical Biography*, 1999. • Richard Ellmann, *Yeats, the Man and the Masks*, 1948. • R. F. Foster, *W. B. Yeats: A Life*, 1997–.

Criticism. • Harold Bloom, *Yeats*, 1970. • Elizabeth B. Cullingford, *Gender and History in Yeats's Love Poetry*, 1993. • Elizabeth Butler Cullingford, *Gender and History in Yeats's Love Poetry*, 1996. • Una Mary Ellis-Fermor, *The Irish Dramatic Movement*, 1954. • Richard Ellmann, *Eminent Domain: Yeats among Wilde, Joyce, Pound, Eliot, and Auden*, 1967. • Richard J. Finneran, *Critical Essays on W. B. Yeats*, 1986. • Adrian Frazier, *Behind the Scenes: Yeats, Horniman, and the Struggle for the Abbey Theatre*, 1990. • Maud Gonne, *The Gonne-Yeats Letters 1893–1938*, eds. Anna MacBride White and A. Norman Jeffares, 1993. • A. Norman Jeffares, *A New Commentary on the Poems of W. B. Yeats*, 1984. • A. Norman Jeffares, *W. B. Yeats: The Critical Heritage*, 1977. • A. Norman Jeffares, *W. B. Yeats, Man and Poet*, 1996. • Frank Kermode, *Romantic Image*, 1961. • Louis MacNeice, *The Poetry of W. B. Yeats*, 1941. • Vicki Mahaffey, *States of Desire: Wilde, Yeats, Joyce, and the Irish Experiment*, 1998. • Edward Greenway Malins, *A Preface to Yeats*, 1974. • Lucy McDiarmid, *Saving Civilization: Yeats, Eliot, and Auden Between the Wars*, 1984. • E. H. Mikhail, ed., *W. B. Yeats: Interviews and Recollections*, 2 vols., 1977. • David Pierce, *Yeats's Worlds: Ireland, England and the Poetic Imagination, with photographs by Dan Harper*, 1995. • John Quinn, *The Letters of John Quinn to William Butler Yeats*, ed. Alan Himber, with George Mills Harper, 1983. • Jahan Ramazani, *The Hybrid Muse: Postcolonial Poetry in English*, 2001. • Jahan Ramazani, *Yeats and the Poetry of Death: Elegy, Self-Elegy, and the Sublime*, 1990. • M. L. Rosenthal, *Running to Paradise: Yeats's Poetic Art*, 1994. • Michael J. Sidnell, *Yeats's Poetry and Poetics*, 1996. • Jon Stallworthy, *Between the Lines: Yeats's Poetry in the Making*, 1963. • William York Tindall, *W. B. Yeats*, 1966. • John Eugene Unterecker, *A Reader's Guide to William Butler Yeats*, 1959. • William Butler Yeats, *Collected Letters of W. B. Yeats*, eds. Warwick Gould, John Kelly, and Dierdre Toomey, 1986–.

CREDITS

ILLUSTRATION CREDITS

INDEX

About suffering they were never wrong, 2789

A cold coming we had of it, 2369

Address to the Manchester Chamber of Commerce, 2076

After the first powerful plain manifesto, 2709

After the torchlight red on sweaty faces, 2366

Afterwards, 2165

Aisling, 2942

A lone figure is waving, 2891

Among School Children, 2262

An affable Irregular, 2257

An ancient bridge, and a more ancient tower, 2255

Ancestral Houses, 2254

And some time make the time to drive out west, 2898

And then the dark fell and "there has never," 2935

"And There Was a Great Calm," 2162

Anorexic, 2934

Anthem for Doomed Youth, 2188

April is the cruellest month, breeding, 2357

Araby, 2274

As for the Quince, 2903

As I drive to the junction of lane and highway, 2160

A snake came to my water-trough, 2643

Astral Weeks, 2944

A sudden blow: the great wings beating still, 2262

At Castle Boterel, 2160

At Limerick, 2233

Auden, W. H., 2788

A wind is ruffling the tawny pelt, 2950

Bavarian Gentians, 2645

Beckett, Samuel, 2770

Bent double, like old beggars under sacks, 2191

Black Jackets, 2821

Blast, 2167

Boland, Eavan, 2933

Bowen, Elizabeth, 2710

Break of Day in the Trenches, 2192

Brooke, Rupert, 2183

Burnt Norton, 2370

Byzantium, 2264

Carter, Angela, 2629

Ceist 'na Teangan, 2911

Chance for Mr Lever, A, 2688

Channel Firing, 2160

Child, 2814

Christopher Columbus and Queen Isabella of Spain Consummate Their Relationship, 2752

Church Going, 2805

Churchill, Caryl, 2838

Churchill, Sir Winston, 2699

Circus Animals' Desertion, The, 2267

Clay, 2280

[Cleverness and the New Poetry], 2350

Cloud Nine, 2839

Cole, Lloyd, 2946

Collins, Michael, 2239

Colossus, The, 2809

Congo Diary, 2074

Conrad, Joseph, 2015

Convergence of the Twain, The, 2159

Crazy Jane Talks with the Bishop, 2265

Cruise, 2730

Cuba, 2941

Curirim mo dhóchas ar snámh, 2911

Cypresses, 2646

Daddy, 2810

Darkling Thrush, The, 2157

Daughters of the Late Colonel, The, 2611

Dead Man's Dump, 2193

Dead, The, 2284

Decolonizing the Mind, 2913

Diaries, The, 2535

Disabled, 2190

Do Not Go Gentle into That Good Night, 2762

Drunken Helots and Mr. Eliot, 2352

Dubliners, 2274

Dulce Et Decorum Est, 2191

Dust As We Are, 2816

Easter 1916, 2249

Eliot, T. S., 2344

Elvis Presley, 2820

Epilogue, from a Journal (Naipaul), 2833

Epitaph (Hardy), 2166

Eveline, 2277

Everybody is in too many pieces, 2081

Everyone Sang, 2188

Everyone suddenly burst out singing, 2188

Expelled, The, 2780

Express, The, 2709

Fallow Deer at the Lonely House, The, 2165

Far Cry from Africa, A, 2950

Fascination of What's Difficult, The, 2247

Feeding a Child, 2899

Fern Hill, 2759

Finnegans Wake, 2338

First-Draft Version of Finnegans Wake, A, 2339

Flesh is heretic, 2934

Force That Through the Green Fuse Drives the Flower, The, 2758

Forster, E. M., 2582

Fortunate Traveller, The, 2951

Four Quartets, 2370

From honey-dew of milking, 2899

From the Wave, 2822

Gang of Four, 2081

Gerontion, 2354

Glory of Women, 2186

Goodbye to All That, 2217

Gordimer, Nadine, 2917

Graves, Robert, 2216

Great Lover, The, 2184

Greene, Graham, 2687

Groping along the tunnel, step by step, 2187

Gunn, Thom, 2819

Hap, 2156

Hardy, Thomas, 2154

Having inherited a vigorous mind, 2257

Heaney, Seamus, 2890

Heart of Darkness, 2020

He disappeared in the dead of winter, 2790

Hendrix, Jimi, 2943

Here I am, an old man in a dry month, 2354

He sat in a wheeled chair, waiting for dark, 2190

He will watch the hawk with an indifferent eye, 2708

High Windows, 2807

Home for a Couple of Days, 2924

Horse Dealer's Daughter, The, 2660

How Cruel Is the Story of Eve, 2802

Hughes, Ted, 2814

Hug, The, 2822

I can feel the tug, 2894
Icarus, 2708
I climb to the tower-top and lean upon broken stone, 2258
I'd make a bed for you, 2902
If but some vengeful god would call to me, 2156
If I should die, think only this of me, 2185
If it form the one landscape that we, the inconstant ones, 2797
I found it among curios and silver, 2939
I found this jawbone at the sea's edge, 2815
I HAVE been so great a lover: filled my days, 2184
I have done it again, 2812
I have heard that hysterical women say, 2265
I have met them at close of day, 2249
I heard them marching the leaf-wet roads of my head, 2957
I know that I shall meet my fate, 2249
I leant upon a coppice gate, 2157
I Looked Up from My Writing, 2162
I met the Bishop on the road, 2265
In a Free State, 2826
In a solitude of the sea, 2159
Indissoluble Matrimony, 2594
I never cared for Life: Life cared for me, 2166
In Hardcastle Crags, that echoey museum, 2817
In Memoriam Francis Ledwidge, 2897
In Memory of W. B. Yeats, 2790
In Parenthesis, 2196
In Praise of Limestone, 2797
In the silence that prolongs the span, 2821
In Time of "The Breaking of Nations," 2161
I once gave my daughters, separately, two conch shells, 2956
I place my hope on the water, 2912
Irish Airman Foresees His Death, An, 2249
I See Phantoms of Hatred and of the Heart's Fullness and of the Coming Emptiness, 2258
I shall never get you put together entirely, 2809
I sit in one of the dives, 2795
I sought a theme and sought for it in vain, 2267
I stand upon a hill and see, 2820

I think of all the toughs through history, 2819
I thought he was dumb, 2641
It mounts at sea, a concave wall, 2822
It seemed that out of battle I escaped, 2189
It was in winter. Steeples, spires, 2951
It was my thirtieth year to heaven, 2760
It was your birthday, we had drunk and dined, 2822
I walk through the long school-room questioning, 2262
I was making my way home late one evening, 2942
I will arise and go now, and go to Innisfree, 2246
I won't go back to it —, 2940

Jagger, Mick: Rock music was a completely new musical form, 2943
Jones, David, 2195
Journey of the Magi, 2369
Journey, The, 2935
Joyce, James, 2270

Kelman, James, 2923
Krapp's Last Tape, 2771

Labasheedy (The Silken Bed), 2902
Lady in the Looking-Glass, The: A Reflection, 2382
Lady Lazarus, 2812
Lake Isle of Innisfree, The, 2246
Language Issue, The, 2912
Lapis Lazuli, 2265
Larkin, Philip, 2804
Lawrence, D. H., 2638
Lay your sleeping head, my love, 2794
Leaf Mould, 2817
Leda and the Swan, 2262
Letters
  to Francis Collison, 2151
  to Gerald Brenan, 2548
  to The Times, 2152
  from a Young Lady of Leisure, 2730
Let us go then, you and I, 2347
Lewis, Wyndham, 2167
Life to Come, The, 2583
Like a convalescent, I took the hand, 2895
Lines for a Book, 2819
Logs on the Hearth, 2164
Love Song of J. Alfred Prufrock, The, 2347
Lullaby, 2794

Mannequin, 2626
Mansfield, Katherine, 2611
Man Who Liked Dickens, The, 2720

Many ingenious lovely things are gone, 2259
Map of the City, A, 2820
MCMXIV, 2807
Meditations in Time of Civil War, 2254
Meeting the British, 2942
Midsummer, 2956
Mise Eire, 2940
Missing, The, 2824
Monty Python, 2734
Mrs Dalloway, 2386
Muldoon, Paul, 2941
Musée des Beaux Arts, 2789
My Descendants, 2257
My eldest sister arrived home that morning, 2941
My House, 2255
My post-war father was so silent, 2816
Mysterious Kôr, 2710
My Table, 2256

Naipaul, V. S., 2824
Native African Languages, 2913
Neutral Tones, 2156
New Age, The, 2804
Ngugi wa Thiong'o, 2912
Ní Dhomhnaill, Nuala, 2899
Nigger of the "Narcissus," The, 2018
Nineteen Hundred and Nineteen, 2259
Nobody heard him, the dead man, 2800
No Second Troy, 2246
Not every man has gentians in his house, 2645
No, the serpent did not, 2816
Not I, not I, but the wind that blows through me!, 2640
Not Waving but Drowning, 2800
Now as I was young and easy under the apple boughs, 2759
Now as I was to watch the progress of the plague, 2824

Odour of Chrysanthemums, 2647
Once, a lady of the Ó Moores, 2900
Once I am sure there's nothing going on, 2805
Once more the storm is howling, and half hid, 2252
One morning early I met armoured cars, 2891
One without looks in to-night, 2165
Only a man harrowing clods, 2161
On the Departure Platform, 2158
Orlando, 2552
Orwell, George, 2737
Owen, Wilfred, 2188

Parnell, Charles Stewart, 2233
Parthenogenesis, 2900
Patch Work, 2823
Pearse, Padraic, 2238
Penetrating to the Heart of the Forest, 2630
Perspectives
  The Great War: Confronting the Modern, 2167
  Regendering Modernism, 2550
  Whose Language?, 2889
  World War II and the End of Empire, 2698
Phlebas the Phoenician, a fortnight dead, 2366
Photograph, The, 2164
Piano, 2640
Plath, Sylvia, 2808
Poem in October, 2760
Politics and the English Language, 2738
Pomegranate, The, 2938
Postcard from North Antrim, A, 2891
Postscript, 2898
Pound, Ezra, 2352
Prayer for My Daughter, A, 2252
Preface to A Professor of Phonetics, 2085
Preface to The Nigger of the "Narcissus," 2018
Pretty, 2800
Proclamation of the Irish Republic, 2237
Professor of Phonetics, A, 2085
Prologue, from a Journal, 2826
Punishment, 2894
Pygmalion, 2087
Pylons, The, 2709

Rear-Guard, The, 2187
Relic, 2815
Return Journey, 2762
Rhys, Jean, 2624
Road at My Door, The, 2257
Room of One's Own, A, 2485
Rosenberg, Isaac, 2192
Rushdie, Salman, 2751

Sackville-West, Vita, 2557
Sailing to Byzantium, 2253
Sassoon, Siegfried, 2186
Second Coming, The, 2251
Seducers in Ecuador, 2558
September 1, 1939, 2795
September 1913, 2247
Shall I tell you the signs of a New Age coming?, 2804
Shaw, (George) Bernard, 2082
Shooting an Elephant, 2747
Singer's House, The, 2893
Skunk, The, 2893
Sleeve Notes, 2943

Smith, Stevie (Florence Margaret), 2799
Snake, 2643
Softly, in the dusk, a woman is singing to me, 2640
Soldier, The, 2185
Song of a Man Who Has Come Through, 2640
Spain 1937, 2792
Speeches on Irish Independence, 2232
Spender, Stephen, 2707
Stanley, Sir Henry Morton, 2076
Stare's Nest by My Window, The, 2258
Station Island, 2895
Strange Meeting, 2189
Strychnine in the Soup, 2675
Substance of Freedom, The, 2239
Surely among a rich man's flowering lawns, 2254
Surgery for the Novel—or a Bomb, 2671
Swear by what the Sages spoke, 2268

Take telegraph wires, a lonely moor, 2818
Talking in Bed, 2807
Talking in bed ought to be easiest, 2807
Telegraph Wires, 2818
Texts for Nothing, 2777
That is no country for old men. The young, 2253
That night your great guns, unawares, 2160
The bees build in the crevices, 2258
The bird book says, common, conspicuous, 2823
The Bishop tells us: "When the boys come back, 2187
The bronze soldier hitches a bronze cape, 2897
The Chair she sat in, like a burnished throne, 2359
The darkness crumbles away—, 2192
The fascination of what's difficult, 2247
The fire advances along the log, 2164
The flame crept up the portrait line by line, 2164
The force that through the green fuse drives the flower, 2758
The midsummer sea, the hot pitch road, this grass, these shacks that made me, 2957
Theology, 2816
The only legend I have ever loved is, 2938
The plunging limbers over the shattered track, 2193

There are some heights in Wessex, shaped as if by a kindly hand, 2156
There came this bright young thing, 2903
There had been years of Passion—scorching, cold, 2162
The river's tent is broken; the last fingers of leaf, 2362
The secret of these hills was stone, and cottages, 2709
The trees are in their autumn beauty, 2248
The unpurged images of day recede, 2264
"They," 2187
This house has been far out at sea all night, 2815
Thomas, Dylan, 2757
Those long uneven lines, 2807
Those white flecks cropping the ridges of Snowdon, 2951
Three Guineas, 2520
Time present and time past, 2370
Toome Road, The, 2891
Tortoise Shout, 2641
Tradition and the Individual Talent, 2374
Travel Agent, 2734
Turning and turning in the widening gyre, 2251
Tuscan cypresses, 2646
Two heavy trestles, and a board, 2256
Two minutes long it pitches through some bar, 2820
Two Speeches Before the House of Commons, 2700

Ulysses, 2311
Under Ben Bulben, 2268
Up, black, striped and damasked like the chasuble, 2893

VORTICIST MANIFESTO, 2169

Walcott, Derek, 2949
Wales, 2951
Waste Land, The, 2356
Waugh, Arthur, 2350
Waugh, Evelyn, 2720
We kissed at the barrier; and passing through, 2158
We Live as We Dream, Alone, 2081
We met the British in the dead of winter, 2942
Wessex Heights, 2156
We stood by a pond that winter day, 2156
West, Rebecca, 2594
What I Expected, 2708

What need you, being come to
    sense, 2247
What passing-bells for these who
    die as cattle?, 2188
What Were You Dreaming?,
    2917
When I *see* a couple of kids,
    2807
When the Present has latched its
    postern behind my tremu-
    lous stay, 2165
When they said *Carrickfergus* I
    could hear, 2893

Who Goes with Fergus?, 2246
Who will go drive with Fergus
    now, 2246
*Why I Choose to Write in Irish,
    The Corpse That Sits Up and
    Talks Back*, 2904
Why is the word pretty so under-
    rated?, 2800
Why should I blame her that she
    filled my days, 2246
Wild Swans at Coole, The, 2248
Wind, 2815
Wodehouse, P. G., 2674

Woman Painted on a Leaf, A, 2939
Woolf, Virginia, 2380, 2551

Yeats, William Butler, 2242
Yesterday all the past. The lan-
    guage of size, 2792
You do not do, you do not do,
    2810
You love us when we're heroes,
    home on leave, 2186
Your clear eye is the one
    absolutely beautiful thing,
    2814